官制總部

通紀概説部

綜述

《隋書》卷二八《百官下》　高祖既受命，改周之六官，其所制名，多依前代之法。置三師、三公及尚書門下、内史秘書、内侍等省，御史、都水等臺，太常、光禄、衛尉、宗正、太僕、大理、鴻臚、司農、太府、國子、將作等，左右衛、左右武衛、左右武侯、左右領、左右監門、左右領軍等府，分司統職焉。【略】

高祖又採後周之制，置上柱國、柱國、上大將軍、大將軍、上開府儀同三司、開府儀同三司、上儀同三司、儀同三司、大都督、帥都督、都督，總十一等，以酬勤勞。又有特進、左右光禄大夫、金紫光禄大夫、銀青光禄大夫、朝議大夫、朝散大夫，並爲散官，以加文武官之德聲者，並不理事。六品已下，又有翊軍等四十三號將軍，品凡十六等，爲散號將軍，以加汎授。居曹有職務者爲執事官，無職務者爲散官。戎上柱國已下爲散實官，軍爲散號官。諸省及左右衛、武侯、領左右監門府爲内官，自餘爲外官。【略】

（開皇）三年四月，詔尚書左僕射，掌判吏部、禮部、兵部、三尚書事，御史糾不當者，兼糾彈之。尚書右僕射，掌判都官、度支、工部三尚書事，又知用度。餘皆依舊。尋改度支尚書爲户部尚書，都官尚書爲刑部尚書。諸曹侍郎及内史舍人，並加爲從五品。增置通事舍人十二員，通舊爲二十四員。廢光禄寺及都水臺入司農，廢衛尉入太常尚書省，廢鴻臚亦入太常。罷大理寺監、評及律博士員，加置正爲四人。罷郡，以州統縣，改別駕、贊務，以爲長史、司馬。舊周、齊州郡縣職，自州都、郡縣正已下，皆州郡將縣令至而調用，理時事。至是不知時事，直謂之鄉官。別置品官，皆吏部除授，每歲考殿最。刺史、縣令，三年一遷，佐官四年一遷。佐官以曹爲名者，並改爲司。六年，尚書省二十四司，各置員外郎一人，以司其曹之籍帳。侍郎闕，則釐其曹事。吏部又別置朝議、通議、朝請、朝散、給事、承奉、儒林、文林等八郎，武騎、屯騎、驍騎、游騎、飛騎、旅騎、雲騎、羽騎八尉。其品則正六品以下，從九品以上。上階爲郎，下階爲尉。散官番直，常出使監檢。罷門下省員外散騎常侍、奉朝請、通事令史員，及左右衛、殿内將軍，司馬督，武騎常侍等員。

十二年，復置光禄、衛尉、鴻臚等寺。諸州司以從事爲名者，改爲參軍。

十三年，復置都水臺。國子寺罷隸太常，又改寺爲學。

十四年，諸省各置主事令史員。【略】

十六年，内侍省加置内主事員二十人，以承門閣。

十八年，置備身府。

二十年，改將作寺爲監，以大匠爲大監。初加置副監。

仁壽元年，改都水臺爲監，更名使者爲監。罷國子學，唯立太學一所，置博士五人，從五品，學生七十二人。

三年，監門府又置門候一百二十人。

煬帝既位，多所改革。三年定令，品自第一至於第九，唯置正從，而除上下階。罷諸總管，廢三師、特進官。分門下、太僕二司，取殿内監名，以爲殿内省，並尚書、門下、内史、秘書，以爲五省。增置謁者、司隸二臺，並御史爲三臺。分太府寺爲少府監。改内侍省爲長秋監，國子學爲國子監，將作寺爲將作監，並都水監，總爲五監。改左右衛爲左右翊衛，左右備身爲左右騎衛。左右武衛依舊名。改領軍爲左右屯衛，加置左右禦。改左右武候爲左右候衛。是爲十二衛。又改領左右府爲左右備身府，左右監門依舊名，凡十六府。其朝之班序，以品之高卑爲列。品同則以省府爲前後，省府同則以局署爲前後焉。

尚書省六曹，各侍郎一人，以貳尚書之職。又增左、右丞階，與六侍郎並正四品。諸曹侍郎，並改爲郎。又改吏部爲選部郎，户部爲人部郎，禮部爲儀曹郎，兵部爲兵曹郎，刑部爲憲部郎，工部爲起部郎，以異六侍郎之名，廢諸司員外郎，而每增置一曹郎，各爲二員。都司郎各一人，品同曹郎，掌都事之職，以都事爲正八品，分隸六尚書。諸司主事，並去令史之名。其令史隨曹閑劇而置。每十令史置一主事，不滿十者，亦置一人。其餘四省三臺，亦皆曰令史，九寺五監諸衛府，則皆曰府史。後又改主客郎爲司蕃郎。尋又每減一郎，置承務郎一人，同員外之職。

舊都督已上，至上柱國，凡十一等，及八郎、八尉、四十三號將軍官，皆罷之。並省朝議大夫。自一品至九品，置光禄、從一品。左右光禄、左正二品，右從二品。金紫、正三品。銀青光禄、從三品。正議、正四品。通議、從四品。朝請、正五品。朝散從五品。等九大夫，建節、正六品。奮武、從六品。宣惠、正七品。綏德、從七品。懷仁、正八品。守義、從八品。奉誠、正九品。立信從九品。等八尉，以爲散職。開皇中，以開府儀同三司爲四品散實官，至是改爲從一品，同漢、魏之制，位次王公。門下省減給事黄門侍郎員，置二人，去給事之名，移吏部給事郎名爲門下之職，位次黄門下。置員四人，從五品，省讀奏案。廢散騎常侍、通直散騎常侍、諫議大夫、散騎侍郎等常員。改符璽監爲郎，置員二人，爲從六品。加録事階爲正八品。以城門、殿内、尚食、尚藥、御府等五局隸殿内省。十二年，又改納言爲侍内。

内史省減侍郎員爲二人，減内史舍人員爲四人。加置起居舍人員二人，從六品。次舍人下。改通事舍人員爲謁者臺職。減主書員，置四人，加爲正八品。十二年，改内史爲内書。

殿内省置監、正四品。少監、從四品。丞，從五品。各一人，掌諸供奉。又有奉車都尉十二人，掌進御輿馬。統尚食、尚藥、尚衣、尚舍、尚乘、尚輦等六局，各置奉御二人，正五品。皆置直長，以貳之。正七品。尚食直長六人，又有食醫員。尚藥直長四人，又有侍御醫、司醫、醫佐員。尚衣即舊御府也，改名之，有直長四人。尚舍即舊殿中局也，改名之，有直長八人。尚乘局置左右六閑：一左右飛黄閑，二左右吉良閑，三左右龍媒閑，四左右騊駼閑，五左右駃騠閑，六左右天苑閑。有直長十四人，又有奉乘十人。尚輦有直長四人，又有掌輦六人。城門置校尉一人，降爲正五品。後又改校尉爲城門郎，置員四人，從六品。自殿内省隸爲門下省官。

秘書省降監爲從二品，增置少監一人。從四品。增著作郎階爲正五品，減校書郎爲十人。改太史局爲監，進令階爲從五品，又減丞爲一人。置司辰師八人，增置監候爲十人。其後又改監、少監爲令、少令。增秘書郎爲從五品，加置佐郎四人，從六品。以貳郎之職。降著作郎階爲從五品。又置儒林郎十人，正七品。掌明經待問，唯詔所使。文林郎二十人，從八品。掌撰録文史，檢討舊事。此二郎皆上在藩已來直司學士。增校書郎員四十人，加置楷書郎員二十人，從九品。掌抄寫御書。

御史臺增治書侍御史爲正五品。省殿内御史員，增監察御史員十六人，加階爲從七品。開皇中，御史直宿禁中，至是罷其制。又置主簿、録事員各二人。五年，又降大夫階爲正四品，減治書侍御史爲從五品；增侍御史爲正七品，唯掌侍從糾察，其臺中簿領，皆治書侍御史主之。後又增置御史，從九品，尋又省。

謁者臺大夫一人，從四品。五年，改爲正四品。掌受詔勞問，出使慰撫，持節察授，及受冤枉而申奏之。駕出，對御史引駕。置司朝謁者二人以貳之。從五品。屬官有丞一人，主簿、録事各一人等員。又有通事謁者二十人，從六品。即内史通事舍人之職也。次有議郎二十四人，通直三十六人，將事謁者三十人，謁者七十人，皆掌出使。其後廢議郎，通直、將事謁者，謁者等員，而置員外郎八十員。尋詔門下、内史、御史、司隸、謁者五司，監受表，以爲恒式，不復專謁者矣。尋又置散騎郎，從五品，二十人，承議郎、正六品。通直郎，從六品。各三十人，宣德郎、正七品。宣義郎，從七品。各四十人，徵事郎、正八品。將仕郎、從八品。常從郎、正九品。奉信郎，從九品。各五十人，是爲正員。並得禄當品。又各有散員郎，無員無禄。尋改常從爲登仕，奉信爲散從。自散騎已下，皆主出使，量事大小，據品以發之。

司隸臺大夫一人，正四品。掌諸巡察。别駕二人，從五品。分察畿内，一人案東都，一人案京師。刺史十四人，正六品。巡察畿外。諸郡從事四十人，副刺史巡察。其所掌六條：一察品官以上理政能不。二察官人貪殘害政。三察豪强姦猾，侵害下人，及田宅踰制，官司不能禁止者。四察水旱蟲災，不以實言，枉徵賦役，及無災妄蠲免者。五察部内賊盜，不能窮逐，隱而不申者。六察德行孝悌，茂才異行，隱不貢者。每年二月，乘軺巡郡縣，十月入奏。置丞、從六品。主簿、從八品。録事從九品。各一人，後又罷司隸臺，而留司隸從事之名，不爲常員。臨時選京官清明者，權攝以行。

光禄已下八寺卿，皆降爲從三品。少卿各加置二人，爲從四品。諸寺上署令，並增爲正六品，中署令爲從六品，下置令爲正七品。始開皇中，署司唯典掌受納，至是署令爲判首，取二卿判。丞唯知勾檢。令闕，丞判。五年，寺丞並增爲從五品。

太常寺罷太祝署，而留太祝員八人，屬寺。後又增爲十人。奉禮減置六人。太廟署又置陵室丞，守視陵室。改樂師爲樂正，置十人。太卜又省博士員，置太卜卜正二十人，以掌其事。太醫又置醫監五人，正十人。罷衣冠、清商二署。

太僕減驊騮署入殿內。尚乘局改龍廄曰典廄署，有左、右駁皂二廄。加置主乘、司庫、司廩官。罷牛羊署。

大理寺丞改爲勾檢官，增正員爲六人，分判獄事。置司直十六人，降爲從六品，後加至二十人。又置評事四十八人，掌頗同司直，正九品。

鴻臚寺改典客署爲典蕃署。初煬帝置四方館於建國門外，以待四方使者，後罷之，有事則置，名隸鴻臚寺，量事繁簡，臨時損益。東方曰東夷使者，南方曰南蠻使者，西方曰西戎使者，北方曰北狄使者，各一人，掌其方國及互市事。每使者署，典護録事、敘職、敘儀、監府、監置、互市監及副、參軍各一人。録事主綱紀。敘職掌其貴賤立功合敘者。敘儀掌小大次序。監府掌其貢獻財貨。監置掌安置其駝馬船車，並糾察非違。互市監及副掌互市。參軍事出入交易。

司農但統上林、太倉、鉤盾、導官四署，罷典農、華林二署，而以平準、京市隸太府。

太府寺既分爲少府監，而但管京都市五署及平準、左右藏等，凡八署。京師東市曰都會，西市曰利人。東都東市曰豐都，南市曰大同，北市曰通遠。及改諸令爲監，唯市署曰令。

國子監依舊置祭酒，加置司業一人，從四品，丞三人，加爲從六品。並置主簿、録事各一人。國子學置博士，正五品，助教，從七品，員各一人。學生無常員，太學博士、助教各二人，學生五百人。先是仁壽元年，省國子祭酒、博士，置太學博士員五人，爲從五品，總知學事。至是太學博士降爲從六品。

將作監改大監、少監爲大匠、少匠，丞加爲從六品。統左右校及甄官署。五年，又改大匠爲大監，正四品，少匠爲少監，正五品。十三年，又改監、少監爲令、少令。丞加品至從五品。

少府監置監，從三品，少監，從四品，各一人。丞從五品，二人。統左尚、右尚、内尚、司織、司染、鎧甲、弓弩、掌治等署。復改監、少監爲令、少令。併司織、司染爲織染署，廢鎧甲、弓弩二署。

都水監改爲使者，增爲正五品，丞爲從七品。統舟楫、河渠二署。舟楫署每津置尉一人。五年，又改使者爲監，四品，加置少監，爲五品。後又改監、少監爲令，從三品，少令，從四品。

長秋監置令一人，正四品，少令一人，從五品，丞二人，正七品。並用士人。改内常侍爲内承奉，置二人，正五品；給事爲内承直，置四人，從五品。並用宦者。罷内謁者官，領掖庭、宮闈、奚官等三署，並參用士人。後又置内謁者員。

十二衛，各置大將軍一人，將軍二人，總府事，並統諸鷹揚府。改驃騎爲鷹揚郎將，正五品；車騎爲鷹揚副郎將，從五品；大都督爲校尉；帥都督爲旅帥；都督爲隊正，增置隊副以貳之。改三衛爲三侍。其直閤將軍、直寢、奉車都尉、駙馬都尉、直齋、别將、統軍、軍主、幢主之屬，並廢。以武候府司辰師員，隸爲太史局官。其軍士，左右衛所領名爲驍騎，左右驍衛所領名豹騎，左右武衛所領名熊渠，左右屯衛所領名羽林，左右禦所領名射聲，左右候衛所領名佽飛，而總號衛士，每衛置護軍四人，掌副貳將軍。將軍無則一人攝。尋改護軍爲武賁郎將，正四品，而置武牙郎將六人，副焉，從四品。諸衛皆置長史，從五品。又有録事參軍，司倉、兵、騎、鎧等員。翊衛又加有親侍。鷹揚府，每府置鷹揚郎將一人，正五品，副鷹揚郎將一人，從五品，各有司馬及兵、倉兩司。其府領親、勳、武三侍，非翊衛府，皆無三侍。鷹揚每府置越騎校尉二人，掌騎士，步兵校尉二人，領步兵，並正六品。外軍鷹揚官並同。左右候衛增置察非掾二人，專糾彈之事。五年，又改副郎將並爲鷹擊郎將。

左右領左右府，改爲左右備身府，各置備身郎將一人。又各置直齋二人，以貳之，並正四品，掌侍衛左右。統千牛左右、司射左右各十六人，並正六品。千牛掌執千牛刀宿衛，司射掌供御弓箭。置長史，正六品，録事，司兵、倉、騎，參軍等員，並正八品。有折衝郎將，各三人，正四品，掌領驍果。又各置果毅郎將三人以貳之，從四品。其驍果，置左、右雄武府雄武郎將，以領之。以武勇郎將爲副員，同鷹揚、鷹擊。有司兵、司騎二局，並置參軍事。

左右監門府，改將軍爲郎將，各置一人，正四品，直閣各六人，正五品。置官屬，並同備身府。又增左右門尉員一百二十人，正六品；置門候員二百四十人，正七品。並分掌門禁守衛。

門下坊減内舍人、洗馬員，各置二人，減侍醫，置二人。改門大夫爲宫門監，正字爲正書。

典書坊改太子舍人爲管記舍人，減置四人，改通事舍人爲宣令舍人，爲八員。家令改爲司府令，内坊承直改爲典直。

左右衛率改爲左右侍率，正四品。改親衛爲功曹，勳衛爲義曹，翊衛爲良曹。罷直齋、直閤員。

左右宗衛率改爲左右武侍率，正四品。

左右虞候開府改爲左右虞候率，正四品，並置副率。

左右内率降爲正五品。千牛備身改爲司仗左右，備身左右改爲主射左右。各員八人。

左右監門率改爲宫門將，降爲正五品。監門直長改爲直事，置六十人。

開皇中，置國王，郡王，國公，郡公，縣公、侯、伯、子、男爲九等者，至是唯留王、公、侯三等。餘並廢之。

王府諸司參軍，更名諸司書佐，屬參軍則直以屬爲名。改國令爲家令。自餘以國爲名者，皆去之。

行宫所在，皆立總監以司之。上宫正五品，中宫從五品，下宫正七品。隴右諸牧，置左、右牧監各一人，以司統之。

罷州置郡，郡置太守。上郡從三品，中郡正四品，下郡從四品。京兆、河南則俱爲尹，並正三品。罷長史、司馬，置贊務一人以貳之。京兆、河南從四品，上郡正五品，中郡從五品，下郡正六品。次置東西曹掾，京兆、河南從五品，上郡正六品，中郡從六品，下郡正七品。主簿，司功、倉、户、兵、法、士曹等書佐，各因郡之大小而爲增減。改行參軍爲行書佐。舊有兵處，則刺史帶諸軍事以統之，至是别置都尉、副都尉。都尉正四品，領兵，與郡不相知。副都尉正五品。又置京輔都尉，從三品，立府於潼關，主兵領遏。並置副都尉，從四品。又置諸防主、副官，掌同諸鎮。大興、長安、河南、洛陽四縣令，並增爲正五品。諸縣皆以所管閑劇及衝要以爲等級。丞、主簿如故。其後諸郡各加置通守一人，位次太守，京兆、河南，則謂之内史。又改郡贊務爲丞，位在通守下，縣尉爲縣正，尋改正爲户曹、法曹，分司以丞郡之六司。河南、洛陽、長安、大興，則加置功曹，而爲三司，司各二人。郡縣佛寺，改爲道場，道觀改爲玄壇，各置監、丞。京都諸坊改爲里，皆省除里司，官以主其事。

帝自三年定令之後，驟有制置，制置未久，隨復改易，其餘不可備知者，蓋史之闕文云。

又　卷一《高祖紀上》　（開皇元年三月）庚子，詔曰：『自古帝王受終革代，建侯錫爵，多與運遷。朕應籙受圖，君臨海内，載懷沿革，事有不同。然則前帝後王，俱在兼濟，立功立事，爵賞仍行。苟利於時，其致一揆，何謂物我之異，無計今古之殊。其前代品爵，悉可依舊。』

《北史》卷一一《隋紀上》　（開皇十五年七月）辛巳制：九品以上官，以理去官者並聽執笏。

（十一月）己丑，詔文武官以四考更代。【略】

唐·杜佑《通典》卷一九《職官一·歷代官制總序》　隋文帝踐極，百度伊始，復廢周官，還依漢魏。其於庶僚，頗有損益，凡官以四考而代。又制，凡官以理去職，聽並執笏。至煬帝，意存稽古，多復舊章。百官不得計考增級，如有德行功能灼然顯著者，擢之。大業三年，始行新令，有三臺、五省、五監、十二衛、十六府。殿内、尚書、門下、内史、秘書，五省也。謁者、司隸、御史，三臺也。少府、長秋、國子、將作、都水，五監也。左右翊、左右驍、左右武、左右屯、左右禦、左右候，十二衛也。左右備身、左右監門等，凡十六府也。或是舊名，或是新置。諸省及左右衛，武候、領軍、監門府爲内官，自餘爲外官。於時天下繁富，四方無虞，衣冠文物爲盛矣。既而漸爲不道，百度方亂，號令日改，官名月易，圖籍散逸，不能詳備。

大唐職員多因隋制，雖小有變革，而大較不異。高祖制：文官遭父母喪者，聽去職。貞觀六年，大省内官，凡文武定員，六百四十有三而已。顯慶元年初制：『拜三師、三公、親王、尚書令、雍州牧、開府儀同三司、驃騎大將軍、左右僕射，並臨軒册授。太子三少、侍中、中書令、諸曹尚書、諸衛大將軍、特進、鎮軍、輔國大將軍、光禄大夫、太子詹事、太常卿、都督及上州刺史在京者，朝堂受册。』又制：『文武官五品以上老及病不因罪解者，並聽同致仕例。』龍朔二年，又改京司及百官之名，改尚書省爲中臺，門下省爲東臺，中書省爲西臺，其餘官司悉改之。咸亨元年復舊。至於武太后，再易庶官，或從宜創號，改尚書省爲文昌臺，門下省爲鸞臺，中書省爲鳳閣，御史臺爲肅政臺及諸寺衛等名，又置控鶴府官員。或參用古典。改六尚書爲天地四時之官。天授二年，凡舉人，無賢不肖，咸加擢拜，大置試官以處之。試官蓋起於此也。試者，未爲正命。凡正官，皆稱行、守，其階高而官卑者稱行，階卑而官高者稱守，階官同者，並無行、守字。太后務收物情，其年二月，十道使舉人，并州石艾縣令王山耀等六十一人，並授拾遺、補闕。懷州録事參軍崔獻可等二十四人，並授侍御史，并州録事參軍徐昕等二十四人，並授著作郎。魏州内黄縣尉崔宣道等二十二人，並授衛佐、校書、御史等。故當時諺曰：『補闕連車載，拾遺平斗量。杷推侍御史，椀脱校書郎。』試官自此始也。於是擢人非次，刑綱方密，雖驟歷榮貴，而敗輪繼軌。神功元年制曰：『自今本色出身，解天文者進轉官不得過太史令，音樂者不得過太樂、鼓吹署令，醫術者不得過尚藥奉御，陰陽卜筮者不得過太卜令，解造食者不得過司膳寺諸署令。』又制：『其有從勳官、品子、流外、國官、參佐、視品等出身者，自今不得任京清顯要等官。若累階應至三品者，不得進階，每一階酬勳兩轉。如先有上柱國者，聽迴授朞以上親。必有異行奇材別立殊效者，不拘此例。』神龍初，官復舊號。凡武太后所改之官。二年三月，又置員外官二千餘人。國初，舊有員外官，至此大增，加兼超授諸閣官爲員外官者，亦千餘人。中書令李嶠，初自地官尚書貶通州刺史，至是召拜吏部侍郎。嶠志欲曲行私惠，求名悦衆，冀得重居相位，乃奏請大置員外官，多引用勢家親識。至是，嶠又自覺銓衡失序，官員倍多，府庫由是減耗也。於是遂有員外、員外官，其初但云員外。至永徽六年，以蔣孝璋爲尚藥奉御，員外特置，仍同正員。自是員外官復有同正員者，其加同正員者，唯不給職田耳，其禄俸賜與正官同。單言員外者，則俸禄減正官之半。檢校、試、攝、判、知之官。攝者，言敕攝，非州府版署之命。檢校者，云檢校某官。判官者，云判某官事。知者，云知某官事。皆是詔除，而非正命。逮乎景龍，官紀大紊，復有『斜封無坐處』之誦興焉。景龍中，有太平、安樂、長寧、宜城等諸公主及皇后陸氏妹郕國夫人、李氏妹崇國夫人并昭容上官氏與其母沛國夫人鄭氏、尚宫柴氏、賀婁氏、女巫隴西夫人趙氏，皆敍用親識，亦多猥濫。或出自臧獲，或由於屠販，多因賂貨，累居榮秩，咸能别於側門降墨敕斜封以授焉，故時人號爲『斜封官』。時既政出多門，遷除甚衆，自宰相至於内外員外官及左右臺御史，多者則數踰十倍，皆無廳事可以處之，故時人謂之『三無坐處』，謂宰相、御史及員外官也。先天以來，始懲其弊。玄宗御極，宰相姚元崇、宋璟兼吏部尚書，大革姦濫，十去其九。時有殿中侍御史崔涖、太子中允薛昭諷帝曰：『先朝所授斜封官，恩命已布，而姚元崇、宋璟等沮先帝之明，歸怨陛下，道路謗讟，天下稱冤。奈何與萬人爲仇敵，恐有非常之變。』上以爲然，乃下詔曰：『諸緣斜封、别敕授官，先令停任，宜並量材敍用。』監察御史柳澤又上疏，極言不可：『其斜封官得免罪戾，已沐恩私。旬月之内，頻煩降旨，前敕令至冬處分，後敕又令替人却停，將何以止姦邪？將何以懲風俗？』至開元二十五年，刊定職次，著爲《格令》。此格皆武德、貞觀之舊制，永徽初已詳定之，至開元二十五年再删定焉。至二十八年，又省文武六品以下官三百餘員及諸流外、番官等。蓋尚書省以統會衆務，舉持繩目。門下省以侍從獻替，規駁非宜。中書省以獻納制册，敷揚宣勞。秘書省以監録圖書。殿中省以供修膳服。内侍省以承旨奉引。尚書、門下、中書、秘書、殿中、内侍，凡六省。御史臺以肅清僚庶。九寺、太常、光禄、衛尉、宗正、太僕、大理、鴻臚、司農、太府爲九寺。五監少府、將作、國子、軍器、都水爲五監。以分理羣司。六軍、左右羽林、左右龍武、左右神武爲六軍。十六衛左右衛、左右驍衛、左右武、左右威、左右領軍、左右金吾、左右監門、左右千牛爲十六衛。以嚴其禁禦。一詹事府、二春坊、有左右春坊，又有内坊，掌閣内諸事。三寺、家令寺、率更寺、太僕寺。十率左右衛、左右司禦、左右清道、左右監門、左右内侍，凡十率府。俾乂儲宫。牧守督護，分臨畿服，京府置牧，餘府州置都督、都護、太守。設官以經之，置使以緯之。按察、採訪等使以理州縣。節度、團練等使以督府軍事。租庸、轉運、鹽鐵、青苗、營田等使以毓財貨。其餘細務因事置使者，不可悉數。其轉運以下諸使，無適所治，廢置不常，故不别列於篇。自六品以下，率由選曹，居官者以五歲爲限。於是百司具舉，庶績咸理，亦一代之制焉。一歲爲一考，四考有替則爲滿。若無替，則五考而罷。六品以下，吏部注擬，謂之旨授。五品以上，則皆敕除。自至德之後，天下多難，甄才録效，制敕特拜，繁於吏部，於是兼試，員外郎，倍多正員。至廣德以來，乃立制限，州縣員外，兼試等官，各有定額。並云：額内溢於限者，不得視職。其有身帶京官冗職，資名清美，兼州縣職者，云占闕焉，卽如正員之例。官以三考而代，無替四考而罷，由是官有常序焉。

又《職官一·設官沿革》 隋：左右武候府大將軍、大唐爲金吾衛。左右監門府將軍。大唐改府爲衛。大總管。通守。佐太守。折衝府。正議、通議、朝議、朝請、朝散等大夫。左右驍衛府。大唐除府字。

大唐：太子賓客。漢之四皓，非官。左右千牛衛、左右屯營、後改爲羽林軍，嘗改爲衛。左右威衛、嘗改左右豹韜衛。左右龍虎將軍。平章事、知政事、參知機務、同中書門下三品、平章軍國重事。節度使、採訪使。宣威、武散。懷化、歸德等將軍。並武散，以授歸義蕃官。

《舊唐書》卷四二《職官一》 高祖發迹太原，官名稱位，皆依隋舊。及登極之初，未遑改作，隨時署置，務從省便。武德七年定令：以太尉、司徒、司空爲三公；尚書、門下、中書、秘書、殿中、内侍爲六省；次御史臺；次太常、光禄、衛尉、宗正、太僕、大理、鴻臚、司農、太府爲九寺；次將作監；次國子學；次天策上將府；次左右衛、左右驍衛、左右武衛、左右領軍、左右候、左右監門、左右屯、左右領爲十四衛府。東宫，置三師、三少、詹事府、門下典書兩坊；次内坊；次家令、率更、僕三寺；次左右衛率府、左右宗衛率府、左右虞候率府、左右監門率府、左右内率府爲十率府。王公以下置府佐國官。公主置邑司已下。並爲京職事官。州縣、鎮戍、岳瀆、關津爲外職事官。

又以開府儀同三司、從一品。特進、正二品。左光禄大夫、從一品。右光禄大夫、正二品。散騎常侍、從三品。太中大夫、正四品。通直散騎常侍、正四品。中大夫、從四品上。員外散騎常侍、從四品下。中散大夫、正五品上。散騎侍郎、正五品下。通直散騎侍郎、從五品上。員外散騎侍郎、從五品下。朝議郎、承議郎、正六品。通議郎、通直郎、從六品。朝請郎、宣德郎、正七品。朝散郎、宣義郎、從七品。給事郎、徵事郎、正八品。承奉郎、承務郎、從八品。儒林郎、登仕郎、正九品。文林郎、將仕郎、從九品。並爲文散官。

輔國、正二品。鎮軍、從二品。二大將軍，冠軍、正三品。雲麾、從三品。忠武、壯武、宣威、明威、信遠、游騎、游擊自正四品上至從五品下。十將軍，爲散號將軍，以加武士之無職事者。改上開府儀同三司爲上輕車都尉，開府儀同三司爲輕車都尉，儀同三司爲騎都尉，秦王、齊王下統軍爲護軍，副統軍爲副護軍，上大都督爲驍騎尉，大都督爲飛騎尉，帥都督爲雲騎尉，都督爲武騎尉，車騎將軍爲游騎將軍。親衛驃騎將軍爲親尉中郎將，其勳衛驃騎準此。親衛車騎將軍爲親衛中郎將，其勳衛、翊衛車騎並準此。監門府郎將爲監門中郎將，領左右郎將準此。諸軍驃騎將軍爲統軍，其秦王、齊王下領三衛及庫直、驅咥直、車騎並準此。諸軍車騎將軍爲別將。其散官文騎尉爲承議郎，屯騎尉爲通直郎，雲騎尉爲登仕郎，羽騎尉爲將仕郎。

武德九年，罷天策上將府。

貞觀元年，改國子學爲國子監，分將作爲少府監，通將作爲三監。八年七月，始以雲麾將軍爲從三品階。九月，以統軍正四品下，別將正五品上。十一年，改令置太師、太傅、太保爲三師。其三公已下，六省、一臺、九寺、三監、十二衛、東宫諸司，並從舊定。又改以光禄大夫爲從二品，金紫光禄大夫爲正三品，銀青光禄大夫爲從三品，正議大夫爲正四品上，通議大夫爲正四品下，太中大夫爲從四品上，中大夫爲從四品下，中散大夫爲正五品上，朝議大夫爲正五品下。朝請大夫爲從五品上，朝散大夫爲從五品。其六品下，唯改通議郎爲奉議郎，自餘依舊。更置驃騎大將軍，爲從一品武散官；輔國、鎮軍二大將軍，爲從二品武散官；冠軍將軍加大字；及雲麾已下，游擊已上，改爲五品已上武散官。又置昭武、振威、致果、翊麾、宣節、禦武、仁勇、陪戎八校尉副尉，自正六品至從九品，上階爲校尉，下階爲副尉。爲六品已下武散官。

凡九品已上職事，皆帶散位，謂之本品。職事則隨才録用，或從閑入劇，或去高就卑，遷徙出入，參差不定。散位則一切以門蔭結品，然後勞考進敍。《武德令》，職事高者解散官，欠一階不至爲兼，職事卑者，不解散官。《貞觀令》，以職事高者爲守，職事卑者爲行，仍各帶散位。其欠一階，依舊爲兼，與當階者，皆解散官。永徽已來，欠一階者，或爲兼，或帶散官，或爲守，參而用之。其兩職事者亦爲兼，頗相錯亂。其欠一階之兼，古念反。其兩職事之兼，古恬反。字同音異耳。咸亨二年，始一切爲守。

自高宗之後，官名品秩，屢有改易。今録永泰二年官品。其改易品秩者，注於官品之下。若改官名及職員有加減者，則各附之於本職云。

唐初因隋號，武德三年三月，改納言爲侍中，内史令爲中書令，給事郎爲給事中，内書省爲中書省。

貞觀二十三年六月，改民部尚書爲户部尚書。七月，改治書侍御史爲御史中丞，改諸州治中爲司馬，別駕爲長史，治禮郎爲奉禮郎。

顯慶元年，改户部尚書爲度支尚書，侍郎爲度支侍郎。又置驃騎大將軍員，從一品。

龍朔二年二月甲子，改百司及官名。改尚書省爲中臺，僕射爲匡政，左右丞爲肅機，左右司郎中爲丞務，吏部爲司列，主爵爲司封，考功爲司績，禮部爲司禮，祠部爲司禋，膳部爲司膳，主客爲司蕃，户部爲司元，度支爲司度，倉部爲司倉，金部爲司珍，兵部爲司戎，職方爲司域，駕部爲司輿，庫部爲司庫，刑部爲司刑，都官爲司僕，比部爲司計，工部爲司平，屯田爲司田，虞部爲司虞，水部爲司川，餘司依舊。尚書爲太常伯，侍郎爲少常伯，郎中爲大夫。中書門下爲東西臺。侍中爲左相，黄門侍郎爲東臺侍郎，給事中爲東臺舍人，散騎常侍爲左右侍極，諫議大夫爲正諫大夫。中書令爲右相，侍郎爲西臺侍郎，舍人爲西臺舍人。秘書省爲蘭臺，監爲太史，少監爲侍郎，丞爲大夫。著作郎爲司文郎，太史令爲秘閣郎中。御史臺爲憲臺，御史大夫爲大司憲，御史中丞爲司憲大夫。殿中省爲中御府，丞爲大夫。尚食爲奉膳，尚藥爲奉醫，尚衣爲奉冕，尚舍爲奉扆，尚乘爲奉駕，尚輦爲奉御，並爲大夫。内侍省爲内侍監。太常爲奉常，光禄爲司宰，衛尉爲司衛，宗正爲司宗，太僕爲司馭，大理爲詳刑，正爲大夫。鴻臚爲司文，司農爲司稼，太府爲外府，卿並爲正卿。少府監爲内府監。將作監爲繕工監，大匠爲大監，少匠爲少監。國子監爲司成館，國子祭酒爲大司成，司業爲少司成，博士爲宣業。都水爲司津監。左右衛府、左右驍衛府、左右武衛府，並除府字。左右屯衛府爲左右威衛，左右領軍衛爲左右戎衛，武候爲金吾衛，千牛爲奉宸衛，屯營爲羽林軍。詹事爲端尹府，門下、典書爲左右春坊，左右庶子爲左右中護，中允爲左贊善大夫，洗馬爲司經大夫，中舍人爲右贊善大夫。家令寺爲宮府寺，率更寺爲司更寺，僕寺爲馭僕寺，長官並爲大夫。左右衛率府爲典戎衛，左右宗衛率府爲禦衛，左右虞候率府爲清道衛，監門率府爲崇掖衛，内率府爲奉裕衛。

七日，又制廢尚書令，改起居郎爲左史，起居舍人爲右史，著作佐郎爲司文郎，太史丞爲秘閣郎，左右千牛爲奉宸，司議郎爲左司議郎，太子舍人爲右司議郎。典膳、藥藏、内直監、宮門大夫，並改爲郎。太子千牛爲奉裕。

總章二年置司列、司戎少常伯各兩員。

咸亨元年十二月詔：龍朔二年新改尚書省百司及僕射已下官名，並依舊，其東宮十率府，有異上臺諸衛，各宜依舊爲率府。其左司議郎除左字。其左右金吾、左右威衛，依新改。

永淳元年七月，置州別駕。

光宅元年九月，改尚書省爲文昌臺，左右僕射爲文昌左右相，吏部爲天官，户部爲地官，禮部爲春官，兵部爲夏官，刑部爲秋官，工部爲冬官，門下省爲鸞臺，中書省爲鳳閣，侍中爲納言，中書令爲内史。太常爲司禮，鴻臚爲司賓，宗正爲司屬，光禄爲司膳，太府爲司府，太僕爲司僕，衛尉爲司衛，大理爲司刑，司農依舊，左右驍衛爲左右威衛，左右武衛爲左右鷹揚衛，左右威衛爲左右豹衛，左右領軍衛爲左右玉鈐衛，左右金吾衛依舊，御史臺改爲左肅政臺，專知京百官及監諸軍旅，並承詔出使。更置右肅政臺，專知諸州案察。

垂拱元年二月，改黄門侍郎爲鸞臺侍郎，文昌都省爲都臺，主爵爲司封，秘書省爲麟臺，内侍省爲司宮臺，少府監爲尚方監。其左右尚方兩署除方字。將作監爲營繕監，國子監爲成均監，都水監爲水衡監，其詹事府爲宮尹府，詹事爲太尹，少詹事爲少尹。左右内率府爲左右奉裕率府，千牛爲左右奉裕，左右監門率府爲左右控鶴禁率府，諸衛鎧曹改爲胄曹，司膳寺餚藏署改爲珍羞署。十月，增置天官侍郎二員。又置左右補闕、拾遺各二員。

三年，加秋官侍郎一員。

永昌元年，置左右司員外郎各一員。

天授二年，增置左右補闕、拾遺各三員，通滿五員。

長壽二年，增夏官侍郎三員。

大足元年，加營繕少匠一員，左右羽林衛各增置將軍一員，洛、雍、并、荆、揚、益六州，置左右司馬各一員。

長安三年，增置司勳員外郎一員，地官依舊置侍郎一員，洛、并及三大都督府司馬宜依舊置一員。

神龍元年二月，臺閣官名，並依永淳已前故事。廢左右司員外郎，左右千牛衛各置大將軍一員。東都置太廟官吏，增置太常、大理少卿各一員。二年，又置員外郎凡一千餘人。超授闕官七品已上員外者又千餘人。十二月，復置左右司員外郎各一員。

景雲二年，復置太子左右諭德、太子左右贊善大夫各兩員。雍、洛及大都督府長史加爲三品階，別駕致敬，依前。

太極元年，光禄、大理、鴻臚、太府、衛尉、宗正，各增置少卿一員。秘書少監、國子司業、少府少監、將作少匠、左右臺中丞，各增置一員。雍、洛二州及益、并、荆、揚四大都督府，各增置司馬一員，分爲左右司馬。

開元元年十二月，改尚書左右僕射爲左右丞相，中書省爲紫微省，門下省爲黄門省，侍中爲監。雍州爲京兆府，洛州爲河南府。長史爲尹，司馬爲少尹，録事參軍爲司録參軍，餘司改司爲曹。五年九月，紫微省依舊爲中書省，黄門省爲門下省，黄門監爲侍中。二十四年九月，改主爵爲司封。

天寶元年二月，侍中改爲左相，中書令改爲右相，左右丞相依舊爲僕射，黄門侍郎爲門下侍郎。改州爲郡，刺史爲太守。十一載正月，改吏部爲文部，兵部爲武部，刑部爲憲部。其行内諸司有部者並改：改駕部爲司駕，改庫部爲司庫，金部爲司金，倉部爲司儲，比部爲司計，祠部爲司禋，膳部爲司膳，虞部爲司虞，水部爲司水。將作大匠爲監，少匠爲少監。

至德二載十二月敕：『近日所改百司額及郡名并官名，一切依故事。』於是侍中、中書令、兵吏部等並仍舊。罷郡爲州，復以太守爲刺史。

《新唐書》卷四六《百官志一》 唐之官制，其名號禄秩雖因時增損，而大抵皆沿隋故。其官司之別，曰省、曰臺、曰寺、曰監、曰衛、曰府，各統其屬，以分職定位。其辯貴賤、敍勞能，則有品、有爵、有勳、有階，以時考覈而升降之，所以任羣材、治百事。其爲法則精而密，其施於事則簡而易行，所以然者，由職有常守，而位有常員也。方唐之盛時，其制如此。蓋其始未嘗不欲立制度、明紀綱爲萬世法，而常至於交侵紛亂者，由其時君不能慎守，而徇一切之苟且，故其事愈繁而官益冗，至失其職業而卒不能復。

初，太宗省内外官，定制爲七百三十員，曰：『吾以此待天下賢材，足矣。』然是時已有員外置，其後又有特置，同正員。至於檢校、兼、守、判、知之類，皆非本制。又有置使之名，或因事而置，事已則罷，或遂置而不廢。其名類繁多，莫能偏舉。自中世已後，盜起兵興，又有軍功之官，遂不勝其濫矣。故採其綱目條理可爲後法，及事雖非正後世遵用因仍而不能改者，著於篇。

宋·陸游《南唐書》卷三 開寶五年春正月，國主下令，貶損儀制，改詔爲教，中書、門下省爲左、右内史府，尚書省爲司會府，御史臺爲司憲府，翰林院爲文館，樞密院爲光政院，大理寺爲詳刑院，客省爲延賓院，官號亦從改易，以避中朝。初，金陵殿闕皆設鴟吻，元宗雖臣於周，猶如故，乾德後遇中朝使至，則去之，使還復設，至是遂去不復用。降諸弟封王者皆爲公，從善楚國，從鎰江國，從謙鄂國。内史舍人張佖知禮部貢舉，放進士楊遂等三人。清耀殿學士張洎言佖多遺才，國主命洎考遺不中第者，於是又放王倫等五人。

宋·王讜《唐語林》卷八 官銜之名，蓋興近代。當時選曹補授，須存資歷，聞奏之時，先具舊官名品于前，次書擬官于後，使新舊相銜不斷，故曰『官銜』，亦曰『頭銜』。所以名爲『銜』者，言如人口銜物，取其連續之意。又如馬之有銜以制其首，前馬已進，後馬續來，相次不絶者，古人謂之『銜尾相續』，即其義也。【略】

高宗朝改門下省爲東臺，中書爲西臺，尚書省爲文昌臺，故御史臺呼南臺。南朝同。武后朝，御史有左、右肅政之號，當時亦謂之左臺、右臺，則憲府未曾有東臺、西臺之稱，惟俗間呼在京爲西臺，東都爲東臺。李棲筠爲御史大夫，後人不名者，呼爲『西臺』，不知出何故事？豈以其名上有『棲』字故邪？趙璘歷祠部郎，同舍多以祠曹爲目，璘因質之曰：『祠部，改後唯有職祠、司禋二號，無祠曹之名。』爲以後漢疎寵辟司徒府，轉爲辭曹，掌天下獄訟，其平決無不厭伏，又晉朝荆州人爲羊祜諱嫌名，改戶曹爲祠曹，故誤呼耳。

清·錢大昕《廿二史考異》卷三三《隋書一·百官志中》 周太祖命尚書令盧辯制六官，以魏恭帝三年始命行之。所設官名，訖於周末，多所改更。並見《盧傳》，不復重序云。案：《周書》載官制名號數於《盧辯傳》，以本書無志，故存其事於《傳》中也。及長孫無忌等承詔爲

《五代志》，事從其類，宜改入《百官志》，不當闕其文而取徵於列傳矣。其後《五代志》編入《隋書》，此語猶仍不改。書别兩朝，文取互見，揆之體裁，詎爲允當？且周末改更之制，《傳》未悉載，不得云『并見《盧傳》』也。

又《百官志下》 上中州，減上州吏屬十二人。王懋竑曰：隋文帝父名忠，并『中』字亦諱之。侍中改爲納言，中書省改爲内史，殿中改爲殿内，中舍人、中常侍、中謁者俱改爲『内』，皆其顯然可考者。而上中州、中上州、中中州、中下州之類仍作『中』，此必非當時本文。或史官以其不辭而改之也。

論説

唐·柳宗元《柳河東集》卷三《論·守道論》 或問曰：『守道不如守官，何如？』對曰：『是非聖人之言，傳之者誤也。官也者，道之器也，離之非也。未有守官而失道，守道而失官之事者也。是固非聖人之言，乃傳之者誤也。夫皮冠者，是虞人之物也。物者，道之準也。守其物，由其準，而後其道存焉。苟舍之，是失道也。凡聖人之所以爲經紀，爲名物，無非道者。命之曰「官」，官是以行吾道云爾。是故立之君臣、官府、衣裳、輿馬、章綬之數，會朝、表著、周旋、行列之等，是道之所存也。則又示之典命、書制、符璽、奏復之文，參伍、殷輔、陪臺之役，是道之所由也。則又勸之以爵禄、慶賞之美，懲之以黜遠、鞭扑、梏拲、斬殺之慘，是道之所行也。故自天子至于庶民，咸守其經分，而無有失道者，和之至也。失其物，去其準，道從而喪矣。易其小者，而大者亦從而喪矣。古者居其位思死其官，可易而失之哉。《禮記》曰：道合則服從，不可則去。《孟子》曰：有官守者，不得其職則去。然則失其道而居其官者，古之人不與也。是故在上不爲抗，在下不爲損。矢人者不爲不仁，函人者不爲仁。率其職，司其局，交相致以全其工也。易位而處，各安其分，而道達於天下矣。且夫官所以行道也，而曰守道不如守官，蓋亦喪其本矣。未有守官而失道，守道而失官者也。是非聖人之言。傳之者誤也，果矣。』

唐·李紳《追昔遊集》卷一《請定四品官制奏》 據《六典》：隋置諫議大夫七人，從四品上。大曆二年，升門下侍郎爲正三品，兩省遂闕四品，建官之道，有所未周。《詩》云：『衮職有闕，仲山甫補之。』周漢大臣。願入禁闈，補過拾遺。張衡爲侍郎，爲居帷幄，從容諷諫。此皆大臣之任。故其秩峻，其行重，則敬其言而行其道。況謇諤之地，宜老成之人，秩未優崇，則難用耆德。其諫議大夫，望依隋氏舊制，升爲從四品，分爲左右，以備兩省四品之闕，向後與丞郎出入疊用，以重其選。又御史中丞爲大夫之貳，緣大夫秩崇，官不常置，中丞爲憲臺之長。今寺監、少卿、少監、司業、少尹，並爲寺署之貳，皆爲四品，中丞官名至重，見秩未崇，望升爲從四品。

宋·李昉等《文苑英華》卷七六五《蔣防〈吏部議〉》 議曰：吏部擇才用之地，職在辨九流之清濁，擇四科之邪正，推忠良而進英傑，舉廉直而黜不職。夫天生萬民，樹之以元后；元后不能以獨任，故委之以羣吏；羣吏不能以自達，故繫之以選部。選部者，風化之本源，人倫之砥礪也。《書》曰：『知人則哲，能官人安民則惠。』哲與惠，其選部之志歟！所謂羣吏者，君之耳目。君以衆耳聽天下之哀樂，則無遠不聞矣；君以衆目視天下之得失，則無遠不見矣。若以耳不爲君之聰，目不爲君之明，非羣吏之過。抑亦選部之過，其故何也？背輪轅之用，雜賢愚之迹，以至於此也。夫聖人求賢良而授之政事，非徒貴賢良之德義，蓋重元元之性命也。今之有司，罕通其意。每歲調天下之士，但考其書判，據其資爲之品第，授之禄秩。先訪私家利便，次論俸錢之厚薄。多士盈庭而自售，若衆賈之徒市焉。豈銓綜人物，品藻英髦之所在也！是以天下百姓未臻於和樂者，職此之由矣。夫以一鏡之明，而照天下之形者，固難盡其妍媸，以一衡之平，而稱天下之輕重者，固難定其毫釐矣。今每歲選人，請委州府長史先研其迹行，次考其渝濫。曾理務者，以恪勤廉慎爲一科；處丘園者，以孝悌貞良爲一科。著此二科，然後申送主司，按其詞而閲其材。材與行必良，則試之以理要，可觀則從而禄之，其郡府長史當校其殊考。若材行相反，朋黨相資則從而黜之，其郡府長史亦書以下考材。如此則天下之共公於選吏，吏部郎亦不敢私於天下矣。俾夫人顧行，行顧材，材顧禄，禄無虚授，人無苟得，廉耻之化行，貪競之風息矣。恭聞十目所視，十手所指，猶是非可辨，賢愚可驗。況用天下之目乎，況用天下之手乎？率是道而寮寀不得其人，風俗不致和平者，未之有也。謹議。

又《蔣防〈兵部議〉》　議曰：弧矢之利，以威天下，其來尚矣。仲尼有云：不教民戰，是謂棄之。蓋用仁義爲之本，籌略爲之次，果敢爲之末。故曰齊之技擊，不可以遇魏之武卒；魏之武卒，不可以直秦之鋭士；秦之鋭士，不可以當桓文之節制；桓文之節制，不可以敵湯武之仁義。所謂善師者不陣，善陣者不戰，蓋有自矣。今之有司，不曾端其本，而徒襲其末。取天下之士，以懸的布埒爲之標準，捨矢之中否，跨馬之遲速，以貌第其人，升降其秩。豈暇全武之七德、射之五善者歟！及國家有邊境之虞，則被之以甲冑，授之以弓矢，駈以就役。當數倍之師，不能屠名城、克强敵者何也？在司武之不經，擇士之無本矣。孫吳者，兵家之首足，不可以（行）［廢］也。今孫吳之術，卷而不張，徒以干戈爲擇士之器，何異夫無首而冠，肘足而履哉！今請天下應兵部舉選者，各習兵書一藝，然後試以弓矢，復其武弁，所謂智勇兼資，材略並運。仁義之師，復行於湯武之代，豈惟式遏寇虐，震怛戎虜者哉！謹議。

宋·孫甫《唐史論斷》卷上《定朝廷之制》　論曰：太宗定天下之功，天擅神武英才不待贊論而赫赫於無窮矣。其朝廷之制，又如是宜乎。貞觀之治也，夫定官之員不務多，而務擇賢則不賢者，安得用矣？大臣議事，使諫官、御史、史官並從而入，或正其失，或糾其非，或書其過，則大臣安敢不正議矣？諸司長官正衙奏事，使衆臣共聞之。屬官不得奏本司。外事，非至公之事人不敢言，則陰邪之事自絶矣。踈賤之人言事者，令門下司引奏，又置立仗馬以備急事，則天下之情無不達矣。內侍皆黄衣給事宫掖，則姦人無所附而事權不假於人矣。數者皆朝廷大法，爲人君者，能遵行之。雖未能及貞觀之治，朝廷必尊而天下可治也。何哉？官少而賢，必擇之精也。大臣不敢曲議，必聽之明也。諸司官無邪言，必制之公也。言事者無壅而人情盡達，必采之詳也。內侍不預事，必制之嚴也。數者非太宗英睿不能盡其道，人君資性至此者，鮮矣！然設官少而務擇賢，使諫官輩預聞大臣之議而救其失，諸司奏事明陳於庭，使賤者言事無壅，不任內侍以事，必久其制而力行之，雖不逮太宗之英睿，朝廷豈不尊，天下豈不治也？

宋·陳藻《樂軒集》卷八《唐官制》　唐之官制因于隋，所損益可知也。其名大易於龍朔，而武后又大易之天寶，有改者而全復於至德。孔子曰：『名不正，則言不順。』夫易之、改之、復之，名以正而言以順者誰乎？且宰相雖宅百揆，而唐之名常不正，況其他哉！貞觀以來，以他官居宰相。開元而後，以宰相領他官。此其故何耶？噫！人主之職論一相，而相之職則論百官。唐之人主不知論相矣，其相果能論官乎？且六部屬尚書省矣，而又分總于左右丞，何耶？御史別立臺矣，而左右諫議、拾遺、補闕止分屬於門下、中書二省，何耶？周人之事盡掌於六官，唐之六部是也。況部皆有屬，釐之爲二十四，此其包括天下之事，無遺矣。加之以九寺，贅也。矧因之以五監乎？臺一也。而院有三，察有六，何也？至衛有十六，何所取義？常參、六參、九參，其別又如何耶？品爵、勳階、員外置特置同正員，檢校兼守制置，又何謂也？東宫王府，古有官屬奚哉？七公主之有官屬耶？中書舍人參酌獄院御史中丞，俄兼户部，此又何制也？常侍賓客十其六可罷，左右贊善三十，其二十可罷，李泌常條奏中朝官如是矣。外之官冗卽此而推如何耶？雖然，吾之信史然耳。書不可盡信，史可盡信歟？史記同中書、門下三品，謂起于李勣，又謂始於長孫無忌，而張文瓘則又三品入銜之所自始也。夫記一宰相已舛矣，況他官乎？

宋·曹彦約《經幄管見》卷三　唐官制雖重內輕外，然節度、觀察有闕，則近臣爲之，往往多著顯效，如裴度、李德裕之徒，治軍治民皆有實政。蓋唐世不妄辟客，必須有物望之人。其辟客，又皆參軍事，耳目習熟，識其施設，及至選用出鎮，易以辨集，非如後世書生，平日不習兵法，州縣僚屬未嘗與聞軍事。

清·顧炎武《日知録》卷九《宗室》　漢唐之制，皆以宗親與庶姓參用。入爲宰輔，出居牧伯者，無代不有。【略】

唐玄宗開元二十五年五月辛丑，命有司選宗子有才者。宗正薦四從叔前奉天令知正，四從叔前祁縣令志遠，五從弟雒陽尉遇，六從弟酸棗丞良，五從弟武進尉朏，五從侄鄭縣尉瞻，五從侄前宋州參軍承嗣，皆授臺省官，及法官、京縣官。詔曰：『至公之用，本無偏黨，惟善所在，豈隔親疏？四從叔知正等，咸有才名，見推公族，秉惟清之操，兼致遠之資。朕每慮同盟，不勤于德，常縣右職，以勸其從。先委宗卿，精爲內舉，量能考行，歷在踰時，名數則多，升聞益寡，光膺是選，諒在得人，固可擢以清要，遷於臺閣，將觀志於七子，冀藉名於八人。《書》不云乎：「九族既睦，平章百姓。」凡今懿戚，可不慎與？違道漫常，義無私於王法；修身效節，恩豈薄於他人。期於帥先，勵我風俗，深宜自勉，以副明言。」天寶三年正月，詔皇五等以下親及九廟子孫，有材學政理，委宗正寺揀擇聞薦。憲宗元和二年詔略同。德宗貞元二年八月，以睦王府長史嗣虢王則之爲左金吾大將軍。謂宰臣曰：『朕不欲獨用外戚，故選宗室子有才行者奬拔之。』昭宗乾寧二年六月丁亥朔，以京兆尹嗣薛王知柔，兼户部尚書判度支。兼諸道鹽鐵轉運等使。制曰：『支度牢籠之務，弛張經制之宜，當擇通才，俾繼成績。僉曰叔父，膺予簡求，匪私吾宗，示張王室。』故終唐之世，有宰相十一人。鄆王房有林甫、回，鄭王房有程、石、福，小鄭王房有勉，夷簡、宗閔，恒山王房有適之，吳王房有峴，惠宣太子房有知柔。而舊史贊之曰：『我宗之英，曰皋嗣曹王與勉。』【略】

唐末，屯田郎中李衡作《皇室維城録》，其有感于宗枝之不振乎！史言：『自玄宗以後，諸王不出田，不分房。』蓋自永王璘擧兵，而人主疏忌其兄弟矣。使得自封功名，如曹王皋者三五人參錯天下爲牧帥，亦何至大盜覆都，疆臣問鼎，而十六宅諸王，立戮於逆監之手也。

清·王夫之《讀通鑑論》卷二〇《唐高祖·八》 唐初定官制，三公總大政於上，六省典機務於中，九寺分庶政於下，其後沿革不一，而建國之規模，於此始基之矣。一代興，立一代之制，或相師，或相駁，乃其大要，分與合而已。周建六官，純乎分也，秦統以一相一尉而合，漢承之而始任丞相，後任大將軍，專合於一，而分職者咸聽命焉。唐初之制，三公六省與九寺之數相匹，所重在合，而所輕在分。於九寺之上，制之以六省，六省之上，涖之以三公，統攝之者層纍相仍，而分治者奉行而已，長短以時移，得失各有居也。然而唐多能臣，前有漢，後有宋，皆所不逮，則勸奬人才以詳治理，唐之斟酌於周者，非不審也。

國家之務，要不出於周之六官，分其事而各專其職，所以求詳於名實也；因名責實，因實課功，無所諉而各效其當爲，此綜核之要術也。然而有未盡善者存焉，官各有司，司各有典，典各有常，而王之聽治，綜其實，副其名，求無過而止；因循相襲，以例爲師，苟求無失，而敬天勤民、對時育物、揚清激濁、移風善俗之精意，無與消息以變通之。實可稽也，不必其順乎理；名可副也，不必其協於實；於是而任國家之大政者，且如府史之飾文具以求免謫，相爲緣飾，以報最於一人之聽覩，而人亦不樂盡其才。故周制使冢宰統六典以合治之，而冢宰既有分司，又兼五典，則大略不失，亦不能於文具之外，斟酌人情、物理、天時、事變之宜，與賢不肖操心同異之隱，以求詳於法外，自非周公之才，亦畫諾坐嘯而已。於是而知唐初之制，未嘗不善也。

六省者，皆非有執守者也，而周知九寺之司；三公者，雖各有統也，而兼領六省之治；九寺各以其職循官守、副期會、依成法以奉行，而得失之衡，短長之度，彼此相參以互濟。與夫清濁異心，忠佞異志，略形迹以求眞實之利病，則既以六省秉道而酌之，又有三公持綱而定之，互相融會以求實濟於宗社生民之遠圖。豈循名按實、緣飾故例、以苟免於廢弛之誅者，所能允協於宗社生民之大計哉？故責名實於分者，詳於法而略於理；重辨定於合者，法或略而理必詳。不責人以守法拘文之故轍，而才可盡；能會通於度彼參此之得失，而智日生。於是乎人勸於天下之務，而恥爲塗飾，以下委於諳習法律之胥史，致令天下成一木偶衣冠、官廚酒食之吏治，則唐之多能臣也，其初制固善也。

夫郡縣之天下，其治九州也，天子者一人也，出納無諷議之廣，折中無論道之司，以一人之耳目心思，臨六典分司之煩冗，即有爲之代理者，一二相臣而止，幾何不以拘文塞責、養天下於痿痺，而大姦巨猾之胥史，得以其文亡害者、制宗社生民之命乎？國家之事，如指臂之無分體也；夫人之才，如兩目之互用，交相映而合爲一見也。取一體而分責之，無所合以相濟，將司農不知司馬之緩急，司馬不知司農之有無，競於廷而僨於邊，所必然者。刑與禮爭而教衰，撫字與催科異而政亂，事無以成，民無以靖，是猶鼻不擇味，口不擇香，背擁重纊而不恤胸之寒，雖有長才，徒爲太息，固將翺翔於文酒琴弈之中，而不肖者持禄容身，不復知有清議，賢愚無別，誰復戮力以勤王事哉？是故三公六省無專職，而盡聞國政以佐天子之不逮，國多才臣，而雖危不亡，唐之所以立國二百餘年，有失國之君，而國終存，高祖之立法持之也。

後世合六官而聞政者，臺省也，乃職在糾參，則議論失平，而無先事之裁審；聯六官而佐治者，寺監也，乃仰承六官，則任愈析，而專一職之節文；故言愈棼而才愈困。鑑古酌今，以通天下之志而成其務，非循名責實泥已迹者之所與知久矣。

清・嵇璜等《續通志》卷一三〇《職官一・案語》 唐自肅宗至德以後，藩鎮日重，名器漸紊。五代事多草創，至宋神宗元豐間，更定官制，猶存《六典》之遺意。然損益多寡，不必盡合于唐矣。

清・王鳴盛《十七史商榷》卷八一《新舊唐書一三・舊官志敘首》 唐制多卑官得高階，唯正一品只有太師、太傅、太尉、太保、司徒、司空，此皆三公也，卻無階，當時爲三公者借用從一品，開府儀同三司爲階官，尊階反卑，李涪刊誤卷上辨之，以爲『漢安帝以車騎將軍鄧騭爲開府儀同三司，謂別開一府，得比三公。皇唐既用開府爲散階，而拜三公者反以開府爲階，得不乖舛。若以疇賞勳伐名數，宜絲秩，至三公何須以階爲盛』，李說是。其又無勳者，疑卽借用正二品上柱國爲勳，上柱國乃勳之最高者，唐制勳既無定，有以至卑之官兼此勳者，且階既以尊兼卑勳，似可以此例也。

又《司馬温公論唐宋官制》 司馬温公作《百官表》已佚，《文獻通考》第二百二卷《經籍考》采其自序云：【略】愚謂司馬氏言大將軍告身易一醉，此言官之濫；杜氏言柱國值三十頃，此言勳之濫；洪氏言銀青與里長等，此言階之濫。蓋唐官制至五代益亂，宋沿五代之弊，是以官職差遣，化一爲三，不勝其煩，而階勳爵邑之類，徒設空文，皆無實事。

藝文

唐・張說《張燕公集》卷二附《明皇御製探得風字》 乾道運無窮，恒將人代工。陰陽調曆象，禮樂報玄穹。介冑清荒外，衣冠佐域中。言談延國輔，詞賦引文雄。野霽伊川緑，郊明鞏樹紅。冕旒多暇景，詩酒會春風。

又 卷四《明皇御製〈左丞相說、右丞相璟、太子少傅乾曜同日上官命宴東堂賜詩〉》 赤帝收三傑，黄軒舉二臣。由來丞相重，分掌國之鈞。我有握中璧，雙飛席上珍。子房推要道，仲子訏風神。復綴台衡老，將爲調護人。鵷鸞同拜日，車騎擁行塵。樂聚南宮宴，觴連北斗醇。俾予成百揆，垂拱問彝倫。

唐・元結《次山集》卷三《忝官引》 天下昔無事，僻居養愚鈍。山野性所安，熙然自全順。忽逢暴兵起，閭巷見軍陣。將家瀛海濱，自棄同芻糞。往在乾元初，聖人啓休運。公車詣魏闕，天子垂清問。敢誦王者箴，亦獻當時論。朝廷愛方直，明主嘉忠信。屢授不次官，曾與專征印。兵家未曾學，榮利非所徇。偶得凶醜降，功勞愧分寸。爾來將四歲，慙耻言可盡。請取冤者辭，爲吾忝官引。冤辭何者苦，萬邑餘灰燼。冤辭何者悲，生人盡鋒刃。冤辭何者甚，力役遇勞困。冤辭何者深，孤弱亦哀恨。無謀救冤者，禄位安可近。而可愛軒裳，其心又干進。此言非作戒，此言敢貽訓。實欲辭無能，歸耕守吾分。

宋・李昉等《文苑英華》卷二九〇《崔湜〈江州員外司馬尋拜襄州刺史春日赴襄陽途中言志〉》 余本燕趙人，秉心愚且直。羣籍備所見，孤貞每自飭。狥禄期代耕，受任亦量力。幸逢休明時，朝野兩薦推。一朝趨金門，十載奉瑤墀。入掌遷固筆，出參枚馬詞。吏部既三踐，中書亦五朞。進無負鼎說，退慙補袞詩。常恐嬰悔吝，不得少酬私。嗷嗷路傍子，訥疑謗紛無已。上動明主疑，下貽大臣耻。毫髮顧無累，冰壺貌疑自持。天道何期平，幽冤終見明。始佐廬陵郡，尋牧襄陽城。彤幨荷新寵，朱黻枼舊榮。力薄慙任重，恩深知命輕。飭徒留前路，行子悲且慕。猶聞長樂鐘，尚辨青門樹。慈親不忍訣，昆弟默相顧。去去勿重陳，川長日雲暮。

雜録

唐・封演《封氏聞見録》卷五《壁記》 朝廷百司諸廳皆有壁記，敍官秩創置及遷授始末。原其作意，蓋欲著前政履歷，而發將來健羨焉。故爲記之體，貴其說事詳雅，不爲苟飾。而近時作記，多措浮辭，褒美人材，抑揚閥閲，殊失記事之本意。

韋氏《兩京記》云：『郎官盛寫壁記以紀當廳。前後遷除出入，寖以成俗。』然則壁記之由，當是國朝以來，始自臺省，遂流郡邑耳。

唐・李肇《唐國史補》卷下　宰相相呼爲元老，或曰堂老。兩省相呼爲閣老。尚書丞郎郎中相呼爲曹長。外郎御史遺補相呼爲院長。上可兼下，下不可兼上，惟侍御史相呼爲端公。

兩省諕起居郎爲螭頭，以其立近石螭也。中書門下官並於西省上事，以便禮儀。

唐・趙璘《因話録》卷一《宫部》　宣宗朝，兩省官對。上曰：『卿等皆朕諍臣，切須各務公道，但無私黨，所論事，必與卿行，若苟近私，雖直無益。』時予任補闕在外。

宋・句延慶《錦里耆舊傳》卷三　長興五年夏四月，文武勸進，即皇帝位。大赦國内，改唐長興五年爲明德元年。以副使趙季良爲相，掌書記母昭裔爲御史中丞，掌書記李昊、觀察判官徐光溥翰林學士、左右馬步軍都指揮使李仁罕、趙廷隱、張業、侯洪實分掌軍權。

宋・張唐英《蜀檮杌》卷上　三年，昭宗還長安，建奉表貢茶布等十萬。八月，封建司徒、蜀王。四年八月，朱全忠弑昭宗，建率將吏百姓舉哀制服。七年，全忠篡位，改元開平。巨人見青城山，鳳皇見萬歲縣。左右勸進，三遜而後從。九月僭即偽位，號大蜀，改元武成。以王宗佶爲中書，令韋莊爲散騎常侍判中書門下事，唐道襲爲樞密使，任知元、潘峭爲宣徽南、北院使，王宗裕爲太傅，王宗侃爲太保兼侍中，以唐觀軍容嚴遵美爲内侍監，授唐室舊臣王進等三十二人官爵有差。十月，下偽詔，改堂宇廳館爲宫殿，其略曰：『帝君之居，上應辰象，朝貢臻集，華夷會同。宫闕殿閣之深嚴，臺省府寺之宏壯，頒分名號，以正觀瞻。況我肇啓丕圖，類有嘉瑞，允協上玄之貺，式光萬世之基。至於廚廐之標題，倉庫之曹列，並宜從革，用永維新。』

又　卷下　四月，明宗即位。十月，加知祥檢校太傅、兼侍中。長興元年二月，南郊，知祥加中書令，改封其妻瓊華公主爲福慶長公主。三年，長公主薨，朝廷遣使來歸賻册，贈晉國雍順長公主。六月，進封蜀王，承制行賞，諸將進秩有差。

閏正月，二十八日，遂僭即位。其日大風晝暝。以季良守司空平章事，李仁罕爲衛聖諸軍馬步軍指揮使，趙廷隱、張業爲左右匡聖步軍都指揮使。

宋・洪邁《容齋四筆》卷一五《官稱别名》　唐人好以它名標牓官稱，今漫疏於此，以示子姪之未能盡知者。太尉爲掌武，司徒爲五教，司空爲空土，侍中爲大貂，散騎常侍爲小貂，御史大夫爲亞台、爲亞相、爲司憲，中丞爲獨坐、爲中憲，侍御史爲端公、南牀、横榻、雜端，又曰脆梨，殿中爲副端，又曰開口椒，監察爲合口椒，諫議爲大坡、大諫，補闕今司諫。爲中諫，又曰補衮，拾遺今正言。爲小諫，又曰遺公，給事郎爲夕郎、夕拜，知制誥爲三字，起居郎爲左螭，舍人爲右螭，又並爲修注，吏部尚書爲大天，禮部爲大儀，兵部爲大戎，刑部爲大秋，工部爲大起，吏部郎爲小選，爲省眼，考功、度支爲振行，禮部爲小儀，爲南省舍人，今曰南宫，刑部爲小秋，祠部爲冰柄。廳，比部爲比盤，又曰昆腳皆頭，屯田爲田曹，水部爲水曹，諸部郎通曰哀烏、依烏，（木）［太］常卿爲樂卿，少卿爲少常、奉常，光禄爲飽卿，鴻臚爲客卿、睡卿，司農爲走卿，大理爲棘卿，評事爲廷平，將作監爲大匠，少監爲少匠，祕書監爲大蓬，少監爲少蓬，左右司爲都公，太子庶子爲宫相，宰相呼爲堂老，兩省相呼爲閣老，尚書丞郎爲曹長，御史、拾遺爲院長。下至縣令曰明府，丞曰贊府、贊公，尉曰少府、少公、少仙，此已見前筆。

清・吳任臣《十國春秋》卷一一四《十國百官表》　十國官制，大略多仍唐舊，間有與《六典》異名者。吳之大卿，吳越之進侍，閩之國計使，楚之機要司，僅一二見焉。而南漢内三師、内三公，則又不足道者也。余取史册諸所常見者，輒采録其名，而書所失紀，都爲闕如。至文武階勳，如開府、特進、金紫、銀青、驃騎、雲麾、柱國、都尉之類，《唐志》固可例觀，則不復備載云。作《十國百官表》。

中樞決策機構部

綜述

三省

《隋書》卷二六《百官下》　門下省，納言二人，給事黃門侍郎四人，録事、通事令史各六人。又有散騎常侍、通直散騎常侍各四人，諫議大夫七人，散騎侍郎四人，員外散騎常侍六人，通直散騎侍郎四人，並掌部從朝直。又有給事二十人，員外散騎侍郎二十人，奉朝請四十人，並掌同散騎常侍等，兼出使勞問。統城門、尚食、尚藥、符璽、御府、殿内等六局。城門局，校尉二人，直長四人。尚食局，典御二人，直長四人，食醫四人。尚藥局，典御二人，侍御醫、直長各四人，醫師四十人。符璽、御府、殿内局，監各二人，直長各四人。

内史省，置監、令各一人。尋廢監。置令二人，侍郎四人，舍人八人，通事舍人十六人，主書十人，録事四人。行臺省，則有尚書令，僕射，左、右任置。兵部、兼吏部、禮部。度支兼都官、工部。尚書及丞左、右任置。各一人，都事四人。有考功、兼吏部、爵部、司勳。禮部、兼祠部、主客。膳部、兵部、兼職方。駕部、庫部、刑部、兼都官、司門。度支、兼倉部。户部、兼比部。金部、工部、屯田兼水部、虞部。侍郎，各一人。每行臺置食貨，農圃，武器，百工監、副監，各一人。各置丞、食貨四人，農圃六人，武器二人，百工四人。録事食貨、農圃、百工各二人，武器一人。等員。

唐·李林甫等《唐六典》卷一《尚書都省》　尚書令一人，正二品。秦置尚書，有令、丞，屬少府。漢因之。武、昭後，其任稍重。《漢書》云：宣帝時任中書官。元帝時，弘恭、石顯相繼爲中書令；元帝被疾，不親政事，遂委任焉。及前將軍蕭望之領尚書事，知顯專權邪辟，建言以爲『尚書，百官之本，國家樞機，宜以通明公正之士處之。武帝遊燕後庭，故用宦者，非古制也。宜罷中書宦官』。中尚書，謂中書及尚書也，中書典尚書奏事，故連言之。及光武親總吏職，權歸尚書，三公但受成事而已。《漢官儀》云：『尚書令主贊奏事，總典綱紀，無所不統，秩千石；故公爲之者，朝會不陛奏事，增秩二千石。天子所服五時衣賜尚書令、僕射。其三公、列卿、將軍、大夫、五營校尉行復道中，遇尚書令、僕射、左·右丞、郎，皆迴車預避。衛士傳呼，不得紆臺官；臺官過，乃得去。每朝會，尚書令、御史中丞、司隸校尉各獨座，故京師號曰「三獨座」。』晉氏尚書令假銅印、墨綬，冠進賢兩梁，納言幘，五時朝服，佩水蒼玉；受拜則策命之，以在端右故也。及賈充爲尚書令，以目疾表置省事吏四人。自魏至晉、宋、齊，秩皆千石，品並第三。梁加秩中二千石，班第十六。陳加品至第一。後魏、北齊及隋品皆第二，皇朝因之。服鷩冕，八旒，七章，三梁冠。後漢以尚書令、僕射及六曹尚書爲八座。魏氏省爲五曹，則僕射有二；若僕射省一，則尚書有六，率以爲常。今則以二丞相、六尚書爲八座。然後漢尚書稱臺，魏、晉已來爲省，皇朝因之。龍朔二年改爲中臺，咸亨元年復舊。光宅元年改爲文昌臺，長安三年又爲中臺，神龍初復舊。尚書令掌總領百官，儀形端揆。其屬有六尚書，法周之六卿，一曰吏部，二曰户部，三曰禮部，四曰兵部，五曰刑部，六曰工部，凡庶務皆會而決之。初，秦變周法，天下之事皆決丞相府，置尚書於禁中，有令、丞，掌通章奏而已。漢初因之。武、宣之後，稍以委任。及光武親總吏職，天下事皆上尚書，與人主參決，乃下三府，尚書令爲端揆之官。魏、晉已來，其任尤重。皇朝武德中，太宗初爲秦王，嘗親其職，自是闕不復置，其國政樞密皆委中書，八座之官但受其成事而已。自太師已下，皆古宰相之職，今不常置，故備敍之。

尚書左丞相一人，右丞相一人，並從二品。左、右丞相，本左、右僕射也。《漢書·百官表》云：『僕射，秦官，自侍中、尚書、博士、郎皆有僕射。古者重武官，有主射以督課，因所領之職以爲號。』若尚書則曰『尚書僕射』。漢因秦。後漢建安四年，以執金吾榮郃爲尚書左僕射，分置左、右，蓋自此始。《漢官儀》：『僕射，秩六百石；公爲之，加至二千石。』自晉以後，給省事吏三人。魏、晉、宋、齊秩皆六百石，品並第三。梁品猶第三，秩中二千石，班第十五。陳品加至第一。後魏、北齊及隋品皆從第二。自魏、晉以來，置二則爲左、右僕射；或不兩置，但曰尚書僕射。《宋百官階次》云：『尚書僕射，勝右滅左，望在二者之間。僕射職爲執法，置二則曰左、右執法。又與列曹尚書分領諸曹郎。令闕，則左僕射爲省主。自東晉以來，祠部尚書多不置，以右僕射主之。若左、右僕射並闕，則置尚書僕射以掌左事，置祠部尚書以掌右事。』然則尚書僕射、祠部尚書不常置矣。隋置左、右僕射，從二品，皇朝因之。自漢已來，章服並與令同。龍朔二年改爲左、右匡政，咸亨元年復爲僕射。

光宅元年更名左、右相，神龍元年復爲僕射。開元初，改爲左、右丞相。左、右丞相掌總領六官，紀綱百揆，以貳令之職，令則專統焉。初亦宰相之職也。開元中，張説兼之，後知政，猶爲丞相。自此已後，遂不知國政。

左丞一人，正四品上；右丞一人，正四品下。司馬彪《續漢書》云：『尚書丞一人，秦所置，漢因之。至成帝建始四年置列曹尚書，更置丞四人。至光武減其二，惟置左、右丞各一人。』丞者，承也，言承助令、僕總理臺事也。然漢列曹尚書四人，成帝加至五人，彪言成帝置列曹尚書，恐誤也。《漢官儀》云：『尚書令、左丞，總領綱紀，無所不統；僕射、右丞，掌領廩假錢穀。』晉傅咸云：『左丞得奏彈八座。』魏、晉已來，左丞主臺內禁令，宗廟祠祀，朝儀禮制，選用置吏，糾諸不法，無所迴避；右丞掌庫藏、廬舍，凡諸器用之物，刑獄、兵器。然則右減於左，其來尚矣。魏、晉、宋已來，左、右丞銅印，墨綬，絳朝服，進賢一梁冠。自魏至宋、齊，品皆第六，秩四百石。梁左丞班第九，右丞班第八，並第四品，秩六百石。陳因之。後魏、北齊左丞正四品下，右丞從四品上。隋初，左丞從四品上，右丞從四品下；煬帝左、右丞並正四品。皇朝左丞正四品上，右丞正四品下；服絺冕、六旒、三章，兩梁冠。龍朔二年改爲左、右肅機，咸亨元年復爲左、右丞。永昌元年爲從三品，神龍二年復故。左、右丞掌管轄省事，糾舉憲章，以辨六官之儀制，而正百僚之文法，分而視焉。若左闕，則右兼知其事；右闕，則左亦如之。若御史有糾劾不當，兼得彈奏。

左司郎中一人，右司郎中一人，並從五品上。尚書郎，漢初置四人：一人主匈奴單于營部，一人主羌夷吏民，一人主户口墾田，一人主財帛委輸。光武分尚書爲六曹郎，合三十四郎，而史闕曹名。魏有殿中、吏部、駕部、金部、虞曹、比部、南主客、祠部、度支、庫部、農部、水部、儀曹、三公、倉部、民曹、二千石、中兵、外兵、別兵、都兵、考功、定課、都官、騎兵，凡二十五曹郎。晉氏又加直事、屯田、起部、車部、左士、右士、運曹，其民曹、中兵、外兵分爲左、右，主客又分爲左、右、南、北，無農部、定課、考功，凡三十五曹，置郎二十三人，更相統攝。東晉置殿中、祠部、吏部、儀曹、三公、比部、金部、倉部、度支、都官、左民、駕部、庫部、中兵、外兵十五曹。宋高祖加騎兵、主客、起部、水部，合爲十九曹。元嘉以後，又增刪定、功論二曹，而省騎兵，凡二十曹郎。齊因之。梁加騎兵、虞曹、屯田，合二十三曹。陳省梁二曹，不知省何曹也。後魏有三十六郎，史闕曹名。北齊有吏部、考功、主爵、殿、儀曹、三公、駕部、祠部、主客、虞曹、屯田、起部、左中兵、左外兵、右中兵、右外兵、都兵、都官、二千石、比部、水部、膳部、度支、倉部、左民、右民、金部、庫部二十八曹郎。隋開皇初，有吏部、主爵、司勳、考功、禮部、祠部、主客、膳部、兵部、職方、駕部、庫部、都官、刑部、比部、司門、度支、户部、金部、倉部、工部、屯田、虞部、水部二十四曹郎；三年，以刑部領都官，民部領度支。煬帝改六曹，具於本司。至龍朔二年，改吏部爲司列，主爵爲司封，考功爲司績，禮部爲司禮，祠部爲司禋，膳部爲司膳，主客爲司藩，户部爲司元，度支爲司度，倉部爲司庾，金部爲司珍，兵部爲司戎，職方爲司城，駕部爲司輿，庫部爲司庫，刑部爲司刑，都官爲司僕，比部爲司計，工部爲司平，屯田爲司田，虞部爲司虞，水部爲司川，唯司勳、司門依舊。咸亨元年復故。《漢書・天文志》：南宮十五星曰『哀烏郎位』。漢明帝時，館陶公主爲子求郎，不許，而賜錢千萬；謂羣臣曰：『郎官上應列宿，出宰百里，非其人則民受其殃。』漢制：尚書郎主作文書起草，更直於建禮門內。臺給青縑白綾被，或以錦被，帷帳，毡褥，畫通中枕。太官供食物，湯官供餠餌、五熟果食，五日壹美食，下天子一等。給尚書郎指使二人、女侍史二人，皆選端正，執香爐、香囊，從入臺，護衣服。奏事建禮門內，得神僊門；神僊門內，得明光殿、神僊殿，因得省中。省中皆胡粉塗壁，畫古賢列女，以丹漆地，謂之丹墀。尚書郎握蘭，含雞舌香，奏事與黃門侍郎對揖，黃門侍郎稱『已聞』乃出。丞、郎月賜赤管大筆一雙，隃麋墨一枚。御史中丞、侍御史行復道中，遇尚書丞、郎，皆避車執板往揖，丞、郎坐車舉手禮之，車過，乃去。及晉、宋、齊、梁，尚書官上朝及下禁斷行人，猶其制也。《漢官儀》：『丞、郎見令、僕射，執絜拜；朝賀，對揖。丞、郎見尚書，執絜對揖，稱曰『明時』。郎見左、右丞，對揖，呼曰：『左、右君』。漢制：八座、丞、郎初拜，並集都堂交禮；遷，又解交。至宋已後，唯八座解交，而丞、郎不解交也。自晉已後，八座及丞、郎多不奏事。梁武帝天監初，詔曰：『自禮闈陵替，歷茲永久，郎署備員，無取職事，粃糠文案，貴尚虛閒，空有趨墀之名，了無握蘭之實。曹郎可依昔奏事。』自是始奏事矣。初，秦置郎中令，其屬官有五官中郎將、左・右中郎將，秩皆二千石，是爲三署。署中有中郎、侍郎、郎中。郎中秩比三百石，侍郎秩比四百石，中郎秩比六百石，並無員數，多至千人，分隸三署，主執戟宿衛宮殿門，出充車騎。漢因之。故馮唐爲郎中署長，揚雄爲侍郎，並其任也。《漢官》云：『尚書郎初從三署郎選詣尚書臺試，每一郎缺，則試五人，先試牋、奏。初入臺，稱郎中；滿歲，稱侍郎；視事五年，遷大縣令。亦參用孝廉爲之。其郎中、侍郎之名，皆因三署舊號也。客曹郎主胡羌事，劇遷二千石或刺史；其次遷爲縣令，秩滿自占縣，詔書賜錢三萬，與三臺祖餞。』然漢言郎者，多非尚書郎。漢文時，直不疑買金償同舍郎；漢武時，顏駟爲郎，三代不遇；及諸言以貲爲郎，父任爲郎，兄任爲郎，皆三署郎也。至後漢，二署猶難分，有尚書及曹名冠首者，即尚書郎也。魏、二晉以後，無三署郎矣。自漢以來，尚書諸曹並通謂之尚書郎。漢代兩置，其職則同。魏、晉、宋、齊惟置郎中，梁、陳兩置，後魏、北齊惟置郎中。隋開皇初，唯置侍郎；至開皇六年，每司各置員外郎。煬帝三年，改諸曹侍郎但曰『郎』，每曹各置二郎；尋又省一郎，置承務郎，同開皇員外之職。皇朝改郎爲郎中，又每曹置員外郎。案：左、右司郎中，前代不置。煬帝三年，尚書都司始置左、右司郎各一人，品同諸曹郎，從五品，掌都省之職。皇朝因改曰郎中。至龍朔二年，改爲左、右承務；咸亨元年復故。其服章與諸司郎中並同：玄冕、五旒，衣無章，裳刺黻一章，兩梁冠。左司員外郎一人，右司員外郎一人，並從六品上；天后永昌元年置。時，顧琮自侍御史除，元懷貞以洛州司户遷。神龍元年省，二年又置。其職務與郎中分掌。其朝服與諸司員外郎並爵弁，玄纓，簪導，青衣、纁裳，一梁冠。都事六人，從七品上。都事，本尚書都令史之職。沈約《宋書》云：『令史，蓋前漢官也。』《史記》：『趙禹補中都官，周廉爲令史。』是也。華嶠《後漢書》：『韋彪上疏曰「有楚獄事繁」，故置尚書令史以助郎。』又云：『郎主文案，與令史不殊。』《續漢書》：『尚書置令史十八人，後增列曹三人，合二十一人。』《漢官儀》云：『能通蒼頡、史篇，補蘭臺令史；滿歲，補尚書令史；滿歲，爲尚書郎；出，亦與郎同宰百里。郎與令史分職受事。令史見僕射、尚書，執版拜；見丞、郎，執版揖。』《齊職儀》云：『自魏、晉、宋、齊，正令史、書令史皆有品秩，朱衣，執版，進賢一梁冠。』楊楞伽《北齊鄴都故事》云：『尚書郎判事正坐，都令史側坐，書令史過事。洛京、鄴都令史皆平揖郎，由來無拜。吏部郎選試高第及工書者奏補，皆加戎號。』案：歷代令史皆有品秩。漢尚書臺令史秩二百石。魏氏令史皆八品。《晉百官公卿表》云：『尚書都令史八人，秩二百石，與左、右丞總知都臺事。』宋、齊八人，梁、陳五人，品並第八。梁武天監初，制曰：『尚書五都，職參政要，非但總領衆局，亦乃方軌二丞。頃雖求才，未臻妙簡。可革用士流，每盡時彦，庶同持領，秉此羣目。』於是，以都令史視奉朝請太學博士劉納、司空法曹參軍劉顯、太學博士孔虔孫、司空法曹參軍蕭軌、宣毅墨曹參軍王顒並以才地兼美，首膺兹選矣。隋開皇初，改都令史爲都事，置八人，正八品上。皇朝置六人。自晉、宋、齊、後魏、北齊、隋，都令史置八者，當八座之數。梁、陳置五者，南朝多不置祠部尚書，當五曹之數。皇朝置六者，當六曹之數。左、右司郎中・員外郎各掌付十有二司之事，以舉正稽違，省署符目；都事監而受焉。

凡都省掌舉諸司之綱紀與其百僚之程式，以正邦理，以宣邦教。凡上之所以逮下，其制有六，曰：制、敕、册、令、教、符。天子曰制，曰敕，曰册。皇太子曰令。親王、公主曰教。尚書省下於州，州下於縣，縣下於鄉，皆曰符。凡下之所以達上，其制亦有六，曰：表、狀、牋、啓、牒、辭。表上於天子，其近臣亦爲狀。牋、啓於皇太子，然於其長亦爲之，非公文所施。九品已上公文皆曰牒。庶人言曰辭。諸司自相質問，其義有三，曰：關、刺、移。關謂關通其事，刺謂刺舉之，移謂移其事於他司。移則通判之官皆連署。凡内外百司所受之事皆印其發日，爲之程限：一日受，二日報。其事速及送囚徒，隨至即付。小事五日，謂不須檢覆者。中事十日，謂須檢覆前案及有所勘問者。大事二十日，謂計算大簿帳及須諮詢者。獄案三十日，謂徒已上辨定須斷結者。其急務者不與焉。小事判勾經三人已下者給一日，四人已上給二日；中事，每經一人給二日；大事各加一日。内外諸司咸率此。若有事速及限内可了者，不在此例。其文書受、付日及訊囚徒，並不在程限。凡尚書省施行制、敕，案成則給程以鈔之；通計符、移、關、牒二百紙已下限二日。過此已往，每二百紙已上加二日，所加多者不得過五日。若軍務急速者，不出其日。若諸州計達於京師，量事之大小與多少以爲之節：二十條以上，二日；倍之，三日；又倍之，四日；又倍之，五日；雖多，不是過焉。凡制、敕施行，京師諸司有符、移、關、牒下諸州者，必由於都省以遣之。若在京差使者，令使人於都省受道次符、牒，然後發遣。若諸方使人欲還，亦令所由司先報尚書省，所有符、牒，並令受送。凡文案既成，勾司行朱訖，皆書其上端，記年、月、日，納諸庫。凡施行公文應印者，監印之官考其事目，無或差繆，然後印之，必書於曆，每月終納諸庫。其印，每至夜，在京諸司付直官掌；在外者，送當處長官掌。凡尚書省官，每日一人宿直，都司執直簿一轉以爲次。凡諸司長官應通判者及上佐、縣令皆不直也。凡内外百僚日出而視事，既午而退，有事則直官省之；其務繁，不在此例。凡天下制敕、計奏之數，省符、宣告之節，率以歲終爲斷。京師諸司，皆以四月一日納於都省。其天下諸州，則本司推校以授勾官，勾官審之，連署封印，附計帳使納於都省。常以六月一日都事集諸司令史對覆，若有隱漏、不同，皆附於考課焉。

主事六人，從九品上；《漢官》云：『光禄勳有南、北廬主事、三署主事，於諸郎之中察茂才高第者爲之，秩四百石，次補尚書郎，出宰百里。謝承《後漢書》：『胡伯蕃、范滂、公沙穆並以俊才舉孝廉，除郎中、光禄勳主事。』後魏尚書吏部、儀曹、三公、虞曹、都官、二千石、比部各量事置掌故主事員，門下置主事令史，並從八品上。隋初，諸臺、省並置主事令史。煬帝二年，並去『令史』之名，其主事隨曹閑劇而置，每十令史置一主事，不滿十者亦置一人，雜用才術之士。顏慜楚文學名家，爲内史主事，其後尋罷之。皇朝並用流外入流者補之。令史十八人，書令史三十六人。自魏、晉已來，令史之任，用人常輕。梁、陳、後魏、北齊雖預品秩，益又微矣。其革選卑降，始自平隋。開皇初著令，有流外勳品、二品、三品、四品、五品、六品、七品、八品、九品之差，皇朝因之，諸臺、省並曰令史。其尚書都省令史、書令史並分抄行署文書。食貯□□□日□十錢，給三口糧。國初限八考已上入流；若六考以上□上□考六上，並入流爲職事。初，隋氏革選，令史爲流外，得官者少，年限亦深。武德初，天下始定，京師穀價貴，遠人不願仕流外，至調諸州佐史及朝集典充選，不獲已，相資而往，故促以年考，優其敍次，六、七年有至本司主事及上縣尉。近革選，限□考六入流。每府史三考、令史兩考難轉選，緘前劳也。亭長六人，漢因秦制，每十里一亭，亭有長。高祖爲泗上亭長。隋文帝始採古亭長之名以爲流外之號，皇朝因之。主守省門，通傳禁約。掌固十四人。《史記》云：『郡國有好文學、敬長上、肅政教、順鄉里者，詣太常受業如博士弟子，課能通一藝已上，補文學掌故。』又：『東方朔云：「曾不得掌故，安敢望侍郎乎？」』掌故，主故事也，《史》、《漢》本亦爲此『固』字。《隋令》稱『掌事』，皇朝稱『掌固』。主守掌倉庫及廳事鋪設，職與古殊。與亭長皆爲番上下，通謂之番官。轉入府史，從府史轉入令史，選轉皆試判。

又　卷八《門下省》　侍中二人，正三品。漢書《百官表》云：『侍中皆加官，所加或列侯、將軍、卿大夫，無員，多至數十人，得入禁中，諸曹受尚書事，皆秦制。』《漢官》云：『秩比三十石。董巴《輿服志》：『侍中冠武弁大冠，亦曰惠文冠，加金璫附蟬爲文，貂尾爲飾。侍中服之則左貂，常侍則右貂。金取堅剛，百鍊不耗，蟬取居高飲清；貂取内勁悍，外温潤。本趙武靈王胡服之制，秦滅趙，得其冠，賜侍中焉。』漢制分掌乘輿服物，功高者一人爲僕射。後漢初亦加官，出宜帝命，入備顧問。法駕出，多識者一人參乘，兼負傳國璽，操斬白蛇劍；餘皆騎，在乘輿車後。從駕入廟祠，天子上堂盥，以巾奉酒。光武改僕射爲祭酒。蔡質《漢官典職》曰：『侍中在尚書僕射下，尚書上。舊與中官俱止禁中宿直，廬在石渠門外；武帝時，侍中僕射馬何羅挾刃謀逆，由是侍中出禁外。王莽秉政，復止禁中。章帝元和中，侍中郭舉與後宮通，伏誅，由是復出外。』靈帝時，侍中舍有八區，論者因言員有八人，未詳也。《獻帝起居注》云：『初置侍中六人，出入禁中，近侍帷幄，省尚書事。』魏氏侍中置四人，省祭酒，而加官不在數，服秩依漢氏，掌儐贊威儀。大駕出，則次直侍中護駕；正直侍中負璽陪乘，不帶劍，餘皆騎從。御登殿，與散騎常侍對秩，侍中居左，常侍居右，備切問近對，拾遺補闕。《晉令》：『侍中品第三，武冠，絳朝服，佩水蒼玉。』東晉桓温奏省二人，後又復舊。宋氏掌奏事，直侍左右，殿内、門下衆事皆掌之，餘同晉氏。齊氏又以高功者一人爲祭酒，掌詔令機密，朝會多以美姿容者兼其官，餘同宋氏。梁氏秩二千石，品第三，後班第十二，與給事黄門侍郎一人對掌禁令。陳氏依梁。後魏侍中六人，加官在數，初從第一品中，太和末革令，正第三品，北齊因之，掌獻納諫正及進御之職。後周天官府置御伯中大夫二人，天子出入則侍于左右，大祭祀盥洗則授巾。武帝改御伯爲納言，蓋侍中之職也。宣帝末，又別置侍中，爲加官。隋氏諱『忠』，改爲納言，置二人，正第三品，掌陪從；煬帝十二年，改納言爲侍内。皇朝初爲納言，武德四年改爲侍中，初，秦、漢置侍中曹，無臺省之名，自晉始有門下省。歷宋、齊、梁、陳、後魏、北齊、隋、國初皆曰門下省。龍朔二年改爲東臺左相，咸亨元年復舊。光宅元年改爲鸞臺納言，神龍元年復舊。開元元年改爲黄門監，五年復舊，曰門下省侍中。侍中之職，掌出納帝命，緝熙皇極，總典吏職，贊相禮儀，以和萬邦，以弼庶務，所謂佐天子而統大政者也。凡軍國之務，與中書令參而總焉，坐而論之，舉而行之，此其大較也。凡下之通于上，其制有六：一曰奏抄，謂祭祀，支度國用，授六品已下官，斷流已上罪及除、免、官當者，並爲奏抄。二曰奏彈，謂御史糾劾百司不法之事。三曰露布，謂諸軍破賊，申尚書兵部而聞奏焉。四曰議，謂朝之疑事，下公卿議，理有異同，奏而裁之。五曰表，六曰狀，蔡邕《獨斷》：『凡羣臣上書通於天子者四品：一曰章，二曰奏，三曰表，四曰駮議。章者，稱「稽首上以聞」，謝恩、陳事，詣闕通者也。奏者，上言「稽首言」，下言「稽首以聞」，其中有所謂，若罪法劾案公府送御史臺，卿、校送謁者臺通者也。表者，上言「臣某言」，下言「臣某誠惶誠恐，頓首頓首，死罪死罪」，左方下附曰「某官某甲上」，以詣尚書通者也。公卿、校尉、諸將不言姓，大夫以下皆言姓。報章曰「聞」，報奏曰「可」，其表文尚書報所由云「已奏如書」。凡、章、表以啓封，其言密事得皂囊。其有疑事，公卿百官會議而執異意者曰駮議，曰「某主甲議以爲如是」，下言「愚戇議異」；其合於上意者，文報曰「某官某甲議可」。漢承秦法，羣臣上書皆言「昧死言」，王莽慕古，改「昧死」曰「稽首」，光武因而不改。』章表制度，自漢已後，多相因循。《隋令》有奏抄、奏彈、露布等，皇朝因之。其駮議、表、狀等至今常行。其奏抄、露布侍中審，自餘不審。皆審署申覆而施行焉。復奏畫可訖，留門下省爲案。更寫一通，侍中注『制可』，印縫，署送尚書省施行。

凡法駕行幸，則負寶以從。秦、漢初置侍中，主諸御物，品秩亦卑。晉、魏已來，其任漸重。至隋，乃爲宰相之任。負寶之儀，因而不改，抑非尊崇宰輔之意。大朝會，大祭祀，則版奏中嚴外辦，以爲出入之節；輿駕還宮，則請解嚴，所以告禮成也。凡大祭祀，皇帝致齋，既朝，則請就齋室；將奠，則奉玉及幣以進；盥手，則取匜以沃；洗爵，則酌罍水以奉；及贊酌汎齊，進福酒以成其禮焉。若饗宗廟，則進瓚而贊酌鬱酒以裸，既裸，則贊酌醴齊；其餘如饗神祇之禮。籍田，則奉耒以贊事。《唐禮》：『廩犧令供耒，司農卿受之，以授侍中。』

凡諸侯王及四夷之君長朝見，則承詔而勞問之；臨軒命使册后及太子，則承詔以命之。《唐禮》：侍中前，承詔，降，宣詔曰：『册某氏女爲后，命公等持節展禮。』册太子亦如之。

凡制敕慰問外方之臣及徵召者，則監其封題。若發驛遣使，則給其傳符，以通天下之信。凡官爵廢置，刑政損益，皆授之于記事之官；既書於策，則監其記注焉。凡文武職事六品已下，所司進擬，則量其階資，校其才用，以審定之；若擬職不當，隨其便屈，退而量焉。

黄門侍郎二人，正四品上。《晉職官志》云：『黄門侍郎，秦官也，無常員，掌侍從左右。漢因之，秩六百石。』《劉向誡子歆書》曰：『今若年少，得黄門侍郎，要處也。』應劭曰：『黄門侍郎每日暮向青瑣門拜，謂之「夕郎」。』初，秦又有給事黄門之職，漢因之。至後漢，并二官曰給事黄門侍郎，掌侍從左右，關通中外，諸王朝見則引王就坐。至獻帝時，與侍中各置六員，出入禁中，近侍帷幄，省尚書事；後又改爲侍中侍郎，尋復舊，爲給事黄門侍郎。魏氏置四人。東晉桓温奏省二人，後又復舊，所掌與侍中俱，置四人，管門下衆事，與散騎常侍並清華，而代謂之黄散焉。《晉令》云：『品第五，秩六百石，武冠，絳朝服。』宋氏因晉，而郊廟則一人執蓋，臨軒朝會則一人執麾。齊因晉、宋，又與侍中參典詔命，侍中呼爲『門下』，給事黄門侍郎呼爲『小門下』。梁氏增秩二千石，品第五，後班第十，與侍中同掌侍從左右，儐相威儀，盡規獻納，糾正違闕，監合嘗御藥，封璽書；高功者一人，與侍中祭酒對掌禁令。陳氏因梁。後魏給事黄門侍郎史闕其員，初，正第三品；太和末，正第四品上。北齊置六人，品依魏氏，所掌與侍中同。後周天官府置御伯下大夫二人，武帝爲納言下大夫，掌貳納言上大夫之職。隋置四人，正第四品上；煬帝減二人，去『給事』之名，直曰黄門侍郎。隋氏用人益重，皇朝因之。龍朔二年改爲東臺侍郎，咸亨元年復舊。光宅元年改爲鸞臺侍郎，神龍元年復舊。黄門侍郎掌貳侍中之職，凡政之弛張，事之與奪，皆參議焉。若大祭祀，則從升壇以陪禮；皇帝盥手，則奉巾以進；既帨，則奠巾于篚，奉匏爵以贊獻。凡元正、冬至天子視朝，則以天下祥瑞奏聞。

給事中四人，正五品上。《漢書百官表》云：『給事中亦加官，所加或大夫、博士、議郎，皆秦制。』《漢議注》：『諸給事中日上朝謁，平尚書奏事，分爲左、右，以有事殿中，故曰給事中。多名儒、國親爲之，掌左右顧問，位次中常侍。』後漢省其官。魏氏復置，或爲加官，或爲正員。晉氏無加官，亦無常員，隸散騎省，位次散騎常侍。《晉令》云：『品第五，武冠，絳朝服。』宋、齊隸集書省，位次諸散騎下、奉朝請上。梁、陳秩六百石，品第七，與諸散騎常侍侍從左右，獻納得失，省諸奏聞。後魏史闕其員，初，從第三品上；太和末，從第六品上。北齊集書省置六十員，從第六品上。後周天官府置給事中士六十人，掌理六經及諸文誌，給事於帝左右；其後，六官之外又别置給事中，曰四命。隋初於門下省置給事中二十人，掌陪從朝直。煬帝名曰給事郎，減置四人，位次黄門侍郎下，從第五品，掌省讀奏案。皇朝又曰給事中。龍朔二年改爲東臺舍人，咸亨元年復舊。給事中掌侍奉左右，分判省事。凡百司奏抄，侍中審定，則先讀而署之，以駁正違失。凡制敕宣行，大事則稱揚德澤，褒美功業，覆奏而請施行；小事則署而頒之。凡國之大獄，三司詳決，若刑名不當，輕重或失，則援法例退而裁之。凡發驛遣使，則審其事宜，與黄門侍郎給之；其緩者給傳；即不應給，罷之。凡文武六品已下授職，所司奏擬，則校其仕歷深淺，功狀殿最，訪其德行，量其材藝；若官非其人，理失其事，則白侍中而退量焉。若文武進級至于三品、五品，則覆其入仕之階、考，會所由之狀而奏裁之，凡制敕文簿、授官甲曆，皆貯之於庫，監其檢覆，以出入焉。其弘文館圖書繕寫、讎校，亦課而察之。凡天下寃滯未申及官吏刻害者，必聽其訟，與御史及中書舍人同計其事宜而申理之。每日令御史一人共給事中、中書舍人受辭訟。若告言官人事害政者及抑屈者，奏聞；自外依常法。

録事四人，從七品上；後魏門下省録事從第八品。北齊門下録事置四人，從第八品上。隋氏置六人，煬帝三年，加門下録事爲正第八品。皇朝置五人。龍朔二年改爲東臺主書，咸亨元年復舊。開元初，減置一人。主事四人，從八品下；晉置門下主事，歷宋、齊，品第八。梁、陳名爲門下主事令史。北齊門下主事令史八人，從第八品上。隋初，諸臺省並置主事令史；煬帝三年，直曰主事。舊令從九品上，開元二十四年，敕加入從八品下。甲庫令史七人，晉置門下令史，品第九。宋及梁、陳並同晉氏。後魏、北齊門下並有令史、書令史。自漢已來，令史皆有品秩，至隋開皇初，始降爲流外行署。傳制八人。《晉書》：『劉裕舉義兵襲徐州刺史桓脩，令何無忌僞著傳詔服稱敕勃使，城中無敢動者。』又，齊受禪時，侍中謝朏在直，傳詔呼云：『須侍中解印。』朏曰：『齊當自有侍中。』乃朝服步出。梁、陳二代並有傳詔之職，而用人猶重。天后改爲傳制，掌送制敕。流外之中，最小吏也，分番上下，亦呼爲番官。

左散騎常侍二人，從三品。秦置散騎，又置中常侍。其散騎傍乘輿，專獻可替否；中常侍得出入禁中，常侍左右。漢因之，並用士人，無常員，皆加官，所加或列侯、將軍、卿大夫等。冠武冠，皆銀璫附蟬爲文，貂尾爲飾，謂之貂蟬。後漢省散騎，而中常侍改用宦者。魏黄初復置散騎，與中常侍合爲一，直曰散騎常侍，復用士人，晉置四人。典章表、詔命、優文、策文等，雖隸門下，别爲一省，潘岳云『寓直散騎之省』是也。又，領六散騎則有員外散騎常侍，無常員，魏末，散騎常侍有在員外者，因名焉。又有通直散騎常侍四人。晉太始十年，使二人與散騎常侍通員直，因名焉。又有散騎侍郎四人，魏與散騎常侍同置。自魏至晉，散騎常侍、侍郎與侍中、黄門侍郎共平章尚書奏事，江左乃罷之。又有員外散騎侍郎，無常員，晉武所置。又有通直散騎侍郎四人。東晉幷中書入散騎省，故庾亮《讓中書牋》曰：『方今幷省，不宜多官。往以中書事幷附散騎，此事宜也。方今喉舌之要則任在門下，章表詔命則取之散騎，殊無事復立中書也。』晉代此官選望甚重，時與黄門侍郎謂之黄散。《晉令》云：『散騎常侍品第三，冠右貂、金蟬，絳朝服，佩水蒼玉。宋置散騎常侍四人，亦以加官，久次者爲祭酒，領六散騎焉；又置集書省領之。齊因省祭酒之號。梁因之，而加秩中二千石，後班第十二；高功一人爲祭酒，與散騎侍郎一人對掌禁令。自宋以來用人雜，故其官漸替。宋大明雖革選比侍中，而人終不見重。天監六年，詔曰：『散騎常侍、員外散騎常侍、通直散騎常侍爲清望，宜革選，參舊例。』自是，散騎視侍中，通直視中丞，員外視黄門侍郎。陳氏因之。後魏集書省置散騎常侍，第二品；太和末，從三品，亦領六散騎。北齊置六人，餘同魏氏。後周散騎常侍爲加官。隋文帝門下省置散騎常侍四人，從第三品，掌陪從朝直；亦置六散騎。開皇六年，省員外散騎常侍，煬帝三年，又省散騎常侍、散騎侍郎。武德初，散騎常侍加官。貞觀初，置散騎常侍二員，隸門下省。顯慶二年，又置二員，隸中書省，始有左、右之號。並金蟬、珥貂，左散騎與侍中左貂，右散騎與中書令右貂，謂之八貂。龍朔二年改爲左侍極，咸亨元年復舊。

左散騎常侍掌侍奉規諷，備顧問應對。

諫議大夫四人，正五品上。《漢書百官表》云：『秦，諫大夫屬中令，無常員，多至數十人，掌論議。至武帝元狩五年，始因秦置之，秩比六百石。光武中興，諫議大夫置十三員。魏氏因之，史闕員、品。晉、宋、齊、梁、陳並置。至後魏始置之，正第四品。北齊集書省置諫議大夫七人，從第四品下，後周地官府置保氏下大夫一人，掌規諫於天子，蓋其任也。隋氏門下省置諫議大夫七人，從第四品下。皇朝置四人。龍朔二年改爲正議大夫，神龍元年復舊。諫議大夫掌侍從贊相，規諫諷諭。凡諫有五：一曰諷諫，風之以言，謂之諷諫。孔子曰：『諫有五，吾從風。』《白虎通》曰：『人懷五常之性，故有五諫也。』二曰順諫，謂其所不可，不敢逆而諫之，則順其君之所欲，以微動之，若優旃之比。三曰規諫，謂陳其規而正其事。四曰致諫，謂致物以明其意。五曰直諫。謂直言君之過失，必不得已然後爲之者。

左補闕二人，從七品上；皇朝所置。言國家有過闕而補正之，故以名官焉。《詩》云：『袞職有闕，仲山甫補之。』蓋取此義。後漢伏湛出入禁闈，拾遺補闕。《魏志》：『文帝敕侍臣曰：「公卿等宜拾朕之遺，補朕之缺。」』晉武帝詔曰：『公卿等宜補闕拾遺，獻可替否。』《晉職官志》：『御登殿，侍中居左，散騎常侍居右，備切問近對，拾遺補闕。』後魏孝文帝命李冲補闕左右。垂拱中，因其義而創立四員；左、右各二焉。天授初，左、右各加三員，通前爲十員。神龍初，依舊各置二人。其才可則登，不拘階叙。又置内供奉，無員數，才職相當，不待闕而授，其資望亦與正官同，禄俸等並全給。右補闕亦同。左拾遺二人，從八品上。皇朝所置。言國家有遺事，拾而論之，故以名官焉。《史記》：『汲黯曰：「臣願爲中郎署長，出入禁闥，補闕拾遺。」』《漢書》：『元帝初立，給事中劉向、侍中金敞拾遺於左右。』後漢張衡爲侍中，恒居帷幄，從容諫議，拾遺左右。後魏初，置内侍長，主拾遺應對，若今之侍中、散騎。又，孝文帝命侍中丘惟拾遺左右。垂拱中，因其義而創立四員，左、右各二焉。天授初，左、右各加三員，通前爲十員。神龍初，依舊各置二員。才可則登，不拘階叙。亦置内供奉，無員數，資望、俸禄並如正官。右拾遺亦同也。左補闕、拾遺掌供奉諷諫，扈從乘輿。凡發令舉事有不便於時，不合於道，大則廷議，小則上封。若賢良之遺滯於下，忠孝之不聞於上，則條其事狀而薦言之。

起居郎二人，從六品上；起居郎因起居注以爲名。起居注者，記録人君動止之事。《春秋傳》曰：『君舉必書。』《禮》云：『動則左史書之，言則右史書之。』又曰：『左史記事，右史記言，言爲《尚書》，事爲《春秋》。』皆其事也。宋衷《世本》云：『沮誦，蒼頡爲黄帝左、右史。』《周書》：『穆王時有左史戎夫，書前代存亡之誡。』諸侯之國亦立之。晉武帝時得汲冢書，有《穆天子傳》，體制與當時起居注正同，蓋周左、右史之所録也。漢武有《禁中起居注》，後漢明德皇后撰《明帝起居注》，然則漢時起居注似在宫中，爲女史之職。魏、晉已來，皆中書著作兼修國史。元康二年，著作隸入秘書，别名著作省，歷宋、齊、梁、陳皆掌國史。後魏及北齊集書省領起居注，令史之職從第七品上。後周春官府置外史，掌書王言及動作，以爲國誌，即其任也；又有著作二人，掌綴國録，蓋起居、著作自此分也。隋省内史舍人四員，而始置起居舍人二員。皇朝因之。貞觀二年省起居舍人，移其職於門下，置起居郎二員。明慶中，又置起居舍人，始與起居郎分在左、右。龍朔二年改爲左史，咸亨元年復故。天授元年又改爲左史，神龍元年復故。令史三人。先置楷書手，今改爲令史。起居郎掌録天子之動作法度，以修記事之史。凡記事之制，以事繫日，以日繫月，以月繫時，以時繫年。必時書其朔日甲乙以紀曆數，典禮文物以考制度，遷拜旌賞以勸善，誅伐黜免以懲惡。季終則授之于國史焉。漢獻帝及西晉已後諸帝皆有起居注，皆史官所録。自隋置爲職員，列爲侍臣，專掌其事，每季爲卷，送付史官。

典儀二人，從九品下；《周禮》秋官有司儀上士八人、中士十有六人，蓋皆典儀之任也。《齊職儀》云：『東宫殿中將軍屬官有導客局，置典儀録事一人，掌朝會之事。』史闕其品秩。梁有典儀之職，未詳何曹之官，掌唱警、唱奏之事，朱服、武冠。陳亦有之。後魏置典儀監，從第五品，史闕其員及所掌。皇朝置典儀二人，隸門下省。初，用人皆輕。至貞觀初，李義府爲之，是後常用士人。領贊者，以知贊唱之節。贊者十二人。隋太常寺有贊者十六人，鴻臚寺有贊者十二人，皇朝因置之，隸門下省。掌贊唱，爲行事之節。分番上下，亦爲之番官。典儀掌殿上贊唱之節及設殿庭版位之次。若元正、冬至大朝會，王公升殿，既坐，酒至而起，皆傳贊唱而爲之節也。凡國有大禮，侍中行事，及進中嚴外辦之版，皆贊相焉。

城門郎四人，從六品上；《周禮》地官有司門下大夫二人、上士四人，蓋城門郎之任也。初，漢置城門校尉員一人，秩二千石，掌城門屯兵；有司馬及丞各一人，十二城門侯各人，出從緹騎百二十人，蓋兼監門將軍之職。魏因之。晉氏品第四，秩二千石，銀章、青綬，絳朝服，武冠，佩水蒼玉。元帝省之。宋、齊俱以衛尉掌宫城屯兵及管鑰之事。梁、陳二代依秦、漢，以光禄卿掌宫殿門户，亦無城門之職。後魏置城門校尉，第三品下；太和末，第四品上。北齊衛尉寺統城門寺，置城門校尉二人，第四品上，掌宫殿、城門并諸倉庫管鑰之事。後周地官府置宫門中士一人、下士一人，掌皇城五門之禁令；又置城門中士一人、下士一人，掌皇城十二門之禁令，蓋並其任也。隋氏門下省統城門局校尉二人，從第四品下。煬帝三年，又隸殿内省；十二年，又減一人，降爲正第五品。後又改校尉爲城門郎，置四人，從第六品，又隸門下省。皇朝因之。門僕八百人。按：晉光禄勳左中郎將有崇禮等門僕各二人，隋有太廟、郊杜門僕。皇朝城門郎置門僕，分番上下，掌送管鑰。城門郎掌京城、皇城、宫殿諸門開闔之節，奉其管鑰而出納之。明德等門爲京城門，朱雀等門爲皇城門，承天等門爲宫城門，嘉德等門爲宫門，太極等門爲殿門。通内等門並同上閤門。東都諸門准此。開則先外而後内，闔則先内而後外，所以重中禁，尊皇居也。候其晨昏擊鼓之節而啓閉之。承天門擊曉，鼓聽擊鍾後一刻，鼓聲絶，皇城門開，第一鼕鼕聲絶，宫城門及左右延明、乾化門開；第二鼕鼕聲絶，宫殿門開。夜第一鼕鼕聲絶，宫殿門閉；第二鼕鼕聲絶，宫城門閉及左·右延明門、皇城門閉。其京城門開閉與皇城門同刻。承天門擊鼓，皆聽漏刻契至乃擊；待漏刻所牌到，鼓聲乃絶。凡皇城、宫城闔門之鑰，先酉而出，後戌而入；開門之鑰，後丑而出，夜盡而入。宫城、皇城鑰匙，每日入前五刻出閉門，一更二點進入，五更一點出開門，夜漏盡，第二鼕鼕後二刻進入。【略】若非其時而有命啓閉，則詣閤覆奏，奉旨、合符而開闔之。殿門及城門若有敕夜開，受敕人具録須開之門，宣送中書門下。其牙内諸門，城門郎與見直監門將軍、郎將各一人俱詣閤門覆奏，御注『聽』，即請合符門鑰，對勘符，然後開之。凡車駕巡幸，所詣之所，計其應啓閉者，先發而請其管鑰，及至，即開闔如京城之制。

符寶郎四人，從六品上；《周禮》地官有掌節，春官又有典瑞，並其任也。自漢以来，唯旌節稱節，餘皆號符焉。寶卽璽也。秦爲符璽令，《史記》云：『始皇出遊會稽，丞相李斯、中車府令趙高從，高兼行符璽令事』是也。漢因秦，置符節令、丞，屬少府。《漢官》云：『秩四百石。』《漢書》云：『昭帝幼冲，霍光秉政。殿中夜驚，光召符璽郎取璽，郎不與，光奪之，郎按劍曰：「臣頭可得，璽不可得。」光壯之，增秩二等。』後漢則別爲一臺，亦屬少府，置符節令一人爲臺率，主符節事，凡遣使掌授節，令尚符璽郎中四人。兩漢皆傳秦六璽及傳國璽。魏符節令位次御史中丞。晉武帝太始元年，省并蘭臺，置符節御史。宋因之。齊置主璽令史於蘭臺，以持書侍御史領之。梁、陳御史臺並置符節令史。後魏御史臺置符節令，領符璽郎中。初，從第四品中；太和末，從第六品上。北齊御史臺領符節署令一人，領符璽郎中四人。後周天官府置主璽下士四人，分掌神璽、傳國璽與六璽之藏。隋初，門下省統六局，符璽局置監二人，正第六品上；直長四人，從第七品上。煬帝三年改爲郎，從第六品。皇朝因隋，置符璽郎四人。天后更名符寶郎，受命及神璽等八璽文並瑑爲『寶』字。神龍初復爲符璽郎。開元初又爲符寶郎，從璽文也。主寶六人；寶卽璽也。《周書》曰：『湯放桀，大會諸侯，取天子之璽置天子之座。古者，印、璽二名尊卑共之，諸侯、大夫印亦稱璽，《春秋左傳》曰：『季武子使季冶問，璽書追而與之。』是也。主寶掌之，分番上下，亦謂之番官。主符三十人；漢文帝時，與郡守爲竹使符第一至第五，以代周之鎮圭；納兵爲銅獸符第一至第五，以代周之牙璋。各分半，右留京師，左以與之，皆符合爲信。六國時，魏公子無忌竊兵符，矯命殺晉鄙，則六國亦有之。後漢太守、都尉初除，與璽書；及發兵，亦與璽書，或與詔書，姦僞刻造，無由檢知。至順帝，以此制煩擾，但召符節令發銅獸、竹使符耳。歷魏、晉、宋、梁、陳皆用之。後魏有傳符，歷北齊、隋皆用之。武德初爲銀菟符，後改爲魚符，又有傳符，主符掌之。分番上下，亦謂之番官。主節十八人。主節掌守幡節。並分番上下，亦謂之番官。符寶郎掌天子之八寶及國之符節，辨其所用，有事則請於内，既事則奉而藏之。八寶：一曰神寶，所以承百王，鎮萬國；二曰受命寶，所以修封禪，禮神祇；徐令言《玉璽記》曰：「玉璽者，傳國璽也，秦始皇取藍田玉刻而爲之。其書李斯所製，面文曰：『受命于天，既壽永昌。』璽上隐起爲盤龍文，文曰：『受天之命，皇帝壽昌。』方四寸，紐五龍盤。秦滅傳漢，歷王莽，爲元后投之于地，遂一角缺。莽滅，校尉公賓就收璽綬，詣更始於宛。更始敗，以璽上劉盆子。盆子降，面縛上璽綬光武。光武祠於高廟，受傳國璽。至靈帝崩，少帝失位，掌璽者投於井中，爲孫堅所得，袁術拘其妻而奪之。術死，荆州刺史徐璆得璽，還許上之。漢滅傳魏。至晉懷帝，璽没于劉聰。聰死，劉曜得之，又傳於石勒、石季龍、冉閔。石季龍摩其隱起之文，又刻其傍爲文，曰：『天命石氏。』後冉閔敗，其將蔣幹求救於晉，遂以璽送建業，永和八年也。歷東晉、宋、齊、梁，侯景竊位，爲景所得。景敗，爲將侯子監盗璽走江東，懼追兵至，投諸佛寺，爲棲霞寺僧永得之。陳永定三年，僧永死，弟子普智奉獻。陳亡，璽傳於隋。」又《晉陽秋》云：『晉孝武十九年，雍州刺史郄恢於慕容永處得璽，乃送建業。其璽方六寸，厚一寸七分，高四寸六分，蟠龍隱起，文字巧妙，一與傳國璽同，但形製高大，玉色不逮耳。』自晉至梁，相傳謂之鎮璽。及侯景敗，侍中趙思齊渡以渡江，兗州刺史郭元建得之，以送于齊文宣。齊亡入周，周傳于隋。隋文帝初亦謂之爲傳國璽，開皇二年改爲受命璽。至開皇九年平江南，得眞傳國璽，乃改前所得大者名神璽，至大業初，著之于《令》。隋末，又没于宇文化及、竇建德。武德四年，克平東夏，建德右僕射裴矩奉傳國璽及神璽、六璽以獻。三曰皇帝行寶，答疏於王公則用之；四曰皇帝之寶，勞來勳賢則用之；五曰皇帝信寶，徵召臣下則用之；六曰天子行寶，答四夷書則用之；七曰天子之寶，慰撫蠻夷則用之；八曰天子信寶，發蕃國兵則用之。衛宏《漢舊儀》曰：『天子有六璽，皆白玉螭獸紐，文曰：「皇帝行璽，皇帝之璽，皇帝信璽，天子行璽，天子之璽，天子信璽。」』虞喜《志林》曰：『所封事異，故文字不同。』《漢儀》又云：『以皇帝行璽爲凡雜，以皇帝之璽賜諸侯王書，以皇帝信璽發兵，其徵大臣以天子行璽，外國事以天子之璽，鬼神事以天子信璽。皆以武都紫泥封，青布囊白素裏，兩端縫，尺一版，中約署。有事及發外國兵用天子信璽，封拜外國及徵召用天子行璽，賜匈奴單于、外國王書用天子之璽，諸下竹使符徵召大事行州、郡、國者用皇帝信璽，諸下銅獸符發郡、國兵用皇帝之璽。封拜王公以下遣使就授皆用皇帝行璽。若車駕行幸，次直侍中佩信璽、行璽以從。天子之信，古曰璽，今曰寶，其用以玉，其封以泥；皇后及太子之信曰寶，其用以金也。凡大朝會，則捧寶以進于御座；車駕行幸，則奉寶以從于黄鉞之内。今元正朝會則進神寶及受命寶，若行幸，則合八寶爲五轝，函籙封盛以從。

凡國有大事則出納符節，辨其左右之異，藏其左而班其右，以合中外之契焉。一曰銅魚符，所以起軍旅，易守長；兩京留守，若諸州、諸軍、折衝府、諸處捉兵鎮守之所及宮總監，皆給銅魚符。二曰傳符，所以給郵驛，通制命；兩京留守及諸州、若行軍所，並給傳符。諸應給魚符及傳符者，皆長官執。其長官若被告謀反大逆，其魚符付以次官，無次官，付受告之司。三曰隨身魚符，所以明貴賤，應徵召；親王及二品已上散官、京官文武職事五品已上、都督、刺史、大都督府長史·司馬、諸都護·副都護並給隨身魚符。四曰木契，所以重鎮守，愼出納；車駕巡幸，皇太子監國，有兵馬受處分者爲木契。若王公以下、兩京留守及諸州有兵馬受處分，并行軍所及領兵五百人以上、馬五百疋以上征討，亦各給木契。其在内在外及行用法式並准魚符。五曰旌節，《周禮》掌節職曰：『凡邦國之使節，山國用獸節，土國用人節，澤國用龍節，皆金也。』又云：『道路用旌節。』《注》云：『今漢使所擁是也。』《漢書》曰：『戾太子遭巫蠱事，懼不自明，取使節發兵，與丞相劉屈氂戰。初漢節純赤，以太子持赤節，故更爲黄旄，加以相别。』『蘇武在匈奴，執漢節毛落。』並其事也。所以委良能，假賞罰。魚符之制，王畿之内，左三右一；王畿之外，左五右一。左者在内，右者在外，行用之日，從第一爲首，後事須用，以次發之，周而復始。大事兼敕書，替代留守軍將及軍發後更添兵馬，新授都督、刺史及改替、追喚别使，若禁推、請假敕許及别敕解任者，皆須得敕書。小事但降符函封，遣使合而行之。應用魚符行下者，尚書省録敕牒，門下省奏請，仍預遣官典就門下對封，封内連寫敕符，與左魚同函封，上用門下省印。共追右符，函盛封印亦准此。傳符之制，太子監國曰雙龍之符，左、右各十；京都留守曰麟符，左二十，其右一十有九；東方曰青龍之符，西方曰騶虞之符，南方曰朱雀之符，北方曰玄武之符，左四、右三。左者進内，右者付外應執符人。其兩京留守並進内；若車駕巡幸，留右符付留守人。隨身魚符之制，左二右一，太子以玉，親王以金，庶官以銅，隨身魚符皆題云『某位姓名』。其官只有一員者，不須著姓名；即官名其曹司同者，雖一員，亦著姓名。隨身者，仍著姓名，並以袋盛。其袋三品已上飾以金，五品已上飾以銀。六品已下守五品已上者不佩魚。若在家非時及出使，别敕召檢校，并領兵在外，不别給符契。若須迴改處分者，勘符同，然後承用。佩以爲飾。刻姓名者，去官而納焉；不刻者，傳而佩之。若傳佩魚，皆須遞相付，十日之内申報禮部。木契之制，太子監國，則王畿之内左、右各三，王畿之外左、右各五；庶官鎮守，則左、右各十。旌節之制，命大將帥及遣使於四方，則請而假之，旌以專賞，節以專殺。

弘文館學士，無員數；後漢有東觀，魏有崇文館，宋元嘉有玄、史兩館，宋太始至齊永明有總明館，梁有士林館，北齊有文林館，後周有崇文館，或典校理，或司撰著，或兼訓生徒，若今弘文館之任也。武德初，置修文館；武德末，改爲弘文館。神龍元年，避孝敬皇帝諱，改爲昭文。神龍二年又改爲修文，景雲二年改爲昭文。開元七年又改爲弘文。隸門下省。自武德、貞觀已來，皆妙簡賢良爲學士。故事：五品已上，稱爲學士；六品已下，爲直學士。又有文學直館，并所置學士，並無員數，皆以他官兼之。儀鳳中，以館中多圖籍，置詳正學士校理。自垂拱已來，多大臣兼領。館中有四部書。貞觀初，褚亮檢校館務，學士號爲館主，因爲故事。其後有張太素、劉禕之、范履冰，並特敕相次爲館主焉。常令給事中一人判館事。學生三十人；補弘文、崇文學生例：皇宗緦麻已上親，皇太后、皇后大功已上親，散官一品、中書門下三品、同中書門下平章事、六尚書、功臣身食實封者，京官職事正三品、供奉官三品子·孫，京官職事從三品、中書·黄門侍郎子，並聽預簡，選性識聰敏者充。貞觀元年，敕見任京官文武職事五品已上子有性愛學書而及有書性者，聽於館内學書，其法書内出。其年有二十四人入館，敕虞世南、歐陽詢教示楷法。黄門侍郎王珪奏：『學生學書之暇，請置博士，兼肄業焉。』敕太學助教侯孝遵授其經典，著作郎許敬宗授以《史》、《漢》。二年，珪又奏請爲學生置講經博士，考試經業，准試貢舉，兼學法書。校書郎二人，從九品上；本置名讎校，掌校典籍。開元七年罷讎校，置校書四人；二十三年，減二人。典書二人；館中有經、史、子、集四部之書，使典之也。其職同流外，八考入流。搨書手三人；貞觀二十三年置。龍朔三年，館内法書九百四十九卷並裝進，其搨書停。神龍元年又置。筆匠三人；貞觀二十三年置。熟紙裝潢匠九人。貞觀二十三年置。弘文館學士掌詳正圖籍，授教生徒。凡朝廷有制度沿革，禮儀輕重，得參議焉。校書郎掌校理典籍，刊正錯謬。凡其學生教授考試，如國子之制。禮部試崇文、弘文生舉例：習經一大經、一小經；史習《史記》、《漢書》、《後漢書》、《三國志》，各自爲業，及試時務策五條。經、史皆讀文精熟，言音典正；策試十道，取粗解注義，經通六、史通三；其時務策須識文體，不失問目意，試五得三。皆兼帖《孝經》、《論語》共十條，通六者爲第。

又 卷九《中書省》 中書令二人，正三品。《周官》：『内使掌王之八柄，掌書王命。』蓋中書之任也。漢中書謁者令，丞屬少府。自武帝游宴後庭，故用宦者。司馬遷被腐刑之後爲中書令，即其任也。不言『謁者』，省文也。宣帝時任中尚書官弘恭、石顯，皆宦者，恭爲令，顯爲僕射。元帝即位，恭死，顯代爲中書令。元帝以中人無外黨，遂委以政事，事無大小，皆因決白，貴幸傾朝，公卿已下畏之，重足一迹。成帝改中書謁者令曰中謁者令，罷中書宦官，更以士人爲之。《漢書儀》云：『領贊尚書出入奏事，秩千石。』後漢省。獻帝時，魏武爲魏王，置秘書令，典尚書奏事，此又中書之任也。魏黄初，改秘書令典尚書奏事爲中書令，又置監與令各一人，秩並千石，以秘書左丞劉放爲中書監，右丞孫資爲中書令，二人用事，權自此重矣。魏置監右於令，故孟康目中書令遷中書監，時以爲美也。魏中書典尚書奏事，若密詔下州郡及邊將，則不由尚書。晉氏監、令並第三品，秩千石，銅印，墨綬，進賢兩梁冠，絳朝服，佩水蒼玉，軺車。監、令掌贊詔命，記會時事，典作文書。舊尚書并掌詔奏，既有中書官，而詔悉由中書也。故荀勖從中書監爲尚書令，人賀之，乃發恚曰：『奪我鳳凰池，何賀之有？』東晉朝更重其職，多以諸公領之。中興之後，以中書之任并入散騎省，後復置之。宋、齊置監、令，品秩並同晉氏。梁監增秩至中二千石，令秩增二千石，監、令並增至二品，後定十八班，監班第十五，令班第十三。陳氏監、令品秩依梁；中書分爲二十一局，各掌尚書諸曹，總國機要，而尚書唯聽受而已。後魏置監，令各一人。孝文初，定命中書監正第一品，中書令正第二品中；太和末，監從第二品，令正第三品。北齊依魏。後周依《周官》，春官府置内史中大夫二人，掌王言，蓋比中書監、令之任；後又增爲上大夫。隋氏改中書省爲内史省，置内史省監、令各一人；尋廢監，置令二人，正第三品。文帝廢三公府寮，令中書令與侍中知政事，遂爲宰相之職。煬帝十二年，改爲内書省。武德初，爲内史省；三年，改爲中書省。龍朔二年，改省爲西臺，令爲右相；咸亨元年復舊。光宅元年，改中書爲鳳閣，令爲内史；神龍元年復舊。開元元年改爲紫微令，五年復舊。中書令之職，掌軍國之政令，緝熙帝載，統和天人。入則告之，出則奉之，以釐萬邦，以度百揆，蓋以佐天子而執大政者也。凡王言之制有七：一曰册書，立后建嫡，封樹藩屏，寵命尊賢，臨軒備禮則用之。二曰制書，行大賞罰，授大官爵，釐革舊政，赦宥降虜則用之。三曰慰勞制書，褒贊賢能，勸勉勤勞則用之。四曰發日敕，謂御臺發日敕也。增減官員，廢置州縣，徵發兵馬，除免官爵，授六品已下官，處流已上罪，用庫物五百段、錢二百千、倉糧五百石、奴婢二十人、馬五十疋、牛五十頭、羊五百口已上則用之。五曰敕旨，謂百司承旨而爲程式，奏事請施行者。六曰論事敕書，慰諭公卿，誡約臣下則用之。七曰敕牒。隨事承旨，不易舊典則用之。皆宣署申覆而施行焉。《尚書》有典、謨、訓、誥、誓、命之書，皆帝王詔制記于簡策者也。蔡邕《獨斷》稱：『漢制，天子之書，一曰策書，二曰制書，三曰詔書，四曰戒敕。策者，以簡爲之，其制長三尺，短者半之，其次一長一短兩編，下附篆書，題年、月、日，稱「皇帝曰」，以命諸侯王、三公。制書，帝者制度之命也，其文曰「制詔」三公赦令、贖令之屬是；近道印付使，遠道皆璽封，尚書令印准赦、贖令召三公詣朝堂受，制書司徒露布州郡。詔書有三品：其文曰「告某官某官如故事」是爲詔書；群臣有所奏請，尚書令奏下之，有「制詔，天子答之曰可」，以爲詔書；群臣有所表請，無尚書令奏「制曰」之字，則答曰「已奏如書，本官下所當至」，亦曰詔書。戒書、戒敕，刺史、太守及三邊營官被敕，文曰「有詔敕某官」，是爲戒敕。』自魏、晉已後因循，有册書、詔、敕，總名曰詔。皇朝因隋不改。天后天授元年，以避諱，改詔爲制。今册書用簡，制書、慰勞制書、發日敕用黄麻紙，敕旨、論事敕及敕牒用黄藤紙，其敕書頒下諸州用絹。凡大祭祀羣神，則從升壇以相禮，亨宗廟，則從升阼階；親征纂嚴，則使戒敕百寮。册命親賢，臨軒則使讀册，若命之于朝，則宣而授之。凡册太子，則授璽、綬。凡制詔宣傳，文章獻納，皆授之於記事之官。武德、貞觀故事，以尚書省左、右僕射各一人及侍中、中書令各二人爲知政事官。其時，以他官預議國政者，云『與宰相參議朝政』，或云『平章國计』，或云『專興機密』，或『參議政事』。貞觀十七年，李勣爲太子詹事，侍詔同知政事，始謂『同中書门下三品』。自是，僕射常带此稱；自餘非兩省長官預知政事者，皆以此爲名。永淳中，始詔郭正一、郭待舉、魏玄同等與中書门下同承受進止平章事。自天后已後，兩省長官及同中書门下三品幷平章事爲宰相；其僕射不带『同中書门下三品』者，但監尚書省而已。總章二年，東臺侍郎张文瓘、西臺侍郎戴至德等始以『同中書门下三品』著之入銜，自是相承至今。永淳二年，黄門侍郎劉齊賢知政事，稱『同中書門下平章事』；自後，兩省長官及他官執政未至侍中、中書令者，皆稱『同中書門下平章事』也。

中書侍郎二人，正四品上。按《環濟要略》：漢置中書，掌密詔，有令、僕、丞、郎。《漢舊儀》云：『置中書領尚書事，掌匈奴營部一郎，民曹一郎，謁者一郎。』魏黄初，中書置監、令，又置通事郎，次黄門郎，卽中書侍郎之任也。《魏志》：『明帝詔舉中書郎，謂盧毓曰：「得人與否，在盧生耳。」』又：『司馬宣王辟王伯輿，擢爲中書侍郎。』則其名起於魏氏。《晉令》：『中書侍郎四人，品第四，給五時朝服，進賢一梁冠。』晉氏每一郎入直西省，專掌詔草，更直省五日；從駕，則正直從，次直守。東晉又改爲通事郎，尋復舊。宋、齊並同晉氏。梁功高者一人主直内事，秩千石，班第九。陳依梁。魏置四人，初，正第四品上；太和末，從第四品上。北齊因之。後周依《周官》，春官府置小内史下大夫二人，蓋比中書侍郎之任也。隋初改爲内史省侍郎，置四人，正第四品下；煬帝三年減二員，十二年改爲内書侍郎。皇朝改爲内史侍郎。武德三年改爲中書侍郎，龍朔、咸亨、光宅、神龍、開元並隨省改復。中書侍郎掌貳令之職，凡邦國之庶務，朝廷之大政，皆參議焉。凡臨軒册命大臣，令爲之使，則持册書以授之。若自内册，則以册書授使者。册后則奉琮、璽及綬，册太子則奉璽、綬，皆以授使者。凡四夷來朝，臨軒則受其表疏，升于西階而奏之；若獻贄幣則受之，以授於所司。

中書舍人六人，正五品上。魏氏中書置通事一人，掌呈奏案章，《魏志》云『明帝時有通事劉泰』是也。高貴鄉公正始中改爲通事舍人，尋又改爲通事侍郎，則猶兼侍郎之任也。《晉書·百官志》云：『晉初，中書舍人、通事各一人，至東晉合爲一職，謂之通事舍人，專掌呈奏。後復省之，而以侍郎兼其職。』《晉令》：『中書通事舍人品第七，絳朝服，武冠。』宋初又置通事舍人四人，品秩同晉氏，入直閤内，出宣詔命，而侍郎之任輕矣。齊武永明初，中書通事舍人四人，各住一省，時謂之『四户』，既總重權，勢傾天下。會熒惑入太微，太史奏宜修祈禳之禮，太尉王儉謂帝曰：『天文乖忤，此由四户。』帝納之，不能改也。梁氏秩四百石，品第八。梁用人殊重，簡以才能，不限資地，多以他官兼領，並入閤内，專掌中書詔誥，猶兼呈奏之事。故裴子野以中書侍郎、鴻臚卿常兼中書通事舍人，别敕之詔誥。自魏、晉，詔誥皆中書令及中書侍郎掌之，至梁始舍人爲之；其後，除『通事』，直曰中書舍人。陳氏置五人，餘同梁氏。後魏第六品上，史闕其員。北齊置十人，品同魏氏，並掌詔誥。後周春官府置小史上士二人，此其任也。隋初改曰内史舍人，置八人，專掌詔誥，正第六品上；開皇三年，加從第五品上。煬帝三年減置四人，十二年改曰内書舍人。皇朝改曰内史舍人。武德三年改曰中書舍人，龍朔、咸亨、光宅、神龍、開元並隨省改復。中書舍人掌侍奉進奏，參議表章。凡詔旨、制敕及璽書、册命，皆按典故起草進畫；既下，則署而行之。其禁有四：一曰漏泄，二曰稽緩，三曰違失，四曰忘誤，所以重王命也。制敕既行，有誤則奏而改正之。凡大朝會，諸方起居，則受其表狀而奏之；國有大事，若大克捷及大祥瑞，百寮表賀亦如之。凡册命大臣于朝，則使持節讀册命命之。凡將帥有功及有大賓客，皆使以勞問之。凡察天下冤滞，與給事中及御史三司鞫其事。凡有司奏議，文武考課，皆預裁焉。按：今中書舍人、給事中每年各一人監考内外官使。其中書舍人在省，以年深者爲閤老，兼判本省雜事；一人專掌畫，謂之知制誥，得食政事之食；餘但分署制敕。六人分押尚書六司，凡有章表皆商量，可否則與侍郎及令連署而進奏。其掌畫事繁，或以諸司官兼者，謂之兼制誥。

主書四人，從七品上；《周官》天官有司書中士四人，鄭注云：『主計會之簿書。』掌邦國六典、八法、九職，蓋此主書之任也。王道秀《百官春秋》：『初，晉中書置主書，用武官，宋文帝改用文吏。』齊氏中書置主書令史。梁氏不置。陳氏中書置主書十人，去令史之名。後魏中書有主書令史八人，從第七品上。北齊十人，從八品上。天保中，文宣躬親政事，主書令史頗亦受委，並得奏事。文宣曾立看主書令史題署，嫌其遲，語云：『但主書，何須復著「令史」二字也。』卽以去之。至武成河清初，左丞劾其輒改吏稱，皆云文宣口敕，尋屬新令初頒，遂去『令史』之字。文宣之代，雖曰委任，用人猶輕。至孝昭、武成，召引才學之士荀士遜、李德林、樊孝廉爲之，頗曰清舉，猶未有灼然子弟屈爲此職。隋氏中書主書亦有『令史』字，置十人，正第九品上，用人益輕。煬帝三年改減爲四人。皇朝因之，流外入流累轉爲之。

主事四人，從八品下；魏氏所置。歷宋、齊，中書並置主事，品並第八。梁中書令史二人，品第八。陳氏及後魏、北齊並不置。隋初，諸臺省並置主事令史，皆正第九品上。煬帝三年，並去令史之名。前代用人皆輕，而隋氏雜用士人爲之，故顔愍楚文學名家爲内史主事；尋罷士人。皇朝並用流外入流累轉爲之。舊《令》從九品上，開元二十四年敕進入八品。

令史二十五人，書令史五十人。魏置中書令史，品第八。晉氏品第九，宋氏品第八。齊中書令史品第六。梁中書令史八人、書令史十二人，品皆第九。陳氏中書吏不置令史。後魏、北齊中書並有令史。自前代已來，令史皆有品秩，至隋開皇初始降爲流外行署。

右散騎常侍二人，從三品。故事已詳於左省。顯慶二年置，龍朔二年改爲右侍極，咸亨元年復故。右散騎常侍掌如左散騎常侍之職。

右補闕二人，從七品上；廢置已詳門下省左補闕注。右拾遺二人，從八品上。已詳左拾遺注。右補闕、拾遺掌如左補闕、拾遺之職。

起居舍人二人，從六品上。起居舍人因起居注而名官焉。古者，人君言則右史書之，即其任也。其設官沿革，起居郎注詳焉。隋煬帝三年，減内史舍人四員；置起居舍人二人，從第六品上，次内史舍人下，始以虞世南、蔡允恭爲之。皇朝因之。貞觀二年省，顯慶二年又置。龍朔二年改爲右史，咸亨元年復故。天授元年又改爲右史，神龍元年復故。起居舍人掌修記言之史，録天子之制誥德音，如記事之制，以紀時政之損益。自永徽已後，起居唯得對仗承旨，仗下之後，謀議皆不得預聞。長壽元年，文昌左丞姚璹知政事，以爲帝王謨訓，不可遂無紀述，若不宣自宰相，史官無從得書，遂表請仗下所言軍國政要，即宰相一人專知撰録，號爲『時政記』，每月送史館。自後因循，録付兩省起居，使編録焉。季終，則授之於國史。

通事舍人十六人，從六品上。通事舍人，即秦之謁者。《漢書百官表》云：『謁者掌賓贊受事，員七十人，秩比六百石；有僕射，秩比千石。』《舊儀》云：『謁者有缺，選郎中美鬚眉大音者補。』《後漢百官志》：『和帝時，陳郡何熙爲謁者僕射，贊拜殿中，音動左右。』後漢有常侍謁者五人、謁者三十五人。二漢謁者臺並隸光禄勳。魏置謁者十人。晉武帝省僕射，以謁者并蘭臺。晉初，置舍人、通事各一人，隸中書。東晉令舍人、通事兼謁者之任，通事舍人之名，自此始也。宋武帝置謁者僕射，領謁者十八人。齊因之。梁置謁者十人，亦隸謁者臺。陳亦有之。後魏謁者從第五品中。北齊謁者三十人，正第九品下。隋初罷謁者官，置通事舍人十六人，從六品上；開皇三年，增舊爲二十四員。又置謁者臺，改通事舍人爲通事謁者；創置四方館於建國門外，隸鴻臚寺，以待四方使者。皇朝廢謁者臺，改謁者爲通事舍人，隸四方館，屬中書省。通事舍人掌朝見引納及辭謝者於殿庭通奏。京官文武職事五品已上假、使，去皆奏辭，来皆奏見；其六品已下奉敕差使亦如之。外官五品已上假、使至京及經京過，若新授及駕行在三百里内過，並聽辭、見。凡近臣入侍，文武就列，則引以進退，而告其拜起出入之節。凡四方通表，華夷納貢，皆受而進之。若有大詔令，則承旨以宣示百僚。凡軍旅之出，則受命慰勞而遣之；既行，則每月存問將士之家，以視其疾苦；凱還，則郊迓之，皆復命。凡致仕之臣與邦之耆老，時巡問亦如之。

集賢殿書院：開元十三年所置。漢、魏已来，其職具秘書省。梁武帝於文德殿内列藏衆書。北齊有文林館學士，後周有麟趾殿學士，皆掌著述。隋平陳之後，寫書正、副二本，藏於宫中，其餘以實秘書外閤。煬帝於東都置觀文殿，東西廂貯書。自漢延熹至今，皆秘書掌圖籍，而禁中之書時或有焉。及太宗在藩邸，有秦府學士十八人，其後，弘文館、崇文館皆有學士，則天時亦有珠英學士，皆其任也。今上即位，大收羣書，以廣儒術。洎開元五年，於乾元殿東廊下寫四部書，以充内庫，仍令右散騎常侍褚無量、秘書監馬懷素總其事，置刊定官四人，以一人判事，其後因之。六年，駕幸東京；七年，於麗正殿安置，爲修書使。褚、馬既卒，元行冲爲使，尋以張説代之。八年，置校理二十人。十二年，駕幸東都，於命婦院安置。十三年，召學士張説等宴於集僊殿，於是改名集賢殿修書所爲集賢殿書院，五品已上爲學士，六品已下爲直學士，以説爲大學士，知院事。説累讓『大』字，詔許之。其後，更置修撰、校理官。又有待制官名，其来尚矣。漢朱買臣待詔公車。公車，衛尉之屬官，掌天下之上書。東方朔、劉向、王褒、賈捐之等待詔金馬門，官署門也。今之待制，即其事焉。

學士，五品已上爲學士，每以宰相爲學士者知院事。初，張説爲中書令知院，制以右常侍徐堅副之，自爾常以近密官爲副，兼判院。直學士，六品已下爲直學士。並開元十三年置。

侍講學士，開元初，褚無量、馬懷素侍講禁中，爲侍讀。其後，康子元等爲侍講學士。修撰官，校理官，同直學士，無常員，以佗官兼之。又有留院官、檢討官，皆以學術，別敕留之。中使一人，自乾元殿寫書，則直知出入，宣傳進奏，掌同宫禁。孔目官一人，開元五年置。知書官八人，開元五年置。漢劉歆總羣書而爲《七略》，凡三萬三千九十卷。遭王莽、董卓之亂，掃地皆盡。魏氏採掇遺亡，至晉，總括羣書，凡二萬九千九百四十五卷。惠、懷之後，靡有孑遺。東晉所存三千一十四卷。至宋，謝靈運造《四部目録》，凡六萬四千五百八十二卷。其後，王儉復造目録，凡萬五千七十四卷。齊王亮、謝朏《四部書目》，凡萬八千一十卷。齊末，兵火延燒，秘閣經籍煨燼。梁帝克平侯景，收公私經籍歸于江陵，凡七萬餘卷，周師入郢，咸自焚之。周武保定中，書盈萬卷，平齊所得，纔至五千。隋秘書監牛弘請分遣使者搜訪異書，平陳之後，經籍漸備，凡三萬餘卷。煬帝寫五十副本，分爲三品。大唐平王充，收其圖書，泝河西上，多有漂没，存者猶八萬餘卷，自是圖籍在秘書。今秘書、弘文、史館、司經、崇文皆有之；集賢所寫，皆御本也。書有四部：一曰甲，爲經；二曰乙，爲史；三曰景，爲子；四曰丁，爲集。故分爲四庫，每庫二人，知寫書、出納、名目、次序，以備檢討焉。四庫之書，兩京各二本，共二萬五千九百六十卷，皆以益州麻紙寫。其經庫書鈿白牙軸、黄帶、紅牙籤，史庫書鈿青牙軸、縹帶、緑牙籤，子庫書彫紫檀軸、紫帶、碧牙籤，集庫書緑牙軸、朱帶、白牙籤，以爲分別。書直及寫御書一百人，開元五年十二月，敕於秘書省、昭文館兼廣召諸色能書者充，皆親經御簡。後又取前資、常選、三衛、散官五品已上子・孫，各有年限，依資甄敘。至十九年，敕有官爲直院也。搨書手六人，乾元殿初置二人，開元十四年奏加至六人。取人及有官同直院。書直八人，開元七年敕，緣修雜圖，訪取二人。八年，又加六人。十九年，院奏定爲直院。裝書直十四人，開元六年置八人，七年更加十人，十九年八月減四人。造筆直四人，開元六年置。典四人。開元五年置二人，九年加二人。集賢院學士掌刊緝古今之經籍，以辯明邦國之大典，而備顧問應對。凡天下圖書之遺逸，賢才之隱滯，則承旨而徵求焉。其有籌策之可施於時，著述之可行於代者，較其才藝，考其學術，而申表之。凡承旨撰集文章，校理經籍，月終則進課于內，歲終則考最于外。開元八年十月敕：『學士等入經三年已上爲年深，若校理精勤，紕繆多正，及不能詳覈，無所發明，委修書使録奏，別加褒貶。』

史館史官。周有太史、小史、內史、外史，而諸侯之國亦置史官。又《春秋》、《國語》引《周志》及《鄭書》之說。推尋事迹，以當時記事各有職司。其後陵夷，史官放絶。秦滅先王之典，其制莫存。至漢武始置太史，命司馬談爲之。時，天下計書先上太史，副上丞相。談乃據《左氏》、《國語》、《代本》、《戰國策》、《楚漢春秋》，接其後事，成一家之言。談卒，其子遷又爲太史，嗣成其事，名曰《史記》。遷卒後，好事者若馮商、劉歆、揚雄等亦頗著述。漢末，扶風班彪綴後傳數十篇。彪卒，其子固續成其志，名曰《漢書》。後漢明帝又召固入東觀，與陳宗、尹敏、孟冀共成《光武本紀》。其後，劉珍、劉毅、劉陶、伏無忌、黄景等相次著述東觀，所撰書謂之《東觀漢記》。然皆他官兼領史職。至魏明帝太和中，始置著作郎及佐郎，隸中書省，專掌國史。至晉惠帝元康二年，改隸秘書省。歷宋、齊、梁、陳後魏並置著作，隸秘書省，北齊因之，代亦謂之史閣，亦謂之史館。史閣、史館之名，自此有也。故北齊邢子才作詩酬魏收『冬夜直史館』是也。後周有著作上士，中士，掌國史，隸春官府。隋氏曰著作曹，掌國史，隸秘書省。皇朝曰著作局。貞觀初，別置史館於禁中，專掌國史，以他官兼領，或卑品有才，亦以直館焉。史官掌修國史，不虛美，不隱惡，直書其事。凡天地日月之祥，山川封域之分，昭穆繼代之序，禮樂師旅之事，誅賞廢興之政，皆本於起居注以爲實録，然後立編年之體，爲褒貶焉。既終則藏之于府。

匭使院，知匭使一人。垂拱元年置，常以諫議大夫及補闕、拾遺一人爲使，專知受狀，以達其事。事或要者，當時處分；餘出付中書及理匭使據狀申奏。理匭使常以御史中丞及侍御史一人爲之。知匭使掌申天下之冤滯，以達萬人之情狀。立匭之制，一房四面，各以方色。東曰『延恩』，懷材抱器，希於聞達者投之；南曰『招諫』，匡正補過，裨於政理者投之；西曰『申冤』，懷冤負屈，無辜受刑者投之；北曰『通玄』，獻賦作頌，諭以大道及涉于玄象者投之。初置有四門，其制稍大，難於往來。後遂小其制度，同爲一匭，依方色辨之。其匭出以辰前，入以未後。

唐・杜佑《通典》卷二一《職官三・宰相並官屬》 隋有內史、納言，即中書令、侍中。是爲宰相，亦有他官參與焉。柳述爲兵部尚書，參掌機事。又楊素爲右僕射，與高熲專掌朝政。

大唐侍中、中書令是眞宰相。尚書左右僕射亦嘗爲宰相。其間或改爲納言、內史、左相、右相、黄門監、紫微令等名，其本即侍中、中書令也。共有四員。其僕射貞觀末始加平章事，方爲宰相，具《僕射篇》。其餘以他官參掌者，無定員，但加同中書門下三品、貞觀十七年，以兵部尚書李勣同中書門下三品。同中書門下三品，自此始也。永崇、弘道之際，裴炎爲正議大夫，守侍中；崔知温爲正議大夫，守中書令；劉齊賢爲中大夫，守侍中：並同中書門下三品。按：此當以階卑官高，令所給禄秩同三品耳，當是權時之制。其後亦有階卑爲侍中、中書令者，即更不言。及平章事、知政事、參知機務、參與政事及平章軍國重事之名者，並爲宰相，貞觀二年，太宗謂侍臣曰：『中書、門下，機要之司，擢才而居，委任實重。詔敕如有不便，皆須執論。比來唯覺阿旨順情，遂無一言諫諍者，豈是道理？若唯置敕行文而已，人誰不堪，何須簡擇，以相委付？自今以後，詔敕疑有不穩，必須執之。』亦漢行丞相事之例也。韓安國爲御史大夫，行丞相事。《後漢書》曰：『周澤行司徒事，如眞。』高宗永徽六年，召宰相議廢皇后王氏，立武昭儀爲后。褚遂良奏曰：『先帝疾甚，執陛下手以語臣曰：「我兒好新婦，今將付卿。」皇后恐不可廢。』遂置笏於殿陛，叩頭流血。上大怒，命引出之，遂良貶官。侍中韓瑗上疏理之，不納，表請歸田，不許，瑗又上疏切諫。來濟亦密表諫，不納。儀鳳元年四月，上以風疾，欲令武太后攝知國政，中書令郝處俊曰：『臣聞禮經「天子理陽政，后理陰道」，則外内和順，國家以理。帝之與后，陰之與陽，各有所主，不相奪也。若失其序，上則謫見於天，下則禍成於人。昔魏文帝著令，雖有少主，尚不許皇后臨朝，所以追監成敗，杜其萌也。況天下者，高祖、太宗之天下，陛下正合謹慎宗廟，傳之子孫，誠不可持國與人，有私於后族。且曠古以來，未有此事，伏乞特賜詳審。』武太后神功元年，嘗召陸元方問以外事。對：『備位宰臣，有大事即奏，人間碎務，不敢以煩聖鑑。』聖曆三年臘月，張易之兄弟貴寵踰分，懼不全，請計於宰相吉頊。頊曰：『公兄弟承恩深矣，非有大功於天下，自古罕有全者。唯有一策，苟能行之，豈止全家，亦當享茆土之封耳。』易之涕泣請之，頊曰：『天下思唐德久矣。主上春秋高，武氏諸王，殊非所屬意。公何不從容請廬陵，相王，以繼先人之願？』易之乃乘間屢言，太后納之。既知頊之諫，乃詔問頊。頊對曰：『廬陵、相王，皆陛下之子。高宗初託於陛下，當有所主。』乃追中宗焉，睿宗登極，方發問，遂追贈爲御史大夫。制云：『王命中絶，人謀未輯，首陳反正之議，克創祈天之本。』中宗神龍元年二月，侍中桓彦範上疏曰：『伏見陛下每臨朝政，皇后必施帷幔殿上，得聞政事。詳求往代帝王，有與婦人謀及政事者，莫不破國亡身，傾輈繼路。且以陰乘陽，違天也，以婦陵夫，違人也。違天不祥，違人不義，由是古人譬以，牝鷄之晨，惟家之索。』易曰：『無攸遂，在中饋。』言婦人不得參於國政也。伏願皇后無往正殿干及外朝，專在中宫修陰教，則坤儀式固，鼎命久永，不納。景龍四年，中宗遺制：『韋庶人輔少主，知政事。安國相王參謀輔政。』中書令宗楚客謂韋温曰：『今既皇太后臨朝，宜停相王輔政。且皇后於相王嫂叔不通問之地，甚難爲儀注，理全不可。』宰相蘇瓌獨正色鉅之，謂曰：『遺制是先帝意。若可改，何名遺制！』楚客大怒，竟削相王輔政而宣行。自先天之前，其員頗多。景龍中，至十餘人。開元以來，常以二人爲限，或多則三人。武太后聖曆三年四月敕：『同中書門下三品平章事，賜會並同中書門下三品例。』開元十年十一月敕：『自今以後，中書門下宜共食實封三百户。』二十二年十一月制：『宰相兼官者，並兩給俸禄。』天寶十五年之後，天下多難，勳賢並建，故備位者衆。然其秉鈞持衡，亦一二人而已。舊制，起居舍人及起居郎唯得對仗承旨。仗下之後，謀議不得聞。武太后時，文昌右丞姚璹以爲帝王謨訓不可無紀，若不宣自宰相，史官無從而知。表請仗下所言軍國政要，則宰相一人撰録，每月封送史館，謂之『時政記』。自璹始也。舊制：宰相常於門下省議事，謂之政事堂。至永淳二年七月，中書令裴炎以中書執政事筆，其政事堂合在中書，遂移在中書省。開元十一年，張説奏改政事堂爲『中書門下』，其政事印亦改爲中書門下之印。至德二載三月，宰相分直主政事筆，每一人知十日。貞元十年五月八日，又分每日一人執筆。

又《門下省》 隋門下省有納言二人，給事黄門侍郎四人，煬帝減二人及散騎常侍、諫議大夫等官，並掌陪從朝直，兼統六局。開皇三年，罷門下省員外散騎常侍員。煬帝即位，加給事員，廢常侍、諫議等官。又改殿内省隷門下省。大唐龍朔二年，改門下省爲東臺。咸亨初，復舊。至武太后臨朝，光宅初，改爲鸞臺；神龍初，復舊。聖曆三年四月敕，別敕賜物中書門下省官，正三品准二品，五品准四品。開元七年八月初，敕中書門下厨新料破用外，餘有官分取。開元元年，改爲黄門省；五年，復舊。有侍中二人，黄門侍郎二人，給事中四人，左散騎常侍二人，諫議大夫四人，典儀二人，起居郎、左補闕、左拾遺各郎二人，城門郎四人，符寶郎四人，弘文館校書二人，其餘小吏各有差。

又《侍中》 隋又改侍中爲納言，置二人。煬帝大業十二年，又改納言爲侍内，隋氏諱『忠』。故凡中皆曰内。大唐初，爲納言，武德四年，改爲侍中，亦置二人。

龍朔二年，改爲左相，咸亨元年復舊。光宅元年，又改爲納言。神龍元年，復爲侍中。開元元年，又改爲黄門監；五年，復爲侍中。天寶元年，改爲左相。至德初，復爲侍中。自隋至今，皆爲宰相。舊班正三品大曆二年，升爲從二品。按令文：掌侍從，負寶，獻替，贊相禮儀，審署奏抄，駁正違失，監封題，給驛券，監起居注，總判省事。

又《門下侍郎》 隋六人，屬門下省。至煬帝，減二人，而去給事之名。煬帝初嗣位，猶以張衡爲給事黄門侍郎。初，劉行本爲黄門侍郎，文帝嘗怒一郎於殿前笞之。行本進諫，帝不顧。行本乃正當上前，曰：『陛下不以臣不肖，置臣左右，豈得輕臣而不顧？』乃置笏於地而退。上謝之，而原所笞者。大唐龍朔二年改黄門侍郎爲東臺侍郎，武德二年四月，温大雅爲黄門侍郎，弟彦博爲中書侍郎，居近侍。高祖謂曰：『我起晉陽，爲卿一門耳。』至五年五月，弟彦博又爲中書侍郎。高宗總章元年十月，東天竺烏徒國長年婆羅門盧伽逸多受詔合丹，上將餌之。東臺侍郎郝處俊諫曰：『脩短有天命，未聞萬乘之主，輕服番夷之藥。昔貞觀末，先帝令婆羅門僧那羅邇娑婆寐依其本國仙方，合長年神藥。胡既有異術，徵求靈草秘石，歷年而成。先帝服之，竟無異效。大漸之際，名醫莫知所爲。欲歸罪於胡人，將申大戮，又恐取笑夷狄，遂止。龜鑑若是，惟陛下深察。』遂止。咸亨元年復舊。光宅元年，改爲鸞臺侍郎，神龍元年復舊。天寶元年，改爲門下侍郎，至德中復舊。舊制，正四品上。大曆三年，又改爲門下侍郎，升從三品。員二人，掌侍從，署奏抄，駁正違失，通判省事。若侍中闕，則監封題，給驛券。

又《中書令》　隋初改中書爲内史，置監令各一人，尋廢監，置令二人，煬帝大業十二年，又改内史爲内書，後復爲内史令。大唐武德初，爲内史令，常有敕而中書門下不時宣行，高祖責其遲由。内史令蕭瑀曰：『臣大業之日，見内史宣敕，或前後相乖者，百司行之，不知何所承用。所謂易雖在前，難必在後。臣在中書日久，備見其事。今黄閣初構，事涉安危，若遠方有疑，恐失機會。比每受一敕，臣必審勘，使與前敕不相乖背者，始敢宣行。遲晚之愆，實由於此。』上善之。三年，改爲中書令，亦置二人。龍朔二年，改爲右相。咸亨元年復舊。光宅二年，又爲内史。神龍元年，復爲中書令。開元元年，改爲紫微令。五年，復爲中書令。天寶元年，改爲右相。至德初，復爲中書令。自隋至今，皆爲宰相。舊班正三品，大曆三年升爲從二品。按令文：掌侍從，獻替，制敕，册命，敷奏文表，授册，監起居注，總判省事。

又《中書侍郎》　隋初，爲内史侍郎，亦四員。煬帝減二員，改爲内書侍郎。大唐初，爲内史侍郎。武德三年，改爲中書侍郎。龍朔以後，隨省改號，而侍郎之名不易。舊制正四品上，大曆二年，升從三品。員二人，掌侍從，獻替，制敕，册命，敷奏文表，通判省事。

又　卷二二《職官四·尚書省》　隋及大唐皆有，其制略同，凡尚書省事無不總。龍朔二年，改尚書省爲中臺，咸亨初復舊。光宅元年，改爲文昌臺。垂拱元年，又改爲都臺，長安三年又改爲中臺，神龍初復爲尚書省。亦謂之南省。都堂居中，左右分司。舊尚書令有大廳，當省之中，今謂之都堂。都堂之東，有吏部、户部、禮部三行，每行四司，左司統之。都堂之西，有兵部、刑部、工部三行，每行四司，右司統之。凡二十四司，分曹共理，而天下之事盡矣。故事，叔父兄弟不許同省爲郎官，格令不載，亦無正敕。貞觀二年十一月，韋叔謙除刑部員外郎；三年四月，韋季武除主爵郎中；其年七月，韋叔諧除庫部郎中。太宗謂曰：『知卿兄弟並在尚書省，故授卿此官，欲成一家之美。無辭，稍屈階資。』其後同省者甚多。近日非特恩除拜，即須相廻避，當以准今同司曹判及勾檢之官，不得用大功以上親。若制敕授者，即申所司，從早改擬，遂同别省亦罷也。左右僕射各一人總統省事。左丞一人，掌轄吏部、户部、禮部十二司事。右丞一人，掌轄兵部、刑部、工部十二司事。左右司郎中各一人，員外郎各一人，各掌付左右丞所管諸司事。尚書六人，吏、户、禮、兵、刑、工六部各一人。侍郎九人，吏部、户部、兵部各二人，餘各一人。郎中二十八人，吏部、户部、兵部、刑部各二人，餘各一人，并左右司，則三十人。員外郎二十九人，吏、户、兵、刑四部及司勳各二人，餘司各一人，并左右司，共三十一人。都事六人。以下各有差。

又《尚書令》　隋亦總領衆務。大唐尚書令朝服鷩冕，八旒七章，三梁冠。武德初，太宗爲秦王時，嘗居之，其後人臣莫敢當。故自龍朔三年，制廢尚書令。至廣德中，郭子儀勳業既盛，乃特拜焉。子儀以文皇帝故，讓不敢受。

又《僕射》　隋文帝開皇三年，詔左右僕射從二品，左掌判吏部、禮部、兵部三尚書，御史糾不當者，兼糾彈之。右掌判都官、度支、工部三尚書，又知用度。餘並依舊。楊素爲右僕射，與高熲專掌朝政。後文帝漸疎忌素，詔曰：『僕射，國之宰輔，不可躬親細務，但三五日一度向省，評論大事。』外示崇重，實奪其權也。終仁壽之末，不復通省事。大唐左右二僕射因前代，本副尚書令。自尚書令廢闕，二僕射則爲宰相。故太宗謂房玄齡、杜如晦曰：『公爲僕射，當洞開耳目，訪求才賢，是爲宰相弘益之道。今以決辭聽訟不暇，豈助朕求賢之意。』乃令尚書細務悉委於兩丞。其冤濫大故，當奏聞者，則關於僕射。及貞觀末，除拜僕射，必加『同中書門下平章事』及『參知機務』等名，方爲宰相，不然則否。然爲僕射者，亦無不加焉。至開元以來，則罕有加者。自開元以來，始有單爲僕射，不兼宰相者。初，龍朔二年，改左、右僕射爲左、右匡政，咸亨元年復舊，官品第四。上元三年閏五月，制尚書省頒下諸州府，並宜用黄紙。武太后改二僕射爲文昌左右相，進階爲從三品，尋復本階。神龍初，復爲左右僕射。二年九月，敕門下及都省，宜日别録制敕，每三月一進。開元元年，改爲左右丞相，從二品，統理衆務，舉持綱目，總判省事。二年四月，敕在京有訴冤者，並於尚書省陳牒，所司爲理。若稽延致有屈滯者，委左右丞及御史臺訪察聞奏。如未經尚書省，不得輒於三司越訴。御史糾不當者，兼得彈之。至天寶元年復舊。

議曰：按僕射秦官，其名則微，其職甚細。東漢以後，雖委任漸重，職司會府，而非百寮師長之職也。又按，丞相亦秦官，秦氏每羣臣上表，皆云『丞相臣某』爲首。漢之宗臣蕭何爲丞相。《漢儀》：丞相進，天子御座爲起，在輿爲下；有疾，濵駕至第問。得戮二千石，申屠嘉欲斬內史晁錯是也。霍光受顧託之重，當伊周之地，廢昌邑王，上表太后：『丞相臣敞』爲首，『大司馬、大將軍臣光』次之，其尊崇如此。中間嘗置左右丞相，亦嘗改爲相國，亦爲大司徒。大抵漢之丞相，是爲三公，於天下無所不統。後漢亦以三公爲宰相，則司徒本西漢丞相也。後或爲丞相，或爲相國，或爲大丞相，雖互爲之名，其實一也。曹公、司馬師、昭、趙王倫、王敦、王導、劉義宣、齊高帝、梁武帝、爾朱榮、侯景、陳武帝、齊獻武、隋文帝皆爲之。歷代多非尋常人臣之職，亦多爲贈官。然自秦以降，實居百寮之長。今尚書令總領衆務，舉持綱目，僕射貳之，誠爲崇重，且非統國政，宰天下之任，宜侍中、中書令，如直以尊崇則太師，不然上公、太尉始可師長命百寮也。龍朔中，天寶初，嘗改侍中、中書令爲左右相，遠協伊尹、仲虺爲左右相，周公、召公相成王爲左右之義，斯誠允當。或謂尚書令、僕射、録尚書之職，是官之師長。按前代録尚書霍光、張安世、王鳳、趙熹、牟融、鄧彪、張禹、李固、王導、褚彦回。齊明帝之徒，或是丞相，或是三公，或是大將軍、大司馬兼之，皆秉朝政，猶古冢宰，百官總己，實宰輔也，其時別自有令僕。今僕射雖嘗改爲丞相，名同而職異，品秩又未崇極，上有三師、三公，尚書令七人，豈得比前代丞相受任也？其襲舊名無實者，若今刺史皆云使持節，按前代使持節，得戮二千石；其王公以下封國，皆南面臣人，分茅建社；其開府儀同三司，則禮數班秩皆如三公，置府辟吏：今並豈有其實乎？此例甚衆，不能偏舉。安有僕射因改丞相之名，都無丞相之實，而爲百寮師長也？又與丞郎絶禮，若不隔品致敬，則諸司長官與隔品寮屬，其可絶禮乎？斯不然矣。

又《左右丞》 隋左右丞掌分尚書諸司糾駮。元壽字長壽，爲尚書左丞。蕭摩訶妻患將死，奏令其子向江南收家産。壽奏劾之曰：『摩訶遠念資財，近忘匹好，令其子捨危惙之母，爲聚斂之行。御史韓微之等見而不彈，請付大理。』臣忝居左轄，無容寢默。』大唐因隋制。龍朔二年，改爲左、右肅機，其年有宇文化及子孫論資廕，所司理之，至於勾當，右肅機楊昉未詳案狀，訴者自以道理已成，無復疑滯，勒而逼昉。昉謂曰：『適退朝，未食，食畢詳之。』訴者曰：『公云未食，亦知天下有累年羈旅者乎？』昉遽命案，立判之曰：『父弑隋主，子訴隋資，生者猶配遠方，死者無宜更叙。』咸亨元年復舊。儀鳳四年，韋仁約除尚書左丞。約奏曰：『陛下爲官擇人，無其人則闕。今不惜美錦，令臣製之，此陛下知之深矣，微臣盡命之日矣。』振舉綱目，略無留事，羣曹肅然。左丞掌管轄諸司，糾正省內，勾吏部、户部、禮部等十二司，通判都省事。右丞掌管兵部、刑部、工部等十二司，餘與左丞同。

左、右司郎中：隋煬帝三年，於尚書都省初置左、右司郎二人，品同諸曹郎，從五品，掌都省之職。大唐貞觀二年，改爲郎中。龍朔二年改爲左、右丞務，咸亨元年復舊。今掌副左右丞所管諸司事，省署鈔目，勘稽失，知省内宿直，判都省事。若右司不在，則左併行之；左司不在，右亦如之。

員外郎：武太后永昌元年置，與郎中分掌曹務。神龍元年省，二年復置。

又《歷代尚書》 隋有吏、禮、兵、刑、户、工六部尚書。大唐尚書與隋同。龍朔二年，改尚書爲太常伯。咸亨初復舊。歷代吏部尚書及侍郎，品秩悉高於諸曹。

又《八座》 隋以六尚書、左右僕射及令爲八座，大唐與隋同。凡歷代尚書，有五曹則兼以二僕射、一令爲八座；有六曹則以左右僕射爲一座，兼令共爲八座；若有六曹而左右僕射並闕，則以尚書僕射及令爲八座；若尚書唯有五曹，又無左右僕射，則不備矣。

又《尚書郎》 隋初尚書有六曹、二十四司，凡領三十六侍郎，吏部司勳、主客、膳部、兵部、職方、都官、司門、度支、户部、比部、刑部等侍郎各二人，主爵、考功、禮部、祠部、駕部、庫部、金部、倉部、工部、屯田、虞部、水部侍郎各一人。分司官曹務，直禁省，如漢之制。至開皇六年，二十四司又各置員外郎一人，以司其曹之籍帳，侍郎闕，則釐其曹事。今尚書員外郎，其置自此始。以前歷代皆謂之尚書郎，各以曹名爲稱首，或謂之侍郎，皆無員外之號。前代史傳及《職官要録》或有言員外郎者，蓋謂員外散騎侍郎耳，非尚書之職，說在《散騎篇》。前代所言郎官，上應列宿，蓋謂三署郎，非謂今尚書郎中也，具《三署郎敍篇》中。煬帝即位，以尚書六曹各置侍郎一人，以貳尚書之職。今之侍郎，其置自此始也。或有曹加二人者。夫侍郎之名舊矣。漢凡諸郎皆掌更直，執戟宿衛諸殿門，以侍衛之故，通謂之侍郎。故武帝時拜東方朔爲郎，當時謂之『官不過侍郎，位不過執戟』是也。歷代尚書，亦有侍郎。隋初，尚書諸曹二十四司，諸郎皆謂之侍郎，通若今之郎官耳，非今六部侍郎之任。自漢以來，尚書侍郎悉然。改諸司侍郎但曰郎，則今郎中之職。又改吏部爲選部郎，禮部爲儀曹郎，兵部爲兵曹郎，刑部爲憲曹郎，工部爲起曹郎，以異六侍郎之名。廢諸司員外郎，而每司增置一曹郎，各爲二員。都司置左右司郎中各一人，品同諸曹郎，掌都省之職。尋又每減一郎，置承務郎一人，同開皇員外郎之職。大唐改隋諸司郎爲郎中，每曹又復置員外郎。武德六年，廢六司侍郎，貞觀二年復舊。今尚書省有左右司郎中各一人，員外郎各一人，分管尚書六曹事。其諸曹諸司郎中總三十人，員外郎總三十一人，通謂之郎官，尤重其選。凡郎中章服，皆玄冕五旒，衣無章，裳刺黻一章，兩梁冠；凡員外郎章服，並爵弁玄纓簪，尊者衣纁裳，一梁冠。其職任名數，各列在六曹之後。

又《都事》 隋開皇初，改都令史爲都事，置八人。煬帝分隸六尚書，置六人，領六曹事。大唐因之。

又《主事》 煬帝三年，並去令史之名，但曰主事，隨曹閑劇，而每十令史置一主事，不滿十者亦一人，雜用士人。顔愍楚者，文學名流，爲内史主事。大唐並用流外。

又《令史》 自隋以來，令史之任，文案煩屑，漸爲卑冗，不參官品。開皇十五年詔：『州縣佐史，三年一代，不得重任。』煬帝以四省、三臺皆曰令史，九寺、五監、諸衛府則皆曰府史。於時令史得官者甚少，年限亦賒。隋牛弘嘗問於騎尉劉炫曰：『按《周禮》士多而府史少。今令史百倍於前，制官減則不濟，其故何也？』炫曰：『古人委任責成，歲終考其殿最，案不重校，文不繁悉，府史之任，掌要目而已。今之文簿，恒慮覆理，鍛鍊苦辛甚密，萬里追證百年舊案。故諺曰：『老吏抱案死』。今古不同，若此之相懸也。』弘又曰：『後魏、北齊之時，令史從容而已，今則不遑寧舍，其事何也？』炫曰：『齊氏立州不過數十，三府行臺，遞相統領，文書行下，不過十條。今州二百，其繁一也。往者州唯置綱紀，郡置守丞，縣唯令而已。其所具寮，則長官自辟。受詔赴任，每州不過數十。今則不然，大小之官，悉由吏部，纖介之迹，皆屬考功，其繁二也。省官不如省事，省事不如清心。官事不省而欲從容，其可得乎！』弘甚善其言而不能用。大唐武德中，天下初定，京師穀糴貴，遠人不相願仕流外，始於諸州調佐史及朝集典充選，不獲已而爲之，遂促年限，優以敍次，六七年有至本司主事及上縣尉者。自此之後，遂爲官途。總章中，詔諸司令史考滿合選者，限試一經，時人嗟異，著於謠頌。時閻立本爲右相，姜恪爲左相。立本無他才識，時以善畫稱之，恪嘗累爲將軍，立功塞外。是歲京師饑旱，弘文、崇賢、司成三館學生並放歸本貫。當時爲之語曰：『左相宣威沙漠，右相馳譽丹青。三館學生放散，五臺令史明經。』

《舊唐書》卷四三《職官志二》 尚書都省。龍朔二年，改爲中臺，光宅元年，改爲文昌臺。神龍初復。

尚書省領二十四司。六尚書，各分領四司。

尚書令一員。正二品。武德中，太宗爲之，自是闕而不置。令總領百官，儀刑端揆，其屬有六尚書：一曰吏部，二曰户部，三曰禮部，四曰兵部，五曰刑部，六曰工部。凡庶務，皆會而決之。

左右僕射各一員，從二品。龍朔二年，改爲左右匡政，光宅元年，改爲文昌左右相，開元元年，改爲左右丞相，天寶元年，復爲左右僕射。掌統理六官，綱紀庶務，以貳令之職，自不置令，僕射總判省事。御史糾劾不當，兼得彈之。

左右丞各一員。左丞，正四品上。右丞，正四品下。龍朔改爲左右肅機，咸亨復，永昌元年，升爲從三品也，如意元年，復四品也。左丞掌管轄諸司，糾正省内，勾吏部、户部、禮部十二司，通判都省事。若右丞闕，則併行之。右丞管兵部、刑部、工部十二司。若左丞闕，右丞兼知其事。御史有糾劾不當，兼得彈之。

左右司郎中各一員。並從五品上。隋置，武德初省。貞觀初，復置。龍朔二年，改爲左右承務，咸亨復也。左司郎中，副左丞所管諸司事，省署鈔目，勘稽失，知省内宿直之事。若右司郎中闕，則併行之。左右司員外郎各一員。天后永昌元年，置左右司員外郎各一人。神龍初省，後復置。左右司郎中、員外郎各掌副十有二司之事，以舉正稽違，省署符目焉。

凡都省掌舉諸司之綱紀與百僚之程式，以正邦理，以宣邦教。【略】

主事六人，從九品上。令史十八人，書令史三十六人，亭長六人，掌固十四人。凡令史掌案文簿，亭長、掌固檢校省門户倉庫廳事陳設之事也。

隋謂之行臺省，有尚書令、僕射左右任置各一人，主事四人。有考功、兼吏部、主爵、司勳。禮部、兼祠部、主客。膳部、兵部、兼職方。駕部、庫部、刑部、兼都官、司門。度支、兼倉部。金部、工部、屯田兼水部、虞部。侍郎各一人。每行臺置食貨、農圃、武器、百工監、副監，各置丞、食貨四人，農圃一人，武器二人，百工四。録事等員。食貨、農圃、百工各二人，武器一人。蓋隨其所管之道，置於外州，以行尚書事。大唐初，亦置行臺，貞觀以後廢。其後諸道各置採訪等使，每使有判官二人，兼判尚書六行事，亦行臺之遺制。

門下省秦、漢初，置侍中，曾無臺省之名。自晉始置門下省，南、北朝皆因之。龍朔改爲東臺，光宅改爲鸞臺，神龍復。

侍中二員。隋曰納言，又名侍內。武德爲納言，又改爲侍中。龍朔改東臺左相，光宅元年改爲納言，神龍復爲侍中。開元元年改爲黄門監，五年復爲侍中。天寶二年改爲左相。至德二年復改爲侍中。武德定令，侍中正三品，大曆二年十一月九日，升爲正二品。舊制，宰相常於門下省議事，謂之政事堂。永淳二年七月，中書令裴炎以中書執政事筆，遂移政事堂於中書省。開元十一年，中書令張説改政事堂爲中書門下，其政事印，改爲中書門下之印也。侍中之職，掌出納帝命，緝熙皇極，總典吏職，贊相禮儀，以和萬邦，以弼庶務，所謂佐天子而統大政者也。凡軍國之務，與中書令參而總焉，坐而論之，舉而行之，此其大較也。凡下之通上，其制有六：一曰奏抄，二曰奏彈，三曰露布，四曰議，五曰表，六曰狀，皆審署申覆而施行焉。凡法駕行幸，則負寶而從。大朝會、大祭祀，則板奏中嚴外辨，以爲出入之節。輿駕還宮，則請解嚴，所以告禮成也。凡大祭祀，皇帝致齋，既朝，則請就齋室。將奠，則奉玉及幣以進。盥手，則取匜以沃。洗爵，則酌罍水以奉。及贊酌汎齊，進福酒以成其禮焉。若享宗廟，則進瓚而贊酌鬱酒以祼。既祼，則贊酌醴齊。其餘如饗神祇之禮。藉田，則奉耒以贊事，凡諸侯王及四夷之君長朝見，則承詔而勞問之。臨軒命使，册后及太子，則承詔以命之。凡制敕慰問外方之臣及徵召者，則監其封題。若發驛遣使，則給其傳符，以通天下之信。凡官爵廢置，刑政損益，皆授之於記事之官。既書於策，則監其記注焉。凡文武職事六品已下，所司進擬，則量其階資，校其才用，以審定之。若擬職不當，隨其優屈，退而量焉。

門下侍郎二員。隋曰黄門侍郎，龍朔爲東臺侍郎，咸亨改爲黄門侍郎，垂拱改爲鸞臺侍郎，天寶二年改爲門下侍郎，乾元元年改爲黄門侍郎，大曆二年四月復爲門下侍郎。武德定令，中書門下侍郎，同尚書侍郎，正四品上。大曆二年九月敕升爲正三品也。門下侍郎掌貳侍中之職。凡政之弛張，事之與奪，皆參議焉。若大祭祀，則從升壇以陪禮。皇帝盥手，則奉巾以進。既帨，則奠巾于篚，奉瓠爵以贊獻。凡元正、冬至天子視朝，則以天下祥瑞奏聞。

給事中四員。正五品上。隋曰給事郎，置四員，位次門下侍郎。武德定令，曰給事中。龍朔改爲東臺舍人，咸亨復。給事中掌陪侍左右，分判省事。凡百司奏抄，侍中審定，則先讀而署之，以駁正違失。凡制敕宣行，大事則稱揚德澤，褒美功業，覆奏而請施行，小事則署而頒之。凡國之大獄，三司詳決，若刑名不當，輕重或失，則援法例退而裁之。凡發驛遣使，則審其事宜，與黄門侍郎給之；其緩者給傳，即不應給，罷之。凡文武六品已下授職官，所司奏擬，則校其仕歷淺深，功狀殿最，訪其德行，量其才藝；若官非其人，理失其事，則白侍中而退量焉。若弘文館圖書之繕寫、讎校，亦課而察之。凡天下冤滯未申及官吏刻害者，必聽其訟，與御史、中書舍人同計其事宜，而申理之。

録事四人，從七品上。主事四人，從八品下。令史十一人，書令史二十二人，甲庫令史七人，傳制八人，亭長六人，掌固十人，修補制敕匠五人。

中書省秦始置中書謁者，漢元帝去『謁者』二字。歷代但云中書。後周謂之內史省，隋因爲內史省，置內史監、令各一員。煬帝改爲內書省，武德復爲內史省，三年改爲中書省。龍朔改爲西臺，光宅改爲鳳閣，神龍復爲中書省。開元元年改爲紫微省，五年復舊。

中書令二員。漢、魏品卑而付重。魏置監、令各一員，歷南朝不改。隋省監，置令二人，正三品。隋文帝廢三公府僚，令中書令與侍中知政事，遂爲宰相之職。隋曰內書令，武德曰內史令，尋改爲中書令。龍朔爲西臺右相，咸亨復爲中書令。光宅爲鳳閣令，開元元年改爲紫微令，五年復爲中書令。天寶改爲右相，至德二年復爲中書令。本正三品，大曆二年十一月九日，與侍中同昇正二品，自後不改也。中書令之職，掌軍國之政令，緝熙帝載，統和天人。入則告之，出則奉之，以釐萬邦，以度百揆，蓋佐天下而執大政也。凡王言之制有七：一曰册書，二曰制書，三曰慰勞制書，四曰發敕，五曰敕旨，六曰論事敕書，七曰敕牒，皆宣署申覆而施行之。凡大祭祀羣神，則從升壇以相禮。享宗廟，則從升阼階。親征纂嚴，戒敕百僚，册命親賢，臨軒則使讀册。若命之于朝，則宣而授之。凡册太子，則授璽。凡制詔宣傳，文章獻納，皆授之於記事之官。武德、貞觀故事，以尚書省左右僕射各一人及侍中、中書令各二人，爲知政事官。其時以他官預議國政者，云與宰相參議朝政，或云平章國計，或云專典機密，或參議政事。貞觀十七年，李勣爲太子詹事，特詔同知政事，始謂同中書門下三品。自是，僕射常帶此稱。自餘非兩省長官預知政事者，亦皆以此爲名。永淳中，始詔郭正一、郭待舉、魏玄同等，與中書門下同承受進止平章事。自天后已後，兩省長官及同中書門下三品并平章事，爲宰相。其僕射不帶同中書門下三品者，但釐尚書省而已。總章二年，東臺侍郎張文瓘、西臺侍郎戴至德等，始以同中書門下三品著之入銜。自是相承至今。永淳二年，黄門侍郎劉齊賢知政事，稱同中書門下平章事，自後兩省長官，及他官執政未至侍中中書令者，皆稱同中書門下平章事也。

中書侍郎二員。漢置中書，掌密詔，有令、僕、丞、郎四官。魏曰中書郎，晉加『侍』字。隋置内書省，改爲中書侍郎，正四品。武德初爲内史侍郎，三年改爲中書侍郎。龍朔、光宅、開元，隨曹易號。至德復爲中書侍郎。武德定令，與尚書侍郎俱第四品。大曆二年九月，與門下侍郎共昇爲正三品也。中書侍郎掌貳令之職。凡邦國之庶務，朝廷之大政，皆參議焉。凡臨軒册命大臣，令爲之使，則持册書以授之。凡四夷來朝，臨軒則受其表疏，升于西階而奏。若獻贄幣，則受之以授於所司

中書舍人六員。正五品上。曹魏於中書置通事一人，掌呈奏按章。高貴鄉公於通事下加『舍人』二字。晉於中書置舍人、通事各一人。自魏、晉、齊、梁，詔誥皆出於中書令、中書侍郎，中書通事舍人但掌呈奏而已。或通事有文字者，别敕知詔誥。至梁武，制誥專令舍人掌之，兼去『通事』二字，但云中書舍人。隋曰内史舍人，置八員，掌制誥，品第六。尋升五品上。煬帝改内書舍人，置四員。武德初爲内史舍人，三年，改爲中書舍人。龍朔、光宅、開元，隨曹改易。

舍人掌侍奉進奏，參議表章。凡詔旨敕制，及璽書册命，皆按典故起草進畫；既下，則署而行之。其禁有四：一曰漏泄，二曰稽緩，三曰違失，四曰忘誤；所以重王命也。制敕既行，有誤則奏而正之。凡大朝會，諸方起居，則受其表狀而奏之。國有大事，若大克捷及大祥瑞，百僚表賀，亦如之。凡册命大臣于朝，則使持節讀册命之。凡將帥有功及有大賓客，皆使勞問之。凡察天下冤滯，與給事中及御史三司鞫其事。凡百司奏議，文武考課，皆預裁焉。

主書四人，從七品上。主事四人，從八品上。令史二十五人，書令史五十人，傳制十人，亭長十八人，修補敕匠五十人。

通事舍人十六人。從六品上。通事舍人，奏謁者之官也。掌賓贊、贊受事，隸光禄勳。晉置舍人、通事各一人，隸中書。東晉曰通事舍人。隋因晉制，置十六人，從六品上，又爲通事謁者。武德初，廢謁者臺，改通事謁者爲通事舍人，隸四方館，屬中書省也。通事舍人掌朝見引納及辭謝者，於殿廷通奏。凡近臣入侍，文武就列，引以進退，而告其拜起出入之節。凡四方通表，華夷納貢，皆受而進之。凡軍旅之出，則命受慰勞而遣之。既行，則每月存問將士之家，以視其疾苦。凱旋，則郊迓之，皆復命。凡致仕之臣，與邦之耋老，時巡問亦如之。

令史十人，亭長十八人，掌固二十四人。

又 卷一七〇《裴度傳》 諸司公事，宜權取中書門下處分。

宋·王溥《唐會要》卷五一《官號·侍中》 隋爲納言，武德初，因舊制。四年三月十日，改为侍中。龍朔二年四月四日，改爲東臺左相。咸亨元年十二月二十三日，改爲侍中。光宅元年九月五日，改爲納言。神龍元年二月四日，改爲侍中。開元元年十二月一日，改爲黄門監。五年九月六日，改爲侍中。天寶元年二月二十日，改爲左相。至德二載十二月十五日，改爲侍中。舊是三品，大曆二年十一月九日，改爲正二品，與中書令同。

又 《中書令》 武德元年，爲内史令。三年，改爲中書令。龍朔二年，改爲西臺右相，至咸亨元年，改爲中書令。光宅二年，又爲内史。神龍元年，復爲中書令。開元元年，爲紫微令。五年，復爲中書令。天寶二年，改爲右相。至德二載，復爲中書令。舊制，宰相常爲門下省議事，謂之政事堂。故長孫无忌、魏徵、房玄齡皆知門下事。至永淳三年七月，中書令裴炎以中書執政事筆，其政事堂合在中書，遂移在中書省。至開元十一年，張説奏改政事爲中書門下，其政事印亦改爲中書門下之印。至德二載三月，宰相分直主政事、執筆，每一人知十日。至貞元十年五月八日，又分每日一人執筆。

又 卷五三《委任》 貞觀元年，尚書右僕射杜如晦奏言：『監察御史陳師合上狀論事，兼言人之思慮有限，一人不可總知數職，以論臣等。』太宗謂戴胄曰：『朕以至公治天下，今用玄齡、如晦，非爲勳舊，以其有才故也。此人妄事毁謗，上狀欲離間我君臣。昔蜀後主昏弱，齊文宣狂悖，然國稱治者，以任諸葛亮、楊遵彦不猜之故也。朕今任如晦等，亦復如此。』於是流師合於嶺外。

上元二年，張文瓘加侍中，或時在家，朝廷每有大事，上必問諸宰臣曰：『與文瓘議未？』奏云未議者，則遣共籌之；奏云已議者，皆

報可。

永隆二年八月，高宗嘗謂中書令薛元超曰：『長得卿在中書，不籍多人也。』

建中元年六月，中書侍郎、平章事崔祐甫薨。自冬染疾，輿入中書，卧而承旨，或休假在私第，大事必密咨以決焉。

元和二年十一月，上鋭於爲治，謂宰相裴垍曰：『朕喜得人，聽政之暇，偏讀列聖實録，見貞觀、開元故事，竦慕不能釋卷。』又謂垍等曰：『太宗之創業如此，我讀國史，始知萬倍不及先聖。當先聖之代，猶須宰臣與百官同心輔助，豈朕今日獨能爲治哉？事有乖宜，望卿盡力匡救。』垍等蹈舞進賀曰：『陛下言及於此，宗社無疆之福。臣等駑劣，不副聖心。』垍亦孜孜奉上，每思敷奏，伏引太宗躬勤聽覧以諷上，上嘉納之。自是延英議政，晝漏率下五六刻。自貞元十年以後，朝廷威柄日削，方鎮權重。德宗不任宰臣以事，人間細務多自臨決，裴延齡等得以姦進，而登台輔者，備位而已。上在藩累月，言事者頗以此爲言，上亦知其非。及永貞監國，羣臣謁見。宰相杜黄裳首以君臣大義，激起上心。上既聞黄裳之言，聳聽延納。黄裳首建誅劉闢之策。又李吉甫自翰林學士參定平蜀，蜀平而吉甫出鎮，垍又繼之。故自臨御，迄於元和，軍國樞機，盡歸之宰府。由是中外咸治，綱目用張焉。

十二年八月，時以討元濟，聚天下之兵四年矣，財殫力屈。宰相三人，唯裴度獨言賊可滅，上病之，因使三相俱以狀陳利害。唯度獨不言利害，唯請以身自督戰。明日，延英對，宰臣將出，上獨止度謂曰：『卿必能行乎？』度稽首流涕曰：『臣誓不與此賊偕生。』上爲之動。度又言：『賊已困，但以羣帥不一，故未降耳。』上深嘉之，卽用度爲淮西宣慰使，但以彰義軍節度使韓弘故，未爲都統。而度實行元帥事，仍以郾城爲治所。

又 **卷五四《省號上·門下省》** 武德初，因隋舊制，爲門下省。龍朔二年二月四日，改爲東臺。咸亨元年十二月二十三日，改爲門下省。光宅元年九月，改爲鸞臺。神龍元年二月四日，改爲門下省。開元元年十二月一日，改爲黄門省，五年九月六日，仍改爲門下省。至今不改。

又 **《中書省》** 武德元年，因隋舊制，曰内書省。三年三月十日，改爲中書省。龍朔二年，改爲西臺。咸亨初，復爲中書省。光宅元年，改爲鳳閣。神龍中，復爲中書省。開元元年，改爲紫微省。五年，復爲中書省。故事，凡王言之制有七：一曰册書，立后建嫡、封樹藩屏、寵命尊賢、臨軒備禮則用之；二曰制書，行大賞罰、授大官爵、釐革舊政、赦宥降恩則用之；三曰慰勞制書，褒賢贊能，勸勉勤勞則用之；四曰發敕日，謂御畫發敕日也，增減官員，廢置州縣，徵發兵馬，除免官爵，授六品以下官，處流以下罪，用庫物五百段、錢二百千、倉糧五百石、奴婢二十人、馬五十匹、牛五十頭、羊五百口以上則用之；五曰敕旨，謂百司承旨，而爲程式，奏事請施行者；六曰論事敕書，慰諭公卿、誡約臣下則用之；七曰敕牒，隨事承旨、不易舊典則用之也。皆宣署申覆而施行焉。舊制，册書詔敕，總名曰詔。天授元年，避諱改詔曰制。凡下之通於上，其制有六：一曰奏抄，謂祭祀之支度國用、授六品以下官，斷流以下罪及除免官爵者，並爲奏抄；二曰奏彈，謂御史糾劾百司不法之事也；三曰露布，謂諸軍破賊，申尚書兵部而聞奏焉；四曰議，謂朝之疑事，下公卿議，理有異同，奏而裁之；五曰表；六曰狀，皆省署申覆而施行焉。覆奏畫可訖，留門下省爲案；更寫一通，侍中注制可印署訖，送尚書省施行者。武德三年，高祖嘗有敕，而中書門下不時宣行，高祖責其遲由，内史令蕭瑀曰：『臣大業之日見内史宣敕，或前後相乖者，百司行之，不知何所承用。所謂易雖在前，難必在後。臣在中書日久，備見其事。今皇階初構，事涉安危，若遠方有疑，恐失機會。比每授一敕，臣必審勘，使與前敕不相乖背者，始敢宣行。遲晚之愆，實由於此。』高祖曰：『卿能用心若此，我有何憂。』

貞觀元年，上謂侍臣曰：『中書門下，機要之司，擢才而居，委任實重，詔敕如有不便，皆須執論。比來唯覺阿旨順情，唯唯相尚，遂無一言諫諍者，豈是道理？若唯署敕文書而已，人誰不堪，何須簡擇，以相委付？自今已後，詔敕疑有不穩，必須執之。』

聖曆三年四月三日敕：『賜物，中書門下省官正三品準二品，四品準三品。』

其年四月三日敕：『應賜外國物者，宜令中書具録賜物色目，附入敕函内。』

神龍三年二月敕：『諸色理訴，兼抑論内狀，出付中書，應制敕處分者，留爲商量。自餘並封本狀，牒送所司處分。』

景龍三年八月九日敕：『應酬功賞賜，須依格式，格式無文，然後比例。其制敕不言自今已後及永爲常式者，不得攀引爲例。』

開元七年八月十日敕：『中書門下廚雜料，破用外，有餘宜分收。』

十三年十月，始用黄麻紙寫詔。至上元三年閏三月，詔、制、敕並用黄麻紙。

十九年四月二十六日敕：『加階入三品，并授官及勳封甲，并諸色闕等進畫，出至門下省重加詳覆。有駁正者，便卽落下墨塗訖，仍於甲上具注事由，并牒中書省。』

二十一年閏三月十三日敕：『每月當番武官，番滿日過中書門下。』

天寶八載七月，中書門下奏：『比來諸司使及諸郡并諸軍，應緣奏事，或請中書門下商量處分者。凡所陳奏，皆斷自天心，在於臣下，但宜行制敕。既奏之内，則不合別請商量，乃承前因循，有此乖越。自今已後，應奏事一切，更不合請付中書門下，如有奏達，聽進止。』敕旨從之。

乾元三年四月二十六日敕：『諸司使、諸州府進奏文狀，應合宣行三紙已上，皆自寫宣付四本。中書省宣過，中書省將兩本與門下省。』

寶應二年四月二十二日，内外六品以下正員，自今已後，差主事一人，令史四人專知。至建中三年閏正月十八日，中書門下奏：『准貞觀故事，京常參官及外官五品已上，每有除拜，中書門下皆立簿書，謂之「具員」，取其年課，以爲遷授，此國之大經也。自艱難已來，此法遂廢，垂將三十載。伏望自大曆十四年已來，量署「具員」，據前資見任員，量與改轉。從今已後，刺史四考，郎中、起居、侍御史各兩考，餘官各三考，與轉。其升進黜退，並准故事處分。仍下天下州縣審勘，責前資見任，其鄉貫、歷任官諱同一狀中書門下。』

廣德二年三月十四日敕：『中書門下兩省直省，自今已後，所補不得取郎、將已上官。』

大曆十三年四月十六日敕：『中書門下先置法官兩人，宜停。』

建中三年六月詔：『中書門下兩省，各置印一面。』

四年六月，中書門下兩省狀：『應送諸司文狀、檢勘節限中考文狀等，並是每年長行之事，尚書省各依限録奏。舊例經一宿卽出，如經三日不出，請本司更修單狀重奏。又三日不出，卽請本司長官面奏，取進止。其内狀到，各令本司兩日内具省案及宣黄，送到中書，依前件所定限勘，會宣下，卽事免稽滯。又准開元十九年四月敕，應加階并授及勳封甲，并諸色闕等進畫，出至門下省重加詳覆駁正者，宜便注簿，落下以墨塗訖，仍於甲上宜注事由，牒中書省。』敕旨從之。

貞元二年五月二十八日敕：『中書門下兩省供奉官，及尚書省、御史臺現任郎官、御史等，自今已後，諸司諸使並不得奏請任使，仍永爲常式。』

長慶元年正月制：『自今已後，中書門下所有除授，宜依元和二年具員敕處分。』

大和三年四月，中書門下奏：『内外文武官除授，伏以爲官擇人，實資進選舉能。考績固切，旁求必當，按實循名，聽言觀行。事合先於徇衆，道必惡於自媒，進退之間，風俗所繫。近日人多干競，迹罕貞修。或日詣宰司，自陳功狀；或屢瀆宸扆，曲祈恩波。乏受爵讓能之賢，啓施勞伐善之弊。亦有粗因勞績，已授官榮，及居今任，別無課效，唯引向前事狀，祇希更與遷升。凡是此流，稍要立制。伏望自今後，應緣官闕須有除授，先選吏迹有聞，行已務實者，隨才獎用；如有志涉浮躁，事近激求者，量加擯斥。所覬官修其方，人思勵行。』敕旨：『宜依。』

其年五月，中書門下奏：『内外常參官改轉，伏以建官莅事，曰賢與能。古之王者，用此致治，不聞其積日以取貴，踐年而遷秩者也。況常人自有常選，停年限考，式是舊規。然猶慮拘條格，或失茂異，遂於其中設博學宏詞、書判拔萃、《三禮》、《三傳》、《三史》等科目以待之。今不限選數聽集，是不拘年數考數，非擇賢能之術也。故經國治民，惟繫人才；黜幽陟明，在課職業。據元和二年五月十八日具敕，敕内常參官並限年考，各與遷轉，則官修者出滯，職曠者僥倖，恐非朝廷循名責實之意，積課語勞之道。頻奏進止，數遣商量，須令百吏勤官，衆官得人，舉直措枉，行於授受之際。伏望從今以後，内外常參官並不論年考，議事而遷位，位均以才，才均以望。位望均，然後以日月班之，而第用之。則冀有司竭力盡知，務修其職，而以起功。唯御史臺刑憲是司，責任頗重，其三院御史，望納舊敕例比量處分。』敕旨依奏。

九年十二月敕：『中書、門下、吏部，各有甲歷，名爲「三庫」，以防踰濫。如聞近日請處奏官，不經司檢尋，未免姦僞。起今已後，諸司、諸使、諸道應奏六品以下諸色人，稱舊有官及出身，請改轉并請授官，可與商量者，除進士及登科，衆所聞知外，宜令先下吏部，及中書門下及三庫，委給事中、中書舍人、吏部格式郎中，各與甲庫官同檢勘，具有無申報。中書門下審無異同者，然後依資進擬。如諸司、諸道奏論不實，以有爲無者，臨時各加懲罰，務使仕進稽實，永絶僥倖。』

開成二年十二月，中書門下奏：『武官舍下、郎、將等，其堪送名者，請中書門下准吏部送名例磨勘，仍先過堂，然後批擬。』從之。

三年二月敕：『中書文狀悉在中書斷割，裁量須歸根本。如關錢穀刑獄等事，有宜付諸司處置者，宜更令覆奏，候旨敕施行。』

又**《門下侍郎》**　龍朔二年，改爲東臺侍郎。咸亨元年，改爲黄門侍郎。垂拱元年二月二日，改爲鸞臺侍郎。神龍元年，復爲黄門侍郎。天寶元年二月二十日，改爲門下侍郎。乾元元年，改爲黄門侍郎。大曆二年四月，復爲門下侍郎。其年九月，升爲正三品。中書侍郎同門下之稱，至今不改。

武德二年四月，温大雅爲黄門侍郎，弟彦博爲中書侍郎，對居近侍。高祖謂曰：『我起義晉陽，爲卿一門耳。』至五年三月，彦博又爲中書侍郎。

貞觀十八年，黄門侍郎褚遂良上疏曰：『即日内外官人、諸王僚佐咸云，陛下供給皇弟，頓少於親王。大臣深知形迹不奏，私説竊語，殊非光益。臣伏惟聖主奉義，天心豈不恐其多財縱溢，或至自敗。必不得積貨驕盈，寧使儉急不足。雖不比於皇子，亦須微允物望。臣是以謹訪荆、韓、漢、魯四弟，自足資財，滕、密、霍、道四王，尤爲缺少。臣於芳春殿冒以奏聞，伏惟天明，必記臣語。若厚於諸弟，人皆聞見。六月四日詔，便是至公。若供給諸弟，事皆儉陋，即似叔季昆弟，由是情薄。臣是以不避斧鉞，更敢陳聞。昔漢明帝每賜子弟，必語羣臣云：「不得使朕子多於先帝子。」美哉斯言，王者德音，終後漢皆以明帝爲法。臣聞君施教令謂之風，人隨上行謂之俗。陛下厚於諸弟，太子亦厚於諸弟，相承恩篤，豈不美哉！伏願陛下疑闕短者，因而賜之，所用不多，德音流布。』

神龍元年五月，武三思侍寵執權，嘗請託於黄門侍郎宋璟，璟正色謂之曰：『當今復子明辟，王宜以侯就第，何得尚干朝政，王獨不見産禄之事乎？』

開元二年八月，李乂爲黄門侍郎，多所校正，紫微令姚崇遂薦爲紫微侍郎。外託薦賢，其實引在已下，去其糾駁之權。

建中二年十月，門下侍郎盧杞密啓中書主事過咎，逐之。楊炎怒曰：『中書，吾局也。吏有過，吾自治之，奈何相侵耶？』

又**《中書侍郎》**　武德元年，因隋舊制，號内史侍郎。三年三月十日，改爲中書侍郎。龍朔中，改爲西臺侍郎。咸亨中，改爲中書侍郎。垂拱元年二月，改爲鳳閣侍郎。神龍元年二月四日，又爲中書侍郎。開元元年十二月一日，改爲紫微侍郎。大曆二年十一月十四日，升爲正三品。五年九月六日，復爲中書侍郎。

貞觀十九年，中書侍郎許敬宗以太子承乾官僚多被除削，又未收敍，上疏曰：『竊見廢官僚，五品以上，除名棄斥，頓歷寒温。但庶人疇昔之年，身處不疑之地，包藏悖逆，陰結宰臣，所同奸謀，多連宗戚。禍生慮表，非可防萌，宫内官僚，迴無關及。今乃投鼠及器，孰謂無冤？焚山毁玉，稍同遷怒。伏尋先典，例有可原。昔吴國陪臣，則爰絲不坐於劉濞；昌邑中尉，則王吉免緣於海昏。譬諸欒布，乃策名於彭越；比於田叔，亦委質於張敖。主以凶逆陷於夷戮，臣以忠良荷彼收擢。今張玄素、令狐德棻、趙弘智、裴宣機、蕭鈞等，並砥節勵操，有雅望於當朝，經明行修，布芳名於天下。或以直言而遭箠撲，或以忤旨而見猜嫌，一概雷同，並罹天憲，恐於王道，傷在未弘。』

其年四月，中書侍郎顔師古以譴免職，温彦博言於太宗曰：『師古諳練政事，長於文誥，時無逮者，冀上復用之。』太宗曰：『我自舉一人，公勿憂也。』遂以岑文本爲中書侍郎，專典機密。及遷中書令，歸有憂色，母怪而問之，文本曰：『非勳非舊，濫登榮寵，位高責重，古人所懼，撫己循心，所以憂耳。』親賓有來賀者，輒曰：『今日受弔不受賀。』及興遼東之役，凡所支度，一切委之。料配糧，用甲兵，神思頓竭，言辭舉措，頗異平常。太宗見而憂之，謂左右曰：『文本今與同行，恐不與我同返。』定州遇暴疾卒，時年五十一。

垂拱三年，鳳閣侍郎劉禕之嘗竊謂人曰：『太后何用臨朝稱制，不如返政，以安天下之心。』則天聞之，特令肅州刺史王本立推鞫。本立宣敕示禕之，禕之曰：『不經鳳閣、鸞臺宣過，何名爲敕？』則天大怒，以爲拒捍制使，特賜死。

開元元年十二月，上詔宰臣謂曰：『從工部侍郎有得中書侍郎者否？』對曰：『任賢用能，非臣等所及。』上曰：『蘇頲可除中書侍郎，仍令宰臣宣旨，移入政事院，便供政事食。』明日，加知制誥。今知制誥有政事食者，自頲始也。及入謝，固辭，上曰：『朕常欲用卿，每一好官缺，即望諸宰相論及。此皆卿之故人，遂無賢卿者，朕常歎息。中書侍郎，朕極重惜，自陸象先改官後，朕每思之，無出卿者。』二年，弟銑除給事中，頲屢陳情，上曰：『古來有内舉不避親耶？』頲曰：『晉大夫祁奚是也。』上曰：『若然者，朕自用蘇銑，何得屢言？近日卿父子猶在中書，兄弟有何不得？卿言非至公也。』至三年二月，上謂曰：『前朝有李嶠、蘇味道，時人謂之蘇李；朕今有卿及李乂，亦不讓之。卿所制文，朕自識之。自今已後，每進書皆別録一本云：「臣某進」，朕要留中。』迄今以爲故事。

十二年六月，中書令張説薦崔沔爲中書侍郎，或謂沔曰：『今之中書，皆是宰相，承宣制命，侍郎雖是副貳，但署位而已，甚無謂也。沔曰：『不然。設官分職，上下相維，各申所見，方爲制理，豈可俛然偷安，而懷禄仕也。』自是每有制敕及南曹事，沔多異同，張説頗不悦焉。

建中元年，中書侍郎、平章事崔祐甫薨，册贈太傅。故事，中書侍郎未嘗有贈三師者，上以祐甫謇謇有大臣節，特寵異之。

又 卷五七《尚書省諸司上・尚書省》 武德元年，因隋舊制，爲尚書省。龍朔二年二月四日，改爲中臺。咸亨元年十二月二十三日，改爲尚書省。光宅元年九月五日，改爲文昌臺。垂拱元年二月二日，改爲都臺。通天初，復爲尚書省。長安三年閏四月十五日，又改爲中臺。神龍元年二月四日，改爲尚書省。

故事，内外百司所受之事，尚書省皆印其發日，爲立程限。京府諸司，有符移關牒下諸州府，必由都省以遣之。故事，除兵部、吏部外，共用都司印。至聖曆二年二月九日，初備文昌臺二十四司印，本司郎官主之，歸則收於家。建中三年，左丞趙涓始令納於直廳。其假日及不及日，即都用當郎官本司印，餘印亦都不開。

故事，叔父兄弟不許同省爲郎官，格令不載，亦無正敕。貞觀二年十一月，韋叔謙除刑部員外郎，三年四月，韋季武除主爵郎中。其年七月，韋叔諧除庫部郎中，太宗謂曰：『知卿兄弟並在尚書省，故授卿此官，欲成一家之美，無辭稍屈階資也。』其後同省者甚多。近日非特恩除拜者，即相迴避。

龍朔三年六月十五日，上謂左肅機崔餘慶曰：『中臺政本，衆務所歸，分列曹僚，司存是屬。事無大小，咸藉同心，至如科料雜物，須詳出處。比來曹司曾不以留意，致使科取不詳出處，不料遠方百姓，勞弊特甚。當官若此，豈無所愧！自今以後，不得更然。』

上元三年閏三月二十日制：『尚書省頒下諸州府縣，並宜用黄紙。』

久視元年九月二十二日敕：『都省諸司既有主事，更不須著人帖直。』

神龍二年九月一日敕：『門下及都省，宜日別録制敕，每三月一進。』

開元二年四月五日敕：『在京有訴冤者，並於尚書省陳牒，所由司爲理。若稽延致有屈滯者，委左右丞及御史臺訪察聞奏。如未經尚書省，不得輒入于三司越訴。』

十九年四月二十六日敕：『尚書省諸司有敕後起請，及敕付所司商量事，並録所請及商量狀，送門下及中書省，各連於元敕後。所申仍于元敕年月前云起請及商量如後。』

永泰二年四月十五日制：『周有六卿，分掌國柄，各率其屬，以宣王化。今之尚書省，即六官之位也。古稱會府，實曰政源，庶務所歸，比于喉舌，猶天之有北斗也。朕纂承丕緒，遭遇多難，典章故事，久未克舉。其尚書宜申明令式，一依故事。諸司、諸使及天下州府，有事准令式各申省者，先申省司取裁，并所奏請。敕到省，有不便于事者，省司詳定聞奏，然後施行。自今以後，其郎官有闕，選擇多識前言，備諸故事、志業正直、文史兼優者，勿收虚名，務取實用。六行之内，衆務畢舉，事無巨細，皆中職司。酌于故實，遵我時憲，凡百在位，悉朕意焉。』

大曆五年三月二十六日敕：『西漢以二府分治，東京以三公總務。至於頒録天下之綱，練覈萬事之要，邦國善否，出納之由，莫不處正於會府也。令、僕以綜詳朝政，丞、郎以彌綸國典。法天地而分四敍，配星辰而統五行，元元本本，於是乎在。九卿之職，亦中臺之輔，大小之政，多所關決，自王室多難，内外經費，徵求調發，皆迫於國計，切于軍期，率以權便裁之，新書從事，且救當時之急，殊非致治之道。今外虞既平，罔不率俾，將明畫一之法，大布維新之令，甄陶化源，去末歸本。其度支使及諸道轉運常平鹽鐵等使，宜停。國之安危，不獨注于將相；政之治亂，固亦在于庶官。尚書、侍郎、左右丞，參領要重，朕所親倚，固當朝夕進見，以之匡益也。又省、寺之務，多有所分。簡而無事，曠而不接。令大舉綱目，重頒憲章，並宜詳校所掌，明徵典故。』

十四年六月敕：『天下諸使及州府，須有改革處置事，一切先申尚書省，委僕射以下商量聞奏，不得輒自奏請。』建中三年正月，尚書左丞庾準奏：『省内諸司文案，準式，並合都省發付諸行判訖，都省句檢稽失。近日以來，舊章多廢，若不由此發句，無以總其條流。其有引敕及例不由都省發句者，伏望自今以後，不在行用之限。庶絶舛繆，式正彝倫。』從之。

貞元二年正月，宰相崔造奏請尚書省六職，令宰臣分判。乃以宰臣齊映判兵部承旨及雜事，李勉判刑部，劉滋判吏部、禮部，崔造判户部、工部。至三月三日，敕：『尚書郎除休暇，宜每日視事。』自至德以來，諸司或以事簡，或以餐錢不充，有間日視事者。尚書省皆以間日，先是，宰相張延賞欲事歸省司，恐致稽壅，准故事，令每日視事。無何，延賞薨，復間日矣。

八年，敕令授臺省官者，各具舉主名于授官書詔。先是，郎官缺，左右丞舉之；御史缺，大夫、中丞舉之，詔書不具所舉官名。及趙憬、陸贄爲相，建議郎官不宜專於左右丞，宜令尚書及左右丞、侍郎各舉本司。其授官詔書，仍具所舉官名，御史亦如之。異日考殿最，以覲舉主能否。乃從之。

十一年十月，罷吏部司封、司勳寫急書告身官九十一員。自天寶以來，征伐多事，每年以軍功官授官十萬數，皆有司寫官告送本道。兵部因置寫官告官六十員，給糧，經五年後酬以官。無何，吏部司封司勳、兵部，各置十員。大曆已後，諸道多自寫官告，急書官無事，但爲諸曹役使，故宰臣請罷之。

元和二年正月，尚書左丞鄭元璹請取河中羨餘三千貫，充助都省廚本錢。從之。

三年五月，尚書右僕射判度支裴均奏請取荆南雜錢一萬貫，修尚書省，從之。州府羨餘，面用之於尚書省以爲功，遂從其請，其失亦甚。

十三年敕：『應同司官有大功已上親者，非運判及句檢之官長，則不在迴避改授之限。況故事不必，明文具存。其有官署同職異司，雖父子兄弟，亦無所嫌。起今已後，宜准天寶二年七月敕處分。』時刑部員外楊嗣復以父於陵新除户部侍郎，遂以近例避嫌，請出省。宰臣等舉令式奏請，故有是命焉。

大和元年六月敕：『元和、長慶中，皆因用兵，權以濟事，所下制敕，難以通行。宜令尚書省取元和以來制敕，參詳删定訖，送中書門下議定聞奏。』

會昌五年六月敕：『漢魏以來，朝廷大政，必下公卿詳議，博求理道，以盡羣情。所以政必有經，人皆向道。比事禮關禮法，羣情有疑者，令本司申尚書省，下禮官參議。如是刑獄，亦先令法官詳議，然後申刑部參覆。如郎官、御史有能駁難，或據經史故事，議論精當，即擢授遷改以獎之。如言涉浮華，都無經據，不在申聞。』

六年八月，太僕卿渾侃乘馬過都堂門，敕旨：『渾侃久在班行，合知典故，致此論列，須示薄懲，宜罰一月俸。』

大中四年，兵部侍郎令狐綯拜中書門下平章事，奏曰：『故事，帶尚書省官，合先省上。上日，同列集於少府監。先是，白敏中、崔龜從曾爲太常博士，至相位，欲榮其舊署，乃改集於太常禮院。今請依舊集少府監。』從之。

又《尚書省分行次第》《武德令》：吏、禮、兵、民、刑、工等部。《貞觀令》：吏、禮、民、兵、刑、工等部。光宅元年九月五日，改爲六官，准《周禮》分，即今之次第乃是也。

故事，以兵、吏及左右司爲前行；刑、户爲中行；工、禮爲後行。每行各管四司，而以本行名爲頭司，餘爲子司。顯慶元年七月二十一日，改户部尚書爲度支尚書，侍郎亦准此。遂以度支爲頭司，户部爲子司。至龍朔二年二月四日，復舊次第也。

又《尚書令》 武德初，因隋舊制，尚書令置官一員。龍朔二年二月七日，廢尚書令官員。貞觀元年六月一日，除秦王。廣德元年七月十一日，除雍王。十一月三日，除郭子儀；大曆十四年閏五月十五日，除太尉，加尚父。寶曆元年五月三日，李輔國除司空，加尚父。國朝尚父，惟此二人，故附於尚書令之下也。

德宗既封雍王，爲天下兵馬元帥，收復東都，至廣德元年，遂拜爲尚書令。自太宗爲此官，爾後廢省，至是代宗以德宗有大勳，特拜焉。至建中二年十一月，除郭子儀，尋亦懇讓而罷。

又《左右僕射》 龍朔二年二月四日，改爲左右匡政。咸亨元年十二月二十三日，改爲左右僕射。光宅元年九月五日，改爲文昌左右相，神龍元年二月四日，又改爲左右僕射。開元元年十二月一日，改爲左右丞相。天寶元年二月二十日，復改爲左右僕射。

尚書左右僕射，自武德至長安四年已前，並是正宰相。初，豆盧欽望自開府儀同三司拜左僕射，既不言同中書門下三品，不敢參議政事。數日後，始有詔加知軍國重事。至景雲二年十月，韋安石除左僕射、東都留守，不帶同一品。自後空除僕射，不是宰相，遂爲故事。

貞觀二年敕：『尚書細務，屬左右丞，惟大事應奏者，乃關左右僕射。』房玄齡明達吏事，輔以文學，不以求備取人，不以己長格物，與杜如晦引拔士類，常如不及。至於臺閣規模，皆二人所定。上每與玄齡謀事，必曰：『非如晦不能決。』及如晦至，卒用玄齡之策。蓋玄齡善謀，如晦能斷故也。二人深相得，同心徇國，故唐世稱賢相者，推房杜焉。

三年三月十日，太宗謂房玄齡、杜如晦曰：『公爲僕射，當須廣開耳目，求訪賢哲。有武藝謀略才堪撫衆者，任以邊事；有經明德修通悟性理者，任以侍臣；有明幹清慤處事公平者，任以劇務；有學通古今識達政術者，任以治人。此乃宰相之弘益也。比聞聽受詞訟，日不暇給，安能助朕求賢哉？』因敕尚書，細務屬于左右丞，惟枉屈大事合聞奏者，關於僕射。

上元二年，劉仁軌爲左僕射，戴至德爲右僕射。每遇伸訴冤滯者，仁軌輒美言許之，至德即先據理難詰，若有理者，密爲奏之，終不露已之斷決，由是時譽歸于仁軌。常于仁軌更日受詞訟，有老嫗陳詞，至德已收牒省視，老嫗前曰：『本謂是解事僕射，所以來訴，公乃是不解事僕射，卻付牒來也。』至德笑而還之。議者尤稱長者。或有問至德不露已斷決之事者，至德曰：『夫慶賞刑罰，人主之權柄，凡爲人臣，豈得與人主爭柄哉！』

元和三年四月，裴均于尚書省都堂上僕射。其送印及呈孔目唱案授案，皆尚書郎爲之。文武三品以上官，升階列坐。四品五品郎官、侍御史，以次謁見，拜於廳下。然後召御史中丞、左右丞、侍郎，升階答拜。初，開元中，張説爲右丞相，玄宗令其選日上，因制儀注，極其尊大，自非中書門下及諸三品已上，是日皆坐受其禮。時人或徵其所從來，答曰：『聖曆中，王及善、豆盧欽望同日拜文昌左右相，亦嘗用此儀。』當時以説方承恩寵，不敢復詰，因爲故事，非舊典也。

六年十月，御史中丞竇易直奏：『臣謹案唐禮，諸册拜官與百僚相見，無受拜之文。又諫議大夫至拾遺，御史中丞至殿中侍御史，並爲供奉官，不合異禮。今僕射初上之日，或答拜階上，合拜庭中，因循躊駁之制，每致沸騰之議。伏請下尚書、太常禮院詳議，永爲定制，使得遵行。』于是太常卿崔邠召禮官等參議，禮官議曰：『按《開元禮》：有册拜官上儀，初上者，咸與卑官答拜。今左右僕射皆册拜官也，令准此禮爲定。伏尋今之所行儀注，其非典禮之文，又無格敕爲據，斯乃越禮隨時之法，有司尋合釐正，豈待議而後革也。伏以《開元禮》者，其源太宗創之，高宗述之，玄宗纂之曰《開元禮》，後聖于是乎取則。其不在禮者，則有不可以傅。今僕射初上，受百僚拜，是舍高宗、玄宗之祖述，而背開元之正文；是有司失其傅，而又云禮，得無咎哉！今既奉明詔詳定，宜守禮文以正之。議者或云：致敬之禮，或有三品拜一品，四品拜二品，如之何？致敬則先拜，所以下文云，丞相令助教拜博士，即今丞及助教必先拜之是也，非不答拜。何者？《禮記》云：「大夫士相見，貴賤不敵。主人敬客，則先拜客；客敬主人，則先拜主人。」是謂致敬。又曰：「非國君無不答拜者。」鄭玄注曰：「禮尚往來。」又曰：「君于士不答拜，非其臣則答之。」鄭玄注曰：「不敢臣人之臣。」今僕射不答拜，是臣其百僚，不亦重乎？又按漢制：八座及丞、郎初拜官，並集都堂交禮。僕射，八座也，又無不答之文。伏以左右僕射，舊左右丞相也，次三公，答拜而僕射受之，固非倫也。且約三公上儀及《開元禮》而爲儀注，庶幾等威之序，允歸至當之論。」太常卿崔邠、博士衛中行、馮宿等，並同所見。於是修改舊儀，送都省，集衆官詳議。七年二月，尚書左丞段平仲奏曰：『謹按《開元禮》：應受册官初上儀，並合與卑官答拜。又准令文，僕射班品在三公之次。三公上儀，而嘗與卑僚答拜，僕射上，獨受侍郎、中丞等拜，考之國典，素無明文。因循乖越，切在釐革。太常所定儀制，依據三公上儀，其間或有增損，事體深爲折衷。酌爲永制，可以施行。應同所見，各得連署。太常禮院儀注，及兵部尚書王詔等三十三人參議所見如前。』制可。

十五年，時以僕射上事儀注，前後不定，中丞李漢奏定，朝議未允。中書門下奏請依元和七年已前儀注，左右僕射上日，受諸司四品六品丞、郎以下拜。諫議大夫兼史館修撰王彦威奏論曰：『臣謹按《開元禮》，凡受册官，並與卑官答拜。國朝官品令，三師、三公正一品，尚書令正二品，並是册拜授官。上之日，亦無受朝官再拜之文。僕射班次三公，又是尚書令副貳之職，雖端揆之重，有異百僚，然與羣官比肩事主。《禮》曰：「非其臣則答之。」又曰：「大夫之臣不稽首。」非尊家臣，以避君也。卽僕射上日受常參官拜，事頗非儀。況元和七年七月，已經奏議，酌爲定制，編在國章。近年上儀，有拜受之禮，物論未安，請依元和七年敕爲定。』時李程爲左僕射，宰執難于改革，雖不從其議，論者稱之。

大和三年四月，中書舍人李啓奏：『伏奉敕旨，宜令左右常侍、諫議大夫、給事中、中書舍人，審同詳議僕射與御史中丞以下街衢相遇儀式奏聞者。謹按《儀制令》：諸文武官隔品，卑者皆拜；其准令致敬而非相統屬者，則不拜。致敬之式，在途則斂馬側立。又按舊儀：僕射上日，除兩省供奉官外，尚書省、御史臺及諸司四品以下，皆拜於階下。蓋以端揆之重，師長百僚，雖在别司，皆爲統屬。故用隔品拜禮，非爲無據。臣續准元和七年二月七日敕，雖停拜禮，每至上日，臺官就僕射廳事，列班送上，與尚書省官不異，則途遇致敬，在不疑。臣等又按令文，屬官于街衢相遇，隔品者致敬，禮絶者下馬，無迴避之文。雜令所言，轉避貴重賤者，衹謂迂直之間，各申遜讓，非令藏匿。惟車駕出入，警蹕行人，事關嚴上，不屬臣下。但卑僚自後多就他途，百姓無知，亦皆相效，道途迴避，因此成例。就中臺官以職在彈糾，人情畏奉，他官相遇，苟務推崇，始自私敬，漸爲公禮，相循既久，將謂合然。籠街專道，止絶行旅，奔避不及，卽以爲罪。徵異説于前古，訪近例于走卒。國章明具，不復檢尋，遂于師長，亦欲均禮。臣等自奉敕詳定，累牒禮部及太常禮院、御史臺，檢詳武德以來禮令制敕，各得牒報，並無臺官於僕射合與司官不同之文。臣等詳議，伏請自今以後，御史中丞以下與僕射相遇，依令致敬，斂馬立待僕射過。僕射謝官日，大夫、中丞與三院御史就幕次參見。其觀象門外立班，既以後至爲重，大夫、中丞列班後，朝堂所由引僕射就立，傳呼贊導，如大夫就列之儀。僕射朝退，出宣政門，朝堂所由贊引至幕次，及興化門，待與參從相見而退。御史大夫與僕射既隔品，自合分道而行，庶輕重得宜，典章不紊。』敕旨：『僕射實百僚師長，國初爲宰相正官，品秩至崇，儀制特異。近或勳臣居任，遂使故事不行，卑列上凌，舊章下替。昨令參議，頗爲得中，宜付有司，永爲定制。』

四年九月，中書門下奏：『左右僕射伏准僕射上儀故事，自御史中丞、吏部侍郎以下羅拜階下，准元和七年雜定儀注，全無受拜之禮。當時蓋以僕射非其人，所以殺禮。臣等以爲衹合係官之輕重，不合爲人而升降。受中丞、侍郎拜，則似太重；答郎官以下拜，則似太輕。臣等商量，令諸司四品以下官，及御史臺六品以下幷郎官，幷望准故事，餘依元和七年敕處分。』敕旨：『宜依。』

其年十一月，中書門下奏：『左右僕射上，請受四品六品丞郎以下拜，並望准元和七年以前儀注，便令所司約此撰儀注。』從之。

會昌二年正月，宰臣陳夷行、崔珙等請改僕射上日受京四品官拜儀注：『臣等伏尋禮令，並無僕射上日受京四品官拜儀注。近年禮變，多傳舊例。省司四品官，自左右丞、部侍郎、御史中丞，皆羅拜階下，以爲隔品致敬。按諸禮，致敬是先拜後拜之儀，非受拜之謂。又准禮，皇太子初見上臺，羣官卽行致敬之禮，羣官先拜，後答拜。蓋以尊無二上，禮須避嫌。僕射與四品官並朝班，比肩事主，豈宜務修僭越，獨示優崇。況事有應變從權、禮有沿革損益，受拜既無根據，隨俗則亂憲章。臣等嘗見故吏部尚書鄭餘慶議僕射上日儀制，不與隔品官抗禮。其時竇易直爲御史中丞，奏非鄭餘慶所議。及易直爲僕射，貪榮近利，忘棄前志，羣情鄙之，在列有拂衣而請告者。臣等過蒙寵異，擢任師長，不顧失禮，取誚於時。臣等又按《禮記》云：「大夫士非見國君，無不答拜。」又曰：「君于士不答拜。」今僕射不答拜，是臣其百僚，傅爲故事，何所取法？伏准開元元年改左右僕射爲左右丞相，位次三公。三公答拜，而僕射受之，固非宜也。臣等上日，伏請依三公上儀，垂爲定制。如蒙聽允，望令所司約此撰儀注。」從之。

大中三年正月三日敕節文：「三公、僕射不常除官，每至上時，須有聚會。宜令度支户部，准開貢例句當局席，取京兆府本色錢，不得令府司差派百姓。」

又　卷五八《尚書省諸司中・左右丞》　武德元年，因隋舊制不改。至龍朔二年二月四日，改爲左右肅機。咸亨元年十二月二十三日，復爲左右丞。舊，左丞正四品上，右丞正四品下。永昌元年三月二十日，敕曰：『元閣臺府，區揆實繁，都省勾曹，管轄綦重。還依仍舊之職，未協維新之政。其文昌左右丞，進爲從三品階。其盧獻、李景諶並宜三品，依舊任。』如意元年八月十六日，復爲四品，至今不改。

貞觀元年，左僕射蕭瑀免官，右僕射封德彝卒，太宗謂尚書左丞戴胄曰：『尚書省天下綱維，百司所稟，若一事有失，必受其弊。今無令、僕，係之於卿，當稱朕所望也。』

二年魏徵爲尚書右丞，或有言徵阿黨親戚者，上使御史大夫溫彥博按驗無狀。彥博奏曰：『徵爲人臣，須存形迹，不能遠避嫌疑，遂招此謗。雖情在無私，亦有可責。』上令彥博讓徵，且曰：『自今以後，不得不存形迹。』他日，徵入奏曰：『臣聞君臣協契，義同一體。不存公道，唯事形迹，若君臣上下，同遵此路，則邦之興喪，或未可知。』上矍然改容曰：『吾已悔之。』徵再拜曰：『願使臣爲良臣，勿使臣爲忠臣也。』上曰：『忠良豈有異乎？』徵曰：『良臣，稷、契、咎陶是也。忠臣，龍逄、比干是也。良臣使身獲美名，君受嘉號，子孫傅世，福禄無疆。忠臣身受誅夷，君陷大惡，家國並喪，空有其名。以此而言，相去遠矣。』帝深納其言。【略】

其年，侍御史張玄素奏慶州樂蟠縣令叱奴騭盜用官倉，推逐並實。上令決之。中書舍人楊文瓘奏：『據律不合死。』上曰：『倉糧朕之所重，若不加罰，恐犯者更多。』尚書右丞魏徵對曰：『陛下設法，與天下共之。今若改張，多將法外畏罪，且後有重者，又何以加之？』

其年，太宗謂侍臣曰：『人皆以祖孝孫爲知音，今其所教聲曲，多不諧音韻，此猶未至精妙。人亦以許崇爲良醫，全不識藥性。』尚書右丞魏徵對曰：『陛下生平不愛音聲，今忽爲教女樂差舛責孝孫，臣恐天下怪愕。』上怒曰：『卿是朕腹心，應須進忠直，何乃附下罔上，爲孝孫分疏。』彥博等拜謝，徵與王珪進曰：『祖孝孫學問立身，乃何如白明達？陛下平生禮遇孝孫，復何如白明達？今過聽一言，便謂孝孫可疑，明達不可信，臣恐羣臣衆庶，有以窺陛下者。』上意乃解。

三年正月，放裴寂還鄉，表乞住京師，久不肯去。上令問稽留所由，韋挺奏留一十九日。長安縣令王文楷又不准敕發遣，令決杖三十。尚書右丞魏徵諫曰：『裴寂所爲，事合萬死，但以陛下念其舊功，不致於法。惟解其官，止削半封。今流人尚得裝束假，況寂放還鄉宅，古人有言，進人以禮，退人以禮。文楷識陛下恩寬，見寂大臣，不卽蹙迫，論其此情，未合得罪。』上曰：『放寂拜埽，豈非禮耶？』乃釋而不問焉。

十年，治書侍御史劉洎上書曰：『臣聞尚書萬幾，實爲政本，伏尋此選，授受誠難。是以八座比于文昌，二丞方於管轄，爰至曹郎，上應列宿，苟非稱職，竊位興譏。伏見比來尚書省詔敕稽停，文案擁滯，臣誠雖庸劣，請述其源。貞觀之初，未有令、僕，于時省務繁雜，倍多于今。而左丞戴胄、右丞魏徵，並曉達吏方，質性平直，事應彈舉，無所迴避。陛下假以恩慈，自然肅物，百司匪懈，抑此之由。及杜正倫續任右丞，頗亦勵下。比者綱維不舉，並爲勳親在位，尚書不得斷決。故事稽延，案牘難理屈詞窮，仍更放下。去無程限，來不責遲，一經出手，便涉年載。天工人代，焉可妄授。至于懿戚元勳，宜優禮秩，久妨賢路，殊爲不可。將欲救弊，且宜精簡。尚書左右丞及左右郎中如並得人，自然綱維克舉，亦當矯正趨競，豈惟息其稽滯哉！』

二十年，宇文節爲尚書左丞，明習法令，以幹局見稱。時江夏王道宗以私事見託，節奏之。太宗大悦，勞之曰：『朕所以不置左右僕射者，以卿在省耳。』

龍朔二年，有宇文化及子孫理資蔭，所司理之。至于勾曹，右肅機楊昉未詳案狀，訴者自以道理已成，無復疑滯，劾而逼昉。昉謂曰：『未食，食畢詳之。』訴者曰：『公云未食，亦知天下有累年羈旅訴者乎？』昉遽命案，立判之曰：『父殺隋主，子訴蔭資，生者猶配遠方，死者無宜使慰。』

儀鳳四年，韋仁約除尚書左丞，約奏曰：『陛下爲官擇人，無其人則闕。今不惜美錦，令臣製之，此陛下知臣之深矣，微臣盡命之日矣。』仁約遂振舉綱目，略無留事，羣曹肅然。

元和八年六月，裴佶爲左丞。時兵部尚書李巽兼鹽鐵使，將以使局置於本行，經搆已半，會佶拜命，堅執以爲不可，遂令撤之。巽恃恩而强，時重佶之有守。

十三年，淄青節度使李師道平，鎮州王承宗懼，上章請割德、棣二州自贖，又令二子入侍。憲宗選使臣宣諭，以尚書右丞崔從中選。議者以承宗罪惡貫盈，每多奸譎，入朝二子，必非血忱，人頗憂之。從次魏州，節度使田弘正以路由寇境，欲以五百騎衛之，從辭之，以童奴十數騎往。至鎮州，于鞠塲宣敕，三軍大集，乃諭以逆順，辭情慷慨，軍士無不感動。承宗泣下，禮貌甚恭，遂按德、棣户□符節而還。

十五年三月，呂元膺爲左丞。時度支使潘孟陽、太府少卿王遂互相奏論，孟陽除散騎常侍，遂爲鄧州刺史，皆假以美詞。元膺封還詔書，請明示曲直。又江西觀察使裴堪奏虔州刺史李將順贓狀，朝廷不覆按，遽貶將順道州司户。元膺曰：『廉使奏刺史贓罪，不覆驗卽謫去，從堪之詞足信，而亦不可爲天下法。』又封還詔書，請發御史按問，宰臣不能奪。

會昌二年十月，左丞孫簡奏：『伏以班位等差，本繫品秩，近者官兼臺省，立位稍遷，已是從權，頗乖儀制，況據敕例，理亦未通。今據臺司重舉元和元年所奏敕，常參官兼大夫中丞者准檢校官，在本品同類官之上。自後諸行侍郎兼大夫，並在左右丞之上者仍前例。左侍郎兼大夫者至少，唯京兆尹則往往帶此官，當時講論，非不至當。其京兆尹是從三品，至今班位，祇在本品同類官從三品卿監之上，左太常宗正卿正三品之下。其左丞是正四品上，户部侍郎是正四品下，今户部侍郎兼大夫，祇合在本品同類正四品下，諸曹侍郎之上，不合在正四品丞郎之上，與京兆尹在正三品卿監之下無異。又據右丞是正四品下，吏部侍郎是正四品上，今吏部侍郎在右丞之下。蓋以右丞官居省轄，職在糾繩，吏部侍郎品秩雖高，猶居其下。推此言之，則左丞品秩既高，又居綱轄之地，户部侍郎雖兼大夫，豈得驟居其上？今據散官，自將仕郎上至開府、特進，每品正從上下，名級各異，則正從上下，又不得謂之同品。今又取其於理切近者，用以比方。今京兆、河南司録及諸州府録事參軍，皆操紀律，糾正諸曹，與尚書省左右丞紀綱六聯略同。設使諸曹緣因其功勞，朝廷就加臺省官，立位豈得便在司録及録事參軍之上？施於州郡，尚且爲非宜，況在朝倫，實爲倒置。且左丞官業至重，得彈劾八座，主省内官業及宗廟祠祭之事。御史糾劾不當，得彈奏之，豈可不究是非，輕爲建置。今臺司所奏，但言成例，曾不揣摩。事若循理，雖無往例，亦合遵行；事若非宜，雖有往例，便合改正。今據元和元年臺司所奏，敕户部侍郎兼大夫班位，合在兵部侍郎之上，左右丞、吏部侍郎之下。若今因循往例，不議改正，遣户部侍郎兼大夫在左右丞之上，有紊典章，實恐重違元敕。謹具貞元以後敕旨如前，伏乞重賜參詳，庶得盡理。』敕旨：『御史臺與都省各執所見，因此須爲定制，宜令兩省官詳議聞奏者。』

三年三月，庫部郎中、知制誥崔于等言：『文武常參官兼御史大夫、中丞班位，奉敕，緣御史臺、都省各執所見，因此須爲定制，宜令兩省官詳議聞奏者。伏以御史大夫、中丞掌邦國憲法，朝廷紀綱，崇其班位，以峻風望。兼此官者，皆以所領務重，特爲寵異，須敕諸行侍郎兼御史大夫者，並在左右丞之上，相承不改，行之已久。況今使下監察御史裏行，朝謝時，列在左右司郎中之上，以此參彼，足可辨明。況奉去年十月二十八日敕，御史大夫進爲正三品，中丞進爲正四品。郎官望等，尤爲重任，合崇憲職，式協朝章。諸准前例，諸行侍郎兼御史大夫、中丞者，列于尚書左右丞之上。』敕旨：『班序相循已久，故事足可遵行。昨者務廣詢謀，理宜從衆，依崔于等狀，便爲定制。』

又《左右司郎中》 隋朝但稱左右司郎，本朝加『中』字。武德元年八月省。貞觀二年正月十三日，復置。龍朔二年二月四日，改爲左右丞務。咸亨元年十二月二十日，復爲左右司郎中。

開元十六年六月十六日敕：『郎中皆從省正門出入，若泥雨，聽隨便門。』

永泰二年四月二十六日詔：『自今已後，郎中與中州刺史，員外郎與下州刺史。』

建中元年三月，於朝堂別置三司，以決庶獄，爭者輒擊登聞鼓，右司郎中裴諝上疏曰：『夫諫鼓謗木之設，所以達幽枉，延直言。今輕猾之人，援桴鳴鼓，始動天聽，因競纖微。若然者，安用吏乎？』上然之，悉命歸于有司。

貞元五年正月，左司郎中嚴涚奏：『按公式令，應受事，據文案大小，道路遠近，皆有程期，如或稽違，日短少差，加罪。今請程式，常務計違一月以上，要務違十五日以上不報，按典請決二十，判官請奪見給一季料錢，便牒户部收管。符牒再下猶不報，常務通計違五十日以上，要務通計違二十五日已上，按典請決四十，判官奪料外，仍牒考功與下考。如符牒至三度固違不報，常務通計違八十日以上，要務通計違四十日已上，按典請決六十，判官請吏部用闕。長官及勾管既三度不存勾當，五品以上，請牒上中書門下殿罰；六品以下，亦請牒吏部用闕。其急要文牒，請付當道進奏院，付送本使，委觀察使判官一人發遣送州，取領具月日先報。常務請依常式。以前御史臺奏，伏奉去年二月三日敕，宜付御史臺商量作條件聞奏者，除京兆府州縣及城内百官，並以符到京兆府日爲程。如往來累路停滯，日月懸遠者，請兼勘責緣路所由，准令式處分。』從之。

又《左右司員外郎》 永昌元年十月五日置，各一人，以侍御史顧宗爲左司員外郎，洛州司户參軍元懷貞爲右司員外郎。神龍元年三月初八日廢。二年十二月，復置。

開元四年六月十九日敕：『部以下官，令所司補授，其員外郎、御史并供奉官，宜進名敕授。』

五年四月九日敕：『尚書省，天下政本，仍令有司各言職事。吏部員外郎褚璆等十人案牘稽滯，璆稽四道，户部員外郎吕太一四道，刑部員外郎崔廷玉二道，兵部員外郎李廷言、刑部員外郎張悟、倉部員外郎何鸞、祠部郎中孔立言、刑部郎中楊孚、虞部郎中田再思各一道，虞部員外郎崔賞三道。且六官分事，四方取則，尚書郎皆是妙選，須稱職司，焉可尸禄悠悠，曾無斷決？昨者試令詢問，遂有如此稽逋。動即經年，是何道理？至如行判程限，素標令式，自今後，各宜懲革，再若有犯，別當處分。』

宋·王溥《五代會要》卷一三《中書門下》 梁開平五年二月敕：『食人之食者憂人之事，況丞相尊位，參況大政，而堂封未給，且無餐錢，朕甚愧之。宜令日食萬錢之半。』

乾化二年十月，加宰相俸至二百千，命豐德庫逐月以見錢給之。

後唐天成四年八月敕：『朝廷每有將相恩命，准往例，諸道節度使帶平章事、兼侍中、中書令，並列銜于敕牒後，側書「使」字。今兩浙節度使錢鏐是元帥、尚父，與使相名殊，承前列銜，久未改正。湖南節度使馬殷先兼中書令之時，理宜齒於相位，今守太師、尚書令，是南省官資，不合列署敕尾。今後每署將相敕牒，宜落下錢鏐、馬殷官位，仍永爲常式。』

長興四年九月敕：『馮贇有經邦之茂業，宜進位於公台。但緣平章字犯其父名，不欲斥其家諱，可改同平章事爲同中書門下二品。』

清泰元年五月，宰臣劉昫奏：『中書以近敕祠祭行事官致齋内，唯祀事得行，其餘悉斷。又宰臣行事致齋内，不押班，不赴内殿起居，不知印。臣緣判三司公事，其祀事、國忌、行香，伏乞特免。』從之。

二年三月，宰臣張延朗奏：『臣判三司事，每日内殿祇候，其合綴前班押班，伏乞特免。』從之。

晉天福四年八月敕：『皇圖革故，庶政惟新，宜設規程，以諧公共。其中書知印，祇委上位宰臣一員。』

五年二月，升中書門下平章事爲正二品。其年三月敕：『中書門下五品以上官，於兩省上事，宰臣押角之禮，宜廢之。』

又《起請雜録》 後唐同光二年五月，中書門下奏：『凡有進狀乞官，及應諸州府奏請判官，薦舉前資，自詣中書求官等，所稱頭銜，多有逾越。中書既無舊案，除授何以爲憑？起今後凡有諸色前資，若合命官者，除近曾任朝官，及有科第歷清資官爲衆所知外，並須追到前任告敕，中書點檢，方可進擬。』從之。

長興元年五月，中書門下奏：『今後凡是在京及諸州府判官，得替一年後，則得求官，擢材特敕，勿以爲例。』從之。

清泰二年八月，中書門下上言：『前大卿監、五品升朝官、西班將軍，皆在任許滿二十五月，如得替，已經二十月，即別任用。少卿監，舊例三任、四任方入太卿監，五品三任、四任方入少卿監，今後並祇三任，逐任須月限滿無殿責者，便入此官。西班將軍，罷任一年許求官，舊例三任、四任方入大將軍，今祇以三任爲限，三任大將軍，方入上將軍，並須逐任滿月限無殿責。或曾任金吾將軍、街使、藩鎮、刺史，特敕並不拘此例。諸道除兩使判官外，書記已下任自辟請。應朝官除外任，罷任後一年，方許陳乞。諸道賓席未曾升朝者，若官兼三院御史，即除中下縣令；若兼大夫、中丞、秘書少監、郎中、員外郎，與清資初任升朝官。檢校官至尚書、常侍、秘書監、庶子，升朝便與少卿監。諸州防禦、團練、判官、推官，並許本州辟請，中書不更除授。應出選門官帶三院御史、供奉裏行及省銜，罷任後周年，許陳乞。諸州別駕，不除令、録，仍守本官月限，得替後一年，許陳乞。長史、司馬，因攝奏正，比未有官者送名。』從之。

三年五月敕：『近以内外臣寮，出入迭處，稍均勞逸，免滯轉遷。應兩使判官、畿赤令長，取郎中、員外郎、補闕、拾遺、三丞、五博、少列宮寮，選擇擢任；一則俾藩方侯伯，別耀賓階；次則致朝列人臣，備諳時政。今後或偶闕員，依此施行。』

晉天福二年正月敕：『今後應朝臣中，有藉才特除外任者，秩滿無遺闕，將來擬官之時，在外一任，同在朝一任。其陳乞外職，及不是特敕，不在此限。』

又《門下省》 後唐天成元年九月二十五日，門下中書兩省狀：『准舊例，檢校官合納光省禮錢。伏見尚書省檢校官禮錢，近降敕命，除翊衛勳庸、藩垣將佐外，其餘不帶平章事節度使，及防禦、團練、刺史、諸道副使、郎中已下，並三司職掌監院官、縣令、録事參軍、判官等，凡關此例，並可徵收者。伏緣省司舊例，別無錢物，祇徵禮錢，以充公廨破使。蓋值離亂，致失規繩，即日縱有檢校官，未奉敕命許令依舊徵理，其檢校左右散騎常侍，乞依尚書省。除翊衛勳庸、藩垣將佐外，並許徵收。所冀朝廷故事，免失於根源；省閤舊儀，長存於規制。謹具本朝元徵舊例錢數，乞奏聞者。中書約本省舊徵禮錢及蠲減錢數如左：防禦、團練、刺史、諸道郎官、三司職掌、檢校左右散騎常侍，舊例各納錢一十五千，今減外各納錢五千。兩府及次府少尹、左右司馬、別駕、長史，舊例各納錢一十千，今減外各納錢四千。諸道將校，舊例納錢五千，今減外各納錢三千。都押衙至大將軍，各納錢五千，今減外各納錢二千五百。進奏官各納錢二千。其餘都頭、指揮使已下，並與免放。』右奉敕：『宜令門下中書兩省准此，逐月具數申中書門下。』

長興元年十一月，給事中崔衍奏：『當省給納諸州銅魚勘問，本行令史將狀稱：「内庫每州銅魚一隻，長留在内，一隻在本州庫，逐季申報平安。左魚五隻，皆鐫次第字號。每新除刺史，到郡後遣人到省，請合左魚，當司覆奏。内庫次第出給左魚一隻，到州集官吏取州庫右魚契合，卻差人送左魚納省。如别除刺史，班司又請次第左魚，周而復始。」臣以州司差人往來，須有煩費，今後所除刺史，在京受命或經過都城者，可令自牒當省請左魚，本州契合後，差人納省。』從之。

周顯德六年三月敕：『諸道牧守，每遇除移，特降制書，何假符契？其請納銅魚，宜廢之。』

晉天福七年五月詔：『應諸色進策人等，皆抱才能，方來贄獻，宜加明試，俾盡臧謀。今後應進策，中書奏覆，敕下，委門下省試策三道，仍定上中下三等。如元進策内有施行者，其所試策或上或中者，委門下省給與減選或出身優牒。合格選目：其試策上者，委銓司超一資注擬；其試策中者，委銓司依資注擬。如所試策或上或中，元進策内不曾施行，所試策下，元進策内曾有施行者，其本官並仰量與恩賜發遣。若或所試策下，所進策内並不施行，便仰曉示發遣，不得再有投進。餘准前後敕處分。』

又《中書省》 後唐天成元年十二月二十三日，中書奏：『伏准故事，應諸道節度使凡帶平章事，宜於中書都堂上事，禮絶百寮，等威無異，刊石紀壁以列姓名，事係殊恩，慶垂後裔。舊例，赴鎮後合納禮錢一千貫，充中書及兩省公使。伏自近來，全隳往例。今皇綱再整，墜典咸修，合舉成規，冀將集事。臣等商量，今請諸道藩鎮帶平章事處，各納禮錢五百千，中書建立石亭子一所，鐫紀宰臣使相爵位姓名，授上年月，其所納錢，請充中書修建公署，及添置都堂内鋪陳什物。」敕：「從之。」

四年四月二十一日敕：「諸道節度使帶平章事、兼侍中、中書令，在京則中書差直省一員引接，及赴鎮擬合追還。緣使相在京，百官請謁，須差直省引接，兼街衢出入，或恐朝列誤衝。及到本道，自有客司通引官引接。其從榮、從厚雖爲皇子，職本侯王；王建立、孔循曾掌樞衡，見居藩鎮。況諸道使相，無直省者甚多，其到青州、許州先將去直省，並宜追還中書。」

清泰二年二月，中書奏：「近日除官，制書未下，已多漏洩。此後除改，候畫下，所司以正敕寫官告進納，如畫黄未下，請不催索。」敕：「節度防禦團練使、刺史、行軍副使等，事關急切，除授官告，若待畫下給賜，即恐滯留。敕樞密院，凡經由處，不得漏洩，其尋常除命，依中書所奏。」

又《門下侍郎》 晉天福五年二月，敕以門下侍郎爲清望正三品。

七年二月敕：「門下侍郎班位，宜在左、右散騎常侍之下。其俸給考限，依左、右散騎常侍例。」

又《中書侍郎》 晉天福五年二月，敕以中書侍郎爲清望正三品。

又《中書舍人》 後唐清泰二年十一月敕：「中書舍人所撰誥詞，當以其人履歷功效，分明訓奬，以代王言。

晉天福五年九月，詔曰：「《六典》云：「中書舍人掌侍奉進奏，參議表章。凡詔策制敕，璽書策命，皆按故事起草進畫，既下則署而行之。其禁有四：一曰漏洩，二曰稽緩，三曰違失，四曰忘誤。所以重王命也。」古昔已來，典實斯在，爰從近代，别創新名。今運屬興王，事宜師古，俾仍舊貫，以耀前規。其翰林學士院公事，宜並歸中書舍人。」

開運元年六月詔：「依舊置翰林學士院，其中書舍人公事，准舊日施行。」

又《諫議大夫》 晉天福五年二月，以左右諫議大夫爲清望正四品。

周顯德五年六月敕：「諫議大夫宜依舊正五品上，仍班位在給事中之下」。按《唐典》，諫議大夫四員，正五品上，皆隸門下省，班在給事中之下。至會昌二年十一月，中書門下奏升爲正四品下，仍分爲左右，以備兩省四品之闕，故其班亦升在給事中之上。近朝自諫議大夫拜給事者，官雖序遷，位則降等，至是以其還不倫，故改正之。

又 卷一四《尚書省》 後唐天成元年七月二十七日，尚書省准堂帖：「應内外帶職除官，自三公至郎官，合納禮錢送尚書省，都司具舊例如左：檢校太師、太尉舊例各合納錢四十千，准蠲減外，今各合納錢二十千。檢校太傅、太保舊例各納三十千，減外今納十五千。檢校司徒、司空舊例各納二十千，減外今納錢一十千。檢校僕射、尚書舊例各納一十五千，減外今納七千。檢校郎中、員外郎舊例各納錢一十千，減外今納三千四百。」敕：「會府華資，皇朝寵秩，凡霑新命，合納禮錢。爰自近年，全隳舊例，方當提舉，宜振規繩。其間除翊衛勳庸、藩垣將佐自軍功遷陟外，其餘自不帶平章事節度使及防禦、團練、刺史、諸道副使、判官已下，三司職掌監院官、縣令、録事參軍、判官等，凡關此例，並可徵納。其檢校官，自員外郎至左僕射，祇取初轉一任納錢，若未改呼，不更徵納。仍委尚書省都司逐月具數，申中書門下。」

又《尚書令》 梁開平三年三月，升爲正一品。

又《左右僕射》 後唐天成二年八月，中書門下奏：「據新授尚書右僕射李琪狀：「准舊例，上事日合有恩賜百官酒食，具載《開元禮》文者。」尋下太常禮院檢《開元禮》，祇有從太師已下至六部尚書、太常卿、太子詹事、諸衛大將軍、京兆河南牧、上州刺史，受册拜廟，各就本司禮上，無中書門下送上之文，亦無恩賜酒食之事。又檢《禮閣新儀》，並不載諸品大臣上事禮例，唯僕射初上見羣僚輕重之禮。唯元和六年御史中丞竇易直奏，七年尚書左丞段平仲奏，太和四年中書奏覆，下太常禮院並尚書省詳議，終未能定。大凡禮上爲領本司公事及與官僚相會，並受人吏參賀，内外無異，前後皆同。李琪尋會羣僚，不稱新授，已領公事，已請料錢，更引上儀，即非通制。今請李琪任便赴省，發遣公事。今後文武兩班受恩命者，不計高卑，未領事不得擅落新授字，及便請料錢。内廷學士、中書舍人，不在此限。」從之。

長興四年十一月，新授尚書右僕射盧質奏：「臣忝除官，合赴省上事，若准舊例，左、右僕射上事儀注，所費極多。欲從權務簡，祇取尚書丞、郎上事例，止集南省屬僚及兩省官送上。亦不敢輒援往例，有廢官中自量力排比，兼不敢自臣隳廢舊規。他時任行舊制。』從之。

又　《左右丞》　梁開平二年四月，改爲左、右司侍郎。避廟諱也。至後唐同光元年十一月，復舊爲左、右丞。後唐長興元年九月，升尚書右丞官品，與尚書左丞並爲正四品。

又　卷二四《樞密使》　梁開平元年五月，改樞密院爲崇政院。始命敬翔爲院使，仍置判官一人。自後不置判官，置副使一人。二年十一月，置崇政院直學士二員，選有政術、文學者爲之。始以尚書吏部郎中吳藹、尚書兵部郎中李珽充選。其後又改爲直崇政院。

後唐同光元年十月，崇政院依舊爲樞密院。命宰臣郭崇韜兼樞密使，亦置院使一人。

晉天福四年四月，以樞密副使張從恩爲宣徽使，權廢樞密院故也。先是，上以宰臣桑維翰兼樞密使，懇求免職，祇在中書，遂以宣徽使劉處讓代之，每有奏議，多不稱旨。及處讓丁内憂，乃以樞密院付中書門下，故有是釐革。

開運元年六月，依舊置樞密院。其見在中書元係樞密院職司人吏，各勒仍舊。應合行公事，委本院奏取指揮，以宰臣桑維翰兼樞密院使。從中書門下奏請也。

周顯德六年六月，命司徒平章事范質、禮部尚書平章事王溥並參知樞密院事。

《舊五代史》卷一四九《職官》　梁開平三年三月，詔升尚書令爲正一品。按《唐六典》，尚書令正二品，是時以將授趙州王鎔此官，故升之。

後唐天成四年八月，詔曰：『朝廷每有將相恩命，準往例，諸道節度使帶平章事、兼侍中、中書令，並列銜於敕牒後，側書「使」字。今兩浙節度使錢鏐是元帥、尚父，與使相名殊，承前列銜，久未改正。湖南節度使馬殷，先兼中書令之時，理宜齒於相位，今守太師、尚書令，是南省官資，不合列署敕尾。今後每署將相敕牒，宜落下錢鏐、馬殷官位，仍永爲常式。』

梁開平二年四月，改左右丞爲左右司侍郎，避廟諱也。至後唐同光元年十月，復舊爲左右丞。

後唐長興元年九月，詔曰：『臺轄之司，官資並設，左右貂素來相類，左右揆左右揆，原本作「右撥」，今從《五代會要》改正。不至相懸，以此比方，豈宜分別。自此宜升尚書右丞官品，與左丞並爲正四品。』

後唐長興四年九月，敕：『馮贇有經邦之茂業，宜進位於公台，但緣平章事字犯其父名，不欲斥其家諱，可改同平章事爲同中書門下二品。』後至周顯德中，樞密使吳廷祚亦加同中書門下二品，避其諱也。

晉天福五年二月，敕：『以門下侍郎、中書侍郎並爲清望正三品。』

晉天福五年九月，詔曰：『《六典》云：中書舍人掌侍奉進奏參議表章，凡詔旨制敕、璽書策命，皆按故事起草進畫，既下，則署而行之。其禁有四：一曰漏洩，二曰稽緩，三曰違失，四曰忘誤，所以重王命也。古昔已來，典實斯在，爰從近代，别創新名。今運屬興王，事從師古，俾仍舊貫，以耀前規。其翰林學士院公事，宜並歸中書舍人。』

七年五月，中書門下上言：『有司檢尋長興四年八月二十一日敕：準《官品令》，侍中、中書令正三品，按《會要》，大曆二年十一月升爲正二品；左右常侍從三品，按《會要》，廣德二年五月升爲正三品；門下中書侍郎正四品，大曆二年十一月升爲正三品；諫議大夫正五品，按《續會要》，會昌二年十二月升爲正四品，以備中書門下四品之闕；御史大夫從三品，會昌二年十二月升爲正三品；御史中丞正五品，亦與大夫同時升爲正四品。』敕：『宜各準元敕處分，仍添入令文，永爲定制。』又詔：『門下侍郎，班在常侍之下，俸禄同常侍。』

周顯德五年六月，敕：『諫議大夫宜依舊正五品上，仍班位在給事中之下。』按《唐典》，諫議大夫四員，正五品上，皆隸門下省，班在給事中之下。至會昌二年十一月，中書門下奏，升爲正四品下，仍分爲左右，以備兩省四品之闕，故其班亦升在給事中之上。近朝自諫議大夫拜給事中者，官雖序遷，位則降等，至是以其遷次不倫，故改正焉。

昔唐朝擇中官一人爲樞密使，以出納帝命。案《職官分紀》：唐樞密使與兩軍中尉謂之「四貴」，天祐元年廢。項安世《家説》：唐於政事堂後列五房，有樞密房，以主曹務。則樞密之任，宰相主之，未始他付，其後寵任宦人，始以樞密歸之内侍。至梁開平元年五月，改樞密院爲崇政院，始命敬翔爲院使，仍置判官一人，自後改置副使一人。二年十一月，置崇政院直學士二員，選有政術文學者爲之，其後又改爲直崇政院。案：原本作『直崇文院』，今從《五代會要》改正。

後唐同光元年十月，崇政院依舊爲樞密院，命宰臣郭崇韜兼樞密使，亦置直院一人。案：《五代會要》作亦置院使一人。《石林燕語》作改爲樞密院直學士。

晉天福四年四月，以樞密副使張從恩爲宣徽使，權廢樞密院故也。先是，晉祖以宰臣桑維翰兼樞密使，懇求免職，只在中書，遂以宣徽使劉處讓代之，每有奏議，多不稱旨。其後處讓丁憂，乃以樞密印付中書門下，故有是釐改也。

開運元年六月，敕依舊置樞密院，以宰臣桑維翰兼樞密使，從中書門下奏請也。

周顯德六年六月，命司徒平章事范質、禮部尚書平章事王溥並參知樞密院事。

梁開平元年四月，始置建昌院，以博王友文判院事，以太祖在藩時，四鎮所管兵車賦稅、諸色課利，按舊簿籍而主之。其年五月，中書門下奏請以判建昌院事爲建昌宮使，仍以東京太祖潛龍舊宅爲宮也。二年二月，以侍中案：原本有闕文，據《五代會要》，以侍中韓建判建昌宮事。判建昌宮事。至十月，以尚書兵部侍郎李皎爲建昌宮副使。三年九月，以門下侍郎平章事薛貽矩兼延資庫使，判建昌宮事。至四年十二月，以李振爲建昌宮副使。乾化二年五月，以門下侍郎平章事于兢兼延資庫使，判建昌宮事。其年六月，廢建昌宮，以河南尹魏王張宗奭爲國計使，凡天下金穀兵戎舊隸建昌宮者悉主之。至後唐同光四年二月，以吏部尚書李琪爲國計使。自後廢其名額不置。

後唐同光元年十一月，以左監門衛將軍、判内侍省李紹宏兼内勾，凡天下錢穀簿書，悉委裁遣。自是州縣供帳煩費，議者非之。又内勾之名，人以爲不祥之言。二年正月，敕鹽鐵、度支、户部三司，凡關錢物，並委租庸使管轄，踵梁之舊制也。天成元年四月，詔廢租庸院，依舊爲鹽鐵、户部、度支三司，委宰臣一人專判。長興元年八月，以許州節度使張延朗行工部尚書，充三司使，班在宣徽使之下。三司置使，自延朗始也。唐朝已來，户部、度支掌泉貨，鹽鐵時置使名，户部、度支則尚書省本司郎中、侍郎判其事。天寶中，楊慎矜、王鉷、楊國忠繼以聚貨之術，媚上受寵，然皆守户部、度支本官，别帶使額，亦無所改作。下及劉晏、第五琦亦如舊制。自後亦以宰臣各判一司，不置使額。乾符後，天下兵興，隨處置租庸使以主調發，兵罷則停。梁時乃置租庸使，專天下泉貨。莊宗中興，秉政者不閑典故，踵梁朝故事，復置租庸使，以魏博故吏孔謙專使務。斂怨於下，斵喪王室者，實租庸之弊故也。洎明宗嗣位，思革其弊，未及下車，乃詔削除使名，但命重臣一人判其事，曰判三司。至是，延朗自許州入再掌國計，白於樞密使，請置三司名。宣下中書議其事。宰臣以舊制覆奏，授延朗特進、行工部尚書，充諸道鹽鐵、轉運等使，兼判户部、度支事，從舊制也。明宗不從，竟以三司使爲名焉。

梁開平三年正月，改思政殿爲金鑾殿，至乾化元年五月，置大學士一員，始命崇政院使敬翔爲之。前朝因金巒坡以爲門名，與翰林院相接，故爲學士者稱『金巒』焉。梁氏因之以爲殿名，仍改『巒』爲『鑾』，從美名也。大學士與三館大學士同。案《青箱雜記》：梁祖都汴，庶事草創，貞明中，始於今右長慶門東北，創小屋數十間爲三館，湫隘尤甚。又周廬徼道，咸出其間，衛士騶卒，朝夕喧雜，每受詔撰述，皆移他所。

後唐天成元年五月，敕翰林學士、尚書户部侍郎、知制誥馮道，翰林學士、中書舍人趙鳳，俱以本官充端明殿學士，非舊號也。時明宗登位，每四方書奏，多令樞密使安重誨讀之，不曉文義，於是孔循獻議，始置端明殿學士之名，命道等爲之。二年正月，敕：『端明殿學士宜令班在翰林學士上，今後如有轉改，仍只於翰林學士内選任。』初置端明殿學士，名目如三館之例，職在官下。趙鳳轉侍郎，遣人諷任圜移職在官上，至今爲例。案《職官分紀》：晉天福五年，廢端明殿學士，開運元年，桑維翰爲樞密使，復奏置學士。

同光元年四月，置護鑾書制學士，以尚書倉部員外郎趙鳳爲之。時莊宗初建號，故特立此名，非故事也。八月，賜翰林學士承旨、户部尚書盧質論思匡佐功臣，亦非常例也。

天成三年八月，敕：『掌綸之任，擢才以居，或自初命而升，或自顯秩而授，蓋重厥職，靡繫其官，雖事分皆同，而行綴或異，誠由往日未有定規，議官位則上下不恒，論職次則後先未當，宜行顯命，以正近班。

今後翰林學士入院，並以先後爲定，惟承旨一員，出自朕意，不計官資先後，在學士之上，仍編入《翰林志》。其年十一月，敕：『新除翰林學士張昭遠，早踐綸闈，久司史筆，曾居憲府，累陟貳卿，今既擢在禁林，所宜別宣班序，其立位宜次崔棁。』案《宋史張昭傳》：晉天福二年，宰相桑維翰薦昭爲翰林學士。內署故事，以先後入爲次，不繫官序，特詔昭立位次承旨崔棁。據《宋史》，則此敕當在晉天福中，《薛史》繫於唐天成三年後，疑原本有脱誤。

晉開運元年六月，敕：『翰林學士與中書舍人，舊分爲兩制，各置六員，偶自近年，權停內署，況司詔命，必在深嚴，將使從宜，却仍舊貫，宜復置翰林學士院。』

周顯德五年十一月，詔曰：『翰林學士職係禁庭，地居親近，與班行而既異，在朝請以宜殊。起今後當直下直學士，並宜令逐日起居，其當直學士，仍赴晚朝。』舊制，翰林院學士與常參官五日一度起居，時世宗欲令朝夕謁見，訪以時事，故有是詔。

《新唐書》卷四六《百官志一》 宰相之職，佐天子總百官、治萬事，其任重矣。然自漢以來，位號不同，而唐世宰相，名尤不正。初，唐因隋制，以三省之長中書令、侍中、尚書令共議國政，此宰相職也。其後，以太宗嘗爲尚書令，臣下避不敢居其職，由是僕射爲尚書省長官，與侍中、中書令號爲宰相，其品位既崇，不欲輕以授人，故常以他官居宰相職，而假以他名。自太宗時，杜淹以吏部尚書參議朝政，魏徵以秘書監參預朝政，其後或曰『參議得失』、『參知政事』之類，其名非一，皆宰相職也。貞觀八年，僕射李靖以疾辭位，詔疾小瘳，三兩日一至中書門下平章事，而『平章事』之名蓋起於此。其後，李勣以太子詹事同中書門下三品，謂同侍中、中書令也，而『同三品』之名蓋起於此。然二名不專用，而佗官居職者猶假佗名如故。自高宗已後，爲宰相者必加『同中書門下三品』，雖品高者亦然；惟三公、三師、中書令則否。其後改易官名，而張文瓘以東臺侍郎同東西臺三品，『同三品』入銜，自文瓘始。永淳元年，以黄門侍郎郭待舉、兵部侍郎岑長倩等同中書門下平章事，『平章事』入銜，自待舉等始。自是以後，終唐之世不能改。

初，三省長官議事于門下省之政事堂，其後，裴炎自侍中遷中書令，乃徙政事堂於中書省。開元中，張説爲相，又改政事堂號『中書門下』，列五房于其後：一曰吏房，二曰樞機房，三曰兵房，四曰户房，五曰刑禮房，分曹以主衆務焉。

宰相事無不統，故不以一職名官，自開元以後，常以領他職，實欲重其事，而反輕宰相之體。故時方用兵，則爲節度使；時崇儒學，則爲大學士；時急財用，則爲鹽鐵轉運使，又其甚則爲延資庫使。至於國史、太清宫之類，其名頗多，皆不足取法，故不著其詳。

尚書省　尚書令一人，正二品。掌典領百官。其屬有六尚書：一曰吏部，二曰户部，三曰禮部，四曰兵部，五曰刑部，六曰工部。六尚書：兵部、吏部爲前行，刑部、户部爲中行，工部、禮部爲後行；行總四司，以本行爲頭司，餘爲子司。庶務皆會決焉，凡上之逮下，其制有六：一曰制，二曰敕，三曰册，天子用之；四曰令，皇太子用之；五曰教，親王、公主用之；六曰符，省下於州，州下於縣，縣下於鄉。下之達上，其制有六：一曰表，二曰狀，三曰牋，四曰啓，五曰辭，六曰牒。諸司相質，其制有三：一曰關，二曰刺，三曰移。凡授內外百司之事，皆印其發日爲程，一曰受，二曰報。諸州計奏達京師，以事大小多少爲之節。凡符、移、關、牒，必遣於都省乃下。天下大事不決者，皆上尚書省。凡制敕計奏之數、省符宣告之節，以歲終爲斷。龍朔二年，改尚書省曰中臺，廢尚書令；尚書曰太常伯，侍郎曰少常伯。光宅元年，改尚書省曰文昌臺，俄曰文昌都省。垂拱元年曰都臺，長安三年曰中臺。

左右僕射，各一人，從二品，掌統理六官，爲令之貳，令闕則總省事，劾御史糾不當者。龍朔二年，改左右僕射曰左右匡政；光宅元年曰文昌左右相；開元元年曰左、右丞相；天寶元年復。

左丞一人，正四品上；右丞一人，正四品下。掌辯六官之儀，糾正省內，劾御史舉不當者。吏部、户部、禮部，左丞總焉；兵部、刑部、工部，右丞總焉。郎中各一人，從五品上；員外郎各一人，從六品上。掌付諸司之務，舉稽違，署符目，知宿直，爲丞之貳。以都事受事發辰、察稽失、監印、給紙筆；以主事、令史、書令史署覆文案，出符目；以亭長啓閉、傳禁約；以掌固守當倉庫及陳設。諸司皆如之。隋尚書省諸司郎及承務郎各一人，而廢左右司。武德三年，改諸司郎爲郎中，承務郎爲員外郎。貞觀元年，復置左右司郎中。龍朔元年，改左右丞曰左右肅機，郎中曰左右承務，諸司郎中曰大夫。永昌元年，復置員外郎。神龍元年省，明年復。初有馹驛百人，掌乘傳送符，後廢。

都事各六人，從七品上；主事各六人，從八品下。吏部考功、禮部主事皆如之。諸司主事，從九品上。有令史各十八人，書令史各三十六人，亭長各六人，掌固各十四人。

又 卷四七《百官志二·門下省》 侍中二人，正二品。掌出納帝命，相禮儀。凡國家之務，與中書令參總，而顓判省事。下之通上，其制有六：一曰奏鈔，以支度國用、授六品以下官、斷流以下罪及除免官用之；二曰奏彈；三曰露布；四曰議；五曰表；六曰狀。自露布以上乃審；其餘覆奏，畫制可而授尚書省。行幸，則負寶以從，版奏中嚴、外辦；還宮，則請降輅、解嚴。皇帝齋，則請就齋室；將奠，則奉玉、幣；盥，則奉匜、取盤，酌罍水，贊洗；酌泛齊，受虚爵，進福酒，皆左右其儀。饗宗廟，進瓚而贊酌鬱酒；既祼，贊酌醴齊。籍田，則奉耒。四夷朝見，則承詔勞問。臨軒命使册皇后、皇太子，則承詔降宣命。慰問、聘召，則涖封題。發驛遣使，則給魚符。凡官爵廢置、刑政損益，授之史官；既書，復涖其記注。職事官六品以下進擬，則審其稱否而進退之。武德元年改侍内曰納言，三年曰侍中。龍朔二年改門下省曰東臺，侍中曰左相，武后光宅元年曰納言，垂拱元年改門下省曰鸞臺。開元元年曰黄門省，侍中曰監，天寶元年曰左相。

門下侍郎二人，正三品。掌貳侍中之職。大祭祀則從；盥則奉巾，既帨，奠巾；奉匏爵贊獻。元日、冬至，奏天下祥瑞。侍中闕，則涖封符券、給傳驛。龍朔二年改黄門侍郎曰東臺侍郎，武后垂拱元年曰鸞臺侍郎，天寶元年曰門下侍郎，乾元元年曰黄門侍郎，大曆二年復舊。

門下省有録事四人，從七品上；主事四人，從八品下。有令史二十二人，書令史四十三人，甲庫令史十三人，能書一人，傳制二人，亭長六人，掌固十四人，脩補制敕匠五人，裝潢一人。起居郎領令史三人，贊者六人。武德三年，改給事郎曰給事中。

又 《中書省》 中書令二人，正二品。掌佐天子執大政，而總判省事。凡王言之制有七：一曰册書，立皇后、皇太子，封諸王，臨軒册命則用之；二曰制書，大賞罰、赦宥慮囚、大除授則用之；三曰慰勞制書，褒勉贊勞則用之；四曰發敕，廢置州縣、增減官吏、發兵、除免官爵、授六品以上官則用之；五曰敕旨，百官奏請施行則用之；六曰論事敕書，戒約臣下則用之；七曰敕牒，隨事承制，不易於舊則用之。皆宣署申覆，然後行焉。大祭祀，則相禮；親征纂嚴，則戒飭百官；臨軒册命，則讀册；若命於朝，則宣授而已；册太子，則授璽綬。凡制詔文章獻納，以授記事之官。武德三年，改内書省曰中書省，内書令曰中書令。龍朔元年，改中書省曰西臺，中書令曰右相。光宅元年，改中書省曰鳳閣，中書令曰内史。開元元年，改中書省曰紫微省，中書令曰紫微令。天寶元年曰右相，至大曆五年，紫微侍郎乃復爲中書侍郎。

侍郎二人，正三品。掌貳令之職，朝廷大政參議焉。臨軒册命，爲使，則持册書授之。四夷來朝，則受其表疏而奏之；獻贄幣，則受以付有司。

舍人六人，正五品上。掌侍進奏，參議表章。凡詔旨制敕、璽書册命，皆起草進畫；既下，則署行。其禁有四：一曰漏洩，二曰稽緩，三曰違失，四曰忘誤。制敕既行，有誤則奏改之。大朝會，諸方起居，則受其表狀；大捷、祥瑞，百寮表賀亦如之。册命大臣，則使持節讀册命；將帥有功及大賓客，則勞問。與給事中及御史三司鞫冤滯。百司奏議考課，皆預裁焉。以久次者一人爲閣老，判本省雜事；又一人知制誥，顓進畫，給食于政事堂；其餘分署制敕。以六員分押尚書六曹，佐宰相判案，同署乃奏，唯樞密遷授不預。姚崇爲紫微令，奏：大事，舍人爲商量狀，與本狀皆下紫微令，判二狀之是否，然後乃奏。開元初，以它官掌詔敕策命，謂之『兼知制誥』。肅宗即位，又以它官知中書舍人事。兵興，急於權便，政去臺閣，決遣顓出宰相，自是舍人不復押六曹之奏。會昌末，宰相李德裕建議：臺閣常務、州縣奏請，復以舍人平處可否。先是，知制誥率用前行正郎，宣宗時，選尚書郎爲之。

主書四人，從七品上。主事四人，從八品下。有令史二十五人，書令史五十人，能書四人，蕃書譯語十人，乘驛二十人，傳制十人，亭長十八人，掌固二十四人，裝制敕匠一人，修補制敕匠五十人，掌函、掌案各二十人。

右散騎常侍二人，右諫議大夫四人，右補闕六人，右拾遺六人，掌如門下省。

起居舍人二人，從六品上。掌修記言之史，録制誥德音，如記事之制，季終以授國史。有楷書手四人，典二人。

通事舍人十六人，從六品上。掌朝見引納、殿庭通奏。凡近臣入侍、文武就列，則導其進退，而贊其拜起、出入之節。蠻夷納貢，皆受而進之。軍出，則受命勞遣；既行，則每月存問將士之家，視其疾苦；凱還，則郊迓。有令史十人，典謁十人，亭長十八人，掌固二十四人。武德四年，廢謁者臺，改通事謁者曰通事舍人。

宋·鄭文寶《江表志》卷上《南唐先主朝》 宰相：宋齊邱 王令謀 張延翰 李建勳 周宗 嚴球 張居永 孫晟

使相：李德誠趙王 張崇 張宣 周本 李簡 王輿 劉威 劉信 王綰 柴再用 劉金 徐玠 馬仁裕。

宋·王讜《唐語林》卷二 蘇頲，神龍中，給事中兼弘文館學士，轉中書舍人。時父瓌爲宰相，父子同掌樞密，時人榮之。屬機事填委，凡制誥皆出其手。中書令李嶠嘆曰：『舍人思如泉涌，嶠所不及。』後爲中書侍郎，與宋璟同知政事。璟剛正，多所裁斷，頲皆順從其美，璟甚悦之。嘗謂人曰：『吾與賢父子前後皆同時爲宰相。僕射長厚，誠爲國器，獻可替否，罄盡臣節，頲過其父也。』後罷政，拜禮部尚書而薨。及葬日，玄宗遊咸宜宮，將舉獵，聞頲喪出，愴然曰：『蘇頲今日葬，吾寧忍娛遊乎？』遂中路還宮。

又 卷三 李昭德爲内史，婁師德爲納言，相隨入朝。婁體肥行緩，李屢顧待不即至，乃發怒曰：『叵耐殺人田舍漢！』婁聞之，徐笑曰：『師德不是田舍漢，更阿誰是？』師德弟爲岱州刺史，將別，謂之曰：『吾以不才，位居宰相，汝今又拜州牧，叨據過分，人所疾也，將何以全先人髮膚？』弟長跪曰：『自今唾某面上者，亦不敢言，但拭之而已，以此自勉，庶不爲兄憂。』師德曰：『此適以爲我憂也。夫前人唾者，發於怒也，汝今拭之，是惡前人唾而拭，是逆前人怒也。唾不拭而自乾，何若笑而受之？』當武后時，竟保其寵禄，率是道也。

劉仁軌爲左僕射，戴至德爲右僕射，人皆多劉而鄙戴。有老父陳牒，至德方欲下筆，老父問左右：『此是劉僕射否？』曰：『是戴。』因急就曰：『此是不解事僕射，卻將牒來。』至德笑令授之。戴在職無異迹，當朝似不能言者。及薨，高宗嘆曰：『自吾喪至德，無復聞讜言。在時，事有不是者，未嘗放過。』因索其前後所陳章奏，閲而流涕，朝廷始重之。

又 卷七 太尉韋昭度，舊族名人，位非忝竊，而沙門僧澈潛薦之中禁，一二時相皆因之大拜。悟達國師知玄乃澈之師，世常鄙之。諸相在西川行在，每謁悟達，皆申跪禮，國師揖之，請於僧澈處喫茶。後韋掌武伐成都，田軍容致書曰：『伏以太尉相公，頃因和尚，方始登庸。在中書則開鋪賣官，居翰林則倩人把筆。』蓋謂此也。

又 卷八 宓犧氏以農官；神農以火；黄帝以雲；少昊以鳥；顓頊而名以民事，又以五行爲官名；禹作司徒，敬敷五教；禹作司空，以平水土；周則以天、地、春、夏、秋、冬爲官名。伏以古者命官，以天地、四氣、五行、雲龍爲號者，皆上稟天時，下達人事，見聖人垂意，未有不及于惠民也。後代不究深旨，率爾命官，僕射、侍中，尤爲不可。秦有侍中、僕射，其初且非官名，唯供奉左右，是其職業。侍中，當西漢掌乘輿服，下至褻器、虎子之類；虎子，溺器也。武帝以孔安國爲侍中，以其儒者，特許掌御唾壺，朝廷榮之。班固云：『侍中，本丞相史也，五人來往殿内奏事，故曰「侍中」。』又僕射者，射音夜，尤寡其義。在秦有周青臣。孔衍注云：『僕射，小官，扶左右者也。』亦曰『衛令僕射，守門之夫。』在漢爲武士門僕射，在宮則曰宮門僕射、永巷僕射：蓋言『僕御』，執射之夫也，如今宦豎之首耳。皆因權倖，漸峻官名。開元元年，改左右僕射爲左右丞相，是官號之不正也。又則天寵侍御者張昌宗，其官號曰『控鶴監』。向使五王未復唐德，則『控鶴』亦沾丞相之名也。

清·吴任臣《十國春秋》卷一一四《十國百官表》

前蜀	南唐	吴
太尉司徒司空　大司馬	大司徒	大丞相
宰相　同平章事	左丞相　平章事同平章事	同平章事　參政事參知政事

內樞使	承宣院使	尚書省	左僕射右僕射 左司郎中員外郎 右司郎中員外郎	門下省 侍中 侍郎	中書省 中書令 侍郎
樞密院使貶制改光政院 副使	宣徽院使 副使	尚書省貶制改司會府 尚書令參判尚書都省 知尚書省事 判尚書二省 判三司	左僕射右僕射 左丞右丞左司郎中員外郎 右司郎中員外郎	門下省貶制改左內史府 侍中 侍郎 左散騎常侍 左諫議大夫	中書省貶制改內右史府 中書令判中書省 侍郎後改內史侍郎
內樞密使 判樞密院 樞密使	宣徽南院使 宣徽北院使		左僕射右僕射	門下省判門下省 侍中 侍郎 左散騎常侍 左諫議大夫	中書省判中書門下事 中書令 侍郎

【略】

後蜀	同平章事
南漢	平章事同平章事 知政事 參知政事
楚	左相右相 左丞相 右丞相 同平章事
吳越	左右丞相 同參相府事 進侍

樞密使 知樞密院副使	宣徽南院使 宣徽北院使	尚書判三司 左僕射 右僕射 左丞 右丞左司郎中 右司郎中 左司員外郎 右司員外郎	門下省 侍中 侍郎 左散騎常侍 左諫議大夫 給事中 左補闕	中書省 中書令 侍郎
簽書點檢司事	知承宣院	尚書 左僕射 右僕射 左丞 右丞	門下省 侍中 侍郎 諫議大夫 給事中	中書令 侍郎
	左右機要司 都軍判官	尚書 僕射	侍中	
		尚書 左僕射 右僕射 左丞 右丞亦承制加檢校	侍中承旨加 侍郎 散騎常侍 諫議大夫 給事中	中書令承制加檢校 侍郎

【略】

閩	平章事同平章事 參政事 判三司侍判三司	錄軍國事
荊南		
北漢	宰相 平章事同平章事 參議中書	

內樞密使樞密使		樞密使　副使　樞密直學士
內宣徽院使宣徽使		宣徽使　宣徽北
左僕射　右僕射		尚書　左僕射　右僕射
門下省　侍中　侍郎　左散騎常侍　諫議大夫		門下省　侍郎　左諫議大夫
中書省　中書令　侍郎　右散騎常侍　右諫議大夫　中書舍人　鳳閣舍人　內學士		中書省　中書令　侍郎　右諫議大夫　中書舍人　通事舍人

清・嵇璜等《續通典》卷二三《職官一》　宰相　唐肅宗至德以後，宰相率領他職。如用兵時則加節度，使銜崇儒學則爲大學士，急財用則爲鹽鐵轉運使，又其甚則爲延資庫使，至於國史太清宮之類，史所稱品類頗多。

梁以門下侍郎及中書侍郎同中書、門下平章事爲宰相。

後唐、晉、漢並因其舊，後唐復有行臺左丞相、右丞相，周以中書令及中書侍郎同中書、門下平章事爲宰相。

清・王鳴盛《十七史商榷》卷九五《新舊五代史三・郭崇韜安重誨皆樞密兼節度》　樞密使之名始于唐，以宦者爲之，至朱梁、後唐則以朝臣充之，自是遂奪宰相之權，而宰相反擁虛名矣《容齋三筆》第四卷。歐《史・唐臣郭崇韜傳》：「莊宗卽位，拜兵部尚書、樞密使。滅梁，拜侍中、成德軍節度使，依前樞密使。」薛《史》則云：「莊宗卽位，加檢校太保、守兵部尚書，充樞密使。誅梁氏，至汴州，宰相豆盧革在魏州，令崇韜權行中書事，俄拜侍中兼樞密使。郊禮畢，以崇韜兼领鎮冀州節度使。」檢校太保係加銜，歐《史》删之差可，不曰守曰充，而以拜统之，未妥。至拜侍中，雖已爲眞宰相，然唐宰相制度已詳第七十四、第七十六、第八十一、第九十二等卷矣，而至此時則其制又變，蓋唐時侍中、中書令不輕授，而同三品、同平章事卽爲宰相，若五代則又必以兼樞密者方爲有相權，如豆盧革輩但有相名耳。自當如薛《史》先言以侍中兼樞密，次及兼鎮爲是。成德卽鎮冀，宰相兼節鎮始於唐，如李林甫、楊國忠皆然，但居京師遥領，不赴鎮，此莊宗以寵崇韜也。又歐《史・安重誨傳》：「明宗卽位，以爲左領軍衛大將軍、樞密使，兼領山南東道節度使。故辭不拜，改兵部尚書，使如故。在位六年，累加侍中兼中書令。」故案辭者，辭大將軍也；改尚書者，由大將軍改也；使如故者，樞密使如故也。郭崇韜、安重誨皆忠於謀國而誣枉見殺，作合傳，配搭頗精，若論贊中言兩人皆爲樞密，因專論樞密奪宰相權，餘皆不及，此論贊之變體。惟是薛《史・重誨傳》已殘缺，據王溥《五代會要》所載唐莊宗宰相五人、使相三十一人，兩處内皆有崇韜，此可見遥領者亦爲使相矣，何也？崇韜未嘗出鎮也。乃明宗使相三十八人中有重誨，以重誨實曾爲河中節度也，而宰相十人中反無重誨，則大不可解，豈歐《史》云加侍中、中書令皆失實乎？樞密雖有權，究非相乎？此當闕疑。篇首云：「其父福遷，爲晉將。晉救朱宣，福遷戰死。」而薛《史》則云：「重誨，其先本北部豪長。父福，遷於河東，將兵救兖、鄆而没。」重誨之父單名福，而「遷」字則連下文讀，《新史》訛舛，令人噴飯满案，其所書恐多不可信。

三省長官皆宰相，而唐偏以平章事充之，後又移其權於翰林學士，五代又移其權於樞密使，唐宦官之所以擅國者，樞密出納王命，神策掌握禁軍也。五代則鑒其弊，樞密以大臣爲之，改左右神策爲侍衛親軍，其都指揮使亦以大臣充之，官制隨時不同如此。

翰林院

《舊唐書》卷四三《職官志二・門下省》　翰林院。天子在大明宮，其院在右銀臺門內。在興慶宮，院在金明門內。若在西內，院在顯福門。若在東都、華清宮，皆有待詔之所。其待詔者，有詞學、經術、合練、僧道、卜祝、術藝、書奕、各別院以廩之，日晚而退。其所重者詞學。武德、貞觀時，有温大雅、魏徵、李百藥、岑文本、許敬宗、褚遂良。永徽後，有許敬宗、上官儀，皆召入禁中驅使，未有名目。乾封中，劉懿之劉禕之兄弟、周思茂、元萬頃、范履冰，皆以文詞召入待詔，常於北門候進止，時號北門學士。天后時，蘇味道、韋承慶，皆待詔禁中。中宗時，上官昭容獨當書詔之任。睿宗時，薛稷、賈膺福、崔湜，又代其任。玄宗即位，張説、陸堅、張九齡、徐安貞、張洎等，召入禁中，謂之翰林待詔。王者尊極，一日萬幾，四方進奏、中外表疏批答，或詔從中出。宸翰所揮，亦資其檢討，謂之視草，故嘗簡當代士人，以備顧問。至德已後，天下用兵，軍國多務，深謀密詔，皆從中出。尤擇名士，翰林學士得充選者，文士爲榮。亦如中書舍人例置學士六人，内擇年深德重者一人爲承旨，所以獨承密命故也。德宗好文，尤難其選。貞元已後，爲學士承旨者，多至宰相焉。

宋·王溥《唐會要》卷五七《翰林院》 開元初置。已前掌内文書，武德已後，有温大雅、魏徵、李百藥、岑文本、褚遂良、許敬宗、上官儀等，時召入草制，未有名目。乾封已後，始號北門學士，劉懿之褘之兄弟周思茂、元萬頃、范履冰爲之。則天朝，以蘇味道、韋承慶等爲之。後上官昭容至中宗朝，獨任其事。睿宗即位後，以薛稷、賈膺福、崔湜爲之。其院置左右銀臺門内。駕在興慶宮，制在金明門内。駕在大内，制在明福門内。

翰林院者，本在銀臺門内，麟德殿西廂重廊之後，蓋天下以藝能技術見召者之所處也。學士院者，開元二十六年之所置，在翰林之南，别户東向。考視前代，即無舊名。貞觀中，祕書監虞世南等十八人，或秦府故僚，或當時才彦，皆以弘文館學士會于禁中，内參謀猷，延引講習，出侍輿輦，入陪宴私，十數年間，多至公輔，當時號爲十八學士。其後永徽中，故黄門侍郎顧悰復有麗正之稱。開元初，故中書令張説等又有集仙之比，日用討論親侍，未有典司。玄宗以四隩大同，萬樞委積，詔敕文誥，悉由中書。或慮當劇而不周，務速而時滯，宜有偏掌，列于宮中，承遵邇言，以通密命。由是始選朝官有詞藝學識者，入居翰林，供奉敕旨，於是中書舍人吕向、諫議大夫尹愔元充焉。雖有密近之殊，亦未定名，制詔書敕猶或分在集賢。時中書舍人張九齡、中書侍郎徐安貞等迭居其職，皆被恩遇。至二十六年，始以翰林供奉，改稱學士。由是别建學士院，俾掌内制。於是太常少卿張垍、起居舍人劉光謙等首居之。而集賢所掌，于是罷息。自後給事中張淑、中書舍人張漸竇華等相繼而入焉。其後有韓雄、閻伯璵、孟匡朝、陳兼、蔣鎮、李白等，舊在翰林中，但假其名，而無所職。至德已後，軍國務殷，其入直者，並以文詞共掌詔敕，自此北翰林院始有學士之名。其後又置東翰林院於金鑾殿之西，隨上所在，而選取其便穩，大抵召入者一二人，或三四人，或五六人，出于所命。蓋不定數。亦有以鴻儒碩學，經術優長，訪問質疑，爲人主之所禮者，頗列其中。初，自德宗建置已來，秩序未立，延觀之際，各趨本列。暨貞元元年九月，始别敕令，明預班列，與諸司官知制誥例同。故事，中書以黄白二麻爲綸命重輕之辨。近者所由猶得用黄麻，其白麻皆北院。自非國之重事拜授，于德音赦宥者，則不得由于斯矣。

建中四年十月，德宗幸奉天，時祠部員外郎、翰林學士陸贄隨赴行在。天下騷擾，遠邇徵發，書詔日數十下，皆出贄。贄操筆持紙，成于須臾，不復起草。初若不經思慮，既成，無不曲盡事情，中於機會，倉卒疊委，同職皆拱手嗟嘆，不能有所助。常啓德宗云：『今書詔宜痛自引過罪已，以感動人心。』德宗從之。故行在制詔始下，聞者雖武夫悍卒，無不揮涕感激。議者咸以爲德宗之克平寇難，不惟神武成功，爪牙盡力，蓋亦文德廣被，腹心有助焉。貞元初，李抱真來朝，因前賀曰：『陛下之幸奉天、山南時，敕書至山東，士卒無不感泣思奮者。臣當時見之，即知諸賊不足平也。』

其月，上倉黄自苑北便門出，翰林學士姜公輔叩馬諫曰：『朱泚常爲帥涇原，素得士心。昨以朱滔叛命，坐奪兵權，泚恒憂憤不得志。不如使人捕之。恐羣凶立之，必貽國患。』上曰：『已無及矣！』及泚僭立，中外稱其先覺。

興元元年十二月二十九日敕：『翰林學士，朝服辨序宜準諸司官知制誥例。』四年，翰林學士陸贄奏曰：『學士私臣，玄宗初，待詔内廷，止于應和詩賦文章而已。詔誥所出，本中書舍人之職。軍興之際，促迫應務，權令學士代之。今朝野乂寧，合歸職分，其命將相制詔，請付中書行遣。』物議是之。

貞元八年，徵衛次公左補闕，尋授學士。二十一年正月，德宗升遐。時順宗居東宮，疾恙方甚，倉卒召學士鄭絪等於金鑾殿。時中人或云：『内中商量，所立未定。』衆人未對，次公遽言曰：『皇太子雖有疾，然地居冢嫡，内外繫心。必不得已，當立廣陵王。若有異圖，禍難立成。』絪等隨而唱之，衆議方定。及順宗在諒闇，外有王叔文輩操權樹黨，無復經制，次公與鄭絪處内廷，多所匡正。

元和二年，崔羣爲翰林學士，爲憲宗獎賞，嘗宣旨云：『今後學士進狀，並取崔羣連署，方得進來。』羣以禁密之司，動爲故事，自爾學士或惡直醜正，其下皆無由上言，堅不奉詔。三疏論奏，方允。

其年二月，制以浙江西道水旱相承，蠲放去年兩稅上供錢三十四萬餘貫。凡白麻制誥，皆在廷代言，命輔臣、除節將、恤災患、討不庭，則用之。宰臣于正衙受，付通事舍人。若命相之書，則通事舍人承旨，皆宣讀訖，始下有司。時内詔不宣，便令奉行。

三年，淄青節度李師道進絹爲魏徵子孫贖宅，翰林學士居易諫曰：『徵是陛下先朝宰相，太宗嘗賜殿材，成其正室，尤與諸家第宅不同。官中自可贖之，而令師道掠美，事實非宜。』憲宗深然之。

五年十二月，以司勳郎中、知制誥李絳爲中書舍人，依前翰林學士，面諭吐突承璀用兵無功，合加明責。先是，承璀于軍中立《聖政碑》，絳又以爲非舊制，不可許。上初甚怒，色變，絳執奏不已，辭旨懇切，因泣下。上徐察其意，其色稍和，卒大開悟，故有是拜。亟命軍中拽去所立碑，曰：『微卿言，不知此爲損我。』翌日，又面賜紫衣金魚。上親爲絳擇良笏，勉之曰：『爾他時無易此心也。』

其年八月九日，以前朔方靈鹽節度使王佖爲右衛將軍。佖在鎮無智術，又召至踰月，而授以衛將軍。凡將相出入，皆翰林草制，謂之『白麻』。佖始以責，奏罷中書草制，以至李進賢皆用此例也。

十三年二月，上御麟德殿，召對翰林學士張仲素、段文昌、沈傳師、杜元穎，以仲素等自討叛奉書詔之勤，賜仲素以紫，文昌等以緋。

十五年閏正月，翰林院奏：『學士及書待詔共九人，每日各給雜買錢一百文，以户部見錢充；每月共米四石，麪五石，令司農供。』敕旨從之。翰林院加給，自此始也。

長慶元年，翰林學士李德裕上疏曰：『伏見國朝故事，駙馬緣是親密，不合與朝廷要官往來，開元中，禁止尤切。訪聞近日輒至宰相及要官私第，此輩無他才技不可延接，唯是洩漏禁密，交通中外，羣情所知，似爲甚弊。其朝官素是雜流，則不妨來往。若職在清列，豈可知聞？伏望宣示宰臣，其駙馬諸親，今後公事即于中書見宰相，不得更詣私第。』上然之。初，穆宗在東宮，素聞李吉甫之名，及即位，既見德裕，尤重之。禁中書詔，大手筆多令德裕草之。常與李紳、元稹俱在翰林，以學識才名深相款密。

四年三月，翰林學士韋處厚上疏曰：『臣聞汲黯在朝，淮南不敢謀反；干木在魏，諸侯不敢加兵。夫王霸之理，皆以一士而止百億之師，以一賢而制千里之難。伏以裴度勳高中夏，聲聞外夷，廷湊、克融皆憚其用，吐蕃、回鶻悉服其名。今若置之巖廊，委其參決，西夷北虜，未測中華；河北、山東，必禀廟算。况幽鎮未靖，尤資重臣。管仲曰：「人離而聽之則愚，合而聽之則聖。」治亂之本，非有他術，順人則治，違人則亂。伏承陛下當食嘆息，恨無蕭曹。今有一裴度尚不留驅使，此所以馮唐感悟漢文，雖有廉頗，李牧不能用也。大都宰相當委之信之，親之禮之，於事不效，於國無勞，則置之散僚，黜之遠郡。如此，則在位者不敢不勵，將進者不敢苟求。陛下存始終之分，但不永棄，則君臣之厚也。今進者皆負四海責望，退亦不失六曹尚書，不肖者無因而懲，賢者無因而勸。臣與逢吉素無私嫌，臣被裴度無辜貶官。今之所陳上答聖明，下達羣議，披肝感激，伏地涕泣。伏乞鑒臣愛君，矜臣體國，則天下幸甚。』初，山南東道節度使牛元翼家屬，悉爲鎮州節度使王廷湊所害，穆宗深嘆宰輔之不才，致使奸凶久不率化，因是處厚疏薦裴度。

其年四月，賜翰林學士高釴錦綵七十匹，以上在左軍夜宿直之故也。

其年七月，翰林學士韋處厚于浴堂中因諫游畋及晏起，曰：『臣有大罪，願碎首于陛下前。』上曰：『何事？』處厚對曰：『臣不以死諫先聖，令先聖好畋及色，以致不壽，合當誅戮。所以不死諫者，爲陛下在春宫，年已十五。今陛下皇子始一歲，臣是以不避死亡之誅。』上大悦，深感其言，賜錦綵一百匹，銀器四事。

其年十月，翰林院侍講學士、諫議大夫高重，侍講學士、中書舍人崔郾，中書舍人高釴於思政殿中謝，崔郾奏：『陛下授臣職以侍講，已八箇月，未嘗召問經義，臣内慙尸禄，外愧羣僚。』上答曰：『朕機務稍閒，當召卿等請益。』高釴對曰：『意雖求治，賊恐萬方或未之信。若未加躬親，何以示憂勤之至？』上深納其言，各賜錦綵五十匹、銀器二事。

寶曆元年，路隨爲翰林學士，有以金帛謝除制者，必叱而卻之曰：『吾以公事接私財耶？』終無所納。

二年，敬宗以翰林學士崇重，不可褻狎，欲別置東頭學士，以備曲宴賦詩。京兆尹劉栖楚薦前進士熊望文藝可充學士事，未行而帝崩。

大和元年四月，翰林院奏：『準舊例，學士每人每日於户部請雜買錢一百文。伏以數目至少，雜買不充，伏請每人每日于户部更加一百文，冀免欠闕。』敕旨依奏。

開成四年二月敕：『翰林學士，宜準舊例，遇節假每一人入直。』

大中六年十二月敕：『翰林學士，自今以後，官至郎中，令知制誥。其餘並依本官月限，及准外制例處分。』

十年，党項屢擾河西，上召翰林學士問邊計，學士畢諴即援引古今，論列破羌之計。上悦曰：『吾方擇能帥，安集河西，不期頗牧在吾禁署，卿爲朕行乎？』諴欣然從命，即日授邠寧節度、河西供軍安撫等使。諴至軍，遣使告諭叛徒，諸羌率化。又以邊境禦戎兵多，積財爲上策。乃召募軍士，開置屯田，歲收穀三十萬斛。詔書嘉之。

十四年三月，敕左拾遺劉鄴充翰林學士。

中和二年，僖宗幸蜀。時黄巢犯京畿，關東用兵，書詔重委。翰林學士杜讓能草辭迅速，筆無點竄，動中事機，上嘉之，遷户部侍郎、承旨。及沙陀逼京師，僖宗倉黄出幸，是夜，讓能宿直禁中，聞難作，步出從駕，出城十餘里，得遺馬一匹，無羈靮，以紳絡而乘之。駕在鳳翔，朱玫兵遽至，僖宗又幸寶鷄縣，近臣唯讓能獨從。再幸梁、洋，棧道險阻之間，不離左右。帝顧之曰：『朕之失道，再致播遷。險阻之中，卿常在側，古所謂忠于所事，卿無負矣！』讓能對曰：『臣家世歷重任，蒙國厚恩，陛下不以臣愚，擢居近侍，臨難苟免，臣之耻也；獲扞牧圉，臣之幸也。』帝益嘉之。

大順二年十月宣，每進書詔書，別録小字本留内，永爲定式。

乾寧二年十月，賜渤海王大瑋瑎敕書，翰林稱加官合是中書撰書意，諮報中書。

三年二月，承旨榜子：『凡中書覆狀奏錢物，如賜召徵促，但略言色額，其數目不在言内，但云並從別敕處分。中書覆狀，如云中書門下行敕，其詔語不得與覆狀語同。』

其年七月，翰林學士承旨陸扆拜中書侍郎、平章事。故事，三署除拜，有光署錢以宴舊僚，内署即無例。扆入相之日，送學士光院錢五百貫，特舉新例，内署榮之。仍定例，將相各二百千，使相五百千，觀察使三百千，度支三百千，鹽鐵二百千，户部一百千。

天復三年七月二十一日，學士柳璨准宣於興政殿，令到院宣示待詔。自今後，寫敕書後面不得留空紙，但圓融書敕交日，便當日示訖。

宋・王溥《五代會要》卷一三《翰林院》　梁開平三年十二月，以前進士鄭致雍爲翰林學士，非常例也。

後唐同光元年四月，置護鑾書制學士，以尚書倉部員外郎趙鳳爲之。時莊宗初建號，故特立此名，非故事也。

二年七月，以侍省内給事楊彦珞充學士院使。其年八月，賜翰林學士承旨、户部尚書盧質論思匡佐功臣，非常例也。

天成三年八月二十九日敕：『掌綸之任，擢材以居，或自初命而升，或自顯秩而授，蓋重厥職，靡繫其官。雖事任皆同，而行綴或異，誠由往日，未有定制。議官位則上下不常，論職次則後先未當，宜行顯命，以正近班。今後翰林學士入院，並以先後爲定準。承旨一員，出自朕意，不計官資先後，在學士之上，仍編入《翰林志》。』其年十二月二日，學士院記事：『樞密院近送到權知高麗國諸軍事王建表，令賜詔書者。其高麗國未曾有人使到闕，院中並無彼國詔書式樣，未審呼卿呼汝，兼使何色紙書寫及封裹事例，伏請特賜參酌詳定報院者。中書帖太常禮院林祈申堂據狀申，謹案本朝太宗皇帝親平其國後，不立後嗣，是以祇書新羅國，請約賜新羅國王書詔體樣修寫。奉敕：「賜高麗國書詔，宜依賜新羅、渤海兩藩書詔體樣修寫。」』

長興元年二月，翰林學士劉昫奏：『臣伏見本院舊例，學士入院，除中書舍人即不試，餘官皆先試麻制、答蕃、批答各一道，詩、賦各一道，號曰五題。所試並于當日内了，便具呈納。從前雖有召試之名，而無考校之實，每遇召試新學士日，或有援者，皆預出五題，潛令宿搆，無援者即日起草，罕能成功。去留皆係于梯媒，得失盡歸于偏黨。今後凡本院召試新學士，欲請權停試詩、賦，祇試麻制答，共三道，仍請内賜題目，兼定字數，付本院召試。』從之。

晉天福二年四月，中書奏：『准《翰林志》，凡赦書、德音、立后、建儲、行大誅討、拜免三公宰相、命將制書、並使白麻書，不使印。雙日起草，候開門鑰入而後進呈。至雙日，百僚立班于宣政殿，樞密使引案，自東上閤門出，若拜免宰相，卽便付通事舍人，餘付中書門下，並通事舍人宣示。若機務急速，亦使雙日，甚速者，雖休假亦追班宣示。」敕：「據《翰林志》，言立后不言立妃，言儲君不言親王、公主，兼三師位在三公之上，文並不載。今後立妃及拜免三師三公宰相、命將、封親王公主，並降制命。餘從令式。」其年十一月敕：「新除翰林學士張昭遠，早踐綸闈，久司史筆，曾居憲府，累涉貳卿。今既擢在禁林，所宜別宣班序，其立位宜次崔棁。」

五年九月敕：「廢翰林學士院，其公事並歸中書舍人。」

開運元年六月敕：「翰林學士與中書舍人，舊分爲兩制，各置六員。偶自近年，權停內署，況司詔命，必在深嚴，將使從宜，卻仍舊貫。宜復置翰林學士院。」至三年正月，賜林學士院詔書金印一面。

周顯德三年八月，宣翰林學士院：「今後凡與諸侯王詔書，除本名外，其文詞內有與其名同者，宜改避之。」

五年十一月詔曰：「翰林學士職係禁庭，地居親近，與班行而既異，在朝請以宜殊。起今後當直、下直學士，並宜令逐日起居，其當直學士仍赴晚朝。」舊例，翰林學士與常參官五日一度起居。世宗欲朝夕賜見，訪以時事故有是詔。

《新唐書》卷四六《百官志一》 學士之職，本以文學言語被顧問，出入侍從，因得參謀議，納諫諍，其禮尤寵；而翰林院者，待詔之所也。

唐制，乘輿所在，必有文詞、經學之士，下至卜、醫、伎術之流，皆直於別院，以備宴見；而文書詔令，則中書舍人掌之。自太宗時，名儒學士時時召以草制，然猶未有名號；乾封以後，始號「北門學士」。玄宗初，置「翰林待詔」，以張說、陸堅、張九齡等爲之，掌四方表疏批答、應和文章；既而又以中書務劇，文書多壅滯，乃選文學之士，號「翰林供奉」，與集賢院學士分掌制詔書敕。開元二十六年，又改翰林供奉爲學士，別置學士院，專掌內命。凡拜免將相、號令征伐，皆用白麻。其後，選用益重，而禮遇益親，至號爲「內相」，又以爲天子私人。凡充其職者無定員，自諸曹尚書下至校書郎，皆得與選。入院一歲，則遷知制誥，未知制誥者不作文書。班次各以其官，內宴則居宰相之下，一品之上。憲宗時，又置「學士承旨」。唐之學士，弘文、集賢分隸中書、門下省，而翰林學士獨無所屬，故附列於此云。

元·馬端臨《文獻通考》卷五四《職官八·學士院》 學士之職，本以文學言語被顧問，出入侍從，因得參謀議，納諫諍，其禮尤寵。而翰林院者，待詔之所也。唐制乘輿所在，必有文辭、經學之士，下至卜、醫、技術之流，皆直於別院，以備宴見。而文書詔令，則中書舍人掌之。自太宗時，名儒學士時召以草制，然猶未有名號。乾封以後，始召文士元萬頃、范履冰等草諸文辭，常於北門候進止，時人謂之「北門學士」。中宗之世，上官昭容專其事。玄宗初置翰林待詔，以張說、陸堅、張九齡等爲之，掌四方表疏批答、應和文章。既而又以中書務劇，文書多壅滯，乃選文學之士，號「翰林供奉」，與集賢院學士分掌制詔書敕。開元二十六年，又改翰林供奉爲學士，別置學士院，專掌內命。凡拜免將相、號令征伐，皆用白麻。其後選用益重，而禮遇益親，至號爲「內相」，又以爲天子私人。元充其職者無定員，自諸曹尚書下至校書郎，皆得與選。入院一歲則遷知制誥，未知制誥者不作文書。班次各以其官，內宴則居宰相之下，一品之上。憲宗時，又置學士承旨。唐之學士，弘文、集賢分隸中書、門下省，而翰林學士獨無所屬。

又《翰林學士承旨》 唐憲宗時始置。凡白麻制誥，皆內庭代言，命輔臣、除節將、恤災患、討不廷則用之，宰臣於正衙受付通事舍人。若命相之書，則通事舍人、承旨皆宣讀訖，始下有司。乾寧二年，陸扆以翰林學士承旨拜中書侍郎、平章事。後唐天成三年敕：「今後翰林學士入院，並以先後爲定。惟承旨一員，出自朕意，不計官資先後，在學士之上，仍編入《翰林志》。」

又《翰林學士直院、權直》 唐玄宗開元二十六年置。初以中書務繁，乃選文學之士號翰林供奉，與集賢學士分掌制誥書命，至是改供奉爲學士，別建學士院專掌內命，以張垍、劉光謙首居之，而集賢所掌於是罷息。自後給事中張淑、中書舍人張漸、竇華等相繼而入焉。其後有韓雄、閻伯璵、孟匡朝、陳兼、蔣鎮、李白等。在舊翰林中，但假其名而無所職。至德已後，軍國務殷，其入直者，並以文辭共掌詔敕。自此北翰林院始有學士之名。其後又置東翰林院於金鑾殿之西，隨上之所在而遷，取其便穩。大抵召入者一二人，或三四人，或五六人，出於所命，蓋不言數。亦有以鴻生碩學、經術優長，訪問質疑，上之所禮者，頗列其中。初，自德宗建置以來，秩序未正，延覲之際，各超本列。暨貞元元年九月，始別敕令，明預班列，與諸司官知制誥例同。故事，中書以黄、白二麻爲綸命重輕之辨，近者所出猶得用黄麻，其白麻皆在此院。自非國之重事拜授，於德音赦宥者，則不得由於斯矣。興元元年，翰林學士陸贄奏：『學士私臣，玄宗初待詔内庭，止於應和詩賦文章而已。詔誥所出，本中書舍人之職，軍興之際，促迫應務，權令學士代之。今朝野乂寧，合歸職分。其命將相制詔，請付中書行遣。』物議是之。敬宗以翰林學士崇重，不可褻狎，欲別置東頭學士，以備曲宴賦詩，事未行而帝崩。梁開平三年，改思政殿爲金鑾殿，置大學士一員，以敬翔爲之。前朝因金鑾坡以爲門名，與翰林院相接，故爲學士者稱『金鑾』以美之。今以『金鑾』爲名，非典也。後唐同光初，又置護鑾書制學士，以趙鳳爲之。長興元年，翰林學士劉昫奏：『舊例，學士入院，除中書舍人即不試，餘官皆先試麻制、批答、詩賦各一道，號曰五題。後來雖有召試之名，無考校之實。欲請今後召試新學士，權停詩賦，祇試麻制、批答共三道，内賜題目，定字數，付本院召試。』從之。晉天福五年，廢翰林學士院，其公事並歸中書舍人。開運元年，復學士院。周顯德五年詔：『今後當直、下直學士，並宜令逐日起居，其當直學士仍赴晚朝。舊制，翰林學士與常參官，五日一度起居。世宗欲朝夕賜見，訪以時事，故有是詔。

又《翰林侍讀學士侍讀、兼侍讀》 唐玄宗開元三年，始命馬懷素、褚無量更日侍讀。上謂宰相曰：朕每讀書有所疑滯，無從質問。可選儒學之士，使入内侍讀，待以師傅之禮。十三年，置集賢院侍讀學士、侍讀直學士。

又《翰林侍講學士侍講、兼侍講》 雖有侍講之號，而未以名官。至唐開元十三年始置。詳見侍讀門。【略】

右翰苑經筵，在近代爲至清要顯美之官，而杜岐公《通典》叙職官獨闕焉。蓋學士、講讀之官皆始於唐開元之時，講、讀隸集賢殿，故《通典》於集賢學士條下附載。而翰林學士，《唐史志》以爲獨無所隸。然自開元建學士院之後，居之者多名流，至號内相，乃略不敘述，則爲闕事矣。古人有一事必有一官曹，雖歷代沿革不同，而所掌之事則一也，故《通典》所載唐所置之官而前代無之者，則敍其所掌之事，以通於前代。如通事舍人，唐所制也，而其事則秦、漢以來謁者之任也；集賢殿書院，唐置也，而其事則漢、魏以來秘書省之職也。然則翰林學士之官，獨不可通之於前代乎？蓋以言語文字被顧問，以翰墨技藝侍中、待詔，則漢武帝所以處鄒、枚、嚴、徐，靈帝所以招鴻都文學之類是也。至於出入禁闥，特被親遇，參謀軍國，號稱内相，則漢、魏以來侍中、領尚書事、秘書監、中書監之類是也。若代言典誥之任，則武帝所以命司馬相如，歷代所以置中書舍人是也。但學士院之官，所職叢雜不一，而其位亦高卑不等，唐多以他官兼之。中世以後，則所掌者制詔而已。

論説

唐·吴兢《貞觀政要》卷一《論政體》 貞觀三年，太宗謂侍臣曰：『中書、門下，機要之司。擢才而居，委任實重。詔敕如有不穩便，皆須執論。比來惟覺阿旨順情，唯唯苟過，遂無一言諫諍者，豈是道理？若惟署詔敕、行文書而已，人誰不堪？何煩簡擇，以相委付？自今詔敕疑有不穩便，必須執言，無得妄有畏懼，知而寢默。』

又 卷五《論公平》 貞觀二年，太宗謂房玄齡等曰：『朕比見隋代遺老咸稱高熲善爲相者，遂觀其本傳，可謂公平正直，尤識治體。隋室安危，繫其存沒，煬帝無道，枉見誅夷，何嘗不想見其人，廢書欽嘆！又漢、魏已来，諸葛亮爲丞相，亦甚平直。亮嘗表廢廖立、李嚴於南中。立聞亮卒，泣曰：「吾其左衽矣！」嚴聞亮卒，發病而死。故陳壽稱「亮之爲政，開誠心，布公道，盡忠益時者，雖讎必賞；犯法怠慢者，雖親必罰。」卿等豈可不企慕及之？朕今每慕前代帝王之善者，卿等亦可慕宰相之賢者。若如是，則榮名高位，可以長守。』玄齡對曰：『臣聞理國要道，實在於公平正直，故《尚書》云：「無偏無黨，王道蕩蕩。無黨無偏，王道平平。」又孔子稱「擧直錯諸枉，則民服」。今聖慮所尚，誠足以極政教之源，盡至公之要，囊括區宇，化成天下。』太宗曰：『此直朕之所懷，豈有與卿等言之而不行也？』

宋・李昉等《文苑英華》卷六〇八《權德輿〈請置兩省官表〉》 臣德輿言：臣聞堯之爲君也，百工允釐；舜之官人也，九德咸事。伏惟陛下文明御寓建用大中，德厚侔於二儀，利澤施及四海。中外庶政，寢興求思；舉一事必稽於禮法，命一官必詢其望實。故朝無虚授，時絶幸人，厲精萬樞，超冠前古，可封之俗，比屋相歡。《詩》曰：『嗟我懷人，寘彼周行。』言思其才也。又曰：『翹翹錯薪，言刈其楚。』言選於衆也。蓋在旌別能否，循責功實。以爵禄爲砥礪，以羣才爲鋩刃，則舉不失職，人效其能，左右掖垣，首承詔命，奉行詳覆，各有攸司。然後下於中臺，頒於海内，誠至重也。彌綸政事，侍奉軒墀，分曹十員，今則殆絶。昔衛多君子，晋有卿材。況巍巍聖朝，淳化所被；濟濟多士，豈謝古人？要重之司，曠闕既久，則事有所壅，吏得爲非，亦慮四方聞知，謂朝廷乏士，事關理道，豈止官常？臣以凡庸，過蒙慈渥，塵汙清近，超集作逾越等倫；前後對敭，備承奬飾；德音顧問，魂爽震驚。而朴訥孱微，不能自達。又去四月三日，面奉進止：令臣有所見，即條流奏來者。輒以愚管，手疏上陳，干黷宸嚴，伏待罪責。無任兢懼殞越之至！謹奉表以聞。

宋・孫甫《唐史論斷》卷上《命李勣爲僕射同中書門下三品》 論曰：『唐宋魏晉而下歷代任宰相之制，以僕射、侍中、中書令爲正宰相，故僕射二品、侍中中書令三品、同中書門下三品，由李勣自尚書授詹事，詹事卑於尚書，藉其輔翼太子，故授之同中書門下三品者，得預聞國政，此侍中、中書令之任也。今勣授開府儀同三司，又改授僕射，品已高，而曰同三品。故蘇冕《會要》駁其事曰：『李勣遷開府儀同三司，又改僕射，開府從一品，僕射從二品，今反同三品者，豈不與立號之意乖乎？』杜佑《通典》曰：『同中書門下三品當以階卑官高令所給禄秩同品耳。』據此，似非位署後同三品者，止記初命，率不以爲位號也。

又 卷中《用李林甫平章事》 論曰：帝王之命輔相，或自知其人，或人臣所薦，必名德有素才能已試者，始可協天下之望。林甫先圖郎官，源乾曜薄其才行，不許。郎官不可爲，則其人不賢，衆所知矣。及宇文融引之爲黨，歷中丞侍郎，無一善績可稱。雖爲韓休所薦，休之言亦未必能信於主，但武妃、力士内爲之助，遂至大用爾。假如明皇以林甫是韓休所薦，休有一時之名，其言雖可信，豈不思武妃、力士己之嬖寵者也。林甫爲近臣，能使嬖寵者爲之言，其人奸佞可知矣。假如惑嬖寵之言，不辯其佞，既相之後能議何事，況不知學術有何所長而任之也。是林甫凡百奏請，但能希意旨，以取恩寵耳。況人臣奏請之事，若有合於主意，當考其經世濟民、理道明白，始可無疑；若事事合於主意，是明有所希而然也。況本因嬖寵而用，又奏請之事皆合己意，帝王稍明理道者，豈不復慮哉？況明皇天資不爲不明，一旦昏惑，都無念慮，遂使姦臣擅權，終亂天下，則嬖寵之爲患也如此。夫帝王苟宗社之重，主生靈之命，不得賢輔，何以興起？治道求賢輔無他術，必取名德有素才能累試者可矣。若名德未著，才能未彰，但取嬖寵之言而命之，以迎意希旨而任之，是上忘宗社之重，下輕生靈之命，欲天下不亂不可得也。林甫任用寖久，内則起大獄，引楊國忠使倚貴妃勢，以害忠良，致其權力；外則保任蕃將，使專節制，利其夷狄賤類無入相之路，養成禄山凶威，則天寶之亂，林甫致之也。噫！天子一聽嬖寵之言，任姦人相國，以其迎意希旨而寵之，遂起大亂，已罹播遷之禍，民陷死亡之難，後世人主得不戒之哉。

又 卷下《注意相》 論曰：古人謂『天下安，注意相。天下危，注意將。』此非通論。夫天下安，固注意於相；天下危，亦注意於相也。相得人則將自出矣。今觀唐事，大可驗。德宗建中初，以兩河亂，鋭意平定，得馬燧、李抱眞、李晟輩數名將，任之竟不能平魏博、淄青之亂，反致大變者，相不得人也。所相者盧杞，無公忠之心，無經營處置之才，雖有名將，功不克成也。憲宗自即位有興復大業之志，首得杜黄裳陳安危之本，啓其機斷；繼得武元衡、裴洎、李絳、裴度謀議國事。數人皆公忠至明之人，故能選任將帥，平定寇亂。累年叛涣之地，得爲王土四方之人，再見太平者，相得人也。則所謂『天下危，亦當注意於相。相得人，將自出矣。』非其驗歟？或曰：建中之間，叛者李希烈、田悅、朱滔皆劇賊，非元和中劉闢、李錡、盧從史、王承宗、吳元濟、李師道之比也。故馬燧輩不能平希烈等數賊，高崇文輩能平闢等數叛臣也。此由賊之强弱，將之用力難易，何繫於相之事焉。答曰：希烈等雖劇賊，過於闢等。然馬燧、李抱眞、李晟之將，亦過於高崇文、李光顔、李愬之徒矣。將才賊勢，正兩相等。前後成功異者，實繫於相也。建中元和之事，難以疏舉，今舉一二顯者證之：馬燧輩敗田悅於洹水，悅奔魏州城中，敗卒無二三千人，皆夷傷未起，日夕族降。燧等若乘勝進取，獲田悦，收魏博，反掌間耳。時河北劇賊惟悦，悦既平，李納勢孤，望風自降。況朱滔未叛乎？河北既無事，河南諸賊無黨援，何能爲哉？但燧與抱眞不和，遷延不進，致悦嬰城固守，且誘朱滔等同叛，遂成横流之勢。蓋燧窺朝廷之事，盧杞所爲險薄，專招怨讐，必無公平之法。故少所畏憚，敢乘私忿之心，不了國事也。杜黄裳薦高崇文討劉闢，崇文固盡心國事，黄裳尚慮未果成功，以其所憚者制之，諭之曰：『若不用命，當以劉澭代汝。』黄裳既薦名將，復以能者制之，崇文不得不速於立功也。裴度請督戰淮西，諸將聞之無不用命，知度必能賞功罰罪也。以此證之，天下安危皆繫於相，豈不章章乎？然相之賢，非天子之明不能任，此又見憲宗之明也。憲宗之明，能任賢相。則德宗以政柄付之姦人，果何如主哉？元和之治，建中之亂，後之君天下者宜鑑之。

又《裴度罷相位》 論曰：憲宗用數賢相，故能平治天下。然數相中裴度功尤大，惜乎以成大功，遽爲姦人所擠，罷去相位，何前日用度之明，後罷度之昏也。當淮西之亂，鎮鄆連謀，變起都城，宰輔被害時，不用度，賊勢莫遏，天下亂矣。憲宗既以明斷用度，度得盡其才，經營國事，故朝政日修，國威日振，平淮西、服鎮州、收淄青，四方欣欣，再見平世，度之大功如是。若久任之，貞觀之治可復也。但憲宗以世難漸平，有侈樂之態。姦人皇甫鎛本以聚斂進用，至爲宰相，度極陳鎛姦惡之狀，一不聽納。鎛自知公議不容，益以狡計固寵，會内出陳朽庫物付度支，鎛以善價買之，用給邊軍。將士大怒，焚其所賜。度入言之，鎛於人主前引足指靴曰：『此乃内庫物也。臣以二千得之，其堅如此。』此眞奴僕之態。憲宗寵奴僕之人，不顧忠臣之奏，竟以鎛言罷度相位，何昏暗如此。蓋憲宗中智，可上可下之主也。當患難則能用忠良，稍無事則必説姦佞。用忠良所以成己之事，説姦佞又以濟己之欲。故前之用度其明出中智之上，懼患難之大也。後日寵鎛其昏在中智之下，見世事之平也。又素寵内臣吐突承璀，承璀方用事，鎛以賂結之，姦計日行。度不得不罷也。度既罷，鎛得專養君欲，自固恩勢。憲宗方蕩然自得，謂天下無事，惟慮年壽之不長，侈樂之不極。鎛進方士，以長生惑之。宦官衆多，日益親寵，不數月，爲金丹所誤，忿怒不常，宦官遂起逆謀矣。前日用賢能平天下，後日寵姦不保其身。以憲宗中智以上之主，功業已成，威福甚盛，一日昏惑，尚取大禍。後之人君，功業威福不逮者，得不爲戒。

宋·范祖禹《唐鑑》卷三《太宗上》 臣祖禹曰：太宗責宰相以求賢，而不使之親細務，能任相以其職矣。《書》曰：『惟説式克欽承，旁招俊乂，於庶位。』此相之職也。苟不務此，而治簿書期會，百吏之事，豈所謂相乎？

又 卷一〇《玄宗下》 臣祖禹曰：中書門下，出納王命之司也，故詔敕行焉。明皇始制翰林，而其職始分，既發號令，預謀議，則自宰相以下，進退輕重繫之矣，豈特取其詞藝而已哉？釋老之徒，方外之士，書畫琴棊數術，執伎以事上，不與士齒者也，而使與文學之臣雜處，非所以育材養賢也。上失其制，下懷其利，爲之者，不亦可羞哉？

又 卷一四《德宗三》 臣祖禹曰：人君置相，必求天下之賢，蓋欲聞其忠言嘉謀，以交脩其所不逮也。《書》曰：『朝夕納誨，以輔台德。』而後世宰相與諫争之臣，分其所職，人君得失，相不預焉，必責之諫臣，此諂諛之人，持禄保位之計，非賢相之職業也。姜公輔一諫，德宗以爲非所宜論，卒廢黜之，不明之君，豈知所以任相哉？

臣祖禹曰：古之王者，惟任一相以治天下。唐虞有百揆，夏商官倍，可知也。周之冢宰，實總六卿，自司徒以下，分職以聽焉。詔而廢置者，宰也。是以治出於一，政有所統，相得其職，君得其道，恭己無爲而治，蓋以此也。後世多疑於人，宰相之職，分而不一，君以爲權在於己，臣亦以爲政在於君，國之治亂，民之休戚，無所任責，故賢者不得行其所學，不肖者得以苟容於其間，由官不正，任不專故也。其有功烈見於世，稱爲賢相者，必其得君之專，任職之久，言行計從，出於一人者也。古者名與實稱，而後事成功立焉。後世不能正名，而其實必合於古，然後能有成功，如欲稽古以建官，必以一相統天下，始可以言治矣。

又 卷一九《穆宗》 臣祖禹曰：憲宗平河南，開魏博，由宰相得其人也。穆宗拱手而得幽鎮，不唯不能有，而并魏博失之，由宰相非其才也。其得之以相，其失之也以相，相者治亂之所繫，豈不重歟？

又 卷二〇《文宗》 臣祖禹曰：古之王者，唯以一相總天下之務，是以治出於一，政無多門，苟非其才，則取之而已矣。不以小臣間之，讒慝疑之，所以重責任也。德宗之時，宰相失職，故其政謬亂。德裕欲先正其本，而後圖所以爲治，其能致會昌之功伐，蓋以此歟。

宋・洪邁《容齋隨筆》卷五《漢唐八相》 蕭、曹、丙、魏、房、杜、姚、宋，爲漢、唐名相，不待誦説。然前六君子皆終于位，而姚、宋相明皇，皆不過三年。姚以二子及親吏受賂，其罷猶有説：宋但以嚴禁惡錢及疾負罪而妄訴不已者，明皇用優人戲言而罷之；二公終身不復用。宋公罷相時，年才五十八，後十七年乃薨。繼之者如張嘉貞、張説、源乾曜、王晙、宇文融、裴光庭、蕭嵩、牛仙客，其才可睹矣。唯杜暹、李元紘爲賢，亦清介齪齪自守者。釋騏驥而不乘，焉皇皇而更索，可不惜哉！蕭何且死，所推賢唯曹參；魏、丙同心輔政；房喬每議事，必曰非如晦莫能籌之；姚崇避位，薦宋公自代。唯賢知賢，宜後人之莫及也。

又 卷九《唐三傑》 漢高祖以蕭何、張良、韓信爲人傑，此三人者，眞足以當之也。唐明皇同日拜宋璟、張説、源乾曜三故相官，帝賦《三傑詩》，自寫以賜，其意蓋以比蕭、張等也。説與乾曜，豈璟比哉，明皇可謂不知臣矣。

又 卷一一《三省長官》 魏、晉以來，浸以華重，唐初遂爲三省長官，居眞宰相之任，猶列三品。大曆中乃升正二品。

宋・洪邁《容齋續筆》卷一〇《漢唐輔相》 若唐宰相三百餘人，自房、杜、姚、宋之外，如魏徵、王珪、褚遂良、狄仁傑、魏元忠、韓休、張九齡、楊綰、崔祐甫、陸贄、杜黄裳、裴垍、李絳、李藩、裴度、崔羣、韋處厚、李德裕、鄭畋，皆爲一時名宰，考其行事，非漢諸人可比也。

又 卷一一《昭宗相朱樸》 唐昭宗出幸華州，方强藩悍鎮，遠近爲梗，思得特起奇士任之，以成中興之業。水部郎中何迎，表薦國子博士朱朴才如謝安，朴所善方士許巖士得幸，出入禁中，亦言朴有經濟才。上連日召對，朴有口辯，上悦之，曰：『朕雖非太宗，得卿如魏徵矣。』上憤天下之亂，朴自言得爲宰相，月餘可致太平。遂拜爲相，制出，中外大驚。《唐制詔》有制詞，學士韓儀所撰，曰：『夢傅巖而得眞相，則商道中興；獵渭濱而載獻臣，則周朝致理。朕自逢多難，渴竚英賢，暗禱鬼神，明祈日月。果得哲輔，契予勤求。朱朴學業優深，識用精敏。久徊翔而不振，彌貞吉以自多。朕知其才，遂召與語。理亂立分於言下，聞所未聞；兵農皆在於術中，得所未得。不覺前席，爲之改容，須委化權，用昌衰運。自我拔奇，寧拘品秩。百度羣倫，俟爾康濟。』其美如此。儀者偓之兄，所謂『暗禱鬼神，明祈日月』之語，必當時所授旨意也。朴爲相纔半年而罷。後貶郴州司户參軍，制云：『不爲自審之謀，苟竊相援之力。實因姦幸，濳致顯榮。亦謂術可弭兵，學能活國。冒半歲容身之贊，無一朝輔政之功。唯辱中台，頗興羣論。』嗚呼，昭宗當王室艱危之際，無知人之明，拔朴於庶僚中，位諸公衮，以今觀之，適足詒後人譏笑。《新史》贊謂『捭豚臑而拒貙牙，趣亡而已』，悲夫！

宋・洪邁《容齋五筆》卷五《唐用宰相》 唐世用宰相不以序，其得之若甚易，然固有出入大僚，歷諸曹尚書、御史大夫，領方鎮，入爲僕射、東宮師傅，而不得相者，若顔眞卿、王起、楊於陵、馬總、盧鈞、韓皐、柳公綽公權、盧知猷是也。如人主所欲用，不過侍郎、給事中，下至郎中、博士者，才居位卽禮絶百僚，諫官御史聽命之不暇，顧何敢輒抨彈其失，與國朝異矣。其先在職者，仍許引其同列，若姚元崇之引宋璟，蕭嵩之引韓休，李林甫引牛仙客、陳希烈，楊國忠引韋見素，盧杞引關播，李泌引董晉、竇參，李吉甫引裴垍，李德裕引李回，皆然。

明・傅山《霜紅龕集》卷三《讀經史》 讀《李絳傳》，當唐憲宗時，直言無避，可謂賢相。

清・黄宗羲《明夷待訪録・置相》 宰相設政事堂，使新進士主之，或用待詔者。唐張説爲相，列五房於政事堂之後：一曰吏房，二曰樞機房，三曰兵房，四曰户房，五曰刑禮房，分曹以主衆務，此其例也。四方上書言利弊者及待詔之人皆集焉，凡事無不得達。

清・王夫之《讀通鑑論》卷一九《隋文帝・制左右僕射分判六部各治三官》 周制：六卿各司其典，而統於天子，無復制於其上者，然而後世不能矣。《周禮》曰：『惟王建國。』言國也，非言天下。諸侯之國，唯命之也，聽於宗伯；討之也，聽於司馬；序之也，聽於司儀行人。若治教政刑，雖頒典自王，而諸侯自行於國内，不仰決於六官。如是，則千里之王畿，政亦簡矣，其實不逾今一布政使之所理也。郡縣之天下，巖九州於一握，卑亢府史之考課，升斗銖纍之金粟，窮鄉下邑之獄訟，東西萬里之邊防，四瀆萬川之堙洩，其繁不可勝紀，總聽於六官之長，而分任之於郎署。其或修或廢，乃至因缘以售私者，無興舉要以省其成，則散漫委弛而不可致詰。故六卿之上，必有佐天子以總理之者，而後政以緒而漸厎於成，此秦以下相臣之設不容已也。

乃相臣以一人而代天子，則權下擅而事亦冗，而不給於治，多置相而互相委，則責不專，而同異競起以相撓；於是而隋文之立法爲得矣。左右僕射皆相也，使分判六部，以各治三官，夫然，則天子统二僕射，二僕射統六卿，六卿統庶司，仍《周官》分建之制，而以两省分宰相之功，殆所謂有條而不紊者乎！由小而之大，由衆而之寡，由繁而之简，揆之法象，亦太極生两儀，两儀生四象八卦，以盡天下之至賾，而曲成乎亹亹者也。法者非必治，治者其人也；然法之不善，雖得其人而無適守，抑末由以得理，况乎未得其人邪？以法天纪，以盡人能，以居要而治詳，以統同而辨異，郡縣之天下，建國命官，隋其獨得矣乎！不可以文帝非聖作之主而廢之也。

又　卷二六《唐宣宗》　周墀爲相，韋澳謂之曰：『願相公無權。』傷哉斯言！所以懲李相、朱崖之禍，而歎宣宗之不可與有爲也。宰相無權，則天下無綱，天下無綱而不亂者，未之或有。權者，天子之大用也。而提權以爲天下重輕，則唯慎於論相而進退之。相得其人，則宰相之權，即天子之權，挈大綱以振天下，易矣。宰相無權，人才不由以進，國事不適爲主，奚用宰相哉？奉行條例，畫敕以行，莫違其式而已。宰相以條例行之部寺，部寺以條例行之鎮道，鎮道以條例行之郡邑，郡邑以條例行之编氓，苟且塗饰以應條例，而封疆之安危，羣有司之賢不肖，百姓之生死利病，交相委也，抑互相容以售其姦也。於是兵窮於邊，政弛於廷，姦匿於側，民困於野，莫任其咎，咎亦弗及焉。宰相不得以治百官，百官不得以治其屬，民之愁苦者無與伸，驕悖者無與禁，而天子方自以爲聰明徧察，细大咸受成焉，夫天子亦惡能及此哉？摘語言文字之失，按故事從違之迹而已矣。不則寄耳目於宵小，以摘發杯酒尺帛之愆而已矣。天下惡能不亂哉！

上攬權則下避權，而權歸於宵小。天子爲宵小行喜怒，而臣民率無以自容。其後令狐绹用一刺史，而宣宗曰：『宰相可謂有權。』其奪天下之權，使散寄而無歸，故不可與有爲也。韋澳見之審矣。無權則焉用相哉？弗問賢不肖也，但可奉行条例，皆可相也，其視府史胥徒也，又奚以異？周墀又何用相爲？生斯世也，遇斯主也，不能褰裳以去，而猶貪白麻之榮，墀亦不可謂有耻矣。

又　卷二七《唐昭宗》　宰相數易，則人皆可相，人皆可相，則人皆可爲天子之漸也。宰相之於天子，廉陛相躡者也，下廉夷而上陛亦陵。唐高宗用此術也，以輕於用相，故一婦人談笑而滅其宗祀，替其冢嗣，裴炎、博游藝夷之，武三思、承嗣因而陵之，相因之勢也。高宗承全盛之宇，戴太宗之澤而不保其子，况昭宗當僖宗喪敗之餘，强臣逆奄交起相乘之世乎？

自龍紀元年至唐亡天祐三年，凡十九歲，而張濬、孔緯、劉崇望、崔昭緯、徐彦若、鄭延昌、杜讓能、韋昭度、崔胤、鄭綮、李谿、陸希聲、王摶、孫偓、陸扆、朱朴、崔遠、裴贄、王溥、裴樞、盧光啓、韋貽範、蘇撿、獨孤損、柳璨、張文蔚、楊涉，或起或廢者二十七人，强臣脅之，奄人制之，而朝廷不能黜陟之權，固矣；抑昭宗輕率無恒，任情以爲喜怒，聞一言之得，而肝膽旋傾，幸一事之成，而營魂不定，乃至登進可驚可愕之人，爲天下所姍笑，猶自矜特達之知，餗覆無餘，而猶不知悔，其識闇而自用，以一往之情爲愛憎，自取滅亡，固千古必然之債軌也。

抑就諸人言之，人之樂居尊位者，上之以行其道，次之以成其名，其下則榮利之饜足耳。當高宗之世，天下方寧，而宰相尊。名之所歸，利之所擅，貿貿然羣起而相淩奪覬得，鄙夫之情類然，無足怪者。自僖宗以來，天子屢披荆榛，兩都鞠爲茂艸，國門之外，號令不行，雖有三臺之號，曾無一席之安，計其恫喝塗人而招納賄賂者，曾不足當李林甫、令狐绹之傔從、不安而危，不富而貧，其尊也。藩鎮視之如衙官，其榮也，奄宦得加以呵詈，一旦有變，則天子以其頸血而謝人，或殺或族，或斥遠方而斃於道路。此諸人者，稍有識焉，何樂以身試沸膏之鼎而思霑其滴瀝乎？故蘇撿欲經營韓偓入相，而偓怒曰『以此相污』，誠哉！其污也。而一時風會所淫，如飲莨菪之酒，奔馳恐後，而莫之能止，前者殊死，後者彈冠，人之無良，亦至是哉！

嗚呼！士貴有以自立耳。無以自立，而寄身於炎寒之世局，當塾教之始，則以利名爲鵠矣；當賓興之日，則以仕宦爲津矣，一涉仕宦之塗，進而不知所終，退而無以自處，則紫閣黄扉，火城堂食，人擬爲生人之止境；而自此以外，前有往古，後有來今，上有高天，下有厚地，仰有君父，俯有黎民，明有名教，幽有鬼神，凡民有口，妻子有顔，平旦鷄鳴，有不可自昧之惻隱羞惡，皆學所不及，心所不辨，耳聞之而但爲聲響，目見之而但爲文章，莫不相關，若海外三山之不我即也。嗚呼！士若此，而猶不以宰相爲人生不易得之境，鼎烹且俟之崇朝，鼎食且僥於此日，其能戒心戢志如韓偓者，凡幾人也？世亂君昏，正其逞志之日，又何怪焉！世教衰，民不興行，天下如狂，而國以亡、君以屠、生民以殄。是以先王敦廉耻、尚忠孝、後利先義，以養士於難進易退之中，誠慮周而道定也。

又　卷二八《五代上》　朱温滅後，五姓之主中土者，皆旋奪於握兵之臣，卽不能奪，而稱兵以思奪者，此損而彼興，無他，唯無相而已。無相者，非必其時之無人也。抑非偏任武人，而相不能操國柄也。藉令有其人，欲授之國柄，固將不能，何也？崛起之日，初不與聞大計，一旦稱帝，姑且求一二人以具員而置之百僚之上，如仗象然，誰從而聽之哉？

李存勖之欲爲帝久矣，日率將士以與朱氏爭存亡，而內所任者故奄張承業，外則姑以爲道司筆墨而已。未嘗一日運目遊心於天下士，求一可任者，興定大業、經畫天下之治理。至於梁勢將傾，衆爭勸進之日，乃號四鎮判官求一二人以爲相。大謀非所與聞，大任非所夙擬，其主雖闻名而非所矜式，其將相雖覿面而不與周旋，一旦加以枚卜之虚名，使處百僚之上。彼挾百戰之功臣扶以起者，固曰：何從有此忽起在位之人居吾上邪？彼固藉我以取富貴，而惡能不唯我是從乎？漢高相蕭何，乃至叱諸將之功爲狗而不怒者，實有大服其心者，非一朝一夕之故也。豆盧革、盧程依戎幕以起家，惡足勝其任哉？名之曰相，實均於無相，樞密得操其行止，藩鎮直視爲衙官，天子孤立，心膂無託，奪之也如吹槁，弗復有難焉者矣。

天下可無相也，則亦可無君也。相輕於鴻毛，則君不能重於泰山也。故胡氏曰：『人主之職，在論相而已。』大有爲者，求之夙，任之重，得一二人，而子孫黎民世食其福矣。

又　卷二九《五代中》　貴奚有定哉！當世之所不能有而有之者，安富尊榮則貴也；太上以行其道，其次以席其安，其下以遂其欲，至於遂欲而已賤矣。然利在其身，拖及其子孫，猶得以有其榮利，猶流俗之貴也。無此數者，當時耻與爲徒，後世相傳爲笑，身危而如臥於棘叢，子孫轉眄求爲庶人而不可得，則亦無可欲之甚者，然且眈眈逐逐以求得之，其狂愚不可藥已。

至貴者，天子也；其次，則宰相也。朱友貞、李從珂、石敬瑭、劉知遠皆自曰天子也。悲夫！一日立乎其位，而萬矢交集於夢寐，十年之內，幸鬼禍之先及者，速病以死，全其腰領，而子姓畢血他人之刃；其未卽死者，非焚則馘，一如犴狴之戮民，待秋冬而伏法耳。刑賞不得以自主，聲色不得以自娱，血胤不得以相保，賤莫賤於此焉。而設深機、冒鋒刃，以求一日之高居稱朕。襲優俳之衮冕，抑無其纏頭酒食之利賴，夫亦何樂乎此邪？於是既號爲天子矣，因而有宰相焉。其宰相者，其天子之宰相也。利禄在須臾，辱戮在眉睫，亦優俳之台輔而已矣，馮道、盧文紀、姚顗、李愚、劉昫、趙瑩、和凝、馮玉之流皆是也。尸禄已久，磐固自如，其君見爲舊臣而不能廢，其僚友方畏時難而不與爭，庸人忘死忘辱，乘氣運之偶及，遂亦欣然自任曰『吾宰相也』。無不可供人姗笑也。

雖然，猶未甚也。桑維翰一節度使之掌書記耳，其去公輔之崇既懸絶矣，必不可得，而倒行逆施者無所不至，力勸石敬瑭割地称臣，受契丹之册命。迫故主以焚死，鬬遺民以暴骨，導胡騎打草穀，城野爲墟，收被殺之遺骸至二十餘萬，皆維翰一念之惡，而滔天至此，無他，求爲相而已。耶律德光果告敬瑭曰：『維翰效忠於汝，宜以爲宰相。』而居然相矣。人恫於明，鬼哭於幽，後世有識者推禍始而懷餘怒；卽在當日者，劉知遠、杜仲威、景延廣亦交詆其非，楊光遠且欲甘心焉。荼毒已盈，卒縊殺於張彦澤之半組。計其徼契丹之寵，自號爲相之日，求一日之甘食，一夕之安寢也，而不可得。而徒以殘劉數十萬之生靈，毁裂數千年之冠冕，以博德光之一語，旦書記而夕平章，何爲者邪？

夫維翰以文翰起家成進士，卽不能如梁震、羅隐之保身而不辱；自可持禄容身，坐待遷除，如和凝、李崧之幸致三事。乃魂馳而不收，氣盈而忘死，以驟獵不可據之浮榮，其實不如盛世之令録参佐也。而塗炭九州、陸沈千載，如此其酷焉。悲夫！天之生維翰也，使其狂猘之至於斯，千秋之戾氣，集於一人，將誰怨而可哉？乞者乞人之播，非是而不能飽，盜者穴人之室，非是而不能獲。維翰不相，自可圖温飽以終身；維翰即相，亦不敵李林甫、盧杞之掾史；即以流俗之言，亦甚可賤而不足貴，明矣。處大亂之世，君非君，相非相，攬鏡自窺，梦回自念，乞邪，盜邪，君邪，相邪，貴邪，賤邪？徒以殃萬民、禍百世，胡迷而不覺邪？

又　卷三〇《五代下》　竇儼論相之説，非也。天子之職，擇相而已矣。百爲之得失，百尹之貞邪，莫不以擇相爲之本。爲天下之元后父母，僅此二三密勿之大臣，爲宗社生民效其敬慎，不知自擇，而委之前在此位者，以舉所之而任之，不知天之與以天下、而天下戴之以爲大君，何爲者邪？既云令宰相舉所知矣，是信其有知人之明、靖國之忠也；又責以保任，而舉非其人，責其舉者，是何其辱朝廷而羞當世之士邪？保任之法，用之於庶官，且徒滋比阿覆蔽之姦；況舉天下以授之調燮，而但恃緣坐舉主之峻法乎？又況人不易知，不保其往，乃以追責者舊歸田之故老，借使王安石蒙壞法之譴，文潞公且被褫奪，秦檜正誤國之刑，胡文定與坐戮尸乎？

儼又云：『姑試以本官權知政事，察其職業之堪否而後實授。』則尤謬甚。以此法試始進之士，使宰一邑、司一職者，子産猶曰『美錦不以學製』。與天子坐而論道、爲天下臣民所倚賴之一二人，乃使循職業以課能否而用舍之，知有耻者，亦不願立於其廷，況其以道事君，進退在己，而不以天子之喜怒爲進退者哉！此法行，則惟兢兢患失之鄙夫，忍隱以守章程、充於廉陛而已。

夫人臣出身事主而至於相，非一日之遽得之也；人君登進草萊之士而至於相，非一日驟予之也。或自牧守，或自卿貳，或自詞臣，業已爲羣情所歆厭，而數蒙人主之顧問。兵農禮樂，皆足以見其才；出處取與，皆足以徵其守；議論設施，皆足以測其量；薦拔論劾，皆足以試其交。而待諸已入綸扉、將宣麻敕之日，始以職業考其優劣而進退之乎？甚矣！儼之罔於君人之道也。苟細以褻天職，猜疑以解士心，長君之偷，勸臣之黨，而能尊主庇民，未之有也。漠然不相信之人，一人譽之，即引而置之百僚之上，與謀宗社生民之大，使其歆實授而飾迹以求榮，天下其得有心膂之臣乎？

蓋自唐昭宗處傾危之世，廉耻道喪，楨幹已虧，而昭宗燥競，獎浮薄之風，故張濬、朱朴之流，卒然拔起以尸政府，而所謂宰相者賤矣。儼習於陋俗之汜濫，固將曰：此朝廷執筆以守典章之掾史耳，姑試之而以程限黜陟之，奚不可哉？洵如其言，天下惡得而定邪！

清・王鳴盛《十七史商榷》卷七六《新舊唐書八・李茂貞乞罷尚書令》　前於《順宗紀》論尚書省不如中書、門下兩省，今茂貞畏朱全忠，乞罷尚書令而守中書令，則中書不如尚書者，論其品秩，尚書令正二品，而門下之長官侍中、中書之長官中書令皆正三品也，見《唐六典》。若論其實，侍中、中書令在唐方爲眞宰相，餘以他官參掌者無定員，但加同中書門下三品及平章事，武后爲同鳳閣鸞臺平章事。中書，鳳閣；門下，鸞臺。知政事、參知機務、參與政事及平章軍國重事之名者並爲宰相，初不論其品秩之高卑也，説見《通典》。晉荀勗守中書監、侍中，及遷尚書令，人有賀者，怒曰：『奪我鳳皇池，何賀焉？』可見尚書不及兩省，自古爲然。《通典》又云：『舊制，宰相常於門下省議事，謂之政事堂。至永淳二年，中書令裴炎以中書執政事筆，遂移政事堂在中書省。開元十一年，張説奏改政事堂爲中書門下，其政事印亦改爲中書門下之印。』可見兩省實政本，非尚書比也。但太宗爲秦王時曾爲尚書令，其後人臣莫敢當，故龍朔中廢令不置，但有僕射，郭子儀以功高拜，亦讓不受，此則茂貞之所以懼而辭耳。僕射必同中書門下平章事方爲宰相，則僕射非宰相也，但僕射無有不兼者。

又　卷八一《新舊唐書一三・宰相位號》　『宰相之職，自漢以来位號不同，而唐世宰相名尤不正』云云，此段剖斷宰相之職與名，頗爲明析，其謂僕射與侍中、中書令爲宰相，品位既崇，不欲輕授人，故常以他官居宰相職而假以他名，此説初唐制也。此下言『僕射李靖以疾，三兩日一至中書門下平章事，平章事之名起於此』，迨其後惟侍中、中書令不輕授，若僕射則雖授亦非相矣。《舊・楊炎傳》歷敘德宗之惡炎，欲誅炎，而其下乃云：『遂罷炎相，爲左僕射。』觀此，炎於罷相之後方言爲僕射，則知僕射非宰相，必同中書門下平章事方爲宰相。钱希白《南部新書》卷甲云：『自武德至長安四年已前，尚書左右僕射並是正宰相。初，豆盧欽望拜左僕射，不言同中書門下三品，不敢參議朝政，數日後始有詔加知軍國重事。至景雲二年，韋安石除僕射，不帶同三品，自後空除僕射不是宰相，遂爲故事。』

又《三省先後序次》 三省先後序次，《六典》先尚書，後門下、中書，《新・舊志》皆宗《六典》者，故與之同。《通典》則先門下、中書，後尚書，《六典》本法《周官》，欲以六部括天下事故耳。其實尚書令因太宗曾爲之，人臣不敢居，遂廢，其後郭子儀亦讓不受，終唐世無爲之者，則遂以僕射爲尚書省之長官。論其品秩，僕射從二品，侍中、中書令正三品，似當以尚書省居先；論其職掌，侍中、中書令是眞宰相，見《通典》二十一卷《職官》宰相一條。而僕射特以權代令，則又當居後矣。二者雖各有一義，要之，中書出令，門下審駁，尚書受成，則中書、門下居前，於理爲長。唐制，同中書門下平章事即宰相之職，而尚書省不繫平章銜，則其不合先中書、門下兩省可知。

清・錢大昕《廿二史考異》卷四四《唐書四・百官志一》 李勣以太子詹事同中書門下三品，謂同侍中、中書令也，而同三品之名蓋起於此。案：太子詹事與侍中、中書令階皆正三品，然惟侍中、中書令爲宰相，故云『同中書門下三品』，以別於他三品也。大曆以後，升侍中、中書令爲二品，自是無同中書門下三品之稱。

又 卷四六《唐書六・宰相表上》 武德元年六月，將作大匠襲陳國公竇抗本官兼納言，黃門侍郎陳叔達判納言。兼、判皆未正授之稱。考叔達以是年判納言，明年乃兼納言，則判又在兼之下也。

四年十月，世民加司徒、天策上將。案：武德元年，世民已爲太尉。太尉在司徒之上，此云加司徒者，以太尉兼領司徒也。九年二月，元吉爲司徒，則世民但爲太尉，不兼司徒矣。

又《宰相表中》 天寶十一載十一月，林甫死。《春秋》之法，内諸侯稱薨，内大夫稱卒，外諸侯亦稱卒，雖宋文公、魯桓公、仲遂、季孫意如之倫，書薨卒無異辭，所謂直書而善惡自見也。歐公修《唐書》，於本紀亦循《舊史》之例，如李林甫書薨，田承嗣、李正己書卒，初無異辭。獨於《宰相表》變文，有書薨、書卒、書死之别，欲以示善善惡惡之旨，然科條既殊，争端斯啓。書死者固爲巨姦，書薨者不皆忠謀，予奪之際，已無定論。紫陽《綱目》，頗取歐公之法，而設例益繁。或去其官，或削其爵，或奪其謚。書法偶有不齊，後人復以己意揣之，而讀史之家，幾同於刑部之決獄矣。

又《宰相表下》 大中十三年十二月，敏中守司徒、兼門下侍郎、同中書門下平章事。凡前宰相再入，例書姓，如蕭瑀、高士廉、姚元之、唐休璟諸人是也。白敏中自荆南節度使再入相，不書姓，此史文之闕。《舊唐書・懿宗紀》不載敏中入相事。

廣明元年二月，從讜檢校司空、兼平章事、河東節度使行營招討等使。《鄭從讜傳》作『檢校司徒』誤也。《舊唐書本紀》亦作『司空』。

乾寧二年三月，户部侍郎、判户部王摶爲中書侍郎、同中書門下平章事。案：《舊書・本紀》，摶拜相在景福二年十二月，乾寧元年十月出爲湖南節度使，二年六月復爲中書侍郎、平章事。《新史》祇有此年入相事，不云罷而復相；又《舊史》稱六月復相，而此書於三月，皆不相合。蓋宣宗以後，實録散亡，傳聞互異，《新》、《舊》兩史之抵牾者，難以更僕數矣。

又 卷五〇《唐書十・宰相世系表一上》 裴氏 宰相十七人。南来吴有耀卿、行本、坦，中眷有光庭、遵慶、樞、贄。案：僖宗朝宰相坦，系出中眷，非出南来吴。此必因南来吴裴亦有名坦者，故致誤爾。南来吴之裴坦官太平令，未嘗任宰相也。

劉氏 宰相十二人。彭城房有滋、文静、瞻，尉氏房有仁軌、瑑，臨淮房有禕之，南陽房有洎，廣平房有祥道、景先、從一，丹陽房有鄴，南華房有晏。河南劉氏宰相一人，崇望。案：《宰相表》右劉幽求，相睿宗、玄宗，失載其世系。

又《宰相世系表二上》 杜氏宰相十一人。如晦、淹、元穎、審權、讓能、黃裳、佑、悰、正倫、鴻漸、進。案：《宰相表》有杜景佺，相武后。

隴西李氏宰相十人。武陽房有迥秀，姑臧大房有義琰、蔚、揆、逢吉，丹陽房有靖、昭德；又有道廣、元紘、晟。趙郡李氏宰相十七人。南祖有游道、藩、固言、日知、敬玄、紳、元素，東祖有絳、嶠、珏，西祖有懷遠、吉甫、德裕，遼東有泌，江夏有鄘，磎，漢中有安期。案：高宗朝宰相李義府，自言系出趙郡；文宗朝宰相李訓，揆之族孫；武宗

朝宰相李讓夷，系出隴西；又武后時有宰相李景諶，《表》失載。《宰相表》又有李忠臣、李懷光二人，皆叛臣，故不叙其系。【略】

王氏 宰相十三人。琅邪有方慶、璵、摶、璿，太原有溥、縉、珪、涯、晙、播、鐸，京兆有徽、德眞。案：《宰相表》有王本立、王及善，皆相武后，《表》闕其世系。華陰王氏有孝傑，已見於《表》，而計目不及，何疏漏至此！

又《宰相世系表二下》 崔氏 仁師，相太宗高宗。案：《宰相表》，貞觀二十二年正月，中書舍人崔仁師爲中書侍郎、參知機務，二月，除名，流連州，自後未有入相之事；本傳但云『永徽初，授簡州刺史』而已。此表『高宗』二字衍文也。

宰相二十三人。鄭州有元綜，鄢陵有知温，南祖有昭緯、愼由、胤、詧、神基，清河大房有龜從，小房有彦昭、羣、鄲，青州房有圓，安平房有仁師、湜，博陵大房有玄暐、損、鉉、元式，第二房有琪、遠、祐甫、植，第三房有日用。案：《表》，博陵大房有沆，子內融，相僖宗；博陵二房有安上，字敦禮，相高宗，造，字玄宰，相德宗，皆失舉其目。又玄暐孫渙，明皇西狩，拜門下侍郎、同中書門下平章事，《表》但云門下侍郎，不云相玄宗，亦誤也。崔氏宰相實二十七人。

又《宰相世系表三上》 韓氏 宰相四人。瑗、休、滉、弘。案：《韓滉傳》，滉爲浙江东西觀察使、鎮海軍節度使，貞元元年，加檢校左僕射、同中書門下平章事、江淮轉運使。《宰相表》不列滉名，而《本紀》亦不言加滉平章事，蓋方鎮加宰相，不得爲眞宰相也。韓氏宰相但可云三人，不當以滉充數。

又《宰相世系表三下》 趙氏 宰相四人。仁本、憬、彦昭、宗儒。案：《宰相表》有趙隱，相懿宗。

又《宰相世系表四上》 （韋氏）宰相十四人。平齊公房有保衡、弘敏，東眷有方質，逍遥公房有貫之、處厚、侍價，鄖公房有巨源，南皮公房有見素，駙馬房有温，龍門公房有執誼，襄陽常云小逍遥公房。有思謙、嗣立，京兆有貽範、昭度。據《表》，鄖公房尚有安石，相武后、中宗、睿宗，小逍遥公房尚有承慶，相武后，實十六人。又《宰相表》有韋琮，相宣宗，此表失載。【略】

（武氏）宰相五人。攸暨、攸寧、元衡、三思、承嗣。《宰相表》又有武什方，相武后，吴氏《糾謬》書譏其脱漏。以予考之，什方本韋氏，賜姓武，《表》雖不書，未爲大失。但本表元有兩例，李世勣本徐氏，《表》從徐氏，不从李氏，此一例也。元載本景氏，《表》不別出景氏，而於元氏世系之後云『大曆宰相元載，本景氏，故不著』，又一例也。此什方者既不入韋氏，又不附書武氏之後，於例亦未當也。

又《宰相世系表五上》 （鄭氏）宰相九人。北祖有珣瑜、覃、朗、餘慶、從讜、延昌，南祖有絪，滎陽有畋，滄州有愔。案：《宰相表》有鄭肅，相武宗；鄭綮，相昭宗。吴氏《糾謬》敷《世系表》脱漏者，惟舉綮，不改肅，亦考之未審也。

又卷五七《舊唐書一·高宗紀》 貞觀二十三年，英國公勣爲尚書左僕射、同中書門下三品，僕射始帶同中書門下。按：唐初以三省長官爲宰相。尚書令與左右僕射皆二品，侍中、中書令皆三品，論班序當由侍中輔中書令，乃遷僕射。今勣以僕射同中書門下三品，是以上兼下也。然自後僕射不带同中書門下者，遂不復與聞政事，則宰相惟两省長官任之，而南省不得與。尚書省謂之南省，僕射雖居人臣之極地，不過備員而已。開元中，嘗改左右僕射爲左右丞相，然雖有相之名，卻無相之實也。

藝文

唐·盧照隣《盧昇之集》卷三《贈許左丞從駕萬年宫》 聞道上之回，詔蹕下蓬萊。中樞移北斗，左轄去南臺。黄山聞鳳笛，清蹕侍龍媒。曳日朱旗捲，參雲金障開。朝驂五城柳，夕宴柏梁杯。漢時光如月，秦祠聽似雷。寂寂芸香閣，離思獨悠哉。

唐·張説《張燕公集》卷四附《王翰〈奉和聖製送張尚書巡邊〉》 紫鰲尚書印，朱軒丞相車。登朝身許國，出閫將辭家。不憚炎蒸苦，親嘗走集賒。選徒軍有令，誓卒爾無譁。帝樂風初起，王城日半斜，寵行流聖作，寅餞照台華。騎歷河南樹，旌摇天北沙。滎懷應盡服，嚴殺已先加。業峻靈祇保，功成道路嗟。寧知鑿空使，遠致石榴花。

又　卷六《送趙二尚書彦昭北伐》　虜地河冰合，邊城備此時。兵連紫闕路，將舉白雲司。提劍榮中賞，銜珠盛出師。日華光組練，風色焰旌旗。投筆樽前起，横戈馬上辭。梅花吹别引，楊柳賦新詩。

唐・張九齡《曲江集》卷二《酬趙二侍御史西軍贈兩省舊寮》　石室先鳴者，金門待制同。操刀嘗願割，持斧竟稱雄。應敵兵初起，緣邊虜欲空。使車經隴月，征旆繞河風。忽枉兼金訊，非徒秣馬功。氣清蒲海内，聲滿栢臺中。顧已塵華省，欣君震遠戎。明時獨匪報，嘗欲退微躬。

又　卷四《餞王尚書出邊》　漢相推人傑，殷宗伐鬼方。還聞出將重，坐見即戎良。上策應爲豫，中權且用光。令申兵氣倍，威憺虜魂亡。樹比公孫大，城如道濟長。夏雲登隴首，秋露抵遼陽。武德舒宸睠，文思餞樂章。感恩身既許，激節膽猶嘗。祖帳傾朝列，軍麾駐道傍。詩人何所詠，尚父欲鷹揚。

唐・高適《高常侍集》卷五《留上李右相》　風俗登淳古，君臣挹大庭。深沈謀九德，密勿契千齡。獨立調元氣，清心豁窅冥。本枝連帝系，長策冠生靈。傅説明殷道，蕭何律漢刑。鈞衡持國柄，柱石總賢經。隱軫江山藻，氛氲鼎鼐銘。興中皆白雪，身外即丹青。江海呼窮鳥，詩書問聚螢。吹嘘成羽翼，提握動芳馨。倚伏悲還笑，棲遲醉復醒。恩榮初就列，含育忝宵形。有竊邱山惠，無時枕席寧。壯心瞻落景，生事感流萍。莫以才難用，終期善易聽。未爲門下客，徒謝少微星。

唐・李華《李遐叔文集》卷三《中書政事堂記》　政事堂者，自武德以來，已常於門下省議事，即以議事之所。謂之政事堂。故長孫無忌起復授司空，房玄齡起復授左僕射，魏徵授太子太師，皆知門下省事。至高祖光宅元年，裴炎自侍中除中書令，執事宰相筆，乃遷政事堂於中書省。記曰：政事堂者，君不可以枉道於天，反道於地，覆道於社稷，無道於黎元，此堂得以議之。臣不可悖道於君，逆道於仁，黷道於貨，亂道於刑，尅一方之命，變王者之制，此堂得以易之，兵不可以擅興，權不可以擅與，貨不可以擅蓄，王澤不可以擅奪，君恩不可以擅間，私讎不可以擅報，公爵不可以擅私，此堂得以誅之。事不可以輕入重，罪不可以生入死，法不可以剥害於人，財不可以擅加於賦，情不可以委之於倖，亂不可以啓之於萌，法紊不賞，爵紊不封，聞荒不救，見饉不矜，逆諫自賢，違道變古，此堂得以殺之。故曰：廟堂之上，樽俎之前，有兵有刑，有挺有刃，有斧鉞，有酖毒，有夷族，有破家，登此堂者，得以行之。故伊尹放太甲之不嗣，周公逐管蔡之不義，霍光去昌邑之亂，梁公正廬陵之位。自君弱臣强之後，宰相主生殺之柄，天子掩九重之耳，燮理化爲權衡，論思變爲機務，傾身禍敗，不可勝數。列國有傳，青史有名，可以爲終身之誡，無罪記云。

唐・錢起《錢仲文集》卷七《送蔣尚書居守東都》　鳳輦幸秦久，周人徯帝情。若非君敏德，誰鎮洛陽城。前席命才彦，舉朝推令名。綸言動北斗，職事守東京。鄭履下天去，蘧輪滿路聲。出關秋樹直，對闕遠山明。肅肅保釐處，水流宫苑清。長安日西笑，朝夕衮衣迎。

唐・吕温《吕衡州集》卷二《奉送范司空赴朔方》　築壇登上將，膝席委前籌。虜滅南侵迹，朝分北顧憂。抗旌迴廣莫，撫劍動旄頭。坐見黄雲暮，行看白草秋。山横舊秦塞，河繞古靈州。善守如無事，唯應獵騎遊。

唐・張籍《張司業集》卷四《送鄭尚書赴廣州》　聖朝選將持符節，内制宣時百辟聽。海北蠻夷來舞蹈，嶺南封管送圖經。白鷴飛遶迎官舫，紅槿開當讌客亭。此處莫言多瘴癘，天邊看取老人星。

又《送令狐尚書赴東都留守》　朝廷重寄在關東，共説從來選上公。動業新城大梁鎮，恩榮更守洛陽宫。行香暫出天橋上，巡禮常過禁殿中。每領羣臣拜章慶，半開門仗日曈曈。

又《送李司空赴鎮襄陽》　中外兼權社稷臣，千官齊出拜行塵。再調公鼎勳庸盛，三受兵符寵命新。商路雪明旗旆遠，楚堤梅發驛亭春。襄陽風景由來好，重與江山作主人。

唐・王建《王建詩集》卷八《上崔相公》　枯桂衰蘭一遍春，唯將道德定君臣。施行聖澤山川潤，圖畫天文彩色新。開閣覆看祥瑞曆，封名直進薛蘿人。應憐漸老無知己，自别溪中滿鬢塵。

唐・韓愈《韓昌黎先生文集・詩・送李尚書赴襄陽八韻》　帝憂南國切，改命付忠良。壤畫星摇動，旗分獸簸揚。五營兵轉肅，千里地還方。控帶荆門遠，飄浮漢水長。賜書寛屬郡，戰馬隔鄰疆。縱獵雷霆迅，觀棊玉石忙。風流峴首客，花豔大堤倡。富貴由身致，誰教不自强？

唐・白居易《白氏長慶集》卷二五《喜與韋左丞同入南省因敘舊以贈之》 早年同遇陶鈞主，利鈍精粗共在鎔。金劍淬來長透匣，鉛刀磨盡不成鋒。差肩北省慙非據，接武南宮幸再容。跛鼈雖遲騏驥疾，何妨中路亦相逢。

宋・李昉等《文苑英華》卷一七七《崔泰之〈奉和聖製送張尚書巡邊〉》 南庭胡運盡，北斗將星飛。旗鼓臨沙漠，旌旗出洛畿。關山遶玉塞，烽火映金微。屢獻帷謀策，頻承廟勝威。躞蹀臨河騎，逶迤渡隴旂。地脉平千古，天聲振九圍。車馬生邊氣，戈鋋駐落暉。夏近蓬猶轉，秋深草木腓。餞送紆天什，恩榮賜御衣。佇勒燕然頌，鳴騶計日歸。

又 卷二七五《王建〈送鄭權尚書南海〉》 七郡雙旌貴，人皆不憶廻。戍頭龍腦鋪，關口象牙堆。敕設薰鑪出，蠻辭呪節開。市喧山賊破，金賤海船來。白氎家家織，紅蕉處處栽。已將身報國，莫起望鄉臺。

又 卷二八一《薛逢〈送西川杜司空赴鎮〉》 黑眉玄髮尚依然，紫綬金章五十年。三入鳳池操國柄，八分龍節付兵權。東周城闕中天外，西蜀樓臺落日邊。莫遣洪鑪曠真宰，九流人物待陶甄。

宋・計敏夫《唐詩紀事》卷一《太宗〈賦尚書〉》 崇文時駐步，東觀還停輦。輟膳玩三墳，輝燈披五典。寒心覩肉林，飛魄看沉湎。縱情昏主多，克己明君鮮。滅身資累惡，成名由積善。既承百王末，戰兢隨歲轉。

又 卷九《韋承慶〈直中書省詩〉》 清切鳳凰池，扶踈雞樹枝。惟應集鸞鷺，何爲宿羇雌。大造乾坤闢，深恩雨露垂。昆蚑既含養，駑駘亦驅馳。朩偶翻爲用，芝泥忽濫窺。九思空自勉，五字本無施。徒喜逢千載，何階答二儀。螢光向日盡，蚊力負山疲。禁宇庭除闊，閑宵鐘箭移。暗花臨户發，殘月下簾欹。白髮隨身改，丹心爲主披。命將時並泰，言與行俱危。寄謝巢由客，堯年正在斯。

又 卷四八《皇甫澈〈州賦四相詩〉》 貞元十四年，澈刺蜀州，賦《四相詩》，序云：蜀州刺史廳壁記，居相位者前後四公，謨明弼諧，遷轉歷此。顧已無取，忝迹於斯，景行遺烈，嗟嘆之不足也。謹述其行事，詠其休美，庶將來君子，知聖朝之德云爾。《中書令漢陽王張柬之》：周歷革元命，天步值艱阻。烈烈張漢陽，左袒清諸武。休明神器正，文物舊儀覩。南向翊大君，西宮朝聖母。借韻用作補文。茂勳鏤鐘鼎，鴻勞食茅土。至今稱五王，卓立邁萬古。《中書令鍾紹京》：景龍仙駕遠，中禁姦釁結。謀猷叶聖朝，披鱗奮英節。清宮閶闔啓，滌穢氛沴滅。紫極重昭回，皇天新日月。從容廟堂上，肅穆人神悦。唐元佐命功，煇煥何烈烈！《禮部尚書門下侍郎平章事李峴》：時來偶明聖，道濟寧邦國。猗歟瑚璉器，竭我股肱力。進賢黜不肖，錯枉舉諸直。宦官既却坐，權豎亦移職。載踐每若驚，三巳無愠色。昭昭垂憲章，來世實作則。《門下侍郎平章事王縉》：舟檝濟巨川，山河資秀氣。服膺究儒業，屈指取高位。北征戮驕悍，東守輯攜貳。論道致巍巍，持衡無事事。知巳不易遇，宰相固有器。瞻事華壁中，來者誰其嗣？

明・高棅《唐詩品彙》卷七六《岑參〈送郭僕射節制劍南〉》 鐵馬擐紅纓，幡旂出禁城。明王親授鉞，丞相欲專征。玉饌天厨送，金杯御酒傾。劍門乘險過，閣道踏空行。山鳥驚吹笛，江猿看洗兵。曉雲隨去陣，夜月逐行營。南仲今時往，西戎計日平。將心感知己，萬里寄旗旌。

唐・杜甫《杜工部集》卷一六《贈司空王公思禮》 司空出東夷，童稚刷勁翮。追隨幽薊兒，穎鋭物不隔。服事哥舒翰，意無流沙磧。未甚拔行間，犬戎大充斥。短小精悍姿，屹然强寇敵。貫穿百萬衆，出入由咫尺。馬鞍懸將首，甲外控鳴鏑。洗劍青海水，刻銘天山石。九曲非外蕃，其王轉深壁。飛兔不近駕，鷙鳥資遠擊。曉達兵家流，飽聞《春秋》癖。胸襟日沉靜，肅肅自有適。潼關初潰散，萬乘猶辟易。偏裨無所施，元帥見手格。太子入朔方，至尊狩梁益。胡馬纏伊洛，中原氣甚逆。肅宗登寶位，塞望勢敦迫。公時徒步至，請罪將厚責。際會清河公，間道傳玉册。天王拜跪畢，讜論果冰釋。翠華卷飛雪，熊虎亘阡陌。屯兵鳳凰山，帳殿涇渭闢。金城賊咽喉，詔鎮雄所搤。禁暴靖無雙，爽氣春淅瀝。巷有從公歌，野多青青麥。及夫哭廟後，復領太原役。恐懼禄位高，悵望王土窄。不得見清時，嗚呼就窀穸。永繫五湖舟，悲甚田横客。千秋汾晉間，事與雲水白。

又 《故司徒李公光弼》 司徒天寶末，北收晉陽甲。胡騎攻吾城，愁寂意不愜。人安若泰山，薊北斷右脅。朔方氣乃蘇，黎首見帝業。二宮泣西郊，九廟起頹壓。未散河陽卒，思明偽臣妾。復自碣石來，火焚乾坤獵。高視笑禄山，公又大獻捷。異王册崇勳，小敵信所怯。擁兵鎮汴河，千里初妥貼。青蠅紛營營，風雨秋一葉。内省未入朝，死淚終映睫。大屋去高棟，長城掃遺堞。平生白羽扇，零落蛟龍匣。雅望與英姿，悽愴槐里接。三軍晦光彩，烈士痛稠疊。直筆在史臣，將來洗筐篋。吾思哭孤冢，南紀阻歸楫。扶顛永蕭條，未濟失利涉。疲苶竟何人？灑淚巴東峽。

又 《贈左僕射鄭國公嚴公武》 鄭公瑚璉器，華岳金天晶。昔在童子日，已聞老成名。嶷然大賢後，復見秀骨清。開口取將相，小心事友生。閱書百氏盡，落筆四座驚。歷職匪父任，嫉邪嘗力爭。漢儀尚整肅，胡騎忽縱横。飛傳自河隴，逢人問公卿。不知萬乘出，雪涕風悲鳴。受辭劍閣道，謁帝蕭關城。寂寞雲臺仗，飄颻沙塞旌。江山少使者，笳鼓凝皇情。壯士血相視，忠臣氣不平。密論貞觀體，揮發岐陽征。感激動四極，聯翩收二京。西郊牛酒再，原廟丹青明。匡汲俄寵辱，衛霍竟哀榮。四登會府地，三掌華陽兵。京兆空柳色，尚書無履聲。羣烏自朝夕，白馬休横行。諸葛蜀人愛，文翁儒化成。公來雪山重，公去雪山輕。記室得何遜，韜鈐延子荆。四郊失壁壘，虚館開逢迎。堂上指圖畫，軍中吹玉笙。豈無成都酒，憂國只細傾。時觀錦水釣，問俗終相并。意待犬戎滅，人藏紅粟盈。以兹報主願，庶獲裨世程。炯炯一心在，沉沉二豎嬰。顔回竟短折，賈誼徒忠貞。飛旐出江漢，孤舟轉荆衡。虚横馬融笛，悵望龍驤塋。空餘老賓客，身上愧簪纓。

又 《故右僕射相國曲江張公九齡》 相國生南紀，金璞無留礦。仙鶴下人間，獨立霜毛整。矯然江海思，復與雲路永。寂寞想土階，未遑等箕潁。上君白玉堂，倚君金華省。碣石歲崢嶸，天池日蛙黽。退食吟大庭，何心記榛梗。骨驚畏曩哲，鬒變負人境。雖蒙换蟬冠，右地恧多幸。敢忘二疏歸，痛迫蘇耽井。紫綬映暮年，荆州謝所領。庾公興不淺，黄霸鎮每靜。賓客引調同，諷詠在務屏。詩罷地有餘，篇終語清省。一陽發陰管，淑氣含公鼎。乃知君子心，用才文章境。散帙起翠螭，倚薄巫廬並。綺麗玄暉擁，牋誄任昉騁。自我一家則，未闕隻字警。千秋滄海南，名繫朱鳥影。歸老守故林，戀闕悄延頸。波濤良史筆，蕪絶大庾嶺。向時禮數隔，制作難上請。再讀徐孺碑，猶思理烟艇。

雜録

唐·白居易《白氏長慶集》卷五〇《中書制誥三·孔戣授尚書左丞制》 敕：漢詔丞相歲舉質直忠厚遜讓者。蓋所以急賢俊，扶政教，厚風俗也。然則退藏疏賤之士，苟有一善，尚搜而揚之。況任久位崇，才全望重，而不致於急官要職者，安可以紀綱庶政，而羽儀朝廷焉？正議大夫、守右散騎常侍、上柱國、賜紫金魚袋孔戣：自十年來，歷中臺、左曹、國庠、卿寺，洎藩守、近侍之職，各於其任，皆有可稱。矧又貞白端莊，淡然自立，進無矜滿之色，居無墮替之容，求之周行，不可多得。若戣者，宜尚扶政教，厚風俗之選也。尚書丞掌決百事，樞轄六曹，晉魏已還，右卑於左。惟有立者，可以糾吏；惟無瑕者，可以律人；無以易戣，往恭乃位！可尚書左丞，散官、勳、賜如故。

又 卷五四《翰林制誥一·除張弘靖門下侍郎平章事制》 夫佐佑天子，燮理陰陽，平章法度，登進賢哲，外撫夷狄，内安元元，使百官修其職，一物不失其所，此宰相之任也。朕思得良弼，馴致此道。咨予命汝，其殆庶乎？某官張弘靖：惟乃祖乃父，代居相位，咸有成績，書于旂常。爾有忠正恭肅，文以禮樂，日濟其美，振揚家聲，一時之人，謂之才子。亟登清貫，益著令聞。洎出刺陝部，移鎮蒲坂，政不苛細，甚得人心，寮吏將卒，皆樂爲用。清簡之化，聞于京師。由是鄭風《緇衣》之好，漢庭玄成之美，朝望時議，翕然與之。人謀既同，朕志亦定。乃用登爾于佐輔，授爾以大政。尚克欽乃嘉命，業乃代官，竭其股肱，服我前訓。嗚呼！三代爲相，邦家之光。爾其念哉，無替乃前人之徽烈！

又 《除李絳平章事制》 昔在堯舜，聰明文思，尚賴良臣，實相以濟。況朕薄德，不逮先王。是用急疾於求賢，置之於左右，俾承弼納誨，以匡不逮。言雖逆耳，必求諸道；事苟利人，咸可其奏：兹足以宣股肱之力，成天下之務。歷選多士，爰得良輔，乃降厥命，其聽之哉！某官李絳：齋莊嚴重，内明外直，進退舉措，有大臣體。自參内職，每備顧問；忠讜之操，終然不渝。及貳地官，專領財賦；未逾周月，亦有成績。歷試多可，人望攸歸；俾登中樞，無易絳者。嗚呼！爾（有）

以文學入仕，以正直奉上，才膺大用，職亦屢遷；十年之間，位至丞相，可以報國，在乎匪躬。欽哉懋哉！無忝朕命。

又　卷五五《翰林制誥二・除武元衡門下侍郎平章事制》　朕嗣守丕業，將十年，實賴一二輔臣，與之共治。故外鎮方域，則仗以爲將，有絳侯厚重之質，有邴吉寬大之風。自登台司，克厭人望。頃屬巴蜀，軍後人殘，權委節旄，俾往鎮撫。信及夷貊，恩加疲瘵；每因利以施惠，不易俗而修教。政無苟得，人用便安；惠茲一方，時乃之績。報政既久，屬望益深。宜歸左輔，以參大政。夫坦然公道，可以敍衆才；曠然虚懷，可以應羣務。弼違救失，不以尤悔爲慮；進善懲惡，不以親讎自嫌；用此輔君，足爲名相。欽率是道，往復乃官。可門下侍郎、同中書門下平章事。

唐・劉肅《大唐新語》卷一《匡贊》　姚崇以拒太平公主，出爲申州刺史，玄宗深德之。太平既誅，徵爲同州刺史。素與張説不叶，説諷趙彦昭彈之，玄宗不納。俄校獵於渭濱，密召崇會於行所。玄宗謂曰：『卿頗知獵乎？』崇對曰：『此臣少所習也。臣年三十，居澤中，以呼鷹逐兔爲樂，猶不知書，張璟謂臣曰：「君當位極人臣，無自棄也。」邇來折節讀書，以至將相，臣少爲獵師，老而猶能。』玄宗大悦，與之偕馬臂鷹，遲速在手，動必稱旨。玄宗歡甚，樂則割鮮，閑則咨以政事，備陳古今理亂之本上之，可行者必委曲言之。玄宗心益開，聽之亹亹忘倦。軍國之務，咸訪於崇。崇罷冗職，修舊章，内外有敍。又請無赦宥，無度僧，無數遷吏，無任功臣以政。玄宗悉從之，而天下大理。張説獨排太平之黨，請太子監國，平定禍亂，遂爲宗臣，前後三秉大政，掌文學之任，凡三十年。爲文思精，老而益壯，尤工大手筆，善用所長。引文儒之士，以佐王化。得僧一行，贊明陰陽律曆，以敬授人時。封太山，祠睢上，舉闕禮，謁五陵，開集賢，置學士，功業恢博，無以加矣。尚然諾，於君臣、朋友之際，大義甚篤。及薨，玄宗爲之罷元會，制曰：『弘濟艱難，參其功者時傑，經緯禮樂，贊其道者人師。式瞻而百度允釐，既往而千載貽範，台衡軒鼎，垂黼藻於當年；徽策寵章，播芳蕤於後葉。故尚書左丞相燕國公説，星象降靈，雲龍合契，元和體其冲粹，妙有釋其至賾。挹而莫測，仰之彌高。釋義探繫表之微，英詞鼓天下之動。昔傳風諷，紬繆歲華。含春谷之聲，和而必應；蘊泉源之智，啓而斯沃。授命與國，則天衢以通，濟同以和，則朝政惟允。司鈞總六官之紀，端揆爲萬邦之式。方弘風緯俗，返本於上古之初；而邁德振仁，不臻於中壽之福。吁嗟不憖，既喪斯文，宣室餘談，洽若在耳；玉殿遺草，宛然留迹。言念忠賢，良深震悼，是用當宁撫几，臨樂撤懸，罷稱觴之儀，遵往禭之禮。可贈太師，賻物五百段。』禮有加等，儒者榮之。

又　卷六《舉賢》　岑文本，初仕蕭詵，江陵平，授秘書郎，直中書校省。李靖驟稱其才，擢拜中書舍人，漸蒙恩遇。時顔師古諳練故事，長於文誥。時無逮，冀復用之。太宗曰：『我自舉一人，公勿復也。』乃以文本爲中書侍郎，專典樞密。及遷中書令，歸家有憂色。其母怪而問之，文本對曰：『非勳非舊，濫登寵榮，位高責重，古人所戒，所以憂耳。』有来賀者，輒曰：『今日受弔不受賀。』遼東之役，凡所支度，一以委之，神用頓竭。太宗憂之曰：『文本與我同行，恐不與我同反。』俄病卒矣。【略】

及姚崇將赴靈武，則天令舉外司堪爲宰相者，姚崇曰：『張柬之沉厚有謀，能斷大事，且其人年老，陛下急用之。』登時召見，以爲同鳳閣鸞臺平章事，年已八十矣。與桓彦範、敬暉、袁恕已、崔玄暉等，誅討二張，興復社稷，忠冠千古，功格皇天云。

玄宗謂宰臣：『從工部侍郎，有得中書侍郎者否？』對曰：『任賢用能，非臣等所及。』上曰：『蘇頲可除中書侍郎，仍令移入政事院，便供政事食。』明日，加知制誥。有政事食，自頲始也。及入謝，固辭。上曰：『朕常欲用卿，每有一好官缺，即望諸宰臣論及，此皆卿之故人，遂無薦者，朕嘗爲卿歎息。中書侍郎，朕極重惜。自陸象先改後，朕每思無出卿者。』俄而，弟詵爲給事中，頲上表陳讓。上曰：『古来有内舉不避親者乎？』頲曰：『晉大夫祁奚是也。』上曰：『若然，朕自用蘇詵，何得屢言。近日卽父子猶同中書，兄弟有何不得，卿非至公也。』他日，謂頲曰：『前朝有李嶠、蘇味道，時謂之蘇李。朕今有卿兄弟，亦不謝之。卿所制文誥，朕自識之。自今以後進書，皆須別録一本，云臣某撰，朕便留篋中也。』至今爲故事。

又　卷七《知微》　隋吏部侍郎高構，典選銓綜，至房玄齡、杜如晦，愕然正視良久，降階抗禮，延入內齋共食，謂之曰：「二賢當興王佐命，位極人臣。杜年稍減於房耳。願以子孫爲託。」因謂裴矩曰：「僕閲人多矣，未見此賢。」嗟仰不已。貞觀初，如晦終右僕射，玄齡至司空，咸如構言。

房玄齡與杜如晦友善，慨然有匡主濟時之志。開皇中，隨父彦謙至長安。時天下宴安，論者以爲國祚無疆。玄齡密告彦謙曰：「隋帝盜有天下，不爲後嗣長計，混淆嫡庶，使相傾奪。今雖清平，其亡可翹足而待。」彦謙驚止之，因謂友人李少適曰：「主上性多忌刻，不納諫諍。太子卑弱，諸王擅威。唯行苛酷之政，不弘遠大之略。今雖少安，吾憂其危亂矣。」少適以爲不然。大業之季，其言皆驗。及義師濟河，玄齡杖策謁於軍門，太宗以爲謀主，每歎曰：「昔光武云：『自吾得鄧禹，人益親。』寡人有玄齡，亦猶禹也。」佐平天下，及終相位，凡三十二年，號爲賢相，然無迹可尋。爲唐宗臣，宜哉！

又 卷一〇《釐革》 高宗欲用郭待舉、岑長倩、郭正一、魏玄同等，知政事，謂中書令崔知温曰：「待舉等歷任尚淺，且令參聞政事，未可即卿等同名稱也。」自是外司四品以下官，知政事者，以「平章」爲名，自待舉始也。

自武德至長安，四年已前，僕射並是正宰相。故太宗謂房玄齡等曰：「公爲宰相，當大開耳目，求訪賢哲。」即其事也。神龍初，豆盧欽望爲僕射，不帶同中書門下三品，不敢參議政事，後加「知軍國事」。韋安石爲僕射，東都留守，自後僕射，不知政事矣。

舊制：宰相臣，常於門下省議事，謂之「政事堂」。故長孫無忌、魏徵、房玄齡等，以他官兼政事者，皆云「知門下省事」。弘道初，裴炎自侍中轉中書令，執朝政，始移政事堂於中書省，至今以爲故事。

唐·鄭處誨《明皇雜録》卷上 姚元崇與張説同爲宰輔，頗疑阻，屢以其相侵，張銜之頗切。姚既病，誡諸子曰：「張丞相與我不叶，釁隙甚深。然其人少懷奢侈，尤好服玩，吾身殁之後，以吾嘗同寮，當來弔。汝其盛陳吾平生服玩寶帶重器，羅列於帳前，若不顧，汝速計家事，舉族無類矣；目此，吾屬無所虞，便當録其玩用，致于張公，仍以神道碑爲請。既獲其文，登時便寫進，仍先礱石以待之，便令鐫刻。張丞相見事遲於我，數日之後當悔，若卻徵碑文，以刊削爲辭，當引使視其鐫刻，仍告以聞上。」訖姚既殁，張果至，目其玩服三四，姚氏諸孤，悉如教誡。不數日文成，敍述該詳，時爲極筆。其略曰：「八柱承天，高明之位列；四時成歲，亭毒之功存。」後數日，張果使使取文本，以爲詞未周密，欲重爲删改。姚氏諸子，仍引使者示其碑，乃告以奏御。使者復命。悔恨拊膺，曰：「死姚崇猶能算生張説，吾今知才之不及也遠矣。」

又 卷下 張九齡在相位有謇諤匪躬之誠，玄宗既在位年深，稍怠庶政，每見帝無不極言得失。李林甫時方同列，聞帝意，陰欲中之。時欲加朔方節度使牛仙客實封，九齡因稱其不可，甚不叶帝旨。他日林甫請見，屢陳九齡頗懷誹謗。於時方秋，帝命高力士持白羽扇以賜，將寄意焉。九齡惶恐，因作賦以獻，又爲《歸燕》詩以貽林甫。其詩曰：「海燕何微渺，乘春亦蹇來。豈知泥滓賤，只見玉堂開。綉户時雙入，華軒日幾迴。無心與物競，鷹隼莫相猜。」林甫覽之，知其必退，恚怒稍解。九齡洎裴耀卿罷免之日，自中書至月華門，將就班列，二人鞠躬卑遜，林甫處其中，抑揚自得。觀者竊謂一雕挾兩兔。俄而詔張、裴爲左右僕射，罷知政事。林甫視其詔，大怒曰：「猶爲左右丞相耶？」二人趨就本班，林甫目送之。公卿以下視之，不覺股栗。

唐·鄭綮《開天傳信記》 三代爲相 河東公張嘉貞子延賞，賞子弘靖。按《漢書》韋平繼嗣爲丞相者，若今之張氏三代無比。

三拜中書 燕國公張説，按中書故事本云説三拜。此命終始無玷，自古未有。

唐·趙璘《因話録》卷五 古者三公開閣，郡守比古之侯伯，亦有閣，所以世之書題有閣下之稱。前輩呼刺史太守，亦曰節下。與宰相大僚書，往往呼執事，言閣下之執事人耳。

後周·王仁裕《開元天寶遺事·四方神事》 姚元崇爲宰相，憂國如家，愛民如子，未嘗私於喜怒，惟以忠孝爲意。四方之民，皆畫元崇之眞神事焉，求之有福。

宋·錢易《南部新書》卷甲 自武德至長安四年以前，尚書左右僕射並是正宰相。初豆盧欽望拜左僕射，不言同中書門下三品，不敢參議朝政。數日後，始有詔加知軍國重事。至景雲二年，韋安石除僕射，不帶同二品，自後空除僕射，不是宰相，遂爲故事。

至德二年，宰相直主政事筆，每人知十日。至貞元十年，又分每人輪一日執筆。

尚書諸廳，歷者有壁記，入相則以朱點之。元和後，唯膳部廳持國柄者最多，時省中謂之『朱點廳』。

宋・宋敏求《唐大詔令集》卷四四《大臣・宰相・命相一》 《裴寂蕭瑀左右僕射制》 端揆之職，綜理百司，任望斯重，勳賢攸寄。尚書左僕射魏國公寂，風格淹粹，局量弘雅，早預經綸，元功特著，燮諧治本，茂績以宣。中書令宋國公蕭瑀，志懷貞確，業履沖素，歷居顯要，厲精治術，獻納惟允，周順有聞，宜穆彝章，允釐庶政。寂可尚書左僕射，瑀可尚書右僕射。武德六年四月。

《裴寂司空制》 槐路清肅，台階重峻，經邦論道，燮諧是屬。然而表德優賢，昔王令典，庸勳紀績，列代通規。尚書左僕射魏國公寂，地胄清華，風神閑悟，立志温裕，局量弘雅，爰自義旗，早參締構，冥契所感，實資同德，譬茲梁棟，有若鹽梅，翊贊綢繆，庶政惟允，歷居端揆，彝章緝穆，元功懋德，寵秩未臻。宜處鼎司，膺茲重望，可司空。武德九年九月。

《長孫無忌右僕射制》 望隆朝右，任重國鈞，尚想風猷，義惟賢戚。吏部尚書齊國公長孫無忌，識量宏遠，神情警發，道照搢紳，才資文武，罇俎之策，電斷風馳，干戈所指，雲銷露澈。機深之理彌著，忠義之節以彰，斯固立德佐時，降靈輔闕，宜期以翼贊，授之端揆，可尚書右僕射。貞觀元年七月。

《房玄齡、杜如晦左右僕射制》 尚書政本，端揆任隆，自非經國大材。莫或斯舉。中書令兼太子詹事邢國公房玄齡，器宇沉邃，風度宏遠，譽彰遐邇，道冠簪纓。兵部尚書檢校侍中蔡國公杜如晦，識量清舉，神彩凝映，德宣內外，聲溢廟堂。朕自克平宇縣，締構資始，叶贊經綸，厥功甚茂，深謀秘略，動合規矩，忠義讜言，事多啓沃。及典司樞要，綢繆宸扆，開物成務，知無不爲。可謂神降英靈，天資人傑，並宜總司衡軸，光闡大猷。玄齡可尚書左僕射，如晦可尚書右僕射。餘如故。貞觀三年二月。

《李靖右僕射制》 端右望隆，寄任尤重，實資勳德，朝難其選。左光禄大夫行兵部尚書代國公李靖，識度宏遠，才略優贍，博綜機務，兼資文武。誠著夷險，效彰出納，便蕃省闥，詳謹有聞。宜緝彝倫，允茲名器，可尚書右僕射。貞觀四年八月。

《長孫無忌司空制》 論道台階，實賴明哲，丹青神化，寄深燮理。自非鹽梅是屬，棟幹有歸，則曠職俟能，罔或必備。開府儀同三司齊國公無忌，器宇凝正，風度峻遠，才包文武，地兼賢戚。誠著草昧之辰，業預艱難之始。功侔十亂，聲高三傑。亮采銓衡，庶僚有序。儀刑端右，彝常以穆。自任參鼎司，位班槐路，撝挹之美，形於縉紳。翼贊之規，章於帷扆。宜崇名器，允副具瞻，可司空，所司具禮，以時册命。貞觀七年十一月。

《温彦博右僕射制》 文昌治本，端副望隆，朝綱所屬，選衆斯在。中書令虞國公温彦博，體業貞固，學藝該明，器惟瑚璉，材稱棟幹，任總絲綸，職居近密。乃心著於帷幄，嘉謀表於尊俎，寄深啓沃，義切鹽梅。宜升禮闈，允茲彝序，可尚書右僕射，勳封如故。貞觀十年三月。

《高士廉左僕射制》 司會政本，執法任隆，歷選攸難，惟賢是屬。特進尚書申州刺史上柱國申國公高士廉，器宇沖邈，機神峻遠，材稱棟幹，望重縉紳。地惟姻婭，乃誠著於疇昔，業預經綸，嘉庸彰於夷險。出總方嶽，入贊機衡，獻替之情，譽光八舍。銓綜之美，聲洽九流，啓沃是寄，鹽梅斯在，宜貳端右，允副式瞻。可尚書左僕射，特進刺史勳官封並如故。貞觀十一年七月。

《長孫無忌司徒制》 古先哲后，咸正庶官，德優者爵高，功多者禄厚。是以經邦緯國，必俟蕭曹之勳。燮理陰陽，允歸鍾華之望。司空趙國公無忌，識量弘博，風度峻遠，地惟親賢，材稱梁棟。締構霸業，茂勳著於艱難；弼成王道，乃心竭於寅亮。鹽梅是寄，丹青攸屬，德綜機衡，聲猷具舉，自升槐鉉，歲月亟移。固以勒美太常，書忠甲令者矣。宜陟中台，式典邦教，可司徒。貞觀十六年七月。

《房玄齡司空制》 惟天爲大，資四序以成功。惟王建國，俟三台以弘化。故隆漢受命，吳鄧飛聲，有晉勃興，荀何底績。開府儀同三司尚書左僕射太子少師上柱國梁國公房玄齡，器範忠肅，識具明允，才稱王佐，望乃時英。霸圖爰始，預經綸之業；鼎命惟新，贊隆平之化。誠固金石，勳勒鐘鼎，自任總庶尹，職重朝端。心力盡於翼亮，憂勞積於歲序。而志在沖退，有懷止足，固陳衰疴，屢上表疏。然則燮揆禮閣，職務實繁，論道槐庭，望實攸屬。宜加寵命，平茲水土，可司空。貞觀十六年七月。

《狄仁傑内史制》　鸞臺：訏謀房帷，秉鈞之任爲重；典綜絲綸，揮翰之才是屬。銀青光禄大夫守納言上柱國汝陽縣開國男狄仁傑，地華簪組，材標棟幹，城府凝深，宮牆峻邈。有八龍之藝術，兼三冬之文史。雅達政方，早膺朝寄。出移節傳，播良守之風。入踐臺閣，得名臣之體。豈惟懷道佐時，見期於管樂。故以竭誠匡主，思致於堯舜。九重肅侍，則深陳可否。百辟在庭，則顯言得失。雖從容顧問，禮被於皇闈。而斟酌輕重，事隆於紫誥。宜還掌壺之秩，式懋專車之寵，可守内史，散官勳封如故，主者施行。聖曆三年十二月十八日。

《韋嗣立平章事制》　鸞臺：鳳池清切，鸞渚便繁，諷納兩闈，允資一德。中散大夫守天官侍郎韋嗣立，當朝人望，奕代相門。道周性全，才高識遠，誠以待物，寬而容衆，往司綸翰，五字見推，洎處提衡，九流式序。懷宗廟之掌，有社稷之能。宜竭忠賢，翊宣政化，可守鳳閣侍郎同鳳閣鸞臺平章事，散官如故，主者施行。長安四年正月。

《崔日用參知機務制》　門下：才爲於時，以宣可大之業。精貫於日，以定非常之勳。古稱王佐，今乃人傑。大中大夫守兵部侍郎兼知雍州長史脩文館學士騎都尉安平縣開國子崔日用，果行育德，脩辭立誠。孝則揚親，忠於事主。堂堂乎貌，暢君子之風；諤諤其言，蘊大臣之節。故能書讀萬卷，文窮四始，高步登朝。平心待物，日者醜孽未殄，嘉謀潛斷，臨危不顧。見義而作，是用底寧，實所繄賴，師兵戢矣。京兆晏如，宜緝台階之政，式拜掖垣之寵。可銀青光禄大夫行黄門侍郎參知機務，學士勳封如故，主者施行。唐隆元年七月四日。

《姚元之同三品制》　門下：王佐之重，師兵之任，旁求棟幹，膺此具瞻。同州刺史姚元之，宏略冠時，偉才生代，識精鑑遠，正辭强學。有忠臣之操，得賢相之風。累踐台衡，匡益斯在。頃居藩郡，循良是屬。載懷一德，分命六官。訏謨允歸，文武兼濟。式憑帷幄之算，宜副韜鈐之委。可兵部尚書同中書門下三品。先天二年六月。

《張説檢校中書令制》　門下：股命百工，傅膺審象，漢推三傑，良屬運籌。不有斯人，孰賚予弼。尚書左丞張説，居正合道，體直理精。朕昔在承華，首延博望，談經之際，欽若讜言。摛翰之間，潤色鴻業。屢陳匡益，見嫉奸回。頃雖抗迹疎遠，而載懷飢渴。今羣凶已服，大猷伊始。永言亮采，光朕側席之期；俾茲啓沃，成朕濟川之望。宜登鼎鉉，式綜絲綸，可檢校中書令。先天二年七月。

《劉幽求知軍國大事制》　門下：尚書佐理，四方取則，端揆成務，百工是師，非允具瞻，孰康庶績。封州流人劉幽求，風雲玄感，川嶽粹靈，學綜九流，文窮三變，義以臨事，精能貫日，忠以成謀，用若投水。茂勳立艱難之際，嘉話盈啓沃之初，存讜直以不回，爲奸邪之所忌。萌虋頗露，僭端竊發，元宰見逐，讒人孔多。既斥羣凶，方宣大化，期問政於經始，載登賢於夢卜。可依舊金紫光禄大夫尚書左僕射知軍國大事監脩國史上柱國徐國公，仍依舊還實封，主者施行。先天二年八月一日。

《劉幽求同三品制》　門下：弼諧庶政，亮采有邦，不遇人傑，孰膺王佐。金紫光禄大夫守尚書左僕射知軍國大事監脩國史上柱國徐國公劉幽求，偉量天假，宏才代出。子産之道四，既取諸身；咎繇之德九，以成其用。伊昔構屯，感憤謀始，洎於開泰，防萌虋初。景化俟其丹青，讒詞變於白黑。頃居炎瘴，受釐之對莫聞。重踐台衡，從政之言益啓。睠茲密勿，方總訏謨。宜兼委於掖垣，仍具瞻於禮闈。可同中書門下三品，餘如故，主者施行。先天二年九月八日。

《張説中書令制》　門下：咸有其德，委廊廟之元宰；知無不爲，歸掖垣之成務。銀青光禄大夫檢校中書令上柱國燕國公張説，含和育粹，特表人師，懸解精通，見期王佐。立言布文武之用，定策勵忠公之典。才冠代而不有，功至大而若虛。自頃弘益時政，發揮王道，萬事必理，一心從乂，以觀其獨，伯起慎於四知，嘗得其眞，叔敖謹於三省，故能深而不竭，久而彌芳。宜大號於紫宸，潤昌圖於清禁，我憑柱石，爾作鹽梅，正名之謂，羣識斯集，可守中書令，散官勳封如故。先天二年九月十一日。

《姚崇兼紫微令制》　黄門：天之紫微，地在清禁，宰臣爲重，庶政攸先。不有殊才，曷云兼寄。金紫光禄大夫兵部尚書同紫微黄門三品監脩國史上柱國梁國公姚崇，河山粹氣，禮樂清英，德量在寬，公心益謹。詞必體要，行之自遠。學以窮微，志於可大。允茲忠讜，光我謀謨。聞善若驚，欲仁斯至。衣冠以爲蓍蔡，廊廟資其柱石。朕之欽哉管樂，臣之傑者蕭張。遂能以身許國，開物成務，邦是用乂，朝惟得賢。北辰環拱，四垣近密。俾因題劍之榮，式演如絲之命。可兼紫微令，餘如故，主者施行。開元元年十二月九日。

《盧懷慎平章事制》 門下：宰輔之任，謨猷是屬，不有大才，孰康景化。黄門侍郎盧懷慎，貞良敦朴，孝悌仁厚，度量深於江海，堅清邁於冰雪。事皆體大，距觀非聖之書；心必在公，雅契惟賢之典。故能危言正色，直道匪躬，比之微管，而求得説，宜寵瑣闈，參乎鼎坐，可同紫微黄門平章事。開元元年十二月。

《盧懷慎檢校黄門監制》 黄門：古稱納言，亦號常伯。厥命惟允，朕之股肱。俾乂成績，聿歸良輔。銀青光禄大夫行黄門侍郎同紫微黄門平章事上柱國漁陽縣開國伯盧懷慎，氣資温厚，生於薊北，年始英妙，出自山東。王佐所期，人師見屬，考彼揚歷，多所獻替。學以充其忠讜，才以運其清明。所謂許國忘身，立朝正色，有仲山甫之節，成管夷吾之能。故其道彌高，其心益下。可以敷我王度，弼於朕躬，用增輝於侍帷，宜拜寵於參乘。可檢校黄門監，散官黄門如故，主者施行。開元三年正月十九日。

《源乾曜平章事制》 門下：軒夢三相，舜舉八元，必佇人傑，以宣邦政。尚書左丞上柱國安陽縣開國男源乾曜，博文强學，達識周才，貞白可以勵時，道義可以弘物。虚懷同於抱月，懸鏡不疲；利器比於成風，制鐘無滯。固可光左曹之駮議，翊中禁之謀猷。用參金鉉之司，兼踐玉臺之副。可黄門侍郎紫微黄門平章事，勳封如故。開元四年十一月。

《宋璟兼黄門監蘇頲平章事制》 黄門：虞庭稱盛，任於夔龍，周邦以寧，屬於閎散。是知出納惟允，必俟英奇，啓沃以光，實資茂彦。銀青光禄大夫守刑部尚書上柱國廣平郡開國公宋璟，宇量凝峻，執心勁直。銀青光禄大夫行紫微侍郎兼知制誥上柱國許國公蘇頲，風檢詳密，藻思清華。或掌憲南宫，持平邦典；或撫翰西掖，匡輔政途。咸竭奉上之心，俱盡匪躬之節。九流俟其澄序，衆務資其弼諧。宜委銓管，兼侍帷幄。璟可守吏部尚書兼黄門監，頲可同紫微黄門平章事，散官勳封，並各如故。開元四年閏十二月。

《張説同三品制》 門下：乾坤以陰陽化成，后王以輔弼興理，所以寅亮天極，緝熙帝圖。匪賴大賢，孰寄斯任。天平軍節度大使右羽林將軍兼并州長史攝御史大夫燕國公兼脩國史張説，挺其公才，生我王國。體文武之道，則出將入相；盡忠貞之節，則前疑後丞。諒可以弘此大猷，總其邦政，允釐庶績，保乂皇家，可守兵部尚書同中書門下三品，勳封修國史如故，仍卽馳驛赴京。開元九年九月。

《張説兼中書令制》 中書政本，實管王言，咨爾夏卿，僉曰惟允。兵部尚書同中書門下三品燕國公張説，道合忠孝，文武典禮，當朝師表，一代詞宗。有公輔之材，懷大臣之節。儲宫侍講，早申翼贊。台座訏謨，備陳匡益。入則式是百辟，出則敷政四方。嘉績簡於朕心，茂功著於王室。賚予良弼，光輔中興。乃眷專車，是稱樞密。宜兼出納之任，式副具瞻之舉，可兼中書令。開元十一年二月。

又 卷四五《大臣・宰相・命相二》《張説中書令王晙同三品制》

門下：周稱内史，以司號令。漢曰尚書，是主喉舌。用平邦國，以佐王教。兵部尚書兼中書令張説，履道體正，經邦立言。吏部尚書王晙，忠肅剛簡，博聞宏識。並才包王佐，望重時英，内訓五品，外清九服，嘉謨必盡，庶績允康。宜參五臣之命，以正三台之象。説可中書令，晙可兵部尚書同中書門下三品。開元十一年四月。

張九齡《韓休平章事制》 敕：思致雍熙，聿求良輔，久勤寤寐，延彼周行。大中大夫守尚書右丞上柱國韓休，藴道弘深，秉德經遠，清裁可以軌物，素行可以律人。一自登朝，備聞體國，志存公亮，誠著始終。而羽翼朕躬，金玉王度，人望是在，朝選無踰。宜拜命於瑣闈，俾兼和於鼎實，可守黄門侍郎同中書門下平章事。開元二十一年二月。

徐安貞《裴耀卿張九齡平章事制》 門下：風雲之感，必生王佐，廊廟之任，爰在柱臣。中大夫守京兆尹護軍借紫金魚袋裴耀卿，含元精之休，體度弘遠。正議大夫前檢校中書侍郎集賢院學士仍副知院事上柱國賜紫金魚袋曲江縣開國男張九齡，挺天生之秀，器識通明，並風望素高，人倫是仰。可以叶彼寅亮，當茲啓沃。幹時侍士，既資鼎實之和；爲國急賢，寧唯金革之事。耀卿可黄門侍郎同中書門下平章事，弘文館學士散官勳如故；九齡可起復中書侍郎同中書門下平章事兼脩國史，餘如故。主者施行。開元二十一年十二月。

《裴耀卿侍中張九齡中書令李林甫同三品制》　門下：春秋之義，尚重卿才。王國克楨，莫先相位。用增其命，必正其名。中大夫守黃門侍郎同中書門下平章事弘文館學士賜紫金魚袋上護軍裴耀卿，正議大夫中書侍郎同中書門下平章事集賢院學士副知院事兼修國史賜紫金魚袋上柱國曲江縣開國男張九齡，經濟之才，式是百辟。正議大夫檢校黃門侍郎賜紫金魚袋上柱國李林甫，泉源之智，迪惟前人，既樞密載光，而親賢稱首，審能羣會，所莅有孚，寧惟是日疇咨。故以多年歷選，國鈞緊賴，邦禮克清，宜命曰鼎臣，置之廊廟。耀卿可銀青光禄大夫守侍中、學士勳如故，九齡可銀青光禄大夫守中書令、集賢院修國史勳如故，林甫可銀青光禄大夫守禮部尚書同三品、勳如故。主者施行。開元二十二年五月。

《陳希烈平章事制》　翊亮天工，緝熙帝載，賚予良弼，其在是乎。光禄大夫行門下侍郎集賢院學士副知院事兼侍講崇玄館大學士太清太微宫使上柱國臨潁縣開國侯陳希烈，中黄賦象，靈岳誕才，識洞精微，道含淳粹。依仁游藝，總儒門之四科；寶儉行慈，守玄宗之三德。自居近侍，忠懿逾彰。匪躬懷不二之心，正色有大臣之節。信可以允釐庶績，燮贊台階。可行門下侍郎同中書門下平章事集賢院弘文館學士，散官勳封如故。天寶五載四月。

《陳希烈左相制》　門下：仲虺相湯，言宣雅誥，子魚佐魏，任總中兵，將代天工，允憑時傑。光禄大夫門下侍郎同中書門下平章事集賢院弘文館學士崇玄館大學士太清太微宫使上柱國臨潁縣開國侯陳希烈，逸量宏達，英才卓邁。既履直而成範，亦資忠而炳德。學該流略，義惟守於經門；文麗風騷，言必全於理要。自黄樞貳職，侍講金華，紫府弘眞，參謀玉鉉，歲月逾久，而其道彌光。人師有屬於在三，王度式歌於畫一。疇咨既久，亮采惟熙，宜正貂蟬之榮，用兼喉舌之寄，可行左相兼兵部尚書，餘如故。天寶六載三月。

《楊國忠右相制》　先王立政，必惟擇賢，所以時亮天功，叶脩人紀，總兹三事，是屬中樞，審於百工，僉曰亞相。銀青光禄大夫御史大夫判度支事權知太府卿兼蜀郡長史持節劍南節度支度營田等副大使本道兼山南西道採訪處置使兩京太府司農出納監倉祠祭木炭宫市長春九成宫使關内道及京畿採訪處置使上柱國弘農縣開國伯楊國忠，純粹精明，懸解虚受。比之管樂，文多體要之詞；擬於邴魏，武有韜鈐之學。直方其道，簡易能成。往自星郎，爰秉天憲。邦國大政，弘益滋多，則造膝沃心，已期王佐，彌綸經濟，同致雍熙。況南臺冢宰，尤思藻鑑，西垣鼎座，深佇燮和。會予夙心，命爾爲相，宜兼密啓，式總如綸。可守右相兼吏部尚書集賢殿學士脩國史崇玄館大學士太清太微宫使，仍判度支及蜀郡大都督府長史劍南節度支度營田副大使本道兼山南西道採訪處置使兩京出納勾當租庸鑄錢等使，並如故。天寶十一載十一月。

《韋見素平章事制》　門下：緝熙帝載，必俟大賢，砥礪公才，允膺殊獎。銀青光禄大夫行尚書吏部侍郎上柱國彭城縣開國公韋見素，風度宏遠，操履貞固。懷至公之節，守難奪之誠。學富墳典，每思經濟之義；文雄搢紳，豈獨彫蟲之美。薦居東掖，顧問有光，累拜南宫，銓衡式序。清素之業，惠迪彌彰，爾惟不矜，朕志先定。信可發揮邦政，翊贊台階，將弘夢卜之感，俾協黎元之望。可守武部尚書同中書門下平章事集賢院學士知門下省事，散官勳封如故。天寶十三載八月。

《房琯平章事制》　敕：憲部侍郎房琯，清識雅量，工文茂學。秉忠義之規，靡憚艱險；挺松筠之操，寧移歲寒。宜承題劍之榮，式允濟川之望。可文部尚書同中書門下平章事。天寶十五載七月十四日。

《吕諲平章事制》　出納絲綸，是稱喉舌。調和鼎餁，必藉鹽梅。況艱難之際，擇賢必資於選衆；密勿之地，論道固期於得人。兵部侍郎吕諲，間氣挺生，宏才迥發，納言敏行，强識博聞。謀猷出三傑之先，德業處五人之上。允在朝列，尤推審慎。復得鈞璜之慶，宜膺補衮之求。可同中書門下平章事。乾元二年三月。

《李峴李揆第五琦平章事制》　出納帝命，經綸王言，兆若見於非熊，位必登於仲虺。行御史大夫兼京兆尹李峴，朝廷碩德，宗室藎臣。中書舍人兼禮部侍郎李揆，文房學府，命代挺生。行户部侍郎兼御史大夫第五琦，武庫智囊，膺期間出，中和秀氣，維岳降靈。可以宣暢謀猷，恢弘體要，庶得道光風力。名重伊臯，俱當入夢之辰，共舉從繩之直。既用登王輔，宜以道弼予。峴可行吏部尚書同中書門下平章事，揆可中書侍郎同中書門下平章事，琦可户部侍郎同中書門下平章事。乾元二年三月。

《苗晉卿侍中制》　宰輔之重，陶鈞所寄，用諧時望，必藉素名。是以殷登左相，伊尹成乎一德；漢命舊臣，孔光由其再起。蓋所以上扶皇極，下庇蒼甿，永懷寅亮之美，實屬股肱之任。特進太子太傅上柱國韓國公苗晉卿，衣冠宿望，廊廟公才。體文雅之宏量，負經通之遠識。累踐臺閣，久彰名器。自艱難之際，叶贊有勞，早契風雲之期，備陳匡濟之術。頃以疲疴，固辭樞務，重違誠懇之志，爰假優崇之秩。雖訏謨暫間，而寤寐無忘。今戎事猶虞，蒸人未乂，漢將且聞於辭第，留侯豈遂於停飡。成余社稷之本，懿爾勳庸之望。固可勉紆新紱，載珥舊貂，宜罷輜車之禮，俾膺黄閣之政，可行侍中。上元元年五月。

《蕭華平章事制》　弼予之選，審象是求，天步未平，廟謨尤切。必資明表，佇以佐時，畫一之才，取則不遠。正議大夫守河中尹兼御史中丞充本州晉絳等州節度觀察處置使上柱國嗣徐國公賜紫金魚袋蕭華，公輔成名，承家繼業，詞標麗則，德蘊謨明。道開雲物之先，節貫嚴凝之序，早登臺閣，多識舊章。再履宫坊，尤知至行。致君望美，閲相求能。且推伊陟之賢，更啓漢臣之閣。環依日月，佐理陰陽，俾参政於紫宸，用建中於皇極。可中書侍郎同中書門下平章事集賢殿崇文館大學士兼脩國史，散官勳封賜如故。上元二年二月。

《裴遵慶平章事制》　致君惟善，輔德在和，必俟三台之明，用增九鼎之重。彝倫所屬，元氣是調，乃眷公才，作予良弼。銀青光禄大夫行尚書吏部侍郎上柱國河東縣開國侯裴遵慶，體凝清粹，理暢黄中，學奥全經，詞深大雅。行歸於簡，節固於貞。公輔之望攸先，古人之風非遠。累階朝序，久踐天臺。凡所彌綸，多爲故事。咸有斯在，王猷是經。庶弘翼善之功，克濟投艱之運。登榮瑱闥，参政兩闈，宜輟山公之啓，以光説命之求。可行黄門侍郎同中書門下平章事，散官勳封如故。上元二年四月。

《元載平章事制》　天位惟艱，廟謨是切，委在公輔，正於四方。佇鼎實之能調，補衮章之有闕。眷求勵翼，式允僉諧。朝議大夫守尚書户部侍郎兼御史中丞上柱國許昌縣予賜紫金魚袋充度支等使元載，清明在躬，貞固幹事，言必可復，文而不華，準繩朝端，金玉王度，不有其善，遹觀厥成。固是生靈之傑，咸推宰輔之器。執茲大政，敘以彝倫，建中於人，莫匪爾相。丹青神化，参議兩闈。宜書一德之篇，俾叶賡歌之美。可同中書門下平章事兼集賢殿崇文館大學士脩國史，餘如故。元年建辰月。

《劉晏平章事制》　搆廣厦者審象於宏，材經萬邦者注意於良弼。自非道符夢卜，名冠簪裾，何以允副虚求，式諧時望。銀青光禄大夫國子祭酒兼御史大夫京兆尹判度支勾當度支等使上柱國彭城縣開國伯劉晏，應期生德，維岳降賢。文爲君子之儒，器藴通人之量。學苞前典，在於直方；詞蔚古風，義存於比興。自兼京劇，職總均輸，變而能通。弘適時之務，居難若易，多濟物之心。頃者戎事方殷，軍賦惟錯，率皆倚辦。每竭推誠，寇難初夷，皇猷咨弼。周王佐國，必自於天宫；漢代登台，咸由於亞相。宜膺選衆之舉，用成亮采之功。可金紫光禄大夫吏部尚書同中書門下平章事，進封城郡開國公食邑二千户，勳及度支等使並如故。廣德元年五月。

《楊綰常衮平章事制》　休國經務，亮采惠疇，以遂萬物之宜，以刑四方之理。彌縫百職，金玉王猷。平景緯於台階，濟鹽梅於鼎餁。必先時俊，允膺旁求。朝議大夫守太常卿兼脩國史賜紫金魚袋楊綰，瞻學懿文，崇德廣業，表微藏用，適務知章。朝議郎守尚書禮部侍郎集賢院學士上柱國賜紫金魚袋常衮，志業貞諒，理識宏深，守正居中，確乎難奪。頃以戎車未戢，方事仍殷，永言庶政，有乖彝敘。今將本俗刑教，澄源振綱，宣九德以阜成，張四維而翼贊。洽於僉論，資爾具瞻。往副審詳之誠，懋緝時雍之化。綰可平書侍郎同中書門下平章事集賢殿崇文館大學士脩國史，散官勳賜如故。衮可門下侍郎同中書門下平章事太微宫使崇賢館大學士，散官勳賜如故。大曆十二年四月。

陸贄《蕭復劉從一姜公輔平章事制》　敕：宰輔之任，獻替爲務，内凝庶績，外撫四夷，調陰陽以成歲功，贊化育而熙帝載。若金用礪，其弼予違，如旱爲霖，允從人望。矧時屬多難，彌切任賢，朕未嘗不朝夕論思，寤寐懷想，道之所在，仁遠乎哉？朝議大夫守户部尚書兼御史大夫充荆襄江西等道都元帥統軍長史豊縣開國男賜紫金魚袋蕭復，性質端亮，理識精敏，約己弘物，體方用圓，爲邦益表其異能，及□亟聞其鯁議。動可爲範，立不易方。守尚書吏部郎中兼御史中丞充荆襄江西等道都元帥判官賜緋魚袋劉從一，貞白其行，温恭其文，居簡而適用必通，體和而臨事有立。持重能斷，色莊有恒，累更委任，多所弘益。守京兆府户曹參軍翰林學士賜緋魚袋姜公輔，志懷濟物，鑑必通理，主文而諫，忠靡退言，經始以謀，事皆前定，道無屈撓，智叶變通，並可以參贊大猷，允膺僉屬，兵戍未靖，期爾經綸，都邑未康，期爾還定，予一人有過。爾是用匡，伊萬姓不寧，爾是用乂，欽哉！慎乃有位，罔懋厥官，復可守吏部尚書同平章事，散官封如故。從一可守尚書刑部侍郎同平章事賜紫金魚袋，公輔可守諫議大夫平章事賜紫金魚袋。建中四年十月。

《劉滋崔造齊映平章事制》　門下：朕嗣位君臨，精求理道，小大之務，靡不經心，日慎一日，於今八載。教化未洽，蒸黎未康。因之以甲兵，繼之以災沴。斯固鑒有所不至，慮有所不周，予衷浩然，若涉淵冰，思所以匡我致理，助我官人。宜其澤而四方以寧，執其要而百工式序。允是大任，其惟輔臣，寤想勞懷，敷求俊乂。得茲良弼，爰在周行。權知吏部侍郎劉滋，操履貞清，介然自守，居能慎獨，動不違仁。析理究其精微，勵學探於旨趣。給事中賜緋魚袋崔造，性合道要，識通化源。適時有成務之才，事上懷匡弼之節。蘊蓄氣業，自明而誠。體賢人可大之規，用君子時中之道。虛受能擇，清通不流。惟滋之直方，可以激風俗；惟造之體度，可以振綱條；惟映之精深，可以該物理。我有大典，爾其懋昭厥猷，勿替休問。滋可守散騎常侍同平章事，造、映可各守本官同平章事，散官勳封賜並如故。貞元二年正月。

《李泌平章事制》　自昔元后，表正萬邦，必兼聽以求聞，乃選賢而自輔。理亂之本，繫乎其任。授之以道，將在得人。朕嗣守不圖，運逢多難，每虔心至理，思致和平。夕惕興懷，納隍軫獻。今干戈甫戢，而戎狄爲虞。豈誠信所未孚，何聲教之不洎。是以夢想良佐，庶迪前聞，云誰之思？朕志先定。前檢校禮部尚書陝號觀察使李泌，山河粹氣，道德清英，發爲楨祥，生我王國。夷簡不雜，高明有融。深厚以致誠，直方而可大。識窮化本，動會時中。讜正居心，謀猷允哲。自膺分陝，累洽嘉聞。宜其入掌中樞，內司闕衮。贊兩儀之化育，貞百度之經綸。協和神人，參總廊廟。咨爾才實，惠於邦家，往欽哉！式佇成績，可守中書侍郎同中書門下平章事。貞元三年六月。

又　卷四六《大臣・宰相・命相三》　權德輿《齊抗平章事制》

敕：寅亮天工，緝熙王度。調陰陽以遂羣品，敷教化以統百官。必得其人，乃濟於理。是咨茂德，式允具瞻。中散大夫守太常卿上柱國賜紫金魚袋齊抗，植操清貞，秉心諒實，精達政理，詳明典彝。才器可以濟時，忠正可以激俗。莅事惟肅，休聲茂聞。宜入贊於中樞，俾發揮於景化。式是百辟，毗予一人。可守中書侍郎同中書門下平章事，散官勳賜如故。於戲！政之得失，在於弼諧。爾其竭誠啓沃，以廣視聽。盡規獻納，以贊謀猷。俾人叶□中，時乃之績。無替朕命，厥惟懋哉。貞元十六年九月。

《韋執誼平章事制》　門下：宰相之職，寅亮緝熙。導陰陽之和，贊天地之化。裁成百揆，總領庶官。非道契時中，識通理本，則何以敷暢皇極，阜安羣黎。朕以眇身，嗣守丕業，思立人紀，以承天休。其代予言，允屬良弼。朝議郎守吏部侍郎中騎都尉賜緋魚袋韋執誼，孝友忠肅，自誠而明。茂實本於宗師，英華發於事業。久參內署，動直靜專，累踐中臺，職修事舉。克有公望，冠於羣倫，以予沖人，恭默思道。用是命爾納誨弼違，必能刑四方之風，成天下之務。祗服乃職，厥惟欽哉！可守尚書左丞同中書門下平章事賜紫金魚袋。永貞元年二月。

《杜黃裳袁滋平章事制》　輔弼股肱之臣，所與共成天功，左右邦理者也。朕承至尊之重，居羣后之上，夙興寅畏，不敢康寧。思所以統天人之和，彰祖宗之烈，以刑四方之政，以遂萬物之宜。敷求哲人，以輔台德。銀青光禄大夫守太常卿充禮儀使上柱國鄭縣開國公杜黃裳，弘深易簡，資博厚之德。朝議郎檢校左散騎常侍兼左金吾衛大將軍充左街使雲騎尉賜紫金魚袋袁滋，冲茂精微，體誠明之性，咸以器業閎茂，服在大僚，祗事先朝，克荷休命，識達道奧，文爲國經，可以儀刑具僚，參綜庶務，寅亮天工，毗予一人，罔不同心，以匡乃辟。黄裳可門下侍郎平章事，滋可中書侍郎平章事。永貞元年七月。

《鄭餘慶平章事制》　有天下者，曷常不選賢與能，納於輔弼，用乂厥辟，以和羣生。所以敍彝倫，平憲度，建用皇極，底於雍熙者也。朕祗若大訓，圖任舊人，疇咨庶工，用佐予理。朝議大夫左丞輕車都尉賜紫金魚袋鄭餘慶，全器茂學，蹈中秉直，易則可久，和而不流。嘗踐禁闈，亦參衮職。每盡王臣之節，實彰君子之風。服於大僚，克有休問，洎綜理會府，紀綱羣司。率由舊章，載叶成式。固可以儀刑庶尹，寅亮天工，可中書門下侍郎平章事，餘並如故。永正元年八月。

《鄭絪平章事制》　朝廷者天下之楨幹，宰輔者王化之根源。朕夙寤晨興，講求爲理之本，思所以仰承宗廟之重，俯協億兆之心。諧和陰陽，茂育區宇，以敍九疇。佐予成功，實賴良弼。具瞻之地，公望攸歸。朝請大夫守中書舍人翰林學士上柱國賜紫金魚袋鄭絪，秉仁廸哲，守約居易，懿以文德，擇乎中庸，體元和之淑姿，服大雅之明訓，累登班序，休有令聞，羽儀周行，黼藻王度，洎發揮綸翰，典職禁闈。以温文雅麗之才，居獻納論思之地，從容中節，密勿盡規。先朝任能，委遇斯重，恪恭夙夜，綿歷歲年。誠節貫於屯夷，茂勳參於顧託。名書彝鼎，心著丹青。朕祗膺睿國，誕受明命，弘宣大典，澤潤鴻猷，保乂於一人，儀刑於萬國。簡於朕志，用選厥勞。圖任舊人，以匡乃辟。疇咨四國，罔不僉同。宜膺弼亮之求，式懋彌綸之績。於戲！爲君之難，存乎舉而不任；爲臣之患，在乎知而不言。事舉其中，政脩其本，永綏厥位，時乃之休。可中書侍郎同中書門下平章事兼集賢殿大學士，散官勳賜如故。永貞元年十二月。

《武元衡平章事制》　惟人代工，與物施化，成功者元首，輔翼者股肱。況國之號令，本於内史，政所關决，審於黄樞，爰發四方，用凝庶績，心求同德，資以弼予。朝議郎守尚書户部侍郎文水縣開國子賜緋魚袋武元衡，挺生偉才，克振前緒，蹈禮合樂，謙厚端和，居暗室而不欺，處巖廊而益重。文能合雅，吏必立程。再司石室之圖，遂踐春華之署。故事可舉，嘉猷日新。爰委地征，實惟邦本。勤於小物，弘以大綱。一心不移於吐茹，衆務必歸於領會。鬱此時望，稱爲名臣。朕祗奉鴻休，懼於負荷，居則神明之奥，位當億兆之尊。常恐明不燭幽，慮不及遠，一物未獲，萬方在予。《書》不云乎：『臣作朕股肱耳目。』是用命爾。處茲弼諧，爾其慎將明，勉於規誨，必思衮闕，無或面從，直哉惟清，副我明命。可朝議大夫守門下侍郎平章事賜紫金魚袋，封如故。元和二年五月。

《李吉甫平章事制》　門下：昔周宣王思弘文武之道，則以申甫代天工。漢宣帝思繼祖宗之風，則以邴魏執邦柄。是以克紹前烈，俱稱中興。朕以眇身，託於人上，亦思所以纘烈聖之緒，致太階之平。懷柔四夷，親附百姓，將成莫大之業，遂獲非常之才。授之鈞衡，俾作舟檝。銀青光禄大夫行中書舍人翰林學士上柱國李吉甫，符彩外發，清明内融。體仁而温，抱義而峻。識同精頤，知皇王致理之源。學該古今，窮天人相與之際。自擢於綸閣，列在禁闈。鼓三變之文，潤色王度。總五才之用，參贊廟謨。化俗思邁於成康，致君願及於堯舜。當注思之所向，每罄心而必陳。深中不回，獨立無懼。經綸常見其道達，激切多至於涕零。王綱以張，蜀寇斯殄。左右密勿，實由嘉言。降神而生，輔朕爲理。調三光以序六氣，遂物情而熙帝猷。是爲中樞，司我大本，命爾俞往，其惟勗哉！於戲！宰輔之任，安危所寄，百辟爲憲，萬邦是瞻。與其明察以爲公，不若嚴重而有制。與其將順於甚美，不若匡救於纖微。審涇渭以序人倫，謹繩墨以正天下。交泰之運，其在斯乎？敬聽朕言，以踐乃職。可守中書侍郎同中書門下平章事，散官勳如故。主者施行。元和二年三月。

白居易《裴垍平章事制》　門下：朕聞后德惟臣，良臣惟聖。在太宗時，實有房、杜贊貞觀之業。在玄宗時，則是姚、宋輔開元之化。咸克佐我烈祖，格於皇天。朕祗奉丕圖，懋繼前烈，思欲貞百度，和萬邦，建中于人。垂拱而理，不惟房、宋之化。寤寐求思，至誠感通。上帝眷祐，果賚良弼，輔予一人。正議大夫行尚書户部侍郎上柱國賜紫金魚袋裴垍，器得天爵，文爲國華，行有根源，言無枝葉。忠敬恭實，順之以誠心；方潔貞廉，輔之以通識。中立不倚，扣之有聲。洎潤色綸言，密參樞務，嚴重得大臣之體，温雅秉君子之文。每獻納之時，動有直氣；當顧訪之際，言無隱情。遠圖是經，大事能斷，匡予不逮，時乃之功。及領地官，且司邦賦，會計務劇，出納事殷。投利刃而皆虚，委棼絲而必理。歷試茲久，全才益彰。宜登中樞，以允僉望。夫宰輔者，下執邦柄，上代天工，爲國蓍龜，注人耳目。爾尚隆乃德以親百姓，廣乃志以序九流，匡朕心以清化源，從人欲以致和氣。予欲宣力，汝爲股肱；予欲詢謀，汝爲心膂。予違望於汝弼，勿謂不從，汝言逆於朕心，必求諸道，獨立勿懼，直躬而行，明聽斯言，敬踐厥位。嗚呼！罔俾房、宋，專美於前。可中書侍郎同中書門下平章事，散官勳賜如故，主者施行。元和三年九月。

《李藩平章事制》　皇王理本，繫於輔弼。内以熙庶績釐百工，外以撫四夷式羣后。三五已降，崇替由之。朕祗荷丕圖，思底於道，夙夜惟勵，延登俊賢，若涉大川，俾作舟檝。朝散大夫守給事中上柱國李藩，天鍾粹美，氣稟清英，信在言前，行爲人表。蘊經邦之識度，發自明誠；通理道之本根，鬱爲公器。學探旨奥，文以忠貞，大玉斯實於東序，朱紘可薦於清廟。廣則難挹，寬而有容。處衆無溷其風標，在險常推其名節。累登華署，克贊彌綸，擢授左曹，專聞駁議。永惟股肱之任，翼亮是資，必求其人，豈限常次。黄樞選重，僉曰宜之。爰舉朝章，式副公望。於戲！爾惟率正，邪罔不懲。惟匪躬直誠，可以事上；惟秉鈞平施，可以致和。毗予一人，允理三事，懋乃攸績，永孚於休。可朝議大夫守門下侍郎同中書門下平章事，賜紫金魚袋。元和四年二月。

《權德輿平章事制》　門下：夫宰相之任，上以代天工，輔佐之宜。下以立人極，爰得忠正，方膺股肱。正議大夫守太常卿上柱國襄武縣開國侯賜紫金魚袋權德輿，器度端實，知識通敏，學成師法，文爲國華。素履常踐於貞方，黄中允洽於易簡。自出入清列，茂著嘉聲。名利無屑於中懷，風雨不易其常性。驥騄之質，常識夫遠途；鸞鳳之姿，宜巢於阿閣。輔相之德，俾化及平民。導陰陽之和，使物靡疵癘。予違汝弼，言無面從，君可臣否，事已心許。用佇弘美，式副虛懷。可守禮部尚書門下平章事，散官勳封如故。元和五年九月。

《李吉甫平章事制》　輔弼之重，邦家所屬。寄深藩翰，則外撫諸侯；望切股肱，則乂熙庶績。迭居其任，厥惟舊章。前淮南節度副大使知節度事管内支度營田觀察處置等使金紫光禄大夫檢校兵部尚書兼中書侍郎同中書門下平章事揚州大都督府長史上柱國趙國公食邑三千户李吉甫，弘經遠之才，研極深之慮，脱落細故，洞開中懷，文稽典謨，學升堂室。洎司我密命，言屢表於獨明；參於衮職，道每彰於孤直。貢其誠節，竭以公忠。墜典載張，彝倫攸序。匡予不逮，懷之豈忘。曩以淮海大都，吴楚雄鎮，歲屬艱食，人多愁聲，是假全才，用康疲俗，下流乎水利，不憚乎勞心，故矗以長堤，瀦其天澤，變舄鹵爲稻粱之壤，致烝黎有衣食之源。吏守成規，人無遷志。庶富之教，既宜於封内；輔相之宜，俾及於天下。顧茲重務，屬於良臣。去其外職之繁，專以中樞之任。至於別館良史之褒貶，内殿集賢之清秘，爰舉舊典，式洽新恩，無曠厥官，往踐乃位。可中書侍郎同中書門下平章事兼集賢殿大學士監修國史，散官勳封如故。元和六年正月。

《李絳平章事制》　門下：司重柄者允屬於長才，熙大猷者固資於端士。朕纘承鴻緒，撫有萬方，夙夜祗勤，懼遠於道。故注意宰輔，勞懷夢想。誠以得失之效，邦家所繫，疇若僉論，簡予深衷，必惟其人，是舉成命。朝議郎守尚書户部侍郎驍騎尉賜紫金魚袋李絳，質秀珪玉，文含采章，抱器挺生，居貞特立，有史魚秉直之操，勵山甫匪懈之誠，忠孝兩全，學識兼茂。清操可以範雅俗，正氣可以肅羣倫。頃自周行，俾參密命，動必以義，知無不爲，謇謇懷匡濟之心，孜孜陳遠大之略。言無隱避，居則靜專。貫於初終，其道一致。地卿之貳，爰委典司。理財先示於簡廉，利物每懲其聚斂。經通立制，器用彌光。臺閣之間，鬱有公望。是宜權衡百度，宰理庶工，允副具瞻，宰我樞務。於戲！予欲驅人俗以躋富壽，感人心而致和平。爾尚修明憲章，宣布德澤，必廣大其志，無曒察爲公，恒其道以秉彝，裕其體以臨下。各任以職，無忘陳平之言；苟便於人，勿憚蕭何之請。敬茲寵擢，爾其懋哉！可朝議大夫守中書侍郎同中書門下平章事，勳賜如故。主者施行。元和六年十一月。

《武元衡平章事制》　門下：邦國興理，將相是資。選衆而舉，思賢俾乂。故有台臣外撫，宣力以靖於四方；衮職迭居，懋功復凝於庶績。允茲崇踐，爰屬上才。前劍南西川節度副大使知節度事管内支度營田觀察處置統押近界諸蕃及西山八國雲南安撫等使銀青光禄大夫檢校吏部尚書兼門下侍郎同中書門下平章事成都尹上柱國臨淮郡開國公食邑二千户武元衡，粹厚端莊，簡易常一。有誠明之道以致用，有宏茂之略以佐時。貞方自得於性術，操尚不愆於風雨。加以懿文合雅，聚學成師，通禮樂刑政之源，達古今通變之要。歷登華貫，休問穆然，洎處鈞衡，中立不倚。致君思堯舜之盛，修職以邴魏爲宗。益部大藩，比仗兼濟。而能布宣威惠，撫莅蠻髦。縣道緝寧，疲黎安息。推心而下皆率附，正己而人自嚮方。臨之累年，理有異等。朕以出納王命，緝熙帝圖，總庶官之職業，爲百度之扃鍵。惟此重任，屬於黄扉。分憂遂輟於殿邦，具瞻再歸於碩望。爾尚行之以忠正，煦之以和平，毗予一人，膏潤天下，祗膺禮命，無替徽猷。可守門下侍郎同中書門下平章事，兼崇文館大學士，充太清宫使。元和八年三月。

《張弘靖平章事制》　門下：虞以爲盛，猶咨五臣，殷之用興，亦賴三后。朕勵精恭己，十載於茲。常以國鈞，委之公輔。務熙庶績，敢怠旁求。思欲左右有人，在廣股肱之任。歷選列辟，洎於藩維，冀獲賢能，俾匡正道。今茲所命，允屬至懷。河中晉絳慈隰等州節度支度營田觀察處置等使正議大夫檢校禮部尚書兼河中尹御史大夫上柱國高平縣開國子食邑五百户賜紫金魚袋張弘靖，德稟精微，器含冲用，温恭諒實，明允克誠。素推君子之風，雅有大臣之體。蘊積稽古之學，發揮經緯之文。常司朕言，動叶謨訓。歷踐清貫，具揚淑聲。爰統方州，載膺節制。奉法遵道，首公忘私。人無不懷，績用丕茂。予欲正百工之理，成太平之階，若臨巨川，以重舟楫，是用命爾，列於中台，每念臣隣之規，以貞崇棟之吉。少翁積慶，嗣德漢廷；文子勤身，繼匡晉室。爾惟朝夕納誨，以翊朕躬，是資衮職之勤，式重緇衣之美。仍帥司寇之屬，俾靖皋陶之刑。懋宣厥猷，往踐於位。可守刑部尚書平章事，散官勳封如故。元和九年六月。

《韋貫之平章事制》　門下：弼成大化，參敍彝倫，克光元首之明，斯在股肱之任。朕所以不自暇逸，務求賢能，式重舟楫之才，以弘經濟之道。疇若予志，僉諧乃公。中大夫守尚書左丞上輕車都尉賜紫金魚袋韋貫之，清明在躬，禮樂之器。蘊珪璋特達之德，茂廉正博雅之規。静而知微，動必有守，凡踐列位，備聞嘉猷。當官而行，臨事能斷。道可鎮於風俗，望彌積於朝倫。是宜和静陰陽，紀綱邦國，命作心膂，列於台階。夫能慮四方，揆百事，愛利萬物，辨論羣才，示公忘私，時乃之職。而況圖靖藩服，繫在廟謨。爾惟順下以訓人，奉上以宣力。因衆功而致用，熙衆志以爲心。朝夕獻可否之誠，經綸底文武之績。祗膺厥命，勿懈於時。可守尚書右丞平章事，散官勳賜如故。元和九年十二月。

《裴度平章事制》　門下：輔相之任重，作于股肱；經濟之才難，注人耳目，苟非慮研物表，識洞事先，則何以出納中樞，平章大政詢於時論，僉曰汝諧。朝議郎守御史丞兼尚書刑部侍郎飛騎尉賜紫金魚袋裴度，勁直徇道，清明秉彝，文融菁華，行茂枝葉，居然廊廟之器，出於領袖之門。西掖司言，南臺執憲，常陳明略，屢告嘉猷。實宣力以徇公，能外身而憂國。俾霜雪無改，雷風有恒。朕欲全觀其才，用試於事。俾歷戎閫，載馳使軒。玉澤渙汗以遐宣，軍情密勿而上達。將議抽擢，因羅震驚。崇道德之藩籬，士有致命；資忠信之甲胄，兵無容刃。人具瞻爾，天方賚予。昆命於龜，爰立作相。爾其展四體，堅一心，廣其道以用賢，厚其風以易俗。五兵未戢，爾惟保定武功；百姓未康，爾惟勤恤人隱。臨事必斷，當官而行，齊台階於底平，補衮職之有闕。光膺慎選，其戒之哉！可朝議大夫守中書侍郎同中書門下平章事，勳賜如故。元和十六年六月。

又　卷四七《大臣·宰相·命相四》　《李逢吉平章事制》　門下：朕觀古先哲王，興化致理，未嘗不選建良弼，熙寧庶工，俾之敷陳大猷，左右乃辟者也。朝議郎守中書舍人權知禮部貢舉輕車都尉賜緋魚袋李逢吉，疏通而守於經制，質厚而輔以文章。貞恒自居，和易待物，體賢人之志業，茂端士之風規。履歷班行，發揮事任，厥心匪懈，所至有聲。自彌綸粉闈，駮正瑣闥，且司言於西掖，嘗納訓於東儲。誠明一貫，聞望旁洽，俾司貢士，彌著嘉聞。方今外興不得已之師，内有不獲安之俗。恒忘食於將旰，每求衣於未明。冀清原野之誅，用止干戈之役。登爾匡輔，代予憂勤，爾宜宣至化於吾人，告嘉猷於厥後。銷弭氛祲，導迓和平，事有不舉其中，政或未孚於下。爾惟啓沃，無乃面從。可朝議大夫守門下侍郎平章事，賜紫金魚袋。元和十一年二月。

《王涯平章事制》　門下：上宰參職，所以登三台之耀；中樞議政，在乎遂萬邦之宜。朕獲承鴻休，思建皇極，冀沃心而納誨，恒注意於求賢。通議大夫尚書工部侍郎知制誥翰林學士上柱國清源縣開國男食邑三百户賜紫金魚袋王涯，動直静專，踐方居易，挺歲寒之勁質，抱夙夜之端誠。言唯守中，慮每經遠。屬者禁垣揮翰，五字日宣，選部持衡，九流風動。荐居肘腋之地，歷試股肱之才。進嘗伏於青蒲，出不洩其温樹。牟融得大臣之節，毛玠有古人之風。詢廟算以生知，論兵鈐而暗合。方今戎車尚駕，郊壘猶多，必俟清明，以清氛沴。是用付以機密，陟於崇高。爾惟發號令以端其四方，陳便宜以寬於百姓。行臺閣之故事，弘朝廷之大體。秉德以立，徇公不回。俾予一人，垂拱而理。敬聽成命，懋哉！懋哉！可守中書侍郎平章事。元和十一年十一月。

《崔羣平章事制》　門下：成萬方之化，通天下之志，緝熙帝載，昭暢玄猷，在於股肱之臣，共凝理本，旁求時彦，以敍彝倫。朝散大夫尚書户部侍郎上柱國賜紫金魚袋崔羣，精密由道，端莊保和。本清明之上才，體博厚之重德。學貫通儒之業，詞含大雅之風。居敬有恒，循性能斷，自承我密命，職參内廷。高文焕發於綸言，敏識詳達於國典。伏奏無挽，直躬不回。勤勞八年，始終一致。春闈取士，必後其浮華；地官理財，能制於輕重。儉以約己，忠惟事君。才適而用深，望積而實著。風猷已洽於人聽，倚屬方注於朕心。乃膺審像之誠，以副具瞻之望。況奸凶叛逆，尚駕戎車，未明求衣，思戢干櫓。爾宜酌古今之要，舉刑政之中。艱厥位以代天工，陳其謩以明皇極。敬兹重命，往踐台階。可守中書侍郎同中書門下平章事，散官勳賜如故。元和十二年七月。

《李鄘平章事制》　弼成庶政，必屬於長才，經制四方，是資於碩望。況參酌理本，變和化源，苟非傑賢，孰允斯任。爰立爾德，將諧具瞻。淮南節度副大使知節度事管内支度營田觀察處置等使銀青光禄大夫檢校尚書左僕射兼揚州大督府長史御史大夫上柱國江夏縣開國侯食邑一千户李鄘，性惟直方，器本弘固。冲敏可以成務，通明可以質疑。懷匡主之忠規，蘊經邦之遠略。歷居雄鎮，累服大僚。臺閣藩方，動流成式。資爲重望，綽有餘材，必能翼宣鴻猷，導迎和祉。是用徵拜，陟於黄樞，竭爾訏謨，司我號令，法期畫一，俗俾康寧。寅亮庶工，屬在良輔。爾其勤思至道，以洽太和，戒之敬之，往踐厥職。可守門下侍郎同中書門下平章事，散官勳封如故。元和十二年十月。

《李夷簡平章事制》　門下：致理之道，王者由其盡心；弼教之功，輔臣所以宣力。皇極是建，蒼生乃安，敷求實難，倚任斯重。將付大政，必惟僉諧。正議大夫守御史大夫上柱國成紀縣開國侯食邑一千户賜紫金魚袋李夷簡，才稱通明，性本嚴重。守以正直，傅之文華。羽儀朝端，冠耀宗籍。早司邦憲，爰總地征。糾逖無聞於避强，經費克均其定制。中立不撓，孤標出倫，聳善激貪，法行令肅。自鎮漢土，洎臨蜀川。儉德載彰，清規一貫。山岳比厚，風雷有恒。勵貞峻以理心，竭忠勞而奉上。人望汲黯，印歸趙堯。俾之持綱，萬目斯舉。固可以總參庶務，允釐百工，變和陰陽，宣發號令。是用申命，陟於台階。於戲！説積爾躬，夢協朕志。虚己將求其弘濟，鯁言罔懼於弗違。道必舉中，位無苟曠。膺此寵權，敬哉！戒哉！可守門下侍郎同中書門下平章事。元和十三年三月。

《皇甫鎛平章事制》　六符成象，所以平太階；九賦克均，所以阜羣物。爰資宰臣，弘贊謀猷。達其富庶之源，以致雍熙之化。用輔台德，其允具瞻。朝請大夫守尚書户部侍郎兼御史大夫判度支上護軍賜紫金魚袋皇甫鎛，行惟孤貞，性本堅直，秉仁履義，守正持方。才適變通，辭去枝葉。蘊冲用於靈府，表公器於上林。夙懷經濟之謀，早在賢良之選。累踐華貫，服於大僚。端肅有常，發揮事任。自總邦計，貳領地官。屬以徵戎車，討平淮寇，發軔調食，制外自中，法無過差。動有成績，山甫彰勤恪之效；志在奉公，夷吾職輕重之權。誠宜佐國，是用命爾。俾昇台司，望以沃心。勞乎注意，尚興師旅。方殄妖氛，翼亮是參。經費仍屬，爾其悉乃心力；副於簡求，物有未遂其宜。望有未洽於道，罔或安位，必思匪躬。酌下土之盛虚，攟中樞之政令。光昭厥辟，時乃之休。可守尚書户部侍郎同中書門下平章事，依前判度支。元和十三年九月。

《程异平章事制》　門下：昔漢宣帝弘祖宗之業，正刑德之本，簡求輔相，以致中興。朕祗荷丕圖，思揚聖緒，每懷舟楫，以涉巨川。俾人不迷，用底於道。今獲良弼，式允僉諧。朝散大夫守衛尉卿御史大夫充諸道鹽鐵轉運等使賜紫金魚袋程异，厚德外嚴，沉機内朗。抱精微以致遠，本誠明以格物。盡瘁事國，誠明在躬。常探化源，雅尚學術。揚歷斯久，公望藹然。自位列大僚，總兹劇務。達榷酤之利，適財賦之方。贍出納於邦家，中績效於官業。頃以淮夷未殄，師旅在郊，有漕輓之勞，兼供億之費。言念多事，恐傷吾人。而异法能變通，道益明著，言無伐善，動必由衷。蘊夷難致君之心，見懷道佐時之略。況屬饋軍之事，尚倚良能，載閲前功，宜當大用。乃服休命，俾參中樞。爰表秩於冬官，仍兼綜於舊職。膺兹重任，用表全材。爾宜左右朕躬，朝夕啓沃。干戈未戢，尤佇廟謀。敬聽斯言，副我明獎。可尚書工部侍郎同中書門下平章事，依前充諸道鹽鐵轉運使。元和十三年九月。

《令狐楚平章事制》　門下：贊天工而成光濟，叶帝力以致昇平。非中和稟氣，不能符變調之道。非誠明在躬，何以膺弼亮之位？況今積妖已殄，而邊鄙猶虞。大化方行，而里閭未泰。將欲舉百度，甄羣材，外經四夷，内輯諸夏。納之壽域，被以仁風，代予之勤，其孰克任。眷求斯得，是用命之。河陽三城懷州節度使朝議郎使持節懷州諸軍事守懷州刺史兼御史大夫賜紫金魚袋令狐楚，根於粹厚，著以端明。表山立之莊容，洞泉渟之精識。文高雄富，學茂該通。自頃揮翰掖垣，持囊禁署，常延造膝，屢竭沃心。發言必誠，臨事無惑。藹是公望，居然國楨。及剖符近郊，兼暢牧人之術；仗節分閫，尤深馭衆之方。可謂器適中外，效宣文武。宜展舟檝之用，式登鼎鉉之司。管於中樞，持我大柄。於戲！輔翼之任，人臣極崇。未至而衆議有歸，既處而其名罕副。萬務攸託，朕何賴焉。爾其敬聽此言，深思其道。行致君之志，終始勿渝。以報國爲期，夙夜益勵。無俾厥后，有慚知臣。可朝議大夫守中書侍郎同中書門下平章事。元和十四年七月。

《韓弘中書令制》 門下：納大忠，樹嘉績，爲臣所以明極節；錫殊寵，進高秩，有國所以待元臣。況乎邦教誕敷，王言總會，百辟攸憲，四方式瞻。永念於懷，久虛其位，載揚成命，僉曰休哉。宣武軍節度使知節度事汴宋亳潁等州觀察處置等使開府儀同三司守司徒兼侍中使持節汴州諸軍事汴州刺史上柱國許國公食邑三千户韓弘，降神挺材，積厚成器，中藴深閎之量，外標嚴重之姿。有匡國濟時之心，推誠不耀；有夷凶禁暴之略，仗義益彰。自鎮浚郊，二十餘載，師徒稟訓而咸肅，吏士奉法而愈明。俗臻和平，人用庶富，威聲之重，隐若山崇。屬者淮濆濯征，命統羣帥，克殄殘孽，惟乃有指蹤之功。及齊境興妖，分師進討，遂梟元惡。惟乃有略地之效，既聞旋旅，俄請執圭。深陳魏闕之誠，遠繼韓侯之志。朝天有慶，湛露方濃，又抗表章，固辭戎旅。三加敦教，所守彌堅。于藩于宣，諒切於注意；我弼我輔，難違其哀懇。式遂良願，載兼上司。論道之崇，因之以齊七政；中樞之長，昇之以贊萬務。玄衮赤舃，備乎龍光。不有其人，孰膺斯任。於戲！出總兵柄，入參廟謨，家國之慶盈門，君臣之道交泰。爲我柱石，古今曷儔。服而温恭，以佐乃辟。可依前守司徒兼中書令，散官勳封如故，主者施行。元和十四年八月三日。

《蕭俛平章事制》 廊廟之任，萬邦所瞻。調一氣之和，序五材之用。出納王命，發揮帝猷。簡求賢能，弘我理本。朝議郎守御史中丞飛騎尉襲徐國公賜緋魚袋蕭俛，識通化源，道契休運。有戴君峻節之志，秉見義匪躬之誠。代襲公台，族高軒冕。學貫古今之要，詞探雅誥之宗。嘗事先朝，職居宥密，奏議無撓，忠勞益彰。洎執憲南臺，肅清朝序，休望彌洽，直聲日聞。朕方臨萬邦，思致於理，若涉大水，浩無津涯。將務簡以安人，欲息兵而論道。審象而授，其代予勤。爾其端志絶私，去末崇本。敍禮樂於邦國，正風教於人倫。舉其鈞衡，明示天下，無俾一德，專美於殷。爾其敬之，奉我成命。可朝散大夫守中書侍郎同中書門下平章事，仍賜紫金魚袋。元和十五年閏正月。

《段文昌平章事制》 眷於良弼，期在濟時，必惟才臣，乃克成務。況端潔剛毅，可以肅具寮；敏裕周通，可以熙庶績。外無飾虛之禮，中有效實之誠。簡於朕心，乃命以位。朝散大夫中書舍人翰林學士武騎尉賜紫金魚袋段文昌，門襲忠勳，器抱才傑。廣而不雜，峻而能温。脩詞每掇其菁華，所尚者風格；發言必探於指要，所貴者變通。識古今理亂之源，知遐邇利病之本。自掌文翰苑，列籍金門，出入五年，恭勤一致。屬朕初承寶命，屢進嘉猷，諒我憂惕之懷，竭其公忠之志。昨因召見，更有咨詢，造膝之言，注意斯得。必能奉將明之大任，申獻替於虛襟。爰昇鼎鉉之司，冀展舟檝之用。於戲！萬務之始，九有所瞻，將致治平，可不兢勵。爾其夙夜惟慮，以匡朕躬。使四夷咸賓，百度惟理。阜俗必蘇其疲瘵，審官無鬱其賢能。理當詳於機深，道當固於久大。惟自誠可以化物，惟克己可以律人。勉哉戒哉！無忝我命。可守中書門下平章事。元和五年閏正月。

《崔植平章事制》 夫宰相者，上調元化，以亮天工；下熙庶績，以輔君德。未有心不直而能叶於道，迹不正而能致其君。必求斯人，乃命以位。朝議郎守御史中丞武騎尉賜紫金魚袋崔植，氣志凝遠，風標粹精，率性而行，潔已以進。周歷臺閣，藹然聲猷。頃者奸臣未除，利權方擅，情推刻下，其事將行。而植獨能横抗，申以駁議，朕每嘉重，不忘於懷。自膺寶圖，俾掌邦憲，又能悉心秉執，造膝敷陳，歸於無私，多所弘益。爰擢作相，冀能弼予。於戲！惟爾先太傅，當德宗始初清明，首居相位，克固直道，於今稱之。爾其嗣守家法，無廢朕命。可朝散大夫守中書侍郎同中書門下平章事。元和十五年八月。

《杜元穎平章事制》 門下：王者昭宣令德，臨視百官，必在臺臣，總其方略。況先朝正姦佞之罪，慰海内之心，既成大勳，付朕鴻業，思欲述事繼志，偃武興文，揚其耿光，屬在髦哲。朝散大夫尚書户部侍郎知制誥翰林學士上柱國建平縣開國男食邑三百户賜紫金魚袋杜元穎，識稟人秀，才爲國華，器縝密以含章，言清明而體要，廉方不雜，峻直無徒。洞朗鑑而心運陽秋，鼓雄詞而氣幹山岳。爰以精粹，列於内庭。通賈生理亂之言，達管氏政刑之本。未至高位，蔚爲名臣。間者妖孽相挺，紛亂南北，朝夕機命，迅如風霆。而翰動若飛，神無滯用。思職必盡其心力，避榮克保其謙光。虔奉綴衣，導揚訓命，雅就忠貞之志，實有安定之功。本於忘身，愛我以德，感激無隱，切劘盡規。既納誨於三篇，亦陳戒於六事。朕常委以大政，詢其遠猷，研機必精，應變當理。布舊章於河朔，推大信於昆夷。無所不諧，實由密贊。令器煇耀，淑聲流聞。昇於台階，允是瞻望，於戲！昔爾先祖，爲唐宰衡。惟爾傳臧孫有後之慶，秉召公是似之德。宜纂承舊服，協於至公，思貽厥之謀，率攸行之道。握制羣動，衡平衆邪，俾人不迷，時乃之績。可守户部侍郎平章事。長慶元年二月。

元稹《王播平章事制》　門下：昔蕭何用新造之漢，而能調發子弟，完補敗亡，使關東糧餽不絶者，以其盡得秦之圖籍，而周知其衆寡也。我國家乘十一聖之區寓，提億兆人之生齒，而曰不能足食足兵，朕甚懵焉。則非□陰陽撫夷夏者，不欲侵泉府之任；而主會計校盈虚者，不得參邦國之重乎？予將兼之。允在能者，諸道鹽鐵轉運等使太中大夫守刑部侍郎騎都尉太原縣開國男賜紫金魚袋王播，在德宗時，以對詔入仕，踐更臺閣。由御史中丞大京兆，掌縣官鹽鐵，爲春曹尚書，乃長邑髮，以控蠻蜓，盡稱厥職，達於予聞。洎詔徵還，便殿與語，得所未聞，昭然發矇。幾至前席，重委操劓，鋩刃益精。國有羨財，而人不加賦，東師在野，物力蕭然。不有主張，孰能戡濟。是用命爾作相，仍以舊務因之。爾其西備戎羌，東定燕冀，內實九府，外豊萬人，百度羣倫，罔不在爾。於戲！典謨訓誥，行之具存，邪正是非，知之孔易。予惟以不敏不明，茲故用爾爲股肱耳目，又安能一一戒誨，垂之空言。爾其勵於爾心，無令人觀聽者論爾於鄉校。可守中書侍郎同中書門下平章事，依前充鹽鐵轉運等使，散官勳封如故。長慶元年十月。

《元稹平章事制》　門下：朕聞御大器者登俊賢以爲輔弼，布大化者擢公忠以施政教。故能成天下之務，達天下之情。俾三光宣明，百度貞正。我之倚注，方得其人。天實賚予，允副僉望。中散大夫守尚書工部侍郎上柱國賜紫金魚袋元稹，珪璋茂器，鸞鳳貞姿，文涵六義之微，學探百氏之奥，剛而有斷，忠不近名。勁氣常勵於風霜，敏識頗知於今古。自恪居朝序，休問再揚，不自飾以取容，不苟安以迴慮，行直忘屈，在屯若夷。卓然見陶鑄之心，豁爾見江湖之量。間者司文禁署，主朕樞機，每因事以立言，累披誠而獻計。心惟體國，義乃忘身。深陳濟物之方，雅見經邦之志。朕思弘理本，用洽生靈，式資康濟之材，以暢和平之化。於戲！爾率於正，則不正者知懼；爾進於善，則不善者必悛。惟直道可以事君，惟至公可以格物。秉是數德，毗予一人，永孚於休，以底於道。可守尚書工部侍郎同中書門下平章事，散官勳封賜如故。

《裴度平章事制》　涉大川者，操巨艦不畏於洪波；構廣厦者，揭宏材乃安於棟宇。朕祗奉神器，尊臨萬邦，思弼諧輔相之臣，致易簡雍熙之業。爰擇耆舊，委之樞衡，冀弘嘉猷，以闡玄化。淮南節度大使知節度事管內營田觀察處置等使光禄大夫守司空同中書、門下平章事兼揚州大都督府長史上柱國晉國公食邑三千户裴度，氣稟宏廓，材優康濟，達識高議，堅明不渝。儀型可以光巖廊，度量有以方海岳。操握政柄，弛張化權，彝倫典謨，合若符契。昔我先聖，以武略深計，中樞密勿，委之廟堂，四海咸理，朕仄席虚己。勞懷宵旰，禮命元老。聞斯格言，衷懷洞然，雲霧皆豁。是用輟撫淮海，畀之台衮，换其戎律，列自黄扉，秩崇上公，望積師長。寄爾以蕭曹，任爾以埏埴，授爾以鈞衡。於戲！衽席樽俎之内，堂室牖户之間，無俟窺臨。可以觀察，違爾宴息，期爾折衝，庶乎陰陽叶和，品物昭泰，惟言是納。爾舉必從，使益稷皋陶，爾無慚德，垂衣南面，我獲任賢，無易斯言，式遵明命。可守司空兼門下侍郎同平章事，散官勳封如故。長慶三年三月。

《李逢吉平章事制》　朕聞天地洪鑪，鼓之者橐籥。帝王大業，成之者股肱。堯舜垂衣，禹湯恭己。弘道任德，爲予輔臣。則八表清寧，萬邦咸理。故伊尹之舉，皋陶之升，庶績其凝，不仁自遠。正議大夫守兵部尚書輕車都尉李逢吉，大方比量，中正持心，貞玉無瑕，堅金在礪。峻節而高山是仰，惟誠而止水可觀。剛柔所持，吐茹無易，往以青宮齒學，導我典墳，儀型式孚。蘭茝馨茂，洎昇台席。翊奉先朝，訏謨審聞。獻替潛達，外順招德。中深至言，温恭聿修，終始一貫。朕嗣守丕業，思得賢良，將俟和羹，期於舊老，易之襄漢，居以南宫。每詢嘉言，啓沃惟允。今授之相印，委以樞衡，代天之工，爾在專任。於戲！發號施令，選賢與能，申於百辟之上，行於四海之内。朝無黨比，人絶澆浮，黑白粲然，淄澠不溷。使巖廊重位，揚我清風，弘宣大猷，以暢王度。可守門下侍郎同中書門下平章事，散官勳如故。

又　卷四八《大臣・宰相・命相五》

《韓弘中書令制》　帝王之理天下也，外有方岳，所以宣教化；内立宰輔，所以秉樞衡。授任之重莫踰，人臣之位斯極。至於出分垣翰，入作股肱，非聞望尊高，功庸顯赫，則何以允膺僉屬，光贊謀猷？前忠晉絳隰等州節度觀察處置使開府儀同三司守司徒兼中書令河中尹上柱國許國公食邑三千户韓弘，德器寬和，識度宏遠，才資英特，學茂韜鈐。持蕭何畫一之心，有杜晦立斷之利。頃以開河右地，藩屏近郊，爰輟台臣，仗茲戎節。以清靜廉平之理，牧我黎元；以通明簡正之方，撫我師旅。奸盜自息，欺詐不生。晨不飲羊，夜無驚犬。五郡富庶，已飽仁惠之風；三軍訓齊，既習嚴明之令。寧資借寇，是用徵黄。今選日來朝，乘軒即路，宜先極拜，光我元臣。上宰重權，三公崇秩。俾復乃位，惟其敬之。可守司徒兼中書令，散官勳封如故。長慶二年十月。

《牛僧孺平章事制》　舟檝所以濟大川，棟梁所以成大厦。舟具而湍波不竦，材具而廊廟用崇。朕若涉之心，浩然增畏，垂衣端拱，期在股肱。是用擢彼英髦，付以衡石。朝議郎守尚書户部侍郎上柱國賜紫金魚袋牛僧孺，方直秉心，誠敬由己。玉潔持操，松貞表姿，文著經邦，業推匡代。中立不倚，孤標介然。日者選自南宫，掌綸西掖，昇諸憲府，授以人曹。典謨訓誥之詞，紀綱凖繩之度，施之必當，僉曰汝能。朕將寄以台階，委之鼎鉉，貞我庶績，登諸化源。爾宜克念前修，聿懷明哲，體乾坤易簡之法，廣日月無私之照。使風俗益厚，澆浮自化，好惡不競，彝倫永清。於戲！予視以能，乃昇於位，我心慎擇，惟賢是求。昔公孫弘以射策馳聲，名光相府，今爾以掞天高稱，亦踐台司。勉同素□之風，克副甄陶之舉。乃加命秩，用表新恩。可朝散大夫尚書户部侍郎同中書門下平章事，勳封如故。長慶二年三月。

《李程平章事制》　門下：　理多務者，必資經遠之能；　總衆材者，實在選舊而任。疇咨輿議，參詢廟廷，果獲誠臣，副予虚位。正議大夫尚書吏部侍郎上柱國渭源縣開國男食邑三百户賜紫金魚袋李程，文含鐘律，器挺珪璋，行己蹈常，與物無私。早以詞翰，密侍帷幄，開弘碩問，發揮訓謨，周旋臺閣，閱歷中外。遘造稱其得俊，衡鏡表於無私。卑牧難踰，深藏不耀。朕負荷重備，祗守大業，自顧寡昧，動遵先規，委成台司，不操匠斵。自居無悔之地，以馳至正之途。而元輔披陳，勇於進類，常思任人與自任，不若因賢以求賢。命之僉求，以名列上。而程爲舉首，是必至公。爾宜謹繩墨以視諸侯，平好惡以待多士，秉彝倫以澄躁競，覈名實以鎮浮虚。叶睦乃僚，無替朕命。爰因銓品之鑑，載佇烹飪之功。可尚書吏部侍郎同中書門下平章事，散官勳賜如故。長慶四年五月。

《竇易直平章事制》　門下：　昔周宣王漢宣帝，思弘祖業，克紹先搆，用申甫邴魏爲相，然後周道重熙，漢德累洽。朕以沖眇，託於億兆之上，緬惟文祖玄宗之理。若涉大水，浩無津涯。詢於巖廊，俾舉髦碩。果得才傑，副予虚求。必惟其人，乃命以位。朝議郎守尚書户部侍郎兼御史大夫判度支上柱國賜紫金魚袋竇易直，端厚靜慤，直方簡廉，氣深而和，識敏而達。每黜華而務實，不爲善以近名。早以器能，揚歷中外。司憲著紀綱之績，廉俗垂惻隱之仁。輟於天官，掌我邦計。底慎財貨，均節委輸，賙給不窮，贍濟皆足。國有大柄，屬於全材。況朕新臨寶圖，萬務資始，審象而授，其代予言。爾尚弼予一人，用底於道。且朕以丞相調兵食，周以冢宰執歲成，我國家雜用古制，以重其事也。爾往欽哉！無忝我成命。可朝散大夫守尚書户部侍郎同中書門下平章事，判度支。長慶四年五月。

《裴度平章事制》　朕周觀帝王之道，春秋富則倚附舊老，享曆久則簡擢俊髦。故我玄宗開元之始，任宋璟姚元之之輩，以調陰陽。東封之後，乃用李元紘、張九齡之儔，以承法度。洎予恭守大位，於今二年，巖廊藩封，逮於左右前後，皆皇祖聖父之人，罔有易置。況勳望冠代，器業絶倫，副予揣掄，贊此休運。凡百有位，敬而聽之。山南西道節度觀察處置等使光禄大夫守司空同中書門下平章事興元尹上柱國晉國公裴度，以忘家捍患，協於憲宗。以匪躬不撓，佐於先帝。十拜相詔，四登帥壇。接士猶布衣之心，悲時急戀闕之思。價重乎内外，名殷於華夷。藉是風猷，俾参大柄。且滿吾志，亦用僉聞。於戲！君臣合符，不可多得。千載一遇，猶爲比肩。爾宜援古以自强，垂後以居重。文終之畫一，平陽之并容。諸葛持衡之公，相如引車之意。率彼四子，足爲成人。服茲昌言，往踐乃位。可守司空同中書門下平章事，仍令有司擇日備禮册命。寶歷二年二月。

《韋處厚平章事制》　構大厦者，實先梁棟之材；濟巨川者，必資舟楫之用。朕越自藩邸，膺斯大統，夙夜震兢，若蹈泉谷。況齊旰思乂，艱步甫寧。上奉山陵七月之期，内佇訏謨庶政之始。匡我眇末，寘之樞極。將恢興運之功，俾協具瞻之望。博閲名實，獲茲忠賢。實帝賚予，其誰與讓。正議大夫尚書兵部侍郎知制誥充翰林學士上柱國賜紫金魚袋韋處厚，體道爲徒，見義能往，居易以行古，至和而不流。冰霜挺松柏之姿，貞白秉珪璋之德。文輝風雅，學該儒玄。器洽而保之以謙，識明而用之以晦。選自經藝，侍於穆宗。擢司密命，實贊先帝。壹彼直操，彰其遠猷。臨危勵難奪之誠，推忠備弘益之道。屬者變生宫掖，謀俟經綸。首參底定之功，載竭忠貞之效。雪憤横涕，披肝貢詞。約我以禹湯罪己之勤，博我以古今致理之要。聽必感動，悉其條陳。洪纖靡差，夢卜斯協。必能式是中外，啓茲雍熙，俾予冲人，克成垂拱。是用擢昇鼎鉉，式亮帝圖，庶無愧於知人，且用光於斯道。於戲！前哲有言，良臣惟聖。處殷憂舉衆之任，荷濟理沃心之期。任四方傾聽之勤，在百度惟新之際。無怠於誨，無廢於□身。無曠於登庸，無忽於詢度。慎爾初守，固其持平。協朝廷卿士之和衷，復貞觀開元之令政。用乂乃辟，罔非在中。崇易簡久大之規，茂庶富阜康之績。勿替明戒，時惟永圖。汝往欽哉！無忝我命。可中書侍郎同中書門下平章事，散官勳賜如故。寶曆二年十二月。

《王播平章事制》　宰相之任，所以撫鎮國家，出納王命，弼亮刑政，變和陰陽，爲一人之股肱，注四方之耳目。僕射之職，在於參贊萬務，統率六官，師長百寮，總臨臺寺。冠中朝之碩望，爲多士之具瞻。其有久司利權，累分閫寄，位重邦教，任隆台階。爰因入覲之榮，再賜登庸之命。俾升鼎鉉，用輟旌旄。淮南節度副大使知節度事管内營田觀察處置臨海鹽牧等使兼諸道鹽鐵轉運等使銀青光禄大夫檢校司徒同中書門下平章事揚州大都督府長史上柱國太原縣開國伯食邑七百户王播，知識精深，機神敏達。長才適於通變，雅量得於寬明。亟登將壇，仍佩相印。休聲早振於全蜀，成績近著於維陽。山澤之貨無遺，輸轉之資相繼。用佐經費，克彰忠勞。朕獲守宗祧，君臨億兆，尚賴匡救，底於輯寧。於戲！爾有嘉謨，我求懿德，將期納誨，以及交修。冀霖雨之濡，能普施於四海；舟檝之利，無專美於一方。寵以端揆之崇，仍茲榷筦之重。往踐乃位，汝其欽哉！可尚書左僕射同中書門下平章事，依前充諸道鹽鐵轉運等使，散官勳封如故。大和元年六月。

《路隋平章事制》　綏輯萬邦，實資乎元首；弼成庶績，允屬於股肱。將以道宣化源，崇固理本。立我皇極，贊於時邕。故任賢著於禹謨，納誨彰於説命。眷求懿德，斯惟僉諧。中散大夫守尚書兵部侍郎知制誥充翰林學士上輕車都尉賜紫金魚袋路隋，性稟中庸，氣含大雅，身無擇行，學不爲人。敏識周道，宏才恢博。挺然仁者之勇，蔚爲君子之儒。祗事穆宗，侍經内殿。敷堯舜之大典，暢周孔之遺風。雅言玉音，奧義冰釋，潤色王度，發揮聖聰，出入禁闈，踐歷華冑。位彌高而唯謹，任愈重而滋恭。逮及先朝，復參密命。雍容侍從，早已賦於甘泉；左右便蕃，未嘗言於温樹。周旋九載，終始一心。直道匪孤，讜言盈耳。每訪謨猷之指，用陳匡益之誠。出不忘於詭辭，退必嚴于削藁。器可經國，忠能致君。迹其公正之方，用升毗倚之任。於戲！干戈未息，爾其弘智用以静寇攘；堠戍尚勤，爾其宣柔服以懷戎狄。均國賦以阜安百姓，振朝綱以綜覈羣才。退無後言，動必慮善。貞爾百度，弼予一人。寵以峻階，委以極務。往踐厥位，時乃之休。正議大夫守中書侍郎同中書門下平章事，勳賜如故。太和二年十二月。

《李宗閔平章事制》　王者祇順天道，統理人極，茂育品類，燮調陰陽，必在旁求股肱，宣翼機務。朕嗣守寶位，於今四年，屬滄景搆奸，河朔未靖，兵甲屢勤，蒸黎匪寧，納隍在予，輟食興歎。今苗頑既革，華夏思安，爰登台臣，弼我元化。正議大夫尚書吏部侍郎上柱國襄武縣開國侯食邑一千户賜紫金魚袋李宗閔，立德秉彝，履道居業，文行可以經邦國，忠正可以動神祇。周知變通，識達今古。自望高多士，名重四朝。奉絲綸於掖垣，平銓衡於省闥。公直有裕，清貞自持。固可以相導雍熙，光膺夢卜，以匡台德，用濟巨川。宜昇樞軸之尊，俾叶鈞衡之政。於戲！知臣匪易，求賢惟□。膺三台之崇，贊萬機之重。啓沃之義，注於予衷。爾其舉正去邪，以清百辟，提綱舉法，以肅羣司。簡政勤心，以安兆姓。惟誠忠恕，以靖四方。嚴制度以弘典常，信賞罰以旌淑慝。有犯無隱，進思弼違。服茲寵光，尚致予理。敬戒休命，無替嘉猷。可守本官同中書門下侍郎平章事，散官勳封如故。太和三年八月。

《牛僧孺平章事制》　昔漢宣帝用丙魏，以盛中興之業。我玄宗任姚宋，以致開元之理。其術無他，得賢而已。朕猥居大寶，首涉五年。宵旰靡遑，憂勤至切。將倚任於國柄，宜登進於人傑。俾其復運樞極，載清化源，斷自朕懷，允膺僉屬。武昌軍節度使鄂岳蘄安黄申等州觀察處置等使金紫光禄大夫檢校吏部尚書同中書門下平章事持節鄂州諸軍事鄂州刺史上柱國奇章郡國公牛僧孺，氣含元精，體包大雅，識用夷密，襟靈沉粹。窮聖賢旨奥之學，鋪邦國經緯之文。蔚爲名臣，秀出羣萃。長慶御歷，登賢濟人。廊廟有光，臣工得職。代天協理，時乃之休。先朝與能，出兼征鎮。毗俗丕變，師旅大和。宣力事君，時乃之績。朕飽聞器業，虚竚風儀，會曹参之促裝，喜韓侯之来覲。便殿延對，前席與言，通古今理亂之源，知教化損益之務。其應如響，不知所然。是宜卿長夏官，平章大政，康濟四海，毗予一人。於戲！君不能自爲堯舜，必待其臣以致之；臣不能自爲伊皐，必待其君而任之。致則期於盡忠，任固在於從善。然後上下交泰，君臣相需。爾其使百官得其人，萬事得其序，邪正之路必判，清濁之流必分。永堅一心，扼制羣類，無重否德，予皆仰成。可兵部尚書同中書門下平章事，散官勳封如故。太和四年正月。

《宋申錫平章事制》　出納大命，宰司化源，調四氣以統和天人，貞百度以鎮安夷夏。必資髦傑，用委鈞衡。朕嗣守丕圖，思弘至理。萬務之重，屬於台臣。仄席勤求，冀匡不逮。況素效久彰於密勿，精材已得於詢謀。擢自内廷，授以衮職。爰立左右，斯爲得人。朝議郎守尚書右丞上柱國賜紫金魚袋宋申錫，岳降全德，天資正性，處約居厚，蹈中秉彝。文每掇其菁華，學必採其玄賾。夙播休問，拔乎羣倫。自選於同行，参我内署，奉職恭肅，率心坦夷。蘊冲淵以究國經，鋪訓詞以潤王度。密贊彌久，私益滋多。朕累因暇日，召於别殿。訪以大政，觀其立誠。而胸襟洞開，肝鬲無隱，識精詞直，實契虚求。固可以握持化權，参決理本，是用昇於鼎鉉，付以樞機。由仙闈總轄之司，當宰府具瞻之地，熙此庶績，弼予一人。於戲！元首以司牧萬方，股肱以協贊皇極，上推公以馭下，臣竭忠以戴君。際會交感，而臻大化。歷視前古，何莫由斯。予方悉是道以臨兆人，爾宜悉乃心以成一德。敬戒厥位，永孚於休。可正議大夫行尚書右丞同中書門下平章事，勳賜如故。太和四年七月。

《李德裕平章事制》　弼亮鈞衡，宣翼統紀，明景化以凝庶績，啓嘉謨以建大中。爰求國楨，以輔台德。銀青光禄大夫守兵部尚書上柱國贊皇縣開國伯食邑七百户李德裕，元精孕靈，和氣毓德，堅直成性，清明保躬。貞規澹夷，敏識冲遠。學綜九流之奥，文師六義之宗。令問夙彰，僉諧允屬。自提綱柏署，掌誥禁闈，鳌紀律詳平之司，竭訏謨密勿之節。洎廉視浙右，總鎮滑臺，再委旌旄，緝安邛蜀。克有殊政，咸懷去思。諒惟全才，茂此聲績。朕以疇庸之典，彝訓所先，入遷司馬之崇，彌積濟川之望。是宜納誨朝夕，擢居股肱，勉弘伊吕之勳，以嗣章平之美。業傳相印，門襲戎旃。紹絲綸内職之榮，繼鼎鼐中樞之重。珪紱之盛，恩輝罕儔，爾罄乃忠貞，副我毗倚，無忝朕命，服兹寵光。可守本官同中書門下平章事。太和七年七月。

《王涯平章事制》　居端揆之任，再踐國鈞；稽筦榷之功，兼司邦計。爰崇舊德，以輯親規。簡自朕心，用光僉屬。金紫光禄大夫守尚書右僕射充諸道鹽鐵轉運等使上柱國代郡開國公食邑二千户王涯，元精降靈，體道秉哲，恬智成性，清貞保躬。文行可以經邦，風操可以鎮俗。以明用晦，處貴滋恭。憲宗以禁署竭忠，擢登輔弼；先帝以台階宿望，寵授旄旃。陰陽變調，藩服寧謐，機務允理，政經交修。洎銓綜九流，式序百禮。提鳌紀律，統明貨泉。法必便人，事先體國。聲績茂暢，洽於羣謡。朕以邊鄙防禦，猶存兵戍，資儲之備，供億尚繁。頃者支費轉輸，任分兩使，量入制用，誠患多門。俾足食以豐財，在省員而簡務。是用合此二柄，委於元僚。正資通變之初，藉我股肱之重。勉思率職，無或憚煩。敬戒乃心，欽承休命。可守本官同中書門下平章事，充度支及諸道鹽鐵轉運使。太和七年七月。

《李宗閔平章事制》　職代天工，望歸人傑。必資求舊，允副僉諧。山南西道節度管内觀察處置等使兼興元尹銀青光禄大夫檢校禮部尚書同中書門下平章事上柱國襄武縣開國侯食邑一千户李宗閔，巖廊正人，宗室全德。才惟不器，道實生知。粹茂體陰陽之和，周旋成禮樂之用。外弘疎朗，中實誠明，白璧凝温，朱絲秉直。文窮三變，學洞九流。早以忠規，契于審象。雅有全略，能宣大猷。底寧戎蠻，協贊郊祀。見可而進，知難靡回。啓心常罄其嘉謀，造膝必聞其法語。行父事君，志存於嫉惡。皐陶承弼，道遠於不仁。康濟而金柅有倫，燮調而玉燭無爽。謇諤勵大臣之節，端莊清至化之源。修明典章，愼選方岳。敷我利澤，臻於治平。自出鎮漢中，既周星律。巴俗雖歌乎来暮，國人頗詠於去思。遂用徵還，盍從公望。及延召宣室，益如前籌。是宜再陟中樞，直修袞職。咨爾良輔，其聽朕言。夫天地交泰則時和，君臣訢合則國治。眷求一德，出納萬機。勉弘如水之心，式副濟川之用。命官罔及於私昵，詔爵必俟於賢能。俾庶績惟凝，彝倫攸敘，無忝注意，敬之戒之。可守中書侍郎同中書門下平章事，散官勳封如故。太和八年十月。

《賈餗平章事制》　寅亮皇猷，丹青景化，爰從選衆之舉，乃得非常之才。前浙江西道都團練觀察處置等使朝議大夫檢校禮部尚書使持節潤州諸軍事兼潤州刺史御史大夫上柱國姑臧縣開國男食邑三百户賜紫金魚袋賈餗，識達韻孤，學優行直，貞和自立，介特不群。能操至公，每契中道。聲逸羣聽，善諧朕心。自尹京師，尤彰望實。亟召便殿，屢陳嘉謀。罄肝膈以納忠規，推誠明而無外飾。察言考奪，深用得之。近命列藩，聞茲僉論。固可以參我大政，陟於中樞，天起予懷，賚此良弼。爾其守法制，平鈞衡，匡王度以振國經，釐百工以凝庶績。舉直措枉，當官而行。於戲！爲君之戒，在知賢而不任；爲臣之患，在保位而不言。罔或依違，虧吾則哲。可守中書侍郎同中書門下平章事，散官勳封如故。太和九年四月。

《李固言平章事制》　惟昔太宗聰明睿聖，克致治平。惟魏徵左右文祖，叶建皇極。矧朕寡薄，思紹丕烈，旁求魏徵之比，寘諸巖廊，庶匡不逮，用底於道。御史大夫李固言，生於山東，瑞此王國，爰在下位，早揚直聲，介然無朋，中立不懼，文經邦俗，行表人倫。和嶠負棟梁之材，辛毗有骨鯁之操。便蕃華貫，光啓令圖。日者徵自近郊，延於便殿，言多方格，道不容面，嘉謨有倫，正色無撓。朱絃暢疏越之韻，美玉呈特達之姿。洎長憲臺，彌彰休問。固可以斟酌理本，燮調化源，疇咨僉同，夢卜斯協。命爾予翼，倚爲股肱，登於黄樞，參我大政。爾當一乃心志，罄其忠貞，澄清品流，旌別淑慝，俾四夷左衽，咸率吾教，侯伯卿士，各稱厥官。罔曰難理，惟其至公；罔曰弗能，惟其悉力。欽哉戒哉！無忝前良。可門下侍郎平章事。太和九年七月。

又　卷四九《大臣・宰相・命相六》　《舒元輿、李訓平章事制》　出納王命，流品衆職，覃理化於區夏，謹法度於巖廊。是有文可經邦，才推濟代，列於百辟之上，俾輝三台之光。今我寐勞，果獲惟肖，爰舉並命，以寵非常。朝議郎守御史中丞兼刑部侍郎上柱國賜紫金魚袋舒元輿，杞梓長材，金玉正性，道懷邴魏，詞贍菁英。居然不器之能，雅蹈中庸之美。自擢領綱紀，肅清朝廷。碩望允歸於應期，讜言莫匪乎體國。守兵部郎中知制誥充翰林學士賜緋魚袋李訓，軒纓鼎族，河嶽間賢，德茂皐夔，文含雅誥。窮易測象繫之表，吐論成邦國之經。洎参職内庭，發揮王度。盛業見乎造膝，明識藹於伏蒲。並沖敏執中，端粹不倚。咸蘊莫磷之志，克弘作礪之規。珪璋有聲，鸞鳳有采。朕常法宫高視，所寶惟賢，方清化源，遂得時傑。嗚呼！君執象以端扆，臣推公以秉鈞。夙夜一心，小大同體。則和天地，序陰陽，臻乎治平。吾所寢寤，爾宜率匡國之道，明理人之方。俾其致君，無愧往烈。咸陟樞柄，佇弘大猷。秋官禮闈，莫非寵任。祗厥成命，往惟欽哉！往者朕究大易音訓之義也，尚未終卷，政事之暇，宜三兩日一度入翰林。元輿可守尚書刑部侍郎同中書門下平章事，訓可守尚書禮部侍郎同中書門下平章事，仍賜紫金魚袋。太和九年九月。

《鄭覃平章事制》　朕嗣守丕圖，務弘至理。憂勤是切，宵旰靡遑。所以庶政萬機，悉委丞相，乃者失於任使，妖沴遽生。方思正人，參我大柄。銀青光禄大夫守尚書右僕射上柱國滎陽郡開國公食邑二千户鄭覃，天資直氣，岳降上才，性惟端莊，道本孤峻，文含風雅，學洞儒玄。通古今理亂之源，達教化損益之要。歷踐華貫，周旋大僚。休聞彰於搢紳，政事滿於臺閣。載居講席，密勿内庭。胸襟洞開，肝膈無隱。嘗奏讜議，發言有先見之明；每勵貞規，勇退守獨立之節。洎擢膺揆務，總領庶言，堅操不回，墜典皆舉，盡瘁憂國，竭忠戴君，必能毗予一人。康濟四海，邪正之路既別，清濁之流自分。於戲！秉茲鈞衡，委乃髦碩，爾其使萬事得其序，百官得其人。用賢罔不精，立法罔不愼。弼亮刑政，燮和陰陽。其聽朕言，往踐厥位。克紹先德，巖廊有光。可守本官同中書門下平章事，散官勳封如故。太和九年十一月。

《李石平章事制》　朕嗣立君臨，精求至道，日愼一日，於今十年。所期輔佐之臣，爲我致理。中立匪懈，知無不爲。今得其人，果副僉屬。朝議郎尚書户部侍郎判度支上柱國賜紫金魚袋李石，操履堅貞，志業弘茂，性合道要，識通化源。累佐藩方，備聞勳績。用司夕拜之任，旋加尹正之榮。爰委賦征，備宣成效。是宜擢膺輔弼，俾勵政經。爾當勤成務之規，率致君之道。內貞百度，外靖四方。參毗萬規，課程庶績。盡匪躬之節，竭宣力之能。大振朝綱，兼司國計。致億兆之庶富，成方夏之乂安。副予知臣，勉茂休烈。可朝議大夫守本官同中書門下平章事，仍依前判度支，勳賜如故。太和九年十一月。

《李固言平章事制》 自昔皇王之有天下也，君非臣罔以濟其理，臣遇君然後顯其才。以調陰陽，以承法度。雖堯舜不能自聖，雖皋夔不能自賢。君臣相須，今古同體。余之夢卜，實有慕焉。檢校兵部尚書兼興元尹御史大夫山南西道節度管內觀察處置等使李固言，稟河岳之上靈，孕乾坤之間氣，孤退獨立，公忠自持。擅菁英之雄文，洞旨要之奧學。仁歸信厚，動合典謨。巖廊正人，中外全德。官業夙望，殷乎華夷。歷居大僚，咸稱厥職。乃者擢自輔相，委之樞衡，不依違而徇人，每精恪以憂國。□躬而謇諤彌勵，絕私而節操不渝。洎仗鉞漢中，頒我條詔，端嚴以訓齊師律，寬惠以綏撫蒸黎，遂用徵還，俾副公議。召至宣室，前席與言，聽其誠詞，皆臻理化。是宜再參大柄，正位黃樞，爲朝廷之股肱，聳搢紳之耳目。康濟四海，毗予一人。是非罔及於愛憎，任用必分其清濁。有犯無隱，進思弼違。勿忝吾知，更光爾道。可守門下侍郎同中書門下平章事。開成元年四月。

《陳夷行平章事制》 王者任賢能所以緝熙庶績，舉正直期乎獻可弼違。苟非懋茲四德，何以光膺大任。翰林學士將仕郎守尚書工部侍郎知制誥兼太子侍讀上騎都尉賜紫金魚袋陳夷行，元精降靈，厚載儲祉，聚蓄英粹，作時休祥，懷道清貞，執德謙茂。行高嵩華，弘包容之偉量；明洞水鏡，韜妍媸於默識。貞己滋潔，遇物能容。雖墻岸孤峻，襟抱夷曠，孝友爲修己之具，文學誠潤色之餘。衆推全才，時號端士。頃在廊署，雅有名稱。是用擢居襟密，俾輔導元良。論辨見賢人之業，教諭得名臣之體。星琯屢改，才術彌彰。古稱旁求於夢卜，曷若選之於言行。是用付以政柄，登於台階，任茲鈞衡之重，處以皋夔之秩。人所注意，予將仰成。勉陳啓沃之術，以副具瞻之望。可守本官同中書門下平章事，散官勳賜如故。開元二年四月。

《楊嗣復李珏平章事制》 運行帝載，翊贊天工。必俟輔臣，以宣至化。將益秉鈞之重，是資並命之求。諸道鹽鐵轉運等使正議大夫守户部尚書上柱國弘農郡開國伯食邑七百户賜紫金魚袋楊嗣復，動必居正，言惟在公，峻若孤山，清猶止水。從政稟詩書之教，承家達禮樂之源。朝議郎守户部侍郎判户部事上柱國賜紫金魚袋李珏，質本温明，才推俊茂，智能周物，弘本有容。守和为君子之儒，可大見賢人之業。挺爲國傑，秀稟元精。生必爲時，實稱希代。便蕃清秩，操履有常。調黃鐘而協諧，和朱絃而踈越。或總重鎮，敷惠字人。卒乘有輯睦之功，惸嫠著昭蘇之詠。洎入司邦賦，爰掌版圖，事未裁成，公望猶鬱。是可以宰領樞務，用弼予違。敍彝倫而建大中，罄訏謨而調元氣。乂寧華夏，保合神人。宜申補袞之規，致我垂衣之理。於戲！孔明匡鼎峙之國，尚聞魚水之詞；夷吾輔霸業之君，猶致鴻翼之喻。矧予祗荷丕搆，雖未克前修，造次之間，而不忘遵道。宵衣旰食，一紀於茲。災沴尚生於旱蝗，黎元屢困於衣食。中夜靜慮，若涉大川。將求津涯，俟爾而濟。爾謂是，靡以拂吾心而不行；爾謂非，靡以徇吾志而苟用。開物成務，俾乂於得時。求賢審官，寧我以多士。則魚水鴻翼，夫何足言？勉副簡求，無忝我休。命嗣復可守本官同中書門下平章事，依前充諸道鹽鐵轉運使，勳賜如故。珏可守本官同中書門下平章事，依前判户部事，散官勳賜如故。開成三年正月。

《裴度中書令制》 緝熙政柄，亮采皇猷，弘道德而輔昌圖，調陰陽而平景緯。我惟求舊，人亦與能，正位台階，實資元老。河東節度觀察處置等使開府儀同三司守司徒兼中書令太原尹北都留守上柱國晉國公食邑三千户實封三百户裴度，星辰稟秀，山岳炳靈，文蔚采章，量苞江海。負經邦之遠略，懷許國之明誠。研幾而識洞蓍龜，運籌而道光竹帛。風雨一致，儀刑四朝。萬邦所瞻，百辟爲憲。洎揚旌雁塞，建旆龍山。謹管籥而戎索烟清，壯襟帶而軍牙氣肅。虜絕南牧，聲雄北門，懿茲殊庸，朕所嘉歎，是用專授衡軸。俾清化源，統和神人，茂育區夏。夫宰相之任，作予股肱，外可以懷柔四夷，內可以親附百姓。大可以贊亭毒阜生成，小可以激貪廉正雅俗。爾有休躅，予不重言。至於玉立巖廊，風行號令，端若植表，爲時司南。開予胸襟，端我視聽。實賴人傑，代茲天工，爰罷麾幢，再操舟檝。庶展乞言之禮，豈唯論道之尊。佇竭訏謨，無虛毗倚。可守司徒兼中書令，散官勳封如故。開成三年十二月。

《崔鄲平章事制》　朕丕承寶圖，思臻古理，小大之政，皆倚輔臣，選衆惟難，得人而授。中大夫守太常卿上柱國賜紫金魚袋崔鄲，天資正性，岳降瓌材，慎楊震之四知，邁臯陶之九德，抱負直質，秀發英華，動必蹈中，言皆體要。聚學每同於精賾，馳騁九流；摛文若奏乎笙簧，抑揚三代。鴻量難挹，懿聲自高。乃者入典訓詞，出司俊造，能用周密，靡混妍媸。銓總以明允爲先，廉察以澄清爲重。踐乃要職，顯有休功。秩宗之選方登，公台之論彌藹。由是酌其望實，付以鈞衡，恢予之規模，廣予之耳目。於戲！宰相之任，弼諧是資。予欲使六氣均調，惟爾贊；予欲使萬方平乂，惟爾成；予欲使臣寮得職，惟爾諧；予欲使斜正不亂，惟爾翼。言罔慮於咈耳，進無忘於沃心。貞觀開元之法度具存，房魏姚崇之規猷盡在。咨爾丞相，舉而行之。可守本官同中書門下平章事，散官勳封如故。開成四年七月。

《崔珙平章事制》　一日萬機，熙帝載者輔相；予違爾弼，成台德者股肱。天將瑞時，必有人傑。況當出震之日，實藉濟川之才。諸道鹽鐵轉運等使銀青光禄大夫守刑部尚書上柱國崔珙，應期而生，希代之寶，量涵海岳，明並日星。懷倜儻之奇姿，抱英邁之正氣。挺質而珪璋比德，彰纓而冠蓋盈門。立言每見於經邦，行已諒先於及物。早持旄節，亟踐齋壇，柔獷悍爲忠義之心，變封疆爲禮樂之俗。信入人腹，令行軍牙。及尹正神州，儀刑郡國，剛能嫉惡，明可照奸。三輔弘取則之風，四方禀承流之化。逮司筦榷，益茂器能，精若鑑金，利逾淬刃。歲以饒羡，國用富强，懿乃成功，允諧選衆。是宜亮采皇極，陟降台階，調陰陽於至和，濟生靈於將泰。四維咸舉，百度以貞。俾時式康，佐朕爲理。夫周以冢宰制國用，漢以丞相調兵食。猶怙牢盆之務，往居鈞軸之尊。於戲！后德惟臣，良臣惟聖。汝其納誨，予亦踐言。勉符魚水之資，永贊文明之運。服兹休命，敬之敬之！可守本官同中書門下平章事，依前充諸道鹽鐵轉運等使。開成五年五月。

《杜悰平章事制》　朕顧惟眇身，纘承大構。思有以允釐百事，表率萬邦。進髦傑於台階，庶緝熙於帝業。布誠聽問，側席眷求。爰於岳牧之中，載叶著龜之兆。乃舉成命，以副具瞻。淮南節度副大使知節度事充諸道鹽鐵轉運等使光禄大夫檢校尚書右僕射杜悰，器宇恢弘，襟度夷曠，學通九經之要，道符百代之源。寒松不彫，貞玉無玷，忠信勵事君之節，勤慎得成務之才。任曆殷繁，志惟匡益，洎臨淮海，兼掌貨泉。開張多濟物之功，饒羡指助軍之獻。既而積粟應輓，馳幣待供，師徒無歉食之虞，餽給有羸財之備。克就戎事，在我元臣。由是付以國鈞，俾司邦計，仍兼筦榷之重務，藉輪經濟之良能。師長具寮，亦從舊貫。往踐大位，爾其欽哉。於戲！惟理亂在庶官，矧乎輔翼之臣，寅亮代天之化，必在參修政本。振起皇綱，興禮樂以厚人倫，竭謀猷以清氛祲。期於啓沃，以弼予違，無金玉爾音，將孤予虚佇也。可檢校尚書右僕射同中書門下平章事，充度支兼諸道鹽鐵轉運等使。會昌四年閏七月甲辰。

《李回平章事制》　我唐之盛，實曰貞觀。開元則有若姚公宋公，彌綸天禄，雖二祖之克聖，亦良弼之是賴。朕自膺寶祚，於兹六年，未嘗一日不念貞觀開元之至理。其命相也，敢容易哉！是用蓋臣，冀臻於道。户部侍郎判户部事李回，風雲玄感，山岳降神，蔚爲人寶，好道天爵。心無適莫，惟直是從。事不沾滯，應機輒發。靈府可以調元氣，宏材可以濟巨川。有君子欲訥之言，有賢人可大之業。掌綸西掖，克潤王猷。執簡南臺，是推邦宜。每揚清以激濁，嘗持正以照邪。凡有敷揚，皆稱朕意。況副予愛子，功茂和戎。掌彼版圖，時惟舉職。歷試皆可，實獲我心。是宜參務中樞，啓揚庶績。式光帝載，且寵正人。敬往欽哉！無忘休命。可中書侍郎同中書門下平章事，充集賢殿大學士，依前判户部事。會昌五年五月乙丑。

《崔鉉魏扶平章事制》　潤色王業，允俟良臣。丹青帝圖，必資宰輔。朕嗣膺大寶，思闡鴻猷。永惟化源，實屬髦傑。所期調六氣以遂物，總萬機而富人。夢帝賚于，爰立作相。正議大夫守御史大夫崔鉉，山河秀氣，經緯長才，金聲含正始之和，玉立在風塵之表。正議大夫行尚書兵部侍郎判户部事魏扶，天與全德，性惟中庸，有致遠之宏謀，負佐王之盛業。並操身特立，抱氣挺生，高操旁映於羣倫，明議動符於大雅。早登華顯，備閱休嘉。穆然清風，鬱有素望。居易求己，秉仁立誠。每懷憂國之心，益竭徇公之志。或早以精慮，升於鼎司，深陳造膝之言，密勵匪躬之節。或嘗以敏用，服於大寮，智有勳於機權，才復推於練達。爰委綱憲，仗明命而立朝，亦總地卿，嘗會計而經國。紀綱式敍，征賦□饒。陟其休庸，付以大柄。朕欲宣明號令，弘濟生靈，致寰海之乂安，復河隍之土宇。爾宜從容奏議，朝夕揣摩，副華夏之具瞻，展舟航之大用。敬服明訓，式揚茂勳。鉉可中書侍郎同中書門下平章事，扶可守本官同中書門下平章事。太和三年四月。

《崔龜從平章事制》 丹青神化，寅亮天工。將寄陶鈞，必歸才望。故漢宣大業，魏邴克贊其謀；開元盛時，姚、宋同匡其理。嘗覽前載，緬懷斯人。寤寐以求，夢卜終叶。適當舉衆，不讓知賢。户部尚書判度支崔龜從，道峻嵩華，志凌煙霄，氣包元精，識邁前哲。巖廊符瑞，禮樂英華。弘道多鑑物之明，堅正抱佐時之術。而學窮源委，詞涌濤波。吐論素勵於公忠，理躬不踰於信厚。烈火方熾，珪璋更寒。飛霜已嚴，竹柏猶翠。自出入劇職，徊翔清途，經歷五年，恭勤一貫。粉署潔□賜之衣，掖垣高白鳳之文。澄清宣威，□節持重，暨佇延舊德，再掌地圖，任切良材，移專國用。閭閻不困，帑藏有餘。邦賦程均節之能，軍食表供需之效。我有好爵，本邀茂勳。況乎國楨，宜在人傑。是用命汝，同心弼予，升於鼎司，執此政柄。吉甫德全於文武，彥回望著於台衡。既副具瞻，實允元輔。當酌古訓，以恢令猷。怙人部喉舌之雄，免計曹經費之務。爾其鎮撫，式彰顯崇。於戲！惟木從繩，載懷藥石之誡。惟風偃草，冀流霖雨之功。與其順美以昭忠，不若盡規而輔德。與其嚴刑而就理，不若濟禮以安人。佇聞嘉言，共底交泰，無令伊傅，獨美典墳。可户部尚書同中書門下平章事。大中四年六月。

《魏謩平章事制》 天不能獨運，任寒暑而成歲功；君所以稱尊，仗股肱而熙帝載。高拱巖廊之上，卒成天地之宜。故風后登庸，軒圖以穆，文終佐理，漢業遂昌。何莫由斯，夫豈相遠。爰感風雲之會，果符夢卜之求。屬在休期，俾升良弼。户部尚書同中書門下平章事魏謩，膺賢運之間氣，負王佐之洪材，山岳孤高，珪璋特達，道德忠信，資以修身。文章政事，乃其餘力。自騰芳詞苑，振迹諫垣，文宗知臣，深加寵遇。檢校甚峻，守道不回，未志達官，蔚爲國器。星霜屢變，流落幾途。秀禾摧風，燎原見玉。汲黯心存乎廊廟，望之志在於本朝。朕獲奉寶圖，勵精治本。盡伸人隱，思變時雍。佇聞宣室之言，是有夕扉之拜。偉其風望，委司憲綱。正色立朝，不仁自遠。貳於卿秩，掌我地征。吏不敢欺，身無伐善。彌見精强之用，頗聞流衍之能。朕嘗咨以謨猷，觀其識略，動中理會，慮必輸忠。切劘每賴其沃心，慷慨不忘於造膝。是宜樹爲明表，載之休聲。俾增輝於三台，允僉諧於四岳。於戲！調鹽梅之元鼎，濟舟楫之巨川。上爲四方之安危，下繫羣生之舒慘。提是任者，不其重歟！夫激濁揚清，衆自聳善。著誠去僞，人斯歸厚。爾其開張風教之具，導迎陰陽之和。使萬物各遂其宜，百官得任其體。昔爾先祖，爲唐輔臣，人鏡之名，阿衡比德。爾尚纂承義訓，克嗣清風，勉思貽厥之謀，以闡將明之業。勿畏嫌而避事，無執謙以自疑。永孚於休，用觀乃績。可守本官同中書門下平章事，依前判户部事。大中五年十月。

《裴休平章事制》 我國家之稱至理，其唯貞觀開元乎？雖盛德成於祖宗，而致君存乎輔弼。委是丕構，付於沖人。實資獻臣，共荷洪業。俾登玉鉉，用振金聲。正議大夫守禮部尚書充諸道鹽鐵轉運等使裴休，明堂梁棟，清廟瑚璉，道崇五美，學綜九流。持去邪與善之心，蘊尊主濟時之術。早升甲乙，首冠賢良。諫垣馳讜正之名，史氏動直書之筆。羽儀著定，律吕縉紳，仙闈道播於彌綸，右掖詞推於潤色。三臨藩郡，皆垂良吏之能。二匹卿曹，益見大臣之體。洎乎司貨泉之重，筦山澤之財，用適變通，法均寬猛，大計如富强之業，常規多饒羨之功。人無告勞，刃有餘地。是可以載光□職，爰陟台階，式贊雍熙，宜膺夢卜。爾其允釐庶績，□盛訏謨，陟大川而示爾津涯，馭六馬而遺吾銜策。俾臻皇極，克嗣前修。於戲！人代天工，予違汝弼，悉乃心力，作吾股肱。無使阿衡專美於殷家，山甫獨稱於周室。勉弘懿德，勿忝虛懷。可守本官同中書門下平章事，依前充諸道鹽鐵轉運等使。大中六年八月。

又 卷五〇《大臣·宰相·命相七》 《鄭朗平章事制》 雲因龍興，龍非雲無以施膏澤；臣由君用，君非臣無以播皇猷。信乎際會相須，以康天下，永言良弼，常切寤思，詳求國楨，乃獲時傑。通議大夫上柱國賜紫金魚袋鄭朗，間代應期，稟靈作瑞，王室髦彦，士林菁英。溫華凝珪玉之姿，磊落負棟梁之任。諫垣蘭省，常推讜正之風。廉俗登壇，克懋撫循之績。洎領劇務，益見藎忠，杜邪徑而啓公途，懲姦吏而絶私託。饋軍無闕，枋國有經，委以憲綱，尤彰直道。是宜毗贊大業，翊宣景化，朕以區區齊晉，取霸諸侯，率由三賢協心，五臣同德。況今四海爲宅，百辟盈庭，未能寇靖塞陲，人歸壽域，豈無長策？俾及昇平，惕然疚懷。莫知攸措，肆予命汝。往踐台堦，勉弘濟代之功，罔致曠官之誚。善調兵食，以備我邊虞。愼舉典章，以貞我庶品。敬戒於位，唯其有終。可工部尚書同中書門下平章事。大中十年正月丁巳。

《崔愼由平章事制》　朕躬守睿圖，勵精理道，祗勤萬務，靡不經心。緬思垂拱以化成，莫若得賢而共濟。載勞夢卜，果獲貞良。大中大夫守尚書户部侍郎判户部事上柱國賜紫金魚袋崔愼由，山岳降靈，和粹毓德，儀標鸞鳳，識洞蓍龜。文爲國華，行冠人表。絃含清越之音，玉凝縝密之姿。播英聲於士林，彰美望於公器。洎擢參内署，潤色王猷。忠讜盡規，誠明納誨。既而廉問南服，宣暢皇風。盪寇銷災，人安政集。康一方之疲俗，復貳職於中臺。議論必本於古今，趣尚自歸其雅正。溯河之右，仍歲艱荒。一自鎮臨，載聞惠化。俾司征賦，益覩公忠。固可以升於台階，秉我大政。爰授相印，用參樞務。於戲！天地之道，成歲功者陰陽；帝王之基，保鴻業者輔相。念兹匡贊之大，宜竭啓沃之道。必使貞百度以振國經，凝庶績以弘理本。茂育區夏，統和神人。允符魚水之資，克致休明之運。永綏厥位，無忝知臣。可守工部尚書同中書門下平章事。大中十年十二月。

《蕭鄴平章事制》　輔相之任也，調陰陽而撫夷夏，貞百度而康兆人。代天爲工，持國之柄，殷周夢卜，竭誠待賢，彼何人哉？予獨不可，寘於精懇，果得髦傑。朝散大夫守尚書兵部侍郎判度支上柱國彭城縣開國男食邑三百户賜紫金魚袋蕭鄴，天實祐朕，生此令人。星辰降祥，珪玉含瑞。蘊通明經遠之識，抱宰制利用之才。載居禁垣，重參宥密，資委既至，忠讜愈聞。爰付地征，仍司邦計。善爲均節，益茂事功。道惟剛明，人無侵撓。風望彌峻，遐邇具瞻。思致昌期，必資俊德。是以簡自朕志，叶於僉諧。擢登中樞，持平庶政。爾其體太和而順元氣，推至公以序彝倫。短長之才，罔有所廢。細大之務，一以居心。扶皇極而作國楨，庇蒼生而遂物性。雖堯舜比聖，朕何敢言？而夔龍致君，爾無多讓，周以冢宰制國用，漢任丞相調兵食，斯舊典也。謂其懋建嘉庸，對兹崇寵。可守本官同中書門下平章事，仍依前判度支。大中十一年七月。

《劉瑑平章事制》　闡大化以建皇極，敷至德以乂黔首。百度惟允，八荒用寧。倚於輔臣，付以邦柄。求之夢獵，叶於蓍龜。克諧明謨，允屬僉議。稽能必思於廟略，疇德佇煥其國經。朝議大夫守尚書户部侍郎判度支上柱國賜紫金魚袋劉瑑，岳彩舒輝，鸞姿降靈。馭煙霄而六轡齊昇，布雲和而九成合奏。而行居人表，文著國華。潤色詞林，早參宥密。彩筆既符於李夢，温樹不漏於孔言。再秉絲綸，貳於刑讞。振藻益茂，聽辭無冤。洎尹正洛師，擁旄梁苑。咸能變風俗而求人瘼，和號令以肅軍威。重委北門，輯兹王業。既聞報政，果叶予懷。是用付以煩難，愼司邦計，彌月探執，繫時功成。已洽咎夔之風，宜膺台鼎之命。爾其平章百姓，揚敷五教，使羣職必舉，四夷率賓。杜回邪之途，開讜正之路，大道必寘其沃心，忠信無懼於逆耳。於戲！小大之政，既已咨之。成務且輟於司存，均節尚煩於廟算。祗我明訓，服兹休嘉。可守本官同中書門下平章事，依前判度支。大中十二年正月。

《夏侯孜平章事制》　自古有天下，得列聖帝哲王之科者，必由良臣，以就景化。故君非輔弼，無以啓昌期。時未清平，不得稱賢相。契合交感，相須而成。苟非其人，豈副斯舉。朝請大夫尚書兵部侍郎充諸道鹽鐵轉運等使上柱國賜紫金魚袋夏侯孜，禮樂重德，簪裾上流，才推兼人，智可周物。蘊範時之行義，富經國之文章。誠探奧微，器抱冲粹。早彰清列，克彰令名。洎當七月，匡諫無隱，再歷三獨，糾繩不回。廉風俗而政清，提紀綱而望振。旋領版籍，亦司牢盆。推公秉持，悉力完緝。法得其倫要，吏憚其威稜。國財可豐，官事具舉。是用陟此邦傑，付之廟謨，既諧朕心，且洽僉論。於戲！宰輔巨任，羣倫共瞻。政乖其宜，則四海罹弊。事叶其理，則萬人以蘇。副吾拔擢之恩，勵爾燮諧之道。朝野聳望，爾其戒之。可守本官同中書門下平章事，依前充諸道鹽鐵轉運等使。大中十二年四月。

《杜審權平章事制》　天設四序，運寒暑而成歲功；國有三台，仰弼諧以助君德。安危是繫，選任攸難。況朕涉道未明，纂圖方始。詳求英彦，思付洪鈞。至誠感通，果獲良輔。翰林學士承旨通議大夫守尚書兵部侍郎知制誥上柱國賜紫金魚袋杜審權，喬岳德崇，澄波量廣。稟五行之秀氣，挺百仞之貞材。虹玉潛輝，龍泉蘊利。文窮騷雅，學洞玄儒。毛玠有古人之風，邴吉得大臣之體。自便番華貫，踐歷清途。南宮推起革之工，西掖茂掌綸之業。洎司文柄，俾以掄才。全任至公，號爲得士。甘棠廉問，衆著謳謡。秋卿恤刑，事無枉撓。先皇帝藉其令譽，擢處禁林。振藻屬詞，發揮神化。道一貫於終始，器兼適於圓方。逮予嗣統，屢承密旨。每多弘益，彌見慎修。既彰已試之能，宜懋殊常之寵。是用委兹大政，列在中樞。爲朝廷之表儀，實人臣之極地。爾尚竭乃心力，作吾股肱，借箸必罄其嘉謀，推局罔遺於善策。用無黨之道，行惟一之心。使爵位功名，並光竹帛，垂於不朽，豈不務乎？可守本官同中書門下平章事。大中十二年十二月。

《夏侯孜平章事制》 篙楫克修，航艦以之濟海；羽翮可厲，鵾鵬於是摩天。朕恭己寰瀛，勞誠夢獵，將以篙楫賢輔，羽翮寶臣。摩三代至理之英，濟羣生普洽之欲，載仗舊德，期獲我心。劍南西川節度副大使知節度事管内觀察處置統押近界諸蠻及西山八國雲南安撫等使光禄大夫檢校尚書右僕射同中書門下平章事兼成都尹上柱國譙郡開國公食邑二千户夏侯孜，大昴分精，維嵩挺秀，擅四海之賢俊，作中朝之表儀，禮樂詩書，資其懿範，温恭孝愛，輔以多才。服道以致身，含章而底力。經國之用，貫百川而不改其清；應物之明，體萬象而莫窮其照。周踐華烈，多識舊章。郎署諫垣，休聲夙振。東陽故絳，惠愛洽聞。洎甘棠政成，會府徵命。兼領臺轄之任，再居邦憲之尊。正色無私，當官必舉。總征賦以贍國，幹山澤而富人。美利無遺，嘉猷益覩。積是朝德，昇於台司。内竭謨明，外弘體理。馳咎夔之極摯，陋周漢之遐蹤。克彰爲輔之聲，允叶有開之契。屬者以西南重鎮，邊徼多虞，爰賴專征，以隆外閫。福星時雨，既惠巴庸，景化元和，須歸鼎鉉。是用召於駟騎，待以天工。重開集鳳之池，再仰問牛之化。弼諧萬務，師長庶寮。亟付機衡，俾康區夏。於戲！刀非礪不割，魚非水不行，爲君誠難，得時甚易。決疑定計，吾以爾爲神龜；肥國救人，吾以爾爲藥石。盡布四體，懋堅一心。勉哉勿疑，對揚休命。可尚書左僕射同中書門下平章事。咸通三年七月。

《楊收平章事制》 古先聖哲之御天下也，莫不勞於擇賢，逸於恭己。是以巖求匪易，殷代稱宗。畋獲甚難，周王膺命。歸朕在位，天授正人。於言語侍從之間，得亮采惠疇之美。固亦高邁前烈，垂休廟堂。敬遵用汝之言，爰舉弼予之典。雅符不讓，斷自無私。翰林承旨朝議大夫尚書兵部侍郎知制誥上柱國賜紫金魚袋楊收，器茂渾金，寶欽大玉。瑩清冰於溽暑，挺緑桂於嚴霜。行過曾顔，道兼夷惠。文冠一時而若非游藝，學窮千古而似不能言。自鴻飛名揚，鷺振班列，憲署每聞其守法，曲臺咸著於推公。所莅有聲，歷試皆可。用彰簡要，已洽譽於含香；業擅精微，遂騰輝於視草。戒慎攸至，初終不渝。常懷造膝之忠，備見沃心之旨。謝安體識，王儉才能。動爲僉論所諧，居溢具瞻之望。由是擢於禁苑，升以台階，俾申匡輔之勤，用□燮和之重。爾其慕伊周之志，弘臯益之謨。九流既分，百辟斯正。嘉猷可舒於前席，妙略當賓於止戈。式序三才，允歸一德。懋乃致主，副予知臣。無使載筆之褒，獨稱於姚、宋也。可守本官同中書門下平章事。咸通三年五月。

《于悰平章事制》 在天垂象，常星既列於三台。惟國建官，庶政必歸於四輔。朕每患至理，益慕無爲。苟非正人，莫付大柄。爰得非熊之兆，乃遵審象之求。契予知臣，命爾作相。銀青光禄大夫尚書兵部侍郎充諸道鹽鐵轉運等使駙馬都尉上柱國于悰，識洞蓍蔡，文窮典謨，居然國華，蔚爲人瑞。自策名筮仕，問望益高。伏蒲彰正直之名，起草著彌綸之績。由是道光獨立，業擅自强，勇退無儔，撝謙有裕。朕早聞博雅，堪備論思，擢於南宮，置之内署。果能恪慎，相副端貞。□□益實多，倚賴尤切。洎出貳司寇，亟居版圖。見君子之盡心，表人才之果決。鹺府任重，爰命專之。積弊潛聞其日除，嘉庸顯彰於歲計。咨爾全美，爲予誠臣。歷試如斯，僉諧所至。是宜升於輔翊，付以燮和。惟賢式契於周官，懋德雅符於殷誥。且有成計，爾其聽焉。夫舉直則百度可貞，推公則彝倫攸叙。進善孤寒不棄，用才則滯屈自伸。克勉斯言，是爲良弼。敬承休命，往其戒哉。可守尚書兵部侍郎中書門下平章事。咸通八年七月。

《王鐸蕭遘平章事制》 門下：五帝垂衣，本資乎輔弼；三王御宇，必藉其謀猷。誠聖哲之規章，實邦家之軌範。然則得其人則天下致理，輕其任則海内多虞。興廢之端，古今斯在。開府儀同三司行太子少師上柱國晉國公食邑三千户王鐸，台階降瑞，昇位呈祥，峻影承天，清暉助日，保道德而立性，因文章而飾身。良玉重燒，貞金百煉，道唯經濟。自西號以安人，術本匡時，辭東山而爲國。洎揚歷中外，出入班行。棲息鸞臺，優游鳳沼。榮膺三事，冠絶羣寮。致君之業彌深，及物之功益著。朝散大夫守尚書兵部侍郎判度支上柱國賜紫金魚袋蕭遘，紫庭鍾律，玄圃琳瑯，韻叶英莖，光昭袞黻。自精通藝行，遂履歷清崇。逸翰摩雲，高蹤絶地。近者臺稱綢職，歲計成功。霜威已戢其奸邪，日用無虧於饋輓。昨以東隅寇盜，嘯聚爲羣，俶擾關防，奔衝畿甸。朕巡遊梁益，將復京都，欲救生靈，必資賢相。乃朝廷碩德，社稷誠臣，載君之力無窮，許國之心益勵。是使重敷五教，爰總萬機，勿弃前修，無忘厚奬。乃孤標特立，潔白不渝。利可剸犀，清能鑑髮。輔成乾道，兼領冬曹。各副憂勤，可安宵旰。鐸可門下侍郎兼司徒同中書門下平章事，散官勳賜如故，仍令所司擇日備禮册命。遘可銀青光禄大夫守工部侍郎同中書門下平章事，仍落下判度支事，主者施行。中和元年正月。

《鄭畋平章事制》　門下：任賢勿貳，有國之令圖。惟帝念功，昔人之善訓。遐觀往代，每慎厥終。其有道濟邦家，任已崇於屏翰。忠存宗社，義可貫於神明。宜徵帷幄之謀，重委廟堂之算。冀清大難，以啓中興。開府儀同三司守太子少傅分司東都上柱國滎陽縣開國侯食邑二千户鄭畋，八柱比崇，三階垂耀，繁露演先儒之學，高風追大雅之文。外標威鳳之儀，內佇涵牛之量。焕如綸之旨，共許才高；被貝錦之詞，彌彰道直。體茲全德，歷試崇資。燮贊中樞，極致君之事業；鎮臨左輔，標坐樹之威名。洎虜犯封畿，塵飛象魏，避寇之謀既決，微管之賴誠深。而能竭預慮之機，用安君父；舉從權之計，以誤奸凶。當代之勳，格天莫比。此際咸思義舉，盡藴忠謀。且聞盟主臧洪，登壇有誓。將軍祖逖，擊楫忘身。致蕃漢之齊驅，由懷柔之有術。今則不從人望，內斷予衷，罷列岳而登三公，自金壇而昇玉鉉。魚水之懽盡在，君臣之契可知。於戲！寰宇未清，予則仗綏懷之毗；園陵失守，予則佇收尅之功。次則揚惠化以拯窮人，弘無私而敘羣品。山河有誓，金石豈渝。更俟殊庸，以膺極寵。可守司空兼門下侍郎同中書門下平章事，充太清宮使弘文館大學士，餘如故，仍命所司擇日備禮册命。主者施行。中和二年二月。

《韋昭度平章事制》　門下：朕聞先王之道相者，調燮陰陽，則四時順其序；均和品□，則萬物適其性。然後扶危持顛，易亂成理。俾生植咸遂，邦家克寧。故周卜帝師，得諸渭水。殷夢賢佐，求之傅巖。我擇股肱，爰獲時傑。翰林學士承旨銀青光禄大夫行尚書兵部侍郎知制誥上柱國韋昭度，誠貫金石，行通神明，氣含元精，識同蓍蔡。窮文武弛張之道，作棟梁舟楫之資。爲時間生，作我良輔。洎昇名俊造，歷官清華。鴻翥九霄，驥逸千里。旋居宥密，備著聲猷。使我語言追三代之風，使我典制符百王之法。當風雨之如晦，勵節敬恭。念艱難之在途，憂勤夙夜。臨難得近臣之體，效忠彰明哲之心。是用總以萬樞，納於百揆，作邦之幹，秉國之鈞。若魚水之相歡，諒雲龍之合應。君臣之道，今古攸同。於戲！寇逆滔天，兵戈散地。宮朝未復，宗社靡安。爾宜動察安危，居圖匡濟。設六奇之秘策，發三略之沈機，定元凶於一戎，振頽綱於四裔。紹貞觀太平之業，啓開元中興之期。光贊一人，永阜羣庶。勉集盛烈，用勤公□。往欽哉！敬服我休命。可守本官同中書門下平章事，勳賜如故。主者施行。中和元年七月。

《陸扆平章事制》　門下：昔在太宗時，有房、杜持國鈞；在玄宗時，則有姚、宋司政柄。降於列聖，代濟名臣。是知股肱元首之間，未有不相資以成者也。況我薦逢難運，方討叛臣，宜搜間代之賢，冀適濟時之用。其有懷材已試，亮節孔彰。俾膺霖雨之求，期正彝倫之敍。式舉茂典，吾無所私。翰林學士承旨銀青光禄大夫守尚書左丞知制誥上柱國嘉興縣開國男食邑三百户陸扆，簡節正音，温光瑞玉，咸濩抱降神之韻，珪璋挺華國之容。抱倚相之典墳，有平原之詞藻。爰自高材赴召，丹地代言，絲綸必本於典謨，獻納已覩其事業，仍歲扈和鑾之狩，六年專詔誥之勤。讜正自持，門望彌峻。況爾伯祖贄，昔以才行，嘗居禁林。當德宗避狄之秋，實乃祖納言之日。積其偉節，昇於鼎司。書命諫章，流在人口。是用選自密勿，陟之台衡；昭於前光，期以後效，執我大柄，貳茲地官。既表殊恩，且有丕訓。於戲！奸凶尚熾，干戈未平，生靈流離，宗社榛莽。爾其舉墜典，正頽綱，進賢良，遠奸慝。勿依違而避事，無拱默以樹恩，庶乎艱難。有望康濟，往踐乃位，敬而戒之。可尚書兵部侍郎同中書門下平章事，餘如故。乾寧三年七月。

韓儀《朱朴平章事制》　門下：夢傅巖而得其相，則殷道中興；獵渭濱而載獻臣，則周朝致理。是知顯諸仁，藏諸用。君子但守其沉機，懷其實而迷其邦，大器曷虚其顯位？朕自逢多難，渴佇英賢，暗禱鬼神，明祈日月，果得其哲輔，契予勤求。朝散大夫守國子毛詩博士上柱國賜紫金魚袋朱朴，學業優深，識用精敏，久徊翔而不振，彌貞吉以自多。朕知其才，遂召與語。理亂立分於言下，聞所未聞；兵農皆在於彀中，得所未得。不覺前席，爲之改容。須委化權，用昌襄運。是乃振於庠序，陟彼鈞衡。自我拔奇，寧拘品秩。於戲！時風甚薄，國步方難。兵戈未息於近郊，經制日隳於故事。宫闕焚蕩，邑里凋虚。外則未殄元凶，内則未凝庶績。整我綱紀，成我雍熙。百度羣倫，俟爾康濟。勉思敬戒，以服寵章。可朝議大夫同中書門下平章事，上柱國賜紫金魚袋。乾寧八年八月。

《崔胤崔遠平章事制》　門下：擇股肱良臣，爲社稷大計，斯實安危之本，必資經濟之才。應星象而踐三台，平陰陽而御六氣。成彼非熊之兆，叶茲審象之求。既遇通賢，爰申並命。扶危匡國，致理功成。新授武定軍節度湖南管内觀察處置等使金紫光禄大夫檢校禮部尚書同中書門下平章事持節都督潭州諸軍事兼潭州刺史上柱國清河郡開國侯食邑一千户崔胤，公台貴胄，禮樂名門。秉直道以匡時，挺貞觀以華國。玉山孤峭，迥出千峯，冰鏡澄明，能韜萬象。翰林學士承旨銀青光禄大夫行尚書兵部侍郎知制誥上柱國博陵縣開國男食邑三百户崔遠，珪璋蘊德，鸞鶴呈姿。持偉望以標奇，蘊神鋒而匿耀。朱弦逸韻，既可禮天，寶劍雄鋩，宜乎折滯。或繼膺倚注，屢執鈞衡。或亟處深嚴，嘗司詔誥。燮和茂績，敏嘿嘉名。昭布朝論，洋溢休稱。而體國勵志，問牛之美早傳；戴君載誠，吐鳳之名夙著。宜陟重任，詳觀厥能。升諸喉舌之司，寵以鑪錘之用。專秘殿之圖籍，度會府之財征。俾操化鈞，仍綰邦賦。當此艱難之運，爰緊輔弼之功。噫！未復神州，尚茲多壘。仍歲有征巡之役，兆人懷蘇息之期。予心浩然，罔知克濟。咨爾良弼，共成懿圖。勉膺三事之榮，恪奉一時之寵。胤可守中書侍郎兼户部尚書同中書門下平章事集賢殿大學士，判度支。遠可守本官同中書門下平章事，判户部，散官勳封並如故。乾寧三年九月。

韓儀《王摶平章事制》　門下：朕聞軒轅得力牧而爲五帝首，禹任皋陶而爲三王祖。雖不言而化，自契於玄功。端拱仰成，實資於哲輔。況有嘗持大柄，久竭訏謨。振寅亮於巖廊，立惠廸之軌蹈。俾仍舊貫，再委平衡。斷自朕懷，用符僉屬。扶危匡國，致理功臣。新授武勝軍節度浙江東道管内觀察處置宣撫等使金紫光禄大夫檢校尚書右僕射同中書門下平章事使持節越州諸軍事越州刺史上柱國開國公食邑三千户王摶，道潔秋霜，文含春彩，動不踰矩，立必正方。中孚行絶類之貞，保大有匪躬之節。訥於言而敏於行，深耻名浮；竭其力而致其身，唯將道勝。頃歲朕察其材智，可秉鈞憂國，罄慮匡時，敷沃心之嘉猷，進苦口之良藥。洎汧岐叛渙，京師戒嚴，罔懼觸鱗，屢陳逆耳，摶以明君待我。故每敢極言，我以忠臣任摶，亦加獎納。深知盡瘁，永用寘懷。自鑾輅省方，艱危鼠蹕，澄心無撓，臨事應機。爲時而生，信非虚語。昨以初清鏡水，新蕩稽山，慎擇周材，以康疲俗。是用輟於台鼎，俾踐師壇，□念卿言，皆合朕意。讜正之事，久而彌芳。雖浙右之瘡痍，誠思惠養；顧岐陽之妖逆，尤藉機籌。宜歸班瑞之符，却秉代天之筆。爾宜内凝庶績，外殄元凶。勉精醫國之謀，報我知臣之德。天官重位，光禄崇階，兼以命之，用旌寵數。服茲休命，可不慎歟？可光禄大夫吏部尚書同中書門下平章事，功臣勳封並如故。乾寧三年十月。

《張文蔚平章事制》　門下：古者明王，居億兆之上，慮弗用乂，兢兢業業，卜選夢徵。思得全才，俾諧共理。付之台鉉，仰以和平。既諧作礪之求，允繼非熊之兆。銀青光禄大夫行尚書禮部侍郎上柱國張文蔚，宇量冲襟，虚坦平和，而又凌轢清華，騫翔顯重。久居内署，備著芳猷。論思而高議昇平，扈從而志堅尊獎。視草著博通之業，寡言彰慎密之規。朕乃擢自翰垣，委之大柄。克盡捜揚之道，頗開公正之門。是用列在鼎司，咨之衮職。爾其深研理道，精鍊事機。盡當朝贍國之謀，究前代銷兵之術。書載伊尹，實惟阿衡。今倚任之，亦惟若是。敬乃於位，思其有終。可同中書門下平章事，餘並如故。天祐二年二月。

《楊涉平章事制》　門下：持鈞軸以燮陰陽，是資至德；掌地征而富邦國，必仗通才。難虚作礪之求，式叶爲霖之望。金紫光禄大夫守尚書吏部侍郎上柱國弘農縣開國伯食邑七百户楊涉，代襲軒裳，業通墳典，踐履華貫，周旋大僚。陳太丘雅尚清貧，葛稚川不貪榮禄。綽有休問，喧在羣言。往典貢闈，則文行兼採；近司銓管，則清濁咸分。至必可稱，動皆垂範。朕嗣守丕祚，虔思小康。是用授以鈞衡，委之征賦。爾其克申蘊蓄，用副旁求。使干戈遠偃於四郊，玉帛斷歸於内帑。仍司仙殿，更重化源。勉輔沖人，臻於理道。可尚書吏部侍郎同中書門下平章事，充集賢殿大學士，判户部事，散官勳封並如故。天祐二年三月。

宋·洪邁《容齋四筆》卷四《唐明皇賜二相物》　唐明皇以李林甫爲右相，顯付大政，而左相牛仙客、李適之、陳希烈前後同列，皆拱手備員。林甫死，楊國忠代之，其寵遇愈甚。天寶十三載，上御躍龍殿門，張樂宴羣臣，賜右相絹一千五百疋，綵羅三百疋，綵綾五百疋，而賜左相絹三百，羅、綾各五十而已。其多寡不侔，至於五倍。如希烈庸才，知上恩意，安得不奴事之乎！宜其甘心臣於禄山也。

宋·洪邁《容齋五筆》卷一《唐宰相不歷守令》　唐楊綰、崔祐甫、杜黄裳、李藩、裴垍，皆稱英宰。然考其履歷，皆未嘗爲刺史、縣令。綰初補太子正字，擢右拾遺，起居、中書舍人，禮、吏部侍郎，國子祭酒，太常卿，拜相。祐甫初調壽安尉，歷藩府判官，入爲起居、中書舍人，拜相。黄裳初佐朔方府，入爲侍御史，太子賓客，太常卿，拜相。藩佐東都、徐州府，入爲秘書郎，郎中，給事中，拜相。垍由美原尉，四遷考功員外郎，中書舍人，户部侍郎，拜相。五賢行業，史策書之已詳，茲不復論。然則後之用人，必言踐揚中外，諳熟民情，始堪大用，殆爲隘矣。

清·王鳴盛《十七史商榷》卷八三《新舊唐書一五·元和太和開成年間李氏六宰相》　《世系表》趙郡李氏，晉司農丞、治書侍御史楷五子，輯，晃稱南祖，芬、勁稱西祖，叡稱東祖。趙璘《因話録》卷二《商部》云：「趙郡李氏，三祖之後，元和初，同時各一人爲相。蕃南祖，吉甫西祖，絳東祖，而皆第三。至太和開成間，又各一人前后在相位，德裕，吉甫之子；固言，蕃再從弟，皆第九；珏亦絳之近從，諸族罕有。」今考《宰相年表》，元和初固有李蕃、李吉甫、李絳三人，《因話》作『蕃』者，特傳寫誤。而《世系表》絳出東祖，吉甫出西祖，與《因話》合，至蕃則《世系》末段總敘某房宰相若干人數内蕃在南祖之列，亦與《因話》合，獨横格内有脱誤，遂似無可考。《世系》德裕爲吉甫子，固不待言，而固言亦列南祖下，云：『字仲樞，相文宗。』再《舊書·蕃傳》，曾祖至遠，天官侍郎、壁州刺史，祖畬，考功郎中，父承，湖南觀察使。《新·世系表》南祖下鄭令休烈生五子，長鵬，字至遠，壁州刺史，鵬子畬，字玉田，考功郎中。畬子承，山南東道節度使，承子藩。《舊》稱鵬爲至遠者，唐人多以字行也。承官與《舊》異，當以《世系表》爲正也。潘卽藩，傳寫誤，又脱去『字叔翰，相憲宗』六字也。汲古閣板號精善，而脱誤甚多，未見勝他本，往往如此。至遠之第四弟希遠，希遠子幷，幷子峴，峴子固言，則固言於藩爲同高祖緦麻弟兄，當云三從弟，《因話》云再從弟，微誤。其珏，《世系》雖列於東祖，但絳是東祖叡之後，此爲嫡支，若珏則别一支，跳行另起，但云東祖之後，又有謂，自謂更五傳至珏，謂於叡，其世次已無考，況珏與絳乎？則《因話》謂珏爲絳近從者，誤。又《世系》南祖有敬元，相高宗，而東祖又有平陽令敬元，按其年數輩行，平陽令實在後，雖服屬已遠，但族中有宰相，竟與同名，無此理，此亦傳寫誤。

又　卷九一《新舊唐書二三·翰林學士行宰相事》　《新·李訓傳》：『太和八年，由四門助教遷《周易》博士，兼翰林侍講學士。明年，進翰林學士，兵部郎中、知制誥，居中倚重，實行宰相事。』翰林學士之設始于玄宗，其權甚重，已見前論《順紀》王叔文事。李訓以翰林學士行宰相事，與叔文正同。

又　《新舊唐書二三·超躐宰相》　唐世命相不論官資，但同兩省平章卽爲相，已見前第七十四卷，《新·姦臣》：『柳璨以諫議大夫同中書門下平章事。起布衣，至是不四歲。』超躐若此。若同時朱朴以《毛詩》博士，亦擢諫議大夫、同兩省平章，此雖末世事不足據，然亦可見唐制。

中央政務機構部

綜　述

《隋書》卷二八《百官志下》　尚書省，事無不總。置令、左右僕射各一人，總吏部、禮部、兵部、都官、度支、工部等六曹事，是爲八座。屬官左、右丞各一人，都事八人，分司管轄。吏部尚書統吏部侍郎二人，主爵侍郎一人，司勳侍郎二人，考功侍郎一人。禮部尚書統禮部、祠部侍郎各一人，主客、膳部侍郎各二人。兵部尚書統兵部、職方侍郎各二人，駕部、庫部侍郎各一人。都官尚書統都官侍郎二人，刑部、比部侍郎各一人。司門侍郎二人。度支尚書統度支、户部侍郎各二人，金部、倉部侍郎各一人。工部尚書統工部、屯田侍郎各二人，虞部、水部侍郎各一人。凡三十六侍郎，分司曹務，直宿禁省，如漢之制。【略】

（開皇）三年四月，詔尚書左僕射，掌判吏部、禮部、兵部三尚書事，御史糾不當者，兼糾彈之。尚書右僕射，掌判都官、度支、工部三尚書事，又知用度。餘皆依舊。尋改度支尚書爲户部尚書，都官尚書爲刑部尚書。諸曹侍郎及内史舍人，並加爲從五品。【略】六年，尚書省二十四司，各置員外郎一人，以司其曹之籍帳。侍郎闕，則釐其曹事。吏部又別置朝議、通議、朝請、朝散、給事、承奉、儒林、文林等八郎。【略】

（開皇）十四年，諸省各置主事令史員。

唐·李肇《唐國史補》卷下　郎官故事：吏部郎中二廳，先小銓，次格式；員外郎二廳，先南曹，次廢置。刑部分四覆、户部分兩賦，其制尚矣。

舊説吏部爲省眼，禮部爲南省舍人，考功度支爲振行。比部得廊下食，以飯從者，號比盤。二十四曹呼左右司爲都公。省下語曰：『後行祠屯，不博中行都門；中行刑户，不博前行駕庫。』故事：度支案，郎中判入，員外判出，侍郎總統押案而已。貞元已後，方有使額也。郎官當直，發敕爲重。水部員外郎劉約直宿，會河北繫囚，配流嶺南，夜發敕，直宿令史不更事，唯下嶺南，不下河北。旬月後，本州聞奏，約乃出官。

《舊唐書》卷四三《職官志二》　吏部尚書一員，正三品。龍朔二年，改爲司列太常伯，光宅元年，改爲天官尚書，神龍復爲吏部尚書也。侍郎二員。正四品上。隋煬帝大業三年，尚書六曹，各置侍郎一人，以貳尚書之職，並正四品。國家定令，諸曹侍郎降爲正四品下。唯吏部侍郎爲正四品上。龍朔改爲司列少常伯，咸亨復。總章元年，吏部、兵部各增置侍郎一員也。尚書、侍郎之職，掌天下官吏選授、勳封、考課之政令。其屬有四：一曰吏部，二曰司封，三曰司勳，四曰考功。總其職務，而行其制命。凡中外百司之事，由於所屬，皆質正焉。凡選授之制，每歲集於孟冬。去王城五百里之内以上旬，千里之内以中旬，千里之外以下旬。尚書、侍郎，分爲三銓。尚書爲尚書銓，侍郎二人分爲中銓、東銓也。凡擇人以四才，校功以三實。四才，謂身、言、書、判。其優長者，有可取焉。三實，謂德行、才用、勞效。德均以才，才均以勞，勞必考其實而進退之。較之優劣，而定其留放，所以正權衡，明與奪，抑貪冒，進賢能。然後據其官資，量其注擬。五品已上，以名上中書門下，聽制授其官。六品已下，量資注定。其才識頗高，可擢爲拾遺、補闕、監察御史者，亦以名送中書門下，聽敕授。其有歷職清要，考第頗深者，得隔品授之，不然即否。凡出身非清流者，不注清資官。凡注官，若官資未相當，及以爲非便者，聽至三注。凡伎術之官，皆本司定，送吏部附甲。凡同司聯事勾檢之官，皆不得注大功已上親。凡皇親諸親及軍功，兼注員外郎。凡注擬，必先具官階團甲，送門下以聞。注官，階高擬卑曰行，階卑擬高曰守。三銓注擬訖，皆當銓團甲，過左右僕射。若中銓，東銓，則過尚書訖，乃上門下省。給事中讀，黄門侍郎省，侍中審，然後進甲以聞，聽旨授而施行焉。若左右僕射門下批官不當者，別改注，亦有重執而上者也。凡大選，終於季春之月，若選人有身在軍旅，則軍中試書判，封送吏部。亦有春中下解而後集，謂之春選。若優勞人，有敕則有處分及即與官者，並聽非時選，一百日内注擬之。所以定九流之品格，補萬方之闕政，官人之道備焉。

郎中二員，並從五品上。龍朔爲司列大夫，咸亨、光宅並隨曹改也。員外郎二員。並從六品上。令史三十人，書令史六十人，亭長八人，掌固十二人，郎中一人掌考天下文吏之班秩階品。凡敍階二十有九，品在都序，自一品至九品，品有上下，凡散官四品已下，九品已上，並於吏部當番上下。其應當番四十五日。若都省須人送符，諸司須人者，並兵部、吏部散官上，經兩番已上，聽簡入選。不第者，依番名不過五六也。凡敍階之法，有以封爵，有以親戚，有以勳庸，有以資蔭，有以秀孝，有以勞考，有除免而復敍者，皆循法以申之，無或枉冒。凡應入三品五品者，皆待別制而進之，不然則否。凡文武百僚之班序，官同者先爵，爵同者先齒。凡京司有常參官。謂五品以上職事官、八品已上供奉官、員外郎、監察御史、太常博士。供奉官、兩省自侍中、中書令已下，盡名供奉官。諸司長官、清望官、四品已下八品已上清官。每日以六品已上清官兩人，待制於衙。供奉官、宿衛官不在此例。凡授四品已下清望官，才職相當，不應退讓。凡職事官應覲省及移疾，不得過程。年七十已上，應致仕，若齒力未衰，亦聽釐務。凡官人身及同居大功已上親，自執工商，家專其業，及風疾、使酒，皆不得入仕。凡内外官有清白著聞，應以名薦，則中書門下改授，五品已上，量加升進，六品已下，有付吏部即量等第遷轉。若第二第三等人，五品已上，改日稍優之。六品已下，秩滿聽選，不在放限，其嶺南、黔中，三年一置選補使，號爲南選，凡天下官吏，各有常員。凡諸司置直，皆有定數。諸司諸色有品直官。内外官吏，則有假寧之節，行李之命。簿書景迹，功賞殿最，具員皆與員外郎分掌之。郎中一人掌小銓，亦分爲九品，通謂之行署。以其在九流之外，故謂之流外銓，亦謂之小選。其校試銓注，與流内銓略同。其吏部、兵部、禮部、考功、都省、御史臺、中書、門下，謂之前八司，其餘則曰後行。凡擇流外，取工書、計，兼頗曉時務。三事中，有一優長，則在敍限。每經三考轉選，量其才能而進之，不則從舊任。小銓，舊委郎中專知。開元二十五年，又敕銓試訖留放，皆尚書侍郎定之也。員外郎一人掌判南曹。曹在選曹之南，故謂之南曹。每歲選人，有解狀、簿書、資歷、考課，必由之以覈其實，乃上三銓。其三銓進甲則署焉。員外郎一人掌判曹務。凡預太廟齋郎帖試，如貢舉之制。

司封郎中一員，從五品上。隋曰主爵郎，武德因之。龍朔二年改爲司封大夫，光宅改司封郎中也。司封員外郎一員，從六品上。主事二人，從九品上。令史四人，書令史九人，掌固四人。司封郎中、員外郎之職，掌國之封爵，凡有九等。一曰王，正一品，食邑一萬户。二曰郡王，從一品，食邑五千户。三曰國公，從一品，食邑三千户。四曰郡公，正二品，食邑二千户。五曰縣公，從二品，食邑一千五百户。六曰縣侯，從三品，食邑一千户。七曰縣伯，正四品，食邑七百户。八曰縣子，正五品，食邑五百户。九曰縣男，從五品，食邑三百户。凡名山大川，及畿内諸縣，皆不以封。至郡公有餘爵，聽廻授子孫。其國公皆特封。凡天下觀有定數。每觀立三綱，以道德高者充，凡三元諸齋日，修金録、明眞等齋。凡道士、女道士簿籍，三年一造，凡外命婦之制，皇之姑，封大長公主，皇姊妹，封長公主，皇女，封公主，皆視正一品。皇太子之女，封郡主，視從一品。王之女，封縣主，視正二品。王母妻，爲妃。一品及國公母妻，爲國夫人。三品已上母妻，爲郡夫人。四品母妻，爲郡君。五品若勳官三品有封，母妻爲縣君。散官並同職事。勳官四品有封，母妻爲鄉君。其母邑號，皆加太字，各視其夫、子之品。若兩有官爵者，從其高。若内命婦，一品之母，爲正四品郡君；二品之母，爲從四品郡君；三品四品之母，並爲正五品縣君。凡婦人，不因夫及子而別加邑號，夫人云某品夫人，郡君爲某品郡君，縣君、鄉君亦然。凡庶子，有五品已上官，皆封嫡母。無嫡母，封所生母。凡二王後夫人，職事五品已上，散官三品已上，王及國公母妻。朝參各視其夫及子之禮。凡親王，孺人二人，視正五品，媵十人，視正六品，嗣王、郡王及一品，媵十人，視從六品。二品，媵八人，視正七品，三品及國公，媵六人，視從七品。四品，媵四人，視正八品。五品，媵三人，視從八品。降此外皆為妾。凡皇家五等親，及諸親三等，存亡昇降，皆立簿書籍，每三年一造。除附之制，並載於宗正寺。

司勳郎中一員，從五品上。隋曰司勳郎，武德初乃加中字。龍朔改為司勳大夫，咸亨復也。司勳員外郎二員，從六品上。主事四人，從九品上。令史三十三人，書令史六十人，掌固四人。郎中、員外郎之職，掌邦國官人之勳級。凡勳，十有二轉為上柱國，比正二品。十一轉為柱國，比從二品。十轉為上護軍，比正三品。九轉為護軍，比從三品。八轉為上輕車都尉，比正四品。七轉為輕車都尉，比從四品。六轉為上騎都尉，比正五品。五轉為騎都尉，比從五品。四轉為驍騎尉，比正六品。三轉為飛騎尉，比從六品。二轉為雲騎尉，比正七品。一轉為武騎尉，比從七品。凡有功效之人，合授勳官者，皆委之覆定，然後奏擬。

考功郎中一員，從五品上。龍朔二年改為司績大夫，咸亨初乃復。考功員外郎一員，從六品上。龍朔改為司績員外郎，咸亨復。主事三人，從八品上。令史十三人，書令史二十五人，掌固四人。郎中、員外郎之職，掌内外文武官吏之考課。凡應考之官家，具録當年功過行能，本司及本州長官對衆讀，議其優劣，定為九等考第，各於所由司準額校定，然後送省。内外文武官，量遠近以程之有差，附朝集使送簿至省。每年別敕定京官位望高者二人，其一人校京官考，一人校外官考。又定給事中、中書舍人各一人，其一人監京官考，一人監外官考。郎中判京官考，員外判外官考。其檢覆同者，皆以功過上使。京官則集應考之人對讀注定，外官對朝集使注定。凡考課之法，有四善：一曰德義有聞，二曰清慎明著，三曰公平可稱，四曰恪勤匪懈。善狀之外，有二十七最：其一曰獻可替否，拾遺補闕，爲近侍之最。其二曰銓衡人物，擢盡才良，爲選司之最。其三曰揚清激濁，褒貶必當，爲考校之最。其四曰禮制儀式，動合經典，爲禮官之最。其五曰音律克諧，不失節奏，爲樂官之最。其六曰決斷不滯，與奪合理，爲判事之最。其七曰都統有方，警守無失，爲宿衛之最，其八曰兵士調習，戎裝充備，爲督領之最。其九曰推鞫得情，處斷平允，爲法官之最，其十曰讎校精審，明爲刊定，爲校正之最。其十一曰承旨敷奏，吐納明敏，爲宣納之最。其十二曰訓導有方，生徒充業，爲學官之最。其十三曰賞罰嚴明，攻戰必勝，爲將帥之最。其十四曰禮義興行，肅清所部，爲政教之最。其十五曰詳録典正，辭理兼舉，爲文史之最。其十六曰訪察精審，彈舉必當，爲糾正之最。其十七曰明於勘覆，稽失無隱，爲勾檢之最。其十八曰職事修理，供承强濟，爲監掌之最。其十九曰功課皆充，丁匠無怨，爲役使之最。其二十曰耕耨以時，收穫成課，爲屯官之最。其二十一曰謹於蓋藏，明於出納，爲倉庫之最。其二十二曰推步盈虚，究理精密，爲曆官之最。其二十三曰占候醫卜，效驗居多，爲方術之最。其二十四曰譏察有方，行旅無壅，爲關津之最。其二十五曰市廛不擾，姦濫不作，爲市司之最。其二十六曰牧養肥碩，蕃息孳多，爲牧官之最。其二十七曰邊境肅清，城隍修理，爲鎮防之最。一最以上，有四善，爲上上。一最以上，有三善，或無最而有四善，爲上中。一最以上，有二善，或無最而有三善，爲上下。一最以上，而有一善，或無最而有二善，爲中上。一最以上，或無最而有一善，爲中中。職事粗理，善最不聞，爲中下。愛憎任情，處斷乖理，爲下上。背公向私，職務廢闕，爲下中。居官諂詐，貪濁有狀，爲下下。若於善最之外，别可加尚，及罪雖成殿，情狀可矜，雖不成殿，而情狀可責者，省校之日，皆聽考官臨時量定。內外官從見任改爲別官者，其年考從日申校，百司量其閑劇，諸州據其上下。進考之人，皆有定限，苟無其功，不要充數。功過於限，亦聽量進。其流外官，本司量其行能功過，立四等考第而勉進之。凡親勳翊衛，皆有考第。考第之中，略有三等。衛主帥，如三衛之考。其監門、校尉、直長，如主帥之考。凡謚議之法，古之通典，皆審其事，以爲旌別。

戶部尚書一員，正三品。隋爲民部尚書，貞觀二十三年改爲户部。明慶元年改爲度支，龍朔二年改爲司元太常伯，光宅元年改爲地官尚書，神龍復爲户部。侍郎二員。正四品下。因隋已來改易名位，皆隨尚書也。尚書、侍郎之職，掌天下田户、均輸、錢穀之政令，其屬有四：一曰户部，二曰度支，三曰金部，四曰倉部。總其職務，而行其制命。凡中外百司之事，由於所屬，皆質正焉。

郎中二員，從五品上。員外郎二員。從六品上。郎中、員外，自隋已來，隨曹改易。主事四人，從九品上。令史十五人，書令史三十四人，亭長六人，掌固十人。郎中、員外郎之職，掌分理户口、井田之事。凡天下十道，任土所出，爲貢賦之差。凡天下之州府，三百一十有五，而羈縻之州，迨八百焉。四萬户已上爲上州，二萬户以上爲中州，不滿爲下州。凡三都之縣，在內曰京縣，城外曰畿，又望縣有八十五焉。其餘則六千户以上爲上縣，二千户已上爲中縣，一千户已上爲中下縣，不滿一千户皆爲下縣。凡天下之户，八百一萬八千七百一十，口四千六百二十八萬五千一百六十一。百户爲里，五里爲鄉。兩京及州縣之郭內，分爲坊，郊外爲村，里及坊村皆有正，以司督察。四家爲鄰，五鄰爲保，保有長，以相禁約。凡男女，始生爲黄，四歲爲小，十六爲中，二十有一爲丁，六十爲老。每一歲一造計帳，三年一造户籍。縣以籍成于州，州成于省，户部總而領焉。凡天下之户，量其資定爲九等，每定户以仲年，造籍以季年。州縣之籍，恒留五比，省籍留九比。凡户之兩貫者，先從邊州爲定，次從關內，次從軍府州。若俱者，各從其先貫焉。樂住之制：居狹鄉者，聽其從寬。居遠者，聽其從近。居輕役之地者，聽其從重。辨天下之四，使各專其業。凡習學文武者爲士，肆力耕桑者爲農，巧作器用者爲工，屠沽興販者爲商。工商之家，不得預於士。食禄之人，不得奪下人之利。凡天下之田，五尺爲步，步二百有四十爲畝，畝百爲頃。度其肥瘠寬狹，以居其人。凡給田之制有差，園宅之地亦如之。凡給口分田，皆從便近。居城之人，本縣無田者，則隔縣給授。凡應收授之田，皆起十月，畢十二月。凡授田，先課後不課，先貧後富，先多後少。凡州縣界內所部，受田悉足者，爲寬鄉，不足者爲狹鄉。凡官人及勳，授永業田。凡天下諸州有公廨田，凡諸州及都護府官人有職分田。凡賦役之制有四：一曰租，二曰調，三曰役，四曰雜徭。課户每丁租粟二石。其調，隨鄉土所産綾絹絁各二丈，布加五分之一。輸綾絹絁者，綿三兩。輸布者，麻三斤。皆書印焉。凡丁，歲役二旬。無事則收其庸，每日三尺。有事而加役者，旬有五日免調，三旬則租調俱免。凡庸調之物，仲秋斂之，季秋發於州。租則準州土收穫早晚，量事而斂之。仲冬起輸，孟春而納畢。本州納者，季冬而畢。凡諸國蕃胡内附者，亦定爲九等。凡嶺南諸州稅米，及天下諸州稅錢，各有準常。凡丁户皆有優復蠲免之制。若孝子順孫、義夫節婦志行聞於鄉閭者，州縣申省奏聞，而表其門閭，同籍悉免課役。有精誠致應者，則加優賞焉。凡京司文武職事官，皆有防閤。凡州縣官僚，皆有白直。凡州縣官及在外監官，皆有執衣。凡諸親王府屬，並給士力，具品數如白直。凡有功之臣，賜實封者，皆以課户充。凡食封，皆傳于子孫。凡庶人年八十及篤疾，給侍丁一人，九十，給二人，百歲，三人。凡天下朝集使，皆以十月二十五日至京師，十一月一日户部引見訖，於尚書省與羣官禮見，然後集于考堂，應考績之事。元日，陳其貢篚於殿廷。凡京都諸縣令，每季一朝。

度支郎中一員，從五品上。龍朔改爲司度大夫，咸亨復。員外郎一員，從六品上。主事二人，從九品上。令史十六人，書令史三十三人，計史一人，掌固四人。郎中、員外之職，掌判天下租賦多少之數，物産豐約之宜，水陸道途之利。每歲計其所出而度其所用，轉運徵斂送納，皆準程而節其遲速。凡和糴和市，皆量其貴賤，均天下之貨，以利於人。凡金銀寶貨綾羅之屬，皆折庸調以造。凡天下舟車水陸載運，皆具爲脚直，輕重貴賤、平易險澀而爲之制。凡天下邊軍，有支度使，以計軍資糧仗之用。每歲所費，皆申度支會計，以長行旨爲準。

金部郎中一員，從五品上。龍朔爲司珍大夫，咸亨復。員外郎一員，從六品上。主事三人，從九品上。令史八人，書令史二十一人，計史一人，掌固四人。郎中、員外郎之職，掌判天下庫藏錢帛出納之事，頒其節制，而司其簿領。凡度，以北方秬黍中者一黍之廣爲分，十分爲寸，十寸爲尺，一尺二寸爲大尺，十尺爲丈。凡量，以秬黍中者容一千二百爲龠，二龠爲合，十合爲升，十升爲斗，三斗爲大斗，十斗爲斛。凡權衡，以秬黍中者百黍之重爲銖，二十四銖爲兩，三兩爲大兩，十六兩爲斤。凡積秬黍爲度量權衡，調鐘律，測晷景，合湯藥，及冠冕之制用之。内外官私，悉用大者。凡庫藏出納，皆行文牓，季終會之。若承命出納，則於中書、門下省覆而行之。百司應請月俸，符牒到，所由皆遞覆而行之，乃置木契，與應出物之司相合。凡官私互市，物數有制。凡縑帛之類，有長短、廣狹、端疋、屯綟之差。凡賜十段，其率絹三疋，布三端，綿三屯。若雜綵十段，則絲布二疋，紬二疋，綾二疋，縵四疋。若賜蕃客錦綵，率十段則錦一張，綾二疋，縵三疋，綿四屯。凡遣使覆囚，則給時服。若諸使經二年不還，亦如之。凡時服稱一具者，全給之。一副者，減給之。正冬之會，稱束帛有差者，皆賜絹，五品已上五疋，六品已下三疋，命婦視其夫、子。

倉部郎中一員，從五品上。龍朔爲司庾大夫，咸亨復也。員外郎一員，從六品上。主事三人，從九品上。令史九人，書令史二十人，計史一人，掌固四人。郎中、員外郎之職，掌判天下倉儲，受納租稅，出給祿廪之事。凡中外文武官，品秩有差，歲再給之。乃置木契一百枚，以與出給之司合，諸司官人及諸色人應給食者，皆給米。凡致仕之官，五品已上及解官充侍者，各給半祿。即還官者，通計前祿，以充後數。凡都已東租納含嘉倉，自含嘉轉運以實京太倉，自洛至陝爲陸運。自陝至京爲水運，置使，以監充之。凡王公已下，每歲田苗。皆有簿書。凡義倉所以備歲不足，常平倉所以均貴賤也。

禮部尚書一員，正三品。隋舊。龍朔改爲司禮太常伯，光宅改爲春官尚書，神龍復也。侍郎一員，正四品下，名因隋曹改易也。尚書、侍郎之職，掌天下禮儀、祭享，貢舉之政令。其屬有四：一曰禮部，二曰祠部，三曰膳部，四曰主客。總其職務，而行其制命。凡中外百司之事：由於所屬，皆質正焉。凡舉試之制，每歲仲冬，率與計偕。其科有六：一曰秀才，試方略策五條。此科取人稍峻，貞觀已後遂絶。二曰明經，三曰進士，四曰明法，五曰書，六曰算。凡此六科，求人之本，必取精究理實，而昇爲第。其有博綜兼學，須加甄奬，不得限以常科。其弘文、崇文館學生，雖同明經、進士，以其資蔭全高，試取粗通文義。其郊社齋郎簡試，如太廟齋郎。其國子監大成十二員，取明經及第人聰明灼然者，試日誦千言，并口試，仍策所習業，十條通七，然後補充。各授散官，依舊令於學内習業，以通四經爲限。

郎中一員，從五品上，員外郎一員，從六品上。隋曰儀曹郎，武德改禮部郎中員外，龍朔爲司禮大夫司禮員外，咸亨復。主事二人，從八品上。令史五人，書令史十一人，亭長六人，掌固八人。郎中、員外郎之職，掌貳尚書、侍郎。舉其儀制，而辨其名數。凡五禮之儀，一百五十有二：一曰吉禮，其儀五十有五；二曰賓禮，其儀有六；三曰軍禮，其儀二十有三；四曰嘉禮，其儀五十；五曰凶禮，其儀一十有八。凡元日，大陳設於含元殿，服衮冕臨軒，展宫懸之樂，陳歷代寶玉輿輅，備黄麾仗，二王後及百官朝集使、皇親，並朝服陪位。大會之日，陳設如初。凡冬至，大陳設如元正之儀。其異者，無諸州表奏祥瑞貢獻。凡元正、冬至大會之明日，百官、朝集使等皆詣東宫慶賀。凡千秋節，御樓設九部之樂，百官袴褶陪位。凡京司文武職事，九品已上，每朔、望朝參。五品已上及供奉官、員外郎、監察御史、太常博士，每日參。凡諸蕃國來朝，皆設宫懸之樂及黄麾仗。若蕃國使，則減黄麾之半。凡册皇后、太子、太子妃、諸王、諸王妃、公主，並臨軒册命，陳設如冬、正之儀。訖，皆拜太廟。凡祥瑞，皆辨其名物。有大瑞、上瑞、中瑞，皆有等差。凡太陽虧，所司預奏，其日置五鼓五兵於太社，而不視事。百官各素服守本司，不聽事。過時乃罷。月蝕，則擊鼓於所司。若五嶽、四鎮、四瀆崩竭，皆不視事三日。凡二分之月，三公巡行山陵，則太常卿爲之副。凡百官拜禮，各有差。致敬之士，若非連屬，應敬之官相見，或自親戚者，各從其私禮。凡樂，有五聲、八音、六律、六呂，陳四懸之度，分二舞之節，以和人倫，以調節氣，以享鬼神，以序賓客。凡私家不得設鐘磬。三品已上，得備女樂。五品女樂不得過三人。居大功已上喪，受册及之官，雖有鼓樂，從而不作。凡太廟、太社及諸宫殿門，東宫及一品已下諸州，施戟有差。凡内外百官，皆給銅印，有魚符之制。並出於門下省。凡服飾尚黄，旗幟尚赤。天子、皇后、太子已下之服，事在《輿服志》也。凡百僚冠笏、繖幰、珂珮，各有差。常服亦如之，凡凶服，不入公門，凡授都督，刺史階未入五品者，並聽著緋珮魚，離任則停。凡文武官赴朝諧府，導從各有差。凡職事官薨卒，有賻贈、柳翣、碑碣，各有制度。

祠部郎中一員，從五品上。龍朔爲司禋大夫，咸亨復。員外郎一員，從六品上。主事二人，從九品上。令史五人，書令史十一人，亭長六人，掌固八人。郎中、員外郎之職，掌祠祀、享祭、天文、漏刻、國忌、廟諱、卜筮、醫藥、僧尼之事。凡祭祀之名有四：一曰祀天神，二曰祭地祇，三曰享人鬼，四曰釋奠于先聖先師。其差有三：若昊天上帝、皇地祇、神州、宗廟爲大祀。祀天地皆以祖宗配享。日月星辰、社稷、先代帝王、岳鎮海瀆、帝社、先蠶、孔宣父、齊太公、諸太子廟爲中祀。司中、司命、風師、雨師、衆星、山林、川澤、五龍祠等，及州縣社稷、釋奠爲小祀。大祀，皇帝親祭，則太尉爲亞獻，光禄卿爲終獻。若有司攝事，則太尉爲初獻，太常卿爲亞獻。凡大祀，散齋四日，致齋三日。大祀，齋官皆於散齋日平明，集尚書省，受誓誡。中祀，散齋三日，致齋二日。小祀，散齋二日，致齋一日。皆祀前習禮、沐浴，並給明衣。凡官爵二品已上，祠四廟。五品已上，祠三廟。六品已下達於庶人，祭祖禰而已。凡國有封禪之禮，則依圓丘方澤之神位。凡天下寺有定數，每寺立三綱，以行業高者充。諸州寺總五千三百五十八所，三千二百三十五所僧，二千一百二十二所尼。每寺上座一人，寺主一人，都維那一人。凡僧簿籍，三年一造。凡別敕設齋，應行道並官給料。凡國忌日，兩京大寺各二，以散齋僧尼。文武五品已上，清官七品已上皆集，行香而退，天下州府亦然。凡遠忌日，雖不廢務。然非軍務急切，亦不舉事。餘如常式。

膳部郎中一員，從五品上。龍朔爲司膳大夫，咸亨復也。員外郎一員，從六品上。主事二人，從九品上。令史四人，書令史九人，掌固四人。郎中、員外郎之職，掌邦之祭器、牲豆、酒膳，辨其品數，及藏冰食料之事。

主客郎中一員，從五品上。隋曰司蕃郎，武德改主客郎中，龍朔爲司蕃大夫，咸亨復。員外郎一員，從六品上。主事二人，從九品上。令史四人，書令史九人，掌固四人。郎中、員外郎之職，掌二王後及諸蕃朝聘之事。二王之後，酅公、介公。凡四蕃之國，經朝貢之後，自相誅絶，及有罪滅者，蓋三百餘國。今所存者，七十餘蕃。其朝貢之儀，享宴之數，高下之等，往來之命，皆載於鴻臚之職焉。

兵部尚書一員，正三品。南朝謂之五兵尚書，隋曰兵部尚書。龍朔改爲司戎太常伯，咸亨復也。侍郎二員。正四品下。龍朔爲司戎少常伯，咸亨復。尚書、侍郎之職，掌天下武官選授及地圖與甲仗之政令。其屬有四：一曰兵部，二曰職方，三曰駕部。四曰庫部。總其職務，而行其制命。凡中外百官之事，由於所屬，咸質正焉。凡選授之制，每歲集於孟冬。去王城五百里以上旬，千里之内以中旬，千里之外以下旬。尚書、侍郎分爲三銓。尚書爲中銓，侍郎分東西。凡試能有五，五謂長垛、馬步射、馬槍、步射、應對。互有優長，即可取之，較異有三。三謂驍勇、材藝及可爲統領之用也。審其功能，而定其留放，所以録才藝、備軍國、辨虚冒、敍勳勞也。然後據其資勞，量爲注擬。五品已上送中書門下，六品已下量資注定。其在軍鎮要籍，不得赴選，委節度使銓試其等第申省。凡官階注擬團甲進甲，皆如吏部之制。凡大選，終於季春之月，所以約資敍之淺深，審才略之優劣，軍國之用在焉。

郎中二員，從五品上。龍朔爲司戎大夫，咸亨復也。員外郎二人，從六品上。主事四人，從八品下。令史三十人，書令史六十人，亭長八人，掌固十二人。郎中一員掌判帳及天下武官之階品，衛府之名數，凡敍階有二十九。將軍之階。具於敍目。凡敍階之法，一如文散官之制。凡天下之府，五百九十有四，有上中下，並載於諸衛之職。凡應宿衛官，各從番第。凡千牛備身左右及太子千牛備身，皆取三品已上職事官子孫，四品清官子，儀容端正，武藝可稱者充。五考，本司随文武簡試聽選。四品，謂諸司侍郎、左右庶子也。凡殿中省進馬，取左右衛三衛及高蔭，簡儀容可觀者補充。簡試同千牛例。僕寺進馬，亦如之。五品已下、七品已上，五年，多至八年，年滿簡送吏部。不第者，如初。無文，聽以武選。凡左右衛、親衛、勳衛、翊衛、及左右率府親勳翊衛，及諸衛之翊府，通謂之三衛。擇其資蔭高者，爲親衛，其次者，爲勳衛及率府之親衛，又次者，爲翊衛及率府之勳衛，又次者，爲諸衛及率府之翊衛，又次者，爲親王府之執仗執乘。量遠邇以定其番第。應補之人，周親已上有犯刑戮者，配令兵部上下。凡諸衛及率府三衛，貫京兆、河南、蒲、同、華、岐、陜、懷、汝、鄭等州，皆令番上，餘州皆納資。凡左右衛之三衛，分爲五仗。凡王公已下，皆有親事帳内，限年十八已下，舉諸州率萬人以充之。皆限十周年，則聽其簡試。文理高者送吏部，其餘留本司，全下者退還本色。凡兵士隷衛，各有其名。左右衛曰驍騎，左右驍衛曰豹騎，左右武衛曰熊渠，左右威衛曰羽林，左右領軍衛曰射聲，左右金吾衛曰佽飛。東宫左右衛率府曰超乘，左右司禦率府曰旅賁，左右清道率府曰直蕩。總名曰衛士。皆取六品已下子孫，及白丁無職役者點充。凡三年一簡點，成丁而入，六十而免。量其遠邇，以定番第。凡衛士，各立名簿。其三年已來征防差遣，仍定優劣爲三第。每年正月十日送本府印記，仍録一道送本衛府。若有差行上番，折衝府據簿而發之。凡差衛士征戍鎮防，亦有團伍。其善弓馬者，爲越騎團，餘爲步兵團，主帥已下統領之。火十人，有六馱馬。若父兄子弟，不併遣之。若祖父母老疾，家無兼丁，免征行及番上。其居常則皆習射，唱大角歌。番集之日，府官率而課試。凡左右金吾衛，有角手，諸衛有弩手，左右羽林軍有飛騎及左右萬騎、彍騎。天下諸軍，有健兒，皆定其名籍，每季上中書、門下。凡關内，有團結兵，秦、成、岷、渭、河、蘭六州，有高麗羌兵。黎、雅、邛、翼、茂五州，有鎮防團結兵。天下諸州差兵，募取户殷丁多，人材驍勇，選前資官勳官部分强明堪统攝者，節級擢補主帥以領之。其義征者，别爲行伍，不入募人之營。凡軍行器物，皆於當州分給之。如不足，則令自備，貧富必以均焉。凡諸州軍府應行兵之名簿，器物之多少，皆申兵部。軍散之日，亦録其存亡多少，以申而勘會之。凡諸道廻兵糧糒之物，衣資之費，皆令所在州縣分而給之。郎中一人掌判簿，以總軍戎差遣之名數。凡天下節度使有八，若諸州在節度内者，皆受節度焉。其福州經略使，登州平海軍，則不在節度之内。節度名與所管軍鎮名，並見《地理志》也。凡親王總戎，曰元帥，文武官總统者，則曰總管。以奉使言之，則曰節度使，有大使、副使、判官。若大使加旌節以统軍，置木契以行。凡將帥出行，兵滿一萬人已上，置長史、司馬、倉曹兵曹胄曹等參軍各一人。五千人已上，減司馬。諸軍各置使一人，五千人已上置副使一人，一萬人已上置營田副使一人。每軍各有倉、兵、胄三參軍。其横海、高陽、唐興、恒陽、北平等五軍，皆本州刺史爲使。凡鎮，皆有使一人，副使一人。萬人已上，置司馬、倉兵二曹參軍。五千人已下，減司馬。凡諸軍鎮，每五百人置押官一人，千人置子總管一人，五千人置總管一人。凡諸軍鎮使、副使已上，皆四年一替，總管已下，二年一替；押官随兵交替。凡諸軍鎮大使、副使已下，皆有傔人，别奏以從之。凡幸三京，即東都南北衙，皆置左右屯營，别立使以統之。若在都，則京城亦如之。凡大將出征，皆告廟授鉞，辭齊太公廟訖，不宿於家。臨軍對寇，士卒不用命，並得專行其罰。既捷，及軍未散，皆會衆而書勞與其費用，乃告太廟。元帥凱旋之日，皆使郊勞。有司先獻捷於太廟，又告齊太公廟。員外郎一人掌貢舉及雜請之事。凡貢舉，每歲孟春，亦與計偕。有二科：一曰平射，二曰武舉。凡科之優劣，動獲之等級，皆審其實而受敍焉。員外郎一人掌判南曹。每歲選人，有解狀、簿書、資歷、考課。必由之以覈其實，乃上三銓。進甲則署焉。

職方郎中一員，正六品上。員外郎一員，從五品上。龍朔爲司域大夫也。主事二人，從九品上。令史四人，書令史九人，掌固四人。郎中、員外郎之職，掌天下地圖及城隍、鎮戍、烽堠之數，辨其邦國都鄙之遠近，及四夷之歸化。凡五方之區域，都邑之廢置，疆埸之争訟者，舉而正之。凡天下上鎮二十，中鎮九十，下鎮一百三十五。上戍十有一，中戍八十六，下戍二百四十五。凡烽堠所置，大率相去三十里。其逼邊境者，築城置之。每烽置帥一人，副一人。凡州縣城門及倉庫門，須有備守。

駕部郎中一員，從五品上。龍朔爲司輿大夫也。員外郎一人，從六品上。主事三人，從九品上。令史十人，書令史二十人，掌固四人。郎中、員外郎之職，掌邦國輿輦、車乘、傳驛、廐牧、官私馬牛雜畜簿籍，辨其出入，司其名數。凡三十里一驛，天下驛凡一千六百三十九，而監牧六十有五，皆分使統之。若畜養之宜，孳生之數，皆載於太僕之職。凡諸衛有承直之馬，凡諸司有備運之牛，皆審其制，以定數焉。

庫部郎中一員，從五品上，龍朔爲司庫大夫也。員外郎一員，從六品上。主事二人，從九品上。令史七人，書令史十五人，掌固四人。郎中、員外郎之職，掌邦國軍州戎器、儀仗，凡元正、冬至陳設，并祠祭喪葬所賁之物，皆辨其出入之數，量其繕造之功，以分給焉。

刑部尚書一員，正三品。隋初改都官尚書，又改爲刑部。龍朔改爲司刑太常伯，光宅改爲秋官尚書，神龍復也。侍郎一員。正四品下，龍朔爲司刑少常伯，尚書、侍郎之職，掌天下刑法及徒隸、勾覆、關禁之政令。其屬有四：一曰刑部，二曰都官，三曰比部，四曰司門。總其職務，而行其制命。凡中外百司之事，由於所屬，咸質正焉。

郎中二員，從五品上。隋曰憲部郎，武德爲刑部郎中，龍朔改爲司刑大夫。員外郎二員，從六品上。主事四人，從九品上。令史十九人，書令史三十八人，亭長六人，掌固十人。郎中、員外郎之職，掌貳尚書、侍郎，舉其典憲，而辨其輕重。凡文法之名有四：一曰律，二曰令，三曰格，四曰式。凡律，十有二章：一名例，二禁衛，三職制，四户婚，五廐庫，六擅興，七賊盗，八鬬訟，九詐僞，十雜律，十一捕亡，十二斷獄，而大凡五百條。令，二十有七篇，分爲三十卷。第一至第七曰官品職員，八祠，九户，十選舉，十一考課，十二宫衛，十三軍防，十四衣服，十五儀制，十六鹵簿，十七公式，十八田，十九賦役，二十倉庫，二十一廐牧，二十二關市，二十三醫疾，二十四獄官，二十五營繕，二十六喪葬，二十七雜令，而大凡一千五百四十六條。凡格，二十四篇。式，三十三篇。以尚書、御史臺、九寺、三監、諸軍爲目。凡律，以正刑定罪。令，以設範立制。格，以禁違正邪。式，以軌物程事。乃立刑名之制五焉：一笞，二杖，三徒，四流，五死。笞刑五，杖刑五，徒刑五，流刑三，死刑二。而斷獄之大典，有十惡、八議、五聽、六贓。贖配之典，具在《刑法志》。凡決死刑，皆於中書門下詳覆。凡死罪，枷而杻。婦人及流徒，枷而不杻。官品及勳散之階第七已上，鎖而不枷。在京諸司，則徒已上送大理，杖已下當司斷之。若金吾糾獲，亦送大理。凡決大辟罪，在京者，行決之司，皆五覆奏；在外者，刑部三覆奏。若犯惡逆已上，及部曲奴婢殺主者，一覆奏，凡京城決囚之日，減膳徹樂。每歲立春後至秋分，不得決死刑。大祭祀及致齋、朔望、上下弦、二十四氣、雨未晴、夜未明、斷屠月日及休假，亦如之。凡犯流罪已下，應除免官。當未奏，身死者，免其追奪。流移之人，皆不得弃放妻妾，及私遁還鄉。至六載，然後聽仕。即本犯不應流而特配流者，三載已後聽仕。其應徒則皆配居作。凡禁囚，五日一慮。凡鞫獄官與被鞫人有親屬讎嫌者，皆聽更之。凡在京諸司見禁囚，每月二十五已前，本司録其所犯及禁時月日，以報刑部。凡國有赦宥之事，先集囚徒於闕下，命衛尉樹金鷄，待宣制訖，乃釋之。

都官郎中一員，從五品上。龍朔改司僕大夫，咸亨復；員外郎一員，從六品上。主事二人，從九品上。令史九人，書令史十二人，掌固四人。郎中、員外郎之職，掌配役隸，簿録俘囚，以給衣糧藥療，以理訴競雪冤。凡公私良賤，必周知之。凡反逆相坐，沒其家爲官奴婢。一免爲蕃户，再免爲雜户，三免爲良民，皆因赦宥所及則免之。年六十及廢疾，雖赦令不該，亦並免爲蕃户，七十則免爲良人，任所樂處而編附之。凡初被沒有伎藝者，各從其能，而配諸司。婦人工巧者，入于掖庭。其餘無能，咸隸司農。

比部郎中一員，從五品上。龍朔爲司計大夫。員外郎一員，從六品上。主事二人，從九品上。令史十四人，書令史二十七人，計史一人，掌固四人。

郎中、員外郎之職，掌勾諸司百僚俸料、公廨、贓贖、調斂、徒役、課程、逋懸數物，周知内外之經費，而總勾之。凡内外官料俸，以品第高下爲差。外官以州縣府之上中下爲差。凡税天下户錢，以充州縣官月料，皆分公廨本錢之利。羈縻州所補漢官，給以當土之物。關監之官，以品第爲差。其給以年支輕貨。鎮軍司馬、判官俸禄，同京官。鎮戍之官，以鎮戍上中下爲差。凡京師有別借食本，每季一申省，諸州歲終而申省，比部總勾覆之。凡倉庫、出内、營造、傭市、丁匠、功程、贓贖、賦斂、勳賞、賜與、軍資、器仗、和糴、屯牧，亦勾覆之。

司門郎中一員，從五品上。龍朔曰司門大夫。員外郎一員，從六品上。主事二人，從九品上。令史六人，書令史十三人，掌固四人。郎中、員外郎之職，掌天下諸門及關出入往來之籍賦，而審其政。凡關二十有六，爲上中下之差。京城四面關有驛道者，爲上關。餘關有驛道及四面無驛道者，爲中關。他皆爲下關。關所以限中外，隔華夷，設險作固。閑邪正禁者也。凡關呵而不征，司貨賄之出入，其犯禁者，舉其貨，罰其人。凡度關者，先經本部本司請過所，在在京則省給之，在外則州給之。而雖非所部，有來文者，所在亦給。

工部尚書一員，正三品。南朝謂之起部。有所營造，則置起部尚書，畢則省之。隋初改置工部尚書，龍朔爲司平太常伯，光宅改爲冬官尚書，神龍復舊也。侍郎一員，正四品下。龍朔爲司平少常伯。尚書、侍郎之職，掌天下百工、屯田、山澤之政令。其屬有四：一曰工部，二曰屯田，三曰虞部，四曰水部。總其職務，而行其制命。凡中外百司之事，由於所屬，咸質正焉。

郎中一員，從五品上。龍朔爲司平大夫也。員外郎一員，從六品上。主事二人，從九品上。令史十二人，書令史二十一人，亭長六人，掌固八人。郎中、員外郎之職，掌經營興造之衆務。凡城池之修濬，土木之繕葺，工匠之程式，咸經度之。凡京師、東都有營繕，則下少府、將作，以供其事。

屯田郎中一員，從五品上。龍朔爲司田大夫也。員外郎一員，從六品上。主事二人，從九品上。令史七人，書令史十二人，計史一人，掌固四人。郎中、員外郎之職，掌天下屯田之政令。凡邊防鎮守，轉運不給，則設屯田，以益軍儲，其水陸腴瘠，播種地宜，功庸煩省，收率等級，咸取決焉。諸屯田役力，各有程數。凡天下諸軍州管屯，總九百九十有二。大者五十頃，小者二十頃。凡當屯之中，地有良薄，歲有豐儉，各定爲三等。凡屯皆有屯官、屯副。凡京文武職事官，有職分田。京兆、河南府及京縣官，亦準此。凡在京諸司，有公廨田，皆視其品命而審其分給。

虞部郎中一員，從五品上。龍朔爲司虞大夫。員外郎一員，從六品上，主事二人，從九品上。令史四人，書令史九人，掌固四人。郎中、員外郎之職，掌京城街巷種植，山澤苑囿，草木薪炭，供頓田獵之事。凡採捕漁獵，必以其時。凡京兆、河南二都，其近爲四郊，三百里皆不得弋獵採捕。殿中、太僕所管閑廄馬，兩都皆五百里内供其芻藁。其關内、隴右、西使、南使諸牧監馬牛駝羊，皆貯藁及茭草。其柴炭木橦進内及供百官蕃客，並於農隙納之。

水部郎中一員，從五品上。龍朔爲司川大夫。員外郎一員，從六品上。主事二人，從九品上。令史四人，書令史九人，掌固四人。郎中、員外郎之職，掌天下川瀆陂池之政令，以導達溝洫，堰決河渠。凡舟檝溉灌之利，咸總而舉之。凡天下水泉，三億二萬三千五百五十九。其在遐荒絶域，迨不可得而知矣。其江、河，自西極達于東溟，中國之大川者也。其餘百三十五水，是爲中川。其又千二百五十二水，斯爲小川也。若渭、洛、汾、濟、漳、淇、淮、漢，皆互達方域，通濟舳艫，從有之無，利於生人者也。凡天下造舟之梁四，河則蒲津、大陽、河陽，洛則孝義也。石柱之梁四，洛則天津、永濟、中橋，灞則灞橋。木柱之梁三，皆渭川，便橋、中渭橋、東渭橋也。巨梁十有一，皆國工修之。其餘皆所管州縣隨時營葺。其大津無梁，皆給船人，量其大小難易，以定其差。

元・馬端臨《文獻通考》卷五二《職官六》 吏部尚書　侍郎　郎中　員外郎　司封郎中　員外郎　司勳郎中　員外郎　考功郎中　員外郎　官誥院附

吏部尚書　至隋六部，其制益明。唐武太后遂以吏部爲天官，户部爲地官，禮部爲春官，兵部爲夏官，刑部爲秋官，工部爲冬官，以承周六官之制。若參詳古今，徵考職任，則天官太宰當爲尚書令。非吏部之任，今吏部之始宜出於《夏官》之司士云，又夏官之屬有司士下大夫二人，掌羣臣之版，古書版爲班：班書或爲版。版，名籍也。歲登下其損益之數，謂用功過黜陟者。辨其年歲與其貴賤，年數多少，知其老少。周知邦國都家縣鄙之數、卿大夫士庶子之數，以詔王理，告王所當進退。以德詔爵，有賢者之德，乃詔以爵。以功詔禄，理有功勳，後告以禄。以能詔事，以久奠食。能者事成乃食之。《王制》曰，『論定然後官之，任官然後爵之，位定然後禄之。』奠音定。

隋吏部統吏部、主爵、司勳、考功四曹。牛弘爲吏部尚書，其選舉先德行而後文才，所進用多稱職。吏部侍郎高孝基，鑑賞機悟，清慎絶倫，然爽俊有餘，迹似輕薄，時宰多以此疑之。唯弘深識其真，推心委任。隋之選舉，於斯爲最。自後周以降，選無清濁。及盧愷攝吏部，與薛道衡、陸彦師等甄别士流，故涉黨同之譖。唐龍朔二年，改吏部尚書爲司列太常伯，咸亨初復舊。光宅元年，改吏部爲天官，神龍元年復舊。天寶十一載，改爲文部。至德初復舊。掌文官選舉，總判吏部、司封、司勳、考功四曹事。舊令班在侍中、中書令上，《開元令》移在侍中、中書令下。尚書六曹，吏部、兵部爲前行，户、刑爲中行，禮、工爲後行，其官屬自後行遷入二部者以爲美。自魏、晉以來，凡吏部官屬，悉高於諸曹，其遷舉皆尚書主之。自隋置侍郎貳尚書之事，則六品以下銓補，多以歸之。唐自貞觀以前，尚書掌五品選事。貞觀二十二年二月，民部侍郎盧承慶兼檢校兵部侍郎，仍知五品選事。承慶辭曰：五品選事，職在尚書。臣今掌之，便是越局。太宗不許，曰：『朕今信卿，卿何不自信也？』由是言之，即尚書兼知五品選事明矣。至景龍中，尚書掌七品以上選，侍郎掌八品以上選。至景雲元年，宋璟爲尚書，始通其選而分掌之，因爲常例。開元以前，諸司之官兼知政事者，午前議政於朝堂，午後理務於本司，自開元以來，宰相員少，資地崇高，又以兵、吏尚書權位尤美，而宰臣多兼領之，但從容衡軸，不自銓綜，其選試之任皆侍郎專之，尚書通署而已，遂爲故事。或分領其事，則列爲三銓，四年六月敕，其員外郎、御史并餘供奉官，直進名敕授。自此不在吏部。尚書掌其一，侍郎分其二。尚書所掌，謂之尚書銓。侍郎所掌，其一爲中銓，其一爲東銓，各有印。

侍郎　侍郎二人。隋煬帝置，説在《歷代郎中》篇。凡六司侍郎，皆貳尚書之事。吏部初置一員，總章元年加一員。龍朔二年改爲司列少常伯，咸亨元年復舊。分掌選部流内六品以下官，是爲銓衡之任。凡初仕進者，無不仰屬焉。當選集之際，勢傾天下，列曹之中，資位尤重。初，隋世高孝基爲吏部侍郎，房玄齡、杜如晦與選、孝基特加賞異，後以爲知人。唐文皇帝永徽時，馬戴、裴行儉爲吏部侍郎，貞觀以來最爲稱職。崔元暐爲之，介然自守，絶於請謁，爲執政者所忌，轉文昌左丞，選司令史乃設齋自慶，武后聞之。復拜爲天官侍郎。

郎中　隋初，諸曹郎皆謂之侍郎。煬帝三年，置六司侍郎，後遂改諸曹侍郎但曰郎。其吏部郎改爲選部郎唐初復爲選部郎中，武德五年改爲吏部郎中。龍朔二年改爲司列大夫，咸亨元年復舊。掌選補流外官，謂之小銓；并掌文官名簿、朝集、録賜、假使、并文官告身，分判曹事。

员外郎　員外郎二人。隋開皇六年，置吏部員外郎一人。煬帝三年，改爲選部承務郎。唐武德三年復舊。加置一人，一員判廢置、一員判南曹，起於總章二年，司列少常伯李敬玄奏置。未置以前，銓中自勘責。故事，兩員轉廳，至建中元年，侍郎邵説奏，各挾闕替。南曹郎王鍔以後，遂不轉廳。貞元十一年閏八月，侍郎杜黄裳奏舊例轉廳。初，武太后延載元年，又加一員，聖曆二年八月省。開元十二年四月，敕兵、吏各事定兩人判南曹，尋却一人判；貞元元年九月，又以兩人判，至十二年閏八月，又却一人判。

員外郎　員外郎一人。隋文帝置，煬帝改爲主爵承務郎。武德初，爲主爵員外郎。其後，曹改而官不易。

司勳郎中　隋文帝置司勳侍郎，煬帝改爲司勳郎。龍朔二年，改爲司勳大夫，咸亨初復故。掌校定勳績，論官賞勳，官告身等事。

員外郎　員外郎二人。隋文帝置，煬帝改爲司勳承務郎。至武德初，乃改爲司勳員外郎。

考古員外郎　隋文帝置考功侍郎，煬帝改爲考功郎。武德初復爲考功郎中，龍朔二年改考功爲司績，咸亨初復舊。掌考察内外百官及功臣家傳、碑、頌、誄、謚等事。

員外郎　員外郎一人。隋文帝置，煬帝改爲考功承務郎。武德初，復爲考功員外郎。其後，曹改而官不易。武德舊令，考功郎中監試貢舉人。貞觀以來，乃以員外郎專掌貢舉省郎之殊美者。至開元二十四年，移貢舉於禮部，而考功員外郎分判事而已。

户部尚書　侍郎　郎中　員外郎　度支郎中　員外郎　金部郎中　員外郎　倉部郎中　員外郎

户部尚書　隋初有度支尚書，則并後周民部職。漢武帝初置尚書，有民曹，主凡吏民上書，悉經此曹主之。後漢光武改民曹主繕修、工作、鹽池、苑囿。魏置左民尚書，晉惠帝又加置右民尚書。至於宋、齊、梁、陳皆有左民尚書。而後魏有左民、右民等尚書，多領工役，非今户部之例。而梁、陳兼掌户籍，此則略同。自周、隋有民部，始當今户部之職。開皇三年，改度支爲民部，統度支、民部、金部、倉部四曹；國家修《隋志》，謂之户部，蓋以廟諱故也。文帝時，韋冲爲民部尚書。又武德二年，隋民部尚書蕭瑀爲相府司録。唐永徽初，復改民部爲户部，廟諱故也。太宗在位，詔官號人名及公私文籍有「世」「民」兩字不相連者並不諱，至元宗始諱之。顯慶元年，改户部爲度支。龍朔二年，改度支尚書爲司元太常伯。咸亨元年，復爲户部尚書。初，户部居禮部之後，武太后改置天地四時之官，以户部爲地官，由是遂居禮部前。神龍元年，復改地官爲户部，總判户部、度支、金部、倉部事。

侍郎　隋煬帝置民部侍郎。唐因之，後改曰户部。龍朔二年，改爲司元少常伯。咸亨元年，復爲户部侍郎。他時曹名或改，而官號不易。舊制一員，長安四年加一員，神龍元年減，二年復加。

郎中　隋初爲户部侍郎，煬帝除「侍」字。隋末改爲民部郎。武德初，爲民部郎中，龍朔二年，改郎中爲大夫，咸通元年復舊。他時曹名或改，而官號不易。掌户口、籍帳、賦役、孝義、優復、蠲免、婚姻、繼嗣、百官、衆庶、園宅、口分、永業等。建中三年正月，户部侍郎判度支杜佑奏：「天寶以前，户部事繁，所以郎中，員外各二人判署，自兵興以後，户部事簡，度支事繁，唯郎中員外各一人。請廻轄郎中、員外各一人，分判度支案，待天下之兵革已息，却歸本曹。」奉敕依。

員外郎　隋文帝置，煬帝改爲承務郎。武德三年，復爲員外郎。

度支郎中　隋初爲度支侍郎，煬帝除「侍」字。武德加「中」字。龍朔二年，改度支爲司度，咸亨元年復舊。掌支使國用。開元二十四年三月，户部尚書、同中書門下三品李林甫奏：「租庸、丁防、和糴、雜支、春綵、税草諸色旨符，每年一造。據州府及諸司計，紙當五十萬張，仍差百司抄寫，事甚勞煩。條目既多，詳檢難過，緣無定額，支税不常，亦因此涉情，兼長姦僞。臣今與採訪使及朝集使商量，有不穩便於人，非當土所出者，隨意沿革，務從允便。即人知定准，政有常文，編成五卷，以爲常行旨符。省司每年但據應支物數進書頒行，每州不過一兩紙，仍附驛送，敕依。至德以後，戎事費多。乾元二年十二月，吕諲爲兵部侍郎、平章事，充勾當度支使。上元元年五月，劉晏爲户部侍郎、勾當度支事。元年建子月，元載爲户部侍郎、勾當度支使。寶應元年正月，劉晏爲户部侍郎，勾當度支使。貞元二年二月，韓滉以宰相加度支使。五年二月，竇參爲中書侍郎、平章事、度支使。自後雖無，亦有他官判，或云權判，亦云專判。

員外郎　員外郎一人。改置與户部員外郎同。

金部郎中　隋盧昌衡字子均，祖孝徵薦为尚書金部郎，每謂人曰：「吾用盧子均爲尚書郎，自謂無愧幽冥矣。隋初爲金部侍郎，煬帝除「侍」字。武德中加「中」字。龍朔二年，改金部爲司珍，咸亨初復舊。天寶中、改爲司金，至德初復舊。掌庫藏金寶貨物，權衡度量等事。自開元二年置鑄錢使，皆以他官爲之。

員外郎　員外郎一人，改置與户部員外郎同。

倉部郎中　隋初爲倉部侍郎，煬帝除「侍」字。武德中加「中」字。龍朔二年改倉部爲司庾，咸亨初復舊。天寶中、改爲司儲，至德初復舊。掌諸倉廩之事。開元二十六年以後置出納使，皆以他官爲之。訢音許斤切，

員外郎　員外郎一人。改置與户部員外郎同。

禮部尚書　侍郎　郎中　員外郎　祠部郎中　員外郎　膳部郎中　員外郎　主客郎中　員外郎

禮部尚書　至隋置禮部尚書，統禮部、祠部、主客、膳部四曹，蓋因後周禮部之名，兼前代祠部、儀曹之職。唐龍朔二年，改禮部尚書爲司禮太常伯，咸亨元年復舊。光宅元年，改禮部爲春官，神龍元年復舊。總判祠部、禮部、膳部、主客事。

侍郎　侍郎一人。《周官春官》小宗伯中大夫，頗同今任。後周依《周官》。今侍郎則隋煬帝置，唐因之。龍朔二年，改爲司禮少常伯，咸亨元年復舊。他時曹名或改，而官守不易。掌策試、貢舉及齋郎、弘、崇、國子生等事。舊制，考功員外郎掌貢舉。開元二十三年，考功員外郎李昂爲進士李權所詆，朝議以考功位輕，不足以臨多士。至二十四年，遂以禮部侍郎掌焉。開元、天寶之中，昇平既久，羣士務進，天下髦彦皆其取舍，故勢傾當時，資與吏部侍郎等同。

郎中　隋初爲侍郎，煬帝除「侍」字。又改爲儀曹郎。武德初，改爲禮部郎中。龍朔二年，改爲司禮大夫，咸亨元年復舊。其後曹改而官不易。掌禮樂、學校、儀式、制度、衣冠、符印、表疏、册命、祥瑞、鋪設、喪葬、贈賻及宫人等。

員外郎　員外郎一人。《周禮》肆師上士，後周依焉。至隋文帝置禮部員外郎，煬帝改爲儀曹承務郎，武德三年復舊。其後曹改而官不易。

祠部郎中　隋初爲侍郎，煬帝除「侍」字，武德中加「中」字。龍朔二年改爲司禋大夫，咸亨元年復舊。延載元年五月制：天下僧尼隸祠部，不須屬司賓。開元二十年正月制，僧尼隸祠部。天寶十一載，改祠部爲職祠，至德初復舊。掌祠祀，天文、漏刻、國忌、廟諱、卜祝、醫藥等，及僧尼簿籍。自天寶六載及至德三年，常置祠部使，以他官爲之。

員外郎　員外郎一人。改置與戶部員外郎同。

膳部郎中　隋膳部屬祠部，初置侍郎，煬帝除「侍」字。武德中，加「中」字。龍朔二年改爲司膳大夫，咸亨初復舊。天寶十一載，又改膳部爲司膳，至德初復舊。掌飲膳、藏冰及食料。

員外郎　員外郎一人。改置與戶部員外郎同。

主客郎中　隋初爲侍郎，煬帝除『侍』字。尋又改爲司藩郎。武德初，改爲主客郎中。龍朔二年，又改主客爲司藩。咸亨元年復舊。掌二王後及諸藩朝聘。

員外郎　員外郎一人。改置與戶部員外郎同。

兵部尚書　至隋有兵部尚書。統兵部、職方、駕部、庫部四曹，蓋因後周兵部之名，兼前代五兵之職。唐龍朔二年，改兵部尚書爲司戎太常伯，咸亨元年復舊。光宅元年，改爲夏官，神龍元年復舊。天寶十一載，改爲武部。至德初復舊。掌武官選舉、總判兵部、職方、駕部、庫部事。其分領選舉，亦爲三銓，制如吏部。尚書所掌，謂之尚書銓。侍郎所掌，其一爲中銓，其一爲西銓，各有印。

侍郎　侍郎二人。煬帝置，唐因之。龍朔二年，改爲司戎少常伯，咸亨元年復舊。他時曹名或改，而官不易。舊制一員，總章元年加一員。掌武職、武勳官、三衛及兵士以上簿書、朝集、禄賜、假告、使差、貨配、親士帳內考覈，及給武職告身。

郎中　隋初爲兵部侍郎，煬帝除『侍』字，改爲兵曹郎。武德三年，改爲兵部郎中。龍朔二年，改爲司戎大夫，咸亨元年復舊。掌與侍郎同。

員外郎　員外郎二人。隋文帝置兵部員外郎，煬帝改爲兵曹承務郎。武德三年復舊，其後曹改而官不易。

職方郎中　隋初有職方侍郎，煬帝除『侍』字。武德中加『中』字，龍朔二年改爲司城大夫，咸亨元年復舊。掌地圖、城隍、鎮戍、烽候、防人路程遠近，歸化首渠。

員外郎　隋改置與戶部員外郎同。

駕部郎中　隋初爲駕部侍郎，屬兵部。及辛公義爲駕部侍郎。勾檢馬牧，所獲十餘萬匹。文帝喜曰：『唯我公義，奉國罄心。煬帝除「侍」字。武德二年加「中」字。龍朔二年，改爲司輿大夫。咸亨初復舊。天寶中改駕部爲司駕，至德初復舊。掌輿輦、車乘郵驛、廄牧、司牛馬驢騾，闌遺雜畜。開元十八年閏六月敕：「比來給傳使人，爲無傳馬，事頗勞煩。自今以後，應乘傳者，宜給紙券。」二十三年十月敕：「新除都督、刺史并關三官、州上佐，並給驛發遣。」』二十八年六月，敕有陸驛處得置水驛。自二十年以後，常置館驛使，以他官爲之。

員外郎　至隋，置與戶部同。

庫部郎中　隋屬兵部，初爲庫部侍郎，煬帝除『侍』字。武德中，加『中』字。龍朔二年，改爲司庫大夫，咸亨初復舊。天寶十一載，又改庫部爲司庫，至德初復舊。掌軍器、儀仗、鹵簿法式及乘具等。

員外郎　隋改置與戶部同。

洪氏《容齋隨筆》曰：『唐因隋制，尚書置六曹。吏部、兵部分掌銓選，文屬吏部，武屬兵部。自三品以上官册授，五品以上制授，六品以下敕授，皆委尚書省奏擬。兩部各列三銓。曰尚書銓。尚書主之。曰東銓，曰西銓，侍郎二人主之。吏居左，兵居右，是爲前行，故兵部班級在户、刑、禮之上。睿宗初政，以宋璟爲吏部尚書，李乂、盧從愿爲侍郎；姚元之爲兵部尚書，陸象先、盧懷慎爲侍郎。六人皆名臣，二選稱治。其後用人不能悉得賢，然兵部爲甚。其變而爲三班流外銓，不知自何時。』

刑部尚書　侍郎　郎中　員外郎　都官郎中　比部郎中　員外郎　司門郎中　員外郎

隋初有都官尚書。開皇三年，改都官爲刑部尚書，統都官、刑部、比部、司門四曹，亦因後周之名。唐因之。龍朔二年，改刑部尚書爲司刑太常伯，咸亨元年復舊。武太后改刑部爲秋官，神龍初復舊。天寶中改爲憲部，至德初復舊。總判刑部、都官、比部、司門事。

侍郎　一人，《周官》小司寇中大夫，蓋今任也。後周依《周官》。至隋煬帝置刑部侍郎，唐因之。龍朔二年改爲司刑少常伯，咸亨元年復舊。他時曹名或改而官號不易。掌律令、定刑名，案復大理及諸州應奏之事。

郎中二人，《周官》大司寇屬官有士師下大夫，蓋今任也。漢尚書有三公曹，後漢有二千石曹，魏有都官曹，皆掌刑法獄訟之事。歷代沿革具《尚書》中。或爲侍郎，或置郎中，例在《吏部郎中》篇。後周有小刑部下大夫，屬秋官府。隋初置刑部侍郎，煬帝除『侍』字，又改爲憲部郎。武德三年，改爲刑部郎中。龍朔二年，改爲司刑大夫，咸亨元年復舊。與侍郎同。

員外郎二人。隋文帝置刑部員外郎，煬帝改爲憲部承務郎。武德三年，改爲刑部員外郎。其後曹改而官不易。

都官郎中一人。漢司隸校尉屬官有都官從事，掌中都官不法事。後漢又改尚書二千石曹，掌中都官、水火、盜賊。魏青龍二年，始置尚書都官郎，佐督軍事。晉、宋尚書都官兼主刑獄。歷代事具《尚書》中，其官例在《吏部郎中》注。後周則曰司厲，隋初爲都官侍郎、掌簿録，配役、官私奴婢、良賤訴競、俘囚等事。煬帝除，『侍』字，置員外二人。武德三年，加『中』字，減一人。龍朔二年，改爲司僕大夫，咸亨元年復舊。掌簿斂、配役、官奴婢簿籍、良賤及部曲、客女、俘囚之事。

員外郎一人，《周官》曰司厲下上，蓋並今任也。後周依焉。隋改置與戶部同。

比部郎中一人，魏尚書有比部曹，晉因之。宋時比部主法制。齊、梁、陳皆有比部曹，後魏亦然。北齊掌詔書、律令、勾檢等事。後周曰計部中大夫，蓋其任也。隋初爲比部侍郎，煬帝除『侍』字。武德中，加『中』字。龍朔二年，改爲司計大夫，咸亨元年復舊。天寶十一載，又改比部爲司計，至德初復舊。掌内外諸司公廨，及公私債負，徒役公程，贓物帳，及勾用度物。

員外郎一人。改置與户部員外郎同。

司門郎中一人。《周禮地官》有司門下大夫，掌授管鍵啓閉。歷代多闕，至後周依《周官》。隋初有司門侍郎，煬帝除『侍』字。武德三年，加『中』字。龍朔二年，改爲司門大夫，咸亨元年復舊。掌門籍、關橋及道路、過所闌遺物事。

員外郎一人。《周官》有司門上士，後周依焉。後改置與户部同。

工部尚書　侍郎　郎中　員外郎　屯田郎中　員外郎　虞部郎中　員外郎　水部郎中　員外郎　軍器所　文思院

至隋乃有工部尚書，統工部、屯田二曹，蓋因後周工部之名，兼前代起部之職。唐龍朔二年，改工部尚書爲司平太常伯，咸亨元年復舊。武太后改工部爲冬官，神龍初復舊。總判工部、屯田、虞部、水部事。

侍郎一人。隋煬帝改置工部侍郎，唐因之。龍朔二年，改爲司平少常伯，咸亨元年復舊。他時曹名或改而官不易。掌興造、工匠、諸公廨屋宇、五行、并紙筆墨等事。

郎中一人。晋尚書有起部曹。歷代皆有，具《尚書》中。隋初爲工部侍郎，煬帝除『侍』字，又改爲起部郎。武德三年，改爲工部郎中。龍朔二年，改爲司平大夫，咸亨元年復舊。其後曹名改而官不易。所掌與侍郎同。

員外郎一人。隋文帝置工部員外郎，煬帝改爲起部承務郎。武德三年，復爲工部員外郎。其後曹改而官不易。

屯田郎中一人。漢成帝置尚書郎兩人，其一人掌户口、墾田，蓋尚書屯田郎之始也。至魏，尚書有農部郎，又其職也。至晋始有屯田尚書，及太康中，謂之田曹，後復爲屯田。江左及宋、齊則左民郎中兼知屯田事。梁、陳則曰侍郎。後魏、北齊並爲屯田郎。隋初爲屯田侍郎，兼以掌儀武之事，故《隋書》曰柳彧爲屯田侍郎。煬帝除『侍』字。武德三年，加『中』字。龍朔二年，改爲司田大夫，咸亨元年復舊。掌屯田、官田、諸司公廨、官人職分賜田及官園宅等。

員外郎一人。改置與户部員外郎同。

虞部郎中一人。虞部蓋古虞人之遺職。至魏、尚書有虞曹郎中，晋因之。梁、陳曰侍郎。後魏、北齊虞曹掌地圖、山川、近遠園囿、田獵、雜味等，並屬虞部尚書。後周有虞部下大夫，掌山澤草木鳥獸而阜蕃之，又有小虞部、並屬大司馬。隋初爲虞部侍郎、屬工部，煬帝除『侍』字。武德中加『中』字，龍朔二年改爲司虞大夫，咸亨元年復舊，天寶十一載又改虞部爲司虞，至德初復舊。掌京城街巷、種植、山澤、苑囿、草木、薪炭供須、四稅等事。

員外郎一人。隋置曹，與户部員外郎同。龍朔以後，曹名改而官不易。

水部郎中一人。《周禮夏官》有司檢，掌設國之五溝，五塗而達其道路，蓋其職也。魏尚書有水部郎。歷代或置或否。後魏、北齊有水部，屬都官尚書，亦掌舟船、津梁之事。後周有司水大夫。隋初爲水部侍郎，屬工部，煬帝除『侍』字。武德三年，加『中』字。龍朔二年，改爲司川大夫，咸亨元年復舊。天寶中，改水部爲司水，至德初復舊。掌川瀆、津堰、船艫、浮橋、溝渠、漁捕、運漕、水碾磑等事。

員外郎一人。後周小司水上士。隋改曹，與户部員外郎同。龍朔二年以後，曹名改而官不易。

清·吴任臣《十國春秋》卷一一四《十國百官表》　吴

吏部尚書　侍郎　郎中吏部司封司動考功　員外郎同上
户部尚書　侍郎　郎中户部度支金部倉部　員外郎同上
禮部尚書　侍郎　郎中禮部祠部膳部主客　員外郎同上
后部尚書　侍郎　郎中行兵部職方駕部庫部　員外郎同上
刑部尚書　侍郎　郎中刑部都官比部司門　員外郎同上
工部尚書　侍郎　郎中工部屯田虞部水部　員外郎同上
齊國左右丞相　齊國内樞使
齊國内樞判官　齊國内史舍人

南唐

吏部尚書判吏部銓　侍郎兩省侍郎　郎中吏部司封司勳考功　員外郎同上
户部尚書　侍郎　郎中户部度支金部　倉部　員外郎同上
禮部尚書　侍郎　郎中禮部祠部膳部主客　員外郎同上
兵部尚書　侍郎　郎中兵部職方駕部庫部　員外郎同上
刑部尚書　侍郎　郎中刑部都官比部司門　員外郎同上
工部尚書　侍郎　郎中工部屯　田虞部水部　員外郎同上

前蜀

六部尚書　侍郎　郎中　員外郎俱同吴、南唐，惟兵部有武部郎中、與二國小異。【略】

後蜀

吏部尚書判吏部三銓　侍郎　郎中　員外郎
戶部尚書判戶部判鹽鐵判度支使　侍郎　郎中　員外郎
禮部尚書　侍郎　郎中　員外郎
兵部尚書　侍郎　郎中　職方　員外郎
刑部尚書　侍郎　郎中　都官比部司馬　員外郎
工部尚書　侍郎　郎中水部　員外郎

南漢

吏部尚書　侍郎　郎中吏部
戶部尚書　侍郎　郎中
禮部尚書　侍郎　郎中
兵部尚書　侍郎　郎中
刑部尚書　侍郎　郎中
工部尚書　侍郎　郎中工部都官【略】

閩

吏部尚書　侍郎　郎中　員外郎
戶部尚書　侍郎　郎中　員外郎
禮部尚書　侍郎　郎中　員外郎
兵部尚書　侍郎　郎中　員外郎
刑部尚書　侍郎　郎中　員外郎
工部尚書　侍郎　郎中　員外郎【略】

北漢

吏部尚書　侍郎
戶部尚書　侍郎
禮部尚書　侍郎
兵部尚書　侍郎
刑部尚書　侍郎
工部尚書　侍郎

論說

清·顧炎武《日知録》卷九《京官必用守令》　《通典》言：晉制，不經宰縣不得入爲臺郎，魏肅宗時，吏部郎中辛雄上疏，以爲郡縣選舉，由來共輕，宜改其弊，分郡縣爲三等，三載黜陟，有稱職者方補京官，如不歷守令不得爲内職，則人思自勉。唐張九齡言於玄宗曰：『古者刺史入爲三公，郎官出宰百里。致理之本，莫若重守令。凡不歷都督刺史，雖有高第，不得任侍郎、列卿。不歷縣令，雖有善政，不得任臺郎、給舍。都督、守令雖遠者，使無十年任外。』從之。詔三省侍郎缺，擇嘗任刺史者：郎官缺，擇嘗任縣令者。宣宗大中改元制曰：『古者郎官出宰，郡守入相，所以重親人之官，急爲政之本。自澆風久扇，此道寖消，頗頗清塗，便臻顯貴。治人之術，未嘗經心，欲使究百姓艱危，通天下利病，不可得也。軒墀近臣，蓋備顧問，如不知人疾苦，何以膺朕眷求？今後諫議大夫、給事中、中書舍人，未曾任刺史、縣令者，宰臣不得擬議。』宋孝宗時，臣僚言：『吏事必歷而後知，人才必試而後見。爲縣令者必爲丞簿，爲郡守者必爲通判，爲監司者必爲郡守，皆有差等。未歷親民，不宜驟擢。』因定知縣以三年爲任，非經兩任，不除監察御史。此開元、乾道之吏治，所以獨高於近代也。

清·王鳴盛《十七史商榷》卷九一《新舊唐書二三·禮部戶部同省》　《新·楊嗣復傳》：『遷禮部員外郎，父於陵爲戶部侍郎，嗣復避同省，換他官，有詔：「同司，親大功以上，非聯判句檢官長，皆勿避。官同職異，雖父子兄弟無嫌。」』案『同省』者，謂同在尚書省也，唐時尚書有都省，令與僕射方爲長官，而尚書非長官，故部雖分，省則同，後世無省名，六部各自治其事，無相統攝者。與唐不同。

又《外郎》　《新·柳玭傳》：『玉工貨釵直七十萬錢，後釵爲馮球外郎妻首飾。』『外郎』當即『員外郎』。

清·錢大昕《廿二史考異》卷四四《唐書四·百官志一》　郎中。各一人，徒五品上。『郎中』上當有『左右司』字。

龍朔二年，改禮部曰司禮，祠部曰司禋，膳部曰司膳。此下脫『主客曰司藩』五字。

又　卷六一《五代史一・梁本紀二》（開平二年）四月、翰林學士承旨、禮部侍郎張策爲刑部侍郎、同中書門下平章事。案：《唐六臣傳》，策由中書舍人，韓林學士選工部侍郎奉旨。蓋梁祖之父名誠，『誠』『承』同音，故改韓林學士承旨爲奉旨也。開平三年九月，韓林學士承旨杜曉，本傳亦作『奉旨』與此正同。後唐以後，仍復承旨之名。校書家失於稽考，並《梁本紀》中『奉旨』字亦改爲『承』，誤矣。《傳》稱工部而《紀》雲禮部，考之薛《史》本傳，則策由工部侍郎轉禮部，及拜相，乃轉刑部也。唐、宋六部之次，吏、戶、禮在左，兵、刑、工在右；吏、兵，爲前行，戶、刑，爲中行，禮、工爲後行。由工而轉禮，自右轉左也；由禮而轉刑，自後行轉中行也。此當時敍選之格，考官制者不可不知。

藝文

唐・王建《王建詩集》卷七《賀楊巨源博士拜虞部員外》　合歸蘭署已多時，上得金梯亦未遲。兩省郎官開道路，九州山澤屬曹司。諸生拜別收書卷，舊客看來讀制詞。殘著幾丸仙藥在，分張還遣病夫知。

唐・羅隱《甲乙集》卷五《送李石丞公司》　分曹得洛川，説議更昭然。左省曾批敕，中台肯避權？所悲時漸薄，共賀道由全。賣與清平代，相兼直兒錢！

雜録

唐・白居易《白氏長慶集》卷四八《中書制誥一・庚承宣可尚書右丞制》　敕：朝議大夫、守尚書刑部侍郎、驍騎尉庾承宣：昔我太宗文皇帝嘗謂，尚書丞百職綱維，事一失中，則天下有受其弊者。因命戴冑、魏徵及杜正倫、劉洎輩，繼領是職，分居左右；官修事理，人到於今稱之。故吾前命崔從持左綱，今命承宣操右轄：衆口籍籍，頗爲得人。況承宣端諒勤敏，周知典故，必能爲我紐有條之綱，梔妄動之輪。坐曹得出入郎官，立朝得奏彈御史，會政決要，扶樹理本；無俾戴、魏、劉、杜專美於貞觀中。可守尚書右丞，散官、勳如故。

又　《馮宿除兵部郎中知制誥制》　敕：吾聞武德暨開元中，有顏師古、陳叔達、蘇頲稱大手筆，掌書王命；故一朝言語，煥成文章。朕承祖宗，思濟其美；凡選一才，補一職，皆不敢輕易，其庶幾前事乎？刑部郎中馮宿，爲文甚正，立意甚明，筆力雄健，不浮不鄙。況立身守事，端方精敏。而我詔命，忽思潤色之。聽諸人言，曰宿也可。宿立朝，歷御史、博士、郡守、尚書郎，在仕進途，不爲不遇。然不登茲選，未足其心。故吾於今，歸汝職業；仍遷秩爲五兵郎中。勉繼顏、陳，無辱吾舉。可尚書兵部郎中知制誥。

又　卷四九《中書制誥二・韋貫之可工部尚書制》　敕：河南尹韋貫之：善馭者齊六轡，善理者正六官；六官成則百事舉。故吾選賢任舊，以次第補之。而六卿材，吾已得五，闕一不可，待汝而成。貫之以正行明誠，爲先朝輔。始以直進，終以直退；道有消長，德無緇磷。及帥湘潭，尹河洛，而廉平清壹之政，繼聞於京師。名簡吾心，善入吾耳；宜置朝右，以之厚時風。況今之尚書，漢公卿也，言動可否，屬人耳目焉：固不專率四屬，程百工，備位於冬官而已。可工部尚書。

又　《张元夫可禮部員外郎制》　敕：殿中侍御史張元夫：官有秩清而選妙者，其儀曹員外郎之謂乎？凡殿內御史，雖文才秀出，功課高等者，滿歲而授，猶曰美遷。有如元夫，連膺二選，歷彼踐此，僉以爲宜。況怒飛青冥，翔集禁陛，由茲去者，十八九焉。汝知之乎？思有以稱。可尚書禮部員外郎。

又　《張籍可水部員外郎制》　敕：登仕郎守國子博士張籍：文教興則儒行顯，王澤流則歌詩作。若上以張教流澤爲意，則服儒業詩者，宜稍進之。頃籍自校秘文而訓國胄，今又覆名揣稱，以水曹郎處焉。前年已來，凡歷文雅之選三矣，然人皆以爾爲宜。豈非篤於學，敏於行，而貞退之道勝也？與之寵名者，可以獎夫不汲汲於時者。可守尚書水部員外郎，散官、勳如故。

又　《蕭俛除吏部尚書制》　敕：古者君使臣以禮，臣事君以忠。季代已還，鮮由茲道。先皇帝創於是，故在位十五載，凡解相印者，殆二十人，多寵爲大僚，或付以兵柄。矧予小子，宜有加焉。而輔弼之臣，嘗經一日造吾膝，沃吾心，則思與之始終，厚申恩禮；不唯勸感来者，且不敢失墜先志也。尚書右僕射蕭俛：忠肅孝敬，佐吾爲理，以勤事國，以疾退身，本末初終，不失其道。既免樞務，倚爲右揆，加恩超等，復吾前言。而俛繼上讓章，至於三四，敦諭煩切，陳乞彌堅。是用正命至爲選部尚書，而冠六卿，統百職。尚可以表吾寵重，亦所以成爾謙光。爾宜欽厥止，慎厥終，無忝我褒揚之命！可吏部尚書。

又《李德循除膳部員外郎制》 敕：尚書左士郎，自奏議彌綸外，凡邦之牲豆之品，醴膳之數，實糾理之。命文昌長佐春官卿，以朝散大夫、守秘書丞、上柱國李德循：籍訓于台庭，業官于書府，揆才考第，得補爲郎。司膳缺員，爾宜專掌。可尚書膳部員外郎，餘如故。

又《崔瑄可職方郎中侍御史知雜制》 敕：近歲已来，副相多缺，朝綱國紀，專委中憲。而侍御史一人，得總臺事，以左右之。今御史中丞德裕，以中散大夫、行尚書吏部員外郎、上柱國崔瑄，守文無害，莅事惟精，在郎署中，推有才理。奏補是職，請觀其能。因而可之，仍加寵秩。操執舉措，爾無自輕！可行尚書職方郎中兼侍御史知雜，散官、勳如故。

又 卷五五《翰林制誥二・李翱虞部郎中制》 金州刺史李翱：雅有文藝，飾以政事；早從吏職，久領郡符，謹慎廉平，頗副所任。虞曹郎缺，命以序遷。敬茲寵名，勉守厥位！可尚書虞部郎中。

宋・王讜《唐語林》卷六 郎中故事：吏部郎中二廳，先南曹，次廢置。刑部分兩賦。其制尚矣。

舊説：吏部爲『南省舍人』，考功、曹支爲『振行』，比部得廊下食，以飯從者，號曰『比盤』。二十四曹呼左右司爲『都公』。省中語曰：『後行祠、屯，不博中行都門；中行刑部，不博前行駕庫。』

故事：度支，郎中判入，員外判出，侍郎總統押案而已。乾元已後始爲使額。

貞元末，有郎官四人，自行軍司馬賜紫而登郎署，省中謔爲『四君子』。

中央事務機構部

綜　述

《隋書》卷二八《百官志下》 內侍省，內侍、內常侍各二人，內給事四人，內謁者監六人，內寺伯二人，內謁者十二人，寺人六人，伺非八人。並用宦者。領內尚食、掖庭、宮闈、奚官、內僕、內府等局。尚食，置典禦及丞各二人。餘各置令、丞，皆二人。其宮闈、內僕，則加置丞各一人。掖庭又有宮教博士二人。

太常、光禄、衛尉、宗正、太僕、大理、鴻臚、司農、太府等九寺，並置卿、少卿各一人。太僕尋加少卿一人。各置丞，太常、衛尉、宗正、大理、鴻臚、將作二人，光禄、太僕各三人，司農五人，太府六人。主簿，太府四人。餘寺各二人。録事各二人。光禄則加至三人，司農、太府則各四人。等員。

太常寺又有博士四人，協律郎二人，奉禮郎十六人。統郊社、太廟、諸陵、太祝、衣冠、太樂、清商、鼓吹、太醫、太卜、廩犧等署。各置令，並一人。太樂、太醫則各加至二人。丞。各一人。郊社、太樂、鼓吹則各至二人。郊社署又有典瑞。四人。太祝署有太祝。二人。太樂署、清商署，各有樂師員。太樂八人，清商二人。鼓吹署有哄師。二人。太醫署有主藥。二人。醫師二百人。藥園師、二人。醫博士、二人。助教、二人。按摩博士、二人。祝禁博士二人。等員。太卜署有卜師、二十人。相師、十人。男覡、十六人。女巫、八人。太卜博士、助教、各三人。相博士、助教各一人。等員。

光禄寺統大官、肴藏、良醖、掌醢等署。各置令、大官三人，肴藏、良醖各二人，掌醢一人。丞。大官八人，肴藏、掌醢各二人，良醖四人。大官又有監膳，十二人。良醖有掌醖，五十人。掌醢有掌醢十人。等員。

衛尉寺統公車、武庫、守宮等署。各置令、公車一人，武庫、守宮各二人。丞公車一人，武庫二人。等員。

宗正寺不統署。

太僕寺又有獸醫博士員。一百二十人。統驊騮、乘黄、龍厩、車府、典牧牛羊等署。各置令、二人。乘黄、車府則各減一人。丞二人。乘黄則一人，典牧牛羊則各三人。等員。

大理寺，不統署。又有正、監、評、各一人。司直、十人。律博士、八人。明法、二十人。獄掾。八人。

鴻臚寺統典客、司儀、崇玄三署。各置令。二人。崇玄則惟置一人。典客署又有掌客，十人。司儀有掌儀二十人。等員。

司農寺統太倉、典農、平準、廩市、鉤盾、華林、上林、導官等署。各置令。二人。鉤盾、上林則加至三人，華林惟置一人。太倉又有米廩督、二人。穀倉督、四人。鹽倉督，二人。京市有肆長，四十人。導官有御細倉督、二人。麴麫倉督二人。等員。

太府寺統左藏、左尚方、内尚方、右尚方、司染、右藏、黄藏、掌冶、甄官等署。各置令、二人。左、右尚方則加至二人，黄藏則惟置一人。丞四人。左尚則八人，右尚則六人，黄藏則一人。等員。

將作寺大匠、一人。丞、主簿、録事。各二人。統左右校署令、各二人。丞，左校四人，右校三人。各有監作左校十二人，右校八人。等員。【略】

（開皇）十六年，内侍省加置内主事員二十人，以承門閤。

十八年，置備身府。

二十年，改將作寺爲監，以大匠爲大監。初加置副監。

仁壽元年，改都水臺爲監，更名使者爲監。罷國子學，唯立太學一所，置博士五人，從五品，學生七十二人。

三年，監門府又置門候一百二十人。

煬帝卽位，多所改革。三年定令，品自第一至於第九，唯置正從，而除上下階。罷諸總管，廢三師、特進官，分門下、太僕二司，取殿内監名，以爲殿内省，並尚書、門下、内史、秘書，以爲五省。增置謁者、司隸二臺，並御史爲三臺。分太府寺爲少府監。改内侍省爲長秋監，國子學爲國子監，將作寺爲將作監，並都水監，總爲五監。【略】十二年，改内史爲内書。殿内省置監、正四品。少監、從四品。丞，從五品。各一人，掌諸供奉。又有奉車都尉十二人，掌進御輿馬。統尚食、尚藥、尚衣、尚舍、尚乘、尚輦等六局，各置奉御二人，正五品。皆置直長，以貳之，正七品。尚食直長六人，又有食醫員。尚藥直長四人，又有侍御醫、司醫、醫佐員。尚衣卽舊御府也，改名之，有直長四人。尚書卽舊殿中局也，改名之，有直長八人。尚乘局置左右六閑，一左右飛黄閑，二左右吉良閑，三左右龍媒閑，四左右騊駼閑，五左右駃騠閑，六左右天苑閑。有直長十四人，又有奉乘十人。尚輦有直長四人，又有掌輦六人。城門置校尉一人，降爲正五品。後又改校尉爲城門郎，置員四人，從六品。自殿内省隸爲門下省官。【略】

光禄已下八寺卿，皆降爲從三品。少卿各加置二人，爲從四品。諸寺上署令，並增爲正六品，中署令爲從六品，下署令爲正七品。始開皇中，署司唯典掌受納，至是署令爲判首，取二卿判。丞唯知勾檢。令闕，丞判。五年，寺丞並增爲從五品。

太常寺罷太祝署，而留太祝員八人，屬寺。後又增爲十人。奉禮減置六人。太廟署又置陰室丞，守視陰室。改樂師爲樂正，置十人。太卜又省博士員，置太卜卜正二十人，以掌其事。太醫又置醫監五人，正十人。罷衣冠、清商二署。

太僕減驊騮署入殿内。尚乘局改龍厩曰典厩署，有左、右駮阜二厩。加置主乘、司庫、司廩官。罷牛羊署。

大理寺丞改爲勾檢官，增正員爲六人，分判獄事。置司直十六人，降爲從六品，後加至二十人。又置評事四十八人，掌頗同司直，正九品。

鴻臚寺改典客署爲典蕃署。初煬帝置四方館於建國門外，以待四方使者，後罷之，有事則置，名隸鴻臚寺，量事繁簡，臨時損益。東方曰東夷使者，南方曰南蠻使者，西方曰西戎使者，北方曰北狄使者，各一人，掌其方國及互市事。每使者署，典護録事、敍職、敍儀、監府、監置、互市監及副、參軍各一人。録事主綱紀。敍職掌其貴賤立功合敍者。敍儀掌小大次序。監府掌其貢獻財貨。監置掌安置其駝馬船車，並糾察非違。互市監及副，掌互市。參軍事出入交易。

司農但統上林、太倉、鉤盾、導官四署，罷典農、華林二署，而以平準、京市隸太府。

太府寺既分爲少府監，而但管京都市五署及平準、左右藏等，凡八署。京師東市曰都會，西市曰利人，東都東市曰豐都，南市曰大同，北市

曰通遠。及改諸令爲監，唯市署曰令。【略】

將作監改太監，少監爲大匠，少匠，丞加爲從六品。統左右校及甄官署。五年，又改大匠爲大監，正四品，少匠爲少監，正五品。十三年，又改監、少監爲令、少令。丞加品至從五品。

少府監置監，從三品，少監，從四品，各一人。丞從五品，二人。統左尚、右尚、內尚、司織、司染、鎧甲、弓弩、掌治等署。復改監、少監爲令、少令。併司織、司染爲織染署，廢鎧甲、弓弩二署。

都水監改爲使者，增爲正五品，丞爲從七品。統舟楫、河渠二署。舟楫署每津置尉一人。五年，又改使者爲監，四品，加置少監，爲五品。後又改監、少監爲令，從三品，少令，從四品。

長秋監置令一人，正四品，少令一人，從五品，丞二人，正七品。並用士人，改內常侍爲內承奉，置二人，正五品；給事爲內承直，置四人，從五品。並用宦者。罷內謁者官。領掖庭、宮闈、奚官等三署，並參用士人。後又置內謁者員。【略】

行宮所在，皆立總監以司之。上宮正五品，中宮從五品，下宮正七品。隴右諸牧，置左、右牧監各一人，以司統之。

唐·李林甫等《唐六典》卷一一《殿中省》 殿中省　監一人　少監二人　丞二人　主事二人　令史四人　書令史十二人　亭長八人　掌固八人

尚食局　奉御二人　直長五人　書令史二人　書史四人　食醫八人　主食十六人　主膳七百人　掌固八人

尚藥局　奉御二人　直長四人　書令史二人　書吏四人　侍御醫四人　主藥十二人　藥童三十人　司醫四人　醫佐八人　按摩師四人　呪禁師四人　合口脂匠二人　掌固四人

尚衣局　奉御二人　直長四人　書令史三人　書吏四人　主衣十六人　掌固四人

尚舍局　奉御二人　直長六人　書令史三人　書吏七人　掌固十人　幕士八千人

尚乘局　奉御二人　直長十人　書令史六人　書吏十四人　奉乘十八人　習馭五百人　掌閑五千人　進馬六人　司庫一人　司廩二人　典事五人　獸醫七十人　掌固四人

尚輦局　奉御二人　直長四人　書令史二人　書吏四人　掌扇六十人　掌翰三十人　掌輦二人　主輦四十二人　奉轝十五人　掌固六人

殿中省：監一人，從三品；魏氏初置殿中監，品第七，晉、宋因之。齊有內殿中監八人，外殿中監八人。梁初，位不登七班者別署蘊位、動位，殿中外監爲三品動位，內監爲三品動位。陳因之，然其官甚微。後魏殿中監從五品下。北齊門下省屬官有殿中監四人，掌駕前奉引行事，東耕則進耒耜。隋改爲殿內局，監二人，品正第六下。大業三年，分門下省尚食、尚藥、御府、殿內等局，分太僕寺車府、驊騮等署，置殿內省，監正四品，少監從四品，丞從五品，各一人，掌諸供奉；又有奉車都尉十二人，掌進御輿馬，統尚食、尚藥、尚衣、尚舍、尚乘、尚輦等六局。皇朝因改曰殿中省。龍朔二年改爲中御府，監爲中御大監；咸亨元年復舊。少監二人，從四品上；隋煬帝置一人，從四品。皇朝加至二人，龍朔、咸亨隨省改復。丞二人，從五品上；隋煬帝置一人，從五品。皇朝加至二人。龍朔二年改爲中御大夫，咸亨元年復故。主事二人，從九品上。隋煬帝置，皇朝因之。殿中監掌乘輿服御之政令，總尚食、尚藥、尚衣、尚乘、尚舍、尚輦六局之官屬，舊屬官又有天藏府，開元二十三年省。備其禮物，而供其職事；少監爲之貳。凡聽朝，則率其屬執繖扇以列於左右。凡大祭祀，則進大珪、鎮珪於壝門之外；既事，受而藏之。凡行幸，則侍奉於仗內；若遊燕、田閱，則驂乘以從焉。今內別置閑廐使，其務多分殿中及太僕之事。至於輿輦、車馬，則使掌其內，監知其外，遊燕侍奉，皆不與焉。若元正、冬至大朝會，則跪而進爵。若和合御藥，則監視而嘗之。丞掌判監事，兼勾檢稽失，省署抄目。主事掌印及知受事發辰。

尚食局：奉御二人，正五品下；《周禮》有膳夫、內饔。秦置六尚，有尚食之名，如淳以爲主天子物曰『尚』。漢因之，後遂省並其職於太官、湯官，至北齊，門下省統六局，尚食局有典御二人，丞、監各四人；又有集書省，統三局，有中尚食局典御二人、監四人，品與尚食同。後周有內膳上士二人、中士四人。凡進食必先嘗之。至隋開皇初，門下省統尚食局，有典御二人、直長四人、食醫四人；大業三年分屬殿內，改典御爲奉御，員二人，正五品。上皇朝因之。龍朔二年改爲奉膳大夫，咸亨元年復故。直長五人，正七品上；隋開皇初，置直長四人，從七品下；大業三年，加置六人，增品爲正第七。皇朝因之，減置五人。食醫八人，正九品下；《周禮》有食醫中士二人，『掌和王之六食、六飲、六膳、百羞、百醬、八珍之齊。』

隋尚食局有食醫四人，皇朝加至八人，後周置主食、主膳等，皇朝因之。主食十六人。後周内膳有主食十二人。尚食奉御掌供天子之常膳，隨四時之禁，適五味之宜，春肝、夏心、秋肺、冬腎、四季之月脾，皆時王不可食。五味：酸、鹹、甘、苦、辛。當進食，必先嘗，凡天下諸州進甘滋珍異，皆辨其名數，而謹其儲供。直長爲之貳。凡元正、冬至大朝會饗百官，與光禄視其品秩，分其等差而供焉。其賜王公已下及外方賓客亦如之。若諸陵月享，則於陵所視膳而獻之。諸陵須上食，陵別殿中省主膳三十人，分番上下，每季差官相監，於陵所造食供進。食醫掌和齊所宜。主食掌率主膳以供其職。

尚藥局：奉御二人，正五品下；自梁、陳、後魏已往，皆太醫兼其職。北齊門下省統尚藥局，有典御二人、侍御師四人、尚藥監四人，惣御藥之事；又集書省統三局，有中尚藥局典御二人、丞二人、中謁者僕射二人，惣知中宫醫藥之事。隋門下省統尚藥局典御二人，正五品下；侍御醫四人，正七品上；直長四人，正七品下；醫師四十人。大業三年分屬殿内，改爲奉御，皇朝因之。龍朔二年改爲奉醫大夫，咸亨元年復舊。直長四人，正七品上；隋置四人，正七品下，煬帝加品爲正七品，皇朝因之。侍御醫四人，從六品上；北齊尚藥局有侍御師四人，隋有侍御醫四人皇朝因之。主藥十二人；藥童三十人；漢有藥丞、主藥。後周有主藥六人，隋有主藥四人、藥童二十四人。司醫四人，正八品下；隋大業中置，皇朝因之。醫佐八人，正九品下；隋大業中置，皇朝因之。按摩師四人；隋有按摩師一百二十人，皇朝減置。咒禁師四人；皇朝初置。合口脂匠二人。皇朝初置。尚藥奉御掌合和御藥及診候之事；直長爲之貳。凡藥有上、中、下之三品。上藥爲君，養命以應天；中藥爲臣，養性以應人；下藥爲佐，療病以應地，遞相宜攝而爲用。凡合藥宜用一君、三臣、九佐，方家之大經也，必辨其五味、三性、七情，然後爲和劑之節。五味謂酸、鹹、甘、苦、辛，酸屬肝，鹹屬腎，甘屬脾，苦屬心，辛屬肺。三性謂寒、温、平。七情謂有單行者，有相須者，有相使者，有相畏者，有相惡者，有相反者，有相殺者。其用又有四焉，曰湯、丸、酒、散，視其病之深淺所在而服之。診脉辨寸、關、尺之三部，以調四時沉、浮、滑、澀之節，而知病之所在。在胷膈者，先食而後服藥；在心腹者，先服藥而後食。凡合和御藥，與殿中監視其分、劑，藥成，先嘗而進焉。合藥供御，門下、中書司別長官一人，並當上大將軍衛別一人，與殿中監、尚藥奉御等監視；藥成，醫佐以上先嘗，然後封印；寫本方，方後具注年、月、日，監藥者徧署名，俱奏。餌藥之日尚藥奉御先嘗，次殿中監嘗，次皇太子嘗，然後進御。侍御醫掌診候調和。司醫、醫佐掌分療衆疾。主藥、藥童掌刮、削、擣、篩。按摩師、咒禁師所掌如太醫之職。

尚衣局：奉御二人，從五品上，《周禮》有司服中士二人，「掌王吉凶衣服，辨其名物與其用事。」戰國有尚衣、尚冠之職。秦、漢少府屬官有御府令、丞，掌供御服。後漢有掌宦者，典官婢作中衣服及補浣之事。魏因之。晉屬光禄勳，東晉省。宋大明中，改尚方曰左、右御府，各置令、丞一人。後廢帝初，省御府，置中署，隷右尚方；其後又置，至齊高祖省，文帝又置。初，宋氏用三品勳位，明帝改用二品，準南臺御史，掌金銀、綵帛，凡諸造作，以供奉，及妃、主、六宫。梁、陳無御府，其職隷在尚方。後魏有掌服郎，從六品上。北齊門下省統主衣局都統、子統各二人。後周有司服上士二人、中士二人。隋門下省有御府局監二人，大業三年分屬殿内省，其後又改爲尚衣局。皇朝因之。龍朔二年改爲奉冕大夫，咸亨元年復舊。直長四人，正七品下；隋改御府爲尚衣局，始置直長，領主衣。皇朝因之。主衣十六人。隋置，皇朝因之。尚衣奉御掌供天子衣服，詳其制度，辨其名數，而供其進御；直長爲之貳。【略】

尚舍局：奉御二人，從五品；《周禮》有掌舍，掌行所解止之處帷、幕、幄、帟之事。漢少府屬官有守宫令、丞掌宫殿陳設。魏殿中監掌帳設監護之事。晉、宋已下，其職並在殿中監。隋煬帝置殿内省，改殿内局爲尚舍局，置奉御二人，正五品。皇朝因之。龍朔二年改爲奉宸大夫，咸亨元年復舊。直長六人，正七品下；隋煬帝置八人，皇朝減二人。幕士八千人。皇朝置，掌供御及殿中雜張設之事。尚舍奉御掌殿庭張設，供其湯沐，而潔其灑掃；直長爲之貳。凡大駕行幸，預設三部帳幕，有古帳、大帳、次帳、小次帳、小帳，凡五等。古帳八十連，高二丈，縱廣二丈五尺，前有五梁，後有七梁。大帳六十連，高一丈五尺，縱廣二丈，前有四梁。次帳四十連，高一丈三尺，縱廣一丈五尺，前有三梁。三帳皆朱蠟骨，緋紬綾，浮游覆之。小次帳三十連，高一丈一尺，縱廣一丈二尺。小帳二十連。高八尺，縱廣九尺。凡五等之帳各三，是爲三部。帳皆烏氈爲表，朱綾爲覆，下有紫幃方座，金銅行牀，垂以簾。其諸帳内外又設六柱、四柱、三柱，爲垣墻之制，皆青純爲表，朱帛爲裏，其外置排城以爲蔽捍焉。排城連版爲之，每版皆畫辟邪猛獸，表裏漆之。

凡供湯沐，先視其潔清芳香，適其寒温而進焉。凡大祭祀，有事於郊壇，則先設行宫於壇之東南向，隨地之宜。將祀三日，則設大次於外壝東門之外道北，南向而設御座。若有事於明堂及太廟，則設大次於東門，如郊壇之制。凡致齋，則設幄於正殿西序及室內，俱東向，張於楹下。凡元正、冬至大朝會，則設斧扆於正殿。施榻席及熏鑪。若朔望受朝，則施幄帳於正殿，帳裙頂帶方潤一丈四尺。

尚乘局：奉御四人，從五品上；自秦、漢已來，其職皆在太僕，北齊太僕驊騮署有奉乘十人，官十二閑馬。隋煬帝取之，置尚乘局。皇朝因之，增置奉御四人：一人掌左六閑馬；一人掌右六閑馬；一人掌粟草、飼丁請受配給，及勾勘出入破用之事；一人掌鞍轡鞦勒，供馬調度，及療馬醫藥料度之事。龍朔二年改爲奉駕大夫，咸亨元年復故。開元二十三年減置二人。先是別置閑廄使，因隸焉，猶屬殿中。直長十人，正七品下；隋煬帝置十四人，皇朝因之，開元二十三年減四人。奉乘十八人，正九品下；後魏有奉乘郎，從五品下。後周左、右廄各有奉乘二十人。隋煬帝置尚乘局，有奉乘十人。皇朝加置二十四人，每閑二人。開元二十三年減六人。習馭五百人；後周左、右廄各有馭夫一百三十人；皇朝加置習馭五百人，掌調習六閑之馬。掌閑五千人；皇朝置，掌分飼養六閑之馬。司庫一人，正九品下；皇朝初置二人，掌六閑庫物。開元二十三年減。司廩二人，正九品下；皇朝置之。典事五人；皇朝置，掌六閑粟草。獸醫七十人。《周禮》有獸醫下士，掌療畜獸之疾病；又有巫馬下士二人、醫四人，掌知馬祖、先牧、馬社、馬步之神，養疾馬，以藥攻馬疾也。北齊內廄局有馬醫二人。皇朝置獸醫，掌療左、右六閑之馬。尚乘奉御掌內外閑廄之馬，辨其麤良，而率其習馭；直長爲之貳。六閑：一曰飛黃，二曰吉良，三曰龍媒，四曰騊駼，五曰駃騠，六曰天苑。左、右凡十有二閑，分爲二廄：一曰祥麟，二曰鳳苑，以繫飼馬。今仗內有飛龍、祥麟、鳳苑、鵁鸞、吉良、六羣等六廄，奔星、內駒等兩閑；仗外有左飛、右飛、左萬、右萬等四閑，東南內、西北內等兩廄。凡御馬必敬而式之，非因調習，不得捶擊；諸閑廄上細馬，若欲調習，唯得廄內乘騎，不得輒出。習其進御之制，而爲出入之禁。隴右諸牧監使每年簡細馬五十匹進。其祥麟、鳳苑廄所須雜給馬，年別簡麤壯敦馬一百匹，與細馬同進。仍令牧監使預簡敦馬一十匹別牧進，殿中須馬，任取充。凡秣馬給料，以時爲差。春、冬日給藁一圍，粟一㪷，塩二合；秋、夏日給青芻一圍，粟減半。凡外牧進良馬，印以「三花」、「飛」、「風」之字。而爲誌焉。細馬、次馬送尚乘局者，於尾側依左、右閑印以「三花」；其餘雜馬送尚乘者，以「風」字印印左髆，以「飛」字印印左髆。奉乘掌率習馭、掌閑、駕士及秣飼之法。凡馭馬必視其齒歷、勞逸而調習之。馬四年而兩齒，五年而四齒，六年而六齒成焉。七年而右一齒缺，八年而上下兩邊各一齒缺，九年而上下盡缺。十年而下兩齒齞，十一年而下四齒齞；十二年盡齞。十三年下兩齒平，十四年下四齒平，十五年下盡平。十六年上兩齒齞，十七年上四齒齞，十八年上盡齞。十九年上兩齒平，二十年上四齒平。司庫掌鞍轡乘具。司廩掌藁秸出納。獸醫掌療馬病。凡馬病，灌而行之，觀其病之所發。療馬病有五勞：一曰筋勞，二曰骨勞，三曰皮勞，四曰氣勞，五曰血勞。久步則生筋勞，久立則生骨勞，久汗不乾則生皮勞，汗未差燥而飼飲之則生氣勞，驅馳無節則生血勞。有傷寒者，有傷熱者，有瘍者，咸據經方以療焉。

尚輦局：奉御二人，從五品上；《周禮》：「小司徒中大夫二人，掌六畜、車輦。」又：「巾車下大夫二人，掌王后之五輅，輦車組輓，有翣羽蓋。」古謂人牽爲輦，春秋宋萬以乘車輦其母。秦始皇乃去其輪而轝之，漢代遂爲人君之乘。後漢有乘輿六輦。魏、晉小出則乘之，及過江而亡。太元中，謝安率意而作，及破符堅得之，形制無差，大小如一，時人嗟其默識。宋武執慕容超，獲金鉦輦。古之輦輿，大率以六尺爲度，齊武帝造大、小二輦，彫節甚工，下棡轅軛，悉金花銀獸。梁大輦中方八尺，左、右開四望，金鸞棲軛。隋有六輦，大禮皆乘之。秦、漢、魏、晉並太僕屬官車府令掌之，東晉省太僕，遂隸尚書駕部。宋、齊、梁、陳車府、乘黃令。丞掌之後魏，北齊則乘黃、車府令兼掌之，後周則司車輅主之，隋又乘黃、車府令兼掌之。煬帝置殿內省尚輦局奉御二人，正五品。皇朝因之，爲從五品上。龍朔二年改爲奉輦大夫，咸亨元年復舊。直長四人，正七品下；隋煬帝置，皇朝因之，又置掌扇、掌翰等員，掌執扇及執紙、筆、硯雜供奉之事。掌輦二人，正九品下；皇朝初置四人，開元二十三年減二人，又置主輦、奉轝等員。掌率主輦以供其事。主輦四十二人，皇朝置，凡七輦，輦六人。奉轝十五人。皇朝置之。尚輦奉御掌輿輦、繖扇之事，分其次敍，而辨其名數；直長爲之貳。凡大朝會則陳於庭，大祭祀則陳於廟。輦有七：一曰大鳳輦，二曰大芳輦，三曰仙遊輦，四曰小輕輦，五曰芳亭輦，六曰大玉輦，七曰小玉輦。轝有三：一曰五色轝，二曰常平轝，其用如七輦之儀；三曰腰轝，則常御焉。凡大朝會及祭祀，則出之於內；既事，復進而藏之。凡繖扇，大朝會則繖二，翰一，陳之於庭；孔雀扇一百五十有六，分居左、右。舊，翟尾扇；開元初，改爲繡孔雀以省。若常聽朝，皆去扇，左、右各留其三，以備常儀。崔豹《古今注》云：「華蓋，黃帝所作也。與蚩尤戰於涿鹿之野，常有五色雲氣、金枝玉葉止於帝上，有花蘤之象，故因作華蓋也。」《通俗文》曰：「張帛避雨謂之繖蓋。」《古今注》曰：「翟尾扇起於殷代，高宗有雊雉之祥，服章多用翟羽。周制以爲王后、夫人之車服，輿輦有翣，即緝翟羽爲扇翣，以障蔽翳風塵也。」

又 卷一四《太常寺》 太常寺：卿一人，正三品；唐、虞之時，伯夷作秩宗，典三禮；又夔典樂，以教胄子。《周官》：『大宗伯卿一人，掌建邦天神、人鬼，地祇之禮。』秦曰奉常，典宗廟禮儀。至漢高祖，名曰太常。惠帝復曰奉常，景帝又曰太常。漢制以列侯忠孝敬慎者居之，秩中二千石。王莽改曰秩宗。後漢太常掌禮儀、祭祀；及行事，掌贊天子；大射、養老、大喪，皆奏其禮儀；每月前晦，察行陵廟；並選試博士，奏其能否。魏因之。晉太常置功曹、主簿、五官等員，品第三，銀章、青綬，進賢兩梁冠，五時朝服，佩水蒼玉。宋太常用尚書，亦轉爲尚書，加遷選曹尚書、領、護等。齊因之。梁天監七年，象四時，置十二卿，太常、宗正、司農爲春卿。太常位視金紫光禄大夫，班第十四。陳因梁。後魏太常與光禄勳、衛尉爲三上卿，位從一品下，北齊太常卿掌陵廟、羣祀、儀制、天文、術數、衣冠之屬；太常卿第三品。後周爲大宗伯。隋太常寺卿一人，正三品。皇朝因之。龍朔二年改爲奉常，咸亨元年復舊。光宅元年改爲司禮，神龍元年復故。少卿二人，正四品上。《周禮》有小宗伯中大夫二人。秦、漢無聞。後魏太和十五年，初置少卿官，太常少卿一人，第三品上；至二十二年，降爲正四品上。北齊因之。後周爲小宗伯。隋太常寺置少卿一人，正四品上；煬帝即位，加置二人，降爲從四品。皇朝武德中，置一人；貞觀中，加置二人。龍朔、咸亨、光宅、神龍並隨寺改復。太常卿之職，掌邦國禮樂、郊廟、社稷之事，以八署分而理焉：一曰郊社，二曰太廟，開元二十四年，敕廢太廟署，令少卿一人知太廟事。三曰諸陵，四曰太樂，五曰鼓吹，六曰太醫，七曰太蔔，八曰廩犧，總其官屬，行其政令；少卿爲之貳。凡國有大禮，則贊相禮儀；有司攝事，爲之亞獻；率太樂之官屬，設樂縣以供其事。燕會亦如之。若三公行園陵，則爲之副，公服乘輅，備鹵簿，而奉其禮。若大祭祀，則先省其牲器。凡太卜占國之大事及祭祀卜則日，皆往莅之於太廟南門之外。中祀以上，則太常卿莅卜；若小祀及非大事，則太卜令莅卜也。凡大駕巡幸，出師克獲，皆擇日告於太廟。太廟有修造，亦如之。凡仲春薦冰，及四時品物甘滋新成者，皆薦焉。凡有事於宗廟，少卿率太祝、齋郎入薦香燭，整拂神幄，出入神主；將享，則與良醖令實尊罍。凡備大享之器服有四院，各以其物而分貯焉。一曰天府院，藏瑞應及伐國所獲之寶，禘祫則陳之於廟庭。二曰御衣院，藏乘輿之祭服。三曰樂縣院，主藏六樂之器物。四曰神廚院，主藏御廩及諸器物。

丞二人，從五品上；秦有奉常丞，漢因之，比千石。魏、晉、宋置一人。《宋百官春秋》：『太常丞視尚書郎，銅印、黄綬，一梁冠，品第七，掌舉陵廟非法。』齊因之。梁班第五。《梁選部》：『太常丞舊用員外郎，遷尚書郎。天監七年，改視尚書郎。』陳因之。後魏太常丞五品下，太和二十二年，降爲七品上。北齊從六品下。隋太常丞二人，從六品下；大業三年，增爲五品。皇朝因之。主簿二人，從七品上；《漢官儀鹵簿篇》：『太常駕四馬，主簿前車八乘，有鈴下、侍閣、辟車、騎吏、伍伯等員。梁天監七年，十二卿各置主簿一人，遷爲五官、功曹；又位不登十八班者別爲七班，太常主簿班第四。《梁選簿》：太常主簿視二衛主簿。』陳因之。後魏不見。北齊太常寺有功曹、五官、主簿等。隋太常寺主簿二人。武德中，正八品上；貞觀中，從七品上。録事二人，從九品上。《晉令》：『太常置主簿、録事。』北齊亦置之。隋增置二人，皇朝因之。丞掌判寺事。凡大享太廟，則修七祀於太廟西門之内；若祫享，則兼修配享功臣之禮。主簿掌印，勾檢稽失，省署鈔目。録事掌受事發辰。

太常博士四人，從七品上；《漢書·百官表云》：『博士，秦官，掌通古今，秩比六百石，員多至數十人。』高祖時，叔孫通始爲博士，定禮制。後漢置十四人，魏因之。《晉中興書》：『博士之職，端委佩玉，朝之大典，必詢度焉。當道正詞，克厭人望，然後爲可。宋、齊太常府有博士，亦謂之太學博士。梁、陳亦兼統國學博士。後魏太常博士從七品下。北齊置四人，品同魏。隋因之。置謁者三十人，贊引六十人。皇朝武德中，置博士二員，正八品上；貞觀中，加其員品，減謁者置十人，贊引二十二人。謁者十人；秦、漢有謁者，即今通事舍人。隋太常寺有謁者三十人，皇朝減置十人。贊引二十人。隋太常寺有贊引六十人，貞觀中省置二十人。太常博士掌辨五禮之儀式，奉先王之法制；適變隨時而損益焉。凡大祭祀及有大禮，則與太常卿以導贊其儀。凡王公已上擬謚，皆迹其功德而爲之褒貶。議謚：職事官三品已上，散官二品已上，佐史録行狀，申考功勘校，下太常擬謚訖，申省議定奏聞。無爵稱子。沈約《謚法》云：『晉大興三年，始詔無爵謚皆稱子也。』養德丘園，聲實名著，則謚曰先生。大行則大名，小行則小名之。舊有《周官謚法》、《大戴禮謚法》。又漢劉熙注《謚法》一卷，晉張靖撰《謚法》兩卷。又有《廣謚》一卷。至梁，沈約總集謚法，凡有一百六十五稱。若大祭祀，卿省其牲器，謁者爲之導。若小祀及公卿大夫有嘉禮，亦命謁者以贊相焉。

太祝三人，正九品上；《禮記》曰：『天子建天官，先六太。』則有太祝之置。此夏、殷之制也。《周禮》：『太祝下大夫二人、上士四人，掌六祝之詞：順祝、年祝、令祝、化祝、瑞祝、策祝，以事鬼神，祈福祥也。』秦、漢奉常屬官有太祝令、丞。後漢太祝令一人，六百石；丞二人。晉、宋皆有太祝令、丞。《齊職儀》：『太祝令，品第七，四百石，銅印、墨綬，進賢一梁冠，絳朝服；用三品勳位。』《梁選部》：太祝令與二廟令品秩同。陳氏因之。後魏太祝令從五品中；太和二十二年，改爲正九品上，北齊太常寺置太祝令、丞。後周太祝下大夫一人。隋太祝署令一人、丞一人、太祝八人、祝史十六人。煬帝廢太祝署，以太祝屬寺，後又增爲十人。皇朝減置七人，後又增置九人；開元二十三年減六人，祝史減六人。祝史六人；晉太祝令史三十人。後魏祝史從七品中，隋置十六人。皇朝武德中置十二人，今減六人。奉禮郎二人，從九品上。漢大鴻臚有治禮郎三十七人。晉太常諸博士有治禮史二十四人，大行令有治禮郎四人，後魏治禮郎從六品下；太和二十二年，改爲從九品下。北齊司儀置奉禮郎三十人。後周治禮中士一人、下士一人。隋太常寺有治禮郎十六人，其後改爲奉禮郎，又置贊者十二人，煬帝減奉禮郎置六人。皇朝武德中爲治禮郎，置四人；永徽之後，改爲奉禮郎。開元二十三年減二人。掌帥贊者以，供其事。

太祝掌出納神主於太廟之九室，而奉享薦禘祫之儀。凡國有大祭祀，盥則奉匜，既盥則奉巾帨。凡郊廟之祝板，先進取署，乃送祠所；將事，則跪讀祝文，以信於神；禮成而焚之。凡大祭祀，卿省牲，則循牲而告充。禮告訖，牽牲以授太官。既享，則以牲之毛、血置之於豆而奠焉，選入而徹之。既享，則酌上樽之福酒，且減胙肉，加之於俎，以贊祭酒歸胙之禮。又奉玉帛之篚及牲首之俎，俟禮成行焚瘞之儀也。凡祭天及日月、星辰之玉帛，則焚之；祭地及社稷、山嶽，則瘞之；海瀆，則沉之。

奉禮郎掌設君臣之版位，以奉朝會、祭祀之禮。版位黑質赤文。天子方尺有二寸，厚三寸；太子方九寸，厚二寸；公卿已下方七寸，厚一寸有半。天子版位題曰『皇帝位』，太子曰『皇太子位』，百官題曰『某品位』。凡祭祀、朝會，以贊導焉。凡祭祀、朝會、設庶官之位。文左武右，東西相向，北方爲上。東方、南方之使，次於文官之下；西方、北方之使，次於武官之下；二王之後，列於武官之上；褒聖侯，敍於文官之列。凡有事於神祇，則設御位於壇之東南；從祀公卿、獻官及掌事者，位於壝之內外。若有事於宗廟，則設位於廟庭之中，宗廟之子孫列焉。昭穆異位，去爵從齒也。凡尊彝之制十有四，祭祀則陳之。一曰太尊，二曰著尊，三曰犧尊，四曰象尊，五曰壺尊，六曰山罍，七曰概尊，八曰散尊，九曰山尊，十曰蜃尊，十一曰鷄彝，十二曰鳥彝，十三曰斝彝，十四曰黄彝，又陳勺、冪、篚、坫之位，以奉其事。有事於神祇，則用太尊至於山罍；有事於宗廟，則春、夏用鷄鳥之彝，秋、冬用黄斝之彝。星之外官用概尊，嶽鎮海瀆用山尊，山林川澤用蜃尊，衆星及丘陵已下用散尊也。凡祭器之位，簠、簋爲前，登、鉶次之，籩、豆爲後。簋、鉶、籩、豆之位在廟堂上，俱東側階之北，每坐四簋，次之以六鉶，次之以六登，籩、豆爲後，每坐異之。皆以南爲上，屈陳而下也。凡大祭祀及朝會，在位者拜跪之節皆贊導之，贊者承傳焉。又設牲牓之位，以成省牲之儀。凡春、秋二仲公卿巡行諸陵，則主其威儀、鼓吹之節，而相其禮焉。

協律郎二人，正八品上。《漢書》：『武帝時，李延年善新聲，以爲協律都尉。』後漢亦有之。至魏武帝平荆州，得杜夔，能識舊樂章，以爲協律都尉，晉改爲協律校尉。宋、齊亦有其官。梁太常屬官有協律校尉。後魏有協律郎。太和初，協律中郎從四品下，協律郎從五品上；至二十年，協律正八品下。北齊太常屬官有協律郎二人。隋太常寺協律郎二人，皇朝因之。協律郎掌和六律、六呂，以辨四時之氣，八風五音之節。陽爲六律，所以統氣類物：仲冬爲黄鍾，孟春爲太簇，季春爲姑洗，仲夏爲蕤賓，孟秋爲夷則，季秋爲無射。陰爲六呂，所以旅陽宣氣：季冬爲大呂，仲春爲夾鍾，孟夏爲仲呂，季夏爲林鍾，仲秋爲南呂，孟冬爲應鍾。凡律管之數起於九，以九相乘，八十一以爲宫，三分去一，五十四以爲徵；三分益一，七十二以爲商，三分去一，四十八以爲羽；三分益一，六十四以爲角。黄鍾爲宫，太簇爲商，姑洗爲角，林鍾爲徵，南呂爲羽，還相爲宫，以生其聲焉。凡太樂、鼓吹教樂則監試，爲之課限。太樂署教樂，雅樂大曲，三十日成；小曲，二十日。清樂大曲，六十日；文曲，三十日；小曲，十日。燕樂、西涼、龜茲、疏勒、安國、天竺、高昌大曲，各三十日；次曲，各二十日；小曲，各十日。高麗、康國一曲。鼓吹署：棡鼓一曲十二變三十日；大鼓一曲十日；長鳴三聲十日；鐃鼓一曲五十日，歌、簫、笳一曲各三十日；大橫吹一曲六十日，節鼓一曲二十日，笛、簫、觱篥、笳、桃皮觱篥一曲各二十日；小鼓一曲十日；中鳴三聲十日；羽葆鼓一曲三十日，錞於一曲五日，歌、簫、笳一曲各三十日；小橫吹一曲六十日；簫、笛、觱篥、桃皮觱篥一曲各三十日成。凡教樂，淫聲、過聲、凶聲、慢聲皆禁之。淫聲，若鄭、衛者；過聲，失哀樂之節者；凶聲，亡國之聲，音若桑間濮上者；慢聲，不恭者也。使陽而不敢散，陰而不敢集，剛氣不怒，柔氣不懾，暢於中，發於外，以應天地之和。若大祭祀、饗燕，奏樂於庭，則升堂執麾以爲之節制；舉麾，鼓柷，而後樂作；偃麾，戛敔，而後止。

兩京郊社署：令各一人，從七品下；周人建國，左宗廟，右社稷，祭天於南郊之圜丘，就陽位也；祭地於北郊之方壇，就陰位也。故有典祀中士二人、下士四人，以時而祭則徵役于司隸，帥其屬而修除之。秦、漢奉常屬官有太祝令、丞，景帝改爲祠祀，武帝更曰廟祀。後漢祠祀屬少府。魏、晉有太祝令、丞。宋有明堂令、丞，掌宗祀五帝之事。齊有太祝及明堂令、丞。梁太常卿統明堂、太社等令、丞。北齊太廟令、丞兼領郊祠，崇虚二屬丞，郊祀掌五郊羣神，崇虚掌五嶽、四瀆神祠。後周有司郎上士一人、中士一人，又有司社中士一人、下士一人。隋太常統郊社署令，又署門僕、齋郎，皇朝因之。丞一人，從八品上；隋置，皇朝因之。門僕八人；隋有二人。齋郎一百一十人。後魏祀官齋郎九品中，隋郊社署有齋郎一百人。郊社令掌五郊、社稷、明堂之位，祠祀、祈禱之禮；丞爲之貳。凡大祭祀，則設神坐於壇上而別其位。上帝之神，席以槀秸；衆神，席以莞；升中於太山，則藉以三脊之茅。與奉禮設尊、罍、篚、冪之具，太官令實之。凡有事於百神，則立燎壇而先積柴焉。大祀燎壇方一丈，高丈有二尺；中祀方八尺，其高一丈；下祀方五尺，高如其方。凡有合朔之變，則置五兵於太社，矛居東，戟居南，鉞在西，稍在北，巡察四門，立穳於壇四隅，以朱絲縈之，以俟變過時而罷之。

獻陵、昭陵、乾陵、定陵、橋陵、恭陵署：令各一人，從五品上；《周禮》有冢人下大夫二人、中士四人，掌公墓之地，辨其兆域，先王之葬居中，以昭穆爲左右。至漢，奉常管諸陵縣，諸陵亦各有令、丞。至元帝永光元年，分諸陵邑屬三輔。後漢先帝陵令每令各一人，秩六百石，每陵所皆置萬戶。晉太常統陵令、丞、主簿、録事、戶曹史、禁備吏各一人，侍一人；凡吏四人；卒一人。宋太常統陵令。《齊職儀》：『每陵令一人，品第七，秩四百石，銅印、墨綬，進賢一梁冠，絳朝服。舊用三品勳位，孝建三年改爲二品。』梁太常統陵監，其後改爲令，班第二，品正第九。陳承梁制，秩六百石。北齊太常寺亦統諸陵令、丞。後周守陵，每陵上士一人。隋令：『諸署，每陵令一人。』皇朝因之。開元二十五年，諸陵、廟隸宗正寺。丞一人，從七品下；漢、魏、晉諸陵並有丞；宋、齊、梁、陳並有陵令，無丞；北齊有丞。隋諸陵丞各一人，有主衣、主輦、主藥等員；皇朝因之。録事一人，皇朝置。陵戶。乾陵、橋陵、昭陵各四百人，獻陵、定陵、恭陵各三百人。陵令掌先帝山陵，率戶守衛之事；丞爲之貳。凡朔望、元正、冬至、寒食，皆修享於諸陵。若橋陵，則日獻羞焉。凡功臣、密戚諸陪陵葬者聽之，以文武分爲左右而列。墳高四丈已下，三丈已上。若父、祖陪陵，子、孫從葬者，亦如之。若宮人陪葬，則陵戶爲之成墳。凡諸陵皆置留守，領甲士，與陵令相左右。兆域內禁人無得葬埋，古墳則不毀。

永康、興寧二陵署：令各一人，從七品下；丞一人，從八品下。陵令掌山陵塋兆之事，率其戶而守陵焉；兵仗並皆給之。丞爲之貳。

隱、章懷、懿德、節愍、惠莊、文惠、宣七太子陵署：各令一人，從八品下；按：漢武帝戾太子園有官吏，自後不見，並皇朝置之。丞一人，從九品下。太子陵令、丞皆掌陵園守衛。

諸太子廟，令各一人，從八品上；丞一人，正九品下。有後，則官爲置廟，子孫自主其祭；無後者，以近族人爲主。緣祭樂、饌，並官供之。太子廟令、丞皆掌灑掃開闔之節，四時享祭之禮。

太樂署：令一人，從七品下；《周禮》：『太司樂中大夫二人，樂師下大夫四人。大司樂掌成均之法，以樂舞教國子《雲門大卷》、大咸、大韶、大夏、大濩、大武之舞。樂師掌國學之政，教國子帗舞、羽舞、皇舞、旄舞、干舞、人舞之節。又有太師下大夫二人，掌六律、六同，以合陰陽之聲。』至秦、漢，奉常屬官有太樂令、丞，又少府屬官有樂府令、丞。後漢太常樂令一人，六百石。魏復爲太樂令、丞。黃初中，以杜夔爲之，使正雅樂。時，散騎侍郎鄧靜善詠雅樂，歌師尹胡能習宗祀之曲，舞師馮肅曉知前代諸儛，夔與創定，遷協律都尉。至晉元帝，並太樂於鼓吹。宋太常有太樂令、丞。齊因之，品第七，四百石，銅印、墨綬，進賢一梁冠，絳朝服。梁太常屬官有太樂令，班第一，品從九；又別領清商丞。太樂有庫丞，與清商丞並三品蘊位。陳因之。後魏太和十五年，置太樂官，有太樂博士，六品下。北齊太常寺有太樂令、丞。後周有司樂上士、中士。隋太常寺統太樂令、丞二人。皇朝因之。開元二十三年，各減一人。丞一人，從八品下；歷代皆有一人，隋置二人，皇朝因之，開元二十三年減一人。樂正八人，從九品下；後周依《周官》，置樂師上士一人、中士一人。隋太樂署有樂師八人，清商有樂師二人。至楊帝，改曰『正』，加置十人，蓋採古樂正子春而名官。皇朝因之。典事八人；流外番官。文、武二舞郎一百四十人。《周禮》：『韎師，主舞者十有六人；旄人，主舞者衆寡無數。』漢太子樂令有八佾舞三佰八十一。隋太常樂署有舞郎三百。太樂令掌教樂人調合鍾律，以供邦國之祭祀、饗燕，丞爲之貳。【略】

凡大祭祀、朝會用樂，則辨其曲度、章句，而分終始之次。郊祀，降神奏《豫和》之樂，文舞作焉；迎皇帝則奏《太和》之樂，莫玉則奏《肅和》之樂，迎俎則奏《雍和》之樂，酌獻奏《壽和》之樂，送神則奏《舒和》之樂，武舞作焉。若有事於地祇，則迎神以《順和》之樂；有事於宗廟，則迎神以《永和》之樂，餘如郊祀之儀。饗先農用《豐和》，孔宜父廟、齊太公廟用《宜和》之樂，元正、冬至大朝會，迎送皇帝用《太和》，迎送王、公用《舒和》，羣臣上壽用《休和》，皇帝舉酒登歌用《昭和》。文舞用《九功》之舞，武舞用《七德》之舞。若祠祀，武舞用《凱安》之舞。

凡有事於太廟，每室酌獻，各用舞焉。【略】

凡習樂立師以教，每歲考其師之課業，爲上、中、下三等，申禮部；

十年大校之，若未成，則又五年而校之，量其優劣而黜陟焉。諸無品博士隨番少者，爲中第；經十五年，有五上考者，授散官，直本司。若職事之爲師者，則進退其考。習業者亦爲之限，既成，得進爲師。凡樂人及音聲應教習，皆著簿籍，覈其名數而分番上下，短番散樂一千人，諸州有定额。長上散樂一百人，太常自訪召。關外諸州者分为六番，內五番，京兆府四番，并一月上；一千五百里外，兩番併上。六番者，上日教至申時；四番者，上日教至午時。皆教習检察，以供其事。若有故及不任供奉，則輸資錢以充伎衣、樂器之用。

鼓吹署：令一人，徒七品下；《周禮》：『鼓人中士六人，掌六鼓、四金之音。』所謂雷鼓、靈鼓、路鼓、鼖鼓、鼛鼓、晋鼓、金錞和鼓、金鐲節鼓、金鐃止鼓、金鐸通鼓。崔豹《古今注》云：『漢代鼓角横吹者，始張騫使西域，得《摩訶兜勒》一曲。其後李延年因之音爲二十八解，若《隴頭水》、《赤之楊》、《黄覃子》、《望行人》、《出關》、《入關》、《出塞》、《入塞》之曲是也。其短簫鐃吹者，雜出漢代多戰陣之聲，若《思悲翁》、《艾如張》、《上之回》、《戰城南》、《芳樹上邪》、《玄雲》、《朱鷺》之曲是也。後漢少府屬官有承華令，典黄門鼓吹百三十五人、百戲師二十七人。晋遂置鼓吹令、丞，屬太常。元帝省太樂，并于鼓吹；哀帝又省鼓吹，而存太樂。宋、齊並無其官。至梁，太常卿統鼓吹令、丞及清商署，陳因之。後魏闕文。北齊太常領鼓吹令、丞，掌百戲、鼓吹樂人等事，又兼黄户局，掌供樂人衣服等；太樂又領清商部。隋太常寺統鼓吹、清商二令、丞，各二人。皇朝因省清商，并于鼓吹。開元二十三年，減一人。丞一人，從八品下；隋置二人，皇朝因之；開元二十三年，減一人。樂正四人，從九品下。其説已具太樂樂正下。隋清商署樂師二人，煬帝改爲樂正也。鼓吹令掌鼓吹施用調習之節，以備鹵簿之儀；丞爲之貳。

【略】

凡合朔之變，則帥工人設五鼓於太社，執麾旒，於四門之塾置龍牀，有變則舉麾，擊鼓齊發，變復而止。馬射，則設掆鼓、金鉦，施龍牀，而偶作焉。二人聲作，著苣文袍，袴褶。大儺則帥鼓角以助侲子之唱。《唐禮》：『鼓角十人爲一隊。』

太醫署：令二人，從七品下；《周禮》有醫師上士、下士。秦少府屬官有太醫令、丞，無員，多至數十人。後漢又有藥丞一人，魏因之。晋氏宗正屬官有太醫令、丞，銅印、墨綬；進賢一梁冠，絳朝服，品第七；過江，省宗正，而太醫以給門下省。宋、齊太醫令、丞隸侍中。梁門下省有太醫令、丞，令班第十一，丞爲三品勳位。陳因之。魏有太醫博士、助教。北齊太常寺統太醫令、丞，後周有太醫下大夫、小醫上士。隋太常寺統太醫署令、丞，有主藥、醫師、藥園師、按摩呪禁博士；煬帝又置醫監五人、醫正十人。皇朝因之。丞二人，從八品下；秦漢以來皆有丞一人。至隋，又置二人，皇朝因而不改。醫監四人，從八品下；醫正八人，從九品下；後周有醫正上士、中士、下士。隋煬帝置醫監五員、醫正十員，皇朝減之。隋又有藥園師、藥生等，皇朝因之。醫師二十人，醫工一百人，《周禮》有醫師上士、下士。後漢有醫工長，第五倫補爲淮陽王醫工長是也。隋太醫有師二百人，皇朝置二十人，醫工一百人。醫生四十人，典學二人。後周醫正有醫生三百人，隋太醫有生一百二十人，皇朝置四十人。貞觀後，置典學二人。太醫令掌諸醫療之法；丞爲之貳。其屬有四，曰醫師、鍼師、按摩師、呪禁師，皆有博士以教之，其考試、登用如國子監之法。諸醫、鍼生讀《本草》者，即令識藥形，知藥性；讀《明堂》者，即令驗圖識其孔穴；讀《脉訣》者，即令遞相診候，使知四時浮、沈、濇、滑之狀；讀《素問》、《黄帝鍼經》、《甲乙脉經》皆使精熟。博士月一試，太醫令、丞季一試，太常丞年終總試。若業術過於見任官者，即聽補替。其在學九年無成者，退從本色。凡醫師、醫正、醫工療人疾病，以其全多少而書之，以爲考課。每歲常合傷寒、時氣、瘧、痢、傷中、金瘡之藥，以備人之疾病者。藥園師以時種蒔、收採諸藥。京師置藥園一所，擇良田三頃，取庶人十六已上、二十已下充藥園生，業成，補藥師。凡藥有陰陽配合，子母兄弟，根葉花實，草石骨肉之異，及有毒無毒，陰乾曝乾，採造時月，皆分别焉。凡藥八百五十種，三百六十種，《神農本經》；一百八十二，《名醫别録》；一百一十四，《新修本草新附》；一百九十四，有名無用。皆辨其所出州土，每歲貯納，擇其良者而進焉。

醫博士一人，正八品上；助教一人，從九品上。晋代以上手醫子弟代習者，令助教部教之。宋元嘉二十年，太醫令秦承祖奏置醫學，以廣教授，至三十年省。後魏有太醫博士、助教。隋太醫有博士二人，掌醫。皇朝武德中，博士一人，助教二人，貞觀中，減置一人，又置醫師、醫工佐之，掌教醫生。醫博士掌以醫術教授諸生習《本草》、《甲乙脉經》，分而爲業：一曰體療，二曰瘡腫，三曰少小，四曰耳目口齒，五曰角法。諸醫生既讀諸經，乃分業教習，率二十人以十一人學體療，三人學瘡腫，三人學少小，二人學耳目口齒，一人學角法。體療者，七年成；少小及瘡腫，五年；耳目口齒之疾并角法，二年成。

鍼博士一人，從八品上；鍼助教一人，從九品下。皇朝置，又置鍼師、鍼工佐之，以教鍼生也。鍼博士掌教鍼生以經脉孔穴，使識浮、沈、澁、滑之候，又以九鍼爲補寫之法。一曰鑱鍼，取法於巾鍼，長一寸六分，大其頭，鋭其末，令不得深入，主熱在皮膚者。二曰員鍼，取法於絮鍼，長一寸六分，主療分間氣。三曰鍉鍼，取法於黍粟之鋭，長三寸半，主邪氣出入。四曰鋒鍼，取法於絮鍼，長一寸六分，刃三隅，主決癰出血。五曰鈹鍼，取法於劍，令其末如劍鋒，廣二分半，長四寸，主決大癰腫。六曰員利鍼，取法於氂，直員鋭，長一寸六分，主取四支癰、暴痺。七曰毫鍼，取法於毫毛，長一寸六分，主寒熱痺在絡者。八曰長鍼，取法於綦鍼，長七寸，主取深邪遠痺。九曰大鍼，取法於鋒鍼，長四寸，主取火氣不出關節。凡此九鍼，以法九州九野之分。九鍼之形及所主疾病，畢矣。凡鍼疾先察五藏有餘不足而補寫之。人心藏神，肺藏氣，肝藏血，脾藏肉，腎藏志，内連骨髓，外通津液，以成四支，九竅、十六節、三百六十五部，必先知其病之所在。凡鍼生習業者，教之如醫生之法。鍼生習《素問》、《黄帝鍼經》、《明堂》、《脉訣》，兼習《流注》、《偃側》等圖，《赤烏神鍼》等經。業成者，試《素問》四條，《黄帝鍼經》、《明堂》、《脉訣》各二條。

按摩博士一人，從九品下；崔寔《政論》云：「熊經鳥伸，延年之術。」故華佗有六禽之戲，魏文有五槌之鍜。《僊經》云：「户樞不朽，流水不腐。」謂欲使骨節調利，血脉宣通，卽其事也。隋太醫有按摩博士二人，皇朝因之。貞觀中，減置一人，又置按摩師、按摩工佐之，教按摩生也。按摩師四人，按摩工十六人，隋太醫有按摩師一百二十人，無按摩工，皇朝置之。按摩生十五人。隋太醫有按摩生一百人。皇朝武德中置三十人，貞觀中減置十五人也。按摩博士掌教按摩生以消息導引之法，以除人八疾：一曰風，二曰寒，三曰暑，四曰濕，五曰飢，六曰飽，七曰勞，八曰逸。凡人支、節、府、藏積而疾生，導而宣之，使内疾不留，外邪不入。若損傷折跌者，以法正之。

咒禁博士一人，從九品下。隋太醫有呪禁博士一人，皇朝因之，又置呪禁師、呪禁工以佐之，教呪禁生也。呪禁博士掌教呪禁生以呪禁拔除邪魅之爲厲者。有道禁，出於山居方術之士；有禁呪，出於釋氏。以五法神之：一曰存思，二曰禹步，三曰營目，四曰掌決，五曰手印；皆先禁食葷血，齋戒於壇場以受焉。

太卜署：令一人，正八品下；《周禮》有太卜下大夫、卜師上士，掌方兆、功兆、義兆、弓兆之法；有龜人中士，掌六龜之屬，主天子卜筮之事。秦、漢奉常屬官有太卜令、丞。武帝置太卜博士。後漢幷于太史；又靈臺待詔員有龍卜三人，《易》筮二人。魏、晉、宋、齊、梁、陳無其職。後魏有太卜博士，從七品下。北齊太常有太卜丞。後周有太卜下大夫、小卜上士，及又有龍占中士。隋太常寺有太卜令、丞，皇朝因之。丞二人，正九品下；隋有一人，皇朝加置一人。卜正二人，從九品下；隋煬帝省太卜博士，置太卜卜正二十人，皇朝減置二人。卜師二十人；隋置，皇朝因之。巫師十五人；《周禮》有男巫、女巫，無數，其師中士。巫能制神之處，位次主者。隋太卜署有男巫十六人、女巫八人。卜博士二人，從九品下；助教二人；隋有太卜博士、助教，皇朝因之。卜筮生四十五人。隋有卜生四十人，筮生三十人。太卜令掌卜筮之法，以占邦家動用之事；丞爲之貳。一曰龜，二曰兆，三曰《易》，四曰式。凡龜占辨龜之九類、五色，依四時而用之。一曰石龜，二曰泉龜，三曰蔡龜，四曰江龜，五曰洛龜，六曰海龜，七曰河龜，八曰淮龜，九曰旱龜。春用青靈，夏用赤靈，秋用白靈，冬用黑靈，四季之月用黄靈。龜，上員，象天；下方，法地。甲有十三文，以象十二月，一文象閏。邊翼甲有二十八匡，法二十八宿。骨有六間，法六府。匡有八間，法八卦。文有十二柱，法十二時，故象天地，辨萬物者矣。欲知龜神，看骨白如銀；欲知龜聖，看龜千里徑正；欲知龜志，看龜十字。分四時所灼之體而用之，春灼後左足，夏灼前左足，秋灼前右足，冬灼後右足。凡兆以千里徑爲母，兩翼爲外；正立爲木，正横爲土，内高爲金，外高爲火，細長芒動爲水兆，有俯仰、伏倚、着落、起發、摧折、斷動之狀，而知其吉凶。又視五行十二氣。一曰受氣，二曰胎，三曰養，四曰生，五曰沐浴，六曰冠帶，七曰臨官，八曰王，九曰老，十曰病，十一曰死，十二曰葬，以占之。凡五兆之策三十有六。用三十六算，六變而成卦；一變爲兆，再變成卦，二爲甲乙，三爲丙丁，四爲戊巳，五爲庚辛，六爲壬癸。其用五行相生、相尅、相扶、相抑，大抵與《易》同占。凡《易》之策四十有九。用四十九算分而揲之，其變有四：一曰單爻，二曰拆爻，三曰交爻，四曰重爻，凡十八變而成卦。又視卦之八氣、王相、囚死、胎没、休廢及飛伏、世應而使焉。凡八純之卦十六變而復：初爲一變，次曰二變，三曰三變，四曰四變，五曰五變，六爲游魂，七爲外戒，八爲内戒，九爲歸魂，十爲絶命，十一爲血脉，十二爲肌肉，十三爲體骨，十四爲棺椁，十五爲塚墓。凡内卦爲貞，朝占用之；外卦爲悔，暮占用之。

凡式占辨三式之同異。一曰《雷公式》，二曰《太一式》，並禁私家畜；三曰《六壬式》，士庶通用之。凡用式之法。《周禮》：「太史抱天時，與太師同車。」鄭司農云：「抱式以知天時也。」今其局以楓木爲天，棗心爲地，刻十二神，下布十二辰，以加占爲常，以月將加卜時，視日辰陰陽以立四課；一曰日之陽，二曰日之陰，三曰辰之陽，四曰辰之陰。四課之中，察其五行，取相尅者，三傳爲用。又辨十二將、十二月神。十二將以天一爲首，前一曰螣蛇，二朱雀，三六合，四句陳，五青龍，後一曰天后，二太陰，三玄武，四太常，五白獸，六天空。前盡於五，後盡於六，天一立中，爲十二將。又有十二月之神：正月登明，二月天魁，三月從魁，四月傳送，五月小吉，六月勝先，七月太卜，八月天罡，九月太衝，十月功曹，十一月大吉，十二月神后。凡陰陽雜占，吉凶悔吝，其類有九，決萬民之猶豫：一曰嫁娶，二曰生産，三曰曆注，四曰屋宅，五曰禄命，六曰拜官，七曰祠祭，八曰發病，九曰殯葬。凡曆注之用六，一曰大會，二曰小會，三曰雜會，四曰歲會，五曰除建，六曰人神。凡禄命之義六，一曰禄，二曰命，三曰驛馬，四曰納音，五曰湴河，六曰月之宿也。凡皆辨其象數，通其消息，所以定吉凶焉。

凡國有祭祀，則率卜正、占者卜日於太廟南門之外，命龜既灼而占之。命龜曰：『假爾太龜有常。』乃授卜正作龜，與衆占之。乃告太常卿曰：『某日從。』乃徹龜也。先卜上旬，不吉，次卜中旬、下旬。若卜國之大事，亦如卜日之儀。

凡歲季冬之晦，帥侲子入于宫中，堂贈、大儺，天子六隊，太子二隊。《周禮》：『男巫冬堂贈，無方無算。』鄭玄云：『贈，送也。歲終，以禮送不祥，其行必由堂始。巫與神通，言東則東，言西則西，可近則近，可遠則遠，無常數。』大儺禮選人年十二已上、十六已下爲侲子，著假面，衣赤布袴褶，二十四人一隊，六人作一行也。方相氏右執戈、左執楯而導之，一人爲方相氏，著假面，黄金四目，蒙熊皮，玄衣、朱裳。唱十二神以逐惡鬼。甲作食殉，胇胃食虎，雄伯食魅，騰簡食不祥，攬諸食咎，伯奇食夢，彊梁、祖明共食磔死、寄生，委隨食觀，錯斷食巨，窮奇、騰根共食蠱。儺者既出，乃磔雄雞於宫門及城之四門以祭焉。

廩犧署：令一人，從八品下；《周禮》牧人下士掌牧六牲，以供祭祀。秦、漢内史。左馮翊屬官有廩犧令、丞、尉，後屬大司農。後漢河南尹屬官有廩犧令、丞，魏、晋因之。宋、齊亦有令、丞。《齊職儀》：『令，品第七，秩四百石，銅印、墨綬；進賢一梁冠，絳朝服。今用三品勳位。』梁太常卿統廩犧令、丞，爲三品勳位。陳因之。後魏，令從五品下。北齊太常寺屬官有廩犧令、丞，隋及皇朝因之。丞一人，正九品上。隋置二人，皇朝因之，開元二十三年減一人。廩犧令掌薦犧牲及粢盛之事；丞爲之貳。凡三祀之牲牢各有名數。昊天上帝之牲以蒼犢，皇地祇之牲以黄犢，神州之牲以黝犢，五帝之牲各以方色犢，大明青牲，夜明白牲，宗廟、社稷、嶽、鎮、海、瀆、先農、先蠶、前代帝王、孔宣父、齊太公廟等皆以太牢，風師、雨師、靈星、司中、司命、司人、司禄及五龍祠、司永、諸太子廟皆以少牢，其餘則以特牲。凡冬至圜丘，加羊、豕各九；夏至方丘，羊、豕各五；五郊迎氣，羊、豕各二。蜡祭神農、伊耆已下，方别各用少牢。凡大祀養牲在滌九旬，中祀三旬，小祀一旬。其牲方色難備者，以純色代之。凡告祈之牲不養。凡祭祀之犧牲不得捶扑傷損，死則埋之，病則易之。凡藉田所收九穀納于神倉，以供粢盛及五齊、三酒之用；若有餘及穰藁，供飼犧牲焉。凡供别祀用太牢者，則三牲加酒、脯及醢。犢、羊、豬各一，酒二斗，脯四段，醢四合。凡大祭祀，則與太祝以牲就牓位；太常卿省牲，則北面告腯，乃牽牲以授太官而用之。

汾祠署：令一人，從七品下；丞一人，從八品上。並開元二十一年置。汾祠令、丞掌神祀、享祭、灑掃之制。

兩京齊太公廟署：令各一人，從七品下；丞各一人，從八品上。並開元二十一年置。太公廟令、丞掌開閤、灑掃及春、秋二仲釋奠之禮

又 卷一五《光禄寺》

光禄寺：卿一人，從三品；《漢書·百官表》云：『郎中令，秦官，武帝太初元年，更名光禄勳，掌宫殿門户，秩中二千石。』今雖取其名，職務則别。後漢兼掌郊祀三獻。獻帝末，又改爲郎中令。魏文帝黄初元年，復爲光禄勳。晋光禄勳有署丞、功曹、主簿、五官等員。東晋哀帝興寧二年，省并司徒；孝武帝寧康元年，復置。魏、晋已来無三署郎，光禄勳不復居禁中，宫殿門户猶屬焉。宋、齊因之。梁置十二卿，除『勳』字。光禄卿爲冬卿，班第十一。陳因梁，後魏光禄卿從第一品下；太和二十二年重次《職令》，九卿並第三品。北齊光禄寺置卿，掌諸膳食。帳幕、器物、肴藏。隋光禄寺置卿、少卿、丞、主簿、録事等員，統太官、肴藏、良醞等署令、丞，開皇三年廢光禄入司農，十二年復置。煬帝即位，降卿爲從三品，皇朝因之。龍朔二年改爲司宰寺正卿，咸亨中復舊。光宅元年改爲司膳寺卿，神龍元年復舊。少卿二人，從四品上。後魏太和十五年，初置少卿官，第三品上；至二十二年，降爲正四品上。北齊因之。隋初依北齊，煬帝即位，加置一人，降爲從四品。皇朝置一人，貞觀中，加置二人。龍朔、咸亨、光宅、神龍並隨寺改復。

光禄卿之職，掌邦國酒醴膳羞之事，總太官、珍羞、良醖、掌醢四署之官屬，修其儲備，謹其出納；少卿爲之貳。凡國有大祭祀，則省牲、鑊，視濯、溉。若三公攝祭，則爲之終獻。朝會、燕饗，則節其等差，量其豐約以供焉。

丞二人，從六品上；漢光禄勳丞一人，秩比千石。魏、晋因之，銅印、黄綬。宋、齊列卿丞並視朝請；梁天監七年，改視員外郎，陳因之。後魏列卿丞從五品中；太和二十二年，第七品上。北齊光禄寺丞一人，從六品；隋因之，加置三人，大業五年加爲從五品。皇朝改爲六品。主簿二人，從七品上；《漢官儀》光禄有主簿，《晋令》亦置主簿，宋、齊因之。梁天監七年，位不登十八班者别置七班：主簿位三班；陳因之。後魏闕文。北齊光禄寺有功曹、五官、主簿。隋光禄寺主簿二

人，皇朝因之。武德中，正八品上，貞觀之後遂改焉。録事二人，從九品上。《晉令》光禄勳置録事史。北齊光禄寺置録事等員。隋光禄寺録事三人，並流外爲之。皇朝置二員。丞掌判寺事。主簿掌印，勾檢稽失。録事掌受事發辰。

太官署：令二人，從七品下；《周禮》有庖人外饔中士，蓋其任也。秦、漢少府屬官太官、湯官令。丞，太官主膳食，湯官主餅餌。《漢官儀》：『太官令秩一千石。』桓帝延熹元年，使太官令得補二千石，置四丞。魏氏因之。晉光禄勳屬官有太官令。宋侍中屬官有太官令一人，齊因之。梁門下省領太官，陳因之。後魏、北齊分太官令爲尚食。中尚食，尚食，門下省領之；中尚食，集書省領之；太官，光禄卿領之。尚食、中尚食掌知御膳，太官掌知百官之饌。後周有典庖中士一人，隋光禄寺統太官署令、丞。皇朝置令二人。丞四人，從八品下；《周禮》庖人外饔有下士，秦有太官丞，漢太官二丞。後漢太官 一人，三百石；又有左丞、甘丞、湯官丞、果丞。桓帝時，太官置四丞，又有左、右丞。魏、晉、宋、齊並有太官丞。梁有四人，又有市買丞、正厨丞。後魏、北齊有太官丞一人。後周内膳有中士四人。隋太官署有丞八人，皇朝置四人。監膳十人，從九品下；晉太官令有厨史二十四人，後周内膳有主食十二人，隋太官有監膳十一人。武德中，太官監膳八人；貞觀中，加至十二人。開元二十三年減二人。監膳史十五人，皇朝貞觀中置。供膳二千四百人。隋太官供膳二千人，皇朝武德中置一千五百人，永徽中加至二千四百人。太官令掌供膳之事；丞爲之貳。凡祭之日，則白卿詣諸厨省牲、鑊，取明水於陰鑑，取明火於陽燧，火以供爨，水以實尊。帥宰人以鑾刀割牲，取其毛、血，實之於豆，遂烹牲焉。又帥進饌者實簠、簋，設於饌幕之内。【略】

凡朝會、燕饗，九品已上並供其膳食。凡供祭祀、致齊之官，則依其品秩，爲之差降。若國子監春、秋二分釋奠，百官之觀禮，亦如之。左、右廂南衙文武職事五品已上及員外郎供饌百盤，餘供中書、門下供奉官及監察御史，每日常供具三羊，六參之日加一羊焉。行幸從官供六羊，釋奠觀禮具五羊。冬月則加造湯餅及黍臛，夏月加冷淘粉粥，寒食加餳粥，正月七日、三月三日加煎餅，正月十五日、晦日加餻糜，五月五日加粽餻，七月七日加斫餅，九月九日加餻，十月一日加黍臛，並於常食之外而加焉。凡行幸從官應供膳食，亦有名數。其南、北牙從官，弘文、崇文館、史館、集賢殿書院學士及修撰、校理官吏，並供五品。凡宿衛當上及命婦朝參，燕會者，亦如之。

珍羞署：令一人，正八品下；《周禮》有籩人奄一人、女籩十人，奚二十人，掌四籩之實，則朝事之籩、饋食之籩、加籩、羞籩之實也。後漢少府屬官有甘丞，主餚具；果丞，主果。晉太官令有餳官史二人，又有果官二人。北齊光禄寺有肴藏令。後周有肴藏中士一人、下士一人。隋光禄有肴藏令。皇朝因之。長安中改爲珍羞署，神龍初復爲肴藏署，開元初又改焉。領餳匠五人。丞二人，正九品下；後周有肴藏下士一人，北齊有肴藏署丞，隋肴藏署丞二人。武德中置一人，貞觀中加至二人。長安、神龍、開元並隨署改復。典事八人，隋肴藏署有掌事十人。武德有典事十四人，貞觀中減之。餳匠五人，皇朝置。珍羞令掌供庶羞之事，丞爲之貳，以實籩、豆。陸産之品曰榛、栗、脯、修，水物之類曰魚、鹽、菱、芡，辨其名數，會其出入，以供祭祀、朝會、賓客之禮。

良醖署：令二人，正八品下；《周禮》有酒正中士、下士，掌酒之政令，以式法授酒材，辨五齊、三酒之物；又有酒人、奄十人、女酒三十人、奚百人，掌爲五齊、三酒，以供祭祀、賓客。後漢少府有湯官丞，主酒。晉太官有監釀吏四人；酒丞一人，四百石。《齊職儀》：『食官局有酒吏一人。』梁有酒庫丞。北齊光禄寺有清漳令、丞，主造酒，冬、春萬石，夏、秋半之。後周有酒正中士二人、下士四人。隋有良醖署令二人。皇朝武德中置一人，貞觀中加至二人，領掌醖、酒匠、奉觶等。丞二人，正九品下；隋有良醖丞四人，皇朝二人。監事二人，從九品下；皇朝置。掌醖二十人；隋有五十人。酒匠三十人；皇朝置。奉觶一百二十人。隋置一百人。良醖令之職，掌供邦國祭祀五齊、三酒之事；丞爲之貳。【略】

掌醢署：令一人，正八品下；《周禮》有醢人、奄二人、女醢二十人，奚四十人，掌四豆之實，則朝事之豆、饋食之豆、加豆、羞豆之實也；又有醢人、奄二人、女醢二十人，奚四十人，掌五虀、七菹，以供祭祀、賓客之事。《齊職儀》、『諸公府有釀倉典軍二人。』後周有掌醢中士一人、下士十二人。隋掌醢署令一人，皇朝因之，領主醢、醬匠、酢匠、豉匠、菹醢等匠。丞二人，正九品下；隋置，皇朝因之。主醢十人。隋有掌醢十人。武德中爲主醢，加至十四人，貞觀中減焉。掌醢令掌供醯醢之屬，而辨其名物；丞爲之貳。一曰鹿醢，二曰兔醢，三曰羊醢，四曰魚醢，和其麴蘖，視其多少，而爲之品齊。凡祭神祇，享宗廟，用葅醢以實豆；燕賓客，會百官，用醯醬以和羹。

又 卷一六《衛尉宗正寺》 衛尉寺：卿一人，從三品；《漢書百官表》云：『衛尉，秦官也，掌宫門衛屯兵。』漢因之。景帝中六年，更名中大夫令；後元年，復爲衛尉。屬官有公車司馬、衛士、旅賁三令、丞；又諸屯衛候司馬二十二官皆屬焉。又有長樂、建章、甘泉衛尉，各掌其宫之職，不常置。』後漢衛尉又有南宫、北宫衛士令、丞，餘同前漢。荀綽《百官表》：『衛尉，品第三，銀章、青綬，五時朝服，武冠，佩水蒼玉。』過江省，宋孝建元年復置，齊因之。梁天監七年置十二卿，衛尉與廷尉、大匠爲秋卿，班第十二，位視侍中，兼統武庫令。陳因之。後魏衛尉卿從第一品下，太和二十二年降爲第三品，北齊因之。隋衛尉掌軍器、儀仗、帳幕，以監門衛掌宫門屯兵。煬帝降卿爲從三品，皇朝因之。龍朔二年改爲司衛寺正卿，咸亨中復舊。光宅元年又改爲司衛寺卿，龍朔元年復故。少卿二人，從四品上。後魏太和十五年初置少卿官，第三品上；二十二年，降爲正四品上，北齊因之。隋煬帝降爲從四品，皇朝因之。貞觀中置二人。龍朔、咸亨、光宅、神龍並隨寺改復。衛尉卿之職，掌邦國器械、文物之政令，總武庫、武器、守宫三署之官屬；少卿爲之貳。凡天下兵器入京師者，皆籍其名數而藏之。凡大祭祀、大朝會，則供其羽儀、節鉞、金鼓、帷帟、茵席之屬。其應供宿衛者，每歲二時閲之，其有損弊者，則移于少府監及金吾修之。

丞二人，從六品上；秦、漢衛尉丞一人，比千石，魏、晋並同。宋孝建元年增置一人。梁、陳各一人。《梁選簿》：列卿丞班第三。後魏列卿丞從五品中；太和二十二年，第七品上。北齊衛尉丞一人，從六品下。隋衛尉丞二人，品同北齊；大業五年，復爲從五品。皇朝改爲從六品上。主簿二人，從七品上；《漢官儀·鹵簿篇》：『衛尉駕四馬，主簿前車八乘，有鈴下、侍閤、辟車、騎吏等員。』《晉令》：『衛尉主簿二人。』宋、齊衛尉並有主簿員。梁天監七年，十二卿各置主簿，位三班。陳因之。北齊衛尉寺有主簿。隋主簿二人。皇朝武德中置二人，正八品；貞觀中減置一人，從七品上。後又置二人。録事一人，從九品上。丞掌判寺事，凡器械出納之數。大事則承制敕，小事則由省司。主簿掌印，勾檢稽失。録事掌受事發辰。

武庫令：兩京各一人，從六品下；《周禮》有司甲下大夫、司弓矢下大夫、司兵中士、司戈盾下士，並武庫之任也。漢屬執金吾。後漢太僕屬官有考工令、丞，主作兵器，弓、弩、刀、鎧之屬；成則付執金吾入武庫。又云：『武庫令，六百石。』魏、晉因之。宋尚書庫部屬官有武庫令、掌軍器；齊因之。梁衛尉寺統武庫令、北齊衛尉寺統武庫署令，丞，掌甲兵及吉凶儀仗。後周依《周官》。隋衛尉寺統武庫署令二人，皇朝因之，後減置一人。丞一人，從八品下；漢、魏、晉時並有武庫丞，北齊亦同。隋有武庫丞二人，皇朝因之。後減一人。監事一人，正九品上。武庫令掌藏天下之兵仗器械，辨其名數，以備國用；丞爲之貳。【略】

凡諸道行軍皆給鼓、角：三萬人已上，給大角十四具、大鼓二十面；二萬人已上，大角八具、大鼓十四面；萬人已上，大角六具；大鼓十面；萬人已下，臨事量給。其鎮軍則給三分之二。凡大駕親征及大田、巡狩，以羝羊、猳猪、雄雞釁鼓；若皇太子親征及大將軍出師，則用猳豘。凡有赦則先建金雞，兼置鼓於宫城門之右，視大理及府、縣囚徒至，則撾其鼓。《關東風俗傳》云：『宋孝王嘗問先達司馬膺之曰後魏、北齊赦日建金雞事。膺之曰：「按《海中星占》：天雞星動，必當有赦。」蓋王者以雞爲赦候。』按其所設，其制始於後魏，不知起自何帝也。《隋書·刑法志》曰：『北齊赦日，皆武庫令設金雞及鼓於闕門右，撾鼓千聲，宣赦，釋囚徒。』隋因之。牛弘《大興記》曰：『赦日建金雞，自後魏以來常然，或云起於吕后，未之詳也。』

武器署：令一人，正八品下；隋行臺尚書省有武器監令、録事。皇朝永徽中始置其署，以主器仗。丞二人，正九品下；隋置，皇朝因之。監事一人，從九品下。武器署令掌在外戎器，辨其名物，會其出入；丞爲之貳。凡大祭祀、大朝會、大駕巡幸，則納於武庫，供其鹵簿。若王公、百官拜命及婚、葬之禮應給鹵簿，及三品已上官合列棨戟者，並給焉。

守宫署：令一人，正八品下；漢少府屬官有守宫令、丞，主御紙、筆、墨、及財物諸用，并封泥之事。晉光禄勳屬官有守宫令，梁、陳光禄卿屬官有守宫令員。北齊光禄寺統守宫令、丞，掌凡張設之事。隋衛尉寺統守宫署令二人，皇朝減一人。丞二人，正九品下；隋守宫丞四人，皇朝減置二人。監事二人，從九品下。守宫署令掌邦國供帳之屬，辨其名物，會其出入；丞爲之貳。凡大祭祀、大朝會、大駕巡幸，則設王公、百官位於正殿南門外。若吏部、禮部、兵部、考功試人，則供帳幕之屬。若王公婚禮，亦供其帳具。

宗正寺：卿一人，從三品；《石氏星經》云：『宗正二星，在帝座東南。』《周禮》：『小宗伯掌三族之别，以辨親疎。』《漢百官表》云：『宗正，秦官，掌親屬。平帝元始四年，更名宗伯。王莽并其官於秩宗。』光武復置。《續漢書·百官志》：『宗正掌序録王國嫡庶之次，宗室親屬遠近。』漢宗正之官不以佗族，楚元王子郢客、劉辟强、劉德等遞爲之。魏亦以宗室居之。晉桓温奏省屬太常，宋、齊並不置，梁天監七年乃置焉。宗正，春卿，位視列曹尚書，皆以宗室爲之。班第十三，陳因之。後魏亦曰宗正卿，第二品上。北齊第三品。隋開皇初，宗正卿三品，煬帝爲從三品，皇朝因之。光宅元年改爲司屬，神龍初復爲宗正。少卿二人，從四品上；後魏太和中初置少卿，第三品；二十三年，爲第四品。隋初，正四品，煬帝降爲從四品，皇朝因之。丞一人，從六品上；漢宗正有丞，秩千石，歷魏、晉亦如之。東晉省，宋、齊因之。梁宗正丞爲四班。陳六百石，第八品，後魏第七品，北齊因之。隋初丞二人，並七品下；煬帝大業五年，增爲從五品。皇朝置二人，從六品上。主簿二人，從七品上；梁天監十年置，爲七班，陳因之，北齊同。隋置二人，皇朝置一人，開元二十五年加一人。自卿以下，並於宗室中擇才行者補授也。録事一人，從九品上。宗正卿之職，掌皇九族、六親之屬籍，以別昭穆之序，紀親疏之列，并領崇玄署；少卿爲之貳。【略】

凡太皇太后、皇太后、皇后之親分五等，皆先定於司封，宗正受而統焉。【略】

凡大祭祀及册命、朝會之禮，皇親、諸親應陪位豫會者，則爲之簿書，以申司封。若皇親爲王公，子孫應襲封者，亦如之。

丞掌判寺事。主簿掌印及勾檢稽失。

崇玄署：令一人，正八品下；北齊有昭玄寺，掌釋、道二教，置大統一人、都維那三人，亦有主簿、功曹員，以管諸州、縣沙門，又鴻臚寺統典寺署，有丞一人。後周有司寂上士、中士，掌法門之政；又有司玄中士、下士，掌道門之政。隋置崇玄署令、丞，煬帝改佛寺爲道塲，改道觀爲玄壇，各置監、丞，皇朝又爲崇玄署令。又置諸寺、觀監，隸鴻臚寺，每寺、觀各監一人。貞觀中省。開元二十五年，敕以爲『道本玄元皇帝之教，不宜屬鴻臚。自今已後，道士、女道士並宜屬宗正，以光我本根。』故署亦隨而隸焉。其僧、尼別隸尚書祠部也。丞一人，正九品下；北齊典寺有僧祇部丞。隋崇玄署丞一人，皇朝因之。崇玄令掌京、都諸觀之名數，道士之帳籍，與其齋醮之事；丞爲之貳。

又 卷一七《太僕寺》 太僕寺：卿一人，從三品；《周禮》有太僕下大夫二人。穆王命伯冏爲太僕正。《漢書·百官表》云：『太僕，秦官，掌輿馬，秩中二千石，有兩丞。屬官有大廐、未央廐、家馬三令，各五丞、一尉；又車府、路軨、騎馬、駿馬四令、丞，又龍馬、閑駒、橐泉、騊駼、承華五監長、丞，又邊郡六牧師苑令，各三丞。又有中太僕，掌皇太后輿馬，不常置。』《漢官儀》云：『天子駕出，太僕御屬車八十一乘。』後漢有車府、未央廐、長樂廐令、丞，魏因之。晉太僕銀章、青綬，五時朝服，進賢兩梁冠，佩水蒼玉，品第四；丞一人，部丞五人；置功曹、主簿、五官等員；統典農、典虞都尉、典虞丞、牧官都尉、左右中典牧都尉、典牧令、諸羊牧丞、乘黄·驊騮·龍馬三廐令。過江省，其後又置。成帝咸和七年，省併宗正。蓋有事則權置，無事則省。宋因晉不置，若如祀，則權置太僕執轡，事畢省。齊亦如之。梁天監七年置十二卿，太僕與太府、少府爲夏卿，統南牧、左右牧、龍廐、内外廐，班第十。陳因之。後魏太僕卿第二品上，又置少卿；太和二十二，九卿並第三品。北齊太僕寺統驊騮、左·右龍、左·右牝、駝牛、司羊、乘黄、車府等署。後周依《周官》。隋太僕寺統驊騮、乘黄、龍廐、車府、典牧、牛羊等署。煬帝降卿爲從三品，減驊騮署入殿内省尚乘局，改龍廐曰典廐署，又有左、右駿阜二廐，加置主乘、司庫、司廩官，罷牛羊署。皇朝因之，而省駿阜等諸官。龍朔二年改爲司馭寺正卿，咸亨中復舊。光宅元年改爲司僕寺，神龍元年復故。少卿二人，從四品上。後魏太和十五年，九卿各置少卿一人，品第三上；二十二年，降爲正四品上。北齊因之。隋加至二員，煬帝降爲從四品上，皇朝因之。龍朔、咸亨、光宅、神龍隨寺改復。

太僕卿之職，掌邦國廐牧、車輿之政令，總乘黄、典廐、典牧、車府四署及諸監、牧之官屬；少卿爲之貳。凡國有大禮、大駕行幸，則供其五輅屬車之屬。凡監、牧所通羊、馬籍帳，則受而會之，以上於尚書駕部，以議其官吏之考課。凡四仲之月，祭馬祖、馬步、先牧、馬社。

丞四人，從六品上；秦、漢太僕有兩丞，秩千石。後漢一人，魏、晉並因之，東晉或省或置，宋、齊省。梁天監七年置十二卿，各有丞；列卿丞通視朝請，班第三。陳因之。後魏列卿丞從五品中，太和末，降爲七品下。北齊丞一人，正七品下。隋太僕丞三人，品同北齊；大業五年，加爲從五品。皇朝復爲從六品上。武德中減置二人，永徽中加一人，開元初又加一人。領獸醫博士、學生等。主簿二人，從七品上；梁天監七年，十二卿各置主簿二人；位不登十八班者别置七班，主簿班第三。陳因之。北齊置一人，隋置二人，皇朝因之。武德中，品正第八，貞觀中，加至從七品上。録事二人，從九品上。丞掌判寺事。凡補獸醫生皆以庶人之子，考試其業，成者補爲獸醫，業優長者，進爲博士。主簿掌印，勾檢稽失，省署抄目。録事掌受事發辰。

乘黄署：令一人，從七品下；乘黄，古神馬名，亦曰飛黄，背有角，日行萬里。《六韜》云：『乘黄震死。』《淮南子》云：『天下有道，飛黄伏皁。』然車馬職全。後漢有未央廐令、長樂廐丞。至魏，遂改爲乘黄廐，晉因之。宋太常屬官有乘黄令一人，掌乘輿金根車及安車、追鋒諸馬車。《齊職儀》云：『乘黄，獸名也，龍翼馬身，黄帝乘之而僊，因以名廐。乘黄令品第七，秩四百石，銅印、墨綬，進賢一梁冠，絳朝服。』梁太常屬官有乘黄令、丞，三品勳位。陳因之。後魏有乘黄令、丞。北齊掌諸輦輅。隋太僕寺統乘黄署令、丞，皇朝因之，領駕士、羊車小史等。丞一人，從八品下。魏有乘黄丞，晉因之。宋、齊並有乘黄令，無丞。梁、陳、後魏、北齊、隋並有乘黄丞，皇朝因之。乘黄令掌天下車輅，辨其名數與馴馭之法；丞爲之貳。【略】

凡將有事，先期四十日，尚乘供馬，馬如輅色，率駕士預調習。指南等車亦如之。

典廄署：令二人，從七品下；《周禮》有校人、圉師、趣馬、掌天子十有二閑之馬。漢太僕屬官有大廄、未央廄令。後漢太僕屬官有未央廄令，主乘輿及宮中諸馬，其後，置左駿廄令，別主乘輿御馬。魏有驊騮廄令。晉太僕統乘黄、驊騮、龍馬等廄令，過江之後，或省或置；哀帝時，省驊騮爲門下之職。宋、齊因之。梁太僕統龍廄、内外廄，陳因之。後周有左、右廄，各上士一人。北齊太僕寺統驊騮、左·右龍等署。隋太僕寺統龍廄署，皇朝改爲典廄署令，領執馭駕士等。丞二人，從八品下；隋有龍廄丞，皇朝改爲典廄丞，武德中四人，今減二人。主乘六人，正九品下。隋置，皇朝因之。典廄令掌繫飼馬牛，給養雜畜之事；丞爲之貳。

【略】

典牧署：令三人，正八品上；《周禮》：『牧師下士四人，掌牧馬而頒之。』秦、漢太僕屬官有牧師苑令，皆在邊郡。歷魏、晉已下，皆牧監之職。隋太僕寺統典牧署、牛羊署等令、丞，皇朝因之。武德中二人，今加置三人，領主輅、駕士等。丞四人，正九品上；隋置，皇朝因之。武德中三人，今加至四人。監事八人，從九品下。典牧令掌諸牧雜畜給納之事；丞爲之貳。凡羣牧所送羊、犢皆受之，而供於廩犧、尚食之用；諸司合供者，亦如之。

車府署：令一人，正八品下；秦置車府令，以趙高爲之。漢太僕屬官有車府令、丞，後漢主乘輿諸車，魏、晉因之。宋、齊、梁、陳並尚書駕部領。後魏闕文。北齊太僕寺領車府令、丞，遂與乘黄令分職；隋因之，皇朝因隋。丞一人，正九品下。秦、漢已來，車府署並有丞一人，隋車府丞二人，皇朝省置一人。車府令掌王公已下車輅，辨其名數及馴馭之法；丞爲之貳。【略】凡輅車之馬率馭士預調習之，然後入輅及車；以牛駕者亦如之。

上牧，監一人，從五品下；《漢舊儀》：『太僕牧師諸苑三十六所，分布北邊、西邊，以郎爲苑監，官奴婢三萬人分養馬三十萬頭，擇取教習，給六廄；牛、羊無數，以給犧牲。中興省。漢陽有牧馬苑令，羽林郎監領。』魏置牧官都尉，晉因之。宋、齊闕文。梁太僕統南牧、左·右牧等丞，陳因之。後魏闕文。北齊太僕寺統左·右牝、駝牛、司羊等署令、丞。後周有典牡、典牝上士一人·中士一人；又有典駝、典羊、各有中士一人。隋太僕寺統典牧署、牛羊署等令、丞。皇朝因分爲牧監。副監二人，正六品下；丞二人，正八品上；主簿一人，正九品下。並皇朝置。

中牧，監一人，正六品下；副監一人，從六品下；丞一人，從八品上；主簿一人，從九品上。

下牧，監一人，從六品下；副監一人，正七品下；丞一人，正九品上。主簿一人，從九品下。

諸牧監掌羣牧孳課之事。凡馬五千匹爲上監，三千匹已上爲中監，已下爲下監。凡馬、牛之羣以百二十，駝、騾、驢之羣以七十，羊之羣以六百二十，羣有牧長、牧尉。補長，以六品已下子、白丁、雜色人等爲之；補尉，以散官八品已下子爲之。品子八考，白丁十考，隨文、武簡試與資也。

凡馬有左、右監以別其麤良，以數紀爲名，而著其簿籍；細馬之監稱左，麤馬之監稱右。其雜畜牧皆同下監，仍以土地爲其監名。凡馬各以年、名籍之，每歲季夏造。至孟秋，羣牧使以諸監之籍合爲一，諸羣牧別立南使、北使、西使、東使，以分統之。常以仲秋上於寺。

凡馬以季春游牝。《月令》：『季春乃合，累牛騰馬，游牝于牧。』其駒、犢在牧，三歲別羣。若與本羣同牧，不別給牧人。馬牧牝馬四遊五課，駝四遊六課，牛、驢三游四課，羊三遊四課。四、三者，皆言其歲而游牝也，羊則當年而課之。其課各有率，謂：牛、馬、騾之牝百，而歲課駒、犢各以六十；馬二十歲則不課；三歲游牝而生駒者，仍別簿申；騾駒半之。若馬從外蕃而至者，初年課以四十，二年五十，三年全課。牝駝百而三年之課七十。羔羊之白者七十，羖者八十。凡監牧孳生過分則賞；謂馬賸駒一，則賞絹一匹；駝、騾之賸倍於馬，驢、牛之賸三，白羊之賸七，羖羊之賸十，皆與馬同。其賞物二分入長，一分入牧子。牧子謂長上專當者。其監官及牧尉各通計所管長、尉賞之。通計謂尉官十五長者，賸駒十五匹，賞絹一匹；監官管尉五者，賸駒七十五匹，賞絹一匹之類。計加亦準此。應賞者，準印後定數，先填死耗足外，然後計酬之。其有死耗者，每歲亦以率除之。謂駝、馬百頭以七頭爲耗，騾以六，牛、驢、羖羊以十，白羊以十五。從外蕃而新至者，馬、牛、驢、羖羊皆除二十，二年除十五；駒除十四，二年除十；騾除十二，二年除九；白羊除二十五，二年除二十；三年，皆同耗也。若歲疫，以私畜準同者以疫除。準牧側近私畜疫死數，同則聽以疫除。馬不在疫除之例。即馬、牛十一歲以上，不入耗除限。若緣非時霜雪死多者，録奏。凡官畜在牧而亡失者，給程以訪，過日不獲，估而徵之。謂給訪限百日，不獲，準失處當時估價徵納，牧子及長各知其半。若户奴無財者，準銅，依加杖例。如有闕及身死，唯徵見在人分。其在廄失者，主帥準牧長，飼丁準牧子。其非理死損，準本畜徵納也。

凡在牧之馬皆印。印右膊以小『官』字，右髀以年辰，尾側以監名，皆依左、右廂。若形容端正，擬送尚乘，不用監名。二歲始春，則量其力，又以『飛』字印印其左髀、膊。細馬、次馬，以龍形印印其項左；送尚乘者，尾側依左、右閑印以三

『花』。其餘雜馬送尚乘者，以『風』字印印左膊，以『飛』字印印左髀。騾、牛、驢則官名誌其左膊，監名誌其右髀。駞、羊則官名誌其頰，羊仍割耳。若經印之後簡入別所者，各以新入處監名印其左頰。官馬賜人者，以『賜』字印；配諸軍及充傳送驛者，以『出』字印，並印左、右頰也。

凡每歲進馬麤良有差。使司每歲簡細馬五十匹、敦馬一百匹進之。若諸監之細馬生駒，以其數申所由司次入寺。其四歲以下麤馬，每年簡充諸衛官馬。凡馬、牛皮・脯及筋角之屬，皆納于有司。每年終，監牧使巡按孳課之數，以功過相除，爲之考課焉。

沙苑監：監一人，從六品下；沙苑在同州。副監一人，正七品下；丞一人，正九品上；主簿一人，從九品下。沙苑監牧養隴右諸牧牛、羊，以供其宴會、祭祀及尚食所用，每歲與典牧分月以供之；丞爲之貳。凡屠宰，國忌廢務日、立春前後一日、每月一日・八日・十四日・十五日・十八日・二十三日・二十四日・二十八日・二十九日・三十日、每歲正月、五月・九月皆罷之。諸雜畜及牸羊有孕者，雖非其日月，亦免之。

若百司應供者，則以時皆供之。凡羊毛及雜畜皮、角皆具數申送所由焉。□本云：『太僕屬官有沙苑監，開元二十三年省。』

又 卷一八《鴻臚寺》 鴻臚寺：卿一人，從三品；《周官》：『大行人掌大賓客之禮。』秦官有典客，掌諸侯及歸義蠻夷。漢改爲鴻臚。景帝中二年令：諸侯王薨、列侯初封及之國，大鴻臚奏謚、誄、策；列侯薨及諸侯太傅初除之官，大行奏謚、誄策。中六年，改大鴻臚爲大行令。武帝太初元年，更名大鴻臚，又更名其屬官行人爲大行令。秦時又有典屬國官，掌蠻夷降者，漢因之。成帝河平元年省之，並大鴻臚。後漢大鴻臚卿一人，諸王入朝，當郊迎，典其禮儀，及郡國上計；餘職與漢同。凡皇子拜王，贊授印綬；及拜諸侯，諸侯嗣子及四方夷狄封者，臺下鴻臚召拜之。王薨，則使使弔之及拜王嗣。魏及晉初皆有之。自東晉至於宋、齊，有事則權置兼官，畢則省。梁初猶依宋、齊，無卿名。天監以光祿勳爲光祿卿，大鴻臚爲鴻臚卿，都水使者爲大舟卿，三卿是爲冬卿。凡十二卿皆置丞，掌道護員拜，班第九，陳品第三。後魏大鴻臚卿第二品上，太和二十三年，降爲第三品。北齊鴻臚寺卿一人，掌蕃客朝會，吉凶祀祭；統典客、典寺、司儀等署令、丞。後周司羣有藩部中大夫，掌諸侯朝覲之敍；有賓都中大夫，掌大賓客之職。隋初鴻臚寺卿一人，正第三品，統典客，司儀、崇玄等三署。開皇三年省並太常，十二年復舊。煬帝降卿爲從三品，皇朝依焉。龍朔二年改爲同文正卿，咸亨元年復曰鴻臚。光宅元年改爲司刑寺卿，神龍元年復舊。舊屬宮有梁元署，開元二十五年，敕改隸宗正寺。少卿二人，從四品上。後魏太和十五年，九卿各置少卿一人，第品三上；二十三年，降爲正四品上。北齊因之。後周有小賓部下大夫一人，隋依北齊。煬帝加置少卿二人，降爲從四品。皇朝武德中置一人，貞觀中加置二人。龍朔、咸亨、光宅、神龍並隨寺改復。鴻臚卿之職，掌賓客及凶儀之事，領典客、司儀二署，以率其官屬，而供其職務；少卿爲之貳。凡四方夷狄君長朝見者，辨其等位，以賓待之。凡二王之後及夷狄君長之子襲官爵者，皆辨其嫡庶，詳其可否，以上尚書。若諸蕃大酋渠有封建禮命，則受册而往其國。凡天下寺觀三綱及京都大德，皆取其道德高妙爲衆所推者補充，上尚書祠部。凡皇帝、皇太子爲五服之親及大臣發哀臨弔，則贊相焉。凡詔葬大臣，一品則卿護其喪事；二品則少卿；三品，丞一人往，皆命司儀，以示禮制也。

丞二人，從六品上；秦有典客丞，漢因之。武帝改曰大鴻臚丞，比千石；魏、晉皆因之。東晉省。梁鴻臚丞班第二，陳因之。後魏列卿丞從五品中，太和二十二年，降爲第七品。北齊爲第七品下。後周賓部有上士一人。隋鴻臚丞二人，正七品下；大業五年，加爲從五品。皇朝爲從第六品上。主簿一人，從七品上，《漢官儀・鹵簿篇》：『鴻臚駕四馬，主簿。』晉令：『大鴻臚置主簿、録事、史。』梁天監七年，十二卿各置主簿；位不登十八班者，別爲七班，主簿班第三。陳因之。後魏闕文。北齊有功曹、五官、主簿。隋鴻臚寺主簿二人，皇朝因之。武德中，正八品；貞觀中減置一人，從七品上。録事二人，從九品上。丞掌判寺事。主簿掌印，勾檢稽失。録事掌受事發辰。

典客署：令一人，從七品下；《周禮》有掌客上士二人。漢鴻臚屬官有行人，武帝改爲大行令；魏改曰客館令，晉改曰典客。宋永初中，分置南、北客館令、丞。齊有客館令。梁有典客館令、丞，在七班之下，爲三品勳位。陳因之。後魏典客監從五品；太和十五年，置主客令。北齊鴻臚寺統典客署。後周有東、南、西、北四掌客，各上士一人。隋鴻臚卿統典客署令、丞。煬帝改曰典蕃署，又於建國門外置四方館，以待四方使客，各掌其方國及互市事。皇朝以四方館隸中書，改典蕃曰典客署。丞二人，從八品下；《周禮》掌客有下士四人，漢大行令有丞，北齊有典客丞，隋有典客丞二人，皇朝因之。掌客十五人，正九品上。隋置，皇朝因之，有典客、賓僕等員。典客令掌二王後介公、酅公之版籍，及東夷、西戎、南蠻、北狄歸化在蕃者之名數，丞爲之貳。凡朝貢、宴享、送迎預焉，皆辨其等位而供其職事。凡酋渠首領朝見者，則館而以禮供之。三品已上準第三等，四品、五品準第四等，六品已下準第五等。其無官品者，大酋渠首領準第四等，小酋渠首領準第五等。所乘私畜抽換客舍放牧，仍量給芻粟。若諸蕃獻藥物、滋味之屬，入境州縣與蕃使苞匭封印，付客及使，具其名數牒寺。寺司勘訖，牒少府監及市，各一官領識物人定價，量事奏送，仍牒中書，具客所將獻物。應須引見、宴勞，別聽進止。若疾病，所司遣醫人給以湯藥。若身亡，使主、副及第三等已上官奏聞。其喪事所須，所司量給；欲還蕃者，則給轝遞至境。首領第四等已下不奏聞，但差車、牛送至墓所。諸蕃使主、副五品已上給帳、氈、席，六品已下給幕及食料。丞一人判厨事，季終則會之。若還蕃，其賜各有差，給於朝堂，典客佐其受領，教其拜謝之節焉。

司儀署：令一人，正八品下；《周禮》有司儀上士、中士，漢大鴻臚有治禮郎，後魏太和十五年置司儀官。北齊鴻臚寺統司儀令、丞。後周司儀上士一人、中士二人。隋鴻臚卿統司儀署令、丞，皇朝因之，領司儀、齋郎、掌設、幕士等。丞一人，正九品下；北齊有司儀丞一人，隋有二人，皇朝減一人。司儀令掌凶禮之儀式及供喪葬之具，丞爲之貳。

又 卷一九《司農寺》 司農寺：卿一人，從三品；《左傳》：『少昊氏九扈爲九農正。』《尚書》：『舜命棄爲后稷，播時百穀。』《周官》冢宰有太府下大夫，《鄭氏注》云：『若今司農。』《漢書・百官表》云：『治粟内史，秦官，掌穀貨，有兩丞。景帝更名大農令，武帝更名大司農，秩中二千石，屬官有太倉、均輸、平準、都内、籍田五令、丞，斡官、鐵市兩長・丞；又郡國諸倉・農監、都水六十五官長・丞皆屬焉。又有搜粟都尉，武帝軍官，不常置。王莽改大司農曰羲和，後更爲納言。』後漢改爲大司農，魏因之，品第三。晉置功曹、主簿、録事等員，哀帝省併都水，孝武帝復置。宋、齊因之，未有卿名。梁天監七年，象四時置十二卿，司農爲春卿，班第十一；又置勸農謁者，亦隸司農。陳因之。梁後魏大司農第二品上，太和二十二年改第三品，北齊因之。後周依《周官》，有司農上士一人，掌三農、九穀、稼穡之政令。隋司農卿一人，正三品；煬帝降爲從三品，司農但統上林、太倉、鈎盾、導官四署，罷典農、華林二署，以平準、京市隸太府寺，掌苑囿、薪芻、蘊炭、市易、度量。皇朝因之。龍朔二年改司稼寺正卿，咸亨中復舊。少卿二人，從四品上。後魏初置少卿，第三品；太和二十二年，爲正第四品上。北齊因之。後周司農有中士一人。隋品仝北齊，煬帝加置二人，降爲從四品。龍朔、咸亨隨寺改復。

司農卿之職，掌邦國倉儲委積之政令，總上林、太倉、鈎盾、導官四署與諸監之官屬，舊屬官又有太和、玉山、九成宮農圃等三監，開元二十三年省。謹其出納而脩其職務；少卿爲之貳。凡京、都百司官吏禄廩，皆仰給焉。每年支諸司雜物，各有定額。開元二十三年，敕以爲費用過多，遂飭減光禄寺、左・右羽林、左・右萬騎、左・右三衛、閑廄使、五坊使、洛城西門、東宮、南衙諸厨及總監、司農、鴻臚等司年支雜物；并括少府監庫内舊物四百餘萬。凡朝會、祭祀、供御所須，及百官常料，則率署、監所貯之物以供其事。凡孟春吉亥，皇帝親籍田之禮，有事於先農，則奉進耒耜。兩漢及魏、晉並有其禮，過江草創未暇，至宋始有，齊因之，猶不齋、不祭。至梁天監中，依《國語》、《禮記》，散齋七日，致齋三日，於耕所設先農神座，薦羞之禮如社稷。陳因之。後魏闕。北齊藉於城東南千畝，設御壇於阡陌東。正月吉亥，使公卿祀先農於壇上；祀訖，帝降至耕位，執耒三推，升壇即坐。一品五推，二品七推，三品九推，藉田令帥屬以牛耕終千畝，以青箱奉穜稑之種，司農詣耕所灑之，耰訖，省功，奏事畢。帝降之便殿更衣，宴饗、班賚而還。後周無聞。隋於啓夏門外置地千畝，爲壇。孟春吉亥祭先農，以后稷配，牲用太牢。皇帝服衮冕，備法駕，乘耕根車，祀三獻訖，因耕。司農授耒，皇帝三推，執事以授應耕者，各以班五推，九推，司農率其屬終畝。皇朝因之。開元二十三年正月，上親耕於洛陽東門外，諸儒奏議，以爲古者耦耕，以一撥爲一推，其禮久廢；今用牛耕，宜以一步爲一推。及親藉田，太常卿告三推禮畢，上曰：『朕憂農人之勤勞，欲俯同九推。』遂九推而止。於是，公卿以下皆過於古云。季冬藏冰，祭司寒以黑牡秬黍。仲春啓冰亦如之。

丞六人，從六品上；秦治粟内史有兩丞，漢因之。武帝改爲大司農，亦兩丞。及桑弘羊爲大司農，置部丞數十人，分部主郡國將以興利。後漢司農丞一人，比千石；部丞二人，六百石；部丞主帑藏。魏因之，品第七。晉亦品第七，進賢一梁冠，介幘，皁衣，銅印、黄綬。宋、齊、梁、陳司農丞墨綬。後魏從五品中，太和二十二年爲七品下，北齊因之。隋司農丞五人，品從第六；大業五年，加至從五品。皇朝武德中置四人，貞觀中加置六人。主簿二人，從七品上；晉太康中置主簿二人。宋、齊無聞。梁置一人，七班之中第三；陳因之。後魏不見。北齊司農寺有功曹、五官、主簿。隋司農主簿二人，皇朝因之。録事二人，從九品上。丞掌判寺事。凡天下租稅及折造轉運于京、都，皆閲而納之。每歲自都轉米一百萬石以禄百官及供諸司；若駕幸東都，則減或罷之。凡受租皆於輸場對倉官、租綱吏人執籌數函，其函大五斛，次三斛，小一斛。其諸州稾秸應輸京、都者，閲而納之，以供祥麟、鳳苑之馬。凡朝會、祭祀米物薪芻，皆應時而給。若應供御進内，則據本司移牒而供之。其中書、門下、尚書省、御史臺、史館、集賢院別敕定名使，并吏部、兵部入宿令史，中書、門下令史，諸楷書手寫書課，皆有炭料。凡官户、奴婢男女成人，先以本色媲偶；若給賜，許其妻、子相隨。若犯籍没，以其所能各配諸司，婦人巧者入掖庭。主簿掌印，省署抄目，勾檢稽失。凡署木契二十隻，應須出給，與署合之。十隻與太倉署合，十隻與導官署合，皆九雌、一雄。雄，主簿掌；雌，留署。勘然後出給録事掌受事發辰。

上林署：令二人，從七品下；《漢書·百官表》：『水衡都尉，武帝置，掌上林苑。屬官有上林令、丞、尉，又有甘泉上林長、丞。又，步兵校尉掌上林苑。又，少府屬官有上林中十池監。上林者，漢之苑囿也，司馬相如有《上林賦》。後漢上林苑令一人，六百石，主苑中禽獸；頗有人居，皆主之；捕得其獸，送太官。丞一人，三百石。魏、晉因之。江左闕其官。宋武帝復置，隸尚書殿中曹及少府；齊因之。梁、陳屬司農。後魏闕文。北齊及隋並屬司農，皇朝因之。丞四人，從八品下；漢水衡都尉上林有八丞。後漢、魏、晉並一人，江左省，宋武帝置，齊、梁、陳並一人。後魏闕文。北齊上林丞八人，隋置二人，皇朝置四人。監事十人，從九品下。上林署令掌苑囿、園池之事；丞爲之貳。凡植果樹蔬菜，以供朝會、祭祀，其尚食進御及諸司常料亦有差。諸司吏執抄牓詣圃，然後給之。凡季冬藏冰，每歲藏一千段，方三尺，厚一尺五寸，所管州於山谷鑿而取之。先立春三日納之冰井。《周禮》：『凌人掌冰政。歲十有二月，令斬冰，三其凌。春始治鑑，夏頒冰，秋刷。』鄭玄云：『凌，冰室也；刷，清也；刷除凌室，更納新冰。西陸朝覿而出之，以進御焉。』

太倉署：令三人，從七品下；《石氏星經》：『天倉六星，在婁南，倉谷所藏；南四星天庾，積厨粟之所；天囷十三星，囷，倉廩之屬，主御糧也。』《史記》云：『武王伐殷，散鉅橋之粟。』《周禮》有廩人下大夫、上士。秦、漢大司農屬官太倉令、丞各一人。文帝時，淳于意爲之。後漢太倉令一人，六百石。魏品第七，晉、宋、齊、梁、陳亦然。後魏闕文。北齊司農統太倉令、丞。後周有司倉下大夫。隋太倉署令二人，米廩督二人，谷倉督四人，鹽倉督二人。皇朝署太倉令三人，東都則曰含嘉倉。丞六人，從八品下；秦、漢、魏、晉、宋、齊、梁、陳、北齊皆有丞一人，隋太倉丞六人，皇朝因之。監事十人，從九品下。太倉署令掌九穀廩藏之事；丞爲之貳。凡鑿窖、置屋，皆銘甎爲庾斛之數，與其年月日，受領粟官吏姓名。又立牌如其銘焉。輸米、粟二㪷，課稾一圍；三斛，橛一枚；米二十斛，籧篨一領；粟四十斛，苫一蕃；麥及雜種亦如之，以充倉窖所用。仍令輸人營備之。凡粟支九年，米及雜種三年。貯經三年，斛聽耗一升；五年已上，二升。凡京官之禄，發京倉以給。中書、門下、御史臺、尚書省、殿中省、内侍省、九寺、三監、左·右春坊、詹事府、京兆、河南府並第一般，上旬給；十八衛、諸王府、率更·家令·僕寺、京·都總監、内坊並第二般，中旬給；諸公王府邑司、東宫十率府、九成宫總監、兩京畿府官並第三般，下旬給。餘司無額，準下旬。給公糧者，皆承尚書省符。丁男日給米二升、鹽二勺五撮，妻、妾、老男、小則減之。若老、中、小男無官及見驅使，兼國子監學生、鍼·醫生，雖未成丁，亦依丁例。

鉤盾署：令二人，正八品上；漢少府屬官有鉤盾令、丞。《茂陵中書》云：『鉤盾，宦者近署，兵器所造。』《昭紀》云：帝初立，年九歲，耕於鉤盾弄田。應劭云：『帝時幼，未能親耕帝藉，鉤盾宦者近署，故往試爲弄田。』後漢令六百石。魏氏闕文。晉大鴻臚屬官有鉤盾令，宋、齊、梁、陳省其官。後魏闕文。北齊司農統鉤盾令、丞。隋司農統鉤盾署令三人，掌薪芻及炭、鵝、鴨、蒲蘭、陂池、藪澤之物。皇朝令二人、丞四人。丞四人，正九品上；漢有五丞，後漢置一人四百石；又有苑丞、永安·鴻池丞，並隸鉤盾。魏氏因之。隋鈎盾十二丞，皇朝減置四人。監事十人，從九品下。後漢鉤盾令從官四十人。晉鉤盾令置主簿、録事各一人。鉤盾署令掌供邦國薪芻之事；丞爲之貳。凡祭祀、朝會，賓客享宴，隨其差降而供給焉。凡京官應給炭，五品已上日二斤。蕃客在館，第一等人日三斤，已下各有差。其和市木橦一十六萬根，每歲納寺；如用不足，以苑内蒿根柴兼之。其京兆、岐、隴州募丁七千人，每年各輸作木橦八十根，春、秋二時送納。若駕在都，則於河南府諸縣市之，少尹一人與卿相知檢察。凡孳生鵝、鴨、鷄、彘之屬，皆令官奴婢爲課養之。

導官署：令二人，正八品下；秦、漢少府屬官有導官令、丞，主擇米以供祭祀及御饌。導，擇也。後漢屬大司農，令六百石，丞三百石。魏、晉、宋、齊皆有令、丞。梁在七班之下，爲三品勳位；陳因之。後魏闕文。北齊及隋皆有令、丞，並屬司農，皇朝因之，置令二人。丞四人，正九品下；秦、漢、魏皆有丞，晉氏不置，宋、齊又置，梁、陳復省。隋有五丞，皇朝置四人。監事十人，從九品下。晉導官令置主簿、録事、酒吏、豉吏等。北齊導官有御細部、麴麫部、典庫部等倉督。隋導官署有御細倉督、麴麫等倉督。導官署令掌供御導擇米麥之事；丞爲之貳。凡九穀之用，有爲糗糒，有爲麴蘖，有爲粉脂，皆隨其精麤，差其耗損，而供給之。

太原、永豐、龍門等諸倉，每倉監一人，正七品下；《漢書》：『酈生云：「據敖倉之粟。」』又，吴有海陵倉；大司農屬官有諸倉長、丞。後漢河南尹屬官有滎陽穀倉長、丞。《魏書》有邸閣倉，亦其事也。東晉有東倉、石頭倉，宋、齊因之。梁司農統左、中、右三部倉丞，陳氏亦同。後魏闕文。北齊司農有梁州及石濟之水次倉。隋初，漕關東之粟以實京邑，衛州黎陽倉、滎陽洛口倉、洛州河陽倉、陝州常平倉、潼關、渭南亦皆有倉，以轉運之，各有監官。皇朝因之。丞二人，從八品上。諸倉監各掌其倉窖儲積之事，丞爲之貳。凡粟出給者，每一屋、一窖盡，賸者附計，欠者隨事科徵；非理欠損者，坐其所由，令徵陪之。凡出納帳，歲終上于寺焉。

司竹監：監一人，正七品下；漢官有司竹長、丞，魏、晉河内·淇園竹各置司守之官，江左省，後魏有司竹都尉，北齊、後周並闕，隋有司竹監及丞，皇朝因之。今在京兆鄠、盩厔，懷州河内縣。副監一人，正八品下；丞二人，從八品上。司竹監掌植養園竹之事；副監爲之貳。凡宮掖及百司所需簾、籠、筐、篋之屬，命工人擇其材幹以供之；其笋，則以時供尚食。歲終，以竹功之多少爲之考課。丞掌判監事。

温泉湯：監一人，正七品下；辛氏《三秦記》云：『驪山西有温湯，先以三牲祭，乃得洗，不祭則爛人肉。俗説云：「秦始皇與神女戲，不以禮，神女唾之生瘡。始皇怖謝，乃爲出温泉洗之，立愈。」《抱朴子》曰：「水有温泉之湯池，火有蕭丘之寒燭。」漢、魏已来，相承云能蕩邪蠲疫。今在新豐縣西，後周庾信有《温泉碑》，皇朝置温泉宮，常所臨幸。又京兆府藍田縣有石門湯，岐州郿縣有鳳凰湯，同州有北山湯，河南府有陸渾湯，汝州有廣成湯，天下諸州往往有之。然地氣温潤，殖物尤早，卉木凌冬不凋，蔬果入春先熟，比之驪山，多所不逮。丞一人，從八品上。温泉湯監掌湯池宮禁之事；丞爲之貳。凡駕幸温湯，其用物不支，所司者皆供之。若有防堰損壞，隨時脩築之。凡王公已下，至於庶人，湯泉館室有差，別其貴賤，而禁其踰越。凡近湯之地，潤澤所及，瓜果之屬先時而育者，必爲之園畦，而課其樹藝，成熟，則苞匭而進之，以薦陵廟。

京、都苑總監：監各一人，從五品下；副監一人，從六品下；丞二人，從七品下；主簿一人，從九品上。苑總監掌宮苑内館園池之事；副監为之貳。凡禽魚果木皆總而司之。凡給總監及苑内官屬，人畜出入，皆爲差降之數。

京、都苑四面監：監各一人，從六品下；副監一人，從七品下；丞二人，正八品下。四面監掌所管面苑内宮館園池與其種植修葺之事；副監爲之貳。顯慶二年，改青城宮監曰東都苑北面監，明德宮監曰東都苑南面監，洛陽宮監曰東都苑東面監，食貨監曰東都苑西面監。丞掌判監事。

諸屯監一人，從七品下；隋置屯監，幾内者隸司農，自外者隸諸州。皇朝因之。丞二人，從八品下。諸屯監各掌其屯稼穡；丞爲之貳。凡每年定課有差。

九成宮總監：監一人，從五品下；副監一人，從六品下；丞一人，從七品下；主簿一人，從九品下。九宮監掌檢校宮苑，供進合鍊藥餌之事；副監爲之貳。丞掌判監事。主簿掌印，勾檢監事。

又 卷二〇《太府寺》

太府寺：卿一人，從三品；《周禮》天官有太府下大夫、上士，下士，『掌九貢、九賦、九功之貳，以受其貨賄之人，頒其貨于受藏之府，頒其賄於受用之府。凡官府、都鄙之吏及執事者，受財用焉』。則今太府之任也。秦、漢已下不置其官，其職并於司農、少府。梁天監七年始置太府卿，班第十三，掌金帛、府帑，統左·右藏令、上庫丞、大市·南市·北市令，關津亦皆屬焉。陳因之，品第三。後魏太和中，始改少府爲太府卿，品第三。北齊因之。後周有太府中大夫，又有計部中大夫。隋太府寺卿一人，正三品，統左藏、左·内·右三尚方、司染、右藏、黄藏、掌冶、甄官等署，各置令、丞。至煬帝，分太府寺置少府監，管三尚方及司染、掌冶等署，而太府寺管左·右藏及兩市、平準等署焉。大業四年降爲從三品，皇朝因之。至龍朔二年改爲外府正卿，咸亨元年復故。光宅元年改爲司府寺，神龍初復舊。少卿二人，從四品上。後魏孝文帝改少府爲太府，置少卿一人，第四品上。北齊因之。隋煬帝加至二人，降爲從四品。皇朝減一人，貞觀中復置二人。龍朔、咸亨、光宅、神龍並隨寺改復。太府卿之職，掌邦國財貨之政令，總京·都四市、平準、左·右藏、常平八署之官屬，舉其綱目，修其職務；少卿爲之貳。以二法平物：一曰度量，度謂分、寸、尺、丈，量謂合、升、斗、斛。二曰權衡。權，重也，衡，平也。金銀之屬謂之寶，錢帛之屬謂之貨。絹曰匹，布曰端，綿曰屯，絲曰絢，麻曰綟，金銀曰鋌，錢曰貫。凡四方之貢賦，百官之俸秩，謹其出納，而爲之節制焉。諸州庸、調及折租等物應送京者，並貯左藏；其雜送物並貯右藏。庸、調初至京日，録狀奏聞。每旬一奏納數。

【略】

丞四人，從六品上；《梁選簿》：『太府丞一人，品從第七。』陳因之。後魏亦一人，品第七下。後周太府上士一人，亦丞之任也。隋太府丞六人，正七品下；大業五年，增爲從五品。皇朝置四人，從六品上。垂拱中省一人，開元又加焉。主簿二人，從七品上；梁置太府主簿一人，七班之中爲第三；陳因之。後魏主簿一人。隋四人，從七品上。皇朝置二人，至太極中省一人。太府寺管木契七十隻；十隻與左藏東庫合，十隻與左藏西庫合，十隻與右藏内庫合，十隻與右藏外庫合，又十隻與東都左藏庫合，十隻與東都右藏庫合，各九雄、一雌。九雄，太府主簿掌；一雌，庫官掌。又，五隻與左藏朝堂庫合，五隻與東都左藏朝堂庫合，各四雄、一雌。其契以次行用。録事二人，從九品上。丞掌判寺事。凡左、右藏庫帳禁人之有見者。若請受、輸納，人名、物數皆著於簿書。每月以大摹印紙四張爲之簿，而丞、衆官同署。月終，留一本於署。每季録奏，兼申所司。凡元正、冬至所貢方物應陳於殿庭者，受而進之。凡會賜及別敕錫賚六品已下，卽於朝堂給之。主簿掌印，省署抄目，勾檢稽失。凡置木契九十五隻：二十五隻與少府、將作、苑總監合，七十隻與庫官合。十五隻刻『少府監』字，十四隻雄，付少府監，五隻刻『將作監』字，四隻雄，付將作監，五隻刻『苑總監』字，四隻雄，付苑總監，皆應索物。雌留太府寺。凡官私斗、秤、度尺，每年八月詣寺校印署，無或差繆，然後聽用之。《禮記·月令》云：『仲春、仲秋，日夜分，則同度量，平權衡，正鈞石，角斗甬。』録事掌受事發辰。

兩京諸市署：各令一人，從六品上；昔神農、祝融氏始作市易，曰：『日中爲市。』致天下之民，聚天下之貨，交易而退，各得其所，蓋取諸噬嗑。《石氏星經》：『天市垣二十二星。』《周禮》地官有司市下大夫、上士、中士、下士，其屬有質人、廛人、胥師、賈師、司暴、司稽、肆長，蓋諸市官也。漢改秦内史爲京兆尹，其屬官有長安市長、丞。後漢河南尹屬官有雒陽市長、丞，魏、晉因之。東晉隸丹陽尹，宋、齊因之。梁始隸太府。《梁選簿》：大市令屬四品市職之任，不容過卑，天監三年革其選。』陳因之。後魏京邑市令從五品中。北齊司州牧領東、西市署令·丞。後周司市下大夫一人。隋司農寺統京市令、丞。煬帝三年，改京市隸太府寺，京師東市曰『都會』，西市曰『利人』，東都東市曰『豐都』，南市曰『大同』，北市曰『通遠』。皇朝因之。京置東、西、南三市。按：東都西市則隋南市也，南市則隋東市也。都南市舊兩坊之地，武德中減爲坊半焉。垂拱中省京南市，開元十年又省都西市。丞各二人，正八品上。後漢雒陽市丞一人，二百石。魏、晉、宋、齊因之。梁有太、南、北三市丞，位在七班之下；陳因之。後魏闕文。北齊有東、西市丞。後周有小司市上士、下士一人。隋有京市丞，皇朝因之。京、都諸市令掌百族交易之事；丞爲之貳。凡建標立候，陳肆辨物，按《周禮》：『肆長各掌其肆之政令，陳其貨賄，名相近者，相遠也，實相近者，相邇也，而平正之。』以二物平市，謂秤以格，斗以概。以三賈均市。精爲上賈，次爲中賈，麄爲下賈。凡與官交易及懸平贓物，並用中賈。其造弓矢、長刀，官爲立樣，仍題工人姓名，然後聽鬻之；諸器物亦如之。以僞濫之物交易者，沒官；短狹不中量者，還主。《周禮》：『司市僞飾之禁，在人者十有二，在商者十有二，在賈者十有二，在工者十有二。』《王制》亦云：『用器、兵、車不中度，布帛精麤不中數，幅廣狹不中量，姦色亂正色，五穀不時，果實未熟，木不中伐，禽獸魚鱉不中殺，皆不鬻於市。』凡賣買奴婢、牛馬，用本司、本部公驗以立券。凡賣買不和而榷固，榷謂專略其利，固謂鄣固其市。及更出開閉共限一價，謂賣物以賤爲貴，買物以貴爲賤。若參市而規自入者，並禁之。謂在傍高下其價以相惑亂也。凡市以日午，擊鼓三百聲而衆以會；日入前七刻，擊鉦三百聲而衆以散。《周禮》：『大市，日昃而市，百族爲主；朝市，朝時而市，商賈爲主；夕市，夕時而市，販夫販婦爲主。』丞兼掌監印、勾稽。録事掌受事發辰。

平準署：令二人，從七品下；《周禮》有質人中士、下士，主平定物價也。漢大司農屬官有平準令、丞。韋昭《辨釋名》云：『平準，主平物價，使相依準。』《史記》云：『桑弘羊領大農令，以諸官各自市相争，以故物多騰躍，乃請置大農部丞數十人，分部主郡國；置平準於京師，受天下委輸，盡籠天下之貨物，貴則賣之，賤則買之，如此則富商及大賈無所牟大利矣，所以置平準焉。』故趙廣漢廉潔下士，州舉茂才，爲平準令。《後漢》大司農屬官有平準令、丞各一人，令六百石，丞三百石，掌知物價及主練染，作采色。至和帝改平準爲中準，以宦者爲令、丞，列于内署。自是，諸署令悉用宦人。魏氏闕文。晉少府屬官有平準令、丞。宋順帝諱『準』，改曰染署。齊少府有平準令、丞。梁、陳有平水令、丞。后魏闕文。北齊司農寺统平準令、丞。後周有平準中士、下士。隋司農屬官有平準署令、丞。炀帝三年，改平準署隸太府寺。皇朝因之。丞四人，從八品下；監事六人，從九品下。平準令掌供官市易之事；丞爲之貳。凡百司不任用之物，則以時出貨；其沒官物者，亦如之。

左藏署：令三人，從七品下；《周禮》有外府中士，主泉藏之在外者，掌邦布之出入，以供百物，而待邦用也；又有職幣上士、中士，主貨幣之入也，並今左藏之職也。至秦、漢，則分在司農、少府。後漢少府屬官有中藏府令、丞各一人，掌中藏幣帛、金銀、貨物。魏氏因之。晉少府屬官有左、右藏令。東晉御史九人，各掌一曹，有庫曹御史，後復分庫曹置外左庫、内左庫。宋文帝省外左庫，而内左庫直云左庫，武帝復置，前廢帝又省。齊、陳、梁有右藏庫，無左藏。後魏闕文。北齊太府寺統左、右藏令·丞。後周有外府上士、中士二人，掌絹帛、絲麻、錢物、皮角、筋骨之藏。隋有左藏署令、丞，皇朝因之。左藏有東庫、西庫、朝堂庫，又有東都庫、東都朝堂庫，各掌木雌契一，與太府主簿合之。丞五人，從八品下；隋有四人，皇朝加一人。監事八人，從九品下。左藏令掌邦國庫藏之事；丞爲之貳。凡天下賦調，先於輸場簡其合尺度斤兩者，卿及御史監閲，然後納于庫藏，皆題以州縣、年月，所以別麤良，辨新舊也。凡出給，先勘木契，然後録其名數及請人姓名，署印送監門，乃聽出。若外給者，以墨印印之。凡官庫應入私，已出庫而未給付；若私物當供官之物，或雖不供官，而皆掌在其官，並同官物之例也。凡藏院之内禁人然火及無故而入者。院内常四面持仗爲之防守，夜則擊柝分更以巡警焉。

右藏署：令二人，正八品上；《周禮》有内府中士，主良貨賄，藏在内也；又有藏内上士、中士，主泉貨所入，並今右藏之職。至秦、漢已来，則分在司農、少府，其職掌，廢置並與左藏同。隋太府寺統右藏令，丞各三人。皇朝因之。右藏有内庫、外庫、東都庫，各木雌契一隻，與太府寺主簿合之。丞三人，正九品上；隋有二人，皇朝置三人。監事四人，從九品下。右藏署令掌邦國寶貨之事；丞爲之貳。雜物州土：安西于闐之玉，饒、道、宣、永、安南、邕等州之銀，楊、廣等州之蘇木、象牙，永州之零陵香，廣府之沉香、霍香、薰陸、鷄舌等香，京兆之艾納香、紫草，宣、簡、潤、郴、鄂、衡等州之空青、石碌，辰、溪州之硃砂，相州之白粉，巖州之雌·雄黄，絳、易等州之墨，金州之梔子、黄檗，西州之高昌礬石，益府之大小黄·白麻紙、弓弩弦麻，杭、婺、衢、越等州之上細黄·白狀紙，均州之大模紙，宣、衢等州之案紙，次紙，蒲州之百日油細薄白紙，河南府、許、衛、懷、汝、澤、潞等州之兔皮，鄜、寧、同、華、虢、晉、蒲、絳、汾等州之狸皮，越州之竹管，涇、寧、邠、隴、蓬等州之蠟，蒲、絳、鄭、貝等州之氈，河南府、同、鄧、許等州之膠，蒲、同、虢等州之席，涇、丹、鄜、坊等州之麻，京兆、岐、燕等州之木燭。凡四方所獻金玉、珠貝、玩好之物皆藏之；出納、禁令；如左藏之職。

常平署：令一人，從七品下；《漢書·食貨志》：『管仲相桓公，通輕重之權，曰：『歲有凶穰，故穀有貴賤；令有緩急，故物有輕重。人君不理，則畜賈遊於市，乘人之不給，百倍其本矣。故萬乘之國必有萬金之價，千乘之國必有千金之價者，利有所并也。計本量委則足矣，然人有飢餓者，谷有所藏也。人有餘則輕之，故人君斂之以輕；人不足則重之，故人君散之以重。凡輕重斂散以時卽準平』李悝曰：『糴甚貴傷民，甚賤傷農，民傷則離散，農傷則國貧，故甚貴、甚賤，其傷一也。是故善平糴者，必也謹觀。歲有上、中、下熟，故大熟則上糴三而舍一，中熟則糴二，下熟則糴一。小飢則發小熟之所斂，中飢則發中熟之所斂，大飢則發大熟之所斂而糴之。故雖遇飢饉水旱，糴不貴而人不散。』孟子曰：『狗彘食人食而不知檢。塗有餓莩而不知發。』蓋並常平之義。漢宣帝卽位，歲數豐穰，穀至石五錢，農人少利，大司農中丞耿壽昌遂白令邊郡皆築倉，以穀賤時增其價而糴，穀貴時減其價以糶，名『常平倉』，人便之。後漢明帝永平五年，歲比登稔，作『常滿倉』，立粟市於城東，粟斛直錢三十。晉武帝泰始四年乃立常平倉，豐則糴，儉則糶，以利百姓。東晉、宋、齊無聞。梁有常平倉而不糴，陳亦如之。後魏太和十二年，有司上言：請京都度支歲用之餘，各立官司，年豐，糴貯於倉；時儉，加私之二，糶之於人。北齊諸州郡皆別置『富人倉』。初立之日，準所領中、下之户數，口數，得支一年糧，遂次當州穀價賤時，斟量割當年義租充入。谷貴，下價糶之；賤則還用所糶物依時價糴貯。隋開皇三年，於河西勒百姓立堡，營田積谷；京師置常平監。又以倉庫尚虚，衛州置黎陽倉，洛州置河陽倉，陝州置常平倉，華州置廣通倉，轉相委輸，漕關東之粟以給京師。又募人能於洛陽運米四十石，經砥柱達于常平倉者，免其征戍，以此通轉運，亦非糶糴。皇朝垂拱初，兩京置常平署，天下諸州亦置之。丞二人，從八品下；監事五人，從九品下。

常平令掌平糴倉儲之事；丞爲之貳。凡歲豐穰，穀賤，人有餘，則糴之，歲饑饉，穀貴，人不足，則糶之，與正、義倉帳具其本利同申。凡出納、禁令如左藏之職焉。

又　卷二二《少府軍器監》　少府監：監一人，從三品；《漢書·百官表》云：『少府，秦官，掌山海池澤之税，以給供養；有六丞。其屬官有尚書、符節、太醫、太官、湯官、導官、樂府、若盧、考工室、左弋居室、甘泉居室、左·右司空、東織、西織、東園匠十六官令·丞，又胞人、都水、均官三長·丞，又上林中十池監，又中書謁者、黄門、鉤盾、尚方、御府、永巷、内者、宦者八官令·丞，諸僕射、署長、中黄門皆屬焉。』少府者，天子之私府，所以供奉之職皆在焉。王莽改曰共工。後漢復爲少府，其尚書、侍中、符節皆屬焉，餘職多所并省。《漢官·解詁》云：『少府主供養，陂池、禁錢，服御，口實，掖庭、中宫。』魏因之。晉置功曹、主簿、五官等員；少府，銀章、青綬，五時朝服，進賢兩梁冠，絳朝服，佩水蒼玉，品第三，統材官校尉、中·左·右三尚方、中黄·左·右藏、左校、甄官、平準、奚官等令，左校坊、鄴中黄·左·右藏、油官等丞。及過江，唯置一尚方，又省御府。至哀帝時，桓温表省少府，以并于丹陽尹。孝武復置。宋少府領左·右尚方、御府、東冶、南冶、平準等令、丞。齊又加以領左、右尚鍜署。梁以少府爲夏卿，統材官將軍、左·中·右尚方、甄官、平水、南塘、邸税庫、東·西冶、中黄、細作、炭庫、紙官、染署等令、丞，班第十一，品從第四。陳因之。後魏少府、宗正、太僕、廷尉、司農、鴻臚爲六次卿，第二品上；太和末，改少府爲太府。北齊不置少府，其左·中·右三尚方、司染、諸冶及細作、甄官等署並隸太府寺。至隋煬帝大業五年，始分太府爲少府監，置監一人，從三品；少監一人，從四品；丞二人；統左尚、右尚、內尚、司織、司染、鎧甲、弓弩、掌冶等署。其後又改監爲令，少監爲少令，併司織、司染爲織染署，廢鎧甲、弓弩二署。皇朝因爲監。龍朔二年改爲內府監，咸亨元年復爲少府監。光宅元年改爲尚方監，神龍元年復舊。開元初，又分甲鎧、弓弩別置軍器監；十二年省軍器監，其作并歸少府；尋又於北都置軍器監。　少監二人，從四品下；隋煬帝置少監一人，從第四品，皇朝因置二人。龍朔、咸亨、光宅、神龍並隨監改復。　少府監之職，掌百工伎巧之政令，總中尚、左尚、右尚、織染、掌冶五署之官屬，庀其工徒，謹其缮作；少監爲之貳。凡天子之服御，百官之儀制，展采備物，率其屬以供焉。

丞四人，從六品下；漢置丞六人，比千石。後漢置一人，以明法補。魏、晋因之。宋、齊、梁、陳皆一人，梁班第四。後魏少府丞一人，從五品中。隋煬帝分太府寺置少府監，置丞二人。皇朝加至六人。龍朔、咸亨、光宅、神龍並隨監改復。開元二十三年減二人。　主簿二人，從七品下；《晉令》：「少府置主薄二人。」宋、齊因之。梁主簿七班之中第三。隋煬帝置主簿一人，皇朝加至四人。龍朔、咸亨、光宅、神龍並隨監改復，開元二十三年減二人。　録事二人，從九品上。　丞掌判監事。凡五署所脩之物須金石、齒革、羽毛、竹木而成者，則上尚書省，尚書省下所由司以供給焉。凡五署之所入於庫物，各以名數并其州土所生以籍之，季終則上於所由，其副留於監；有出給者，則隨注所供而印署之。凡教諸雜作，計其功之衆寡與其難易而均平之，功多而難者限四年、三年成，其次二年，最少四十日，作爲等差，而均其勞逸焉。凡教諸雜作工，業金、銀、銅、鐵鑄、鎢、鑿、鏤、錯、錫所謂工夫者，限四年成；以外限三年成；平慢者，限二年成。諸雜作有一年半者，有一年者，有九月者，有三月者，有五十日者，有四十日者。

主簿掌勾檢稽失。凡財物之出納，工人之缮造，簿帳之除附，各有程期；不如期者，舉而按之。　録事掌受事發辰。

中尚署：令一人，從六品上；漢少府屬官有尚方令、丞。後漢尚方令一人，六百石，掌上手工作御刀劍、諸好器物及寶玉作器。和帝時，蔡倫爲尚方令，作秘劍，皆有龍泉、太阿之目；及諸器械，靡不牢固。其後分爲中、左、右三尚方。魏氏因之。晋過江左，唯置一尚方，哀帝以隸丹陽尹，孝武帝復舊。晋代掌造軍器。宋高祖踐阼，以相府部配臺，謂之左尚方，而本署謂之右尚方，令、丞各一人。孝武帝改右尚方曰御府，又置中署，隸右尚方。齊置左、右尚方令·丞各一人。梁置左、中、右尚方三令、丞，其令並從九品；其後廢中尚方，唯存左、右而已。陳因之。北齊太府寺管左、中、右三尚方。隋開皇中，有內、左、右三尚方署，猶屬太府寺。內尚方令二人，正八品下，掌諸織作。煬帝分屬少府。皇朝因置二人，省「方」字，但曰中尚、左尚、右尚。開元十八年省一人，升爲從六品上。　丞四人，從八品下；漢、魏已來皆隨署省置。後漢丞一人，四百石。魏、晋、宋、齊，皆隨署改易。梁位在七班之下，爲三品勳位。隋置丞四人，正九品下。皇朝因之。開元中升其品。　監作四人，從九品下。　中尚署令掌供郊祀之圭璧，凡冬至祀昊天上帝以蒼璧，孟春祈穀、孟夏雩祀、季秋明堂祀並以四圭有邸，夏至祭皇地祇以黄琮，祀日、月以圭邸，祀東方青帝以青圭，南方赤帝以赤璋，西方白帝以騶虞，北方黑帝以玄璜，中央黄帝以黄琮，祭神州及岳、鎮、海、瀆、太社、太稷皆以兩圭有邸。及歲時乘輿器玩，中宫服飾，彫文錯綵，珍麗之制，皆供焉；丞爲之貳。每年二月二日，進鏤牙尺及木畫紫檀尺；寒食，進毬，兼雜綵鷄子；五月五日，進百索綬帶；夏至，進雷車；七月七日，進七孔金鈿針；十五日，進盂蘭盆；臘日，進口脂、衣香囊。每月進筆及擣衣杵。琴·瑟·琵琶弦，金·銀紙，須則進之，不恒其數也。其所用金木、齒革、羽毛之屬，任所出州土以時而供送焉。其紫檀、櫚木、檀香、象牙、翡翠毛、黄婴毛、青蟲眞珠、紫鑛、水銀出廣州及安南，赤麖皮、琴瑟、赤珪、琥珀、白玉、碧玉、金剛鑽、瓫灌、鍮石、胡桐律、大鵬砂出波斯及涼州，麝香出蘭州，銅鉢銅出代州，赤生銅出銅源監也。

左尚署：令一人，正七品下；後漢末，分尚方爲三：中、左、右。魏、晋因之。晋過江，唯尚方而已。宋、齊、梁、陳有左、右尚方。晋、宋已來並四百石，梁班第一，從九品。北齊太府寺左、中、右尚方。隋開皇中，三尚方並屬太府寺，左尚令三人，掌造車輦、繖扇、稍毦、弓箭、弩戟、器仗、刀鏃、膠漆、竹木、骨角、畫素、刻鏤、蠟燭等。皇朝置一人，開元十八年爲正七品下。　丞五人，從八品下；前·後漢、魏、晋、宋、齊、梁、陳皆隨署置省。《梁選簿》：左尚方丞爲三品勳位。隋左尚方丞八人，正九品下。皇朝置五人，開元十八年爲從八品下。　監作六人，從九品下。　左尚署令掌供天子之五輅、五副、七輦、三轝、十有二車，大小方圓華蓋一百五十有六，諸翟尾扇及大小繖翰，辨其名數而頒其制度，丞爲之貳。凡皇太后、皇后、內命婦之重翟、猒翟、翟車、安車、四望、金根等車，皇太子之金輅、軺車、四望車，王公已下象輅、革輅、木輅、軺車、公主、王妃、外命婦一品猒翟車，二品、三品犢車，其制各有差。其用金帛、膠漆、材竹之屬，所出方土以時支送。漆出金州，竹出司竹監，松出嵐、勝州，文栢出隴州，梓楸出京兆府，紫檀出廣州，黄楊出荆州。

右尚署：令一人，正七品下；後漢分尚方爲三：中、左、右。魏、晋因之。晉過江，唯尚方而已。宋、齊、梁、陳有左、右尚方。北齊亦有三尚方。隋左、右尚方屬太府寺，令三人，正八品下；煬帝始改隸少府焉。皇朝因置令二人，掌造甲胄、具裝、刀、斧、鉞及皮毛雜作、膠墨、紙筆、薦席等事。開元十八年省一人，升爲正七品下。丞四人，從八品下；漢、魏已來，與左尚方同。隋右尚方丞六人，皇朝置四人，開元十八年爲從八品下。監作六人，從九品下。右尚署令掌供天子十有二閑馬之鞍轡，每歲，京兆、河南制革、理材，爍金以爲之，送之於署，令工人增飾而進焉。及五品三部之帳，備其材革，而脩其制度；丞爲之貳。凡刀劍、斧鉞、甲胄、紙筆、茵席、履舄之物，靡不畢供。其用綾絹、金鐵、毛革等，所出方土以時支送。白馬尾、白犛牛尾出隴右諸州，翟尾、孔雀尾、白鷺鮮出安南、江東，貂皮出諸軍州。

織染署：令一人，正八品上；周官九職，『嬪婦化理絲帛。』《考工記》：『理絲麻而成之，謂之婦功。』漢少府屬官有東織、西織，成帝河平元年省東織，更名西織曰織室。後漢有織室丞一人，此後無聞。北齊中尚方領涇州、雍州絲局丞，定州紬綾局丞。後周有司織下大夫一人，掌凡機材之工。隋煬帝置司織署令、丞，後與司染署併爲織染署。《周禮》天官有『染人，掌染絲帛。凡染，春暴練，夏纁玄』；冬官有『設色之工五，謂畫、繢、鍾、筐、㡃也』。韋昭《辨釋名》云：『平準令主染，有常平之法，故準而酌之。』兩漢並隸司農。晉平準令有監染吏六人，初隸司農，後屬少府。宋順帝名準，始改曰染署令。齊復爲平準令，梁、陳爲平水令。北齊太府寺有司染署，長秋寺有染局丞。後周有染工上士一人，又有司色下大夫一人。隋初有司染署，隸太府寺，煬帝分屬少府。大業五年，合司織、司染爲織染署，令二人。皇朝置一人。丞二人，正九品上；漢、魏已來，並具於本署。隋並司織、司染爲一署，丞四人。皇朝因之，置二人。監作六人，從九品下。織染署令掌供天子、皇太子及羣臣之冠冕，辨其制度，而供其職務；丞爲之貳。【略】

凡織紝之作有十，一曰布，二曰絹，三曰絁，四曰紗，五曰綾，六曰羅，七曰錦，八曰綺，九曰繝，十曰褐。組綬之作有五，一曰組，二曰綬，三曰縧，四曰繩，五曰纓。紬線之作有四，一曰紬，二曰線，三曰絃，四曰網。練染之作有六。一曰青，二曰絳，三曰黄，四曰白，五曰皂，六曰紫。凡染大抵以草木而成，有以花、葉，有以莖、實，有以根、皮，出有方土，採以時月，皆率其屬而脩其職焉。

掌治署：令一人，正八品上，《周禮·冬官》：『攻金之工六，謂築、冶、鳧、㮚、段、桃也。』秦及漢，諸郡國出鐵者，置鐵官長、丞。晉衛尉屬官有冶令、丞各一人，掌工徒鼓鑄；過江，省衛尉，而冶令始隸少府。宋有東冶令·丞、南冶令·丞，齊因之。梁有東冶令、西冶令，從九品下。《選簿》：『舊，東冶重，西冶輕。』然則梁朝之西冶，蓋宋、齊南冶也。陳因之。後魏無聞。北齊太府寺有司冶令、丞。後周有冶工中士一人，又有鐵工中士一人。隋太府寺統掌治署，令二人，掌金、銀、銅、鐵器之屬，并管諸冶；煬帝改屬少府，令從八品上。皇朝因之，省一人。丞二人，正九品上；秦、漢已來具上注。隋太府寺統掌治丞四人，煬帝改屬少府，皇朝因之，省二人。監作二人，從九品下。

掌治署令掌鎔鑄銅鐵器物之事；丞爲之貳。凡天下諸州出銅鐵之所，聽人私採，官收其稅。若白鑞，則官爲市之。其西邊、北邊諸州禁人無置鐵冶及採鉚，若器用所須，則具名數，移於所由，官供之；私者，私市之。凡諸冶所造器物，皆上於少府監，然後給之。其興農冶監所造者，唯供隴右諸牧監及諸牧使。

諸冶監：監各一人，正七品下；秦、漢內使及諸郡有鐵者，則置鐵官長、丞。《晉令》：『諸冶官庫各置督監一人。』《宋書》云：『江南諸郡縣有鐵者，或置冶令，或丞，皆吳時置也。』齊、梁有梅根諸冶令。北齊諸冶皆有局丞。隋諸冶皆署監，監有上、中、下三等，皇朝因之，掌鑄兵農之器，以給軍旅、屯田、居人焉。丞一人，從八品上；監作四人，從九品下。諸冶監掌鎔鑄銅鐵之事，以供少府監；丞爲之貳。

北都軍器監：監一人，正四品上；開元初令少府監置，十六年移向北都。少監一人，正五品上；丞二人，正七品上；主簿一人，正八品上；録事一人，正九品下。軍器監掌繕造甲弩之屬，辨其名物，審其制度，以時納于武庫；少監爲之貳焉。丞掌判監事。凡材革出納之數，工徒衆寡之役，皆督課焉。主簿掌印及勾檢稽失。録事掌受事發辰。

甲坊署：令一人，正八品下；《周禮·考工記》曰：『函人爲甲：犀甲七屬，兕甲六屬，合甲五屬。凡爲甲，先必爲容，然後制革，權其上旅與其下旅，而重若一。』隋少府有甲鎧署，皇朝改焉。丞一人，正九品下；監作二人，從九品下。

弩坊署：令一人，正八品下；《周禮》：『司弓矢掌四弩。凡弩，夾庾利攻守，唐大利車戰、野戰。』《考工記》：『弓人取六材必以其時。幹也者，以爲遠；角也者，以爲疾；筋也者，以爲深；膠也者，以爲和；絲也者，以爲固；漆也者，以爲受霜露也。凡取幹之道有七：柘爲上，檍次之，檿桑次之，橘次之，木瓜次之，荆次之，竹爲下。』隋有弓弩署，皇朝改焉。丞一人，正九品下；監作二人，從九品下。

甲坊令、弩坊令各掌其所脩之物，督其繕造，辨其粗良；丞爲之貳。凡財物之出納，庫藏之儲備，必謹而守之。

諸鑄錢監：監各一人。《周禮》：『泉府上士四人，掌市之征布。』又：『司市以商賈阜貨而行布，以泉府同貨而斂賒。國凶荒札喪，則市無征而作布。』鄭玄云：『市不税，爲民乏困也。金、銅無凶年，因物貴，大鑄泉以饒民。』布及泉，謂錢也。《漢書·食貨志》曰：『太公爲周立九府圜法。錢圜函方，輕重以銖，故貨寶於金，利於刀，流於泉，布於布，束於帛。周景王鑄大錢，文曰「寶貨」，内外皆有周郭。秦兼天下，銅錢文曰「半兩」，重如其文。《漢》興，以秦錢重難用，令人鑄榆莢錢。文帝以錢益輕，更鑄四銖錢，文爲「半兩」，除《盗鑄錢令》，使民放鑄。及武帝初，鑄三銖錢，重如其文，禁人盗鑄。有司言三銖錢輕，更請郡國鑄五銖錢，文曰「五銖」，周郭其質。又以人多奸鑄，令京師鑄官赤仄，一當五。其後赤仄錢又廢。於是，悉禁郡國毋鑄錢，專令上林三官鑄錢。自武帝元狩年三官初鑄五銖錢，至平帝元始中，成錢二百八十億萬餘。王莽變漢制，始造大錢，徑寸二分，重十二銖，文曰「大錢五十」；後又多所改作。』及公孫述於蜀鑄錢，人不便之，故謡曰：『黄牛白腹，五銖當復。』後漢光武除王莽所造，復五銖錢。靈帝鑄四出錢。魏初專以粟、帛爲貨，明帝復立五銖錢，至西晋不改。吴孫權鑄大錢一當五百文，又鑄一當千錢。蜀劉備鑄一直百錢。東晋沈充鑄小錢，謂之『沈郎錢』。宋文帝又鑄四銖錢，體完厚。孝武帝四銖，形小薄。廢帝鑄二銖，謂之耒子錢，又有綖環錢，貫之以縷，入水不沈。南齊亦用四銖。梁武帝乃鑄二種錢，肉好周郭，文曰『五銖』，重如其文；又除肉郭，謂之女錢。百姓私用古錢，有直百五銖、女錢、太平百錢、定平一百、五銖稚錢、五銖對文等號，輕重不一。普通中，議罷銅錢，鑄鐵錢。陳初，有梁末兩柱及鵞眼錢，時雜用之；文帝改鑄五銖，宣帝又鑄大貨六銖。後魏太和十九年鑄錢，文曰『太和五銖』；永安二年改鑄，文曰『永安五銖』。東魏齊文襄以錢文『五銖』，名須稱實，一文重五銖，計百錢重一斤四兩二十銖。北齊文宣帝鑄常平五銖，重如文。周武帝鑄布泉錢，以一當五，與五銖並行；建德中，復鑄五行大布，一當十。宣帝又鑄永通萬國，以一當千。隋高祖以天下錢貨不等，更鑄新錢，背面肉好，皆有周郭，文曰『五銖』，重如其文，每一千重四斤二兩。自漢至隋，雖時或輕重，皆用五銖。皇朝武德中，悉除五銖，更鑄開通元寶錢。乾封初，又鑄乾封泉寶錢，尋廢。開元中，以錢濫惡，江、淮間尤甚，有敕禁斷，令御史往江、淮間收斂，納官鎔之。其求稍廣，州縣恐其錢數不充，隨以好錢繼之，自是，百姓財幣耗損，御史坐是左遷。舊法每一千重六斤四兩，近所鑄者多重七斤，錢文本歐陽詢所書。錢官，漢氏初屬少府，後屬水衡；後漢屬司農；魏、晋已下，或屬少府，或屬司農。皇朝少府置十鑪，諸州亦皆屬焉。及少府罷鑄錢，諸州遂别。今絳州三十鑪，楊、宣、鄂、蔚各十鑪，益、鄂、郴、各五鑪，洋州三鑪，定州一鑪。諸鑄錢監以所在州府都督、刺史判之；副監一人，上佐判之；丞一人，判司判之；監事一人，參軍及縣尉知之；録事、府、史、士人爲之。

諸互市監監各一人，從六品下；漢、魏已降，緣邊郡國皆有互市，與夷狄交易，致其物産也。並郡縣主之，而不别置官吏。至隋，諸緣邊州置交市監，視從第八品；副監，視正第九品。皇朝因置之，各隸所管州、府。監加至從六品下；改副監爲丞，品第八下。光宅中改爲通市監，後復舊爲互市監。丞一人，正八品下；隋置交市副監，皇朝改爲互市監丞。諸互市監各掌諸蕃交易之事；丞爲之貳。凡互市所得馬、駞、驢、牛等，各别其色，具齒歲、膚第，以言於所隷州、府，州、府爲申聞。太僕差官吏相與受領，印記。上馬送京師，餘量其衆寡，並遣使送之，任其在路放牧焉。每馬十匹，牛十頭，駞、騾、驢六頭，羊七十口，各給一牧人。若非理喪失，其部使及遞人，改酬其直。其營州管内蕃馬出貨，選其少壯者，官爲市之。

又 卷二三《將作都水監》 將作監：大匠一人，從三品；《左傳》云：『少昊氏五雉爲五工正。』《周官》冬宫掌百工之職。《漢書·百官表》云：『將作少府，秦官，掌治宫室，有兩丞、左·右中候。景帝改曰將作大匠，秩二千石。屬官有石庫、東園主章、左·右·前·後·中校七令、丞，又主章長、丞。武帝改東園主章曰木工。成帝省中候及左、右、前、後、中校五丞。』後漢光武中元二年省，常以謁者兼之；至章帝建初元年又置。魏因之。晋將作大匠置功曹、主簿、五官等員，掌土木之役。過江後及宋、齊並不常置。梁天監七年置十二卿，改將作大匠爲大匠卿，是爲秋卿，班第十，品正第五。陳因之。後魏太和初，將作大匠從第二品下；二十二年，降爲從三品。北齊因之。後周有匠師中大夫一人，掌城郭、宫室之制及諸器物度量；又有司木中大夫一人，掌木工之政令。隋將作寺置大匠一人，從三品；開皇二十年改爲將作監，以大匠爲大監。煬帝大業五年，正四品；十三年，又改大監爲令。皇朝改置大匠、少匠、丞、主簿等員。龍朔二年改爲繕工監，咸亨元年復舊。光宅元年改爲營繕監，神龍元年復舊。少匠二人，從四品下。後《周官》有少匠師下大夫一人。隋初，將作無少匠；開皇二十年改寺爲監，大匠爲大監，始置副監一人。煬帝改副監爲少監；大業三年，改少監爲少匠；五年，又改少匠爲少監，正五品；十三年，又改爲少令。皇朝改置少匠二人。龍朔、咸亨、光宅、神龍隨監改復。將作大匠之職，掌供邦國修建土木工匠之政令，總四署、三監、百工之官屬，以供其職事；少匠貳焉。凡西京之大內、大明、興慶宮，東都之大內、上陽宮，其內外廓、臺、殿、樓、閣并仗舍等，苑內宮、亭，中書、門下、左右羽林軍、左右萬騎仗、十二閑廄屋宇等，謂之內作。凡山陵及京、都之太廟、郊社諸壇廟，京、都諸城門，尚書、殿中、秘書、內侍省、御史臺、九寺、三監、十六衛、諸街使、弩坊、温湯、東宮諸司、王府官舍屋宇，諸街、橋、道等，并謂之外作。凡有建造營葺，分功度用，皆以委焉。凡修理宫廟，太常先擇日以聞，然後興作。

丞四人，從六品下；漢將作有丞二人，秩六百石。後漢置一人，魏、晉因之。東晉、宋、齊有事則置，無事則罷。梁天監七年置大匠丞一人，班第三。陳因之。後魏從五品中；太和二十二年，第七品下。北齊丞四人，從第七品上。後周匠師上士一人。隋將作丞二人，從六品，大業十三年加至從五品。皇朝加丞至四人，從六品下。主簿二人，從七品下；晉將作置主簿員。江左有事則置，無事則省。梁天監七年復置將作主簿一員，七班中第三。北齊將作寺有功曹、主簿員；若有營作，又別立長史、司馬、主簿各一員。隋將作主簿二人，皇朝因之。録事二人，從九品上。丞掌判監事。凡內外繕造，百司供給，大事則聽制、敕，小事則俟省符，以諮大匠，而下於署、監，以供其職。凡諸州匠人長上者，則州率其資納之，隨以酬顧。凡功有長短，役有輕重。凡計功程者，四月、五月、六月、七月爲長功，二月、三月、八月、九月爲中功，十月、十一月、十二月、正月爲短功。凡啓塞之時，火土之禁，必辨其經制，而舉其條目。凡四時之禁：每歲十月以後，盡于二月，不得起治作；冬至以後，盡九月，不得興土工；春、夏不伐木。若臨事要行，理不可廢者，以從別式。凡營造修理，土木瓦石不出於所司者，總料其數，上於尚書省。凡營軍器，皆鐫題年月及工人姓名，辨其名物，而閲其虛實。主簿掌印，勾檢稽失。凡官吏之申請糧料、俸食，務在、假使，必由之以發其事。若諸司之應供四署、三監之財物器用違闕，隨而舉焉。録事掌受事發辰。

左校署：令二人，從八品下；《周官》有攻木之工七，謂輪、輿、弓、廬、匠、車、梓也。秦漢有左、右、前、後、中校五令丞。後漢唯置左、右校令丞各一人，令六百石；又有材官校尉。魏并左校於材官。晉過江，省將作大匠，而左、右校隸少府；又改材官校尉爲將軍，罷左校令。宋、齊、梁、陳又有左校令、丞，別置材官將軍、司馬。北齊太府寺有左校署令、丞。後周有掌材上士。隋將作領左校署令二人，皇朝因之。丞四人，正九品下；漢成帝省左、右、前、後、中五校丞。後漢置左、右校丞各一人，秩三百石。魏因之。東晉隸少府。宋、齊、梁、北齊皆有丞。後周有掌材中士二人。隋左校丞四人，皇朝因之。監作十人，從九品下。左校令掌供營構梓匠之事，致其雜材，差其曲直，制其器用，程其功巧；丞爲之貳。凡宮室之制，自天子至於士庶，各有等差。天子之宮殿皆施重栱、藻井。王公、諸臣三品已上九架，五品已上七架，并廳厦兩頭；六品已下五架。其門舍三品已上五架三間，五品已上三間兩厦、六品已下及庶人一間兩厦。五品已上得制烏頭門。若官修者，左校爲之。私家自修者，制度准此。凡樂縣簨虡，兵仗器械，及喪葬儀制，諸司什物，皆供焉。簨虡謂鐏鍾、編鍾、編磬之屬。器械謂仗床、戟架、杻械之屬。喪儀謂棺槨、明器之屬。什物謂机案、櫃檻、敕函、行槽、剉碓之屬。

右校署：令二人，從八品下；後漢安帝延光三年，置左校令、右校丞，其後又置右校令。魏因之。晉少府屬官有左校，無右校，其職蓋并於左校矣。宋、齊、梁、陳皆無。北齊太府寺管左校，亦無右校。隋置右校署令、丞，掌營構工作之事。皇朝因之。丞三人，正九品下；漢左校丞一人，三百石。魏因之。宋、齊、梁、陳并置，北齊省。隋右校置丞三人，皇朝因之。監作十人，從九品下。右校令掌供版築、塗泥、丹雘之事；丞爲之貳。凡料物支供皆有由屬，審其制度而經度之。凡修補之料，每歲京北、河南及諸州支送麦䴬三萬圍、麦䴬一百車、麻擣二萬斤；其石灰、亦土之屬，須則市供，不恒其數。

中校署：令一人，從八品下；漢將作左、右、前、後、中五校皆有令、丞，自後不置，皇朝置之。丞三人，正九品下；漢成帝省，皇朝復置。監事四人，從九品下。中校令掌供舟車、兵仗、廄牧、雜作器用之事。凡行幸陳設供三梁竿柱，閑廄繫飼則供剉碓、行槽、鞍架，禱祠祭祀則供棘葛、竹墼，內外營造應供給者，皆主守之；丞爲之貳。舊，將作寺百工署掌營棘葛、槍子、土墼、石作之事。開元十五年，改百工署爲監，其職掌各分入諸署：槍子入左校，石作入甄官，棘葛、土墼等入於此署。凡監、署役使車牛皆有年支草、豆，據其名簿，閲其虛實，受而藏之，以給於車坊。

甄官署：令一人，從八品下；《周禮》摶埴之工二，謂陶與甄也。後漢將作大匠屬官有前、後、中甄官令・丞。晉少府領甄官署，掌摶瓦之任。宋齊有東、西陶官瓦署督、令各一人。北齊太府寺統甄官署，甄官又別領石窟丞。後周有陶工中士一人，掌爲鐏、彝、簠、簋等器。隋太府寺統甄官署令、丞二人，皇朝改屬將作。丞二人，正九品下；後漢前、後、中三甄官各丞一人，晉有甄官丞，後周有陶工下士一人。隋甄官丞二人，皇朝因之。監作四人，從九品下。甄官令掌供琢石、陶土之事；丞爲之貳。凡石作之類，有石磬、石人、石獸、石柱、碑碣、碾磑，出有方土，用有物宜。凡磚瓦之作，瓶缶之器，大小高下，各有程準。凡喪葬則供其明器之屬，別敕葬者供，餘並私備。三品以上九十事，五品以上六十事，九品以上四十事。當壙、當野、祖明、地軸、鞑馬、偶人，其高各一尺；其餘音聲隊與僮僕之屬，威儀、服玩，各視生之品秩所有，以瓦、木爲之，其長率七寸。

百工、就谷、庫谷、斜谷、太陰、伊陽監：監各一人，正七品下；副監一人，從七品下；丞一人，正八品上；《周禮》：山虞、林衡並掌斬伐林木之事。歷代皆有其官，皇朝取其義而並置之。庫谷監在鄠縣，就谷監在盩厔縣，百工監在陳倉，太陰監在陸渾縣，伊陽監在伊陽縣。録事各一人，監作各四人，從九品下。太陰監、伊陽監各典事十人。百工等監，掌採伐材木之事，辨其名物而爲之主守。凡修造所須材幹之具，皆取之有時，用之有節。

都水監：使者二人，正五品上。本《周官》虞衡之職。漢太常、大司農、少府、内史、主爵中尉其屬官各有都水長、丞。武帝置水衡都尉，掌上林苑，有五丞，其屬官有上林，均輸、御羞、禁圃、輯濯、鐘官、辯銅令・丞，又衡官、水司空、都水、農倉，又甘泉上林・都水七官長・丞皆屬焉。至成帝，以都水官多，置左、右使者各一人，則劉向護左都水使者是也。至哀帝，罷之。王莽改水衡都尉曰予虞。後漢省都水以屬郡國，而置河隄謁者五人。魏因之，又兼有水衡都尉，主天下水軍舟船器械。晉置都水臺都水使者一人，掌舟檝之事，官品第四；又有左、右、前、後、中五水衡。《晉起居注》及《元康百官名》：陳慎、載熊俱以都水使者領水衡都尉。宋孝武帝省都水臺，置水衡令。齊氏復置都水臺使者一人。梁武帝天監七年改爲太舟卿，爲冬卿，班第九，吏員依晉，又加當關四人。陳因之。後魏亦二官並置建，都水使者正第四品中，水衡都尉從五品中；太和二十二年，都水使者從五品，而省水衡。北齊都水臺使者二人，後周有司水中大夫一人。隋都水臺使者二人，從第五品，有丞、參軍、河隄謁者、録事、掌船局都水尉，諸津尉、丞・典作・津長等。開皇三年，省都水入司農，十三年復置。仁壽元年，改爲都水監，煬帝復爲使者，正五品，統舟檝、河渠二署。大業五年，又改使者爲監，加至四品；又置少監，爲五品。復改監爲令，從三品；少監爲少令，從四品。皇朝改爲都水署，隸將作，令從七品下。貞觀中，復改爲都水使者，從五品上。龍朔二年改爲司津監，咸亨元年復爲都水使者。光宅元年改爲水衡都尉，神龍元年復舊。都水使者掌川澤、津梁之政令，總舟檝、河渠二署之官屬，舟檝署開元二十三年省。辨其遠近，而歸其利害；凡漁捕之禁，衡虞之守，皆由其屬而總制之。凡獻享賓客，則供川澤之奠。凡京畿之内渠堰陂池之壞決，則下於所由，而後修之。每渠及斗門置長各一人，以庶人年五十已上并勳官及停家職資有幹用者爲之。至溉田時，乃令節其水之多少，均其灌溉焉。每歲，府縣差官一人以督察之；歲終，録其功以爲考課。

丞二人，從七品上；《漢書》都水、水衡皆有丞。後漢省。晉初置都水使者，有參事二人，蓋丞之職也。宋因之。孝武帝省都水臺，置水衡令，亦無丞。梁天監七年置大舟卿，始置丞一人，班第一。陳因之。後魏都水有參事六人，北齊有參事十人，並丞之任也。隋初，置都水臺，有丞二人，正第八品上；大業三年，加從七品。皇朝改爲都水署，丞從八品下。貞觀中，改爲使者，以署爲監，加丞秩至從七品上。主簿一人，從八品下。《晉令》：『水衡都尉置主簿一人。』又：『左、右、前、後、中五水衡皆有主簿。』梁天監七年，大舟主簿七班之中第三，與宗正主簿同。後魏、北齊並不置。大業中置主簿一員，皇朝因之。丞掌判監事。凡京畿諸水，禁人因灌溉而有費者，及引水不利而穿鑿者；其應入内諸水，有餘則任諸王公、公主、百官家節而用之。主簿掌印，勾檢稽失。凡運漕及漁捕之有程者，會其日月，而爲之糾舉。

舟檝署：令一人，正八品下；漢中尉屬官有都船令、丞，水衡都尉有楫櫂令。晉水衡令各有舩曹吏。《齊職儀》有舩宫典軍一人。後周有舟工中士一人。隋都水使者領掌舩局都尉二人，煬帝改爲舟檝署令一人，皇朝因之。丞二人，正九品下；漢有都舩丞、楫濯丞。隋煬帝置舟檝署丞二人，皇朝因之。舟檝令掌公私舟舩及運漕之事；丞爲之貳。諸州轉運至京、都者，則經其往来，理其隱失，使監漕監之。

河渠署：令一人，正八品下；秦及兩漢都水、水衡屬官有河隄謁者，則河渠署令也。隋煬帝取《史記河渠書》之義以名署，置令一人，皇朝因之。領河隄謁者、漁師。丞一人，正九品下；隋煬帝置河渠署丞一人，皇朝因之。河渠令掌供川澤、魚醢之事；丞爲之貳。凡溝渠之開塞，漁捕之時禁，皆量其利害而節其多少。每日供尚食魚及中書門下官應給者。若大祭祀，則供其乾魚、魚醢，以充籩、豆之實。凡諸司應給魚及冬藏者，每歲支錢二十萬送都水，命河渠以時價市供之。

諸津：令一人，正九品上；《列女傳》有趙津吏女，自後無聞。《晉令》：『諸津渡二十四所，各置監津吏一人。』北齊三局尉皆分司諸津、橋之事。後周有掌津中士一人，掌津渡，川瀆之制，而爲之橋梁。隋都水領諸津：上津，每尉一人、丞二人；中津，尉、丞各一人；下津，尉一人。每津典作一人、津長四人。皇朝改置令、丞。丞一人，從九品下。皇朝因隋置。諸津在京兆、河南界者隸都水監，在外者隸當州界。諸津令各掌其津濟渡舟梁之事，丞爲之貳。

唐·杜佑《通典》卷二五《職官七·諸卿上》 總論諸卿少卿附 隋九寺與北齊同，自昔三代以上，分置六卿，比周百事。至秦及漢，雖事不師古，猶制度未繁。後漢有三公九卿，而尚書之任，又益重矣。魏晉以降，職制日增。後周依《周禮》置六官，而年代短促，人情相習已久，不能革其視聽。故隋氏復廢六官，多依北齊之制。官職重設，庶務煩滯，加六尚書似周之六卿，又更别立寺、監，則户部與太府分地官司徒職事，禮部與太常分春官宗伯職事，刑部與大理分秋官司寇職事，工部與將作分冬官司空職事。自餘百司之任，多類於斯，欲求理要，實在簡省。煬帝降光禄以下八寺卿階品於太常，而少卿各加置二人。始開皇中，諸司署唯典掌受納，至煬帝，署令爲判首，取二卿同判，丞唯知勾檢。令闕，丞判。大唐九寺與北齊同，卿各一人，少卿各二人，丞以下有差。龍朔二年，改九寺之名，凡卿皆加正；若太常卿爲奉常正卿，他皆如此。後各復舊。

太常卿 丞 主簿 博士 太祝 奉禮郎 協律郎 兩京郊社署 太樂署 鼓吹署 太醫署 太卜署 廩犧署 汾祠署 太公廟署

隋曰太常，與北齊同。煬帝加置少卿二人。大唐因之，龍朔二年改太常爲奉常，少卿及丞，隨寺名改。光禄以下諸寺準此。咸亨元年復舊。光宅元年改太常爲司禮，神龍初復舊。卿一人，掌禮儀祭祀，總判寺事；少卿二人，通判。餘寺少卿職並同。太常少卿本一員，神龍中加一員。領丞一人，主簿二人，博士四人，太祝三人，奉禮郎、協律郎各二人，齋郎五百五十二人。其餘小吏各有差。郊社、太公廟、太樂、鼓吹、太醫、太卜、廩犧等署，各有令。其郊社及太公廟，兩京皆有。

丞 隋有二人，大唐因之，分判寺事。餘寺丞職並同。

主簿 大唐置二人，掌付事句稽、省署抄目、監印、給紙筆等事。餘寺主簿並同職。

博士 隋有四人。大唐因之。甚爲清選，資位與補闕同，掌撰五禮儀注，導引乘輿，贊相祭祀，定諡及守祧廟，開閉埳室及祥瑞之事。中宗將爲韋后父酆王陵廟各置五品令，太常博士楊孚曰：『興寧、永康陵尚置七品令，酆王不可比踰先帝。』又敕武氏崇恩廟齋郎以五品子充，孚曰：『太廟齋郎尚取七品以下子，武氏不宜取五品也。』上曰：『太廟可準崇恩置。』孚曰：『崇恩爲太廟之臣，太廟爲崇恩之君。以臣準君，猶爲僭逆；以君準臣，奈天下何！』事皆寢。

奉禮郎 隋有奉禮郎十六人，屬太常寺，煬帝減置六人。大唐初有理禮郎四員，掌設板位，執儀行事。至永徽二年，以廟諱改爲奉禮郎。開元二十三年減二員。奉禮本名理禮，國家撰《五代史志》，至永徽七年乃成，於時此官已改，故《隋書·百官志》謂北齊及隋理禮皆爲奉禮。奉禮之名雖見於前史，其改始自永徽。

協律郎 北齊及隋協律郎皆二人。大唐因之。掌舉麾節樂，調和律吕，監試樂人典課。

兩京郊社署 隋太常寺置郊社署，令、丞各一人。大唐因之。掌郊社、明堂、祠祀、祈禱及茅土、衣冠等事。

太樂署 隋有太樂令、丞各一人。大唐因之。掌習音樂、樂人簿籍。

鼓吹署 隋有鼓吹、清商二令、丞，至煬帝，罷清商署。大唐鼓吹署令、丞各一人，所掌頗與太樂同。

太醫署 隋太醫署令二人。大唐因之。主醫藥，凡領醫、針灸、按摩、咒禁，各有博士。武德中，關中多骨蒸病，得之必死，遞相染此。許胤宗每療皆愈。或謂曰：『何不著書以貽將來？』答曰：『醫乃意也，在人思慮。有脉候幽微，苦其難别。意之所解，口莫能宣。古之名手，唯是别脉然後識。病之於藥，有正相當者，唯須單用一味，直攻彼病，立即可愈。今人不能别脉，莫識病源，以情意度，多用藥味。譬之於獵，不知兔處，多發人馬，空廣遮圍，或冀一人偶然逢也。如此療病，不亦疏乎，既不可言，故無著述。』甄權，貞觀中百餘歲，撰《脉經》、《針方》、《明堂人形圖》。其弟立言，亦達醫術，撰《本草音義》七卷，《古今録驗》方五十卷。

太卜署 隋曰太卜，令、丞一人。大唐因之。

廩犧署 魏、晉、宋、齊、梁、陳、後魏北齊、隋皆有之。大唐令、丞各一人，掌犧牲、粢盛之事。

汾祠署、齊太公廟署，並有令、丞各一人，大唐開元中置。

光禄卿 隋文帝開皇三年，廢光禄寺入司農，十二年復置。初司宰寺，咸亨初復舊。光宅元年爲司膳，神龍初復舊。卿一人，掌終獻行事；少卿二人，領太官、珍羞、良醞、掌醢等四署，署各有令、丞。

丞 隋有三人。大唐置二人。

主簿 隋二人。大唐因之。

太官署令、丞　隋如北齊。大唐因之，各一人。

珍羞署令、丞　北齊餚藏令屬光禄寺。隋如北齊。大唐因之。長安中改爲珍羞，神龍初復舊，開元初又改之，有令、丞各一人。

良醞署令、丞　隋曰良醞署，令、丞各一人。大唐因之。

掌醢署令、丞　隋曰掌醢署，令、丞各一人。大唐因之。

衛尉卿　丞　主簿　武庫署　武器署　守宫署　公車司馬令　左右都候

衛尉　隋文帝開皇三年，廢衛尉寺，入太常及尚書省。十三年復置，掌軍器、儀仗、帳幕之事，而以監門衛掌宫門屯兵。大唐因之。龍朔二年，改衛尉爲司衛，咸亨初復舊。光宅元年又改爲司衛，神龍初復舊。卿一人，少卿二人，初，少卿一人，太極元年加一人。領武庫、武器、守宫三署，署各有令。

丞　隋因之。大唐置二人。

主簿一人　北齊、隋亦有二人。大唐因之。

武庫令、丞　隋如北齊。大唐因之，各一人。天寶六年四月，敕改《儀制令》，廟社門、宫門每門各二十戟；東宫每門各十八戟；一品門十六戟；嗣王、郡王若上柱國帶職事二品、散官光禄大夫以上、鎮國大將軍以上各同職事品及京兆、河南、太原府大都督、大都護，門十四戟；上柱國帶職事三品、上護軍帶職事二品若中都督、上都護，門十二戟；國公及上護軍帶職事三品若下都督諸州，門各十戟；並官給。貞元五年十二月，中書門下奏：『應請列戟官，準《儀制令》，正一品、開府儀同三司、嗣王、郡王並勳官上柱國、柱國等帶職事三品以上，並許列戟。準天寶六載四月敕文：「加散官光禄大夫、鎮國大將軍以上，各同職事品。」近日，散、試官便帶高階者衆，恐須商量者。伏請準舊制令本文，取帶三品以上正員職事爲定。』敕旨依。

武器署令、丞：　隋行臺尚書省有武器監令。大唐永徽中，始置各一人，掌祭祀及朝會、巡幸及公卿婚葬鹵簿之事。

守宫署　隋屬衛尉寺。大唐置令一人，掌諸鋪設帳幕、氈褥、床薦、几席之事。廣德二年二月敕文：『京兆府諸司諸使幕士丁匠總八萬四千五百人數內，宜月支二千九百四十四人，仍令河東、關内諸州府據户口分配，不得偏出京兆府，餘八萬一千一百一十四人並停。』

公車司馬令　隋有公車署，置令、丞。大唐無。

左、右都候　（後漢）屬衛尉。後無。

宗正卿　丞　主簿　崇玄署　諸陵署　太廟令

宗正　隋如北齊之制。大唐龍朔二年，改爲司宗，咸亨元年復舊。光宅元年，改爲司屬，神龍初復舊。卿一人，少卿二人，初，少卿一人，太極元年，加置一人。掌皇族、外戚簿籍及邑司名帳，領崇玄署及諸陵太廟。開元二十五年制，宗正等寺官屬皆以皇族爲之。

丞　歷代皆有之，至隋有二人，大唐因之。

主簿　梁置，陳、北齊、隋皆有，大唐因之，置一人。

崇玄署　隋初，置崇玄署令、丞，至煬帝，改郡縣佛寺爲道場，置道場監一人；改觀爲玄壇，監一人。大唐復置崇玄署，初又每寺觀各置監一人，屬鴻臚，貞觀中省。開元中，以崇玄署隸宗正寺，掌觀及道士、女冠簿籍齋醮之事。

諸陵署　梁以下皆有之。大唐每陵令、丞各一人，初屬太常，開元二十五年，並屬宗正寺。

太廟令　齊梁以下皆有。後魏有太常齋郎。《漢書》曰：『田千秋爲高廟寢郎。』舊屬太常，大唐開元二十五年二月敕：『宗廟所奉，尊敬之極，因以名署，情所未安，宜令禮官詳擇所宜奏聞。』至五月，太常少卿韋縚奏曰：『謹詳經典，兼尋令式，宗廟享薦，皆主奉常，别置署司，事非稽古。其太廟署請廢省，本司專奉其事。』許之。二十五年敕：『宗正設官，實司屬籍。而陵寢崇敬，宗廟惟嚴，割隸太常，殊乖本系奉先之旨，深所未委。自今已後，諸廟署並隸宗正寺。』

太僕卿　丞　主簿　乘黄署　典廄署　典牧署　車府署　諸牧監

太僕　隋如北齊，煬帝加署少卿一人。大唐龍朔二年，改太僕爲司馭，咸亨初復舊。光宅元年改爲司僕，神龍初復舊。卿一人掌馭五輅。少卿本一員，景雲元年加一員，領乘黄、典廄、典牧、車府等四署，署各有令。天下監牧置八使、五十六監。貞觀初，僅有牧牝三千匹，從赤岸澤徙之隴右。十五年，始令太僕卿張萬歲勾當羣牧。至麟德四十年間，馬至七十萬六千匹。置八使領六監，初置四十八監，跨隴、渭、秦、原四州之地；猶爲隘狹，更析八監，布於河曲，其時天下以一縑易一馬。儀鳳三年，少卿李思文檢校隴右諸牧監，方稱使。爾後或戎狄外侵，或牧圉乖散，洎乎垂拱，漸耗大半。開元初，牧馬二十四萬匹，十三年，加至四十五萬匹、初有牛三萬五千頭，是年，有五萬頭。初有羊十一萬二千口，是年，有二十萬六千口，盛於垂拱。

丞　隋三人，大唐因之。

主簿　隋二人，大唐因之。

乘黄署　歷代皆有，悉掌乘輿。大唐令、丞各一人，掌乘輿車輅。

典厩署　隋如北齊。大唐改龍厩爲典厩署，令二人，丞四人，掌在厩繫飼馬牛及雜畜事。

典牧署　隋有典牧、牛羊等署，各置令、丞。大唐有乘黄等四署，令、丞各四人，掌外牧及造酥酪脯腊之事。

車府署　大唐置令、丞各一人，掌王公以下車輅。

諸牧監　隋曰典牧署、牛羊署令丞。大唐初因之，分曰牧監、置監、副監、丞、主簿。武太后聖曆二年正月，置控鶴府，監一員，從三品，丞一員，從六品；主簿一員，從七品；控鶴左右各二十員，從五品下。以張易之爲控鶴監，統左控鶴，出入供奉。以麟臺監張昌宗統右控鶴，内供奉。久視元年六月，改控鶴監爲天驥府，其月二十五日，又改爲奉宸大夫，前改爲天驥者，宜内供奉。員半千以奉宸之職，古無其事，又授斯任者，率多輕薄，非朝廷進德之選，上疏請罷之，由是忤旨。其年四月敕，奉宸令一員，從三品；奉宸侍郎一員，從四品上；奉宸大夫十員，左右各五品上；奉宸驂乘十員，左右各五品，從六品上；奉宸主簿一員，從七品上。凡二十四員，以應二十四氣。控鶴，奉宸之名，歷代不設，既以車馬名職，遂附此篇。

又　卷二六《職官八・諸卿中》　鴻臚卿　丞　主簿　典客署　司儀署

鴻臚卿　隋文帝開皇三年，廢鴻臚寺入太常，十二年復置。領典客、司儀、崇玄三署。至煬帝，置少卿二人。大唐龍朔二年，改鴻臚爲同文，咸亨初復舊。光宅初改爲司賓，神龍初復舊。卿一人，掌賓客、凶儀之事及册諸蕃。少卿本一員，景雲二年加一員，領典客司儀二署，署各有令。

丞　隋如北齊。大唐因之，有二人。

主簿一人。

典客署　隋初又曰典客署，置令、丞，煬帝改爲典蕃署。大唐爲典客署，置令、丞各一人，掌二王後、蕃客辭見、宴接、送迎及在國夷狄。

司儀署　隋如北齊。大唐因之，置令、丞各一人，掌凶事儀式及喪葬之事。

司農卿　丞　主簿　上林署　太倉署　鉤盾署　導官署　苑總監　諸倉監　司竹監　温泉湯監　諸屯監　騪粟都尉等官　典農中郎將等官

司農　隋初與北齊同，煬帝置少卿二人。潁川太守趙元淑入朝，會司農不時納諸郡租穀，元淑奏之。煬帝曰：『如卿意者，幾時當了？』元淑曰：『不過十日。』即日，拜元淑爲司農卿，納天下租，如言而畢。大唐龍朔二年，改司農爲司稼，咸亨初復舊，卿一人，少卿二人。掌東耕供進耒耜及邦國倉儲之事，領上林、太倉、鉤盾、導官四署。署各有令、丞。

丞　隋置五人。大唐六人。

主簿　晉太康中置，自後無聞。梁、陳又有。北齊亦然。大唐因之。

上林署　梁、陳屬司農。北齊及隋亦然。大唐因之，有令二人，丞四人，掌諸苑囿、池沼、種植、蔬果、藏冰之事。

太倉署　隋有令二人，丞六人。大唐有令三人，丞二人，掌倉廪出納。

鉤盾署　隋如北齊，令三人，丞十二人。大唐因之，令二人，丞四人，掌薪炭、鵝鴨、藪澤之物。天寶五載九月，侍御史楊釗充木炭使，自後相循，或以京尹，或以户部侍郎。

導官署　大唐置令二人，丞四人，掌舂碾米麵油燭之事。

苑總監：自隋而置，東西南北各有監及副監。大唐因之，兼有丞、主簿等官，以掌苑内宫館園池之事。

諸倉監　隋諸倉各有監官。大唐因之，掌倉廪出納。

司竹監　隋曰司竹監。大唐因之，有監、副監、丞，掌植養園竹之事。

温泉湯監、令：大唐置，掌湯院宇，修整器物，以備供奉。

諸屯監：隋置諸屯監及副監，畿内者隸司農，自外者隸諸州。大唐因之，置監及丞，掌營種屯田、句當功課畜産等事。

騪粟都尉　均輸令、斡官長、藉田令典農中郎將、典農都尉、典農校尉、勸農謁者。

自騪粟以下，盡屬司農，今並無。

太府卿　丞　主簿　諸市署　平準署　左右藏署　常平署

隋初與北齊同，所掌左右藏及尚方、司染、甄官等署。煬帝置少卿二人，又分太府寺置少府監，管尚方、織染等署，而太府但管京都市及平準、左右藏。大唐龍朔二年，改太府爲外府，咸亨元年復舊。光宅元年，改爲司府，神龍元年復舊。卿一人，少卿二人。龍朔元年，置少卿二人，分監兩都事。太極元年，又加一人。領兩京諸市、平準、左右藏、常平等九署，署各有令、丞。

丞　隋置四人。大唐因之，減一人。

諸市署　隋初，京市令、丞屬司農，煬帝改隸太府。大唐因之，每市令一人，丞二人。

平準署　隋初如北齊，煬帝改隸太府。大唐因之，令二人，丞四人，掌官市易。

左右藏署　隋如北齊，大唐因之，置左藏署令三人，掌庫藏錢、布帛、雜綵。右藏署令二人。掌銅鐵、毛角、玩弄之物，金玉、珠寶、香、畫、綵色、諸方貢獻雜物。

常平署　隋曰常平倉。大唐武德中，置常平監官，以均天下之貨。市肆騰踊則減價而出，田嗇豐羨則增糴而收，觸類長之。後省監，置常平署令一人，掌倉糧管鑰，出納糴糶。凡天下倉廩，和糴者爲常平倉，正租爲正倉，地子爲義倉。天寶八年，通計天下倉糧屯收并和糴等見數，凡一億九千六百六萬二千二百二十石。

殿中監　丞　尚食、尚藥、尚衣、尚舍、尚乘、尚輦等局奉御、直長

殿中監　隋改爲殿内局，置監二人。大業三年，分門下、太僕二司，取殿内監名，以爲殿内省，有監、少監、丞各一人，掌諸供奉，領尚食、尚藥、尚衣、尚食卽舊御府。尚舍、卽舊殿中局。尚乘、領左右六閑及諸閑。尚輦等六局。《漢儀注》曰：『省中有五尚，卽尚食、尚冠、尚衣、尚帳、尚席。』或云：『秦置六尚，謂尚冠、尚衣、尚食、尚沐、尚席、尚書，若今殿中之任。』每局各置奉御二人以總之，置直長以貳之，屬門下省。大唐改爲殿中省，加置少監二人，丞亦二人。其官局職任，一如隋制，爲一司，不屬門下。龍朔二年，改殿中省爲中御府，改監爲中御大監、少監，改丞爲中御大夫，改尚食爲奉膳，尚藥爲奉醫，尚衣爲奉冕，尚舍爲奉扆，尚乘爲奉駕，尚輦爲奉輦，凡奉御皆改爲大夫。咸亨初復舊。

丞：　隋置一人。大唐加一人。

尚食局奉御　隋分屬殿内，改典御爲奉御，有二人。大唐因之，龍朔二年，改爲奉膳大夫，咸亨初復舊。直長：　隋置六人，大唐因之，減置五人。

尚藥局奉御　隋如北齊之制，後改爲奉御，而屬殿内。大唐因之，龍朔二年，改爲奉醫大夫、咸亨初復舊。直長：　隋置四人，大唐因之。

尚衣局奉御　隋分屬殿内省，其後又改爲尚衣局，置奉御二人。大唐因之，龍朔二年，改爲奉冕大夫，咸亨元年復舊。直長：　隋置八人，大唐因之，減二人。

尚舍局奉御　隋煬帝置殿内監，改殿内局爲尚舍局，置奉御二人。大唐因之，龍朔二年，改爲奉扆大夫，咸亨元年復舊。直長：　隋置八人，大唐因之，減二人。

尚乘局奉御　隋煬帝取之，置尚乘局，署奉御二人。大唐因之，增置奉御四人。龍朔二年，改爲奉駕大夫，咸亨元年復舊。尚乘奉御掌六閑馬，一曰飛黄閑，二曰吉良閑，三曰龍媒閑，四曰騊駼閑，五曰駃騠閑，六曰天苑閑。開元中減二人。先是別置閑廐使，因隸焉，猶屬殿中。武太后萬歲通天二年五月，置杖内閑廐，令殿中丞袁懷哲檢校。至聖曆二年，改爲少監閑廐使，自後他官相循爲之。直長：　隋置十四人，大唐減四人。

尚輦局奉御　隋又乘黄車府令、丞掌之，煬帝置殿内省尚輦局，奉御二人。大唐因之，龍朔二年改爲奉輦大夫，咸亨元年復舊。直長：　四人，隋置，大唐因之。

又　卷二七《職官九·諸卿下》　内侍省　内侍　内常侍　内給事　内謁者監　内寺伯　掖庭局　宮闈局　奚官局　内僕局　内府局

隋曰内侍省，領内侍、内常侍等官。内侍卽舊長秋也，内常侍卽舊中常侍。煬帝改内侍省爲長秋監，置令一人，少令一人，丞二人，並用士人，餘用宦者，領掖庭、宮闈、奚官三署，亦參用士人。大唐武德初，改爲内侍省，皆用宦者。龍朔二年，改爲内侍監，咸亨元年復舊。光宅元年，改爲司宮臺，神龍元年復舊。有内侍四人，掌知宮内供奉，中宮駕出則夾引，總判局事。舊二人，開元中加二人。貞元七年三月敕：『内侍五品以上，許養一子，仍以同姓者，初養日不得過十歲。』内常侍六人，通判局事。屬官有内給事八人，内謁者監六人，内寺伯二人，寺人六人，領掖庭、宮闈、奚官、内僕、内

府等五局。神龍元年以後，始以中使出監諸軍兵馬。寶應元年五月，敕諸道州所承上命，須憑正敕可施行，不得懸便信中使宣敕卽遵行。

内給事　煬帝改爲内承直。大唐復爲内給事，置八人。

内謁者　隋内侍省有内謁者監六人，内謁者十二人。大唐因之。

内寺伯　隋内侍省有内寺伯二人，大唐因之。

掖庭局令　大唐置二人。

宮闈局　隋置令，掌宮内門閤之禁及出納神主，并内給使名帳、糧廩事。大唐因之。

奚官局　大唐置二人。

内僕局　大唐置二人。

内府局　隋曰内者，大唐爲内府，置令二人，掌内庫出納、帳設、澡沐等。

少府監　監　丞　主簿　中尚、左尚、右尚、織染、掌冶等五署暴室等丞

少府　至隋煬帝大業五年，又分太府爲少府監，置監及少監，復領尚方、織染等署，後又改監、少監並爲令。大唐武德初，置軍器監，廢少府監。貞觀元年五月，分太府中尚坊、織染坊、掌冶坊署，置少府監。龍朔二年，改爲内府監，咸亨元年復舊。光宅元年，改爲尚方監，神龍元年復舊。監一人，總判。少監二人，通判。初少監一人，太極元年加一人。領中尚、左尚、右尚、織染、掌冶等五署。開元十年五月，於北都置軍器監，至二十六年五月廢。

丞　大唐置四人。

主簿　晉置二人，自後歷代一人，大唐有二人。

中尚署　隋煬帝分隸少府。大唐省『方』字，有中、左、右三尚署，令、丞各一人。中署掌宮内營造雜作，左署掌車輦，繖扇、膠漆、畫鏤等作，右署掌皮毛膠墨雜作、席薦等事。開元以後，別置中尚使以監之。

織染署　令一人。　隋有司織、司染二署，煬帝合爲織染一署，令掌織紝組綬、綾錦、冠幘，并染色等。大唐因之，有令、丞。

掌冶署　隋有掌冶署令、丞。大唐於京師置冶署，有令、丞各一人，掌造鑄金銀銅鐵，塗飾琉璃玉作等事。

暴室丞，後漢暴室丞，宦者也，主中婦人疾病者，就此室理之。其皇后、貴人有罪，亦就此室。屬少府，其後無之。海丞，漢平帝置少府海丞一人，掌海稅，後無。果丞。與海丞同置，掌諸果實，後無。

將作監　監　丞　主簿　左校署　右校署　甄官署　中校署　東園主章令

將作　隋與北齊同，至開皇二十年，改寺爲監，大匠爲大監，初加置副監。煬帝改大監、少監爲大匠、少匠，五年，又改爲大監、少監；十三年，又改大令、少令。大唐復皆爲匠。龍朔二年，改將作爲繕工監，大匠、少匠隨監名改。咸亨元年復舊。光宅元年，改爲營繕監，神龍元年復舊。大匠一人，總判。少匠二人。通判。初一人，太極元年加置一人。天寶中，改大匠爲大監，少匠爲少監，領左校、右校、甄官、中校四署。

丞　隋二人。大唐四人。

主簿　隋二人，大唐因之。

左、右校署　隋左右校令、丞屬將作，大唐因之。左校署令、丞二人，掌營構、木作、採材等事。右校署令、丞二人。掌營土作、瓦泥并燒石灰、厠溷等事。

甄官署　宋、齊、北齊、隋悉有之。大唐因之，掌營碑石瓷瓦。

中校署令　秦漢有，自後無。大唐置令、丞各一人，掌舟車、雜兵仗、廐牧。

都水使者　丞　主簿　舟檝署　河渠署

隋開皇二年，廢都水臺入司農，十三年，復置。仁壽元年，改臺爲監，更名使者亦爲監。煬帝又改爲使者，尋又爲監，加置少監，又改監及少監並爲令，領舟檝、河渠二署。大唐武德八年，置都水臺，後復爲都水署，置令，隸將作。貞觀中，復爲都水監，置使者。龍朔二年，改都水使者爲司津監丞，咸亨元年復舊。光宅元年，改都水監爲水衡，置都尉；神龍元年，復爲都水監，置使者二人，分總其事，不屬將作，領舟檝、河渠二署。

丞　隋曰都水丞。

主簿　至隋又置，大唐因之。

河渠署　隋煬帝置，令、丞各一人。

《舊唐書》卷四四《職官志三》　殿中省魏初置殿中監，隋初改爲殿中局，煬帝改爲殿内省，武德改爲殿中省。龍朔改爲中御府，咸亨復爲殿中省。

監一員，從三品。魏初置，品第二。梁品第三。隋品第四。武德品第三也。少監二員，從四品上。丞二人，從五品上。主事二人，從九品上。令史四人，書令史十二人，亭長、掌固各八人。殿中監掌天子服御，總領尚食、尚藥、尚衣、尚舍、尚乘、尚輦六局之官屬，備其禮物，供其職事。少監爲之貳。凡聽朝，則率其屬執繖扇以列於左右。凡大祭祀，則進大珪、鎮珪於壝門之外。既事，受而藏之。凡行幸，則侍奉於仗內，驂乘以從。若元正、冬至大朝會，則有進爵之禮。丞掌副監事，兼勾檢稽失，省署抄目。主事掌印及知受事發辰。

尚食局：奉御二人，正五品下。隋初爲典御，又改爲奉御。直長五人，正七品上。食醫八人。正九品下。奉御掌謹其儲供，辨名數。直長爲之貳。若進御，必辨其時禁。春肝，夏心，秋肺，冬腎，四季之月脾王，皆不可食。當進，必先嘗。正、至大朝會饗宴。與光禄大夫視其品秩之差。其賜王公賓客，亦如之。諸陵月享，則視膳而獻之。食醫掌率主食王膳，以供其職。

尚藥局：奉御二人，正五品下。直長四人，正七品上。書吏四人。侍御醫四人，從六品上。主藥十二人。藥童三十人，司醫四人，正八品下。醫佐八人，正八品下。按摩師四人，咒禁師四人，合口脂匠四人，掌固四人。奉御掌合和御藥及診候方脉之事。直長爲之貳。凡藥有上、中、下三品，上藥爲君，中藥爲臣，下藥爲佐。合造之法，一君三臣九佐，别人五藏，分其五味，有湯丸膏散之用。診脉有寸、關、尺之三部，醫之大經。凡合和與監視其分劑，藥成嘗而進焉。侍御醫，掌診候調和。主藥、藥童，主刮削擣簁。

尚衣局：奉御二人，從五品上。直長四人，正七品下。書令史三人，書吏四人，主衣十六人，掌固四人。奉御掌衣服，詳其制度，辨其名數。直長爲之貳。凡天子之服冕十有三：一大裘冕，二衮冕，三鷩冕，四毳冕，五繡冕，六玄冕，七通天冠，八武弁，九弁服，十介幘，十一白紗帽，十二平紗幘，十三翼善冠。事具《輿服志》。凡天子之大珪，曰珽，長三尺。鎮珪，長尺有二寸。若有事於郊丘社稷，則出之於内。將享，至于中壝門，則奉鎮珪于監而進之。既事，受而藏之。凡大朝會，則設案，服畢而徹之。

尚舍局：奉御二人，從五品上。直長六人，正七品下。書令史三人，書吏七人，掌固十人，幕士八十人。奉御掌殿廷張設、湯沐、燈燭、灑掃之事。直長爲之貳。凡行幸，預設三部帳幕，有古帳、大帳、次帳、小次帳、小帳，凡五等之帳爲三部。其外置排城以爲蔽扞。排城，連板爲之，板上畫辟邪獸，表裏皆漆之。凡大祭祀，有事於郊壇，則先設行宮於壇之東南向，隨地之宜。將祀三日，則設大次於外壝東門之外道北，南向而設坐，若有事於明堂太廟，則設大次於東門，如郊壇之制，凡致齋，則設幄於正殿西序及室内，俱東向，張於楹下。凡元正、冬至大朝會，則設斧扆於正殿。施蹋席薰鑪。朔望受朝，則施幄於正殿，帳裙頂帶方闊一丈四尺也。

尚乘局：奉御二人，從五品上。直長一人，正七品下。奉乘十八人，正九品下。習馭五十人，掌閑五十人，獸醫七十人。進馬六人，七品下。司庫一人，正九品下。司廩二人，正九品下。書令史一人，書吏十四人。奉御掌内外閑廐之馬，辨其粗良，而率其習馭。直長爲之貳。一曰左右飛黄閑，二曰左右吉良閑，三曰左右龍媒閑，四曰左右騊駼閑，五曰左右駃騠閑，六曰左右天苑閑，開元時仗内六閑，曰飛龍、祥麟、鳳苑、鵷鸞、吉良、六羣等，號六廐馬。凡秣馬給料，以時爲差。凡外牧進良馬，印以三花飛風之字而爲志。奉乘掌率習馭、掌閑、駕士及秣飼之法。司庫掌鞍轡乘具。司廩掌藁秸出納。獸醫掌療馬病。初尚乘局掌六閑馬，後置内外閑廐使，專掌御馬。開元初，以尚乘局隸閑廐使，乃省尚乘，其左右六閑及局官，並隸閑廐使領之也。進馬舊儀，每日尚乘以廐馬八疋，分爲左右廂，立於正殿側宫門外，候仗下卽散。若大陳設，卽馬在樂懸之北，與大象相次。進馬二人，戎服執鞭，侍立於馬之左，隨馬進退。雖名管殿中，其實武職，用資蔭簡擇，一如千牛備身。天寶八載，李林甫用事，罷立仗馬，亦省進馬官。十二載，楊國忠當政，復立仗馬及進馬官，乾元復省，上元復置也。

尚輦局：奉御二人，從五品上。直長四人，正七品下。尚輦二人，正九品下。書令史二人，書吏四人，掌扇六人，掌翰二十四人，主輦三十二人，奉輿十二人，掌固四人。奉御掌輿輦，分其次序而辨其名數。直長爲之貳。凡大朝會，則陳于廷。大祭祀，則陳于廟。凡大朝會，則繖二翰一，陳之于廷。孔雀扇一百五十有六，分居左右。舊翟尾扇，開元年初改爲繡孔雀。若常聽朝，皆去扇，左右各留其三，以備常儀。【略】

太常寺古曰秩宗，秦曰奉常，漢高改爲太常，梁加寺字，後代因之。卿一員，正三品。梁置十二卿，太常卿爲一。周、隋品第三。龍朔二年改奉常，光宅改爲司禮卿，神龍復爲太常卿也。少卿二人。正四品。隋置少卿二人，從四品。武德置一人，貞觀加置一員。太常卿之職，掌邦國禮樂、郊廟、社稷之事，以八署分而理之：一曰郊社，二曰太廟，三曰諸陵，四曰太樂，五曰鼓吹，六曰太醫，七曰太卜，八曰廩犧。總其官屬，行其政令。少卿爲之貳。凡國有大禮，則贊相禮儀。有司攝事，則爲之亞獻。率太樂官屬，宿設樂懸，以供其事。讌會，亦如之。若三公行園陵，則爲之副，公服乘輅備鹵簿而奉其禮。若大祭祀，則先省牲器。凡太卜占國之大事及祭祀卜日，皆往涖之於太廟南門之外。凡仲春薦冰及四時品物甘滋新成者，皆薦焉。凡有事於宗廟，少卿帥太祝、齋郎入薦香燈，整拂神幄，出入神主。將享，則與良醞令實鐏罍。凡備大享之器服，有四院。一曰天府院，二曰御衣院，三曰樂懸院，四曰神廚院。

丞二人，從五品上。主簿二人，從七品上。録事二人，從九品下。府十二人，史二十三人。博士四人，從七品上。謁者十人，贊引二十人。太祝六人，正九品上。祝史六人。奉禮二人，從九品上。贊者十六人。協律郎二人，正八品上。亭長八人，掌固十二人，太廟齋郎，京、都各一百三十人。太廟門僕，京、都各三十人。丞掌判寺事。凡大饗太廟，則修七祀於太廟西門之内。若祫享，則兼修配享功臣之禮。主簿掌印，勾檢稽失，省署抄目。録事掌受事發辰。博士掌五禮之儀式，本先王之法制，適變隨時而損益焉。凡大祭祀及有大禮，則與卿導贊其儀。凡公已下擬謚，皆迹其功行，爲之褒貶。無爵稱子，養德邱園，聲實明著，則謚曰先生。大行大名，小行小名之。古有《周書謚法》、《大戴禮謚法》，漢劉熙《謚法》一卷，晉張靖《謚法》兩卷，又有《廣謚法》一卷，梁沈約總聚古今謚法，凡有一百六十五稱也。若大祭祀，卿省牲器，謁者爲之導。若小祀及公卿大夫有嘉禮，亦命謁者以贊之。大祝掌出納神主于太廟之九室，而奉享薦禘祫之儀。凡國有大祭祀，凡郊廟之祝版，先進取署，乃送祠所。將事，則跪讀祝文，以信于神；禮成而焚之。凡大祭祀，卿省牲而告充。凡祭天及日月星辰之玉帛，則焚之；祭地及社稷山岳，則瘞之；海瀆，則沉之。奉禮郎掌朝會祭祀君臣之版位。凡樽卣之制，十有四，祭則陳之。祭器之位，簠簋爲前，甄鉶次之，籩豆爲後。大凡祭祀朝會，在位者拜跪之節，皆贊導之，贊者承傳焉。又設牲牓之位，以成省牲之儀。凡春秋二仲，公卿巡陵，則主其威儀鼓吹之節而相禮焉。協律郎掌和六呂六律，辨四時之氣，八風五音之節。凡太樂，則監試之，爲之課限。若大祭祀饗宴奏于廷，則升堂執麾以爲之節制，舉麾工鼓柷而後樂作，偃麾戛敔而後止。

兩京郊社署：令各一人，從七品下。丞一人，從八品上。府二人，史四人，典事三人，掌固五人，門僕八人，齋郎一百一十人。郊社令掌五郊社稷明堂之位，祠祀祈禱之禮。丞爲之貳。凡大祭祀，則設神坐於壇上而别其位，立燎壇而先積柴。凡有合朔之變，則置五兵於太社，以朱丝縈之以俟變，過時而罷之。

諸陵署：令一人，從五品上。録事一人，府二人，史四人，主衣四人，主輦四人，主藥四人，典事三人，掌固二人。陵户，乾、橋、昭四百人，獻、定、恭三百人。陵令掌先帝山陵，率户守衛之。丞爲之貳。凡朔望、元正、冬至，皆修享於諸陵。凡功臣密戚陪葬者聽之，以文武分爲左右列。諸太子陵令各一人，從八品下。丞一人，從九品下。

太樂署：令一人，從七品下。丞一人，從八品下。府三人，史六人。樂正八人，從九品下。典事八人，掌固八人，文武二舞郎一百四十人。太樂令調合鐘律，以供邦國之祭祀享宴。丞爲之貳。凡天子宫懸鐘磬，凡三十六簴。鏄鐘十二，編鐘十二，編磬十二，共爲三十六架。東方西方，磬簴起北，鐘簴次之。南方北方，磬簴起西，鐘簴次之。鏄鐘在編鐘之間，各依辰位。四隅建鼓，左柷右敔。又設巢、竽、笛、管、篪、塤，擊于編鐘之下。偶歌琴、瑟、筝、筑，擊于編磬之下。其在殿廷前，則加鼓吹十二案，於建鼓之外，羽葆之鼓、大鼓、金錞、歌簫、笳置於其上。又設登歌鐘、節鼓、瑟、琴、筝、笳於堂上，笙、和、簫、篪於堂下。太子之廷，陳軒懸，去其南面鏄鐘、編鐘、編磬各三，凡九簴，設于辰、丑、申之位。三建鼓亦如之。凡宫懸之作，則奏文武舞，事在《音樂志》也。凡大宴會，則設十部伎。凡大祭祀、朝會用樂，辨其曲度章服，而分始終之次。有事於太廟，每室酌獻各用舞。事具《音樂志》。凡祀昊天上帝及五方《大明》、《夜明》之樂，皆六成，祭皇地祇神州社稷之樂，皆八成，享宗廟之樂，皆九成。其餘祭祀，三成而已。五音有成數，觀其數而用之也。凡習樂，立師以教。每歲考其師之課業，爲上中下三等，申禮部，十年大校之，量優劣而黜陟焉。凡樂人及音聲人應教習，皆著簿籍，覆其名數，分番上下。

鼓吹署：令一人，從七品下。丞三人，從八品下。府三人，史六人。樂正四人，從九品下。典事四人，掌固四人。鼓吹令掌鼓吹施用調習之節，以備鹵簿之儀。丞爲之貳。凡大駕行幸，鹵簿則分前後二部以統之。法駕則三分減一，小駕則減大駕之半。皇太后、皇后出，則如小駕之例。皇太子鼓吹，亦有前後二部。親王已下各有差。凡大駕行幸，有夜警晨嚴之制。大駕夜警十二部，晨嚴三通。太子諸王公卿已下，警嚴有差。凡合朔之變，則率工人設五鼓於太社。大儺，則帥鼓角以助侲子唱之。

太醫署：令二人，從七品下。丞二人，從八品下。府二人，史四人，主藥八人，藥童二十四人。醫監四人，從八品下，醫正八人，從九品下。藥園師二人，藥園生八人，掌固四人。太醫令掌醫療之法。丞爲之貳。其屬有四，曰：醫師、針師、按摩師、禁咒師。皆有博士以教之。其考試登用，如國子之法。凡醫師、醫工、醫正療人疾病，以其全多少而書之以爲考課。藥園師，以時種蒔收采。

諸藥醫博士一人，正八品上。助教一人，從九品下。醫師二十人，醫工一百人，醫生四十人，典藥二人。博士掌以醫術教授諸生。醫術，謂習《本草》、《甲乙脉經》，分而爲業，一曰體療，二曰瘡腫，三曰少小，四曰耳目口齒，五曰角法也。

針博士一人，從八品下。針助教一人，從九品下。針師十人，針工二十人，針生二十人。針博士掌教針生以經脉孔穴，使識浮沉澀滑之候，又以九針爲補瀉之法。其針名有九，應病用之也。

按摩博士一人，從九品下。按摩師四人，按摩工十六人，按摩生十五人。按摩博士掌教按摩生消息導引之法。

咒禁博士一人，從九品下。咒禁師二人，咒禁工八人。咒禁生十人。咒禁博士掌教咒禁生以咒禁，除邪魅之爲厲者。

太卜署：令一人，從八品下。丞一人，正九品。卜正二人，從九品下。卜博士二人，從九品下。太卜令掌卜筮之法。丞爲之貳。其法有四：一龜，二五兆，三易，四式。皆辨其象數，通其消息，所以定吉凶焉。凡國有祭祀，則率卜正、占者，卜日於太廟南門之外。歲季冬之晦，帥侲子入宫中堂贈大儺。贈，送也，堂中舞侲子，以送不祥也。

廩犧署：令一人，正八品下。丞一人，正九品。廩犧令掌薦犧牲及粢盛之事。丞爲之貳。凡三祀之牲牢，各有名數。大祭祀，則與太祝以牲就牓位，太常卿省牲，則北面告腯，乃牽牲以授太官。

汾祠署：令一人，從七品下。丞一人，從八品上。汾祠令、丞，掌神祀、享祭、洒埽之制。

兩京齊太公廟署：令各一人，從七品下。丞各一人，從八品上。令、丞掌開闔、洒埽及春秋仲釋奠之禮。

光禄寺秦曰郎中令，漢曰光禄勳，掌宫殿門户。梁置十二卿，加寺字，除勳字，曰光禄卿，掌膳食，後因之。品第三。龍朔改爲司膳寺正卿，光宅改爲司膳寺卿，神龍復爲光禄寺也。

卿一員，從三品。少卿二人，從四品上。卿之職，掌邦國酒醴、膳羞之事，總太官、珍羞、良醖、掌醢之屬，修其儲備，謹其出納。少卿爲之貳。國有大祭祀，則省牲鑊，視濯溉。若三公攝祭，則爲之終獻。朝會宴享，則節其等差，量其豐約以供焉。

丞二人，從六品上。主簿二人，從七品上。録事二人，從九品上。府十二人，史二十一人，亭長六人，掌固六人。丞掌判寺事。主簿掌印，勾檢稽失。録事掌受事發辰。

太官署：令二人，從七品下：丞四人，從八品下。府四人，史八人。監膳十人，從九品下。主膳十五人，供膳二千四百人，掌固四人。太官令掌供膳食之事。丞爲之貳。凡祭之日，與卿詣厨省牲鑊，取明水於陰鑑，取明火於陽燧，帥宰人以鑾刀割牲，取其毛血，實之於豆，遂烹牲焉。又帥進饌者實簠簋，設於饌幕之内。凡朝會宴享，九品已上並供其膳食。凡供奉祭祀致齋之官，則視其品秩爲之差降。國子監釋奠，百官觀禮，亦如之。凡宿衛當上，及命婦朝參宴會者，亦如之。

珍羞署：令一人，正八品下。丞二人，正九品下。府三人，史六人，典書八人，餳匠五人，掌固四人。令掌庶羞之事，丞爲之貳，以實籩豆。陸産之品，曰榛栗脯修，水物之類，曰魚鹽菱芡，辨其名數，會其出入，以供祭祀朝會賓客之禮也。

良醖署：令二人，正八品下。丞二人，正九品下。府三人，史六人，監事二人，從九品下。掌醖三十人，酒匠十三人，奉觶一百二十人，掌固四人。令掌供奉邦國祭祀五齊三酒之事。丞爲之貳。五齊三酒，義見《周官》。郊祀之日，帥其屬以實罇罍。若享太廟，供其鬱鬯之酒，以實六彝。若應進者，則供春暴、秋清、酴醾、桑落等酒。

掌醢署：令一人，正八品下。丞二人，正九品下。府二人，史四人，主醢十人。令掌供醯醢之屬，而辨其名物。丞爲之貳。凡鹿、兔、羊、魚等四醢。凡祭神祇，享宗廟，用葅醢以實豆；宴賓客，會百官，醢醬以和羹。

衛尉寺秦置衛尉，掌宫門衛屯兵，屬官有公車司馬、衛士、旅賁三令。梁置十二卿，衛尉加寺字，官加卿字。龍朔改爲司衛寺，咸亨復也。

卿一員，從三品。少卿二人，從四品上。卿之職，掌邦國器械文物之事，總武庫、武器、守宫三署之官屬。少卿爲之貳。凡天下兵器入京師者，皆籍其名數而藏之。凡大祭祀大朝會，則供其羽儀、節鉞、金鼓、帷帟、茵席之屬。

丞二人，從六品上。主簿二人，從七品上。録事一人，從九品上。府六人，史十一人，亭長四人，掌固六人。丞掌判寺事，辨器械出納之數。主簿掌印，勾檢稽失。録事掌受事發辰。

武庫：令、兩京各一人，從六品下。丞二人，從八品下。府二人，史六人，監事一人，正九品上。典事二人，掌固五人。令掌藏邦國之兵仗、器械，辨其名數，以備國用。丞爲之貳。凡親征及大田巡狩，以羝羊、猳猪、雄鷄釁鼓。若太子親征及大將出師，則用猳豘。凡有赦，則先建金鷄，兼置鼓於宫城門之右。視大理及府縣囚徒至，則撾其鼓。

武器署：令一人，正八品下。丞二人，從九品下。府二人，史六人，監事一人，從九品下。典事二人，掌固四人。令掌在外戎器，辨其名物，會其出入。丞爲之貳。凡大祭祀大朝會及巡幸，則納於武庫，供其鹵簿。若王公百官婚葬之禮，應給鹵簿，亦供之。

守宫署：令一人，正八品下。丞二人，正九品下。府二人，史四人，監事二人，掌設六人，幕士一千六百人。令掌邦國供帳之屬，辨其名物，會其出入。丞爲之貳。凡大祭祀大朝會及巡幸，則設王公百官位於正殿南門外。

宗正寺《星經》有宗正星，在帝座之東南。秦置宗正，掌宗屬。梁置十二卿，宗正爲一，署加寺字。隋品第二，光宅改爲司屬，神龍復之也。

卿一員，從三品上。少卿二員，從四品上。丞二人，從六品上。主簿一人，從七品上。録事一人，從九品上。府五人，史九人，亭長四人，掌固四人。卿之職，掌九族六親之屬籍，以別昭穆之序，并領崇玄署。少卿爲之貳。九廟之子孫，繼統爲宗，餘曰族。凡大祭祀及册命朝會之禮，皇親諸親應陪位預會者，則爲之簿書，以申司封。若皇親爲三公子孫應襲封者，亦如之。丞掌判寺事。主簿掌印勾檢稽失。録事掌受發辰。

崇玄署：令一人，正八品下。丞一人，正九品下。府二人，史三人，典事六人，掌固二人。令掌京都諸觀之名數、道士之帳籍，與其齋醮之事。丞爲之貳。

太僕寺太僕，古官。梁置十二卿，署加寺字，後因之。龍朔改爲司馭寺，光宅爲司僕寺，神龍復也。

卿一員，從三品。古有太僕正，即其名也。後無正字，唯名太僕。梁置爲列卿，隋品第三。龍朔爲司馭正卿，光宅曰司僕卿，神龍復也。少卿二人，從四品上。卿之職，掌邦國廄牧、車輿之政令，總乘黄、典廄、典牧、車府四署及諸監牧之官屬。少卿爲之貳。凡國有大禮及大駕行幸，則供其五輅屬車之屬。凡監牧羊馬所通籍帳，每歲則受而會之，以上尚書駕部，以議其官吏之考課。凡四仲之月，祭馬祖、馬步、先牧、馬社。

丞四人，從六品上。主簿二人，從七品上。録事二人，從九品上。府十七人，史三十四人，獸醫六百人，獸醫博士四人，學生一百人，亭長四人，掌固六人。丞掌判寺事。主簿掌印，勾檢稽失，省署抄目。録事掌受事發辰。

乘黄署：令一人，從七品下。丞一人，從八品下。府一人，史二人，典事八人，駕士一百四十人，羊車小吏十四人，掌固六人。令掌天子車輅，辨其名數與馴馭之法。丞爲之貳。凡乘輿五輅，事具《輿服志》也。皆有副車，又有十二車，曰指南車、曰記里鼓車、白鷺車、鸞旗車、辟惡車、皮軒車、耕根車、安車、四望車、羊車、黄鉞車、豹尾車，其車飾見《輿服志》也。屬車一十有二。古者屬車八十一乘，皇朝置十二乘也。乘輿有大駕、法駕、小駕，車服各有名數之差。若有大禮，則以所御之輅進内。既事，則受而藏之。凡將有事，先期四十日，尚乘供馬如輅色，率駕士預調習指南等十二車。

典廄署：令二人，從七品下。丞四人，從八品下。府二人，史六人，主乘六人，正九品下。典事八人，執馭一百人，駕士八百人，掌固六人。令掌繫飼馬牛，給養雜畜之事。丞爲之貳。

典牧署：令二人，正八品下。丞四人，正九品下。府四人，史八人，監事八人，典事十六人，從九品下。主酪五十人。令掌牧雜畜，造酥酪脯腊給納之事。丞爲之貳。凡羣牧所送羊犢，皆受之，而供廪犧、尚食之用。諸司合供者，亦如之。

車府署：令一人，正八品下。丞一人，正九品下。府一人，史二人，典事四人，掌固六人。令掌王公已下車輅，辨其名數及馴馭之法。丞爲之貳。凡公已下，四輅車。一象輅，二革輅，三木輅，四軺輅。視其品秩而給之，兼給馭士也。

上牧監一人，從五品下。牧監，皆皇朝置也。副監二人，正六品下。丞二人，正八品上。主簿一人，正八品下。録事一人，府三人，史六人，典事八人，掌固四人。

中牧監一人，正六品下。副監一人，從六品下。丞一人，從八品下。主簿一人，從九品下。録事一人，府二人，史四人，典事四人，掌固四人。

下牧監一人，從六品下。副監一人，正七品下。丞一人，正九品下。主簿一人，從九品下。諸牧監掌羣牧孳課之事。凡馬五千匹爲上監，三千匹已上爲中監，一千匹已上爲下監。凡馬之羣，有牧長尉。凡馬，有左右監，以別其粗良，以數紀名，著之簿籍。細馬稱左，粗馬稱右。凡諸羣牧，立南北東西四使以分統之。其馬皆印，每年終，監牧使巡按孳數，以功過相除，爲之考課。

沙苑監一人，從六品下。副監一人，正七品下。丞一人，正九品下。主簿二人，從九品下。録事一人，府三人，史六人，典事四人，掌固二人。沙苑監，掌牧養隴右諸牧牛羊，以供其宴會祭祀及尚食所用。每歲與典牧分月以供之。丞爲之貳。若百司應供者，則四時皆供。凡羊毛及雜畜毛皮角，皆具數申有司。

大理寺古謂掌刑爲士，又曰理。漢景帝加大字，取天官貴人之牢曰大理之義。後漢復，改爲廷尉，魏復爲大理。南朝又名廷尉，梁改名秋卿，北齊、隋爲大理，加寺字。龍朔改爲祥刑寺，光宅爲司刑，神龍復改。

卿一員，從三品。古或名廷尉，北齊加寺字。隋品第三。龍朔爲詳刑正卿，光宅爲司刑卿，神龍復爲大理卿。少卿二員，從四品上。卿之職，掌邦國折獄詳刑之事。少卿爲之貳。凡犯至流死，皆詳而質之，以申刑部；仍於中書，門下詳覆。凡吏曹補署法官，則與刑部尚書、侍郎議其人可否，然後注擬。

正二人，從五品下。丞六人，從六品上。主簿二人，從七品上。録事二人，从九品上。府二十八人，史五十六人。正掌參議刑辟，詳正科條之事。凡六丞斷罪不當，則以法正之。丞掌分判寺事。主簿掌印，省署抄目，勾檢稽失。録事掌受事發辰。獄丞四人，掌率獄吏，檢校囚徒，及枷杖之事。獄史六人，亭長四人，掌固八人。問事一百四十八人，掌決罪人。司直六人，從六品上。評事十二人，從八品下。掌出使推覈。評事史十四人。其刑法科目，已載於刑部。

鴻臚寺周曰大行人，秦曰典客，漢景帝曰大行，武帝曰大鴻臚。梁置十二卿，鴻臚爲冬卿，去大字，署爲寺。後周曰賓部，隋曰鴻臚寺。龍朔改爲同文寺，光宅曰司賓寺，神龍復也。

卿一員，從三品。少卿二人，從四品上。卿之職，掌賓客及凶儀之事，領典客、司儀二署，以率其官屬；供其職務。少卿爲之貳。凡四方夷狄君長朝見者，辨其等位，以賓待之。凡二王後及夷狄君長之子襲官爵者，皆辨其嫡庶，詳其可否。若諸蕃人酋渠有封禮命，則受册而往其國。凡天下寺觀三綱，及京都大德，皆取其道德高妙、爲衆所推者補充，申尚書祠部。皇帝太子爲五服之親及大臣發哀臨弔，則贊相焉。凡詔葬大臣，一品則卿護其喪事，二品則少卿，三品丞一人往。皆命司儀，以示禮制。

丞二人，從六品上。主簿一人，從七品上。録事二人，從九品上。府五人，史十一人，亭長四人，掌固六人。丞掌判寺事。主簿掌印，勾檢稽失。録事掌受事發辰。

典客署：令一人，從七品下。丞二人，從八品下。掌客十五人，正九品上。典客十三人，府四人，史八人，賓僕十八人，掌固二人。典客令掌二王後之版籍及四夷歸化在蕃者之名數。丞爲之貳。凡朝貢、宴享、送迎，皆預焉。辨其等位，供其職事。凡酋渠首領朝見者，皆館供之。如疾病死喪，量事給之。还藩，則佐其辭謝之節。

司儀署：令一人，正八品下。丞一人，正九品下。司儀六人，府二人，史四人，掌設十八人，齋郎三十三人，掌固四人。幕士六十人。司儀令掌凶禮之儀式及喪葬之具。丞爲之貳。凡京官職事三品已上、散官二品已上、京官四品已上，如遭喪薨卒，量品贈祭葬，皆供給之。

司農寺漢初治粟内史，景帝改爲大農，武帝加司字。梁置十二卿，以署为寺，以官为卿。隋爲司農卿，龍朔二年改爲司稼卿，咸亨復也。

卿一員，從三品上。少卿二員。從四品上。卿之職，掌邦國倉儲委積之事，總上林、太倉、鈎盾、導官四署與諸監之官屬，謹其出納。少卿爲之貳。凡京百司官吏禄給及常料，皆仰給之。孟春藉田祭先農，則進耒耜，季冬藏冰，仲春頒冰，皆祭司寒。

丞六人，從六品上。主簿二人，從七品上。録事二人，從九品上。府二十八人，史七十六人，計史三人，亭長九人，掌固七人。丞掌判寺事。凡天下租及折造轉運于京都，皆閲而納之，以供國用，以禄百官。主簿掌印，署抄目，勾檢稽失。凡置木契二十隻，應須出納，與署合之。録事掌受事發辰。

上林署：令二人，從七品下。丞四人，從八品下。府七人，史十四人，監事十九人，典事二十四人，掌固五人。令掌苑囿園池之事。丞爲之貳。凡植果樹蔬，以供朝會祭祀。其尚食所進，及諸司常料，季冬藏冰，皆主之。

太倉署：令三人，從七品下。丞二人，從八品下。府十人，史二十人，監事十人。從九品下。令掌九穀廪藏。丞爲之貳。凡鑿窖置屋，皆銘甎爲庾斛之數，與其年月日，受領粟官吏姓名。又立牌如其銘。

鈎盾署：令二人，正八品上。丞四人，正九品上。府七人，史十四人，監事十人。從九品下。典事十九人，掌固五人，令掌供邦國薪芻之事。丞爲之貳。凡祭祀、朝會、賓客享宴，隨差降給之。

導官署：令二人，正八品上。丞四人，正九品上。府八人，史十六人，監事十人。從九品上。令掌導擇米麥之事。丞爲之貳。凡九穀之用，隨其精粗、差其耗損而供之。

太原、永豐、龍門諸倉：每倉監一人，正七品下。丞二人，從八品上。録事一人，典事六人，府二人，史四人，掌固四人。倉監掌倉窖儲積之事。丞爲之貳。凡出納帳紙，歲終上于寺司。

司竹監：監一人，正七品下。副監一人，正八品下。丞二人，從八品上。録事一人，府二人，史四人，典事三十人，掌固四人。司竹監掌植養園竹。副監爲之貳。歲終，以竹功之多少爲考課。

温泉監：泉在京兆府昭應縣之西。監一人，正七品下。丞二人，從八品上。録事一人，府二人，史二人，掌固四人。温泉監掌湯池宫禁之事。丞爲之貳。凡王公已下至于庶人，湯泉館有差，別其貴賤，而禁其踰越。凡近湯之地，潤澤所及，瓜果之屬先時而毓者，必苞匭而進之，以薦陵廟。

京、都苑總監：監各一人，從五品下。副監一人，從六品下。丞二人，從七品下。主簿一人，從九品上。録事各二人，府八人，史十六人，亭長四人，掌固六人。苑總監掌宫苑内館園池之事。副監爲之貳。凡禽魚果木，皆總而司之。凡給總監及苑内官屬，人畜出入，皆爲差降之數。

京、都苑四面監：監各一人，從六品下。副監一人，從七品下。丞二人，正八品下。録事一人，府三人，史三人，典事六人，掌固四人。四面監掌所管面苑内宫館園池，與其種植修葺之事。副監爲之貳。丞掌判監事。

諸屯：監一人，從七品下。丞二人，從八品下。諸屯監各掌其屯稼穡。丞爲之貳。凡每年定課有差。

九成宫總監：監一人，從五品下。副監一人，從六品下。丞一人，從七品下。主簿一人，從九品下。録事一人，府三人，史五人。宫監掌檢校宫樹，供進鍊餌之事。副監爲之貳。

太府寺《周官》有太府下士，掌財賦。秦、漢已後，財賦屬司農少府。梁始置太府卿，掌帑藏。龍朔改爲外府，光宅改爲司府，神龍復爲太府寺也。

卿一員，從三品。卽後周太府中大夫。少卿二員。從四品上。卿掌邦國財貨，總京師四市、平準、左右藏、常平八署之官屬，舉其綱目，修其職務。少卿爲之貳。以二法平物。一曰度量，二曰權衡。凡四方之貢賦，百官之俸秩，謹其出納，而爲之節制焉。凡祭祀，則供其幣。

丞四人，從六品上。主簿二人，從七品上。録事二人，從九品上。府十五人，史五十人，計史四人，亭長七人，掌固七人。丞掌判寺事。凡正、至大朝所貢方物，應陳於殿廷者，受而進之。

兩京都市署：京師有東西兩市，東都有南北兩市。令一人，從六品上。丞各二人，正八品上。録事一人，府三人，史七人，典事三人，掌固一人。京、都市令掌百族交易之事。丞爲之貳。凡建標立候，陳肆辨物，以二物平市，謂秤以格，斗以槩。以三賈均市。賈有上、中、下之差。

平準署：令二人，從七品下。丞四人，從八品下。録事一人，府六人，史十三人，監事二人，從九品下。典事二人，價人十人，掌固十人。平準令掌供官市易之事。丞爲之貳。凡百司不任用之物，則以時出貨。其沒官物，亦如之。

左藏署：左右藏令，晉始有之，後代因之。皇家左藏，有東庫、西庫、朝堂庫，又有東都庫。各木契一，與太府主簿合也。令三人，從七品下。丞五人，從八品下。府九人，史十八人，監事九人，從九品下。典事一人，掌固八人。左藏令掌邦國庫藏。丞爲之貳。凡天下賦調，先於輸場簡其合尺度觔兩者，卿及御史監閲，然後納于庫藏，皆題以州縣年月，所以別粗良，辨新舊。凡出給，先勘木契，然後録其名數，請人姓名，署印送監門，乃聽出。若外給者，以墨印印之。凡藏院之內，禁人燃火，及無故入院者。晝則外四面常持仗爲之防守，夜則擊柝，而分更以巡警之。

右藏署：令二人，正八品上。丞三人，正九品上。府五人，史十人，監事四人，從九品下。典事七人，掌固十人。右藏令掌國寶貨。丞爲之貳。凡四方所獻金玉、珠貝、玩好之物，皆藏之。出納禁令，如左藏。

常平署：漢宣帝時，始置常平倉，以平歲之凶穰。後漢改爲常滿倉，晉曰常平，後魏曰邸閣倉。隋於衛州置黎陽倉，洛州置河陽倉，陝州置常平倉，華州置廣運倉，轉相委輸，漕關東之粟，以給京師。國家垂拱初，兩京置常平署，天下州府亦置之。令一人，從七品下。丞二人，從八品下。府四人，史八人，監事五人，從九品下。典事五人，掌固六人。常平令掌倉儲之事。丞爲之貳也。【略】

少府監秦置少府，掌山澤之稅。漢掌內府珍貨。梁始爲卿。歷代或置或省。隋大業五年，始分太府置少府監。龍朔改爲內府，光宅改爲尚方，神龍復爲少府監。

監一員，從三品。秦、漢有少府，梁始爲卿，隋改爲監，從三品。少監從四品。煬帝改爲令，武德復爲監，龍朔、光宅，隨曹改易之。少監二員，從四品下。監之職，掌供百工伎巧之事，總中尚、左尚、右尚、織染、掌冶五署之官屬，庀其工徒，謹其缮作。少監爲之貳。凡天子之服御，百官之儀制，展采備物，皆率其屬以供之。

丞四人，從六品下。主簿二人，從七品下。録事二人，從九品上。府二十七人，史十七人，計史三人，亭長八人，掌固四人。丞掌判監事。凡五署所修之物，則申尚書省，下所司，以供給焉。

中尚署：令一人，從六品下。丞四人，從八品下。府九人，史十八人，監作四人，典事四人，掌固四人。中尚令，掌供郊祀之圭璧、器玩之物。中宫服飾，雕文錯綵之制，皆供之。丞爲之貳。其所用金玉齒革毛羽之屬，任土以時而供送之。

左尚署：令一人，正七品下。丞五人，從七品下。監作六人，從九品下。典事十八人，掌固四人。左尚令掌供天子之五輅、五副、七輦、三輿、十有二車、大小方圓華蓋一百五十有六，諸翟尾扇及小繖翰，辨其名數，而頒其制度。丞爲之貳。

右尚署：令一人，正七品下。丞四人，從八品下。監作六人，從九品下。典事十三人，掌固十人。右尚署令供天子十有二閑馬之鞍轡及五品三部之帳，備其材革，而修其制度。丞爲之貳。凡刀劍、斧鉞、甲冑、紙筆、茵席、履舄之物，靡不畢供。具用綾絹、金玉、毛革等，所出方土，以時支送。

織染署：令一人，正八品上。丞二人，正九品上。監作六人，從九品下。典事十一人，掌固五人。織染令掌供天子太子羣臣之冠冕，辨其制度，而供其職。丞爲之貳。

掌冶署：令一人，正八品上。丞一人，從九品上。監作四人，從九品下。掌冶令掌鎔鑄銅鐵器物。丞爲之貳。凡天下出銅鐵州府，聽人私採，官收其稅。若白鑞，則官市之，其西北諸州，禁人無置鐵冶及採鑛。若器用所須，具名移於所由官供之。

諸冶：監一人，正七品下。丞二人，從八品下。録事一人，府一人，史二人，監作四人，從九品下。典事二人，掌固四人。諸冶監掌鑄銅鐵之事。

北都軍器監一人，正四品上。少監一人，正五品上。丞二人，正七品上。主簿一人，正八品上。録事一人，從九品上。府十人，史十八人，典事四人，亭長二人，掌固四人。軍器監掌缮造甲弩，以時納于武庫。

甲坊署：令一人，正八品下。丞一人，正九品下。府二人，史五人，監作二人，從九品下。典事二人，

弩坊署：令一人，正八品下。丞一人，正九品下。府二人，史五人，監作二人，從九品下。典事二人。

諸鑄錢監：絳州三十鑪，揚、宣、鄂、蔚四州各十鑪，益、鄧、郴三州各五鑪，洋州三鑪，定州一鑪也。諸鑄錢監以所在州府都督刺史判之。副監一人，上佐判之。丞一人，判司判之。監事一人，或參軍或縣尉知之。録事、府、史、士人爲之。

諸互市：監各一人，從六品下。丞一人，正八品下。諸市監掌諸蕃交易馬駞驢牛之事。

將作監秦置將作，掌營繕宫室，歷代不改。隋爲將作寺，龍朔改爲繕工監，光宅改爲營繕監，神龍復爲將作監也。

大匠一員，從三品。大匠之名，漢景帝置。梁置十二卿，將作爲一卿。後周曰匠師中大夫。隋初爲將作寺，置大匠一人，又改爲監，以大匠爲監。煬帝改爲令，武德改爲大匠。龍朔、光宅，隨曹改易也。少匠二員。從四品下。

大匠掌供邦國修建土木工匠之政令，總四署三監百工之官屬，以供其職事。凡兩京宫殿宗廟城郭諸臺省監寺廨宇樓臺橋道，謂之内外作，皆委焉。

丞四人，從六品下。主簿二人，從七品下。録事二人，從九品下。府十四人，史二十八人，計史三人，亭長四人，掌固六人。

左校署：令二人，從八品下。丞四人，正九品下。府六人，史十二人，監作十人，從九品下。左校令掌供營構梓匠。凡宫室樂懸簨虡，兵杖器械，喪葬所須，皆供之。

右校署：令二人，從八品下。丞三人，正九品下。府五人，史十人，監作十人，從九品下。典事十四人。右校令掌供版築、塗泥、丹雘之事。

中校署：令一人，從八品下。丞三人，正九品下。府三人，史六人，監事四人，從九品下。典事八人，掌固二人，中校令掌供舟車兵仗、廐牧雜作器用之事。凡行幸陳設供三梁竿柱，閑廐供剉碓行槽，祭祀供葛竹塹等。

甄官署：令一人，從八品下。丞二人，正九品下。府五人，史十人，監作四人，從九品下。典事十八人。甄官令掌供琢石陶土之事。凡石磬碑碣、石人獸馬、碾磑塼瓦、瓶缶之器、喪葬明器，皆供之。

百工、就谷、庫谷、斜谷、太陰、伊陽等監：百工監在陳倉，就谷監在王屋，庫谷監在鄠縣，太陰監在陸渾，伊陽監在伊陽，皆在出材之所。監各一人，從七品下。丞一人，正八品下。府各一人，史三人，典事各二十一人，録事各一人，監事四人。從九品下。百工等監掌採伐材木。

王府官屬公主邑司。

親王府：傅一人，從三品。漢官有王傅、太傅、魏、晉後唯置師，國家因之，開元改爲傅。咨議參軍一人，正五品上。友一人，從五品下。文學二人，從六品上。東閣、西閣祭酒各一人。從七品上。傅掌傅相贊導，而匡其過失。咨議訏謀左右。友陪侍規諷。文學讎校典籍，侍從文章。祭酒接對賓客。

長史一人，從四品上。司馬一人，從四品下。掾一人，正六品上。屬一人，正六品上。主簿一人，從六品上。史二人，記室參軍事二人，從六品上。録事參軍事一人，從六品上。録事一人，從九品上。功倉户兵騎法士等七曹參軍事各一人，正七品上。參軍事二人，正八品下。行參軍四人，從八品。典籤二人，從八品下。長史、司馬統領府僚，紀綱職務。掾統判七曹參軍事。主簿掌覆省王教。記室掌表啓書疏。録事參軍事勾稽省署鈔目。録事掌受事發辰。七曹參軍各督本曹事，出使檢校。典籤宣傳教命。

親王親事府：典軍二人，正五品上。副典軍二人，從五品上。執仗親事十六人，執乘親事十六人，親事三百三十三人。校尉、旅帥、隊正、隊副。準部内人數多少置。親事帳内府典軍二人，副典軍二人，品秩如親事府。帳内六百六十七人，校尉、旅帥、隊正、隊副。看人數置。典軍、副典軍之職，掌率校尉已下守衛陪從之事。

親王國：令一人，從七品下。大農二人，從八品下。尉二人，正九品下。丞一人，從九品下。録事一人，典衛八人，舍人四人，學官長一人，食官長一人，丞一人，廐牧長二人，丞二人，典府長二人，丞二人。國令、大農掌通判國事。國尉、國丞掌判國司，勾稽監印事。典衛守居宅。舍人引納。學官教授内人。

公主邑司：令一人，從七品下。丞一人，從八品下。録事一人，從九品下。主簿二人，謁者二人，舍人二人，家吏二人。公主邑司官各掌主家財貨出入、田園徵封之事。其制度，皆隸宗正寺。

宋·王溥《唐會要》卷六五《殿中省》 武德初，因隋舊制，爲殿内省。三年，改殿中省。龍朔二年，改爲中御府，監爲中御大監。咸亨元年，復舊。

少監　上元元年八月，加一員，以唐修睦爲之。

丞　龍朔二年，改爲中御大夫。咸亨元年，復舊。

尚膳局　龍朔年，改爲奉膳局，奉膳爲大夫，諸局並准此。咸亨元年，並復舊。天寶元年五月二十九日，唯留一員，其餘並停。

尚醫局　龍朔年，改爲奉醫局。

尚衣局　准上，改爲奉冕局。

尚舍局　准上，改爲奉扆局。

尚輦局　准上，改爲奉輦局。

尚乘局　准上，改爲奉駕局。

開元二年，初以尚乘局隸閑廄使。

設奉御本二員，高宗加置四員，分掌六閑，一曰飛黄閑，二曰吉良閑，三曰龍媒閑，四曰騊駼閑，五曰駃騠閑，六曰大苑閑。

神龍元年八月二十三日敕：『内宴王公日，尚食局進供客食於閣門，付品官將入。其局官等，非別敕喚，不得輒自下飲食。』

開元五年十月二日敕：『尚藥局醫官，王公已下，不得輒奏請將外醫療。』

十年五月九日敕：『尚藥局御藥庫，每月支監門二人守當。』

二十八年四月十三日，殿中監奏：『尚食局無品直司六人，並是巧兒，曹司要籍，一任直司，主食十年，考滿，同流外授官，仍補額内直驅使。比來有闕，多被諸色人請射，此輩遂無進路。今後有闕，望請先授，妄來請射，不在補限。』敕旨從之。

貞元十五年四月敕：『殿中省尚藥局司醫，宜更置一員，醫佐加置兩員，仍並留授翰林醫官，所司不得注擬。』

十二月，殿中省初置奉御尚醫四員，每月各給料錢二十五貫文，資品同詹事府丞。

元和三年五月，殿中省奏：『敕當司尚食、尚衣、尚舍、尚藥、尚輦等，共五局伎術直官，聽在外州府官來直本司。伏以五局所置官，不請課料，若不授伎術官，卽多逃散。伏請宣付吏部，准舊例處分。』敕旨依奏。

長慶三年三月詔：『每日供御及供宮内食料等，一物已上，各委本司商量節減。仍具所費用數，速分析聞奏，當付度支管計，添充經費。』

開成三年八月，殿中省奏：『尚食局舊額，主膳八百四十人，充三番，每月役使二百八十人。今請條流，量閒劇分爲四番，每月敕二百一十人當上，卽每日有主膳七十人糧。請迴給正額，未請糧色巧兒，添主膳驅使，更不別申請度支糧。伏乞聖慈許臣當司自圓融，冀得均濟，又免占破府縣人户色役。』敕旨依奏。

進馬　天寶八載七月二十五日敕：『自今南衙立仗馬宜停，其進馬官亦省。』十二載正月，楊國忠奏：『置立仗馬及進馬官。』

貞元七年十二月五日，兵部奏：『進馬所用蔭同千牛，仍兼取任御史中丞、給事中、中書舍人子。餘條例及簡試，並用千牛例。』

大和八年三月，殿中省奏：『千牛元額四十八員，左右仗各二十四員，准敕，每仗各減一十四員訖。又進馬元額一十八員，當司六員，今准敕減一員，僕寺准減一員。』敕旨：『宜依。』

又《閑廄使》　萬歲通天元年五月，置仗内閑廄，令殿中丞袁懷哲檢校，未置使。至聖曆三年二月，改殿中少監，充閑廄使，乃改名袁忠臣。已後使具名於後，袁忠臣、冉任、田歸道、翟無言，又宗晉卿、武崇訓、賀蘭爽、張涉、虢王邕、孫佺、平王隆基、宋王成器、新興王晉、崔日知、王毛仲、皇甫忠、姜皎、王暐、楊崇慶、來曜、牛仙客、李元祐、韋翟、章仇兼瓊、安禄山、吕崇賁、李輔國、彭禮盈、藥子昂、常謙光、常休明、崔宣、張獻恭、李齊運。

大曆十四年七月十日，閑廄奏：『置馬隨仗，當使准例，每日于月華門立馬八匹，仗下歸廄去。廣德元年蕃寇後，使司典使，頻申論飛龍不支。自後未至，臣忝職司，不敢不奏。』敕旨：『宜付飛龍使，依舊支置。』

元和十二年十月敕：『閑廄使所理岐陽馬舊地，方三百四十七頃。據監察御史范傳式奏：岐陽馬坊地，既不妨百姓租佃，又不闕官中賦稅，宜據數交付閑廄使收管。』開元中，以國馬尚多，自長安至隴右，置七馬坊，爲計會所都領。岐下岐隴間，善水草及膏腴田，皆屬七馬坊。至德已後，監牧使與七馬坊，名額盡廢，其地利因歸於閑廄使。寶應中，鳳翔節度請監牧廢田給貧人，及軍吏已上者，相承數十年矣。又別有敕賜諸寺觀，凡千餘頃。至是，閑廄使張茂宗恃藩邸之舊，舉故事盡收之。

大和九年十一月，閑廄、宫苑等使奏：『京兆府合供當使諸門守當三衛八十人，准舊例，京兆府取諸縣百姓，供前件三衛充門仗諸雜役，每月交替者。伏以百姓往來，費損至多，非惟煩與追呼，實亦難虞寇盜。伏請從今年十二月起省停供。臣於當司召至子弟一百人，每人每月使於當司，方圓與糧六斗，亦不要府縣資陪。取其情願，永絶擾人，伏乞允臣管見。』旨依奏。

開成四年正月，閑廄宫苑使柳正元奏：『當使東都留後知院官鄭鎰，每月院司給料錢三十四貫文，兼請本官房州司馬料錢。今請於使計所給料錢數，尅減十千，添給所由二十人糧課。巡官二人，請勒全停。郢州舊因御馬，配給苜蓿丁三十人，每人每月納資錢二貫文，都計七百二十貫文。其州司先以百姓凋殘，闕本額，量選三百九十六貫文，今請全放。當管修武馬坊田地，伏准大和二年河陽節度使楊元卿奏，請權借耕佃，充給閑用。今緣安利一軍，伏請永配主管。伏以當司應屬東都宫苑閑廄事務管，係舊額，名數尚多。苟在影占之門，是啓非遵之路。但係務繁地遠，訪察尤難。況推禁罪人，動經旬月，因緣流滯，移牒用情，事務委留守主管。曹司煩職，官吏冗名，俾無尸素之員，又去申報之滯。其東都院每年合送宫苑使加給錢一百二十千文，亦請停送。當司方員羡餘，自備課料。伏乞聖慈，允臣所奏。』敕旨：『正元條陳利病，實謂推公，所請割屬留守，及停廢職員，並依。糧並宜停。其新差知院鄭鎰，亦是冗員，宜勒赴任。仍委留守於見在職事人中，差補勾當。郢州每年送苜蓿丁資錢，並請全放，實利疲甿，宜依。其修武馬坊田地，河陽節度近年權借，依前勒閑廄宫苑使，且存借名收管。』

又《太常寺》 龍朔二年，改爲奉常正卿。咸亨元年，復舊。光宅元年，改爲司禮寺。神龍元年，復爲太常卿。

少卿 神龍元年七月三十日加一員，徐彦伯爲之。

衣冠署 貞觀元年省。

太廟署 登封元年正月，改爲清廟臺。神龍元年，復爲太廟署。開元二十四年四月四日廢，以太常寺奉宗廟。

太公廟署 神龍二年，始分兩京置。

博士 本四員，開元二十七年省一員。乾元元年二月十五日，卿韋陟奏請依舊四員，一人分京留守。

丞 皇朝因隋舊制，置丞二人。

大祝 本每室一人，共六人。開元十年七月二日，加至九員。二十七年，減六員留三員。

奉禮 本名治禮，貞觀二十三年七月二十七日，改爲奉禮，本四員，減兩員。

貞元十二年四月敕：『每薦新于太廟，令太常卿及少卿一人行事』。

景雲二年十一月十二日敕：『太常寺所須粢盛，今總計料定。每年所司差綱一人，典二人，一時部送，不得更有零疊，亦不得輒差使催』。

開元八年四月一日敕：『諸陵主衣、主輦、主藥，每色各八員，分爲四番，季上其考第，仍隸太常寺。其陵署若更有執掌，亦於此三色内通融驅使。』

乾元元年七月二十八日，太常寺先置禮直五人，宜並停廢。

建中元年正月五日，大理法官、太常博士，委吏部擇才，與本司同商量注擬。

貞元七年正月二十六日，復置禮儀直兩員，禮院直兩員，並停禮院修撰官一人，檢討官一人，孔目官一人，院典三人。

八年四月，太常寺奏：『本置禮生，是資贊相，東都既無祠祭，不合虚備闕員。且無功勞，妄計考課，年滿之日，一例授官，比來因循，實長僥幸。其東都太廟及郊社齋郎，先並准敕停訖。惟禮生尚在，伏請下吏部，自今以後，不得更有注擬。其先補者，並請追赴上都，已滿者伏望量留四年，未滿者請折聽，或入考。如有情涉規避，委託事由，兩月内不赴兩都，即請牒吏部注申解退，收實本色。冀循事實，永絶姦源。』敕旨依奏。

九年四月敕：『自今以後，太常寺宜署禮院修撰、檢討官各一員，便爲定額。』

十九年敕：『太常博士，其位雖卑，所任頗重，至于選擇，不易得人。郊祀禮儀，朝廷典法，舉措取則，職事實繁。所請俸料，宜准六品已下常參官例處分。』

元和六年閏十二月，以皇太子薨，敕國子司業裴蒞權攝太常博士，西内勾當。蒞通習古今禮儀，嘗爲太常博士，及官至郎中，每兼其職，至改國子司業，方罷兼領。久居禮官，頗詳儀制，國典無太子薨禮，故又命蒞領之。其廢朝十三日，蓋用期服易月之制也。

十年正月，贈故太常卿崔邠吏部尚書。初，邠爲太常卿。初，上大閱四部樂于太樂署，觀者咸縱觀焉。自私第去帽，親導母輦，公卿逢者，爲廻騎避之，衢路以爲榮。

長慶二年閏十月，太常寺奏：『兩院禮生元額三十五人，請准元和十二年敕，置守闕人，卽免散闕。』敕旨依奏。

四年七月敕：『吏部所注太常寺伎術官直殿中，既准格，未爲乖越，宜並待考滿日停。太常寺所論員闕，從來年以後，並任本寺收管，諸司更不得占授。』

大中四年七月，御史臺奏：『司農寺文案，少卿不通判，有乖《六典》。』敕旨：『自今已後，九寺三監少列，宜與大卿通判文案。』

九年八月，太常卿高銖決罸禮院禮生，博士李慤引故事見執政，以禮院雖係太常寺，從來博士自專，無關白者。太常三卿始莅事，博士無參集之禮，今之決罸，有違故典。時宰相以銖舊德，不能詰責，銖慚而請退。

十二年十月，太常卿封敖左授國子祭酒。舊式，太常卿上事，庭設九部樂。時敖拜命後，欲便于觀閲，移就私第視事。爲御史所舉，遂有此責。

又《光禄寺》　龍朔元年，改爲司宰寺，卿爲正卿。咸亨元年，復舊名光禄寺。光宅年，改爲司膳寺，卿隨寺改。神龍年，復爲光禄寺。

少卿　本一員，景龍二年十一月四日，加一員，以劉正爲之。

珍羞署　舊爲肴藏署，垂拱元年二月二日改。

景雲二年正月敕：『左右廂南衙廊中食，每日常參官職事五品以上及員外郎，供一百盤、羊三口，餘賜中書門下供奉官及監察御史、太常博士。百官每日常供具三羊，六參日節日，加羊一口。冬月量造湯餅及黍臛，夏月冷淘粉粥，其栗黄、文桃、梨、榴、濕柿等，擇不堪供進者，亦供衙前食。若御内坐當參日，卽於外廊設食，并給門下、中書，有餘賜供奉官六品已下，及在仗三衛主兵帥、漏生、漏刻直官等食，不須迴折。東宫衛前食，並准此。仍每坐日，職事五品已上賜食，供十盤，六參日供四日五盤，有餘賜左右春坊供奉官、詹事直。若非坐日，設三盤。諸節日應設食者，准料卽造，不須奏聞。其斷屠日，各于衙内設兩口羊食。其六品已下於光禄食者，每正、冬、寒食三節，皆給餅，内作節食。』三月十七日敕：『每御承天門樓，朝官應合食，并藩客辭見，並令光禄准舊例，於朝堂廊下賜食。其朝官食，迴衙内食充』。

開成四年正月，光禄寺奏：『當司伏准大曆八年四月十八日敕，令主辦百寮廊下賜食，仍委御史臺勾當。至於補置，所由計料費用，卽是當司本事。自從臺司自置，都一人管計，今造膳支辦，盡非有司闕敗，罪歸當寺。比於臺司論請，因循竟未卻還。今御史中丞丁居晦深知前弊，悉還所職。其廊下食料錢，敕今見於臺司交割』。次又御史臺奏：『伏准大曆八年元敕，仍委御史臺勾當。本慮事有闕違，自後因循，遂成侵占。人吏雖隸光禄寺，補置多出臺司。謹詳敕旨根尋，應申歸有司，方可求理。已牒光禄寺自部置，若有闕失，責在本司。仍依前差御史一人充使勾當。』奏訖，可。

又《衛尉寺》　龍朔二年，改爲司衛寺，卿爲正卿。咸亨元年，復舊。光宅元年，改爲司衛寺。神龍元年，復舊爲衛尉寺。

少卿　本一員，景雲二年十一月四日，加一員，以傅忠孝爲之。

武庫署　開元中，分兩京置。

武器署　貞觀年中，分東都置。

開元二十七年十一月，武庫置應諸衛行從及冬、正等甲仗、袍襖、旛旗、幕等。衛府卿李昇奏：『上件物，每年行幸温湯及冬、正陳設，兩京來往，諸衛將軍事畢後，多有污損，逾限不納。又比年因温湯行幸，所由便奏勒留，充冬至及元日隊仗用。以此淹久，便長姦源，兼恐迴換。望自今以後，每事了，限五日内送納武庫。如有違限，所由長官及本官，望請科違敕罪。其典量決杖，仍不在奏留之限。』敕旨依奏。

天寶八載十一月敕：『衛尉幔幕氈褥等，所由多借人，非理損污，因循日久，爲弊頗深。爰及幕士，私將驅使，並廣配充廳子、馬子，並放取資。近今推問，事皆非繆。今後其幔幕氈褥等。輒將一事借人，並同盜三庫物料罪。並使幕士與人張設，及自驅使，擅收放資，計受賊數，以枉法論。其借人及借與人等，六品已下非清資官，決放，餘聽進止。仍委左右巡使常加糾察。』

十一年十二月奏：『幕士、供膳、掌閑，取浮逃無籍人充。』敕旨：『幕士、供膳、掌閑並雜匠等，比來此色，緣免征行，高户以下，例皆情願。自今已後有闕，各令所由，先取浮逃及無籍實堪驅使人充使，與編附。仍委御史中丞都充勾當。』

廣德元年二月二十一日赦文：『京兆諸司使幕士丁匠，總八萬四千五百人，數内宜每月支二千九百四十四人。仍令河東、關内諸州府，據户口分配，不得編出京兆。餘八萬一千一百一十四人，一切並停。』

其年，衛尉寺奏：『當寺管幕士，總八百六十九人，其七百八十九人停，八十人依舊。定四十人長上幕士，本司招補，不差百姓。並請依舊定四十人，減外請留。其幕士申請停差，每人每月別官給錢三千五百文，付本司通勘處置，共據計一年當一千六百八十貫文。彍騎先支五人，本司既有幕士充勾當，彍騎請停。』敕旨依奏。

又 《宗正寺》 龍朔元年，改爲司宗寺，卿爲宗正卿。咸亨元年，改爲宗正寺。光宅元年，爲司屬寺。天寶七載五月十一日，升同太常寺，少卿及丞准此。

少卿　本一員，景雲二年十一月四日，加一員，以姜晞爲之。

丞　開元二十五年二月八日，加一員。

崇玄署　開元二十五年二月二日，宗正卿、魯王道監奏：『今年正月七日敕，道士、女冠並隸宗正寺。其崇玄署，今既鴻臚不管，其署請屬宗正寺。』敕旨依奏。

天寶二年三月十二日，道士、女冠宜令司封檢討，不須更隸宗正寺，其崇玄署並停。

舊例，太皇太后、皇后之親，分爲五等，皆定于司封，宗正受而統焉。若皇周親、皇后父母爲第一等，准三品。皇大功親、皇小功親尊屬，太皇太后、皇太后、皇后周親爲第二等，准四品。皇小功親、皇緦麻尊屬，太皇太后、皇太后、皇后大功親爲第三等，准五品。皇緦麻親爲第四等。皇祖免親，太皇太后小功卑屬，皇太后、皇后緦麻親及舅母、姨夫爲第五等，並准六品。其籍如州縣之法。

武德元年十月二十四日詔：『太僕少卿安康公襲譽，我之同姓，派別支分，惟厥祖考，世敦恭睦。特聽合譜宗正，恩禮之差，同諸服屬。』

其年十二月六日，義安郡王李孝常賜屬籍宗正寺。

二年二月十六日，詔曰：『宗緒之情，義超常品，宜有旌異，以明等級。天下諸宗姓任官者，宜在同列之上，無職任者，不在徭役之限。每州置宗師一人，以相統攝。』

其年十二月十四日，幽州總管燕郡王羅藝，賜姓李氏，屬籍宗正寺。

其月十月三日，曹國公徐世勣，賜姓李氏，屬籍宗正寺。

三年六月一日，楚王杜伏威，賜姓李氏，進封吳王，屬籍宗正寺。

其年九月十九日，蔚州總管高開道，賜姓李氏，屬籍宗正寺。

四年正月十四日，竇建德行臺尚書令胡大恩，以安鎮來降，賜姓李氏，屬籍宗正寺。

永徽二年九月二十一日，召宗正卿李博乂問曰：『比聞諸親何以得有除屬者？』對曰：『以屬疎降盡故除，總三百餘人。』上曰：『追遠之感，實切于懷，諸親服屬雖疎，理不可降，並宜依舊編入屬籍。』

開元十三年四月詔：『嗣王有傍繼者，並宜總停。』

二十年七月七日詔：『宗正寺官員，悉以宗子爲之。』

二十五年七月敕：『其宗正卿、丞及主簿，擇宗室中才行者補授。』

天寶元年七月二十三日詔：『殿中侍御史李彦允等奏稱與朕同承涼武昭王後，請甄敘者。源流實同，譜牒猶著。自今已後，涼武昭王孫寶已下，絳郡、姑臧、燉煌、武陽等四公子孫，並宜隸入宗正寺，編入屬籍。』

五載正月十三日敕：『九廟子孫宜並升入五等親，永爲常式。』至建中元年正月五日，赦文：『入廟子孫，非五等親，任用如始封王廕，不限年代，補齋郎、三衛。至簡選日，量文武稍優與處分。』

其載十一月，宗正寺奏：『録事先有一員，請更置一員。』從之。

七載五月二十九日，宗正卿、褒信王璆奏：『皇妹及女准禮出嫁後，各降本親一等，今後並降爲第二等。臣以爲執禮破親，有虧常典。宜請一切依服屬等第爲定，不在降服限，仍望永爲常式。』敕旨依奏。

大曆十三年正月，淄青節度使李正己請附入屬籍，敕旨從之。

貞元八年，太常寺奏：『乃者宗子名銜，皆云皇某親，行於文疏曹署，此非避嫌自卑之道也。謹按《儀禮》曰：『諸侯之子稱公子，公子不得稱先君。公子之子稱公孫，公孫不得祖諸侯。』此自卑別尊者也。又《禮記》曰：『君有合族之道，族人不得以其戚，戚君位也。』鄭玄注云：『皆臣也，不得以父兄子弟之親，戚于君位，謂齒列也，所以尊君別嫌』。今宗子若以『皇』字爲稱，以首從數爲序親，誠非卑別于尊，不戚君位之意。又按《儀禮》，從父昆弟，則今同堂也；從祖昆弟，則今再從也；族昆弟，則今三從也。聖朝方崇敦敍，宜辨等威，其三從內，伏請仍舊。其餘各以祖禰本封某爲某王公子孫，則親疎有倫，名禮歸正。』從之。

元和四年四月詔：『故奉天定難功臣、太尉兼中書令、西平郡王李晟，宜編入屬籍。又成德軍節度使張寶臣，依舊賜姓李，列于屬。』寶臣本名忠志，初事安禄山，後事史思明。寶應初，史朝義敗，寶臣開城門以納王師，因授成德軍節度使，故有是賜。

七年十二月，宗正寺奏：『當司圖譜官一人，准元敕，官滿宜減兩選。其孔目官比類，請一槩例處分。』敕旨依奏。

十一年六月，宗正寺奏：『當司府史元額一十六員，內八員先停減，更請二人，通前十員。』從之。

長慶元年三月，宗正寺奏：『貞元二十一年敕，宗子陪位，放五百七十人出身。今年敕放三百人，伏緣人數至多，不霑恩澤，白身之輩，將老村閭。乞降特恩，更放二百人出身』。許之。

大和二年六月，修玉牒官屯田郎中李衢等奏：『竊以聖唐玉牒，與史册並驅，立號建名，期于不朽。伏乞付宰臣商量，於玉牒之上，特創嘉名，以光帝籍。』敕旨：『宜以「皇唐玉牒」爲名。』

開成三年正月，宗正卿李玭奏：『宗子諸親、齋郎、室長選人，准格，每年遣諸陵廟丞等充保識官。今請選人自于諸司求覓清資，及在任宗子京官充保識，以憑給解。伏乞編入吏部選格，以爲久例』。敕旨依奏。

五年正月，中書門下奏：『宗子每進文疏及舉選文狀，例皆稱皇從高叔祖、曾叔祖。既是人臣，頗乖禮敬。臣等延英已具陳奏。伏請令自今已後，應宗子文狀，並令具姓氏，不得更言『皇從』。但令各於姓名下，稱某王房，卽便可以辨別』。敕旨依奏。

咸通九年敕：『沙陀朱耶赤心，賜姓李氏，名國昌，籍係鄭王房。』以討平徐州叛卒龐勛功也。

又 卷六六《太僕寺》 龍朔二年，改爲司馭寺，卿爲正卿。咸亨元年，復爲太僕寺。光宅元年，改爲司僕寺。神龍元年，復爲太僕寺。

少卿 景雲元年八月，加一員，韓思復爲之。

丞 大足元年三月六日，加一員。

開成三年，太僕卿趙蕃奏請差少卿一人，用隨年鐵印，印見在牛羊。堪祠祭及鳴牛，並不印。敕旨從之。

又 《羣牧使》 貞觀十五年，尚乘奉御張萬歲除太僕少卿，勾當羣牧，不入官銜。至麟德元年十二月，免官。三年正月，太僕少卿鮮于正俗檢校隴右羣牧監，雖入銜，未置使。上元五年四月，右衛中郎將邱義除檢校隴右羣牧監。儀鳳三年十月，太僕少卿李思文檢校隴右諸牧監使，自茲始有使號。其後蘇幹、夏侯亮、陽道昕、張仁德、張思廉、宗元爽、周履冰、魏文忠、李道廣、賀蘭爽、姚元之、宗楚客、平王隆基、宋王成器、王晙、王毛仲、牛仙客、席楚珍、薄承姚、韋衢、章仇兼瓊、王鉷、安禄山、王鳳、董佚、唐欽、吕崇賁、李輔國、彭禮盈、藥子昂相次爲之。暨至德後，西戎陷隴右，國馬盡沒，監牧使與七馬坊名額皆廢。今又有樓煩監牧使、龍陂監牧使等。檢校起置年月未獲。

開元三年四月八日敕：『諸道牧監官有闕緊要者，委本使簡擇明閑牧養者，奏付選司勘實補擬。如非其材，所由科貶。經負犯者，不在奏補之限。牧尉有闕，亦委使司差補，申牒所由，有如不足，並申省司速訪補擬。』

天寶十一載十一月二十五日敕：『兩京去城五百里內，不得置私牧地。如有，一改官收。』

貞元二十年，福建觀察使柳冕奏置萬安監牧於泉州界，悉索部內馬五千七百匹，並驢牛八百頭、羊三千口，以爲監牧之資。人情大擾，經年無所生息。詔罷之。

元和十一年正月，樓煩監牧使中官黨文楚以供征馬羸瘠，爲諸軍所奏，奪緋，沒其家財，配隸南衙。

十四年五月，置臨漢監牧使，命淮南節度使兼之。至大和二年十一月廢。

其年八月，於襄州穀城縣置臨漢監牧，以牧馬，仍令山南東道節度使兼充監牧使。至大和七年正月，山南東道節度使裴度奏請停臨漢監牧。先，置牧養馬三千三百匹，廢百姓田四百餘頃。詔許停之。

大和七年十一月，度支、鹽鐵等使奏：以『銀州是牧放之地，水草甚豐，國家自艱虞以來，制置都闕。每西戎東牧，常步马相淩，致令外夷寖驕，邊備不立。臣得銀州刺史劉源狀，計料於河西道側近，市孳生堪牧養馬，每匹上不過絹二十疋，下至十五疋。臣已於鹽鐵司方圓，收拾羨餘絹，除正進外，排比得五萬疋，約得三千餘疋。今於銀州置銀州監使，委劉源充使勾當。冀得三數年外，蕃息必多。』敕旨：『劉源宜兼充銀州監牧，餘委度支使條流訖聞奏。』

開成二年七月，夏綏銀宥等州節度使劉源奏：『伏准大和七年十一月敕，委臣於銀州監置監城一所，收管羣牧。自立務以後，今計蕃息孳生馬，約七千餘匹。若雨澤及時，水草豐茂，即並於當監四遠牧放。或遇天時亢陽，水草枯竭，即須散將監馬直至綏州界内以來，就遠水草。伏以所管官馬，其數益多，出於遠界，須有憑倚。今訪擇得綏州南界，有空地，周迴二百餘里，堪置馬務。四面懸險，賊路不通，縱有突過剽掠，臨時度其要害，只著三五十人防捍，即可固守其地。是臣當管界内空地，並非百姓見佃田疇。今請割隸，永屬監司。伏乞聖慈，允臣所奏。』敕旨：『宜委本道差人，與本州刺史勘驗，如實無主，使任監司收管。』

又《司農寺》 龍朔二年，改爲司稼寺，卿爲正卿，咸亨元年，改爲司農寺。

少卿 武德初，四員。貞觀二年，減兩員。【略】

景雲二年六月十三日敕：『中書門下、御史臺、尚書省造食户衣糧，令司農每季給付。』

天寶元年六月，司農少卿王翼奏：『應諸司請禄，望准開元二十八年十月十五日敕，並令孟月三旬内給了。仍望預分請日，每司一時分付訖，其歷便封送當寺。若逢陰雨，倉司灼然事故，未得給者，當日牒上所由。待給諸司畢後，准前勘會分付。』敕旨依奏。

天寶五載三月敕：『司農錢穀是司，其官人等，並不在差使限。』

乾元元年十月，司農寺奏：『舊規名額，仍爲中署，特望升入上署。』敕旨依奏。

貞元五年，司農少卿李堅立《太倉石柱記》，云：『貞元五年，四海文明。天子唯穀是恤，思富國便民之事，莫若端本，尊以農事。故廪庾囷倉，尤切聖慮，俾少卿一人，專領其署。蓋欲難其任，而重其事也。』

七年十月，司農卿李模有罪免官。初，司農當供三宮冬菜二千車，以度支給車直稍賤，又阻雨不時，菜多傷敗。模以度支爲辭，上責其不先聞奏，故免之。於是模奏司農菜不足，請京兆市之。京兆尹薛珏、萬年令韋彤禁有菜者私賣，上令奪珏俸一月，彤俸三月。

元和三年八月，司農少卿崔鄯奏停太倉一員，監事二員，從之。

大和七年八月九日敕：『司農寺每年供宫内及諸廚各藏菜，並委本寺自供。其菜價，委京兆府約每年時價支付，更不得配京兆府和市，太倉出給納。』

又《太府寺》 龍朔二年，改爲外府寺，卿爲正卿。咸亨元年，復爲太府寺。光宅元年，改爲司府寺。神龍元年，復爲太府寺。

少卿 武德初，置二人，貞觀元年，省兩員。龍朔二年正月十五日，加一員，以韋思齊爲之。太極元年十二月十八日，又加一員，分爲兩京檢校，以崔謂爲之。

丞 武德初，五員。貞觀元年，省一員。

常平署 顯慶三年十月三日置。

武德八年九月敕：『諸州斗秤經太府較之。』

開元九年敕格，《權衡度量幷函脚雜令》諸度，以北方秬黍中者一黍之廣爲分，十分爲寸、十寸爲尺，三尺爲大尺。諸量，以秬黍中者容一千二百粒爲龠，十龠爲合，十合爲升，十升爲斗，三斗爲大斗，十斗爲斛。諸權衡，以秬黍中者百黍之重爲銖，二十四銖爲兩，三兩爲大兩，十六兩爲斤。諸積秬黍爲度量權衡者，調鐘律、測晷景、合湯藥，及冕服制用之外，官私悉用大者。京諸司及諸州，各給秤尺、及五尺度斗升合等樣，皆銅爲之。《關市令》：諸官私斗尺秤度，每年八月，詣金部、太府寺平較。不在京者，詣所在州縣平較，並印署，然後聽用。

十二年九月二十五日敕：『左右藏官典，職在出納，不得判攝外事及帖諸司。』

天寶九載二月十四日敕：『自今以後，麵皆以三斤四兩爲斗，鹽並勒斗量。其車軸長七尺二寸，除陌錢每貫二十文。餘麫等同。』

大曆十年三月二十二日敕：『自今以後，應付行用斗秤尺度，准式取太府寺較印，然後行用。』至十一年十月十八日，太府少卿韋光輔奏：稱『今以上黨羊頭山黍，依《漢書·律歷志》，較兩市時用斗，每斗小較八合三勺七撮；今所用秤，每斤小較一兩八銖一分六黍。今請改造銅斗斛尺秤等行用。』制曰：『可。』至十二年二月二十九日，敕：『公私所用舊斗秤，行用已久，宜依舊。其新較斗秤宜停。』

大和五年八月，太府奏：『斗秤舊印，本是眞書。近日已來，假僞轉甚。今諸省寺各撰新印，改篆文。』敕旨：『宜奏。』

六年四月敕：『金部所奏，條流諸州府斗秤等，諸州皆有太府寺先頒下銅升斗及秤見在，每年較勘，合守成規。今若忽重條流，又須別有徵斂。無益於事，徒爲擾人，宜並仍舊。但令所在長吏，切加點檢，不得致有差殊。』

又《**少府監**》 武德初，以兵革未定，置軍器監，廢少府監。貞觀元年正月，分太府中尚方、左尚方、右尚方、織染方、掌冶方五署，置少府監。通將作、國子爲三監。龍朔二年，改爲内府監。咸亨二年，復爲少府監。光宅元年，改爲尚方監。神龍元年，復爲少府監。其令、少、隨監名改復也。

少監 本一員，太極元年二月十八日，加一員，以孔仲思爲之。至開元十一年，罷軍器監，隸入少府監，爲甲弩坊，更置少監一員統之，以馮紹貞爲之。十四年八月二十八日，省一員。

中尚署 本中尚方，天后時去『方』字，避『監』號。開元已來，別置中尚使，以檢校進奉雜作，多以少府監及諸司高品爲之。

永徽六年十一月，詔曰：『少府監非軍國所須，宗廟之用，並不須飾以珠玉。』

顯慶六年二月十六日敕：『南中有諸國舶，宜令所司，每年四月以前，預支應須市物。委本道長史，舶到十日内，依數交付價值。市了，任百姓交易。其官市物，送少府監簡擇進内。』

景龍二年四月十四日敕：『少府季別先出錢二千貫，別庫貯。每別敕索物，庫内無者，卽令市進。皆須對主付值，不得且令供物，於後還錢。其錢兼以絹布絲綿充數，其祠進明衣及布：亦用此物充。』

又《**將作監**》 龍朔二年，改爲繕工監。咸亨元年，復爲將作監。光宅元年，爲營繕監。神龍元年，復爲將作監。

大監 本爲大匠，龍朔二年，爲大監。咸亨元年，爲大匠。天寶十一載，爲大監，依舊。

少監 本一員，大足元年二月六日，加一員，以楊務廉爲之。

中校署 開元二年置。

天寶四載四月敕：『將作監所置，且合取當司本色人充直者，宜卽簡擇發遣。内作使典，亦不得輒取外司人充。其諸司非本色直，及額外直者，亦一切並停。自今以後，更不得補置。如歲月深久，尚或因人，所由長官，量事貶降，其所應直，決一頓，配糴邊軍。』

建中元年九月，將作監上言：『宣政内廊有摧壞者，今當脩之。准《陰陽書》，謂是歲孟冬爲魁罡，不利脩作，請卜他時。』上曰：『《春秋》之義，啓塞從時。若脩毀完敗，何時之擇。詭妄之書勿徵。』乃脩。

又《**軍器監**西京軍器監附》 武德元年置，貞觀元年三月十日廢，併入少府監。開元三年十二月二十四日，以軍器使爲監，領弩、甲二坊。十一年十月二十五日罷，隸入少府監，爲甲弩坊，加少監一員以統之。天寶六載五月二十八日，復置。乾元元年六月十三日，又廢置使，其監已下並停。

開元十一年五月五日置，二十五年五月十八日廢，依舊爲甲坊。

乾元元年六月，敕軍器監改爲軍器使，大使一員，副使二員，判官二員，其使以内官爲之。

貞元四年二月，自武德東門築垣，約在藏庫之北，屬於宫城東垣，於是武庫遂廢。其軍式器械，隸於軍器使。

又《**都水監**》 武德八年，置都水署，隸將作監。貞觀六年八月六日，置監，罷將作監。龍朔二年，改爲司津監。咸亨元年，復为都水監。光宅元年二月，改爲水衡監。神龍元年，復爲都水監。

使者 武德初，爲都水令。貞觀六年，改爲使者。龍朔二年，改爲監。咸亨元年，改爲使者。光宅元年，改爲都水府。神龍元年，改爲使者。

諸津　在京兆、河南府界者，隸都水監；外州者，隸當界州縣。

大曆六年十一月三日敕：「應祠祭乾魚鱐，宜令都水監依樣每年起十月造掌，隨祭供用。其醢魚肉，據用數依限送光禄寺，令供造。」

又《宫苑監》　武德九年七月十九日，置洛陽宫監。顯慶二年十二月十日，廢洛陽總監，改青城宫監爲東都苑北面監，明德宫監爲東都苑南面監，洛陽宫農圃監爲東都苑東面監，食貨監爲東都苑西面監。

天寶十載八月二十七日敕：「白獸、日華、叡武、南辟仗等門，宜令宫苑通管捉。」

又《西京苑總監》　永淳元年五月十日，置東都監，管諸圃苑，未置已前，隸司農寺。

先天元年十月十日敕：「總監每年支雜物，到其抄數，於本門進。若宫内所須，别索供訖，每月終，宜令監司具破用數進。」

開元七年七月十一日敕：「總監破用錢物，一事已上，須南衙勾當。宜令總監自勾，每月進一本歷來，内自勾勘。」

寶曆二年十二月敕：「總監職掌官員，並宜停廢一百二十四人，先屬諸軍，各歸本司，餘七百三人勒納牒身，放歸本管。」

開成五年四月敕：「總監宜令内官司管，仍别置使，其總監及丞簿共四員，宜並停。」

又　卷六七《王府官》　《武德令》，師一人。景雲二年十一月十九日，改爲傅。開元二年九月六日省，已後復置。

武德年令，又有王國常侍郎、舍人等官，開元初定令，並除之。寶曆三年六月，瓊王府長史裴簡永狀：「請與諸王共置王府一所。伏見諸王府本在宣平坊東南角，摧毁多年，因循不修。至元和十三年七月十三日，莊宅使收管。其年八月二十五日，賣與邠寧節度使高霞寓。伏以在城百官，皆有曹局，惟王府寮吏，獨無公署。每聖恩除授，無處禮上，胥徒散居，難於管轄。遂使下吏因兹弛慢，王官爲衆所輕，雖蒙列在官班，皆爲偷安散秩。伏以府因王制，官列府中，府既不存，官司虚設。伏乞賜官宅一區，俾諸府合而共局，庶寮會而異處。如此則人吏可令衙集，案牘可見存亡。都城無廢闕之曹，道路息是非之論。」敕旨：「宜賜延康坊閻令琬宅一所，仍令所司檢計，與量修改，及逐要量約什物。」

二年十月，改諸衛及率府、王府等司，應無厨飯朝官等。自今以後，每放寺觀行香，及有期集，宜令依廊下料，各與飯一餐，仍令所由與京兆府計會。行香即就寺觀，别有期集，即於側近店舍，並委京兆府據人數，使取當處幕次、床榻、鐺釜供借。如行香分在兩處以上，准隨中書門下一處，即勒廊下所由勾當。他處即京兆府使與本料，與勾當造食。

大和六年，上以魯王永年漸長，擇名儒爲其府屬。用户部侍郎庾敬休兼王傅，户部郎中李踐方兼司馬，太常少卿鄭肅兼長史。其年，魯王爲太子，以鄭肅嘗侍魯王，言論典正，復令爲吏部侍郎兼太子賓客，東宫授經。既而太子母妃失寵，上有廢斥意。肅兼長史，因召見，深陳邦國大本，君臣父子之意。上改容嘉之，然太子竟以得罪廢。

又《伎術官》　故事，伎術官皆本司定，送吏部附申，謂秘書、殿中、太常、左春坊、太僕等伎術之官，唯得本司選轉，不得外叙。若本司無缺，聽授散官，有缺先授。若再經考滿者，聽外叙。

神功元年十月三日敕：「自今以後，本色出身，解天文者，進官不得過太史令；音樂者，不得過太樂鼓吹署令；醫術者，不得過尚藥奉御；陰陽卜筮者，不得過太卜令；解造食者，不得過司膳署令。有從勳官品子，流外國官，參佐親品等出身者，自今以後，不得任京、清要、著望等官。若累階應至三品者，不須階進，每一階酬勳兩轉。」

垂拱三年十二月二十五日敕：「三輔及四大都督并衝要當路，及四萬户以上州市令，并長安等六縣録事，並宜省補充。」

開元七年八月十五日敕：「出身非伎術，而以能任伎術官者，聽量與員外官。其選叙考勞，不須拘伎術例。」

天寶十三載五月，吏部奏：「准格，伎術官各於當色本局署員外置，不得同正員之數。」從之。

大和五年七月敕：「諸色藝能授官，今後如有罪犯停職者，委本日牒報吏部，不在叙用限。」

又　卷七八《五坊宫苑使》　五坊，謂鵰、鶻、鷹、鷂、狗，共爲五坊，宫苑舊以一使掌之。自寶應二年後，五坊使入隸内宫苑使，近又有閑廄使，兼宫苑之職焉。

開元十九年，金吾將軍楊崇慶除五坊宮苑使。其後來曜、牛仙客、李元祐、韋衢、章仇兼瓊、王鉷、吕崇貴、李輔國、彭體盈、藥子昂等爲之。

大曆十四年五月詔：『鷹、隼、豹、貀、獵犬，皆放之。』時以永徽已來，文單國累貢馴象三十有二，皆豢於禁中，有善舞者，以備元會充庭之飾，因是與鷹隼之類同放之。

元和二年六月敕：『五坊户，諸色影占者多，宜令府縣收管。』

三年七月，五坊品官朱超宴、王志忠，放縱鷹隼入長安富人家，旋詣其居，廣有求取。上知之，立召二人，各笞二十，奪其職。自是貢鷙鳥略大者，皆斥之。貞元末，五坊小兒張捕鳥雀羅於閭里者，皆爲暴横，以取人錢物。或有張羅網於門，不許人出入者；或以張井上，使不得汲者。近之輒曰：『汝驚供奉鳥雀。』即痛毆之。出錢物求謝，乃去。或相聚飲食於酒肆，醉飽而去，賣者或不知，就索其直，多被毆詈。或時留蛇一囊爲質曰：『此蛇所以食鳥雀而捕之者，今留付汝，幸善飼之，勿令飢渴。』賣者媿謝求哀，乃攜挈而去。憲宗在春宮時，知其弊，嘗欲奏禁之。及即位，遂推而行之，人情大悦。

十三年十月，上怒五坊使楊朝汶追捕平人，命殺之。

又 《皇城使》 天祐三年閏十二月，皇城使奏：『伏以皇城之内，咫尺禁圍。伏乞準元敕條流，鼓聲絶後，禁斷人行。近日軍人百姓，更點動後，尚恣夜行，特乞再下六軍止絶。』從之。

宋·王溥《五代會要》卷一六《殿中省》 漢乾祐三年八月，殿中省奏：『當司儀仗，車駕都洛京時所差，至今管係，逐年分番祇候，執擎儀仗。昨京兆府奏，依平户例差使。伏恐忽有大禮，無人供應。』敕：『殿中省執擎儀仗，關西道色役人員，地里遐遥，分番勞擾，宜據姓名，並還州縣。今後執擎人缺，别奏取裁。』

又 《太常寺》 後唐長興三年正月，太常卿劉岳奏：『先奉敕删定鄭餘慶《書儀》者。臣與太子賓客馬縞，太常博士段顒、田敏、路航、李居浣，太常丞陳觀等，同共詳定，其書送納中書門下。奉敕：「宜差左散騎常侍任贊、右散騎常侍楊凝式、兵部尚書梁文矩、工部尚書崔居儉、太子賓客裴高、尚書左丞王權、尚書吏部侍郎姚顗等七人，與劉岳再於鄭餘慶《書儀》内子細檢詳。除文臣起復及士庶冥婚准敕不行外，應篇目一一立出元舊条件，據有合定者，逐件别書出。」今詳定式樣，其不可改易者，亦須具言請仍舊施行。』

周顯德五年閏七月，太常寺奏：『准敕節文，删集見行公事，送中書門下者。謹具如後：每有四季祇應，諸郊壇廟御署祝版，並是牒三司起請，卻於少府監請祝版，差人吏部抄寫細名銜，牒秘書省寫文牒，閤門進署訖，齎赴祠所。遇鑾駕巡省，准堂判於留守衙書御名祇應。逐年四季諸州府祭嶽鎮海瀆祝版，當司於進奏院抄寫本州細名銜，具録牒秘書省撰文書寫，牒閤門進署，分付本州。如鑾駕巡省，亦於留守衙書御名。四季諸郊壇廟粢盛禮料，諸般物色，並是逐季計算申請，牒省支給，逐處請領，納太廟禮料庫。逐月卻於禮料庫請領，逐祭分劈十數升合，齎赴壇廟祇應，兼句當諸處焚奠火龍。』

又 《宗正寺》 周顯德五年閏七月，宗正寺奏：『准敕節文，删集見行公事，送中書門下者。謹具如後：見管齋郎室長，逐季候大饗，捧饌行禮，及出給每年行事歷子，見管禮料庫收貯。諸司納到諸郊壇廟祠祭禮料，逐月給付。逐季太廟並别廟祠祭祝版，當寺於少府監請領，送秘書省書寫訖，卻將應奉祠祭，候年滿則將齋郎室長，於每年八月印發文字，解送赴南曹。』

又 《光禄寺》 周顯德五年閏七月，光禄寺奏：『准敕節文，删集見行公事，送中書門下者。謹具如後：逐年四季諸郊壇廟祠祭，大祠、中祠、小祠並朔望告廟等，逐季所請禮料，並牒省於諸庫務請領，送納入禮料庫，逐月旋具祭數請領，於本庫寺封記，赴祠部造饌供應。四般肉醬幷鹿脯，省司元指揮在御厨年支制造，合使升合斤兩，請領供應。皇帝親拜南郊，自太廟朝饗至郊壇供備，幷鑾駕巡幸，准例，城門外軷祭，告天地、社稷、太廟，各合申請禮料供應。』

又 《太僕寺》 周顯德五年閏七月，太僕寺奏：『准敕節文，删集見行公事，送中書門下者。謹具如後：諸郊壇廟祠祭昊天上帝、上辛一祭無羊。太社、太稷、皇地祇，逐祭各供犢子一頭、羊一口。神州地祇、朝日、夕月、百神，已上四處，幷太廟，逐祭元供犢子一頭、羊一口。准顯德二年八月敕，皆不用犢，今逐祭供羊一口。黄帝、青帝、赤帝、白帝、黑帝，元逐祭祇供犢子一，今亦准敕用羊一口代。九宮貴神、先農、風雨五龍、文宣王、武成王，逐祭各供羊一口。司寒逐祭供黑羊一口。先牧、馬祖、馬社、馬步、靈星、中霤，逐祭各供羊肉一斤半。司中、司命、司人、司禄，逐祭各供羊肉六斤。太廟朔望祭，逐祭供羊肉七斤、羊心肚肺一副。鑾駕出宫，城門外軷祭，別供羝羊一口，差寺丞一員充獻官。禘饗逐祭供羊二口。已上犢子，寺司申省，准指揮下開封府收買，交付當寺。其羊并肉等，亦准省牒於牛羊司請領供應。』

又《鴻臚寺》 周廣順三年八月敕：『漢睿陵、潁陵，今後係鴻臚寺管。』

又《太府寺》 周顯德五年閏七月，太府寺奏：『准敕節文，刪集見行公事，送中書門下者。當寺見管銅斗一隻，銅秤一量，銖子一十隻，銅升一隻，銅合一隻，五尺鐵度一條，應斗、升、尺給付諸道州府，及在京貨賣，收係省錢。斗每隻省司支作料錢三百五十文，依除官賣九百文，八十陌。秤每量支作料錢二百三十五文，依除官賣六百二十文，八十陌。升每隻支作料錢五十文，官賣一百三十五文，八十陌。尺每條支作料錢三十文，官賣一百八十文，八十陌。』

又《司農寺》 周顯德五年閏七月，司農寺奏：『奉敕節文，刪集見行公事，送中書門下者。當寺每年季冬祠祭，合供使芹、韭、菁、葱、葵菹等五件，准例至浥藏之時，牒三司支給。寺司請領藏浥，准備一冬供應。』

又《少府監》 後唐同光三年正月敕：『少府監鑄造印文，元屬禮部，兩司互有推注，及諸道使臣，廣徵銅炭價錢。自今後凡鑄印，宜令本司限敕到五日内進呈，不計諸道、在京，並不得徵納銅炭價直。所破物料，於租庸院請領。』

晉開運三年二月，詔少府監：『今後凡修制親王婚禮法物並册文，出降公主九樹花釵、箱盝等，宜令不得用龍鳳紅絛帕。』

又 卷一七《王府官》 後唐長興四年四月，以秘書監劉贊爲秦王傅，前忠武軍節度判官蘇瓚爲秦王友，前襄州觀察支使魚崇遠爲秦王府記室參軍。（時言事者請爲秦王置師傅，上顧問近臣，皆以秦王名勢隆盛，不敢置議，請自選擇，乃降是命。）

又《宣徽使》 梁開平元年五月，宣旨下徽院收管供奉官，殿前受旨官、宣左右内直等。

後唐清泰元年七月，殿直都知趙處愿，承旨都知蔣德鄰謝恩，令具襴笏。

晉天福六年七月敕：『宣徽院供奉官殿直人數不少，今後諸道行軍副使，不得奏請宣補骨肉。』

又 卷二四《皇城使》 梁開平三年七月敕：『内皇城諸門，宜各差控鶴官兩人守把。其諸司使并諸司諸色人，並敕于左、右銀臺門外下馬，不得將帶人入門。逐日諸道進奉客省使，于千秋門外排當訖，勒控鶴官擡至内門前，令董門殿直已下舁進。其章善門仍令扃鎖，不用逐日擅自開閉。』

乾化元年五月，詔曰：『闈是正門也，宜以時開閉，用達陽氣。委皇城使准例檢校啓門，車駕出則闔扉。』

《新唐書》卷四六《百官志二》 城門郎四人，從六品上。掌京城、皇城、宫殿諸門開闔之節，奉管鑰而出納之。開則先外後内，闔則先内後外；啓閉有時，不以時則詣閤覆奏。（有令史二人，書令史二人。武德五年，置門僕八百人，番上送管鑰。）【略】

殿中省 監一人，從三品；少監二人，從四品上；丞二人，從五品上。監掌天子服御之事。其屬有六局，曰尚食、尚藥、尚衣、尚乘、尚舍、尚輦。少監爲之貳。凡聽朝，率屬執繖扇列于左右；大朝會，祭祀，則進爵；行幸，則侍奉仗内、驂乘，百司皆納印而藏之，大事聽焉，有行從百司之印。

左右仗廄，左曰奔星，右曰内駒。兩仗内又有六廄：一曰左飛，二曰右飛，三曰左萬，四曰右萬，五曰東南内，六曰西南内。園苑有官馬坊，每歲河隴羣牧進其良者以供御。六閑馬，以殿中監及尚乘主之。武后萬歲通天元年，置仗内六閑：一曰飛龍，二曰祥麟，三曰鳳苑，四曰鵷鸞，五曰吉良，六曰六羣，亦號六廄。以殿中丞檢校仗内閑廄，以中官爲内飛龍使。聖曆中，置閑廄使，以殿中監承恩遇者爲之，分領殿中、太僕之事，而專掌輿輦牛馬。自是，宴游供奉，殿中監皆不豫。開元初，閑廄馬至萬餘匹，駱駝、巨象皆養焉。以駝、馬隸閑廄，而尚乘局名存而已。

閑廄使押五坊，以供時狩：一曰鵰坊，二曰鶻坊，三曰鷂坊，四曰鷹坊，五曰狗坊。侍御尚醫二人，正六品上；主事二人，從九品上。武德元年，改殿内省曰殿中省。龍朔二年，曰中御府，監曰大監，丞曰大夫。有令史四人，書令史十二人，左右仗、千牛各十人，掌固、亭長各八人。舊有天藏府，開元二十三年省。

進馬五人，正七品上。掌大陳設，戎服執鞭，居立仗馬之左，視馬進退。天寶八載，罷南衙立仗馬，因省進馬；十二載復置，乾元後又省，大曆十四年復。

尚食局　奉御二人，正五品下；直長五人，正七品上。諸奉御、直長，品皆如之。食醫八人，正九品下。奉御掌儲供，直長爲之貳。進御必辨時禁，先嘗之；饗百官賓客，則與光禄視品秩而供，凡諸陵月享，視膳乃獻。龍朔二年，改尚食局曰奉膳局，諸局奉御皆曰大夫。有書令史二人，書吏五人，主食十六人，主膳八百四十人，掌固八人。

尚藥局　奉御二人，直長二人。掌和御藥、診視。凡藥供御，中書、門下長官及諸衛上將軍各一人，與監、奉御涖之。藥成，醫佐以上先嘗，疏本方，具歲月日，涖者署奏；餌日，奉御先嘗，殿中監次之，皇太子又次之，然後進御。太常每季閲送上藥，而還其朽腐者。左右羽林軍。給藥；飛騎、萬騎病者，頒焉。龍朔二年，改尚藥局曰奉醫局。有按摩師四人，咒禁師四人，書令史二人，書吏四人，直官十人，主藥十二人，藥童三十人，合口脂匠一人，掌固四人。

侍御醫四人，從六品上。掌供奉診候。

司醫五人，正八品下；醫佐十人，正九品下。掌分療衆疾，皆貞觀中置。

尚衣局　奉御二人，直長四人，掌供冕服、几案。祭祀，則奉鎮圭於監，而進於天子；大朝會、設案。龍朔二年，改尚衣局曰奉冕局。有書令史三人，書吏四人，主衣十六人，掌固四人。

尚舍局　奉御二人，直長六人，掌殿庭祭祀張設、湯沐、燈燭、汛掃。行幸，則設三部帳幕，有古帳、大帳、次帳、小次帳、小帳凡五等，各三部；其外，則蔽以排城。大朝會，設黼扆，施躡席，薰鑪。朔望，設幄而已。龍朔二年，改尚舍局曰奉扆局。有書令史三人，書吏七人，掌固十人，幕士八十人。舊有給使百二十人，掌供御湯沐、燈燭、雜使，貞觀中省。

尚乘局　奉御二人，直長十人，掌内外閑廄之馬。左右六閑：一曰飛黄，二曰吉良，三曰龍媒，四曰騊駼，五曰駃騠，六曰天苑。凡外牧歲進良馬，印以三花、『飛』『鳳』之字。飛龍廄日以八馬列宫門之外，號南衙立仗馬，仗下，乃退。大陳設，則居樂縣之北，與象相次。龍朔二年，改尚乘局曰奉駕局。有書令史六人，書吏十四人，直官二十人，習馭五百人，掌閑五千人，典事五人，獸醫七十人，掌固四人。習馭，掌調六閑之馬；掌閑，掌飼六閑之馬，治其乘具鞍轡；典事，掌六閑芻粟。太宗置司廩，司庫；高宗置習馭、獸醫。

司廩、司庫各一人，正九品下。掌六閑藁秸出納。奉乘十八人，正九品下。掌飼習御馬。

尚輦局　奉御二人；直長三人；尚輦二人，正九品下。掌輿輦、繖扇，大朝會則陳于庭，大祭祀則陳于廟，皆繖二、翰一、扇一百五十有六，既事而藏之。常朝則去扇，左右留者三。龍朔二年，改尚輦局曰奉轝局。有書令史二人，書吏四人，七輦主輦各六人，掌扇六十人，掌翰三十人，掌輦四十二人，奉轝十五人，掌固六人。掌扇、掌翰、掌執繖扇、紙筆硯雜供奉之事；掌輦，掌率主輦以供其事。高宗置掌翰。

又　卷四八《百官志三》

太常寺　卿一人，正三品；少卿二人，正四品上。掌禮樂、郊廟、社稷之事，總郊社、太樂、鼓吹、太醫、太卜、廩犧、諸祠廟等署，少卿爲之貳。凡大禮，則贊引；有司攝事，則爲亞獻；三公行園陵，則爲副；大祭祀，省牲、器，則謁者爲之導；小祀及公卿嘉禮，命謁者贊相。凡巡幸、出師、克獲，皆擇日告太廟。

凡藏大享之器服，有四院：一曰天府院，藏瑞應及伐國所獲之寶，禘祫則陳於廟庭；二曰御衣院，藏天子祭服；三曰樂縣院，藏六樂之器；四曰神廚院，藏御廩及諸器官奴婢。初，有衣冠署，令，正八品上；貞觀元年，署廢。高宗即位，改治禮郎曰奉禮郎，以避帝名；龍朔二年，改太常寺曰奉禮寺，九寺卿皆曰正卿，少卿曰大夫。武后光宅元年，復改太常寺曰司常寺。

丞二人，從五品下。掌判寺事。凡享太廟，則修七祀於西門之内。主簿二人，從七品上。

博士四人，從七品上。掌辨五禮；按王公、三品以上功過善惡爲之謚；大禮，則贊卿導引。

太祝六人，正九品上。掌出納神主；祭祀則跪讀祝文；卿省牲則循牲告充，牽以授太官。

奉禮郎二人，從九品上。掌君臣版位，以奉朝會、祭祀之禮。宗廟則設皇帝位於庭，九廟子孫列焉，昭、穆異位，去爵從齒。凡樽、彝、勺、冪、篚、坫、簠、簋、登，鈃、籩、豆，皆辨其位。凡祭祀、朝會，在位拜跪之節，皆贊導之。公卿巡行諸陵，則主其威儀鼓吹，而相其禮。

協律郎二人，正八品上。掌和律呂。録事二人，從九品上；八寺録事品同。

有禮院修撰、檢討官各一人，府十二人，史二十三人，謁者十人，贊引二十人，贊者四人，祝史六人，贊者十六人。太常寺、禮院禮生各三十五人，亭長八人，掌固十二人。

兩京郊社署　令各一人，從七品下；丞各一人，從八品上。令掌五郊、社稷、明堂之位，與奉禮郎設樽、罍、篚、冪，而太官令實之。立燎壇，積柴。合朔有變，則巡察四門，以俟變過，明則罷。

有府二人，史四人，典事五人，掌固五人，門僕八人，齋郎百一十人。齋郎掌供郊廟之役。太廟九室，室有長三人，以主樽、罍、篚、冪、鎖鑰，又有罍洗二人；郊壇有掌坐二十四人，以主神御之物。皆禮部奏補。凡室長十年、掌座十二年，皆授官。祭饗而員少，兼取三館學生，皆絳衣絳幘。更一番者，戶部下蠲符，歲一申考諸署所擇者，太常以十月申解於禮部，如貢舉法，帖《論語》及一大經。中第者，録奏，吏部注冬集散官，否者番上如初。六試而紬，授散官。唐初，以郊社、太樂、鼓吹、太醫、太官、左藏、乘黄、典廏、典客、上林、太倉、平準、常平、典牧、左尚、右尚爲上署，鉤盾、右藏、織染、掌冶爲中署，珍羞、良醞、掌醢、守宮、武器、車府、司儀、崇玄、導官、甄官、河渠、弩坊、甲坊、舟楫、太蔔、廪犧、中校、左校、右校爲下署。

太樂署　令二人，從七品下；丞一人，從八品下；樂正八人，從九品下。令掌調鐘律，以供祭饗。

凡習樂，立師以教，而歲考其師之課業爲三等，以上禮部。十年大校，未成，則五年而校，以番上下。有故及不任供奉，則輸資錢，以充伎衣樂器之用。散樂，閏月人出資錢百六十，長上者復繇役，音聲人納資者歲錢二千。博士教之，功多者爲上第，功少者爲中第，不勤者爲下第，禮部覆之。十五年有五上考、七中考者，授散官，直本司，年滿考少者，不敍。教長上弟子四考，難色二人、次難色二人業成者，進考，得難曲五十以上任供奉者爲業成。習難色大部伎三年而成，次部二年而成，易色小部伎一年而成，皆入等第三爲業成。業成、行脩謹者，爲助教；博士缺，以次補之。長上及別教未得十曲，給資三之一；不成者隸鼓吹署。習大小横吹，難色四番而成，易色三番而成；不成者，博士有謫。內教博士及弟子長教者，給資錢而留之。

武德後，置內教坊于禁中。武后如意元年，改曰雲韶府，以中官爲使。開元二年，又置內教坊于蓬萊宮側，有音聲博士、第一曹博士、第二曹博士。京都置左右教坊，掌俳優雜技。自是不隸太常，以中官爲教坊使。唐改太樂爲樂正，有府三人，史六人，典事八人，掌固六人，文武二舞郎一百四十人，散樂二百八十二人，仗內散樂一千人，音聲人一萬二十七人。有別教院。開成三年，改法曲所處院曰仙韶院。

鼓吹署　令二人，從七品下；丞二人，從八品下；樂正四人，從九品下。令掌鼓吹之節。合朔有變，則帥工人設五鼓于太社，執麾旒于四門之塾，置龍牀，有變則舉麾擊鼓，變復而止。馬射，設掆鼓金鉦，施龍牀。大儺，帥鼓角以助侲子之唱。有府三人，史六人，典事四人，掌固四人。唐幷清商、鼓吹爲一署，增令一人。

太醫署　令二人，從七品下；丞二人，醫監四人，並從八品下；醫正八人，從九品下。令掌醫療之法，其屬有四：一曰醫師，二曰針師三曰按摩師，四曰咒禁師。皆教以博士，考試登用如國子監。醫師、醫正、醫工療病，書其全之多少爲考課。歲給藥以防民疾。凡陵寢廟皆儲以藥，尚藥、太常醫各一人受之。宮人患坊有藥庫，監門莅出給；醫師、醫監、醫正番別一人莅坊。凡課藥之州，置採藥師一人。京師以良田爲園，庶人十六以上爲藥園生，業成者爲師。凡藥，辨其所出，擇其良者進焉。有府二人，史四人，主藥八人，藥童二十四人，藥園師二人，藥園生八人，掌固四人，醫師二十人，醫工百人，醫生四十人，典藥一人，針工三十人，針生二十人，按摩工五十六人，按摩生十五人，咒禁師二人，咒禁工八人，咒禁生十人。

醫博士一人，正八品上；助教一人，從九品上。掌教授諸生以《本草》、《甲乙》、《脉經》，分而爲業：一曰體療，二曰瘡腫，三曰少小，四曰耳目口齒，五曰角法。

針博士一人，從八品上；助教一人，針師十人，並從九品下。掌教針生以經脉、孔穴，教如醫生。

按摩博士一人，按摩師四人，並從九品下。掌教導引之法以除疾，損傷折跌者，正之。

咒禁博士一人，從九品下。掌教咒禁祓除爲厲者，齋戒以受焉。

太卜署 令一人，從七品下；丞二人，從八品下；卜正、博士各二人，從九品下。掌卜筮之法：一曰龜，二曰五兆，三曰易，四曰式。祭祀、大事，率卜正卜日，示高於卿，退而命龜，既灼而占，先上旬，次中旬，次下旬。小祀、小事者，則卜正示高、命龜、作，而太卜令佐莅之。季冬，帥侲子堂贈大儺，天子六隊，太子二隊，方相氏右執戈、左執楯而導之，唱十二神名，以逐惡鬼，儺者出，磔雄鷄于宮門、城門。有卜助教二人，卜師二十人，巫師十五人，卜筮生四十五人，府一人史二人，掌固二人。

廩犧署 令一人，從八品下；丞二人，正九品下。掌犧牲粢盛之事。祀用太牢者，三牲加酒、脯、醢，與太祝牽牲就牓位，卿省牲，則北面告腯，以授太官。籍田，則供耒于司農卿，卿以授侍中；籍田所收以供粢盛、五齊、三酒之用，以餘及槀飼犧牲。有府一人，史二人，典事二人，掌固二人。

汾祠署 令一人，從七品下；丞一人，從八品上。掌享祭灑掃之制。有府二人，史四人，廟幹二人，開元二十一年置署。

三皇五帝以前帝王、三皇、五帝、周文王、周武王、漢高祖、兩京武成王廟 令一人，從六品下；丞一人，正八品下。掌開闔、灑掃、釋奠之禮。有録事一人，府二人，史四人，廟幹二人，掌固四人。門僕八人神龍二年，兩京置齊太公廟署，其後廢；開元十九年復置。天寶三載，初置周文王廟署；六載，置三皇五帝廟署；七載，置三皇五帝以前帝王廟署；九載，置周武王漢高祖廟署。上元元年，改齊太公署爲武成王廟署，朱全忠曰武明。

光禄寺 卿一人，從三品；少卿二人，從四品上；丞二人，從六品上；主簿二人，從七品上。掌酒醴膳羞之政，總大官、珍羞、良醞、掌醢四署。凡祭祀，省牲鑊、濯溉；三公攝祭，則爲終獻。朝會宴享，則節其等差。録事二人。龍朔二年，改光禄寺曰司宰寺。武后光宅元年，曰司膳寺。有府十一人，史二十一人，亭長六人，掌固六人。

太官署 令二人，從七品下；丞四人，從八品下。掌供祠宴朝會膳食，祭日，令白卿詣厨省牲鑊，取明水、明火，帥宰人割牲，取毛血實豆，遂烹。又實簠簋，設于饌幕之內。有府四人，史八人，監膳十人，監膳史十五人，供膳二千四百人，掌固四人。

珍羞署 令一人，正八品下；丞二人，正九品下。掌供祭祀、朝會、賓客之庶羞，榛栗、脯脩、魚鹽、菱芡之名數。武后垂拱元年，改肴藏署曰珍羞署，神龍元年復舊，開元元年又改。有府三人，史六人，典書八人，餳匠五人，掌固四人。

良醞署 令二人，正八品下；丞二人，正九品下。掌供五齊、三酒。享太廟，則供鬱鬯以實六彝；進御，則供春暴、秋清、酴醾、桑落之酒。有府三人，史六人，監事二人，掌醖二十人，酒匠十三人，奉觶百二十人，掌固四人。

掌醢署 令一人，正八品下；丞二人，正九品下。掌供醯醢之物：一曰鹿醢，二曰兔醢，三曰羊醢，四曰魚醢。宗廟，用菹以實豆；賓客、百官，用醢醬以和羹。有府二人，史二人，主醢十人，醬匠二十三人，酢匠十二人，豉匠十二人，菹醢匠八人，掌固四人。

衛尉寺 卿一人，從三品；少卿二人，從四品上；丞二人，從六品上。掌器械文物，總武庫、武器、守宮三署。兵器入者，皆籍其名數。祭祀、朝會，則供羽儀、節鉞、金鼓、帷帟、茵席。凡供宮衛者，歲再閱，有敝則脩於少府。主簿二人，從七品上。録事一人。龍朔二年，改曰司衛寺。武后光宅元年又改。有府六人，史十一人，亭長四人，掌固六人。

丞，掌判寺事，辨器械出納之數，大事承制敕，小事則聽於尚書省。

兩京武庫署 令各二人，從六品下；丞各二人，從八品下。掌藏兵械。有赦，建金鷄，置鼓宮城門之右，大理及府縣囚徒至，則擊之。監事各一人，正九品上。諸署監事，品同。有府各六人，史各六人，典事各二人，掌固各五人。開元二十五年，東都亦置署。

武器署 令一人，正八品下；丞二人，正九品下。掌外戎器。祭祀、巡幸，則納於武庫。給六品以上葬鹵簿、棨戟。凡戟，廟、社、宮、殿之門二十有四，東宮之門一十八，一品之門十六，二品及京兆河南太原尹、大都督、大都護之門十四，三品及上都督、中都督、上都護、上州之門十二，下都督、下都護、中州、下州之門各十。衣幡壞者，五歲一易之。薨卒者既葬，追還。監事二人。有府二人，史六人，典事二人，掌固四人。貞觀中，東都亦置署。

守宮署 令一人，正八品下；丞二人，正九品下。掌供帳帟。祭祀、巡幸，則設王公百官之位。吏部、兵部、禮部試貢舉人，則供帷幕。王公婚禮，亦供帳具。京諸司長上官，以品給其牀罽。供蕃客帷帟，則題歲月。席壽三年，氈壽五年，褥壽七年；不及期而壞，有罰。監事二人。有府二人，史四人，掌設六人，幕士八十人，掌固四人。

宗正寺 卿一人，從三品；少卿二人，從四品上；丞二人，從六品上。掌天子族親屬籍，以別昭穆；領陵臺、崇玄二署。凡親有五等，先定於司封：一曰皇帝周親、皇后父母，視三品；二曰皇帝大功親、小功尊屬，太皇太后、皇太后、皇后周親，視四品；三曰皇帝小功親、緦麻尊屬，太皇太后、皇太后、皇后大功親，視五品；四曰皇帝緦麻親、袒免尊屬，太皇太后、皇太后、皇后小功親；五曰皇帝袒免親，太皇太后小功卑屬，皇太后、皇后緦麻親，視六品。皇帝親之夫婦男女，降本親二等，餘親降三等，尊屬進一等，降而過五等者不爲親。諸王、大長公主、長公主親，本品；嗣王、郡王非三等親者，亦視五品；駙馬都尉，視諸親。祭祀、册命、朝會，陪位、襲封者皆以簿書上司封。主簿二人，從七品上。知圖譜官一人，修玉牒官一人，知宗子表疏官一人，録事二人。武德二年，置宗師一人，後省。龍朔二年，改宗正寺曰司宗寺。武后光宅元年曰司屬寺。有府五人，史五人，亭長四人，掌固四人。京都太廟齋郎各一百三十人，門僕各三十三人，主簿、録事各二人。

諸陵臺 令各一人，從五品上；丞各一人，從七品下。建初、啓運、興寧、永康陵，令各一人，從七品下；丞各一人，從八品下。掌守衛山陵。凡陪葬，以文武分左右，子孫從父祖者亦如之；宫人陪葬，則陵户成墳。諸陵四至有封，禁民葬，唯故墳不毁。開元二十四年，以宗廟所奉不可名以署，太常少卿韋縚奏廢太廟署，以少卿一人知太廟事。二十五年，濮陽王徹爲宗正卿，恩遇甚厚，建議以宗正司屬籍，乃請以陵寢、宗廟隸宗正。天寶十二載，駙馬都尉張垍爲太常卿，得幸，又以太廟諸陵署隸太常。十載，改獻、昭、乾、定、橋五陵署爲臺，升令品，永康、興寧二陵稱署如故。至德二年，復以陵廟隸宗正。永泰元年，太常卿姜慶初復奏以陵廟隸太常，大曆二年復舊。陵臺有録事各一人，府各二人，史各四人，主衣、主輦、主藥各四人，典事各三人，掌固各二人，陵户各三百人，昭陵、乾陵、橋陵增百人。諸陵有録事各一人，府各一人，史各二人，典事各二人，掌固各二人，陵户各百人。

諸太子廟 令各一人，從八品上；丞各一人，正九品下。録事各一人。令掌灑掃開闔之節，四時享祭焉。有府各一人，史各二人，典事各二人，掌固各一人。

諸太子陵 令各一人，從八品下；丞各一人，從九品下；録事各一人。有府各一人，史各二人，典事各二人，掌固各一人，陵户各三十人。太常舊有太廟署，令一人從七品下，丞二人，從七品下；齋郎二十四人。

崇玄署 令一人，正八品下；丞一人，正九品下。掌京都諸觀名數與道士帳籍、齋醮之事。新羅、日本僧入朝學問，九年不還者編諸籍。道士、女官、僧、尼，見天子必拜。凡止民家，不過三夜。出踰宿者，立案連署，不過七日，路遠者州縣給程。天下觀一千六百八十七，道士七百七十六，女官九百八十八；寺五千三百五十八，僧七萬五千五百二十四，尼五萬五百七十六。兩京度僧、尼、道士、女官，御史一人涖之。每三歲州、縣爲籍，一以留縣，一以留州；僧、尼，一以上祠部；道士、女官，一以上宗正，一以上司封。有府二人，史三人，典事六人，掌固二人。崇玄學博士一人、學生百人。隋以署隸鴻臚，又有道場、玄壇。唐置諸寺觀監，隸鴻臚寺，每寺觀有監一人。貞觀中，廢寺觀監。上元二年，置漆園監，尋廢。開元二十五年，置崇玄學於玄元皇帝廟。天寶元年，兩京置博士、助教各一員，學生百人，每祠享，以學生代齋郎。二載，改崇玄學曰崇賢館，博士曰學士，助教曰直學士，置大學士一人，以宰相爲之，領兩京玄元宫及道院，改天下崇玄學爲通道學，博士曰道德博士，未幾而罷。寶應、永泰間，學生存者亡幾。大曆三年，復增至百人。初，天下僧、尼、道士、女官，皆隸鴻臚寺，武后延載元年，以僧、尼隸祠部。開元二十四年，道士、女官隸宗正寺，天寶二載，以道士隸司封。貞元四年，崇玄館罷大學士，後復置左右街大功德使、東都功德使、修功德使，總僧、尼之籍及功役。元和二年，以道士、女官隸左右街功德使。會昌二年，以僧、尼隸主客，太清宫置玄元館，亦有學士，至六年廢，而僧、尼復隸兩街功德使。

太僕寺 卿一人，從三品；少卿二人，從四品上；丞四人，從六品上；主簿二人，從七品上；録二人。卿掌廄牧、輦輿之政，總乘黄、典廄、典牧、車府四署及諸監牧。行幸，供五路屬凡監牧籍帳，歲受而會之，上駕部以議考課。永徽中，太僕寺曰司馭寺，武后光宅元年改曰司僕寺。有府十七人，史三十四人，獸醫六百人，獸醫博士四人，學生百人，亭長四人，掌固六人。

乘黄署 令一人，從七品下；丞一人，從八品下。掌供車路及馴馭之法。凡有事，前期四十日，率駕士調習，尚乘隨路色供馬；前期二十日，調習於内侍省。有府一人，史二人，駕士一百四十人，羊車小史十四人，掌固六人。

典廄署 令二人，從七品下；丞四人，從八品下。掌飼馬牛、給養雜畜。良馬一丁，中馬二丁，駑馬三丁，乳駒、乳犢十給一丁。有府四人，史八人，主乘六人，典事八人，執馭百人，駕士八百人，掌固六人。

典牧署　令三人，正八品上；丞六人，從九品上。掌諸牧雜畜給納及酥酪脯腊之事。羣牧所送羊犢，以供廩犧、尚食。監事八人。有府四人，史八人，典事十六人，主酪七十四人，駕士百六十人，掌固四人。

車府署　令一人，正八品下；丞一人，正九品下。掌王公以下車路及馴馭之法。從官三品以上婚、葬，給駕士。凡路車之馬牛，率馭士調習。有府一人，史二人，典書四人，馭士百七十五人，掌固六人。

諸牧監　上牧監：監各一人，從五品下；副監各二人，正六品下；丞各二人，正八品上；主簿各一人，正九品下；中牧監：監，正六品下；副監，從六品下；丞，從八品上；主簿，從九品上。下牧監：監，從六品下；副監，正七品下；丞，正九品上；主簿，從九品下。中牧監副監、丞，減上牧監一員。南使、西使，丞各三人，從七品下；録事各一人，從九品下。北使、鹽州使，丞各二人，從七品下。掌羣牧孳課。

凡馬五千爲上監，三千爲中監，不及爲下監。馬牛之羣，有牧長，有尉。馬之駑、良，皆著籍，良馬稱左，駑馬稱右。每歲孟秋，羣牧使以諸監之籍合爲一，以仲秋上於寺，送細馬，則有牽夫、識馬小兒、獸醫等。凡馬游牝以三月，駒犢在牧者，三歲別羣。孳生過分有賞，死耗亦以率除之。歲終監牧使巡按，以功過相除爲考課。上牧監，有録事各一人，府各三人，史各六人，典事各八人，掌固各四人。中牧監，減府一人，史、典事各減二人。下牧監，典事、掌固減二人。南使、西使、録事、史各一人，府各五人，史各九人；北使、鹽州使，録事以下員數及品，如南使。麟德中，置八使，分總監坊。秦、蘭、原、渭四州及河曲之地。凡監四十有八；南使有監十五，西使有監十六，北使有監七，鹽州使有監八，嵐州使有監二。自京師西屬隴右，有七馬坊，置隴右三使領之。又有沙苑、樓煩、天馬監。沙苑監掌畜隴右諸牧牛羊，給宴祭及尚食所用，每歲與典牧署供焉。自監以下，品數如下牧監。至開元二十三年，廢監。

東宮九牧監　丞二人，正八品上；録事一人，從九品下。掌牧養馬牛，以供皇太子之用。有録事史各一人，府三人，史六人。初，置有監、副監、丞、主簿、録事各一人，府二人，史四人，典事四人，掌固二人。自監以下，品同下牧監。又有馬牧使，有丞以下官。【略】

鴻臚寺　卿一人，從三品；少卿二人，從四品上；丞二人，從六品上。掌賓客及凶儀之事。領典客、司儀二署。凡四夷君長，以蕃望高下爲簿，朝見辨其等位，第三等居武官三品之下，第四等居五品之下，第五等居六品之下，有官者居本班。御史察食料。二王後、夷狄君長襲官爵者，辨嫡庶。諸蕃封命，則受册而往。海外諸蕃朝賀進貢使有下從，留其半於境；繇海路朝者，廣州擇首領一人、左右二人入朝；所獻之物，先上其數於鴻臚。凡客還，鴻臚籍衣齎賜物多少以報主客，給過所。蕃客奏事，具至日月及所奏之宜，方別爲狀，月一奏，爲簿，以副藏鴻臚。獻馬，則殿中、太僕寺涖閲，良者入殿中，駑病入太僕。獻藥者，鴻臚寺驗覆，少府監定價之高下。鷹、鶻、狗、豹無估，則鴻臚定所報輕重。凡獻物，皆客執以見，駝馬則陳于朝堂，不足進者州縣留之。皇帝、皇太子爲五服親及大臣發哀臨弔，則卿贊相。大臣一品葬，以卿護；二品，以少卿；三品，以丞。皆司儀示以禮制。

主簿一人，從七品上。録事二人。龍朔二年，改鴻臚寺曰同文寺，武后光宅元年，改曰司賓寺。有府五人，史十人，亭長四人，掌固六人。

典客署　令一人，從七品下；丞三人，從八品下。掌二王後介公、酅公之版籍及四夷歸化在藩者，朝貢、宴享、送迎皆預焉。酋渠首領朝見者，給廩食；病，則遣醫給湯藥；喪，則給以所須；還蕃賜物，則佐其受領，教拜謝之節。有典客十三人，府四人，史八人，掌固二人。

掌客十五人，正九品上。掌送迎蕃客，顓莅館舍。

司儀署　令一人，正八品下；丞一人，正九品下。掌凶禮喪葬之具。京官職事三品以上、散官二品以上祖父母、父母喪，職事散官五品以上、都督、刺史卒于京師，及五品死王事者，將葬，祭以少牢，率齋郎執俎豆以往。三品以上贈以束帛，黑一，纁二，一品加乘馬；既引，遣使贈於郭門之外，皆有束帛，一品加璧。五品以上葬，給營墓夫。有司儀六人，府二人，史四人，掌設十八人，齋郎三十人，掌固四人，幕士六十人。

司農寺　卿一人，從三品；少卿二人，從四品上。掌倉儲委積之事。總上林、太倉、鉤盾、導官四署及諸倉、司竹、諸湯、宮苑、鹽池、諸屯等監。凡京都百司官吏禄廩、朝會、祭祀所須，皆供焉。藉田，則進耒耜。

丞六人，從六品上。總判寺事。凡租及藁秸至京都者，閲而納焉。官户奴婢有技能者配諸司，婦人入掖庭，以類相偶，行宫監牧及賜王公、公主皆取之。凡孳生鷄彘，以户奴婢課養。俘口則配輕使，始至給稟食。

主簿二人，從七品上；録事二人。龍朔二年，改司農寺曰司稼寺。有府三十八人，史七十六人，計史三人，亭長九人，掌固七人。

上林署 令二人，從七品下；丞四人，從八品下。掌苑囿園池。植果蔬，以供朝會、祭祀及尚食諸司常料。季冬，藏冰千段，先立春三日納之冰井，以黑牡、秬黍祭司寒，仲春啓冰亦如之。監事十人。有府七人，史十四人，典事二十四人，掌固五人。

太倉署 令三人，從七品下；丞五人，從八品下；監事八人，掌廩藏之事。有府十人，史二十人，典事二十四人，掌固八人。

鉤盾署 令二人，正八品上；丞四人，正九品上；監事十人。掌供薪炭、鵝鴨、蒲藺、陂池藪澤之物，以給祭祀、朝會、饗燕賓客。有府七人，史十四人，典事十九人，掌固五人。

導官署 令二人，正八品下；丞四人，正九品上；監事十人。掌導擇米麥。凡九穀，皆隨精粗差其耗損而供焉。有府八人，史十六人，典事二十四人，掌固五人。初有御細倉督、麴麫倉督，貞觀中省。

太原、永豐、龍門等倉 每倉，監一人，正七品下；丞二人，從八品上。掌倉廩儲積。凡出納帳籍，歲終上寺。有録事一人，府三人，史六人，典事八人，掌固六人；龍門等倉，減府一人，史、典事、掌固各減二人。

司竹 監一人，從六品下；副監一人，正七品下；丞二人，正八品上。掌植竹、葦，供宫中百司簾篚之屬。歲以笱供尚食。有録事一人，府二人，史四人，典事三十人，掌固四人，葦園匠一百人。

慶善、石門、温泉湯等監 每監，監一人，從六品下；丞一人，正七品下。掌湯池、宫禁、防堰及待粟芻、脩調度，以備供奉。王公以下湯館，視貴賤爲差。凡近湯所潤瓜蔬，先時而熟者，以薦陵廟。有録事一人，府一人，史二人，掌固四人。

京都諸宫苑總監 監各一人，從五品下；副監各一人，從六品下；丞各二人，從七品下；主簿各二人，從九品上。掌苑内宫館、園池、禽魚、果木。凡官屬人畜出入，皆有籍。有録事各二人，府各八人，史各十六人，亭長各四人，掌固各六人，獸醫各五人。

京都諸園苑監、苑四面監 監各一人，從六品下；副監各一人，從七品下；丞各二人，正八品下。掌完葺苑面、宫館、園池與種蒔、蕃養六畜之事。顯慶二年，改青城宫監曰東都苑北面監，明德宫監曰東都苑南面監，洛陽宫農圃監曰東都苑東面監，倉貨監曰東都苑西面監。有録事各一人，府各三人，史各六人，典事各六人，掌固各六人。

九成宫總監 監一人，從五品下；副監一人，從六品下；丞一人，從七品下；主簿一人，從九品上。掌脩完宫苑，供進鍊餌之事。有録事一人，府三人，自監以下，品同宫苑。武德初，改隋仁壽宫監曰九成宫監。

諸鹽池監 監一人，正七品下，掌鹽功簿帳。有録事一人，史二人。

諸屯監 一人，從七品下；丞一人，從八品下。掌營種屯田，句會功課及畜産簿帳，以水旱蝝蝗定課。屯主勸率營農，督斂地課。有録事一人，府一人，史二人，典事二人，掌固四人。每屯主一人，屯副一人，主簿一人，録事一人，府三人，史五人。

太府寺 卿一人，從三品；少卿二人，從四品上。掌財貨、廩藏、貿易，總京都四市、左右藏、常平七署。凡四方貢賦、百官俸秩，謹其出納。賦物任土所出，定精粗之差，祭祀幣帛皆供焉。龍朔二年，改太府寺曰外府寺。武后光宅元年，改曰司府寺。中宗卽位，復曰太府寺。有府二十五人，史五十人，計史四人，亭長七人，掌固七人。

丞四人，從六品上。掌判寺事。凡元日、冬至以方物陳于庭者，受而進之。會賜及别敕六品以下賜者，給於朝堂。以一人主左、右藏署帳，凡在署爲簿，在寺爲帳，三月一報金部。

主簿二人，從七品上。掌印，省鈔目，句檢稽失，平權衡度量，歲以八月印署，然後用之。録事二人。

兩京諸市署 令一人，從六品上；丞二人，正八品上。掌財貨交易、度量器物，辨其眞僞輕重。市肆皆建標築土爲候，禁榷固及參市自殖者。凡市，日中擊鼓三百以會衆，日入前七刻，擊鉦三百而散。有果毅巡迣。平貨物爲三等之直，十日爲簿。車駕行幸，則立市于頓側互市，有衛士五十人，以察非常。有録事一人，府三人，史七人，典事三人，掌固一人。

左藏署 令三人，從七品下；丞五人，從八品下；監事八人。掌錢帛、雜綵。天下賦調，卿及御史監閲。有府九人，史十八人，典事十二人，掌固八人。

右藏署 令二人，正八品上；丞三人，正九品上；監事四人，掌金玉、珠寶、銅鐵、骨角、齒毛、綵畫。有府五人，史十二人，典事七人。掌固十人。

常平署 令一人，從七品上；丞二人，從八品下；監事五人。掌平糴、倉儲、出納。有府四人，史八人，典事五人，掌固六人。顯慶三年，置署。武后時，東都亦置署。

少府 監一人，從三品；少監二人，從四品下。掌百工技巧之政。總中尚、左尚、右尚、織染、掌冶五署及諸冶、鑄錢、互市等監。供天子器御、后妃服飾及郊廟圭玉、百官儀物。凡武庫袍襦，皆識其輕重乃藏之，冬至、元日以給衛士。諸州市牛皮角以供用，牧畜角筋腦革悉輸焉。細鏤之工，教以四年；車路樂器之工，三年；平漫刀稍之工，二年；矢鏃竹漆屈柳之工半焉；冠冕弁幘之工，九月。教作者傳家技，四季以令丞試之，歲終以監試之，皆物勒工名。

丞六人，從六品下。掌判監事。給五署所須金石、齒革、羽毛、竹木，所入之物，各以名數州土爲籍。工役衆寡難易有等差，而均其勞逸。主簿二人，從七品下；録事二人，從九品上。武德初，廢監，以諸署隸大府寺。貞觀元年復置。龍朔二年改曰内府監，武后垂拱元年曰尚方監。有府二十七人，史十七人，計史三人，亭長八人，掌固六人，短蕃匠五千二十九人，綾錦坊巧兒三百六十五人，内作使綾匠八十三人，掖挺綾匠百五十人，内作巧兒四十二人，配京都諸司諸使雜匠百二十五人。

中尚署 令一人，從七品下；丞二人，從八品下。掌供郊祀圭璧及天子器玩、后妃服飾彫文錯綵之制。凡金木齒革羽毛，任土以時而供。赦日，樹金鷄於仗南，竿長七丈，有鷄高四尺，黄金飾首，銜絳幡長七尺，承以綵盤，維以絳繩，將作監供焉。擊㭊鼓千聲，集百官、父老、囚徒。坊小兒得鷄首者官以錢購，或取絳幡而已。歲二月，獻牙尺。寒食，獻毬。五月，獻綬帶。夏至，獻雷車。七月，獻鈿針。臘日，獻口脂。唯筆、琴瑟絃，月獻。金銀暨紙，非旨不獻。製魚袋以給百官；蕃客賜寶鈿帶魚袋，則授鴻臚寺丞、主簿。監作四人，從九品下。凡監作，皆同品。有府九人，史十八人，典事四人，掌固四人。唐改内尚方署曰中尚方署。武后改少府監曰尚方監，而中左右尚方、織染方、掌冶方五署，皆去方以避監。自是不改矣。有金銀作坊院。

左尚署 令一人，從七品下；丞五人，從八品下。掌供翟扇、蓋繖、五路、五副、七輦、十二車，及皇太后、皇太子、公主、王妃、内外命婦、王公之車路。凡畫素刻鏤與宮中蠟炬雜作，皆領之。監作六人。有府七人，史二十人，典事十八人，掌固十四人。

右尚署 令二人，從七品下；丞四人，從八品下。掌供十二閑馬之轡。每歲取於京兆、河南府，加飾乃進。凡五品三部之帳，刀劍、斧鉞、甲冑、紙筆、茵席、履舄，皆儗其用，皮毛之工亦領焉。監作六人。有府七人，史二十人，典事十三人，掌固十人。

織染署 令一人，正八品上；丞二人，正九品上。掌供冠冕、組綬及織紝、色染。錦、羅、紗、縠、綾、紬、絁、絹、布，皆廣尺有八寸，四丈爲匹。布五丈爲端，綿六兩爲屯，絲五兩爲絇，麻三斤爲綟。凡綾錦文織，禁示於外。高品一人專莅之，歲奏用度及所織。每掖庭經錦，則給酒羊。七月七日，祭杼。監作六人。有府六人，史十四人，典事十一人，掌固五人。

掌冶署 令一人，正八品上；丞二人，正九品上。掌范鎔金銀銅鐵及塗飾琉璃玉作。銅鐵人得採，而官收以稅，唯鑞官市。邊州不置鐵冶，器用所須，皆官供。凡諸冶成器，上數于少府監，然後給之。監作二人。有府六人，史十二人，典事二十三人，掌固四人。

諸冶監 令各一人，正七品下；丞各一人，從八品上。掌鑄兵農之器，給軍士、屯田居民，唯興農冶顓供隴右監牧。監作四人。有録事一人，府一人，史二人，典事二人，掌固四人。大原冶，減監作二人。

諸鑄錢監 監各一人，副監各二人，丞各一人。以所在都督、刺史判焉；副監，上佐；丞，以判司；監事以參軍及縣尉爲之。監事各一人。有録事各一人，府各三人，史各四人，典事各五人。凡鑄錢有七監，會昌中，增至八監，每道置鑄錢坊一。大中初，三監廢。

互市監 每監，監一人，從六品下；丞一人，正八品下。掌蕃國交易之事。隋以監隸四方館。唐隸少府。貞觀六年，改交市監曰互市監，副監曰丞，武后垂拱元年曰通市監。有録事一人，府二人，史四人，價人四人，掌固八人。

將作監 監一人，從三品；少監二人，從四品下。掌土木工匠之政，總左校、右校、中校、甄官等署，百工等監。大明、興慶、上陽宮，中書、門下、六軍仗舍、閑廄，謂之内作；郊廟、城門、省、寺、臺、監、十六衛、東宫、王府諸廨，謂之外作。自十月距二月，休冶功；自冬至距九月，休土功。凡治宫廟，太常擇日以聞。

丞四人，從六品下。掌判監事。凡外營繕、大事則聽制敕，小事則須省符。功有長短，役有輕重。自四月距七月，爲長功；二月、三月、八月、九月，爲中功；自十月距正月，爲短功。長上匠，州率資錢以酬雇。軍器則勒歲月與工姓名。武德初，改令曰大匠，少令曰少匠。龍朔二年，改將作監曰繕工監，大匠曰大監，少匠曰少監。咸亨元年，繕工監曰營繕監。天寶十一載，改大匠曰大監，少匠曰少監。有府十四人，史二十八人，計史三人，亭長四人，掌固六人，短蕃匠一萬二千七百四十四人，明資匠二百六十人。

主簿二人，從七品下。掌官吏糧料、俸食，假使必由之。諸司供署監物有闕，舉焉。録事二人，從九品上。

左校署　令二人，從八品下；丞一人，正九品下。掌梓匠之事。樂縣、簨簴、兵械、喪葬儀物皆供焉。宫室之制，自天子至士庶有等差，官脩者左校爲之。監作十人。有府六人，史十二人，監作十二人。

右校署　令二人，正八品下；丞三人，正九品下。掌版築、塗泥、丹堊、匽厠之事。有所須，則審其多少而市之。監作十人。有府五人，史十人，典事二十四人。

中校署　令一人，從八品下；丞三人，正九品下。掌供舟車、兵械、雜器。行幸陳設則供竿柱，閑廄繫秣則供行槽，禱祀則供棘葛，内外營作所須皆取焉。監牧車牛，有年支芻豆，則受之以給車坊。監事四人。武后時，改曰營繕署。垂拱元年復舊，尋廢。開元初復置。有府三人，史六人，典事八人，掌固二人。

甄官署　令一人，從八品下；丞二人，正九品下。掌琢石、陶土之事，供石磬、人獸、碑、柱、碾、磑、瓶、缶之器，敕葬則供明器。監作四人。有府五人，史十人，典事十八人。

百工、就谷、庫谷、斜谷、太陰、伊陽監　監各一人，正七品下；副監一人，從七品下；丞一人，正八品上。掌采伐材木。監作四人。武德初，置百工監，掌舟車及營造雜作，有監、少監各一人，丞四人，主簿一人。又置就谷、庫谷、斜谷、太陰、伊陽五監。貞觀中，廢百工監。高宗置百工署，掌東都土木瓦石之功。開元十五年爲監。有録事一人，府一人，史三人，典事二十人。

軍器監　監一人，正四品上；丞一人，正七品上。掌繕甲弩，以時輸武庫。總署二：一曰弩坊，二曰甲坊。主簿一人，正八品下；録事一人，從九品下。武德初，有武器監一人，正八品下。掌兵仗、廄牧。少監一人，丞二人，主簿一人。七年廢軍器監，八年復置，九年又廢。貞觀六年，廢武器監。開元以前，軍器皆出左尚署，三年置軍器監，十一年復廢爲甲弩坊，隸少府，十六年復爲監。有府八人，史十二人，亭長二人，掌固四人。

弩坊署　令一人，正八品下；丞一人，正九品下。掌出納矛矟、弓矢、排弩、刃鏃、雜作及工匠。監作二人。有府二人，史五人，典事二人。貞觀六年，改弓弩署爲弩坊署，甲鎧署爲甲坊署。

甲坊署　令一人，正八品下；丞一人，正九品下。掌出納甲冑、綅繩、筋角、雜作及工匠。監作二人。有府二人，史五人，典事二人

都水監　使者二人，正五品上。掌川澤、津梁、渠堰、陂池之政，總河渠、諸津監署。凡漁捕有禁，溉田自遠始，先稻後陸，渠長、斗門長節其多少而均焉。府縣以官督察。

丞二人，從七品上。掌判監事。凡京畿諸水，因灌溉盗費者有禁。水入内之餘，則均王公百官。

主簿一人，從八品下。掌運漕、漁捕程，會而糾舉之。武德初，廢都水監爲署。貞觀六年復爲監，改令曰使者。龍朔二年，改都水監曰司津監，使者曰監。武后垂拱元年，改都水監曰水衡監，使者曰都尉。開元二十五年，不隸將作監。有録事一人，府五人，史十人，亭長一人，掌固四人。初，貞觀六年，置舟楫署，有令一人，正八品下，掌舟楫、運漕；漕正一人，府三人，史六人，監漕一人，漕史二人，典事六人，掌固八人。上元二年，置丞二人，正九品下，掌運漕隐失。開元二十六年，署廢。

河渠署　令一人，正八品下；丞一人，正九品上。掌河渠、陂池、隄堰、魚醢之事。凡溝渠開塞，漁捕時禁，皆顓之。饗宗廟，則供魚鱐；祀昊天上帝，有司攝事，則供腥魚。日供尚食及給中書、門下，歲供諸司及東宫之冬藏。渭河三百里内漁釣者，五坊捕治之。供祠祀，則自便橋至東渭橋禁民漁。三元日，非供祠不採魚。唐有河隄使者。貞觀初改曰河隄謁者。初，有府三人，史六人，典事三人，每渠及斗門有長一人，掌固三人，魚師十二人。初，有監漕十人，從九品上，大曆後省。興成、五門、六門、龍首、涇堰、滋隄，凡六堰，皆有丞一人，從九品下。府一人，史二人，典事二人，掌固二人。貞觀六年皆廢。

河隄謁者六人，正八品下。掌完隄堰、利溝瀆、漁捕之事。涇、渭、

白渠，以京兆少尹一人督視。

諸津　令各一人，正九品上；丞二人，從九品下。掌天下津濟舟梁。灞橋、永濟橋，以勳官散官一人莅之；天津橋、中橋、則以衛士拚掃。凡舟渠之備，皆先儗其半，袽塞、竹䈯，所在供焉。唐改津尉曰令，有録事一人，府一人，史二人，典事三人，津吏五人，橋丁各三十人，匠各八人。京兆、河南諸津，隸都水監；便橋、渭橋、萬年三橋，有丞一人，從九品下；府一人，史十人，典事二人，掌固二人。貞觀中廢。

又　卷四九下《百官志四下》　王府官　傅一人，從三品。掌輔正過失。諮議參軍事一人，正五品上。掌訏謀議事，友一人，從五品下。掌侍游處，規諷道義。侍讀，無定員。文學一人，從六品上。掌校典籍，侍從文章。東西閤祭酒各一人，從七品上。掌禮賢良、導賓客。自祭酒以下爲王官。武德中，置師一人、常侍二人、侍郎四人，皆掌表啓書疏，贊相禮儀；舍人四人，掌通傳引納。謁者二人，舍人二人，諮議參軍事、友，皆正五品下；文學、祭酒，皆正六品下。高宗、中宗時，相王府長史以宰相兼之，魏、雍、衛王府以尚書兼之，徐、韓二王爲刺史，府官同外官，資望愈下。永淳以前，王未出閤則不開府。天授二年，置皇孫府官。玄宗諸子多不出閤，王官益輕而員亦減矣。景雲二年，改師曰傅，開元二年廢，尋復置廢，常侍、侍郎、謁者、舍人。開成元年，改諸王侍讀曰奉諸王講讀，大中初復舊。

長史一人，從四品上；司馬一人，從四品下。皆掌統府僚，紀綱職務。掾一人，掌通判功曹、倉曹、户曹事，屬一人，皆正六品上，掌通判兵曹、騎曹、法曹、士曹事。主簿一人，掌覆省書教，記室參軍事二人，掌表啓書疏，録事參軍事一人，皆從六品上，掌付事、句稽，省署鈔目。録事一人，從九品下。功曹參軍事掌文官簿書、考課、陳設，倉曹參軍事掌禄稟、廚膳、出内、市易、畋漁、芻藁，户曹參軍事掌封户、僮僕、弋獵、過所，兵曹參軍事掌武官簿書、考課、儀衛、假使，騎曹參軍事掌廄牧、騎乘、文物、器械，法曹參軍事掌按訊、決刑，士曹參軍事掌土功、公廨，自功曹以下各一人，正七品上。參軍事二人，正八品下；行參軍事四人，從八品上。皆掌出使雜檢校。典籤二人，從八品下，掌宣傳書教。武德中，改功曹以下書佐、法曹行書佐、士曹佐皆曰參軍事，長兼行書佐曰行參軍，廢城局參軍事，又有鎧曹參軍事二人，掌儀衛兵仗；田曹參軍事一人，掌公廨、職田、弋獵；水曹參軍事二人，掌舟船、漁捕、芻草。皆正七品下。家吏二人，百司問事謁者一人，正七品下。司閤一人，正九品下。貞觀中，廢鎧曹、田曹、水曹。武后時，家吏以下皆廢。主簿、記室有史二人；録事、功曹、倉曹、兵曹、騎曹、法曹、士曹，各府一人、史二人；户曹府、史，各二人。自典籤以上爲府官，郡王、嗣王不置長史。

親事府　典軍二人，正五品上；副典軍二人，從五品上。皆掌校尉以下守衛、陪從，兼知鞍馬。校尉五人，從六品上；旅帥，從七品下；隊正，從八品下，隊副，從九品下。皆掌領事、帳内陪從。自旅帥以下，視親事多少乃置。

帳内府　典軍二人，正五品上；副典軍二人，從五品上。自校尉以下，員、品如親事府。初，典軍以武官及流外爲之，領執仗、帳内等。秦王、齊王府置左右六護軍府、左右護軍府、左右帳内府。左一、右一護軍府，護軍各一人，副護軍各二人，長史、録事參軍事，倉曹、兵曹、鎧曹參軍事，各一人，統軍各五人，別將各一人。左二、右二護軍府，左三、右三護軍府，減統軍三人，別將六人。左右親軍府，統軍各一人，長史各一人，録事參軍事，兵曹、鎧曹參軍事，左別將，右別將，各一人。帳内府職員，與護軍府同。又有庫直，隸親事府；驅咥直隸帳内府。選材勇爲之。貞觀中，庫直以下皆廢。親事府有府一人，史二人；執仗親事十六人，執弓仗；執乘親事十六人，掌供騎乘；親事三百三十人。帳内府有府一人，史一人，帳内六百六十七人。

親王國　令一人，從七品下；大農一人，從八品下。掌判國司。尉一人，正九品下；丞一人，從九品下。學官長、丞各一人，掌教授内人；食官長、丞各一人，掌營膳食；廄牧長、丞各二人，掌畜牧；典府長、丞各二人，掌府内雜事。長皆正九品下，丞皆從九品下。有典衛八人，掌守衛、陪從。舍人四人，録事一人，府四人，史八人。

公主邑司　令一人，從七品下；丞一人，從八品下。掌公主財貨、稟積、田園。主簿一人，正九品下；録事一人，從九品下。督封租、主家財貨出入。有史八人，謁者二人，舍人二人，家史二人。

清·吴任臣《十國春秋》卷一一四《十國百官表》

吴	南唐	前蜀
閤門使	閤門承旨　中門使 武功殿使	閤門使　閤門南院使

	司天臺 監 少監 殿中省 監 少監 內侍省 監	司天監 內侍監 內給事 內飛龍廄使
太常卿	太常寺卿 少卿 丞 博士 奉禮郎	
光祿卿	光祿寺卿 少卿 衛殿寺卿 少卿 丞 宗正寺卿 宗正郎 太僕寺卿 少卿	衛尉卿 少卿
客省使 典客 禮儀使	客省使貶制改延賓院 引進使	客省使
司農卿	司農寺卿判司農事 少卿	
	太府卿 少府監 少監	
		將作監 尚食使 御食厨 支計院
	太醫令	

後蜀	南漢	楚	吳越
殿中省監尚儀 尚衣			

太常卿 少卿	太常卿		
光祿卿			
衛尉卿			
	宗正卿		
客省使			客省使 表奏孔目
太府卿 少卿			
少府監 少監			
將作監			
醫官			
宮苑使	宮苑使		
左街使 染院使 功德使 修奉太廟禮儀使 宣慰使 如京使 如京副使 通奏使 進奏官 大程官 供奏官 捲簾使 崇聖宮使 豐德庫使 普豐庫使 廣義庫使 茶酒庫使	左右街使 西御院使 文房院使 文房院副使 法物使 崇文使		功德判官 進奏使 內供奉 咸寧宮使 大安宮使

	內侍省知府侍省　丞內府局令　局丞　內常侍　內太師　內太傅　內太保　內太尉　內司徒　內司空　內給事　內供奉官　六軍觀軍容使　左右龍虎軍觀軍容使　內中尉　德陵使　萬華宮使　玉清宮使　禹餘宮使　列聖宮使　景陽宮使　秀華宮使　玩華宮使　甘泉宮使　龍德宮使		

【略】

閩	荆南	北漢
閤門使　南廊承旨		
		鴻臚寺卿
客省使　內客省使		客省使　內客省使
		供奉官

藝文

唐·權德輿《權文公集》卷七《國子柳博士兼領太常博士輒申賀贈》　博士本秦官，求才帖職難。臨風曲臺淨，對月璧池寒。講學分陰重，齋祠曉漏殘，朝衣辨色處，雙綬更宜看。

唐·王建《王司馬集》卷七《賀楊巨源博士拜虞部員外》　合歸蘭署已多時，上得金梯亦未遲。兩省郎官開道路，九州山澤屬曹司。諸生拜別收書卷，舊客看來讀制詞。殘著幾丸仙藥在，分張還遺病夫知。

又　卷八《初受太府丞言懷》　除書亦下屬微班，唤作宮曹便不閑。檢案事多關市井，聽人言不在雲山。病童嗔着唯行慢，老馬鞭多轉放頑。此去仙宮無一里，遥看松樹衆家攀。

宋·李昉等《文苑英華》卷二六三《馬戴〈贈祠部令狐郎中〉》　官初執憲稱雄才，省轉爲郎雅望推。待制松陰移玉殿，分霄露氣静天臺。算碁默向孤雲坐，隨鶴閑窮片水廻。忽憶十年相識日，小儒新自海邊來。

顧問諮詢機構部

綜　述

《隋書》卷二八《百官志下》　三師，不主事，不置府僚，蓋與天子坐而論道者也。

三公，參議國之大事，依後齊置府僚。無其人則闕。祭祀則太尉亞獻，司徒奉俎，司空行掃除。其位多曠，皆攝行事。尋省府及僚佐，置公則坐於尚書都省。朝之衆務，總歸於臺閣。【略】

三師、三公，置府佐，與柱國同。若上柱國任三師、三公，唯從上柱國置。王公已下，三品已上，又並有親信、帳內，各隨品高卑而制員。

【略】三師、王、三公，爲正一品。

唐·李林甫等《唐六典》卷一《三師三公》

太師一人，正一品；太傅一人，正一品；太保一人，正一品。《尚書》云：「成王既黜殷命，滅淮夷，歸酆，作《周官》。立太師、太傅、太保，茲爲三公，論道經邦，燮理陰陽。」孔安國曰：「師，天子所師法；傅，傅相天子；保，保安天子於德義。」《禮記》云：「設四輔及三公，不必備，惟其人。言使能也。」漢承秦制，不置三公。漢末，以大司馬、大司徒、大司空爲三公，師傅之官，位在三公上。後漢因之，師、傅尊號曰「上公」，置府僚。魏、晉、江左皆然。後魏太師、太傅、太保尊號曰「三師」，後周又爲三公。隋氏又爲三師，皇朝因之。《漢書》云：「太師、太傅、太保皆古官，金印、紫綬。」《漢官儀》云：「俸月三百五十斛。」《齊職儀》云：「品第一，金章、紫綬，進賢三梁冠，絳朝服，佩山玄玉。」周武王以太公爲太師，《詩》云：「維師尚父，時維鷹揚。」成王以周、召爲之，《書》云：「召公爲保，周公爲師，相成王，爲左右。」漢高后元年置太傅，以右丞相王陵爲之，後省；八年復置，尋省。哀帝元壽二年復置。平帝元始元年置太師、太保，孔光以太傅遷太師，王舜以車騎將軍爲太保，王莽以大司馬領太傅，又置少傅，爲四輔。莽篡位，以太傅、太保、國師、國將爲四輔焉。漢光武唯置太傅，有府僚，拜故密令卓茂爲之。明帝以鄧禹爲之。章、安已下，初卽位皆置太傅録尚書事，其人亡，因罷。迄于漢末，獻帝初平二年，又置太師，以相國董卓爲之。魏氏以鍾繇、司馬宣王爲太傅，鄭冲爲太保，太師不見其人。晉以景王名師，乃係《周官》名，置太宰以代之。武帝以安平王孚爲太宰，鄭冲爲太傅，王祥爲太保。江左太師並因晉爲太宰。梁制十八班，班多者爲貴，上公班第十八，秩萬石。陳以爲贈官。後魏三師正一品，非勳德崇重不居焉。北齊因之。後周依《周官》，以太師、太傅、太保爲三公，不置府僚。隋氏依後魏爲三師，因後周不置府僚，初拜，於尚書省上。煬帝三年廢三師官。皇朝復置，儀制依隋氏。三師，訓導之官也，其名卽周之三公。漢哀、平間，始尊師傅之位在三公上，謂之『上公』，明雖天子必有所師。其後或廢或置，大抵無所統職。至後魏，特稱三師，以正其名。然非道德崇重則不居其位，無其人則闕之，故近代多以爲贈官。皇朝因之，其或親王拜者，但存其名耳。

太尉一人，正一品；《月令》云：「命太尉，贊桀俊。」《漢書·百官表》云：「太尉，秦官。」應劭曰：「自上安下曰『尉』。」《齊職儀》云：「太尉，品第一，金章、紫綬，進賢三梁冠，絳朝服，佩山玄玉。郊廟冕服、七旒，玄衣纁裳，服七章。」《春秋合成圖》云：「堯坐舟中，與太尉舜臨觀鳳皇授圖。」《運斗樞》云：「舜以太尉爲天子。」然緯書通人皆疑其僞，故班氏所不取，而大國亦有其職。漢初或置或省，盧綰、周勃、灌嬰、周亞夫、田蚡並爲之。武帝元狩四年，置大司馬，當太尉之職。至後漢建武二十七年，省大司馬，又置太尉，以太僕趙憙爲之，而與司徒、司空爲三公。靈帝末，劉虞爲大司馬，而太尉如故，二職始兩置矣。漢制，三公府分部九卿，太尉所部太常、衛尉、光禄三卿。三公並置官屬，俸月三百五十斛。獻帝建安十三年，省三公官，置丞相。魏初又置，而兼置大司馬。晉以司馬望爲太尉。歷宋、齊、梁、陳、後魏、北齊，並爲三公，置府僚。宋有大將軍則不置太尉。齊以大司馬爲贈官。梁氏三公加秩至萬石，班第十八。陳正第一品，而與大司馬兩置。後魏有大將軍，不置太尉，正光已後，又並置之。隋置太尉、司徒、司空爲三公，正一品，置府僚；尋省府僚，置公則於尚書省上，皇朝因焉。武德初，秦王兼之；永徽中，長孫無忌爲之。其後，親王拜三公者皆不視事，祭禮則攝者行焉。司徒一人，正一品；《左傳》云：「昔少昊氏以鳥名官，祝鳩氏爲司徒。」《尚書》：「舜命契曰：『百姓不親，五品不遜，汝作司徒，敬敷五教在寬。』」周則爲卿官。《書》云：「御事：司徒、司空、司馬。」又云：「司徒掌邦教，敷五典，擾兆人。」秦置丞相，省司徒。漢因之。至哀帝元壽二年，更名大司徒，與大司馬、大司空爲三公。建武元年，以前將軍鄧禹爲大司徒。二十七年，朱祐議：「契作司徒，禹作司空，並無『大』字。」遂下二府去焉。漢制，司徒所部太僕、鴻臚、廷尉三卿。漢末罷三公，置丞相。魏罷丞相，置三公，以華歆爲司徒。晉以何曾爲司徒。趙王倫篡位，以梁王肜爲丞相，省司徒；肜遷，復舊。永嘉元年，王夷甫爲司徒，東海王鉞爲丞相，則始兩置矣。成帝以王導爲丞相，以司徒府爲丞相府；導薨，復舊。宋有丞相，又置司徒。齊以丞相爲贈官，梁又兩置，陳氏以丞相爲贈官，後魏正光之後復兩置。北齊廢丞相，乾明中又兩置。後周並廢。隋廢丞相，置司徒。皇朝因之。歷代品秩、章服皆同太尉。司空一人，正一品。《左傳》云：「少昊以鳲鳩氏爲司空。」《書》：「舜命禹：『汝作司空，平水土，惟時懋哉！』」孔安國曰：「司空主空土以居人。」案：空，穴也，古者穴居。周以司空爲冬官，掌邦事。秦置御史大夫，省司空。漢因之。至成帝綏和元年，御史大夫何武建議依古置三公官，改御史大夫爲大司空。時，議者以縣、道官獄有司空，故加『大』字以別之。哀帝建平二年，朱博建議：『古之帝王不必相襲。』五年，罷大司空，置御史大夫；元壽二年，復爲大司空。故與御史大夫不兩置。建武元年，用讖言，以野王令王梁爲大司空。二十七年，以朱祐議，去『大』字。獻帝建安十三年，又省司空，置御史大夫。漢制，司空所部宗正、少府、司農三卿。魏省御史大夫，置司空。景初二年，以司隸校尉崔林爲司空。晉以荀顗爲司空。歷宋、齊、梁、陳、後魏、北齊，皆省御史大夫，置司空。後周二職並廢。隋氏韓『忠』，以御史中丞之職爲大夫，故又置司空，品、職並同太尉。皇朝因之。三公，論道之官也。蓋以佐天子，理陰陽，平邦國，無所不統，故不以一職名其官。然周、漢已來，代存其任。自隋文帝罷三公府僚，皇朝因之，其或親王拜者，亦但存其名位耳。

唐·杜佑《通典》卷二〇《職官二·三公總序》 隋置三師，不主事，不置府僚，但與天子坐而論道。置太尉、司徒、司空，以爲三公，參議國之大事，依北齊置府僚，無其人則闕。祭祀則太尉亞獻，司徒奉俎，司空行掃除。其位多曠，皆攝行事。尋省府及僚佐，置公則坐於尚書都省。朝之衆務，總歸於臺閣矣。煬帝即位，廢三師官。

大唐復置三師，以師範一人，儀刑四海。置三公，以經邦論道，燮理陰陽，祭祀則與隋制同。並無其人則闕。天寶以前，凡三師官，雖有其位，而無其人。

又《太宰》 自隋而無。

又《太尉》 歷代唯後周無，其餘皆有，悉爲三公。

又《司徒》 隋及大唐復爲三公。

又《司空》 隋及大唐復为三公。天寶十三年，策拜杨國忠为司空，其日雨土。

又《大司馬》 自隋而無。

又《總敍三師三公以下官屬》 隋三師亦不見官屬。而三公依北齊置府僚，後省府及僚佐。置公則坐於尚書都省。朝之衆務，總歸於臺閣。

大唐三師、三公並無官屬。

《舊唐書》卷一四《憲宗紀上》（元和元年三月壬戌）武元衡奏：『正衙待制官，本置此官以備問。比来正衙多不奏事。自今後請以尚書省六品以上職事官、東宮師傅賓詹、王傅等，每坐日令兩人待制，退朝，詔於延英候對。』從之。

又 卷四三《職官志二》 太師、太傅、太保各一員。謂之三師，並正一品。後漢初，太傅置府僚。至周、隋，三師不置府僚，初拜於尚書省上。隋煬帝廢三師之官。武德復置，一如隋制。三師，訓導之官，天子所師法，大抵無所統職。然非道德崇重，則不居其位。無其人，則闕之。

太尉、司徒、司空各一員。謂之三公，並正一品。魏、晉至北齊，三公置府僚。隋初亦置府僚，尊省府僚，初拜於尚書省上，唐因之。武德初，太宗爲之，其後親王拜三公，皆不視事，祭祀則攝者行也。三公，論道之官也。蓋以佐天子理陰陽，平邦國，無所不統，故不以一職名其官。大祭祀，則太尉亞獻，司徒奉俎，司空掃除。

宋·王溥《唐會要》卷二六《待制官》 貞觀元年閏三月二十九日，太宗謂蕭瑀曰：『朕少好弓矢，自謂能盡其妙。近得良弓十數，以示弓工，弓工乃曰：「此皆非良材也。」朕問其故，工曰：「木心不正，則脈理皆邪，弓雖剛勁，而遣箭不直，非良弓也。」朕始悟焉。朕以弓矢定四方，用弓多矣，而有天下日淺，得爲治之意，固未及於弓。弓猶失之，何況於理！』自是遂延耆老，問以政術。京官五品已上，更宿中書兩省，太宗每延與語，詢訪外事，務知百姓疾苦，政教之得失焉。

永徽六年十二月五日，詔禮部尚書、弘文館學士許敬宗，每日待制於武德殿之西門。

顯慶四年二月二十八日，引諸色目舉人謁見，下詔策問之，凡九百人。李巢、張九齡、秦相如、崔行功、郭待封五人爲上第，令待詔弘文館，每坐日，令五人隨仗供奉。

文明元年九月五日敕文：『京官五品已上清官，每日於章善、明福門，各一人待制』。證聖元年，左衛胄曹參軍員半千充使吐蕃，辭日，則天謂之曰：『久聞卿名，謂是古人，不意乃在朝列。境外小事，不足煩卿，宜且留待制也。』遂與王處知、石抱忠、並爲弘文館學士，仍與著作佐郎路敬淳分日于明德門待制。

先天三年十月五日敕：『京清官及朝集使六品已上，每日兩人隨仗待制，供奉及宿衛官不在此例。』至開元十四年七月，詔曰：『比令百官，更直待制，斯亦讜議，時納箴規，不聞一言，甚無謂也。凡百庶僚，宜體朕懷，各盡昌言，以副虛佇。』於是太子左庶子吳兢等各上疏，極言得失。

永泰元年三月敕：『惟政之難，非賢勿乂，必稽於衆，允執其中，實使羣材，用弘庶績。朕以國步未康，朝經或闕，思與文武藎臣，咨謀善道。』尚書左僕射裴冕，右僕射郭英乂，太子少傅裴遵慶，太子少保、兼御史大夫白志貞，太子詹事、兼御史大夫臧希讓，左散騎常侍楊璀，檢校刑部尚書王昂，檢校刑部尚書崔渙，吏部侍郎李季卿、王延昌，禮部侍郎賈至，杞王傅吴令珪等，並集賢待制。

大曆十四年六月八日，門下侍郎崔祐甫奏：『伏以先天二年令羣臣直日待制，以備顧問。自今已後，准元敕文官一品以下，更直待制，待奏事官盡退，然後趨出，便于兩廊賜食，待進止，至酉時後放。陛下閒暇之際，時有召問，庶或上裨聖政。』奉敕：『宜依，其待制官每日未時放歸。』至建中二年五月二日，敕：『宜令中書門下兩省，分置待制官三十員，仍于見任、前資及同正、兼、試九品已上官中，簡擇文學理道，兵鋒法度優深者，具名聞奏。度支據品秩，量給俸錢，并置本收利供厨料，所須幹力什器廳宇等，并計料處分。』左拾遺、史館修撰沈既濟上疏論之曰：『伏以陛下今日之理，患在官煩，不患員少；患在不問，不患無人。且中書門下尚書官，自常侍、諫議、補闕、拾遺總四十員，及常參待制之官，日有兩人，皆備顧問，亦不少矣。中有二十一員，尚闕人未充，他官缺職，累倍其數。陛下若謂見官非才，不足以議，則當選求能者，以待其人。若欲廣務聰明，畢收淹滯，則當擇其可者，先補缺員，則朝無曠官，俸不徒費。且夫置錢息利，是有司權宜，非陛下經理之法。今官三十員，皆給俸錢，幹力、厨料、什器、建造廳宇，約計一月，不減百萬。以他司息利準之，當以錢二千萬爲之本，方獲百萬之利；若均本配人，當復除二百户，反復計之，所損滋甚。當今關輔大病，皆爲百司息錢，傷人破産，積於府縣，實思改革，以正其源。又臣常計天下財賦富耗斁之大者，唯二事焉，最多者兵資，次多者官俸，其餘雜費，十不當二事之一。所以黎人重困，杼軸猶空，方斯緝熙，必藉裁減，豈俾閒官，復爲冗食！藉舊而置，猶可苟也，若之何加焉？』疏奏，從之。

貞元元年八月二十八日敕：『宜令每日待制官各陳所見一條，仗下後封進，觀古略兼補闕拾遺，有足匡時，固宜無隱。如事煩細，非理道所切者，不須。』其年十二月，詔延英視事，日令常參官七人對見，問以時政，有訴訐及不適事理者，上亦優容以遣之。

三年四月詔：『常參官各以所見封進，每坐日，三四人陳奏利害。』

七年十月詔：『自今已後，每御延英殿，令諸司官長二人，奏本司事。』俄又令常參官每日二人引見，訪以政事，謂之巡對。

元和元年四月，正衙待制官兩員，御史中丞武元衡奏：『本置前件官，以備顧問，比來多不奏事，有同虛設。又貞元七年，更有次對官，難議兩置，去歲已停。今唯以六品已下清官，前例恐非盡善。伏請自今已後，兼以中書門下省、御史臺、拾遺、監察御史，及尚書省六品、諸司四品已上職事官，東宮師、傅、賓客、詹事，及王府諸傅等，每坐日，兩人待制。正衙退後，令于延英候對，以爲常式。』敕：『中書省、御史臺官，故事並不待制，如要論奏，但于延英候對，餘依。』

其年九月詔：『自今兩省官，每日令一人對。』

二年二月，起居舍人鄭隨次對，面奉進止，令宣與兩省供奉官，自今已後，有事即進狀，其次對官宜停。

四年十月，御史臺奏：『應諸色請對官及待制，自今已後，並令前一日進狀來者。伏以延英開日，羣臣皆不前知，遇陛下坐時，方進狀請對，或本司各有要事，便不得奏聞。令遣應候對官，前一日進狀，若以尋常公事，不假面論，但表章足以陳露，倘臨時恐有切務文字，不可進言，更俟後坐，動逾數辰，處置之間，便有不及。又請狀入之時，須在卯前，如後時者，聽不收覽。』依奏。

大和二年九月，應合待制官，御史臺奏：『舊例，諸司官署簿，前三日具名銜報臺司，前一日具名銜聞奏。近皆逼日方報，録奏常恐失時，請自今已後，如不是先陳牒請假，臨時不署簿者，請準朝參不到例，一任加罰。如併三度違犯，即具名聞奏。』依奏。

開成五年三月敕制：『法官朔望不要候對。』初，二年八月，文宗御延英，對刑部郎中千乘王合，大理少卿李或、韋紓等，自後朔望即對刑法官，以詳重輕也。至大中三年十月，宣待制官與諫官、法官循環對。

宋·王溥《五代會要》卷五《待制官》 後唐天成元年七月，御史臺奏：『伏准故事，每月百官入閤，百司排儀仗，金吾勘契。入後，百官待制次對。入閤舉論本司公事，左右起居分記言動，以付史館編録，此大朝經久之道也。近奉敕旨，百官除常朝外，依宰臣每五日一度入内起居，拜訖便退，縱有公事要言，亦宜卷行。因此廢待制次對之官。今後伏乞每月朔望兩度，出御文明殿，排入閤之儀。諸司依前轉對，奏論本司公事，兼乞因宰臣五日一度延英之際，百官要奏事者，臨門狀到，便許引入。如或以山陵日近，朔望不坐，即取次日，亦合舊規。候過山陵，卻復前制。』敕：『其五日一度起居之際，班行内要奏事者便出班奏對。』自後又奏請五日入内起居之際，令百官次第轉對。從之。

三年十月，尚書吏部員外郎趙熙奏：「百官待制，每讀奏于殿廷，慮洩機事，請許封章上聞。」從之。其年十二月十日，中書門下奏：「朝官每遇待制，不計度數，具三代名諱奏聞。伏以臣子之道，資忠孝以爲先；祖考之名，形翰墨而非異。初升朝者不可有缺，久在諱者何必更然。日日赴朝，不處疎遠之地；時時待制，忍煩嚬蹙而書。況屢瀆於天聰，且無益于時政，宜更往例，别示新規。今後自外任除授朝官者，仰具三代名諱，一度聞奏，仍付所司。其久在班者，每遇待制，不令更通三代名諱。」從之。

長興二年八月敕：「今後宰臣文武百官，每五日内殿起居仍舊，其輪次轉對宜停。若有所見，許非時上表。其朔望入閤待制候對，一依舊規。」

晉天福七年三月敕：「今後百官，每五日一度内殿起居日，輪差兩員官具所見，實封以聞。」

漢乾祐三年八月，給事中陶穀奏：「乞停内殿五日轉對，朝臣中或有所見，許非時詣閤門拜章論奏。」從之。

周顯德四年五月詔：「今後每遇入閤，其待制官、候對官及文武臣寮，非時所上章疏，並須直書其事，不得隱情但云某人有武，某人能理人。某處所官吏因循，某州縣刑獄冤濫，某事利于國而未舉，某事害於民而未除，經營四方者術策何施，裨贊萬機者闕遺何補，何人讜正之士，何人詐偽之端，當竭言之，朕自詳覽。其待制、候對官，今後于文班内輪次充，不在祗取刑法官。

《舊五代史》卷一四九《職官志》　後唐清泰二年十一月，制：「以前同州節度使、檢校太尉、同平章事馮道爲守司空。」時議者曰：「自隋、唐以來，三公無職事，自非親王不恒置，自非親王不恒置，據《職官分紀》云：親王加三公三師，多兼官使。是單置者，即親王亦不能得其寵任也。今附職于此。於宰臣爲加官，無單置者。」道在相位時帶司空，及罷鎮，未命官，議者不練故事，率意行之。及制出，言議紛然，或云便可綜中書門下事，或云須册拜開府。及就列，無故事，乃不就朝堂敍班，臺官兩省官入就列，方入，宰臣退，踵後先退。劉昫又以罷相爲僕射，出入就列，一與馮道同，議者非之。及晉天福中，以李鏻爲司徒，周廣順初，以竇貞固爲司徒，蘇禹珪爲司空，遂以爲例，議者不復有云。

《新唐書》卷四六《百官志一》　三師三公　太師、太傅、太保，各一人，是爲三師；太尉、司徒、司空，各一人，是爲三公。皆正一品。三師，天子所師法，無所總職，非其人則闕。三公，佐天子理陰陽、平邦國，無所不統。

親王拜者不親事，祭祀闕則攝。隋廢三師，貞觀十一年復置，與三公皆不設官屬。

又　卷四七《百官志二》　左散騎常侍二人，正三品下。掌規諷過失，侍從顧問。隋廢散騎常侍。貞觀元年復置，十七年爲職事官。顯慶二年，分左右，隸門下、中書省，皆金蟬、珥貂，左散騎與侍中爲左貂，右散騎與中書令爲右貂，謂之八貂。龍朔二年曰侍極。

清·吳任臣《十國春秋》卷一一四《十國百官表》

吳	南唐	前蜀
太師太傅太保	太師太傅太保	太師太傅太保
太尉司徒司空	太尉司徒司空	少師少傅少保

【略】

後蜀	南漢	楚	吳越
太師太傅太保	太師太傅太保		太師太傅太保
太尉司徒司空	太尉司徒司空	太尉司徒司空	太尉司徒司空 三師三公官皆承制加檢校

【略】

閩	荊南	北漢
太師太傅太保		太師太傅太保
太尉司徒司空		司徒

清・嵇璜等《續通典》卷二三《職官一》　三公　唐親王拜三公者，不親事祭祀闕則攝。唐以太尉、司徒、司空爲三公，已詳杜佑《通典》。三師自代宗廣德以後，始以授宰相、勳臣及藩鎮。唐以太師、太傅、太保爲三師。五代時不常置。

又　卷二四《職官二》　唐肅宗至德後，三師不常置，多爲藩鎮、勳臣、宰臣優禮之官。三公亦不常置。五代三公、三師不常置，多以畀藩鎮及贈官。宋以太師、太傅、太保爲三師，太尉、司徒、司空爲三公，爲宰相、親王、使相加官，其特拜者不預政事。【略】

太師　太師古官，唐昭宗乾寧元年，以李克用守太師。唐制以太師師範一人儀刑四海，其職至重，終唐之世拜是官者，惟克用一人。

梁太師不常置，末帝龍德時，加韋震太師。

後唐太師不常置，莊宗同光初，拜張全義太師。明宗天成中，贈霍彥威太師。

晉以太師爲贈官，出帝開運中，贈烏震爲太師。

周亦以太師爲贈官，世宗顯德中，贈王進爲太師。

太傅　太傅古官，唐太傅不常置。至德以前，未有拜是官者，文宗太和三年，以王智興爲太傅，九年以李載義守太傅，昭宗光化元年以韓建守太傅。

五代以太傅爲贈官，梁太祖贈劉捍爲太傅，後唐明宗長興中贈趙光逢爲太傅，閔帝應順中贈周知裕爲太傅，晉高祖天福中贈楊思權爲太傅，周太祖廣順中贈趙瑩爲太傅。

太保　太保古官，唐太保不常置。至德以前未有是官，代宗廣德元年以僕固懷恩爲太保，憲宗元和七年杜佑罷宰相後以太保致仕，文宗太和四年以平章事李載義守太保，僖宗中和三年以建王震守太保，光啟三年以宰臣韋昭度爲太保。

梁以太保爲贈官，末帝貞明中贈馬嗣勳太保。

後唐太保不常置，天成中以趙光逢爲太保。

晉太保不常置，開運中以劉煦爲太保。

太尉　太尉秦官，唐制非有大功者不授是官。肅宗至德二載，以廣平郡王俶爲太尉。上元二年，加李光弼太尉。代宗廣德二年，加郭子儀太尉。大曆八年，加田承嗣爲太尉。德宗建中二年，朱泚爲太尉。貞元三年，以李晟爲太尉。武宗會昌四年，以宰臣李德裕守太尉。

梁太尉不常置，貞明中加牛存節太尉，亦爲贈官，王景仁曾贈太尉。

後唐以太尉爲贈官，明宗贈孔循王師範爲太尉。

晉開運中加馮道爲太尉，閻寶爲檢校太尉，亦爲贈官，天福中贈房知溫、劉審交爲太尉。

司徒　司徒古官，唐司徒不常置。代宗廣德二年，以李抱玉爲司徒。大曆十四年，以同平章事李正已爲司徒。德宗貞元三年，以馬燧爲司徒。憲宗元和元年，以同平章事杜佑爲司徒。穆宗長慶四年，加横海節度使李光顔守司徒。文宗太和元年，加天平節度使烏重允守司徒。武宗會昌元年，以李德裕爲司徒。宣宗大中六年，以白敏中檢校司徒。懿宗咸通三年，以同平章事杜悰爲司徒。僖宗中和元年，以王鐸爲司徒。

梁開平中，拜趙光逢爲司徒。

周爲贈官，顯德中，贈盧文紀爲司徒。

司空　司空古官，唐司空不常置。至德二載，以同平章事郭子儀、李光弼爲司空。寶應元年，以李輔國爲司空。廣德元年，以李抱玉爲司空。元和三年，以于頔守司空。十五年，以裴度守司空。太和九年，以同平章事王涯守司空。會昌二年，以同平章事李德裕爲司空。大中六年，以白敏中守司空。咸通六年，以福王綰爲司空。三年，以同平章事杜悰守司空。僖宗廣明元年，榮王憒守司空。乾寧二年，以孔緯、徐彥若爲司空。

梁司空不常置，開平中，以趙光逢爲司空。

後唐廢帝清泰時，以馮道爲司空，亦爲贈官。長興中，贈鄭珏爲司空。

晉天福中，以劉煦爲司空，以馮道守司空。

周司空不常置，廣順中，以盧文紀爲司空。

清・嵇璜等《續通志》卷一三〇《職官一》　太師、太傅、太保，唐制三師不常置。至德以後，太傅、太保多爲藩鎮、勳臣及宰輔優禮之官，唯太師不輕授。五代仍唐制。

三公

太尉、司徒、司空，唐制三公非有大功者不授。五代多爲藩鎮加官及贈官。

三孤

少師、少傅、少保，唐五代皆不置。

臣等謹按，公、孤之職，昉自《周官》。《唐六典》仍漢制，以太尉、司徒、司空爲三公，亦曰三司，而《周官》之三公，則號爲三師，後遂因而不改。

論説

宋・范祖禹《唐鑑》卷八《玄宗上》 臣祖禹曰：三公坐而論道，天子所與共天位，治天職者也。故其禮不可不尊，其任不可不重。自堯舜至於三代，尊禮輔相，詩書著矣。漢承秦敝，崇君卑臣，然猶宰相進見天子。御坐爲起，在輿爲下，所以體貌大臣，而風厲其節也。開元之初，明皇勵精政治，優禮故老，姚宋是師。天寶以後，宴安驕侈，倦求賢俊，委政羣下。彼小人者，惟利是就，不顧國體，巧言令色，以求親昵。人主甘之，薄於禮而厚於情，是以林甫得容其姦，故人君不體貌大臣，則賢者日退，而小人日進矣。

清・錢大昕《廿二史考異》卷四四《唐書四・百官志一》 太師、太傅、太保，各一人。案：《宰相表》，天寶以前無眞除三師者。太保自廣德二年僕固懷恩始，太傅自大和三年王智興始，太師惟李克用一人。若檢校官至三師者，班次尚在眞三公之下，故《表》略而不書，亦猶使相之不列於《表》也。

財政機構部

綜述

《隋書》卷二八《百官志下》 度支尚書統度支、户部侍郎各二人，金部、倉部侍郎各一人。

唐・李林甫等《唐六典》卷三《尚書户部》 户部尚書一人，正三品；周之地官卿也。漢成帝置尚書五人，其三曰民曹，主吏人上書事。後漢以民曹兼主繕修功作，當工官之任，魏置左民尚書，晉初省之，太康中又置。惠帝時有右民尚書。東晉及宋、齊並置左民尚書，梁、陳並置左户尚書，並掌户籍，兼知工官之事。後魏、北齊有度支尚書，亦左民、左户之任也。後周依《周官》，置地官府大司徒卿。隋初曰度支尚書，開皇三年改爲民部，皇朝因之。貞觀二十三年改爲户部，顯慶元年改爲度支，龍朔二年改爲司元太常伯，咸亨元年復爲户部。光宅二年改爲地官尚書，神龍元年復故。侍郎二人，正四品下。周之地官小司徒中大夫也。漢已來尚書侍郎，今郎中之任。後周依《周官》。隋煬帝置民部侍郎，皇朝因之。貞觀二十三年改爲户部，顯慶元年改爲度支，龍朔二年改爲司元少常伯，咸亨、光宅、神龍並隨曹改復。户部尚書、侍郎之職，掌天下户口井田之政令。凡徭賦職貢之方，經費賙給之算，藏貨贏儲之准，悉以咨之。其屬有四：一曰户部，二曰度支，三曰金部，四曰倉部；尚書、侍郎總其職務而奉行其制命。凡中外百司之事，由於所屬，皆質正焉。

郎中二人，從五品上；《周官》司徒屬官有下大夫，蓋郎中之任也。漢尚書郎一人主户口墾田。魏有左民郎曹，西晉兼置右民郎曹，東晉及宋、齊唯有民部曹，梁、陳爲左户郎，後魏爲左户曹郎，北齊有左民郎曹。隋初，民部郎曹置侍郎二人；煬帝除『侍』字，皇朝爲郎中。貞觀二十三年改爲户部，明慶爲度支，龍朔爲司元大夫，咸亨、光宅、神龍並隨曹改復。員外郎二人，從六品上；《周官》司徒屬官有上士，後周依焉，蓋今員外之任也。隋開皇六年置民部員外郎，煬帝改爲民曹承務郎，皇朝改爲民部員外郎。貞觀、明慶、龍朔、咸亨、光宅。神龍並隨曹改復。主事四人，從九品上。隋煬帝置。郎中、員外郎掌領天下州縣户口之事。凡天下十道，任土所出而爲貢賦之差。其物産經不盡載，並具下注。舊額貢獻，多非土物。或本處不産，而外處市供；或當土所宜，緣無額遂止。開元二十五年，敕令中書門下對朝集使隨便條革，以爲定準，故備存焉。【略】

度支郎中一人，從五品上；漢有度支侍郎，即郎中之任也。歷魏、晉、宋、齊、後魏、北齊並有度支郎中，梁、陳、隋爲侍郎，煬帝但曰『郎』。自漢、魏以來，皆度支尚書領度支郎，開皇三年，改度支尚書爲民部尚書，始民部領之，皇朝因焉。武德三年加『中』字。龍朔二年改爲司度大夫，咸亨元年復故。員外郎一人，從六品上；隋開皇六年置，煬帝改曰承務郎，皇朝爲員外郎。龍朔、咸亨隨曹改復。主事二人，從九品上。度支郎中、員外郎掌支度國用、租賦多少之數，物産豐約之宜，水陸道路之利，每歲計其所出而支其所用。開元二十二年敕，諸司繁冗，及年支色役，費用既廣，姦僞日滋。宜令中書門下與諸司長官量事停減冗官及色役、年支、雜物等，總六十五萬八千一百九十八，官吏稍簡而費用省矣。凡物之精者與地之近者以供御，謂支納司農、太府、將作、少府等物。物之固者與地之遠者以供軍，謂支納邊軍及謂都督、都護府。皆料其遠近、時月、衆寡、好惡，而統其務焉。凡陸行之程：馬日七十里，步及驢五十里，車三十里。水行之程：舟之重者，泝河日三十里，江四十里，餘水四十五里；空舟泝河四十里，江五十里，餘水六十里。沿流之舟則輕重同制，河日一百五十里，江一百里，餘水七十里。其三峽、砥柱之類，不拘此限。若遇風、水淺不得行者，即於隨近官司申牒上驗記，聽折半功。轉運、徵斂、送納，皆準程而節其遲速。凡和市、糴皆量其貴賤，均天下之貨，以利於人。凡金銀、寶貨、綾羅之屬，皆折庸、調以造焉。凡天下舟車水陸載運皆具爲腳直，輕重、貴賤、平易、險澀，而爲之制。河南、河北、河東、關内等四道諸州運租、庸、雜物等腳，每馱一百斤，一百里一百文，山阪處一百二十文；車載一千斤九百文。黄河及洛水河，并從幽州運至平州，上水，十六文，下，六文。餘水，上，十五文；下，五文。從澧，荆等州至揚州，四文。其山陵險難、驢少處，不得過一百五十文；平易處，不得下八十文。其有人負處，兩人分一馱。其用小舡處，并運向播、黔等州及涉海，各任本州量定。凡天下邊軍皆有支度之使以計軍資、糧仗之用，每歲所費，皆申度支而會計之，以《長行旨》爲準。支度使及軍州每年終各具破用、見在數申金部、度支、倉部勘會。開元二十四年敕，以每年租耗雜支，輕重不類，令户部修《長行旨條》五卷，諸州刺史、縣令改替日，並令遞相交付者。省司每年但據應支物數進畫頒行，附驛遞送。其支配處分，並依旨文爲定，金部皆遞覆而行之。

金部郎中一人，從五品上；漢置尚書郎四人，其一人主財帛委輸，蓋金部郎曹之任也。歷魏、晉、宋、齊、後魏、北齊並有金部郎中，梁、陳、隋爲侍郎，煬帝但曰『郎』，皇朝因之。武德三年加『中』字。龍朔二年改爲司珍大夫，咸亨元年復故。員外郎一人，從六品上；隋開皇六年置，煬帝改曰承務郎，皇朝爲員外郎。龍朔、咸亨隨曹改復。主事三人，從九品上。金部郎中、員外郎掌庫藏出納之節，金寶財貨之用，權衡度量之制，皆總其文籍而頒其節制。凡度以北方秬黍中者一黍之廣爲分，十分爲寸，十寸爲尺，一尺二寸爲大尺，十尺爲丈。凡量以秬黍中者容一千二百爲龠，二龠爲合，十合爲升，十升爲斗，三斗爲大斗，十斗爲斛。凡權衡以秬黍中者百黍之重爲銖，二十四銖爲兩，三兩爲大兩，十六兩爲斤。凡積秬黍爲度、量、權衡者，調鍾律，測晷景，合湯藥及冠冕之制則用之；內、外官司悉用大者。凡庫藏出納皆行文傍，季終而會之。若承命出給，則於中書省覆而行之。百司應請月俸，則符、牒到，所由皆遞覆而行之。舊制，京官有防閤、庶僕、俸食、雜用等。開元二十四年，敕以爲『名目雖多，料数先定，既煩案牘，因此生姦。自今以後，合爲一色，都以月俸爲名。其貯米亦合入禄數同申。』遂有恒式。乃置木契，與應出物之司相合，以次行用，隨符、牒而合之，以明出納之慫。金部置木契一百一十隻：二十隻與太府寺合，十隻與東都合，十隻與九成宮合，十隻與行從太府寺合，十隻行從金部與京金部合，十隻行從金部與東都合，二十隻與東都太府寺合，二十隻東都金部與京金部合。凡有互市，皆爲之節制。諸官私互市唯得用帛練、蕃綵，自外並不得交易。其官市者，兩分帛練，一分蕃綵。若蕃人須糴粮食者，監司斟酌須數，與州司相知，聽百姓將物就互市所交易。凡縑、帛之類，必定其長短廣狹之制，端、匹、屯、綟之差焉。羅、錦、綾、段、紗、縠、絁、紬之屬以四丈爲匹，布則五丈爲端，錦則六兩爲屯，絲則五兩爲絢，麻則三績爲綟。凡賜物十段，則約率而給之：絹三匹，布三端，綿四屯。貲布、紵布、罽布各一端。春、夏以絲代綿。若雜綵十段，則絲布二匹、紬二匹、綾二匹、縵四匹。若賜蕃客錦綵，率十段則錦一張、綾二匹、縵三匹、綿四屯。凡遣使覆囚，則給以時服一具，隨四時而與之。若諸使經二季不還，則給以時服一副，每歲再給而止。諸□人出使覆囚者，并與各給時服一具，春、夏遣者給春衣，秋、冬去者給冬衣。其出使外蕃及傔人并隨身雜使、雜色人有職掌者，量經一府已上，亦准此。其雜色人邊州差者，不在給限。其寻常出使過二季不還者，當處斟量，并與各給時服一副。去本任五百里内充使者，不在給限。凡時服稱一具者，全給之；一副者，減給之。一具者，春秋給袍一、絹汗衫一、頭巾一、白練袴一、絹褌一，鞾一量并氈；夏則以衫代袍，以单袴代裌袴，余依春、秋；冬则袍加绵一十两，袄子八两，袴六两。一副者，除袄子、汗衫、褌、头巾、鞾，余同上。正、冬之會，稱束帛有差者，皆賜絹，五品已上五匹，六品已下三匹。命婦會，則視其夫、子。

倉部郎中一人，從五品上；《周禮》地官有廩人下大夫之職，爲舍人、倉人、司禄之長，掌九穀之數，賙賜稍食，以知足否，蓋倉部之任也。自魏、晉、宋、齊、後魏、北齊並有倉部郎中，梁、陳爲侍郎。後周地官府有司倉下大夫一人。隋初置倉部侍郎，煬帝但曰『郎』，宋、齊、梁、陳、後魏、北齊並以度支尚書領倉部；開皇三年，改度支爲民部，領之。皇朝因隋，曰倉部郎，武德三年加『中』字。龍朔二年改司庾大夫，咸亨元年復故。員外郎一人，從六品上；後周地官府有小司倉上士一人，則其任也。隋開皇六年置，煬帝曰承務郎，皇朝復曰倉部員外郎。龍朔、咸亨並隨曹改復。主事三人，從九品上。倉部郎中、員外郎掌國之倉庾，受納租税，出給禄廩之事。凡京官每年禄：正一品七百石，從一品六百石，正二品五百石，從二品四百六十石，正三品四百石，從三品三百六十石，正四品三百石，從四品二百六十石，正五品二百石，從五品一百六十石，正六品一百石，下以十石为差，至從七品七十石，正八品六十七石，下以五石为差，至從九品五十二石。外官降一等。应降等者，正、從一品各以五十石为一等，二品、三品皆以三十石为一等，四品、五品皆以二十石为一等，六品、七品皆以五石为一等，八品、九品皆以二石五斗为一等。春、夏二季則春給之，秋、冬二季則秋給之。有閏者不别給。乃置木契一百枚以與出給之司相合，以次行用，隨符、牒而給之。倉部置木契一百隻：三十隻與司農寺合，十隻與太原倉監合，十隻與永豐倉監合，二十隻與東都司農寺合，二十隻行從倉部與京倉部合，十隻與行從司農寺合。凡在京諸司官人及諸色人應給倉食者，皆給貯米，本司據見在供養。九品以上給白米。流外長上者，外别給兩口糧。諸牧尉給五口糧，牧長四口糧。兩口準丁，餘準中男給。諸牧監獸醫上番日，及衛士、防人已上征行若在鎮及番還，並在外諸監、關、津番官上番日給。土人任者，若尉、史，並給身糧。諸官奴婢皆給公糧，其官户上番充役者亦如之。凡致仕之官五品已上及解官充侍者，各給半禄。卽還官者，通計前禄以充後數。凡都之東租納於都之含嘉倉，自含嘉倉轉運以實京之太倉。自洛至陝運於水，量其遞運節制，置使以監統之。陸運從洛至陝運於陸，自陝至京運於水，量其遞運節制，置使以監統之。陸運從洛至陝分别量計十五文，付運使，於北路分爲八遞，應須車牛，任使司量運多少召雇情願者充，以十月起運，盡歲止。凡王公已下，每年户别據已受田及借荒等，具所種苗頃畝，造青苗簿，諸州以七月已前申尚書省，至徵收時，畝别納粟二升，以爲義倉。寬鄉據見營田，狹鄉據籍徵。若遭損四已上，免半；七已上，全免。其商賈户無田及不足者，上上户税五石，上中已下遞減一石，中中户一石五斗，中下户一石，下上七斗，下中五斗，下下户及全户逃並夷獠薄税並不在取限，半輸者準下户之半。鄉土無粟，聽納雜種充。凡義倉之粟唯荒年給糧，不得雜用。若有不熟之處隨須給貸及種子，皆申尚書省奏聞。凡常平倉所以均貴賤。今太府寺屬官有常平署。開元二十四年敕：『常平之法，其來自久。比者，州縣雖存，所利非廣；京師輻輳，浮食者多。今於京城内大置常平，賤則加價收糴，使遠近奔委；貴則終年出糶，而永無匱乏也。』

唐·杜佑《通典》卷二三《職官五》

（戶部尚書）自周隋有民部，始當今户部之職。開皇三年，改度支爲民部，統度支、民部、金部、倉部四曹，國家修《隋志》，謂之户部，蓋以廟諱故也。煬帝時，韋冲爲民部尚書。又武德二年，隋民部尚書蕭瑀爲相府司録。大唐永徽初，復改民部爲户部，廟諱故也。太宗在位，詔官號人名及公私文籍有『世』『民』兩字不相連者，並不諱。至高宗始諱之。顯慶元年，改户部爲度支。龍朔二年，改度支尚書爲司元太常伯。咸亨元年，復爲户部尚書。初，户部居禮部之後，武太后改置天地四時之官，以户部爲地官，由是遂居禮部前。神龍元年，復改地官爲户部，總判户部、度支、金部、倉部事。

（侍郎二人）今侍郎，則隋煬帝置民部侍郎。大唐因之，後改曰户部。龍朔二年，改爲司元少常伯。咸亨元年，復爲户部侍郎。他時曹名或改，而官號不易。舊制一員，長安四年加一員，神龍元年減，二年復加。

（郎中二人）隋初爲户部侍郎，煬帝除『侍』字，隋末改爲民部郎。武德初，爲民部郎中。龍朔二年，改郎中爲大夫，咸亨元年復舊。他時曹名或改，而官號不易。掌户口、籍帳、賦役、孝義、優復、蠲免、婚姻、繼嗣、百官、衆庶、園宅、口分、永業等。建中三年正月，户部侍郎判度支杜佑奏：『天寶以前，户部事繁，所以郎中、員外各二人判署。自兵興以後，户部事簡，度支事繁，唯郎中員外各一人。請回輟郎中、員外各一人，分判度支案。待天下兵革已息，却歸本曹。』奉敕依。員外郎二人。隋文帝置，煬帝改爲承務郎。武德三年，復爲員外郎。

（度支郎中一人）隋初爲度支侍郎，煬帝除『侍』字，武德加『中』字。龍朔二年，改度支爲司度，咸亨元年復舊。掌支使國用。開元二十四年三月，户部尚書同中書門下三品李林甫奏：『租庸、丁防、和糴、雜支春綵、税草諸色旨符，承前每年一造，據州府及諸司計，紙當五十萬張，仍差百司抄寫，事甚勞煩。條目既多，詳檢難過，緣無定額，支税不常，亦因此涉情，兼長姦僞。臣今與採訪使及朝集使商量，有不穩便於人、非當土所出者，隨意沿革，務從允便，卽人知定准，政有常文，編成五卷，以爲長行旨符。省事司每年但據應支物數，巡者頒行，每州不過一兩紙，仍附驛送。』敕依。至德以後，戎事費多。二年十二月，吕諲爲兵部侍郎平章事，充勾當度支使。上元元年五月，劉晏爲户部侍郎、勾當度支使。元年建子月，元載爲户部侍郎、勾當度支使。寶應元年正月，劉晏爲户部侍郎、勾當度支使。貞元二年十二月，韓滉以宰相加度支使。五年二月，竇參爲中書侍郎平章事、度支使。自後雖無，亦有他官判，或云『權判』亦云『專判』。員外郎一人。改置與户部員外郎同。

（金部郎中一人） 隋初爲金部侍郎，煬帝除『侍』字。武德中，加『中』字。龍朔二年，改金部爲司珍，咸亨初復舊。天寶中改爲司金，至德初復舊。掌庫藏金寶貨物，權衡度量等事。自開元二年置鑄錢使，皆以他官爲之。員外郎一人。改置與户部員外郎同。

（倉部郎中一人） 隋初爲倉部侍郎，煬帝除『侍』字。武德中，加『中』字。龍朔二年，改倉部爲司庾，咸亨初復舊。天寶中，改爲司儲，至德初復舊。掌諸倉廪之事。開元二十六年以後置出納使，皆以他官爲之。訢音許斤切。員外郎一人。改置與户部員外郎同。

宋·王溥《唐會要》卷五八《尚書省諸司中》 户部尚書 武德元年，因隋爲民部尚書。貞觀二十三年六月二十日，改爲户部尚書。顯慶元年七月二十一日，改爲度支尚書。龍朔二年，改爲司元太常伯。咸亨元年，復爲户部尚書。光宅元年，改爲地官尚書。神龍元年，復爲户部尚書。

武德九年十月二十九日，民部尚書裴矩奏：『突厥殘暴之處，户請給絹一疋。』太宗謂曰：『朕於天下，惟誠與信，不欲空有存恤之名，而無其實。但户有大小，各須存濟，給物雷同，豈公思之未至也。』治書侍御史孫伏伽進曰：『裴矩受國恩賞，未聞陳議救恤百姓，則欲苟釣虚名，用心若此，豈當朝寄，請鞫其罪。』太宗從之。其後計口爲率，貧民賴焉。

開元六年五月四日敕：『諸州每年應輸庸調資課租，及諸色錢物等，令尚書省本司豫印紙送部。每年通爲一處，每州作一簿。預皆量留空紙，有色數，並於脚下具書綱典姓名，郎官印置。如替代，其簿遞相分付。』

二十四年，敕以每年租税雜支，輕重不類，令户部修長行旨條五卷，諸州刺史、縣令替日，並合令遞相交付。省司每年但據應支物數進畫頒行，附驛遞送。其支配處分，並依旨文爲定。

元和五年二月，户部尚書李仁素准元和四年五月敕，釐革諸道州府應徵留使、留州錢物色目，并帶使州合送省錢，便充留州給用等。據諸道申報，除與敕文相當外，或稱土宜不同，須重類會起置者。諸州府先配供軍錢，迴令送省。帶使州府，先配送省錢，便留供軍，卽供軍見錢盡在帶使州府。事頗偏併，宜令於管内州，據都徵錢數，逐貫均配。其先不徵見錢州郡，不在分配限。如坊郭户配見錢須多，鄉村户配見錢須少，卽但都配定見錢，一州數，任刺史於數内看百姓穩便處置。其敕文不加減者，卽准州所申爲定額。如于敕額見錢外輒擅配一錢，及納物不依送省中估，刺史、縣令、録事參軍，節級科貶焉。

户部侍郎改復名號與尚書同 舊制本一員。垂拱四年四月十一日，加一員，以武攸寧爲之。

蘇氏駁曰：故事，度支，案郎中判入，員外郎判出，侍郎總統押案而已，官銜不言專判度支。至乾元元年十月，第五琦改户部侍郎，帶專判度支，自後遂爲故事，至今不改。若别官來判度支，卽云知度支事，或云專判度支。

貞元四年二月，上以度支自有兩税及鹽鐵、榷酒錢物以充經費，遂令收除陌錢及闕官料，并外官闕官職田及減員官諸料，令户部侍郎竇參專掌，以給京文武官員料錢，及百司紙筆等用，至今行之。

元和六年四月，户部奏請置巡官二人，從之。其年七月，户部請減使及判案郎官每月雜給錢。從之。

八月，户部侍郎李絳奏請諸州府闕官職田禄米，及見在任官抽一分職田，所在收貯，以備水旱，從之。

十二年十二月，户部奏：『淮西以虺蜴攸居，歷年貢賦不入，有司差之。今則化被齊民，便爲善地。其申、光、蔡等州，今所貢鸂鶒、綾、生石斛等，並同日到。其諸道貢物，舊例至今月十五日已進納訖。臣今便欲取申、光、蔡貢物，以元日陳于樂懸之南，示中外，禮畢，請准式送納。』從之。

十三年十月，中書門下奏：『户部、度支、鹽鐵三司錢物，皆繫國用，至於給納，事合分明。比來因循，都不剖析，歲終會計，無以準繩。蓋緣根本未有綱條，所以名數易爲盈縮。伏請起自今以後，每年終，各令具本司每年正月一日至十二月三十日所入錢數及所用數，分爲兩狀，入來年二月内聞奏，併牒中書門下。其錢如用不盡，須具言用外餘若干見在；如用盡，及侵用來年錢并收闕，並須一一具言。其鹽鐵使所收，議列具一年都收數，并已支用及送到左藏庫欠錢數。其所欠亦具監院額緣某事欠未送到。户部出納，亦約此爲例。條制既定，亦絶隱欺，如可施行，望爲常典。』從之。

寶曆二年正月，户部侍郎崔元略奏：『准賦役，今内外六品以下官，及京司諸色職掌人，合免課役。請自今以後，應諸司見任官，及准式合蠲免職掌人等，並先於本司陳牒責保，待本司牒到，然後與給符。其前資官，卽請於都省陳狀，准前勘責，事若不實，准詐僞律論。其孝子順孫，義夫節婦及割股奉親，比來州府免課役，不由所司。今後請應有此色，敕下後，亦須先牒當司。如不承户部文符，其課役不在免限。』從之。

開成元年，湖南觀察使盧周仁進羨餘錢十萬貫，户部侍郎歸融奏曰：『天下一家，何非君土，中外財賦，皆陛下府庫也。周仁輒陳小利，妄説異端，言南方火災，恐成灰燼，進于京國，如徇私恩。臣恐天下倣傚，以羨餘爲名，刻剥生民。其所進錢，請還湖南，代貧下租税。』

三年四月敕：『户部侍郎兩員，自今已後，先授上者，宜令便判錢穀。如帶平章事及判鹽鐵、度支，兼中丞、翰林學士，卽不在此限。仍爲永例。』

五年三月，户部侍郎崔蠡奏：『天下州府應合管係户部諸色斛斗，自今已後，刺史，觀察使除授，到任交割後，並須分析聞奏。』敕旨宜依。

大中二年十一月，兵部侍郎判户部魏扶奏下州府應管當司諸色錢物斛斗等：『前件錢物斛斗，散在天下州府，緣當司無巡院覺察，多被官吏專擅破除，歲久之後，卽推在所腹内，徒煩勘詰，終無可徵。今後諸州府錢物斛斗文案，委司録事參軍專判，仍與長史通判。每至交替，各具申奏，並無懸欠。至考滿日，遞相交割，請准常平義倉斛斗例，與減選，仍每月量支紙筆錢。若盗使官錢，及將借貸與人，並請准元敕，以贓論。加徵收欠折及違限省條，並請量加懲殿。如缺司録，卽請令選諸强幹官員專知，不得令假攝官權判。』從之。

咸通四年六月，河南、江淮等道分巡院，荆襄、江西道分巡院，並宜敕停。

又 卷五九《尚書省諸司下》 度支使 乾元元年，第五琦除度支郎中、河南五道度支使。二年十二月，吕諲除兵部侍郎、同中書門下平章事，充句當度支使。上元元年五月，劉晏除户部侍郎，句當度支使。元年建子月，元載除户部侍郎，句當度支使。貞元二年二月，韓滉加度支使。五年二月，竇參中書門下平章事，充度支使，八年三月停。

建中元年五月十七日，度支奏諸色錢物及鹽井利等：『伏緣財賦，新有釐革，支計闕供，在臣職司，夙夜憂負。今後望指揮諸州，若不承度支文牒，輒有借使及擅租賃迴換，本州府録事參軍、本縣令專知官，並請同入已枉法贓科罪，庶物無乾隱，事有條流。其應合徵收諸色錢物，所由官有違程限，致闕軍須，請停給禄料。』敕旨依奏。其年八月，宰臣楊炎論奏曰：『夫財賦，邦國之大本，生人之喉命，天下治亂輕重皆由焉。是以前代歷選重臣主之，猶懼不集，往往覆敗，大計一失，則天下摇矣。先朝權制，内臣領其職，以五尺宦豎操邦國之本，豐儉盈虚，雖大臣不得知，無以計天下利害。臣愚待罪宰輔，陛下至德，惟民是恤，參校蠹弊，無斯之甚。請出之以歸有司，然後可以議政。』上然之，詔：『今後財賦皆歸左藏庫，一用舊式，每歲量進三五十萬入太盈，而度支先以全數聞奏。』初，國家舊制，天下財賦皆納于左藏庫，而太府四時以聞奏，尚書比部覆其出入，上下相轄，無甚失誤。及第五琦爲度支、鹽鐵使，時京師多豪將，求取無節，琦不能禁，乃悉以租賦進入大盈内庫，以中人主之意。天子以取給爲便，故不復出。是以天下公賦，爲人君私積，有司不得窺其多少，國用不能計其贏縮，迨二十年。中官以冗名持簿書，領其事者三百人，皆奉給其間，連結根固不可動。及炎作相，片言復之，中外稱美焉。

貞元初，度支杜佑讓錢穀之務，引李巽自代先是，度支以制用惜費，漸權百司之職，廣置吏員，繁而難理。佑始奏營繕歸之將作，木炭歸之司農，染練歸之少府，綱條頗整，公議多之。

二年十二月，度支奏：『請於京城及畿縣行榷酒法，每斗榷一百五十文。其酒户並蠲免雜役。』從之。

永貞元年八月，度支使奏：『當司別貯庫，往年裴延齡領使務，始奏置之，只將正庫物減充別貯，唯是虚言，更無實益。又創置官典守等，不免加彼料糧。伏請併入正庫，庶事且費省。』從之。

元和十四年六月，判度支皇甫鎛奏：『諸道州府監院，每年送上都兩稅、榷酒、鹽利、支放米價等疋段，加估定數。』從之。給事中崔植抗論，以爲用兵歲久，百姓凋弊，往者雖估逾其實，不可復追。疏奏不從。

長慶二年三月，以鴻臚卿、判度支張平叔爲户部侍郎，依前判度支。時幽鎮行營諸軍，以出境仰給度支者十五萬餘人，魏博、滄景之師，皆壓賊境而壘，亦藉兵數，徵討司所給。自河北置供軍院，其布帛衣賜往往不至供軍院，遽爲諸軍强見驅奪，懸師前鬬者，反無支給。其饋餉主吏，由此得罪者，前後相次。平叔知國用空乏，遂以邪計，得司邦賦。至是又寵之地卿，然竟無術以救其闕，驟塵顯級，人皆罪之。未幾，又上言：『度支所管榷鹽舊法，爲弊年深，臣令官中自糶鹽法，可以富國强兵，勸農積貨。』疏其利害十八條。詔下其奏，令公卿議之。中書舍人韋處厚抗論不可，以平叔條制不周，經畫未盡，以爲利者反害，以爲簡者至煩，乃即其條目，隨以設難，事多不載，末云：『臣竊以古人云：「利不百，不變法，功不十，不易器。」改更之事，自古所難。臣於平叔無讎，所陳者非挾情，所議者歸利害，唯聖主獨斷，歸于至公。然强人之所不能，事必不立；禁人之所必犯，法必不行。臣嘗爲開州刺史，當時被鹽監吏人横擾官政，亦欲鹽歸州縣，總領其權。常試研求，事有不可，蓋以設法施行，須徇風俗，或東州便即西州害，或南州易即北州難。且據山南一道明之，興元巡管，不用見錢，山谷貧人，隨土交易。布帛既少，食物隨時，市鹽者或一斤麻，或一兩絲，或蠟或漆，或魚或鷄，瑣細叢雜，皆因所便。今逼之布帛，則俗且不堪其弊，官中貨之以易絹，則勞而無功。伏惟聖慮裁擇。』時平叔輕巧恃恩，自謂言無不允，及處厚駁奏，上覽之，稱善，令示平叔，詞屈，其法遂罷。

會昌六年十一月，刑部尚書、判度支崔元式奏：『諸道所出次弱綾、絹、紗等，宜令禁斷。其舊織並不得行使，仍令所在官中收納。如更織造，買賣同罪。』

咸通八年十月，户部判度支崔彦昭奏：『當司應收管江淮諸道州府今年已前兩稅、榷酒諸色屬省錢，准監地，以諸州籍帳錢造考堂，制度又過於省中。移都水監於省西北，割右武衛園地置之。乾元以後，毁拆並盡，今爲戶部園。』

户部員外郎改復並與郎中同　開元四年五月二十九日敕：『蠲符，每年令當州取緊厚紙，背上皆書某州某年及紙次第，長官句當同署印記。京兆、河南六百張，上州四百張，中州三百張，下州二百張。安南、道、廣、桂、容等五府，准下州數，管内州蠲同。此紙不別書題州名，並赴朝集使，送户部本判官掌納，依次用之。』

二十九年七月十七日，每鄉置『望鄉。』天下諸州，上縣不得過二十人，中縣不得過十五人，下縣不得過十人。其長安、萬年，每縣以五十人爲限，太原、上黨、晉陽三縣，各以三十人爲限。並取耆年宿望、諳識事宜、灼然有景行者充。

天寶十二載七月十三日敕：『諸郡父老，宜改爲耆壽。』

會昌元年二月，中書門下奏：『伏以南省六曹，皆有職分，若各守官業，即不因循。比來户部、度支兩司，尚書侍郎多奏請諸行郎官判錢穀文案，遂令本司郎吏束手閑居，至於廳事，皆爲他官所處。臣等商量，請自今已後，其度支、户部錢穀文案，望悉令本司郎官分判，不在更請諸行郎官限。仍委尚書侍郎，同諸司例，便自於司内選擇差判，不必更一一聞奏。其户部行郎官，仍望委中書門下，皆選擇與公務相當除授。如舊例，逐年商人投狀便换。自南蠻用兵以來，置供軍使，當司在諸州府場院錢，猶有商人便换。齎省司便换文牒，至本州府請領，皆被諸州府稱准供軍使指揮占留。以此商人疑惑，乃致當司支用不充。乞下諸道州府場監院，依限送納，及給還商人，不得託稱占留。』從之。

别官判度支　開元二十二年九月，蕭炅除太府少卿，知度支事。二十三年八月，李元祐除太府少卿，知度支事。天寶七載，楊釗除給事中、兼御史中丞，權判度支。貞元八年三月，户部尚書班宏加專判度支。其年七月，司農少卿裴延齡加權判度支，十二年三月，改爲户部尚書、判度支。九月，蘇弁除度支郎中兼御史中丞，副知度支。貞元已前，他官來判者甚衆，自後多以尚書、侍郎主之，别官兼者希矣。故事，度支案郎中判入，員外判出，侍郎總統押案而已，官銜不言專判度支。開元以後，時事多故，遂有他官來判者，或尚書、侍郎專判，乃曰度支使，或曰判度支使，或曰知度支事，或曰句當度支使，雖名稱不同，其事一也。建中初，欲使天下錢穀皆歸金部、倉部，終亦不行。

户部郎中　隋爲民部郎中，貞觀改户部郎中，自後改復名號與侍郎同。

天寶八載，郎中張傳濟廢帳房爲户部員外郎廳，次北爲户部郎中廳，皆至宏麗。又於省街東奏取都水本行員數欠少，亦任於諸行稱閑司中，選其才職資序相當者奏請轉授。所冀莅事有常，分官無曠，庶或可久，以革從權。』敕旨依奏。

度支郎中　隋爲度支郎。武德初，加『中』字。龍朔二年，改爲司度大夫。咸亨元年，復爲度支郎中。

度支員外郎改復與郎中同　開元二十四年三月六日，户部尚書、同中書門下三品李林甫奏：『租庸丁防和糴雜支、春綵税草諸色旨符，承前每年一造。據州府及諸司計，紙當五十餘萬張，仍差百司抄寫，事甚勞煩。條目既多，詳檢難遍，緣無定額，支税不常，亦因此涉情，兼長奸僞。臣今與採訪使、朝集使商量，有不穩便於人，非當土所出者，隨事沿革，務從允便。卽望人知定準，政必有常，編成五卷，以爲常行旨符。省司每年但據應支物數，進書頒行，每州不過一兩紙，仍附驛送。』敕旨依。

貞元十二年九月，以倉庫郎中、判度支案蘇弁授度支郎中，副知度支事，仍命立於正郎之首。有副知之號，自弁始也。

元和三年十月，度支使鄭元奏：『當司判案郎官先有六員，今請用四員爲定。』從之。

四年十一月，加度支判案郎官一員。

長慶三年十二月，度支奏：『主客員外郎、判度支案白行簡，前以當司判案郎官、刑部郎中韋詞，近差使京西句當和糴，遂請白行簡判案。今韋詞卻回，其白行簡合歸本司。伏以判案郎官比有六人，近或止四員，伏請更置郎官一員判案，留白行簡充。』敕旨依奏。

金部郎中　隋爲金部郎。武德三年，加『中』字。龍朔二年，改爲司珍大夫。咸亨元年，復舊。天寶十一載三月七日，改爲司金郎中。至德二載十二月十五日，復舊。

金部員外郎改復與郎中同。

倉部郎中　隋爲倉部郎。武德三年，加『中』字。龍朔二年，改爲司庾大夫。咸亨元年，復舊。天寶十一載三月七日，改爲司儲郎中。至德二載十二月十五日，復舊。

倉部員外郎改復與郎中同　天寶三載七月二十三日，金、倉令史不許轉選及充使典。

建中二年正月詔：『天下錢穀皆歸金部、倉部，中書門下簡兩司郎官，准格式條理。』

鑄錢使　開元二十五年二月，監察御史羅文信充諸道鑄錢使。天寶三載九月，楊慎矜除御史中丞，充鑄錢使。四載十一月，度支郎中楊釗充諸道鑄錢使。上元元年五月，劉晏除户部侍郎，充句當鑄錢使。其年五月二十五日，殿中監李輔國加京畿鑄錢使。寶應元年六月二十八日，劉晏又除户部侍郎，充句當鑄錢使。廣德二年正月，第五琦除户部侍郎，充諸道鑄錢使。其年六月三日，禮部尚書、除兼御史大夫李峴，充江南西道句當鑄錢使。永泰元年正月十三日，劉晏充東都、淮南、浙東西、湖南、山南東道鑄錢使，第五琦充京畿、關内、河東、劍南、山南西道鑄錢使。大曆四年三月，劉晏除吏部尚書，充東都、河南、淮南、山南東道鑄錢使，五年三月二十六日停。

延資庫使　會昌五年九月，敕置備邊庫，收納度支、户部、鹽鐵三司錢物，至大中三年十月，敕改延資庫。初以度支郎中判，至四年八月，敕以宰相判。右僕射、平章事白敏中、崔鉉相繼判。其錢三司率送，初年，户部每年二十萬貫疋，度支、鹽鐵每年三十萬貫疋，次年以軍用足，三分減其一，諸道進奉助軍錢物則收納焉。

咸通五年七月，延資庫使夏侯孜奏：『鹽鐵、户部先積欠當使咸通四年已前延資錢絹三百六十九萬餘貫疋，内戶部每年合送錢二十六萬四千二百八十五貫疋，從大中十二年至咸通四年九月已前，除納收外，欠一百五十萬五千七百一十四貫疋。當使録户部積欠數多，先具申奏，請於諸道州府場監院，合納户部所收八十文除陌錢内割一十五文，屬當使自收管。敕命雖行，所送稽緩。今得户部牒，稱所收管除陌錢，除錢絹外，更有諸雜貨物。延資庫徵收不便，請起今年，合納延資庫錢物，一時便足。其已前積欠，候物力稍充，積漸填塞。其所割十五文錢，卽當使仍舊收管。又緣累歲已來，嶺南用兵，多支户部錢物，當使不欲堅論舊欠，請依户部商量，合納今年一年額色錢絹須足，明年卽依舊制，三月、九月兩限送納畢。其已前積欠，仍令户部自立填納期限者。』敕旨依之。

八年九月，延資庫使曹確奏：『户部每年合送當使三月、九月兩限絹二十一萬四千一百疋、錢五萬貫，自大中八年已後至咸通四年，積欠一百五十萬五千七百餘貫疋。前使杜悰申奏，起請咸通二年正月以後，於諸道州府場監院合送户部八十文除陌錢内割十五文，當使收管，以填積欠。續據户部牒，稱州除陌錢有折色零碎，請起咸通五年所合送延資庫錢絹，逐年兩限須足，其除陌十五文，當司仍舊收管。前使夏侯孜具事由申奏，且請依户部論請期限。其咸通五年錢絹，户部已送納，自六年至八年，其錢絹依前不全送，又積欠三十六萬五千五百七十貫文者。伏以所置延資庫，初以備邊爲名，至大中三年，始改今號。若財貨不充，則名額虚設。當置之時，所令三司逐分減送當使收管元敕，只有錢數，但令本司減割送庫，不定色。目以此因循，漸隳舊制，年月既久，積欠轉多。既無計以徵收，乃指色以取濟，稍待備邊名號，得遵元敕指揮，乃割户部除陌八十文内十五文收管，及户部請逐年送庫，須且稟從。今既積欠又多，終慮不及期限，臣今酌量，請諸道州府場監院合送户部錢絹内分配，令勒留不合送延資庫數目，令本處别爲綱運，與户部綱同送上都，直納延資庫，則户部免有逋懸，不至累年積欠。』從之。

比部郎中　隋爲比部郎，唐因之。武德三年，加『中』字。龍朔二年，改爲司計大夫。咸亨元年，復爲比部郎中。

比部員外郎改復與郎中同　建中元年四月，比部狀稱：『天下諸州及軍府赴句帳等格，每日諸色句徵，令所由長官録事參軍、本判官據案狀子細句會。其一年句獲數，及句當名品，申比部。一千里已下正月到，二千里已下二月到，餘盡三月到盡。省司撿勘，續下州知，都至六月内結。數關度支，便入其年支用。旨下之後，限當年十二月三日内納足者。諸軍支使亦准此。又准大曆十二年六月十五日敕，諸州府請委當道觀察判官一人，每年專按覆訖，准限比部者。自去年以來，諸州多有不到。今請其不到州府，委黜陟使同觀察使計會句當，發遣申省，庶皆齊一，法得必行。』敕旨依奏。

貞元八年閏十二月十七日，尚書右丞盧邁奏：『伏詳比部所句諸州，不更句諸縣，唯京兆府、河南府既句府并句縣。伏以縣司文案既已申府，府縣并句，事恐重煩。其京兆府、河南府請同諸州，不句縣案。』敕旨依。

十一年正月，制令比部復舊敕，句京兆留府税租。

長慶元年六月，比部奏：『准制，諸道年終句帳，宜依承前敕例。如聞近日刺史留州數内，妄有減削，非理破使者，委觀察使風聞按舉，必重加科貶，以誡削減者。其諸州府仍請各委録事參軍，每年據留州定額錢物數，破使去處，及支使外餘剩見在錢物，各具色目，分明造帳，依格限申比部。准常限，每限五月三十日都結奏。旨下之後，更送户部。若違限及隱漏不申，録事參軍及本判官並牒吏部使闕。』敕旨：『宜從。』

大和四年九月，比部奏：『准大和三年十一月十八日赦文，天下州府兩税，占留支用有定額，其殘欠羡餘錢物，並合明立條件，散下諸州府者。伏以德澤弘深，優裕郡國，申明舊敕，曉示新規，使其政有準繩，法無差繆，實天下幸甚。又諸州應有城郭，及公廨、屋宇、器械、舟車、什物等，合建立修理，須創制添換。又當州或屬將校所由，有巡檢非違，追捕盜賊，須行賞勸，合給程糧者。又當州或百姓貧窮，納税不逮，須矜放要添貨額者。又當州遇年穀豐熟，要收糴貯，備以防災歉者。』敕旨：『宜依。』

出納使　開元二十六年九月，侍御史楊慎矜充太府出納使。天寶二年六月，殿中侍御史張瑄充太府出納使。四載八月，殿中侍御史楊釗充司農出納錢物使。六載三月，楊慎矜改户部侍郎，充兩京含嘉倉出納使。其載，楊釗替充兩京含嘉倉出納使。乾元元年，度支郎中第五琦充兩京司農、太府出納使。

宋·王溥《五代會要》卷一五《户部》　後唐天成三年閏八月，廢户部鬭紙。四年五月，尚書户部狀申：『伏緣當司鬭符，近奉敕令，有事功可著者，即户部奏聞，又不開逐年及第進士及諸科舉人事例。今據前進士趙象乞鬭符者。』奉敕：『凡登科第，皆免征徭，如或雷同，慮傷風化，兼緣近有敕命，不合更乞鬭符。所宜特示明規，務在勸人爲學，除新敕前已給鬭符外，應禮部貢院，每年諸道及第人等，宜令逐道審驗，春關冬集，不得一例差徭，其及第人亦不得虚影占户名。』

長興二年九月二日敕：『凡置營田，比召浮客，若取編户，實紊常規。如有係税之人，宜令卻還本縣。應三京諸道營田，祗耕佃無主荒田，及召浮客。此後若敢違越，其官吏及投名税户，當行重斷。』

三年五月二十九日，尚書户部奏：『當司所管天下合貢方物，於長興三年三月定到七十餘州。舊例，冬至後齊到，正仗前點檢，至元日殿前排列，當司引進。昨點檢今年正仗前，内六十七州至，其餘二十州，自正月至三月，方到京師。其江陵府所貢胎白魚，勘問本道進奏官，狀稱每年臘月浥造，至正仗未堪供進。其餘州府，未曾嚴加告諭，請行敕命約束。如來年正仗前貢物不齊，其本州官典，量定殿罰。又棣州合進蘿蔔子，本州稱無本色，折進價錢絹一疋。任土作貢，豈合折錢，其絹價停。』敕：『江陵府胎白魚，許於限内伏進，餘依奏。』

應順元年正月敕：『諸州府籍没田宅，並屬户部，除賜功臣外，禁請射。』

晉天福四年閏七月，尚書户部奏：『李自倫義居六世，准敕旌表門間，當司元無令式，秖先有登州義門王仲昭六代同居，其旌表有廳事步欄，前列屏樹，烏頭，正門閥閲一丈二尺，二柱相去一丈，柱端安瓦桶黑漆，號烏頭，築雙闕一丈，在烏頭之南三丈七尺，夾街十有五步，槐柳成列。今舉此爲例，又不載令文。』敕：『王仲昭正廳烏頭門等事，既非故實，恐紊彝章，宜從令式，祇表門間。於李自倫所居之前，量地之宜，高其外門，安綽楔。門外左右各建一臺，高一丈二尺，廣狹方正，稱臺之形，圬以白泥，四隅染赤。行列樹植，隨其事力。同籍課役，一准令文。』

周廣順二年正月敕：應諸處户部營田人户租税課利，除京兆府莊宅務、贍軍國榷鹽人户、兩京行從莊外，其餘並割屬州縣，所征租税課利，官中秖營户部營田舊徵課額，其户部營田職員，一切停廢。

一、應有客户元佃係省莊田，桑土、舍宇，便令充爲永業。自立户名，仍具元佃桑土、舍宇、牛具動用實數，經縣陳狀，縣司給與憑由，仍放户下三年差遣。若不願立户名，許召主卸佃，不得有失元額租課。其車牛動用、屋舍、樹木，亦各宣賜，官中更不管係。

一、諸處營田，户部院及係賜人户所納租牛課利，其牛每頭具上率納苗課，逐年都納秋夏斛斗二萬一千餘石，更納錢鞋布稈草等。其租牛緣官中係帳，不管死損，歲月既深，轉益貧困。所徵牛租，起今年後並與除放。所有見在牛犢並賜本户，官中永不收係。

一、諸州鎮郭，下及草市，見管屬省店宅、水磑，委本處常切管句，其徵納課利，不得虧失。若有人收買，具見直價例申省，仍仰本户承認元本税錢。如是元本税錢重大，卽減價出賣。如無税錢，亦仰量事出税，管認輸納。其空閑倒塌店宅及空地，亦准此指揮。所有貨賣宅舍，仍先問見居人，若不買，次問四鄰。不買，方許衆人收買。其元隨宅舍諸般物色，亦仰隨本業貨賣。其兩京城内及草市屋宅店舍，不在此例。宜令諸道州府准此。

其年九月敕：『京兆府耀州莊宅，三白渠使所管莊宅，宜並屬州縣。其本務職員節級，一切停廢。除見管水磑及州縣鎮郭下店宅外，應有係官桑土、屋宇、園林、車牛動用，並賜見佃人充本業。如已有莊田，自來被本務或形勢影占，令出課利者，並敕見佃人爲主，依例納租。條理未盡，委三司區分。仍差尚書刑部員外郎曹匪躬專往點檢，割屬州縣。』

又　卷一五《度支》　周顯德五年閏七月，度支奏：『當司漕運水陸行程制。陸行，馬日七十里，步及驢五十里，車三十里。水行，泝流，舟之重者，汴河日三十里，江四十里，餘水五十里；空舟，汴河日四十里，江五十里，餘水六十里；沿流之舟，輕重同制，河日一百五十里，江一百里，餘水七十里。其三峽、砥柱之類，不拘此限。若遇風、水淺不得行者，聽折半功。河南、河北、河東、關内等四道諸州，運租庸雜物等，脚每馱一百斤，一百里一百文，山阪處一百二十文，車載一千斤九百文。從黄河及潞河，自幽州運至平州，每十斤泝流十六文，沿流六文，餘水泝流十五文，沿流五文。從澧、荆等州至揚州四文。其山阪險難，驢少處每馱不得過一百五十文，平易處不下八十文。有人員處，兩人分一馱。其運向播、黔等及涉海，各在本處量定。』

《新唐書》卷四六《百官志一》　户部　尚書一人，正三品；侍郎二人，正四品下。掌天下土地、人民、錢穀之政、貢賦之差。其屬有四：一曰户部，二曰度支，三曰金部，四曰倉部。

梁開平三年九月，以門下侍郎、平章事薛貽矩兼延資庫使。至乾化二年五月，以門下侍郎、平章事于兢兼延資庫使。

户部郎中、員外郎，掌户口、土田、賦役、貢獻、蠲免、優復、姻婚、繼嗣之事，以男女之黄、小、中、丁、老爲之帳籍，以永業、口分、園宅均其土田，以租、庸、調斂其物，以九等定天下之户，以爲尚書、侍郎之貳。其後以諸行郎官判錢穀，而户部、度支郎官失其職矣。會昌二年著令：以本行郎官，分判錢穀。

户部巡官二人，主事四人；度支主事二人；金部主事三人；倉部主事三人。高宗即位，改民部曰户部。龍朔二年，改户部曰司元，度支曰司度，金部曰司珍，倉部曰司庾。光宅元年，改户部曰地官。天寶十一載，改金部曰司金，倉部曰司儲。有户部令史十七人，書令史三十四人，計史一人，亭長六人，掌固十人；度支令史十六人，書令史三十三人，計史一人，掌固四人；金部令史十人，書令史二十一人，計史一人，掌固四人；倉部令史十二人，書令史二十三人，計史一人，掌固四人。

度支郎中、員外郎，各一人，掌天下租賦、物産豐約之宜、水陸道涂之利，歲計所出而支調之，以近及遠，與中書門下議定乃奏。

金部郎中、員外郎，各一人，掌天下庫藏出納、權衡度量之數，兩京市、互市、和市、宫市交易之事，百官、軍鎮、蕃客之賜，及給宫人、王妃、官奴婢衣服。

倉部郎中、員外郎，各一人，掌天下庫儲，出納租税、禄糧、倉廩之事。以木契百，合諸司出給之數，以義倉、常平倉備凶年，平穀價。

論　説

唐·李紳《追昔遊集》《請户部分判度支奏》 南宫六曹，皆有職分，各責官業，即事不因循。近者户部度支，多是諸軍奏請，本司郎吏，束手閒居。今後請祗令本行分判，委中書門下簡擇公幹才器相當者轉授。

宋·李昉等《文苑英華》卷六九八《權德輿〈論度支疏〉》 十一月十二日，將仕郎守右補闕臣權德輿謹昧死頓首上疏皇帝陛下。臣聞建官惟賢，任人以器，細大畢效，輮輻無遺。蓋就其所長，以求至當，古人所以有優於趙魏而劣於滕薛，敗於粟邑而理於頻陽，誠才各有所極也。伏見司農少卿權判度支裴延齡，早以文學，累居官次，固而似守，刻而少通，徒有專勤之心，且非適時之器。往者貳大農之卿長，司太倉之出納，號爲稱職，蓋有恒規。陛下急於奬能，切於賞善，權委邦賦，冀有成績。集作冀其有成。且度支所務，天下至重，量入爲出，從古所難。使物無遺利而不可竭，竭則害生類；使姦無隱情而不可刻，刻則傷人和。調其盈虚，制其損益。上繫邦本，下繫元元。苟非全才通識，則有所壅。自延齡受任，已近半載，集作歲。羣議紛然，皆曰非宜且。權其輕重，固與守之之才不同，邊儲經費之功，懋遷移用之法，貴無留事，以酌乎中，簿領簡書，周行郡國。失於毫釐，利病相萬一物未理，所軫皇情。而延齡切於感恩，昧於量力，思有以效，强所不通，則有枉尺直尋之心，多方自固之計。吏伺其隙，人售其姦，因緣蒙弊，觸類滋長，致遠恐泥，學製實傷，異時甚敗，罪之何補？伏料聖意，久未正授延齡職名，似觀其能否，以爲進退。官司閭里，衆口一心，評議諠譁，所不可遏。伏望與一二宰臣時有裁議，或詔問度支郎官，使得以事實條對，苟言者謬妄，蓋有以辨之，或才實未稱，恐難久處。倘擇能代，命以他官，以全延齡，以便天下。上副求理之意，下遂陳力之宜，則事任交修，職業不廢。臣忝備陛下諫諍之官，常服師訓，緘默自負，無以爲容。阮嗣宗口不言人之短，臣心常師之，但以束帶立朝，則異於是，職當獻納，豈敢顧身？耳有所聞，心有所見，義在無隱，以奉聖明，言而獲戾，臣之死所。不勝愚瞽悃欵之至！伏惟陛下裁擇。謹奏。

清·趙翼《廿二史劄記》卷二〇《新舊唐書·方鎮兵出境即仰度支供餽》 諸方鎮各擅土地，賦税足以養軍，乃朝廷用之討叛，則一出本境，即須朝廷給以衣糧，此國力所以困於用兵也。討王廷湊時，諸鎮兵十五萬，纔出境即仰度支，乃置南北供軍院。由度支轉運，往往多爲賊所截，不得至院。《廷湊傳》討李同捷時，諸軍在野，朝廷特置供軍糧料使，日費寖多。諸帥每有小捷，輒張其數以邀賞，實欲困朝廷而緩賊也。繒帛征馬，賜之無算。《同捷傳》劉總出軍討王承宗，取其武强縣，遂持兩端，以利朝廷賞賜。《承宗傳》其實心爲國者惟李鄘，以淮南兵二萬討李師道，糧餉未嘗仰給於有司。《鄘傳》王智興之討李同捷，亦自備五月糧。《智興傳》朝廷皆特褒之。伐叛討逆，國家固不可惜費，而如唐之驕藩鎮，則國力爲之敝，而賊勢亦益以張。故討李師道時，魏博田弘正請自黎陽渡河，裴度以爲不可，曰：『黎陽渡河，既離本界，便至滑州，徒仰度支供饋，不如且在河北養威。俟霜降後，於揚劉渡河，即可直抵鄆州賊境也。』《度傳》討劉稹時，李德裕亦奏言：『向來朝廷伐叛，兵纔出界，便費度支供餉，故逗撓以困國力。或密與賊通，取一縣一柵，以爲勝捷，所以師出無功。今當令王元逵、何弘敬只取州，勿取縣。』未幾，果平賊。《德裕傳》此亦伐謀之術也。

藝文

唐·錢起《錢仲文集》卷五《送元中丞江淮轉運》 薄税歸天府，輕傜頼使臣。歡沾賜帛老，恩及卷綃人。去問殊官俗，來經幾劫春。東南御亭上，莫問有風塵。

又 卷六《奉送劉相公江淮催轉運》 國用資戎事，臣勞爲主憂。將徵任土貢，更發濟川舟。擁傳星還去，過池鳳不留。唯高飲水節，稍淺別家愁。落葉淮邊雨，孤山海上秋。遥知謝公興，微月在江樓。

唐·劉長卿《劉隨州集》卷二《送度支留後若侍御之歙州便赴信州省覲》 國用憂錢穀，朝推此任難。即山榆莢變，降雨稻花殘。林響朝登嶺，江喧夜過灘。遥知驄馬色，應待倚門看。

又 《送河南元判官赴河南句當青苗税充百官俸錢》 春草長河曲，離心共渺然。方收漢官俸，獨向汶陽田。鳥雀空城在，榛蕪舊路還。山東征戰苦，幾處有人煙。

又 卷三《送青苗鄭判官歸江西》 三苗餘古地，五稼滿秋田。來問周公税，歸輸漢俸錢。江城寒背日，湓水暮連天。南楚凋殘後，疲民頼爾憐。

又 卷四《行營酬吕侍御時尚書問罪襄陽軍次漢東境上侍御以州鄰寇賊復有水火迫以徵税詩以見諭》 不敢淮南卧，來趨漢將營。受辭瞻左鉞，扶疾拜前旌。井税鶉衣樂，壺漿鶴髮迎。水歸餘斷岸，烽至掩孤城。晚日歸千騎，秋風合五兵。孔璋才素健，早晚檄書成。

唐·歐陽詹《歐陽行周文集》卷二《送潭州陸户曹之任户曹自處州司倉除》 三語又爲掾，大家聞屈聲。多年名下人，四姓江南英。衡嶽半天秀，湘潭無底清。何言驅車遠，去有蒙莊情。

宋·李昉等《文苑英華》卷二七一《包何〈送韋侍御奉使江嶺諸道催青苗錢〉》 遠近從王事，南行處處經。手持霜簡白，心在夏苗青。廻鴈書應報，愁猿客屢聽。因君使絶域，萬物盡来庭。

宋·王安石《唐百家詩選》卷一二《楊巨源〈胡二十拜户部兼判度支〉》 清機果被公材撓，雄拜知承聖主恩。廟略已調天府實，國征方覺地官尊。徒言玉節將分閫，定是沙隄欲到門。爲愛山前新卜第，不妨風月事琴罇。

雜録

唐·劉餗《隋唐嘉話》 梁公以度支之司，天下利害，郎曹當闕，求之未得，乃自職之。

唐·白居易《白氏長慶集》卷四八《中書制誥一·牛僧孺可户部侍郎制》 敕：户部侍郎，周之地官小司徒也。掌天下田户之圖，生齒之籍，賦役貨幣之政令，以待國用，而質歲成。元和以還，日益寵重，善其職者，多登大任；中茲選者，莫匪正人。誰其稱之？我有邦彦，朝議郎、守御史中丞、上柱國、賜紫金魚袋牛僧孺：自舉賢良，踐臺閣，秉潤色筆，提糾繆綱；而書命無繁詞，決事無留獄，受寵有憂色，納忠多苦言。朕心知之，何用不可？夫以人會之重如彼，僧孺之賢若此：俾居是職，不亦宜乎？可守尚書户部侍郎，散官、勳［賜］如故。

文化教育機構部

綜述

《隋書》卷二八《百官志下》 秘書省，監、丞各一人，郎四人，校書郎十二人，正字四人，録事二人。領著作、太史二曹。著作曹，置郎二人，佐郎八人，校書郎、正字各二人。太史曹，置令、丞各二人，司曆二人，監候四人。其曆、天文、漏刻、視祲，各有博士及生員。

太常寺又有博士四人，協律郎二人，奉禮郎十六人。統郊社、太廟、諸陵、太祝、衣冠、太樂、清商、鼓吹、太醫、太卜、廩犧等署。各置令，並一人。太樂、太醫則各加至二人。丞。各一人。郊社、太樂、鼓吹則各至二人。郊社署又有典瑞。四人。太祝署有太祝。二人。太樂署、清商署，各有樂師員。太樂八人，清商二人。鼓吹署有哄師。二人。太醫署有主藥、二人。醫師、二百人。藥園師、二人。醫博士、二人。助教、二人。按摩博士、二人。祝禁博士二人。等員。太卜署有卜師、二十人。相師、十人。男覡、十六人。女巫、八人。太卜博士、助教、各二人。相博士、助教各一人。等員。

國子寺元隸太常。祭酒，一人。屬官有主簿、録事。各一人。統國子、太學、四門、書算學，各置博士、國子、太學、四門各五人，書、算各二人。助教、國子、太學、四門各五人，書、算各二人。學生國子一百四十人，太學、四門各三百六十人，書四十人，算八十人。等員。

仁壽元年，罷國子學，唯立太學一所，置博士五人，從五品，學生七十二人。

唐·李林甫等《唐六典》卷四《尚書禮部》 禮部尚書一人，正三品；周之春官卿也。漢成帝置尚書五人，其四曰客曹，主外國夷狄事。光武分六曹，吏部曹主選舉、齋祀事。然則夷狄、齋祀，皆今禮部之職。東晉始置祠部尚書，常與右僕射通職，若右僕射闕，則以祠部尚書知右事。宋、齊、梁、陳皆號祠部尚書。後魏稱儀曹尚書。北齊亦爲祠部尚書，掌祠祭、醫藥、死喪、贈賻等事。後周依周官，置春官府大宗伯卿一人。隋更爲禮部尚書，皇朝因之。龍朔二年改爲司禮太常伯，咸亨元年復爲禮部。光宅元年爲春官尚書，神龍元年復故。侍郎一人，正四品下。周之春官小宗伯中大夫也。漢已來尚書侍郎，今郎中之任。後周依周官。隋煬帝置禮部侍郎，皇朝因之。龍朔二年改爲司禮少常伯，咸亨、光宅、神龍並隨曹改復。禮部尚書、侍郎之職，掌天下禮儀、祠祭、燕饗、貢舉之政令。其屬有四：一曰禮部，二曰祠部，三曰膳部，四曰主客；尚書、侍郎總其職務而奉行其制命。凡中外百司之事，由於所屬，皆質正焉。凡舉試之制，每歲仲冬，率與計偕。其科有六：一曰秀才，試方略策五條。此科取人稍峻，貞觀已後遂絶。二曰明經，三曰進士，四曰明法，五曰書，六曰算。凡正經有九：《禮記》、《左氏春秋》爲大經，《毛詩》、《周禮》、《儀禮》爲中經，《周易》、《尚書》、《公羊春秋》、《穀梁春秋》爲小經。通二經者，一大一小，若兩中經。通三經者，大、小、中各一。通五經者，大經並通。其《孝經》、《論語》、《老子》並須兼習。凡明經先帖經，然後口試并答策，取粗有文理者爲通。舊制，諸明經試每經十帖，《孝經》二帖，《論語》八帖，《老子》兼注五帖，每帖三言，通六已上，然後試策十條，通七，即爲高第。開元二十五年敕：諸明經先帖經，通五已上，然後口試，每經通問大義十條，通六已上，并答時務策三道。凡進士先帖經，然後試雜文及策，文取華實兼舉，策須義理惬當者爲通。舊例帖一小經并注，通六已上；帖《老子》兼注，通三已上，然後試雜文兩道、時務策五條。開元二十五年，依明經帖一大經，通四已上，餘如舊。凡明法試律、令，取識達義理，問無疑滯者爲通。所試律、令，凡每部試十帖。策試十條；律七條，令三條。凡明書試《説文》、《字林》，取通訓詁，兼會雜體者爲通。《説文》六帖，《字林》四帖；兼口試，不限條數。凡明算試《九章》、《海島》、《孫子》、《五曹》、《張丘建》、《夏侯陽》、《周髀》、《五經》、《綴術》、《緝古》，取明數造術，辨明術理者爲通。《九章》三帖，《五經》等七部各一帖，《綴術》六帖，《緝古》四帖，録大義本條爲問。凡此六科，求人之本，必取精究理實而升爲第。其有博綜兼學須加甄奬，不得限以常科。開元二十五年敕，明經、進士中，除所試外，明經有兼明五經已上，每經帖十通五已上，口問大義十條，疏義精通，通五已上；進士有兼通一史，試策及口問各十條，通六已上，須加甄奬，所司録名奏聞。其進士唱及第訖，其所試雜文及策，送中書門下詳覆。其明經口問仍須對同舉人考試。其試宏文、崇文生，自依常式。其弘文、崇文館學生雖同明經、進士，以其資廕全高，試取粗通文義。弘、崇生習一大經一小經、兩中經者，習《史記》者、《漢書》者、《東觀記》者、《三國志》者，皆須讀文精熟，言音典正，策試十道，取粗解注義，經通六，史通三。其試時務策者，皆須識文體，不失問目意，試五得三。皆兼帖《孝經》、《論語》，共十條。太廟齋郎亦試兩經，文義粗通，然後補授，考滿簡試。其郊社齋郎簡試亦如太廟齋郎。其國子監大成十員，取明經及第人聰明灼然者，試日誦千言，并口試，仍策所習業十條通七，然後補充，各授散官，依邑令於學内習業，以通四經爲限。其禄俸賜會准非伎術直例給。業成者於吏部簡試，《孝經》、《論語》共試八條，餘經各試八條，間日一試，灼然明練精熟爲通。口試十通九、策試十通七爲第。所加經者，《禮記》、《左傳》、《毛詩》、《周禮》各兩階，餘經各加一階。及第者放選，優與處分；不第者，三年一簡，九年業不成者，解退，依常選例。業未成年未滿者，不得別選及充餘使。若經事故，應敍日，還令覆上。其先及第人欲加經、及官人請試經者，皆准此。

郎中一人，從五品上；周官大宗伯屬官有下大夫，蓋郎中之任也。魏、晉、宋、齊、梁、陳、後魏、北齊有殿中郎、儀曹郎，而殿中掌表疏，儀曹掌吉凶禮制，皆禮部之職也。後周依周官。隋初，禮部曹置侍郎一人，煬帝除『侍』字，又改爲儀曹。皇朝因稱郎中。武德三年復爲禮部，龍朔二年改爲司禮大夫。咸亨、光宅、神龍隨曹改復。員外郎中一人，從六品上；周官大宗伯屬官有上士，後周依焉，蓋令員外郎之任也。隋開皇六年置禮部員外郎，煬帝改爲儀曹承務郎。武德初改爲禮部員外郎，龍朔二年改爲司禮員外郎。咸亨、光宅、神龍並隨曹改復。主事二人，從八品下。禮部郎中、員外郎掌貳尚書、侍郎，舉其儀制而辨其名數。【略】

祠部郎中一人，從五品上；東晉置。歷宋、齊、梁、陳、後魏、北齊皆有祠部郎，後周春官府有典祠中大夫一人，隋有祠部郎，皇朝稱郎中。龍朔二年改爲司禋大夫，咸亨元年復故。員外郎一人，從六品上；隋文帝置，煬帝爲承務郎，皇朝復爲祠部員外郎。龍朔、咸亨隨曹改復。主事二人，從九品上。祠部郎中、員外郎掌祠祀享祭，天文漏刻，國忌廟諱，卜筮醫藥，道佛之事。【略】

膳部郎中一人，從五品上；後魏《職品令》：太和中改定百官，都官尚書管左士郎。北齊《河清令》，改左士郎爲膳部。隋亦號膳部郎，皇朝爲郎中。龍朔二年爲司膳大夫，咸亨元年復故。員外郎一人，從六品上；隋文帝置，煬帝改爲承務郎，皇朝復爲膳部員外郎。龍朔，咸亨隨曹改復。主事二人，從九品上。膳部郎中、員外郎掌邦之牲豆、酒膳，辨其品數。凡郊祀天地、日月、星辰、嶽瀆，享祭宗廟、百神，在京、都者，用牛、羊、豕，滌養之數，省閱之儀，皆載於廩犧之職焉。若諸州祭嶽、鎮、海、瀆、先代帝王，以太牢；州、縣釋奠於孔宣父及祭社稷，以少牢；其祈禜，則以特牛。凡郊祀天地、日月、星辰嶽瀆及享宗廟、百神在京都者，所用籩、豆、簠、簋、鉶、簠、俎之數，魚脯醓醢之味，石鹽菜果之羞，並載於太官之職焉。若諸州祭嶽、鎮、海、瀆及先代帝王，籩、豆各十，簠、簋各二，俎三；州、縣祭社稷，釋奠，每坐籩、豆各八，簠、簋、俎如上，其所實之物，如京、都之制。凡祀用尊、罍，所實之制，並載於良醞之職焉。凡天下之珍異甘滋之物，多少之制，封檢之宜，並載於尚食之職焉。凡非因大禮，不得獻食。若因大慶，獻食及所司供進，並不得用犢。若牸羊至厨生羔者，放長生。若大齋日，皆進素食，其應用之羊亦放爲長生。凡諸陵所有進獻之饌，並載於陵令之職焉。【略】

主客郎中一人，從五品上；《漢舊儀》云：『尚書郎四人，其一主匈奴單于營部。』蓋主客之任也。至儀爲南主客。晉氏主客分爲左、右、南、北。東晉省。宋置主客，齊梁陳並因之。後魏《職品令》：太和中，吏部管南主客、北主客，闕各左主客、右主客。北齊《河清令》，改左主客爲主爵，南主客異主客，掌諸蕃雜客事。隋開皇爲主客郎，大業五年改爲司蕃郎，皇朝爲主客郎中。龍朔二年改爲司藩大夫，咸亨元年復故。員外郎一人，從六品上；隋文帝置，煬帝爲承務郎，皇朝爲主客員外郎。龍朔、咸亨隨曹改復。主事二人，從九品上。主客郎中、員外郎掌二王後及諸蕃朝聘之事。二王之後：酅公，隋室楊氏。介公。周室宇文氏。凡四蕃之國經朝貢已後自相誅絶及有罪見滅者，蓋三百餘國，今所在者，有七十餘蕃。謂三姓葛邏禄，處蜜，處同，三姓咽蔑，堅昆，拔悉蜜，窟内有姓殺下，突厥，奚，契丹，遠蕃靺鞨，渤海靺鞨，室韋，和解烏羅護，烏素固，達末婁，達垢，日本，新羅，大食，吐蕃，波斯，拔汗那，康國，安國，石國，俱戰，提教律國，罽賓國，東天竺，西天竺，南天竺，北天竺，中天竺，吐火羅，米國，火尋國，骨咄國，訶毗施國，曹國，拂菻國，謝颶教時山屋馱國，師子國，真臘國，尸科佛誓國，婆利國，苾領國，俱位國，林邑國，護密國，怛没國，悒怛國，烏萇國，迦葉彌羅國，無蜜心國，蘇都瑟匿國，史國，俱蜜國，于建國，可薩國，遏曜國，習阿薩般國，茲國，疎勒國，于闐國，焉耆國，突騎施等七十國，各有土境，分爲四蕃焉。其朝貢之儀，享燕之數，高下之等，往來之命，皆載於鴻臚之職焉。

又　卷九《集賢院史館》

集賢殿書院：開元十三年所置。漢、魏以來，其職具秘書省。梁武帝於文德殿内列藏衆書。北齊有文林館學士，後周有麟趾殿學士，皆掌著述。隋平陳之後，寫書正、副二本，藏於宫中，其餘以實秘書外閣。煬帝於東都置觀文殿，東西廂貯書。自漢延熹至今，皆秘書掌圖籍，而禁中之書或時有焉。及太宗在藩邸，有秦府學士十八人；其後，弘文館、崇文館皆有學士，則天時亦有珠英學士，皆其任也。今上即位，大收羣書，以廣儒術。自開元五年，於乾元殿東廊下寫四部書，以充内庫，乃令右散騎常侍褚無量、秘書監馬懷素捴其事，置刊定官四人，以一人判事，其後因之。六年，駕幸東京；七年，於麗正殿安置，爲修書使。褚、馬既卒，元行冲爲使，尋以張説代之。八年，置校理二十人。十二年，駕幸東都，於命婦院安置。十三年，召學士張説等宴於集僊殿，於是改名集賢殿修書所爲集賢殿書院，五品已上爲學士，六品已下爲直學士，以説爲大學士，知院事。説累讓『大』字，詔許之。其後，更置修撰、校理官。又有待制官名，其來尚矣。漢朱買臣待詔公車。公車，衛尉之屬宫，掌天下之上書。東方朔、劉向、王褒、賈捐之等待詔金馬門，官署門也。今之待制，即其事焉。學士，五品以上爲學士，每以宰相爲學士者知院事。

初，張說爲中書令知院，制以右常侍徐堅副之，自爾常以近密官爲副，兼判院。直學士，六品以下爲直學士，並開元十三年置。侍講學士，開元初，褚無量、馬懷素侍講禁中，爲侍讀。其後，康子元等爲侍講學士。修撰官，校理官，同直學士，無常員，以佗官兼之，又有留院官、檢討官，皆以學術，別敕留之。中使一人，自乾元殿寫書，則直知出入，宣傳進奏，掌同宮禁。孔目官一人，開元五年置。知書官八人，開元五年置。漢劉歆總羣書而爲《七略》，凡三萬三千九十卷。遭王莽、董卓之亂，掃地皆盡。魏氏採掇遺亡，至晉，總括羣書，凡二萬九千九百四十五卷。惠、懷之後，靡有孑遺。東晉所存三千一十四卷。至宋，謝靈運造《四部目録》，凡六萬四千五百八十二卷。其後，王儉復造目録，凡萬五千七十四卷。齊王亮、謝朏《四部書目》，凡萬八千一十卷。齊末，兵火延燒，秘閣經籍煨燼。梁帝克平侯景，收公私經籍歸于江陵，凡七萬餘卷；周師入郢，咸自焚之。周武保定中，書盈萬卷，平齊所得，纔至五千。隋秘書監牛弘請分遣使者搜訪異書，平陳之後，經籍漸備，凡三萬餘卷。煬帝寫五十副本，分爲三品。大唐平王世充，收其圖書，泝河西上，多有漂没，存者猶八萬餘卷，自是圖籍在秘書。今秘書、弘文、史館、司經、崇文皆有之；集賢所寫，皆御本也。書有四部：一曰甲，爲經；二曰乙，爲史；三曰丙，爲子；四曰丁，爲集。故分爲四庫，每庫二人，知寫書、出納、名目、次序，以備檢討焉。四庫之書，兩京各二本，共二萬五千九百六十卷，皆以益州麻紙寫。其京庫書鈿白牙軸、黄帶、紅牙籤，史庫書鈿青牙軸、縹帶、緑牙籤，子庫書彫紫檀軸、紫帶、碧牙籤，集庫書緑牙軸、朱帶、白牙籤，以爲分別。書直及寫御書一百人，開元三年十二月，敕於秘書省，昭文館兼廣召諸色能書者充，皆親經御簡。後又取前資、常選、三衛、散官五品以上子・孫，各有年限，依資甄敍。至十九年，敕有官爲直院也。搨書手六人，乾元殿初置二人，開元十四年奏加至六人。取人及有官同有院。書直八人，開元七年敕，緣修雜圖，訪取二人。八年，又加六人。十九年，院奏定爲直院。裝書直十四人，開元六年置八人，七年更加十人，十九年八月減四人。造筆直四人，開元六年置。典四人。開元五年置二人，九年加二人。集賢院學士掌刊緝古今之經籍，以辯明邦國之大典，而備顧問應對。凡天下圖書之遺逸，賢才之隱滯，則承旨而徵求焉。其有籌策之可施於時，著述之可行於代者，較其才藝，考其學術，而申表之。凡承旨撰集文章，校理經籍，月終則進課于内，歲終則考最于外。開元八年十月敕：『學士等入經三年已上爲年深，若校理精勤，紕繆多正，及不能詳覈，無所發明，委修書使録奏，別加褒貶。』

史館史官。周有太史、小史、内史、外史，而諸侯之國亦置史官。又《春秋》、《國語》引《周志》及《鄭書》之説。推尋事迹，以當時記事各有職司。其後陵夷，史官放絶。秦滅先王之典，其制莫存。至漢武始置太史，命司馬談爲之。時，天下計書先上太史，副上丞相。談乃據《左氏》、《國語》、《代本》、《戰國策》、《楚漢春秋》接其後事，成一家之言。談卒，其子遷又爲太史，嗣成其事，名曰《史記》。遷卒後，好事者若馮商、劉歆、楊雄等亦頗著述。漢末，扶風班彪綴後傳數十篇。彪卒，其子固續成其志，名曰《漢書》。後漢明帝又召固入東觀，與陳宗、尹敏、孟冀共成《光武本紀》。其後，劉珍、劉毅、劉陶、伏無忌、黄景等相次著述東觀，所撰書謂之《東觀漢記》。然皆他官兼領史職。至魏明帝太和中，始置著作郎及佐郎，隸中書省，專掌國史。至晉惠帝元康二年，改隸秘書省。歷宋、齊、梁、陳、後魏並置著作，隸秘書省，北齊因之，代亦謂之史閣，亦謂之史館。史閣、史館之名，自此有也。故北齊邢子才作詩訓魏收『冬夜直史館』是也。後周有著作上士、中士，掌國史，隸春官府。隋氏曰著作曹，掌國史，隸秘書省。皇朝曰著作局。貞觀初，別置史館於禁中，專掌國史，以他官兼領；或卑品有才，亦以直館焉。史官掌修國史，不虚美，不隱惡，直書其事。凡天地日月之祥，山川封域之分，昭穆繼代之序，禮樂師旅之事，誅賞廢興之政；皆本於起居注以爲實録，然後立編年之體，爲褒貶焉。既終藏之於府。

又 卷一〇《秘書省》 秘書省：監一人，從三品；《周禮春官》：『太史掌建邦之六典。』又：『小史掌邦國之志，定繫代。』又：『外史掌四方之志，三皇、五帝之書。』並秘書之任也。秦則博士官所職，禁人藏書。漢氏除挾書之律，開獻書之路，置寫書之官，又令謁者陳農求遺書於天下，故文籍往往而出，並藏之書府。在外則有太常、太史、博士掌之，内則有廷閣、廣内、石渠之藏。又，御史中丞在殿中掌蘭台秘書圖籍。又，未央宮中有麒麟閣、天禄閣，亦藏書。劉向、楊雄典校，皆在禁中，謂之中書，猶今言内庫書也。後漢則藏之東觀，亦禁中也。至桓帝延熹二年，始置秘書監，屬太常，掌禁中圖書秘記，故曰秘書。《漢官》云：『秘書監一人，秩六百石。』魏武爲魏王，置秘書令，典尚書奏事，郎中書之任也，兼掌圖書秘記。文帝黄初中，分秘書立中書，因置監、令，乃以散騎常侍王象領秘書監，撰《皇覽》。魏氏蘭台亦藏書，御史掌焉。《魏略》：『薛夏云：「蘭台爲外台，秘書爲内閣。」』是也。魏初，秘書屬少府。及王肅爲監，以爲秘書之職卽漢東觀之任，安可復屬少府！自此之後，不復屬焉。至晉武，又以秘書併入中書。惠帝永平元年詔：『秘書典綜經籍，考校古今，中書自有職務，遠相統攝，於事不專。宜令復別置秘書寺，掌中外三閣圖書。』自是，秘書寺始外置焉。《晉令》云：『品第五，絳朝服，銅印、墨綬，進賢兩梁冠，佩水蒼玉。』宋、齊同晉氏。梁改爲省，與尚書、中書、門下、集書爲五省，秘書監增秩中二千石，品第三；後制十八班，秘書監班第十一。陳依梁。後魏亦以秘書爲五省之數。監，初從第二品中；太和末，正第三品。北齊依魏。後周春官府置外史下大夫，掌書籍，此秘書監之任也。隋秘書與尚書、門下、内史、殿内爲五省，秘書監正第三品，煬帝三年降爲從第三品，其後又改秘書監爲秘書令。武德初改爲監。龍朔二年改爲蘭台，其監曰蘭台太史；咸亨元年復舊。天授初改爲麟台監，神龍元年復舊。初，漢御史中丞掌蘭台秘書圖籍，故歷代制都邑，建台省，以秘書與御史爲鄰。少監二人，從四品上；隋煬帝三年，置秘書少監一人，從四品，掌貳秘書監之職，其後又改爲少令。皇朝因隋，爲少監。龍朔二年改爲蘭臺侍郎，咸亨元年復舊。天授初改爲麟臺少監，神龍初復舊。至太極初，又增一員。丞一人，從五品上。漢獻帝建安中，魏武爲魏王，置秘書令及二丞，典尚書奏事，並中書之任也。《魏志》『劉劭，建安末自秘書郎轉秘書丞』是也。魏文黄初中，分秘書立中書，以秘書左丞倒放爲中書監，秘書右丞孫資爲中書令，而秘書置丞一人，秩四百石。《魏志》云：『何楨，文帝時上《許都賦》，帝異之，公車徵到爲秘書郎。後月餘，楨閲事，帝問外：「吾本用楨爲丞，何故爲郎？」案主者罪，遂改爲丞。時秘書丞尚未轉，遂以楨爲右丞。』晉武並秘書入中書，謂之中書秘書丞。惠帝又置秘書丞二人。《晉令》：『秘書丞品第六，銅印、墨綬，進賢一梁冠，絳胡服。』《晉書》稱：『桓石綏爲秘書丞，啓校四部圖書。』宋、齊並一人，品、服同晉氏。梁增品第五，秩六百石，銅印、黄綬。陳依梁。後魏秘書丞一人，正第五品上。北齊因之。後周春官府有小外史上士之職，蓋比秘書丞之任也。隋秘書丞一人，正五品。『皇朝因隋。龍朔二年改爲蘭台大夫，咸亨元年復舊。天授、神龍並隨省改復。』秘書監之職，掌邦國經籍圖書之事。有二局：一曰著作，二曰太史，皆率其屬而修其職；凡四部之書，必立三本，曰正本、副本、貯本，以供進内及賜人。凡敕賜人書，秘書無本，皆別寫給之。少監爲之貳焉。丞掌判省事。

秘書郎四人，從六品上；魏武置秘書郎，秩四百石。《魏起居注》：『青龍中，議秘書丞、郎職近日月，宜居三臺上，亞尚書丞、郎。』《魏志》云王伯輿、鍾會、何楨、並起家拜秘書郎中，而默在秘書掌中外三閣，刪省繁文，除其浮穢，始制《中經》。時，虞松爲中書令，謂默曰：『而今而後，朱紫別矣。』《晉令》：『秘書郎中品第六，進賢一梁冠，絳朝服。』《晉起居注》云：『武帝遺秘書圖書分爲甲、乙、景、丁四部，使秘書郎中四人各掌一焉。』《晉書》云：『左太沖爲《三都賦》，自以所見不博，求爲秘書郎中。』宋氏除『中』字。《宋書》稱：『王敬弘子恢之，召爲秘書郎，敬弘求爲奉朝清，與恢之書曰：「且祕書有限故有競，朝請無限故無競，吾欲使汝處無競之地。」文帝喜而許之。』《齊書》稱王僧虔、王慈並早有令譽，皆起家拜秘書郎。梁秩六百石。江左多任貴遊年少，而梁代尤甚，當時諺言：『上車不落則著作，體中何如則秘書。』陳著《令》：令、僕子起家爲之。後魏亦置四人，正第七品上。《後魏書》云：『高謐，天安中以功臣子召入禁中，專掌秘閣，拜秘書郎。奏請廣訪羣書，大加繕寫，北京圖籍，稍以審正。』北齊又增『中』字，正第七品下。隋又除『中』字，正七品上。煬帝三年，加爲從五品。皇朝爲從第六品上。龍朔、天授、神龍並隨省改復。校書郎八人，正九品上；漢成帶命光禄大夫劉向于天禄閣校經傳、諸子、詩賦，步兵校尉任宏校兵書，太史令尹咸校數術，太醫監李柱國校方術。其後，楊雄以大夫亦典校於天禄閣。斯皆有其任而未置其官。至後漢，始於東觀置校書郎中。《續後漢書》云：『馬融，安帝時爲大將軍鄧騭所召，拜校書郎中。在東觀十年，窮覽典籍，上《廣成頌》。』又：『竇章居貧蔬食，講讀不掇，太僕鄧康重章學行。是時，學者稱東觀爲老氏藏室，道家蓬萊山，康薦章入東觀，爲校書郎中。』漢御史中丞掌殿中蘭台秘書圖籍，因置蘭台令史典校其書，班固、傅毅初並爲蘭台令史。王充云：『通人官蘭台令史。』比校書郎中。東觀有校書部，置校書郎中典其事。時，通儒達學亦多以佗官領之。自漢、魏曆宋、齊、梁、陳，博學之士往往以佗官典校秘書。至後魏，秘書省始置校書郎，正第九品上。北齊置十二人。隋初亦置十二人，煬帝三年減为十人，其后又增为四十人，皇朝減焉。正字四人，正九品下；掌詳定典籍，正其文字，前代才學之士多以佗官兼其任者。齊秘書省有正書，蓋是正字之任。北齊秘書省始置正字四人，從第九品上。隋因之。皇朝爲正第九品下。主事一人，從九品上；皇朝置。掌印，並句檢稽失。令史四人，書令史九人，《魏甲辰儀》：『秘書令史品第八。』晉品第九，宋品第八。齊秘書令史品勳位第六，梁、陳品第九。後魏秘書令史從第九品下，北齊正第九品上，隋開皇初始降爲流外行署。隋秘書令史四人，流外二品；書令史九人，流外三品。皇朝因之。典書八人，《齊職儀》云：『宋孝武大明年，開府儀同及三公府、皇子府皆有典書吏。』皇朝秘書省始置典書，其職同流外，八考入流焉。楷書手八十人，隋煬帝秘書省置楷書郎，員二十人，從第九品，掌抄寫御書。皇朝所置，職同流外也。亭長六人，掌固八人，熟紙匠、裝潢匠各十人，筆匠六人。皇朝所定。秘書郎掌四部之圖籍，分庫以藏之，以甲、乙、景、丁爲之部目。甲部爲經，其類有十：一曰《易》，以紀陰陽變化；《經藉志》：《歸藏》等六十九部，五百五十一卷。二曰《書》，以紀帝王遺範；《古文尚書等》三十二部，二百三十七卷。三曰《詩》，以紀興衰誦嘆；《韓詩》等三十九部，四百三十二卷。四曰《禮》，以紀文物體制；《周官》等一百三十六部，一千六百二十二卷。五曰《樂》，以紀聲容律度；《樂社大義》等三十二部，一百四十三卷。六曰《春秋》，以紀行事褒貶；《春秋經》等三傳九十七部，九百八十三卷。七曰《孝經》，以紀天經地義；《古文孝經》等十八部，六十三卷。八曰《論語》，以紀先聖微言；《論語》等並《五經異義》七十二部，七百八十一卷。九曰圖緯，以紀六經讖候；《河圖》等十三部，九十二卷。十曰小學，以紀字體聲韻。《説文》等三部，四十六卷。乙部爲史，其類一十有三：一曰正史，以紀紀傳表志；《史記》等六十七部，三千八十三卷。二曰古史，以紀編年繫事；《紀年》等四十四部，六百六十六卷。三曰雜史，以紀異體雜記；《周書》等七十部，九百一十七卷。四曰霸史，以紀僞朝國史；《趙書》等二十七部，三百三十五卷。五曰起居注，以紀人君動止；《穆天子傳》等四十一部，一千一百八十九卷。六曰舊事，以紀朝廷政令；《漢武故事》等二十部，四百四卷。七曰職官，以紀班敘品秩；《漢官解詁》等二十部，三百三十六卷。八曰儀注，以紀吉凶行事；《漢舊儀》等五十九部，二千二十九卷。九曰刑法，以紀律令格式；《律本》等三十五部，七百一十二卷。十曰雜傳，以紀先賢人物；《三輔決録》等二百一十七部，一千二百八十六卷。十一曰地理，以紀山川郡國；《山海經》等一百三十九部，一千四百三十三卷。十二曰譜系，以紀氏族繼序；《世本》等四十一部，三百六十卷。十三曰《略録》，以紀史策條目。《七略》等三十部，二百一十四卷。景部爲子，其類一十有四：一曰儒家，以紀仁義教化；《晏子》等三十五部，三百三十六卷。二曰道家，以紀清靜無爲；《鬻子》等四十二部，三百三十一卷。三曰法家，以紀刑法典制；《申子》等四部，凡六十卷。四曰名家，以紀循名責實；《管子》等六部，七十二卷。五曰墨家，以紀强本節用；《墨子》等三部，七十卷。六曰縱横家，以紀辯説譎詐；《鬼谷子》等二部，六卷。七曰雜家，以紀兼敘衆説；《尉繚子》等九十七部，二千七百二十卷。八曰農家，以紀播植種藝；《氾勝之書》等五部，一十九卷。九曰小説家，以紀芻辭輿誦；《燕丹子》等二十五部，一百二十二卷。十曰兵法，以紀權謀制變；《司馬兵法》等一百四部，四百四十六卷。十一曰天文，以紀星辰象緯；《周髀》等九十七部，六百七十卷。十二曰歷數，以紀推步氣朔；《四分歷》等一百部，二百六十三卷。十三曰五行，以紀卜筮占候；《風角占》等二百七十二部，一千二十二卷。十四曰醫方，以紀藥餌鍼灸。《黄帝素問》等五十六部，四百一十卷。丁部爲集，其類有三：一曰《楚詞》，以紀騷人怨刺；《楚詞》等十部，二十九卷。二曰別集，以紀詞賦雜論；《荀況集》等四百三十七部，四千三百八十一卷。三曰總集，以紀類分文章。《文章流別集》等一百七部，二千二百一十三卷。校書郎、正字掌讎校典籍，刊正文字，字體有五：一曰古文，廢而不用；二曰大篆，惟於《石經》載之；三曰小篆，謂印璽、幡□、碑碣所用；四曰八分，謂《石經》、碑碣所用；五曰隷書，謂典籍、表奏及公私文疏所用。皆辨其紕繆，以正四庫之圖史焉。

著作局：著作郎二人，從五品上；《續漢書》稱班固、傅毅以蘭臺令史，陳宗以洛陽令，尹敏以長陵令，孟華以司隷校尉，並著作東觀。然皆佗官兼著作之名，而未正其官。至魏明帝太和中，置著作郎，隷中書省。晉惠帝元康二年，詔曰：『著作舊屬中書，而秘書既別典文籍，今改中書著作爲秘書著作。』後又別自名省，曰著作省，而猶隷秘書。魏、晉著作郎一人，俗謂之大著作，專掌史任，亦或爲兼官。《晉令》：『著作郎品第六，進賢一梁冠，絳朝服。』而《晉書》稱陳壽作《益都耆舊傳》，武帝善之，以爲著作郎；張載作《劍閣銘》。世祖以爲能，除著作郎；孫楚自著作佐郎轉著作郎，此皆謂大著作也。又：荀勗以中書監，于寶、虞預、徐廣以散騎常侍，孫綽以給事中，伏滔以游擊將軍，孫盛以秘書監，並兼領著作。又：陳郡王隱待詔著作，單衣介幘，朝朔望於著作省，亦其任也。宋、齊並同晉氏。《宋書》云：『何承天除著作郎，撰國史。承天已老，諸佐郎並名家年少，荀伯子嘲之，常呼爲奶母焉。』著作秩六百石，品第六。陳依梁。後魏正第五品上。《後魏書》：崔浩學究精微，宋欽好學不倦，並爲著作郎。北齊二人，從五品上。後周春官府置著作上士二人，即其職也。隋秘書省領著作郎曹，置著作郎二人，從第五品上；煬帝三年增爲正五品，其後又降爲從第五品。皇朝秘書省領著作局，置著作郎二人。龍朔二年改爲司文郎中，咸亨元年復故。著作佐郎四人，從六品上；著作佐郎修國史。宋百官春秋云：『《常道鄉公咸熙百官名》有著作佐郎三人，晉定員八人；哀帝興寧二年，大司馬桓温表省四人；孝武帝寧康元年復置八人。《晉令》：』著作佐郎品第六，進賢一梁冠，絳朝服。』孝武太元四年詔：『秘書監自選著作佐郎，令並無監，使吏部選，有監復舊焉。』宋、齊並同。晉制：著作佐郎始到職，必撰名臣傳一人。宋氏之初，國朝始建，未有合撰者，此制遂替矣。梁秩四百石，品第七。陳令、僕射子起家爲之，品制同梁。後魏正第七品上，北齊正第七品下。後周春官府署著作中士四人，即著作佐郎之任也。隋置八人，正第七品下；煬帝三年，著作二人，增品從第六。皇朝置四人，龍朔二年改爲司文郎，咸亨元年復故。開元二十六年減置二人。書令史一人；自晉以來，秘書著作皆有令史，史闕其員、品。校書郎二人，正九品上；後魏著作省置校書郎，史闕其員品。北齊著作省置校書郎二人，正第九品上，隋及皇朝因之。開元二十六年減置一人。正字二人，正九品下。隋著作曹置正字二人，從九品上。皇朝因之。著作郎掌修撰碑誌、祝文、祭文，與佐郎分判局事。

太史局：令二人，從五品下；《左傳》云：『昔少昊氏以鳥紀官。鳳鳥氏，曆正也。」顓頊命南正重司天，北正黎司地；唐、虞之際，羲氏、和氏紹重、黎之後，掌天地四時之官，並太史之任也。周官：『太史掌建邦之六典，正歲年以序事，班告朔下邦國。』《左傳》曰：『天子有日官。』卽太史也。《漢書百官表》太史屆太常。《茂陵書》稱：司馬談爲太史令。』後漢太史令一人，秩六百石，掌天時、星律、祥瑞、妖災，凡歲將終，奏新年曆而已。魏因之。晉太史令品第七，秩六百石，銅印、墨綬，進賢一梁冠，絳朝服。江左，高瑩以侍中、陳卓以義熙守、吳道欣以殿中侍御史兼領太史。宋、齊、梁、陳並同晉氏，後魏、北齊亦然。後周春官府置太史中大夫一人，掌曆家之法。隋秘書省太史曹置太史令二人，從七品下；煬帝三年，改太史曹爲太史監，進令階爲從五品。皇朝因之，改監爲局。龍朔二年，改爲秘書閣局，令改爲秘閣郎中；咸亨元年復舊。貞觀元年爲渾天監，不隸麟臺，其令監署一人，加至正第五品上，因加副監及丞、主簿、府、史等員；其年又改爲渾儀監。長安二年復爲太史局，還隸麟臺，緣監置官及府、史等並廢，其監依舊爲令，置二人。景龍二年，又改太史局爲太史監，令名不改，不隸秘書。開元二年，又改令爲監，三年，加從第四品下，其一員改爲少監。十四年，又改爲局，復爲太史令二員，隸秘書。丞二人，從七品下；司馬彪《續漢志》云：『太史丞一人，秩二百石。魏、晉、宋、齊皆同漢氏。梁、陳太史丞三品勳位。後魏、北齊，史失其品第。隋太史丞置二人，正第九品下。煬帝三年減一人。皇朝不置丞。貞觀元年改爲渾儀監，始置丞二人，從七品上。長安二年又省，景龍二年復置。令史二人，書令史四人。太史不隸祕書卽爲府、史，開元十四年復爲令史也。太史令掌觀察天文，稽定曆數。凡日月星辰之變，風雲氣色之異，率其屬而占侯焉。其屬有司曆、靈臺郎、挈壺正。凡玄象器物，天文圖書，苟非其任，不得與焉。觀生不得讀，占書所見徵祥災異，密封聞奏，漏泄有刑。每季録所見災祥送門下、中書省入起居注。歲終總録，封送史館。每年預造来歲曆，頒于天下。

司曆二人，從九品上；《漢官儀》太史全員有理曆六人。至晉，太史令使員有典曆四人。宋、齊、梁、陳、後魏、北齊皆有典曆，並史闕其員、品。至隋，改典曆爲司曆，置二人，從九品下，取《左傳》司曆爲名。皇朝爲從九品上。保章正一人，從八品上；《周禮》春官太史屬有保章氏，『掌天星，以志星、辰、日、月之變動辯其吉凶』。自秦、漢以来無其職。至後周，春官府置太史，其屬有保章上士、中士之職，卽其任也。至隋，置曆博士一人，正九品上。皇朝因之。長安四年省曆博士，置保章正以當之，掌教曆生。曆生三十六人，隋氏置，掌習曆。皇朝因之，同流外，八考入流。裝書曆生五人。皇朝置，同曆生。司曆掌國之曆法，造曆以頒于四方。有《戊寅曆》，武德初，東那道士傳仁均所造，拜太史令。《麟德曆》，麟德中，太史令李淳風所造。《神龍曆》，神龍中，太史令南宫説所造。《大衍曆》。開元十四年，嵩山僧一行承制旨而考定，最爲詳密，今見行焉。凡天下測影之處，分、至表準，其詳可載，故参考星度，稽驗晷影，各有典常。南至之影，京兆長一丈二尺九寸二分，蔚州長一丈五尺八寸九分。春分中影，洛城長五尺二寸五分，京兆長五尺三寸四分，太原長六尺，蔚州長六尺四寸四分半。北至之影，京兆表北長一尺四寸二分，安南則表南三寸。開元十二年於京麗正院定表様，并雷尺寸，差太史官馳驛分往測候。

監候五人，從九品下；魏、晉太史令吏員有望候郎二十人、候部吏十五人，掌候天文，並監候之任也。隋初，置監候四人，從九品下；煬帝三年，增監候爲十人，皇朝因隋，置監侯五人。天文觀生九十人。隋氏置，掌晝夜在靈臺伺候天文氣色。皇朝所置從天文生轉補，八考入流也。【略】靈台郎掌觀天文之變而占候之。凡二十八宿，分爲十二次：寅爲析木，燕之分；自尾十度至斗十一度。卯爲大火，宋之分；自氐五度至尾九度。辰爲壽星，鄭之分；自軫十二度至氐四度。巳爲鶉尾，楚之分；自張十七度至軫十一度。午爲鶉火，周之分；自柳九度至張十六度。未爲鶉首，秦之分；自井十六度至柳八度。申爲實沈，魏之分；自畢十二度至井十五度。酉爲大梁，晉之分；自胃七度至畢十一度。戌爲降婁，魯之分；自奎五度至胃六度。亥爲嫁訾，衛之分；自危十六度至奎四度。子爲玄枵，齊之分；自女八度至危十五度。醜爲星紀，吳、越之分；自門十二度至女七度。所以辨日月之纏次，正星辰之分野。凡占天文變異，日月薄蝕，五星陵犯，有石氏、甘氏、巫咸三家中外官占。凡瑞星、祆星、瑞氣、祆氣，有諸家雜占。凡測候晷度，則以遊儀爲其準。

挈壺正二人，從八品下；掌知漏刻。《周禮》有夏官挈壹氏、秋官司寤氏、春官雞人氏，凡三職，咸掌其事。自漢已後，太史掌之。皇朝長安四年始置。司辰十九人，正九品下；掌漏刻事。隙置司辰二人，從第九品下；煬帝改爲司辰師，本屬武候府，大業三年隸于太史局。皇朝因之。久視元年除『師』字。漏刻典事十六人，皇朝置，掌伺漏刻之節。漏刻博士九人，隋置，有品、秩，掌教漏刻生。皇朝降爲流外也。漏刻生三百六十人，隋置，掌習漏刻之節，以時唱漏。皇朝因之，皆以中、小男爲之，轉補爲典鐘、典鼓。典鐘二百八十人，皇朝置，掌擊漏鐘。典鼓一百六十人。皇朝置，掌擊漏鼓。挈壺正、司辰掌知漏刻。孔壺爲漏，浮箭爲刻，以考中星昏明之候焉。箭有四十八，晝夜共百刻。冬、夏之間有長短：

冬至，日南爲發，去極一百一十五度，晝漏四十刻，夜漏六十刻；夏至，日北爲斂，去極六十七度，晝漏六十刻，夜漏四十刻；春、秋二分，發斂中，去極九十一度，晝、夜各五十刻。秋分已後，減晝益夜，九日加一刻；春分已後，減夜益晝，九日減一刻。二至前後則加減遲，用日多；二分之間則加減速，用日少。凡侯夜漏以爲更點之節，每夜分爲五更，每更分五點，更以擊鼓爲節，點以擊鐘爲節。

又　卷二一《國子監》

國子監，祭酒一人，從三品；《周禮》：『師氏以三德、三行教國子：一曰至德，二曰敏德，三曰孝德；一曰孝行，二曰友行，三曰順行。凡國之貴遊子弟學焉。』又：『保氏養國子以道，教之六藝，謂禮、樂、射、御、書、數。』《漢官儀》云：『漢置博士祭酒一人，秩六百石。』後漢以博士聰明有威重者一人爲祭酒。』韋昭《辨釋名》曰：『祭酒者，凡宴饗必尊長老，以酒祭先，故曰祭酒。』徐廣曰：『古人具饌，則賓中長者舉酒祭地，示有先也。』魏因之。晉武帝立國子學，置祭酒一人。《晉令》曰：『祭酒博士當爲訓範，總統學中衆事。』傅暢《諸公贊》云：『裴頠爲國子祭酒，奏立國子太學，起講堂，築門闕，刻石寫五經。』《百官志》：『祭酒，皂朝服，介幘，進賢兩梁冠，佩水蒼玉，官品第三。』東晉及宋、齊並同。梁置國子祭酒一人，班第十三，比列曹尚書。陳國子祭酒秩中二千石，品第三。後魏初，第四品上；太和二十二年，增爲從第三品。北齊改爲國子寺，祭酒一人，從三品。後周闕。隋初，國子寺祭酒隸太常，從三品。開皇十三年復置國子學。仁壽元年罷國子，唯置太學。大業三年，改爲國子監，依舊置祭酒一人。皇朝因之。龍朔二年改爲大司成，咸亨中復舊。光宅元年改爲成均監祭酒，神龍元年復舊。司業二人，從四品下。《禮記》曰：『樂正司業，父師司成。』秦、漢已來無聞。隋大業三年，置司業一人，從四品；皇朝因之。龍朔二年改爲少司成，咸亨中復舊。垂拱中增置二人。國子監祭酒、司業之職，掌邦國儒學訓導之政令，有六學焉：一曰國子，二曰太學，三曰四門，四曰律學，五曰書學，六曰算學。凡春、秋二分之月，上丁釋奠于先聖孔宣父，以先師顔回配，七十二弟子及先儒二十二賢從祀焉。舊《令》唯祀十哲及二十二賢。開元八年，敕列曾參於十哲之次，並七十二子並許從祀。其名歷已具於祠部。祭以太牢，樂用登歌、軒縣、六佾之舞。若與大祭祀相遇，則改用中丁。祭酒爲初獻，司業爲亞獻，博士爲終獻。若皇太子釋奠則贊相禮儀，祭酒爲之亞獻。皇帝視學，皇太子齒胄，則執經講義焉。凡釋奠之日，則集諸生執經論議，奏請京文武七品以上清官並與觀焉。凡教授之經，以《周易》、《尚書》、《周禮》、《儀禮》、《禮記》、《毛詩》、《春秋左氏傳》、《公羊傳》、《穀梁傳》各爲一經；《孝經》、《論語》、《老子》，學者兼習之。諸教授正業：《周易》，《鄭玄》、王弼《注》；《尚書》，孔安國、鄭玄《注》；《三禮》、《毛詩》，鄭玄《注》；《左傳》，服虔、杜預《注》；《公羊》，何休《注》；《穀梁》，范寧《注》；《論語》，鄭玄、何晏《注》；《孝經》、《老子》，並開元《御注》。舊《令》：《孝經》，孔安國、鄭玄《注》；《老子》，河上公《注》。其《禮記》、《左傳》爲大經，《毛詩》、《周禮》、《儀禮》爲中經，《周易》、《尚書》、《公羊》、《穀梁》爲小經。每歲終，考其學官訓導功業之多少，而爲之殿最。

丞一人，從六品下；隋大業三年置國子丞三人，從六品。皇朝省置一人。主簿一人，從七品下；北齊國子寺置主簿員，隋置一人，皇朝因之。録事一人，從九品下。北齊國子寺有録事員，隋置一人，皇朝因之。承掌判監事。凡六學生每歲有業成上於監者，以其業與司業、祭酒試之：明經帖經，口試，策經義；進士帖一中經，試雜文，策時務，徵故事；其明法、明書·算亦各試所習業。登第者，白祭酒，上于尚書禮部。其試法皆依考功，又加以口試。明經帖限通八已上，明法、明書皆通九已上。主簿掌印，勾檢監事。凡六學生有不率師教者，則舉而免之。其頻三年下第，九年在學及律生六年無成者，亦如之。假違程限及作樂、雜戲亦同。唯彈琴、習射不禁。録事掌受事發辰。

國子博士二人，正五品上；《漢書·百官表》云：『博士，秦官也，掌通古今，秩比六百石，員多至數十人。武帝置五經博士，宣帝稍增員十二人。』《漢儀》云：『文帝博士七十餘人，爲待詔。博士，朝服，玄端章甫冠。』司馬彪《百官志》云：『博士十四人。』魏以太常統太學博士、祭酒。晉初置博士十九人，咸寧四年立國子學，置國子博士一人。晉官品第六，介幘，兩梁冠，服、佩同祭酒。宋、齊無所改作。梁置國子博士二人，爲九班。陳品第四，秩千石。後魏初，國子博士從五品上；太和二十二年，增爲第五品。北齊置國子寺，有博士五人，品第五。隋初，國子隸太常，置博士五人；大業三年，置國子監博士一人，正五品。皇朝增置二人。助教二人，從六品上。晉武帝初立國子學，置助教十五人，官品視南臺御史，服同博士。東晉孝武損爲十人，宋、齊並同。梁班第二。陳品第八，秩六百石。後魏第七品。北齊置十人，品同後魏。隋初置國子助教五人，從七品下；大業三年，減置一人。皇朝增置二人。國子博士掌教文武官三品已上及國公子·孫、從二品已上曾孫之爲生者，五分其經以爲之業，習《周禮》、《儀禮》、《禮記》、《毛詩》、《春秋左氏傳》，每經各六十人，餘經亦兼習之。習《孝經》、《論語》限一年業成，《尚書》、《春秋公羊》、《穀梁》各一年半，《周易》、《毛詩》、

《周禮》、《儀禮》各二年，《禮記》、《左氏春秋》各三年。其生初入，置束帛一篚、酒一壺、修一案，號爲束修之禮。其習經有暇者，命習隸書並《國語》、《説文》、《字林》、《三蒼》、《爾雅》。每旬前一日，則試其所習業。試讀者，每千言内試一帖；試講者，每二千言内同大義一條，總試三條，通一及全不通，斟量決罰。每歲，其生有能通兩經已上求出仕者，則上於監；堪秀才、進士者亦如之。助教掌佐博士，分經以教授焉。典學掌抄録課業。廟幹掌灑掃學廟。

太學博士三人，正六品上；東晉元帝增置國子博士十六人，謂之太學博士，品、服同國子博士。梁置太學博士八人，班第二。陳品第八，秩六百石。後魏初，第六品中；太和二十二年，從第七品。北齊國子寺有太學博士十人，從第七品。後周置太學博士下大夫六人，正四命。隋初置太學博士五人。仁壽元年罷國子，唯立太學，置博士五人，從五品；大業三年減置二人，降爲從六品。皇朝增置三人。助教三人，從七品上。後魏置太學助教，第八品中。北齊國子寺有太學助教二十人，從第九品下。後周置太學助教上士六人，正三命。隋初，太學助教五人，正九品上；大業三年，減爲二人。皇朝增置三人。太學博士掌教文武官五品已上及郡·縣公子·孫、從三品曾孫之爲生者，五分其經以爲之業，每經各百人。其束修之禮，督課、試舉，如國子博士之法。助教已下並掌同國子。

四門博士三人，正七品上；《後魏書》：『劉芳表云：「太和二十年立四門博士，於四門置學。按：《禮記》雲天子設四學。鄭玄《注》：周四郊之虞庠也。今以其遼遠，故置於四門。請移與太學同處。」從之。』《後魏百官志》：『四門博士，第九品。』北齊置二十人，正九品上。後周闕。隋置五人，從八品上。皇朝減置三人，加正七品上。助教三人，從八品上。北齊國子寺有四門助教二十人。隋初置四門助教五人，從九品下。皇朝因置三人。四門博士掌教文武官七品已上及侯、伯、子、男子之爲生者，若庶人子爲俊士生者。《禮記王制》曰：『命鄉論秀士，升之司徒，曰「選士」；司徒論選士之秀者，升之學，曰「俊士」。』《隋書志》曰：『舊國子學處士以貴賤，梁武帝欲招來後進，五館生皆取寒門俊才，不拘員數。』即今之俊士也。分經同太學。其束修之禮，督課、試舉，同國子博士之法。助教已下，掌同國子。

直講四人。皇朝初置，無員數；長安四年，始定爲四員。俸禄、賜會，同直官例。直講掌佐博士、助教之職，專以經術講授而已。

大成十人。皇朝置。取貢舉及第人，考功簡聰明者，試書日誦得一千言，並口試、策試所習業等十條通七，然後補充，仍授散官，俸禄、賜會同直官例給。初置二十人，開元二十年減十人。大成通四經業成，上於尚書吏部試，登第者加一階放選，其不第則習業如初。每三年一試。若九年無成，則免大成，從常調。

律學博士一人，從八品下；《晉百官志》：『廷尉官屬有律博士員。』《晉刑法志》曰：『衛覬奏請置律學博士，轉相教授。』東晉、宋、齊並同。梁天監四年，廷尉官屬置胄子律博士，位視員外郎，第三班。陳律博士秩六百石，品第八。後魏初，律博士第六品中；太和二十二年，爲第九品上。北齊大理寺官屬有律博士四人，第九品上。隋大理寺官屬有律博士八人，正九品上。皇朝省置一人，移屬國學。助教一人，從九品上。皇朝置之。律學博士掌教文武官八品已下及庶人子之爲生者，以《律》、《令》爲專業，《格》、《式》、《法例》亦兼習之。其束修之禮，督課、試舉，如三館博士之法。助教掌佐博士之職，如三館助教之法。

書學博士二人，從九品下。《代本》：『蒼頡作書。』《周禮》：『保氏教以六藝，其五曰六書。』鄭司農云：『象形、會意、轉注、處事、假借、諧聲也。』古謂之小學。《漢書食貨志》曰：『八歲入小學，學六甲、五方、書計之事。』晉衛恒《字勢》曰：『昔黄帝有沮誦、蒼頡，始作書契，蓋睹鳥迹以興思也。秦壞古文。有八體：一曰大篆，二曰小篆，三曰刻符，四曰蟲害，五曰摹印，六曰署書，七曰殳書，八曰隸書。王莽時，甄豐校文字，復有六書：一曰古文，二曰奇字，三曰篆書，四曰佐書，五曰繆篆，六曰鳥書。』自漢已來，不見其職。隋置書學博士一人，從九品下。皇朝加置二人。書學博士掌教文武官八品已下及庶人子之爲生者，以《石經》、《説文》、《字林》爲專業，餘字書亦兼習之。石經三體書限三年業成，《説文》二年，《字林》一年。其束修之禮，督課、試舉，如三館博士之法。

算學博士二人，從九品下。《代本》：『隸首造數。』《周禮》：『保氏教以六藝，其六曰「九數」。』即《九章》也：一曰方田，二曰粟米，三曰差分，四曰少廣，五曰商功，六曰均輸，七曰方程，八曰贏不足，九曰旁要。《漢書律曆志》曰：『數者，一、十、百、千、萬，所以算數事物也。小學是則，職在太史，羲和掌之。』魏、晉已來，多在史官，不列于國學。隋置算學博士一人，從九品下。皇朝增置二人。算學博士掌教者，二分其經以爲之業：習《九章》、文武官八品已下及庶人子之爲生《海島》、《孫子》、《五曹》、《張丘建》、《夏侯陽》、《周髀》

十有五人，習《綴術》、《緝古》十有五人；其記遺三等數亦兼習之。《孫子》、《五曹》共限一年業成，《九章》、《海島》共三年，《張丘建》、《夏侯陽》各一年，《周髀》、《五經算》共一年，《綴術》四年，《緝古》三年。其束修之禮，督課、試舉，如三館博士之法。

唐・杜佑《通典》卷二一《職官三・門下省》 起居 至隋初，以吏部散官及校書、正字有敍述之才者，掌起居之職，以納言統之。至煬帝，以爲古有内史、外史，今著作如外史矣，宜置起居官，以掌其内，乃於内史省置起居舍人二員，次内史舍人下。庾自直、崔濬、祖虞南、蔡允恭等皆爲此職。大唐貞觀二年，省起居舍人，移其職於門下，置起居郎二人。顯慶中，復於中書省置起居舍人，遂與起居郎分掌左右。龍朔二年，改爲左右史，郎爲左史，舍人爲右史。咸亨元年復舊。天授元年，又爲左右史，神龍初復舊。每皇帝御殿，則對立於殿，左郎，右舍人矣。有命則臨陛俯聽，退而書之，以爲起居注。凡冊命、啓奏、封拜、薨免悉載之，史館得之，以撰述焉。令狐德棻、呂才、蕭鈞、褚遂良、上官儀、李安期、顧胤、高智周、張大素、凌季友等並爲起居，皆有名賢者。【略】

弘文館。大唐武德初，置修文館，後改名弘文館。神龍初改爲昭文，二年，又却爲修文，尋又爲昭文。開元七年，又詔弘文焉。儀鳳中，以館中多圖籍，未詳正，委學士校理。自垂拱以來，多大臣兼領。館中有四部書。自貞觀初，褚亮檢校館務，學士號爲『館主』，因爲故事。每令給事中一人判館事，校書二人，學生三十人。

又《中書省》 集賢殿書院。大唐開元中置。漢魏以來，秘書省有其職。梁武帝於文德殿内列藏衆書，北齊有文林館學士，後周有麟趾殿學士，皆掌著述。隋平陳之後，寫書正副二本，藏於宮中。煬帝於東都觀文殿東西廂貯書。自漢延熹至隋唐，皆秘書掌圖籍，而禁中之書，時或有焉。初，開元五年十一月，於乾元殿東廊下寫四部書，仍令秘書監馬懷素、右散騎常侍褚无量總其事，七年，於麗正殿安置，爲修書使。至十三年，學士張説等宴於集仙殿，於是改殿名集賢，改修書使爲集賢殿書院學士。五品已上爲學士，每以宰相爲學士者知院事。初，燕國公張説爲中書令，知院制，以右常侍徐堅副之。自爾常以近密官爲副，兼判院。直學士，六品以下爲之。侍講學士，開元初，褚无量、馬懷素侍講禁中，爲侍讀，其後康子元等爲侍講學士。修撰官、校理官同直學士。

史官。肇自黄帝有之，自後顯著。夏太史終古，商太史高勢。周則曰太史、小史、内史、外史。而諸侯之國，亦置其官。又《春秋》、《國語》引《周志》及《鄭書》，似當時記事，各有其職。秦有太史令胡毋敬。至漢武，始置太史公，以司馬談爲之。卒，其子遷嗣。卒，後宣帝以其官爲令，行太史公文書。其修撰之職，以他官領之，於是太史之官，唯知占候而已。自漢以前，職在太史。具《太史局》。當王莽時，改置柱下五史，記疏言行，蓋效古『動則左史書之，言則右史書之』。自後漢以後，至於有隋，中間唯魏明太和中，史職隸中書，其餘悉多隸秘書。

大唐武德初，因隋舊制，史官屬秘書省著作局。至貞觀三年閏十二月，移史館於門下省北，宰相監修，自是著作局始罷史職。及大明宮初成，置史館於門下省之南，其修撰史事，以他官兼領、或卑品而有才者亦直焉。開元二十五年，宰臣李林甫監史，以中書地切樞密，記事者宜其附近，史館諫議大夫尹愔遂奏移於中書省北，其地本尚藥局内藥院。

主書。晉中書有主書之員，本用武官，宋改用文吏。齊於中書置主書令史。陳置主書而去令史之名。後魏又爲主書令史，置八人。北齊置主書十八人。北齊初曰主書令史。文宣帝嘗立遣主書令史題署，嫌其遲，語曰：『但著主書，何煩著令史字！』自此除『令史』字。隋復加令史，大唐又除之。

又 卷二三《職官五・尚書下》 禮部尚書侍郎 郎中、員外郎 祠部郎中、員外郎 膳部郎中、員外郎 主客郎中、員外郎

禮部尚書 至隋，置禮部尚書，統禮部、祠部、主客、膳部四曹，蓋因後周禮部之名，兼前代祠部、儀曹之職。大唐龍朔二年，改禮部尚書爲司禮太常伯，咸亨元年復舊。光宅元年，改禮部爲春官，神龍元年復舊。總判祠部、禮部、膳部、主客事。

侍郎一人 今侍郎則隋煬帝置。大唐因之。龍朔二年改爲司禮少常伯，咸亨元年復舊。他時曹名或改，而官號不易。掌策試，貢舉及齋郎、弘、崇、國子生等事。舊制考功員外郎掌貢舉。開元二十三年，考功員外郎李昂爲進士李權所詆，朝議以考功位輕，不足以臨多士。至二十四年，遂以禮部侍郎掌焉。開元天寶之中，昇平既久，羣士務進，天下髦彥，由其取捨，故勢傾當時，資與吏部侍郎等同。

郎中一人 至隋文帝，置禮部員外郎，煬帝改爲儀曹承務郎。武德三

年復舊。其後曹改而官不易。

祠部郎中一人　隋初爲侍郎，煬帝除『侍』字。武德中，加『中』字。龍朔二年，改爲司禋大夫，咸亨元年復舊。延載元年五月制，天下僧尼隸祠部，不須屬司賓。開元十年正月，制僧尼隸祠部。十一年，改祠部爲職祠。至德初復舊。掌祠祀、天文、漏刻、國忌、廟諱、卜祝、醫藥等及僧尼簿籍。自天寶六載及至德三年，常置祠祭使，以他官爲之。員外郎一人。改置與戶部員外郎同。

膳部郎中一人　隋膳部屬祠部，初置侍郎，煬帝除『侍』字。武德中，加『中』字。龍朔二年，改爲司膳大夫，咸亨初復舊。天寶十一年，又改膳部爲司膳，至德初復舊。掌飲膳、藏冰及食料。員外郎一人。改置與戶部員外郎同。

主客郎中一人　隋初爲侍郎，煬帝除『侍』字，尋又改爲司藩郎。武德初改爲主客郎中。龍朔二年，又改主客爲司藩，咸亨元年復舊。掌二王後及諸藩朝聘。員外郎一人。改置與戶部員外郎同。

又　卷二六《職官八·諸卿中》　秘書監　丞　秘書郎　秘書校書郎　秘書正字　著作郎　佐郎　校書郎正字附太史局令　丞

秘書監　隋秘書省領著作、太史二曹。煬帝增置少監一人，後又改監、少監並爲令。大唐武德初，復改爲監。龍朔二年，改秘書省爲蘭臺，改監爲太史，少監爲侍郎，咸亨初復舊。天授初，改秘書省爲麟臺，神龍初復舊。掌經籍圖書，監國史，領著作、太史二局。太極元年，增秘書少監爲二員，通判省事。其後國史、太史分爲別曹，而秘書省但主書寫勘校而已。漢初，御史中丞掌蘭臺秘書圖籍之事，至魏晉，其制猶存。故歷代營都邑，置府寺，必以秘書省及御史臺爲鄰。雖非要劇，然好學君子，亦求爲之。魏徵後爲秘書監，奏引學者校定四部書，自是秘府圖籍，燦然畢備。

丞　陳、隋印綬與齊同，歷代皆有。後周柳虯爲秘書丞，時秘書雖領著作，不參史事，因虯爲丞，始令監掌焉。大唐龍朔二年，改爲蘭臺大夫，咸亨初復舊。掌府事，勾稽省署抄目。

秘書郎　隋除『中』字，亦四員。大唐亦四員，分掌四部經籍圖書，分判校寫功程事。龍朔中，改爲蘭臺郎，咸亨初復舊。開元二十八年減一員。

秘書校書郎　隋校書郎十二人，煬帝初，減二人，尋更增爲四十人。大唐置八人，掌讎校典籍，爲文士起家之良選。其弘文、崇文館，著作、司經局，並有校書之官，皆爲美職，而秘書省爲最。

秘書正字　隋置四人。大唐因之，掌刊正文字，其官資輕重與校書郎同。貞元八年，割校書四員，正字兩員，屬集賢殿。

著作郎　隋於秘書省置著作曹，著作郎二人，佐郎八人，煬帝加佐郎爲十二人。大唐爲著作局，置著作郎二人，佐郎四人，開元二十六年，減佐郎二員。亦屬秘書省。自宋以後，國史悉屬秘書。龍朔二年，改著作郎爲司文郎中，佐郎爲司文郎，咸亨初復舊。初，著作郎掌修國史及制碑頌之屬，分判局事，佐郎貳之，徒有撰史之名，而實無其任，其任盡在史館矣。其屬官有校書郎二人，後魏著作省置校書郎，北齊著作亦置校書郎二人，隋亦同，掌讎校書籍，若本局無書，兼校本省典籍。正字二人。隋著作曹置正字二人，今減一人，掌同校書。

太史局令　隋曰太史曹，置令、丞各二人，而屬秘書省。煬帝又改曹爲監，有令。大唐初，改監爲局，置令。龍朔二年，改太史局爲秘書閣，改令爲郎中，丞爲秘書閣郎。咸亨初復舊。初屬秘書省，久視元年，改爲渾天監，不隸麟臺，改令爲監，置一人，其年又改爲渾儀監。長安二年，復爲太史局，又隸麟臺，其監復爲太史局令，置二人。景龍二年，復改局爲監，而令名不易，不隸秘書。開元二年，復改令爲監，改一員爲少監。十四年，復爲太史局，置令二人，復隸秘書。後又改局爲監。乾元元年，又改其局爲司天臺，掌天文曆數，風雲氣色，有异則密封以奏。其次小吏，有司曆、保章正、靈臺郎、挈壺正等，官各有差。

丞二人　隋置二人，煬帝減一人。大唐初，不置丞，久視初，改爲渾儀監，始置丞二人，長安二年又省，景龍二年復置。

初，儀鳳四年五月，太常博士、檢校太史姚玄辯奏於陽城測影臺，依古法立八尺表，夏至日中測影有尺五寸，正與古法同。調露元年十一月，於陽城立表，冬至日中測影，得丈二尺七寸。

開元十二年四月，命太史監南宮說及太史官大相元太等馳傳往安南、朗、蔡、蔚等州測候日影，回日奏聞。數年伺候，及還京，僧一行一時校之，安南景，北極高二十一度六分，冬至日影七尺九寸四分，春秋二分影二尺九寸三分，夏至影在表南三寸三分。測影使者大相元太云：『交州望極，才出地二十餘度。以八月自海中南望，老人星殊高。老人星下，衆星粲然，其明大者甚衆，圖所不載，莫辨其名。大率去南極二十度以上，其星皆見，乃自古渾天家以爲常没地中，伏而不見之所也。』蔚州橫野軍，北極高四十度，冬至影丈五尺八寸九分，春秋二分影六尺二分，夏至影在表北二尺二寸九分。此二所爲中土南北之極。其朗、襄、蔡、許、河南府、汴、滑、太原等州，各有使往，並差不同。一行以南北日影校量，用句股法算之，雲大約南北極相去纔八萬餘裏。其諸州測影尺寸如左：

林邑國，北極高十七度。冬至，影在表北六尺九寸；定春秋分，影在表北二尺六寸五分；夏至，影在表南五寸七分。

安南都護府，北極高二十一度六分。冬至，影在表北七尺九寸四分；定春秋分，影在表北二尺九寸三分；夏至，影在表南三寸三分。

朗州武陵，北極高二十九度五分。冬至，影在表北丈五寸三分；定春秋分，影在表北四尺四寸七分；夏至，影在表北七寸七分。

襄州，恒春分，影在表北四尺四寸。

蔡州武津館，北極高三十三度八分。冬至，影在表北丈二尺三寸八分；定春秋分，影在表北五尺二寸八分；夏至，影在表北尺三寸六分。

許州扶溝，北極高三十四度三分。冬至，影在表北丈二尺五寸五分；定春秋分，影在表北五尺三寸七分；夏至，影在表北尺四寸四分。

河南府告成，北極高三十四度七分。冬至，影在表北丈三尺七寸一分；定春秋分，影在表北五尺四寸五分；夏至，影在表北尺四寸九分。

汴州浚儀太嶽臺，北極高三十四度八分。冬至，影在表北丈二尺八寸五分；定春秋分，影在表北五尺五寸；夏至，影在表北尺五寸三分。

滑州白馬，北極高三十五度三分。冬至，影在表北丈三尺；定春秋分，影在表北五尺五寸六分；夏至，影在表北尺五寸七分。

太原府，恒春分，影在表北六尺。

蔚州橫野軍，北極高四十度。冬至，影在表北丈五尺八寸九分；定春秋分，影在表北六尺六寸二分；夏至，影在表北二尺二寸九分。

又 卷二七《職官九·諸卿下》 國子監 祭酒 司業 丞 主簿 國子、太學、廣文、四門、律學、書學、算學等博士助教等。

隋開皇十三年，國子寺罷隸太常，凡國學諸官，自漢以下，並屬太常，至隋始革之。又改寺爲學。

仁壽元年，罷國子學，唯立太學一所，省國子祭酒、博士，置太學博士，總知學事。煬帝即位，改國子學爲國子監，依舊置祭酒。大唐因之。龍朔元年，東都亦置。龍朔二年，改爲司成館，又改祭酒爲大司成，咸亨初復舊。光宅元年，改國子監爲成均監，神龍元年復舊。領國子學、學生三百人。太學、學生五百人。四門、學生五百人，俊士八百人。律學、學生五十人。書學、學生三十人。算學，學生三十人。凡六學生徒二千二百一十人。每學各置博士，以總學事，及有助教等員。天寶九載，又於國子監置廣文館，領學生爲進士業者。置博士、助教各一人，品秩與太學同。置祭酒一人，掌監學之政。皇太子受業，則執經講説，以儒學優重者爲之。天寶九載，置廣文館學生進士。

國子司業：煬帝大業三年，於國子監初置司業一人。《禮》曰：『樂正司業。父師司成。』因以爲名。大唐置二人，副貳祭酒，通判監事。龍朔二年，改爲少司成，咸亨初復舊。凡祭酒、司業，皆儒重之官，非其人不居。

丞：隋置三人，大唐一人。

主簿 隋一人，大唐因之。

國子監博士 隋仁壽元年，省國子博士；大業三年，復置一人。大唐增置二人。龍朔二年，改爲司成宣業，咸亨初復舊。諸州府亦有經學博士一人。助教：晋咸寧四年，初立國子學，置助教十五人，以教生徒。江左及宋並十人。宋制，《易》、《尚書》、《毛詩》、《禮記》、《周禮》、《儀禮》、《左傳》、《公羊》、《穀梁》，各爲一經；《論語》、《孝經》爲一經；合十經，助教分掌。宋、齊並同。梁國子助教舊視南臺御史，品服與博士同，陳因之。後魏亦有。北齊置十人。隋置四人。大唐國子學助教三人，諸府、州、縣各有助教員。府、州二人，縣一人，學生各有差。

太學博士 隋初置太學博士五人，仁壽元年，罷國子，唯立太學，置博士五人；大業三年，減置二人。大唐因之。助教：後魏置。北齊亦有之，置二十人。後周曰太學助教上士。隋又曰太學助教，五人；大業三年，減三人。大唐因之。

四門博士 隋初則五人，大唐因之。直講四人，大唐初置，無員數，長安四年，始定爲四員。大成二十人，大唐置，取貢舉及第人，簡聰明者，試書日誦得一千言，并日試策所習業等十條通七，然後補充，仍散官，禄俸賜會同直官例給。武太后長安中，省，而置直講定爲四員。

律學博士　隋大理寺官屬有律博士八人。大唐因之，而置一人移屬國學。助教一人，從九品上。

《舊唐書》卷四三《職官志二》　門下省　起居郎二員，從六品上。古無其名，隋始置起居舍人二員。貞觀二年省起居舍人，移其職於門下，置起居郎二員。明慶中又置起居舍人，始與起居郎分在左右。龍朔二年改爲左史，咸亨復。天授元年又改爲左史，神龍復也。楷書手三人。起居郎掌起居注，録天子之言動法度，以修記事之史。凡記事之制，以事繫日，以日繫月，以月繫時，以時繫年。必書其朔日甲乙，以紀曆數，典禮文物，以考制度，遷拜旌賞以勸善，誅伐黜免以懲惡。季終則授之國史焉。自漢獻帝後，曆代帝王有起居注，著作編之，每季爲卷，送史館也。

弘文館：後漢有東觀，魏有崇文館，宋有玄、史二館，南齊有總明館，梁有士林館，北齊有文林館，後周有崇文館，皆著撰文史，鳩聚學徒之所也。武德初置修文館，後改爲弘文館。後避太子諱，改曰昭文館。開元七年，復爲弘文館，隸門下省。學士。學士無員數，自武德已來，皆妙簡賢良爲學士。故事，五品已上，稱學士，六品已下，爲直學士，又有文學直館學士，不定員數。館中有四部書及圖籍，自垂拱已後，皆宰相兼領，號爲館主，常令給事中一人判館事。學生三十人，校書郎二人，從九品上。令史二人，楷書手三十人，典書二人，搨書手三人，筆匠三人，熟紙裝潢匠九人，亭長二人，掌固四人。弘文館學士掌詳正圖籍，教授生徒。凡朝廷有制度沿革，禮儀輕重，得參議焉。校書郎掌校理典籍，刊正錯謬。其學生教授考試，如國子學之制焉。

起居舍人，掌修記言之史，録天子之制誥德音，如記事之制，以記時政損益。季終，則授之於國史。

集賢殿書院：開元十三年置。漢、魏已來，職在秘書。梁於文德殿内藏聚羣書。北齊有文林館學士，後周有麟趾殿學士，皆掌著述。隋平陳之後，寫羣書正副二本，藏於宫中，其餘以實秘書外閣。煬帝於東都觀文殿東西廂貯書。自漢延熹至隋，皆秘書掌國籍，而禁中之書，時或有焉。及太宗在藩府時，有秦府學士十八人。其後弘文、崇文二館皆有。玄宗即位，大校羣書。開元五年，於乾元殿東廊下寫四部書，以充内庫，置校定官四人。七年，駕在東都，於麗正殿置修書使。十二年，駕在東都，十三年與學士張説等宴於集仙殿，因改名集賢，改修書使爲集賢書院學士。其大明宫所置書院，本命婦院，屋宇宏敞。永泰元年三月，詔僕射裴冕等十三人，每日於集賢書院待詔。集賢學士。初定制以五品已上官爲學士，六品已下爲直學士。每宰相爲學士者，爲知院事。常侍一人，爲副知院事。學士知院事一人，開元初，以褚無量、馬懷素、元行沖相次知乾元殿寫書，及在麗正，乃有使名。張説代元行沖，改院爲集賢，以説爲大學士，知院事，説懇讓大字，詔許之。自是，每以宰相一人知院事。副知院事一人，初宰相張説知院事，以左常侍徐堅爲副知院事，因爲故事。判院一人，初在乾元殿，刊正官一人判事，其後因之。押院中使一人。自乾元殿寫書，則置掌出入，宣進奏，兼領中官，監守院門，掌同宫禁。侍講學士，開元初，褚無量、馬懷素侍講禁中，名爲侍讀。其後康子元爲侍講學士。修撰官，校理官，並無常員，以官人兼之。待制官，古之待詔金馬門是。留院官，檢討官。皆以學士別敕留之。孔目官一人，專知御書典四人，並開元五年置。知書官八人，開元五年置，掌分四庫書。書直、寫御書一百人，搨書六人，書直八人，裝書直十四人，造筆直四人。並開元六年置。集賢學士之職，掌刊緝古今之經籍，以辨明邦國之大典。凡天下圖書之遺逸，賢才之隱滯，則承旨而徵求焉。其有籌策之可施於時，著述之可行於代者，較其才藝而考其學術，而申表之。凡承旨撰集文章，校理經籍，月終則進課於内，歲終則考最於外。

史館：歷代史官，隸秘書省著作局，皆著作郎掌修國史。武德因隋舊制。貞觀三年閏十二月，始移史館於禁中，在門下省北，宰相監修國史，自是著作郎始罷史職。及大明宫初成，置史館於門下省之南。館門下東西有棗樹七十四株，無雜樹。開元二十五年三月，右相李林甫以中書地切樞密，記事者官宜附近，史官尹愔奏移史館於中書省北，以舊尚藥院充館也。史官。古者天子諸侯，皆有史官，以紀言動，曆數之事。到後漢明帝，如當時名士入東觀，撰《光武紀》，而史官因以他官兼之。魏明帝始置著作郎，專掌國史，隸中書。晉改隸秘書省，因而不改。貞觀年修《五代史》，移史館於禁中。史官無常員，如有修撰大事，則用他官兼之，事畢日停。監修國史。貞觀已後，多以宰相監修國史，遂成故事也。修撰直館。天寶已後，他官兼領史職者，謂之史館修撰，初入爲直館也。元和六年，宰相裴垍奏：『登朝官領史職者，並爲修撰，未登朝官入館者，並爲直館。修撰中以一人官高者判館事，其餘名目，並請不置。』從之。楷書手二十五人，典書四人，亭長二人，掌固六人，裝潢直一人，熟紙匠六人。史官掌修國史，不虚美，不隱惡，直書其事。凡天地日月之祥，山川封域之分，昭穆繼代之序，禮樂師旅之事，誅賞廢興之政，皆本於起居注、時政記，以爲實録，然後立編年之體，爲褒貶焉。既終藏之於府。【略】

内教坊。武德已來，置於禁中，以按習雅樂，以中官人充使。則天改爲雲韶府，神龍復爲教坊。

習藝館。本名内文學館，選宫人有儒學者一人爲學士，教習宫人。則天改爲習藝館，又改爲翰林内教坊，以事在禁中故也。

秘書省。隸中書之下。漢代藏書之所，有延閣、廣内、石渠之藏。又御史中丞，在殿内，掌蘭臺秘書圖籍。後漢桓帝延熹二年，始置秘書監，屬太常寺，掌禁中圖書秘文，後並入中書。至晉惠帝，別置秘書寺，掌中外三閣圖書。梁武改寺爲省。龍朔改爲蘭台，光宅改爲麟臺，神龍復爲秘書省。

秘書監一員，從三品。監之名，後漢桓帝置，魏、晉不改。後周謂之外史下大夫。隋復爲秘書監，從第三品。煬帝改爲秘書令，武德復爲監。龍朔改爲蘭臺太史，天授改爲麟臺監，神龍復爲秘書監也。少監二員，從四品上。少監，隋煬帝置。龍朔改爲蘭臺侍郎，天授爲麟臺少監，神龍復爲秘書少監。比置一員，太極初增置一員也。丞一員。從五品上。魏武帝置，丞二人。隋置一人，正第五品也。秘書監之職，掌邦國經籍圖書之事。有二局：一曰著作，二曰太史，皆率其屬而修其職。少監爲之貳，丞掌判省事。

秘書郎四員。從六品上。校書郎八人，正九品上。正字四人，正九品下。主事一人，從九品上。令史四人，書令史九人，典書八人，楷書手八十人，亭長六人。掌固八人。秘書郎掌甲乙丙丁四部之圖籍，謂之四庫。經庫類十，史庫類十三，子庫類十四，集庫類三。事在《經籍志》。

著作局：龍朔爲司文局。著作郎二人，從五品上。龍朔爲司文郎中，咸亨復也。佐郎四人，從六品上。校書郎二人，正九品上。正字二人，正九品下。楷書手五人，掌固四人。著作郎、佐郎掌修撰碑志、祝文、祭文，與佐郎分判局事也。

司天臺：舊太史局，隸秘書監。龍朔二年改爲秘閣局，久視元年改爲渾儀監。景雲元年改爲太史監，復爲太史局，隸秘書。乾元元年三月十九日敕，改太史監爲司天臺，改置官屬，舊置於子城内秘書省西，今在永寧坊東南角也。監一人，從三品。本太史局令，從五品下。乾元元年改爲監，升從三品，一如殿中秘書品秩也。少監二人。本曰太史丞，從七品下。乾元升爲少監，與諸司少監卿同品也。太史令掌觀察天文，稽定曆數。凡日月星辰之變，風雲氣色之異，率其屬而占候之。其屬有司曆二人，掌造曆。保章正一人，掌教。曆生四十一人。監候五人，掌候天文。觀生九十人，掌晝夜司候天文氣色。靈臺郎二人，掌教習天文氣色。天文生六十人。挈壺正二人。掌知漏刻。司辰七十人，漏刻典事二十二人，漏刻博士九人，漏刻生三百六十人，典鍾一百一十二人，典鼓八十八人，楷書手二人，亭長、掌固各四人。自乾元元年別置司天臺。改置官吏，不同太史局舊數，今據司天職掌書之也。凡玄象器物，天文圖書，苟非其任，不得預焉。每季録所見災祥，送門下中書省，入起居注。歲終總録，封送史館。每年預造來年曆，頒於天下。五官正五員，正五品。乾元元年置五官，有春、夏、秋、冬、中五官之名。丞二員，正七品。主簿二員，正七品。定額直五人，五官靈臺郎五員，正七品。舊靈臺郎，正八品下，掌觀天文之變而占候之。凡二十八宿，分爲十二次，事具《天文志》也。五官保章正五員，正七品。五官司曆五員，正八品。舊司曆二人，從九品上，掌國之曆法，造曆以頒四方。其曆有《戊寅曆》、《麟德曆》、《神龍曆》、《大衍曆》。天下之測量之處，分至表准，其詳可載，故參考星度，稽驗晷影，各有典章。五官監候五員，正八品。五官挈壺正五員，正九品。五官司辰十五員。正九品。舊挈壺正二員，從八品下。司辰十七人，正九品下。皆掌知漏刻。孔壺爲漏，浮箭爲刻，以告中星昏明之候也。五官禮生十五人，五官楷書手五人，令史五人，漏刻博士二十人，漏刻之法，孔壺爲漏，浮箭爲刻。其箭四十有八，晝夜共百刻。冬夏之間，有長短。冬至之日，晝漏四十刻，夜漏六十刻。夏至，晝漏六十刻，夜漏四十刻。春分秋分之時，晝夜各五十刻。秋分之後，減晝益夜，凡九日加一刻。春分已後，減夜益晝，九日減一刻。二至前後，加減遲，用日多。二分之間，加減速，用日少。候夜以爲更點之節。每夜分爲五更，每更分爲五點。更以擊鼓爲節，點以擊鍾爲節也。典鍾、典鼓三百五十人，天文觀生九十人，天文生五十人，曆生五十五人，漏生四十人，視品十人。已上官吏，皆乾元元年隨監司新置也。

宋·王溥《唐會要》卷三五《學校》 武德元年十一月四日，詔皇族子孫及功臣子弟，於秘書外省別立小學。貞觀五年以後，太宗數幸國學、太學，遂增築學舍一千二百間。國學、太學、四門亦增生員，其書、算等各置博士，凡三千二百六十員。其屯營飛騎，亦給博士，授以經業。已而高麗、百濟、新羅、高昌、吐蕃諸國酋長，亦遣子弟請入國學。於是國學之内，八千餘人，國學之盛，近古未有。

光宅二年，梓州進士陳子昂上疏曰：『臣竊獨有私恨者，陛下方欲興崇大化，而不知國家太學之廢，積以歲月久矣。學堂蕪穢，略無人從，《詩》、《書》、《禮》、《樂》，罕聞習者，陛下明詔，尚未及之，愚臣所以私恨也。臣聞天子立太學，所以聚天下賢英爲政之首。故君臣上下之禮於是興焉，揖讓樽俎之節於此生焉，是以天子得賢臣由此也。今則荒廢，委而不論，而欲睦人倫，興禮讓，失之於本，而求之於末，豈可得哉？君子三年不爲禮，禮必壞，三年不爲樂，樂必崩，奈何天子之政而棄禮樂哉？陛下何不詔天下胄子使歸太學而習業乎？斯亦國家之大務也。」

聖曆二年十月，鳳閣舍人韋嗣立上疏曰：「臣聞《禮記》曰：『化民成俗，必由學乎？』學之於人，其用益博。故立太學以教於國，設庠序以化於邑，王之諸子，卿大夫士之子及國之俊選皆造焉。故天子至于庶人，未有不須學而成者。國家自永淳以來，二十餘載，國學廢散，胄子衰缺。時輕儒學之官，莫存章句之選。貴門後進，競以僥倖升班；寒族常流，復因凌替弛業。考試之際，秀茂罕登，驅之臨人，何以從政？又垂拱以後，文明在辰，盛典鴻休，日書月至，因藉際會，入仕尤多。陛下誠能下明制，發德音，廣開庠序，大敦學校，三館生徒，卽令追集，王公已下子弟，不容別求仕進，皆入國學，服膺訓典。崇飾館廟，尊尚師儒。盛陳奠菜之儀，宏敷講說之會，使士庶觀聽，有所發揚。弘獎道德，於是乎在，則四海之內，靡然向風矣。」

神龍二年九月，敕學生在學，各以長幼爲序。初入學，皆行束脩之禮，禮於師。國子、太學各絹三疋，四門學絹二疋，俊士及律書、算學、州縣各絹一疋，皆有酒脯。其束脩三分入博士，二分助教。以每年國子監所管學生，國子監試，州縣學生，當州試，並選藝業優長者爲試官，仍長官監試。其試者通計一年所受之業，口問大義十條，得八已上爲上，得六已上爲中，得五以上爲下。及其學九年律生則六年。不貢舉者，並解追。其從縣向州者，年數下第，並須通計，服闋重仕者，不在計限。不得改業。

開元二十一年五月敕：「諸州縣學生，年二十五已下，八品九品子若庶人，生年二十一已下通一經已上，及未通經，精神通悟，有文詞史學者，每年銓量舉選，所司簡試，聽入四門學，充俊士。卽諸州人省試不第，情願入學者，聽。國子監所管學生，尚書省補；州縣學生，長官補。諸州縣學生，專習正業之外，仍令兼習吉凶禮。公私有禮事處，令示儀式，餘皆不得輒使。許百姓任立私學，其欲寄州縣受業者，亦聽。」

二十六年正月十九日敕：「古者鄉有序，黨有塾，將以弘長儒教，誘進學徒。化民成俗，率由於是。其天下州縣，每鄉之內，各增置一學，仍擇師資，令其教授。」

貞元三年正月，右補闕宇文炫上言，請京畿諸縣鄉村廢寺，並爲鄉學，幷上制書事二十餘件。疏奏，不報。

大和七年八月赦節文：「應公卿士族子弟，取來年正月以後，不先入國學習業者，不在應明經、進士之限。」

會昌五年正月制：「公卿百官子弟及京畿內士人寄客，修明經、進士業者，並宜隸於太學。外州縣寄學及士人，並宜隸名所在官學。」

十五年四月，歸崇敬爲膳部郎中，奏議：「每年春秋二時釋奠，祝版御署訖，北面而揖，臣以爲禮太重。按《大戴禮》，師尚父授周武王丹書，武王東面受之。請參酌輕重，庶得其宜。」

元和九年十一月，禮部貢院奏：「貢舉人見訖，謁先師，准格，學官爲開講，質定疑義，常參及致仕官觀禮。舊例，至時舉奏。」詔：「宜謁先師，餘著停。」後雖每年舉奏，並不復行。

天寶三年七月敕：「先王令範，莫越於唐虞；上古遺書，並稱於訓誥。雖百篇奧義，前代或亡；而六體奇文，舊規尤在。其《尚書》應古體文字，並依今字繕寫施行，其舊本仍藏書府。」

其載十二月敕：「自今已後，宜令天下家藏《孝經》一本，精勤教習；學校之中，倍加傳授，州縣官長明申勸課焉。」

十一載十月敕秘書省檢覆四庫書，與集賢院計會填寫。

貞元七年十二月，秘書監包佶奏：「《開元禮》所與月令相涉者，請選通儒詳定。」從之。

開成元年七月，分察使奏：「秘書省四庫見在新舊書籍，共五萬六千四百七十六卷，並無文集及新寫文書。自今已後，所填補舊書及別寫新書，並隨日校勘，並勒創立文案，別置納曆，隨月申臺。並外察使每歲末，計課申數，具狀聞奏。」從之。

大和三年正月，秘書省據御史臺牒，准開成元年七月敕，應寫書及校勘書籍，至歲末聞奏者，令勘楷書等，從今年正月後，應寫書四百一十七卷。

四年二月，集賢院奏，大中三年正月一日以後至年終，寫完貯庫及填缺書凡三百六十五卷，計用小麻紙一萬一千七百七張。

五年正月，秘書省牒報御史臺，從今年正月已後，當司應校勘書四百五十二卷。

又　卷四四《太史局》　久視元年五月十九日，太史局爲渾天監，不隸秘書省。天后召尚獻輔拜太史令，固辭曰：『臣久從放誕，不能屈事官長。』遂改爲渾天監。至七月六日，又改爲渾儀監。長安二年八月二十八日，獻輔卒，渾儀監依舊爲太史局，隸秘書省，監官並廢。景龍二年六月二十六日，改爲太史監，罷隸秘書省。景雲元年七月二十八日，又改爲太史局，隸秘書省；八月十日，又改爲太史監；十一月二十一日，又改爲太史局。二年閏九月十日，又改爲渾儀監。開元二年二月二十一日，又改爲太史監。十五年正月二十七日，改爲太史局，隸秘書省。至天寶元年十月三日，改爲太史監，罷隸秘書省。至乾元元年三月十九日，太史監改爲司天臺，仍置五官正五人。司天臺内別置一院，名之曰通玄院。應有術藝人，並徵辟到京，皆於通玄院安置。司天臺總置官六十員，大監一人，從三品；少監二人，正四品上；丞三人，正六品上；主簿三人，正七品上；主事二人，正八品下；五官正各一人，正五品上；五官副正各一人，正六品上；五官靈臺郎各一人，正七品下；五官保章正各一人，從七品上；五官挈壺正各一人，正八品上；五官監候各一人，正八品下；五官司曆各一人，從八品上；五官司辰各三人，正九品上。觀生、曆生七百二十六人。其臺宜于永寧坊張守珪宅置。制曰：『建邦設都，必稽玄象；分曹列局，皆應物宜。靈臺三星，主觀察雲物，天文正位在太微西南。今興慶宮，上帝廷也，考符所合，以致靈臺，宜令所司量事修理。』舊置在秘書省南。至寶應元年六月九日，司天少監瞿曇譔奏：『司天丞請減三員，監候減二員，司辰減七員，五陵司五員。』敕旨依。初，天寶十三載三月十四日敕：『太史監官除朔望朝外，非別有公事，一切不須入朝，及充保識，仍不在點檢之限。』

大足元年九月十九日敕：『在史局曆生、天文觀生等，取當色子弟充，如不足，任於諸色人内簡擇。』

開元二十三年九月八日敕：太史局曆生每番留兩人當上，餘並七月一日上，至十月三十日下。』

乾元元年十月一日，權知司天監韓穎奏：『司天臺五官正，既職配五方，上稽五緯。臣請每至正冬朔望朝會及諸大禮，并奏本方事，各依本方正色，其冠上加一星珠，仍永爲恒式。』從之。

大曆二年正月二十七日敕：『艱難以來，疇人子弟流散；司天監官員多闕，其天下諸州官人百姓有解天文玄象者，各委本道長吏具名聞奏，送赴上都。』

開成五年十二月敕：『司天臺占候災祥，理宜秘密。如聞近日監司官吏及所由等，多與朝官并雜色人交游，既乖慎守，須明制約。自今以後，監司官吏並不得更與朝官及諸色人等交通往來，仍委御史臺訪察。』

開成三年，魏謩自左補闕授起居舍人，紫宸中謝日，文宗謂之曰：『以卿論事忠切，有文貞之風，故不循月限授此官。』又謂之曰：『卿家有何舊圖書詔？』謩對曰：『比多失墜，惟簪笏見存。』上遂令進來。時宰相鄭覃奏曰：『在人不在笏。』文宗曰：『鄭覃殊不會我意，此卽《甘棠》之義，非在笏也。』謩將退，又召誡之曰『事有不當，卽須論奏。』對曰：『臣頃爲諫官，合伸規諷。今为起居，職在記言，臣不敢輒踰職分。』文宗曰：『凡兩省官並合論事，勿拘此言。』尋以本官兼值弘文館。

大中六年九月敕：『郎官、御史、遺、補皆有月限，唯起居未有分明制置。自今以後，特恩超擢外，宜中滿二十個月爲改轉。』

又　卷五九《尚書省諸司下》　禮部尚書　龍朔二年，改爲司禮太常伯。咸亨元年，復舊。光宅元年，改爲春官尚書。神龍元年，復爲禮部尚書。

大和七年八月敕：『每年試帖經官，以國子監學官充，禮部不得別更奏請。其弘文、崇文兩館生齋郎，並依令試經畢，仍差都省郎官兩人覆試。』

禮部侍郎改復與尚書同　開元二十四年三月十二日，以考功員外郎李昂爲舉人所訟，乃下詔曰：『每歲舉人，頃年以來，惟考功郎所職。位輕務重，名實不倫。欲盡委長官，又銓選委積。但六官之列，體國是同，況宗伯掌禮，宜主賓薦。自今以後，每年諸色舉人及齋郎等簡試，並於禮部集，既衆務煩雜，仍委侍郎專知。』

貞元十五年十月，高郢爲禮部侍郎　時應進士舉者，多務朋遊，以取聲名，唯務謙集，罕肄其業。郢性專介，尤疾其風，既領職。拒絶請託，雖同列通熟，無敢言者。志在經義，專考程試。凡三歲掌貢士，進幽獨，抑聲華，浮濫之風一變。元和九年二月，韋貫之爲禮部侍郎，選士皆抑浮華，先行實，由是趨競息焉。

禮部郎中　隋號儀曹郎。武德初，因隋舊號不改。三年十月，改爲禮部郎中。龍朔二年，改爲司禮大夫。咸亨元年，復爲禮部郎中。光宅元年，改爲春官郎中。神龍元年，復爲禮部郎中。

禮部員外郎改復與郎中同　貞元十二年二月，授許孟容禮部員外郎。有公主之子請補兩館生，孟容舉令式不許。主訴於上，命中使問狀，孟容執奏，竟不可奪，遷本曹郎中。

元和二年，少府監金忠義以機巧進，請蔭其子爲兩館生，禮部員外郎韋貫之上疏論奏曰：『工商之子不當仕，忠義以藝通權倖，不宜污辱朝廷。』竟罷去之。

太廟齋郎　開元二十四年三月十二日敕：『齋郎簡試，並於禮部集。』至二十五年正月七日，敕：『諸陵廟並宜隸宗正寺，其齋郎命司封補奏。』至天寶十二載五月十一日，陵廟依舊隸太常寺，齋郎遂屬禮部。至大曆二年八月二十五日，敕：『陵廟宜令宗正寺檢校，其齋郎又司封收補聞奏。』至貞元三年九月二十六日，禮部尚書蕭昕奏：『太廟齋郎，准式禮部補。大曆三年後，被司封官稱管陵廟，便補奏齋郎，亦無格敕文。准建中元年正月五日制，每事並歸有司，其前件齋郎合於禮部補奏。』敕旨：『依，付所司准格式處分。』至今禮部員外郎補。

貞元十二年十月，朝廷欲以太學生令於郊廟攝事，將去齋郎，以從省便，太常博士裴堪因奏議曰：『嚴奉宗廟，時享月祭，帝王展孝之重典也。故致齋清宮，設郎執事，使夫習肄虔恪，肅恭神人，内盡其敬也。太學置生徒，服勤儒業，弘闡教化，發明德義，用嚴師以訓之，懸美禄以待之，限其課第，考其否臧，外獎其學也。夫如是，齋郎官員焉可廢也，太學生徒焉可亂也。若慮不素潔，則無以觀其敬矣；志不宿著，則無以成其業矣。故提其名而目之，表其從事也；績其勤而禄之，使其服志也。罷齋郎則失重祭之義，用學生則撓敬業之道。將何以見促數之節，肅敬之容，强立之成，待問之奥，知必不能至矣。況國家有典，崇儒有制，豈以齋郎瀆易是病，而思去之？學生冗惰無取，而思役之？誠宜名分有殊，課第自别，使俎豆有楚，弓冶知訓，供職有賞勤之利，敦學得樂羣之至。禮舉舊典，人知向方，庶乎簡牘無能代之煩，監寺絶往來之弊矣。將敦要本，在别司存，俾不相參，庶合事體。』從之。

元和六年十一月，禮部奏：『准今年九月吏部所奏，敕應補太廟齋郎，用蔭官並五品已上子，六品常參官子補者。今詳節文，所用五品、六品蔭者，唯許子，並不該孫。又節文其應補太廟齋郎、郊社齋郎，孫用祖蔭，子用父蔭，即孫之與子，並許收補，恐前後文字有所差錯。今格限已及，須守敕文，其孫用祖五品已上陰者，恐須准舊例收補。』敕旨：『宜令准格收補。』

寶曆元年九月，禮部奏：『准今年四月制，當司合釐革條流兩館生、齋郎資蔭年限等。據舊敕、應補兩館生所用蔭第，皆門地清華，勳賢胄裔。近者時有源流或異，支屬全疏，罔冒門資，變易昭穆。今請如有此色，自本司磨勘得實，坐其家長。所用廕告身，用本司印印，郎官押署，更不在行用之限。保官具事由，申上中書門下，請諸司官典檢，報不實，並請准法科處分。其太廟、郊社齋郎亦並准此處分。若用陰曾經流貶，未復本資，或便身亡，不曾申雪，即用舊廕，切恐非宜，請便駁放、其太廟齋郎亦准此處分。伏緣兩館生員闕不多，請補者衆，今請一家不得用兩蔭，許隔二年收補。每用廕補人，請明置簿歷，具注所補人年名日月，用本司印，郎官押署。至補人數足後，給其告身，不在用限。太廟齋郎，准開元六年九月敕，取五品已上子孫、六品清資常參官子補充。郊社齋郎用祖廕官階，並須五品以上，用父廕須六品以上常參官，及兩府司録判司、詹事府丞、大理司直幷有五品階者。所補齋郎皆用五保。其保請以六品已上清資官充，其一家不得周年保兩人。仍不得頻年用廕，並請准兩館生例處分。』敕旨依奏。

祠部郎中　隋爲祠部郎。武德三年，加『中』字。龍朔二年，改爲司禋大夫。咸亨元年，復爲祠部郎中。

祠部員外郎　改復與郎中同。

延載元年五月十一日敕：『天下僧、尼、道士隸祠部，不須屬司賓。』開元十年正月二十三日，敕祠部：『天下寺觀田，宜准法據僧、尼、道士合給數外，一切管收，給貧下欠田丁。其寺觀常住田，聽以僧、尼、道士、女冠退田充，一百人以上不得過十頃，五十人已上不得過七頃，五十人以下不得過五頃。』

二十五年正月七日，道士、女道士割隸宗正寺，僧、尼令祠部檢校。

膳部郎中　隋爲膳部郎。武德三年，加『中』字。龍朔二年，改爲司膳大夫。咸亨元年，復爲膳部郎中。

膳部員外郎　改復與郎中同。

主客郎中　隋爲司蕃郎。皇朝爲主客郎中。龍朔二年，改爲司蕃大夫。咸亨元年復爲主客郎中。

主客員外郎　改復與郎中同。

景龍二年九月三日敕：『應差敕冊立諸國使，並須選擇漢官，不得差蕃官去。』

祠祭使　天寶六載十一月，度支郎中楊釗充祠祭使。至德三載五月二十四日，中書侍郎王璵兼知祠祭使。

又　卷六三《史館上》　史館移置　武德初，因隋舊制，隸秘書省著作局。貞觀三年閏十二月，移史館於門下省北，宰相監修，自是著作局始罷此職。及大明宮初成，置史館於門下省之南。

開元十五年三月一日，宰臣李林甫監史館，以中書地切樞密，記事者宜其附近，史官、諫議大夫尹愔遂奏移於中書省北，其地本尚藥局內藥院。

諸司應送史館事例　祥瑞，禮部每季具録送。天文祥異，太史每季并所占候詳驗同報。蕃國朝貢，每使至，鴻臚勘問土地、風俗、衣服、貢獻、道里遠近，并其主名字報。蕃夷入冠及來降，表狀，中書録狀報。露布，兵部録報。軍還日，軍將具録陷破城堡，傷殺吏人，掠擄畜産數，并报。變改音律，及新造曲調，太常寺具所由及樂詞報。州縣廢置，及孝義旌表，户部有即報。法令變改，斷獄新議，刑部有即報。有年及饑，并水、旱、蟲、霜、風、雹及地震、流水泛溢，户部及州縣。每有即勘其年月日，及賑貸存恤同報。諸色封建，司府勘報，襲封者不在報限。京諸司長官及刺史、都督都護、行軍大總管、副總管除授，並録制詞，文官吏部送，武官兵部送。刺史、縣令善政異迹，有灼然者，本州録附考使送。碩學異能、高人逸士、義夫節婦，州縣有此色，不限官品，勘知的實，每年録附考使送。京諸司長官薨卒，本司責由歷狀迹送。刺史、都督、都護及行軍副大總管已下薨，本州本軍責由歷狀，附便使送。公主百官定謚，考績録行狀、謚議同送。諸王來朝。宗正寺勘報。已上事，並依本條，所由有即勘報史館，修入國史，如史官訪知事由，堪入史者，雖不與前件色同，亦任直牒索。承牒之處，即依狀勘，並限一月內報。

建中元年十一月二十八日，史館奏：『前件事條，雖標格式，因循不舉，日月已深。伏請申明舊制，各下本司。』從之。

大曆十四年正月已後，至今年十月已前，所有事迹，各限敕到一月日報。從此已後，外州縣及諸軍諸使，每年一度，附考使送納。在京即每季申，便爲恒例。敕旨依奏。

修前代史　武德四年十一月，起居舍人令狐德棻嘗從容言於高祖曰：『宋代已來，多無正史，梁、陳及齊，猶有文籍，至於周、隋，多有遺闕。當今耳目猶接，尚有所憑。如更十數年後，恐事迹湮没，無可紀録。』至五年十二月二十六日，詔：『司典序言，史官紀事，考論得失，究盡變通。所以裁成義類，懲惡勸善。自有魏至乎陳、隋，莫不自命正朔，綿歷歲祀，各殊徽號，删定禮儀。然而簡牘未編，紀傳咸闕，炎涼已積，謠俗遷訛，餘烈遺風，泯焉將墜。顧彼湮落，用深軫悼，有懷撰次，實資良直。中書令蕭瑀、給事中王敬業、著作郎殷聞禮，可修《魏史》。侍中陳叔達、秘書丞令狐德棻、太史令庾儉，可修《周史》。中書令封德彝、中書舍人顔師古，可修《隋史》。大理卿崔善爲、中書舍人孔紹安、太子洗馬蕭德言，可修《梁史》。太子詹事裴矩、吏部郎中祖孝孫、前秘書丞魏徵，可修《齊史》。秘書監竇璡、給事中歐陽詢、秦王府文學姚思廉，可修《陳史》。』綿歷數載，竟不就而罷。修撰之源，自德棻始。至貞觀三年，於中書置秘書內省，以修《五代史》。

貞觀十年正月二十日，尚書左僕射房玄齡、侍中魏徵、散騎常侍姚思廉、太子右庶子李百藥孔穎達、禮部侍郎令狐德棻、中書侍郎岑文本、中書舍人許敬宗等，撰成周隋梁陳齊《五代史》，上之。進階頒賜有差。

二十年閏三月四日，詔令修史所更撰《晋書》，銓次舊聞，裁成義類，其所須可依修《五代史》故事。若少學士，量事追取。於是司空房玄齡、中書令褚遂良、太子左庶子許敬宗掌其事。又中書舍人來濟、著作郎陸元仕、著作郎劉子翼、主客郎中盧承基、太史令李淳風、太子舍人李義府薛元超、起居郎上官儀、主客員外郎崔行功、刑部員外郎辛丘馭、著作郎劉胤之、光禄寺主簿楊仁卿、御史臺主簿李延壽、校書郎張文恭，並分功撰録。又令前雅州刺史令狐德棻、太子司議郎敬播、主客員外郎李安期、屯田員外郎李懷儼，詳其條例，量加考正。以臧榮緒《晉書》爲本，捃摭諸家，及晉代文集。爲十紀、十志、七十列傳、三十載紀。其太宗所著宣、武二帝，及陸機、王羲之四論，稱制旨焉。房玄齡已下，稱史臣，凡起例皆播獨創焉。以其書賜皇太子及新羅使者各一部。

顯慶元年五月四日，史官修梁陳齊周隋《五代史》三十卷，太尉無忌進之。四年二月，太子司更大夫呂才著《隋紀》二十卷。其年，符璽郎李延壽撮近代諸史，南起自宋，終於陳，北始自魏，卒於隋，合一百八十篇，號爲《南北史》，上自製序。

景龍三年十二月，太常少卿元行沖以本族出於後魏，未有編年之文，乃撰《魏典》三十卷。事詳文簡，爲學者所稱。初，魏明帝時，西柳谷瑞石有牛繼馬後之象。魏收《魏史》以爲晉元帝是牛氏之子，因姓司馬氏，以應石文。行沖雜尋事迹，以後魏道武帝名健，繼晉受命，又考校護符，特著論以明之。

光化三年，直史館柳璨，以劉子玄所撰《史通》，議駁經史過當，紀子玄之失，别纂成十卷，號《柳氏釋史》，又號《史通析微》。

修國史　貞觀十七年七月十六日，司空房玄齡、給事中許敬宗、著作郎敬播等，上所撰高祖、太宗實録各二十卷。太宗遺諫議大夫褚遂良讀之前，始讀太宗初生祥瑞，遂感動流涕，曰：『朕於今日，富有四海，追思膝下，不可復得。』因悲不自止，命收卷，仍遣編之秘閣。并賜皇太子及諸王各一部，京官三品已上，欲寫者亦聽。

永徽元年閏五月二十三日，史官太尉無忌等修《貞觀實録》畢，上之。起貞觀十五年，至二十三年，勒成二十卷。

顯慶元年七月三日，史官太尉無忌，左僕射于志寧、中書令崔敦禮，國子祭酒令狐德棻。中書侍郎李義府，崇賢學士劉胤之、著作郎楊仁卿、起居郎李延壽，秘書郎張文恭等，修國史成，起義寧，盡貞觀末，凡八十一卷，藏其書於内府。至四年二月五日，中書令許敬宗、中書侍郎許圉師、太史令李淳風、著作郎楊仁卿、著作郎顧胤，受詔撰貞觀二十三年已後至顯慶三年實録，成二十卷，添成一百卷。是日，封敬宗子選爲新城縣男，德棻子進封平陽縣公、國师封平胤縣公，淳風封昌樂縣男，仁卿封餘杭縣男，胤子並加諫議大夫，賞修實録之功。上以敬宗所紀，多非實録，謂劉仁軌等曰：『先朝身擐甲胄，親履兵鋒，戎衣霑馬汗，鞮鍪生蟣蝨，削平區宇，康濟生靈。數年之間，四海寧晏，方始歸功上帝，臨馭下人。昨觀國史所書，多不周悉。卿等必須窮微索隱，原始要終，盛業鴻勳，咸使詳備。至如先朝作《威鳳賦》，意屬阿舅，及士廉、敬宗乃移向《尉遲敬德傳》内。又嘗幸温湯教習，長圍四合，萬隊俱前，忽雲霧晝昏，部伍錯亂。先聖既覩斯事，恐其枉法者多，遂潛隱不出，待其整理，然後臨觀，顧謂朕曰：「振旅訓兵，國之大典，此之錯失，於法不輕。我若見之，必須行法。一虧軍政，得罪人多。我今不出，良爲於此。」今乃移向《魏徵傳》内，稱是徵之諫語。此皆乖於實録，何以垂之後昆。朕嘗從幸未央宫，辟仗已過，忽於軍中見一人，身帶横刀。其人云：「開辟仗至，怕不敢出，仗家搜索不覺，遂伏不敢動。」先聖斂轡卻還，顧謂朕曰：「此事若發，數人合死。汝可於後堂伺看，早放出之。」史家唯此一事差似，不失其眞。』郝處俊奏曰：『先聖仁恩，觸類皆是。臣弟處傑往年宿衛之日，被差腰轝供奉，見有三衛誤拂御衣，此人怕懼，五情無主。先聖謂之曰：「此間無御衣，我不謂汝作罪過，不須怕懼。」』上謂處俊曰：『此亦須入史。』至三月，詔太子左庶子、同中書門下三品劉仁軌，吏部侍郎、同三品李敬玄，中書侍郎郝處俊，黄門侍郎高智周等並修史。仁軌等於是引左史李仁實專掌其事，將加刊改，會仁實卒官，又止。長安三年正月一日敕：『宜令特進梁王三思與納言李嶠、正諫大夫朱敬則、司農少卿徐彦伯、鳳閣舍人魏知古、崔融，司封郎中徐堅，左史劉知幾，直史館吴兢等修《唐史》，採四方之志，成一家之言，長縣楷則，以貽勸誡。』神龍二年五月九日，左散騎常侍武三思、中書令魏元忠、禮部尚書祝欽明及史官太常少卿徐彦伯、秘書少監柳沖、國子司業崔融、中書舍人岑羲、徐堅等，修《則天實録》二十卷，文集一百二十卷，上之。賜物各有差。

開元四年十一月十四日，修史官劉子玄、吴兢撰《睿宗實録》二十卷、《則天實録》三十卷、《中宗實録》二十卷成，以聞。又引古義，白於執政。宰相姚崇奏曰：『伏見貞觀十七年，監修國史房玄齡與史官給事中許敬宗、著作佐郎敬播，修《高祖實録》二十卷、《太宗實録》二十卷成，制封玄齡一子爲縣男，賜物一千段，封敬宗一子爲高陽男，賜物七百段，敬播改授司議郎，賜物五百段，並降璽書褒美。又神龍二年五月，監修國史、中書令魏元忠與史官大常少卿徐彦伯、國子司業崔融等，修《則天實録》三十卷成，封元忠一子爲縣男，賜物一千段，彦伯等各賜爵二等，物五百段，自餘卑官加兩階，物段准處分，仍並降璽書褒美。今史官劉子玄、吴兢等撰《睿宗實録》，又重修《則天》、《中宗實録》，並成，進訖。准撰《太宗實録》例，監修官已下，加爵及賜。今子玄援引古今，欲臣聞奏。臣謹尋故實，例有恩賞，事屬當時，不可爲準。子玄等始末修撰，誠亦勤勞。敘事紀言，所録雖重，承恩賜命，固不在多。子玄等請各賜物五百段。』許之。

至德二載十一月二十七日，修史官太常少卿于休烈奏曰：『《國史》一百六卷，《開元實録》四十七卷，《起居注》并餘書三千六百八十二卷，在興慶宫史館，並被逆賊焚燒。且國史、實録，聖朝大典，修撰多時，今並無本。望委御史臺推勘史館所由，並令府縣搜訪，有人收得國史、實録，能送官司，重加購賞。若是官書，并捨其罪。得一部超授官，一卷賞絹十疋。』數月惟得一兩卷。前修史官工部侍郎韋述，賦陷城入東京，至是，以其家先藏《國史》一百一十三卷送官。大曆三年，起居舍人兼修史令狐峘，修《玄宗實録》一百卷，峘著述雖精，屬喪亂之後，起居注亡失，纂開元、天寶間事，唯得諸家文集，編其詔、册，名臣傳記，十無三四，後人以漏略譏之。

建中元年七月，左拾遺、史館修撰沈既濟以吴兢所撰《國史》則天事爲本紀，奏議駁之，曰：『史氏之作，本乎懲勸，以正君臣，以維邦家，前端千古，後法萬代。使其生不敢差，死不忘懼，緯人倫而經世道，爲百王準的。不止屬辭比事，以日繫月而已。故善惡之道，在乎勸誡，勸誡之柄，在乎褒貶。是以《春秋》之義，尊卑、輕重、升降，幾微髣髴，一字二字，必有微旨存焉。況鴻名大統，其可以貸乎？伏以則天皇后，初以聰明睿哲，内輔時政，厥功茂矣。及弘道之際，孝和以長君嗣位，而太后以專制臨朝。俄又廢帝，或幽或徙，既而握圖稱籙，移運革名，牝司鷘啄之蹤，難乎備述。其後五王建策，皇運復興，議名之際，得無降損。必將義以親隱，禮從國諱。苟不及損，當如其常，安可横絶彝典，超居帝籍。昔仲尼有言，必也正名。夏殷二代，爲帝三十世矣。而周人通名之曰王。吴楚越之君，爲王者百有餘年，而《春秋》書之爲子。蓋高下自乎彼，而是非稽乎我。過者抑之，不及者援之。不以弱減，不爲僭奪，握中持平，不振不傾，使其求不可得，而蓋不可掩，斯古君子所以慎其名也。夫則天體自坤順，位居乾極，以柔乘剛，天紀倒張，進以强有，退非德讓。今史臣追書，當稱之爲太后，不宜曰上。孝和雖迫母后之命，降居藩邸，而體元繼代，本吾君也。史臣追書宜稱曰皇帝，不宜曰廬陵王。睿宗在景龍已前，天命未集，徒稟后制，假臨大寶。于倫非次，于義無名，史臣追書，宜曰相王，未宜曰帝。若以得失既往，遂而不舉。則是非褒貶，安所辨正？載筆執簡，謂之何哉？則天廢國家曆數，用周正朔，廢國家太廟，立周七廟，鼎命革矣，徽號易矣，旂裳服色已殊矣。今安得以周氏年曆，而列爲唐書帝紀。徵諸禮經，是謂亂名。且孝和繼天踐祚，在太后之前，而敘年製紀，居太后之下。方之躋僖，是謂不智。詳今考古，並未爲可。或曰：「班、馬良史也，編述漢事，立高后以續帝載，豈有非之者乎？」答曰：「昔高后稱制，因其曠嗣。獨有分王諸吕，負於漢約，無遷鼎革命之甚。況其時孝惠已没，孝文在下，後宫之子，非劉氏種不紀吕后，將紀誰焉？雖云其然，議者猶謂不可，況遷鼎革命者乎？」或曰：「若天后不紀，帝緒缺矣，則二十二年行事，何所繫乎？」答曰：「孝和以始年登大位，以暮年復舊業，雖尊名中奪，而天命未改。足以首事，足以表年，何所拘忌，裂爲二紀。」昔魯昭之出也，《春秋》歲書其居曰：「公在乾侯。」且君在，雖失位，不敢廢也。今請併《天后紀》，合《孝和紀》，每於歲首，必書孝和所在以統之，書曰：「某年正月日，皇帝在房陵，太后行某事，改某制」云云，則紀稱孝和，而事述太后，俾名不失正，而禮不違常，名禮兩得，人無間矣。其姓氏名諱，入宫之由，歷位之資，才藝智略，年辰崩葬，别纂録入皇后列傳，於廢后王庶人之下，題其篇曰「則天順聖武皇后」云。』事雖不行，而史氏稱之。

貞元元年九月，監修國史、宰臣韋執誼奏：『伏以皇王大典，實存簡册，施于千載，傳述不輕。竊見自頃已來，史臣所有修撰，皆於私家紀録，其本不在館中。褒貶之間，恐傷獨見，編紀之際，或慮遺文。從前已來，有此乖闕。自今已後，伏望令修撰官，各撰日曆，凡至月終，即於館中都會，詳定是非，使置姓名，同共封鏁。除已成實録撰進宣下者，其餘見修日曆，並不得私家置本，仍請永爲常式。」從之。

元和二年七月，太僕寺丞令狐丕進亡父故史官峘所撰《代宗實録》四十卷，詔付史館。

五年十月，宰臣裴垍與史官蔣乂等，撰《德宗實録》五十卷，獻之。

長慶二年十月，敕翰林侍讀學士、諫議大夫路隨，中書舍人韋處厚兼充史館修撰，修《憲宗實録》。仍分日入史館修實録，未畢之間，且許不入内署，仍放朝參。

會昌元年四月敕：「《憲宗實録》，宜令史館再修撰進入，其先撰成本，不得注破，并與新撰本同進來者。」至三年十月，宰臣、兼監修國史李紳與修史官鄭亞等修畢進上，賜銀器錦綵有差。至大中二年十一月，又降敕曰：「《憲宗實録》，宜施行舊本，其新本委天下諸州府察訪，如有寫得者並送館，不得隱藏。」

大中五年七月，宰臣崔龜從等撰《續唐曆》三十卷。

八年三月，宰臣監修國史魏謩修成《文宗實録》四十一卷，上之。史官給事中盧耽、太常少卿蔣偕、司勳員外郎王渢、右補闕盧告，頒賜銀器錦綵有差。

大順二年二月，敕吏部侍郎柳玭等修宣宗、懿宗、僖宗實録。始，丞相、監修國史杜讓能，三朝實録未修，乃奏吏部侍郎柳玭、右補闕裴庭裕、左拾遺孫泰、駕部員外郎李允、太常博士鄭光庭等十五人修之。踰年，竟不能編録一字。惟庭裕採宣宗朝耳目聞覩，撰成三卷，目曰《東觀奏紀》，納於史館。又龍紀中，有處士沙仲穆，纂《野史》十卷，起自大和，終於龍紀，目曰《大和野史》。

在外修史　開元八年十二月二十日詔：「右羽林將軍、檢校并州大都督府長史、燕國公張説，多識前志，學於舊史，文成微婉，詞潤金石，可以昭振風雅，光揚軌訓。可兼修國史，仍賫史本就并州隨軍修撰。」

十四年七月十六日，太子左庶子吴兢上奏曰：「臣往者長安、景龍之歲，以左拾遺、起居郎兼修國史，時有武三思、張易之、張昌宗、紀處訥，宗楚客、韋温等，相次監領其職。三思等立性邪佞，不循憲章，苟飾虚詞，殊非直筆。臣愚以爲國史之作，在乎善惡必書。遂潛心積思，别撰《唐書》九十八卷，《唐春秋》三十卷，用藏於私室，雖綿歷二十餘年，尚刊削未就。但微臣私門凶釁，頃歲以丁憂去官，自此便停知史事。竊惟帝載王言，所書至重，倘有廢絶，實深憂懼。於是彌綸舊紀，重加删緝，雖文則不工，而事皆從實。斷自隋大業十三年，迄於開元十四年春三月，即皇家一代之典，盡在於斯矣。既將撰成此書于私家，不敢不奏。又卷軸稍廣，繕寫甚難，特望給臣楷書手三數人，并紙墨等。至絶筆之日，當送上史館。」於是敕兢就集賢院修成其書。俄又令就史館。及兢遷荆州司馬，其書未能就。兢所修草本，兢亦自將。上令中使往荆州取得五十餘卷，其紀事疏略，不堪行用。

二十五年六月二十六日，詔左丞相張説在家修史。中書侍郎李元紘奏曰：「國史者，記人君善惡，國政損益，一字襃貶，千載稱之。今張説在家修史，吴兢又在集賢院撰録，令國之大典，散在數所。且太宗别置史館，在於禁中，所以重其職，而秘其事。望勒説等就史館參詳撰録，則典册舊章不墜矣。」從之。

長慶三年六月，中書侍郎、平章事、監修國史杜元穎奏：「臣去年奉詔，命各據見在史官，分修《憲宗實録》。今緣沈傳師改官，若更求人，選擇非易。沈傳師當分雖搜羅未周，條目紀綱，已粗有緒。竊以班固居鄉里，而繼成《漢書》；陳壽處私家，而專精《國志》；玄宗國史，張説在本鎮兼修；代宗編年，令狐峘自外郡奏上。遠考前代，近參本朝，皆可明徵，實有成例。其沈傳師一分，伏望勒就湖南修畢，先送史館，與諸史官參詳，然後聞奏。庶使官業責成，有始終之效；傳聞摭實，無同異之差。」制可。

修史官　咸亨元年十一月二十一日詔：「修撰國史，義存典實。自今已後，宜令所司於史官内簡擇堪修人，録名進内。自餘雖居史職，不得輒令聞見所修史籍及未行用國史等事。」

長安二年，鳳閣舍人、修國史劉允濟嘗云：「史官善惡必書，言成軌範，使驕主賊臣，有所知懼。此亦權重，理合貪而樂道也。昔班生受金，陳壽求米，僕視之如浮雲耳。但百僚善惡必書，足爲千載不朽之美談，豈不盛哉！」

三年七月，朱敬則請擇史官，上表曰：『國之要者，在乎記事之官。是以五帝玄風，資其筆削；三王盛業，藉以垂名。此才之難，其難甚矣。何以知其然？昔平王東遷，歷年六百，齊桓之九合天下，晉文之一戰諸侯，秦穆公遠霸西戎，楚莊王利盡南海，禮樂文物，闃爾無聞。今之所存，獨載魯史。向若魯無君子，記傳則遺，雄霸遠圖，必墜于地，可不惜哉！即如齊、周小國之主，尚能留意于史册。齊神武嘗謂著作郎魏收曰：『卿勿見陳元康、楊遵彥等，在吾目前趨走，謂吾以爲勤勞。我後代聲名，在于卿手，最是要事，勿謂我不知。』及文宣即位，又嘗敕收曰：『好直筆，勿畏懼，我終不作魏太武誅史官。』又周文帝之爲相也，納柳虯之説，特命書法不隱。其志在懲勸如此。伏以陛下聖德鴻業，誠可垂範將來，倘不遇良史之才，則大典無由而就也。且董狐、南史，豈止生于往代，而獨無於此時，在乎求與不求，好與不好耳。今若訪得其善者，伏願勖之以公忠，期之以遠大，更超加美職，使得行其道，則天下幸甚！』鄭惟忠嘗問劉子玄曰：『自古文士多而史才少，何也？』對曰：『史才須有三長，謂才也，學也，識也。夫有學而無才，猶有良田百頃，黄金滿籯，而使愚者營生，終不能致貨殖矣。如有才而無學，猶思兼匠石，巧若公輸，而家無楩柟斧斤，終不能成其宮室矣。猶須好是正直，善惡必書，使驕主賊臣，所以知懼。此則爲虎傅翼，善無可加，所向無敵矣。』時人以爲知言。

開元二十五年正月八日，以道士尹愔爲諫議大夫、集賢院學士，兼知史館事，特賜朝散階。愔上表懇讓，優詔許衣道士服視事，愔乃受職。

貞元九年十二月，以前河南府王屋縣尉蔣武爲右拾遺、史館修撰。上重難其職，制未可下前，召見於延英殿，至是方命官。十二年正月，以工部郎中、史館修撰如故。其年二月，又薦自左諫議大夫遷秘書少監，修撰如故。時裴延齡貴，欲異同宰相，乃言於上曰：『諫議大夫，論朝廷得失之官；史臣修撰，紀朝廷得失之事。其領史職者，不宜爲諫官。』故有斯命。

元和六年六月，宰臣集賢院大學士裴垍奏：『史館請登朝官入館者，並爲修撰，非登朝並爲直館，修撰中以一人官高者判館事。其餘名目，並請不置，仍永爲常式。』從之。

大和六年二月，以諫議大夫王彥威、户部郎中楊漢公、祠部員外郎蘇滌，右補闕裴休並充史館修撰。故事，修撰不過三員，或止兩員，今四人並命，論者非之。

天祐二年五月二十九日敕：『翰林學士、職方郎中兼史館修撰張榮，今修撰職名稍卑，不稱内廷密重，宜充兼修國史。』

史館雜録上　貞觀九年十月，諫議大夫朱子奢上表曰：『今月十六日，陛下出聖旨，發德音，以起居記録書帝王臧否，前代但藏之史官，人主不見。今欲親自觀覽，用知得失。臣以爲聖躬舉無過事，史官所述，義歸盡善。陛下獨覽起居，於事無失。若以此法傳示子孫，竊有未喻。大唐雖七百之祚，天命無改，至於曾玄之後，或非上智。但中主庸君，飾非護短，見時史直辭，極陳善惡，必不省躬罪已，唯當致怨史官。但君上尊崇，臣下卑賤，有一於此，何地逃刑？既不能效朱雲廷折，董狐無隱，排霜觸電，無顧死亡，唯應希風順旨，全身遠害，悠悠千載，何所聞乎？所以前代不觀，蓋爲此也。』

十六年四月二十八日，太宗謂諫議大夫褚遂良曰：『卿知起居，記録何事，大抵人君得觀之否？』對曰：『今之起居，古之左右史，以記人君言行，善惡必書，庶幾人主不爲非法，不聞帝王躬自觀史。』太宗曰：『朕有不善，卿必記之耶？』遂良曰：『守道不如守官，臣職當載筆，君舉必書。』黄門侍郎劉洎曰：『設令遂良不記，天下之人皆記之矣。』太宗謂房玄齡曰：『國史何因不令帝王觀見？』對曰：『國史善惡必書，恐有忤旨，故不得見也。』太宗曰：『朕意不同，今欲看國史，若善事固不須論，若有惡事，亦欲以爲鑑誡。卿可撰録進來。』房玄齡遂刪略國史，表上。太宗見六月四日事，語多微文，乃謂玄齡曰：『昔周公誅管、蔡，而周室安；季友鴆叔牙，而魯國寧。朕之所以安社稷，利萬人耳。史官執筆，何煩過隱，宜即改削，直書其事。』至七月八日，又謂遂良曰：『爾知起居，記何事善惡？朕今勤行三事，望爾史官不書吾惡。一則遠鑑前代敗事，以爲元龜。二則進用善人，共成政道。三則斥棄羣小，不聽讒言。吾能守之，終不轉也。鷹犬平生所好，今亦罷之，雖有順時冬狩，不踰旬而返。亦不曾絶域訪奇異，遠方求珍羞，比日已來，饌無兼味。自非膏雨有年，師行剋捷，未嘗與公等舉杯酒，奏管絃。朕雖每日兢懼，終藉公等匡翊，各宜勉之。』

二十二年二月七日，太宗以鐵勒諸蕃歸國，謂羣臣曰：『吾知勞逸不同者有二，鐵勒解辮歸國，去危就安，邊夷無事，豈不逸樂。而窮髮之地，盡爲齊民，古昔已來，書史不載，今日起居，記朕功業，亦爲劬勞。』

顯慶二年二月已後，禮部尚書許敬宗常修國史，自掌知國史，記事阿曲。初，虞世南兄與許敬宗父同爲宇文化及所害。封德彝時爲内史舍人，備見其事，因謂人曰：『虞世基被戮，世南則匍匐而請代；許善心被殺，敬宗則舞蹈以求生。』敬宗聞而銜之，及爲德彝立傳，盛加其罪惡。敬宗嫁女與左監門大將軍錢九隴男，九隴本皇家隸人，敬宗貪財與婚，乃與九隴曲敘門閥，妄加功績，并昇與劉文静、長孫順德同卷。敬宗子娶尉遲寶琳孫女，多得賂遺，及作寶琳父敬德傳，乃云太宗作《威鳳賦》以錫之，其《威鳳賦》本是與長孫无忌。又白州人龎孝恭，蠻酋凡品，率鄉兵從征高麗，賊知其懦，襲破之；敬宗又納其寶貨，稱漢將驍徤者，唯蘇定方、龎孝恭耳，曹繼叔、劉伯英皆出其下。其虚謬也如此。《高祖》、《太宗實録》，敬播所修，頗多詳直。敬宗又輒以己愛憎，曲事刪改，論者尤之。

長壽二年，修時政紀。先是，永徽以後，左右史唯得對仗承旨，仗下後謀議皆不聞。文昌左丞姚璹以爲帝王謀訓，不可遂無紀述。若不宣自宰相，即史官疎遠，無從得書。是日，遂表請仗下所言軍國政要，即宰相一人撰録，號爲『時政紀』。每月封送史館，宰相之撰時政紀，自璹始也。

又 卷六四《史館下》 史館雜録下 長安三年，張易之、昌宗欲作亂，將圖皇太子，遂譖御史大夫、知政事魏元忠。昌宗奏言，可用鳳閣舍人張説爲證。説初不許，遂賂以高官。説被逼迫，乃僞許之。昌宗乃奏元忠與太平公主所寵司禮丞高戩交通密謀，構造飛語曰：『主上老矣，吾屬當挾皇太子，可謂耐久。』時則天春秋高，惡聞其語。鳳閣侍郎宋璟恐説阿意，乃謂曰：『大丈夫當守死善道。』殿中侍御史張廷珪又謂曰：『朝聞道，夕死可矣。』起居郎劉知幾又謂曰：『無污青史，爲子孫累。』明日，上引皇太子、相王及宰相等於殿庭，遣昌宗與元忠、高戩對於上前。上謂曰：『具述其事。』説對曰：『臣今日對百寮，請以實録』。因厲聲言：『魏元忠實不反，總是昌宗令臣誣枉耳。』是日，百寮震懼。上聞説此對，謂宰相曰：『張説傾巧，翻覆小人，且總收禁，待更勘問。』異日，又召，依前對問，昌宗乃屢誘掖逼促之。説視昌宗言曰：『乞陛下看取，天子前尚逼臣如此，况元忠實無反語，奈何欲令臣空虚加誣其罪。今大事去矣，伏願記之，易之、昌宗，必亂社稷。』天后默然，令所司且收禁。掌諫議大夫、知政事朱敬則密表奏曰：『魏元忠素稱忠正，張説又所坐無名，俱令抵罪，恐失天下之望。願加詳察。』乃貶元忠爲高要尉，説流欽州。時人議曰：昌宗等包藏禍心，遂與説計議，欲擬謀害大臣。宋璟等知説巧詐，恐損良善，遂與之言，令其内省。向説元來不許昌宗虚證元忠，必無今日之事，乃是自招其咎。賴識通變，轉禍爲福，不然，皇嗣殆將危矣。後數年，説拜黄門侍郎、同中書門下平章事，因至史館，讀《則天實録》，見論證對元忠事，乃謂著作佐郎、兼修國史吴兢曰：『劉五修實録，劉五即子玄也。論魏齊公事，殊不相饒假，與説毒手。』當時説驗知是吴兢書之，所以假託劉子玄。兢從容對曰：『是兢書之，非劉公修述。草本猶在，其人已亡，不可誣枉於幽魂，令相公有怪耳。』同修史官蘇、宋等，見兢此對，深驚異之，乃歎曰：『昔董狐古之良史，即今是焉。』説自後頻祈請刪削數字，兢曰：『若取人情，何名爲直筆。』

景龍二年四月二十日，侍中韋巨源、紀處訥、中書令楊再思、兵部侍郎宗楚客、中書侍郎蕭至忠並監修國史。其後史官太子中允劉知幾以監修者多，甚爲國史之弊，於是求罷史職，奏記於蕭至忠曰：『知幾自策名仕伍，侍罪朝列，三爲史臣，再入東觀。竟不能勒成國典，貽彼後來者，何哉？静言思之，其不可有五故也。何者？古之國史，皆出自一家，如魯漢之丘明、子長，晉齊之董狐、南史，咸能立言不朽，藏諸名山。未聞藉以衆功，方云絶筆。唯後漢東觀，大集羣儒，著述無序，條章靡立。由是伯度譏其不實，公理以爲可焚，張蔡二子糾之於當代，傅范兩家嗤之於後葉。今者，史司取士，有倍東京，人自以爲荀袁，家自稱爲政駿，每欲記一事，載一言，皆閣筆相視，含毫不斷，故首白可期，而汗青無日，其不可一也。前漢郡國計書，先上太史，副上丞相。後漢公卿所撰，始集公府，乃上蘭臺。由是史官所修，載事爲博。爰自近古，此道不行，史臣編録，唯自詢採。而左右二史，闕注起居；衣冠百家，罕通行狀。求風俗於州縣，視聽不該；討沿革於蘭臺，簿籍難見。其不可二也。昔董狐之書法也，以示於朝；南史之書弒也，執簡以往。近代史局，皆通籍禁門，幽居九重，欲人不見。尋其義者，蓋由杜彼顔面，防諸請謁故也。然今館中作者，多士如林，皆願長喙，無聞齰舌。倘有五始初成，一字加貶，言未絶口，而朝野具知；筆不栖毫，而縉紳咸誦。夫孫盛實録，取嫉權門；干寶直書，見讎貴族。人之情也，能無畏乎！其不可三也。今史官注記，多取稟監修，楊令公則云必須直詞，宗尚書則曰宜多隱惡。十羊九牧，其命難行；一國三公，適從焉在？其不可四也。竊以史置監修，雖無古式，尋其名號，可得而言。夫監者蓋總領之義耳，如創紀編年，則年有斷限；草傳敍事，則事有豐約；或可略而不略，或應書而不書，此刊削之務也。屬詞比事，勞逸宜均；揮鉛奮墨，勤惰須等；某帙某篇，付之此職；某紀某傳，歸之彼官；此銓配之理也。斯並宜明立科條，審定區域。倘人思自勉，則書可立成。監之者既不指授，修之者又無遵奉，坐變炎涼，徒延歲月，其不可五也。而時談物議，焉得笑僕編次無聞者哉！』至忠惜其才，不許解史職。宗楚客嫉其正直，謂諸史官曰：『此人作書如是，欲置我於何地也？』知幾又著《史通》二十卷。

開元五年十月十八日，詔曰：『王者欽若天道，率由時令，考六官之化，循五紀之法，故得災害不生，休徵洊委。夫正月東郊，祈春賞士；孟冬北陸，迎寒恤孤。參四序之運行，稽五材之動用，不協所尚，或罹於咎。自今已後，每入孟月，史官條奏應所行事，當斟酌典禮，用孚於休。宣布朝廷，使知朕意。』

至德二載六月二十三日，上謂史官于休烈曰：『君舉必書，朕有過、卿宜書之。』休烈對曰：『臣聞禹、湯罪己，其興也勃焉。有德之君，不忘書過，臣不勝慶。』

永貞元年九月，書河陽三城節度使元韶卒，不載其事迹。史臣路隋立議曰：『凡功名不足以垂後，而善惡不足以爲誡者，雖富貴人，第書其卒而已。陶青、劉舍、許昌、薛澤、莊青翟、趙周皆爲漢相，爵則通侯，而良史以爲齷齪廉謹，備員而已，無能發明功名者，皆不立傳。伯夷、莊周、墨翟、魯連、王符、徐穉、郭泰皆終身匹夫，或讓國立節，或養德著書，或出奇排難，或守道避禍，而傳與周、召、管、晏同列。故富貴者有所屈，貧賤者有所伸。孔子曰：『齊景公有馬千駟，死之日，民無得而稱焉；伯夷、叔齊餓于首陽之下，民到于今稱之。』然則志士之欲以光輝于後者，何待于爵位哉！富貴之人，排肩而立，卒不能自垂於後者，德不修而輕義重利故也。自古及今，可勝數乎。』

元和四年正月，減集賢寫御書一十人，付史館收管。史館奏：『當館舊制，例只有楷書，無御書名額，請改正楷書。』從之。

六年四月，史官左拾遺樊紳，右拾遺韋處厚，太常博士林寶，並停修撰，守本官。以考功員外郎獨孤郁充史館修撰，兼判官事，又以兵部尚書裴垍爲太子賓客。垍以疾罷相，拜兵部尚書，久未任朝請。宰相李吉甫自淮南至，復監修國史，與垍有隙，又以垍抱病方退，不宜以《貞元實録》上進，故史官皆罷，垍亦更移散秩。

七年六月，上讀《肅宗實録》，見大臣傳多浮詞虛美，因宣與史官，記事每要指實，不得虛飾。

八年十月，宰臣以下候對于延英殿，上以時政記問於宰臣，監修國史李吉甫對曰：『是宰相記天子事，以授史官之實録也。古者，左史記言，今起居郎是也；右史記動，今起居舍人是也。永徽中，宰臣姚璹監修國史，慮其造膝之言，或不可聞，因請隨奏對而記於仗下，以授史官，今時政記是也。』上曰：『其間或修或不修者，何也？』吉甫對曰：『凡面奉德音，未及施行，總謂機密，固不可書以送史官。其間謀議有發自臣下者，又不可自書以付史官，及事已行者，制旨昭然，天下皆得聞知，即史官之記，不待事以授也。且臣觀時政記者，姚璹修於長壽，及璹罷而事廢；賈耽、齊抗修於貞元，及耽、抗罷而事廢。然則關於政化者，不虛美，不隱惡，謂之良史也。』

十二年九月詔：『記事記言，史官是職；昭其法誡，著在舊章；舉而必書，朕所深望。自今已後，每坐日，宰臣及諸司對後，如事可備勸誡，合記述者，委承旨宰相宣示左右起居，令其綴録。仍准舊例，每季送史館』。時起居舍人庾敬休上疏，請行故事，因有是詔。既而宰相以事關機密，不以告之，事竟不行。自左右史失職，於今幾一百五十年，中間往往有時政記出焉。既録因宰相，事同稱贊，推美讓善之道行，而信史直書之義闕。然於時尚十得其四五，今則全廢，君子惜之。

十四年四月，史官李翱奏：『臣等謬得秉筆史館，以記録爲職。夫勸善懲惡，正言直筆，記聖朝功德，述忠賢事業，載姦佞醜行，以傳無窮者，史官之任也。凡人之事迹，非大善大惡，則衆人無由知之。舊例皆訪問於人，又取行狀、謚議，以爲依據。今之作行狀者，非門生卽其故吏，莫不虚加仁義禮智，妄言忠肅惠和。如此不唯處心不實，苟欲虚美於所受恩而已也。蓋亦爲文者既非遊夏遷雄之列，務於華而忘其實，溺於詞而棄其理。故爲文則失《六經》之古風，紀事則非史遷之實録，不然則詞句鄙陋，不能自成其文矣。由是事失其本，文害於理，而行狀不足以取信。若使指事書實，不飾虚言，則必有人，知其眞偽。不然者，縱使門生故吏爲之，亦不可謬作德善之事而加之矣。臣今請作行狀者，但指事説實，直載其詞，善惡功迹，皆據事足以自見矣。假令傳魏徵，但記其諫諍之詞，自足以爲正直矣。如傳段秀實，但記其倒用司農寺印，以追逆兵，又以象笏擊朱泚，自足以爲忠烈矣。若考功定謚，見行狀之不依此者，不得受謚。依此者乃下太常，及牒史館。太常定謚後，亦以謚議牒送史館。則行狀之言，縱未可一一皆信，與其虚加妄言，都無事實者，猶山澤高下之不同也。史氏記録，須得本末，苟憑往例，皆是虚言，則使史官，何所爲據。伏乞下臣所奏，使考功守行，臣等要知事實，輒敢陳論。』制可。

其年六月，史館奏：『當館楷書手，准元敕，同集賢例，五考足放選。今選務集賢年數仍舊，當館更加三年，同弘文館例，八年放選。緣當館一例長上，弘文館分番上下，事理實屈，請依元敕處分。』敕旨依奏。

長慶元年正月，史館奏：『寫國史楷書元額三十員，内十員，館司前後停減，五員、吏部奏減，今只十五員見在。伏請卻復吏部先減五員。』敕旨：『宜量與三員。』

其年二月，史館奏：『楷書典書等授官次敍，伏請敕吏部，同集賢例比擬。』敕旨：『宜準集賢例處分。』

其年四月，修聖政紀，中書門下奏：『伏以堯舜之政，二典存焉，君臣之間，都俞之旨，罔不備載。厥後雖代有史官，多出于追書，所以其事或紀，其言蓋略。太宗文皇帝躬勤庶政，朝多良臣，論思獻替，動可紀録。故能遠繼堯舜，焕乎其文章。國朝舊制，每正衙奏事，史官載筆於玉階之下，所有議論政事，悉得聞之。及永徽已後，仗下便退，宰臣謀議，外莫得聞。長壽二年，宰相姚璹，以爲帝王謀訓，不可闕於紀述，史官疎遠，無因得書。請自今已後，所論軍國政要，委宰相一人撰録，號爲時政記。此事久廢，史官不復得聞，唯寫誥詞，記除授而已。臣等常竊憤悱，大懼皇猷未有以光揚於天下。伏望天恩，許臣等每坐日，所有謀議事關政事者，便日撰録，號爲聖政記。書紀緘封，至歲末，則付史官，永爲常式。庶得睿謀所載，如日月高懸，聖政惟新，與天地廣運。臣等不勝大願。』從之。

大和五年，中書侍郎、監修國史路隨奏曰：『臣昨面奉聖旨，以《順宗實録》，頗非詳實，委臣等重加刊正，畢日聞奏。伏以史册之作，勸誡所存；事有當書，理宜歸實。匹夫美惡，尚不可誣；人君得失，無容虚載。況貞觀已來累朝實録，有經重撰，不敢固辭。緣此書成於韓愈，今史官李漢、蔣係，皆愈之子壻，若遣参校，或致私嫌。臣既職編修，盍命詳正，及經奏請，事遂施行。今庶寮競言，表章交奏，既迫羣議，輒冒上聞。且韓愈所書，亦非出已。元和之後，已是相循。縱其密親，豈害公理。使歸本職，實謂正名。其實録伏望取舊記最錯誤者，宣付史館，委之修定。』詔曰：『其實録中所書德宗、順宗朝禁中事，起於謬傳，殊非信史。宜令史官詳正，其他不要更脩。』初，韓愈撰《順宗實録》，説禁中事頗切直，内官惡之，於上前屢言不實，故令刊正也。

開成三年二月，中書門下奏：『延英對，宰相須紀録。伏以陛下躬勤庶政，超邁百王，每對宰臣，日旰忘倦。正衙決事，二史在前；便殿坐日，全無紀録。長壽初，宰臣姚璹奏置時政紀，寢而不行。貞元中，宰臣趙憬請復故事，無何又廢。恭惟聖政，必在發明。今請每至延英坐日，對宰臣往復之詞，關教化政刑之事，委中書門下直日紀録，月終送史館。所冀政猷不墜，國史有倫。昨日延英面奏，已蒙允許。』敕旨依奏。

會昌三年十月，中書門下奏：『時政紀、起居注紀、修國史體例等。伏以時政紀，長壽二年，宰臣姚璹以爲帝王謨訓，不可闕於紀述，史官疎遠，無因得書，請自今已後，所論軍國政要，宰臣一人撰録，號爲時政紀。厥後因循，多闕紀述。臣等商量，爾後坐日，每聞聖言，如有慮及生靈，事關興替，可昭示百代，貽謀後昆者，宰臣獻替謀猷，有益風教，並請依國朝故事，其日知印宰相撰録，連名封印，至季末送史館。起居注記，比者不逐季撰録，至有去官三五年後，猶未送納者。伏以每度延英奏事後，向外傳説，三事猶兩事虛謬。豈有起居注記皆三數年後，摭拾傳聞，耳目已隔，固非實事。向後起居注記事，望每季初即送納向前一季文書，與史館納訖，具狀申中書門下。史館受訖，亦申報中書門下。其起居改轉，望以注記遲速爲殿最。如有軍國大政，傳聞疑誤，仍許政事都堂見宰相等，臨時酌量。如事已施行，非關機密，並一一向説。所冀書存信實，免有疑誤。修史體例，臣等伏見近日實録，多云禁中言者。伏以君上與宰臣及公卿言，皆須衆所聞見，方合書於史策。禁中之語，向外何由得知。或得於傳聞，多出邪佞，便載史筆，實累鴻猷。向後日録中如有此類，並請刊削，更不得以此記述，又宰臣及公卿論事，行與不行，須有明據。或奏議允愜，必見褒稱，或所論乖僻，固有懲責。在藩鎮獻表者，有答詔；居要官啓事者，亦合著明，並當昭然在衆人耳目。或取捨在於堂案，或與奪形於詔敕，前代史書，載明奏議，無不由此。近見實録，多載密疏，言不彰其明聽，事不顯於當時，得自其家，實難取信。向後所載羣臣章奏，其可否得失，須朝廷共知者，方可紀述，密疏並請不載。如此則書必可法，人皆守公，愛憎之志不行，褒貶之言必信。伏見近日實録，事多紕繆，若詳求摭實，須舉舊章。』敕旨：『宜依奏。』

大中四年四月，史館奏：『當館寫國史楷書、典書等，與集賢院寫書人等，承前一例並校成五考，便勒赴選。自大和八年已後，被吏部條奏疏，五考滿後，待受散三年。今集賢院以其勞役年深，補入不得，去年三月十三日，具事由申奏。已蒙敕下，並免三年受散訖。今當館未蒙處分，伏請依例並勒校成五考，便許參選。』敕旨依奏。

八年七月，監修國史鄭朗奏：『當館修撰直館共四員，准故事，以通籍者爲直館。伏以修史重事，合選廷臣，秩序或卑，筆削不稱。其直館伏請停廢，更添修撰二員。其舊直館萬年尉張範、涇陽尉李節勒守本官。以户部郎中孟穆、駕部員外郎李渙並充修撰，通舊爲四員，分修四季之事。』從之。

天祐元年十月十三日，前絳州曲沃縣令高處魯進史館亡書三百六十卷，授兼監察御史，賜緋。

弘文館　武德四年正月，于門下省置修文館。至九年三月，改爲弘文館。至其年九月，太宗初即位，大闡文教，於弘文殿聚四部羣書二十餘萬卷，於殿側置弘文館。精選天下賢良文學之士，虞世南、褚亮、姚思廉、歐陽詢、蔡允恭、蕭德言等，以本官兼學士，令更宿直。聽朝之隙，引入内殿，講論文義，商量政事，或至夜分方罷。令褚遂良檢校館務，號爲館主，因爲故事。其後得劉禕之、范履冰，並特敕相次爲館主。貞觀三年，移於納義門西，九年，又移於門下省南，其後移仗大明宮，其館亦在門下省南。儀鳳中，以館中多圖籍，置詳正學士校理之。神龍元年十月十九日，改爲昭文館，避孝敬諱故也。二年，又改爲脩文館。至景龍二年四月二十二日，脩文館增置大學士四員，學士八員，直學士十二員，徵攻文之士以充之。二十三日，敕中書令李嶠、兵部尚書宗楚客並爲大學士。二十五日，敕秘書監劉憲、中書侍郎崔湜、吏部侍郎岑義、太常卿鄭愔、給事中李適、中書舍人盧藏用、李乂、太子中舍劉子玄並爲學士。五月五日，敕吏部侍郎薛稷、考功員外郎馬懷素、户部員外郎宋之問、起居舍人武平一、國子主簿杜審言並爲直學士。十月四日，兵部侍郎趙彦昭、給事中蘇頲、起居郎沈佺期並爲學士。景雲元年，館中學士多以罪被貶黜，宰臣遂令給事中一人權知館事。二年三月八日，復改爲昭文館。至開元七年九月四日，依舊改爲弘文館，學生三十八人。補弘文館崇文學生例：皇緦麻已上親，皇太后大功已上親，散官一品，中書門下三品、同中書門下平章事、六尚書、功臣身食實封者，京官職事正品，供奉官三品子孫；京官職事從三品，中書黄門侍郎子；並聽預簡選性識聰敏者充。

貞觀元年敕：『見在京官文武職事五品已上子，有性愛學書，及有書性者，聽于館内學書，其書法内出。』其年，有二十四人入館，敕虞世南、歐陽詢教示楷法。黄門侍郎王珪奏：『學生學書之暇，請置博士，兼肆業焉。』敕太學助教侯孝遵授其經典，著作郎許敬宗授以《史》、《漢》。二年，王珪又奏請爲學生置講經博士，考試經業，准式貢舉，兼學書法。

開元二年正月，弘文館學士、直學士、學生，情願夜讀書及寫供奉書人、搨書人願在内宿者，亦聽之。又弘文館令學士一人專判館事，并差給事中一人，差知勾當，明爲簿歷。其學生既在官宿，博士及直館，每夜各一人遞直。

七年十二月三日，省弘文、崇文兩館讐校，置弘文館校書四員，崇文館校書兩員。

二十二年二月二十五日，省弘文館校書兩員。

長慶二年閏十月，弘文館奏：『楷書、搨書、典書元額三十五員，七員先停減。今請于先減數內，量補五員，幷見在員數，並勒長寫書，及功課年勞官資，請依史官例處分』。敕旨宜依。

三年二月，弘文館奏請添修屋宇，及造書樓：『伏以儒學之科，政化根本，苟或隳廢，則人何觀。伏望賜敕所司，遂急補修，庶使已成之業免墜，弘闡之義再揚。』敕旨依奏。

其年七月，弘文館奏：『按《六典》，當館先有學士、直學士、詳正學士、校理、直館、讎校錯誤、講經博士等。雖職事則同，名目稍異，須有定制，使可遵行。今請准集賢、史館兩司元和中停減雜名目例，其登朝五品以上充學士，六品已下充直學士，未登朝官，一切充直弘文館，其餘並請停減。冀得典故不煩，職業咸在。』敕旨依奏。

大中四年七月，弘文館奏：『當館楷書、典書等，與集賢、史館楷書等，承流前例，並勒校成五考赴選。自大和八年以後，被吏部條流，更加授散三年。今集賢、史館奏，勞役年深，補召不得。已蒙敕下，免三年授散訖。今當館請准例處分。』敕旨依奏。

六年六月，弘文館奏：『伏以三館制置既同，事例宜等，比來無事，未敢申論。今緣准敕修《續會要》以來，官僚入日稍頻，因緣費用，其數至多，紙筆雜物等，不敢別有申請，其厨料從前欠少。伏請准兩館流例增添，給用之間，庶得濟辦。』敕旨：『依，事畢日停。』

文學館　武德四年十月，秦王既平天下，乃鋭意經籍，於宮城之西開文學館，以待四方之士。於是以僚屬大行臺司勳郎中杜如晦，記室、考功郎中房玄齡及于志寧，軍諮祭酒蘇世長，天册府記室薛收，文學褚亮、姚思廉，太學博士陸德明、孔穎達，主簿李元道，天策倉曹李守素，記室參軍虞世南，參軍事蔡允恭、顔相時，著作佐郎、攝天策記室許敬宗、薛元敬，太學助教蓋文達，軍諮典籤蘇勖等，並以本官兼文學館學士。及薛收卒，徵東虞州録事參軍劉孝孫入館。令庫直閻立本圖其狀，具題其爵里，命褚亮爲文贊，號曰《十八學士寫眞圖》。藏之書府，用彰禮賢之重也。諸學士食五品珍膳，分爲三番，更直宿閣下。每日引見，討論文典。得入館者，時人謂之登瀛洲。

崇文館　顯慶元年三月十六日，皇太子弘，請於崇賢館置學士，幷置生徒，詔許之。始置二十員，其東宮三師、三少、賓客、詹事、左右庶子、左右衛率及崇賢館三品學士子孫，亦宜通取。至上元二年八月二十七日，改崇賢館爲崇文館。避章懷太子諱也。

永隆二年二月六日，皇太子親行釋奠之禮。禮畢，上表請博延耆碩英髦之士，爲崇文館學士，許之。於是薛元超表薦鄭祖元、鄧玄挺、楊炯、崔融等並爲崇文學士。至貞元八年四月二十八日，崇文館宜令左春坊勾當。

集賢院　西京在光順門大衢之西，命婦院北，本命婦院之地，開元十一年分置，北院全取命婦院舊屋。東都在明福門外大街之西，本太平公主宅，十年三月，始移書院於此。西向開門，院內屋並太平公主所造。興慶宮院，在和風門外橫街之南，二十四年，駕在東都，張九齡遣直官魏光祿先入京造此院。華清宮院，在宮北橫街之西。

開元五年十一月，敕於秘書省、昭文館，兼廣召諸色能書者充，皆親經御簡。後又取前資，常選三衛散官、五品已上子孫，各有年限，依資甄敍。至十九年，敕有官者爲直院。

六年，乾元院更號麗正修書院，以秘書監馬懷素、右散騎常侍褚無量充使。初置院經始，皆無量處置。至八年正月，以散騎常侍元行沖充使，檢校院內修撰官。初，無量奏：『前聞喜縣尉盧撰、前江陽縣尉陸元泰、前左監門冑曹參軍王擇從、武陵縣尉徐楚璧，分庫檢校。』至六年已後，秘書丞殷承業、右贊善大夫魏哲、通事舍人陸元悌、右內率府兵曹參軍劉懷信胡履虛、恭陵令言陸紹伯、扶風縣丞馬利貞，並別敕收入院。

八年十月敕：『學士等入經三年已上，爲年深。若校理精勤，紕繆多正，及不詳覆，無所發明，委修書使録奏，別加襃貶。』

九年冬，幸東都，時集賢院四庫書總八萬一千九百九十卷：經庫一萬三千七百五十三卷，史庫二萬六千八百二十卷，子庫二萬一千五百四十八卷，集庫一萬九千八百六十九卷。至二十四年，車駕還西京，敕百司行從，皆令減省，集書籍三分留一貯在庫者。至天寶三載六月，四庫更造，見在庫書籍，經庫七千七百六卷，史庫一萬四千八百五十九卷，子庫一萬六千二百八十七卷，集庫一萬五千七百二十二卷。從天寶三載至十四載，四庫續寫書又一萬六千八百三十二卷。

十三年四月五日，因奏封禪儀注，敕中書門下及禮官學士等，賜宴于集仙殿。上曰：『今與卿等賢才，同宴于此，宜改集仙殿麗正書院爲集賢院。』乃下詔曰：『仙者捕影之流，朕所不取；賢者濟治之具，當務其實。院內五品已上爲學士，六品已下爲直學士。』中書令張説充學士，知院事，散騎常侍徐堅爲副。禮部侍郎賀知章、中書舍人陸堅並爲學士，國子博士康子元爲侍講學士。考功員外郎趙東曦、監察御史咸廙業、左補闕韋述李釗陸元泰吕向、拾遺毋照、太學助教余欽、四門博士赵玄默、校書郎孫季良並直學士。太學博士侯行果、四門博士敬會直、右補闕馮鷺，並侍講學士。初以張説爲大學士，辭曰：『學士本無「大」稱，中宗欲以崇寵大臣，景龍中修文館有大學士之名，如臣，豈敢以「大」爲稱』上從之。

二十八年敕：『造書直及寫御書一百人。』

貞元四年正月，敕減集賢寫御書一十人，付史館收管。

其年六月，集賢院准《六典》，有學士及直學士。准《集賢注記》外，有校理、待制、留院、入院、侍講、刊校、修撰、修書及直院等，色類徒多，等秩無異。今請登朝官五品已上，准《六典》爲學士，六品已下爲直學士。學士中取一人最高者判院事，闕學士，即以直學士中高者充。自餘非登朝官，不問品秩，並爲校理。其餘名一切勒停，仍永爲常式。從之。

其年五月十一日，中書侍郎、同中書門下平章事李泌奏：『伏蒙以臣爲集賢殿大學士，竊尋故事，中書令張説中朝元老，碩德鴻儒，懇辭「大」字，衆稱達禮。其後至德二載，崔圓爲相，加集賢殿大學士，其後因循，遂成恒例。伏望削去「大」字，崇文館大學士亦准此。』敕依。

八年六月十三日，置集賢殿校書四員、正字兩員，仍于秘書省見任校書、正字中量減。秘書省所減官員，便據數停之。

十八年，上問神策軍起置之由，相府討求，不知所出。乃召集賢學士蔣乂問之，又徵引根源，事皆詳悉。宰臣高郢、鄭珣瑜曰：『集賢有人矣。』翌日，制判集賢院事。乂，集賢院學士蔣明之子，其父常以兵亂之後，圖籍溷雜，乃白執政，請攜乂入院編次，於是宰臣張鎰署乂爲集賢編録。

元和二年七月，集賢院奏：『伏准《六典》，集賢院置學士及校理、修撰官，累聖崇儒，不失此制。至貞元八年，判院事官陳京始奏停校理，分校書郎四員、正字兩員，爲集賢殿校理正字。今諸校書郎、正字並卻歸秘書省。當司請依舊置校理官，庶循名實，且復開元故事。又直官請減五人，寫御書請減十人。』從之。

其年閏十月，集賢殿大學士、中書侍郎、平章事武元衡奏：『以厨料欠少，更請本錢一千貫文，收利充用。置捉錢四人，其所置，請用直官，及寫御書各兩員，每員捉錢二百五十貫文，爲定額，即免額外置人。』敕旨：『已配捉錢人，宜至年滿准舊例處分，其闕便停，不得更補。餘依奏。』

大和五年正月，集賢殿奏：『應投勘宣素書籍等，伏請準前年三月十九日敕，權抽秘書省及春坊、弘文館、崇文館見任校正，作番次就院同校。其厨料請準元敕處分，事畢日停。』從之。

開成元年四月，集賢殿御書院，請鑄小印一面，以御書爲印文。從之。

大中六年正月，校理楊收逄侍御史馮緘與三院退朝入臺，收不爲之卻，乃追捕僕人笞之。時宰臣大學士馮植論奏，始著令。三館學士不避行臺，自植始也。

崇玄館　開元二十九年正月三日，於玄元皇帝廟置崇玄博士一員，令學生習《道德經》、《莊子》、《文子》、《列子》，待習業成後，每年隨貢舉人例送至省，准明經例考試。

天寶元年五月，中書門下奏：『兩京及諸郡崇玄館學生等，准開元二十九年正月十五日制，前件舉人合習《道德》、《南華》、《通玄》、《沖虛》等四經。又准天寶元年二月十日制，改《庚桑子》爲《洞靈眞經》，准條補，崇玄學生亦合習讀。伏准舊制，合通《五經》。其《洞靈眞經》，人間少本，近令諸觀尋訪，道士等全無習者，本既未廣，業實難成。并《通玄》、《沖虛》二經，亦恐文字不定。玄教方闡，學者宜精。其《洞靈眞經》等三經，望付所司，各寫十本，校定訖，付諸道採訪使頒行。其貢舉司及兩京崇玄學，亦望各付一本。今冬，崇玄學舉人，望准開元二十九年敕條考試，其《洞靈眞經》，請待業成，然後准式。』從之。

二年正月十五日，改崇玄學爲崇玄館，博士爲學士，助教爲直學士，置大學士二員。天下諸郡崇玄學，改爲通道學，博士爲學士。二月四日，以門下侍郎陳希烈兼崇玄館學士。

其年二月十二日，敕兩京玄元宮及道院等，並委崇玄館學士都檢校。

貞元六年十二月，給事中盧微奏：『太清宮崇玄館，元置楷書二十人寫道經，已足，請不更補置。』敕旨依奏。

又　卷六五《秘書省》　龍朔二年二月四日，改爲蘭臺，其監爲蘭臺太史，少監蘭臺侍郎，丞爲蘭臺大夫。咸亨元年十月二十三日，各復舊額。光宅元年九月五日，改爲麟臺，監等並隨名改。神龍元年二月五日，復改爲秘書監如舊。

少監　武德初，因隋舊制，號秘書少令，七年省。貞觀四年十一月，復置一員，以虞世南爲之。太極元年二月，加一員，以崔琳爲之。

秘書郎　本四員，開元二十八年，減一員。

校書郎　本八員，開元二十六年正月二十八日，省四員。天寶十三載正月十三日，卻置。

正字　本二員，開元二十六年，減一員。天寶十三載正月十三日，卻置。貞元八年六月十三日，割校書四員、正字兩員，屬集賢院。

著作局　龍朔二年，改爲司文局著作郎。咸亨元年，卻依舊。

著作郎　本四員，開元二十六年正月二十八日，減兩員，掌修史。貞觀二十三年閏十二月，置史館於門下省，宰臣監史，自是著作罷史任。

貞觀六年三月，上幸九成宮。宮人還京，憩於圍川縣官舍。俄有右僕射李靖、侍中王珪復至，官屬移宮人別所而舍靖等，唯參謁等，又不禮敬宮人。上聞之，怒曰：『威福之柄，豈由靖等，何爲禮靖而輕我宮人？』即令按問。秘書監魏徵諫曰：『靖等，陛下心膂大臣；宮人，皇后掃除之隸。論其委付，事理不同。又靖等出外，官吏訪聞朝廷法式；歸來陛下問疾苦，靖等自當與官吏相見，官吏亦不可不謁。至于宮人，供食之外，不合參承。若以此罪責縣官，恐不益德音，徒駭天下耳目。』

七年九月二十三日，上謂侍臣曰：『朕因暇日，每與秘書監虞世南商量今古。朕一言之善，虞世南未嘗不悅；有一言之失，未嘗不悵恨。嘗戲作豔詩，世南進表諫曰：「聖作雖工，體制非雅，上之所好，下必隨之。此文一行，恐致風靡，輕薄成俗，非爲國之利。賜令繼和，輒申狂簡。而今之後，更有斯文，繼之以死，請不奉詔旨。」羣臣皆若世南，天下何憂不治？』因顧謂世南曰：『朕更有此詩，卿能死否？』世南曰：『臣聞詩者，動天地，感鬼神，上以風化下，下以俗承上。故季札聽詩，而知國之興廢。盛衰之道，實基于茲。臣雖愚誠，願不奉詔。』

大曆十四年九月二十七日敕：『秘書省書閣內書，自今後不得輒供諸司及官人等。每月兩衙及兩風，委秘書郎、典書等同檢校，遞相搜出，仍舊封閉。』

貞元二年七月，秘書監劉太眞上言：『請擇儒者，詳校《九經》于秘書省，令所司陳設，及供食物，宰臣録其課效。』從之。議者謂秘書省有校書、正字員十六員，職在校理。今授非其人，乃別求儒者詳定，費於供應，煩于官寮。太眞之請，失之甚矣。尋阻衆議，果寢不行。

三年八月，秘書監劉太眞奏：『准貞元元年八月二日敕，當司權宜停減諸色糧外，紙數內停減四萬六千張。續准去年八月十四日敕，修寫經書，令諸道供寫書功糧錢，已有到日，見欲就功。伏請於停減四萬六千張內，卻供麻紙及書狀藤紙一萬張，添寫經籍。其紙寫書足日，卽請停。又當司准格，楷書八年誠優，今所補召，皆不情願。又准今年正月十八日敕，諸道供送當省寫經書及校勘《五經》學士等糧食錢。今緣召補楷書，未得解書人。元寫經書，其歷代史所有欠闕，寫經書畢日餘錢，請添寫史書。』從之。

元和三年三月詔：『秘書省、弘文館、崇文館、左春坊司經局校書、正字，宜委吏部，自今以後。』

又　卷六六《國子監》　武德初，爲國子學，隸太常寺。貞觀元年五月，改爲監。龍朔二年，改爲司成館。咸亨元年，復爲國子監。光宅元年，改爲成均監。神龍元年，復爲國子監。

又　《東都國子監》　龍朔二年正月十八日置，學官學生，分於兩教授。

祭酒　龍朔二年，改爲大司成。咸亨元年，復爲祭酒。光宅元年，改爲成均祭酒。神龍元年，復爲祭酒。

貞觀中，孔穎達爲祭酒，准故事，上日，開講《五經》題。至天后朝，諸武駙馬爲祭酒，乃判祥瑞案王道，非舊典也。

司業 武德初省。貞觀六年二月二日，置一員。龍朔二年，改爲少司成。咸亨元年，復爲司業。本一員，太極元年二月十八日，加一員，以蕭憲爲之。

國子博士 龍朔二年，改爲司成宣業。咸亨元年，復舊。

丞 武德初，省隋三員，置一員。

長安四年四月四日敕：『國子監宜置直講四人，四考聽選。』

大曆五年八月，皇太子於國學行齒胄之禮。國子司業歸崇敬以國學及官名不正，並請改之，上疏曰：『《禮記·王制》曰：「天子學曰辟雍。」《五經通義》云：「辟雍，養老教學之所也。」以形制言之，雍，壅也；辟，璧也，言壅水環之，圜如璧形。以義理言之，辟，明也；雍，和也，言以禮樂明和天下。《禮記》亦謂之澤宮，《射義》云：「天子將祭，必先習射於澤宮」，故前代文士亦呼爲璧池，亦曰璧沼，亦謂之學省。後漢光武立明堂、辟雍、靈臺，謂之三雍。至明帝，躬行養老于其中。晉武帝亦作明堂、辟雍、靈臺，親臨辟雍，行鄉飲酒之禮，又別立國子學，以殊士庶。永嘉南遷，唯有國子學，不立辟雍，北齊立國子寺，隋初亦然。至煬帝大業十三年，改爲國子監。今國家富有四海，聲名文物之盛，唯辟雍獨闕，伏請改國子監爲辟雍省。又以祭酒之職，非學官所宜。按《周禮》，師氏掌以美詔王，敢請改祭酒爲大師氏，位正三品。又司業者，義在《禮記》，云：「樂正司業」。正，長也，言樂官之長，司主此業。《爾雅》云：「大板謂之業」。按《詩·周頌》：「設業設虡，崇牙樹羽」，則業是懸鐘磬之虡也。今太學既不教樂，於義則無所取。請改司業一爲左師，一爲右師，位正四品。又以《五經》六籍，古先哲王致治之式也。國家創業，取士之法，立明經，發微言于衆學，釋回增美，選賢與能。自艱難以來，取人額異，考試不求於文藝，及第先取於帖經。遂使顓門業廢，請益無從，師資禮虧，傳授義絶。今請以《禮記》、《左傳》、《春秋》爲大經，《周禮》、《儀禮》、《毛詩》爲中經，《尚書》、《周易》爲小經，各置博士一員。其《公羊》、《穀梁》，文疏既少，請共准一中經，通置博士一員。所擇博士，兼通《孝經》、《論語》。依憑章疏，講解分明，注引旁通，問十得九，兼德行純潔，文辭雅正，儀刑規範，可爲師表者，令四品以上，各舉所知，在外者給驛，年七十已上者，備禮徵聘。其國子、太學、四門三館，各立《五經》博士。品秩上下，生徒之數，各有等差。舊博士、助教、直講、直經及律館、算館、書館助教，請皆罷省。其教授之法，學生至監，謁同業師。其所贄脩一束，清酒一壺，衫布一段，其色隨師所服。師出中門，延入與坐，割脩酌酒，三爵而止。乃發篋出經，摳衣前請，師爲依經辨理，舉一隅，然後就室。每朝晡二時，居講堂説釋道義，發明大體，兼教以文行忠信之道，示以孝悌睦友之義。旬省月試，時考歲貢，以生徒及第多者，爲博士考課上下。』疏奏，不從。

元和元年正月敕：『自今以後，國子祭酒、司業及學官，並須取有德望學識人充。』四月，國子祭酒馮伉奏：『應解學生等，國家崇儒，本於勸學，既居庠序，宜在交脩。其有藝業不勤，遊處非類，樗蒲六博，酗酒喧争，凌慢有司，不脩法度，有一於此，並請解退。又有文章帖義，不及格限，頻經五年，不堪申送者，亦請解退。其禮部所補生，到日，亦請准格帖試，然後給厨役，每日一度。試經一年，等第不進者，停厨。庶以上功，示其激勸。又准格，九年不及第者，即出監。聞比來多改名卻入，起今以後，如有此類，請退送法司，准式科處。』敕旨依奏。

二年八月，國子監奏：『准敕，今月二十四日，諸州府鄉貢明經、進士見訖，宜令就國子學官講論，質定疑義，仍令百寮觀禮者。伏恐學官職位稍卑，未足飾揚盛事。伏請選擇常參官，有儒學者三兩人，與學官同爲講説，庶得聖朝大典，輝映古今。』於是命兵部郎中蔣武、考功員外郎劉伯芻、著作郎李藩、太常博士朱潁、鄭王府諮議章廷珪，同赴國子監論講。

其年十二月，國子監奏：『兩京諸館學生，總六百五十員。請每館定額如後：兩監學生總五百五十員，國子館八十員，太學館七十員，四門館三百員，廣文館六十員，律館二十員，書館十員，算館十員。』又奏：『伏見天寶以前，各館學生其數至多，並有員額。至永泰後，西監置五百五十員，東監近置一百員，未定每館員額。今謹具定額如後，伏請下禮部，准額補置。』敕旨依奏。

其年十二月敕：『東都國子監量置學生一百員：國子館十五員，太學館十五員，四門館五十員，廣文館十員，律館十員，書館三員，算館二員。』

十三年十一月，祭酒鄭餘慶以太學荒墜日久，生徒不振。遂請率文官俸禄，脩廣兩京國子監，時論美之。

十四年十二月，鄭餘慶又奏：『京見任文官一品以下、九品以上，并外使兼京正員官，每月所請料錢，請每貫抽一十文，以充國子監脩造文宣王廟及諸屋宇，并脩理經壁。監中公廨雜用，有餘，添充本錢及諸色，遂便宜處置。』敕旨：『宜依。』

長慶二年閏十月，祭酒韋乾度奏：『當監四館學生，每年有及第闕員，其四方有請補學生人，並不曾先於監司陳狀，便自投名禮部，計會補署。監司因循日久，官吏都不检舉，但准禮部關牒收管，有乖太學引進之路。臣忝守官，請起今已後，應四館有闕，其每年請補學生者，須先經監司陳狀，請替某人闕。監司則先考試通畢，然後具姓名申禮部，仍稱堪充學生。如無監司解申，請不在收管之限。舊例，每給付厨房，動多喧競。請起今已後，當監進士、明經等，待補署畢，關牒到監司，則重考試。其進士等若重試及格，當日便給厨房。其明經等考試及格後，待經監司牒送，則給厨房。庶息喧爭。當監四館學生，有及第出監者，便將本任房轉與親故，其合得房學生，則無房可給。請起今已後，學生有及第出監者，仰館子先通收納房，待有新補學生公試畢後，便給令居住。當監承前並無專知館博士，請起今已後，每館衆定一人知館事。如生徒無故喧競者，仰館子與業長，通狀領過，知館博士則准監司條流處分。其中事有過悮，衆可容恕，監司自議科決。如有悖慢師長、强暴鬭打，請牒府縣錮身，遞送鄉貫。』敕旨：『宜依。』

大和五年十二月，國子祭酒裴通奏：『當司所授丞、簿及諸館博士、助教、直講等，謹按《六典》云：丞掌判監事，凡六學生每歲月業成，上於監者，以其業與司業、祭酒試之。明經帖經，口試，策經義。進士帖一中經，試雜文，策時務，徵故事。注云：其試法皆依考功口試，明經帖限通八以上，明法算皆通九以上。主簿掌印勾檢，凡學生有不率師教者，則舉而免之。其頻三年下第，九年在學無成者，亦如之。注云：假如違程限，及作樂雜戲者，亦同，唯彈琴習射不禁。諸博士、助教皆分經教授學者，每授一經，必令終講，所講未終，不得改業。諸博士、助教皆計當年講授多少，以爲考課等級。應補當司諸學生等，按《學令》云：諸生先讀經文通熟，然後授文講義。每旬放一日休假，前一日，博士考試。其試讀，每千言，内試一帖，帖三言；講義者，每二千言内問大義一條，總試三條，通二爲及第。通一及不全通者，酌量決罰。謹具當司官吏及學生令典條件如前。伏望敕下有司，允臣所奏。』敕旨：『宜依。』

七年八月，國子監起請：『准今月九日德音節文，令監司於諸道搜訪名儒，置五經博士一人者。伏以勸學專門，復古之制，博採儒術，以備國庠。作事之初，須有獎進。伏請《五經》博士秩比國子博士，今《左氏春秋》、《禮記》、《周易》、《尚書》、《毛詩》爲《五經》，若《論語》、《爾雅》、《孝經》等，編簡既少，不可特立學官，便請依舊附入中經。』敕旨依奏。

其年十二月，敕於國子監講論堂兩廊，創立石壁《九經》，并《孝經》、《論語》、《爾雅》，共一百五十九卷，字様四十卷。

開成元年，宰相兼國子祭酒鄭覃奏請置《五經》博士各一人，緣無禄俸，請依王府官例給禄粟，從之。

二年八月，國子監奏：『得覆定石經字體官翰林待詔唐玄度狀，伏准大和七年二月五日敕，覆《九經》字體者。今所詳覆，多依司業張參《五經字》爲准。其舊字様，歲月將久，畫點參差，傳寫相承，漸致乖誤。今並依字書，與較勘同商較是非，取其適中，纂録爲《新加九經字様》一卷。請附於《五經様》之末，用證繆誤。』敕旨依奏。

四年二月，中書門下奏：『伏以朝廷興復古制，置《五經》博士，以獎顓門之學，爲訓胄之資。必在得人，不限官次。今定爲五品俸入，四方有經術相當，而秩卑身賤者，不可以超授。有官重而通《詩》達《禮》者，不可以退資。從今已後，並請敕本色人中選擇，據資除授，令兼博士。其見任博士，且仍舊。』敕旨：『宜依。』

大中五年十一月，國子祭酒馮審奏：『《孔子廟堂碑》是太宗皇帝建立，睿宗皇帝書額，備稱唐德，具贊鴻猷，染翰顯然，貞石斯在。洎武后權政，國號僭竊，於篆額中間，謬加「大周」兩字。今豈可尚存僞號，以紊清朝，疑誤將來，流傳僭謬。其「大周」兩字，伏望天恩，許令琢去，謹録奏聞。」敕旨：「馮審所請刊正訛文，頗協事體，宜依。」

廣文館　天寶九載七月十三日置，領國子監進士業者，博士、助教各一人，品秩同太學。以鄭虔爲博士，至今呼鄭虔爲鄭廣文。

書算學　貞觀二年十二月二十一日置，隸國子學。

律學　顯慶元年十二月十九日，尚書左僕射于志寧奏置，令習李淳風等注釋《五曹》、《孫子》等十部算經，分爲二十卷行用。

顯慶三年九月四日，詔以書算學業明經，事唯小道，各擅專門，有乖故實，並令省廢。至龍朔二年五月十七日，復置律學、書算學官一員。三年二月十日，書學隸蘭臺，算學隸秘書局，律學隸詳刑寺。

宋·王溥《五代會要》卷一六《禮部》　後唐天成三年十一月二十一日，尚書禮部員外郎和凝奏：

臣當司管補奏齋郎，今重起請如後。

一、應請補齋郎等，舊制，當司祇憑都省發到狀，便給補牒。旋團甲申奏：「伏緣當司已前久無正官，多是諸司權判，或有投狀多時並不團奏，或有纔投文狀卽先團奏，遂致積聚人數不少。自同光二年二月後至今年十月已前，共計二百一十人未曾團奏。」今臣點檢，除有礙格條、一官並補兩人三人，并使祖蔭者落下外，猶有一百七十餘人。人數既多，虚謬不少。若取年深者團奏，終成積滯。今欲限一月内，並須正身將已前所受補牒，到當司磨勘後，委是正身及是嫡子，年顏人材不謬者，團甲引過中書門下引驗後，一齊申奏。

一、合使蔭官，請自今後若遇改官，須是轉品，卽許更補一人。明言是長子、次子，仍須不得過三人。其所補齋郎，五品已上蔭太廟齋郎，六品蔭郊社齋郎，仍須是嫡子，以姪繼院者，卽初補時狀内，言某無子，今以姪某繼院爲子使蔭。

一、應補齋郎等，祇憑都省發狀，便給補牒。請自今後，須得正身齋狀到當司比試呈驗。除三省官外，並引驗告敕，及取保任官狀，委是親子，卽給補牒。每年旋於八月上旬，具狀解送赴南曹。仍團奏時，别具子細三代鄉貫、使官蔭狀，齎赴中書門下引驗，候無差謬，卽得團甲申奏。仍每年祇限團甲奏，一年一甲三十人，以爲常式。

一、按《六典》，所補齋郎，並兩試小經，取粗通文義者充。奏補之後，非久爲官，若不達經書，則難通吏理。請自今後，齋郎所投文字狀，並須親書，仍須念得千卷書者，卽得補奏。

一、使父皇任官蔭者，並須將前任告敕呈驗，仍取在朝三員清資官充保，及移牒所曾任官臺、省、寺、監，勘有此官及年月日同否，委無虚謬，卽得補奏。仍准千牛、進馬例，不得過十年。其所使祖皇任官蔭者，年月深遠，難知仔細，今後請不許補奏。從之。

一、長興二年十月敕：「應千牛、進馬、齋郎，遇有員缺，據資蔭合得者，先受官者，先與收補，後受官者據月日次第施行。如或徇私，公然越次，本人及官吏當行責罰，仍令御史臺常加察訪。」

一、周廣順元年八月，吏部南曹先爲去年冬集選人年滿，室長季浦、張宗義爲奏補不依年限駁放後，便值兵火，失墜補牒，優牒申中書門下取裁。欲判依選人失墜文書例，出給公憑。奏敕：「宜令所司各出給失墜文書公憑，候參選日磨勘理本官選限外，仍各殿兩選，應乾祐元年已來及自今，如有齋郎奏補後，年限滿，合定冬集及改補室長時，有違格條不依年限者，違一年，殿兩選；違二年，殿三選；二年已上，不在施行之限。」

又《祠部》　後唐長興二年七月敕：「天下州府，應有載祀典神祠破損者，仰給公使錢添修。」

周顯德二年五月六日敕：「兩京諸州府，每年造僧帳兩本，一本申奏，一本申祠部。逐年四月十五日後，勒諸縣取索管界寺院僧尼數目申州，州司攢帳，委録事參軍本判官點檢，至五月終已前，文帳到京。如出限不到及漏略僧尼、寺舍，申奏鹵莽，其本判録事參軍，州縣官典，並等第科斷。今後僧尼籍帳内無名者，並勒還俗。如有身死、還俗、逃亡者，旋申報逐處州縣，次年帳内開脱，其餘巡禮行脚，出入往來，一切取便。」其年，諸州供到僧帳，見存寺院二千六百九十四所，廢寺院凡三萬三十六，見在僧四萬二千四百四十四，尼一萬八千七百五十六。至五年七月敕：「今後僧帳，每三年一造，其程限准元敕施行。」

三年十一月詔：「廢天下淫祠，仍禁擅興祠宇。如有功績灼然，合建置廟貌者，奏聽敕裁。」

又《國子監》 梁開平三年十二月，國子監奏：「修建文宣王廟，請率在朝及天下見任官，俸錢每貫尅留一十五文。」

後唐天成三年正月，中書門下奏：「伏以祭酒之資，歷朝所貴，爰從近代，不重此官。況屬聖朝，方勤庶政，須宏雅道，以振時風。望令宰臣一員兼判國子祭酒。」敕：「宜令宰臣崔協兼判。」其年八月十一日，宰臣兼判國子祭酒崔協奏：「請國子監每年祇置監生二百員，候解送至十月三十日滿數爲定。又請頒下諸道州府，各置官學，如有鄉黨備諸文行可舉者，録其事實申監司，方與解送。但一身就業，不得影庇門户，兼太學書生，亦依此例，不得因此便取公牒，輒免本户差役。又每年於二百人數内，不繫時節，有投名者，先令學官考試，校其學業深淺，方議收補姓名。」敕：「宜依。」

五年正月五日，國子監奏：「當監舊例，初補監生有束脩錢二千，及第後光學錢一千。竊緣當監諸色舉人及第後，多不於監司出給光學文抄，及不納光學錢，祇守選限年滿，便赴南曹參選。南曹近年磨勘選人，並不收暨監司光學文抄爲憑。請今後欲准往例，應諸色舉人及第後，並先於監司出給光學文抄，並納光學錢等，各有所業等第，以備當監逐年公使。」奉敕：「宜准往例，自今後凡補監生，須令情願於監中修學，則得給牒收補，仍據所業次第，逐年考試申奏。如收補年深，未聞藝業，虚沾補牒，不赴試期，亦委監司具姓名申奏。」

清泰三年五月敕：「國子監每歲舉人，皆自遠方來集，不詢解送，何辨是非？其附監舉人，並准去年八月一日敕，須取本處文解。如不及第者，次年便許監司解送。若初投名，未曾本處取解者，初舉落第後，監司勿便收補。其淮南、江南、黔、蜀遠人，不拘此例。」

周顯德元年十一月敕：「國子監所解送廣順三年已前監生人數，宜令禮部貢院收納文解。其今年内新收補監生，並仰落下。今後須是監中受業，方得准令式收補解送。」近年有諸州府不得解舉人，即投監請補。

又 卷一八《史館移置》 周廣順三年九月敕：「入厚載門内向東横街東地房宇，宜令弘文館、集賢院於此分劈廨署。」

又《諸司送史館事例》 後唐同光二年四月，史館奏：「本朝舊列，中書并起居院諸司及諸道州府，合録事件報館如右：時政記，中書門下録送。起居注，左右起居郎録送。兩省轉對、入閤待制、刑曹法官、文武兩班上封章者，各録一本送館。天文祥變、占候徵驗，司天臺逐月録報，並每月供送曆日一本，祥瑞禮部逐季録報，並諸道合畫圖申送。藩客朝貢使至，鴻臚寺勘風俗、衣服、貢獻物色、道里遠近，並具本國王名録報。四夷入役來降，表狀中書録報，露布兵部録報，軍還時并主將姓名，具攻陷虜殺級數，并所因由録報。變改音律及新造曲調，太常寺具録所因，并樂詞牒報。法令變革、斷獄新議、赦書德音，刑部逐季具有無牒報。詳斷刑獄、昭雪冤濫，大理寺逐季牒報。州縣廢置、及孝子順孫、義夫節婦有旌表門閭者，户部録報。有水旱蟲蝗、雷風霜雹，亦户部録報。封建天下祠廟，敍封、進封邑號祠，司封録報。京百司長官、刺史以上除授，文官吏部録報，武官兵部録報。諸色宣敕，門下中書兩省逐月録報。王公百官定謚，考功録行狀並謚議，逐月具有無牒報。宗室任官課績，并公主出降儀制，宗正寺録報。刺史、縣令有灼然政績者，本州官録申奏，仍具牒報。應碩德殊能、高人逸士、久在山野、著述文章者，本州縣不以官秩，勘問的實申奏，仍具録報。應中外官薨已請謚者，許本家各録行狀一本申送。右乞宣下有司，條件施行。」從之。

長興三年二月，司天臺奏：「奉中書門下牒，令逐年申送史館十一曜細行曆并周天行度、祥變等。當司舊例，祇依申星曜事件，不載占言。」敕：「宜令司天臺密奏留中外，其餘凡奏曆象、雲物、水旱等事，及諸州府或奏灾祥，一一並申送史館。」

又《前代史》 晉天福六年二月敕：「有唐遠自高祖，下暨明宗，紀傳未分，書誌咸闕。今耳目相接，尚可詢求，若歲月寖深，何由尋訪？宜令户部侍郎張昭、起居郎賈緯、秘書少監趙熙、吏部郎中鄭受益、左司員外郎李爲先等修撰唐史，仍令宰臣趙瑩監修。」其年四月，監修國史趙瑩奏：「奉敕同撰唐史起居郎賈緯丁憂，請以刑部侍郎呂琦、侍御史尹拙同修。」從之。尋改呂琦爲户部侍郎、尹拙爲户部員外郎，令與張昭等修唐史。其年四月，監修國史趙瑩奏：

自李朝喪亂，迨五十年，四海沸騰，兩都淪覆，今之書府，百無二三。臣等虔奉綸言，俾令撰述，褒貶或從於新意，纂修須按於舊章。既闕簡編，先虞漏略。今據史館所闕唐書實録，請下敕命購求。

況咸通中宰臣韋保衡與蔣伸、皇甫焕撰武宗、宣宗兩朝實録，又光化初，宰臣裴贄撰僖宗、懿宗兩朝實録，皆遇國朝多事，或值鑾輿播越，雖聞撰述，未見流傳。其韋保衡、裴贄合有子孫，見居職任，或門生故吏，曾託纂修，聞此撰論，諒多欣愜。請下三京諸道及中外臣寮，凡有將此數朝實録詣闕進納，請量其文武才能，不拘資地，除授一官。如卷帙不足，據數進納，亦請不次獎酬，以勸來者。

自會昌至天祐，垂六十年，其初李德裕平上黨，著武宗伐叛之書；其後康承訓定徐方，有武寧本末之傳，如此事類，記述頗多。請下中外臣寮及名儒宿學，有於此六十年内撰述得傳記，及中書、銀臺、史館日曆、制敕册書等，不限年月多少，並許詣闕進納。如年月稍多，記録詳備，請特行簡拔，不限資序。

臣與張昭等所撰唐史，祇敍本紀以綱帝業，列傳以述功臣，十志以書刑政。本紀以綱帝業者：本紀之法，始於《春秋》，以事繫日，以日繫月，以月繫時，以時繫年，刑政無遺，綱條必舉，須憑長曆，以編甲子，請下司天臺，自唐高祖武德元年戊寅，至天祐元年爲甲子，爲轉年長曆一道，以憑編述本紀。

列傳以述功臣者：古者衣冠之家，書於圖籍，中正清議，以定品流，故有家史家傳、族譜族圖。江左百家，軒裳綴軌；山東四姓，簪組盈朝。隋、唐已來，勳書王府，故士族子弟，多自紀世功，貴載簡編，以光祖考。請下文武兩班及藩侯郡牧，各敍兩代官婚名諱、行業功勳狀一本。如有家譜家牒，亦仰送官，以憑纂序列傳。

十志以書刑政者：五禮之書，代有沿革，至開元刊定，方始備儀，洎寶應以來，典章漸缺。其謁欵郊廟，册拜王公，攝事相儀之文，車輅服章之數，請下太常禮院，自天寶以後，至明宗朝以來，五禮儀注，朝廷行事，或異舊章，出處增損，節文一一備録，以憑撰述禮志。四縣之樂，不異前文，八佾之容，或殊往代。隋、唐以來，樂無夷夏，乃有文舞、武舞之制，立部、立部之名。天寶之初，雲韶大備，天寶之後，音律漸衰，郊廟殿庭，舊章斯缺。及咸秦蕩覆，鍾石淪亡，龍紀反正之年，有司特鑄懸樂，旋宮之義，徒有其文。請下太常寺，其四縣二舞，增損始自何朝，及諸廟樂章舞名，開元十部興廢本末，一一按録，以憑撰集樂志。刑名之制，代有輕重，隋、唐以來，疏爲律令，累朝繼有制敕，相次增益，舊條格律之文，未能畫一。請下大理寺，自著律令以來，後敕入格條者，及會昌以來，所斷疑獄，一一關報，以憑撰述刑法志。律曆五行，天文災異，史書實録，前代具書。自唐季亂離，簡編淪落，太史所奏，不載册書。請下司天臺，自會昌已來，天文變異，五行休咎，曆法更改，更據朝代年月，一一條録，以憑撰集天文、律曆、五行等志。唐初定官品令，三公、三師爲第一品；尚書令、僕射爲第二品；兩省、御史臺、寺、監長官，六尚書爲第三品。自定令以後，官品繼升，比諸令文，前後同異。又有兼、攝、檢校之例，資授、册拜之文，軍容或盛於朝儀，使務漸侵於省局。以此官無定令，位以賞功，臺府之權，隨時輕重，求諸官志，前代無聞。請下御史臺，自定令以後，文武兩班品秩升降，及府名使額，寺署廢置，官名更改，一一具析，以憑撰述職官志。唐初守邊，則有都督、總管之號，開元命將，則有節度、按察之名。故四塞之内，刺史多没于戎夷；九牧之中，乘調遂邀於旄鉞。山河異制，名額實繁。請下兵部職方，自開元已來，山河地里、使名軍額、州縣之廢置，一一條列，以憑撰述郡國志。唐初以降，迄于開元，圖書大備，歷朝纂述，卷帙實繁，若不統而論之，何彰文雅之盛。請下秘書省，自唐以來，古今典籍，經史子集，元撰人名氏，四部大數報館，以憑撰述經籍志。

右所陳條例如前，請下所司。從之。其月，起居郎賈緯奏曰：『伏以唐高祖至代宗已有紀傳，德宗至文宗亦存實録。武宗至濟陰廢帝凡六代，唯有《武宗實録》一卷，餘皆缺略。臣今搜訪遺文及耆舊傳説，編成六十五卷，目爲《唐朝補遺録》，以備將來史官條述。』至開運二年六月，史館上新修前朝李氏書，紀、志、列傳共二百二十卷，並目録一卷，都計二十帙。賜監修宰臣劉昫、修史官張昭遠、直館王伸等繒綵銀器各有差。

又 《修國史》 後唐天成三年十二月，史館奏：『據左補闕張昭狀：「嘗讀國書，伏見懿祖昭烈皇帝自元和之初，獻祖文皇帝於太和之際，立功王室，陳力國朝。太祖武皇自咸通後來，勤王戮力，翦平多難，頻立大功，三換節旄，再安京國。莊宗皇帝終平大憝，奄有中原。倘闕編修，遂成湮墜。伏請與當館修撰，參序條綱，撰太祖、莊宗實録者。」伏見前代史館，歸于著作，國初分撰五代史，方委大臣監修。自大曆後來，始奏兩員修撰，當時選任，皆取良能，一代之書，便成于手。其後源流失緒，波蕩不還，冒當修撰之名，曷揚褒貶之職，及乎編修大典，卽云別訪通才，況當館職在編修，合令撰述。』敕：『宜依。』

四年七月，監修國史趙鳳奏：『當館奉敕修懿祖、獻祖、太祖、莊宗四帝實録，自今年六月一日起手，旋具進呈。伏以凡關纂述，務合品題，承乾御宇之君，行事方云實録；追尊册號之帝，約文祇可紀年。所修前件史書，今欲自莊宗一朝，名爲實録，其太祖已上，並自爲紀年録。』從之。其年十一月，史館上新修《懿祖》、《獻祖》、《太祖紀年録》共二十卷，《莊宗實録》三十卷。監修宰臣趙鳳、修撰張昭遠吕咸休各賜繒綵銀器等。

應順元年閏正月，平章事監修國史李愚與修撰判館事張昭遠等，進新修《唐功臣列傳》三十卷。

清泰三年二月，門下侍郎、平章事、監修國史姚顗上《明宗實録》三十卷。同修撰官中書舍人張昭遠李祥、直館左拾遺吳承範、右拾遺楊昭儉等，各頒賚有差。

漢乾祐二年二月敕：『左諫議大夫、史館修撰賈緯，左拾遺、直史館王伸，宜令同修高祖實録，仍令宰臣蘇逢吉監修。』至其年十月，修成實録二十卷，上之。其年十二月敕：『宜令監修國史蘇逢吉與史館修撰賈緯，并竇儼、王伸等，修晉朝實録呈進。』從宰臣竇正固奏請也。

周廣順元年七月，史館新修《晉高祖實録》三十卷，《少帝實録》二十卷，上之。

顯德三年十二月敕：『太祖實録並梁均帝、唐清泰二主實録。宜差兵部尚書張昭修，其同修撰官，委張昭定名奏請。』至四年正月，兵部尚書張昭奏：『奉敕編修太祖實録及梁、唐二末主實録，今請國子祭酒尹拙、太子詹事劉温叟同編修。伏緣漢隱帝君臨太祖之前，其歷試之績，並在漢隱帝朝內，請先修隱帝實録。又梁末主之上有郢王友珪，篡弑居位，未有紀録，請依《宋書》劉劭例，書爲「元凶友珪」。』其末帝請依古義，書曰《後梁實録》。又唐末主之前，有應順帝，在位四月出奔，亦未編紀，請書爲前廢帝，清泰主爲後廢帝，其書並爲實録。』從之。

五年六月，兵部尚書張昭遠等修《太祖實録》三十卷成，上之。

又《修史官》 後唐長興四年正月十一日，史館奏：『當館承前修史事，例應合編録文書，分配在館修撰直館官員，逐人紀述，內修撰一員，充判館事：自除修撰外，應館中著述及諸色公事，都專主掌。監修宰臣通判。前修撰、直館等，其間勤恪者著述不閒，怠惰者因循度日，祇藉館中歟歷，以資身事進趨，或別除官，或因出使，便將自己分合撰史籍，送付後人，後人效尤，依前懈墮，積叠不了公事，爲弊滋多。須設規程，庶無曠敗。謹具起請如左：自判館修撰已下，見充職任及此後充館，請以二周年爲限。據在職館中文書繁簡，逐季分配纂修，如月未滿，公事未闕，卽當館給與公憑，仍旋申中書門下，請別商量。其職限內，遇本官本省署有遞遷，請不妨其序進，卽請令依前充職，終其月限，並請不許未終職限，特更除官。如職限滿，有公事未了，不計幾月，請不別與除官及差使，並與遞遷本官。其曠職甚者，仍請量事殿罰。如據所分配文書修撰外，別能採訪得無後功臣事實，及諸色合編集事，著撰得史傳，堪入國史者，請量其課績，別加酬奬。如當館於職限滿官員中，藉令充職者，則旋具奏聞，乞就加升陟。應此日已前曾充館職，配過文書，除丁憂官員則請與均分代修撰。其未了別除官者，所欠文書，不計多少，並與令本官修撰，速須了畢。其今日已前曠惰之過，特乞矜容。起今後若更將已前未了公事，遷延不速修撰了者，則別具奏聞，仰候聖裁。』右奉敕：『宜依，仍付所司。』其年七月，以著作佐郎尹拙爲左拾遺直史館，王慎徽爲右拾遺直史館。從監修宰臣李愚奏也。故事，以本官直館者皆爲畿縣尉，今諫官直館，自拙等始也。

又《史館雜録》 後唐同光二年四月，史館司四庫書，自廣明年後散失，伏乞許人進納，仍中書門下降敕條件。敕：『進書官納到四百卷已下，皆成部帙，不是重叠，及紙墨書寫精細，已在選門未合格人，每一百卷與減一選；無選減者，注官日優與處分。無官者，納書及三百卷，特授試銜。』

天成二年八月，起居郎趙熙奏：『今後凡公事及詔書奏對，應不到中書者，伏乞委內臣一人，旋具抄録，月終關送史館。』敕：『宜令樞密院學士月終録送。』

長興二年三月二十八日，史館奏：『當館應諸處及諸關送到合編録公事外，伏准舊例，國朝有時政記並起居注，並合送館，以備纂修、近代以來，缺行此事，衹以每遇入閤，兼内殿起居，朝臣待制，轉對公事，逐人抄送當館。如是顯有頒行，逐司關報到者，旋逐件於日曆一一收豎。其有直下所司，並不行之事，當館無由得知，若衹憑本官供到所奏狀本，未免簡編不備，本末難窮者。前件待制轉對公事等，除顯有頒行關送到館外，應有直下所司，及不行、未行之事，伏乞宣付當館，旋依次第編録。其時政記、起居注並内庭逐日合書日歷，亦乞相次施行。』奉敕：『朝臣起居，入閤奏對公事，奏覆後宣付史館，宜依。其時政记、起居注，候别敕處分。』其年十一月四日，史館奏：『當館昨爲大中已來，迄於天祐，四朝實録，尚未纂修，尋具奏聞，謹行購募。敕命雖頒於數月，圖書未貢於一編。蓋以北土州城，久罹兵火，遂成滅絶，難可訪求。竊恐歲月漸深，耳目不接，長爲闕典，過在攸司。伏念江表列藩，湖南奥壤，至於閩、越，方屬勳賢，戈鋋自擾於中原，屏翰悉全於外府，固多奇士，富有羣書。其兩浙、福建、湖廣，伏乞特降詔旨，委各於本道採訪宣宗、懿宗、僖宗、昭宗以上四朝野史，及逐朝日歷、除目、銀臺事宜、内外制詞、百司沿革簿籍，不限卷數，據有者抄録進上。若民間收得，或隱士撰成，即令各列姓名，請議爵賞。』從之。

四年正月十一日，史館奏：『當館先奉敕修撰功臣列傳，元奏數九十二人，館司分配見在館官員修撰。其間亦有不是中興以來功臣，但據姓名，便且分配修撰。將求允當，須在品量。其間若實是功臣，中興社稷者，須校其功勳大小，德業輕重，次第纂修，排列先後。今請應不是中興以來功臣，汎將行狀送館者，若其間事有與正史實録列傳内事相連絡者，則請令附在紀傳内，簡略書出。其無功於國，無德於人，但述履行身名，或録小才末技，倘無可以垂訓者，並請不在編修之限。伏自有史傳以來，歷代咸有著述，皆存定制，不可更張。如前漢止述蕭、曹、絳、灌之流，後漢但書寇、鄧、耿、賈之列，並同翼戴，咸共匡扶，爵號功臣，先爲列傳。其餘宗室、外戚、文苑、儒林、游俠、逸人、循吏、酷吏之屬，名目甚衆，各有篇題，並隨其次第撰述。其大惡大善之人，有善若周、孔、夷、齊，惡若敦、玄、莽、卓，亦各特爲著撰，不附傳紀編修。或爲世家，或爲列傳，蓋欲取監前代，垂則後人，不可雷同，請令區别。其功臣未納到行狀者，館司見更催促，候到即更分配修撰。大凡行狀，皆是門人故吏敍述，多有虚飾文華，今請此後所納行狀，並須直書功業，不得虚文節詞。其已納到行狀合著撰者，仍請委修撰官略其浮辭，採其實事。』從之。

應順元年正月敕：『今後三館所闕書，並訪本添寫，其進書官權宜停罷。』

晉天福四年十一月，史館奏：『按唐長壽二年，右丞姚璹奏，帝王謨訓，不可闕文，其仗下所言軍國政事，令宰臣一人撰録，號時政紀；至唐明宗朝，又委端明殿學士撰録，逐季送付史館，伏乞遵行者。宜令宰臣一員撰述。』

周顯德元年十月，監修宰臣李穀奏：『今之左右起居郎，即古之左右史也。唐文宗朝，命其官執筆立於殿堦螭頭之下，以紀政事，後則明宗朝，命端明殿及樞密院直學士，皆輪修日曆，旋送史館，以備纂修。降及近朝，此事皆廢。今後欲望以諮詢之事，裁制之規，别命近臣旋具抄録，每當修撰日曆，即令奉封送史臣。』從之。因命樞密院直學士，起今後於樞密使處，逐月抄録事件，送付史館。

二年十二月詔曰：『史館所少書籍，宜令本館諸處求訪補填。如有收藏書籍之家，並許進納。其進書人據部帙多少等第，各與恩澤；如卷帙少者，量給資帛。如館内已有之書，不在進納之限。仍委中書門下於朝官中選差三十人，據見在書各求眞本校勘，刊正舛誤，仍於逐卷後署校勘官姓名，宜令館司逐月具功課，申中書門下。』

又《**弘文館**》　後唐同光三年七月，弘文館奏：『請依《六典》故事，改弘文館爲崇文館。』敕：『崇文館比與弘文館並置，今請改稱，頗協舊典。』從之。時樞密院郭崇韜亡父名弘，豆盧革希意奏改之，故有『弘文並置』之言。

又《**集賢院**》　後唐應順元年閏正月，集賢院奏：『准敕書創修凌煙閣，又奉正月二十二日詔，問閣高下等級。謹案凌煙閣，都長安時，元在西内三清殿側，畫像皆北向，閣有中隔，隔内西北寫「功高宰輔」，南面寫「功高諸侯王」，隔外面次第圖畫功臣題贊。自西京傾陷，四十餘年，舊日主掌官吏及畫像工人淪喪，集賢院元管寫眞官、畫眞官人數不少，自遷都洛京，並皆省廢。今將起閣，特請先定佐命功臣人數，下翰林院，預令寫眞本，及下將作八作，與畫工相度間架修蓋。緣院内有寫眞官沈居隱、畫眞官王武瓊二人身死，即日無人應用。伏候敕旨。」敕：「集賢御書院復置寫眞官、畫眞官各一員。餘依所奏。」

《新唐書》卷四七《百官志二》 史館 修撰四人，掌修國史。

貞觀三年，置史館於門下省，以他官兼領，或卑位有才者亦以直館稱，以宰相涖修撰；又於中書省置秘書内省，修五代史。開元二十年，李林甫以宰相監修國史，建議以爲中書切密之地，史官記事隸門下省，疏遠。於是諫議大夫、史館修撰尹愔奏徙於中書省。天寶後，他官兼史職者曰史館修撰，初入爲直館。元和六年，宰相裴垍建議：登朝官領史職者爲修撰，以官高一人判館事；未登朝官皆爲直館。大中八年，廢史館直館二員，增修撰四人，分掌四季。有令史二人，楷書十二人，寫國史楷書十八人，楷書手二十五人，典書二人，亭長二人，掌固四人，熟紙匠六人。

秘書省 監一人，從三品；少監二人，從四品上；丞一人，從五品上。監掌經籍圖書之事，領著作局，少監爲之貳。武德四年，改少令曰少監。龍朔二年，改秘書省曰蘭臺，監曰太史，少監曰侍郎，丞曰大夫，秘書郎曰蘭臺郎。武后垂拱元年，秘書省曰麟臺；太極元年曰秘書省。有典書四人，楷書十人，令史四人，書令史九人，亭長六人，掌固八人，熟紙匠十人，裝潢匠十人，筆匠六人。

秘書郎三人，從六品上。掌四部圖籍。以甲乙丙丁爲部，皆有三本，一曰正，二曰副，三曰貯。凡課寫功程，皆分判。

校書郎十人，正九品上；正字四人，正九品下。掌讎校典籍，刊正文章。

著作局 郎二人，從五品上；著作佐郎二人，從六品上；校書郎二人，正九品上；正字二人，正九品下。著作郎掌撰碑誌、祝文、祭文，與佐郎分判局事。武德四年，改著作曹曰局。龍朔二年，曰司文局；郎曰郎中，佐郎曰司文郎。有楷書五人，書令史一人，書吏二人，掌固四人。

司天臺 監一人，正三品；少監二人，正四品上；丞一人，正六品上；主簿二人，正七品上；主事一人，正八品下。監掌察天文，稽曆數。凡日月星辰、風雲氣色之異，率其屬而占。有通玄院，以藝學召至京師者居之。凡天文圖書、器物，非其任不得與焉。每季錄祥眚送門下、中書省，紀於起居注，歲終上送史館。歲頒曆於天下。武德四年，改太史監曰太史局，隸秘書省；七年，廢監候。龍朔二年，改太史局曰秘書閣局，令曰秘書閣郎中。武后光宅元年，改太史局曰渾天監，不隸麟臺；俄改曰渾儀監，置副監及丞、主簿，改司辰師曰司辰。長安二年，渾儀監復曰太史局，廢副監及丞，隸麟臺如故，改天文博士曰靈臺郎，曆博士曰保章正。景龍二年，改太史局曰太史監，不隸秘書省，復置丞。景雲元年，又爲局，隸秘書省，踰月爲監，歲中復爲局；二年，改曰渾儀監。開元二年，復曰太史監，改令爲監，置少監。十四年，太史監復爲局，以監爲令，而廢少監。天寶元年，太史局復爲監，自是不隸秘書省。乾元元年，曰司天臺。藝術人韓穎、劉恒建議改令爲監，置通玄院及主簿，置五官監候及五官禮生十五人，掌布諸壇神位，五官楷書手五人，掌寫御書。有令史五人，天文觀生九十人，天文生五十人，曆生五十五人。初，有天文博士二人，正八品下；曆博士一人，從八品上；司辰師五人，正九品下；裝書曆生五人。掌候天文，掌教習天文氣色，掌寫御曆，後皆省。

春官、夏官、秋官、冬官、中官正，各一人，正五品上；副正各一人，正六品上。掌司四時，各司其方之變異。冠加一星珠，以應五緯；衣從其方色。元日、冬至、朔望朝會及大禮，各奏方事，而服以朝見。乾元三年，置五官正及副正。

五官保章正二人，從七品上；五官監候三人，正八品下；五官司曆二人，從八品上。掌曆法及測景分至表準。

五官靈臺郎各一人，正七品下。掌候天文之變。五官挈壺正二人，正八品上；五官司辰八人，正九品上；漏刻博士六人，從九品下。掌知漏刻。凡孔壺爲漏，浮箭爲刻，以考中星昏明，更以擊鼓爲節，點以擊鐘爲節。武后長安二年，置挈壺正。乾元元年，與靈臺郎、保章正、司曆、司辰，皆加五官之名。有漏刻生四十人，典鐘、典鼓三百五十人。初，有刻漏視品、刻漏典事，掌知刻漏、檢校刻漏，後皆省。

又 卷四八《百官志三》 國子監 祭酒一人，從三品；司業二人，從四品下。掌儒學訓導之政，總國子、太學、廣文、四門、律、書、算凡七學。天子視學，皇太子齒胄，則講義。釋奠，執經論議，奏京文武七品以上觀禮。凡授經，以《周易》、《尚書》、《周禮》、《儀禮》、《禮記》、《毛詩》、《春秋左氏傳》、《公羊傳》、《穀梁傳》各爲一經，兼習《孝經》、《論語》、《老子》，歲終，考學官訓導多少爲殿最。

丞一人，從六品下，掌判監事。每歲，七學生業成，與司業、祭酒莅試，登第者上於禮部。

主簿一人，從七品下。掌印，句督監事。七學生不率教者，舉而免之。録事一人，從九品下。武德初，以國子監曰國子學，隸太常寺，貞觀二年復曰監。龍朔二年，改國子監曰司成館，祭酒曰大司成，司業曰少司成。咸亨元年復曰監。垂拱元年，改國子監曰成均監。有府七人，史十三人，亭長六人，掌固八人。

國子學　博士五人，正五品上。掌教三品以上及國公子孫、從二品以上曾孫爲生者。五分其經以爲業：《周禮》、《儀禮》、《禮記》、《毛詩》、《春秋左氏傳》各六十人，暇則習隸書、《國語》、《説文》、《字林》、《三倉》、《爾雅》。每歲通兩經。求仕者，上於監，秀才、進士亦如之。學生以長幼爲序，習正業之外，教吉、凶二禮，公私有事則相儀。龍朔二年，改博士曰宣業。有大成十人，學生八十人，典學四人，廟幹二人，掌固四人，東都學生十五人。

助教五人，從六品上。掌佐博士分經教授。

直講四人，掌佐博士、助教以經術講授。

五經博士各二人，正五品上。掌以其經之學教國子。《周易》、《尚書》、《毛詩》、《左氏春秋》、《禮記》爲五經，《論語》、《孝經》、《爾雅》不立學官，附中經而已。

太學　博士六人，正六品上；助教六人，從七品上。掌教五品以上及郡縣公子孫、從三品曾孫爲生者，五分其經以爲業，每經百人。有學生七十人，典學四人，掌固六人，東都學生十五人。

廣文館　博士四人，助教二人。掌領國子學生業進士者。有學生六十人，東都十人。天寶九載，置廣文館，有知進士助教，後罷知進士之名。

四門館　博士六人，正七品上；助教六人，從八品上；直講四人。掌教七品以上、侯伯子男子爲生及庶人子爲俊士生者。有學生三百人，典學四人，掌固六人；東都學生五十人。

律學　博士三人，從八品下；助教一人，從九品下。掌教八品以下及庶人子爲生者。律令爲顓業，兼習格式法例。隋，律學隸大理寺，博士八人。武德初，隸國子監，尋廢；貞觀六年復置，顯慶三年又廢，以博士以下隸大理寺；龍朔二年復置。有學生二十人，典學二人。元和初，東都置學生五人。

書學　博士二人，從九品下；助教一人。掌教八品以下及庶人子爲生者。石經、《説文》、《字林》爲顓業，兼習餘書。武德初，廢書學，貞觀二年復置，顯慶三年又廢，以博士以下隸秘書省，龍朔二年復。有學生十人，典學二人，東都學生三人。

算學　博士二人，從九品下；助教一人。掌教八品以下及庶人子爲生者。二分其經以爲業：《九章》、《海島》、《孫子》、《五曹》、《張丘建》、《夏侯陽》、《周髀》、《五經算》、《綴術》、《緝古》爲顓業，兼習《記遺》、《三等數》。

凡六學束脩之禮、督課、試舉，皆如國子學；助教以下所掌亦如之。唐廢算學，顯慶元年復置，三年又廢，以博士以下隸太史局。龍朔二年復。有學生十人，典學二人，東都學生二人。

又　卷四九上《百官志四上》　崇文館　學士二人，掌經籍圖書，教授諸生，課試舉送如弘文館。校書郎二人，從九品下。掌校理書籍。貞觀十三年置崇賢館。顯慶元年，置學生二十人。上元二年，避太子名，改曰崇文館。有學士、直學士及讎校，皆無常員，無其人則庶子領館事。開元七年，改讎校曰校書郎。乾元初，以宰相爲學士，總館事。貞元八年，隸左春坊。有館生十五人，書直一人，令史二人，書令史二人，典書二人，搨書手二人，楷書手十人，熟紙匠一人，裝潢匠二人，筆匠一人。

司經局　洗馬二人，從五品下。掌經籍，出入侍從。圖書上東宫者，皆受而藏之。文學三人，正六品下。分知經籍，侍奉文章。校書四人，正九品下；正字二人，從九品上。掌校刊經史。唐改太子正書曰正字。龍朔三年，改司經局曰桂坊，罷隸左春坊，領崇賢館，比御史臺；以詹事一人爲令，比御史大夫，司直二人比侍御史，以洗馬爲司經大夫。置文學四人，録事一人，正九品下。三年，改司經大夫曰桂坊大夫，糾正違失。咸亨元年，復隸左春坊，省録事。有書令史二人，書吏二人，典書四人，楷書二十五人，掌固六人，裝横匠二人，熟紙匠、筆匠各一人。

又　卷四六《百官志一》　禮部　尚書一人，正三品；侍郎一人，正四品下。掌禮儀、祭享、貢舉之政。其屬有四：一曰禮部，二曰祠部，三曰膳部，四曰主客。

禮部郎中、員外郎，掌禮樂、學校、衣冠、符印、表疏、圖書、册命、祥瑞、鋪設，及百官、宫人喪葬贈賻之數，爲尚書、侍郎之貳。五禮之儀：一曰吉禮，二曰賓禮，三曰軍禮，四曰嘉禮，五曰凶禮。凡齊衰心喪以上奪情從職，及周喪未練、大功未葬，皆不預宴；大功以上喪，受册莅官，鼓吹從而不作，戎事則否。凡朝，晚入、失儀，御史録名奪俸，三奪者奏彈。凡出蕃册授、弔贈者，給衣冠。皇帝巡幸，兩京文武官職事五品以上，月朔以表參起居；近州刺史，遣使一參；留守，月遣使起居；北都，則四時遣使起居。諸司奏大事者，前期三日具狀，長官躬署，對仗伏奏，仗下，中書門下莅讀。河南、太原府父老，每歲上表願駕幸，遣使以聞。駕在都，則京兆府亦如之。凡景雲、慶雲爲大瑞，其名物六十有四；白狼、赤兔爲上瑞，其名物三十有八；蒼烏、朱雁爲中瑞，其名物三十有二；嘉禾、芝草、木連理爲下瑞，其名物十四。大瑞，則百官詣闕奉賀；餘瑞，歲終員外郎以聞，有司告廟。凡喪，三品以上稱薨，五品以上稱卒，自六品達于庶人稱死。皇親三等以上喪，舉哀，有司帳具給食；諸蕃首領喪，則主客、鴻臚月奏。

禮部主事二人，祠部主事二人，膳部主事二人，主客主事二人。武德三年，改儀曹郎曰禮部郎中，司藩郎曰主客郎中。龍朔二年，改禮部曰司禮，祠部曰司禋，膳部曰司膳，光宅元年，改禮部春官。有禮部令史五人，書令史十一人，亭長六人，掌固八人；祠部令史六人，書令史十三人，掌固四人；主客令史四人，書令史九人，掌固四人。

祠部郎中、員外郎，各一人，掌祠祀、享祭、天文、漏刻、國忌、廟諱、卜筮、醫藥、僧尼之事。珠玉珍寶供祭者，不求於市。駕部、比部歲會牲之死亡，輸皮於太府。郊祭酒醴、脯醢、黍稷、果實，所司長官封署以供。兩京及磧西諸州火祆，歲再祀，而禁民祈祭。凡巡幸，路次名山、大川、聖帝明王名臣墓，州縣以官告祭。二王後享廟，則給牲牢、祭器，而完其帷帟、几案，主客以四時省問。凡國忌廢務日，內教、太常停習樂，兩京文武五品以上及清官七品以上，行香於寺觀。凡名醫子弟試療病，長官莅覆，三年有驗者以名聞。

膳部郎中、員外郎，各一人，掌陵廟之牲豆酒膳。諸司供奉口味，躬鐍其輿乃遣，進胙亦如之。非大禮、大慶不獻食，不進口味。凡羊，至廚而乳者釋之長生。大齋日，尚食進蔬食，釋所殺羊爲長生供奉。凡獻食、進口味，不殺犢。尚食有猝須別索，必奏覆，月終而會之。凡尚食進食，以種取而別嘗之。殿中省主膳上食於諸陵，以番上下，四時遣食醫、主食各一人莅之。

主客郎中、員外郎，各一人，掌二王後、諸蕃朝見之事。二王後子孫視正三品，酅公歲賜絹三百，米粟亦如之，介公減三之一。殊俗入朝者，始至之州給牒，覆其人數，謂之邊牒。蕃州都督、刺史朝集日，視品給以衣冠、袴褶。乘傳者日四驛，乘驛者六驛。供客食料，以四時輸鴻臚，季終句會之。客初至及辭設會，第一等視三品，第二等視四品，第三等視五品，蕃望非高者，視散官而減半，參日設食。路由大海者，給祈羊豕皆一。西南蕃使還者，給入海程糧；西北諸蕃，則給度磧程糧。蕃客請宿衛者，奏狀貌年齒。突厥使置市坊，有貿易，録奏，爲質其輕重，太府丞一人莅之。蕃王首領死，子孫襲初授官，兄弟子降一品，兄弟子代攝者，嫡年十五還以政。使絶域者還，上聞見及風俗之宜、供饋贈貺之數。

宋·宋敏求《唐大詔令集》卷一〇一《政事·官制下·改太史監爲司天臺敕》　建設邦部，必資懸象。分別曹署，皆應物宜。靈臺三星，主觀察靈物天文正位，在太微西南。令興慶宮，上帝庭也。考符之所，合置靈臺，宜取永寧坊張守珪宅，以充司天臺，所司量事修理。乾元元年二月。

又　卷一〇五《政事·崇儒·置學官備釋奠禮詔》　六經茂典，百王仰則，四學崇教，千載垂範。是以西膠東序，春誦夏絃，悦禮敦詩，本仁祖義，建邦立極，咸必由之。自叔世澆訛，雅道淪缺，綿歷歲紀，儒風莫扇。隋季已來，喪亂滋甚，睠言篇籍，皆爲煨燼。周孔之教，闕而不修；庠塾之儀，泯焉將墜。非所以闡揚徽烈，敦尚風軌，訓民調俗，垂裕後昆。朕受命膺期，握圖馭宇，思弘至道，冀宣德化，永言墳索，深存講習，所以招撫遺逸，招集散亡。諸生胄子，特加獎勸。然而凋弊之餘，湮替日多，學徒尚少，經術未隆，子衿之歎，無忘寢興。方今函夏既清，干戈漸戢，搢紳之業，此則可興。宜下四方諸州，有明一經以上，未被升擢者，本屬舉選，具以名聞，有司議等，加階敘用。其有吏民子弟，有識性開敏，志希學藝，亦具名申送入京。量其差品，並即配學。明設考課，各使厲精。琢玉成器，庶其非遠。州縣及鄉里，並令置學。官僚牧宰，或不存意，普便頒下，早遣修立。若夫安上治民，莫善於禮。出忠入孝，自家刑國，揖讓俯仰，登降折旋，皆有節文，咸資端肅，罔習末業，隨時廢絶。凡厥生民，各宜勉厲。又釋菜之禮，鼓篋之義，□□□□比多簡略，更宜詳備。仲春釋奠，朕將親覽，所司具爲條式，以時宣下。武德七年二月。

又《興學敕》　自古爲政，莫不以學爲先。學則仁、義、禮、智、信，五者俱備，故能爲利深博。朕今欲敦本息末，崇尚儒宗，開後生之耳目，行先王之典訓。而三教雖異，善歸一揆。豈有沙門事佛，靈宇相望，朝賢宗儒，辟雍頓廢，公王已下，寧得不慙。朕今親自觀講，仍徵集四方胄子，冀日就月將，並得成業。禮讓既行，風教漸改，使期門介士，比屋可封。横經庠序，皆遵雅俗。諸公王子弟，並宜率先，自相勸勵，賜學官胄子及五品已上各有差。武德七年二月。

又《集學生制》 門下：朕聞古之教者，家有塾，黨有庠，術有序，國有學，蓋立訓之基也。故上務之則敦本，下由之則成俗。豈可使顯門殆絶，或乖其義，入室將廢，莫知其道乎？朕承百王之末，接千歲之統，虚心問政，早朝晏罷，勵精求古，忘寢與食，思所以奉前聖之典謨，矯茲深弊，致後生於軌物，遵我大猷。去歲京畿不稔，倉廩未實，爰命樂羣，蹔停謀藝，遂令子音罔嗣。吾道空歸，居無濟濟之業，行有憧憧之歎。雖日月以冀，而歲時迭往。今者甫迨嘗麥，且周於黎獻，永言釋菜，寧鞅於生徒，每用惕然，良非所謂。其國子監學生等，麥熟後，並宜追集，務盡師資。諸州牧宰，亦倍加導誘，先勤學教，必使俊造無濫，名實有歸。庶博士弟子，京邑由斯日就；鴻生鉅儒，海内爲之風化。有司可即詳下，稱朕意焉。主者施行。景龍四年四月二十八日。

又《選集賢學生敕》 古者立大學，教胄子，所以延俊造，揚王庭。雖年穀不登，兵甲或動，而俎豆之事，未嘗廢焉。頃年以來，戎車屢駕，天下轉輸，公私匱竭。帶甲之士，所務贏糧；鼓篋之徒，未能仰給。由是諸生輟講，絃誦蔑聞。宣父有言：『是吾憂也。』投戈息馬，論道尊儒，用弘庠序之風，俾有簞瓢之樂。宜令所司，量追集賢學生，精加選擇，使在館習業，仍委度支準給厨米，敦茲儒術，庶有大成。甲科高懸，好學者中，敷求茂異，稱朕意焉。

又《崇太學詔》 理道同歸，師氏爲上。化人成俗，必務於學。俊造之士，皆從此途。國之貴遊，罔不受業。修文行忠信之教，崇祗庸孝友之德。盡其師道，乃謂成人。然後揚於王庭，考以政事，徵之以理，仕之以官。寘於周行，莫匪邦彦，樂得賢也，其在茲乎。朕志於求理，尤重儒術，先王設教，敢不底行。頃以戎狄多虞，急於經略。太學空設，諸生蓋寡，絃誦之地，寂寥無聲，函丈之間，殆將不掃，上庠及此，甚用憫焉。今寓縣乂寧，文武兼備。方投戈而講藝，俾釋菜以行禮。四科咸進，六藝復興，神人以和，化風浸美，日用此道，將無間然。其諸道節度觀察都防禦等，朕之腹心，久鎮方面，眷其弟子，爲奉義方，修德立身，是資藝業。又恐干戈之後，學校尚微，僻居遠方，無所諮稟、山東寡聞，質疑必就於馬融；關西盛名，尊儒乃稱於楊震。負經來學，當集京師。并宰相朝官，及神策六將軍子弟，欲得習學者，自今已後，並令補國子學生，欲其業重籯金，器成琢玉，日新厥德，代不乏賢。其中身雖有官，欲附學讀書者亦聽。其學官，委中書門下即簡擇行業堪爲師範者充，學生員數多少，所習經業考試等，并所供糧料，及緣學館破壞，要量事修理，各委本司作條件聞奏。務須詳悉，稱朕意焉。

清·嵇璜等《續通志》卷一三〇《職官一》 禮部 禮部尚書，唐置一人，五代如唐制。

禮部侍郎，唐置一人。五代如唐制。

禮部郎中員外郎，唐置郎中一人，員外郎一人。

祠部郎中員外郎，唐置郎中一人，員外郎一人。宋因之。掌祀典、道釋、祠廟、醫藥之政。

主客郎中員外郎，唐置郎中一人，員外郎一人。

膳部郎中員外郎，唐置郎中一人，員外郎一人。

清·吴任臣《十國春秋》卷一一四《十國百官表》

吴	南唐	前蜀
中書舍人 通事舍人	中書舍人 後改内史舍人 起居舍人 通事舍人 集賢殿學士 直學直 侍讀學士 侍講 校書 正字 史館修撰 校理 勤政殿學士 光政殿學士承旨 清輝殿學士 學士 直學士 澄心堂承旨 殿前承旨	文思殿大學士
國子監 司業 太學博士	國子監 司業 助教 博士	

【略】

後蜀	南漢	楚	吳越
翰林院 承旨 待詔 學士院 翰林院 弘文館大學士 崇文館校書郎	翰林學士 承旨	文苑學士 文學館學士	
史館修撰 直館	集賢殿學士		通儒院學士 領擇能院
司天監 少監	司天監知司天監 丞日御		
國子監 博士《毛詩》、《尚書》、《周易》、《三禮》			國子祭酒

【略】

閩	荆南	北漢
翰林學士 承旨 直學士 令史		翰林學士 校書郎 弘文館直學士
		司天監
國子監祭酒 四門博士		

論説

唐·劉知幾《史通》卷七《品藻》 爰及近代，史臣所書，求其乖失，亦往往而有。借如陽瓚效節邊城，捐軀死敵，當有宋之代，抑劉、卜之徒歟？而沈氏竟不别加標榜，唯寄編於《索虜》篇内。紀僧珍砥節礪行，終始無瑕，而蕭氏乃與羣小混書，都以恩幸爲目。王頍文章不足，武藝居多，躬詣戚藩，首階逆亂。撰隋史者如不能與梟感並列，即宜附出《楊諒傳》中，輒與詞人共編，吉士爲伍。凡斯纂録，豈其類乎？

子曰：『以貌取人，失之子羽；以言取人，失之宰我。』光武則受誤於龐萌，曹公則見欺於張邈。事列在方書，惟善與惡，昭然可見。不假許、郭之深鑑，裴、王之妙察，而作者存諸簡牘，不能使善惡區分，故曰誰之過歟？史官之責也。

又《曲筆》 自梁、陳已降，隋、周而往，諸史皆貞觀年中羣公所撰，近古易悉，情僞可求。至如朝廷貴臣，必父祖有傳，考其行事，皆子孫所爲，而訪彼流俗，詢諸故老，事有不同，言多爽實。昔秦人不死，驗苻生之厚誣；蜀老猶存，知葛亮之多枉。斯則自古所歎，豈獨於今哉？

又 卷九《自敍》 既朝廷有知意者，遂以載筆見推。由是三爲史臣，再入東觀。每惟皇家受命，多歷年所，史官所編，粗惟紀録。至於紀傳及志，則皆未有其書。長安中，會奉詔預修唐史。及今上即位，又敕撰《則天大聖皇后實録》。凡所著述，常欲行其舊議。而當時同作諸士及監修貴臣，每與其鑿枘相違，齟齬難入。故其所載削，皆與俗沉浮沈。雖自謂依違苟從，然猶大爲史官所嫉。嗟乎！雖任當其職，而吾道不行；見用於時，而美志不遂。鬱怏孤憤，無以寄懷。必寢而不言，嘿而無述，又恐没世之後，誰知予者。故退而私撰《史通》，以見其志。

又 卷一〇《史官建置》 暨皇家之建國也，乃别置史館，通籍禁門。西京則與鸞渚爲鄰，東都則與鳳池相接。而館宇華麗，酒饌豐厚，得厠其流者，實一時之美事。至咸亨年，以職司多濫，高宗喟然而稱曰：『朕甚懵焉。』乃命所司曲加推擇，如有居其職而闕其才者，皆不得預於修撰。由是史臣拜職，多取外司，著作一曹，殆成虛設。凡有筆削，畢歸於餘館。始自武德，迄乎長壽，其間若李仁實以直辭見憚，敬播以敍事推工，許敬宗之矯妄，牛鳳及之狂惑，此其善惡尤著者也。

史館通籍禁門　見《内篇·辨職》篇。

鸞渚鳳池　即謂鸞臺、鳳閣。《舊唐志》：龍朔二年，改門下省爲東臺，中書省爲西臺。太后光宅元年，改門下爲鸞臺，中書爲鳳閣。神龍初復舊。按：兩省之名起魏、晉間，門下則黄門、給、諫、遺、補等官屬之，杜詩《晚出左掖》，即此。中書則主書、通事舍人等官屬之，開元中又號紫微省。兩省並近禁門，故亦通謂之北省，南則尚書省也。又按：文兼兩京言，武后臨朝在東京也。程大昌《雍録》多誤。

李仁實　《舊唐令狐德棻傳》：自武德已後，有鄧世隆、顧胤、李延壽、李仁實前後修撰國史，爲當時所稱。仁實，頓丘人，官左史。《正史》篇：仁實續撰《于志寧》、《許敬宗》、《李義府》等傳，載言記事，見推直筆。

敬播　《唐儒學傳》：敬播，蒲州人，貞觀初進士。時顔師古、孔穎達撰次《隋史》，詔播詣秘書内省參纂。再遷著作佐郎，兼修國史。又與令狐德棻等撰《晉書》，大抵凡例皆播所發也。房玄齡嘗稱播陳壽之流。

許敬宗　《舊書》本傳：敬宗，善心子。貞觀中，除著作郎，兼修國史。龍朔中，拜太子少師。自掌知國史，記事阿曲，虛美隱惡。高祖、太宗兩朝實録，其敬播所修者多詳直。敬宗以已愛憎曲事刪改，論者尤之。

牛鳳及　《新·舊書》俱無專傳。王《訓故》：牛鳳及，長壽中撰《唐書》，自武德終弘道，爲百有十卷。按此書《唐藝文志》部録，宋晁、陳、鄭、馬諸公亦莫之及。大抵其人其書見棄於有道久矣。

至隋，以吏部散官及校書、正字閑於述注者修之，納言監領其事。煬帝以爲古有内史、外史，今既有著作，宜立起居。遂置起居舍人二員，職隸中書省。如庾自直、崔祖濬、虞世南、蔡允恭等，咸居其職，時謂得人。皇家因之，又加置起居郎二員，職與舍人同。每天子臨軒，侍立於玉階之下，郎居其左，舍人居其右。人主有命，則逼階延首而聽之，退而編録，以爲起居注。龍朔中，改名左史、右史。今上即位，仍從國初之號焉。高祖、太宗時，有令狐德棻、吕才、蕭鈞、褚遂良、上官儀；高宗、則天時，有李安期、顧胤、高智周、張大素、凌季友。斯並當時得名，朝廷所屬者也。夫起居注者，編次甲子之書，至於策命、章奏、封拜、薨免，莫不隨事記録，言惟詳審。凡欲撰帝紀者，皆稱之以成功。即今爲載筆之别曹，立言之貳職。故略述其事，附於斯篇。

庾崔虞蔡　《隋·文學傳》：庾自直，大業初授著作郎。性恭慎，不妄交遊，以本官知起居舍人事。《唐書·姚思廉傳》附：隋煬帝時，詔與起居舍人崔濬祖修《區宇圖志》。又《虞世南傳》：世南字伯施，餘姚人。隋大業中，累官秘書郎。煬帝疾其峭直，弗甚用。又《文藝傳》：蔡允恭，仕歷起居舍人。煬帝遣教宫人，允恭耻之，數稱疾。授内史舍人，俾入宫，固辭。又按：《隋書·虞綽傳》云：綽與虞世南、庾自直、蔡允恭等常居禁中，文翰待詔，恩盼隆洽。

郎左舍人右　《唐·百官志》：唐之官制，大抵皆沿隋故。門下省之屬，起居郎二人，從六品上，掌録天子起居法度。後復置起居舍人二人，從六品上，掌録如記事之制。天子居正殿，則郎居左，舍人居右，有命，俯陛以聽，退而書之。若仗在紫宸内閣，則夾香案分立殿下，直第二螭首，和墨濡筆皆即坳處，時號『螭頭』。

令狐德棻　《唐書》本傳：德棻博貫文史。武德初，爲起居舍人，遷秘書丞。建言近代無正史。梁、陳、齊、周、隋史修撰之原，自德棻發之。

吕才　《唐書》本傳：貞觀時，祖孝孫增損樂律，王珪、魏徵盛稱才製尺諧契，即召直弘文館。帝病陰陽家書多僞惡，世益拘畏，命才刪落煩訛，掇可用者。才於持論，儒而不俚。按：本傳闕書起居官。

蕭鈞　《唐書·蕭瑀傳》：瑀從子鈞，永徽中累遷諫議大夫、弘文館學士。左武侯屬盧文操盜庫財，高宗以當自盜罪死。鈞曰：恐天下謂『陛下重貨輕法，任喜怒。』帝曰：『眞諫議也。』按：亦闕書起居官。

褚遂良　《唐書》本傳：遂良字登善。貞觀中，累遷起居郎，工隸楷。帝曰：『卿記起居，人君得觀之否？』對曰：『今之起居，古左右史也。善惡必記，戒人主不爲非法，未聞天子自觀史也。』帝曰：『朕有不善，卿必記邪？」對曰：『臣職載筆，君舉必書。』劉洎曰：『使遂良不記，天下之人亦記之矣。』

上官儀　《唐書》本傳：儀字遊韶，涉貫墳典。貞觀初，擢進士第，授弘文館直學士，遷秘書郎。太宗每屬文，遣儀視稿。轉起居郎。高宗時，武后得志，深惡儀，許敬宗構儀大逆，死。自褚遂良等元老屠覆，獨儀納忠。自是政歸於后，而帝拱手矣。

李安期　《唐書・李百藥傳》：百藥七歲能屬文。子安期，亦七歲屬文。父貶桂州，遇盜，將加刃，安期泣請代，盜釋之。貞觀初，爲符璽郎。高宗即位，遷中書舍人，尋同東西臺三品。自德林至安期，三世掌制誥。

顧胤　《令狐德棻傳》附：胤，吳人。父覽，隋秘書學士。胤，永徽中起居郎，兼修國史。以撰《太宗實録》勞加朝散大夫、弘文館學士。論次國史，終司文郎。

高智周　《唐書》本傳：智周，晉陵人。第進士，擢秘書郎、弘文館直學士。三遷蘭臺大夫。儀鳳初，進同中書門下三品。是時崔知溫等修國史，智周監莅。致仕，卒。年八十二。

張太素凌季友　太素見《言語》篇。季友無傳。

古者人君，外朝則有國史，內朝則有女史，內之與外，其任皆同。故晉獻惑亂，驪姬夜泣，床笫之私、房中之事，不得掩焉。楚昭王宴遊，蔡姬對以其願，王顧謂史：『書之，蔡姬許從孤死矣。』夫宴私而有書事之册，蓋受命者即女史之流乎？至漢武帝時，有《禁中起居注》；明德馬皇后撰《明帝起居注》。凡斯著述，似出宮中，求其職司，未聞位號。隋世王劭上疏，請依古法，復置女史之班，具録內儀，付於外省。文帝不許，遂不施行。

唐・李德裕《李衛公會昌一品集》卷一一《論時政記等狀》　右長壽二年，宰臣姚璹以爲帝王謨訓，不可闕於紀述。史官疏遠，無因得書。請自今以後，所論軍政國要宰臣一人撰録，號爲《時政記》。厥後因循，多闕紀述，臣等商量，向後每坐日聖言，如有慮及生靈，事關興替，可昭示百代，貽謀後昆者；及宰臣獻替謀猷，有益風教，並請依國朝故事，其曰知印宰相撰録連署名封印，至歲末送史館。

又《起居注》　右，起居注比者不逐季撰録，至有去官三五年後猶未送納者，伏以每度延英奏事後向外傳説，三事猶兩事虛謬。豈有起居注記皆三二年後採於傳聞，耳目已隔，固非實事。向後起居注記望每季初即送納內前一季文字與史館納訖，具狀申中書門下，史館受訖，亦申報中書門下。其起居改轉，便望以注記遲速爲殿最，如有軍國大政，傳聞疑誤者，仍許於政事堂都見宰相等臨事酌量。如事已施行，非關機密者，並一一向説，所冀書事信實，免有傳疑。

又《修史體例》　右，臣等伏見，近日實録多云禁中言者，伏以君上與宰臣及公卿言事，皆須衆所聞見，方合書於史策。禁中之語，向外何由得知？或得於傳聞，多出邪妄，便載史筆，實累鴻猷。向後實録中如有此類，並請刊削，更不得以此紀述。又宰臣及公卿論事，行與不行，須有明據。或奏議允愜，必見褒稱；或所論乖僻，固有懲責。在藩鎮獻表者，必有答詔；居要官啓事者，自合著明。並當昭然在人耳目。或取舍存於堂案，或與奪形於詔敕。前代史書所載奏議，無不由此。近見實録多載密疏，言不彰於朝聽，事不顯於當時，得自其家，未足爲信。向後所載羣臣奏議，其可否得失，須朝廷共知者，方可紀述，密疏並請不載。如此則書必可法，人皆守公。愛憎之志不行，褒貶之言必信矣。

以前臣等伏見近日實録，事多紕繆。若詳求摭實，須舉舊章，謹件如前。

唐・柳宗元《柳河東集》卷三一《與韓愈論史官書》　正月二十一日，某頓首十八丈退之侍者前：獲書言史事，云具《與劉秀才書》，及今乃見書藁，私心甚不喜，與退之往年言史事甚大謬。

若書中言，退之不宜一日在館下，安有探宰相意，以爲苟以史榮一韓退之耶？若果爾，退之豈宜虛受宰相榮已，而冒居館下，近密地，食奉養，役使掌固，利紙筆爲私書，取以供子弟費？古之志於道者，不若是。

且退之以爲記録者有刑禍，避不肯就，尤非也。史以名爲褒貶，猶且恐懼不敢爲；設使退之爲御史中丞大夫，其褒貶成敗人愈益顯，其宜恐懼尤大也，則又揚揚入臺府，美食安坐，行呼唱於朝廷而已耶？在御史猶爾，設使退之爲宰相，生殺出入升黜天下士，其敵益衆，則又將揚揚入政事堂，美食安坐，行呼唱於內庭外衢而已耶？何以異不爲史而榮其號、利其祿也？

又言『不有人禍，必有天刑』。若以罪夫前古之爲史者，然亦甚惑。凡居其位，思直其道，道苟直，雖死不可回也；如回之，莫若亟去其位。孔子之困於于魯、衛、陳、宋、蔡、齊、楚者，其時暗，諸侯不能行也。其不遇而死，不以作《春秋》故也。當其時，雖不作《春秋》，孔子猶不遇而死也。若周公、史佚，雖紀言書事，猶遇且顯也。又不得以《春秋》爲孔子累。范曄悖亂，雖不爲史，其宗族亦赤。司馬遷觸天子喜怒，班固不檢下，崔浩沽其直以鬬暴虜，皆非中道。左丘明以疾盲，出於不幸。子夏不爲史亦盲，不可以是爲戒。其餘皆不出此。是退之宜守中道，不忘其直，無以他事自恐。退之之恐，唯在不直、不得中道，刑禍非所恐也。

凡言二百年文武士多有誠如此者。今退之曰：我一人也，何能明？則同職者又所云若是，後來繼今者又所云若是，人人皆曰我一人，則卒誰能紀傳之耶？如退之但以所聞知孜孜不敢怠，同職者、後來繼今者，亦各以所聞知孜孜不敢怠，則庶幾不墜，使卒有明也。不然，徒信人口語，每每異辭，日以滋久，則所云『磊磊軒天地』者，決必沉没，且亂雜無可考，非有志者所忍恣也。果有志，豈當待人督責迫蹙然後爲官守耶？

又凡鬼神事，渺茫荒惑無可准，明者所不道。退之之智而猶懼於此。今學如退之，辭如退之，好議論如退之，慷慨自謂正直行行焉如退之，猶所云若是，則唐之史述其卒無可託乎？明天子賢宰相得史才如此，而又不果，甚可痛哉！退之宜更思，可爲速爲；果卒以爲恐懼不敢，則一日可引去，又何云『行且謀』也？今人當爲而不爲，又誘館中他人及後生者，此大惑已。不勉己而欲勉人，難矣哉！

宋・范祖禹《唐鑑》卷六《太宗四》　臣祖禹曰：古者官守其職，史書善惡，君相不與焉。故齊太史兄弟三人死於崔杼，而卒不没其罪，此奸臣賊子所以懼也。後世人君得以觀史，而宰相監修，欲其直筆不亦難乎？司馬遷有言曰：『文史星歷，近乎卜祝之間。』蓋止於執簡記事。記事直書其實而已，非《春秋》有褒貶賞罰之文也。後之爲史者，務褒貶而忘事實，失其職矣。人君任臣以職，而宰相不與史事，則善惡庶乎其信也。

宋・洪邁《容齋隨筆》卷一〇《禮寺失職》　唐開元中，封孔子爲文宣王，顔子爲兖公，閔子至子夏爲侯，羣弟子爲伯。本朝祥符中，進封公爲國公，侯爲郡公，伯爲侯。紹興二十五年，太上皇帝御製贊七十五首，而有司但具唐爵，故宸翰所標，皆用開元國邑，其失於考据如此，今當請而正之可也。

宋・洪邁《容齋五筆》卷二《詳正學士》　唐太宗時，命秘書監魏徵寫四部羣書，將藏内府，置讐正二十員。後又詔虞世南、顔師古踵領之，功不就。顯慶中罷讐正官，使散官隨番刊正。後詔東臺侍郎趙仁本等，充使檢校，置詳正學士以代散官，此名甚雅，不知何時罷去。然秘省自有校書郎、正字，使正名責實足矣。

清・顧炎武《日知録》卷一七《秘書國史》　唐則魏徵、虞世南、岑文本、褚遂良、顔師古皆爲秘書監，選五品以上子孫工書者手書繕寫，藏於内庫。而玄宗命弘文館學士元行沖，通撰古今書目，名爲《羣書四録》。以陽城之好學，至求爲集賢院吏，乃得讀之。陽城好學，貧不能得書，求爲吏，隸集賢院，竊院中書讀之，六年，無所不通。竇威爲秘書郎，秩滿當遷，固守不調，十餘歲，其學業益廣。段成式爲秘書省校書郎，秘閣書籍，披閲皆徧。

清・錢大昕《廿二史考異》卷四四《唐書四・百官志二》　史館修撰四人。案：《舊書・文宗紀》稱：『故事，史官不過三員，或止兩員，大和六年，王彦威、楊漢公、蘇滌、裴休四人並命，論者非之。』據此志，則史官四人，本有定員，不知何時裁省也。

秘書郎三人。當作『四人』。

司天臺監一人，正三品。少監二人，正四品上。案：《舊志》，司天監本太史局令，從五品下，乾元元年改爲監，升從三品，一如殿中、秘書品秩；少監本曰太史丞，從七品下，乾元升少監與諸司少監同品。

又　卷五五《唐書一五・裴垍傳》　建言：『集賢院官，登朝自五品上爲學士，下爲直學士，餘皆校理；史館以登朝者爲修撰，否者直史館，以準《六典》。』遂著於令。今考元和以後入史館及集賢、弘文兩院者，如韓愈、以比部郎中史館修撰，蔣伸以右補闕史館修撰，蔣偕以右拾遺史館修撰，鄭潛以國子博士史館修撰，王溥以禮部員外郎史館修撰，令狐滈以右拾遺史館修撰，王龜以祠部郎中史館修撰，韋澳以考功員外郎史館修撰，牛蔚以吏部郎中史館修撰，楊漢公以戶部郎中史館修撰，李翱以國子博士史館修撰，楊虞卿以禮部員外郎史館修撰，高釴以右補闕史館修撰，盧知猷以工部侍郎史館修撰，陳夷行以起居郎史館修撰，裴坦以左拾遺史館修撰，獨孤郁以右拾遺兼史館修撰，遷考功員外郎，仍兼史館修撰，路隋以左補闕史館修撰，薛廷玉以右拾遺史館修撰，杜顗以咸陽尉直史館，沈傅師以鄠尉直史館，轉左拾遺、補闕，史館修撰，蔣係以昭應尉直史館，拜左拾遺、史館修撰，此修撰與直館之別也。李益以秘書少監爲集賢殿學士，馮宿以左散騎常侍兼集賢殿學士，孔敏行司勳郎中爲集賢殿學士，牛僧孺以考功員外郎爲集賢殿學士，王鐸以右補闕爲集賢殿學士，王起以殿中侍御史兼集賢殿學士，周墀以監察御史爲集賢殿學士，疑脱『直』字。孔緯以禮部員外郎兼集賢直學士，白居易以盩厔尉爲集賢校理，段文昌以登封尉爲集賢校理，杜讓能以長安尉爲集賢校理，李福以藍田尉爲集賢校理，令狐滈以長安尉爲集賢校理，石洪以昭應尉爲集賢校理，楊收以渭南尉爲集賢校理，馮定鄠尉爲集賢校理，丁公著以太子文學兼集賢校理，擢右補闕，遷直學士，此學士、直學士與校理之別也。王彥威以司封郎中爲弘文館學士，柳公權以左司郎中爲弘文館學士，楊虞卿以右司郎中爲弘文館學士，令狐定以駕部郎中爲弘文館直學士，『直』字疑衍。鄭裔綽以渭南尉直弘文館，薛逢以萬年尉直弘文館，裴樞以藍田尉直弘文館，柳珪以藍田尉直弘文館，孔緯以長安尉直弘文館，此學士與直館之別也。至如於休烈以起居郎爲集賢殿學士，歸崇敬以贊善大夫、史館修撰兼集賢校理，張薦以史館修撰兼陽翟尉，乃在未定制以前，故不盡依資品矣。楊嗣復官右拾遺，當充史館修撰，而《傳》云直史館，疑修史者不通官制，以意改竄故耳。唐時稱登朝官者，史未有明文。考《百官志》，文官五品以上及兩省供奉官、監察御史、員外郎、太常博士日參，號常參官，其餘職事九品以上官，但朝朔望而已。常參官即裴垍所謂登朝官也。宋制，侍從卿、監、正郎、員外郎而下，以正言即唐之拾遺。太常博士、國子博士、太常丞、秘書丞、殿中丞、太子中允、贊善大夫、中舍、洗馬爲升朝官，著作佐郎。大理光禄衛尉、將作丞、大理評事、太常寺太祝、奉禮郎、秘書省校書郎、正字、將作監主簿爲京官，略與唐制同。

藝文

唐·楊炯《盈川集》卷二《送劉校書從軍》　天將下三宮，星門召五戎。坐謀資廟略，飛檄佇文雄。赤土流星劍，烏號明月弓。秋陰生蜀道，殺氣繞湟中。風雨何年別，琴樽此日同。離亭不可望，溝水自西東。

唐·陳子昂《陳拾遺集》卷二《送著作佐郎崔融等從梁王東征并序》　古者涼風至，白露下，天子命將帥，訓甲兵，將以外威荒戎，內輯中夏，時義遠矣。自我大君受命，百蠻蟻伏，匈奴舍蒲桃之宮，越裳重翡翠之貢，虎符不發，象譯攸同。實欲高議靈臺，偃兵天下，而林胡遺孽，瀆亂邊甿，驅蚊蚋之師，忽雷霆之伐，乃竊海裔，弄燕陲。皇帝哀北鄙之人，罹其辛螫，以東征之義，降彼偏裨，猶恐威令未孚，亭塞仍梗。乃謀元帥，命佐軍，得朱邸之天人，乃黄閣之元老，廟堂授鉞。鑿門申命，建梁國之旌旗，吟漢庭之簫鼓，東向而拜。北道長驅，蜺旌羽騎之殷；戈鋋落日，突鬢蒙輪之勇。劍決浮雲，方且獵九都，窮踏頓，存肅慎，吊姑餘，彷徨赤山，巡御日域，以昭我王師，恭天討也。歲七月，軍出國門，天晶無雲，朔風清海。時比部郎中唐奉一，考功員外郎李迥秀，著作佐郎崔融，並參帷幕之賓，掌書記之任，燕南悵別，洛北思懽，頓旌節而少留，傾朝廷而出餞。永昌丞房思玄，衣冠之秀，乃張蕙圃，席蘭堂，環曲榭，羅羽觴，寫中京之望，縱候亭之賞，爾乃投壺習射，博奕觀兵，鏜金鐃，戛瑶琴，歌易水之慷慨，奏關山以徘徊。頹陽半林，微陰出座，思長風以破浪，恐白日之蹉跎。酒中樂酣，撥劍起舞，則已氣横遼碣，志掃獯戎，抗手何言，賦詩以贈。

金天方肅殺，白露始專征。王師非樂戰，之子慎佳兵。海氣侵南部，邊風掃北平。莫賣盧龍塞，歸邀麟閣名。

唐·權德輿《權文公集》卷七《國子柳博士兼領太常博士輒申賀贈》　博士本秦官，求才帖職難。臨風曲臺淨，對月璧池寒。講學分陰重，齋祠曉漏殘。朝衣辨色處，雙綬更宜看。

唐·柳宗元《柳河東集》卷二六《記·四門助教廳壁記》　周人置虞庠於四郊，以養國老，教冑子。《祭統》曰：天子設四學。蓋其制也。

《易傳・太初篇》曰：天子旦入東學，書入南學，夕入西學，暮入北學。蔡邕引之，以定明堂之位焉。《大戴禮保傅篇》曰：帝入東學以貴仁，入南學以貴信，入西學以貴德，入北學以貴爵。賈生述之，以明太子之教焉。故曰爲大教之官，而四學具焉。參明堂之政，原大教之極，其建置之道弘也。

後魏太和中，立學於四門，置助教二十人。隋氏始隸於國子，而降置五人。皇朝始合於太學，又省至三人。員位彌簡，其官尤難，非儒之通者不列也。四門學之制，掌國之上士、中士、下士凡三等，侯、伯、子、男凡四等。其子孫之爲胄子者，及庶士、庶人之子爲俊士者，使執其業而居其次，就師儒之官而考正焉。助教之職，佐博士以掌鼓篋復楚之政令，今分其人而教育之，其有通經力學者，必於歲之杪，升於禮部，聽簡試焉。課生徒之進退，必酌於中道，非博雅莊敬之流，固不得臨於是，故有去而升于朝者。賀秘書由是爲博士，歸散騎由是爲左拾遺。舊制以拾遺爲八品清官，故必以名實者居於其位。

貞元中，王化既成，經籍少間，有司命太學之官，頗以爲易。專名譽、好文章者，咸耻爲學官。至是，河東柳立始以前進士求署兹職，天水武儒衡、閩中歐陽詹又繼之。是歲，爲四門助教凡三人，皆文士，京師以爲異。余與立同祖於方輿公，與武公同升於禮部，與歐陽生同志於文。四門助教署未嘗紀前人名氏，余故爲之記，而由夫三子者始。

唐・張籍《張司業集》卷五《賀秘書王丞南郊攝將軍》 正初天子親郊禮，詔攝將軍領衛兵。斜帶銀刀入黄道，先隨玉輅到青城。壇邊不在千官位，仗外唯聞再拜聲。共喜與君逢此日，病中無計得隨行。

唐・劉禹錫《劉賓客文集》卷二八《送國子令狐博士赴興元觀省》

相門才子高陽族，學省清資五品官。諫院過時榮棣萼，謝庭歸去踏芝蘭。山頭花帶烟嵐晚，棧底江涵雪水寒。伯仲到家人盡賀，柳營蓮府遞相歡。

唐・李商隱《李義山詩集》卷中《代秘書贈弘文館諸校書》 清切曹司近玉除，比來秋興復何如。崇文館裏丹霜後，無限紅梨憶校書。

又《送王十三校書分司》 多少分曹掌秘文，洛陽花雪夢隨君。定知何遜緣聯句，每到城東憶范雲。

唐・權德輿《權文公集》卷三一《弘文館大學士壁記》 聖人南面以理天下，在崇起教化，緝熙于光明。太宗文皇帝敷文德，建皇極，始於弘文殿側創弘文館，藏書以實之。思與大雅閎達之倫，切劘理道，金玉王度，盛選重名虞世南、褚亮而下，爲之學士，更直密侍於其中。其論思應對，或至夜艾，誕章遠猷，講議啓迪。武德貞觀之澤，洽於元元，厥有助焉。其後徙於門下省，景龍初始置大學士，名命益重，多以宰司處之。所以登閎古先，腴潤大政。則漢廷之金馬石渠，蘭臺延閣，方斯陋矣。按《六典》帝令給事中一人判館事，每二府爰立，則統於黄樞。而或署或否，不爲恒制。孝文後二十年間，斯職闕焉。

前年秋八月，今河中司空公居之；今年夏五月，相國蕭公居之。公粹清莊重，山立泉塞，苞孔門之四教，藴洪範之三德，靜若彝器，扣如黄鍾。由小司徒升左輔，乃莅斯職。於是戒官師，稽憲令。貴游青襟，辨志樂羣，皆循其方而遂其業。且以左户之羨財百萬，附益而脩飾之。公署書府，靜深華敞，清禁之内，輔臣攸居。宜乎舒六藝而調四氣於此室也。

初，公之王父考功府君，在中宗朝爲直學士，懿文含章，休有厥聲。至公則聿脩之弘大，貽厥之昌阜，盡在是矣。至若命館之再爲脩文，中爲昭文，改復歲月，傳諸故志；前賢名氏，宜列屋壁。公以德輿交代於中臺之任，踴躍於大冶之中，惠然授簡，使得論次。自景龍二年，李趙公嶠始受命爲大學士，至公凡若干人。

揭而書之，所以備文館之故實，廣台臣之年表。抑公之命也，不敢辭焉。元和二年秋九月記。

唐・杜甫《杜工部集》卷一四《別蔡十四著作》 賈生慟哭後，寥落無其人。安知蔡夫子，高義邁等倫。獻書謁皇帝，志已清風塵。流涕灑丹極，萬乘爲酸辛。天地則瘡痍，朝廷多正臣。異才復間出，周道日惟新。

使蜀見知己，別顔始一伸。主人薨城府，扶櫬歸咸秦。巴道此相逢，會我病江濱。憶念鳳翔都，聚散俄十春。我衰不足道，但願子意陳。稍令社稷安，自契魚水親。我雖消渴甚，敢忘帝力勤。尚思未朽骨，復覩耕桑民。積水駕三峽，浮龍倚長津。揚舲洪濤間，仗子濟物身。鞍馬下秦塞，王城通北辰。玄甲聚不散，兵久食恐貧。窮谷無粟帛，使者來相因。若馮南轅吏，書札到天垠。

又　卷一六《八哀詩·贈秘書監江夏李公邕》　長嘯宇宙間，高才日陵替。古人不可見，前輩復誰繼？憶昔李公存，詞林有根柢。聲華當健筆，灑落富清製。風流散金石，追琢山岳鋭。情窮造化理，學貫天人際。干謁走其門，碑版照四裔。各滿深望還，森然起凡例。蕭蕭白楊路，洞徹寶珠惠。龍宫塔廟湧，浩劫浮雲衛。宗儒俎豆事，故吏去思計。眄睞已皆虚，跋涉曾不泥。向來映當時，豈獨勸後世。豐屋珊瑚鉤，麒麟織成罽。紫騮隨劍几，義取無虚歲。分宅脱驂間，感激懷未濟。衆歸賙給美，擺落多藏穢。獨步四十年，風聽九臯唳。嗚呼江夏姿，竟掩宣尼袂。往者武后朝，引用多寵嬖。否臧太常議，面折二張勢。衰俗凜生風，排蕩秋旻霽。忠貞負冤恨，宫闕深旒綴。放逐早聯翩，低垂困炎癘。日斜鵩鳥入，魂斷蒼梧帝，榮枯走不暇，星駕無安税。幾分漢庭竹，夙擁文侯篲。終悲洛陽獄，事近小臣斃。禍階初負謗，易力何深嚌。伊昔臨淄亭，酒酣託末契。重敍東都別，朝陰改軒砌。論文到崔蘇，指盡流水逝。近伏盈川雄，未甘特進麗。是非張相國，相扼一危脆。爭名古豈然，關鍵欻不閉。例及吾家詩，曠懷掃氛翳。慷慨嗣真作，咨嗟玉山桂。鐘律儼高懸，鯤鯨噴迢遰。坡陀青州血，蕪没汶陽瘞。哀贈竟蕭條，恩波延揭厲。子孫存如綫，舊客舟凝滯。君臣尚論兵，將帥接燕薊。朗詠六公篇，憂來豁蒙蔽。

又　《故秘書少監武功蘇公源明》　武功少也孤，徒步客徐兗。讀書東嶽中，十載考墳典。時下萊蕪郭，忍饑浮雲巘。負米晚爲身，每食臉必泫。夜字照爇薪，垢衣生碧蘚。庶以勤苦志，報兹劬勞顯。學蔚醇儒姿，文包舊史善。灑落辭幽人，歸來潛京輦。射君東堂策，宗匠集精選。制可題未乾，乙科已大闡。文章日自負，掾吏亦累踐。晨趨閶闔内，足踏宿昔趼。一麾出守還，黄屋朔風卷。不暇陪八駿，虜庭悲所遣。平生滿樽酒，斷此朋知展。憂憤病二秋，有恨石可轉。肅宗復社稷，得無順逆辨。范曄顧其兒，李斯憶黄犬。秘書茂松色，再扈祠壇墠。前後百卷文，枕藉皆禁臠。篆刻揚雄流，溟漲本末淺。青熒芙蓉劍，犀兕豈獨剸。反爲後輩褻，予實苦懷緬。煌煌齋房芝，事絶萬手搴。垂之俟來者，正始徵勸勉。不要懸黄金，胡爲投亂贊。結交三十載，吾與誰遊衍？滎陽復冥寞，罪罟已横罥，嗚呼子逝日，始泰則終蹇。長安米萬錢，凋喪盡餘喘。戰伐何當解，歸帆阻清沔。尚纏漳水疾，永負蒿里餞。

又　《故著作郎貶台州司户滎陽鄭公虔》　鶢居至魯門，不識鐘鼓饗。孔翠望赤霄，愁思雕籠養。滎陽冠衆儒，早聞名公賞。地崇士大夫，況乃氣清爽。天然生知姿，學立遊夏上。神農或闕漏，黄石愧師長。藥纂西極名，兵流指諸掌。貫穿無遺恨，薈蕞何技癢。圭臬星經奥，蟲篆丹青廣。子雲窺未遍，方朔諧太枉。神翰顧不一，體變鍾兼兩。文傳天下口，大字猶在牓。昔獻書畫圖，新詩亦俱往。滄洲動玉陛，寡鶴誤一響。三絶自御題，四方尤所仰。嗜酒益疎放，彈琴視天壤。形骸實土木，親近惟几杖。未曾寄官曹，突兀倚書幌。晚就芸香閣，胡塵昏坱莽。反覆歸聖朝，點染無滌盪。老蒙台州掾，遐泛浙江槳。履穿四明雪，飢拾楢溪橡。空聞紫芝歌，不見杏壇丈。天長眺東南，秋色餘魍魎。別離慘至今，斑白徒懷曩。春深秦山秀，葉墜清渭朗。劇談王侯門，野税林下鞅。操紙終夕酣，時物集遐想。詞場竟疎闊，平昔濫推奬。百年見存殁，牢落吾安放。蕭條阮咸在，出處同世網。他日訪江樓，含悽述飄蕩。

唐·韓愈《韓昌黎先生文集·送鄭十校理序並詩》　秘書，御府也，天子猶以爲外且遠，不得朝夕視，始更聚書集賢殿，別置校讎官，曰『學士』曰『校理』，常以寵丞相爲大學士。其他學士皆達官也，校理則用天下之名能文學者；苟在選，不計其秩次，惟所用之。由是集賢之書盛積，盡秘書所有不能處其半；書日益多，官日益重。四年，鄭生涵始以長安尉選爲校理，人皆曰：是宰相子，能恭儉守教訓，好古義施於文辭者；如是而在選，公卿大夫家之子弟其勸耳矣。

愈爲博士也，始事相公於祭酒，分教東都生也，事相公於東太學，今爲郎於都官也，又事相公於居守：三爲屬吏，經時五年，觀道德於前後，聽教誨於左右，可謂親薰而炙之矣。其高大遠密者，不敢隱度論也：其勤已而務博施，以已之有，欲人之能，不知古君子何如耳。今生始進仕，獲重語於天下，而慊慊若不足，眞能守其家法矣。其在門者可進賀也。

求告來寧，朝夕侍側，東都士大夫不得見其面：於其行日，分司吏與留守之從事，竊載酒肴席定鼎門外，盛賓客以餞之。既醉，各爲詩五韻，且屬愈爲序。

詩洛字　相公倦台鼎，分正新邑洛。才子富文華，校讎天禄閣。壽觴佳節過，歸騎春衫薄。烏哢正交加，楊花共紛泊。親交誰不羨，去去翔寥廓。

清·彭定求等《全唐詩》卷一一〇《張謂〈送李著作倅杭州〉》 輟史空三署，題輿佐一方。祖筵開霽景，征陌直朝光。水陸風煙隔，秦吴道路長。佇聞敷善政，邦國詠惟康。

又 卷一九八《岑參〈送王著作赴淮西幕府〉》 燕子與百勞，一西復一東。天空信寥廓，翔集何時同。知己悵難遇，良朋非易逢，憐君心相親，與我家又通。言笑日無度，書札凡幾封。湛湛萬頃陂，森森千丈松。不知有機巧，無事干心胸。滿堂皆酒徒，豈復羨王公。早年抱將略，累歲依幕中。昨者從淮西，歸來奏邊功，承恩長樂殿，醉出明光宫。逆旅悲寒蟬，客夢驚飛鴻。發家見春草，卻去聞秋風。月色冷楚城，淮光透霜空。各自務功業，當須激深衷。别後能相思，何嗟山水重。

又 卷二九三《司空曙〈送李嘉祐正字括圖書兼往揚州覲省〉》 不事蘭臺貴，全多韋帶風。儒官比劉向，使者得陳農。晚燒平蕪外，朝陽疊浪東。歸來喜調膳，寒筍出林中。

又 卷五〇六《章孝標〈送陳校書赴蔡州幕〉》 天假縱横入幕籌，東南頓減一方憂。行賫健筆辭天閣，坐見妖星落蔡州。青草袍襟翻日脚，黄金馬鐙照旄頭。此行領取從軍樂，莫慮功名不拜侯。

又 卷五六〇《薛能〈送崔學士赴東川〉》 羽人仙籍冠浮丘，欲作酇侯且蜀侯。導騎已多行劍閣，親軍全到近綿州。文翁勸學人應戀，魏絳和戎戎自休。唯有夜罇懽莫厭，廟堂他日少閒遊。

雜録

唐·吴兢《貞觀政要》卷六《論杜讒邪》 貞觀十六年，太宗謂諫議大夫褚遂良曰：『卿兼知起居，比來記我行事善惡否？』遂良曰：『史官之設，君舉必書。善既必書，過亦無隱。』太宗曰：『朕今勤行三事，亦望史官不書吾惡。一則鑑前代成敗事，以爲元龜；二則進用善人，共成政道；三則斥棄羣小、不聽讒言。吾能守之，終不轉也。』

又 卷七《論崇儒學》 貞觀四年，太宗以經籍去聖久遠，文字訛謬，詔前中書侍郎顔師古於秘書省考定《五經》。及功畢，復詔尚書左僕射房玄齡集諸儒重加詳議。時諸儒傳習師説，舛謬已久，皆共非之，異端蜂起。而師古輒引晉、宋已來古本，隨方曉答，援據詳明，皆出其意表，諸儒莫不嘆服。太宗稱善者久之，賜帛五百匹，加授通直散騎常侍，頒其所定書於天下，令學者習焉。太宗又以儒學多門，章句繁雜，詔師古與國子祭酒孔穎達等諸儒，撰定《五經疏義》，凡一百八十卷，名曰《五經正義》，付國學施行。

又 《論文史》 貞觀初，太宗謂監修國史房玄齡曰：『比見前、後《漢史》載録揚雄《甘泉》、《羽獵》，司馬相如《子虚》、《上林》，班固兩都等賦，此既文體浮華，無益勸誡，何假書之史策？』其有上書論事，詞理切直，可裨於政理者，朕從與不從皆須備載。

貞觀十一年，著作佐郎鄧隆表請編次太宗文章爲集。太宗謂曰：『朕若制事出令，有益於人者，史則書之，足爲不朽。若事不師古，亂政害物，雖有詞藻，終貽後代笑，非所須也。只如梁武帝父子及陳後主、隋煬帝，亦大有文集，而所爲多不法，宗社皆須臾傾覆。凡人主惟在德行，何必要事文章耶？』竟不許。

貞觀十四年，太宗謂房玄齡曰：『朕每觀前代史書，彰善癉惡，足爲將來規誡，不知自古當代國史，何因不令帝王親見之？』對曰：『國史既善惡必書，庶幾人主不爲非法。止應畏有忤旨，故不得見也。』太宗曰：『朕意殊不同古人。今欲自看國史者，蓋有善事，固不須論；若有惡事，亦欲以爲鑑誡，使得自修改耳。卿可撰録進來。』玄齡等遂刪略國史爲編年體，撰高祖、太宗實録各二十卷，表上之。太宗見六月四日事，語多微文，乃謂玄齡曰：『昔周公誅管、蔡而周室安，季友鴆叔牙而魯國寧，朕之所爲，義同此類，蓋所以安社稷、利萬人耳。史官執筆，何煩有隱？宜即改削浮詞，直書其事。』侍中魏徵奏曰：『臣聞人主位居尊極，無所忌憚，惟有國史，用爲懲惡勸善。書不以實，後嗣何觀？陛下今遣史官正其辭，雅合至公之道。』

唐·白居易《白氏長慶集》卷四八《中書制誥一·劉縱授秘書郎制》 敕：某官劉縱：徒步詣闕，上獻封章。又自敍其先臣陳許間事，皆歷歷可聽。公侯子弟，多溺於驕邪；爾能讀書學文，自可嘉獎。圖籍之府，命爾爲郎。豈唯振滯求能；且不欲使勳勞之後，棲棲於塵土中。可秘書省秘書郎。

又　卷五五**《翰林制誥五・中書舍人韋貫之授禮部侍郎制》**　典郊祀之禮，獻賢能之書；今小宗伯，實兼二事。非直清明正者，不足以處之。中書舍人韋貫之，沈實賢峻，文以禮樂；行成於内，移用於官；公直之聲，滿於臺閣。頃以詞藻，選登禁掖；秉筆書命，時稱得人。久積勤勞，宜有遷轉。可使典禮，以和神人；可使考文，以第俊秀；儀曹之選，僉議所歸。往修乃官，無替厥問！可禮部侍郎，餘如故。

唐・劉肅《大唐新語》卷一《匡贊》　開元中，陸堅爲中書舍人，以麗正學士，或非其人，而所司供擬，過爲豐贍，謂朝列曰：『此亦何益國家，空致如此費損。』將議罷之。張説聞之，謂諸宰相曰：『説聞自古帝王功成，則有奢縱之失，或興造池臺，或耽玩聲色。聖上崇儒重德，親自講論，刊校圖書，詳延學者。今之麗正，卽是聖主禮樂之司，永代規模不易之道。所費者細，所益者大。陸子之言，爲未達也。』玄宗後聞其言，堅之恩眄，從此而減。

又　卷七《識量》　張説拜集賢學士，於院廳讌會舉酒，説推讓不肯先飲，謂諸學士曰：『學士之禮，以道義相高，不以官班爲前後。説聞高宗朝修史，學士有十八九人。時長孫太尉，以元舅之尊，不肯先飲，其中九品官者，亦不許在後，乃取十九杯，一時舉飲。長安中，説修《三教珠英》，當時學士，亦高卑懸隔，至於行立前後，不以品秩爲限也。』遂命數杯，一時同飲，時議深賞之。

又　卷九《著述》　劉子玄直史館時，宰臣蕭至忠紀、處訥等，並監修國史。子玄以執政秉權，事多掣肘，辭以著述無功，求解史任。奏記於至忠等，其略曰：『伏見每汲汲於勸誘，勤勤於課責，云：「经籍事重，努力用心。」或歲序已奄，何時輟手。綱維不舉，督課徒勤。雖威以刺骨之刑，勖以懸金之賞，終不可得也。語云：「陳力就列，不能者止。」僕所以比者布懷知己，歷訟羣公，屢辭載筆之官，欲罷記言之職者，正爲此耳。當今朝號得人，國稱多士。蓬山之下，良直比肩；芸閣之間，英奇接武。僕既功虧刻鵠，筆未獲麟，徒殫太官之膳，虚索長安之米。乞以本職，還其舊居，多謝簡書，請避賢路。』文多不盡載。至忠惜其才，不許。宗楚客惡其正直，謂諸史官曰：『此人作書如是，欲置我於何地！』子玄著《史通》二十篇，備陳史册之體。

開元十年，玄宗詔書院撰《六典》以進。時張説爲麗正學士，以其事委徐堅。沉吟歲餘，謂人曰：『堅承乏已曾七度，修書有憑准，皆似不難。唯《六典》，歷年措思，未知所從。』説又令學士毋嬰等，檢前史，職官以令式分入六司，以令朝《六典》，象《周官》之制。然用功艱難，綿歷數載。其後張九齡委陸善經，李林甫委苑咸，至二十六年始奏上，百寮陳賀，迄今行之。

開元十二年，沙門一行造《黄道游儀》以進。玄宗親爲之序，文多不盡載。其略曰：『孰爲天大，此焉取則。均以寒暑，分諸晷刻。盈縮不愆，列舍不忒。制器垂象，永鑑無惑。』因遣太史官，馳往安南及蔚州，測候日影，經年乃定。

宋・王讜《唐語林》卷二《文學》　玄宗初卽位，鋭意政理，好觀書，留心起居注，選當時名儒執筆。其稱職者雖十數年不去，多則遷名曹郎兼之。自先天初至天寶十二載冬季，成七百卷，内起居注爲多。

開元二年春，上幸寧王第，敘家人禮。樂奏前後，酒食霑齎，上不自專，皆令稟於寧王。上曰：『大哥好作主人，阿瞞但謹爲上客。』原注上禁中常自稱阿瞞。明日，寧王與岐、薛同奏曰：『臣聞起居注必記天子言動，臣恐左右史記敘其事，四季朱印聯案：此上文有脱誤。牒送史館，附依外史。上以八分爲答詔，謝而許之。至天寶十二載冬季，成三百卷。率以五十幅黄麻爲一軸，用彫檀軸紫龍鳳綾標。寧王每請百部納于史館。上命宴侍臣以寵之。上實惜此書，令別起閣貯之。及禄山陷長安，用嚴、高計，原注禄山謀主嚴莊、高尚等。未升宫殿，先以火千炬焚是閣，故《玄宗實録》百不敍其三四，以是人間傳記尤衆。【略】

天寶中，國學增置廣文館，以領詞藻之士。滎陽鄭虔久被貶謫，是歲始還京師參選，除廣文館博士。虔茫然曰：『不知廣文曹司何在？』執政謂曰：『廣文館新置，總領文詞，故以公名賢處之。且令後代稱廣文博士自鄭虔始，不亦美乎？』遂拜職。

鄭虔，天寶初協律，採集異聞，著書八十餘卷。人有竊窺其藁草，上書告虔私修國史，虔遽焚之，由是貶謫十餘年，方從調選，授廣文館博士。虔所焚藁既無別本，後更纂録，率多遺忘，猶成四十餘卷。書未有名，及爲廣文館博士，詢于國子司業蘇源明，源明請名爲《會稡》，取《爾雅序》『會稡舊説』也。西河太守盧象贈虔詩云：『書名《會稡》才偏逸，酒號屠蘇味更醇。』卽此也。

著作郎孔至撰《百家類例》，第海内族姓，以燕公張説等爲近代新門，不入百家之數。駙馬張垍，燕公子也，觀至所撰，謂弟埱曰：『多事漢！天下族姓何關汝事，而妄爲升降？』埱與至善，以兄言告之。時工部侍郎韋述諳練士族，至書初成，以呈韋公，以爲可行也，及聞垍言，恐懼，將追改之。韋曰：『文士奮筆將爲千載之法，奈何以一言自動摇？有死而已，胡可改也！』遂不改。【略】

文宗尚賢樂善罕比。每宰臣學士論政，必稱才術文學之士，故當時多以文進。上每視事後，卽閲羣書，至亂世之君，則必扼腕嗟嘆；讀堯、舜、禹、湯事，卽灌手斂衽。謂左右曰：『若不甲夜視事，乙夜觀書，卽何以爲君？』試進士，上多自出題目。及所司試，覽之終日忘倦，嘗召學士於内庭論經，較量文章，宫人已下侍茶湯飲饌。李訓講《周易》，頗叶上意。時方盛夏，遂取犀如意賜訓。上曰：『與卿爲譚柄。』讀高郢《無聲樂賦》、白居易《求玄珠賦》，謂之『玄祖』水部員外郎賈嵩説云。』

文宗好五言詩，品格與肅、代、憲宗同，而古調尤清峻。嘗欲置詩學士七十二員，學士中有薦人姓名者，原註當時人李廓廓馳名，爲涇原從事。宰相楊嗣復曰：『今之能詩，無若賓客分司劉禹錫。』上無言。李珏奏曰：『當今起置詩學士，名稍不嘉。況詩人多窮薄之士，昧於識理。今翰林學士皆有文詞，陛下得以覽古今作者，可怡悦其間；有疑，顧問學士可也。陛下昔者命王起、許康佐爲侍講，天下謂陛下好古宗儒，敦揚朴厚。臣聞憲宗爲詩，格合前古，當時輕薄之徒，摛章繪句，聱牙崛奇，譏諷時事，爾後鼓扇名聲，謂之「元和體」，实非聖意好尚如此。今陛下更置詩學士，臣深慮輕薄小人，競爲嘲詠之詞，屬意於雲山草木，亦不謂之「開成體」乎？玷黷皇化，實非小事。』

又 卷六 劉禹锡曰：史氏所貴著作起居注，橐筆於螭首之下，人君言動皆書之，君臣啓沃皆記之，後付史氏記之，故事也。今起居惟寫除目，著作局可張雀羅，不亦倒置乎？

清·鄭方坤《五代詩話》卷四《補遺起德宗至文宗》 王著字知微，一字成象，成都人。僞蜀明經及第，蜀平赴闕。太宗以字書訛舛，辟士人刪定，有以著薦者，加著作佐郎，令模閣帖。著有《研格書奩銘》云：『爰有愚叟，棲此陋室，風雨可蔽，户庭不出。知足爲富，娱老爲逸。貂冠蟬冕，虎皮羊質。處之勿疑，永爾終吉。』補《宋稗類鈔》

宗教事務管理機構部

綜述

唐·李林甫等《唐六典》卷一六《宗正寺》 崇玄署：令一人，正八品下；北齊有昭玄寺，掌釋、道二教，置大統一人、都維那三人，亦有主簿、功曹員，以管諸州、縣沙門，又鴻臚寺統典寺署，有丞一人。後周有司寂上士、中士，掌法門之政；又有司玄中士、下士，掌道門之政。隋置崇玄署令、丞。煬帝改佛寺爲道場，改道觀爲玄壇，各置監、丞。皇朝又爲崇玄署令。又置諸寺、觀監，隸鴻臚寺，每寺、觀各監一人。貞觀中省。開元二十五年，敕以爲『道本玄元皇帝之教，不宜屬鴻臚。自今已後，道士、女道士並宜屬宗正，以光我本根』，故署亦隨而隸焉。其僧、尼別隸尚書祠部也。丞一人，正九品下。北齊典寺署有僧祇部丞。隋崇玄署丞一人，皇朝因之。崇玄署令掌京、都諸觀之名數，道士之帳籍，與其齋醮之事；丞爲之貳。

宋·王溥《唐會要》卷四七《議釋教上》 武德七年七月十四日，太史令傅奕上疏請去釋教，高祖付羣官詳議。太僕卿張道源稱奕奏合理，尚書右僕射蕭瑀與之爭論曰：『佛，聖人也。奕爲此議，非聖人無法，請置嚴刑。』奕曰：『禮本事親，終于奉上。而佛踰城出家，逃背其父，以匹夫而抗天子，以繼體而悖所親。蕭瑀非出空桑，乃遵無父之教。』瑀不能答，合掌云：『地獄所設，正爲是人。』太宗嘗臨朝，謂奕曰：『佛道玄妙，聖迹可師，卿獨不悟，何也？』奕對曰：『佛是胡中桀黠，欺誑夷俗。遵尚其道，皆是邪僻小人，模寫莊老玄言，文飾妖幻之教耳。于百姓無補，于國家有害。』上然之。至九年二月二十二日，以沙門、道士虧違教迹，留京師寺三所，觀三所，選耆老高行以實之，餘皆罷廢。至六月四日敕文：『其僧、尼、道士、女冠，宜依舊定。』

貞觀八年，上謂長孫無忌曰：『在外百姓，大似信佛，上封事欲令我每日將十箇大德，共達官同入，令我禮拜，觀此乃是道人教上其事。』侍中魏徵對曰：『佛道法本貴清淨，以遏浮競。昔釋道安如此名德，苻永固與之同輿，權翼以爲不可。釋惠琳非無才俊，宋文帝引之升殿，顏延之云：「三台之位，豈可使刑餘之人居之。」今陛下縱欲崇信佛教，亦不須道人日到參議。』

顯慶二年詔曰：『釋典沖虛，有無兼謝；正覺凝寂，彼我俱忘。豈自遵崇，然後爲法。聖人之心，主於慈孝，父子君臣之際，長幼仁義之序，與夫周孔之教，異轍同歸。弃禮悖德，朕所不取。僧尼之徒，自云離俗，先自尊高。父母之親，人倫以極，整容端坐，受其禮拜，自餘尊屬，莫不皆然。有傷教名，實斁彝典。自今已後，僧尼不得受父母及尊者禮拜，所司明爲法制，卽宜禁斷。』

開元二年閏二月十三日敕：『自今已後，道士、女冠、僧、尼等並令拜父母，至於喪祀輕重及尊屬禮數，一準常儀，庶能正此頹弊，用明典則。』

開元二年正月，中書令姚崇奏言：『自神龍已來，公主及外戚皆奏請度人，亦出私財造寺者。每一出敕，則因爲姦濫。富戶强丁皆經營避役，遠近充滿，損污精藍。且佛不在外，近求於心，但發心慈悲，行事利益，使蒼生安樂，卽是佛身。何用妄度姦人，令壞正法。』上乃令有司精加銓擇，天下僧尼僞濫還俗者三萬餘人。

大曆十三年四月，劍南東川觀察使李叔明奏請澄汰佛、道二教，下尚書省集議。都官員外郎彭偃獻議曰：『王者之政，變人心爲上，因人心次之，不變不因，循常守故者爲下。故非有獨見之明，不能行非常之事。今陛下以維新之政，爲萬代法。若不革舊風，令歸正道者，非也。當今道士，有名無實，時俗鮮重，亂政猶輕。惟有僧尼，頗爲穢雜。自西方之教被於中國，去聖日遠，空門不行五濁，比丘但行蘢法。爰自後漢，至于陳隋，僧之教滅，其亦數四，或至坑殺，殆無遺餘。前代帝王，豈惡僧道之善如此之深耶？蓋其亂人亦已甚矣。且佛之立教，清淨無爲，若以色見，卽是邪法。開示悟人，惟有一門，所以三乘之人，比之外道。況今出家者皆是無識下劣之流，縱其戒行高潔，在於王者，已無用矣。今叔明之心甚善，然臣恐其奸吏詆欺，而去者未必非，留者不必是，無益於國，不能息奸。既不變人心，亦不因人心，强制力持，難致遠耳。臣聞天生蒸民，必將有職，遊行浮食，王制所禁。故有才者受爵禄，不肖者出租稅，此古之常道也。今天下僧道，不耕而食，不織而衣，廣作危言險語，以惑愚者。一僧衣食，歲計約三萬有餘，五丁所出，不能致此。舉一僧以計天下，其費可知。陛下日旰憂勤，將去人害，此而不救，奚其爲政？臣伏請僧道未滿五十者，每年輸絹四疋；尼及女道士未滿五十者，輸絹二疋。其雜色役與百姓同。有才智者令入仕，請還俗爲平人者聽。但令就役輸課，爲僧何傷。臣竊料其所出，不下今之租賦三分之一，然則陛下之國富矣，蒼生之害除矣。其年過五十者，請皆免之。夫子曰：「五十而知天命。」列子曰：「不斑白，不知道。」人年五十歲，嗜慾已衰，縱不出家，心已近道，況戒律檢其性情哉！臣以爲此令既行，僧尼規避還俗者，固已大半。其年老精修者，必盡爲人師，則道、釋二教益重明矣。』上深嘉之。

元和十三年，功德使奏，鳳翔府法門寺有護國眞身塔，塔内有釋迦牟尼佛指骨一節，其本傳以爲當三十年一開，開則歲豐人安。至來年合發，詔許之，命中使領禁兵與僧徒迎護至京。上開光順門以納之，留禁中三日，乃送京城佛寺。王公士庶，瞻禮施舍，如恐不及。百姓有廢業竭產，燒頂灼臂而云供養者。又有開肆惡子，不苦焚烙之痛，譎言供養而爇其肌膚。繇是佛骨所在，往往盜發，既擒獲，皆向之自灼者。農人多廢東作，奔走京城。於是刑部侍郎韓愈上疏極諫曰：『臣伏以佛者，夷狄之一法耳，自後漢時始流入中國，上古未嘗有也。昔者，黄帝在位百年，年百一十歲；少昊在位八十年，年百歲；顓頊在位七十九年，年九十八歲；帝嚳在位七十年，年百五歲；帝堯在位九十八年，年百一十八歲；帝舜及禹年皆百歲。此時天下太平，百姓安樂壽考，然而中國未有佛也。其後殷湯亦年百歲，湯孫太戊在位七十五年，武丁在位五十九年，書史不言其年壽所極，推其年數，蓋亦不減百歲。周文王年九十七歲，武王年九十三歲，穆王在位百年。此時佛法亦未入中國，非因事佛而致然也。漢明帝時始有佛法，明帝在位纔十八年耳。其後亂亡相繼，運祚不永。宋、齊、梁、陳、元魏以下，事佛漸謹，年代尤促。唯梁武帝在位四十八年，前後三度捨身施佛，宗廟之祭，不用牲牢，晝日一餐，止於菜果；其後竟爲侯景所逼，餓死臺城，國亦尋滅。事佛求福，乃更得禍。由此觀之，佛不足事，亦可知矣。高祖始受隋禪，則議除之。當時羣臣材識不遠，不能深知先王之道、古今之宜，推闡聖明，以救斯弊，其事遂止。臣常恨焉！伏惟睿聖文武皇帝陛下，聖神英武，數千百年以來未有倫比。卽位之初，卽不許度人爲僧尼、道士，又不許創立寺觀。臣常以爲高祖之志，必行於陛下之手。今縱未能卽行，豈可恣之轉令盛也！今聞陛下令京都僧於鳳翔迎取佛骨，御樓以觀，舁入大內，又令諸寺遞迎供養。臣雖至愚，必知陛下不惑於佛，作其崇奉以祈福祥也。直以年豐人樂，徇人之心，爲京師士庶設詭異之觀，戲翫之具耳。安有聖明若此，而肯信此等事哉？然百姓愚冥，易惑難曉，苟見陛下如此，將謂眞心信佛。皆云天子大聖，猶一心敬信，百姓賤微，於佛豈合更惜身命。焚頂燒指，百千爲羣，解衣散錢，自朝至暮，轉相倣效，惟恐後時，老少奔波，棄其業次。若不卽加禁遏，更歷諸寺，必有斷臂臠身以爲供養者。傷風敗俗，傳笑四方，非細事也。夫佛本夷狄之人，與中國言語不通，衣服殊製。口不言先王之法言，身不服先王之法服，不知君臣之義，父子之情。假如其身至今尚在，奉其國命，來朝京師，陛下容而接之，不過宣政一見，禮賓一設，賜衣一襲，衞而出之於境，不令惑於衆也。況其身死已久，枯朽之骨，凶穢之餘，豈宜令入宮禁！孔子曰：「敬鬼神而遠之。」古諸侯行弔於其國，尚令巫祝先以桃茢，除去不祥，然後進弔。今無故取朽穢之物，親臨觀之，巫祝不先，桃茢不用，羣臣不言其非，御史不舉其失，臣實恥之。乞以此骨付之有司，投諸水火，永絕根本，斷天下之疑，絕萬代之惑。使天下之人，知大聖人之所作爲，出於尋常萬萬也，豈不盛哉！豈不快哉！佛如有靈，能成禍福，凡有殃咎，請加臣身。上天鑑臨，臣不怨悔。』疏奏，上怒甚。間一日，出以示宰臣，將加重法。裴度、崔羣對曰：『韓愈上忤尊聽，誠宜得罪，然非內懷忠懇，不避黜責，豈能至此？伏乞稍賜寬容，以來諫者。』上曰：『愈言我奉佛太過，我猶爲容之。至謂東漢奉佛之後，帝王咸致夭促，何乖誕也！愈爲人臣，而敢爾狂忽，不可赦。』於是人情驚惋，至於國戚亦以罪愈爲人臣戒，而給事中崔植洎諸諫官皆上疏論救，不納，遂貶潮州刺史。

會昌五年八月制：『朕聞三代已前，未嘗言佛，漢、魏之後，像教寖興。是逢季時，傳此異俗，因緣染習，蔓衍滋多。以至於耗蠹國風，而漸不覺；以至於誘惑人心，而衆益迷。洎乎九有山原，兩京城闕，僧徒日廣，佛寺日崇。勞人力於土木之功，奪人利爲金寶之飾，遺君親於師資之際，違配偶於戒律之間。壞法害人，莫過於此。且一夫不田，有受其餒者；一婦不織，有受其寒者。今天下僧尼，不可勝數，皆待農而食，待蠶而衣。寺宇招提，莫知紀極，皆雲構藻飾，僭擬宮殿。晉、宋、齊、梁，物力凋瘵，風俗澆詐，莫不由是而致也。況高祖、太宗，以武定禍亂，以文理華夏，執此二柄，足以經邦，而豈可以區區西方之教，與我抗衡哉！貞觀、開元，亦嘗釐革，剗除不盡，流衍轉滋。朕博覽前言，旁求輿議，弊之可革，斷在不疑。而中外諸臣，叶予至意，條疏至當，宜從所請。誠懲千古之蠹源，成百王之典法，濟物利衆，予不讓焉。其天下所拆寺四千六百餘所，還俗僧尼二十六萬餘人，收充兩稅戶，拆招提、蘭若四萬餘所，收膏腴上田數千萬頃，收奴婢爲兩稅戶十五萬人。隸僧尼屬主客，顯明外國之教。勒大秦、穆護祆三千餘人還俗，不雜中華之風。於戲！前古未行，似將有待，及今盡去，豈謂無時。驅遊惰不業之徒，已踰千萬；廢丹雘無用之居，何啻億千。自此清淨訓人，慕無爲之理；簡易爲政，成一俗之功。將使六合黔黎，同歸皇化。尚以革弊之始，日用不知，下制明廷，宜體予志，宣布中外，咸使知聞。』

又 卷四八《議釋教下》 大中六年十二月，祠部奏：『當司伏准累年赦文及別敕，建置佛堂，並剃度僧尼等。伏以陛下護持釋教，以濟羣生，自出聖慈，孰不知感？非欲華飾寺宇，廣度僧尼，興作勞人，匱竭物力。近日天下未喻聖心，建置漸多，剃度彌廣，奢靡相尚，浸以日繁，恐黎甿因茲受弊。臣職司其局，不敢曠官，當陛下求理納諫之時，是小臣罄竭肝膽之日。伏乞允臣所奏，明立新規，舊弊永除，天下知禁。如此見佛法可久，民不告勞。』時宰臣因是上言：『伏以西方之教，清淨爲宗，拯濟爲業，國家弘闡已久，實助皇風。然度僧不精，則戒法隳壞；造寺無節，則損費過多。有司舉陳，實當職分，但須酌量中道，使可久行。自後應諸州准元敕置寺外，如有勝地名山，靈蹤古迹，實可留情，爲衆所知者，即任量事修建，卻仍舊名。其諸縣有户口繁盛，商旅輻輳，願依香火，以濟津梁，亦任量事各置院一所，於州下抽三五人住持。其有山谷險難，道途危苦，羸車重負，須暫憩留，亦任因依舊基卻置蘭若，並須是有力人自發心營造，不得令姦黨因此遂抑斂鄉閭。此外更不得輒有起建，如引別敕處分，不在此限。其僧尼踰濫之源，皆緣私度。本教遮止，條律極嚴，不得輒有起建。如可容姦，必在禁絶，犯者准元敕科斷訖，仍具鄉貫、姓號，申祠部上文牒。其官度僧尼，數内有闕，即仰本州集律僧衆同議，揀擇聰明有道性，已經修鍊，可以傳習參學者度之。貴在教法得人，不以年齒爲限，若惟求長老，即難奉律儀。剃度訖，仍具鄉貫、姓號申祠部請告牒。其僧中有志行堅精，願尋師訪道，但有本州公驗，即任遠近遊行。所在關防，切宜覺察，不致眞僞相雜，藏庇姦人。』制可。

咸通二年，上以志奉釋氏，怠於朝政，左散騎常侍蕭倣上疏論之曰：『臣聞玄祖之道，用慈儉爲先；素王之風，以仁義爲本。如佛者，方外之教，非帝王所能慕也。昔貞觀中，高宗在東宮，以長孫皇后疾厲，上言度僧，以資福事。后曰：「佛者，異方之教，存而勿論。豈以一女子而紊王道乎？」故謚曰文德。且母后之論，尚能若此，哲王之心，安可反是哉？』疏奏，上甚嘉之。

六年，尚書右丞李蔚復上疏諫曰：『臣聞孔子聖者也，言必稱周任之言；苻融賢者也，諫必稱王猛之議。誠以事求師古，詞貴達情。陛下自纂帝圖，克崇佛事。臣採本朝名臣奏啓之言，以證奉佛始終之要。天后時，曾營大像，狄仁傑諫曰：「功不使鬼，必在役人，物不天來，皆從地出。」中宗時，公主貴戚奏度僧尼，姚崇諫曰：「佛不在外，求之於心。」睿宗爲金仙、玉眞二公主造二道宫，辛替否諫曰：「自夏以來，淫雨不解，穀荒於壠，麥爛於場。陛下聖人也，遠無不知；陛下明君也，細無不見。而造不急之觀，賈六合之怨。」又諫造寺曰：「釋教以清淨爲基，慈悲爲主。今三時之月，穿池沼，損命也；殫府庫，損人也；廣殿宇，營身也。損命則不慈悲，損人則不濟物，營身則不清淨。」臣觀仁傑，天后時上公也；崇，開元時賢相也；替否，睿宗之直臣也。每覽斯言，未嘗不廢卷嘆惜其言之不行也。伏望詳前事之安危，覽昔賢之啓奏，營繕之間，稍宜停減。』疏奏，優詔嘉之。

又　卷四九《僧道立位》　貞觀十一年正月十五日，詔道士、女冠宜在僧、尼之前。至上元元年八月二十四日辛丑，詔公私齋會及參集之處，道士、女冠在東，僧、尼在西，不須更爲先後。至天授二年四月二日，敕釋教宜在道教之上，僧、尼處道士之前。至景雲二年四月八日，詔：『自今已後，僧、尼、道士、女冠並宜齊行並集。』

又　《僧尼所隸》　延載元年五月十一日敕：『天下僧尼隸祠部，不須屬司賓。』

開元二十四年七月二十八日，中書門下奏：『臣等商量，緣老子至流沙，化胡成佛法。本西方興教，使同客禮，割屬鴻臚。自爾已久，因循積久。聖心以玄元本係，移就宗正。誠如天旨，非愚慮所及。伏望過元日後，承春令便宜，其道僧等既緣改革，亦望此時同處分。』從之。至二十五年七月七日，制：『道士、女冠宜隸宗正寺，僧、尼令祠部檢校。』至天寶二載三月十三日制：『僧、尼隸祠部，道士宜令司封檢校，不須隸宗正寺。』

元和二年二月，詔僧、尼、道士同隸左街右街功德使，自是祠部、司封不復關奏。

會昌五年七月，中書門下奏：『奉宣，僧尼不隸祠部，合繫屬主客，與復合令鴻臚寺收管，宜分析奏來者。天下僧尼，國朝已來，並隸鴻臚寺，至天寶二年，隸祠部。臣等據《大唐六典》，祠部掌天下宗廟大祭，與僧事殊不相及，當務根本，不合歸尚書省，屬鴻臚寺亦未允當。又據《六典》，主客掌朝貢之國七十餘番，五天竺國並在數内。釋氏出自天竺國，今陛下以其非中國之教，已有釐革。僧、尼名籍便令繫主客，不隸祠部及鴻臚寺，至爲允當。』從之。

六年五月制：『僧、尼依前令，兩街功德使收管，不要更隸主客。所度僧、尼，令祠部給牒。』

又　《僧籍》　天下寺五千三百五十八，僧七萬五千五百二十四，尼五萬五百七十六。兩京度僧、尼，御史一人莅之。每三歲，州縣爲籍，一以留州縣，一以上祠部。

新羅、日本僧入朝學問，九年不還者編諸籍。

會昌五年，敕祠部檢括天下寺及僧尼人數，凡寺四千六百，蘭若四萬，僧尼二十六萬五百人。

又《**大秦寺**》 貞觀十二年七月，詔曰：『道無常名，聖無常體，隨方設教，密濟羣生。波斯僧阿羅本遠將經教來獻上京，詳其教旨，玄妙無爲，生成立要，濟物利人，宜行天下。所司卽於義寧坊建寺一所，度僧廿一人。』

天寶四載九月，詔曰：『波斯經教，出自大秦，傳習而來，久行中國，爰初建寺，因以爲名。將欲示人，必修其本，其兩京波斯寺，宜改爲大秦寺，天下諸府郡置者，亦准此。』

又《**摩尼寺**》 貞元十五年四月，以久旱，令摩尼師祈雨。

元和二年正月庚子，回紇請于河南府、太原府置摩尼寺，許之。

會昌三年敕：『摩尼寺莊宅錢物，並委功德使及御史臺、京兆府差官檢點。在京外宅修功德回紇，並勒冠帶，摩尼寺委中書門下條疏奏聞。』

又 卷五〇《**尊崇道教**》 武德三年五月，晉州人吉善行于羊角山，見一老叟，乘白馬朱鬣，儀容甚偉，曰：『謂吾語唐天子，吾汝祖也。今年平賊後，子孫享國千歲。』高祖異之，乃立廟于其地。乾封元年三月二十日，追尊老君爲太上玄元皇帝。至永昌元年，卻稱老君。至神龍元年二月四日，依舊號太上玄元皇帝。至天寶二年正月十五日，加太上玄元皇帝號爲大聖祖玄元皇帝。八載六月十五日，加號爲大聖祖大道玄元皇帝。十三載二月七日，加號大聖高上大道金闕玄元皇帝。

開元二十九年正月，河南採訪使、汴州刺史齊澣奏：『伏以至道沖虛，生人宗仰，未免鞭撻，孰瞻儀型。其道士、僧尼、女冠等有犯，望准道格處分，所由州縣官不得擅行決罰。如有違越，請依法科罪，仍書中下考。』敕旨宜依。五月，上夢玄元告以休期，因令圖寫眞容，分布天下。

天寶元年正月七日，陳王府參軍田同秀上言：『玄元皇帝降於丹鳳門之通衢，告賜靈符，在尹喜之故宅。』上遣使就函谷故關令尹喜臺西得之。於是置玄元皇帝廟於大寧坊西南角，東都置於積善坊臨淄舊邸。廟初成，命工人於太白山砥石爲玄元皇帝聖容。又採白石爲玄宗聖容，侍立於玄元皇帝之右，衣以王者袞冕之服。又于像東設立白石，爲李林甫、陳希烈像。林甫犯事，又改刻石爲楊國忠代焉。至德中，克復上都，盡毀瘞之。

其年二月二十日，敕曰：『《古今人表》，玄元皇帝升入上聖。自今已後，每有薦新，先獻玄元廟。其緣告享所奏樂，宜令所司詳定奏聞，并差宗正寺官一員及差戶灑埽。兩京崇玄學，各置博士助教一員，學生一百人，資蔭正同國子學例。每祠享所齊郎，便以學生充當。』

其年五月，宰臣奏：『兩京及諸郡崇玄學生，准開元二十九年正月二十五日制，前件舉人合習《道德》、《南華》、《通玄》、《沖虛》四經。又准天寶元年二月二十九日制，改《庚桑子》爲《洞靈眞經》，准請條補，崇玄學生亦合習讀。其《洞靈眞經》人間少本，臣近令諸觀寺尋訪，道士全無習者。本既未廣，業實難成。并《通玄》、《沖虛》二經，亦恐文字不定。玄教方闡，學者宜精，其《洞靈》等三經，望付所司，各寫千卷，較定訖，付諸道採訪使頒行。其貢舉司及兩京崇玄學生，亦望各付一本。今冬，崇玄學生望且准開元二十九年正月詔條考試。其《洞靈眞經》等，請待業成後准試。』從之。其年六月敕：『大道先於兩儀，天地生於萬物，是以聖哲之後，咸竭其誠。今後應緣國家制命，表疏、簿書及所試制策文章，一事已上，語指道教之事及天地乾坤之字者，並一切平闕，宜宣示中外。』

其年九月二十五日敕：『兩京玄元廟改爲太上玄元皇帝宮，天下准此。』至二年三月十二日制：『聖祖所理，本在諸天，將欲降靈，固宜取象，況惟帝號，豈可名宮。其在京玄元宮宜改爲太清宮，東都改爲太微宮，天下諸郡改爲紫極宮。』

二年二月敕：『兩京玄元宮及道院等，宜委崇玄館大學士都檢校，務在精修，勿令喧雜，仍不更隸宗正。其道士等名籍，任依常式。』

其年三月十一日敕：『古之制禮，祭用質明，義既取於尚幽，情實緣於既沒。我聖祖澹然常在，爲道之宗，既殊有盡之期，須展事生之禮。自今已後，每聖祖宮有昭告，宜改用卯時已前行禮。』

四載四月十七日敕：『比太清宮行事官皆具冕服，及奏樂未易舊名，并告獻之時仍陳策祝。既非事生之禮，皆從降神之儀，且眞俗殊倫，幽明異數，理有非便，亦在從宜。自今已後，每太清宮行禮官，宜改用朝服，兼停祝版，改爲青詞于紙上。其告獻辭及新奏樂章，朕當別自修撰，仍令所司具議儀注奏聞。』

十三載正月十二日，令有司每至春日，則修薦獻上香之禮，仍永爲常式。

上元二年正月，置漆園監官生員。

興元元年十二月十九日，詔以太常卿亞上香，光禄卿終上香，改三禮拜爲再拜。

貞元元年正月二日敕：『薦享太清宮，亞獻太常卿充，終獻光禄卿充，仍永爲常式。』

元和九年二月，內出《道教神仙圖像經法》九軸，以賜興唐觀。

長慶二年五月敕：『諸色人中有情愿入道者，但能暗記《老子經》及《度人經》，灼然精熟者，即任入道。其《度人經》情愿以《黄庭經》代之者，亦聽。宣令所司，具令立文狀條目，限降誕月內投名請試，今年十月內試畢。』

寶曆元年，上有事于南郊，將謁太清宮。長安縣主簿鄭翦時主役于御院，忽于縣之西隅見一白衣老人，云：『此下有井，正道眞皇帝過路，汝速識之，不然罪在不測。』翦惶懼，領役人修之。其處已陷數尺，命發之，則古井存焉。驚顧之際，已失老人所在。始悟神告，默不敢告，展轉傳布，功德使護軍中尉劉弘規以事上聞。上既至宮，朝獻畢，赴南郊，于宮門駐馬，宰臣及供奉官于馬前蹈舞稱賀。遂命翰林學士、兵部侍郎韋處厚撰記，令起居郎柳公權書石，寘于井之上，以表神異。其名曰《聖瑞感應記》，乃賜翦緋魚袋。

會昌元年二月十五日敕：『玄元皇帝降誕日。近覽天寶二年敕：「我聖祖澹然常在，爲道之宗，既殊有盡之期，須展事生之禮。」今太清宮薦告皆用朝謁之儀，即降誕昌辰，理難停廢。宜改爲降神聖節，休假百官，庶表貽謀之慶，以申嚴敬之誠。』

其年六月，道士趙歸眞等八十一人入內，于三殿造九天道場，便令上食供食，駕幸三殿九天壇道場受籙。

其月，右拾遺王哲進狀，請度進士、明經爲道士，不從。

其月，左補闕劉彥謨諫求仙事，貶河南府戶曹參軍。

二年十一月，以道士趙歸眞爲歸道門兩街都教授博士。時武宗志學神仙，歸眞乘間排毀釋氏，言非中國之教，宜盡去之。帝然之，乃澄汰天下僧尼。

五年九月，敕取東都弘聖寺改修太微宮。

其年十月，敕傳度道門法籙，以衡嶽道士劉玄靖可加銀青光禄大夫，充崇玄館學士，仍賜號廣成先生。

其年十一月，東都留守奏：『太微宮畢，玄元館眞容即欲移就，玄宗眞像便合從遷。伏以聖祖尊崇，嚴奉須備，移動之日，宜擇良辰。伏乞天恩，降敕有司擇日。』奉敕：『宜令所司擇日聞奏。』

六年十月，中書門下奏：『東都新置太微宮初成，玄元皇帝玉聖容，玄宗、肅宗玉眞容，今已就位，望差右散騎常侍裴泰章充使薦獻。』從之。

其年九月，衡嶽道士賜紫劉玄靖奏：『皇帝十月十五日授《三洞法籙》，請禁斷屠釣，百司不決死刑，伏請宣下。』敕旨從之。十月十一日至十八日，禁斷。

大中元年二月，道門威儀鄧玄表賜謚通玄先生。

又《雜記》 永徽四年四月敕：『道士、女冠、僧、尼等，不得爲人療疾及卜相。』

文明元年二月十一日，金闕亭置一女冠觀，並度內人。奉天宮置一道士觀。芳桂、萬全等各爲僧寺，各以舊宮爲名。

其年九月，册玄元皇帝妻爲先天太后，尊像于老君廟所。

先天二年五月十四日，敕王公以下，不得輒奏請將莊宅置寺觀。

開元九年十二月，天台山道士司馬承禎上言：『今五岳神祠，山林之神，非正眞之神也。五岳皆有洞府，有上清眞人降任其職，山川風雨，陰陽氣序，是所理焉。冠冕章服，佐從神仙，皆有名數，請別立齋祠之所。』上奇其說，因敕五嶽各置眞君祠一所。

二十二年十月十三日詔：『道家三元，誠有科戒，朕嘗精意久矣，而物未蒙福。今月十五日，是下元齋日，禁都城內屠宰。自今已後，及天下諸州，每年正月、七月、十月三元日，十三日至十五日，並官禁斷屠宰。』

二十四年五月十三日敕：『每年春季，鎮金龍王殿功德事畢，合獻投山水龍璧。出日，宜差散官給驛送，合投州縣，便取當處送出，准式投告。』

二十五年十月二十七日敕：『諸州玄元皇帝廟，自今已後，每年二月降生日，宜准西都福唐觀，一例設齋。』

二十六年六月一日，敕每州各以郭下定形勝觀寺，改以『開元』爲額。至天寶元年四月八日，開元觀主李昭宗奏：『本觀先是清都觀，敕改爲開元觀，屬玄元降符，陛下加號。往年改額，題「開元」文字，今日崇號，合兼「天寶」之名。其額望請改爲「大唐開元天寶之觀」。』敕：『依，其天下諸州開元觀，並加「天寶」字。』

二十七年五月二十八日敕，祠部奏，諸州縣行道散齋觀寺，准式，以同、華等八十一州郭下僧、尼、道士、女冠等，國忌日各就龍興寺、觀行道散齋，復請改就開元觀、寺。敕旨：『京兆、河南府宜依舊觀、寺爲定，唯千秋節及三元行道設齋，宜就開元觀、寺，餘依。』至貞元五年八月十三日，處州刺史齊黄奏：『當州不在行香之數，乞伏同衢、婺等州行香。』敕旨：『依。其天下諸上州未有行香處，並宜准此，仍爲恆式。』

二十九年九月七日敕：『諸道眞容，近令每州於開元觀安置，其當州及京兆、河南、太原等諸府有觀處，亦各令本州府寫貌，分送安置。天寶三載三月，兩京及天下諸郡，於開元觀、開元寺以金銅鑄玄宗等身、天尊及佛各一軀。

天寶元年二月二十二日敕文：『追贈莊子南華眞人所著書爲《南華眞經》，文子、列子、庚桑子宜令中書門下更討論奏聞。』至其年三月十九日，宰臣李林甫等奏曰：『莊子既號南華眞人，文子請號通玄眞人，列子號沖虚眞人，庚桑子號洞靈眞人。其莊子、文子、列子、庚桑子並望隨號稱。』從之。

二年三月二十八日，上親祠玄元皇帝廟，追尊玄元皇帝父周上御史大夫，復追尊爲先天太上皇，母益壽氏號先天太后。

其年十二月二十日，太子賓客賀知章請爲道士，還鄉，捨會稽宅爲千秋觀。至七年八月十五日，敕兩京及諸郡所有千秋觀、寺，宜改『天長』名。

四載十月二十三日詔：『其墳籍中有載玄元皇帝及南華眞人舊號者，並宜改正。其餘編録經義等書，宜以《道德經》在諸經之首，《南華》等經不宜編列子書。』

五載二月十三日，太清宫使、門下侍郎陳希烈奏：『大聖祖玄元皇帝以二月十五日降生，既是吉辰，請四月八日佛生日，准令休假一日。』從之。

六載五月十三日，後漢張天師册贈太師，梁貞白先生陶弘景册贈太保。

八載閏五月五日制：『文宣王與聖祖同時，俱爲教首，雖考言比德，理在難明，而問禮序經，迹親授受。思廣在三之義，用崇德一之尊，宜于太清、太微宫聖祖前更立文宣王道像，與四眞列侍左右。』

其年八月二十日，司封奏：『道士、女冠宜依前屬司封。』

至德二載十一月二十七日敕：『道士籍每一載一度，永爲恆式。』

貞元七年四月，吉州刺史閻寀上言請爲道士，從之，賜名遺榮。

元和二年二月，詔僧、尼、道士同隷左右街功德使，自是祠部、司封不復關奏。

其年三月詔：『男丁女工，耕織之本；雕牆峻宇，耗蠹之源。天下百姓或冒爲僧道士，苟避徭役，有司宜備爲科制，修例聞奏。』

大中五年五月，河中節度使鄭先奏永樂縣道士侯道華上昇，詔改所居道淨院爲昇仙院，仍賜帛五百疋以飾廊房。

八年八月，敕改望仙臺爲文思院。始，會昌中，武宗好神仙之事，于大明宫築臺，號曰『望仙』。及上即位，殺趙歸眞以懲其弊。是年，復命葺之，右補闕陳嘏抗論，立罷修營，遂改爲文思院。

十一年九月，上命中使齋詔就羅浮山迎道士軒轅集，左拾遺王譜、右拾遺薛廷傑上疏極諫，上謂宰相崔慎由曰：『爲朕言于諫臣，雖少翁、欒大復生，不能相惑。但聞軒轅生高士，欲與之一言爾。』至十二年正月，至京師。上召入禁中，謂曰：『長生可致乎？』對曰：『徹聲色，去滋味，哀樂如一，德施周給，自然與天地合德，何必別求長生耶？』上深嘉美之。

民族及對外事務管理機構部

綜述

《隋書》卷二八《百官志下》 鴻臚寺統典客、司儀、崇玄三署。各置令。二人。崇玄則惟置一人。典客署又有掌客，十人。司儀有掌儀二十人。等員。

唐·李林甫等《唐六典》卷一八《鴻臚寺》 鴻臚寺：卿一人，從三品；《周官》：『大行人掌大賓客之禮。』秦官有典客，掌諸侯及歸義蠻夷。漢改爲鴻臚。景帝中二年令：諸侯王薨、列侯初封及之國，大鴻臚奏謚、誄、策。中六年，改大鴻臚爲大行令。武帝太初元年，更名大鴻臚，又更名其屬官行人爲大行令。秦時又有典屬國官，掌蠻夷降者，漢因之。成帝河平元年省之，并大鴻臚。後漢大鴻臚卿一人，諸王入朝，當郊迎，典其禮儀，及郡國上計；餘職與漢同。凡皇子拜王，贊授印綬；及拜諸侯，諸侯嗣子及四方夷狄封者，臺下鴻臚召拜之。王薨，則使使弔之及拜王嗣。魏及晉初皆有之。自東晉至於宋、齊，有事則權置兼官，畢則省。梁初猶依宋、齊，無卿名。天監以光祿勳爲光祿卿，大鴻臚爲鴻臚卿，都水使者爲太舟卿，三卿是爲冬卿。鴻臚卿位視尚書左丞，掌導護贊拜，班第九。陳品第三。後魏大鴻臚卿第二品上；太和二十三年，降爲第三品。北齊鴻臚寺卿一人，掌蕃客朝會，吉凶弔祭；統典客、典寺、司儀等署令，丞。後周司寇有蕃部中大夫，掌諸侯朝覲之敍；有賓部中大夫，掌大賓客之儀。隋初鴻臚寺，卿一人，正第三品，統典客，司儀、崇玄等三署。開皇三年省并太常，十二年復舊。煬帝降卿爲從三品，皇朝依焉。龍朔二年改爲同文正卿，咸亨元年復曰鴻臚。光宅元年改爲司賓寺卿，神龍元年復舊。舊屬官有崇元署，開元二十五年，敕改隸宗正寺。少卿二人，從四品上。後魏太和十五年，九卿各置少卿一人，第三品上；二十三年，降爲正四品上。北齊因之。後周有小賓部下大夫一人。隋依北齊。煬帝加置少卿二人，降爲從四品。皇朝武德中置一人，貞觀中加置二人。龍朔、咸亨、光宅、神龍並隨寺改復。鴻臚卿之職，掌賓客及凶儀之事，領典客、司儀二署，以率其官屬，而供其職務；少卿爲之貳。凡四方夷狄君長朝見者，辨其等位，以賓待之。凡二王之後及夷狄君長之子襲官爵者，皆辨其嫡庶，詳其可否，以上尚書。若諸蕃大酋渠有封建禮命，則受册而往其國。凡天下寺觀三綱及京都大德，皆取其道德高妙爲衆所推者補充，上尚書祠部。凡皇帝、皇太子爲五服之親及大臣發哀臨弔，則贊相焉。凡詔葬大臣，一品則卿護其喪事；二品則少卿；三品，丞一人往，皆命司儀，以示禮制也。

丞二人，從六品上；秦有典客丞，漢因之。武帝改曰大鴻臚丞，比千石；魏、晉皆因之。東晉省。梁鴻臚丞班第二，陳因之。後魏列卿丞從五品中，太和二十二年，降爲第七品。北齊爲第七品下。後周賓部有上士一人。隋鴻臚丞二人，正七品下；大業五年，加爲從五品。皇朝爲從第六品上。主簿一人，從七品上；《漢官儀鹵簿篇》：『鴻臚駕四馬，主簿。』《晉令》：『大鴻臚置主簿、録事、史。』梁天監七年，十二卿各置主簿；位不登十八班者，別爲七班，主簿班第三。陳因之。後魏闕文。北齊有功曹、五官、主簿。隋鴻臚寺主簿二人，皇朝因之。武德中，正八品；貞觀中減置一人，從七品上。録事二人，從九品上。丞掌判寺事。主簿掌印，勾檢稽失。録事掌受事發辰。

典客署：令一人，從七品下；《周禮》有掌客上士二人。漢鴻臚屬官有行人，武帝改爲大行令；魏改曰客館令，晉改曰典客。宋永初中，分置南北客館令、丞。齊有客館令。梁有典客館令、丞，在七班之下，爲三品勳位。陳因之。後魏典客監從五品；太和十五年，置主客令。北齊鴻臚寺統典客署。後周有東、南、西、北四掌客，各上士一人。隋鴻臚卿統典客署令、丞。煬帝改曰典蕃署，又於建國門外置四方館，以待四方使客，各掌其方國及互市事。皇朝以四方館隸中書，改典蕃曰典客署。丞二人，從八品下；《周禮》掌客有下士四人，漢大行令有丞，北齊有典客丞，隋有典客丞二人，皇朝因之。掌客十五人，正九品上。隋置，皇朝因之，有典客、賓僕等員。典客令掌二王後介公、酅公之版籍，及東夷、西戎、南蠻、北狄歸化在蕃者之名數；丞爲之貳。凡朝貢、宴享、送迎預焉，皆辨其等位而供其職事。凡酋渠首領朝見者，則館而以禮供之。三品已上準第三等，四品、五品準第四等，六品已下準第五等。其無官品者，大酋渠首領準第四等，小酋渠首領準第五等。所乘私畜抽換客舍放牧，仍量給芻粟。若諸蕃獻藥物、滋味之屬，入境州縣與蕃使苞匭封印，付客及使，具其名數牒寺。寺司勘訖，牒少府監及市，各一官領識物人定價，量事奏送；仍牒中書，具客所將獻物。應須引見、宴勞，別聽進止。若疾病，所司遣醫人給以湯藥。若身亡，使主、副及第三等已上官奏聞。其喪事所須，所司量給；欲還蕃者，則給轝遞至境。首領第四等已下不奏聞，但差車、牛送至墓所。諸蕃使主、副五品已上給帳、氈、席，六品已下給幕及食料。丞一人判廚事，季終則會之。若還蕃，其賜各有差，給於朝堂，典客佐其受領，教其拜謝之節焉。

司儀署：令一人，正八品下；《周禮》有司儀上士、中士，漢大鴻臚有治禮郎，後魏太和十五年置司儀官。北齊鴻臚寺統司儀令、丞。後周司儀上士一人、中士二人。隋鴻臚卿統司儀署令、丞，皇朝因之，領司儀、齋郎、掌設、幕士等。丞一人，正九品下。北齊有司儀丞一人，隋有二人，皇朝減一人。司儀令掌凶禮之儀式及供喪葬之具；丞爲之貳。

宋·王溥《唐會要》卷六六《鴻臚寺》 龍朔二年，改爲司賓寺，卿爲正卿。咸亨元年，復爲鴻臚寺。光宅元年，改爲司賓寺。神龍元年，復爲鴻臚寺。

少卿　本一員，景雲二年十一月四日，加一員，以劉興爲之。

開元十九年十二月十三日敕：『鴻臚當司官吏以下，各施門籍出入。其譯語掌客出入客館者，於長官下狀牒館門，然後與監門相兼出入。』

天寶八載三月二十七日敕：『九姓、堅昆諸蕃客等，因使入朝身死者，自今後，使給一百貫充葬，副使及妻，數内減三十貫。其墓地，州縣與買，官給價直。其墳墓所由營造。』

十三載二月二十七日，禮賓院自今後，宜令鴻臚勾當檢校。應緣供擬，一物已上，並令鴻臚勾當。

大曆四年七月，詔罷給客省之廪，每歲一萬三千斛。永泰已後，益以多事，四方奏計，或連歲不遣，仍於右銀臺門，置客省以居之。上書言事者常百餘人，蕃戎將吏又數十百人，其費甚矣，至是皆罷。

建中元年七月，以鴻臚寺左右威遠營隸金吾。

元和九年六月，置禮賓院於長興里之北。

藝文

唐·柳宗元《柳河東集》卷二六《館驛使壁記》 凡萬國之會，四夷之來，天下之道途畢出於邦畿之内。奉貢輸賦，修職於王都者，入于近關，則皆重足錯轂，以聽有司之命。徵令賜予，布政於下國者，出于甸服，而後按行成列，以就諸侯之館。故館驛之制，於千里之内尤重。

自萬年至于渭南，其驛六，其蔽曰華州，其關曰潼關。自華而北界于櫟陽，其驛六，其蔽曰同州，其關曰蒲津。自灞而南至于藍田，其驛六，其蔽曰商州，其關曰武關。自長安至于盩厔，其驛十有一，其蔽曰洋州，其關曰華陽。自武功而西至于好畤，其驛三，其蔽曰鳳翔府，其關曰隴關。自渭而北至于華原，其驛九，其蔽曰坊州。自咸陽而西至于奉天，其驛六，其蔽曰邠州。由四海之内，總而合之，以至于關；由關之内，束而會之，以至于王都。華人夷人往復而授館者，旁午而至，傳吏奉符而閱其數，縣吏執牘而書其物。告至告去之役，不絶於道；寓望迎勞之禮，無曠於日。而春秋朝陵之邑，皆有傳館。其飲飫餼饋，咸出於豐給；繕完築復，必歸於整頓。列其田租，布其貨利，權其入而用其積，於是有出納奇贏之數，勾會考校之政。

大曆十四年，始命御史爲之使，俾考其成，以質于尚書。季月之晦，必合其簿書，以視其等列，而校其信宿，必稱其制。有不當者，反之於官。尸其事者有勞焉，則復于天子而優升之。勞大者增其官，其次者降其調之數，又其次猶異其考績。官有不職，則以告而罪之，故月受俸二萬于太府。史五人，承符者二人，皆有食焉。

先是假廢官之印而用之，貞元十九年，南陽韓泰告于上，始鑄使印而正其名。然其嗣當斯職，未嘗有記之者。追而求之，蓋數歲而往則失之矣。今余爲之記，遂以韓氏爲首。且曰修其職，故首之也。

雜録

唐·白居易《白氏長慶集》卷五〇《裴通除檢校左散騎常侍兼御史大夫，充回鶻弔祭册立使制》 敕：《語》曰：『使於四方，不辱君命，可謂士矣。』況馳輶軒，奉璽書，稱天子之使，以耀焜絶域者，豈容易其選哉？少府監裴通：温敬忠實，加之謹敏；有言語可任以專對，有辯識可委以便宜。屬北方君長，來告代嗣。求可以將命展禮，申吾哀榮之恩者；其任不細，頗難其人。擇臣者君，而通可使。命爲副丞相，而加金貂之貴，授册與節，臨軒遣之：庶乎遠而有光華，且欲使絶俗殊鄰，益敬吾使也。可依前件。

司法機構部

綜　述

《隋書》卷二八《百官志下》　都官尚書　統都官侍郎二人，刑部、比部侍郎各一人，司門侍郎二人。

大理寺，不統署。又有正、監、評、各一人。司直、十人。律博士、八人。明法、二十人。獄掾。八人。

唐・李林甫等《唐六典》卷六《尚書刑部》　刑部尚書一人，正三品，周之秋官卿也。漢成帝始置三公曹，主斷獄事。後漢以三公曹掌天下歲盡集課事，又以二千石曹主中都官水火、盜賊、辭訟、罪法事。晉初，依漢置三公尚書，掌刑獄；太康中，省三公尚書，以吏部尚書兼領刑獄。宋始置都官尚書，掌京師非違得失事，兼掌刑獄。齊、梁、陳、後魏、北齊皆置都官尚書。後周依《周官》，置大司寇卿一人。隋初曰都官尚書，開皇三年改爲刑部，皇朝因之。龍朔二年改爲司刑太常伯，咸亨元年復爲刑部。光宅元年改爲秋官尚書，神龍元年復故。侍郎一人，正四品下。周之秋官小司寇中大夫也。漢以來尚書侍郎，今郎中之任。後周依《周官》。隋煬帝置刑部侍郎，皇朝因之。龍朔二年改爲司刑少常伯，咸亨、光宅、神龍並隨曹改復。刑部尚書、侍郎之職，掌天下刑法及徒隸句覆、關禁之政令。其屬有四：一曰刑部，二曰都官，三曰比部，四曰司門；尚書、侍郎總其職務而奉行其制命。凡中外百司之事，由於所屬，咸質正焉。

郎中二人，從五品上；《周禮》大司寇屬官有士師下大夫，蓋郎中之任也。後漢有二千石曹尚書，掌刑法，因立二千石郎曹。魏、晉、宋、齊並以三公郎曹掌刑獄，置郎中各一人；梁、陳因爲侍郎。後魏、北齊三公郎中各置二人。後周秋官府有小刑部下大夫一人。隋初省三公曹，置刑部郎曹，掌刑法，置侍郎一人；煬帝除『侍』字，又改爲憲部郎，皇朝因之。武德三年改曰刑部郎中，龍朔二年改爲司刑大夫，咸亨、光宅、神龍並隨曹改復。員外郎二人，從六品上；《周禮》大司寇屬官有上士，後周依焉，蓋員外之任也。隋開皇六年置刑部員外郎，煬帝改爲憲部承務郎，皇朝因之。武德三年改曰刑部員外郎，龍朔、咸亨、光宅、神龍並隨曹改復。主事四人，從九品上。郎中、員外郎掌貳尚書、侍郎，舉其典憲而辨其輕重。凡文法之名有四：一曰律，二曰令，三曰格，四曰式。凡《律》一十有二章：一曰《名例》，二曰《衛禁》；三曰《職制》，四曰《戶婚》，五曰《廄庫》，六曰《擅興》，七曰《賊盜》，八曰《鬬訟》，九曰《詐僞》，十曰《雜律》，十一曰《捕亡》，十二曰《斷獄》，而大凡五百條焉。律，法也。魏文侯師李悝集諸國刑書，造《法經》六篇：一、《盜法》，二、《賊法》，三、《囚法》，四、《捕法》，五、《雜法》，六、《具法》。商鞅傳之，改法爲律，以相秦，增相坐之法，造參夷之誅，大辟加鑿顛、抽脅、鑊烹、車裂之制。至漢，蕭何加悝所造《戶》、《興》、《廄》三篇，謂之《九章之律》。漢興，雖約法三章，然大辟尚有夷三族之令。當族者皆先黥、劓、斬左、右趾，笞殺之，梟其首，菹骨肉於其市，誹謗、詈詛又先斷其舌，謂之具五刑。至文帝，感緹縈之言，除肉刑，命丞相、御史定律曰：『諸當完者，爲城旦舂；當黥者，髡鉗爲城旦舂；當劓者，笞三百籍笞；當斬左趾者，笞五百籍笞；當斬右趾及殺人先自告及吏坐受賕枉法，守縣官財物而卽盜之、已論而復有笞罪者，皆棄市。罪人獄已決，完爲城旦舂，滿三歲，爲鬼薪白粲；鬼薪白粲一歲，爲隸臣、妾；隸臣、妾一歲，免爲庶人。鬼薪白粲滿三歲爲隸臣、妾，隸臣、妾滿二歲爲司寇，司寇一歲及作如司寇二歲皆免爲庶人。其亡逃及有罪耐已上，不用此令。』是後，外有輕刑之名，內實殺人，而笞五百、笞三百率多至死。至景帝定律，笞五百曰三百，笞三百曰二百；猶尚不全，又減笞三百曰二百，笞二百曰一百，遂定《箠令》：『以竹爲之，箠長五尺，其本大一寸，末薄半寸，皆平其節。當笞者，笞臀，無得更人。畢一罪，乃更人。』自是得全。至武帝時，張湯、趙禹增律令科條，大辟四百九條。宣帝時，于定國又刪定律令科條。成帝時，律令煩多，百有餘萬言，大辟之罪千有餘條。至後漢，馬融、鄭玄諸儒十有餘家，律令章句數十萬言，定斷罪所用者，合二萬六千餘條。魏武爲相，造《甲子科條》：犯斬左、右趾，易以木械。魏氏受命，參議復肉刑，屬軍國多故，竟寢之。乃命陳羣等採漢律，爲《魏律》十八篇，增漢蕭何律《劫掠》、《詐僞》、《毀亡》、《告劾》、《繫訊》、《斷獄》、《請賕》、《驚事》、《償贓》等九篇也。依古義，制爲五刑，其大辟有三，髡刑有四，完刑、作刑各三，贖刑十一，罰金六，雜抵罪七，凡三十七名。晉氏受命，議復肉刑，復寢之。命賈充等十四人增損漢、魏律，爲二十篇：一、《刑名》，二、《法例》，三、《盜律》，四、《賊律》，五、《詐僞》，六、《請賕》，七、《告劾》，八、《捕律》，九、《繫訊》，十、《斷獄》，十一、《雜律》，十二、《戶律》，十三、《擅興律》，

十四、《毀亡》，十五、《衛宫》，十六、《水火》，十七、《廄律》，十八、《關市》，十九、《違制》，二十、《諸侯》，凡一千五百三十條。其刑名之制，大辟之刑有三：一曰梟，二曰斬，三曰棄市。髡刑有四：一曰髡鉗五歲刑，笞二百；二曰四歲刑；三曰三歲刑；四曰二歲刑。贖死，金二斤；贖五歲刑，金一斤十二兩；四歲、三歲、二歲各以四兩爲差。又有雜抵罪罰金十二兩、八兩、四兩、二兩、一兩之差。棄市以上爲死罪，二歲刑以上爲耐罪，罰金一兩以上爲贖罪。宋及南齊律之篇目及刑名之制略同晉氏，唯贖罪絹兼用之。梁氏受命，命蔡法度、沈約等十人增損晉律，爲二十篇：一、《刑名》，二、《法例》，三、《盜劫》，四、《賊叛》，五、《詐偽》，六、《受賕》，七、《告劾》，八、《討捕》，九、《繫訊》，十、《斷獄》，十一、《雜律》，十二、《戶律》，十三、《擅興》，十四、《毀亡》，十五、《衛宫》，十六、《水火》，十七、《倉庫》，十八、《廄律》，十九、《關市》，二十、《違制》，大凡定罪二千五百二十九條。其刑名之制，加《晉律》一歲刑，半歲刑，百日刑，鞭杖二百，鞭杖一百，鞭杖五十、三十、一十之差；又加杖八等之差。其鞭有制鞭、法鞭、常鞭三等之差：制鞭，生革廉成；法鞭，生革去廉；常鞭，熟靻不去廉。杖有大杖、法杖、小杖，皆用生荆。其犯劫皆斬；會赦降死者，黥面爲『劫』字，髡鉗，補冶鎖士終身。陳令范泉、徐陵等參定律、令，《律》三十卷，《令》三十卷，《科》三十卷。採酌前代，條流冗雜，綱目雖多，博而非要，其制唯重清議禁錮之科。其罪人贓驗昭然而不款，則上測立。立測者，以土爲垛，高一尺，上員，劣容囚兩足立，鞭二十，笞三十訖，著兩械及杻上垛，上測七刻，日再上；三七日上測，七日一行鞭，凡經鞭、杖一百五十得實不承者，得減罪論。凡囚鞭、杖著械；徒著鎖；死著三械，加壺手。依梁氏。後魏初，置四部大人，坐庭決辭訟，以言語約束，刻契記事，無刑名之制。至太武帝，始命崔浩定刑名，於漢、魏以來律除髡鉗五歲、四歲刑，增二歲刑，大辟有於轘、腰斬、殊死、棄市四等，凡三百九十條，門房誅四條，大辟一百四十條，五刑二百三十一條，始置枷拘罪人。文成時，又增律條章。至孝文時，定律凡八百三十三章、門房之誅十有六，大辟之罪二百三十，五刑三百七十七。北齊初命，造新律未成，文宣猶採魏制，性忍暴，恣行酷虐，訊囚用車輻壓踝，或使臂貫燒車釭，或使立燒黎耳上；常命憲司先定死罪囚，置仗衛內，帝欲殺人，執以應命，謂之『供禦囚』。至武成時，趙郡王叡等造律成，奏上。凡十二篇：一、《名例》，二、《禁衛》，三、《戶婚》，四、《擅興》，五、《違制》，六、《詐偽》，七、《鬭訟》，八、《盜賊》，九、《捕斷》，十、《毀損》，十一、《廄牧》，十二、《雜律》，凡定罪九百四十九條，大抵採魏、晉故事。其制刑名五：一曰死，重者轘之，其次梟首，其次斬，其次絞。二曰流刑，鞭、笞各一百，髡之，投邊裔。未有道里之差，以六年爲限。三曰刑罪，即耐罪也，有五歲、四歲、三歲、二歲、一歲之差，凡五等，各加鞭一百，其五歲者又加笞八十，四歲六十、三歲三十。二歲二十，一歲無笞，並鎖輸左校。四曰鞭，有一百、八十、六十、五十、四十之差，凡五等。五曰杖，有三十、二十、一十之差，凡三等。贖罪舊以金，皆代以中絹。罪刑年者鎖，無鎖以枷，流罪以上加杻械，死罪桁之。又制立重罪十條爲十惡。後周命趙肅等造律，保定中奏之，凡二十五篇：一、《刑名》，二、《法例》，三、《祠享》，四、《朝會》，五、《婚姻》，六、《戶禁》，七、《水火》，八、《興繕》，九、《衛宫》，十、《市廛》，十一、《鬭競》，十二、《劫盜》，十三、《賊叛》，十四、《毀亡》，十五、《違制》，十六、《關市》，十七、《諸侯》，十八、《廄牧》，十九、《雜犯》，二十、《詐偽》，二十一、《請求》，二十二、《告劾》，二十三、《逃亡》，二十四、《繫訊》，二十五、《斷獄》，大凡定罪一千五百三十七條，比於《齊律》，煩而不當。其刑名之制，一曰杖刑五：自十至五十；二曰鞭刑五：自六十至於百；三曰徒刑五：徒一年者鞭六十，笞十，二年、三年、四年、五年皆遞加一十，至鞭一百，笞五十；四曰流刑五：流二千五百里者鞭一百，笞六十，以五百里爲差，鞭、笞皆加十，至流四千五百里者鞭、笞各一百，以六年爲限；五曰死刑五：一曰罄，二曰絞，三曰斬，四曰梟，五曰裂。五刑之屬各有五，合二十五等。其贖罪，金、絹兼用。凡囚死罪枷而拲，流罪枷而梏，徒罪枷，鞭罪桎，杖罪散。至武帝，又造《刑書要制》，與《律》兼行。至宣帝殘酷，廣《刑書要制》爲《刑經聖制》，謂之『法經』，有上書字誤，鞭二百四十，名曰『天杖』；又作礔礰車，以威婦人。隋開皇元年，命高熲等七人定律，至三年，又敕蘇威、牛弘刪定，凡十二篇，並蠲除前代梟首、轘裂及鞭刑；又依北齊置十惡；應贖者，皆以銅代絹。煬帝以開皇《律》、《令》猶重，除十惡之條，更制《大業律》，凡十八篇：一、《名例》，二、《衛宫》，三、《違制》，四、《請求》，五、《戶》，六、《婚》，七、《擅興》，八、《告劾》，九、《賊》，十、《盜》，十一、《鬭》，十二、《捕亡》，十三、《倉庫》，十四、《廄牧》，十五、《關市》，十六、《雜》，十七、《詐偽》，十八、《斷獄》。其五刑之內降從輕典者二百餘條。末年嚴刻，生殺任情，不復依例。及楊玄感反，誅九族，復行轘裂、梟首，磔而射之。皇朝武德中，命裴寂、殷開山等定律令，其篇目一准隋開皇之律，刑名之制又亦略同，唯三流皆加一千里，居作三年、二年半、二年皆爲一年，以此爲異；又除苛細五十三條。貞觀初，有蜀王法曹參軍裴弘獻奏駁律令不便於時三十餘條。於時，又命長孫無忌、房玄齡等釐正，凡爲五百條，減《開皇律》大辟入流者九十三條，比古死刑，殆除其半。永徽中，復撰《律疏》三十卷，至今並行。凡《令》二十有七：分爲三十卷。一曰《官品》，分爲上、下。二曰《三師三公臺省職員》，三曰《寺監職員》，四曰《衛府職員》，五曰《東宫王府職員》，六曰《州縣鎮戍嶽瀆關津職員》，七曰《內外命婦職員》，八曰《祠》，九曰《戶》，十曰《選舉》，十一曰《考課》，十二曰《宫衛》，十三曰《軍防》，十四曰《衣服》，十五曰《儀制》，十六曰《鹵簿》，分爲上、下。十七曰《公式》；分爲上、下。十八曰《田》，十九曰《賦役》，二十曰《倉庫》，二十一曰《廄牧》，二十二曰《關市》，二十三曰《醫疾》，二十四曰《獄官》，二十五曰《營繕》，二十六曰《喪葬》，二十七曰《雜令》，而大凡一千五百四十有六條焉。令，教也，命也。《漢書》：「杜周曰：『前主所是著爲律，後主所是疏爲令。』」亦謂法也。漢時，決事集爲《令甲》以下三百餘篇。漢初，蕭何定律令。其後，張湯、趙禹、于定國、黃霸皆繼定律令。魏命陳羣等撰《州郡令》四十五篇，《尚書官令》、《軍中令》合百八十餘篇。晉命賈充等撰《令》四十篇：一、《戶》，二、《學》，三、《貢士》，四、《官品》，五、《吏員》，六、《俸廩》，七、《服制》，八、《祠》，九、《戶調》，十、《佃》，十一、《復除》，十二、《關市》，十三、《捕亡》，十四、《獄官》，十五、《鞭杖》，十六、《醫藥疾病》，十七、《喪葬》，十八、《雜》上，十九、《雜》中，二十、《雜》下，二十一、《門下散騎中書》，二十二、《尚書》，二十三、《三臺秘書》，二十四、《王公侯》，二十五、《軍吏員》，二十六、《選吏》，二十七、《選將》，二十八、《選雜士》，二十九、《宮衛》，三十、《贖》，三十一、《軍戰》，三十二、《軍水戰》，三十三至三十八皆《軍法》，三十九、四十皆《雜法》。宋、齊略同晉氏。梁初，命蔡法度等撰《梁令》三十篇：一、《戶》，二、《學》，三、《貢士贈官》，四、《官品》，五、《吏員》，六、《服制》，七、《祠》，八、《戶調》，九、《公田公用儀迎》，十、《醫藥疾病》，十一、《復除》，十二、《關市》，十三、《劫賊水火》，十四、《捕亡》，十五、《獄官》，十六、《鞭杖》，十七、《喪葬》，十八、《雜》上，十九、《雜》中，二十、《雜》下，二十一、《宮衛》，二十二、《門下散騎中書》，二十三、《尚書》，二十四、《三臺秘書》，二十五、《王公侯》，二十六、《選吏》，二十七、《選將》，二十八、《選雜士》，二十九、《軍吏》，三十、《軍賞》。後魏初命崔浩定令，後命游雅等成之，史失篇目。北齊令趙郡王叡等撰《令》五十卷，取尚書二十八曹爲其篇名，又撰《權令》二卷，兩《令》並行。後用命趙肅、拓跋迪定令，史失篇目。隋開皇命高熲等撰《令》三十卷：一、《官品》上，二、《官品》下，三、《諸省臺職員》，四、《諸寺職員》，五、《諸衛職員》，六、《東宮職員》，七、《行臺諸監職員》，八、《諸州郡縣鎮戍職員》，九、《命婦品員》，十、《祠》，十一、《戶》，十二、《學》，十三、《選舉》，十四、《封爵俸廩》，十五、《考課》，十六、《宮衛軍防》，十七、《衣服》，十八、《鹵簿》上，十九、《鹵簿》下，二十、《儀制》，二十一、《公式》上，二十二、《公式》下，二十三、《田》，二十四、《賦役》，二十五、《倉庫廄牧》，二十六、《關市》，二十七、《假寧》，二十八、《獄官》，二十九、《喪葬》，三十、《雜》。皇朝之令，武德中裴寂等與律同時撰。至貞觀初，又令房玄齡等刊定。麟德中源直心，儀鳳中劉仁軌，垂拱初裴居道，神龍初蘇瓌，太極初岑羲，開元初姚元崇，四年宋璟並刊定。凡《格》二十有四篇。以尚書省諸曹爲之目，共爲七卷。其曹之常務但留本司者，別爲《留司格》一卷。蓋編錄當時制敕，永爲法則，以爲故事。漢建武有《律令故事》上、中、下三篇，皆刑法制度也。晉賈充等撰律、令，兼刪定當時制、詔之條，爲《故事》三十卷，與《律》、《令》並行。梁易《故事》爲《梁科》三十卷，蔡法度所刪定。陳依梁。後魏以『格』代『科』，於麟趾殿刪定，名爲《麟趾格》。北齊因魏立格，撰《權格》，與《律》、《令》並行。皇朝《貞觀格》十八卷，房玄齡等刪定。《永徽留司格》十八卷，《散頒格》七卷，長孫無忌等刪定；永徽中，又令源直心等刪定，唯改易官號、曹、局之名，不易篇第。《永徽留司格後本》，劉仁軌等刪定。《垂拱留司格》六卷，《散頒格》二卷，裴居道等刪定。《太極格》十卷，岑羲等刪定。《開元前格》十卷，姚元崇等刪定。《開元後格》十卷，宋璟等刪定。皆以尚書省二十四司爲篇名。凡《式》三十有三篇。亦以尚書省列曹及秘書、太常、司農、光祿、太僕、太府、少府及監門、宿衛、計帳爲其篇目，凡三十三篇，爲二十卷。後周文帝初輔魏政，大統元年，令有司斟酌今古通變可以益時者，爲二十四條之制；七年，又下有十二條之制；十年，命尚書蘇綽總三十六條，更損益爲五卷，謂之《大統式》。皇朝《永徽式》十四卷，《垂拱》、《神龍》、《開元式》並二十卷，共刪定與定格、令人同也。凡律以正刑定罪，令以設範立制，格以禁違正邪，式以軌物程事。

乃立刑名之制五焉：一曰笞，二曰杖，三曰徒，四曰流，五曰死。笞刑五，笞十至五十也。杖刑五，杖六十至于百。其工樂戶及習天文及官戶、奴婢等犯流罪者，及家無兼丁犯徒者，各決二百放。又犯罪已發更重犯累決者，計數雖多，亦不過二百。徒刑五，自徒一年，以半年爲差，至於三年也。流刑三，自流二千里，二千五百里，三千里，三流皆役一年，然後編所在爲戶。而常流之外。更有加役流者，本死刑，武德中改爲斷趾，貞觀六年改爲加役流。謂常流唯役一年，此流役三年，故以加役名焉。死刑二。絞、斬。

乃立十惡，以懲叛逆，禁淫亂，沮不孝，威不道。其一曰謀反，謂謀危社稷。二曰謀大逆，謂謀毀宗廟、山陵及宮闕。三曰謀叛，謂謀背國從僞。四曰惡逆，謂毆及謀殺祖父母、父母，殺伯。叔父母、姑、兄、姊、外祖父母、夫、夫之祖父母。父母。五曰不道，謂殺一家非死罪三人，支解人，造畜蠱毒，魘魅。六曰大不敬，謂盜大祀神御之物、乘輿服御物，盜及僞造御寶。合和御藥誤不如本方及封題誤，若造御膳誤犯食禁，御幸舟船誤不牢固，指斥乘輿情理切害及對捍詔使而無人臣之禮。七曰不孝，謂告言、詈詛祖父母·父母；及別籍異財，若供養有闕；居父母喪身自嫁娶，若作樂、釋服從吉；聞祖父母、父母喪匿不舉哀；詐稱祖父母、父母死。八曰不睦，謂謀殺及賣緦麻已上親，毆、告夫及大功已上尊長。九曰不義，謂謀殺本屬府主、刺史、縣令、見受業師。十曰內亂。謂姦小功已上親、祖・父妾。此十者，常赦之所不原。初，北齊立重罪十條爲十惡：一、反逆，二、大逆。三、叛，四、降，五、惡逆，六、不道，七、不敬，八、不孝，九、不義，十、內亂，犯此者不在八議論贖之限。隋氏頗有益損，皇朝因之。

乃立八議，以廣親親，以明賢賢，以篤賓舊，以勸功勤。其一曰議親，謂皇帝祖免以上親及太皇太后、皇太后緦麻以上親，皇后小功以上親。二曰議故，謂故旧。三曰議賢，謂有大德行。四曰議能，謂有大才藝。五曰議功，謂有大功勳。六曰議貴，謂職事官三品已上、散官二品已上及爵一品。七曰議勤，謂有大勤勞。八曰議賓。謂承先代後，爲國賓。八者犯死罪，所司先奏請議，得以減、贖論。《周禮》以八辟麗邦法，附刑罰，卽八議也。自魏、晉、宋、齊、梁、陳、後魏、北齊、後周及隋皆載於律。

凡贖罪以銅。自笞一十銅一斤，至杖一百卽十斤。徒一年二十斤，至徒三年則六十斤。流二千里銅八十斤，至流三千里則百斤。絞與斬，銅止一百二十斤。其私坐也，一斤爲一負；其公坐也，則二之。十負爲殿。凡贖者，謂在八議之條及七品已上官祖父母、父母、妻、子；五品已上，上至曾、高祖，下至曾、玄孫；五品已上妾犯非罪十惡；八品已下身犯流已下罪者，及年七十已上・十五已下及廢疾等犯罪加役流、反逆緣坐流，會赦猶流已下罪者，及年八十已上、十歲已下及篤疾犯盜與傷人者；及過誤殺人；及大辟疑罪者並以贖論。

凡計贓者，以絹平之。準《律》，以當處中絹估平之。開元十六年敕：『其以贓定罪者，並以五百五十爲定估。』其徵收平贓，並如《律》也。其贓有六焉：一曰强盜贓，自絹一尺，至於十匹。二曰枉法贓，其刑絞；自絹一尺，至於十有五疋，其刑與强盜同。三曰不枉法贓，自絹一尺，至於三十疋加役流也。四曰竊盜贓，自絹一尺，至於五十疋加役流。五曰受所監臨贓，其刑流；自絹一尺，至於五十疋流二千里，其法與不枉法、竊盜皆同。六曰坐贓，其刑徒。自絹一尺，至於五十疋徒三年。凡六贓定罪有正條，餘皆約而斷焉。枉法贓，謂受人財爲曲法處分事者，一尺杖一百，已上每一疋加一等，止十五匹絞。不枉法贓，謂雖受財，依法處分者，一尺杖九十，二疋加一等，止三十疋加役流。若無禄人犯此二贓，並減有禄人一等，若枉法，二十匹卽絞；不枉法，四十匹加役流。强盜贓，謂以威力取其財，並與藥酒及食使狂亂取財，不得，徒二年；得財一尺徒三年，二疋加一等，十疋以上絞。竊盜贓者，謂私竊人財，不得，笞五十；得財一尺杖六十。疋加一等，五疋徒一年，又每五疋加一等，五十疋止加役流。受所監臨贓者，謂不因公事受部人財物者，一尺笞四十，每一疋加一等，至八疋徒一年，又每八疋加一等，五十疋罪止流二千里。坐贓者，謂非監臨主司而因事受財者，一尺笞二十，每一疋加一等，至十疋徒一年，每十疋加一等，五十疋罪止徒三年。自外諸條皆約此六贓爲罪。

凡應減者，下就輕次焉，二死、三流，俱從一減。凡應加者，上就重次焉；五刑皆累加，雖數盈，不得至於死。凡律法之外有殊旨、別敕，則有死、流、徒、杖、除、免之差。謂有殊旨、別敕：宜殺卻、宜處盡、宜處死、宜配遠流、宜流卻、配流若干里，及某處宜配流卻遣、宜徒、宜配徒若干年，至到與一頓、與重杖一頓、與一頓痛杖、決杖若干，宜處流、依法配流、依法配流若干里，宜處徒、依法配徒、與徒罪，依法處徒若干年，與杖罪、與除名罪、與免官罪、與免所居官罪，皆刑部奉而行之。

凡決死刑皆於中書門下詳覆。舊制皆於刑部詳覆，然後奏決。開元二十五年，敕以爲庶獄既簡，且無死刑，自今已後，有犯死刑，除十惡死罪、造偽頭首、劫殺、故殺、謀殺外，宜令中書門下與法官等詳所犯輕重，具狀聞奏。其左降官，除逆人親，並犯賄贓、名教，如有刻己自新，以功補過，使司應合聞薦，不須限以貶黜。

凡京都大理寺、京兆・河南府、長安・萬年・河南・洛陽縣咸置獄。其餘臺、省、寺、監、衛、府皆不置獄。

凡死罪枷而杻，婦人及徒、流枷而不杻，官品及勳、散之階第七已上鎖而不枷。勳官武騎尉及散官宣義郎並七品階。諸應議、請、減者，犯流已上，若除、免、官當者，並鎖禁。杖、笞與公坐徒及年八十、十歲、廢疾、懷孕、侏儒之類，皆訟繫以待斷。

凡有犯罪者，皆從所發州、縣推而斷之；在京諸司，則徒以上送大理，杖以下當司斷之；若金吾糾獲，亦送大理。犯罪者，徒已上縣斷定，送州覆審訖；徒罪及流應決杖、笞若應贖者，卽決配、徵贖其大理及京兆、河南斷徒及官人罪，並後有雪減，並申省司審詳無失，乃覆下之；如有不當者，亦隨事駁正。若大理及諸州斷流已上若除、免、官當者，皆連寫案狀申省案覆，理盡申奏；若按覆事有不盡，在外者遣使就覆，在京者追就刑部覆以定之。

凡決大辟罪皆於市。古者，決大辟罪皆於市。自今上臨御以來無其刑，但存其文耳。五品已上犯非惡逆已上，聽自盡於家。七品已上及皇族、若婦人犯非斬者，皆絞於隱處。決大辟罪，官爵五品已上在京者，大理正監決；在外者，上佐監決；餘並判官監決，在京決者，亦皆有御史、金吾監決。若因有冤濫灼然者，聽停決奏聞。凡決大辟罪，在京者，行決之司五覆奏；在外者，刑部三覆奏。在京者，決前一日二覆奏，決日三覆奏；在外者，初日一覆奏，後日再覆奏。縱臨時有敕不許覆奏，亦準此覆奏。若犯惡逆已上及部曲、奴婢殺主者，唯一覆奏。決大辟罪皆防援至刑所，囚一人防援二十人，每一人加五。五品已上非惡逆者，聽乘車並官給酒食，聽親故辭訣，宣告犯狀，仍日未後乃行刑。囚在外，奏報之日，不得馳驛行下。凡京城決囚之日，尚食蔬食，內教坊及太常皆徹樂。每歲立春後至秋分，不得決死刑。若犯惡逆及奴婢、部曲殺主，不依此法。其大祭祀及致齋，朔、望，上・下弦，二十四氣，雨未晴，夜未明，斷屠日・月及休假亦如之。其死囚無親戚者皆給棺，於官地內權殯。於京城七里外量置地一頃。擬埋諸司死囚；埋訖，仍下本屬告家人令取。

凡犯流罪已下應除、免、官當未奏身死者，免其追奪。謂不奪告身。若奏時不知身死，奏後云先死者，依奏定。其常赦所不原者，不在免限。流移之人皆不得棄放妻妾及私遁還鄉，若妻子在遠，預爲追喚，待至同發。配西州、伊州者，送涼府；江北人配嶺南者，送桂、廣府；非劍南人配姚、嶲州者，送付益府，取領即還。其涼府等各差專使領送。所領送人皆有程限，不得稽留遲緩。至六載然後聽仕。其犯反逆緣坐流及免死役流不在此例。即本犯不應流而特配流者，三載以後聽仕。有資者各依本犯收敘法。其解見任及非除名、移鄉者，年限、敘法皆准考解之例。

其應徒則皆配居作。在京送將作監，婦人送少府監縫作；外州者，供當處官役及修理城隍、倉庫及公廨雜使。犯流應住居作者亦準此，婦人亦留當州縫作及配舂。諸流、徒罪居作者皆著鉗，若無鉗者著盤枷，病及有保者聽脫，不得著巾、帶。每旬給假一日，臘、寒食各給二日，不得出所役之院。患假者，倍日役之。凡禁囚皆五日一慮焉。慮，謂檢閱之也。斷決訖，各依本犯具發處日、月別，總作一帳，附朝集使申刑部。

凡告言人罪，非謀叛以上，皆三審之。應受辭、牒官司並具曉示虛得反坐之狀。每審皆別日受辭，若有事切害者，不在此例。告密有不於所由，掩捕則從近也。謂告密人皆經當處長官告；長官有事，經佐官告；長官、佐官俱有事者，經比界論告。若須有掩捕應與餘州相知者，所在準法收捕。事當謀叛已上，馳驛奏聞。且稱告謀叛已上不肯言事意者，給驛部送京。其犯死罪囚及緣邊諸州鎮防人等若犯流人告密，並不在送限。

凡察獄之官先備五聽，一曰辭聽，二曰色聽，三曰氣聽，四曰耳聽，五曰目聽。又稽諸證信，有可徵焉而不肯首實者，然後拷掠，二十日一訊之。訊未畢，更移他司，仍須拷鞫，通計前訊，以充三度。即罪非重害及疑似處少，不必備三。若因訊致死者，皆與長官及糾彈官對驗。其拷囚及行決罰不得中易人。凡斷獄之官皆舉《律》、《令》、《格》、《式》正條以結之。若正條不見者，其可出者，則舉重以明輕；其可入者，則舉輕以明重。凡獄囚應入議、請者，皆申刑部，集諸司七品已上於都座議之。若有別議，所司科簡，具狀以聞。若衆議異常，堪爲典則者，録送史館。

凡枷、杖、杻、鎖之制各有差等。枷長五尺已上、六尺已下，頰長二尺五寸已上、六寸已下，共闊一尺四寸已上、六寸已下，徑頭三寸已上、四寸已下。□杻長一尺六寸已上、二尺已下，廣三寸，厚一寸。鉗重八兩已上、一斤已下，長一尺已上、一尺五寸已下。鎖長八尺已上、一丈二尺已下。杖皆削去節目，長三尺五寸。訊囚杖大頭徑三分二釐，小頭二分二釐；常行杖大頭二分七釐，小頭一分七釐；笞杖大頭二分，小頭一分半。其決笞者腿、臀分受，杖者背、腿、臀分受，須數等拷訊者亦同。願背、腿均受者，聽。殿庭決杖者，皆背受。

凡鞫獄官與被鞫人有親屬、仇嫌者，皆聽更之。親謂五服內親及大功已上婚姻之家，並授業經師爲本部都督、刺史、縣令，及府佐與府主，皆同換推。

凡有罪未發及已發未斷而逢《格》改者，若《格》重則依舊條，輕從輕法。凡天下諸州斷罪應申覆者，每年正月與吏部擇使，取歷任清勤、明識法理者，仍過中書門下定訖以聞，乃令分道巡覆。若應句會官物者，加判官及典。刑部録囚徒所犯以授使，嶺南使以九月上旬先發遣。使牒與州案同，然後復送刑部。若州司枉斷，使推無罪，州司款伏，灼然無罪者，任使判放；其降入流、徒者，亦從流、徒法。若使人與州執見有別者，各以狀申。若理狀已盡，可斷決，而使人妄生節目盤退者，州司録申辨，及贓狀露驗者即決，不得待使覆；其餘罪皆待覆定。使人至日，先檢行獄囚枷鎖、鋪席及疾病、糧餉之事，有不如法者，皆以狀申。若巡察使、按察使、廉察使、採訪使，皆待制命而行，非有恒也。

凡在京諸司見禁囚，每月二十五日已前，本司録其所犯及禁時日月以報刑部。來月一日以聞。凡有寃滯不申欲訴理者，先由本司、本貫；或路遠而躓礙者；隨近官司斷決之。即不伏，當請給不理狀，至尚書省，左、右丞爲申詳之。又不伏，復給不理狀，經三司陳訴。又不伏者，上表。受表者又不達，聽撾登聞鼓。若惸、獨、老、幼不能自申者，乃立肺石之下。若身在禁繫者，親、識代立焉。立於石者，左監門衛奏聞。撾於鼓者，右監門衛奏聞。

凡國有赦宥之事，先集囚徒於闕下，命衛尉樹金鷄，待宣制訖，乃釋之。

都官郎中一人，從五品上；都官者，本因漢置司隸校尉，其屬官有都官從事一人，掌中都官不法事，因以名官。都官者，義取掌中都官。中都官者，京師官也。至魏明帝青龍二年，尚書陳矯奏置都官郎曹郎中。晉、宋、齊都官郎中二人，後魏、北齊一人，梁、陳爲侍郎，並掌京師非違得失事，非今都官之任。後周置秋官府，有司厲之職，掌諸奴男女。男子入於罪隸，女子入於舂饎之事，蓋比今都官郎中之任也。隋初，置都官侍郎二人，猶掌非違得失事。開皇三年，改都官尚書曹曰刑部，其都官郎曹遂改掌簿録配没官私奴婢，並良賤訴競、俘囚之事。煬帝時，都官郎置二人，皇朝因置一人。武德三年加『中』字。龍朔二年改曰司僕大夫，咸亨元年復故。員外郎一人，從六品上；《周禮》秋官有司厲下士二人，掌男女奴，蓋比今都官員外郎之任也。後周依焉。隋文帝置員外郎，煬帝改曰承務郎。武德三年改爲都官員外郎，龍朔、咸亨並隨曹改復。主事二人，從九品上。都官郎中、員外郎掌配没隸，簿録俘囚，以給衣糧、藥療，以理訴競、雪免。凡公私良賤必周知之。凡反逆相坐，没其家爲官奴婢。反逆家男女及奴婢没官，皆謂之官奴婢。男年十四以下者，配司農；十五已上者，以其年長，命遠京邑，配嶺南爲城奴。一免爲番戶，再免爲雜戶，三免爲良人，皆因赦宥所及則免之。凡免皆因恩言之，得降一等、二等，或直入良人。諸《律》、《令》、《格》、《式》有言官戶者，是番戶之總號，非謂別有一色。年六十及廢疾，雖赦令不該，並免爲番戶；七十則免爲良人，任所居樂處而編附之。凡初配没有伎藝者，從其能而配諸司；婦人工巧者，入于掖庭；其餘無能，咸隸司農。凡諸行宮與監、牧及諸王、公主應給者，則割司農之戶以配。諸官奴婢賜給人者，夫、妻、男、女不得分張；三歲已下聽隨母，不充數。若應簡進內者，取無夫無男女也。其餘雜伎則擇諸司之戶教充。官戶皆在本司分番，每年十月，都官按比。男年十三已上，在外州者十五已上，容貌端正，送太樂；十六已上，送鼓吹及少府教習。有工能官奴婢亦准此。業成，準官戶例分番。其父兄先有伎藝堪傳習者，不在簡例。凡配官曹，長輸其作；番戶、雜戶，則分爲番。番戶一年三番，雜戶二年五番，番皆一月。十六已上當番請納資者，亦聽之。其官奴婢長役無番也。男子入于蔬圃，女子入廚膳，乃甄爲三等之差，以給其衣糧也。四歲已上爲『小』，十一已上爲『中』，二十已上爲『丁』。春衣每歲一給，冬衣二歲一給，其糧則季一給。丁奴春頭巾一，布衫、袴各一，牛皮鞾一量並氈。官婢春給裙、衫各一，絹襌一，鞋二量；冬給襦、復袴各一，牛皮鞾一量並氈。十歲已下男春給布衫一、鞋一量，女給布衫一、布裙一、鞋一量；冬，男女各給布襦一、鞋韈一量。官戶長上者准此。其糧：丁口日給二升，中口一升五合，小口六合；諸戶留長上者，丁口日給三升五合，中男給三升。凡居作各有課程。丁奴，三當二役；中奴若丁婢，二當一役；中婢，三當一役。凡元、冬、寒食、喪、婚、乳免咸與其假焉。官戶、奴婢，元日、冬至、寒食放三日假，產後及父母喪、婚放一月，聞親喪放七日。有疾，太常給其醫藥。其分番及供公廨戶不在給限。男、女既成，各從其類而配偶之。並不得養良人之子及以子繼人。每歲孟春，本司以類相從而疏其籍以申。每歲仲冬之月，條其生息，閱其老幼而正簿焉。每歲十月，所司自黃口以上並印臂，送都官閱貌。

比部郎中一人，從五品上；魏氏置，曆晉、宋、齊、後魏、北齊皆有郎中。自晉、後周天官府有計部中大夫，蓋其任也。梁、陳、隋並爲侍郎，煬帝曰比部郎。武德三年加『中』字。龍塑二年改爲司計大夫，咸亨元年復故。員外郎一人；從六品上；隋置員外郎，煬帝曰承務郎，武德三年改爲員外郎。龍朔、咸亨隨曹改復。主事四人，從九品上。比部郎中、員外郎掌句諸司百寮俸料、公廨、贓贖、調斂、徒役課程、逋懸數物，以周知內外之經費而總勾之。凡內官料俸以品第高下爲差，外官以州、縣、府之上、中、下爲差。凡稅天下戶錢以充州、縣官月料，皆分公廨本錢之利。羈縻州所補漢官，給以當土之物。關、監之官，以品第爲差，其給以年支輕貨。鎮、軍司馬·判官俸禄同京官。鎮戍之官，以鎮。戍上、中、下爲差。上鎮將給仗身四人，中·下鎮將、上鎮副各三人，中·下鎮副各二人，倉曹、兵曹、戍主·副各一人。其仗身十五日一替，收資六百四十文。凡京司有別借食本，中書、門下、集賢殿書院各借本一千貫，尚書省都司、吏部、戶部、禮部、兵部、刑部、工部、御史臺、左·右春坊、鴻臚寺、秘書省、國子監、四方館、弘文館各百貫，皆五分收利，以爲食本。諸司亦有之，其數則少。每季一申省，諸州歲終而申省，比部總句覆之。凡倉庫出內，營造傭市，丁匠功程，贓贖賦斂，勳賞賜與，軍資器仗，和糴屯收，亦句覆之。其在京給用則月一申之；在外，二千里內季一申之，二千里外兩季一申之，五千里外終歲一申之。凡質舉之利，收子不得踰五分，出息、債過其倍。若回利充本，官不理。

司門郎中一人，從五品上；《周禮》大司徒屬官有司門下大夫，掌授管鍵，以啓閉國門。後周依《周官》。隋開皇初置司門侍郎，煬帝曰司門郎，皇朝因之。武德三年加『中』字。龍朔二年改曰司門大夫，咸亨元年復故。員外郎一人，從六品上；《周禮》有司門上士，後周有小司門上士，隋置司門員外郎，煬帝改曰承務郎，武德三年改曰員外郎。龍朔、咸亨隨曹改復。主事二人，從九品上。司門郎中、員外郎掌天下諸門及關出入往來之籍賦，而審其政。凡關二十有六，而爲上、中、下之差。京城四面關有驛道者爲上關，上關六：京兆府藍田關，華州潼關，同州蒲津關，岐州散關，隴州大震關，原州隴山關。餘關有驛道及四面關無驛道者爲中關，中關一十三：京兆府子午、駱谷、庫谷，同州龍門，會州會寧，原州木峽，石州孟門，嵐州合河，雅州邛萊，彭州蠶崖，安西鐵門，興州興城，華州渭津也。他皆爲下關焉。下關七：梁州甘亭、百牢，河州風林，利州石門，延州永和，綿州松嶺，龍州涪水。所以限中外，隔華夷，設險作固，閑邪正暴者也。凡關呵而不征，司貨賄之出入。其犯禁者，舉其貨，罰其人。古，書帛爲繻，刻木爲契，二物通爲之傳。傳，如今過所。凡度關者，先經本部本司請過所；在京，則省給之；在外，州給之。雖非所部，有來文者，所在給之。若私度關及越度，至越所而不度，不應度關而給過所，若冒名請過所與人及不應受而受者，若家人相冒及所司無故稽留，若領人、兵度關而別人妄隨之，若齎禁物私度及越度緣過邊關，其罪各有差。

又 卷一八《大理寺》

大理寺：卿一人，從三品；《尚書》云：『帝曰：「咎繇，汝作士，五刑有服。」』孔安國《注》曰：『士，理官也。』《周官》爲司寇。《韓詩外傳》云：『晉文公使李離爲理。』理，謂察理刑獄也。《史記天官書》：「斗魁四星，貴人之牢，曰大理。《漢書百官表》云：『廷尉，秦官，掌刑辟，有正、左。右監。景帝更名大理，秩中二千石。武帝復爲廷尉。宣帝置左、右廷尉平，哀帝復爲大理。王莽改曰「作士」。』後漢復爲廷尉。魏初爲大理，後復爲廷尉，置律博士。晉置丞、主簿、明法、掾。曆宋、齊，皆爲廷尉。梁爲秋卿，班第十一。陳因之。後魏置少卿、司直。北齊及隋爲大理寺，隋置評事，皇朝因之。龍朔二年改爲詳刑寺正卿，咸亨元年復爲大理。光宅元年改爲司刑寺，神龍元年復故。兩漢卿秩中二千石，魏、晉、宋、齊、梁、陳俱第三品。後魏第二品上，太和以後降爲第三品。隋正第三品，皇朝降爲從三品。少卿二人，從四品上。後魏置，爲第三品上；太和以後，降爲第四品上。北齊第四品，隋因之。皇朝置二人，降爲從四品上。大理卿之職，掌邦國折獄詳刑之事。以五聽察其情：一曰氣聽，二曰色聽，三曰視聽，四曰聲聽，五曰詞聽。以三慮盡其理：一曰明慎以讞疑獄，二曰哀矜以雪冤獄，三曰公平以鞫庶獄。少卿爲之貳。凡諸司百官所送犯徒刑已上，九品已上犯除、免、官當，庶人犯流、死已上者，詳而質之，以上刑部，仍於中書門下詳覆。其杖刑已下則決之。若禁囚有推決未盡、留繫未結者，五日一慮。若淹延久繫，不被推詰；或其狀可知，而推證未盡；或訟一人數事及被訟人有數事，重事實而輕事未決者，咸慮而決之。凡中外官吏有犯，經斷奏訖而猶稱冤者，則審詳其狀。開元八年敕：『內外官犯贓賄及私坐成殿、公坐官當已上有合許雪及減罪者，並令大理審詳犯狀，申刑部詳覆；知實冤濫，乃録送中書門下。其有遠年斷雪，近請除痕，亦準此。其餘具《刑部格》。』凡吏曹補署法官，則與刑部尚書、侍郎議其人可否，然後注擬。

大理正二人，從五品下；秦置廷尉正一人，漢因之，與『監』及『平』謂之廷尉三官，秩千石。魏氏第六品。晉置二人，宋、齊、梁、陳並一人，品同魏氏。後魏第六品上，北齊及隋並正第六品。煬帝增置六人。皇朝置二人。龍朔二年改爲詳刑大夫，咸亨元年改爲大理正。光宅元年改爲司刑正，神龍初復舊。丞六人，從六品上；晉武帝戟寧中，曹志上書請廷尉置丞，自此始也。宋、齊、梁各置一人，第七品。陳第八品，後魏第七品。大業三年，改丞爲勾檢。皇朝置六人，增品從六品上。主簿二人，從七品上；魏、晉、宋、齊、梁、陳大理皆有主簿，晉至陳俱二人，正七品上，皇朝因而降之。録事二人，從九品上；獄丞四人，從九品下；《晉令》有獄左、右丞各一人，宋、齊因之，史闕其品秩。梁、陳置獄丞二人，第七品；後魏、北齊亦二人，正九品下。隋置獄掾八人。歷代並以卑微士爲之。皇朝置四人，以流外入仕者爲之。司直六人，從六品上；後魏永安三年，御史中尉高穆奏置司直十人，視五品，隸廷尉，位在正、監上，不署曹事，唯覆理御史檢劾事。北齊及隋因之，並置十人，從第五品下。皇朝置六人，降爲從第六品上。評事十二人，從八品下。《漢書》云：『宣帝地節三年，置廷尉平，秩六百石，員四人。』其務在平刑獄，故曰廷平。至後漢光武省右平，唯置左平。魏、晉以來，不復云『左』，但云廷尉平。宋、齊各一人，第六品。陳第七品。後魏、北齊及隋各置一人，正第六品下，官爲評事，皇朝因之，置十二人，從八品下。大理正掌參議刑獄、詳正科條之事。凡六丞斷罪有不當者，則以法正之。凡內外官及爵五品已上犯罪至棄市者，並監決。若車駕巡幸在京，則都一人留守，以總卿貳之職；在都，則京亦如之。丞掌分判寺事。凡有犯，皆據其本狀以正刑名。六丞判尚書六曹所統百司及諸州之務，其刑部丞掌押獄。每一丞斷事，五丞同押；若有異見，則各言不同之狀也。徒已上，各呼囚與其家屬，告以罪名，問其狀款；不伏，則聽其自理。無理者，便以元狀斷定，上刑部。刑部覆有異同者，下於寺，更詳其情理以申，或改斷焉。主簿掌印，省署抄目，勾檢稽失。凡官吏之負犯並雪冤者，則據所由文牒而立簿焉。凡私坐而贖銅者。一斤爲一負；公坐而贖銅者，二斤爲一負。各十負爲一殿。其有犯人未附而會恩免者，本犯至免官已上及犯贓賄。入己恩前獄成者，仍以景迹論。録事掌受事發辰。獄丞掌率獄吏，知囚徒。貴賤、男女異獄。五品以上月一沐，暑則置漿。禁紙筆、金刃、錢物、杵梃入者。囚病給醫藥，重者脱械、鎖，家人入侍。司直掌承制出使推覆，若寺有疑獄，則參議之。評事掌出使推按。凡承制而出推長吏，據狀合停務及禁錮者，先請魚書以往，據所受之狀鞫而盡之。若詞有反覆，不能首實者，則依法栲之。凡大理斷獄，皆連署焉。

唐・杜佑《通典》卷二三《職官五》 刑部尚書 侍郎 郎中、員外郎 都官郎中、員外郎 比部郎中、員外郎 司門郎中、員外郎

刑部尚書 隋初有都官尚書，開皇三年，改都官爲刑部尚書，統都官、刑部、比部、司門四曹，亦因後周之名。大唐因之。龍朔二年，改刑部尚書爲司刑太常伯，咸亨元年復舊。武太后改刑部爲秋官，神龍初復舊。天寶中改爲憲部，至德初復舊。總判刑部、都官、比部、司門事。

侍郎一人 至隋，煬帝置刑部侍郎，大唐因之。龍朔二年改爲司刑少常伯，咸亨元年復舊。他時曹名或改，而官號不易。掌律令，定刑名，案覆大理及諸州應奏之事。

郎中二人 隋初置刑部侍郎，煬帝除『侍』字，又改爲憲部郎。武德三年，改爲刑部郎中。龍朔二年，改爲司刑大夫，咸亨元年復舊，與侍郎同。員外郎二人。隋文帝置刑部員外郎，煬帝改爲憲部承務郎。武德三年，改爲刑部員外郎。其後曹改而官不易。

都官郎中一人 隋初爲都官侍郎，掌簿録、配役、官私奴婢、良賤訴競、俘囚等事。煬帝除『侍』字，置員外二人。武德三年，加『中』字，減一人。龍朔二年，改爲司僕大夫，咸亨元年復舊。掌簿斂、配役、官奴婢簿籍、良賤及部曲、客女、俘囚之事。員外郎一人。《周官》曰司厲下士，蓋並今任也。後周依焉。隋改置與戶部同。

比部郎中一人 隋初爲比部侍郎，煬帝除『侍』字。武德中，加『中』字。龍朔二年，改爲司計大夫，咸亨元年復舊。天寶十一年，又改比部爲司計，至德初復舊。掌内外諸司公廨及公私債負、徒役工程、贓物帳及勾用度物。員外郎一人。改置與戶部員外郎同

司門郎中一人 隋初有司門侍郎，煬帝除『侍』字。武德三年，加『中』字。龍朔二年，改爲司門大夫，咸亨元年復舊。掌門籍、關橋及道路、過所闌遺物事。員外郎一人。《周官》有司門上士，後周依焉。隋改置與戶部同。

又 卷二五《職官七》 大理卿 正 丞 主簿 獄丞 司直 評事 監

大理卿 隋初與北齊同，文帝時議置六卿，將除大理，盧思道奏曰：『省有駕部，寺留太僕；省有刑部，寺除大理，斯則重畜産而賤刑名也。』至煬帝，加置少卿二人。趙綽爲大理少卿，時有侍郎辛亶，常衣緋褌，俗云利官，文帝以爲厭蠱，將斬之。綽曰：『據法不當死，臣不敢奉詔。』上怒甚，令斬綽，綽解衣當斬。上使人問綽曰：『竟如何？』綽曰：『執法一心，不敢惜死。』上良久釋之。他日，又令斬二人，綽曰：『此人當坐杖，殺之非法。』上曰：『不關卿事。』綽曰：『陛下置臣法司，欲誤殺人，豈得不關臣事？』上曰：『撼大木不動者，當退。』綽曰：『臣冀撼天心，何論撼木！』上乃止。時薛胄爲大理卿，胄斷獄以情，而綽守法，俱爲稱職。大唐龍朔二年，改大理爲詳刑，咸亨元年復舊。光宅元年改爲司刑，神龍元年復舊。卿一人，咸亨三年十月，張文瓘兼大理卿，旬日決疑獄事四百條，莫不允當，皆無怨言。文瓘常有疾，繫囚相與齋禱，願其視事。上元二年改官，大理諸囚一時慟哭。開元二十一年七月，大理卿袁仁敬暴卒，繫囚聞之，皆慟哭，悲歌曰：『天不恤冤人兮，何奪我慈親兮。有理無申兮，痛哉安許陳兮。』掌鞫獄，定刑名，決諸疑讞。少卿二人，永徽六年，初置少卿一人。神龍元年，又加一員。正二人，丞六人，主簿二人，司直六人，評事十二人。

正 隋開皇三年，增爲四員，煬帝增爲六員。大唐二人，通判寺事。龍朔二年，改爲詳刑大夫，咸亨初復舊。

丞 隋初二人，至煬帝改爲勾檢官，增爲十六人，分判獄事。大唐又曰丞，置六人。杜景佺、徐有功並爲司刑丞，與來俊臣、侯思止同制獄，人稱之曰：『遇徐、杜必生，遇來、侯必死。』

主簿 自魏、晉、宋、齊、梁、陳皆有，大唐置二人。

獄丞 隋有獄掾八人。大唐曰丞，有四人。

司直 隋因之。隋初置十人，煬帝置十六人。大唐置六人。掌丞制出使推覆，若寺有疑獄，則參議之。

評事 後魏、北齊及隋，廷尉評各一人，開皇三年，罷。至煬帝，乃置評事四十八人，掌與司直同，其後官廢。大唐貞觀二十二年，褚遂良議

重法官，復奏置評事十員，掌出使推覆，後加二人，爲十二員。

監　隋開皇三年，罷大理監。

宋·王溥《唐會要》卷五九《尚書省諸司下》　刑部尚書　龍朔二年，改爲司刑太常伯。咸亨元年，復爲刑部尚書。光宅元年，改爲秋官尚書。神龍元年，復爲刑部尚書。天寶十一載，改爲憲部尚書。至德二載，復爲刑部尚書。

刑部侍郎改復與尚書同　垂拱四年四月十一日，加一員，以魏尚德爲之。長安四年十二月四日，減一員。

元和十年，以御史中丞裴度兼刑部侍郎。時度宣慰淮西迴，所言軍機，多合上旨，故以兼官寵之。自徵兵討淮西，凡十餘鎮之兵，皆環於申、蔡，未立戰功。裴度使還，且令與諸朝賢詳議，乃入奏曰：『臣觀諸將，唯李光顔見義能勇，必能立功。』果首敗賊於時曲，上尤賞之。

寶曆元年四月，宣中書，以諫議大夫劉栖楚爲刑部侍郎。丞郎宣授，自栖楚始也。

刑部郎中　隋爲憲部郎，唐因之。武德三年，改刑部，加『中』字。龍朔二年，改爲司刑大夫。咸亨元年，復爲刑部郎中。

刑部員外郎改復與郎中同。

貞元十二年五月，信州刺史姚驥舉奏員外司馬盧南史贓犯。鞫按南史，准例配得直典一人，每月請紙筆錢一千文，南史以官閒冗無職事，放典令歸，納其紙筆直，前後五年，計贓六十萬貫。又云南史私買鉛燒黄丹。是日，令監察御史鄭楚相、刑部員外郎裴灖、大理寺評事陳正儀充三司，同往覆按之，將行，並召對於延英，上謂曰：『卿等必須詳審推按，無令漏罪銜冤。』三人將退，灖獨留奏曰：『臣仔細詳覽姚驥奏狀，只如所按，南史取直典紙筆，計贓六十餘萬貫文，雖公法有違，既非巨蠹，或可務恕。』上曰：『此事亦應甚有，但未知燒鉛事如何？』灖曰：『燒鉛爲黄丹，格令不禁。姚驥所奏，准天寶十載敕，鉛銅錫並不許私家買賣貿易，蓋防私鑄錢，本文亦不言不許燒黄丹。然南史違敕買鉛，不得無罪。伏以陛下自登寶位，及天寶、大曆以來，未曾降三司使至江南。今忽緣此小事，差三司使，損耗州縣，亦恐遠處聞之，各懷憂懼。臣聞開元中，張九齡爲五嶺按察使，有録事參軍告其非法，朝廷唯令大理評事往按。近大曆中，鄂岳觀察使吳仲孺與轉運使判官劉長卿紛競，仲孺奏長卿犯贓三千萬貫。時監察御史苗丕就推。今姚驥所奏，事既無多，臣若堪任此行，卽請獨往，恐不要令三司盡行。』上曰：『卿言是也，可召楚相等兩人來。』及入，並賜坐，上謂曰：『朕懵於理道，處事未精，適裴灖所奏，深叶事宜。亦不用三人總去，著一人往按問卽得，卿可宣付宰臣。』

大和五年四月敕：『鹽鐵判官守尚書刑部郎中李石宜守本官。自今已後，刑部郎中、諸司諸使，更不得奏請充職。』

都官郎中　隋爲都官郎，置二人；皇朝因之，置一人。武德三年，加『中』字。龍朔二年，改爲司僕大夫。咸亨元年，復爲都官郎中。

都官員外郎改復與郎中同。

比部郎中　隋爲比部郎，唐因之。武德三年，加『中』字。龍朔二年，改爲司計大夫。咸亨元年，復爲比部郎中。

比部員外郎改復與郎中同。

建中元年四月，比部狀稱：『天下諸州及軍府赴句帳等格，每日諸色句徵，令所由長官録事參軍、本判官據案狀子細句會。其一年句獲數，及句當名品，申比部。一千里已下正月到，二千里已下二月到，餘盡三月到盡。省司檢勘，續下州知，都至六月内結。數關度支，便入其年支用。旨下之後，限當年十二月三日内納足者。諸軍支使亦准此。又准大曆十二年六月十五日敕，諸州府請委當道觀察判官一人，每年專按覆訖，准限比部者。自去年以來，諸州多有不到。今請其不到州府，委黜陟使同觀察使計會句當，發遣申省，庶皆齊一，法得必行。』敕旨依奏。

貞元八年閏十二月十七日，尚書右丞盧邁奏：『伏詳比部所句諸州，不更句諸縣，唯京兆府、河南府既句府並句縣。伏以縣司文案既已申府，府縣並句，事恐重煩。其京兆府、河南府請同諸州，不句縣案。』敕旨依。

十一年正月，制令比部復舊敕，句京兆留府稅租。

長慶元年六月，比部奏：『准制，諸道年終句帳，宜依承前敕例。如聞近日刺史留州數內，妄有減削，非理破使者，委觀察使風聞按舉，必重加科貶，以誡削減者。其諸州府仍請各委録事參軍，每年據留州定額錢物數，破使去處，及支使外餘剩見在錢物，各具色目，分明造帳，依格限申比部。准常限，每限五月三十日都結奏。旨下之後，更送戶部。若違限及隱漏不申，録事參軍及本判官並牒吏部使闕。」敕旨：「宜從。」

大和四年九月，比部奏：「准大和三年十一月十八日赦文，天下州府兩稅，占留支用有定額，其殘欠羨餘錢物，並合明立條件，散下諸州府者。伏以德澤弘深，優裕郡國，申明舊敕，曉示新規，使其政有準繩，法無差繆，實天下幸甚。又諸州應有城郭，及公廨、屋宇、器械、舟車、什物等，合建立修理，須創制添換。又當州或屬將校所由，有巡檢非違，追捕盜賊，須行賞勸，合給程糧者。又當州或百姓貧窮，納稅不逮，須矜放要添貨額者。又當州遇年穀豐熟，要收糴貯，備以防災歉者。」敕旨：「宜依。」

司門郎中　隋爲司部郎。武德三年，加「中」字。龍朔二年，改司門大夫。咸亨元年，復爲司門郎中。

司門員外郎改復與郎中同。

開元二年閏二月十日敕：「諸司進狀奏事並長官封題，仍令本司牒所進衙門，並差一官送進，諸司使奏事亦准此。除有告謀反大逆者，任自封進。」

又　卷六六《大理寺》　龍朔二年，改爲詳刑寺，卿爲正卿。咸亨元年，復爲大理寺。光宅元年，改爲司刑寺。神龍元年，復爲大理寺。

少卿　本一員，永徽六年八月十二日，初置。神龍元年，加一員，以侯善業爲之。

正　龍朔二年，改爲詳刑大夫。咸亨年，復舊。

丞　本八員，天冊三年十月二十八日，省兩員。

司直　武德初，因隋舊制，置六員。

評事　貞觀二十二年十二月九日，置十員，掌出使推覆，後加二員，爲十二員。

貞觀元年二月二十八日，上謂封德彝曰：「大理之職，人命所懸，此官極須妙選，公宜陳其堪者。」德彝未對。上曰：「戴胄忠正清直，每事用心，即其人也。」於是除大理少卿。咸亨三年十月，張文瓘兼大理卿，旬日決疑獄事四百條，莫不允當，皆無怨言。文瓘嘗有疾，系囚相與設齋，願其視事。上元二年疾卒，大理諸囚一時慟哭。

開元八年敕：「內外官犯贓賄，及私自侵漁入己，至解免已上，有訴合雪及減罪者，並令大理審詳犯狀，申刑部詳覆。如實冤濫，仍録名送中書門下。其有遠年斷雪，近請除罪，亦准此，其餘具《刑部格》。」

二十一年七月，大理卿袁仁敬暴卒，繫囚聞之，皆慟哭悲歌曰：「天不恤冤人兮，何奪我慈親兮！有理無由申兮，痛哉安訴陳兮！」

天寶九載三月十三日敕：「大理評事，今後子弟及至親中，有未歷畿縣者，不得注授。」

建中元年正月敕：「大理司直、評事授訖三日內，于四方館上表，讓一人以自代。」

貞元四年十月，大理卿于頎奏：「諸處推事不盡，須重勘覆，或有誣告等，每失程期。稽滯既多，冤濫難息。諸司及諸館驛，多以大理爲閑司，文牒遞報，頗至稽滯失望。今後各令別置文例，切約所由，稍涉稽遲，許本寺差官累路勘覆。如所稽遲處分，州縣本判官，請書下考。諸司使本推官，奪一季俸料。」敕旨依奏。

元和四年九月敕：「刑部、大理，覆斷繫囚，過爲淹滯，是長奸倖。自今以後，大理寺檢斷，不得過二十日。刑部覆下，不得過十日。如刑部覆有異同，寺司重斷，不得過十五日。省司重復，不得過七日。如有牒外州府看勘節目，及于京城內勘，本推即以報牒到後計日數，被勘司卻報，不得過五日。仍令刑部、大理寺具初授文牒月日及有牒勘者，具遣牒及報牒到月日，牒報都省及牒訪察使，各准敕文，勾舉糾訪，如有違越，奏聽進止。其有獄情可疑，宜再三詳審，非限內可畢者，即別狀分析。寺司每月具已斷、未斷囚姓名事由聞奏，並申報中書門下。」

五年二月，大理寺奏：「當寺獄丞四員，准《六典》，合分直守獄。承前雖俸料寡薄，當寺自有諸色錢物優賞，免至虛貧。十年以來，曹司貧迫，無肯任者。遂令獄務至重，檢校絶官。今伏請省兩員，置兩員，取所省員料錢，併以優給見置者。庶令吏曹可注，職事得人。」敕旨依奏。

十五年，大理寺奏：「當司府史，許七考入流。」敕旨依奏。

其年六月，敕減大理評事兩員，以增六丞之俸。

大和元年十月，大理寺奏：「准吏部起請，當司府史二十員，減下三員，又勒轉選。請准敕附甲及不減員。」敕旨依奏。

開成四年二月，刑部奏：「大理司直張黔牟在寺宿直，以婢自隨，合判官一任，當徒一年。』從之。

其年十一月赦節文：『刑法之官，人命所繫。「頃頻有詔旨。令擇才能」，每當朔望。須備顧問。宜令中書門下更加選擇。』

會昌元年六月，大理寺奏：『當寺司直、評事應准敕差出使，請廢印三面。比緣無出使印，每經州縣及到推院，要發文牒追獲等，皆是自將白牒，取州縣印用，因茲事狀，多使先知，爲弊頗深，久未釐革。臣今將請前件廢印，收鎖在寺庫。如有出使官，便令賫去，庶免刑獄漏泄，州縣煩勞。』敕旨：『依奏，仍付所司。』

其年十一月，又奏：『請創置當寺出使印四面。臣於六月二十八日，伏緣當寺未有出使印，每准敕差官推事，皆用州縣印，恐刑獄漏泄，遂陳奏權請廢印三面。伏以廢印經用年多，字皆刓缺。臣再與當司官吏等商量，既爲久制，猶未得宜。伏請准御史臺例，置前件出使印，其廢印卻送禮部。』敕旨：『宜量置出使印三面。』

二年十月，中書門下奏：『大理寺法官，伏見衛覬稱：「刑法者，國家之所貴重，而私議之所輕賤。獄吏者，百姓之所懸命，而選任之所卑下。」王政之弊，未必不由此也。臣等商量，望委中書門下，精擇法官，選任不得在文學官之後。如有缺員，兼委大理卿自舉所知，舉不得人，顯加殿罰。向後御史臺取御史，數至三人以上，即須取法官一人。所冀刑法之官，皆知勸勵。』敕旨從之。

大中三年三月，大理寺奏：『當寺司直、評事從前不循公理，到官便求分司，迴避出使。致令官職失守，勞逸不均。伏請從今以後，待次充使後，即往分司。如未出使，不在分司限。』敕旨依奏。

四年七月，大理寺卿劉濛奏：『准文明元年四月敕，律令格式，爲政之先，有類準繩，不可乖越。如聞內外官寮，多不習律，退食之暇，各宜尋覽。仍以當司格式，書于廳之壁，俯仰觀瞻，免使遺忘。今以年代遐曠，屋壁改移，文字不修，瞻仰無所。就中大理寺評斷之司，尤爲要切。臣已于本寺廳粉壁，重寫律令格式。』敕旨：『尚書省郎官亦委都省檢勘，依舊抄撮要，即寫於廳壁。』

其年十月，大理少卿崔杞奏：『當寺官人，今後在寺詳斷，或出使推案，有犯贓私者，請于常式加罪一等。餘犯即准舊式。』從之。

宋・王溥《五代會要》卷一六《刑部》 後唐長興二年八月敕：『御史臺每月支錢三百千，充曹司人力紙筆糧課。其大理元支二十千，刑部一同，未曾支給，宜於兩班罰錢及三京諸道贓罰錢內，每月支錢一百千，賜大理寺、刑部兩司。其刑部官吏不多，兼使紙筆校少，宜於所賜錢內，三分支與一分。』其月二十九日敕：『刑部、大理寺宜各置法直官兩人，仍召曉法令者充。』

四年四月敕：『刑部、大理寺、御史臺奏：「三司官每推斷案牘時，特與免朝，恐滯推覆。」法官推覆時，不得私行人事。公事畢日，朝參如常。』

晉天福三年三月，詳定院奏：『前守晉州洪洞縣主簿盧粲進策：「伏以刑獄至重，朝廷所難，尚書省分職六司，天下謂之會府。諸道決獄，若關人命，即刑部不合不知。」欲請諸州府，凡斷大辟罪人訖，逐季具有無申報刑部，仍具録案款事節，并本判官、馬步都虞候、司法參軍、法直官、馬步司判官名銜申聞。或有案內情曲不圓，刑部請行覆勘。』從之。

又《大理寺》 後唐長興二年八月敕：『今後大理寺官員，宜同臺省例升進，其法直官比禮直官任使。兼御史臺每月支錢三百千，充曹司人力、紙筆、糧課。其大理寺先支二十千，與臺中比類錢少，宜於兩班罰錢及三京諸道贓罰錢內，每月支錢一百千，與大理、刑部兩司。其刑部人力不多，所使紙筆校少，仍於所賜錢內三分支與一分。』其月十一日，大理卿李廷範奏：

當寺今有要切事節，謹具逐件如後：

一件，寺司每奉敕旨斷案，准格須委法直司據罪人所犯，檢定法條，本斷官將所犯罪名，並所檢法律及法書本卷，對驗不差，然後逐件於法狀上署名，下法定斷。伏見寺司案內，每將法直官所檢條件法狀，備録在詳斷案。伏准格文，法直官祇合録出科條，備勘押入案，至於引條判斷，合在曹官，仍不許於斷狀內載法直官姓名者。自今已後，其法狀，臣欲落下留充寺司案底，不録在奏狀中，冀免元敕法狀三重在案。其本斷官仍於斷狀後具言，臣所斷前件文案，皆是將法直司所檢條法，一一周細詳認，悉是罪人所犯科條，或言將某色律條，比附詳斷，逐件參檢，並無漏落法律，及無欠少案內事節。

一件，格文內太和四年十二月三日，刑部員外張諷奏，大理官結斷刑獄，准舊例，自卿至司直訴事，皆許各申所見陳論。伏以所見者是消息律文，附會經義，以讞正其法，非爲率胸臆之見，騁章句之説，以定罪名。近者法司斷獄，例皆緝綴詞句，漏略律文。且一罪抵法，結斷之詞，或生或死，遂使刑名不定，人徇其私。臣請今後各令尋究律文，具載其實，以定刑辟。如能引據經義，辨析情理，並任所見詳斷。若非禮律所載，不得妄爲判章，出外所犯之罪。

一件，詳刑定罪，實在法律一科，須是犯人本條，或取比附詳斷。自今後大理寺詳斷文案，祇得以本犯一條法律斷罪，不得更將稍似格律，於本條前後安排。如是罪人合以官品減等、官告贖罪之類條件，即許於法狀內次第區分。

右奉敕：『大理每有詳斷刑獄案牘，准律須具引律令格式正文。』又稱：『准格詳獄，一切取最後敕爲定，後敕合破前格。今後凡有刑獄，先引律令格式有無正文，然後檢詳後敕，須是名目條件同，即以後敕定罪。敕內無正條，即以格文定罪。格內又無正條，即比附定刑，先自後敕爲比，事實無疑，方得定罪。或慮律令難明，録奏取裁，仍當比事平情，有徵引。刑部詳覆官、法直官亦准此。兼自此御史臺、大理寺准推斷刑獄取法直官不隱法文狀在案。本斷官祇據憑狀書法定罪，不得輒使文章，及之際，刑法官及諸朝臣，不得以見所推斷人罪名合使條格，奏請改易。刑法中或有不便於事者，任其奏聞。餘依李廷範所奏。』

四年二月，大理正張琢奏曰：『臣伏見咸通十年二月二十九日，大理少卿劉慶初奏，請於法寺置議獄堂。每寺丞詳斷刑獄畢，集大卿、二少卿、二正、六丞、四司直、八評事、十司，於議獄堂參詳，令依典式。其法官中能辨雪冤獄、迹狀尤異者，二人已上者請書上下考，三人、四人已上者超資與官。今欲望依慶初所奏，法寺置議獄堂，凡斷公事，並集法官詳議，然後連署奏聞。天下諸州案牘，亦望本判官與副使已下，督廳會議。』敕：『法寺議獄，宜且於寺卿廳內；法官賞罰，宜依所奏。天下州府有疑者，判官集議；尋常案款，則准法施行。』

晉天福五年九月二十七日，大理寺申：『當寺自前每月公案一道，除斷狀外，須全寫三本，內一本申奏，一本送刑部，一本下本道者。伏緣近年諸處公案併多，寺司常慮淹延，況所行斷遣案文，此須舉明條法，況本道已有元推公案，固不煩備録施行。今欲祇録斷狀，連敕頒宣，亦不礙於規矩。況刑部、大理寺亦是已有具案，元祇以斷覆詞降敕歸司，其諸道元推司，今欲乞准刑部例，祇降斷狀，連敕施行，所貴將來免滯刑獄。』從之。

《新唐書》卷四六《百官志一》 刑部 尚書一人，正三品；侍郎一人，正四品下。掌律令、刑法、徒隸、按覆讞禁之政。其屬有四：一曰刑部，二曰都官，三曰比部，四曰司門。

刑部郎中、員外郎，掌律法，按覆大理及天下奏讞，爲尚書、侍郎之貳。凡刑法之書有四：一曰律，二曰令，三曰格，四曰式。凡鞫大獄，以尚書侍郎與御史中丞、大理卿爲三司使。凡國有大赦，集囚徒于闕下以聽。

刑部主事四人，都官主事二人，比部主事四人，司門主事二人。龍朔二年，改刑部曰司刑，都官曰司僕，比部曰司計，司門曰司關。光宅元年，改刑部曰秋官。天寶十一載，改刑部曰司憲，比部曰司計。有刑部令史十九人，書令史三十八人，亭長六人，掌固十人；都官令史九人，書令史十二人，掌固四人；比部令史十四人，書令史二十七人，計史一人，掌固四人；司門令史六人，書令史十三人，掌固四人。

都官郎中、員外郎，各一人，掌俘隸簿録，給衣糧醫藥，而理其訴免。凡反逆相坐，沒其家配官曹，長役爲官奴婢。一免者，一歲三番役。再免爲雜户，亦曰官户，二歲五番役。每番皆一月，三免爲良人。六十以上及廢疾者，爲官户；七十爲良人。每歲孟春上其籍，自黄口以上印臂，仲冬送於都官，條其生息而按比之。樂工、獸醫、騙馬、調馬、羣頭、栽接之人皆取焉。附貫州縣者，按比如平民，不番上，歲督丁資，爲錢一千五百；丁婢、中男，五輸其一；侍丁、殘疾半輸。凡居作者，差以三等：四歲以上，爲小；十一以上，爲中；二十以上，爲丁。丁奴，三當二役；中奴、丁婢，二當一役；中婢，三當一役。

比部郎中、員外郎，各一人，掌句會內外賦斂、經費、俸禄、公廨、勳賜、贓贖、徒役課程、逋欠之物，及軍資、械器、和糴、屯收所入。京師倉庫，三月一比，諸司、諸使、京都，四時句會於尚書省，以後季句前季；諸州，則歲終總句焉。

司門郎中、員外郎，各一人，掌門關出入之籍及闌遺之物。凡著籍，月一易之。流内，記官爵、姓名；流外，記年齒、貌狀。非遷解不除。凡有召者，降墨敕，勘銅魚、木契然後入。監門校尉巡日送平安。凡奏事，遣官送之，晝題時刻，夜題更籌。命婦諸親朝參者，内侍監校尉涖索。凡輦輿車，不入宫門。闌遺之物，揭於門外，牓以物色，期年没官。天下關二十六，有上、中、下之差，度者，本司給過所；出塞踰月者，給行牒；獵手所過，給長籍，三月一易。蕃客往來，閲其裝重，入一關者，餘關不譏。

又 卷四八《百官志三》 大理寺 卿一人，從三品；少卿二人，從五品下。掌折獄、詳刑。凡罪抵流、死，皆上刑部，覆於中書、門下，繫者五日一慮。龍朔二年，改曰詳刑寺；武后光宅元年，改曰司刑寺；中宗時廢獄丞。有府二十八人，史五十六人，司直史十二人，評事史二十四人，獄史六人，亭長四人，掌固十八人，問事百人。

正二人，從五品下。掌議獄，正科條。凡丞斷罪不當，則以法正之。五品以上論者，莅決。巡幸，則留總持寺事。

丞六人，從六品上。掌分判寺事，正刑之輕重。徒以上囚，則呼與家屬告罪，問其服否。

主簿二人，從七品上。掌印，省署鈔目，句檢稽失。凡官吏抵罪及雪免，皆立簿。私罪贖銅一斤，公罪二斤，皆爲一負；十負爲一殿。每歲，吏部、兵部牒覆選人殿負，録報焉。

獄丞二人，從九品下。掌率獄史，知囚徒。貴賤、男女異獄。五品以上月一沐，暑則置漿。禁紙筆、金刃、錢物、杵梃入者。囚病，給醫藥，重者脱械鎖，家人入侍。

司直六人，從六品上；評事八人，從八品下。掌出使推按。凡承制推訊長吏，當停務禁錮者，請魚書以往。録事二人。

論説

唐·吴兢《貞觀政要》卷五《論公平》 貞觀元年，吏部尚書長孫無忌嘗被召，不解佩刀入東上閤門，出後，監門校尉始覺。尚書右僕射封德彝議，以監門校尉不覺，罪當死；無忌誤帶刀入，徒二年，罰銅二十斤。太宗從之。大理少卿戴胄駁曰：『校尉不覺，與無忌帶入，同爲誤耳。臣子之於尊極，不得稱誤，准律云：「供御湯藥、飲食、舟船，誤不如法者，皆死。」陛下若録其功，非憲司所決；若當據法，罰銅未爲得衷。』太宗曰：『法者非朕一人之法，乃天下之法，何得以無忌國之親戚，便欲撓法耶？』更令定議。德彝執議如初，太宗將從其議，胄又駁奏曰：『校尉緣無忌以致罪，於法當輕。若論其過誤，則爲情一也，而生死頓殊，敢以固請。』太宗乃免校尉之死。

是時，朝廷盛開選舉，或有詐偽階資者，太宗令其自首，不首，罪至於死。俄有詐偽者事泄，胄據法斷流以奏之。太宗曰：『朕下敕不首者死，今斷從流，是示天下以不信矣。』胄曰：『陛下當即殺之，非臣所及，既付所司，臣不敢虧法。』太宗曰：『卿自守法，而令朕失信耶？』胄曰：『法者，國家所以布大信於天下。言者，當時喜怒之所發耳。陛下發一朝之忿而許殺之，既知不可而置之於法，此乃忍小忿而存大信也。若順忿違信，臣竊爲陛下惜之。』太宗曰：『法有所失，卿能正之，朕何憂也？』

又 卷八《論刑法》 貞觀元年，太宗謂侍臣曰：『死者不可再生，用法須務存寬簡。古人云，鬻棺者，欲歲之疫，非疾於人，利於棺售故耳。今法司覆理一獄，必求深刻，欲成其考課。今作何法，得使平允？』諫議大夫王珪進曰：『但選公直良善人，斷獄允當者，增秩賜金，即姦偽自息。』詔從之。

太宗又曰：『古者斷獄，必訊於三槐、九棘之官。今三公、九卿，即其職也。自今以後，大辟罪皆令中書、門下四品已上及尚書九卿議之。如此，庶免冤濫。』由是至四年，斷死刑，天下二十九人，幾致刑措。

貞觀五年，張藴古爲大理丞。相州人李好德素有風疾，言涉妖妄，詔令鞫其獄。藴古言：『好德癲病有徵，法不當坐。』太宗許將寬宥，藴古密報其旨，仍引與博戲。持書侍御史權萬紀劾奏之，太宗大怒，令斬於東市。既而悔之，謂房玄齡曰：『公等食人之禄，須憂人之憂，事無巨細，咸當留意。今不問則不言，見事都不諫諍，何所輔弼？如藴古身爲法官，與囚博戲，漏洩朕言，此亦罪狀甚重，若據常律，亦未至極刑。朕當時盛怒，即令處置，公等竟無一言，所司又不覆奏，遂即決之，豈是道理？』因詔曰：『凡有死刑，雖令即決，皆須五覆奏。』五覆奏，自蘊古始也。又曰：『守文定罪，或恐有冤。自今以後，門下省覆，有據法令合死而情可矜者，宜録奏聞。』

蘊古，初以貞觀二年自幽州總管府記室兼直中書省，表上《大寶箴》，文義甚美，可爲規誡。其詞曰：

今來古往，俯察仰觀，惟辟作福，爲君實難。宅普天之下，處王公之上，任土貢其所求，具僚和其所唱。是故兢懼之心日弛，邪僻之情轉放。豈知事起乎所忽，禍生乎無妄。固以聖人受命，拯溺亨屯，歸罪於己，因心於人。大明無偏照，至公無私親，故以一人治天下，不以天下奉一人。禮以禁其奢，樂以防其佚。左言而右事，出警而入蹕。四時調其慘舒，三光同其得失。故身爲之度，而聲爲之律。勿謂無知，居高聽卑；勿謂何害，積小成大。樂不可極，極樂生哀；欲不可縱，縱欲成災。壯九重於內，所居不過容膝，彼昏不知，瑤其臺而瓊其室；羅八品於前，所食不過適口，惟狂罔念，丘其糟而池其酒。勿內荒於色，勿外荒於禽，勿貴難得之貨，勿聽亡國之音。內荒伐人性，外荒蕩人心，難得之物侈，亡國之聲淫。勿謂我尊而傲賢侮士，勿謂我智而拒諫矜己。聞之夏后，據饋頻起；亦有魏帝，牽裾不止。安彼反側，如春陽秋露，巍巍蕩蕩，推漢高大度；撫茲庶事，如履薄臨深，戰戰慄慄，用周文小心。

詩云『不識不知』，書曰『無偏無黨』。一彼此於胸臆，捐好惡於心想。衆棄而後加刑，衆悅而後命賞。弱其强而治其亂，申其屈而直其枉。故曰：如衡如石，不定物以數，物之懸者，輕重自具；如水如鏡，不示物以情，物之鑑者，妍蚩自生。勿渾渾而濁，勿皎皎而清，勿汶汶而闇，勿察察而明。雖冕旒蔽目而視於未形，雖黈纊塞耳而聽於無聲。縱心乎湛然之域，遊神於至道之精。扣之者應洪纖而效響，酌之者隨淺深而皆盈。故曰：天之清，地之寧，王之貞。四時不言而代序，萬物無爲而受成，豈知帝有其力，而天下和平。吾王撥亂，戡以智力，人懼其威，未懷其德。我皇撫運，扇以淳風，民懷其始，未保其終。爰述金鏡，窮神盡聖。使人以心，應言以行。包括理體，抑揚詞令。天下爲公，一人有慶。開羅起祝，援琴命詩，一日二日，念茲在茲。惟人所召，自天祐之。爭臣司直，敢告前疑。

太宗嘉之，賜帛三百段，仍授以大理寺丞。【略】

貞觀十六年，太宗謂大理卿孫伏伽曰：『夫作甲者欲其堅，恐人之傷；作箭者欲其鋭，恐人不傷。何則？各有司存，利在稱職故也。朕常問法官刑罰輕重，每稱法網寬於往代。仍恐主獄之司利在殺人，危人自達，以釣聲價。今之所憂，正在此耳！深宜禁止，務在寬平。』

清·董誥等《全唐文》卷八四八《蕭希甫〈請置明律科奏〉》 臣聞禁暴亂者，莫先於刑律。勸禮義者，無切於詩書。刑律明則人不敢爲非，禮義行則時自然無事。今詩書之教，則業必有官。刑律之科，則世皆莫曉。近者，大理正宋昇，請置律學生徒，雖獲上聞，未蒙申舉。伏乞特頒詔旨，下付國庠，令再設此科，許其歲貢，仍委諸州，各薦送一兩人，就京習學，候至業成，便放出身，兼許以卑官，卻還本處，則率土之內，盡會刑書，免禍觸於金科，冀咸遵於皇化。

藝文

唐·元結《次山集》卷三《與黨評事并序》 大理評事党曄，好閒自退，元子愛之，作詩贈焉。

自顧無功勞，一歲官再遷。跼身班次中，常竊愧耻焉。加以久荒浪，惛愚性頗全。未知在冠冕，不合無拘牽。勤强所不及，於人或未然。豈忘惠君子，恕之識見偏。且欲因我心，順爲理化先。彼云萬物情，有願隨所便。愛君得自遂，令我空淵禪。

清·彭定求等《全唐詩》卷一一八《孫逖〈送趙評事攝御史監軍嶺南〉》 議獄持邦典，臨戎假憲威。風從閶闔去，霜入洞庭飛。篁竹迎金鼓，樓船引繡衣。明年拜一作降眞月，南斗使星歸。

雜録

唐·劉肅《大唐新語》卷四《持法》 李日知爲司刑丞，嘗免一死因，少卿胡元禮異判殺之，與日知往復，至於再三。元禮怒，遣府吏謂曰：『元禮不離刑曹，此囚無活法。』日知報曰：『日知不離刑曹，此囚無死法。』竟以兩聞，日知果直。

則天朝，奴婢多通外人，輒羅告其主，以求官賞。潤州刺史竇孝諶妻龐氏，爲其奴所告夜醮，敕御史薛季旭推之。季旭言其『咒詛』，草狀以聞，先於玉堦涕泣不自勝，曰：『龐氏事狀，臣子所不忍言。』則天納之，遷季旭給事中。龐棄市，將就刑，龐男希瑊，訴寃於侍御史徐有功。有功覽狀曰：『正當枉狀。』停決以聞。三司對按，季旭益周密其狀。秋官及司刑兩曹，既宣覆而自懼，衆迫有功。有功不獲申，遂處絞死。則天召見，迎謂之曰：『卿比按，失出何多也。』有功曰：『失出，臣下之小過。好生，聖人之大德。願陛下弘大德。天下幸甚。』則天默然久之曰：『去矣。』敕減死，放于嶺南。月餘，復授侍御史。有功俯伏流涕，固不奉制。則天固授之，有功曰：『臣聞鹿走於山林，而命懸於廚者，何勢使然也。陛下以法官用臣，臣以從寬行法，必坐而死矣。』則天既深器重，竟授之，遷司刑少卿。時周興、來俊臣等，羅告天下衣冠，遇族者數千百家。有功居司刑，平反者不可勝紀，時人方之于定國。中宗朝，追贈越州都督，優賜其家，並授一品官。開元初，竇希瑊外戚榮貴，奏請迴己之官，以酬其子。

唐·李肇《唐國史補》卷下　長慶初，上以刑法爲重，每有斷大獄，又令中書舍人一員參酌而出之，百司呼爲參酌院。

後周·王仁裕《開元天寶遺事》卷下　口案　張九齡累歷刑獄之司，無所不察。每有公事赴本司行勘，胥吏輩未敢訊劾，先取則於九齡。因於前面分曲直，口撰案卷，因無輕重，咸樂其罪。時人謂之張公口案。

宋·王讜《唐語林》卷一《德行》　皇甫文備，武后時酷吏。與徐大理有功論獄，誣徐黨逆人，奏成其罪，武后特出之。無何，文備爲人所告，有功訊之在寬。或曰：『彼曩將陷公於死，今公反欲出之，何也？』徐曰：『爾所言者私怨，我所守者公法，安可以私害公也。』

又《政事上》　張九齡累歷刑獄之司，無不察。每有公事，胥吏未敢訊劾，先稟於九齡。召囚面訊曲直，口占案牘，無輕重，皆引服。

又　卷三《方正》　徐大理有功，每見武后將殺人，必據法廷爭。嘗與武后反復，詞色愈厲，后大怒，令拽出斬之，猶回顧曰：『身雖死，法終不可改。』至市，臨刑得免，除爲庶人。如是再三，終不挫折。朝廷倚賴，至今猶憶之。其子預選，有司皆曰：『徐公之子，安可拘以常調乎？』

李日知爲大理丞。武后方肆戮，胡元禮承旨，欲陷人死刑，令日知改斷，再三不從。元禮使人謂李曰：『胡元禮在，此人莫覓活。』李謂使者曰：『日知在，此人莫覓死。』竟免之。

又　卷八《補遺無時代》　凡言九寺，皆曰『棘卿』。《周禮》『三槐九棘』：槐者，懷也；上佐天子，懷來四夷。棘者，言其赤心以奉其君，皆三公九卿之任也。唐世惟大理得言棘卿，他寺則否。九寺皆樹棘木，大理則于棘下訊鞫其罪，所謂『大司寇聽刑于棘木之下』。

元·馬端臨《文獻通考》卷一六六《刑考五·奏罷參酌院疏》　大理少卿崔杞奏曰：國家法度，高祖太宗制，二百餘年矣。《周禮》正月布刑張之門閭及都鄙邦國，所以屢丁寧，使四方謹行之。大理寺，陛下守法之司也。今別設參酌之官，有司定罪，乃議其出入，是予奪係於人情，而法官不得守其職。昔子路問政，孔子曰：『必也，正名乎？』臣以爲參酌之名不正，宜廢。

監察機構部

綜　述

《隋書》卷二八《百官志下》　御史臺，大夫一人，治書侍御史二人，侍御史八人，殿内侍御史、監察御史，各十二人，録事二人。後魏延昌中，王顯有寵於宣武，爲御史中尉，請革選御史。此後踵其事，每一中尉，則更置御史。自開皇後，始自吏部選用，仍依舊入直禁中。

唐·杜佑《通典》卷二四《職官六》　御史臺　御史大夫　中丞　侍御史　殿中侍御史　監察侍御史　主簿

隋及大唐皆曰御史臺。龍朔二年改爲憲臺，咸亨元年復舊。門北闢，主陰殺也。按北齊楊楞伽《鄴都故事》云：『御史臺在宮闕西南，其門北開，取冬殺之義。』斯事久矣。今東都臺門所以不北向者，蓋欲變古之制，或建造者不習故事耳。龍朔中，改司經局爲桂坊，置司直，爲東宮之憲府，亦開北門，以象御史臺，其例明矣。或云：隋初移長安城，造御史臺，時以兵部尚書李圓通檢校御史大夫，欲於尚書省近，故開北門。此説非也。故御史爲風霜之任，彈糾不法，百僚震恐，官之雄峻，莫之比焉。舊制但聞風彈事，提綱而已。舊例，御史臺不受訴訟。有通辭狀者，立於臺門，候御史，御史徑往門外收採。知可彈者，略其姓名，皆云『風聞訪知』。永徽中，崔義玄爲大夫，始定受事御史，人知一日，劾狀題告人姓名或訴訟之事。其鞫案禁繫，則委之大理。貞觀末，御史中丞李乾祐以囚自大理來往，滋其姦故，又案事入法，多爲大理所反，乃奏於臺中置東西二獄，以自繫劾。開元中，大夫崔隱甫復奏罷之。其後罕有聞風彈舉之事，多受辭訟，推覆理盡，然後彈之。將有彈奏，則先牒監門禁止，勿許其入。按《宋書》云『二臺劾奏，符光禄加禁止，不得入殿省』，是其先例。光禄主殿門。武太后時，改御史臺爲肅政臺，凡置左、右肅政二臺，別置大夫、中丞各一人，侍御史、殿中、監察各二十人，又置肅政臺使六人，受俸於本官，略與御史同，尋罷之。左以察朝廷，右以澄郡縣。時議以右多名流，左多寒刻，其遷登南省者，右殆倍焉，以其不陵朝貴故也。二臺迭相糾正，而左加敬憚。神龍以後去肅政之名，但爲左右御史臺。初置兩臺，每年春秋發使，春曰風俗，秋曰廉察。令地官尚書韋方質爲條例，刪定爲四十八條，以察州縣。載初以後，奉敕乃巡，不每年出使也。睿宗即位，詔二臺並察京師，資位既等，競爲彈糾，百僚被察，殆不堪命。太極元年，以尚書省悉隸左臺。月餘，右臺復請分綰尚書西行事。左臺大夫竇懷貞乃表請依貞觀故事，遂廢右臺，而本御史臺官復舊，廢臺之官並隸焉。其左臺，本御史臺也。又別置右臺，右臺地即今太僕寺是也。本隋長秋監地，武太后改爲司宮臺，移於街北。遂以其地置右臺。右臺既廢，以其地爲御史臺使院。開元八年，移太僕寺於此。大夫一人，中丞二人，侍御史四人，殿中侍御史六人，監察御史十人，主簿一人。内供奉、裏行者各如正員之半。太宗朝，始有裏行之名。高宗時，方置内供奉及裏行官，皆非正官也。開元初，又置御史裏使及侍御史裏使、殿中裏使、監察裏使等官，並無定員，議與裏行同。穆思泰、元光謙、吕太一、翟章並爲裏使，尋省。建中三年九月，御史臺請置推官二人，常與本推御史同推覆，奉敕依。其臺憲故事，官資輕重，則杜易簡、韓琬註記詳焉。杜易簡撰《御史雜注》四卷，韓琬撰《御史臺記》十二卷。

御史大夫　晉初省之。此皆爲三公，非今御史大夫也。今御史大夫，即漢以來御史中丞是也。後代或置大夫，皆中丞之互名，非漢舊大夫之任。唯劉聰僭號，置御史大夫，亞於三公，頗似漢制也。

中丞　隋以國諱，改中丞爲大夫。大唐因隋，亦曰大夫。龍朔二年，改爲大司憲，咸亨初復舊。武太后改置左、右肅政臺，御史大夫各一人，太極初復舊。掌肅清風俗，彈糾内外，總判臺事。自周、隋以來，無儀衛之重令，行出道路，以私騎匹馬從之而已。故事，侍御史以下，與大夫抗禮。光宅元年九月，韋思謙除左肅政大夫，遂坐受拜。或以爲言，謙曰：『國家班列，自有差等，難以姑息。』其後大夫又與之抗禮。至開元十八年，有敕申明隔品致敬，其禮由之不改。至二十四年六月，李適之爲大夫，又坐受拜，其後有與之抗禮，至今不改。故事，大夫與監察競爲官政，略無承稟。至開元十四年，崔隱甫爲大夫，一切督責之，事無大小，悉令咨決。稍有忤意，列其罪，前後犯貶黜者過半，羣僚側目。上常謂曰：『卿爲大夫，深副朕委。』

御史中丞，舊持書侍御史也。【略】隋又爲持書侍御史，臺中簿領，悉以主之。大唐永徽初，高宗即位，以國諱故，改持書侍御史爲御史中丞。龍朔二年，改爲司憲大夫，咸亨元年復爲中丞，二人。大足元年，張易之縱恣益横，常私引相工李私泰占吉凶，言涉不順。御史中丞宋璟請窮究其狀。武太后曰：『易之等已自上聞。』璟曰：『謀反大逆，無容首免。易之等分外承恩，臣知言發禍從，然義激於心，雖死不恨。』太后不悦。内史姚元崇恐忤旨，遽宣敕令出。璟曰：『天顔咫尺，親奉德音，不煩宰相擅宣王命。』太后意解，乃收易之等入臺，尋舍之，令就宅謝罪。璟拒而不見曰：『公事當公言之，若私見，法無私也。』景龍二年十二月，御史中丞姚庭筠奏稱：『律令格式，懸之象魏，奉而行之，事無不理。比見諸司寮寀，不能遵守章程，事無大小，皆悉聞奏。臣聞爲君者任臣，爲臣者奉法。故云「汝爲君目將思明」，則知萬幾務綜，不可偏覽也。所以設官分職，委任責成，百工惟時，以成垂拱之化。比者或修一水窻，或伐一枯木，並皆上聞旒扆，取斷宸衷，豈代天理物至化之道也？自今以後，若緣軍國大事及牒式無文者，任奏取進止。自餘據章程合行者，各令准法處分。其有故生疑滯，致有稽失者，請令御史隨事糾彈。』上從之。亦時有内供奉，本有一人，聖曆中加一人，尋省。先天中復置。職副大夫，通判臺事。開元二十一年三月，置京畿都採訪處置使，以中丞爲之。

侍御史　隋侍御史八人，自開皇之前，猶踵後魏革選；自開皇之後，始自吏部選用，不由臺主，仍依舊入直禁中。大業中，始罷御史直宿臺內，文簿皆持書主之，侍御史但侍從糾察而已，由是資位少減。大唐自貞觀初以法理天下，尤重憲官，故御史復爲雄要。貞觀十一年，吴王恪好畋獵，損居人田苗。侍御史柳範奏彈之。太宗因謂侍臣曰：『權萬紀事我兒，不能匡正，其罪合死。』範進曰：『房玄齡事陛下，猶不能諫止畋獵，豈可獨坐萬紀乎？』其將除拜，皆吏部與臺長官、宰相議定，然後依選例補奏，其内詔别拜者，不在其限。顯慶元年八月，中書侍郎平章事李義府恃寵用事。聞婦人淳于氏有美色，坐事繫大理，乃諷大理丞畢正義枉法出之，將納之。有言其狀者，上令給事中劉仁軌鞫之。義府恐洩其謀，遂逼正義自縊於獄中。上知，特原義府之罪。侍御史王義方奏：『義府擅殺寺丞，陛下雖以釋放，然天子置三公、九卿、二十七大夫、八十一元士，本欲水火相濟，鹽梅相成，然後庶績咸熙，風雨交泰，則知人主不得獨是獨非。昔唐堯至聖，失之於四凶；漢祖深仁，失之於陳豨；光武聰明寬恕，失之於寵萌；魏武勇略英雄，失之於張邈。此並英傑之主，莫不失之於前，得之於後。陛下繼聖，撫有萬邦，蠻陬夷落，猶懼刑網，況輦轂咫尺，姦臣肆虐，殺一六品寺丞，足使忠臣抗憤。縱令正義自取絞縊，此事彌不可容，便是畏義府之權勢能殺身。殺身滅口，此則生殺之威上非主出，賞罰之柄下移姦佞。請乞重勘正義，當致死之由，雪冤氣於幽泉，誅姦臣於白日。』對仗叱義府令下，義府顧視不退，義方三叱，上既無言，義府趨出。義方乃讀彈文曰：『義府善柔成性，佞媚爲姿。昔事馬周，分桃見寵；後交劉洎，割袖承恩。生其羽翼，長其光價，因緣際會，遂階通達。貪冶容之好，原有罪之淳于；恐漏泄其謀，殞無辜之正義。此而可恕，孰不可容。請除君側，少答鴻私，碎首玉階，庶明臣節。伏請付法推斷，以申朝典。』麟德以來，用人尤重，高宗常問羣臣求可爲御史者，僉舉萬年尉楊子，失其名。居數月，復問之，羣臣復舉焉。上曰：『吾聞斯人常以褻服居公堂視事，其可以爲準繩司乎？』由是百司羣寮，必表而親事。選授之命，不由銓管。及李義府掌大選，寵任既重，始得補之。神龍三年，吏部尚書蘇瓌案問鄭普思。其妻有寵於韋庶人，持敕命對御辯析，上屢抑瓌而理普思。侍御史范讞忠歷階曰：『臣請先罪蘇瓌。』上問其故，忠曰：『蘇瓌國之大臣，荷榮貴久矣，不能斬逆賊而後聞奏，令使眩惑天聰，摇動刑柄，而普思反狀昭露，陛下曲爲申理，此則王者不死。今聖躬萬福，豈有剩天子耶！臣請先死，終不能事普思。』上意乃解，獄遂定。自義府之後，無出於吏部者。舊御史遭長官於途，皆免帽降乘，長官戢轡，辭而止焉。乾封中，王本立爲侍御史，意氣頗高，途逢長官，端揖而已。自是諸人或降而立，或一足至地，或側鞍弛鐙，輕重無恒。開元以來，但舉鞭聳揖而已。侍御史凡四員，本二員，顯慶中加二員。乾封二年二月，韋仁約除御史，與公卿相見，未嘗行拜禮。或勉之，約曰：『鶚鵰鷹鸇，豈衆禽之偶？奈何設拜以狎之！且耳目之官，故當特立。』乃曰：『御史銜命出使，不能動揺山岳、震攝州縣，誠曠職耳。』内供奉二員。侍御史内供奉與殿中御史内供奉、監察御史裏行，其制並同，皆無職田、庶僕。臺例：占闕者得職田、庶僕；無闕可占，則歲兩時請地子於太倉，每月受俸及庶僕於太府。掌糾察内外，受制出使，分判臺事。又分直朝堂，與給事中、中書舍人同受表理冤訟，迭知一日，謂之『三司受事』。其事有大者，則詔下尚書刑部、御史臺、大理寺同按之，亦謂此爲『三司推事』。後漢永平中，侍御史寒朗共三府案楚獄，亦今三司之例。武太后時，刑獄滋彰，凡二臺御史，多苛刻無恩，以誅暴爲事，猜阻傾奪，更相陵搆，此其爲弊也。神龍以來稍革之，其後名流愼選，侔於貞觀、永徽矣。侍御史之職有四，謂推、推者，掌推鞫也。彈、掌彈舉。公廨、知公廨事。雜事。臺事悉總判之。定殿中、監察以下職事及進名、改轉，臺内之事悉主之，號爲『臺端』，他人稱之曰『端公』。其知雜事者，謂之『雜端』，最爲雄劇。食坐之南設横榻，謂之『南床』。殿中、監察不得坐。亦謂之『癡床』，言處其上者，皆驕傲自得，使人如癡，是故謂之『癡床』。凡侍御史之例，不出累月，則遷登南省，故號爲『南床』。百日察其行止出入，揖讓去就，殿中以下皆稟而隨之，先後虧失者有罰。其太極以前二臺朝列之制，侍御史與殿中隨仗入，分居兩行。東行在侍中、黄門侍郎、給事中後，起居郎、常侍、正諫議大夫、御史中丞下。西行在中書令、侍郎、舍人後，起居舍人、常侍、諫議大夫、御史中丞、大夫下。承詔者各五日。有旨召御史，不呼名，則承詔者出。承詔御史舊在西，開元初制在東。侍御史或闕，則假殿中承之。自至德以來，諸道使府參佐，多以省郎及御史爲之，謂之外臺，則皆檢校、裏行及内供奉，或兼或攝。諸使官亦然。

殿中侍御史　隋初，改曰殿内侍御史，置十二人，至煬帝省。大唐置六員，初有二員，貞觀二十二年增二員，開元中加二員。内供奉三員，初掌駕出於鹵簿内糾察非違，餘同侍御史，唯不判事。咸亨以前，遷轉及職事與侍御史相亞。自開元初以來，權歸侍御史，而遷轉猶同，兼知庫藏出納及宫門内事，知左右巡，分京畿諸州諸衛兵禁隸焉，彈舉違失，號爲『副端』。開元二年三月，殿中侍御史郭震劾刑部尚書趙彦昭、太子賓客韋嗣立、青州刺史韋安石曰：『彦昭以女巫趙五娘左道亂常，託爲諸姑，潛相影援。既因提挈，遂踐台階，或驅車造門，着婦人之服；或攜妻就謁，申猶子之情。同惡相濟，一至於此。又張易之兄弟勢傾朝野，嗣立比際結爲舅生。神龍之初，已合誅死，天網疎漏，腰領誤全，與安石託附阿韋，編諸屬籍。中宗晏駕，則相王輔政之制，定阿韋臨朝之策，此時朝野冤懼，人神怨憤。臣忝司清憲，敢不糾彈。彦昭等並請准法處分。』於是並貶其官。閤門之外，百僚班序有離立失列、言囂而不肅者，則糾罰之。其正冬大會，則戴玄豸，乘馬加飾，大夫、中丞加金勒珂珮。具服上殿，供奉左右。或缺，則吏部以他官攝之。其郊祀、巡幸，大備鹵簿，出入由旌門者，監其隊伍。初，武太后時有殿中裏行及員外殿中御史官，或有起家爲之而卽眞者。神龍以來，無監察則有裏行。

監察侍御史　隋開皇二年，改檢校御史爲監察御史，凡十二人。煬帝增置十六員，掌出使檢校。大唐監察御史十員，初有四員，貞觀二十二年加二員，顯慶中加二員，開元中加二員。裏行五員，掌内外糾察并監祭祀及監諸軍、出使等。監察御史職知朝堂，正門無籍，非因奏事，不得入至殿庭，在西鳳闕南，視殿中侍御史以上從觀象門出，若從天降。至開元七年三月，敕並令隨仗入閤。隋末亦遣御史監軍。垂拱三年十一月，鳳閣侍郎韋方質奏言：『舊制有御史監軍，今未差遣，恐虧失節度。』武太后曰：『將出師，君授之以斧鉞，閫外之事皆使裁之。始聞比來御史監軍，乃有控制，軍中大小之事，皆須承稟，非所以委專征也。以卑制尊，理便不可。』不許。罪人當笞於朝者，亦監之，分爲左右巡，糾察違失。高宗時，御史韋仁約奏劾中書令褚遂良抑買宅地，遂良貶爲同州刺史。萬歲通天元年五月，監察御史紀履忠劾奏御史中丞來俊臣狀有五：『一專擅國權，二謀害忠善，三贓賄貪濁，四失禮義教，五淫昏狠戾。論咨五罪，合至萬誅，請下獄理罪。』長安四年三月，監察御史蕭至忠彈鳳閣侍郎、同鳳閣鸞臺三品蘇味道贓污，貶官。御史大夫李承嘉嘗召諸御史，責之曰：『近日彈事，不咨大夫，禮乎？』衆不敢對。至忠進曰：『故事，臺中無長官。御史。人君耳目，比肩事主，得各自彈事，不相關白。若先白大夫而許彈事，如彈大夫，不知白誰也。』承嘉默然，憚其剛正。以承天、朱雀街爲界，每月一代。將晦，卽巡刑部、大理、東西徒坊、金吾及縣獄。若蒐狩，則監圍，察斷絶失禽者，量宜劾奏。景龍三年，監察御史崔琬彈奏宰相宗楚客、紀處納等驕恣跋扈，請收劾之。舊制，大臣有被御史彈者，皆俯僂趨出，待罪朝堂。今楚客等瞋目作色，稱以忠鯁被誣。中宗令琬與楚客約爲兄弟，時人竊號爲『和事天子』。開元初，革以殿中掌左右巡，監察或權掌之，非本任也。職務繁雜，百司畏懼，其選拜多自京畿縣尉。京畿卽赤縣也。又有監察御史裏行者，太宗置，自馬周始焉。始馬周以布衣有詔令於監察御史裏行，遂以爲名。後高宗時，王立本自忻州定襄縣尉爲之。凡裏行，皆受俸於本官，多復本官者。自王大賓後，罷本官俸，方有卽眞者。武太后時，復有員外監察、試監察，或有起家爲之而卽眞者。又有臺使八人，俸亦於本官請，餘同監察。時人呼爲六相。吏部式其試監察。神龍以來，無復員外及試，但有裏行。凡諸内供奉及裏行，其員數各居正官之半，唯俸禄有差，職事與正同。開元五年，監察御史杜暹往磧西覆屯，會郭處瓘與史獻等不叶，更相執奏，詔暹按其事實。史獻以金遺暹，固辭。左右曰：『公遠使絶域，不可失番人情。』暹不得已受，埋於幕下，既去，出境，乃移牒令收取之。

主簿　至隋大業三年，御史臺始置主簿二人。隋兼置録事，員二人。大唐置一員，掌付事勾稽，省署鈔目，監印，給紙筆。其俸禄與殿中御史同。武德末，杜淹爲大夫，以吏部主事林懷信爲之。貞觀中，自張弘濟爲此官之後，遂爲美職，管轄臺中雜務、公廨、厨庫，檢督令史、奴婢，配動、散官職事。每食則執黄卷，書其譴罰。録事以下小吏各有差。

宋·王溥《唐會要》卷四〇《臣下守法》　開元二年八月，監察御史蔣挺有犯，敕朝堂杖之。黄門侍郎張廷珪執奏曰：『御史，憲司清望，耳目之官，有犯當殺卽殺，當流卽流，不可決杖。可殺而不可辱也。』

又　卷五五《省號下》　諫議大夫　武德五年六月一日，置四員。龍朔二年二月四日，改爲正諫大夫。神龍元年二月，復爲諫議大夫。至德元年九月十日敕：『諫議大夫論事，自今以後，不須令宰相先知。』乾元二年四月四日敕：『兩省諫官十日一上封事，直論得失，無假文言，冀成殿最，用存沮勸。』大曆七年二月十一日，其四員外，内供奉不得過正員數。貞元四年五月十五日，分爲左右，加置八員，左右各兩員，其左右諫議隸中書省。至元和元年閏六月，詔卻置四員，罷左右名。

貞觀元年正月十五日，上謂侍臣曰：『朕雖不明，至於大奸大惡，容或知之，幸諸公數相諫正。』諫議大夫王珪曰：『臣聞木從繩則正，後從諫則聖。故古聖王必設諫臣七人，言而不用，則繼以死。』自是，中書門下及三品以上入内平章國計，必使諫官隨入，得聞政事，有所開說。太宗必虚己以納之。

其年三月，上謂侍臣曰：『爲政之道，唯在得人，須以德行學識爲本。』諫議大夫王珪對曰：『人臣若無學業，不識前言往行，豈堪大任？漢昭帝時，時有詐稱衛太子，聚觀者數萬人，莫不致惑。京兆尹雋不疑斷以蒯聵之事，由是衆皆信服。昭帝曰：「大臣當用經術明於古義者。」此固非刀筆俗吏可以比擬。』上曰：『信如卿言。』

二年，上問魏徵曰：『人主何爲而明，何爲而暗？』對曰：『兼聽則明，偏信則闇。昔堯清問下民，故有苗之惡得以上聞；舜明四目，達四聰，故共、鯀、驩、苗不能蔽也。秦二世偏信趙高，以成望夷之禍；梁武帝偏信朱異，以取臺城之辱；煬帝偏信虞世基，以致彭城閣之變。是故人君兼聽廣納，則貴臣不得壅蔽，而下情得以上通也。』上曰：『善。』上又謂侍臣曰：『人言天子至尊，無所畏憚。朕則不然，上畏皇天之鑒臨，下憚羣臣之瞻仰，兢兢業業，猶恐不合天意，未副人望。』魏徵曰：『此誠至治之要，願陛下愼終如始，則善矣。』

十七年，太宗問諫議大夫褚遂良曰：『舜造漆器，禹雕其俎，當時諫舜、禹者十有餘人。食器之間，苦諫何也？』遂良對曰：『雕琢害農事，纂組傷女工。首創奢淫，危亡之漸。漆器不已，必金爲之，金器不已，必玉爲之。所以諍臣必諫其漸，及其滿盈，無所復諫。』太宗以爲然，因曰：『夫爲人君，不憂萬姓而事奢淫，危亡之機可反手而待也。』

永徽二年九月一日，左武候引駕盧文操踰垣盜左藏庫物，上以引駕職在糾繩，而身行盜竊，命有司誅之。諫議大夫蕭鈞進曰：『文操所犯，情實難原，然準諸常法，罪未至死。今致之極刑，將恐天下聞之，必謂陛下輕法律，賤人命，任喜怒，貴財物。臣之所職，以諫爲名，愚臣所懷，不敢不奏。』上納之，謂鈞曰：『卿職在司諫，遂能盡規，特爲卿免其死。』顧侍臣曰：『眞諫議也。』

五年八月十七日，太常樂工宋四通入監內教。因爲宮人通傳消息，上令處斬，仍遣附律。蕭鈞奏曰：『四通等所犯，在未附律前，不合至死。』上曰：『今喜得蕭鈞之言。』特免死，配流遠處。

景龍三年，中宗宴侍臣及朝集使曰：『酒酣各爲《回波詞》。』衆皆爲諂佞之文，及自邀榮位。次至諫議大夫李景伯，曰：『回波爾時酒巵，微臣職在箴規。侍宴既過三爵，諠譁雜混，竊恐非儀。』上不説。中書令蕭至忠曰：『此眞諫議大夫。』

開元十二年四月敕令：『自今以後，諫官所獻封事，不限旦晚，任封狀進來，所由門司不得有停滯。如須側門論事，亦任隨狀面奏，即便令引對。如有除拜不稱於職，詔令不便於時，法禁乖宜，刑賞未當，徵求無節，冤抑在人，並極論失，無所迴避，以稱朕意。其常詔六品以上，亦宜准此。』

貞元二年六月，以秘書郎陽城爲諫議大夫，仍遣長安縣尉楊寧齎束帛詣夏縣所居致禮。城遂以褐衣赴京師，且詣闕上表陳讓。上使中官齎章服衣之而召見，賜帛五十疋。其後陸贄、李充等以讒毁受譴，朝廷震懼，上怒未解，勢不可測，滿朝無敢言者。城聞而起曰：『吾諫官也，不可令天子殺無罪人。』即率拾遺王仲舒等數人守延英門上疏，論延齡奸佞，贄等無罪。上大怒，召宰臣入語，將加城等罪，良久乃解，令宰相諭遣之。於是金吾將軍張萬福，武將不識文字，亦知感激，端笏詣城與諸諫官等，泣而且拜曰：『今日始知聖朝有直臣。』時議以爲延齡朝夕爲宰相，城獨謂同列曰：『延齡倘入相，吾唯抱白麻慟哭。』後竟坐延齡事，改爲國子司業。

十三年八月，以左諫議大夫薛之輿爲國子司業。之輿少居於海岱之間，永泰中，淄青節度使李正己辟爲從事，因奉使京師。之輿逗遛不歸，正己召之再三，之輿報曰：『大夫既未入朝，之輿焉敢歸使。』因逃匿於山險間十餘年。建中後，方復仕宦。上知之，故賞慰以爲諫議大夫。奏諫官所上封章，事皆機密，每進一封，須門下中書兩省印署文牒，每有封奏，人且先知，請別鑄諫院印，須免漏洩。又累上言時事，上不説，故改官。無幾，以疾免。

元和四年正月，先是，諫議大夫段平仲充册立南詔及弔祭使，諫議大夫呂元膺充河南、江西宣慰。議者以爲諫官盡去，恐傷大體，於是元膺罷行，平仲繼止。

六年十一月，左衛上將軍、知內侍省事吐突承璀出監淮南軍，時劉希昂與承璀皆久居權任。既黜之，有李涉者，託附承璀，邪險，求投匭上疏曰：『承璀公忠，才用可輔政化，既承恩寵，不合斥棄。』諫議大夫知匭使孔戣覽其副章，大怒，命逐之。涉乃以賂進光順門，達其疏。戣聞之，因上陳古今之佞倖可爲鑑戒者，又言涉之奸險欺天，請加顯戮。上悟，貶涉而黜承璀焉。

十二年十月，以比部員外郎張宿爲權知諫議大夫。初，上欲以諫議大夫授宿，宰臣崔羣、王涯奏曰：『諫議大夫前時亦有拔自山林，然起於卑位者，其例則少。用皆有由，或道德章明，不求聞達；或材行卓異，出於等倫。以此選求，實愜公議。其或事蹟未著，恩由一時，雖有例超升，皆時論非允。張宿本非文詞入用，望實稍輕。臣等所以累有奏，請依資且與郎中。事貴適中，非於此人有薄厚耳。』授宿職方郎中，上命如初，羣等乃請以權知命之。宿爲布衣時，上在藩邸，因軍使張茂宗得出入東宮，辨譎敢言。洎監撫登位之時，驟承顧倖，擢居諫列，以舊恩數召入禁中。機事不密，貶郴州郴縣尉。十餘年，徵入，歷贊善、補闕、比部員外郎，擢爲諫議大夫，頗恃恩顧，掌權者往往因之搏擊。宿思逞其志，頗害清直之士。韋貫之出，時人亦以爲宿有力焉。宿亦陰事左右，以固恩寵。及爲淄青宣慰使，卒於道路，正直相賀焉。

十四年，穆宗卽位之始，頻出遊宴。時吐蕃寇邊，諫議大夫鄭覃等進奏曰：『陛下卽位以來，宴樂過多，畋遊無度。今蕃寇在境，緩急奏報，不知乘輿所在。臣等忝備諫官，不勝憂惕，伏願稍減畋遊，留心政道。伏聞陛下晨夜昵狎倡優，近習之徒，賞賜太厚。凡金銀貨帛，皆出自生靈膏血，不可使無功之人濫霑賞賜。縱內帑有餘，亦乞用之有節，如邊上有急，則支用無闕，免令有司重斂百姓，實天下幸甚。』穆宗初不悅其言，顧宰相蕭俛曰：『此輩何人也？』俛對曰：『諫官也。』帝意乃解曰：『朕之過失，臣下盡規，忠也。』召覃謂曰：『閣中奏事，殊不從容，今後有事面陳，延英相見。』時人無閣中奏事，覃等抗論，人皆相賀。

十五年十月，諫議大夫鄭覃、崔郾，右補闕辛丘度，左拾遺韋瓘、溫會於閣中奏事，諫以上宴樂過度。上曰：『朕有所闕，臣下能犯顏直諫，豈非忠耶！』宰臣等皆拜舞賀。上又謂覃等曰：『允卿所請。』至延英對宰臣，又令宣諭焉。

長慶二年三月，以處士李源爲諫議大夫，詔曰：『《禮》著死綏，《傳》稱握節，殞身守位，取重人倫。爲義甚明，其風咸替，言念於此，慨然興懷。而朝之公卿有上言者，稱天寶之季，盜起幽陵，振盪生靈，吞噬河洛，贈司徒、忠烈公李憕處難居守，正色就屠，兩河聞風，再固危壁，首立殊節，至今稱之。其子源有曾閔之行，可貫於神明；有巢由之風，可希於太古。山林以寄其迹，爵祿不入於心，泊然無營，五十餘載。夫褒忠可以勸臣節，旌孝可以激人倫，尚義可以鎮澆浮，敬老可以厚風俗。舉茲四者，大儆於時。是用擢自衡門，登於文陛，處以諫職，冀聞讜言。仍加印綬，式示光寵，可守諫議大夫，仍賜魚袋。』河南尹差官命所在敦諭發遣。初，李憕既爲羯胡所害，源方八歲，羣賊所虜，流浪南北，輾轉人家，凡六七年。逮洛陽平，父之故吏有識認者，以金帛贖之，歸於親近。代宗聞之，授河南府參軍，源遂絕酒肉，不婚娶，不役僮，常依洛城北之慧林寺，卽憕之別墅也。寓於一室，依僧而食。人未嘗見其所習之業，齊榮辱，混是非，熙熙而無不合，蓋自有得也。先命穴其野，以備終制，時往眠其間。至是，御史中丞李德裕抗表薦，故有是命。時源年已八十餘。

四年八月，以諫議大夫賈直言爲檢校右庶子兼御史丞，充昭義軍司馬，仍賜金紫。初，直言父德宗時得罪死，且飲之以毒藥。直言在側，適中使手中掣得藥，一飲而盡。中使蒼黃復奏，德宗感其事，遂不之罪。直言飲藥迷死，一日，藥潰左肋而出，卻得生活，身遂偏枯。久之，又李師道請爲從事，直言具以逆順諭師道，遂以紙畫檻車二枚呈師道，師道問是何物，答曰：『此是檻車，囚送罪人至京師者。天子神聖，公爲反逆，不悛必當滅，公父子同載於此車，送都市顯戮，豈不悲乎？』因大哭於前。師道命殺之，左右感其義，莫有應者。師道懼不敢殺，遂牢囚之。劉悟破師道，得直言於狴獄中而用之。鄆帥之情，皆因之以歸，無動搖者，後失帥，亦不變於前。宰臣上陳直言，寵其官秩，遂非次除諫議大夫。劉悟累表乞留，云：『軍中事非直言不可。』從其請改，復有斯授。

其年三月十九日，上坐朝甚晚。自卽位以來，坐朝皆晚，此日尤甚。羣臣候朝，至宣武門，已立數刻，至紫宸門，又絕晚不召，羣官有至不任端立欲傾仆者。諫議大夫李渤出次白宰相曰：『昨日已有疏論坐晚，今又益晚，不能回上意，是某之罪。』遂出閤門，赴金吾仗待罪。有頃，喚仗入，退朝。百官趨出，左拾遺劉栖楚獨進諫曰：『歷觀前王嗣位之初，莫不躬勤庶政，坐以待旦。陛下卽位以來，放情嗜寢，樂色忘憂，安寢宮闈，日晏方起。西宮密邇，未過山陵，鼓吹之聲，日喧于內。臣伏見憲宗皇帝、大行皇帝皆是長君，勤恪庶政，四方猶有叛亂。陛下運當少主，即位未幾，惡德布聞，恐福祚之不久也。臣忝位諫官，致陛下有此，請碎首以謝陛下！」遂以額叩龍墀，振響之聲，聞于閤外。門下侍郎李逢吉懼栖楚致死，遂宣言曰：「栖楚休叩額，聽進止。」栖楚捧首起立，又奏宦官中大行時有協比邪人，動搖國本事，又叩額如前。上爲之動容，以袖連揮栖楚。栖楚又奏云：「可臣奏即退，不可臣奏，臣即碎首而死。」叩額。中書侍郎牛僧孺遽請宣付栖楚云：「所奏知，門外待進止。」栖楚乃拜舞而出，以袂掩血，行至仗頭，則不能起矣。栖楚出後，宰臣於上前更贊其事，上心定，乃自仗下，遂降中書宣諭栖楚。令歸私第。是日聞者莫不感異，以爲耳目所聞見，諫官論事，未有如今日之盛。後一日，有進止，令中使持緋衫牙笏，就宅宣賜栖楚。旌拜起居郎。堅讓不起。遂歸東洛。至十二月，拜諫議大夫，以旌直諫也。

會昌二年十二月，檢校司徒、兼太子太保牛僧孺等奏：「伏奉十二月二十八日敕，中書門下奏：諫議大夫巡《六典》隋氏門下省署，諫議大夫七員，從四品下、正五品上。自大曆二年，門下中書侍郎爲正三品，兩省遂闕四品。建官之制，有所未備。謹案《左氏傳》，衮職有闕，惟仲山甫補之，能補過也。仲山甫即周之大臣，《漢書》汲黯稱願出入禁闥，補過拾遺。張衡爲侍中，常居幃幄，從容諷議，拾遺左右。此皆大臣之任，其秩峻，其任重，則君敬其言，而用其道。況謇諤之地，宜有老成之人，秩不優崇，則難用耆德。其諫議大夫望改爲正四品下，分爲左右，以備兩省四品之缺。向後爲丞郎出入迭用，以重其選。伏以前代帝王建官設正之制，互有沿革，升降廢置，並于一時所宜，苟得其宜，則爲當代之美。臣等伏據《六典》故事，諫議大夫官，歷代之品制，位不常定，至于諷議之所賴，則古今之任不殊。今陛下方啓納諫之門，俾崇品秩，迭用丞郎，蓋千年一時之盛美也。臣等又據故事，諫議大夫掌規諫諷諭，侍從贊相，今分置左右，以備兩省四品之缺。臣等參詳事理，衆議僉同。伏請著於典章，永爲定制。」敕旨依奏。

又　卷五六《左右補闕拾遺》　垂拱元年二月二十九日敕：「記言書事，每切于旁求；補闕、拾遺，未弘于注選。瞻言共理，必藉衆才，寄以登賢，期之進善。可置左右補闕各二員，從七品，左右拾遺各二人，從八品上，掌供奉諷諫，行列次于左右史之下。仍附于令。」至天授二年二月五日，各加置三員，通前五員。大曆四年十二月一日，補闕、拾遺，各置內供奉兩員。又七年五月十一日敕：「補闕、拾遺，宜各加置兩員。」

餌其藥哉？《禮》曰：「夫人食味別聲，被色而生者也。」《春秋左氏傳》曰：「味以行氣，氣以食志。」又曰：「水火醯醢鹽梅，以烹魚肉。宰夫和之，濟之以味。君子食之，以平其心。」夫三牲五穀，稟自五行，發爲五味，蓋天地生以奉人，是以聖人節而食之，以致康强之福。若夫石藥者，前聖以之療疾。蓋非常食之物。況金石皆含酷烈熱毒之性，加之燒冶，動經歲月，既兼烈火之氣，必恐難爲防制。若乃遠徵前史，則秦漢之君，皆信方士，至如盧生、徐福、欒大、李少君，其後皆姧偽事發，其藥竟無所成。事著《史記》、《漢書》，皆可驗視。《禮》曰：「君之藥，臣先嘗之；親之藥，子先嘗之。」臣子一也，臣願所有金丹之藥，伏乞先令鍊藥人及所薦之人，皆先服一年，以考眞僞，則自然明驗矣。伏惟元和聖文神武法天應道皇帝陛下，合日月照臨之明，稟乾元利貞之德，崇正若指南，受諫如轉規，是必發精金之刃，斷可疑之網。所有藥術虛誕之徒，伏乞特賜罷遣，禁其幻惑。使浮雲盡徹，朗日增輝，道化侔羲農，悠久配天地，實在於此矣。伏以貞觀以來，左右起居有褚遂良、杜正倫、呂向、韋述等。咸能竭其忠誠，悉心規諫，小臣謬參侍從，職奉侍臣之中，最近左右。《傳》曰：「近臣盡規。」則近侍之臣，上達忠款，實本職也。」

大和九年十二月敕：「宜令起居郎、起居舍人，准故事，入閣日賫紙筆於螭頭下記言記事。」

天授三年，左補闕薛謙光上疏曰：「戎夏不雜，自古所誡。夷狄無信，易動難安，故斥居塞外，不遷中國。前史所稱，其來已久。然而帝德廣被，有時朝謁，願受向化之誠，請納梯山之禮，貢事畢則歸其父母之國，導以指南之車，此三王之盛典也。自漢魏以後，遂革其風，務飾虛名，徵求侍子，諭令解辮，使襲衣冠，築室京師，不令歸國，此又中葉之故事也。較其利害，則三王是而漢魏非；論其得失，則拒邊長而徵質短。殷鑑在乎往世，豈可不懷經遠之慮哉！昔郭欽獻策於武皇，江統納簡於惠主，咸以爲夷狄處中夏，必爲變更。晉武不納二臣之遠策，好慕向化之虛名，縱其習《史漢》等書，官之以五部都尉，皆失計也。竊惟突厥、吐番、契丹等往因入侍，並叨殊獎。或執戟丹墀，策名戎秩；或曳裾庠序，高步黌門。服改氈裘，語兼中夏。明習漢法，覩衣冠之儀；目擊朝章，知經國之要。窺成敗於圖史，察安危於古今，識邊塞之盈虛，知山川之險易。或委以經略之功，令其展效；或矜其首丘之志，放使歸蕃。於國家雖有冠帶之名，在夷狄廣其從横之智。雖有慕化之美，苟悅於當時，而狼子孤恩，旋生於過後。及歸部落，鮮不稱兵，邊鄙罹災，實由於此。故老子曰：「國家之利器，不可以示人。」在於齊民，猶不以示之，況於夷狄乎？又按漢桓帝遷五部匈奴於汾晉，其後卒有劉石之難，向使五部不徙，則晉祚猶未可量也。鮮卑不遷幽州，則慕容無中原之僭。又按《漢書》陳湯云：「夫胡兵五而當漢兵一，何者？兵刃樸鈍，弓弩不利。今聞頗得漢工，然猶三而當一。」由是言之，利兵尚不可使胡人得法，況處之中國，而使其習見哉！臣竊計漢初冒頓之强盛，乘中國之虛弊，高祖餒厄平城，而冒頓不能入中國者，何也？非兵不足以侵諸夏，力不足以破汾晉。其所以解圍而縱高祖者，爲不習中土之風，不安中國之美。生長磧漠之北，以穹廬賢於城邑，以氈罽美于章紱。既安其所習，而樂其所生。是以無窺中國之心者，爲生不在漢故也。豈有心不樂漢，而欲深入者乎？劉元海五部離散之餘，而卒能自振於中國者，爲少居內地，明習漢法。元海悅漢，而漢亦悅之。一朝背誕，四面響應，遂鄙單于之號，竊帝王之寶，賤沙漠而不居，擁平陽而鼎峙者，爲居漢故也。向使元海不曾內徙，正當劫邊人繒彩、麴糵，以歸陰山之北，安能使王彌、崔懿爲其用邪？當今皇風遐覃，含識革面，凡有𧖴性，莫不懷馴，方使由余效忠，日磾盡節。以愚臣慮者，國家方傳無窮之祚於後，脫備守不謹，邊防失圖，則夷狄稱兵不在方外，非所以肥中國，削四夷，經營萬乘之業，貽厥孫謀之道也。臣愚以爲願充侍子者一皆禁絶，必若在中國，不可使歸蕃。則夷人保疆，邊邑無事矣。』

通天二年六月，孫萬榮寇陷河北數州，河內王懿宗擁兵不敢進。比賊散，懿宗奏請族誅滄、瀛等州百姓爲詿誤者。左拾遺王求禮廷折之曰：『此百姓等素無良吏教習，城池又不完固，則畏懼苟且從之。今請殺之，切將違背天道。而懿宗擁强兵十餘萬，聞賊將至，輒退走保城池，罪當誅戮。今乃移禍於草澤詿誤之人，以求自免，豈是爲臣之道？請先斬懿宗，以謝河北百姓。』羣官愕然，謂之切當。遂令魏州刺史狄仁傑充使，安撫流移。後聖曆二年，右補闕朱敬則告絶羅織之徒，上疏曰：『臣聞李斯之相秦也，行申商之法，重刑名之家，杜私門，强公室，棄無用之費，損不急之官，惜日愛功，急耕疾戰，人繁國富，遂屠諸侯。此救弊之術也。故曰：「刻薄可施於趨進，變詐可陳於攻戰。」兵猶火也，不戢自焚。況鋒鏑已銷，石城又毀，諒可易之以寬泰，潤之以淳和，《八風》之樂以柔之，三代之禮以導之。秦既不然，淫虐滋甚，往而不返，卒至土崩，此不知變之禍也。陸賈、叔孫通之事漢王也，當滎陽、成皋之間，糧饋已窮，智勇俱困，不敢開一說，效一奇，進豪猾之材，薦貪暴之客。及區宇適平，干戈向戢，金鼓之聲未歇，傷痍之病尚聞，二子顧盼雍容，綽有餘態，乃陳《詩》《書》，說《禮》《樂》，闡王道，謀帝圖。高皇帝忿然曰：「吾以馬上得之，安事《詩》《書》乎！」對曰：「陛下馬上得之，安可馬上治之乎？」高皇默然。於是陸賈著《新語》，叔孫通定禮儀，始知天子之尊，方覺皇帝之貴。此則知變之善也。向使高祖排二子而不收，置《詩書》而不顧，重攻戰之吏，尊首級之材。復道爭功，張良已知其變；拔劍擊柱，吾屬不得無謀。卽晷漏難逾，何十二帝乎？亡秦是續，何二百年乎？故曰：「仁義者，聖人之蘧廬；禮樂者，聖人之陳迹。」然則祝詞向畢，芻狗須焚；淳精已流，糟粕可棄。仁義尚舍，況輕於此者乎？自文明草昧，天地屯蒙，二叔流言，四凶構難。不設鉤距，無以應天順人；不峻刑名，不可摧奸息暴。故置神匭，以開告端。曲直之影必呈，包藏之心盡露。神道助直，無罪不除；人心保能，無妖不戮。以茲妙算，窮造化之幽深；用此神謀，入天人之秘術。故能計不下席，聽不出闈，蒼生晏然，紫宸易主。大哉偉哉，無得而稱也！豈比造攻鳴條，大戰牧野，血變草木，頭折不周，可同年而語乎？然而急趨無善迹，膠柱少和聲，拯溺不規行，療饑非鼎食。卽向時之妙策，乃當今之芻狗也。伏願覽秦漢之得失，考時事之合宜，審糟粕之可遺，覺蘧廬之須毀。見機而作，豈勞終日乎？陛下必不可偃蹇太平，徘徊中路。伏願改法制，立章程，下怡愉之詞，流曠蕩之澤，刓萋菲之牙角，頓奸險之鋒鋩，杜告訐之源，絶羅織之迹，使天下蒼生坦然大悅，豈不樂哉！』

神龍元年二月十四日，追贈后父韋玄貞爲上洛郡王。左拾遺賈受上疏諫曰：『臣聞孔子曰：「惟名與器，不可以假人。」其非劉氏而王，自古盟書所棄。今陛下創制謀始，垂範將來，爲皇王之令圖，子孫之明鏡。匡復未幾，后父有私，臣庸愚何知不可，史官執簡必直書。今萬姓顒然，聞一善令，莫不歌頌向風，忻然慕化，日恐不及。陛下奈何行私惠，使樵夫議之。而先朝贈太原王，殷鑑不遠。固雲生於膚寸，使木起於糵栽，誠可惜也。如渙汗已行，憚改成命，臣望皇后抗表固辭，使天下知弘讓之風，彤管著謙沖之德。是則巍巍聖鑑，無得而稱。』

三年八月，節愍太子誅後，兵部尚書宗楚客、侍御史冉祖雍共誣安國相王及太平公主與太子連謀，請收付制獄。右補闕吳兢上疏曰：『臣聞庶物不可以自生，陰陽以之亭育；大寶不可以獨守，子弟成其藩翰。武王聖主也，成王賢嗣也，然封建魯衛，以匡社稷，所以龜鼎相傳七百餘載。始皇絶昭襄之業，承戰爭之弊，忽先王之典制，比宗親於黔首，孤立無輔，二代而亡。及諸呂用權，將傾劉氏，朱虚爲其心腹，絳侯作其爪牙。劉氏復安，豈非宗子之力？國之安危，在於藩屏，故設官分職，先親後疏。且安國相王者，陛下之同氣，六合至廣，親莫加焉。今賊臣同謀，欲寘極法，此禍亂之漸，不可不察。伏願陛下降明旨，曉羣邪，下全棠棣之美，上慰罔極之心，則羣生幸甚。』

景雲二年，左補闕辛替否論時政上疏曰：『臣請以有唐以來治國之得失，陛下之所眼見者以言，爲陛下聽之。太宗文皇帝，陛下之祖，得至治之體，設簡要之方。省其官，清其吏，舉天下之職司，無一虚授；用天下之財帛，無一枉費。不多造寺觀而福德日至，不多度僧尼而殃咎自滅。自古帝王，未有若斯之神聖也，陛下何不取而則之。孝和皇帝，陛下之兄，居先人之業，忽先人之化；不取賢良之言，而恣妻女之意。官爵非擇，虚食禄者數千人；封建無功，妄食土者百餘戶。造寺不止，枉費錢者數百億；度人不休，免租庸者數千萬。倉不停卒歲之儲，庫不停兩年之帛。奪百姓口中之食，以養貪殘；剝萬人體上之衣，以塗土木。於是人怨神怒，水旱不調，享國不永，受終於凶婦人。此陛下之所眼見，何不棄而改之？今陛下族阿韋之凶宗，而不改阿韋之亂政。忍棄太宗文皇之治本，不忍棄孝和之亂階，陛下又何以繼祖宗而觀萬國？昔陛下在阿韋之時，危亡是懼，常切齒於羣凶。今貴爲天子，富有四海，内不改羣凶之事，臣恐復有切齒於陛下者也。先朝之時，愚智知敗，人雖有口，而不敢言，言未發聲，禍將及矣。韋月將受誅於丹獄，燕欽融見殺於紫廷，此人皆不惜其身而納忠於主。身既死矣，主亦危矣。是故先朝誅之，陛下賞之，是陛下知直言之事有裨於國。臣今日愚言，亦當代之直，伏惟察之。』

先天元年正月，大酺，睿宗御安福門，觀百司酺宴，經月不息。右拾遺嚴挺之上疏曰：『夫酺者，因人所利，合醵爲歡，無相奪倫，不致生弊。且臣卜其晝，史策猶存，君舉必書，帝王重慎。今乃暴衣冠於路上，置妓樂於中宵。雜鄭衛之音，縱娼優之樂。陛下還淳復古，宵衣旰食，不矜細行，恐非聖德所宜。臣以爲一不可也。雖則警夜，伐鼓通晨，以備非常，古之善教。今陛下不深惟戒慎，輕違動息，重門弛禁，巨猾多徒。倘有躍馬奔車，流言駭叫，一塵聽覽，有累宸衷。臣以爲二不可也。且一人向隅，滿堂不樂；一物失所，納隍增慮。倘令有司跛倚，下人饑倦，陛下近猶不恤，況於遠乎！臣以爲三不可也。其元正首祚，大禮頻光，百姓顒顒，咸謂業盛配天，功垂曠代。今陛下恩已薄於衆望，酺則過於往年。王公大人，各承微旨，州縣坊曲，競爲課税。損萬民之財，營百戲之資。臣以爲四不可也。伏願晝則歡娱，暮令休息，若令兼夜，無益聖明。』從之。

廣德二年九月二十一日，敕諫官，令每月一上封事，指陳時政得失。

永泰元年正月二十三日敕：『諫官奏事，不須限官品次第，于每月奏事官數内聽一人奏對。』

大曆十二年四月十二日敕：『自今以後，諫官所獻封事，不限早晚，任封狀以進。』

十二年七月，賜右補闕姚南仲緋，遷左拾遺何士幹爲左補闕。時葬貞懿皇后，代宗恩寵所屬，令繕陵寢，邇章敬寺後，爲遊幸近地，左右莫敢言。南仲等上疏極諫，代宗覽表歎息，立從其議。因錫南仲緋，遷士幹之官以褒之。是日，遣内常侍吳承清宣諭百僚，令付史館。

元和元年九月，以拾遺杜從郁爲秘書丞。郁，司徒佑之子，初，自太子司議郎爲左補闕，右拾遺崔羣韋貫之、左拾遺獨孤郁等上疏，以爲宰相之子，不合爲諫諍之官。于是降左拾遺。羣等又奏云：『拾遺與補闕，雖資品不同，而皆是諫官。父爲宰相，而子爲諫官，若政有得失，不可使子論父。』于是改授。

十五年八月，山陵始復土。先是，追邠寧節度使李光顔、徐泗節度使李愬赴闕，或言欲及重陽節與百寮内宴。拾遺李玨、宇文鼎、温會、韋瓘、馮約等上疏曰：『臣聞人臣之節，本於忠盡，苟有所見，即宜上陳。況臣等爲陛下諫官，食陛下美禄，豈得隱默，孤負恩榮。臣聞諸道路，不知信否，皆云追光、愬及重陽令節，欲内宴百寮。倘誠有之，乃陛下親羣臣、弘德澤之慈旨也。然使以元朔未改，園陵尚新。雖陛下當易月之期，俯從人欲；而禮經著三年之制，猶服心喪。遵同軌之會，適去於中邦；告遠夷之使，未復其來命。遏密弛禁，蓋爲齊民，合燕内廷，事將未可。夫明主行爲天下則，言爲天下法，臣恐王言忽降，其出如綸。苟紊皇猷，徒彰直諫，臣等是以昧死上聞。曲突徙薪，義實在此。其李光顔、李愬久統戎旅，皆有忠勞，今者時當盛秋，務拓邊寇，及至之日，陛下降恩召見，詢訪才謀，褒其舊勳，付以疆事，如此則與夫歌鐘賜宴，酒食邀歡，固不同年而語矣。臣竊見陛下自臨御以來，施號發令，無非孝治，因心屢形於詔敕，行已實感於人倫，惟在敬慎威儀，保全聖德。臣等不敢緘默，輒貢狂言，懼不允當，伏待刑憲。』

寶曆元年閏七月，右拾遺薛廷老與同僚入閤奏事曰：『臣伏見近日除拜，往往不由中書進擬，或是宣出。伏恐紀綱漸壞，奸邪恣行。』上曰：『更諫何事？』拾遺舒元褒曰：『近日宮室修造太多。』『廷老曰：『臣等職在諫官，凡有所聞，即合論奏，乞勿罪其言。』上改容勞之。

其年十一月，以右拾遺内供奉、史館修撰薛廷老爲河中府臨晉令。時鄭權因交通鄭注，得嶺南節度。權到鎮後，盡以府庫所有，輦送京師，酬遺權幸。廷老聞知，上疏請按。由是釁結中外，人盡危之。廷老性本強直，未幾，又譏張權與、程昔範不宜居諫官之列。事皆不行，遂自請假。滿十旬，爲宰相李逢吉所出。

二年九月，以新授濠州刺史陳岵爲太常少卿。岵常好釋氏，學佛經，中尤好《維摩》，自爲有得，即加注釋，輒復上獻，遂有宣令與好官，乃追前命，例在清賢。羣議紛然。諫官劉寬夫等七人同疏論曰：『岵來由徑求，事因供奉僧進經。』上覽疏奏，謂不直言，宣與宰相等云：『陳岵所進經，實不因僧。諫官何處得此語，卿等可即勘問，並推排頭首奏來。』左補闕劉寬夫上表自言：『昨論岵之時，不記得先後，唯執筆草狀，即是微臣。今既論事不合，臣甘當罪。若今尋究根本，自相推排，恐或遽相誣執，有損事體。凡所論差誤，臣盡甘當罪。』疏奏，敕諫官六人各罰一季俸，劉寬夫獨能當罪，釋放。然岵尋改少府監。

大和元年十一月，敕以右補闕高允中爲侍御史。允中自爲諫官，甚舉職業，危言直論，不避時忌。寶曆中，常上疏云：『東頭勢重于南衙，樞密權傾于宰相。』敬宗驚悟。久之，雖無明賞，而直名昭然。人情危懼，恐有禍及，終致非幸。至是稍遷，正人相賀。

三年五月，左拾遺舒元褒等奏：『今年四月，左補闕李虞與御史中丞温造街中相逢，温造怒李虞不迴避，遂提李虞祗承人車從，送臺中禁身一宿，決脊杖十下者。臣等謹按國朝故事，供奉官行，除宰相外，無迴避。今温造滅棄朝廷典故，陵陛下近臣，恣行胸臆，曾無畏忌。伏以事雖小而關分理者，不可失也。分理一失，亂由之而生。拾遺、補闕，官秩雖卑，乃陛下侍臣也，御史中丞，官秩雖高，乃陛下法吏也。侍臣見淩，是不廣敬；法吏壞法，何以持繩？臣等又聞元和、長慶中，御史中丞行李遵從不過半坊，今乃遠至兩坊，謂之《籠街喝道》。唯以尊崇自處，不思僭擬之嫌。陛下若不因此時特有懲革，伏恐從此供奉官輩便須迴避中丞，累聖制度，失自陛下。臣等官參諫列，實爲陛下惜之。』敕：『憲綱之主，在指佞觸邪，不在行李自大；侍臣之職，在獻可替否，不在道途相高。其臺官與供奉官同道，聽先後而行，遇途但祇揖而過，其參從各隨本官之後，少相迴避，勿言衝突。自今已後，應各有遵從官行李傳呼，前後並不過三百步。』

會昌四年六月，中書門下奏：『諫官論事，臣等商量：望令各陳所見，不要連狀，涉于糾雜。如有大段意見及朝廷重事，必須連狀者，即令同商量進狀，不得輒有代署。』敕旨依奏。

咸通四年十一月，以長安縣尉令狐滈爲左拾遺，左拾遺劉蛻、起居郎張雲上疏，論滈父綯秉權之日，廣納賂遺，取李琢財物，除安南，致蠻寇侵擾，不當居諫官之列。時綯鎮淮南，上表論訴。乃貶雲興元少尹，蛻華陰令。

又　卷六〇《御史臺上》　武德初，因隋舊制爲御史臺。龍朔二年四月四日，改爲憲臺。咸亨元年十月二十三日，復爲御史臺。光宅元年九月五日，改爲左肅政臺，專管在京百司及監軍旅；更置右肅政臺，其職員一準左臺，令按察京城外文武官僚。以中宗英王府材石營之，殿中御史石抱貞繕造焉。神龍元年二月四日，改爲左右御史臺。景雲三年二月二日，廢右臺。先天二年九月一日，又置右臺，停諸道按察使。其年十月二十五日，又置諸道按察使，廢右臺。初置兩臺，每年春、秋發使，春曰風俗，秋曰廉察，令地官尚書韋方質爲條例。方質刪定爲四十八條，以察州縣。載初以後，奉敕乃巡，每年不出使。《鄴都故事》云：『臺門北開者，法司主陰，取冬殺之義。』或云隋初移都之時，兵部尚書李圓通兼御史大夫，欲使尚書省便近，故開北門。

蘇氏駁曰：此説或近之矣。若取冬殺之義，則東都臺門亦合北開，何故南啓？況本置臺司，以察冤濫，是有國者好生之德，豈創冬殺之意，以入人罪者乎！

故事：御史臺無受詞訟之例，有詞狀在門，御史採有可彈者，即略其姓名，皆云風聞訪知，其後御史疾惡公方者少，遞相推倚，通狀人頗壅滯。至開元十四年，始定受事御史，人知一日劾狀，遂題告事人名，乖自古風聞之義，至今不改。

蘇氏駁曰：御史臺正朝廷綱紀，舉百司紊失，有彈邪佞之文，無受詞訟之例，今則重於此而忘於彼矣。

故事，臺中無獄，須留問，寄繫於大理寺。至貞觀二十二年二月，李乾祐爲大夫；別置臺獄，由是大夫而下已各自禁人。至開元十四年，崔隱甫爲大夫，引故事奏掘去之。以後恐罪人於大理寺隔街來往，致有漏洩獄情，遂於臺中諸院寄禁，至今不改。西臺舊東鄰宗正寺，後移寺於廢右御史臺，其寺舊地並隸臺司。故事，其百僚有奸詐隱伏，得專推劾。若中書門下五品以上，尚書省四品以上，諸司三品以上，則書而進之，並送中書門下。故事，凡天下之人有稱冤而無告者，與三司詰之。三司：御史大夫、中書、門下。大事奏裁，小事專達。

開元二十七年二月二十七日敕：『御史臺宜置主簿、録事二人。』

貞元七年六月二十七日敕：『御史臺每月別給贓錢二百貫文，充公解雜費用。』

八年正月，御史臺奏：『伏以臺司推事，多是制獄，其中或有准敕，便須處分，要知法理。又緣大理寺、刑部斷獄，亦皆申報臺司，儻或差錯，事須詳定。比來卻令刑部、大理寺法直較勘，必恐自相扶會，縱有差失，無由辯明。伏請置法直一員，冀斷結之際，事無闕遺。其糧料請取臺中諸色錢物量事支給，其功優等，請準刑部、大理處分。』敕旨依奏。

九年二月，御史臺奏：『今後府縣諸司公事，有推問未畢，輒撾鼓進狀者，請卻付本司推問斷訖。猶稱抑屈，便任詣臺司按覆。若實抑屈，所由官録奏推典，量罪決責；如告事人所訴不實，亦準法處分。』

元和四年，御史臺奏：『諸道州府有違法徵科者，請委鹽鐵、轉、運、度支、巡院察訪報臺，以憑舉奏。』從之。

五年二月，御史中丞王播奏：『監察御史，舊例在任二十五月，轉準具員。不加，今請仍舊。殿中侍御史，舊例在任十三月，轉準具員，加至十八月，今請減至十五月。侍御史，舊例在任十月，轉準具員，加至十三月，今請減至十月。』從之。

十一年九月，御史臺奏：『御史同制除官，承前以名字高下爲班位先後，或名在前，身在外，及到，卻在舊人之上。後先有紊，勞逸不均。今請以上日爲先後，未上不得計月數。』從之。

十二年三月，御史中丞崔植奏：『當臺新除三院御史，以受旨職事先後立。』

十三年十月，御史臺奏：『請應除御史職事，但據上日爲先後，未上日不得計月數者。准其年九月七日敕，不逾一箇月，不在此限。行立班次，卽宜以敕内先後爲定。臣伏以御史除官之時，據來處各有遠近，若據一月，便爲懲創，恐乖舊制，殊未合宜。伏緣臺司職事，各有定分，先後次第，不可逾越。若行立班次，既依敕令，公事先後，須繫到日，則院長本職，翻然在下，制置錯亂，無所遵承，行之累年，轉見其弊。伏請自今以後，三院御史職事行立，一切依敕文先後爲定，除拜上日，便爲月數。須觀積效，豈繫旬時。如有除官以後，赴職稽慢，量道路遠近，則臺司別具名聞奏，須議懲責，豈止顛倒職事而已。』從之。

長慶元年十一月，御史臺奏：『應十惡及殺人鬬毆、官典犯贓，並僞造計銀、劫盜竊盜，及府縣推斷訖重論訴人等，皆是奸惡之徒，推鞫之時，盡皆伏罪，臨刑之次，即又稱冤。每度稱冤，皆須重推。與證平常，被其追擾，若無懲革，爲弊實深。伏請今後有此色賊，臺及府縣並外州但計三度推問，不同人皆有伏款。及三度斷結訖，更有論訴，一切不重推問。限其中縱有進狀，敕下，如是已經三度結斷者，亦請受敕處聞奏執論。如本推官典受賄賂，推斷不平及有冤濫詞狀，言訖便可立驗者，即請以重推。如所告及稱冤推勘又虛，除本犯是死刑外，餘罪於本條更加一等。如官典取受有實，亦請本罪更加一等。如所訴冤屈不虛，其經第三度推官典，請於本法外更加一等貶責。其第三度官典，亦請節級科處。』從之。

二年正月，御史中丞牛僧孺奏：『諸道節度、觀察等使，請在臺御史充判官。臣伏見貞元二年敕，在中書門下兩省供奉官，及尚書、御史臺見任郎官、御史，諸司諸使並不得奏請任使，仍永爲常式。近日諸道奏請，皆不守敕文。臣昨十三日已於延英面奏，伏蒙允許舉前敕，不許更有奏請。』制曰：『可。』時段文昌自宰相出鎮庸蜀，奏諫官、御史、南宮郎三人爲僚佐，以某職帶台鉉，上故可之。不逾年，又奏侍御史王申伯、監察蘇景裔，留中不下。中執法舉舊章，議者以爲當。

三年十一月，御史臺奏：『伏以臺司奏報，並有舊條。昨因左巡奏疏闕，已準敕科罰聞奏訖。臣今檢尋條件，本不該詳，事須添改，令可遵守。伏請添一節文：應諸司科決人致死，雖不死而事異於常，稍涉非理者，並準前條奏聞，禁城內不在此限。庶得從今已後，免有遺闕。』敕旨依奏。

寶曆元年九月，御史臺奏：『常參官及六品以下分司官，比來淹延，動經累月。今後常參官分司，請敕下後二十日發；其六品以下分司官，請待臺牒到發。限外若妄稱事故不發，常參官聽進止，六品以下官，臺司舉罰兩月俸料。』從之。

大和元年十二月，御史臺奏：『伏以京城囚徒準敕科決者，臣當司準舊例，差御史一人監決，如因稱冤，即收禁聞奏，便令監決御史覆勘者，伏慮監決之時，各懷疑憚，務求省便，難究冤辭，恐至無告屈之人，失陛下好生之治。且臺司本定四推，以讞疑獄。六察職事以重，不合分外領推。伏請自今以後，有因稱冤者，監察御史聞奏，敕下後，便配四推。所冀獄無冤滯，事得倫理。』從之。

四年九月，御史奏：『諸司諸使及諸州府縣並監院等，公事申牒臣當臺，各令遵守時限。並臣當司行牒勘事，多緣準敕推勘刑獄，或是遠方人事有冤抑，凡於關繫，盡須勘逐。事節不精，即慮滯屈。比來行牒，有累月不申，兼頻牒不報者，遂使刑獄淹恤，懼涉慢官。其間或有須且禁申，動經時月者，若無條約，弊恐轉深。臣等今勘責，各得遠近程限，及往復日數。限外經十日不報者，其本判官勾官等各罰三十直；如兩度不報者，其本判官勾官各罰五十直；如三度不報者，其本判官勾官各罰一百直；如涉情故違敕限者，本判官勾官牒考功書下考。如經過所由，輒有停滯，其所由官等節級別舉處分。其間如事須轉行文牒，諸處追尋，亦須具事由先報。』旨依奏。

九年八月，御史臺奏：『京兆尹及少尹、兩縣令，合臺參官等，舊例，新除大夫、中丞，府縣官自京兆尹以下，並就臺參見。其新除三院御史，並不到臺參，亦不於廊下參見。此爲闕禮尤甚。伏請自今以後，應三院有新除御史等，並請敕京兆尹及少尹、兩縣令，就廊下參見，冀使稟奉之禮不虧，臨制之儀可守。臺司令史及驅使官並諸色所由，有罪犯須科決等，或有罪犯稍重者，皆是愚人常態，不可一一奏聞，便欲隨事科舉。又緣臺杖稍細，以細杖而止大罪，必恐凶狡不懲。自今以後，如有情故難容，不足上陳聖聽者，許臣等據所犯判決杖下數，勒送京兆府，用常行杖科決訖報，冀得戒懼之意稍嚴，奸欺之心可革。』敕旨依奏。

大中元年四月，御史臺奏：『伏以御史臺臨制百司，糾繩不法，若事簡則風憲自肅，事煩則綱紀轉輕。至如婚田兩競，息利交關，凡所陳論，皆合先陳府縣，如屬諸軍諸使，亦合於本司披論。近日多便詣臺論訴，煩褻既甚，爲弊頗深。自今已後，伏請應有論理公私債負及婚田兩競，且令於本司、本州府論理，不得即詣臺論訴。如有先進狀，及接宰相下狀送到臺司勘當審知，先未經本司論理者，亦且請送本司；如已經本司論理不平，即任經臺司論訴。臺司推勘冤屈不虛，其本司本州元推官典，並請追赴臺推勘，量事情輕重科斷。本推官若罪輕，即罰直書下考；

稍重，卽停任貶降。以此懲責，庶免曠官。臣今月三日，已於延英面奏，令臣將狀來。』勑旨依奏。

三年十一月，御史臺奏：『應三院御史新除授月限，伏以當司官三十餘員，朝廷舊例，月限守官，年勞考績。今監察御史以二十五月爲限，殿中侍御史十八月，侍御史十三月。所主公事，起自出使推劾諸色監，當經歷六察。糾繩官司，知左右巡使，監臨倉庫，四推鞫獄，兩彈舉事，皆無敗闕，方得轉遷。承前遠地除官，或三月五月，然始到京，所務逗遛，積延時月。年終考課，使繫虛月，官事勞苦，併在舊人。侍御史周歲而遷，或到城欲及滿歲，監察二年爲限，或在外有至半年，致此依違，曾無督責。臣請自今已後，應當司官除新授者，並請以上後繫月，仍以上日在後者爲新人，不更數虛月。不唯分月直之勞苦，抑亦促遠來之道途。又三館奏請御史充職等，伏以臺司三院御史，職在專臨，如繫他曹，必有所紊。況推鞫公事，察視百司，無不急急，以副期限。倘或官留此地，志在異銜，固非便宜，實亦乖當。如書府或須奏請，南宮可輟郎官。兩館忽將闕人，北省自有遺補。事理至便，兼不曠官。伏乞聖慈，察臣當司公事繫重，特勑中書門下，自此更不許三館奏取御史充職，兼見有者，亦乞落職放還。』勑旨依奏。

其年十二月，御史臺奏：『三院令史，準請刑部、大理寺例，許七考放選。』勑旨：『出使及推制獄，減二年勞，餘依奏。』

四年，御史臺奏：『應文武常參官，本合朝日及入閤進朝不到，並連請假故久闕朝參等，臣今月二十一日，延英面奏進止，以班行務在嚴肅，令臣切加提舉者。臣伏見元和元年御史中丞武元衡奏，止於禮部、兵部、吏部尚書、侍郎、郎官等，選舉限內，久廢朝參，雖事在奉公，猶奏請釐革。近者以久絶提舉，稍涉因循，應文武常參官，多妄請假故，不妨人事，無廢宴遊，但務便安，有虧誠敬，以至上勞聖念，俾肅朝行。臣參憲司，親承睿旨，苟或避事，實虞曠官。臣請起自今以後，文武常參官等，除准式假及疾病灼然爲衆所知外，有以事故請假者，並望許臣舉察録奏。其所陳假牌，請準舊例，每牒不過三日，每月不得再陳牒。如本合朝日，無故一不到，請準常條書罰，再不到，臣請倍罰，頻三朝不到，便請具名銜，奏聽進止。其進朝入閤近例，全合赴班，一不到，準常條已倍書罰，頻兩朝不到，便請具名銜奏聞。所冀臣僚稍加惕厲，班列得以整齊。』勑旨依奏。

東都留臺　舊制，中都留臺官，自中丞已下，元額七員：中丞一員，侍御史一員，殿中侍御史二員，監察御史三員。

天寶十四載，安禄山犯東都，殺留臺御史中丞盧奕。奕與留守李憕不避死，人吏奔散，奕在臺獨居，爲賊所執，與同見害。奕臨難不苟免，居位守死，太常謚曰貞烈。

大曆十年，以檢校駕部郎中，兼侍御史何運。出納使蔣沇兼爲御史中丞，仍東都留臺。

十四年七月，以吏部郎中房宗偃爲御史中丞，仍東都留臺，充東都畿汝觀察處置使。

建中二年六月，以檢校秘書少監、永平軍節度副使鄭叔則爲御史中丞、東都留臺，充東都畿汝觀察處置使。

貞元十六年十二月，以給事中姚齊梧爲御史中丞，仍東都留臺。

元和二年四月，以刑部郎中、兼侍御史、知雜事盧坦爲御史中丞，東都留臺。

十三年三月，以權知御史中丞崔元略爲東都留臺。自後但以侍御史、殿中侍御史、監察御史共主留臺之務，而三院御史亦不嘗備焉。

御史大夫　龍朔二年二月四日，改爲大司憲。咸亨九年十二月二十三日，復爲御史大夫，至今不改。故事，侍御史以下，與大夫抗禮。光宅元年九月，韋思謙除右肅政大夫，遂坐受拜，或以爲言，思謙曰：『國之班列，自有等差，奈何姑息爲事。』其後監察又與之抗禮。至開元十八年，有勑申明，隔品致敬，其禮不改。至二十四年六月，李適之爲大夫，又坐受拜。其後監察又與之抗禮，至今不改。故事，大夫與監察競爲官政，略無承稟。至開元十四年，崔隱甫爲大夫，一切督責之，事無大小，悉令諮決，稍有忤意，列上其罪，前後貶出者過半，羣僚惕然。上常謂曰：『卿爲大夫，深副朕所委也。』

會昌二年十二月，檢校司徒、兼太子太保牛僧孺等奏狀：『奉十一月二十八日勑，中書門下奏，御史大夫，秦爲上卿，漢爲副相，又漢末復爲大司空，與丞相俱爲三公。掌邦國刑憲，肅政朝廷，其任至重，品秩殊峻，望準六尚書例，升爲正三品。御史中丞爲大夫之貳，緣大夫秩崇，官不常置，中丞爲憲臺之長。今九寺少卿及秘書少監，以國子監司業、京兆尹，並府寺省監之貳，皆爲四品，唯御史中丞官業雖重，品秩未崇。升爲正四品下，爲大夫之貳，令不隔品，亦與丞郎出入秩同，以重其任。緣關朝廷典制，須行之可久，必得博盡羣議，詢謀僉同。望令兩省、御史臺五品以上，尚書省四品以上，太子太保、太常卿參議聞奏者。伏以前代帝王建官設位之制，互有沿革，升降廢置，蓋取於一時所宜，苟得其宜，則爲當代之美。臣等伏據《六典》故事，御史大夫、御史中丞等官，歷代之制，位不常定，至於刑憲之所倚，則古今之任不殊。今陛下方弘約法之道，俾增崇品秩，同秩丞郎，蓋千年一時之盛美也。臣等又據故事，御史大夫總朝廷刑憲，掌邦國紀綱，峻其秩位，亦計所宜。御史中丞雖官貳大夫，與大夫多不並置。專席既稱獨坐，隔品豈合迭居，今命秩資升遷，實爲允當。臣等參詳事理，衆議僉同，伏請著於典章，永爲定制。』敕旨依奏。

御史中丞　隋以國諱，改中丞爲治書侍御史。武德初，因隋舊制不改。貞觀二十三年七月三日，避高宗諱，改爲御史中丞。龍朔二年二月四日，改爲司憲大夫。咸亨元年十二月二十三日，改爲御史中丞，西臺中丞同一廳。至開元二十一年，有制以賦餘修百司廨宇，西臺中丞裴寬始以舊監察創置中丞東廳東臺，二中丞亦同廳。開元二十一年十一月，大夫崔琳奏割秘書省東北地，迴改修造。二中丞遂各別廳。開元二十二年三月，置京畿採訪處置使，以中丞爲之，自是不改。其時，大夫是李尚隱，不充使，以中丞盧奐爲之。至永泰元年以後，遂以大夫王翊、崔渙、李渙、崔寧、盧杞等爲使，梁華故實。

元和四年七月，御史中丞李夷簡奏京兆尹楊憑前爲江西觀察使贓罪，及他不法事。敕副御史臺刑部尚書李鄘、大理卿趙昌鞫問，貶憑賀州臨賀縣尉。又追捕憑前江西判官、監察御史楊瑗，繫在臺，命大理少卿胡珦、左司員外郎胡証、侍御史韋顗同推。初，夷簡自御史出官巡屬，憑頗疏縱，不顧接之，夷簡常切齒。又憑歸朝參，修第永寧裏，廣蓄妓妾於永樂里。夷簡乘衆議，舉劾前事。及下獄，置對數日，未得其事，夷簡持之益急，上聞且貶焉。上即位，以法制臨下，夷簡首舉憑罪，故時議以爲宜，然繩之太過，物論又譏其深切矣。

八年二月，僧鑑虛付京兆尹府，決重杖一頓處死，仍籍其財産。鑑虛在貞元中，以講說爲事，斂用貨利，交權貴，爲奸濫。事發，中外掌權者，更欲搖動之。有詔，初命釋其罪。時御史中丞薛存誠不受詔。翌日，宣旨曰：『吾要此僧面詰其事，非赦之也。』存誠又奏曰：『鑑虛罪狀已具，陛下將召之，請先貶臣，然後可取。』上嘉其有守，遂令杖殺之。

其年，洪州監軍誣奏信州刺史李位謀大逆，追赴京師。上敕令付仗內鞫問，御史中丞存誠一日三表，請付位於御史臺。及推按無狀，位竟得雪。未幾，授存誠給事中。數月，中丞闕，上謂宰相曰：『持憲無如存誠。』遂復授之。

九年，裴度爲御史中丞，奏崔從爲侍御史，知雜事。及度作相，奏自代爲御史中丞。從正色立朝，彈奏不避權倖。事關臺閣，或付仗內者，必抗章疏論列，請歸有司。凡所取御史，必先質重勇退者，時論嘉之。

開成元年五月，上御紫宸殿，宰相李固言奏曰：『御史中丞李珝在臺，雖無甚過，以爲人疏易，不稱此官。此官乃天下紀綱，有司繩準，苟用人非當，則紊亂典章。』上曰：『李珝官業，應不甚舉，然爲人豈不長厚耶？』固言對曰：『臣所奏緣與御史中丞不相宜。人即長厚，難任彈奏，且憲司事亦至難，官要得宜者。』

會昌二年十二月，中書門下奏：『諸道諸使奏兼御史中丞。伏以御史中丞，近升品秩，向外兼攝，亦宜相重。臣等商量，今日已後，諸道節度使及度支解縣榷鹽鐵副使等，並須帶檢校四品官，方得奏請。其正郎以下，不在奏限。諸郡刺史亦須地望雄重，兵額稍多處，方得兼授。如前任已兼中丞，須再除者，不在此例。』從之。

大中三年，以御史中丞魏謩兼戶部侍郎、判本司事，謩奏曰：『御史臺紀綱之地，不宜與泉貨吏雜處，乞罷中司，專綜戶部公事。』從之。

乾符三年二月四日，御史中丞李迢奏：『外州府有禁繫罪人關連京百司，請委本州除合抵極法外，疏理訖關奏。』從之。

侍御史　四員。長安二年始置，內供奉在正員之外，仍不得過本數。其遷改與正官資望亦齊。舊制，庶僕五分減一。其職有六：奏彈、三司、西推、東推、贓贖、理匭。凡三司、理匭，則與給事中、中書舍人更直朝堂受表。臺中唯有四職，謂知雜公廨。彈事謂之推彈，廨雜今知雜侍御史，多兼省官以爲之。

武德四年，李素立爲監察御史，丁憂。高祖令所司奪情，授一七品清要官，所司擬雍州司録參軍，上曰：『此官要而不清。』又擬秘書郎，上曰：『此官清而不要。』遂授侍御史。

貞元六年，竇羣入拜侍御史。有人誣告故尚父子儀嬖人張氏宅中有寶玉者，張氏兄弟又與尚父家子孫相告訴。詔促其獄，羣上奏言：『張氏以子儀在時分財，子弟不合爭奪。然張氏宅與親仁宅皆子儀家事，子儀素有大勳，伏望陛下特赦而勿問，使私自退省。』上從之。時人稱其知大體也。

十二年六月，侍御史竇羣奏：『常參官假滿，惟三品官至王府傅已上，即於正衙參假，其餘不在此限。臣伏見諸司官，或位列通班，職居要劇。其左右丞、諸司侍郎、御史中丞、給事中、中書舍人，並是四品、五品清要官，不在參假例。或彌旬曠廢，皆不上聞，或未滿一日，例不舉奏。臣今請尚書省四品官、御史臺五品官、中書門下五品官請假，並同三品例參假。曠廢必知，勤惰無隱，臣職當彈舉，輒陳事宜。』敕旨依奏。

大和三年，華州刺史宇文鼎、戶部員外郎盧允中坐贓，文宗怒，將殺之，侍御史盧弘貞奏曰：『鼎爲近輔刺史，以贓污聞，死固恒典。但取受之首，罪在允中，監司之責，鼎當連坐。』帝然之，減鼎三等。

殿中侍御史　隋末不置。武德五年三月二十二日，置四員。貞觀二十二年十二月九日，大夫李乾祐奏增兩員，以李文禮、張敬一爲之。文明元年，又制殿中裏行，以楊啓、王侍徵爲之。準《吏部式》，以三員爲定額。監倉庫本是察院職務，近移入院，第一人監倉，第二人監庫。

龍朔三年五月，雍州司戶參軍韋絢除殿中侍御史，或以爲非遷，中書侍郎上官儀聞而笑曰：『此田舍翁議論。殿中侍御史赤墀下供奉，接武夔龍，簉羽鵷鷺，奈何以雍州判佐相比？』以爲清議。

貞元十年四月敕：『準《六典》，殿中侍御史，凡兩京城內，分知左右巡，察其不法之事。謂左降流移、停匿不去及妖訛宿宵、蒲博盜竊、獄訟冤濫、諸州綱典貿易賦斂違法，如此之類，方合奏聞。比者因循，務求細事，既甚煩碎，頗失大猷。宜令自今以後，據《六典》合舉之事，所司有隱蔽者，即具狀奏聞。其餘常務，不須更聞。』

大和元年六月，御史大夫李固言奏：『監太倉，殿中侍御史一人；監左藏庫，殿中侍御史一人。臺中舊例，取殿中侍御史從上第一人充監大倉使，第二人充監左藏庫使，又各領制獄。伏緣推事，皆有程限，所監遂不專精，往往空行文牒，不到倉庫，動經累月，莫審盈虛。遂使錢穀之司，狡吏得計，至於出入，多有隱欺。臣今商量，監倉御史，若當出納之時，所推制獄稍大者，許五日一入倉；如非大獄，許三日入倉；如不是出納之時，則許一月兩入倉檢校。其左藏庫公事，尋常繁鬧，監庫御史所推制獄，大者亦許五日一入庫；如無大獄，常許一旬內計會，取三日入庫句當。庶使當司公事，稍振綱條，錢穀所由，亦知警懼。』敕旨依奏。

監察御史　武德初，因隋舊制，置八員。貞觀二年二月九日，御史大夫李乾祐奏加兩員，以李義琛、韋務靜爲之。龍朔元年八月，忻州定襄縣尉王本立爲監察御史，裏行之名始於此。《六典》又云，裏行始於馬周，未知孰是？初皆帶本官，祿俸於本官請。如未即眞，有故停，即以本官赴選。文明元年，自王賓以後，不復更銜本官，且以裏行爲名，至今不改。天后時，又有臺使八人，俸亦於本官請，餘並同監察，時人呼爲『六指』。《吏部式》，監察裏行及試，以七員爲定額。開元初，又置裏行使，無員數。監察御史職知朝堂，正門無籍，非因奏事，不得入至殿庭。在栖鳳閣南，望殿中侍御史以從觀象門出，若從天降。至開元七年三月，敕並令隨仗入閤。西監察院，即今中丞東廨是也。中丞裴寬因修廨宇，遂移監察院於十道使院置之，舊院遂爲中丞廨宇。

杜易簡《御史臺雜注》云：監察御史，自永徽以後，多是敕授，雖有吏部注擬，門下過覆，大半不成。至龍朔中，李義府掌選，寵任既崇，始注得御史。李義府敗，無吏部注者。員外、左右通事舍人等亦然。

蘇氏駁曰：員外郎、御史並供奉官，進名敕授，是開元四年六月十九日敕。杜易簡著《雜注》以後，猶四十年爲吏曹注擬矣。

興元二年十月四日敕：『監察御史六人，承前所定，皆是從下次。舊例，從下又合出使，若一人出使，兼有故，則六察御史遞相移改。今請令監察從上第一人察吏部、禮部；第二人察兵部、工部；第三人察戶部、刑部。每年終，議其殿最。』

貞元二年五月，御史中丞竇參奏：『得監察御史鄭襄狀，準《六典》，應郊廟祀祭，皆御史監之，蓋職在省其器服，閱其牲牢，有不修敬，則舉劾聞奏。主者嚴薦獻，交神明，監者舉過繆，糾闕誤，所務不同。準式，齋官有故，許通融行事，公事數人，可得通攝。其監察御史唯有一人，舊例有故便闕者。伏以祀事肅恭，國家大典，苟無糾察，恐虧慎重。卻請以後，監察御史誓戒後，有假及改轉者，許續差御史，令沐浴潔服往，卽冀官次有常，禮物嚴備。』從之。

四年八月，檢校司徒、兼太子太保李勉薨。至德初，從至靈武，拜監察御史。屬朝廷用武，勳臣背闕而坐，勉舉劾不敬，拘之，肅宗特原之，而謂左右曰：『吾有李勉，始知朝廷之尊矣。』

十一年二月，黔中監察御史崔穆，爲部人告贓二十七萬貫及他犯，遣監察御史李直方往黔州覆按。近事，雨晦無對見者。是日雨止，上重至延英，召見直方遣焉。

十九年十二月，監察御史崔薳笞四十，配流崖州。初，建中元年，敕京城諸軍諸使及府縣，季終命御史分曹巡按繫囚，省其冤濫以聞。近年以北軍職在禁密，但移牒而已，御史未嘗至。薳在官近，不諳故事，至右神策軍云：『奉制巡按。』軍使等以爲持有制命，頗驚愕。軍中遽奏之，上發怒，故有此命。

元和四年五月，御史臺奏：『準舊例，監察御史從下第六人，各察尚書省一司。又準興元元年十月敕，令監察御史從上第一人察吏部、禮部，第二人察兵部、工部，第三人察戶部、刑部。伏以監察第一、第二人，已充監察御史及館驛等使，新人出使外，並無職掌，無以覩其能否。今請守舊制，以新人分察。』從之。

大和二年，郊廟告祭，差攝三公行事，多以雜品。監察御史柳璟監祭，奏曰：『準開元二十三年敕，宗廟大祀，宜差左右丞相、嗣王、特進、少保、少傅、尚書、賓客、御史大夫。又準二十五年敕，太廟五享，差丞相、師、傅、尚書、嗣郡王通攝，餘司不在差限。又元和四年敕，太廟告祭攝官，太尉以宰相充，其攝司徒、司空，以僕射、尚書、師、傅充，餘司不在差限。比來吏部因循，不守前後敕文，用人稍輕。請自今年冬季，敕吏部準開元、元和敕例差官。』從之。

八年九月，御史臺奏：『當司應六察官，伏準元和四年五月二十日敕，監察御史六人分察尚書省，從下一人察吏部，其次察兵部省。伏以監察在臺，職當使役，或有出入推按，例合差遣新人。每因一人奉使，須數員轉職，既頻移易，使致因循，舉察之務，難得精審。今請除監察、館驛兩處以次人，便專察吏部，其下便依次轉差。所冀察務有常，公事知守。』敕旨依奏。

開成元年正月，中書門下奏：『監察太倉、左藏庫御史，請於新入臺察中，擇精强幹用兩人，分監倉、庫，全放朝謁，每月除本官俸錢外，別給見錢三十千，隔日早入。』敕旨依奏。

大中四年九月十六日，御史臺奏：『准舊例，京兆府准敕科決囚徒，合差監察御史一人到府門監決。御史未至，其囚已至科決處，縱有冤屈，披訴不及。今後請許令御史到府引問，如囚不稱冤，然後許行決。其河南府准此。諸州有死囚，仍委長官差官監決，並先引問。』從之。

又　卷六一《御史臺中》　館驛使　開元十六年七月十九日敕：『巡傳驛，宜因御史出使，便令校察。』至二十五年五月，監察御史鄭審檢校兩京館驛，猶未稱使，今驛門前十二辰堆，卽審創焉。乾元元年三月，度支郎中第五琦充諸道館驛使。大曆五年九月，杜濟除京兆尹，充本府館驛使，自後京兆常帶使，至建中元年停。大曆十四年九月，門下省奏：『兩京請委御史臺，各定知驛使御史一人，往來句當。』遂稱館驛使。謹按《六典》及《御史臺記》並雜注，卽並不言臺中有館驛使。

【略】

彈劾　故事，御史彈奏，上坐日，曰仗彈。至景雲三年已後，皆先進狀聽進止，許卽奏，不許卽止。儀鳳二年二月十九日敕：『凡有彈糾，皆待大理斷招後，録入功過。』至德元年九月十日詔：『御史彈事，自今以後，不須取大夫同署。』故事，凡中外百寮之事，應彈劾者，御史言於大夫，大事則方幅奏彈之，小事則署名。乾元二年四月六日敕：『御史臺所欲彈事，不須先進狀，仍服豸冠。所被彈劾，有稱讎嫌者，皆冀遷延，以求苟免。但所舉當罪，則讎亦無嫌。如憲官不舉所職，降資出臺，黨涉阿容，乃重貶責。』舊制，凡事非大夫、中丞所劾，而合彈奏者，則具其事爲狀，大夫、中丞押奏。大事則豸冠、朱衣、纁裳、白紗中單以彈之，小事常服而已。

貞觀十一年，吳王恪好畋獵，損居人田苗，侍御史柳範奏彈之。太宗因謂侍臣曰：『權萬紀事我兒，不能輔正，其罪合死。』範進曰：『房玄齡事陛下，尚不能諫止畋獵，豈可獨罪萬紀乎？』

永徽元年十月二十四日，中書令褚遂良抑買中書譯語人史訶檐宅，監察御史韋仁約劾之。大理丞張山壽斷，以遂良當徵銅二十斤。少卿張叡冊以爲非當，估宜從輕。仁約奏曰：『官市依估，私但兩和耳。園宅及田，不在市肆，豈用應估。叡冊曲憑估買，斷爲無罪。大理之職，豈可使斯人處之。』遂遷遂良及叡冊官。

顯慶元年八月，中書侍郎李義府，恃寵用事。聞婦人淳於氏有美色，坐事繫大理，乃諷大理寺丞畢正義枉法使出之，將納爲妾。或有密言其狀者，上令給事中劉仁軌鞫之。義府恐洩其謀，遂逼正義自縊於獄中。上知而特原義府。侍御史王義方奏：『義府擅殺寺官，陛下雖已釋放，臣不應更有鞫問。然天子置三公、九卿、二十七大夫、八十一元士，本欲水火相濟，鹽梅相承，然後庶績咸熙，風雨交泰。則知人主不得獨是獨非，皆由聖旨。昔唐堯至聖，失之於四凶；漢祖深仁，失之于陳豨；光武聰明寬恕，失之于龐萌；魏武勇略英雄，失之於張邈。此並英雄之主，莫不失之於前，得之於後。陛下繼聖，撫育萬方，蠻陬夷落，猶懼刑網。輦轂咫尺，奸臣肆虐，殺六品寺丞，足使忠臣抗憤，義士扼腕。縱正義自取絞縊，此事彌不可容。使是畏義府之權勢，能殺身以滅口，則此生殺之威，上非主出；賞罰之柄，下移姦佞。臣恐履霜堅冰，積小成大，請乞重勘，審正義致死之由。雪冤氣於幽泉，誅姦臣於白日。』對仗叱義府令下，義府顧望不退。義方三叱，上既無言，義府趨出。義方乃讀彈文曰：『義府善柔成性，佞媚爲姿，昔事馬周，分桃見寵；後交劉洎，割袖承恩。生其羽翼，長其光價，因緣際會，遂階通達。不能盡忠端節，對揚王休，策蹇勵駑，祇承皇眷。而反憑附城社，蔽虧日月，請託公行，交遊羣小。貪冶容之姣好，原有罪之淳于；恐漏洩其陰謀，殞無辜之正義。雖挾山超海之力，望此猶輕；回天轉日之威，方斯更劣。此而可恕，孰不可容。金風戒節，玉露啓寒，霜簡與秋典共清，忠臣將鷹鸇並擊，碎首玉階，庶明臣節，請付法推，以申典憲。』

龍朔二年三月，鐵勒道行軍大總管鄭仁泰、薛仁貴殺降九十餘萬。更就磧北討其餘衆，遇大雪，兵士糧盡，凍餓死者十八九。御史大夫楊德裔劾奏曰：『謹按仁泰，猥以非才，謬荷拔擢，擁旌瀚海，問罪天山。理應虔奉廟算，恭行天罰，而褊心無謀，短懷愎諫。乃肆凶殘，恣行殺戮。向若大軍初到，明諭天旨，撫納前降，招來後服。則鐵勒反善，不日斯平。仁泰素闕遠圖，莫曉機事，師徒無紀，軍令不明。遂使稽顙屈膝者，被塗炭之誅；懼死懷生者，因成絶漠之計。加以沙塞綿邈，風雪嚴凝，不量士馬疲痾，不度糧食多少，乃令班師。凍餒征夫，殞斃士馬，骸胔委積，刳剔縱橫，暴骨交衢，下實泉壤，深可悼恤。成規失守，明罰所誅。自聖朝削平天下以來，未有如仁泰此行，損威挫鋭之甚。仁貴貪殘有素，平允乖方，縱矜所得，不補所喪。豈可並資誣罔，不置準繩，撫悼存亡，理宜懲肅。其仁泰等故殺降人，餓殺兵士。並請付法，以申典憲。』

萬歲通天五年五月，監察御史紀履忠劾奏御史中丞來俊臣犯狀有五焉：『一專擅國權，二謀害良善，三贓賄貪濁，四失義背禮，五淫昏狼戾。論茲五罪，合至萬死，請下獄治罪。』

大足元年，張易之縱恣益横，常私引相士李弘泰占吉凶，言涉不順。御史中丞宋璟請窮究其狀。則天曰：『易之等已自上聞。』璟曰：『謀反大逆，無容首免。易之等分外承恩，臣知言出禍從，義激於心，雖死不恨。』則天不悦。內史姚璹恐忤旨，遽宣敕令出。璟曰：『天顔咫尺，親奉德音，不煩宰相擅宣王命。』則天意解，乃收易之等就臺。俄有敕特原之，仍令易之等就璟宅謝罪。璟拒而不見，曰：『公事當公言之，若私見，法無私也。』

長安四年三月，監察御史蕭至忠，彈鳳閣侍郎、同鳳閣鸞臺三品蘇味道贓汚，貶官。御史大夫李承嘉，嘗召諸御史責之，曰：『近日彈事，不諮大夫，禮乎？』衆不敢對。至忠進曰：『故事，臺中無長官，御史人君耳目，比肩事主，得各彈事，不相關白。若先白大夫，而許彈則可，如不許彈，則如之何？大夫不知曰誰也。』承嘉默然，而憚其剛直。

神龍三年，吏部尚書蘇瓌按問鄭普思。其妻有寵於韋庶人，特敕令對御辨析，上屢抑瓌而理普思。侍御史范獻忠歷階而前曰：『臣請先罪蘇瓌』，上問其故，忠曰：『蘇瓌國之大臣，荷榮貴久矣，不能斬逆賊而後奏聞。今使眩惑天聰，搖動刑柄。而普思反狀昭露，陛下曲爲申理，此則王者不死。今聖躬萬福，豈有剩天子耶！臣請先死，終不能事普思。』上意乃解，獄遂定。

其年，監察御史魏傳弓劾奏內常侍輔信義縱暴。竇懷貞曰：『輔常侍深爲安樂公主所信任，權勢甚高，常成禍福，何得輒有糾彈？』傳弓曰：『今王綱漸壞，君子道消，正由此輩擅權耳！若得今日殺之，明日受誅，無所恨。』

景龍元年九月十二日，又劾奏銀青光禄大夫、西明寺主惠範奸贓四十萬，請置於極法。上召之，有寬惠範之色。傳弓進曰：『刑賞者，國家大事。陛下賞已妄加，豈宜刑所不及。』削惠範官，放歸於第。

景龍二年十二月，御史中丞姚廷筠奏稱：『律令格式，懸之象魏，奉而行之，事無不理。比見諸司僚寀，不能遵守章程，事無大小，皆悉奏聞。臣聞爲君者任臣，爲臣者奉法。故云：汝爲君目，將司明也。則知萬機務綜，不可偏覽也。所以設官分職，委任責成，百工惟時，以成垂拱之化。比者修一水𥴦，或伐一枯木，並皆上聞旒扆，取斷宸衷，豈代天理物，至公之道也。自今以後，若緣軍國大事，及牒式無文者，任奏取進止。自餘據章程合行者，各令準法處分。其故生疑滯，致有稽失者，望令準御史隨事糾彈。』上從之。

三年二月九日，娑葛入寇，監察御史崔琬劾奏兵部尚書宗楚客、侍中紀處訥，曰：『立性險詖，志越溪壑，幸以遭逢聖主，累忝殊榮。承愷悌之恩，居弼諧之地，不能克意砥礪，憂國如家。遂乃潛通獫狁，納貨取資，公引頑凶，受賂無限。且境外之交，情狀難測，今娑葛反叛，邊鄙不寧，由此賊臣，取怨中國。臣忝直指，義在觸邪。請黜巨蠹，用答大造，並請收禁，差三司追鞫。』

其年五月，李尚隱與監察御史李懷讓同奏吏部侍郎崔湜、鄭愔有所挾附，贓污狼籍。詔監察御史裴漼按其事。時安樂公主用事，諷漼寬之，漼遂對仗重彈奏，愔竟從貶削。一説靳常所劾，恐非。

開元二年，崔日知爲京兆尹，貪暴犯法，御史大夫李傑糾劾之，反爲日知所構。侍御史楊瑒廷奏曰：『彈劾之舉，若遭恐脅，以成奸人之謀，御史臺固可廢卻。』上以其言切直，遽令傑依舊視事。貶日知爲黔縣丞。

其年三月，殿中御史郭震劾刑部尚書趙彥昭、太子賓客韋嗣立、青州刺史韋安石，曰：『彥昭以女巫趙五娘左道亂常，託爲諸姑，潛相援引，既因提挈，遂踐台階。或驅車造門，著婦人之服；或攜妻就謁，申猶子之情。同惡相濟，一至於此。又張易之兄弟，勢傾朝野，嗣立此際，結爲舅甥。神龍之初，已合誅死，天網疏漏，腰領誤全。與安石託附阿韋，編諸屬籍。中宗晏駕，削太上皇輔政之制，定阿韋臨朝之策。比時朝野危懼，人臣怨憤。臣雖才識妄庸，忝司清憲，熟見奸僻，敢不糾彈。彥昭並請法處分。』於是並罷官。

建中元年三月，監察御史張著冠豸冠，彈京兆尹、兼御史中丞嚴郢於紫宸殿。以郢奉詔浚陵陽渠，匿詔不時行，故使奔蹙，以歸怨於上。上卽位初，侍御史朱敖請復舊制，置朱衣、豸冠於內廊，有犯者，御史服以彈。又令御史得專彈劾，不復關白於中丞、大夫。至是，著首行之。乃削郢御史中丞，著特賜魚袋。自是日懸衣冠於宣政之左廊。然著希楊炎之意彈郢，人頗不直之。

貞元元年三月，宰相召諫官御史宣諭上旨，曰：『自今上封彈劾，宜入自陳論，不得羣署章奏，若涉朋黨。』初，京兆尹李齊運以公事詬萬年縣丞源邃，令左右抑捽不已，邃竟死於廷。京師不直，其妻鄭氏告冤不已。崔縱執奏如初，御史中丞張或繼論，御史連章彈齊運。齊運乃奏云：『臣孤立，爲朋黨所擠。』故命宰臣宣諭焉。

元年正月，侍御史殷永免官。初，奉誠軍節度使康日知朝覲失儀，爲御史彈奏，詔捨之。因敕御史，有節將始至，朝禮小失，勿劾。及是，邠寧節度使張獻甫入閤失儀，永廷劾之。獻甫素服待罪闕下，召見慰諭。以永忘其前命，故免。

元和三年三月，御史中丞盧坦舉奏：『前山南西道節度使柳晟，授任方隅，所寄尤重，至於敕令，首合遵行。一昨歸朝，固違明旨，復修貢獻，有紊典章，伏請付法。』又奏：『前浙東觀察使閻濟美，到城之時，亦有進獻。當時勘責，稱離越州後，方見赦書，道路已遙，付納無處者。既經鴻霈，須爲商量，已書罰訖。伏准今年正月赦文，自今已後，諸道長史有赴闕廷者，並不得取本道錢物，妄稱進奉。柳晟等既違新令，不敢不奏。』初，坦既奏舉晟、濟美，二人皆待罪於朝堂。上召坦對，褒慰久之，曰：『晟等所獻，皆以家財，朕已許原，不可失信。』坦奏曰：『赦令天下之大信也，天下皆知之。今二臣違令，是不畏法，陛下奈何以小信而失天下大信乎！』上曰：『朕已受之，如何？』坦曰：『歸之有司，不入内藏，使四方知之，以昭聖德。』上稱善其言。

十五年三月，御史中丞崔直奏云：『元和十二年，御史臺奏請知彈侍御史被彈，卽請向下人承次監奏。或有不到，卽殿中侍御史於侍御史下立，以備其闕。臣伏以朝官入閤失儀，知彈侍御史合彈奏錯失，向下侍御史及中丞、大夫，遞相彈奏，事後入本班。候監奏出閤，然後合侍御史待罪。此乃殿廷舊制，於事爲宜。今若移一殿中放彈御史之下，以防向上失錯，或殿中自錯，則擬更立何人向下？監奏繫於瞬息，只合知彈侍御史便了，不必別差殿中。既乖故實，終慮駁雜。伏請自今已後，卻依閤内故事，縱知彈侍御史自有錯失，不被彈奏。候班退監奏畢，然出待罪，冀從易便，永可遵行。』奏可。

長慶四年六月，侍御史溫造於閤内奏彈左金吾大將軍李佑近違敕罷吏，請進馬以論。佑趨出待罪，宣敕放之。

大和二年，義成軍節度使李聽爲魏博所敗，喪師過半。御史中丞溫造、殿中侍御史崔蠡彈之，曰：『賞罰不立，無以示天下。李聽按甲遷延，逗撓軍政，以致狼狽就道，自圖苟免。伏請付法司論罪。』上特原之。

七年九月，侍御史李款閤内彈奏前邠州行軍司馬鄭注，曰：『内通敕使，外連朝官，兩地往來，卜射財貨。晝伏夜動，干竊化權，人不敢言，道路以目。請付法司。』奏未報，款連上十餘疏，由是授注通王府司馬。

九年六月，御史大夫李固言奏：『知彈侍御史，自京城百司及天下諸州府等公事，應關文法者，皆先申臺司，舊例配知彈侍御史一人，專掌其事。至朝日入閤，又對仗彈奏中外臣僚不如法者。事最繁重，又須詳精，一人當之，實恐不逮。臣商量，請知彈御史一人，專掌京城百司公事；皆彈侍御史一人，分掌諸州府之事，庶使官業各修，無所遺闕。』從之。

又　卷六二《御史臺下》　諫諍　長安四年十一月，敕於登、萊州置監牧，和市牛羊。右肅政臺監察御史張廷珪諫曰：『竊見國家於河北和市牛羊，及荆、益等州市奴婢，擬於登、萊等州置監牧。此必有人爲國用不足，或將見陶朱、公孫弘、卜式之事，而爲陛下陳其策耳。臣愚以爲齷齪小算，有損無益，爲盛明天子行於世也。何以明之？彼三人者，實爲匹夫藉空虛之地，罄勤苦之功，畜牧積歲，增致千金。苟以一家言之，其計得也。今聖朝疆域四海，臣妾萬方，天覆地載，莫非所有。而必取於人，從牧於國，何示人之不廣，而近樹私也。況和市遞送，所在騷然，公私煩費，不可勝計。今河南牛疫處，十不存二，家家保之，豈願輒賣。今雖和市，甚於抑奪。頃者，諸州雖定估價，既緣併市，則雖平準加以簡擇，事須賄求，侵克之端，從此而出。牛羊踴貴，必倍於常，百姓私賠，卽破家產。雖官得一牛一羊，百姓已失兩牛兩羊矣，此則有損無利也。又聞君之所恃者人，人之所恃者食，食之所資者耕，耕之所恃者牛。失牛則廢耕，廢耕則去食，去食則人無以生。人無以生，君將何恃？然則牛者，君國字人之本。豈有無故而取之哉！假令畜牧能遂繁，三數歲間，億萬可致。陛下豈可鬻之於中土，剖割其命爲資乎？牛之爲損則如彼，羊之無益又如此。伏願特加審慎，詳圖賴益。諸有所和市及新置監牧等，倘迴聖慮，卽日停絕。天下蒼生，不勝幸甚！』其後數日，御史中丞盧懷慎上表曰：『臣奉使幽州推事，途經衞、相等州，知河北和市，萊州監牧牛。臣聞官人百姓，當土牛少，市數又多，官估已屈於時價，衆戶又私相賠帖。既印之後，卻付本主養飼，春暮草青，方送牧所，竟無躅折，侵削實深。且民惟邦本，食乃民天，牛之不存，民將安寄？河北百姓，尤少牛犢，賤市抑養，奪取無異。聚農戶之耕牛，冀收孳課，奪居人之沃壤，將爲牧場。益國利民，未見其可。所和市牛，臣望總停，爲計之上。』

神龍二年，京兆韋月將上書，訟皇后爲亂，中宗大怒，令撲殺之。御史中丞宋璟執奏，請按而後刑。中宗怒甚，謂璟曰：『朕以爲斬訖，何故緩之？』璟曰：『韋言中宮爲亂於武三思，陛下不加勘問，直言斬論事者，臣恐朝野有竊議者。』中宗轉怒，璟曰：『請先斬臣，不然，臣不敢奉詔。』上意少解，遂配流。三年八月，節愍太子誅武三思之後，安樂公主及宗楚客兄弟幷冉祖雍、李悛等，共誣構安國相王、鎮國太平公主，與太子連謀舉兵，請收制獄。上召御史中丞蕭至忠，令鞫之。至忠泣而奏曰：『陛下富有四海，貴爲天子，豈不容一弟一妹，忍受人羅織。宗社存亡，實在於此，臣愚竊爲陛下不取。《漢書》云：「一尺布，尚可縫；一斗粟，尚可舂；兄弟二人不相容。」願陛下詳察此言。初，則天欲立相王，累日不食，請迎陛下，固讓之誠，天下傳說。足明冉祖雍等所奏，咸是虛構。」上深納之，遂停鞫問。其時，左補闕吳兢上表曰：「臣聞道路竊議云：宗楚客、紀處訥等，誣構安國相王，以爲連謀於庶人重俊，將請下制獄。臣既參職諫曹，安敢不奏。且安國相王實陛下同氣，六合至廣，親莫加焉。今賊臣等共加羅織，此禍亂之漸，不可不察。又王之仁孝，幽明共知，頃遭荼毒，哀毁過度。以陛下爲性命，亦陛下之手足，既孝於父母，而惡於兄弟者，未之有也。若信任讒邪，寘之於法，必傷陛下之恩，失天下之望。所謂芟刈股肱，獨任胸臆；方涉江漢，棄其舟楫，可爲寒心，可爲慟哭。自昔翦伐枝幹，假權異族者，未有不喪其宗社也。何以明之？秦任趙高，卒致傾覆；漢委王莽，遂成簒逆；晉家以自相魚肉，寰瀛鼎沸；隋室以猜忌子弟，海内塵飛。驗之覆車，安可重迹。自陛下登極，于今四稔，一子以弄兵被誅，一子以愆失遠任，唯此一弟，朝夕左右，斗粟尺布之刺，可不慎乎！」

景雲二年，監察御史韓琬陳時政，上疏曰：「臣敢以耳目所聞見而陳之，伏願少留意省察。臣竊聞永淳之初，尹元任岐州雍縣令，界内婦人修路，御史彈免之。頃年婦人夫役，修平道途，蓋其常也。調露之際，劉憲任懷州河内縣尉，父思立在京身亡，選人有通索關者，于時選司，以名教所不容。頃者，以爲見機俊人矣。頃年國家和市，所由以剋剝爲公，雖以和市爲名，而實抑奪其價。殊不知百姓足，君孰與不足矣。往年兩京與天下州縣學生、佐史、里正、坊正，每一員缺，先擬者輒十人。頃年差人以充，猶致亡逸。往年選司從容安閑，而以禮敬待。頃年選司，無復曩時引接，但仇敵估道耳。往年刻官交替者，必儲畜什物以待之。頃年替人，必喧競爲隙，手執省符，紛然不已。往年召募之徒，人百其勇，爭以自效。頃年差點勒遣，逃亡相繼。若此者，臣粗言之，不可勝數。夫量事置官，量官置人，使官稱其人，須人不虛位。除此之外，使其耕桑，任其商賈。何爲引令入仕，廢其本業。臣愚以爲國家開仕進之門廣矣，皆棄農職工商，而爭趨之。當今一夫耕而供數百人食，一婦蠶而供數百人衣，遂使公私皆無儲蓄矣。若不釐革其弊，必令致政令風化，年年不等也。」

開元二年十二月，嶺南市舶司、右威衛中郎將周慶立、波斯僧及烈等，廣造奇器異巧以進。監選司殿中侍御史柳澤上書諫曰：「臣聞不見可欲，使心不亂，是知見欲而心亂必矣。臣竊見慶立等，雕鐫詭物，置造奇器，用浮巧爲眞玩，以詭怪爲異寶，乃理國之所巨蠹，明王之所嚴罰，紊亂聖謀，汨斁彝典。昔露臺無費，明君尚或不忍；象箸非多，忠臣猶且憤歎。《王制》曰：「作異服奇器以疑衆者殺。」《月令》曰：「無作淫巧，以蕩上心。」巧謂奇伎怪好也，蕩謂惑亂情欲也。今慶立等皆欲求媚聖意，搖蕩上心。若陛下信而使之，是宣奢淫於天下；必若慶立矯而爲之，是禁典之無赦也。陛下即位日近，萬邦作孚，固宜昭宣菲薄，廣教節儉，則萬方幸甚！」

元和十五年二月，監察御史楊虞卿以上頻行幸盤遊，上疏諫曰：『臣聞鳶鳥遭害，則仁鳥逝；誹謗不誅，則良言進。況詔旨勉諭，許陳愚誠，故臣不敢避死。竊聞堯、舜受命，以天下爲憂，而未聞以位爲樂也。況北敵猶梗，西戎未賓，兩河之瘡痍未平，五嶺之妖氛未解。生人之疾苦盡在，朝廷之制度未修，邊儲屢空，國用猶缺，固未可以高枕無虞也。陛下初御宇宙，有憂天下之志。宜日延輔臣公卿，百寮執事，垂旒而問，造膝以求，四方内外，有所觀焉。今自聽政以來，六十日矣，八開延英，獨三數大臣仰奉龍顔。其餘侍從待詔之臣，偕入而齊出，何足以聞政事哉！諫臣盈廷，忠言未聞於聖聽，臣實羞之。蓋由主恩尚疏，而衆正之路未啓也。公卿大臣宜朝夕見天子論道，賜與從容，則君臣之情相接，而理道備聞矣。方今自宰相以下四五人，時得頃刻侍座。故天威不遠，鞠躬隕越，隨旨上下，無能往來。此由君太尊，臣太卑故也。自公卿以下，雖歷踐清地，曾未祗奉天睠，以承下問，鬱塞正路，偷安倖生。況陛下神聖如五帝，其臣莫能望清光，所宜周遍顧問，惠其顔色，使支體相輔，君臣愈明。陛下求理於公卿，公卿求理於臣輩。自上下孜孜相問，使進忠若趨利，論政若訴冤，如此而不聞過失，不致昇平者，未之有也。自古帝王居安慮危之心不相及，故不得皆爲聖帝明王。小臣疏賤，豈宜及此，獨不忍冒榮偷禄，以負聖朝。伏惟陛下深憐之。』上令中使宣付宰臣云：『虞卿所上疏，切直可獎。』後宰臣令狐楚、蕭俛、段文昌延英奏事，因以納諫爲賀。

推事　顯慶五年正月，監察御史袁異式受宰臣李義府密旨，推青州刺史劉仁軌，有所淩辱過甚。及爲侍御史，而仁軌入爲大司憲，式心不自安。後因酺，倉起言之，劉公謂侍御曰：『彼人對某臥而無禮，自是往事，某不介懷。』式拜謝之。

龍朔二年十月，秦令言新除監察御史，推雒州長史許力士子犯法，使還將奏。諸御史謂曰：『未經奏事，宜習之。』笑曰：『由來所便。』問作手狀，又都不曉。及奏，不稱臣，上問力士知否，對曰：『許長史不知。』上曰：『對朕猶喚許長史，豈能推事？』令法官重推，令言免官。

垂拱元年四月，監察御史蘇珦按韓、魯諸王獄，珦奏據狀無徵。則天召見詰問，珦執奏不迴。則天不悅，曰：『卿大雅之士，當別有驅使，此獄不假卿也。』遂令珦於河西監軍。

長安三年九月八日，魏元忠爲張易之所構，配流嶺表。太子僕射崔貞慎、東宮率府獨孤禕等，送至郊外。易之大怒，復使人誣告。則天令監察御史馬懷素推問，續使中使促迫，諷令構成其事。懷素執正不受命。則天怒，懷素奏曰：『元忠犯罪配流，貞慎等以親故相送，誠爲可責。若以爲謀反，臣豈誣罔神明。昔彭越以反伏誅，欒布猶奏事，哭於其屍下，漢朝不坐。況元忠罪非彭越，陛下豈加追送之罪。』則天意解，由是獲免。

天寶四載十二月十六日敕：『東西兩推及左右巡使，皆臺司重務，比來轉差新人，數有改易，既不經久，頗紊章程。宜簡擇的然公正精練者，令始末專知，不得輒替換。若無缺失，至改轉時遲速間，以爲褒貶。』

興元元年十月四日敕：『知東推、西推侍御史各一人，臺司以推鞫爲重務，請令第一殿中同知東推，第二殿中同知西推，仍分日受事。一人有故，同推便知，先所置推官二員，請停。』

建中三年九月，御史臺奏：『其推知御史差使改移，其兩推即須改入。舊例合有推官，今請置兩員，與本推御史同推。御史縱有改移，不失根本。若非職掌見任官，手力外，請給十年充糧料等，取贓贖錢。』敕旨依奏。

元和五年四月，命監察御史楊寧往東都按大將令狐運事。時杜亞爲東都留守，素惡運。會盜發洛城之北，運適與其部下畋于北邙，亞意爲盜，遂執訊之，逮繫者四十餘人。寧既按其事，亞以爲不直，密表陳之，寧遂得罪。亞將逞其宿怒，且以得賊爲功，上表指明運爲盜之狀，上信而不疑。宰臣以獄大宜審，奏請覆之，命侍御史李元素就覆焉。亞迎路，以獄成告，元素驗之，五日，盡釋其囚以還。亞大驚且怒，親追送，馬上責之，元素不答。亞遂上疏，又論元素。元素還奏，言未畢，上怒曰：『出，俟命。』元素曰：『臣未盡詞。』上又曰：『且去。』元素復奏曰：『臣一出，不復得見陛下，乞容盡詞。』上意稍緩。元素盡言運冤狀明白，上乃悟曰：『非卿，孰能辨之？』後數月，竟得眞賊。元素由是爲時器重，累遷給事中，每美官缺，必指元素焉。

八年九日，御史中丞薛存誠奏：『當司應受事推勘等，臺中舊例，及興元元年十月四日，御史大夫崔縱重奏，取侍御史、殿中侍御史各二人，共成四推，猶以東西推爲名。又各分京城諸司及道州府，爲東西之限。隻日則臺院受事，雙日則殿院受事，其中一人有故，則同推便知者。伏以所分諸司及府州，爲限已定，事若併至，無例均分。劇者則推鞫難精，閑者則吏能莫試。今請不以東西爲限，亦不以取隻日雙日受事。但請依舊請四推，御史令輪環受事，周而復始。如此則才用俱展。勞逸必均。其餘應緣推事，須有約勒，若一一聞奏，慮煩聖聽。敕下後，請隨事條流。』敕旨依奏。

大和二年閏三月，中書門下奏：『御史臺推事，縱有特宜，亦須正敕。應朝官犯罪，准獄官令，先奏後推。格式具存，合共遵守，臣等請便提舉。』敕旨依奏。

四年八月，御史中丞魏謩奏：『諸道州府百姓詣臺奏事，多差御史推劾，臣恐煩勞州縣，先請差度支、戶部、鹽鐵院官帶憲銜者推勘。又各得三司使申，稱院官人數不多，例專掌院務課績。今諸道觀察使幕中判官，少不下五六人，請於其中帶憲銜者，委令推劾。如累推有勞，能雪冤滯，若御史臺缺官，便令聞奏。』從之。

出使　貞觀四年，監察御史王凝使至益州，刺史高士廉勳戚自重，從衆僚候之昇僊亭。凝不爲禮，呵御之，士廉甚恥恚。至五年，入爲吏部尚書，會凝赴還，因出爲蘇湖令。

十七年，監察御史汲師巡獄至長安，縣令李乾祐不知御史至，巡訖，將上馬，乾祐始來。師顧見，不言而去，乾祐深憾之。二十年四月，乾祐除御史中丞，遂出爲新樂令。

顯慶三年七月，監察御史胡元範使越巂，至益州，駙馬都尉喬師望爲長史，出迎之。先是，敕斷迎使臣，師望託言他行，元範引卻，不與相見。師望又忿憾，按轡專道，徐反駐後塵。及元範按劾其枉僧事，師望素與許敬宗善，先驛奏之。元範及迴，免官。

麟德二年十月，徵劉仁軌，次於萊，舍於驛西廳。夜已久，有御史至，驛人白曰：『西廳少佳，有使止矣。』曰：『誰？』曰：『帶方州刺史。』御史令移卻，仁軌遽就東廳。既至，拜憲大夫，其御史媿不自安。他日，謂侍御曰：『諸公出使，當須振舉冤滯，發明耳目，興行禮義。無爲煩擾州縣，而自重其權。』指行中曰：『只如某侍御，夜到驛中西廳，所校幾何？苦死遺移，乃就東廳。豈忠恕之事耶！願諸公勿爲也。』諸御史莫不翕然自誡。

乾封二年二月，韋思謙除侍御史，與公卿相見，未常行拜禮。或勉之，約曰：『鶻鶚鷹鸇，豈衆禽之偶？奈何設拜以狎之。且耳目之官，故當特立。』乃曰：『御史銜命出使，不能動搖山岳，震懾州縣，誠曠職耳。』

開元五年，監察御史杜暹往磧西覆屯。會郭虔瓘與史獻等不協，更相執奏，詔暹按其事實。史獻以金遺暹，固辭。左右曰：『公遠使絶域，不可失蕃人情。』暹不得已，受之，埋於幕下。既去出境，乃移牒令收取之。

十二年四月六日敕：『御史出使，非充按察覆囚，不得輒差判官。其出使日，皆於側門進狀，取處分。』

十三年三月十三日敕：『御史出使，舉正不法，身苟不正，焉能正人。如聞州縣祇迎，相望道路，牧宰祇候，僮僕不若。作此威福，其如禮何！今後申明格式，不得更示威權。』

大曆十四年六月敕：『郎官、御史充使，絶本司務者，改與檢校及內供奉裹行。』

元和四年，監察御史元稹出使東蜀，劾奏故節度使嚴礪違制擅賦。礪雖死，其屬郡七州刺史，皆坐責罰。

六年九月，以前湖南觀察使李衆爲恩王傅。初，衆舉按屬內刺史崔簡罪，御史盧則就鞫得實。使還，而衆以貨遺所推令史。至京，有告者，令史決流，盧則停官，故衆亦坐焉。

七年閏七月敕：『前後累降制敕，應諸道違法徵科，及刑政冤濫，皆委出使郎官、御史，訪察聞奏。雖有此文，未嘗舉職。外地生人之勞，朝廷莫得盡知。今後應出使郎官、御史、所歷州縣，其長吏政俗，閭閻疾苦，水旱災傷，並一一條録奏聞。郎官宜委左右丞句當，並限朝見後五日內聞奏，并申中書門下。如所奏不實，必議懲責。』

知班　貞觀六年八月，唐臨爲殿中侍御史，大夫韋待價責臨以朝列不整，臨曰：『此亦小事，不足介意，請今日已後爲之。』明日，江夏王道宗共大夫離立私談，臨趨進曰：『王亂班。』道宗曰：『共大夫語，何至於是？』臨曰：『大夫亦亂班。』韋失色而退。

顯慶四年，侍御史張由古知班，凡亂班多是尚書郎。由古每唱言：『員外郎小兒難共語，喚引鴐鼻衡上行。』朝士側目鄙之。

大足元年，王無競爲殿中侍御史，正班於閤門外，宰相團立於班北。無競前曰：『去上不遠，公雖大臣，自須肅敬。』以笏揮之，請齊班。當時朝議，是非參半。

景龍二年，左臺御史崔莅彈班不肅，上表曰：『臣聞叔孫通覩漢朝儀多闕，尊卑失序，所以分別上下，申明禮儀。於是羣臣知天子之至尊，高祖知皇帝之爲貴。此皆由班秩不忒，威儀容止不差，是故作孚萬邦，用刑四海者也。臣竊見在朝百僚，多不整肅。公門之內，詎合論私，班列之中，尤須致敬。或縱觀敕目，或旁閲制詞，或交首亂言，或越班問事，或私申慶弔，或公誦詩篇，或笑語諠譁，或行立怠惰。承寬既久，積習如常，不增祇懼之容，實紊矜莊之典。臣謬膺推擇，叨掌糾彈，見無禮於朝廷，誠是臣之深恥。況西戎獻款，北狄來賓，恐覩中國之失儀，招外蕃之所誚。更若知而故犯，不革前非，望即停其入內，量行貶削。』

開元元年正月，殿中侍御史出使盡，監察裹行翟璋知班。乃牒中書省勘侍郎王琚及太子左庶子竇希瓘入晚，遂爲所擠，出授岐陽縣令。

七年正月二十一日，上御紫宸殿，朝集使魏州長史敬讓、辰州長史周利貞俱欲奏事。左臺御史翟璋監殿廷，揖利貞先進。讓以父暉爲利貞所斃，不勝憤恨，遂越次而奏：『利貞受武三思使，枉害臣父。』璋劾讓不待監引，請付法。上曰：『讓訴父枉，不可不矜，朝儀亦不可不肅，可奪一季禄而已。』貶利貞爲邕州長史。

貞元十四年閏五月，侍御史殿中鄒儒立以太子詹事蘇弁入朝，班位失序，對仗彈之。弁於金吾仗待罪數刻，特放。舊制，太子詹事班次太常、宗正卿。貞元三年，御史中丞竇參敍定班位，移詹事班在河南、太原尹之下，弁乃引舊制班立。臺官詰之，乃紿云：『已白宰相，請依舊制。』故儒立彈之。

宋·王溥《五代會要》卷一七《御史臺》 後唐同光二年三月三十日，御史臺奏：『所除諸道節度觀察防禦經略等使、刺史、縣令及諸道幕府，兼諸司帶憲銜兼官，合納光臺錢，謹具本朝元納及減落錢數如後：兼御史大夫元納三十千，減外納一十五千。兼御史中丞元納二十千，減外納一十千。兼侍御史元納八千三百，減外納四千一百五十。兼殿中侍御史元納一十一千三百，減外納五千六百五十。兼監察御史元納一十三千三百，減外納六千六百五十。已前臺司，准本朝例及減落後所徵錢數，分析如前。應有諸道節度觀察使、刺史、經略防禦等使及諸道幕府上佐官，並諸司班行新受兼官者，並合送納前件光臺憲銜禮錢，今欲准例勒辭謝樞使官申報，兼牒兵部，勒告身案，除准宣取外，准例候送納光臺禮錢畢，朱鈔到方可給付。仍轉帖諸道進奏及諸州使院等，准前事例申報催徵，無致有隳舊規。』敕：『從之。』

周顯德五年閏七月一日，御史臺申見行事件如後：『應新除節度、防禦、團練、刺史、賓幕、州縣官兼帶五院憲銜，合徵光臺禮錢，如是已曾納過，准舊例不徵。兼御史大夫元徵三十千，今徵六千。兼御史中丞元徵二十千，今徵四千。兼侍御史元徵八千三百，今徵一千六百六十。兼殿中侍御史元徵一十一千三百，今徵二千二百六十。兼監察御史元徵一十三千三百，今徵二千六百六十。』

天成元年十二月十一日，御史臺奏：『本朝舊例合行公事如後：應諸道進奏院，准本朝例，各合置臺巡驅使官一員，凡有公事，並合申臺巡，日逐在臺承應公事。應諸道進奏官，每四季月初及五月一日、冬至，並新除大夫、中丞，並合臺參。伏自僞朝以來，全隳舊制，今准敕命條流；請准舊例施行。應諸道節度、觀察、防禦、經略、團練使及諸州刺史，新除赴任，及郎幕上佐官等得替，及准宣進奉到闕及歸本道，並合廊參，正衙謝見辭。如遇大夫、中丞入臺，並合臺參。凡有公事，及到發日，並合申報。如違，追勘進奏官典。右僞朝已來，全隳往制，罕成倫理，頗失規繩。伏乞特降明敕指揮，免令隳紊。』從之。

長興三年三月敕：『近日累據御史臺奏，陳狀訴屈人，據狀内皆是訊鞫多時，卻曉示陳狀人送道，依次第論對，及州府追到本支證，本人又不到彼處，恐紊規繩，須行條理。宜令御史臺，今後諸色人論訟，稱已經州府斷遣後抑屈，更不在牒本道勘逐，便可據狀施行。若未經州府論訴，驀越陳狀，可具事由，勒本道進奏官差人齎牒監送本處，就關連人勘斷訖奏聞。』

四年五月二十五日，御史中丞龍敏等奏陳事如後：

『一、臺司除御史中丞隨行印，及左右巡使、監察使並出使印等外，其御史臺印一面，先准令式，即是主簿監臨。近年已來，緣無主簿，遂至内彈御史權時主持，又常隨本官，出入不定。伏緣臺中公事，不同諸司，動繫重難，常虞留滯。當申奏申堂之際，及牒州府之時，事無輕重，並使此印。今准令式，逐日有御史一員臺直，承受制敕公文。其御史臺印，今後欲勒留臺中，不令在外。選差令史一人、帖司一人同知此印。凡有諸色大案印發之時，准指揮諸司，各置印歷一道，據其事節件數，書在歷中，即於直官面前點檢印發。其印至夜封閉，俟交直轉付下次直官，共議執行。

一、御史臺前總朝綱，職司天憲，所管人吏色役最多，上至朝堂，次及班列，或在京句檢公事，或外地推勘稽遲，監守狴牢，行遣案牘，或隨從出使，或祠祭監臨，凡有係於臺司，皆須藉其人吏，俾無闕事，以贊國容。近年以來，人數極少，及月限者授官出外，爲官滿者追召未來。人力不充，公事停滯。今欲於諸州使院内量事差取十人，據臺中諸司闕人，臨時量材填補者。

一、其臺中令史，今欲條流，凡出官考滿，却來歸司者，便具到日，申所司繫其選限。如有經年不到，追召不來，即具申堂，便乞除落姓名。』

奉敕：『宜依。凡在京百司人吏，考滿歸司，繫其選限，亦宜令准此。』

周廣順二年十月敕：『今後凡有百姓訴論及言災沴，先訴於縣。縣如不治，即訴於州。州治不平，訴於觀察使。觀察使斷遣不當，即可詣臺省申訴。如或越次訴論，所司不得承接。如有詆犯，准律科懲。』

又《御史大夫》 後唐天成元年六月，以李琪爲特進、行御史大夫，自後不除。

又《御史中丞》 後唐天成元年十一月，諸道進奏官等狀：『臣等今月四日，中丞上事，禮合至臺，比期不越前規，依舊傳語。忽蒙處分通出，尋則再取指揮，要明審的。又蒙問：「大夫相公上事日如何?」臣等云：「大夫曾爲宰相，進奏官伏事中書，事體之閒，實爲舊吏。若以別官除受，合云傳語。」又兼傳指揮，便令通出。臣等出身藩府，罕習朝儀，拒命即恐有奏陳，遵稟則全隳儀矩。伏恐此後到臺參賀，規則不定者。』敕：『御史臺是中朝執憲之司，乃四海繩違之地，凡居中外，皆俟整齊，藩侯尚展於公參，邸吏豈宜於抗禮？據覩論列，可驗輕誣，但以喪亂宏多，紀綱隳紊，霜威掃地，風憲銷聲。今則景運維新，皇圖重正，宜加提舉，漸止澆訛。宜令御史臺，凡關舊例，並須舉行，稍不稟承，當行朝典。』時盧文紀初授中丞，領事于御史府，諸道進奏官來賀，文紀曰：『事例如何?』臺吏喬德威等言：『朝廷在長安日，進奏官見大夫、中丞，如胥吏見長官之禮。及偽梁將革命，本朝微弱，諸藩强據，人主、大臣皆且姑息邸吏。時中丞上事，邸吏雖至，皆於客次傳語，竟不相見。自經兵亂，便以爲常。』文紀令臺司諭以舊儀相見，據案端簡，通名贊拜。邸吏輩既出，怒不自勝，相率于閤門求見，騰口諠訴。上問趙鳳曰：『進奏官比外何官?』鳳對曰：『府縣發遞祇候之流。』上曰：『乃吏卒耳，安得慢吾法官。』乃下此敕。

晉天福五年二月，以御史中丞爲清望正四品。

又《侍御史》 晉天福四年三月，御史臺奏：『按《六典》，侍御史掌糾舉百僚，推鞫獄訟。居上者判臺知公廨雜事，次知西推贓贖三司受事，次知東推理匭。伏乞今後准故事施行。』敕：『宜依舊制。』尋以尚書駕部員外郎、兼侍御史知雜事劉皞爲河南少尹，自是無尚書郎知雜事者。其年五月，御史臺奏：『尚書郎知雜事之時，赴臺禮上，軍巡邸吏咸集公參，府司兩縣皆呈印狀。今後御史判雜上事。欲准前例。』從之。

開運二年八月敕：『御史臺准前朝故事，以郎中員外一員兼侍御史知雜事。近年停罷，獨委年深御史知雜。振舉之司，紀綱未峻，宜遵故事，庶協通規。宜於郎署中選清慎强幹者，兼侍御史知雜事。』

又《殿中侍御史》 後唐天成二年九月二日，御史臺奏：『每遇入閤日，祇一員侍御史在龍墀邊祇候，彈奏公事。或有南班參雜失儀，點檢不及，難於舉奏者。今欲依常朝例，差殿中侍御史二員，於鐘鼓樓位，各綴供奉官班出入，所輩共爲糾察。』從之。

又《監察御史》 後唐同光二年五月，御史臺奏：『准本朝故事，六察合行職事如後：吏察，應吏部南北兩曹磨勘選人，各具駁放判成人名銜，牒報分察使，及三銓應鎖銓注官後，具前銜名，擬報分察使點檢。若有踰濫，即察使舉追本行人推鞫。户察，應户部司諸州户帳貢物，出給蠲符，具事件合報察使。兵察，應兵部公事，一一合報察使。刑察，應刑部法律、赦書德音、流貶、量移、斷罪輕重，合報察使。禮察，應禮部司補轉鑄印、諸祠祭料法物，合報察使。工察，應工部司工役，合報察使。右御史臺六員監察，謂之分察使。但緣曠廢，久不舉行，今欲依條貫施行。』從之。

又《御史臺主簿》 後唐天成四年八月，御史臺孔目官閻珪狀分析：『每大夫、中丞奏請雜端主事等官，承前隨廳罷任。其主簿朱穎見任，伏候敕裁。』敕：『諸道賓從，即隨府罷臺。主簿既爲正秩，況入選門，顯自敕恩，須終考限。朱穎宜仍舊官。』

又《知班》 周廣順三年三月十四日，殿中侍御史賈玭、殿中侍御史劉載狀申：『自漢朝次，每遇内殿起居，臺司定左右巡使先入，起居後，於殿庭左右立定，百官始入起居。有失官儀，便宜彈奏者。今後欲依入閤彈奏儀折署。』奏後，宣徽使言：『所奏知通事舍人喝拜，再拜訖便退。如兩巡使自有失儀，亦候班退互相彈奏。』

又《推事》 周顯德五年閏七月一日，御史臺申：『臺司見管四推：臺一推、臺二推、殿一推、殿二推。臺或准敕命宣頭，堂帖指揮送到公事，并諸道州府論訴。准例，一人已上，三院御史從上輪次配推，兼具差定推官名銜申奏，申中書門下。如是三人已上，即本彈推勘。若四推皆有公事，外更有刑獄，即差以次官推勘，兼逐日輪差官吏臺直，點檢刑獄。』

又《出使》 周顯德五年閏七月一日，御史臺申：『臺司或准敕命宣頭，委臺司差官出外推勘刑獄，舊例於監察御史内從下差定，如是特敕定名，不拘此例。』

又《雜録》 後唐天成四年三月二十日御史臺奏：『臺中舊有格杖，近年不行，每有決遣公事，皆於河南、洛陽兩縣追借人杖。今臺中嘗有囚徒勘責，若一一於兩縣追借，又緣地里遙遠，及候差人往來，各有妨滯。今臺請置常行人杖，免有住滯公事。』從之。

晉開運二年八月敕：『今後諸御史，宜令除准式請假外，不得以私故小事請假離京，并除奉制命差勘公事及按察外，不得以瑣細事差使出外。』

漢乾祐三年五月，殿中侍御史竇文靖奏：『臺中糾彈過失，舊有十六條事，節次不舉明。臣訪聞朝官有便服徒步城市者，既通閨籍，實污朝風。』敕：『宜令御史臺常加察訪，具以名聞，當行譴逐。隱而不言，與之同罪。』

周顯德二年四月三日敕：『起今後應有自外新除御史，未經朝謝者，經過州府，不得受館驛供給及所在公禮。』時有庾元晟、居秦、雍閒，拜殿中侍御史，遽入秦州驛，受軍州禮。上知之，故有是敕。

《舊五代史》卷一四九《職官志》 後唐天成元年夏六月，以李琪爲御史大夫，自後不復除。

其年冬十一月丙子，諸道進奏官上言：『今月四日，中丞上事，臣等禮合至臺，比期不越前規，依舊傳語，忽蒙處分通出，尋則再取指揮，要明審的。又蒙問：大夫相公上事日如何？臣等訴云：大夫曾爲宰相，進奏官伏事中書，事體之間，實爲舊吏。若以別官除授，合云傳語勞來，又堅令通出。臣等出身藩府，不會朝儀，拒命則恐有奏聞，遵稟則全隳則例，伏恐此後到臺參賀，儀則不定者。』詔曰：『御史臺是大朝執憲之司，乃四海繩違之地，凡居中外，皆待整齊，藩侯尚展於公參，邸吏邸吏，原本作『邸員』，今考《五代會要》、《册府元龜》俱作『吏』，今改正。豈宜於抗禮。遽觀論列，可驗侮輕，但以喪亂孔多，紀綱隳紊，霜威掃地，風憲銷聲。今則景運惟新，皇圖重正，稍加提舉，漸止澆訛。宜令御史臺，凡關舊例，並須舉行，如不稟承，當行朝典。』時盧文紀初拜中丞，領事於御史府，諸道進奏官來賀，文紀曰：『事例如何？』臺吏喬德威等言：『朝廷在長安日，進奏官見大夫中丞，如胥吏見長官之禮。及梁氏將革命，本朝微弱，諸藩强據，人主大臣姑息邸吏，時中丞上事，邸吏雖至，皆於客次傳語，竟不相見。自經兵亂，便以爲常。』以爲常，原本脱『爲』字，今從《職官分紀》增入。文紀令臺吏諭以舊儀相見，據案端簡，通名贊拜。邸吏輩既出，怒不自勝，相率於閤門求見，騰口喧訴。明宗謂趙鳳曰：『進奏官比外何官？』鳳對曰：『府縣發遞祇候之流也。』明宗曰：『乃吏役耳，安得慢吾法官。』乃下此詔。

晉天福五年二月，以御史中丞爲清望正四品。按《唐典》，御史中丞正五品上，今始升之。

三年三月壬戌，御史臺奏：『按《六典》，侍御史掌糾舉百僚，推鞫獄訟，居上者判臺，知公廨雜事，次知西推、贓贖、三司受事，次知東推、理匭。』敕宜依舊制。遂以駕部員外郎兼侍御史知雜事劉皥爲河南少尹，自是無省郎知雜者。

開運二年八月，敕：『御史臺準前朝故事，以郎中、員外郎一人兼侍御史知雜事，近年停罷，獨委年深御史知雜。振舉之間，紀綱未峻，宜遵舊事，庶叶通規。宜却於郎署中選清慎强幹者，兼侍御史知雜事。』

《新唐書》卷四七《百官志二》 左諫議大夫四人，正四品下。掌諫諭得失，侍從贊相。武后垂拱二年，有魚保宗者，上書請置匭以受四方之書，乃鑄銅匭四，塗以方色，列於朝堂：青匭曰『延恩』，在東，告養人勸農之事者投之；丹匭曰『招諫』，在南，論時政得失者投之；白匭曰『申冤』，在西，陳抑屈者投之；黑匭曰『通玄』，在北，告天文、秘謀者投之。以諫議大夫、補闕、拾遺一人充使，知匭事；御史中丞、侍御史一人，爲理匭使。其後，同爲一匭。天寶九載，玄宗以『匭』聲近『鬼』，改理匭使爲獻納使，至德元年復舊。寶應元年，命中書門下擇正直清白官一人知匭，以給事中、中書舍人爲理匭使。建中二年，以御史中丞爲理匭使，諫議大夫一人爲知匭使；投匭者，使先驗副本。開成三年，知匭使李中敏以爲非所以廣聰明而慮幽枉也，乃奏罷驗副封。武德元年置諫議大夫，龍朔二年曰正諫大夫，貞元四年分左右。

給事中四人，正五品上。掌侍左右，分判省事，察弘文館繕寫讎校之課。凡百司奏抄，侍中既審，則駁正違失。詔敕不便者，塗竄而奏還，謂之『塗歸』。季終，奏駁正之目。凡大事，覆奏；小事，署而頒之。三司詳決失中，則裁其輕重。發驛遣使，則與侍郎審其事宜。六品以下奏擬，則校功狀殿最、行藝，非其人，則白侍中而更焉。與御史、中書舍人聽天下冤滯而申理之。

左補闕六人，從七品上；左拾遺六人，從八品上。掌供奉諷諫，大事廷議，小則上封事。武后垂拱元年，置補闕、拾遺，左右各二員。

又 卷四八《百官志三·御史臺》 大夫一人，正三品；中丞二人，正四品下。大夫掌以刑法典章糾正百官之罪惡，中丞爲之貳。其屬有三院：一曰臺院，侍御史隸焉；二曰殿院，殿中侍御史隸焉；三曰察院，監察御史隸焉。

凡冤而無告者，三司詰之。三司，謂御史大夫、中書、門下也。大事奏裁，小事專達。凡有彈劾，御史以白大夫，大事以方幅，小事署名而已。有制覆囚，則與刑部尚書平閱。行幸，乘路車爲導。朝會，則率其屬正百官之班序，遲明列於兩觀，監察御史二人押班，侍御史顓舉不如法者。【略】

高宗改治書侍御史中丞，以避帝名；龍朔二年，改御史臺曰憲臺，大夫曰大司憲，中丞曰司憲大夫。武后文明元年，改御史臺曰肅政臺。光宅元年，分左右臺：左臺知百司，監軍旅；右臺察州縣、省風俗。尋命左臺兼察州縣。兩臺歲再發使八人，春曰風俗，秋曰廉察，以四十八條察州縣。兩臺御史，有假、有檢校、有員外、有試，至神龍初皆廢。景雲三年，以兩臺望齊，糾舉苛察，百僚厭其煩，乃廢右臺。延和元年，復置，歲中以尚書省隸左臺，月餘而右臺復廢。至德後，諸道使府參佐，皆以御史爲之，謂之外臺；復有檢校、裏行、內供奉，或兼或攝，諸使下官亦如之。會昌初，升大夫、中丞品。東都留臺，有中丞一人、侍御史一人、殿中侍御史二人、監察御史三人；元和後，不置中丞，以侍御史、殿中侍御史、監察御史主留臺務，而三院御史亦不常備。

侍御史六人，從六品下。掌糾舉百寮及入閤承詔，知推、彈、雜事。凡三司理事，與給事中、中書舍人更直朝堂。若三司所按而非其長官，則與刑部郎中、員外郎、大理司直、評事往訊。彈劾，則大夫、中丞押奏。大事，法冠、朱衣、纁裳、白紗中單；小事，常服。久次者一人知雜事，謂之雜端，殿中監察職掌、進名、遷改及令史考第，臺內事顓決，亦號臺端。次一人知公廨。次一人知彈。分京城諸司及諸州爲東、西：次一人知西推、贓贖、三司受事，號副端；次一人知東推、理匭等，有不糾舉者罰之；以殿中侍御史第一人同知東推，莅太倉出納；第二人同知西推，莅左藏出納。號四推御史。隻日，臺院受事；雙日，殿院受事。次侍御史一人，分司東都臺。凡御史以下遇長官於路，去戴下馬，長官斂轡止之。出入行止，殿中以下視以爲法，先後有罰。入朝，則與殿中侍御史隨仗分入，東則居侍中、黃門侍郎、給事中之次，西則居中書令、侍郎、舍人之次，各居中丞、大夫下。每一人東嚮承詔五日，有旨召御史，不呼名則承詔者出。欒彥瑋爲大夫，以嘗召兩御史，乃加副承詔一人，闕則殿中承乏。監察御史分日直朝堂，入自側門，非奏事不至殿庭，正門無籍；天授中，詔側門置籍，得至殿庭；開元七年，又詔隨仗入閤。分左右巡，糾察違失，左巡知京城內，右巡知京城外，盡雍、洛二州之境，月一代，將晦，即巡刑部、大理、東西徒坊、金吾、縣獄。蒐狩，則監圍，察斷絕失禽者。其後，以殿中掌左右巡；尋以務劇，選用京畿縣尉。又置御史裏行使、侍御史裏行使、殿中裏行使、監察裏行使，以未爲正官，無員數。

唐法，殿中侍御史遷拜及職事，與侍御史鈞。開元以降，權屬侍御史，而殿中兼知庫藏、宮門內事。故事，御史臺不受訟，有訴可聞者略其姓名，託以風聞。其後，御史嫉惡者少，通狀壅絕。十四年，乃定授事御史一人，知其日劾狀，題告事人姓名。其後，宰相以御史權重，建議彈奏先白中丞、大夫，復通狀中書、門下，然後得奏。自是御史之任輕矣。建中元年，以侍御史分掌公廨、推、彈，自是雜端之任輕矣。元和八年，命四推御史受事，周而復始，罷東西分日之限。隋末，廢殿內侍御史；義寧元年，承相府置察非掾二人；武德元年，改曰殿中侍御史；龍朔元年，置監察御史裏行；武后文明元年，置殿中裏行，後亦顓以裏行名官；長安二年，置內供奉。

主簿一人，從七品下。掌印，受事發辰，覈臺務，主公廨及戶奴婢、勳散官之職。録事二人，從九品下。有主事二人。臺院有令史七十八人，書令史二十五人，亭長六人，掌固十二人。殿院有令史八人，書令史十八人。察院有計史三十四人，令史十八，掌固十二人。

殿中侍御史九人，從七品下。掌殿庭供奉之儀，京畿諸州兵皆隸焉。正班，列於閤門之外，糾離班、語不肅者。元日、冬至朝會，則乘馬、具服、戴黑豸升殿。巡幸，則往來門旗之内，檢校文物虧失者。一人同知東推，監太倉出納；一人同知西推，監左藏出納；二人爲廊下食使；二人分知左右巡；三人内供奉。

監察御史十五人，正八品下。掌分察百寮，巡按州縣，獄訟、軍戎、祭祀、營作、太府出納皆莅焉；知朝堂左右廂及百司綱目。

凡十道巡按，以判官二人爲佐，務繁則有支使。其一，察官人善惡；其二，察戶口流散，籍帳隱沒，賦役不均；其三，察農桑不勤，倉庫減耗；其四，察妖猾盜賊，不事生業，爲私蠹害；其五，察德行孝悌，茂才異等，藏器晦迹，應時用者；其六，察黠吏豪宗兼幷縱暴，貧弱冤苦不能自申者。

凡戰伐大克獲，則數俘馘、審功賞，然後奏之。屯田、鑄錢，嶺南、黔府選補，亦視功過糾察。決囚徒，則與中書舍人、金吾將軍莅之。國忌齋，則與殿中侍御史分察寺觀。莅宴射、習射及大祠、中祠，視不如儀者以聞。

初，開元中，兼巡傳驛，至二十五年，以監察御史檢校兩京館驛。大曆十四年，兩京以御史一人知館驛，號館驛使。監察御史分察尚書省六司，繇下第一人爲始，出使亦然。興元元年，以第一人察吏部、禮部，兼監察使；第二人察兵部、工部，兼館驛使；第三人察戶部、刑部。歲終議殿最。元和中，以新人不出使無以觀能否，乃命顓察尚書省，號曰六察官。開元十九年，以監察御史二人莅太倉、左藏庫。三院御史，皆初領繁劇外府推事。其後，以殿中侍御史上一人爲監太倉使，第二人爲監左藏庫使。

凡諸使下三院御史内供奉，其班居正臺監察御史之上。

宋·宋敏求《唐大詔令集》卷一〇〇《政事·官制上·令御史録奏内外官職事詔》 寅亮天功，弼諧庶績，宰臣之任也。彰善癉惡，激濁揚清，御史之職也。政之理亂，實此由焉。朕丕膺鴻緒，三年於茲。日旰而食，夜分而寢，萬乘非樂，四海爲憂。思欲小康蒸人，允答羣望，懲勸之詔，歲月相仍。然耳不聞彈劾之聲，目未覩剛正之舉，豈内外寮吏，咸未徇公耶？將有司迴避，隱惡不聞耶？每念於此，惄焉如疚。言而不行，責在薄德。知而不奏，誰其過歟？御史等不樹紀綱，合從屏黜，但緣未親處分，志在含忍，宜許自新，以收後效。内外文武官，有老弱疾患，貪暴侵漁，不舉職事，材職不相當者，三日内各録狀進。外州刺史上佐，多不簡擇，内外之職，出入須均。京官中有才幹堪理人者，量與外官。外官有清慎者與京官。景雲二年十月。

又《誡飭御史制》 敕：御史之職，邦憲是司，先正其身，始可行事。當須舉直措枉，不避親讎，糾慝繩違，務從公正。如聞愆過，陰自鼓動，不即彈射，自樹恩私，曾無忌憚，仍有請託，將何以寄之鷹隼？用屏豺狼，如此當官，深負所委，自今以後，不得更然。

清·吴任臣《十國春秋》卷一一四《十國百官表》 吴

御史臺

南唐

御史大憲又作大卿　侍御史知雜事　主簿

御史臺貶制改司憲府

前蜀

御史大夫　中丞　侍御史知雜　殿中侍御史　監察御史

御史臺　中丞　侍御史【略】

後蜀

御史臺　中丞　侍御史　監察御史

南漢

御史大夫　中丞

吴越

御史大夫承制加　中丞　侍御史　監察御史【略】

閩

御史大夫　中丞　侍御史　殿中侍御史　監察御史　監察御史裏行

論說

唐·柳宗元《柳河東集》卷二六《記·監察使壁記》 《禮·檀弓》曰：祭禮，與其敬不足而禮有餘也，不若禮不足而敬有餘也。是必禮與敬皆足，而後祭之義行焉。

《周禮》：祭僕視祭祀有司百官之戒具，誅其不敬者。漢以侍御史監祠。《唐開元禮》：凡大祠若干，中祠若干，咸以御史監視，祠官有不如儀者以聞。其劾印移書，則曰監祭使。寶應中，尤異其禮，更號祠祭使，俄復其初。又制，凡供祠之吏，雖當齋戒，得以決罰，由是禮與敬無不足者。

聖人之於祭祀，非必神之也，蓋亦附之教焉。事於天地，示有尊也，不肅則無以教敬；事於宗廟，示廣孝也，不肅則無以教愛；事於有功烈者，示報德也，不肅則無以勸善。凡肅之道，自法制始。奉法守制，由御史出者也。故將有事焉，則祠部上其日，吏部上其官，奉制書以來告，然後頒於有司，以謹百事。太常修其禮，光禄合其物，百工之役，先一日咸至於祠而考閲焉。御史會公卿有司，執簡而臨之，故其粢盛牲牢酒醴菜果之饌，必實於庖廚；鐘鼓笙竽琴瑟戛擊之樂，簨簴綴兆之數，必具於庭內；樽彝罍洗俎豆醆斝之器，必絜於壇堂之上。奉奠之士，贊禮之童，樂工舞師洎執役而衛者，咸引數其實，設筆朴於堂下，以修官刑，而羣吏莫敢不備物；羅奏牘於几上，以嚴天憲，而衆官莫敢不盡誠。而祭之日，先升立於西階之上，以待卒事。其禮之周旋，樂之節奏，必周知之，退而視其燔燎瘞埋，終之以敬也。居常則飭四方祀貢之物，以時登於王府。服器之修具，祠宇之繕理，牛羊毛滌之節，三宮御廩之實，畢備而聽命焉。

舊以監察御史之長居是職，貞元十九年十二月，御史多缺，予班在三人之下，進而領焉。明年，中山劉禹錫始復舊制。由禮與敬以臨其人，而官事益理，制令有不宜於時者，必復於上，革而正之。於是始爲記，求簿書，得爲是職者若干人書焉。

唐·李德裕《會昌一品集》卷一一《御史中丞》 右，中丞爲大夫之貳。緣大夫秩崇，官不常置。中丞常爲憲臺之長，今九寺少卿及秘書少監、國子司業、京兆少尹等，並省寺之貳，皆爲四品。惟御史中丞官業雖至，品秩未崇，望昇爲從四品，爲大夫之貳。令不隔品，亦爲丞郎出入迭用，以重其選。

以前臣等商量，緣事關朝廷典制，須行之可久，必在博盡羣議，詢謀僉同，望令兩省御史臺五品以上、尚書省四品以上、太子太保、太常卿、參議聞奏，未審可否。

清·錢大昕《廿二史考異》卷四四《唐書四·百官志三》 御史臺，大夫一人，正三品。中丞二人，正四品下。御史大夫本從三品，中丞本正五品上。會昌二年，敕御史大夫準六尚書例，升爲正三品，中丞升正四品下。《志》所書者，皆依後改之品。

藝文

唐·陳子昂《陳拾遺集》卷二《贈別冀侍御崔司議并序》 朝廷歡娛，山林幽痗。思魏闕魂已九飛，飲岷江情復三樂。進不忘匡救於國，退不慙無悶在林。冀侍御、崔司議至公至平，許我以語默於是矣。夫達則以公濟天下，窮則以大道理身。嗟乎，子昂豈敢負古人哉？蜀國酒醲，無以娛客。至於挾清瑟，登高山，白雲在天，清江極目，可以散孤憤，可以遊太清，一世之逸人，寄千里之道友，吾欲不謝於崔、冀二公矣。所恨酒未醉，琴方清，王事靡盬，驛騎遄速，不盡平原十日之飲。又謝叔度累日之歡，雲山悠悠，歎不及也。載想房陸畢子爲軒冕之人，不知蜀山有雲，巴水可興，睽闊良會，我心惄然。請以此酬，寄謝諸子，爲巴山別引也。

有道君匡國，無悶余在林。白雲岷峨上，歲晚來相尋。

唐·張説《張燕公集》卷六《送王尚一嚴嶷二侍御赴司馬都督軍》 漢掖通沙塞，邊兵護草腓。將行司馬令，助以鐵冠威。白露鷹初下，黃塵騎欲飛。明年春酒熟，留酌二星歸。

唐·芮挺章《國秀集》卷上《孫逖〈送張環攝御史監南選〉》 漢使得張綱，威名攝遠方。恩霑柱下史，榮比選曹郎。江帶黔中闊，山連峽水長。莫愁炎暑地，秋至有嚴霜。

唐·元結《次山集》卷三《與党侍御并序》 庚子中，元子次山爲監察御史，党茂宗寵大理評事，次山愛其高尚，曾作詩一篇與之。及次山未辭殿中，茂宗已受監察，采茂宗嘗相誚戲之意，又作詩與之。

衆坐吾獨歡，或問歡爲誰？高人党茂宗，復來官憲司。昔吾順元和，與世行自遺。茂宗正作吏，日有趨走疲。及吾汙冠冕，茂宗方矯時。誚吾順讓者，乃是干進資。今將問茂宗，茂宗欲何辭？若云吾無心，此來復何爲？若云吾有羞，於此還見嗤。誰言萬類心，開之不可窺。吾欲喻茂宗，茂宗宜聽之。長轅有脩輗，馭者令爾馳。山谷安可怨，筋力當自悲。嗟嗟党茂宗，可爲識者規。

唐·錢起《錢仲文集》卷六《送鮑中丞赴太原軍營》 年壯才仍美，時來道易行。寵兼三獨任，威肅貳師營。將略過南仲，天心寄北京。雲旂臨塞色，龍笛出關聲。漢月隨霜去，邊塵計日清。漸知王事好，文武用書生。

唐·韋應物《韋蘇州集》卷四《送常侍御却使西蕃》 歸奏聖朝行萬里，却銜天詔報蕃臣。本是諸生守文墨，今將匹馬静煙塵。旅宿關河逢暮雨，春耕亭鄣識遺民。此去多應收故地，寧辭沙塞往來頻。

又《送李侍御益赴幽州幕》 二十揮篇翰，三十窮典墳。辟書五府至，名爲四海聞。始從車騎幕，今赴嫖姚軍。契闊晚相遇，草慼遽離羣。悠悠行子遠，眇眇川塗分。登高望燕代，日夕生夏雲。司徒擁精甲，誓將除國氛。儒生幸持斧，可以佐功勳。無言羽書急，坐闕相思文。

又《送陸侍御還越》 居藩久不樂，遇子聊一欣。英聲頗籍甚，交辟迺時珍。繡衣過舊里，驄馬輝四鄰。敬恭尊郡守，牋簡具州民。謬忝誠所媿，思懷方見申。置榻宿清夜，加籩醼良辰。遵塗還盛府，行舫遶長津。自有賢方伯，得此文翰賓。

唐·羅隱《羅隱集·甲乙集》卷一《寄鄭補闕》 夫子門前數仞牆，每經過處憶遊梁。路從青瑣無因見，恩在丹心不可忘。未必便爲讒口隔，只應貪草諫書忙。別來愁悴知多少，兩度槐花馬上黄。

又 卷五《寄蘇拾遺》 早歲《長楊賦》，當今《諫獵書》。格高時輩伏，言切宦情疎。慷慨傳丹桂，艱難保舊居。退朝觀藁草，能望馬相如。

清·彭定求等《全唐詩》卷一三四《李頎〈龍門送裴侍御監五嶺選〉》 萬里番禺地，宫人繼帝憂。君爲柱下史，將命出東周。歇馬傍川路，張燈臨石樓。稜稜静疎木，濞濞響寒流。椰葉四荒外，梅花五嶺頭。明珠尉佗國，翠羽夜郎洲。夷俗富珍産，土風資宦遊。心清物不雜，弊革事無留。舉善必稱最，持姦當去尤。何辭桂江遠，今日用賢秋。

又 卷二〇六《李嘉祐〈送韋侍御湖南幕府〉》 執憲隨征虜，逢秋出故關。雨多愁郢路，葉下識衡山。地遠從軍樂，兵强分野閒。皇家不易將，此去未應還。

雜録

唐·封演《封氏聞見記》卷三《風憲》 御史主彈奏不法，肅清内外。唐興，宰輔多自憲司登鈞軸，故謂御史爲宰相。杜鴻漸拜授之日，朝野欽羨。監察御史振舉百司綱紀，名曰『入品宰相』。

高宗朝，王本立、余衍始爲御史裏行。則天更置内供奉及員外試。御史有臺使、裏使，皆未正名也。其裏行員外試者，俗名爲合口椒，言最有毒。監察爲開口椒，言稍毒散。殿中爲蘿蔔，亦謂生薑，言雖辛辣而不能爲患。侍御史謂之掐毒，言如蜂蠆去其芒刺也。御史多以清苦介直獲進，居常敝服羸馬至於殿庭。

開元末，宰相以御史權重，遂制：彈奏者先諮中丞、大夫，皆通許，又於中書門下通狀，先白然後得奏。自是御史不得特奏，威權大减。

天寶中，宰相任人，不專清白，朝爲清介，暮易其守，順情希旨，綱維相紊。御史羅希奭猜毒，吉温頗苛細，時稱『羅鉗』、『吉網』，望風氣懾。

開元已前，諸節制並無憲官，自張守珪爲幽州節度，加御史大夫，幕府始帶憲官，由是方面威權益重。遊宦之士，至以朝廷爲閒地，謂幕府爲要津，遷騰倏忽，坐致郎省，彈劾之職，遂不復舉。

唐·劉肅《大唐新語》卷四《持法》 李承嘉爲御史大夫，謂諸御史曰：『公等奏事，須報承嘉知。不然，無妄聞也。』諸御史悉不稟之，承嘉厲而復言。監察蕭至忠徐進曰：『御史人君耳目，俱握雄權，豈有奏事，先諮大夫，臺無此例。設彈中丞、大夫，豈得奉諮耶！』承嘉無以對。

又　卷九《從善》　郭翰爲御史，巡察隴右，所經州縣，多爲按劾。次於寧州，時狄仁傑爲刺史，風化大行。翰纔入境，耆老薦揚之狀，已盈於路。翰就館，以州所供紙筆，置於案，召府寮曰：『入境其政可知，願成使君之美。無爲久留，徒煩擾耳。』即命駕而去。翰性寬簡不苛，讀《老子》至『和其光，同其塵』，慨然歎曰：『大雅君子，明哲以保其身。』乃祈執政，辭以儒門，不願持憲，改授麟臺郎。時劉禕之坐賜死，既洗沐而神色自若，命其子草《謝死表》，其子哀號將絶，不能書。監刑者逼催之，禕之乃自操紙，援筆即成，詞理懇至，見者無不傷痛。時翰讀之，爲宦者所奏，左授巫州司戶，俄而徵還。

唐·韓愈《昌黎先生集》《貞元十九年御史臺上論天旱人饑狀》　右臣伏以今年已來，京畿諸縣，夏逢亢旱，秋又早霜，田種所收，十不存一。陛下恩踰慈母，仁過春陽，租賦之間，例皆蠲免。所徵至少，所放至多，上恩雖弘，下困猶甚。至聞有棄子逐妻以求口食，拆屋伐樹以納稅錢，寒餒道塗，斃踣溝壑，有者皆已輸納，無者徒被追徵。臣愚以爲此皆羣臣之所未言，陛下之所未知者也。臣竊見陛下憐念黎元，同於赤子，至或犯法當戮，猶且寬而宥之，況此無辜之人，豈有知而不救？又京師者，四方之腹心，國家之根本，其百姓實宜倍加憂恤。今瑞雪頻降，來年必豐，急之則得少而人傷，緩之則事存而利遠。伏乞特敕京兆府，應今年稅錢及草粟等在百姓腹內，徵未得者，並且停徵，容至來年，蠶麥庶得少有存立。臣至陋至愚，無所知識，受恩思效，有見輒言，無任懇款懇懼之至。謹録奏聞，謹奏。

唐·李肇《唐國史補》卷下《御史故事》　御史故事：大朝會則監察押班，常參則殿中知班，入閣則侍御史監奏。蓋含元殿最遠，用八品；宣政其次，用七品；紫宸最近，用六品；殿中得立五花磚、緑衣、用紫案褥之類，號爲七貴。【略】

崔蘧爲監察，迎囚至神策軍，爲吏所陷，張蓋而入，諷軍中索酒食，意欲結歡。竇文場怒奏，立敕就臺，鞭於直廳而流血，自是巡囚不至禁軍也。

寶應二年，大夫嚴武奏，在外新除御史，食宿私舍非宜。自此乃給公券。

元和中，元稹爲監察御史，與中使爭驛廳，爲其所辱。始敕節度觀察使，臺官與中使先到驛者得處上廳，因爲定制。

每大朝會，監察御史押班不足，則使下御史因朝奏者攝之。諫院以章疏之故，憂患略同。臺中則務苛禮，省中多事，旨趣不一。故言：『遺補相惜，御史相憎，郎官相輕。』

唐·杜牧《樊川文集》卷一七《鄭處晦守職方員外郎兼侍御史知雜事制》　敕：朝議郎、行尚書職方員外郎、上柱國、賜緋魚袋鄭處晦。御史中丞韋有翼上言曰：『御史府其屬三十人，例以中臺郎官一人稽參其事，以重風憲。如曰處晦，族清胄貴，能文博學，人倫義理，無不講求，朝廷典章，飽於聞見，乞爲副貳，以佐紀綱。』以爾處晦，常居內庭，草具密命，自以疾去，於今惜之，頗俞其言，如我自得。有翼爲爾之知己，余爲有翼之德鄰，上下交舉，豈有私愛。勉修職業，所報非一。可守本官，兼御史知雜事，散官勳賜如故。

唐·趙璘《因話録》卷五《徵部》　御史臺三院，一曰臺院。其僚曰侍御史，衆呼爲端公。見宰相及臺長，則曰某姓侍御。知雜事，謂之雜端。見臺長，則曰知雜侍御。雖他官高秩兼之，其侍御號不改。見宰相，則曰知雜某姓某官。臺院非知雜者，乃俗號散端。二曰殿院。其僚曰殿中侍御史，衆呼爲侍御。見宰相及臺長雜端，則曰某姓殿中。最新入，知右巡；已次知左巡，號兩巡使，所主繁劇。及遷向上，則又入推，益爲勞屑，惟其中間，則入清閑。故臺中諺曰：『免巡未推，只得自知。』言其暢適也。廳有壁畫小山水甚工，云是吳道玄真迹。三曰察院。其僚曰監察御史，衆呼亦曰侍御。見宰相及臺長雜端，則曰某姓監察。若三院同見臺長，則通曰三院侍御，而主簿紀其所行之事。每公堂食會，雜事不至，則無所檢轄，惟相揖而已。雜事至，則盡用憲府之禮，雜端在南揖，主簿在北揖，兩院則分坐，雖舉匕箸，皆絶談笑。食畢，則主簿持黃卷揖曰：『請舉事。』于是臺院白雜端曰：『舉事。』則舉曰：『某姓侍御有某過，請准條。』主簿書之。若舉時差錯，則最小殿中舉院長，最小侍御史舉殿院長。若雜端失笑，則三院皆笑，謂之烘堂，悉免罰矣。凡見黃卷罰直遇敕悉免，臺長到諸院，凡官吏所罰，亦悉免。御史歷三院雖至美，而月滿殿中推鞠之勞，憚於轉兩院。以向下侍御史，便領推也，多不願爲，以此臺中以殿中轉兩院爲戲謔之辭。每出入行步，侍御史在柱裏，殿察兩院在柱外。有時殿中入柱裏，則共咍之曰：『著去也。』三院御史主簿有事白端公，就其廳。若有中路白事，謂之『蔘端』。蔘端有罰。殿中已免巡，過正知巡者假故，則向上人又權知，謂之『蘸巡』。臺官有親愛除拜喜慶之事，則謁院長、雜端、臺長，謂之『取賀』。凡此皆因胥徒走卒之言，遂成故事。院長每上堂了各報，諸御史皆立於南廊，便服靸鞋以俟院長。立定，院長方出。相揖而序行，至殿院門，揖殿中。又序行，至食堂門，揖侍御史。凡入門至食，凡數揖。大抵揖者，古之肅拜也。臺中無不揖，其酒，無起謝之禮，但云揖酒而已，酒最合敬，以恐煩却損。往往自臺拜他官執事，亦誤作臺揖，人皆笑之。每赴朝，序行至待漏院偃息，則有臥揖。上門有馬揖，凡院長在廳院內，御史欲往他院，必先白。決罰又必先白。察院有都廳，院長在本廳，諸人皆會話于都廳，亦曰察院南院，會昌初，監察御史鄭路所葺。禮察廳，謂之松廳，南有古松也。刑察廳謂之魘廳，寢于此多魘。兵察常主院中茶，茶必市蜀之佳者，貯於陶器，以防暑濕。御史躬親緘啓，故謂之『茶缾廳』。吏察主院中入朝人次第名籍，謂之『朝簿廳』。吏察之上，則館驛使。館驛使之上，則監察使。監察使，同僚之冠也，謂之院長。臺中敬長，三院皆有長。察院風彩尤峻。凡三院御史初拜，未朝謝，先謁院長。院長辭疾不見，則不得謝及上矣。【略】

高宗朝，改門下省爲東臺，中書省爲西臺，尚書省爲文昌臺，故御史臺呼爲南臺。武后朝，御史臺有左右肅政之號，當時亦謂之左臺右臺，則憲府未曾有東西臺之稱。惟俗間呼在京爲西臺，東都爲東臺。李栖筠爲御史大夫，後人不名者，呼爲西臺，又不知出何故事。豈以其名上栖字，遂呼之耶？又呼杜門下黄裳。爲當致敬，安得輒廢？

王蒙者，與趙門下憬，布衣之舊，常知其吏才。及公入相，蒙自前吉州新淦令來謁。公見喜極，給卹甚厚，將擢爲御史。時憲僚數至少，德宗甚難於除授。而趙公秉政，其言多行，蒙坐待繡衣之拜矣。一日，偶詣慈恩僧寺占色者，忘其名。蒙問早晚得官，僧曰：『觀君之色，殊未見喜兆，此後若十年，當得一邊上御史。』蒙大笑而歸。數日，宰臣對，趙公乘間奏曰：『御史府闕人太多，就中監察尤爲要者，臣欲選擇三數人。』德宗曰：『非不欲補其闕員，此官須得孤直茂實者充選，料卿祗應取輕薄後生朝中子弟耳。此不如不置。』趙公曰：『臣之愚見，正如聖慮，欲於録事參軍縣令中求之。』上大喜曰：『如此卽朕之意，卿有人未？』公因薦二人，其一卽蒙也。上曰：『且將狀來。』公既出，逢裴延齡，時以度支次對。問公曰：『相公奏何事稱意，喜色充溢？』公不之對。延齡愠罵而去，云：『看此老兵，所請得行否？』既見上，奏事畢，因問曰：『趙憬向論請何事？』上曰：『趙憬極公心。』因説御史事。延齡曰：『此大不可，陛下何故信之？且趙憬身爲宰相，豈諳州縣官績效？向二人又不爲人所稱説，憬何由自知之？必私也。復至，陛下但詰其所自卽知矣。』他日上閣，問云：『卿何以知此二人？』公曰：『一是故人，一與臣微親，諳熟之。』上無言，他日，延齡又入。上曰：『趙憬所請，果如卿料。』遂寢不行。蒙却歸故林，而趙公薨於相位。後數年，邊帥奏爲從事，得假御史焉。

後周·王仁裕《玉堂閑話》卷五 御史臺故事，凡吏人參謁，亦無通贊，忽於堦下齊拜，默默而退，謂之『鬼參』。又判案三道，判云『記資』二字，亦不曉其義，亦不知其所出。《類説》卷五四

宋·王讜《唐語林》卷八《補遺》 有某過，請準條。主簿書之。其兩院皆倣此。若舉時差錯，則最小殿中舉院長，則最小侍御史舉殿院長；又錯，則向上人遞舉。雜端失笑，則三院皆笑，謂之『烘堂』，悉免罰矣。凡見黄卷罰直，遇赦悉免。臺長到諸院，凡官吏有所罰，亦悉免。御史歷三院雖至美，而月滿殿中推鞠之勞，憚于轉兩院，以向下侍御史便領推也，多不願爲，以此臺中以『殿中轉西院』爲戲詛之詞。每出入行步，侍御史在柱裏，殿、察兩院在柱外；有時殿中入柱裏，則共咍之曰：『著去也。』三院御史主簿有事白端公，就其廳。若有中路白事，謂之『篸端』，有罰。殿中有免巡，遇正知巡者假故，則向上人又權知，謂之『蘸巡』。臺官有親愛除拜及喜慶之事，則謁院長、雜端、臺長，謂之『取賀』。凡此皆因胥徒走卒之言，遂成故事。察院每上堂了各報，諸御史皆入立于南廊，便服靸鞋，以俟院長。立定，院長方出，相揖而序行。至殿院門，揖殿中，又序行；至食堂前，揖侍御史。凡入門至食，凡數揖。祇揖者，古之肅拜也。臺中無不揖，其酒無起謝之禮，但雲

「揖酒」而已。酒取合敬，故恐煩卻揖。往往自臺拜他官，執事亦誤作「臺揖」，人皆笑之。每赴朝序行，至待漏院偃息，則有「臥揖」；馬上則有「馬揖」。凡院長在廳院內，御史欲往他院，必先白，決罰又先白。察院有都廳，院長在本廳，諸人皆會話於都廳。原注：御史初上，後遇雜端上堂，則舉三愆九失儀，緣是新人，欲併罰也。未遇雜端上堂，其犯舊條並不罰。察院南院，會昌初監察御史鄭路所葺。禮察廳，謂之「松廳」，南有古松也。刑察廳，謂之「魘廳」，寢于此多魘。兵察常主院中，茶必市蜀之佳者，貯於陶器，以防暑濕。御史躬親緘啓，故謂之「茶瓶廳」。吏察主院中人朝人次第名籍，謂之「朝簿廳」。吏察之上，則館驛使。館驛使之上，則監察使。同僚之冠也，謂之院長。臺中敬長，三院皆有長。察院風彩尤峻。凡三院御史初拜，未朝謝，先謁院長；辭疾不見，則不得謝及上矣。

軍事機構部

軍事領導和指揮機構分部

綜述

《隋書》卷二八《百官志下》 左右衛、左右武衛、左右武侯，各大將軍、一人。將軍，二人。並有長史，司馬，録事，功、倉、兵、騎等曹參軍，法曹、鎧曹行參軍，各一人。行參軍左右衛、左右武侯各六人，左右武衛各八人。等員。

左右衛，掌宮掖禁禦，督攝仗衛。又各有直閤將軍、六人。直寢、十二人。直齋、直後，各十五人。並掌宿衛侍從。奉車都尉，六人，掌馭副車。武騎常侍、十人。殿内將軍、十五人。員外將軍、三十人。殿内司馬督、二十人。員外司馬督，四十人。並以參軍府朝，出使勞問。左右衛又各統親衛，置開府。左勳衛開府，左翊一開府、二開府、三開府、四開府，及武衛、武侯、領軍、東宮領兵開府準此。府置開府，一人。有長史，司馬，録事，及倉、兵等曹參軍，法曹行參軍，各一人。行參軍。三人。又有儀同府。武衛、武侯、領軍、東宮領兵儀同皆準此。儀同已下，置員同開府，但無行參軍員。諸府皆領軍坊。每坊東宮軍坊準此。置坊主，一人。佐。二人。每鄉團東宮鄉團準此。置團主、一人。佐。二人。

左右武衛府，無置閤已下員，但領外軍宿衛。

左右武侯，掌車駕出，先驅後殿，晝夜巡察，執捕姦非，烽候道路，水草所置。巡狩師田，則掌其營禁。右加置司辰師、四人。漏刻生。一百一十人。

左右領左右府，各大將軍、一人。將軍，二人。掌侍衛左右，供禦兵仗。領千牛備身，十二人。掌執千牛刀；備身左右，十二人。掌供禦弓箭；備身，六十人。掌宿衛侍從，各置長史，司馬，録事，及倉、兵二曹參軍事，鎧曹行參軍各一人。等員。

左右監門府各將軍，一人。掌宮殿門禁及守衛事。各置郎將，二人。校尉，直長，各三十人。長史，司馬，録事，及倉、兵曹參軍，鎧曹行參軍，各一人。行參軍四人。等員。

左右領軍府，各掌十二軍籍帳、差科、辭訟之事。不置將軍。唯有長史，司馬，掾屬及録事，功、倉、户、騎、兵等曹參軍，法、鎧等曹行參軍，各一人。行參軍十六人。等員。又置明法，四人。隸於法司，掌律令輕重。【略】

衛尉寺統公車、武庫、守宮等署。各置令、公車一人，武庫、守宮各二人。丞公車一人，武庫二人。等員。

唐・李林甫等《唐六典》卷五《尚書兵部》 兵部尚書一人，正三品。【略】後周《依周》改爲夏官尚書，神龍元年復故。侍郎二人，正四品下。《周官》夏官小司馬中大夫也。漢以來尚書侍郎，今郎中之任也。後周依《周官》。隋煬帝置兵部侍郎，皇朝因之。龍朔二年改爲司戎少常伯，咸亨元年復爲兵部侍郎。總章二年增置一員。光宅、神龍並隨曹改復。兵部尚書、侍郎之職，掌天下軍衛武官選授之政令。凡軍師卒戍之籍，山川要害之圖，廄牧甲仗之數，悉以咨之。其屬有四：一曰兵部，二曰職方，三曰駕部，四曰庫部；尚書、侍郎惣其職務而奉行其制命。凡中外百司之事，由於所屬，咸質正焉。凡選授之制，每歲孟冬，以三旬會其人，去王城五百里，集於上旬；千里之內，集於中旬；千里之外，集於下旬。以三銓領其事：一曰尚書銓，二曰東銓，三曰西銓。尚書爲中銓，兩侍郎分爲東、西銓。以五等閲其人，一曰長朶，二曰馬射，三曰馬槍，四曰步射，五曰應對。以三奇拔其選：一曰驍勇，二曰材藝，三曰可爲統領之用。其尤異者，登而任之，否則量以退焉然後據其狀以覈之，考其能以進之。所以録深功，拔奇藝，備軍國，綜勳賢也。五品已上，皆奏聞而制授焉；六品已下，則量資注擬。其在軍鎮要籍不得赴選，委節度使銓試，具等第以申焉。其三奇、五等之選有殊尤者，得令宿衛。其宿衛皆帶本官以充。其選人有自文資入者，取少壯六尺已上，材藝超絶；考試不堪，還送吏部。凡官階注擬，團甲進甲，皆如吏部之制。凡大選終於季春之月。所以審名實之銓綜，備戎仗之物數，以戒軍令，而振國容焉。

初始置兵部郎曹，置侍郎一人；煬帝除『侍』字，又改爲兵曹郎。武德初，依隋；三年，改爲兵部郎中。龍朔二年改爲司戎大夫，咸亨、光宅、神龍並隨曹改復。員外郎二人，從六品上；周官大司馬屬官有輿馬上士，後周依焉，蓋員外之任也。隋開皇六年置兵部員外郎，煬帝改爲兵曹承務郎，皇朝改爲兵部員外郎。龍朔二年改爲司戎員外郎，咸亨、光宅、神龍並隨曹改復。主事四人，從八品下。隋煬帝初置，爲從九品下；開元二十四年敕，改爲八品。郎中一人，掌考武官之勳禄品命，以二十有九階承而敍焉。從一品曰驃騎大將軍；漢有驃騎將軍霍去病；後漢有東平王蒼，魏有王泉，晉有紀瞻、王駿並爲之。《齊職儀》云：『驃騎品秩第二，金章，紫綬，武冠，絳朝服，佩水蒼玉。』《梁官品令》：『雜號將軍一百二十五，分爲二十四班，班多者爲貴，驃騎班第二十四。』陳品第一，秩中二千石。後魏《職品令》：第二。後周驃騎大將軍九命。隋《官品令》：『驃騎，正四品。』皇朝定令爲武散官，從一品。正二品曰輔國大將軍；魏《甲辰令》、晉《官品令》、梁《官品令》輔國將軍並第三品，後魏從第三品，後周七命，隋從六品下，皇朝改焉。從二品曰鎮軍大將軍；《魏志》曰文帝以陳羣爲鎮軍大將軍，秩二千石。《晉公卿秩》云：『楊駿、胡奮並領鎮軍將軍。』《齊職儀》云：『品第三。』後周八命，隋正六品下，皇朝改焉。正三品曰冠軍大將軍，《史記》曰楚義帝以宋義爲卿子冠軍；漢武帝以霍去病功冠三軍，封冠軍侯。其名起於此也。魏以文欽爲冠軍將軍。《齊職儀》云：『品秩第三。』《晉令》云：『金章、紫綬，給五時服，武冠，佩水蒼玉。』梁令，『第三品。』陳品第四，秩中二千石。隋令：『正六品下。』皇朝改焉。懷化大將軍；皇朝所置，以授蕃官。從三品曰雲麾將軍，梁班第十八。陳品第四，秩中二千石。歸德將軍；皇朝所置，以授蕃官。正四品上曰忠武將軍，梁班第十九。陳品第四，秩中二千石。正四品下，曰壯武將軍；梁大通三年又置二百四十二號將軍，爲四十四班，壯武班第十六。陳品第六，秩二千石。從四品上曰宣威將軍，皇朝所置。從四品下曰明威將軍；梁班第十二。後魏《職品令》：『正六品上。』正五品上曰定遠將軍，梁班第十二也。諸將軍亦爲二十四班，止施於外國，定遠班第十二。正五品下曰寧遠將軍；梁《官品令》：『寧遠將軍，正五品。』從五品上曰遊騎將軍；魏《甲辰令》：遊騎將軍，第四品。陳秩二千石。從五品下曰遊擊將軍，《漢書》曰：『武帝以蘇建、韓説爲遊擊將軍。』《後漢紀》云：『光武以鄧晨爲遊擊將軍。』晉《官品令》：『遊擊將軍，四品。陳秩二千石。』正六品上曰昭武校尉，下曰昭武副尉；從六品上曰振威校尉，下曰振威副尉；正七品上曰致果校尉，下曰致果副尉；從七品上曰翊麾校尉，下曰翊麾副尉；正八品上曰宣節校尉，下曰宣節副尉；從八品上曰禦武校尉，下曰禦武副尉；正九品上曰仁勇校尉，下曰仁勇副尉；從九品上曰陪戎校尉，下曰陪戎副尉。《漢書百官表》：『校尉皆二千石，武帝置。』隋朝改爲散官，皇朝因之。凡懷化、歸德將軍量配於諸衛上下，其餘並兵部定其番第。五百里內七番，一千里內八番，二千里內十番，二千里外十二番，並一月上。四品已下，九品已上，於兵部上下，五百里內四番，一千里內五番，二千里內六番，二千五百里七番，三千里內八番，各一季上。三千里外免番，隨須追集也。番滿者，六品已下並聽預簡選，量其才能，或留本司，或送吏部；五品已上者則奏聞。凡敍階之法，一如文散官之制。

凡天下之府五百九十有四，有上、中、下，並載於諸衛之職。

凡應宿衛官各從番第。諸衛將軍、中郎將、郎將及諸衛率、副率、千牛備身、備身左右、太子千牛並長上折衝。果毅應宿衛者，並一日上，兩日下；諸色長上，若司階、中候、司戈、執戟，並五日上，十日下。諸應外職掌押當及分司者，則年支焉。若左、右羽林將軍，每夜各一人更直，中郎將、郎將亦如之。長人長上，每日上，隨仗下。長人取六尺六寸已上厚者四十人，分左、右監門衛。備四考，依出身例授武散官，依舊長上。蕃人任武官者，並免入宿；任三衛者，配玄武門上，一日上，兩日下；配南衙者，長番，每年一月上。凡千牛備身、備身左右及太子千牛皆取三品已上職事官子，孫、四品清官子，儀容端正，武藝可稱者充；五考，本司隨文、武簡試聽選。加階應入武品，折其一考。四品謂諸司侍郎、左、右庶子。凡殿中省進馬取左、右衛三衛高蔭，簡儀容可觀者補充，分爲三番上下，考第、簡試同千牛例；僕寺進馬亦如之。

凡勳官十有二等，並載於司勳之職。皆量其遠邇以定其番第，五百里內五番，一千里內七番，一千五百里內八番，二千里內十番，二千里外十二番，各一月上。每上或分配諸司。上州及都督府番別各聽留六十人，中州四十五人，下州三十五人，分配監當城門、倉庫，亦量於數內通融配給。當州人少者，任取五十已上、五十九已下及輕疾丁充，並五番，上皆一月。五品已上四年，七品已上五年，多至八年，年滿簡送吏部，不第者如初。無文，聽以武選。

凡左、右衛親衛。勳衛。翊衛，及左、右率府親。勳。翊衛，及諸衛之翊衛，通謂之三衛。擇其資蔭高者爲親衛，取三品已上子、二品已上孫爲之。其次者爲勳衛及率府之親衛，四品子、三品孫、二品已上之曾孫爲之。又次者爲翊衛及率府之勳衛，四品孫、職事五品子。孫、三品曾孫、若勳官三品有封者及國公之子爲之。又次者爲諸衛及率府之翊衛，五品已上並柱國若有封爵兼帶職事官子孫爲之。散官五品已上子孫爲之。又次者爲王府執仗、執乘。凡三衛皆限年二十一已上，每歲十一月已後，本州申兵部團甲、進甲，盡正月畢，其入衛雜配並注甲長定，不得移改。量遠邇以定其番第。五百里內五番，一千里內七番，一千里外八番，各一月上；三千里外九番，各倍其月。應補之人周親已上有犯刑戮者，配令兵部上下。凡諸衛及率府三衛貫京兆、河南、蒲、同、華、岐、陝、懷、汝、鄭等州，皆令番上，餘州皆納資而已。應納資者，每年九月一日於本貫及寄住處輸納，本貫挾名録申兵部。凡左、右衛之三衛分爲五仗：一曰親仗，二曰供奉仗，三曰勳仗，四曰翊仗，五曰散手仗，每月各配三十六人而上下焉。其五仗上下及引駕、細引考以五，左、右衛之他職掌及左、右率府之勳衛考以六，左、右率府之三衛帖五仗上下者，亦五考。諸衛及率府之翊衛考以八。考滿，兵部校試，有文，堪時務，則送吏部；無文，則加其年階，以本色遷授。若有才用，考內得補主帥及監門校尉、直長。凡左·右衛、左·右率府三衛經三考已上者，得補引駕、細引；考滿，簡試如三衛。三衛違番者，徵資一千五百文，仍勒陪番，有故者，免徵資。三番不到，注甲毀奪告身，有故者亦陪番。

凡王公已下皆有親事、帳內，六品、七品子爲親事，八品、九品子爲帳內。限年十八已上，舉諸州，率萬人已上充之。親王、嗣王、郡王、開府儀同三司及三品已上官帶勳者，差以給之。並本貫納其資課，皆從金部給付。皆限十周年則聽其簡試，文、理高者送吏部，其餘留本司，全下者退還本色。

凡兵士隸衛，各有其名：左、右衛曰驍騎，左、右驍衛曰豹騎，左、右武衛曰熊渠，左、右威衛曰羽林，左、右領軍衛曰射聲，左、右金吾衛曰佽飛；東宮左、右衛率府曰超乘，左、右司禦率府曰旅賁，左、右清道率府曰直盪，總名爲衛士，皆取六品已下子孫及白丁無職役者點充。凡三年一簡點，成丁而入，六十而免，量其遠邇以定番第。百里外五番，五百里外七番，一千里外八番，各一月上；二千里外九番，倍其月上。若征行之鎮守者，免番而遣之。凡衛士各立名簿，具三年已來征防若差遣，仍定優劣爲三等，每年正月十日送本府印訖，仍録一通送本衛，若有差、行、上番，折衝府據簿而發之。若征行及使經兩番已上者，免兩番；兩番已上者並二番。其不免番，還日卽當番者，免上番。凡差衛士征戍、鎮防亦有團伍，其善弓馬者爲越騎團，餘爲步兵團，主帥已下統領之；火十人，有六馱馬。若無馬鄉，任備驢、騾及牛。若父兄子弟，不併遣之；若祖父母、父母老疾，無兼丁，免征行及番上。其居常則皆習射，唱大角歌。番集之日，府官率而課試。凡左、右金吾衛有角手，諸衛有弩手；左、右羽林軍有飛騎及左、右萬騎。彍騎，天下諸軍有健兒，舊，健兒在軍皆有年限，更來往，頗爲勞弊。開元二十五年敕，以爲天下無虞，宜與人休息，自今已後，諸軍鎮量閑劇、利害，置兵防健兒，於諸色征行人內及客戶中召募，取丁壯情願充健兒長住邊軍者，每年加常例給賜，兼給永年優復；其家口情願同去者，聽至軍州，各給田地，屋宅。人賴其利，中外獲安。是後，州郡之間永無征發之役矣。皆定其籍之多少與其番之上下，其所取人並具於本衛。每季上中書門下。凡關內團結兵，京兆府六千三百二十七人，同州六千七百三十六人，華州五千二百二十三人，蒲州二千七百三十五人。選丁戶殷贍、身材強壯者充之，免其征賦，仍許在家常習弓矢，每年差使依時就試。秦、成、岷、渭、河、蘭六州有高麗、羌兵。皆令當州上佐一人專知統押，每年兩度教練，使知部伍，如有警急，卽令赴援。諸州城傍子弟亦常令教習，每年秋集本軍，春則放散。黎、雅、邛、翼、茂五州有鎮防團結兵。並令刺史自押領，若須防遏，即以上佐及武官充。凡天下諸州差兵募取戶殷丁多、人材驍勇，選前資官、勳官部分强明堪統攝者，節級權補主帥以領之。其義征者，別爲行伍，不入募人之營。凡軍行器物皆於當州分給之，如不足則自備，貧富必以均焉。凡諸州軍府應行兵馬之名簿，器物之多少，皆申兵部；軍散之日，亦録其存亡多少以申而勘會之。凡諸道廻兵糧糒之物，衣資之費，皆所在州縣分而給之。

郎中一人掌判簿，以總軍戎差遣之名數。凡天下之節度使有八：其一曰關內朔方節度使，其統有單于、安北、東受降城、中受降城、西受降城，豐安軍、定遠城皆屬焉。其二曰河東節度使，其統有大同、橫野、岢嵐三軍，雲州守捉使屬焉。其三曰河北幽州節度使，其統有經略、平盧、靜塞、威武、清夷、橫海、高陽、唐興、恒陽、北平十軍，安東鎮守、渝關守捉、北平守捉三使屬焉。其四曰河西節度使，其統有赤水、大鬥、建康、玉門、墨離，豆盧六軍，新泉守捉、甘州守捉、肅州鎮守三使屬焉。其五曰隴右節度使，其統有臨洮、河源、白水、安人、積石、莫門、振武七軍，平夷、五門、富耳、藍州、平戎、綏和五守捉使皆屬焉。其六曰劍南節度使，其統有昆明軍、松州。當州防禦、邛郲守捉、姚·嶲州經略四使屬焉。其七曰磧西節度使，其統有安西、疏勒、于闐、焉耆，爲四鎮經略使，又有伊吾、瀚海二軍，西州鎮守使屬焉。其八曰嶺南節度使，其統有廣、桂、邕、容、安南等五府經略使。若諸州在節度內者，皆受節度焉。其福州經略使、登州平海軍則不在節度之內。凡親王總戎則曰元帥，文、武官總統者則曰總管。以奉使言之，則曰節度使，有大使焉，有副大使焉，有副使焉，有判官焉。若大使加旌節以統軍，置木契以行動。凡將帥出征，兵滿一萬人已上，置長史、司馬、倉曹。胄曹。兵曹參軍各一人；五千人已上，減司馬。諸軍各置使一人，五千人已上置副使一人，萬人已上置營田副使一人；每軍皆有倉曹、兵曹、胄曹參軍各一人。赤水、臨洮、河源等軍加胄曹參軍一人，朔方五城各加胄曹參軍一人。其橫海、高陽、唐興、恒陽、北平等五軍皆本州刺史爲使。其兵各一萬人，十月已後募，分爲三番教習。五千人置總管一人，以折衝充；一千人置子將一人，以果毅充；五百人置押官一人，以別將及鎮戍官充。凡鎮皆有使一人，副使一人，萬人已上置司馬、倉曹。兵曹參軍各一人；五千人已上，減司馬。凡諸軍、鎮每五百人置押官一人，一千人置子總管一人，五千人置總管一人。凡諸軍、鎮使·副使已上皆四年一替，總管已上六年一替，押官隨兵交替。副使、總管取折衝已上官充，子將已上取果毅已上充。

凡諸軍、鎮大使·副使已下皆有傔人、別奏以爲之使：大使三品已上，傔二十五人，別奏十人；四品、五品傔遞減五人，別奏遞減二人。副使三品已上，傔二十人，別奏八人；四品、五品傔遞減四人，別奏遞減二人。總管三品已上，傔十八人，別奏六人。四品、五品傔遞減三人，別奏遞減二人。子總管四品已上，傔十一人，別奏三人。五品、六品傔遞減二人，別奏遞減一人。若討擊、防禦、游奕使。副使，傔准品各減三人，別奏各減二人；總管及子總管，傔准品各減二人，別奏各減一人。若鎮守已下無副使，或隸屬大軍、鎮者，使已下傔、奏並四分減一。所補傔、奏皆令自召以充。若府·鎮·戍正員官及飛騎、三衞衞士、邊州白丁，皆不在取限。

凡車駕在京，即東都南、北衙皆置左、右屯營，別立使以統之；若車駕在都，則京城亦如之。北部准此。

凡大將出征皆告廟，授斧鉞，辭齊太公廟；辭訖，不反宿於家。臨軍對寇，士卒不用命，並得專行其罰。既捷，及軍未散，皆會衆而書勞，與其費用、執俘、折馘之數，皆露布以聞，乃告太廟。元帥凱旋之日，天子遣使郊勞，有司先獻捷於太廟，又告齊太公廟。諸軍將若須入朝奏事，則先狀奏聞。

員外郎一人掌貢舉及諸雜請之事。凡應舉之人有謀略、謂閑兵法。才藝、謂有勇技。平射、謂善能令矢發平直。十發五中，五居其次爲上第；三中，七居其次爲下第。筒射，謂善及遠而中。十發四中，六居其次爲上第，三中，七居其次爲下第；不及此者爲不第。皆待命以舉，非有常也。若州、府歲貢，皆孟冬隨朝集使以至省，勘責文狀而引試焉；亦與計科偕。有二科：一曰平射，試射長垜。三十發不出第三院爲第。二曰武舉。其試用有七：一曰射長垜；人中院爲上，入次院爲次上，入外院爲次。二曰騎射；發而並中爲上，或中或不中爲次上，總不中爲次。三曰馬槍；三板、四板爲上，二板爲次上，一板及不中爲次。四曰步射，射草人；中者爲次上，雖中而不法、雖法而不中者爲次。五曰材貌；以身長六尺已上者爲次上，已下爲次。六曰言語；有神彩，堪統領者爲次上，無者爲次。七曰舉重，謂翹關。率以五次上爲第。皆試其高第者以奏聞，其科第之優劣，謂平射、筒射之上第者，前資、見任見選，聽減一次上，與官；勳·散·衛官、五品已上官子孫，帖仗二年而選。次第者，其應選則據資優與處分，應帖仗則三年而選。庶人之上第亦帖仗，其年比次第；庶人次第，又加二年。武貢之第者，勳官五品已上並三衛執仗、乘，若品子年考已滿者，並放選；勳官六品已上並應宿衛人及品子五考已上者，並授散官，謂「軍士戰官」；餘並帖仗然後授散官。勳、獲之等級，謂軍士戰功之等級。若牢城苦戰第一等，酬勳三轉，第二、第三等差減一轉。凡破城、陣，以少擊多爲「上陣」，數略相當爲「中陣」，以多擊少爲「下陣」，轉倍以上爲「多少」。常據賊數以十分率之，殺獲四分已上爲「上獲」，二分已上爲「中獲」，一分已上爲「下獲」。凡上陣上獲第一等酬勳五轉，上陣中獲、中陣上獲第一等酬勳四轉，上陣下獲、中陣中獲、下陣上獲第一等酬勳三轉；其第二、第三等各遞降一轉。中陣下獲、下陣中獲第一等酬勳兩轉，第二、第三等並下陣下獲各酬勳一轉。其雖破城、陣，殺獲不成分者，三等陣各酬勳一轉。其跳盪、降功不在限。凡臨陣對寇，矢石未交，先鋒挺入，賊徒因而破者爲跳盪；其次先鋒受降者爲降功。凡酬功者，見任、前資、常選爲上資，文·武散官、衛官、勳官五品已上爲次資，五品子·孫、上柱國·柱國子、勳官六品已下、諸色有番考人爲下資，白丁、衛士、雜色人爲無資。凡跳盪人，上資加兩階，即優與處分，應入三品、五品，不限官考；次資即優與處分；下資優與處分，無資稍優與處分。其殊功第一等，上資加一階，優與處分，應入三品、五品，減四考；次資優與處分；下資稍優與處分；無資放選。殊功第二等，上資優與處分，次資稍優與處分，下資放選，無資常勳外加三轉。殊功第三等，上資稍優與處分，次資放選，下資應簡日放選，無資常勳外加兩轉。若破國王勝，事愈常格，或斬將搴旗，功效尤異，雖不合格，並委軍將臨時録奏。皆審其實而授敍焉。

員外郎一人掌選院，謂之南曹。每歲，選人有解狀、簿書、資歷、考課，必由之以厥其實，乃上三銓，進甲則署焉。

職方郎中一人，從五品上；《周禮》夏官有職方氏中大夫之職，掌天下之地圖，主四方之職貢，職方郎中之任也。後周依《周官》。隋開皇初，始置職方侍郎一人；煬帝曰職方郎。武德三年加「中」字。至龍朔二年，改爲司城大夫；咸亨元年復故。員外郎一人，從六品上；《周禮》夏官有職方上士。後周依《周官》。隋開皇六年置員外郎一人，煬帝改曰承務郎，皇朝爲職方員外郎。龍朔、咸亨並隨曹改復。主事二人，從九品上。職方郎中、員外郎掌天下之地圖及城隍、鎮戍、烽候之數，辨其邦國、都鄙之遠邇及四夷之歸化者。凡地圖委州府三年一造，與板籍偕上省。其外夷每有番官到京，委鴻臚訊其人本國山川、風土，爲圖以奏焉；副上於省。其五方之區域，都鄙之廢置，疆埸之爭訟者，舉而正之。凡天下之上鎮二十，中鎮九十，下鎮一百三十有五；上戍十有一，中戍八十有六，下戍二百三十有五。凡烽候所置，大率相去三十里，若有山岡隔絶，須逐便安置，得相望見，不必要限三十里。其逼邊境者，築城以置之。每烽置帥一人、副一人。其放烽有一炬、二炬、三炬、四炬者，隨賊多少而爲差焉。舊關內、京畿、河東、河北皆置烽。開元二十五年敕以邊隅無事，寰宇又安，內地置烽，誠爲非要，量停近甸烽二百六十所，計烽帥等一千三百八十八人。凡州、縣城門及倉庫門須守當者，取中男及殘疾人均爲番第以充，而免其徭賦焉。若修理解宇及園廚，亦聽量使。

駕部郎中一人，從五品上；《周禮》夏官屬有輿司馬之職，蓋駕部之任也。魏氏始置駕部郎曹，歷晉、宋、齊、後魏、北齊並爲駕部郎中，梁、陳爲駕部侍郎。後周夏官府有駕部中大夫一人，隋文帝改爲駕部侍郎，煬帝曰駕部郎。宋、齊左民尚書領駕部，梁、陳左民部尚書領駕部，後魏、北齊殿中尚書領駕部，隋則兵部領焉，皇朝因之。武德三年加「中」字。龍朔二年改曰司輿大夫，咸亨元年復故。員外郎一人，從六品上；《周禮》夏官卿有輿司馬上士，後周夏官府小駕部上士一人，蓋駕部員外郎之任也。隋開皇六年置，煬帝改曰承務郎，皇朝爲駕部員外郎。龍朔、咸亨並隨曹改復。主事三人，從九品上。駕部郎中、員外郎掌邦國之輿輦、車乘，及天下之傳、驛、廄、牧官私馬·牛·雜畜之簿籍，辨其出入闌逸之政令，司其名數。凡三十裏一驛，天下凡一千六百三十有九所。二百六十所水驛，一千二百九十七所陸驛，八十六所水陸相兼。若地勢險阻及須依水草，不必三十裏。每驛皆置驛長一人，量驛之閑要以定其馬數：都亭七十五疋，諸道之第一等減都亭之十五，第二、第三皆以十五爲差，第四減十二，第五減六，第六減四，其馬官給。有山阪險峻之處及江南、嶺南暑濕不宜大馬處，兼置蜀馬。凡水驛亦量事閑要以置船，事繁者每驛四隻，閑者三隻，更閑者二隻。凡馬三名給丁一人，船一給丁三人。凡驛皆給錢以資之，什物並皆爲市。凡乘驛者，在京於門下給券，在外於留守及諸軍、州給券。若乘驛經留守及五軍都督府過者，長官押署；若不應給者，隨即停之。而監，牧六十有五焉，皆分使而統之。南使十五監，西使十六監，北使七監，東使九監，鹽州使八監，嵐州使三監，則廄牧及諸司馬、牛、雜畜各隸於籍帳，以時受而藏之。若畜養之宜，孳生之數，皆載於太僕之職。凡諸衛有承直之馬，諸衛每日置承直馬八十疋，以備雜使。諸衛官、諸州、府馬每月常差赴京、都爲承直，諸府常備，其數甚多。開元二十五年，敕以爲天下無事，勞費頗煩，宜隨京、都近便量留三千疋充扈從及街使乘直，餘一切並停。凡諸司有備運之車，諸司皆置車、牛，以備遞運之事。司農等車一千二十一乘，將作監三百四十五乘，殿中省尚乘局一百乘，少府監六十三乘，太常寺一十四乘，國子監二十乘，太僕寺一十乘，光禄寺二十乘，衛尉寺十乘，太府寺六乘，左、右衛各二乘，左、右驍衛各一乘，左、右武衛各一乘，左、右威衛各一乘，左、右領軍衛各一乘，左、右金吾衛各一乘，左、右監門衛各二乘，左、右羽林軍各三乘，家令寺一百八十乘，僕寺二十六乘，左、右衛率府各一乘。牛皆倍之。其過倍者則充營田，不足者則單駕。開元二十二年，敕量減六百餘頭、乘。皆審其制以定數焉。

庫部郎中一人，從五品上；《周禮》夏官有司甲下大夫，爲司戈盾、弓矢之長，各辨其物以待軍事，今庫部郎中之任也。魏氏始置庫部郎曹，歷晉、宋、齊、後魏、北齊並有庫部郎中，梁、陳爲侍郎。後周夏官府有武藏中大夫一人，隋文帝爲庫部侍郎，煬帝曰庫部郎。宋、齊、梁、陳並都官尚書領庫部，後魏、北齊度支尚書領，隋則兵部尚書領焉。武德三年加『中』字。龍朔二年改爲司庫大夫，咸亨元年復故。員外郎一人，從六品上；《周禮》夏官卿有司兵中士，後周有小武藏下大夫一人，蓋今庫部員外郎之任也。隋開皇六年置，煬帝改曰承務郎，皇朝爲庫部員外郎。龍朔、咸亨隨曹改復。主事二人，從九品上。庫部郎中、員外郎掌邦國軍州之戎器、儀仗，及冬至、元正之陳設，並祠祭、喪葬之羽儀，諸軍州之甲仗，皆辨其出入之數，量其繕造之功，以分給焉。

又 卷二四《諸衛》

左、右衛，大將軍各一人，正三品；《周禮》：『制軍：萬二千五百人爲軍。天子六軍，大國三軍，次國二軍，小國一軍。軍將皆命卿。』《六韜》曰：『古之王者遣將授鉞，曰：「從此，上至天，下至地，將軍任也。」』戰國亦有其職。秦、漢始置衛將軍，後漢及魏並因之，然增其班秩。晉文帝置臺，又置中衛將軍。武帝受命，分爲左、右二衛，各將軍一人，品第四，銀章、青綬，武冠，絳朝服，佩水蒼玉。宋、齊因之。建元二年，詔二衛將軍日暮常一人宿。永明元年，詔二衛儀從可增爲九十人。又，左衛領營五十，司馬二十五人；右衛領營四十，司馬二十人。梁左、右衛將軍班第十二，陳秩二千石。後魏從二品，太和二十二年，降爲第三品。北齊因之。隋左右衛、左右武衛、左右候、左右武候、左右領軍、左右率府各有大將軍一人，所謂十二衛大將軍也。然自兩漢至北齊，大將軍位視三公；至隋，十二大將軍直爲武職，位左、右省臺之下，與古大將軍但名號同，而統務別。至開皇末年，罷十二衛大將軍員。煬帝大業三年，復置左、右衛爲左、右翊衛，其所領名爲驍騎。皇朝復左、右衛府，官屬與《隋令》略同。龍朔二年除『府』字。將軍各二人，從三品。後魏永光元年，始增置左、右衛將軍各二人，從三品上；太和二十二年，降爲第三品。北齊左、右衛府各將軍一人，各武衛將軍二人，皆有司馬、功曹、主簿、録事等員。隋左、右衛將軍各二人，皇朝因之。左、右衛大將軍·將軍之職，掌統領宫廷警衛之法令，以督其屬之隊仗，而總諸曹之職務，凡親、勳、翊五中郎將府及折衝府所隸者，皆總制焉。凡大朝會，率其屬以黄質鍪·甲·鎧、黄弓箭、黄刀、黄楯、黄穳、黄麾、麒麟旗、角端旗、赤熊旗之類，爲左、右廂之儀仗。每月，親、勳、翊五府之三衛及折衝府之驍騎應番上者，各受其名簿，以配所職。凡宿衛内廊閤門外，分爲五仗，一曰供奉，二曰親仗，三曰勳仗，四曰翊仗，五曰散手仗。皆坐於東、西廊下。若禦坐正殿，則立於兩階之次。在正門之内，則以挾門隊坐於東、西廂。承天、嘉德二門之内，皆大將軍守之。諸門及内廂宿衛之仗，無將軍者，則以中郎將一人權代其職。若大駕行幸，則如鹵簿之法以從。

長史各一人，從六品上；《晉職官志》云：『武帝置左、右衛，各有長史、司馬員。過江，罷長史。』歷宋、齊、梁、陳、後魏、北齊，唯有司馬，無長史。至隋，左、右衛各置長史一人，皇朝因之。録事參軍事各一人，正八品上；晉元帝初爲鎮東大將軍，置録事參軍一人。梁皇弟、皇子府有中録事參軍及録事參軍各一人。後魏二大、二公府及第一、第二、第三品將軍府，及始蕃王、二蕃王、三蕃王府各有録事參軍員。北齊因之。隋左、右衛府各有録事參軍一人，皇朝因之。倉曹參軍事各二人，正八品下，晉元帝爲鎮東大將軍，有倉曹參軍一人。宋高祖相府亦置。後號與録事參軍同置，北齊因之。隋左、右衛府各倉曹參軍一人，皇朝因之，置二人。兵曹參軍事各二人，正八品下；晉代與倉曹同置。騎曹參軍事各一人，正八品下；魏司馬景王爲大將軍，有騎兵掾一人。宋高祖有相府騎兵參軍一人。隋左、右衛府有騎兵曹參軍一人，皇朝因之，其後改爲騎曹。胄曹參軍事各一人，正八品下；晉元帝爲鎮東大將軍，有鎧曹參軍。宋高祖爲相亦有之。《齊職儀》云：『左、右鎧曹一人。』隋左、右衛府有鎧曹行參軍一人，皇朝因之。長安中改爲胄曹，神龍初復爲鎧曹，開元初復爲胄曹。司階各二人，正六品上；中候各三人，正七品下；司戈各五人，正八品下；執戟各五人，正九品下；奉車都尉各五人，從五品下。長史掌判諸曹、親·勳·翊五府及武安、武成等五十府之事，以閲兵仗、羽儀、車馬。凡文簿典職，廪料請給，卒伍軍團之名數，器械糧儲之主守，大事則從其長，小事則專達。季秋，則以庶官之狀贊大將軍考課而升降焉。録事參軍掌印，及受諸曹、五府及外府百司所由之事以發付，勾檢稽失。倉曹掌五府、外府之文官職員，凡勳階、考課、假使、禄俸及公廨、財物、田園、食料之事，皆掌制之。兵曹掌五府、外府之武官職員，凡番第上下，簿書名數，皆受而過大將軍以配焉。騎曹掌外府馬及雜畜之簿帳。凡府馬之外直者，以近及遠，分爲七番，月一替。凡左、右廂之使以奉敕出宮城外追事者，皆給馬遣之。胄曹掌其戎仗器械及公廨興造、決罰之事。凡大朝會行從應諸黄質甲鎧、弓箭之屬，則受之于衛尉。事畢，本而歸之；若有不應歸者，留貯於衛庫。

親府、勳一府、勳二府、翊一府、翊二府等五府中郎將各一人，正四品下；秦、漢有五官中郎將、左。右中郎將，並比二千石，掌領三署郎侍衛也；又有虎賁中郎將，漢平帝置，比二千石。後漢因之。建安十六年，魏公子丕爲五官中郎將，置官屬，以副相國，位在諸侯王上。晉代不置。宋、齊、梁、陳並有左、右中郎將；後魏、北齊亦有之，各五人。隋氏左·右親衛、左·右勳衛、左·右翊衛各置開府一人以統之，有長史、司馬、倉·兵·法等參軍員，皇朝因之。武德七年，改開府，各置中郎將一人、左·右郎將各一人，謂之左、右親·勳·翊衛中郎將府。左、右郎將各一人，正五品上；自漢以來並名曰中郎將。至隋，備身府置左、右郎將以統之，又置左、右雄武府雄武郎將·武勇郎將以統之。皇朝左、右親·勳·翊衛因其名置左、右郎將之職也。兵曹參軍事各一人，正九品上。中郎將掌領其府校尉、旅帥、親衛、勳衛、翊衛之屬以宿衛，而總其府事；左、右郎將貳焉。若大朝會及巡幸，則如鹵簿之法，以領其儀仗。凡五府之親、勳、翊衛應番上者，則以其名簿上大將軍，配於所職。

左、右驍衛，大將軍各一人，正三品；漢武帝以李廣爲驍騎將軍，後省之。光武改屯騎爲驍騎。晉文帝置台，以爲宿衛之官。歷宋、齊、梁、陳、後魏、北齊並有驍騎將軍之職。後周有左、右驍騎率上士二人。至隋煬帝，改左、右備身爲左、右驍衛；尋以左、右驍衛所領名豹騎，而又別置備身。皇朝置左、右驍衛府。龍朔二年除『府』字。光宅元年改爲左、右武威衛，神龍元年復爲左、右驍衛。將軍各二人，從三品。隋煬帝置，皇朝因之。左、右驍衛大將軍·將軍之職掌如左、右衛。其異者，大朝會建黄麾、鳳旗、飛黄旗、吉利旗、兕旗、太平旗。親府之翊衛、外府之豹騎番上者，則分配之。在正殿之前，則以胡禄隊坐於東、西廊下。若禦坐正殿，則以隊仗次立于左、右衛下。在正門之外，則以挾門隊列於東、西廂。凡分兵以守諸門，則知左廂諸門之內事，右廂諸門之外事。若在皇城四面、宮城之內外，則與左、右衛分知助鋪之職。

長史各一人，從六品上；録事參軍事各一人，正八品上，倉曹參軍事各二人，正八品下；兵曹參軍事各二人，正八品下；騎曹參軍事各一人，正八品下；胄曹參軍事各一人，正八品下；隋煬帝改置驍衛府，有長史，從五品；有録事參軍，倉曹、兵曹、騎兵、鎧曹行參軍員。皇朝降長史爲從六品，改騎兵爲騎曹，鎧曹爲胄曹，而衛除『府』字。司階各二人，正六品上；中候各三人，正七品下；司戈各五人，正八品下；執戟各五人，正九品下。長史掌判諸曹、翊府及永固等四十九府之事，以閲兵仗、車馬；餘如左、右衛。録事參軍、倉曹、兵曹、騎曹、胄曹所掌亦如之。

翊府中郎將各一人，正四品下；本隋翊衛開府，皇朝武德七年改置中郎將。左、右郎將各一人，正五品上；本隋備身府左、右郎將，皇朝因之。兵曹參軍事各一人，正九品上。中郎將掌領其府校尉、旅帥、翊衛之屬以宿衛，而總其府事；餘如左、右衛。

左、右武衛，大將軍各一人，正三品；魏武爲丞相，有武衛營。晉、宋、齊、梁、陳又有建武、奮武等將軍，又有武烈、武毅等將軍。至隋，採諸武之名，置左、右武衛府，有大將軍一人、將軍二人。皇朝因舊。光宅元年改爲左、右鷹揚衛，神龍元年復故。將軍各二人，從三品。左、右武衛大將軍·將軍之職掌如左、右衛。其異者，大朝會率其屬被白質鍪、甲、鎧，執白弓箭、白楯、白纛，建鶩麾、四色麾、五牛旗、飛麟旗、駃騠旗、鸞旗、犀牛旗、鵕鸃旗、驪騶旗。蹕稱長長唱警，持鈒隊應蹕，爲左、右廂儀仗。凡翊府翊衛、外府熊渠番上，則分配之。在正殿前，則以諸隊次立於驍衛下；在嘉德門內，則以挾門隊坐於東、西廊。

長史各一人，從六品上；録事參軍事各一人，正八品上，倉曹參軍事各二人，正八品下；兵曹參軍事各二人，正八品下；騎曹參軍事各一人，正八品下；胄曹參軍事各一人，正八品下；隋左、右武衛有長史一人，煬帝升爲從五品。又有録事參軍；倉曹參軍，煬帝改爲司倉；兵曹參軍，煬帝改爲司兵。皇朝改司倉爲倉曹，司兵爲兵曹，司騎爲騎曹，司胄爲胄曹。司階各二人，正六品上；中候各三人，正七品下；司戈各五人，正八品下；執戟各五人，正九品下。長史掌判諸曹、翊府及鳳亭等四十九府之事。餘皆如左、右衛。

翊府中郎將各一人，正四品下；左、右郎將各一人，正五品上；

左、右郎將故事，已詳於上。兵曹參軍事各一人，正九品上。中郎將掌領其府校尉、旅帥、翊衛之屬以宿衛，而總其府事，餘如左、右衛。

左、右威衛，大將軍各一人，正三品；隋初，置左、右領軍府，煬帝改爲左、右屯衛，皇朝因之。至龍朔二年，改爲左、右威衛，別置左、右屯營，亦有大將軍等官。光宅元年改爲左、右豹韜衛，神龍元年復爲左、右威衛。將軍各二人，從三品。隋煬帝改領軍爲屯衛府，置將軍，皇朝因之。龍朔、光宅、神龍隨衛改復。左、右威衛大將軍。將軍之職掌如左、右衛。其異者，大朝會則率其屬被黑質鍪、甲、鎧，執黑弓箭、黑刀、黑穳，建青麾、黑麾、黃龍負圖旗、黃鹿旗、騶牙旗、蒼烏旗，爲左、右廂之儀仗，次立武衛之下。翊府翊衛、外府羽林番上者，則分配之。在正殿前，則以諸隊立於階下；在長樂、永安門內，則以挾門隊列於兩廊。凡分兵主守，則知皇城東、西面之助鋪。

長史各一人，從六品上；録事參軍事各一人，正八品上；倉曹參軍事各二人，正八品下；兵曹參軍事各二人，正八品下；騎曹參軍事各一人，正八品下；冑曹參軍事各一人，正八品下；隋煬帝改領軍爲左、右屯衛，有長史已下等員，皇朝改之，已具前説。司階各二人，正六品上；中候各三人，正七品下；司戈各五人，正八品下；執戟各五人，正九品下。長史掌判諸曹之事，以閲兵仗、羽儀、車馬，及宜陽五十府；餘如左、右衛。凡飛騎宿衛者，將軍已下不得使其出外。若番上須兵士，則簡同、華越騎充；不足，兼取諸州越騎。

翊府中郎將各一人，正四品下；左、右郎將各一人，正五品上。中郎將掌領其府校尉、旅帥、翊衛之屬以宿衛，而總其府事；餘如左、右衛。

左、右領軍衛，大將軍各一人，正三品；漢建安十四年，魏武爲丞相，相府始置中領軍；既拔漢中，還長安，以曹休爲之，主五校、中壘、武衛等營。魏文帝爲魏王，又置領軍，而領軍差勝，中領微劣。晉因之，領軍與中領三將軍並置，領軍品第三，金章、紫綬；中領軍將軍第四品，銀章、青綬，武冠，絳朝服，佩水蒼玉。太始元年，武帝省領軍、北軍中候，中軍將軍羊祜統二衛、前、後、左、右、驍騎等七軍營兵。宋、齊領軍、中領軍將軍掌內禁兵，大駕出則禦軍在前，住則守。舊制：輿駕出行，則與護軍將軍更日直，領隊於止車門內。梁領軍、護軍與左。右衛、驍騎、遊騎爲六軍將軍，班第十五。陳領軍將軍秩二千石。後魏領軍、護軍第二品上，太和二十三年降爲第三品。北齊領軍府將軍一人，掌禁衛宮掖，朱華閤外，凡禁衛皆主之；中領軍亦同。隋左、右領軍府各掌左、右十二軍籍帳、羽衛之事。不置將軍，唯有長史、司馬；煬帝大業三年，改左、右屯衛。皇朝因隋屯衛名，置大將軍、將軍，後改爲威衛；又採前代領軍名，別置領軍衛，置大將軍、將軍員。龍朔二年改爲左、右戎衛，咸亨元年復舊。光宅元年改爲左、右玉鈐衛，神龍元年復故。將軍各二人，從三品。魏、晉已來並有領軍之職，然則領軍如今領軍大將軍也，中領軍如今領軍將軍也。宋、齊、梁、陳、後魏、北齊有之。隋領軍府有將軍員，皇朝因置之也。左、右領軍衛大將軍。將軍之職掌如左、右衛。其異者，大朝會則率其屬被青質鍪、甲、鎧，執青弓箭、青刀、青楯、青穳，建赤麾、應龍旗、玉馬旗、三角獸旗、白狼旗、龍馬旗、金牛旗，爲左、右廂之儀仗，以次立威衛下。凡翊府翊衛、外府射聲應番上者，則分配之。在正殿前，則以諸隊立於階下；在長樂、永安門外，則以挾門隊列於兩廊。凡分兵主守，則知皇城東、西面之助鋪及京城、苑城諸門之職。

長史各一人，從六品上；録事參軍事各一人，正八品上；倉曹參軍事各二人，正八品下；兵曹參軍事各二人，正八品下；騎曹參軍事各一人，正八品下；冑曹參軍事各一人，正八品下。《齊職儀》：『領軍將軍有長史，品第六，秩六百石。』梁、陳亦有之。北齊領軍有長史、司馬。隋領軍府無將軍，有長史一人；煬帝改置將軍，長史判衛事，又有録事、倉曹、兵·騎·鎧曹等員。皇朝因之。司階各二人，正六品上；中候各三人，正七品下；司戈各五人，正八品下；執戟各五人，正九品下。長史掌判諸曹、翊府及萬敵、萬年等六十府之貳；餘同左、右衛。

翊府中郎將各一人，正四品下；左、右郎將各一人，正五品上。中郎將掌領其府校尉、旅帥、翊衛之屬以宿衛，而總其府事；餘如左、右衛。

又 卷二五《諸衛府》 左、右金吾衛，大將軍各一人，正三品；《漢書·百官表》：『中尉，秦官，掌徼巡京師。武帝太初元年更名執金吾，秩中二千石，有兩丞、候、司馬、千人。屬官有中壘、寺互、武庫、都船四令·丞。又式道左、右、中候及京、輔都尉皆屬焉。』又後漢掌宮外及京師盜賊、水火，考按疑事；衛尉巡行宮中，執金吾徼巡宮外，相爲表裏，所以戒不虞也。漢末，魏武執政，復爲中尉。晉、宋、齊、梁、陳並不置。後魏雖有中尉之職，改御史中丞名之。至後周，置武環率、武候率，各下大夫二人。至隋，置左、右武候府，各大將軍一人、將軍三人，掌車駕出入，先驅後殿；晝夜巡察，執捕姦非；烽候道路，水草所宜。巡狩師田，掌其營禁。大業三年，改爲左、右候衛；四年，各增置察非掾二人，專糾彈之事。皇朝因之。龍朔二年，改爲左、右金吾衛。將軍各二人，從三品。皇朝因隋置三人，貞觀中減置二人。左、右金吾衛大將軍。將軍之職，掌宮中及京城晝夜巡警之法，以執禦非違，凡翊府及同軌等五十府皆屬焉。凡車駕出入，則率其屬以清遊隊建白澤旗、朱雀旗以先驅，又以玄武隊建玄武旗以後殿，餘依鹵簿之法以從。若巡狩師田，則執其左、右營衛之禁。凡翊衛翊府、同軌。寶圖等五十府彍騎、衛士應番上者，各配所職焉。又置引駕三衛六十人，並于左、右衛取明閑隊仗法用，兼能糾彈事者充，分爲五番上下；仍於諸衛翊衛隊正内取五人爲主帥，番別配一人檢校。又置引駕佽飛六十人，於當衛簡取越騎射者充，分爲六番上下，番別置主帥一人。

長史各一人，從六品上；録事參軍事各一人，正八品上；倉曹參軍事各二人，正八品下；兵曹參軍事各二人，正八品下；騎曹參軍事各一人，正八品下；胄曹參軍事各一人，正八品下。隋左、右武候府有長史、録事·倉·兵·騎·鎧等曹，皇朝因之。諸曹已具上説。司階各二人，正六品上；中候各三人，正七品下；司戈各五人，正八品下；執戟各五人，正九品下。長史掌判諸曹、翊府及同軌、寶圖等五十府之事，閱其儀仗、兵馬；凡文簿典職，廩料請給，番第上下，皆審其事而總制之。録事參軍事掌所受翊府、外府及諸衛百司之事，以發付勾檢。倉曹掌翊府、外府文官職員。兵曹掌翊府、外府武官職員。騎曹掌外府兵馬雜畜簿帳及牧養之事。凡諸衛馬承直配於金吾巡檢遊奕者，每月四十有五匹，皆季請其料，隨以給之。胄曹掌諸曹、翊府及外府軍戎器械，及其公廨興造，決罰之事。凡大朝會行從，給青龍旗、六纛、穳稍類於衛尉，事畢，本而歸之。餘同左、右衛。

翊府中郎將各一人，正四品下；左、右郎將各一人，正五品上。中郎將掌領府屬，以督京城内左、右六街晝夜巡警之事；左、右郎將貳焉。餘如左、右衛。

左、右監門衛，大將軍各一人，正三品；『漢、魏以來城門校尉之職也。隋置左、右監門府，各將軍一人，有郎將二人、校尉·直長各三十人。煬帝改左、右監門衛將軍爲郎將。皇朝置大將軍、郎將等員。龍朔二年，改府爲衛。』將軍各二人，從三品；中郎將各四人，正四品下。隋左、右監門府郎將四人，煬帝置二人，皇朝置四人。左、右監門衛大將軍·將軍之職，掌諸門禁衛門籍之法。凡京司應以籍入宮殿門者，皆本司具其官爵、姓名，以移牒其門，若流外官承腳色，並具其年紀、顔狀。以門司送於監門，勘同，然後聽入。凡財物器用應入宮者，所由以籍傍取左監門將軍判，門司檢以入之；應出宮者，所由亦以籍傍取右監門將軍判，門司檢以出之。其籍月一換。若大駕行幸，則依鹵簿之法，率其屬於牙門之下以爲監守。中郎將掌監諸門及巡警之法。凡宮殿門及城門皆左入右出。其監門官司檢校者，聽從便門出入。

長史各一人，從六品上；録事參軍事各一人，正八品上；兵曹參軍事各一人，正八品下；胄曹參軍事各一人，正八品下。隋左、右開府有長史、録事、兵曹等員，皇朝因之。胄曹已具上注。長史掌判諸曹及諸禁門之事，以省其出入巡檢，而司其籍傍；餘如左、右衛。録事參軍掌印發，勾檢稽失。諸司籍傍押於監門者，印署而遣之。兵曹掌本衛文、武官之職簿。凡授上、解免、勳階、考課、假使、禄賜主事，皆判而申牒之。胄曹掌軍戎器械及承直馬、公廨興造、決罰；餘同左、右衛。

左、右千牛衛，大將軍各一人，正三品；謝綽《宋拾遺録》有千牛刀，即人主防身刀也。後魏有千牛備身，本掌乘輿禦刀，蓋取莊子：『庖丁爲文惠君解牛十九年，所割者數千牛，而刀刃若新發于硎石。』言此刀可以備身，因以名官。《後魏書》：『奚康生有勇力，以其子難爲千牛備身。』又：『楊保，弘農人，爲千牛備身。』北齊領左右府有領左右將軍，亦統千牛備身，第六品下。隋左、右領左右府有大將軍一人、將軍二人，掌侍衛左右，供禦兵仗。領千牛備身十二人，掌執千牛刀；備身左右十二人，掌供禦弓箭；備身十六人，掌宿衛侍從。煬帝改爲左、右備身郎將一人。直齋二人統之；有千牛左右、司射左右各一十六人，並正六品；有長史、録事參軍等員。皇朝改爲左、右千牛府。龍朔二年改爲左、右奉宸衛，神龍元年尋改爲千牛衛。將軍各一人，從三品；北齊領左右府有領左右將軍一人，隋左、右領左右府有將軍二人，皇朝減一人。中郎將各二人，正四品下。北齊有左右備身正、副都督，並四品上。隋煬帝置備身郎將一人，皇朝置中郎將各二人也。左、右千牛衛大將軍。將軍之職，掌宮殿侍衛及供禦之儀仗，而總其曹務。凡千牛備身、備身左右執弓箭以宿衛，主仗守戎服器物。凡受朝之日，則領備身左右升殿，而侍列於御座之左右。若親射於射宮，則大將軍、將軍率其屬以從。凡千牛備身。備身左右考課賜會及禄秩之升降，同京職事官之制。中郎將掌供奉侍衛，以貳將軍及諸曹之務。凡千牛備身、備身左右以禦刀仗升殿供奉者，皆大將軍、將軍率而領之，而中郎將佐其職。凡侍奉，禁橫過座前者，禁對語及傾身與階下人語者，禁搖頭舉手以相招召者。若有口敕，通事舍人承受傳聲於階下不聞者，則中郎將宣告之。

長史各一人，從六品上；録事參軍事各一人，正八品上；兵曹參軍事各一人，正八品下；胄曹參軍事各一人，正八品下。隋左、右領左右府有長史以下等員，煬帝以兵曹爲司兵、胄曹爲司鎧，皇朝改之。千牛備身各十二人；備身左右各十二人；備身一百人；主仗一百五十人。大唐改千牛左右曰千牛備身，初置備身、主仗。長史掌判諸曹官吏之衆務事。録事參軍掌印發，勾檢稽失。餘如左、右衛。兵曹掌文、武官及千牛備身、備身左右之簿書，及其勳階、考課、假使、禄俸事。胄曹掌甲仗之事。凡禦仗之物二百一十有九，羽儀之物三百，自千牛以下各分而典掌之。其當上日，執禦刀、禦弓矢之外，仍量備弓箭以入宿。每月，主仗當上，則配其所職。若在行從，則兼騎曹之任。餘同左、右衛。

左、右羽林軍衛，大將軍各一人，正三品；漢置南、北軍，掌衛京師。南軍，若今諸衛也；北軍，若今左、右羽林也。呂後崩，周勃以北軍兵誅諸呂。至武帝，置羽林，掌送從，以次期門，名曰建章營騎，屬光禄勳，置令、丞以領之。後更名羽林騎，兼象天有羽林星主車騎也；又云『爲國羽翼，如林之盛』。以隴西、漢陽、安定、北地、西河、上郡良家子便弓馬者爲之。取從軍死事之子孫養羽林，官教以五兵，號爲『羽林孤兒』。宣帝令中郎將、騎都尉監羽林，秩比二千石。光武以征伐之任勞苦者及五郡良家子以充之，父死，子代之；又簡五營高手，别爲左、右監，秩比六百石。魏羽林監品第五。晉光禄勳屬官有羽林郎將、羽林左、右監，品第五，銅印、墨綬，武冠，絳朝服；其侍升殿，著鶡尾冠，紗縠單衣。哀帝時，桓温執政，省羽林中郎將，唯置一監；宋高祖復置。初，江右領營兵，及過江，無復營兵。齊、梁、陳並有羽林監。後魏羽林監第六品下。北齊羽林監十五人，品同後魏。後周有左、右羽林率，各上士二人、中士二人，掌羽林之士。隋煬帝改左、右領軍爲左、右屯衛，所領兵爲羽林。皇朝名武衛所領兵馬羽林；又别置左、右屯營，各有大將軍、將軍等員，龍朔二年改爲左、右羽林軍，其名則歷代之羽林也。將軍各二人，從三品。左、右羽林軍大將軍。將軍之職，掌統領北衙禁兵之法令，而督攝左、右廂飛騎之儀仗，以統諸曹之職。若大朝會，則率其儀仗以周衛階陛。若大駕行幸，則夾馳道而爲内仗。羽林禁兵旗幟、名數，秘莫得知，略之。凡飛騎每月番上者，皆據其名歷而配於所職。其飛騎仗或有敕上南衙者，則大將軍、將軍承墨敕白移于金吾引駕仗，引駕仗官與監門奏覆，又降墨敕，後得入。

長史各一人，從六品上；録事參軍事各一人，正八品上；倉曹參軍事各一人，正八品下；兵曹參軍事各一人，正八品下；胄曹參軍事各一人，正八品下；隋有左、右屯衛，有長史已下等員，皇朝因之，爲屯營。官名改更具上。司階各二人，正六品上；中候各三人，正七品下；司戈各五人，正八品下；執戟各五人，正九品下。長史掌判諸曹事。録事參軍已下，職如左、右衛。凡飛騎宿衛，將軍已下不得使其出外。若番上須兵士，則簡同、華越騎充；不足，取步騎；步騎不足，兼取諸州越騎。

翊府中郎將各一人，正四品下；左、右郎將各一人，正五品上。中郎將之職，掌領翊衛之屬，以總北軍宿衛主事；左、右郎將貳焉。餘務同左、右衛。

諸府，折衝都尉各一人，上府正四品上，中府從四品下，下府正五品下。周按井田之法而備軍政。至秦，廢井田，置郡縣，尉爲太守之貳而主兵。至漢，改曰都尉，凡武職多以尉爲補。後漢省都尉。至隋，左、右衛，左、右武衛，左、右武候各領軍坊、鄉團，以統戎卒。開皇初，又置驃騎將軍府，每府有驃騎將軍、車騎將軍。大業三年，改置鷹揚府，每府改驃騎爲鷹揚郎將，車騎爲鷹揚副郎將；五年，又以鷹揚副郎將爲鷹擊郎將。皇朝武德初，因隋鷹揚府，依開皇舊名置。

左、右果毅都尉一人。上府從五品下，中府正六品上，下府從六品下。貞觀十年，因隋果毅郎將之名，改爲果毅都尉。諸府折衝都尉之職，掌領五校之屬，以備宿衛，以從師役，總其戎具、資糧、差點、教習之法令。凡衛士三百人爲一團，以校尉領之，以便習騎射者爲越騎，餘爲步兵。其團十人爲火，火備六馱之馬。初置爲八，後改爲六。每歲十一月，以衛士帳上尚書，天下兵馬之數以省聞。凡兵馬在府，每歲季冬，折衝都尉率五校之屬以教其軍陣戰鬭之法。捉捕持更者，晨夜有行人必問，不應，則彈弓而嚮之；復不應，則旁射；又不應，則射之。晝以排門人遠望，暮以持更人遠聽，有衆而嚻，則告主帥。垂拱中，以千二百人爲上府，千人爲中府，八百人爲下府，赤縣爲赤府，畿縣爲畿府。左、右果毅都尉掌貳都尉。

別將一人，上府正七品上，中府從七品上，下府從七品下。長史一人，上府正七品下，中府從七品上，下府從七品下。兵曹參軍事一人。上府從八品下，中府說，已具上左、右衞。梁左衞率領七營，右衞率領四營。二率各領殿中將軍十人、員外將軍十人。又有正員司馬、員外司馬；屯騎，步兵，翊軍三校尉，謂之三校；旅賁中郎將、冗從僕射，謂之二將。又有左、右積弩將軍各一人。北齊太子左、右衞坊率各領騎官備身員，又有內直備身、備身正·副都督，備身五職等員，又有直閤、直前，直後員，又有旅騎、屯衞、典軍等校尉各二人，騎尉三十人。隋左、右衞率下有直閤四人，直寢八人，直齊、直後各十人。皇朝左、右衞率各置親、勳、翊三府，每府中郎將一人、郎將二人，掌其府校尉、旅帥及親、勳、翊衞之屬以宿衞。左、右郎將各一人，正五品下。皇朝置。中郎將、郎將掌其府校尉、旅帥及親、勳、翊衞之屬以宿衞，而總其府事。兵曹掌判勾。若大朝會及皇太子備禮出入，則從鹵簿之法，而監其羽儀。

太子左、右司禦率府，率各一人，正四品上；隋文帝置左、右宗衞率各一人，副率二，掌領宗人侍衞，職擬左、右領軍將軍，加置行參軍二人。煬帝改爲左、右武侍率，皇朝復爲左、右宗衞。龍朔二年改爲左、右司禦衞率府，神龍初又爲宗衞，開元初復爲左、右司禦率府。副率各二人，從四品上。隋文帝置，皇朝因之。其後改復，皆隨於府。左、右司禦率府率掌同左、右衞率；副率爲之貳。郊城等三府之旅賁應番上者，各配于所職。

長史各一人，正七品上；録事參軍事各一人，從八品上；倉曹參軍事各一人，從八品下；兵曹參軍事各一人，從八品下；冑曹參軍事各一人，從八品下；隋置左、右虞候開府，初無録事，有長史及四曹參軍；至煬帝改爲率府，始置録事，皇朝因之。餘具上說。司階各一人，從六品上；中候各二人，從七品下；司戈各二人，從八品下；執戟各三人，從九品下。長史掌判諸曹及郊城等三府之貳，餘皆如左、右率府。

太子左、右清道率府，率各一人，正四品上；隋文帝置左、右虞候，各開府一人，掌斥候非違，職擬左、右金吾將軍；煬帝改爲左、右虞候率，又各置副率二人。皇朝因之。龍朔二年改爲左、右清道衞，神龍初又爲虞候率府，開元初復爲清道率府。副率各二人，從四品上；隋煬帝置，皇朝因之。龍朔、神龍、開元隨府改復。左、右清道率府率掌東宮內外晝夜巡警之法，以戒不虞，凡絳邑等三府皆屬焉；副率爲之貳。凡皇太子出入，則領其屬以清游隊爲之先，以後拒隊爲之殿，其餘依鹵簿之法以從。凡仗衞之出入，置細引以導之，兼爲之糾正。凡五十人，用左、右率之親、勳、翊衞爲之，分爲五番，每番有主帥及中郎或左、右郎將一人領焉。每月，絳邑等三府之直盪應番上者，配于正九品上，下府從九品下。材老弱少壯，各爲之簿，以進退爲。長史掌判兵事、倉儲、車馬、介冑之事，及其簿書、會要之法。兵曹掌兵吏糧倉、公廨財物、田園課税之事，與其出入勾檢之法。每月，簿番上衞士之數以上衞。每歲，簿録事及府、史、捉、□、品於補上年月、姓名，以上于州中考功、兵部。

又 卷二八《太子左右衞及諸率府》 太子左右衞率府，率各一人，正四品上；秦、漢詹事屬官有太子衞率。【略】至隋文帝，始分置左、右衞率，左、右宗衞率，左、右虞候開府，左、右內率，左、右監門率，凡十府，以備儲闈武衞之職。煬帝改左、右衞率爲左、右侍率，皇朝復爲左、右衞。龍朔二年改左、右衞府爲左、右典戎衞，咸亨如故。副率各二人，從四品上。隋文帝置，煬帝改爲左、右侍副率，皇朝復爲左、右衞副率。龍朔、咸亨隨衞改復。左、右衞率掌東宮兵仗羽衞之政令，以總諸曹之事，凡親、勳、翊府及廣濟等五府屬焉；副率爲之貳。凡元正、冬至，皇太子朝宮臣及諸方使，則率衞府之屬以儀仗爲左、右廂之周衞。若皇太子備禮出入，則如鹵簿之法以從。每月，親、勳、翊三府之衞及廣濟等五府之超乘應番上者，配于所職。

長史各一人，正七品上；隋置，皇朝因之。録事參軍事各一人，從八品上，隋置，皇朝因之。倉曹參軍事各一人，從八品下；隋置，皇朝因之。兵曹參軍事各一人，從八品下；隋置，皇朝因之。冑曹參軍事各一人，從八品下；隋置，爲鎧曹，皇朝因之。長安中改爲冑曹參軍，神龍初復爲鎧曹，太極中又爲冑曹。司階各一人，從六品上；中候各二人，從七品下；司戈各二人，從八品下；執戟各三人，從九品下。長史掌判諸曹及三府、五府之貳。凡府事，大事則從其長，小事則專達。季秋，以其屬官之狀上於率，而爲之考課。録事參軍事掌監印、發付、勾稽。倉曹掌親·勳·翊三府，廣濟等五府文官之簿書，凡勳階、考課、假使、禄賜，及公廨、財物、田園、食料皆典之。兵曹掌親、勳、翊三府，廣濟等五府武官，親·勳·翊衞衞士之名簿，及其番上、差遣之法式。凡上番者，皆受其名簿，而咨配於率。兼知公、私馬及雜畜之簿帳。冑曹掌親、勳、翊三府，廣濟等五府器械，諸公廨繕造之物事。凡大朝會，行從應請戎仗者，則具其名數，受之于主司，既事而歸之。

左、右率府親府·勳府·翊府中郎將各一人，從四品上；中郎將之所職。

長史各一人，正七品上；録事參軍事各一人，從八品上；倉曹參軍事各一人，從八品下；兵曹參軍事各一人，從八品下；胄曹參軍事各一人，從八品下；司階各一人，從六品上；中候各二人，從七品下；司戈各二人，從八品下；執戟各三人，從九品下。長史掌判諸曹及絳邑等三府之貳，餘如左、右率府。

太子左、右監門率府，率各一人，正四品上；隋文帝置左、右監門率各一人，副率各二人，掌諸門禁，職擬左、右監門將軍，各有直長十人。煬帝改爲左、右宮門將，降爲正五品。皇朝復改爲監門率。龍朔二年改爲左、右崇掖衛，咸亨復舊。垂拱中改爲鶴禁衛，神龍初復舊。副率各二人，從四品上。隋文帝置，正五品；皇朝因之。龍朔、開元隨府改復。左、右監門率府率掌東宮諸門禁衛之法；副率爲之貳。凡東宮諸司應以籍入于宮殿者，皆本司具其官爵、姓名以牒門司，門司送于監門，監門之主與判曹印署，復送于門司；門司會之，同則聽入。凡東宮內、外門之守者，並司其出入。凡財物、器用之出入於宮禁者，皆以籍傍爲據，左、右監門以出入之。若皇太子出入，則依鹵簿之法，率其屬於牙門之左右，以爲捍守。

長史各一人，從七品上；録事參軍事各一人，正九品上；兵曹參軍事各一人，正九品下；胄曹參軍事各一人，正九品下。隋置左、右監門率，有長史以下等員，無倉曹，以兵曹兼掌其事，皇朝因之。

長史掌判諸門禁衛之貳。録事參軍事掌印，兼勾稽失。兵曹兼倉曹之職，餘皆如左、右率府。其諸司籍傍判於監門者，檢其官爵、姓名、年貌，監其器物，檢其名數；月終，諸門之籍傍歸於府者，則會其出入之數。胄曹掌器械及公私馬、驢、雜畜，土木繕造之事。凡諸府直馬配於左、右監門之巡探者，則請其料，歸於馬主，禁其隱沒棄遺者。

太子左、右內率府，率各一人，正四品上；隋文帝置左、右內率。副率。領東宮千牛、備身侍奉之事，職擬千牛將軍。其備身有：千牛備身八人，掌執千牛刀；備身左右十六人，掌供奉弓箭；備身二十人，掌宿衛侍從。煬帝降內率爲正五品，皇朝因加至四品上。龍朔二年改爲左、右奉裕率，神龍初復舊。副率各一人，從四品上。隋置，皇朝因之。龍朔、神龍隨府改復。左、右內率府率之職，掌東宮千牛、備身侍奉之事，而主其兵仗，總其府事；而副率爲之貳。以千牛執細刀、弓箭，以備身宿衛、侍從，以主仗守戎服、器物。凡皇太子坐朝，則領千牛、備身之屬升殿。若射于射宮，則率領其屬以從，位定，千牛、備身奉細弓及矢，立於東階上，西面；率奉弓，副率奉矢及決拾，北面張弓，左執弣，右執簫以進副率以巾拂矢而進，進訖，各退立於位。及射，左、右內率啓其矢中及不中，既事，受亦如之。

長史各一人，從七品上；録事參軍事各一人，正九品上；兵曹參軍事各一人，正九品下；胄曹參軍事各一人，正九品下。隋置右、右內率，有長史以下等員，無兵曹，皇朝置之。長史掌判諸曹官吏及千牛、備身之貳，餘如左、右率府。録事參軍事掌印，兼勾簿書及其勳階、考課稽失。兵曹掌文武官及千牛、備身之簿書，及其勳階、考課、假使、禄俸之事。胄曹掌細引仗及羽儀之物，自千牛以下各分而典之。

唐·杜佑《通典》卷二三《職官五》 兵部尚書侍郎　郎中、員外郎　職方郎中、員外郎　駕部郎中、員外郎　庫部郎中、員外郎【略】

兵部尚書　至隋乃有兵部尚書，統兵部、職方、駕部、庫部四曹，蓋因後周兵部之名；兼前代五兵之職。大唐龍朔二年，改兵部尚書爲司戎太常伯，咸亨元年復舊。光宅元年，改爲夏官，神龍元年復舊。天寶十一年，改爲武部尚書。至德初復舊。掌武官選舉，總判兵部、職方、駕部、庫部事。其分領選舉，亦爲三銓，制如吏部。尚書所掌，謂之尚書銓。侍郎所掌，其一爲中銓，其一爲西銓。各有印。

侍郎二人。隋煬帝置，大唐因之。龍朔二年，改爲司戎少常伯，咸亨元年復舊。他時曹名或改，而官不易。舊制一員，總章元年加一員。掌署武職，武勳官、三衛及兵士以上簿書，朝集、禄賜、假告、使差、發配，親士帳內考覈，及給武職告身。

郎中一人　隋初爲兵部侍郎，煬帝除『侍』字，改爲兵部曹郎。武德三年，改爲兵部郎中。龍朔二年，改爲司戎大夫，咸亨元年復舊。員外郎二人。隋文帝置兵部員外郎，煬帝改爲兵曹承務郎。武德三年復舊。其後曹改而官不易。

職方郎中一人　隋初有職方侍郎，煬帝除『侍』字。武德中，加『中』字。龍朔二年改爲司城大夫，咸亨元年復舊。掌地圖、城隍、鎮戍、烽候，防人路程遠近，歸化首渠。員外郎一人。周官夏官職方上士，後周依《周官》。隋改置，與戶部員外郎同。

駕部郎中一人　隋初爲駕部侍郎，屬兵部。隋辛公義爲駕部侍郎，勾檢馬牧，所獲十餘萬疋。文帝喜曰：『唯我公義，奉國竭忠。』煬帝除『侍』字。武德三年，加『中』字。龍朔二年，改爲司輿大夫，咸亨初復舊。天寶中，改駕部爲司駕，至德初復舊。掌輿輦、車乘、郵驛、廄牧，司牛馬驢騾，闌遺雜畜。開元十八年閏六月敕：『比來給傳使人，爲無傳馬，事頗勞煩。自今以後，應乘傳者，宜給紙券。』二十三年十月敕：『新給都督，刺史並關三官州上佐，並給驛發遣。』二十八年六月敕：『有陸驛處，得置水驛。』自二十年以後，常置館驛使，以他官爲之。員外郎一人。周官有輿上士，後周有小駕上士，蓋其任也。至隋置與戶部同。

庫部郎中一人　隋屬兵部。初爲庫部侍郎，煬帝除『侍』字。武德中，加『中』字。龍朔二年，改爲司庫大夫，咸亨初復舊。天寶十一年，又改庫部爲司庫，至德初復舊。掌軍器、儀仗、鹵簿法式及乘輿等。員外郎一人。《周官》有司兵中士，後周有小武藏下大夫，隋改置與戶部同。

又　卷二八《職官十・武官上》　隋煬帝以左右翊衛、改左右衛爲之。左右驍衛、改左右備身爲之。左右武衛、隋初舊名。左右屯衛、改左右領軍爲之。左右禦衛、新加置。左右候衛、改左右武侯爲之。凡十二衛，各置大將軍一人，將軍二人，以總府事。每衛各置長史，録事參軍，司倉、兵、騎、鎧等參軍員。軍人總名衛士。蓋魏、周十二大將軍之遺制。大唐武德初，秦王既平王世充及竇建德，高祖以秦王功殊今古，自昔位號不足以爲稱，乃特置天策上將軍以拜焉，位在王公上。及升儲宮，遂廢天策府。二年七月，高祖以天下未定，事資武力，將舉關中之衆，以臨四方，乃置十二軍，分關中諸府以隸焉。以萬年道爲參旗軍，長安道爲鼓旗軍，富平道爲玄戈軍，醴泉道爲丹鉞軍，同州道爲羽林軍，華州道爲騎官軍，寧州道爲折威軍，岐州道爲平道軍，豳州道爲招摇軍，麟州道爲苑遊軍，涇州道爲天紀軍，宜州道爲天節軍。每軍將一人，副一人，取威名素重者爲之，楊恭仁、劉弘基、長孫順德等並爲其將。督耕戰之備。自是士馬强勁，無敵於天下。五年省。七年，以突厥寇掠，復置十二軍，後又省之。其後定制，有：左右衛隋之翊衛。左右驍、左右武、左右威、左右威，隋之屯衛。左右領軍、左右金吾、金吾，隋之武候衛。左右監門、左右千牛，凡十六衛，大將軍各一人，左右衛及左右金吾總謂之四衛，其餘謂之雜衛。將軍總三十人。左右千牛衛將軍各一人，餘位各二人。左右羽林、左右龍武、左右神武六軍，大將軍各一人，將軍各三人，皆有衛署。開元十二年，張説奏，於三輔揀五尺八兵十二萬人，謂之彍騎，置於南衙。每月分番，自此以後，不復簡點。其餘驃騎、輔國、鎮軍、冠軍四大將軍，雲麾、忠武、壯武、宣威，明威、定遠、寧遠、游騎、游擊等九將軍，並爲五品以上武散官。先天二年正月十日詔：『往者衛士，計户取充使，二十一入幕，六十出軍，既憚劬勞，咸欲避匿。今改取二十五以上充，十五年即放出。頻經征鎮者十年放出。自今以後，羽林、飛騎先於衛士中簡擇。』開元十一年二月敕：『同、華兩州，精兵所出，地資輦轂，不合外支。自今以後，更不得取同、華兩州兵防。』

又　《左右衛並親衛》　隋初，左右衛大將軍各一人，將軍各二人，又各統親衛。煬帝改左右衛爲左右翊衛。又加置親衛，並領勳武三衛。煬帝改三衛爲三侍，非翊衛府皆無三侍。其所領軍士名爲驍騎。大唐復爲左右衛，大將軍各一人，掌宮掖禁禦，督攝隊伍。將軍各二人。貳大將軍事。

長史各一人　至隋，左右衛各置長史一人，大唐因之。

録事參軍各一人　隋左右衛府各有録事參軍一人。大唐因之。

倉曹參軍各二人　隋左右衛府各有倉曹參軍一人。大唐因之。置二人。

騎曹參軍各一人　隋左右衛府有騎兵參軍。大唐初因之，其後改爲騎曹。

胄曹參軍各一人　隋左右衛府有鎧曹行參軍事一人。大唐因之。長安初，改爲胄曹。神龍初，復爲鎧曹。開元初，復爲胄曹。

凡自十六衛及東宮十率府録事及兵、倉、騎、胄等曹參軍，通謂之衛佐，並爲美職。漢魏以來，諸將軍有長史以下官屬。今諸衛所置，蓋亦因其舊號，考其資位，則全校微矣。其下諸衛官屬並同。

左右親衛中郎將府

今中郎將因隋。每衛各置開府一員以統之。大唐武德七年，改開府爲中郎將。親衛爲一府，勳衛、翊衛各爲一府，中郎將各一人，掌領校尉以下宿衛，總判府事。大唐武德七年，改親衛驃騎將軍爲之。其勳、翊二衛亦然。左右郎將一人。隋備身府置左右郎將。大唐因其名，武德七年，改親衛車騎將軍爲之。其勳、翊二衛亦然。掌貳中郎將之職。録事參軍一人，掌受府事。兵曹參軍一人，掌判府事。校尉五人。

又　《左右驍衛》　至隋開皇十八年，置備身府。煬帝即位，改左右備身府爲左右驍衛府，所領軍士名曰豹騎，其備身府又別置焉。大唐因隋置左右驍衛府。龍朔二年去府字。光宅元年，改左右驍衛爲左右武威。

神龍元年復舊。大將軍各一人，所掌與左右衛同，將軍各二人以副之。領官屬並隋置，大唐因之，同左右衛。

又《左右武衛》　至隋，採諸武之名，置左右武衛大將軍一人，將軍各二人，以總府事。煬帝改所領軍士名熊渠。大唐光宅元年，改爲左右鷹揚衛。神龍元年復爲武衛。其制與隋同，所掌如左右衛。領官屬並隋置，大唐因之，同左右衛。

又《左右威衛》　隋初有領軍府，煬帝改爲左右屯衛。大唐因之。貞觀十二年，左右屯衛始置飛騎，出遊幸卽衣五色袍，乘六閑馬，賜猛獸衣韉而從焉。龍朔二年，改左右屯衛爲左右威衛，而別置左右屯營，亦有大將軍等官。尋改左右屯營爲羽林。光宅元年，改威衛爲豹韜衛。神龍元年復舊。所掌如左右衛。領官屬，並隋置，大唐因之，同左右衛。龍朔二年，左右威衛舊官之員外，各置録事參軍一人，府三人，史四人，並隸左右羽林軍，統本司事。

又《左右領軍衛》　隋有左右領軍府，各掌十二軍籍帳、差科、辭訟之事，不置將軍，唯有長史、司馬、諸曹掾屬等官。煬帝改領軍爲左右屯衛。卽今左右威衛。大唐復採舊名，別置領軍衛，分爲左右。龍朔二年，改爲左右戎衛。咸亨元年復舊。光宅元年，改爲左右玉鈐衛。神龍元年復舊，各置大將軍一人，掌宮掖禁備，督攝隊伍，與左右諸衛同，將軍各二人以副之。長史，齊梁陳並有之。北齊有長史、司馬。隋置録事以下諸曹。大唐因之，同左右衛。

又《左右金吾衛》　隋置左右武候府大將軍一人，將軍三人，掌車駕出入，先驅後殿，晝巡夜察，執捕姦非，烽候道路水草所宜，巡狩師田則掌其營禁。煬帝大業三年，改爲左右武候衛，所領軍士名佽飛。《漢百官表》曰：『漢有左弋令，武帝太初元年，更名佽飛，掌弋射，屬少府。』光武省之。隋氏採舊名。大唐初又爲左右武候府。龍朔二年，改爲左右金吾衛，置大將軍一人，所掌與隋同，將軍二人副其事。領官屬，並隋置，大唐因之。

又《左右監門衛》　隋初有左右監門府將軍各一人，掌宮殿門禁及守衛事，各置郎將二人，校尉直長各三十人。有長史、司馬、録事及倉、兵二曹參軍、鎧曹行參軍各一人。二漢有城門校尉，掌京師城門屯兵，非今任也。煬帝改將軍爲郎將，各一人，正四品，置官屬並同備身府。大唐左右監門府置大將軍、中郎將等官。龍朔二年，改府爲衛，大將軍各一人，所掌與隋同，將軍各二人以副之。中郎將各四人，分掌諸門，以時巡檢。領官屬，並隋置，大唐因之。

又《左右千牛衛》　隋有左右領左右府，大將軍一人，將軍二人，掌侍衛左右，供禦兵仗。領千牛備身十二人，掌執千牛刀；備身左右十二人，掌供御刀箭；備身十六人，掌宿衛侍從。左右置長史、司馬、録事及倉兵二曹參軍事、鎧曹行參軍。煬帝改左右領左右府爲左右備身府，置備身郎將等官。大唐貞觀中，復爲左右領左右府。顯慶五年，始置左右千牛府。龍朔二年，改左右千牛府爲左右奉宸衛，後改爲左右千牛衛。神龍二年，各置大將軍一人，初以安國相王爲千牛衛大將軍，是時王以嘗登帝位。所掌與隋同，總判衛事，將軍各一人以副之。中郎將各一人，通判衛事。領官屬，卽隋左右領左右府長史以下，大唐改之。左右千牛備身各十二人，龍朔中，改爲左右奉裕。咸亨初復舊。垂拱二年，又改爲奉裕。神龍元年復舊。掌執御刀宿衛侍從。皆以高蔭子弟年少姿容美麗者補之、花鈿繡服，衣綠執象，爲貴胄起家之良選。備身左右十二人，執御刀弓箭宿衛侍省。備身各一百人。掌宿衛侍從。

又《左右羽林軍》　隋煬帝改左右領軍爲左右屯衛，所領兵爲羽林。大唐貞觀十二年，於玄武門置左右屯營，以諸衛將軍領之，其兵名曰飛騎。又於飛騎中簡才力驍捷善射者，號爲百騎，扈從遊幸則衣五色袍，乘六閑馬，賜猛獸衣韉。龍朔二年，改左右屯營爲左右羽林軍。武太后臨朝，永昌元年，改百騎爲千騎。天授中，改軍爲衛。中宗景龍元年，改千騎爲萬騎，大將軍一人，大足元年，左右羽林衛各增置將軍一人。所掌與左右衛同，將軍各三人以副之。領官屬並大唐置。

又《左右龍武軍左右神武等軍附》　大唐之初有禁兵，號爲百騎，屬羽林。永昌元年，改羽林百騎爲千騎。景龍元年，改千騎爲萬騎，仍分爲左右營。開元二十六年，析羽林軍置左右龍武軍，以左右萬騎營隸焉。官屬並大唐置。至德中，分置左右神武軍，各置官屬，如羽林之制。

《舊五代史》卷一四九《職官志》　昔唐朝擇中官一人爲樞密使，以出納帝命。案《職官分紀》：唐樞密使與兩軍中尉謂之『四貴』，天祐元年廢。項安世《家説》：唐於政事堂後列五房，有樞密房，以主曹務。則樞密之任，宰相主之，未始他付，其後寵任宦人，始以樞密歸之内侍。至梁開平元年五月，改樞密院爲崇政院，始命敬翔爲院使，仍置判官一人，自後改置副使一人。二年十一月，置崇政院直學士二員，選有政術文學者爲之，其後又改爲直崇政院。案：原本作『直崇文院』，今從《五代會要》改正。

後唐同光元年十月，崇政院依舊爲樞密院，命宰臣郭崇韜兼樞密使，亦置直院一人。案：《五代會要》作亦置院使一人。《石林燕語》作改爲樞密院直學士。

晉天福四年四月，以樞密副使張從恩爲宣徽使，權廢樞密院故也。先是，晉祖以宰臣桑維翰兼樞密使，懇求免職，只在中書，遂以宣徽使劉處讓代之，每有奏議，多不稱旨。其後處讓丁憂，乃以樞密印付中書門下，故有是釐改也。

開運元年六月，敕依舊置樞密院，以宰臣桑維翰兼樞密使，從中書門下奏請也。

周顯德六年六月，命司徒平章事范質、禮部尚書平章事王溥並參知樞密院事。

論說

清·王夫之《讀通鑑論》卷二二《唐中宗僞周武氏附於內》 將各有其軍，於是監軍設焉。中人監軍，唐之大蠹也，其始以御史監之，較中人爲愈矣，然卽以御史監軍，而軍不敗者亦鮮矣。既命將以將兵，而必使御史監之者，亦勢之不容已也。將各有其軍，而驕悖以僭叛者勿論已；卽其不然，朝廷之意指不行於疆埸，而養寇以席權，葸縮以失機，遷延以糜饟，情事之所必有，而爲國之大患。天子大臣不能坐受其困，則委之監軍以決行上意，故曰不容已也。然而其軍必敗，未有爽焉者矣。

監軍者而與將合，則何取於監軍，而資將以口實？曰：夫監軍者，以目擊心知而信以爲必然矣。監軍者而與將異，於是將不能自審其進止，以聽之與兵不習、於敵不審之人。《傳》有之曰：『將得其人，而使剛愎不仁者參焉，則敗。』監軍者，非必剛愎不仁也，而御史者，以風裁無憚於大吏，持文法以責功效者也。責功效者必勇於進，則剛；持文法而無所憚，則愎；居朝端、習清晏而不與士卒之甘苦相喻，則不仁。業任之以剛愎不仁之任，雖柔和之士，亦變其素尚而勉爲決裂。且柔和之士，固不樂受監軍之任；其樂任者，必其喜功好競，以嘗試爲能者也。

且夫朝廷之使監軍，其必有所屬意矣。天子有欲速之心，宰相有分功之志，計臣恤饋餫之難，近寇之薦紳冀驅逐之速；將雖無養寇畏敵之情，而在廷固疑其前卻；操此爲慮，則自非少年輕銳、挾智自矜以傲忽元戎者，固莫之使也。無敢死之心，無必勝之謀，無矜全三軍之生死以固邦本之情，抑無軍覆受誅之法以隨其後；如是而不撓將以取敗也，必不得矣。乃其設之之由，則惟將各有其軍，而天子大臣不能固信之也。

唐初府兵方建，軍政一統於天子，授鉞而軍非其軍，振旅而衆非其衆，故雖武氏之猜疑，而任將以勿貳，李孝逸、程務挺以分閫立效之元戎，殺之流之不敢拒命，則亦無所用監軍爲矣。非武氏之能將將也，府兵定、軍政一，而指臂之形勢成也。然其始府兵初建於用武之餘，而兵固競，則將可無兵，而唯上之使。一再傳而府兵之死者死、老者老矣，按籍求兵而弱不堪用矣，勢必改爲召募，不得不授將以軍矣；故監軍復設而中人任之，庸主怯臣所不容已之亂政也。

又　卷二四《唐德宗》 天子禁衛之兵，得其人而任之，以處多虞之世，四末雖敗，可以不亡。唐自肅、代以來，倚神策一軍以强其幹。及德宗亟討河、汴，李晟將之而北，白志貞募市井之人以冒名而無實，於是姚令言一呼，天子單騎而走，中先痿也。及李懷光平，李晟移鎮鳳翔，神策一軍仍歸禁衛。於斯時也，任之得人與不得，安危存亡之大機會也。德宗四顧無所倚任，而任之中官，終唐之世，宦寺挾之以逞其逆節，而迄於亡。當德宗初任中官之日，鄴侯、敬輿無一言及之，何其置大計於緘默也？所以然者，自李晟而外，亦無可託之人也。

禁兵操於宦寺，而天子危於內；禁兵授之帥臣，而天子危於外。外之危，篡奪因之，宋太祖驟起於一旦，而郭、柴之祀忽諸，此李、陸二公所不能保也。晟移鎮而更求一如晟者，不易得也；即有，如晟者，而抑難乎其爲繼。蓋當日所可任者，唯鄴侯耳。鄴侯任之，則且求能爲天子羽翼、終無逆志者以繼之，法制立而忠勤徧喻於吏士，雖有不順者，弗能越也，如是，乃可保之數十年，而居重馭輕之勢以成。然而鄴侯不可以自言也，敬輿亦不能以此爲鄴侯請也。德宗之欲任竇文場、王希遷也，固曰猶之乎吾自操之也。漢靈帝之任蹇碩，亦豈不曰猶吾自將之也乎？君畜疑自用，則忠臣心知其禍而無爲之謀。李、陸二公救其眉睫之失，足矣；惡能取百年之遠猷，爲之辰告哉！

又　卷二五《唐憲宗》　唐置神策軍於京西京北，雖以備禦吐蕃，然曾倚此軍削平叛寇，則資以建國威、捍非常，實天子之爪牙也。德、憲以來，權歸中涓與西北節鎮，虜至莫能奔命，李絳所爲欲據所在之地，割隸本鎮，使聽號召以擊虜之猝至，不致待請中尉，遲延莫救也。憲宗聞絳之言，欣然欲從，而終於不果，識者固知其必不果也。

唐於是時，吐蕃之禍緩矣，所甚患者，內地諸節度分擁强兵，畫地自怙，而天子無一爪牙之士；於此而欲奪之中涓之手，授之節鎮，中涓激天子以孤危，辭直而天子信之，又將何以折之邪？是軍也，昔嘗以授之白志貞矣，朱泚之亂，瓦解而散，外臣之無功而不足倚，有明驗也，故付之於宦官，亦無可委任，而姑使其聽命宮廷耳。如復分割隸於節鎮，則徒爲藩鎮益兵，而天子仍無一卒之可使。有若朱泚者，猝起於肘腋，勿論其能相抗制也，即欲出奔，而踉蹌道路，將一車匹馬而行乎？絳不慮此，欲削中涓之兵柄，而强人主以孤立，操必不可行之策，徒令增疑，何其疏也！

絳誠慮之深，策之審，則當抗言中涓攬兵之非宜，取神策一軍隸之兵部，簡選而練習之，猝有邊警，馳遣文武大臣將之以策應，外有寇則疾應外，內有亂則疾應內，與節鎮相爲呼應，而功罪均之。如此，則天子有軍，應援有責，而中涓之權亦奪矣。奈之何舍內廷之憂而顧外鎮之患乎？如曰待邊將之奏報而後遣救，無以防虜寇之馳突。則偵探不密，奏報不夙，邊鎮之罪也，非神策之需遲而不及事也。唐室之患，不在吐蕃而在藩鎮，已昭然矣，如之何其弗思？

又　卷二八《五代上》　唐始置樞密使以司戎事，而以宦官爲之，遂覆天下。夫以軍政任刑人，誠足以喪邦；而樞密之官有專司，固法之不可廢者也。王建割據西川，卑卑不足與於王霸之列。而因唐之制，置樞密使以授士人，則兵權有所統，軍機有所裁，人主大臣折衝於尊俎，酌唐之得失以歸於正，王者復起，不能易也。於是一時僭偽之主多效之，而宋因之，建其允爲王者師矣。

清・王鳴盛《十七史商榷》卷八二《新舊唐書一四・總論新書兵志》　夫古今時勢不同，當隋唐而必欲行三代之事，反嫌執泥。府兵不盡合古，得其大意，此正其善於調劑處，何但空説一番乎？此制起於周隋，定於唐初，至天寶而壞，一壞不可再復，然其立法之善，存之足備採取，竊計三百年中兵事頭緒緐多，而提掇唱嘆空句，亦敍事之不可少者，約須二萬言可了，今只七千餘字，宜其不詳，乃《新志》既不詳，而《通典・兵》門但載行伍營陣中事，於府兵全不記載，亦爲可恨。

『武德三年，析關中爲十二軍，軍置將、副一人，以督耕戰。六年，軍置坊主一人，以檢察戶口，勸課農桑』，軍將不但督戰，且督耕，又有檢察戶口勸課農桑者，可見府兵平日即農夫也，無不耕而食者，其制美矣。但所耕之田不知在何處，如何給之，如禁軍『以渭北白渠旁民棄腴田分給之』，有此一句，而天下府兵所耕之田則不見。如何督之，如何檢察勸課之，且府兵散在天下，而隸於諸衛折衝都尉府，諸衛府在京師，平日如何統屬，關內道近尚可，若遠者，殊不曉其統屬之法，其平日受治於州刺史縣令，與其所出租庸調與平民同乎、異乎，皆不得知。

清・錢大昕《廿二史考異》卷四四《唐書四・百官志四》　左右羽林軍　龍朔二年置，《志》失書。

左右神武軍　《兵志》，元和二年，省神武軍，而昭宗時崔胤判六軍，仍有左右神武之名，則是并省未久而復置也。

左右神策軍　案：神策軍本隴右道十八軍之一，代宗時始歸禁中，又分爲左右廂；貞元二年，改爲左右神策軍，《志》俱失書。

左右龍武、左右神武、左右神策，號六軍。案：《兵志》：『肅宗至德二載，置左右神武軍，補元從、扈從官子弟，不足則取它色，帶品者同四軍，總曰北衙六軍。』彼志所謂四軍者，指左右羽林、左右龍武而言，其時尚無左右神策也。貞元中，置左右神策、左右神威，并前六軍爲左右十軍。元和中，省神武、神威四軍，則以左右羽林、左右龍武、左右神策爲六軍矣。其後朱全忠誅宦官，廢神策軍，因以左右羽林、左右龍武、左右神武爲六軍，而宰相判之與此志六軍之名，皆不合。

太子少師、少傅、少保，各一人，從二品。案：東宮三少，據《六典》及《舊志》皆正二品。

武職分部

綜述

唐・李林甫等《唐六典》卷三〇《三府都護州縣官吏》　大都督府：都督一人，從二品。至隋，改爲總管府。皇朝武德四年，又改爲都督府。貞觀中，始改爲上、中、下都督府。長史一人，從三品；隋九等州亦有長史。開皇三年，改雍州別駕爲長史；煬帝罷州置郡，又改爲別駕，唯都督府則置長史。永徽中，始改別駕爲長史，大都督府長史仍舊正四品下，開元初始增其秩。司馬二人，從四品下。開皇三年，改雍州贊治爲司馬。皇朝改郡爲州，各置治中一人，其都督府則置司馬。永徽中，改治中爲司馬。録事參軍事二人，正七品上；録事二人，從九品上；史四人。功曹參軍事一人，正七品下；府四人；史六人。倉曹參軍事二人，正七品下；府四人；史八人。戶曹參軍事二人，正七品下；府五人；史十人；帳史一人。兵曹參軍事二人，正七品下；府四人；史八人。法曹參軍事二人，正七品下；府四人；史八人。士曹參軍事一人，正七品下；府四人；史八人。參軍事五人，正八品下。執刀十五人。典獄十六人。問事十人。白直二十二人。市令一人，從九品上；隋氏始有市令。皇朝初，又加市丞。戶四萬已上者，省補市令。丞一人；佐一人；史二人；帥三人；倉督二人，史四人。北齊九等州、縣各有倉督員，隋因之。經學博士一人，從八品上；助教二人；學生六十人。醫學博士一人，從八品下；助教一人；學生十五人。若中、下都督府戶滿四萬已上者，官員同此，唯減司馬一人。

中都督府：都督一人，正三品。別駕一人，正四品下；漢司隸校尉有別駕從事，隋因而不改，皇朝因之。永徽中，改別駕爲長史。垂拱初，又置別駕員，多以皇家宗枝爲之。神龍初罷，開元初復置，始通用庶姓焉。長史一人，正五品上；司馬一人，正五品下。録事參軍事一人，正七品下；録事二人，從九品上；史四人。功曹參軍事一人，從七品上；府三人；史六人。倉曹參軍事一人，從七品上；涼州加一人，仍加府一人、史二人。府三人；史六人。戶曹參軍事一人，從七品上；府四人；史七人；帳史一人。兵曹參軍事二人，從七品上；府四人；史八人。若管內無軍團，雖有軍團唯管三州已下者，省兵曹一人。法曹參軍事一人，從七品上；府四人；史八人。士曹參軍事一人，從七品上；府三人；史六人。參軍事四人，從八品上。執刀十五人。典獄十四人。問事八人。白直二十人。市令一人，從九品上；丞一人；佐一人；史二人；帥三人；倉督二人，史四人。經學博士一人，從八品下；助教二人；學生六十人。醫學博士一人，正九品下；助教一人；學生十五人。下都督府戶滿二萬已上者，官員亦準此。

下都督府：都督一人，從三品。戶不滿二萬爲下都督。別駕一人，從四品下；長史一人，從五品上；司馬一人，從五品下。録事參軍事一人，從七品上；録事二人，從九品上；史三人。功曹參軍事一人，從七品下；府二人；史二人。州管戶不滿一萬者，不置功曹，其事隸入倉曹。倉曹參軍事一人，從七品下；府三人；史六人。戶曹參軍事一人，從七品下；府四人，史七人；帳史一人。兵曹參軍事一人，從七品下；府三人，史六人。法曹參軍事一人，從七品下；兼掌士曹事。府三人，史六人。參軍事三人，從八品下。管戶不滿一萬者，省一人。執刀十五人。典獄十二人。問事六人。白直十六人。市令一人，從九品上；丞一人；佐一人；史二人；帥二人；倉督二人，史三人。經學博士一人，從八品下；助教一人；學生五十人。若邊遠僻小州不滿五千戶者，四分減一。醫學博士一人；助教一人；學生十二人。

大都護府：大都護一人，從二品；副大都護一人，從三品；副都護二人，正四品上。皇朝永徽中，始置安南、安西大都護。景雲二年，又置單於都護。開元初，置北庭都護。今有單於副都護。長史一人，正五品上；漢宣帝置西域都護長史一人，自後不絕，今單于則不置。司馬一人，正五品下。録事參軍事一人，正七品上；録事二人，從九品上；史二人。功曹參軍事一人，正七品下；府二人；史二人。倉曹參軍事一人，正七品下；府三人；史三人；帳史一人。兵曹參軍事一人，正七品下；府三人；史四人。法曹參軍事一人，正七品下；府三人；史四人。參軍事三人，正八品下。單于唯有兵曹、蒼曹兩員。

上都護府：都護一人，正三品；副都護二人，從四品上。長史一人，正五品上；司馬一人，正五品下。録事參軍事一人，正七品下；録事二人；史三人。功曹參軍事一人，從七品上；府二人；史二人。倉曹參軍事一人，從七品上；府二人；史二人。戶曹參軍事一人，從七品上；府三人；史三人；帳史一人。兵曹參軍事一人，從七品上；府三人；史四人。參軍事人，從八品上。

都護、副都護之職，掌撫慰諸蕃，輯寧外寇，覘候姦譎，征討攜離；長史、司馬貳焉。諸曹如州、府之職。

上鎮，將一人，正六品下；鎮副一人，正七品下。隋有鎮將、鎮副，皇朝因之。録事一人；史二人。倉曹參軍事一人，從八品下；職同諸州司倉。佐一人；史二人。兵曹參軍事一人，從八品下；佐二人；史二人。倉督一人；史二人。

中鎮，將一人，正七品上；鎮副一人，從七品上。録事一人。兵曹參軍事一人，正九品下；佐一人；史四人。倉督一人，史二人。

下鎮，將一人，正七品下；鎮副一人，從七品下。録事一人。兵曹參軍事一人，從九品下；佐一人；史二人。倉督一人；史一人。

上戍，主一人，正八品下；戍副一人，從八品下。佐一人；史二人。

中戍，主一人，從八品下；史二人。

下戍，主一人，正九品下；史一人。

鎮將、鎮副掌鎮捍防守，總判鎮事。

録事掌受事句稽。

倉曹掌儀式、倉庫，飲膳、醫藥，付事勾稽，省署抄目，監印，給紙筆，市易、公廨之事。

兵曹掌防人名帳，戎器、管鑰，差點及土木興造之事。

戍主、戍副掌與諸鎮略同。

唐·杜佑《通典》卷二九《職官十一·武官下》 大將軍並官屬 隋並以爲武散官，不理事。上大將軍從二品，大將軍正三品。大唐貞元二年九月敕：『六軍先已各置統軍一人。今十六衛宜各置上將軍一人，秩從二品。其左右衛及左金吾衛上將軍俸料、隨軍人馬等，並同六軍統軍。其諸衛上將軍，次於統軍支給。自今已後，內外文武闕官、於文武班中材望相當者參敍，仍待以後各依故事，於本衛量置衛兵。仍舉故事，置武班朝參。其廊下食亦宜加給，稍令優重。』

後周大將軍有長史、司馬、中郎掾屬、諸曹參軍、典籤等員，隋以後無。

車騎將軍 隋車騎屬驃騎府，大唐省之。說在前篇。

衛將軍 大唐無之。

前後左右將軍 大唐無。

四征將軍 大唐無。

四鎮將軍 大唐無。

四安將軍 大唐無。

四平將軍 大唐無。

雜號將軍 隋唐無。

監軍 至隋末，或以御史監軍事。大唐亦然。時有其職，非常官也。開元二十年後，並以中官爲之，謂之監軍使。

三署郎官敍 （晉）其後雖有中郎將等官，而無三署郎矣。

中郎將 五官中郎將 左右中郎將 大唐亦置，諸衛中郎將，永徽三年八月，避太子名，改中郎將爲旅賁郎將，又改爲翊軍郎將，尋復舊。

虎賁中郎將 大唐無。

四中郎將 東西南北大唐至德後，節度、都團練使，殆其遺職。

雜中郎將 大唐無。

折衝府 果毅，別將等附

隋初左右衛、左右武衛、左右武候，各領軍坊鄉團，以統戎卒。開皇中，置驃騎將軍府，每府置驃騎、車騎二將軍。大業三年，改驃騎府爲鷹揚府，改驃騎將軍爲鷹揚郎將，改車騎將軍爲鷹揚副郎將。五年，又以鷹揚副郎將爲鷹擊郎將。九年，別置折衝、果毅及武勇、雄武等郎將官，以統領驍果。大唐武德初，猶有驃騎府及驃騎、車騎將軍之制。武德七年，乃改驃騎爲統軍，車騎爲別將。貞觀十年，復採隋折衝、果毅郎將之名，改統軍爲折衝都尉，別將爲果毅都尉，魏有折衝將軍，後周有成議別將官，其名因此也。其府多因其地，各自爲名，無鷹揚之號。凡五百七十四府，分置於諸州，而名隸諸衛及東宮率府。各領兵，滿一千二百人爲上府，兩京城內雖不滿此數，亦同上府。千人爲中府，兩畿及岐、同、華、懷、陝等五州所管府，雖不滿此數，亦同中府。八百人爲下府。每府置折衝都尉一人，掌領校尉以下宿衛及衛士以上，總判府事。左右果毅都尉各一人，掌通判。《春秋傳》曰：『戎昭果毅』，又曰：『殺敵爲果，致果爲毅』。煬帝始置。後改將爲之。別將一人，不判府事。若無兵曹以上，即知府事。初別將既改爲果毅，而府中有長史員。聖曆三年，廢長史，置別將一員。後又兼置長史。長史一人，通判。載初元年置。兵曹一人，判府事，付事勾稽，監印，給紙筆。校尉六人。以下小吏各有差。若校尉以下，唯人數置之。凡府在赤縣爲赤府，在畿縣爲畿府。衛士以三百人爲團，團有校尉：五十人爲隊，隊有正；十人爲火，火有長。備六馱馬驢，初置八馱，後改爲六。米糧、介冑、戎器、鍋、幕、貯之府庫，以備武事。每歲十一月，以衛士帳上於兵部，以候徵發。天下衛士向六十萬人。初置，以成丁而入，六十出役，其家不免征徭，遂漸逃散。年月漸久，逃死者不補。天寶八載五月，停折衝府。以無兵可校之。十一載八月，改諸衛士爲武士。

三都尉　奉車　駙馬　騎　奉朝請附

隋開皇六年，罷奉朝請。煬帝時，奉車、駙馬並廢。大唐駙馬都尉從五品，皆尚主者爲之。開元三年八月，敕：駙馬都尉從五品階，宜依令式，仍借紫金魚袋。天寶以前悉以儀容美麗者充選。奉車都尉五員，掌馭副車，不常置。若大備陳設，則以餘官攝行，屬左右衛也。

《舊唐書》卷四四《職官志三·武官》

諸府隋置驃騎、鷹揚等府，凡天下守戍兵，不成軍曰牙，府有上中下也。

折衝都尉各一人，上府，都尉正四品上，中府，從四品下，下府，正五品下。武德中，採隋折衝、果毅郎將之名，改統軍爲折衝都尉，別將爲果毅都尉。左右果毅都尉各一人，上府，果毅從五品下，中府，正六品上，下府，從六品下。隋煬帝置果毅郎將，國家置折衝都尉。別將各一人，上府，別將正七品下。中府，從七品上，下府，從七品下。

長史一人，上府，正七品下，中府，從七品上，下府，從七品下。兵曹參軍一人，上府，從八品下，中府，正九品上，下府，從九品下也。録事一人，校尉五人。每校尉，旅帥二人，每旅帥，隊正、副隊正各二人。

諸府折衝都尉掌領五校之屬，以備宿衛，以從師役，總其戎具、資糧、差點、教習之法令。凡衛士，三百人爲一團，以校尉領之，以便習騎射者爲越騎，餘爲步兵。其團，十人爲火，火備六馱之馬。每歲十一月，以衛士帳上尚書省天下兵馬之數以聞。凡兵馬在府，每歲季冬，折衝都尉率五校之屬以教其軍陣、戰鬭之法也。具有教習簿籍。

大都護府：大都護一員，從二品。副都護四人，正四品上。長史一人，正五品上。司馬一人，正五品上。録事參軍事一人，正七品上。録事二人，從九品上。功曹、倉曹、戶曹、兵曹、法曹五參軍事各一人，並正七品下。參軍事三人。正八品下。

上都護府：都護一員，正三品。副都護二人，從四品上。長史一人，正五品上。司馬一人，正五品上。録事參軍事一人，正七品下。録事二人，功曹、倉曹、戶曹、兵曹四參軍事各一人，從七品上。參軍事三人。從八品上。

都護之職，掌撫尉諸蕃，輯寧外寇，覘候姦譎，征討攜貳。長史、司馬貳焉。諸曹，如州府之職。

節度使：天寶中，緣邊禦戎之地，置八節度使。受命之日，賜之旌節，謂之節度使，得以專制軍事。行則建節符，樹六纛。外任之重，無比焉。至德已後，天下用兵，中原刺史亦循其例，受節度使之號。節度使一人，副使一人，行軍司馬一人，判官二人，掌書記一人，參謀，無員數也。隨軍四人。皆天寶後置。檢討未見品秩。

元帥、都統、招討等使

元帥。舊無其名。安、史之亂，肅宗討賊，以廣平王爲天下兵馬元帥，又以大臣郭子儀、李光弼隨其方面副之，號爲副元帥。及代宗即位，又以雍王爲之。自後不置。昭宗又以輝王爲之也。

都統。乾元中置，或總三道，或總五道。至上元末省。大中後，討徐州以康承訓，討黄巢以荆南王鐸，皆爲都統。

招討使。貞元末置。自後，隨用兵權置，兵罷則停。

防禦團練使。至德後，中原置節度使。又大郡要害之地，置防禦使，以治軍事，刺史兼之，不賜旌節。上元後，改防禦使爲團練守捉使，又與團練兼置防禦使，名前使，各有副使、判官，皆天寶後置，未見品秩。

諸鎮魏有鎮東、鎮西、鎮南、鎮北四將軍，後代因之。隋因始置鎮將、鎮副之名也。

上鎮：將一人，正六品下。鎮副一人，正七品下。録事一人，倉曹、兵曹二參軍。從八品下。各有佐史。

中鎮：將一人，正七品上。鎮副一人，從七品上。録事一人，兵曹參軍一人。正九品下。

下鎮：將一人，正七品下。鎮副一人，從七品下。録事一人，兵曹參軍一人。從九品下。

諸戍　春秋有戍，葵丘之義。東晉、後魏以屯兵守境處爲戍，隋因之。

上戍：主一人，正八品下。戍副一人。從八品下。佐一人，史二人。

中戍：主一人。從八品下。

下戍：主一人。正九品下。

宋・王溥《唐會要》卷七三《單于都護府》　永徽元年九月八日：右驍衛中郎將高侃執車鼻可汗獻於武德殿，處其餘衆於鬱督軍山，分其地置單于、瀚海二都護府。單于領狼山、雲中、桑乾三都督府，蘇農等十四州；瀚海領金微、新黎七都督府，仙萼、賀蘭等八州，各以首領爲都督、刺史。

麟德元年正月十六日，敕改單于大都護府官秩，同五大都督。初，阿史德奏，望册親王爲可汗。德曰：『單于者，天上之天。』上曰：『朕兒與卿爲天上之天，可乎？』德曰：『死生足矣。』遂立單于大都護府，以殷王爲都護，令與王造宅。乾封二年，殷王改封相王，令發向單于。王奏曰：『兒朝去暮歸，得乎？』上曰：『去此二千里，卒未得來。』王曰：『不能去阿母。』矜其小，竟不遣之。

垂拱二年，改爲鎮守使。

聖曆元年五月九日，改爲安北都護。

開元二年閏五月五日，卻置單于都護府，移安北都護於中受降城。

天寶四載十月，單于都護府置金河縣。

元和元年十一月，以范希朝爲振武節度使，就加禮部尚書。振武有党項，室韋，交居川阜，凌犯爲盜，日入慝作，謂之『刮城門』。人情懼駭，鮮有寧日。希朝周視要害，營置堡柵，斥候嚴密，人乃獲安。異蕃雖鼠竊狗盜，必殺無赦，戎虜甚憚之。蕃落之俗，有長帥至，必效奇駞名馬，雖廉者盡從俗，以致其歡。希朝一無所受，積一十四年，皆保塞而不爲横。單于城中舊少樹，希朝於他處市柳子，命軍人種之，至今成林，居人賴之。

又《安北都護府》　貞觀四年三月三日，分頡利之地爲六州，左置定襄都督，右置雲中都督，以統降虜。

五年，阿史那阿咄苾敗走後，其酋及首領至者，皆拜將軍，布列朝廷，五品已上有百餘人，殆與朝士相半。惟拓跋不至，遣使招慰之，使者相望於道。涼州都督李大亮以爲於事無用，徒費中國，因疏曰：『臣聞欲綏遠者，必先安近。中國百姓，天下本根，四夷之人，猶之枝葉。擾其根本，以厚枝葉，而永固久安，未之有也。自古明王，化中國以信，馭夷狄以權。故《春秋》云：「戎狄豺狼，不可厭也。諸夏親暱，不可棄也。」今者招致突厥，雖入提封，臣愚，稍覺其勞費，未悟其有益也。以臣愚見，請停招慰。且謂之荒服者，故臣而不内。近日突厥傾國入朝，既不俘之江淮，以變其俗，乃置之内地，去京不遠，雖則寬仁之義，亦非久安之計也。以中國之租賦，供積惡之凶虜，恐無利也。』其後，諸蕃酋長請上尊號爲『天可汗』。上曰：『我爲大唐天子，又行天可汗事。』於是後降璽書賜西域、北荒君長，皆稱爲『皇帝天可汗。』諸蕃酋帥有死亡者，必下詔册立其後嗣焉。帥統四夷，自茲始也。其後下詔議安邊之術，多言突厥恃强，擾亂中國，今日天實喪之，窮來歸於我，本無慕義之心。因其歸命，遷其種落，俘之江南，散屬州縣。各使耕耘，變其風俗，百萬强胡，可得化而爲百姓，則中國有加戶之利，塞北可空虚矣。中書侍郎顔師古上奏曰：『突厥雜虜，並已歸降；東北諸蕃，咸受正朔。突利入侍闕庭，頡利身爲俘虜。沙漠之外，瀚海之北，莫不屈膝稽顙，乞骸請命。斯乃上古所不臣者，陛下得而臣之矣。惟陛下斷以神機，馭以長算，綱領一定，垂拱無爲。臣聞古先哲王，内諸夏而外夷狄，又曰：』蠻夷要服，戎狄荒服。『言其恍忽，來去無常也。飽則飛去，饑則附人。今遽欲改其常性，同此華風，於事爲難，理必不可，當因其習俗而撫馭之。臣愚以爲凡是突厥、鐵勒，終須河北居住。分置酋首，統領部落，節級高下，地界多少，伏聽量裁，爲立條制，遠綏邇安，永永無極。』夏州都督竇靜上表曰：『臣聞夷狄者，同夫禽獸。窮則搏噬，羣則聚麀，不可以刑法繩，不可以仁義教。衣食仰給，不務耕桑，徒損有爲之人，以資無知之虜。得之則無益於治，失之則無益於化。然彼首丘之情，蓋未忘也，誠恐一朝變生，犯我王界，愚臣之所深慮。如臣計者，莫若因其破亡之後，加其無妄之福，假以賢王之號，配以宗室之女。分其土地，析其部落，使權弱勢分，易爲羈制。自可永保邊塞，世爲蕃臣，此實長駕遠御之道也。』給事中杜楚客上議曰：『北狄狼戾，人面獸心，難以德懷，易以威服。陛下納其降附，處之河南。夷不亂華，聞之前典，以臣愚見，必爲後患。存亡繼絶，列聖通規，事不師古，難以長久。』禮部侍郎李百藥上議曰：『臣聞突厥內附，盡爲臣妾，開闢以來，所未曾有。然種類區分，各有統攝。竊聞聖算，亦欲因其離散，隨其本部，署其君長，不相臣屬。阿史那種縱應樹立，惟臣其一族而已。國小則分其權勢，勢敵則難相吞滅，各自保全，必無抗衡中國之理。此誠安邊之上策，長駕之宏謨。仍請於定襄城中，置都護府，爲其節度。此之一策，必不可不行。』中書令温彦博議曰：『請準漢武時，置降匈奴於五原塞下，全其部落，得爲捍蔽，又不離其本俗，因而撫之。一則實空虛之地，二則示無猜忌之心。若遣向江南，則乖物性，故非含育之道也。』秘書監魏徵議曰：『匈奴自古至今，未有如斯之破敗，蓋上天勦絶其命，宗廟神武之所致也。且世寇中國，百姓冤讎，陛下以其歸我，不能誅滅，卽宜遣還河北，居其故地。匈奴人面獸心，强必寇盜，弱則卑服，豈顧恩義，天性然也。秦漢患之若是，故發猛將以擊之，收河北以爲郡縣。陛下奈何以內地居之？且降者幾至十萬，數年之間，滋息百倍，居我肘腋，逼邇王畿，心腹之疾，將爲後患，尤不可河南處也。』彦博又奏曰：『不然，天子之於物也，天覆地載，歸我者則必撫之。今突厥破滅，餘落歸降，不加憐愍，棄而不納。非天地之道，阻四夷之意，臣愚，甚謂不可。遣居河南，初無所患，所謂死而生之，亡而有之，懷我德惠，終無叛逆。』魏徵又曰：『不然。晉世有魏時胡落，分居近邑。平吳之後，郭欽、江統勸武帝逐出塞外。不用欽等言，數年之後，遂傾瀍洛。前代覆車，殷監不遠。陛下用彦博之言，遣居河南，所謂養畜自貽患也。』彦博又曰：『不然。聖人之道，無所不通。古先哲王，有教無類。突厥餘魄，以命歸我。我愛護之，收居內地，從我指揮，教以禮法。數歲之後，選其酋首，遣居宿衛，畏威懷惠，何患之有？且光武居南單于於內郡，爲漢藩翰，終乎一世，不爲叛逆。』朝士多同彦博議，上遂用之。封阿史那蘇尼失爲懷德郡王，阿史那思摩爲懷化郡王，處其部落於河南朔方之地，入居長安者近萬家。至十三年四月，上幸九成宮，突利弟中郎將阿史那社爾率陰結部落四十人，夜犯鉤陳，踰四重幕，引弓亂發，衛士王及善力戰死之，折衝孫武開率府兵奮擊，良久乃退。馳入御馬廄，盜馬二十匹，欲奔部落，尋皆斬之。言事者多言留突厥不便，上於是悔處之於河南，恨不用魏徵之言，更議還其部落於河北，遂遣李思摩率所部建牙於河北，居磧南。令薛延陁居磧北。

二十一年正月九日，以鐵勒、回紇等十三部內附，置六都督府、回紇部置瀚海都督府，多濫葛部置燕然都督府，僕骨部置金微都督府，拔野古部置幽陵都督府，同羅部置龜林都督府，思結部置盧山都督府。七州。渾部置臯蘭州，斛薩部置高闕州，奚結部置鷄鹿州，阿跌部置鷄田州，契苾部置榆溪州，思結別部置蹛林州，白霫部置寘顔州。並以各其酋帥爲都督、刺史，給玄金魚，黄金爲字，以爲符信。於是回紇等請於回紇以南，突厥以北，置郵驛，總六十六所，以通北荒，號爲『參天可汗道』。俾通貢焉，以貂皮充賦稅。至四月十日，置燕然都護府，以揚州司馬李素立爲都護，瀚海等六都督、臯蘭等七州，並隸焉。

二十二年二月四日，西蕃沙鉢羅葉護率衆歸附。七日，以結骨部置堅昆都督，隸燕然都護府。至三月九日，分瀚海都督府所統骨利幹部爲元闕州，俱羅教部置燭龍州。

二十三年十月三日，諸突厥歸化，以舍利吐利部置舍利州，阿史那部置阿史那州，綽部置綽州，賀魯部置賀魯州，葛邏禄、悒怛二部置葛邏州，並隸雲中都督府。以蘇農部落置蘇農州，阿史德部置阿史德州，執失部置執失州，卑失部置卑失州，郁射部置郁射州，多地藝失部置藝失州，並隸定襄都督府。

永徽元年三月三日，以臯蘭州爲都督府，建置稽落州隸焉，廢高闕州。至十月二十日，以新移葛邏禄在烏都鞬山者，左廂部落置狼山州，右廂部落置渾河州，並隸燕然都護府。至三年十一月四日，以阿特部落置稽落州，隸燕然都督府。

顯慶三年正月十四日，分葛邏禄部落置陰山、大漠、玄池三都督府。

龍朔三年二月十五日，移燕然都護府於回紇部落，仍改名瀚海都護府。其舊瀚海都督府，移置雲中古城，改名雲中都護府。仍以磧爲界，磧北諸蕃州悉隸瀚海，磧南並隸雲中。

總章二年八月二十八日，改瀚海都護府爲安北都護府。

開元八年六月二十日敕：『單于、安北等大都護，親王遥領者，加副大都護一人，准從三品，總知府事。其副都護准正四品上，長史正五品上；司馬五品下。』天寶九載三月二十五日，靈州都督張齊丘上言，請於新築安北大都督護府建記聖德碑。許之。

天寶四載十月，於單于都護府置金河縣，安北都護府置陰山縣。

八載，於木剌山置横塞軍城，及移安北大都護府於永清柵北築城。改横山爲天德軍，郭子儀仍爲之使，兼九原太守、朔方節度、隴右兵馬使。

會昌五年七月，中書門下奏：『塞北諸蕃，皆云振武是單于故地，不可存其名號，以啓戎心。臣謹詳國史，武德四年，平突厥後，於振武置雲中都督。麟德元年，改爲單于都護。聖曆元年，改爲安北都護。開元八年，復爲單于都護。其安北都護舊在天德，自貞觀二十一年在甘州，遷徙不定。今請改單于都護爲安北都護。』敕旨從之。

又《靈州都督府》 貞觀二十三年二月四日，西蕃沙鉢羅葉護率衆歸附，以阿史德特建俟斤部落置皋蘭、祁連二州，隸靈州都督府。至永徽元年廢。調露元年，又置魯、麗、塞、含、依、契六州。時人謂之六州胡。長安四年，合爲匡、長二州。神龍三年，置蘭州都督府，分六州爲縣。開元十年，復分爲魯、麗、契、塞四州。其年九月，朔方巡邊使、兵部尚書張説擒康願子於木盤山，詔令移河曲六州殘胡五萬餘口於許、汝、唐、鄧、仙、豫等州，始空河南，朔方千里之地。十八年又置匡、長二州。二十六年，以淮南所遷人戶卻回，復置宥州延恩、懷德、歸仁三縣。

咸亨三年二月八日，移吐谷渾部落，自涼州徙於鄯州。既而不安其居，又徙於靈州之境，置安樂州以處之。

開元元年，復以九姓部落置皋蘭、燕然、燕山、鷄田、奚鹿、燭龍等六州，並屬靈州。

至德元年七月，靈武郡改爲靈武大都督府。

貞元九年七月，靈武節度副使杜希全遷檢校右僕射、靈鹽等州節度使。將赴鎮，獻《體要》八章，多所規諫。上深納之，乃作《君臣箴》以賜之。其詞曰：『惟天惠人，惟辟奉天。從諫則聖，共治惟賢。皇建有極，駿命不易。總萬機以成務，齊六合之殊致。一心不能獨鑑，一目不能周視。敷求哲人，式序在位。於戲！君之任臣，必其一德。臣之事君，感恩正直。何啓沃之所宜，自古今而未得。良以讜言者逆耳，讒諛者伺側。故下情未通，而上聽已惑，俾夫忠言，敗於凶慝。譬彼濟舟，烝徒楫之；亦有和羹，宰夫執之。孰云治國，不自得師。覆車之軌，於其懲之。高由以下升，采由以白受。惟君不君，亦臣之咎。聞諸辛毗，牽裾魏后，則有禽息，恤忠碎首。勉思獻替，其平可否。勿謂無傷，自微而彰。勿謂何害，積小成大，事有隱而必見，令既出而焉悔。鼓鐘在宮，聲聞於外，浩然涉水，聲未有艾。將斧扆以虛心，期盡忠而納誨。在昔稷、契，實佐舜、禹。逮兹魏徵，佐我文祖，君臣協德，混一區宇。惟予寡昧，獲纘丕緒。臣哉鄰哉，爾翼爾輔。高秋始肅，我武惟揚，輒此禁衛，奠於大邦。戀闕方甚，嘉言乃昌。是規是諫，金玉其相。詞高理粹，入德知方，總彼千里，備於八章。宣父有言，起予者商。殷有盤銘，周有敧器。或戒以詞，或警以事。披圖演義，發於爾志，與金鏡而高懸，將座右而同置。人皆有初，鮮慎厥終。汝其夙夜，明保朕躬。無曰爾身在外，爾誠不通，善言之應，千里攸同。導彼遐俗，達於四聰。華夷仰德，時乃之風。戎狄既來，懷賢沖沖。唱予和汝，式示深衷。』

十二年九月，以河東節度行軍司馬、兼御史中丞李景略兼御史大夫，充天德軍、豐州、西受降城都防禦等使。豐州本隸靈州，至是始析之。

咸通四年五月敕：『靈武一道，別有六城，屯兵不下數千。豐州、勝州各分主將。今並仰割隸朔方軍，其軍將委本軍署置。』

又《安東都護府》 總章元年九月十四日，遼東道行軍總管、司空李勣平遼東。其高麗舊有五部、一百七十六城、六十九萬七千戶。至十二月七日，分高麗地爲九都督府、四十二州、百縣，置安東都護府於平壤城以統之。擢其酋渠爲都督及刺史、縣令，與華人參理。以右武衛將軍薛仁貴檢校安東都護，總兵二萬以鎮之。至咸亨元年四月，高麗餘衆有酋長劍牟岑者，率衆叛，立高藏外孫安舜爲主，詔左衛大將軍高侃討平之。至上元三年二月二十八日，移安東都護府於遼東故城，先有華人任官者，悉罷之。至儀鳳二年二月二日，移安東都護府於新城安置，仍令特進充使鎮府。至聖曆元年六月三十日，改安東都護府爲安東都督府，以右武衛大將軍高德武爲都督。自是高麗舊戶分散，多投突厥及靺鞨，高氏君長遂絶，其地並沒於諸蕃。二年，鸞臺侍郎狄仁傑上表，請收安東，復其君長，曰：『臣聞先王疆理天下，以爲民極，皆是封域之內，樹之風聲。於是制井田，出兵賦，其逆命者，因而誅焉。罪其君，弔其民，存其社稷，不奪其財，非欲土地之廣也，非貪玉帛之貨也。至漢孝武皇帝，逞高祖之宿憤，藉四帝之資儲。於是定朝鮮，討西域，平南越，擊匈奴。府庫皆空，盜賊蜂起，百姓嫁妻賣子，流離於道路者萬計。於是榷酤市利，算及舟車，籠天下貨財，而財用益屈。末年覺悟，息兵罷役，封丞相爲富民侯。然而漢室中衰，釁由此起。不可與覆車同軌，豈不戒哉！人有四肢者，所以捍頭目也；君有四方者，所以衛中國也。然以蝮蛇在手，既以斷節全身；狼戾一隅，亦且棄之存國。漢元帝罷珠崖之郡，宣帝棄車師之田，非惡多而好省也，知難則止，是爲愛人。今海中分爲兩運，風波飄蕩，沒溺至多，准兵計糧，猶且不足。中國之與蕃夷，天文自隔。遼東所守，已是石田；靺鞨遐方，更爲鷄肋。弱枝强榦，有國通規，今欲肥四夷而瘠中國，恐非通典。且得其地不足以耕織，得其人不足以賦稅。此乃前王之所棄，陛下勞師而取之，恐非天意。臣請罷薛仁貴，廢安東鎮。陛下允臣所請，卽天啓其謀，非人力也。三韓君長，高氏誠爲其主。願陛下以存亡繼絶之義，復其故地，此之美名，高於堯、舜遠矣。』

神龍元年二月四日，改安東都督爲安東都護府。

開元二年十月二十四日，改平州爲安東都護府，以許欽湊爲之。

又《營州都督府》 貞觀二十二年十一月二十三日，契丹酋長窟哥、奚帥可度者，並率其部內屬。以契丹部爲松漠都督府，拜窟哥爲持節十州諸軍事、松漠都督府。又以其別帥達稽部置峭落州，紇便部置彈汗州，獨活部置無逢州，芬問部置羽陵州，突便部置日蓮州，芮奚部置徒河州，墜斤部置萬丹州，出伏部置匹黎、赤山二州，各以其酋長、辱紇主爲刺史，俱隸松漠焉。以奚部置饒樂都督府，拜可度著爲持節六州諸軍事、饒樂都督府。又以別帥阿會部置弱水州，處和部置祁黎州，奧失部置洛瓌州，度稽部置太魯州，元俟析部置渴野州，亦各以其酋長、辱紇主爲刺史，俱隸於饒樂焉。二十三年，於營州兼置東夷都護，以統松漠、饒樂之地，罷置護東夷校尉官。

萬歲通天五年五月，窟哥孫松漠都督李盡忠與其妻兄歸誠州刺史孫萬榮，殺營州都督趙文翽，舉兵反，攻陷營州。其後營州都督寄置於幽州漁陽城。至開元五年三月，奚、契丹等款附，上欲復營州於舊城，宋璟固爭，以爲不可，獨宋慶禮盛陳其利。乃詔慶禮充使，于柳城築營州，三旬而畢，遂兼營州都督，開屯田八十餘所。

開元十一年三月六日，營州玉田、漁陽兩縣，卻隸幽州，安東都護府卻歸燕郡，平州依舊置。

又《安南都護府》 調露元年八月七日，改交州都督府爲安南都護府。

大足元年四月，置武安州，南城州，並隸安南都護府。

開元二十四年正月，廣州寶安縣新置屯門鎮，領兵二千人，以防海口。

貞元七年五月，置柔遠軍於安南都護府。

元和四年八月，安南都護奏破環王國僞號愛州都統三萬餘人，及獲王子五十九人，器械、戰船、戰象等稱之。其年九月，安南都知兵馬使兼押衙、安南副都護杜英策等五十人，狀舉本管經略、招討、處置等使兼安南都護張舟到任已來政績事：『安南羅城，先是經略使伯夷築，當時百姓猶甚陸梁，纔高數尺，又甚湫隘。自張舟到任，因農隙之後，奏請新築。今城高二丈二尺，都開三門，各有樓，其東西門各三間，其南門五間，更置鼓角，城內造左右隨身十宮。前經略使裴泰時，驩、愛城池被環王崑崙燒爇並盡。自張舟到任後，前年築驩州城，去年築愛州城。裴泰時，軍城不守，軍中器械卻失並盡。趙昌到任日近，旋除廣州。自張舟到任，諸道求市，每月造成器械八千事，四年以來，都計造成四十餘萬事，於大廳左右，起甲仗樓四十間收貯。安南戎寇，難利鬬戰，先有戰船，不過十數隻，又甚遲鈍，與賊船不過相接。張舟自創新意，造艨艟舟四百餘隻，每船戰手二十五人、掉手三十二人、車弩一支、兩弓弩一支、掉出船內，迴船向背，皆疾如飛。』敕旨：『宜付所司。』

寶曆元年五月，安南都護李元善奏移都護府於江北岸。

開成三年，安南都護馬植奏：『當管羈縻州首領，或居巢穴自固，或爲南蠻所誘，不可招諭，事有可虞。臣自到鎮以來，曉以逆順。今諸首領願納賦稅，其武陸縣請昇爲州，以首領爲刺史。』從之。又所管陸州界廢珠池復生珠，以能政，就加中散大夫、檢校左散騎常侍。

四年十一月，安南都護馬植奏：『當管經略、押衙、兼都知兵馬使杜存誠，管善良四鄉，請給發印一面。前件四鄉是獠戶，杜存誠祖父以來，相承管轄，其丁口稅賦，與一郡不殊。伏以夷貊不識書字，難憑印文。從前徵科，刻木權用。伏乞給發印一面，令存誠行用。』敕旨：『宜依。』

咸通六年十二月，安南都護高駢自海門進軍破蠻軍，收復安南府。自李琢失政，交阯陷沒十年。蠻軍北寇邕、容界，人不聊生，至是方復故地。

又《**安西都護府**》 貞觀十四年九月二十二日，侯君集平高昌國，於西州置安西都護府，治交河城。

二十二年四月二十五日，突厥泥伏沙鉢羅葉護阿史那賀魯率衆內附，置庭州。

二十三年二月十一日，置瑶池都督府，安西都護府，以賀魯爲都督。至永徽二年正月二十五日，賀魯以府叛，自稱沙鉢羅可汗，據有西域之地。至四年三月十三日，廢瑤池都督府。

顯慶二年十一月，伊麗道行軍大總管蘇定方大破賀魯於金牙山，盡收其所據之地，西域悉平。定方悉命諸部，歸其所居。開通道路，別置館驛。埋瘞骸骨，所在問疾苦，分其疆界，復其産業。賀魯所虜掠者，悉檢還之，西域諸國，安堵如故，擒賀魯以歸。十一月，分其地，置濛池、崑陵二都護府。以阿史那彌射爲崑陵都護，阿史那步眞爲濛池都護。其月十七日，又分其種落，列置州縣。以處木昆部爲匐廷都督府，以突騎施索葛莫賀部爲嗢鹿都督府，以突騎施阿利施部爲絜山都督府，以胡禄屋闕部爲鹽泊都督府，以攝舍提暾部爲雙河都督府，以鼠尼施處半部爲鷹娑都督府。其所役屬諸胡國，皆置州府，西盡於波斯，並隸安西護府。又以賀魯平，移安西都護府於高昌故地。至三年五月二日，移安西都護府於龜茲國，舊安西復爲西州都督，以麴智湛爲之，以統高昌故地。西域既平，遣使分往康國及吐火羅國，訪其風俗物産，及古今廢置，盡圖以進，因令史官撰《西域圖志》六十卷。

四年正月，西蕃部落所置州府，各給印契，以爲徵發符信。

龍朔元年六月十七日，吐火羅道置州縣使王名遠進《西域圖記》，并請于闐以西，波斯以東十六國，分置都督府，及州八十、縣一百一十、軍府一百二十六、仍以吐火羅國立碑，以記聖德。詔從之。以吐火羅國葉護居遏換城，置月氏都督府。鉢勃城置藍氏州，縛叱城置大夏州，俱禄犍城置漢樓州，烏邏氈城置弗敵州，咄城置沙律州，羯城置嬀水州，忽波城置盤越州，烏羅渾城置忸密州，摩彦城置伽倍州，阿捺臘城置粟特州，蘭城置鉢羅州，悉記密帝城置雙泉州，昏磨城置祀惟州，悉密言置城遲散州，乞施巘州城置富樓州，泥射城置丁零州，折面城置薄知州，阿臘城置桃槐州，頰厥伊城具闕達官部落置大檀州，播薩城置伏盧州，乞澀職城置身毒州，突厥施怛駃城置西戎州，騎失帝城置蔑頡州，發部落城置疊仗州，拔特山城置苑湯州。

嚈噠部落活路城置大汗都督府。弩那城置黑州，胡城置奄蔡州，婆多楞薩達健城置依耐州，少俱部落置薩州，烏漠言城置榆令州，遮瑟多城置安屋州，數始城置罽陵州，迦沙紛遮城置碣石州，羯滂支城波知州，烏捺斯城置烏丹州，速利城置諸色州，順問城置迷密州，乍城置眄頓州，頌施谷部落置宿利州，汗曜部落置賀那州。

訶達羅支國王居伏寶瑟顛城，置條枝都督府。護聞城置細柳州，贊侯瑟顛城置虞泉州，據瑟部落置黎蘄州，遏忽部落置崦嵫州，烏離難城置巨雀州，遺蘭部落置遺州，郝薩大城置西海州，活恨部落置鎮西州，縛狼部落置乾陀州。

解蘇王居數瞞城，置天馬都督府。忽論城置落那州，達利薄紇城置束離州。

骨咄施國王居沃沙城，置高附都督府。葛羅犍城置五翎州，烏斯城置休蜜州。

罽賓國王居遏紇城，置修鮮都督府。羅曼城置毗舍州，賤那城置陰米州，和藍城置洩路州，遺恨城置龍池州，塞奔彌羅城置烏戈州，濫犍城置羅羅州，半制城置壇特州，勃进城置烏利州，鶻換城置漠州，布路犍城置懸度州。

失范延國王居伏戾城，置寫鳳都督府。肩捺城置嶰谷州，俟麟城置冷倫州，縛時伏城置悉萬州，末臘薩旦城置鉗敦州。

石汗郝王居䑛城，置悅般州都督府。俱蘭城置雙靡州。

護特犍國王居遏密城，置奇沙州都督府。曼山城置沛隸州，獻密城置大秦州。

怛沒國王居怛沒城，置姑默州都督府。弩羯城置栗弋州。

烏拉喝國王居摩喝城，置旅獒州都督府。

多勒建國王居低保那城，置崑墟州都督府。

俱密國王居褚瑟城，置拔州都督府。

護密多國王居模達城，置烏飛州都督府。娑勒色訶城置鉢和州。

久越得建國王居步師城，置王庭州都督府。

波斯國王居疾凌城，置波斯都督府，各置縣及折衝府，並隸安西都督府。

咸亨元年四月二十二日，吐蕃陷我安西，罷四鎮。

龜茲。理於白山之南，卽漢西域舊地。勝兵數千，其王姓白氏，去瓜州三千里。貞觀二十年閏十月一日，阿史那社爾破其國，虜其王以歸。

于闐。在葱嶺北二百里，勝兵數千，俗多機巧，好說怪。在西南有北摩伽藍城，相傳云是老子化胡之所建也。初，老子至是，白日昇天，輿羣胡辭訣曰：『我暫返天上，尋常下生。』其後出天竺國，化爲胡王太子，自稱白淨，因造此寺焉。二十二年閏二月內附，其王伏闍信入朝。上元二年正月二十一日，其地爲毗沙都督府，分爲十州。

焉耆。去瓜州二千里，卽漢時故地。其王姓龍名突騎支，常役於西突厥，其俗頗有魚鹽之利。貞觀十八年十一月，左衛大將軍郭孝恪滅之。

疏勒。在白山之南，卽漢地也。其王之族，類皆六指，非六指則不育。勝兵二千，去瓜州四千六百里。貞觀九年，遣使獻名馬內附，已上四鎮。

蘇氏《記》曰，咸亨元年四月，罷四鎮，是龜茲、于闐、焉耆、疏勒。至長壽二年十一月，復四鎮敕，是龜茲、于闐、疏勒、碎葉。兩四鎮不同，未知何故？

調露元年九月，安西都護王方翼築碎葉城，四面十二門，作屈曲隱伏出沒之狀，五旬而畢。

長壽二年十一月一日，武威軍總管王孝傑克復四鎮，依前於龜茲置安西都護府。鸞臺侍郎狄仁傑請捐四鎮，上表曰：『臣聞天生四夷，皆在先王封域之外。故東距滄海，西隔流沙，北橫大漠，南阻五嶺，此天所以限夷狄而隔中外也。自典籍所紀，聲教所及，三代不能致者，國家兼之矣。此則今日之四境，已逾於夏、殷也。昔詩人矜薄伐於太原，美化行於江漢，是則前代之遠裔，在國家之域中。至前漢時，匈奴無歲不犯邊，殺掠吏人。後漢西羌，侵軼漢中，東寇三輔，入河東、上黨，遂至洛陽。由此言之，則陛下今日之土宇，過於周、漢前朝遠矣。若使越荒外以爲限，竭資財以騁欲，非但不愛人力，亦所以失天心也。近者，國家頻歲出師，所費滋廣。西戍四鎮，東戍安東，調發日加，百姓虛弊。聞守西域，事等石田，費用不支，有損無益。行役既久，怨曠亦多。昔詩云：「王事靡鹽，不能藝稷黍。豈不懷歸，畏彼罪罟。念彼征人，涕零如雨。」此則前代怨思之詞也。上不是恤，則政不行，而邪氣作。邪氣作則蟲螟生，而水旱起矣。方今關東饑饉，蜀漢逃亡，江淮以南，征求不息。人不復業，則相率爲盜，根本一搖，憂患不淺。所以然者，皆爲遠戍方外，以竭中國，爭蠻貊不毛之地，乖子育蒼生之道也。昔漢元帝納賈捐之之謀，而罷珠崖之郡。宣帝用魏相之策，而棄車師之田。豈欲慕尚虛名，蓋憚勞人力也。近貞觀年中，克平九姓，册李思摩爲可汗，使統諸部者。蓋以夷狄叛則伐之，降則撫之，得推亡固存之義，無遠戍勞民之役。此則近日之令典，綏邊之故事。竊見阿史那斛瑟羅，陰山貴種，世雄沙漠。若委之四鎮，使統諸蕃，封爲可汗，遣其禦寇。則國家有繼絕之美，荒外無轉輸之役。如臣所見，請捐四鎮以肥中國，罷安東以實遼西。況綏撫夷狄，蓋防其越逸，苟無侵侮之患，則可矣。何必窮其窟穴，與螻蟻計校長短哉！伏願陛下棄之度外，無以絕域未平爲念，但當敕邊兵謹守，以待其自敗，然後擊之，此李牧所以制匈奴也。故《鹽鐵論》云：「夫蠻貊之人，不食之地，何以煩思慮而爭之哉？」莫若聚軍實，畜威武，以逸待勞，則戰士力倍；以主禦客，則我得其便；堅壁清野，則寇無所得。自然賊深入必有顛躓之慮，淺入必無虜獲之益。如此數年，可使二虜不擊而服。』右史崔融請不拔四鎮，議曰：『北地之爲中國患者久矣，唐、虞以上爲獯鬻、殷、周之際曰玁狁，西京東國，有匈奴冒頓焉，當塗、典午，有烏丸、鮮卑焉，拓跋世有蠕蠕猖狂，宇文朝有突厥睢盱。斯皆名號因時而改，種落與運而遷，五帝不能臣，三王不能制。兵連禍結，無代不有；長策遠算，曠古莫聞。夫胡者北狄之總名，其地南接燕趙，北窮沙漠，東連九夷，西界六戎。天性驕鷙，覘伺便隙，鳥飛獸走，草轉水移，自言天地所生，日月所置。漢高皇以百萬衆，窘於平城之下。逮至武帝，赫然發憤，肆志遠邊。使張騫始通西域，既而立四郡，據玉關，以斷匈奴右臂。乃復度河、湟，築令居塞，以絕南羌、北狄，於是障塞亭燧，出長城四千里矣。於斯時也，承文、景玄默之後，國用富强，練兵選將，深入窮追，傾府庫之財，殫士馬之力。行人使者，歲月亭障；貳師、驃騎，首尾關河。餓虎未摧，其國已耗，橐駝既犍，其人亦殄。乃至造皮幣，算緡錢，稅舟車，榷酒酤，夫豈不懷，深爲長久之計然也。匈奴於是乎孤特遠竄，羽檄不行焉。始孝武開西域之後，爲置使者校尉領護之，宣、元、哀、平，此道不替。王莽篡位，貶易王侯，由是西域怨叛，與中國隔絶，並復投屬匈奴，光武中興，匈奴稅重，皆遣使求内屬。至於延光，三通三絶。至國家，太宗方事外討，復修孝武舊跡。並南山至於葱嶺，盡爲府鎮，煙火相望。至高宗，務在安人，命有司拔四鎮。其後吐蕃果驕，大入西域，焉耆以西，所在城堡，無不降下。遂長驅而東，踰高昌壁，歷車師庭，侵常樂界，當莫賀延磧，以臨我燉煌。主上召命右相韋待價爲安息道行軍大總管，安西都護閻温古爲副，問罪焉。賊適有備，一戰而走，我師追攝，至於焉耆，糧運不繼，竟亦無功。朝廷以爲畏懦有刑，流待價於瓊州，棄温古於義州。至王孝傑而四鎮復焉。今若拔之，是棄已成之功，忘久長之策。小慈者，大慈之賊；前事者，後事之師。奈何不圖！四鎮無守，則狂寇益贍，必兵加西域，西域諸蕃氣羸，恐不能當長蛇之口。西域動，自然威臨南羌，南羌樂禍，必以封豕助虐。蛇豕交連，則河西危，河西危，則不得救矣。方須命將出師，興役動衆。向之所得，今之所勞，向之所勞，今之所逸，可不謂然乎！而議者憂其勞費，念其險遠。曾不知蹙國滅土，《春秋》所譏，杜漸防萌，安危之計。頃者，若兵稍遲留，賊先要害，則河西郡已非國家之有。今安得而拔之乎！何謂非國家之有？莫賀延磧者，延袤二千里，中間水草不生焉。此有强寇，則難以度磧。漢兵難度，則磧北伊西、北庭、安西、及諸蕃無救。無救則疲兵不能自振，必爲賊吞之。又焉得懸軍深入乎？有以知通西域艱難也。漢時，單于上書，願保塞，請罷邊備。郎中侯應習邊事，以爲不可。東京時，西羌作亂，徵天下兵，賦役無已。司徒崔烈。以爲宜棄涼州。議郎傅燮厲言曰：「斬司徒，天下乃安，涼州天下要衝蕃衛，世宗拓境，列置四郡，議者以爲斷匈奴右臂。烈爲宰相，不念爲國思所以弭兵之策，乃欲國棄一方萬里之土。若使左衽之虜，得居此地，士勁甲堅，因以爲亂。此天下之至慮，社稷之深憂。」竟從燮議。今宜日慎一日，雖休勿休，採侯應不可之言，納傅燮深憂之議。然後風爲號令，雷爲折衝，繕甲兵，思將帥。上與天合德，下與地合明，中與人合心，善戰者不陣，如斯而已矣。拔舊安西之四鎮，委難制之西蕃，求絶將來之端，盍考已然之驗。伏念五六日，至於再三，愚下固陋，知其不可。」

建中二年七月，加伊西、北庭節度使李元忠北庭大都護，以四鎮節度留後郭昕爲安西大都護、四鎮節度、觀察使。詔曰：『北庭四鎮，統任西夏五十七蕃、十姓部落，國朝已來，相奉率職。自關隴失守，東西阻絶，忠義之徒，泣血相守，愼固封略，奉遵禮教，皆侯伯守將，交修共治之所致也。其將士敍官，可超七資。』初，自兵興已來，安西、北庭爲蕃虜所隔間者，節度李嗣業，荔非元禮，孫志直、馬璘輩，皆遥領之。郭昕者，子儀猶子。李元忠，始曾令名忠，後賜改焉。自主其任，嘗發使奉表章於朝，數輩皆不達，信聞不至朝者十餘年。及是，遣使自回紇歷諸蕃至，故有是命。

貞元六年十二月，是歲，吐蕃陷北庭都護府。初，北庭、安西既假道於回鶻以朝奏，因附庸焉。蕃性禽獸，徵求無度，人不聊生。又有沙陀部落六千餘帳，與北庭相依，屬於回鶻，肆其抄奪，尤所厭苦。其三葛禄部落，又白服突厥，素與回鶻通和，亦憾其侵掠。因吐蕃厚賂見誘，遂附之於吐蕃，率葛禄白服之衆，去冬來寇北庭。回鶻大相頡干迦斯率衆援之，頻戰敗績。吐蕃攻圍頗急，北庭之人既苦回鶻，是歲，乃舉城降於吐蕃，沙陁亦降焉。北庭節度楊襲古舉麾下二千餘人奔西州。七年秋，頡干迦斯又悉其國丁壯六萬人，將復北庭，仍召襲古偕行。我兵爲吐蕃、葛禄所敗，死者大半，襲古餘衆僅百六十，將復入西州。頡干迦斯紿之曰：『與我同至牙帳，當送君歸本朝。』襲古從之，及牙帳，竟殺之。

又《姚州都督府》 麟德元年五月八日，於昆明之弄棟州置姚州都督府，每年差兵募五百人鎮守。

神功二年五月八日，蜀州刺史張柬之上表曰：『姚州者，古哀牢之舊國，自生民以來，不與中國交通。前漢唐蒙開夜郎，滇、笮，哀牢不附。至光武季年，始請内屬。漢置永昌郡以統治之，乃收其鹽布氈罽之稅，以利中土。其國西通大秦，南通交趾，奇珍異寶，進貢歲時不闕。及諸葛亮五月渡瀘，收其金銀鹽布，以益軍儲。使張伯岐選其勁卒，以增武備。前代置郡，其利頗深。今鹽布之稅不供，珍奇之貢不入，而空竭府庫，驅率平民，受役蠻夷，肝腦塗地，臣竊爲國家惜之。漢以得利既多，歷博南山，涉蘭倉水，更置博南、哀牢二縣。蜀人愁怨，行者歌曰：「歷博南，越蘭津，渡蘭倉，爲他人。」蓋言漢貪珍奇之利，而爲蠻夷驅役也。漢得其利，人且怨歌。今于國家無絲髮之利，在百姓受終身之酷，臣竊爲國家痛之。往者，諸葛亮破南中，使其渠帥自相統領，不置漢官，亦不留兵鎮守。人問其故，亮云：「置官留兵，有三不易」，大率以置官夷漢雜居，猜嫌易起。留兵運糧，爲患更重。忽若反叛，勞費更多。粗設紀綱，自然久定。臣竊以亮之斯策，妙得羈縻蠻夷之術。今姚府所置之官，既無安邊靖寇之心，又無葛亮且縱且擒之術。唯知詭謀狡算，恣情割剝，貪功劫略，積以爲常。扇動酋渠，遣成朋黨，提挈子弟，嘯引凶愚。劍南逋逃，中原亡命，二千餘戶，見散在彼州，專以掠略爲業。姚州本龍朔中武陵縣主簿石子仁奏立之，後長史李孝讓、辛文協，並爲羣蠻所殺，又使將軍李義總往征，郎將劉惠基在陣戰死，其州遂廢。臣竊以諸葛亮稱置官，留兵有三不易，其言遂驗。垂拱四年，南蠻郎將王善寶、昆州刺史爨乾福又請置州，奏言所有課稅，出自姚府管內，更不勞擾蜀州。及置州後，録事參軍李稜爲蠻所殺。延載中，司馬成琛奏請於瀘南置鎮七所，遣蜀兵防守。自此蜀中騷擾，至今不絶。伏乞罷姚州，使隸巂府，歲時朝覲，同之蕃國。瀘南諸國悉廢，於瀘北置關。百姓非奉使入蕃，不許交通來往。」疏奏，不納。

開元九年二月二十五日敕：「姚州官員，准中置州禄料，階資依都督府。」

天寶八載六月，劍南奏：「索磨川許新置都護府，宜以保寧爲名。」

又 《雜録》 開元四年三月四日敕：「諸都護府史，並令於管內依式簡補，申所司勘責，然後給告身。」

又 卷七八《諸使中》 元帥 武德元年六月七日，秦王世民加西討元帥。

上元三年三月，相王旦除涼州道行軍元帥，周王顯除洮河道行軍元帥。昇儲後，至聖曆元年九月，又除河北道元帥，亦稱天罰道元帥。大足元年六月，相王旦除安北道行軍元帥，至長安二年九月，又除并州道行軍元帥。自後親王爲銜者甚多。其元帥之號，自武德已來，唯王始拜。至天寶十五載正月，哥舒翰除諸道兵馬元帥，始臣下爲之。乾元二年三月，郭子儀除東畿、山東、河南諸道節度防禦兵馬元帥，後上元二年七月，李光弼除河南、淮南、淮西、山南東道、荊南五節度行營元帥，此並副元帥也。

至德元載，以廣平王爲天下兵馬元帥，統大軍東征，以子儀爲副。其載九月，吏部尚書、平章事房琯抗疏，請兵一萬人，自爲元帥，以收兩京，詔許之。以兵部尚書王思禮爲副，分爲三軍，使楊希文將南軍，自宜壽入；劉貴哲將中軍，自武功入；李光進將北軍，自奉天入；而琯以中軍爲帥，次便橋。二軍先遇賊，戰於陳濤斜，王師敗績。時琯以車二千乘，以馬步夾之，爲乘車之戰。賊順風揚塵鼓譟，牛皆振駭，因縛草縱火焚之，人畜大亂，故敗。琯自將南軍，又戰不利，楊希文、劉貴哲降於賊。琯幕府偏裨等，奔赴行在，肉袒請罪，詔並宥之。

建中四年九月，以舒王謨爲揚州大都督，持節充荊襄、江西、沔鄂等道節度諸軍行營兵馬都元帥，仍賜名誼，改封晉王。大開幕府，文武僚屬之盛，前後出師，未見其比。

天復三年二月，以輝王祚爲諸道兵馬元帥。其年十二月十三日敕：「國史所書元帥之任，並以天下爲名。乃自近年，設爲諸道，宜卻復爲天下兵馬元帥。」

都統 乾元元年十二月，戶部尚書李峘除都統淮南、江東、江西節度、宣慰、觀察、處置等使，都統之號始於此。

上元二年八月，李若幽除戶部尚書，充朔方、鎮西、北庭、興平、陳、鄭等九節度行營兵馬及河中節度都統處置使。

建中元年十二月，以汴州節度使李勉充河南、汴州、宋、滑、亳、河陽等道都統使。

元和四年九月，以邠寧慶三州節度高崇文充南京都統。

大中五年五月，以特進、守司空、兼門下侍郎、平章事白敏中充邠寧節度使、招討南山、平夏、党項兵馬都統處置等使。

元和四年九月，以宣武軍節度韓弘充淮西諸軍行營兵馬都統。

乾符五年，黃巢大掠江淮，宰相王鐸進奏曰：「臣忝宰執之長，在朝不足分陛下之憂，願自帥諸軍，盪滌羣寇。」朝議然之，乃拜守司空、平章事、荊南節度使，諸道行營兵馬都統。其年，以鎮海軍節度使高駢爲諸道行營兵馬都統。

中和二年七月，復以宰相王鐸爲京城四面諸道行營兵馬都統，以崔安潛副之。至大順元年五月，以宰臣張濬爲太原四面行營兵馬都統。

節度使　武德元年，因隋舊制，呼爲大總管。其年六月七日，諸州總管加號使持節。至七年二月十八日，改大總管爲大都督。

貞觀三年八月，李靖除定襄道行軍大總管。貞觀三年已後，行軍即稱總管，本道即稱都督。永徽已後，除都督帶使持節，即是節度使；不帶節者，不是節度使。景雲二年四月，賀拔延嗣除涼州都督，充河西節度使，此始有節度之號，遂至于今不改焉。

朔方節度使，開元元年十月六日敕：『朔方行軍大總管，宜准諸道例，改爲朔方節度使，其經略、定遠、豐安軍，西、中受降城，單于、豐、勝、靈、夏、鹽、銀、匡、長、安樂等州，並受節度。』至十四年七月，除王晙帶關内支度、屯田等使。十五年五月，除蕭嵩，又加鹽池使。二十年四月，除牛仙客，又加押諸蕃部落使。二十九年，除王忠嗣，又加水運使。天寶五載十二月，除張齊丘，又加管内諸軍採訪使。已後遂爲定額。

豐安軍，在靈州黄河西，去郡一百八十里。

定遠軍，在靈州東北二百里，先天二年正月，郭元振置。

貞觀十四年三月十五日，置寧朔大使，以護突厥。即舊朔方節度之號。

河東節度使，開元十一年以前，稱天兵軍節度。其年三月四日，改爲太原已北諸軍節度。至十八年十二月，宋之悌除河東節度，已後遂爲定額。

大同軍，置在朔州，本大武軍。調露二年，裴行儉改爲神武軍。天授二年，改爲平狄軍。大足元年五月十八日，改爲大武軍。開元十二年三月四日，改爲大同軍。

横野軍，初置在飛狐，復移于新州。開元六年六月二十三日，張嘉貞移于古代郡大安城南，以爲九姓之援。天寶十三載十二月一日，改爲大德軍。

岢嵐軍，武德中爲鎮。永淳二年，改爲柵，隸平狄軍。長安三年，李迥秀改爲景龍中軍。張仁亶移軍朔方，留一千人充守捉，屬大武軍。開元十二年，崔隱甫又置軍。十五年，李暠又廢爲鎮。其後又改爲軍。

天兵軍，聖曆二年四月置。大足元年五月十八日廢。長安元年八月，又置。景雲元年，又廢。開元五年六月二十四日，張嘉貞又置。十一年三月四日，改爲太原已北諸軍節度使。

清塞軍，貞元十五年四月，以清塞城爲軍。

開元九年十一月四日，河東、河北不須別置支度，並令節度使自領支度。

隴右節度使，開元元年十二月，鄯州都督陽矩除隴右節度，自此始有節度之號。至十五年十二月，除張志亮，又兼經略、支度、營田等使，已後爲定額。

臨洮軍，置在狄道縣，開元七年移洮州縣，就此軍焉。

河源軍，置在鄯州西南，又云本趙充國亭候也。

白水軍，開元五年，郭知運、張懷亮置。

安人軍，置在星宿川，鄯州西北界，開元七年三月置。

積石軍，置在廓州達化縣西界，本吐谷渾之地。貞觀三年，吐谷渾叛，置靜邊鎮。儀鳳二年，置軍額焉。

莫門軍，置在洮州，儀鳳二年置軍。開元十七年，洮州移隸臨洮軍，百姓隸岷州，置臨州。二十七年四月，又改爲洮州，今爲臨洮軍是也。

振武軍，置在鄯州鄯城縣西界吐蕃鐵仞城，亦名石堡城。開元十七年三月二十四日，信安王禕拔之，置。四月，改爲振武軍。二十九年十二月六日，蓋嘉運不能守，遂陷吐蕃。天寶八載六月，哥舒翰又拔之。閏六月三日，改爲神武軍。

威戎軍，置在鄯州界，開元二十六年五月，杜希望收吐蕃新城，置此軍。

鎮西軍，置在河州，開元二十六年八月置。

神策軍，天寶十三載七月十七日，隴右節度哥舒翰以前年收黄河九曲，請分其地置洮陽郡，内置軍焉，以成如璆爲太守，充神策軍使，去臨洮軍二百餘里。

宛秀軍，同前年，分九曲置澆河郡，内置軍焉。以臧奉忠爲太守，充軍使。

保義軍，元和元年二月，改隴右經略使爲軍。

河西節度使，景雲二年四月，賀拔廷嗣爲涼州都督，充河西節度使，自此始有節度之號。至開元二年四月，除陽執一，又兼赤水、九姓、本道支度、營田等使。十一年四月，除張敬忠，又加經略使。十二年十月，除王君㚟，又加長行轉運使，自後遂爲定額也。

赤水軍，置在涼州西城，本赤烏鎮，有泉水赤，因以爲名。武德二年七月，安修仁以其地來降，遂置軍焉。軍之大者，莫過於此。

新泉軍，大足元年，郭元振奏置。開元五年，改爲守捉。

大斗軍，本是守捉使，開元十六年，改爲大斗軍焉。

建康軍，置在甘、肅二州界，證聖元年，王孝傑開四鎮回，以兩州界迴遠，置此軍焉。

寧寇軍，舊同城守捉，天寶二年五月五日遂置焉。

玉門軍，本廢玉門縣，開元六年置軍焉。

墨離軍，本是月支舊國，武德初置軍焉。

豆盧軍，置在沙州，神龍元年九月置軍。

白亭軍，天寶十四載正月三日置。

開元十四年三月二日敕：『河西長行轉運、九姓，即隸入支度使，宜加支度判官一人。』

安西四鎮節度使，開元六年三月，楊嘉惠除四鎮節度、經略使，自此始有節度之號。十二年以後，或稱磧西節度，或稱四鎮節度。至二十一年十二月，王斛斯除安西四鎮節度，遂爲定額。又先天元年十一月，史獻除伊西節度兼瀚海軍使，自後不改。至開元十五年三月，又分伊西、北庭爲兩節度。至二十九年十月二十九日，移隸伊西、北庭都督、四鎮節度使。至天寶十二載三月，始以安西四鎮節度封常清兼伊西、北庭節度、瀚海軍使。

伊吾軍，本昆吾國也，置在伊州，景龍四年五月置。

天山軍，置在西州，漢車師前王故國，地形高敞，改名高昌，貞觀十四年置。

瀚海軍，置在北庭都護府，本烏孫王境也。貞觀十四年，置庭州。文明元年，廢州置焉。長安二年十二月，改爲燭龍軍。三年，郭元振奏置瀚海軍。

天山軍，並在碎葉城。

范陽節度使，先天二年二月，甄道一除幽州節度、經略、鎮守使。至開元十五年十二月，除李尚隱，又帶河北支度、營田使。二十七年十二月，除李適之，又加河北海運使。天寶元年十月，除裴寬爲范陽節度使，經略、河北支度、營田、河北海運使，已後遂爲定額。

經略軍，置在范陽城內，延載元年置。

漁陽軍，在幽州北盧龍古塞，開元十九年九月十七日，改爲靜塞軍。

清夷軍，垂拱二年，嬀州刺史鄭崇古奏置。

威武軍，大足元年，置在檀州。開元十九年九月二十七日，改爲威武軍。

北平軍，在定州西三里。

恆陽軍，恆州郭下。

高陽軍，本瀛州，開元二十年，移在易州。

唐興軍，在莫州。

橫海軍，在滄州，並開元十四年四月十二日置，各以刺史爲使。

懷柔軍。在蔚州界，先天元年八月八日置。

鎮安軍，貞元二年四月二十二日，於燕郡守捉置。

懷遠軍，在故遼城，天寶二年二月，安禄山奏置焉。

平盧軍節度使，開元七年閏七月，張敬忠除平盧軍節度使，自此始有節度之號。八年四月，除許欽琰，又帶管內諸軍、諸蕃及支度、營田等使。二十八年二月，除王斛斯，又加押兩蕃及渤海、黑水等四府經略、處置使，遂爲定額。

平盧軍，在柳城，本古遼西之地。

盧龍軍，置在北平郡古孤竹國，天寶二年置。

開元十三年三月二十日敕：『平盧軍、幽州、太原、朔方、河西、隴右、劍南等七道節度使，宜各置木契行勘。』

劍南節度使，開元五年二月，齊景胄除劍南節度使、支度、營田、兼姚、嶲等州處置兵馬使，因此始有節度之號。至八年，除李濬，始下兼兵馬使。二十七年，章仇兼瓊又兼山南西道採訪使。其後或兼或不兼，無定制。至上元二年二月，分爲兩川。廣德二年正月八日，合爲一道。大曆二年正月二十日，又分爲兩川，至今不改。貞元十一年九月，韋臯爲節度，就加統攝近界諸蠻，兼西山八國、雲南安撫等使。

天寶軍，置在恭州東南九十里，開元二十九年置。

洪源軍，置在黎州，漢黎郡也，開元三年置軍。

昆明軍，置在嶲州，開元十七年十一月置。

嶺南節度使，至德二載正月，賀蘭進明除嶺南五府經略，兼節度使，自此始有節度之號，已前但稱五府經略，自此遂爲定額。又云：杜佑授嶺南節度使，德宗興元，朝廷故事，執政往往遺忘。舊日嶺南節度，常兼五管經略使，佑獨不兼，蓋一時之誤，其後遂不帶五管經略名目。至咸通三年五月，分爲兩節度，以廣州爲嶺南東道，邕州爲嶺南西道。

清海軍，天寶元年置，在恩州。

柔遠軍，貞元七年三月二十三日置。

淮南、河南、江東道，乾元元年三月六日，置節度使。

鎮州節度使，大曆十四年四月，名其軍曰成德。至天祐二年九月，改爲武順。

汴宋潁亳節度使，建中三年二月二日，名其軍曰宣武。

浙江節度使，建中二年六月，浙江東、西節度使，尋改爲鎮海軍，以團練爲節度，從理潤州。元和五年十一月，團練使奏：『丹陽軍比因置節度，改爲鎮海，今請依前置鎮海軍。』從之。

滑州節度使，貞元元年五月，罷滑州永平軍。其年四月，名其軍曰義成。

淮西節度使，貞元二年二月，改淮西節度爲淮寧軍。

申光蔡等道節度使，貞元十四年正月，名其軍曰彰義。

易定節度使，貞元十五年三月，滿城縣置永清軍。建中三年五月，名其軍曰義武。

安黃節度使，貞元十九年二月，名其軍曰奉義。

陳許節度使，貞元二十年四月，名其軍曰忠武。

徐州節度使，貞元二十一年三月，名其軍曰武寧。至咸通四年四月，降爲支郡，隸兗州。至十一年十一月，改爲感化軍。

劍南節度使，元和二年二月，改天威軍名曰天征軍。

荆南節度使，元和六年八月敕制：『荆南是賦税之地，與關右諸鎮及河南、河北有重兵處，體例不同。節度使之外，不合更置軍額。因循已久，煩弊實深。嚴綬所請停永安軍額，宜依。其合收錢米，委嚴綬于當府諸縣蠲除，不支濟人戶，均減訖聞奏。』

天平軍節度使，元和十四年三月，平李師道，以所管十二州，分三節度。馬總爲天平軍節度，王遂爲兗海沂密節度，薛平爲平盧軍節度，仍加押新羅、渤海兩蕃使，仍舊爲平盧軍，賜兩蕃使印一面。

河陽節度使，會昌四年十月，平劉禎，以河陽三城鎮遏使爲孟州，號河陽軍，額、懌二州隸焉。

歸義軍節度，大中五年八月，沙州刺史張義潮以瓜、沙、伊、肅等十一州戶口來獻。自河隴陷蕃百餘年，至是悉獲故地，乃以沙州爲歸義軍，授義潮節度使。

戎昭軍節度使，天祐二年九月，以金州置軍額。三年四月，復以爲州。

義昌軍節度使，大和五年正月，以滄、景、德州號義昌軍。

山南東道節度使，乾元元年置節度。元和十年十月，分爲兩節度。以戶部侍郎李遜爲襄復郢等州節度使，右羽林大將軍高霞寓爲唐鄧等州節度使。景雲二年正月二十九日敕：『諸節度除緣兵馬外，不得別理百姓訴訟事。』元和六年十月，詔曰：『朕於百執事羣有司，方澄源流，以責實效。其諸道都團練使，足修武備，以靜一方。而別置軍額，因加吏祿，亦既虛設，頗爲浮費。思去煩以循本，期省事以便人。潤州鎮海軍、宣州采石軍、越州義勝軍、洪州南昌軍、福州靜海軍等使額，並宜停。所收使已下俸料，一事以上。各委本道充代百姓闕額兩稅，仍具數聞奏。庶我愛人之心，不至于惜費；立制之意，必在其正名。』

十三年二月，襄陽節度使李愬奏請判官、大將已下官凡一百五十員。上不悅，謂裴度曰：『李愬誠立奇功，然奏請過當。』遂留中不下。其年七月，詔曰：『事關軍旅，並屬節制；務繫州縣，悉歸察廉。二使所領，管轄諸道，度支、營田，承前各別置使。自艱虞以後，各置因循，方鎮除授之時，或有兼帶此職，遂令綱目，所在各殊。今者務修舊章，思一法度，去煩就理，衆已爲宜。唯別置營田處，其使且令仍舊。其忠武、鳳翔、武寧、魏博、山南東西、横海、邠寧、義成、河陽等道支度、營田使，及淮南支度，近已定省。其餘諸道，並准此處分。』初，景雲、開元間，節度、支度、營田等使，諸道並置，又一人兼領者甚少。艱難以來，優寵節將，天下擁旄者，常不下三十人，例銜節度、支度、營田、觀察使，其邊界藩鎮，增置名額者，又不一。前後六十餘年，雖嘗增減官員及使額，而支度、營田，以兩河諸將兼領，故朝廷不議停廢。至是，羣盜漸息，宰臣等奏罷之。

乾符三年，以宰臣鄭從讜爲北京留守、河東節度使，詔許自擇賓佐。

親王遙領節度使

貞觀二年五月，吴王恪除使持節、大都督益、綿、邛、眉、雅等八州諸軍事、益州刺史。濮王泰除使持節、大都督揚州、常、海、潤、楚、舒、廬、濠、壽、歙、蘇、杭、宣、東睦、南和等十六州諸軍事、揚州刺史。

開元四年正月二十九日，郯王嗣直除安北大都護，充安撫河東、關内、隴右諸蕃部落大使。陝王嗣昇爲安西都護，充河西道及四鎮諸蕃部落大使、安北大都護，張知運爲副都護。親王遙領節度，自兹始也。其在軍節度，即稱節度副大使、知節度事。十五年五月，以慶王潭爲涼州都督兼河西節度大使。忠王浚爲單于大都護、朔方節度大使。棣王琰爲太原已北諸軍節度大使。鄂王瑤爲幽州都督、河北道節度大使。營王滉爲京兆牧、隴右節度大使。光王琚廣州都督、五府節度大使。儀王璲河南牧。潁王璬安東都護，平盧節度大使。永王璘荆州大都督。壽王瑁益州大都督、劍南節度大使。延王玢安西大都護、磧西節度大使。盛王沐揚州大都督。

宋・王溥《五代會要》卷一二《金吾衛》 後唐天成三年六月敕：『金吾每奏：「左右廂内並平安」有類藩方，宜改云「軍國内外並平安」。』

又《京城諸軍》 梁開平元年四月，改左右長直爲左右龍虎軍，左右内衙爲左右羽林軍，左右堅鋭、夾馬、突將爲左右神武軍，左右親隨軍將馬軍爲左右龍驤軍。其年九月，置左右天興、左右廣勝軍，仍以親王爲軍使。

二年十月，置左右神捷軍。十二月，改左右天武爲左右龍虎軍，左右龍虎爲左右天武軍，左右天威爲左右羽林軍，左右羽林爲左右天威軍，左右英武爲左右神武軍，左右神武爲左右英武軍。前朝置龍虎六軍，謂之衛士。至是以天武、天威、英武等六軍，易其軍號而任勳舊焉。

後唐長興三年三月敕：『衛軍神威、雄威及魏府廣捷已下指揮，宜改爲左右羽林，置四十指揮，每十指揮立爲一軍，每一軍置都指揮使一人，兼分爲左右廂。』

應順元年三月，改左右羽林四十指揮爲嚴衛左右軍，龍武、神武四十指揮爲捧聖左右軍。

清泰元年六月，改捧聖馬軍爲彰聖左右軍，嚴衛步軍爲寧衛左右軍。

晉天福六年七月，改拱宸、威和内直軍並爲興順。至八月，改奉德兩軍爲護聖左右軍。

周廣順元年四月，改侍衛馬軍曰龍捷左右軍，步軍曰虎捷左右軍。御撰其名。

顯德元年十月，上謂侍臣曰：『侍衛兵士，累朝以來，老少相半，强懦不分，蓋徇人情，不能選練。今春朕高平，與劉崇及蕃軍相遇，臨敵有指使不前者，苟非朕親當堅陣，幾至喪敗。況百户農夫，未能贍一甲士，且兵在精不在衆，宜令一一點選，精鋭者升在上軍，怯懦者任從安便。庶期可用，又不虚費。』先是，上按于高平，觀其退縮，慨然有懲革之意。又以驍勇之士，多爲外諸侯所占，于是召募天下豪傑，不以草澤爲阻，進于闕下，躬親試閲，選武藝超絶及有身首者，分署爲殿前諸班。因有散員、散指揮使、内殿前直、散都頭、鐵騎、控鶴之體。

二年十二月，改東西小校爲東西班承旨。其月，以新收復秦、鳳州所擒獲川軍，署爲懷恩軍

四年四月，以先降到江南兵士，分爲六軍，共三十指揮，賜號懷德軍。

又 卷二四《元帥》 後唐長興四年八月，以秦王從榮爲天下兵馬大元帥。其年九月，中書門下奏：『秦王加天下兵馬大元帥，自歷朝以來，無天下兵馬大元帥公事儀注。或專一面之權，或總諸道之司，其儀注

規程、公事條目，載詳故實，未見明文。臣等謹沿近事，伏見招討使總管，兼受副使已下櫜鞬庭禮。今望令諸道節度使已下，凡帶兵權者，見元帥階下具軍禮，參見皆申公狀。其帶使相者，初相見亦以軍禮，一度已後，客禮相見。應天下諸軍務公事，元帥府行帖指揮。其判六軍諸衛事，則行公牒往來。其元帥府所置官屬，補授軍職，則委元帥奏請。』從之。

又《雜録》 後唐天成九年十一月敕：『雄武軍節度使官銜內宜兼押蕃落使。』

二年七月敕：『頃用本朝親王，遥領方鎮，其在鎮者遂云副大使知節度事。但年代已深，相沿未改。今天下侯伯，並正節旄，惟東、西兩川，未落副大使字，宜令今後祇言節度使。』

又《都護府》 後唐長興三年四月，中書門下奏：『據《十道圖》，有大都護，除單于、北庭等府久不置外，今具員內，節度使中見有兩員外守安北都護、安東都護，今請祇以四大都護爲定額，仍以安東大都護爲首。』奉敕：『宜依。其安南大都護、安西大都護、安北大都護次之。』

又《軍》 梁開平元年十二月，於輝州碭山縣置崇德軍。太祖榆社元在碭山，置使以領之。始命朱彦讓爲軍使。

晉天福四年五月，改舊威州爲清遠軍。

六年八月，改澶州頓邱鎮爲德清軍，鎮使爲軍使。其年九月，以新修胡梁渡爲大通軍。初置浮橋故也。

七年四月，降雄州爲昌化軍，警州爲威肅軍。其軍使委命本道差補。

《新唐書》卷四九下《百官志四下·外官》 天下兵馬元帥、副元帥，都統，副都統，行軍長史，行軍司馬、行軍左司馬、行軍右司馬，判官，掌書記，行軍參謀，前軍兵馬使、中軍兵馬使、後軍兵馬使，中軍都虞候，各一人。

元帥、都統、招討使，掌征伐，兵罷則省。都統總諸道兵馬，不賜旌節。高祖起兵，置左右領軍大都督，各總三軍。及定京師，置左右元帥、太原道行軍元帥、西討元帥，皆親王領之。天寶末，置天下兵馬元帥，都統朔方、河東、河北、平盧節度使。招討、都統之名，始於此。大曆八年，罷天下兵馬元帥。建中四年，以李希烈反，置諸軍行營兵馬都元帥；興元元年，置副都統。會昌中，置靈、夏六道元帥。黄巢之難，置諸道行營都統。天復三年，置諸道兵馬元帥，尋復改曰天下兵馬元帥。

行軍司馬，掌弼戎政。居則習蒐狩，有役則申戰守之法，器械、糧糒、軍籍、賜予皆專焉。武德元年，改贊治曰治中。高宗即位，曰司馬，下州亦置焉。顯慶二年，置洛州司馬。武后大足元年，東都、北都，雍、荆、揚、益州，置左右司馬。神龍二年省。太極元年，雍、洛四大都督府增司馬一人，亦分左右。

掌書記，掌朝覲、聘問、慰薦、祭祀、祈祝之文與號令升絀之事。行軍參謀，關豫軍中機密。景龍元年，置掌書記。開元十二年，罷行軍參謀，尋復置。

節度使、副大使知節度事、行軍司馬、副使、判官、支使、掌書記、推官、巡官、衙推各一人，同節度副使十人，館驛巡官四人，府院法直官、要籍、逐要親事各一人，隨軍四人。節度使封郡王，則有奏記一人；兼觀察使，又有判官、支使、推官、巡官、衙推各一人；又兼安撫使，則有副使、判官各一人；兼支度、營田、招討、經略使，則有副使、判官各一人；支度使復有遺運判官、巡官各一人。

節度使掌總軍旅，顓誅殺。初授，具帑抹兵仗詣兵部辭見，觀察使亦如之。辭日，賜雙旌雙節。行則建節、樹六纛，中官祖送，次一驛輒上聞。入境，州縣築節樓，迎以鼓角，衙仗居前，旌幢居中，大將鳴珂，金鉦鼓角居後，州縣齋印迎于道左。視事之日，設禮案，高尺有二寸，方八尺。判三案，節度使判宰相，觀察使判節度使，團練使判觀察使。三日洗印，視其刓缺。歲以八月考其治否，銷兵爲上考，足食爲中考，邊功爲下考。觀察使以豐稔爲上考，省刑爲中考，辦稅爲下考。團練使以安民爲上考，懲姦爲中考，得情爲下考。防禦使以無虞爲上考，清苦爲中考，政成爲下考。經略使以計度爲上考，集事爲中考，修造爲下考。罷秩則交廳，以節度使印自隨，留觀察使、營田等印，以郎官主之。鎖節樓、節堂，以節院使主之，祭奠以時。入朝未見，不入私第。

大都督府 都督一人，從二品；長史一人，從三品；司馬二人，從四品下；録事參軍事一人，正七品上；録事二人，從九品上；功曹參軍事、倉曹參軍事、戶曹參軍事、田曹參軍事、兵曹參軍事、法曹參軍事、士曹參軍事各一人，正七品下；參軍事五人，正八品下；市令一人，從九品上；文學一人，正八品下；醫學博士一人，從八品上。

中都督府　都督一人，正三品；別駕一人，正四品下；長史一人，正五品上；司馬一人，正五品下；録事參軍事一人，正七品下；録事二人，從九品上；功曹參軍事、倉曹參軍事、戶曹參軍事、田曹參軍事、兵曹參軍事、法曹參軍事、士曹參軍事各一人，從七品上；參軍事四人，從八品上；市令一人，從九品上；文學一人，從八品上；醫學博士一人，正九品上。

下都督府　都督一人，從三品；別駕一人，從四品下；長史一人，從五品上；司馬一人，從五品下；録事參軍事一人，從七品上；録事二人，從九品上；功曹參軍事、倉曹參軍事、戶曹參軍事、田曹參軍事、兵曹參軍事、法曹參軍事、士曹參軍事各一人，從七品下；參軍事三人，從八品下；文學一人，從八品下；醫學博士一人，正九品上。

都督掌督諸州兵馬、甲械、城隍、鎮戍、糧禀，總判府事。

武德初，邊要之地置總管以統軍，加號使持節，蓋漢刺史之任。有行臺，有大行臺。其員有尚書省令一人，正二品，掌管內兵民，總判省事。有僕射一人，從二品，掌貳令事。自左右丞以下，諸司郎中略如京省。又有食貨監一人，丞二人，掌膳羞、財物、賓客、帳具、音樂、醫藥；有農圃監一人，丞四人，掌倉廩、園圃、薪炭、芻藁、運漕；有武器監一人，丞二人，掌兵械、廄牧；有百工監一人，丞四人，掌舟車、營作。監皆正八品下，丞正九品下。七年，改總管曰都督，總十州者爲大都督。貞觀二年，去『大』字，凡都督府有刺史以下如故，然大都督又兼刺史，而不檢校州事。其後都督加使持節，則爲將，諸將亦通以都督稱，唯朔方猶稱大總管。邊州別置經略使，沃衍有屯田之州，則置營田使。武后聖曆元年，以夏州都督領鹽州防禦使。及安禄山反，諸郡當賊衝者，皆置防禦守捉使。乾元元年，置團練守捉使、都團練守捉使，大者領州十餘，小者二三州。代宗卽位，廢防禦使，唯山南西道如故。元載秉政，思結人心，刺史皆得兼團練守捉使。楊綰爲相，罷團練守捉使，唯澧、朗、峽、興、鳳如故。建中後，行營亦置節度使、防禦使、都團練使。大率節度、觀察、防禦、團練使，皆兼所治州刺史。都督府則領長史，都護府則領都護，或亦別置都護。都督府有掾，有屬，有記室參軍事，有典籤，武德中省。

市令一人，從九品上。掌交易，禁姦非，通判市事。

貞觀十七年廢市令。垂拱元年復置。都督府、三都、諸州，各有市丞一人，佐一人，史二人，帥三人，分行檢察；倉督二人，顯莅出納；史二人。下州省丞。

大都護府　大都護一人，從二品；副大都護二人，從三品；副都護二人，正四品上；長史一人，正五品上；司馬一人，正五品下；録事參軍事一人，正七品上；録事二人，從九品上；功曹參軍事、倉曹參軍事、戶曹參軍事、兵曹參軍事、法曹參軍事各一人，正七品下；參軍事三人，正八品下。

上都護府　都護一人，正三品；副都護二人，從四品上；長史一人，正五品上；司馬一人，正五品下；録事參軍事一人，正七品下；功曹參軍事、倉曹參軍事、戶曹參軍事、兵曹參軍事各一人，從七品上；參軍事三人，從八品上。

都護掌統諸蕃，撫慰、征討、敍功、罰過，總判府事。

上鎮，將一人，正六品下；鎮副二人，正七品下；倉曹參軍事、兵曹參軍事各一人，從八品下。中鎮，將一人，正七品上；鎮副一人，從七品上；兵曹參軍事一人，正九品下。下鎮，將一人，正七品下；鎮副一人，從七品下；兵曹參軍事一人，從九品下。每鎮又有使一人、副使一人。凡軍鎮，二萬人以上置司馬一人，正六品上；增倉曹、兵曹參軍事各一人，從七品下。不及二萬者，司馬從六品上，倉曹、兵曹參軍事正八品上。

上戍，主一人，正八品下；戍副一人，從八品下。中戍，主一人，從八品下。下戍，主一人，正九品下。

鎮將、鎮副，戍主、戍副，掌捍防守禦。凡上鎮二十，中鎮九十，下鎮一百三十五；上戍十一，中戍八十六，下戍二百四十五。倉曹參軍事，掌儀式、倉庫、飲膳、醫藥、付事、句稽、省署鈔目、監印、給紙筆、市易、公廨。中鎮則兵曹兼掌。兵曹參軍事，掌防人名帳、戎器、管鑰、馬驢、土木、謫罰之事。

上鎮有録事一人，史一人，倉曹佐一人、史二人，兵曹佐、史各二人，倉督一人、史二人。中鎮，録事一人，兵曹佐一人、史四人，倉督一人、史二人。下鎮，録事一人，兵曹佐一人、史二人，倉督一人、史一人。凡軍鎮，五百人有押官一人，千人有子總管一人，五千人又有府三人、史四人。上戍，佐一人、史二人；中戍，史二人；下戍，史一人。唐廢戍子，每防人五百人爲上鎮，三百人爲中鎮，不及者爲下鎮；五十人爲上戍，三十人爲中戍，不及者爲下戍。開元十五年，朔方五城各置田曹參軍事一人，品同諸軍判司，專莅營田。永泰後，諸鎮官頗增減開元之舊。

清・吳任臣《十國春秋》卷一一四《十國百官表》

吳	南唐	前蜀
天下兵馬大元帥 副元帥 元帥府左右司馬	諸道兵馬大元帥 諸道兵馬元帥 諸道副元帥	
齊國左右丞相 齊國內樞使 齊國內樞判官 齊國內史舍人		
金吾衛大將軍 左右衛上將軍 將軍 左右驍衛將軍 將軍 左右雄武大將軍 統軍 都指揮使 軍使 左右龍武大將軍 統軍 左右威衛大將軍 將軍 左右監門衛將軍 左右宣威統軍 左右牙都指揮使 左右牙指揮使 牙內馬步都指揮使 牙內指揮使 左右軍都軍使 內外馬步軍都指揮使 副指揮使 控鶴都虞候 控鶴軍使 拔山都指揮使 黑雲都指揮使 指揮使 黑雲都將 黃頭都虞候 內外馬步都軍使 副使 元從指揮使 左右廂馬步都虞候 左右都押牙	左右衛上將軍 大將軍 將軍 左右監門衛上將軍 大將軍 將軍 左右千牛衛上將軍 大將軍 將軍 千牛備身 左右金吾衛大將軍 左右神武衛大將軍 統軍 左右羽林軍大將軍 左右神衛使 左右衛聖統軍 侍衛都軍使 侍衛諸軍都虞候 侍衛軍虞候 龍武軍都虞候 神衛軍都虞候 諸衛巡官 馬步都校	統軍 上將軍 將軍 判六軍 左右都押牙 馬步都指揮使 左右龍武軍都指揮使 左右神勇軍使 左右金吾大將軍 將軍 京城內外馬都指揮使 御營使 保鑾軍使 決勝都知兵馬使 決雲軍虞候 定戎團練使 防城使 武勇軍使 永寧軍使 懷勝軍使 大昌軍使 左右定遠軍使 刁子都虞候 天武神機營使
征南大將軍	冠軍大將軍	東院開府
鎮西大將軍	鎮國將軍	西院開府
鎮東大將軍		
安西大將軍		
平南大將軍		
諸道都統 副都統 諸道行營副都統 都尉 都督中外諸軍 都招討使 副招討使 行營招討使 行營都指揮使 統軍使 諸軍都虞候 應援使 遊奕使 都知兵馬使 馬步軍都指揮使 先鋒指揮使 樓船軍使 監軍 都統判官 馬步判官	大都督 諸軍都監 行營諸部署 行營招討使 營屯都虞候 諸軍虞候 行營糧料使 行營應援使 監軍使 先鋒橋道使 戰棹都虞候 屯營使 巡檢使 統軍使沿淮都巡檢 沿江都部署凌波都虞候 都押牙軍使 都城烽火使	諸路行營都統 行營都制置使 都招討 招討副使 第一招討 第二招討 第三招討使 第四招討使 應援招討使 招討馬步使 招討判官 行營安撫使 行營兵馬使 開道都指揮使 隨駕清道指揮使 清道指揮使 排陣使 捉生將

節度使知軍府事 副大使 行軍司馬 行軍副使 判官 掌書記 推官 巡官 衙推 館驛巡官	制置使	觀察使 判官 推官	團練使 副使
節度使 副大使 知節度使留後 行軍司馬 副使 判官 支使 掌書記 推官軍事推官 巡官 衙推 館驛巡官	制置使	觀察使 副使 判官	團練使 副使 判官
節度使 留後 副使 判官	制置指揮使	觀察使	團練使

後蜀	
南漢	
楚	天策府學士 左司馬 右司馬 天策府都尉 天策軍使 天策副都軍使 天策府內押牙
吳越	元帥府牙內都指揮使 判官 掌書記 典謁

判六軍諸衛 六軍副使 左右威衛將軍 左右領軍衛將軍 都知殿直 左右廂馬步軍都指揮使 奉鑾肅衛都指揮使 奉鑾肅衛馬步都指揮使 左右匡聖馬步都指揮使 左右衛聖諸軍馬步都指揮使 捧聖控鶴都指揮使 左右驍銳馬軍都指揮使 衙內馬步都指揮使 牙內都指揮副使 親衛馬步都指揮使 左右千牛衛上將軍 左街都巡檢使 奉鑾肅街都虞候 義軍指揮使 義勝軍左右牙指揮使 義勝都頭 殿直四番都知領 定遠左右指揮使 左右衛山指揮使 左右飛棹指揮使 義寧指揮使
上將軍 將軍 指揮使
順天將軍 六軍使 六軍副使 親從都指揮使 牙內都指揮使 內外巡檢侍衛指揮使 牙內侍衛指揮使 長直都指揮使 在城都指揮使
金吾衛大將軍承制加官 左千牛衛大將軍承制加官 右武衛大將軍 右驍衛將軍 武勇都指揮使 武勇都知兵馬使 上武勇都監使 武勇隊主 武勝軍都指揮使 武安都指揮使 內城都指揮使 三城都指揮使 內牙諸軍都指揮使 內牙指揮使 牙內先鋒都指揮使 內都監使 內牙上右都監使 右都監 都監使 親從都指揮使 鎮國都指揮使 鎮武都指揮使 內外馬步都統軍使 內牙統軍使 內牙上右統軍使 龍武統軍 上統軍使 兩浙諸軍都鈐轄使 上直諸軍都鈐轄使 武林檢校察諸軍事 親衛第三都指揮使 親巡都指揮使 馬軍廳事指揮使 土客諸軍安撫使

左右牢城指揮使 西班將軍 左右肅邊 指揮使 靜南軍使 都虞候 緣邊諸柵屯駐都指揮使 緣邊諸柵都指揮使副使 護聖控鶴都指揮使 兩川牙內馬步都軍事	大都督 行營都統 都總轄 行軍馬步都部署 行營副都部署 兵馬都監 都押牙 押牙 行營招收討伐使 行營招討使 都招討使 副招討使 監押 先鋒都指揮使 先鋒指揮使 先登指揮使 馬軍都指揮使 步軍都指揮使 戰櫂都將 都巡檢 制置招討使 馬步使 軍事判官
	諸道兵馬都元帥 兵馬元帥 副元帥 都統 副都統 統軍使 土軍都知兵馬使 招討使 巨象指揮使 巨艦指揮使 決勝指揮使 供軍巡官
	護軍 中尉 領司馬 監軍 行營都統 判官 掌書記 都押牙 都指揮使 副指揮使 指揮使 中軍使 水軍都指揮使 水軍副指揮使 戰棹都指揮使 決勝指揮使 決勝副指揮使 馬步軍指揮使 軍使
保城都指揮使 羅城指揮使 親軍都頭都抽領 都押牙 內直殿十將 右直都知兵馬使 上直都指揮使 中直都指揮使 上直都知兵馬使 上直副兵馬使 內牙都虞候 牙將 十將 都將 廂將 永寧鎮使 鸞手校尉吳越後避忠獻王諱，凡官名左者皆作上，如上統軍使、上內都監使是也	招討收復都指揮使 四面都指揮使 北面都知兵馬使 東面都知兵馬使 馬步都知兵馬使 指揮使 右副指揮使 諸軍都虞候 行營應援使 水陸都游奕使 江海遊奕都虞候 防遏指揮使 客軍指揮使 行營司馬

節度使知軍府 留後 判某軍事 行軍司馬 副使 判官 掌書記	制置使	觀察使 判官 推官	處置使	團練使
節度使 副使 掌書記 判官		觀察使 判官		團練使
節度使留後 副使 判官 掌書記 推官 巡官	制置使	觀察使 判官 推官 觀察度支使		
節度使 副大使知某軍知某節度事 留後 行軍司馬 行軍副使 節度討擊副使 副使 判官 推官 節度都押牙 節度左右押牙 節度散將 下將 軍事判官	制置使	兩浙觀察使 觀察支使 觀察押牙		團練使

閩	判六軍諸衛事 判六軍六軍判官	大將軍 上軍使 都押牙 羽林統軍使 大金吾衛將軍 拱宸都指揮使 控鶴都指揮使 牙內都指揮使 親從都指揮使 元從都指揮使 四門指揮使 督南都內外諸軍 統軍使 統軍副使 兵馬使 副兵馬使 散指揮使 右軍押牙
荊南	都指揮使 水手都指揮使	雲猛指揮使 指揮使 右都押衙 客將 左衙都將 右衙都將
北漢	大內都點檢 駙馬都尉	侍衛親軍都指揮使 侍衛親軍使 拱衛都指揮使 拱衛指揮使 左勝軍使 左右金吾衛大將軍 宿衛殿直行首 散指揮使 柵主

軍將 行營都統 行營招討制置使 馬步行軍都校 馬步軍都軍使 中軍使 飛捷指揮使 樓船指揮使 都教練使 監軍	節度使 留後知軍州副使 掌書記 判官 推官 巡官 大録事 大從事		
	節度副使 行軍司馬 掌書記 判官		
都督 都統 行軍都部署 都監 兵馬都監 招討使 副招討使 馬步軍都指揮使 兵馬使 副兵馬使 監軍 前鋒都指揮使 招收指揮使 捉生指揮使	節度使 判官 推官	團練使	觀察使

藝文

唐·常建《常建詩集》卷三《送李大都護》　單于雖不戰，都護事邊深。君執幕中秘，能爲高士心。海頭近初月，磧裏多愁陰。西望郭猶子，將分淚滿襟。

唐·張九齡《曲江集》卷四《送趙都護赴安西》　將相有更踐，簡心良獨難。遠圖嘗畫地，超拜乃登壇。戎即崑山序，車同渤海單。義無中國費，情必遠人安。他日文兼武，而今粟且寬。自然來月窟，何用刺樓蘭。南至三冬晚，西馳萬里寒。封侯自有處，征馬去嘽嘽。

唐·殷璠《河嶽英靈集》卷中《崔顥〈送單于裴都護〉》　征馬出翩翩，城秋月正圓。單于莫近塞，都護欲臨邊。漢驛通烟火，胡沙乏水泉。功成須獻捷，未必去經年。

唐·劉禹錫《劉賓客文集》卷八《天平軍節度使廳壁記》　元和十四年春二月，王師平河南負固之地十有二州。憲宗視地圖戶版，俾參其地。三月，有詔：其以曹、濮隸鄆爲一隅，按部三郡，統兵三萬，乃新其軍，錫號天平。蓋承天威以平暴悖，志勳揚休，在稱爲雄。新邦始倈，污俗猶用。朝廷革之以漸，故命功臣或辦吏以帥焉。大和三年冬，天平監軍使以故侯病聞。上方注意治本，乃以牙璋玉節鼎右僕射官稱，賜東都留守令狐公曰：『予擇文武惟汝兼，前年鎮汴州有顯庸，往年弼憲宗有素貴。徒得君重，剛吾四支。』公西拜稽首，登車有耀。不踰旬抵治所，夾清河而域之。

惟鄆州在春秋爲須句之國，涉漢爲濟東，蓋禹貢兗州之域。宣精在上，奎爲文宿；畫野在下，魯爲儒鄉。故其人知書，風俗信厚。天寶末，大憝起於幽都，虜將因兵鋒取其地。右勇左德，積六十年。公之來思，如古醫之治劇病，宣洩頤養，氣還神復。大凡抗詔條國式於身以先之，示菲約以裕人，信賞罰以格物。物力日完，人風自移。涉月報政，踰年鼎治。牙門之容，暨暨而恭；壘門之容，仡仡而和；里中之容，闃闃而遂。勞者以安，去者以歸。分星不搖，田祖降福。凡革前非，罷供第無名錢歲鉅萬，菽粟如之，錦繒且千兩。去苛法急徵、毀家償租之令，故流庸自占四萬室。衆無吁咨，和氣乃來。三田仍稔，草木咸瑞。豈偶爾哉？

初，斯堂西墉有刺史記，而元戎雄尊之位虛其左方，豈有待邪？公命愚志之，俾來者仰公知變風之自。大和五年夏四月二十六日記。

又《山南西道節度使廳壁記》　文皇帝初元，始畫天下爲十道。古荆、梁之地舉曰山南，厥後析爲東西。天漢之邦，實居右部。按梁州爲都督治所，領十有五州，縣道帶蠻夷，山川扼隴、蜀，故二千石有採訪、防禦之名。兵興多故，其任益重。澄清節鉞，二柄兼委。

建中末，德宗南巡狩，偃翠華而徘徊，簫勺之音洽于巴、漢。戡難清宮，六龍言旋，迺下詔復除征繇，升州爲府。等威班制，與岐、益同。地既尊大，用人隨異。故自興元至大和，五十年間，以勳庸佩相印者三，以蓍明歷眞相者九，由台席授鉞未幾復入相者再焉。磊落震耀，冠于天下。去年夏四月，今丞相趙郡公徵還泰階，遂命左僕射燉煌公往踐其武。歸之九相，及公而十焉。

初，公自河陽節度使入操國柄。其後鎮宣武以禮悛獷悍，治天平以清去掊克，居大鹵以仁蘇荐饑。今來是都，躡二三大君子之躅。道同氣協，無所改更，如鼓和琴，布指成韻。羌夷砥平，旱麓發生。人無左言，樂有夏聲。俗既富庶，居多閒暇。圜視府局，素闕者補之。

先是公堂嘗爲行殿；人不敢斥，別營佚居。應門有閌，棨戟未具。公乃條白上言，詔下有司，可其奏。軍門肅清，方有眉目，趨而入者聳然生敬焉。惟梁，山國也，其節用虎。出揚其威，入貯宜潔。舊處仄陋，黷其雄稜。公遂分宅之別齋，且據便地，暑曰節室，卜剛日乃遷焉。敬君命而壹民心，軍中增氣而知禮。戟衣既垂，師節既嚴，流眄屋壁，見前修之名氏列于坐右。第有梁州刺史鼎興元尹記，與今稱謂不合。因發函進牘于不佞，且曰：我已飾東壁，以新志累子。於是按南梁故事，起自始登齋壇之後爲記云。時開成二年，歲在丁巳，春二月某日記。

雜録

宋・宋敏求《唐大詔令集》卷五九《大臣・將帥・命將・郭子儀兵馬副元帥制》　制：昔伊尹與湯合，傅説與高宗合，尚父與周合，故哲后良臣，莫不至合。非賢不乂，有開必先，久大之業。公上略宏才，博信明誼，受我旄鉞，輯寧區夏。典器銘勳，高視前古，實邦家之傑，豈獨爲予？社稷之衛，可獨弼予。節制咨謀，安危斯屬，懼朕之不稱也。往惟欽哉。司空子儀可兵馬副元帥，主者施行。至德二年四月十日。

又《郭子儀東京畿山東河南諸道元帥制》　時屬艱難，用勤師旅，元帥之任，必藉廟謀。苟非人傑，孰允朝寄。司徒兼中書令朔方節度副大使子儀，風雲有感，星象降生，秉文武之姿，懷經濟之器，自兇狂搆禍，區宇未寧，蘊忠貞以立身，資義勇而成務。加其識度弘遠，謀略沖深，張飛乃萬人之敵，郤縠是三軍之帥。故能掃清强寇，收復二京，建兹大勳，成我王業。雖少康嗣位，夏靡贊其功，光武中興，鄧禹集其事。以今觀古，未足多之。但以氛祲未清，軍戎是急，爰求碩德，伏以師貞，宜承重委，克濟多難。可充東京畿及山南東道并河南諸道元帥，仍權知東京留守。乾元元年三月三日。

又《李光弼副知行營事制》　元帥之任，實屬於師貞，左軍之選，諒資於邦傑。自非道申啓沃，學貫韜鈐，則何以翊分閫而專征，膺鑿門而受律。求諸將相，允得其人。司空兼侍中薊國公光弼，器識弘遠，志懷沉毅，蘊孫吴之略，有文武之材，往屬艱難，備形忠勇，叶雲雷而經始，保宗社之阽危。由是出備長城，入扶大厦，茂功懸於日月，嘉績被於巖廊。屬殘寇猶虞，總戎有命，用擇惟賢之佐，式弘建親之典，必能緝寧邦家，叶贊天人。誓余丹浦之師，勦彼緑林之盜。載申朝獎，爰藉舊勳。宜副出車之命，仍踐分麾之寵。仍與天下兵馬元帥，趙王係副知節度行營事。乾元二年七月。

又《郭子儀兼邠寧鄜坊兩道節度使制》　昔周命方叔，以征獫狁；漢徵驃騎，用拓匈奴。則知戎或亂華，必有龔行之罰；師將授律，爰求濟代之材。蓋所以禁暴安人，保邦定亂，克清王略，實佇臣謀。党項小戎，敢行草竊，嘯聚郡吏，擾亂人黎，朕志在懷柔，每思鎮撫。間者或令諸將，時出偏師，務申寬人之恩，先啓招降之路。雖種落之內，頻見歸投。而蚊蚋之餘，尚有同惡，或遊魂朔塞，或剽食近畿，頗妨東作之路，尚擾居常之業。將謀靜難，實藉得人。不有社稷之臣，孰堪垣翰之業。司徒兼中書令朔方節度副使上國柱代國公子儀，當朝碩量，佐命鴻勳，吉甫有文武之才，曹參膺相之任。往者雲雷經始，區宇未寧，顧惟搆廈之初，久茂興邦之績，由是使其討伐，委以寅亮，而義心所激，權略克申。資其體國之誠，重以總戎之職，可兼邠寧鄜坊等兩道節度使，仍以鄜州刺史杜寬、新除邠州刺史桑如珪爲節度副使，分知兩道招討，而坐籌帷幄，授節軍使，載安函夏之虞，實屬勳庸之望。夫古之謀帥，必先令德，是以士會爲政，盜既出奔，馮異臨戎，人皆樂用。成兹洪伐，俟爾嘉猷。永爲蜂蠆之餘，式懋邦家之業，宜膺休命，用副朕懷。餘並如故。乾元三年正月。

又《郭子儀都統諸道兵馬收復范陽制》　朕聞昆夷作患，周王授鉞於方叔；大宛不庭，漢主委兵於廣利。則知昏迷之黨，舞干不足以懷柔；聖哲之謀，伐叛必資於用武。事將禁暴，蓋非獲已。司徒兼中書令朔方鄜坊邠寧等節度使代國公子儀，慶鍾五百，運符魚水；挺文武之宏才，蘊韜鈐之遠略；積蒼生之重望，有命代之元勳。負鼎和羹，已申於啓沃；登壇制勝，實佇於謀猷。萬里長城，倚賴攸屬。今殘妖未殄，戎事猶殷，爰資一舉之功，以靖四方之難。宜令子儀都統諸道兵馬使，管崇嗣充副使，取邠州朔方路過往收大同，横野清夷，便收范陽及河北，仍遣射生衛前六軍英武長興寧國左右威遠驍騎等左廂一萬人，馬軍三千，步軍七千人；以開府李光弼進充都知兵馬使，特進烏崇福充都虞候，右廂一萬人，馬軍三千人，步軍七千人；以開府儀同三司李鼎充都知兵馬使，特進王[牜堯]充都虞候，渭北官健一萬人，馬軍二千人，步軍八千；以開府辛京杲充使朔方留後蕃漢官健八千人，馬軍八百，步軍七千二百人；以兼御史中丞任敷渾釋之同充使，蕃漢部落一萬人，馬軍五千，步軍五千人；以御史中丞慕容兆，與新投降首領奴賴，同統押充使，鄜坊等州官健一萬人，馬軍一千，步軍九千人；以攝御史中丞杜冕充使，寧州官健一萬人，馬軍一千人，步軍九千人；以攝御史中丞桑如珪充使，涇原防禦官健二千人，馬軍五百人，步軍一千五百人；以大將軍閻英奇充使，蒐乘練卒，籍馬賦軍。合四海以齊心，率九夷而同力。金鼓作氣，鐵騎爭雄。欲野噴山，殷天動地。以仗順之師旅，討從逆之凶徒。人事天時，指期可定。今將略高聞，出雲中，驅蚊蚋於幽燕，掃欃槍於鞏洛，削平天下，混一車書，然後獻凱清廟，策勳盟府，尅寧區夏，豈不盛歟！兵馬既衆，恐路次難爲供應，仍備六十日程糧馱遣發馬畜草料。所在量事支供，不得妄有煩擾百姓。仍委子儀即差人先於諸道計會，分般次進發，仍與回紇兵馬犄角相應，逐便討除，所關軍務，應須處置。並委子儀續具狀奏聞。上元元年九月。

又《李鼎隴右節度使制》　敕：勇而多謀，是資兼領；有則益辨，實仗宏才。開府儀同三司行鳳翔尹兼御史大夫充本府及秦隴興鳳成等州節度觀察使保定郡開國公李鼎，識用通明，智略深遠。攻守之志，不憚勤勞。報效之誠，無忘夙夜。頃以岐陽近甸，王業大都，爰藉政能，委之鎮緝，下車未幾，克樹奇功，寇盜底寧，聲謠載洽，眷茲隴外。戎馬要衝，時屬艱虞，尤資式遏，制勝千里，諒在伊人，必當振我師徒，展茲籌畫，兼弱攻昧，在此行焉。可持節都督鄯州諸軍事鄯州刺史隴右節度營田等使，餘並如故。上元二年六月。

又《李若幽朔方節度使賜名國貞制》　保大定功，事資於弘量；坐籌決勝，政總於中軍。今在必行，寇不可翫。欲清小醜，須委大臣。中大夫守殿中監賜紫金魚袋李若幽，宗室英髦，士林楨幹，出忠入孝，抱質懷文。苞果斷之深謀，蘊韜鈐之祕略。累登清貫，克振休聲。尹正兩京，奸豪屏息；紀綱三蜀，邛僰乂安。庶黎賴其強明，縉紳推其利用。今河洛之境，未殄餘氛；晉魏之郊，比仍多壘。山河襟帶，關輔要衝。東盡太行，南隣魏汭，擁旄亘野，精騎成羣。必俟元戎，以清妖孽。靜言其選，允謂當仁。地官高步於六卿，亞相作程於百辟。綜斯劇務，朝選攸歸。宜兼領護之權，以副師貞之吉。可户部尚書兼御史大夫持節充朔方鎮西北庭興平陳鄭等州節度行營兵馬及河中節度都統處置使，鎮于絳，仍賜名國貞。上元元年八月。

又《郭子儀汾陽郡王知朔方行營制》　命將之選，當仁實難。非夫文可經邦，不能安人和衆；武可禁暴，罔以克敵成功。允藉宏才，爰申錫命。司徒兼中書令靈州大都督府長史單于鎮北大都護持節充朔方節度關内支度營田鹽池押諸蕃部落副大使知節度事六城水運使兼邠寧鄜坊等道節度副大使上柱國代國公子儀，河嶽間氣，巖廊重寶，器量深識，寬而有謀，術應通方，用而無滯。自經艱阻，實擁旌旄，遂能克復二京，折衝千里。厥戎將殄，時乃之功。久勤啓沃，載竭忠讜，人所望也，天實賚予。今殘寇未寧，興師頗廣，雖鎮守經制，已有區分；而籌畫指麾，必資專制。將軍辭第，無以家爲；丞相憂邊，思平國難。固以訏謨之命，宜申總統之威。其將戡定外虞，澄清列郡，光膺藩屏之寄，式崇社稷之勳。對揚休命，以永終譽。可封汾陽郡王、知朔方河中北庭潞儀澤沁等州節度行營兼興平定國等兵馬副元帥，仍充本管内觀察處置使。餘如故。元年建辰月。

又《僕固懷恩朔方節度使制》　工部尚書兼御史大夫隴右觀察處置等使大寧郡王僕固懷恩，經武大才，濟時良具，今以寇窮河洛，思用討除，宜輟務於西陲，俾廓清於東夏。可充朔方行營節度使，本官封如故。寶應年□月。

又《常袞〈李抱玉河西等道副元帥制〉》　敕：周以元老監方伯，漢以丞相撫四夷，則治軍興國之務，中外一體。自華陽而西，至於隴坂，涉河之右，兼控五原，總三將之師，專萬里之寄，詰禁經武，宜有統制，憂邊謀帥，深仗輔臣。開府儀同三司行兵部尚書同中書門下平章事潞州大都督府長史知鳳翔府事充懷鄭澤潞觀察處置等使仍充南道通和蕃秦隴臨洮已來觀察處置等使上柱國涼國公李抱玉，文以經邦，德以鎮俗；孝友忠信，人之模表；禮樂政刑，朝之訓式。以道匡朕，允升大猷。參聽斷之可否，載清静以寧一。兼委戎旅，屏於方夏。智謀變化，潛合神明。將校悦從，親如父子。事出韜鈐之外，功成戰伐之前，勤勞王家，以衛社稷。有致君庇人之績，冠旂常彝鼎之銘。故以國之憑倚，久任憂患，兵車之半，悉以啓之，當不憚煩，以時鎮定也。可兼充山南西道觀察處置支度營田等使判梁州事隴右懷鄭潞澤等州使如故，充山南西道河西隴右等道副元帥。

又《陸贄〈馬燧渾瑊副元帥同招討河中制〉》敕：天地殊位，君臣異制。苟不率道，兹爲亂常，退而增修。於是有舞干之義，諭以遷善；於是有文告之辭，若猶不悛，乃用致討。興戎動衆，豈得已哉。李懷光擢自軍候，委之節制，亟有勞績，累加寵榮，總衆駿奔，自遠赴難，解圍逐寇，朕甚德之。位極上台，寄崇統帥，親之若同體，信之無間言，朕於斯人，亦已厚矣。而器小任重，固貽顛覆，有功自棄，無過自疑，崇信讒邪，脅逐將帥，養寇資亂，蓄奸幸災。朕素所推誠，尚謂非實，優容任過，坦然如初。凶德既盈，醜跡彌露，謀危社稷，通結渠魁，公相往來，無復避忌，窮極凶悖，所不忍言。朕播遷巴梁，遠違陵寢，大懼失墜，爲列聖羞。賴先澤在人，兆庶知感，朔方將校，忠節不渝。懷光既阻奸謀，詭稱效順，累陳款疏，請詣闕庭。朕深惟舊勳，務欲全貸，授以師傅之任，疇其井賦之食。璽書勞問，誓以終始。懷光遂殺辱使臣，完聚守備，將以悖慢之罪，加於忠義之軍，因兹脅從，冀與同惡，謂衆可罔，謂天可欺。覆載所不容，人神所共棄。討除大憝，招輯非辜，爰資輔臣，以董戎寄。銀青光禄大夫檢校司空平章事兼太原尹北京留守充河中保寧軍節度觀察處置度支營田等使北平郡王馬燧，操業端亮，氣宇弘遠；秉難奪之節，負不羈之才；恒持至公，深識大體；感激而三軍有勇，彌綸而庶績允諧；威聲所臨，郡邑皆服；殿於北土，隱若長城。元從奉天定難功臣開府儀同三司守侍中兼靈州大都督充靈鹽豐夏等州節度管内支度營田觀察處置押蕃部落等使仍充朔方軍邠寧振武奉天永平等軍行營節度兵馬副元帥上柱國樓煩郡王渾瑊，純粹積中，仁厚成性；藴寬大以容衆，著誠信以撫人；事必沉詳，臨危益辨，節惟貞固，在險逾彰，弘濟艱難，懋昭勤伐，出納朕命，光膺具瞻；並文武全才，安危注意，副我憂屬。時惟二臣，比德叶謀，往清多難。燧可兼充奉誠軍及晉慈隰等州節度幷管内諸軍行營兵馬副元帥，餘並如故。瑊可兼河中尹充河中絳州節度觀察處置等使仍充河中同絳陝虢等州節度及管内諸軍行營副元帥，功臣開府本官勳封並如故。嗚呼！朕之不明不敏，失於君道，連禍未息，勞師靡居，中心自咎，鬱若焚灼。又以朔土之衆，大著忠勞，横遭汙脅，深所憫惜，爾其敬敷朕命，明諭朕懷，務於招綏，非黷威武。惟輸誠歸順，罔有不赦。惟執迷拒順，罰止元兇。寧失不經，無濫非罪。列爵懸賞，用俟勳賢。布告遠邇，咸令知悉。

又《李晟鳳翔隴右節度使兼涇原副元帥制》敕：周之元老，以分陝爲重；漢之丞相，以憂邊見稱。故方岳克寧，疆埸不聳，安人保大，致理之端，今所以重煩上台，作鎮西土。奉天定難功臣司徒兼中書令充神策軍節度京畿渭南渭北商華等州兵馬副元帥京畿渭南鄜坊丹延等州節度觀察處置等使上柱國合川郡王李晟，厲精剛之操，體博厚之德。識時變通，而大節不奪；虚受廣納，而獨斷自明。奉法以身，論功先下。衆無犯命，人用樂從。懷德畏威，令行禁止。誓郡帥於危疑之際，駐孤軍於板蕩之中。氣凌風雲，誠動天地。一鼓而凶徒懾北，再駕而京邑廓清。師皆如歸，人不知戰。載安宗社，功格皇天。而明誠秉彝，清風激俗；雅尚恬曠，撝謙有光。朕以汧隴近郊，扶風右地，川阜連亘，抵於回中，限界諸戎，藩屏王室，所屬誠重，允付元臣，兼二將之甲兵，崇十連之統帥，宣威耀德，罷警息人。俾予仰成，時乃之烈。可兼鳳翔尹充鳳翔隴右涇原節度兼管内及四鎮北庭行營兵馬副元帥，改封西平郡王，功臣本官兼官勳如故。興元元年八月四日。

又《劉洽宋亳兵馬都統制》敕：論道經邦，允歸碩望，建牙統衆，必藉雄才。中外具瞻，安危注意。今以二柄，付之元臣。開府儀同三司檢校尚書左僕射同中書門下平章事使持節宋州諸軍事兼宋州刺史充宣武軍節度支度營田宋亳潁等州觀察處置等使仍權知汴滑宋亳等道都統兵馬事上柱國懷德郡王劉洽，秉志端亮，飭躬簡儉。博厚足以容衆，和易足以長人。純孝榮親，盡忠事國。分我閫寄，殿於大邦。扼制淮夷，保鄣楚甸。戎捷繼至，軍聲載揚。殪羣凶於宛丘，驅大憝於梁野。控引漕輓，委輸京師。嘉乃異勳，懋乃貞節。用錫丕命，俾揚洪休。燮贊三台，紀綱郡邑。是式大任，爾惟欽哉。可檢校司空、同中書門下平章事。依前充宣武軍節度度支營田宋亳潁管内兵馬都統，散官勳封如故。

又《范希朝京西行營節度使制》 古之命將帥，修封疆，在於整軍，非以耀武。故繕理亭障，訓齊車徒，以中國威，以固王略。非誠節茂著，無以分統六師；非勳績彰明，無以並護諸將。副兹重任，實在忠賢。特進檢校右僕射兼右金吾衛大將軍充街道使成紀男范希朝，有貞臣之節，有良將之風。識達武經，學綜兵革。臨事能斷，好謀而成。嘗領元戎，鎮於朔野。控河上之塞，驅漠南之庭。修其政刑，諭以威德。士吏嚮慕，裔夷綏懷。入覲京師，策勳王府，洎司警衛，禁旅增嚴。直道彌彰，嘉庸茂著。固可以總統北路，節制西陲。成魏絳和戎之勳，振晁錯備邊之策。俾異俗率化，穡人成功，師乘以和，烽候無警；懋昭丕績，時乃之休。可開府儀同三司、檢校左僕射、兼右神策京西諸城鎮行營兵馬節度使，封如故。貞元　年月

首都政府機構部

綜　述

《隋書》卷二八《百官志下》 京兆郡，置尹，丞，正，功曹，主簿，西曹，金、户、兵、法、士等曹佐等員。并佐史，合二百四十四人。

唐·杜佑《通典》卷三三《職官一五·京尹》 隋京兆郡置尹并佐吏，合二百四十四人。大唐京兆府本爲雍州，置牧一人，以親王爲之。太宗爲秦王、中宗爲英王、睿宗爲相王時，並居其任，多以長史理人。開元元年，改雍州爲京兆府，置牧如故。掌宣風導俗、肅清所部。或以親王居閣而遥領焉。初雍州置别駕，以貳牧之事。永徽中，改别駕爲長史。開元初，改雍州長史爲京兆尹，總理衆務。凡前代帝王所都，皆曰尹。南朝曰丹陽尹，後魏初曰代尹，東魏曰魏尹，齊曰清都尹。

留守，周之君陳，似其任也。此後無聞。【略】後魏孝文南伐，以太尉元丕、廣陵王羽留守京師，並加使，持節。大唐留守之制，蓋因此也。高宗儀鳳元年，司農卿韋機爲東都留守。時有道士朱欽遂，爲中宫所使，至都所爲横恣，機執而囚之，因奏曰：『道士假稱中宫驅使，依倚形勢，臣恐虧損皇明，爲禍患之漸。』高宗特發中使賜書慰諭，仍云不須漏泄。武太后臨朝，垂拱三年，文昌右丞相蘇良嗣爲京留守。時尚方監裴匪躬檢校京苑，將鬻苑中果菜，以收其利。良嗣駁之曰：『昔公儀相魯，猶能拔葵去織未聞萬乘之主鬻其果菜，以與下人爭利。』

唐·李肇《唐國史補》卷中 憲宗久親政事，忽問：『京兆尹幾員？』李吉甫對曰：『京兆尹三員，一員大尹，二員少尹。』時人請之善對。

唐·趙璘《因話録》卷二《商部上》 柳元公初拜京兆尹，將赴府上，有神策軍小將乘馬不避，公於街中杖殺之。及因對，憲宗正色詰公專殺之狀。公曰：『京兆尹天下取則之地，臣初受陛下奬擢，軍中偏裨，躍馬衝過，此乃輕陛下典法，不獨侮臣。臣杖無禮之人，不打神策軍將。』上曰：『卿何不奏？』公曰：『臣只合決，不合奏。』上曰：『既死，合是何人奏？』公曰：『在街中，本街使金吾將軍奏；若在坊内，則左右巡使奏』。上乃止。

宋·王溥《唐會要》卷六七《留守》 貞觀十七年，太宗親征遼東，令太子太傅房玄齡充京城留守，詔曰：『公當蕭何之任，朕無西顧之憂矣。軍戎器械，戰士糧廪，並委卿處分發遣。』東都留守，以蕭瑀爲之。

咸亨二年正月七日，高宗幸洛陽，以雍州長史李晦爲西京留守，顧謂曰：『關中之事，一以付卿。但令式踻人，不可以成官政。令式之外，有利於人者，隨卽行，不須聞奏』。

儀鳳元年十一月四日，司農卿韋弘機爲東都留守。時有道士朱欽遂。爲中官所使至都，所爲横恣，弘機執而囚之，奏曰：『道士假稱中官驅使，依倚形勢。臣恐虧損皇明，爲禍患之漸。』高宗特發中官，賜書慰論，仍曰：『不須漏洩。』

垂拱三年，文昌右丞相蘇良嗣爲京留守。時尚方監裴匪躬檢校京苑，將乘之至鬻苑中果菜，以收其利。良嗣駁之曰：『昔公儀相魯猶能拔葵去織。未聞萬乘之主，鬻其果菜，以與下人争利也。』

神龍二年三月，侍中蘇瓌充西京留守。時祕書監鄭普思謀爲妖逆，

雍、岐二州妖黨大環。收普思繫獄，考訊之。普思妻第五氏，以鬼道爲韋庶人所寵，居止禁中。由是中宗特敕慰諭，令環釋普思之罪。環上言，普思幻惑，罪當不赦。尚書左僕射魏元忠奏曰：『蘇環長者，其忠懇如此，願陛下察之』。遂配流普思於嶺外。

開元十一年正月二十八日敕：『太原尹爲留守，少尹爲副留守。』七月五日敕：『三都留守，兩京每月一日起居，北都每季一起居，並遣使。行幸未有處，其三都留守三日一起居。暫出行幸發處，留守亦准此遞表。』

元和三年五月敕：『承前東都留守，無防禦使名，往因權宜，遂有制置，俾從省便，以復舊章。其東都畿汝州都防禦使及副使，宜停。所管將士六千七百三十八人，數内見所管將士都防鎮及宮苑中、營田、河陰、陽翟、偃師等縣鎮遏使，共四千六百三十人，委留守收管。襄城、葉縣鎮遏使，共二千一百人，委汝州防禦使收管。』其年七月，復置東都留守防禦兵士七百人。

九年十月敕：『東都留守，創立新軍，所召將士，切資精選，要得府縣共詳簿書。況分正副留守，抑惟舊典，宜令河南尹裴次玄以本官充東都副留守。』其月，以尚書左丞呂元膺爲檢校工部尚書充東都留守。舊例，留守必賜旗甲，與方鎮略同。及元膺受任，竟無所賜。朝論以東有寇虞，特用元膺，尤不當削其儀，以沮威望。諫官上疏，援華、汝、壽三州例，賜戎械，居守之重，固宜寵借。上曰：『此數處並不當與。』其後遂皆停。

十年十二月，東都防禦使呂元膺請募置山棚子弟，以衛宮城。東都西南聯鄧，虢，山谷曠遠，多麋鹿猛獸。人習射獵，不務耕稼，春夏以其族黨遷徙無常，俗呼爲『山棚』。前留守權德輿知其可縻而用，將請之。會詔徵故元膺繼請焉。

長慶二年七月，以前義成軍節度使陳楚爲東都留守，判尚書省事、東畿汝州防禦使。故事，東都留守罕用武臣，今用楚，以李㮚擾汴宋也。

開成三年九月，東都留守牛僧孺徵拜左僕射，上令左軍副使王元直賫告身宣賜。舊例，留守入朝，無中使賜詔例，上特寵異之。

又　卷六八《京兆尹》　義寧元年五月十五日，改隋京兆郡爲雍州，以別駕領州事，以韋讓爲之。

貞觀二十三年七月三日，改別駕爲長史，領州事，以高履行爲之。

開元元年十二月三日，改爲京兆府，稱西京長史，以張暐爲之。

少尹　武德元年，改隋京兆郡丞爲治中，以襄邑王神符爲之。

貞觀二十三年，改爲司馬，以劉翁孺爲之。開元元年，改爲少尹，以韋維爲之。本一員，大足元年七月二十日，加一員，分左右司馬，舊爲左，新爲右，以楊宏冑爲之。元年建寅月敕：『京尹府縣官，多避諸司奏請，避難就易，殊非奉公。自今以後，諸使、諸司、諸州改官充判官支使，隨身驅使等，准舊敕不得放去。』

廣德三年三月十一日敕：『中書門下及兩省五品以上，諸王駙馬期周以上親及女壻外甥，不得任京兆府判司、畿令、赤縣丞、簿、尉。』

大曆三年，李勉爲京兆尹，宦官魚朝恩爲觀軍容使，仍知國子監事。前尹黎幹求媚于朝恩，每候其將至監，則盛設供具，酒饌豐潔，爲百人之饌，傾府之吏以辦之。及勉莅職旬月，朝恩入監，府吏莫至。先置者請於勉。勉曰：『軍容使判國子監事，勉候於太學，軍容固宜厚其主禮。勉官忝京兆尹，軍容儻恩顧至府，豈敢不飭蔬饌乎？』朝恩深銜之，自是不復至太學。

貞元十四年，夏旱穀貴，人多流亡，京兆尹韓臯以政事不治，黜之。上召右金吾衛大將軍吴湊，面授京兆尹，即日令視事，經宿方下制。逾月，湊論奏掌内廏、彍騎、飛龍、内園、芙蓉園及禁軍諸司等使，雜供手力資課太多，量宜減省，從之。

元和四年九月，許孟容爲京兆尹。有左神策軍吏李昱假長安富人錢八千貫，三歲不償。孟容遣吏收捕械繫，剋日命還之，且曰：『不及期，當死』。自興元以後，禁軍中有功軍士益横，府縣不能制。孟容剛正不懼，以法繩之，一軍盡驚，冤訴于上。上命中使宣旨，令送本軍，孟容繫之不遣。中使再至，乃執奏云：『臣誠知不奉詔當誅。然臣職司輦轂，合爲陛下彈抑豪强，錢未盡輸，昱不可得』。上嘉其意，乃許之。自此豪右斂跡。

十三年正月，京兆少尹、知府事崔元略奏：『諸司、諸軍、諸使追府縣人吏所由及百姓等，比來府縣除賊盜外，所有推勘公事相關者，皆行公牒。近日多不行文牒，率自擒捉，禁繫之後，府縣方知。其中人吏所由，亦有姦猾，爲無憑據，妄生推枉，又難辨明。其百姓等聽被追捕，緣無公牒，多加恐動，致有逃匿。今後望降敕旨，應請諸軍、諸使要追府縣人吏百姓等，非盜賊外，並令行移文牒，所冀官曹免相侵擾。』從之。

長慶元年七月敕節文：『京兆府百姓屬諸軍、諸使者，宜令具挾名。』敕下，一戶之内，除已屬諸軍諸使，其餘及父兄子弟，據令式，年幾合入色役者，明立簿籍，同百姓例差遣。

二年閏十月，中書門下奏：『伏以所立隄防，止緣權要，今一概防閑，事誠太過。今後請應宰臣、左右僕射、御史大夫、中丞、給事、舍人、左右丞、諸司尚書、侍郎、度支與鹽鐵使在城者，并諸王、駙馬期周以上親，并女壻、外甥，請准前後敕，不得在京兆府判司、次畿令、赤縣簿、尉，其餘官不在此限』。從之。

三年四月敕：『京兆尹兼御史大夫韓愈特放臺參，以後不得爲例。』時議以爲憲司之臨府縣，著自甲令。苟害於理，自當革之。暫便一人，不得爲例，深非立制垂久之道也。

開成二年，崔珙爲京兆尹。京畿旱，奏：『滻水入内者，十分請減九分，賜貧民溉田。』從之。

三年正月，盜發親仁里，欲殺宰相李石。其賊出於禁軍，珙捕之不獲，坐奪俸。

會昌三年五月，京兆府奏：『兩坊市閒行不事家業，黥刺身上，屠宰豬狗，酗酒鬬打，及僦構關節、下脱錢物、樗蒲賭錢人等。伏乞今後如有犯者，許臣追捉。若是百姓，當時處置。如屬諸軍、諸使、禁司，奏聞。』從之。

大中三年九月，中書門下奏：『京兆府判司及兩縣簿、尉帶諸司職事。伏以列官分職，各有司存，苟或侵踰，則乖彝憲。近日判府司及兩縣簿、尉，多繫諸司職掌，遂使額外假稱，一人兼判數曹，易爲因循，難以責辦。臣等商量，自今以後，諸司職掌，改集賢館、弘文館，並不得帶府判司及兩縣簿、尉。集賢館、弘文館，仍每司不得過一員。見在諸司充職者，請勒歸本司。』敕旨依奏。

宋·王溥《五代會要》卷一九《開封府》 梁開平元年四月二十三日敕：『升汴州爲東京，置開封府，以開封、浚儀兩縣爲赤縣，其餘屬縣爲畿縣。』是月敕：『東京諸城門，宜賜名額：宋門爲觀化門，尉氏門爲高明門，鄭門爲開明門，梁門爲乾象門，酸棗門爲興和門，封丘門爲含曜門，曹門爲建陽門。』

後唐同光元年十二月，復降開封爲宣武軍節度。至天成四年五月敕：『汴州宫殿並去鴟吻，賜本道節度使爲治所，其衙署諸門園亭名額並廢』。

晉天福三年十月敕：『汴州宜升爲東京，置開封府，以開封，浚儀兩縣復爲赤縣，其餘屬縣爲畿縣。應舊制開封府時管屬縣分，並可仍舊。』其月敕：『東京諸城門，宜署名額：南面尉氏門爲薰風門，西面鄭門爲金義門，梁門爲乾明門，北面酸棗門爲玄化門，封丘門爲宣陽門；東面曹門爲迎春門，宋門爲仁和門。其牌額宜令翰林院書勒呈進。』

周顯德五年五月，賜東京城門名額：『南面三門曰朱明門、景風門、畏景門，西南二門曰迎秋門、肅政門，北面三門曰玄德門、長景門、愛景門，東面二門曰寅賓門、延春門。』又以大内舊扁賓天門爲通苑門。

又《河南府》 後唐同光三年三月，詳定院奏：『近升魏州爲東京，臣檢故事，須先定兩府。未審依舊以京兆及河南爲兩府，太原、興唐爲次府；惟復以興王之地別定府名。』敕：『故事，雍州爲西京，洛州爲東都，太原府在兩府之次。近以中興大業，以魏州爲東京興唐府，權名東都爲洛京。今後依舊以洛京爲東都，魏州改爲鄴都興唐府，與北都太原府並爲次府。』

長興三年四月，中書門下奏：『本朝都長安，以京兆府爲上，今都洛陽，請以河南府爲上』從之。

晉天福三年十月，敕改東都爲西京。

又《京兆府》 梁開平元年四月，改京兆府爲大安府，長安縣爲大安縣，萬年縣爲大年縣，仍置佑國軍節度使額。始命韓建爲佑國軍節度使至二年五月改佑國軍爲永平軍。

後唐同光元年十二月，廢永平軍額，復爲西京兆府，大安縣爲長安縣，大年縣爲萬年縣。

晉天福七年十月敕：『改西京爲晉昌軍，留守爲節度觀察使，仍依舊爲京兆府，在七府之上。』

漢乾祐元年三月，改晉昌軍爲永興軍。

周廣順元年六月，降京兆府同五府，長安、萬年縣爲次赤縣。

藝文

唐・白居易《白氏長慶集》卷三四《寄獻北都留守裴令公並序》

司徒令公分守東洛，移鎮北都，一心勤王，三月成政。形容盛德，實在歌詩。況辱知音，敢不先唱？輒奉五言四十韻寄獻，以抒下情。

天上中臺正，人間一品高。中書令，上應中臺。司徒，官一品。休明值堯舜，勳業過蕭曹。始擅文三捷，進士及第、博學、制策，連登三科。終兼武六韜。動人名赫赫，憂國意忉忉。盪蔡擒封豕，吳元濟也。平齊斬巨鼇。李師道也。兩河收土宇，四海定波濤。寵重移宫籥，自東都留守，授北京留守。恩新換閫旄。保釐東宅靜，周公、召公，東治洛宅。守護北門牢。晉國封疆濶，并州士馬豪。胡兵驚赤幟，邊鴈避烏號。令下流如水，仁霑澤似膏。路喧歌五袴，軍醉感單醪。將校森貔武，賓僚儼雋髦。客無煩夜柝，吏不犯秋毫。神在臺駘助，魂亡獫狁逃。德星銷彗孛，霖雨滅腥臊。烽戍高臨代，關河遠控洮。汾雲晴漠漠，朔吹冷颾颾。豹尾交牙戟，虯鬚捧佩刀。通天白犀帶，照地紫麟袍。羌管吹楊柳，燕姬酌蒲萄。蒲萄酒出太原。銀含鑿落盞，金屑琵琶槽。遥想從軍樂，應忘報國勞。紫微留北闕，中書令即紫微令也。緑野寄東臯。緑野堂在東都午橋莊也。忽憶前時會，多慚下客叨。清宵陪讌話，美景從遊遨。花月還同賞，琴詩雅自操。朱絃拂宫徵，洪筆振風騷。近竹開方丈，依林架桔槔。春池八九曲，畫舫兩三艘。徑滑苔粘屐，潭深水没篙。緑絲縈岸柳，紅粉映樓桃。皆午橋莊中佳境。爲穆先陳醴，居易每十齋日在會，常蒙以三勒湯代酒也。招劉共藉糟。劉夢得也。舞鬟金翡翠，歌頸玉蠐螬。盛德終難過，明時豈易遭。公雖慕張范，張良、范蠡。帝未捨伊臯。眷戀心方結，踟蹰首已搔。鸞凰上寥廓，燕雀任蓬蒿。欲獻文狂簡，徒煩思鬱陶。可憐四百字，輕重抵鴻毛。

唐・權德輿《權文公集》卷三一《京兆少尹西廳壁記》

漢制三輔丞秩六百石，至東漢秩千石。魏晉爲京兆郡，則曰治中，至隋則曰司馬，又曰贊治。國家沿前代之故，再更其名，至開元初命爲少尹。其員二，其品四，綱紀衆務，而分貳之。上助官師表則之重，而佐其慈惠，下董掾史屬城之理，而推其功善。大積而不苑，中行而有倫，和協輯睦，宣明教令。非文行政事之全者，不得居之。

貞元十六年春二月，詔弘農楊於陵字達夫自吏部郎中莅其職。先是，達夫之佐元侯也，四入御史府；登天臺也，五爲劇曹郎。懿文菁華，履行直温，折中憲令，克勤細大。是宜典司名命，列侍左右，而猶以吏理揚歷於浩穰之府。抑天之愛人，俾覆露於轂下耶？或姑閱其能，而將大授之耶？

初，西廳，少尹視事之堂，大曆中，其長黎氏，以勝勢之近，取爲亭沼，故移創於是。自後厥官罕備，居之者不推本所代，而斯宇浸廢。及達夫之拜未浹旬，其僚繼之，於是達夫徵缺員以循舊常，弘必輯以辯攸處，用宿其業而修其方。凡所顓督，武備厩置，刑書糾禁，工徒啓塞，三右曹之事。大凡天子縣内之理，無不贊也，無不亢也。稱職者或退其品而選於近侍，或進其材而擢爲大吏，佐六官，分十聯，皆其遷次然也。

以舊記湮落，慮失其傳，今斷自太極元年而下，列其名氏歲月，俾風采相屬，且爲故志云。

雜録

唐・白居易《白氏長慶集》卷四八《中書制誥一・張平叔可京兆少尹知府事制》

敕：商州刺史張平叔，爲人廉直，爲政簡惠，前後歷[府]掾、邑宰、郡守，而去思來暮之謠，繼聞於人聽焉。及副鹽鐵官，刺商雒郡，會課報政，亦甲於他官。自貞元已來，用三科取士，奉『詳明政術可以理人』之詔，而得其名有其實者，幾何人哉？平叔居其一也。能效若是，何用不臧？故事：內史缺、未補間，亞尹得行大京兆事，試可而即眞者，往往有之。故其選任，日益難重。爾宜稱所舉，慎厥職，無墮大以勤小，無急弱以緩强，夕念朝行，遵吾約束。可京兆少尹，知府事。

又　卷五五《翰林制誥二・除李遜京兆尹制》

近歲京兆，長吏數遷，誠不便時，抑有其故。或鈐鍵不謹，吏緣爲姦；或鉤距太煩，人受其弊；既非中道，皆不得已而罷之。宜求恬智，寬猛相濟者，親諭斯旨；使久於其職，以息吾人。浙江東道觀察使、御史中丞李遜，十年以來，連守四郡；或紛擾之際，或荒饉之餘；威惠所加，罔不和輯。賞其殊績，擢在大藩；自臨會稽，一如舊政。況省科禁以便俗，通津梁以息征；動遵詔條，深副朝旨。江南列鎮，良帥則多；集課程功，爾爲稱首。而内史之選，久難其人；今予所求，唯爾可使。雖表率州部，其委非輕；然尹正京師，所資尤急。宜輟材於浩壤，佇觀政於輦轂。望爾有成，無替厥命！可權知京兆尹。

唐・元稹《元氏長慶集》卷四六《盧士玫權知京兆尹制》 敕：朕日出而御便殿，召丞相已下計事，而大京兆得在其中，非常吏也。誠以爲海内法式，自京師始。輦轂之下，盜賊爲先。尹正非人，則賢不肖阿枉。奏覆隔塞，則上下不通。假之恩威，用讋豪右。具官盧士玫，自居郎署，執政者言其温重不回，守法專固。副内史事，物議歸之。日者景陵馬注：惠宗陵。將建，龜筮有時。予心怛然，懼不克濟。爾嘗倅職，應其供求。和而不同，儉而不溢，端於己事，朕甚嘉焉。試命元僚，亦既不撓。今圜丘甫及，慶澤將施，攘剽椎埋，必有幸生之者。案牘卒吏，亦當因緣爲姦。公費則多，而利不下究。惟是數者，爾司其憂，爲爾正名，無吝操剸。可權知京兆尹，餘如故。

唐・裴庭裕《東觀奏記》卷中 故事：京兆尹在私第，但奇日入府，偶日入遞院。崔郢爲京兆尹，囚徒逸獄而走，上始命造京兆尹廨宅，京兆尹不得離府。上以崔罕、郢並敗官，面召翰林學士韋澳，授京兆尹，便令赴任。上賜度支錢二萬貫，令造府宅。澳公正方嚴，吏不敢欺。委長安縣尉李信主其事，造成廨宇，極一時壯麗，尚有羨緡卻進。

道暨方鎮機構部

綜述

唐・杜佑《通典》卷三二《職官一四・州郡上・州牧刺史》 至神龍二年二月，分天下爲十道，置巡察使二十人，一道二人，以左右台及内外官五品以下堅明清勁者爲之。兼按郡縣，再朞而代。至景雲二年，改置按察使，道各一人。開元十年省，十七年復置。二十二年，改置採訪處置使，其有戎旅之地，即置節度使，仍各置印。天寶九載三月敕：『本置採訪使令舉大綱，若大小必由，是一人兼理數郡。自今以後，採訪使但訪察善惡，舉其大綱，自餘郡務所有奏請，並委郡守，不須於及。』治於所部之大郡。至德之後，改採訪使爲觀察。觀察皆並領都團練使。其僚屬隨事增置。分天下爲四十餘道，大者十餘州，小者二三州，各因其山川區域爲制。諸道增減不恒，使名沿革不一，舉其職例，則皆古之刺史云。

《舊唐書》卷一四《憲宗紀上》 史官李吉甫撰《元和國計簿》，總計天下方鎮凡四十八，管州府二百九十五，縣一千四百五十三。

又 卷一七下《文宗紀下》 （大和五年春正月）己未，詔方鎮節度觀察使請入覲者，先上表奏聞，候充則任進程。

又 卷三八《地理志一》 貞觀元年，悉令併省。始于山河形便，分爲十道：一曰關内道，二曰河南道，三曰河東道，四曰河北道，五曰山南道，六曰隴右道，七曰淮南道，八曰江南道，九曰劍南道，十曰嶺南道。

《新唐書》卷三七《地理志一》 唐興，高祖改郡爲州、太守爲刺史，又置都督府以治之。然天下初定，權置州郡頗多。太宗元年，始命併省，又因山川形便，分天下爲十道：一曰關内，二曰河南，三曰河東，四曰河北，五曰山南，六曰隴右，七曰淮南，八曰江南，九曰劍南，十曰嶺南。至十三年定簿，凡州府三百五十八，縣一千五百五十一。明年，平高昌，又增州二，縣六。【略】景雲二年，分天下郡縣，置二十四都督府以統之。既而以其權重不便，罷之。開元二十一年，又因十道分山南、江南爲東、西道，增置黔中道及京畿、都畿，置十五採訪使，檢察如漢刺史之職。

又 卷四九下《百官志四下・外官》 觀察處置使，掌察所部善惡，舉大綱。凡奏請，皆屬於州。

貞觀初，遣大使十三人巡省天下諸州，水旱則遣使，有巡察、安撫、存撫之名。神龍二年，以五品以上二十人爲十道巡察使，按舉州縣，再周而代。景雲二年，置都督二十四人，察刺史以下善惡，置司舉從事二人，秩比侍御史。揚、益、并、荆四州爲大都督，汴、兗、魏、冀、蒲、綿、秦、洪、潤、越十州爲中都督，皆正三品；齊、鄜、涇、襄、安、潭、遂、通、梁、夔十州爲下都督，從三品。當時以爲權重難制，罷之，唯四大都督府如故。置十道按察使，道各一人。開元二年，曰十道按察採訪處置使，至四年罷，八年復置十道按察使，秋、冬巡視州縣，十年又罷。十七年復置十道、京都、兩畿按察使，二十年曰採訪處置使，分十五道，天寶末，又兼黜陟使，乾元元年，改曰觀察處置使。

清・王鳴盛《十七史商榷》卷七八《新舊唐書一〇・四十七使》

「至德之後，中原用兵，刺史皆治軍戎，遂有防禦、團練、制置之名，要衝大郡皆有節度之類，寇盜稍息則易以觀察之號。」「類」當作「額」，原本誤同。此下分列諸使凡四十有七，內單稱節度使者三十五，節度之有軍名者稱其軍名，無者但稱其地。單稱觀察使者五，單稱經略使者二，稱經略觀察使者一，已上皆用小字注明治所及所管之州。其「東都畿汝防禦觀察使」，則東都留守兼之，潼關防禦鎮國軍使、同州防禦長春宮使、大同軍防禦使，則各刺史領之，已上雖有其名，但兼攝，不特置也。其「成德軍節度使」近本脱「德」字，當從原本添。以留守刺史兼領者，即上文所謂「刺史治軍戎，有防禦等名」是也。諸使中所列但有防禦，不見團練，制置名者，省文也。寇盜息以觀察易節度之號者，浙江東西道節度使，各注：「或爲觀察使」，江南西道觀察使，注「喪亂後，時升爲節度使」，是，而其餘各節度亦或更有爲觀察，未及注者也。劍南西川及淮南兩節度注「親王領之」者，皆遙領不親涖也，其眞涖者爲副大使。《新百官志》云：「諸王拜節度使者皆留京師。」

劍南西川，或因玄宗嘗幸重之。淮南以親王領，不詳其故，抑疑親王領節度不止此二處，恐此所注尚不盡。

此四十七使但言至德之後，非盡至德年中所立也。知者，即如宣武軍節度使注云：「治汴州，管汴、宋、亳、潁四州。」考《新舊方鎮表》，宣武軍之名起於德宗建中元年，至德時尚未有此名，然建中時此軍猶治宋州，其治汴州則興元元年所從，又在建中之後，即舉此一條以槩其餘則可知。新王彥威傳：「至德至元和，天下觀察十，節度二十九，防禦四，經略三。」此數又參錯不合，存疑。

《新書・百官志》於外官之首，先列元帥、都統，此掌征伐，兵罷則省，非常設。其次則臚列五種，一曰節度、次曰觀察、次曰團練、次曰防禦、次曰經略，此則皆統領所部監司之官也。獨不見採訪使，《新書》於《地理志》以十五道採訪使所轄敍次各州郡，而於此反不見者，蓋此下文注云：「開元二年設十道按察採訪處置使，二十年曰採訪置處使分十五道。天寶末又兼黜陟使，乾元元年改曰觀察處置使。」案《舊・地志》開元二十一年置十五道採訪使，此云：「二十年」者，脱「一」字也。彼不言處置，省文，此言置處，誤倒耳。據此，則言觀察足該採訪，故不入大字，僅見注中也。《舊志》亦先詳列十五道採訪理所，至四十七使中不見採訪，固由乾元已改爲觀察，其於《職官志》則竟不之及，《通典》一百七十二卷《州郡》門前既列十五採訪理所，後之述十五部，逐部用小字分注所管之郡，雖不言採訪，但惟採訪分十五道，餘使皆否，則此定指採訪無疑，分作兩遍敍述，極其詳贍，而三十二卷《職官》門州郡都督一條內附及總管、節度、團練、都統等使云：「分天下州縣爲諸道，每道置使，治於所部，即採訪、防禦等使也。亦只不過帶敍一句，其所以如此略之者，《通典職官》門又云：「至德以來，天下多難，諸道聚兵，增節度使爲二十餘道。「二十」當作「四十」，方與舊地志四十七使合，此等乃傳寫之誤。其非節度使者謂之防禦使，以採訪使幷領之。採訪理州縣，防禦理軍事。初，節度與採訪各置一人，天寶中始一人兼領之。」觀此，則知所以略去採訪之故矣。縣《新・百官志》雖臚列五種多目，其實則觀察、團練、防禦、經略後已盡歸節度，考其制又須得其情勢曲折，方有當於論世之學。

又《外官要領爲採訪節度二使》 唐外官要領惟採訪、節度二使而已，《舊志》於卷首標題爲「十道郡國」，唐制無國名，與漢異，此字用來牽混。至其所謂十道，則關內道一，河南道二，河東道三，河北道四，山東道五，淮南道六，江南道七，隴右道八，劍南道九，嶺南道十也。此十道乃貞觀元年所分，開元二十一年又分十五道，每道置採訪使，山南、江南皆分爲東、西二道，又添黔中道。又以關內道亦分爲二，一爲京畿採訪使，治京師城內，所管州郡凡六；一爲關內採訪使，以京官遙領，所管州郡及都護府凡二十有七。河南道亦分爲二，一爲都畿採訪使，治東都城內即今河南府，所管州郡凡二；一爲河南採訪使，治汴州即今開封府，所管州郡凡二十有八，合計共十五道。漢宣帝言與我共治百姓者良二千石，指謂太守，而縣令尤爲親民之官，然則守令者是守土治民之官之切要者也，而採訪使者，則大約爲守土官之領袖，故《新唐地志》以此分列各州郡。至於節度使者，《通典》第三十二卷《職官》門謂始於景雲二年，以賀拔嗣爲河西節度使《新書·兵志》同，此不過言其所起耳，爾時惟邊境設此使，餘不常置也。蓋始名總管，繼改都督，至景雲雖創立節度名色，而開元十五道採訪十五節度僅八，所置猶少，縣猶採訪自採訪、節度自節度，至天寶乃遂以一人兼領之，至德以後增置節度益多矣。以上俱本《通典》。又《舊志》云：『至德後，要衝大郡皆有節度之額，寇盜稍息則易以觀察之號。』是至德之節度、觀察猶相間用之也。迨至中葉以降，而增置節度益多，其列銜往往稱某軍節度某處管內觀察處置等使，則觀察但爲節度之兼銜矣，且節度無不兼本州刺史，則權盡歸於一家，而守土之臣幾無復有分其任者矣。觀《新舊》諸列傳及唐人碑版自見，至唐末，藩鎮無不帶三師三公及同中書門下平章事者，而使相機滿天下，則不但合採訪、觀察以爲一而已，誠極弊也。大約盛於開寶，成於肅代，積重難返，遂係一代興衰。陳繼儒《唐藩鎮指掌編》言之頗暢，然皆不出《新舊書》及《通典》之文。

《新書》表第七卷《方鎮表》景雲元年第五格河西諸軍州節度、支度營田使，此則唐一代節度使之名所由始也，而爲節度使之人之所始則賀拔延嗣，已見上。惟陳陳繼儒《指掌編》謂節度始於景雲元年，以薛訥爲幽州經略節度大使，此與《通典》及《新·兵志》謂始於賀拔延嗣者稍不同，不知所據，俟考。

又　卷七九《新舊唐書一一·唐地分十五道採訪爲正》　志唐地理，自當如《新書》以十五道採訪使爲綱，排列各州郡，方爲得宜。知者，十五道係開元全盛時所置，採訪使正是統轄州郡至要之官，前此武德、貞觀制尚未定，不可爲據，固不待言。若肅代以下，疆域之分割，職官之變更，朝三暮四，棼如亂絲，不可爬梳，馴致懿僖，天下大亂，冰碎瓦裂，若必欲取最後所定者以爲定，則如何紀載，恐愈覺煩瑣不成文義矣。不得已而析其中，故以開元全盛所分爲定，實覺斟酌盡善。此其中有三説，以全盛之制爲標目則可包括前後事，一説也。天寶後既以採訪、節度合爲一，則言採訪卽可該節度，二説也。每一道中分爲數個節度，節度雖分而未嘗不可以十五道名之，則《新·地志》所分自屬精當，三説也。李吉甫所分列與《新志》同，但於每道中又分各鎮耳。

《舊·地志》途敍首既知貞觀分十道，開元分十五道，所列採訪名目治所皆與《新志》同，乃其排列各州郡處則又以十道爲主，何也？且既標十道矣，而其中山南、江南仍分東西，劍南則又不分東西，進退無據，皆非是。若隴右之後添出河西，注云：『此又從隴右道分出，不在十道之内。』此蓋宣宗大中年間收復，不得不如此附入。又嶺南道分爲五管，故其前標明『南海節度使，領十七州』，以下分標四管，云桂管十五州，在廣州西；邕管十州，在桂府西南；容管十州，在桂管西南；安南府在邕管之西，與各道不同，此乃不得不如此變通。此二條不可自亂其例譏之。《舊杜佑》傳：『舊嶺南節度常兼五管給略使，佑獨不兼，五管不屬嶺南自佑始。』佑爲嶺南節度使，係德宗在興元時，云自估始，則以後皆然，此志中不得不分標。

州郡政府機構部

綜　述

《隋書》卷二八《百官志下》　上上州，置刺史，長史，司馬，録事參軍事，功曹，戶、兵等曹參軍事，法、士曹等行參軍，行參軍，典籤，州都光初主簿，郡正，主簿，西曹書佐，祭酒從事，部郡從事，倉督，市令、丞等員。并佐史，合三百二十三人。上中州，減上上州吏屬十二人。上下州，減上中州十六人。中上州，減上下州二十九人。中中州，減中上州二十人。中下州，減中中州二十人。下上州，減中下州三十二人。下中州，減下上州十五人。下下州，減下中州十二人。

郡，置太守，丞，尉，正，光初功曹，光初主簿，縣正，功曹，主簿，西曹，金、戶、兵、法、士等曹，市令等員。并佐史，合一百四十六人。上中郡，減上上郡吏屬五人。上下郡，減上中郡四人。中上郡，減上下郡十九人。中中郡，減中上郡六人。中下郡，減中中郡五人。下上郡，減中下郡十九人。下中郡，減下上郡五人。下下郡，減下中郡六人。

唐・李林甫等《唐六典》卷三〇《三府督護州縣官吏》 上州，凡戶滿四萬已上爲上州。刺史一人，從三品。【略】隋初，上州有刺史、長史、司馬、録事參軍、功曹。戶曹。兵曹等參軍事、法曹。士曹等行參軍、典簽、州都、光初主簿、郡正主簿、西曹書佐、祭酒從事、部郡從事、倉督、市令。丞等員並佐史等；郡置太守、丞、尉、正、光初功曹、光初主簿、縣正功曹、主簿、西曹、金、戶、兵、法、士等曹，市令等並佐史員；州、郡皆爲九等。三年，罷郡，以州統縣，改別駕、贊治爲長史、司馬。舊周、齊州郡縣職，自州都，縣正已下皆自調用以理事，至是不知事，直謂之鄉官，別置品官，皆吏部選除；佐官以曹爲名者，皆改爲司。十四年，改九等州，縣爲四等。十五年，罷鄉官。煬帝三年，罷州置郡，置太守，罷長史、司馬，置贊治以貳之。後又置通守，改贊治爲丞。録事已下，並見於上。別駕一人，從四品下；長史一人，從五品上；司馬一人，從五品下。録事參軍事一人，從七品上；録事二人，從九品上，史三人。司功參軍事一人，從七品下；佐三人；史六人。司倉參軍事一人，從七品下；佐三人；史六人。司戶參軍事二人，從七品下；佐三人；史七人；帳史一人。司兵參軍事一人；從七品下；佐三人；史六人。司法參軍事二人，從七品下；佐四人；史八人。司士參軍事一人，從七品下；佐三人；史六人。參軍事四人。執刀十五人。典獄十四人。問事八人。白直二十人。市令一人，從九品上；丞一人；佐一人；史二人；帥三人；倉督二人，史四人。經學博士一人，從八品下；助教二人；學生六十人。醫學博士一人，正九品下；助教一人；學生十五人。

中州，戶二萬已上。刺史一人，正四品上。別駕一人正五品下；長史一人，正六品上；司馬一人，正六品下。録事參軍事一人，正八品上；録事一人，從九品下；史二人。司功參軍事一人，正八品下；佐二人；史四人。司倉參軍事一人，正八品下；佐二人；史四人。司戶參軍事一人，正八品下；佐三人；史五人；帳史一人。司兵參軍事一人，正八品下；佐三人；史四人。司法參軍事一人，正八品下；兼掌司士事。佐三人；史六人。參軍事三人，正九品下。執刀十人。典獄十二人。問事六人。白直十六人。市令一人；丞一人；佐一人；史二人；帥二人；倉督二人；史三人。經學博士一人，正九品上；助教一人；學生五十人。醫學博士一人，從九品下；助教一人；學生十二人。

下州，戶不滿二萬者爲下州。刺史一人，正四品下。別駕一人，從五品上；司馬一人，從六品上。録事參軍事一人，從八品上；録事一人，從九品下；史二人。司倉參軍事一人，從八品下。【略】

京兆、河南、太原牧及都督、刺史掌清肅邦畿，考核官吏，宣布德化，撫和齊人，勸課農桑，敦諭五教。每歲一巡屬縣，觀風俗，問百姓，録囚徒，恤鰥寡，閲丁口，務知百姓之疾苦。部内有篤學異能聞於鄉閭者，舉而進之；有不孝悌，悖禮亂常，不率法令者，糺而繩之。其吏在官公廉正己清直守節者，必察之；其貪穢諂諛求名徇私者，亦謹而察之，皆附於考課，以爲褒貶。若善惡殊尤者，隨即奏聞。若獄訟之枉疑，兵甲之徵遣，興造之便宜，符瑞之尤異，亦以上聞。其常則申於尚書省而已。若孝子順孫，義夫節婦，志行聞於鄉閭者，亦隨實申奏，表其門閭；若精誠感通，則加優賞。其孝悌力田者，考使集日，具以名聞。其所部有須改更，得以便宜從事。若親王典州及邊州都督、刺史不可離州局者，應巡屬縣，皆委上佐行焉。

尹、少尹、別駕、長史、司馬掌貳府州之事，以綱紀衆務，通判列曹，歲終則更入奏計。

司録、録事參軍掌付事勾稽，省署抄目。糾正非違，監守符印。若列曹事有異同，得以聞奏。

功曹、司功參軍掌官吏考課、假使、選舉、祭祀、禎祥、道佛、學校、表疏、書啓、醫藥、陳設之事。凡差使，先差州官；不充，取縣官，率一半已上；不充，取前資官。其上佐、録事參軍、縣令不得充使出境。凡州、縣及鎮倉督，縣博士、助教，中、下州市令及縣市令，嶽、瀆祝史，並州選，各四周而代。州、鎮倉督，州、縣市令，取勳官五品已上及職資九品者；若無，通取勳官六品已下，倉督取家口重大者爲之。州市令不得用本市内人，縣市令不得用當縣人。博士、助教部内無者，得於旁州通取。縣録事通取部内勳官五品已上；若無堪任者，並佐、史通取六品已下子及白丁充之。凡貢舉人有博識高才，强學待問，無失俊選者，爲秀才；通二經已上者，爲明經；明閑時務，精熟一經者，爲進士；通達律令者，爲明法。其人正直清修，名行孝義，旌表門閭，堪理時務，亦隨賓貢爲孝弟力田。凡貢人，上州歲貢三人，中州二人，下州一人。若有茂才異等，亦不抑以常數。凡貢人行鄉飲酒之禮，牲用少牢。若州縣春、秋二社及釋奠之禮，亦皆以少牢。凡諸州每年任土所出藥物可用者，隨時收採，以給人之疾患。皆預合傷寒、時氣、瘧、痢等藥，部內有疾患者，隨須給之。

倉曹、司倉參軍掌公廨、度量、庖廚、倉庫、租賦、徵收、田園、市肆之事。每歲據青苗徵稅，畝別二升，以爲義倉，以備凶年；將爲賑貸，先申尚書，待報，然後分給。又，歲豐，則出錢加時價而糴之；不熟，則出粟減時價而糶之，謂之常平倉，常與正、義倉帳具本利申尚書省。

戶曹、司戶參軍掌戶籍、計帳，道路、逆旅，田疇、六畜、過所、蠲符之事，而剖斷人之訴競。凡男女婚姻之合，必辨其族姓，以舉其逢。凡井田利害之宜，必止其爭訟，以從其順。凡官人不得於部內請射田地及造碾磑，與人爭利。

兵曹、司兵參軍掌武官選舉，兵甲器仗，門戶管鑰，烽候傳驛之事。凡驛馬以『驛』字印印左肘，以州名印印項左。每歲貢武舉人有智勇謀略强力悍材者，舉而送之。試長垛、馬槍、翹關、擎重，以爲等第之上下，爲之升黜，從文舉行鄉飲酒之禮，然後申送。

法曹、司法參軍掌律、令、格、式，鞫獄定刑，督捕盜賊，糾逖姦非之事，以究其情僞，而制其文法。赦從重而罰從輕，使人知所避而遷善遠罪。

士曹、司士參軍掌津梁、舟車、舍宅、百工衆藝之事。啓塞必從其時，役使不奪其力，通山澤之利以贍貧人，凡州界內有出銅、鐵處，官未採者，聽百姓私採。若鑄得銅及白鐵，官爲市取；如欲折充課役，亦聽之。其四邊，無問公私，不得置鐵冶及採銅。自餘山川藪澤之利，公私共之。致環異之貨以備國用，是以官無禁利，人無稽市。凡知山澤有異寶、異木及金、玉、銅、鐵、彩色雜物處堪供國用者，奏聞。

參軍事掌出使檢校及導引之事。

市令、丞掌市廛交易，禁斥非違之事。

經學博士以五經教授諸生。

醫學博士以百藥救療平人有疾者。下至執刀、白直、典獄、佐、史，各有其職。州、府之任備焉。

唐・杜佑《通典》卷三二《職官一四・州郡上・州牧刺史》 隋雍州置牧，餘州並置刺史，亦同北齊九等之制，總管刺史加使持節。至開皇三年，罷郡，以州統縣，自是刺史之名存而職廢。後雖有刺史，皆太守之互名，理一郡而已，非舊刺史之職。按：魏置使持節，寵奉使官之任。隋氏廢郡，而以刺史牧人，既非使官，則合罷持節之稱。其時制置不以名實相副爲意，仍舊存之。後改爲太守，亦復不省，所以使持節之名，及於邊遠小郡，乃不徵典故之失。刺史、縣令，三年一遷。諸有兵處，則刺史帶軍事以統之。煬帝乃別置都尉領兵，兵不屬郡。十四年，改九等州縣爲上、中、中下、下，凡四等。劉仁恩爲毛州刺史，治績號天下第一，擢拜刑部尚書。煬帝大業初，復罷州置郡。爲司隸臺，大夫一人巡察畿內，又有司隸刺史，房彦謙嘗爲之。其刺史十四人，巡察畿外諸郡，亦有六條之制，與漢六條不同。從事四十人，副刺史巡察。每年二月乘軺巡郡縣，十月入奏。

大唐武德元年，罷郡置州，改太守爲刺史，而雍州置牧。

又《總論州佐》 別駕從事史一人，從刺史行部，別乘一乘傳車，故謂之別駕，漢制也。歷代皆有。【略】隋及大唐並爲郡官。說在郡佐後。

治中從事史一人，居中治事，主衆曹文書，漢制也。歷代皆有。【略】隋爲郡官，大唐改爲司馬。說在郡佐後。

主簿一人，録門下衆事，省署文書，漢制也。歷代至隋皆有。晉習鑿齒字彦威，爲桓温荆州主簿，親遇深密。時語曰：『徒三十年看儒書，不如一詣習主簿。』【略】

（中正）隋有州都，其任亦重。晉王廣爲雍州牧，司空楊雄、僕射高熲並爲州都。大唐無。

又《郡太守》 隋郡太守如北齊九等之制。至開皇三年，罷天下諸郡，以州統縣。楊尚希上表曰：『當今郡縣倍多於古，十羊九牧，人少官多，請存要去閑，並小爲大。』帝嘉之，遂罷諸郡。大業三年，又改州爲郡，郡置大守。

大唐武德元年，改郡爲州，改太守爲刺史，加號持節。總管則加使持節。按魏晉制，有使持節、持節、假節。使持節得戮二千石以下，持節得戮無官人，若軍事得與使持節同，假節唯軍事得戮犯令者。皆是刺史兼總軍戎，若今採訪節度使也。自宋齊以降，雖天下分裂，其州郡漸衆。及隋開皇初，有州三百一十，郡五百八。以官煩人弊，遂廢郡，便以州親人，則刺史如太守之職。自後雖官名屢改，而職事不易。蓋制置之際，不詳源本，因習舊名，遂有持節諸軍之虛稱。其屬官別駕以下，録事、功、戶諸曹參軍事，亦多漢晉之制，若今之節度採訪副使判官之任。本置別駕，乘一車行部，其參軍、録事皆佐戎旅，今並無其實，豈所謂必也正名者乎！又按加刺史持節軍事之名，以爲榮寵，則邊荒萬裏三數百戶小郡，亦同此號，又無以別遠近小大之差、輕重閑劇之異也。顯慶元年，都督府及上州各置執刀十五人，中州下州各置十人。後加號爲使持節諸軍事，而實無節，但頒銅魚符而已。天寶元年，改州爲郡，刺史爲太守。漢文帝二年，初與郡守爲銅虎符、竹使符，説在符寶郎篇。至隋開皇七年，又別頒青龍符于東方總管刺史，西方以騶虞，南方朱雀，北方玄武。九年，又頒木魚符于總管刺史，雌一雄三。至十年，悉頒木魚符於五品以上官。義寧二年，罷竹使符，頒銀兔符於諸郡。大唐武德元年，又改銀兔符爲銅魚符。自是州郡史守更相爲名，其實一也。太宗初理天下也，重親人之任，疏督守之名於屏，俯仰視焉，其人善惡，必書其下，是以州郡無不率理。貞觀中，賈敦實爲饒陽令，有能名。時制大功以上不得聯職。敦實兄敦頤復爲瀛州刺史，朝廷以其兄弟廉謹，許令同州，竟不遷替，時人榮之。敦實曆遷洛州長史。初敦頤爲洛州刺史，甚有惠政，百姓樹碑頌美。及敦實去職，又立頌于兄碑之傍，故人呼爲『棠棣碑』。逮貞觀之末，升平既久，羣士多慕省閣，不樂外任。其折衝沖果毅有材力者，先入爲中郎、郎將，次補郡守，其輕也如是。武太后臨朝，垂拱二年，諸州都督刺史，並準京官帶魚。長安四年，納言李嶠、同平章事唐休璟奏曰：『竊以物議重內官而輕外職，凡所出守，多因貶累，非所以澄風俗、安萬人。臣請擇才於臺閣省寺之中，分典大州，共康庶政。臣等請輟近侍，率先具僚。』太后乃令書名採之，中者當行。於是鳳閣侍郎韋嗣立、御史大夫楊再思等二十人中之，皆以本官檢校刺史。後二十人內以政績可稱者，獨常州刺史薛光謙、徐州刺史司馬鍠二人而已。當時復有爲員外刺史者。永昌中，成王李千里曆遷襄州員外刺史。神龍初，以譙王重福之妃，張易之甥也，貶重福爲濮州員外刺史。皆不領州務。開元中，定天下州府，自京都及都督、都護府之外，以近畿之州爲四輔。同、華、岐、蒲四州謂之四輔。八年，都督刺史品卑者，借緋魚袋。按武德令，三萬戶以上爲上州。永徽令，二萬戶以上爲上州。顯慶元年九月敕，戶滿三萬以上爲上州，二萬以上爲中州。先以爲上州、中州者，仍舊。至開元十八年三月敕，太平時久，戶口日殷，宜以四萬戶以上爲上州，二萬五千戶爲中州，不滿二萬戶爲下州。六千戶以上爲上縣，三千戶以上爲中縣，不滿二千戶爲下縣。其餘爲六雄、鄭、陝、汴、絳、懷、魏六州爲六雄。十望、宋、亳、滑、許、汝、晉、洛、虢、衛、相十州爲十望。十緊、初有十緊州，後入緊者甚多，不復具列。及上中下之差。凡戶四萬以上爲上州，二萬五千以上爲中州，不滿二萬爲下州。亦有不約戶口以別敕爲上州者。又謂近畿者爲畿內州，戶雖不滿四萬，亦爲上州。其親王任中、下州刺史者，亦爲上州。王去任後，即依舊式。天寶中，通計天下凡上州一百九，中州二十九，下州一百八十九，總三百二十七州也。時南海太守劉巨鱗，以贓罪，詔杖殺之。自至德之後，州縣凋弊，刺史之任，大爲精選。諸州始各有兵鎮，刺史皆加團練使，故其任重矣。

又《總論郡佐》 隋初以州爲郡，無復軍府，則州府之職，參爲郡官。故有長史，司馬，録事參軍，功、戶、兵、法等七曹，稍與今制同。開皇三年，詔佐官以曹爲名者，並改爲司。十二年，諸州司從事爲名者，並改爲參軍。又制，刺史二佐每歲暮更入朝上考課。煬帝置通守，贊治，東西曹掾，主簿，司功、倉、戶、兵、法、士等書佐，各因郡之大小而爲增減。改行參軍爲行書佐。大唐州府佐吏與隋制同，有別駕、長史、司馬一人，大都督府司馬有左右二員。凡別駕、長史、司馬，通謂之上佐。録事參軍，京府謂之司録參軍，置二人。餘並爲録事參軍。大府與上都督府亦二人，餘府州一人。司功、司倉、司戶、司兵、司法、司士等六參軍。景龍三年，諸州加置司田，開元中省。乾元之後，又分司戶置參軍一員，位在司戶下。諸府則曰田曹，開元中省。乾元之後，又分司戶置焉。以其廢置不恒，故不列於此。在府爲曹，在州爲司。府曰功曹、倉曹，州曰司功、司倉。大與上府置二員，州置一員，自司功以下，通謂之判司。參軍事各有差，京府參軍事有六員，餘府州或四或三。博士一員，醫博士一員，大凡以州府大小而爲增減。

郡丞　自隋爲郡府之官，去從事史。隋趙軌爲齊州別駕，有能名，在州四年，考績連最。詔征入朝，父老揮涕隨逐曰：『公清如水，請酌一杯水奉餞。』軌受而飲之。大唐永徽二年，改爲長史。前上元年，復置別駕，多以皇族爲之。神龍中廢。開元初復置，始通用庶姓。天寶八載，以玄宗由潞州別駕入定內難，遂登大位，乃廢別駕官。至德中復置。諸府州各一人，而大都督府不置，通判其事，以貳都督刺史之職。

長史　至隋爲郡官。大唐初無。永徽二年，改別駕爲之。其後二職並置，府州各一人。王府長史理府事，餘府通判而已。

司馬　至隋廢州府之任，無復司馬，而有治中焉。治中，舊州職也，舊謂隋以前。州廢，遂爲郡官。説在州佐後治中篇。開皇三年，改治中爲司馬。隋房恭懿爲澤州司馬，有異績，遷德州司馬，理爲天下之最。文帝曰：『此乃上天社稷之所佑，豈朕寡薄能致之乎？』遷海州刺史。煬帝又改司馬及長史，併置贊治一人，尋又改贊治爲郡丞。大唐武德初，復爲治中。貞觀二十三年，高宗卽位，遂改諸州治中並爲司馬。長安元年，洛、雍、並、荆、揚、益六州置左右司馬各一員。四年復舊。太極元年又制，四大都督府置左右司馬各一員。所職與長史同。

録事參軍　隋初以録事參軍爲郡官，則幷州郡主簿之職矣。煬帝又置主簿。大唐武德元年，復爲録事參軍。開元初，改京尹屬官曰司録參軍，掌付事句稽，省署鈔目，糾彈部内非違，監印、給紙筆之事。乾元元年，加進一品，仍升一資。元年建寅月又制，凡縣令判司與録事異禮，尊其任也。

司功參軍　北齊諸州有功曹參軍。隋亦然，及罷郡置州，以曹爲名者改曰司。煬帝罷州置郡，改曰司功書佐。大唐改曰司功參軍。開元初，京尹屬官及諸都督府並曰功曹參軍，而列郡則曰司功參軍。令掌官員、祭祀、禮樂、學校、選舉、表疏、醫筮、考課、喪葬之事。

司倉參軍　大唐亦掌倉廩、庖廚、財物、廛市之事。

司戶參軍　大唐掌戶口、籍帳、婚嫁、田宅、雜徭、道路之事。

司兵參軍　大唐掌軍防、烽驛傳送馬、門禁、田獵、儀仗之事。景龍四年，許州司兵燕欽融上表直諫，詔撲殺之。

司法參軍　隋以後與功曹同。隋陳孝意爲東郡司法書佐，太守蘇威欲殺一囚，固諫，不許，乃解衣請先受死，乃止。後至侍御史、汝州刺史。大唐掌律令、定罪、盜賊、贓贖之事。

司士參軍　大唐掌管河津、營造、橋梁、廨宇之事。

參軍事　至隋爲郡官，謂之書佐。大唐改爲參軍，掌直侍督守，無常職，有事則出使。前代又有行參軍者，晉河閑王顒乙太宰輔政，始置之，掌使命。歷代皆有。大唐惟王府有之，餘則無矣。

經學博士　隋潘徽爲州博士。大唐府郡置經學博士各一人，掌以《五經》教授學生，多寒門鄙儒爲之。助教、學生各有差。

醫博士　醫博士：一人，大唐開元十一年七月制置，階品同録事。每州寫本草、百一集驗方，與經史同貯。其年九月，御撰《廣濟方》五卷，頒天下。貞元十二年二月，御撰《廣利方》五卷，頒天下。『自令以後，諸州府應闕醫博士，宜令長史各自訪求選試，取人藝業優長堪效用者，具以名聞。已出身人及前資官便與正授，其未出身且令權知。四考後，州司奏與正授。餘準恒式，吏部更不須選集』。

中正　隋初有，後罷而有州都。大唐並無此官。每歲貢士符書所闕及鄉飲酒之禮，則司功參軍主其事。

通守　通守：隋煬帝置，每郡各一人，位次太守，而京兆、河南謂之内史。大唐無。

五官掾　今無。

郡尉　自後無聞。至隋煬帝時，別置都尉領兵，與郡不相知。又置京輔都尉，立府於潼關，主兵鎮。大唐無其制。

《舊唐書》卷四四《職官志三》　上州：州之名，古也。舜置十二州，禹貢九州，漢置十三州。秦並六國，置三十六郡。漢則以州統郡。其後武德改郡爲州，改州爲郡，事見諸卷。國家制，戶滿四萬以上爲上州。刺史一員，從三品。秦分天下爲三十六郡，郡置守、都尉各一人，仍以御史一人監郡。漢廢監郡御史，丞相遣掾史分察諸郡。漢武元光五年，分天下置十三州，分統諸郡。每州遣使者一人，督察官吏清濁，謂之十三州刺史。後漢遂以名臣爲刺史，專州郡之政，仍置別駕、治中、諸曹掾屬，號曰外置刺史。天寶改州爲郡，置太守。乾元元年，改郡爲州，州置刺史。初，漢代奉使者皆持節，故刺史臨部，皆持節。至魏、晉，刺史任重者，爲使持節都督，輕者爲持節。後魏、北齊，總官、刺史，則加使持節諸軍事，以此爲常。隋開皇三年罷郡，以州統縣，刺史之名存而職廢。而于刺史太守官位中，不落持節之名，至今不改，有名無實也。至德之後，中原用兵，大將爲刺史者，兼治軍旅，遂依天寶邊將故事，加節度使之號，連制數郡。奉辭之日，賜雙旌雙節，如後魏、北齊故事。名目雖殊，得古刺史督郡之制也。別駕一人，從四品下。長史一人，從五品上。司馬一人，從五品下。録事參軍事一人，從七品上。録事三人從九品上。司功、司倉、司戶、司兵、司法、司士六曹參軍事各一人，並從七品下。參軍事四人，典獄十四人，問事八人，白直二十四人，市令一人，從九品上。丞一人，佐一人，史二人，帥三人，倉督二人。經學博士一人，從八品下。助教二人，學生六十人，醫學博士一人，正九品下。助教一人，學生十五人。

中州：戶滿二萬戶已上，爲中州。刺史一員，正四品上。別駕一人，正五品下。長史一人，正六品上。司馬一人，六品上。録事參軍事一人，正八品上。

録事一人，從九品上。司功、司倉、司戶、司法、司士六曹參軍事各一人，並正八品下。隨曹有佐史人數。參軍事三人，正九品上。執刀十人，典獄十二人，問事六人，白直十六人，市令一人，丞、佐各一人，史、帥、倉督各二人。經學博士一人，正九品上。助教一人，學生五十人。醫藥博士一人，從九品下。助教一人，學生十二人。

下州：戶不滿二萬，爲下州也。刺史一員，正四品下。別駕一人，從五品上。司馬一人，從六品下。録事參軍事一人，從八品上。録事一人，從九品下。司倉、司戶、司法三曹參軍事各一人，從八品下。隨曹有佐史人數。參軍事一人，從九品下。典獄八人，問事四人，白直十六人，市令一人，佐、史各一人，帥二人，倉督一人。經學博士一人，正九品下。助教一人，學生四十人。醫學博士一人，從九品下。學生十人。

京兆、河南、太原牧及都督、刺史掌清肅邦畿，考核官吏，宣佈德化，撫和齊人，勸課農桑，敦敷五教。每歲一巡屬縣，觀風俗，問百年，録囚徒，恤鰥寡，閱丁口，務知百姓之疾苦。部內有篤學異能聞於鄉閭者，舉而進之。有不孝悌，悖禮亂常，不率法令者，糾而繩之。其吏在官公廉正己，清直守節者，必謹而察之。其貪穢謟諛，求名徇私者，亦謹而察之。皆附於考課，以爲褒貶。若善惡殊尤者，隨即奏聞。若獄訟疑議，兵甲興造便宜，符瑞尤異，亦以上聞。其常則申於尚書省而已。若孝子順孫，義夫節婦，精誠感通，志行聞於鄉閭者，亦具以申奏，表其門閭。其孝悌力田，頗有詞學者，率與計偕。其所部有須改更，得以便宜從事。若親王典州，及邊州都督刺史不可離州局者，應巡屬縣，皆委上佐行焉。

尹、少尹、別駕、長史、司馬掌貳府州之事，以綱紀衆務，通判列曹。歲終則更入奏計。司録、録事參軍掌勾稽，省署鈔目，監符印。功曹、司功掌官吏考課、祭祀、禎祥、道佛、學校、表疏、醫藥、陳設之事。倉曹、司倉掌公廨、度量、庖廚、倉庫、租賦、徵收、田園、市肆之事。戶曹、司戶掌戶籍、計帳、道路、逆旅、婚田之事。兵曹、司兵掌武官選舉、兵甲器仗、門戶管鑰、烽候傳驛之事。法曹、司法掌刑法。士曹、司士掌津梁、舟車、舍宅、百工衆藝之事。市令掌市廛交易、禁斥非違之事。經學博士掌《五經》教授諸生。醫藥博士以百藥救民疾病。下至執刀、白直、典獄、佐史，各有其職。州府之任備焉。

宋·王溥《唐會要》卷六八《刺史上》 武德元年六月十九日，改郡爲州，置刺史、別駕治中各一人。天寶元年正月二十日，改州爲郡，改刺史爲太守。至德元載十二月十五日，又改郡爲州，太守爲刺史。

貞觀三年，上謂侍臣曰：『朕每夜恆思百姓，閱事或至夜半不寐。唯思都督、刺史，堪養百姓，所以前代帝王，稱共治者，惟良二千石耳。雖文武百僚，各有所司，然治人之本，莫如刺史最重也。朕故屏風上録其姓名，坐臥常看，在官如有善惡事跡，具列於名下，擬憑黜陟。縣令甚是親民要職，昔孔宣父以大聖之德，尚爲中都宰。至於升堂弟子七十二人，惟有言偃、子路、宓子賤始得相繼爲此官。』乃詔內外五品已上，各舉堪爲縣令者，以名聞。

十一年八月，侍御史馬周上疏曰：『治天下者，以民爲本。欲令百姓安樂，惟在刺史、縣令。今縣令既衆，不能皆賢，若每州得良刺史，則境內蘇息。天下刺史，悉稱聖意，則陛下可端拱巖廊之上，百姓不慮不安。自古郡守縣令，皆妙選賢德。欲有擢升宰相，必先試以臨人，或有從二千石入爲丞相及司徒、太尉者。今朝廷獨重內官，刺史、縣令，頗輕其選。刺史多是武夫勳人，或京官不稱職，方始外出，邊遠之處，用人更輕。所以百姓未安，殆由於此。』太宗因謂侍臣曰：『刺史朕當自簡。縣令，詔京官五品已上，各舉一人。』

垂拱元年，祕書省正字陳子昂上疏曰：『臣竊惟刺史、縣令之職，實陛下政教之首也。得其人，則百姓家見而戶聞；不得其人，但委棄有司而挂壁耳。陛下欲使家傳禮讓，吏勖清勤，不重選刺史縣令，將何道以致之也？臣比在草茅，爲百姓久矣。刺史、縣令之化，臣實悉知，國之興衰，莫不在此職也。何者？一州得賢明刺史，以至公循良爲政者，則十萬家賴其福。若得貪暴刺史，以徇私苛虐爲政者，則十萬家受其禍。一州禍福，猶且如是。況天下之衆，豈得勝道哉。故臣以爲陛下政化之首，國家興衰，在此職也。伏願深思妙選，以救此弊。』

天授二年，獲嘉縣主簿劉知幾上疏曰：『臣聞漢宣帝云：「與我共治天下，其良二千石乎！」二千石者，今之刺史也。移風易俗，其寄不輕。求瘼字民，僉屬斯在。然則歷觀兩漢已降，迄乎魏、晉之年，方伯岳牧，臨州按郡，或十年不易，或一紀仍留，莫不盡其化民之方，責以治人之術。既而日就月將，風加草靡，故能化行千里，恩漸百城。今之牧伯，有異於是，倏來忽往，蓬轉萍流，近則累月仍遷，遠則踰年必徙。將廳事爲逆旅，以下車爲傳舍。或云來歲入朝，必應改職；或道今茲會計，必是移藩。既懷苟且之謀，何假循良之績。用使百城千邑，無聞廉、杜之歌，萬國九州，罕見趙、張之政。臣望自今已後，刺史非三歲已上，不可遷官。仍以明察功過，精甄賞罰，冀弘共治之風，以贊垂衣之化。』

長安四年三月，則天與宰相議及州縣官，納言李嶠等奏曰：『安人之方，須擇刺史。竊見朝廷物議，莫不重內官，輕外職。每除牧伯，皆再三披訴。比來所遣外任，多是貶累之人，風俗不澄，實由於此。今望於臺閣寺監，妙簡賢良，分典大州，共康庶績。臣等請輟近侍，率先具寮。』則天曰：『誰爲此行？』鳳閣侍郎韋嗣立對曰：『參知機務，非臣所堪，承乏外臺，庶當盡節。儻垂採録，臣願此行。』於是以本官兼汴州刺史。

神龍元年正月，舉人趙冬曦上疏曰：『臣聞古之擇牧宰者，皆出於臺郎、御史，以爲榮遷。何者？以爲親民之職，人命所繫，故貴其位而重其人也。今則不然，京職之不稱者，乃左爲外任。大邑之負累者，乃降爲小邑。近官之不能者，乃遷爲遠官。夫常人之心，未可卒革，此之不稱，彼焉能治。率土之濱，莫非王臣，何必貴大邑而賤小邑，重近民而棄遠民耶？夫食君之禄，而冒君之榮，陛下賜之死可矣，流之邊可矣。於左遷貶降之例，惡足爲王者之政與？夫如是，則上下相同，而官得其實，而天下治矣。』

景龍二年，兵部尚書韋嗣立上疏曰：『刺史、縣令，治人之首，近年已來，不存簡擇。京官有犯罪聲望下者，方遣牧州。吏部選人，暮年無手筆者，方擬縣令。此風久扇，上下同知，將此治人，何以致化？今歲非豐稔，戶口流亡，國用空虛，租調減削。陛下不以此留念，將何以治國乎？臣望下明制，共論前事，使有司改換簡擇。天下刺史、縣令，皆取才能有稱望者充。自今已後，應有遷除諸曹侍郎，兩省、兩臺及五品已上清資望官，先於刺史內取。刺史無人，然後餘官中求。其御史、員外郎等諸清要六品已上官，先於縣令中取。制中明言，如是則人爭就刺史、縣令矣。得刺史、縣令，天下大治，萬姓欣然，豈非太平樂事哉。』其年，御史中丞盧懷慎上疏曰：『臣竊見比來州牧上佐等，在任多者一二年，少者三五月，遂卽遷改，不論課最。爭求冒進，不顧廉耻，亦何暇爲陛下宣風布化，求瘼恤民哉？戶口所以流散，倉庫所以空虛，百姓所以凋弊，日更滋甚，職爲此也。昔漢宣帝時，黄霸增秩賜金，而不遷於潁川，可謂美政也。臣請望諸州都督、刺史、上佐等，在任未經四考已上，不許遷除。察其課效尤異者，或錫以車裘，或就加禄秩，或降使臨問，并璽書慰勉。若公卿有缺，則擢以勸能，其政績無聞，及犯貪暴者，放歸田裏。則萬方之民，一變於道，致此之美，革彼之弊，易於反掌，陛下何惜而不行之哉？』

其年十月十六日敕：『內外之職，出入須均，更遞往來，始聞政治。京官中有才幹堪治人者，量與外官，外官中有清慎著稱者，量與京職。』至開元六年，敕：『刺史兼於京官中簡擇歷任有善政者補署，其司農、太府、少府等司，既掌財物，已知次第，不在此限。』

景雲元年十一月，諫議大夫寧原悌上疏曰：『今天下諸州，良牧益寡。何者？古難其選，今侮其職也。然而世所重於京都，時見輕於州縣者何也？古者牧守政成，擢登三事，郎官特秀，光宰一同。誠願尚書曠職，必於方伯求材，郎位闕官，必須循材擢用。茲令若行，仁風扇矣。』

開元八年六月二十八日敕：『自今已後，諸司清望官闕，先於牧守內精擇。都督、刺史等要人，兼向京官簡授。其臺郎下除改，亦於上佐、縣令中通取。卽宜銓擇，以副朕懷。』

十二年六月二十四日敕：『自今已後，三省侍郎有缺，先求曾任刺史者。郎官缺，先求曾任縣令者。』

十九年七月十四日敕：『嶺南及黔府管內諸州并蕃州，檢校及攝刺史，皆録奏，待敕到然後准式。其嶺南、黔府蕃州等刺史在任，不得輒請宿衛。』

二十二年八月敕：『刺史到任，不得當年入考。縣令闕，不得差使。』

二十四年五月，夷州刺史楊濬犯贓，詔令杖六十，配流古州。左丞相裴耀卿曰：『臣以爲刺史、縣令，與諸吏稍別。人之父母，風化所瞻，一爲本部長官，卽令終身致敬。況本州刺史，百姓所崇，一朝對其吏人，卽加杖屈，恐非敬官長勸風俗之意。伏望凡刺史、縣令於本部決杖，特乞停減。」

二十九年正月十五日，令百官於親屬之中舉牧宰，乃下制曰：「昔祁奚之舉祁午，謝安之舉謝玄，寧限嫌疑，致有拘忌。其内外官有親伯叔及兄弟子姪中，有材術異能，通閑政治，據資歷可任刺史縣令者，各以名聞。」

天寶十一載十二月敕：「牧宰字人，所寄尤重。至於禄料，頗亦優豐。自宜飭躬勵節，以肅官吏。如聞或犯贓私，深紊綱紀。今後刺史犯贓，宜加常式一等。」

十二載九月敕：「簡擇刺史，冀令撫字。諸使等或奏兼别職掌，政治有妨，既闕親人，仍乖本意。自今已後，更不得别奏請。」

乾元二年九月敕：「比來刺史之任，皆先奏州縣官屬。今後除帶使次判官外，一切不得奏改。官吏到任之後，察有罪累，及不稱職者，任具狀奏聞請，然後令所由與替。其刺史非兼節度，但有防禦使者，副使判官，委於本州官中推擇，亦不得别奏人。並委中書門下，著爲常式。」

永泰二年四月敕：「郎中得任中州刺史，員外郎得任下州刺史，用崇岳牧之任，兼擇臺郎之能。」

貞元二十年，贈故隋州刺史李惠登洪州都督，惠登少爲平盧軍裨將，安禄山反，遂從兵馬使董秦涉海，戰收滄、隸等州。史思明反，復陷於賊，脱身投山南節度來瑱，瑱奏試金吾將軍。李希烈反，授惠登兵，令鎮隋州。貞元初，舉州歸順，隨授隋州刺史。時遭李希烈殲殘後，野曠無人。惠登樸質，不知書，率心爲政，皆與理順。二十年間，田疇辟，户口加，人歌謠之。時于頔爲山南東道節度，以其績上聞，加御史大夫，升其州爲上。及卒，故有是贈。

元和二年正月，制度支：「如刺史於留州數内，妄有减削，及非理破使，委觀察使風聞按舉，必當料加量貶，以誡列城。如刺史不奉制敕，不得稱有公事，請赴本使。其録事參軍、亦不得擅離本州。」

三年正月，許新除官及刺史等，假内於宣政門外謝訖進辭，便赴任。其日，授官於朝堂禮謝，並不須候假開。國朝舊制，凡命都督、刺史，皆臨軒册命，特示恩禮。近歲雖無册拜，而牧守受命之後，便殿召對，仍賜衣服。蓋以親民之官，恩禮不可廢也。時新除河南尹裴復求，速之任，適遇寒食休假。李吉甫，復求之甥也，特爲奏請，遂兼刺史有是命，非舊典也。

四年閏三月敕：「如刺史不承使牒，擅於部内科率者，先加懲責。仍委御史臺出使郎官御史察訪聞奏。』其年十二月，嶺南觀察使楊於陵奏：「貞元中，觀察使李復奏，南方事宜素異，地土之卑，上佐多是雜流，大半刺史見闕。請於判官中揀擇材吏，令知州事。臣伏見近日諸道，差判官監領州務，朝廷以爲非宜。臣謂現今州縣凋殘，刺史闕員，動經數歲。至於上佐，悉是貶人，若遣知州，必致撓敗。伏緣李復所奏，降敕年月稍遠，懼違朝旨，伏乞天恩，許臣遵守當道所奏文，量才差擇，以便荒隅。」敕旨依奏。

九年十二月，袁州刺史李將順坐掊斂擾人，貶道州司户參軍。時大寮有詣執政者，以爲刺史抵禁，不經按訊，遽貶官，恐不可。乃追詔，遣御史馳往推究。

十二年四月敕：「自今已後，刺史如有利病可言，皆不限時節，任自上表聞奏，不須申報節度、觀察使。本任得替後，遂於當處置百姓莊園舍宅，或因替代情弊，便破除正額兩税，不出差科。自今已後，此色並勒依元額輸税。」

寶曆元年正月七日敕節文：「刺史、縣令，若無犯，非滿三年，不得替。如治行尤異，但議就加奬。其有才宜他職，灼然章著者，中書門下，先具事由，及授上年月日，奏聽進止。滿歲遷代，無闕失者，即與進改。」

其年九月，御史臺奏：「近日新除刺史赴官，多違條限，請准舊制，不逾十日。如妄稱事故不發，常參官奏聽進止。」敕旨從之。

大和三年五月中書門下奏：「增秩賜金，有故事，前史所載，得者甚希。近日方鎮所奏，人數漸多。自今已後，刺史在任，政績尤異，檢勘不虚者，觀察使具事狀，及所差檢勘判官名銜同奏。若他時察勘不實，本判官量加削奪，觀察使奏聽進止。所陳善狀，並須指實而言。如增加户口，須云本若干户。在任增加若干户，如稱墾闢田疇，則云本墾田若干頃，在任已來，加若干頃。並須申所司，附入簿籍。如荒地及復業户，自有年限，未合科配者，亦聽申奏，明言合至其年，並收租賦。如稱營田課則所效，須云本合得若干萬石，在任已來，加若干萬石。其所加配斛斗，便請准數落下，支所供本道本軍斛斗數。如不是供本軍本道斛斗，則申所司收管支遣，以憑考覆，不得虛爲文飾，謬有薦論。』敕旨依奏。

四年八月，御史臺奏：『謹按大曆十二年五月一日敕：「刺史有故及缺，使司不得差攝，但令上佐依次知州事。其上佐等，多非其才，亦望委外道使臣，精加銓擇。不勝任者，具以狀聞。」昨者，宣州觀察使于敖所差周墀知池州，若據敕旨，便合奏劾。今勘其由，長史、司馬並在上都守職，有録事參軍顧復元在任。若不重有條約，所在終難守文。伏請自今已後，刺史未至，上佐闕人，及別有句當處，許差録事參軍知州事。如録事參軍又闕，則任別差判官。仍具闕人事由，分析聞奏，并申中書門下御史臺。所冀詔旨必行，繩違有據。』敕旨依奏。

其年九月，比部奏：『准大和三年十一月十日赦文：天下州府迴殘羨餘，准前後赦文，許充諸色公用。刺史每被舉按，即以公坐論贓。其應合用羨餘錢物，並令明立條件，散下州府者。謹具起請條件如後，應有城郭及公廨、屋宇、器械、舟車、什物等，合建立修理，須創置添換者；或有公私使客，兼遇徵拜朝官，送故迎新，舊例合有供應，宴餞贈貺者；或官屬將校所由等，有巡檢非違，追捕盜賊，須行賞勸，合給程糧者；或百姓貧窮，納税不逮，須有矜放，要添填元額者；或遇年豐穀熟，要收糴貯備，以防災敝者，並任用當州所有諸色正額數內迴殘羨餘錢物等。如不依此色，即同贓犯。其所費用者，並須立文案，以憑勘驗。』敕旨：『宜依，仍委御史臺准此句當。』

五年五月，御史臺奏：『應諸州刺史謝官後，限發赴任日。准敕例，刺史謝官後，不計近遠，皆限十日內發。伏以刺史治民之官，分陛下憂，受命之後，固宜速行。或以道途稍遥，私室貧乏，限內不能辦集事宜，須假故淹留，虛懸促期，多不遵守。今請量其遠近，次第限日。應去京一千里內者，限十日；二千里內者，限十五日；三千里內，限二十日；三千里以外者，限二十五日。如限內遇延英不開，亦請准常例進狀候進止，便發。更有妄託事故逗留，伏請當時奏聞，量加懲責。其貶授刺史，即請准舊例發遣，不依此限。所冀事得中道，久而不隳。』敕旨：『宜依。』

七年七月，中書門下奏：『應諸州刺史除授序遷，須憑顯效。若非責實，無以勸人。近者受代歸朝，皆望超擢，在郡治績，無由盡知。或自陳制置事條，固難取信。或別求本道薦狀，多是徇情。將明憲章，在覈名實。伏請自今已後，刺史得替代，待去郡一箇月後，委知州上佐，及録事參軍，各下諸縣，取耆老百姓等狀。如有興利除害，惠及生民，廉潔奉公，肅清風教者，各具事實，申本道觀察使檢勘得實，具以事條録奏，不得少爲文飾，其薦狀仍與觀察使判官連署。如事不可稱者，不在薦限。仍望委度支、鹽鐵分巡院內官同訪察，各申報本使録奏。如除授後，訪知所舉不實，觀察、判官、分巡院官及知州上佐等，並停見任，一二年不得敍用。如緣在郡贓私事發，別議處分，其觀察使奏取進止。』敕旨依奏。

開成元年二月，中書門下奏：『應諸州刺史、諸府少尹、次赤縣令，州府五品以上官并常參官等，在任之例，約是三載。命代之後，遽即到京。人數既多，員缺常少，稍經時月，則訴飢寒，伏准漢法，免罷郡守，自非詔徵，不得到京師。建中初，敕常參官及外五品以上，替後不得擅至京師。自今已後，請據舊章，刺史及五品以上常參官，在外應受替去任，非有徵詔，不得到京。宜委所在州府，取其由歷，每兩月一度，附驛申中書門下。其初狀仍具前任政績，受代日月，申中書門下，准前置具員，量人才據缺除授。其有家在上都，因自歸止者，正衙見後，仍令京兆府依外州府例與申。』敕旨依奏。

其年閏五月，中書門下奏：『伏准舊例，刺史授官後，皆於限內待延英開日。候對奏發日，詳度朝旨，蓋重治人之官，欲陛下觀其去就，察其言語，亦所以杜塞宰相陳情。故除刺史，並往往進狀便辭，蓋恐對奏之時，錯失乖誤。自今已後，除刺史並望延英對了，奏發日。地近限促，不遇坐日，亦望許於臺司通狀，待延英開日，辭了進發。』敕旨依奏。

其年八月，中書門下奏：『致治親民，屬在守宰，朝廷近日命官，頗加推擇。從今已後，望令諸觀察使，每歲終，具部內刺史、縣令，司牧方策，政事工拙上奏。其有教化具修，人知敬讓。賊盜逃去，遺賂不行。刑獄無偏，賦税平允。撫綏孤弱，不虐幼賤。姦吏黠胥，侵牟止絶。田疇墾闢，逃戶歸復。道路平治，郵傳修飭。府無留事，獄去繫囚。糾慝繩違，嫉惡樹善。以公滅私，絶去貨殖。夙興夜寐，宴戲省少。人無謗議，家有蓋藏。是謂循良之吏，愷悌君子。其能備此具美者，仰以其尤薦聞。

朝廷特加褒賞，增秩改章，徵受顯重。如或數科之中，粗有提舉，勤恪不怠，處事無闕者，仰以次等薦聞，量加寵賞，借留未替，以候成績。其有昧此政經，所向無取。循資待録，無補於治。散材凡器，長在人上。亦仰以實奏聞，當請移於散秩。如有貪殘黷貨，枉法受贓，冤訴不伸，拷笞無罪，有一於此，具狀以聞。當加峻刑，投諸荒裔。賞善懲惡，期於必行。掾曹、邑佐，善惡特異者，亦仰聞狀。請頒示四方，專委廉察，仍令兩都御史臺，併出使郎官、御史，及巡院法憲官，常加採訪，具以事狀奏申。中書門下，都比較諸道觀察使承制勤怠之狀，每歲孟春，分析聞奏，因議懲奬。』敕旨依奏。

三年三月敕：『新授刺史，如遇入閤申謝者，其日，各隨本班引入。候班退，刺史便接次對官立，候次對官班訖，通事舍人引至横階前。通事舍人口奏云：『新授某州刺史某人等申謝。』如喚近前，即引上龍墀。如不喚，即各自奏發日訖。通事舍人即宣某人等申謝。如去，贊拜訖，使引出。』

其年五月，中書門下奏：『舊制，刺史已除，替人未到，依前管一應務，並給俸料。待替到交割，便聽東西，據山南道所奏，刺史得便令牒州停務，別差官知州事，待到交割，方可東西。臣以爲刺史禄俸固薄，留滯可矜。又嶺南諸管及福建、黔府，皆是遠僻，須有商量。並請除到後未交割已前，據俸料雜給之中，三分支一，以資其停費。惟戒所由，不可比例。』制可。

四年三月，中書門下奏：『嶺南小州，多是本道奏散、試官及州縣官，充司馬知州事，不三兩考，便請正除。僥倖之門，莫甚於此。須作定制，令其得中。應奏授上佐知州事，起今已後，一周年在本任無破缺，即任奏請充權知刺史。宦途之內，猶甚徑捷。仍須事一周年考，不得將兩處相續。』敕旨依奏。

又 卷六九《刺史下》 會昌元年正月制：『刺史雖非假日，或有賓客須申宴餞者，聽之。』

四年八月，中書門下奏：『比緣向外除授刺史，多經半年已上，方至本任，或稱敕牒不到，或作故滯留。刺史未到前，知州官事，惟務因循，不急於治。百姓受弊，莫不由兹。臣等商量，自今已後，敕到南省，限兩日内牒本道，便令進奏院遞去。到本道後，委觀察使勾當，去任一千里内，限十日進發；二千里已上，限十五日；三千里已上，限二十日。仍並勒取便進發，不得託以事故，別取他路經過。刺史於先，三十箇月爲限，向後並望以任後計日。如有前刺史諸道居住，未赴闕廷者，各委觀察使，每季具管内有無申臺，或憂制及疾廢者，並須一一具言。臺司待諸處報，都申中書門下。所冀人皆守法，朝免遺才。』敕旨依奏

六年五月敕：『諸州刺史，委中書門下切加選擇，非奉公潔己，素效彰著者，不得妄有除授。到官之後，理行事稱，未三周年，勿使移改。如有才用堪拔擢驅使，及無政績須替換者，不在此限。又刺史交代之時，非因災沴，大郡走失七百户以上，小郡走失五百户以上者，三年不得録用，兼不得更與治民官。增加一千户以上者，超資遷改。仍令觀察使審勘，詣實聞奏。如涉虚妄，本判官重加貶責。』

大中元年正月敕：『古者，郎官出爲邑宰，公卿外領郡符，以重治民之官，急爲政之才也。自澆風興扇，此道稍消，頡頏清途，便至顯貴。治民之術，未嘗經心，欲使究百姓之艱危，通天下之利病，不可得也。朕爲政之始，思厚時風。軒墀近臣，蓋備顧問，如不周知病苦，何以應朕訪求。自今以後，諫議大夫、給事中、中書門下舍人，未嘗曾任刺史、縣令，及在任有敗累者，並不在進擬之限。』

三年二月中書門下奏：『諸州刺史到郡，有條流，須先申觀察使，與本判官商量利害，皎然分明，即許施行。如本是前政利物徇公事，不得輒許移改。不存勾當，踵前因循，判官重加殿責，觀察使聽進止。仍委出使郎官御史，常切詢訪舉察。』敕旨依奏。

五年九月，中書門下奏：『諸州刺史交割，及初到任下檐，得替後資送裝事。應諸州刺史除替後，新人在遠者，動經三四箇月不到任，從便近處，亦或一兩箇月不到。舊人在任，既不理務，又須一切州縣祇供，將吏依舊衙參祇候，守分者固難自處，多端者猶能害人。自今已後，望令應諸州刺史得替已除官者，即敕到後交割了，便赴任。如未除官者，敕到後，與知州官分明交割倉庫及諸色事。如不分明交割，便令舊刺史離本任，不要更待新刺史到。交割公事後，稱有小小異同，即令勘問知州官，並任行牒聽勘問，詰前刺史。如大段差謬，即委具事狀奏聞，其知州官別

議推。罷郡刺史未別除官者，准會昌九年赦文，令所在州縣供給。伏恐日月久深，不遵舊制，望令所在經過州縣，准舊節文處分，勿使羈旅。州許供三日，縣許供二日。應諸州刺史初到任，准例，皆有一檐什物；離任時亦例有資送，成例已久，州司各有定額。准乾元元年，及至德二載，並會昌元年制敕，只禁科率所由，抑配人戶。至於用州司公廨，及雜利潤，天下州郡，皆自有矩制。緣曾未有明敕處分，多被無良人吏百姓，便致詞告，云是贓犯。自今已後，應諸州刺史下檐什物，及除替送錢物，但不率斂官吏，不科配百姓，一任各守州郡舊規，亦不分外別有添置。若輒率斂科，故違敕條，當以入已贓犯法。餘望准前後敕處分。」敕旨：「宜依，仍編入格令，永爲常式。」

六年五月，中書門下奏：「嶺南、桂管、容管、黔中、安南等道刺史，自今已後，伏請於每年終，薦送各官，選擇校量資序，稍議遷獎。本道或知有才能，亦許論薦。仍須量資相送，歷任分明，更不在奏散試官、充司馬、權知州事限。」敕旨依奏。

其年十二月，中書門下奏：「諸州刺史，仰到任後一季以來，尋訪凋瘵之由，搜求疾苦之本，兩季以後，可以周知。伏以古之報政，備在典章，後代因循，曾無實效。今請觀察使、刺史到任一年，即悉具釐革、制置諸色公事，逐件分析聞奏，並申中書門下。視其所司，眞僞自分，才能可辨。事有可行者，著爲令典，使久遵守。既欲責其潔己，須令俸祿少充。以厚薄不同，等級無制，致使俸薄者無人願去，祿厚者終日爭先。應中下州司馬，與軍事俸料，共不滿一百千者，請添至一百千。其上中州不滿一百五十千者，請添至百五十千。其雄望州不滿二百千者，請添二百千。其先過者，仍舊。並於軍事雜錢中方圓，置本收利充給。如別帶使額者，並依舊，不在添限。其無明文，額外徵求，或送故迎新，廣爲率斂；或因徵發頓近，橫有破除。皆是貧戶出錢，惟使姦人得計。其他侵擾，色目至多，不問公私，一切禁斷。其刺史爲政，必除其民瘼，在官必勵於公心，日限纔終，即議遷獎。其或不出常流，全無政績，須知事分，合守田園，不可得替求官，稍遲即興怨謗。自今已後，應諸刺史得替求官者，亦准前任年月爲限，滿者，即量才除授，使免飢寒。未滿者，任其東西，使營生計。其有課績殊異，廉使薦論，校勘不虛，誠可優升者，不在此限。若授任之後，聲實相乖，即是廉使別帶私情，或因權勢論說。上罔明主，下困齊民，所罪並歸舉主。」敕旨：「卿等所條流，廉問牧宰等，實繫生靈之慘舒，化源之切務，並依所奏。」

大中九年二月，除醴泉縣令李君奭爲懷州刺史，非常例也。初，上校獵渭上，見近縣父老於村寺設齋，爲君奭祈福，恐秩滿受代，上異之。踰年，宰相以懷州缺刺史上聞，御筆除之。

又《都督刺史已下雜録》 武德元年六月七日，諸州總管加號使持節，刺史加號持節。

顯慶元年九月二十六日制：「督府及上州各置執刀五十人，中州下州各置十人，令於衙內祗承都督、刺史。」至貞元元年廢，從福建觀察使王雍奏也。

咸亨五年九月敕：「諸州都督、刺史及上佐見執魚契者，中間選改，須有分付。其有選改無三官者，且留知州事，待攝官及三官內一人至任，依常。」

垂拱元年七月，諸州置録事。

二年正月，諸州都督刺史，宜准京官帶魚袋。

三年二月，上州置市令。

先天二年敕：「河北諸州，加團練兵馬，本州刺史押當。」

其年七月二十四日敕：「自今已後，都督刺史，每欲赴任，皆引面辭。朕當親與疇咨，用觀方略。至任之後，宜待四考滿，隨事褒貶，與之改轉。」

開元元年十二月三十日敕：「都督、刺史、都護，每欲赴任，皆引面辭訖，側門取候進止。」

八年二月十二日敕：「都督、刺史品卑者，借緋魚袋。」

十七年二月敕：「諸州都督、刺史、上佐等官員，缺非安穩者，所授官在任經一考已上，宜量與改轉。」

乾元元年六月六日敕：「今冬入考刺史，自今已後，並宜停。」至大曆十四年六月一日，敕：「諸州刺史、上佐，並許每年入計。」至七月四日敕：「宜起十五年已後，已依常式。」至建中元年三月二十五日，敕：「各委本州，定上佐入考。」

寶應二年七月十一日敕文：『自今已後，改轉刺史，三年爲限，縣令四年爲限。』至貞元元年十一月十一日，敕文：『自今已後，刺史、縣令，未經三考，不得改移。』至六年十一月八日，敕文：『自今已後，刺史、縣令，以四考爲滿。』

永泰二年九月二十二日，諸府刺史、都護、大都督府長史有犯者，自今已後，降魚書停務訖，然後推勘聞奏。如未降魚書，不在推限。至大曆十二年五月十日敕：『諸州刺史替代及別追，皆降魚書，然後離任。無事不得輒追赴使及出境。刺史有故闕，使司不得差攝，但令上佐知州事。』從辛相常衮奏也。至貞元三年十月，敕：『刺史停務，則降魚書。』先是，此制自廣德已後，多不施行。又節將怙權，刺史悉由其令，魚書皆廢。至是，漳州刺史張遜，坐事將鞫之，有司請舉舊制也。

貞元四年正月一日敕文：『自今已後，刺史不得輒離本界。如是緣司使，任以文牒計會，應緣州事巨細，聽聞奏。如刺史闕，上佐當日聞奏，並牒報中書門下省。』

十四年十一月十二日，考功奏：『所在長史，請立德政碑，並須去任後申請，仍須有灼然事蹟，乃許奏成。若無故在任申請者，刺史、縣令，委本道觀察使勘問。』

大和二年二月，宰臣李絳進則天太后刪定《兆人本業記》三卷，宜令諸州刺史寫本，散配鄉村。

又《別駕》 武德元年六月，置別駕。貞觀二十三年七月五日，改別駕爲長史。上元二年十月十日，又置別駕，其長史如故。上州從四品，中州五品，下州從五品，止以諸王子爲之。至永隆元年，又廢。至永淳元年七月八日，復置別駕官。至景雲元年，始用庶姓爲之。至開元六年二月十二日，敕：『舊例，別駕皆是諸親，近年已來，頗多諸色。先授者未能頓輟，已後者自循舊章。去冬，有因計入朝，不可更令卻往，宜並量材敍用。』至天寶八載八月二十六日，敕：『諸郡各置三官，別駕不煩更置。政存省要，豈在多員，其別駕隨缺便停，下州置長史一員。』上元二年九月二十一日赦文：『其別駕依卻置。』六年四月敕：『別駕、録事參軍有犯贓者，禁身推問。疾患者准式，不稱所職者，戶口流散者，並委本處聞奏。其贓犯者，禁身推問。疾患者，准式解所職。老耄暗弱，才不稱職者，量資考改與員外官。』

大曆十四年六月赦文：『諸州刺史、上佐，自今已後，准入計。』

建中元年正月十九日，諸州府五品已上正員內，上佐宜四考滿停，左降官不在限。

大和元年正月，宰相韋處厚奏，請復置六雄、十望、十緊、三十四州別駕。先是，貞元中，宰相齊抗奏減冗員，罷諸州別駕。其京百司，合入別駕，多處之朝列。及元和已後，兩河用兵，偏裨立功者，率以儲寀、王官雜補之，處厚乃復請置別駕以處焉。

七年八月九日敕：『諸王等今後相次出閣，且授緊、望已上州刺史、上佐。』

開成三年十二月敕：『今後諸道節度、團練、防禦等使，不得更奏大將元巡內上佐官。』

大中四年六月敕：『光州比是中州，停廢司馬員額，今以升爲上州，宜令卻置司馬。』

又《判司》 景雲三年八月二日敕：『諸州置司田參軍一員。』唐隆元年七月十九日廢。上元二年九月二十一日又置，并置田正三人。

開元十五年四月十三日，朔方五城，各置田曹參軍一員，階品俸料一事已上，同軍家判司，專知營田。

乾元二年四月十四日敕文：『録事參軍自今已後，宜升判司一秩。』

大曆十四年十二月五日，諸州府學博士改爲文學，品秩同參軍，位在參軍上。

宋·王溥《五代會要》卷一九《刺史》 後唐同光二年三月，中書門下奏：『刺史、縣令，有政績尤異，爲衆所知；或招復戶口，能增加賦稅者；或辨雪冤獄，能全人命者；或去害物之積弊，立利世之新規，有益時政，爲衆所推者，即仰本處逐件分明聞奏，當議獎擢。或在任貪猥，誅戮生靈，公事不治，爲政怠惰，亦加懲罰。其州縣官滿三考，即具關申送吏部，格式候敕除銓注，其本道不得差攝官替正授者。』從之。

天成元年十二月十九日敕：『尚書吏部侍郎裴皞所請刺史三考，方可替移，免有行送之勞，若非歲月積深，無以彰明臧否。自此到任後政績有聞，即當就加渥澤，如或爲理乖謬，不計月限，便議替除。』

三年五月敕：『刺史以二十五月爲限，仍以到任日爲數。』

四年六月，左散騎常侍蕭希甫奏請條流：『縣令，凡死罪已下得專之。刺史部内有犯，死罪一人得專之。觀察使部内有犯，死罪五人已下得專之。』敕：『刺史既爲屬部，安可自專，案牘既成，須申廉使。餘依所奏。』

應順元年三月二十日敕：『刺史、縣令、丞尉得替，自今後如是見任官，將已分錢物資送得替人，即勿論。其或率斂吏民，以受所監臨財物論，加一等。如以威刑率斂，以枉法論，其去任受財人，減二等。』

周廣順二年八月敕：『今後刺史、縣令，顯有政能，觀察使審詳事狀，聞奏朝廷，當議奬擢。百姓、僧道不得舉請，一切止絶。』

三京、鄴都諸州府，逐年所徵夏秋税租，兼鹽麴折徵諸般錢穀，先定格流如後。

一、若限滿後，十分中係欠三分已上者，本判官罰五十直，録事參軍罰七十直，本曹官罰五十直。縣令罰一百直，勒停。簿尉罰七十直，移攝閑官。州縣押司、録事、本典及鄉里正、孔目、書手各徒二年，仍配重役。本孔目、勾押官典杖七十，都孔目官、勾押官杖六十，並退職，衙前收管。

一、若限滿後，十分中係欠二分者，本判官罰三十直，録事參軍罰五十直，本曹官罰四十直。縣令罰七十直，移攝閑官，簿尉罰五十直。州縣押司、録事、本典鄉里正、孔目、書手等杖八十，本孔目官、句押官典杖六十，都孔目官、句押官笞五十。

一、限滿後十分中只欠一分已下者，本判官罰二十直，録事參軍罰三十直，本曹官罰二十直，縣令罰五十直，簿尉罰四十直，州縣押司、録事、本典及鄉里正、孔目、書手等杖七十，本孔目、句押官典笞五十，都孔目、句押官各罰五十直。以上所立條件，若是本判官、録事參軍、本曹官、孔目、句押官典等，即取一州都徵額上比較，其縣令、簿尉及典押以下，即將本縣欠數比較。

一、所徵夏秋兩税，依省限了絶者，本判官典申奏改轉官資，録事參軍、縣令申奏與量留一年，或界分已滿去即轉兼官。如一任之内，税賦不牽。即奏加章服。若是攝官，亦委本處長吏，更令攝任一年，如更立勞能，具狀申省，以憑申奏，必降眞命；本曹判司簿尉，即申奏請減兩選。或一任之内，税租總了絶，或是攝官，委逐處申省點勘聞奏，別行奬酬。州府都孔目官、句押官，本孔目、句押官典等，以軍職轉選。其都孔目官、句押官，如已至押衙職名，或舊有官資，亦議申奏奬酬。州司并逐縣徵科典押，每處與賞錢三十貫，均匀分俵。

長興元年七月敕：『訪聞諸道州府縣官，自徇虚名，不惜人戶，皆於省限前行帖催驅，須令人戶貴買充納。此後徵科事辦，亦不酬勞，本處不得申奏。如違限稽慢，即准條流責罰。如添得廨宇，招得流民，無害於公私者，當以名聞，特行恩奬。』

二年八月二十三日，諸道奏：『薦州縣官前銜内，有賜紫金魚袋者。奉長興元年九月十七日敕：「州縣官若循常例，十六考方得敍緋。倘或已佩金章，固難卻爲令録，必若藉其才器，則可別任職資，須協通規，免踰定制。」宜令今後諸道州府，不得以著紫宜身奏薦爲縣官者。』奉敕：『文資官階銜内已有金紫，尚不許卻爲州縣官，其武職銀青階銜，亦宜條理。宜令諸道州府，自此詳文資賜紫例，不得更以帶武職銀青階銜奏薦爲州縣官員，仍付所司。』

《新唐書》卷四九下《百官志四下》 上州 刺史一人，從三品，職同牧尹；別駕一人，從四品下。武德元年，改太守曰刺史，加使持節，丞曰別駕。高宗即位，改別駕皆爲長史。上元二年，諸州復置別駕，以諸王子爲之。永隆元年省，永淳元年復置。景雲二年，始參用庶姓。天寶元年，改刺史曰太守。八載，諸郡廢別駕，下郡置長史一員。上元二年，諸州復置別駕。德宗時，復省。元和、長慶之際，兩河用兵，裨將有功者補東宫王府官，久次當進及受代居京師者，常數十人，訴宰相以求官；文宗世，宰相韋處厚建議，復置兩輔、六雄、十望、十緊州別駕。

長史一人，從五品上；司馬一人，從五品下；録事參軍事一人，從七品上；録事二人，從九品下；司功參軍事一人、司倉參軍事一人、司戶參軍事二人、司田參軍事一人、司兵參軍事一人、司法參軍事二人、司士參軍事一人，皆從七品下；參軍事四人，從八品下；市令一人，從九品上；丞一人，從九品下；文學一人，從八品下；醫學博士一人，從九品下。

中州 刺史一人，正四品下；録事參軍事一人，正八品上；録事一人，從九品上；司功參軍事、司倉參軍事、司戶參軍事、司田參軍事、司兵參軍事、司法參軍事、司士參軍事各一人，正八品下；參軍事三人，正九品下；醫學博士一人，從九品下。

下州　刺史一人，正四品下；別駕一人，從五品上；司馬一人，從六品上；録事參軍事一人，從八品上；録事一人，從九品下；司倉參軍事、司戶參軍事、司田參軍事、司法參軍事各一人，從八品下；參軍事二人，從九品下；醫學博士一人，從九品下。

諸軍各置使一人，五千人以上有副使一人，萬人以上有營田副使一人。軍皆有倉、兵、胄三曹參軍事。刺史領使，則置副使、推官、衙官、州衙推、軍衙推。

清・嵇璜等《續通志》卷一三一《職官二・府州軍監》　唐設州刺史，後改爲郡太守，五代仍稱刺史。

論　説

唐・陳子昂《陳子昂集》卷八《上軍國利害事三條・牧宰》　臣伏惟陛下當今所共理天下。欲致太平者。豈非宰相與諸州刺史縣令邪。陛下若重此而治天下乎。臣見天下理也。若陛下輕此而理天下乎。臣見天下不得理也。何者。宰相陛下之腹心。刺史縣令陛下之手足。未有無腹心手足而能獨理者也。臣竊觀當今宰相。已略得其人矣。獨刺史縣令。陛下獨甚輕之。未見得其人。是以腹心離安。而手足猶病。而天下至今所以未有大利爾。臣竊惟刺史縣令之職。實陛下政教之首也。陛下布德澤。下明詔。將示天下百姓。必待刺史縣令爲陛下謹宣之。故得其人。則百姓家見而戶聞。不得其人。但委棄有司而掛牆壁爾。陛下欲使家興禮讓。吏勖清勤。不重選刺史縣令。將何道以致之邪。愚臣竊見陛下未有舟檝而欲濟河。河不可濟也。臣比在草茅。爲百姓久矣。刺史縣令之化。臣實委知。國之興衰。莫不在此職也。何者。一州得賢明刺史。以至公循良爲政者。則千萬家賴其福。若得貪暴刺史。以徇私苛虐爲政者。則千萬家受其禍矣。夫一州禍福且如此。況天下之衆。同得勝道哉。故臣以爲陛下政化之首。國之興衰。在此職者也。臣伏見陛下憂勤政理。欲安天下百姓。無使疾苦。然猶未以刺史縣令爲念。何可得哉。臣何知陛下未以刺史縣令爲念。竊見吏部選人。補一縣令如補一縣尉爾。但以資次考第從官遊歷即補之。不論賢良德行可以化人而拔擢見用者。縱吏部侍郎時有知此弊而欲超越用人。則天下小人已囂然相謗矣。所以然者。習於常而有驚怪也。所以天下庸流。莫不能得爲縣令。庸流一雜。賢不肖莫分。但以爲縣令庸流。資次爲選。不以才能任職。所以天下凌遲。百姓無由知陛下聖德勤勞夙夜之念。但以愁怨。以爲天子之令遣如此也。自有國來。此弊最深。而未能除也。豈不甚哉。昔漢宣帝有言曰。朕之所共理天下者，豈非良二千石乎。故宣帝之時。能委任矣。伏願陛下與宰相深知妙選。以救正此弊。使天下之人。稍得以安。臣有計。然甚鄙近。未能著於書。願陛下興念。與明宰相圖之。以安天下。幸甚幸甚。

清・顧炎武《日知録》卷九《隋以後刺史》　秦置御史以監諸郡。漢省丞相，遣史分刺州，不常置。武帝元封五年，初置十三州刺史各一人。魏晉以下，爲刺史持節都督。魏志言：『自漢季以來，刺史總統諸郡，賦政於外，非若曩時司察之任而已。』漢時止十三州。至梁時南方一偏之地遂置一百七州。隋文帝開皇三年，罷郡，以州統縣。杜氏《通典》曰：『以州治民，職同郡守，無復刺舉之任。』自是刺史之名存而職廢，後雖有刺史，皆太守之互名。有時改郡爲州，則謂之刺史。有時改州爲郡，則謂之太守，一也。非舊刺史之職，理一郡而已。由此言之，漢之刺史，猶今之巡按御史。魏晉以下之刺史，猶今之總督。隋以後之刺史，猶今之知府及直隸知州也。《新唐書・地理志》曰：『唐興，高祖改郡爲州，太守爲刺史。』

又《守令》　《舊唐書・烏重胤傳》：『元和十三年，爲横海節度使，上言曰：「臣以河朔能拒朝命者，其大略可見。蓋刺史失其職，反使鎮將領兵事。若刺史各得職分，又有鎮兵，則節將雖有祿山、思明之姦，豈能據一州爲畔哉！所以河朔六十年能拒朝命者，祇以奪刺史縣令之職，自作威福故也。臣所管德、棣、景三州，已舉公牒，各還刺史職，事訖，應在州兵，並令刺史收管。」從之。縣是法制修立，各歸名分。』是後雖幽、鎮、魏三州，以河北舊風自相更襲，在滄州一道，獨稟命受代，自重胤制置使然也。

清・王鳴盛《十七史商榷》卷七八《新舊唐書一〇・改郡爲州》

《舊地志》云：『高祖受命，改郡爲州，太守並稱刺史。』案唐虞分州，三代相沿，秦變爲郡，遂革州名，而漢復稱之，以州統郡，州大郡小，其分封者爲國，兼用周秦之制也。歷魏晉及南北朝，而冀、兖等名猶在，隋大業三年始改州爲郡，置司隸刺史，以糾郡守，自此以後，九州、十二州之名不復用矣。唐高祖又改郡爲州，三代之州兼唐數郡或數十郡之地，唐之州與三代之州大異，漢之刺史統唐數郡或數十郡之地，唐乃以郡守爲刺史，時異勢殊，其沿革不同如此。但《舊志》惟臚列各州，其下説本古某郡而已，《新唐書·地理志》則云京兆府京兆郡云云，華州華陰郡云云，同州馮翊郡云云，每州必州名、郡名並舉之，河南則云河南府河南郡，陝州則云陝州陝郡，州郡名同者猶必並舉之，而其中亦間有但列州名者，故於渭州下特發例云：『凡乾元後所置州皆無郡名。』據此，則乾元以前凡州皆兼郡名也。《舊志》乃但列州名，顯係脱漏，此《舊》之不如《新》者。

藝文

唐·張説《張燕公集》卷二附《明皇御製〈賜諸州刺史以題座右〉》 眷言思共理，鑑寢想惟良。猗歟此推擇，聲績著周行。賢能既俟進，黎獻實佇康。視人當如子，愛人亦如傷。講學試誦論，阡陌勸耕桑。虛譽不可飾，清知不可忘。求名迹易見，安貞德自彰。獄訟必以情，教民貴有常。恤惸且存老，撫弱復綏强。勗哉各祇命，知予眷萬方。

又 卷五《洛橋北亭詔餞諸刺史》 離亭拂御溝，曲岸舞船樓。詔餞朝廷牧，符分海縣憂。股肱還入郡，父母更臨州。扇逐仁風轉，車隨霖雨流。恩光水上溢，榮色柳間浮。預待羣方最，三公不遠求。

唐·高適《高常侍集》卷下《送蔡少府赴登州推事》 膠東連卽墨，萊水入滄溟。國小常多事，人訛屢抵刑。公才徵郡邑，詔使出郊坰。標格誰當犯，風謠信可聽。崢嶸大峴口，邐迤汶陽亭。地迴雲偏白，天秋山更青。祖筵方卜晝，王事急侵星。勸爾將爲德，斯言蓋有聽。

唐·李華《李遐叔文集》卷三《壽州刺史壁記》 《禹貢》：『淮海，惟揚州』，彭蠡、三江在焉。漢文帝封淮南王長子安爲五，都壽春，卽此州也。兩漢揚州刺史治於此州，墠壇猶在。後魏盧潛爲揚州，亦鎮於茲。潛有惠政，時人比之羊祜。厥後州境，或南或北，隨人推遷。國朝一家天下，華夷如一，壽春郡在淮南，隸揚州，其風俗山川，可得而知也。某年，以兼侍御史揚州司馬獨孤問俗爲壽州刺史。公有德政，理外如內，易不遺物，周不害通，忠孝簡於王室，廉平聞於天下，剛克以順，柔謹而肅。公理州三年，遷御史中丞，鎮江夏。工部郎中楚州張緯之代公爲州牧，某部郎中韋延安代張典此州，僉有政聞，故書其事，以慰楚人之心。

又 卷四《杭州刺史廳壁記》 唐虞之代，四岳、十二牧，分掌諸侯；宗周有方伯、連帥之職；秦有監郡；漢魏以還，初曰部刺史，後曰州牧；近代罷州牧，復爲郡太守；太守、刺史，無恒其稱，職同九卿，假以符節，雖親如魯、衛，貴若周、召，任切安人，往往除拜。天寶中，朝廷以尚書郎人物之高選，二千石元元之性命，始以省郎臨大部。若密邇京師，或控壓衝會，萬商所聚，百貨所殖，將擇良吏重難之。杭州，東南名郡，後漢分會稽爲吴郡，錢塘屬。隋平陳，置此州，咽喉吴越，勢雄江海。國家阜成，兆人戶口日益增，領九縣，所臨莅者多當時名公：宋丞相、劉僕射、崔尚書之訏謨大政其間；劉尚書、裴給事之盛德遠業；魏左丞、蘇吏部之公望遺愛在人；韋太原、崔河南、劉右丞、侯中丞節制方隅。有事以來，承制權假以相國元公，旬朔之間，生人受賜。由是望甲餘州，各士、良將，遞臨此部。況郊海門，池浙江，三山動搖於掌端，靈濤歎激於城下。水牽卉服，陸控山夷；駢檣二十里，開肆三萬室。近歲，災沴繁興，寇盜連起；百戰之後，城池獨存。王師雷動，元惡授首。乳哺疲人，分命賢哲。詔以兵部郎中范陽盧公幼平爲之。

公體仁而清直方簡亮，文以輔德，武以靜人；澄曠有清江之姿，巍峨有秋山之狀。麾幢戾止，未逾三月，降者還忠義，歸者喜生育；旌次讓利，轅門無聲。人咸曰：『休哉！以卿佐之才，遵王澤，敷德政，吾見其爲公爲侯，福履宜之，未見其極也！』刺史冠服印綬、甲令載之，故不書。詞尚體要，古史之遺也。永泰元年七月二十五日記。

又 《衢州刺史廳壁記》 有漢已還，州統郡，郡或連十城，州或部十郡。江南多大郡，如會稽、丹陽，鎮領遐闊，分置部都尉。自富春而南，太末一縣抵於建安，今此州卽古會稽西部之地也。雖官明吏修，如曠阻何，厥後相因，損益無恒，時更亂離，罷置紛糅。聖朝字育元元，納于大中。自衛公虆單于、英公滅句麗，天下和平，戶口繁衍。元聖溥《行葦》、《蓼蕭》之澤於下，廷延公卿，議割州邑。謂疆與府近，則易爲理；人與吏親，則易爲安。以婺州封畛爲廣，分置衢州，領六縣，猶爲大郡。近歲析玉山全邑，洎須江南鄉益信州，而不爲寡。去年江湖不登，茲境稍穰，故浙右流離，多就遺秉，凡增萬餘室而不爲衆。吳越地卑，而此方高厚，居者無疾，人斯永年。名山大川，既麗且清，俗尚文學，有古遺風。國朝不以州領郡，郡與州更相爲號，遷復從宜，事之當也，置觀察之司而董臨之。此州長吏之選，甲於他部。忠貞之老，則武威公李僕射傑；親賢之望，則信安郡王禕。遺政行爲故事，名位光於屋壁。開元、天寶中，始以尚書郎超拜名郡，賀蘭大夫爲之，李郎中爲之。自逆胡悖天地之慈，犯雷霆之誅，賀蘭起北海之師，郎中佐浙東之幕，有文有武，家頌戶歌。元惡天討，餘凶稔罪，皇恩示以鈇鉞之威，未卽大刑，以爲不教人戰，是謂棄之。乃分諸州，置節度以鎮之；州有防禦軍，刺史爲之使，俾與夫持節某州諸軍事名實副焉。以此州密適山陰，爰隸浙東。廳事馮高，戟戶臨江，武文左右，麾幢成列。千夫長、百夫長，上寮郡掾，屬邑官吏，進退無聲，趨拜風生。仕不登州，談不爲榮。凡爲州者，儒不毅勇則頓威，攻守所由敗也；勇不儒和則失人，邦國所由困也。故二千石之任，方今爲難。至尊垂憂勤於兆人，延俊乂於高位，以蘇州刺史陳郡殷公，文可以成政，武可以安人，明斷良謀，忠在王室；其理也，寬不容怠，嚴不拒情，清白貫於神明，簡易契於黃老，德必有鄰，歌聲宜繼，由是命公典此邦也。至若建置城府之年月，升降品第之等差，風俗貢賦之宜，男女提封之數，圖牒備矣，老幼傳之。今之所書，略舉勳德也。元年建寅月二十一日，左補闕趙郡李華於江州附述。

又《常州刺史廳壁記》 晉分丹陽爲毗陵，後改爲晉陵。隋置常熟縣，創常州理之。無何，常熟隸蘇州，始於晉陵置常州。當楚越之襟束，居三吳之高爽，基地恒穰，故有嘉稱。領五縣，版圖十餘萬，望高地劇，此關外名邦。自狂虜肆亂，江湖流毒，地荒人亡，十里一室。天子詔宰政，審可以安人者，以工部侍郎贊皇公覽允一作充，帝俞，拜爲此邦。昔齊人聞石相將至，舉國大理。贊皇東轅，明詔先下，吏愉人泰，如時之春。視之猶身，歸者遍野。贊皇公以爲易簡本乎悠久，久於其道而化成，封章上請，求理三歲。詔書寵異，進品正議大夫，優賢報功，於時爲盛。自吳通上國，越盟諸夏，秦裂捃陣，智如伍員，才若鴟夷，以及我國家賢良，臨州者甚衆，未有濬河渠，引大江，漕有餘之波，溉不足之川。溝延申浦，至於城下，廢二埭之隘，促數州之程。海夷浮舶，弦發望至，出古人創物之智，見君子濟衆之心。大矣哉！一境清淨，無爲而理。此舉大略也。漢制：刺史部領郡國，遷爲太守；太守課最，入爲公卿。及魏晉以來，或稱州牧。國朝州刺史、郡太守更相爲名，親賢如寧、岐，弼諧如狄、宋，皆拜焉。在部視侯伯，入朝亞卿尹，其車服皁蓋朱幡，華蟲七旒、進賢兩梁冠、玉佩青綬。古有銅獸竹使符，太守不假節，刺史臨兵則持節。今雖無事，亦稱使持節，戒不虞也。降銅魚、詔書合之，代獸符也。夫子門人，高第者衆，唯稱雍也可爲諸侯，至矣哉！古之爲理，本於德行。贊皇公秉心宣猷，盡瘁王室，愷悌君子，民之父母，爲王者輔，宜哉！永泰二年二月庚戌，贊皇公從子檢校吏部員外郎華述。

唐·獨孤及《毘陵集》卷一七《江州刺史廳壁記》 古者國有史氏，君舉必書，倚相、董狐、史鰌、史嚚，卽其人也。秦已來，國化爲郡，史官廢職，策牘之制寢滅，記事者但用名氏、歲月，書於公堂。而《春秋》、《檮杌》存乎屋壁，其來舊矣。是州也，在荆之域，於潯之陽。江從岷山東注渤澥，洪濤至是派分爲九。而廬山、湓水，周於雉堞；洞庭、彭蠡，爲之襟帶。故自晉元康訖於梁陳，出入五代四百餘載，世稱雄鎮，且曰天府，匪親匪賢，莫荷其寄。唐有天下，六合一軌，設險斯廢，惟民是恤，則命官擇任，與列郡等矣。至德已來，戎馬生而楚氛惡，猶以是邦咽喉秦吳，跨躡荆徐，而提封萬井，歧路五裂，每使臣計郡縣之財入，調軍府之儲峙，璽節旁午，羽書絡繹，走閩禺而馳於越，必出此路，而防虞供億，功倍他郡，故亦大其任而難其人。今年春，渤海封公繼踐厥位。夫爲政猶工之攻木也，得於手，應於心，則盤曲擁腫，迎刃而解，況美材乎？故公以發硎之利，導勝殘之俗，布政三月，而人從乂，每嘆曰：『茫茫舊壤，千載在目。覩乎版築，則灌嬰之業，朗而存焉；披乎圖牒，則溫太眞、庾元規之車塵，若可窺焉。義寧已來，百四十有九載，纂斯位者，風聲相聆，軌躅相躡，前賢後賢，累累如貫珠。善惡成敗，我之元龜，酌而行之，吾師存焉。』於是徵諸故老，鳩其名氏之存者，凡若干人，揭而書之，以爲《九江郡國志》。

唐・顧況《華陽集》卷下《宋州刺史廳壁記》 商邱之地，辰火之宿，孟諸之湄，閼伯所遷，微子所封之國也。厥貢絺紵，厥篚纖纊；有蒙盧二門，有睢渙二水。炊骨易子，隕星退鷁；仲尼之伐樹，子罕之棄甲，皆此地焉。梁孝王時，四方遊士鄒生、枚叟、相如之徒，朝夕晏處，更唱迭和。天寒水凍，酒作詩滴，是有文雅之台。清泠之地，雁鶩之所棲集，園苑三百餘里，制度法於長安。漢末始置爲睢陽郡，皇家大臣房梁公嘗牧此州。今相國彭城劉公勳德有光，亦典此郡。前破李靈曜，後破李希烈，爲梁開路。而東方諸侯，井賦鹽泉，所入歲約三千萬緡，商在其外。明年，西朝天子，天子嘉之。俾平水土，乃拜司空；俾敷五教，乃拜司徒。入參大政，出曜威武。范陽君以智略佐之，由御史中丞、行軍司馬、節度留後而領於是邦，幕府得人，於斯爲盛。下車之日，無土不殖，桑麥翳野，舟艫織川，城高以堅，士選以飽。《詩》所謂『誰謂宋遠』，『誰謂河廣』者矣。自貞觀以來，列名氏者，以房梁公爲首，存乎東壁。大歷之後，繼聲躅者，宜司徒公爲首，遂刊於座右。貞元五年四月十九日記。

又《胡州刺史廳壁記》 江表大郡，吳興爲一。夏屬揚州，秦屬會稽，漢屬吳郡，吳爲吳興郡。其野星紀，其藪具區，其貢橘柚纖縞茶紵。其英靈所誕，山澤所通，舟車所會，物土所產，雄于楚越，雖臨淄之富不若也。其冠簪之盛，漢晉以來敵天下三分之一。其刺史沿革不同，或稱太守，或稱內史，或稱都督。他州或否，如魯史、晉乘，侯牧一也。其鴻名大德，在晉則顧府君秘、秘子衆、陸玩、陸納、謝安、謝萬、王羲之、坦之、獻之；在宋則謝莊、張永、褚彥回；在齊則王僧虔；在梁則柳惲、張譏；在陳則吳明徹；在隋則李德林；國朝則周擇從令聞也，顔魯公忠烈也，袁給事高讜正也，劉員外全白文翰也。洎于頔大夫作塘貯水，溉田三千頃。今使君詞，唐景皇帝七代之孫，先公尚書先公大夫奕葉之勳，有功於民，公實嗣之。孔悝銘鼎，天下重器。天王褒拔于公陟襄陽節度，李公陟當道觀察，統諸道鹽鐵轉運。二牧既陟，唯公盤桓。鴻鵠不飛，飛卽摩漢。其逋者復，其危者安，其憂者泰，所謂善緝。於是拓郛櫌萊，就便除害。政之餘力，作消暑樓於南端，復亭署於白蘋洲。聿興廢土，光明敞豁，湧出溪穀。其舊記吏部李侍郎紓撰。其圖經竟陵陸鴻漸撰，使君命況總兩家之説，俶落晉宋，訖於我唐，凡一百九十七人，及歷代良二千石，儀形略也。鋪張屋壁，設作存勸，竦神告人，《春秋》不朽之義也。貞元十有五年十二月哉生魄，華陽山人顧況述。

唐・劉禹錫《劉賓客文集》卷八《和州刺史廳壁記》 歷陽，古揚州之邑。于天文直南斗魁下，在春秋實句吳之封，後爲楚所取。秦幷天下，以隸九江，而六爲九江治所。晉平吳，復隸淮南。至永興初，自析爲郡，益之以烏江。宋臺建，目爲南豫州，又益之以龍亢。梁之亡也，北齊圖霸功，擁貞陽侯以歸，王僧辯來迎，會於茲地，二國和協，故更名和州。陳、隋間無所革。國朝因隋。武德中更龍亢爲含山。初，開元詔書以口算、第郡縣爲三品，是爲下州。元和中，復命有司參校之，遂進品第一。

按見戶萬八千有奇，輸緡錢十六萬，歲貢纖紵二篚，吳牛蘇二鈞，糝覃九甕，茅蒐七千兩。鎮曰梁山，浸曰歷湖。田藝四谷，豢全六擾。廬有旨酒，庖有腴魚。神仙故事，在郊在藪。玄元有臺，彭鏗有洞。名山曰雞籠，名塢曰濡須。異有血闕，祥有沸井。城高而堅，亞父所營。州師五百，環峙於東。南瀕江，劃中流爲水疆，揭旗樹葹，十有六戍。自孫權距陳，出入六代，常爲宿兵之地，多以材能人處之。本朝混一，號爲善部。然用人差輕，非復曩時之比也。

始，余以尚書郎得譴刺連山，今也由巴東來牧。考前二邦之籍與版圖，纔什五六，而地征三之。究其所從來，生植有本。女工尚完堅，一經一緯，無文章交錯之奇；男夫尚墾辟，功苦戀本，無卽山近鹽之逸。市無嗤眩，工無彫彤，無遊人異物以遷其志。副徵令者率非外求。凡百爲一出於農桑故也。繇是而言，瘠天下者其在多巧乎！寶曆元年六月二十一日，刺史中山劉某記。

又《汴州刺史廳壁記》 本朝以浚儀爲汴州刺史治所。自隋釃新渠，吸黃河而東行，州含其樞，爲天下劇。內屏王室，東雄諸侯。居無事時，常帶廉察使。兵興已還，益以節旄。用人得否，擊國輕重。長慶四年，詔書命河南尹敦煌令狐公來莅來刺，錫之介圭，使印兵符。汴人交賀，肴醑騰貴。惟是邦始都於魏惠王，始郡於宇文周。星躔回環，天駟垂光。地爲四戰，故其俗右武；人具五都，故其氣習豪。公自爲宰相時，已熟四方之利病。凡所戾止，參然前知。毁視事三日，挹羣吏與之言曰：『吾食止圭田，吾用止公入。凡他給過制，傷廉浼潔者悉罷之，壹歸乎公藏。凡曲防苛禁，不情乖體者悉劃之，壹出乎令典。凡關征船算，奪時專利者悉更之，壹遵乎詔條。』然後刑罷事而詳，賞以時而均。興學以勸藝，示寬以化勇。居數月，而汴州人恂恂然無復故態。明年大成。議者若曰：奕奕浚都，國之咽頤。咀清噏和，旁暢四支。東夏黠馬，由我以肥。是浚之治，非所澤於所履而已。

初，公七代祖在隋爲納言。大業中，持節居此，亦號刺史，距今餘二百年。公實能似。既拜闕，發魚書合左右契，由阼階躋，遐踵前武。歆然如聞其馨香，肅然如睹其形容。信乎，君子之澤遠而有光輝也。他日，命游梁客志之，書于廳事。謹按前賢之在此堂者，張平原首之，陸氏撰節度使記，揭于東壁，詳矣。今公命爲刺史記，書于右端，謹月而日之，以公爲冠。大和元年夏五月某日記。

又　卷九《夔州刺史廳壁記》　夔在春秋爲子國，楚並爲楚九縣之一，秦爲魚復，漢爲固陵，蜀爲巴東，梁爲信州。初城於瀼西，後周大總管龍門公拓。王述登白帝歎曰：『此奇勢可居。』遂移府於今治所。是歲建德五年。隋初楊素以越公領總管，又張大之。

唐興，武德二年詔書：『其以信州爲夔州。』七年，增名都督府，督黔、巫一十九郡。開元中，猶領七州。天寶初，罷州置郡，號雲安。至德二年，命嗣道王煉爲太守，賜之旌節，統硤中五郡軍事。乾元初，復爲州，偃節於有司，第以防禦使爲稱。尋罷，以支郡隸江陵。按版圖方輪不足當通邑，而今秩與上郡齒，特以帶蠻夷故也。

故相國安陽公乾曜嘗參軍事，修圖經，言風俗甚備。今以郡國更名之所以然，著于壁云。凡名殊必以國，事建必以年，謹始也。長慶二年五月一日，刺史中山劉某記。

又　《連州刺史廳壁記》　此郡於天文與荆州同星分，田壤制與番禺相犬牙，觀民風與長沙同祖習，故嘗隸三府，中而別合，乃今最久而安，得人統也。按宋高祖世始析郴之桂陽爲小桂郡。後以州統縣，更名如今，其制宜也。郡從嶺，州從山，而縣從其朔。邑東之望曰順山。由順以降，無名而相歆者以萬數，回環鬱遶，迭高爭秀，西北朝拱于九疑。城下之浸曰湟水，由湟之外，交流而合輪以百數，淪漣汩潏，擘山爲渠，東南入於海。山秀而高，靈液滲漉，故石鍾乳爲天下甲，歲貢三百銖。原鮮而膴，卉物柔澤，故紵蕉爲三服貴，歲貢十笥。林富桂檜，土宜陶旊，故候居以壯聞。石侔琅玕，水孕金碧，故境物以麗聞。環峰密林，激清儲陰，海風驅温，交戰不勝，觸石轉柯，化爲涼颸。城壓赭岡，踞高負陽。土伯噓濕，抵堅而散。襲山逗穀，化爲鮮雲。故罕罹嘔泄之患，亟有華皓之齒。信荒服之善部，而炎裔之涼墟也。

永貞元年，予始以尚書員外郎坐党累，出補茲郡。居無何，吏議以是遷也不足償其責，故道貶爲朗州司馬。後十年，詔書征還，抵京師，俄復前命，佩故印綬而南。曩之騎竹馬北向相徯者，咸仕郡縣，巾韝來迎。下車之日，私唁且笑。既視事，得前二千石名姓于壁端，宰臣王晙、幸卿劉晃、儒官嚴士元、聞人韓泰僉拜焉。或久於其治，功利存乎人民；或不之厥官，翹顒載於歌謠。餘不佞，從羣公之後。肇武德距於今，凡五十有七人，所舉者四君子，猶振裘之於領袖焉。元和十一年七月二十四日，刺史中山劉某記。

唐・岑參《岑嘉州诗》卷四《西河太守杜公輓歌》　其一　蒙叟悲藏壑，殷宗惜濟川。長安非舊日，京兆是新阡。黃霸官猶屈，蒼生望已愆。唯餘卿月在，留向杜陵懸。

其二　鼓角城中出，墳塋郭外新。雨隨思太守，雲從送夫人。蒿里埋雙劍，松門閉萬春。回瞻北堂上，金印已生塵。

其三　憶昨明光殿，新承天子恩。剖符移北地，授鉞領西門。塞草迎軍幕，邊雲拂使軒。至今聞隴外，戎虜尚亡魂。

其四　漫漫澄波闊，沉沉大廈深。秉心常匪席，行義每揮金。汲引窺蘭室，招攜入翰林。多君有令子，猶注世人心。

唐・王維《王右丞集》卷三《故西河郡杜太守輓歌三首》　天上去西征，雲中護北平。生擒白馬將，連破黑雕城。忽見芻靈苦，徒聞竹使榮。空留左氏傳，誰繼卜商名？返葬金符守，同歸石窌妻。卷衣悲畫翟，持翣待鳴鷄。容衛都人慘，山川駟馬嘶。猶聞隴上客，相對哭征西。塗芻去國門，秘器出東園。太守留金印，夫人罷錦軒。旌旗轉衰木，簫鼓上寒原。墳樹應西靡，長思魏闕恩。

唐·杜甫《杜工部集》卷一三《送梓州李使君之任》 籍甚黄丞相，能名自潁川。近看除刺史，還喜得吾賢。五馬何時到，雙魚會早傳。老思筇竹杖，冬要錦衾眠。不作臨岐恨，惟聽舉最先。火雲揮汗日，山驛醒心泉。遇害陳公殞，于今蜀道憐。君行射洪縣，爲我一潸然。

又《將赴荆南寄别李劍州》 使君高義驅今古，寥落三年坐劍州。但見文翁能化俗，焉知李廣未封侯。路經灔澦雙蓬鬢，天入滄浪一釣舟。戎馬相逢更何日？春風回首仲宣樓。

唐·韓愈《昌黎先生集·文·貞元十九年·送許郢州序》 愈嘗以書自通于公，累數百言。其大要，言先達之士得人而托之，則道德彰而名問流；後進之士得人而托之，則事業顯而爵位通。下有矜乎能，上有矜乎位，雖恒相求而喜不相遇。于公不以其言爲不可，復書曰：『足下之言是也。』于公身居方伯之尊，蓄不世之材，而能與卑鄙庸陋相應答如影響，是非忠乎君而樂乎善，以國家之務爲己任者乎？愈雖不敢私其大恩，抑不可不謂之知己，恒矜而誦之，情已至而事不從，小人之所不爲也。故於使君之行，道刺史之事，以爲於公贈。

凡天下之事，成於自同，而敗於自異。爲刺史者，恒私於其民，不以實應乎府；爲觀察使者，恒急於其賦，不以情信乎州。繇是刺史不安其官，觀察使不得其政，財已竭而斂不休，人已窮而賦愈急，其不去爲盜也亦幸矣。誠使刺史不私于其民，觀察使不急於其賦，刺史曰：『吾州之民，天下之民也，惠不可以獨厚。』觀察使亦曰：『某州之民，天下之民也，斂不可以獨急。』如是而政不均，令不行者，未之有也。其前之言者，於公既已信而行之矣，今之言者，其有不信乎？縣之於州，猶州之於府也。有以事乎上，有以臨乎下，同則成，異則敗者，皆然也。非使君之賢，其誰能信之，愈于使君，非燕游一朝之好也，故其贈行，不以頌而以規。

雜録

唐·白居易《白氏長慶集》卷五四《翰林制詔一·除郎官分牧諸州制》 漢宣帝云：『與我共理者，其惟良二千石乎！』誠哉是言！朕每三復，安得循吏，副吾此心。今之台郎，一時妙選，嘗經任歷，率有才用。雖典曹庀事，其務非輕，而卹隱分憂，所寄尤重。是用並命，分牧吾人，歲時之間，期於報政。戶部郎中某可某州刺史，兵部員外郎某可某州刺史，云云。朕高懸爵賞，佇期酬效，咨爾夙夜，其念之哉，無俾龔、黄，專美前代。

又 卷五五《翰林制誥二·京兆少尹辛秘可汝州刺史制》 京兆少尹辛秘：頃守吴興，時逢擾亂，安人殄寇，節效可稱。出倅戎車，入貳京輦，亦有政績，著於官常。今以汝汾軍郡之大，方求良吏，委之分憂。詢事考能，爾當其選，往卽乃土，以舒吾人。可汝州刺史。

又《除劉伯芻虢州刺史制》 給事中劉伯芻：以文雅才名，給事左闥，實掌駁議，再逾歲時，亦謂恪勤，宜從遷轉。而虢略近郡，黎人未康，藉爾良能，爲予撫字，懸賞佇效，勉哉是行！可授虢州刺史。

又《除周懷義豐州刺史、天德軍使制》 西受降城，尤居邊要：西戎北虜，介乎其間。委之郡符，建以戎號：將守之選，宜乎得人。前汝州刺史周懷義：久列禁衛，嘗從征伐；又領軍郡，率著勤功。宜加獎用，可屬憂寄。況茲要鎮，實扼戎吭：犄角諸軍，扃鐍右地：牧人訓旅，兼領非輕。無替前勞，在申後效！可豐州刺史、天德軍使。

又《張正甫苏州刺史制》 浙右列城，吴郡爲大，地廣人庶，舊稱難理，多選他郡二千石之良者，轉而遷焉。郢州刺史張正甫，自領南陽，僅經三載，廉平清簡，以臨其人，人安政和，理行第一。宜以大郡，推而廣之，用旌前勞，且佇後效。可蘇州刺史。

又《崔清晉州刺史制》 左司郎中崔清：以才良行敏，補尚書郎：頗積功勤，宜加獎任。頃嘗爲郡，亦聞有政。平陽舊壤，時謂名藩，得才與能，方可共理。安人訓俗，佇有成績。可晉州刺史。

又《除裴向同州刺史制》 馮翊之地，密邇郊畿：分內史之政，參京師之化；俾善所職，其在得人。京兆少尹裴向：器蘊利用，學通政事；久試吏治，頗著良能。累守大郡，入亞天府；奉上撫下，皆有可稱。左輔之重，爾膺其選。況征賦猶重，人庶未康，實望良才，與之共治。勉副所舉，往修厥官。可同州刺史。

又《李暈安州刺史制》 宿州刺史李暈：勳閥之門，嗣生才略；久參戎衛，頗著勤勞。試守列城，觀其爲政。屬汴泗之右，創畫州居；府署城池，委之經始：一日必葺，三年有成。且聞公勤，宜有遷轉，重分憂寄，再佇良能。往安吾人，無忝厥命！可安州刺史。

宋·宋敏求《唐大詔令集》卷一〇〇《政事·官制上·揀擇刺史詔》 朕聞彰善癉惡，有國之常典；糾寬濟猛，爲政之通規。朕以薄德，濫膺明命，瞻言賞罰，未適時宜，至使忠良未進，小人未退，貪吏未懲，流亡未安。賢良者未歸，懷冤者未理，在予之責，有愧良深。不能致君於堯舜者，亦羣公羣士之所恥也。卿等將何規補，使致咸亨，各以狀聞，朕當親覽。其才望兼優，公清特著，可以宣風道俗者，具以名聞。但百司承寬，共爲苟且，事多愆咎，無復紀綱，令各本司長官，審善惡才識，限十日進狀。

又《刺史令久在任詔》 與我共理，惟良二千石。久於其政，然後化成。承前代以來，頗多僥倖，但因入考，即有改轉。自今以後，非灼然應黜陟者，更無遷易。敦此風俗，冀革苟且。又舊例別駕，皆是諸親。頃年以來，頗多餘色。先授者未能頓已，此後自循舊章。去冬有因計入朝，不可更令却往，過事考了，並量才敍用。

又《京官都督刺史中外迭用敕》 敕：刺史古之通侯，公卿國之重任。百揆時敍，必在得賢；萬邦咸寧，期於共理。郎官出宰，仰惟前事；方伯登臺，聞之往躅。頃來朝士出牧，例非情願，緣沙汰之色，或受此官，縱使超資，尚多懷恥。亦有朝廷勳舊，甕鎮外臺，卻任京都，無辭降屈，且希得人，衆以爲榮。爲官擇人，豈合如此。自今已後，諸司清望宮闕，先於牧守內精擇都督刺史，却向京官中簡授；其臺郎以下除改，亦於上佐縣令中通取。俾中外迭用，賢良靡遺。庶績其凝，九功惟允，即宜銓擇，以副朕懷。

縣級政府機構部

綜　述

《隋書》卷二八《百官志下》 縣，置令，丞，尉，正，光初功曹，光初主簿，功曹，主簿，西曹，金、戶、兵、法、士等曹佐，及市令等員。合九十九人。上中縣，減上上縣吏屬四人。上下縣，減上中縣五人。中上縣，減上下縣十人。中中縣，減中上縣五人。中下縣，減中中縣五人。下上縣，減中下縣十二人。下中縣，減下上縣六人。下下縣，減下中縣五人。

唐·李林甫等《唐六典》卷三〇《三府督護州縣官吏》 萬年、長安、河南、洛陽、奉先、太原、晉陽，令各一人，正五品上。隋初，兩京置四縣，增秩爲正五品，皇朝因之而不改。天后時，東都又置來庭、永昌二縣，以太原爲北都，尋亦罷。開元十一年置北都，以晉陽、太原爲京縣。十七年巡陵，又以奉先同京縣。丞二人，從七品上。及隋氏革選，盡用他郡之人。漢已下皆一人。皇朝置京縣丞二員，北京太原、晉陽各置一丞。主簿二人，從八品上。皇朝京縣置二人，太原、晉陽各一員。録事二人，從九品下；隋長安縣置録事二人。佐二人，史二人。尉六人，從八品下。司士佐四人，史八人；典獄十人；問事四人；白直十人；市令一人，佐一人，史一人，帥二人；經學博士一人，助教一人，學生四十人。

諸州上縣，令一人，從六品上；丞一人，從八品下；主簿一人，正九品下；尉二人，從九品上；録事二人，史三人；司戶佐四人，史七人，帳史一人；萬戶已上增置二人、史四人、帳史一人。司法佐四人，史八人；萬戶已上增置佐一人、史二人，餘同畿縣。典獄十人；問事四人；白直十人；市令一人，佐一人，史一人，帥二人，倉督二人；博士一人，助教一人，學生四十人。

諸州中縣，令一人，正七品上；丞一人，從八品下；主簿一人，從九品上；尉一人，從九品下；録事一人，史二人；司戶佐三人，史五人，帳史一人；四千戶增置佐一人、史二人、帳史一人。司法佐三人，史六人；四千戶增置佐一人、史二人。典獄八人；問事四人；白直八人；市令一人，佐一人，史一人，帥二人，倉督一人；博士一人，助教一人，學生二十五人。

諸州中下縣，令一人，從七品上；丞一人，正九品上；主簿一人，從九品上；尉一人，從九品下；録事一人；司戶佐二人，史四人，帳史一人；司法佐二人，史四人；典獄六人；問事四人；白直八人；市令一人，佐一人，史一人，帥二人；無市則闕。博士一人，助教一人，學生二十五人。

諸州下縣，令一人，從七品下；丞一人，正九品下；主簿一人，從九品上；尉一人，從九品下；録事一人；司戶佐二人，史四人，帳史一人；司法佐二人，史四人；典獄六人；問事四人；白直八人；市令一人，史一人，帥二人；無市則闕。博士一人，助教一人，學生二十人。

京畿及天下諸縣令之職，皆掌導揚風化，撫字黎氓，敦四人之業，崇五土之利，養鰥寡，恤孤窮，審察冤屈，躬親獄訟，務知百姓之疾苦。所管之戶，量其資產，類其强弱，定爲九等。其戶皆三年一定，以入籍帳。若五九、謂十九、四十九、五十九、七十九、八十九。三疾謂殘疾、廢疾、篤疾。及中、丁多少，貧富强弱，蟲霜旱澇，年收耗實，過貌形狀及差科簿；皆親自註定，務均齊焉。若應收授之田，皆起十月，里正勘造簿曆；十一月，縣令親自給授，十二月內畢。至於課役之先後，訴訟之曲直，必盡其情理。每歲季冬之月，行鄉飲酒之禮，六十已上坐堂上，五十已下立侍於堂下，使人知尊卑長幼之節。若籍帳、傳驛、倉庫、盜賊、河隄、道路，雖有專當官，皆縣令兼綜焉。縣丞爲之貳。

主簿掌付事勾稽，省署抄目，糾正非違，監印，給紙筆、雜用之事。

録事掌受事發辰，句檢稽失。

縣尉親理庶務，分判衆曹，割斷追催。收率課調。

博士掌以經術教授諸生。二分之月，釋奠於先聖、先師。

唐・杜佑《通典》卷三三《職官一五・州郡下・縣令》 隋縣有令，有長。煬帝以大興、長安、河南、洛陽四縣令，並增正五品。諸縣皆以所管閑劇及衝要之處，以爲等級。開皇十三年，以臨潁令劉曠治政尤異，擢爲莒州刺史。又魏德深爲貴鄉長，轉館陶長，貴鄉民吏號泣請留，詔許之。貴鄉民吏歌呼滿道，館陶合境悲哭。

大唐縣有赤、三府共有六縣。畿、八十二。望、七十八。緊、百一十一。上、四百四十六。中、二百九十六。下、五百五十四。七等之差。京都所治爲赤縣，京之旁邑爲畿縣。其餘則以戶口多少、資地美惡爲差。凡一千五百七十三縣，令各一人。天寶四載，柳升爲長安令，有贓罪，朝堂杖殺之。

又《總論縣佐》 隋煬帝改縣尉爲縣正，尋改正爲戶曹、法曹，分司以承郡之六司。其京四縣，則加置功曹爲三司，司各二人。大唐縣有令，而置七司，一如郡制。武德元年詔：京令五品，丞一人七品，正六人八品。畿令六品，丞一人七品，正四人八品。上縣令六品，丞一人八品，正四人九品，中下縣各有差。丞爲副貳，如州上佐。主簿上轄，如録事參軍，其曹謂之録事司，並司功以下六曹，總之爲七司。尉分理諸曹，如州判司。録事省受符歷，佐史行其簿書。

丞【略】 隋及大唐縣丞各一人，通判縣事。赤縣置二人。

主簿【略】 自漢以來，皆令長自調用，至隋始置之。大唐赤縣置二人，他縣各一人，掌付事句稽，省署鈔目，糾正縣內非違，監印，給紙筆。

尉【略】 隋改爲正，後置尉，又分爲戶曹、法曹。說在縣佐篇。大唐初，因隋制。武德元年，萬年縣法曹孫伏伽上表論事，後爲尚書右丞。武德中，復改爲正。七年三月，復改爲尉。赤縣置六員，他縣各有差，分判諸司事。上縣二員，萬戶以上者增一員；中縣一員，四千戶以上者增一員；中下縣一員。佐史以下各有差。

《舊唐書》卷四四《職官志三・縣令》 長安、萬年、河南、洛陽、太原、晉陽六縣，謂之京縣。令各一人，正五品上。丞二人，從七品。主簿二人，從八品上。録事二人，從九品下。佐二人，史四人，尉六人，從八品下。司功、佐三人，史六人。司倉、佐四人，史八人。司戶、佐五人，史十人。司兵、佐三人，史六人。司法、佐五人，史十人。司士，佐四人，史八人，典獄十四人，問事八人，白直十八人。博士一人，助教一人，學生五十人。

京兆、河南、太原所管諸縣，謂之畿縣。令各一人，正六品下。丞一人，正八品下。主簿一人，正九品上。尉二人，正九品下。録事二人，史三人。司功、佐三人，史五人。司倉，佐四人，史七人。司戶、佐四人，史七人，帳史一人。司法，佐四人，史八人。典獄十四人，問事四人，白直十人，市令一人。佐一人，史一人，帥二人。經學博士一人，助教一人，學生四十人。

諸州上縣：令一人，從六品上。丞一人，從八品下。主簿一人，正九品下，尉二人，從九品上。録事二人，史三人。司戶、佐四人，史七人，帳史一人。司法，佐四人，史八人。倉督二人，典獄十人，問事四人，白直十人，市令一人，佐史各一人，帥一人。博士一人，助教一人，學生四十人。

諸州中縣：令一人，正七品上。丞一人，從八品下。主簿一人，從九品上。尉一人，從九品下。録事一人，史四人，司戶、佐三人，史五人，帳史一人。司法，佐二人，史六人。倉督一人，典獄八人，問事四人，白直八人。博士一人。助教一人，學生二十五人。

諸州中下縣：令一人，從七品下。丞一人，正九品下。主簿一人，從九品上。尉一人，從九品下。録事一人，司戶、佐二人，史三人，帳史一人。司法，佐二人，史四人。典獄六人，問事四人，白直八人，市令一人。佐、史各一人，帥二人。博士一人，助教一人，學生二十五人。

諸州下縣：令一人，從七品下。丞一人，正九品下。主簿一人，從九品上。尉一人，從九品下。録事一人，司戶、佐二人，史四人，帳史一人。司法，佐一人，史四人。典獄六人，問事四人，白直八人，市令一人。佐一人，史二人，帥二人也。博士一人，助教一人，學生二十人。

京畿及天下諸縣令之職，皆掌導揚風化，撫字黎甿，敦四人之業，崇五土之利，養鰥寡，恤孤窮。審察冤屈，躬親獄訟，務知百姓之疾苦。

宋·王溥《唐會要》卷六九《縣令》　武德元年六月八日，大興、長安二縣令改爲正五品。雍州諸縣令爲從五品。至天寶元年六月九日，敕：『長安、萬年縣令，授任京劇，職在養人，有不躬親，甚妨緝理。況道路遙遠，往來淹滯時日，百姓披陳，未免停止，至於疏決，固在及時。自今已後，專令在縣理事，每五日聽一入朝。』開元四年十一月敕：『撫字之道，在於縣令。不許出使，多不得上考，每年選補，皆不就此官。若不優矜，何由獎勸，其縣令在任，戶口增益，界內豐稔，清勤著稱，賦役均平者，先與上考，不在當州考額之限。』

二十八年六月，淮南道採訪使李知柔奏：『縣令考滿，准格交付戶口食糧。臣近巡按諸州，多有考秩向終，替人未到，請假便去。望每至考滿年，州司不得給假。如有先請假未還，考滿者，勒到百日內卻赴任，准格交戶口食糧。違者量殿三數選。』敕旨：『依奏，諸道亦宜准此。』

二十九年七月敕：『天下諸州縣望鄉，上縣不得過二十人，中縣不得過十五人，下縣不得過十人。仍委採訪使與州縣長官相知選，申中書門下。』

天寶九載三月十二日敕：『親民之官，莫過於縣令，比來選司取人，必限書判。且文學政事，本是異科，求備一人，百中無一，況古來良宰，豈必文人。自今已後，郎官、御史，先於縣令中三考已上，有政績者取。仍永爲常式。』

其載十二月敕：『郡縣官寮，共爲貨殖，竟交互放債侵人，互爲徵收，割剝黎庶。自今已後，更有此色，並追人影認一匹以上，其放債官先解見任，物仍納官。有賸利者，准法處分。』

上元元年正月敕：『丞、簿等有犯贓私，連坐縣令，其罪減所犯官一等。便遞相管轄，不敢爲非。』

乾元元年三月五日敕：『縣令、録事參軍，自今已後，選司所擬，宜准故事，過中書門下，更審詳擇。仍永爲常式。』

廣德二年六月敕：『諸州府録事參軍及縣令，其有帶職兼官、判、試、權知、檢校等官者，自今已後。吏部不在用缺之限。』

永泰元年正月敕：『諸州府縣，今後有才不稱職，及犯贓私，即任本使及州府奏人請替，餘並不在奏請。其所許奏人，仍須灼然公清，曾經驅使者，課效資歷當者，兼具歷任申授年月，並所替官合替事由同奏。』

建中元年六月，中書門下省奏：『録事參軍、縣令，三考無上考，兩任共經五考以上無三上考，及不帶清白陟狀者，並請不重注令録。』敕旨依奏。

貞元二年二月，京兆尹鮑防奏狀：『准廣德二年敕，中書門下及兩省官五品已上、尚書省四品以上、諸司正員三品已上官、諸王、駙馬等周親已上親及女壻、外甥等，自今已後，不得任京兆府判司及畿縣令、兩京縣丞、簿、尉等者。今咸陽縣令賈全，是臣親外甥，恐須停罷。』詔曰：

『功勞近臣，至親子弟，既處繁劇，或招過犯，寬容則撓法，耻責則虧恩，不令守官，誠爲至當。賈全等十人，昨緣畿内凋殘，親自選擇，事非常制，不合避嫌。』

四年正月敕文：『戶口增加，刺史加階，縣令減選，優與處分。諸色中有清白政術，堪任刺史、縣令者，常參官各舉所知，朕當親自策試。』

其年十月，上召京兆府諸縣令對於延英殿，以人之疾苦，具慰誨之，各賜衣一襲。

八年八月敕：『薦官今年新授縣令，宜准前後敕例，待人計日，成四考後赴上。』

元和二年正月敕：『江淮大縣，每歲據闕，委三省御史臺諸司長官、節度觀察使，各舉堪任縣令。不限選數，並許赴集。臺司省官及刺史、赤縣令有闕，先於縣令中揀擇，如有能否，與元舉人同賞罰。』

三年三月，吏部奏：『應授三千里外縣，替年終缺人等。准元和二年五月十九日敕：量抽三千里外縣令，至元和三年終計日成四考闕。其新授三千里外縣令等，合用待舊人成四考後，至十二月二十五日赴。請准元和三年三月二十四日敕，其新授三千里外官人，請從甲下後。不計程限，但至十二月内赴上。如出十二月内，卽違程例處分。如授替人續有故事，便請放授官人上，上不必待至十二月。仍請自今已後，每年若有替年終缺人，亦請准此。』敕旨依奏。

其年四月敕：『元和三年敕書，所舉縣令，皆直言其事，不得妄有文飾，吏部舉其事狀，隨事檢勘者，令主司略勘資歷，未究人材。自今已後，宜委吏部精加考覈，必使詳實，不得同早選人例酧官。所冀舉不妄施，官無虚授，仍令四時注擬。其觀察使、刺史所舉人，不得授以本州府縣令。到任後，有罪犯，其所舉主，准前敕貶罰。』

四年正月，中書門下奏：『伏准元和二年制書，舉薦縣令等，前後敕文非一，有司難於遵守。今請中外所舉縣令，並隨表狀，十月三十日到省。省司精加磨勘，依平選人例，分入三銓注擬。平選人中，有資序、事迹、人才，與前舉縣令相類，卽先注擬，時集望停。』從之。令長，親民之吏也，比以資授，多才不稱官。故令庶僚薦舉所知，以廣得人之路。及舉薦之才，或不屑就薦者，多不出其類，徒以未涉資序，超踐優秩論者以爲啓倖門，故稍復舊制焉。

六年十月，中書門下奏：『准建中元年敕，每年授官人，令舉自代狀者。又臣聞周之羣寮，委於塚宰；漢之多士，辟於有司。故凡稱大僚，皆得盡善。陛下念黎元之困，設令長之科。羣僚舉知，天下蒙福。薦賢相繼，敦勸大行。苟或容私，則利害攸伏。伏請所舉縣令，到任刑罰冤濫，及有贓犯者，其舉薦官削階，及停見任，書下考。並准元和三年敕處分。委御史臺諸道觀察使嚴加察訪，不得容貸。其諸道所舉官屬，及有狀論薦人，如有贓犯過惡，亦請具名聞奏，量加殿罰。所冀人知戒懼，不敢妄行，爲官擇人，得賢報國。』從之。

七年四月敕：『諸道州府有田戶無桑處，每約一畝，種桑兩根，勒縣令專勾當。每年終，委所在長史檢察。量其功課，具殿最聞奏。』

十一年九月。中書門下奏：『每舉薦縣令，字民之官，從官所重，遂許論薦，冀得循良。自今已後，舉人事迹與節文不同，及檢勘無憑據。並到任後，敕文雖有條約，比來銓不稱職，及有負犯事。並請量輕重，坐其舉主。輕則削奪，重則貶責。伏以前授敕文，雖有條約，比來銓覆，多務因循。今重申明，所貴畫一。其所舉人到省後，所司檢勘，如節文不同，仰具事由，並舉主名銜申中書門下。如有司鹵莽，使與判丞察知事狀，有所違越，則所司亦與舉主同坐。』從之。

長慶元年五月敕：『自今已後，舉縣令宜停。』

會昌元年三月制節文：『如聞比者，縱情杯酒之間，施刑喜怒之際，致使簿書停廢，刑獄滯冤。其縣令每月非假日，不得輒會賓客遊宴。』

六年五月敕：『縣令員數至廣，朝廷難悉諳知。吏部注擬，只繫資考，訪聞近日，多不得人。委觀察使、刺史於前資官及承前攝官曾有課績人中，精加選擇，具名聞奏，中書門下勘資歷記。除本道縣令。如後犯贓違法，卽連坐所舉人及判官，重加懲貶。』其月又敕：『自今已後，縣令非因災旱，交割之時，失走二百戶以上者，殿一選。三百戶已上者，書下考，殿兩選。如增加二百戶以上者，減一選。五百戶以上者，書上考，減兩選。可減者優與進改。』

大中元年正月敕：『守宰親民，職當撫字，三載考職，著在格言。貞元之中，頻有明詔，縣令五考，方得改移。近者因循，都不遵守。諸州縣令得三考，兩府畿亦罕及二年，以此字民，望成其化，簿書案牘，寧免姦欺。道路有迎送之勞，鄉里無蘇息之望。自今已後，刺史、縣令除授後，一例滿三十六箇月，方得更換。其責受遷擢，卽不在此限。其替後，量其課績，作等聞奏。其在第一等，中書門下及吏部優與處分。第二等依資改轉。第三等量加降黜。其授替後，委刺史、録事參軍比量等第，申觀察使，便與本判官勘覆，詣實申奏。以後因事考覆，有不如所奏，觀察判官、録事參軍，據人數節級懲罰，觀察使奏聽進止。」

二年二月，刑部起請節文：「自今已後，縣令有贓犯，録事參軍不舉者，請減縣令二等結罪。其録事參軍有罪，刺史不舉者，刺史有罪。觀察使不舉者，並所司奏聽。」敕旨：「宜依。」

三年九月，中書門下奏：「兩府畿令及次赤令，伏以古者爲吏長子孫，蓋言其在官之久也，然後備諳風俗，政術可施。近日入仕門多，交替稍速。近以降手敕，續又面奉德音，應選擇者，不得其人，欲使撫字者久安其任。臣等商量，自今已後，其兩府判司及縣丞尉，不帶敕額事，及不知捕賊，不得非時奏請。如或政績尤異，朝廷別有奬拔，及職事不修，須議替者，不在此限內。」敕旨依奏。其月，敕：「諸道所舉縣令，宜直言事迹，不得妄飾虛詞。委吏部精加覈實，當有懲殿。兩畿令未成三考，不在此限。」

四年正月敕節文：「應天下縣令，有利於人，而可舉行者，有害於物，而可革去者。並委所在縣令，具列於刺史，刺史具列上聞。委中書門下據事下刺史，下觀察使，詳酌聞奏，當與改更。或在官因循不舉，必當重責罰，更不得授縣令。」

又《丞簿尉》 武德七年正月敕：「每州置大中正一人，掌知州內人物，以本州人聞望者兼領，無品秩。」至貞觀初廢。其年三月二十九日，改縣正爲縣尉。

開元十六年五月二十五日敕：「州府及縣倉督、府司佐史、縣録事、里正等，若有景行，明閑案牘，任經十年，不在解限。」【略】

大中三年九月敕：「兩判司、縣丞、簿、尉，不帶敕額職事者，及不知捕賊，不得非時奏請。如事故非常，須行奬黜者，不在此限。」

宋·王溥《五代會要》卷一九《縣令上》 梁開平四年四月敕：「天下諸州鎮使，官秩無主卑，在縣令之下。」

乾化二年三月，詔曰：「夫隆興邦國，必本於人民；惠養疲羸，尤資於令長。苟選求之踰濫，固撫理之乖違。如聞吏部擬官，中書除授，或緣親舊所請，或爲勢要所干，姑徇私情，靡求才實。念茲蠹弊，宜舉條章。今後應中書用人，及吏部注擬，並宜省藩身之才業，驗爲政之否臧，必有可觀，方可任用。如或尚行請説，猶假貨財，其所司人吏，必當推窮，重加懲斷。」

後唐天成元年八月敕：「中書先條奏州縣令、録，正衙謝後，合趨內殿謝辭者。如令、録是除授，宜令給事中引對；如是指授者，准舊例，委三銓尚書侍郎各自引對，仍須前一日閤門進狀。」

二年九月十九日敕：「近聞藩鎮幕職內，或有帶録事參軍，兼鄰都管內諸州録事參軍，從前並兼防禦判官。設官分職，激濁揚清，若網在綱，各司其局。督郵從事，兼處尤難，沒階則賓主之道虧，下榻則軍州之禮失。須從改革，式振紀綱，宜令今後諸州府録事參軍，不得兼職。如或才堪佐幕，節度使須具聞奏，不得兼録事參軍。鄰都管內刺史州，不合有防禦判官之職，今後改爲軍事判官。如刺史帶防禦、團練使額，卽得奏署防禦、團練判官，仍不得兼録事參軍。如此則珠履玳簪，全歸客禮，提綱振領，不紊公途。仍付所司。」

三年二月二十三日，中書奏：應天下縣令，逐年夏秋兩稅，徵科公事。伏以縣令之職，徵賦爲先。若違限逋懸，自有罰責。如及期了畢，不謂功勞。況今無彊名之科徭，絶虛係之稅額，百姓據見苗輸納，官中指限程期，蓋緣每及徵科，事歸煩擾，未容輸納，已切催驅。州郡則推勘吏人，縣邑則禁繫人戶，雖云提舉，責在徵求，動涉旬時，固須妨事，縱及期限，倍困黎民。自今後請祇委主簿、縣令句當，不得更置監徵。

每一州之中，止限畢日委録事參軍磨勘，取最後逋欠縣分，具令佐名銜，申三司使舉奏，明行責罰。其所欠稅額，如是本道長吏及判官衙內節級並形勢莊田，不伏縣司徵督者，縣令卽須自經本州論列。如依前不納，便可直申三司，責罰之時，以定輕重。其縣令到官之初，須准近敕，交割戶口帳籍。至受替之時，比較多少，如或增多，卽量加酬奬，若致逋竄，則別示科刑。所冀賞罰不涉於過差，公務率歸於修舉。

其本判官、都孔目官、糧料使等，職固不在親人，公事止於提舉，每至徵科之日，皆須一例獎勸。或有徵督逋縣，令佐獨當之。伏請今後凡是徵科畢日，比較功過，只歸令佐。如是一郡之內，諸縣皆及期程，公事修舉，其録事參軍亦請量加甄奬；如管內諸縣，併有闕遺，其録事參軍亦請量加責罰。

從之。其年八月二十五日及十月十五日敕：『條流公事數內一件。縣令化洽一同，位居百里，在專勸課，撫育疲羸。苟或因循，是孤委任。宜令隨處州府長吏，逐縣每年考課，如增添得戶税最多者，具名申奏，與加章服酬奬。如稍酷虐，輒恣誅求，減落税額者，並具奏聞，當行朝典。其縣令仍勒州司批給解由歷子之時，具初到任所交得戶口，至得替增減數額，分時批鑿，將來除官及參選，委中書，門下併銓曹磨勘，宜令三京及諸道州府准此。』

四年五月五日，戶部奏：

三京、鄴都諸州府，逐年所徵夏秋税租，兼鹽麴折徵征諸般錢穀，先定格流如後。

一、若限滿後，十分中係欠三分已上者，本判官罰五十直，録事參軍罰七十直，本曹官罰五十直。縣令罰一百直，勒停。簿尉罰七十直，移攝閒官。州縣押司、録事、本典及鄉里正、孔目、書手等各徒二年，仍配重役。本孔目、句押官典杖七十，都孔目官、句押官杖六十，並退職，衙前收管。

一、若限滿後，十分中係欠二分者，本判官罰三十直，録事參軍罰五十直，本曹官罰四十直。縣令罰七十直，移攝閒官，簿尉罰五十直。州縣押司、録事、本典及鄉里正、孔目、書手等杖八十，本孔目、句押官典杖六十，都孔目官、句押官笞五十。

一、限滿後十分中只欠一分已下者，本判官罰二十直，録事參軍罰三十直，本曹官罰二十直，縣令罰五十直，簿尉罰四十直，州縣押司、録事、本典及鄉里正、孔目、書手等杖七十，本孔目、句押官典笞五十，都孔目、句押官各罰五十直。以上所立條件，若是本判官、録事參軍、本曹官、孔目、句押官典等，即取一州都徵額上比較，其縣令、簿尉及典押以下，即將本縣欠數比較。

一、所徵夏秋兩税，依省限了絶者，本判官典申奏改轉官資，録事參軍、縣令申奏與量留一年，或界分已滿去即轉兼官。如一任之內，税賦不牽，即奏加章服。若是攝官，亦委本處長史，更令攝任一年，如更立勞能，具狀申省，以憑申奏，必降眞命；本曹判司簿尉，即申奏請減兩選。或一任之內税租總了絶，或是攝官，委逐處申省點勘聞奏，別行奬酬。州府都孔目官、句押官、本孔目、句押官典等，以軍職轉遷。其都孔目官、句押官，如已至押衙職名，或舊有官責，亦議申奏將酬。州司並逐縣徵科與押，每處與賞錢三十貫，均勻分俵。

長興元年七月敕：『訪聞諸道州縣官，自徇虛名，不惜人戶，皆於省限前行帖催驅，須令人戶貴買充納。此後徵科事辦，亦不酬勞，本處不得申奏。如違限稽慢，即准條流責罰。如添得廨宇，招得流民，無害於公私者，當以名聞，特行恩奬。』

二年八月十三日，諸道奏：『薦州縣官前銜內，有賜紫金魚袋者。奉長興元年九月十七日敕：「州縣官若循常例，十六考方得敍緋。倘或已佩金章，固難卻爲令録，必著藉其才器，則可別任職資，須協通規，免踰定制。」宜令今後諸道州府，不得以著紫官員奏薦爲州縣官者。』奉敕：『文資官階銜內已有金紫，沿不許卻爲州縣官，其武職銀青階銜，亦宜條理。宜令諸道州府，自此詳文資賜紫例，不得更以帶武職銀青階銜奏薦爲州縣官員，仍付所司。』

又　卷二〇《縣令下》　晉天福五年六月二十日，詳定院奏：『准《刑法統類》大中二年正月三日敕：『天下州府官吏犯贓，皆遞相蒙比，不肯發明，縱有申聞，百無一二。自今後，管內縣令有犯贓事發，州府不舉者，連坐録事參軍。録事參軍有贓犯事發，刺史不舉者，連坐刺史。刺史有贓犯事發，觀察使不舉者，連坐廉使。』又准大中二年二月十七日刑部起請：『今後縣令有贓犯，録事參軍不舉；録事參軍有贓犯，刺史不舉；刺史有贓犯，觀察使不舉；其所司奏聽敕旨。』臣等參詳，設縣司本典知情，並同罪；告事人放三年租税差徭，仍將放免數卻配蓋藏罪。其録事參軍不舉者，請減縣令所犯罪二等。』敕：『起今後，如有縣令犯贓，録事參軍知而不舉者，宜准敕文處分，不知者不在此限。』

八年三月十八日敕：諸道州府令、佐，在任招攜戶口，比初到任交領數目外，如出得百戶以上，量添得租稅者，縣令加一階，主簿減一選。出二百戶以上，及添得租稅者，縣令加兩階，主簿減兩選。出三百戶以上，及添得租稅者，縣令加兩階，減兩選，別與轉官。主簿加兩階，減一選。出四百戶至五百戶以上，及添得租稅者，縣令加朝散大夫階，超轉官資，罷任後許非時參選，仍録名送中書；如已授朝散大夫，及已出選門者，卽別議奬酬。主簿加三階。其出剩不及一百戶者，據戶口及添租稅數，縣令加一階，參選日超一資注官。主簿加一階。如是一鄉收到三十或五十戶以上，一村收到三戶、五戶以上者，其及本鄉村節級等，與免本戶二年諸雜差使科配。如是一鄉收到一百戶以上，一村收到十戶以上，本鄉村節級等，與免本戶三年諸雜差徭。如願且允節級，所由未得差替，如願歸農，便與免放。仍仰本縣准敕，分明給與憑據。

自災沴已來，戶口流散，如歸業者，切在撫安。其浮寄人戶，有桑土者，仍收爲正戶。其歸業戶，天福五年已前逃移者，放一年夏秋租稅，並二年諸雜差遣。天福七年已前逃移者，放一年夏秋一半租稅，並放一年雜差遣。其創收戶如先有租稅，卽依元額輸納；如元無租稅，卽據所營地畝，且收半稅，並放二年差徭。如鄉村妄創戶，及坐家破逃亡者，許人糾告，勘責不虛，其本府與鄉村所由，各決脊杖八十，刺面配本處牢城執役。縣司本典知情並同罪。告事人放三年租稅差徭，仍將放免數卻配蓋藏創戶及坐家破逃戶、本鄉所由均分輸納。今後天下州縣，所收新添戶口租稅，限十二月二十日以前，申送戶部點檢。如違限，本處判官、録事參軍罰五十直，仍削一級，孔目官、句押官、本案人吏杖七十，降一資。

周廣順元年二月敕：今後應諸道州府録事參軍、判司、縣令、主簿等，宜令本州府以到任月日，旋具申奏及報吏部。此後中書及銓司，以到任月日用闕，永爲定制。其見在州縣官，限敕到卽便具先到月日，一齊分申及報吏部。其有諸色事故及丁憂，並請假十旬滿闕，亦仰旋具申奏，兼報吏部。其新授官，准令式給程限外，如不到任參上，致本處無憑申奏到任月日，便仰吏部同違程不上收闕使用。其諸色見闕，亦不得差官權攝，輒便隱留。如違敕條，罪在本判官、録事參軍、孔目官以下。

其年八月敕：起今後夏秋徵賦，省限滿後，十分係欠三分者，縣令、主簿罰一百直，勒停。録事參軍、本曹官罰七十直，殿兩選。孔目官罰七十直，降職次。本孔目官、句押官典決停，本判官罰七十直。若係欠三分以上，奏取進止，係欠三分以下者，等第科斷殿罰。其州縣徵科節級所由，委本州重行決責。其本判官、録事參軍、本曹官、孔目、句押官典，卽取一州上比較，縣令、主簿卽取本縣都徵上比較分數。應州縣令、録、佐官，在任徵科，依限了畢者，至參選日，四選已上者減一選，不及四選者則與轉官。

其年九月敕：應州縣官所招添到戶口課績，自今日已前罷任者，並准晋天福八年三月十一日敕施行。其漢乾祐三年七月二十五日敕不行。起今後，罷任縣令、主簿招添到戶口，其一千戶以下縣，每增添滿二百戶者減一選；三千戶以下縣，每三百戶減一選；其四千戶以下縣，每四百戶減一選；萬戶以下縣，每五百戶減一選；並所有增添戶及租稅，並須分明於歷子解由內録都數。若是減及三選以上，更有增添及戶數者，縣令與改服色，已賜緋者與轉官。其主簿與加階轉官。

順德五年十月詔：『淮南諸縣令仍舊兼知鎮事。』從江南之舊制也。

又《簿尉》 後唐長興四年五月敕：『諸道馬步判官，不得差攝官。如闕人，須於前資正官判官司簿尉中，選性行平允者補授。』

又《量戶口定州縣等第》 周廣順三年十一月敕：『天下縣邑，素有差等，年代既深，增損不一。其中有戶口雖衆，地望則卑；地望雖高，戶口至少，每至調集，不便銓衡。宜立成規，庶協公共。應天下州府及縣，除赤縣、畿縣、次赤、次畿外，其餘三千戶以上爲望縣，二千戶以上爲緊縣，一千戶以上爲上縣，五百戶以上爲中縣，不滿五百戶爲中下縣。選人資敍合入下縣者，許入中下縣。宜令所司據今年天下縣戶口數，定望、緊、上、中、下次等聞奏。』吏部格式：『據戶部今年諸州府所管縣戶數目，合定爲望縣者六十四，緊縣七十，上縣一百二十四，中縣六十五，下縣九十七。欲依所定，移報銓曹。』從之。

《新唐書》卷四九下《百官志四下》 京縣 令各一人，正五品上；丞二人，從七品上；主簿二人，從八品上；録事二人，從九品下；尉六人，從八品下。

畿縣 令各一人，正六品上；丞一人，正八品下；主簿一人，正九品上；尉二人，正九品下。

上縣　令一人，從六品上；　丞一人，從八品下；　主簿一人，正九品下；　尉二人，從九品上。

中縣　令一人，正七品上；　丞一人，從八品下；　主簿一人，從九品上；　尉一人，從九品下。

中下縣　令一人，從七品上；　丞一人，正九品上；　主簿一人，從九品上；　尉一人，從九品下。

下縣　令一人，從七品下；　丞一人，正九品下；　主簿一人，從九品上；　尉一人，從九品下。

縣令掌導風化，察冤滯，聽獄訟。凡民田收授，縣令給之。每歲季冬，行鄉飲酒禮。籍帳、傳驛、倉庫、盜賊、隄道，雖有專官，皆通知。縣丞爲之貳，縣尉分判衆曹，收率課調。

武德元年，改書佐曰縣尉，尋改曰正。諸縣置主簿，以流外爲之。京縣、上縣，丞皆一人；畿縣、上縣，正皆四人。七年，改縣正復曰尉。貞觀初，諸縣置録事。開元，上縣萬戶、中縣四千戶以上，增尉一人。京兆、河南府諸縣，戶三千以上置市令一人，戶一萬以上置義倉督三人。其後畿縣戶不及四千，亦置尉二人，萬戶增一人。凡縣有司功佐、司倉佐、司戶佐、司兵佐、司法佐、司士佐、典獄、門事等，畿縣減司兵，上縣有司戶、司法而已。凡縣皆有經學博士、助教各一人，京縣學生五十人，畿縣四十人，中縣以下各二十五人。

清・吳任臣《十國春秋》卷一一四《十國百官表》

吳	南唐	前蜀
令	令　丞　主簿　尉	令　主簿　尉

論說

宋・胡寅《致堂讀史管見》卷一九《唐紀・中宗》　郡守、縣令，天下之根本。先覺有言：『能爲一縣盡其職者，可以相國矣。』其重如此，而世多忽之。京官有犯及聲望，下者乃遣刺州，自漢氏已然。吏部選人，衰耄者方補縣令。其弊至今在也。夫仕於朝廷或失意旨，或貨罪戾，而付之一郡，其不以升黜爲間而肯改過自新者，有幾不然，是弃一郡矣。人之壯也，才力志氣可以有爲，思自表見，往往矜勵。及血氣既衰，戒之在得，方且使臨民，治效無聞，惟貨是黷，是棄一縣矣。故欲占世之治亂，以守令賢否觀之，而宰相之事業立可見矣。

清・顧炎武《日知録》卷八《屬縣》　自古郡縣之制，惟唐爲得其中。今考《地理志》屬縣之數，京兆、河南二府各二十，河中、太原二府各十三，魏州十四，廣州十三，鎮州、桂州各十一，其他雖大，無過十縣者。此其大小相維，多寡相等，均安之效不可見於前事乎。後代之王猶可取而鏡也。但其中一二縣之郡，亦有可並。憲宗元和元年，割屬東川六州制曰：『分疆設都，蓋資共理。形束壤制，亦在稍均。將懲難以銷萌，在立防而不紊。故賈生之議，以楚益梁；宋氏之規，割荆爲郢。酌於前事，宜有變通。』此雖一時之言，亦經邦制郡之長策也。

又《鄉里之職》　惟其大小之相維，詳要之各執，然後上不煩而下不擾。唐至大曆以後，干戈興，賦稅煩矣。而劉長卿之《題雲溪李明府》曰：『落日無王事，青山在縣門。』蓋縣令之職，猶不下侵，而小民得以安其業，是以能延國命百有餘年，迄於僖、昭而後大壞。然則鳴琴、載星，有天下者宜有以處之矣。

又　卷九《知縣》　知縣者，非縣令而使之知縣中之事。知猶管也。杜氏《通典》所謂『檢校、試攝判知之官是也。』唐姚合爲武功尉，作詩曰：『今朝知縣印，夢裏百憂生。』唐人亦謂之知印，其名始於貞元已後，其初尚帶一『權』字。《白居易集》有《裴克諒權知華陰縣令制》曰：『華陰令卒，非選補時。唐制：凡選始于孟冬，終於季春。《唐皎傳》，貞觀中官吏部侍郎；先是選集，四時補擬，不爲限，皎請以冬初集，盡季春止，後遂爲法。調租勉農，政不可缺。前鎮國軍判官試大理評事裴克諒，久佐本府，頗有勤績，屬邑利病，爾必周知。宜假銅墨，試其才理；待有所立，方議正名。』是權知者，不正之名也。

清・王夫之《讀通鑑論》卷二二《唐玄宗》　漢之太守，去古諸侯也無幾，辟除賞罰兵刑賦役皆得以專制，而縣令聽命如其臣，故宣帝詔曰：『與我共天下者，其二千石乎！』太守之權重，則縣令之任輕，故天子詳于二千石之予奪，而治道畢舉矣。唐、宋以降，雖有府州以統縣，有稟承稽核之任，而誅賞廢置之權不得而專，縣令皆可自行其意以令其民，於是天下之治亂，生民之生死，惟縣令之仁暴貪廉是視，而縣令之重也甚矣。玄宗敕在京官五品以上、外官刺史四府上佐、各舉縣令，誠重之也。重之於舉之之始，必將以保任分功罪，其得也，但得文飾治具之士，葸弱免咎，而無以利民；其失也，舉主畏連坐之罰，而互相掩蔽以蓋其姦；則保舉之法，不足以肅官常、澤民生，固已。重之者，豈徒在選舉之日乎？

夫縣令之任重矣，而其秩則卑，故後世多以爲筮仕之官，才不才非有前效之可驗，欲先辨而使克副其職，雖具知人之鑑者未易也。然士當初受一命，初試一邑，苟非繇胥史異途而升，則其不畏清議、甘爲敗類、以病國虐民者，固鮮矣。無以激之，其濁不懲；無以揚之，其清不展；軋于上官，其用不登；責以奔趨，其節不立；夫亦存乎上之所以用之者耳。重憲紀以糾其不若，則有所戒也；懸清要以待其拔擢，則有所勸也。成法之外，許以因地而便民，則權可任也；供頓驛遞之役，委之簿尉，而弗效褻役之勞，則節可礪也。夫然，則賢者志得，而不才者亦勉而自惜；若其尤不肖者，固比類相形，愆尤易見，持法以議其後，亦不患稂莠之難除矣。何事於未試之前，以不可保之始終繩薦舉者，而責以所難知哉？

開元之制，乍行之以昭示上意之所重，可也；據以爲法，而弊卽在焉。重者，用之重也，非一選舉而可畢任賢養民之道也，用之重而治可幾矣。

藝文

宋・姚鉉《唐文粹》卷七八《古之奇〈縣令箴〉》　咨爾多士，各司厥官。政不欲猛，刑不欲寬。寬則人慢，猛則人殘。寬則不濟，猛則不安。小惡無爲，涓流成池。片言可用，毫末將拱。禍既有胎，福豈無種。鏡不自照，衹能鑑物。人不自知，從諫勿咈。慾不可縱，貨不可黷。黷貨生災，欲縱禍速。勿輕小人，蜂蠆有毒。勿輕小道，大車可覆。勿謂剛可長，長剛者亡。無謂柔可履，履柔者耻。剛强有時，柔弱有宜。時宜克念，願在深思。不恕而明，不如不明。不通而清，不如不清。無爲惡行，無逆善名。保此中道，無成不成。過客箴士，冀申同聲。如山之重，如水之清。如石之堅，如松之貞。如劍之利，如鏡之明。如弦之直，如秤之平。

唐・歐陽詹《歐陽行周文集》卷五《同州韓城縣西尉壁記》　《說文》曰：『尉，畏也，亦慰也，主也。故字從尸、示、寸。』寸者，寸量禮度以敬上；示者，示陳教令以諭下；尸者，典職司以居位。敬上所謂畏，諭下所謂慰，居位所謂主：全茲三者，以莅王爵，則仕義周。是以古之人嘉用尉字爲官號，陶唐有太尉，周有軍尉，秦亦有太尉、輿尉、東南尉。洎漢則復命縣掾曰尉，自是以名，至於我唐無或易，所命善也。我唐極天啟宇，窮地闢土，列縣出於五千，分爲七等：第一曰赤，次赤曰畿，次畿曰望，次望曰緊，次緊曰上，次上曰中，次中曰下。赤縣僅二十，萬年爲之最；畿縣僅於百，渭南爲之最；望縣出於百，鄭縣爲之最；緊縣出於百，夏陽爲之最；上縣僅三百，韓城爲之最。上之最次於緊之最，非最之緊無與焉；緊之最次於望之最，非最之望無與焉；望之最次於畿之最，非最之畿無與焉；畿之最次於赤之最，非最之赤無與焉。最之縣長于餘縣，如麟鳳五靈之長於羣靈也。數長不數類，則韓城之稱，與萬年、渭南、鄭縣、夏陽並。自緊而上，簿尉皆再命三命已往而授，資歷至之而至也。上縣而下，則自解褐授。

韓城既上縣之最，簿尉解褐之貴者，唯三員伺其闕，非年年之有。或一員之闕，天下皆知之；授之日亦皆知之，曰某人授韓城尉。是其人則頌，非其人則誹。雖一命之官，其爲人尚也如此，則主司愼擇才地精美。縣亦有六曹，尉二人，一判功戶倉，其署曰東廳；一判兵法士，其署曰西廳。茲廳兵、法、士之廳也，根之州，則司兵、司法、司士盡在；形之國，卽兵部、刑部、工部盡在。兵主武，法主刑，士主工。今武未大威，務尚繁；刑未大措，訟尚生；工與人興，無時休。州縣司或雙曹，六人分其職，國則部屬僚，八九十人分其職。一人理六人、八九十人之理，雖大小有異，而揆緒不殊。其緒不殊，其官不易；能至於易者，則人無敢易之。人無敢易之，則國必重之；國重之，則踐洪鈞大柄，所由乎此也。

貞元十五年春，余友人滎陽鄭伯義授焉。鄭自上，累葉聲名爲天下聞。鄭以明經登科，又三舉進士，屈于命，詞學亦流輩推內行第一。其受命之年，五月，余詣焉；十月，又詣焉，見東廳有記，西廳無記，因請書其姓氏，序于左。其或先于鄭，芳馨猶在者，亦得之；至於鄭，繫于鄭譜皆繫之。若土壤廣狹，物產有無，尉非得主，不敢僭序。

唐·權德輿《權文公集》卷四《送從翁赴任長子縣令》　家風本鉅儒，吏職化雙鳧。啓事才方愜，臨人政自殊。地雄韓上黨，秩比魯中都。拜首春郊夕，離杯莫向隅。

唐·柳宗元《柳河東集》卷二六《武功縣丞廳壁記》　《殷頌》曰：『邦畿千里。』周制，千里之内曰甸服。《穀梁》謂之寰内諸侯，爲王内臣，其制甚重。今京兆尹理京師部二十有三縣，幅員之廣，其猶古也。縣吏之長曰令、曰丞。丞之位，正八品下，蓋丞述六職以輔其令也。秦、漢有丞相，今尚書有左右丞，御史有中丞，至於九卿之列，亦皆有丞，下以達天下之縣。政有小大，其旨同也。

武功爲甸内大縣，按其圖，古后稷封有斄之地。秦作四十一縣，斄、美陽、武功各異，至是合焉。蓋嘗爲稷州，已而復縣。其土疆沃美高厚，有丘陵墳衍之大；其植物豐暢茂遂，有秬秠藿菽之宜。其人善樹藝。其俗有禮讓，宜乎其《大雅》之遺烈焉。

貞元十五年，改邑于南里，既成新城，凡官署舊記，壁壞文逸，而未克繼之者。後三年，而潁川陳南仲居是官，邑人宜之，號爲簡靖，因其族子存持地圖以來謁余爲記。夫以武功疆理之大，人徒之多，而陳生以簡靖輔其理，斯固難矣。漢高帝嘗詔天下，凡以戰得爵，七大夫公乘以上，令丞與抗禮，故爲吏益難。今天子崇武念功，與漢初相類，分禁旅以守縣道，武功爲多。陳生爲丞於是，而又職盜賊。其爲理無敗事，吾庸可度哉！爲之記云。

唐·王建《王司馬集》卷五《縣丞廳卽事》　宫殿半山上，人家高下居。古廳眠受魘，老吏語多虚。雨水洗荒竹，溪沙填廢渠。聖朝收外府，皆自九天除。

唐·沈亞之《沈下賢集》卷六《解縣令廳記》　國家自誅叛以來，於今六十年。征徭息繁，不勝於籍。租榷之法居間，爲民起横，縣令不得專以子養之化理之。蒲鹽田居解邑下，歲出利，流給雍、洛二都三十郡。其所會貿，皆天下豪商猾估，而奸吏踵起，則解之爲縣，益不能等於他縣矣。鹽田主官用郎吏，其佐貳下不出御史，操法繩縻，十九關於縣令，而不得專，但奉府曹侯長之教而已。鹽田細吏皆縣民，其田園雖業籍於縣，而令不得親，但以縣民之衆，馭之而已。若是爲令，與尤悔日爭焉。苟非智良，不能日脱於横。今令者，余之從祖也。且滿歲而尤不及，豈其厚於智乎？而又招亡民還業者數百。至於公堂便館，葺飾者凡十餘，構工不勞民，又何多方也？長慶二年，余客其地，因受命而著記云。

唐·李頻《黎嶽集·送許棠歸涇縣作尉》　青桂復青袍，一歸榮一高。縣人齊下拜，邑宰共分曹。遶郭看秧插，尋街聽繭繅。封侯萬里者，燕頷乃徒勞。

宋·李昉等《文苑英華》卷八〇四《于邵〈漢源縣令廳壁記〉》　周克殷，列爵惟五，實分子、男之位。洎秦漢以降，或令或長，雖小有差，其揆一也。皆銅印墨綬，秩六百石。非理道之君，愛人如子，則不能爲官擇人矣。國家坐進此道，至於憂勤，爰增六秩，以勸能者。皇帝觀兵朔方之歲，始以上禄更名漢源，將復禹舊績，以從人欲。其山川形勢，土地風俗，近鎬千里，華風不問多乎哉！蓋小國以聚大國之義也。且夫南邛蜀門，東豁雍時，西走連磧，北逾大漠，四郊憧憧者，於是乎終焉。故有獄市之煩，供億之費，上兆郡府，下用臨恤，非貞固不足以幹事，非廉慎不足以率人，清淨則可乎不擾，忠恕則可乎求瘼。時謂京咨韋子，當公府之選，推而有之。至於今人易受賜邑則稱理，聞之、見之，政參乎前。從事雖疲於改易，用舉自多於潁脱。我則無貳不其難乎！嗟乎！絆驥已久，及瓜將代，顧此屋壁，何其寥寂！前芳無聞，後進奚覩，記者史家之流也，亦所以發揮廳事，啓迪人物。又如韋公授受之始，其或繼之者從而記之，前後相映，光采洽人。乾元三年孟夏之日記。開元中有柴希言，自溢陽縣尉拜，以清白名聞，遷洺水縣令。天寶中，有郭瞻自永康縣尉拜，甚有能事，秩蒲遊河朔遇亂，未知所適；至德中，有郭伯陽自某官拜，恂恂如也，遷洋州司馬，其餘日月某通名氏失之，不得次於公之列耳。

又《梁肅〈吴縣令廳壁記〉》　在春秋時，列國各有屬邑。其主者，魯謂之宰，楚謂之尹，晉謂之大夫。秦時天下始置令長，宅一同之内，操賞罰之炳。有民人焉，有社稷焉，風俗成敗本乎身，黎元安否繫乎政，其體大矣。自京口南被於浙河，望縣十數，而吴爲大。國家當上元之際，中夏多難，衣冠南避，寓於兹土，參編戶之一。由是人俗舛雜，號爲難治。加以州將有握兵按部之重，邑居當水陸交馳之會，承上撫下之勤，征賦郵傳之繁，百倍他縣，夥乎其中，不可勝紀。大曆十一年，天官精選可以長民者，於是范陽盧公由太源府祁縣令爲之。公外寬内明，敬事而信，政本於仁，飾身以文。下車三年，闔境之人，安土樂義，而不知安樂之所從來，蓋平之以和也。士君子立身，論道之通塞，不論位之升降。吳縣下畿服一等，公俯而爲之。抑選部爲官擇人，而公履道從政，所由然也。予知公者，敢録其實，書於東序，以播其令聞。時十四年二月甲子記。

又 卷八〇六《梁肅〈鄭縣尉廳壁記〉》 自華而東，東距洛師，抗雄多，臨大道，其縣有七，若壤接天府，號因舊國。分鄭爲之首，又斜隣其陸焉。天官每銓士補吏，常屬意於此。三科之選，其人尤精，比畿服之偏者，難易相隔，不啻數等，其地望可知也。元年春正月，光正之後，賢侯才子，曰蘭陵蕭倕，以貞敏恪慎，再命爲尉，掌倉曹出納，與工德脩飾之事。事舉職脩，而令名隨之。暇日謂予曰：「亡邑之作非舊也，初在於州東北隅。廣德中，以賊臣周智先以河潼叛，放暴兵蓺官寺，且脅誘將吏，生立已祠，而棟宇斯崇。及王孫致誅，牧民者從便宜而重改作，乃刷滅凶慝之遺塵，徙而治焉，是廳蓋祠之餘也。」嘻！曩者憑而爲妖，今乃即而爲政。合於大順，用鑑將來，是宜書之，以告昧者。予於是著之屋壁，且以紀夫人之美。若風俗疆土，與置邑之年代分於尉，今監察御史黎逢嘗編爲《鄭志》，藏在州府中，可覆視也，故不書。時御史中丞董公爲邦之三載，秋九月，安定梁肅記。

宋·呂祖謙《宋文鑑》卷七七《張景〈河南縣尉廳壁記〉》 縣尉能禦盜，而不能使民不爲盜。盜賊息，非尉之能；盜賊繁，過不在乎尉矣。上失其平，下苦其情，弱者困死，疆者偷生，道之常也，豈樂盜哉？無竭民力，民心安逸；無盡民物，民利豐實。居鄉聚族，有良有睦，履詐迹僞，有責有愧，民之常也，孰肯爲盜哉？故曰：能與過，不在乎尉，在時政之得失爾！若夫平鬬訟，懾凶狡，惟盜是禦者，尉之職也。苟失其人，則貪殘誣枉，民不勝弊，反甚於盜焉。今郡縣至廣，庸不知所得者幾何人哉？太原王昭度，字世范，登進士第，爲河南尉。尉之職無所不舉焉，雖然，誠不足展世範之才。顧其所得，亦斯民幸矣！世范與景有舊，因求記刻於廳壁，庶有信於後，於是乎書。

唐·韓愈《昌黎先生文集·藍田縣丞廳壁記》 丞之職所以貳令，於一邑無所不當問。其下主薄、尉，主薄、尉乃有分職。丞位高而偪，例以嫌，不可否事。文書行，吏抱成案詣丞，卷其前，鉗以左手，右手摘紙尾，雁鶩行以進，平立睨丞曰：「當署。」丞涉筆占位署，惟謹，目吏，問：「可不可」，吏曰：「得」，則退。不敢略省，漫不知何事。官雖尊，力勢反出主薄、尉下。諺數慢必曰丞。至以相訾謷。丞之設，豈端使然哉！

博陵崔斯立，種學績文，以蓄其有，泓涵演迤，日大以肆。貞元初，挾其能，戰藝于京師，再進再屈千人。元和初，以前大理評事言得失黜官，再轉而爲丞茲邑。始至，喟曰：「官無卑，顧材不足塞職。」既噤不得施用，又喟曰：「丞哉，丞哉！余不負丞，而丞負余。」則盡枿去牙角，一躡故迹，破崖岸而爲之。

丞廳故有記，壞漏汙不可讀。斯立易桷與瓦，墁治壁，悉書前任人名氏。廳有老槐四行，南牆鉅竹千梃，儼立若相持，水㶁㶁循除鳴。斯立痛掃溉，對樹二松，日哦其間。有問者，輒對曰：「余方有公事，子姑去。」考功郎中、知制誥韓愈記。

唐·羅隱《讒書》卷五《弔崔县令》 丁亥年夏，前晉陽崔縣令死於通政里客舍，殍也。余雖不識其人，且念其官不卑也，死亦命也，而竟以餓者，是必不爲貪吏，爲貪吏則不然。因作詞以弔曰：

南風熱兮雲蒸乾，緬餓魂兮愁鬱盤。莅晉陽兮俸薄，魂之廉兮無剽削。餘辭以弔空，魂來親兮無西東。魂無山兮山之鬼夷、叔，彼之生兮未嘗足。魂無野兮野之鬼陳仲，彼非其得兮一介不之共。魂邀留兮京師，上愉愉兮下怡怡。殘敗肉兮乞狗彘，舍此兮何之。量天地之廣大兮，吾不得而知。鷄則走而鳶則飛，鳴蟬瘦而蛸螬肥。何濁也則是，清也則非。茫昧既不可以問兮，盤礴不可得而推。況吾懷以四顧兮，孰知夫天地之云爲？

雜録

唐·陳子昂《陳子昂集》卷五《臨邛縣令封君遺愛碑》 敘曰：蒼

生蚩蚩，其動也直，蓋顓蒙乎？聖人顥顥，其汲也教，務王皇中乎？則時至其理，樹之君公。弼其機馭之師之。非能駿尊上帝，保乂黎元，誰則荷天之寵，析人之爵？行其禮樂，騤覩於中和；裕其廉平，載聞於謠誦：我之遺愛者不從事於是邪？嘗試論之。公名某，字某，渤海蓨人也。昔后稷有德於邰，文王受圖於鎬，珍符册命，始自於西周；珪社建侯，奄荒於東土。裘鼎軒冕，有家代焉。曾祖子繡，齊潁川渤海二郡太守。霍州刺史。隋通直郎。通州刺史。榮分麾蓋，道邁循良，時雨洽於齊陳，惠風被於唐楚。祖德於北齊著作郎，隋扶風郡南陽縣令。芸扃覩奧，見天下之圖；石柱聞琴，知君子之化。父安壽，皇朝尚衣直長懷州司馬、豪州刺史、湖州刺史。良二千石，聞乎共理之尊；肇十二州，榮多刺舉之首。

公則使君第某子也，沖和誕命，光大含章，實公侯之子孫，有山河之氣象。明不外飾，默昭於玄機；敏實内融，養蒙於用晦。故其廉不直物，恕不由衷，崇善足以利仁，自疆足以從事，有朋友之信焉，有閨門之肅焉，非夫恭人，其孰能景行行之者也？年始若干，爲國子生，言從太學之遊，以觀先王之道。某年以明經擢第，解褐守恆州參軍，秩滿補許州司法參軍。許惟舊國，陳實多巫，君子豐明，利用乎獄。載以課最，累加秩焉，又轉洛州司兵參軍。叢臺袨服，一旦成市，非利器者，政以多荒。公實佐之，官無留事，信矣乎！能其理者有其任，濟其業者享其功，我豈蒙求？物思其理。某年選補臨邛縣令。夫蜀都天府之國，金城鐵冶，而俗以財雄；弋獵田池，而士多豪侈。此邦之政，舊難其人，公按轡清途，下車而宰，覽其謠俗，永歎於良圖；想其風流，慨然於惠化。以爲太上之理，因人者也；通變之機，隨時者也；必使無訟，不亦由吾？用乎利貞，夫何在物？於是謀其教令，肅其儀刑，敬其事以順其人，正其聞以利其義。以爲昔者聖人之務本也，在乎稼穡，有稼穡，然後可以養人；故公之勸人也，用天之道，分地之利。以爲昔者聖人之利用也，實在財貨，有財貨，然後可以聚人。故公之化居也，貿遷有無，和其衆寡。以爲昔者聖人之事生也，謹其制度，然後可以富；故公之節用，飲食有節，車服有數。以爲昔者聖人之事死也，慎其喪祭，有喪祭，然後可以睦人；故公之送死也，葬之以禮，祭之以禮。以爲昔者聖人之用獄也，崇其法制，有法制然後可以禁人；故公之恤刑也，唯齊非齊，有倫有要。夫如是者，豈苟其利哉？唯欲潔乎其源，正乎其本，慎之於謀始，要之於用終，將使皷斅矯虔而是以息，孤寡不穀而是以寧者哉！夫然後磨之以仁，琢之以義，使男女異路，班白不提，熙乎其若春，肅乎其若神，然後文以禮樂，幾乎以淳朴，道豈遠乎？

嗚呼，昊天不悅，降此荼毒，某年乙太夫人憂去職。於時公之莅，始逾年矣，然三載考績，是用未成。百姓哀惶，人吏嗟咨，咸云：『我父去矣，而人悴矣。』鄉望老人前某官等五百餘人，或金隄之秀，玉字之英，並服美於寬允，嚴祗於教義，遂走之州府，訴之上官，冀奪其哀，摧禮終秩，不謀而同者日有百數。司馬元公，帝王之胤也，康歌協化，盛德在人，憫烝庶之求思，嘉我君之懿績，以爲古之借寇者何以踰是哉？遂用疇咨舊章，允懷甿誦，奪之公禮，上之於文昌臺，非將協贊天工，慰彼黎庶君子之教而日見之哉？班白之老，胥吏之徒，又以天子在宸，勤恤孝理，我君雲邁，誰其嗣之？千餘人復連表詣闕投匭，乞君以墨□從事，遑遑焉若有望而未至也。鬱隱增思，寤寐永歎，將欲思慕不朽，想見懿德，乃相與言曰：『昔者君子思其人而愛其樹，蒙其澤則歌其詩，封君之仁，我無金石乎！』又述其行狀，訪余以銘勒之事。縣丞等有弼諧之美，刀筆之能，永思清風，歎息仁化。尉安定梁慎盈，知名之士也，墨妙幾於草聖，文義總於辭雄。昔仕京畿，左遷此職，自以爲贊封君之化有日矣，承封君之德有年矣。夫其忠信之教，寬猛之機，古之官人，君其殆庶乎。父老之請允矣，余揭來舊國，傳據其實，恭聞其去思，而親覩其遺愛，餘所備者，敢述斯文，猶懼後生有言，以爲口實。河東薛稷，隋内史公之孫也。文章之伯，而時所宗，故憑其實録，寄之爲頌。其詞曰：天地之閒，有渤海焉。伯宗伯谷，神山在焉。精氣飛騰，生良宰焉。良宰實生，代禄代卿。君達好道，風雲上征。武興察孝，州郡有聲。陳其弓冶，戴其簪纓。筮仕斯邑，我龜覩貞。深期高悟，絶策遠明。既至肅肅，其來英英。臨事若祭，視人如嬰。三農憖困，折獄以情。輕重共用，穀貨以平。我裳既襲，我篚斯盈。於惟我君，張仲孝友。家膺五福，堂享三壽。温清不違，喜懼兼守。枯魚銜索，疾風過牖。匪降自天，誰執其咎？棘心劬勞，匪莪伊蒿。彼蒼不弔，惟其永號。借寇爲請，惠此嗷嗷。曾是奔告，謂天蓋高。昇仙橋下，赤車使者。客於臨邛，文雅雍容。覲風萬里，謁帝九重。嗟嗟其舊，椎牛擊鍾。門於君墨，借翰雕龍。專思君兮不返，伐石登山。山高兮望遠，懷車馬於言告，欲絃弦歌於言偃。人實去思，我無愧詞。

唐·張九齡《曲江集》卷七《敕處分縣令》 敕諸縣令等：自古致理，其在命官，今之所切，莫如守宰。朕每屬意，尤重此官。有善者，雖遠必升，無能者，縱近必廢。固已惟取才實，非務官資，事亦坦然，天下所見。而浮競之輩，未識朕懷，俾其宰邑，便爲棄地。或以煩碎，而不專意，或以僻遠，而不畏法。惇浸染成俗，妨奪爲常，嗷嗷下人，於何寄命？朕所以寢興軫念，思以濟人，故命吏曹精選才幹，卿等各膺推擇，用簡朕心。若能理化有成，聲實相副，必有超擢，終不食言。如其謂人不知，惟利是視，自速負敗，兩喪身名，智者所圖，應不至是。各宜勉勵，以副勤祝。並制《令長新誡》一篇，頒賜天下縣令。其詞曰：『我求令長，保乂下人。人之所爲，必有所因，侵漁浸廣，賦役不均。使夫離散，莫任其身。征諸善理，寄爾良臣。與之革故，政在惟新。調風變俗，背僞歸眞。教先爲富，惠恤於貧。無大無小，必躬親。責躬勸農，其唯在勤。墨綬行令，孰不攸遵！曷云被之，我澤如春。』

又《敕處分縣令》 敕新除河南府密縣令張稷等：令長之任，黎庶尤切，比嘗選衆，未盡得人。然而勇進之流，乃非其好，矯弊之政，豈無所革？令既各膺獎用，當盡良能，期月有成，聲能若著。所列清要，惟待賢才，既爾有聞，不患無位。各宜勉勵，以副朕心。

唐·白居易《白氏長慶集》卷四九《中書制誥二·何士乂可河南县令制》 敕：漢朝郎官，出宰百里，故今京邑令缺，多命尚書郎補焉。朝議郎、尚書水部員外郎何士乂：慎檢和易，介然有常，守而勿失，可使從政。然能佩弦以自導，帶星以自勤，則緩急勞逸之間，必使適宜而會理矣。以爾思退，故吾進之。可守河南縣令，散官如故。

又 卷五五《翰林制誥二·除孔戣萬年縣令制》 京邑令缺，多擇尚書郎有才理者補之。兵部員外郎孔戣：自御史府遷夏宮之屬，凡所莅職，一心奉公；在郎署間，稱有名實。加以文學，緣飾吏能。俾宰京劇，佇有成效。

基層行政組織部

綜述

《隋書》卷二《高祖紀下》（開皇九年二月）丙申，制五百家爲鄉，正一人，百家爲里，長一人。

又 卷二四《食貨志》（隋高祖）及頒新令，制人五家爲保，保有長。保五爲閭，閭四爲族，皆有正。畿外置里正，比閭正，黨長比族正，以相檢察焉。

又 卷二八《百官志下》 煬帝即位，多所改革。【略】京都諸坊改爲里，皆省除里司，官以主其事。

唐·李林甫等《唐六典》卷三《尚書戶部》 百戶爲里，五里爲鄉。兩京及州縣之郭內分爲坊，郊外爲村。里及村、坊皆有正，以司督察。里正兼課植農桑，催驅賦役。四家爲鄰，五家爲保。保有長，以相禁約。

唐·杜佑《通典》卷三《食貨三》（鄉黨） 隋文帝受禪，頒新令：五家爲保，保五爲閭，閭四爲族，皆有正。畿外置里正，比閭正，黨長比族正，以相檢察。【略】

大唐令：諸戶以百戶爲里，五里爲鄉，四家爲鄰，五家爲保。每里置正一人，若山谷阻險，地遠人稀之處，聽隨便量置。掌按比戶口，課植農桑，檢查非違，催驅賦役。在邑居者爲坊，別置正一人，掌坊門管鑰，督察事非，並免其課役。在田野者爲村，別置村正一人。其村滿百家，增置一人，掌同坊正。其村如滿十家者，隸入大村，不須別置村正。正下戶爲九等，三年一造戶籍，凡三本，一留縣，一送州，一送戶部。常留三比在州縣，五比送省。儀鳳二年二月敕：自今以後，省黄籍及州縣籍也。諸里正，縣司選勳官六品以下、白丁清平强幹者充。其次爲坊正。若當里無人，聽於比鄰里簡用。其村正取白丁充。無人處，里正等並通取十八以上中男、殘疾等充。

又　卷三三《職官十五・鄉官》　大唐凡百戶爲一里，里置正一人；五里爲一鄉，鄉置耆老一人。以耆年平謹者，縣補之，亦曰父老。貞觀九年，每鄉置長一人，佐二人，至十五年省。太極元年，初令老人年九十以上板授下州刺史，朱衣執象笏。八十以上板授上州司馬，緑衣執木笏。天寶七載，詔父老六十板授本縣丞，七十以上授縣令。三十里置一驛，其非通途大路則曰館。驛各有將，以州里富强之家主之，以待行李。自至德之後，民貧不堪命，遂以官司掌焉。凡天下水陸驛一千五百八十七。

《舊五代史》卷九六《胡饒傳》　胡饒，大梁人也。少事本鎮連帥爲都吏，歷馬步都虞候。會唐明宗鎮其地，與部將王建立相善，明宗卽位，建立領常山，奏饒爲眞定少尹。饒本憸人，既在府幕，無士君子之風。嘗因事趙郡，有平棘令張鵬者獻策，請建立於境内每縣所管鄉置鄉直一人，令月書縣令出入行止，饒乃導而薦焉。建立行之彌年，詞訟蜂起，四郡大擾。

論說

清・顧炎武《日知録》卷八《鄉亭之職》　隋文帝師心變古，開皇十五年，始盡罷州郡鄉官。而唐柳宗元之言曰：『有里胥而後有縣大夫，有縣大夫而後有諸侯，有諸侯而後有方伯連帥，有方伯連帥而後有天子。』由此論之，則天下之治，始於里胥，終于天子，其灼然者矣。故自古及今，小官多者其世盛，大官多者其世衰，興亡之塗，罔不由此。

清・王夫之《讀通鑑論》卷一九《隋文帝・蘇威仿周官置鄉正里長以殃民》　《周禮》：鄉則比、閭、族、黨，遂則鄰、里、酇、鄙，各有長司其教令，未詳其使何人爲之也。就農民而爲之，則比戶之中，樸野之氓非所任也，其黠而可爲者，又足爲民害者也。且比鄰之長雖微，而列於六官之屬，則既列于君子而别于野人矣，舍其耒相而卽與于班聯，不已媟乎？意者士之未執贄以見君而小試之於其鄉，凡飲射賓興所進於君之士，皆此屬也，固不耕而有禄食，士也，非民也。唯然，則可士、可大夫，而登進之塗遠，則當其居鄉而任鄉之教，固自愛而不敢淫泆於其鄉，庶幾不爲民病，而教化可資以興。然《周禮》但記其職名，而所從授者無得而考焉，則郡縣之天下，其不可附託以立鄉官也，利害炳然，豈待再計而決哉？

成周之治，履中蹈和，以調生民之性情，垂爲大經大法以正天下之綱紀者，固不可以意言求合也；故曰：人也，非政也。但據缺略散見之文，强郡縣之天下，銖纍以肖之，王莽之所以亂天下也。而蘇威效之，令五百家而置鄉正，百家而置里長，以治其辭訟，是散千萬虎狼於天下，以攫貧弱之民也。李德林爭之，而威挾《周禮》以鉗清議之口，民之膏血殫于威佔畢之中矣。悲夫！

封建之天下分而簡，簡可治之以密；郡縣之天下合而繁，繁必御之以簡。春秋之世，萬國併，五霸興，而夫子許行簡者以南面，況合中夏于一王，而欲十姓百家置聽訟之長以爚亂之哉？周之衰也，諸侯僭而多其吏，以漁民而自尊，蕞爾之鄰，有司之死者三十三人，未死者不知凡幾，皆鄉里之猾，上慢而殘下者也。一國之提封，抵今一縣耳，卿大夫士之食禄者以百計。今一縣而百其吏，禄入已竭民之産矣。卿一行而五百人從，今丞尉一出而役民者五百，其徭役已竭民之力矣。仁君廉吏且足以死民於賦役，汙暴者又奚若也？況使鄉里之豪，測畜藏以側目，挾恩怨以逞私，擁子弟姻亞以横行，則孤寒樸拙者之供其刀俎又奚若也？易曰：『通其變，使民不倦。』君子所師于三代者，道也，非法也。竊其一端之文具以殃民，是亦不容於堯、舜之世者也。

派出機構部

綜述

《隋書》卷三《煬帝紀上》　煬皇帝諱廣。【略】開皇元年，立爲晉王，【略】尋授武衛大將軍，進位上柱國、河北道行臺尚書令，大將軍如故。

又　卷二三《五行志下・黄眚黄祥》　開皇二年，京師雨土。是時，帝徽周室諸侯微弱，以亡天下，故分封諸子，並爲行臺，專制方面。

又　卷二八《百官志下》　行臺省，則有尚書令，僕射，左、右任置。兵部、兼吏部、禮部。度支兼都官、工部。尚書及丞左、右任置。各一人，都事四人。有考功、兼吏部、爵部、司勳。禮部、兼祠部、主客。膳部、兵部、兼职方。駕部、庫部、刑部、兼都官、司門。度支、兼倉部。户部、兼比部。金部、工部、屯田兼水部、虞部。侍郎，各一人。每行臺置食貨，農圃，武器，百工監、副監，各一人。各置丞、食貨四人，農圃六人，武器二人，百工四人。録事食貨、農圃、百工各二人，武器一人。等員。

行臺尚書令，爲視正二品。

上總管、行臺尚書僕射，爲視從二品。

中總管、行臺諸曹尚書，爲視正三品。【略】

行臺尚書令，爲視正二品。

上總管、行臺尚書僕射，爲視從二品。

中總管、行臺諸曹尚書，爲視正三品。【略】

行臺諸曹侍郎，爲視正六品。【略】

行臺尚書都事，【略】爲視從八品。

又　卷四五《楊俊傳》　秦孝王俊，字阿祇，高祖第三子也。開皇元年立爲秦王。二年春，拜上柱國、河南道行臺尚書令、洛州刺史，時年十二。

使職部

綜　述

唐・李肇《唐國史補》卷下　開元已前，有事於外，則命使臣，否則止。自置八節度、十採訪，始有坐而爲使，其後名號益廣。大抵生於置兵，盛於興利，普於銜命，於是爲使則重，爲官則輕。故天寶末，佩印有至四十者。大歷中，請俸有至千貫者。今在朝有太清宮使、太微宮使、度支使、鹽鐵使、轉運使、知匭使、宮苑使、閑廄使、左右巡使、分察使、監察使、館驛使、監倉使、左右街使；外任則有節度使、觀察使、諸軍使、押蕃使、防禦使、經略使、鎮遏使、招討使、榷鹽使、水陸運使、營田使、給納使、監牧使、長春宮使、團練司使、黜陟使、撫巡使、宣慰使、推覆使、選補使、會盟使、册立使、弔祭使、供軍使、糧料使、知糴使，此是大略。經置而廢者不録。宦官内外悉屬之使。舊爲權臣所管，州縣所理，今屬中人者有之。

《舊唐書》卷一四《憲宗紀上》　（元和元年三月丁未）罷領度支、監鐵、轉運等使，從其讓也，仍以兵部侍郎李巽代領其任。

宋・王溥《唐會要》卷七七《諸使上》　觀風俗使自貞觀八年以後不置。

貞觀八年正月二十九日，詔曰：『昔者，明王之御天下也，内列公卿，允釐庶績；外廷侯伯，司牧黎元。惟懼淳化未敷，名教或替，故有巡狩之典，黜陟幽明；行人之官，存省風俗。時雍之化，率由茲道。宜遣大使，分行四方，申諭朕心，延問疾苦，觀風俗之得失，察政刑之苛弊，務盡使乎之旨，俾若朕親覿焉。』於是分遣蕭瑀、李靖、楊恭仁、竇静、王珪、李大亮、劉德威、皇甫無逸、韋挺、李襲譽、張亮、杜正倫、趙弘智等，巡省天下。

巡察按察巡撫等使

貞觀十八年，遣十七道巡察。諫議大夫褚遂良諫曰：『臣以爲自去年九月不雨，經冬無雪，至今年二月下澤，麥苗如是小可。使人今出，正是農時，普天之下，不能無事。東州追掩，西郡呼集，兼復送迎使人，供擬飲食，道路遑遑，廢於田種。使人今猶未發，時節如是小遲，望更過今夏，至來年正月初發遣。《書》曰：「萬方有罪，在予一人。」國家但得四方整肅，何必要須罪罰。』

二十年正月，遣大理卿孫伏伽等二十二人，以六條巡察四方，多所貶黜舉奏。太宗命褚遂良一其類，具狀以聞。及是，親自臨決，牧宰以下，以能官進擢者二十人，罪死者七人，流罪以下及免黜者數百人。

儀鳳二年五月，河南、河北旱，遣御史中丞崔謐等分道存問賑給。侍御史劉思立上疏曰：『今麥序方秋，蠶功未畢，三時之務，萬姓所先。

敕使撫巡，人皆悚忭，忘其家業，冀此天恩。踴躍參迎，必難抑止，集衆既廣，妨廢亦多。加以途程往還，兼之晨夕停滯，既緣賑給，須立簿書，本欲安存，卻成煩擾。又無驛之處，取馬稍難，簡擇公私，須先追集。雨後農要特切，常情暫廢須臾，卽虧歲計。每爲一馬，遂勞數家。從此相承，恐更滋甚。望且委州縣賑給，待秋後閒時，出使褒貶。』

垂拱元年，祕書省正字陳子昂上疏曰：『臣伏見陛下憂勞百姓，恐不得其所，將降九道大使巡察天下諸州，兼申黜陟，以求民瘼。臣竊以爲未盡善也。何以言之？陛下所以降明使，豈非欲天下黎元衆庶，知陛下夙興夜寐憂勤之念。陛下必若以此而發使乎，則愚臣竊見陛下之使又未盡也。若愚臣所請使者，先常雅合時望，爲衆人所推。慈愛足以恤孤惸，賢德足以振幽滯，剛直足以不避强禦，明智足以照察奸邪。然後使天下奸人，畏其明而不敢爲惡也；天下强禦，憚其直而不爲過也；天下英傑，慕其德而樂爲之用也；天下孤寡，賴其仁而欣戴其德也。夫如是，然後可以論出使。故輶軒未動於京師，天下翕然皆已知矣。今陛下使猶未出朝廷，行路市井之人，皆以爲非，在朝廷之有職者，亦不稱之。天子之使未出魏闕，朝廷之人皆已輕之，何況天下之衆哉！而欲黜陟求賢，未可得也。陛下所以有此失者，在不選人，亦輕此使，非天下之任，故陛下遂大失於此。苟以出使爲名，不求任使之實，使愈出而天下愈弊，使彌多而天下彌不寧。其故何哉？是朝廷輕其任也。徒使天下百姓，修飾道路，送往迎來，無益於聖教耳。臣久爲百姓，實委知之。臣，願陛下與宰相更妙選朝廷百官，素有威重名節，爲衆所推者，陛下因大朝日，親禦正殿，集百寮公卿，設禮儀，以使者之禮見之。告以出使之意，遂授以旌節而遣之，先是京師，而訪豺狼，然後攬轡登車，以清天下。若如是，臣知陛下聖教，不旬月之間，天下家見而戶聞也。此之一使，是陛下爲政之大端。諺曰：『欲知其人，先觀其所使。』不可不慎也。若陛下必知不可得其人，不如不出使，以煩數無益於化，但勞天下之人，是猶烹小鮮而數撓之耳。』四月六日，尚書左丞狄仁傑，充江南安撫使。吳楚多淫祠，仁傑一切焚之，凡除一千七百所。

天授二年，發十道存撫使，以右肅政御史中丞、知大夫事李嗣眞等爲之。閣朝有詩送之，名曰《存撫集》，十卷，行於世。杜審言、崔融、蘇味道等詩尤著焉。

萬歲通天元年，鳳閣舍人李嶠上疏曰：『陛下創置左右臺，分巡天下，察吏人善否，觀風俗得失，斯政途之綱紀，禮法之準繩，無以加也。然猶有未折衷者，臣請試論之。夫禁網尚疏，法令宜簡，簡則事易行而不煩雜，疏則所羅廣而無苛碎。竊見垂拱二年，諸道巡察使科目，凡四十四件，至於別作格敕令訪察者，又有三十餘條。而巡察使率是三月之後出都，十一月終奏事。時限迫促，簿書委積，晝夜奔逐，以赴限期。而每道所察文武官，多至二千餘人，少尚一千已下，皆須品量才行，褒貶得失，欲令曲盡行能，皆所不暇。此非敢惰於職而慢於官也，實才有限而力不及耳。臣望量其功程，與其節度，使器周於用，力濟於時，然後進退可以責成，得失可以精覈矣。』

聖曆元年十月，納言狄仁傑爲河北、河朔安撫使，及迴，上疏曰：『臣聞朝廷議者，以契丹作梗，始明人之順逆，或有迫脅，或有願從，或授僞官，或爲招慰，或兼外賊，或是土人，迹雖不同，心實無別。誠以山東强猛，由來重氣，一顧之勢，至死不迴。近緣軍機，調發傷重，家道悉破，或至逃亡。剔屋賣田，人不爲售，內顧生計，四壁皆空。重以官曲侵漁，因事而起，當州役使，十倍軍機，官私不矜，期之必取。枷杖之下，痛切肌膚，事迫情危，不修禮義，愁苦之地，不樂其生，有利則歸，且圖賒死。此乃君子之媿辱，小人之常行。今以負罪之位，必不在家，露宿草行，潛竄山澤，赦之則出，不赦則逃。山東羣盜，因緣聚結。臣以近塵雖起，不足爲憂，中國不安，以此爲事。臣聞持大國者，不可以小道治；事廣大者，不可以苛細分。人主恢宏，不拘常法，罪之則衆情恐懼，恕之則反側自安。伏願曲赦河北諸州，一無所問，自然人神通暢，率土歡心。』

神龍二年二月敕：『左右臺內外五品已上官，識治道通明無屈撓者二十人，分爲十道巡察使，二周年一替，以廉按州部。』

景龍三年，置十道按察使，分察天下。至開元八年五月，復置十道按察使，以陸象先、王晙等爲之。

開元元年二月：禮部侍郎張庭珪上疏曰：『天下至大，郡邑至多，賢牧良宰，誠難盡得。兼下僚貪暴，小吏侵漁，黎庶不安，窮困衆矣。縱其發使廉問，暫往速還，假申令宛，卻招後患，各思鉗口，無敢率心。臣竊見國家比置十道按察使，不限年月，懲惡勸善，激濁揚清，孤窮獲安，風俗一變。伏望復下明制，重選使臣，秋冬之後，令出巡察。自然貪吏望風懲革，陛下視聽，恆遍於海內矣。』

三年三月敕：『巡察使出，宜察官人善惡。其有戶口流散，籍帳隱沒，賦役不均者，不務農桑，倉庫減耗者；妖訛宿宵，姦猾盜賊，不事生業，爲公私蠹害者；德行孝弟，茂才異等，藏器晦迹，堪應時用者，並訪察聞奏。』

興元元年正月，詔令門下侍郎、平章事蕭復充山南東西、荆南、湖南、淮南、江西、鄂岳、浙江東西、福建、嶺南等道宣慰安撫使：『嗚呼！往率乃職，敬敷朕命。慰勉征戍，勞來困窮。訪其所安，察其所弊。滯淹必達，冤濫必申。無憚幽遠而不被，無忽細微而不恤。』

貞元八年八月，詔曰：『朕以薄德，託於人上，勵精庶政，思致雍熙。而誠不動天，政或多闕。陰氣作沴，暴風薦臻，自江淮而及乎荆襄，歷陳宋而施於河朔。其間郡邑，連有水災，城郭多傷，公私爲害，損壞廬舍，浸敗田苗。或親戚漂淪，或資產沈溺。言念於此，當食忘飧。宜令中書舍人奚陟往江陵及襄郡、隨、復、鄂、申、光、蔡等州，左庶子姚齊語往陳、宋、亳、潁、徐、泗、濠等州，祕書少監雷咸往鎮、冀、德、棣、深、趙等州，京兆少尹韋武往揚、楚、廬、潤、壽、滁、蘇、常、湖等州宣撫。應諸州百姓，因水不能自存者，委宣撫使賑給，死者各加賜物，在官爲收理埋瘞。其田苗所損，委宣撫使與所在長吏速具聞奏。於戲：一夫不獲，一物失所，刑罰不中，賦役不均，皆可以失陰陽之和，致雨旱之沴。繫囚及獄訴久不決者，委所在長吏，即與疏辯，務從寬簡，俾絶冤滯。貪官暴吏，苛法害公，特加懲罰，用明典憲，災傷之後，切在撫綏。咨爾方鎮之臣，洎乎守宰，咸宜悉乃心力，以恤凶災。宣佈朕懷，使各知悉。』

永貞元年八月，詔曰：『治天下者，先修其國；國命之重，寄在方鎮，方鎮共治，實維列城；列城爲政，繫於屬縣。然則一夫之耕，匹婦之織，積微方著，以供國計，永懷蒸庶，厥惟難哉。頃年以上准租賦及榷稅，委在藩服，使其均平。太上皇君臨之初，務從省便，遂令使府，歸在中朝。或恐巡按既多，職因交替，新制未立，舊綱已紊。況河汴而東，瀕海之右，名都奧壤，疆理接連。如或徵賦不均，輓輸難濟，物輕貨重，法弊人勞。又聞江淮數道，比愆時雨。深憂黎庶之不足，軍國之缺供，政有所不宜，事有所未便，牧宰有課績，官吏有臧否。爰使使臣，申我休命。宜令度支及諸道鹽鐵、轉運、戶部侍郎兼御史大夫潘孟陽，專往宣諭。慰安疲甿，詢訪便益，蠲除疾苦，安民利國，稱朕意焉。』

元和四年正月，以左司郎中鄭敬使湖南、宣、歙，吏部郎中崔芃使浙東，司封郎中孟簡使山南東道、荆南、湖南，京兆少尹裴武使江西、鄂岳等道宣撫。將行，並召對。上告之曰：『朕宮中用度，一匹以上，皆有簿歷，惟拯救百姓，則不計所費焉。卿等今者賑恤災旱，當勤於奉職，勿如潘孟陽，所到務飲酒遊山寺而已。』仍許敬等以便宜行事。以孟簡獨衣綠，遣使追賜緋袍、銀魚。

十四年二月，淄青都知兵馬使劉悟斬逆賊李師道，淄、青、兗、鄆等十二州平。詔戶部侍郎楊於陵以本官充淄青等州宣撫使。

又 卷七八《諸使中》 黜陟使 貞觀八年。將發十六道黜陟大使，畿內未有其人。上問房玄齡：『此道事最重，誰可充使？』尚書右僕射李靖曰：『畿內事大，非魏徵莫可。』上曰：『朕今欲向九成宮，事亦不小，朕每行不欲與其相離者，乃爲其見朕是非得失，必無所隱。』乃命李靖充使。

二十年正月，遣大理卿孫伏伽等，以六條巡察四方，黜陟官吏。

開元二十九年十月二十一日遣使，以崔翹等爲之。

天寶五載正月遣使，以席豫等爲之。

至德三載四月遣使，以虢王巨等爲之。

建中元年正月制：『諸道宜分遣黜陟使，觀風俗，問疾苦。自艱辛以來，徵賦名目繁雜，委黜陟使與諸道觀察使、刺史，計資產作兩稅法。比來新舊徵科色目，一切停罷，兩稅外輒別配率，以枉法論。』乾元元年，與採訪使並權罷，至是復置之。自建中已後，至今未嘗置。初，司封郎中韋楨爲山南黜陟使，薦興、鳳兩州團練使嚴震，理行爲山南第一，特賜上下考，封鄖國公。在鳳州十四年，能政不替。

採訪處置使宰相張九齡奏置 開元二十二年二月十九日，初置十道採訪處置使，以御史中丞盧絢等爲之。至三月二十三日，諸道採訪處置使、華州刺史李尚隱等奏請各使置印，許之。二十五年十二月二十四日，命諸道採訪使考課官人善績，三年一奏，永爲常式。至二十七年二月七日赦文：『三載考績，黜陟幽明，允叶大猷，以勸天下。比來諸道所通善狀，但優仕進之輩，與爲選調之資，責實徇名，或乖古義。自今已後，諸道使更不須善狀。每三年，朕當自擇使臣，觀察風俗。有清白政理著聞者，當別擢用。』

二十六年三月敕：『諸道採訪使判官等，自今已後，並須首末經三年。其緣事故停，不得滿年限者，承優節文，準開元二十四年二月十九日敕處分。』

二十九年七月敕：『採訪使等所資按部，恤隱求瘼。巡撫處多，事須周細，不可匆遽，徒有往來。宜準刺史例入奏。』

天寶九載三月敕：『本置採訪使，令舉大綱。若大小必由一人，豈能兼理數郡。自今已後，採訪使但察訪善惡，舉其大綱。自餘郡務所有奏請，並委郡守，不須干及。』

十二載二月，河南道採訪處置使、河東郡太守李憕，河南道採訪處置使、陳留郡太守王濬等奏：『請依舊通前置兩員交使，望以周載，許依元敕酬功處分。』敕：『諸道準此，黔中道各一人，宜依舊定。』

乾元元年四月十一日，詔曰：『近緣狂寇亂常，每道分置節度。其管內緣徵發及文牒，兼使命來往，州縣非不艱辛，仍加採訪，轉益煩擾。其採訪使置來日久，並諸道黜陟使便宜且停，待後當有處分。』其年，改爲觀察處置使。

大曆十二年五月，中書門下奏：『開元末，置諸採訪使，許其專停刺史務，廢置由己。請自今已後，刺史有犯贓等色，本道但具狀聞奏，不得輒追赴使，及專擅停務，差人權攝。其刺史亦不得輒詣使出界。未先聞奏，皆按常刑。』

五坊宮苑使　五坊，謂鵰、鶻、鷹、鷂、狗，共爲五坊，宮苑舊以一使掌之。自寶應二年後，五坊使入隸內宮苑使，近又有閑廄使，兼宮苑之職焉。

開元十九年，金吾將軍楊崇慶，除五坊宮苑使。其後來曜、牛仙客、李元祐、韋衢、章仇兼瓊、王鉷、呂崇賁、李輔國、彭體盈、藥子昂等爲之。

大曆十四年五月詔：『鷹、隼、豹、貀、獵犬，皆放之。』時以永徽已來，文單國累貢馴象三十有二，皆豢於禁中，有善舞者，以備元會充庭之飾，因是與鷹隼之類同放之。

元和二年六月敕：『五坊戶，諸色影占者多，宜令府縣收管。』

三年七月，五坊品官朱超晏、王志忠，放縱鷹隼入長安富人家，旋詣其居，廣有求取。上知之，立召二人，各笞二十，奪其職。自是貢鷙鳥略大者，皆斥之。貞元末，五坊小兒張捕鳥雀羅於閭裏者，皆爲暴橫，以取人錢物。或有張羅網於門，不許人出入者；或以張井上，使不得汲者。近之輒曰：『汝驚供奉鳥雀。』即痛毆之。出錢物求謝，乃去。或相聚飲食於酒肆，醉飽而去，賣者或不知，就索其直，多被毆詈。或時留蛇一囊爲質曰：『此蛇所以食鳥雀而捕之者，今留付汝，幸善飼之，勿令飢渴。』賣者媿謝求哀，乃攜挈而去。憲宗在春宮時，知其弊，嘗欲奏禁之。及即位，遂推而行之，人情大悅。

十三年十月，上怒五坊使楊朝汶追捕平人，命殺之。

皇城使　天祐三年閏十二月，皇城使奏：『伏以皇城之內，咫尺禁闈。伏乞準元敕條流，鼓聲絕後，禁斷人行。近日軍人百姓，更點動後，尚恣夜行，特乞再下六軍止絕。』從之。

諸使雜録上　貞觀元年四月，發諸道簡點使。

咸亨三年十二月，頒下《簡點格》。其年五月十一日敕：『中書門下兩省供奉官及尚書省、御史臺現任郎官、御史，自今已後，諸使不得奏請任使，永爲常式。』

二年三月十一日，關內道覆囚使邵師德等奉辭，上謂曰：『州縣諸囚未斷，甚廢田作。今遣爾等往省之，非遣殺之，無濫刑也。』至開元十年十月，宇文融除殿中侍御史，充覆囚使。

儀鳳二年十二月二十七日詔：『宜令關內、河東簡練有膂力雄果者，即以猛士爲名。

三年正月二十五日，遣左金吾將軍曹懷舜、李知十等分往河南、河北，以募猛士。

萬歲通天元年九月，令山東近境州置武騎團兵。至聖曆元年臘月二十五日，河南、河北置武騎團，以備默啜。每一百五十戶，共出兵十五人，馬一匹。

先天二年正月十五日詔：『往者計戶充兵，使二十二入募。六十出軍。既憚劬勞，咸欲逃匿，不有釐革，將何致理。天下衛士，取年二十五已上充，十五年放出。頻經征鎮者，十年放出。自今已後，羽林、飛騎，先於衛士中簡擇。』

長壽三年正月詔：『諸州大都督及上州刺史、大都督府長史、諸軍經略鎮守大使，一子爲宿衛官。

開元十年六月七日敕：『支度、營田，若一使專知，宜同爲一額，共置判官兩人。』

十一年二月二十九日敕：『同、華兩州，精兵所出，地資輦轂，不合外支。自今已後，更不得取同、華兵防秋，容其休息。』

二十一年正月二十四日，敕令百寮尋勝，因置檢校尋勝使，以厚其事。

天寶七載十一月，給事中楊釗充九成宫使。其使及木炭使，並是岐州刺史勾當。至是，釗欲移奪大權，遂兼監倉、司農出納錢物，召募劍南健兒：兩京太倉、含嘉倉出納，召募河西隴右健兒，催諸道租庸等使。

蘇氏駁曰：九寺三監、東宫三寺、十二衛、及京兆、河南府，是王者之有司，各勤所守，以奉職事。尚書准舊章，立程度以須之。御史臺按格令，採姦濫以繩之。中書門下立百司之體要，察羣吏之能否，善績著而必進，敗德聞而且貶，政有恆而易爲守，事歸本而難以失。夫經遠之理，捨此奚據？洎姦臣廣言利以邀恩，多立使以示寵，剋小民以厚斂，張虛數以獻忱，上心蕩而益奢，人怨結而成禍。使天子有司，守其位而無其事，受厚祿而虛其用。宇文融首倡其端，楊鉷繼遵其軌，楊國忠終成其亂。仲尼云：『寧有盜臣，而不畜聚斂之臣。』誠哉是言也。前車既覆，後轍不改，欲求化本，不亦難乎。

十二載十二月二十二日，左相陳希烈充祕書省圖書使。

十四載十一月，安禄山叛命，諸州當賊衝者，始置防禦使。至寶應元年五月十九日，停諸州防禦使。

乾元二年七月九日敕：『宜令御史大夫充彍騎使，令御史充判官。』

廣德二年九月，以太子詹事李峴爲江南東西及福建等道知選事，並勸農宣慰使。

大曆十二年五月十日，中書門下狀奏：『諸州團練守捉使，請一切並停。其刺史自有持節諸軍旅，司馬即同副使之任。其判司既帶參軍事，望令司兵判兵馬按，司倉判軍糧按，司事判甲仗案具。兵士量險隘召募，謂之健兒，給春冬衣，並家口糧。當上百姓，名曰團練，春秋歸，冬夏追集，日給一身糧及醬菜。其月十一日，諸道先置上都邸務，名留後使，宜令並改爲上都進奏院官。』十三日，諸道觀察、都團練使判官各置一人，支使一人，推官一人，餘並停。

十四年二月四日敕：『准諸道上都知進奏院官，自今已後，並不須與正官。

六月一日敕：『郎官、御史充使，絶本司務者，宜改與檢校及內供奉裏行。』其月三日敕：『御史中丞董晉、中書舍人薛蕃、給事中劉迺，宜充三司使。仍取右金吾廳一所充使院，並於西朝堂置幕屋，收詞訟。』至建中二年十月停，後不常置。有大獄即命中丞、刑部侍郎、大理卿鞫之，謂之大三司使；又以刑部員外郎、御史、大理寺官爲之，以決疑獄，謂之三司使，皆事畢日罷。

建中元年四月一日，門下侍郎楊炎，充刪定格式使；五月，刑部侍郎蔣沇充副使。二年七月，中書侍郎張鎰與盧杞同充格式使。其月二十三日旨，令刑部長官兼知，其使停。

建中二年正月二十五日，潭、開宜依舊置防禦使。

二月十八日，卻置京畿觀察使，以御史袁高充使。

三年九月九日，御史中丞楊頊奏：『見任官，或被諸司不奏，便移文牒充判官。伏請自今已後，應見任州縣正官，不承制敕差補，不得輒離任。』敕旨依焉。

貞元三年三月二十三日敕：『杜亞宜兼充管內營田使，其楚州營田使宜停。』

四年二月敕：『諸道幕府判官及諸軍將，比奏改官，例多超越，應從散秩入清望官，並折資處分。』

十三年六月，加劍南西山運糧使、檢校戶部員外郎韋肇兼御史大夫。員外兼大夫新例。

十四年六月，罷宣、歙、池三州，鄂、岳、沔三州都團練觀察使，陝、虢兩州都防禦觀察使，以其地分隸諸道。置東畿觀察，以留臺御史中丞爲之。

十六年十二月敕：『諸道觀察、都團練、防禦及支度、營田、經略、招討等使，應奏副使、行軍、判官、支使、參謀、掌書記、推官、巡官，請改轉臺省官，宜三週年以上與改轉。其緣軍務急切，事迹殊常，即奏聽進止。』

元和二年正月，鄂岳等州觀察使呂元膺奏新妹壻京兆府咸陽尉馬縫，授試大理評事，充京兆觀察支度使，爲憲司所劾，密親佐幕，有虧典法。敕諸使府參佐檢校，釋元膺之罪。時咸非之。

七年七月敕：『諸使府參佐、檢校，應試官月日計，如是五品已上官及臺省官，經三十箇月外，任奏與改轉。餘官經三十六個月奏改。如經考試有事故，及停替官，本限之外，更加十個月，即往申奏。』從之。

十三年二月，浙東觀察使孟簡授代，詔書到日，援故事，署留後而行。及常州，堂牒勒還舊鎮，待割使事而後行。初，李修授浙西觀察使，中謝日，請留所替，以待交割使事。至是因舉爲例，非舊制也。

其年七月，上藉錢穀吏以集財賦，以宣歙觀察使王遂爲淄青四面，行營諸軍糧料使。

其年九月詔：『諸道新授節度、觀察，經略等使，自敕出後：使未到以前，或前使尚在本鎮，或已發差知留務軍等官，其軍府職員多停省改易。自今已後，切令禁止。縱先有此色，新使道到，並令仍舊。』

十四年二月詔：『諸道節度使、團練、都防禦、經略等使，所管支郡，除本軍州外，別置鎮遏、守捉兵馬者，並合屬刺史等。如刺史帶本州團練、防禦、鎮遏等使、其兵馬額便隸此使，如無別使，即屬軍事。其有邊於溪洞，接連蕃蠻之處，特建城鎮，不關州郡者，即不在此限。』自艱難以來，天下有軍，諸將之權尤重。至是，遂分屬於所管州郡焉。

其年，山南東道觀察使孟簡舉均州鄖鄉縣鎮遏兵馬使趙潔充本縣令，有紊條章，罰一月俸料。

其年四月，命中官五人爲京西和糴使。諫議大夫鄭覃、右補闕高釴等，同以疏論。上覽之，即日罷其使。

其年八月，以內侍省姚文壽充京西、京兆行營宣慰計會使。六月，制以左金吾衛大將軍胡證充京西、京北巡邊使，所經過州鎮，與節度、防禦使，刺史審量利害，具事實聞奏，因程异之請也。七月，罷晉州防禦使。八月，浙東觀察使薛戎奏：『准敕，諸道所管支郡，別置鎮遏、守捉、兵馬者，宜並屬刺史。其邊於溪洞，接連蠻夷之處，特建城鎮者，則不在此限。今當道望海鎮，去明州七十餘里，俯臨大海，東與新羅、日本諸蕃接界。請據文不屬明州。』許之。

十五年十二月，中書門下奏：『內外六品已下正員官，諸道諸使奏充掌職，比限兩考，及授官經二年已上，方許奏請，即與依資改轉。有才在下位者，不免留滯。請今後諸道諸使應奏請正員官充職掌，經一週年，即與依資改轉，未一周年，與同類試官。』從之。舊制，使府判官，二周年始許改轉。通計三考，謂之得資，與同類試官。今不依舊典，物議非之。

長慶三年三月敕：『諸道軍府大將帶監察已上官者，三周年與改轉。如是加敕，合非時與改者，不在此限。其大將未曾奏官者，即亦仰奏焉。

四年二月敕：『諸道節度使去任日，宜准元和十五年七月十五日敕處分。其交割狀，限新人到任後一個月內，分析聞奏。並報中書門下據替限，委中書門下據報狀磨勘聞奏，以憑殿最。』

寶曆元年十二月，江西觀察使殷侑奏：『管內州縣官，大半勾當留在京師，職掌當道兩稅外，又度支米穀，見在官爲送納者。今請下有司，留放五員。』從之，仍敕諸道准此。

又 卷七九《諸使下》 諸使雜録 （大和四年五月）其月敕：『陝虢西去兩京非遠，唯管一郡，分置廉使，本因艱難。若四方少事，則舊制爲便。其都防禦、觀察使額，宜停。所管兵馬使，屬本州防禦使。』

五年十月敕：『樓煩監牧及造水等使，宜共置判官一員，巡官一員。』

六年十二月敕：『隴州防禦使，宜準長慶二年九月十八日敕，例置判官一員，其兵馬留後判官勒停。』【略】

其年十二月，左僕射合諸道奏：『諸節使新授，具巾抹，帶器仗，省中參辭兵部尚書、侍郎者。伏以軍國異容，古今定制。苟不由舊，務祈改常。未聞省閣之門，忽入弓刀之器，伏請停罷。如須參謝，任具公服，到本州縣後，交割兵馬，詣實申奏。』從之。

開成元年十一月，中書門下奏：『準大和十一年七月二十六日敕，諸道節度使下，都押衙，都虞候，約五年以上，方得改轉。押衙兵馬使，約七年以上，方得改轉，三萬人以上軍兵，每年許奏四人。其序遷合與憲官者，以曾歷兩任，奏授賓、僚者與監察，以次遷序，止於侍御史。其御史中丞以上官，並須因有戰功，方得奏請。諸道團練下萬人以上軍，所奏不得過殿中侍御史。如未有憲官者，不在奏限。萬人以下軍，不因戰功，並不得奏論請。』敕旨依奏。

二年十二月，中書門下奏：『諸道節度使，觀察、都團練使，請朝官任使。準貞元二年敕，中書門下有供奉官，及尚書省、御史臺見任郎官、御史，諸司、諸使並不得奏請任使。伏以周之列國，咸有命卿；漢代諸侯，皆建傅相。蓋以崇重五爵，施之寵榮。賈生爲傅於長沙，管仲讓王之上禮，出其廷彦，且命爲卿。經史垂文，古制斯在。況貞元之初，戎鎮之事，比於今日，頗謂不同。聖朝授任推公，惟才是急，輟諸上選，分佐戎行，職則稍尊，命則稍重。而又才人涉歷，練達武經，出入往來，便堪奬用。是朝廷之所利，誠方鎮之得人。希古濟今，匪宜專忪，酌於臨事，可否在茲。臣等商量，諸節度、觀察、都團練使，朝中素有相知者，許奏一人充副使，章服準大和三年五月八日敕。如素無相知，不奏亦聽。其方鎮帶相，及自廟堂平章事出鎮者，任約舊例奏署。庶使藩方益重，試任程才。其今日以前，應奏署敕已行者，雖關前敕，人數至少，式遵成命，又難追移。伏請自此已後，不得違越。』敕旨依奏。

三年四月，中書門下奏：『宰相帶平章事出鎮，應朝官充使府職事，任約舊例奏署，使藩方益事，委任程才。謹詳敕文，意在明許，亦不定言人數，及所請職名。臣等商量，起今以後，宰相自朝廷出鎮，奏請朝官及刺史佐幕，前後更五人，數內有遷轉停罷者。或須填替，任更奏來。如或辟用他官，不奏亦得。官至侍御史以上者，卽許奏章服。便爲常例，庶可通行。』敕旨依奏。

四年六月，中書門下奏：『諸道節度使參佐，自副使至巡官，共七員，觀察使從事又在數內。雖大藩雄鎮，有藉才能；而邊鄙遐方，豈易供給？況行軍之號，本繫出師；參謀之職，尤是冗長。其行軍司馬及參謀，望勒停省見。任人如本道有相當職員，任奏請改轉。其餘官序稍高者，許隨表赴京，到日，量才奬授。郎、御史以下，各令冬薦。節度判官舊額，雖本兩員，近日諸道，亦不盡置。起今已後，望以一員爲定。其課科等，本是供軍數內，戶部不可更收。』敕旨依奏。【略】

會昌三年四月敕：『諸道節度使、觀察使，授後發期，宜令不得過十日。』

其年五月敕：『比來節將移改，隨從將校過多，非唯妨奪舊人職員，兼亦費用軍資錢物。節度使移鎮，軍將至隨身不得六十人，觀察使四十人，經略都護等三十人，宜委監察軍使，及知留後判官具名聞奏。如違此數，知留後判官，量加懲罰，監軍使別有處分。自今以後，節度使等如罷鎮赴闕，應將官吏將健隨赴上都者，並隨使停解，縱有帶憲官充職，亦勒停。其間或有是功勳重臣舊，將校人數稍多者，離鎮後，新停解，卽須具人數聞奏，當與量事宜處分。』【略】

（大中三年）其年五月敕：『藩鎮改移，見在倉庫錢穀，既已得替，便屬新人。向前曾有敕文，更給留別。歲月深久，官吏因循，苟徇軍情，不守朝典。自今以後，節度、觀察使除替改，更不在給留別限，仍勒知後判官，及本曹官典，切加檢舉。如有違越，當重科懲。』

（五年十月）其月敕：『會昌三年六月八日，已有明敕。應文武官除授諸道節度、觀察、經略、防禦使，及就加官爵等，起今以後，與送官告、旌節、使人事物，不得過三千匹，爲定制。令諸道各有舊例，有過三千匹者，宜准敕減，不得違越。』

六年十二月，中書門下奏：『應諸道節度使、觀察、團練使、防禦、經略等使，所請俸料、職田、祿粟、時服、雜給，並諸色人事用度等，先奉聖旨，令條流奏來者。伏以藩鎮之任，寄切分憂，一方慘舒，繫在長吏。近者，所在軍府，多稱窮空，因緣增添，費用滋廣，不遵往例，唯徇人情。物力既困於公家，誅斂終歸于百姓。稍能釐革，裨益實多。置使之初，必有定額，歲月深遠，或多改更。望令諸道帥臣及長吏，各詢訪事例，檢尋簿書，其間苟踰舊規，及有新置，並宜除去，務在至公。於軍、府、州、鎮、經營利綱等項，相承既久，併絶則難，相害於人，亦宜禁止。』奉敕：『宜依』

其月，中書門下奏：『觀察使職當廉問，位重藩維，受明王之寵寄，同國家之休戚。豈可但享崇貴，唯務優遊，羅聲色以自娱，顧凋殘而莫問。縱逃顯責，必受陰誅。自今以後，並請責其成效，專其事權，使得展意盡心，恢張皇化。敬事以守法度，節用以減征徭。有利於國者必行，不以近名爲慮，有害於人者必去，不以循例爲辭。絶連夜之酣歌，務盡心於議讞，常推此道，方免曠官。其巡屬州縣，須知善惡，每歲考校，具以上聞。隱而不言，罪歸廉帥。應有所論薦，須直書事績，不得虚詞；有所舉聞，須盡録奸贓，不得隱漏，懦弱不任職者，奏免不得徇情；清强能立事者，上陳不得蔽善。如此卽上下相制，遠近相臨，同推至公，共成致治。』敕旨：『卿等所條流廉問牧宰等事，實繫生靈慘舒，並依。』

咸通九年十二月二十三日敕：『司農寺丞薛瓊可贊善大夫，充滁、廬、壽州招召鄉兵使。』【略】

天祐元年四月敕：『今後除留宣徽兩院，小馬坊、豐德庫、禦廚、客省、閤門、飛龍、莊宅九使外，餘並停廢。其内園冰井公事，委河南府句當。』至二年二月十六日，敕：『只置宣徽院使，以權知樞密事王殷充，副使以趙殷衡充。其樞密使並宣徽南院使並停，所司勒歸中書。宣徽院人吏不得私出本院，與人交通，諸道句當事人，亦不得到院。凡有公事，並於中書論請。』

又 卷八四《租庸使》 開元十一年十一月，宇文融除殿中侍御史、勾當租庸地税使。天寶二年四月，陝郡太守韋堅，兼知勾當租庸使。六載十一月，楊慎矜加諸郡租庸使。至德元年十月，第五琦除監察御史，充江淮租庸使。中書侍郎房琯諫曰：『往者楊國忠厚斂，取怨天下。陛下卽位以來，人未見德。琦，聚斂臣也，今復寵之，是國家斬一國忠而用一國忠矣，將何以示遠方、歸人心乎？』上曰：『天下方急，六軍之命若倒懸，無輕貨則人散矣。卿惡琦可也，何所取財？』琯不能對，自此恩減於舊矣。

廣德元年十月，代宗居陝，考功郎中裴諝懷考功及南曹二印赴行在，上將以爲御史中丞，爲元載所排，出爲河東道租庸、鹽鐵等使。時關輔大旱，諝請入計，召見便殿，問謂：『榷酤之利，一歲出入幾何？』久之不對。上復問之，對曰：『臣有所思。』上曰：『何思？』對曰：『臣自河東來，其閒所歷三百里，見農人愁歎，穀菽未種。臣謂陛下軫念，先問人之疾苦，而乃責臣以利。孟子曰：「治國者仁義而已，何以利爲？」是以未敢卽對。』上前坐曰：『微公言，吾不聞此。』拜左司郎中。

永泰元年三月，京兆尹第五琦奏：『租庸使請一切並停，唯差判官一人、巡官二人催遣。』從之。

又 《兩税使》 建中三年八月，初分置汴東、西水陸運、兩税、鹽鐵使。至十二月二十日，包佶、崔縱分爲之。

八年四月，以東都、河南、江淮、嶺南、山南東道兩税等錢物，令戶部侍郎、轉運使張滂主之，東渭橋以東諸道巡院悉隸滂。以關輔、河東、劍南、山南西道財物，令戶部尚書、度支使班宏主之。其後宏、滂互有短長，宰相趙憬、陸贄具以其事上聞，由是參用大曆故事，如劉晏、韓滉所分焉。

貞元七年六月，太常卿崔縱爲汴西水陸運、兩税、鹽鐵等使。田悦軍敗，魏州嬰城自守，河東、朔方、昭義、河陽及神策兵圍之。軍乏食，乃以縱兼魏城四節度都糧料使，軍食稍給。涇原兵反，上居奉天，四方援兵未有至者。時縱先知，乃潛告朔方節度使李懷光，説令奔命，懷光從之。縱乃悉斂軍財，與懷光俱來，調給甚備。懷光軍士久戰河外，及次河中，遷延未進。縱以貨幣先渡河，謂懷光軍士曰：『若濟河，悉所賫以分將士。』衆利之，乃肯西濟。

元和四年六月敕：『兩税法總悉諸税，初極是便民。但緣約法之初，不定物估，粟帛轉賤，賦税自加。民力不堪，國用斯切，須務通濟，令其便安。欲遣使臣，巡行國邑，郵驛所屆，豈免煩勞，軺車遽馳，曾未周悉。度支鹽鐵，泉貨是司，各有分巡，置於都會，爰命帖職，周視四力，簡而易從，庶協權便。政有所弊，事有所宜，皆得舉聞，副我憂寄。其鹽鐵使、揚子留後，宜兼充淮南、浙西、浙東、宣歙、福建等道兩税使；其江陵留後，宜兼充荆南、山南東道、鄂岳、江西、湖南、嶺南等兩税使；其上都留後，宜兼充荆南、山南東道兩税使；度支、山南西道分巡院官，宜兼充劍南東西川、山南西道兩税使；其陝内五監，舊屬鹽鐵使，宜割屬度支使，便委山南西道兩稅使兼知糴貨，各奉所職，期於悉心。』

五年，誅李師道，收復淄青十二州，未定戶籍，乃命諫議大夫王彦威，充十二州勘定兩稅使。朝法振舉，人不以爲煩。

七年七月，荆南兩稅使崔倰賜紫金魚袋，浙江東道兩稅使程异賜朝散大夫，以入計敍勞也。

十五年閏正月，命度支郎中趙佶使淄、青、兗、海、鄆、曹、濮、蔡、申、光等州，定兩稅。

又　卷八五《戶口數》　開元十二年八月，宇文融除御史中丞，充諸色安輯戶口使。天寶四載二月，戶部郎中王鉷加勾當戶口色役使。

又　卷八七《轉運鹽鐵總敍》　皇朝自武德、永徽以後，姜行本、薛大鼎、褚朗皆以漕運上言，然未能通濟。其後，監察御史王師順運晉、絳之粟，於河、渭之間增置渭橋倉，自師順始也。

開元二年，河南尹李傑爲水運使，大興漕事。

十八年，宣州刺史裴耀卿上言，請依舊法，敖倉於河口立輸場以受米，置河陰縣，及河陰、柏崖、集津、三門倉，鑿崖開山，以車運數十里，積於太原倉，以利漕運。上從之，拜耀卿江淮轉運使，仍以鄭州刺史崔希逸、河南少尹蕭炅爲之副。轉運鹽鐵之有副使，自此始也。耀卿主之三年，凡運六七百萬石，省陸運之傭三千萬。舊制，東都含嘉倉積江淮之米，載以大輿，運而西至於陝三百里，率兩斛計傭錢千，此耀卿所省之數也。明年，耀卿拜侍中，而蕭炅代焉。二十五年，運米一百萬石。二十九年，陝郡太守李齊物鑿三門山以通運，闢三門巔，踰巖險之地，俾負索引艦，昇於安流，自齊物始也。

天寶二載，韋堅代蕭炅，以滻水作廣運潭於望春之東，而藏舟焉。是年，楊釗以殿中侍御史爲水陸運使，以代韋堅。先是，米至京師，或砂礫糠粃雜乎其間。開元初，詔使揚擲而較其虛實，揚擲之名，自此始也。

十四載八月詔：『水陸運宜停一年。』天寶以來，楊國忠、王鉷皆兼重使以權天下，故轉運之事，自耀卿以降，罕有聞者。

肅宗初，第五琦始以錢穀得見，請於江淮分置租庸使，市輕貨以濟軍食，遂拜監察御史，爲之使。乾元元年，加度支郎中，尋兼中丞，爲鹽鐵使。於是始立鹽鐵法，就山海井竈，收榷其鹽，立監院官吏。其舊業戶洎浮人，欲以鹽爲業者，免其雜徭，隸鹽鐵使。盜煮私鹽，罪有差。亭戶自租庸以外，無得橫賦。人不益稅，而國用以饒。明年，琦以戶部侍郎同平章事，詔兵部侍郎呂諲代之。寶應元年五月，元載以中書侍郎代呂諲。是時，淮、河阻兵，飛輓路絶，鹽鐵租賦，皆泝漢而上。以侍御史穆寧爲河南道轉運、租庸、鹽鐵使，尋加戶部員外，遷鄂州刺史，以總東南貢賦。是時，朝議以寇盜未戢，關東漕運，宜有倚辦，遂以通州刺史劉晏爲戶部侍郎、京兆尹、度支鹽鐵轉運使。鹽鐵兼漕運，自晏始也。二年，拜吏部尚書、同平章事，依前充使。晏始以鹽利爲漕傭，自江淮至渭橋，率十萬斛傭七千緡，補綱吏督之。不發丁男，不勞郡縣，蓋自古未之有也，至今爲法。晏既至江淮，以書遺元載曰：『浮於淮、泗，達於汴，入於河，西經底柱，硤石、少華，楚帆越客，直抵建章、長樂，此安社稷之奇業也。晏賓於東朝，猶有官謗，公終始故舊，不信流言，則賈誼復召宣室，弘羊重興功利，敢不悉力以答所知。驅馬陝郊，見三門渠津遺迹。到河陰、鞏、洛，見宇文愷立梁公堰，分河入渠；及李傑新堤故事，飾像河廟，凜然如生。步步探討，知昔人用心，則潭、衡、桂陽，必多積穀，可以淪波挂席，西指長安。三秦之人，待此而飽；六軍之衆，待此而強。天子無憂，都人胥悅，四方旅拒者可以破膽，三河流離者於茲請命。公輔明主，爲富民侯，此今之切務，不可失也。僕願湔洗瑕穢，一罄愚誠，以副公之心。且晏勤於官，不辭水火。然運之利與運之病，各有四五焉。晏自尹京，入爲計相，共五年矣。京師三輔百姓，唯苦稅畝傷多。若使每年得江湖二三十萬石，即徭賦頓減，歌舞皇澤，其利一也。東都殘毀，百無一存。若米運流通，則饑民皆附，村落邑廛，從此滋多。受命之日，引海陵之倉，衣食鞏、洛，是計之得者，其利二也。諸侯有在邊者，諸戎有侵敗王略者，或聞三江五湖，陳陳紅粒，雲帆桂楫，輸納帝鄉，可以震耀夷夏，其利三也。自古帝王之盛，皆雲書同文，車同軌，日月所照，莫不率俾。今舟車既通，商賈來往，百貨雜集，航海梯山，聖神光耀，漸及貞觀永徽之盛，其利四也。所可疑者，函陝凋殘，東周尤甚。過宜陽、熊耳，至武牢、成皋，五百里中，編戶千餘而已。人煙蕭條，獸遊鬼哭，輿必脫輻，牛必羸角，棧車輓輅，亦不易求。今於無人之境，興勞人之運，故難就矣，其病一也。汴流渾渾，不脩則澱，頃因寇難，曾未疏決，澤滅水，岸石墮，役夫需於沙，津吏旋於淤濘，千里洄上，罔水行舟，其病二也。東垣、底柱、澠池二陵，北河運處五六百里，戍卒久絶，奪攘奸宄，窟穴囊橐，夾河爲藪，豺狼狺狺，舟行所經，寇亦能往，其病三也。東自淮陰，西臨蒲阪，亙三千里，屯戍相望，中軍皆鼎司元侯，賤卒亦儀同青紫。每云食半菽，又云無挾纊，輓漕所至，船到便留，即非單車使折簡書所能制矣，其病四也。是願畢其思慮奔走之，惟中書詳其利病裁成之。晏見一水不通，願荷鍤先往；見一粒不運，願負米先趨。焦心苦形，期報明主，丹誠未剋，漕引多虞，屏營中流，掩泣獻狀。』自此每歲運米數十萬石，自江淮北，列置巡院，搜擇能吏以主之，廣牢盆以來商賈。凡所制置，皆自晏始。廣德二年正月，復以第五琦專判度支、鑄錢、鹽鐵事，而晏以檢校戶部尚書，爲河南及江淮以來轉運使，及與河南副元帥計會開決汴河水。永泰二年，晏爲東道轉運、常平、鑄錢、鹽鐵使，琦爲關內、河東、劍南、三川轉運、常平、鑄錢、鹽鐵使。大曆五年，詔停關內、河東、三川轉運、常平、鹽鐵使，自此，晏與戶部侍郎韓滉分領關內、河東、山南、劍南租庸、青苗使。至十四年，天下財賦皆以晏掌之。建中元年，詔曰：『朕以征稅多門，郡邑凋耗，聽於羣議，思有變更，將致時雍，宜遵古訓。其江淮米準旨轉運入京者，及諸軍糧儲，宜令庫部郎中崔河圖權領之。今年夏稅以前，諸道財賦多輸京師者，及鹽鐵財貨，委江州刺史包佶權領之。天下錢穀皆歸金部、倉部，委中書門下簡兩司郎官，準格式條理。』尋貶晏爲忠州刺史。晏既罷黜，天下錢穀，歸尚書省。既而出納無所統，乃復置使領之。是年三月，以韓洄爲戶部侍郎、判度支，金部郎中杜佑權勾當江淮水陸運使，行劉晏、韓滉舊制。先是，晏爲宰臣楊炎所惡，貶忠州刺史，尋殺於忠州。兵興以來，凶荒相屬，京師斗斛萬錢，官廚無兼時之食，百姓在畿甸者，拔穀挼穗，以供禁軍，洎晏既遺元載書，陳轉稅米利病，歲入米數十萬斛，以濟關中。代第五琦鹽務，法益精密。初年入錢六十萬，季年則十倍其初。大曆末，通天下之財，而計其所入，總一千二百萬貫，而鹽利過半。李靈耀之亂，河南節度使據土不奉法，賦稅不上供，州縣益減。晏以羨餘相補，人不加賦，所入仍舊，議者稱之。其相與商榷財用之術者，必一時之選，故晏沒後二十餘年，韓洄、元琇、裴腆、包佶、盧貞、李衡相繼分掌財賦，皆晏門下。晏部吏在千里外，奉教如目前。四方水旱及軍府纖芥，莫不先知焉。其年，詔曰：『天下山澤之利，當歸王者，宜總隸鹽鐵使。』三年，以包佶爲左庶子，汴東水陸運、鹽鐵、租庸使；崔縱爲右庶子，汴西水陸運、鹽鐵、租庸使。四年，度支侍郎趙贊議常平事，竹、木、茶、漆盡稅。茶之有稅，肇於此矣。

貞元元年，元琇以御史大夫爲鹽鐵、水陸運使。其年七月，以尚書右僕射韓滉統之。滉沒，宰相竇參代之。

五年十二月，度支、轉運、鹽鐵奏：『比年自揚子運米，皆分配緣路觀察使差長綱發遣，運路既遠，實爲勞民。今請當使諸院自差綱節級搬運，以救邊食。』從之。

八年詔：『東南兩稅財賦，自河南、江淮、嶺南、山南東道至渭橋，以戶部侍郎張滂主之；河東、劍南、山南西道，以戶部尚書、度支使班宏主之。』今戶部所領三川鹽鐵、轉運，自此始也。其後宏、滂互有短長，宰相趙憬、陸贄，以其事上聞，由是遵大曆故事，如劉晏、韓滉所分焉。

九年，張滂奏立稅茶法。郡國有茶山，及商賈以茶爲利者，委院司分置諸場，立三等時估爲價，爲什一之稅。是歲，得緡四十一萬。茶之有稅，自滂始也。自後裴延齡專判度支，與鹽鐵益殊塗而理矣。十年，潤州刺史王緯代之，理于朱方。數年而李錡代之，鹽院津堰，供張侵剝，不知紀極，私路小堰，厚斂行人，多是錡始。時鹽鐵、轉運有上都留後，以副使潘孟陽主之。王叔文權傾朝野，亦以鹽鐵副使兼學士爲留後，故鹽鐵副使之俸，至今獨優。順宗即位，有司重奏鹽法，以杜佑判度支、鹽鐵、轉運使，治於揚州。

元和二年三月，以李巽代之。先是，李錡判使，天下榷酤漕運，由其操割，專事貢獻，牢其寵渥。中朝秉事者悉以利交，鹽鐵之利，積於私室，而國用日耗。巽既爲鹽鐵使，大正其事。其堰埭先隸浙西觀察使者悉歸之，因循權置者盡罷之。增置河陰、敖倉，置桂陽監，鑄平陽銅山爲錢。又奏：『江淮、河南、峽內、兗鄆、嶺南鹽法監院，去年收鹽價緡錢七百二十七萬，比舊法張其估二千七百八十餘萬，非實數也。今請以其數除爲煮鹽之外，付度支收其數。』鹽鐵使煮鹽利繫度支，自此始也。又以程异爲揚子留後。四年四月五日，巽卒。自榷筦之興，唯劉晏得其術，而巽次之。然初年之利，類晏之季年，季年之利，則三倍於晏矣。舊制，每歲運江淮米五十萬斛，至河陰留十萬，四十萬送渭倉。晏歿，久不登其數，惟巽掌使三載，無升斗之缺焉。六月，以河東節度使李鄘代之。五年，鄘爲淮南節度使，以宣州觀察使盧坦代之。六年，坦奏：『每年江淮運糙米四十萬石到渭橋，近日欠闕大半，詳旋收糴，遞年貯備。』從之。坦改戶部侍郎，以京兆尹王播代之，播遂奏：『元和五年，江淮、河南、嶺南、峽中、兗鄆等鹽利錢六百九十八萬貫。比量改法已前舊鹽利，時價四倍虛估，即此錢當爲千七百四十餘萬貫矣，請付度支收管。』從之。其年，詔曰：『兩稅法悉委郡國，初極便人，但緣約法之時，不定物估。今度支鹽鐵，泉貨是司，各有分巡，置於都會。爰命帖職，周視四方，簡而易從，庶叶權便。政有所弊，事有所宜，皆得舉聞，副我憂寄。以揚子鹽鐵留後爲江淮已南兩稅使，江陵留後爲荆衡漢沔東界、彭蠡南及日南兩稅使，度支山南西道分巡院官充三川兩稅使。峽内煎鹽五監先屬鹽鐵使，今宜割屬度支。便委山南西道兩稅使兼知糶賣。』峽内鹽屬度支，自此始也。

七年，王播奏：『去年鹽利，除割峽内井鹽，收錢六百八十五萬。』從實估也。又奏商人於戶部、度支、鹽鐵三司飛錢，謂之『便換』。

八年，以崔倰爲揚子留後，淮、嶺已東兩稅使；崔柷爲江陵留後，荆南已東南兩稅使。

十三年，播又奏以『軍興之時，財用是切。頃者，劉晏領使，皆自案租庸，至於州縣否臧，錢穀利病之物，虛實皆得而知。今臣守務在城，不得自往，請令臣副使程异出巡江淮，具州府上供錢穀，一切勘問。』從之，閏五月，异至江淮，得錢一百八十五萬貫以進。其年，以播守禮部尚書，以衛尉卿程异代之。明年，异以本官兼御史大夫、平章事。

十四年，异卒，以刑部侍郎柳公綽代之。長慶初，王播復代公綽。四年，王涯以戶部侍郎代；播復以鹽鐵使爲揚州節度使。文宗即位，入覲，以宰相判使。其後王涯復判二使，表請使茶山之人，移樹官場，舊有貯積，皆使焚棄，天下怨之。九年，以事誅。而令狐楚以戶部尚書、右僕射主之，以是年茶法大壞，奏請付州縣，而入其租於戶部，人人悅焉。

開成元年，李石以中書侍郎判收茶法，復貞元之制也。

三年，以戶部尚書、同平章事楊嗣復主之，多革錢穀監院之陳事。至大中壬申，凡十五年，多任元臣，以集其務。崔珙自刑部尚書拜，杜悰以淮南節度使領之，既而皆踐公台。薛元賞、李執方、盧弘正、馬植、敬晦五人，於九年之中，相踵理之，植亦自是居相位。

大中五年二月，以戶部侍郎裴休爲鹽鐵轉運使。明年八月，以本官平章事，依前判使。始者漕米歲四十萬斛，其能至渭倉者，十不三四。漕吏狡蠹，敗溺百端，官舟之沈，多者歲至七十餘隻。緣河奸犯，大紊晏法。休使寮屬按之，委河次縣令董之。自江津達渭，以四十萬斛之傭，計緡二十八萬，悉使歸諸漕吏，巡院胥吏，無得侵牟。與之爲法，凡十事，奏之。六年五月，又立税茶之法，凡十二條，陳奏。上大悅，詔曰：『裴休興利除害，深見奉公。』盡可其奏。由是三歲漕米至渭濱，積一百二十萬斛，無升合沈棄焉。

十年，裴休出鎮澤潞，尋以柳仲郢、夏侯孜、杜悰迭判之。至咸通五年，南蠻攻安南府，連歲用兵，饋輓不集，詔江淮鹽鐵巡院和僱舟船，運淮南、浙西道米至安南。乾符中，又以崔彦昭、王凝判之。二年，凝以所補吏生賦改官，復命裴坦判之。高駢爲潤州節度，移鎮淮南，亦就判使務。

中和元年，黄巢犯闕，車駕出狩興元府，又以蕭遘、韋昭度判之。及命侍中王鐸爲行營都統，率諸道之兵，收復京城，慮調發不時，乃以昭度兼供運使。至光啓中，所在征鎮，自擅兵賦，皆不上供，歲時但貢奉而已。由是江淮轉運路絶，國命所能制者，唯河西、山南、劍南、嶺南西道。洎宦官田令孜自蜀中扈從，召募新軍，號左右神策，共四十四部，並南衙官屬，僅萬餘，三司轉無調發之所。舊日兩池榷鹽稅課鹽鐵使，特置鹽官，以總其事。自亂離之後，河東節度使王重榮兼領榷務，歲出課鹽三千車以進。至是，令孜以軍食闕供，乃舉廣明故事，請以兩池榷務歸之鹽鐵。詔下，重榮上章論訴，竟不能奪。天復中，朱全忠兼鎮河中，兩池鹽課，始加至五十車，自大順年後，又以孔緯、杜讓能、崔昭緯、嗣薛王知柔、徐彦若、韓建、崔允、裴樞、柳璨相次判之。

又《轉運使》 開元二十一年八月，侍中裴耀卿充江南、淮南轉運使。二十二年九月，太府少卿蕭炅充江淮處置轉運使。天寶二年四月，陝郡太守韋堅加兼勾當緣河及江淮轉運使。四載八月，楊釗除殿中侍御史，充水陸轉運使。乾元元年三月，第五琦除度支郎中，充諸色轉運使。二年十二月，兵部侍郎呂諲充勾當轉運使。元年建子月，戶部侍郎元載充江淮轉運使。寶應元年六月二十八日，戶部侍郎劉晏充勾當轉運使。廣德二年正月，戶部侍郎第五琦充諸道轉運使。永泰元年正月，劉晏充東畿、淮南、浙江東西、湖南、山南東道轉運使；第五琦充畿關內、河東、劍南、山南西道轉運使。大曆四年三月，劉晏除吏部尚書、兼御史大夫，充東都、河南、江淮、山南東道轉運使。建中二年十一月，度支郎中杜佑兼御史中丞、江淮水陸運使。三年十二月二十日，包佶除左庶子，充汴東水陸運使；崔縱除右庶子，充汴西水陸運使。貞元元年三月，元琇加御史大夫，充諸道水陸運使。其年七月，尚書右僕射韓滉充江淮轉運使。五月二月，中書侍郎竇參充諸道轉運使。八年三月，張滂除侍郎，充諸道轉運使。十年十月，潤州刺史王緯，兼諸道轉運使。十五年十二月，以浙西觀察使李錡充諸道轉運使。永貞元年，以司空、平章事杜佑再兼諸道轉運使。元和元年四月，兵部侍郎李巽充諸道轉運使。三年六月，刑部尚書李鄘充諸道轉運使。五年十二月，盧坦除刑部侍郎，充諸道轉運使。六年四月，刑部侍郎王播充諸道轉運使。十四年五月，刑部侍郎柳公綽充諸道轉運使。長慶元年二月，王播復爲刑部尚書，充諸道轉運使。四年四月，王涯爲戶部侍郎，充諸道轉運使。寶曆元年正月，王播爲淮南節度，又充諸道轉運使。大和九年十二月，右僕射令狐楚充諸道轉運使。開成元年四月，戶部尚書、平章事李石充諸道轉運使。三年十月，楊嗣復除戶部尚書，充諸道轉運使。五年二月，戶部尚書崔珙充諸道轉運使。會昌四年七月，左僕射、平章事杜悰，充諸道轉運使。六年四月，以大理卿馬植爲刑部侍郎，充諸道轉運使。大中五年，刑部侍郎裴休充諸道轉運使。十一年，兵部侍郎柳仲郢充諸道轉運使。十一年二月，戶部侍郎夏侯孜充諸道轉運使。十四年，尚書左僕射杜悰復充諸道轉運使。咸通五年十二月，戶部侍郎劉鄴充諸道轉運使。六年十月，兵部侍郎于琮充諸道轉運使。乾符元年二月，崔彥昭爲兵部侍郎，充諸道轉運使。其年，又以兵部尚書王凝充諸道轉運使。二年二月，兵部侍郎裴坦充諸道轉運使。四年六月，以宣歙觀察使高駢爲潤州刺史，充諸道轉運使；六年，移節淮南，領使如故。中和元年，兵部侍郎蕭遘充諸道轉運使。其年，中書侍郎、平章事韋昭度，充諸道轉運使。光啓二年三月，刑部尚書孔緯充諸道轉運使。大順二年，門下侍郎杜讓能充諸道轉運使。景福二年十一月，吏部尚書、平章事崔昭緯充諸道轉運使。乾寧二年，京兆尹、嗣薛王知柔爲戶部尚書，充諸道轉運使。其年九月，門下侍郎、平章事徐彥若充諸道轉運使。光化三年八月，左僕射、平章事崔胤充諸道轉運使。天祐元年，右僕射裴樞充諸道轉運使。其年，門下侍郎、平章事柳璨充諸道轉運使。

又《河南水陸運使》 開元二年閏二月，陝郡刺史李傑除河南少尹，充水陸運使。至三年九月，畢構爲河南尹，不帶水陸運使。至天寶三載十一月，李齊物除河南尹，又帶水陸運使。貞元十年二月，河南尹齊抗充河南水陸運使。至元和六年十月，敕：『河南水陸運使宜停。』

又《陝州水陸運使》 先天二年十月，李傑爲刺史，充水陸運使，自此始也，已後刺史常帶使。天寶十載五月，崔無詖除太守，不帶水陸運使，度支使楊國忠奏請自勾當，遂加國忠陝郡水陸運使。至十二載正月二十一日，敕：『陝運使宜令陝郡太守崔無詖充使，楊國忠充都使勾當。』至貞元十三年四月，陝虢觀察使於頔兼陝州水陸運使。至元和六年十月敕：『陝州水陸運使宜停。』

開元十三年五月二十八日敕：『陝州水陸運使，令別自置印。』二十五年六月二十三日詔：『河南、陝運兩使，每年常運一百八十萬石米送京，近已減八十萬石。今據太倉米數，支計有餘，其今年所運一百萬石亦宜停。』

建中二年十二月，停江淮水陸運使，轉運事委度支處置。三年八月，分置汴東、西水陸運使、兩稅、鹽鐵使。貞元三年正月，『諸道水陸運使及度支巡院、江淮轉運使並宜停。』

又《鹽池使》 景雲四年三月，蒲州刺史充關內鹽池使。

先天二年九月，強循除豳州刺史，充鹽池使，此池即鹽州池也。

開元十五年五月，兵部尚書蕭嵩除關內鹽池使，自是朔方節度常帶鹽池使也。

又《鹽鐵使》 乾元元年，度支郎中第五琦充諸道鹽鐵使。上元元年五月，戶部侍郎劉晏充鹽鐵使。元年建子月，戶部侍郎元載充鹽鐵使。廣德二年，戶部侍郎第五琦充諸道鹽鐵使。永泰元年正月，劉晏充東都、淮南、浙江東西、湖南、山南東道鹽鐵使；第五琦充京畿、關內、河東、劍南、山南西道鹽鐵使。大曆四年三月，劉晏除吏部尚書，充東都、河南、江淮、山南東道鹽鐵使，五年三月二十六日停。建中三年十二月二十日，包佶充汴東鹽鐵使；崔縱充汴西鹽鐵使。貞元元年十二月，尚書左僕射韓滉，加諸道鹽鐵使。五年二月，中書侍郎竇參，充諸道鹽鐵使。八年三月，戶部侍郎張滂充諸道鹽鐵使。十年十月，潤州刺史王緯充諸道鹽鐵使。十五年，以浙西觀察使李錡充諸道鹽鐵使。永貞元年，以司空、平章事杜佑兼諸道鹽鐵使。元和元年四月，兵部侍郎李巽充諸道鹽鐵使。三年六月，刑部尚書李鄘充諸道鹽鐵使。五年十二月，盧坦除刑部侍郎，充諸道鹽鐵使。六年四月，刑部侍郎王播，充諸道鹽鐵使。十四年五月，刑部侍郎柳公綽，充諸道鹽鐵使。長慶元年二月，王播復爲刑部尚書、諸道鹽鐵使。四年四月，王涯除戶部侍郎，充諸道鹽鐵使。寶曆元年正月，王播爲淮南節度，又充諸道鹽鐵使。大和九年十一月，右僕射令狐楚充諸道鹽鐵使。開成元年，戶部尚書李石充諸道鹽鐵使。三年十月，楊嗣復爲戶部尚書，充諸道鹽鐵使。五年二月，戶部尚書崔珙，充諸道鹽鐵使。會昌元年七月，左僕射、平章事杜悰，充諸道鹽鐵使。六年四月，以大理卿馬植爲刑部侍郎、諸道鹽鐵使。大中五年，刑部侍郎裴休充諸道鹽鐵使。十二年，兵部侍郎柳仲郢，充諸道鹽鐵使。十二年二月，戶部侍郎夏侯孜，充諸道鹽鐵使。十四年，右僕射杜悰，復充諸道鹽鐵使。咸通五年十一月，戶部侍郎劉鄴，充諸道鹽鐵使。六年十月，兵部侍郎于琮，充諸道鹽鐵使。乾符元年二月，崔彥昭爲兵部侍郎，充諸道鹽鐵使。其年，又以兵部侍郎王凝充諸道鹽鐵使。二年二月，兵部侍郎裴坦，充諸道鹽鐵使。四年六月，以宣歙觀察使高駢爲潤州刺史、諸道鹽鐵使；六年，移節淮南，領使如故。中和元年，兵部侍郎蕭遘，充諸道鹽鐵使。其年，中書侍郎、平章事韋昭度，充諸道鹽鐵使。光啓二年三月，刑部尚書孔緯，充諸道鹽鐵使。大順二年，門下侍郎杜讓能，充諸道鹽鐵使。景福二年十一月，吏部尚書、平章事崔昭緯，充諸道鹽鐵使。乾寧二年，京兆尹、嗣薛王知柔，爲戶部尚書，充諸道鹽鐵使。其年九月，門下侍郎、平章事徐彥若充諸道鹽鐵使。光化三年八月，左僕射、平章事崔允充諸道鹽鐵使。天祐元年，左僕射裴樞，充諸道鹽鐵使。其年，門下侍郎、平章事柳璨，充諸道鹽鐵使。

安邑、解縣兩池置榷鹽使一員，推官一員，巡官六員，安邑院官一員，解縣院官一員，胥吏若干人，防池官健及池戶若干人。先是，兩池鹽務隸度支，其職事諸道巡院。貞元十六年，史牟以金部郎中主池務，恥同諸院，遂奏置使額。至二十一年，鹽鐵、度支合爲一使，以杜佑兼領。佑以度支既稱使，其所管不宜更有使名，遂與東渭橋使同奏罷之。至元和三年七月，判度支裴均以兩池職轉繁劇，復以留後爲鹽鐵使。

女鹽池 在解縣，朝邑小池在同州，鹵池在京兆府奉先縣，並禁斷不榷。

烏池 在鹽州。置榷稅使一員，推官一員，巡官兩員，胥吏一百三十人，防池官健及池戶四百四十人。

温池 置榷稅使一員，推官兩員，巡官兩員，胥吏三十九人，防池官健及池戶百六十五戶。大中四年三月，因收復河隴，敕令度支收管其鹽，仍差靈州分巡院官專勾當。至六年，敕隸威州，以新制置，未立課額。

胡落池 近在豐州界，隸河東供軍使。每年採鹽一萬四千餘石，給振武、天德兩軍及營田、水運官健。自大中四年，党項叛擾，饋運不通，供軍使請權市河東白池鹽供食。其白池屬河東節度使，不繫度支。

長慶元年三月敕：『烏池每年糶鹽收榷博米，以一十五萬石爲定額。』

大和二年三月，度支奏：『京兆府奉先縣界鹵池側近百姓，取水柏柴燒灰煎鹽，每石灰得一十二斤鹽，亂法甚於鹹土，請行禁絕。今後犯者，據灰計鹽，一如兩池鹽法條例科斷。』從之。

三年四月敕：『安邑、解縣兩池榷課，以實錢一百萬貫爲定額。』至大中元年正月，敕：『但取疋段精好，不必計舊額錢數。』及大中六年，度支收榷利一百二十一萬五千餘貫。

又 卷八九《疏鑿利人》 （貞元）十三年七月，詔曰：『昆明池俯近都城，蒲魚所產，宜令京兆尹韓皋充使修堰。』

十六年十一月，以東渭橋納給使徐班兼白渠、漕渠及昇原、城國等渠堰使。

大曆二年二月，以詔應令劉仁師充修渠堰副使。初，仁師爲高陵令，上言三白渠可利者遠，而涇陽獨有之，條理上聞，其弊遂革，關中大賴焉。

宋・王溥《五代會要》卷二四《諸使雜録》 梁朝諸司使名：崇政院使、租庸使、宣徽院使、客省使、天驥使、飛龍使、莊宅使、大和庫使、量德使、儀鸞使、乾文院使、文思院使、五坊使、如京使、尚食使、司膳使、洛苑使、教坊使、東上閤門使、西上閤門使、內園栽接使、弓箭庫使、大內皇城使、武備庫使、引進使、左藏庫使、西京大內皇城使、閑廄使、宮院使、翰林使。

梁開平元年五月，改御食使爲司膳使，小馬坊使爲天驥使，文思院使爲乾文院使，同和院使爲儀鸞使。至三年十一月，乾文院却置使。其年九月敕：『近年文武諸道奉使，皆分外停留。今後兩浙、福建、廣州、安南、邕容等道使到發，許住一月，湖南、洪鄂、黔桂住二十日，荆襄、同雍、鎮定、青滄、許住十日，其餘近輔歇泊三五日。如是往來道路，據里數日行兩驛。若遇疾患及江、河阻隔，委所在長史具事由聞奏，仍仰御史臺覺察。』

三年十月，置左右軍巡使，以段明遠爲左軍巡使，鄧闕爲右軍巡使，時以遷都之始，也其河南尹侍衛諸軍，雖合差人巡警，京都往往濫發，分曹異識，多擾于民。乃置左軍巡管水北，右軍巡管水南，各置巡院，罷諸軍巡檢人員，仍令判六軍朱衛張忠爽都管轄。

乾化元年十月，以大理卿王膳爲安南送旌節官告使。舊制：巡撫、黜陟、册命、賑卹、弔賜、入蕃等使，選朝臣爲之。其宣慰、加官、送旌節，即以中官爲之。今以三品送旌節，新例也。

後唐同光二年二月，中書門下奏：『今後大鎮節度使管三州已上者，每年許奏管內官三人。管三州已下者，許奏管內官二人。仍須是考績尤異，如止于徵科及限，檢損無瑕，祇得書考，不得奏薦。其防禦使每年許奏一人。刺史無奏薦之例。更有將前資官請他處除授者，謂之横薦，亦宜止絶。如有違越，中書不在施行之限。』從之。其年三月，中書門下奏：『儀仗法物使李肅，是僞梁制此使額使令主持，又無考限。況主持法物，各有本司，請准舊停廢。』從之。

天成元年九月，以尚書都官郎中庾傳美爲三州搜圖籍使。其月，北京奏，准宣命，于係省賣麴錢上，每貫割留二百，充本府公使。初，朱守殷爲河南尹官兼平章事，與執貴要交歡，屢有宴會。及告安重誨，司府無利潤支費，遂議割麯錢，奏後之，諸府因以爲例。

二年三月二十一日敕：『諸道州府所有專差人持禮往來，皆具申奏。況列藩交聘，諸侯結歡，乃自古之通規。亦明朝之舊事。近日皆宣章奏，稟命朝廷，既旌敦好之風，兼表睦隣之好。且道非越境，何勞上聞，宜令偏降敕命，指揮諸道州府，自今後應是諸道差人持禮來去，並令不要申奏。』

四年五月敕：『今後諸州諸使，凡於廨署並須專切增修，不得信任摧毁。凡所制辦，亦令勒具年月，編于帳籍，受代之際，分明交領。不得因此接便擾人。』其年六月敕：『諸州侯伯所請賓從及主事元隨，並令奏具名姓，或參佐道虧，各令加罪。』其年七月敕：『諸道州府不得奏薦將校職員，乞行恩命。如顯有功效，即列奏以聞。』

長興元年五月敕：『今後凡有除移，准宣詔遣差外，其餘須候人到彼，點檢交割軍州公事了日，即可發離本處。仍令逐道觀察使散管內諸州准此。』

二年五月敕：『今後應內外臣僚，不計在朝出使，並不得輒發書題，妄行請託，于諸處安排公人。宜令三司及諸道州府節使、防禦團練使、刺史等，或有人不畏條敕，猶躡舊踪者，並仰立具姓名聞奏。發薦者貶所任府官，求薦者配于邊遠州縣常知所在。如逐處長吏自徇人情，顯違敕命，祇被替本人詣闕上訴，勘問不虚，長吏罰兩月俸，發薦人比前例更加一等，被替人卻令依舊，仍從再句當後三年內，除別顯有罪名外，不得妄有替移。其長興二年五月一日已前所犯，不在上訴之限。兼敕到後，但是州府，並于鋪驛及顯要處粉壁，具録敕命曉諭，常令申舉，永使聞知。況蒙國爵待人，惟賢是舉，稍聞俊乂，必命獎升，其有端士正人，雄文大學，言可以經綸王道，行可以規矩人倫，但當顯陳表章，明具論薦，名始得正，功不棄材。所期絶彼倖人，豈可滯諸賢者。』其年七月敕：『諸道奏薦州縣官，各定員數，今宜增益，以廣搜揚，帶使相節度使，每年許薦三人，今加至五人；不帶使相節度使許薦二人，今許薦三人；直屬京防禦團練使許薦一人，今加薦二人。卽不得薦新罷任及過格之人，如未曾有官者，當別比擬。」

清泰元年八月敕：「凡關差使，須示均平。今後文武百官充使者，宜令依輪差，中書置簿，不得重疊。其內降宣諭，不拘此例。若當使自緣有事，或不欲行，注簿，便當一使。長興三年正月後已曾奉使者，便著爲簿首，已後差使次第注之。」

晉天福二年二月敕：「今後中外臣寮，或因差使出入，不得薦囑人于藩鎮，希求事任。如有犯者，准長興二年敕條處分。」其月敕：「諸道馬步都虞候，今後朝廷更不差補，委逐州府于衙前大將中選久歷事任，曉會刑獄者充，仍以三年爲限，不得于元隨職員中差補。其今月已前見在任者，如無罪犯，宜令終其月限，候將來得替。仰本道于衙前收管，不得赴闕。」

五年四月敕：「承旨者承時君之旨，非近侍重臣，無以稟命，是以大朝會則以宰臣承旨，草詔書則以學士承旨，若無區別，何表等威。除翰林學士承旨外，殿前承旨改爲殿直，樞密院承旨改爲承宣，御史臺、三司、閤門、客省承旨，並令別定其名。」其年七月二日敕：「應內外諸使、諸司及請州府，凡有諸色公道事須是奏聞，今後不得白狀及劄子記事申覆。如事關機密，卽准元降宣命，實封斜角，不題事目通下。其合由中書及中書勘會公事，所申狀亦須是本司及逐處官員印署，不得將白狀及記事劄子，兼令司局抄劄子申。宜令御史臺及宣徽院、三司侍衛司、諸道州府准此。」

漢乾祐三年五月敕：「諸防禦團練州申奏公事，除朝廷以軍期應副，則不及聞於廉使，如尋常公事，不得自專，須先申本官斟酌以聞。今後州府不得違越。」其月敕：「諸道州府宜差散從官，大府五百人，下州二百人，宜量户多少，差團集本處管係立節級，點檢教習，警備州城。」至周廣順元年三月敕：「其諸州府所差散從官、親事官，並放歸農。自去年四月已前，州縣元管係人數，一切仍舊。」其遞鋪如已前招召到者，且仰仍舊，今後更不得招召。其諸處場院，並不得影庇兩税人户。所有河北諸州府及澤潞晉絳慈隰解等州，於先差散從親事官內，選弓箭手，祗且留住本州管係，其餘放差。」先是，漢隱帝命諸州於百姓內差散從官、親事官，又差力及人户充遞鋪，文下三司諸場務，召人户替占役兵，皆不便於民。故放之。其年七月敕：「應諸道州府鎮務，祗差補鎮符一員、都虞候一員、餘並除廢。」因尚書都官郎中曹謙言上章，故降是效。

周廣順元年五月敕：「今後諸州府不得奏薦無前資及無官幷無出身人。如有奇才異行，亦許具名以聞，便可隨表赴闕。當令有司考試，朕當親覽。」

顯德五年四月六日敕：「應諸道州府進奏，逐月合請俸料及紙筆等錢，宜令今後於本州公使錢內支給，不得分配人户及州縣門户，如本州公使錢少，不使支給處，祗不要置進奏官，仰于衙前差有名粮職員充，進奏聞院副知。仍二周年替罷，本州優與安排。」

又《建昌宫使》 梁開平元年四月，置建昌院，以博王友文判院事。以太祖神武元聖孝皇帝在藩時，四鎮所管兵車、稅賦、諸色課利，按舊部籍施行，仍置院以領之。其年五月，中書門下奏，請以判建昌院事爲建昌宫使。仍以太祖舊潛龍宅爲宫。

二年三月，以侍中韓建判建昌宫事。至十月，以尚書兵部侍郎李皎爲建昌宫副使。

三年九月，以門下侍郎、平章事薛貽矩判建昌宫事。至四年十二月，以李振爲建昌宫副使。

乾化二年五月，以門下侍郎、平章事于兢判建昌宫事。其年六月，廢建昌宫，以河南尹魏王張宗奭爲國計使。凡天下金穀兵式，舊隸建昌宫者悉主之。至後唐同光四年二月，以吏部尚書李琪爲國計使。按實録，自後廢其名額，不置。

後唐同光二年正月敕：「鹽鐵、度支、户部三司，凡關錢物委租庸使管轄。」其年三月，左諫議大夫竇專上疏曰：「臣伏見天下諸色錢穀，比屬户部、度支、金部、倉部，各有郎中、員外支計分擘。自後以租賦殷繁，添置司之額。自唐天寶中，安史作亂，民户流亡，征賦不時，經費多闕。」惟江淮、嶺表，郡縣完全，總三司貨財，發一使征賦，在處勘覆，目曰租庸：「纔收京城，尋廢職務。廣明中，黄巢充斥，僖宗省方，依前以江淮征賦又置租庸使催征，及至車輅還京，旋亦停廢。偽梁不知故事，將四鎮節制征輸，置宮使名目管係，既廢宮後，改置租庸，雜以掊斂相兼，加之出放生利。況户口什一之税，是太平之日規繩，租庸總三司追科，因喪亂之時制置，在京無此名目，乃是出使權宜。若要委一官之能，何妨總三司合判。伏請敕郡縣重集户口，計定租税，令鹽鐵卻歸三司，收其征賦。務使仍舊會計到京，且便上供，何須直進。既户口不失，則增賦倍多，致海内有久遠之安，示天下爲一家之治。」事雖不行然有識者甚韙之。

天成元年四月敕：「停廢租庸院名額，依舊爲鹽鐵、户部、度支三司，委宰臣一人專判。仍廢租庸院大程官，及放豬羊柴炭户。其括田竿尺，一依僞梁制度，仍委節度使通申，三司不得更差使檢括。州使公廨錢，先被租庸管係者，一切卻還州府。」

長興元年八月敕：「會計之司，國朝重務，總其使額，以委近臣，貴使一時，寧循往例。張延朗可充三司使，班位在宣徽使之下。」唐朝以户部度支掌泉貨，鹽鐵則特置使名。户部度支則尚書省本司侍郎、郎中判其事。天寶中，楊慎矜、王鉷、楊國忠雖承恩顧，各守本官，別帶使額。下及劉晏，第五琦亦如舊制。自後又以宰臣各判一司，不帶使額。乾符之後，天下兵興，隨置租庸使以掌調發兵罷停。僞梁不閑典故，乃置租庸使總天下征賦，莊宗亦踵其事。既今上登位，削去使名，命重臣一人專判曰判三司。至是延朗自許州入掌國計，自于樞密使。請置三司使宣下，中書門下宰臣以非故事，擬受延朗充諸道鹽鐵轉運使，令兼判户部度支，上不從故特降是命。三司置使名，自延朗始也。

四年正月，三司使奏：「當省有諸道鹽鐵轉運使額，職員極多。見有左右都押衙及客司通引，今欲從正押衙設省職，爲轉遷之序，正押衙、同押衙、衙前兵馬使、討擊副使、衙前虞候、衙前子弟者。」敕：「衙前兵馬使已下名目，皆是軍職，不合係於省司，其正押衙、同押衙、衙前虞候、衙前子弟宜依。」

元·馬端臨《文獻通考》卷六一《職官一五·觀風俗使》 唐貞觀八年，分遣蕭瑀、李靖、楊恭仁、王珪、竇靜、李大亮、劉德威、皇甫無逸、韋挺、李襲譽、張亮、杜正倫、趙宏智等巡省天下，延問疾苦，觀風俗之得失，察政刑之苛弊，以後不復置。

又 《巡察按察巡撫等使》 貞觀二十年，遣大理卿孫伏伽等二十二人，以六條巡察四方，多所舉刺。太宗命褚遂良一其類以聞，乃親自臨決牧宰以下，以能官進擢者二十人，罪死者七人，流罪以下免黜數百人。天授二年，發十道存撫使，以右肅政御史中丞知大夫事李嗣眞等爲之。時分巡天下者，皆左、右臺官。神龍二年，敕左右臺內外五品已上官，識理通明無屈撓者二十人，分爲十道巡察使，二周年一替，以廉按州郡。景龍三年，置十道按察使，分察天下。至開元八年五月，復置十道按察使，以陸象先、王晙等爲之。貞元八年，以江、淮、荆、襄、陳、宋、河朔水災，遣中書舍人奚陟、左庶子姚齊語、祕書少監雷成、京兆少尹韋武爲諸道宣撫使，振給災荒，均平賦役，疏決囚繫，懲肅官吏。元和四年，以旱災，復遣左司郎中鄭敬等爲諸道宣撫使。

又 《黜陟使》 貞觀八年，發十八道黜陟大使。二十年，遣大理卿孫伏伽等以六條巡察四方，黜陟官吏。開元二十九年遣使，以崔翹等爲之。天寶五載遣使，以席豫等爲之。至德二載遣使，以虢王等爲之。建中元年，以庾何等爲之。自建中以後省。

又 《採訪處置使》 開元二十二年，初置十道採訪處置使，以御史中丞盧絢等爲之，仍置印。二十五年，命諸道採訪使考課官人善績，三年一奏，永爲常式。天寶九載，敕：「採訪使但察訪善惡，舉其大綱，自餘郡務所有奏請，並委郡守，不須干及。」乾元元年，詔：「近緣狂寇亂常，每道分置節度。其管内緣徵遣及文牒兼使命來往，州縣應命非不艱辛，仍加採訪，轉益煩擾。其採訪使置來日久，並諸道黜陟使宜且停，待後當有處分。」其年改爲觀察處置使。

按：野處所言，以爲唐之州縣不過一使臨之，而宋則有帥、漕、憲、倉四司，故州縣之官尤難以奉承展布。蓋唐制，一道兵政屬之節度使，民事屬之觀察使，然節度多兼觀察；又各道雖有度支、營田、招討、經略等使然，亦多以節度使兼之。蓋使名雖多，而主其事者，每道一人而已。至宋，則監司各自有建臺之所，每司專有長官，專有掾佐，而號令之行於統屬者始煩矣。然宋之監司雖多，而一司猶不過一人專之也。若夫司存鼎立，而每司之稱牧伯刺史者比肩數人，而以臨乎其郡；每郡則稱守者比肩數人，而以臨乎其縣；每縣則稱宰者比肩數人，而以臨乎其民，則其誅求之苛密，奉承之不易易，又振古所無也。

又 《度支營田使》 開元十年敕，度支、營田若一使專知，宜同爲一額，共置判官兩人。元和十三年詔曰：「事關軍旅，並屬節制，務係州縣，悉歸廉察。二使所領，實曰管轄。諸道度支、營田承前各置使。自艱虞以後，名制因循，方鎮除授之時，或有兼帶此職，遂令綱目所在各殊。今日務修舊章，思一法度，去煩就理，衆心爲宜。唯別置營田處，其使且令仍舊。其忠武、鳳翔、武寧、魏博、山南東道、横海、邠寧、義成、河陽等道度支、營田使及淮南度支近已停省，其餘諸道並準此處分。』初，景雲、開元間，節度、度支、營田等使，諸道並不置，又一人兼領者甚少。艱難以來，優寵節將，天下擁旄者常不下三十人，例銜節度、度支、營田、觀察四使。其邊界藩鎮增置名額者又不一。前後六十餘年，雖嘗增減官員及使額，而度支、營田以兩河諸將兼領，故朝廷不議停廢。至是羣盜漸息，宰臣等奏罷之。

又《**租庸使**》 開元十一年，宇文融除殿中侍御史，勾當租庸地税使。天寶二年，陝郡太守韋堅兼知勾當租庸使。六載，楊國忠加諸郡租庸使。至德，元載，第五琦除監察御史，充江、淮租庸使。廣德元年，考功郎中裴諝爲河東道租庸、鹽鐵等使。永泰元年，京兆尹第五琦奏：『租庸使請一切並停，唯差判官一人、巡官二人催遣。』從之。

又《**兩税使**》 建中三年，初分置汴東、西水陸運兩税鹽鐵使。包佶、崔縱分爲之。八年，以東都、河南、江淮、嶺南、山南東道兩税等錢物，令户部侍郎、轉運使張滂主之。東渭橋以東諸道巡院，並隸滂。以關輔、河東、劍南、山南西道財物，令户部尚書、度支使班宏主之。其後，宏、滂互有短長。宰相趙憬、陸贄具以其事上聞，由是參用大曆故事，如劉晏、韓滉所分焉。元和四年制：『令鹽鐵使楊子留後，宜兼充淮南、浙西東、宣歙、福建等道兩税使；其江陵留後，宜兼充荆南、山南東道、鄂岳、江西、湖南、嶺南等道兩税；使度支山南西道分巡院官，宜兼充劍南、東西川、山南西道兩税使；其硤内五監舊屬鹽鐵使，宜割屬度支使，便委山南西道兩税使兼知糶貨，各奉所職，期於悉心。』

又《**户口使**》 開元十二年，宇文融除御史中丞，充諸色安輯户口使。天寶四載，户部郎中王鉷加勾當户口色役使。

又《**轉運使**》 唐先天二年，李傑始名務光。始爲水陸發運使，蓋使名之起。開元二十二年，裴耀卿以侍中充江淮、河南轉運使，而崔希逸、蕭炅爲副，蓋副使始此。天寶以韋堅充勾當轉運使，第五琦充諸色轉運使，劉晏充諸路轉運使。其後韓滉、杜悰、杜讓能、崔昭緯皆以宰相充使，而諸道分置巡院，皆統於此。五代罷巡院，始置轉運使。

又《**安撫使**》 隋文帝開皇九年，詔遣柱國韋洸安撫嶺外。又仁壽四年，以楊素爲並州道行軍總管、河北道安撫大使。唐貞觀初，遣大使十三人巡省天下。諸州水旱，則有巡察、安撫、存撫之名；節度使兼之，則有副使。天授二年，發十道存撫使。聖曆中，狄仁傑爲湖北道安撫大使，德宗貞元間，又置副使。

又 卷六二《**職官一六・制置使**》 唐宣宗大中五年，以白敏中充招討黨項行營都統、制置等使，制置使之名始此。

又《**經略使**》 唐貞觀二年，邊州別置經略使，此蓋使名之起。節度兼度支、營田、招討、經略使，則有副使、判官各一人。儀鳳二年，以黑齒常之爲河源軍經略大使。永淳元年，婁師德爲河源軍經略副使。至德三年，賀蘭進明除嶺南五府經略兼節度使。建中元年，除元琇節度，始不合五府經略。

又《**都大坑冶**》 唐開元二十五年，監察御史羅文信充諸道鑄錢使。天寶三載，楊慎矜除御史中丞，充鑄錢使。六載，度支郎中楊釗充諸道鑄錢使。永泰元年，劉晏充東都、惟南、浙江東西、湖南、山南東道鑄錢使，第五琦充京畿、關内、河東、劍南、山南西道鑄錢使。諸鑄錢監監，所在州府都督、刺史爲之；副監一人，上佐判之。

又《**提舉市舶**》 唐有市舶使，以右威衛中郎將周澤爲之。見柳澤劾慶立疏。唐代宗廣德元年，有廣州市舶使呂太一。

又《**鎮撫使**》 按：古者牧伯之任，後世之所謂監司也。隋以前多謂之刺史，自唐以刺史名知州，而後牧伯始別有以名其官。蓋唐之初，止有上、中、下都督府，其後則有節度、觀察、團練諸使。宋之初，止有轉運使，其後則有安撫、提刑等官。然唐、宋中世以後，監司尤多。蓋唐之多設監司也，起於開元、天寶之興利，如楊國忠爲宰相，所領四十餘使，及元道州言到官未五十日，諸使徵求符牒二百餘封是也。宋之多設監司也，起於熙寧、元豐之行新法，如蘇公所謂使者四十餘輩，事少員多，人輕權重，及温公所謂提舉司乃病民之本源是也。又有倥偬之際，因事置官，事已遂廢者。前輩所著職官之書，多所不載，今以《會要》及史志參考，列唐營田、度支、兩稅、租庸等使於都督、節度、觀察之後；列宋諸項提舉、鑄錢、總制、招討諸使於轉運、安撫、提刑等官之後，庶可以備見當時設官廢置之本末云。

論說

宋·洪邁《容齋續筆》卷一一《楊國忠諸使》 楊國忠爲度支郎，領十五餘使。至宰相，凡領四十餘使。第署一字不能盡，胥吏因是恣爲姦欺。新、舊唐史皆不詳載其職。案，其拜相制前銜云：『御史大夫判度支，權知太府卿事兼蜀郡長史，劍南節度支度、營田等副大使，本道兼山南西道採訪處置使、兩京太府、司農、出納、監倉、祠祭、木炭、宮市、長春九成宮等使，關内道及京畿採訪處置使，拜右相兼吏部尚書、集賢殿崇文館學士、脩國史、太清太微宮使。』自餘所領，又有管當租庸、鑄錢等使。以是觀之，槩可見矣。宮市之事，咸謂起于德宗貞元。不知天寶中已有此名，且用宰臣充使也，韓文公作順宗實録，但云：『舊事，宮中有要市外物，令官吏主之，與人爲市，隨給其直，貞元末以宦者爲使。』亦不及天寶時已有之也。

宋·洪邁《容齋三筆》卷七《唐觀察使》 唐世於諸道置按察使，後改爲採訪處置使，治於所部之大郡。既又改爲觀察，其有戎旅之地，即置節度使。分天下爲四十餘道，大者十餘州，小者二三州，但令訪察善惡，舉其大綱。然兵甲、財賦、民俗之事，無所不領，謂之郡府。權勢不勝其重，能生殺人，或專私其所領州，而虐視支郡。元結爲道州刺史，作《春陵行》，以爲『諸使誅求符牒二百餘通』，又作賊退示官吏一篇，以爲『忍苦哀斂』。陽城守道州，賦税不時，觀察使數誚責，又遣判官督賦，城自囚於獄。判官去，復遣官來按舉。韓愈《送許郢州序》云：『爲刺史者常私於其民，不以實應乎府，爲觀察使者常急於其賦，不以情信乎州，財已竭而斂不休，人已窮而賦愈急。』韓皋爲浙西觀察使，封杖決安吉令孫澥至死。一時所行，大抵類此，然每道不過一使臨之耳。今之州郡控制按刺者，率五六人，而臺省不預，毀譽善否，隨其意好，又非唐日一觀察使比也。

清·王夫之《讀通鑑論》卷二一《唐高宗》 賑飢遣使，民有迎候之勞，如劉思立所言者，未盡然也，所遣得人，則民不勞矣。若其不可者，飢非一邑，而生死之命懸于旦夕，施之不急，則未能速徧，而餒者已死矣；施之急，則甫下車而即發金粟，唯近郭之人得踰分以霑濡，而遠郊不至。且府史里胥，黨無籍之遊民，未嘗飢而冒受；大臣奉使，尊高不與民親，安能知疾苦之爲何人，而以有限之金粟專肉白骨邪？此徒費國而無救於民之大病也。

且不特此也。飢民者，不可聚者也。餌之以升斗錙銖，而羣聚於都邑以待使者，樸拙之民，力羸而恤其婦子，餒死而不願離家以待命；豪捷輕猾之徒，則如跋扈之魚，聞水聲而鼓鬣，棄其采橡梠、捕禽魚，可以得生之計，而希求自至之口實，固未能厭其欲而使有終年之飽也。趨使者于城郭，聚而不散，失業以相尊沓，掠奪興以成乎大起大亂，所必然已。

夫亦患無良有司耳。有良有司者，就其地，悉其人，行野而進其紳士與其耆老，周知有無之數，而即以予之，旦給夕歸，仍不廢其桑麻耕種、采山漁澤之本計，則惠皆實而民奠其居，仁民已亂之道，交得而亡虞也。故救荒之道，蠲租税，止訟獄，禁掠奪，通糴運，其先務也；開倉廩以賑之，弗獲已之術也。兩欲行之，則莫如命使巡行，察有司之廉能爲最亟。守令者，代天子以養民者也，民且流亡，不任之而誰任乎？授慈廉者以便宜之權，而急逐貪昏敖惰之吏，天子不勞而民以蘇，舍是無策矣。

又 卷二二《唐睿宗》 按察使之設，自景雲二年始，觀李景伯、盧俌之言，則所遣者御史也。時議分天下爲十道，道遣一使按察；又分二十四都督，糾察所部刺史以下善惡。嗣以景伯、俌上言生殺之柄任太重、用非其人、爲害不小而罷之。罷之誠是也，而景伯、俌謂御史秩卑望重，姦宄自禁，則有未當者。何也？官之得人與不得，不繫乎秩之崇卑也。唐之刺史，漢之太守也，守郡而兼刺察之任，其權重矣。任重秩尊，而使卑秩者臨其上以制之，則爵輕；爵輕則不足以立事，而規避以免責。刺史懷規避之心，則下吏侮之，豪民脅之，而刑政不修。新進之士，識不足以持大體，而樂毛摯以詫風裁；賢者任私意而虧國計民生深遠之永圖，不肖者貪權利而無持綱挈領匡扶之至意。秩卑者望奚重哉？徒奬浮薄以灰牧守之心。故景伯、俌之言，非治理之經也。命卿貳以行，但任以糾察，而不授以生殺兵戎財賦之權，又何任太重而專私爲害之憂乎？

按察使之設，後世踵之，而其法有二：一專官也，一特遣也。專官者，任之久而官於其地，其利也，久任則足以深究民情、博考吏治，不以偶爾風聞、瞥然乍見之得失而急施獎抑；其害也，與郡邑習處而相狎，不肖之吏，可徐圖訴合以避糾劾。特遣者，出使有時，復命有程，聞行亟返，不與吏親，事止參糾，他無適掌，使畢仍復其官。其利也，職有專司，威有獨伸，無狎習比昵之交，無調停遷就之弊；其害也，風土未諳，利病不親，據乍然之聞見，定臧否於一朝，賢者任氣，而不肖者行私。此二者利害各半，而收其利，免其害，則無如特遣而緩之以期，任之大臣而不以爲升遷之秩；則代天子以時巡而民不勞，代諸侯之述職而事不廢，因時制宜，慎擇人而飭法以簡，斯爲得中之道乎！

若夫過任都督，使之畸重，則天下且不知有朝廷，而唯知有都督。節度分疆，而唐室以裂；行省制命，而元政不綱：皆此由也。則景伯、倩之請罷之，誠定論也。

藝文

清·彭定求等《全唐詩》卷六二《杜審言〈送和西蕃使〉》 使出鳳皇池，京師陽春晚。聖朝尚邊策，詔諭兵戈偃。拜手明光殿，搖心上林苑。種落逾青羌，關山度赤坂。疆埸及無事，雅歌而餐飯。寧獨錫和戎，更當封定遠。

又《送高郎中北使》 北狄願和親，東京發使臣。馬銜邊地雪，衣染異方塵。歲月催行旅，恩榮變苦辛。歌鐘期重錫，拜手落花春。

唐·張説《張燕公集》卷六《送郭大夫元振再使吐蕃》 犬戎廢東獻，漢使馳西極。長策問酋渠，猜阻自夷殛。容髮徂邊歲，旌裘敝海色。五年一見家，妻子不相識。武庫兵猶動，金方事未息。遠圖待才智，苦節輸筋力。脱刀贈分手，書帶加餐食。知君萬里侯，立功在異域。

又《送鄭大夫惟忠從公主入番》 鳳吹遙將斷，龍旗送欲還。傾都邀節使，傳酌緩離顔。春磧沙連海，秋城月對關。和戎因賞魏，定遠莫辭班。

又《南中送使二首》 傳聞合浦葉，曾向洛陽飛。何日南風至，還隨北使歸。紅顔渡嶺歇，白首對秋衰。高歌何由見，層堂不可違。誰憐炎海曲，淚盡血霑衣。待罪居重譯，窮愁暮雨秋。山臨鬼門路，城繞瘴江流。人事今如此，生涯尚可求。逢君入鄉縣，傳我念京周。别恨歸途遠，離言暮景遒。夷歌翻下淚，蘆酒未消愁。聞有胡兵急，深懷漢國羞。和親先是詐，款塞果爲讎。釋繫應分爵，蠲徒幾復侯。廉頗誠未老，孫叔且無謀。若道馮唐事，皇恩尚可收。

唐·韋應物《韋蘇州集》卷四《送常侍御郤使西蕃》 歸奏聖朝行萬里，郤銜天詔報蕃臣。本是諸生守文墨，今將匹馬靜烟塵。旅宿關河逢暮雨，春耕亭鄣識遺民。此去多應收故地，寧辭沙塞往來頻。

唐·劉禹錫《劉賓客文集》卷二八《送源中丞充新羅册立使侍中之孫》 相門才子稱華簪，持節東行捧德音。身帶霜威辭鳳闕，口傳天語到雞林。烟開鼇背千尋碧，日浴鯨波萬頃金。想見扶桑受恩後，一時西拜盡傾心。

唐·姚合《姚少監詩集》卷二《送源中丞赴新羅》 赤墀奉命使殊方，官重霜臺紫綬光。玉節在船清海怪，金函開詔撫夷王。雲晴漸覺山川異，風便寧知道路長。誰得似君將雨露，海東萬里灑扶桑。

唐·朱慶餘《朱慶餘詩集·送李侍御入蕃》 遠使隨雙節，新官屬外臺。戎裝非好武，書記本多才。移帳依泉宿，迎人帶雪來。心知玉關道，稀見一花開。

雜録

宋·宋敏求《唐大詔令集》卷一〇一《政事·官制下·停河南水陸運使等敕》 朕於百執事，羣有司，方澄源流，以責實效。轉運重務，專委使臣，每道有院，分督其任。今陝洛漕引，悉歸中都，而尹守職名，尚仍舊貫。又諸道都團練使，足修武備，以靖一方。而别置軍額，因加吏禄，亦既虚設，頗爲浮費。思去煩以循本，期省事以便人，其河南水陸轉運，陝府轉運，潤州鎮海軍、宣州採石軍、越州義勝軍、洪州南昌軍、福州寧海軍等使額並宜停。所收使已下俸料，一事已上，各委本道充代百姓闕額兩稅，仍具數奏聞。如聞河南、陝府兩處，比來所給，皆是置本利息不破正錢。勒使添充兩處飧錢雜給，不要徵納。庶我愛人之心，豈止於惜費，立制之意，必在於正名。元和五年。

又《停諸道支度營田使敕》　事關軍旅，並屬節制，務繫州縣，悉歸廉察，二使所領，孰非管轄。諸道支度營田，承前各置使。自艱虞已後，名制因循，方鎮除授之時，或有兼帶此職，遂令綱目，所在各殊。今者務修舊章，思一法度，去煩就理，衆心爲宜。唯別敕置營田處置使，且令仍舊。其忠武、鳳翔、武寧、魏博、山南、山東、横海、邠寧、義成、河陽等道支度營田使，及淮南度支，近已停省。其餘諸道，並準此處分。元和十三年七月。

清·嵇璜等《續通志》卷一三〇《職官一》　長春宮使唐武德二年，命太宗鎮長春宮。自後，凡牧同州者，多帶長春宮使。梁太祖開平元年廢。後唐同光元年復置，晉天福四年又廢。後不復置。

太清宮使唐德宗興元元年，以檢校司徒中書門下平章事李勉爲太清宮使。唐以後不置。

太微宮使唐興元元年，以門下侍郎同中書門下平章事盧輪爲太微宮使。唐以後不置。

建昌宮使梁開平元年，置建昌院，以博王友文爲使，所管四鎮兵車稅賦諸色課利。後改爲建昌宮使，以宰臣判其事，侍郎爲副使。梁以後不置。

興聖宮使後唐同光元年，以皇子繼岌爲興聖宮使，判六軍諸衛事。唐以後不置。

延資庫使梁開平三年置延資庫使，多以執政大臣兼之。梁以後不置。

三司

三司使副使五代置三司使，總理邦計，治四方貢賦之入。

鹽鐵使度支使戶部使副使唐末以重臣兼領鹽鐵、度支租庸。五代分置鹽鐵使、度支使、租庸使。【略】

臣等又案：唐、五代諸使，名號不一。唐有開稻田使、回造使、秘書省圖書使；梁有天驥使、飛龍使、莊宅使、太和庫使、豐德使、儀鸞使、乾文院使、五坊如京使、洛苑使、宮苑使大內皇墻使、西京大內皇墻使、武備庫使、弓箭庫使、閑廄使、左右軍巡使、教坊使、內園栽接使；後唐有中門使、支度務使、內句使、宮苑使、武德使、捧聖軍使、西南供饋使、三州搜圖籍使、莊宅使、內園栽接使；晉有左飛龍使、緣河巡檢使、引進使、侍衛使、作坊使；周有尚食使、沿江招討使。要皆廢置不常，不足爲法。又，五代有山陵使、禮儀使、鹵簿使、儀仗使、橋道頓遞使。

又　卷一三一《職官二》　承宣使唐至德以後，藩鎮置留後，以所親信充後務。五代仍唐制，有留後、兵馬留後、副留後。

觀察使唐置觀察使，掌察所部善惡，舉大綱。

防禦使、團練使、刺史唐制防禦使一人，團練使一人，州刺史各一人。五代仍唐制。【略】

臣等謹按：節度使、觀察使，皆唐時方鎮之任。

制置使唐宣宗大中五年始設制使。五代有安撫制置。【略】

留守、副留守唐制三都留守。五代置留守及副留守。

經略安撫司唐置安撫使、經略使。德宗貞元中又置安撫副使。

發運使唐置水陸發運使。

轉運使唐置轉運使及副。後諸道分置巡院。五代罷巡院，復置轉運使。

招討使唐置招討使。五代有行營、北面招討使、南面招討使，又置都招討使。

臣等謹按：五代時，招討使或加中書令，非親任之臣與藩鎮之有功者，不輕授焉。

宋·王讜《唐語林》卷五《補遺起高祖至代宗》　元相載用李紓侍郎知制誥，元敗，欲出官。王相縉曰：『且留作誥。』待發遣諸人盡，始出爲婺州刺史。又曰：獨孤侍郎求知制誥，試見元相，元相知其所欲，迎謂常州曰：『知制誥可難堪。』心知不我與也，乃薦李侍郎紓。時楊炎在閣下，忌常州之來，故元阻之，乃二人之力也。

後名號益廣。大抵生於置兵，盛於興利，普於銜命，於是爲使則重，爲官則輕。故天下佩印有至四十者。大曆中請俸有至百萬者。在朝有太清宮、太微宮、度支、鹽鐵、轉運、知匭、宮苑、閑廄、左右巡、分案、監察、館驛、監倉、監庫、左右街；外任則有節度、觀察、諸軍、押蕃、防禦、團練經略、鎮遏、招討、榷鹽、水陸運、營田、給納、監牧、長春宮、有因時而置者，則大禮、禮儀、禮會、刪定三司、黜陟、巡撫、宣慰、推復、選補、會盟、册立、弔祭、供軍、糧料、和糴，此是大略。經置而廢者不録。宦官內外，悉屬之使。舊爲權臣所綰，州縣所理，今屬中人者有之。

品階勳爵官部

散官分部

綜　述

文散官

《隋書》卷二八《百官志下》　高祖又採後周之制，置上柱國、柱國、上大將軍、大將軍、上開府儀同三司、開府儀同三司、上儀同三司、儀同三司、大都督、帥都督、都督，總十一等，以酬勤勞。又有特進、左右光祿大夫、金紫光祿大夫、銀青光祿大夫、朝議大夫、朝散大夫、並爲散官，以加文武官之德聲者，並不理事。

唐・杜佑《通典》卷三四《職官一六・文散官・開府儀同三司》

隋文帝並以爲散官。又諸衛各置開府，左勳衛開府，右翊一開府、二開府、三開府、四開府，及武衛、武侯、領軍、東宮領兵開府準此，府置開府一人。又有儀同府。儀同以下置員與開府同。初開府儀同三司爲四品散實官，至煬帝，又改爲從一品，同漢魏之制，位次三公。大唐武德七年，改上開府儀同三司爲上輕車都尉，開府儀同三司爲輕車都尉，儀同三司爲騎都尉。後又以開府儀同三司爲文散官。開元以前舊例，開府特進雖不帶職事，皆給俸祿，得與朝會，班列依本品之次，皆崇官盛德、罷劇就閒者居之。天寶六載正月制：『內外文武五品以上官，父祖資蔭者，其所用蔭，宜同子孫用蔭之例。』

特進　隋文帝以爲散官，不理事。煬帝卽位，廢特進官。大唐爲文散官餘見《開府篇》。

光祿大夫以下　隋有光祿大夫、左右光祿大夫，皆爲散官，不理事。大唐初猶有左右之名，貞觀以後，唯曰光祿大夫、金紫光祿、銀青光祿，並爲文散官按前代光祿大夫，始加金章紫綬及銀章青綬者並尊崇之，皆在光祿之上。後魏定令誤，遂因仍不改。

正議大夫、通議大夫，皆隋置散官，蓋取秦大夫掌論議之義。大唐並因之。

太中大夫　大唐亦有之。

中大夫　大唐又置之。龍朔二年七月制：『諸王承嫡封郡王者，出身從四品下敘。』

中散大夫　陳亦有之，大唐又置之。

朝議大夫，隋置散官，以取漢諸大夫得上奉朝議爲名。大唐因之。

朝請大夫，隋置散官，取漢將軍公卿年高德重者，以列侯就第特進奉朝請之義。大唐因之。龍朔制，諸王衆子封郡公者，出身從五品上敘。

朝散大夫，隋置散官，大唐因之。自正議以下，今並爲文散官。

朝議郎、承議郎，並隋置散官。大唐因之。顯慶五年八月制，郡公出身正六品下敘。

通議郎，隋置散官。隋文帝於吏部別置朝議、通議、朝請、朝散、給事、承奉、儒林、文林等八郎，武騎、屯騎、驍騎、遊騎、飛騎、旅騎、雲騎、羽騎八尉，其品則正六品以下，從九品以上。上階爲郎，下階爲尉。散官番直，常出使監檢。至煬帝皆罷。大唐改通議爲奉議郎。顯慶制，縣公出身從六品上敘。

通直郎，隋置，三十人。蓋采晉宋以來諸官皆有通直，謂官高下而通爲宿直者也，因此爲名。大唐因之。

朝請郎，隋置散官。蓋采晉、宋、齊、梁、陳並有奉朝請員爲名。大唐因之。顯慶制，侯出身正七品上敘。

宣德郎、朝散郎，並隋置散官，大唐因之。顯慶制，伯出身正七品下敘，子出身從七品上敘。

游騎尉，隋置散官。大唐改爲宣義郎。蓋取梁宣義將軍之名。顯慶制，男出身從七品下敘。

給事郎、徵事郎、承奉郎，並隋置散官。大唐因之。

承務郎，大唐置，蓋因隋尚書省二十四司承務郎之名也。

儒林郎，隋置散官，蓋取前史儒林傳之義。大唐因之。

登仕郎，大唐置。

文林郎，隋置散官，蓋取北齊文林館徵文學之士以充之義。大唐因之。

將仕郎，隋置散官。大唐因之。自朝議郎以下，今並爲文散官。其散官，自五品依本品衣服而無禄俸，不朝會。自六品以下，黄衣執笏，於尚書省分番上下。兩番以上，卽便隨番許揀，通時務者始得參選。武德令：職事高者解散官欠一階不至者爲兼，職事卑者不解散官。貞觀十一年改令，以職事高者爲守，職事卑者爲行。其欠一階依舊爲兼，與當階者皆解散官。官階相當，無行無守。其子孫用蔭，皆依散官。其後類例紛錯，難可悉舉。乾封元年正月制，内外官九品以上加一階，七品以上加二階，八品以下更加勳轉。乾封以前未有泛階，應入三品，皆以恩舊特拜。入五品者多因選敍，計階至朝散大夫以上，奏取進止。每年量多少進敍，餘依本品授官。若滿三計至，卽一切聽入。乾封以後，始有泛階入五品、三品。

宋·岳珂《愧郯録》卷七《官品名意之訛》　按階、散、勳官，在前世合於一，至唐則析而爲二。階、勳、功臣、檢校，在唐則析於四，而本朝則合於一。其用與不用，實寓見於是。自宋、齊、梁、陳、後魏、北齊以來，諸九品官皆以將軍爲品秩，謂之加戎號，此正如國初軍制皆以御史爲品秩，謂之加憲銜也。梁制，雖親王起家，未加將軍不開府，不置佐史官，可以見一時以此號爲重，然其實未嘗將屯，亦虚名耳。隋既受命，高祖採後周之制，置上柱國、柱國、上大將軍、大將軍、上開府儀同三司、開府儀同三司、上儀同三司、儀同三司、大都督、帥都督、都督，總十一等，以酬勤勞。又有特進、左右光禄大夫、金紫光禄大夫、銀青光禄大夫、朝議大夫、朝散大夫，並爲散官，以加文武官之德聲者，並不理事。又有翊軍等四十三號將軍，品凡十六等，爲散號將軍，以加將校。居曹有職務者爲執事官，無職務者爲散官。戎上柱國已下爲散實官，軍爲散號官。諸省及左右衛、武候、餘左右監門府爲内官，自餘爲外官。散官之名，肇見於是。還考漢制，光禄大夫、太中大夫、郎、議郎、中郎、侍郎、郎中，皆無定員，多至數十人。特進、奉朝請亦皆無職守，優游禄秩。則官之有散，自漢已有之矣。然當時之仕於朝者，不任以事，則置之散，正如今日宫觀設官之比，未有以職爲實，以散爲號如後世者也。故成都侯王商以特進領城門兵，置幕府，得舉吏，是正如今日兼官不可以官稱爲比。梁制，左右光禄、金紫光禄、太中、中散等大夫並無員，以養老疾。遡而考之魏、晉、宋、齊、元魏，下而考之陳、北齊、後周、隋，亦莫不有之，參見於九品十八班之間。元魏初，又嘗置散官五等，其品第五至第九，百官有闕則取於其中以補之，蓋皆以儲才待須，而亦與諸職事官均其勞佚也。逮隋開皇六年，始置六品以下散官，八郎爲正階，八尉爲從階。通而觀之，則九品之内，皆有散官以酬勞矣。惟正一品虚而不置，所以章其貴也。煬帝嗣位，多所改更，先罷特進，次罷十一等酬勞官、八郎、八尉、四十三號將軍，併省朝議大夫，置九大夫、八尉，自一品至九品，別有其制。繼雖復儒林郎、文林郎列之七品八品正，乃隸秘書省，置二十人若三十人，專以明經待問、撰録文史爲職，又若職事官，無與於散階也。尋又置散騎郎二十人爲從五品，承議、通直郎各三十人爲正、從六品，宣德、宣義郎各四十人爲正從七品，徵事、將仕郎各五十人爲正從八品，常從、奉信郎各五十人爲正從九品，是爲正員，並得禄當品，又各有散員郎無禄。隨又改常從爲登仕，奉信爲散從。自散騎而下皆主出使，量事大小，據品以發之，則正如國初九品京朝官皆在京師，其罷職者歸本班、守本官，其出使者知某州、轉運某路之制耳。尚書省六曹皆置承務郎一人，同員外郎之職，乃正與今尚書郎等，又非散號，如限員以設散官，使其別有所授，決知其必不復，徒帶以爲美觀也，而唐乃析之。郎、大夫之秩，光禄、中散之養疾，儒林、文林之待問，一歸之于文散；散號將軍參取雜置，益以校尉，一歸之于武散；柱國等號本以酬勞，武騎諸稱並同郎位，一歸之於勳官。則散階也，勳官也，唐雖因隋，而所用未嘗因隋，有職者改爲虚名，徒名者置在兼秩，是所謂前世合於一，而唐則析爲二。史大奈與高祖興太原飲馬泉之戰，以功多授光禄大夫階。李晟以克復元勳立功，時諸子未官，宰相以聞，卽日詔子愿爲上柱國。故事，柱國門列戟，遂父子皆賜。杜淹貞觀中檢校吏部尚書，再加檢校侍中。代宗以射生軍清難而有『寶應』之稱。德宗以涇軍煽逆，而有『定難』之號。後隨事而賜，亦無定名。故唐之有功者，或敍階，或賜勳，或加以檢校，或寵以名號，皆上之人有以寓一時之微權，而初無階升必致之道。四者並用，而又申之以封爵，重之以實封，馭貴馭富，又雜取而輔之。

武散官

《隋書》卷二八《百官志下》　六品已下，又有翊軍等四十三號將軍，品凡十六等，爲散號將軍，以加汎授。

居曹有職務者爲執事官，無職務者爲散官。戎上柱國已下爲散實官，軍爲散號官。諸省及左右衛、武候、領左右監門府爲內官，自餘爲外官。

上柱國、嗣王、郡王，無主簿、録事參軍、東西閤祭酒、長兼行參軍等員，而加參軍事爲五人，行參軍爲十二人。柱國又無騎兵參軍事、水曹行參軍等員，而減參軍事、行參軍各一人。上大將軍又無諮議參軍事，田曹、鎧曹行參軍員，又減行參軍一人。大將軍又無掾屬員，又減參軍事二人。上開府又無法曹、士曹行參軍，參軍事員。開府又無典籤員，減行參軍二人。上儀同又無功曹、城局參軍事員，又減行參軍二人。儀同又無倉曹員，減行參軍三人。

唐·杜佑《通典》卷三四《職官一六·武散官》 驃騎將軍 隋開皇中，置驃騎將軍府，每府置驃騎、車騎將軍各一人。十七年，頒銅獸符於驃騎、車騎府。煬帝改驃騎爲鷹揚郎將，改車騎爲鷹揚副郎將。大唐復改爲車騎、驃騎，其制如開皇而益復微矣。故武德元年詔，以軍頭爲驃騎將軍，軍副爲車騎將軍。又詔太子諸率府，各置驃騎將軍五員，車騎將軍十員。後皆省之。顯慶元年，乃復置驃騎大將軍，爲武散官。

輔國將軍 隋並有之。大唐輔國大將軍爲武散官。

鎮軍將軍以下 隋亦有之。大唐因之。

冠軍將軍 隋文帝置翊軍等四十三號將軍，品凡十六等，爲散號將軍，以加汎授。居曹有職務者爲執事官，無職務者爲散官。武官上柱國以下爲散實官，將軍爲散號官。至煬帝時，定令罷之。大唐因之。

雲麾將軍 梁置雜號。陳及大唐並有之。

忠武將軍 梁置雜號。陳有之，大唐因之。

壯武將軍 梁置雜號。陳有之，大唐因之。

宣威將軍 大唐置。

明威將軍 梁置雜號。後魏亦有之。大唐因之。

定遠將軍 梁置雜號。大唐因之。

寧遠將軍 晉置。大唐因之。

游騎將軍 魏置。陳有之。大唐因之。

遊擊將軍 漢置。武帝以蘇建、韓説爲之。後漢鄧晨亦爲之。晉及陳並有之。大唐因之。又置懷化大將軍、歸德將軍以授蕃官。

諸校尉 並大唐采前代諸校尉以下舊名置。自鎮軍將軍以下爲武散官。

元·馬端臨《文獻通考》卷六四《職官一八·武散官》 右此所述唐朝武散官，本《通典》。今考《新唐書·百官志》，兵部尚書條下載武散官共四十五階，內有懷化大將軍、懷化將軍、歸德大將軍、歸德將軍。其懷化、歸德又各有中郎將、郎將、司階、中候、司戈、執戟、長上，共十六階，《通典》所不載。其中壘至護三巴十九校尉，乃歷代所置，卽非唐散官。武騎至立信十六尉，乃隋武散官，亦非唐制。因敍述校尉而錯見於此耳。

勳官分部

綜述

《隋書》卷二八《百官志下》 三師、三公，置府佐，與柱國同。若上柱國任三師、三公，唯從上柱國置。王公已下，三品已上，又並有親信、帳內，各隨品高卑而制員。

唐·杜佑《通典》卷三四《職官典一六·勳官》 隋置上柱國、柱國，以酬勳勞，並爲散官，實不理事。楊玄感以父素軍功位至柱國，與其父俱爲第二品，朝會則齊列，後文帝乃命玄感降一等也。大唐改爲上柱國及柱國。

隋煬帝十二衛，每衛置護軍四人，以副將軍，將軍無則一人攝。尋改護軍爲虎賁郎將。大唐采前代舊名，置上護軍、護軍。

輕車將軍，漢武帝置，以公孫賀爲之。又有輕車校尉。梁、陳、後魏、北齊亦有輕車將軍。大唐采舊名，置上輕車都尉、輕車都尉。

騎都尉 晉以後歷代皆有之。大唐采舊名，置上騎都尉、騎都尉。

驍騎尉、飛騎尉、雲騎尉、武騎尉，並隋置，爲武散官。大唐采置，自上柱國以下並爲勳官。

唐·白居易《白氏長慶集》卷五二《中書制誥五·杜元穎等賜勳制》

敕：中書舍人杜元穎等：有位於朝，有勞於事；不加慶賜，何勸恪勤？宜各策名，列於勳籍。可依前件。

又《商州壽州將士等賜勳制》 敕：某官某等：夫勳者，所以馭貴敍勞，亢身庇族，非因大慶，不降殊恩。爾皆委質從軍，服勤事國，宜按勳籍，分而賜之。可依前件。

宋・王溥《唐會要》卷八一《勳》 舊制。勳官上柱國已下至武騎尉爲十二等，有戰功者，各隨高下以授。岑文本謂資高而勳卑者，皆從卑敍。至貞觀十九年四月九日，太宗欲重征遼之賞，因下制：『授以勳級，本據有功，若不優異，無由勸獎。今討高麗，其從駕爰及水陸諸軍戰陣有功者，並特聽從高品上累加。』六軍大悅。

顯慶元年九月二十二日，置驃騎大將軍，爲武官散位，從一品。

五年八月制：『郡公出身品正六品下，縣公從六品上，侯正七品上，伯正七品下，子從七品上，男從七品下。』

龍朔五年七月詔：『諸王子承嫡者封郡王，出身從四品下；衆子封郡王，出身從五品下。』

咸亨五年二月，以國初勳官名號與今日不同，乃下詔申明，各以類相比，武德初光禄大夫比今日上柱國，左光禄大夫比柱國，右光禄大夫及上大將軍比上護軍，金紫光禄大夫及將軍比護軍，銀青光禄大夫及上開府比上輕車都尉，正議大夫及開府比輕車都尉，通議大夫及上儀同三司比上騎都尉，朝請大夫及儀同比騎都尉，上大都督比驍騎尉，大都督比飛騎尉，帥都督比雲騎尉，都督比武騎尉。

神龍元年十月三日敕：『賜爵勳階與國公者，累至郡公外，餘爵聽迴授子孫，若制敕四階。』先是三品已上者，每階迴賜爵一級。如及郡公外，亦許迴授。即計階至正六品上及正四品上，准格例未合入五品三品者，每一階迴賜勳一轉。

開元十七年十月，諸敍勳應加轉者，皆於勳官上加。若無勳官，一轉授武騎尉，每一轉加一等。諸勳官犯除名應敍者，二品于驍騎尉敍。驍騎尉敍，三品于飛騎尉敍，四品于雲騎尉敍，五品已下于武騎尉敍。其官當及免官，免所居官。計降卑於此法者，聽從高敍。《司勳格》，加累勳，須其小勳攤銜，送中書省及門下省勘會，並注毀小勳甲，然許累加。

二十四年二月五日敕：『諸刺史、縣令，與朕共治，情寄尤切，等數宜加。諸州都督、刺史五府長史、都護及縣令，每有制加勳階賜物，並同京官。』

大和四年五月十五日，司勳奏：『應考少未合敍三品階人，准格請迴階充勳者，每階聽迴勳充一轉。如申文解到省，檢勘差錯，其勳便請落下。』

會昌五年正月制：『上柱國，前代勳謂之八柱國，品居第一，宜峻寵章。自後非特恩，不在累敍之限。』

天佑二年六月十六日敕：『司勳所掌勳及十二轉上柱國、柱國、上護軍、護軍、上輕車都尉、輕車都尉、上騎都尉、騎都尉、驍騎尉、飛騎尉、雲騎尉、武騎尉等，勳有遷陟，以顯勤勞。近年已來，止敍柱國，恥轉輕車，殊不知上柱國已比二品，上輕車已比四品，官既敍烈，勳亦近隆。今後宜復故事施行，庶止僥倖之路。』

宋・王溥《五代會要》卷一四《司勳》 後唐天成三年五月十九日敕：『近代已來，文武官階稍高，便授柱國，歲月未深，便轉上柱國；武資初官便授上柱國。官爵非無次第，階勳備有等差，宜自此時，重修舊制。今後加勳，先自武騎尉，經十二轉方授上柱國，仍永爲常式。』

清泰元年八月，尚書司勳郎李盈休奏：『近日朝廷凡初敍勳，便至柱國。臣伏見本朝位至宰輔藩鎮，其勳皆從初敍，蓋欲承人揚歷功用之重也。勳格自武騎尉七品至柱國正二品，凡十二轉。令從羣官得敍封者，並請自武騎尉依次。』從之。

《舊五代史》卷一四九《職官志》 後唐天成三年五月，詔曰：『開府儀同三司，階之極；太師，官之極；封王，爵之極；上柱國，勳之極。近代已來，文臣官階稍高，便授柱國，歲月未深，便轉上柱國；武資不計何人，初官便授上柱國。官爵非無次第，階勳備有等差，宜自此時，重修舊制。今後凡是加勳，先自武騎尉，經十二轉方授上柱國，永作成規，不令踰越。』雖有是命，竟不革前例。

《舊唐書》卷四三《職官志二》 司勳郎中一員，從五品上。隋曰司勳郎，武德初乃加中字。龍朔改爲司勳大夫，咸亨復也。司勳員外郎二員，從六品上。主事四人，從九品上。令史三十三人，書令史六十人，掌固四人。郎中、員外郎之職，掌邦國官人之勳級。凡勳，十有二轉爲上柱國，比正二品。十一轉爲柱國，比從二品。十轉爲上護軍，比正三品。九轉爲護軍，比從三品。八轉爲上輕車都尉，比正四品。七轉爲輕車都尉，比從四品。六轉爲上騎都尉，比正五品。五轉爲騎都尉，比從五品。四轉爲驍騎尉，比正六品。三轉爲飛騎尉，比從六品。二轉爲雲騎尉，比正七品。一轉爲武騎尉，比從七品。凡有功效之人，合授勳官者，皆委之覆定，然後奏擬。

《新唐書》卷四五《選舉志下》 凡勳官選者，上柱國，正六品敍；六品而下，遞降一階。驍騎尉、武騎尉，從九品上敍。

凡居官必四考，四考中中，進年勞一階敍。每一考，中上進一階，上下二階，上中以上及計考應至五品以上奏而別敍。六品以下遷改不更選及守五品以上官，年勞歲一敍，給記階牒。考多者，準考累加。

封爵分部

綜述

《隋書》卷二八《百官志下》 國王、郡王、國公、郡公、縣公、侯、伯、子、男，凡九等。皇伯叔昆弟、皇子爲親王。置師、友各二人，文學二人，嗣王則無師友。長史、司馬、諮議參軍事、掾屬，各一人，主簿二人，録事，功曹，記室，戶、倉、兵等曹，騎兵、城局等參軍事，東西閤祭酒，各一人，參軍事四人，法、田、水、鎧、士等曹行參軍各一人，行參軍六人，長兼行參軍八人，典籤二人。

上柱國、嗣王、郡王，無主簿、録事參軍、東西閤祭酒、長兼行參軍等員，而加參軍事爲五人，行參軍爲十二人。柱國又無騎兵參軍事、水曹行參軍等員，而減參軍事、行參軍各一人。上大將軍又無諮議參軍事，田曹、鎧曹行參軍員，又減行參軍一人。大將軍又無掾屬員，又減參軍事二人。上開府又無法曹、士曹行參軍，參軍事員。開府又無典籤員，減行參軍二人。上儀同又無功曹、城局參軍事員，又減行參軍二人。儀同又無倉曹員，減行參軍三人。【略】

諸王置國官。有令、大農各一人，尉各二人，典衛各八人，常侍各二人，侍郎各四人，廟長、學官長各一人，食官，廐牧長、丞，各一人，典府長、丞各一人，舍人各四人等員。上柱國、柱國公，減典衛二人，無侍郎員。侯、伯又減典衛二人，食官、廐牧長各一人。子、男又減尉、典衛、常侍、舍人各一人。上大將軍、大將軍公，同柱國，子、男。其侯、伯減公典衛，侍郎，廐牧丞各一人。子、男無令，無典衛，又減舍人一人。上開府、開府公，同大將軍、子、男。其侯、伯又無常侍，無食官、廐牧丞。子、男又無侍郎、廐牧長。上儀同、儀同公，同開府子、男。其侯、伯又無尉，無學官長。子、男又無廐長、食官長。二王後，置國官，與諸王同。郡王與上柱國公同。國公無上開府已上官者，與開府公同。散郡公與儀同侯、伯同。散縣公與儀同子、男同。大長公主、長公主、公主，並置家令、丞各一人，主簿謁者、舍人各二人等員。郡主唯減主簿員。

唐·張九齡《曲江集》卷七《諸王實封制》 門下：先王之制，封建有等，諸侯所食，徵賦以歸。河西［軍經略］節度大使，涼州都督慶王潭，河東節度大使［太］原牧棣王治，河北［道諸軍州經略］節度大使，幽州大都督鄂王涓等，性皆中和，行無外飾，教以詩禮，能漸義方，雖已列于封圻，竟未疇于井賦。頃以孝友之習，且在深宮；服用之間，亦從御府。既申開國之典，宜崇書社之數，可各食實封二千户，主者施行。

唐·吴兢《貞觀政要》卷三《論封建》 貞觀元年，封中書令房玄齡爲邢國公，兵部尚書杜如晦爲蔡國公，吏部尚書長孫無忌爲齊國公，並爲第一等，食邑實封一千三百戶。皇從父淮安王神通上言：「義旗初起，臣率兵先至，今玄齡、杜如晦等刀筆之人，功居第一，臣竊不服。」太宗曰：「國家大事，惟賞與罰。賞當其勞，無功者自退。罰當其罪，爲惡者咸懼。則知賞罰不可輕行也。今計勳行賞，玄齡等有籌謀帷幄、畫定社稷之功，所以漢之蕭何，雖無汗馬，指蹤推轂，故得功居第一。叔父于國至親，誠無愛惜，但以不可緣私濫與勳臣同賞矣！」由是諸功臣自相謂曰：「陛下以至公行賞，不私其親，吾屬何可妄訴。」初，高祖舉宗正籍，弟姪、再從、三從孩童已上封王者數十人。至是，太宗謂羣臣曰：『自兩漢已降，惟封子及兄弟，其疏遠者，非有大功，如漢之賈、澤，並不得受封。若一切封王，多給力役，乃至勞苦萬姓，以養己之親屬。』於是宗室先封郡王其間無功者，皆降爲郡公。

貞觀十一年，太宗以周封子弟，八百餘年，秦罷諸侯，二世而滅，呂後欲危劉氏，終賴宗室獲安，封建親賢，當是子孫長久之道。乃定制，以子弟荆州都督荆王元景、安州都督吳王恪等二十一人，又以功臣司空趙州刺史長孫無忌、尚書左僕射宋州刺史房玄齡等一十四人，並爲世襲刺史。

禮部侍郎李百藥奏論駁世封事曰：

臣聞經國庇民，王者之常制；尊主安上，人情之大方。思闡治定之規，以弘長世之業者，萬古不易，百慮同歸。然命歷有賒促之殊，邦家有理亂之異。遐觀載籍，論之詳矣。咸云周過其數，秦不及期，存亡之理，在於郡國。周氏以鑑夏、殷之長久，遵黄、唐之並建，維城磐石，深根固本，雖王綱弛廢，而枝幹相持，故使逆節不生，宗祀不絶。秦氏背師古之訓，棄先王之道，剪華恃險，罷侯置守，子弟無尺土之邑，兆庶罕共理之憂，故一夫號呼而七廟隳圮。

臣以爲自古皇王，君臨宇內，莫不受命上玄，飛名帝録，締構遇興王之運，殷憂屬啓聖之期。雖魏武攜養之資，漢高徒役之賤，非止意有覬覦，推之亦不能去也。若其獄訟不歸，菁華已竭，雖帝堯之光被四表，大舜之上齊七政，非止情存揖讓，守之亦不可焉。以放勳、重華之德，尚不能克昌厥後，是知祚之長短，必在於天時；政或盛衰，有關於人事。隆周卜世三十，卜年七百，雖淪胥之道斯極，而文、武之器尚存，斯則龜鼎之祚，已懸定於杳冥也。至使南征不返，東遷避逼，禋祀如綫，郊畿不守，此乃陵夷之漸，有累於封建焉。暴秦運距閏餘，數鍾百六，受命之主，德異禹、湯；繼世之君，才非啓、誦。借使李斯、王綰之輩盛開四履，將閭、子嬰之徒俱啓千乘，豈能逆帝子之勃興，抗龍顔之基命者也！

然則得失成敗，各有由焉。而著述之家，多守常轍，莫不情忘今古，理蔽澆淳，欲以百王之季，行三代之法。天下五服之內，盡封諸侯，王畿千里之間，俱爲采地。是則以結繩之化行虞、夏之朝，用象刑之典治劉、曹之末，紀綱弛紊，斷可知焉。鍥船求劍，未見其可；膠柱成文，彌多所惑。徒知問鼎請隧，有懼霸王之師；白馬素車，無復藩籬之援。不悟望夷之釁，未堪羿、浞之災；既罹高貴之殃，寧異申、繒之酷。此乃欽明昏亂，自革安危，固非守宰公侯，以成興廢。且數世之後，王室浸微，始自藩屏，化爲仇敵。家殊俗，國異政，强陵弱，衆暴寡，疆埸彼此，干戈侵伐。狐駘之役，女子盡髽；崤陵之師，隻輪不反。斯蓋略舉一隅，其餘不可勝數。陸士衡方規規然云：『嗣王委其九鼎，凶族據其天邑，天下晏然，以治待亂。』何斯言之謬也！而設官分職，任賢使能，以循良之才，膺共治之寄，刺舉分竹，何世無人。至使地或呈祥，天不愛寶，民稱父母，政比神明。曹元首方區區然稱：『與人共其樂者，人必憂其憂；與人同其安者，人必拯其危。』豈容委以侯伯，則同其安危；任之牧宰，則殊其憂樂？何斯言之妄也！

封君列國，藉慶門資，忘其先業之艱難，輕其自然之崇貴，莫不世增淫虐，代益驕侈。離宮別館，切漢淩雲，或刑人力而將盡，或召諸侯而共落。陳靈則君臣悖禮，共侮徵舒；衛宣則父子聚麀，終誅壽、朔。乃云爲己思治，豈若是乎？內外羣官，選自朝廷，擢士庶以任之，澄水鏡以鑑之，年勞優其階品，考績明其黜陟。進取事切，砥礪情深，或俸禄不入私門，妻子不之官舍。班條之貴，食不舉火；剖符之重，居惟飲水。南陽太守，弊布裹身；萊蕪縣長，凝塵生甑。專云爲利圖物，何其爽歟！總而言之，爵非世及，用賢之路斯廣；民無定主，附下之情不固。此乃愚智所辨，安可惑哉？至如滅國弑君，亂常干紀，春秋二百年間，略無寧歲。次睢咸秩，遂用玉帛之君；魯道有蕩，每等衣裳之會。縱使西漢哀、平之際，東洛桓、靈之時，下吏淫暴，必不至此。爲政之理，可以一言蔽焉。

伏惟陛下握紀御天，膺期啓聖，救億兆之焚溺，掃氛祲于寰區。創業垂統，配二儀以立德；發號施令，妙萬物而爲言。獨照神衷，永懷前古，將復五等而修舊制，建萬國以親諸侯。竊以漢、魏以還，餘風之弊未盡；動、華既往，至公之道斯革。況晉氏失馭，宇縣崩離；後魏乘時，華夷雜處。重以關河分阻，吳、楚懸隔，習文者學長短縱橫之術，習武者盡干戈戰爭之心，畢爲狙詐之階，彌長澆浮之俗。開皇在運，因藉外家。驅御羣英，任雄猜之數；坐移明運，非克定之功。年逾二紀，民不見德。及大業嗣文，世道交喪，一時人物，掃地將盡。雖天縱神武，削平寇虐，兵威不息，勞止未康。

自陛下仰順聖慈，嗣膺寶曆，情深致治，綜覈前王。雖至道無名，言象所紀，略陳梗概，實所庶幾。愛敬烝烝，勞而不倦，大舜之孝也。訪安內豎，親嘗御膳，文王之德也。每憲司讞罪，尚書奏獄，大小必察，枉直咸舉，以斷趾之法，易大辟之刑，仁心隱惻，貫徹幽顯，大禹之泣辜也。正色直言，虚心受納，不簡鄙訥，無棄芻蕘，帝堯之求諫也。弘獎名教，勸勵學徒，既擢明經於青紫，將升碩儒於卿相，聖人之善誘也。羣臣以宮中暑濕，寢膳或乖，請移御高明，營一小閣。遂惜十家之產，竟抑子來之願，不吝陰陽之感，以安卑陋之居。頃歲霜儉，普天饑饉，喪亂甫爾，倉廩空虚。聖情矜愍，勤加賑恤，竟無一人流離道路，猶且食惟藜藿，樂徹簨簴，言必悽動，貌成癯瘦。公旦喜於重譯，文命矜其卽敍。陛下每見四夷款附，萬里歸仁，必退思進省，凝神動慮，恐妄勞中國，以求遠方，不藉萬古之英聲，以存一時之茂實。心切憂勞，迹絶遊幸，每旦視朝，聽受無倦，智周於萬物，道濟於天下。罷朝之後，引進名臣，討論是非，備盡肝膈，惟及政事，更無異辭。纔及日昃，必命才學之士，賜以清閒，高談典籍，雜以文詠，間以玄言，乙夜忘疲，中宵不寐。此之四道，獨邁往初，斯實生民以來，一人而已。弘茲風化，昭示四方，信可以期月之間，彌綸天壤。而淳粹尚阻，浮詭未移，此由習之久，難以卒變。請待斲雕成朴，以質代文，刑措之教一行，登封之禮云畢，然後定疆理之制，議山河之賞，未爲晚焉。《易》稱：『天地盈虚，與時消息，況於人乎？』美哉斯言也。

唐·杜佑《通典》卷一九《職官一·要略·封爵》 隋有國王、郡王、國公、郡公、縣公、侯、伯、子、男，凡九等。

大唐，國王、郡王、國公、郡公、開國郡公、縣公、開國侯、伯、子，凡九等。並無其土，加實封者，乃給租庸。自武德至天寶，實封者百餘家；自至德至大曆三年，實封者二百六十五家。

又 卷三一《職官一三·王侯總敘》 高、光及于國初，戡定之勳易集，所謂其患也短。自秦二世元年，陳勝首起兵亂，至漢高平項羽，凡八年而天下定。自王莽地皇三年，海內兵起，至光武建武十二年平公孫述，凡十三年而甲兵戢。自隋文大業十一年，已有羣盜起，至國家武德七年，凡十年而干戈息。豈非已然之證歟！夫君尊則理安，臣強則亂危。管子曰：『君尊則國安，君卑則國危。』是故李斯相秦，堅執罷侯置守。其後立議者，以秦祚促，遂爾歸非。向使胡亥不嗣，趙高不用，閭左不發，酷法不施，百姓未至離心，陳、項何由興亂？自昔建侯，多舊國也。周立藩屏，唯數十焉，餘皆先去聲封，不廢其爵。楚滅六、蓼，魯臧文仲歎曰：『皋繇、庭堅，不祀忽諸。』按：皋繇、庭堅，重于唐虞之際，封立國邑，不應殷周之時。略征一二，是沿習也。諒無擇其利遂建諸國，懼其害不立郡縣。故曰『事皆相因』，斯之謂矣。自五帝至於三王，相習建國之制，當時未先知封建則理，郡縣則亂。而後人睹秦漢一家天下，分置列郡，有潰叛陵篡之禍，便以爲先王建萬國之時，本防其萌，務固其業，冀其分樂同憂，饗利共害之慮。乃將後事以酌前旨，豈非强爲之説乎？覽曹、陸著論，誠謂文高理明，不本爲人樹君，不稽烝甿損益。觀李、馬陳諫，乃稱冥數素定，不在法度得失，不關政理否臧。故曰『終莫究詳』，斯之謂矣。但立制可久，施教得宜，君尊臣卑，幹強枝弱，致人庶富，享代長遠。爲理之道，其在茲乎！

又《歷代王侯封爵》 隋開皇中，制國王、郡王、國公、郡公、縣公、侯、伯、子、男，凡九等。樊子蓋進爵封爲濟公，言其公濟天下，特爲立名，無此郡國。至煬帝，唯留王、公、侯三等，餘並廢之。

皇伯叔、昆弟、皇子，是爲親王，及大長公主、長公主皆置官屬。親王置師、友、文學、長史、司馬、諮議掾、主簿、録事、功曹、記室、戶倉兵騎法士等曹參軍、東西閤祭酒參軍事、典籤等員。嗣王則無師、友。諸王公以下置官屬，各遞減。煬帝更名王府參軍爲諸司書佐，屬參軍則直以屬爲名，改國令爲家令，餘以國爲名者皆去之。

諸公主各置家令、丞、主簿、謁者、舍人等員，郡主唯無主簿。

大唐高祖初受禪，以天下未定，廣封宗室從弟及姪年始孩童者數十人，皆封爲郡王。

太宗卽位，問侍臣曰：『徧封宗子，於天下便乎？』尚書右僕射封德彝對曰：『不便。歷觀往古封王者，今日最多。兩漢以降，惟封帝子及親兄弟。若宗室疏遠者，非有大功如周之郇、滕，漢之賈、澤，並不得濫叨名器，所以別親疏也。先朝敦睦九族，一切封王，爵命既崇，多給力役，蓋以天下爲私，殊非至公馭物之道也。』太宗然之，曰：『理天下本爲百姓，非欲勞百姓以養己之親也。』於是率以屬疏降爵，惟有功者數人得王，餘並封縣公。

貞觀二年十二月，太宗謂公卿，欲使子孫長久，社稷永安，其理如何？尚書右僕射、宋國公蕭瑀對曰：『臣觀前代國祚所以長久者，莫不封建諸侯以爲磐石之固。秦並六國，罷侯置守，二代而亡。漢有天下，參建藩屏，年踰四百。魏晉廢之，不能永久。封建之法，實可遵行。』始議列土之制。

禮部侍郎李百藥上議，大略曰：『自古皇王君臨宇內，莫不受命上玄，飛名帝籙，締構遇興王之運，殷憂屬啓聖之期。魏武攜養之資，漢高徒役之賤，非止意有覬覦，推之亦不能去也。若其獄訟不歸，菁華已竭，雖帝堯之光被四表，大舜之上齊七政，非止情存揖讓，守之亦不可固焉。以放勳、重華之德，尚不能克昌厥後，是知祚之長短，必在天時，政或盛衰，有關人事。宗周卜代三十，卜年七百，雖淪胥之道斯極，而文武之器猶在，斯則龜鼎之祚已懸定於杳冥也。而著述之家，多守常轍，莫不情忘今古，理蔽澆淳，欲以百王之季，行三代之法也。謂琢琱成朴，以質代文，刑措之教一行，登封之禮云畢，然後定疆理之制，議山河之賞，未爲晚焉。』

中書侍郎顔師古又論，大略曰：『臣愚以爲當今之要，莫如量其遠近，分置王國，均其戶邑，强弱相濟，畫野分疆，不得過大，閒以州縣，雜錯而居，互相維持，永無傾奪。使各守其境而不能爲非，協力同心則足扶京室。』

特進魏徵又議，大略曰：『自隋氏亂離，百殃俱起，黎元塗炭，十不存一。始蒙聖帝，敷至仁以流玄澤，沐春風而霑夏雨。一朝弃之爲諸侯之隸，衆心未定，或致逃亡。其未可一也。既立諸侯，當建社廟，禮樂文物，儀衛左右，頓闕則理必不安，粗修則事有未暇。其未可二也。大夫卿士，咸資禄俸，薄賦則官府困窮，厚斂則人不堪命。其未可三也。王畿千里，征稅不多，至於貢賦所資，在侯甸之外。今並分爲國邑，京師府藏必虛，諸侯朝宗，無所取給。其未可四也。今燕秦趙代，俱帶蕃夷，黠羌旅拒，匈奴未滅，追兵內地，遠赴邊庭，不堪其勞，將有他變，難安易動，悔或不追。其不可五也。』

六年，監察御史馬周上箋，太略如李百藥，謂：『宜賦以茅土，疇其戶邑，必有材行，隨器方授，則雖其翰翮非强，亦可以獲免尤累。昔漢光武不任功臣以吏事，所以終全其代者，良得斯術也。願陛下深思其宜，使夫得奉天恩而子孫終其福禄也。』

十一年六月，詔荆王元景等二十一王爲諸州都督、刺史，咸令子孫代代承襲，非有大故，無或黜免。其後並不願行，乃止。後定制，皇兄弟、皇子爲王，皆封國之親王。龍朔二年制，諸王子嫡者封郡王，任職從四品下敍。其衆子封郡公，從五品上敍。貞觀中，王□奏曰：『三品以上遇親王于塗，皆降乘，違法申敬，有乖儀准。』太宗曰：『卿皆自尊而卑吾子乎？』魏徵曰：『自古迄今，親王班次三公之下。今三品皆天子列卿及八座之長，爲王降乘，非王所宜當也。』詔從之。親王府各置官屬，凡府官、國官，王未出閤則皆不置。領親事帳內二府及國官。太子男封郡王，其庶姓卿士功業特盛者，亦封郡王。自至德元年至大曆三年，封異姓爲王者，凡百一十二人。其次封國公，其次有郡縣開國公侯伯子男之號，亦九等，並無官土。其加實封者，則食其封。分食諸郡，以租調給。自武德至天寶，實封者百餘家。自至德二年至大曆三年，食實封者二百六十五家，凡食四萬四千八百六十戶。

十六年制，王府官以四考爲限。高宗時滕王元嬰、江王元祥、蔣王惲、虢王鳳，俱以貪暴爲吏人所患，有授其府官者，皆比嶺外荒裔，爲之語曰：『寧向儋、崖、象、白，不事江、滕、蔣、虢。』

嗣聖二年，初置公府官員。

武太后天授二年，又置皇孫官員。皇姑爲大長公主，後亦謂之長長公主。姊妹爲長公主，女爲公主，皆封國，視正一品。常樂長公主者，高祖之女，壽州刺史趙瓌妻也。武太后初臨朝，越王貞欲舉事，瓌遣使許以兵應之。公主謂其使曰：『爲我報越王，與其進不與其退。汝郡王儻男子也，當不黜至今不動。』及貞敗，主亦遇害也。太子女爲郡主，封郡，視從一品。親王女爲縣主，封縣，視正二品。凡諸王及公主，皆以親爲尊。皇之昆弟妹先拜于皇子，上書稱啓。

神龍初，下詔革之。二年閏正月敕：『公主府設官屬。鎮國太平公主儀比親王。長寧、安樂唯不置長史，餘並同親王。宜城、新都、定安、金城等公主，非皇后生，官員減半。其金城公主以出降吐蕃，特宜置司馬。』

至景龍四年六月，停公主府，依舊邑司。時安樂公主，中宗女，恃寵驕恣，欲皇后臨朝，冀得自立爲皇太女，遂同謀鴆弒，既誅，廢爲庶人。

唐隆元年六月敕：『公主置府，近有敕總停。其太平公主有崇保社稷功，其鎮國太平公主府，即宜依舊。』酸棗縣尉袁楚客奏記于中書令魏元忠曰：『女在內，男在外，男女有別，剛柔分矣，中外斯隔，陰陽著矣，豈可相濫哉！然而幕府者，丈夫之職，非婦人之事。今諸公主並開建府僚，崇置官秩，若以女家處男職，所謂長陰而抑陽也，而望陰陽不愆，風雨無爽，其可乎？竊謂非致遠之計，乖久安之策。書曰：『事不師古，以克永世，匪說攸聞。』此之謂也。君侯不正，誰正之哉！』

開元四年三月制，諸封國自始封至曾孫者，其封戶三分減一。

十年，加永穆公主封千戶。初永穆等各封五百戶，左右以爲太薄。上曰：『夫百姓租賦者，非吾有也。斯皆宗廟社稷蒼生是爲爾。邊隅戰士出萬死不顧一生，所賞賜才不過一二十匹。此輩何功於人，頓食厚封，約之使知儉嗇，不亦可乎！』左右以長公主皆二千戶，請與比。上曰：『吾嘗讀後漢書，見明帝曰「朕子不敢望先帝子」，車服下之。吾未嘗不廢卷歎息。如何欲令此輩望長公主乎？』左右不敢復言。至是公主等車服不給，故加焉。自後公主皆封千戶，遂成其例。凡諸王及公主以下所食封邑，皆以課戶充。州縣與國官、邑官，共執文帳，准其戶數，收其租調，均爲三分，其一入官，其二入國。公所食邑則全給焉。

二十年五月敕：『諸食邑實封，並以三丁爲限，不須一分入官。其物仍令封隨庸調送入京。』

親王府置傅一人，師範輔導，參議可否。初置王師，景雲二年改爲傅。諮議參軍一人，匡正幕府，諮謀庶事。友一人，陪隨左右，拾遺補缺。文學二人，修撰文章，讎校經史。東西閤祭酒各一人，接引賓客。長史、司馬各一人，通判。掾一人，通判功、倉、戶三曹。屬一人，通判兵、騎、法、士四曹。主簿一人，覆省教命。史二人，記室參軍二人，掌表啓書疏，宣行教命。録事參軍一人，受事句檢。録事一人，功曹、倉曹、戶曹、兵曹、騎曹、法曹、士曹等參軍各一人，各有所主。參軍二人，行參軍四人，掌出使及雜檢校。典籤二人。宣傳教命。親事府置典軍、副典軍各二人，掌守衛陪從。執仗親事、執弓刀衛從。執乘親事各十六人，供進騎乘。親事三百三十三人。帳內府置典軍、副典軍各二人，掌儀衛陪從，兼知鞍馬等。帳內六百六十七人。親王國施行公文准等署式。嗣王以下府准此。國令一人，大農二人，通判國司。尉二人，分判。丞一人，監印句稽。小吏有差。若府主薨，則諸府佐視事帳內，過葬追退。雖無妻子，亦准此。其國官聽終喪。若有襲爵者，聽其回事。諸公主邑司有家令、丞、録事各一人。並隸宗正寺，出降者不置。

唐·白居易《白氏長慶集》卷五一《中書制誥四·李益、王起、杜元穎等賜爵制》 敕：李益等：去年春，朕以陵寢事大，哀惶疚心。而益等齋慄奔走，各率其職。俾予孝道，刑于四海，何嘗一日而忘之耶？因命有司舉常典。凡爵之高下，視執事之重輕。有司亦能遵我成命，第而次之，進給益封，無有不當。由益而下，爾宜欽承！可依前件。

又 卷五二《中書制誥五·李愬、李愿、薛平、王潛、馬總、孔戢、崔能、李翱、李文悅咸賜爵一級，並迴授男，同制》 敕：封爵之設，在乎賞勸，有以褒德，有以序勤；聳善興功，實由茲道。而某官李愬等：或望崇台鼎，或委重旌旄，爰及藩條，共分憂寄，有勞於事，無怠於心。宜疏爵以啓封，許推恩而及嗣。祗受厥命，永孚於休！可依前件。

宋·王溥《唐會要》卷四五《功臣》 （武德）三年二月十日詔曰：『貴爵尚齒，列代通規；進善優賢，有國彝訓。尚書左僕射魏國公寂，太子少保、新昌縣公綱，左武候大將軍、陳國公抗，太常卿、沛國公元璹，納言、漢東郡公叔達，內史令、宋國公瑀，兵部尚書、蔣國公通，戶部尚書、滎陽郡公善果，右武候大將軍羅侯，御史大夫、滑國公無逸，並職司近侍，任兼心膂，恩禮所加，義從隆渥。寂已下奏事及侍立，並令升殿。』其年三月，隋尚舍奉御郭弘道來歸，引見帝，泣曰：『臣識龍顏，在天下之先，今拜闕庭，在衆人之後。』遂拜同州刺史，每參見奏事，並升殿。

九年九月二十四日詔曰：『褒賢昭德，昔王令典；旌善念功，有國彝訓。吏部尚書、上黨縣公長孫無忌，中書令、臨淄縣侯房玄齡，右武候大將軍尉遲敬德，兵部尚書、建平縣男杜如晦，左衛將軍、全椒縣子侯君集等，或夙預謨謀，綢繆帷幄，竭心傾懇，備申忠益；或早從任使，契闊戎麾，誠著艱難，績宣內外。義冠終始，志堅金石，誓以山河，實允朝議。無忌封齊國公，玄齡封邢國公，敬德封鄂國公，如晦封萊國公，君集封潞國公，其食邑各三千戶。』遣侍中陳叔達于殿階下唱名示之。上謂曰：『朕敍公卿勳勞，量定封邑，恐不能盡當，各自言。』從叔父淮安王神通進曰：『義旗初起，臣率兵先至，今房玄齡、杜如晦等刀筆之人，功居第一，臣竊不伏。』上曰：『義旗初起，人皆有心。叔父雖得率兵，未嘗身履行陣。山東未定，受委專征，建德南侵，全軍陷沒；劉黑闥翻動，望風而破。今計勳行賞，玄齡等有籌謀帷幄，定社稷之功。所以漢之蕭何，雖無汗馬，指蹤推轂，故得功名第一。叔父于國至親，誠無所愛，但以不可緣私，濫與勳臣共賞耳！』初，將軍邱師利等咸自矜其功，或攘袂指天，以手畫地，及見淮安王理屈，自相謂曰：『陛下以至公行賞，不私其親，吾屬何宜妄訴。』

神龍元年七月制：『段志玄、屈突通、蕭瑀、李靖、秦叔寶、長孫順德、劉弘基、宇文士及、錢九隴、程知節、龐卿惲、竇琮、苑君璋、李子和、張平高、張公謹、梁恪仁、安修仁、秦行師、獨孤彥雲、蘇定方、李安遠、鄭仁泰、杜君綽、李孟嘗等二十五家，所食實封，並依舊給。』

其年九月敕：『自弘道以前，經任相三年已上，及秦府、晉府寮佐四品已上，並食實封功臣，雖經罪責，不致破家。子孫無任京官者，特宜優與一官。英府、周府舊寮，五品已上子孫，亦宜準此。』

至德二載十二月朔日赦文：『扈從劍南，締構靈武，册勳三十三人。太子太師、豳國公韋見素加開府儀同三司，實封三百戶；開府儀同三司、齊國公高力士加實封三百戶；右龍武大將軍、潁川郡公陳玄禮封蔡國公，實封三百戶；左龍武大將軍田長文封雁門郡公，實封二百戶；右龍武大將軍張崇俊封南陽郡公，實封二百戶；左羽林大將軍杜休祥封馮翊郡公，實封二百戶；尚書左僕射裴冕加開府儀同三司，封冀國公，實封三百戶；殿中監同正員、判行軍李輔國加開府儀同三司、殿中監、判行軍事，封成國公，實封五百戶；宗正卿、兼工部侍郎李遵加特進，封鄭國公，實封二百戶；鴻臚卿、中軍都虞候李鼎開府儀同三司，封保定郡公，實封一百戶；鴻臚卿同正、中軍都知兵馬使管崇嗣封鉅鹿郡公，實封二百戶；右武衛大將軍王競加特進，太原縣侯，封一百戶；尚書左僕射、同中書門下平章事朔方軍節度使子儀加司徒，代國公，實封一千戶；鴻臚卿、朔方兵馬使僕固懷恩封豐國公，實封二百戶；左金吾衛大將軍、四鎮伊西北庭行軍兵馬使李嗣業加兼衛尉卿，封虢國公，實封二百戶；司徒、兼戶部尚書、太原尹、同中書門下平章事、薊國公光弼，加司空，兼兵部尚書，封魏國公，實封八百戶；御史大夫、兼工部尚書、招討兩京並定武威武興平等軍兼關內節度使、河西隴右伊西四鎮行軍兵馬使王思禮加開府儀同三司，封霍國公，實封三百戶；太常卿司正、兼御史大夫、淮南西道節度採訪使、潁川郡公來瑱加開府儀同三司，潁國公，實封二百戶；太僕卿、南陽太守、知襄陽郡事、金鄉公魯炅加開府儀同三司，岐國公，實封二百戶；京兆尹、京畿採訪計會招召宣慰使崔光遠加特進，禮部尚書，鄴國公，實封三百戶；開府儀同三司李光進封範陽郡公，實封二百戶；左相苗晉卿加特進，行侍中，韓國公，實封五百戶；憲部尚書、同中書門下平章事李麟加金紫光祿大夫，封褒國公，實封五百戶；中書侍郎、同中書門下平章事崔圓加特進，中書令，趙國公，實封五百戶；中書侍郎、同中書門下平章事、河南節度採訪使張鎬加銀青光祿大夫，南陽郡公；太子少師房琯加金紫光祿大夫，清河郡公；太子少保、嗣虢王巨加光祿大夫；御史大夫、趙國公李峘加金紫光祿大夫，戶部尚書；吏部尚書、郇國公韋陟加金紫光祿大夫；禮部尚書李峴加光祿大夫，兼御史大夫，京兆尹，封梁國公；戶部侍郎蘇震加銀青光祿大夫，吏部侍郎。』

大曆十四年閏五月詔：『司徒、兼中書令、汾陽郡王子儀，賜號尚父，兼太尉、中書令，加實封通前二千戶，月給千五百人糧，二百匹馬芻穀。』

又 卷四六《封建》 崔氏曰：蘇冕所載《封建篇》，蓋以貞觀初，太宗文皇帝嘗欲法周、漢故事，分圭以王子弟，裂地以封功臣。諸儒議論紛紜，事卒停寢，故有表疏可編。自後封諸王或王功臣，但崇以爵等，食其租封而已。劉秩所云設爵無土，署官不職者也。今子弟功臣封爵者，皆列之。

高祖受禪，以天下未定，廣封宗室以威天下，皇從弟及姪年始孩童者數十人，皆封爲郡王。太宗卽位，因舉屬籍問侍臣曰：『封宗子，於天下便乎？』尚書右僕射封德彝對曰：『不便。歷觀往古，封王者今日最多。兩漢以降，唯封帝子及親兄弟，若宗室遠疏者，非有功如周之郇、滕，漢之賈、澤，並不得濫叨名器，所以別親疏也。先朝敦睦九族，一切封王，爵命既崇，多給力役，蓋以天下爲私，殊非至公馭物之道也。』太宗曰：『然，朕理天下，本爲百姓，非欲勞百姓以養己之親也。』於是卒以屬疏降爵，唯有功者數人得王，餘並封爲縣公。

又《封建雜録上》 貞觀二年十二月十六日，太宗以宇内清晏，思以致理，謂公卿曰：『朕欲使子孫長久，社稷永安，其理如何？』尚書右僕射宋國公瑀對曰：『臣觀前代國祚所以長久者，莫不封建諸侯，以爲磐石之固。秦並六國，罷侯置守，二世而亡；漢有天下，衆建藩屏，年踰四百；魏晉廢之，不能永久。封建之法，實可遵行。』上然之，始議分封裂土之制。禮部侍郎李百藥論曰：周氏以鑑夏殷之長久，遵黄唐之並建，維城磐石，深根固本，雖王綱弛廢，而枝幹相持，故使逆節不生，宗祀不絶。秦氏背師古之訓，棄先王之道，踐華恃險，罷侯置守，子弟無尺土之邑，兆庶罕共理之憂，故一夫號澤，七廟隳祀。臣以爲自古皇王，君臨宇内，莫不受命上玄，飛名帝籙。締搆遇興王之運，殷憂屬啓聖之期。雖魏武攜養之資，漢高徒役之賤，非止意有覬覦，推之亦不能去也。若其獄訟不歸，菁華已竭，雖帝堯之光被四表，大舜之上齊七政，非止情存揖讓，守之亦不可固焉。以放勳、重華之德，尚不能克昌厥後，是知祚之長短，必在天時，政或盛衰，有關人事。宗周卜世三十，卜年七百，雖淪胥之道斯極，而文武之器猶在，斯則龜鼎運祚，已懸定於杳冥也。至使南征不返，東遷避逼，禋祀如綫，郊畿不守，此乃陵夷之漸，有累於封建焉。暴秦運短閏餘，數終百六。受命之主，德異禹湯；繼世之君，才非啓誦。借使李斯、王綰之輩咸開四履，將閭、子嬰之徒俱啓千乘，豈能逆帝王之勃興，抗龍顔之祚命耶！然則得失成敗，各有由焉。而著述之家，多守常轍，莫不情忘今古，理蔽澆淳，欲以百王之季，行三代之法。天下五服之内，盡封諸侯；王畿千里之間，俱爲采地。是以結繩之化，行虞夏之朝；用象刑之典，理劉曹之末。鍥船求劍，未見其可；膠柱成文，彌所多惑。徒知問鼎請隧，有懼霸王之師；白馬素車，無復藩籬之援。不悟望夷之釁，未堪羿浞之災；復思高貴之殃，寧異申鄫之酷。此乃欽明昏亂，自繫安危，固非守宰公侯，以成興廢。且數代之後，王室寖微，自藩屏化爲仇敵。家殊俗，國異政，强淩弱，衆暴寡，疆埸彼此，干戈侵伐。狐駘之役，女子盡髽；崤陵之師，隻輪不返。斯蓋略舉一隅，其餘不可勝數。陸士衡方規規然云：「嗣王委其九鼎，凶族據其大邑，天下晏然，以理待亂。」斯言謬也！而設官分職，任賢使能，以循良之才，膺共理之寄，刺郡分竹，何代無人。至使地或呈祥，天不愛寶，人稱父母，政比神明。曹元首方區區然稱：「與人共其樂者，人必憂其憂；與人同其安者，人必拯其危。」豈容委以侯伯，則同其安危；任之牧宰，則殊其憂樂。何斯言之妄也！封君列國，藉慶門資，忘先業之艱難，輕自然之崇貴，莫不代增淫虐，時益驕侈。離宮别館，切漢淩雲，或刑人力而將盡，或召諸侯而共樂。陳靈則君臣悖禮，共侮徵舒；衛宣則父子聚麀，終誅壽朔。乃云爲己思理，豈若是乎？內外羣官，選自朝廷，擢士庶以任之，澄水鏡以鑑之，年勞優其階品，考績明其黜陟。爵非代及，用賢之路斯廣；人無定主，附下之情不固。此乃愚智所辨，安可惑哉！至如滅國殺君，亂常干紀，春秋二百年間，略無寧歲。次睢咸秩，遂用玉帛之君，魯道有蕩，每等衣裳之會。縱使西漢哀平之際，東漢桓靈之時，下吏淫暴，必不至此。爲政之理，可以一言蔽焉。陛下獨照宸衷，永懷前古，將復五等而修舊制，建萬國而親諸侯。竊以漢魏以還，餘風之弊未盡；勳華既往，至公之道斯革。請待琢琱成朴，以質代文，刑措之教一行，登封之禮云畢，然後定疆理之制，議山河之賞，未爲晚焉。』中書侍郎顔師古論封建表曰：『伏聞前年陛下親發聖慮，特降明敕，博問卿士，議欲封建。既合事宜，實惟理要。然而議者不一，各執異端。或欲追法殷周，遠遵上古，天下之地，盡爲封國，庶姓羣官，皆錫茅社；或云凋弊之後，人稀土廣，封建之事，蓋未可行。此皆不臻至理，兩失其衷。臣愚以爲當今之要，莫如量其遠近，分置王國，均其戸邑，强弱相濟。畫野分疆，不得過大，間以州縣，雜錯而居，互相維持，永無傾奪。使各守其境，而不能爲非；協力同心，則足扶京室。陛下然後分命諸子，各就封之。爲置官寮，皆一省選用，法令之外，不得擅作威刑，朝貢禮儀，具爲條式。一定此制，萬代永久，則狂狡絶暴慢之心，本朝無怵惕之慮。』特進魏徵議曰：『臣聞三代之利建藩屏，保乂皇家；兩漢之大啓山河，同奬王室。故楚國不恭，齊桓有召陵之舉；諸呂構難，朱虛奮北軍之謀，九鼎危而復安，諸侯傲而還肅。比夫秦之孤立，子弟爲匹夫，魏氏虚名，藩捍若囹圄，豈可同年而語哉！至於同憂共樂之談，百足不僵之義，曹冏六代，陸機五等，論之詳矣。陛下發明詔封五等，事雖盡善，時卽未遑，何也？自隋氏亂離，百殃俱起，黎元塗炭，十不一存。始蒙敷至仁以流元澤，沐春風而霑夏雨，一朝棄之爲諸侯之隸，衆心未定，或致逃亡，其未可一也；既立諸侯，當建社稷，禮樂文物，儀衛左右，頓闕則理必不安，粗修則事有未暇，其未可二也；大夫卿士咸資禄俸，薄賦則官府困窮，厚斂則人不堪命，其未可三也；王畿千里，地稅不多，至於貢賦所資，在於侯甸之外，今並分爲國邑，京師府藏必虚，諸侯朝宗，無所取給，其未可四也；今燕、秦、趙、代俱帶蕃夷，黜羌旅拒，匈奴未滅，追兵內地，遠赴邊庭，不堪其勞，將有他變，難安易動，悔或不追，其不可五也。原夫聖人舉事，貴在相時，時或未可，理資通變。敢進芻蕘之議，惟明主擇焉。』六年，監察御史馬周上疏曰：『伏見詔書，令宗室勳賢作鎮藩部，貽厥子孫，嗣守其政，非有大故，則無黜免。臣竊惟陛下封之者，愛之重之，欲其胤裔承守，而與國無疆也。臣以爲如詔旨者，陛下思所以安存之，富貴之，然後使爲世官也。古者以堯舜之父，猶有朱、均之子，儻有孩童嗣職，萬一驕愚，則兆庶被其殃，而國家受其敗。正欲絶之，則子文之理猶在；正欲留之，而欒黶之惡已彰。與其毒害於見存之百姓，則寧使割恩於已亡之一臣明矣！然則向所謂愛之者，乃適所以傷之也。臣謂宜賦以茅土，疇其戶邑，必有材器，隨器方授，則雖其翰翮非强，亦可以獲免凶累。昔漢光武不任功臣以吏事，所以終全其代者，良得其術也。願陛下深思其宜，使夫得奉天恩，而子孫終其福禄也。』

十一年六月六日，詔曰：『設官司以制海內，建藩屏以輔王室，莫不明其典章，義存於至理；崇其賢戚，志在於無疆者也。今採按部之嘉名，參建侯之舊制，共理之職重矣，分土之實存矣。已有詔書，陳其至理。繼世垂範，貽厥後昆，維城作固，同符前烈。荆州都督、荆王元景，涼州都督、漢王元昌，徐州都督、徐王元禮，潞州都督、韓王元嘉，遂州都督、彭王元則，鄭州刺史、鄭王元懿，絳州刺史、霍王元軌，虢州刺史、虢王元鳳，豫州刺史、道王元慶，壽州刺史、舒王元名，鄧州刺史、鄧王元裕，幽州都督、燕王靈夔，蘇州刺史、許王元祥，安州都督、吴王恪，相州都督、魏王泰，齊州都督、齊王祐，益州都督、蜀王愔，襄州刺史、蔣王惲，揚州都督、越王貞，並州都督、晉王治，秦州都督、紀王慎等，或地居旦奭，夙聞詩禮，或望乃間平，早稱才藝，並爵崇土宇，寵兼車服。誠孝之心，無忘於造次；風政之譽，克著於期月。宜冠藩垣，胙以休命。其所署刺史，咸令子孫世世承襲。』

又　卷四七《封建雜録下》　貞觀十一年六月十五日，又以司空長孫无忌爲趙州刺史，改封趙國公；尚書左僕射房玄齡爲宋州刺史，改封梁國公；故司空杜如晦密州刺史，封蔡國公；特進李靖爲濮州刺史，改封衛國公；特進高士廉爲申州刺史，改封申國公；趙郡王孝恭爲觀州刺史，改封河間郡王；同州刺史尉遲敬德爲宣州刺史，改封鄂國公；光禄大夫李勣爲蘄州刺史，改封英國公；左驍衛大將軍段志玄爲金州刺史，改封褒國公；左領軍大將軍程知節爲普州刺史，改封盧國公；兵部尚書侯君集爲陳州刺史，改封陳國公；任城王道宗爲鄂州刺史，改封江夏郡王；太僕卿劉弘基爲朗州刺史，改封夔國公；金紫光禄大夫張亮爲澧州刺史，改封鄖國公。詔曰：『周武定業，胙茅土於子孫；漢高受命，誓帶礪于功臣。豈止重親賢之地，崇其典禮；抑亦固磐石之基，寄以藩翰。但今之刺史，古之諸侯，雖立名不同，而監統一也。故申命有司，斟酌前代，宜條委共理之寄，象賢存世及之典。司空无忌等並策名運始，功參締構，卽令子孫，世世承襲，非有大故，無或黜免。餘官食邑並如故。』其後无忌將之國，情皆係戀，不願是行，辭不獲免，謬出怨言，以激上怒，云：『臣披荆棘以事陛下，今海內寧一，乃令世牧外州，復與遷徙何異？』因上表固讓，太宗曰：『割地以封功臣，古今之通義也。意欲公之枝葉，翼朕子孫，長爲藩翰，傳之永久，情在此耳。而公等薄山河之誓，發言怨望，朕亦安可强公以土宇邪？』太子左庶子于志寧以今古事殊，恐非久安之道，上疏爭之，竟從志寧議。二十日，敕五等封加『開國』之稱。

劉秩《政典》曰：『我皇帝思侔前古，永傳後裔。下無山甫將明之才，乃聽百藥偏昧之説。從羣臣之小議，挫爲國之大經。設爵無土，署官不職，王澤不布，人無承化。遂令刑辟未弭，國用不殷，權柄擅於后氏，社稷絶而復存。揆久安之由，在於取順而難爲逆；絶欲奪之原，在於單弱而無所憚。此卽事之明驗也。百藥不詳秦、漢、晉、宋、齊、隋得失之異，謂不足法；復忽淳於、賈、曹、劉、陸成敗之説，委之天命。天之所命，人事而已，棄人事、捨天理、滅聖智、任存亡也。故建侯者，所以正冢嫡，安父子之分，使不相猜貳，豈藩屏王室已哉。夫先王之尚封建也，非止貴於永久，貴其從化而省刑。故郡建則督責，督責則刑生；國開則明教，明教則從化。從化之行，因於封建。封建則諸侯之制與天子備同，備同而禮殺，禮殺然後可宣教化，宣教化則仁義長，仁義長則尊卑別，尊卑別則禍亂息，此封建之所以易爲理也。郡縣之理，可以小寧，不可以久安；可以責成，不可以化俗。嗚呼，上無堯舜猶可也，有堯舜之德，欲廣其澤，捨此何以哉？自漢以降，雖封建失道，然諸侯猶皆就國。今封建子弟，有其名號，而無其國邑，空樹官僚，而無莅事，聚居京輦，食租衣稅，國用所以不足也。』

十六年，皇子年幼者多任都督、刺史，諫議大夫褚遂良上疏曰：『昔兩漢以郡國理人，除郡以外，分立諸子，割土分疆，雜用周制，皇唐州縣，纍依秦法，皇子幼年，或授刺史，陛下豈不以偏王骨肉，鎮捍四方？此之造制，道高前烈。如臣愚見，有小未盡。何者？刺史郡帥，民仰以安。得一善人，部內蘇息；遇一不善，闔州勞弊。是以人君愛恤百姓，常爲擇賢。或稱河潤九里，京師蒙福；或人興歌詠，生爲立祠。漢宣帝云：「與我共理者，惟良二千石乎。」如臣愚見，陛下王子之內，年齒尚幼，未堪臨人者，且留京師，教以經學。一則畏天之威，不敢犯禁；二則觀見朝儀，自然成立。因此積習，漸知爲人。審堪臨州，然後遣出。臣謹按漢明、章、和三帝，能友愛子弟，自茲以降，取爲準的。封立諸王，各有國土，年尚幼小者，召留京師，訓以禮法，垂以恩惠。訖三帝世，諸王數千百人，唯二王稍惡，自餘餐和染教，皆爲善人。此則前代事已驗，惟陛下察焉。』上納之。

大足元年二月，冀州人蘇安恒上疏曰：『臣聞自昔明王之孝理天下者，不見二姓而俱王。當今梁、定、河內、建昌諸王等，承陛下蔭覆，並得封王。臣恐千秋萬歲之後，於事非便，臣請黜爲公侯，任以閒簡。又聞陛下有二十餘孫，今無尺土之封，此非久長之計也。臣請四面都督府，及要衝州郡，分土而王之。縱今年尚幼小，未聞養人之術，臣請擇立師傅，成其孝敬之道。將以夾輔周室，藩屏皇家，使累葉重光，饗祀不輟。斯爲美矣，豈不大哉！』

神龍元年二月十四日，追封后父韋元貞爲上洛郡王，左拾遺賈虛己上疏諫曰：『臣聞孔子曰：「唯名與器，不可以假人。」其非李氏而王，自古盟書所弃。今陛下創制謀始，垂範將來，爲皇王令圖，子孫明鏡。匡復未幾，后族有私，臣雖愚庸，尚知不可，史官執簡，必是直書。先朝贈太原郡王，殷監不遠。如渙汗既行，憚改成命，臣望請皇后抗表固辭，使天下知引讓之風，彤管著沖謙之德。』不納。

其年五月十五日，侍中敬暉等，以唐室中興，武氏諸王宜削其王爵，乃率羣臣上表曰：『臣聞神器者，天下之至公，必歸於有德；王極者，域中之大寶，必順乎天命。歷考前史，詳觀帝業，皆不並興，莫不更王。故三皇氏沒而五帝氏興，夏殷氏息而周漢氏作。何則？帝王之曆數，必應乎五行，水盛則火衰，木衰則金盛。天地之氣運，必順乎四時，春往則夏來，暑退則寒集。則知五行之數，帝王不可違，違之則宗社不安，生人不理。四時之序，天地不能變，變之則霜露不時，水旱交錯。自有隋失御，海內分崩，天曆之重，歸於唐室。萬方樂業，荷撥亂之功；三聖重光，布生成之德。可謂有功於四海，有德於烝人。自則天皇后臨御帝圖，明目達聰，躬親庶政，則有讒邪凶孽，誣惑睿哲，搆害宗枝，誅夷殆盡，忠臣義士，實所痛心。自天授之際，時稱改革，武家子弟，咸預封建，十餘年間，實亦榮極於時。國家屏藩，豈得並封，事有升降，時使然也。今神器大寶，重歸陛下，百姓謳歌，欣復唐業。臣又聞之，業不兩盛，事不兩大，故天無二日，土無二王，前聖之格言，先哲之明誡。自皇階反正，天命維新，武氏諸王，封建依舊。生者既加茅土，死者仍追賦邑，萬夫失望，卿士寒心。何則？開闢已來，空有斯理，帝王之道，實無此法。陛下縱欲開恩，以行私惠，豈可違五行曆數乎，乖四時寒暑乎？又海內衆情，朝廷竊議，爲武氏諸王身計，實將有損。何則？處之未得其所，居之實恐未安。陛下雖欲寵之，翻乃禍之，亦於事未立定分，於理不遵古典故也。且唐曆有歸，周命已去，爵重則難保，禄輕則易全。又武氏諸王，並居京輦，不降舊封，天下之心，竊將不可。陛下縱欲敦崇外戚，曲流恩貸，奈宗廟社稷之計何，奈卿士黎庶之議何？伏願陛下爲社稷之遠圖，割私情之小愛，上崇經邦之要，外順遐邇之心。又故韓、魯、霍、舒、紀、澤等諸王，並遭非命，枉被誅戮，今遺孤餘緒雖罕有存者，繼絶興亡義無或闕。伏望謀擇近親，繼其禋祀，更開茅土，並列於朝，豈不固宗社之本，允人靈之願？則陛下巍巍之業，貫三光而洞九泉；親親之義，上有倫而下有序。臣等並承榮寵，固竭丹衷，既爲唐臣，實爲唐計，伏乞聖慈，俯垂矜納。』疏奏，遂降武三思等爲郡王，懿宗等爲國公。

開元八年五月十八日敕：『準令王妻爲妃，文武官及國公妻爲國夫人，母加「太」字，餘人有官及爵者，聽從高敍。但王者名器，殊恩或頒異姓，妻合從夫，授秩甲令，更無別條，率循舊章，須依往例。自今已後，郡嗣王及異姓王母、妻，宜準令爲妃。』

又 卷九〇《食實封數》 舊例，凡有功之臣賜實封者，皆以課戶，先準戶數，州縣與國官、邑官，執帳供其租調，各準配租調遠近，州縣官司收其腳直，然後付國、邑官司，其下亦準此。入國、邑者，收其庸。

又《緣封雜記》 貞觀二十三年九月八日敕，諸王並宜食一千戶封。霍王元軌常使國令徵封，令自請依諸國賦，貿易取利，元軌曰：『汝爲國令，當正吾失，反説吾以利耶！』

神龍二年七月十四日制：『功臣段志玄、屈突通、蕭瑀、李靖、秦叔寶、長孫順德、劉弘基、宇文士及、錢九隴、程知節、龐卿惲、竇惊、苑君璋、李子和、張平高、張公謹、梁恪仁、安修仁、秦行師、獨孤卿雲、蘇定方、李安遠、鄭仁泰、杜君綽、李孟嘗等二十五家，所食實封，並依舊給。』

其年十一月一日敕：『皇太子在藩府日，所食衛府封物，每年便納東宮。』給事中盧粲駁奏曰：『伏以皇太子處繼明之重，當主鬯之尊，歲時限用，自可有司供擬。又據《周禮》，諸司應財器，歲終則會，唯王及太子不會。此則儲蓄之費，咸與王同。今與列國諸侯齊衡食封，豈所謂憲章古昔，垂法將來者也。』上納其言，十一月五日敕停。

景龍二年九月敕：『諸色應食實封，一定以後，不得輒有移改。』三年，敕：『應食封邑者一百四十餘家，應出封戶凡五十四州。』皆天下膏腴物產。其安樂、太平公主封，又取富戶，不在損免限。百姓著封戶者，甚於征行。十一月，河南巡院、監察御史宋務光上疏曰：『臣聞分珪列土，各有方位，通邑大都，不以封錫，前猷未遠，古義亦深。自頃命侯，稍殊舊式，莫居墝瘠，專擇雄奧。徐州貢土，方色已乖，寢丘辭封，讓德不嗣。且滑州者，國之近甸，密邇帝畿，地出縑紈，人多趨附，所以列縣惟七，分封有五。王賦少於侯租，入家倍於輸國，求諸既往，實所未聞。每科封丁，有甚征藝，因而失業，莫返其居。此土風俗，逃者舊少，頃日波散，良緣封多。伏願稍減封戶，散配餘州，下息疲甿，上尊古制，則公侯不失於采地，流民得還於故鄉。諸州封戶，亦望準此。又徵封使者，往來相繼，既勞傳驛，甚擾公私，請附租庸，每年送納，望停封使，以靜下人，仍編入新格，庶爲永例。又聞五等崇榮，百王盛典，自非荆茅懿戚，寇、鄧鴻勳，無以誓彼山河，酬其爵土。近者封建，頗緣恩澤，功無橫草，人已分茅。遂使沃壤名藩，多入侯國；邑收家稅，半於天府。經費不足，蓋亦有由。竊見武德之初建侯故事，於時天室新定，王業開創，佐命如雲，謀臣如雨，然而封者不過十數人。今禮樂承平，邦家繼世，有象賢舊德之裔，無野戰攻城之勤。至於命封，不合全廣，論功謝於前業；食邑多於往時，既減邊儲，實虧國用。伏惟酌宗周之前訓，咨武德之舊章，地匪宗盟，勳殊社稷，不宜加於實邑，自可寵以虚名，如此則庶績其凝，彝倫攸敘。臣忝當廉問，備採風謠，見此不安，豈敢自默，知必被封家所疾。顧嘗以報國爲心，乞擇愚言，訪諸朝宰，秋毫有益，夕死無憂。』兵部尚書韋嗣立上疏曰：『臣竊見食封之家，其數甚衆。昨聞戶部云，用六十餘萬丁，一丁兩疋，計一百二十萬疋以上。臣頃在太府，知每年庸調絹數，多不過百萬，少則七八十萬以來，比諸封家，所入全少。臣聞自古封茅土，列山河，皆須業著經綸，功申草昧，然後配宗廟之享，承帶礪之恩。往者皇運之初，功臣共定天下，當食封纔祇三二十家。今以恩澤受封，至百十四家以上，國家租賦，大半私門，私門資用有餘，國家支計不足。有餘則或致奢僭，不足則坐致憂危，制國之方，豈謂爲得。封戶之物，諸家是徵，或是官典，或是奴僕，多挾勢騁威，淩蔑州縣，凡是封戶，不勝侵漁。若戶不滿丁，物送太府，封家但於右藏請受，不得輒自徵催，則不免侵漁，人冀蘇息。』

唐隆元年六月十三日敕：『安國相王、鎮國太平公主宜各食一州全封，其州公主自簡。』

太極元年正月制：『皇太子妃王氏，預聞秘策，潛圖義舉，父仁皎食實封三百戶。』

開元三年五月敕：『封家總合送入京，其中有別敕許人就領者，待州徵足，然後一時分付，徵未足間。封家人不得輒到出封州，亦不得因有舉放，違者禁身聞奏。』

四年三月十八日，宰臣奏對：『諸國請自始封至曾孫者，其封戶三分減一。』制可之。

十年十一月敕：『中書門下宜共食實封三百戶，自我禮賢，爲百世法。』其年，加永穆公主封一千戶。初，永穆等各分五百戶，左右以爲太薄，上曰：『百姓租賦者，非吾有也，斯皆宗廟社稷，蒼生是爲爾。邊隅戰士，出萬死不顧一生，所賞賜纔不過一二十疋。此輩何功於人，頓食厚封，約之使知儉嗇，不亦可乎？』左右以長公主皆二千戶，請與比。上曰：『吾嘗讀《後漢書》，見明帝曰：「朕子不敢望先帝，車服皆下之」，未嘗不廢卷歎息，汝奈何欲令此輩望長公主乎？』左右不敢復言。至是，公主等車服殆不給，故加焉。自後公主皆封一千戶，遂成其例。至乾元元年三月一日，諸公主宜各給五百戶，郡主、縣主據元賜戶數三分各給二分，並以宣、越、明、衢、婺等州給。

十一年五月十日敕：『請諸食實封，並以丁爲限，不須一分入官，其物仍令出封州隨庸調送入京，其腳以租腳錢充，並於太府寺納，然後準給封家。』

其年九月十二日敕：『親王、公主等封物，宜隨官庸調，隨駕所在，送至京都賜坊，令封家就坊請受，餘食封家，不在此限，仍令御史一人及太府寺官檢校分付，使給了牒。』

二十二年九月敕：『諸王公以下食封薨，子孫應承襲者，除喪後十分減二，仍具所食戶數奏聞。無後者，百日後除。諸名山大川及畿內縣並不封。』

天寶六載三月六日，戶部奏：『諸道請食封人，準長行旨，三百戶已下，戶部給符就州請受，三百戶已上，附庸使送兩京太府寺賜坊給付者。今緣就州請受，有損於人。今三百戶以下，尚許彼請，公私之間，未免侵擾，望一切送至兩京，就此給付，即公私省便，侵損無由。又準戶部式節文，諸食封人身歿以後，所得封物，隨其男數爲分，承嫡者加一分，至玄孫即不在分限，其封總入承嫡房，一依上法爲分者。若如此，則玄孫諸物，比於嫡男，計數之間，多校數倍，舉輕明重，理實未通。望請至玄孫以下，準玄孫直下一房，許依令式，餘並請停。唯享祭一分，百世不易，自然爭競永息，勳庸無替。』

永泰二年正月十六日敕：『自今已後，子孫襲實封，宜減半，永爲常式。』至三月十八日敕：『應請封家，三分給二分，待兵革稍寧，即當全給。』

大曆十一年九月二十四日敕：『諸公主封物，公主薨後，三年不須停。』

興元元年正月敕：『諸軍諸道諸使應付奉天及進收京城將士等，或百戰摧敵，或萬裏勤王，扞國全城，驅除大憝。濟危難者其節著，復社稷者其業榮。我圖爾功，特加彝典，錫名酬賦，永世無窮，宜並賜名「奉天定難功臣」，其有食實封者，子孫相繼，世世不絕。』

貞元二年五月，故尚父、汾陽王子儀實封二千戶，宜準式減半，餘以分襲。曖可襲代國公，通前襲三百戶；晞可襲二百五十戶；曙可襲二百五十戶；暎可襲二百二十五戶。

七年三月，戶部奏：『伏以周、漢故事，有功即加地，有罪即奪國，即明賞罰，方申沮勸。其犯除名以上罪，有實封，準法合除，比來因循；兼不申舉。自今以後，應實封人，或人緣罪犯，其尚書省及本軍、本使、本貫奏狀，請令並標實封戶數，本配州名同奏，敕下戶部，以爲憑據，其犯徒罪，三分望奪一分，流罪奪一半，除名以上罪，即準法悉除，並以本犯條論，不在減贖之限。其奉特敕貶謫，驗制詞內所犯無正條者，伏請準流罪奪一半。』敕旨依奏。

其年十一月敕：『諸公主每年各給封物七百端疋屯，依舊例，春秋兩限支給；諸郡主每季各賜錢一百貫文；縣主每季各賜錢七十貫文。』

八年八月，戶部奏：『準貞元七年三月二十日敕節文，比來食實封人，多不依令式，皆身歿之後，子孫自申請傳襲。伏請自今以後，並今日以前，應食實封人，並一年內，準式具合襲子孫官品年名，並母氏嫡庶，於本貫陳牒，如無本貫，即於食封人本任、本使申牒，如合襲人有罪疾及身死者，亦限一周年內申牒，請立以次合襲人，仍具家口陳牒，請附籍帳。本貫勘責當家及親近，如實是嫡長，即與責保，準式附貫，然後申省，到後即取文武職事三品正員一人充保。』敕旨：『宜依。』

二十一年七月六日敕：應食實封，其節度使宜令百戶給八百端疋，若是絹，兼給綿六百兩，『伏以食封本因賞功，封之多少，視功之厚薄，不以官位散要，別置等差，其節度使兼宰相，準貞元二十年以前舊例處分。』從之。

元和五年六月，戶部侍郎、判度支李夷簡奏：『應給食實封官，自貞元十三年以後，節度使、宰相，每百戶給八百端疋，若是絹，更給綿六百兩。節度使不兼宰相，每百戶給四百端疋，軍使及金吾諸衛將軍、大將軍，每百戶給三百五十端疋。二十一年七月六日敕：「應食實封，其節度使宜令百戶給八百端疋，若是絹，兼給綿六百兩。」伏以食封本因賞功，封之多少，視功之厚薄，不以官位散要，別置等差。其節度使兼宰相，準貞元二十年以前舊例處分。』從之。

宋·王溥《五代會要》卷一四《司封》 後唐同光二年九月二十八日奏：當司奉今年三月二十八日敕：『內外文武官母、妻，可據品秩高卑封邑號者。』當司檢會舊起請敍封條貫如後：

一、准舊條，應內外文武及致仕官母、妻，敍封進封邑號者，或遇特敕，別加奬封外，其餘官據官階齊五品，母爲縣太君，妻爲縣君；官階齊四品，進封母爲郡太君，妻爲郡君；官階齊三品，母進封爲郡太夫人，妻爲郡夫人。如未經封邑，雖位至三品，亦以從初而敍。近年多於所司陳狀，便請依官品敍封，既非特敕，恐失舊規。其所謂准例封，並請依格條施行。

一、准舊例，應外任，其上州刺史或帶使額都督府，在京諸軍衛將軍、小將軍以上初任，聽准例各與母、妻依品第敍封。其東宮雜五品初任升朝，並中下州刺史，並許至第二任敍封。如自班行及遥郡除授中下州刺史者同，已兩即許聽敍，其他並請准例。

一、諸道節度副使、節察兩使判官，先准起請節文。如曾任五品已上升朝官聽敍封。緣帶使職，不合與諸色帶職官同列。自今後，如全未經封者，許與母、妻一度封敍邑號，仍須官階合格；如更除授歸班官，領郡符，即許進封；如守職就加官階，不在進封之限。今又伏見諸道有奏置行軍司馬並參謀者，其職位實在副倅之上。自此是曾任升朝官並刺史者，亦請節度副使并兩使判官例處分。

一、前資官請與母、妻封進邑號，或多積歲，或曾經殿累停替，皆妄有申請，當司請各立年限，其邑號得替後一年內聽敍，一年外並殿累未改頭銜，並不在申請之限。

一、應諸色官請與母、妻敍封邑號者。竊緣先有文武官授官敕申，並先封邑號敕申，累經散失，無憑檢詳。近者多是身在他處守官，於所司投下公狀，則削去現在頭銜，却稱前任官品。若當司便與申奏，則敕下後所給告牒，年月不同。自此請准前後起請節文，如省司失墜敕申者，京官引驗本官告身敕牒及母、妻前封邑號。告身敕牒如同失墜，即磨勘歷任。如官序顯著，參詳並封不虛，即取登朝官三員充保，仍須結罪使印，方與進封。如是曾任節度、觀察、團練、經略、防禦、刺史等，則責本道進奏知後院狀入案。刺史無知後院，即取使府進奏官狀，並准京官例，取登朝官三員充保。其五府少尹、左右司馬、外道帶職官等，若自班行除授，即准京官例檢勘；若自本道奏薦，即准節度使已下至刺史取進奏官狀詳驗。如無保狀，具歷任經堂陳述，候裁下點檢訖，即卻勒從初封敍。如進擬後再勘，及有人糾告，稱官階及前封邑號謬妄，並在官雜帶職官違礙條格，亦自落職名請敍封者，其本官具名銜申奏，其陳狀句當人申堂取裁。其諸色官並各守條限指揮。其句當人，如與外州府刺史、諸色官句當者，即須繫外州府職名。其所通狀，仍須具鄉貫，兼取本道進奏官連署識認，使本道進奏院印，方可施行。如是京官下句當人，不繫見任、前資，並須是本任官司局人吏句當，仍於狀內分明豎出某司印，兼委本行令史署保，如違格條，不在施行之限。

一、應升朝並諸州刺史、左右司馬、五府少尹，凡與母、妻封邑號事，其中或有進奏官句當人，纔敕下便經省陳乞封敍，當司若便施行，又慮卻有追改，稍或逗撓，即緣恩命已行，官階合格，前後起請節文，未曾條制。自今後京官或身在京除授外官者，並在外除授，或帶職，或諸道奏薦，受官階品職銜合格者，不繫四品五品已上，候印給告身畢日，將至當司引驗，方許據狀封敍。

一、應諸色官階，合格後卻授陵臺令、州縣官，或帶諸雜散職，或授塲監職銜，有礙格條者，卻即引前任階銜論，若一例施行，恐紊條式。自此後，須待再授官階相當，即許敍使，不在以見任不合格例官銜請論進擬之限。

一、准舊例，應諸衛小將軍、上中下等州刺史、都督使額，母、妻封至郡君並止。縱檢校官或階爵至三品，亦不在論請進封之限。如是防禦、團練、經略等使已上，階至三品，許至郡夫人、郡太夫人。其餘諸色官，並請各循元格階品。

一、准舊條，應外任除五府少尹、諸州刺史封敍外，其左右司馬與長史、別駕，一例釐革，不許敍封。自後諸道論請不絶。今勘會大都督左右司馬，與五府少尹資序不殊，自今後請准五府少尹例，特許敍封，仍須檢勘出身，不礙正條，方與聞奏。餘並依元起請條流。

一、准往例，諸道上州長馬別駕、陵臺令、率府諸衛郎將、中郎將、司天五官正，雖是五品，並不在封敍之限。其大理正，先有起請，不許。緣是次對官，即與五官正不同。今請同諸五品例施行。

一、諸色官請與母、妻進封邑號，准舊例，若遇改官加階爵、或加檢校官者，勒句當人於狀内豎出所加官轉階年月，當司檢勘不虚，即與進封。如不遇改官轉階，不在進封之限。

一、文武官封王，爵邑加實封，准舊例，合司封印給敕牒告身。自離亂以來，兵、吏部多錯誤印給。若是因檢校官加階，或因除正官，便封爵邑加實封者，便以文爲首，即合兵、吏部印給。如廻封爵邑實封或封王，事在司封，印給請准例處分。

一、文武常朝官，初請與母、妻封邑，經都省發狀後，當司驗本官告身敕牒。伏緣近日多不便出告身，遂致無憑引證。自此除當司檢兵、吏部中庫勘受官年月日敕頭外，請許通納前任告身，或兩司料錢歷子，分明不虚，并子案牒送門下省，詳驗申奏。

一、當司所給公王封爵承襲告身，如帶同中書門下，使色背金花綾紙；如節察不帶使相者，白背金花綾羅紙；已下諸官，並使白綾紙。其追封并邑號，則不係品位高卑，並使色背金花羅紙。其紙面除内出翰林修寫告身外，不得輒畫龍鳳。又除堂封送到書及國夫人已下敍封告身外，當司所給諸色官員告牒焚黄等，諸選定書寫吏人，并所供綾羅紙三人，各録姓名入案，及給牒知使省號印子爲驗，責免參雜。敕：『宜依。』

長興二年十月敕：『在朝臣僚及藩侯郡守，據禮例合追贈者，新授命後，便於所司投狀，旋與施行。自中興以來，外官曾任朝班，據在朝時品秩格例，合得封贈敍封，未霑恩命者，並與施行。其敍封妻室，品蔭子孫；仍令所司一一具格式申奏。其或應得而不與，應不得而與之，罪在所司。』

晉天福二年四月，中書門下奏：『准二月二十六日敕：「内外臣僚亡父母、祖父母，據品秩未封贈者與封贈，已封贈者三代更加恩命。」按舊制，一品官亡父已上三代，約其子官品第降一等，亡母追封國號，祖母已上第降一等。』敕：『其内外准敕合與三代已下封贈者，並以見居官品比擬，不得第降。付中書門下准此。』其年十二月敕：『應内外文武臣僚，父母在，如子品秩及格，各與加恩。若在朝列者，父與致仕官，母與敍封郡邑號。其外四品以上，節度團練防禦使、刺史，父與致仕官，其餘與同正官，母與敍封郡邑號。如内外官父已有致仕官及同正官，母已曾敍封，子品高者更與加進；如父有職官者，不在此限。餘准格文處分。』

漢天福十二年九月，尚書司封奏：『當司合行事件如後：皇太后三代祖母並追封國太夫人。皇太子三代外祖母、宗室郡國王曾祖母，亦追封國太夫人。中書門下二品及平章事、在朝正一品官、使相曾祖母、祖母亡，並追封國太夫人；如母在，敍母爲國太夫人，妻爲國夫人。已上並在中書施行。東宮一品、尚書省二品、不帶平章事留守節度使祖母，並許追封郡太夫人止；如母在，敍封母爲郡太夫人、妻爲郡夫人止。如曾任皇朝將相，已經追封三代祖父母及已封國太夫人者，依舊施行。東宮二品、西班二品、尚書省三品、御史大夫、中書門下侍郎、太常卿亡母，並追封郡太夫人止；如母在，敍封爲郡太夫人，妻爲夫人止。如曾任皇朝將相，已經追封三代、兩代祖父母及已封國太夫人者，依舊施行。母應致仕官如未致仕日曾任五品以上正官，合得敍封者，與據品秩施行，嫡母、正室即許封敍，如非嫡、繼及正室，不在論請封敍之限。應諸色官請與母、妻敍封，須候官階齊即得。如官及所封官高，並許施行。』敕：『從之。』

乾祐元年二月二十九日敕：『應文武内外官員，有父、母見在合得加恩敍封者，不在官階品齊，但見居官品合與父加恩、母敍封進封者，便公主，皆視正一品。皇太子之女，封郡主，視從一品。王之女，封縣主，視正二品。王母妻，爲妃。一品及國公母妻，爲國夫人。三品已上母妻，爲郡夫人。四品母妻，爲郡君。五品若勳官三品有封，母妻爲郡君。散官並同職事。勳官四品有封，母妻爲鄉君。其母邑號，皆加太字，各視其夫、子之品。若兩有官爵者，從其高。若内命婦，一品之母，爲正四品郡君；二品之母，爲從四品郡君；三品四品之母，並爲正五品縣君。凡婦人，不因夫及子而別加邑號，夫人云某品夫人，郡君爲某品郡君，縣君、鄉君亦然。凡庶子，有五品已上官，皆封嫡母。無嫡母，封所生母。凡二王後夫人，職事五品已上，散官三品已上，王及國公母妻，朝參各視其夫及子之禮。凡親王，孺人二人，視正五品，媵十人，視正六品。嗣王、郡王及一品，媵十人，視從六品。二品，媵八人，視正七品。三品及國公，媵六人，視從七品。四品，媵四人，視正八品。五品，媵三人，視從八品。降此外皆爲妾。凡皇家五等親，及諸親三等，存亡升降，皆立簿書籍，每五年一造。除附之制，並載于宗正寺。

五品已上正官，合得敍封者，與據品秩施行，嫡母、正室卽許封敍，如非嫡、繼及正室，不在論請封敍之限。應諸色官請與母、妻敍封，須候官階齊卽得。如官及所封官高，並許施行。敕：『從之。』

乾祐元年二月二十九日敕：『應内外文武官員，有父、母見在合得加恩敍封者，不在官階品齊，但見居官品合與父加恩、母敍封進封者，便與施行，餘准前敕。』其年七月三日，尚書省奏：『准赦書節文，在朝文武臣僚，父、母在者並與進封，内有父在見任官，母合敍封否？中書帖吏部廢置司，令具新舊敕例。父在見守官，得承子蔭加恩，及父在母敍封、追封，合加「太」字事例申上。吏部廢置司以前後格敕内，祇言父、母許與加恩，卽不說父在見守官，及前任得承子蔭加恩例。司封以檢詳前後敕例，凡母皆加「太」字，存歿並同，卽不說父在不加「太」字。近例有中書舍人艾穎，於天福五年十二月任殿中侍御史，父在，繼母李封縣君，不加「太」字。尚書司門郎中尹倔，於天福八年三月任尚書倉部員外郎，父在，母宋封縣君，不加「太」字。』奉敕：『應内外臣僚，如父准恩敕合承子蔭加恩者，父未曾有官，卽量與致任官，見任亦自該恩赦，又難用子蔭，如已去任，願授致仕官者，亦可施行，卽不得就加恩命。其

與施行，餘准前敕。』其年七月三日，尚書省奏：『准赦書節文，在朝文武臣僚，父、母在者並與進封，内有父在見任官，母合敍封否？中書帖吏部廢置司，令具新舊敕例。父在見守官，得承子蔭加恩，及父在母敍封、追封，合加「太」字事例申上。吏部廢置司以前後格敕内，祇言父、母許與加恩，卽不說父在見守官，及前任得承子蔭加恩例。司封以檢詳前後敕例，凡母皆加「太」字，存歿並同，卽不說父在不加「太」字。近例有中書舍人艾穎，於天福五年十二月任殿中侍御史，父在，繼母李封縣君，不加「太」字。尚書司門郎中尹倔，天福八年三月任尚書倉部員外郎，父在，母宋封縣君，不加「太」字。』奉敕：『應内外臣僚，如父准恩敕合承子蔭加恩者，父未曾有官，卽量與致仕官，見任亦自該恩赦，又難用子蔭，如已去任，願授致仕官者，亦可施行，卽不得就加恩命。其父在母承子蔭敍封、追封，合加「太」字與不合加，雖有艾穎、尹倔近例，恐是一時特恩，別無敕例，宜令尚書省集議奏聞，永爲常式。』尚書省奏議曰：『臣等詳本司前後敕條，凡母皆加「太」字，存歿並同。此卽是父歿，母存卽敍封，追封内加「太」字，母歿追封，亦加「太」字，故云存歿並同。若是父在，據敕格不載爲母加「太」字之文。若以近敕，因子貴與父命官，父自有官，卽妻從夫品，可以封妻。父在不合以其子蔭加母「太」字；若雖有因子之官其品尚卑，未得蔭妻，敍封亦不合用子蔭之限。』從之。

《舊唐書》卷四三《職官志二》 司封郎中一員，從五品上。隋曰主爵郎，武德因之。龍朔二年改爲司封大夫，光宅改司封郎中也。司封員外郎一員，從六品上。主事二人，從九品上。令史四人，書令史九人，掌固四人。司封郎中、員外郎之職，掌國之封爵，凡有九等。一曰王，正一品，食邑一萬戶。二曰郡王，從一品，食邑五千戶。三曰國公，從一品，食邑三千戶。四曰郡公，正二品，食邑二千戶。五曰縣公，從二品，食邑一千五百戶。六曰縣侯，從三品，食邑一千戶。七曰縣伯，正四品，食邑七百戶。八曰縣子，正五品，食邑五百戶。九曰縣男，從五品，食邑三百戶。凡名山大川，及畿內諸縣，皆不以封。至郡公有餘爵，聽迴授子孫。其國公皆特封。凡天下觀有定數。每觀立三綱，以道德高者充。凡三元諸齋日，修金籙、明眞等齋。凡道士、女道士簿籍，三年一造。凡外命婦之制，皇之姑，封大長公主，皇姉妹，封長公主，皇女，封

父在母承子蔭敍封、追封，合加「太」字與不合加，雖有艾穎、尹偲近例，恐是一時特恩，別無敕例，宜令尚書省集議奏聞，永爲常式。』尚書省奏議曰：『臣等詳本司前後敕條，凡母皆加「太」字，存歿並同。此卽是父歿，母存卽敍封，進封內加「太」字，母歿追封，亦加「太」字，故云存歿並同。若是父在，據敕格不載爲母加「太」字之文。若以近敕，因子貴與父命官，父自有官，卽妻從夫品，可以封妻。父在不合以其子蔭加母「太」字；若雖有因數之官，其品尚卑，未得蔭妻，敍封亦不合用子蔭之限。』從之。

宋·宋敏求《唐大詔令集》卷六二《大臣·册國公·册高士廉改封申國公文》 維貞觀某年月日甲子，皇帝若曰：於戲！昔周建五等，漢班六條，經邦之制既弘，載祀之祚惟永。是以樊侯申伯，功成藩翰；喬卿叔節，績宣刺擧。惟爾特進吏部尚書許國公高士廉，識宇宏正，風鑑秀激，地惟姻戚，材稱棟幹。雲雷在運，參霸圖於艱難；龜鼎有歸，奉王猷於獻替。廊廟推重，縉紳佇德。總方牧之寄，勝殘播美；綜銓衡之職，得人流詠。固以聲高多士，功書太常，桐柏作鎮，渦淮設險，形勝之地，允屬勳賢。是用命爾爲使持節申州諸軍事申州刺史，改封申國公。傳之子孫，世爲唐輔。往欽哉！率循典禮，勉固誠節，垂裕來葉，以保黎庶。可不愼歟。

又 《册李勣改封英國公文》 維貞觀某年月日甲子，皇帝使某官持節册命曰：於戲！列爵者必俟茂勳，設官者咸資懿德。所以翼贊王室，宏宣帝載，惟爾光禄大夫行並州大都督府長史太子左衛率曹國公李勣，識量恢宏，風略宏遠，忠以奉上，信以立身。獻款西歸，邶鄘風美，分麾東略，虢鄭景從。預艱難於藩邸，參經綸而方面。南定惟揚，北清大漠，威振殊俗，動書册府。及入司禁旅，出帥藩鎮，勞勤表於夙夜，功用成於期月。蘄黄之地，濱帶江淮，鎮捍之重，允屬功烈。是用命爾爲使持節蘄州諸軍事蘄州刺史，改封英國公。任重六條，地優五等，爲朕藩屏，傳爾子孫。往欽哉！其祇膺朝命，克固臣節，勤恤黎元，垂裕後世。可不愼歟。

又 《册程知節改封盧國公文》 維貞觀某年月日甲子，皇帝使某官某副使某官某持節册命曰：於戲！蓋宣條作牧，胙土建侯，共治是寄，藩翰斯在。惟爾左領軍大將軍檢校原州都督宿國公程知節，志懷鋭穎，氣含强果，業預艱難，效宣行陣。入司禁衛，勤誠著於軒陛；出鎮方隅，惠化洽於黎俗。疇庸有典，式隆寵命。是用命爾爲使持節朗州諸軍事朗州刺史，改封盧國公。傳之子孫，長是藩屏。往欽哉。爾其戎典謨之訓，固臣子之節，勤修政道，以貽爾後。可不愼歟。

又 《册侯君集改封陳國公文》 維貞觀某年月日甲子，皇帝若曰：於戲！夫經邦之道，必資長策，利建之義，式固無窮。是以周之列國，祚世藩屏；漢之功臣，永垂帶礪。惟爾兵部尚書潞國公侯君集，體業貞固，識量恢凱，任切腹心，寄深文武。草昧惟始，奉一匡於藩朝；光華在運，典九伐於禮樂。入陪禁中，出臨閫外，贊嘉謀於樽俎，掃逋寇於遐荒。誠量歲寒，勳勤庸器，宛丘之地，實惟舊鎮，胙土作牧，允屬朝望。是用命爾爲使持節陳州諸軍事陳州刺史，改封陳國公。傳之子孫，世爲唐輔。往欽哉。爾其克固臣節，思勗王度，夙夜匪懈，無替典則。可不愼歟！

宋·鄭樵《通志》卷五一《職官一·歷代官制要略·封爵》 隋，有國王，郡王，國公，郡公，縣公，侯，伯，子，男，凡九等。唐，國王，郡王，國公，郡公，開國郡公、縣公，開國侯、伯、子、男，凡九等。並無其土，加實封者乃給租庸。自武德至天寶，實封者百餘家。自至德至大曆三年，實封者二百六十五家。

清·嵇璜等《續通典》卷二三《職官一·封爵》 唐，王，正一品。嗣王、郡王、國公，從一品。開國郡公，正二品。開國縣公，從二品。開國縣侯，從三品。開國縣伯，正四品。開國縣子，正五品。開國縣男，從五品。凡上、皇兄弟、皇子，皆封國爲親王。皇太子子，爲郡王。親王之子，承嫡者爲嗣王，諸子爲郡公。以恩進者封郡王，襲郡王嗣王者，封國公。按《通典·封爵》內載，唐國王、郡王、國公、郡公、開國郡公、縣公、開國縣侯、伯、子，凡九等。今考史所載，略異。或係天寶後更定，而史不傳其年月，因並詳之。

五代多沿唐制，其時封王及郡王國公者爲多。梁李仁福封朔方王，葛從周封陳留郡王，高萬興封渤海郡王，馮行襲封長樂郡王，後唐封張全義爲齊王，晉桑維翰封魏國公，周高行周封齊王。

論說

宋・范祖禹《唐鑑》卷四《太宗二》　臣祖禹曰：柳宗元有言曰：『封建非聖人意也，勢也。』蓋自上古以來有之，聖人不得而廢也。故制其爵位之等，爲之禮命之數，合之以朝覲會同，離之以師長牧伯，而後可治也。周室既衰，併爲十二，列爲六七，而封建之禮已亡。秦以詐力一天下，剗滅方國以爲郡縣。三代之制，不可再復矣。後世唯知周之長久，而不知所以長久者，由其德，不獨以封建也。必欲法上古而封之，弱則不足以藩屏，强則必至於僭亂。此後世封國之弊。且堯舜有天下，猶不能私其子，況諸侯之後嗣，或賢或不肖，而必使之繼世，是以一人而害一國也。然則如之何，記曰：『禮時爲大，順次之。』三代封國，後世郡縣，時也。因時制宜，以便其民，順也。古之法不可用於今，猶今之法不可用於古也。後世如有王者親親而尊賢，務德而愛民，慎擇守令以治郡縣，亦足以致太平而興禮樂矣。何必如古封建，乃爲盛哉！

清・王夫之《讀通鑑論》卷二〇《唐太宗》　太宗以荆王元景、長孫無忌等爲諸州刺史，子孫世襲，而無忌等不願受封，足以達人情矣。夫人之情，俾其子孫世有其土，世役其民，席富貴於無窮，豈有不欲者哉？知其適以殄絶其苗裔而禍天下，苟非至愚，未有不視爲陷阱者也。周之大封同姓與功臣也，聖如周公，賢如呂、召，而固不辭，其餘非不知居内之安，而無不利有其國以傳之奕世，何至如無忌等之以免受茅土爲幸乎？時爲之，則人安之，時所不可爲，非貪叨無已、懷姦欲叛者，固永終知敝而不願也。

馬周曰：『孩童嗣職，萬一驕愚，兆庶被殃，國家受敗。』則不忍毒害見存之百姓，寧割恩於已亡之一臣；稍有識者，固聞之而寒心也。故夫子之論治，參《魯論》而居其一，而不及於封建，作《春秋》，明王道，而郕、郳之受爵不登於策，城衛遷杞皆不序其功。然則當春秋之世，固有不可復行者矣，況後世乎？柳宗元之論出，泥古者猶競起而與爭；勿庸爭也，試使之行焉，而自信以必行否也？太宗曰：『割地以封功臣，古今通義，而公薄之，豈强公以茅土邪？』强人而授之國，爲天下嗤而已矣，惡足辯？

又　卷二四《唐德宗》　漢有推恩之詔，則賜民爵，不知當時天下何以位置此盈廷盈野之有爵者也。或者承三代之餘，方五十里之小國，卿、大夫、士亦林立於比閭之中，民之無爵者，遂不得比數於人類，漢亦聊以此謝其觖望邪？無禄之爵，無位之官，浮寄于君子野人之間，而天下不亂者，未之有也。

德宗蒙塵梁、漢，國儲已空，賞無可行，以爵代賞，陸敬輿曰：『所謂假虚名以佐實利者也。』夫爵而僅以佐利之窮，名而詭於虚以誘人之悦，天子尚誰與守官，而民志亦奚以定乎？且夫唐之所以自喪其柄而亂生不已者何邪？輕虚名以召實禍也。一降賊而平章矣，御史大夫矣，其去天子直尋丈之間耳。李惟岳之求節鉞，德宗固曰：『賊本無資，假我位號以聚衆耳。』是明知爵命之適以長亂矣。時蹙勢窮，不得已而又用之，則人主之能操魁柄以制四方者，誠難矣哉！

獻瓜果之民，賜以試官，敬輿以爲不可，誠不可矣。要其實，豈但獻瓜果者乎？奏小功小效於軍中，而驟予以崇階，使與功臣能吏相齒以進，下傲上，賤妨貴，以一日之微勞，掩生平之大節，甚則伶人廝養陵乘清流積閥之間，又惡足以勸忠而鼓士氣哉？敬輿此論，猶爭於其末而遺其本也。賊以利啗，我以名餌，術相若矣；利實名虚，勢不敵矣。夫亦恃唐祚未窮，而朱滔、李懷光皆猥陋，人無固志耳；不然，是術也，允足以亡矣。

慎重其賞，則一縑亦足以明恩，一級固足以昭貴；如其氾濫無紀，人亦何用此告身以博酒食邪？故當多事之秋，倍重名器之予，非吝也；禄以隨爵，位以隨官，則效節戮力以拔自寒微、登於顯秩者，無近功而有大利，固無患人之不勸也。德宗始於吝而終於濫，中無主而一發遂不能收，敬輿欲挽之而不能邪？抑其謀之未足以及此邪？爵冗名賤，欲望天下之安，必不可得之數也。

品官分部

綜述

《隋書》卷二八《百官志下》 三師、王、三公，爲正一品。

上柱國、郡王、國公、開國郡縣公，爲從一品。

柱國、太子三師、特進、尚書令、左右光禄大夫、開國侯，爲正二品。

上大將軍、尚書左右僕射、雍州牧、金紫光禄大夫，爲從二品。

大將軍，吏部尚書，太常、光禄、衛尉等三卿，太子三少，納言，内史令，左右衛、左右武衛、左右武候、領左右等大將軍，禮部、兵部、都官、度支、工部尚書，宗正、太僕、大理、鴻臚、司農、太府等六卿，上州刺史，京兆尹，秘書監，銀青光禄大夫，開國伯，爲正三品。

上開府儀同三司，散騎常侍，左右衛、武衛、武候、領左右、監門等將軍，國子祭酒，御史大夫，將作大匠，中州刺史，親王師，朝議大夫，爲從三品。

驃騎將軍，開府儀同三司，太常、光禄、衛尉等三少卿，太子左右衛、宗衛、内等率，尚書吏部侍郎，給事黄門侍郎，太子左庶子，宗正、太僕、大理、鴻臚、司農、太府等少卿，下州刺史，已前上階。内史侍郎，太子右庶子，通直散騎常侍，左右監門郎將，朝散大夫，開國子，爲正四品。

上儀同三司，尚書左丞，太子左右衛、宗衛、内等副率，左右監門率，上郡太守，雍州別駕，親王府長史，太子家令，率更令，僕，内侍，城門校尉，已前上階。尚書右丞，上鎮將軍，雍州贊務，直閤將軍，親王府司馬，諫議大夫，爲從四品。

車騎將軍，儀同三司，内常侍，秘書丞，國子博士，散騎侍郎，太子内舍人，太子左右監門副率，員外散騎常侍，上州長史，親王府諮議參軍事，開國男，已前上階。尚食、尚藥、典御，上州司馬，爲正五品。

著作郎，通直散騎侍郎，中郡太守，直寢，太子洗馬，中州長史，奉車都尉，已前上階。都水使者，治書侍御史，大興、長安令，大理司直，直齋，太子直閤，京兆郡丞，中州司馬，中鎮將，上鎮副，内給事，駙馬都尉，親王友，員外散騎侍郎，爲從五品。

翊軍、翊師將軍，尚書諸曹侍郎，内史舍人，下郡太守，大都督，親王府掾屬，下州長史，已前上階。四征將軍，征東、征南、征西、征北。三將軍，内軍、鎮軍、撫軍。大理正、監、評，千牛備身左右，左右監門校尉，内尚食典御，符璽監，御府監，殿内監，太子内直監，下州司馬，下鎮將，中鎮副，爲正六品。

四平將軍，平東、平南、平西、平北。四將軍，前軍、後軍、左軍、右軍。通事舍人，親王文學，帥都督，左右領軍府長史，太子直寢，親王府主簿，親王府録事參軍事，太子門大夫，給事，上縣令，已前上階。冠軍、輔國二將軍，太子舍人，直後，三寺丞，親王府功曹、記室、倉戶曹參軍事，城門直長，太子直齋，太子副直監，太子典内，左右領軍府司馬，下鎮副，爲從六品。

鎮遠、安遠二將軍，員外散騎侍郎，御醫，左右衛、武衛、武候、領左右等府長史，親衛，親王府諸曹參軍事，已前上階。建威、寧朔二將軍，六寺丞，秘書郎，著作佐郎，太子千牛備身，太子備身左右，尚食、尚藥、左右監門等直長，太子通事舍人，左右衛、武衛、武候、領左右等府司馬，都督，太子典膳、藥藏等監，太子齋帥，上戍主，爲正七品。

寧遠、振威二將軍，左右監門府長史，太子左右衛、宗衛等率，左右虞候，左右内率等府長史，符璽、御府、殿内等直長，上州録事參軍事，左右領軍府掾屬，親王府東西閤祭酒，中縣令，上郡丞，太子親衛，將作丞，勳衛，親王府參軍事，上鎮長史，已前上階。伏波、輕車二將軍，太學、太常二博士，武騎常侍，奉朝請，國子助教，親王府諸曹行參軍，太子直後，太子左右監門直長，大興、長安縣丞，太子侍醫，侍御史，太史令，上州諸曹參軍事，左右監門府、太子左右衛、左右宗衛、左右虞候、左右内率等司馬，上鎮司馬，爲從七品。

宣威、明威二將軍，協律郎，都水丞，殿内將軍，太子左右監門率府長史，別將，下縣令，中郡丞，中州録事參軍事，上上州諸曹行參軍事，親王府行參軍，左右領軍府録事參軍事，中鎮長史，太子内坊丞，太子勳衛，已前上階。襄威、厲威二將軍，殿内御史，掖庭、宫闈二令，上署令，公車、郊社、太廟、太祝、平准、太樂、驊騮、武庫、典客、鉤盾、左藏、太倉、左尚方、右尚方、司染、典農、京市、太官、鼓吹。太子左右監門率府司馬，中州諸曹參軍事，左右衛、武衛、武候等府録事參軍事，左右領軍府諸曹參軍事，内尚食丞，中戍主，上戍副，爲正八品。

威戎、討寇二將軍，四門博士，主書，門下録事，尚書都事，監察御史，内謁者監，上關令，中署令，太醫、右藏、黄廟、乘黄、龍廟、衣冠、守宫、華林、上林、掌冶、導官、左校、右校、牛羊、典牧。下郡丞，下州録事參軍事，中州諸曹行參軍，備身，左右衛、武衛、武候、領左右等府諸曹參軍事，左右領軍府諸曹行參軍，太子左右衛、宗衛、率等府録事參軍事，下鎮長史，太子翊衛，已前上階。盪寇、盪難二將軍，親王府長兼行參軍及典籤，員外將軍，統軍，太子三寺丞，中關令，奚官、内僕二令，下署令，諸陵、崇玄、太卜、車府、清商、司儀、肴藏、良醖、掌醢、甄官、廪犧。上津尉，下州諸曹參軍事，左右衛、武衛、武候等府諸曹行參軍，領左右府鎧曹行參軍，左右監門、太子左右衛、宗衛等率，左右虞候，左右内率等府諸曹參軍事，掌船局都尉，上鎮諸曹參軍事，上縣丞，上郡尉，爲從八品。

殄寇、殄難二將軍，太學助教，太子備身，大理寺律博士，諸校書郎，都水參軍事，内史録事，内謁者令，内寺伯，中縣丞，下關令，中津尉，下州諸曹行參軍，上州行參軍，左右監門府鎧曹行參軍，太子左右衛、宗衛、虞候府等諸曹行參軍，太子左右内率府鎧曹行參軍，左右領軍府行參軍，中鎮諸曹參軍事，上鎮士曹行參軍，中郡尉，已前上階。掃寇、掃難二將軍，殿内司馬督，太子食官、典倉、司藏等令，尚食、尚醫、軍主、太史、掖庭、宫闈局等丞，上署丞，太子左右監門率府諸曹參軍事，中州行參軍，左右衛、武衛、武候等府行參軍，上州典籤，下戍主，上關丞，太子典膳、藥藏等局丞，下郡尉，典客署掌客，司辰師，爲正九品。

曠野、横野二將軍，掖庭局宫教博士，太祝，太子廄牧令，太子校書，下縣丞，中署丞，左右監門率府鎧曹行參軍，下州行參軍，中州典籤，左右監門府、太子左右衛、宗衛、虞候、率府等行參軍，正字，太子内坊丞直，中關、上津丞，下鎮諸曹參軍事，中鎮士曹行參軍，上縣尉，已前上階。偏、裨二將軍，四門助教，書算學博士，奉禮郎，員外司馬督，幢主，奚官、内僕等局丞，下署丞，下州典籤，内謁者局丞，中津丞，中縣尉，太子正字，太史監候，太官監膳，御府局監事，左右校及掖庭監作，太史司曆，諸樂師，爲從九品。

又有流内視品十四等：

行臺尚書令，爲視正二品。

上總管，行臺尚書僕射，爲視從二品。

中總管，行臺諸曹尚書，爲視正三品。

下總管，爲視從三品。

行臺尚書左右丞，爲視從四品。

同州總監，隴右牧總監，爲視從五品。

行臺諸曹侍郎，爲視正六品。

上柱國、嗣王、郡王、柱國府長史、司馬，諮議參軍事，鹽池總監，同州、隴右牧總副監，王、二王後國令，爲視從六品。

上大將軍、大將軍府長史、司馬，上柱國、嗣王、郡王、柱國府掾屬，嗣王文學，公國令，王、二王後大農尉、典衛，爲視正七品。

上開府、開府府長史、司馬，上大將軍、大將軍府掾屬，上柱國、嗣王、郡王、柱國府諸曹參軍事，鹽池總副監，鹽州牧監，諸屯監，國子學生，侯、伯國令，公國大農尉、典衛，雍州薩保，爲視從七品。

上儀同、儀同府長史、司馬，上大將軍、大將軍府諸曹參軍事，上柱國、嗣王、郡王、柱國府參軍事，諸曹行參軍，行臺諸監，同州諸監，鹽池四面監，皮毛監，岐州監，同州總監、隴右牧監等丞，諸大冶監，雍州州都主簿，子、男國令，侯、伯國大農尉、典衛，王、二王後國常侍，爲視正八品。

行臺尚書都事，上開府、開府府諸曹參軍事，上大將軍、大將軍府參軍事，諸曹行參軍，上柱國、嗣王、郡王、柱國府行參軍，五岳、四瀆、吴山等令，鹽池四面副監，諸皮毛副監，行臺諸副監，諸屯副監，諸中冶監，諸緣邊交市監，鹽池總監丞，諸州州都主簿，雍州西曹書佐、諸曹從事，京兆郡正功曹，太學生，子、男國大農、典衛，爲視從八品。

開府府法曹行參軍，上儀同、儀同府諸曹參軍事，上大將軍、大將軍府行參軍，上柱國、嗣王、郡王、柱國府典籤，同州諸副監，岐州副監，諸小冶監，鹽州牧監丞，諸大冶監丞，諸緣邊交市副監，諸郡正、功曹，京兆郡主簿，諸州西曹書佐、祭酒從事，雍州部郡從事，公國常侍，王、二王後國侍郎，公主家令，諸州胡二百戶已上薩保，爲視正九品。

儀同府法曹行參軍，上開府、開府府行參軍，上大將軍、大將軍府典籤，上儀同、儀同府行參軍，上開府府臺籤，行臺諸監丞，鹽池四面監丞，皮毛監丞，諸中冶監丞，四門學生，諸郡主簿，諸州部郡從事，雍州武猛從事，大興、長安縣正、功曹、主簿，侯、伯、子、男國常侍，公國侍郎，爲視從九品。

又有流外勳品、二品、三品、四品、五品、六品、七品、八品、九品之差。又視流外，亦有視勳品、視二品、視三品、視四品、視五品、視六品、視七品、視八品、視九品之差。極於胥吏矣，皆無上下階云。

京官正一品，禄九百石，其下每以百石爲差，至正四品，是爲三百石。從四品，二百五十石，其下每以五十石爲差，至正六品，是爲百石。從六品，九十石，以下每以十石爲差，至從八品，是爲五十石。食封及官不判事者，並九品，皆不給禄。其給皆以春秋二季。刺史、太守、縣令，則計戶而給禄，各以戶數爲九等之差。大州六百二十石，其下每以四十石爲差，至於下下，則三百石。大郡三百四十石，其下每以三十石爲差，至於下下，則百石。大縣百四十石，其下每以十石爲差，至於下下，則六十石。其禄唯及刺史二佐及郡守、縣令。【略】

煬帝即位，多所改革。三年定令，品自第一至於第九，唯置正從，而除上下階。

唐·杜佑《通典》卷一九《職官一》 隋置九品，品各有從。自四品以下，每品分爲上下，凡三十階，自太師始焉，謂之流內。流內自此始焉。煬帝除上下階，唯留正、從各九品。又置視正二品至九品，品各有從，自行臺尚書令始焉，謂之視流內。視流內自此始。

大唐自流內以上，並因隋制。又置視正五品、視從七品，以署薩寶及正袚，謂之視流內。又置勳品九品，自諸衛録事及五省令史始焉，謂之流外。流外自此始。勳品自齊梁即有之。

又 卷三九《職官二十一·秩品四》 隋官品令： 此開皇中制也。至煬帝，除上下階，唯留正從九品。其餘官品，亦多升降。

流內

正一品

太師　太傅　太保　王爵　太尉公　司徒公　司空公

從一品

上柱國　郡王爵　國公爵　開國郡公爵　開國縣公爵

正二品

柱國　太子太師　太子太傅　太子太保　特進　尚書令　左右光禄大夫　開國侯爵

從二品

上大將軍　尚書左右僕射　雍州牧　金紫光禄大夫

正三品

大將軍　吏部尚書　太常卿　光禄卿　衛尉卿　太子少師　太子少傅　太子少保　納言　內史令　左右衛大將軍　左右武衛大將軍　左右武候大將軍　領左右大將軍　禮部尚書　兵部尚書　都官尚書　度支尚書　工部尚書　宗正卿　太僕卿　大理卿　鴻臚卿　司農卿　太府卿　上州刺史　京兆尹　秘書監　銀青光禄大夫　開國伯爵

從三品

上開府儀同三司　散騎常侍　左右衛將軍　左右武衛將軍　左右武候將軍　領左右將軍　左右監門將軍　國子祭酒　御史大夫　將作大匠　中州刺史　親王師　朝議大夫

正四品

驃騎將軍　開府儀同三司　太常少卿　光禄少卿　衛尉少卿　太子左右衛率　太子左右宗衛率　太子左右內率　尚書吏部侍郎　給事黃門侍郎　太子左庶子　宗正少卿　太僕少卿　大理少卿　鴻臚少卿　司農少卿　太府少卿　下州刺史

以前上階

內史侍郎　太子右庶子　通直散騎常侍　左右監门郎將　朝散大夫　開國子爵

從四品
上儀同三司　尚書左丞　太子左右衛副率　太子左右宗衛副率　太子左右內副率　太子左右監門率　上郡太守　雍州別駕　親王府長史　太子家令　太子率更令　太子僕　內侍　城門校尉
以前上階
尚書右丞　上鎮將　雍州贊治　直閤將軍　親王府司馬　諫議大夫
正五品
車騎將軍　儀同三司　內常侍　秘書丞　國子博士　散騎侍郎　太子內舍人　太子左右監門副率　員外散騎常侍　上州長史　親王府諮議參軍
開國男爵
以前上階
尚食典御　尚藥典御　上州司馬
從五品
著作郎　通直散騎侍郎　中郡太守　直寢　太子洗馬　中州長史　奉車都尉
以前上階
都水使者　治書侍御史　大興、長安令　大理司直　直齋　太子直閤　京兆郡丞　中州司馬　中鎮將　上鎮副　內給事　駙馬都尉　親王友　員外散騎侍郎
正六品
翊軍將軍　翊師將軍　尚書諸曹侍郎　內史舍人　下郡太守　大都督　親王府掾屬　下州長史
以前上階
四征將軍東南西北。　三將軍內軍、鎮軍、撫軍。　大理正、監、評　千牛備身左右　左右監門校尉　內尚食典御　御府監　符璽監　殿內監　太子內直監　下州司馬　下鎮將　中鎮副
從六品
四平將軍平東、平西、平南、平北。　四將軍前軍、後軍、左軍、右軍。　通事舍人　親王文學　帥都督　左右領軍府長史　太子直寢　親王府主簿　親王府録事參軍　太子門大夫給事　上縣令
以前上階
冠軍將軍　輔國將軍　太子舍人　直後　三寺丞　親王府功曹、記室、倉戶曹等參軍　城門直長　太子直齋　太子副直監　太子典內　左右領軍府司馬　下鎮副
正七品
鎮遠將軍　安遠將軍　員外散騎侍郎　御醫　左右衛府長史　左右武衛府長史　左右武候府長史　領左右府長史　親衛　親王府諸曹參軍事
以前上階
建威將軍　寧朔將軍　六寺丞　秘書郎　著作佐郎　太子千牛備身　太子備身左右尚食直長　尚藥直長　左右監門直長　太子通事舍人　左右衛府司馬　左右武衛府司馬　領左右府司馬　左右武候府司馬　都督　太子典膳監　太子藥藏監　太子齋帥　上戍主
從七品
寧遠將軍　振威將軍　左右監門府長史　太子左右衛率府長史　太子左右宗衛率府長史　太子左右內率府長史　太子左右虞候府長史　符璽直長　御府直長　殿內直長　上州録事參軍　左右領軍府掾屬　親王府東西閤祭酒中縣令　上郡丞　太子親衛　將作丞　勳衛　親王府參軍事　上鎮長史
以前上階
伏波將軍　輕車將軍　太學博士　太常博士　武騎常侍　奉朝請　國子助教　親王府諸曹行參軍　太子直後　太子左右監門直長　大興、長安縣丞　太子侍醫　侍御史太史令　上州諸曹參軍　左右監門府司馬　太子左右衛率府司馬　太子左右宗衛率府司馬　太子左右虞候府司馬　太子左右內率府司馬　上鎮司馬
正八品
宣威將軍　明威將軍　協律郎　都水丞　殿內將軍　太子左右監門率府長史　別將　下縣令　中郡丞　中州録事參軍　上州諸曹行參軍　親王府行參軍　左右領軍府録事參軍　中鎮長史　太子內坊丞　太子勳衛
以前上階
襄威將軍　厲威將軍　殿中侍御史　掖庭令　宮闈令　上署令公車、

郊社、太廟、太祝、平准、太樂、驊騮、武庫、典客、鉤盾、左藏、太倉、太官、左尚方、右尚方、司染、典農、京市、鼓吹。　太子左右監門率府司馬　中州諸曹參軍　左右衛府録事參軍　左右武衛府録事參軍　左右武候府録事參軍　左右領軍府諸曹參軍　內尚食丞　中戍主　上戍副

從八品

威戎將軍　討寇將軍　四門博士　主書　門下録事　尚書都事　監察御史　內謁者監　上關令　中署令太醫、右藏、黃藏、守宮、華林、上林、乘黃、龍廄、衣冠、左校、右校、牛羊、掌冶、導官、典牧。　下郡丞　下州録事參軍　中州諸曹行參軍　備身　左右衛府諸曹參軍　左右武衛府諸曹參軍　左右領左右府諸曹參軍　左右武候府諸曹參軍　左右領軍府諸曹行參軍　太子左右衛率府録事參軍　太子左右宗衛府録事參軍　下鎮長史　太子翊衛

以前上階

盪寇將軍　盪難將軍　親王府長兼行參軍　親王府典籤　員外將軍　統軍　太子三寺丞　中關令　奚官令　內僕令　下署令諸陵、肴藏、崇玄、太卜、車府、清商、司儀、良醞、掌醢、甄官、廩犧。　上津尉　下州諸曹參軍　左右衛府諸曹行參軍　左右武衛府諸曹行參軍　左右武候府諸曹行參軍　領左右府鎧曹行參軍　左右監門府諸曹參軍　太子左右衛率府諸曹參軍　太子左右宗衛率府諸曹參軍　太子左右虞候府諸曹參軍　太子左右內率府諸曹參軍　掌船局都尉　上鎮諸曹參軍　上縣丞　上郡尉

正九品

殄寇將軍　殄難將軍　太學助教　太子備身　大理寺律博士　諸校書郎　都水參軍內史録事　內謁者令　內寺伯　中縣丞　下關令　中津尉　下州諸曹行參軍　上州行參軍　左右監門府鎧曹行參軍　太子左右衛率府諸曹行參軍　太子左右宗衛率府諸曹行參軍　太子左右虞候府諸曹行參軍　太子左右內率府鎧曹行參軍　左右領軍府行參軍　中鎮諸曹參軍　上鎮士曹行參軍　中郡尉

以前上階

掃寇將軍　掃難將軍　殿內司馬督　太子食官令　太子典倉令　太子司藏令　尚醫　軍主　太史丞　掖庭局丞　宮闈局丞　上署丞　太子左右監門率府諸曹參軍　中州行參軍　左右衛府行參軍　左右武衛府行參軍　左右武候府行參軍　上州典籤　下戍主　上關丞　太子典膳丞　太子藥藏丞　下郡尉　典客署掌客　司辰師

從九品

曠野將軍　橫野將軍　掖庭局宮教博士　太祝　太子廄牧令　太子校書　下縣丞　中署丞　左右監門率府鎧曹行參軍　下州行參軍　中州典籤　左右監門府行參軍　太子左右衛率府行參軍　太子左右宗衛率府行參軍　太子左右虞候府行參軍　正字　太子內坊丞直　中關丞　上津丞　下鎮諸曹參軍　中鎮士曹行參軍　上縣尉

以前上階

偏將軍　裨將軍　四門助教　書學博士　算學博士　治禮郎　員外司馬督　幢主　奚官局丞　內僕局丞　下署丞　下州典籤　內謁者局丞　中津丞　中縣尉　太子正字　太史監候　太官監膳　御府局監　左右校署監作　掖庭局監作　太史曹司曆　諸樂師

視流內

視正二品：　行臺尚書令　視從二品：　上總管　行臺尚書僕射　視正三品：　中總管　行臺諸曹尚書　視從三品：　下總管　視從四品：　行臺尚書左右丞　視從五品：　同州總監　隴右牧總監　視正六品：　行臺諸曹侍郎　視從六品：　上柱國、嗣王、郡王、柱國府長史司馬　上柱國、嗣王、郡王、柱國府諮議參軍　鹽池總監　同州總副監　隴右牧總副監　王、二王後國令　視正七品：　上大將軍、大將軍府長史，司馬上柱國、嗣王、郡王、柱國府掾屬　嗣王文學　公國令　王、二王後大農尉，典衛　視從七品：　上開府、開府長史，司馬　上大將軍、大將軍府掾屬　上柱國、嗣王、郡王、柱國府諸曹參軍事　鹽池總副監　鹽州牧監　諸屯監　國子學生　侯伯國令　公國大農尉、典衛　雍州薩保　視正八品：　上儀同、儀同府長史，司馬　上大將軍、大將軍府諸曹參軍事　上柱國、嗣王、郡王、柱國府參軍　上柱國、嗣王、郡王、柱國府諸曹行參軍　行臺諸監　同州諸監　鹽池四面監　皮毛監　岐州監　同州總監丞　隴右牧總監丞　諸大冶監　雍州州都、郡正、主簿　子男國令　侯伯國大農尉、典衛　王、二王後國常侍

視從八品：行臺尚書、都事　上開府、開府諸曹參軍　上大將軍、大將軍府參軍事　上大將軍、大將軍府諸曹行參軍　上柱國、嗣王、郡王、柱國府行參軍　五嶽、四瀆、吳山令　鹽池四面副監　皮毛副監　諸州州都、主簿　行臺諸副監　諸屯副監　諸中冶監　諸緣邊交市監　鹽池總監丞　雍州西曹書佐、諸曹從事　京兆郡正、功曹　太學學生　子男國大農、典衛　視正九品：開府法曹行參軍　上儀同、儀同府諸曹參軍　上大將軍、大將軍府行參軍　上柱國、嗣王、郡王、柱國府典籤　同州諸副監　岐州副監　諸小冶監　鹽州牧監丞　諸大冶監丞　諸緣邊交市副監　諸郡正、功曹　京兆郡主簿　雍州部郡從事　諸州西曹書佐、祭酒從事　公國常侍　王、二王後國侍郎　公主家令　諸州胡二百戶以上薩保　視從九品：儀同府法曹行參軍　上開府、開府行參軍　上大將軍、大將軍府典籤　上儀同、儀同府行參軍　上開府典籤行臺諸監丞　鹽池四面監丞　皮毛監丞　諸中冶監丞　四門學生　諸郡主簿　諸州部郡從事　雍州武猛從事　大興長安縣正、功曹　大興長安縣主簿　侯伯國常侍　子男國常侍　公國侍郎

右內外文武員凡萬二千五百七十六人。內官二千五百八十一員，外官郡縣九千九百九十五員。又內職掌醫師、卜師、巫覡、掌醞、獸醫、博士、京市長、麴倉督並太學學生、刻漏生、千牛、門尉、門候之事令史及外職掌郡縣佐史、族正、里正等，總十八萬三千三百六十一人。內千六百六十四人，外十八萬一千六百九十七人。都計內外文武官及胥總十九萬五千九百三十七人。煬帝三年定令，品自第一至第九，唯置正從，而除上下階。又定朝之班序，以品之高卑爲列。品同則以省府爲前後，省府同則以局署为前後。

又　卷四〇《職官二十二·秩品五》　大唐官品：開元二十五年制定。

流內

正一品

太師　太傅　太保　太尉　司徒　司空　王爵

從一品

開府儀同三司文散　太子太師　太子太傅　太子太保　驃騎大將軍武散　嗣王、郡王爵　國公爵

正二品

特進文散　輔國大將軍武散　開國郡公爵　上柱國勳

從二品

尚書左右僕射　太子少師　太子少傅　太子少保　京兆河南太原府牧　大都督　大都護　光祿大夫文散　鎮軍大將軍武散　開國縣公爵　柱國勳

正三品

侍中　中書令　吏部尚書　左右衛、左右驍衛、左右武衛、左右威衛、左右領軍衛、左右金吾衛、左右監門衛、左右羽林軍、左右千牛衛等大將軍　戶部、禮部、兵部、刑部、工部尚書　太子賓客　太常卿　太子詹事　中都督　上都護　金紫光祿大夫文散　冠軍大將軍武散　懷化大將軍　上護軍勳

從三品

御史大夫　秘書監　光祿、衛尉、宗正、太僕、大理、鴻臚、司農、太府卿　左右散騎常侍　國子祭酒　殿中監　少府監　將作大匠　諸衛羽林千牛將軍　下都督　上州刺史大都督府長史　大都護府副都護　親王傅　銀青光祿大夫文散　開國侯爵　雲麾將軍武散歸德將軍　護軍勳

正四品

黃門侍郎　中書侍郎　尚書左丞　尚書吏部侍郎　太常少卿　太子左庶子　太子少詹事　太子左右衛、左右司禦、左右清道、左右內率、左右監門率府率　中州刺史　軍器監　上都護府副都護　上府折衝都尉　正議大夫文散　開國伯爵　忠武將軍武散　上輕車都尉勳

以前上階

尚書右丞　尚書中司侍郎　太子右庶子　太子左右諭德　左右千牛衛、左右監門衛中郎將　親勳翊衛羽林中郎將　下州刺史　通議大夫文散　壯武將軍武散

從四品

秘書少監　八寺少卿　殿中少監　太子家令　太子親勳翊衛中郎將　太子左右衛、司禦、清道、內率、監門副率　太子率更令　太子僕　內侍　大都護府、親王府長史　太中大夫文散　宣威將軍武散　輕車都尉勳

以前上階

國子司業　少府少監　將作少匠　京兆河南太原府少尹　上州別駕　大都督大都護府、親王府司馬　中府折衝都尉　中大夫文散　明威將軍武散

正五品

諫議大夫　御史中丞　國子博士　給事中　中書舍人　太子中允　太子左右贊善大夫　都水使者　萬年長安河南洛陽太原晉陽奉先縣令　親勳翊衛羽林郎將　中都督、上都護府長史　親王府諮議參軍　親王府典軍　中散大夫文散　開國子爵　定遠將軍武散　上騎都尉勳

以前上階

太子中舍人　尚食、尚藥奉御　太子親勳翊衛郎將　內常侍　中都督上都護府司馬中州別駕　下府折衝都尉　朝議大夫文散　寧遠將軍武散

從五品

尚書左右司諸司郎中　秘書丞　著作郎　太子洗馬　殿中丞　尚衣、尚舍、尚乘、尚輦奉御　獻陵、昭陵、乾陵、恭陵、定陵、橋陵等令　親王府副典軍　下都督府、上州長史下州別駕　朝請大夫文散　開國男爵凡九等　游騎將軍武散　騎都尉勳

以前上階

大理正　太常丞　太史令　內給事　太子典內　上牧監　下都督府、上州司馬　駙馬都尉　奉車都尉　親王友　宮苑總監　上府果毅都尉　朝散大夫文散　遊擊將軍武散

正六品　太學博士　太子詹事丞　太子司議郎　太子舍人　中州長史　親勳翊衛校尉太子典膳藥藏郎　京兆、河南、太原府諸縣令　鎮軍兵滿二萬人以上司馬　朝議郎文散　昭武校尉武散　驍騎尉勳　親王府掾屬　武庫中尚署令　諸衛左右司階　中府果毅都尉

以前上階

千牛備身　備身左右　太子文學　下州長史　中州司馬　內謁者監　中牧監　上牧副監　上鎮將　承議郎文散　昭武副尉武散

從六品

起居郎　起居舍人　尚書諸司員外郎　八寺丞　大理司直　國子助教　城門郎符寶郎　通事舍人　秘書郎　著作佐郎　侍御醫　諸衛羽林長史　兩京市令　下州司馬　左右監門校尉　親勳翊衛旅帥　親王文學　親王府主簿、記室、録事參軍諸州上縣令　諸率府左右司階　鎮軍兵不滿二萬人司馬　奉議郎文散　振威校尉武散　飛騎尉勳

以前上階

侍御史　少府、將作、國子監丞　太公廟令　太子內直、典設、宮門郎　司農寺諸園苑監　王府校尉　下牧監　宮苑總監副監　互市監　中牧副監　下府果毅都尉　通直郎文散　振威副尉武散

正七品

四門博士　詹事司直　左右千牛衛長史　尚食、尚藥直長　太子左右衛、司禦、清道率府長史　軍器監丞　太子千牛　諸州中縣令　親勳翊衛隊正　京兆河南太原府司録參軍　大都督大都護府録事參軍　親勳翊衛副隊正　中鎮將　親王府諸曹參軍親衛　朝請郎文散　致果校尉武散　雲騎尉勳

以前上階

尚衣、尚舍、尚乘、尚輦直長　太子通事舍人　內寺伯　京兆河南太原府、大都督、大都護府諸曹參軍　中都督、上都護府録事參軍　諸倉、諸冶、司竹、温湯監　諸衛左右中候　上府別將、司史　上鎮副　下鎮將　下牧副監　宣德郎文散　致果副尉武散

從七品

殿中侍御史　左右補闕　太常博士　太學助教　門下省録事　尚書都事　中書省主書　九寺主簿　太子詹事主簿　左右監門直長　太子左右內率、監門率府長史　太子侍醫　太子三寺丞　都水監丞　諸州中下縣令　親王府東西閤祭酒　京縣丞　下都督府、上州録事參軍　中都督、上都護府諸曹參軍　中府別將、長史　中鎮副　勳衛太子親衛　朝散郎文散　翊麾校尉武散　武騎尉勳　凡二十轉

以前上階

太史局丞　御史臺、少府、將作、國子監主簿　掖庭、宮闈局令　上署令郊社、太樂、鼓吹、太醫、太官、左藏、乘黃、典廄、典客、上林、太倉、平准、常平、左尚、右尚、典牧。　諸州下縣令　太廟諸陵署丞　司農寺諸園苑副監　太子左右監門直長　宮苑總監丞　下都督府諸曹參軍　太子內坊丞

親王國令　公主家令　上州諸司參軍　親王府旅帥　下府別將、長史　下鎮副　諸屯監　諸率府左右中候　鎮軍兵滿二萬人以上諸曹判司　諸折衝府校尉宣義郎文散　翊麾副尉武散

正八品

監察御史　協律郎　諸衛羽林録事參軍　中署令鉤盾、右藏、織染、掌冶。中州録事參軍　翊衛　太子勳衛　大醫署醫博士　太子典膳藥藏丞　軍器監主簿　武庫署丞兩京市署丞　上牧監丞　親王府執仗　執乘親事　鎮軍兵不滿二萬以上諸曹判司　給事郎文散　宣節校尉武散

以前上階

奚官、內僕、內府局令　下署令太卜　廩犧　珍羞　良醞　掌醢　守宮　武器　車府　司儀　崇玄　導官　左校　中校·右校　甄官　河渠　弩坊　甲坊　備身　諸衛羽林諸曹參軍　中州諸司參軍　親王府、京兆河南太原府、大都督大都護府參軍　尚藥局司醫　京兆河南太原諸縣丞　太子內直宮門局丞　太公廟丞　諸宮農圃監　互市監丞　司竹副監　司農寺諸園苑監丞　靈臺郎　上戍主　諸衛左右司戈　徵事郎文散　宣節副尉武散

從八品

左右拾遺　太醫署針博士　四門助教　左右千牛衛録事參軍　下州録事參軍　諸州上縣丞　中牧監丞　京縣主簿　太子左右衛、司禦、清道、內率府録事參軍　中都督、上都護府參軍　太子翊衛　親王府行參軍　京兆河南太原府、大都督府博士　諸倉、諸冶、司竹、溫湯監丞　保章正　諸折衝府旅帥　承奉郎文散　禦侮校尉武散

以前上階

大理評事　律學博士　太醫署丞　太子左右春坊録事　左右千牛衛諸曹參軍　內謁者　太子左右衛、司禦、清道率府諸曹參軍　太子備身　下州諸司參軍　太子諸署令　掖庭、宮闈局丞　都水監主簿　中書、門下、尚書都省，兵部、吏部、考功、禮部主事　上署丞　下都督府、上州參軍　中都督、下都督府、上州博士　諸州中縣丞　親王府典籤　京縣尉　親王國大農　公主家丞　親王府隊正　諸屯監丞　上關令　上府兵曹　上鎮倉曹、兵曹參軍　挈壺正　中戍主　上戍副　諸率府左右司戈　承務郎文散　禦侮副尉武散

正九品

校書郎　太祝　太子左右內率、監門率府録事參軍　太子內坊典直　中署丞　典客署掌客　親勳翊衛府羽林兵曹參軍　岳瀆令　諸津令　下牧監丞　諸州中下縣丞　中州博士　京兆河南太原府諸縣主簿　武庫署監事　儒林郎文散　仁勇校尉武散

以前上階

正字　太子校書　奚官、內僕丞　內府局丞　下署丞　尚食局食醫　尚藥局醫佐　尚輦局掌輦　尚乘局奉乘、司庫、司廩　太史局司辰　典廄署主乘　太子左右內率、監門率府諸曹參軍　太子三寺主簿、詹事府録事　太子親勳翊衛府兵曹參軍　諸州下縣丞　諸州上縣主簿　中州參軍　下州博士　京兆河南太原府諸縣尉　上牧監主簿　諸宮農圃監丞　中關令　中府兵曹　親王國尉　上關丞　諸衛左右執戟　中鎮兵曹參軍　下戍主　諸折衝隊正　登仕郎文散　仁勇副尉武散

從九品

尚書、御史臺、秘書省、殿中省主事　奉禮郎　律學助教　太子正字　弘文館校書太史局司曆　太醫署醫助教　京兆河南太原府九寺少府將作監録事　都督、都護府、上州録事市令　宮苑總監主簿　諸州中下縣主簿　中牧監主簿　諸州上縣中縣尉　下府兵曹　文林郎文散　陪戎校尉武散

以前上階

內侍省主事　國子監、親王府録事　太子左右春坊主事　崇文館校書　書學博士　算學博士　門下典儀　太醫署按摩、呪禁博士　太卜署卜博士　太醫署針助教　太醫署醫正　太卜署卜正　太史局監候　親王國丞　太子典倉署園丞　太子廄牧署典乘　掖庭局宮教博士　太子諸署丞　諸監作諸監事計官　太官署監膳　太樂鼓吹署樂正　親王府隊副　大理寺獄丞　下州參軍　中州下州醫博士　諸州中下縣尉　京縣録事　下牧監主簿　下關令　中關丞　諸衛羽林長上　公主邑司録事　諸津丞　下鎮兵曹參軍　諸折衝府隊副　諸率府左右執戟　將仕郎文散　凡十九階　陪戎副尉　武散　凡二十九階

視流內

視正五品：　薩寶

視從七品：　薩寶府祆正祆，呼煙反。祆者，西域國天神，佛經所謂摩醯首羅也。武德四年，置祆祠及官，常有羣胡奉事，取火呪詛。貞觀二年，置波斯寺。至天寶四年七月，敕：『波斯經教出自大秦，傳習而來，久行中國。爰初建寺，因以爲名，將欲示人，必脩其本。其兩京波斯寺宜改爲大秦寺。天下諸州郡有者，亦宜准此。』開元二十年七月敕：『未摩尼法，本是邪見，妄稱佛教，誑惑黎元，宜嚴加禁斷。以其西胡等既是鄉法，當身自行，不須科罪者。』

流外

勳品勳品自齊梁以來有之。

諸衛、都水監、羽林軍録事　尚書、中書、門下省、御史臺令史　太子內坊、三寺、諸率府録事諸楷書手　太常寺謁者　司儀署諸典書　河渠署河隄謁者　太醫署醫針師　內侍省寺人

二品

太卜署卜助教　秘書、殿中、內侍省令史　城門、符寶、弘文館令史　通事令史　尚書、門下、中書省、御史臺書令史　太常寺祝史　宮苑總監録事　太子左春坊掌儀　典客署典客　親勳翊衛府録事　太史局漏刻博士　太子內坊廐尉　御史臺殿中令史

三品　城門、符寶書令史　秘書、殿中、內侍省、御史臺書令史　九寺、少府、將作、軍器監府、都水、宮苑總監府、京及東都市、平准、諸陵署録事　諸牧園苑監録事　諸倉監、諸關津録事　太子親勳翊衛府録事　諸衛羽林軍府、太子詹事府令史　尚食局主食　太子左右春坊令史　秘書、殿中、內侍省諸局書令史　內侍省內典引　尚藥局太醫署按摩呪禁師　太常寺贊引　太醫署醫工、針工　太卜署卜師諸計史　率更寺漏刻博士　諸王府國司録事

四品

太子詹事府左右春坊令史　太子內坊令史　九寺、少府、將作、國子、軍器監史　太子三寺、諸率府、諸署、農圃監、諸牧園苑監府、諸都護府、都水、宮苑總監史　諸衛羽林軍史 太子左春坊諸局書令史　太子典膳局主食　太子右春坊諸局書令史　門下省主寶、主符　太醫主藥　門下、中書省傳制　太子率更寺掌漏　太子內坊閤郎　親王率府　太醫署按摩呪禁工　御史臺監察史

五品

太子內書令史　太子三寺、諸率府史　大理寺司直平事史　諸署農圃監　諸牧園苑監史　諸都護府史　太子諸署府、宮門局內閤人內掌扇　太子內坊道客舍人　太官署監膳史　良醞署掌醞　掌醢署主醢　諸典事　親勳翊衛率府史　大理寺獄史　親王府史　太子左右春坊傳令史　親王國司府

六品

親勳翊衛府史　諸倉關津府史　太子親勳翊衛率府史　太醫署藥園師　諸亭長　太子諸署史、園史　太子內坊內閹人　親王國司史　公主邑司史

七品

太子親勳翊衛府史　門下省主節　諸掌固　大史監（歷）［曆］生　天文觀生　諸倉關津史親王府典軍下史　諸倉計史

八品

守宮署掌設

九品

國子學、太公廟幹　諸輦者

視流外

勳品：　薩寶府祓祝

四品：　薩寶府率

五品：　薩寶府史

右內外文武官員凡萬八千八百五。文官萬四千七百七十四，武官四千三十一，內官二千六百二十，外官州縣、折衝府、鎮、戍、關、廟、岳、瀆等萬六千一百八十五。內職掌：　齋郎、府史、亭長、掌固、主膳、幕士、習馭、駕士、門僕、陵戶、樂工、供膳、獸醫、學生、執御、門事、學生、後士、魚師、監門校尉、直屯、備身、主仗、典食、監門直長、親事、帳內等。外職掌：　州縣倉督、録事、佐史、府史。典獄：　門事、執刀、白直、市令、市丞、助教、津吏、里正及岳廟齋郎並折衝府旅帥、隊正、隊副等。總三十四萬九千八百六十三。內三萬五千一百七十七，外三十一萬四千六百八十六。都計文武官及諸色胥史等，總三十六萬八千六百六十八人。制爲九

品，各有從。自四品以下，亦分上下階，大抵多因隋制。三品以上紫衣，金魚袋，五品以上緋衣，銀魚袋，皆執象笏。七品以上綠衣，九品以上青衣，皆木笏。光宅元年，青衣爲碧。武太后時，改五品以上銅魚袋。中宗反正，從舊。初武太后天册萬歲中制，文武官加階應入五品者，並須入仕曆十六考以上，無私犯，進階之時見居六品官及七品官以上清官者。其應入三品者，取入仕三十二考以上，並無私犯，進階之時見居四品官者。自外從計偕者，應入仕，並不在進階限。如有奇才異行別效殊功者，不拘此例。

睿宗景雲二年，監察御史韓琬上疏曰：『量事置官，量官置人，使官稱其人，須人不虛位。除此之外，使其耕桑，任其商賈，何爲引令入仕，廢其本業。臣愚以爲國家開仕進之門廣矣，皆棄農桑工商而身趨之。當今一夫耕而供數百人食，一婦蠶而供數百人衣，遂使公私皆無儲蓄。若不釐革，其弊必甚。』

《舊唐書》卷四二《職官志一》 正第一品

太師、太傅、太保、太尉、司徒、司空已上職事官。王。爵。《武德令》有天策上將，九年省。

從第一品

開府儀同三司、文散官。開府儀同三司及特進不帶職事官者，朝參祿俸並同職事，仍隸吏部也。太子太師、太子太傅、太子太保，已上職事官。驃騎大將軍、武散官。嗣王、郡王、國公。爵。

正第二品

特進、文散官。輔國大將軍、武散官。開國郡公、爵。《武德令》唯有公、侯、伯、子、男，貞觀十一年加開國之稱也。上柱國。勳官。《武德令》有尚書令，龍朔二年省，自是正第二品無職事官。

從第二品

尚書左右僕射、太子少師、太子少傅、太子少保，京兆河南太原等七府牧，大都督，揚、幽、潞、陝、靈。大都護、單于、安西。已上職事官。光祿大夫、文散官。鎮軍大將軍、武散官。開國縣公、爵。柱國。勳官。

正第三品

侍中、中書令、吏部尚書、舊班在左相上，《開元令》移在下。門下侍郎、中書侍郎、舊班正四品上，大曆二年升。左右衛、左右驍衛、左右武衛、左右威衛、左右領軍衛、左右金吾衛、左右監門衛、左右羽林軍、左右龍武，左右英武六軍大將軍、左右千牛衛大將軍、自左右衛已下，並爲武職事官。戶部禮部兵部刑部工部尚書、武德令，禮部次吏部，兵部次之，民部次之。貞觀年改以民部次禮部，兵部次之。則天初又改以戶部次吏部，禮部次之，兵部次之。太子賓客、舊兼職無品，開元前令定入官品也。太常卿、宗正卿、天寶初昇入正三品也。太子詹事、左右散騎常侍、舊班從三品，廣德年昇。內侍監、唐初舊制，內侍省無三品官，內侍四員，秩四品。天寶十三年十二月，玄宗以中官高力士、袁思藝承恩遇，特置內侍監兩員，秩三品，以授之。中都督、上都護、已上除八大將軍。並爲文職事官。金紫光祿大夫、文散官。冠軍大將軍、武散官。懷化大將軍、顯慶三年置，以授初附首領，仍隸諸衛也。上護軍。勳官。

從第三品

御史大夫、舊班在秘書監九卿下，《開元令》移在上。秘書監、光祿、衛尉、太僕、大理、鴻臚、司農、太府卿、國子祭酒、殿中監、少府監、將作監、諸衛羽林，入正三品。千牛龍武將軍、下都督、上州刺史、京兆河南太原等七尹、舊雍、洛長史從四品上，景雲二年加秩爲從三品也。五大都督府長史、舊從四品上，景雲二年加秩爲從三品。大都護府副都護、舊正四品上，開元令加入從三品。親王傅、已上並職事諸官。衛羽林、千牛龍武將軍爲武，餘並爲文。銀青光祿大夫、文散官。開國侯、爵。雲麾將軍、武散官。歸德將軍、顯慶三年置，以授初附首領，仍隸諸衛也。護軍。勳官。《武德令》有天策上將府長史、司馬，九年省也。

正第四品上階

門下侍郎、中書侍郎、舊正四品下階，《開元令》加入上階也。尚書左丞、永昌元年進爲正三品，如意元年復舊。吏部侍郎、武德七年省諸司侍郎，吏部郎中爲四品上。貞觀三年復置侍郎，其吏部郎中復舊爲五品下。太常少卿，太子左庶子、太子少詹事、太子左右衛、左右司禦、左右清道、左右內率、左右監門率府率、中州刺史、軍器監、武德初爲正三品，七年省，八年復置，九年又省，十年復置北都軍器監。上都護府副都護、上府折衝都尉、《武德令》統軍正四品下，後改爲折衝都尉。垂拱令始分爲上中下府，改定官品。自此已上職事官。率及折衝爲武，餘並爲文也。正議大夫、文散官也。開國伯、爵。忠武將軍、武散官。上輕車都尉。勳官。

正第四品下階

尚書右丞、永昌元年進爲從三品，如意元年復舊。諸司侍郎、太子右庶子、左右諭德、左右千牛衛、左右監門衛中郎將、親勳翊衛羽林中郎將、下州刺史、《武德令》，中下州刺史，正四品，下州刺史，從四品上。貞觀令，一切爲下州，加入正四品下。自此已上職事官。中郎將爲武，餘並爲文也。通議大夫、文散官。壯武將軍。武散官。

從第四品上階

秘書少監、八寺少卿、殿中少監、太子左右衛、司禦、清道、內率、監門副率、太子親勳翊衛中郎將、太子家令、太子率更令、太子僕、內侍、大都護親王府長史、已上職事官。府率、中郎將爲武，餘並爲文。太中大夫、文散官。宣威將軍、武散官。輕車都尉。勳官。

從第四品下階

國子司業、少府少監、將作少匠、京兆河南太原府少尹、大都督府大都護府親王府司馬、上州別駕、已上職事文官。《武德令》，上州別駕正五品上。二十三年爲長史，前上元年，復置別駕，定入從四品也。中府折衝都尉、武職事官。中大夫、文散官。明威將軍。武散官。《武德令》有天策上將府從事中郎，九年省。

正第五品上階

諫議大夫、御史中丞、《武德令》，從五品上。《貞觀令》，加入正五品上，五年又加入四品。如意元年復舊也。國子博士、給事中、中書舍人、太子中允、太子左右贊善大夫、都水使者、萬年長安河南洛陽太原晉陽奉先會昌縣令、武德元年，敕萬年、長安令爲正五品上。七年定令，改爲從五品。貞觀初復舊也。親勳翊衛羽林郎將、中都督府上都護府長史、親王府諮議參軍事、《武德令》，正五品下也。軍器少監、太史少監。親王府典軍、已上職事官。郎將、典軍爲武，餘並爲文，《永徽令》，親王典軍從四品下。《垂拱令》改入五品也。中散大夫、文散官。開國子、爵。定遠將軍、武散官。上騎都尉。勳官。

正第五品下階

太子中舍人，尚食尚藥奉御、太子親勳翊衛郎將、內常侍、中都督上都護府司馬、中州別駕、下府折衝都尉、已上職事官。郎將、折衝爲武，餘並爲文也。朝議大夫、文散官。寧遠將軍。武散官。武德令有天策上將軍諮祭酒，九年省。

從第五品上階

尚書左右諸司郎中、《武德令》，吏部郎中正四品上，諸司郎中正五品上。貞觀二年，並改爲從五品上也。秘書丞、《武德令》，正五品上。永徽令改也。著作郎、太子洗馬、殿中丞、尚衣尚舍尚乘尚輦奉御、獻陵昭陵恭陵橋陵八陵令、武德，諸陵令從七品下，永徽二年加獻、昭二陵令，爲從五品。已後諸陵並相承依獻、昭二陵也。親王府副典軍、下都督府上州長史、下州別駕、已上職事官。典軍爲武，餘並爲文也。朝請大夫、文散官。開國男、爵。遊擊將軍、武散官。騎都尉。勳官。舊有太公廟令，武德年七品下，永徽二年加從五品上，開元二十四年省也。

從第五品下階

大理正、太常丞、太史令、內給事、太子典內、舊正六品上，開元令改。下都督府上州司馬、《武德令》，上州治中正五品下，貞觀初改。親王友、武德令，正五品下也。宮苑總監、上牧監、上府果毅都尉、已上職事官。果毅爲武散，餘並爲文。駙馬都尉、奉車都尉、並武散官，駙馬自近代已來，唯尚公主者授之。奉車，有唐已來無其人。朝散大夫、文散官。遊擊將軍。武散官。武德令有天策上將府主簿、記室、參軍。九年省。神龍令有庫谷、斜谷監也。

正第六品上階

太學博士、《武德令》，從六品已上，貞觀年改。太子詹事府丞、太子司議郎、太子舍人、中郡長史、武德令，中州別駕從五品上，貞觀年改也。太子典膳藏郎、京兆河南太原府諸縣令、武德元年敕，雍州諸縣階從五品上，七年定令改。親王府掾屬、《武德令》，從五品下也。武庫中尚署令、武德令依上署令，從七品下，太極年改武庫令階，開元年改中尚令階。諸衛左右司階、中府果毅都尉、鎮軍兵滿二萬人已上司馬、已上職事官，司階、果毅爲武，餘並爲文也。親勳翊衛校衛、衛官。朝議郎、文散官。昭武校尉、武散官。驍騎尉。勳官。

正第六品下階

千牛備身左右、衛官已上，王公已下高品子孫起家爲之。太子文學、下州長史、武德中，下州別駕，正六品，貞觀二十三年，改爲長史丞。永淳元年，諸州置別駕官。天寶八載停別駕，下郡置長史。後上元二年，諸州置別駕，不廢下府長史也。中州司馬、《武德令》，中州治中，從五品下，《貞觀令》改。內謁者監、中牧監、上牧副監、已上文職事官。上鎮將、武職事官。《武德令》，從四品下也。承議郎、文散官。昭武副尉。武散官。武德令有天策上將府諸曹參軍事，九年省也。

從第六品上階

起居郎、起居舍人、尚書諸司員外郎、《武德令》，吏部員外郎正六品上，諸司員外郎正六品下。貞觀二年改。八寺丞、大理司直、國子助教、《武德令》，從七品上。城門符寶郎、通事舍人、秘書郎、《武德令》，正七品上。著作佐郎、《武德令》，正七品上。侍御醫、《武德》、《乾封令》，正七品上。《神龍令》，從六品下。開元改。諸衛羽林長史、兩京市署令、武德四年進爲從五品上，七年定令，復舊也。下州司馬、《武德令》，中下州治中，正六品下。親王文學、主簿、記室、録事參軍、武德令，親王府文學已上，並正六品下也。諸州上縣令、已上文職事官。諸率府左右司階、武職事官。鎮軍兵不滿二萬人司馬、文職事官。左右監門校尉、親勳翊衛旅帥、衛官。奉議郎、文散官。振威校尉、武散官。飛騎尉。勳官。

從第六品下階

侍御史、舊從七品上，《垂拱令》改。少府將作國子監丞、太子内直典設宫門郎、太公廟令、司農寺諸園苑監、沙苑監、下牧監、宫苑總監副、互市監、中牧副監、已上文職事官。下府果毅都尉、武職事官。親王府校尉、衛官。通直郎、文散官。振威副尉。武散官。

正第七品上階

四門博士、詹事司直、左右千牛衛長史、尚食尚藥直長、太子左右衛司禦清道率府長史、軍器監丞、諸州中縣令、京兆河南太原府司録參軍事、大都督大都護府録事參軍事、親王府諸曹參軍、已上文職事官。《武德令》，親王府功曹、倉曹、戶曹、兵曹參軍事，從五品下，騎曹、鎧曹、田曹、士曹、水曹參軍事等，七品下也。中鎮將、武職事官。武德令，從五品下。太子千牛、親勳翊衛隊正副隊正、已上衛官。朝請郎、文散官。致果校尉、武散官。雲騎尉。勳官。

正第七品下階

尚衣尚舍尚乘尚輦直長、太子通事舍人、内寺伯、京兆河南太原府大都督大都護府諸曹參軍、中都督上都護府録事參軍事、諸倉諸冶司竹温湯監、諸衛左右中候、上府別將、《武德令》，別將正五品上，後改爲果毅。聖曆三年復置別將。上府長史、《武德令》，統軍長史正八品下也。上鎮副、《武德令》，從五品下。下鎮將、《武德令》，正六品下。下牧副監、已上職事官。中候、別將、鎮副、鎮將爲武，餘並爲文也。宣德郎、文散官。致果副尉。武散官。《武德令》又有天策上將府參軍事，九年省。又有鹽池鹽井監、諸王百司問事謁者。

從第七品上階

殿中侍御史、《武德》至《乾封》令，並正八品上，垂拱年改。左右補闕、太常博士、太學助教、《武德令》，從八品下也。門下録事、中書主書、尚書都事、九寺主簿、太子詹事主簿、太子左右内率監門率府長史、太子侍醫、太子三寺丞、都水監丞、諸州中下縣令、親王府東西閣祭酒、《武德令》，正六品下。京縣丞、萬年、長安、河南、洛陽、奉先、會昌、太原、晉陽。下都督府上州録事參軍、中都督上都護府諸曹參軍事、中府別將長史、中鎮副、武德令，正六品下。已上職事官。別將、鎮副爲武，餘並爲文。左右監門直長、勳衛、太子親衛、已上衛官。朝散郎、文散官。翊麾校尉、武散官。武騎尉。勳官。

從第七品下階

太史丞、監局同。御史臺少府將作國子監主簿、御史臺、國子監主簿，舊正八品，《垂拱令》改。掖庭令、宫闈令、上署令、郊社、太樂、鼓吹、太醫、太官、左藏令，乘黄、典客、上林、太倉、平準、常平、左尚、右尚、典牧。《武德令》有太廟、諸陵、典農、中尚、都水，常平。其左尚、典牧本中署，右尚本下署，開元初改之也。諸州下縣令、天寶五載，一切爲中下縣。諸陵署丞、永徽二年加秩。舊有太廟署丞，武德爲九品。永徽二年加秩，從七品上，開元年省也。司農寺諸園苑副監、《神龍令》有諸冶副監。宫苑總監丞、下都督府諸曹參軍、太子内坊丞、舊正八品上，開元初改。親王國令、舊規，流内正九品，太極年改。公主家令、舊規，流内正八品，太極年改。上州諸參軍事、下府別將長史、下鎮將、武德令，從六品下。諸屯監、武德令有芳醯監。神龍令有漆園監。諸率府左右中候、鎮軍滿二萬人以上諸曹判司、已上職事官。別將、鎮副、中候爲武，餘並爲文也。太子左右監門直長、親王府旅帥、諸折衝府校尉、已上衛官。武德令，諸府校尉，正六品下也。宣議郎、文散官。翊麾副尉。武散官。

正第八品上階

監察御史、舊從八品上，《垂拱令》改。協律郎、諸衛羽林龍武軍録事參軍事、中署令、鉤盾，右藏，織染，掌冶，《武德令》有衣冠署令。中州録事參軍事、太醫博士、太子典膳藥藏丞、軍器監主簿、武庫署丞、舊從八品下，開元初改。兩京市署丞、上牧監丞、武德令，從八品下，《神龍令》有庫谷、斜谷、太陰伊陽監丞。鎮軍不滿二萬人以上諸曹判司、已上文職事官。翊衛、太子勳衛、親王府執仗執乘親事、已上衛官。給事郎、文散官。宣節校尉。武散官。《武德令》有天策上將府典籤，九年省。

正第八品下階

奚官內僕內府局令、下署令、太卜、廩犧、珍羞、良醞、掌醢、守宮、武器、車府、司儀、崇玄、導官、中右校、左校、甄官、河渠、弩坊、甲坊。《神龍令》又有干、織二署令也。諸衛羽林龍武諸曹參軍事、中州諸司參軍事、親王府京兆河南太原府大都督大都護府參軍事、《武德令》，親王府參軍，從七品下，雍州行參軍，正八品上也。尚藥局司醫、京兆河南太原府諸縣丞、太子內直宮門丞、太公廟丞、諸宮農圃監、互市監丞、司竹副監、司農寺諸園苑監丞、靈臺郎、已上文職事官。諸衛左右司戈、上戍主、已上武職事官。《武德令》有中鎮長史。備身、衛官。徵事郎、文散官。宣節副尉，武散官。

從第八品上階

左右拾遺、太醫署針博士、四門助教、《武德令》，從九品上。左右千牛衛録事參軍、下州録事參軍、《武德令》有中下州諸司參軍事。諸州上縣丞、中牧監丞、《武德令》，正八品上。京縣主簿、太子左右衛司禦清道率府録事參軍、中都督府上都護府參軍、親王府行參軍、《武德令》，正八品上。京兆河南太原大都督府博士、《武德令》，雍州博士，從八品下。諸倉諸冶司竹溫湯監丞、《武德令》有鹽池鹽井監丞，《神龍令》有太和監丞也。保章正、已上文職事官。太子翊衛諸府旅帥、已上衛官。《武德》、《乾封令》，諸府旅帥，正七品下。承奉郎、文散官。禦侮校尉。武散官。

從第八品下階

大理評事、律學博士、太醫署丞、醫監、太子左右春坊録事、左右千牛衛諸曹參軍、內謁者、太子左右衛司禦清道率府諸曹參軍事、太子諸署令、掖庭宮闈局丞、太史都水監主簿、太史爲局則省主簿。中書門下尚書都省兵吏部考功禮部主事、舊從九品上，開元二十四年改七司入八品，其省內諸司依舊。上署丞、《武德令》有芳醞監丞。下都督府上州參軍事、中都督府上州博士、諸州中縣丞、諸王府典籤、武德令，正八品下。京縣尉、親王國大司農、舊規，流內正第七品，開元初改。公主家丞、舊規，流內正第九品，開元初改。諸屯監丞、上關令、上府兵曹，上鎮倉曹兵曹參軍事、武德令有下鎮長史。挈壺正、已上文職事官。中戍主、上戍副、率府左右司戈、已上武職事官。太子備身、親王府隊正、已上衛官。承務郎、文散官。禦侮副尉。武散官。

正第九品上階

校書郎、《永徽令》加入從八品下，《垂拱令》復舊。太祝、太子左右內率監門府録事參軍、太子內方典直、中署丞、典客署掌客、親勳翊衛府羽林兵曹參軍事、岳瀆令、諸津令、下牧監丞、《武德令》，正八品下。《神龍令》有漆園丞，開元前令有沙苑丞。諸州中下縣丞、中郡博士、《武德令》，正九品下。京兆河南太原府諸縣主簿、武庫署監事、已上並文職事官。《武德令》有天策上將府録事，其武庫監事，從九品下，太極年改也。儒林郎、文散官。仁勇校尉。武散官。

正第九品下階

正字、《永徽令》改入上階，《垂拱令》復舊。太子校書、《永徽令》改入上階，《垂拱令》復舊。奚官內僕內府局丞、下署丞、尚食局食醫、尚藥局醫佐、尚乘局奉乘司庫司廩、太史局司辰、典廄署主乘、太子左右內率監門率府諸曹參軍事、太子三寺主簿、詹事府録事、龍朔年置桂坊録事，咸亨年省。太子親勳翊府兵曹參軍事、諸州下縣丞、諸州上縣中縣主簿、中州參軍事、《武德令》，正九品上。下州博士、《武德令》，中下州博士，從九品上，下州博士，從九品下。京兆河南太原府諸縣尉、上牧主簿、諸宮農圃監丞、中關令、中府兵曹、親王國尉、舊規，流內正八品，開元初改。《武德令》有親王府鎮事及司閤。上關丞、《武德令》有上津尉。諸衛左右執戟、中鎮兵曹參軍、下戍主、已上職事官。執戟，戍主爲武，餘並爲文。諸折衝府隊正、衛官。登仕郎、文散官。仁勇副尉。武散官。

從第九品上階

尚書諸司御史臺秘書省殿中省主事、奉禮郎、律學助教、太子正字、弘文館校書、太史司曆、太醫署醫助教、京兆河南太原府九寺少府將作監録事、都督都護府上州録事市令、宮苑總監主簿、中牧監主簿、《永徽令》有監曹。諸州中下縣主簿，上縣中縣尉、下府兵曹，已上並職事文官。文林郎、文散官。陪戎校尉。武散官。

從第九品下階

內侍省主事、國子監親王府録事、太子左右春坊主事、崇文館校書、書學博士、算學博士、門下典儀、太醫署按摩呪禁博士、太卜署博士、太醫署針助教、太醫署醫正、太卜署卜正、太史局監候、親王國丞、舊規，內流正第九品，開元初改從正流內。掖庭局宮教博士、太子諸署丞、太子典食署丞、太子廄牧署典乘、諸監作諸監事計官、太官署監膳、太樂鼓吹署樂正、大理寺獄丞、下州參軍事、《武德令》，中下州行參軍，正九品，下州參軍，從九品上。中州下州醫博士、諸州中縣下縣尉、京縣録事、下牧監主簿、下關令、中關丞、諸衛羽林長上、公主邑司録事、諸津丞、下鎮兵曹參軍、《武德令》有諸橋諸堰丞。諸率府左右執戟、已上職事官。長上、執戟爲武，餘並爲文。親王府隊副、諸折衝府隊副、已上衛官。將仕郎、文散官。陪戎副尉。武散官。

流內九品三十階之內，又有視流內起居，五品至從九品。初以薩寶府、親王國官及三師、三公、開府、嗣郡王、上柱國已下護軍已上勳官帶職事者府官等品。開元初，一切罷之。今唯有薩寶、祆正二官而已。又有流外自勳品以至九品，以爲諸司令史、贊者、典謁、亭長、掌固等品。視流外亦自勳品至九品，開元初唯留薩寶、祆祝及府史，餘亦罷之。

宋·王溥《唐會要》卷八一《階》　舊制。敘階之法，有以封爵，謂嗣王、郡王初出身從四品下敘，親王諸子封郡公者從五品上。國公、縣公、侯及伯、子、男遞減一等。有以親戚。謂皇帝緦麻已上及皇太后周親正六品上敘；皇太后大功親、皇后周親從六品上。皇帝袒免、皇太后小功緦麻。皇后大功正七品上，皇后小功緦麻、皇太子妃周親從七品上，外戚各依本服降二等敘；娶郡主正六品上，娶縣主正七品上。郡主子出身從七品上，縣主子從八品上敘。有以勳庸。謂上柱國正六品上敘，柱國已下遞減一等。有以資蔭。謂一品子正七品上敘；至從三品子，遞降一等；四品、五品各有從正之差，亦遞降一等，從五品並國公子八品下敘。三品已上蔭曾孫，五品已上蔭孫；孫降子一等，曾孫降孫一等。贈官降正官一等，散官同職事。若三品帶勳官，即依勳官品，同職事蔭，四品降一等，五品降二等。郡、縣公子准從五品，孫，縣男已上子降一等，勳官二品子又降一等。二王後子孫准正三品蔭。有以秀孝。謂秀才上上第正八品上敘，已下遞降一等。至中上第從八品下。明經降秀才三等。進士、明法甲第從九品上，乙第降一等。若本蔭高，在秀才、明經上第，加本蔭，四階已下，遞降一等。明經通二經已上，每一經加一階，及官人通經者，後敘、加階亦如之。凡孝義旌表門閭者，出身從九品上敘。有以勞考。謂內外六品已下。四考滿皆中中考者，進一階。每中上考，又進一階。每一上下考，進兩階。若兼有下考，得以上考除之。應入三品五品者，皆待別制而進之，不然則否。

乾封元年正月十日敕文：『內外官九品以下加一階，七品以上宜加一階，八品已下更加勳官一轉。』泛階自此始也。至弘道元年十二月四日赦文：『見任內外官五品已上，經四考，及守五品，經三考，六品以下計滿三考，政有清勤，狀無私犯者，各加一階。』

蘇氏記曰：『乾封以前，未有泛階之恩，應入三品者，以恩舊制特拜，入五品者，因選敘計階至朝散大夫已上，奏取進止，每年量多少進敘，餘並從本品授官。若滿三計至者，卽一切聽加。自乾封已後，有泛階入五品、三品。

永淳元年正月，詔曰：『比來文武官計至三品，一計至者，多未甄擢，再計至者，隨例必升，賢愚一貫，深乖獎勸。今後一計至已上。有在官清慎，材堪應務者，所司具狀録奏，當與進階。若公正無聞，循默自守，及未經任州、縣官，雖再經計至，亦不在加階之限。』

萬歲通天元年七月四日制：『文武官加階應入五品者，並取出身歷十三考已上，無私犯，進階之時，見居六品及七品已上清官者。應入三品，取出身二十五考已上，亦無私犯，進階之時，見居四品者。自外縱計階應入，並不在進階限。其奇才異行，別效殊功者，不拘此例。』至開元十一年二月五日，敕：『自今以後，泛階應入五品，以十六考爲定；及三品，以三十考爲定，其名賢宿德及異迹殊狀，雖不逢泛階，或應遷改之次年考與節限同者，亦以名聞，仍永爲常式。』至其月二十八日：『內外官承泛階應入五品者，制出日，經三十考，見任四品官，本階正四品上，其考須先已申考訖，階須已授告身。其新考雖未校成。檢勘無勾留私犯，亦許通計爲考。其殿中侍御史、補闕、詹事、司直、京兆河南府判司、太常博士應入品，並同六品官例。』

證聖元年，懷州獲嘉縣尉劉知幾上表曰：『臣聞君不虛授，臣無虛受，授受無失，是曰能官』。又曰：『妄受不爲忠，妄施不爲惠』，皆聖賢之通論也。惟漢世有賜爵一級，恩澤封侯。此乃曠古殊恩，千載一遇，非是頻煩渥澤，每歲常行者也。今皇家始自文明，迄於證聖，其間不過十餘年耳。海內具寮，九品以上，每歲逢赦，必賜階勳。無功獲賞，徼幸實深。其鼇務當官，尸素尤衆。每論説官途，規求仕進，不希考第取達，唯擬遭遇便遷。或言少一品未脱碧衣，待一階方被朱服，遂乃早求笏帶，先辨衫袍。今日御則天門，必是加勳一轉；明日饗宣陽觀，多應賜給一班。既而如願果諧，依期必獲。得之者自謂己力，受之者不以爲慙。至於朝野宴聚，公私集會，緋服衆於青袍，象板多於木笏。望自今後，稍節私恩，使士林載清，人倫有敍。

聖曆二年三月制：『有能通九經者，特授朝大夫；通三經已上者，進兩階，並隨材擢用。』

神龍元年八月二十一日敕：『六品已上官，緣州縣改入上中下，階品與元授不同者，宜依舊任考滿日。依本資選敍。不須改動者。』

開元三年八月十七日敕：『官不濫昇，才無虛受，惟名與器，不可以假人。左賢右戚，豈資于繆賞？駙馬都尉從五品階，受自先朝，頗虧前式。穠華甫降，紫艾先登，不循舊章，有紊彝典。宜遵古訓，以革踰弊，俾九族無私，千官有敍。自今已後，駙馬階宜依令式，仍借紫金魚袋。』

大曆十三年正月，特加朝議郎、守門下侍郎、平章事常衮九階，爲銀青光禄大夫。

貞元二年十月，庫部郎中、知制誥張濛奏『伏准貞元元年十一月制，三品已上賜爵一級，四品已下加一階者。臣謹詳制旨，本以三品已上，其階已貴，故賜爵；四品以下，其階未貴，故加階。伏緣請條，不標所限，司封據品，通取職官。其有官是三品已上，階是四品已下者，遂以階敍階。又以官敍階，爵比於官，階等者受賜偏優。臣欲准狀覆成，則慮於比濫；檢條破格，復無以依憑。官既隨用則遷，階乃累考方至，泛恩敍爵，理合從階。若許兼約職官，伏恐競爲覬倖。臣今謹具賜爵例如前，望爲永式。』敕旨依奏。

三年正月，中書舍人高參奏：『准貞元二年十月敕，准制三品已上賜爵一級，並以三品階爲限者。其有以五品受賜者，並未標格限，所司檢勘不備。其貞元元年十二月制，五品已上賜爵一級，亦請以五品爲限，仍望爲常式。』依奏。

六年六月。吏部奏：『准格，內外官承泛階應入五品者，制出日，須經一十六考，見任六品官，本階加正六品上；應入三品者，制出日，經三十考，見任四品官，本階加正四品上。自建中元年六月，初有特敕，諸道將士，准制加泛階爵勳等，特許不檢勘注擬，其正員官不在此限。日後有司因循，以例破格，應試官敍階，並不限官品。其中或官是九品，階稱朝議郎；或官是六品，階稱正議大夫。加一泛階，並入三品、五品。伏以元敕制令不檢勘，無不限官階之文，若以例判成，即階違格令，請別立條限，漸歸舊章。應將士兼、試官敍泛階，奏敕已到，令入三品者，矜其勞效，須有優獎，其官階相當，並請不限考數，檢當任一銜有實，許與結敍。其階高官卑者，請准格處分。』

十年五月敕：『諸軍功狀內，其判官等既各有年限，並諸色文資官，不合軍行，自今以後，更不得敍入戰功。其掌書記及孔目官等，亦宜准此。如有灼然功效可録，任具狀奏聞。』

十二年四月，裴延齡自朝請大夫特加銀青光録大夫。

十五年十二月敕：『內侍省自今以後，高品官白身等，官至五品已上，合結朝散大夫等階。及准格母、妻合得邑號。並結階。累勳階者，並宜當司磨勘，具銜奏來。』

元和十三年六月制書云：『舊例皆云三品以上，賜爵三品，爲銀青光禄大夫、雲麾將軍已上。若職事官雖是三品，散官四品以下，並不得敍爵。但有三品以上散官。雖四品職事官，並合敍爵。其所敍爵，止於郡公。其郡公更蒙賜爵，即聽迴授。其國公及封王，並須特恩，不在敍限。其國公及封王准賜爵，亦聽迴授。其制書中有諸色職掌，臨時處分。其職掌即不限高卑，准制便敍，有司更不得妄授，須三品階例。近日有司起請中，往往有言其敍爵須限職事三品官，此乃深昧典章，紊亂綱紀。其敍階據制書舊例，四品已下階。四品謂正議大夫、忠武將軍，都不繫職事官。內外官敍三品者，皆須文武散官至四品上。敍五品者，皆須文武散官至六品上。如四品階，並是通議大夫、壯武將軍以下；六品階，承議郎、昭武副尉以下；雖制書中累加散階，亦在不敍三品、五品之限。如一制中累加散階，亦不得先敍一階。至正議大夫、忠武將軍、朝議郎、昭武校尉，因續取制書中所賜，皆敍三品、五品，永宜禁斷。如兩制書日月相近，亦准前不得累敍。直須制書出時，以正議大夫、忠武將軍、朝議郎、昭武校尉已成，方得敍三品。縱制書中有優勞，合加數階，入三品止於銀青光禄大夫、雲麾將軍，入五品至於朝散大夫、遊擊將軍、不在累敍。金紫光禄大夫、冠軍大將軍以上階，並須特恩，不合累敍。其外命婦封，内外官母、妻，各視其夫及子散官品令，不得約職事官品。文武五品階爲縣君，四品階爲郡君，三品已上階爲郡夫人，即止。其國夫人須待特恩。不在敍例。如至郡夫人，又有制書賜封，即改爲郡夫人，受新恩履歷而已。」

十三年六月，中書省奏：「應敍録將士兼、試官加泛階入三品、五品，伏准貞元六年六月二十七日吏部所奏，具有科條，近日因循，多不遵守，遂名器具濫，昇進無章，須重申明，冀絶僥倖。自今已後，應敍録入五品、三品階者，並請准前敕處分。其正三品以上階，准格式須有特恩，不在用考累敍之限。」從之。

會昌四年正月，内侍省奏：「内侍省敍階長定格，著紫供奉官及銜内有賜紫官，敍階不得過金紫光禄大夫；著緋供奉官。及銜内有賜緋官，敍階不得過正議大夫；著緑供奉官及銜内有賜緑官，敍階不得過朝議郎。」敕旨：「内侍省官敍階，起今以後，宜依前件。其會昌二年四月准制合與擬階者，便依此處分。其銜内無賜緋官，先校朝散大夫以上階者，宜令仍舊，不得即與改轉。以後如有特恩敕別宜與改轉者。即不在此限，永爲定規。」

《新唐書》卷四五《選舉志下》　凡出身，嗣王、郡王，從四品下；親王諸子封郡公者，從五品上；國公，正六品上；郡公，正六品下；縣公，從六品上；侯，正七品上；伯，正七品下；子，從七品上；男，從七品下；皇帝緦麻以上親、皇太后期親，正六品上；皇太后大功、皇后期親，從六品上；皇帝袒免、皇太后小功緦麻、皇后大功親，正七品上；皇后小功緦麻、皇太子妃期親，從七品上。外戚，皆以服屬降二階敍。娶郡主者，正六品上；娶縣主者，正七品上；郡主子，從七品上；縣主子，從八品上。

清·嵇璜等《續通典》卷二三《職官一·官品》　唐自一品至九品，又置勳官九品。已詳《通典》。其勳品自正四品起，各分上下。正四品上曰正議大夫，正四品下曰通議大夫，從四品上曰大中大夫，從四品下曰中大夫。正五品上曰中散大夫，正五品下曰朝議大夫，從五品上曰朝請大夫，從五品下曰朝散大夫。正六品上曰朝議郎，正六品下曰承議郎，從六品上曰奉議郎，從六品下曰通直郎。正七品上曰朝請郎，正七品下曰宣德郎，從七品上曰朝散郎，從七品下曰宣義郎。正八品上曰給事郎，正八品下曰徵事郎，從八品上曰承奉郎，從八品下曰承務郎。正九品上曰儒林郎，正九品下曰登仕郎，從九品上曰文林郎，從九品下曰將仕郎。

論説

唐·李德裕《會昌一品集》卷一一《請增諫議大夫等品秩狀》　右據大唐六典隋氏門下省置諫議大夫七人，從四品下，今正五品上。自大歷二年，昇門下中書侍郎爲正三品，兩省遂闕四品。建官之制，有所未備。謹按《左氏傳》云「衮職有闕，惟仲山甫補之。」能補過也。仲山甫則周之大臣。《漢書·汲黯》稱願出入禁闥，補過拾遺。『後漢書』張衡爲侍中，舊居帷幄，從容諷諫，拾遺左右。皆大臣之任，故其秩峻，其任重，則君敬其言而用其道。況謇諤之地，宜用老成之人，秩不優崇則難用耆德。其諫議大夫望依隋氏舊制，昇爲從四品分爲左右，以備兩省四品之闕。向後爲丞郎，出入迭用，以重其選。

宋·洪邁《容齋續筆》卷五《銀青階》　唐自肅、代以後，賞人以官爵，久而浸濫，下至州郡胥吏軍班校伍，一命便帶銀青光禄大夫階，殆與無官者等。明宗長興二年，詔不得薦銀青階爲州縣官，賤之至矣。晉天福中，中書舍人李詳上疏，以爲十年以來，諸道職掌，皆許推恩，藩方薦論，動踰數百，乃至藏典書吏，優伶奴僕，初命則至銀青階，被服皆紫袍象笏，名器僭濫，貴賤不分。請自今節度州聽奏大將十人，它州止聽奏都押牙、都虞候、孔目官。從之。馮拯之父俊，當周太祖時，補安遠鎮將，以銀青光禄檢校太子賓客兼御史大夫。

清·王鳴盛《十七史商榷》卷八一《新舊唐書一三·官階勳爵中晚日漸糾紛》　《新唐書·陸贄傳》云：「甲令有職事官、有散官、有勳官、有爵號，其賦事受奉者，惟職事一官。勳、散、爵號止於服色資蔭，員外試官與勳、散、爵號同，然突銛鋒、排禍難者，以是酬之。」愚謂唐初官制惟有官、階、勳、爵四項尚屬簡明，中晚以下日漸糾紛，員外試官之多，有增靡已，於是乎一官而變爲數官，權知裏行、檢校判攝，枝岐節贅，不可爬梳。官之外又有正官，正官之外又有職，而勳、散、爵號更爲冗溢，往往以卑兼尊，與官不相照應，所以然者，何也？突鋒排難者以是酬之故也。顔魯公爲其父惟貞作家廟碑銘此碑載都穆《金薤琳瑯》第二十卷，予藏有拓本。署云『第七子光禄大夫、行吏部尚書、充禮儀使、上柱國、魯郡開國公眞卿撰』，末附跋云：『建中元年，歲次庚申，秋七月癸亥朔，鐫畢，八月已未，眞卿蒙恩遷太子少師，微軀官階勳爵並至二品。』案魯公由正三品官吏部尚書遷從二品官太子少師，而光禄大夫是從二品階，上柱國是正二品勳，開國郡公是正二品爵，故云云也。據《新書》本傳，公爲楊炎所惡，故有此遷。尚書要官，少師則閑官耳，禮儀使是其差遣。炎罷，公尚書使猶如故，而幷於官言之，不别言差遣，至其階、勳、爵則前爲湖州刺史，約在廣德中，書《臧懷恪碑》爲撫州刺史，在大曆十二年，書《李元靖碑》，署銜卽此階勳爵也。《舊·地志》湖州上，撫州中，而上州刺史從三品，中州刺史正四品上階，乃其後直至尚書，階、勳、爵始終不改，卽此足證官與階、勳、爵不必相應。要之，彼時人臣銜名猶不過官階、勳、爵四項，其後愈覺猥濫，五代尤甚，《舊五代史·馮道傳》道著《長樂老自敍》，階自將仕郎轉朝議郎、朝散大夫、銀青光禄大夫、金紫光禄大夫、特進、開府儀同三司；職自幽州節度巡官、河東節度巡官、掌書記，再爲翰林學士，改授端明殿學士、集賢殿大學士、太微宫使，再爲弘文館大學士，又充諸道鹽鐵轉運使、南郊大禮使、明宗皇帝晉高祖皇帝山陵使，再授定國軍節度、同州管内觀察處置等使，一爲長春宫使，又授武勝軍節度、鄧隨均房等州管内觀察處置等使；官自攝幽府參軍、試大理評事、檢校尚書祠部郎中兼侍御史、檢校吏部郎中兼御史中丞、檢校太尉、同中書門下平章事、檢校太師、兼侍中，又授檢校太師兼中書令，正官自行臺中書舍人，再爲戶部侍郎，轉兵部侍郎、中書侍郎，再爲門下侍郎、刑部吏部尚書、右僕射，三爲司空，兩在中書，一守本官，又授司徒、兼侍中，賜私門十六戟，又授太尉、兼侍中，又授戎太傅，又授漢太師；爵，自開國男至開國公、魯國公，再封秦國公、梁國公、燕國公、齊國公，食邑自三百戶至一萬一千户，食實封自一百戶至一千八百户；勳自柱國至上柱國，功臣名自經邦致理詡贊功臣至守正崇德保邦致理功臣、安時處順守義崇静功臣、崇仁保德寧邦詡聖功臣。此正分官與職而别言之，又分官與正官而别言之，職與官皆其實任事者，皆似差遣，但猶不言差遣，此種糾紛制度幷功臣名號皆起唐末，中世尚未有。

又《臚列品秩非板法》 前所云臚列品秩者，既自正第一品起，直至從第九品下階矣，而所臚列者卻非板法，勳官最濫，如梁府君等，已見前，《新書·盧坦傳》云：『舊制，官、階、勳俱三品始得立戟，後雖轉四品官，非貶削者戟不奪。坦爲戶部侍郎時，階朝議大夫，勳護軍，以嘗任宣州刺史三品，請立戟，許之。時鄭餘慶淹練舊章，以爲非是，爲憲司劾正，詔罰一月俸，奪戟。』卽此一事以觀，坦爲正四品下階官，而其階則正五品下階，其勳則從三品，可見所臚列者非板法，大約官自有一定品秩，而階則或以恩澤加之，或以資序加之，或以寵任破格而授之，勳則以著有勞效而得之，是以與官不必相應，其餘爵邑章服想亦如此。

文武職事官，官也；文武散官，階也。其正四品以下，每品分上下階，以官階勳爵槩名曰階，此『階』字乃是借用。

雜録

唐·封演《封氏聞見記》卷五《官銜》 官銜之名，蓋興近代。選曹補授，須存資歷，聞奏之時，先具舊官名品於前，次書擬官於後，使新舊相銜不斷，故曰『官銜』，亦曰『頭銜』。所以名爲『銜』者，如人口銜物，取其連屬之意。又如馬之有銜以制其首，前馬已進，後馬續來，相次不絶者。古人謂之『銜尾相屬』，卽其義也。

又《燒尾》 士子初登榮進及遷除，朋僚慰賀，必盛置酒饌音樂以展歡宴，謂之『燒尾』。說者謂虎變爲人，惟尾不化，須爲焚除，乃得成人；故以初蒙拜授，如虎得爲人，本尾猶在，體氣既合，方爲焚之，故云『燒尾』。一云新羊入羣，乃爲諸羊所觸，不相親附，火燒其尾，則定。

貞觀中，太宗嘗問朱子奢燒尾事，子奢以燒羊事對。

中宗時，兵部尚書韋嗣立新入三品，戶部侍郎趙彦昭假金紫，吏部侍郎崔湜復舊官，上命燒尾，令於興慶池設食。至時，敕衛尉陳設，尚書省諸司，各具采舟遊勝，飛樓結艦，光奪霞日。上與侍臣親貴臨焉。既而吏部船爲仗所隔，兵部船先至，嗣立奉觴獻壽，上問：『吏部船何在？』崔湜步自北岸促之。過戶部雙舸，上結重樓，兼胡樂一部。即呼至岸，以紙書作『吏部』字帖牌上，引至御前。上大悅，以爲兵部不逮也。俄有風吹動所帖之紙，爲嗣立所見，遽奏云：『非吏部船。』上令取牌，探紙見『戶』字大笑。嗣立請科湜罪，上不許，但罰酒而已。

宋・宋敏求《唐大詔令集》卷一〇一《政事・官制下》 加散騎常侍員品詔　朕欲左右有人，朝夕進善，發自中禁，刑於四方，獻替於可否之間，論思於密勿之際，通天下之志，斷天下之疑，作而行之，道不遠矣。與我共此者，惟左右常侍乎！散騎之班，日親帷幄，切問近對之地，文章侍從之臣。賢不厭多，才不厭盛，實將助益，以置官階，重其任者崇其秩，勸其善者厚其禄。中書門下省，各加置散騎常侍四員，其官並爲正三品，禄俸之外，優給雜料，仍委中書門下商量處分。必求望實以寘周行，臣哉鄰哉，汝爲汝翼，愼茲高選，副朕意焉。

升中書門下品秩詔　春秋以九命作上公而謂之宰，則宰臣者三公之職。漢制，中書令出納詔命，典樞密，侍中上殿稱制，參議政事。魏晉以還，益重其任。職有分於公府，事不綜於尚書。雖納啓沃之謀，未專宰相之稱。所以委遇斯大，品秩非崇。至于國朝，實執其政，當左輔右弼之寄，總代天理物之名，典領百僚，陶融景化。豈可具瞻之地，命數不加。固當進以等威，副其職任。侍中中書令宜升入正二品。門下中書侍郎歷代清貴，所掌要重，多用此官，參於樞務以地則密，以階未峻，宜升入正三品。式存班制，永作典常。其見任官，宜依新升官品。

清・錢大昕《廿二史考異》卷五八《舊唐書二・職官志》 門下侍郎、中書侍郎，舊班正四品上，大曆二年升。此二職已見正三品，而正四品上階又列之。且《志》所列官品乃據永泰元年之品，如侍中、中書令大曆二年升二品，御史大夫會昌二年升三品，御史中丞會昌二年升四品，諫議大夫會昌二年升五品，皆在永泰以後，故《志》但書其初品。獨此二職，乃自紊其例，疑後來校書者竄人也。

節度使一人，副使一人，行軍司馬一人，判官二人，掌書記一人，參謀無員數，隨軍四人，皆天寶後置，檢討未見品秩。案：節度、採訪、觀察、防禦、團練、經略、招討諸使，皆無品秩，故常帶省臺寺監長官銜，以寄官資之崇卑。其僚屬或出朝命，或自辟舉，亦皆差遣無品秩。如使有遷代，則幕僚亦隨而罷，非若刺史、縣令之有定員有定品也。此外如元帥、都統、鹽鐵、轉運、延資庫諸使，無不皆然。即內而翰林學士、弘文、集賢、史館諸職，亦係差遣無品秩，故常假以它官。有官則有品，官有遷轉而供職如故也。不特此也，宰相之職，所云平章事者，亦無品秩。自一、二品至三、四、五品官，皆得與聞國政，故有同居政地而品秩懸殊者；罷政則復其本班。蓋平章事亦職而非官也。《志》謂節度等檢校未見品秩，似未達於官制。

封贈官分部

綜述

唐・吳兢《貞觀政要》卷五《論忠義》 貞觀十二年，太宗幸蒲州，因詔曰：『隋故鷹擊郎將堯君素，往在大業，受任河東，固守忠義，克終臣節。雖桀犬吠堯，有乖倒戈之志，疾風勁草，實表歲寒之心。爰踐茲境，追懷往事，宜錫寵命，以申勸獎。可追贈蒲州刺史，仍訪其子孫以聞。』

宋・王溥《唐會要》卷二四《二王三恪》 武德元年五月二十二日，詔曰：『革命創業，禮樂變于三王；修廢繼絶，德澤隆於二代。是以鳴條克罰，杞用夏郊；牧野降休，宋承殷祀。爰及魏晉，禪代相仍，山陽賜號於當塗，陳留受封於典午。上天迴眺，授曆朕躬，隋氏順時，遜其寶位。敬承休命，敢不對揚，永作我賓，宜開土宇。其以莒之酅邑，奉隋帝爲酅公，行隋正朔，車旗服色，一依舊章。仍立周後介國公，共爲二王後。』至二年五月，酅公薨，追崇爲隋帝，謚曰恭。

貞觀二年八月，制曰：『二王之後，禮數宜崇，寢廟不修，廩餼多闕，非所以追崇先代，式敬國賓。可令所司，量置國官，營立廟宇。』

永淳元年十一月一日，制以周、漢之後爲二王，仍封舜、禹、成湯之裔爲三恪。至神龍元年五月十日制：『宜依舊以周、隋爲二王後。』

開元三年二月敕：『二王後，每年四時享廟牲及祭服祭器，並官給。及帷幄几案有闕，亦官給。主客司四時省問，子孫准同正三品蔭。隋後每年給絹三百疋，米粟三百石；周後每年賜絹二百疋，粟二百石，並春秋支給。仍准見承襲人親兄爲分襲者與三分，餘各一分，兄弟有得職事官者，其物即還見襲人。』十五年閏九月敕：『二王後爲賓者，會賜同京官正三品，其夫人亦同。諸王公以下，無子孫以兄弟爲會。曾經侍養者，聽承襲。贈爵者亦准此。若死王事，雖不曾經侍養，亦聽承襲。又二王後犯罪當除爵者，改立次賢。』

天寶七載五月十三日制：『自古帝王，建邦受命，必敬先代。周備禮文，既存三恪之位；漢從損益，惟立二王之後。自茲以降，且復因循，將廣繼絶之恩，式弘復古之道。宜於後魏子孫中，擇揀灼然相承者一人，封爲韓公，准酅、介公例，立爲三恪。』

又 卷四五《功臣》 （永徽）五年二月四日詔：『屈突通、殷開山並贈司空，長孫順德贈開府儀同三司，竇琮贈特進，史大奈贈輔國大將軍，温大雅贈尚書右僕射，權弘壽贈太子少師，劉政會、武士彠並贈幷州都督，張公謹贈荆州都督，李高遷贈涼州都督，李思行贈洪州都督，張平高贈潭州都督。』時武昭儀用事，贈其父，故引功臣以贈之。

總章元年三月六日詔：『太原元從，西府舊臣，今親詳覽，具爲等級。贈司徒士彠，贈司空開山，贈司馬、淮安王神通，幷州都督劉弘基，贈幷州都督劉政會，幷州都督唐儉，左衛大將軍竇琮，荆州都督長孫順德，涼州都督史大奈，贈幽州都督龐卿惲，潭州都督錢九隴，贈華州刺史柴紹，贈潭州刺史張平高，贈工部尚書裴寂，洪州都督李思行，洪州都督秦行師，贈靈州都督許世緒，涼州都督李高遷，齊州刺史劉義節，贈太尉高士廉，贈司空屈突通，贈太尉房玄齡，贈司空杜如晦，贈司徒尉遲敬德，揚州都督段志玄，益州都督程知節，徐州刺史秦叔寶，涼州都督宇文士及，荆州都督張公謹，荆州都督杜君綽，荆州都督公孫武達，荆州都督李安遠，代州都督鄭仁泰，荆州都督李孟嘗，幽州都督獨孤彦雲，始州刺史劉師立等，並立爲第一功臣。其家見在朝無五品已上官者，子孫及曾孫擢一人授五品官；若先有四品、五品者，加授子孫等一人兩階；若三品已上，加爵三等。其第二等功臣，見在朝無五品已上官者，其子孫及曾孫擢一人授從六品；若有五品已上者，加一階；六品官者，加兩階；三品已上官者，加爵一等。』時皇后欲褒崇其父，特在功臣之上故也。

（貞元）四年，詔爲晟立五廟，贈晟高祖之隴州刺史，贈曾祖嵩澤州刺史，贈祖思恭幽州大都督。

宋・王溥《五代會要》卷五《二王三恪》 梁開平二年三月，以唐宗子鴻臚卿李嵸封萊國公，爲二王後。四月，中書門下奏：『萊國公李嵸合於西都選地，建立三廟，以備四仲祠祭。每祭仍令度支供給祭料。』從之。其年十二月，禮儀使奏：『謹按唐朝以魏元氏子孫封韓國公，爲三恪；以周宇文氏子孫封介國公、隋楊氏子孫封酅國公，爲二王後。今國家受禪，封唐李氏宗子李嵸爲萊國公。今請以介國公爲三恪，酅國公、萊國公爲二王後。』從之。

晉天福二年正月敕：『周以杞、宋封夏、殷之後爲二王後，兼封舜之後爲三恪。唐以周、隋之後封公爲二王後，又封魏之後爲三恪。宜于唐朝宗屬中取一人封公世襲，兼隋之酅國公爲二王後，以周後介國公備三恪。其主祀及赴大朝會，委所司具典禮申奏。其唐朝宗屬中舊在朝及諸道爲官者，各據資歷，考限滿日，從品秩序遷；已有出身，任令參選。』

四年九月敕：『周受龍圖，立夏、殷之祀；唐膺鳳曆，開酅、介之封。乃睠前朝，載稽舊典，宜闢土宇，俾奉宗祧。宜以郇國三千戸封唐許王李從益爲郇國公，奉唐之祀，服色旌旗，一依舊制，以西京至德宮爲廟，牲幣器祭服悉從官給。』

宋・宋敏求《唐大詔令集》卷六三《大臣・册贈・册贈豆盧欽望司空幷州大都督文》 維景龍四年，歲次庚戌，二月□□朔二十二日，應天神龍皇帝若曰：咨爾故開府儀同三司知軍國重事上柱國芮國公致仕豆盧欽望，朕聞古之哲王，必有賢佐。其存也俾乂，謂之奮庸；其歿也不朽，謂之立德。可不然與。爾十紀羽儀，三朝冠冕。專直爲操，非法不言；温謙在容，非禮勿履。故能揆路斯穆，台階以平，而韋賢罷歸，疏廣辭退。致虚守静，方密道樞，居常待終，竟從冥録。是用輟朝增歔，趨哭軫懷，榮以建旗，正其服衮。今贈司空幷州大都督，持節備禮册命，則二儀式奉，九原可作。冀爾幽魂，嘉夫寵數。嗚呼哀哉。

又《册贈楊再思并州大都督文》 維景龍三年，歲次己酉，九月甲寅朔二十三日丙子，應天神龍皇帝若曰：昔孔丘云殁，魯哀由其作誄；晏嬰既往，齊景爲之行哭。且謂陪臣，義由存此，甫懷良相，情則過之。咨爾故尚書右僕射同中書門下三品監修國史上柱國鄭國公楊再思，河岳粹靈，廟堂神器，率由百行，能具九德。自弼諧庶績，師長羣寮，清白所以樹風，丹青所以成化。有若巫咸之保乂，傅説之欽承，故能宣慈惠和，邁迹垂憲。而運同過隙，悲深撫几，興言軫悼，載想謨猷。發金縢之舊銘，詢葬毫之前訓。俾加印紱，秩齊於子貞；式奉園陵，志畢於元凱。是用增寵命於端揆，茂徽章於連帥。今贈爾持節並州大都督，遣太府少卿韋璿持節備禮册命。方使五公門閥，二臣丘壟，魂而有靈，懿兹榮贈。嗚呼哀哉。

又《册贈高崇文司徒文》 册維元和四年，歲次己丑，十月癸酉朔十三日乙酉，皇帝若曰：自我有國，大諸侯之勳勞者，必勒功圖形，播於鐘鼎，藏於盟府，殁則極異等之禮，以嘉魂魄，使奮乎百代之上，而百代之下爲臣者，莫不興起也。咨爾故邠寧慶等州節度支度營田觀察處置等使充京畿諸軍都統開府儀同三司檢校司空同中書門下平章事持節邠州諸軍事兼邠州刺史上柱國南平郡王食邑三千户高崇文，英姿絶羣，雄略神授，上通星辰之氣，克扶期運之數。少事塞門，保寧朔漠。千秋之勇，常冠軍鋒，吴芮之忠，早書令甲。頃以井絡之下，咨臣流毒，獸心狼顧，誘脅吾人，遂拜於齋壇，授以蕭斧。束馬蓐食，先命戒途，曾無再藉之役，不用一卒之死，繯致首惡，戮屍天街，西南晏清，按堵如故。禮加九命，秩尊三事，貴列東第，壤逾徹侯。動蕩夷夏，煇灼編簡，進律遷秩，兼制舊疆，偃扉臥鼓，解甲休卒，期以無征，逮乎三垂。暗忽生災，壽量中輟，維屏之歎，怛然疚懷。故命使國子祭酒劉宗經、副使司勳郎中李直方、持節册贈爾爲司徒，賻襚命數，率禮加等。式表無原之功，用申不檢之賞，將我痛悼，告於幽神。

論説

宋・洪邁《容齋四筆》卷一三《宰相贈本生父母官》 封贈先世，自晉、宋以來有之，迨唐始備，然率不過一代，其恩延及祖廟者絶鮮，亦未嘗至極品。郭汾陽二十四考中書令，而其父贈止太保；權德輿位宰相，其祖贈止郎中。唐末、五季，宰輔貴臣，始追榮三代，國朝因之。李文正公昉本工部郎中超之子，出繼從叔紹。昉再入相，表其事求贈所生父、祖官封，詔贈祖温太子太保，祖母權氏莒國太夫人，父超太子太師，母謝氏鄭國太夫人。可謂異數，後不聞繼之者。

宋・洪邁《容齋五筆》卷八《唐臣乞贈祖》 唐世贈典唯一品乃及祖，餘官只贈父耳。而長慶中流澤頗異，白樂天制集有户部尚書楊於陵，回贈其祖爲吏部郎中，祖母崔氏爲郡夫人。馬總准制贈亡父，亦請回其祖及祖母。散騎常侍張惟素亦然。非常制也。是時崔植爲相，亦有陳情表云：『亡父嬰甫，是臣本生，亡伯祐甫，臣今承後。嗣襲雖移，孝心則在。自去年以來，累有慶澤，凡在朝列，再蒙追榮，或有陳乞，皆許回授。臣猥當寵擢，而顯揚之命，獨未及於先人。今請以在身官秩并前後合敘勳封，特乞回充追贈。』則知其時一切之制如此。伯兄文惠執政，乞以己合轉官回贈高祖，既已得旨，而爲後省封還。固近無此比，且失於考引唐時故事也。

雜録

唐・白居易《白氏長慶集》卷四八《中書制誥一・康日華贈坊州刺史制》 敕：漢令：軍中士有不幸死者，得以棺斂傳送；若是而已，猶四方歸心焉。矧吾褒贈以榮之，側隱以將之；顯其忠，撫其後：亦所以激生者節，豈獨慰逝者魂乎？左神策軍赴行營正將，試太常卿康日華：領王師，死王事。軍書置奏，朕甚悼焉！可贈坊州刺史。

又《柳公綽父子温贈尚書右僕射，竇佯父叔向贈工部尚書，薛伯高父懌贈尚書司封郎中，元宗簡父鋸贈尚書刑部侍郎，皇甫鏞父愉贈尚書

右僕射，韋文恪父漸贈太子少保，王正雅父翃贈太子太師，范季睦父彥贈禮部郎中，八人亡父同制》　敕：古人有云：樹欲靜而風不止，子欲養而親不待。向無顯揚褒贈之事，則何以旌先臣德，慰後嗣心乎？故朕每施大恩，行大慶，而哀榮之命，未嘗闕焉。銀青光禄大夫、行尚書吏部侍郎、上護軍、河東縣開國子柳公綽父温等，咸有令子，集于中朝。資父事君，移忠自孝。本於嚴訓，酬以寵名；賜命追榮，各高其等。嗚呼！存者不匱，往者有知：斯可以載揚蘭陔之光，輟風樹之歎耳！可依前件。

又　卷四九《李愬贈太尉制》　敕：故特進、行太子少保、上柱國、涼國公、食邑三千戶、食實封伍伯戶李愬：在建中歲，泚賊叛逆，惟太師晟，實仗大順，翦而豬之。在元和朝，蔡寇充斥，惟爾愬，實奮奇策，虜而戮之。父子之功，書于甲令，俱爲第一，焯輝當時。矧爾一登將壇，六換鈇鉞；坐論巖廊之道，臥理保傅之事：方深倚望，奄忽淪謝。是用當食累歎，視朝三輟。豈不以爪牙之威缺於外，股肱之痛軫於中者乎？而弔奠之命，賵賻之數，雖加常等，未表殊恩。宜以太尉之秩贈，上公之衮斂，俾爾被哀榮，服忠孝，從先太師於九原也。不其盛歟！嗚呼！美終必復，禮無不答。昔爾之勤勞如彼，今吾之寵飾如此；君臣報施，可謂兩臻其極焉！爾靈有知，欽我追命！可贈太尉；仍令所司，備禮册命。賜絹二千四、布七百端，米粟一千石，委度支送。

又《田布贈右僕射制》　敕：朕聞古之臣子，有忍死效節爲忠者，有不傷髮膚、全歸爲孝者，有不顧性命、引決爲忠者；但問所操所蹈何如耳，豈繫去就生死之間耶？噫！今有重義如泰山，輕生如鴻毛，死而不朽者；安得不褒揚寵飾，使天下聞之，所以勸孝心，激忠腸，然後薄者敦，懦者立，幸生者耻格也。故魏博等州節度觀察處置等使、起復寧遠將軍、守右金吾大將軍、員外置同正員、檢校工部尚書、兼魏州大都督府長史、御史大夫、賜紫金魚袋田布：其父太尉，甚賢此子，鎮陽之亂，弘正歿焉。而布枕干嘗膽，誓報冤耻。故吾以大將軍之旗鼓鈇鉞，先臣之土壤士卒，盡用委付，親加勉諭；人鬼之憤，期一洩而甘心焉。既而激發魏師，出疆臨敵，事有不得已者，布亦未如之何。卒至於刳心自明，遺疏自列，謝君於天上，報父于地下：可謂田氏有孝子，國家有烈臣。則吾之知臣，弘正之知子，明矣！聳動人聽，盡傷我懷。故廢臨朝，所以示哀也；加禮命，所以示榮也：哀榮恩禮，至則至矣！嗚呼！曾未足以顯爾之節，不厭吾之心乎！可贈尚書右僕射，贈布帛三百段、米粟二千石，委度支逐便支遣。

宋・陸游《南唐書・韓熙載傳》　熙載才氣逸發，多藝能，善談笑，爲當時風流之冠。尤長于碑碣。他國人不遠數千里䝴金帛求之，然性忽細謹，老而益甚，畜妓四十輩，縱其出，與客雜居。物議閧然，熙載密語所親曰：『吾爲此以自污，避入相爾，老矣，不能爲千古笑端。』坐託疾不朝，貶右庶子，分司南都，熙載盡斥諸妓。後主喜，留爲秘書監，俄復故官。欲遂大用之，而去妓悉還，後主歎曰：『孤亦無如之何矣！』宿直宮中，賜對多所弘益，後主手教褒之，進中書侍郎，卒，年六十九。後主謂侍臣曰：『吾竟不得相熙載，欲贈平章事，古有是否？』或對曰：『晉劉穆之贈開府儀同三司，即故事也。』乃贈右僕射、同平章事，廢朝三日，謚文靖。葬梅嶺岡謝安故墓側。著《格言》及《後述》三卷。《擬議集》十五卷，《定居集》二卷。初，熙載嘗使周，及歸，元宗歷問周之將相，熙載曰：『趙點檢顧視非常，殆難測也。』及太祖受禪，人服其識。

加官賜官分部

綜述

宋・王溥《唐會要》卷四五《功臣》　貞元七年二月，詔授張巡男去病涇陽令，許遠男峴饒州司馬，南霽雲男承嗣温州別駕，顏眞卿男頵府河中戶曹參軍，顏杲卿孫謨左内率府兵曹參軍，旌忠烈之後也。

宋・王溥《五代會要》卷一一《功臣》　後唐同光三年八月内詔：『册吳越王錢鏐，其印宜以「吳越國王之印」爲文，仍令所司以金鑄造。』示異禮也。

（長興二年）六月，以唐文正公魏徵八代孫韶爲涇州安定縣主簿。

晉天福二年七月，以唐忠武公李晟五代孫臧爲將仕郎、耀州司戶參軍。

清・王鳴盛《十七史商榷》卷九七《新舊五代史五・錢鏐加官》 歐《史》：「唐昭宗加鏐檢校太尉、中書令。梁太祖開平二年，加鏐守中書令。」由檢校而進守也。歐所書開平二年以前鏐所加官如此，薛《史》則云：「鏐於唐昭宗朝位至太師，食邑二萬戶。」位太師則非太尉，而食邑歐略去。鏐撰《開平二年牆隍廟碑》結銜云：「啓聖匡運同德功臣、淮南鎮海鎮東等軍節度使、檢校太師、守侍中兼中書令吳越王鏐」，正作太師，與薛合。功臣名、侍中，則二史《鏐傳》皆無，而薛《史》却於《末帝紀》貞明三年別見鏐功臣名，正與碑同。

班位分部

綜　述

《舊唐書》卷一四《憲宗紀上》 （元和元年三月）己未，武元衡奏，常參官兼御史大夫、中丞者，准檢校省官例，立在本品同類之上。

宋・王溥《唐會要》卷二五《親王及朝臣行立位》 貞觀十二年正月十五日，禮部尚書王珪奏言：「三品以上，遇親王于途，皆降乘，違法申敬，有乖儀注。」上曰：「卿輩皆自崇貴，卑我兒子乎？」特進魏徵進曰：「自古迄茲，親王班在三公之下。今三品皆天子列卿，乃八座之長，爲王降乘。非王所宜當也。求諸故事，則無可憑，行之于今。又乖國憲。」上曰：「國家所以立太子者，擬以爲君也。然則人之修短，不在老幼，設無太子，則母弟次立。以此而言，安得輕我子者？」徵又曰：「殷家尚質，有兄終弟及之義。自周以降，立嫡以長，所以絶庶孽之窺窬，塞禍亂之源本，爲國者宜知所慎。」于是遂可珪奏。

開元六年八月一日，右散騎常侍褚無量上疏曰：「臣謹詳諸史氏，案以禮經，有親親之義，尊尊之道，所以重王室，敬耆年。今陛下纘舊惟新，睦親尚齒，朝儀品列，宜更申明。至若命以嗣主，用崇主祭，養夫國老，蓋在乞言，會于朝班，合從上列。準令，嗣王正一品，今乃居庶官之次，頗爲閒雜，須有甄明。臣伏見開府儀同三司，在三品前立，望請嗣王亦與開府同行，諸致仕官，各于本司之上，則重親尚齒，典禮式存。」五日敕：「九族既睦，百官有序，至于班列，宜當分位。嗣王實光于主祭，國老有貴于乞言，比在朝儀，尚爲閒雜，非所謂睦親敦舊之義也。嗣王宜與開府儀同三司等致仕官，各居本司之上，用永爲常式。」【略】

貞元二年十月九日，御史臺奏：「每有慶賀，及須上表，並合上公行之。如無上公，即尚書令僕以下行之。其嗣王合隨宗正，若有班立，位合依三品。

四年七月二十七日敕：「今後嗣郡王列于官班之上，庶子宜在卿之上。」

又《文武百官朝謁班序》 貞元二年六月，御史中丞竇參奏：「起今以後，班七人以上，同日不到者，請具名聞奏。」從之。其年九月五日敕：「應文武百官朝謁班序。」

中書門下侍中、中書令。同中書門下平章事，各以本官序。供奉官左右散騎常侍、門下中書侍郎、諫議大夫、給事中、中書舍人、起居郎、及舍人、左右補闕、左右拾遺、通事舍人，在横班序。若入閤，即各隨左右省。其御史大夫、中丞、侍御史。在左。殿中侍御史。在右。通事舍人，分左右立。若横行參賀辭見，御史大夫在散騎常侍之上，中丞在諫議大夫之下。御史臺，御史大夫在三品官之上，別立。中丞在五品官之上，別立。留守、副元帥、都統、節度使、觀察使、都團練、都防禦使，幷大都督、大都護、持節度者即入，班在正官之次，餘官兼者，各從本官班序。御史在六品班之後也。諸使司下無本官，準授內供奉裏行者即入，班亦在正官之次。有本官兼者，各從本官班序。如本官不是常參官，幷憲官是攝者，惟聽於御史班中辭見。殿中省官監、少監、尚衣、尚舍、尚輦、奉御，分左右隨傘扇立。若入閤亦如之。

一品班　三太、三公、太子三太、嗣郡王，散官開府儀同三司，爵開國公等同班。

二品班　尚書左右僕射、太子三少、京兆河南牧、大都督、大都護，散官特進、光禄大夫，爵開國郡公、開國縣公，幷勳官上柱國、柱國同。

三品班　六司尚書、太子賓客、九寺卿、國子祭酒、三監、京兆等七府尹、詹事、親王傅、中都督、上都護、下都護、下都督、上州刺史、五大都督府長史、上都督府、下都護，散官金紫光祿大夫，爵開國侯，勳上護軍、下護軍。

四品班　尚書左右丞，六司侍郎，太常少卿、宗正少卿、左右庶子、秘書少監、左右七寺少卿、國子司業、少府秘書少監、京兆河南太原少尹、少詹事、左右諭德、家令、率更令僕、親王府長史司馬、鳳翔等少尹、中州刺史、下州刺史、大都督大都護司馬，散官正議大夫、通議大夫、大中大夫、中大夫，爵開國伯，勳官上輕車都尉、輕車都尉。

五品班　尚書諸司郎中、國子博士、都水司使者、萬年等六縣令、太常宗正秘書丞、著作郎、殿中丞、尚食、尚藥、尚舍、尚輦、奉御、大理正、中允、左右贊善、中書舍人、洗馬、親王諮議友，散官中散大夫、朝請大夫、朝散大夫，爵開國子、開國男，勳官上騎都尉、騎都尉。

武班供奉，宣政殿前立位　從北，千牛連行立，次千牛中郎將，次千牛將軍一人，次過狀中郎將一人，次接狀中郎將一人，次押柱中郎將一人，次又押柱中郎將一人，次排階中郎將一人，次又押散手仗中郎將一人，以上在橫階北。次南。金吾左右大將軍，入閤升殿，夾階座左右。從南，千牛將軍一人，次千牛郎將一人，次千牛將軍一人，次千牛連行，立柱外。過狀中郎將一人，接狀中郎將一人，次押柱中郎將一人，次又押柱中郎將一人，排階中郎將一人，階下排散手仗中郎將一人，金吾將軍俱分左右立。應當本日入閤人，各依前件立。其不合入閤人，各依本職事立。非當上人，遇合參日，並從本官品第班序。其入閤升殿，除千牛衛將軍、中郎將外，餘並以左右衛中郎將充。其諸衛及率府中郎將，皆不得升殿。

一品班　郡王，散官驃騎大將軍，爵國公。

二品班　散官輔國大將軍、鎮國大將軍，爵開國郡公、開國縣公，勳官上柱國、柱國。

三品班　左右衛、左右金吾衛、左右驍衛、左右武衛、左右威衛、左右領軍衛、左右監門衛、左右千牛衛大將軍、諸衛將軍、散官冠軍大將軍、雲麾將軍，爵開國侯，勳官上護軍、護軍。

四品班　左右千牛衛、左右監門衛中郎將、親勳翊衛中郎將、太子左右衛、太子左右衛司率、清道內率、監門副率、太子親勳翊衛中郎將、上府折衝都尉、中府折衝都尉，散官忠武將軍、壯武將軍、宣威將軍、明威將軍，爵開國伯，勳官上輕車都尉、輕車都尉。

五品班　親勳翊衛郎將、太子親勳翊衛郎將、親王府典軍、親王府副典軍、下府折衝都尉、上府果毅都尉，散官定遠將軍、寧遠將軍、遊騎將軍、遊擊將軍，爵開國子、開國男，勳官上騎都尉、騎都尉。

今每班請以尚書省官爲首。

尚書省官　據《周禮》，先敘六官；準《六典》，尚書爲百官之本。

東宮官、王府官、外官　東宮官既爲宮臣，請在上臺官之次，王府官又次之。三太、三少、賓客、右庶子、王傅，既爲師傅賓相，不同官屬，請仍舊。

太常、宗正丞　並隨寺望，合在秘書丞上。

尚食奉御、尚藥奉御　本局既隸殿中省，合在殿中丞之下。

諸王府官　行列合以王長幼爲序。

檢校官、兼官及攝、試、知、判等官　並在同位正官之次，其有行所檢校、兼、試、攝、判等官職事者，即依正官班敘。除留守、副元帥、都統、節度使、觀察使、都團練、都防禦使、并大都督、大都護、持節兼外，餘應帶武職事位，在西班，仍各以本官品第爲班序。

含元殿前、龍尾道下敍班　舊無此儀，惟令於通乾、觀象門南敍班。自李若水任通事舍人，奏更於龍尾道下敍班，既非典故，今請停廢。

文武官行立班序　通乾、觀象門外序班，武次於文，至宣政門，文由東門而入，武由西門而入，至閤門亦如之。其退朝，並從宣政西門而出。

文官充翰林學士、皇太子侍讀、諸王侍讀，武官充禁軍職事，準舊例，並不常朝參。其翰林學士，大朝會日，準興元元年十二月二十九日敕。朝服班序，宜準諸司官知制誥例。在集賢、史館等諸職事者，並請朝參訖，各歸所務。

辭見宴集班列先後　請依天寶三載七月二十八日禮部詳定所奏敕公式令，諸文武官朝參行立，二王後位在諸王侯上，餘各依職事官品爲序。職事同者以齒，致仕官各居本品之上。若職事與散官、勳官合班列，文散官在當階職事者之下，武散官次之，勳官又次之。官同者，異姓爲後。若以爵爲班者，爵同者亦準此。其男以上任文武官者，從文武班。若親王、嗣王任卑者職事，仍依本品。郡王在三品以下。職事官在階品上，自外無文武官者，嗣王在太子太保下，郡王次之；國公在正三品下，郡公在從三品下，縣公在正四品下，侯在從四品下，伯在正五品下，子在從五品下，男在從五品下。卽前資官被召見及赴朝參，致仕者在本品見任上，以理解者在同品下。其在本司參集者，各依職事。諸司散官，三品以上在京者，正東，朝會依百官例，自餘朝集及須別使，臨時聽敕進止。

儀制令　諸在京文武官職事九品以上，朔望日朝。其文武官五品以上，及監察御史、員外郎、太常博士，每日朝參。文武官五品以上，仍每月五日、十一日、二十一日、二十五日參。三品以上，九日、十九日、二十九日又參。當上日不在此例。其長上折衝、果毅，若文武散官五品以上，直諸司及長上者，各準職事參。其弘文館、崇文館，及國子監學生，每季參。若雨霑失容及泥潦並停。諸文武九品以上，應朔望朝參者，十月一日以後，二月二十日以前，並服袴褶，五品以上者著珂繖。周喪未練，大功未葬，非供奉及諸宿衛官，皆聽不赴。

常參文武官，準令每日參。自艱難以來，人馬劣弱，遂許分日，望許依前分日參，待戎事稍平，加其俸禄，卽依常式。其武官準令五品以上，每月六參，三品以上，更加三參，頃並停廢，今請準令，却復舊儀。其朔望朝參，及弘文館、崇文館、國子監學生每季參等，請續商量聞奏。以前御史中丞竇參等奏：『伏奉今年四月二日敕，宜付所司，與御史臺，以近日體例，參議禮文，務從簡正，詳定訖聞奏者。臣等準敕，詳定如前。』敕旨：『二品武班，宜以左右金吾等十六衛上將軍，依次爲班首。其檢校官，兼及攝、試、知、判等，本官二品以上者，位望崇重，禮異羣僚，宜依本班朝會。餘依。』十三年十月，徐泗節度使張建封入朝覲，詔參令入大夫班，亦優禮也。二十年十月，御史中丞武元衡奏：『準貞元二年班序敕，使下三院御史，有本官是常參官兼者，卽入本官班。如內供奉裏行，卽入御史班，緣使下御史，近例並不在內供奉班內，請自今以後，諸使下御史內供奉者，入閤日，幷依宣政殿前班位，次員外郎之後，在正臺監察御史之上，使爲常式。』從之。

二十一年五月，御史臺奏：『準貞元二年九月班序敕，已有定制。其橫行位次，請一切依本班先後。如遇雨泥，廊下立班，卽依舊位。又常參官辭見班令，緣御史多帶兼官，高下不等。今請兼大夫者在諸司四品之上，丞郎及供奉官五品之下。兼中丞者在諸司五品之上，供奉官五品之下。兼侍御史者在諸司六品之上，供奉官六品之下。兼殿中監察者在諸司七品之上，及供奉官本品之下。如本官帶常參官攝御史者，依本官班序，仍舊例，準入辭見；如本官不是常參官攝御史者，不在此例。又諸文武官朝參行立，各依職事官品爲序者，緣有檢校官高，職事官卑，及嗣王、郡王任職事官，高卑不等，今請應檢校僕射、尚書以上，及嗣王、郡王任職事官者，一切在職事本品之上。又準紫宸門外班，除供奉官，餘其一切宣政殿前班序，登階後，任依舊位。如違，請準乾元元年三月敕，奪一月俸。』依奏。

元和元年四月，御史中丞武元衡奏：『貞元二年，御史中丞竇參奏，凡諸使兼憲官職，除元帥、都統、節度使、觀察、都團練、防禦等使，餘並列在本官之位。請自今以後，常參官御史大夫、中丞者，準檢校省官例，立在本品同類官之上。』從之。

會昌二年十月，中丞李回奏：『準元和元年四月敕，常參官兼御史大夫、中丞，立在本品同類官之上。自後尚書諸司侍郎兼憲官，與左右丞不常並置。至於序立，式有所疑。臣伏請依前遵守，永爲定制。』依奏。尚書左丞孫簡奏：『伏以班位等差，本係品秩，近者官兼臺省，立位稍遷，頗紊彝制，理亦未通。今據臺司重舉元和元年所奉敕，常參官兼大夫中丞者，準檢校官，立在左右丞之上者，承前列曹侍郎兼大夫者至少，准京兆尹往往帶此官。其京兆尹是從三品，至今班位，只在本品同類官從三品卿監之上，在太常、宗正卿三品之下。其尚書左丞是正四品上，戶部侍郎是正四品下，今戶部侍郎兼大夫，只合在本品同類官正四品下，諸曹侍郎之上，不合在正四品丞郎之上，與京兆尹在正三品卿監之下無異。又據尚書右丞是正四品下，吏部侍郎是正四品上，今吏部侍郎班位，在右丞之下，蓋以右丞官居省轄，職在糾繩。吏部侍郎品秩雖高，猶居在下。推此言之，則左丞品秩既高，又處綱轄之地，戶部侍郎雖兼大夫，豈可驟居其上？今據散官自將侍郎上至開府、特進，每品從、上、下名級各異，則從上、下又不得謂之同品。今取於理切近者，用以比方，今京兆、河南司録，及諸州録事參軍，皆操紀律。糾正諸曹，與尚書省左右丞，綱紀《六典》略同，設使諸曹掾，因其功勞，朝廷就加臺省官，立位豈得使在司録及録事參軍之上？施於州縣，尚謂非宜，況在朝廷，實爲倒置。且尚書左丞，自置此官，職業至重，按《六典》得彈射八座，主省内禁令，及宗廟祠祭之事，御史糾劾不當，得彈奏之，豈可不究是非，輕爲措置？今臺司所奏，但言往例，曾不揣摩，事若循理，雖無往例，亦合遵行；事若非宜，雖有往例，便合改正。今據元和元年臺司所奏，敕戶部侍郎兼大夫，班位合在兵部侍郎之上，在左右丞、吏部侍郎之下。今若因循往例，不宜改正，遣戶部侍郎兼大夫，位在左右丞之上，則京兆尹兼御史大夫，班位合在太常、宗正卿之上，不唯有紊典章，實恐重違元敕。謹具貞元二年以後敕旨如前，伏乞重賜參詳，庶合事理。』敕旨：『緣御史臺與臺省各執所見，因此須爲定制，其宜令兩省官詳議聞奏。』

三年二月，庫部郎中、知制誥崔于奏：『兼御史大夫、中丞一班位，奉敕，宜令兩省官詳議聞奏者。伏以御史大夫、中丞，掌邦國憲法，朝廷紀綱，兼此官者，皆以所領務重，時爲寵獎，近來諸司侍郎兼大夫者，並在左右丞之上，相承不改，待之已久。況今使下監察御史裏行，朝謝之時，列在左司郎中之上。以此參比，足可辨明。況奉去年十月敕，御史大夫進爲正三品，寺丞進爲正四品下，郎官望等裏九重。往時酌從宜之文，定可久之法，合崇憲職，庶叶朝儀。請準前例，諸行侍郎兼御史大夫、中丞者，在尚書左丞之上。』敕：『宜依崔于等所奏。』

宋·王溥《五代會要》卷五《受朝賀》　後唐天成三年十月二十一日，中書奏：

冬至日，文武百寮詣東上閣門拜表稱賀儀注：前一日，所司於閣門外量地之宜，設中書令捧表位、禮部郎中押表案位及文武常參官位，如常儀。其日，文武百寮依時刻俱詣閤門外列班如式。次通事舍人贊引中書門下入就位，立定。典儀曰『再拜』，應在位官俱再拜訖。禮官通事舍人引中書令詣捧表位。禮部郎中取表，授中書令跪受，復置於案。其案，禮部令史二人對舁。前導至位。中書令搢笏捧表跪授，閤門使跪捧表側立，候中書令退，歸本班立定。典儀曰『再拜』，應在位官俱再拜舞蹈，三稱萬歲，又再拜訖。閤門使捧表以進。次閤門使宣答，出詣中書門下班前，曰：『有敕』。典儀曰『再拜』，應在位官俱再拜。宣曰：『履長之慶，與卿等同之。』宣訖，典儀曰『再拜』，應在位官俱再拜舞蹈，三稱萬歲，又再拜訖。相次退如常式。

又　卷六《親王與朝臣行立位》　後唐長興三年正月，中書門下奏：『見任宰臣四外，其餘諸使兼侍中、中書令、平章事，並是使相，向來班序皆在見任宰臣之下。今緣秦王從榮是親王，新加兼中書令，與諸使相不同，每遇排班及到中書，位次未定。今後望諸親王官至兼侍中、中書令，則與見任宰臣分班定位。宰臣居左，親王兼侍中、中書令居右。如親王及諸使守侍中、中書令，亦並是使相，既不知印，不署敕，亦分行居右。其餘使相依舊規。』從之。

四年九月敕：『天下兵馬大元帥秦王從榮，位隆將相，望重磐維，委任既崇，等威合異，班位宜在宰相之上。』

又《文武百官朝謁班序》　後唐清泰二年十一月，知彈御史奏：『今月二日，班入遇雨，移班廊下。移班臺吏董瑾引僕射在中丞三院御史之下。僕射詰問，董瑾稱准常例，臺司尋刺都省，請檢討舊儀。都省稱國朝以端揆之重，師長百僚，雖在列司，皆爲統屬。且左右僕射，常朝不在中丞之下，赴晏廊下餐並在中丞之上。況中丞有公参之禮，進下路之儀，詳其道理，自有等降。臺司又堅稱李琪、盧質任僕射日，班亦如此。又引通事舍人在一品班上，尋申中書門下，奏宰臣判令廊下使重定班位。廊下使言，今後遇雨，移班廊下，欲請依殿前磚位次第，二品在三品前、一品後。如中丞、大夫俱置，即大夫在中丞前，其西班准此。謹具奏聞。』敕：『宜令置一品、二品、三品磚位。』

晉開運二年八月，御史臺奏：『宰相和凝新除右僕射，入朝就列儀注，責得臺吏喬德威狀稱，新除僕射正衙朝謝後，次日中丞率三院御史到僕射廳公參，相次文武百官公參，趨朝時不序班，入在中丞之前。兼舊例，除拜御史大夫趨朝退出在兩省之前，僕射出在大夫之前，近年已來，入朝祗在中丞之前，朝退僕射出卻在兩省之後，銀臺司遂檢唐朝舊儀，伏見元和七年二月七日敕，所定僕射趨朝出入儀注甚重。今後欲請常朝序班，候御史中丞羣官先入，以次東宮保、傅入，次兩省入，次僕射入。及朝退，僕射先出，以次出兩省官出，東宮保、傅出，次御史中丞百官出。』從之。

周廣順三年十一月，中書省奏：『新除起居舍人邊珝、任徹，其邊玥已謝任，徹奉使未回任。徹自左補闕除授，邊玥自右補闕除授。任徹舊官已在邊玥之上，今任徹是敕頭，近日同制受官，多以先謝爲上。伏慮任徹使迴，行立班次難定。』敕：『同制授官，但以敕命已定，班次不可輒移，謝日或有先後，豈得便爲升降。今後同授制官，宜准元和十五年敕，行立班次以敕内先後爲定，其考滿月數以朝謝月日計數。』

大臣謚號分部

綜　述

宋・王溥《唐會要》卷七九《謚法上》　舊制，諸職事三品以上、散官二品以上身亡者，佐吏録行狀申考功，考功責歷任勘校，下太常寺擬謚訖，復申考功，於都堂集内省官議謚，然後奏聞。贈官同職事，無爵者稱子。若縕德邱園，聲實明著，雖無官爵，亦奏賜謚曰先生也。

文。按謚法，經緯天地曰文，道德博厚曰文，勤學好問曰文，慈惠愛民曰文，愍民惠禮曰文，錫民爵位曰文。贈中書令、楚國公上官儀，贈兗州都督、沛郡公韋叔夏，贈兗州都督、扶風縣公蘇珦，贈衛州刺史、清河縣子崔融，贈太子少保、彭城縣、東海縣公徐堅，贈太子少保、彭城縣公劉知柔，贈幽州都督、彭城郡公韋湊，贈潤州刺史、常山縣公馬懷素，贈禮部尚書，舒國公褚無量，贈益州大都督、固安縣公盧從願，贈江陵大都督、宿預縣公王丘，贈江陵大都督、襄陽縣侯席豫，贈禮部尚書賈至，贈禮部尚書韓愈，贈右僕射潘炎，贈太尉令狐楚，贈左僕射權德輿，故襄州節度使李翺，贈司徒李磎，故太子少傅白居易，大中三年十二月，中書侍郎、平章事白敏中上疏，請行謚典，從之。下太常，謚曰文。

武。克定禍亂曰武，威強睿德曰武，開土拓境曰武，帥衆以順曰武，折衝禦侮曰武。贈太尉、霍國公王思禮，贈司徒、扶風郡王馬璘，太尉李晟。从博士王彦威請爲武。當怙稱奏進止。以李晟父謚曰武，以有『武』字，謚不合同，宜令所司重定。博士元從實執申，請依前謚武。

獻。聰明睿知曰獻，惠無内德曰獻，智質有聖曰獻。贈太常卿、郃陰男薛收，贈禮部尚書、常山郡公元行沖，贈秘書監衛密，贈太子太傅敬括。

懿。溫柔賢善曰懿，愛民質直曰懿，柔克有光曰懿，體和居中曰懿。贈并州都督、安德郡公楊師道，贈兵部尚書、武陽郡公李大亮，贈吏部尚書、永寧郡公王珪，贈潤州刺史來恒，贈太子少保張文瓘，贈幽州都督、鄭國公楊崇毅，贈禮部尚書、正平縣公裴漼，贈禮部尚書源洧，贈秘書監姚合，贈左散騎常侍趙復，贈揚州都督蕭昕，兼御史大夫鄭叔則，贈禮部尚書蔣乂，故禮部尚書許康佐，故東川節度使馮宿，贈左僕射辛秘，贈左僕射馬總。

宣。聖善周聞曰宣，施而不秘曰宣，善聞周達曰宣。贈太傅、盛王倚，贈太子太師、漢中郡王瑀，贈幽州都督、廣平郡公劉祥道，國子祭酒趙弘智，贈太尉、魏王武承嗣，贈太尉、梁王武三思，贈吏部尚書王延昌，贈太子少保鮑防，贈尚書左僕射歸崇敬，贈兵部尚書陸贄，贈工部尚書薛苹，贈右僕射鄭澣。

昭。聖文周達曰昭，明德有功曰昭。贈侍中、中書令、并州都督、固安郡公崔敦禮，特進、金城郡公李珍，贈幽州都督、趙國公李湛，荆州大都督、舒國公韋巨源。景雲元年，太常寺謚巨源曰昭，戶部員外郎李邕駁曰：『三思引之爲相，阿韋託之爲親，無功而封，無德而禄，同族則配正安石，他人則附邪楚客。謚之曰昭，良恐未當。博士李處直固請前謚爲定。』邕又駁曰：夫古之謚議，在乎勸沮，將杜小人之業，冀長君子之風。故爲善者，雖存不貴仕，而歿有餘名。此賢達所以砥節也，爲惡者，雖生有所幸，而死有所懲，此回邪所以易心也。嗚呼！巨源曾未斯察，而乃聞義不從，與惡相濟。蓄罔上之志，叶羣凶之謀，苟容聖朝，貪昧享禄。自以宰臣之貴，不崇朝而賈害者，固鬼得而誅之也。彼則匹夫之微，未受命而行刑者，固人得而誅之也。幽明之憤，斷焉可知；天地之心，自此而見。今乃妄加襃述，安能分謗者哉。雖有此議，竟謚爲昭。贈吏部尚書、齊國公崔日用，贈戶部尚書韋元甫，贈刑部尚書、兼御史中丞李澄，贈太師崔儆，贈司空李復，贈司空鄭絪，贈司徒趙宗儒。

元。始建國都曰元，行義悅民曰元，能思辨衆曰元，主義行德曰元，忠肅恭懿曰元，宣慈惠和曰元。贈司空、河間郡王孝恭，贈并州都督、畢國公阿史那社爾，文昌右相、扶風郡公韋待價，贈司空、芮國公豆盧欽望，贈秘書監朱敬則，贈鄴郡太守趙良器，贈尚書左僕射、東海郡公于休烈，黃門侍郎崔渙，贈太子太傅李涵，贈工部尚書李建，贈太保柳公綽。

節。好廉自克曰節，巧而好度曰節。贈司空、鄖國公殷開山，贈工部尚書、范陽郡公張道源，贈冬官尚書、平昌縣男高叡，贈工部尚書馮昭泰，贈尚書左僕射裴玢。

景。耆意大慮曰景，布義行剛曰景，由義而濟曰景。贈禮部尚書、黎國公溫大雅，贈幽州都督、潞國公薛萬均，邠王傅、固安縣侯盧粲，贈荆州大都督、嗣虢王邕，贈黃門監、魏縣男畢構，贈特進、嗣寧王琳，故忠武軍節度使郄士美，贈太保劉濰，贈工部尚書馮定。

成。安民立政曰成，刑人克服曰成。贈司空、萊國公杜如晦，贈揚州大都督、河間郡公李義府，贈越州都督、吳興縣伯姚璹，贈侍中、平鄉縣公李懷遠，贈大理卿、平安縣伯崔昇，贈戶部尚書、眞源子李璿，贈荆州大都督崔翹，贈河南尹、博陵縣公崔希逸，國子祭酒韓洄，贈尚書右僕射、嗣曹王皐，贈工部尚書郭隆，贈戶部尚書齊抗，贈陝州大都督崔宗，贈尚書右僕射吳湊，贈揚州大都督趙昌，故京兆尹李充，贈工部尚書裴次玄，贈太尉李逢吉，贈禮部尚書張仲方，故洪州觀察使王仲舒。

烈。秉德尊業曰烈，安民有功曰烈。贈左衛大將軍、永安郡公王孝恭，贈左衛將軍、平原郡公程務挺，贈幷州大都督，梁國公契苾何力，贈輔國大將軍、原國公田歸道，贈太子少傅韋光乘，贈禮部尚書張孚，贈尚書左僕射孫志直，贈尚書右僕射韋謙光，贈司空張獻甫，贈鴻臚卿司馬逸客，贈故東臺侍郎、同東西臺三品、荆州大都督府長史李安期。

孝。秉德不回曰孝，慈惠愛親曰孝，五宗安之曰孝，從命不忿曰孝，幾諫不倦曰孝，善事父母曰孝，親睦其黨曰孝，慈愛忘勞曰孝，慱於備物曰孝，尊仁安義曰孝。贈司徒、道王元慶，贈開府儀同三司、觀國公楊恭仁，贈戶部尚書裴守忠，贈兵部尚書、逍遥公韋嗣立，贈禮部尚書崔沔，贈岐王府長史裴子餘，贈魯郡都督、趙郡公李瑱，贈太子太傅郭曜，贈禮部尚書鄭杲，贈工部尚書韋溫，贈吏部尚書李景讓。

康。溫柔好樂曰康，安樂撫民曰康，令民安樂曰康。贈司徒、鄧王元裕，贈太子左庶子、安平縣侯李百藥，贈太常卿、豐城縣男姚思廉，贈太常卿、陽翟縣侯褚亮，贈吏部尚書、大安縣公閻立德，贈原州都督、嘉興縣子陸敦信，贈禮部尚書、新野縣公張俊，贈兵部尚書潘孟陽，贈吏部尚書、幷州都督楊師道。

定。大慮靜民曰定，安民法古曰定，追補前過曰定，安民大慮曰定，純行不爽曰定。贈司徒、應國公武士彠，贈荆州大都督、吳興縣公沈叔安，贈幷州大都督、芮國公豆盧寬，贈幽州都督、燕國公于志寧，贈秦州都督、高都郡公李緯，贈幽州都督、范陽郡公盧承慶，贈洛州長史裴懷節，贈幷州都督、北平縣公張行成，贈越州都督高智周，贈隴州刺史、會稽郡公于德方，梓州刺史李震，贈太子少師徐浩，贈太傅何進滔，贈左散騎常侍王質。

穆。布德執義曰穆，中情見貌曰穆。贈同州刺史、蘭陵縣公蕭德昭，幽州刺史韋知貞，贈禮部尚書唐昭，故閬州刺史顏防，贈戶部尚書、潞州都督郄昂，贈少保裴向，貶授開州司馬宋申錫。會昌三年五月，起復官爵，追賜謚焉。

貞。大慮克就曰貞，外內用情曰貞，清白守節曰貞，圖國忘死曰貞，內外無懷曰貞，直道不撓曰貞。贈司徒、密王元曉，贈開府儀同三司、新昌郡公李綱，贈太子少保、潁川郡公韓仲良，贈幽州都督、清丘縣公崔義玄，贈洪州都督、博陵縣子閻立本，贈泰州都督、武陽縣公韋琨，贈右驍衛將軍、河間郡公孝友，贈吏部尚書、石泉縣公王方慶，贈幽州都督、魏縣男崔神慶，贈益州大都督、邢國公王及善，贈涼州大都督、譙縣子婁師德，贈並州大都督、齊國公魏元忠，贈天官尚書楊執柔，贈太子少傅、武陽縣伯韋抗，贈尚書左丞相、廣平郡公程行諶。開元十四年，謚曰貞，岐王府長史裴子餘謚曰孝，同時列上，中書令張說省之曰，程、裴二謚，可謂謚之無愧者。贈黃門監、中山郡公李乂，贈吏部尚書、金城縣伯李朝隱，贈江陵大都督、高邑縣伯李尚隱，贈揚州大都督、南皮郡子韋虛心，贈戶部尚書楊瑒，贈潞州大都督源復，御史大夫崔器，故國子祭酒、贈秘書監楊頊，贈右散騎常侍韋常，陝州大都督劉滋，贈右僕射姚南仲，贈太子太保高郢，贈禮部尚書盧坦，贈太子少保裴均，太子太保鄭餘慶，贈故潤州節度使路隨，贈右僕射錢徽，贈兵部尚書孔戣，贈右僕射李造，贈司徒李絳，贈太保韓臯，贈司徒崔從，贈司空王徽，贈司空崔慎由，贈戶部尚書韋澳，故工部尚書裴佶。

簡。壹德不懈曰簡，平易不訾曰簡，理典不殺曰簡。贈幽州都督、沛國公鄭元璹，洪州都督、平昌縣侯于貴寧，贈秦州都督、汾陰縣公薛愿，贈幽州大都督、平恩縣公許圉師，贈太常卿、魏縣子盧承業，贈黃門監、天水郡太子太保、長平郡王叔良，贈尚書右僕射、延安郡公竇威，魏州刺史辛君昌，鴻臚卿、懷仁縣公郭嗣本，贈越州都督、渭源縣侯顧琮，贈太子太師、冀國公竇希瓘，贈左散騎常侍路嗣恭，贈太子太傅崔損。

質。名實不爽曰質，章義掩過曰質，中正無邪曰質。贈蘭州都督、清河郡公楊弘禮，贈太子少傅、魏縣子崔神慶。

戴。典禮不愆曰戴，愛民好治曰戴。贈秘書監、瑯琊縣子顔師古。

憲。博聞多能曰憲，聖善周達曰憲。贈國子祭酒、彭城縣公令狐德棻，贈廣州都督、江陵縣子岑文本，國子祭酒、曲阜縣子孔穎達，贈司徒、蓨縣公高季輔，贈太尉、聞喜縣公裴行儉，汾州刺史，贈梁王武元慶，常州刺史獨孤及，贈禮部尚書皇甫政，贈太子少保歸登，贈禮部尚書張薦，太子少保許孟容，贈右僕射王彦威。

威。强毅執正曰威，猛以强果曰威，有威可畏曰威。贈涼州都督、懷縣公于伯億，贈戶部尚書田仁會，贈涼州都督、太原郡公郭知運。右司員外郎崔厚駁之曰：『郭知運承恩詔，葬向五十餘年，今請易名，竊謂非禮。謹案禮經云，禮時爲大。』又曰：『過時不及爲禮也。』昔衞公叔文子卒，將葬，其子戍請謚於君曰：『日月有時，將葬矣，請所以易其名者。』蓋以時不可踰也。今知運既名不浮行，數紀之前，門生故吏已合謀謚。今乃申請，竊將有爲而爲。其子英乂，頃屬多故，屢制方隅，朝廷策勳，位崇端揆。附從者竊不中之禮，會無妄之求，況今裂土者接軫，專征者百輩，若率而行之，誰曰無請。不惟有司疲於簡牘，抑恐名器等於草芥，雖欲曲全，竊將不可。又禮經云：『己孤暴貴，不爲父作謚。』若知運合謚而不以其時，則嗣子廢先君之德。若不合謚而苟遂其志，則先君因嗣子而見尊。以僕射而言，既詒越禮之誚，以國家而言，又殊旌善之體，請下太常寺重議。』博士獨孤及議曰：『禮時爲大，順次之。將葬易名，時也。有故闕禮，追遠請謚，順也。公叔戍請謚，適當葬前。謹案三百禮經，三千威儀，曾不言已葬則不可追謚。況帝王殊途，不相沿襲，新制禮則死必有謚，不雲日月有時。今請易名者五家，無非葬後。苗太師一年矣，呂諲四年矣，盧奕五年矣，顔杲卿八年矣，並荷褒寵，無異同之論，獨知運不幸，遂以過時見抑，苟必以已葬未葬爲節，則八年與五十年其後一也。而與奪殊制，無乃不可乎！』議云：『己孤暴貴，不爲父作謚。此謂其父無位，而子居貴位，不當以己之貴，加榮於父。若知運者，處方面重寄，列位九卿，茂勳崇名，與衞、霍侔，飾終之禮，宜加於他將一等，豈待因嗣子然後作謚。今之專征者，率多起屠販皁隸之中，雖逢風雲，化爲侯王。而其間祖父爵位，與知運等，當請謚有幾，何乃懼名器等於草芥，以是廢禮，竊謂近誣，考彼載籍，徵諸舊史，易名之禮，請如前議。』贈揚州大都督、鄭國公崔光

公尹思貞，平陽郡太守柳渙，杭州刺史杜濟，贈陝州大都督張式，贈左僕射韋夏卿，故洪州觀察使薛放，故洪州觀察使嚴謨。

平。布綱治紀曰平，執事有制曰平，治而無眚曰平，附不黨、疏不遺曰平。贈右衞將軍、黎國公裴行方，贈蒲州刺史李素立，贈太子太保徐申，贈左散騎常侍顔証。

安。好和不爭曰安，寬容平和曰安。贈司徒、江王元祥，贈禮部尚書、鄧國公竇璡，太保、梁郡公蕭造，贈工部尚書、莘國公竇誕，贈涼州都督、廣德郡公李安遠，贈岷州都督、長道縣公姜謩，贈工部尚書、紀國公段綸，贈并州都督、樂壽縣男長孫操。

懷。慈仁短折曰懷，執義揚善曰懷。贈衞王元霸。

惠。愛民好與曰惠，柔質慈民曰惠，柔質受諫曰惠。贈司徒鄭王元懿，贈侍中、趙郡公李景伯，太子右諭德、梁郡公孔若思，贈洪州刺史崔戎。

德。綏柔士民曰德，忠和純備曰德，强直温柔曰德，勤恤民隱曰德，富貴好禮曰德，忠誠上實曰德，輔世長民曰德，寬衆憂役曰德，剛塞簡廉曰德。贈禮部尚書、河南王贇，贈靈州都督、夷國公李子和，亳州刺史、魏王武元爽，贈司空李麟，贈太師杜審權，贈吏部尚書崔鄲。

忠。危身奉上曰忠，危身惠上曰忠，讓賢盡誠曰忠，危身贈國曰忠，慮國忘家曰忠，盛衰純固曰忠，臨患不反曰忠，安居不念曰忠，廉方公正曰忠。贈左衞大將軍、淮陽郡王道玄，贈禮部尚書、嗣魯王道堅，贈司空、蔣國公屈突通，贈戶部尚書、江國公陳叔達，贈秦州都督、開化郡公趙玆景，贈左驍衞大將軍、新興郡公馬三寶，贈刑部尚書、清河縣公崔善爲，贈尚書右僕射、道國公戴冑，金紫光禄大夫、武昌縣公靳孝謨，贈尚書右僕射、高唐縣公馬周，贈幽州都督、河清郡公房仁裕，贈太子少師來恆，贈幽州大都督崔知温，贈荆州大都督、宋國公唐休璟，贈蘄州刺史許欽寂，贈開府儀同三司、魯王武崇訓，贈幽州都督、梁國公魏知古，岐王傅、弘農縣公楊温玉，贈司空李德裕，贈戶部尚書、淮安郡國公李琇，贈益州大都督、清河郡公崔隱甫，贈太尉賈循，贈揚州大都督樂子昂，贈太子太傅吳淑，贈尚書左僕射孔巢父，贈吏部尚書崔縱，故秘書監裴清，贈禮部尚書蔣清，贈太尉李光顔。

靖。秉德安衆曰靖，寬樂令終曰靖，恭己鮮言曰靖。贈司空淮安王神通，贈

遠，贈司空嚴礪，贈潞州大都督劉昌裔。

剛。强毅果敢曰剛。贈右武衛大將軍、永安郡公姜寳誼，贈左武衛大將軍、戴國公左難當。

肅。剛德克就曰肅，執心決斷曰肅。贈左衛大將軍、長平王叔良，贈益州大都督、鄖國公竇軌，贈民部尚書、信都男竇靜，始州刺史、襄武郡公劉師立，侍中、齊國公敬暉，禮部尚書孟禮温，贈工部尚書呂諲。太常議謚曰恭，度支員外郎嚴郢駁曰：『今太常議荆南之政詳矣。而曰：在臺司齪齪，無匪躬之能者。乃搜瑕掩德，非中道之言也。國家故事，宰臣之謚，皆有二字，以彰善旌德焉。夫呂公文能無害，武能禁暴，貞則幹事，忠則利人，盛烈宏規，不可備舉。傳叙八元之德，曰忠肅恭懿，若以美謚擬於形容，請謚呂公忠肅。博士獨孤及議曰：秦符必加謚二字，具以忠配肅。謹案舊議，凡没者之故吏，得以行狀請謚於尚書省。而考行定謚，則有司存。朝廷辨可否，宜在衆議，今駁議撰謚，異同之説，並故吏專之。伏恐亂庖人屍祝之分，違公器不私之誡。且非唐虞師錫僉曰之道，謚法在懲惡勸善，不在字多。必稱其大而略其細，故言文不言武，言武不言文，三代已下，樸散禮壞，乃有二字之謚，非古也，其源生於衰周。漢蕭何、張良、霍去病、霍光，俱以文武大略，佐漢致太平。其業不一，謂一文不足以紀其善，遂有文忠、文武、景桓、宣成之謚，雖黷禮甚矣，然猶褒不失人。唐興，參用周秦之制，以魏徵爲文貞，蕭瑀爲貞褊，其杜如晦、封德彝、陳叔達、温彥博、岑文本、唐休璟、魏知古、崔日用，並當時赫赫，以功名居宰相，謚之不過一字。不聞子孫佐吏，有字少稱屈。由此言之，二字不必爲褒，一字不必爲貶。若褒若貶果在字數，則堯、舜、禹、湯、文武、成康，不如周威烈、愼靚也，齊桓、晉文，不如趙武靈、魏安釐也，杜如晦、王珪已下，或成或明，或懿或憲，不如蕭瑀之貞褊也。然肅者盛德克就之名，足以表之矣。以諲之從政，威能閉邪，德可濟衆。故以肅易名，而忠在其中矣，亦猶隨會、甯俞之不稱文，豈必因而重之，然後爲美。魏、晉以賈詡之籌策，賈逵之忠壯，張既之政能，程昱之智勇，顧雍之密重，王渾之器量，劉惔之鑑裁，庾翼之志略，彼八君子者，方之東平，宜無慚德。身死之日，並謚曰肅，當代不以爲貶，何嘗徵一字二字爲之升降乎，上稽前典，下據甲令，參之禮經，而究其往事，請依前謚曰肅。』贈戶部尚書柏貞節，臺州刺史崔詔，贈右僕射李巽，贈太子太保李鄘，贈太子少傅杜亞，贈太子少保崔俊，贈司徒韓充。

壯。威德剛武曰壯，勝敵志强曰壯，死於原野曰壯，好力致勇曰壯，屢行征伐曰壯，武而不遂曰壯，敵國克服曰壯。贈廣州都督、建寧縣公龐孝恭，贈幽州都督、瑯琊郡公牛進達，贈麟州總管、鄜城郡公梁禮，贈荆州都督、東萊郡公公孫武達，贈梁州都督、順義郡公雲師端，贈右武衛大將軍、新城縣侯楊胄，贈原州都督、博陵郡公賀蘭整，贈潤州刺史尹元貞，贈右衛將軍王文慶，贈涼州都督元禮臣。

恭。尊賢貴義曰恭，愛民長悌曰恭，既過能改曰恭，執禮敬賓曰恭，率事以信曰恭。贈司空、襄邑郡公神符，贈荆州都督、隴西郡王博乂，贈太尉、濮王泰，贈左衛大將軍、北平王阿史那鉢苾，贈特進、虞國公温彥博，禮部尚書、魏郡公晉文衍，贈揚州大都督、高陽郡公許敬宗。太常定謚，博士袁思古議曰：『敬宗位以才昇，歷居清級。然棄長子於荒徼，嫁少女於夷落，聞詩學禮，事絶於趨庭，納采問名，惟聞於黷貨。白珪斯玷，有累清塵，易名之典，須憑實行，按謚法，名與實爽曰繆，請謚爲繆。』敬宗孫太子舍人彥伯訟稱：『思古與許氏先有嫌怨，請改謚。』博士王福畤議曰：『謚者，飾終之稱也，得失一朝，榮辱千載，若使嫌隙是實，即合據法推繩，如其不然，未虧直道，義不可奪，官不可侵，二三其德，何以言禮，請依思古議爲定。』戶部尚書戴至德謂福畤曰：『高陽公任過如此，何以定謚爲繆？』答曰：『昔晉司空何曾，既忠直且孝。徒以日食萬錢，所以貶爲繆醜。況敬宗不及於曾，飲食男女之累，有逾於曾，而定謚爲繆，無負於許氏矣。』詔飲尚書省集五品以上重議，禮部尚書楊思敬議稱：『按謚法，既過能改曰恭，請謚曰恭。』

蘇氏駁曰：宇文士及初謚爲繆，劉洎駁之，竟謚爲縱。許敬宗初謚爲繆，以干國邪佞，楊思敬改之，反謚爲恭。是非在於當時，名實豈憑至行。嗚呼！思敬青於藍矣。贈汴州刺史楊弘武，贈幽州都督、鉅鹿郡公竇德玄，荆州大都督府長史薛大鼎，贈并州大都督、道國公戴至德，贈潭州都督、外黄縣男薛景山，贈并州都督、鄭國公楊再思，贈幽州都督龐承宗，贈司空李揆，太子賓客盧綸，贈揚州都督張伯儀，贈太子少保、嗣吳王瓛，贈吏部尚書韋武，贈尚書左僕射程异，贈陝州大都督高固，贈右僕射劉瑑，贈戶部尚書韓公武。

又　卷八〇《謚法下》　敬。令善典法曰敬，衆方克就曰敬，夙夜警戒曰敬，夙夜就事曰敬，夙興夜寐曰敬，齋莊中正曰敬，廣直勤正曰敬，難不忘君曰敬，陳善閉邪曰敬，受命不遷曰敬。贈原州都督、渤海王奉慈，贈襄州都督、武安縣公楊虔威，贈特進、長平縣男竇琮，贈絳州刺史、安邑縣公裴矩，贈特進、清源公温彥博，贈荆州大都督、范陽郡公張延師，贈幽州都督、長平縣男楊纂，贈工部尚書、武陵郡公柏季纂，贈禮部尚書、壽陵縣男柳亨，贈懷州刺史、孝昌縣男許智仁，贈工部尚書、譙國公周範，贈涼州都督、南康郡公韓孝威，贈齊州都督、武都郡公權萬紀，贈太常卿、濟南縣男唐皎，贈荆州大都督、樂安縣男任雅相，贈國子祭酒、北平縣伯陽嶠，贈工部尚書宋慶禮。開元七年卒，太常博士張星曰：『慶禮大剛則折，至察無徒，有事東北，所亡萬計。所謂害於家，凶於國。按謚法，好功自是曰專，請謚爲專。』禮部員外郎張九齡駁曰：『營州鎮彼戎夷，扼喉斷臂，逆則制其死命，順則爲其主人，是稱樂都，其來尚矣，尋罷海運，充廣歲儲，邊亭宴然，河朔無擾，與夫興師之費，轉輸之勞，較其優劣，孰爲利害，而云所亡萬計，一何謬哉！安有踐其迹以制實，貶其謚以徇虛，乘慮始之謗聲，忘經遠之權利，義非得所，孰謂其當，請以所議，更下太常，庶素行之迹可尋，而易名之典不墜也。』星復執前議，慶禮兄子辭上稱冤，乃謚曰敬。贈太子少保、徐國公劉幽求，贈光禄卿、清河縣公張宥，贈戶部尚書鄧景山，贈禮部尚書程鎮之，贈尚書左僕射、蕭國公班宏，贈太子太傅劉從一，贈刑部尚書周皓，贈吏部尚書劉贊，贈僕射劉公濟，故兵部尚書顧少連，贈太子少保衛次公，贈工部尚書劉伯芻，故太子賓客李翼，贈尚書右僕射杜羔，贈左僕射王虔休，故華州刺史崔植，贈戶部侍郎裴潾，贈左僕射王紹，贈司空高承簡，故宣州觀察使穆贊。

倩。質淵受諫曰倩，小心畏忌曰倩，小心恭慎曰倩。贈左衛將軍、考城縣伯獨孤開遠，贈工部尚書、彭城郡公劉審禮。

隱。隱拂不成曰隱，明不治國曰隱，懷情不盡曰隱。贈太子建成，貞觀二年三月，有司奏謚息王爲戾，上令改謚議，杜淹奏改爲靈，又不許，乃謚曰隱。贈刑部尚書韋渠牟，贈太尉韓弘。

悼。肆行勞祀曰悼，恐懼從處曰悼，年中早夭曰悼。贈司空、酆王元亨，贈益州大都督、蜀王愔，贈益州大都督、原王孝，夏王一。

襄。辟土有德曰襄，因事有功曰襄。贈并州大都督、莒國公唐儉，贈開府儀同三司、邳國公長孫順德，贈荆州都督、譙國公柴紹，贈輔國大將軍、夔國公劉弘基，贈荆州都督、平陽縣公王長諧，贈并州都督、渝國公劉政會，贈禮部尚書、彭城郡公劉德威，贈左金吾大將軍、郕國公姜行本，贈荆州都督、郯國公張公謹，贈荆州總管、譚國公邱和，贈吏部尚書、安吉郡公杜淹，贈工部尚書、上原縣公賀蘭暠，贈越州都督、譙郡公周道務，贈荆州都督、天水郡公丘行恭，贈代州都督、同安郡公鄭仁泰，贈荆州都督、懷寧縣公杜君綽，贈工部尚書、中山郡公崔日知，贈太子少傅王承業，太子詹事吳仲孺，贈右僕射張暐，贈靈州大都督韓遊瓌，贈太子太傅、薊國公李叔明，贈刑部尚書任迪簡，贈司徒張建封。初，博士林寶謚曰忠，博士崔韶改謚曰襄。

胡。保民耆艾曰胡，彌年壽考曰胡。贈左監門大將軍、應國公李粲。

愍。在國遭憂曰愍，禍亂方作曰愍，在國逢難曰愍，使民悲傷曰愍。贈恆山郡王承乾，贈幽州都督、道國公周法明，贈工部尚書高彥昭。按彥昭初事李正己，及子納叛國，彥昭以濮州降於河南都統劉元佐，納怒殺其妻子，女七歲，見其母兄將就害，拜天而祝，乃問其故，曰：『以天之神明，將有祈也！』女曰：『天如神明，豈使效順而旌戮也，不拜而死。』上聞之，乃下太常議謚曰愍。

哀。恭仁短折曰哀，早孤短折曰哀。贈楚王智雲，儀王璲，潁王璬，懷王敏，涼王璿，汴王璥。

殤。未家短折曰殤，短折不成曰殤。贈江王囂，襄王重。

思。追悔前過曰思，大省兆民曰思，內外思索曰思，道德純一曰思。贈彭王元則。

荒。凶年無穀曰荒，昏亂紀度曰荒，縱樂無厭曰荒，內外縱亂曰荒，好樂怠政曰荒，縱禽無厭曰荒，縱樂不反曰荒。右衛大將軍、贈歸義郡王阿史那咄苾。

刺。暴慢九親曰刺，愎狠遂過曰刺，不思妄愛曰刺。贈巢王元吉。

醜。怙威肆行曰醜，尚父、贈太傅、博陸郡王李輔國。

繆。名與實爽曰繆。贈司空、留國公封德彝。太宗初謚曰明，後治書侍御史唐臨追駁曰：『包藏之狀，死而後發，猥加贈謚，未正嚴科，太宗令百官詳議，民部尚書唐儉等議曰，罪暴身後，恩結生前，所歷之官，不可追奪，請降贈改謚。』詔從之，乃謚曰繆。贈勝州都督執失思力，贈太子太保裴延齡，贈太子太保李程。

勇。率義恭用曰勇，率義死用曰勇，縣命爲仁曰勇，後身爲義曰勇，持義不撓曰勇，知死不避曰勇。贈潭州都督、郇國公錢九隴，贈左武侯將軍、彭城郡公吳志意，贈代州都督許洛仁，贈左監門將軍成三郎，贈靈州都督拓跋守寂，贈司空李懷讓。

莊。威而不猛曰莊，贈司徒、虢王元鳳，贈幽州都督、邢國公蘇定方，贈侍中明崇儼，贈太子詹事、廣平郡公陸餘慶，贈司空崔元式，贈幽州節度使張仲武。

溫。德性寬柔曰溫，贈絳州刺史、昌武縣子孔禎，贈禮部尚書、扶陽縣子韋承慶。

良。小心敬事曰良，理順習善曰良，贈禮部尚書、滑國公皇甫無逸。太常考行，謚曰孝。禮部尚書王珪駁之曰：『赴蜀之初，自當扶侍老母，與之同去，申其色養，而乃留在京師，子道未足，何能爲孝。』乃謚爲良。贈中散大夫、守少府監胡珦，贈故太子少傅閻濟美，贈金紫光禄大夫長孫敞。密。追補前過曰密。贈秘書監、陽武縣侯蕭德言，贈司空、陳國公竇抗。

縱。謚法無縱字。贈左衛大將軍宇文士及。初謚爲恭，黄門侍郎劉洎駁之曰：『士及居家侈縱，不宜爲恭。』竟謚爲縱。贈工部尚書馬暢。太常博士林寶議謚曰敬，工部郎中崔備駁議曰：『謹按謚法敬字之義，與馬暢始終名迹不同，考行之義尚乖，憂名之典未正，事須更牒禮院，請重議者，且馬暢墳土猶濕，物議尚存，皆可徵言，盡堪覆視。在春秋隱惡之義可也，加史册廢美之命難乎？況尚書都堂下議攸重，奉常禮院考行須詳，責實當究其是非，易名宜存乎褒貶。夫國之禮法，懸在不刊。而文士多病於愧詞，史臣或許其佳傳，舊章既失，後世何觀？雖以禮之愛久無，而亂名之責豈絶？幸稽前士，用示後人。其馬暢所謚爲敬，請更參議。』尚書兵部員外郎韋奕駁曰：『太常考馬暢之行，舉夙就事廉方經正之敬，以易其名，異乎無所苟於言也。比建中、興元間，暢以父有征討之勳，推恩而受爵位。父薨，家富於財，以酒色自娛，貞元中，嘗傾產交結中官，因獻田宅以求幸，德宗薄其人，而終不信用。生前與孤姪寡婦分居析財，醜聲聞於時，歿後使孽子孀妾被奸挾訟，公言盈於庭。此皆章著於視聽者，何以謚爲敬乎？』議者云：『先司徒之籌畫，而暢揣摩著策無遺焉。』暢參計於闈庭之内，苟所言屢中，而不可隱，當指明其效實而書之，俾行道者無所惑，不然則莊武公之才略，光於典策矣，而乃飾虚辭以攘其善，得非繆濫之甚耶！又稱名儒端士，皆從之遊，未知孰爲，其田、蘇耶？孟軻云：『尹公他，端人也，其取友必端矣。夫爲端士，豈遊乎暢之門。況謚法夙夜就事者，以其績用可紀，非謂其曠日引月，以至乎終身也。廉方經正，則暢處己行事，未嘗造次而踐其途焉，何以謚爲敬乎？大凡言功伐，議德行，尊其迹有以勸善，貶其名有以懲惡，固非庸者事也，如暢之輩，烏足黷典法哉？若有司以有爲而爲之，則宜乎貶之例也，請下太常，重定其議。』博士崔韶改謚曰縱，議曰，馬暢承籍故業，歷居通顯，家富於財，以奢縱自處，不能撫安嫂姪，使之離析。其幹進也，趨利如轉圜，其居家也，揉下如束濕，故時論鄙之，謹按國史，宇文士及居家侈縱，議謚爲縱，暢之行已同於士及，請以縱爲謚可也。

恪。謚法無恪字。贈工部尚書楊昉。

果。謚法無果字。贈定州刺史、定襄郡公于匡濟。

勤。謚法無勤字。贈廣州都督謝方叔。

靈。亂而不損曰靈。贈尚書右僕射朱忠亮。

厲。殺戮無辜曰厲。贈太子賓客于頔。太常博士王彦威議曰：『于頔剛毅特立，博遊文藝，蘊開物成務之志，爲從横倜儻之才。刺湖州，復南朝舊陂，以溉人田，由是舄鹵生稻粱，歲時大化。得丁壯之無籍者，取什一代貧人租入，故輕重以濟，江南卑濕，送終者無懸窆封樹之制，高不可隱，深則及泉，土纔周棺，水至露胔。頔悉命以官地收葬，當時稱之。爲蘇州，則繕完隄防，疏鑿畎澮，列樹以表道，決水以溉田。其爲襄陽，當吳少誠弄兵，王師有征，軍不乏糧，師未嘗退北。剋吳房、朗山，生得賊將，遽以兵柄授之，推誠於人，有古將略。然惜其不得善終，如始奉初以還，跋扈立名，滿盈不戒，則有司擬議之際，安可不善善而惡惡哉。元洪刺郡，以官事被謫，中貴人銜命部領，便道之徒所，路出於漢，頔遽命武士持刃捕捽，洪既就執，王人徒歸，又不奉詔出師，而西抵於鄧，軍聲甚雄，人聽日駭，夫師出以律，其出不命，時人不能識其指歸。王者功成而作樂，諸侯則否，頔之反旅於蔡也，作文武順聖樂，貞元禦宇，務求寵綏，有司請編，優詔莫逆。事出一時之澤，樂作諸侯之庭，良可惜哉！然則如頔者，是知樂之可作，而不知禮之不可作者也，迹其馭衆爲政之術，蓋初以利興害去爲己任，令行禁止，其源出於法家者流，文深意苛，有犯無赦，至有屋誅同命之慘。然未嘗別白其罪，以云顯戮，人到於今而冤之，洎乎天恩下浹，元侯入覲，朝廷申婚姻之好，復以宰相待之，則又斡罪貶官，而連起國獄，縉紳之論，寖益非之，謹按謚法，殺戮不辜曰厲，愎狠遂過曰厲，請謚爲厲。』或曰：『太保由文學政事，而揚歷中外，卒當登壇補衮之寄，推於事任，亦謂難能，則易其名者，宜兼舉美惡二字，以正頔貶。今特謚爲厲，或有未安。』愚以爲不然，夫類能而授，聖王之勸勉，議謚貴當，有司之職分，禮經言謚，蓋節以一惠，至於論譔之際，要當美惡咸在，細大無遺，議乎易名，則以優迹，春秋之義也。況援其功不足以補過，絜其美不足以掩瑕。其馭下也，任威少恩，其事上也，失忠與敬，謚之爲厲，不亦宜乎！敕賜謚曰思。尚書丞張正甫封敕，疏奏不答，留中不下。然賜謚敕封在都省，亦不下，至明年，張正甫改爲同州刺史，所敕封取中書門下處分。宰相令都省收管，竟不施行。太常博士王彦威又上表云，臣聞古之聖王，立謚法之意，所以彰善惡，垂勸戒，使一字之褒，寵逾紱冕之錫，片言之貶，辱過市朝之刑。此邦家之禮典，而陛下勸懲之大柄也。伏以故太子賓客致仕於頔，頃擁節麾，恣行暴虐，人神所怒，法令不容。擅舉全師，僭作王樂，侵辱中使，擅止制囚。殺戮不辜，誅求無度，故臣定謚爲厲。今陛下不忍，改賜爲思，誠出聖慈，實害聖政，伏以陛下自臨宸極，懋建大中，聞善若驚，從諫不倦，況當統天立極之始，所謂執法慎名之時，一垂恩光，盡望徼倖。且如頔之不法不道，而陛下不忍焉，臣恐將來不逞之徒，不法不道，必有如頔者衆矣，比其謚也，則又引頔爲例，則陛下何以處之？是恩發於前，而弊生於後矣。又臣比見長藩鎮服大僚者，率多驕淫不道，誅求自封，貨足以藩身，威足以鉗口，而法吏顧望自處，或不能糾虔天刑，生前網已漏鯨，沒未戮而就木，若以李吉甫近嘗賜謚引之，則吉甫之相也，豈犯上殺人乎？以頔況之，恐非倫此。如或以頔嘗入錢助國，改過來覲，兩使藩國，可以贖論。夫傷財而害人，剝下以奉上，進家財以求幸，尤不可長其漸焉。自兩河宿兵，垂七十年，王師謔征，瘡痍不絕。其後張茂昭以易定來，程權以滄景來，故國家高爵以勸戎臣，申恩以徯來者。而襄陽名鎮也，於頔文吏也，居肘腋之下，有崛強之名，賜之姻親，始修覲禮。豈可持此況彼，而以朝覲爲功乎。若然者，則頔雖有遊夏文學，龔黃政令，班超之絶漠匪躬，蔔式之持錢助國，終恐不足以彌縫惡迹，降減罪名。伏惟陛下以至聖至明之姿，用無偏無陂之道，恩由義斷，政以禮成，使褒貶道存，徼倖路絕，則天下幸甚。右補闕高頔上疏曰：『夫謚者，所以懲惡勸善，激濁揚清，使忠臣義士知勸，亂臣賊子畏罪，忠臣義士雖受屈生前，死獲美名，亂臣賊子雖竊位於當時，歿加惡謚者，所以懲暴戾，垂沮勸。孔子修春秋，亂臣賊子懼，蓋爲此也。垂範如此，尚不能救，況又墮其典法乎？又臣風聞此事，是徐泗節度使李愬奏請。李愬勳臣節將，陛下寵其勳勞，賜其爵禄、車服、第宅則可。若亂朝廷典法，將何以沮勸？仲尼曰：唯名與器，不以假人。名器君之所司也，若以假人，是與之政也。政亡則國家從之矣。於頔頃鎮襄漢，殺戮不辜，恣行凶暴。移軍襄鄧，迫脅朝廷，擅留逐臣，邀遮天使，當先帝嗣位之始，貴安反側，以靖四方，倖免鈇鉞之誅，得全腰領而斃。誠宜謚爲繆厲，以沮凶邪，豈可曲加美名，以惠奸惡，如此則是於？生爲奸臣，死獲美謚，竊恐天下有識之士，以爲聖朝無人，有此倒置，伏請速追前謚，卻依太常謚爲厲，使典法無虧，國章不紊。』

信。謚法無信字。贈工部尚書渾鍊。

毅。謚法無毅字。贈尚書右僕射楊朝晟。

魏。克威捷行曰魏，克威惠禮曰魏。贈太尉王鍔。

圉。威德剛武曰圉。贈太子少保張煦。

夷。安心好靜曰夷，克殺秉正曰夷。贈太子賓客羅珦。

頃。精心動懼曰頃，敏以敬慎曰頃。贈左散騎常侍房式。太常博士陸亙請謚曰頃，吏部郎中韋乾度駁曰：『詳觀貞元之末，西蜀之事。逆豎劉闢構難之初，凶邪協謀，嘯相聚，年深事遠，百不計一然，然而磈磊不平，鋒刺釁深者，藏在骨髓，請舉其梗概一二焉。式自忠州刺史，故太師奏授劍南西川支度副使，後兼御史中丞，又剖符蜀州，是時貞元十八年也，式因晝日昏睡如醉，經宿乃寤。訊其左右僮僕，不知其所從來。後逾年卻復此職，會故使太師薨歿，則劉闢潛扇逆謀，禍亂始胎，式遂倖姦人之意。』爲譎怪之語，謂闢曰：『乃者蜀州昏病之中，見公爲上相，盧文若爲侍郎，儀衛甚盛，富貴極矣，他日無相忘，賊聞大喜，布滿郡縣，自以爲神授，非人力也。賊每接賓客，肆談論，撫羣邪，申號令，未嘗不以是爲先，深自以爲祥兆也。豈不因式作異言，鼓妖孽，惑亂平民，堅壯凶險。不然，何區區之蜀，璅璅之寇，王師討伐，經費萬計，崎嶇險阻，留年乃拔。何哉？蓋以式深爲浹洽之辭，激切嚚固，不然，何盤柢固根之甚也？故太師永貞元年八月薨。其時乾度被逐，攝簡州刺史，名雖守郡，其實囚之。明年四月，追迴勒攝成都縣令，其時授闢西川節度，詔命初下，東川之圍未解，乃召募亡命，兼收管內鎮兵，張皇虛聲，熒惑郡縣。發兵七千，馬畜三萬，號爲十五萬人。轉牒盩厔以來縣道郵次，酒肉畢具，芻蕘無匱。署牒首曰闢，副曰式，參謀曰符載，令下之日，妖氣坌興，下愚沸騰，貪冒奸賞，奔走叛命，肩摩轂擊，爭死恐後，當此之時，邛蜀震驚，田野廢業，竄伏山穀，邑居人吏，分散道路。如此之事，非得之於人，皆親所聞睹。時賊圍逼梓州久，王師諸軍，稍稍繼至，倡狂凶寇，不復張矣。然常察式之爲人，柔而善佞，不顧不義。不然，何劉闢文若喬規符載，皆咨諏執禮，拳拳以事之，以斯而言，可以知其所止矣。伏以聖上法維天之度，崇納汙之德，雖元澤滂流，鼓盪昭洗，然易名之典，在正根源，苟非其人，不可加美。如式西蜀之事，大節已虧缺矣，何面目以求謚焉。』頃之爲謚，頗乖前狀，請下太常重議，博士李虞仲重議曰：『式之在西蜀也，人人耳目，其事熟矣，固非愛之者所能粉飾，而文其論，惡之者所能披抉，而裝其說。蜀之此時，雖女子小人，亦知凶闢斷頭之有日，然爲其用者，乃救死於頸。語其無勇烈之心，斯可矣，豈可盡被其附麗之名乎。如式之於劉闢，既不能去，又不能死，可謂求生害仁者也。』而駁議曰：『大節已虧。』無乃過言歟，何從聞之？闢之走西川也，召所疑畏者十數輩於庭，將盡殺之而後去，而式在其間賴倉皇之際，闢黨有護持者，僅免於難，推嚮之論，則不當如是明矣，然居此時，有將見危授命之義，殺身成仁之道詰之者，稱式無愧色，吾不信也。不如是，則式之去希烈也，理河南也，廉宣城也，何以無忠敬之目歟？愚論之曰，式也，不疾任永之目，不閑吉挹之口，乃罪也，無王皓棄家之心，無譙元受毒之志，其罪也。闢之反天子，棄墳墓，乃曰顧式説一夢以結其心，署一牒以張其勢，豈其然乎？豈其然乎？夫人臣不幸罹於是，惟死而已矣。然孟子曰：『生吾所欲也。』矧自軻以下哉，使死之易，則王諒、李業、虞悝、馮信，不足貴也。意者，將不可以必死望人乎？始不以不死罪之，以懷生貶之，是異論也。夫謚者，易其名者也。夫子曰：『名以出信。』不曰名之必可言也。名不正則言不順，以至於刑罰不中，正謂此耳，夫豈容易哉！語曰：『於其所不知，蓋闕如也。』恍惚之夢，駁議之外無言者，懼非所以詔示後世也。《皋陶謨》曰：『五刑五用哉。』言用刑必當其罪也。刑其肢體於一時，猶須當其罪。矧刑其行義，揭之於千萬年歟。《康誥》曰：『敬用乃罰，請依前謚爲頃。』

復字謚

懿德。贈太子、郡王重潤。

節愍。贈太子重俊。景雲元年十月，太府少卿韋湊上疏曰：『臣聞王者發號施令，必法乎天道。使三綱攸敍，十等鹹若者，善善明惡惡著也。善善者，懸爵賞以勸之，惡惡者，設刑罰以懲之，其賞罰所不加者，則考行立謚以褒貶之，所以勸戒將來也。斯並至公之大猷，非私情之可徇，故箕微獲用，管蔡爲戮，謚者，有臣謚其君，子謚其父，而曰靈曰厲者，不敢以私而亂大猷也，則其餘安可失衷哉！臣竊見故太子重俊，擁北軍禁旅，上犯宸居，破扉斬關，突禁而入，騎騰紫禁，兵指黃屋，孝和移御元武門，避其鋭。凶威既逼，躬出樓門，親降德音，以諭逆順，而太子據鞍自若，督衆不停。俄而其黨悔非，轉逆爲順，或迴兵討賊，或投伏自拘，多祚等伏誅，太子逃竄。向使同惡相濟以成不道，其爲禍胡可勝言。於時臣任將作少匠，兼通事舍人。明日，孝和皇帝引見羣臣，兩淚交集曰，幾不共卿等相見。其爲危懼，不亦甚乎，今聖朝雪罪禮葬，謚爲節愍，臣竊惑焉，當時韋氏逆節未彰，韋則母也，太子豈有廢母之理乎？又非中宗之命而廢，是劫父廢母也，借使聲言父有桀紂之行，人子無廢殺之理，漢武末年，江充爲巫蠱，陷太子，遂矯節斬充，因敗逃匿，非稱兵詣闕，無逆謀於父，然身死於湖，不葬無謚。至太子孫立爲天子，是曰孝宣，太子方獲葬，謚曰戾，今節愍太子之行比之，豈可同年而語？其於陛下猶子也，而可謚爲節愍乎，伏望改謚，務合禮經。』

惠莊。贈申王撝。

惠文。贈岐王範。

惠宣。贈薛王業。

靖恭。贈榮王琬。

恭懿。贈興王佋。

昭成。贈睿宗皇后竇氏。開元六年正月，太常加后謚曰大昭成，禮部員外郎崇宗之駁曰：『昭成皇后謚，宜引聖眞冠后謚之上，而誤加「大」字，非也。若取單謚配之，應曰聖昭若睿成，以復謚配之，應曰大聖昭成、聖眞昭成，且太穆皇后。武德元年五月，追謚爲穆皇后，貞觀元年五月六日，又追尊爲太穆皇后，上元中，又追尊太穆神皇后，文德皇后。貞觀年中謚曰文德，上元中，追尊文德聖皇后，即后漢皇后紀，范煜論明矣。』太常議曰：『范煜著書，每引帝號，標於后謚之上，自是一紀事標目，何關連謚舊名。考德撰行，須存本迹，豈有婦人立操，必與夫同。夫尊婦卑，沒便連謚曰名，不可之甚也，漢諸后單謚者多，陰后曰烈，馬后曰德，鄧后曰熹，閻后曰思，韋忠所引薄后謚曰高皇后，豈非大謬乎！且桓帝懿獻皇后，帝謚元非后謚，曰欲將桓帝兩字爲懿之謚，其可得乎？入廟稱后，后繫於夫，后朝稱太，義緣於子。文母既生前之名，文王既沒之謚。周公達禮，豈令夫從於婦乎？』意爲太常定之。

惠文。贈昭容上官氏。景雲二年七月追謚，初，昭容常引弟王昱爲拾遺。昱謂其母鄭氏曰：『主上住在房州，則武氏得志矣。今有天命，以能興天之所興，不可二也。而武三思有異志，天下知之，必不能成。昭容爲上所信，而附會三思，誠破家之徵，願姨思之。』鄭以爲然，言於上官，上官笑曰：『昱之謬言，勿復信之。』及三思被誅，李多祚索韋氏及上官。上官始懼，以昱言有徵，遂乃歸心王室。及草中宗遺制，引相王輔政。及難作，以草本呈劉幽求。幽求言於玄宗，玄宗不許，命殺之。以其有功，故此追贈。開元初，玄宗收其舊文勒成集，令中書令張説親爲其序。

貞烈。贈魯國夫人楊氏。按楊氏，天后母也。

孔夫子。追謚文宣。殷比干。追謚忠烈。周太公。追謚武成。

朝臣復謚

朝臣復謚　文獻。贈司徒、申國公高士廉，贈并州大都督、樂成縣公劉仁軌，贈太子少保、梁國公姚崇，贈太尉、博陵王崔玄暐，禮部尚書、徐國公劉幽求，贈司空、趙城縣公裴耀卿，贈荊州大都督、始興縣公張九齡，贈司徒、贊皇縣子李栖筠，贈尚書右僕射鄭珣瑜。太常博士徐復議，請謚珣瑜文獻。兵部侍郎李巽駁曰：『夫謚所以昭德也。德既昭矣，則文無以加焉。故相國鄭公，端操特立，寡言慎行。及居臺司，有蠲逋恤人之美，有知難不汙之節。雖無文若之進拔，無孟子之是非，無賑施之仁，無蹇諤之義，然足以稱賢相也。夫文者，大則經緯天地，次則潤色王猷。周文以至德爲西伯，季孫以道事其主，咸謚曰文，爲美無以尚也，亦焉用兩字，然後爲備哉，竊以兩字之謚，或有兼德。一字不足以盡盛德之形容，故有兩字起焉。然而興於近古，非三代、兩漢之事也。夫舉典之道，信其正，不信其邪，春秋之大旨也。則兩字之謚，非春秋之正也。故相國鄭公之謚，爲文足矣，焉用獻哉，爲獻可矣，焉用文哉？兩字兼謚，竊所未喻。請下太常重議。』博士徐復議曰：『鄭珣瑜令德清規，坐鎮風俗，治人而善政浹洽，作相而謀猷密勿，其終始事迹，當時罕儔。所以表賢易名，實曰文獻，夫文者，煥乎大行，獻者，軒然高名，合而褒之，厥有經義，亦猶貞惠文子，累數其功，至於再三，以勸事君者。今奉駁議，議其無進拔，無是非，無賑施，無蹇諤。且曰二字之謚，非三代、兩漢之事，愚以爲異之駁，所謂進拔者，豈不以推擇羣萃，致之於庭乎，珣瑜往司銓衡，既當鈞軸，流品式敍，英髦在朝，若無獎拔之明，則何以至此。但如來議寡言慎行，故其端兆不可得而窺也。當先朝之日，上體不平，奸臣王叔文，擅權作朋，將害於國，其視丞相如無也，輕詣相府，不循舊章，珣瑜意雖欲誅，力固不足。移疾高謝，萬情所歸，則是非之明，孰大於此。夫所謂賑施者，在禮，家施不及國，賢人君子，廣愛爲心，莫不開稱物之源，布厚生之政，曩者恤災患，免逋租，亦既當之矣，其於篤親庇族，衣無常主，踐名教者，誰則不行，若以分孤寡之資，同於賑施，珣瑜之所羞言也，奚謂無哉？至於蹇蹇匪躬，前議已書其微婉矣。既承高論，敢不指明，德宗季年，李實爲京兆尹，殊恩晝接，貴倖無比，而實以羨餘稱職，莫之敢非。』珣瑜衆詰所由，上陳利害，且曰：『取於人而未讎其直，焉得有餘，是其言不可謂之無蹇諤矣。伏以國朝宰輔，謚文而兼字者，代有人焉。故房玄齡謚曰文昭，狄仁傑謚曰文惠、魏徵、陸象先、蘇瓌、宋璟、張説、崔祐甫，並謚曰文貞，劉仁軌、劉幽求、姚元崇、裴耀卿、張九齡，並曰文獻。李元紘、韓休、並曰文忠。薛元超曰文懿，盧懷慎曰文成，蘇頲曰文憲，楊綰曰文簡，其餘不可悉數。若以文包美，不宜以他字配之。則房玄齡、狄仁傑以降，昭、惠、貞、獻、忠、懿，成簡，皆不得其正矣，我唐聲明文物，垂二百年，更閲羣才，發揮王度。豈議名之典，獨未得中耶？不然，何輕沮之爲，駁正所謂，但當論謚之當否，不宜詰字之多少，苟有不當，雖一字可乎？若皆允宜，雖二字何害。如韋巨源附會凶黨，李北海奪其嘉名，所言至公，人則悦服，今既曰賢相，而又非之，君子於其言，豈得苟而已乎？若云二字非三代兩漢之規，則又異乎愚所學矣。夫威烈慎靚，周王之文謚也，文忠、文成，漢祖之佐命也。霍光爲宣成，孔光爲宣烈，中代之勳德也，劉寬爲昭烈，楊賜爲文烈，東都之鼎臣也，安謂其無二字哉！況文之爲名，其義多矣，有經緯天地焉，有忠信接禮焉，有寡立不懾，堅强不暴焉，有敏而好學，不耻下問焉，夫匪一端，各有所當，若皆侯西伯、季孫之德，然後可稱文，則魯侯與文伯歜之類，皆不爲文矣。故誄謚之制，因時旌別，有前狀議珣瑜之行曰，爲一代之名臣，斯其旨歟。謹上採禮經，旁觀舊史，參諸國典，以定二名。請依前謚曰文獻。』兵部侍郎李巽再議曰：『夫謚者，春秋褒貶之旨也，仲尼書法，隨類推廣，雖一字褒貶，其文猶傳。蓋欲指明事業，昭示後代，俾後之人，懲其惡而揚其善，故不可苟。夫謚一字，正也，堯、舜、禹、湯、周公召公是也。兩字非正也，故謚法不載，或人臣不守彝章，苟逞異端，威烈、慎靚是也；或時主之權以功德，加厚於臣也。蕭何、霍光、房玄齡、魏徵是也；不當加而加，僭也、孔光、劉寬、薛元超、李元紘是也。三字過也，貞惠文子是也，亦謚法所不載也，古今無有也。公叔文子，是衛君之過也，衛之亂制也，不然，記之失也。以一善加一字，卽堯、舜、禹、湯，當累數十字以謚。夫禮記非盡聖賢之意，非盡宣尼之所述也，當時雜記也。昔後蒼爲曲臺記，其弟子戴聖，增損刊定爲小戴禮，今禮記是也。若盡宣尼之所述，卽戴聖豈得而增也。昔宣尼修春秋，遊、夏不能措一詞，以知禮記非盡宣尼所述，故戴聖得以增損也。則貞惠文子之謚，衛君亂制也，古今無有也。非宣尼所述，又何足法哉！前珣瑜和茂修整，始終無缺，可謂美矣。至於議行考功，而度越等輩，比於鄭文成、梁文昭、魏文貞則不侔，而謚號無差，輕用國典，失春秋之旨矣。向者、鄭、梁數公，皆經綸草昧，輔翼興王，以道輔君，致於化洽，彰灼千古，言之者凜然。生今而以珣瑜齒之，豈無愧於心哉！夫數公者，皆時王感風雲之會，懷謨明之美，故加於常典，以明其德，亦所以篤君臣之義也。然非正也，權制也。若後之人，非數賢之比，則當循常以避賢地。其劉仁軌、薛元超等，加字之謚，皆黷國典，而昧彝倫，言之可爲寒心，豈當舉之爲訓也。其餘姚元崇、宋璟、劉幽求，或輔相一世，致治平之化，或忘身徇難，成中興之業，又豈珣瑜之比。以典選爲進善，以辭疾爲嫉惡，皆尚口爲辨，非守典確論也。夫以典選者皆爲進善耶？若然者，則國家有天下二百年，何裴行儉、馬戴、盧從願等數賢，獨見稱於時也。循資置署，謂爲進善，皆異乎餘之所聞也。又珣瑜之病，數月而終，豈僞疾也哉！借使僞疾，猶可責也，昔子路之冗食家臣，尤欲殺身徇難。而珣瑜履臺輔之重，當危難之際，居平則享其高爵厚禄，見危則奉身目退。以此爲是非之明，卽董狐之書趙盾，爲妄作也。珣瑜之辭疾可責，而太常舉以爲德，信君臣之義，非常人之所知也，珣瑜之下詰李實，誠中其病，可謂美矣。然則珣瑜自始筮仕，至於啓手足，垂四十年。歷諫職，持風憲，其忠規激發，恐有過於此者。今第舉其詰李實，未爲多也。謂爲蹇諤者衆矣，豈能使汲黯魏徵有慚色哉！前巽議云，三代、兩漢，無兩字之謚，此末學之過也。無苟令君之進善，無孟軻之是非，無文子之賑施，無周舍之蹇諤，以珣瑜之行清而無缺，可謂掩之，不足辨也。今所議兩字之謚，亦又不當其議，故不足斥也，前巽之言過也。但兩字之謚，加等之美，以蕭何房玄齡言，不在珣瑜也。巽雖不敏，而於言謚美以惑人聽，此當所激而不平也。終不欲有以齒於蕭何房元齡之宗，又不欲有造次擬於魏文貞、姚元崇、宋璟、劉幽求之讜言悟主，茂績殊勳也。夫前車之覆，後車所以易轍也，前有司之失，後有司當以矯之也。不矯之，則逶迤遂遠，後至於亂制也，此有國之誡也。若威烈、慎靚、孔光、劉寬、薛元超之同於禹，湯、文、武、蕭何、霍光、房玄齡、魏徵、前有司之過也。後之專筆削者，宜有以矯之也。不矯之，則典禮寢亂矣，有司不可以尤而效之也，不可黨所見而遂僭典也，鄭珣瑜兩字謚，請下太常重議。若一字不足盡珣瑜之盛德，必須兩字，則敢俟再告。』竟從復議，謚文獻。

文貞。贈太尉、鄭國公魏徵，贈司空、許國公蘇瓌，贈尚書左丞相、兖國公陸象先，贈太尉、廣平郡公宋璟，贈太師、燕國公張説。太常卿初謚爲文貞，左司郎中楊伯威駁曰：『謚者，德之表，行之迹，將以激勵風俗，檢束名教，固無虚譽，是存實録。』準張説罷相制云：『不肅細微之人，頗乖周慎之旨。』又致仕制云：『行虧半石，防闕周身，未免瓜李之嫌，而諠衆多之口，且玉之有瑕，尚可磨也，人之斯玷，焉可逭也。謚曰文貞，何成勸沮，請下太常，更據行事定謚。』工部侍郎張九齡又議，請依太常爲定，衆論未決。上爲制碑文，賜謚曰文貞，衆議始定。贈太傅崔祐甫，贈太子太師牛僧孺，大中十三年十二月，中書侍郎平章事白敏中，上疏請行贈謚，上從之，請下太常謚之。

文懿。贈禮部尚書、永興縣公虞世南。貞觀十二年十一月敕，虞世南學綜古今，行篤終始，至孝忠直，事多宏益，易名之典，抑有舊章，前雖謚懿，未盡其美，可謚曰文懿。贈太師韓國公苗晉卿。初，太常謚爲懿獻，及敕出，改爲文懿。贈司徒李回，贈太尉王起。

文昭。贈太尉、梁國公房玄齡，贈司徒鄭畋。

文忠。贈尚書右僕射、河南縣公褚遂良，贈太子少傅、清水縣男李元紘，贈太子少師、宜陽縣子韓休，贈司徒、魯郡公顏眞卿。

文康。贈太常卿、陽翟縣公褚亮。

文惠。贈司空、梁國公狄仁傑。

文憲。贈尚書右僕射、許國公蘇頲，贈太尉、衛國公杜鴻漸。

文成。贈荆南大都督、漁陽縣伯盧懷慎。

文孝。贈禮部尚書王珣。

文簡。贈司徒楊綰。初太常謚楊綰爲文貞，比部郎中蘇端駁曰：『古者美惡無私，襃貶必當，將以嘉善而退惡，爲列辟之明典也，可不愼歟！今謹詳前謚，文貞者，稽法考事，恐非允時論，發揚來訓矣。夫道德博聞曰文，清白守節曰貞。且元載與司徒友敬殊深，推爲長者，首舉清要，人莫與京，及司徒寵望漸高，載畏其逼，又知載隳壞綱紀，心二於君，既懼其疑，因而疏間。有口皆知載惡，而獨曾無一言，或有發載之惡，證告未明，抱誠坐法者。司徒時居上列，奏達非難，不能因此披衷正詞，全志士之命，露凶狡之私。而乃晏安自泰，優遊過日。使元載禍大滅身，竟勞聖上防伺之慮。豈守節不隱耶，豈懷道無毒耶？非謂文貞亦明矣。洎元載將謀不忠，罔聖蔽聰，畜恩於下，招怨於上。使北塞人勞，有過時之戍；西郊虜入，無弔災之惠。磁邢堅義之士，將死復生，梁宋傷夷之人，或寒或餒。搜訪旌恤，中外所急，載皆絶之。使王澤不及於下，爲行路所歎。而楊公當聖上維新之時，居天下得賢之望，誠宜不俟終日，造次速言。乃寥寂起悟，禁閉謨猷，食萬錢之賜，虚承一心之顧。使防河之人，家聞采蒸之歎，近甸諸邑，多興祈父之憂，豈慈惠愛人乎？既曰不慈不惠，何以謂之文？有隱有毒，何以謂之貞矣？古者，諸侯有國，卿大夫有家，上以報祖宗，下以處子孫之義也。楊公歷處厚俸，人謂儒宗，曾不立家，又無私廟，寧使人世闕敬祖之禮，位極無祭禰之宮，凡在衣冠，誰不歎恨？又乖大義克就，愍仁接禮之義矣。曰文與貞，曷可以議，聖人立謚，有公無私，所以周宣不敢私於父，謚曰厲：漢宣不敢私於祖，謚曰戾。百王明制，列聖通則，公叔文子有死衛之節，修班制之勤，社稷不辱，方居此謚。爰及太宗初，魏公徵有匡救公直之忠。中宗末，蘇瓌有保安不奪之節，所以諸賢甚衆，謚文貞者，不過數公。至於燕國公張說，先朝輪能，名節昭著，省司尚謂不可。至今人故稱之，由是言之，焉可比德？請牒太常，更詳他謚，以守彝章。庶乎青史之筆，不乖於周漢，黄泉之魂，免慚於蘇、魏。』大曆十二年二月二十二日，別敕謚爲文簡。贈司空鄭肅。

懿文。贈太子太保薛元超。

景武。贈司徒、衛國公李靖。

貞武。贈太尉、英國公李勣。

忠武。贈司徒、鄂國公尉遲敬德，贈太師、汾陽郡王郭子儀，贈太師、西平郡王李晟。

莊武。贈太傅、北平郡王馬燧，贈太師劉濟。

武烈。贈太尉、霍國公王思禮。

忠獻。贈太師、魏國公裴光庭。開元二十三年，博士孫琬以其用循資格，非獎勸之道，請謚爲克，光庭與蕭嵩不協，時人以爲希嵩意。上聞，特下詔賜謚光庭曰忠獻。

忠簡。贈太尉、安定王武攸暨。

忠烈。贈中山郡公王晙，贈太子少傅薛景仙，贈太尉段秀實。興元元年二月謚忠烈。初，朱泚盜據宮闕也。泚以秀實嘗爲涇原節度，頗得士心後罷兵權，以爲蓄憤且久，必肯同惡，乃召與謀。秀實初詐從之，陰說大將劉海賓、何明禮、姚令言，判官岐靈嶽，同謀殺泚，以兵迎乘輿。三人者，皆秀實夙所獎遇，遂皆許諾。泚時遣其將韓旻，領馬步三千，疾趨奉天。時蒼黄之中，未有武備。秀實以爲宗社之危，期於頃刻，乃使人走諭靈嶽，教其竊令言印，不遂。乃以司農印倒印符以追兵還，至洛驛，得牒，莫辨其印，惶遽而迴。秀實謂海賓等曰：『旻之來，吾黨無類矣。我當直搏殺泚，不得則死，終不能向此賊稱臣。』乃與海賓約，事急爲繼，而令言明禮應於外。明日，泚召秀實議事、源休、姚令言、李子平皆在坐，秀實戎服，與休並膝，語至僭位。秀實勃然而起，執休腕，奪其象笏，奮躍而前，唾泚面，大罵曰：『狂賊，吾恨不斬汝萬段，我豈從汝反耶！』遂擊之。泚舉臂自捍，纔中其額。流血匍匐而走，凶徒鄂然，初不敢動。而海賓等不至，秀實乃曰：『我不同汝反，何不殺我？』凶黨羣至，遂遇害焉，至是加襃贈。贈太師王武俊，贈太尉張允伸。

忠壯。贈揚州大都督、襃國公段志玄。贈瀛州刺史、平原縣公劉感。

忠孝。贈尚書右僕射、郇國公韋陟。

忠貞。贈司空、邠國公韋見素。

忠惠。贈戶部尚書、太原縣公王翃。

忠勇。贈武威郡王李嗣業。

忠肅。贈太傅、鄭國公韓滉，贈太子太師王處存，贈觀軍容使楊復光。

貞褊。贈司空、宋國公蕭瑀。太常初諡曰德，尚書省諡曰肅，太宗以易名之典，必考其行，蕭瑀性多猜貳，有失其眞，更據實諡曰貞褊公。

貞穆。贈工部尚書、范陽郡男張廷珪，贈司空李珏。

貞肅。贈尚書右丞相、魏縣公杜暹。初諡貞肅，右司員外郎劉同昇，都官員外郎韋康廉駁曰：『暹有忠孝之美，太常所諡，不盡其行，博士裴總執曰，杜尚書往以墨縗受職，事雖奉國，不得爲孝，請依舊爲定。』暹子孝友詣闕陳訴，上聞，而更令所司詳定，竟諡曰貞肅。

貞簡。贈太傅、汧國公李勉，贈司徒李藩。

貞烈。贈侍中、潁川縣公韓瑗，贈兵部尚書盧奕。太常博士獨狐及議曰：『盧奕剛毅樸忠，直方而清，勵精吏事，所居可紀。天寶十四載，洛陽陷沒，於時東京人士，狼狽鹿駭，猛虎磨牙，而爭其肉。居位者皆欲保性命而全妻子，或競先策蹇，爭脫羿彀：或不耻苟活，甘飲盜泉。奕獨正身守位，仗義不去，以死全節，誓不辱身。勢窘力屈，以朝服就死，猶慷慨數賊梟獍之罪。觀者股慄，奕不變色，西面辭君，而後受害。雖古烈士，方之者鮮矣！』或曰：『洛陽之存亡，操兵者實任其咎。非執法吏所能抗，師敗將奔，去之可也。委身寇讎，以死誰懟？』奕以爲不然，勇者禦而忠者守，必社稷是衛，則死生以之，危而去之，是智免也，忠於何有？荀息殺身於晉，不食其言也；仲由結纓於衛，不避其難也。元冥勤其官而水死，守位而忘軀也；伯姬待姆而火死，先禮而後身也。彼四人者，死之日，皆於事無補。夫豈愛死而賈禍，以爲死輕於義而捐生，古史書之，使事君者勸，然則祿山亂大於裏丕，奕廉察之任，切於元冥之官，分官所繫，不啻於保姆，逆黨兵威，烈於水火。於斯時也，與能執干戈者同其戮力，挽之不來，推之不去。豈不以師可虧，免不可苟，身可殺，節不可奪，故全其特操於白刃之下。孰與夫懷安偷生者，同其風義。謹案諡法：『圖國忘死曰貞，秉德遵業曰烈。奕執憲戎馬之間，志藩王室，可謂圖國；國危不能拯而繼之以死，可謂忘死；歷官十一任，言必正，事必果，而清節不撓，去之若始至，可謂秉德，先黃門以直道佐時，奕嗣之忠純，可謂遵業，請諡曰貞烈。』從之。

貞憲。贈太傅趙憬。

肅愍。贈泰州都督、平陽王敬暉。

昭定。贈太常卿、河東郡公薛訥。

恭肅。贈益州大都督、河東郡侯張嘉貞，贈故刑部尚書、右僕射李遜。

獻穆。贈太尉冀國公裴冕。

襄愍。贈戶部尚書史翽。

簡懷。贈開府儀同三司王璵。

成肅。贈太保張延賞，贈太傅薛平。

莊威。贈司空李元諒。

獻武。贈太師張茂昭。

威武。贈宣武節度使劉玄佐，贈司徒高崇文。

忠穆。贈太保嚴震，贈太傅王景崇。

襄武。贈太尉劉悟。

敬勇。贈司空李昭德。

毅勇。贈禮部尚書崔無詖。

忠愍。贈司徒武元衡，贈故鎮州節度使、太師田弘正。

貞惠。贈禮部尚書劉通。

貞孝。贈太子太保權皐，贈太師崔安潛，贈司空楊於陵。

宣憲。贈司空杜黃裳。

宣簡。贈吏部尚書崔邠。

景襄。贈司徒王士貞。

懿穆。贈太尉烏重胤。

元靖。贈太傅賈耽。

恭惠。贈太傅董晉，贈司徒竇易直。

繆醜。贈尚書右僕射韋綬。博士劉端夫諡通醜，博士權安復諡爲繆醜。

武烈。贈司徒曲環。

安簡。贈太傅杜佑。初，太常博士柳應規諡佑忠簡，博士尉遲汾又議曰：『佑之寬容得衆，全和葆光，不病於物類，其能考終，得不爲寬容乎！和好不爭，自卑仕而極重任，一心於治以惠物，潔行廉正，人無尤怨，得不爲一德不懈乎？請諡爲安簡。』

靈愍。贈兵部尚書盧虔。

成縱。贈故中書侍郎、同中書門下平章事元載。太常博士崔韶請諡曰荒，左司郎中韋宏景請下太常重議。博士王炎改諡成縱，二議交持，故事不行。爾後太常王彥威議曰：『元載諡成，則不得爲縱，諡縱，則不得爲成，成縱兼施，美惡齊致，考之常法，實不通經。夫蕭瑀諡貞，詔命加褊。事出恩制，不可據依，爾後崔昭以平屬謚楊炎，以壯繆謚伊慎。此皆惑於貞徧，混淆不可之文，詳在駁議，今明其説，恐誤後來。』事寢不報。

平厲。贈故左僕射楊炎。初謚肅愍，左丞孔戣，請下太常重議，太常博士崔韶請謚曰平厲，刑部侍郎劉伯芻又駁，請下太常更加議定，太常未報。

壯繆。贈太子太保伊慎。崔韶請謚曰壯繆，吏部尚書韓臯駁議，未報。

宣武。贈太師范希朝。太常博士馮定請謚忠武。禮部員外郎王源中駁，請下太常重定，太常請如前謚忠武，王源中重駁。博士王塈改謚宣武，未經會議聞奏，故不載其文。

恭懿。贈禮部尚書齊映，贈司徒李吉甫。太常請謚吉甫曰恭懿，博士尉遲汾請爲敬憲。度支郎中張仲方駁議曰：『古者，易名請謚，禮之典也。處大位者，舉其巨節，蔑諸細行，昭範當世，彰示後人。然後書之，垂於不朽。善善惡惡，不可以誣，故稱一字，則至明焉，定褒貶是非之宜，泯同異紛綸之論。李吉甫稟氣生材，乘時佐治，博涉多知，含章炳文，燮贊陰陽，經緯邦國。惜乎通敏資性，而便媚取容，故載踐樞衡，疊致臺衮，大權在己，沈謀罕成。好惡徇情，輕諾寡信，諂淚在臉，遇便則流，巧言如簧，應機必發。夫人臣之翊戴元後者，端恪致治，孜孜夙夜，緝熙庶績，平章百揆。兵者凶器，不可從我始，及乎伐罪，則料敵以成功。至使内有害輔臣之盜，外有懷毒蠆之孽，師徒暴野，戎馬生郊。皇上旰食宵衣，公卿大夫且慚且耻。農人不得在畝，紡婦不得在桑，耗賦斂之常資，散帑廩之中積，徵邊徼之備，竭運輓之勞。僵屍流血，胔骼成嶽，酷毒之痛，號呼無辜，勦絶羣生。逮今四載禍亂之兆，實始其謀，遺君父之憂，而豈得謂之先覺者乎？夫論大功者，不可以妄取，不可以枉致，爲資畫，著體理，不顯不競，而豈妨令美。當削平西蜀，乃言語侍從之臣，擒翦東吳，則記謨廊廟之輔，較其功則有異，言其力則不倫。何取其所輕，而捨其所重，録其所小，而略其所大？且奢靡是嗜，而曰愛人以儉，受授無守，而曰慎才以輔。斥諫諍之士於外，豈不近之蔽聰乎？舉忠烈之廟於内，豈不近之匿愛乎？烏有蔽聰匿愛，家範無制，而能垂法作程，憲章百度乎？謹按謚法曰：「敬者，夙夜警戒，敬以直内。」内而不肅，何以刑於外？憲也者，刑也，法也。戴記曰：「憲章文武。」又曰：「發慮憲。」義以爲敬恪終始。載考歷位，未嘗刻一法官，讞一小獄。及居重位，以安和平易，寬柔自處。考其名，與其行不類，研其事，與其道不侔。一定之辭，惟精惟審，異日詳制，貽譜史官。請俟蔡寇將平，天下無事，然後都堂聚議，亦未爲遲。』憲宗方用兵，惡仲方深言其事，怒甚，貶爲遂州司馬，敕謚曰恭懿。

莊肅。贈太師、北平王羅弘信。

孝穆。贈左僕射楊嗣復。

昭襄。贈太子太師崔圓。

貞壯。贈尚書令羅紹威。

又《謚法下·雜録》 貞元十一年，司徒馬燧葬，有司謚曰景武。上曰：『景，太宗皇帝謚，改莊武可也。』

元和三年，鎮州王士真薨，其子承宗不順，不加謚。太常博士馮宿，以爲懷柔之義，不可遺其忠勞，請加美謚，從之。

其年正月，中書門下上言：『故中書令、漢陽郡王張柬之，故侍中、平陽郡王敬暉，故中書令、扶陽郡王桓彦範，故中書令、博陵郡王崔玄暐，故中書令、南陽郡王袁恕己等五人，得史館報，並未有謚。』詔：『張柬之等皆書勳國史，配饗廟庭，賜謚易名，義光百代。宜令所司，即與定謚聞奏。』時柬之曾孫憓以謚事詣中書陳訴，宰臣上聞，因令有司授憓官。四月，有司奏，上功臣五王謚議，請謚張柬之爲文貞，桓彦範爲忠烈，敬暉爲貞烈，崔玄暐爲文忠，袁恕己爲貞烈。從之。

五年二月，考功奏：『當司三品以上，準格合請謚官。準貞元七年格文，奉寶應二年正月十八日敕節文，佐史録行狀，陳請考功詳覆訖，下太常定謚者。近日以來，撰録行狀，多非佐史，既乖事實，又違格文。伏請從今以請謚行狀，準敕文須是佐史。』敕旨：『宜令門下佐史撰録行狀，以憑詳覆。』

十四年，都省奏：『請謚家子弟及門生故吏，請立限，未葬以前陳狀。其家在遐遠，及別有事故者，任至一年内陳狀。到考功一月内檢勘，下太常禮院，受牒後，一月内定牒報考功。毓德邱園，節行特異，無官及位卑者，任所在長吏奏請，仍許不拘年限。未立節限以前，合請謚未請者，家在城者，任六箇月内於所司申請。家在外者，亦許至一年内申請。立節限後，如過限久，全不請謚。其中有善惡尤著，可存勸誡，請委考功訪察行實，便請牒下太常禮院定謚。庶使善必見稱，惡無幸免。』都省奏：『伏準太常博士李虞仲奏，凡官秩合得請謚者，必先葬期請於考功，牒送太常寺禮院，與後一月内定謚者。伏奉三月二十五日敕，宜令尚書省與考功及太常禮院更審條流，明立節限聞奏者。今與考功郎中蕭祐，太常博士李虞仲等商議，具條流節限如前。』敕旨依奏。

宋·王溥《五代會要》卷一二《謚》 德靖，梁贈尚書令、廣王全昱。

文穆，故天下兵馬都元帥、吴越王錢元瓘。初，所司謚曰『莊穆』，敕改謚曰文穆。

文昭，故天策上將軍、湖南節度使、守尚書令，贈太師馬希範。

文懿，贈尚書令、瀛王馮道。

文忠，太子太保盧質。漢乾祐元年九月，其子尚書兵部員外郎盧授上章請謚，故下太常議謚曰文忠。

武穆，故天策上將軍、湖南節度使馬殷。

武懿，贈尚書令、秦王高行周。

武安，贈太師康福。

忠敬，故秦王李茂貞，贈太傅馮行襲。

忠肅，贈太師王處存，贈太師張全義。

忠懿，故福建節度使、閩王王審知，贈太師安元信。

忠武，贈太師、晉國公霍彦威，故成德軍節度使馬全節。

忠正，贈中書令鄭仁誨。

忠惠，贈中書令劉詞。

恭靖，贈尚書左僕射崔恊。

恭慧，贈中書令李從敏。

貞懿，贈尚書令羅紹威。

貞憲，贈左武衛上將軍張承業。

貞惠，贈太子少傅朱漢賓。太常博士林鼎議曰：『漢賓散已俸代逋欠，缺荒俗儕富庶，所莅之地，綽有政聲，知進退存亡之理，得善始善終之道。』謹按謚法：『中道不撓，保節揚名曰貞。愛民好學，寬裕慈仁曰惠。』請謚曰貞惠。』從之。

成穆，贈侍中安審信。

又《雜録》　漢乾祐二年十二月敕：『故荆南節度使、南平王高從誨，宜令太常定謚。』故事，臣下請謚，故吏陳行狀，上考功，覆奏下，乃議謚。今降敕，新例也。

清·趙翼《廿二史劄記》卷一九《新舊唐書·謚兼美惡》　唐制：三品以上，皆得請謚，而其人之賢否不同，則必核其生平以定之。蓋猶存古道也。皇甫無逸官於蜀，其母卒於京，無逸奔喪歸，在途而死。太常謚曰『孝』，王珪駁之，謂『無逸赴官，不與母偕，不可稱孝。』乃更謚『良』。蕭瑀卒，太常謚曰『肅』，太宗以其多忌，改謚『貞褊』。宇文士及卒，初謚曰『恭』，劉洎以其侈肆駁之，乃改謚『縱』。封倫卒後，奸邪事發，改謚曰『繆』。許敬宗卒，博士袁思古議『敬宗棄子荒徼，嫁女蠻落』，謚曰『繆』。敬宗孫彦伯請改謚，博士王福時執不可，詔尚書省更議，以既過能改爲恭，乃請謚曰『恭』。韋巨源卒，太常謚曰『昭』，李邕以其附武、韋爲相，不當得美謚，雖不聽而議者是之。楊炎卒，謚『肅愍』，孔戣駁之，改謚『平厲』。高璩卒，博士曹鄴議其爲相時交遊醜雜，請謚爲『刺』。從之。皆見於本傳。是俱能存彰癉之公，不專以美舉阿人者。然其時已多請囑失實之弊。李虞仲奏言『古者將葬請謚，今近或二三年，遠或數十年方請，人歿已久，採諸傳聞不可考信，取諸誄狀亦多浮詞。請自今凡應得謚者，前葬一月，請考功太常定謚。在京者不得過半期，在外者不得過一期。若不請者，許考功即察行謚之。』蓋唐猶詳慎謚法如此。後世惟賜謚者始得謚，即邀恩賜，自必其人履行無虧，故謚皆有美而無惡也。

雜録

唐·封演《封氏聞見記》卷四《定謚》　太常博士掌謚，職事三品已上薨者，故吏録行狀，申尚書省考功校勘，下太常博士擬議訖，申省，省司議定，然後聞奏。

昔周公文王之子，謚曰『文公』。苟有令德，不嫌同謚。謚二字者，一字爲質，一字爲文。或文或質，蓋出當時禮官之意，非定例也。

自漢、魏以來，雖道德之重，先無爵者不加謚。晉代王遵上疏，稱『武官有爵必謚，甚失制度之本』。自是公卿無爵皆謚。

太宗朝，鄭公魏徵，玄宗朝，梁公姚崇、燕公張説、廣平公宋璟、郇公韋安石，皆謚爲『文貞』二字。人臣美謚，無以加也，非德望尤重不受此謚。有唐以來，五人同謚，亦無嫌也。

代宗朝，吏部尚書韋陟薨，太常博士程皓謚曰『忠孝』。

刑部尚書顔真卿駁之曰：『出處事殊，忠孝不並。已爲孝子，不得爲忠臣；已爲忠臣，不得爲孝子。故求忠於孝，豈先親而後君；移孝於忠，則出身而事主。所以叱馭而進，不憚危險，故王尊爲忠臣。思全而歸，恐有毁傷，故王陽爲孝子。則知晝之與夜，本不相隨，春之與秋，豈宜同日。且以爲尚書志業高遠，羽儀前朝，百行之中，能事甚衆。議行稱謚，固多美名。何必忠孝兩施，然後表德。歷考前史，恐無此事。敢率愚見，請更商量。』

皓執前議曰：『天地之性人爲貴，人之行莫先於孝。孝於家則忠於國，愛於父則敬於君。脫愛敬齊焉，則忠孝一矣。夫君臣，定上下，不可以廢忠，事父母，承祭祀，不可以虧孝。忠孝之道，人倫大經。孔子曰：「以孝事君則忠。」又曰：「夫孝，始於事親，中於事君，終於立身。」此聖人之教也。至於忠孝不並，有爲而言。將由親在於家，君危於國，奉親則孰當問主；赴君則無能養親。恩義相迫，事或難兼。故徐庶指心，翻然辭蜀；陵母刎頸，卒令歸漢。各求所志，蓋取諸隨。至若奉慈親、當聖代，出事主，入事親，忠孝兩全，誰曰不可？豈以不仕爲孝，舍親爲忠哉！況『忠孝侯』之傳鵲印，唐堯之代，即有此官。伏念美名，請依前謚。』有司不能駁。

圖畫臺閣分部

綜 述

宋·王溥《唐會要》卷四五《功臣》（貞觀）十七年二月二十八日，詔曰：『自古皇王，褒崇勳德，既勒名於鐘鼎，又圖形於丹青。是以甘露良佐，麟閣著其美；建武功臣，雲臺紀其迹。司徒、趙國公無忌，司空、河間王孝恭，故司空、萊國公如晦，故太子太師、鄭文貞公徵，司空、梁國公玄齡，開府儀同三司、右僕射、申國公士廉，開府儀同三司、鄂國公尉遲敬德，特進、衛國公靖，特進、宋國公瑀，故揚州都督、褒國忠壯公志玄，輔國大將軍、夔國公弘基，故尚書左僕射、蔣國公通，故陝東道大行臺尚書右僕射、郧國公開山，故荆州都督、譙襄公紹，故荆州都督、邳襄公順德，洛州都督、郧國公張亮，吏部尚書、陳國公侯君集，故左驍騎大將軍、郯襄公公謹，左領軍大將軍、盧國公程知節，故禮部尚書、永興文懿公虞世南，故戶部尚書、渝襄公劉政會，戶部尚書、莒國公唐儉，兵部尚書、英國公李世勣，故徐州都督、胡壯公秦叔寶等二十四人，宜酌故實，弘茲令典，可並圖畫於淩煙閣，庶念功之懷，無謝於前載，旌賢之義，永貽於後昆。』【略】

（大中二年）其年七月十一日，史館奏：『續選堪上淩煙閣功臣，除所有舊圖形，並有子孫在中外任官，令寫進外三十七人，禮部尚書、兼門下侍郎、平章事李峴，侍中、永寧郡公王珪，吏部尚書戴冑，中書令岑文本，中書令馬周，中書令、兼修國史韓瑗，侍中、兼修國史郝處俊，納言婁師德，文昌左相王及善，同鸞臺鳳閣平章事朱敬則，侍中、梁國公魏知古，尚書左丞、中書門下同三品陸象先，中書令張九齡，司空、魏國公裴寂，納言、魯國公劉文靜，中書令、漢陽郡王張柬之，中書令、博陵郡王崔玄暐，侍中、扶陽郡王桓彦範，尚書左僕射劉幽求，兵部尚書郭元振，吏部尚書房琯，常山郡太守袁履謙，北庭行營節度使李嗣業，主客郎中、河南節度副使張巡，睢陽太守許遠，御史中丞盧奕，右驍衛將軍南霽雲，中書侍郎蕭華，中書侍郎張鎬，司徒李勉，平章事、監修國史張鎰，門下侍郎蕭復，兵部侍郎、平章事柳渾，檢校司空平章事賈耽，北平郡王馬燧，東都留守李憕。』敕旨：『宜令御史臺散牒諸州，尋訪子孫，圖寫眞形進送。』

天祐元年七月，中書門下奏：『西都舊有淩煙閣，盡圖國初功臣，今遷都東京，乞委營造一閣，圖寫梁王全忠。』敕旨令於皇城内擇地營造，仍賜名天祐旌功之閣。

雜 録

唐·封演《封氏聞見記》卷五《圖畫》 貞觀十七年，又使立本《圖太原幕府》功臣長孫無忌等二十四人於淩煙閣，太宗自爲讚，褚遂良題之。其後侯君集謀逆，將就刑，太宗與之訣，流涕曰：『吾爲卿不復上淩煙閣矣。』

唐·劉肅《大唐新語》卷一〇《褒錫》 貞觀十七年，太宗圖畫太原倡義及秦府功臣，趙公長孫無忌、河間王孝恭、蔡公杜如晦、鄭公魏徵、梁公房玄齡、中公高士廉、鄂公尉遲敬德、鄖公張亮、陳公侯君集、盧公程知節、永興公虞世南、渝公劉政會、莒公唐儉、英公李勣、胡國公秦叔寶等二十四人於淩煙閣，太宗親爲之贊，褚遂良題閣，閻立本畫。及侯君集謀反伏誅，太宗與之決，流涕謂之曰：『吾爲卿不復上淩煙閣矣。』

配享從葬分部

綜述

宋·王溥《唐會要》卷一八《配享功臣》 貞觀禮，祫饗，功臣配享於廟庭，禘享則不配。後令，大祫、禘之日，功臣並得配享。初，太常卿韋縚等議：『功臣祫享之日，配享於廟庭，禘及時饗，則皆不預。』其議遂行，至開元初，復令禘之日亦皆配饗，非舊典也。

高祖廟六人。贈司空、淮安靖王神通，贈司空、河間元王孝恭，尚書右僕射、鄖國公殷開山，贈民部尚書、渝國公劉政會，並貞觀十四年十月十五日敕。贈司徒、周定公武士彠，顯慶四年三月七日敕，文明元年停。贈太子太師、魏國公裴寂，贈禮部尚書、魯國公劉文靜，並天寶六載正月十三日敕。

太宗廟七人。贈太尉、梁文昭公房玄齡，贈司徒、申文獻公高士廉，贈尚書左僕射、蔣忠公屈突通，並貞觀二十三年九月二十四日敕，至永徽四年二月，房玄齡以子遺愛反，停配享。贈太尉、鄭文貞公魏徵，神龍二年閏二月十五日敕，太尉、趙國公長孫無忌，贈司徒、衛景武公李靖，司空、萊成公杜如晦，並天寶六載正月十二日敕。

高宗廟六人。贈太尉、貞武文公李勣，贈開府儀同三司、北平定公張行成，贈揚州大都督、高陽恭公許敬宗，贈尚書右僕射、高堂忠公馬周，並垂拱二年正月十一日敕，其許敬宗，神龍二年閏二月一日敕停。尚書右僕射、河南文忠公褚遂良，贈司徒、蘇縣文憲公高季輔，贈司空、樂城文獻公劉仁軌，並天寶六載正月十二日敕。

中宗廟八人。侍中、譙國公桓彥範，侍中、平陽愍王敬暉，中書令、漢南郡王張柬之，贈太尉、博陸文獻王崔玄暐，中書令、南郡王袁恕己，並開元六年六月二十二日敕。贈司空、梁文惠公狄仁傑，贈尚書左僕射、齊貞公魏元忠，贈太子少保、琅邪郡公王同皎，並天寶六載正月十二日敕。

睿宗廟二人。贈司空、許文貞公蘇瓌，尚書左丞相、徐文獻公劉幽求，並開元六年六月二十三日敕。

玄宗廟三人。贈太師、燕文貞公張説，贈太子少師，代國公郭元振，中書令、趙國公王琚，檢年月未獲。

肅宗廟二人。贈太師、韓文憲公苗晉卿，大曆四年十月七日敕。贈太尉、冀獻穆公裴冕，元和四年八月敕。

代宗廟一人。贈太尉、汾陽忠武王郭子儀，建中二年十一月敕。

德宗廟三人。贈太師、西平忠武王李晟，贈太尉、忠烈公段秀實，並元和四年八月敕，贈太師、忠武公渾瑊，元和四年九月四日敕。

憲宗廟四人。贈司徒、宣懿公杜黃裳，贈太師裴度，會昌六年十月敕，贈司徒、威武公高崇文，贈太尉李愬，會昌六年十一月敕。

蘇氏駁議曰：『配食之義，用旌元勳，讓協經綸，功成締構，君臣義重，終始禮崇，生承帶礪之恩，死陪嚴敬之祀。國家憲章三代，垂範百王，配饗功臣，必資故實。惟肅宗一室，理有未安。且肅宗北狩之時，師統一旅，初至靈武，人心尚搖，裴冕於草創之中，建大義以勸進，肅宗登宸極之後，因物情於有君。收募驍雄，整備文物，十萬之師坐致，三千之儀無闕。定社稷計，允天下心，獨處廟堂，親承睿算。蓋其踰月，房太尉乃來，洎乎隔年，苗太師方至。論其前後，較然可知。語以勳勞，不言而辨。且裴冕贈太尉制詞云：「臨喪之儀，不及於小殮，從享之禮，將配於大烝。敢徵前祠，以裨闕典，謁城佐命，蕭何首出於漢朝，配饗議功，裴寂豈遺於高廟？」若以苗太師從祀之後，裴太尉乃薨，則合同享廟庭，豈不雅符前例。』

又 卷二《陪陵名位》 舊制，凡功臣密戚，請陪陵葬者，聽之。以文武分爲左右而列。墳高四丈以下，三丈以上，若父祖陪陵，子孫從葬者，亦如之。若宮人陪葬，則陵戶爲之城墳，凡諸陵皆置留守，領甲士，與陵令相知，巡警左右兆域內，禁人無得葬埋，古墳則不毀之。

獻陵陪葬名氏。楚國太妃萬氏、館陶公主、河間王孝恭、襄邑王神符、清河王誕、韓王元嘉、彭王元則、道王元慶、鄭王元懿、虢王元鳳、酆王元亨、徐王元禮、滕王元嬰、鄧王元裕、魯王元夔、霍王元軌、江王元祥、密王元曉、並州總管張綸、榮國公樊興、平原郡公王長楷、譚國公丘和、巢國公錢九隴、刑部尚書劉德茂、刑部尚書沈叔安。

昭陵陪葬名氏。越國太妃燕氏、趙國太妃楊氏、紀國太妃韋氏、賢妃鄭氏、才人徐氏、鄭國夫人、彭城郡夫人、蜀王愔、趙王福、紀王慎、越王貞、嗣紀王澄、曹王明、蔣王惲、清河公主駙馬程知亮、晉國公主駙馬韋思安、豫章公主駙馬唐善識、新興公主駙馬長孫曦、蘭陵公主駙馬竇懷哲、高密公主駙馬段綸、長樂公主駙馬長孫沖、遂安公主駙馬王大禮、南平公主駙馬劉玄懿、衡陽公主駙馬阿史那社爾、新城公主駙馬韋政舉、城陽公主駙馬薛瓘、長廣公主駙馬楊師道、襄城公主駙馬蕭銳、長沙公主駙馬豆盧讓、安康公主駙馬獨孤彥雲、臨川公主駙馬周道務、普安公主駙馬史仁表、中書令馬周、中書令岑文本並男方倩、中書令崔敦禮、英國公李勣、衛國公李靖、虞國公温彥博、宋國公蕭瑀、申國公高士廉、梁國公房玄齡、鄭國公魏徵、高陽公許敬宗、趙國公長孫無忌、莒國公唐儉、吏部侍郎馬載、戶部尚書李大亮、兵部尚書房仁裕、禮部尚書張復胤、國子祭酒孔穎達、禮部侍郎孔志約、工部侍郎孔元惠、太常卿褚亮、禮部尚書虞世南、工部尚書閻立德、吏部侍郎姜晦、太常卿姜皎、殿中監唐嘉會、學士姚思廉、衛尉卿魏叔玉、光祿大夫姜遠、秘書監岑景倩、宗正卿李芝芳、光祿卿房光義並男原州別駕暉、咸陽縣丞曜、衛尉卿房光敏並男閬州刺史誕、清河郡主壻贈鴻臚卿竇廷蘭、金州刺史虞正松、洪州刺史吳黑闥、晉州刺史裴藝、寧州刺史竇義節、衛州刺史蕭鄰、吏部郎中馬觀、幽州都督長孫敞、原州都督李政明、臨淮公李規、瑯琊公王珍、常山公李倩、千金公李俊、中山王李琚、汝州別駕房漸、左清道率房恆、江夏王道宗、雍州長史李弼、夔國公弘基、觀國公楊仁恭、原州都督史幼虔、陝王府司馬史爲謙、芮國公豆盧行業、西平郡王李琛、簡州刺史李震、安南都督姜簡、薛國公阿史那忠、鄂國公尉遲敬德、嘉國公周仁護、丹陽公李客師、雁門公梁建方、虢國公張士貴、胡國公秦叔寶、周國公鄭仁泰、大將軍薛咄摩、大將軍蘇泥熱、大將軍漢東公李孟嘗、芮國公盧寬、大將軍尉遲寶林、大將軍阿史那道眞、大將軍邱行恭、大將軍賀蘭整、大將軍張世師、大將軍許洛仁、大將軍張延師、大將軍瑯琊王騈、大將軍懷德公于伯億、左金吾大將軍梁仁裕、大將軍史大奈、大將軍王波利、大將軍姜確、大將軍可汗阿史那步眞、大將軍史奕、大將軍李森、大將軍阿史那德昌、大將軍公孫雅靖、右監門將軍執失善、左金吾將軍房先忠、內侍張阿難、橫野軍都督拔拽、都督渾大寧、于闐王尉遲光、盧國公程知節、將軍仇懷古、將軍杜君綽、將軍麻仁靖、將軍賀拔儼、將軍何道、將軍楊思訓、將軍元仲文、將軍豆盧承基、將軍斛斯正貴、將軍徐定成、將軍康野、將軍段志玄、將軍薛萬鈞、將軍元思元、將軍李承祖、將軍薛承慶、右衛郎將軍尉遲昱、左衛郎將軍姜昕、中郎將段存爽、天册府記室薛收、右衛大將軍李思摩、薩寶王贊普、新羅王女德眞。初，長孫無忌自於昭陵封內，先造墳墓，至上元元年九月七日，許歸葬。

乾陵陪葬名氏。章懷太子賢、懿德太子重潤、澤王上金、許王素節、邠王守禮、義陽公主、新都公主、永泰公主、安興公主、特進王及善、中書令薛元超、特進劉審禮、禮部尚書左僕射豆盧欽望、右僕射劉仁軌、左衛將軍李謹行、左武衛將軍高侃。

定陵陪葬名氏。節愍太子重俊、宜城公主、長寧公主、城安公主、定安公主、永壽公主、駙馬韋鐬、駙馬王同皎。

橋陵陪葬名氏。惠宣太子業、惠莊太子撝、惠文太子範、金仙公主、梁國公主、鄎國公主、駙馬李思訓。

泰陵陪葬名氏。贈揚州大都督高力士。

建陵陪葬名氏。尚父汾陽王郭子儀。

元陵。無陪葬。

崇陵。無陪葬。

豐陵。無陪葬。

景陵陪葬名氏。惠昭太子寧、孝明太后鄭氏、懿安太后郭氏、賢妃王氏。

光陵陪葬名氏。恭僖太后王氏、貞獻太后蕭氏。

莊陵陪葬名氏。悼懷太子普。

章陵。無陪葬。

端陵陪葬名氏。賢妃王氏。

正陵陪葬名氏。婕妤柳氏。

簡陵。無陪葬。

靖陵。無陪葬。

和陵。無陪葬。

讓皇帝惠陵陪葬名氏。鄭王筠、嗣寧王琳、同安王珣、蔡國公主。

貞觀八年，詔曰：『佐命功臣，義深舟楫，或定謀帷幄，或推身行陣，同濟艱危，克成鴻業，追念在昔，何日忘之？漢氏將相陪陵，又給東園秘器，篤終之義，恩意深厚。自今以後，功臣密戚，及德業佐時者，如有薨亡，宜賜塋地一所，及賜以秘器，使窀穸之時，喪事無闕。』十一年十月二日，又詔曰：『諸侯列葬，周文創陳其禮，大臣陪陵，魏武重申其制，去病佐漢，還奉茂鄉之塋，夷吾相齊，終託牛山之墓。斯蓋往聖垂範，前賢遺則，存曩昔之宿心，篤始終之大義也。皇運之初，時逢交泰，謀臣武將等，先朝特蒙顧遇者，自今以後，身薨之日，所司宜卽以聞，並於獻陵左側賜以墓地，並給東園秘器。』二十三年八月二十八日，詔曰：『周室姬公陪於畢陌，漢廷蕭相附彼高園。寵錫墳塋，聞諸前代，從窆陵邑，信有舊章。蓋以懿戚宗臣，類同本之枝幹，元功上宰，猶在身之股肱。今宜聿遵故實，取譬拱辰，庶在烏耘之地，無虧魚水之道。宜令所司於昭陵南左右廂，封量取地，仍卽標誌疆域，擬爲葬所，以賜功臣，其有父祖陪陵，子孫欲來從葬者，亦宜聽許。』

永徽六年詔：『其祖父先陪獻陵，子孫欲隨葬，亦宜聽許。』

元和九年五月，左金吾衛大將軍郭釗奏：『亡祖故尚父子儀，陪葬建陵，欲於墳所種植楸松。』敕：『如遇年月通便，陵寢修營，宜令所司，許其栽種。』

又 卷四五《功臣》 貞元元年八月詔：『九廟配饗功臣，封爵廢絶者，宜令紹封，以時饗祀。』

宋·王溥《五代會要》卷四《配享功臣》 後唐莊宗廟，故昭義節度使李嗣昭、故幽州節度使周德威、故汴州節度使符存審，並長興二年四月敕。

雜 録

《舊唐書》卷三《太宗紀下》（貞觀十一年二月丁巳）又佐命功臣，或義深舟楫，或謀定帷幄，或身摧行陣，同濟艱危，克成鴻業，追念在昔，何日忘之！使逝者無知，咸歸寂寞；若營魂有識，還如疇曩，居止相望，不亦善乎！漢氏使將相陪陵，又給以東園秘器，篤終之義，恩意深厚，古人豈異我哉！自今已後，功臣密戚及德業佐時者，如有薨亡，宜賜塋地一所，及以秘器，使窀穸之時，喪事無闕。所司依此營備，稱朕意焉。

宋·宋敏求《唐大詔令集》卷六三《大臣·陪陵·贈郭子儀太師陪葬建陵制》 天地以四時成物，元首以股肱作輔。公臺之任，鼎足相承。上以調三光，下以象五嶽。允釐庶績，鎮撫四夷。體元和之氣，根貞一之德。功至大而不伐，身處高而更安。尚父比呂望之名，爲師贈周公之位。盛業可久，歿而彌光。故太尉兼中書令汾陽郡王尚父子儀，天降人傑，生知王佐，訓師如子，料敵如神。昔天寶多難，羯胡作禍。咸秦失險，河雒爲戎。公能翼扶肅宗，再造區夏。國有患，勞其勘定；邊有寇，藉其驅除。安社稷必在於絳侯，定羌戎無踰於充國。絳郡綏四散之衆，涇陽降十萬之虜。勳高古今，名讋夷狄而勞乎！征鎮二紀於茲，頃以春秋既高，疆埸無事，罷彼旌鉞，寵在臺衡。以公柱石四，朝藩翰萬里，忠貞懸於日月，寵遇冠於人臣，尊其元老，加以崇號。期壽考之永，養勳賢之德。膏肓生疾，藥石靡攻。人之云亡，梁木斯壞。雖賻禮加等，輟朝增日，悼心流涕，曷可弭忘。更議追崇，名位斯極，而尊爲尚父，官協太師雖爵秩則同，而體望尤重。斂以衮冕，旌我元臣。聖祖園陵，所宜陪葬。軾墓重文侯之禮，象山追去病之勳，千載如存，九原可作。册命之禮，有司備焉。可贈太師，陪葬建陵。仍令所司備禮册命賻絹三千疋，布三千端，米麥三千石。

又《配享·桓彥範等配享中宗廟庭詔》 皇輿肇建，必有輔佐之臣，天步艱難，爰仗經綸之業。故侍中譙國公桓彥範、侍中平楊郡公敬暉、中書令兼吏部尚書漢陽郡公張柬之、特進博陵文貞公崔玄暐、故中書令南陽郡公袁恕己等，並德惟神降，材與運生，道叶臺獄，名書讖緯。寅亮帝載，勤勞王家。參復禹之嘉謀，奉昇唐之景命。雖殂謝既久，而勳烈益彰。撫彝鼎以念功，想旂常而增感。緬遵故實，用表徽懿，俾列在清廟，登於明堂，克申從祀之儀，式茂疇庸之典。並可配享中宗孝和皇帝廟庭。

又《蘇瓌劉幽求配享睿宗廟庭詔》 凡有功者，銘書於王之太常，祭於大蒸。司勳詔之，允所謂疇庸紀勞，頒賞旌善，藏於天府，饗於廟庭，臣哉鄰哉，其道光也。故尚書左僕射太子少傅，贈司空荆州大都督許文貞公瓌，閑邪存誠，允迪厥德。故尚書右丞相太子少保郴州刺史徐國公幽求，聞義盡節，克茂乃勳。並儀型羣后，左右厥辟，直道罔缺，危言孔臧。景龍末年，邦國多難，愷悌君子，服勞王家。或親受顧託，以安劉氏，或潛圖翼贊，願奉唐侯。纘乃舊服，協於先契，宏濟弼亮，厥猷茂焉。俾臺小子，嗣守文武之業，獲奉宗廟之靈，實資元輔，是皺末命。茲予大享於先王，爾其從祀，以配我有唐之休烈。並可配享睿宗大聖貞皇帝廟庭。

又《渾瑊配享德宗廟庭詔》 旌勸是先，允叶念功之義；薦修爰舉，聿追配饗之儀。贈太師瑊，鍾秀誕靈，逢時翼聖，銘鏤金石，帶礪山河。績既著於先朝，業宜光於後裔，俾之陪祀，用表遺勳。宜配享德宗廟庭。

特殊禮遇分部

綜述

賜姓名

宋·宋敏求《唐大詔令集》卷六四《附屬籍·安康郡公襲譽聽合譜宗正詔》 太僕少卿安康郡公襲譽，我之同姓。派別枝分，惟厥祖考，世敦恭睦。襲譽部率宗人，協同義舉，立功巴蜀。誠節著聞。宜有褒榮，用超恒序。特聽合譜宗正，恩禮之差，同諸服屬。

又《燕公藝賜姓上籍宗正詔》 昭德以爵，前王令範。功茂茂賞，有國通訓。使持節幽州總管上柱國燕公藝，早悟機權，夙展誠節，革運之始，立功燕代。鎮守邊要，馭控遐荒，忠績既宣，宜加寵昵。可賜姓李氏，上籍宗正，封燕郡王，食五千户。

又《楚王伏威賜姓附屬籍詔》 五等列爵，茂績超於恒典，四嶽分官，連帥總其常賦。山河之賞，義在酬庸；方陌之任，實資賢哲。使持節和州總管和州刺史東南道行臺尚書令上柱國楚王伏威，往因喪亂，糾合徒旅，綏靜淮瀆，緝寧江介，閭閻安堵，吏民率職，遠稟朝化，具申忠款。仍請立功，掃除多難。誠節既表，志識可嘉，委以招懷，特宜受命。寵禮之序，式加常秩。可使持節總管江淮以南諸州軍事揚州刺史東南道行臺尚書令淮南安撫大使上柱國進封吴王，食邑五千戶，賜姓李氏，附屬籍。

又《高開道賜姓上籍宗正詔》 褒德敍功，有國彝訓。任賢賞善，列代通規。僞燕王高開道，家本海隅，志懷慷慨，有隋之末，州城彫殘。招集徒旅，自保邊塞。繕修斥堠，捍禦寇戎。民吏肅清，倉庫完實。既而審達機變，遠慕朝風。闔境獻誠，歸款內屬。請申經略，輯寧燕代，厥功以茂，宜從褒寵。禮命之差，用超恒級。可使持節蔚州諸軍事蔚州總管，加授上柱國，賜姓李氏，上籍宗正，封北平郡王，食邑五千戶。

又《胡大恩賜姓屬籍宗正詔》 疇庸旌善，哲王彝訓。任賢使能，有國通典。胡大恩，往因隋季，夷狄交侵。繕甲聚徒，輯寧邊境。既而阻於戎寇，自保方隅。遠慕朝風，因機立效。摧破凶黨，亭徼無虞。抗疏闕庭，以申誠節。忠義克舉，宜隆寵命。因其所統，即加榮秩。可使持節代州諸軍事代州總管，加授上柱國，封定襄郡王，食邑五千戶，賜姓李氏，上屬籍宗正。

又《許涼武昭王孫絳郡姑臧等四房子孫隸入宗正屬籍敕》 敕古之宗盟，異姓爲後。王者設教，莫遺其親。殿中侍御史李彥允等奏稱，與朕同承涼武昭王後，請甄敍者，源流實同。譜系猶著，雖子孫千億，各散於一方，而本枝百代，何殊於近屬。況有陳請，所宜敦敍。自今後，涼武昭王孫竇以下，絳郡姑臧敦煌武陽等四房子孫並宜隸入宗正，編諸屬籍，以明尊本之道，用廣親親之化。

又 《令李晟家附屬籍詔》 夫能定社稷弘濟生人，存不朽之名，垂可久之業者，必報以殊常之寵，待以親比之恩，與國無疆，時惟茂典。故奉天定難功臣太尉，兼中書令上柱國西平郡王食邑一千五百戶贈太師李晟，閒代哲賢，自天忠勇。負濟時之宏算，抱經武之長才。貫以至誠，協於一德，嘗遭迍難之際，實著戡定之功。鯨鯢既殲，宮廟斯復。眷録勳伐，則既褒崇。永言天步之夷，載懷邦傑之力。思加崇於往烈，爰協比於後昆。睦以宗親，將予厚意，其家宜令編附屬籍。

賜鐵券

宋·王溥《唐會要》卷四五《功臣》 武德元年八月六日，詔曰：『朕起義晉陽，遂登皇極，經綸天下，實仗羣材。尚書令秦王、右僕射裴寂，或合契元謀，或同心運始，並蹈義輕生，捐家殉節，艱辛備履，金石不移，論此忠勤，理宜優異。官爵之榮，抑惟舊典，勳賢之議，宜有別恩，其罪非叛逆，可聽恕一死。其太原元謀勳效者，宜以名聞及所司進簿。尚書右僕射裴寂，納言劉文靜，加恕二死。左驍衛大將軍長孫順德、右驍衛大將軍劉弘基、都水監趙文恪、右屯衛大將軍竇琮、衛尉少卿劉政會、鴻臚卿劉世龍、吏部侍郎殷開山、左翊衛大將軍柴紹、內史侍郎唐儉、庫部郎中武士彠、驃騎將軍張平高、左驍衛長史許世緒、李思行、李高遷等，並恕一死。』

宋·宋敏求《唐大詔令集》卷六四《大臣·鐵券·裴寂等恕死詔》 朕自起義晉陽，遂登皇極，經營天下，實仗羣才。尚書令秦王某、尚書右僕射寂等，或契合元謀，或同心運始，並蹈義輕生，捐家殉節，艱辛備履，金石不移。論此忠勤，特宜優異。官爵之榮，抑惟舊典；勳賢之議，宜有別恩。其罪非叛逆，可聽恕一死。其太原元謀勳效者。宜以名聞。

又 《賜突騎施黑姓可汗鐵券文》 維天寶十二年載，歲次癸巳，九月己亥朔六日甲辰，皇帝若曰：咨爾骨咄禄毗伽突騎施黑姓可汗登裏伊羅密施，惟皇建極，聲教及於遐荒；惟帝念功，禮命加於恭順。卿雖擁在沙漠，常捍煙塵，識進退存亡之端，知古今成敗之數，久率蕃部，歸化朝廷，兼拒凶殘，挫其侵軼。精貫白日，義光青史，績用累著，嘉尚良深。今授卿特進，册爲突騎施可汗。重爵貴號，以崇其寵，丹書鐵券，以表其忠。宜保始終，就固誠節，山河帶礪，福禄長存。可不慎歟。

清·吳任臣《十國春秋》卷一四《備考·鐵券考》 鐵券形如瓦，方廣約一尺五寸許，蓋鎔鐵而成，鏤金其上者也。唐昭宗以賜彭城郡王鏐，券文凡三百二十二字，晶光閃爍，天語温純，忠懿王入朝，置之廟社，不敢以自隨。宋太宗淳化元年，杭州守臣以前券及竹册、玉册各三副，詔諳百餘函進呈，詔賜還忠懿王子惟濬，藏之汴京。仁宗登極，霸州防禦使晦侍左右，帝問券，欲見之，晦遂進呈，帝覽訖賜還，券藏昭化坊賜第。神宗元豐四年，特令錢氏孫朝奉大夫藻進呈，仍降付本家，永傳後裔。至駙馬都尉景臻尚主，宗器屬焉，券遂藏於都尉之地。靖康元年，金師南侵，公主子榮國公忱奉母出奔，以券行，避地湖湘。紹興元年，還臺，高宗遂卽臺之崇和門內賜公主第，由是券藏臺之美德坊。宋末，元兵破臺，券沉渭水者五十六年。元至順二年，漁人獲而售之宗子世珪家。前明洪武二年，太祖大封功臣，議鐵券制，學士范某奏唐和陵時賜武肅王錢鏐鐵券見在，上遣使卽家訪焉，世珪子尚德捧詔券及王遺像以進。上御外朝，宣李善長等觀之，賜宴中書省，命鏤木爲式，給還券像。二十一年，十六世孫克邦，以大臣薦赴闕引見。上因以錢氏納士，至今子孫尚存，諭北方歸降者，尋授建昌知府。二十三年，卒於官。都察院查勘任內稅糧鈔劄到京。子汝賢供係吳越王嫡派，有鐵券存照，本院官引見，蒙旨：『著孩子靠前來。五代時天下大亂，各據偏方，爾祖能使兩浙之民，不識兵革，到宋朝來，知道宋太祖是箇眞主，便將土地歸附他。知恁祖宗忠孝好處，券與你保守，田產家財都給還汝，欽此。』永樂五年正月二日，禮部奉旨：『唐宋時封吳越王錢鏐的鐵卷，他子孫見收著，恁部裏差人馳驛去同他親人將來看，欽此。』差行人曹閏至臺，十七世孫廣西參政汝性同行人奉券馳驛進呈。御覽畢，以禮遣還，卽今藏於宗子鳳墀家。雖券字稍有剝落，而千百年故物，世守弗墜云。

輟朝

宋·王溥《唐會要》卷二五《輟朝》 開元十八年十二月，左丞相、燕國公張説薨，輟朝五日，廢元日朝會。

二十九年十一月，寧王憲薨，輟朝十日。

貞元十五年七月，以黔府觀察使王礎卒，輟朝一日。故事，團練、觀察使卒，未有廢朝者，自礎始焉。其年九月，義成軍節度使盧羣卒，輟朝。故事，節度使卒，從旨先廢朝，然後除代。至是，先除尚書右丞李光素，然後輟朝，非也。

十六年，以徐、泗、濠等州節度使張建封卒，輟朝。近例，節度使帶僕射以上卒，輟朝三日。尚書以下都團練、觀察使則否。洎貞元八年嗣曹王皐，十一年李自良，皆以節度使帶尚書卒，各輟朝三日。至十四年，樊澤以僕射卒，輟朝一日。十五年，黔府觀察使王礎卒，時爲輟朝一日。

元和九年六月丙子，天德軍經略使周懷義卒，輟朝一日。經略使廢朝，自懷義始也。

大和元年七月，太常博士崔龜從奏大臣薨輟朝曰：『伏以廢朝軫悼，義重君臣，所貴及哀，尤宜示信。自頃以來，輟朝非奏報之時，備禮於數日之外，雖遵常制，似不本情。臣不敢遠徵古書，請引國朝故事。貞觀中，任瓌卒，有司對仗奏聞，太宗責其乖禮，岑文本既歿，其夕，爲罷警嚴，張公謹之亡，哭之不避辰日。是知惻悼之意，不宜過時，臣謂大臣薨，禮合輟朝，縱有疑務急速，便殿須召宰臣，不臨正朝，無爽事體。如此則由衷之信，載感於幽明，彌情之文，無虧於禮典。』太常寺參定上言曰：『伏以近日文武三品以上官薨卒，皆爲輟朝。其間有未經親重之官，今任是列散者，爲之變禮，誠恐非宜。自今以後，文武三品以上，非曾任將相，及曾在密近，宜加恩禮者，餘請不在輟朝例。其餘並請依元敕。』又中書、門下奏覆：『古有當祭告喪，義在申情同體，過時而哭，於理爲乖。禮院所請合輟朝者，各以聞喪之時明日，請依，餘約太常寺所奏，別具品列輕重進定。謹按《儀制令》，百官正一品喪，皇帝不視事一日。又准《官品令》，太師、太傅、太保、太尉、司徒、司空以上，正一品；太子太師、太子太傅、太子太保以上，從一品；侍中、中書令以上，正二品；左右僕射、太子少師、太子少傅、太子少保、三京牧、大都護、上將軍、統將以上，從二品；門下中書侍郎、六尚書、左右散騎常侍、太常、宗正卿、左右衛及金吾大將軍、左右神策、神武、龍武、羽林大將軍、内侍監以上，正三品；御史大夫、殿中、秘書監、七寺卿、國子祭酒、少府監、將作監、京兆河南尹以上，從三品；緣令式舊文，三品以上薨歿，通有輟朝之制。伏以君臣之間，禮情所及，事必繫於委遇，官則以時重輕，一用舊儀，咸乖中道。臣等參配色目如前，其留守、節度、觀察、都護、防禦、經略等使，並請各據所兼官爲例。』依奏。其年九月，中書、門下奏：『近奏定合輟朝官品，敕已尋行，其致仕官，多是優禮，合同貞觀敕例，未該須有處分。自今以後，其致仕官，如非曾任三品以上正官，及歷四品清望，並不在此例。』依奏敕：『應官至丞、郎亡歿，合有廢朝，況班在諸司三品之上。自今以後，宜準諸司三品官例處分。』因尚書左丞庚敬休薨，乃降是敕也。

大和八年七月，太僕卿段伯綸卒。伯綸，秀實之子，自古歿身以利社稷，無如秀實者。文宗乃特加贈，仍輟朝一日，以禮忠臣之嗣。

會昌三年八月，中書門下奏：『親王、公主葬日，準德宗以前實録，並合輟朝一日，請自今以後，準故事處分。又京官一品，尚書省二品，及時舊相，方臻此位，比來同刺史曾任監例，輟朝一日，恐輕重不倫。起今後，並望輟朝兩日，又二王後爲國賓，又是一品，前年方與輟朝，請編入令式。又駙馬登朝之初，例除四品，既是國戚，不合繫於品秩，望輟朝一日。』並依奏。

大中十一年，右羽林統軍鄭光卒，上之元舅也，詔贈司徒，輟朝三日。御史大夫李景儉上疏曰：『鄭光是陛下親舅，外族之愛，誠軫聖心。今以輟朝之數，比於親王、公主，即前例所無，縱有，似不可施用。何者？先王制禮，所貴防微。大凡人情，於外族則深，於宗屬則薄，先王制禮，割愛厚親。據《開元禮》，外祖父母親舅喪，止服小功五月，若親伯叔親兄弟，即服齊縗周年。所以疏其外而密於内也。有天下者，尤不可使外戚强盛，今鄭光輟朝日數，望速改，詔命輟朝一日或兩日，示其升降有差，恩禮無僭，垂之百王，永播芳烈。』疏奏，乃詔罷朝兩日。

又 卷四五《功臣》 二年六月，中書令郭子儀，自蒲來朝。子儀勳伐居最，代宗不名，常呼爲大臣。洎幸陝還，賜以鐵券，圖形淩煙閣。及上即位，恩禮益厚，每謁見，乘肩輿入自光順門，以造内殿，崇貴近古無匹。既病，上御紫宸殿，命舒王謨制書省之。是日子儀薨，上聞，傷痛久之，爲廢朝五日。

宋・王溥《五代會要》卷六《輟朝》　梁中書門下奏：『請輟朝榜子。檢年月不獲。某官薨。次日入狀賜官。右臣等商量，請輟今月某日朝，已便宜行。謹録奏聞，謹奏。如是輟朝，兼宣放敕並下御史臺。』

乾化元年正月，清海軍節度使、守侍中兼中書令劉隱薨，輟朝三日，百官詣閤門奉慰。後唐天成元年十二月，中書門下奏：『太常禮院狀，追册四廟，雖不載文，請輟三日朝參。』從之。

晉天福三年正月，前興元節度使張筠薨。太常禮院申：『准故事，前節度使無禮例輟朝。』敕：『宜特輟一日朝參。』

幕府部

綜述

宋・王溥《五代會要》卷二五《幕府》　後唐同光二年八月八日，中書門下奏：『諸道除節度使副使及兩使判官除授外，其餘職員并軍事判官，伏以翹車著詠，戔帛垂文，式重弓旌，以光罇俎。由是副知己之薦，成接士之榮，必當備悉行藏，習知才行，允奉幕中之畫，以稱席上之珍。爰自僞梁，頗乖斯義，皆從除授，以佐藩宣。因緣多事之秋，慮爽得人之選，將期推擇，式示更張。今後諸道除節度副使、兩使判官除授外，其餘職員并諸州軍事判官等，並任本道、本州各當辟舉。其軍事判官，仍不在奏官之限。』

天成元年八月十一日敕：『諸道開置幕府，皆有舊規，奏薦官僚，亦著前式，苟或隳紊，難正澆訛。從前諸道奏請判官，若遇移鎮，便合隨去，若無除授，亦隨府罷。近年流例，有異從來，使府雖遇除移，判官元守舊職。今後若朝廷除授者，即不係使府除移。如是自請充職者，便須隨去，如遇府罷，其職亦罷。又往例，藩鎮帶平章事，奏請判官，殿中已上許奏緋，中丞已上許奏紫。今不帶平章事，亦許同帶平章事例處分。如是防禦團練使奏請判官，自員外郎已下，不在奏緋之限。其所奏判官、州縣官，並須將前任告赤隨奏到京。若是未曾有官，須假試銜者，亦隨奏狀內言並未有官。如是節度、觀察、留後及權知軍州事，並不在奏請判官之限。如刺史要奏州縣官，並須申本道請發表章，不在自奏之限。今日諸道奏請從事，本無官署，妄結虛銜，不計職位高卑，多是請兼朱紫，不惟紊亂，實啓僥求，深蠹彝章，須行釐革。宜令諸道州府，仍下管內諸州，準敕命處分。』

四年六月敕：『諸道節度行軍司馬，名位雖高，或帥臣不在，其軍州事節度副使權知。』

長興元年五月十六日敕：『去年相次有諸道前資掌書記已下賓從到京，求官人數極多，或自述行止，或得替節度使論薦，兼有已于郊天行事者。即日朝班中無員闕安排，前件官等皆隨府罷職，相次到京。當奏辟之時，慎選盡由門館，及替閑之後，安排須告朝廷。若不特議區分，即恐久令淹滯。宜令于諸道掌書記已下，據有員闕處各除授一員，仍自此凡是朝官及諸州府判官，得替一周年後，得求官擢才，特敕不在此限。』其年十二月十九日，大常丞孔知邵奏：『諸道行軍副使，兩使判官及防禦團練、軍事判官，並請依考限欲滿一月前，本處聞奏朝廷除替。』從之。兼上佐令録、判司主簿，亦準此指揮。或有丁憂及不赴任、因事停官、身死，並具月日申奏，如不依指揮，罪本處判官。

二年二月，中書門下奏：『準天成四年六月二十日敕，使準舊例以三年爲限，其少尹、上佐官以二十五月爲限，府縣官準長定格以三十月爲限，其行軍副使、兩使判官已下賓僚，及防禦團練副使、判官、推官、軍事判官，並宜以三十箇月爲限。如是隨府，不在此限。』其年十二月敕：『今後兩使判官罷任後，一年外與比擬。書記、支使、防禦團練判官等，二年外。推巡、防禦團練推官、軍事判官等，並三年與比擬。仍每遇除授，量與改轉官資，或階勳職次。若文學、智術超羣倫者，不拘年月之限。才器卑陋，階緣得事者，即于州縣官中比擬。若州縣官中有文學雄奥，識略優深者，亦於班行諸道判官中比擬任使。』

清泰二年七月，中書門下奏：『自今年三月後，諸州刺史奏軍判官九人，行之有礙。新敕慮在外未知。』敕：『軍判官宜令本州刺史自選擇舉奏，初且除本職，未得與官，或與刺史連任相隨，顯有勞能，許本州刺史以聞，量事獎擢，仍不得枉有論薦。其三月後九人且與施行。』

晉天福二年二月敕：『前任諸道行軍副使等，今後替罷一年後，方得赴闕。其先替在京者，宜令中書門下據見有闕員除授，仍敕諸道知。』

四年七月敕：『今後防禦團練、刺史所奏從事，無官名者不在申薦。』

漢乾祐元年正月敕：『其諸道行軍副使、兩使判官，今後不得行奏薦，委中書門下選。帶使相節度使許奏節度掌書記、觀察支使、節度推官；不帶使相節度使只許奏節度掌書記、節度推官。其防禦團練判官、軍事判官等聽奏，仍須精擇才能。其奏薦州縣官，帶使相許薦三人，不帶使相許薦二人，防禦團練、刺史許薦一人，仍舉唐朝、晉朝敕永爲規制。』

周廣順元年三月敕：『副留守、節度副使、行軍司馬、兩京少尹、留守判官、兩使判官，共許差定當直人力，不得過十五人。諸府少尹、掌書記、支使、防禦團練副使，不得過一十人。節度推官、防禦團練軍事判官，不得過七人。並取本廳舊當直人力充。若數少不及新定數目，祇仰舊人數差定，仍令逐處係帳收管。此外如不遵條制，額外占差人户，本官當行朝典。』

顯德二年六月詔：『兩京、諸道州府留守判官、兩使判官、少尹、防禦團練軍事判官，今後並不得奏薦，如隨郡已歷前件官職任者，不在此限。其防禦團練刺史州各置推官一員。』

宋·王欽若等《册府元龜》卷七一六《幕府·總序》 隋三師不置府屬，三公依後周置官寮，而左右衛、左右武衛、左右武候大將軍，並有長史、司馬、録事，功、倉、兵、騎曹參軍，法、鎧曹行參軍各一人。行參軍，左右衛、武候各六人，武衛八人，左右衛又各統親衛。置開府、儀同二府，開府府官屬減功、騎曹參軍，鎧曹行參軍；儀同府又減法曹行參軍，餘如左右衛。左右領左右府屬，同開府府。左右監開府別有行參軍四人，餘官如左右府。左右領軍府別有掾屬各一人，明法四人，加行參軍十人，餘官如左右衛。後高祖又採後周之制，置上柱國、柱國、上大將軍、大將軍、上開府儀同三司、開府儀同三司、上儀同三司、儀同三司、大都督、帥都督、都督總十一等。上柱國府，長史、司馬、諮議參軍事，掾屬各一人，功曹，記室，户、倉、兵、騎兵、城局等曹參軍事，各一人，參軍事五人，法、田、水、鎧、士等曹行參軍各一人，行參軍十二人，典籤二人。柱國省騎兵參軍事、水曹行參軍員、減參軍事、行參軍各一人。上大將軍又省諮議參軍事，田、鎧曹行參軍員，又減行參軍一人。大將軍又省掾屬員，減參軍事二人。上開府又省法、士曹行參軍、參軍事員。開府又省典籤員，減行參軍二人。上儀同又省功曹、城局參軍事員、又減行參軍事三人。儀同又省倉曹員，減行參軍二人。又令三師，三公置府佐，與柱國同。雍州牧置別駕，贊務，州都，郡正，主簿，録事，西曹書佐，金、户、兵、法、士等曹從事，部都從事，武猛從事幷佐史等員，五百二十人。京兆尹置丞，正，功曹，主簿，金、户、兵、法、士等曹佐，幷佐史等員，二百四十四人。州刺史置長史，司馬，録事、功、户、兵等曹參軍，法、士曹行參軍，典籤，州都光初主簿，郡正主簿，西曹書佐，祭酒從事，部郡從事，倉督，市令，丞，幷佐史等員。上上州三百二十三人，上中州減十二人，上下州又減十六人，中上州又減二十九人，中中、中下州又差減二十人，下上州又減十人，下中州又減十五人，下下州又減二人。郡太守置丞，尉，正，光初主簿，縣正，功曹，主簿，西、倉、户、兵、法、士等官曹，市令，佐史等員。上上郡一百四十六人，上中郡減五人，上下郡又減四人，中上郡又減十九人，中中郡又減六人，中下郡又減五人，下上郡又減十九人，下中郡又減五人，下下郡又減六人。開皇二年罷郡，以州統縣，改別駕、贊務爲長史、司馬，罷辟署令史，部除授品官爲州郡佐官，四年一遷。以曹爲名者，並改爲司自兩漢以降，府幕官都自辟署，亦有朝命者。梁魏以來，州都，縣正以下，皆州郡自調用，理時事，至是以爲鄉官，始以品官總職。開皇十二年，悉改諸州司從事爲參軍。十五年，盡罷州郡鄉官。煬帝卽位，置十二衛將軍，各有長史，録事，司倉，兵，騎，鎧等曹。左右翊衛又有親侍、鷹揚二府，各有司馬，長史，兵，倉曹。左右候衛，別置察非掾二人。罷州置郡，罷長史，司馬，贊務一人以二之。次置東西掾，主簿，司功，倉、户、兵、法、士等書佐，各因郡之大小而爲增減。改行參軍爲行書佐。其後諸郡又加置通守一人。改贊務爲丞，位在通守下。

唐丞相之務，歸於臺省，三公無官屬，改郡爲州，仍置總管之職。武德四年，始改總管爲都督府；貞觀中，分爲二等。大都督府，有長史、司馬、録事參軍、録事、六曹參軍事各二員功、士曹一員。參軍事、典獄、問事、丞、佐、史、倉督等員有差。中都督府别有别駕一人，餘官並同大都督府。上州、中州刺史府，官同中都督府。下州刺史，省長史，餘與中州同。其大都督府無别駕、士曹及參軍事以下員；上都護府又無法曹員，餘同上州。又因隋制，置十二衛，皆有衛佐。長史，録事，倉，兵，騎等曹參軍，司階，中候，司戈，執戟，奉車都尉等員。龍朔二年，置左右羽林軍。開元二十七年，置左右龍武軍，官屬同十二衛佐。又有十六衛將軍，正有長安史曹、録事、校尉等員。則天長壽中，有經略使。睿宗景雲後，有節度使。肅宗至德後，有觀察使。明皇天寶後，有團練防禦使，節度使之屬，有副使一人，行軍司馬一人，判官二人，掌書記一人，參謀無員，隨軍四人。觀察使有判官支使。經略使有判官等員。其後，節度觀察使、防禦團練，皆有推官、巡官之職。兼度支、營田招討使者，又有度支、營田等。判官自是正爲幕府之職自後上佐曹官，皆爲州縣之職，更不復紀。其有軍校若都虞候、都知兵馬使之比，有武功參軍謀者，則附次焉，皆奏請有出身人及六品以下正員官爲之，惟兩省供奉、尚書省御史臺見任郎官，不得奏請。其辟署未有官者，皆謂之攝。自從諸使、兵馬留後、兩京留守後置判官，鹽鐵，度支及場院使，亦置判官、推巡之職。

後唐莊宗同光二年，令諸道節度副使、兩使判官朝廷除授外幕不職吏，皆委本道選任。明宗天成二年，又限諸藩鎮幕職不得兼録事參軍，鄰都管内諸州，録事參軍不得兼防禦判官，始改刺史州防團練判官爲軍事判官。晋高祖天福二年，又限防禦團練刺史不得奏未有官人爲從事。漢乾祐元年，又禁諸道不得奏薦行軍副使、兩使判官。周世宗顯德二年，始令刺史州置軍士推官一員，原其參佐將幕，裨贊公府，承刺舉之職，分守相之務，而能左右宣力，出入盡規，潔素靡渝，亮直是與，建謀議而惟允，集動伐以居多，竭乃忠誠，膺其倚賴，至於懿文秀茂，明識淵粹，承辟署之美，膺棟梁之重，及貪墨自恣，回邪是圖，憲法所罹，罪釁連及，並用論次，以儆方來。

宋·洪邁《容齋續筆》卷一《唐藩鎮幕府》 唐世士人初登科或未仕者，多以從諸藩府辟置爲重。觀韓文公送石洪、温造二處士赴河陽幕序，可見禮節。然其職甚勞苦，故亦或不屑爲之。杜子美從劍南節度嚴武辟爲參謀，作詩二十韻呈嚴公，云：『胡爲來幕下，只合在舟中。束縛酬知己，蹉跎效小忠。周防期稍稍，太簡遂忽忽。曉入朱扉啓，昏歸畫角終。不成尋别業，未敢息微躬。會希全物色，時放倚梧桐。』而其題曰遣悶，意可知。韓文公從徐州張建封辟爲推官，有書上張公云：『受牒之明日，使院小吏持故事節目十餘事来，其中不可者，自九月至二月，皆晨入夜歸，非有疾病事故，輒不許出，若此者非愈之所能也。若寛假之，使不失其性，寅而入，盡辰而退，申而入，終酉而退，率以爲常，亦不廢事。苟如此，則死於執事之門無悔也。』杜、韓之旨，大略相似云。

宋·洪邁《容齋三筆》卷一六《唐世辟僚佐有詞》 唐世節度、觀察諸使，辟置僚佐以至州郡差掾屬，牒語皆用四六，大略如告詞。李商隱樊南甲乙集、顧雲編槀、羅隱《湘南雜槀》皆有之。故韓文公《送石洪赴河陽幕府序》云：『撰書辭，具馬幣。』李肇國史補載崖州差故相韋執誼攝軍事衙推，亦有其文，非若今時只以吏牘行遣也。錢武肅在鎮牒鍾廷翰攝安吉主簿云：『敕淮南、鎮海、鎮東等軍節度使，牒將仕郎試秘書省校書郎鍾廷翰，牒奉處分，前件官儒素修身，早昇官緒，寓居霅水，累歷星霜，克循廉謹之規，備顯温恭之道。今者願求録用，特議掄材，安吉屬城印曹闕吏，俾期差攝，勉效公方，儻聞佐理之能，豈悋超昇之奬！事須差攝安吉縣主簿牒舉者，故牒。貞明二年三月日。』牒後銜云：『使、尚父、守尚書令、吴越王押。』此牒今藏於王順伯家，其字畫端嚴有法，其文則掌書記所撰，殊爲不工，但印記不存矣。謂主簿爲印曹，亦佳。

宋·洪邁《容齋五筆》卷三《元正父子忠死》 唐安禄山表權皋入幕府，皋度禄山且叛，以其猜虐不可諫，欲行，慮禍及親，因獻俘京師，在道詐死，既唅斂而逸去。皋母謂實死，慟哭感行路，故禄山不之虞，歸其母，皋潛奉侍，晝夜南奔。既渡江而禄山反。天下聞其名，爭取以爲屬。甄濟居青巖山，諸府五辟，詔十至，堅卧不起。安禄山入朝，求濟於玄宗，授范陽掌書記，濟不得已而起。察禄山有反謀，不可諫，因謁歸，陽歐血不支，舁歸舊廬。禄山反，使封刀召之，曰：『即不起，斷其首。』濟引頸待之。使以實病告，慶緒復使彊輿至東都。會廣平王平東都，詣軍門上謁，肅宗使汙賊官羅拜，以媿其心。唐書列二人於卓行傳，褒之至矣。有元正者，在河南幕府，史思明陷河、洛，輦父匿山中，賊以名召之。正度事急，謂弟曰：『賊祿不可養親，彼利吾名，難免矣。』然不汙身而死，吾猶生也。』賊既得，誘以高位，瞋目固拒，兄弟皆遇害。父聞，仰藥死。事平，詔録伏節十一姓，而正爲冠。皐、濟之終，與正皆贈秘書少監。予謂皐、濟得生，而正一門皆并命，故當時以爲伏節之冠。而唐史不列之忠義、卓行中，但附見於其祖萬頃文藝之末，《資治通鑑》亦不載其事，使正之名寂寥不章顯，爲可恨也。白樂天作張誠碑云：『以左武衛參軍分司東都，屬安祿山陷覆洛京，以僞職淫刑，脅劫士庶，公與同官盧巽潛遁於陸渾山，食木實，飲泉水者二年，訖不爲逆命所汙。肅宗詔河南搜訪不仕賊庭、隱藏山谷者，得六人以應詔，公與巽在焉。繇是名節聞於朝，優詔褒美，特授密縣主簿。』

清・趙翼《廿二史劄記》卷二二《五代史・五代幕僚之禍》　五代之初，各方鎮猶重掌書記之官。蓋羣雄割據，各務爭勝，雖書檄往來，亦恥居人下，覘國者並於此觀其國之能得士與否，一時遂各廷致名士，以光幕府。如李襲吉爲李克用書記，克用討王行瑜而不得入覲，襲吉爲作表云：『穴禽有羽，聽舜樂以猶來。天路無梯，望堯雲而不到。』昭宗大嘆賞之。又爲克用修好於朱溫，中有句云：『毒手尊參，交相於暮夜。金戈鐵馬，蹂踐於明時。』溫謂敬翔曰：『李公斗絶一隅，乃得此名士。若吾之智算，得襲吉之筆才，虎傅翼矣。』由是襲吉之名大著。是時梁有敬翔，燕有馬郁，華州有李巨川，荆南有鄭準，鳳翔有王超，錢塘有羅隱，魏博有李山甫，皆有文稱。襲吉傳其後馮道由書記入相，桑維翰由書記爲樞密使，固華要之極選也。然藩鎮皆武夫，恃權任氣，又往往淩蔑文人，或至非理戕害。鄭準爲荆南成汭書記，以語不合解職去，汭怒，潛使人殺之於途。五代史補是時諸侯方重書記，已肆虐如此，此外副使判官之類，更何論矣。今見於薛、歐二史者，西方鄴爲節度使，所爲非法，判官譚善達數諫之，鄴怒，誣以事，下獄死。襄州節度使劉訓以私忿族副使胡，誣以欲謀亂也，人士冤之。房知溫爲節度使，多縱其左右排辱賓僚。高行珪爲節度使，性貪鄙，副使范延策諫之，乃誣奏延策謀反，并其子殺之。高行周鎮鄴城，其副使張㦤，一言不合，爲行周所奏，詔卽處斬。王繼弘鎮相州，殺判官張易，以爲言聞。是時藩郡凡奏刑殺，皆順其命，故當時從事，詳賓客之禮，重足迹事之，猶不能免禍。而尤慘者，張彦澤鎮彰義，爲政苛暴，掌書記張式諫之，彦澤怒，引弓射之，式走而免，遂出奔。彦澤使二十騎追之，曰：『不來，卽取其頭來。』式至邠州，節度使李周爲奏留之。詔流式商州。彦澤奏以必得式爲期，晋祖不得已與之。彦澤乃剖心決口，斷手足而斬之。此幕僚之禍最酷者也。惟史匡翰鎮義成，好讀書，接下以禮。幕客有關徹者，使酒，怒目謂匡翰曰：『近聞張彦澤與張式，未聞史匡翰斬關徹，恐天下談者，未有比類。』匡翰不怒，引滿自罰而慰之，時稱其寬厚。由是觀之，士之生於是時者，擊手絆足，動觸羅綱，不知何以全生也。

雜録

唐・白居易《白氏長慶集》卷四八《中書制誥一・張洪相里友略並山南東道判官同制》　敕：朝議郎、行太常博士、上柱國張洪，前瀛漠等州都團練判官、朝議郎、侍御史、內供奉、上柱國、賜緋魚袋相里友略等；元翼以大節大忠，綽聞朝野，授鉞開府，殿我漢南。而又求賢乞能，以自參貳。則其賓寀，宜有以稱之。故求吾俊造之英，勳烈之胄，達朝儀而練戎事者與焉。今以洪之知國禮，奉家聲；以友略之富藝文，飽軍旅；兩中是選，合而命之，優秩寵章，無所愛惜。時無今古，代有忠賢；苟致吾元翼於羊、杜間，別有陟明之典在。洪，可檢校尚書職方員外郎、兼侍御史、充山南東道節度判官，仍賜緋魚袋，散官、勳如故。友略，可檢校尚書屯田員外郎、兼侍御史、充山南東道觀察判官，散官、勳如故。

又　卷四九《溫堯卿等授官賜緋充滄景江陵判官制》　敕：溫堯卿等，今之俊乂，先辟于征鎮，次升於朝廷，故幕府之選，下臺閣一等，異日入爲大夫公卿者十八九焉。荆門、景域，南北大府。而堯卿等或已參軍要，或方受兵書，各命以官，分試其事；名秩章綬，分而寵之。夫千里之行，始於足下。苟自強不息，亦何遠而不屈哉？可依前件。

又　卷五〇《授柳傑等四人官充鄭滑節度推巡制》　敕：試太子司

議郎柳傑等，古者，公府得自選吏屬。今仍古制，亦命領征鎮者，必先禮聘，而後升聞。矧鄭滑帥承元，輸忠仗順，炳焉有大節於國。奉上莅下，實藉僚寀，以左右之。而傑等或緣飾詞華，或貯蓄才行，揣摩思誠，以待已知。宜展籌謀，用光慰薦。傑等可某官，充鄭滑節度推官巡官等。

又 卷五一《**中書制誥四・柳經李褒並泗州判官制**》 敕：徵事郎、前河南府河南縣尉柳經，儒林郎、試太子通事舍人李褒等，瀕淮列城，泗州爲要，控轉輸之路，屯式遏之師。故府有寮，軍有倅；選擇補署，得聞於朝廷。而經等皆有所長，宜當是選，守臣置奏，因而可之。仍加秩命，用示優寵。經，可監察御史、充泗州團練副使，散官如故。褒，可試太常寺協律郎、充武寧軍節度泗州兵馬留後判官，仍改名言，散官、勳如故。

又《**姚元康等授官充推官、掌書記制**》 敕：朝散郎、行秘書省秘書郎姚元康，儒林郎、試太常寺協律郎鄭懿等，益部、浮陽，皆大征鎮也。文昌、全略，皆賢將相也。而能以禮聘士，以職任才，多聞得人，咸樂爲用。況爾等籌謀文藻，各負所長，苟能贊察廉，掌奏記，孜孜不怠，翩翩有聲；慰薦褒升，其則不遠。元康可試左武衛倉曹參軍、充劍南西川觀察推官，散官如故；懿可試左金吾衛兵曹參軍、充橫海軍節度掌書記，散官如故。

又 卷五二《**王師閔可檢校水部員外郎徐泗濠等州觀察判官（制）**》 敕：前徐泗濠等州觀察支使、朝議郎、殿中侍御史、內供奉、上騎都尉、賜緋魚袋王師閔；朕以師律授智興，智興以軍書辟師閔，才既爲知已用，官不俟滿歲遷，所以使能而責理也。然則贊廉察，安戎旅，既命之後，吾有望於爾焉！勉副所從，佇展來效。可檢校尚書水部員外郎、兼殿中侍御史、充徐泗濠等州觀察判官，（散官）勳、賜如故。

又 卷五三《**中書制誥六・路貫等授桂州判官制**》 敕：藩隅之重，委以侯伯；軍府之要，掌在賓寮。貫等以文行修身，以智謀從事；佐廉問澄清之務，撫華夷錯雜之人。俾其乂安，實在參贊。宜及寵命，以光所從。可依前件。

公文制度部

通紀概説分部

綜　述

唐・李林甫等《唐六典》卷一《尚書都省》 凡都省掌舉諸司之綱紀與其百僚之程式，以正邦理，以宣邦教。凡上之所以逮下，其制有六，曰：制、敕、册、令、教、符。天子曰制，曰敕，曰册。皇太子曰令。親王、公主曰教。尚書省下於州，州下於縣，縣下於鄉，皆曰符。凡下之所以達上，其制亦有六，曰：表、狀、牋、啓、牒、辭。表上于天子，其近臣亦爲狀。牋、啓于皇太子，然于其長亦爲之，非公文所施。九品已上公文皆曰牒。庶人言曰辭。諸司自相質問，其義有三，曰：關、刺、移。關謂關通其事，刺謂刺舉之，移謂移其事于他司。移則通判之官皆連署。

宋・王溥《唐會要》卷二六《牋表例》 舊例，上所及下，其制六：天子曰制，曰敕，曰册：皇太子曰令：親王公主曰教：尚書省下州，州下縣，縣下鄉，皆曰符也。下之達上，其制有六：上天子曰表，其近臣亦爲狀：上皇太子曰牋、啓：於其長上公文皆爲牒：庶人之言曰辭。諸司相質問有三，曰關。關通其事。曰刺，刺舉。曰移。移其事于他司，移則通判之官，皆曰連署。

詔令分部

綜　述

唐・李林甫等《唐六典》卷九《中書省集賢院史館匭使》 中書令

之職，掌軍國之政令，緝熙帝載，統和天人。入則告之，出則奉之，以釐萬邦，以度百揆，蓋以佐天子而執大政者也。凡王言之制有七：一曰冊書，立後建嫡，封樹藩屏，寵命尊賢，臨軒備禮則用之。二曰制書，行大賞罰，授大官爵，釐年舊政，赦宥降虜則用之。三曰慰勞制書，褒贊賢能，勸勉勤勞則用之。四曰發日敕，謂御畫發日敕也。增減官員，廢置州縣，徵發兵馬，除免官爵，授六品已下官，處流已上罪，用庫物五百段、錢二百千、倉糧五百石、奴婢二十人、馬五十疋、牛五十頭、羊五百口已上則用之。五曰敕旨，謂百司承旨而爲程式，奏事請施行者。六曰論事敕書，慰諭公卿，誡約臣下則用之。七曰敕牒，隨事承旨，不易舊典則用之。皆宣署申覆而施行焉。《尚書》有典、謨、訓、誥、誓、命之書，皆帝王詔制記于簡策者也。蔡邕《獨斷》稱：『漢制，天子之書，一曰策書，二曰制書，三曰詔書，四曰戒敕。策者，以簡爲之，其制長二尺，短者半之，其次一長一短兩編，下附篆書，題年、月、日，稱「皇帝曰」，以命諸侯王、三公。制書，帝者制度之命也，其文曰「制詔」，三公赦令、贖令之屬是；近道印付使，遠道皆璽封，尚書令印准赦、贖令召三公詣朝堂受，制書司徒露布州郡。詔書有三品：其文曰「告某官某官如故事」，是爲詔書；羣臣有所奏請，尚書令奏下之，有「制詔，天子答之曰可」，以爲詔書；羣臣有所表請，無尚書令奏「制曰」之字，則答曰「已奏如書，本官下所當至」，亦曰詔書。戒書，戒敕，刺史、太守及三邊營官被敕，文曰「有詔敕某官」，是爲戒敕。』自魏、晉已後因循，有冊書、詔、敕，總名曰詔。皇朝因隋不改。天后天授元年，以避諱，改詔爲制。今冊書用簡，制書、慰勞制書、發日敕用黃麻紙，敕旨、論事敕及敕牒用黃藤紙，其赦書頒下諸州用絹。凡大祭祀羣神，則從升壇以相禮；享宗廟，則從升阼階；親征纂嚴，則使戒敕百寮。冊命親賢，臨軒則使讀冊；若命之於朝，則宣而授之。凡冊太子，則授璽、綬。凡制詔宣傳，文章獻納，皆授之於記事之官。武德、貞觀故事，以尚書省左、右僕射各一人及侍中、中書令各二人爲知政事官。其時，以他官預議國政者，云『與宰相參議朝政』，或云『平章國計』，或云『專典機密』，或『參議政事』。貞觀十七年，李績爲太子詹事，特詔同知政事，始謂『同中書門下三品』。自是，僕射常帶此稱；自餘非兩省長官預知政事者，皆以爲此爲名。永淳中，始詔郭正一、郭待舉、魏玄同等與中書門下同承受進止平章事。自天后已後，兩省長官及同中書門下三品並平章事爲宰相；其僕射不帶『同中書門下三品』者，但釐尚書省而已。總章二年，東臺侍郎張文瓘、西臺侍郎戴至德等始以『同中書門下三品』著之入銜，自是相承至今。永淳二年，黃門侍郎劉齊賢知政事，稱『同中書門下平章事』；自後，兩省長官及他官執政未至侍中、中書令者，皆稱『同中書門下平章事』也。

唐·吳兢《貞觀政要》卷九　貞觀十一年，太宗謂侍臣曰：『詔令格式，若不常定，則人心多惑，姦詐益生。《周易》稱「渙汗其大號」，言發號施令，若汗出於體，一出而不復入也。又《書》曰：「慎乃出令，令出惟行，弗爲反。」且漢祖日不暇給，蕭何起於小吏，制法之後，猶稱畫一。今宜詳思此義，不可輕出詔令，必須審定，以爲永式。』

《舊唐書》卷四三《職官志二》　凡王言之制有七：一曰冊書，二曰制書，三曰慰勞制書，四曰發敕，五曰敕旨，六曰論事敕書，七曰敕牒，皆宣署申覆而施行之。凡大祭祀羣神，則從升壇以相禮。享宗廟，則從升阼階。親征纂嚴，戒敕百僚，冊命親賢，臨軒則使讀冊。若命之於朝，則宣而授之。凡冊太子，則授璽。凡制詔宣傳，文章獻納，皆授之於記事之官。

元·胡三省《資治通鑑音注》卷二一〇《唐睿宗景雲元年》（十二月）唐王言之制有七：一曰冊書，二曰制書，三曰慰勞制書，四曰發敕，五曰敕旨，六曰論事敕書，七曰敕牒。

奏疏分部

綜述

唐·吳兢《貞觀政要》卷二　貞觀三年，太宗謂司空裴寂曰：『比有上書奏事，條數甚多，朕總黏之屋壁，出入觀省。所以孜孜不倦者，欲盡臣下之情。每一思政理，或三更方寢。亦望公輩用心不倦，以副朕懷也。』

宋·王溥《唐會要》卷二六《牋表例》　天冊二年二月一日敕：『自今已後，施敕行制，及內外官司奏狀文案，並大字。』至聖曆元年四月十一日，制敕：『公文錢物倉庫，計贓科罪，傳符過所，各依式及別敕，作大字。餘尋常文按，解牒進奏，並依常式。』

景龍三年二月，有司奏：『皇帝踐阼及加元服，皇太后加號，皇后、皇太子立，及元日則例，諸州刺史、都督，若京官五品已上在外者，並奉三年七月二十一日敕：『今後天下諸州刺史及係屬節鎮、團練、防禦使，除應聖節、冬至、端午外，謝上及每月起居慶賀章表，並付本道封進，其餘公事，準往例，節度、觀察使謄覆奏聞。』

長興元年五月，太常禮院奏：『皇后今月十四日受册，準舊儀，外命婦並合赴皇后受册正殿門外就次，俟受册訖，司賓引入就位奉賀。今未有命婦院，請準例上表賀。』中書門下奏：『其諸道節度使上表賀皇帝，其在朝外命婦所上皇后表章，進呈訖，不下令報答。自此不更進表。皇子妻、駙馬、公主及近密親舊，或有慶賀及進起居章表，内中委人主掌，進呈後祇宣示來使，並不下令。』從之。其月，太常禮院奏：『按儀制令，百官上疏於皇后曰皇后殿下，中外臣寮外命婦慶賀，祇呼殿下，不言皇后。』中書覆奏：『據太常禮院狀，若祇呼殿下，恐未合宜。至如舊制，皇太子亦呼殿下，若無分別，何顯尊卑？凡上皇后表章内，請呼皇后殿下，若不形文字，尋常並呼皇后。』從之。

二年五月，樞密院條疏：『諸道報軍機表狀，於斜封上不得言爲何事宜二字。』

晉天福二年十月，中書門下奏：『按《禮閣新儀》，貞元二年十月七日御史臺奏，每月慶賀及諸上表，並合上公行之。制可。今後凡有謝賀上表，望並準元敕上公行之。如三公闕，令僕已下行之。中書門下别貢表章。』從之。

宋·洪邁《容齋五筆》卷八《長慶表章》　唐自大曆以河北三鎮爲悍藩所據，至元和中，田弘正以魏歸國，長慶初王承元、劉總去鎮、幽，於是河北略定。而穆宗以昏君，崔植、杜元穎、王播以庸相，不能建久長之策，輕徒田弘正，以啓王庭湊之亂，繆用張弘靖，以啓朱克融之亂。朝廷以諸道十五萬衆，裴度元臣宿望，烏重胤、李光顔當時名將，屯守逾年，竟無成功，財竭力盡，遂以節鉞授二賊，再失河朔，訖于唐亡。觀一時事勢，何止可爲痛哭！而宰相請上尊號表云：『陛下自即大位，及此二年，無巾車汗馬之勞，而坐平鎮、冀；無亡弓遺鏃之費，而立定幽、燕。以謂威靈四及，請爲「神武」。』君臣上下，其亦云無羞耻矣。此表乃白居易所作。又翰林學士元稹求爲宰相，恐裴度復有功大用，妨己進取，多從中沮壞之。度上表極陳其狀，帝不得已，解稹翰林，恩遇如故。

表疏賀。其長官無者，次官五品以上者賀表。當州遣使，餘並附表，令禮部整比，送中書録帳總奏。又應上表啓及奏狀，並大書一行，不得過一十八字，其署名不得大書。諸奏軍國事者，並須指陳實狀，不得漫引古今。凡須奏請者，皆爲表狀，不得輒牒中書省。若事少者，即於表内具陳，使盡事情。若多不可盡書者，任於事前作一事條，表内不許重述。』

景雲二年六月敕：『南衙、北門及諸門進狀，及封狀意見，及降墨敕，並於狀上畫題時刻，夜題更籌。』

先天二年三月三十日詔：『制、敕、表、狀、書、奏、牋、牒，年月等數，作一十、二十、三十、四十字。』

開元二年閏三月敕：『諸司進狀奏事，並長官封題進，仍令本司牒所進門，並差一官送進。諸奏事亦准此。中書門下、御史臺，不須引牒。其有告謀大逆者，任自封進。除此之外，不得爲進。如有違者，並先決杖三十。』

七年三月敕：『胡書進表，並令西蕃所由州府繙訖封進。』【略】

二十三年八月，《儀制令》：皇帝，天子，夷夏通稱。陛下，對策上表通稱。至尊，臣下内外通稱。乘輿，服飾所稱。車駕，行幸所稱。諸赴車駕所，及諸行在所，皇太子已下，率土之内，于皇帝皆稱臣。皇后已下，率土之内，于皇帝、太皇太后、皇太后，皆稱妾。六宮以下，率土婦人，于皇后皆稱妾也。百官上疏于太皇太后、皇太后、皇后稱殿下，自稱皆曰臣。百官及東宮對皇太子，皆稱殿下，上啓表同。百官自稱名，宮官自稱臣。

大中三年，應邊鎮及諸道奏事表，時有不題事由，舊制，引進狀内，每具所奏事由。時邊鎮節將，以討伐黨項羌，兵機急速，恐外人先知，因有此請。自後諸道，率多爲例，亦無正敕及中書門下處分。

宋·王溥《五代會要》卷四《牋表例》　後唐同光二年八月敕：『四京併諸道州府及京百司應申奏諸色公事奏狀等，先曾指揮，並須實封斜角。其常呈奏狀，於斜封上明題所爲公事；或干軍機言不題事，直至御前開封進呈事。宜指揮四京及諸道，令散下管内諸州，依元宣旨處分。其在京百司，仍令御史臺各録敕文曉告。』

天成元年七月敕：『三京諸道節度團練使、防禦使、刺史、文武將吏、州縣職員，皆進月旦起居表，其四孟月旦，並可止絶。』

積怨度，欲解其兵柄，勸上罷兵。未幾，拜相，居易代作謝表，其略云：『臣遭遇聖明，不因人進，擢居禁內，訪以密謀。恩奬太深，讒謗並至。雖内省行事，無所愧心，然上黷宸聰，合當死責。』其文過飾非如此。居易二表，誠爲有玷盛德。

官府往來文書分部

綜　述

《新唐書》卷四六《百官志一》　諸州計奏達京師，以事大小多少爲之節。凡符、移、關、牒，必遣於都省乃下。天下大事不決者，皆上尚書省。凡制敕計奏之數、省符宣告之節，以歲終爲斷。

宋·沈括《夢溪筆談》卷一　唐中書指揮事謂之『堂帖子』。曾見唐人堂帖，宰相簽押，格如今之『堂劄子』也。

予及史館檢討時，《類苑》二十六引『及』作『爲』。議密院劄子問宣頭所起。予按唐故事，中書舍人職掌詔誥，『掌詔誥』三字，各本均誤作『堂語詔』，今從《類苑》二十六及《説郛七引》校正。皆寫四本：一本爲底，一本爲宣。此『宣』謂行出耳，未以名書也。晚唐樞密使自禁中受旨，出付中書，即謂之『宣』。《類苑》二十六引『即』作『郎』，從上句讀。中書承受，録之於籍，謂之『宣底』。今史館中尚有《梁宣底》二卷，『梁』字各本均作『故』，從《類苑》二十六引改正。《春明退朝條下》云：『今有梁朝宣底二卷』，是也。如今之《聖語簿》也。梁朝初置崇政院，專行密命，至後唐莊宗，復樞密使，使郭崇韜、安重誨爲之，始分領政事，不關由中書直行下者，謂之『宣』，如中書之『敕』；小事則發頭子、擬堂貼也。至今樞密院用宣及頭子，本朝樞密院亦用劄子。但中書劄子，宰相押字在上，次相及參政以次向下；《説郛七引》『參』作『執』。樞密院劄子，樞長押字在下，《説郛七引》『長』作『臣』。副貳以次向上：以此爲別。頭子唯給驛馬之類用之。

公文管理制度分部

綜　述

唐·李林甫等《唐六典》卷一《尚書都省》　凡尚書省施行制、敕，案成則給程以鈔之：通計符、移、關、牒二百紙已下限二日。過此以往，每二百紙已上加二日，所加多者不得過五日。若軍務急速者，不出其日。若諸州計奏達于京師，量事之大小與多少以爲之節：二十條以上，二日；倍之，三日；又倍之，四日；又倍之，五日；雖多，不是過焉。凡制、敕施行，京師諸司有符、移、關、牒下諸州者，必由於都省以遣之。若在京差使者，令使人於都省受道次符、牒，然後發遣。若諸方使人欲還，亦令所由司先報尚書省，所有符、牒，並令受送。凡文案既成，勾司行朱訖，皆書其上端，記年、月、日，納諸庫。凡施行公文應印者，監印之官考其事目，無或差繆，然後印之；必書於曆，每月終納諸庫。其印，每至夜，在京諸司付直官掌；在外者，送當處長官掌。凡尚書省官，每日一人宿直，都司執直簿一轉以爲次。凡諸司長官應通判者及上佐、縣令皆不直也。凡内外百僚日出而視事，既午而退，有事則直官省之；其務繁，不在此例。凡天下制敕、計奏之數，省符、宣告之節，率以歲終爲斷。京師諸司，皆以四月一日納于都省。其天下諸州，則本司推校以授勾官，勾官審之，連署封印，附計帳使納于都省。常以六月一日都事集諸司令史對覆，若有隱漏、不同，皆附于考課焉。

人事制度部

通紀概説分部

綜　述

《隋書》卷二八《百官志下》　吏部尚書統吏部侍郎二人，主爵侍郎一人，司勳侍郎二人，考功侍郎一人。【略】別置品官，皆吏部除授，每歲考殿最。刺史、縣令，三年一遷，佐官四年一遷。

唐·李林甫等《唐六典》卷二《尚書吏部》　吏部尚書一人，正三品；周之天官卿也。後魏、北齊皆曰吏部尚書。後周依《周官》，置大冢宰卿一人，正七命。隋復曰吏部尚書。然此官歷代班序常尊，不與諸曹同也。』《漢官儀》：『尚書秩六百石，次補二千石。』《晉令》：『吏部尚書五時朝服，納言幘，進賢兩梁冠，佩水蒼玉，乘軺車皂輪。』《袁子正書》曰：『尚書佩契刀囊，執版，加簪筆焉。』自魏至梁並第三品。梁秩加至中二千石；後定十八班，班多爲貴，吏部尚書班第十四，諸曹尚書班第十三。陳因梁。後魏、北齊、隋吏部尚書並正第三品，皇朝因之，掌文官選舉。龍朔二年改爲司列太常伯，咸亨元年復爲吏部尚書。光宅元年改爲天官尚書，神龍元年復故。侍郎二人，正四品上。隋煬帝三年，尚書六曹吏部、禮部、兵部、刑部、民部、工部各置侍郎一人，以貳尚書之職，並正第四品。皇朝諸曹侍郎降爲正四品下，惟吏部侍郎爲正四品上。龍朔二年改爲司列少常伯，咸亨元年復爲吏部侍郎。總章元年，與兵部各增一員。光宅、神龍並隨曹改復。吏部尚書、侍郎之職，掌天下官吏選授、勳封、考課之政令。凡職官銓綜之典，封爵策勳之制，權衡殿最之法，悉以咨之。其屬有四：一曰吏部，二曰司封，三曰司勳，四曰考功；尚書、侍郎總其職務而奉行其制命。凡中外百司之事，由於所屬，皆質正焉。凡選授之制，每歲孟冬，以三旬會其人：去王城五百里之內，集於上旬；千里之內，集於中旬；千里之外，集於下旬。以三銓分其選：一曰尚書銓，二曰中銓，三曰東銓。以四事擇其良：一曰身，二曰言，三曰書，四曰判。每試判之日，皆平明集於試場，識官親送，侍郎出問目，試判兩道。或有糊名，學士考爲等第。或有試雜文，以收其俊乂。以三類觀其異：一曰德行，二曰才用，三曰勞效。德鈞以才，才鈞以勞。其優者擢而升之，否則量以退焉。所以正權衡，明與奪，抑貪冒，進賢能也。然後據其狀以覈之，量其資以擬之。五品已上以名聞，送中書門下，聽制授焉。六品已下常參之官，量資注定；其才識頗高，可擢爲拾遺、補闕、監察御史者，亦以名送中書門下，聽敕授焉。其餘則各量資注擬。若都畿、清望，歷職三任，經十考已上者，得隔品授之。不然則否。謂監察御史、左右拾遺、大理評事、畿縣丞·簿·尉三任十考已上，有隔品授者。凡出身非清流者，不注清資之官。謂從流外及視品出身者。其中書主書、門下録事、尚書都事，歷任考詞、使狀有清幹及德行、言語，兼書、判、吏用，經十六考已上者，聽擬寺·監丞、左·右衛及金吾長史。凡注官皆對面唱示。若官、資未相當及以爲非便者，聽至三注。三注不伏注，至冬檢舊判注擬。凡伎術之官，皆本司銓注訖，吏部承以附甲焉。謂秘書、殿中、太僕寺等伎術之官，唯得本司遷轉，不得外敘。若本司無闕者，聽授散官，有闕先授。若再經考滿者，亦聽外敘。凡同事聯事及勾檢之官，皆不得注大功已上親。凡皇親及諸軍功，兼注員外官。其內外員外官及檢試官，本司長官量閑劇取資歷清正舊人分判曹事，自外則不判。若長官及別駕、長史、司馬等官，則不在此例。凡注官階卑而擬高則曰『守』，階高而擬卑則曰『行』。凡三銓注擬訖，皆當銓團甲以過左、右丞相。若中銓、東銓，則亦先過尚書訖，乃上門下省。給事中讀，黃門侍郎省，侍中審，然後進甲以聞。若尚書、丞相、門下批『官不當』者，則改注，亦有重執而上者。凡大選終季春之月。若有選人身在軍旅，則軍中試書、判，封送吏部而注擬。亦或春中不解而後集，謂之春選。若優勞人有敕即與處分及即與官者，並聽非時選，一百日內注擬畢。所以定九流之品格，補萬方之闕政，官人之道備焉。

郎中二人，從五品上；隋初，二十四司並爲侍郎，品從第五。煬帝三年，置六司侍郎，諸曹侍郎並改爲郎，又改吏部爲選部郎，異於六侍郎之名。皇朝爲吏部郎中。龍朔二年改爲司列大夫，咸亨、光宅，神龍並隨曹改復。員外郎二人，從六品上；隋文帝開皇六年，尚書二十四司各置員外郎一人，品從第六，謂曹郎本員之外復置郎也。煬帝三年，又廢二十四司員外郎，每司減一郎，置承務郎一人，同開皇員外郎之職；曰選部承務郎，一人。皇朝尚書諸曹各置員外郎一人，吏部置二人。龍朔、咸亨、光宅、神龍並隨曹改復。主事四人，從八品下。隋煬帝初置，爲從九品下。開元二十四年，升爲八品。郎中一人，掌考天下文吏之班、秩、品、命。凡敍階二十九：從一品曰開府儀同三司，後周置上開府儀同三司、開府儀同三司、上儀同三司、儀同三司等十一號，以酬勤勞。隋氏因之。皇朝初，惟置開府儀同三司，爲散官品。正二品曰特進，隋特進爲正二品，散官。皇朝因之。從二品曰光禄大夫，隋爲正二品，散官。煬帝改光禄大夫爲從一品，左光禄大夫正二品，右光禄大夫從二品。皇朝初，猶有左、右之名，貞觀之後，唯有光禄大夫。正三品曰金紫光禄大夫，隋氏因爲散官，煬帝爲正三品，皇朝因之。從三品曰銀青光禄大夫，本末與金紫同。隋正三品，散官；煬帝改爲從三品。皇朝因之。然而加金章、紫綬及銀章、青綬則尊崇之，合居光禄之上，隋氏定令誤，遂因仍不改。正四品上曰正議大夫，隋煬帝置，爲正四品，散官。蓋取秦大夫官論議，故置正議、通議之名。正四品下曰通議大夫，隋煬帝置，正四品。從四品上曰太中大夫，皇朝爲散官。從四品下曰中大夫，皇朝爲散官。正五品上曰中散大夫，皇朝爲散官。正五品下曰朝議大夫，隋文帝置朝議大夫，爲從三品，散官。從五品上曰朝請大夫，隋煬帝置朝請大夫，爲正五品，散官。從五品下曰朝散大夫，隋文帝置朝散大夫，爲正四品，散官；煬帝改爲從五品下。正六品上曰朝議郎，隋開皇六年，始置六品已下散官，並以郎爲正階，尉爲從階：正六品上爲朝議郎，下爲武騎尉；從六品上爲通議郎，下爲屯騎尉；正七品上爲朝請郎，下爲驍騎尉；從七品上爲朝散郎，下爲游騎尉；正八品上爲給事郎，下爲飛騎尉；從八品上爲承奉郎，下馬旅騎尉；正九品上爲儒林郎，下爲雲騎尉；從九品上爲文林郎，下爲羽騎尉。煬帝又置八郎、八尉。六品置建節尉、奮武尉，七品置宣惠尉、綏德尉，八品置懷仁尉、守義尉，九品置奉誠尉、立信尉，並爲正從。又，六品置承議郎、通直郎，七品置宣德郎、朝散郎，八品置登仕郎、將仕郎，九品置常從郎、奉信郎，亦爲正從。皇朝以郎爲文職，尉爲武職，遂採開皇、大業之制，以爲六品已下散官。正六品下曰承議郎，隋煬帝置，爲正六品。從六品上曰奉議郎，隋文帝置通議郎，皇朝改焉。從六品下曰通直郎，晉、宋以來，諸官皆有通直，蓋謂官有高下，而得通爲宿直者。隋煬帝置通直郎三十人，從六品。正七品上曰朝請郎，正七品下曰宣德郎，隋煬帝置宣德郎三十人，正七品。從七品上曰朝散郎，隋文帝置。從七品下曰宣義郎，梁有宣義將軍。隋文帝置游騎尉，皇朝改焉。正八品上曰給事郎，隋文帝置。正八品下曰徵事郎，隋煬帝置。從八品上曰承奉郎，隋文帝置。從八品下曰承務郎，隋煬帝尚書二十四司各置承務郎一人，類今尚書員外郎也。皇朝因其名而置。正九品上曰儒林郎，前史各有《儒林傳》，取其義也。正九品下曰登仕郎，從九品上曰文林郎，北齊置文林館，徵文學之士以充之，取其義也。從九品下曰將仕郎。凡散官四品已下、九品已上，並於吏部當番上下。其應當番四十五日。若都省須使人送符及諸司須使人者，並取兵部、吏部散官上。經兩番已上，聽簡入選；不第者依番，多不過六也。凡敍階之法，有以封爵，謂嗣王、郡王初出身，從四品下敍；親王諸子封郡王者，從五品上，國公，正六品上；郡公，正六品下；縣公，從六品上；侯及伯、子、男並遞降一等。若兩應敍者，從高敍也。有以親戚，謂皇親緦麻已上及皇太后周親，正六品上敍；皇太后大功親、皇后周親，從六品上；皇袒免親、皇太后小功·緦麻、皇后大功親，正七品上；皇后小功·緦麻親、皇太子妃周親，從七品上。其外戚各依本服降二等敍。娶郡主，正六品上；娶縣主，正七品上。郡主子，出身從七品上；縣主子，從八品上敍。有以勳庸，謂上柱國，正六品上敍；柱國已下，每降一等，至騎都尉，從七品下；驍騎尉、飛騎尉，正九品上；雲騎尉、武騎尉，從九品上。有以資蔭，謂一品子，正七品上敍，至從三品子，遞降一等。四品、五品有正、從之差，亦遞降一等；從五品子，從八品下敍。國公子，亦從八品下。三品以上蔭曾孫，五品已上蔭孫；孫降子一等，曾孫降孫一等。贈官降正官一等，散官同職事。若三品帶勳官者，即以勳官品同職事蔭；四品降一等，五品降二等。郡、縣公子，准從五品孫；縣男已上子，降一等。勳官二品子，又降一等。二王后子孫，准正三品蔭。有以秀、孝，謂秀才上上第，正八品上；已下遞降一等，至中上第，從八品下。明經降秀才三等。進士、明法甲第，從九品上；乙第，降一等。若本蔭高者，秀才、明經上第，加本蔭四階；已下遞降一等。明經通二經已上，每一經加一階；及官人通經者，後敍加階亦如之。凡孝義旌表門閭者，出身從九品上敍。有以勞考，謂內外六品已下，四考滿，皆中中考者，因選，迭一階；每二中上考，又進兩階；每一上下考，進兩階。若兼有下考，得以上考除之。有除免而復敍者，皆循法以申之，無或枉冒。謂官人犯除名限滿應敍者，文、武三品已上奏聞；正四品於從七品下敍，已下遞降一等，從五品於從八品上敍；六品、七品，從九品上敍；八品、九品，從九品下敍。若出身品高於此法者，仍從高。凡應入三品、五品者，皆待別制而進之，不然則否。謂應入三品者，皆須先在四品已上官，仍限三十考已上、本階正四品上、無痕累者，奏聽進止。應入五品者，皆須先在六品已上官及左右補闕、殿中侍御史、太常博士、詹事司直、京兆、河南、太原府判司，皆限十六考已上、本階正六品上；伎術官本司無六品官，頻任三政七品者，仍限二十考已上。並所司勘責訖，上中書門下重勘訖，然後奏聞，別制以授焉。凡文武百僚之班序，官同者先爵，爵同者先齒。謂文武朝參行立：二王后位在諸王侯上，餘各以官品爲序。致仕官各居本色之上。若職事與散官、勳官合班，則文散官在當階職事者之下，武散次之，勳官又次之。官同者，異姓爲後。若以爵爲班者。亦准此。其男已上任文、武官者，從文、武班。若親王、嗣王任卑官職事者，仍依王品。郡王任三品已下職事者，在同階品上。自外無文、武官者，嗣王在太子太保下，郡王次之，國公在正三品下，郡公在從三品下，縣公在正四品下，侯在從四品下，伯在正五品下，子在從五品上，男在從五品下。若前官被召見及預朝參者，在本品見任上；以理解者，在同品下；其在本司參集者，各依職事。若散官三品已上在京者，正、冬朝會依百官例。凡京師有常參官，謂五品以上職事官、八品已上供奉官、員外郎、監察御史、太常博士。供奉官，謂侍中，中書令，左、右散騎常侍，黄門、中書侍郎，諫議大夫，給事中，中書舍人，起居郎，起居舍人，通事舍人，左右補闕、拾遺，御史大夫，御史中丞，侍御史，殿中侍御史。諸司長官，謂三品已上長官。若敕喚諸司長官及賜者，開府儀同三司、特進、光禄大夫、太子賓客、尚書左右丞相、諸司侍郎、中書門下五品已上官、御史中丞，並同長官例。若別賜物，中書門下官正三品准二品，四品准三品，五品准四品；同中書門下平章事並同中書門下正三品。清望官，謂内外三品已上官及中書、黄門侍郎、尚書左右丞、諸司侍郎，並太常少卿、秘書少監、太子少詹事、左右庶子、左右率及國子司業。四品已下、八品已上清官。四品謂太子左、右諭德，左右衛、左右千牛衛中郎將，左、右副率，率府中郎將。五品謂御史中丞，諫議大夫，給事中，中書舍人，贊善大夫，左右率府郎將。六品謂起居郎、舍人，太子司議郎、舍人，諸司員外郎，侍御史，秘書郎，著作佐郎，太學博士，詹事丞，太子文學，國子助教。七品：左、右補闕，殿中侍御史，太常博士，詹事司直，四門博士，太學助教。八品：左、右拾遺，監察御史，四門助教。每日以六品已上清官兩人待制於衙内。若供奉官、宿衛官，不在此例。凡授左·右丞相、侍中、中書令、六尚書已上官，聽進讓；其四品已上清望官，才職相當，不應進讓。按：舊制御史大夫、六尚書已上要官皆進讓。臣林甫等伏以爲進讓之禮，朝廷所先，兩省侍郎及南省諸司侍郎、左·右丞，雖在四品，職居清要，亦合讓也。凡職事官應覲省及移疾，不得過程。謂身有疾病滿百日，若所親疾病滿二百日及當侍者，並解官申省以聞。其應詩人才用灼然、要籍驅使者，令帶官侍養。年七十以上應致仕，若齒力未衰，亦聽釐務。若請致仕，五品已上，皆上表聞；六品已下，申尚書省奏聞。凡官人身及同居大功已上親自執工商，家專其業，皆不得入仕；風疾、使酒，不得任侍奉之官。凡内外官清白著稱、强幹有聞，若上第，則中書門下改授：清白著稱，皆須每任有使狀一『清』、考詞二『清』，經三任爲第一等，兩任爲第二等，一任爲第三等。其都督、刺史既無考詞，每使狀有一『清』字，亦准任數爲等第。强幹有聞科等第亦准此，其科等第一等同清白第二等。五品已上，量加進改；六品已下，至冬選量第加官。若第二、第三等人，五品已上，改日稍優之；六品已下，不待秩滿，聽選，加優授焉。其嶺南、黔中三年一置選補使，號爲『南選』。應選之人，各令所管勘責，具言出身、由歷、選數，作簿書預申省。所司具勘曹名、考第，造曆子，印署，與選使勘會，將就彼銓注訖，然後進甲以聞。凡天下官吏各有常員。開元二十三年，敕以爲諸色補署，頗多繁冗，停廢諸司、監、署，府十餘所，減冗散官三百餘員。其見在員數，已具此書，各冠列曹之首；或未該者，以其繁細，亦存乎《令》、《式》。凡諸司置直，皆有定制。諸司諸色有品直：吏部二人，兵部三人，考功、職方、庫部、户部、度支、駕部、比部各一人，門下省明法一人、能書二人、裝潢一人，刑部明法一人，弘文館學直四人、造供奉筆二人，造寫御書筆二人、裝書一人、拓書一人，修史館裝書一人，中書省明法一人、能書四人、裝制敕一人、翻書譯語十人、乘驛二十人，集賢院能書六人、裝書十四人、造筆四人，大理寺明法二人，太常寺三十人，光禄寺十人，鴻臚寺譯語並計二十人，金銀作一人，漆作一人，太府、太僕、衛尉、司農寺各三人，沙苑監一人，少府監十四人，將作監五十人，殿中省尚食局、尚藥局各十人、尚乘局二十人、尚輦局三人、尚舍局四人、尚衣局一人，秘書省圖畫一人、丹青五人、造筆一人，太史監五人，國子監明五經一人、文章兼明史一人，崇文館拓書一人，内侍省一百人，内坊四人，僕寺十人，家令寺七人，教坊二十人，總監十四人，軍器監四人，隴右六使孳課一十二人，太原府監牧役使孳課二人。外官直考者，選同京官。其前官及常選人，每年任選。若散官、三衛、勳官直諸司者，每年與折一番。内外官吏則有假寧之節，謂元正、冬至各給假七日，寒食通清明四日，八月十五日、夏至及臘各三日。正月七日·十五日、晦日、春·秋二社、二月八日、三月三日、四月八日、五月五日、三伏日、七月七日·十五日、九月九日、十月一日、立春、春分、立秋、秋分、立夏、立冬、每旬，並給休假一日。五月給田假，九月給授衣假，爲兩番，各十五日。私家祔廟，各給假五日。四時祭，各四日。父母在三千裏外，三年一給定省假三十五日；五百里，五年一給拜掃假十五日，並除程，五品已上並奏聞。冠，給三日；五服内親冠，給假一日，不給程。婚嫁，九日，除程。周親婚嫁，五日；大功，三日；小功，一日，不給程。齊衰周，給假三十日；葬，三日；除服，二日。小功五月，給假十五日；葬，二日；除服，一日。緦麻三月，給假七日；葬及除服皆一日。周已上親皆給程。若聞喪舉哀，並三分減一。私忌給假一日，忌前之夕聽還。五品已上請假出境，皆吏部奏聞。凡別敕差使事務繁劇要重者，給判官二人，每判官並使及副使各給典二人；非繁劇者，判官一人、典二人，使及副使各給典一人；四品已上清望官，別給孔目官一人。凡吏部差使，各循其次。若員外郎及鴻臚、太府、司農、將作、少府、軍器等監、寺丞，及押當兵馬、倉庫、園廚、苑囿、邑司、仗衛、當作等官，皆不在差限。簿書景迹，功賞殿最，具員皆與員外郎分而理焉。

郎中一人，掌小選。凡未入仕而吏京司者，復分爲九品，通謂之行署。其應選之人，以其未入九流，故謂之流外銓，亦謂之小銓。其校試銓注，與流內銓略同。謂六品已下、九品已上子及州縣佐史。若庶人參流外選者，本州量其所堪，送尚書省。其在吏部、兵部、考功、都省、御史臺、中書、門下，是爲「前行要望」，目爲「七司」；其餘則曰「後行閑司」。謂流外轉遷者始自府、寺而超授七司者，以爲非次。長安中，畢構奏而革之，應入省者，先授閑司及後行，經兩考，方轉入七司，便爲成例。凡擇流外職有三：一曰書，二曰計，三曰時務。其工書、工計者，雖時務非長，亦敍限；三事皆下，則無取焉。每經三考，聽轉選，量其才能而進之；不則從舊任。其考滿，有授職事官者，有授散官者。舊則郎中專知小銓，開元二十五年敕銓試訖，應留、放，皆尚書、侍郎定之。員外郎一人，掌選院，謂之南曹。其曹在選曹之南，故謂之南曹。每歲，選人有解狀、簿書、資歷、考課，必由之以覈其實，乃上三銓，其三銓進甲則署焉。員外郎一人，掌判曹務。凡當曹之事，無巨細，皆與郎中分掌焉。應簡試，如貢舉之制。舊，齊郎隸太常，則禮部簡試。開二十五年，隸宗正，其太廟齋郎則十月下旬宗正申吏部，應試則帖《論語》及一大經。

司封郎中一人，從五品上；北齊置主爵郎中一人，隋文帝爲主爵侍郎，煬帝改爲主爵郎。武德初，爲主爵郎中。龍朔二年改爲司封大夫，咸亨元年復故。光宅元年改爲司封郎中，神龍元年復故。開元二十四年，復爲司封。員外郎一人，從六品上；隋文帝置，煬帝改爲主爵承務郎。武德初，爲主爵員外郎。龍朔、咸亨、光宅、神龍、開元並隨曹改復。主事二人，從九品上。司封郎中、員外郎掌邦之封爵。凡有九等：一曰王，正一品，食邑一萬戶。二曰郡王，從一品，食邑五千戶。三曰國公，從一品，食邑三千戶。四曰郡公，正二品，食邑二千戶。五曰縣公，從二品，食邑一千五百戶。六曰縣侯，從三品，食邑一千戶。七曰縣伯，正四品，食邑七百戶。八曰縣子，正五品，食邑五百戶。九曰縣男，從五品，食邑三百戶。五等之爵，蓋始於黃帝，隋氏始立王、公、侯已下制度，皇朝因之。然戶、邑率多虛名，其言食實封者，乃得眞戶。舊制，戶皆三丁以上一分入國。開元中定制，以三丁爲限，租賦全入封家。皇兄弟、皇子皆封國，謂之親王。親王之子承嫡者，爲嗣王。皇太子諸子並爲郡王。親王之子承恩澤者亦封郡王，諸子封郡公。其嗣王、郡王及特封王子孫承襲者，降授國公。諸王、公、侯、伯、子、男若無嫡子及罪、疾，立嫡孫。無嫡孫，以次立嫡子同母弟；無母弟，立庶子。無庶子，立嫡孫同母弟；無母弟，立庶孫。曾、玄已下亦同此。無後者，國除。凡名山、大川及畿內縣皆不得以封。至郡公，有餘爵，聽回授子孫。其國公皆特封焉。凡內命婦之制：貴妃、淑妃、德妃、賢妃並爲夫人，皆正一品；昭儀、昭容、昭媛、充儀、充容、充媛並爲嬪，正二品；婕妤九員，正三品；美人九員，正四品；才人九員，正五品；寶林二十七員，正六品；御女二十七員，正七品；采女二十七員，正八品。隋氏定制，則依《周官》之制，皇朝因之，爲百二十一人。皇太子良娣二員，正三品；良媛六員，正四品；承徽十員，正五品；昭訓十六員，正七品；奉儀二十四員，正九品。外命婦之制：皇姑封大長公主，皇姊妹封長公主，皇女封公主，皆視正一品；皇太子之女封郡主，視從一品；王之女封縣主，視正二品。王母、妻爲妃。一品及國公母、妻爲國夫人；三品已上母、妻爲郡夫人；四品、若勳官二品有封，母、妻爲郡君；五品、若勳官三品有封，母、妻爲縣君。散官並同職事。勳官四品有封，母、妻爲鄉君。其母邑號皆加「太」字。各視其夫及子之品，若兩有官爵者，皆從高。若內命婦一品之母爲正四品郡君，二品母爲從四品郡君，三品、四品母並爲正五品郡君。凡婦人不因夫及子而別加邑號，夫人云「某品夫人」，郡君爲「某品郡君」，縣君、鄉君亦然。至隋氏始定品格，皇朝因之。凡庶子有五品已上官封，皆封嫡母；無嫡母，卽封所生母。凡二王后夫人、職事五品已上、散官三品已上、王及國公母·妻朝參，各視其夫及子之禮。凡親王孺人二人，視正五品；媵十人，視正六品。嗣王、郡王及一品媵十人，視從六品；二品媵八人，視正七品；三品及國公媵六人，視從七品；四品媵四人，視正八品；五品媵三人，視從八品。降此已往皆爲妾。古者，諸侯一娶九女，其嫡者爲夫人，餘爲姪、娣、孺人及媵，蓋因此。凡皇家五等親及諸親三等存亡、升降，皆立簿籍，每三年一造。除附之制，並載於宗正寺焉。

司勳郎中一人，從五品上；《周官》有司勳上士二人，凡有功者，司勳詔之。隋文帝立司勳侍郎二人，煬帝改爲司勳郎。武德初，爲司勳郎中。龍朔二年改爲司勳大夫，咸亨元年復故。員外郎二人；從六品上；隋文帝置，煬帝改爲司勳承務郎，皇朝復爲司勳員外郎。龍朔、咸亨、光宅、神龍並隨曹改復。主事四人，從九品上。司勳郎中、員外郎掌邦國官人之勳級。凡勳十有二等：十二轉爲上柱國，比正二品；柱國，楚官也。隋高祖受命，又採後周之制，置上柱國爲從一品，柱國爲正二品，上大將軍從二品，大將軍正三品，上開府儀同三司從三品，開府儀同三司正四品，上儀同三司從四品，儀同三司正五品，大都督正六品，帥都督從六品，都督正七品，總十一等，以酬勤勞。皇朝改以勳轉多少爲差，以酬勳秩。十一轉爲柱國，比從二品；戰國時，楚有柱國昭陽，楚、漢之際，共敖爲柱國也。十轉爲上護軍，比正三品；九轉爲護軍，比從三品；秦有護軍都尉。【略】梁武廬江置鎮蠻護軍，武陵置安遠護軍。皇朝採之，爲勳官品職。八轉爲上輕車都尉，比正四品；七轉爲輕車都尉，比從四品：梁、陳、後魏、北齊、隋皆有輕車將軍。六轉爲上騎都尉，比正五品；五轉爲騎都尉，比從五品；漢武帝置騎都尉。《漢書》云：『拜李陵爲騎都尉。』更始時，謠曰：『爛羊胃，騎都尉。』晉、宋、齊、梁、陳、隋並有其名。四轉爲驍騎尉，比正六品；三轉爲飛騎尉，比從六品；二轉爲雲騎尉，比正七品；一轉爲武騎尉，比從七品。隋文帝置驍騎、飛騎、雲騎、武騎尉，爲文散階，皇朝採爲勳品。凡有功效之人合授勳官者，皆委之覆定，然後奏擬。凡征、鎮勳未授身亡者，其勳依例加授。其餘汎勳未授身亡者，不在敍限。

考功郎中一人，從五品上；隋文帝置考功侍郎，煬帝改爲考功郎，皇朝改爲考功郎中。龍朔二年改爲司績大夫，咸亨元年復故。員外郎一人，從六品上；隋文帝置，煬帝改爲承務郎，皇朝復爲員外郎。龍朔二年改爲司績員外郎，咸亨元年復故。主事三人，從九品上。考功郎中、員外郎之職，掌內外文武官吏之考課。凡應考之官，皆具録當年功過、行能，本司及本州長官對衆讀，議其優劣，定爲九等考第，各於其所由司準額校定，然後送省。內外文武官，量遠近，以程限之有差。京師百僚，九月三十日已前校定，十月一日送省。外官去京一千五百里內，八月三十日；三千里內，七月三十日；五千里內，五月三十日；七千里內，三月三十日；萬里內，正月三十日已前校定。其外官附朝集使送簿至省。凡流內、流外官考前釐務不滿二百日者，不考。每年別敕定京官位望高者二人，其一人校京官考，一人校外官考。又定給事中、中書舍人各一人，其一人監京官考，一人監外官考。郎中判京官考，員外郎判外官考。其檢覆同者，皆以功過上使。京官則集應考之人對讀注定，外官對朝集使注定訖，各以奏聞。其親王及中書門下與京官三品已上、外官五大都督，並以功過狀奏，聽裁。凡考課之法有四善：一曰德義有聞，二曰清慎明著，三曰公平可稱，四曰恪勤匪懈。善狀之外，有二十七最：一曰獻替可否，拾遺補闕，爲近侍之最；二曰銓衡人物，擢盡才良，爲選司之最；三曰揚清激濁，褒貶必當，爲考校之最；四曰禮制儀式，動合經典，爲禮官之最；五曰音律克諧，不失節奏，爲樂官之最；六曰決斷不滯，與奪合理，爲判事之最；七曰部統有方，警守無失，爲宿衛之最；八曰兵士調習，戎裝充備，爲督領之最；九曰推鞫得情，處斷平允，爲法官之最；十曰讎校精審，明於刊定，爲校正之最；十一曰承旨敷奏，吐納明敏，爲宣納之最；十二曰訓導有方，生徒充業，爲學官之最；十三曰賞罰嚴明，攻戰必勝，爲將帥之最；十四曰禮義興行，肅清所部，爲政教之最；十五曰詳録典正，詞理兼舉，爲文史之最；十六曰訪察精審，彈舉必當，爲糾正之最；十七曰明於勘覆，稽失無隱，爲句檢之最；十八曰職事修理，供承强濟，爲監掌之最；十九曰功課皆充，丁匠無怨，爲役使之最；二十曰耕耨以時，收穫剩課，爲屯官之最；二十一曰謹于蓋藏，明於出納，爲倉庫之最；二十二曰推步盈虛，究理精密，爲曆官之最；二十三曰占候醫卜，效驗居多，爲方術之最；二十四譏察有方，行旅無壅，爲關津之最；二十五曰市鄽不擾，姦濫不行，爲市肆之最；二十六曰牧養肥碩，蕃息孳多，爲牧官之最；二十七曰邊境肅清，城隍修理，爲鎮防之最。一最已上有四善爲上上；一最已上有三善，或無最而有四善爲上中；一最已上有二善；或無最而有三善爲上下；一最已上有一善，或無最而有二善爲中上；一最已上，或無最而有一善爲中中；職事粗理，善最弗聞爲中下；愛憎任情，處斷乖理爲下上；背公向私，職務廢闕爲下中；居官諂詐，貪濁有狀爲下下。若於善最之外別可嘉尚，及罪雖成殿、情狀可矜，雖不成殿而情狀可責者，省校之日，皆聽考官臨時量定。諸官人犯罪負殿者，計贖銅一斤爲一負，公罪倍之。十負爲一殿。當上上考者，雖有殿不降，此謂非私罪。自上中已下，率一殿降一等。即公座殿失應降，若當年勞劇有異於常者，聽減一殿。內外官從見在任改爲別官者，其年考從後任申校。其別敕賜考，限當年附校。如不及當年，及當年無考，於以次有考年限。百司量其閑劇，諸州據其上下，進考之人皆有定限。苟無其功，不要充數；功過於限，亦聽量進。諸食禄之官，考在中上已上，每進一等，加禄一季；中下已下，每退一等，奪禄一季。若私罪下中已下，公罪下下，並解見任，奪當年禄，追告身；周年，聽依本品敍。其流外官，本司量其行能、功過，立四等考第而勉進之。清謹勤公，勘當明審爲上；居官不怠，執事無私爲中；不勤其職，數有愆犯爲下；背公向私，貪濁有狀爲下下。每年對定，具簿上省。其考下下者，解所任。凡親、勳、翊衛皆有考第。考第之中，略有三等。專勤謹慎，宿衛如法，便習弓馬者爲上；番期不違，職掌無失，雖解弓馬，非是灼然者爲中；違番不上，數有犯失，好請私假，不習弓馬者爲下。諸衛主帥，如三衛之考。凡統領有方，部伍整肅，清平謹恪，武藝可稱者爲上；居官無犯，統領得濟，雖有武藝，不是優長者爲中；在公不勤，數有愆失，至於武用，復無可紀者爲下。其監門校尉、直長，如帥之考。正色當官，明於按察，監當之處，能肅察姦非者爲上；居官不怠，檢校無失，至於監察，未是灼然者爲中；不勤其職，數有愆違，檢校之所，事多疏漏者爲下。其謚議之法，古之通典，皆審其事，以爲不刊。諸職事官三品已上、散官二品已上身亡者，其佐史録行狀申考功，考功責歷任勘校，下太常寺擬謚訖，覆申考功，於都堂集省內官議定，然後奏聞。贈官同職事。無爵者稱『子』。若蘊德丘園，聲實明著，雖無官爵，亦奏賜謚曰『先生』。員外郎掌天下貢舉之職。開元二十四年，敕以爲權輕，專令禮部侍郎一人知貢舉。然以舊職故，復敍於此云。凡諸州每歲貢人，其類有六：一曰秀才，二曰明經，三曰進士，四曰明法，五曰書，六曰算。其弘文、崇文生各依所習業隨明經、進士例。其秀才試方略策五條，文、理俱高者爲上上，文高理平、理高文平者爲上中，文、理俱平者爲上下，文、理粗通爲中上，文劣理滯爲不第。此條取人稍峻，自貞觀後遂絶。其明經各試所習業，文、注精熟，辨明義理，然後爲通。正經有九：《禮記》、《左傳》爲大經，《毛詩》、《周禮》、《儀禮》爲中經，《周易》、《尚書》、《公羊》、《穀梁》爲小經。通二經者，一大一小，若兩中經；通三經者，大、小、中各一；通五經者，大經並通。其《孝經》、《論語》並須兼習。諸明經試兩經，進士一經，每經十帖。《孝經》二帖，《論語》八帖。每帖三言。通六已上，然後試策：《周禮》、《左氏》、《禮記》各四條，餘經各三條，《孝經》、《論語》共三條，皆録經文及注意爲問。其答者須辨明義理，然後爲通。通十爲上上，通八爲上中，通七爲上下，通六爲中上。其通三經者，全通爲上上，通十爲上中，通九爲上下，通八爲中上，通七及二經通五爲不第。其進士帖一小經及《老子》，皆經、注兼帖。試雜文兩首，策時務五條，文須洞識文律，策須義理愜當者爲通。若事義有滯、詞句不倫者爲不。其經、策全通爲甲，策通四、帖通六已上爲乙，已下爲不第。其明法試律、令各一部，識達義理、問無疑滯者爲通。粗知綱例、未究指歸者爲不。所試律、令，每部試十帖。策試十條：律七條，令三條。全通者爲甲，通八已上爲乙，已下爲不第。其明書則《説文》六帖，《字林》四帖。諸試書學生帖試通訖，先口試，不限條數，疑則問之，並通，然後試策。其明算則《九章》三帖，《海島》、《孫子》、《五曹》、《張丘建》、《夏侯陽》、《周髀》、《五經》等七部各一帖。其《綴術》六帖，《緝古》四帖。録大義本條爲問。答者明數造術，辨明術理，然後爲通。記遺三等數，讀令精熟，試十得九爲第。其試《綴術》、《輯古》者，《綴術》七條，《緝古》三條。諸及第人並録奏，仍關送吏部。書、算於從九品下敍排。弘、崇生雖同明經、進士，以其資蔭全高，試亦不拘常例。弘、崇生習一大經、一小經者，兩中經者，習《史記》者，《漢書》者，《東觀漢記》者，《三國志》者，皆須讀文精熟，言音典正。策試十道，取粗解注義，經通六，史通三。其試時務策者，須識文體，不失問目意，試五得三。皆兼帖《孝經》、《論語》共十條。應簡齊郎，準貢舉例貼試。太常解申禮部勘責，十月內送考功，帖《論語》及一大經，及第者，奏聞。國子監大成二十員，取貢舉及第人聰明灼然者，試日誦千言，並口試，仍策所習業，十條通七，然後補充，各授官，依色令於學內習業，以通四經爲通。其禄俸、賜會准非伎術直例給。業成者於吏部簡試，《孝經》、《論語》共試八條，餘經各試八條，間日一試，灼然明練精熟爲通。口試十通九、策試十通七爲第。所加經者，《禮記》、《左傳》、《毛詩》、《周禮》各加兩階，餘經各加一階。及第者放選，優與處分；如不及第，依舊任。每三年一簡。九年業不成者，解退，依常選例。業未成、年未滿者，不得別選及充餘使。若經事故，應敍日，還令覆上。其先及第人欲加經、及官人請試經者亦準此。

唐·杜佑《通典》卷二三《職官五·尚書下》 吏部尚書【略】隋吏部統吏部、主爵、司勳、考功四曹。牛弘爲吏部尚書，其選舉先德行而後文才，所進用多稱職。吏部侍郎高孝基，鑑賞機悟，清慎絶倫，然爽俊有餘，迹似輕薄，時宰多以此疑之，唯弘深識其眞，推心委任，隋之選舉，於斯爲最。又曰：盧愷攝吏部尚書，何妥奏蘇威陰事，愷相連。讞司奏愷曰：『房恭懿者，尉遲迥之黨，不當仕進。威愷二人曲相薦達，累轉爲海州刺史。又吏部參選者甚多，愷不即授官，皆作色而遣。威有從父弟徹、肅二人，徹詣吏部，徹文狀後至而先任用，肅左足攣蹇，才用無算，愷以威之故，而授朝請郎。』文帝怒曰：『愷敢將天官爲私惠！』乃除名爲庶民。自後周以降，選無清濁，及愷攝吏部，與薛道衡、陸彦師等甄別士流，故涉黨固之譖，遂及於此。大唐龍朔二年，改吏部尚書爲司列太常伯，咸亨初復舊。光宅元年，改吏部爲天官，神龍元年復舊。天寶十一年，改爲文部，至德初復舊。掌文官選舉，總判吏部、司封、司勳、考功四曹事。舊《令》班在侍中、中書令上，《開元令》移在侍中、中書令下。尚書六曹，吏部、兵部爲前行，戶、刑爲中行，禮、工爲後行，其官屬自後行遷入二部者以爲美。自魏晉以來，凡吏部官屬，悉高於諸曹，其選舉皆尚書主之。自隋置侍郎，貳尚書之事，則六品以下銓補，多以歸之。大唐自貞觀以前，尚書掌五品選事。貞觀二十二年二月，文部侍郎盧承慶兼檢校兵部侍郎，仍知五品選事。承慶辭曰：『五品選事，職在尚書，臣今掌之，便是越局。』太宗不許，曰：『朕今信卿，卿何不自信也。』由此言之，即尚書兼知五品選事明矣。至景龍中，尚書掌七品以上選，侍郎掌八品以下選。至景雲元年，宋璟爲尚書，始通其選而分掌之，因爲常例。開元以前，諸司之官兼知政事者，午前議政於朝堂，午後理務於本司。自開元以來，宰相員少，資地崇高，又以兵吏尚書權位尤美，而宰臣多兼領之，但從容衡軸，不自銓綜，其選試之任皆侍郎專之，尚書通署而已，遂爲故事。或分領其事，則列爲三銓，四年六月敕，其員外郎、御史並餘供奉官，直進名敕授，自此不在吏部。尚書掌其一，侍郎分其二。尚書所掌，謂之尚書銓；侍郎所掌，其一爲中銓，其一爲東銓。各有印。

侍郎二人。隋煬帝置，說在《歷代郎中篇》。凡六司侍郎，皆貳尚書之事。吏部初置一員，總章元年加一員。龍朔二年改爲司列少常伯，咸亨元年復舊。分掌選部流內六品以下官，是爲銓衡之任。凡初仕進者，無不仰屬焉。當選集之際，勢傾天下，列曹之中，資位尤重。初，隋世高孝基爲吏部侍郎，房玄齡、杜如晦與選，孝基時加賞異，後以爲知人。大唐文皇帝永徽時，馬載、裴行儉爲吏部侍郎，貞觀以來，最爲稱職。又鄧玄挺爲此官不稱職，甚爲時談所鄙。常患消渴，選人因號爲『鄧渴』，坐此遷澧川刺史，有能名。武太后重拜爲天官侍郎，其弊愈甚。又以許子儒爲之，子儒不以藻鑑爲意，其補官悉委令史勾直，時曰平配。後崔玄暐爲之，介然自守，絕於請謁，爲執政者所忌，轉文昌左丞，選司令史乃設齋自慶，武太后聞之，復拜爲天官侍郎。

郎中二人。【略】隋初，諸曹郎皆謂之侍郎。煬帝三年，置六司侍郎，後遂改諸曹侍郎但曰郎。其吏部郎改爲選部郎。國初，復爲選部郎中，武德二年，選部郎中鄭元琇以贓犯處極刑是也。五年，改爲吏部郎中。龍朔二年，改爲司列大夫，咸亨元年復舊。掌選補流外官，謂之小銓，並掌文官名簿、朝集、祿賜、假使並文官告身，分判曹事。員外郎二人。隋開皇六年，置吏部員外郎一人。煬帝三年，改爲選部承務郎。武德三年復舊。加置一人，一員判廢置，一員判南曹，起於總章二年，司列少常伯李敬玄奏置。未置以前，銓中自勘責。故事，兩員轉廳，至建中元年，侍郎邵說奏，各挾闕替。南曹郎王銲以後，遂不轉廳。貞元十一年閏八月，侍郎杜黃裳奏請准舊例轉廳。初，武太后載初元年，又加一員，聖曆二年八月省。開元十二年四月，敕兵吏各專定兩人判南曹，尋卻一人判。貞元元年九月，又以兩人判，至十二年閏八月，又卻一員判。

司封郎中一人。【略】隋初爲主爵侍郎，煬帝改爲主爵郎。武德初，爲主爵郎中。龍朔二年，改爲司封大夫，咸亨元年復舊。光宅元年，改爲司封郎中，掌封爵、皇之枝族及諸親、內外命婦告身及道士、女冠等。天寶八載十一月，敕道士、女冠籍每十載一造，永爲常式。至德二年十一月，敕道士、女冠等宜依前，屬司封曹。員外郎一人。隋文帝置。煬帝改爲主爵承務郎。武德初，爲主爵員外郎。其後，曹改而官不易。

司勳郎中一人。【略】隋文帝置司勳侍郎，煬帝改爲司勳郎。永徽五年十二月四夜，司勳庫失火，甲歷並盡。龍朔二年，改爲司勳大夫，咸亨初復故。掌校定勳績、論官賞勳、官告身等事。員外郎二人。隋文帝置，煬帝改爲司勳承務郎。武德初，爲司勳員外郎。

考功郎中一人。【略】隋文帝置考功侍郎，煬帝改爲考功郎。武德初復爲考功郎中，龍朔二年，改考功爲司績，咸亨初復舊。掌考察內外百官及功臣家傳、碑、頌、誄、謚等事。員外郎一人。隋文帝置，煬帝改爲考功承務郎。武德初，復爲考功員外郎。其後，曹改而官不易。武德舊令，考功郎中監試貢舉人，貞觀以來，乃以員外郎專掌貢舉省郎之殊美者。至開元二十四年，移貢舉於禮部，而考功員外郎分判事而已。

宋·王溥《唐會要》卷五八《尚書省諸司中·吏部尚書》 武德元年，因隋舊制。龍朔二年，改爲司列太常伯。咸亨元年，復爲吏部尚書。光宅元年，改爲天官尚書。神龍二年，復爲吏部尚書。天寶二年三月二十七日，改爲文部尚書。至德二載十二月十五日，復爲吏部尚書。掌銓六品七品選。侍郎掌銓八品九品選。至景雲元年，宋璟爲吏部尚書，始相通與侍郎分知，因爲故事者也。

蘇氏駁曰：貞觀二十二年二月，民部侍郎盧承慶兼檢校兵部侍郎，仍知五品選事。承慶辭曰：『五品選事，職在尚書，臣今掌之，便是越局。』太宗不許，曰：『，朕今信卿，卿何不自信也？』由此言之，即尚書兼知五品選事明矣。

故事，選受之制，每歲集於孟冬。去王城五百里之內以上旬，千里之內以中旬，千里之外以下旬。尚書、侍郎分爲三銓。尚書爲尚書銓，侍郎二人分爲東銓、西銓也。故事，注擬必先正其官階團甲，送門下。

大曆十四年七月十九日敕：『流外出身人，今後勿授刺史、縣令、録事參軍，諸軍諸使亦不得奏請，仍委所由檢勘。雖恩制所授，並不得與上同。會缺不成赴集如須要甄録者，牒中書門下、吏部，改與別官。』

元和六年，吏部尚書鄭餘慶請復置吏部考官三員，吏部侍郎楊於陵執奏，以爲不便。乃詔考官韋顗等二人，只考及第科目人，其餘吏部侍郎自定。

七年十一月，有醫士崔環自淮南小將爲黄州司馬，敕至南省，吏部尚書鄭餘慶執之，封還。以爲諸道散將，無故受正員五品官，是開僥倖之路，且無闕可供。言或過理，由是稍忤時宰，改太子少傅。

大中六年十一月，吏部奏：『條流諸司流外入流令史等，請減下四百五十四員。』敕旨：『應屬流外銓人，所減員額並宜依。』

吏部侍郎　武德初，因隋舊制，至七年二月省。貞觀二年正月十日，復置。龍朔二年，改爲司列少常伯。咸亨元年，改爲吏部侍郎。光宅元年，改爲天官侍郎。神龍二年，復爲吏部侍郎。天寶十一載三月二十七日，改爲文部侍郎。至德二載十二月十五日，復爲吏部侍郎。本一員，總章二年四月一日，加一員，以裴行儉爲之。本員爲中銓，新加員爲東銓。永昌元年三月二十一日，又加一員，以李景諶爲之，通前三員。聖曆二年五月八日，減一員。乾元二年八月二日，侍郎崔器以中銓闕，承前多貶降，遂奏改爲西銓，仍轉廳居之。其侍郎事蹟，具在選部。

吏部郎中　武德元年，因隋舊號爲選部郎。三年，加『中』字。至五年六月一日，又改爲吏部郎中。七年，廢侍郎，加郎中秩正四品上，掌流內選事。貞觀二年，復置侍郎，乃降依本秩，亦罷掌選事。龍朔二年，改爲司列大夫。已後並隨省改復。載初元年，加一員，以李元素爲之，通前三員。聖曆二年八月，卻減一員矣。

元和八年六月，罰吏部郎中張惟素一月俸料，懲慢官也。吏部素以郎中主印。時房啓除桂管觀察使，其本道邸使，潛賂印史，得印啓官誥，飛遞送之。及上命中使賜啓官誥，畏使者邀重賂，乃戲曰：『先五日得之矣。』中人紿請視之，因懷歸以進。既而令都省覆訊，罰郎中而杖令史。

吏部員外郎官名改復，與郎中同　判廢置一員。判南曹一員。南曹起於總章二年，司列少常伯李敬玄奏置。未置已前，銓中自勘責。故事，兩轉廳，至建中元年，侍郎邵説奏各挾闕替。南曹郎王銆已後，遂不轉廳。貞元十一年閏八月一日，侍郎杜黄裳奏：『當司郎官，判南曹、廢置，請准舊例轉廳。』敕旨依奏。初，武太后延載元年，加一員，以周質爲之。聖曆二年八月省。開元十二年四月十六日，敕兵、吏各專定兩人判南曹，以陳希烈、席豫爲之，尋卻一人判。貞元元年九月十六日，又以兩人判南曹，以庫部員外郎崔鋭、比部員外郎劉執經權判，事畢日停。至十二年閏八月二日，又卻以一員判也。

長慶元年正月，左武衛大將軍張克勤奏：『近准赦文，許五品官一子官恩。今臣子幼，請迴授外甥。』狀至中書，下吏部，員外郎判廢置裴夷直執奏曰：『一子官恩在念功，貴於廷賞。若無己子，許及宗男。張克勤自有息男，妄以外甥奏請，苟涉賣官，實爲亂法，所請望宜不許。仍永爲定例。』從之。

司封郎中　武德元年，因隋舊號爲主爵郎中。龍朔二年，改爲司封大夫。咸亨元年，改爲主爵郎中。垂拱元年二月二日，改爲司封郎中。神龍元年九月五日，改爲主爵郎中。開元二十四年九月二十六日，復故。

司封員外郎改復與郎中同。

開元十五年閏九月十一日敕：『王公以下，子孫應承襲者，先申無子輒首正，不在承襲之限。』

寶曆元年八月，膳部員外郎王敦史上言：『中外官僚，准制封贈，多請迴授祖父母。臣謹詳古禮及國朝故事，追贈出於鴻恩，非由臣下之求，不繫子孫之便。開元新詔，惟許宰相迴贈於祖。蓋以宰相位高，封贈崇極，故許迴授。近日常僚，率援此例。夫推讓於祖，在父則然，改奪於朝，爲子何忍。伏望宣付宰相，重依典法詳議。』從之。

元和十二年十月，司封奏：『文武官五品以上，請准式敍母、妻邑號，乖濫稍多。或國敍軍功，妄參勳籍；或偶逢慶澤，冒引詔條。今請應在城諸軍衛官，未至將軍，使在外，未至都知兵馬使、押衙、都虞候，縱有散官與敕旨文相當者，並不許敍封。其流外官，諸司諸吏職務並伎術官等，迹涉雜類，並請不在封限。』從之。

司勳郎中　隋爲司勳郎。武德初，加「中」字。龍朔元年二月四日，改爲司勳大夫。咸亨二年，復改爲司勳郎中。

司勳員外郎改復與郎中同　員外郎本一員。長安二年閏四月十二日，文昌丞李嶠奏加一員，以楊祇令爲之。永徽五年十二月四日夜，司勳大火，甲歷並燼矣。

天寶四載六月十三日敕：「准制及格式敍勳，今復宜令司勳員外郎二人，除曹務之外，每有勳甲團進後，專知磨勘。所須主事令史，任簡擇差定，如有疏略，委本官奏録。」

考功郎中　隋爲考功郎。武德初，加「中」字。龍朔二年，改爲司績大夫。咸亨元年，復爲考功郎中。舊郎中知貢舉，其外官考，貞觀以後，每年定諸司長官一人判校，京官卽考功郎中自判。至貞元二年九月二十日，停考使，其考課付所司准式授定，遂令員外校外官考。

貞元六年正月，以司勳員外郎、判考功趙宗儒復行貶考之令。自至德以來，考績之司，事多失實，常參官及諸州刺史未嘗分其善惡，悉以中上考褒之。及是，褒貶稍明，人知戒懼。上善之，遷宗儒考功郎中。

其年六月三日，考功奏：「准天寶七載六月敕，内外官初考無赴上日，未考不具得替日，便注破不在校限。」其月，又奏：「諸使下兼憲官及檢校郎官並諸色官充職掌者，並仰本使每年具在使功課，兼具考第申省。」

七年八月，考功奏：「前時諸司官皆校功過，定其考第，自至德後，一切悉申中上考。今請覆其能否，以定升降。」從之。自諫議大夫、給事中、郎官有書中中考者。尚書左丞相趙憬自言薦果州刺史韋誕，坐贓廢，請降其考。校考使、吏部尚書劉滋以憬能知其過，奏中上考。

元和十四年十一月十二日，考功奏：「外官應申考解，先無限約，請自今以後，限十一月十五日到省畢。如違本牒，使罰本判官決本典。」

考功員外郎改復與郎中同　考功員外郎，貞觀已後知貢舉。至開元二十四年三月十二日，以員外郎李昂爲舉人李權所訟，乃移貢舉於禮部也。

開元二十九年十一月十九日，禮部侍郎韋陟奏：「准舊例，掌舉官親族，皆於本司差郎中一人考試，有及第者，尚書覆定，然後附奏。臣本司今闕尚書，縱差郎官，是臣麾下，事在嫌疑，所望釐革。伏望天恩許臣移送吏部，差考功員外郎試揀，侍郎覆定，任所在聞奏。即望浮議止息。」敕旨依。

長慶元年五月，貶考功員外郎李渤爲處州刺史。渤既請書宰相等下考，時人以宰輔曠官，不上疏陳列，而越職釣奇，非盡事君之道。至是，杜元穎等奏渤賣直沽名，動多狂躁，遂出之。

論説

清·董誥等《全唐文》卷二九八《吴兢〈諫十詮試人表〉》　臣聞《易》稱「君子思不出其位」，言各止其所，不侵官也，此實百王準的。伏見敕旨，令韋抗等十人分掌吏部銓選，及試判將畢，遽召入禁中決定，雖有吏部尚書及侍郎，皆不得參其事。議者皆以陛下曲受讒言，不信於有司也。然則居上臨人之道，經邦緯俗之規，必在推誠，方能感物。抑又聞用天下之智力者，莫若使天下信之。故漢光武置赤心於人腹，良有旨哉。昔魏明帝嘗卒至尚書省，尚書令陳矯跪問曰：「陛下欲何之？」帝曰：「欲按行省司文簿。」矯曰：「此是臣之職分，陛下非所宜臨。若臣不稱職，則就黜退。陛下宜卽還宮。」帝慚而返。又陳平、丙吉者，漢家之宰相也，尚不對錢穀之數，不問路死之人。故上自天子，至於卿士，守其職分，而不可輒有侵越也。況我大唐萬乘之君，卓絶千古之上，豈得下行選事，頓取怪於朝野乎？凡是選人書判，並請委之有司，仍停此十銓分選，復以三銓還有司。

唐·杜佑《通典》卷一六《選舉四·雜議論上》　隋文帝開皇中，持書侍御史李諤以選才失中，上書曰：「自魏之三祖，更尚文詞，忽君人之大道，好雕蟲之小藝。下之從上，有同影響，競騁浮華，遂成風俗。江左齊、梁，其弊彌甚，貴賤賢愚，唯務吟詠。遂復遺理存異，尋虚逐微，競一韻之奇，爭一字之巧。連篇累牘，不出月露之形；積案盈箱，唯是風雲之狀。代俗以此相高，朝廷據茲擢士。禄利之路既開，愛尚之情愈篤。於是閭里童昏，貴游總角，未窺六甲，先製五言。至如羲皇、舜、禹之典，伊、傅、周、孔之説，不復關心，何嘗入耳。以傲誕爲清虚，以緣情爲勳績，指儒素爲古拙，用辭賦爲君子。故文筆日煩，其政日亂，良由棄大聖之軌範，搆無用以爲用也。捐本逐末，流徧華壤，遞相師祖，澆漓愈扇。及大隋受命，聖道聿興，屏黜輕浮，遏止華僞。自非懷經抱質，志道依仁，不得引領搢紳，參厠纓冕。是以開皇四年，普詔天下，公私文翰，並宜實録。其年九月，泗州刺史司馬幼之上表華豔，付所司理罪。由是公卿大臣，咸知正路，莫不鑽仰墳素，棄絶華綺，擇先王之令典，行大道於兹代。如聞在外州縣，仍踵弊風，選吏舉人，未遵典則。至於宗黨稱孝，鄉曲歸仁，學必典謨，交不苟合，則擯落私門，不加收齒；其學不稽古，逐俗隨時，作輕薄之篇章，結朋黨而稱譽，則選充吏職，舉送天朝。蓋由縣令、刺史，未行風教，猶挾私情，不存公道。臣既忝憲司，職當糾察。若聞風即劾，恐掛網者多，請勒諸司，普加搜訪，有如此者，具狀送臺。』

又 卷一七《選舉五·雜議論中》 大唐貞觀八年三月，詔進士讀一部經史。二十二年九月，考功員外郎王師明知貢舉，時冀州進士張昌齡、王公理並有俊才，聲振京邑，而師明考其文策全下，舉朝不知所以。及奏等第，太宗怪無昌齡等名，因召師明問之，對曰：『此輩誠有詞華，然其體輕薄，文章浮艷，必不成令器。臣若擢之，恐後生相倣傚，有變陛下風雅。』帝以爲名言，後並如其言。其年，馬周上書曰：『自古郡守、縣令，皆妙選賢德，欲有擢升，必先試以臨人，或從二千石入爲丞相。今朝廷獨重內官，縣令、刺史，頗輕其選，刺史多是武夫、勳人，或京官不能職，方始外出；而折衝、果毅之內，身材强壯者，先入爲中郎將，其次始補州任。邊遠之處，用人更輕，其才堪宰莅，以德行見擢者，十不能一。所以百姓未安，殆由於此。』

高宗顯慶初，黄門侍郎劉祥道以選舉漸弊，陳奏。

其一曰：吏部比來取人，傷多且濫：每年入流數過千四百人，是傷多；永徽五年，一千四百三十八人；六年，一千十八人；顯慶元年，一千四百五十人。不簡雜色人即注官，是傷濫。雜色解文：三衛、內外行署、內外番官、親事、帳內、品子任雜掌、伎術、直司、書手、兵部品子、兵部散官、勳官、記室及功曹、參軍、檢校官、屯副、驛長、校尉、牧長。經學時務等比雜色，三分不居其一。經明行修之士猶罕有正人，多取胥徒之流，豈可皆求德行。即知天下共釐百姓之務者，善人少而惡人多。爲國以來四十餘載，尚未刑措，豈不由此！且官人非材者，本因用人之源濫；濫源之所起，復由入流人失於簡擇。今行署等勞滿，唯曹司試判，不簡善惡，雷同注官。但服膺先王之道者，奏第然始付選；趨走幾案之閒者，不簡便加禄秩。稽古之業雖信難成，斗筲之材傷於易進。其雜色應入流人，請令曹司試判訖，簡爲四等奏聞。量有材用，兼有景行者爲第一等；身品强壯，及第八上，並兵部所送人不沾第一等，及準例合送兵部者，爲第二等；餘量簡爲第三、第四等。第一等付吏部，第二等付兵部，第三等付主爵，第四等付司勳，並準例處分。其行署等私犯下第公坐下下，雖經赦降，情狀可責者，亦量配三司，不經赦降者，放還本貫。冀入流不濫，官皆得人，非材不取，不至冗雜；且令胥徒之輩知有銓擇，雖復素非廉謹，必將漸自飭勵。

其二曰：古之選者，爲官擇人，不聞擇人多而官員少。今之選者亦擇人，但擇之無準約。官員有數，入流無限，以有數供無限，人隨歲積，豈得不賸。謹準約所須人，量支年別入流數：今內外文武官一品以下，九品以上，一萬三千四百六十五員，略舉大數，當一萬四千人。人之賦命，自有修促。弱冠而從宦，懸車而致仕，五十年食禄者，罕見其人。壯室而仕，耳順而退，取其中數，不過支三十年。此則一萬四千人，三十年而略盡。若年別入流者五百人，經三十年便得一萬五千人，定須者一萬三千四百六十五人，足充所須之數。況三十年之外，在官者猶多，此便足有賸人，不慮其少。今每年入流者遂至一千四百餘人，應須五百數外，常賸一倍以上。又比來放還者，見停亦千餘人，更復年別新加，實非搜揚之法。

其三曰：雜色人請與明經、進士通充入流之數，以三分論，每二分取明經、進士，一分取雜色人。

其四曰：儒爲教化之本，學者之宗，儒教不興，風俗將替。今庠序偏於四海，儒生溢於三學，勸誘之方，理實爲備，而奬進之道，事或未周。但永徽以來，於今八載，在官者以善政粗聞，論事者以一言可采，莫不光被綸旨，超升不次。而儒生未聞恩及，臣故以爲奬進之道未周。

其五曰：國家富有四海，於今已四十年，百姓官寮未有秀才之舉。未知今人之不如昔，將薦賢之道未至？豈使方稱多士，遂闕斯人。請六品以下，爰及山谷，特降綸言，更審搜訪，仍量爲條例，稍加優奬。不然，赫赫之辰，斯舉遂絶，一代盛事，實爲朝廷惜之。

其六曰：唐虞三載考績，三考黜陟幽明。兩漢用人，亦久居其職，所以因官命氏，有倉、庾之姓。魏晉以來，事無可紀。今之在任，四考卽遷。官人知將秩滿，豈無去就；百姓見官人遷代，必懷苟且。以去就之人，臨苟且百姓，責其移風易俗，必無得理。請四考，依選法就任所加階，至八考滿，然後聽選。嶺南及瘴癘之所，四考不得替者，不在此限例。若計至五品，及有中上以上私犯，中下公坐，下上以下考者，四考滿，依舊置替，得替人依式聽選。還淳反樸，雖未敢期；送故迎新，實減其勞擾。

其七曰：尚書省二十四司及門下、中書主事等，比來選補，皆取舊任流外有刀筆之人。欲參用經學時務之流，皆以儔類爲耻。前後相承，遂成故事。但禁省崇峻，王言秘密，尚書政本，人物攸歸，而多用胥徒之人，恐未盡銓衡之理。請降進止，稍清其選。

奉敕付所司，集羣官詳議。議者多難於改作，事竟不行。

三年七月，上謂宰臣曰：『四海之廣，唯在得賢。卿等用人，多作形迹，護避親知，不得盡意，甚爲不取。昔祁奚舉子，古人以爲美談。卽使卿等兒姪有才，亦須依例進奉。』

乾封二年八月，上引侍臣，責以不進賢良，宰相李安期進曰：『臣聞聖帝明王，莫不勞於求賢，逸於任使。且十室之邑，必有忠信，況天下至廣，豈無英彦？但比來公卿有所薦引，卽遭囂謗，以爲朋黨，沉屈者未申，而在位者已損，所以人思苟免，競爲緘默。若陛下虛己招納，務於搜訪，不忌親讎，唯能是用，讒毁不入，誰不竭誠？此皆事由陛下，非臣等所能致也。』上深然之。

上元元年，劉嶢上疏曰：『國家以禮部爲考秀之門，考文章於甲乙，故天下響應，驅馳於才藝，不務於德行。夫德行者可以化人成俗，才藝者可以約法立名，故有朝登甲科而夕陷刑辟，制法守度使之然也。陛下焉得不改而張之！至如日誦萬言，何關理體；文成七步，未足化人。昔子張學干禄，仲尼曰：「言寡尤，行寡悔，禄在其中矣。」又曰：「行有餘力，則以學文。」今捨其本而循其末。況古之作文，必諧風雅，今之末學，不近典謨，勞心於卉木之間，極筆於煙雲之際，以此成俗，斯大謬也。昔之采詩，以觀風俗，詠《卷耳》則忠臣喜，誦《蓼莪》而孝子悲，温良敦厚，詩教也。豈主於淫文哉！夫人之愛名，如水之務下，上有所好，下必甚焉。陛下若以德行爲先，才藝爲末，必敦德勵行，以佇甲科，豐舒俊才，沒而不齒，陳寔長者，拔而用之，則多士雷奔，四方風動。風動於下，聖理於上，豈有不變者歟！』

武太后臨朝，垂拱中，納言魏玄同以爲吏部選舉未盡得人之術，上疏曰：

昔之列國，今之州縣，士無常君，人有定主，自求臣佐，各選英賢，大臣乃命於王朝耳。秦並天下，罷侯置守。漢氏因之，有沿有革：諸侯得自置吏四百石以下，其傅相大官則漢爲置之；州郡掾史、督郵、從事，悉任之於牧守。爰自魏晉，始歸吏部，遞相因循，以迄於今。以刀筆求才，以簿書察行，法之弊久矣。

蓋君子重因循而憚改作，有不得已者，亦當運獨見之明，定卓然之議。如今選司所行者，非上皇之令典，乃近代之權道，所宜遷革，實爲至要。何以言之？夫尺丈之量，所及不永；鍾庾之器，所積不多。非其所及，焉能度之；非其所受，何以容之。況天下之大，士人之衆，而可委之數人之手乎？假使平如權衡，明如水鑑，力有所極，照有所窮，銓綜既多，紊失斯廣。況比居此任，時有非人而徇於勢利者哉！使贓貨交易，同乎市井，加以厚貌深衷，險如丘陵，使百行九流，折之於一面，具僚庶品，專斷於一司，不亦難矣！

且前古以來，亂多理少。武德、貞觀，與今亦異，皇運之初，庶事草剏，豈唯日不暇給，亦乃人物稀少。天祚大聖，享國永年，比屋可封，異人閒出，咸以爲有道耻賤，得時無怠，諸色入流，年以千計。羣司列位，無復新加，官有常員，人無定限。選集之始，霧積雲屯，擢敍於終，十不收一。淄澠混淆，玉石不分，用捨去留，得失相半。既卽事爲弊，致後來滋甚。

夫夏殷以前，制度多闕，周監二代，煥乎可睹。豈諸侯之臣，不皆命於天子；王朝庶官，亦不可專於一職。故穆王以伯冏爲太僕正，命之曰：『慎簡乃僚，無以巧言令色便辟側媚，其唯吉士。』此則令其自擇下吏之文也。太僕正，中大夫耳，尚以僚屬委之，則三公九卿亦然矣。《周禮》，太宰、內史，並掌爵禄廢置；司徒、司馬，別掌興賢詔事。當是分任於羣司，而統之以數職，各自求其小者，而王命其大者也。昔區區宋朝，尚爲裴子野所歎，而況於當今乎！

又夫從政莅官，不可以無學。《書》曰：『學古入官，議事以制。』《傳》曰：『我聞學以從政，不聞以政入學。』今貴戚子弟，例早求官，或齠齔之年，已腰銀艾；或童丱之歲，已襲朱紫。弘文、崇賢之生，千牛、輦腳之徒，課試既淺，藝能亦薄，而門閥有素，資蔭自高。夫象賢繼及，古之道也。所謂胄子，必裁諸學，修六禮以節其性，明七教以興其德，少則受業，長而出仕，並由德進，必以才升，然後可以利用賓王，移家事國。少仕則廢學，輕試則無才，於其一流，良足惜也。又勳官三衛流外之徒，不待州縣之舉，直取之於書判，恐非先德行而後言才之義也。

臣竊見制書，每令三品薦士，下至九品，亦令舉人，此聖朝仄席旁求之意也。但以褒貶不甚明，得失無大隔，故人上不憂黜責，下不盡搜揚，苟以應命，莫慎所舉。且惟賢知賢，聖人篤論；伊、臯既舉，不仁咸遠。復患階秩雖同，人才異等，身且濫進，鑒豈知人？今欲務得實才，兼宜擇其舉主。流清以源潔，影端由表正，不詳舉主之行能，而責舉人之庸濫，不可得也。

武太后不納。

天授三年，右補闕薛謙光以其時雖有學校之設，禁防之制，而風俗流弊，皆背本而趨末，矯飾行能，以請託奔馳爲務，上疏曰：

自七國以來，雖雜以縱横，而漢興求士，猶徵百行。是以禮讓之士，砥才毓德，既閭里推高，然後爲府寺所辟。而魏氏取人，好其放達。晉、宋之後，衹重門資，獎爲人求官之風，乖授職惟賢之義。梁、陳之間，特好詞賦，故其俗以詩酒爲重，未嘗以修身爲務。降及隋室，餘風尚存，開皇中李諤奏於文帝曰：『昔魏之三祖，更好文詞，忽君人大道，好雕蟲小藝，連編累牘，盈箱積案，獨有月露風雲之狀而已。代俗以之相高，朝廷以茲擢人，故文筆日煩，其政日亂。』帝納其言，乃下制禁文筆之爲浮詞者。其年，泗州刺史司馬幼之以表詞不質書罪。於是風俗改勵，政化大行。及煬帝，又變前法，置進士等科，故後生復相倣效，皆以浮虛爲貴。

有唐纂曆，漸革前弊，陛下君臨，樹本崇化。而今之舉人，有乖事實，鄉議決小人之筆，行修無長者之論，策第喧競於州府，祈恩不勝於拜伏。或明制適下，試令搜揚，則驅馳府寺，請謁權貴，陳詩奏記，希咳唾之澤，摩頂至足，冀提携之恩。故俗號舉人爲『覓舉』。夫覓者，自求之稱，非人知我之謂也。察辭度材，則人品可見矣。故選曹授職，諠囂於禮闈；州郡貢士，諍訟於陛闥。謗議紛紜，寖成風俗。今夫舉人，詢於鄉閭，歸於里正而已。雖迹虧名教，罪加刑典，或冒籍竊資，邀勳盜級，假其賄賂，即爲無犯鄉閭。

設如才應經邦，唯令試策；武能制敵，只驗彎弧。文擅清奇，則登甲科；藻思小減，則爲不第。以此收人，恐乖事實。何者？樂廣假筆於安仁，靈運詞高於穆之，平津文劣於長卿，子建藻麗於荀彧。若以射策爲官，則潘、謝、曹、馬必居孫、樂之右；協贊機猷，則安仁、靈運亦無裨附之益。由此言之，固不可一概而取也。其武藝亦然。故謀將不長於弓馬，良相寧資於射策。伏願陛下降明制，頒峻科，文則試以理官，武則令其守禦，使僥名濫吹之伍，無所藏其庸謬。

臣謹按吳起臨戰，左右進劍，吳子曰：『夫臨難決疑，乃將事也。一劍之任，非將事也。』又按諸葛亮臨戎，不親戎服，頓蜀兵於渭南，司馬宣王持劍，勁卒不敢當，此豈弓矢之用乎？又按楊得意誦長卿之文，武帝曰：『恨不得與此人同時。』及相如至，終於文園令，不以公卿之位處之者，蓋非其任故也。

又按漢法，所舉之主，終身保任。楊雄之坐田儀，責其冒薦；成子之居魏相，酬於得賢。賞罰之令行，則請謁之心絶；退讓之義著，則貪競之路塞矣。仍請寬立年限，容其采訪簡汰，堪用者令試守，以觀能否，參檢行事，以覈是非。稱職者受薦賢之賞，濫舉者抵欺罔之罪，自然舉得才行，而君子之道長矣。

聖曆三年二月，武太后令宰相各舉尚書郎一人，狄仁傑獨薦男光嗣，由是拜地官尚書郎，莅事有聲。太后謂仁傑曰：『祁奚内舉，果得人也。』長安二年，武太后下求賢令，狄仁傑曰：『荆州長史張柬之，其人雖老，眞宰相才也。』乃召爲洛州司馬。他日，又求賢，仁傑曰：『臣前言張柬之。』太后曰：『已遷之矣。』對曰：『臣薦之請爲相也，今爲洛州司馬，非用之。』又遷秋官侍郎。四年，夏官尚書、靈武大總管姚元之將赴鎮，太后令舉堪爲宰相者。元之對曰：『秋官侍郎張柬之沈厚有謀，能斷大事，且其人年老，惟陛下急用之。』遂爲相。

開元三年，左拾遺張九齡上書曰：夫元元之衆，莫不懸命於縣令，宅生於刺史，此其尤親於人者也。是以親人之任，宜得賢才；用人之道，宜重其選。而今刺史、縣令，除京輔近處之州刺史猶擇其人，縣令或備員而已；其餘江、淮、隴、蜀、三河諸處，除大府之外，稍稍非才。但於京官之中，出爲州縣者，或是緣身有累，在職無聲，用於牧宰之閒，以爲斥逐之地；因勢附會，遂忝高班，比其勢衰，亦爲刺史；至於武夫、流外，積資而得官，成於經久，不計有才，諸若此流，盡爲刺史。其餘縣令以下，固不可勝言。蓋甿庶所繫，國家之本。務本之職，反爲好進者所輕，承弊之邑，每遭非才者所擾，而欲天下和洽，固不可得也。古者刺史入爲三公，郎官出宰百里，莫不互有所重，勸其所行。臣竊怪近俗偏輕此任。今朝廷卿士入而不出，於其私情，甚自得計，何則？京華之地，衣冠所聚，子弟之閒，身名所出，從容附會，不勞而成。一出外藩，有異於是。人情進取，豈忘之於私，但法制之不敢違耳，原其本意，固私是欲。今大利於京職，而不在外郡，如此則智能之士，欲利之心，日夜營營，安肯復出爲刺史、縣令？而國家之利，方賴智能之人，此輩既自固而不行，在外者又技癢而求入，如此，則智能之輩常無親人之者，今又未革之以法，無乃甚不可乎！故臣以爲欲理之本，莫若重刺史、縣令，此官誠重，智能者可行。正宜懸以科條，定其資歷：凡不歷都督、刺史，雖有高第者，不得入爲侍郎、列卿；不歷縣令，雖有善政者，亦不得入爲臺郎、給、舍；雖遠處都督、刺史，至於縣令，遞次差降，以爲出入，亦不十年頻任京職，又不得十年盡任外官。如此設科以救其失，則內外通理，萬姓獲安。如積習爲常，遂其私計，天下不可爲理也。

又古之選用賢良，取其稱職，或遙聞而辟召，或一見而任之，是以士修素行，不圖僥倖。今天下未必理於上古，而事務日倍於前，誠爲不正其本而設巧於末。所謂末者，吏部條章，動盈千萬，刀筆之吏，辨析毫釐，節制搶攘，溺於文墨；胥徒之猾，又緣隙而起。臣以爲始造簿書，以備用人之遺忘耳，今反求精於案牘，不急於人才，亦何異遺劍中流，而刻舟以記。去之彌遠，可爲傷心。凡稱吏部之能者，則曰從縣尉與主簿，從主簿與縣丞，斯選曹執文而善知官次者也，唯據其合與不合，而多不論賢與不肖，大略如此，豈不謬哉！陛下若不以吏部尚書、侍郎爲賢，必不授以職事；尚書、侍郎既以賢而受委，豈復不能知人？人之難知，雖自古所慎，而拔十得五，其道可行。今則執以格條，貴於謹守，幸其心能自覺者，每選所拔亦有三五人；若又專固者，則亦一人不拔。據資配職，自以爲能，爲官擇人，初無此意，故使時人有『平配』之議，官曹無得賢之實。故臣以爲選部之法，弊於不變。變法甚易，在陛下渙然行之。假如今之銓衡，欲自爲意，亦限行之以久，動必見疑，遂用因循，益爲浮薄。今若刺史、縣令精覈其人，即每年當管之內，應有合選之色，且先委曲考其才行，堪入品流，然後送臺，臺又推擇，據所用之多少，爲州縣之殿最，一則州縣愼於所舉，必取入官之才；二則吏部因其有成，無多庸人干冒。縱有不任選者，謬起怨端，且猶分謗於外臺，不至諠譁於南省。今則每歲選者動以萬計，京師米物爲之空虛，豈多士若斯，蓋渝濫至此。而欲仍舊致理，難於改制，衹益法之煩碎，賢愚混雜，就中以一詩一判定其是非，適使賢人君子從此遺逸，斯亦明代之闕政，有識之所歎息也。

又天下雖廣，朝廷雖衆，而士之名賢，誠可知也。若使毀稱相亂，聽受不明，事將已矣，無復可說。如知其賢能，各有品第，每一官闕，而不以次用之，則是知而不爲，焉用彼相。借如諸司清要之職，當用第一之人，及其要官闕，時或以下等叨進，以故時議無高無下，唯論得與不得，自然清議不立，名節不修，上善則守志而後時，中人則躁求而易操。其故何哉？朝廷若以令名進人，士子亦以修名獲利，而利之所出，衆則趨焉。已而名利不出於清修，所趨多歸於人事，其小者苟求取得，一變而至阿私；其大者許以分義，再變而成朋黨：斯並教化漸漬，使之必然。故於用人之際，不可不第其高下；若高下有次，不可謬干。夫士必刻意修飾，思齊日衆，刑政自清。此皆興衰之大端，安可不察也。

十七年三月，國子祭酒楊瑒上言：『伏聞承前之例，每年應舉常有千數，及第兩監不過一二十人。臣恐三千學徒，虛費官廩；兩監博士，濫糜天禄。臣竊見入仕諸色出身，每歲向二千餘人，方於明經、進士，多十餘倍，自然服勤道業之士不及胥吏，以其效官，豈識先王之禮義。陛下設學校務以勸進之，有司爲限約務以黜退之，臣之微誠，實所未曉。今監司課試，十已退其八九，考功及第，十又不收一二，長以此爲限，恐儒風漸墜，小道將興。若以出身人多，應須諸色都減，豈在獨抑明經、進士也。」上然之。

左監門衛録事參軍劉秩論曰：王者官人，必視國之要，杜諸戶，一其門，安平則尊經術之士，有難則貴介胄之臣。

夏、殷、周選士必於庠序，非其道者莫得仕進，是以誘人也無二，其應之者亦一。及周之末，諸侯異政，取人多方，故商鞅患之，說秦孝公曰：『利出一孔者王，利出二孔者强，利出三孔者弱。』於是下令：非戰非農，不得爵位。秦卒以是能并吞六國。漢室干戈以定禍亂，貴尚淳質。高后舉孝悌、力田，文景守而不變，故下有常業，而朝稱多士。及孝武察孝廉，置五經博士弟子，雖門開二三，而未失道德也。逮至晚歲，務立功名，銳意四夷，故權譎之謀設，荆楚之士進，軍旅相繼，官用不足。是以聚斂計料之政生，設險興利之臣起，番係、嚴熊羆等經淮造渠，以通漕運，東郭偃、孔僅建鹽鐵諸利策，富者冒爵射官，免刑除罪。公用彌多，而爲官者徇私，上下並求，百姓不堪剋弊。故巧法慘急之臣進，而見知廢格之法作，杜周、減宣之屬以峻文決理貴，而王温舒之徒以鷹擊敢殺彰。而法先王之術，習俎豆之容者，無所任用，由是精通秀穎之士不遊於學，遊於學者率章句之儒也。是以昭帝之時，霍光問人疾苦，不本之於太常諸生，徵天下賢良文學以訪之，是常道不足以取人也。至於東漢，光武好學，不能施之於政，乃躬自講經。肅宗以後，時或祖效，尊重儒術，不達其意而酌其文；三公尚書雖用經術之士，而不行經術之道。是以元、成以降，迄於東漢，慷慨通方之士寡，廉隅立節之徒衆。無何，漢氏失馭，曹魏僭竊，中正取士，權歸著姓，雖可以鎮伏甿庶，非尚賢之術，蓋尊尊之道。於時聖人不出，賢哲無位，詩道大作，怨曠之端也。洎乎晉、宋、齊、梁，遞相祖習，其風彌盛。捨學問，尚文章；小仁義，大放誕。談莊周、老聃之説，誦楚詞、文選之言。六經九流，時曾閲目；百家三史，罕聞於耳。撮羣鈔以爲學，總衆詩以爲資。謂善賦者廊廟之人，雕蟲者台鼎之器。下以此自負，上以此選材，上下相蒙，持此爲業，雖名重於當時，而不達於從政。故曰：『取人之道，可以敦化。』《周書》曰：『以言取人，人竭其言；以行取人，人竭其行。』取人之道，不可不慎也。原夫詩賦之義，所以達下情，所以諷君上。上下情通而天下亂者，未之有也。近之作者，先文後理，詞治不雅，既不關於諷刺，又不足以見情，蓋失其本，又何爲乎！隋氏罷中正，舉選不本鄉曲，故里閭無豪族，井邑無衣冠，人不土著，萃處京畿，士不飾行，人弱而愚。

夫古者以勳賞功，以才莅職，以才莅職，是以職與人宜；近則以職賞功，是以官與人乖。古者計人而貢士，計吏而用人，故士無不官，官無乏吏；近則官倍於古，士十於官，求官者又十於士，故士無官，後魏羽林士，今之萬騎、軍功是也。官乏禄，吏擾人。古者王畿千里，千里之外，封建諸侯，諸侯之吏，自卿以降，各自舉任。當乎漢室，除保傅將相，餘盡專之。州縣佐史，則皆牧守選辟。夫公卿者，主相之所任也；甸外之官吏者，又諸侯牧守之事也。然則主司之所選者，獨甸內之吏，公卿府之屬耳，豈不寡哉！所選既寡，則焉得不精！近則有封建而無國邑，五服之內，政決王朝；一命拜免，必歸吏部。按名授職，猶不能遺，何暇采訪賢良，搜覈行能耶？時皆共嗤其失，而不知失之所以，故備詳之。

又曰：夫官有大小，材有短長，長者任之以大官，短者任之以小職，職與人相宜，而功與事並理。是以孟公綽爲趙、魏老則優，不可以爲滕、薛大夫。近之任官，其選之也略，其使之也備，一人之身，職無不莅，若委游、夏以政事，責冉、季以文學也，何其謬歟！故人失其長，官失其理。

是以三代之制，家有代業，國有代官。孔子曰：『醫不三世，不服其藥。』史墨曰：『古之爲官，代守其業，朝夕思之。一朝失業，死則及焉。』是知業不代習，則其事不精。此周之所以得人也。昔羲氏、和氏掌天地，劉氏代擾龍，籍氏代司人，庾氏、庫氏代司出納，制氏代司鑄鐘，即其事也。至後代，以代卿執柄，益私門，卑公室，齊奪於田氏，魯弱於三桓。革代卿之失，而不復代業之制，醫、工、筮、數，其道浸微，蓋爲此也。

故老子曰：『聖人常善救人，故無棄人；常善救物，故無棄物。』不善用人者，譬若使驥捕鼠，令鷹守肉：驥之捕鼠，終不可獲，而千里之功廢矣；鷹之守肉，死有餘罪，而攫撮之效沒矣。夫裁徑尺之帛，刊方寸之木，不任左右，必求良工者，裁帛、刊木非左右之所能故也。徑尺之帛，方寸之木，薄物也，非良工不能裁之；況帝王之佐，經國之任，可不審擇其人乎？故構大廈者先擇木，然後揀材；理國家者先擇佐，然後守人。大匠構屋，必以大材爲棟樑，小材爲榱橑，苟有所中，尺寸之木無棄，此善理木者也。

洋州刺史趙匡《舉選議》曰：昔三代建侯，與今事異。理道損益，請自漢言之。漢朝用人，自詔舉之外，其府、寺、郡國屬吏，皆令自署。故天下之士，修身於家，而辟書交至，以此士務名節，風俗用修。魏氏立九品之制，中正司之，於是族大者第高，而寒門之秀屈矣。國朝舉選，用隋氏之制，歲月既久，其法益訛。

夫才智因習就，固然之理。進士者時共貴之，主司褒貶，實在詩賦，務求巧麗，以此爲賢，不唯無益於用，實亦妨其正習；不唯撓其淳和，實又長其佻思。自非識度超然，時或孤秀，其餘溺於所習，悉昧本源。欲以啓導性靈，獎成後進，斯亦難矣！故士林鮮體國之論，其弊一也。又人之心智，蓋有涯分，而九流七略，書籍無窮。主司徵問，不立程限，故修習之時，但務鈔略，比及就試，偶中是期。業無所成，固由於此。故當代寡人師之學，其弊二也。疏以釋經，蓋筌蹄耳。明經讀書，勤苦已甚，其口問義，又誦疏文，徒竭其精華，習不急之業。而當代禮法，無不面牆，及臨人決事，取辦胥吏之口而已。所謂所習非所用，所用非所習者也。故當官少稱職之吏，其弊三也。舉人大率二十人中方收一人，故沒齒而不登科者甚衆，其事難，其路隘也如此。而雜色之流，廣通其路也。此一彼十，此百彼千，揆其秩序，無所差降，故受官多底下之人，修業抱後時之歎，待不才者何厚，處有能者何薄！崇末抑本，啓昏窒明，故士子捨學業而趨末伎，其弊四也。收人既少，則爭第急切，交馳公卿，以求汲引，毁訾同類，用以爭先。故業因儒雅，行成險薄，非受性如此，勢使然也。浸以成俗，虧損國風，其弊五也。大抵舉選人以秋末就路，春末方歸，休息未定，聚糧未辦，即又及秋。事業不得修習，益令藝能淺薄，其弊六也。羈旅往來，糜費實甚，非唯妨闕生業，蓋亦隳其舊產，未及數舉，索然以空，其弊七也。貧窶之士在遠方，欲力赴京師，而所冀無際，以此揆度，遂至沒身。使兹人有抱屈之恨，國家有遺才之闕，其弊八也。官司運江、淮之儲，計五費其四，乃達京邑，芻薪之貴，又十倍四方。而舉選之人，每年攢會，計其人畜，蓋將數萬，無成而歸，十乃七八，徒令關中煩耗，其弊九也。爲官擇人，唯才是待。今選司並格之以年數，合格者，判雖下劣，一切皆收；如未合格而應科目者，纔有小瑕，莫不見棄。故無能之士，禄以例臻；才俊之流，坐成白首。此非古人求賢審官之義，亦已明矣。其弊十也。選人不約本州所試，悉令聚於京師，人既浩穰，文簿繁雜，因此渝濫，其事百端。故俗間相傳云：『入試非正身十有三四，赴官非正身十有二三。』此又弊之尤者。

今若未能頓除舉選，以從古制，且稍變易，以息弊源，則官多佳吏，風俗可變。其條例如後：

舉人條例

一、立身入仕，莫先於《禮》，《尚書》明王道，《論語》詮百行，《孝經》德之本，學者所宜先習。其明經通此，謂之兩經舉，《論語》、《孝經》爲之翼助。諸試帖一切請停，唯令策試義及口問。其試策自改問時務以來，經業之人鮮能屬綴，以此少能通者。所司知其若此，亦不於此取人，故時人云：『明經問策，禮試而已。』所謂變實爲虚，無益於政。今請令其精習，試策問經義及時務各五節，並以通四以上爲第。但令直書事義，解釋分明，不用空寫疏文及務華飾。其十節，總於一道之内問之。餘科準此。其口問諸書，每卷問一節，取其心中了悟，解釋分明，往來問答，無所滯礙，不用要令誦疏，亦以十通八以上爲第。諸科亦準此。外更通《周易》、《毛詩》，名四經舉。加《左氏春秋》，爲五經舉。不習《左氏》者，任以《公羊》、《穀梁》代之。其但習《禮記》及《論語》、《孝經》，名一經舉。既立差等，隨等授官，則能否區分，人知勸勉。

一、明法舉亦請不帖，但策問義並口問，准經業科。

一、學《春秋》者能斷大事，其有兼習《三傳》，參其異同，商摧比擬，得其長者，謂之春秋舉。策問經義幷口問，並準前。

一、進士習業，亦請令習《禮記》、《尚書》、《論語》、《孝經》幷一史。其雜文請試兩首，共五百字以上、六百字以下，試牋、表、議、論、銘、頌、箴、檄等有資於用者，不試詩賦。其理通，其詞雅，爲上；理通詞平，爲次；餘爲否。其所試策，於所習經史内徵問，經問聖人旨趣，史問成敗得失，並時務，共十節。貴觀理識，不用徵求隱僻、詰以名數，爲無益之能。言詞不至鄙陋，即爲第。

一、其有通《禮記》、《尚書》、《論語》、《孝經》之外，更通《道德》諸經、《通玄經》、《孟子》、《荀卿子》、《呂氏春秋》、《管子》、《墨子》、《韓子》，謂之茂才舉。達觀之士，既知經學，兼有諸子之學，取其所長，捨其偏滯，則於理道無不該矣。試策徵問諸書義理，並時務，共二十節。仍與之言論，觀其通塞。

一、其有學兼經史，達於政體，策略深正，其詞典雅者，謂之秀才舉。經通四經，或《三禮》，或三家《春秋》，兼通三史以上，卽當其目。其試策，經問聖人旨趣，史問成敗得失，並時務，共二十節。仍與之談論，以究其能。

一、學倍秀才，而詞策同之，談論貫通，究識成敗，謂之宏才舉。以前三科，其策當詞高理備，不可同於進士。其所徵問，每十節通八以上爲第。

一、其史書，《史記》爲一史，《漢書》爲一史，《後漢書》並劉昭所注《志》爲一史，《三國志》爲一史，《晉書》爲一史，李延壽《南史》爲一史，《北史》爲一史。習《南史》者，兼通《宋》、《齊》志；習《北史》者，通《後魏》、《隋書》志。自宋以後，史書煩碎冗長，請但問政理成敗所因，及其人物損益關於當代者，其餘一切不問。國朝自高祖以下及睿宗《實録》，並《貞觀政要》，共爲一史。

一、天文律曆，自有所司專習，且非學者卒能尋究，並請不問。唯五經所論，蓋舉其大體，不可不知。

一、每年天下舉人來秋入貢者，今年九月，州府依前科目，先起試其文策，通者注等第訖，試官、本司官、録事、參軍及長吏連押其後。其口問者，題策後云口問通若干。卽相連印縫，並依寫解爲先後，不得參差。封題訖，十月中旬送觀察使，觀察使差人都送省司，隨遠近比類，須合程限。省司重考定訖，其入第者，二月內符下諸道、諸州追之，限九月內盡到，到卽重試之。其文策，皆勘會書迹詞理，與州試同卽收之，僞者送法司推問。其國子監舉人亦準前例。

一、諸色身名都不涉學，昧於廉耻，何以居官？其簡試之時，雖云試經及判，其事苟且，與不試同。請皆令習《孝經》、《論語》。其《孝經》口問五道，《論語》口問十道，須問答精熟，知其義理，並須通八以上。如先習諸經書者，任隨所習試之，不須更試《孝經》、《論語》。其判問以時事，取其理通。必在責其重保，以絶替代。其合外州申解者，依舉選例處分。

一、一經及第人，選日請授中縣尉之類；判入第三等及蔭高，授上縣尉之類。兩經出身，授上縣尉之類；判入第三等及蔭高，授緊縣尉之類。用蔭止於此。其以上當以才進。四經出身，授緊縣尉之類；判入第三等，授望縣尉之類。五經，授望縣尉之類；判入第二等，授畿縣尉之類。明法出身，與兩經同資。進士及《三禮》舉、《春秋》舉，與四經同資。其茂才、秀才，請授畿尉之類。其宏才，請送詞策上中書、門下，請授諫官、史官等。《禮經》舉人，若更通諸家禮論及漢已來禮儀沿革者，請便授太常博士。茂才等三科，爲學既優，並准五經舉人，便授官。其雜色出身人，量書判，授中縣尉之類。判入第三等及蔭高者，加一等。凡蔭除解褐官外，不在用限。

一、其今舉人所習既從簡易，士子趨學必當數倍往時。每年諸色舉人，主司簡擇，常以五百人爲大限，此外任收雜色。

選人條例

一、其前資官及新出身，並請不限選數任集，庶有才不滯，官得其人。

一、不習經史，無以立身；不習法理，無以效職。人出身以後，當宜習法。其判問，請皆問以時事、疑獄，令約律文斷決。其有既依律文，又約經義，文理弘雅，超然出羣，爲第一等；其斷以法理，參以經史，無所虧失，粲然可觀，爲第二等；判斷依法，頗有文彩，爲第三等；頗約法式，直書可否，言雖不文，其理無失，爲第四等。此外不收。但如曹判及書題如此則可，不得拘以聲勢文律，翻失其眞。故合於理者數句亦收，乖於理者詞多亦捨。其倩人暗判，人間謂之『判羅』，此最無耻，請牓示以懲之。

一、其授試官及員外官等，若悉不許選，恐抱才者負屈；若並令集，則僥倖者頗多。當酌事宜，取其折中。請令所在，審加勘責，但無渝濫，並準出身人例，試判送省。授官日，其九品、八品官請同黄衣選人例授官；七品、六品依前資解褐官例；五品、四品依前資第二正官例。其官好惡，約判之工拙也。

一、舊法，四品、五品官不復試判者，以其歷任既久，經試固多，且官班已崇，人所知識，不可復爲僞濫耳。自有兵難，仕進多門，僥倖超擢，不同往日，並請試判。待三五年，舉選路清，然後任依舊法。其曾經登科及有清白狀，並曾任臺省官並諸司長官判史者，已經選擇，並不試，依常例處分。

一、每年天下來冬選人，今秋九月，依舉人召集審勘，責絶其姦濫。試時，長吏親自監臨，皆令相遠，絶其口授及替代。其第四等以上，封送省，皆依舉人例處置。吏部計天下闕員訖，即重考天下所送判，審定等第訖，從上等據本色人數收人，具名下本道觀察使追之，限十月內到，並重試之訖，取州試判，類其書蹤及文體。有僞濫者，準法處分。其合留者，依科目資緒，隨穩便注擬。

一、其兩都選人，不比外州，請令省司自試。隔年先試，一同外州。東都選人，判亦將就上都，考定等第，兼類會人數。明年，依例追集重試之，還以去秋所試，驗其書蹤及詞理。則隔年計會替代，事亦難爲。

一、兵興以來，士人多去鄉土，既因避難，所在寄居，必欲網羅才能，隔年先試，令歸本貫，爲弊更深。其諸色舉選人，並請准所在寄莊寄住處投狀，請試舉人。既不慮僞濫，其選人但勘會符告，並責重保，知非僞濫，卽准例處分。

一、宏詞拔萃，以甄逸才；進士、明經，以長學業：並請依常年例。其平選判入第二等，亦任超資授官。

一、諸以廕緒優勞、准敕授官者，如判劣惡者，請授員外官。待稍習法理，試判合留，卽依資授正員官。

一、諸合授正員官人，年未滿三十者，請授無職事京官及外州府參軍，不得授職事官。

後論：有司或詰於議者曰：『吏曹所銓者四，謂身、言、書、判。今外州送判，則身、言闕矣，如何？』對曰：『夫身、言者，豈非《洪範》貌、言乎？貌謂舉措可觀，言謂詞説合理，此皆才幹之士方能及此。今所試之判，不求浮華，但令直書是非，以觀理識，於此既蔽，則無貌、言，斷可知矣。書者，非理人之具，但字體不至乖越，卽爲知書。判者，斷決百事，眞爲吏所切，故觀其判，則才可知矣。彼身、言及書，豈可同爲銓序哉！』有司復詰曰：『王者之盛，莫逾堯舜，《書》稱敷納以言，爲求才之通軌。今以言爲後，亦有説乎？』對曰：『夫敷納以言者，謂引用賢良，升於達位，方將詢以庶政，非言無以知之，其唐、虞官百，咨俞無幾；其下小吏，官長自求，各行敷納，事至簡易。今吏曹所習，輒數千人，三銓藻鑑，心目難溥，訩喧競之不暇，又何敷納之有乎？其茂才以上，學業既優，可以言政教，接以談論，近於敷納矣。』有司復曰：『士有言行不差而闕於文學，或頗有文學而言行未脩。但以諸科取之，無乃未備？』對曰：『吏曹所銓，必求言行，得之既審，然後授官，則外州遙試，未爲通矣。今銓衡之下，姦濫所萃，紛爭劇於獄訟，僞濫深於市井，法固致此，無如之何。豈若外州先試，兼察其行，苟居宅所在，則鄰伍知之，官司耳目，易爲采聽。古之鄉舉里選，方斯近矣。且今之新法，以學舉者，一經畢收；以判選者，直書可否：可謂易矣。修言行者，心當敦固，不能爲此，餘何足觀。若有志性過人，足存激勸，及躬爲惡行，不當舉用者，則典章已備，但舉而行之耳，故無雲焉。』有司復曰：『其有效官公清，且有能政，以其短於詞判，不見褒昇，無乃闕於事實乎？』對曰：『苟能如此，最爲公器。使司善狀，國有常規，病在不行耳。但令諸道觀察使，每年終必有褒貶，不得僭濫，則善不蔽矣。』問曰：『試帖經者，求其精熟，今廢之，有何理乎？』對曰：『夫人之爲學，帖易於誦，誦易於講。今口問之，令其講釋，若不精熟，如何應對？此舉其難者，何用帖爲！且務於帖，則於義不專，非演習之術，固已明矣。夫帖者，童稚之事，今方授之以職，而待以童稚，於理非宜。』有司復曰：『舊法，口問並取通六，今令通八，無乃非就易之義乎？』答曰：『所習者少，當務其精，止於通六，失在鹵莽，是以然耳。』復曰：『舉人試策，例皆五通，今併爲一，有何理？』對曰：『夫事尚實則有功，徇虛則益寡。試策五通，多書問目，數立頭尾，徇虛多矣，豈如一策之內並問之乎！』

又 卷一八《選舉六・雜議論下》 禮部員外郎沈既濟議曰：計近代以來，爵禄失之者久矣，其失非他，在四太而已。何者？入仕之門太多，代胄之家太優，禄利之資太厚，督責之令太薄。請徵古制以明之。

管子曰：『夫利出一孔者，其國無敵；出二孔者，其兵不屈；出三孔者，不可以加兵；出四孔者，其國必亡。先王知其然，故塞人之養，隘其利途。』使人無遊事而一其業也。而近代以來，禄利所出數十百孔，故人多歧心，疏瀉漏失而不可轄也。夫入仕者多，則農工益少，農工少則物不足，物不足則國貧。是以言入仕之門太多。

《禮》曰：『天子之元子，士也。天下無生而貴者。』則雖儲貳之尊，與士伍同。故漢王良以大司徒免歸蘭陵，後光武巡幸，始復其子孫邑中徭役，丞相之子不得蠲戶課。而近代以來，九品之家皆不征，其高蔭子弟，重承恩獎，皆端居役物，坐食百姓，其何以堪之！是以言代胄之家太優。

先王制士，所以理物也；置禄，所以代耕也。農工商有經營作役之勞，而士有勤人致理之憂。雖風猷道義，士伍爲貴；其苦樂利害，與農工商等不甚相遠也。後代之士，乃撞鐘鼓，樹臺榭，以極其歡；而農工鞭臀背，役筋力，以奉其養。得仕者如昇仙，不仕者如沈泉。歡娛憂苦，若天地之相遠也。夫上之奉養也厚，則下之徵斂也重。養厚則上覬其欲，斂重則下無其聊。故非類之人，或沒死以趣上，構姦以入官，非唯求利，亦以避害也。是以言禄利之資太厚。

語曰：『陳力就列，不能者止。』昔李膺、周舉爲刺史，守令畏憚，覩風投印綬者四十餘城。夫豈不懷禄而安榮哉？顧漢法之不可偷也。自隋變選法，則雖甚愚之人，蠕蠕然，第能乘一勞，結一課，獲入選敍，則循資授職，族行之官，隨列拜揖，藏俸積禄，四周而罷；因緣侵漁，抑復有焉。其罷之日，必妻孥華楚，僕馬肥腯，而偃仰乎士林之間。及限又選，終而復始，非爲巨害，至死不黜。故里語謂『人之爲官若死然，未有不了而倒還』者。爲官如此易，享禄如此厚，上法如此寬，下斂如此重，則人孰不違其害以就其利者乎！是以言督責之令太薄。

既濟以爲當輕其禄利，重其督責，使不才之人，雖虛座設位，置印綬於旁，揖讓而進授之，不敢受。寬其征徭，安其田里，使農商百工各樂其業，雖以官誘之，而莫肯易。如此，則規求之志不禁而息，多士之門不扃而閉。若上不急其令，下不寬其徭，而欲以法術遮列，禁人姦冒，此猶坯土以壅橫流也，勢必不止。

夫古今選用之法，九流常敍，有三科而已，曰：德也，才也，勞也。而今選曹，皆不及焉。何以言之？且吏部之本，存乎甲令，雖曰度德居官，量才授職，計勞升秩，其文具矣，然考校之法，皆在書判簿曆、言詞俯仰之間，侍郎非通神，不可得而知之。則安行徐言，非德也；麗藻芳翰，非才也；累資積考，非勞也。苟執此不失，猶乖得人，況衆流茫茫，耳目有不足者乎！蓋非鑑之不明，非擇之不精，法使然也。先朝數人以下言之詳矣，是以文皇帝病其失而將革焉。夫物盈則虧，法久終弊，雖文武之道，亦與時弛張，五帝三王之所以不相沿也。是以王者觀變以制法，察時而立政。按前代選用，皆州府察舉，及年代久遠，訛失滋深。至於齊、隋，不勝其弊，凡所置署，多由請託。故當時議者以爲，與其率私，不若自舉；與其外濫，不若內收。是以罷州府之權而歸於吏部。此矯時懲弊之權法，非經國不刊之常典。

今吏部之法蹙矣，復宜掃而更之，無容循默，坐守刓弊。伏以爲當今選舉，人未土著，不必本於鄉閭；鑑不獨明，不可專於吏部。謹按詳度古制，折量今宜，謂五品以上及羣司長官，俾宰臣進敍，吏部、兵部得參議焉；其六品以下，或僚佐之屬，許州府辟用。則銓擇之任，悉委於四方；結奏之成，咸歸於二部。必先擇牧守，然後授其權：高者先署而後聞，卑者聽版而不命。其牧守、將帥或選用非公，則吏部、兵部得察而舉之。聖主明目達聰，逖聽懸視，罪其私冒不慎舉者，小加譴黜，大正刑典，責成授任，誰敢不勉。夫如是，則接名僞命之徒，菲才薄行之人，貪叨賄貨，懦弱姦宄，下詔之日，隨聲而廢。通計大數，十除八九，則人少而員寬，事詳而官審，賢者不獎而自進，不肖者不抑而自退。除隋權道，復古美制，則衆才咸得，而天下幸甚。

或曰：『當開元、天寶中，不易吏部之法，而天下砥平，何必外辟，方臻於理？』既濟以爲不然。夫選舉者，經邦之一端，雖制之有美惡，而行之由法令。是以州郡察舉，在兩漢則理，在魏、齊則亂；吏部選集，在神龍則紊，在開元、天寶則理。當其時，久承升平，禦以法術，慶賞不軼，威刑必齊，由是而理，匪關吏部而臻此也。向以此時用辟召之法，則其理不益久乎！夫議事以制不以權，當徵其本末，計其遐邇，豈時得時失之可言耶！

或曰：『帝王之都，必浩穰輻輳，士物繁合，然後稱其大。若權散郡國，遠人不至，則京邑索矣，如之何？』又甚不然。自古至隋，數百千年，選舉之任，皆分郡國。當漢文、景、武帝之時，京師庶富，百廛九市，人不得顧，車不得旋，侈溢之盛，亦云極矣，豈待舉選之士爲其助哉！又夫人有定土，土無賸人，浮冗者多，則地著者少。自隋罷外選，招天下之人聚於京師，春還秋往，鳥聚雲合，窮關中地力之産，奉四方遊食之資，是以筋力盡於漕運，薪粒方於桂玉，是由斯人索我京邑，而謂誰索乎？且權分州郡，所在辟舉，則四方之人無有遐心，端居尊業，而禄自及；禄苟未及，業常不廢。若仕進外絶，要攢乎京，惜時懷禄，孰肯安堵。必貨鬻田産，竭家贏糧，糜費道路，交馳往復，是驅地著而爲浮冗者也！夫京師之冗，孰與四方之實；一都之繁，孰與萬國之殷。況王者當繁其天下，豈廛閈之中校其衆寡哉！

或曰：『仕門久開，入者已衆。若革其法，則舊名常調，不足以致身，使中才之人，進無所容，退無所習，其將安歸乎？』既濟以爲，人系賢愚，業隋崇替，管庫之賢既可以入仕，則士之不肖寧愧乎出流？從古以然，非一代也。故《傳》云：『三後之姓，於今爲庶。』今士流既廣，不可以强廢，但鍵其舊門，不使新入；峻其宦途，不使濫登。十數年閒，新者不來，而舊者耗矣，待其人少，然後省官。夫人之才分，各有餘裕，自爲情欲所汨，而未嘗盡焉，引之則長，縈之則短，在勉而已。故凡士族，皆稟父兄之訓，根聰明之性，蓋以依倚官緒，無湮淪墊溺之虞，故循常不修，名義罕立，此教使然也。若惟善是舉，不才決棄，前見爵禄，後臨塗泥，人懷憤激，孰不騰進。則中品之人，悉爲長材，雖曰愼選，捨之何適。

選舉雜議凡七條

一、或曰：『按國家甲令，凡貢舉人，本求才德，不選文詞，故《律》曰：「諸貢舉人非其人者，徒。」注云：「謂德行乖僻者也。」居州郡則廉使昇聞，在朝廷則以時黜陟，用茲懲勸，足爲致理。有司因循，不修厥職，浸以訛謬，使其陵頹。今但修舊令，舉舊政，則人服矣，焉用改作？』答曰：『州郡以德行貢士，禮闈以文詞揀才，試官以帖問求學，銓曹以書判擇吏，俱存甲令，何令宜修？且惟德無形，惟才不器，搏之弗得，聆之弗聞，非在所知，焉能辨用？今禮部、吏部一以文詞貫之，則人斯遠矣。使臣廉舉，但得其善惡之尤者耳，每道累歲，罕獲一人。至如循常諄諄，蚩騃愚鄙者；或身甚廉謹，政爲人蔽者；或善爲姦濫，秘不彰聞者：一州數十人，曷嘗聞焉？若銓不委外，任不責成，不疏其源，以導其流，而以文字選士，循資授職，雖口誦律令，拳操斧鉞，以臨其人，無益也。非改之不可。』

二、或曰：『昔後漢貢士，諸生試經學，文吏試牋奏。則舉人試文，乃前王典故，而子獨非於今，何也？』答曰：『漢代所貢，乃王官耳。凡漢郡國每歲貢士，皆拜爲郎，分居三署，儲才待詔，無有常職，故初至必試其藝業，而觀其能否。至於郡國僚吏，皆府主所署，版檄召用，至而授職，何嘗賓貢，亦不試練。其遐州陋邑，一掾一尉，或津官戍吏，皆登銓上省，受試而去者，自隋而然，非舊典也。』

三、或曰：『若使外州辟召，必是牧守親故，或權勢囑託，或旁鄰交質，多非實才，奈其濫何？』答曰：『誠有之也。然其濫孰與吏部多？請較其優劣。且州牧郡守，古稱共理，政能有美惡之迹，法令有殿最之科，分憂責成，誰敢濫舉。設如年多人怠，法久弊生，天網恢疏，容其姦謬，舉親舉舊，有囑有情，十分其人，五極其濫，猶有一半，尚全公道。如吏部者，十無一焉。請試言之：凡在銓衡，唯徵書判，至於補授，秖校官資，善書判者何必吏能？美資歷者寧妨貪戾？假使官資盡愜，刀筆皆精，此爲吏曹至公之選，則補授之際，官材匪詳。或性善緝人，則職當主辨；或才堪理劇，則官授散員。或時有相當，亦幸中耳，非吏曹素得而知也。有文無賴者，計日可升；有用無文者，終身不進。況其書判，多是假手，或他人替入，或旁坐代爲，或臨事解衣，或宿期定估，才優者一兼四五，自製者十不二三。況造僞作姦，冒名接腳，又在其外。令史受賂，雖積謬而誰尤？選人無資，雖正名而猶剝。又聞昔時公卿子弟親戚，隨位高低，各有分數，或得一人、二人、三人、四人不在放限者，禮部明經等亦然，俗謂之「省例」，斯非濫歟？若等爲濫，此百而多者也。』

四、或曰：『吏部有濫，止由一門；州郡有濫，其門多矣。若等爲濫，豈若杜衆門而歸一門乎？』答曰：『州郡有濫，雖多門，易改也；吏部有濫，雖一門，不可改也。何者？凡今選法，皆擇才於吏部，述職於州郡。若才職不稱，紊亂無任，責於刺史，則曰：「官命出於吏曹，不敢廢也。」責於侍郎，則曰：「量書判資，考而授之，不保其往也。」責於令史，則曰：「按由曆出入而行之，不知其他也。」黎庶從弊，誰任其咎？若牧守自用，則罪將焉逃。必州郡之濫，獨换一刺史則革矣；如吏部之濫，雖更其侍郎，無益也。蓋九流浩浩，不可得知，法使之然，非主司之過。故云門雖多而易改，門雖一而不可改者，以此。』

五、或曰：『今人多情，故吾恐許其選吏，必綱紀紊失，不如今日之有倫也。』答曰：『不假古義，請徵目前以明之。今諸道節度、都團練、觀察、租庸等使，自判官、副將以下，皆使自銓擇，縱其間或有情故，大舉其例，十猶七全。則辟吏之法見行於今，但未及於州縣耳。利害之理，較然可觀，何紀之失，何綱之紊？鄉令諸使僚佐，盡授於選曹，則安獲鎮方隅之重，理財賦之殷也。』

六、或曰：『頃年嘗見州縣有攝官，皆是牧守所自署置，政多苟且，不議久長，纔始到官，已營生計，迎新送故，勞弊極矣。今令州郡召辟，則其弊亦爾，奈何？』答曰：『國家職員，皆稟朝命，攝官承乏，苟濟一時，不日不月，必乎停省，人雖流而責不及，績雖著而官不成，便身而行，不苟何待？若職無移奪，命自州邦，所攝之官，便爲已任，上酬知己，下利班榮，爭竭智力，人誰不盡？今常調之人，遠授一職，已數千里赴集，又數千里之官，挈攜妻孥，復往勞苦，必一周而在路，料閒歲而停官，成名非知己之恩，後任可計考而得，此之不苟，而誰爲苟！』

七、或曰：『今四方諸侯，或有未朝覲者。若天下士人既無常調，久不得祿，人皆怨嗟，必相率去我，入於他境，則如之何？』答曰：『善哉問乎！夫辟舉法行，則搜羅畢盡，自中人以上，皆有位矣。此祿之不及者，皆下劣無任之人，復何足惜！當今天下凋弊之本，實爲士人太多。何者？凡士人之家，皆不耕而食，不織而衣，使下奉其上不足故也。大率一家有養百口者，有養十口者，多少通計，一家不減二十人，萬家約有二十萬口。今有才者既爲我用，愚劣者盡歸他人，有萬家歸之，内則二十萬人隨之，食其黍粟，衣其縑帛，享其禄廪，役其人庶。我收其賢，彼得其愚；我減浮食之口二十萬，彼加浮食之人二十萬：則我弊益減，而彼人益困。自古興邦制敵之術，莫出於是。唯懼去我之不速也，夫何患焉！』

請改革選舉事條

内外文武官五品以上。應非選司注擬者。右請宰相總其進敍，吏部、兵部得參議可否。

吏部尚書、侍郎。右請掌議文官五品以上、除拜六品以下，攢奏兼察舉選用之不公者。諸京司長官及觀察使、刺史舉用僚佐，有才職不稱，背公任私者，得察舉彈奏。非選用濫失，不得舉。凡有所察，郎中刺舉，員外郎判成，侍郎、尚書署之，而後行。諸官長若犯他過，使司自當彈奏，即非吏部所察。故云非選用濫失，不得舉。餘所掌準舊。若官長選用濫失有聞，而吏部不舉，請委御史臺彈之。御史臺不舉，即左右丞彈之。按《六典》，御史有糾不當者，即左右丞得彈奏。

兵部尚書、侍郎。右請掌議武官五品以上、除拜六品以下，攢奏兼察舉選用之不公者。諸軍衛長官及節度、都團練使舉用將校，才職不稱，背公任私者，得察舉彈奏。非選用濫失，不得舉。凡有所察舉及臺省糾彈，如吏部之法。餘所掌準舊。

禮部每年貢舉人。右並請停廢。有別須經藝之士，請於國子監六學中銓擇。國子學、太學、四門學、律學、書學、算學。

兵部舉選。右請停廢。昔隋置折沖府，分鎮天下，所以散兵。及武太后，昇平置武舉，恐人之忘戰。則武官、武選，本末可徵。今内外邦畿，皆有師旅；偏裨將校，所在至多。誠宜設法減除，豈復張門誘入。況若此輩，又非驍雄，徒稱武官，不足守禦，雖習弓矢，不堪戰鬥，而坐享禄俸，規逃王徭。今請悉停，以絶姦利。

京官六品以下。應合選司注擬者。右請各委本司長官自選用，初補稱攝，然後申吏部、兵部，吏部、兵部奏成，乃下敕牒，並符告於本司，是爲正官。考從奏成日計。凡攝官，俸禄各給半。

州府佐官。别駕、少尹、五府司馬、赤令，不在此例。右自長史以下，至縣丞、縣尉，諸州長史、司馬，或雖是五品以上官，亦同六品官法。請各委州府長官自選用，不限土、客。其申報正、攝之制，與京官六品以下同。其邊遠羈縻等州，請兼委本道觀察使，共銓擇補授。

上州省事、市令，中州參軍、博士，下州判司，録事參軍不在此例。中下縣丞以下及關、津、鎮戍官等。右請本任刺史補授訖，申吏部、兵部，吏部、兵部給牒，然後成官，並不用聞奏。其員數不得踰舊制。雖吏部未報，並全給祿俸。若承省牒，在任與正同，去任後不得稱其官。若州司以勞效未著而不申者，請不限年月並聽之。

一、州縣。右請准舊令，州爲三等，上、中、下。縣爲五等，赤、畿、上、中、下。其餘緊、望、雄、輔之名請廢。夫等級繁多，則仕進淹滯，使其周歷，卽務速遷，官非久安，政亦苟且。請減衆級，以懲僥心，則官達可期，羣才無壅。

一、六品以下官資歷。右並請以五周爲滿，唐虞遷官，必以九載。魏晉以後，皆經六周。國家因隋爲四，近又減削爲三。考今三、四則太少，六、九則太多，請限五周，庶爲折中。其遷轉資歷，請約修舊制。修舊制，謂遷轉資次也。但以一官亦滿，卽任召用，並無選數。若才行理績有尤異者，請聽超遷。每長官代換，其舊僚屬若有負犯及不稱職者，請任便替；若無負犯，皆待考滿，未滿者不得替。

一、諸道使管内之人及州縣官屬，有政理尤異，識略宏通，行業精修，藝能超絕及懷才未達，隱德丘園，或堪充内官，不稱州縣者；並申送吏部。將校偏裨有兵謀武藝，或堪充宿衛，或可爲統帥者。右請不限少多，各令長官具述才行謀略，舉送朝廷，皆申上。吏部、兵部各設官署以處之，審量才能，銓第高下，每官職有闕及別須任使，則隨才擢用。如漢光祿勳領三署郎。稱舉者，舉主加階進爵；得賢俊者，遷其官。若自用僚屬，雖得賢不賞。

禁約雜條

一、諸使及諸司州府長官舉用僚屬，請明書事迹、德行、才能，請授某官某職，皆先申吏部、兵部，若諸使奏官兼帶職掌者，即以職掌分其文武，不計本官。帶州縣職，卽申吏部；帶軍職，卽申兵部。吏部、兵部謄其詞而奏，云得某使、某曹司、某州府狀稱。以元狀人入，按每使、每司、每州，各爲一簿。

一、所舉官吏在任日，有行迹乖謬，不如舉狀及犯罪至徒以上者，請兼坐舉主，其所犯人，自依常法本條處分。一人奪祿一年，諸使無祿者，準三品官以料錢折納，依時估計。二人奪賜，無賜者貶其色，降紫從緋，降緋從綠，降綠從碧。三人奪階及爵，有爵無階、有階無爵者，加奪賜及勳。四人解見任職事官，已上任者，並追解之。五人貶官，節度、觀察使降爲刺史，刺史降爲上佐，皆以邊州。六人除名。雖六人以上，罪止除名。有犯贓罪至流以上者，倍論之。倍，謂一人從二人之法，二人從四人之法，三人從六人之法。罪止三人。若舉用後，續知過謬，具狀申述及自按劾者，請勿論。此謂所知不審，舉用失誤者。

一、所舉官有因姦納賂而舉者，有親故非才而舉者，有容受囑託而舉者，有明知不善而故舉者。有犯一科，請皆以罔上論，不在官贖限。囑託舉者，兩俱爲首，規求者爲從。

評曰：夫人生有欲，無君乃亂。君不獨理，故建庶官。昔在唐、虞，皆訪於衆，則舜舉八元、八凱，四岳之舉夔龍、稷、契，此蓋用人之大略也。降及三代，擇於鄉庠，然後授任，其制漸備。秦漢之道，雖不師古，閭塾所推，猶本乎行。而郡國佐吏，並自辟擢，備嘗試效，乃登王朝；内官有僚屬者，亦得徵求俊彥。暨於東漢，初置選職，推擇之制，尚習前規，左雄議以限年，其時不敢謬舉，所以二漢號爲多士。魏晉設九品，置中正，蓋論閥閱，罕考行能，選曹之任，益爲崇重。州郡之刺史、太守，内官之卿、尹、大夫，咸吏部所署，而辟召及鄉里之舉，舊式不替。永嘉之後，天下幅裂，三百餘祀，方遂混同，中間各承正號，凡有九姓，大抵不變魏晉之法，皆亂多理少，諒無足可稱。夫文質相矯，有如循環，教化所由，興衰是繫。自魏三主俱好屬文，晉、宋、齊、梁風流彌扇，體非典雅，詞尚綺麗，澆訛之弊，極於有隋。且三代以來，憲章可舉，唯稱漢室；繼漢之盛，莫若我唐。惜乎當創業之初，承文弊之極，可謂遇其時矣，羣公不議救弊以質，而乃因習尚文，風教未淳，慮由於此。

緬徵往昔，論選舉者，無代無之，或云『官繁人困，要省吏員』，或云『等級太多，患在速進』，或云『守宰之職，所擇殊輕』，或云『以言取人，不如求行』：是皆能知其失，而莫究所失之由。何者？按秦法，唯農與戰始得入官。漢有孝悌、力田、賢良、方正之科，乃時令徵辟；而常歲郡國率二十萬口貢止一人，約計當時推薦，天下纔過百數，則考精擇審，必獲器能。自茲厥後，轉益煩廣。我開元、天寶之中，一歲貢舉，凡有數千；而門資、武功、藝術、胥吏，衆名雜目，百戶千途，入爲仕者，又不可勝紀，比於漢代，且增數十百倍。安得不重設吏職，多置等級，遞立選限以抑之乎？常情進趨，共慕榮達，升高自下，由邇陟遐，固宜驟歷方至，何暇淹留著績。秦氏列郡四十，兩漢郡國百餘，太守入作公卿，郎官出宰縣邑，便宜從事，闕略其文，無所可否，責以成效，寄委斯重，酬獎亦崇。今之剖符三百五十，郡縣差降，復爲八九，邑之俊乂，不得有之；事之利病，不得專之。八使十連，舉動咨稟，地卑禮薄，勢下任輕，誠曰徒勞難階，超擢容易而授，理固然也。

始後魏崔亮爲吏部尚書，無問賢愚，以停解日月爲斷，時沉滯者皆稱其能，魏之失才，實從亮始。洎隋文帝，素非學術，盜有天下，不欲權分，罷州郡之辟，廢鄉里之舉，內外一命，悉歸吏曹；才厠班列，皆由執政。則執政參吏部之職，吏部總州郡之權，罔徵體國推誠、代天理物之本意，是故銓綜失敍，受任多濫。豈有萬里封域，九流叢湊，掄才授職，仰成吏曹，以俄頃之周旋，定才行之優劣，求無其失，不亦謬歟！爾後有司尊賢之道，先於文華；辨論之方，擇於書判。靡然趨尚，其流猥雜。所以閱經號爲『倒拔』，徵詞同乎射覆，置『循資』之格，立選數之制，壓例示其定限，平配絶其逾涯，或糊名考覈，或十銓分掌。苟濟其末，不澄其源，則吏部專總，是作程之弊者；文詞取士，是審才之末者；書判，又文詞之末也。

凡爲國之本，資乎人甿；人之利害，系乎官政。欲求其理，在久其任；欲久其任，在少等級；欲少等級，在精選擇；欲精選擇，在減名目。俾士寡而農工商衆，始可以省吏員，始可以安黎庶矣。誠宜斟酌理亂，詳覽古今，推仗至公，矯正前失，或許辟召，或令薦延，舉有否臧，論其誅賞，課績以考之，升黜以勵之，拯斯刓弊，其效甚速，實爲大政，可不務乎！

元・馬端臨《文獻通考》卷三七《選舉一〇・舉官唐》 先公曰：『唐之選格，寬嚴失中。其始立法，始集而試，觀其書、判；已試而銓，察其身、言；已銓而注，詢其便利，而擬其官；已注而唱示之，不厭者得反通其辭，三唱而不厭，聽冬集。厭者爲甲，上於僕射，乃上門下省，給事中讀之，黄門侍郎省之，侍中審之，不審者皆得駁下，既審然後上聞，主者受旨而奉行焉，此其詳也。惟若是，是以有出身二十年不獲禄者。自裴光庭作循資格，謂之『聖書』，至楊國忠任情廢法，而選法始大壞。然以韓文公之才，猶三選無成，十年如初，不得已，就張建封之辟，然後得禄。蓋嚴則賢愚同滯，寬則賢否混淆，亦法使之然也。

先公曰：『史稱載納賄除吏，恐有司之駁正也。然近世廟堂除官，超資越格，惟意所爲，有司亦曷嘗敢問？是唐之法令猶存耳。』

按：如昌黎公之説，則知唐選舉之法，州府所升者試之禮部，禮部所升者試之吏部，其法截然；且禮部所升之士，其中吏部之選十不及一，可謂難矣。然觀御史韋正伯所劾奏，貞元九年冬，京兆府踰濫解送之人，已授官總六十六人，則似未經禮部者徑入吏部。又《會要》稱太和元年中書門下奏：『凡未有出身，未有官，如有文學，祇合於禮部應舉；有出身，有官，方合於吏部赴科目選。近年以來，格文差互，多有白身及散、試官並稱鄉貢者，並赴科目選。及注擬之時，卽妄論資次，曾無格例，有司不知所守。』則知唐中葉以後，法度大段墮廢紊亂矣。

憲宗時，宰相李吉甫定考遷之格，諸州刺史、四品以上皆五考。見《考課門》

按：唐取人之法，禮部則試以文學，故曰策，曰大義，曰詩賦；吏部則試以政事，故曰身，曰言，曰書，曰判。然吏部所試四者之中，則判爲尤切，蓋臨政治民，此爲第一義，必通曉事情，諳練法律，明辨是非，發摘隱伏，皆可以此覘之。今主司之命題，則取諸僻書曲學，故以所不知而出其所不備；選人之試判，則務爲駢四儷六，引援必故事，而組織皆浮詞。然則所得者，不過學問精通、文章美麗之士耳。蓋雖名之曰判，而與禮部所試詩賦、雜文無以異，殊不切於從政，而吏部所試爲贅疣矣。陵夷至於五代，干戈侵尋，士失素業，於是所謂試判，遂有一詞莫措，傳寫定本，或只書『未詳』，亦可應舉。蓋判雖詞工，亦本無益，故及其末流，上下皆以具文視之耳。

又　卷三八《選舉一一・舉官後唐至宋寧宗》 按：唐以試判入仕，五季因之，然以此三條觀之，其爲文具可知也。有如流外銓，必胥吏之徒，非以文學進身者，則所對不責其引徵古今，但據事理判斷，誠是也。至於及第進士，而乃一詞莫措，傳寫定本，雷同欺詐，至煩國家立法，明開『曾親筆硯』、『委無文章』兩途以處之，則烏取其爲進士乎？況正身多不至，則所謂試者，不過上下相與爲欺耳，可無試也。

行政編制分部

綜述

隋

唐·杜佑《通典》卷一九《職官一·官數》 隋一萬二千五百七十六員。內官二千五百八十一，外郡縣官九千九百九十五。

又 卷三九《職官二十一·秩品四》 內外文武員凡萬二千五百七十六人。內官二千五百八十一員，外官郡縣九千九百九十五員。又內職掌醫師、卜師、巫覡、掌醖、獸醫、博士、京市長、麴倉督並太學學生、刻漏生、千牛、門尉、門候之事令史及外職掌郡縣佐史、族正、里正等，總十八萬三千三百六十一人。內千六百六十四人，外十八萬一千六百九十七人。都計內外文武官及胥總十九萬五千九百三十七人。煬帝三年定令，品自第一至第九，唯置正從，而除上下階。又定朝之班序，以品之高卑爲列。品同則以省府爲前後，省府同則以局署爲前後。

唐

唐·杜佑《通典》卷一九《職官一·官數》 大唐一萬八千八百五員。內官二千六百二十一，外郡縣官一萬六千一百八十五。

又 卷四〇《職官二十二·秩品五》 內外文武官員凡萬八千八百五。文官萬四千七百七十四，武官四千三十一，內官二千六百二十，外官州縣、折沖府、鎮、戍、關、廟、嶽、瀆等萬六千一百八十五。內職掌：齋郎、府史、亭長、掌固、主膳、幕士、習馭、駕士、門僕、陵戶、樂工、供膳、獸醫、學生、執御、門事、學生、後士、魚師、監門校尉、直屯、備身、主仗、典食、監門直長、親事、帳內等。外職掌：州縣倉督、録事、佐史、府史。典獄：門事、執刀、白直、市令、市丞、助教、津吏、里正及岳廟齋郎並折衝府旅帥、隊正、隊副等。總三十四萬九千八百六十三。內三萬五千一百七十七，外三十一萬四千六百八十六。都計文武官及諸色胥史等，總三十六萬八千六百六十八人。制爲九品，各有從。自四品以下，亦分上下階，大抵多因隋制。三品以上紫衣，金魚袋，五品以上緋衣，銀魚袋，皆執象笏。七品以上緑衣，九品以上青衣，皆木笏。光宅元年，青衣爲碧。武太后時，改五品以上銅魚袋。中宗反正，從舊。初武太后天册萬歲中制，文武官加階應入五品者，並須入仕歷十六考以上，無私犯，進階之時見居六品官及七品官以上清官者。其應入三品者，取入仕三十二考以上，並無私犯，進階之時見居四品官者。自外從計偕者，應入仕，並不在進階限。如有奇才異行別效殊功者，不拘此例。

唐·李林甫等《唐六典》卷一《三師三公尚書都省》 三師

太師一人

太傅一人

太保一人

三公

太尉一人

司徒一人

司空一人

尚書都省

令一人　左丞相一人　右丞相一人　左丞一人　右丞一人

左司郎中一人　右司郎中一人　左司員外郎一人

右司員外郎一人　都事六人　主事六人　令史十八人

書令史三十六人　亭長六人　掌固十四人

又 卷二《尚書吏部》 吏部尚書一人　侍郎二人

郎中二人　員外郎二人　主事四人　令史三十人

書令史六十人　亭長八人　掌固十二人

司封郎中一人

員外郎一人　主事二人　令史四人　書令史九人　掌固四人

司勳郎中一人

員外郎二人　主事四人　令史三十三人　書令史六十七人

掌固四人

考功郎中一人

員外郎一人　主事三人　令史十五人　書令史三十人　掌固四人

又　卷三《尚書戶部》　戶部尚書一人　侍郎二人　郎中二人　員外郎二人　主事四人　令史十七人　書令史三十四人　計史一人　亭長六人　掌固十人

度支郎中一人

員外郎一人　主事二人　令史十六人　書令史三十三人　計史一人　掌固四人

金部郎中一人

員外郎一人　主事三人　令史十人　書令史二十一人　計史一人　掌固四人

倉部郎中一人

員外郎一人　主事三人　令史十二人　書令史二十三人　計史一人　掌固四人

又　卷四《尚書禮部》　禮部尚書一人　侍郎一人　郎中一人　員外郎一人　主事二人　令史五人　書令史一十人　亭長六人　掌固八人

祠部郎中一人

員外郎一人　主事二人　令史六人　書令史十三人　掌固四人

膳部郎中一人

員外郎一人　主事二人　令史四人　書令史九人　掌固四人

主客郎中一人

員外郎一人　主事二人　令史四人　書令史九人　掌固四人

又　卷五《尚書兵部》　兵部尚書一人　侍郎二人　郎中二人　員外郎二人　主事四人　令史三十七人　書令史六十人　制書令史十三人　甲庫令史十二人　亭長八人　掌固十二人

職方郎中一人

員外郎一人　主事二人　令史四人　書令史九人　掌固四人

駕部郎中一人

員外郎一人　主事三人　令史十人　書令史二十四人　掌固四人

庫部郎中一人

員外郎一人　主事二人　令史七人　書令史十五人　掌固四人

又　卷六《尚書刑部》　刑部尚書一人　侍郎一人　郎中二人　員外郎二人　主事四人　令史十九人　書令史三十八人　亭長六人　掌固十人

都官郎中一人

員外郎一人　主事二人　令史九人　書令史十二人　掌固四人

比部郎中一人

員外郎一人　主事四人　令史十四人　書令史二十七人　計史一人　掌固四人

司門郎中一人

員外郎一人　主事二人　令史六人　書令史十三人　掌固四人

又　卷七《尚書工部》　工部尚書一人　侍郎一人　郎中一人　員外郎一人　主事三人　令史十二人　書令史二十一人　計史一人　亭長六人　掌固八人

屯田郎中一人

員外郎一人　主事二人　令史七人　書令史十二人　計史一人　掌固四人

虞部郎中一人

員外郎一人　主事二人　令史四人　書令史九人　掌固四人

水部郎中一人

員外郎一人　主事二人　令史四人　書令史九人　掌固四人

又　卷八《門下省》　門下省　侍中二人　黄門侍郎二人　給事中四人　録事主事各四人

令史十一人　書令史二十二人　甲庫令史七人　傳制八人
亭長六人　掌固十人　修補制敕匠五人
左散騎常侍二人
諫議大夫四人　左補闕二人　左拾遺二人　起居郎二人
令史三人　典儀二人　贊者十二人
城門郎四人
令史一人　書令史二人　門僕八百人
符寶郎四人
令史二人　書令史三人　主寶六人　主符三十人
主節十八人
弘文殿學士無常員
校書郎二人　學生三十人　令史二人　楷書手二十五人
典書二人　搨書手三人　筆匠三人　熟紙裝潢匠九人
亭長二人　掌固四人

又　卷九《中書省》　中書省

中書令二人　中書侍郎二人　中書舍人六人　主書四人
主事四人　令史二十五人　書令史五十人　傳制十人
亭長十八人　掌固二十四人　修補制敕匠五十人
掌函掌案各二十人
右散騎常侍二人
右補闕二人　右拾遺二人　起居舍人二人　通事舍人十六人
集賢殿書院
學士　直學士　侍講學士　修撰官　校理官　中使一人
孔目官一人　知書官八人　書直及寫御官一百人
搨書手六人　畫直八人　裝書直十四人　造筆直四人
典四人
史館
史官　亭長二人　掌固六人　熟紙匠六人
匭使院
知匭使一人　判官一人　典二人

又　卷一〇《秘書省》　秘書省

監一人　少監一人　丞一人　秘書郎四人　校書郎八人　正字四人
主事一人　令史四人　書令史九人　典書八人
楷書手八十人　亭長六人　掌固八人　熟紙匠十人
裝潢匠十人　筆匠六人
著作局
著作郎二人　著作佐郎四人　書令史一人　書史二人
校書郎二人　正字二人　楷書手五人　掌固四人
太史局
令二人　丞二人　令史二人　書令史四人
楷書手二人　亭長四人　掌固四人　司曆二人　保章正一人
曆生三十六人　裝書曆生五人　監候五人　天文觀生九十人
靈臺郎二人　天文生六十人　挈壺正二人　司辰十九人
漏刻典事十六人　漏刻博士九人　漏刻生三百六十人
典鐘二百八十人　典鼓一百六十人

又　卷一一《殿中省》　殿中省

監一人　少監二人　丞二人　主事二人　令史四人
書令史十二人　亭長八人　掌固八人
尚食局
奉御二人　直長五人　書令史二人　書史四人　食醫八人
主食十六人　主膳七百人　掌固八人
尚藥局
奉御二人　直長四人　書令史二人　書史四人　侍御醫四人
主藥十二人　藥童三十人　司醫四人　醫佐八人
按摩師四人　呪禁師四人　合口脂匠二人　掌固四人
尚衣局
奉御二人　直長四人　書令史三人　書史四人　主衣十六人
掌固四人
尚舍局
奉御二人　直長六人　書令史三人　書史七人　掌固十人

幕十八千人

尚乘局

奉御四人　直長十人　書令史六人　書史十四人

奉乘十八人　習馭五百人　掌閑五千人　進馬六人

司庫一人　司廩二人　典事五人　獸醫七十人　掌固四人

尚輦局

奉御二人　直長四人　書令史二人　書史四人　掌扇六十人

掌翰三十人　掌輦二人　主輦四十二人　奉轝十五人

掌固六人

又　卷一二《內官宮官內侍省》　內官

惠妃一人　麗妃一人　華妃一人　淑儀一人　德儀一人

賢儀一人　順儀一人　婉儀一人　芳儀一人　美人四人

才人七人

宮官

尚宮二人

司記二人　典記二人　掌記二人　女史六人　司言二人

典言二人　掌言二人　女史四人　司簿二人　典簿二人

掌簿二人　女史六人　司闈六人　典闈六人　掌闈六人

女史四人

尚儀二人

司籍二人　典籍二人　掌籍二人　女史十人

司樂四人　典樂四人　掌樂四人　女史二人

司賓二人　典賓二人　掌賓二人　女史二人

司贊二人　典贊二人　掌贊二人　女史二人

彤史二人

尚服二人

司寶二人　典寶二人　掌寶二人　女史四人　司衣二人

典衣二人　掌衣二人　女史四人　司飾二人　典飾二人

掌飾二人　女史二人　司仗二人　典仗二人　掌仗二人

女史二人

尚食二人

司膳四人　典膳四人　掌膳四人　女史四人　司醞二人

典醞二人　掌醞二人　女史二人　司藥二人　典藥二人

掌藥二人　女史四人　司饎二人　典饎二人　掌饎二人

女史四人

尚寢二人

司設二人　典設二人　掌設二人　女史四人　司輿二人

典輿二人　掌輿二人　女史二人　司苑二人　典苑二人

掌苑二人　女史二人　司燈二人　典燈二人　掌燈二人

女史二人

尚功二人

司製二人　典製二人　掌製二人　女史四人　司珍二人

典珍二人　掌珍二人　女史六人　司綵二人　典綵二人

掌綵二人　女史六人　司計二人　典計二人　掌計二人

女史四人　宮正一人　司正二人　典正四人　女史四人

內侍省

內侍四人　內常侍六人　內給事八人　主事二人　令史八人

書令史十六人

內謁者

監六人　內謁者十二人　內典引十八人　內寺伯二人

寺人六人　亭長六人　掌固八人

掖庭局

令二人　丞三人　書令史四人　書史八人　計史二人

宮教博士二人　監作四人　典事十人　掌固四人

宮闈局

令二人　丞二人　書令史三人　書史六人　內閽人二十人

內掌扇十六人　內給使無常員　掌固四人

奚官局

令二人　丞二人　書令史三人　書史六人　典事四人

掌固四人

内僕局
令二人　丞二人　書令史二人　書史四人　駕士一百四十人
典事八人　掌固八人
内府局
令二人　丞二人　書令史二人　書史四人　典事六人
掌固四人
又　卷一三《御史臺》　御史臺
大夫一人　中丞二人　侍御史四人　主簿一人　録事二人
令史十五人　書令史二十五人　亭長六人　掌固十二人
殿中侍御史六人　令史八人　書令史十人　監察御史十人
令史三十四人
又　卷一四《太常寺》　太常寺
卿一人　少卿二人　丞二人　主簿二人　録事二人
府十二人　史二十三人　博士四人　謁者十人　贊引二十人
太祝三人　祝史六人　奉禮郎二人　贊者十六人
協律郎二人　亭長八人　掌固十二人
太廟齋郎京都各一百三十人　太廟門僕京都各三十二人
兩京郊社署
令各一人　丞一人　府二人　史四人　典事三人　掌固五人
門僕八人　齋郎一百一十人
諸陵署
令各一人　丞一人　府二人　史四人　主衣四人　主輦四人主藥四人
典事三人　掌固二人　陵戶
永康興寧二陵署
令各一人　丞一人　録事一人　府一人　史二人　典事二人
掌固二人　陵戶各一百人
諸太子陵署
令各一人　丞一人　録事一人　府一人　史二人　典事二人
掌固一人　陵户各三十人
諸太子廟署
令各一人　丞一人　録事一人　府一人　史二人　典事二人
掌固一人
太樂署
令一人　丞一人　府三人　史六人　樂正八人　典事八人
掌固六人　文武二舞郎一百四十人
鼓吹署
令一人　丞一人　府三人　史六人　樂正四人　典事四人
掌固四人
太醫署
令二人　丞二人　府二人　史四人　主藥八人
藥童二十四人　醫監四人　醫正八人　藥園師二人
藥園生八人　掌固四人　醫博士一人　醫助教一人
醫師二十人　醫工一百人　醫生四十人　典學二人
鍼博士一人　鍼助教一人　鍼師十人　鍼工二十人
鍼生二十人　按摩博士一人　按摩師四人　按摩工十六人
按摩生十六人　咒禁博士一人　咒禁師二人　咒禁工八人
咒禁生十人
太卜署
令一人　丞二人　府一人　史二人　卜正二人　卜師二十人
巫師十五人　卜博士二人　助教二人　卜筮生四十五人
掌固二人
廩犧署
令一人　丞一人　府一人　史二人　典事二人　掌固二人
汾祠署
令一人　丞一人　府二人　史四人
兩京齊太公廟署
令各一人　丞一人　録事一人　府二人　史四人　廟幹二人
掌固四人　門僕八人
又　卷一五《光禄寺》　光禄寺
卿一人　少卿二人　丞二人　主簿二人　録事二人

府十一人　史二十一人　亭長六人　掌固六人

太官署

令二人　丞四人　府四人　史八人　監膳十人

監膳史十五人　供膳二千四百人　掌固四人

珍羞署

令一人　丞二人　府三人　史六人　典事八人　餳匠五人

掌固四人

良醞署

令二人　丞二人　府三人　史六人　監事二人　掌醖二十人

酒匠十三人　奉觶一百二十人　掌固四人

掌醢署

令一人　丞二人　府二人　史四人　主醢十人

醬匠二十三人　酢匠十二人　豉匠十二人　葅醯匠八人

掌固四人

又　卷一六《衛尉宗正寺》　衛尉寺

卿一人　少卿二人　丞二人　主簿二人　録事二人

府六人　史十一人、亭長四人　掌固六人

兩京武庫

令各一人　丞一人　府一人　史六人　監事一人　典事二人

掌固四人

武器署

令一人　丞二人　府二人　史六人　監事一人　典事二人

掌固四人

守宮署

令一人　丞二人　府二人　史四人　監事二人　掌設六人

幕士一千六百人　掌固四人

宗正寺

卿一人　少卿二人　丞一人　主簿二人　録事一人

府五人　史九人　亭長四人　掌固四人

崇玄署

令一人　丞一人　府二人　史三人　典事六人　掌固二人

又　卷一七《太僕寺》　太僕寺

卿一人　少卿二人　丞四人　主簿二人　録事二人

府十七人　史三十四人　獸醫六百人　獸醫博士一人

學生一百人　亭長四人　掌固六人

乘黄署

令一人　丞一人　府一人　史二人　典事八人

駕事一百四十人　羊車小史八人　掌固六人

典廄署

令二人　丞二人　府四人　史八人　主乘六人　典事八人

執馭一百人　駕士八百人　掌固六人

典牧署

令三人　丞四人　府四人　史八人　監事八人　典事十六人

主軺七十四人　駕士一百六十人　掌固四人

車府署

令一人　丞一人府一人史二人　典事四人　馭士一百七十五人

掌固六人

諸上牧監

監各一人　副監二人　丞二人　主簿一人　録事一人

府三人　史六人　典事八人　掌固四人

中牧監副監丞府各減一人史典事減二人

下牧監典事掌固減二人

沙苑監

監一人　副監一人　丞一人　主簿一人　録事一人

府三人　史六人　典事四人　掌固二人

又　卷一八《大理寺鴻臚寺》　大理寺

卿一人　少卿二人　正二人　丞六人　主簿二人　録事二人

府二十八人　史五十六人　獄丞四人　獄史六人　亭長四人

掌固十八人　問事一百人　司直六人　史十二人

評事十二人　史二十四人

鴻臚寺

卿一人　少卿二人　丞二人　主簿一人　録事二人　府五人　史十人　亭長四人　掌固六人

典客署

令一人　丞二人　掌客十五人　典客十三人　府四人　史八人　賓僕十八人　掌固二人

司儀署

令一人　丞一人　司儀六人　府二人　史四人　掌設十八人　齋郎三十三人　掌固四人　幕士六十人

又　卷一九《司農寺》　司農寺

卿一人　少卿二人　丞六人　主簿二人　録事二人　府三十八人　史七十六人　計史三人　亭長九人　掌固七人

上林署

令二人　丞四人　府七人　史十四人　監事十人　典事二十四人　掌固五人

太倉署

令三人　丞六人　府十人　史二十人　監事十人　典事二十四人　掌固八人

鉤盾署

令二人　丞四人　府七人　史十四人　監事十人　典事十九人　掌固五人

導官署

令二人　丞四人　府八人　史十六人　監事十人　典事二十四人　掌固五人

太原永豐倉

監一人　丞二人　録事一人　府三人　史六人　典事八人　掌固六人

龍門等諸倉

每倉監一人　丞二人　録事一人　府二人　史四人　典事六人　掌固四人

司竹監

監一人　副監一人　丞二人　録事一人　府二人　史四人　典事三十人　掌固四人

温泉湯監

監一人　丞一人　録事一人　府一人　史二人　掌固四人

京都苑總監

監各一人　副監各一人　丞各二人　主簿各一人　録事各二人　府各八人　史各十六人　典事各六人　亭長各四人　掌固各六人

京都苑四面監

監各一人　副監各一人　丞各二人　録事各一人　府各三人　史各六人　典事各六人　掌固各六人

諸屯監

監一人　丞一人　録事一人　府一人　史二人　典事二人　掌固四人　每屯主一人　屯副一人

九成宫總監

監一人　副監一人　丞一人　主簿一人　録事一人　府三人　史五人

又　卷二〇《太府寺》　太府寺

卿一人　少卿二人　丞四人　主簿二人　録事二人　府二十五人　史五十人　計史四人　亭長七人　掌固七人

兩京諸市署

令各一人　丞二人　録事一人　府三人　史七人　典事二人　掌固一人

平準署

令二人　丞四人　録事一人　府六人　史十三人　監事六人　典事二人　價人十人　掌固二人

左藏署

令三人　丞五人　府九人　史十八人　監事八人　典事十二人　掌固八人

右藏署

令二人　丞三人　府五人　史十三人　監事四人　典事七人

掌固十人

常平署

令一人　丞二人　府四人　史八人　監事五人　典事五人

掌固六人

又　卷二一《國子監》　國子監

祭酒一人　司業二人　丞一人　主簿一人　録事一人

府七人　史十三人　亭長六人　掌固八人

國子博士二人

助教二人　學生三百人　典學四人　廟幹二人　掌固四人

太學博士三人

助教三人　學生五百人　典學四人　掌固六人

四門博士三人

助教三人　學生五百人　俊士八百人　典學四人　掌固六人

國子直講四人

大成十人　律學博士一人　助教一人　學生五十人

典學二人

書學博士二人

學生三十人　典學二人

算學博士二人

學生三十人　典學二人

又　卷二二《少府監軍器監》　少府監

監一人　少監二人　丞四人　主簿二人　録事二人

府二十七人　史十七人　計史三人　亭長八人　掌固六人

中尚署

令一人　丞四人　府九人　史十八人　監作四人　典事四人

掌固四人

左尚署

令一人　丞五人　府七人　史二十人　監作六人

典事十八人　掌固十四人

右尚署

令一人　丞四人　府七人　史二十人　監作六人　典事三人

掌固十人

織染署

令一人　丞二人　府六人　史十四人　監作六人

典事十一人　掌固五人

掌冶署

令一人　丞二人　府六人　史十二人　監作二人

典事二十三人　掌固四人

諸冶監

每冶監各一人　丞各一人　録事各一人　府各一人

史各二人　監作四人　典事二人　掌固四人

北都軍器監

監一人　少監一人　丞二人　主簿一人　録事一人

府十人　史十八人　典事四人　亭長二人　掌固四人

甲坊署

令一人　丞一人　府二人　史五人　監作二人　典事二人

弩坊署

令一人　丞二人　府二人　史五人　監作二人　典事二人

諸鑄錢監

監各一人　副監各一人　丞各一人　監事各一人

録事各一人　府各三人　史各四人　典事各五人

諸互市監

每市監一人　丞各一人　録事各一人　府各二人　史各四人

價人各四人　掌固八人

又　卷二三《將作都水監》　將作監

大匠一人　少匠二人　丞四人　主簿二人　録事二人

府十四人　史二十八人　計史三人　亭長四人　掌固六人

左校署

令二人　丞四人　府六人　史十二人　監作十人

右校署

令二人　丞三人　府五人　史十人　監作十人

典事二十四人

中校署

令一人　丞三人　府三人　史六人　監事四人　典事八人

掌固一人

甄官署

令一人　丞二人　府五人　史十人　監作四人　典事十八人

百工監

監一人　副監一人　丞一人　録事一人　府一人　史三人

監作四人　典事二十人

就谷監

監一人　副監一人　丞一人　録事一人　府一人　史三人

監作四人　典事二十人

庫谷監

監一人　副監一人　丞一人　録事一人　府一人　史三人

監作四人　典事二十人

太陰監

監一人　副監一人　丞一人　録事一人　府一人　史三人

監作四人　典事十人

伊陽監

監一人　副監一人　丞一人　録事一人　府一人　史三人

監作四人　典事十人

都水監

使者二人　丞二人　主簿一人　録事一人　府五人　史十人

亭長一人　掌固四人

舟檝署

令一人　丞二人　府三人　史四人　監漕四人　漕史二人

典事三人　掌固三人

河渠署

令一人　丞一人　府三人　史六人　河隄謁者六人

典事三人　掌固四人　長上魚師十人　短番魚師一百二十人

明資魚師一百二十人

諸津

每津令一人　丞一人　録事一人　府一人　史二人

典事三人　津吏五人

又　卷二四《諸衛》　左右衛

大將軍各一人　將軍二人　長史二人　録事參軍事一人

録事一人　史二人　倉曹參軍事二人　府二人　史四人

兵曹參軍事二人　府四人　史七人　騎曹參軍事一人

府二人　史四人　胄曹參軍事一人　府三人　史三人

亭長二人　掌固四人　司階二人　中候三人　司戈五人

執戟五人　奉車都尉五人

親府勳一府勳二府翊一府翊二府等五府

中郎將各一人　左郎將一人　右郎將一人　録事一人

兵曹參軍事一人　府一人　史二人　校尉五人　旅帥十人

隊正二十人　副隊正二十人

左右驍衛

大將軍各一人　將軍二人　長史一人　録事參軍事一人

録事一人　史二人　倉曹參軍事二人　府二人　史四人

兵曹參軍事二人　府三人　史五人　騎曹參軍事一人　府二人

史四人　胄曹參軍事一人　府三人史三人　亭長二人

掌固四人　司階二人　中候三人　司戈五人　執戟五人

左右翊中郎將府

中郎將各一人　左郎將一人　右郎將一人　録事一人

兵曹參軍事一人　府一人　史二人　校尉五人　旅帥十人

隊正二十人　副隊正二十人

左右武衛

大將軍各一人　將軍二人　長史一人　録事參軍事一人

録事一人　史二人　倉曹參軍事二人　府二人　史四人
兵曹參軍事二人　府三人　史五人　騎曹參軍事一人
府二人　史四人　胄曹參軍事一人　府三人　史三人
亭長二人　掌固四人　司階二人　中候三人　司戈五人
執戟五人　稱長二人

左右翊中郎將府

中郎將各一人　左郎將一人　右郎將一人　録事一人
兵曹參軍事一人　府一人　史二人　校尉五人　旅帥十人
隊正二十人　副隊正二十人

左右威衛

大將軍各一人　將軍二人　長史一人　録事參軍事一人
録事一人　史二人　倉曹參軍事二人　府二人　史四人
兵曹參軍事二人　府三人　史五人　騎曹參軍事一人
府三人　史四人　胄曹參軍事一人　府三人　史三人
亭長二人　掌固四人　司階二人　中候三人　司戈五人
執戟五人

左右翊中郎將府

中郎將各一人　左郎將一人　右郎將一人　録事一人
兵曹參軍事一人　府一人　史二人　校尉五人　旅帥十人
隊正二十人　副隊正二十人

左右領軍衛

大將軍各一人　將軍二人　長史一人　録事參軍一人
録事一人　史二人　倉曹參軍事二人　府二人　史四人
兵曹參軍事二人　府三人　史五人　騎曹參軍事一人
府二人　史四人　胄曹參軍事一人　府三人　史三人
亭長二人　掌固四人　司階二人　中候三人　司戈五人
執戟五人

左右翊中郎將府

中郎將各一人　左郎將一人　右郎將一人　録事一人
兵曹參軍事一人　府一人　史二人　校尉五人　旅帥十人
隊正二十人　副隊正二十人

又　卷二五《諸衛府》　左右金吾衛

大將軍各一人　將軍二人　長史一人　録事參軍事一人
録事一人　史二人　倉曹參軍事二人　府二人　史四人
兵曹參軍事二人　府二人　史五人　騎曹參軍事一人
府二人　史四人　胄曹參軍事一人　府三人　史三人
亭長二人　掌固四人　司階二人　中候三人　司戈五人
執戟五人

左右翊中郎將府

中郎將各一人　左郎將一人　右郎將一人　録事一人
兵曹參軍事一人　府一人　史二人　校尉五人　旅帥十人
隊正二十人　副隊正二十人　左右街使各一人　判官二人
典二人

左右監門衛

大將軍各一人　將軍二人　中郎將四人　長史一人
録事參軍事一人　録事一人　史二人　兵曹參軍事一人
府三人　史五人　胄曹參軍事一人　府三人　史四人
亭長二人　掌固二人　監門校尉二百二十人
直長六百八十人　長人長上二十人　直長長上二十人

左右千牛衛

大將軍各一人　將軍一人　中郎將二人　長史一人
録事參軍事一人　録事一人　史二人　兵曹參軍事一人
府一人　史二人　胄曹參軍事一人　府一人　史一人
亭長二人　掌固四人　千牛備身十二人　備身左右十二人
備身一百人　主杖一百五十人

左右羽林軍

大將軍各一人　將軍二人　長史一人　録事參軍事一人
録事一人　史二人　倉曹參軍事一人　府二人　史四人
兵曹參軍事一人　府二人　史四人　胄曹參軍事一人
府二人　史四人　亭長二人　掌固四人　司階二人

中候三人　司戈五人　執戟五人

左右翊中郎將府

中郎將各一人　左郎將一人　右郎將一人　録事一人

兵曹參軍事一人　府一人　史二人　校尉五人　旅帥十人

隊正二十人　副隊正二十人

諸衛折衝都尉府

每府折衝都尉一人　左果毅都尉一人　右果毅都尉一人

別將一人　長史一人　録事一人　史二人　兵曹參軍事一人

府二人　史三人　校尉五人　旅帥十人　隊正二十人

副隊正二十人

又　卷二六《三師三少詹事府左右春坊内官》　太子三師

太子太師一人　太子太傅一人　太子太保一人

太子三少

太子少師一人　太子少傅一人　太子少保一人

太子賓客四人

太子詹事府

詹事一人　少詹事一人　丞二人　主簿一人　録事二人

令史九人　書令史十八人

太子司直二人

令史一人　書令史二人　亭長四人　掌固六人

太子左春坊

左庶子二人　中允一人　司議郎四人　録事二人　主事二人

令史七人　書令史十四人

太子左諭德一人

左贊善大夫五人　傳令四人　掌儀二人　贊者四人

亭長四人　掌固十三人

崇文館

學士無員數　學生二十人　校書二人　令史二人　典書二人

搨書手二人　書手十人　熟紙匠三人　裝潢匠五人

筆匠三人

司經局

洗馬二人　文學三人　書令史二人　書史四人　校書四人

正字二人　典書四人　楷書二十五人　掌固六人

典膳局

典膳郎丞各二人　書令史二人　書史四人　主食六人

典食二百人　掌固四人

藥藏局

藥藏郎丞各二人　書令史一人　書史二人　侍醫四人

典藥九人　掌固六人　藥僮十八人

内直局

内直郎丞各二人　書令史二人　書史四人　典服三十人

典扇典翰各十五人　掌固六人

典設局

典設郎四人　書令史二人　書史四人　幕士六百人

掌固十二人

宮門局

宮門郎丞各二人　書令史二人　書史四人

門僕一百三十三人　掌固四人

太子右春坊

右庶子二人　中舍人二人　録事一人　主事二人　令史九人

書令史十八人

太子右諭德一人

右贊善大夫五人　傳令四人

太子通事舍人八人

典謁二十一人　亭長六人　掌固十二人

太子内坊

典内二人　丞二人　録事二人　令史三人　書令史五人

典直四人　導客舍人六人　閤帥六人　内閽八人

内給使無員數　内廐二人　典事二人　駕士三十人

亭長二人　掌固四人

太子內官

良娣二人　良媛六人　承徽十人　昭訓十六人

奉儀二十四人　司閨二人　掌正三人　女史三人　掌書三人

女史三人　掌筵三人　女史三人　司則二人　掌嚴三人

女史三人　掌縫三人　女史三人　掌藏三人　女史三人

司饌二人　女史四人　掌食三人　女史四人　掌醫三人

女史二人　掌園三人　女史二人

又　卷二七《家令率更僕寺》　太子家令寺

家令一人　丞二人　主簿一人　録事一人　府十人

史二十人　亭長四人　掌固六人

食官署

令一人　丞二人　府二人　史四人　掌膳十二人

供膳四百人　奉觶三十人　掌固四人

典倉署

令一人　丞二人　府三人　史五人　掌固四人　園丞二人

史二人　典事六人

司藏署

令一人　丞一人　府三人　史五人　典事四人　掌固四人

太子率更寺

令一人　丞一人　主簿一人　録事一人　府三人　史四人

伶官師二人　漏刻博士二人　掌漏六人　漏童六十人

典鼓二十四人　亭長四人　掌固四人

太子僕寺

僕一人　丞一人　主簿一人　録事一人　府三人　史五人

亭長四人　掌固四人

廄牧署

令一人　丞二人　府三人　史五人　典乘四人　典事六人

牧長四人　翼馭十五人　駕士三十人　獸醫二十人

掌固四人

又　卷二八《太子左右衛及諸率府》　太子左右衛率府

率各一人　副率二人　長史一人　録事參軍事一人

録事一人　史二人　倉曹參軍事一人　府一人　史二人

兵曹參軍事一人　府二人　史三人　胄曹參軍事一人

府二人　史二人　亭長二人　掌固二人　司階一人

中候二人　司戈二人　執戟二人

左右率府親府勳府翊府

中郎將各一人　左郎將一人　右郎將一人　録事一人

兵曹參軍事一人　府一人　史二人　校尉五人　旅帥十人

隊正二十人　副隊正二十人

太子左右司禦率府

率各一人　副率二人　長史一人　録事參軍事一人

録事一人　史二人　倉曹參軍事一人　府一人　史二人

兵曹參軍事一人　府二人　史三人　胄曹參軍事一人

府二人　史三人　亭長二人　掌固二人　司階一人

中候二人　司戈二人　執戟三人

太子左右清道率府

率各一人　副率二人　長史一人　録事參軍事一人

録事一人　史二人　倉曹參軍事一人　府一人　史二人

兵曹參軍事一人　府二人　史三人　胄曹參軍事一人

府二人　史二人　亭長二人　掌固二人　司階一人

中候二人　司戈二人　執戟三人

太子左右監門率府

率各一人　副率二人　長史一人　録事參軍事一人

録事一人　史二人　兵曹參軍事一人　府二人　史二人

胄曹參軍一人　府二人　史二人　亭長二人　掌固二人

監門直長七十八人

太子左右內率府

率各一人　副率一人　長史一人　録事參軍事一人

録事一人　史二人　兵曹參軍事一人　府一人　史二人

胄曹參軍事一人　府一人　史一人　亭長二人　掌固二人

千牛十六人　備身二十八人　主仗六十人

又　卷二九《諸王府公主邑司》　親王府

傅一人　諮議參軍事一人　友一人　文學二人

東閤祭酒一人　西閤祭酒一人　長史一人　司長一人

掾一人　屬一人　主簿一人　史二人　記室參軍事二人

史二人　録事參軍事一人　府一人　史三人

功曹參軍事一人　府一人　史二人　倉曹參軍事一人

府一人　史二人　戶曹參軍事一人　府一人　史二人

兵曹參軍事一人　府一人　史二人　騎曹參軍事一人

府一人　史二人　法曹參軍事一人　府一人　史二人

士曹參軍事一人　府一人　史二人　參軍事二人

行參軍事四人　典籤二人　録事一人

親事府

典軍二人　副典軍二人　府一人　史二人　執仗親事十六人

執乘親事十六人　親事三百三十三人

校尉旅帥隊正隊副準人部領

帳內府

典軍二人　副典軍二人　府一人　史二人

帳內六百六十七人　校尉旅帥隊正隊副準人部領

親王國

國令一人　大農二人　尉二人　丞一人　録事一人　府五人

史十人　典衛八人　舍人四人　學官長食官長丞各一人

廄牧長丞典府長丞各二人

公主邑司

令一人　丞一人　録事一人　史八人　主簿二人　謁者二人

舍人二人　家史二人

又　卷三〇《三府督護州縣官吏》　京兆河南太原三府官吏

大都督府中都督下都督官吏

上州中州下州官吏

京縣畿縣天下諸縣官吏

大都護上都護府官吏

鎮戍嶽瀆關津官吏

培養制度分部

綜　述

唐·韓愈《昌黎先生集·元和十四年·潮洲請置鄉校牒》　孔子曰：道之以政，齊之以刑，則民免而無耻，不如以德禮爲先，而輔之以政刑也。夫欲用德禮，未有不由學校師弟子者。此州學廢日久，進士、明經，百十年間，不聞有業成貢於王庭、試於有司者。人吏目不識鄉飲酒之禮，耳未嘗聞《鹿鳴》之歌，忠孝之行不勸，亦縣之耻也。夫十室之邑必有忠信，今此州戶萬有餘，豈無庶幾者邪？刺史縣令不躬爲之師，里閭後生無所從學爾。趙德秀才，沈雅專静，頗通經，有文章，能知先王之道，論説且排異端而宗孔氏，可以爲師矣。請攝海陽縣尉爲衙推官，專勾當州學以督生徒，興愷悌之風。刺史出己俸百千以爲舉本，收其贏餘，以給學生廚饌。

又　《長慶元年·請復國子監生徒狀》　國子監應三館學士等準《六典》：國子館學生三百人，皆取文武三品已上及國公子孫從三品已上曾孫補充；太學館學生五百人，皆取五品已上及郡縣公子孫從三品已上曾孫補充；四門館學生五百人，皆取七品已上及侯伯子男子補充。

右國家典章，崇重庠序，近日趨競，未復本源，至使公卿子孫，耻游太學，工商凡冗，或處上庠。今聖道大明，儒風復振，恐須革正，以贊鴻猷。今請國子館並依《六典》：其太學館量許取常參官八品已上子弟充；其四門館亦量許取無資廕有才業人充；如有資廕不補學生應舉者，請禮部不在收試限，其新補人有冒廕者，請牒送法司科罪，緣今年舉期已近，伏請去上都五百里內，特許非時收補；其五百里外，且任鄉貢，至來年春一時收補，其廚糧度支，先給二百七十四人。今請準新補人數量加支給。謹具如前，伏聽處分。

又《國子監論新注學官牒》 國子監應今新注學官等牒，準今年赦文，委國子祭酒選擇有經藝堪訓導生徒者，以充學官。近年吏部所注，多循資敘，不考藝能，至令生徒不自勸勵。伏請非專通經傳，博涉墳史，及進士五經諸色登科人，不以比擬。其新受官，上日必加研試，然後放上，以副聖朝崇儒尚學之意。具狀牒上吏部，仍牒監者。謹牒。

宋·范祖禹《唐鑑》卷五《太宗三》 臣祖禹曰：古之教者，家有塾，黨有庠，遂有序。國有學，士脩之於家而後升於鄉，升於鄉而後升於國，升於國而後達於天子，其教之有素，其養之有漸，故成人有德，小子有造，賢才不可勝用，由此道也。後世鄉里之學廢，人君能教者，不過聚天下之士，而烏合於京師，學者衆多，炫耀一時而已，非有教育之實也。唐之儒學，惟貞觀開元爲盛，其人才之所成就者，亦可覩矣。孟子曰：學所以明人倫也。無學則人倫不明，故有國者以爲先，如不復三代之制，臣未知其可也。

宋·呂祖謙《歷代制度詳説》卷二《學校·制度》 學官：【略】

開皇中，國子不隸太常。自前代皆屬太常。《隋書》。國子監祭酒一人，司業二人。武德初，以國子監曰「國子」，隸太常寺。貞觀二年，復曰「監」。高宗龍朔二年，改曰「司成館」。咸亨二年，復曰「監」。武后垂拱元年，改曰「成均」，尋復。唐高宗龍朔二年，改博士曰「宣業」。國子監闕司業，則以朝官判監事。國子監直講，以國子監領六學，一曰國子學，生徒分習五經。弘文館，唐高宗龍朔二年置於東都上臺，生徒三十人。崇文館，龍朔二年置於東都東宮，生徒二十人。兩館生徒，並以皇族、后親、三品以上子孫爲之。廣文館，玄宗天寶九載置，領學子生業進士者，西都六十人，東都十人。

學舍：【略】 唐太宗增築學舍一千二百區。《選舉志》。

教法：【略】

唐國子授經，以《周易》、《尚書》、《周禮》、《儀禮》、《禮記》、《毛詩》、《春秋三傳》各爲一經，兼習《孝經》、《論語》、《老子》。太宗詔諸生能通一經者，皆署吏。太學以四品、五品及郡、縣公子孫及從三品之曾孫爲之。

郡國鄉學：【略】

隋開皇二十年，廢州、縣學。煬帝州、郡置學官，州、縣學春秋仲月釋奠。高祖武德七年，詔諸州、縣及鄉並令置學。開元二十一年，敕州、縣學生兼習吉凶禮，公私有禮事處，令示儀式。

祀典：【略】

唐高祖武德二年，釋奠，以周公爲先聖，孔子配享。貞觀二年，房玄齡議：「晉、宋、梁、陳及隋大業皆以孔子爲先聖，顏回爲先師。」詔罷周公祠，更以孔子爲先聖，顏回爲先師。二十二年詔：「左丘明至范寧二十一人，用其書，行其道，宜配享孔子廟。」高宗顯慶二年，長孫無忌等議：「永徽令改用周公爲先聖，孔子爲先師，請改從貞觀。」從之。開元八年詔：「顏回等十哲易爲坐像，曾參特坐於十哲之次，圖七十子及二十二賢於廟壁。」二十七年制：「曾參不載四科，俾修舊位。」

幸學：【略】隋文帝、唐高祖，建隆元年太祖幸國子監。【略】唐太宗貞觀二十二年，高宗總章元年、開曜元年、永隆二年，中宗景龍二年，睿宗先天元年，並太子釋奠。

立學：【略】

隋文帝京邑達於四方，皆啓學校，講誦之聲，道路不絶。暮年專尚刑名，仁壽之間，遂廢天下學，惟存國子一所。煬帝復開庠序。

律博士：【略】

隋律學隸大理寺。唐武德初隸國子監，尋廢。貞觀六年復置。高宗顯慶三年復廢。龍朔二年復置，學生二十人。

書學：隋國子寺統國子、太學、四門、律、書、算學。唐武德初廢，貞觀二年復，高宗顯慶三年又廢，龍朔二年東、西都復置。石經、《説文》、《字林》爲顓業。

算學：隋，見上。唐廢。唐顯慶元年復，三年又廢。龍朔二年，東、西都復置。《九章》、《五曹》、《周髀》爲顓業。唐國子監領國子、太學、廣文、四門、律、書、算學。

醫學：太宗貞觀三年置醫學。

武學：玄宗開元十九年，兩京、諸州各置太公廟，以張良配享，春秋仲月上戊日祭。武舉人准明經、進士，行鄉飲酒禮，取自古名將，十哲、七十二弟子。肅宗乾元元年，不以張良配享。上元元年，太公望追封爲武成王，亨祭一同文宣王。貞元二年，删去十哲。

元・馬端臨《文獻通考》卷四一《學校考二》 煬帝即位後，開庠序，國子、郡縣之學，盛於開皇之初。徵辟儒生，遠近畢至，使相與講論得失於東都之下，納言定其差次以奏聞。於時舊儒多已凋亡，惟信都劉士元、河間劉光伯拔萃出類，學通南北，博及古今，後生鑽仰。諸經議疏，搢紳咸宗師之。既而外事四夷，戎馬不息，師徒怠散，盜賊羣起，方領矩步之徒亦轉死溝壑，經籍湮沒於煨燼矣。

唐制：凡學六，皆隸於國子監：國子學，生三百人，以文武三品以上子孫若從二品以上曾孫，及勳官二品、縣公、京官四品帶三品勳封之子爲之；太學，生五百人，以五品以上子孫、職事官五品期親若三品曾孫，及勳官三品以上有封之子爲之；四門學，生千三百人，其五百人以勳官三品以上無封、四品有封及文武七品以上子爲之，八百人以庶人之俊異者爲之；律學，生五十人，書學，生三十人，算學，生三十人，以八品以下子及庶人之通其事者爲之。京都學生八十人，大都督、中都督府、上州各六十人，下都督府、中州各五十人，下州四十人，京縣五十人，上縣四十人，中縣、中下縣各三十五人，下縣二十人。國子監生，尚書省補，祭酒統焉。州縣學生，州縣長官補，長史主焉。凡館二：門下省有弘文館，生三十人；東宮有崇文館，生二十人。以皇緦麻以上親，皇太后、皇后大功以上親，宰相及散官一品、功臣身食實封者、京官職事從三品、中書黄門侍郎之子爲之。凡博士、助教，分經授諸生。未終經者無易業。凡生，限年十四以上，十九以下；律學十八以上，二十五以下。凡《禮記》、《春秋左氏傳》爲大經，《詩》、《周禮》、《儀禮》爲中經，《易》、《尚書》、《春秋公羊傳》、《穀梁傳》爲小經。通二經者，大經、小經各一，若中經二。通三經者，大經、中經、小經各一。通五經者，大經皆通，餘經各一。《孝經》、《論語》皆兼通之。凡治《孝經》、《論語》，共限一歲；《尚書》、《公羊傳》、《穀梁傳》，各一歲半；《易》、《詩》、《周禮》、《儀禮》，各二歲；《禮記》、《左氏傳》，各三歲。學書，日紙一幅，間習時務策，讀《國語》、《說文》、《字林》、《三蒼》、《爾雅》。凡書學，《石經》三體限三歲，《說文》二歲，《字林》一歲。凡算學，《孫子》、《五曹》共限一歲，《九章》、《海島》共三歲，《張邱建》、《夏侯陽》各一歲，《周髀》、《五經算》共一歲，《綴術》四歲，《緝古》三歲，《記遺》、《三等數》皆兼習之。旬給假一日。前假，博士考試，讀者千言試一帖，帖三言，講者二千言問大義一條，總三條通二爲第，不及者有罰。歲終，通一年之業，口問十義大條，通八爲上，六爲中，五爲下。併三下與在學九歲、律生六歲不堪貢者罷歸。諸學生通二經、俊士通三經已及第而願留者，四門學生補太學，太學生補國子學。每歲五月有田假，九月有授衣假，二百里外給程。其不帥教及歲中違程滿三十日，事故百日，緣親病二百日，皆罷歸。既罷，條其狀下之屬所，五品以上子孫送兵部，准蔭配色。每歲仲冬，州、縣、館、監舉其成者送之尚書省。

高祖武德元年，詔皇族子孫及功臣子弟，於秘書外省別立小學。

太宗貞觀五年以後，數幸國學。於門下別置弘文館，於東宮置崇文館，遂增創學舍一千二百間。國學、太學、四門亦增生員，其書、算各置博士，凡三百六十員。其屯營飛騎，亦給博士，授以經業。無何，高麗、百濟、新羅、高昌、吐蕃諸國酋長，亦遣子弟請入國學。於是國學之內八千餘人。國學之盛，近古未有。

高宗龍朔二年，東都置國子監。明年，以書學隸蘭臺，算學隸秘閣，律學隸詳刑。

上元二年，加試貢士《老子》策，明經二條，進士三條。國子監置大成二十人，取已及第而聰明者爲之。試書日誦千言，并日試策，所業十通七，然後補其禄俸，同直官。通四經業成，上於尚書吏部試之，登第加一階放選。其不第卽習業如初，三歲而又試，三試而不中第，從常調。

武后聖曆二年，鳳閣舍人韋嗣立上言：國家自永淳以來，二十餘載，國學廢散，胄子衰缺，時輕儒學之官，莫存章句之選。入垂拱已後，文明在辰，盛典鴻休，日書月至，因藉際會，入仕尤多。陛下誠能下明制，發德音，廣開庠序，大敦學校，三館生徒，卽令追集，王公以下子弟，不容別求仕進，皆入國學，服膺訓典，崇飾館廟，尊尚儒師，則四海之內靡然向風矣。

中宗神龍二年，敕學生在學，各以長幼爲序。初入學，皆行束脩之禮禮於師，國子、太學各絹三疋，四門學絹二疋，俊士及律、書、算學、州縣各絹一疋，皆有酒脯。其束脩三分入博士，二分助教，又每年國子監所管學生國子監試，州縣學生當州試，並選藝業優長者爲試官，仍長官監試。

詔宗室三等以下、五等以上未出身，願宿衛及任國子生，聽之。其學業成而堪貢者，宗正寺試，送監舉如常法。三衛番下日，願入學者，聽附國子學、太學及律館習業。蕃王及可汗子孫願入學者，附國子學讀書。

玄宗開元五年，始令鄉貢明經、進士見訖，國子監謁先師，學官開講問義，有司爲設食，清資五品以上官及朝集使皆往閲禮焉。

七年，又令弘文、崇文、國子生季一朝參。又敕州縣學生年二十五以下、八品子若庶人二十一以下，通一經及未通經而聰悟有文詞、史學者，入四門學爲俊士。即諸州貢舉省試不第，願入學者聽。

開元十一年，上置麗正書院，聚文學之士。秘書監徐堅、太常博士會稽賀知章等，或修書，或侍講，以張説爲修書使以總之。有司供給優厚。中書舍人陸堅以爲此屬無益於國，徒爲靡費，欲悉奏罷之。張説曰：『自古帝王於國家無事之時，莫不崇宫室，廣聲色。今天子獨延禮文儒，發揮典籍，所益者大，所損者微。陸子之言，何不達也。』上聞之，重説而薄堅。

帝愛鄭虔之材，欲置左右，以其不事事，更爲置廣文館，以虔爲博士。虔聞命，不知廣文曹司何在，訴宰相。宰相曰：『上增國學，置廣文館以居賢者，令後世言廣文博士自君始，不亦美乎？』虔乃就職。久之，雨壞廡舍，有司不復脩完，寓治國子館，自是遂廢。

天寶十二載，敕天下罷鄉貢舉人不由國子及郡縣學者，勿舉選。

十四載，復鄉貢。

代宗廣德二年，詔曰：『古者設太學，教胄子，雖年穀不登，兵革或動，而俎豆之事不廢。頃年戎車屢駕，諸生輟講，宜追學生在館習業，度支給廚米。』

蕭昕時爲國子祭酒，建崇太學以樹教本。帝悟其言，詔群臣有籍於朝及神策六軍子弟肄業者，聽補生員。

二月，釋奠於國子監，命宰相帥常參官，魚朝恩率六軍諸將往聽講，子弟皆服朱紫爲諸生。朝恩既貴顯，乃學講經爲文，僅能執筆、辨章句，遽自謂才兼文武，人莫敢與之抗。

國子監成，以魚朝恩行内侍監、判國子監事。中書舍人常衮言：『成均之任，當用名儒，不宜以宦者領之。』不聽。命宰相以下送朝恩上。

先公曰：先王之禮，受成獻馘於學，漢期門、羽林之士悉通一經，然則釋奠講經，宰相帥常參官、武臣率六軍諸將往聽，未爲失也。而魚朝恩判監事則非也。以薰腐之餘而列之熊羆之士、不二心之臣之上，豈惟章甫逢掖羞之，介胄之夫亦以爲辱矣。

德宗貞元六年，時弘文、崇文生未補者，務取闕員以補，速於登第，而用蔭乖實，至有假市門資，變易昭穆及假人試藝者。乃詔宜遽式考試，假代者論如法。

歸崇敬爲國子司業，皇太子欲臨國學行齒胄禮。崇敬以學與官名皆不正，乃建議：『古天子學曰辟廱，以制言之，壅水環繚如璧然；以誼言之，以禮樂明和天下云爾。在《禮》爲澤宫。故前世或曰璧池，或曰璧沼，亦言學省。漢光武立明堂、辟廱、靈臺，號「三廱宫」。晉武帝臨辟廱，行鄉飲酒禮，别立國子學，以殊士庶。永嘉南遷，惟有國子學。隋大業中，更名國子監。今聲明之盛，辟廱獨闕，請以國子監爲辟廱省。祭酒、司業之名，非學官所宜。業者，栒簴大板，今學不教樂，於義無當。請以祭酒爲太師氏，位三品；司業爲左師、右師，位四品。近世明經，不課其義，先取帖經，顓門廢業，傳授義絶。請以《禮記》、《左氏春秋》爲大經，《周官》、《儀禮》、《毛詩》爲中經，《尚書》、《周易》爲小經，各置博士一員。《公羊》、《穀梁春秋》共准一中經，通置博士一員。博士兼通《孝經》、《論語》，依章疏講解。德行淳潔、文詞雅正、形容莊重可爲師表者，委四品以上各舉所知，在外給傳，七十者安車蒲輪敦遣。國子、太學、四門、三官，各立五經博士，品秩、生徒有差。舊博士、助教、直講、經直，律館、算館助教，請皆罷。教授法：學士謁師，贄用腵脩一束，酒一壺，衫布一裁，色如師所服。師出中門，延入、與坐，割脩斟酒，三爵止。乃發篋出經，摳衣前請，師爲説經大略，然後就室。朝晡請益。師二時堂上訓授道義，示以文行忠信、孝弟睦友。旬省，月試，時考，歲貢，眡生徒及第多少爲博士考課上下。有不率教者，檟楚之，國子移禮部，爲太學生；太學又不變，徙之四門；四門不變，徙本州之學；復不變，繇役如初，終身不齒。雖率教，九年學不成者，亦歸之本州。禮部考試法：請罷帖經。於所習經問大義二十而得十八，《論語》、《孝經》十得八，爲通；策三道，以本經對，通二爲及第。其孝行聞鄉里者，舉解具言，試日義闕一二，許兼收焉。天下鄉貢如之。習業考試，並以明經爲名，得第授官，與進士同。』有詔尚書省集百官議。皆以習俗久，制度難分明，省禁非外司所宜名，《周官》世職者稱氏，國學非世官，不得名辟廱省、太師氏。大抵憚改作，故無施行者。

憲宗元和二年，置東都監生一百員。自天寶後，學校益廢，生徒流散。永泰中，雖置西監生，而館無定員。於是始定生員：西京國子館生八十人，太學七十人，四門三百人，廣文六十人，律館二十人，書、算館各十人。東都國子館十人，太學十五人，四門五十人，廣文十人，律館十人，書館三人，算館二人而已。

韓愈《請復國子監生徒疏》：文宗太和七年赦節文：『應公卿士族子弟，取來年正月已後，不先人國學習業者，不在應明經、進士之限。』

武宗會昌五年制：『公卿百官子弟，及京畿內士人寄客修明經、進士業者，並隸名太學。外州寄士人並隸名所在官學。』

咸通中，劉允章爲禮部侍郎，請諸生及進士第並謁先師，衣青衿、介幘，以還古制。又建言：『羣臣輸光學錢治庠序，宰相五萬，節度使四萬，刺史萬。』詔可。

梁開平三年，國子監奏：『修建文宣王廟，請率在朝及天下見任官俸錢，每貫剋留一十五文。』

後唐天成三年正月，中書門下奏：『伏以祭酒之資，歷朝所貴，爰從近代，不重此官。況屬聖朝，方勤庶政，須弘雅道，以振儒風。望令宰臣一員兼判國子祭酒。』敕：『宜令宰臣崔協兼判。』其年八月十一日，宰臣兼判國子祭酒崔協奏：『請國子監每年秪置監生二百員，候解送至十月三十日滿數爲定。又請頒下諸道州府，各置學官。如有鄉黨備諳、文行可舉者，録其事實申監司，方與解送。但一身就業，不得影庇門戶。兼太學書生，亦依此例，不得因此便取公牒，輒免本戶差役。又每年於二百人數內，不繫時節，有投名者，先令學官考試，校其學業深淺，方議收補姓名。』敕：『宜依。』

五年正月五日，國子監奏：『當監舊例，初補監生有束脩錢二千，及第後光學錢一千。竊緣當監諸色舉人及第後，多不於監司出給光學文抄，及不納光學錢，秪守選限，年滿便赴南曹參選。南曹近年磨勘選人，並不收暨監司光學文抄爲憑。請自今後欲准往例，應諸色舉人及第後，並先於監司出給光學文抄，並納光學錢，等各有所業等第，以備當監逐年公使。』奉敕：『宜准往例，自今後凡補監生，須令情願於監中修學，則得給牒收補，仍據所業次第，逐季考試申奏。如收補年深未聞藝業，虛占補牒，不赴試期，亦委監司具姓名申奏。』

按：五代弊法，凡官府公使錢，多令居官者自出其費，宰相則有光省錢，御史則有光臺錢，至於監生亦令其出光學錢，則貧士何所從出？既徵其錢，復不蠲其役，待士之意，亦太薄矣。然史所言，多有未曾授業輒取解送者，往往亂離之際，其居學者亦皆苟賤冒濫之士耳。

選拔制度分部

科舉·常科

綜述

《隋書》卷一《高祖紀上》（開皇）七年春正月癸巳，有事於太廟。乙未，制諸州歲貢三人。

又 卷二《高祖紀下》（開皇十八年秋七月）丙子，詔京官五品已上，總管、刺史，以志行修謹、清平幹濟二科舉人。

又 卷三《煬帝紀上》（大業三年夏四月）甲午，詔曰：天下之重，非獨治所安，帝王之功，豈一士之略。自古明君哲后，立政經邦，何嘗不選賢與能，收採幽滯。周稱多士，漢號得人，常想前風，載懷欽佇。朕負扆夙興，冕旒待旦，引領巖谷，置以周行，冀與羣才共康庶績。而彙茅寂寞，投竿罕至，豈美璞韜采，未值良工，將介石在懷，確乎難拔？永鑒前哲，憮然興歎！凡厥在位，譬諸股肱，若濟巨川，義同舟楫。豈得保茲寵禄，晦爾所知，優遊卒歲，甚非謂也。祁大夫之舉善，良史以爲至公，臧文仲之蔽賢，尼父譏其竊位。求諸往古，非無褒貶，宜思進善，用匡寡薄。

夫孝悌有聞，人倫之本，德行敦厚，立身之基。或節義可稱，或操履清潔，所以激貪厲俗，有益風化。强毅正直，執憲不撓，學業優敏，文才美秀，並爲廊廟之用，實乃瑚璉之資。才堪將略，則拔之以禦侮，膂力驍壯，則任之以爪牙。爰及一藝可取，亦宜採録，衆善畢舉，與時無棄。以此求治，庶幾非遠。文武有職事者，五品已上，宜依令十科舉人。有一於此，不必求備。朕當待以不次，隨才升擢。其見任九品已上官者，不在舉送之限。』

（大業五年六月）辛亥，詔諸郡學業該通、才藝優洽，膂力驍壯、超絶等倫，在官勤奮、堪理政事，立性正直、不避强禦四科舉人。

唐·李林甫等《唐六典》卷四《尚書禮部》 禮部尚書、侍郎之職，掌天下禮儀、祠祭、燕饗、貢舉之政令。其屬有四：一曰禮部，二曰祠部，三曰膳部，四曰主客；尚書、侍郎總其職務而奉行其制命。凡中外百司之事，由於所屬，皆質正焉。凡舉試之制，每歲仲冬，率與計偕。其科有六：一曰秀才，試方略策五條。此科取人稍峻，貞觀已後遂絶。二曰明經，三曰進士，四曰明法，五曰書，六曰算。凡正經有九：《禮記》、《左氏春秋》爲大經，《毛詩》、《周禮》、《儀禮》爲中經，《周易》、《尚書》、《公羊春秋》、《穀梁春秋》爲小經。通二經者，一大一小，若兩中經。通三經者，大、小、中各一。通五經者，大經並通。其《孝經》、《論語》、《老子》並須兼習。凡明經先帖經，然後口試並答策，取粗有文理者爲通。舊制，諸明經試每經十帖、《孝經》二帖、《論語》八帖、《老子》兼注五帖，每帖三言，通六已上，然後試策十條，通七，卽爲高第。開元二十五敕：諸明經先帖經，通五已上，然後口試，每經通問大義十條，遍六已上，並答時務策三道。凡進士先貼經，然後試雜文及策，文取華實兼舉，策須義理愜當者爲通。舊例帖一小經並注，通六已上；帖《老子》兼注，通三已上，然後試雜文兩道、時務策五條。開元二十五年，依明經帖一大經，通四已上，餘如舊。凡明法試律、令，取識達義理，問無疑滯者爲通。所試律、令，凡每部試十帖。策試十條：律七條，令三條。凡明書試《説文》、《字林》，取通訓詁，兼會雜體者爲通。《説文》六帖，《字林》四帖；兼口試，不限條數。）凡明算試《九章》、《海島》、《孫子》、《五曹》、《張丘建》、《夏侯陽》、《周髀》、《五經》、《綴術》、《緝古》，取明數造術，辨明術理者爲通。《九章》三帖，《五經》等七部各一帖，《綴術》六帖，《緝古》四帖，録大義本條爲問。凡此六科，求人之本，必取精究理實而升爲第。其有博綜兼學，須加甄獎，不得限以常科。開元二十五年敕，明經、進士中，除所試外，明經有兼明五經已上，每經帖十通五已上，口問大義十條，疏義精通，通五已上；進士有兼通一史，試策及口問各十條，通六已上，須加甄獎，所司録名奏聞。其進士唱及第訖，具所試雜文及策，送中書門下詳覆。其明經口問，仍須對同舉人考試。其試弘文、崇文生，自依常式。其弘文、崇文館學生雖同明經、進士，以其資廕全高，試取粗通文義。弘、崇生習一大經一小經、兩中經者，習《史記》者，《漢書》者，《東觀漢記》者，《三國志》者，皆須讀文精熟，言音典正，策試十道，取粗解注義，經通六，史通三。其試時務策者，皆須識文體，不失問目意，試五得三。皆兼帖《孝經》、《論語》，共十條。太廟齋郎亦試兩經，文義粗通，然後補授，考滿簡試。其郊社齋郎簡試亦如太廟齋郎。其國子監大成十員，取明經及第人聰明灼然者，試日誦千言，並口試，仍策所習業十條通七，然後補充，各授散官，依色令於學內習業，以通四經爲限。其禄俸賜會准非伎術直例給。業成者於吏部簡試，《孝經》、《論語》共試八條，餘經各試八條，間日一試，灼然明練精熟爲通。口試十通九、策試十通七爲第。所加經者，《禮記》、《左傳》、《毛詩》、《周禮》各加兩階，餘經各加一階。及第者放選，優與處分；不第者，三年一簡，九年業不成者，解退，依常選例。業未成年未滿者，不得別選及充餘使。若經事故，應敍日，還令覆上。其先及第人欲加經、及官人請試經者，皆準此。

唐·杜佑《通典》卷一四《選舉二·歷代制中》 隋文帝開皇七年制，諸州歲貢三人，工商不得入仕。開皇十八年，又詔：『京官五品以上及總管、刺史，並以志行脩謹、清平幹濟二科舉人。』牛弘爲吏部尚書，高構爲侍郎，最爲稱職。當時之制，尚書舉其大者，侍郎銓其小者，則六品以下官吏，咸吏部所掌。自是，海內一命以上之官，州郡無復辟署矣。

煬帝始建進士科。又制，百官不得計考增級，其功德行能有昭然者乃擢之。大業三年，始置吏部侍郎一人，分掌尚書職事。時武夫參選，多授文職。大業八年，詔曰：『頃自班朝治人，乃由勳敍，拔之行陣，起自勇夫，蠹政害人，寔由於此。自今以後，諸授勳官者，並不得因授文官職事。』

又 卷一五《選舉三・歷代制下》 大唐貢士之法，多循隋制。上郡歲三人，中郡二人，下郡一人，有才能者無常數。其常貢之科，有秀才，有明經，有進士，有明法，有書，有算。自京師郡縣皆有學焉。並具《學篇》。每歲仲冬，郡縣館監課試其成者，長吏會屬僚，設賓主，陳俎豆，備管絃，牲用少牢，行鄉飲酒禮，歌《鹿鳴》之詩，徵耆艾、敘少長而觀焉。既餞，而與計偕。其不在館學而舉者，謂之鄉貢。舊令諸郡雖一、二、三人之限，而實無常數。到尚書省，始由戶部集閱，而關於考功課試，可者爲第。武德舊制，以考功郎中監試貢舉。貞觀以後，則考功員外郎專掌之。律曰：『諸貢舉非其人，謂德行乖僻，不如舉狀者。及應貢舉而不貢舉者，謂才堪利用，蔽而不言也。一人徒一年，二人加一等，罪止徒三年。』

初，秀才科等最高，試方略策五條，有上上、上中、上下、中上，凡四等。貞觀中，有舉而不第者，坐其州長，由是廢絶。開元二十四年以後，復有此舉。其時以進士漸難，而秀才本科無帖經及雜文之限，反易於進士。主司以其科廢久，不欲收奬，應者多落之，三十年來無及第者。至天寶初，禮部侍郎韋陟始奏請，有堪此舉者，令官長特薦，其常年舉送者並停。自是士族所趣嚮，唯明經、進士二科而已。其初止試策，貞觀八年，詔加進士試讀經史一部。

至調露二年，考功員外郎劉思立始奏二科並加帖經。其後，又加《老子》、《孝經》，使兼通之。永隆二年，詔明經帖十得六，進士試文兩篇，識文律者，然後試策。

武太后載初元年二月，策問貢人於洛城殿，數日方了。殿前試人自此始。長壽三年制，始令舉人獻歲元會，列於方物前，以備充庭。因左拾遺劉承慶上疏奏：『四方珍貢，列爲庭實，而舉人不厠，甚非尊賢之意。』上從之。長壽二年，太后自製《臣軌》兩篇，令貢舉習業，停《老子》。

長安二年，教人習武藝，其後每歲如明經、進士之法，行鄉飲酒禮，送於兵部。開元十九年，詔武貢人與明經、進士同行鄉飲酒禮。其課試之制，畫帛爲五規，置之於垜，去之百有五步，內規廣六尺，橛廣六尺；餘四規，每規內兩邊各廣三尺。懸高以三十尺爲限。列坐引射，名曰『長垜』。弓用一石力，箭重六錢。又穿土爲埒，其長與垜均，綴皮爲兩鹿，歷置其上，馳馬射之，名曰『馬射』。鹿子長五寸，高三寸。弓用七斗以上力。又斷木爲人，戴方版於頂。凡四偶人，互列埒上，馳馬入埒，運槍左右觸，必版落而人不踣，名曰『馬槍』。槍長一丈八尺，徑一寸五分，重八斤。其木人上版，方三寸五分。皆以儇好不失者爲上。兼有步射、穿札、翹關、負重、身材、言語之選，通得五上者爲第。其餘復有平射之科，不拘色役，高第者授以官，其次以類升。又制爲土木馬於里閭間，教人習騎。天寶六載正月制：『文武之道，既惟並用，宗敬之儀，不可獨闕。其鄉貢武舉人上省，先令謁太公廟。每拜大將及行師剋捷，亦宜告廟。』

神龍二年二月，制貢舉人停《臣軌》，依舊習《老子》。

開元八年七月，國子司業李元瓘上言：『《三禮》、《三傳》及《毛詩》、《尚書》、《周易》等，並聖賢微旨。生人教業，必事資經遠，則斯道不墜。今明經所習，務在出身，咸以《禮記》文少，人皆競讀。《周禮》經邦之軌則，《儀禮》莊敬之楷模，《公羊》、《穀梁》，歷代崇習，今兩監及州縣，以獨學無友，四經殆絶。事資訓誘，不可因循。其學生請各量配作業，並貢人參試之，日習《周禮》、《儀禮》、《公羊》、《穀梁》。並請帖十通五，許其入策。以此開勸，卽望四海均習，九經該備。』從之。二十一年，玄宗新注《老子》成，詔天下每歲貢士，減《尚書》、《論語》策，而加《老子》焉。二十四年，制移貢舉於禮部，以侍郎掌之。因考功員外郎李昂詆訶進士李權文章，大爲權所陵訏，朝議以郎官地輕，故移於禮部，遂爲永制。二十五年二月，制：『明經每經帖十，取通五以上，免舊試一帖；仍按問大義十條，取通六以上，免試經策十條；令答時務策三道，取粗有文理者與及第。其進士停小經，準明經帖大經十帖，取通四以上，然後準例試雜文及策，考通與及第。其明經中有明五經以上，試無不通者；進士中兼有精通一史，能試策十條得六以上者：奏聽進止。其應試進士等，唱第訖，具所試雜文及策，送中書、門下詳覆。』禮部侍郎姚奕奏。玄宗方弘道化，至二十九年，始於京師置崇玄館，諸州置道學，生徒有差，京、都各百人，諸州無常員。習《老》、《莊》、《文》、《列》，謂之四子。蔭第與國子監同。謂之『道舉』。舉送、課試與明經同。凡舉司課試之法，帖經者，以所習經掩其兩端，中間開唯一行，裁紙爲帖，凡帖三字，隨時增損，可否不一，或得四、得五、得六者爲通。後舉人積多，故其法益難，務欲落之，至有帖孤章絶句，疑似參互者以惑之。甚者，或上抵其注，下餘一二字，使尋之難知，謂之『倒拔』。既甚難矣，而舉人則有驅聯孤絶、索幽隱爲詩賦而誦習之，不過十數篇，則難者悉詳矣。其於平文大義，或多牆面焉。

天寶元年，明經停《老子》，加習《爾雅》。十一載，禮部侍郎楊浚始開爲三行，不得帖斷絶、疑似之言也。明經所試一大經及《孝經》、《論語》、《爾雅》，帖各有差；帖既通而口問之，一經問十義，得六者爲通；問通而後試策，凡三條。三試皆通者爲第。進士所試一大經及爾雅，舊制，帖一小經並注。開元二十五年，改帖大經，其《爾雅》亦並帖注。帖既通而後試文試賦各一篇，文通而後試策，凡五條。三試皆通者爲第。經策全通爲甲第，通四以上爲乙第。通三帖以下及策全通而帖經文不通四，或帖經通四以上而策不通四，皆爲不第。明法試律令各十帖，試策共十條，律七條，令三條。全通爲甲，通八以上爲乙，自七以下爲不第。書者試《說文》、《字林》凡十帖，《說文》六帖，《字林》四帖。口試無常限，皆通者爲第。算者試《九章》、《海島》、《孫子》、《五曹》、《張丘建》、《夏侯陽》、《周髀》、《五經》、《綴術》、《緝古》，帖各有差，《九章》三帖，《五經》等七部各一帖，《綴術》六帖，《緝古》四帖。兼試問大義，皆通者爲第。凡衆科有能兼學，則加超獎，不在常限。

按令文，科第秀才與明經同爲四等，進士與明法同爲二等。然秀才之科久廢，而明經雖有甲乙丙丁四科，進士有甲乙二科，自武德以來，明經唯有丁第，進士唯乙科而已。先試之期，命舉人謁於先師，有司卜日，宿張於國學，宰輔以下皆會而觀焉。博集羣議講論，而退之禮部。閲試之日，皆嚴設兵衛，薦棘圍之，搜索衣服，譏訶出入，以防假濫焉。其進士，大抵千人得第者百一二；明經倍之，得第者十一二。其制詔舉人，不有常科，皆標其目而搜揚之。試之日，或在殿廷，天子親臨觀之。試已，糊其名於中考之，文策高者特授以美官，其次與出身。開元以後，四海晏清，士無賢不肖，恥不以文章達，其應詔而舉者，多則二千人，少猶不減千人，所收百纔有一。禮部員外郎沈既濟曰：『初，國家自顯慶以來，高宗聖躬多不康，而武太後任事，參決大政，與天子並。太后頗涉文史，好彫蟲之藝，永隆中始以文章選士。及永淳之後，太后君臨天下二十餘年，當時公卿百辟無不以文章達，因循遐久，寖以成風。以至於開元、天寶之中，上承高祖、太宗之遺烈，下繼四聖治平之化，賢人在朝，良將在邊，家給戶足，人無苦窳，四夷來同，海內晏然。雖有宏猷上略無所措，奇謀雄武無所奮。百餘年間，生育長養，不知金鼓之聲，爟燧之光，以至於老。故太平君子唯門調戶選，徵文射策，以取祿位，此行己立身之美者也。父教其子，兄教其弟，無所易業，大者登臺閣，小者仕郡縣，資身奉家，各得其足，五尺童子，恥不言文墨焉。是以進士爲士林華選，四方觀聽，希其風采，每歲得第之人，不浹辰而周聞天下。故忠賢雋彥韞才毓行者，咸出於是，而桀姦無良者或有焉。故是非相陵，毀稱相騰，或扇結鉤黨，私爲盟歃，以取科第，而聲名動天下；或鉤摭隱匿，嘲爲篇詠，以列於道路，迭相談訾，無所不至焉。』

寶應二年六月，禮部侍郎楊綰奏，諸州每歲貢人，依鄉舉里選，察秀才、孝廉。敕旨：『州縣每歲察孝廉，取在鄉閭有孝悌、廉恥之行薦焉。委有司以禮待之，試其所通之學。五經之內，精通一經，兼能對策，達於理體者，並量行業授官。其明經、進士、道舉，並停。』旋復故矣。

貞元二年六月，敕：『自今以後，其諸色舉選人中，有能習《開元禮》者，舉人同一經例，選人不限選數，許集。問大義一百條，試策三道，全通者超資與官，義通七十條，策通兩道以上者放及第，以下不在放限。其有散、試官能通者，亦依正員例處分。』五年五月，敕：『自今以後，諸色人中有習三禮者，前資及出身人依科目選例，吏部考試；白身依貢舉例，禮部考試。每經問大義三十條，試策三道。所試大義，仍委主司於朝官、學官中，揀擇精通經術三五人聞奏，主司與同試問。義策全通爲上等，特加超獎；大義每經通二十五條以上，策通兩道以上爲次等，依資與官。如先是員外、試官者，聽依正員例。其諸學生願習《三禮》及《開元禮》者，並聽。仍永爲常式。』九年五月，敕：『其習《開元禮》人，問大義一百條，試策三道，全通者爲上等；大義通八十條以上，策兩道以上爲次等；餘一切並準《三禮》例處分。仍永爲常式。』

《舊唐書》卷四《高宗紀上》（顯慶五年夏六月）辛卯，詔文武五品已上四科舉人。

又　卷一〇《肅宗紀》（乾元二年五月）丁亥，上御宣政殿試文經邦國等四科舉人。

又　卷一一《代宗紀》（大曆二年十月）癸卯，上御紫宸殿，策試茂才異行、安貧樂道、孝悌力田、高蹈不仕等四科舉人。

又　卷一二《德宗紀上》（貞元元年九月）乙巳，上御正殿，策賢良方正、能直言極諫等三科舉人。

又　卷一四《順宗憲宗紀上》（元和元年三月）丙午，命宰臣監試制舉人於尚書省，以制舉人先朝所徵，不欲親試也。

（元和三年三月）乙巳，御宣政殿試制科舉人。

又　卷一六《穆宗紀》（元和十五年三月）戊午，吏部尚書趙宗儒奏：「先奉敕，先朝所放制科舉人，令與中書門下四品已上官同於尚書省就試者。臣伏以制科所設，本在親臨，南省策試，亦非舊典。今覃恩既畢，庶政惟新，況山陵日近，公務繁迫，待問之士，就試非多。臣等商量，恐須停罷。」從之。

南漢·王定保《唐摭言》卷一　統序科第　《周禮》：鄉大夫具鄉飲酒之教，考其德行，察其道藝，三年，舉賢者貢于王庭。非夫鄉舉里選之義源於中古乎？夫子聖人，始以四科齒門弟子，後王因而範之。漢革秦亂，講求典禮，亦解循塗方轍，以須賢俊；考德行則升孝廉而激浮俗，掄道藝則第雋造而廣人文，故郡國貢士無虛歲矣。繇是天下上計集于大司徒府，所以顯五教於萬民者也。我唐沿隋法漢，孜孜矻矻，以事華澤。琴瑟不改，而清濁殊塗；丹漆不施，而豐儉異致。始自武德辛巳歲四月一日，敕諸州學士及早有明經及秀才、俊士、進士，明於理體，爲鄉里所稱者，委本縣考試，州長重覆，取其合格，每年十月隨物入貢。斯我唐貢士之始也。厥有沿革，録之如左：

貢舉釐革並行鄉飲酒　開元二十五年二月敕應諸州貢士：上州歲貢三人，中州二人，下州一人；必有才行，不限其數。所宜貢之人，解送之日，行鄉飲禮，牲用少牢，以官物充。

會昌五年舉格節文　公卿百寮子弟及京畿內士人寄客外州府舉士人等修明經、進士業者，並隸名所在監及官學，仍精加考試。所送人數：其國子監明經，舊格每年送三百五十人，今請送三百人；進士，依舊格送三十人；其隸名明經，亦請送二百人；其宗正寺進士，送二十人；其東監同華、河中所送進士，不得過三十人，明經不得過五十人。其鳳翔、山南西道東道、荆南、鄂岳、湖南、鄭滑、浙西、浙東、鄜坊、宣商、涇邠、江南、江西、淮南、西川、東川、陝虢等道，所送進士不得過一十五人，明經不得過二十人。其河東、陳許、汴、塗泗、易定、齊德、魏博、澤潞、幽、孟、靈夏、淄青、鄆曹、兗海、鎮冀、麟勝等道，所送進士不得過一十人，明經不得過十五人。金汝、鹽豐、福建、黔府、桂府、嶺南、安南、邕容等道，所送進士不得過七人，明經不得過十人。其諸支郡所送人數，請申觀察使爲解都送，不得諸州各自申解。諸州府所試進士雜文，據元格並合封送省。準開成三年五月三日敕落下者，今緣自不送所試以來，舉人公然拔解；今諸州府所試，各須封送省司檢勘，如病敗不近詞理，州府妄給解者，試官停見任用闕。

述進士上篇　永徽已前，俊、秀二科猶與進士並列；咸亨之後，凡由文學一舉於有司者，競集於進士矣。繇是趙傪等嘗刪去俊、秀，故目之曰《進士登科記》。古者，閭有序，鄉有庠，以時教行禮而視化焉。其有秀異者，則升于諸侯之學；諸侯歲貢其尤著者，移之于天子，升于太學；故命曰造士，然後命焉。周禮：大樂正論造士之秀者以告於王，而升諸司馬；司馬辨論官材，論進士之賢以告于王者，而定其論。論定然後官之，任官然後爵之，位定然後禄之。若列之於科目，則俊、秀盛于漢、魏；而進士，隋大業中所置也。如侯君素、孫伏伽，皆隋之進士也明矣。然彰于武德而甲於貞觀。蓋文皇帝修文偃武，天贊神授，嘗私幸端門，見新進士綴行而出，喜曰：「天下英雄入吾彀中矣！」若乃光宅四夷，垂祚三百，何莫由斯之道者也。

述進士下篇　元和中，中書舍人李肇撰國史補，其略曰：進士爲時所尚久矣，是故俊乂實在其中。由此而出者，終身爲文人，故爭名常爲時所弊。其都會謂之「舉場」，通稱謂之「秀才」，投刺謂之「鄉貢」，得第謂之「前進士」，互相推敬謂之「先輩」，俱捷謂之「同年」，近年及第，未過關試，皆稱「新及第進士」，所以韓中丞儀嘗有「知聞近過關試儀」，以一篇紀之曰：「短行納了付三銓，休把新銜惱必先，今日便稱前進士，好留春色與明年。」有司謂之「座主」，京兆府考而升者謂之「等第」，外府不試而貢者謂之「拔解」，然拔解亦須預託人爲詞賦，非謂白薦。將試各相保謂之「合保」，羣居而賦謂之「私試」，造請權要謂之「關節」，激揚聲價謂之「還往」，既捷，列名於慈恩寺塔謂之「題名」，大燕於曲江亭子謂之「曲江會」，曲江大會在關試後，亦謂之「關宴」。宴後同年各有所之，亦謂之爲「離會」。藉而入選謂之「春關」，不捷而醉飽謂之「打毷氉」，匿名造謗謂之「無名子」，退而肄業謂之「過夏」，執業以出謂之「夏課」，亦謂之「秋卷」。挾藏入試謂之「書策」，此其大略也。其風俗繫於先達，其制置存於有司。雖然，賢者得其大者，故位極人臣，常有十二三；登顯列，十有六七。而元魯山、張睢陽有焉，劉闢、元翛有焉。

散序進士　進士科始于隋大業中，盛於貞觀、永徽之際；縉紳雖位極人臣，不由進士者，終不爲美，以至歲貢常不減八九百人。其推重謂之『白衣公卿』，又曰『一品白衫』；其艱難謂之『三十老明經，五十少進士』；其負倜儻之才，變通之術，蘇、張之辨說，荆、聶之膽氣，仲由之武勇，子房之籌畫，弘羊之書計，方朔之詼諧，咸以是而晦之，修身慎行，雖處子之不若；其有老死於文場者，亦所無恨。故有詩云：『太宗皇帝眞長策，賺得英雄盡白頭！』獨孤及撰河南府法曹參軍張從師墓誌云：『從師祖損之，隋大業中進士甲科，位至侍御史諸曹員外郎。損之生法，以碩學麗藻，名動京師，亦舉進士，自監察御史爲會稽令。』

兩監　按實録：西監，隋制；東監，龍朔元年所置。開元已前，進士不由兩監者，深以爲耻。李華員外寄趙七侍御詩，略曰：『昔日蕭邵友，四人纔成童。』華與趙七侍御驊、蕭十功曹穎士、故邵十六司倉軫，未冠遊太學，皆苦貧共被。四人登科，相次典校。邵後二年擢第，以冤横貶，卒南中。又郭代公、崔湜、範履冰輩，皆由太學登第。李肇舍人撰國史補亦云：『天寶中，袁咸用、劉長卿分爲朋頭，是時尚重兩監。爾後物態澆漓，稔於世禄，以京兆爲榮美，同華爲利市，莫不去實務華，棄本逐末；故天寶二十載敕天下舉人不得言鄉貢，皆須補國子及郡學生。廣德二年制京兆府進士，並令補國子生，斯乃救壓覆者耳。奈何人心既去，雖拘之以法，猶不能勝。矧或執大政者不常其人，所立既非自我，則所守亦不堅矣。繇是貞元十年已來，殆絶於兩監矣。貞觀五年已後，太宗數幸國學，遂增築學舍一千二百間，增置學生凡三千二百六十員。無何，高麗、百濟、新羅、高昌、吐蕃諸國酋長，亦遣子弟請入；國學之内，八千餘人，國學之盛，近古未有。至永淳已後，乃廢。龍朔二年九月，敕學生在學，各以長幼爲序。初入學皆行束脩之禮，各絹三匹；四門學生，各絹二匹；雋士及律、書、算學，州縣學，各絹一匹。皆有酒脯。其分束脩，三分入博士，二分助教。又每年國子監所管學生，國監試；州縣學生，當州試。並藝業優長者爲試官，仍長官監試。其試者通計一年所授之業，口問大義十條。得八已上爲上，得六已上爲中，得五已下爲下。類三不及，在學九年。律，生六年，不任貢舉者，並解退。其從縣向州者，數下第，並須通計；服闋重任者不在計限，諸博士助教皆分經授。每一經必令終講；未終不得改業。開元二十二年五月，敕諸州縣學生二十五已下，八品、九品子弟，若庶人，並年二十一已下，通一經已上，未及一經而精神聰悟，有文詞史學者，每年銓量舉送所司簡試，聽入四門學充俊士。即諸州貢人省試下第，情願入學者，聽國子監所管學生，尚書省補；州縣學生，州縣長官補。州縣學生取郭下縣人替。諸州縣學生習本業之外，仍令兼習吉凶禮，公私有禮，事令示儀式，餘皆不得輒使。諸百姓立私學，其欲寄州縣學授業者，亦聽。會昌五年正月，敕公卿百寮子弟及京畿内士人寄修明經、進士業者，並宜隸名太學；外州寄學及士人並宜隸名所在官學，仍永爲常制。

西監　元和二年十二月，奏：『兩京諸館學生總六百五十員。每館定額如後：兩京學生，五百五十員；國子館，八十員；太學，七十員；四門館，三百員；廣文館，六十員；律館、算館，各十員。』又奏：『伏見天寶已前，國學生其數至多，並有員額。至永泰後，西監置五百五十員，東監近置一百員，未定每館員額。今謹具每館定額如前。伏請下禮部准格補置。』敕旨：『依。』

東監　東監，元和二年十二月，敕東都國子監量置學生一百員：國子館十員，太學十五員，四門五十員，律館十員，廣文館十員，書館三員，算館二員。

鄉貢　鄉貢里選，盛於中古乎！今之所稱，蓋本同而末異也。今之解送，則古之上計也。漢武帝置五經博士，博士奉常，通古今，員數十人。漢置五經而已。太常選民年十八已上好學者，補弟子；郡國有好文學，敬順於鄉黨者，令與計偕，受業太常，如弟子。一歲輒課通經藝，補文學掌故。上第爲郎。其秀異等，太常以名聞；其下材不事學者，罷之。若等雖舉於鄉，亦由於學。兩漢之制蓋本乎周禮者也。有唐貞元已前，兩監之外，亦頗重郡府學生，然其時亦由鄉里所升，直補監生而已。爾後膏粱之族，率以學校爲鄙事。若鄉貢，蓋假名就貢而已。景雲之前，鄉貢歲二三千人，蓋用古之鄉貢也。咸亨五年，七世伯祖鸞臺鳳閣龍石白水公，時任考功員外郎下覆試十一人，内張守貞一人鄉貢。開耀二年，劉思立下五十一人，内雍思泰一人。永淳二年，劉廷奇下五十五人，内元求仁一人。光宅元年閏七月二十四日，劉廷奇重試下十六人，内康庭芝一人。長安四年，崔湜下四十一人，李温玉稱蘇州鄉貢。景龍元年，李欽讓稱定州鄉貢附學。爾來鄉貢漸廣，率多寄應者，故不甄別置於榜中。信本同而末異也明矣。大曆中，楊綰疏請復舊章，貴全乎實。尋亦寢於公族垂空言而已。

廣文　天寶九年七月，詔於國子監別廣文館，以舉常修進士業者，斯亦救生徒之離散也。始，其春官氏擢廣文生者，名第無高下。貞元八年，歐陽詹第三人，李觀第五人。邇來此類不乏。暨大中之末，咸通、乾符以來，率以爲末第。或曰：鄉貢，賓也；學生，主也。主宜下於賓，故列於後也。大順二年，孔魯公在相位，思矯其弊，故特置吳仁璧於蔣肱之上。明年，公得罪去職，及第者復循常而已。悲夫！

兩都貢舉　永泰元年，始置兩都貢舉，禮部侍郎官號皆以『知兩都』爲名，每歲兩地別放及第。自大曆十一年停東都貢舉，是後不置。

試雜文　進士科與雋、秀同源異派，所試皆答策而已。兩漢之制，有射策、對策二義者何？射者，謂列策於几案，貢人以矢投之，隨所中而對之也。對則明以策問授其人而觀其臧否也。如公孫弘、董仲舒，皆由此而進者也。有唐自高祖至高宗，靡不率由舊章。垂拱元年，吳師道等二十七人及第，後敕批云：『略觀其策，並未盡善。若依令式，及第者唯只一人；意欲廣收其材，通三者並許及第。』後至調露二年，考功員外劉思立奏請加試帖經與雜文，文之高者放入策。尋以則天革命，事復因循。至神龍元年方行三場試，故常列詩賦題目於榜中矣。

朝見　國朝舊式，天下貢士，十一月一日，赴朝見。長壽二年，拾遺劉承之上疏：『請元日舉人朝見，列于方物之前。』從之。見狀，臺司接覽，中使宣口敕慰諭。建中元年十一月，朝集使及貢士見於宣政殿。兵興已來，四方不上計，內外不會同者，二十五年矣。今計吏至一百七十三人矣。仍令朝集使每日二人待制。

謁先師　開元五年九月，詔曰：『古有賓獻之禮，登於天府，揚于王庭，重學尊師，興賢進士；能美風俗，成教化，蓋先王之繇焉。朕以寡德，欽若前政，思與子大夫復臻于理，故他日訪道，有時忘食；乙夜觀書，分宵不寐。悟專經之義，篤學史之文。永懷覃思，有足尚者；不示褒崇，孰云獎勸！其諸州鄉貢、明經、進士，見訖宜令引就國子監謁先師，學官爲之開講，質問其義。宜令所司優厚設食。兩館及監內得舉人亦准。其日，清資官五品已上及朝集使往觀禮，即爲常式。易曰：「學以聚之，問以辯之。」詩曰：「如切如磋，如琢如磨。」此朕所望於習才也。』

進士歸禮部　雋、秀等科、比皆考功主之。開元二十四年，李昂員外性剛急，不容物，以舉人皆飾名求稱，搖蕩主司，談毀失實，竊病之而將革焉。集貢士與之約曰：『文之美惡悉知之矣，考校取舍存乎至公，如有請託於時，求聲於人者，當悉落之。』既而昂外舅常與進士李權鄰居相善，乃舉權於昂。昂怒，集貢人，召權庭數之。權謝曰：『人或猥知，竊聞於左右，非敢求也。』昂因曰：『觀衆君子之文，信美矣；然古人云：瑜不掩瑕，忠也。其有詞或不典，將與衆評之若何？』皆曰：『唯公之命！』既出，權謂衆曰：『向之言，其意屬吾也。吾誠不第決矣，又何藉焉！』乃陰求昂瑕以待之。異日會論，昂果斥權章句之疵以辱之。權拱而前曰：『夫禮尚往來，來而不往，非禮也。鄙文不臧，既得而聞矣；而執事昔有雅什，常聞于道路，愚將切磋，可乎？』昂怒而嘻笑曰：『有何不可！』權曰：『「耳臨清渭洗，心向白雲閒。」豈執事之詞乎？』昂曰：『然。』權曰：『昔唐堯衰耄，厭倦天下，將禪於許由，由惡聞，故洗耳。今天子春秋鼎盛，不揖讓於足下，而洗耳，何哉？』是時國家寧謐，百寮畏法令，兢兢然莫敢跌。昂聞惶駭，蹶起，不知所酬，乃訴於執政，謂權風狂不遜。遂下權吏。初，昂强愎，不受囑請，及有請求者，莫不先從。由是庭議以省郎位輕，不足以臨多士，乃詔禮部侍郎專之矣。

論曰：永徽之後，以文儒亨達，不由兩監者稀矣。於時場籍，先兩監而後鄉貢，蓋以朋友之臧否，文藝之優劣，切磋琢磨，匪朝伊夕，抑揚去就，與衆共之。有如趙、邵、蕭、李，（趙驊，邵軫，蕭穎士，李華。）婁、郭、苑、陳，（婁師德，郭元振，苑咸，陳子昂。）靡不名遂功成，交全分契。洎乎近代，厥道寖微；玉石不分，薰蕕錯雜。長我之望殊缺，遠方之來亦乖。止謂羣居，固非瓦合。是知生而知之者，性也；學而知之者，習也。渾金璞玉，又何追琢之勞乎？潢汙行潦，又何板築之置乎？紵衣之獻，彼迹疏而道親也；畫龍之劾，斯面交而心賊也。後之進者，定交擇友，當問道之何如。

又　卷二《京兆府解送》　神州解送，自開元、天寶之際，率以在上十人，謂之『等第』，必求名實相副，以滋教化之源。小宗伯倚而選之，或至渾化，不然，十得其七八。苟異於是，則往往牒貢院請落由。暨咸通、乾符，則爲形勢吞嚼，臨制近，同及第，得之者互相誇詫，車服侈靡，不以爲僭；仍期集人事，貞實之士不復齒，所以廢置不定，職此之由。其始末録之如左：

元和元年登科記京兆等第榜敍

天府之盛，神州之雄，選才以百數爲名，等列以十人爲首，起自開元、天寶之世，大曆、建中之年，得之者搏躍雲衢，階梯蘭省，即六月沖宵之漸也。今所傳者始于元和景戌歲，次敍名氏，目曰『神州等第録』。

廢等第

開成二年，大尹崔珙判云：選文求士，自有主司。州司送名，豈合差等？今年不定高下，不鎖試官；既絶猜嫌，暫息浮競。差功曹盧宗回主試。除文書不堪送外，便以所下文狀爲先後，試雜文後，重差司録侯雲章充試官，竟不列等第。明年，崔珙出鎮徐方，復置等第。

大中七年，韋澳爲京兆尹，榜曰：『朝廷將裨教化，廣設科場，當開元、天寶之間，始專明經、進士；及貞元、元和之際，又益以薦送相高。當時唯務切磋，不分黨甲，絶僥倖請託之路，有推賢讓能之風。等列標名，僅同科第；既爲盛事，固可公行。近日已來，前規頓改，互爭强弱，多務奔馳；定高卑於下第之初，決可否於差肩之日，會非考覈，盡係經營。奥學雄文，例舍于貞方寒素；增年矯貌，盡取於朋比羣强。雖中選者曾不足云，而爭名者益熾其事。澳叨居畿甸，合貢英髦，非無藻鑑之心，懼有愛憎之謗。且李膺以不察孝廉去任，胡廣以輕舉茂才免官；況在管窺，實難裁處。況禮部格文，本無等第，府解不合區分。其今年所合送省進士、明經等，並以納策試前後爲定，不在更分等第之限。』【略】

論曰：孟軻言，遇不遇，命也。或曰：性能則命通。以此循彼，匪命從於性耶！若乃大者科級，小者等列，當其角逐文場，星馳解試，品第潛方於十哲，春闈斷在於一鳴；奈何取舍之源，殆不踵此！或解元永黜，或高等尋休。黄頗以洪奥文章，蹉跎者一十三載；劉纂以平漫子弟，汨沒者二十一年。温岐濫竄于白衣，羅隱負冤于丹桂。由斯言之，可謂命通性能，豈曰性能命通者歟！苟佛於是，何姦宄亂常不有之矣！京兆府解試比同禮部三場試，巢寇之後，並只就一場耳。

宋・王溥《唐會要》卷七五《貢舉上・明經所集業附》 上元元年十二月二十七日，天后上表曰：『伏以聖緒出自玄元，五千之文，實惟聖教。望請王公以下，内外百官，皆習《老子道德經》。其明經咸令習讀，一準《孝經》、《論語》，所司臨時策試，請施行之。』至二年正月十四日，明經咸試《老子》策二條，進士試帖三條。

儀鳳三年三月敕：『自今已後，《道德經》、《孝經》並爲上經，貢舉皆須兼通。其餘經及《論語》，任依恆式。』

長壽二年三月，則天自製《臣範》兩卷，令貢舉人習業，停《老子》。

神龍元年二月二日赦文：天下貢舉人，停習《臣範》依前習《老子》。』

開元十六年十二月，國子祭酒楊瑒奏：『今之明經，習《左氏》者十無一二，恐《左氏》之學廢。又周禮、儀禮、公羊、穀梁，亦請量加優獎。』遂下制，明經習《左氏》，及通《周禮》等四經者，出身免任散官。至貞元元年五月二日，敕：『自今已後，明經習《禮記》及第者，許冬集。』

天寶元年四月三日敕：『自今已後，天下應舉，除崇玄學生外，自餘所試《道德經》，宜並停。仍令所司更別擇一小經代之。』其年，加《爾雅》，以代《道德經》。至貞元元年四月十一日，敕：『比來所習《爾雅》，多是鳥獸草木之名，無益理道。自今已後，宜令習老子《道德經》，以代《爾雅》，其進士亦宜同大經略例帖試。』至十二年三月十七日，國子司業裴肅奏：『《爾雅》博通詁訓，綱維《六經》，爲文字之楷範，作詩人之興咏，備詳六親九族之禮，多識鳥獸草木之名。今古習傳，儒林遵範。其《老子》是聖人玄微之言，非經典通明之旨，爲舉人所習之書，伏恐稍乖本義。伏請依前加《爾雅》。』奉敕：『宜准天寶元年四月三日敕處分。』

二年三月，《禮月令》篇宜冠衆篇之首，餘舊次之。

三年七月，詔曰：『《尚書》。古先所制，有異於當今，抄寫漸訛，轉疑於後學。永言刊革，必在從宜，《尚書》應是古字體，並依今文。』

建中二年十月，中書舍人、權知禮部貢舉趙贊奏：「應口問大義明經等，舉人明經之目，義以爲先。比來相承，唯務習帖，至於義理，少有能通。經術寖衰，莫不由此。今若頓取大義，恐全少其人；欲且因循，又無以勸學。請約貢舉舊例，稍示考義之難。承前問義，不形文字，落第之後，喧競者多。臣今請以所問，録於紙上，各令直書其義，不假文言，既與策有殊，又事堪徵證。憑此取舍，庶歸至公。如有義策全通者，《五經》舉人，請准廣德元年七月敕，超與處分，明經請減二選。伏請每歲甄獎，不過數人，庶使經術漸興，人知教本。」敕旨：「明經義策全通者，令所司具名聞奏，續商量處分。餘依。」

貞元二年六月詔：「其明經舉人，有能習律一部，以代《爾雅》者，如帖經俱通，於本色減兩選，合集日與官。」

十三年十二月，尚書左丞、權禮部知貢舉顧少連奏：「伏以取士之科，以明經爲首，教人之本，則義理爲先。至於帖書及以對策，皆形文字，並易考尋。試義之時，獨令口問，對答之失，覆視無憑，黜退之中，流議遂起。伏請准建中二年十二月敕，以所問録於紙上，各令直書其義，不假文言，仍請依經疏對。」奉敕：「宜依」。

元和二年十二月，禮部貢舉院奏：「《五經》舉人，請罷試口義。准舊試墨義十餘條，《五經》通五，明經通六，便放入第。」詔從之。

七年十二月，權知禮部侍郎韋貫之奏：「試明經請停墨義，依舊格，問口義。」從之。

開成四年十月敕：「每年明經及第，宜更與十人。」

帖經條例　貞觀九年五月敕：「自今已後，明經兼習《周禮》並《儀禮》者，於本色量減一選。」

永隆二年八月敕：「如聞明經射策，不讀正經，抄撮義條，纔有數卷。進士不尋史籍，惟誦文策，銓綜藝能，遂無優劣。自今已後，明經每經帖十得六已上者，進士試雜文兩首識文律者，然後令試策。其明法並書算舉人，亦准此例。即爲常式。」

永淳二年三月，敕令應詔舉人，並試策三道，即爲永例。

開元八年七月，國子司業李元瓘上言：「《三禮》、《三傳》，及《毛詩》、《尚書》、《周易》等，並聖賢微旨，生徒教業，必事資經遠，則斯文不墜。今明經所習，務在出身，咸以《禮記》文少，人皆競讀。《周禮》經邦之軌則，《儀禮》莊敬之楷模，《公羊》、《穀梁》，歷代宗習。今兩監及州縣，以獨學無友，四經殆絶，事資訓誘。不可因循。其學生望請量配作業，並貢人參試之日，習《周禮》、《儀禮》、《公羊》、《穀梁》，並請帖十通五，許其入策，以此開勸。即望四海均習，九經該備。」從之。

十六年十二月，國子祭酒楊瑒奏：「今之舉明經者，主司不詳其述作之意，每至帖試，必取年頭月尾，孤經絶句。自今已後，考試者盡帖平文，以存大典。」

十七年三月，國子祭酒楊瑒上言曰：「伏聞承前之例，每年應舉，常有千數，及第兩監，不過一二十人。臣恐三千學徒，虚費官廩，兩監博士，濫糜天禄。臣竊見入仕諸色出身，每歲向二千餘人，方於明經進士，多十餘倍。自然服勤道業之士，不及胥吏，以之效官，豈識先王之禮義。陛下設學校，務以勸進之；有司爲限約，務以黜退之。臣之微誠，實所未曉。今監司課試，已退其八九，考功及第，十又不收一二。若長以此爲限，恐儒風漸墜，小道將興。若以出身人多，應須諸色都減，豈在獨抑明經、進士也。」

二十一年，敕令士庶家藏《老子》一本，每年貢舉人，量減《尚書》、《論語》一兩條策。加《老子》策。

二十五年二月敕：「今之明經、進士，則古之孝廉、秀才。近日以來，殊乖本意，進士以聲律爲學，多昧古今；明經以帖誦爲功，罕窮旨趣，安得爲敦本復古，經明行修？以此登科，非選士取賢之道。其明經自今以後，每經宜帖十，取通五已上；免舊試一帖，仍按問大義十條，取通六已上；免試經策十條，令答時務策三道，取粗有文理者，與及第。其進士宜停小經，准明經帖大經十帖，取通四已上，然後准例試雜文及第者，通與及第。其明經中有明《五經》已上，試無不通者。進士中兼有精通一史，能試策十條得六已上者，委所司奏聽進止。其應試進士等唱第訖，具所試雜文及策，送中書門下詳覆。其所問明經大義日，須對同舉人考試。應能否共知，取舍無愧，有功者達，可不勉歟！」此詔因侍郎姚奕奏。

天寶十一載七月，舉人帖及口試，並宜對衆考定，更唱通否。

其載十二月敕：『禮部舉人，比來試人，頗非允當。帖經首尾，不出前後，復取者也之乎，頗相類之處下帖，爲弊已久，須有釐革。禮部請每帖前後，各出一行，相類之處，並不須帖。』

十二載六月八日，禮部奏以貢舉人帖經，既前後出一行，加至帖通六與過。

又　卷七六《貢舉中・進士》　貞觀八年三月三日，詔進士試讀一部經史。

二十二年九月，考功員外郎王師旦知舉，時進士張昌齡、王公瑾並有俊才，聲振京邑，而師旦考其文策全下，舉朝不知所以。及奏等第，太宗怪無昌齡等名，因召師旦問之。對曰：『此輩誠有文章，然其體性輕薄，文章浮豔，必不成令器。臣若擢之，恐後生相效，有變陛下風雅。』帝以爲名言，後並如其言。

調露二年四月，劉思立除考功員外郎。先時，進士但試策而已，思立以其庸淺，奏請帖經，及試雜文。自後因以爲常式。

開元二十四年十月，禮部侍郎姚奕請進士帖《左氏傳》、《周禮》、《儀禮》，通五與及第。

乾元初，中書舍人李揆兼禮部侍郎，揆嘗以主司取士，多不考實，徒峻其隄防，索其書策。殊不知藝不至者，居文史之囿，亦不能摛其詞藻，深昧求賢意也。及其試進士文章日，於中庭設《五經》及各史，及《切韻》本於狀，而引貢士謂之曰：『國家進士，但務得才，經籍在此，各務尋檢。』由是數日之間，美聲上聞。

建中二年十月，中書舍人、權知禮部貢舉趙贊奏：『進士先時試詩賦各一篇，時務策五道，明經策三道。今請以箴、論、表、贊代詩賦，仍試策二道。

三年四月敕：『禮部應進士舉人等，自今已後，如有試官及不合選，並諸色出身人等，有應舉者，先於舉司陳狀，准例考試。如才堪及第者，送名中書門下，重加考覈。如實才堪，卽令所司追納告身，注毀官甲，准例與及第。至選日，仍稍優與處分，其正員官，不在舉限。

元和二年十二月敕：『自今已後，州府所送進士，如迹涉疏狂，兼虧禮教，或曾任州府小吏，有一事不合清流者，雖薄有辭藝，並不得申送。如後舉事發，長吏奏停現任，如已停替者，殿二年。本試官及司功官，見任及已停替，並量事輕重貶降，仍委御史臺常加察訪。』

長慶元年敕：『今年禮部侍郎錢徽下進士鄭郎等一十四人，宜令中書舍人王起，主客郎中、知制誥白居易重試。』覆落十三人。三月丁未詔：『國家設文學之科，本求實才，苟容僥倖，則異至公。訪聞近日浮薄之徒，扇爲朋黨，謂之關節，干擾主司，每歲策名，無不先定。眷言敗俗，深用興懷。鄭郎等昨令重試，乃求深僻題目，貴觀學藝淺深。孤竹管是祭天之樂，出於《周禮》正經，閱其呈試之文，都不知其本事，辭律鄙淺，蕪累至多。其溫業等三人粗通，可與及第，其餘落下。今後禮部舉人，宜准開元二十五年敕，及第人所試雜文，先送中書門下詳覆。侍郎錢徽貶江州刺史。』

三年正月，禮部侍郎王起奏曰：『伏以禮部放榜，已是成名，中書重覆，尚未及第。重覆之中，萬一不定，則放榜之後，遠近誤傳，其於事理，實爲非便。臣伏請今年進士堪及第者，本司考試訖，其詩賦先送中書門下詳覆，候敕卻下本司，然後准舊例大字放榜。』從之。

大和七年八月，禮部奏：『進士舉人先試帖經，並略問大義，取經義精通者，次試議論各一首，文理高者，便與及第，其所試詩賦並停者。伏請帖大小經各十帖，通五通六爲及格。所問大義，便與習大經內，准格明經例問十條，仍對衆口義。伏准新制，進士略問大義，緣初釐革，今且以通三通四爲格。明年以後，並依明經例。其所試議論，請限五百字以上爲式。』敕旨依奏。

八年正月，中書門下奏：『進士放榜，舊例，禮部侍郎皆將及第人名先呈宰相，然後放榜。伏以委任有司，固當精慎，宰相先知取舍，事匪至公。今年以後，請便令放榜，不用先呈人名。其及第人所試雜文，及鄉貫三代名諱，並當日送中書門下，便合定例。』敕旨依奏。

其年十月，禮部奏：『進士舉人，自國初以來，試詩賦、帖經、時務策五道，中間或蹔改更，旋卽仍舊。蓋以成格可守，所取得人故也。去年八月敕節文，先試帖經、口義、議論等。以臣商量，取其折衷。伏請先試帖經，通數依新格處分。』敕旨依奏，

九年十二月，中書門下奏：『今月九日，閤內面奉進止，令條流進

士人數，及減下諸色入仕人等。准大和四年格，及第不得過二十五人。今請加至四十人。明經准大和八年正月敕，及第不得過一百一十人。今請再減下十人。

開成元年、二年、三年，並高鍇知貢舉，每年皆恩賜題目，及第並四十人。

其年十月，中書門下奏：『朝廷設文學之科，以求髦俊，臺閣清選，莫不由茲。近緣覈實不在於鄉閭，趍名頗雜於非類，致有跋扈之地，情計交通。將澄化源，在舉明憲。臣等商量，今日以後，舉人於禮部納家狀後，望依前五人自相保。其衣冠則以親姻故舊，久同遊處者；其江湖之士，則以封壤接近，素所諳知者爲保。如有缺孝弟之行，資朋黨之勢，迹由邪徑，言涉多端者，並不在就試之限。如容情故，自相隱蔽，有人糾舉，其同舉人並三年不得赴舉。仍委禮部明爲戒勵，編入舉格。』敕依奏。

會昌三年正月敕：『禮部所放進士及第人數，自今後，但據才堪即與，不要限人數，每年止於二十五人。』

四年二月，權知貢舉、左僕射、太常卿王起，放及第二十五人，續奏五人堪放及第，楊質至、竇緘、楊嚴、鄭朴、源重。奉敕：『祇放楊嚴及第，餘並落下。』

五年二月，諫議大夫、權知貢舉陳商放及第三十七人。其年三月，敕戶部侍郎、翰林學士白敏中重試，覆落七人。

其月，中書門下奏：『貢舉人並不許於兩府取解，仰於兩都國子監就試。』

大中元年正月，禮部侍郎魏扶放及第二十三人，續奏堪放及第三人：封彥卿、崔琢、鄭延休等，皆以文藝爲衆所知，其父皆在重任，不敢選，取其所試詩賦封進，奏進止。令翰林學士、戶部侍郎、知制誥韋琮等考，盡合程度。其月二十五日，奉進止：『並付所司放及第。有司考試，祇合在公，如涉徇私，自有典刑。從今已後，但依常例取舍，不得別有奏聞。』

其年六月，中書門下奏：『貢舉人取解，宜准舊例，於京兆、河南府集試。』從之。

二年正月，中書門下奏：『從貞元元年、大和九年秋冬前，皆是及第便從諸侯府奏試官，充從事，兼史館、集賢、弘文諸司諸使，奏官充職。以此取人，常多得士，由是長不乏材用。大和、會昌末，中選後四選，諸道方得奏充州縣官職，如未合選，並不在申奏限。臣等昨已奏論，面奉進止。自今已後，及第後第三年，即任奏請。』敕旨依奏。

天祐三年三月敕：『今年吏部所放進士，依去年人數外，更放兩人。』

緣舉雜集　長壽二年二月，左拾遺劉承慶上疏曰：『伏見比年以來，天下諸州所貢物，至元日，皆陳在御前。唯貢人獨於朝堂拜列。但孝廉秀異，既充歲貢，宜列王庭。豈得金帛羽毛，升於玉階之下；賢良文學，棄彼金門之外。恐所謂貴財而賤義，重物而輕人。伏請貢人至元日引見，列在方物之前，以備充庭之禮。』制曰：『可。』

開元五年九月詔：『諸州鄉貢明經、進士見訖，宜令引就國子監謁先師。學官爲之開講，質問疑義，仍令所司優厚設食。兩館及監内得解舉人，亦准此。其日，清官五品已上，及朝集使，並往觀禮，即爲常式。』謁先師，自此始也。

十九年六月敕：『諸州貢舉，皆於本貫籍分明者。然後依例，不得於所附貫，便求申送如有此色，所由州縣即便催科，不得遞相容許。』

二十四年九月二十日，禮部以貢舉請別置印。

天寶十二載七月十三日詔：『天下舉人，不得充鄉賦，皆須補國學士及郡縣學生，然後聽舉。』至至德元年已後，依前鄉貢。永泰元年七月，以京師米貴，遂分兩京集舉人。至大曆十年五月十九日，敕：『今年諸色舉人，悉赴上都。准舊例，十月二十五日隨考試，戶部著到。』興元元年，中書省有柳樹，建中末枯，至是再榮，人謂之瑞柳。禮部侍郎呂渭試進士，以《瑞柳》爲題，上聞而惡之。

貞元七年，兵部侍郎陸贄權知貢舉，時崔元翰、梁肅文藝冠時，贄輸心於肅與元翰，推薦藝實之士。升第之日，雖衆望不愜，然一歲選士，纔十四五，數年之内，居臺省者十餘人。

十六年十二月敕：『禮部別頭舉人，宜委禮部考試，不須置別頭。』

十八年五月敕：『明經、進士，自今已後，每年考試所拔人，明經不得過一百人，進士不得過二十人。如無其人，不必要補此數。』

十九年敕：『禮部舉人，自春以來，久愆時雨，念其旅食京邑，資用屢空，其禮部舉人，今年宜權停。』

元和十三年十月，權知禮部侍郎庾承宣奏：『臣有親屬應明經、進士舉者，請准舊例送考功試。』從之。自貞元十六年，高郢掌貢舉，請權停考功別試，識者是之，自今始復。

大和元年二月敕：『自今已後，天下勳臣、節將子弟，有能修詞尚學，應進士、明經，及通史學者，委有司務加獎引。

其年七月敕：『今年宜權於東都置舉，其明經、進士便在東都赴集。其上都國子監舉人等，合在上都試，及節目未盡者，條流奏聞。』

八年正月，禮部侍郎李漢奏：『准大和七年八月敕，貢舉人不要試詩賦策，且先帖大經小經，共二十帖，次對正義十道，次試議論各一首訖，考覈放及第。』其月，敕吏部、禮部、兵部：今年選近，緣秋末蟲旱相因，恐致災荒，權令停罷，及斂藏之後，物力且任。念彼求名之人，必懷觖望之志，寧違我令，以慰其心。宜依常例卻置，應緣所納文狀及銓試等期限，仍准今年格文，遞延一月。』

大中元年正月敕：『自今放進士榜後，杏園任依舊宴集，所司不得禁制。』先是，武宗好遊巡，曲江亭禁人宴聚故也，

十年四月，禮部侍郎鄭顥進《諸家科目記》十三卷，敕付翰林。自今放榜後，仰寫及第姓名，及所試詩賦題目進入內，仍付所司，逐年編次。

咸通十一年四月敕：『去年屬以用軍之際，權停貢舉一年。今既偃戈，卻宜仍舊。來年宜別許三十人及第，進士十人，明經進士二十人。已後不得援例。【略】

開元禮舉　貞元二年六月十一日敕：『《開元禮》，國家盛典，列聖增修，今則不列學科，藏在書府。使效官者昧於郊廟之儀，治家者不達冠婚之義，移風固本，合正其源。自今已後，其諸色舉人中，有能習《開元禮》者，舉人同一經例，選人不限選數許習，但問大義一百條，試策三道，全通者超資與官。義通七十條，策通兩道已上者，放及第。已下不在放限，其有散官能通者，亦依正官例處分。』至貞元九年五月二十日，敕：『其習《開元禮》人，問大義一百條，試策三道，全通者爲上等。大義通八十條已上，策兩道以上，爲次等。餘一切並准《三禮》例處分，仍永爲常式。

元和八年四月，吏部奏：『應《開元禮》及學究一經登科人等，舊例據等第高下，量人才授官。近日緣校書、正字等名望稍優，但需科第，皆求注擬，堅待員闕，或至踰年，若無科條，恐長僥倖，起今已後，等第稍高，文學兼優者，伏請量注校、正。其餘署，《開元禮》人，太常寺官有闕，相當注，通經人，國子監官闕，相當者，並請先授，以備講討，如不情願，卽通注他官，庶名實有名，紀律可守，其今年以前待闕人，亦請依此條限，使爲常制。』敕旨依奏，

三禮舉　貞元九年五月二日敕：『王者設教，勸學攸先，生徒肄業，執禮爲本，然則禮者務學之本，立身之端，居安之大猷，致治之要道，頃有司定議，習《禮經》者，獨授散官，頗乖指要，姑務弘獎，以廣儒風，自今已後，諸色人中，有習《三禮》者，前資及出身人，依科目例選，吏部考試白身人，依貢舉例，吏、禮部考試，每經問大義三十條，試策三道，所試大義，仍委主司於朝官、學官中，揀選精通經術三五人聞奏，主司於同試問義策全通爲上等，特加超獎，大義每經通二十五條以上，策通兩道已上，爲次等，依資與官，如先是員外、試官者，聽依正員例，其諸館學生，願習《三禮》及《開元禮》者，並聽，仍永爲常式。』

長慶二年二月，諫議大夫殷侑奏：『謹按《春秋》二百四十二年行事，王道之正，人倫之紀備矣，故先師仲尼稱志在《春秋》。歷代立學，莫不崇尚其教，伏以《左傳》卷軸文字，比《禮記》多校一倍，《公羊》、《穀梁》與《尚書》、《周易》多校五倍，是以國朝舊制，明經授散，若大經中能習一傳，卽放冬集，然明經爲傳學者，猶十不一二。今明經一例冬集，人之常情，趍少就易，《三傳》無復學者，伏恐周公之微旨，仲尼之新意，史官之舊章，將墜於地。伏請置《三傳》科以勸學者。《左傳》問大義五十條，《公羊》、《穀梁》各問大義三十條，策三道。義通七以上，策通二以上，與及第。其白身應者，請同《五經》例處分。其先有出身及前資官應者，請准學究一經例處分。』又奏：『歷代史書，皆記當時善惡，係以褒貶，垂裕勸戒。其司馬遷《史記》，班固、范曄《兩漢書》，

音義詳明，懲惡勸善，亞於《六經》，堪爲世教。伏惟國朝故事，國子學有文史直者，弘文館弘文生，並試以《史記》、《兩漢書》、《三國志》，又有一史科。近日以來，史學都廢。至於有身處班列，朝廷舊章，昧而莫知，況乎前代之載，焉能知之？伏請置前件史科，每史問大義一百條，策三道。義通七，策通二以上，爲及第。能通一史者，請同《五經》、《三傳》例處分。其有出身及前資官應者，請同學究一經例處分。有出身及前資官，優稍與處分。其三史皆通者請録奏聞，特加奬擢。仍請頒下兩都國子監，任生徒習讀。』敕旨：『宜依，仍付所司。』

童子　廣德二年五月二十四日敕：『孝弟力田科，其每歲貢宜停。童子每歲貢者亦停，童子仍限十歲以下者。』至大曆三年四月二十五日，敕：『童子舉人，取十歲以下者，習一經，兼《論語》、《孝經》。每卷誦文十科全通者，與出身。仍每年冬本貫申送禮部，同明經舉人例考試訖聞奏。』至十年五月二十五日，敕：『童子科宜停。』開成三年十二月敕：『諸道應薦萬言童子等，朝廷設科取士，門目至多，有官者合詣吏曹，未仕者卽歸禮部。文詞學藝，各盡其長，此外更或延引，則爲冗長。起今以後，不得更有聞薦，俾由正路，禁絶倖門。』雖有是命，而以童子爲薦者，比比有之。

明法　貞元二年六月敕：『明法舉人，有能兼習一經，小帖義通者，依明法例處分。』

又　卷七七《貢舉下·科目雜録》　大和元年十月，中書門下奏：『凡未有出身未有官，如有文學，祇合於禮部應舉。有出身有官，方合於吏部赴科目選。近年以來，格文差誤，多有白身及用散試官，並稱鄉貢者，並赴科目選。及注擬之時，卽妄論資次，曾無格例，有司不知所守。其有宏辭拔萃，《開元禮》、學究一經，則有定制，然亦請不任用在散試官限。其《三禮》、《三傳》、一史、三史、明習律令等，如白身，並令國學及州府，同明經，一史、《三禮》、《三傳》同進士，三史當年關送吏部，便授第二任官。如有出身及有正員官，本是吏部常選人，則任於吏部不限選數，應科目選。仍須檢勘出身，及授官無踰濫否，緣取學藝，其餘文狀錯繆，則不在駮放限。如考試登科，並依資注與好官。唯三史則超一資授官。如制舉人曁諸色人皆得選試，則無出身無官人並可，亦請不用散、試官。伏以散、試偶於諸道甄録處得便第二第三任官，既用虚銜，及授官則勝進士及諸色及第登科人授官，實恐僥倖。』敕旨依奏。

大中十年五月，中書門下奏：『據禮部貢院見置科目内，《開元禮》、《三禮》、《三傳》、三史、學究、道舉、法、算、童子等九科，近年取人頗濫。曾無實藝可採，徒添入仕之門，須議條流，俾精事業。臣等已於延英面奏，伏奉聖旨，將文字奏來者。其前件九科，臣等商量，望起大中十年，權停三年。滿後，至時赴科試者，令有司據所舉人先進名，令中書舍人重覆問過。如有本業稍通，堪備朝廷顧問，卽作等第進名，侯敕處分。如事業荒蕪，不合送名而妄送者，考官先議朝責。其童子近日諸道所薦送者，多年齒已過，考其所業，又是常流。起今已後，望令天下州府，薦童子並須實年十一、十二已下，仍須精熟，經旨全通，兼自能書寫者。如違條例，本道長吏，亦宜議懲罰。』從之。

咸通四年二月，進士皮日休上疏，請以《孟子》爲學科，曰：『臣聞聖人之道，不過乎經。經之降者，不過乎史。史之降者，不過乎子。子不異乎道者，《孟子》也。今國家有業《莊》、《列》之書者，亦登於科。其誘善也雖深，而懸科也未正。伏望命有司去《莊》、《列》之書，以《孟子》爲主，有能精通其義者，其科選視明經同。』疏奏，不答。

又　《弘文崇文生舉》　開元二十六年正月八日敕文：『弘文、崇文生，緣是貴胄子孫，多有不專經業，便與及第，深謂不然。自今已後，一依令式考試。』至天寶十四載二月十日，弘文館學生，自今已後，宜依國子監學生例帖試，明經、進士帖經並減半，雜文及策皆須粗通，仍永爲恆式。

廣德元年七月二十六日敕：『弘文、崇文兩館生，皆以資蔭補充。所習經業，務須精熟，楷書字體，皆得正樣。通者與出身，不通者罷之。』

貞元四年正月敕：『應補弘文、崇文學生，員闕至少，請補者多，就中商量，須有先後。伏請准建中三年十一月敕，先補皇緦麻已上親，及次宰輔子孫。仍於同類之内，所用蔭，先盡門地清華，履歴要近者，其餘據官蔭高下類例處分。』六年九月敕：『本置兩館學生，皆選勳賢胄子，蓋欲令其講藝，紹襲家風，固非開此倖門，隳紊典教。且令式之内，具有條章，考試之時，理須精覈。比聞此色，倖冒頗深，或假市門資，或變易昭穆，殊愧教化之本，但長僥競之風。未補者務取闕員，已補者自然登第，用蔭既已乖實，試藝又皆假人。誘進之方，豈當如此。自今已後，所司宜據式文考試，定其升黜，如有假貸，並准法處分。

大和七年八月九日敕：『弘文、崇文兩館生，今後並依式，試經畢日，仍差都省郎官兩人覆試，須責保任，不得輒許替代。』

九年十二月，中書門下奏：『奉進止，令減下諸色入仕人。其弘文館學生見定十六人，今請減下一人。』敕旨依奏。

開成三年二月，兩軍使狀稱：『請准大和元年五月十七日以前敕文，官階至品，便許用蔭，與子孫補兩館生出身。』敕旨：『神策大將軍用蔭補兩館生，宜准左右金吾大將軍例處分。』

又《崇玄生道舉附》　開元二十九年正月十五日，于玄元皇帝廟置崇玄學，令習《道德經》、《莊子》、《文子》、《列子》，待習成後，每年隨舉人例，送名至省，准明經考試。通者准及第人處分。其博士置一員。

天寶元年五月，中書門下奏：『兩京及諸郡崇玄學生等，伏准開元二十九年正月制，前件人合習《道德》、《南華》、《通玄》、《沖虛》等四經。又准天寶元年二月制，改《庚桑子》爲《洞靈眞經》，准請條補，崇玄學亦合習讀。伏准後制，合通五經。其《洞靈眞經》人間少本，臣近令諸觀尋訪，道士全無習者，本既未廣，業實難成。並《沖虛》《通玄》二經，亦恐文字不定。玄教方闡，學者宜精。其《洞靈》等三經，望付所司，各寫十本，校定訖，付諸道採訪使頒行。其貢舉司及兩京崇玄學生，亦望各付一本。今冬崇玄學人，望且准開元二十九年正月制考試，其《洞靈眞經》，請待業成後准式。』從之。

二年三月十六日制：『崇玄生試及帖策，各減一條。三年業成，始依常式。』

七載五月十三日，崇玄生出身，至選時，宜減於常例一選，以爲留放。

十三載十月十六日，道舉停習《道德經》，加《周易》，宜以來載爲始，至寶應三年六月二十日，道舉宜停。七月二十六日敕：『禮部奏，道舉既停，其崇玄生望付中書門下商量處分。』

大曆三年七月，增置崇玄生員，滿一百。

建中二年二月，中書門下奏：『准制，崇玄館學生試日，減策一道者。其崇玄館附學官見任者，既同行事，理合霑恩。惟策一道不可，更減大義兩條。』從之。

又《論經義》　貞觀十二年，國子祭酒孔穎達撰《五經義疏》一百七十卷，名曰《義贊》，有詔改爲《五經正義》。太學博士馬嘉運每掎摭之，有詔更令詳定，未就而卒。

永徽二年三月十四日，詔太尉、趙國公長孫無忌及中書門下及國子三館博士，弘文學士：『故國子祭酒孔穎達所撰《五經正義》，事有遺謬，仰即刊正。』至四年三月一日，太尉無忌、左僕射張行成、侍中高季輔及國子監官，先受詔修改《五經正義》，至是功畢，進之。詔頒於天下，每年明經，依此考試。

長安三年三月，四門博士王玄感表上《尚書糾謬》十卷、《春秋振滯》二十卷、《禮記繩愆》三十卷，並所註《孝經》、《史記》、《漢書》稾，請官給紙筆，寫上秘閣。制令弘文、崇文兩館學士及成均博士，詳其可否。弘文館學士祝欽明、崇文館學士李憲、趙元亨、成均博士郭山惲，皆專守先儒章句，深譏玄感，掎摭舊義。玄感隨方應答，竟不之屈。唯鳳閣舍人魏知古、司封郎中徐堅、左史劉知幾、右司張思敬，雅好異聞，每爲玄感申理其義。由是擢拜太子司議郎。

開元七年三月一日敕：『《孝經》、《尚書》，有古文本孔、鄭註，其中旨趣，頗多踳駮。精義妙理，若無所歸，作業用心，復何所適？宜令諸儒並訪後進達解者，質定奏聞。』其月六日，詔曰：『《孝經》者，德教所先。自頃已來，獨宗鄭氏、孔氏遺旨，今則無聞。又子夏《易傳》，近無習者。輔嗣注《老子》，亦甚甄明。諸家所傳，互有得失，獨據一說，能無短長？其令儒官詳定所長，令明經者習讀。若將理等，亦可並行。其作《易》者，並帖子夏《易傳》，共寫一部，亦詳其可否奏聞。』時議以爲不可，遂停。【略】

其年五月五日，詔曰：『間者諸儒所傳，頗乖通議。敦孔學者，冀鄭門之息滅；尚今文者，指古傳爲誣偽，豈朝廷並列書府，以廣儒術之心乎！其河、鄭二家，可令依舊行用。王、孔所注，傳習者稀，宜存繼絶之典，頗加獎飾。《子夏傳》逸篇既廣，前令帖《易》者停。』【略】

天寶五載正月二十三日，詔曰：『《禮記》垂訓，篇目攸殊，或未盡於通體，是有乖於大義。借如堯命四子，所授惟時；周分六官，曾不繫月；先王行令，蓋取於斯。苟分、至之可言，可弦、望之足舉。其《禮記·月令》宜改爲《時令》。』

其載二月二十四日，詔曰：『朕欽承聖訓，覃思玄經，頃改《道德經》「載」字爲「哉」，仍隸屬上句。及乎廷議，衆以爲然。遂錯綜真銓，因成註解。又《孝經》書疏，雖粗發明，幽賾無遺，未能該備，今更敷暢，以廣闕文。仍令集賢院具寫，送付所司，頒示中外。』

貞元七年十二月，秘書監包佶奏：『開元刪定《禮記·月令》，爲《時令》，其音及義疏，並未刊正。其《開元禮》所與《月令》相涉者，請選通儒詳定。』從之。

開成二年八月敕：『《新加九經字樣》一卷，國子監奏定。』得覆定石經字體翰林待詔唐玄度狀：『伏准大和七年二月敕，覆定《九經》字體者。今所詳覆，多依司業張參《五經字》爲准。其舊字樣，歲月將久，畫點參差，傳寫相承，漸致乖誤。今並依字樣書參詳，改邪就正訖。諸經之中，分別疑闕，舊字樣未載者，古今體異，隸篆不同。如總據《説文》，卽古體驚俗；若近代之文字，或傳寫乖訛。今與校勘官同商較是非，取其適中，纂録爲《新加九經字樣》一卷。或經典相承，與字義不同者，引文以註解。今刊削成，請附於《九經字樣》之末。』敕旨：『宜依。』

宋·王溥《五代會要》卷四《鄉飲》 後唐清泰二年九月，中書門下帖：『太常以長興三年敕，諸舉人常年薦送，先令行鄉飲酒之禮。宜令太常草定儀注，頒下諸州預前肄習。解送舉人之時，便行此禮。其儀速具奏聞。』初，長興中，宰臣李愚好古，奏行此禮，累年不暇。至是愚復奏及，觀禮官所定無緒。禮官孫知訓以古禮無次序，不可施行，博士或言梁朝時青州曾行一度，遂令青州訪舊簿書以聞，竟不能行。

又 卷二二《進士》 梁開平三年四月敕：『賜劉斤同進士及第，仍編入今年榜内第八人。』其年五月敕：『禮部所放進士薛均，是左司侍郎薛廷珪男，方持省轄，固合避嫌。其薛均宜令所司落下。』

後唐同光三年四月敕：『今年新及第進士符蒙正等，宜令翰林學士承旨盧質就本院覆試，仍令學士使楊彦璐監試。』其月敕：『禮部所放進士符蒙正等四人，既慊羣情，實干浮議，詩賦果有疵瑕。若便去留，慮乖激勸，倘無升降，卽昧甄明。況王徹體物可嘉，屬詞甚妙；桑維翰差無紕繆，稍有詞華。其王徹升爲第一，桑維翰第二，符蒙正第三，成僚第四。禮部侍郎裴皞放。今後應禮部每年所試舉人雜文策等，候過堂日，委中書門下子細詳覆奏聞。』

天成二年十二月敕：『新及第進士有聞喜宴，今後逐年賜錢四百貫。』

五年正月二十五日，禮部貢院奏：『當司准天成三年十二月十八日敕文内，准近敕，自此進士試雜文後，據所習本經，一一考試，須帖得通三已上者，卽放及第者。奉敕：「進士帖經，本朝舊制，蓋欲明先王之旨趣，閱多士之文章。近代已來，此道稍墜。今且上從元輔，下及庶僚，雖百藝者極多，能明經者甚少。恐此一節，或滯羣才，既求備以斯難，庶觀光而甚廣。今年凡應進士舉，所試文策及格，帖經或不及通三，與放及第。來年秋賦，詞人所習一本經，許令對義目，多少次第，仍委所司條例聞奏」其今年本經内對義，義目五道，考試通二通三，准帖經例放入，策其將來秋賦。諸寺監及諸州府所解送進士第，亦准去年十月一日敕，考具詩賦、義目、帖由等，並解送赴省。如或不依此解送當司，准近敕並不引送試。』奉敕：『宜依。』

五年二月九日敕：『近年文士，輕視格條，就試時疏於帖經，登第後恥於赴選，宜絶躁求之路，別開奬勸之門。其進士科已及第者，計選數年滿日，許令就中書陳狀，於都堂前各試本業詩賦判文等，其中才藝灼然可取者，便與除官。如或事業不甚精者，自許准添選。』

長興二年二月敕：『其進士並令排年齊入就試，至閉門試畢。内有先了者，上歷某時□旋令先出，其入策亦須晝試。應諸科第對策並依此例，其餘唯准前敕處分。』

清泰二年九月，禮部貢院奏：『奉長興二年二月敕，進士引試，早入晚出。令請依舊例，進士試雜文，並點門入省，經宿就試。』從之。

周廣順三年正月，户部侍郎、權知貢舉趙上交奏：『進士元試詩賦各一首，帖經二十帖，對義五道，今欲罷帖經、對義，別試雜文二首，試策一道。』從之。至其年八月，刑部侍郎、權知貢舉徐台符奏：『請別試雜文二首外，其帖經、對義，亦依元格。』從之。

顯德二年三月敕：禮部貢院奏，今年新及第進士李覃、嚴説、何儼、武允成、王汾、閭丘舜卿、楊徽之、任惟吉、趙鄰幾、周度、張慎微、王翥、馬文、劉選、程浩然、李震等一十六人所試詩賦、文論、策文等。國家設貢舉之司，求俊茂之士，務詢文行，以中科名。比聞近年以來，多有濫進，或以年勞而得第，或因謀勢以出身，今歲所貢舉人，試令看詳，果見紕繆，須至去留。

其李覃、何儼、楊徽之、趙隣幾等四人宜放及第。其嚴説、武允成、王汾、閭丘舜卿、任惟吉、周度、張慎微、王翥、馬文、劉選、程浩然、李震等一十二人，藝學未精，並宜黜落，且令苦學，以俟再來。禮部侍郎劉温叟失於選士，頗屬因循，據其過尤，宜行譴謫，尚示寬恕，特與矜容。劉温叟放罪。將來貢舉公事，仍令所司據條例聞奏。

其年五月，尚書禮部侍郎知貢舉竇儀奏：其進士請今後省卷限納五卷已上，於中須有詩、賦、論各一卷，餘外雜文歌篇，並許同納，祇不得有神道碑、誌文之類。其帖經、對義，並須實考，通三已上爲合格，將來御覆書試，候考試終場，其不及人以文藝優劣，定爲五等。取文字乖舛、詞理紕繆最甚者爲第五等，殿五舉；其次者爲第四等，殿三舉；以次者稍優，爲第三等，第二等，第一等，並許次年赴舉。其所殿舉數，並於所試卷子上朱書，封送中書門下，請行指揮及罪發解試官、監官等。其諸科舉人若合解不解、不合解而解者，監官、試官爲首罪，勒停見任，舉送長官聞奏取裁。監官、試官如受賂，及今後進士如有倩人述作文字應舉者，許人言告，送本處色役，永不進仕。同保人知者殿四舉，不知者殿兩舉。受倩者如見在官停任，選人殿三選，舉人殿五舉，諸色人量事科罪。從之。

五年三月，詔曰：『比者以近年貢舉，頗是因循，頻詔有司，精加試練，所冀去留無濫，優劣昭然。昨貢舉院奏，今年新及第進士等所試文書，或有臧否，爰命詞臣，再加考覈，庶涇、渭之不雜，免玉石之相參。其劉坦、單貽慶、李慶、徐緯、張覲等詩賦稍優，宜放及第。王汾據其文詞，未至隋敏，念以頃曾駁落，特與成名。熊若谷。陳保衡皆是遠人，深可嗟念，亦放及第。郭峻、趙保雍、楊丹、安玄度、張助、董咸則、杜思道等未甚精者，並從退落，更宜修進，以俟將來。知貢舉、右諫議大夫劉濤選人不當，有失用心，可責授右贊善大夫，俾令省過，以戒當官。』先是，濤於東京放榜後，率先及第進士劉坦已下一十五人，來赴行在，且以所試詩賦進呈。上以其詞多紕繆，命翰林學士李昉復試，故有是命。

又　卷二三《緣舉雜録》　梁開平元年七月，敕：『近年舉人，當秋薦之時不親試者，號爲拔解，今後宜止絶。』四月十一日，兵部尚書姚洎知貢舉奏：『近代設文科，選冑子，所以綱維名教，崇樹邦本也。今在公卿親屬，將相子孫，如有文行可取者，請許所在州府薦送，以廣毓材之路。』從之。乾化元年十二月，以尚書左僕射楊涉知禮部貢舉，非常例也。前代自武德、貞觀之後，但委考功員外郎主之。至開元二十五年，員外郎李昂爲貢士李涯所詆毁，由是中書奏請以禮部侍郎專焉。間或以他官頌，多用中書舍人，及諸司四品清資官。惟會昌中命太常卿王起主貢舉，時亦檢校僕射。

後唐同光二年十月，中書奏請停舉、選一年。敕：『舉、選二門，國朝之重事，但要精確，難議權停。宜准常例處分。』

天成元年八月，敕：『應三京、諸道，今年貢舉人，可依常年例取解，仍令隨處量事津送赴闕。』

三年七月四日，尚書工部侍郎任贊奏：『今後伏請宣下諸州府，所有諸色舉人，不是家在遠方，水陸隔越者，逐處選賓從官僚中藝學精博一人，各於本貫一例分明比試。如非通贍：不許妄給文解。』敕：『宜令今後諸色人委逐道觀察使，慎擇其詞藝及通經官員，各據所業，考試及格者，即與給解。仍具所試詩賦、帖經通粗數，一一申省。未及格者，不得徇私發解。兼承前諸道舉人，多於京兆府寄應，例以洪固鄉貴冑里爲戶，一時失實，事久難明。自此各於本道請解，具言本州縣某鄉某里爲戶。如或寄應，須具本貫入狀，不得效洪固貴冑之例。文解到省後，據所稱貫屬州府，戶籍內如無名，本人並給解處，官吏必行重責。京百司給解就試，准前指揮，兼下貢院。其本朝舊格，諸色舉人，每年各放幾人及第，到日續更詳酌處分。』其年十月三日敕：『訪聞每年及第舉人，牒送吏部關試，判題雖有，判語全無，祇見各書未詳，仍或正身不至，如斯乖謬，須議去除。此後應關送舉人，委南曹官吏准格考試，如是進士並經學及第人，曾親筆硯，其判語卽須緝搆文章，辨明治道。如是無文章，許直書其事，不得祇書未詳。如闕試時正身不到，又無請假字，卽牒貢院申奏停落。』

四年七月，中書門下奏：「今年及第人，先曾守攝職官者，宜令所司於守攝文書內暨出應舉及第年月日，或改名不改名，分各印押。其中曾受正官御署並佐幕者，仍約前任資序，與除一任官。如自中興已來，請科第人曾受職官，並令所司追納文書，及到日，准今年及第人例處分。已受官者，不在此限。兼勒貢院，將來舉人納家狀內，各分析曾爲官及不曾爲官，改名不改名。其曾爲職官者，先納歷任文書，及第准例指揮。」從之。其年七月敕：『今年應新及第人，給春關並於敷政門外宣賜。』慮所司邀頡故也。其年十月一日，中書門下條流貢舉人事件如後：

一、應諸道州府解送諸色舉人，須准元敕差有才藝公正官考試及格，然後給解，仍具所試詩賦、義目、帖由送省。如逐州府解內，不監書前件指揮事節，所司不在引試之限。禮部貢院考試諸色帖經舉人，今後據所業經書對義之時，逐經須將生卷與熟卷中半考試，不得依往例，祇將熟卷試問。

一、今後主司不受內外官寮書題薦託舉人，及安排考官。如或實在知有才學精博者，任具奏聞。若受書題囑託，致有屈人，其主司與發書人並加黜責，其所舉人別行朝典。三銓南曹亦不得受諸色官員薦託選人。如違，並准前指揮。

一、應諸色落第人，此後所司具所落事由，別張文榜，分明曉示。除諸州府解送舉人外，餘有於河南府寄應，及宗正寺、國子監生等，並須准上指揮。其中有依託朝臣者，於解內具言在某官姓名門館，考試及第後，並據姓名覆試。

一、應諸色舉人，至入試之時前，照日內據所納到試紙，本司印署訖，送中書門下，取中書省印印過，卻赴所司給散，逐人就試貢院。合請考官、試官，今後選學業精通、廉慎有守者充。如在朝臣門館人，不得奏請。

奉敕：『宜依。』

長興元年六月，中書門下奏：『此後賓貢，每年祇請放一人。兼及第舉人放榜時，並須據才藝高低，從上依資安排，不得以隻科取鼎、島、嶽、斗之名，兼不得呼春官爲恩門、師門，不得自稱門生。除賜宴外，不得輒有率斂，別謀歡會。曾赴舉落第人，不得改名。將來舉人，並依選人例，據地里遠近，於十月中納文解。如違，不在受納之限。』從之。

三年正月敕：『今後落第舉人，所司已納家狀者，次年便赴貢院就試，並免再取文解，兼下納文解之時，不在拘三旬，但十月內到者，並與收納。』其年十二月三十日，禮部貢院奏：『准《會要》，長壽二年十月十日，左拾遺劉承慶上疏曰：「伏見比年已來，天下諸州府所貢物，已至元日皆陳在御前，唯貢人獨於朝堂列拜。伏請貢人至元日列在貢物之前，以備充庭之禮。」制曰：「可。」近年直至臨鎖院前，赴應天門外朝見。今後請令舉人復赴正仗。仍緣今歲已晚，貢士未齊，欲具見到人點引，牒送四方館，至元日，請令通事舍人一員引伸朝賀，列於貢物之前，或以人數不少，卽請祇取諸科解頭一人就列，其餘續到者，候齊日別令朝見。如蒙俞允，當司祇於都省點引習儀。』奉敕：『宜准元敕處分，餘宜依。』

四年二月十六日，禮部貢院奏：『今後試舉人日，請令皇城司公幹人，於省門外聽察叫呼稱屈，及知貢院有倖門者，引赴皇城司勘問，如是的實虛妄，請嚴加科斷。兼今年放榜後及第人看畢，便綴行五鳳樓前，列行舞蹈謝恩訖，赴國學謝先師。然後與知貢舉官相識期集，祇候敕命，兼過堂及過樞密院。又舊例，侵晨張榜後，知貢院官及考試官已下便出。請今年張榜後，知貢舉官並考試官至晚出。』奉敕：『宜令敕下後於朝堂謝恩，卽赴國學。其試舉人日，宜令御史臺差人，聽其放榜日知貢舉官送出，自此永爲定制。及第舉人過樞密院，宜不施行。』

清泰二年九月，禮部貢院奏：『奉長興元年敕，進士、五經、九經、明經、五科童子外，諸色科目並停。緣由有明算道舉人，今欲施行。又奉長興三年正月敕：「每落第舉人，免取文解。」今後欲依元敕格，諸並再取解，十月十五日到省畢，違限不收，又奉天成四年敕：「諸色舉人入試前五日納試紙，用中書印印訖，付貢院司。緣五科所試塲數極多，旋印紙鎖宿內，中書往來不便，請祇用當司印。」』從之。

晉天福五年四月，禮部侍郎張充奏：『童子一科，伏請停廢。』

從之。

開運元年八月，復童子科。

周廣順三年正月，戶部侍郎、權知貢舉趙上交奏：『童子凡念書二十四道，今欲添念書，通前五十道。念及三十道者放及第。』從之。

顯德二年五月，禮部侍郎、知貢舉竇儀奏：『其童子科，請依晉天福五年敕停罷，任改就別科赴舉。』從之。

明法 後唐長興二年七月一日敕：『其明法科，今後宜與《開元禮》科同，其選數兼赴舉之時，委貢院別奏請，會諸法試官，依格例考試。』

晉天福六年五月十五日敕：『明法一科，今後令五選集合格，注官日優與處分。』

周廣順三年正月，戶部侍郎、權知貢舉趙上交奏：『明法元帖律令各十五帖，對義二十道。今欲罷帖律令，試墨義六十道。』從之。至其年八月，刑部侍郎、權知貢舉徐台符奏：『卻准元格帖律令各十五帖，對墨義二十道。』從之。

又《科目雜録》 後唐同光四年正月，五科舉人許維嶽等一百人進狀：『伏見新格文，《三禮》、《三傳》、每科止放兩人。方今《三傳》一科五十餘人，《三禮》三十餘人，《三史》學究一十人，若每年祇放兩人，及一人逐年又添初舉。伏見咸通、長慶年放舉人，元無定式；又同光元年春榜，亦是一十三人。請依元年例放人。』敕：『從之。』

天成二年正月二十七日，尚書禮部貢院奏：『五經考試官，先在吏部日，《長定格》合請兩員，數屬貢院，准新定格文，祇令奏請一員，兼充考試。伏緣今年科目，人數轉多，卻欲依舊，請考試官各一員。如蒙允許，續具所請官名銜申奏。』奉敕：『宜依。』

三年二月十日，禮部貢院奏：『當司據鄉貢九經劉英甫經中書陳狀，請對經義九十道，以代舊格帖經，奉堂判令詳狀處分者。當司伏准格文，九經祇帖九經書各一十帖，並對《春秋》、《禮記》口義各一十道。今准往例，並不曾有應排科講義，九經若便據送到引試排科講義，即恐有格例者。』奉敕：『劉英甫請以講義便代帖經，既能鼓篋而來，必有撞鐘之應，宜令禮部貢院考試。』其年七月十三日敕：『應將來《三傳》、《三禮》、《三史》、《開元禮》、學究等考試，本業畢後，引試對策時，宜令主司於時務中採取要當策題，精加考較，不必拘於對屬。須有文章，但能詞理周通，文字典切，即放及第。如不及此格，雖本業粗通，亦須黜落。應九經、五經、明經帖書文格後，引試對義時，宜令主司於大義汎出經問義五道，於簾下書試，祇令隔簾解說。但不失註疏義理，通二通三，然後便令念疏。如是熟卷，並須全通。仍無失錯。如得入簾，亦須於時務中選策題，精加考校。如粗於筆硯留意者，則任以四六對，仍須理有指歸，言關體要。如不曾於筆硯致功，即許直書其事，申明利害，不得錯使文字。其義問念疏對策，逐件須有去留。』

長興四年二月十六日，禮部貢舉奏：

新立條件如後：

一、九經、五經、明經呈帖由之時，試官書通不後，或不及格者，唱落後請置筆硯，將所納帖由分明，卻令自閲。或是試官錯書通不，當行改正。如懷疑者，便許請本經當面檢對。如實是錯，即便於帖由上書名而退。

一、五科常年駁榜出，多稱屈塞，今年並明書所對經書墨義，云『第幾道不，第幾道粗，第幾道通』，任將本經書疏照證。如考試官去留不當，許將狀陳訴，再加考校。如合黜落，妄有披述，當行嚴斷。

一、今年舉人有抱屈落第者，許將狀披訴於貢院官，當與重試。如貢院不理，即詣御史臺論訴。請自試舉人日，令御史臺差人受舉人訴屈文狀，並引本身勘問所論事件。或知貢舉之官及考試之官已下，敢有受貨賂，升擢親朋，屈抑藝能，陰從請託，及不依格去留者，一事有違，請行朝典。

一、懷挾書策，舊例禁止，請自今後入省門搜得文書者，不計多少，准例扶出，殿將來兩舉。

一、遙口受人迴換試處及鈔義題帖書時，諸般相救，准例扶出，請殿將來三舉。

一、藝業未精，准格落下，恥見同人，妄扇屈聲，擬爲將來基址，及他人帖對過場數多者，便生誣玷，或羅織毆罵者，並當收禁，牒送御史臺，請賜勘鞫。如知貢官舉及考試官事涉私徇，屈塞藝士，請行朝典。若虛妄者，請嚴行科斷，牒送本道重處色役，仍永不得入舉場。同保人亦連坐，各殿三舉。

奉敕：『宜依。』

周廣順二年二月，禮部侍郎趙上交奏：『貢院諸科，今欲不試汎義，其口義五十道，改試墨義，共十道處分。』從之。

三年正月，戶部侍郎、權知貢舉趙上交奏：『九經舉人元帖經一百二十道，墨義二十道，今欲罷帖經，於諸經墨義對一百五十道。五經元帖經八十，帖墨義二十道，今欲罷帖經，令對墨義一百道。學究元念書二十道，對義五十道。』從之。至其年八月，刑部侍郎、權知貢舉徐台符又奏：『九經請都對墨義六十道，其帖經對策，依元格。五經亦請對墨義六十道，帖經對策依元格。』從之。

《新唐書》卷四四《選舉志上》　唐制，取士之科，多因隋舊，然其大要有三。由學館者曰生徒，由州縣者曰鄉貢，皆升於有司而進退之。其科之目，有秀才，有明經，有俊士，有進士，有明法，有明字，有明算，有一史，有三史，有開元禮，有道舉，有童子。而明經之別，有五經，有三經，有二經，有學究一經，有三禮，有三傳，有史科。此歲舉之常選也。其天子自詔者曰制舉，所以待非常之才焉。【略】

凡秀才，試方略策五道，以文理通粗爲上上、上中、上下、中上，凡四等爲及第。凡明經，先帖文，然後口試，經問大義十條，答時務策三道，亦爲四等。凡開元禮，通大義百條、策三道者，超資與官；義通七十、策通二者，及第。散、試官能通者，依正員。凡三傳科，《左氏傳》問大義五十條，《公羊》、《穀梁傳》三十條，策皆三道，義通七以上、策通二以上爲第，白身視五經，有出身及前資官視學究一經。凡史科，每史問大義百條、策三道，義通七、策通二以上爲第。能通一史者，白身視五經、三傳，有出身及前資官視學究一經；三史皆通者，獎擢之。凡童子科，十歲以下能通一經及《孝經》、《論語》，卷誦文十，通者予官；通七，予出身。凡進士，試時務策五道、帖一大經，經、策全通爲甲第；策通四、帖過四以上爲乙第。凡明法，試律七條、令三條，全通爲甲第，通八爲乙第。凡書學，先口試，通，乃墨試《説文》、《字林》二十條，通十八爲第。凡算學，録大義本條爲問答，明數造術，詳明術理，然後爲通。試《九章》三條、《海島孫子五曹張丘建夏侯陽周髀五經算》各一條，十通六，《記遺》、《三等數》帖讀十得九，爲第。試《綴術》、《緝古》録大義爲問答者，明數造術，詳明術理，無注者合數造術，不失義理，然後爲通。《綴術》七條、《輯古》三條，十通六，《記遺》、《三等數》帖讀十得九，爲第。落經者，雖通六，不第。

凡弘文、崇文生，試一大經、一小經，或二中經，或《史記》、《前後漢書》、《三國志》各一，或時務策五道。經史皆試策十道。經通六，史及時務策通三，皆帖《孝經》、《論語》共十條通六，爲第。

凡貢舉非其人者、廢舉者、校試不以實者，皆有罰。

其教人取士著於令者，大略如此。而士之進取之方，與上之好惡、所以育材養士、招來獎進之意，有司選士之法，因時增損不同。【略】

高宗永徽二年，始停秀才科。龍朔二年，東都置國子監，明年以書學隸蘭臺，算學隸秘閣，律學隸詳刑。上元二年，加試貢士《老子》策，明經二條，進士三條。國子監置大成二十人，取已及第而聰明者爲之。試書日誦千言，並日試策，所業十通七，然後補其祿俸，同直官。通四經業成，上於尚書，吏部試之，登第者加一階放選。其不第則習業如初，三歲而又試，三試而不中第，從常調。

永隆二年，考功員外郎劉思立建言，明經多抄義條，進士唯誦舊策，皆亡實才，而有司以人數充第。乃詔自今明經試帖粗十得六以上，進士試雜文二篇，通文律者然後試策。

武后之亂，改易舊制頗多。中宗反正，詔宗室三等以下、五等以上未出身，願宿衛及任國子生，聽之。其家居業成而堪貢者，宗正寺試，送監舉如常法。三衛番下日，願入學者，聽附國子學、太學及律館習業。蕃王及可汗子孫願入學者，附國子學讀書。

玄宗開元五年，始令鄉貢明經、進士見訖，國子監謁先師，學官開講問義，有司爲具食，清資五品以上官及朝集使皆往閲禮焉。七年，又令弘文、崇文、國子生季一朝參。及注《老子道德經》成，詔天下家藏其書，貢舉人滅《尚書》、《論語》策，而加試《老子》。又敕州縣學生年二十五以下、八品子若庶人二十一以下通一經及未通經而聰悟有文辭、史學者，入四門學爲俊士。即諸州貢舉省試不第，願入學者亦聽。

二十四年，考功員外郎李昂爲舉人詆訶，帝以員外郎望輕，遂移貢舉於禮部，以侍郎主之。禮部選士自此始。

二十九年，始置崇玄學，習《老子》、《莊子》、《文子》、《列子》，亦曰道舉。其生，京、都各百人，諸州無常員。官秩、蔭第同國子，舉送、課試如明經。

天寶九載，置廣文館於國學，以領生徒爲進士者。舉人舊重兩監，後世禄者以京兆、同、華爲榮，而不入學。十二載，乃敕天下罷鄉貢，舉人不由國子及郡、縣學者，勿舉送。是歲，道舉停《老子》，加《周易》。十四載，復鄉貢。

代宗廣德二年，詔曰：「古者設太學，教胄子，雖年穀不登，兵革或動，而俎豆之事不廢。頃年戎車屢駕，諸生輟講，宜追學生在館習業，度支給廚米。」是歲，賈至爲侍郎，建言歲方艱歉，舉人赴省者，兩都試之。兩都試人自此始。

貞元二年，詔習《開元禮》者舉同一經例，明經習律以。代《爾雅》。是時弘文、崇文生未補者，務取員闕以補，速於登第，而用蔭乖實，至有假市門資、變易昭穆及假人試藝者。六年，詔宜據式考試，假代者論如法。初，禮部侍郎親故移試考功，謂之別頭。十六年，中書舍人高郢奏罷，議者是之。

元和二年，置東都監生一百員。然自天寶後，學校益廢，生徒流散。永泰中，雖置西監生，而館無定員。於是始定生員：西京國子館生八十人，太學七十人，四門三百人，廣文六十人，律館二十人，書、算館各十人；東都國子館十人，太學十五人，四門五十人，廣文十人，律館十人，書館三人，算館二人而已。明經停口義，復試墨義十條。五經取通五，明經通六。其嘗坐法及爲州縣小吏，雖藝文可采，勿舉。十三年，權知禮部侍郎庾承宣奏復考功別頭試。

初，開元中，禮部考試畢，送中書門下詳覆，其後中廢。是歲，侍郎錢徽所舉送，覆試多不中選，由是貶官，而舉人雜文復送中書門下。長慶三年，侍郎王起言：「故事，禮部已放牓，而中書門下始詳覆。今請先詳覆，而後放牓」議者以起雖避嫌，然失貢職矣。諫議大夫殷侑言：「《三史》爲書，勸善懲惡，亞於《六經》。比來史學都廢，至有身處班列，而朝廷舊章莫能知者。」於是立史科及三傳科。大和三年，高鍇爲考功員外郎，取士有不當，監察御史姚中立又奏停考功別頭試。六年，侍郎賈餗又奏復之。八年，宰相王涯以爲「禮部取士，乃先以牓示中書，非至公之道。自今一委有司，以所試雜文、鄉貫、三代名諱送中書門下」。

大抵衆科之目，進士尤爲貴，其得人亦最爲盛焉。方其取以辭章，類若浮文而少實；及其臨事設施，奮其事業，隱然爲國名臣者，不可勝數，遂使時君篤意，以謂莫此之尚。及其後世，俗益媮薄，上下交疑，因以謂按其聲病，可以爲有司之責，捨是則汗漫而無所守，遂不復能易。嗚呼，乃知三代鄉里德行之舉，非至治之隆莫能行也！太宗時，冀州進士張昌齡、王公謹有名於當時，考功員外郎王師旦不署以第。太宗問其故，對曰：「二人者，皆文采浮華，擢之將誘後生而弊風俗。」其後，二人者卒不能有立。

寶應二年，禮部侍郎楊綰上疏言：進士科起於隋大業中，是時猶試策。高宗朝，劉思立加進士雜文，明經填帖，故爲進士者皆誦當代之文，而不通經史，明經者但記帖括。又投牒自舉，非古先哲王仄席待賢之道。請依古察孝廉，其鄉閭孝友信義廉耻而通經者，縣薦之州，州試其所通之學，送於省。自縣至省，皆勿自投牒，其到狀、保辨、識牒皆停。而所習經，取大義，聽通諸家之學。每問經十條，對策三道，皆通，爲上第，吏部官之；經義通八，策通二，爲中第，與出身；下第，罷歸。《論語》、《孝經》、《孟子》兼爲一經，其明經、進士及道舉並停。

詔給事中李栖筠、李廙、尚書左丞賈至、京兆尹兼御史大夫嚴武議。栖筠等議曰：夏之政忠，商之政敬，周之政文，然則文與忠敬皆統人行。且謚號述行，莫美於文，文興則忠敬存焉。故前代以文取士，本文行也，由辭觀行，則及辭焉。宣父稱顏子『不遷怒，不貳過』，謂之『好學』。今試學者以帖字爲精通，不窮旨義，豈能知遷怒貳過之道乎？考文者以聲病爲是非，豈能知移風易俗化天下乎？是以上失其源，下襲其流，先王之道莫能行也。夫先王之道消，則小人之道長，亂臣賊子由是生焉！今取士試之小道，而不以遠大，是猶以蝸蚓之餌垂海，而望吞舟之魚，不亦難乎？所以食垂餌者皆小魚，就科目者皆小藝。且夏有天下四百載，禹之道喪而商始興；商有天下六百祀，湯之法棄而周始興；周有天下八百年，文、武之政廢而秦始並焉。三代之選士任賢，皆考實行，是以風俗淳一，運祚長遠。漢興，監其然，尊儒術，尚名節，雖近戚竊位，强臣擅權，弱主外立，母后專政，而亦能終彼四百，豈非學行之效邪？魏、晉以來，專尚浮俊，德義不修，故子孫速顛，享國不永也。今綰所請，實爲正論。然自晉室之亂，南北分裂，人多僑處，必欲復古鄉舉里選，竊恐未盡。請兼廣學校，以明訓誘。雖京師州縣皆有小學，兵革之後，生徒流離，儒臣、師氏，禄廩無向。請增博士員，厚其稟稍，選通儒碩生，間居其職。十道大郡，置太學館，遣博士出外，兼領郡官，以教生徒。保桑梓者，鄉里舉焉；在流寓者，庠序推焉。朝而行之，夕見其利。

而大臣以爲舉人循習，難於速變，請自來歲始。帝以問翰林學士，對曰：『舉進士久矣，廢之恐失其業。』乃詔明經、進士與孝廉兼行。

先是，進士試詩、賦及時務策五道，明經策三道。建中二年，中書舍人趙贊權知貢舉，乃以箴、論、表、贊代詩、賦，而皆試策三道。大和八年，禮部復罷進士議論，而試詩、賦。文宗從内出題以試進士，謂侍臣曰：『吾患文格浮薄，昨自出題，所試差勝。』乃詔禮部歲取登第者三十人，苟無其人，不必充其數。是時，文宗好學嗜古，鄭覃以經術位宰相，深嫉進士浮薄，屢請罷之。文宗曰：『敦厚浮薄，色色有之，進士科取人二百年矣，不可遽廢。』因得不罷。

武宗即位，宰相李德裕尤惡進士。初，舉人既及第，綴行通名，詣主司第謝。其制，序立西階下，北上東向；主人席東階下，西向；諸生拜，主司答拜；乃敍齒，謝恩，遂升階，與公卿觀者皆坐；酒數行，乃赴期集。又有曲江會、題名席。至是，德裕奏：『國家設科取士，而附黨背公，自爲門生。自今一見有司而止，其期集、參謁、曲江題名皆罷。』德裕嘗論公卿子弟艱於科舉，武宗曰：『向聞楊虞卿兄弟朋比貴勢，妨平進之路。昨黜楊知至、鄭朴等，抑其太甚耳。有司不識朕意，不放子弟，即過矣，但取實藝可也。』德裕曰：『鄭肅、封敖子弟皆有才，不敢應舉。臣無名第，不當非進士。然臣祖天寶末以仕進無他岐，勉强隨計，一舉登第。自後家不置《文選》，蓋惡其不根藝實。然朝廷顯官，須公卿子弟爲之。何者？少習其業，目熟朝廷事，臺閣之儀，不教而自成。寒士縱有出人之才，固不能閑習也。則子弟未易可輕。』德裕之論，偏異蓋如此。然進士科當唐之晚節，尤爲浮薄，世所共患也。【略】

其外，又有武舉，蓋其起於武后之時。長安二年，始置武舉。其制，有長垛、馬射、步射、平射、筒射，又有馬槍、翹關、負重、身材之選。翹關，長丈七尺，徑三寸半，凡十舉後，手持關距，出處無過一尺，負重者，負米五斛，行二十步，皆爲中第，亦以鄉飲酒禮送兵部。其選用之法不足道，故不復書。

宋・宋敏求《唐大詔令集》卷一〇六《政事・貢舉・條流明經進士詔》 學者，立身之本；文者，經國之資。豈可假以虚名，必須徵其實效。如聞明經射策，不讀正經；抄撮義條，才有數卷；進士不尋史傳，唯讀舊策；共相模擬，本無實才。所司考試之日，曾不揀練，因循舊例，以分數爲限。至於不辨章句、未涉文詞者，以人數未充，皆聽及第，其中亦有明經學業該深者，唯許通六經；進士文理華贍者，意無甲科。銓綜藝能，遂無優劣。試官又加顔面，或容假手，更相屬請，莫憚糾繩。由是僥倖路開，文儒漸廢；興廉舉孝，因此失人。簡賢任能，無方可致。自今以後，考功試人，明經每經帖試，録十帖得六已上者；進士試雜文兩首；識文律者，然後並令試策日仍嚴加捉搦，必才藝灼然，合昇高第者，並即依令。其明法並書算貢舉人，亦量準此例。即爲恒式。永隆二年八月

又《令貢舉人勉學詔》 古之學者，始入小學見小節，大學見大節，知父子長幼之序，君臣上下之位，然後師逸功倍。化人成俗，莫不由之。子不云乎：『遠而有光者，飾也；近而愈明者，學也。』故道行於上，禄在其中。所期於有成，不唯於遲達。自頃州里所薦，公卿之緒，門人衆矣。孰嗣子音，國胄顒然，未臻吾道，至使鑽仰之地，寂寥厥化。貴於責實，務於求仕，將去聖滋遠，尚治澆薄。爲敦儒未弘，不行勸沮。朕承百王之末，居四海之尊，惟懷永圖，思革前弊。何以發後生之智慮，垂先王之法？則朕甚懼之，敢忘於？是天下有業擅專門、學優重席、堪師授者，所在具以名聞。自今以後，貢舉人等宜加勗勉，須獲實才。如有義疏未詳，習讀未遍，輒充舉選，以希僥倖，所由官亦寘彝憲。有司申明條例，稱朕意焉。開元二年五月

又《張九齡〈令禮部掌貢舉敕〉》 敕：『每歲舉人，求士之本，專典其事，寧不重歟？頃年以來，唯考功郎中所職，位輕事重，名實不

倫，故盡委良吏長官，又銓□猥積，且六官之職，例體是同，況宗伯掌禮，宜主賓薦。』自今以後，每諸色舉人，及齋郎等簡試，並於禮部集，既衆務煩雜，仍委侍郎專知。開元三年四月

又《孫逖〈處分高蹈不仕舉人敕〉》　敕：『古之賢君，貴重眞隱者，將以勵激浮躁，敦厚風俗。《傳》不云乎？『舉逸人，天下之人歸心焉。』蓋謂此者。朕緬稽古訓，思弘致理，以爲道之爲體，先崇於靜退。政之所急，實仗於賢才。是用求諸巖藪，假以軺傳，虛佇之懷，亦云久矣。卿等各因旌賁，來赴闕庭，誠合盡收，以光是舉。然孔門荷蓧，唯數七人。商山採芝，空傳四老。今之應辟，其數頗多。朕頃緣幸湯，粗令探賾，或全誠抗迹，固辭避於呈試；或含光隱器，不耀穎於文詞。未測津涯，難於處置。語默之際，用捨遂殊。其弟子春等，並別有處分。自餘人等，宜各賜物十段，用成難進之美，以全至高之節。宜皆坐食，食訖好去。仍依前給公乘還貫。其華陰郡李崗等十六人，雖所舉有名，或稱疾不到。宜令本部取諸色官物，各賜二十段，以充藥物之資。

又《親試四子舉人敕》　朕聽政之暇，常讀《道德經》、《文》、《列》、《莊子》等書，文約而義精，詞高而旨遠。可以理國，可以保身。朕敦崇其教以左右人也。子大夫能從事於此，甚用嘉之。夫古今異宜，文質相變，若在宥而不理，外物而不爲，行遠古之化，非御今之道。適時之術，陳其所宜。又禮樂刑政，所以經邦國；聖智仁義，所以序人倫。使之廢絶，未知其旨。《道德經》曰：『絶學無憂』，則乖進德修業之教；《列子·立命》曰：『汝奚切於物』，又遺懲惡勸善之文。二旨孰非，何優何劣？《文子》曰：『金積折廉壁襲』；且申其義；《莊子》曰：『恬與之交相養，』相徵其言。使一理混同，二教兼舉，成不易之則，副虛佇之懷。開元二十九年九月

又《條流習禮經人敕》　王者設教，勸學攸先。生徒肄業，執禮爲本。故孔子曰：『不學禮，無以立。』又曰：『安上理人，莫善於禮。』然則禮者，蓋務學之本，立身之端；居安之大猷，致理之要道。屬辭比事，而不裁之以禮則亂；疏通知遠，而不節之以禮則誣。實百行之本源，爲五經之戶牖。雖聖人設教，罔不會通。而學者遵行，宜有先後。自頃有司定議，計功記習，不量教化淺深，義理難易，遂使博學者例從冬集，習禮經者獨授散官。敦本勸人，頗乖指要。始務弘奬，以廣儒風。自今已後，明經習禮記及第者，亦宜冬集。如中經兼習《周易》若《儀禮》，者量減一選。應諸色人中習《三禮》者，前資及出身人，依科目例；白身人，依貢舉例。每經問大義三十條，試策三道，仍主司於朝官學官中，簡擇精通經術三五人聞奏。主司與同試問，質定通否，義策全通爲上等，轉加超奬。大義每經通十五條已上，策通兩道已上爲次等，依資與官。如先是員外試官者，聽依正員例，其習《開元禮》人，問大義一百條，試策三道，全通者爲上等；大義通八十條已上，策通兩道已上爲次等。餘一切並准習《三禮》例處分。其諸館學士，願習《三禮》及《開元禮》者，並聽。仍永爲恒式。貞元

又《釐革新及第進士宴會敕》　敕：『進士策名，向來所重。由此從官，第一出身。誠宜行止端莊，宴遊儉約。事務率醵，動合兢修。保他日之令名，在此時之愼靜。豈宜縱逸，唯切追歡。近年以來，澆風大扇。一春所費，萬餘貫錢。況在麻衣，從何而出。力足者樂於書罰，家貧者苦於成名。將革弊訛，實在中道。宜令禮部切加誡約，每年有名宴會，一春罰錢及鋪地等相計，每人不得一百千。其勾當分手，不得過五十人。其開試開宴，並須在四月内。稍有違越，必舉朝章。仍委御史臺當加糾察。乾符二年正月

論説

唐·白居易《白氏長慶集》卷六〇《奏狀三·論重考科目人狀》

右，臣等奉中書門下牒，稱奉進旨，令臣等重考定聞奏者。臣等竊有所見，不敢不奏。伏以今年吏部科第，不置考官，唯遣尚書侍郎二人考試。吏部事至繁劇，考送固難精詳，所送文書，未免瑕病。臣等若苦考覆，退者必多。韓皋累朝舊臣，伏料陛下不能以小事致責。臣等又以朝廷所設科目，雖限文字，其間收採，兼取人材。今吏部只送十人，數且非廣；其中更重黜落，亦恐事體不弘。以臣所見，兼請不考。已得者不妨傲倖，不得者所勝無多；貴收人材，務存大體。伏乞以臣等此狀，宣付宰臣，重賜裁量。伏聽進旨。

元和十五年，十二月十三日，重考定科目官、將仕郎守尚書司門員外郎臣白居易等狀奏。

重考定科目官、將仕郎守尚書祠部員外郎上護軍臣李虞仲。

又《論重考試進士事宜狀》 右，臣等伏料，自欲重試進士已來，論奏者甚衆，伏計煩黷聖聽之外，必以爲或親或故，同爲黨庇。臣今非不知此，但以避嫌事小，隱情責深；所以冒犯天威，不敢不奏。伏希聖鑑，試詳臣言。伏以陛下慮今年及第進士之中，子弟得者僥倖，平人落者受屈，故令重試重考。乃至公至平，凡是平人，孰不慶倖？況臣等才識淺劣，謬蒙選充考官。自受命已來，夙夜惶懼，實憂愚昧，不副天心。敢不盡力竭誠，苦考得失？其間瑕病，纖毫不容；猶期再三，知臣懇盡。然臣等別有愚見，上裨聖聰；反覆思量，輒敢密奏。伏准禮部試進士例；許用書策，兼得通宵。得通宵則思慮必周，用書策則文字不錯。昨重試之日，書策不容一字，木燭只許兩條。迫促驚忙，幸皆成就。若比禮部所試，事校不同。雖詩賦之間，皆有瑕病；在與奪之際，或可矜量。儻陛下垂仁察之心，降特達之命：明示瑕病，以表無私；特全身名，以存大體。如此，則進士等知非而愧耻，其父兄等感激而戴恩。至於有司，敢不懲革？臣等皆蒙寵擢，又忝職司；實願裨補聖明，敢不罄竭肝膽？謹具奏聞，伏待聖裁。謹奏。

長慶元年，四月十日，重考試進士官、朝議郎守尚書主客郎中知制誥臣白居易等奏。

重考試進士官、朝散大夫守中書舍人上輕車都尉臣王起。

唐·韓愈《昌黎先生文集·論今年權停舉選狀》 右臣伏見今月十日敕，今年諸色舉選宜權停者，道路相傳，皆云以歲之旱，陛下憐閔京師之人，慮其乏食，故權停舉選以絶其來者，所以省費而足食也。

臣伏思之，竊以爲十口之家益之以一二人，於食未有所費。今京師之人，不啻百萬；都計舉者不過五七千人，並其僮僕畜馬，不當京師百萬分之一。以十口之家計之，誠未爲有所損益。又今年雖旱，去歲大豐，商賈之家，必有儲蓄，舉選者皆齎持資用，以有易無，未見其弊。今若暫停舉選，或恐所害實深。一則遠近驚惶，一則人士失業。臣聞古之求雨之詞曰：『人失職歟！』然則人之失職，足以致旱。今緣旱而停舉選，是使人失職而召災也。

臣又聞君者陽也，臣者陰也，獨陽爲旱，獨陰爲水。今者陛下聖明在上，雖堯舜無以加之；而羣臣之賢不及于古，又不能盡心於國，與陛下同心，助陛下爲理，有君無臣，是以久旱。以臣之愚，以爲宜求純信之士，骨鯁之臣，憂國如家，忘身奉上者，超其爵位，置在左右。如殷高宗之用傅說，周文王之舉太公，齊桓公之拔寧戚，漢武帝之取公孫弘。清閑之餘，時賜召問，必能輔宣王化，銷殄旱災。

臣雖非朝官，月受俸錢，歲受禄粟，苟有所知，不敢不言，謹詣光順門奉狀以聞。伏聽聖旨。

宋·李昉等《文苑英華》卷七五九《沈既濟〈詞科論〉》 初，國家治自顯慶已來，高宗聖躬多不康，而武太后任事，參決大政，與天子並。太后頗涉文史，好雕蟲之藝，永隆中始以文章選士。及永淳之後，太后君天下二十餘年，當時公卿百辟無不以文章。因循遐久，浸以成風，以至開元、天寶之中，上承高祖、太宗之遺烈，下繼四聖理平之化，賢人在朝，良將在邊，家給戶足，人無苦窳，四夷來同，海內晏然。雖有宏猷上略無所措，奇謀雄武無所奮。百餘年間，生育長養，不知金鼓之聲，烽燧之光，已至於老。故太平君子唯門調戶選，徵文射策，以取禄位，此行已立身之美者也。父教其子，兄教其弟，無所易業，大者登臺閣，小者任郡縣，資身奉家，各得其足。五尺童子，耻不言文墨焉。是以進士爲士林華選，四方觀聽，希其風彩。每歲得第之人，不浹辰而周聞天下。故忠賢雋彦韞才毓行者，咸出於是，而桀奸無良者或有焉。故是非相陵，毁稱相騰，或扇結鉤黨，私爲盟歃，以取科第，而聲名動天下。或鉤摭隱慝，嘲爲篇詠，以列於道路，迭相談訾，無所不至焉。

宋·蘇軾《東坡先生全集》卷四六《啓·謝制科啓二首嘉祐六年》

右軾啓。今月某日，蒙恩授前件官者。臨軒策士，方搜絶異之材；隨問獻言，誤占久虛之等。忽從佐縣，擢與評刑。內自顧於無堪，凜不知其所措。恭惟制治之要，惟有取人之難。用法者畏有司之不公，故舍其平生，而論其一日；通變者恐人才之未盡，故詳於採聽，而略於臨時。茲二者之相形，顧兩全而未有。一之於考試，而掩之於倉卒，所以爲無私也，然而才行之迹，無由而深知；委之於察舉，而要之於久長，所以爲無失也，然而請屬之風，或因而滋長。此隋、唐進士之所以爲有弊，魏、晉中正之所以爲多姦。

宋·胡寅《斐然集》卷二〇《桂陽監學記》 蓋三代之於人才，自□幼童而教養加焉，皆輔成德行之具，薰陶漸漬，歷數十年，德立行修，可以仕矣，然後在上者舉而用之，士未嘗有求也。世遠道喪，科舉之法設，父詔其子，兄詔其弟，鼓篋摳衣，登門投牒而覔舉，於是洙、泗之風掃地盡矣。方其讀聖人書，顧知編綴附會以待場屋之問，惟不中夫程式是慮。有司問之，又豈皆道德之意、仁義之説、養心修身之要、治國平天下之務！往往蔽正而徇己，道諛而誨諂。行之浸久，皆曰『取士如是足矣！』

宋·晁公武《郡齋讀書志》卷七《蜀桂堂編事條》 右僞蜀杨九齡撰雜記孟氏廣政中舉試事，載詩、賦、策題及知舉登科人姓氏，且云：『科舉起於隋開皇前，陋者謂唐太宗時，非也。』

宋·洪邁《容齋隨筆》卷三《進士試題》 唐穆宗長慶元年，禮部侍郎錢徽知舉，放進士鄭郎等三十三人，後以段文昌言其不公，詔中書舍人王起、知制誥白居易重試，駁放盧公亮等十人，貶徽江州刺史。白公集有奏狀論此事，大略云：『伏料自欲重試進士以來論奏者甚衆。蓋以禮部試進士，例許用書策，兼得通宵，得通宵則思慮必周，用書册則文字不錯。昨重試之日，書策不容一字，木燭只許兩條，迫促驚忙，幸皆成就，若比禮部所試事校不同。』及駁放公亮等敕文，以爲《孤竹管賦》出於《周禮》正經，閲其程試之文，多是不知本末。乃知唐試進士許挾書及見燭如此。

宋·洪邁《容齋續筆》卷一三《詩賦用韻》 唐以賦取士，而韻數多寡，平側次敍，元無定格。故有三韻者，《花蕚樓賦》以題爲韻是也。有四韻者，《蓂莢賦》以『呈瑞聖朝』，《舞馬賦》以『奏之天廷』，《丹甑賦》以『國有豐年』，《泰階六符賦》以『元亨利貞』爲韻是也。有五韻者，《金莖賦》以『日華川上動』爲韻是也。有六韻者，《止水》、《魍魎》、《人鏡》、《三統指歸》、《信及豚魚》、《洪鐘待撞》、《君子聽音》、《東郊朝日》、《蠟日祈天》、《宗樂德》、《訓胄子》諸篇是也。有七韻者，《日再中》、《射己之鵠》、《觀紫極舞》、《五聲聽政》諸篇是也。八韻有二平六側者，《六瑞賦》以『儉故能廣，被褐懷玉』，《日五色賦》以『日麗九華，聖符土德』，《徑寸珠賦》以『澤浸四荒，非寶遠物』爲韻是也。有三平五側者，《宣耀門觀試舉人》以『君聖臣肅，謹擇多士』，《懸法象魏》以『正月之吉，懸法象魏』，《玄酒》以『薦天明德，有古遺味』，《五色土》以『王子畢封，依以建社』，《通天臺》以『洪臺獨出，浮景在下』，《幽蘭》以『遠芳襲人，悠久不絶』，《日月合壁》以『兩曜相合，候之不差』，《金柅》以『直而能一，斯可制動』爲韻是也。有五平三側者，《金用礪》以『殷高宗命傅説之官』爲韻是也。有六平二側者，《旗賦》以。『風日雲舒，軍容清肅』爲韻是也。自太和以後，始以八韻爲常。唐莊宗時，嘗覆試進士，翰林學士承旨盧質以《后從諫則聖》爲賦題，以『堯、舜、禹、湯傾心求過』爲韻。舊例，賦韻四平四側，質所出韻乃五平三側，大爲識者所誚，豈非是時已有定格乎？國朝太平興國三年九月，始詔自今廣文館及諸州府、禮部試進士律賦，並以平側次用韻，其後又有不依次者，至今循之。

宋·洪邁《容齋三筆》卷六《減損入官人》 唐開元十七年，國子祭酒楊瑒上言：『省司奏限天下明經、進士及第每年不過百人。竊見流外出身，每歲二千餘人，而明經、進士不能居其什一，則是服勤道業之士，不如胥吏之得仕也。若以出身人太多，則應諸色裁損，不應獨抑明經、進士。』當時以其言爲然。淳熙九年，大減任子員數，是時，吏部四選開具以三年爲率，文班進士大約三四百人，任子文武亦如之。而恩倖流外，蓋過二千之數，甚與開元類也。

元·馬端臨《文獻通考》卷二八《選舉考一》 按：常貢者，不分優劣，隨例銓注之人也。舉秀才者，文才傑出，對策高第之人也。隋雖有秀才之科，而上本無求才之意，下亦無能應詔之人，間有一二，則反訝之，且嫉之矣。楊素苛酷俗吏，宜其疾視如此；蘇威儒者也，亦復沮抑正藏。士生斯時，何其不幸邪！

又 卷三〇《選舉考三》 先公馬廷鸞曰：『按《五代通録》，自梁開平至周顯德未嘗無科舉，而偏方小國兵亂之際，往往廢墜。如江南號爲文雅最盛，然江文蔚、韓熙載皆後唐時中進士第，宋齊邱、馮延巳仕於南唐，皆白衣起家爲秘書郎，然則南唐前此未嘗設科舉，科舉昉於此時耳，顧以江文蔚一言罷之。如以文蔚之言「前朝進士公私相半」爲譏，則文蔚固亦前朝進士也。然明年以徐鉉建言，復置科舉。暨我朝開寶中，唐之爲國不一二年將亡，而猶命張佖典貢舉，放進士，可悲也已！」【略】

按：貢舉而以墨義之『通』、『否』爲升黜，淺陋殊甚，有同兒戲。然『否』之多者，殿舉亦如之，猶略有古人簡不率者示罰之遺意云。

【略】

按：五代五十二年，其間惟梁與晉各停貢舉者二年，則降敕以舉子學業未精之故，至於朝代更易，幹戈擾搶之歲，貢舉未嘗廢也。然每歲所取進士，其多者僅及唐盛時之半，土宇分割，人士流離，固無怪其然。但《三禮》、《三傳》、學究、明經諸科，唐雖有之，然每科所取甚少，而五代自晉、漢以來，明經諸科中選者，動以百人計。蓋帖書、墨義，承平之時，士鄙其學而不習，國家亦賤其科而不取，故惟以攻詩賦中進士舉者爲貴。喪亂以來，文學廢墜，爲士者往往從事乎帖誦之末習，而舉筆能文者固罕見之，國家亦姑以是爲士子進取之塗，故其所取反數倍於盛唐之時也。國初，諸科取人亦多於進士，蓋亦承五季之弊云。歐陽公《什邡陳氏榮鄉亭記》曰：『什邡之吏特不喜儒，必摧辱中傷之。民既素饒，樂鄉裏，不急祿仕，又苦吏之爲，故未嘗有儒其業與服以遊者。甚好學者，不過專一經，工歌詩，優遊自養，爲鄉丈人而已。逮陳君巖夫始爲進士，然亦未嘗敢儒衣冠謁縣門，出入閭巷必鄉其服。已而州下天子詔書，索鄉舉秀才，巖夫始改服詣門應詔，吏方相驚。既州試之，送禮部，中丙科以歸省其父，曰：「噫！吾始惡進士之病己，而不知其可以爲榮也。」乃築亭以旌之。』晁歸來子序張穆之《觸鱗集》曰：『五季文物蕩盡，而魯儒猶往往抱經伏農野，守死善道，蓋五十年不改也。太祖皇帝既定天下，魯之學者始稍稍自奮，白袍舉子，大裾長紳，雜出戎馬介士之間，父老見而指以喜曰：「此曹出，天下太平矣。」方是時，厭亂，人思復常，故士貴，蓋不待其名實加於上下，見其物色士類，而意已悅安之，此儒之效也。』愚嘗讀此二篇，而後知五代之時，雖科舉未嘗廢，而士厄於離亂之際，不得卒業，或有所長，而不能以自見，老死閭閻，不爲少矣！【略】

按：自唐以來，所謂明經者，不過帖書、墨義而已。愚嘗見東陽麗澤呂氏家塾，有刊本呂許公夷簡應本州鄉舉試卷，因知墨義之式蓋十餘條，有云：『作者七人矣。請以七人之名對。』則對云：『七人，某某也。謹對。』有云：『見有禮於其君者，如孝子之養父母也。請以下文對。』則對云：『下文曰：「見無禮於其君者，如鷹鸇之逐鳥雀也。」謹對。』有云：『請以注疏對』者，則對云：『注疏曰云云。謹對。』有不能記憶者，則只云：『對未審。』蓋既禁其挾書，則思索不獲者不容臆說故也。其上則具考官批鑿，如所對善，則批一『通』字；所對誤及未審者，則批一『不』字。大概如兒童挑誦之狀，故自唐以來賤其科，所以不通者，殿舉之罰特重，而一舉不第者不可再應，蓋以其區區記問猶不能通悉，則無所取材故也。藝祖許令再應，待士之意亦厚矣。

按：殿前試士始於唐武后，然唐制以考功郎中任取士之責，後不過下行其事，以取士譽，非於考功已試之後再試之也。開元以後，始以禮部侍郎知貢舉，送中書門下詳覆，然惟元和間，錢徽爲侍郎知貢舉，宰相段文昌言其取士不公，覆試多不中選，徽坐免官。長慶以後，則禮部所取士，先詳覆而後放榜，則雖有詳覆之名，而實未曾再試矣。五代以來，所謂詳覆者，間有升黜。入宋太祖乾德六年，命中書覆試，則以帝疑陶穀之子不能文而中選，故覆之，亦未嘗別爲之升黜也。至開寶六年，李昉知舉，放進士後，下第人徐士廉等打鼓論榜，上遂於講武殿命題重試。御試自此試始。昉等所取十一人，重試共取二十六人，然於昉等所取十一人內，只黜武濟川一人，餘十人則高下一依元次，而續取到二十六人，不過附名在此十人之後，共爲一榜，然則是年雖別試而共爲一榜，亦未嘗有省試、殿試之分也。至八年，覆試禮部貢院合格舉人王式等於講武殿，內出試題，得進士三十六人，而以王嗣宗爲首；王式者，禮部所定合格第一人，則居其四。蓋自是年御試始別爲升降，始有省試、殿試之分，省元、狀元之別云。

宋·戴表元《剡源文集》卷三 雖然，晉人猶能清言，人物如庾公，清峙猶可觀也。更後百十年，清言日微。以至於隋唐科舉興，名檢廢，士長驅疾馳不暇峙矣。

清·顧炎武《日知録》卷一六《明經》 今人但以貢生爲明經，非也。唐制有六科：一曰秀才，二曰明經，三曰進士，四曰明法，五曰書，六曰算。《大唐新語》：隋煬帝置明經、進士二科。國家因隋制，增置秀才、明法、明字、明算，並前爲六科。當時以詩賦取者謂之進士，《金史移剌履傳》：進士之科，隋大業中始試以策，唐初因之。高宗時，雜以箴、銘、賦、詩，至文宗始專用賦。以經義取者謂之明經。葉石林《避暑録話》：唐制取士，用進士、明經二科。本朝初唯用進士，其罷明經，不知自何時。仁宗患進士詩賦浮淺，不本經術，嘉祐三年，始復明經科。今罷詩賦而用經義，則今之進士，乃唐之明經也。

唐時人仕之數，明經最多。考試之法，令其全寫注疏，謂之帖括。議者病其不能通經。權文公謂：『注疏猶可以質驗。不者，儻有司率情，上下其手，既失其末，又不得其本，則蕩然矣。』今之學者，並注疏而不觀，殆於本末俱喪。然則今之進士、又不如唐之明經也乎？

又《秀才》 《舊唐書·杜正倫傳》：『正倫，隋仁壽中，與兄正玄、正藏，俱以秀才擢第。唐代舉秀才止十余人，正倫一家有三秀才，甚爲當時稱美。』《唐登科記》：武德至永徽，每年進士或至二十餘人，而秀才止一人二人。《舊唐書職官志》則云：『秀才有唐已來無其人。』杜氏《通典》云：『初秀才科第最高，試方略策五條，有上上、上中、上下、中上，凡四等。貞觀中，有舉而不第者，坐其州長。由是廢絶。』《新唐書》，高宗永徽二年始停秀才科。士人所趨嚮，惟明經、進士二科而已。顯慶初，黄門侍郎劉祥道奏言：『國家富有四海，於今已四十年，百姓官寮，未有秀才之舉，未必今人之不如昔，將薦賢之道未至，豈使方稱多士，遂缺斯人？請六品以下，爰及山谷，特降綸言，更審搜訪。』唐人之于秀才，其重如此。『秀才』字出《史記賈生傳》：『年十八，以能誦詩屬書聞於郡中，吳廷尉爲河南守，聞其秀才。』而《儒林傳》，公孫弘等之議，則曰：『有秀才異等，輒以名聞。』此秀才之名所起。玄宗御撰《六典》言：『凡貢舉人有博識高才，强學待問，無失俊選者爲秀才。通二經已上者爲明經。明閑時務，精熟一經者，爲進士。』《張昌齡傳》：『本州欲以秀才舉之，昌齡以時廢此科已久，固辭，乃充進士貢舉及第。』是則秀才之名，乃舉進士者之所不敢當也。《册府元龜》：『開元二十四年已後，復有秀才舉。其時以進士漸難，而秀才本科，無貼經及雜文之限，反易於進士。主司以其科廢久，不欲收獎，應者多落之，三十年來無登第者。至天寶初，禮部侍郎韋陟始奏請，有堪此舉者，乃令長官特考，其常年舉送者竝停。』《册府元龜》又言：『代宗朝楊綰爲禮部侍郎，請制五經秀才科，事寢不行。』而《舊唐書·儒學傳》，馮伉大曆初登五經秀才科，則是嘗行之而旋廢耳。又《文苑英華·判目》有云：『鄉舉進士至省求試秀才，考功不聽，求訴不已。』趙岊判曰：『文藝小善，進士之能，訪對不休，秀才之目。』《文選》，任昉《爲蕭揚州作薦士表》：『訪對不休，質疑斯在。』是又進士求試秀才而不可得也。今以生員而冒呼此名，何也？《容齋三筆》謂：秀才之名，自宋、魏以後，實爲貢舉科目之最，而今世俗以爲相輕之稱。

又《舉人》 舉人者，舉到之人。【略】《舊唐書·高宗紀》：顯慶四年二月乙亥，上親策試舉人，凡九百人。調露元年十二月甲寅，臨軒試應岳牧舉人。是也。登科則除官，不復謂之舉人，而不第則須再舉。不若今人以舉人爲一定之名也。進士乃諸科目中之一科，而傳中有言舉進士者，有言舉進士不第者。孟浩然應進士不第，杜甫天寶初應進士不第，唐衢應進士久而不第，温庭筠大中初應進士，累年不第，吳筠舉進士不第，皇甫鎮舉進士，二十三上不中第。《五代史》亦然。敬翔乾符中舉進士不中。鄭遨唐昭宗時舉進士不中。李振常舉進士，咸通、乾符中連不中。鄭玨舉進士數不中。司空頲唐僖宗時舉進士不中。馮玉少舉進士不中。李鏻少舉進士累不中，賈緯少舉進士不中。但云舉進士，則第不第未可知之辭，不若今人已登科而後謂之進士也。自本人言之，謂之舉進士；自朝廷言之，謂之舉人。『唐文宗開成三年五月丁巳朔，敕禮部貢院，進士舉人，歲限放三十人及第。』進士舉人者，謂舉進士之人也。進士即是舉人。不若今人以鄉試榜謂之舉人，會試榜謂之進士也。

又《進士》 進士即舉人中之一科。其試於禮部者，人人皆可謂之進士。唐人未第稱進士，已及第則稱前進士。《雍録》引唐人詩云：『曾題名處添「前」字。』《通鑑》：『建州進士葉京嘗預宣武軍宴，識監軍之面。既而及第，在長安與同年出遊，遇之於塗，馬上相揖。因之謗議喧然，遂沈廢終身。』是未及第而稱進士也。試畢放榜，其合格者曰賜進士及第，徑又廣之曰賜進士出身，賜同進士出身，然後謂之登科。所以異於同試之人者，在乎賜及第，賜出身，而不在乎進士也。

又《科目》 唐制，取士之科有秀才，有明經，有進士，有俊士，有明法，有明字，有明算，有一史，有三史，有開元禮，有道舉，有童子。而明經之别，有五經，有三經，有二經，有學究一經，有三禮，有三傳，有史科。此歲舉之常選也。其天子自詔曰制舉。《唐書·選舉志》。如姚崇下筆成章、張九齡道侔伊吕之類，見於史者凡五十餘科，《困學紀聞》：唐制舉之名，多有八十有六。故謂之科目。宋王安石始罷諸科。今代止進士一科，則有科而無目矣。猶沿其名，謂之科目，非也。

又《甲科》 杜氏《通典》：『按令文科第，秀才與明經同爲四等，進士與明法同爲二等。然秀才之科久廢，而明經雖有甲乙丙丁四科，進士有甲乙二科，自武德以來，明經惟有丙丁第，進士惟乙科而已。』《舊唐書·玄宗紀》：『開元九年四月甲戌，上親策試應制舉人於含元殿，敕曰：「近無甲科，朕將存其上第。」』《楊綰傳》：『天寶十三載，玄宗御勤政樓試舉人，登甲科者三人，綰爲之首，超授右拾遺。』其登乙科者三十餘人。《册府元龜》。杜甫《哀蘇源明詩》曰：『制可題未乾，乙科已大闡。』然則今之進士而概稱甲科，非也。

《隋書·李德林傳》：『楊遵彦銓衡深慎，選舉秀才，擢第罕有甲科。德林射策五條，考皆爲上。』是則北齊之世，即已多無甲科者矣。

又《史學》 唐穆宗長慶三年二月，諫議大夫殷侑言：『司馬遷、班固、范曄《三史》爲書，勸善懲惡，亞於《六經》。比來史學廢絶，至有身處班列，而朝廷舊章莫能知者。』於是立《三史》科及《三傳》科。《通典》：『舉人條例：其史書，《史記》爲一史，《漢書》爲一史，《後漢書》並劉昭所注《志》爲一史，《三國志》爲一史，《晉書》爲一史，李延壽《南史》、《北史》爲一史。習《南史》者兼通《宋》、《齊志》，習《北史》者，通《後魏》、《隋書志》。』

又卷一七《通場下第》 《册府元龜》：『唐天寶十載九月辛卯，上御勤政樓，試懷才抱器舉人。丙申敕曰：「朕祗膺寶歷，殷鑒遠圖，慮草澤之遺賢，降弓旌於屢辟。是以三紀於兹，羣材輻湊。或一言可紀，必適輪轅；一善可經，每加奬進。庶六合之内，靡然同風，四科之門，咸能一貫。何兹意之緬邈，而增修之寂寥。今者舉人，深乖宿望。朕之所問，必正經史，卿等所答，咸皆少通。朕以獨鑑未周，必資僉議，爰命朝賢三事，精加詳擇。咸以爲闕於聚學，莫可登科。其懷材抱器舉人，並放更習學。其有不對策羅嘉茂，既是白丁，宜於劍南效力。全不答所問崔慎感、劉灣等，勒爲本郡充學生之數，勿許東西。其所舉官，各量貶殿，以示懲誡。」』是通場皆下第也。然玄宗不因是而廢此科，且黜落之舉人，猶稱爲『卿等』，既無峻切之文，亦不爲姑息之政，斯得之矣。

又《大臣子弟》 人主設取士之科，以待寒畯，誠不宜使大臣子弟得與其間，以示寵遇之私；而大臣亦不當使其弟子與寒士競進。【略】

唐之中葉，朝政漸非，然一有此事，尚招物議。長慶元年，禮部侍郎錢徽知貢舉，中書舍人李宗閔子婿蘇巢，右補闕楊汝士弟殷士皆及第，爲段文昌所奏，指摘牓内鄭朗等十四人，謂之子弟。穆宗乃内出題目重試，落朗等十人，貶徽江州刺史，宗閔劍州刺史，汝士開江令。《舊唐書》。會昌四年，權知貢舉左僕射王起奏：所放進士，有江陵節度使崔元式甥鄭朴、東都留守牛僧孺女婿源重，故相竇易直子緘，監察御史楊收弟嚴，試文合格，物議以子弟非之，敕遣戶部侍郎、翰林學士白敏中覆試，落下三人，唯放楊嚴一人。《册府元龜》。《唐書·楊嚴傳》又有楊知至，共五人。大中元年，禮部侍郎魏扶奏：臣今年所放進士三十三人，其封彦卿、崔琢、鄭延休等三人，實有同藝，爲時所稱，皆以父兄見居重任，不敢選取。詔令翰林學士承旨、戶部侍郎韋琮考覆，敕放及第。《舊唐書》。大中末，令狐綯罷相。其子滈應進士舉，在父未罷相前，拔文解及第。諫議大夫崔瑄論滈幹干主司，侮弄文法，請下御史臺推勘。疏留中不出。《舊唐書》令狐綯子滈傳：『大中十三年，綯罷相爲河中節度使，爲其子滈乞應進士舉，許之。登第三十人，有鄭羲者，故戶部尚書澣之孫；裴弘餘，故相休之子，魏篤，故相扶之子，及滈皆大臣子弟。諫議大夫崔瑄論滈權在一門，勢傾天下，及綯罷相作鎮之日，便令滈納卷貢闈，豈可以父在樞衡，獨撓文柄。請下御史臺按問。奏疏不下。』《册府元龜》載起居郎張雲疏，言綯方出鎮，滈便策名，放榜宣麻，相去二十三日。後梁開平三年五月，『敕禮部所放進士薛鈞，是左司侍郎薛廷珪男，方持省轄，固合避嫌，宜令所司落下』。

又《糊名》 國家設科之意，本以求才。今之立法，則專以防姦爲主，如彌封、謄録一切之制是也。考之唐初，吏部試選人皆糊名，令學士考判。武后以爲非委任之方，罷之。此則糊名已用之選人，而未嘗用之貢舉。貞元中，陸贄知貢舉，訪士之有才行者于翰林學士梁肅。肅曰：『崔羣雖少年，他日必至公輔。』果如其言。《册府元龜》。《唐書》本傳：『贄知貢舉，時崔元翰，梁肅文藝冠時。贄輸心於肅，肅與元翰推薦藝實之士。一歲選士纔十四五，數年之内，居臺省清近者十餘人。』太和初，禮部侍郎崔郾試進士，東都吴武陵出杜牧所賦《阿房宫辭》，請以第一人處之。《武陵傳》。此知其賢而進之也。張昌齡舉進士，與王公治齊名，皆爲考功員外郎王師旦所絀。太宗問其故，對曰：『昌齡等華而少實，其文浮靡，非令器也。取之則後生勸慕，亂陛下風雅。」帝然之。溫庭筠苦心硯席，尤長於詩賦。初舉進士，至京師，人士翕然推重。然士行塵雜，不修邊幅，能逐絃吹之音，爲側豔之詞。公卿家無賴子弟裴誠、令狐滈之徒，相與蒲飲，酣醉終日，由是累年不第。本傳。羅隱有詩名，尤長於詠史，然多譏諷，以故不中第。《册府元龜》。此知其不可而退之也。

又《座主門生》　貢舉之士，以有司爲座主，而自稱門生。自中唐以後，遂有朋黨之禍。【略】

唐時風俗之敝，楊復恭至謂昭宗爲門生天子。【略】

夫參佐之於舉主，猶蒙顧盼之恩，被話言之獎，陶鎔成就，或資其力，昔人且有黨比之譏。若科場取士，祇憑所試之文，未識其名，何有師生之分？至於市權撓法，取賄酬恩，枝蔓糾連，根柢磐互，官方爲之濁亂，士習爲之頹靡，其與漢人篤交念故之誼，抑何遠哉？

清·王鳴盛《十七史商榷》卷八一《新舊唐書一三·取士大要有三》　《新選舉志》云：「唐制，取士大要有三，由學館者曰生徒，由州縣者曰鄉貢，皆升於有司而進退之。其科之目，有秀才，有明經、有俊士，有進士，有明法，有明字，有明筭，有一史，有三史，有《開元禮》，有道舉，有童子。而明經之別，有五經，有三經，有二經，有學究一經，有三《禮》，有三傳，有史科。此歲舉之常選也。其天子自詔者曰制舉，所以待非常之才焉。」愚謂雖大要有三，其實惟二，以其地言，學館、州縣異，以其人言，生徒、鄉貢異，然皆是科目，皆是歲舉常選，與制舉非常相對。唐人入仕之途甚多，就其以言揚者則有此三種耳，科之目共有十二，蓋特備言之。其實若秀才則爲尤異之科，不常舉，若俊士與進士實同名異，若道舉僅玄宗一朝行之，旋廢，若律書、算學雖常行，不見貴，其餘各科不待言。大約終唐世爲常選之最盛者，不過明經、進士兩科而已。王定保《摭言》卷一《會昌五年舉格節文》篇及《兩監》篇載會昌五年正月敕文，《謁先歸》篇載開元五年九月詔文，皆專舉明經、進士二科。又如裴庭裕《東觀奏記》卷中一條云：「京兆府進士、明經解送，設殊、次、平等三級，以甄別行實。韋澳爲京兆尹，至解送日榜曰：「朝廷將裨教化，廣設科場，當開元、天寶之間，始專重明經、進士。」」是也。生徒與鄉貢於十二科皆有之，生徒是肄業於學館中人，館惟京師有之，而學則州縣皆有，肄業其中者，州縣試之，送尚書省。若鄉貢則庶人之俊異者，平日不在學中肄業，徑懷牒自列於州縣，州縣試之而送省，玩下文所述，其制自明。

又《偏重進士立法之弊》　雖並重明經、進士，後又偏重進士。《新志》云：「衆科之目，進士尤爲貴。時君篤意，以謂莫此之尚。」《摭言》會昌舉格所送人數，國子監及各道皆明經多進士少，又《述進士上篇》云：「咸亨之後，凡由文學舉於有司者，競集於進士。」又《散序進士》篇云：「進士盛於貞觀、永徽之際，搢紳雖位極人臣，不由進士終不爲美」云云。歐陽詹《文集》第八卷《與鄭伯義書》：「承今冬以前明經赴調罷舉進士。漁者所務唯魚，不必在梁、在笱；弋者所務唯禽，不必在矰、在繳。國家設尊官厚禄，爲人民爲社稷也。在求其人，非與人求；在得其人，非與人得。讀往載，究前言，則曰明經；屬以詞，賦以事，則曰進士，未卽以進士賢、明經不賢也。蚩蚩之人，貴此賤彼，是不達國家選士之意，居方寧斯人之徒與？況進士出身，十年、二十年而終於一命者有之，明經諸色入仕，須臾而踐卿相者有之。才如居方，諸科中升乎一科矣，宜存一梁一笱、一矰一繳之義。」觀以上各條，可見進士又在明經之上，且可見彼時明經及第者不肯卽求吏部舉選，往往舍去，仍應進士舉，惟歐陽詹所見不然，此皆足以徵唐制也。要之，積重難返，如詹之明達者已少，封演《聞見記》第三卷《貢舉》篇云：「代以進士登科爲登龍門，解褐多拜清緊，十數年閒擬迹廟堂，輕薄者語曰：「及第進士，俯視中黄郎；落第進士，揖蒲華長馬。」進士張繟落第，兩手奉登科記頂戴之曰「此《千佛名經》也」」云云，此段似有誤，「揖」上疑脱「平」字，「馬」字疑衍。及第進士俯視中書黄門兩省郎官，落第尚可再舉，一得卽躐清要，故平揖近畿蒲州、華州之令長也。其立法之弊如此，從長浮華，終無實用，唐楊綰、李德裕已憂之。

錢希白《南部新書》卷乙云：「太和中，上謂宰臣曰：「明經會義否？」宰臣曰：「明經只念經疏，不會經義。」」觀此則知彼時所以輕明經重進士。

又《不必登第方名進士》　昌黎《上宰相書》自稱鄉貢進士，公貞元八年登第，此書十一年所上。李肇《國史補》云：「得第謂之前進士。」是也。而其實進士乃科中一目，但應此舉者卽得稱之，試隨舉一二，如《新·舒元輿傳》：『元和中舉進士，見有司鉤校苛切，既試尚書，水炭脂炬飡具皆人自將，吏一唱名乃得入，列棘圍，席坐廡下，因上書言：「貢士體輕，非下賢意。」俄擢高第，調鄠尉。』舉進士者，貢於州府也；試尚書者，試於禮部也。《新·選舉志》言『試士本由考功員外郎，開元中，以員外望輕，移貢舉於禮部侍郎主之，』是也。其時元輿尚未登第。又《新·令狐綯傳》：『子滈，避嫌不舉進士。綯去宰相，丐滈與羣進士試有司，是歲及第，左拾遺劉蛻言：「滈未嘗舉進士，妄言已解，天下謂無解及第。」』然則不必及第方名進士也。

又《登第未卽釋褐》 東萊呂氏云：『唐制，得第後不卽釋褐，或再應皆中，或爲人論薦，然後釋褐。』此條極爲中肯，如《新書選舉志》云：『選未滿而試文三篇，謂之宏詞，試判三條，謂之拔萃，中者卽授官。』此蓋指登第後未得就選，故曰『選未滿』，中宏詞拔萃卽授官，此呂氏所謂『再應皆中，然後釋褐』也。昌黎《上宰相書》云『愈四舉於禮部乃一得，三選於吏部卒無成，九品之位其可望』云云，又云『國家仕進者，必舉於州縣，然後升於禮部，吏部試之以繡繪雕琢之文，考之以聲勢之逆順、章句之短長，中其程式者，然後得從下士之列』云云，昌黎以貞元二年始至京師，八年方及第，故歷四舉三選，則公自得第後於貞元九年十一年凡兩應博學宏詞試，皆被黜，集中《明水賦》登進士第作，《省試不貳過論》則試宏詞作也。餘一選無考，或又應書判，亦不中耳。宏詞是大科，吏部舉之，中書省試之，疑書判亦然，《新·選舉志》云：『進士，甲第，從九品上；乙第，從九品下。』彼時進士初選，大約得校書郎或縣尉，二者皆九品，故公望得九品之位也。禮部試進士，吏部中書試宏詞，皆用詩賦，故云『繡繪雕琢』，而判亦繡繪者，宏詞所業，詳見《玉海》。若進士程文與拔萃判載《文苑英華》甚詳，可考也。觀此文足證呂氏唐制登第不卽釋褐，再應皆中，然後釋褐，及《新志》未滿選試宏詞，拔萃卽授官之說，若爲人論薦得官，則散見《新》《舊》各列傳者更多，不可枚舉。公再應皆不中，九品之位、下士之列，信無望矣，乃伏光範門求賈耽、趙憬、盧邁輩，希其論薦得官，三上書皆不報，方去京師，東歸圖幕僚一席，宣武軍節度使董晉辟公，始得試秘書省校書郎，爲觀察推官，晉卒，徐帥張建封又奏爲武寧軍節度推官，試協律郎，府罷，如京師，再從參調，竟無所成，直至貞元十八年方授四門博士。以上參取東雅堂徐氏刻《韓文》注、顧氏嗣立《年譜》、方氏世舉編年諸注。唐時士子登第後得官之艱難若此。又如李義山以開成二年高鍇爲禮部侍郎，知貢舉，登進士第，三年又應宏詞科，不中，《文集·與陶進士書》云：『前年爲吏部上之中書，中書長者抹去之。』是也。四年，以書判拔萃，釋褐爲秘書省校書郎。參馮先生浩《年譜》。此亦足徵唐制。

歐陽詹《文集》第八卷《與鄭相公書》自言『五試於禮部方售，鄉貢進士四試於吏部，始授四門助教』，自注：『詹兩應博學宏詞不售，一平選被駁，又一平選授助教。』『平選』疑卽應書判拔萃舉，詹與昌黎同登進士第，其再舉宏詞不中，與昌黎同，其後昌黎蓋一應平選，不中，不再應，惟上書求薦，而詹則以再平選得之。

進士首選爲解頭，禮部登第居首爲狀頭，宏詞居首爲敕頭，是謂三頭，見《南部新書》卷己。

清·王夫之《讀通鑑論》卷二一《唐中宗僞周武氏附於內》 策貢士於殿廷，自武氏始。既試之南宮，又試之殿廷，任大臣以選士，不推誠以信，而以臨軒易其甲乙，終未見殿廷之得士優於南宮，徒以市恩遇於士，而離大臣之心。故至於宋而富鄭公欲請罷之，其說是已。雖然，勿謂貢士之策異于漢武之策問賢良也。貢士之取舍，人才進退之大辨，輕於其始，則不得復重之於後。天子以天之職求天之才而登進之，使委之有司，弗躬親以涖之，則玩人而以褻天，其弊也，士愈輕而貢舉愈濫，又奚可哉！有道于此，付試事於南宮，而所拔者緘其文以獻之上，上與大臣公閱而定其甲乙，庶乎不疑不褻，得進賢之中道，惜乎富公之言不及此也。

士之應科而來者，賢愚雜而人數冗，故授之所司，以汰其不經不達之冒昧；而天子親定其甲乙，則以崇文重爵，敬天秩，獎人才，而示不敢輕。此亦易知易行之道，而自武氏以來，迄千餘年，議選舉者，言滿公車，而計不及此者，後世人主之心，無以大異于武氏也。夫武氏以婦人而竊天下，唯恐士心之不戴己，而奪有司之權，鬻私惠於士，使感己而忘君父，固懷姦負慝者之固然也。後世人主，承天命，纘先猷，作君作師，無待私恩以固結，而與大臣爭延攬以籠絡天下，顧使心膂猜疑，互相委卸，不亦誖乎！天子而欲收貢士爲私人，何怪乎舉主門生懷私以相市也。此朋黨之所以興，而以人事主之誼所由替也。

又 卷二六《唐穆宗》 貢舉者，議論之叢也，小人欲排異己，求可攻之瑕而不得，則必於此焉摘之，以激天下之公怒，而脅人主以必不能容。李德裕修其父之夙怨，元稹佐之，以擊李宗閔、楊汝士，長慶元年進士榜發，而攻訐以逞，於是朋黨爭衡，國是大亂，迄于唐亡而後已。近者温體仁之逐錢謙益，奪其枚卜，廷訟日爭，邊疆不恤，以底於淪胥，蓋一轍也。

貢舉之於天下，羣人士而趨之者也。其不售者，皆能多其口説以動衆者也。抑他日之可在位以持彈射之權，公卿貪勢位、暱子孫、私姻亞，莫此著明，而其犯羣怒也爲烈。故張居正之子首臚傳，王錫爵之子冠省試，搖羣心，起議論，國以不靖，禍亦劇矣。李德裕自以門廕起家，遠嫌疑而名位亦伸，既有以謝薦紳之怨怒；其知貢舉，榜發而有『相將白日上青天』之譽；迨其貶竄，而有『八百孤寒齊下淚』之思；持此以摘發姦私而快其誅鉏，何求而不克乎？幸而德裕之于唐，功過相半也，使德裕而爲温體仁之姦，唐亡於其手而衆且欣戴焉，又孰懲哉？

夫翹舉曖昧以報夙怨者，誠小人之術矣。然所以致此者，其情固私，其事固鄙，苟知義之所不許，亦何爲而授人以口實乎？夫以賄相援者勿論已。以知交言，知其人之才，而有薦賢之任，揚之王庭，固無吝也。如其不能，則亦相愛以道，使知命而待時耳。如行能心迹他無足取，僅以文筆之長，乍然相賞，不保衆論之諧，又奚足汲汲爲之謀利達哉？以子弟言，其才足用也，門廕有進之資，而何須貢舉？既以文就有司之試，則才而見抑，自有司之過，而于已何尤？然而相承不舍，關節公行，雖才望之大臣，他端不枉，而於此荏苒無慚，士習不端，成千餘年之惡俗，伊可歎也。

内不勝婦人孺子之嚅呪，外不勝姻亞門生之洽比，恤暮年之炎冷，念身後之榮枯，一中其隱微而情不能禁，賢者不免，勿問壟斷之賤丈夫矣。宗閔之於壻蘇巢，汝士之于弟殷士，固也；鄭覃行誼無大疵而庇其弟朗，李紳以賢見忌而有所請託，乃至裴中立以耆德元勳，何患其子不與清華之選，而使其子譔膺冒昧之榮，尤可惜也。習尚之移人，特立不染者，伊何人邪？有之，則允爲豪傑之士矣。

雜録

唐・韋述《兩京新記》卷一《皇城・尚書省》 尚書郎自兩漢已後妙選其人，唐武德、貞觀已來尤重其職。吏、兵部爲前行，最爲要劇，自後行改入，皆爲美選。考功員外專掌試貢舉人，員外郎之最望者。司門、都門、屯田、虞、水、膳部、主客皆在後行，閑簡無事。時人語曰：『司門、水部，入省不數。』角觝之戲有假作吏部令史與水部令史相逢，忽然俱倒，良久起云：『冷熱相激，遂成此疾。』先天中，王上客爲侍御史，自以才望清雅，妙當入省，常望前行。忽除膳部員外郎，微有悵惋，吏部郎中張敬忠戲詠之曰：『有意嫌兵部，專心取考功，誰知腳踜蹬，卻落省牆東。』膳部在省中最東北隅，故有此句。

唐・劉餗《隋唐嘉話》 武后以吏部選人多不實，乃令試日自糊其名，暗考以定等第。判之糊名自此始。

唐・封演《封氏聞見記》卷三《貢舉》 國初，明經取通兩經，先帖文，乃按章疏試墨策十道；秀才試方略策三道；進士試時務策五道。考功員外職當考試。

其後舉人憚於方略之科，爲秀才者殆絶，而多趨明經、進士。

貞觀二十年，王師旦爲員外郎，冀州進士張昌齡、王公瑾並文詞俊楚，聲振京邑。師旦考其文策爲下等，舉朝不知所以。及奏等第，太宗怪無昌齡等名，問師旦。師旦曰：『此輩誠有詞華，然其體輕薄，文章浮豔，必不成令器。臣擢之，恐後生倣效，有變陛下風俗。』上深然之。後昌齡爲長安尉，坐贓罪解官；而王公瑾亦無所成。

高宗時，進士特難其選。

龍朔中，敕右史董思恭與考功員外郎權原崇同試貢舉。思恭，吴士，輕脱，洩進士問目，三司推，贓污狼藉；後於西堂朝次告變，免死，除名，流梧州。

開耀元年，員外郎劉思立以進士惟試時務策，恐傷膚淺，請加試雜文兩道，並帖小經。

玄宗時，士子殷盛，每歲進士至省者常不減千餘人。在館諸生更相造詣，互結朋黨以相漁奪，號之爲『棚』。推聲望者爲棚頭，權門貴盛，無不走也，以此熒惑主司視聽。其不第者，率多喧訟，考功不能禦。開元二十四年冬，遂移貢舉屬於禮部，侍郎姚奕頗振綱紀焉。

其後明經停墨策，試口義，並時務策三道，進士改帖大經，加《論語》。自是舉司帖經，多有聲牙孤絶倒拔築注之目，文士多於經不精，至有白首舉場者，故進士以帖經爲大厄。

天寶初，達奚珣、李巖相次知貢舉，進士文名高而帖落者，時或試詩放過，謂之贖帖。

十一年，楊國忠初知選事，進士孫季卿曾謁國忠，言『禮部帖經之弊大，舉人有實才者，帖經既落，不得試文；若先試雜文，然後帖經，則無餘才矣』。國忠然之。無何，有敕，進士先試帖經，仍前後開一行。是歲收入，有倍常歲。

又，舊例：試雜文者，一詩一賦，或兼試頌論，而題目多爲隱僻。策問五道，舊例：三道爲時務策，一道爲方略，一道爲徵事。近者，方略之中或有異同，大抵非精博通贍之才，難以應乎茲選矣。

故當代以進士登科爲登龍門。解褐多拜清緊，十數年間，擬迹廟堂。輕薄者語曰：『及第進士，俯視中黄郎；落第進士，揖蒲華長馬。』又云：『進士初擢第，頭上七尺焰光。』好事者紀其姓名，自神龍以來迄於茲日，名曰《進士登科記》，亦所以昭示前良，發起後進也。

余初擢第，太學諸人共書余姓名於舊紀末。進士張繟，漢陽王柬之曾孫也。時初落第，兩手捧《登科記》頂戴之，曰：『此《千佛名經》也。』其企羨如此。

唐・劉肅《大唐新語》卷七《知微》 李迥秀，任考功員外，知貢舉。有進士姓崔者，文章非佳，迥秀覽之良久，謂之曰：『第一清河崔郎，儀貌不惡，鬚眉如戟，精彩甚高，出身處可量，豈必要須進士？』再三慰諭而遣之。聞者大噱焉。

唐・韓愈《昌黎先生集・貞元九年・省試顔子不貳過論》 論曰：登孔氏之門者衆矣。三千之徒，四科之目，孰非由聖人之道爲君子之儒者乎？其於過行過言，亦云鮮矣，而夫子舉不貳過，惟顔氏之子，其何故哉？請試論之：

夫聖人抱誠明之正性，根中庸之至德，苟發諸中、形諸外者，不由思慮，莫匪規矩，不善之心無自入焉，可擇之行無自加焉，故惟聖人無過。所謂過者，非謂發於形，彰於言，人皆謂之過而後爲過也。生於其心則爲過矣，故顔子之過此類也。不貳者，蓋能止之於始萌，絶之於未形，不貳之於言行也。《中庸》曰：『自誠明，謂之性；自明誠，謂之教。』自誠明者，不勉而中，不思而得，從容中道，聖人也，無過者也；自明誠者，擇善而固執之者也，不勉則不中，不思則不得，不貳過者也。故夫子之言曰：『回之爲人也，擇乎中庸，得一善，則拳拳服膺而不失之矣。』又曰：『顔氏之子其殆庶幾乎？』言猶未至也。而孟子亦云『顔子具聖人之體而微者』，皆謂不能無生於其心，而亦不暴之於外。考之於聖人之道，差爲過耳。

顔子自惟其若是也，於是居陋巷以致其誠，飲一瓢以求其志，不以富貴妨其道，不以隱約易其心。確乎不拔，浩然自守，知高堅之可尚，忘鑽仰之爲勞，任重道遠，竟莫之致。是以夫子嘆其『不幸短命，今也則亡』，謂其不能與己並立於至聖之域，觀教化之大行也。不然，夫行發於身加於人，言發乎邇見乎遠。苟不慎也，敗辱隨之，而後思欲不貳過，其於聖人之道不亦遠乎？而夫子尚肯謂之『其殆庶幾？』孟子尚復謂之『具體而微』者哉？則顔子之不貳過，盡在是矣。謹論。

又 《貞元十年・應科目時與人書》 月日，愈再拜。天池之濱，大江之濆，曰有怪物焉，蓋非常鱗凡介之品彙匹儔也。其得水，變化風雨，上下於天不難也。其不及水，蓋尋常尺寸之間耳。無高山大陵之曠途絶險爲之關隔也。然其窮涸不能自致乎水，爲獱獺之笑者，蓋十八九矣。

如有力者，哀其窮而運轉之，蓋一舉手一投足之勞也。然是物也，負其異於衆也，且曰：『爛死于沙泥，吾寧樂之；若俛首帖耳、搖尾而乞憐者，非我之志也。』是以有力者遇之，熟視之若無覩也，其死其生，固不可知也。

今又有有力者當其前矣。聊試仰首一鳴號焉，庸詎知有力者不哀其窮，而忘一舉乎、一投足之勞，而轉之清波乎？其哀之，命也；其不哀之，命也；知其在命而且鳴號之者，亦命也。愈今者實有類於是，是以忘其疏愚之罪，而有是説焉，閣下其亦憐察之。

宋・宋敏求《唐大詔令集》卷一〇六《政事・貢舉・條流明經進士詔》 學者立身之本，文者經國之資。豈可假以虚名，必須徵其實效。如聞明經射策，不讀正經，抄撮義條，才有數卷；進士不尋史傳，唯讀舊策，共相模擬，本無實才。所司考試之日，曾不揀練，因循舊例，以分數爲限，至於不辨章句，未涉文詞者，以人數未充，皆聽及第。其中亦有明經學業該深者，唯許通六經；進士文理華贍者，意無甲科。銓綜藝能，遂無優劣。試官又加顔面，或容假手，更相屬請，莫憚糾繩。由是僥倖路開，文儒漸廢。興廉舉孝，因此失人。簡賢任能，無方可致。自今已後，考功試人，明經每經摘試、録十帖得六已上者，進士試雜文兩首、識文律者，然後並令試策日仍嚴加捉搦。必材藝灼然，合升高第者，並即依令。其明法并書算貢舉人，亦量準此例，即爲恒式。永隆二年八月。

又《令貢舉人勉學詔》 古之學者，始入小學見小節，大學見大節，知父子長幼之序，君臣上下之位，然後師逸功倍。化人成俗，莫不由之。子不云乎遠而有光者，飾也；近而愈明者，學也。故道行於上，禄在其中。所期於有成，不唯於遲達。自頃州里所薦，公卿之緒，門人衆矣。孰嗣子音，國胄頽然，未臻吾道，至使鑽仰之地，寂寥厥化。貴於責實，務於求仕。將去聖滋遠，尚沿澆薄，爲敦儒未弘，不行勸沮。朕承百王之末，居四海之尊，惟懷永圖，思革前弊，何以發後生之智慮，垂先王之法則，朕甚懼之，敢忘於是？天下有業擅專門，學優重席，□堪師授者，所在具以名聞。自今以後，貢舉人等宜加勗勉，須獲實才。如有義疏未詳，習讀未遍，輒充舉選，以希僥倖，所由官亦寘彝憲，有司申明條例，稱朕意焉。開元二年五月。

又《令禮部掌貢舉敕》 敕：每歲舉人，求士之本，專典其事，寧不重歟！頃年以來，唯考功郎中所職，位輕事重，名實不倫，故盡委良吏長官，又銓□猥積。且六官之職，例體是同，況宗伯掌禮，宜主賓薦。自今已後，每諸色舉人及齋郎等簡試，並於禮部集。既衆務煩雜，仍委侍郎專知。開元三年四月一日。

又《親試四子舉人敕》 朕聽政之暇，常讀《道德經》、《文》、《列》、《莊子》等書，文約而義精，詞高而旨遠。可以理國，可以保身。朕敦崇其教以左右人也。子大夫能從事於此，甚用嘉之。夫古今異宜，文質相變。若在宥而不理，外物而不爲，行邃古之化，非御今之道。適時之術，陳其所宜。又禮樂刑政，所以經邦國；聖智仁義，所以序人倫。使之廢絶，未知其旨。《道德經》曰『絶學無憂』，則乖進德修業之教。《列子・立命》曰『汝奚切於物』，又遺懲惡勸善之文。二旨孰非，何優何劣。《文子》曰『金積折廉，壁襲』，且申其義。《莊子》曰『恬與之交相養』，明徵其言，使一理混同。二教兼舉，成不易之則，副虚佇之懷。開元二十九年九月。

又《條流習禮經人敕》 王者設教，勸學攸先。生徒肄業，執禮爲本。故孔子曰：『不學禮，無以立。』又曰：『安上理人，莫善於禮。』然則禮者，蓋務學之本，立身之端，居安之大猷，致理之要道。屬辭比事，而不裁之以禮則亂；疏通知遠，而不節之以禮則誣。實百行之本源，爲五經之户牖。雖聖人設教，罔不會通。而學者遵行，宜有先後。自頃有司定議，計功記習，不量教化淺深，義理難易，遂使博學者例從冬集，習禮經者獨授散官，敦本勸人，頗乖指要。始務弘獎，以廣儒風。自今已後，明經習禮記及第者，亦宜冬集。如中經兼習《周易》若《儀禮》者，量減一選，應諸色人中習《三禮》者，前資及出身人，依科目例；白身人，依貢舉例。每經問大義三十條，試策三道，仍主司於朝官學官中，簡擇精通經術三五人聞奏。主司與同試問，質定通否，義策全通爲上等，轉加超奬；大義每經通十五條已上、策通兩道已上爲次等。依資與官。如先是員外試官者，聽依正員例，其習《開元禮》人，問大義一百條，試策三道，全通者爲上等；大義通八十條已上，策通兩道已上爲次等；餘一切並準習《三禮》例處分。其諸館學士，願習《三禮》及《開元禮》者，並聽。仍永爲恒式。貞元。

宋・徐夢莘《三朝北盟會編》卷一九三 文臣者，視武弁如奴隸，郭子儀文臣也哉？取科第者，視右階爲庸流，李德裕果以科第進哉？

宋・洪邁《容齋續筆》卷一三《金花帖子》 聚斂賄賂亦居之，度、暈極陳其不可，度耻其同列，表求自退，兩人竟爲鎛所毁而去。且三相同時登科，不可謂無事分，而玉石雜糅，薰蕕同器，若默默充位，則是固寵患失，以私妨公，裴、崔之賢，誼難以處也。本朝韓康公、王岐公、王荆公亦同年聯名，熙寧間，康公、荆公爲相，岐公參政，故有『一時同榜用三人』之語，頗類此云。

宋·洪邁《容齋三筆》卷七《唐昭宗恤録儒士》 唐昭宗光化三年十二月，左補闕韋莊奏：『詞人才子，時有遺賢，不霑一命于聖明，沒作千年之恨骨。據臣所知，則有李賀、皇甫松、李羣玉、陸龜蒙、趙光遠、温庭筠、劉德仁、陸逵、傅錫、平曾、賈島、劉稚珪、羅鄴、方幹，俱無顯過，皆有奇才。麗句清詞，遍在詞人之口；銜冤抱恨，竟爲冥路之塵。伏望追賜進士及第，各贈補闕、拾遺。見存唯羅隱一人，亦乞特賜科名，録升三署。』敕奬莊，而令中書門下詳酌處分。次年天復元年赦文，又令中書門下選擇新及第進士中有久在名場，才沾科級，年齒已高者，不拘常例，各授一官。於是禮部侍郎杜德祥奏：揀到新及第進士陳光問，年六十九，曹松年五十四，王希羽年七十三，劉象年七十，柯崇年六十四，鄭希顔年五十九。詔光問、松、希羽可秘書省正字；象、崇、希顔可太子校書。按登科記，是年進士二十六人，光問第四，松第八，希羽第十二，崇、象、希顔居末級。昭宗當斯時，離亂極矣，尚能眷眷於寒儒，其可書也。《摭言》云：『上新平内難，聞放新進士，喜甚，特授官，制詞曰：「念爾登科之際，當予反正之年。宜降異恩，各膺寵命。」時謂此舉爲五老榜。』

又 卷九《僧道科目》 唐末帝清泰二年二月，功德使奏：『每年誕節，諸州府奏薦僧道，其僧尼欲立講論科、講經科、表白科、文章應制科、持念科、禪科、聲贊科，道士經法科、講論科、文章應制科、表白科、聲贊科、焚修科，以試其能否。』從之。此事見《舊五代史紀》，不知曾行與否，至何時而罷也。蓋是時猶未鬻賣祠部度牒耳。周世宗廢併寺院，有詔約束云：『男年十五以上，念得經文一百紙，或讀得五百紙，女年十三以上，念得經文七十紙，或讀得三百紙者，經本府陳狀，乞剃頭，委録事參軍、本判官試驗。兩京、大名、京兆府、青州各起置戒壇，候受戒時，兩京委祠部差官引試，其三處秪委判官，逐處聞奏。候敕下委祠部給付憑由。方得剃頭受戒。』其防禁之詳如此，非若今時只納錢於官，便可出家也。念經、讀經之異，疑爲背誦與對本云。

宋·趙令時《侯鯖録》卷四 唐末五代，權臣執政，公然交賂，科第差除，各有等差。故當時語云：『及第不必讀書，作官何須事業。』

又 卷六 五代敬翔當權時，門前一舉子白衫作舞，歌唱曰：『執板談歌乞個錢，塵中流浪酒中仙。直饒到老常如此，猶勝危時弄化權。』

進士及第，以泥金書帖附家書中，報登科之喜。至文宗朝，遂寢此儀。

又 卷八 南唐給事中喬舜知舉，進士及第者五人，卽邱旭、樂史、王則、程渥、陳皋也。皆以舉數升降等甲。無名子以爲喬之榜類陳橘皮，以年多者居上。

清·盧見曾《唐摭言·序》 進士所從來尚矣。射義稱：古者天子之制，諸侯歲獻，貢士於天子。天子試之於射宮。鄭康成注：歲獻國事之書及計偕物也。三歲而貢士：大國三人，次國二人，小國一人。漢躡其選，郡國有好文學、敬長上、出入不悖所聞，二千石謹察可者，常與計偕，詣太常受業：卽有秀才異等，輒以名聞。唐之朝集使與貢士見於殿廷，舉人朝見，列於方物之前，猶循歲獻、計偕之例。故進士一科，雖始於隋之大業，盛於唐貞觀、永徽之際，而王制大樂正論造士之秀者，以告於王而升諸司馬曰進士，其造端乎！考唐選舉志科目，有秀才、明經、俊士、明法、明字、明算等多至八十五科，然終不得與進士並列，宜爲學者之所爭趨也。唐末有鳳閣侍郎王方慶八代從孫定保，撰摭言一書，記進士應舉登科雜事，共列一百五門，釐爲十五卷；每條有論贊。所述典故，有選舉志所未備者。豈非以當時崇尚，而又爲歷代之所遵行者，故不憚詳細，言之以存舊事歟！此書行世絶少，吾鄉漁洋山人謂與封氏見聞記皆秘本可貴重者，特刊布以廣其傳。定保，光化二年進士，爲吳融子華婿。其載子華祭陸魯望文，傑驁有奇氣云。乾隆丙子德州盧見曾序。

科舉·制科

綜　述

唐·封演《封氏見聞記》卷三《制科》 國朝於常舉取人之外，又有制科，搜揚拔擢，名目甚衆。則天廣收才彦，起家或拜中書舍人、員外郎，次拾遺，補闕。玄宗御極，特加精選，下無滯才，然制舉出身，名望雖高，猶居進士之下。

宦途之士，自進士而歷清貴，有八儁者：一曰進士出身制策不入，二曰校書、正字不入，三曰畿尉不入，四曰監察御史、殿中丞不入，五曰拾遺、補闕不入，六曰員外郎、郎中不入，七曰：中書舍人、給事中不入，八曰中書侍郎、中書令不入。言此八者尤爲儁捷，直登宰相，不要歷餘官也。【略】

舊舉人應及第，開檢無籍者不得與第。陳章甫制策登科，吏部牓放。章甫上書：『昨見牓云：「戶部報無籍記者。」昔傅説無姓，殷后置於鹽梅之地；屠羊隱名，楚王延以三旌之位，未聞徵籍也。范睢改姓易名爲張禄先生，秦用之以霸；張良爲韓報仇，變姓名而遊下邳，漢祖用之爲相，則知籍者所以計租賦耳。本防羣小，不約賢路。若人有大才，不可以籍棄之；苟無其德，雖籍何爲！今員外吹毛求瑕，務在駮放，則小人也郤尋歸路，策藜杖，著草衣，田園芸蕪，鋤犂尚在。』所司不能奪，特諮執政收之，天下稱美焉。

唐·白居易《白氏長慶集》卷五八《奏狀一·論制科人狀》　近日內外官除改及制科人等事宜。

右臣伏見內外官近日除改，人心甚驚，遠近之情，不無憂懼，喧喧道路，異口同音。皆云：制舉人牛僧孺等三人，以直言時事，恩獎登科。被落第人怨謗加誣，惑亂中外，謂爲誑妄，斥而逐之，故並出爲關外官。楊於陵以考策敢收直言者，故出爲廣府節度。韋貫之同所坐，故出爲果州刺史。裴垍以覆策，又不退直言者，故免內職，除戶部侍郎。王涯同所坐，出爲虢州司馬。盧坦以數舉事，爲人所惡，因其彈奏小誤，得以爲名，故黜爲左庶子。王播同之，亦停知雜。臣伏以裴垍、王涯、盧坦、韋貫之等，皆公忠正直，內外咸知；所宜授以要權，致之近地。故比來衆情私相謂曰：此數人者，皆人之望也；若數人進，則必君子之道長；若數人退，則必小人之道行。故蔔時事之否臧，在數人之進退也。則數人者，自陛下嗣位已來，並蒙奬用，或任之耳目，或委以腹心。天下人情，日望致理。今忽一旦悉疎棄之，或降於散班，或斥於遠郡。設令有過，猶可優容；況且無瑕，豈宜黜退？所以前月已來，上自朝廷，下至衢路，衆心洶洶，驚懼不安。直道者疚心，直言者杜口。不審陛下得知之否？凡此除改，傳者紛然。皆云：裴垍等不能委曲順時，或以正直忤物，爲人之所媒孽，本非聖意罪之。不審陛下得聞之否？臣未知此説虛實，但獻所聞：所聞皆虛，陛下得不明辨之乎？所聞皆實，陛下得不深慮之乎？虛之與實，皆恐陛下要知。臣若不言，誰當言者？臣今言出身戮，亦所甘心。何者？臣之命至輕，朝廷之事至大故也。臣又聞：君聖則臣忠，上明則下直。故堯之聖也，天下已太平矣；尚求誹謗，以廣聰明。漢文之明也，海內已理矣；賈誼猶比之倒懸，可爲痛哭。二君皆容納之，所以得稱聖明也。今陛下明下詔令，徵求直言；反以爲罪，此臣所以未諭也。陛下視今日之理，何如堯與漢文之時乎？若以爲及之，則誹謗痛哭，尚合容而納之；況徵之直言，索之極諫乎？若以爲未及，則僧孺等之言，固宜然也；陛下縱未能推而行之，又何忍罪而斥之乎？此臣所以爲陛下流涕而痛惜也。德宗皇帝初卽位年，亦徵天下直言極諫之士，親自臨試，問以天旱。穆質對云：兩漢故事，三公當免。蔔式著議，弘羊可烹。此皆指言當時在權位而有恩寵者。德宗深嘉之，自第四等拔爲第三等，自畿尉擢爲左補闕，書之國史，以示子孫。今僧孺等對策之中，切直指陳之言，亦未過於穆質；而遽斥之，臣恐非嗣祖宗承耿光之道也。書諸史策，後嗣何觀焉？陛下得不再三省之乎？臣昨在院，與裴垍、王涯等覆策之時，日奉宣令臣等精意考覆。臣上不敢負恩，下不忍負心，唯秉至公，以爲取捨。雖有讎怨，不敢棄之；雖有親故，不敢避之；唯求直言，以副聖意。故皇甫湜雖是王涯外甥，以其言直合收，涯亦不敢以私嫌自避。當時有狀，具以陳奏。不意羣心搆成禍端，聖心以此察之，則或可悟矣。儻陛下察臣肝膽，知臣精誠，以臣此言，可以聽採；則乞俯迴聖覽，特示寬恩；僧孺等准任例與官，裴垍等依舊職奬用，使內外人意，歡然再安。若以臣此言，理非允當；以臣覆策，事涉乖宜；則臣等見在四人，亦宜各加黜責。豈可六人同事，唯罪兩人？雖聖造優容，且過朝夕；在臣懼惕，豈可苟安？敢不自陳，以待罪戾？臣今職爲學士，官是拾遺，日草詔書，月請諫紙：臣若默默，惜身不言，豈惟上辜聖恩，實亦下負神道。所以密緘手疏，瀝吐血誠，苟合天心，雖死無恨。無任憂懼激切之至！

宋・王溥《五代會要》卷二二《宏詞拔萃》 後唐天成二年四月二日，中書奏：『尚書禮部貢院申，當司奉今月六日敕，吏部流内銓狀申，據白院狀申，當司先準禮部貢院牒稱：「據成德軍解送到前進士王蟾狀，請罷設深州司公參軍應宏詞舉。前件人準格例應重科，合在吏部。其王蟾並解送牒吏部，請準例指縱者。」當司隨具狀申堂，奉判送吏部分析近年事例如何者，伏緣近年別無事例，今檢登科録内，於僞梁開平三年應宏詞登科二人，前進士餘渥，承旨舍人李遇；考官二人，司勳郎中崔景，員外郎張貽憲。再具狀申堂，奉判送吏部準例指揮。其前進士王蟾請宏詞，伏自近年以來，無人請應，今詳格例，合差應考官二人，又緣衹有王蟾一人請應，銓司未敢奏請差官者。奉中書門下牒：奉敕，宜令禮部貢院就五科舉人考試者。』伏以舉選公事，皆有格條，準《新定格》節文，宏詞拔萃，準長慶二年格，吏部差考試官二人，與知銓尚書侍郎同考試聞奏。又準格節文内，準太和元年十月二十三日敕：「應禮部諸色貢舉人，及吏部諸色科目選人，凡無出身及未有官，衹合於禮部應舉。有出身有官，方合於吏部赴科目選。」其請應宏詞舉，前進士王蟾當年放及第後，尋已聞過吏部訖，若應宏詞，侍南曹判成，即是科選之人，以理合歸吏部，況緣五科考試官衹考學業，難於同考宏詞者。』奉敕：『王蟾宜令吏部準往例差官考試。』

長興元年八月三日，尚書吏部據禮部貢院牒稱：『送到附試請應書判拔萃，前虢州盧氏縣主簿張岫對六節判，四通二粗，準例入第五等上。其所試判，今録奏聞。』奉敕：『宜付附所司，今後吏部所應宏詞拔萃，宜並權罷，其貢院據見應進士九經並五科童子外，諸色科名亦宜停罷。』

《新唐書》卷四四《選舉志上》 所謂制舉者，其來遠矣。自漢以來，天子常稱制詔道其所欲問而親策之。唐興，世崇儒學，雖其時君賢愚好惡不同，而樂善求賢之意未始少怠，故自京師外至州縣，有司常選之士，以時而舉。而天子又自詔四方德行、才能、文學之士，或高蹈幽隱與其不能自達者，下至軍謀將略、翹關拔山、絶藝奇伎莫不兼取。其爲名目，隨其人主臨時所欲，而列爲定科者，如賢良方正、直言極諫、博通墳典達於教化、軍謀宏遠堪任將率、詳明政術可以理人之類，其名最著。而天子巡狩、行幸、封禪太山梁父，往往會見行在。其所以待之之禮甚優，而宏材偉論非常之人亦時出於其間，不爲無得也。

宋・宋敏求《唐大詔令集》卷一〇六《政事・制舉・處分舉人敕》 所求賢濟理，詢事考言，務取由衷，以觀深識。頃年策試，頗成弊風：所問既不切於時宜，所對亦何關於政事？徒徵隱僻莫見才明。以此擇賢，良未得所。卿等各膺推薦，副朕虛求，宜其悉心，各盡所見。勿復仍舊，空載遊詞。各宜就食，食訖就試。

又《處分制舉人敕》 君子之道，所以正其志，全貞吉也；逸人之舉，所以勵天下，激浮躁也。朕欽崇先訓，以道化人，思致栖眞之士，用光咸在之列。是以頻降旌帛，冀空巖藪。虛懷式佇，明發不忘。卿等來膺辟命，遠至城闕。周文多士，既葉於旁求；虞舜疇咨，亦在於僉議。爰命臺省，詢於道業。或善行無迹，名實難窺；或大器晚成，春秋尚少。津涯未測，輪桷何施？事且隔於行藏，道遂分於出處。其馬尚曾、常廣心、賀蘭迪等三人，宜待後處分；崔從一、王元瞻、韓宜、胡賁、趙玄獎等五人，年鬢既高，稍宜優異，各賜緑衣一副、物二十段、餘並賜物十段，不奪隱淪之志，以成高尚之美，並宜坐食，食訖好去，依前給公乘還鄉。

又《孝悌力田舉人不令考試詞策敕》 孝悌力田，風化之本。苟有其實，未必求名。比來將此同舉人考試詞策，便與及第，以爲常科，是開僥倖之門，殊乖敦勸之意。自今已後，不得更然。其有孝悌聞於郡邑，力田推於鄰裏，兩事兼著，狀迹殊尤者，委所由長官，特以名薦，朕當別有處分，更不須隨考試例申送。

宋・呂祖謙《歷代制度詳説》卷一《科目・制度・制舉》 唐制，取士天子自詔者曰『制舉』。所以待非常之材焉。《唐・選舉志》臨難不顧徇節寧邦科，長壽三年；薛稷。長材廣度沈迹下僚科，證聖元年，張漪。才膺管樂科、神龍二年；張大來。藏名負俗科，景雲二年；李俊之。文經邦國科，先天元年；韓休。道侔伊呂科，先天元年；張九齡。將帥科，開元十二年；裴敦復。王霸科，開元二十二年；劉璀。樂道安貧科，大曆二年；楊鷹。軍謀越衆科，建中元年。夏侯審、丁僙。

宋・洪邁《容齋續筆》卷一二《唐制舉科目》 唐世制舉，科目猥多，徒異其名爾，其實與諸科等也。張九齡以道侔伊、呂策高第，以

《登科記》及《會要》考之，蓋先天元年九月，明皇初即位，宣勞使所舉諸科九人，經邦治國、材可經國、才堪刺史、賢良方正與此科各一人，藻思清華、興化變俗科各二人。其道侔伊、呂策問殊平平，但云：『興化致理，必俟得人；求賢審官，莫先任舉。欲遠循漢、魏之規，復存州郡之選，慮牧守之明，不能必鑑。』次及『越騎佽飛，皆出畿甸，欲均井田於要服，遵丘賦於革車』，並安人重穀，編戶農桑之事，殊不及爲天下國家之要道。則其所以待伊、呂者亦狹矣。九齡於神龍二年中材堪經邦科，本傳不書，計亦此類耳。

又 卷一三《貞元制科》 唐德宗貞元十年，賢良方正科十六人，裴垍爲舉首，王播次之，隔一名而裴度、崔羣、皇甫鎛繼之。六名之中，連得五相，可謂盛矣！而邪正敻不侔。度、羣同爲元和宰相，而鎛以聚斂賄賂亦居之，度、羣極陳其不可，度恥其同列，表求自退，兩人竟爲鎛所毁而去。且三相同時登科，不可謂無事分，而玉石雜糅，薰蕕同器，若默默充位，則是固寵患失，以私妨公，裴、崔之賢，誼難以處也。本朝韓康公、王岐公、王荆公亦同年聯名，熙寧間，康公、荆公爲相，岐公參政，故有『一時同榜用三人』之語，頗類此云。

宋·洪邁《容齋五筆》卷七《元白習制科》 白樂天、元微之同習制科，中第之後，白公寄微之詩曰：『皆當少壯日，同惜盛明時。光景嗟虚擲，雲霄竊暗闚。攻文朝矻矻，講學夜孜孜。策目穿如札，毫鋒鋭若錐。』注云：『時與微之結集策略之目，其數至百十，各有纖鋒細管筆，攜以就試，相顧輒笑，目爲毫錐。』乃知士子待敵，編綴應用，自唐以來則然，毫錐筆之名起於此也。

清·吴任臣《十國春秋》卷三七《前蜀三·後主紀》 乾德四年春二月帝御文明殿試制科策文曰：『炎漢致治，始策賢良；巨唐思皇，爰求茂異。講邦國治亂之體，陳天人祥祲之原，豈角虚文，蓋先碩德。朕念守器之重，識爲君之難，思得奇才，以凝庶績，因舉故事，以紹前修。子大夫抱道逢時，投書應詔，必有長策，以副虚懷。何以使三農樂生，五兵不試，刑獄無枉。賦斂無加，以何策可以定中原？以何道可以卜長世？朕當親覽，汝無面從。』

論説

清·顧炎武《日知録》卷一六《制科》 唐制，天子自詔曰制舉，所以待非常之才。《唐志》曰：『所謂制舉者，其來遠矣。自漢以來，天子常稱制詔，道其所欲問而親策之。唐興，世崇儒學，雖其時君賢愚好惡不同，而樂善求賢之意，未始少怠。故自京師，外至州縣，有司常選之士，以時而舉。而天子又自詔，四方德行才能文學之士，或高蹈幽隱，與其不能自達者，下至軍謀將略，翹關拔山，絶藝奇伎，莫不兼取。其爲名目，隨其人主臨時所欲。而列爲定科者，如賢良方正，直言極諫，博通墳典，達於教化，軍謀宏遠，堪任將率，詳明政術，可以理人之類，其名最著。而天子巡狩行幸，封禪泰山梁父，往往會見行在，其所以待之之禮甚優。而宏材偉論非常之人，亦時出於其間，不爲無得也。』

清·王夫之《讀通鑑論》卷二五《唐憲宗》 制科取士，唐之得元、白，宋之得二蘇，皆可謂得人之盛矣。稹、居易見知於裴中立，軾、轍見重於司馬君實，皆正人君子所嘉與也。觀其應制之策，與登科以後慷慨陳言，持國是，規君過，述民情，達時變，洋洋乎其爲昌言也。而抑引古昔，稱先王，無悖於往聖之旨，則推重於有道之士而爲世所矜尚，宜矣。推此志也，以登三事，任密勿，匡主而庇民，有餘裕焉。乃此數子者，既獲大用，而卞躁譸張，彙引匪人以與君子相持而害中於國，雖裴、馬秉均以臨之，弗能創艾也。然則制科求士，於言將不足采，而可以辯言亂政之責斥之乎？

夫此數子者，非其言之有過，善觀人者，不待其敗德之已章，而早已信其然矣。奚以明其然也？此數子者，類皆酒肉以溺其志，嬉遊以蕩其情，服飾玩好書畫以喪其守。凡此，非得美官厚利，則不足以厭其所欲。而精魄既搖，廉恥遂泯，方且號於人以爲清流之津逕，而輕薄淫泆之士樂依之，以標榜爲名士。如此，而能自樹立以爲君之心膂、國之楨幹、民之蔭藉者，萬不得一。

文章之用，以顯道義之殊塗，宣生人之情理，簡則難喻，重則增疑。故工文之士，必務推盪宛折，暢快宣通，而後可以上動君聽，下感民悦。

於是遊逸其心於四維上下、古今巨細，隨觸而引伸，一如其不容已之藏，乃爲當世之所不能舍。則蘇軾所謂『行雲流水、初無定質』者，是也。始則覃其心以達其言，既則卽其言以生其心，而淫泆浮曼、矜誇傲辟之氣，日引月趨，以入於酒肉嬉遊服飾玩好書畫之中，而必爭名競利以求快其欲。此數子者，皆以此爲尚者也。而抑博覽《六籍》，詭遇先聖之緒説以濟其辯，則規君過、陳民情、策國事，皆其所可沈酣以入、痛快以出，堂堂乎言之，若《伊訓》、《説命》、《七月》、《東山》之可與頡頏矣。則正人君子安得不斂衽以汲引爲同心，而流傳簡册，淺學之士能勿奉爲師表乎？乃有道者沈潛以推致其隱，則立心之無恒，用情之不正，皆可卽其述古昔、稱先王之中察見其詖淫，況其濫於浮屠、侈於遊冶者，尤不待終篇而知其爲羊羶蟻智之妄人哉！

若其淋漓傾倒，答臨軒之問，陳論劾之章，若將忘辱忘死，觸忌諱，犯衆怨，以爲宗社生民計者，固可取爲人主之龜鑑，而不得斥之爲非。則唯上之所以求之者，以直言敢諫設科，則以應知遇、取名位者在此，慧足以及，膽足以勝，固無難伸眉引吭以言之無怍，而可取者不乏也。

是故明主之求言，大臣之廣益，無擇於人也；言而可聽者，樂取其言，以釋吾回而增吾美也。若其用人也，則不以言也；言而可聽，必考其用心之貞淫，躬行之儉侈，而後授以大任也。《書》曰：『敷奏以言。』言無不盡。若其黜陟，則必『明試以功』而後定。子曰：『君子不以言舉人。』誠千古片言之居要矣。然則策賢良以問政，明王廣聽大智之道也；設制科以取士，唯其言以登用之，則國是亂，佞人進，治道之大蠹也。制科而得才士，如元、白、二蘇而止，元、白、二蘇長於策問奏疏而止，不恣其辨，以終爲君子傷，節宣之權，人主大臣司之，可弗慎與！

清·王鳴盛《十七史商榷》卷八一《新舊唐書一三·制舉科目》 歲舉常選，備列其科之目，此定制也。而制舉亦有科名，其見於各傳者，若姚崇舉下筆成章科，張九齡舉道侔伊呂科，解琬舉幽素科，房琯舉任縣令科，楊綰建復古孝弟力田等科，韋處厚舉才識兼茂科，高適舉有道科，王翊舉才兼文武科，馬遂舉孫吳倜儻善兵法科，韋皋之姪正貫舉詳閑吏治科，樊宗師舉軍謀宏遠科，鄭珣瑜舉諷諫主文科，方技嚴善思舉銷聲幽藪科，此類不可枚舉，而志中皆不列其目者，此非定制，其名皆隨時而起，志中不能縷述。

薦舉

綜述

唐·吳兢《貞觀政要》卷五《論公平》 貞觀初，太宗謂侍臣曰：『朕今孜孜求士，欲專心政道，聞有好人，則抽擢驅使。而議者多稱「彼者皆宰臣親故」，但公等至公行事，勿避此言，便爲形迹。古人「內舉不避親，外舉不避讎」，而爲舉得其眞賢故也。但能舉用得才，雖是子弟及有讎嫌，不得不舉。』

唐·陸贄《陸宣公全集》卷一七《中書奏議一·請許臺省長官舉薦屬吏狀》 今月十七日，顧少連延英對迴，奉宣密旨：『卿先奏令臺省長官各舉屬吏，近聞外議云：「諸司所舉，皆有情故，兼受賄賂，不得實才。」此法甚非穩便，已後除改，卿宜並自揀擇，不可信任諸司者。』

臣以闇劣，謬當大任，果速官謗，上貽聖憂。過蒙恩私，曲降慈誨，感戴循省，寢興不寧。緣是密旨特宣，不敢對衆陳謝，祇稟成命，所宜必行。恭惟聖規，又合無隱，苟有未達安敢勿言？雖知塵煩，固不可已。

夫理道之急，在於得人，而知人之難，聖哲所病。聽其言則未保其行，求其行則或遺其才。校勞考則巧僞繁興，而貞方之人罕進；徇聲華則趨競彌長，而沈退之士莫升。自非素與交親，備詳本末，探其志行，閲其器能，然後守道藏用者可得而知，沽名飾貌者不容其僞。故孔子云：『視其所以，觀其所由，察其所安，人焉廋哉！』夫欲觀視而察之，固非一朝一夕之所能也。是以前代有鄉裏舉選之法，長吏辟舉之制，所以明歷試，廣旁求，敦行能，息馳騖也。

昔周以伯冏爲太僕，命之曰：『愼柬乃寮，罔以巧言、令色、便僻、側媚；其惟吉士！』是則古之王朝，但命其大官，而大官得自柬寮屬之明驗也。漢朝務求多士，其選不唯公府辟召而已，又有父任兄任，皆得爲郎。選入之初，雜居三署，臺省有闕，卽用補之。是則古之郎官，皆以任舉充選，此其明驗也。魏、晉已後，暨於國初，採擇庶官，多由選部。唯高位重職，乃由宰相考庶官之有成效者，請而命焉。故晉代山濤爲吏部尚書，中外品員，多所啓授。宋朝以蔡廓爲吏部尚書，先使人謂宰相徐羡之曰：『若得行吏部之職則拜，不然則否。』羡之答云：『黄、散已下悉委。』蔡廓猶憤恚，以爲失職，遂不之官。是則黄門、散騎侍郎，皆由吏部選授。不必朝廷列位，盡合柬在臺司，此其明驗也。

國朝之制：庶官五品以上，制敕命之；六品已下，則並旨授。制敕所命者，蓋宰相商議奏可而除拜之也。旨授者，蓋吏部銓材署職，然後上言，詔旨但畫聞以從之，而不可否者也。開元中，吏部注擬選人，奏置循資格限。自起居、遺、補及御史等官，猶並列於選曹。銓綜之例，著在格令，至今不刊。未聞常參之官，悉委宰臣選擇，此又近事之明驗也。

其後舊典失序，倖臣專朝，捨僉議而重己權，廢公舉而行私惠。是使周行庶品，苟不出時宰之意者，則莫致焉。任衆之道益微，進善之途漸隘。近者每須任使，常苦乏人，臨事選求，動淹旬朔，姑務應用，難盡當才。豈不以薦舉淩遲，人物衰少，居常則求精太過，有急則備位不充，欲令庶績咸熙，固亦難矣！

臣實駑鈍，一無所堪，猥蒙任使，待罪宰相。惟懷竊位之懼，且乏知人之明，自揣庸虚，終難上報，唯廣求才之路，使賢者各以彙征；啓至公之門，令職司皆得自達。臣當謹守法度，考課百官，奉揚聰明，信賞必罰。庶乎人無滯用，朝不乏才。以此爲酬恩之資，以此爲至理之具。爰初受命，即以上陳。求賢審官，粗立綱制：凡是百司之長，兼副貳等官，及兩省供奉之職，並因察舉勞效，須加獎任者，並宰臣敍擬以聞。其餘臺省屬僚，請委長官選擇，指陳才實，以狀上聞。一經薦揚，終身保任。各於除書之內，具標舉授之由，示衆以公，明章得失。得賢則進考增秩，失實則奪俸贖金；亟得則褒升，亟失則黜免。非止搜揚下位，亦可閲試大官。前志所謂『達觀其所舉』，即此義也。自蒙允許，即以宣行。南宮舉人，纔至十數，或非臺省舊吏，則是使府佐僚，累經薦延，多歷事任。議其資望，既不愧於班行；考其行能，又未聞於闕敗。而議者遽以騰口，上煩聖聰，道之難行，亦可知矣！

陛下勤求理道，務徇物情，因謂舉薦非宜，復委宰臣揀擇。其爲崇任輔弼，博採輿詞，可謂聖德之盛者。然於委任責成之道，聽言考實之方，閑邪存誠，猶恐有闕。

所謂委任責成者，將立其事，先擇其人。既得其人，慎謀其始。既謀其始，詳慮其終。終始之間，事必前定。有疑則勿果於用，既用則不復有疑。待終其謀，乃考其事。事愆於素者，革其弊而黜其人；事協於初者，賞其人而成其美。使受賞者無所與讓，見黜者莫得爲辭。夫如是，則苟無其才，孰敢當任；苟當其任，必得竭才。此古之聖王，委任責成，無爲而理之道也。

所謂聽言考實，虚受廣納，弘接下之規；明目達聰，廣濟人之道。欲知事之得失，不可不聽之於言；欲辯言之眞虚，不可不考之於實。言事之得者，勿即謂是，必原其所得之由；言事之失者，勿即謂非，必窮其所失之理。稱人之善者，必詳徵行善之迹，論人之惡者，必明辯爲惡之端。凡聽其言，皆考其實。既得其實，又察以情。既盡其情，復稽於衆。衆議情實，必參相得，然後信其説，獎其誠。如或矯誣，亦寘明罰。夫如是，則言者不壅，聽之不勞，無浮妄亂教之談，無陰邪傷善之説，無輕信見欺之失，無潛陷不辯之冤。此古之聖王，聽言考實，不出戶而知天下之方也。

陛下既納臣言而用之，旋聞横議而止之，於臣謀不責成，於横議不考實，此乃謀失者得以辭其罪，議曲者得以肆其誣。率是以行，觸類而長，固無必定之計，亦無必實之言，計不定則理道難成，言不實則小人得志，國家所病，恒必由之。昔齊桓公將啓霸圖，問管仲以害霸之事。管仲對曰：『得賢不能任，害霸也；任賢不能固，害霸也；固始而不能終，害霸也；與賢人謀事，而與小人議之，害霸也。』所謂小人者，不必悉懷險詖，故覆邦家。蓋以其意性憸邪，趣尚狹促，以沮議爲出衆，以自異爲不羣，趨近利而昧遠圖，效小信而傷大道。故《論語》曰：『言必信，行必果，硜硜然，小人哉！』夫以能信於言，能果於行，唯以硜硜淺近，不克弘通，宣尼猶謂其小人，管仲尚憂其害霸，況又有言行難保，而恣其非心者乎！此皆任不責成，言不考實之弊也。

聖旨以謂外議云：『諸司所舉，皆有情故，兼受賄賂，不得實才』者。臣請陛下當使所言之人，詳陳所犯之狀，某人受賄，某舉有情。陛下然後以事質於臣，臣復以事質於舉主，若便首伏，則據罪抵刑，如或有詞，則付法閲責。謬舉者必行其罰，誣善者亦反其辜，自然憲典克明，邪慝不作。懲一沮百，理之善經。何必貸其姦贓，不加辯詰，私其公議，不出主名。使無辜見疑，有罪獲縱，枉直同貫，人何賴焉！

聖旨又以官長舉人，法非穩便，令臣並自揀擇，不可信任諸司者。伏以宰輔常制，不過數人，人之所知，固有限極，必不能偏諸多士，備閲羣才。若令悉命羣官，理須展轉詢訪，是則變公舉爲私薦，易明敭以暗投。儻如識者之言，所舉多有情故，舉於君上，且未絶私，薦於宰臣，安肯無詐，失人之弊，必又甚焉。所以承前命官，罕有不涉私謗。雖則秉鈞不一，或自行情，亦由私訪所親，轉爲所賣。其弊非遠，聖鑑明知。今又將徇浮言，專任宰臣除吏。宰臣不偏諳識，踵前須訪於人。若訪於親朋，則是悔其覆車，不易前轍之失也。若訪於朝列，則是求其私薦，必不如公舉之愈也。二者利害，惟陛下更詳擇焉。恐不如委任長官，謹柬寮屬，所揀既少，所求亦精。得賢有鑑識之名，失實當闒謬之責。人之常性，莫不愛身，況於臺省長官，皆是久當朝選，孰肯徇私妄舉，以傷名取責者乎！

所謂臺省長官，即僕射、尚書、左右丞、侍郎及侍御史大夫、中丞是也。陛下比擇輔相，多亦出於其中。今之宰相，則往日臺省長官也；今之臺省長官，乃將來之宰臣也。但是職名暫異，固非行業頓殊。豈有爲長吏之時，則不能舉一二屬吏；居宰臣之位，則可擇千百具寮？物議悠悠，其惑斯甚。

聖人制事，必度物宜，無求備於一人，無責人於不逮，尊者領其要，卑者任其詳。是以人主擇輔臣，輔臣擇庶長。庶長擇佐僚。所任愈崇，故所擇愈少；所試漸下，故所舉漸輕。進不失倫，選不失類。以類則詳知實行，有倫則杜絶徼求。將務得人，無易於此。是故選自卑遠，始升於朝者，各委長吏任舉之，則下無遺賢矣。寘於周行，既任以事者，於是宰臣序進之，則朝無曠職矣。才德兼茂，歷試不渝者，然後人主倚任之，則海內無遺士矣。

夫求才貴廣，考課貴精。求廣在於各舉所知，長吏之薦擇是也；考精在於按名責實，宰臣之序進是也。求不廣則下位罕進，下位罕進則用常乏人，用常乏人則懼曠庶職，懼曠庶職則苟取備員。是以考課之法，不暇精也。考不精則能否無別，能否無別則砥礪漸衰，砥礪漸衰則職業不舉，職業不舉則品行，而望得人之美。是以望得彌失，務精益麤，塞源浚流，未見其可。

臣欲詳徵舊説，伏恐聽覽爲煩，粗舉一端，以明其理。往者則天太后踐祚臨朝，欲收人心，尤務拔擢，弘委任之意，開汲引之門，進用不疑，求訪無倦，非但人得薦士，亦得自舉其才。所薦必行，所舉輒試，其於選士之道，豈不傷於容易哉！然而課責既嚴，進退皆速，不肖者旋黜，才能者驟升。是以當代謂知人之明，累朝賴多士之用。此乃近於求才貴廣，考課貴精之效也。陛下誕膺寶曆，思致理平，雖好賢之心有踰前哲，而得人之盛未逮往時，蓋由鑑賞獨任於聖聰，搜擇頗難於公舉，但速登延之路，罕施練覈之方。遂使先進者漸益凋譌，後來者不相接續，施一令則謗沮互起，用一人則瘡痏立成。此乃失於選才太精，制法不一之患也。則天舉用之法，傷易而得人；陛下慎柬之規，太精而失士。是知雖易於舉用，而不易於苟容，則所易者適足廣得人之資，不爲害也。不精於法制，而務精於選才，則所精者適足梗進賢之途，不爲利也。

人之才行，自昔罕全，苟有所長，必有所短。若録長補短，則天下無不用之人，責短捨長，則天下無不棄之士。加以情有憎愛，趣有異同，假使聖如伊、周，賢如楊、墨，求諸物議，孰免譏嫌。昔子貢問於孔子曰：『鄉人皆好之，何如？』子曰：『未可也。』『鄉人皆惡之，何如？』子曰：『未可也。不如鄉人之善者好之，其不善者惡之。』蓋以小人君子，意必相反，其在小人之惡君子，亦如君子之惡小人。將察其情，在審其聽。聽君子則小人道廢，聽小人則君子道消。今陛下慎選宰臣，必以爲重於庶品；精擇長吏，必以爲愈於末流。及至宰世獻規，長吏薦士，陛下則但納横議，不稽始謀，是乃任以重者輕其言，待以輕者重其事。且又不辨所毀之虛實，不校所議之短長。人之多言，何所不至。是將使人無所措其手足，豈獨選任之道失其端而已乎！

宋·王溥《唐會要》卷二六《舉人自代》 武德五年三月敕：『令京官五品已上，及諸州總管、刺史，各舉一人。其有志行可録，才用未申，亦許聽自己具陳藝能，當加顯擢，授以不次。』

顯慶四年十一月詔：『百官羣僚公卿尹除命，多存飾讓，自茲已後，宜各舉所知以自代，仍具才行，送轉中書省敍用。』

弘道元年正月，京官六品已上清望官，及諸州岳牧，各以己之職，推讓三人，並以名聞，隨即升擢。

上元二年九月二十一日敕文：『每除京官五品已上正員清望官，及郎官、御史、諸州刺史，皆令推薦一兩人以自代，仍具録行能聞奏，審其所舉，以行殿最。』

建中元年正月五日敕文：『常參官及節度、觀察、防禦、軍使、城使、都知兵馬使、諸州刺史、少尹、赤令、畿令，並七品已上清望官，及大理司直評事，授訖三日內，於四方館上表，讓一人以自代。其外官與長吏勾當，附驛聞奏。其表付中書門下，每官闕卽以見舉多者，量而授之。』

貞元二年正月二十四日，新授三日內，上表舉人自代者，比來所舉，少有摭實，殊乖求才之意。自今已後，每舉人皆令指陳其承前事迹，分析言之。

元和六年十月，中書、門下奏：『准建中元年敕，常參官舉人後，便具所奏舉人兼狀上中書門下。如官缺，於此選擇進擬。』從之。

咸通四年正月敕：『中外官宜准建中元年敕，授官後三日，舉一人自代。』

又 卷五三《舉賢》 貞觀元年三月，上謂尚書右僕射封德彝曰：『比來令卿舉賢才，未嘗有所推薦。天下事重，宜分朕憂。』對曰：『臣愚豈敢不盡心，但今所見，未有奇才異行。』上曰：『前代明王，使人如器，不借才於異代，皆取士於當時。何代無賢才，但患遺之不知耳。』德彝慚而退。

三年，太宗謂宰臣曰：『朕今孜孜求士，欲專心正道，聞有好人，則抽擢驅使。而議者多稱彼皆宰相親故，但公等至公行事，勿避此言，便爲形迹。古人內舉不避親，外舉不避讎，而爲後代稱者，以其舉得賢故也。卿等但能舉用得才，雖是子弟及有讎嫌，不得不舉。』

十三年，桂州都督李弘節以清慎聞，身歿之後，其家賣珠。上聞之，乃宣言於朝曰：『此人生平，宰相皆言其清白。今日既然，所舉者豈得無罪，必當理之，不可捨也。』特進魏徵諫曰：『陛下言此人不清，未見受財之所，聞其賣珠，將罪舉者，臣不知所謂。自聖朝以來，爲國盡忠、清正自守，終始不渝者，屈突通、張道源而已。通子三人來選，有一疋羸馬，道源兒子不能存立，未見一言及之。今弘節爲國立功，前後大蒙賞賚，居官終末，不言貪殘，妻子賣珠，未爲有罪。審其清者，無所存問，疑其濁者，傍罪舉人，雖云疾惡情深，亦實好善未篤。臣竊思度，未見其可，恐有識聞之，必生橫議。伏惟再思。』上撫掌曰：『造次不思，遂有此語，方知談不容易。』

十五年，太宗謂宰臣曰：『致太平之運者，唯在得賢才。卿等既不能知，朕又不可偏識，日復一日，無得人之理。今欲令人自舉，於事何如？』魏徵曰：『知人者智，自知者明；知人既以爲難，自知誠亦不易。且矜能伐善，恐長澆競之風。』

開元四年，黄門監盧懷慎上疏曰：『臣待罪樞密，頗積年序，報國之心，空知自許，推賢之志，終未克申。臣自染疾，轉益危頓，雖鳧雁之飛，未爲之少，而犬馬之志，終祈上聞，其鳴也哀，乞垂聖察。竊見廣州都督宋璟，立性公直，執心貞固，文學可以經務，識略可以佐時，動惟直道，行不苟合，聞諸朝野之説，實爲社稷之臣。衢州刺史李朝隱操履堅貞，才識通贍，守文奉法，頗懷鐵石之心，事上竭誠，實盡人臣之節。豫州刺史盧從愿，清貞謹慎，理識周密，始終若一，朝野共知。簡要之才，不可多得，並明時重器，聖世良臣。比經任使，微有愆失，所坐者小，所棄者大，所累者輕，所貶者遠。日月雖近，譴責傷深，望垂矜録，漸加進用。臣瞑目不遥，厚恩未報。黜殯之義，敢不庶幾，城郢之言，思有聞薦。謹令外生監察御史鄭齊嬰奉表以聞。』

大曆十四年閏五月，以河南少尹崔祐甫，代常衮爲門下侍郎、平章事。先是，永泰之後，四方既定，而元載秉政，公道隘塞，官由賄成。中書主事卓英倩、李待榮輩用事，天下官爵，大者出元載，小者出倩、榮。四方齎金帛者，相屬於路，綱紀大壞。及載敗後，楊綰尋卒，常衮當國，杜絶其門，四方奏請，莫有過者，雖權勢與匹夫等，非詞賦登科者，莫得進用。賄賂雖絶，然無所甄異，而賢愚同滯。及祐甫代衮，薦延推舉，無復凝滯，作相未逾年，除吏八百員，多稱允當。上嘗謂曰：『有人謗卿，所除授人，多涉親故，何也？』祐甫曰：『頻奉聖旨，以所任庶官，必須諳其才行者，臣與相識，方可粗諳，若平生未相識，何由知其言行？

獲謗之由在此。』上深然之。

大和元年，文宗勤於聽政，然浮於決斷。宰相韋處厚論奏曰：『陛下不以臣等不肖，用爲宰相，參議大政。凡有奏請，初蒙聽納，尋乃中變。若出自宸斷，卽示臣等不信；若出於橫議，臣等何名鼎司？且裴度元勳舊德，歷輔四朝，陛下固宜親重。竇易直長厚，忠事先朝，陛下固宜委信。』上深然之。自是宰臣敷奏，人不敢橫議。

又《雜録》 乾封二年八月，高宗引侍臣，責以不進賢良，司刑少常伯李安期進曰：『臣聞聖帝明王，莫不勞於求賢，逸於任使。且十室之邑，必有忠信，況天下至廣，非無英彥。但比來公卿有所薦引，卽遭囂謗，以爲朋黨。沈屈者未申，而在位者已損，所以人思苟免，競爲緘默。若陛下虛己招納，務於搜訪，不忌親讎，唯能是用，讒毀既不入，誰敢不竭忠誠。此皆事由陛下，非臣等所能致也。』上深然之。

神功元年，納言師德密薦狄仁傑，除鸞臺侍郎、平章事，仁傑不知師德之薦也。及爲同列，頗輕師德，頻擠之外使。則天覺之，嘗問仁傑曰：『師德賢乎？』對曰：『爲將謹守，賢則臣不知。』又問：『師德知人乎？』對曰：『臣嘗同官，未聞其知人。』則天曰：『朕之知卿，師德薦也，亦可謂知人矣。』仁傑既出，歎曰：『婁公盛德，我爲其所容，莫窺其際也。』

聖曆三年，則天曰：『朕令宰相各舉尚書郎一人。』狄仁傑獨薦男光嗣，由是拜地官尚書郎，蒞事有聲。則天謂仁傑曰：『祁奚內舉，果得人也。』

長安二年，則天令狄仁傑舉賢，仁傑舉荊州長史張柬之：『其人雖老，眞宰相才也，且久不遇，若用之，必盡節於國家矣。』乃召爲洛州司馬。他日，又求賢，仁傑曰：『臣前言張柬之，猶未用也。』則天曰：『已遷之矣。』對曰：『臣薦之請爲相也，今爲洛州司馬，非用之也。』又遷秋官侍郎。四年，夏官尚書、靈武大總管姚元之將赴鎮，則天命舉外內堪爲宰相者，元之對曰：『秋官侍郎張柬之沈厚有謀，能斷大事，且其人年老，惟陛下急用之。』

五年，則天嘗令宰臣，各舉爲員外郎者，鳳閣侍郎韋嗣立薦岑羲。

又 卷八二《冬薦》 貞觀五年六月十一日敕：『准貞觀四年正月一日制，春秋舉薦官。』中書門下奏：『常參官八品以上，外官五品以上正員，及額內得替，並停薦。其使下郎官、御史丁憂，廢省官在外者，望委諸道觀察使及州府長史；其在京城，委中書、門下、尚書省、御史臺常參清官並諸使三品已上、左右庶子、詹事、少卿、監、司業、少尹、諭德、國子博士、長安萬年縣令、著作郎、中允、中舍、秘書、太常丞、贊善、洗馬等，每年一度聞薦。』至六年十二月一日，敕：『自今以後，王府官宜停薦。其見任宰相及勳臣子弟，亦不須舉人。』至八年：『每冬薦官，比來所舉，人數頗多。自今以後，中書、門下兩省、御史臺五品已上，尚書省四品已上，諸司、省三品已上，應合舉人，各令每人薦不得過兩人，餘官不得過一人，准前敕處分。』至九年十一月二十九日敕，每年冬薦官，吏部准式檢勘或成者，宜令諸司尚書、左右丞、本司侍郎引試都堂，訪以理術，兼商量時務，狀考其理識通者，及考第事迹，定爲三等，並舉主姓名録奏。試日，仍令御史一人監試。』

貞元十一年正月敕：『本置冬薦，務在得人。自今以後，所薦官考試，奏入上等人，如無他故者，准前敕類例處分。其下等人，有司便以時罷退，任待他年重薦。如情願同吏部六品以下，選不合得留人例，請授遠慢官者，任經都省陳狀，吏部勘責限等第，敕出後一月內，送中書門下商量進擬。』

元和七年八月，中書門下奏：『諸州府五品已上官替後，委本道觀察使及長吏，量其材行幹能堪奬用者，具人才資歷，每年冬季，一度聞薦。其罷使郎官御史，委中書門下兩省、御史、尚書省常參官，及諸司職事三品已上文官、左右庶子、詹事、諸司少卿、監、國子司業、少尹、國子博士、長安萬年縣令、太常博士、著作郎、秘書丞等，每年冬准此聞薦。』從之。

大和元年八月敕：『諸道、諸軍、諸使應奏判官，並每年冬薦等，所奏判官，除新開幕府據元額署外，其向後奏請，如是元闕，卽雲闕某職，今奏某人充；如已有令更奏，卽雲某職某人緣某事停，奏某人替某；前使下臺省官合冬薦者，除府使罷外，既有薦用，當且要籍，不合便稱去職。自今以後，如帶職掌授臺省官兩考者，不在冬薦限；如其中實有故罷免者，亦須待授官周歲，然後許冬薦，狀中具言罷免事故。其他據品秩合冬薦者，則依元敕。」

七年五月，中書、門下奏：『諸道諸使停罷郎官、御史等，望令罷後，其所在官經兩考已上，方得冬薦；如文學才行堪奬用者，不在此限。其諸州上佐罷後，經二年方得聞薦；其非時替者，許一年後聞薦。」

大中五年正月敕：『右補闕宋球等奏冬薦狀，引敕文年月不同，各罰一季俸，仍委吏部長以元和七年八月二十一日，及大和七年七月二十六日敕，著爲定制。」

宋・王溥《五代會要》卷四《舉人自代》 後唐清泰元年正月，尚書吏部員外郎劉匡鼎奏：『臣伏覩建中元年正月敕：「中外文武臣寮授官上任後三日，舉一人自代，事下中書，如除用選人，所薦多者擬議。」多事已來，此敕久廢，今後重乞舉行。」從之。

漢乾祐元年正月赦節文：『應內外常参官，宜准唐建中故事，上任後三日，表舉一人自代。」

後唐天成二年六月，戶部尚書李鱗奏：『應昇朝官四品以上，各許薦令、録兩人；五品六品官，各許薦簿、尉兩人。」敕：『所舉人除官後，仍於官告內坐舉官姓名。赴任之後，或有不公，連坐舉主。兼三品以上，有舊諳行止堪充兩使判官者，各具才業上聞。」

周顯德二年正月二十一日御札：『一應在朝文資官，翰林學士兩省官內，有曾歷藩郡賓職、州縣官者，宜各舉堪爲令、録者一人，務在强明清慎，公平勤恪。其中有已曾任令、録，亦許稱舉，並當擢用，不拘選限資序，雖姻族近親，亦無妨嫌，祇須舉狀內具言。除官之日，仍署舉主姓名。若在官貪濁不公，懦弱不治，職業廢缺。處斷乖違，並量事狀輕重連坐。仍令御史臺催促本官，旋具奏聞，限兩月舉狀齊足。如出使在外者，侯迴日准此指揮。」

四年六月敕：『一應在朝文資官，各令再舉一人堪充令、録及兩使防禦、團練、軍事判官者。自前或因公過微有殿犯者，亦許稱舉。餘准顯德二年正月二十一日御札處分。」其年八月詔：『應在朝上將軍、統軍大將、率府副率等，宜令各舉有武勇膽力，騎射趫捷，堪爲軍職者兩三人，仍具年歲及歷職去處聞奏。如已在禁軍者，不在稱舉。候舉到日，並當比試騎射，看驗人材，雖是姻親，亦宜公舉，但于狀內具言。如應任用之後，不副所舉，卽量事狀輕重坐舉主。」

五年五月詔：『在朝文資官各令再舉堪爲幕職令、録者一人。所舉幕職州縣官罷任後，便與除官，仍並許赴闕。」

宋・宋敏求《唐大詔令集》卷一〇二《政事・舉薦上・京官及總管刺史舉人詔》 擇善任能，救民之要術，推賢進士，奉上之良規。自古哲王，弘風闡化，設官分職，唯才是與。然而巖穴幽居，草萊僻陋，被褐懷珠，無因自達。實資選衆之舉，固藉左右之容。義在搜揚，理歸精確。是以貢士有道，爰致加錫之隆，無益於時，必貽貶黜之咎。末葉澆僞，名寔相乖，舉非其人，濫居班秩。流品所以未穆，庶職於是隳廢。朕膺圖馭宇，寧濟兆民，思得賢能，用清治本，招選之道，宜革前弊。懲勸之方，式加恒典。苟有才藝，所貴適時。潔己登朝，無嫌自進。宜令京官五品以上、及諸州總管刺史，各舉一人；其有志行可録，才用未申，亦聽自舉。其陳藝能，當加顯擢，授以不次。賞罰之科，並依別格。所司頒下，詳加援引，務在奬納，稱朕意焉。武德五年三月。

又《薦舉賢能詔》 朕遐想千載，旁覽九流，詳求布政之方，莫若薦賢之典。是以元凱就列，仄微可以立帝功；管隰爲臣，中人可以成霸業。朕緬懷曩烈，虛己英奇，斷斷之士，必昇於廊廟；九九之術，不棄於閭閻。猶恐在陰弗和，獨善難奪，永言髦傑，無忘鑑寐。是以去夏之中，爰動翰墨，披露丹腑，疇咨海內。尺木既樹，思覩遊霧之羣；雲羅宏舉，佇降翔庭之翼。而諸州所舉，十有一人，朕載懷仄席，引入內殿，借以溫顏，密訪政道。莫能對揚，相顧結舌。朕仍以其未覩闕庭，能無戰悚，令於內省，更以墨對。雖搆思彌日，終不達問旨。理既乖違，詞亦庸陋。豈可飾丹漆於朽質，假風雲於決起者哉！宜並放還，各從本色。其舉主以舉非其人，罪論仍加一等。然則今之天下，猶古之天下也。寧容仲舒伯起之流，偏鍾美於往代；彥和廣基之侶，獨絕響於今辰。故其見知也。則平津與欒安並進；其不用也，則敬通與亭伯同悲。淮陰所以興言，子長所以貽歎。因斯論之，良由俊造難進。或固栖遲之節，牧宰循常，未盡搜揚之道。撫事長息，彌增憮然。今州縣依前薦舉，皆集今冬。奇偉必收，浮華勿採。無使巴人之調，濫吹於簫韶；魏邦之珍，沉光於漢水。務盡報國之義，以副欽賢之懷。貞觀十八年二月。

又《搜訪才能詔》 高明之天，資星辰以麗象；博厚之地，藉川嶽而成形。況帝王體元立極，臨馭萬物，字養生靈者乎！所以致理之君，遠讒佞，近忠良，屈己以申人，故能成其化。爲亂之主，親不肖，疎賢臣，虐下以恣情，用能成其亂。明君遵彼而興國，暗主行此以亡身。是以馭朽臨冰，銘心自戒，宵興旰食，側席思賢，庶欲博訪丘園，採搜英俊，弼我王道，臻於大化焉。可令天下諸州，明揚側陋，所部之內，不限吏人，其有服道栖仁，澄心礪操，出片言而標物範，備百行以綜人師，質高視於琳瑯，人不間於曾閔，潔志於丘園，揚名於衷閈；或甄明政術，曉達公方，稟木鐸於孔門，受金科於鄭相，奇謀間發，明略可以佐時，識鑑精通，偉才堪於幹國；或含章傑出，命世挺生，麗藻遒文，馳楚澤而方駕，鈎深覩奧，振梁苑以先鳴，業擅專門，詞成載筆；或辯彫春囿，談瑩秋天，發研幾於一言，起飛雹於三寸，蓄斯奔箭，未遂揚庭。並宜推擇，咸同舉薦，以禮將送，具表狀聞，限以今冬。並與考使同赴，庶擬焚林之舉，咸矯翼於巖廊。尺木之階，方振鱗於遊霧。翹心俊乂，稱朕意焉。貞觀二十一年六月。

又《探訪武勇詔》 濟時與國，實佇九工；御敵威旁，亦資七德。朕端拱宣室，思弘景化，將欲分憂俊乂，共逸巖廊。而比貢英奇，舉非勇傑。豈稱居安思危之志，虔存思亂之心。如不旌賁遠近，則爪牙何寄。宜令京官五品已上，及諸州牧守，各舉所知，或勇冠三軍，翹關拔山之力，智兼百勝，緯地經天之才，蘊奇策於良平，馳功績於衛霍，蹤二起於吾白，軌雙李於牧廣，賞纖善而萬衆悅，罰片惡而一軍懼。如有此色，可精加採訪，各以奏聞。顯慶二年六月。

又《訪習天文曆算敕》 南正北正，司天地之職；羲氏和氏，統日月之官。蓋所以幽贊神明，發揮曆象，經百王而不易，涉千古而無替。慎竈疊迹於前，甘石比蹤於後。莫不仰稽次舍，俯察禨祥，克窮盈縮之端，備極陰陽之際。朕臨御區寓，多歷歲年，睠彼清臺，罕聞其妙。豈人不逮昔，將求之未盡。雖天道難知，固以不言示教，而時君取戒，寧可遐棄厥司。宜令諸州及諸司，訪解占天文及曆算等人，務取有景行審密者，並以禮發遣，速送所司，勿容隱漏。貞觀三年二月。

又《博採通經史書學兵法詔》 才生於代，必以經邦；官得其人，故能理物。朕恭膺大寶，慎擇庶寮，延佇時英，無忘終食。思欲蕭艾咸採，葑菲不遺，而商山幽僻，渭濱寂寞。夫以貴耳賤目，殊通方之論；捨近謀遠，非應務之術。今四方選集，羣才輻湊，操斧伐柯，求之不遠。其有能明三經、通大義者，能綜一史、知本末者，通三教宗旨、究精微者，善六書文字、辯聲象者，博度雅曲、和六律五音者，韜略孫吳、識天時人事者，暢於詞氣、聰於受領、善敷奏吐納者，咸令所司博採明試，朕親擇焉。景雲元年十二月。

又《文武官及朝集使舉堪將帥詔》 將帥之任，軍國斯重。禦侮捍城，良才是急。頃者武臣多闕，戎政莫修。聆鼓鼙以載懷，筮熊羆而未遇。古今一也，何代無人。南仲方叔之儔，亦在用人而已。宜令文武官及朝集使五品以上，各舉堪將帥者一人，明敭幽仄，無限年位，務求實用，以副予懷。先天元年十二月

又《搜揚懷才隱逸等敕》 敕：立政之本，惟賢是切。朕祗膺天歷，殷監遠圖，揚於王庭，生此王國，朕之所望久矣。豈徵辟爲事，未極於巖藪，而高尚絶塵，見遺於草澤，將何以舉逸而勸！賁然來思，且才之或偏，猶器不求備。故非臧文之智則尚其言，收曲逆之奇則捐其行。過而能改，仁遠乎哉。天下諸州，有懷才隱逸、跅弛不調、及失職冤人等事，並令諸道檢察使博訪，具以名聞，副朕飢渴之懷，庶廣搜揚之義。先天二年十一月四日。

又《求訪武士詔》 武設五兵，所以安人禁暴；臣稱三傑，所以戰勝攻取。蜀乃一方之主，尚得孔明；齊爲九合之君，斯由管仲。況宇宙至廣，人物至多，豈乏英賢，無聞韜略。蓋用與不用，知與不知。今邊境未清，統遏須將，頃林胡蹔擾，柳城非捷，北虜忽驚，西軍莫振。罪由失律，過在無謀。曹劌不言，寧知登軾之效；毛遂緘口，豈彰處囊之奇。長想古今，是思擢用。恐雖霑簪紱，猶晦迹於下流；或蘊智謀，尚沉名於大澤。不加精訪，何以甄收？其兩京中都，及天下諸州官人百姓，有智合孫吳，可以運籌決勝；有勇齊賁育，可以斬將搴旗；或坐鎮行軍，足擬萬人之敵；或臨戎御寇，堪爲一隊之雄。各聽自舉，務道其實。仍令州府具以名進，所司速立限期，隨表赴集。朕當親試，不次用之。其有身見在諸軍統押者，但録所能奏聞，未須赴集。開元九年九月。

又 卷一〇三《政事・舉薦下・搜訪天下賢俊制》　朕聞惟理亂在庶官，是以先王旁求俊彦，思皇多士，以倡九牧，阜成兆人。頃者奸臣執權，專利冒寵，惟正直是醜，惟邪佞是比。壅窒賢路，罔蔽天聰。使忠臣不得進其謀，才士不得展其用。廢三載之黜陟，寢九德之推擇。多有老於郎署，滯於丘園。吏稱無人，才不給位。朕以薄質，嗣守大寶，寇戎未殄，王業惟艱，兢兢乾乾，日慎一日。緬惟堯舜求賢之意，周公吐握之義，思欲廣進髦乂，輔寧邦家，寔賴公卿大夫，弘我視聽。易曰方以類聚，語曰舉爾所知。凡宰相王臣，宜加搜擇。其常参官及郡縣長吏上佐等，皆從歷試，而踐通榮，如各知其密行異能，博學深識，才堪濟代，術可利人，名不彰聞，位不充量，湮淪屠釣，流落風波者，一善可録，便宜公舉。遠則封表附驛，近則進狀奏聞。勿避親讎，無限儕伍。其有獨負奇才，未逢知己，即仰投匭，並所在陳狀自論，長官登時與奏。夫茲薦士，非止一舉，永爲恒典，有即登聞。昔荀桓子克翟之功，士伯受瓜衍之邑。柳下惠賢而不舉，臧文仲被竊位之名。《春秋》書之，千載不朽。凡百在位，可不勉歟！宜宣示中外，令知朕意。至德二載四月八日。

又 《處分舉薦人詔》　推薦之道，必務於至公，賞罰之間，亦資於不濫。其諸色舉人等，須有處分，令薦所知，實佇才能，用施政理，自宜慎擇，以副虚懷。古者效官，三歲考績，善惡既著，褒貶斯存。舉之得人，必受旌能之賞；舉之失選，亦加懲過之罰。賞罰之典，期於勉行。凡百具寮，宜知朕意。寶應元年七月。

又 《令常参官舉人詔》　敕知人則哲，堯舜猶難；類能而舉，古今常式。自頃中原多故，汔未小康，州縣屢空，守宰多闕。攝官承乏者，頗無舉職之能；懷才抱器者，或有後時之歎。朕所以宵衣不寐，側席未遑，思弘致理之規，冀及大中之道。而庶尹卿士，備列朝廷，豈無協贊之心，以助旁求之義。其内外文武官，如有堪任刺史、縣令，及出身前資人中，堪任判司丞尉者，宜令京常参官，各慎擇所知，具狀奏聞。及諸州刺史、縣令，既藉寮屬，宜亦准此。古者得人受賞，曾不踰時；增秩賜金，有國通典。其或任非稱職，舉不當事，顧多附下之心，豈無不適之罰。其所舉人受官後，如政能尤異，清白著聞，三兩考後，仰本道觀察使聞奏，其舉主及所舉人，並量加進改。如懦弱不舉，及暴政處置乖宜，並冒犯贓私等罪，論刑當亦連坐。宣示中外，知朕意焉。寶歷元年九月。

又 《搜訪兵術賢才詔》　朕每念艱難之本，思拯救之圖，治少亂多，古猶今也。蓋搜揚之未至，非爵賞之不行。況自鄉裏沽名，物情買怨。朝市有爭先之黨，山林多獨往之人。彼豈自窮，驅而莫返。其有文包經緯，道貫儒玄，貞遁自肥，浮名不染，豈無加等之爵，以待非常之流。今委使臣，遠近徵訪，必行備禮，以聳羣方，且機貴研深用惟體要，運當無事，固垂拱而可恃。時屬多虞，非拔奇而不振。或有材優將略，業洞兵鈐，辨勝負於風雲，計短長於主客，妙得神傳之訣，耻成兒戲之名，不俟臨機，方期制變。或銷聲於屠釣，或屈志於風塵，勿媿自媒，當期致用。至乃旁窺國病，動適時宜，深探貨殖之源，備得富强之術，排於浮議，鬱彼良圖。又有志擅縱横，久潛緇褐，材推超異，見辱儕流，苟全一藝之工，不必萬夫之敵。亦有推研歷象，校步星辰，言必效於機先，術豈疑於億中，是資奇器，孰曰異端，亦在勤求，佇加殊賞。噫！功名可慕，少壯幾何。在君親則忠孝相資，念國家則安危同切。勿甘流落，猶徇晏安。並委使臣榜示訪求，長吏津置發遣。同心體國，無使淹延。懸賞俟能，必期升擢。朕雖踵艱否，亦謂憂勤。高祖太宗之在天，固當垂祐。社稷生靈之有主，夫豈乏賢。達我敷求，咨爾將命。勿孤翹矚，苟自因循。其間儒學優遊，軍謨弘遠，密陳時務，願就制科者，已從别敕處分。跅弛遺才，沉淪末位，不礙文武，並須升聞。布告天下，咸使知悉。光啓五年五月。

論説

宋・胡寅《致堂讀史管見》卷一八《唐紀・則天皇后上》　女而自媒，求貞女者賤之士；而自薦，求良士者輕之。故有天下國家，必敦名檢、抑奔競，取難進之士，勵靖退之規，所以成人材而興禮義也。武后此詔可謂失矣。陸宣公，通達治體者，乃引以爲美談，曰『當時有得人之稱，累朝賴多士之用』，何也？此爲德宗猜忌而發，非古今之通誼也。誠使宰相得人，内外長官皆稱其任，各舉所知，寧憂乏才？何必開衒鬻之門，消廉耻之道乎？狄仁傑、張柬之、姚、宋諸公，豈自薦者？故凡自薦，賢者不爲，而才者爲之。人君安治天下，固賴乎賢者爲本也。

門 蔭

綜 述

《新唐書》卷四五《選舉志下》 凡用蔭，一品子，正七品上；二品子，正七品下；三品子，從七品上；從三品子，從七品下；正四品子，正八品上；從四品子，正八品下；正五品子，從八品上；從五品及國公子，從八品下。凡品子任雜掌及王公以下親事、帳內勞滿而選者，七品以上子，從九品上敍。其任流外而應入流內，敍品卑者，亦如之。九品以上及勳官五品以上子，從九品下敍。三品以上蔭曾孫，五品以上蔭孫。孫降子一等，曾孫降孫一等。贈官降正官一等，死事者與正官同。郡、縣公子，神從五品孫。縣男以上子，降一等。勳官二品子，又降一等。二王後孫，視正三品。

凡弘文、崇文生，皇緦麻以上親，皇太后、皇后大功以上親，一家聽二人選。職事二品以上、散官一品、中書門下正三品同三品、六尚書等子孫並姪，功臣身食實封者子孫，一蔭聽二人選。京官職事正三品、同中書門下平章事、供奉官三品子孫，京官職事從三品、中書黃門侍郎並供奉三品官、帶四品五品散官子，一蔭一人。

元·馬端臨《文獻通考》卷三四《選舉考七·任子》 按：任子法始於漢，而其法尤備於唐。漢、唐史列傳中，凡以門蔭入仕者，皆備言之。

任用制度分部

綜 述

册 命

宋·王溥《唐會要》卷二六《册讓》 貞觀八年敕：「拜三師、三公、親王、尚書令、雍州牧、開府儀同三司、驃騎大將軍、左右僕射並臨軒册授，太子三少、侍中、中書令、六尚書、諸衛大將軍、特進、鎮國大將軍、光祿大夫、太子詹事、九卿、都督及上州刺史，在京者朝堂受册。」至光宅元年，並停。

顯慶元年九月二十七日敕：「拜三師、三公、親王、尚書令、雍州牧、開府儀同三司、驃騎大將軍、左右僕射、侍中、中書令、諸曹尚書、諸衛大將軍、特進、領軍、鎮國大將軍、光祿大夫、太子詹事、太常卿、都督、及上州刺史，在京者詣朝堂受册。」至景雲九年八月十四日，敕：「左右丞相、侍中、中書令、六尚書已上，欲讓者聽，餘並不須。」至開元中，宰相李林甫奏：「兩省侍郎及南省諸司侍郎、左右丞，雖是四品，職在清要，亦望聽讓。」

大曆十四年五月，臨軒册尚父子儀於宣政殿。自開元已來，册禮久廢；惟天寶末，册楊國忠爲司空，至是復行。

貞元三年三月，御宣政殿，備禮册拜李晟爲太尉。晟受册訖，具羽儀乘輅謁太廟，遂赴任於尚書省。故事，臨軒册拜三公，中書令讀册，侍中奏禮畢；如闕，即宰相攝之。時宰相張延賞欲輕其禮，始奏令兵部尚書崔漢衡攝中書令，讀册；左散騎常侍劉滋攝侍中，奏禮畢。臨軒册命，宰臣不親行事，自此始也。延賞素與晟有隙，至是故特降減其禮。欲以輕之也。

宋·王溥《五代會要》卷四《册命》 梁開平元年八月敕：「朝廷之儀，封册爲重，用報勳烈，以隆恩榮，固合親臨，式光典禮。舊章久缺，自我復行。今後每册封大臣，宜令有司備臨軒之禮。」

後唐同光二年二月，太常禮院奏：「准制，尚書令秦王李茂貞備禮册命，檢詳舊儀，無不帶節度使封册之命，宜准故襄州節度使趙匡凝封楚國例施行。秦王受册，自備革輅一乘，載册犢車一乘，並本品鹵簿鼓吹如儀。」從之。

三年六月，太常禮院奏：「吳越國王錢鏐將行册命，按禮文合用竹册。」敕：「宜令有司修製玉册。俾稱元勳。」

天成三年十一月十八日，中書奏：「舊制凡降册命。至尊臨軒。伏自陛下纂襲，繼有封崇，但申節度之儀，尚缺臨軒之禮。今後或封册，請御正衙，雖勞萬乘之尊，冀重九天之命。如此則行之時禮備，受之者感深，寧唯轉耀於皇猷，賓亦永標於青史。』從之。仍付所司。

清泰元年六月，中書門下奏：『據太常禮院申，册拜王公，如在京城，所司備鹵簿車輅法物，皇帝臨軒行册禮；如在外鎮，正衙命使押册赴本道行禮。車輅法物，故事不出都城，禮無明文。今奉制命幽州趙德鈞封北平王，青州房知温封東平王，皆備禮册命。其合用車輅法物，在兵部太常太僕寺，請載往本州行禮後，送納本司。』從之。

又 卷一四《史部》 後唐同光二年正月，中書門下奏：『准本朝故事，如封建諸王、内命婦及宰相、翰林學士、中書舍人、諸道節度、觀察、團練、防禦、留後官告，即中書帖吏部官告院，索綾紙、褾軸。下所司修寫印署畢，進入内宣賜。其文武兩班並諸道官員及奏薦將校，敕下後，並合呈本道進奏院，或本人自於所司送納朱膠、綾紙價錢，各請出給。今後請除内司大官並侍衛及賞軍功將校轉官外，並請官中不給告敕。』從之。

詮選

《舊五代史》卷一四八《選舉志》 按《唐典》，凡選授之制，天官卿掌之，所以正權衡而進賢能也。【略】

唐同光四年三月，中書門下奏議：『左拾遺王松、吏部員外郎李慎儀上疏，以諸道州縣，皆是攝官，誅剝生靈，漸不存濟。比者郭崇韜在中書日，未詳本朝故事，妄被閒人獻疑，點檢選曹，曲生異議，或告赤欠少，一事闕違，保内一人不來，五保即須並廢，文書一紙有誤，數任皆不勘詳。其年選人及行事官一千二百五十餘員，得官者才及數十，皆以逾濫爲名，盡被焚毁棄逐，或斃踣於旅店，或號哭於道途。以至二年已來，選人不敢赴集，銓曹無人可注，中書無人可除，去年闕近二千，授官不及六十。伏請特降敕文，宣佈遐邇，明往年制置，不自於宸衷，此日焦勞，特頒於睿澤。望以中書條件及王松等所論事節，委銓司點檢，務在酌中，以爲定制。』從之。時議者以銓注之弊，非止一朝，搢紳之家，自無甄別，或有伯叔告赤，鬻於同姓之家，隨賂改更，因亂昭穆，至有季父伯舅反拜姪甥者。郭崇韜疾惡太深，奏請釐革，豆盧革、韋説僶俛贊成。或有親舊訊其事端者，革、説曰：『此郭漢子之意也。』及崇韜誅，韋説即教門人王松上疏奏論，故有此奏。識者非之。

天成四年冬十月丙申，詔曰：『本朝一統之時，除嶺南、黔中去京地遠，三年一降選補使，號爲南選外，其餘諸道及京百司諸色選人，每年動及數千，分爲三選，尚爲繁重。近代選人，每年不過數百，何必以一司公事，作三處官方。況有格條，各依資考，兼又明行敕命，務絶阿私，宜新公共之規，俾愼官常之要。其諸道選人，宜令三銓官員，都在省署子細磨勘，無違礙後，即據格同商量注擬，連署申奏，仍不得踵前於私第注官，如此則人吏易可整齊，公事亦無遲滯。』

長興元年三月，敕：『凡是選人，皆有資考，每至赴調，必驗文書，或不具全，多稱失墜，將明本末，須示規程。其判成諸色選人，黄甲下後，將歷任文書告赤連粘，宜令南曹逐縫使印，都於後面粘紙，其前後歷任文書，都計多少紙數，仍具年月日，判成授某官。』蓋懼其分假於人故也。

其年十月，中書奏：『吏部流内銓諸色選人，先條流試判兩節，並委本官優劣等第申奏。文優者宜超一資注擬，其次者宜依資，更次者以同類官注擬，所以勵援毫之作，亦不掩歷任之勞。其或於理道全疏者，以人戶少處州縣同類官中比擬，仍准元敕，業文者任徵引古今，不業文者但據公理判斷可否。不當，罪在有司。兼諸色選人，或有元通家狀，不實鄉裏名號，將來赴選者，並令改正，一一堅本貫屬鄉縣，兼無出身，一奏一除官等，宜並不加選限。』從之。

應順元年閏正月丁卯，中書門下奏：『准天成二年十二月敕，長定格應經學出身人，一任三考，許入下縣令、下州録事參軍，亦入中下州録事參軍；兩任四考，許入中下縣令、中州録事參軍；兩任六考，許入上縣令及緊州録事參軍。凡爲進取，皆有因依，或少年便受好官，或暮齒不離卑任。況孤貧舉士，或年四十，始得經學及第，八年合選，方受一官，在任多不成三考，第二選漸向蹉跎，有一生終不至令録者，若無改革，何以發揚？自此經學出身，請一任兩考，許入中下縣令、下州録事參軍者。』詔曰：『參選之徒，艱辛不一，發身遲滯，到老卑低，宜優未達之人，顯示惟新之澤。其經學出身，一任兩考，元敕入下縣令、下州録事參軍，起今後更許入中下縣令、下州録事參軍；一任三考者，於人戶多處州縣注擬，如於近敕條內，資敍無相當者，即准格循資考入官；其兩任四考者，准二任五考例入官，餘准格條處分。』

晉天福三年正月，詔曰：『舉選之流，苦辛備曆，或則耽書歲久，或則守事年深，少有違礙格條，例是不知式樣。今則方求公器，宜被皇恩，所有選人等，宜令所司，除元駮放及落下事由外，如無違礙，並與施行。仍令所司遍下諸道，起今後文解差錯，過在發解州府官吏。

漢乾祐二年八月，右拾遺高守瓊上言：『仕宦年未三十，請不除授縣令。』因下詔曰：『起今後諸色選人，年七十者宜注優散官；年少未曆資考者，不得注授令録。』其年十二月，中書門下奏：『應諸出選門官並歷任內曾升朝及兩使判官，今任卻授令録者，並依見任官選數赴集。』從之。

周廣順元年二月，詔曰：『自前朝廷除官，銓司選授，當其用闕，皆稟舊規。近聞所得官人，或他事阻留，或染疾淹駐，始赴任者既過月限，後之官者遂失期程，以至相沿，漸成非次。是致新官參謝欲上，舊官考秩未終，待滿替移，動逾時月，凋殘一處，新舊二官，在迎送以爲勞，必公私之失緒。今後應諸道州府録事參軍、判司、縣令、主簿等，宜令本州府，以到任月日，旋具申奏及報吏部，此後中書及銓司，以到任月日用闕，永爲定制。』

其年十月，詔曰：『選部公事，比置三銓，所有員闕選人，分在三處，每至注擬之際，資敍難得相當。況今年選人不多，宜令三銓公事，並爲一處，委本司長官通判，同商量可否施行。今當開泰之期，宜軫單平之衆，自今後合格選人，歷任無違礙者，並仰吏部南曹判成，如文解差錯，不合式樣，罪在發解官吏。』

宋・王溥《唐會要》卷七四《選部上》　論選事　舊制，內外官皆吏部啓奏授之，大則署置三公，小則綜覈流品。自隋已降，職事五品已上官，中書門下訪擇奏聞，然後下制授之。唐承隋制，初則尚書銓掌六品七品選，侍郎銓掌八品選，三年一大集，每年一小集。其後，尚書、侍郎通掌六品以下選，其員外、郎監察御史，亦吏部唱訖，尚書、侍郎爲之典選。自貞觀以後，員外郎乃制授之。又至則天朝，以吏部權輕，監察亦制授之。其銓綜也，南曹綜覈之，廢置與奪之，銓曹注擬之，尚書僕射兼書之，門下詳覆之，覆成而後過官。至肅宗即位靈武，强寇在郊，始命中書以功狀除官，非舊制也。

武德五年，太僕卿張道源上表，以吏曹文簿繁密，易生姦欺，請議減之。高祖下其議，百寮無同者，唯太史傅奕言道源議至當。迫於衆議，事竟不行。

貞觀元年正月，侍中、攝吏部尚書杜如晦上言曰：『比者，吏部擇人，唯取言辭刀筆，不悉才行。數年之後，惡迹始彰，雖加刑戮，而百姓已受其弊。』上曰：『如何可以得人？』如晦對曰：『兩漢取人，皆行著州閭，然後入用。今每年選集，尚數千人，厚貌飾詞，不可悉知，選司但配其階品而已，所以不能得才。』魏徵亦曰：『知人之事，自古爲難，故考績黜陟，察其善惡。今欲求人，必須審訪，才行兼美，始可任用。』上將依古法，令本州辟召，會功臣將行世封，其事遂止。

二十年，黄門侍郎褚遂良上表曰：『貞觀初，杜淹爲御史大夫，檢校選事。此人至誠在公，實稱所使。凡所採訪七十餘人，比並聞其嘉聲。積久研覆，一人之身，或經百問，知其器能，以此進舉。身既染疾，伏枕經年，將臨屬纊，猶進名不已。陛下悉擢用之，並有清廉幹用嗎，爲衆所欽望。大唐得人，於斯爲美。陛下任一杜淹，得七十餘人，天下稱之。此則偏委忠良，不必衆舉之明效也。』

顯慶二年，黄門侍郎、知吏部選事劉祥道上疏曰：『今之選司取士，傷多且濫，每年入流，數過一千四百人，是傷多也。雜色入流，不加銓簡，是傷濫也。古之選者，不聞爲官擇人，取人多而官員少也。今官員有數，而入流無限，以有數供無限，遂令九流繁總，人隨歲積，謹約准所須人，量支年別入流者，令內外文武官一品以下、九品以上一萬三千四百六十五員，舉大數當一萬四千人。壯室而仕，耳順而退，取其中數，不過支三十年。此則一萬四千人，支三十年而略盡。若年別入流者五百人，三十年便得一萬五千人定數。頃者，一萬三千四百六十五人，足充所須之數。況三十年之外，在官者猶多，此便有餘，不慮其少。今年當入流者，遂踰一千四百，計應須數外，常餘兩倍。又常選者仍停六七千人，更復年別新加，實非處置之法。望請釐革稍清其選。』中書令杜正倫亦言：『入流者多。爲政之弊。』公卿以下，憚於改作。事竟不行。

蘇氏議曰：「冕每讀國史，未嘗不廢卷歎息。況今河西、隴右，虜盜其境，河北、河南、關中，止計官員大數，比天寶中，三分減一。入流之人，比天寶中，三分加一。自然須作法造令，增選加考，設格檢勘，選司試能。嗟乎！士子三年守官，十年待選，欲吏有善稱，野無遺賢，不可得也。若比祥道所述，豈只十倍，不更弊乎！

開耀元年四月十一日敕：「吏部、兵部，選人漸多，及其銓量，十放六七，既疲於來往，又虛費資糧。宜付尚書省，集京官九品已上詳議。」崇文館直學士崔融議曰：「今皇家兩曹妙選，三官備設。收其杞梓，搴其蕭稂。其有疾狀、犯贓私罪當懲貶者，此等既未合得，伏望許同選例，録以選勞。又選人每年長名。常至正月半後。伏望速加銓簡。促以程期。因其物情，亦何疲於來往，順其人欲，亦何費於資糧。又所銓簡，以德行爲上，功狀次之，折衷之方，庶幾此道。」尚書右僕射劉仁軌奏曰：「謹詳衆議，條目雖廣，其大略不越數途。多欲使常選之流，及負譴之類，遞立年限，如令赴集。便是擁自新之路。塞取進之門。或請增置具僚。廣授官之數。加習藝業。峻入仕之途，亦恐非勸奬之通規，乖省員之茂躅。徒雲變更，實恐紛擾，但升平日久，人物滋殖，解巾從事，抑有多人。頃歲以來，據員多闕，臨時雖有權攝，終是不能總備。望請尚書、侍郎，依員補足，高班卑品，准式分銓。分銓則留放速了，限速則公私無滯。應選者暫集，遠近無聚糧之勞，合退者早歸，京師無索米之弊。既循舊規，且順人情。如更有不便，隨事釐革。其殿員及初選，及選淺自知未合得官者等色，情願不集，即同選部曹司商量，望得久長安穩。」

垂拱元年七月，鸞臺侍郎兼天官侍郎魏元同以吏部選舉不得其人，上表曰：「漢諸侯得自置吏四百石以下，其傅相大官，則漢爲之置。州郡掾吏、督郵、從事，悉任之牧守。爰自魏、晉，始歸吏部。遞相祖襲，以迄於今。用刀筆以量才，案簿書而察行，法令之弊，由來久矣。蓋君子重因循而憚改作，有不得已者，亦當運獨見之明，定卓然之議。如今選司所行者，非上皇之令典，乃近代之權道。所宜遷革，實爲至要。且天下之大，士人之衆，而可委之數人之手乎？假如平如權衡，明如水鏡，力有所極，照有所窮，銓綜既多，紊失斯廣。又以比居此任，時有非人，情故既行，何所不至。悠悠風塵，此焉奔競，擾擾遊宦，同乎市井。加以厚貌深衷，險如溪壑，擇言觀行，猶懼不勝。今使考行究能，折衷於一面，百寮庶職，專斷於一司。不亦難乎！況今諸色人流，歲有千計，羣司列位，無復新加。官有常員，人無定限。選集之始，霧積雲屯，擢敍於終，十不收一。淄澠既混，玉石難分，用舍去就，得失相半。周穆王以伯冏爲太僕正，命之曰：『愼簡乃寮，無以巧言亂色，便僻側媚，其唯吉士。』此則命其自擇下吏之文也。太僕正，中大夫耳，尚以寮屬委之，則三公九卿，亦必然矣。夫委任責成，君之體也。所委者衆，所用者精，故能得濟濟之多士，盛芃芃之棫樸。裴子野有言曰：『官人之難，先王言之尚矣。居家觀其孝友，鄉黨取其誠信，出入觀其志義，憂難取其知謀。煩之以事，以觀其能，臨之以義，以察其度。始於學校，掄於州裏，告諸六事，而後貢之於王庭。其在漢家，尚猶然矣。州郡積其功能，而爲五府所辟，五府舉其掾屬，而升於朝廷，三公得參除署尚書，奏之天子。一人之身，所關者衆，一賢之進，其課也詳。故能官得其人，鮮有敗事。晉、魏反是，所失弘多。』子野所論，蓋區區之宋耳。猶謂不勝其弊，而況於當今乎！今不待州縣之舉，直取於書判，恐非先德行而後言語之意也。臣又聞《漢書》張耳、陳餘之賓客廝役，皆天下俊傑。彼之蕞爾，猶能若斯，況以今國家而不建長久之策，爲無窮之根，盡得賢取士之術，而但顧望魏、晉之遺風，留意周、隋之末事，臣竊惑之。伏願依周、漢之規，以分吏部之選。即望所用精詳，鮮於差失。秘書省正字陳子昂上疏曰：『臣伏見陛下憂勤政治，而未以刺史、縣令爲念。臣何以知陛下未以刺史、縣令爲念？竊見吏部選人，補縣令，如補一縣尉耳。但以資次考第，從官洊曆即補之，不論賢良德行，何能以化民？而拔擢見補者，縱使吏部侍郎時有知此弊，而欲超越用人，則天下小人，已囂然相謗矣。所以然者，習於常也。所以天下庸流，皆任縣令。庸流一雜，賢不肖莫分，但以資次爲選，不以才能得職。所以天下淩遲，百姓無由知陛下聖德勤勞夙夜之念，但以愁怨，以爲天子之令使如是也。自有國以來，此弊最深，而未能除也。』神龍元年，李嶠、韋嗣立同居選部，多引用權勢，求取聲望，因請置員外官一千餘員，由是僥倖者趨進。其員外官悉依形勢，與正官爭事，百司紛競，至有相毆擊者。及嶠復入相，乃深悟之，見朝野喧議，乃上疏曰：『自寶命中興，鴻恩溥被，唯以爵賞爲惠，不擇才能任官，授職加階，朝遷夕改，正闕不足，加以員外，非復求賢助治。多是爲人擇官。接武隨肩，填曹溢府，無益政化，虛請俸禄。在京則府庫爲之殫竭，在外則黎庶被其侵漁。伏願微惜班榮，稍減除授。使匪服之議，不興於聖朝，能官之謠，復光於曩載。』

上元元年，劉嶢上疏曰：『臣聞《論語》有曰：「爲政以德，譬如北辰。」《詩》曰：「愷悌君子，民之父母。」豈有使父養子，而憂不得所者哉！今國家以吏部爲銓衡，以侍郎爲藻鑑。鏡所鑑者貌也，妍媸可知；衡所平者法也，年勞可驗。至於心之善惡，何以取之？取之不精，必貽後患。今選曹以檢勘爲公道，以書判爲得人。夫書判者，以觀其智也。知及之，仁不能守之，可使從政者歟？不可使之，而或任之，是貽患於天下也。如有德行侔於甲科，書判不能中的，其可舍之乎？況於書判，借人者衆矣。求士本於鄉閭者，可謂至矣。且人不孝於其親者，豈有忠於君乎？不友於兄弟者，豈肯順於長乎？不恤於孤遺者，豈肯恤百姓乎？不義而取財者，豈有不犯贓乎？不直而好訟者，豈肯守恆乎？强悖而任氣者，其肯惠和乎？博奕而畋遊者，其肯貞廉乎？不以辱爲辱者，其肯敬慎乎？薦士無此病。則可任之以官也。』

開元三年，左拾遺張九齡上疏曰：『古之選用，取其聲稱，或遥聞辟召，或一見任之。是以士修素行，而流品不雜。臣以爲吏部始造簿書，以備人之遺忘，今反求精於案牘，不急於人才，亦何異遺劍中流，而刻舟以記？去之彌遠，可爲傷心！凡有稱吏部之能者，則曰從縣尉於主簿，從主簿於縣丞，斯選曹執文而善知官次者也。唯論合與不合，不論賢與不賢，大略如此，豈不謬哉！臣以爲選部之弊，在不變法，變法之易，在陛下渙然行之。夫以一詩一判，定其是非，適使賢人君子，從此遺逸。斯亦明代之闕政，有識者之所嘆息也。』

十三年十二月，封嶽迴，以選限漸迫，宇文融上策，請吏部置十銓。禮部尚書蘇頲。刑部尚書韋抗。工部尚書盧從願。右散騎常侍徐堅。御史中丞宇文融。朝集使蒲州刺史崔林。魏州刺史崔沔、荆州長史韋虛心。鄭州刺史賈曾。懷州刺史王丘等十人。當時榜詩云：『員外御題銓裏榜，尚書不得數中分。』尚書裴漼。員外郎張均。其年，太子左庶子吴兢上表諫曰：『臣聞《易》稱「君子思不出其位」，言各止其所，不侵官也，此實百王准的。伏見敕旨，令刑部尚書韋抗等十人，分掌吏部銓選。及試判將畢，遽召入禁中決定。雖有吏部尚書及侍郎，皆不得參議其事。議者皆以陛下曲受讒言，不信於有司也。然則居上臨民之道，經邦緯俗之規，必在推誠，方能感物。抑又聞欲用天下之智力者，莫若使天下信之也。故漢光武置赤心於人腹，良有旨哉！昔魏明帝嘗卒至尚書省，尚書令陳矯跪問曰：『陛下欲何之？』帝曰：『欲案行省司文簿。』矯曰：『此是臣之職分，非陛下所宜臨。若臣不稱職，則宜就黜退。陛下宜還宫。』帝慚，迴車而反。又陳平、丙吉者，漢家之宰相，尚不對錢穀之數，不問路死之人。故知自天子至於卿士，守其職分，而不可侵越也。況我大唐萬乘之君，卓絶千古之上，豈得下行選曹之事，頓取怪於朝野乎？凡是選人書判，並請委之有司，仍停此十銓分選。依舊以三銓爲定。』

天寶十載，吏部選才多濫。選人劉乃獻議於知銓舍人宋昱曰：『《虞書》稱「知人則哲，能官人」。則巍巍唐虞舉以爲難，今夫吏部既始之以掄才，終之以授位，是則知人官人，斯爲重任。昔在禹、稷、皋陶之衆聖，猶曰載采采，有九德，考績以九載。近代主司，獨委一二小冢宰，察言於一幅之判，觀行於一揖之內。古今遲速，何不侔之甚哉！夫判者，以狹辭短韻，語有定規爲體，猶以一小冶而鼓衆金，雖欲爲鼎爲鏞，不可得也。故曰判之在文，至局促者。夫銓者，必以崇文冠首，媒耀爲賢，斯固士之醜行，君子所病。若引周公、尼父於銓庭，則雖《圖書易象》之大訓，以判體措之，曾不及徐、庾。雖有淵默罕言之至德，以喋喋取之，曾不若嗇夫。嗚呼！彼幹霄蔽日，誠巨樹也，當求尺寸之材，必後於榱桷，龍吟虎嘯，誠希聲也，若尚頰舌之感，必下於鼃黽。觀察之際，能不悲夫。執事慮過龜策，文含雅誥，豈拘以瑣瑣故事，曲折因循哉。誠能先咨以政事，次徵以文學，退觀其治家，進察其臨節，則龐鴻深沉之士，亦可以窺其門戶矣。』

貞元四年八月，吏部奏：『伏以艱難以來，年月積久。兩都士類，散在遠方，三庫敕甲，又經失墜。因此人多罔冒，吏或詐欺。分見官者，謂之擘名，承已死者，謂之接腳。乃至制敕旨甲，皆被改張毁裂。如此之色，其類頗多，比來因循，遂使滋長。所以選集加衆，眞偽混然。實資檢責，用甄涇渭，謹具由曆狀樣如前。伏望委諸州府縣，於界內應有出身以上，便令依樣通狀。限敕牒到一月内畢，務令盡出，不得遺漏。其敕令度支急遞送付州府，州司待納狀畢，以州印印狀尾，表縫相連，星夜送觀察使。使司定判官一人，專使勾當都封印，差官給驛遞驢送省。至上都五百里内，十二月上旬到。千裏外，中旬到。每遠校一千裏外。卽加一旬，雖五千里外，一切正月下旬到。盡黔中、嶺南應不合北選人，不納文狀限，其狀直送吏曹，不用都司發。人到日，所司造姓攢勘合，卽奸僞必露，冤抑可明。如須盤問，卽下所在州府責狀。其隱漏未盡，及在遠不及期限者。亦任續通，依前觀察使與送所在勘責。必有灼然逾濫，事蹟著明，據輕重作條件商量聞奏。庶稍澄流品，永息逾濫。』敕旨依奏。

六年二月詔：『吏部續流選人新授官者，至來年二月之任。』初，吏部侍郎劉滋、李紓以去冬選人無缺員，乃奏請代貞元五年授官計日成考者，三百五十員，令至今年八月之任。議者非之。於是諫議大夫韓章抗疏曰：『竊見去年選授官者，多以六月七月方至任所。扶老攜幼，不遠數千裏，以就一官。到纔經年，遂見停替。又見在留中人多者，有注貞元四年闕者，准格，至來年正月赴任。其續流人注五年缺者，遽以今年八月便任。一等用闕，兩等授官，五年闕者授替在前，四年闕者授仍在後。事皆非允，理實可矜。今制命已行，難於改易。其所授官人，請令至來年二月赴任。』從之。

元和八年十二月，吏部奏：『比遠州縣官。請量減選。四選、五選、六選、請減一選；七選、八選，請減兩選；十選、十一選、十二選，各請減三選。伏以比遠處都七十五州。選人試後，懼不及限者，卽狀請注擬。雖有此例，每年不過一百餘人。其比遠州縣，皆是開元、天寶中仁風樂土。今者或以俸錢減少，或以地在遠方，凡是平流，從前不注。至若勸課耕種，歸懷逃亡，其所擇才，急於近地。有司若不注授，所在唯聞假攝，編甿益困，田土益荒。請減前件選。』敕旨：『宜依。』

十一年九月，中書門下奏：『字人之官，從古所重，遂許聞薦，冀得循良。其或不依節文，虛指事迹，既開繆舉之路，是扇倖求之風。望自今已後，所舉人事蹟與節文不同，及檢勘無據，並到官後不稱職，及有負犯等事，並請量輕重坐其舉主。輕則削奪，重則貶謫。伏以前後敕文，雖有條約，比來銓核，多務因循。今重申明，所期畫一。其舉人到省後，所司檢勘，如與節文不同，仰具事由，並舉主名銜申中書門下。如所司鹵莽，便與判成，察知事狀違越，則所司與舉主同坐。』從之。

寶曆二年十二月，吏部奏：『伏以吏部每年集人，及定留放，至於注擬，皆約闕員。近者入仕歲增，申闕日少。實由諸道州府所奏悉行，致令選司士子無闕。貧弱者凍餒滋甚，留滯者喧訴益繁。至有待選十餘年，裹糧千餘裏，累駁之後，方敢望官，注擬之時，別遇敕授。私惠行於外府，怨謗歸於有司。特望明立節文，令自今以後，諸司、諸使、天下州府，選限内不得奏六品以下官。』敕旨依奏。

大和七年五月敕節文：『縣令、録事參軍，如在任績效明著，兼得上下考及清白狀陟狀者，許非時放選，仍優與處分。其餘官見任，得上下考，與減三選。如本官兩選以下者，同非時人例處分。』

開成二年四月，中書門下奏：『天下之治，在能官人，古今以還，委重吏部。自循資授任，衡鏡失權，立格去留，簿書得計，比緣今年三月。選事方畢。四月已後，方修來年格文。五月頒下，及到遠地，已及秋期。今請起今月與下長定格，所在府州，榜門曉示。其前資官，取本任解黄衣。本貫解一千里内，三月十日解到省，二千里三千里遞加十日，並本州齎送。選人發解訖，任各歸家。其年七月十五日，齊於所住府，看吏部長榜，定留放。其得留人，並限其年十一月十日，齊到省試注唱。正月内，銓門開，永爲定例。如其年合用闕少，選人文書無違犯可較。則於本色闕内，先集選深人、年長人，其餘既無缺可集，南曹但爲判成榜，示所住州府，許次年取本住州府公驗，便依限赴集。更不重取本住本貫解。』舊格已久，不便更改，事遂不行。

四年四月敕：『吏部去冬粟錯及長名駁放選人等，如聞經冬在京，窮悴頗甚，街衢接訴，有可哀矜。宜委吏部檢勘，條流鈐轄，如非逾濫，正身不到，欠考、欠選，大段瑕病之外，卽與重收。以比遠殘闕注擬，不得用平留闕，如員闕不相當，不唱；不伏官者，便任冬集，不復更論訴限。如未經中書門下陳狀，敕下後，不得續收。今冬已後，不得以爲例。』

會昌六年五月赦書節文：『吏部三銓選士，祇憑資考，多匪實才。許觀察使、刺史，有奇績異政之士，聞薦試用。』

大中六年五月敕：『大功以上親，連任停解。如已得資者，依本官選數集。如未得資及未上，並同非時人例放選。」

天佑二年四月敕：『應天下府州令録，並委吏部三銓注擬。自四月十一日以後，中書並不除授，或諸道薦奏量留，即度可否施行。』

掌選善惡　貞觀元年，温彦博爲吏部郎中，知選事，意在沙汰，多所擯抑，而退者不伏，嚚訟盈庭。彦博唯騁辭辨，與之相詰，終日喧擾，頗爲識者所嗤。

四年，杜如晦臨終，請委選舉於民部尚書戴胄，遂以檢校吏部尚書。及在銓衡，抑文雅而獎法吏，不適輪轅之用，物議以爲刻。

五年，楊銓爲吏部侍郎，銓敍人倫，稱爲允當。然而抑文雅，進黠吏，觀時任數，頗爲時論所譏。

八年十一月，唐皎除吏部侍郎，嘗引人銓問，何方便穩？或雲其家在蜀，乃注與吳，復有雲，親老先任江南，即唱之隴右，論者莫能測其意。

十七年，楊師道爲吏部尚書，師道貴公之子，四海人物，未能委練。所署用多非其才，而深抑勢貴，及其親黨，將以避嫌，時論譏之，又其年，吏部尚書高季輔知選。凡所銓綜，時稱允協。十八年，於東都獨知選事，太宗賜金背鏡一面，以表其清鑑焉。

龍朔二年，司列少常伯楊思玄恃外戚之貴，待選流多不以禮，而排斥之，爲選者夏侯彪所訟，而御史中丞郎餘慶彈奏免官。中書令許敬宗曰：『固知楊吏部之敗。』或問之，敬宗曰：『一彪一狼，共著一羊，不敗何待。』

總章二年，司列少常伯李敬玄典選累年，銓綜有序，天下稱其能。參選者歲有萬人，每於街衢見之，莫不知其姓名。其被放有訴者，即陳其書判錯失，及身曾負殿，略無差舛。時人服其强記，莫之敢欺。

弘道元年十二月，吏部侍郎魏克己銓綜人畢，放長榜，遂出得留人名。於是衢路諠譁，大爲冬集人援引指擿，貶爲太子中允。遂以中書舍人鄧玄挺替焉，玄挺無藻鑑之目，又患消渴，選人因號爲『鄧渴』。

如意元年九月，天官侍郎李至遠知典選。時有選人姓刁，又有王元忠並被放。乃密與令史相知，減其點畫，『刁』改爲『丁』，『王元忠』改爲『士元中』，擬授官後，即加文字。至遠一覽便覺。曰：『今年銓覈數萬人，總識記姓名，安有「丁」「士」者？此刁某、王某也。』遽窮其姦，登時首服，省中以爲神明。

長壽二年九月，許子儒除吏部侍郎，性無藻鑑，所視銓綜，皆委令史縱直，謂直曰：『汝平配也。』

久視元年七月，顧琮除吏部侍郎，時多權幸，好行囑託，琮性公方，不堪其弊。嘗因官齋至寺，見壁上畫地獄變相，指示同行曰：『此亦稱君所爲，何不畫天官掌選耶？』

景龍三年，鄭愔與崔湜同執銓管，數外倍留人。及授擬不遍，即探用三考，二百日闕，夏不行，又用兩考，二百日闕，朝注夕改，無復准定。選人得官，乃有三考不得上者。有一人索遠，得校書郎。其或未能處置者，即給公驗，謂之比冬。故選司綱維紊亂，以崔、鄭爲口實，自後頗難綱紀。

景雲元年，盧從願爲吏部侍郎，精心條理，大稱平允。其冒名僞選，及虚增功狀之類，皆能擿發其事。典選六年，頗有聲稱，時人云：『前有裴馬，後有盧李。』謂裴行儉。馬戴。李朝隱。

開元十一年十二月，部侍郎崔林，以舊例有遠、惡官六吏七百員，常不用。此冬因選深人，以此闕，銓日對面注，各得穩便，不入長名，用此遠闕都盡。

十八年，蘇晉爲吏部侍郎，而侍郎裴光庭每過官應批退者，但對衆披簿，以朱筆點頭而已。晉遂榜選院云：『門下點頭者，更引注擬。』光庭以爲侮己，不悦。時有門下主事閻麟之爲光庭心腹，專知吏部過官。每麟之裁定，光庭隨口下筆，時人語曰：『麟之手。光庭口。』

天寶元年冬選，六十四人判入等。時御史中丞張倚男奭判入高等，有下第者嘗爲薊令，以其事白於安禄山，禄山遂奏之。至來年正月二十一日，遂於勤政樓下，上親自重試。惟二十人比類稍優，餘並下第，張奭不措一詞，時人謂之『曳白』。吏部侍郎宋遥，貶武當郡太守，苗晉卿貶安康郡太守，考官禮部郎中裴朏、起居舍人張烜、監察御史宋昱、左拾遺孟國朝並貶官。

十一載十一月，楊國忠爲右相，兼吏部尚書，奏請兩京選人，銓日便定留放，無長名，於宅中引注。虢國垂簾觀之，或有老病醜陋者，皆指名以笑，雖士大夫亦遭訴恥。故事，兵部注官訖，於門下過，侍中、給事中省不過者，謂之退量。國忠注官，呼左相陳希烈於坐隅，給事中列於前，曰：『既對注擬，即是過門下了。』希烈等腹非而已。侍郎韋見素、張倚皆見衣紫，與本曹郎官，藩屏外排比案牘，趨走諮事。乃謂簾中楊氏曰：『兩箇紫袍主事何如？』楊乃大噱。選人鄭昂等，附會其旨焉。二十餘年，人率銓於勤政樓設齋簾，爲國忠立牌於尚書省南。所注吏部三銓選人，務專鞅掌，不能躬親，皆委與令史及孔目官爲之。國忠但押一字，猶不可徧。

貞元九年正月，御史中丞韋貞伯劾奏稱：『吏部貞元七年冬，以京兆府逾濫解送之人，已授官總六十六人。或有不到京銓試，懸授官告。又按《選格》，銓狀選人自書。試日書迹不同，即駁放。殿選違格文者，皆不覆驗，及降資不盡，或與注官。伏以承前選曹乖誤，未有如此。遂使衣冠以貧乏待缺，奸濫以賄賂成名，非陛下求才審官之意。』由是刑部尚書劉滋以前吏部尚書，及吏部侍郎杜黃裳，皆坐削階。

大和二年三月，都省奏：『落下吏部三銓注今春二月旨，甲內超資官洪師敏等六十七人。』敕：『都省所執是格，銓司所引是例，互相陳列，頗似紛紜。所貴清而能通，亦由議事以制。今選已滿，方此爭論，選人可哀，難更停滯。其三銓已授官。都省落下者，並依舊注，重與團奏，仍限五日內畢。其如官超一資半資，以今授稍優者，至後選日，量事降折。尚書、侍郎注擬不一，致令省都以此興詞，鄭絪、丁公著，宜罰一季俸。東銓所落人數較少，楊嗣復罰兩月俸。其今年選格，仍分明標出近例，冀絶徼求。』時尚書左丞崔宏景，以吏部注擬。多不守文，選人中僥倖者衆，糾案其事，落下甲敕。選人輩惜已成之官，經宰相喧訴，故特降此勒。

吏曹條例　總章二年四月一日，司列少常伯裴行儉，始設長名榜，引銓注期限等法。又定州縣升降官資高下，以爲故事，仍撰譜十卷。

其年十一月，吏部侍郎李敬玄，委事於員外郎張仁禕。仁禕有識略吏幹，始造姓曆，改修狀樣銓曆等程式。敬玄用仁禕之法，銓綜式序。仁禕感國士見委，竟以心勞嘔血而死。

開元十八年四月十一日，侍中兼吏部尚書裴光庭奏用循資格。至二十一年，光庭薨，中書令蕭嵩與光庭不協，以循資格取士不廣，因奏事言之。六月二十八日詔：『古者，諸侯舉士，必本於鄉曲，府庭署吏，亦先於行能。所以人自檢修，官無敗政，及乎魏承漢弊，權立九品。今之吏部，用是因循，入仕寖多，爲法轉密。然於濟治求才，未聞深識，持衡處事，徒具繁文。朕寤寐永懷，每以惆悵，夫琴瑟不調者，改而更張，法令不便者，義復何異。頃者，有司限數，及拘守循資，遂令銓衡，不得揀拔天下賢俊，屈滯頗多。凡人三十始可出身，四十乃得從事，更造格限，分品爲差。若如所制之文，六十尚不離一尉，有材能者，始得如此，稍敦樸者，遂以終身。由是取人，豈爲明恕？自今以後，選人每年，總令赴集，依舊以三月三十日爲限。其中有才優業異，操行可明者，一委吏部臨時擢用。貴於取實，何限常科？雖遠郡下寮，名迹稍著，亦須甄拔，令其勸勉。俾人思爲善之利，俗知進取之途。朕所責成，實在吏部，可舉其大略，令有所依。比者，流外奏甲，仍引過門下。簿書堆盈於瑣闥，胥吏填委於掖垣，豈是合宜，過爲煩碎。自今以後，亦宜依舊。』

二十八年八月，以考功貢院地置吏部南院，以置選人文書，或謂之選院。其選院本銓之內，至是移出之。東都至二十一年七月，以太常園置之。

二十二年七月六日，吏部尚書李嵩奏曰：『伏見告身印與曹印文同，行用參雜，難以區分，望請准司勳、兵部印文，加「告身」兩字。』從之。

二十四年十二月二十四日敕：『王子未出閤者，侍講、侍讀、侍文、侍書，並取見任官充，經三周年放選，與處分。習藝館諸色內教，通取前資及常選人充，經二年已上，選日，各於本色量減兩選，與處分。左右衛、三衛及五品以上子弟，經七年，雜衛三衛經八年，勳官經九年，並放選，與處分。』

貞元二年三月，吏部奏：『伏准今年二月十三日敕，除臺省常參官，餘六品已下，並准舊例，都付本司處分者。其六品以下選人中，有人才書判，無闕相當，承前准格，皆送中書門下，又立功狀奏請，要有褒揚等令，並委本司注擬，即不同常格選人，若無闕相當。一一令待續闕。事即停滯，必招喧訴。應緣功狀，及非時與官，合授正員額，並選限內無闕注擬者，伏請量事計日，用成三考闕。如臨時人數稍多，注擬不足，灼然須處置發遣，即請兼用兩考以上得資闕。並量人才資序注擬訖，准敕送中書門下詳定可否。其六品以下，有官資稍高，合入五品，縱非五品，亦請依前送名。』敕旨：『兩考闕，不在用限。其三考闕，如非當年准格令用。除別敕授官人外，亦不在用限，如闕員不足選人，事須處分者，臨時奏聽進止。餘例依。』其年三月敕旨：『五品官准式不合選補，使注擬，宜付吏部檢勘訖，送中書門下。其據資敍，卻合授六品已下官，任便處分。』

其年五月，吏部奏：『伏准貞元元年七月二十五日敕，諸州府及京五品已上官、停使下郎官、御史等，宜付所司，作條件聞奏者。緣諸色功優，非時授官，闕員稍多，請作節限許集。上州刺史，兩府少尹，四赤令，停替後，請許一月內於都省陳牒納文狀畢，檢勘同具由曆，每至月終，送名中書門下，仍請不試。太原、河中、鳳翔、江陵、成都、興元府少尹，赤令，及京兆鴿赤令中，下州刺史，諸使下停減郎官、御史等停官，當年並聽集。六品以下常參官，以理去任者，當年聽集。具員官，京兆府先申中書門下省，檢勘未成失文曆者，其中先東西在遠，不及選集，並請依後件合集人限，所在陳牒，隨例赴集。選人有明經，進士、道舉、明法出身，無出身人有經制舉，宏詞、拔萃及第，判入等清白狀，並有上下考校奏成，及孝義名聞，制及敕褒奬者。或曾任郎官、御史、起居、補闕、拾遺、太常博士、兩府判司、兩府畿赤官、使下郎官、觀察使、節府、都團練、都防禦、度支、水陸運、鹽鐵使留守判官，支使、推官、書記等，制敕分明，貞元元年十二月已前離任者，一切聽集並，六府少尹、鴿赤令，並不在試例，應未及一考已下，被替、丁憂服滿，廢省，患解、侍親，並隔絶不上州府縣升降等官，並聽當集。緣未得資望，准六品已下選人例，所試狀縱入下等，望臨時據人材定留放。其違程不上人，經免殿者，聽集。仍卻還本道本色官，應准格未合集人，其中有文詞宏贍，學術精通，灼然爲人所知，亦任於所在府州陳狀。本州長官，精加選擇，堪奬拔者，具解申送，依例赴集。至省審加考覈，有才實相副，別狀送名，如有逾濫，其本州署申解牒本判官，量事科罰。四品官中，有衰疾情願任致仕官者，但是正員官，不限考數，任於所在州府陳牒。依合集人狀樣，通由曆，准前送本道察觀察使上省，不用身到禮部。附學官先及第人薦闕吏部者，並聽集，准例試狀定留放。應集合試官，並望准舊例狀一道，仍准建中二年格例，及大曆十一年六月敕，請條委左右僕射，兵部尚書、侍郎同考試。其狀考入上等，具名所試狀，依限送中書門下。其考入下等者，任還。』

十一年十月，罷吏部、兵部司封、司勳寫急獲告身，凡九十員。

二十三年五月，齊抗以太常卿代鄭餘慶爲中書侍郎、平章事。先時，每歲吏部選人試判，別奏官考覆，第其上下。既考，中書門下覆奏，擇官覆定，寢以爲例。抗爲相，乃奏言吏部尚書已是朝廷精選，不宜別差考官重覆。其年，他官考判訖，俾吏部侍郎自覆。明年，遂不置考判官，蓋因抗所論奏也。

大和六年八月敕旨：『凡權知授官，皆緣本資稍優，未合便得，藉才不遽擢用，故且權知。若通計五考，即便同正授，極爲僥倖。自今以後，應請州府五品長、馬權知正授，通計六考滿停。其勒留官如有未滿六考，停給課料者，便准此卻與支給。』

四年五月，中書門下奏：『准大和元年九月敕，釐革兩畿及諸州縣官，唯山劍三川、峽內，及諸州比遠，許奏縣令録事參軍，其餘並停。自敕下以來，諸道並有奏請，如滄、景、德、棣，敕後已三數員。伏以敕令頒行，不合違越，苟有便宜，則須改張。自今以後，山劍三川、峽內，及諸道比遠州縣官，出身及前資正員官人中，每道除令、録事外，望各許奏三數員。如河北諸道滄、景、德、棣之類，經破蕩之後，及靈、夏、邠、寧、麟坊等州，全無俸料，有出身及正員官，悉不肯去，吏部從前多不注擬，如假攝有勞，望許於諸色人中，量事奏三數員。其餘勒約及期限，並請依大和元年九月十九日敕處分。』從之。

其年七月，吏部應遠道州縣課料錢元額，計料支給，不得更欠折。當司據料前錢定數，牒示選人使知委。敕旨：『宜依。』

五年六月敕：『南曹檢勘，廢置詳斷，選人儻有屈事，足以往覆辨明。近年以來，不問有理無理，多經中書門下接訴。致令有司失職，莫知所守，選人踰分，唯望哀矜。若無條約，恐更滋甚。起今以後，其被駁選人，若已依期限，經廢置詳斷不成，自謂有屈，任經中書門下陳狀。狀到吏部後，銓曹及廢置之吏，更爲詳斷，審其事理，可收即收。如數至三人已上，廢置郎官請牒都省罰直。如至十人已上，具事狀申中書門下處分。如未經廢置詳斷，公然越訴，或有已經詳斷不錯，輒更有投論者，選人量殿兩選，當日具格文榜示，冀無冤濫，亦免倖求。』

八年正月敕：『吏部疏理諸色入仕人等，令勘會諸司流外令史，府史、掌固、禮生、楷書、醫工、及諸司流外令史等，總一千九百七十二員。六百五十七員請權停，一千三百一十五員，請令諸司守缺，除見在外，以後不得更置。委御史臺察訪。』

開成二年六月，吏部南曹奏：『准今年五月敕，長定選格，加置南曹郎一人，別制印一面。』敕旨依奏。

會昌五年七月敕：『應在京百司官典優成授官人等，既雲趨吏執舉，簿書優成，命官須居散秩。近日僭越殊甚，條紊舊規，累資或至於登朝，班序豈容於雜類。自今以後，如有改轉官，宜止於中下州長史、司馬，但不令登朝。事貴得體，永爲常式。』

天佑三年四月十九日，吏部奏：『今後選人，如是格式申送員闕，任其穩便去處請官，不得妄指射諸道，假滿、拋官不到任，停留官元闕，及違程不上月限等闕。』從之。

又　卷七五《選部下》　選限　武德初，因隋舊制，以十一月起選，至春卽停。至貞觀二年，劉林甫爲吏部侍郎，以選限既促，選司多不究悉，遂奏四時聽選，隨到注擬，當時以爲便。

貞觀十九年十一月，馬周爲吏部尚書，以吏部四時持衡，略無暇休，遂奏請取所由文解，十月一日赴省，三月三十日銓畢。按工部侍郎韋述唐書云：『貞觀八年，唐皎爲吏部侍郎，以選集無限，隨到補職，時漸太平，選人稍衆。請以冬初，一時大集，終季春而畢，至今行用之。』諸史天雲是馬周，未知孰是。兩存焉。

開元二十年正月二十二日，吏部尚書裴光庭奏：『文武選人，承前三月三十日始畢，比團甲已至夏末，自今已後，並正月三十日內團甲，二月內畢。』至二十一年六月二十八日，蕭嵩奏：『吏部選人，請准舊例，至三月三十日團甲畢。』

貞元八年春，中書侍郎、平章事陸贄，始復令吏部每年集選人。舊事，吏部常每年集人，其後遂三數年一置選，選人並至，文書多，不可尋勘，眞僞紛雜，吏因得大爲奸巧。選人一蹉跌，或十年不得官，而官之闕者，或累歲無人。贄令吏部分內外官爲三分，計闕集人，歲以爲常。其弊十去七八，天下稱之。

十五年六月敕：『吏部奏，選人依前三月三十日已前團奏畢。其流外兵部、禮部舉人等，專委郎官，恐不詳審，共爲取舍，適表公平。每至流放之時，皆尚書、侍郎對定，既上下檢察，務在得人。』

元和四年三月二十五日敕：『今後宗正寺修選圖譜官，知匭使判官，至考滿日，各宜減兩選也。』【略】

雜處置　乾封三年十月敕：『司戎諸色考滿，又選司諸色考滿入流人，並兼試一經一史，然後授官。』

咸亨三年正月十八日，許雍、洛二州人任本郡官。

天冊元年十月二十二日敕：『品藻人物，銓綜士流，委之選曹，責成斯在。且人無求備，用匪一途，理當才地並升，輪轅兼授。或收其履歷，或取其學行。糊名考判，立格注官，既乖委任之方，頗異銓衡之術。朕屬精思化，側席求賢，必使草澤無遺，方員曲盡。改絃易調，革故鼎新，載想緝熙之崇，式佇清通之效。其常選人自今已後，宜委所司依常例銓注。其糊名入試，及令學士考判，宜停。』

神功元年十月敕：『選司抑塞者，不須請不理狀，任經御史臺論告，不得輒於選司喧訴。有淩突選司，非理喧悖者，注簿量殿，尤甚者，仍於省門集選人決三十，仍殿五六選。』

其年閏十月二十五日敕：『八寺丞、九寺主簿、諸監丞、簿、城門符寶郎、通事舍人、大理寺司直、評事、左右衛千牛衛、金吾衛、左右率府、羽林衛長史、太子通事舍人、親王掾屬、判司、參軍、京兆、河南、太原判司、赤縣簿、尉。御史臺主簿、校書、正字，詹事府主簿，協律郎、奉禮、太祝等，出身入仕，既有殊途，望秩常班，須從甄異。其有從流外及視品官出身者，不得任前官。其中書主書，門下録事、尚書都事，七品官中，亦爲緊要，一例不許，頗乖勸奬。其考詞有清幹景行，吏用文理者，選日簡擇，取曆十六考已上者，聽量擬左右金吾長史及寺監、丞。』

聖曆元年二月二十二日敕：『選人無故，三試三注唱不到者，不在銓試重注之例。其過門下，三引不過者，亦不在更注之限。』

三年正月三十日敕：『監察御史、左右拾遺、赤縣簿、尉，大理評事，兩畿縣丞、主簿、尉，三任已上，及內外官經三任十考以上，不改舊品者，選敍日，各聽量隔品處分。餘官必須依次授任，不得超越。』

大足元年正月十五日敕：『選人應留，不須要論考第。若諸事相似，即先書上考。如書判寥落，又無善狀者，雖帶上考，亦宜量放。』

開元二年二月十八日敕：『繁劇司闕官，有灼然要籍者，聽牒選司，於應得官人內，據材用資歷相當者先補擬。』

三年六月八日敕：『吏部銓選，委任尤重，比雖守職，務在循常。既限之以選勞，或失之於求士，宜選日拔擢一二人，不須限資次放。』

四年六月十九日敕：『六品以下官，令所司補授員外郎、御史，併餘供奉，宜進名授敕。』

其年七月敕：『如聞黔州管內州縣官員多闕，吏部補人，多不肯去。成官已後，或假解，或從征，考滿得資，更別銓選。自餘管蠻獠州，大率亦皆如此。宜令所司，於諸色選人內，即召補。並馳驛發遣。至州，令都府勘到日申所司。如有遲違，牒管內都督決六十，追毀告身，更不須與官。』

其年九月十二日敕：『諸色選人納紙保後五日內，其保識官各於當司具名品，並所在人州貫頭銜，都爲一牒，報選司。若有偽濫，先用缺，然後准式處分。』

十一年四月十五日敕：『要官兒子，少年未經事者，不得作縣官親民。』

十二年，初定兵、吏兩司員外郎專判南曹。

十四年十一月二十五日敕：『比來所擬注官，多不慎擇，或以資授，或未適才。宜令吏部每年先於選人內，精加簡試，灼然明閑理法者留擬。其評事已上，仍令大理長官相加簡擇，並不授非其人。』

十五年九月敕：『今年吏部選人。宜依例糊名試判。臨時考第奏聞。』

十七年三月敕：『邊遠判官，多有老弱。宜令吏部每年選人內，簡擇强幹堪邊任者，隨缺補授。秩滿，量減三兩選與留，仍加優獎。』

天寶四載九月二十一日敕：『侍郎銓曹，入宿令史加轉。』

八載六月十六日敕旨：『授官宜待攢符。』

九載三月十三日敕：『吏部取人。必限書判，且文學政事，本自異科，求備一人，百中無一。況古來良宰，豈必文人，又限循資，尤難奬擢。自今以後，簡縣令，但才堪政理，方圓取人，不得限以書判，及循資格注擬。諸畿、望、緊、上、中，每等爲一甲，委中書門下察問，選擇堪者，然後奏授。大理評事，緣朝要子弟中，有未曆望、畿縣，便授此官，既不守文，又未經事。自今以後，有此色及朝要至親，並不得注擬。』

十一載七月敕：『吏部選人書判濫，及雜犯不合得留者，不限選數，並放。除此之外，先後選深人，一概並留。其選深被放人，選淺得留人名，具留放逗留，榜示選人，各令知悉。仍以單狀奏聞，不須更起條目。』至十一月二日，吏部尚書楊國忠奏請兩京選人集銓日，便定留放，無長名，遂詔：『文部選人調集者，宜審定格限，令集銓日，各量官資、書判、狀迹、功優，據闕合留，對衆集便定，其宏詞博學。或書判特優，超越流輩者，不須定以選數，聽集。武部選人集試日。校第功優。亦對衆留放。』

十三載三月二十八日敕旨：『授官取蜀郡大麻紙一張寫告身。』

廣德元年二月敕：『諸州府及縣，今後每有闕官，宜委本州府當日牒報本道觀察、節度，及租庸使，使司具闕由，附便使牒中書門下，送吏部，依闕准式處分。其所闕官，有職務稍重者，委本府長官，於見任及比司官中簡擇，權令勾當，正官到日停。不得更差前資及白身等攝。吏部及制敕所授官，委中書、門下及吏部甲，制敕出後三日內下本州，准令式計程外，一月不到，任本州報中書、門下吏部用闕，如灼然事故，准敕勒留，不在此限。其違限程人，六品已下，本色內殿一兩選，許同會闕不成人例，五品已上，停一二年，其殿選人，諸州諸使不得奏用。』

大曆元年二月敕：『許吏部選人自相舉，如任官有犯，坐舉主。』從吏部侍郎王延昌奏。

十二年五月敕：『見任中書門下兩省五品以上，尚書省三品已上子孫，各授官者，一切擬京官，不得擬州縣官。』

建中元年正月五日敕：『大理法官，及太常禮官，宜委吏部每至選時，簡擇才識相當者，與本司商量注擬。』

貞元元年正月二十五日敕：『宜令清資常參官，每年於吏部選人中，各舉一人，堪任縣令録事參軍者，所司依資注擬。便於甲曆，具所舉官名銜，仍牒御史臺。如到任政理尤異，及無贓犯，事蹟明著，所司舉録官姓名聞，當議褒貶。仍長名後二十日舉，仍永爲例程。』七月，吏部奏：『准今年五月敕節文，緣選人淹留多時，理且權宜發遣。請量取建中四年授官，至今計日成三考，用闕注擬。其受替人皆於常例稍屈，亦宜量事優償。委所司選限畢後，具所用闕人名銜聞奏，至選日各減一選。』

三年七月，復置吏部小選。

九年十二月制：『自今已後，應諸色使行軍司馬、判官、書記、參謀、支使、推官等、使罷者，如是檢校試五品已上，不合於吏部選集。並任准罷使郎官、御史例，冬季聞奏。』

十三年三月，詔於吏部選人中，簡擇通事舍人。

十九年七月敕，以關輔饑，罷今歲吏部選集。

元和三年正月，吏部奏：『准去年六月敕，元和元年下文狀人，但有續闕，即便注擬。元和二年下文狀人，均待有兩季下續闕，至冬末合收用者注擬。伏以非時選集，見在無多，待闕多年，艱辛轉甚。其元年二月十三日已前下文狀，應未得官人，並請依當年平選得選留人例，一時注擬。其十月以後，及今年下文狀人，如元敕即與處分，亦請准前注擬。其餘並請待注平選人畢，有闕相當，便與注擬，如無闕相當，即請許待續闕。』敕旨依奏。

其年三月敕：『秘書省、弘文館、崇文館、左右春坊、司經局、校書郎、正字、宜委吏部，自今平流選人中，擇取志行貞進，藝學精通者注擬。』

七年十二月，魏博奏：『管内州縣官二百五十三員，内一百六十三員見差假攝，九十員請有司注擬。』從之。

八年八月，吏部奏請差定文武官告紙軸之色物：『五品已上，用大花異紋綾紙，紫羅裏，檀木軸。六品下朝官，裝寫大花綾紙，及小花綾裏，檀木軸。命婦邑號，許用五色牋，小花諸雜色錦褾，紅牙碧牙軸。其他獨窠綾褾，金銀花牋，紅牙，發鏤軸鈿等。除恩賜外，請並禁斷。』敕旨依奏。

其年九月，刑部奏：『准今年七月二十一日敕，諸色左降官等，經五考滿，許量移者，其降貶日授正員官。或無責詞，亦是責授，並請至五考滿，然後許本任處申闕。並餘左降官，緣任處多在遐遠，至考滿日，其申牒稽遲，致使留滯者，其刺史、録事參軍等，並請與下考。如滿後，雖已申牒，未量移間，其禄料並准天寶、貞元兩度敕文，依舊支給。其本犯十惡等罪，已有正名，請從舊。』從之。

其年十一月敕：『有司奏，申、光、蔡三州州縣官，緣給復無稅，應支俸料。今量定員額及課料，其六品以下官，仍令吏部於選人中，擇優與注擬，每月課料錢，委所司量與支給。其員外課料等，本額待給復年滿，一切仍舊。』

十二年七月詔：『入粟助邊。古今通制。如聞定州側近，秋稼未登，念切饑民，不同常例。有人能於定州納粟五百石者，放同優比出身，仍減三選。一千石者，無官便授解褐官，有官者，依資授官。納二千石者，超兩資，如先有出身及官，情願減選者，每三百石與減一選。』

十五年二月，中書門下奏：『見任正員官充職掌等，比限兩考，及授官經二周年已上，方許奏請，然後與依資改轉。有才在下位者，不免留滯。請自今已後，諸道使應奏請正員官充職掌，經一年者，即依資與改轉。如未周者，即量予同類試官。如此處分，庶將得中。』敕旨依奏。

寶曆二年十一月敕旨：『京百司應合帶職事奏正員官者，自今已後，宜於諸司及府縣見任官中選擇，便以本官充職。如見任無相當者，即任於其年選人中奏用，便據資歷與官，不要更待銓試。仍永爲常式。』

三年正月，山陵使奏：『伏以景陵、光陵以來，諸司諸使，所差補押當及雜掌官等，皆據舊例，合得減選。其中有無選可減者，便放非時選。吏曹緣是承優放選，例多判成，有過格年深，名身逾濫，赴常選不得者，多求減選職掌，圖得非時赴集。因緣優敕，成此倖門，其吏曹爲弊頗甚。今請應差前資官充職掌，並不得取選數已過格人，庶絶奸冒。』敕旨依奏。

大和四年七月，吏部奏：『當司兩銓侍郎廳，伏以吏部居文昌首曹，侍郎爲尚書貳職，銓庭所宜順序，廳事固有等衰。舊以尚書廳之次爲中銓，其次爲東銓。自幹元中，侍郎崔器以當時休咎爲虞，奏改中爲西詮，以久次侍郎居左，以新次侍郎居右，因循倒置，議者非之。伏請自今以後，以久次侍郎居西銓，以新除侍郎居東銓。』敕旨依奏。

其年七月，吏部奏：『三銓正令史，每銓元置七人，今請依大和元年流外銓起請，置五人，減下兩人。南曹令史一十五人，今請依大和元年流外銓起請節文，減下三人。』奉敕依奏。

五年二月，吏部奏：『請量抽大和三年終已來，至今年三月四月以來，得資及計入成三考闕四十五員。伏緣去冬，諸色黃衣參選者，倍多於常年，其間十七人，皆是勳臣貴戚，及常參官子弟。不可任遠處州縣官。三銓以當年合用闕，方圓發遣之外，每銓各有十餘人未得官。今請准元和中及長慶初敕例，據見在人數，量抽前件闕注擬畢，具所用闕聞奏。』敕旨：『宜依。』

其年六月敕：『應選人未試以前，南曹駁放後，經廢置詳斷，及准堂判卻收。比來南曹據給帖人數，續到續試，銓司更不考判，便同平留選人例注擬，稍涉僥倖。自今以後，應有此色，並請待正月十日，准格詳斷限畢都引，試判不及格，並雜犯，及續檢勘庫報，並前選子案不同，並駁放。不任更陳狀披訴，及重詳斷之限。』

其年五月，吏部奏：『准貞元十八年四月一日敕，諸親注得外官，欲赴任，自今已後，每年須先奏聞者，今請至時准敕檢勘聞奏。其諸親薨歿，子弟注得外官，准先後敕合奏聞。起自今已後，請更赴集，更不在重奏限。其給解處審勘，仍於家狀一一具奏諸親等第，如違，駁放。』敕旨依奏。其月五日敕：『應選人及冬集人子案，門下省檢勘畢後，比來更差南曹令史收領，卻納門下甲庫，在於公事，頗甚勞擾。自今已後，請勒吏部過院，本令史便自分付甲庫，以備他年檢勘。請門下省勒甲庫令史，每過選照勘收拾，明立文案據，官吏等遞相分付，不得妄有破除。南曹申請之時，如有稱失落欠少，本令史專知官，准勘檢指改違條流例處分。』

七年五月二十五日，中書門下奏：『今後請令京兆、河南尹及天下刺史，各於本府本道嘗選人中，揀勘擇堪爲縣令、司録、録事參軍人，具課績才能聞薦。其諸州先申牒觀察使，都加考覈，申送吏部，至選集日，不要就選場更試書判。吏部尚書、侍郎引詣銓曹，試時務狀一道，訪以理民之術，自陳歷任以來課績，令其一一條對，其治識優長者，以爲等第，便以大縣注擬，如刺史所舉，並兩人得上下考者，就加爵秩，在任年考已深者，優與進改。其縣令、録事得上下考，兼績狀者，許非時放選。如犯贓一百貫以下者，舉主量削階秩，一百貫以上者，移守僻遠小郡，觀察使望委中書門下聽奏進止。所舉人中，如有兩人善政，一人犯贓，亦得贖免，其犯贓官，永不齒録。』從之。

開成元年十月中書門下奏：『兩畿及兩京奏六品以下官，除敕授外，並吏部注擬。准大和五年正月二十六日敕，中書門下奏，近敕隔絶諸司奏六品以下官，寬免占吏部闕員，亦稍絶邪濫。其兩府司録及尉，知捕賊盜，皆藉幹能，用差專任，吏部所注，或慮與事稍乖。自今已後，京兆府及河南府司録及尉，知捕賊盜，據官資合入者充。其餘並准大和元年九月十九日敕，及大和四年五月七日敕處分。』

會昌二年四月赦文：『准大和元年十二月十八日敕，進士初合格，並令授諸州府參軍，及緊縣尉，未經兩考，不許奏職。蓋以科第之人，必弘理化，黎元之弊，欲使諳詳。近者，諸州長史，漸不遵承，雖注縣寮，多縻使職，苟從知己，不念蒸民，流例寖成，供費不少。況去年選格，改更新條。許本郡奏官，便當府充職一人，從事兩請，料錢虚占。吏曹正員，不親本任公事，其進士宜至合選年，許諸道依資奏授，試官充職。如奏授州縣官，卽不在兼職之限。』

廣明元年敕：『吏部選人粟錯，及長名駁放者，除身名逾濫，及欠選欠考外，並以比遠殘闕注擬。』

東都選　貞觀元年，京師米貴，始分人於洛州置選。

永徽元年，始置兩都舉，禮部侍郎官號，皆以兩都爲名，每歲兩地別放及第。自大曆十二年，停東都舉，是後不置。

開耀元年十月，崇文館直學士崔融議選事曰：『關外諸州，道裏迢遞，洛河之邑，天地之中。伏望詔東西二曹，兩京都分簡留放，既畢同赴京師。』

開元元年十二月，遣黃門監魏知古，黃門侍郎盧懷慎，往東都分知選事，便令擬宋璟爲東都留守，攝門監過官。

元和二年九月詔：『東都留守趙宗儒，權知吏部，令掌東都選事，銓試畢日停。』

大和二年九月敕：『吏部今年東都選事，宜令河南尹王播權知侍郎，銓試畢日停。』

三年四月敕：『東都選事宜權停。』

南選　上元三年八月七日敕：『桂、廣、交、黔等州都督府，比來所奏擬土人首領，任官簡擇，未甚得所。自今已後，宜准舊制，四年一度，差强明清正五品已上官，充使選補，仍令御史同往注擬。其有應任五品已上官者，委使人共所管督府，相知具條景行藝能，政術堪稱所職之狀，奏聞。』

大足元年七月二十九日敕：『桂、廣、泉、建、賀、福、韶等州縣，既是好處，所有闕官，宜依選例省補。』

開元八年八月敕：『嶺南及黔中參選吏曹，各文解每限五月三十日到省，八月三十日檢勘使了。選使及選人，限十月三十日到選所。正月三十日內，銓注使畢。其嶺南選補使，仍移桂州安置。』

其年九月敕：『應南選人，嶺南每府同一解，嶺北州及黔府管內州，每州同一解。各令所管勘責出身由曆，選數、考課優劣等級，作簿書，先申省。省司勘應選人曹名考第，一事以上，明造曆子。選使與本司對勘定訖，便結階定品，署印牒付選使。其每至選時，皆須先定所擬官，使司團奏後，所司但覆同，即憑進畫。應給籤告，所司爲寫，限使奏敕到六十日寫了。差專使送付黔、桂等州，州司各送本州府分付。』

天寶十三載七月敕：『如聞嶺南州縣，近來頗習文儒。自今已後，其嶺南五府管內白身，有詞藻可稱者，每至選補時，任令應諸色鄉貢。仍委選補使准其考試，有堪及第者，具狀聞奏。如有情願赴京者，亦聽。其前資官並常選人等，有詞理兼通，才堪理務者，亦任北選，及授北官。』

大曆十四年十二月二日敕：『南選已差郎官，固宜專達。自今已後，不須更差御史監臨。』

興元元年敕：『吏部侍郎劉滋，知洪州選事。』時京師寇盗之後。天下蝗旱。穀價翔貴。選人不能赴調。仍命滋江南典選。以便江嶺之人。時稱舉職。

其年十一月，嶺南選補使、右司郎中獨孤愐奏：『伏奉建中四年九月敕，選補條件所注擬官，便給牒放上，至上都赴吏部團奏，給告身。』敕旨：『准敕處分。』

貞元十二年十一月敕：『嶺南、黔中選，舊例補注訖，給票放上，其俸除手力、紙筆，團除雜給之外，餘並待奏申敕到後，據上日給付。其福建選補司宜停，其桂、廣、泉、建、福、賀、韶等州，宜依選例稱補。』

二年三月，考功員外郎陳歸，爲嶺南選補使，選人留放，注官美惡，違背令文，恣意出入，復供求無厭，郵傳患之。監察御史韓參奏劾，得罪，配流恩州。

元和二年八月，命職方員外郎王潔，充嶺南選補使，監察御史崔元方監焉。

長慶二年正月敕：『權停嶺南、黔中今年選補。』

寶曆二年二月，容管經略使嚴公素奏：『當州及普寧等七縣，乞准廣、韶、貴、賀四州例南選。』從之。

大和三年敕：『嶺南選補，雖是舊例，遠路行李，未免勞人。當處若有才能，廉使宜委推擇，待兵息事簡，續舉舊章，其南選使，可更停一二年。』

七年正月，嶺南五管及黔中等道選補使，宜更權停一二年。

開成二年正月，又權停三年。

五年七月，潮州刺史林郇陽奏：『州縣官請同漳、汀、廣、韶、桂、賀等州吏曹注官。』敕旨：『潮州是嶺南大郡，與韶州略同，宜下吏部，准韶州例收闕注擬，餘依。』

其年十一月，嶺南節度使盧均奏：『當道伏以海嶠，擇吏與江淮不同，若非諳熟土風，即難搜求民瘼。且嶺中往日之弊是南選，今日之弊是北選。臣當管二十五州，唯韶、廣兩州官寮，每年吏部選授，道途遙遠，瘴癘交侵，選人若家事任持，身名眞實，孰不自負，無由肯來。更以俸入單微，每歲號爲比遠。若非下司貧弱令史，即是遠處無能之流，比及到官，皆有積債，十中無一，肯識廉耻。臣到任四年，備知情狀。其潮州官吏，伏望特循往例，不令吏部注擬，且委本道求才。若攝官廉愼有聞，依前許觀察使奏正，事堪經久，法可施行。』敕旨依奏。【略】

冬集　大曆十一年五月敕：『禮部送進士、明經、明法、弘文生、及崇賢生、道舉等，准式。據書判資蔭，量定冬集授散。其《春秋》、

《公羊》、《穀梁》、《周禮》、《儀禮》業，人比緣習者校少，開元中，敕一例冬集，其禮業每年授散。自今以後，禮人及道舉、明法等，有試書判稍優，並蔭高及身是勳官三衛者，准往例注冬集。餘並授散。」

宋・王溥《五代會要》卷二〇《選事上》 後唐同光二年八月，中書門下奏：「吏部三銓下省南曹廢置、甲庫格式流、外銓等司公事，並繫《長定格》、《循資格》、《十道圖》等格式。前件格文，本朝創立，檢制奸濫，倫敍官資，頗謂精詳，久同遵守。自亂離之後，巧僞滋多，兼同光元年八月，車駕在東京，權荆南曹工部員外郎盧重本司起請一卷，並以興復之始，務切懷來，凡有條流，多失根本。以至冬集赴選人，並南郊行事官，及陪位宗子，共一千三百餘人，銓曹檢勘之時，互有援引，去留之際，不絶爭論。若又依違，必長訛濫，望差權判尚書省銓左丞崔沂、吏部郎崔貽孫、給事中鄭韜光李光序、吏部員外郎盧損等，同詳定舊《長定格》、《循資格》、《十道圖》，務令簡要，可久施行。」從之。

天成二年二月二十四日，銓司奏：「據南曹駁放選人，累經銓及，經中書門下論訴，准堂判具新舊過格年限，分析申上者。狀以選人或有出身，或因除授，各拘常例，方赴調集，多因遠地兵戈，兼以私門事故，遂致過格，固非願爲。新條標在七年，舊格容於十載。臣等參詳，其選人過格年限，伏請且依舊格，不問破憂停集本數，過格十年外，不在赴選之限。」從之。其年十二月二十九日，中書門下條流：「應諸道選人等，選人中有過格年深，無門參選者。准天成二年十月二十三日德音，並委吏部南曹磨勘。如實曾阻兵戈者，許令注擬。如或詐稱不在此限者，凡是選人，專思合格，不肯固逾選限，自滯身名，縱阻干戈，須在州縣有應過格人等，仰吏部南曹子細磨勘。曾阻兵戈州府去處，或曾假攝，即有隨處文牒，一一指實，即便送銓司，亦須參詳先授告身攝牒，及審驗年貌，方可注擬參銓。注擬自有常規，從前或有宰臣占著好州縣官員闕，不令銓曹注授。今年應是元闕，並送銓曹，候移省之時，若有好闕尚在，必議勘尋。其請託及受囑人等，當行黜責。選人之內，族類甚多，歷任之中，資考備在。應南曹判成入等，仰三銓各據逐人出身，入仕文書，一一比驗年貌，灼然不謬，方與注官。據《長定格》，選人中有隱憂者，殿五選。伏以人倫之貴，孝道爲先，既有負於尊親，定不公於州縣，有傷風教，須峻條章。今後諸色官員内，有隱憂冒榮者，勘責不虚，終身不齒。所有入仕已來告敕，並赴所司焚毁。」從之。

又 卷二一《選事下》 後唐天成三年正月十七日，吏部格式司申：

當司先准敕及堂帖指揮，應焚毁告身勘同及墜失文書等，請重給告身，仍先檢敕甲。如無敕甲，即取同敕甲告身，勘驗同即與出給。若是本朝授官，及同光元年後授官，勘驗同即與告身。如是僞朝授官，勘驗不虚，亦與出給公憑，便同告身例處分者。

伏以再給文書，實爲難重，有司考驗，務在周防。當司近曾申堂，請出給告身公驗，旋具選人出身，歷任行止，牒甲庫永爲證明。奉判申其所進取到選人授官敕甲，或同敕甲告身，勘驗既同，須准前指揮出給。見有敕甲者，便須注出給事由年月日。若不批注，慮恐選人卻爲失墜告身，參選刺檢，敕甲文書浩大，所司難爲一一考驗。如是引驗同敕甲人告身出給，又慮佗後卻將前來失墜告身赴選，甲庫無憑應驗。其同敕甲人告身，欲於後面黏紙，亦須使印批注，仍牒報南曹，以憑將來檢勘者。仍全具出給告身公驗聞奏。

其年五月敕：

先准同光二年十二月敕：「北京及河北諸道攝官内，有御署一任，簡牒分明，前銜先有正官告身者，便與據正官資敍，依資授一任官，其無正官告赤者，與黄衣初任官。與兩任以已簡牒分明，兼有正官告赤者，特與超資授一任官，其無正官告赤，亦只有兩任三任簡牒者，與據從黄衣第二任官。從各令取近罷攝任，處州府文解任，許非時超選者。」前件攝官等，當任使之際，共副憂勤，及開泰之期，豈宜升降。凡有先皇帝御署，兼朕署攝簡牒，每一任同一同官，赴任日依資注擬。宜令諸道州府知委，餘准元敕處分。

四年五月十五日敕：「今後應前資州縣官，有出身及兩除官，可依常調赴選，兼有莊宗並朕御署，亦准近敕赴選。其一任除官，未入選調，若無定制，難以進身，宜約所守官資序高卑，許令同有出身人合格年限求官。赴京日仍須本道申送其解由、考牒，罷任年月，分明別與除第二任官。兩除後，便准常調選人例。如藉才升擢，不在此限。」

長興元年五月敕：『應除授州縣官，引見磨勘，須召命官三員爲保，然後奏擬。仍於告身内豎保官名銜，據本官所通三代，並出身、無出身、歷任告赤，逐任考數。若是本朝及僞朝所授者，祇於將來新告身内，一一收豎。如告赤文書，自中興以來，或有失墜，即須於失處州縣投狀，具三代名諱及出身、歷任，請公憑赴京勘會，甲庫同即重與出給。如或公然拆破印縫，不計與人不與人，將來事並合焚毁，其本人當行極典。自兹凡授新命，並依此例施行。其見内外文武朝臣，及諸司職守、諸州府判官，並軍州職員，有曾改名，所授本朝及僞署官告敕牒、歷任文書，亦須送納入官，祇以中興已來文書敍理。其見任州縣及諸色前資官等，所有歷任文書，亦仰速便送納，委所司照勘無違礙，則准前收豎，給與公憑，聽來求事參選。其秦王茂貞墨制官員，並須得本道覆驗，具歷職申奏所司，點勘不虚，亦給與公憑，將來降資授官，仍限一周年内改正。其興元已西，曹受僞蜀爵命，緣地裏遥遠，許敕到後一周年爲限，仍各於本罷任處州府投狀，具三代名諱、出身、歷任，一一分析申奏。到日點勘，准前指揮。如出限外，縱有申送文書，並不敍理。兼諸道亦不得以此身名奏薦。如違，罪在本判官，其本人别加嚴斷。』

二年正月敕：『吏部南曹奏：「前齊州臨邑縣令趙謹等十人，納到歷任文書，合給公憑者。」其公憑仰所司以綾紙修寫，取本行尚書侍郎列署。已出給者，候將來赴選，依此重給。』其年五月二十六日，中書奏：

吏部南曹狀申：『准敕換給諸色官員告身公憑。伏緣點檢選人歷任文書中，其間多有違礙事節，若旋具姓名申覆，竊恐人數繁多，互有陳論，遂成壅滯。當曹不敢施行者。』中書據南曹所申，逐件條流如後：

一、據申選人納到今任文書，多於解由及歷子内批書考第，准天成四年四月二十一日敕，新格已前，即許施行。自新格已後，多有解由、歷子内批豎考數，本處元不給到考牒，格前特許施行，甚爲優假，格後更聞違越，須重條流。今日已前，有此色選人。宜且與收豎。此後選人如有解由，及批得歷子無考牒者，殿一選；有批得歷子，無解由、考牒，殿兩選；如祇有解由、考牒，不批得歷子，殿三選。如無前項三件文書。並同有過停官。

一、據申諸色選新格下後，批歷子後時及五年者，不在磨勘之限。今有格前罷任，及新格下後罷任者，格下經六年七年，方批入仕歷子，或有全不批歷子，祇給到公憑，今日已前有如此者，特與磨勘施行。此後纔罷任一月内，須批給得解由、歷子，違過一月，殿一選；過三月，不批給得者，亦同有過停官。

一、據申應諸色承出身及童子及第，例是擡年陷歲，兼幼補身應名，引驗之時，多有差異者。今日已前，有此色人，並須引驗辨認，及召保官，委是正身，别無謬妄，則與改正詣實年幾施行。此後更有此色身名，並同謬濫處分。

一、據申河北諸色官員納到告赤文書，例稱本據，元不較考，祇有解由；河東、河北及鳳翔已西，不如選格，須明告諭，仍令吏部南曹，各寫一本解由，歷子、考牒解狀式樣，徧下處。此後並須文書周備。如今後公然違犯，並准前殿選。今日已前，不在此例。

一、據申諸色前資官員告身，今任入歷歷子，或批到上任月日，或是有名假故，多無觀察使及刺史具銜押署，祇有録事參軍批署者。選處長吏，自此後並須依格文押署，違者本人殿兩選。其今日已前違程式者，宜特與磨堪收豎。

一、據申諸色官員，歷官兩任至五任，文書備足，内有一任至兩任，失墜前任解由或考牒、歷子，又無公憑，及稱元不給得，既别有公據，自此但祇認中興已來所授告身爲定。其已前或有歷任稱失墜，如是傳授他人，有人糾告，其所司點勘彰露，並准累行敕命科罪。今日已前失墜考牒、解由、歷子，如有公憑者，亦與收豎。如無公憑，將來選時，特降資注官。自此後選人更有失墜，則須卻於本處具所失因由，重具批給。如違，准前殿選。

一、據申選人有今任文書備足，祇歷子内批到上任月日，不批得替罷任月日，即别有解由或公據文書，證據分明，今日已前，並准前項指揮收豎。此後更有此色人，並同有過停官。

右奉敕：『宜依。』吏部南曹其此分明曉諭，及徧下諸道州府，應是選人，各令知悉。如守官滿日，未給得解由、歷子等，文書隨等，不得便令辭謝。如逐處州府輒有邀難不便，須至出給，罪在本判官並録事參軍。

其年九月敕：『應進策人等，若是選人，所進内一事可行，與減兩選，兩事減四選，三事已上依資與官。如無選可減，及所欠選數則少，可行事件則多，據等第更優與恩獎。其諸色舉人，不在進策之限。』

四年二月，中書門下奏：『諸道州府縣官，甚有闕員，前資官皆資考限，所宜振滯，以示推恩。若欠一選者，無選可減，親公事成資考者，宜優與恩命。未有資考者，准格施行。兩選、三選者減一選，四選、五選者減兩選，六選、七選者減三選，八選、九選者減四選，十選、十一選者減五選，十二選減六選，千牛、進馬、童子、齋郎、挽郎，宜准《元和格》處分。』逾年後，竟以選人煩多，喧訛相接，乃追罷此敕。

四年五月，中書奏：『准長興元年二月二十一日南郊赦書：「准《長定格》，應經學出身人，在任日雪得冤獄，許非時參選，超資注官，仍賜章服。」今詳敕凡示冤獄者，所司推鞫定罪不平，回曲作直，已成案牘，或經長吏慮問，或是讎家訴冤，重經推訊，始見情實，回死爲生，始名雪冤，仍須元推官與招伏情罪，平處檢案牘事卽給與公據，便爲考牒內豎出，候本官滿日，便准近敕非時參選，若活得一人，超一資注官，二人已上，加章服；已有章服，加檢校官。如在任除冤雪獄外，限內徵科了絶，減得一選已上，或招添戶口一分已上，並許酬奬。如加至五品已上，許奏聽敕旨。如雖雪得冤獄，徵科違限合殿選者，亦待殿選滿月，與敍雪冤之賞。或逃卻戶口，亦降等敍官。如本司小小刑獄，未經別司，縱能處斷，不得援例。』從之。

應順元年閏正月，中書門下奏：『准天成二年十二月敕節文：「准《長定格》，應經學出身人，一任三考，許入下縣令，下州録事參軍，亦入中州録事參軍。兩任四考，許入中下縣令、中州録事參軍。兩任六考，許入上縣令、緊州録事參軍。」凡爲進取，皆有緣因，或少年便受好官，或暮齒不離卑任。況孤舉平士，或年四十，始得經學及第，八年赴調，方受一官，於一任之中，多不成三考，再來赴選，年已蹉跎，有一生不至令、録者。若不改革，何以發揚。自此經學出身，請一任兩考，許入中下縣令、州録事參軍。』敕：『其經學出身，一任兩考，元敕入下縣令、下州録事參軍，今後更許入中縣令、中州下州録事參軍。一任三考者，於人戶多處州縣注擬。如於近敕條內，資敍無相當者，卽准格循資考入官，其兩任四考者，准兩任五考例入官。餘准格條處分。』

晉天福二年四月敕：『今後諸州前資官、州縣官等，若是資考已出選門，及一任除官未入選門，並一考前丁憂，及活得冤獄，准元敕，年限滿日，許經中書陳狀，當與檢看事理施行。此外須令並依前後敕格程限，赴吏部參選。或有公材異績，臨時賞擢，不在此限。』其年九月，吏部銓奏：『奉長興四年五月敕：「應諸州府馬步判官，令於前資簿尉、判司正官中選差。近日不多遵守，今後須於前資正官中任使，若滿二周年無遺缺者，與減二選，仍委本州府給與公憑。如欠三選已下者，仍便給與文解赴選。所有自前差攝官，充馬步判官已二年無遺缺者，亦令本州府給與公憑，仍便申奏，更四年後給與文解赴選，比擬初官過一周年者。敕到後，宜令本州府別差前正官充替。」清泰二年三月二十四日，敕停廢前資攝正官，充馬步判官，其敕已封銷不行。』敕：『清泰二年三月已前，諸州府所差馬步判官，有勳績者宜准元敕赴吏部參選，不得於中書陳狀。』

二年十二月敕：『唐長興二年四月五日節文：「應州縣官纔授新命，及到任一考前丁憂，服闋日便與除官者。」此後應一考前丁憂州縣官等，服闋後准格赴選，不得於中書陳乞。』

開運三年四月，吏部侍郎王易簡奏：『伏見禮部貢院，逐年先書板榜，高立省門，用示舉人，俾知狀樣。臣欲請選人文解條例，各下諸州知。委南曹詳定解樣，兼備録《長定格》取解條例，各下諸州，如禮部貢院板榜書寫，立在州院門。每遇選人取解之時，各准條件遵行，仍依板樣給解。』從之。

周廣順元年二月，吏部三銓奏：『去年冬，南曹判成選人，三百八十一人，經十一月二十二日兵火，散失磨勘了歷任文字，或有送納文書未抄，及取到南曹失墜公憑，銓司若依格例磨勘，恐選人訴論。今欲祇舉南曹給到失墜公憑，便與施行。』從之。其年五月，中書門下奏：『據司勳郎中許懸申，權主判吏部格式，選人皆稱直去年十一月內失墜告牒，雖尋舊式，有例檢行，竊緣官員上任日，祇憑告赤簽符，罷任之時，卽藉解由歷子。既失官牒，得以檢其敕甲，若無解由，難知眞僞。今後請若無解由、歷子、考牒者，候牒本道州府勘尋，有何殿最，候回文與陳狀官員事理同，卽依牒申銓取保，再給憑由。』從之。

三年五月敕：『應前後出選門州縣官內，有十六考敍朝散大夫階次敕令，並歷任中曾升朝及兩使判官、五府少尹，罷任後一周年，與除官。曾任兩藩營田判官、書記、支使、防禦團練判官，罷任後一周年，與除官。並許經中書陳狀。選期既近，不得依常選人例，更理減選，仍須批書歷子，請給解由。若是逃失戶口，降書考第，及顯有過犯，必行殿降。應諸色人過犯三選已上，及未成資考，丁憂課績，無選可減者，宜令自於吏部南曹投狀，准格磨勘，無違礙，申送中書門下，並與除官。其州縣官恐虧損年限資序，願歸選門者，亦聽自便。如曾任推巡軍事判官，並諸出選門官，並據見任選數敍理，取解由赴集，依格敕磨勘，送中書門下，於銓司注擬前，先次除官。所有諸色尚選人，今後不得妄有陳乞，及不伏格敕，理論功課。如違，當行舉勘。若特恩除受，擢才委任，不拘此例。」

又《選限》 周顯德五年正月十日敕：「諸道幕府州縣，起今自正月一日後，所授官並以三周年爲限，閏月不在其內。其每年常調選人及諸色求任人，取十月一日已前到京下納文解及陳乞文狀，委所司依舊例磨勘注授。至十二月上旬中，並了畢，便令赴官，限二月終已前到任。若違程，本處不得放上。且舊官在任，如是無故違程，依格殿選。其有故違程者，須分明出給得所在憑由，許至前冬赴集。今年赴任者，不在此限。其特敕除授，及隨幕判官赴任，不拘日限。

應授官人，至滿日替人未到間，宜且令守本官，主張公事，依舊請俸。州縣亦不得差置攝官替下，如是遭喪、停任、身故、假滿、非時缺官之時，祇可差前資正官及前有出身人承攝。如逐處無正官及有出身人，即選請疆官承攝。仍依正官例支與俸錢，具名聞奏。

其年閏七月，吏部流內銓狀申：

見行條件公事，銓司先准格例，南曹十一月末開宿，判成選人後，先具都數申銓，銓司舉狀，便榜示選人，引納京諸司官使印家狀，及試判紙三度榜引得齊足，方至十二月上旬內，定日鎖銓者。銓司若候南曹十月內開宿引納家狀，慮成淹滯。今後纔南曹鎖宿後，先榜示選人，預納家狀，其合保文狀，使職官司使印，限開曹後兩日內赴銓送納，須得齊足。如限內不納到家狀保狀，試紙人便具姓名落下，不在續納之限。據納到文狀，至十月二十二日已前鎖銓。先准格例，鎖銓後便牓示引驗正身、告赤文書，三引共九日，三度引如不至者，便落下銓司。今後鎖銓日便牓示選人，至次日引驗正身及告赤文書，限三日內三引畢。如不到者便落下。

每年南曹判成，選人中多有託故不赴銓引，選司准格例伺候，須及三引，計九日不至者，方始落下。今後有此色人，逐引不到，便據姓名落下。先准格，諸色選人三引畢後，齎使印保狀赴銓，並合保後，令、録重引驗合保，審其才術者，銓司欲三引後次日，重內引驗令、録，審其才術及合保，如限內不至者，據姓名落下。銓司引驗後，本行准格敕及將銓狀、歷任告赤文書，限三日內點檢，無違礙，具姓名關報，試判注擬。

所有選人，歷任省於未注官已前，寫帖送過院選人所合注使員缺。鎖銓後，便具狀申中書門下，乞降指揮，應選人試判。今欲鎖銓內，預准敕於中書省請印到逐人試紙，候點檢畢，關報名銜齊足。此日便定日試判三塲，逐塲次日申奏後，限兩日內供納宣黄，次日乞降可否敕命。銓司自前注擬諸色選人，准格三注。每一注內，有不伏官者，限三日內具狀通退，三注共九日者。銓司自今後第一、第二注牓出後，各限次日內具通官文狀，便具姓名落下，第三注畢日開銓，不在開通官之限，三注共五日者。准格，銓司逐年二月二十五日送門下省畢，三月十五日過官畢，三月三十日進黄，移省畢。

三擬畢後，省甲案便於格式司逐注旋覆闕人官，過院條寫省歷，至十月十四日已前，牒送門下省畢，銓司門下省押定，牒到取兩日祇候，取判過堂。次日乞降可否堂帖。其黄甲限四日內修寫，句勘印署，至十二月六日牒送門下省。至十二月九日進黄畢。所有銜謝對敭，在格限內應行內諸司公事，或有干繫，申銓取裁，銓司便准敕格指揮。如銓司難議裁酌，即申堂取裁。

《新唐書》卷四五《選舉志下》 凡選有文、武，文選吏部主之，武選兵部主之，皆爲三銓，尚書、侍郎分主之。

凡官員有數，而署置過者有罰，知而聽者有罰，規取者有罰。每歲五月，頒格於州縣，選人應格，則本屬或故任取選解，列其罷免、善惡之狀，以十月會於省，過其時者不敍。其以時至者，乃考其功過。同流者，五五爲聯，京官五人保之，一人識之。刑家之子、工賈異類及假名承僞、隱冒升降者有罰。文書粟錯，隱倖者駁放之；非隱駁則不。

凡擇人之法有四：一曰身，體貌豐偉；二曰言，言辭辯正；三曰書，楷法遒美；四曰判，文理優長。四事皆可取，則先德行；德均以才，才均以勞。得者爲留，不得者爲放。五品以上不試，上其名中書門下；六品以下始集而試，觀其書、判。已試而銓，察其身、言；已銓而注，詢其便利而擬；已注而唱，不厭者得反通其辭，三唱而不厭，聽冬集。厭者爲甲，上於僕射，乃上門下省，給事中讀之，黄門侍郎省之，侍中審之，然後以聞。主者受旨而奉行焉，謂之『奏受』。視品及流外，則判補。皆給以符，謂之『告身』。凡官已受成，皆廷謝。

凡試判登科謂之『入等』，甚拙者謂之『藍縷』。選未滿而試文三篇，謂之『宏辭』；試判三條，謂之『拔萃』。中者卽授官。【略】

凡勳官選者，上柱國，正六品敍；六品而下，遞降一階。驍騎尉、武騎尉，從九品上敍。

凡居官必四考，四考中中，進年勞一階敍。每一考，中上進一階，上下二階，上中以上及計考應至五品以上奏而別敍。六品以下遷改不更選及守五品以上官，年勞歲一敍，給記階牒。考多者，准考累加。

凡醫術，不過尚藥奉御。陰陽、卜筮、圖畫、工巧、造食、音聲及天文，不過本色局、署令。鴻臚譯語，不過典客署令。凡千牛備身、備身左右，五考送兵部試，有文者送吏部。凡齋郎，太廟以五品以上子孫及六品職事並清官子爲之，六考而滿；郊社以六品職事官子爲之，八考而滿。皆讀兩經粗通，限年十五以上、二十以下，擇儀狀端正無疾者。

武選，凡納課品子，歲取文武六品以下、勳官三品以下五品以上子，年十八以上，每州爲解上兵部，納課十三歲而試，第一等送吏部，第二等留本司，第三等納資二歲，第四等納資三歲；納已，復試，量文武授散官。若考滿不試，免當年資；遭喪免資。無故不輸資及有犯者，放還之。凡捉錢品子，無違負滿二百日，本屬以簿附朝集使，上於考功、兵部。滿十歲，量文武授散官。其視品國官府佐應停者，依品子納課，十歲而試，凡一歲爲一選。自一選至十二選，視官品高下以定其數，因其功過而增損之。

初，武德中，天下兵革新定，士不求禄，官不充員。有司移符州縣，課人赴調，遠方或賜衣續食，猶辭不行。至則授用，無所黜退。不數年，求者寖多，亦頗加簡汰。

貞觀二年，侍郎劉林甫言：『隋制以十一月爲選始，至春乃畢。今選者衆，請四時注擬。』十九年，馬周以四時選爲勞，乃復以十一月選，至三月畢。

太宗嘗謂攝吏部尚書杜如晦曰：『今專以言辭刀筆取人，而不悉其行，至後敗職，雖刑戮之，而民已敝矣。』乃欲放古，令諸州辟召。會功臣行世封，乃止。它日復顧侍臣曰：『致治之術，在於得賢。今公等不知人，朕又不能徧識，日月其逝，而人遠矣。吾將使人自舉，可乎？』而魏徵以爲長澆競，又止。

初，銓法簡而任重。高宗總章二年，司列少常伯裴行儉始設長名榜，引銓注法，復定州縣升降爲八等，其三京、五府、都護、都督府，悉有差次，量官資授之。其後李敬玄爲少常伯，委事於員外郎張仁禕，仁禕又造姓歷，改狀樣、銓歷等程式，而銓總之法密矣。然是時仕者衆，庸愚咸集，有僞主符告而矯爲官者，有接承它名而參調者，有遠人無親而置保者。試之日，冒名代進，或旁坐假手，或借人外助，多非其實。雖繁設等級、遞差選限、增譴犯之科、開糾告之令以遏之，然猶不能禁。大率十人競一官，餘多委積不可遣，有司患之，謀爲黜落之計，以僻書隱學爲判目，無復求人之意。而吏求貨賄，出入升降。至武后時，天官侍郎魏玄同深嫉之，因請復古辟署之法，不報。

初，試選人皆糊名，令學士考判，武后以爲非委任之方，罷之。而其務收人心，士無賢不肖，多所進獎。長安二年，舉人授拾遺、補闕、御史、著作佐郎、大理評事、衛佐凡百餘人。明年，引見風俗使，舉人悉授試官，高者至鳳閣舍人、給事中，次員外郎、御史、補闕、拾遺、校書郎。試官之起，自此始。時李嶠爲尚書，又置員外郎二千餘員，悉用勢家親戚，給俸禄，使釐務，至與正官爭事相毆者。又有檢校、敕攝、判知之官。神龍二年，嶠復爲中書令，始悔之，乃停員外官釐務。

中宗時，韋后及太平、安樂公主等用事，於側門降墨敕斜封授官，號『斜封官』，凡數千員。內外盈溢，無聽事以居，當時謂之『三無坐處』，言宰相、御史及員外郎也。又以鄭愔爲侍郎，大納貨賂，選人留者甚衆，至逆用三年員闕，而綱紀大潰。韋氏敗，始以宋璟爲吏部尚書，李乂、盧從願爲侍郎，姚元之爲兵部尚書，陸象先、盧懷慎爲侍郎，悉奏罷斜封官，量闕留人，雖資高考深，非才實者不取。初，尚書銓掌七品以上選，侍郎銓掌八品以下選。至是，通其品而掌焉。未幾，璟、元之等罷，殿中侍御史崔涖、太子中允薛昭希太平公主意，上言：『罷斜封官，人失其所，而怨積於下，必有非常之變。』乃下詔盡復斜封別敕官。

玄宗即位，厲精爲治。左拾遺內供奉張九齡上疏言：『縣令、刺史，陛下所與共理，尤親於民者也。今京官出外，乃反以爲斥逐，非少重其選不可。』又曰：『古者或遥聞辟召，或一見任之，是以士脩名行，而流品不雜。今吏部始造簿書，以備遺忘，而反求精於案牘，不急人才，何異遺劍中流，而刻舟以記。』於是下詔擇京官有善政者補刺史，歲十月，按察使校殿最，自第一至第五，校考使及戶部長官總覈之，以爲升降。凡官，不歷州縣不擬臺省。已而悉集新除縣令宣政殿，親臨問以治人之策，而擢其高第者。又詔員外郎、御史諸供奉官，皆進名敕授，而兵、吏部各以員外郎一人判南曹，由是銓司之任輕矣。其後戶部侍郎宇文融又建議置十銓，乃以禮部尚書蘇頲等分主之。太子左庶子吳兢諫曰：『《易》稱「君子思不出其位」，言不侵官也。今以頲等分掌吏部選，而天子親臨決之，尚書、侍郎皆不聞參，議者以爲萬乘之君，下行選事。』帝悟，遂復以三銓還有司。

開元十八年，侍中裴光庭兼吏部尚書，始作循資格，而賢愚一概，必與格合，乃得銓授，限年躡級，不得逾越。於是久淹不收者皆便之，謂之『聖書』。及光庭卒，中書令蕭嵩以爲非求材之方，奏罷之。乃下詔曰：『凡人年三十而出身，四十乃得從事，更造格以分寸爲差，若循新格，則六十未離一尉。自今選人才業優異有操行及遠郡下寮名迹稍著者，吏部隨材甄擢之。』

初，諸司官兼知政事者，至日午後乃還本司視事。兵部、吏部尚書侍郎知政事者，亦還本司分闕注唱。開元以來，宰相位望漸崇，雖尚書知政事，亦於中書決本司事以自便。而左、右相兼兵部、吏部尚書者，不自銓總。又故事，必三銓、三注、三唱而後擬官，季春始畢，乃過門下省。楊國忠以右相兼文部尚書，建議選人視官資、書判、狀迹、功優，宜對衆定留放。乃先遣吏密定員闕，一日會左相及諸司長官於都堂注唱，以誇神速。由是門下過官、三銓注官之制皆廢，侍郎主試判而已。

肅、代以後兵興，天下多故，官員益濫，而銓法無可道者。至德宗時，試太常寺協律郎沈既濟極言其敝曰：

近世爵祿失之者久，其失非他，四太而已：入仕之門太多，世胄之家太優，祿利之資太厚，督責之令太薄。臣以爲當輕其祿利，重其督責。夫古今選用之法，九流常敍，有三科而已，曰德也，才也，勞也；而今選曹，皆不及焉。且吏部甲令，雖曰度德居任，量才授職，計勞升敍，然考校之法，皆在書判簿歷、言辭俯仰之間，侍郎非通神，不可得而知。則安行徐言，非德也；空文善書，非才也；累資積考，非勞也。苟執不失，猶乖得人，況衆流茫茫，耳目有不足者乎？蓋非鑑之不明，非擇之不精，法使然也。王者觀變以制法，察時而立政。按前代選用，皆州、府察舉，至於齊、隋，署置多由請託。故當時議者，以爲與其率私，不若自舉；與其外濫，不若內收。是以罷州府之權，而歸於吏部。此矯時懲弊之權法，非經國不刊之常典。

今吏部之法蹙矣，不可以坐守刓弊。臣請五品以上及羣司長官、宰臣進敍，吏部、兵部得參議焉；六品以下或僚佐之屬，聽州、府辟用。則銓擇之任，委於四方；結奏之成，歸於二部。必先擇牧守，然後授其權。高者先署而後聞，卑者聽版而不命。其牧守、將帥，或選用非公，則吏部、兵部得察而舉之。聖主明目達聰，逖聽遐視，罪其私冒。不慎舉者，小加譴黜，大正刑典。責成授任，誰敢不勉？夫如是，則接名僞命之徒，菲才薄行之人，貪叨賄貨，懦弱奸宄，下詔之日，隨聲而廢，通大數，十去八九矣。如是，人少而員寬，事覈而官審，賢者不奬而自進，不肖者不抑而自退。

或曰：『開元、天寶中，不易吏部之法，而天下砥平，何必外辟，方臻於理？』臣以爲不然。夫選舉者，經邦之一端，雖制之有美惡，而行之由法令。是以州郡察舉，在兩漢則理，在魏、齊則亂。吏部選集，在神龍、景龍則紊，在開元、天寶則理。當其時久承升平，御以法術，慶賞不軼，威刑必齊，由是而理，匪用吏部而臻此也。向以此時用辟召之法，則理不益久乎？

天子雖嘉其言，而重於改作，訖不能用。

初，吏部歲常集人，其後三數歲一集，選人猥至，文簿紛雜，吏因得以爲奸利，士至蹉跌，或十年不得官，而闕員亦累歲不補。陸贄爲相，乃懲其弊，命吏部據内外員三分之，計闕集人，歲以爲常。是時，河西、隴右沒於虜，河南、河北不上計，吏員大率減天寶三之一，而入流者加一，故士人二年居官，十年待選，而考限遷除之法寖壞。憲宗時，宰相李吉甫定考遷之格，諸州刺史、次赤府少尹、次赤令、諸陵令、五府司馬、上州以上佐、東宫官詹事諭德以下、王府官四品以上皆五考。侍御史十三月，殿中侍御史十八月，監察御史二十五月。三省官、諸道敕補、檢校五品以上及臺省官皆三考，餘官四考，文武官四品以下五考。凡遷，尚書省四品以上、文武官三品以上皆先奏。

唐取人之路蓋多矣，方其盛時，著於令者，納課品子萬人，諸館及州縣學六萬三千七十人，太史曆生三十六人，天文生百五十人，太醫藥童、針咒諸生二百一十一人，太卜卜筮三十人，千牛備身八十人，備身左右二百五十六人，進馬十六人，齋郎八百六十二人，諸衛三衛監門直長三萬九千四百六十二人，諸屯主、副千九百八人，諸折沖府録事、府、史一千七百八十二人，校尉三千五百六十四人，執仗、執乘每府三十二人，親事、帳内萬人，集賢院御書手百人，史館典書、楷書四十一人，尚藥童三十人，諸臺、省、寺、監、軍、衛、坊、府之胥史六千餘人。凡此者，皆入官之門戶，而諸司主録已成官及州縣佐史未敍者，不在焉。

至於銓選，其制不一，凡流外，兵部、禮部舉人，郎官得自主之，謂之『小選』。太宗時，以歲旱穀貴，東人選者集於洛州，謂之『東選』。高宗上元二年，以嶺南五管、黔中都督府得即任土人，而官或非其才，乃遣郎官、御史爲選補使，謂之『南選』。其後江南、淮南、福建大抵因歲水旱，皆遣選補使即選其人。而廢置不常，選法又不著，故不復詳焉。

唐・韓愈《昌黎先生集・貞元十九年・論今年權停舉選狀》 右臣伏見今月十日敕，今年諸色舉選宜權停者。道路相傳，皆云以歲之旱，陛下憐閔京師之人，慮其乏食，故權停舉選，以絶其來者，所以省費而足食也。

臣伏思之，竊以爲十口之家，益之以一二人，於食未有所費。今京師之人，不啻百萬，都計舉者，不過五七千人，並其僮僕畜馬，不當京師百萬分之一。以十口之家計之，誠未爲有所損益。又今年雖旱，去歲大豐，商賈之家，必有儲蓄，舉選者皆齎持資用，以有易無，未見其弊。今若暫停舉選，或恐所害實深，一則遠近驚惶，二則人士失業。臣聞古之求雨之詞曰：『人失職歟。』然則人之失職，足以致旱。今緣旱而停舉選，是使人失職而召災也。

臣又聞君者陽也，臣者陰也，獨陽爲旱，獨陰爲水。今者陛下聖明在上，雖堯舜無以加之，而羣臣之賢，不及於古，又不能盡心於國，與陛下同心，助陛下爲理。有君無臣，是以久旱。以臣之愚，以爲宜求純信之士，骨鯁之臣，憂國如家，忘身奉上者，超其爵位，置在左右，如殷高宗之用傅説，周文王之舉太公，齊桓公之拔寧戚，漢武帝之取公孫弘。清閒之餘，時賜召問，必能輔宣王化，銷殄旱災。

臣雖非朝官，月受俸錢，歲受禄粟，苟有所知，不敢不言。謹詣光順門奉狀以聞。伏聽聖旨。

宋・李昉等《文苑英華》卷六九六《魏玄同〈請吏部各擇寮屬疏〉》

臣聞製器者必擇匠以簡材，爲國者必求賢以莅官。匠之不良，無以成其工；官之非賢，無以致其理。君者，所以牧人也；臣者，所以佐君也。君不養人，失君道矣；臣不輔君，失臣任矣。任人者，誠國家之基本，百姓之安危也。方今人不加富，盜賊不衰，獄訟未清，禮義猶闕者，何也？下吏不稱職，庶官非其才也。官之不得其材者，取人之道有所未盡也。

臣又聞傅説曰：『明王奉若天道，建邦設都，樹後王君公，承以大夫師長。不惟逸豫，惟以理人。』昔之都國，今之州縣，土有常君，人有定主，自求臣佐，各選英賢，其大臣乃命於王朝。自秦並天下，罷侯置守，漢氏因之，有沿有革。諸侯得自置吏四百石以下，其傅相大官，則漢爲置之，州郡掾吏督郵從事，悉任之於牧守。爰自魏晉，始歸吏部，遞相祖襲，以迄於今。用刀筆以量才，案簿書而察行。命官之弊，其來自久。

蓋君子重因循而憚改作，其有不得已者，亦當運獨見之明，定卓然之議。如今選司所行者，非上皇之令典，乃近代之權道，所宜遷革，實爲至要。何以言之？夫尺文之量，所及者蓋短；豆區鐘庾之器，所積者寧多。非其所及，焉能度之？非其所受，何以容之？況天下之大，士人之衆，而可委之數人之手乎？假使平如權衡，明如水鏡，力有所極，照有所窮，銓綜既多，紊失斯廣。又以比居此任，時有非人，豈直媿彼清通，昧於甄察？亦將竭其庸妄，糅彼棼絲。情故既行，何所不至？贓私一啓，以及萬端。至乃爲人擇官，爲身擇利，顧親疏而下筆，看勢要以措情。悠悠風塵，此焉奔競；擾擾遊宦，同乎市井。加以厚貌深衷，險如谿壑，擇言觀行，猶懼不周。今使百行九能，折之於一面；具僚庶品，專斷於一司，不亦難矣？

且魏人應運，所據者乃三分；晉氏播遷，所臨者非一統。逮乎齊宋，以及周隋，戰爭之日多，安泰之時少，瓜分瓦裂，各在一方。隋氏平陳，十餘年耳，接以兵禍，繼以饑饉，既德業之不逮，或時事所未遑，非謂是今而非古也。武德貞觀，與今亦異，皇運之初，庶事草創。豈惟日不暇給，亦乃人物尚稀。天祚大聖，享國永年，比屋可封，異人間出。咸以爲有道耻賤，得時無怠。諸色流輩，歲以千計；羣司列位，無復新加。官有常員，人無定限。選集之始，霧積雲屯。擢敍於終，十不收一。淄澠雜混，玉石難分。用捨去留，得失相半。撫卽事之爲弊，知及後之滋甚。

夫夏殷以前，制度多闕。周監二代，煥乎可觀。蓋諸侯之臣，不皆命於天子；王朝庶官，亦不專於一職。故周穆王以伯冏爲太僕正，命之曰：『愼簡乃僚，無以巧言令色便辟側媚，其唯吉士。』此則令其自擇下吏之文也。太僕正，中大夫耳，尚以僚屬委之，則三公九卿，亦必然矣。《周禮》大宰、內史，並掌爵禄廢置；司徒、司馬，別掌興賢詔事。當是分任於羣司，而統之以數職，各自求其小者，而王命其大者焉。夫委任責成，君之體也。所委者衆，所用者精。故能得濟濟之多士，盛芃芃之棫樸。

裴子野有言曰：『官人之難，先正言之尚矣。居家觀其孝友，鄉黨服其誠信，出入觀其志義，憂難取其智謀，煩之以事，以觀其能，臨之以利以察其廉。《周禮》始於學校，論之州裏，告諸六事，而後貢之王庭，其在漢家，尚猶然矣。州郡積其功能，然後爲五府所辟。五府舉其掾屬而昇於朝，三公參得除署尚書奏之天子。一人之身，所關者衆；一士之進，所課也詳。故能官得其人，鮮有敗事。魏晉反是，所失弘多。』子野所論，蓋區區之宋朝耳。猶謂不勝其弊，而況於當今乎！

又夫從政莅官，不可以無學。故《書》曰：『學古入官，議事以制。』《傳》曰：『我聞學以從政，不聞以政入學。』今貴戚子弟，例早求官，或齠齔之年，已腰銀艾；或童丱之歲，已襲朱紫。弘文崇賢之生，羽林期門之類，課試既淺，藝能亦薄，而門閥有素，資望自高。夫象賢繼父，古之道也。所謂胄子，必裁諸學。修六禮以節其性，明七教以興其德，齊八政以防其淫，舉上賢以崇其德，簡不肖以黜其惡。少則受業，長而出仕，並由德進，必以才昇，然後可以利用賓王，移家事國。少仕則廢學，輕試則無才，於此一流，良足惜也。又勳官三衞流外之徒，不待州縣之舉，直取之於書判，恐非先德而後言才之義也。

臣又以爲國之用人，有似人之用財。貧者厭糟糠，思短褐；富者餘粱肉，衣輕裘。然則當衰弊乏賢之時，則可磨策朽鈍而乘馭之；在太平多士之日，亦宜妙選髦俊而任使之。《詩》云：『翹翹錯薪，言刈其楚。』楚荆也，在薪之翹翹者。方之用才，理亦當爾。選人幸多，尤宜簡練。臣竊見制書，每令三品、五品薦士，下至九品，亦令舉人，此聖朝側席旁求之意也。但以褒貶不甚明，得失無大隔，故人上不憂黜責，下不盡搜揚。苟以應命，莫慎所舉。且惟賢知賢，聖人篤論，伊咎既舉，不仁咸遠。復患階秩雖同，人才異等，身且濫進，鑑豈知人？今欲務得實才，兼宜擇其舉主。清流以源潔，影端由表正，不詳舉主行能，而責舉人之庸濫，不可得已。《漢書》云：『張耳、陳餘之賓客廝役，皆天下俊傑。』彼之蕞爾，猶能若斯，況以神皇之聖明，國家之德業，而不建長久之策，爲無窮之基，盡得賢取士之術？而但顧望魏晉之遺風，留意周隋之末事，臣竊惑之。伏願特迴聖慮，特採芻言，略依周漢之規，以分吏部之選，即望所用精詳，鮮有差失。

又《韋嗣立〈諫濫官疏〉》 臣聞：設官分職，量才擇吏。《舊唐書》作：『量事置吏』《文粹》作『量方置吏』 此本於理人而務安之也。故《書》曰：『在知唐書作官下同人，在安人。知人則哲，能官人唐書無此三字安人則惠，黎甿懷之。唐書無此一句能哲而惠，何憂乎驩兜？何畏乎有苗者是唐書無此字也？』則唐書作是明官得其人，而天下自理矣。古者取人，必先採鄉曲之譽，然後辟於州郡；州郡有聲，然後辟之。唐書文粹並無此字於五府，才著五府，然後升之於唐書文梓無字天朝。此則用一人所擇者甚悉，擢一士所歷者甚深。孔子曰：『譬有美錦，不可使人學制。』此明用人不可不審擇也。用得其才，則理，非其才則亂。理亂所繫焉，可不深擇之哉！今之取人，有異此道。多未甚試效，即頓至遷擢。夫趨競者人之常情，僥倖者人之所趨。今之務進不避，僥倖者接踵比肩，布於文武之列。有文者用理内外，則有回邪贓污上下敗亂之憂，有武者用將軍戎，則有庸懦怯弱師旅喪亡之患。補受無限，員闕不供，遂至員外置官，數倍正闕。曹署典吏，困於祇承，府庫倉儲，竭於資俸。國家大事，豈甚於此！古者懸爵待士，唯有才者得之。若任以無才，則有才之路塞，賢人君子，所以遁迹銷聲，懷歎恨者也。且賢人君子，守於正直之道，遠於僥倖之門。若僥倖開，則賢者不可復出矣。賢者遂退，若欲求人安俗化，唐書文粹並作化洽復不可得也。若乃唐書文粹並作人若不安，國將危矣。陛下安可不深慮之？

宋・洪邁《容齋隨筆》卷一〇《唐書判》 唐銓選擇人之法有四：一曰身，謂體貌豐偉；二曰言，言辭辯正；三曰書，楷法遒美；四曰判，文理優長。凡試判登科謂之入等，甚拙者謂之藍縷，選未滿而試文三篇謂之宏辭，試判三條謂之拔萃，中者即授官。既以書爲藝，故唐人無不工楷法；以判爲貴，故無不習熟。而判語必駢儷，今所傳《龍筋鳳髓判》及《白樂天集・甲乙判》是也。自朝廷至縣邑，莫不皆然，非讀書善文不可也。宰臣每啓擬一事，亦必偶數十語，今鄭畋敕語、堂判猶存。世俗喜道瑣細遺事，參以滑稽，目爲花判，其實乃如此，非若今人握筆據案，只署一字亦可。國初尚有唐餘波，久而革去之。但體貌豐偉，用以取人，未爲至論。

宋・洪邁《容齋四筆・吏部循資格》 唐開元十八年四月，以侍中裴光庭兼吏部尚書。先是，選司注官，惟視其人之能否，或不次超遷，或老於下位，有出身二十餘年不得禄者。又州縣亦無等級，或自大入小，或初近後遠，皆無定制。光庭始奏用《循資格》，各以罷官若干選而集，官高者選少，卑者選多，無問能否，選滿則注，限年躡級，毋得逾越，非負譴者皆有升無降。其庸愚沉滯者皆喜，謂之『聖書』，而材俊之士，無不怨嘆，宋璟爭之，不能得。二十一年，光庭薨，博士孫琬議光庭用《循資格》，失勸獎之道，請謚曰『克』。是年六月，制自今選人有才業操行，委吏部臨時擢用。雖有此制，而有司以《循資格》便於己，猶踵行之。

蓋今日吏部四選，乃其法也。

清・董誥等《全唐文》卷二一九《崔融〈吏部兵部選人議〉》 議曰：太極生而兩儀見，聖人作而萬物覩。仰以觀法於天，夫君人者，以天下之目視，以天下之耳聽，以天下之智慮，以天下之力動，故號令能究，而臣情得上聞。八千年之初，不可得而詳矣，夫二十四氣之後，請摧揚而陳之。軒轅氏之立議明臺，斯所以上官於賢也；陶唐氏之清問衢室，斯所以下聽於人也。以大舜之德也，而有告善之旌；以大禹之功也，而有欲諫之鼓。然則三皇垂策而下濟；五帝擊手而上行，唐、虞按轡而光宅，禹、湯驅馳而奄甸。雖步驟之道不同，而啓沃之情一貫，可不務乎！今天皇垂衣裳，負黼扆，獨得千年之景運，猶懼一物之未安。發德音，採輿議，憂選司之或爽，慮考績之弗明。此天皇堯舜之用心也。

有司伏奉明旨，以吏部、兵部選人，每年萬人已上，及其銓量，十放六七，疲於來往，虛費資糧者，愚臣敢不悉以陳之？夫唐、虞稽古，建官惟百，舉八才，命四子，上有以明其化，下有以晏其風。『康哉』之歌，於是乎出；『鬱乎』之德，於此自興。夏、商倍之，亦克用乂，濟濟多士，文王以寧。自周道無章，秦原競逐，張官設府，班員積於簡書；選衆舉才，受垂（疑）一於典憲。降及漢、魏，下逮周、隋，豈其然歟？無聞焉爾。皇家再造區夏，重張宸極，四神驟雨而來遊，五聖奔星而下降，禮明樂備，天平地成。八百餘國之君長，襲賓廷之冠帶；七十二代之帝王，仰仙閭之軌躅。量其土宇，固可頓豎亥而迷大章；算其臣人，固已讋容成而驚隸首。室多忠信，家盡孝慈，老夫不知帝力，童子羞稱霸道。文也武也，左之右之，實蕃有徒，不可勝既。出門無咎，適顯於明時；比屋可封，何驚於聖俗？誠望博謀俊德，敷求哲人，兩曹妙選，三官備設，然後收其杞梓，騫其蕭稂。其有狀犯贓私，罪當懲貶，案覆已定，景迹具存者：此等既未合得官，遠來徒爲勞費，伏望許同選例，限以歲年。諸色入流，每年參選，資品未著，伎藝未工：此等自知未合得官，情願更加修習，伏望許同選例，録以選勞。關外諸州，道裏迢遞，河洛之邑，天地所中，伏望詔東西二曹，兩都分簡。留放既畢，同赴京師，選人每年長名，常至正月半後，伏望速加銓簡，促以程期。夫然，有署者不來，無德者不至，來者就而簡之，至者速而遺之：因其物情，亦何疲於來往？順其人欲，亦何費於資糧？

入官考績，先憑善最，比來乃有不論德行，惟據功夫，獎勸之道，未爲折衷者，愚臣敢不明目以論之？《書》不云乎：『三考黜陟』，唐帝、虞帝之遺烈燦焉；《禮》有之矣：『百官會計』，文王、武王之彝典存焉。京房進課式之言，漢王之所未暇；盧毓苦眞僞之雜，魏後竟以施行：盡善之文，明詔攸在。至如不論德行，惟據功夫者，此由外州郡牧，未盡得賢，監司長官，時有其濫，褒貶不遵令式，高下隨其愛憎，至公外爽，曲私内結。伏望播告天下，申明舊章：其有德有行，府寮共推者，雖有公坐小失，重加褒進之；無才無識，朝廷罕稱者，雖有公事微效，量加抑退之；德行雖不能茂，因之以勤勞者，亦量加褒進之。然後命繡衣、驄馬，糾舉内外，隨狀推科，以情案察，刑茲無赦，令在必行。夫然，德行爲上，功夫次之，折衷之方，庶幾此道。微臣等才謝知今，學慚半古，海内無事，君子盈朝，天下有道，庶人何議？謹議。

唐·封演《封氏聞見記》卷三《詮曹》 貞觀中，天下豐饒，士子皆樂鄉土，不窺仕進。至於官員不充，省符追人赴京參選。遠州皆率。衣糧以相資送，然猶辭訴求免。選人至省，便拜職官，考滿即授牒請處分。吏部候人數滿百或二百即引試，量書判注擬，乃無被敵者。故吏曹四時提衡，略無休暇。

貞觀十九年，中書令馬周檢校吏部尚書，始奏選人取所由文解。十月一日赴省，三月三十日畢。

先是，侍郎唐皎銓引選人，問其穩便，對曰：『家在蜀。』乃注吳。有言『親老在江南』，即唱隴右。有一信都人，心希河朔恩，給曰：『願得淮、淝。』即注『漳、滏間一尉。』由是大爲選人作法，取之往往有情願者。

高宗龍朔之後，以不堪任職者衆，遂出長榜放之冬集，俗謂之長名。弘道中，魏克己爲侍郎，放榜遂出，得留者名，街路喧嘩，甚爲冬集人授接，坐此出爲同州刺史。

同時鄧元挺，素無藻鑑，又患消渴。選人作《鄧渴詩》，牓之南院，亦被貶爲壽州。則天如意元年，李志遠掌選，有姓方、姓王者並被放。私與令史相知，減其點畫。『方』改爲『丁』，『王』改爲『士』，擬授官後即加增文字。志遠一見便覺曰：『今年銓覆數萬人，總知姓字，何處有「丁」、「士」乎？此必「方」、「王」也。』令史並承伏。

久視中，侍郎顧琮性公直。時多權倖，公行囑托，琮不堪其弊。嘗因官齋見壁畫，指爲同位曰：『此亦至苦，何不畫天官掌選乎？』

陸元方常任天官侍郎，臨終曰：『吾年當壽，但以領選之日傷苦心神。』言訖而歿。

中宗景龍末，崔湜、鄭愔同執銓管，數外倍留人。及注擬不盡，即用三考二百日闕，通夏不了。又用兩考二百日闕，其或未能處置，即且給公驗，謂之『比冬』。選人得官，有二年不能上者。有一人素遠得留，乃注校書郎。選司綱維紊壞，皆以有崔、鄭爲口實。愔坐贓貶江州員外司馬。

盧藏用承鄭氏之後，尚有七百餘人未授官，一切奏至冬處分。大遭怨讟。

開元初，宋璟爲尚書，李乂、盧從願爲侍郎，大革前弊，據闕留人，紀綱復振。

時選人王翰頗攻篇什，而迹浮偽。乃竊定海内文士百有餘人，分作九等。高自標置，與張説，李邕並居第一，自餘皆被排斥。淩晨於吏部東街張之，甚於長名。觀者萬計，莫不切齒。從願潛察獲，欲奏處刑憲，爲勢門保持，乃止。

姜晦自兵部侍郎拜吏部，從前銓中廊宇，布棘以防内外，猶不免交通。晦至，盡去之，大開門，示無所禁。初囑置者，晦輒知之，占論莫不首伏。初，朝廷以晦革銓司舊制，頗憂之。既而銓綜流品，皆得其銓敍，而美聲洋溢。

十四年，玄宗在東都，敕吏部置十銓，以禮部侍郎蘇頲、刑部侍郎韋抗、工部尚書盧從願，右散騎常侍徐堅，御史中丞宇文融，朝集使蒲州刺史崔琳、魏州刺史崔沔、鄭州刺史賈曾，懷州刺史王丘，荆府長史韋虚心同掌選，分爲十銓。吏部窄狹，乃權寄諸廳引注，選人喧繁，滿於省闥。

明年，銓注復歸之吏部，承前所司注擬，皆約官資，升降之時，難於允愜。侍郎裴光庭始奏立條例，謂之循資格，自後皆率爲標準。

舊良醞署丞、門下典儀、太樂署丞，皆流外之任。國初，東皐子王績始爲良醞丞，太宗朝，李義甫始爲典儀府，中宗時，餘從叔希顏始爲大樂丞。三官從此並爲清流所處。

開元中，河東薛據自恃才名，於吏部參選，請授萬年縣録事。吏曹不敢注，以諮執政。將許之矣，諸流外共見宰相，訴云：『醞署丞等三官，皆流外之職，已被士人奪卻，惟有赤縣録事是某等清要。今又被進士欲奪，則某等一色之人無措手足矣。』於是遂罷。

選曹每年皆先立版榜，懸之南院。選人所通文書皆依版樣，一字有違，卽被駮落。至有三十年不得官者。

楊國忠爲尚書，創爲押例，選深者先授官。有文狀闕失，許續通，不令駮放。淹滯之流，翕然歸美。其五品已上及清要官，吏部不注，送名中書門下者，各量資以臨時敕除。歷任有淺深，官資有高下，故授任者或稱檢校，或稱兼、試、知、攝、内供奉之類，名目非一。

唐·李肇《唐國史補》卷下　自開元二十二年，吏部置南院，始縣長名，以定留放。時李林甫知選，寧王私謁十人，林甫曰：『就中乞一人賣之。』於是放選榜云：『據其書判，自合得留。緣囑寧王，且放冬集。』

裴僕射遵慶，罷相知選，朝廷優其年德，令就宅注官。自宣平坊榜引仕子以及東市西街。時人以爲盛事。

李建爲吏部郎中，常言於同列曰：『方今俊秀，皆舉進士。使僕得志，當令登第之歲，集於吏部，使尉紫縣。既罷又集，乃尉兩畿，而升於朝。大凡中人，三十成名，四十乃至清列，遲速爲宜。既登第，遂食禄；既食禄，必登朝。誰不欲也？無淹翔以守常限，無紛競以求再捷，下曹得其修舉，上位得其歷試。就而言之，其利甚博。』議者多之。

宋·王讜《唐語林》卷一《政事上》　宣平鄭相之銓衡也，選人相賀得其入銓。劉禹錫弟某爲鄭銓，注潮州尉，一唱，唯唯而出。鄭呼之卻回。鄭曰：『如此所試，場中無五六人；一唱便受，亦無五六人。此而不奬，何以銓衡？公要何官，去家穩便？』曰：『家住常州。』乃注武進縣尉。選人翕然畏而愛之。及後作相，選官又稱第一，宜其有後於魯也。

又陳諷、張復元，各注畿縣尉。請換縣，允之。既而張卻請不換，鄭榜子引張，纔入門，報已定，不可改。時人服之。

京兆府進士、明經解送，設殊、次、平等三級，以甄行能，其後撓於權勢而不行。宣宗時，韋澳爲尹，榜曰：『禮部舊格，本無等第，京府解送，不當區分。今年所送省進士、明經等，並以納策試前後爲定，更不分等第之限。』詞科本以京兆等第爲梯級，建中二年，崔元翰、崔敖、崔備三人，府元、府副、第三人；於邵知貢舉，依次放及第，蓋推崇藝實不能易也。自文學道喪，朋黨弊興，紛競既多，澳雖憤澆弊而革之，然人亦惜其故事之廢。

宋·沈作喆《寓簡》卷三　魏鄭公爲相，有二典事注官。公偃息窗下，典事不知，竊語窗外。甲曰：『官職總由此公耳。』乙曰：『由天耳。』鄭公微聞之，戲召甲，令持密封小紙與侍郎，俾卽注官。甲初不知所以，出門心痛不能行，反託乙持往，乙就便引注。既還，甲心痛自愈，而鄭公甚駭焉。裴光庭典選，合薦銓吏一人出官。令史曲思明以次當得，而略不自言。問其故，曰：『某明年方當得官，故不言也。』請書其事，封泥省壁，至則驗之。久之，上幸温泉，見白鹿升天，卽改會昌爲昭應縣。光庭特注思明昭應尉，意其不預知有此新邑，欲以破其言也。發壁視書，無差焉。夫一典事、一尉，至微也，而有定命存焉，不可以人力致也。況其至富極貴、名器之重，而可以妄取乎？

清·王鳴盛《十七史商榷》卷八七《新舊唐書一九·長名榜》　《舊裴行儉傳》：『總章中，遷司列少常伯。咸亨初，官名復舊，改爲吏部侍郎，與李敬玄爲貳，同時典選十餘年，甚有能名，時人稱爲裴李。行儉始設長名姓歷膀，引銓注等法，又定州縣升降、官資高下，以爲故事。』《新行儉傳》作『長名榜銓注等法』。又《新選舉志》云：『初，銓法簡而任重，高宗總章二年，司列少常伯裴行儉始設長名榜，引銓注法，復定州縣升降爲八等，其三京、五府、都護、都督府悉有差次，量官資授之。』《新姦臣·李林甫傳》：『初，吏部置「長名榜」，定留放。寧王私謁十人，林甫曰：「願絀一人以示公。」遂榜其一，曰：「坐王所囑，放冬集。」』所謂『長名榜』，言豫爲長榜，具列其名，每遇銓選，據此爲定也。放言去之，不得留也。封演《聞見記》第三卷《銓曹》篇亦云『高宗龍朔之後，以選人不堪任職者衆，遂出長榜放之冬集，俗謂之「長名」。』張鷟《朝僉野載》第四卷云：『崔湜爲吏部侍郎，父挹受選人錢，湜不知，長名放之。』李商隱登進士第後，又以書判拔萃，《與陶進士書》云：『去年人南場作判，比於江淮選人，正得不憂長名放耳。』謂既中書判，則可得官，長名榜上可以留而不放矣。江淮路遠，人尤患放，故云。『南場』未詳，疑指吏部。錢希白《南部新書》卷乙云：『吏部故事，放長名榜，語曰：「長名以前，選人屬侍郎；長名以後，侍郎屬選人。」』未登長名，恐其被放，故屬侍郎；既登長名，卽日爲官，侍郎將以公事請託之。

又　卷九五《新舊五代史三·吏部三詮》　《雜·姚顗傳》：『唐制，吏部分爲三銓，尚書一人曰尚書銓，侍郎二人曰中銓、東銓，每歲集以孟冬三旬，而選盡季春之月。天成中，馮道爲相，建言：「天下未一，選人歲纔數百，而吏部三銓分注，雖曰故事，其實徒繁而無益。」始詔三銓合爲一，而尚書、侍郎共行選事。』考《新唐書·崔瑄傳》以尚書左丞判兵部西銓、吏部東銓，六部同在一省，但分曹耳。吏與兵既分東西，故吏部侍郎但分東、中，不言西，恐與兵部混也。

任職類别

宋·宋敏求《唐大詔令集》卷一〇一《政事·官制下·文武官參用詔》　文武二柄，國家大綱，東西兩班，官職同體。咸匡聖運，共列朝廷。品秩相對於高卑，祿俸皆均於厚薄。不論前代，只考本朝太宗皇帝以中外臣寮，文武參用。或自軍衛而居臺省，亦由衣冠而秉節旄。足明於武列文班，不合清濁優劣。近代浮薄相尚，淩蔑舊章。假偃武以修文，竟棄本而逐末。雖藍衫魚簡，當一見而便許升堂，縱拖紫腰金。若非類而無由接席。以是縣揚榮辱，分別重輕，據失人心，盡隳朝體，致有今日，實此之由。須議改更，漸期通濟。今文武百官，自一品已下，逐月所有料錢，並須均勻數目多少，一般支給。兼命使諸道，亦依輪次差遣。既就公平，必臻交泰。葉羣情於天下，崇故事於國初。凡百庶官，宜體朕意。天祐二年四月

宋·沈括《夢溪筆談》卷二　唐制官序未至，而以他官權攝者爲『直官』，如許敬宗爲『直記室』是也。

宋·王溥《五代會要》卷一七《試攝官》　後唐天成元年十月十六日敕：『伏以削平區宇，撫育蒸黎，頃當災歉之餘，未絶瘡痍之苦。緬惟邦本，寔係官常，苟未致於雍熙，則曷寧於宵旰。必在求之良吏，委以親人，儻或因循，遂成勞擾。先朝以選門既無，攝官尤多，近年以來，銓注無幾，遂至諸道州縣，悉是攝官，既無考課之規，豈守廉勤之節？而況多因薦託，苟徇請求，替罷不常，迎送爲弊。殘民害物，熾然成風，言念所聞，焦勞何已！宜令三司及諸道州府，據見任攝官，如未有正官，具差攝月日，録名申奏。如已後或爲公事及月限已滿，乞行替移，卽須具因由，并選差將來攝官歷代職任姓名，聞奏替兑，無得頻有替換。如有內外臣僚，輒行薦託，當舉憲章。』

四年正月，敕大理寺：『近爲陵臺令冒稱試銜，按法以詐假論。又據《長定格》，選人無出身，未曾任正員官，使虛銜散試官，奏受正員官，及權知、權判等官，未得資自以諸事故解官，並立選集限。敕天下州府，例是攝官，或因勘窮，遂爲詐假，法書中雖云不可，選條內其奈不無。今日已前或有稱試銜者，一切不問，此後並宜禁止。』

晉開運元年十二月，中書門下奏：『諸司寺監，若無出身，不合一例差署攝官。況自前元無敕命指揮，又不曾具名奏聞。其太常寺太祝、奉禮，逐季祇應祠祭行事，不可缺人。其太常寺已差攝官滿五年者，宜比三傳出身；其餘諸司寺監，今日已差攝官滿五年者，宜比明經出身。今既稱已年滿者，各委本司一月內具所差年月鄉貫三代申奏，下中書追引本司差攝文牒，及親公事文書，點檢不虛，奏覆敕下後，方理選數，仍給與優牒，候合格日赴選。如攝太常寺太祝、奉禮，有已滿三年已上者，亦許一齊奏過。候滿五周年，准前事例施行。其餘諸司寺監攝，未滿五周年者，不在施行。兼今後諸司寺監，不得更差攝官。其太常寺如正官數少，宜許差前資判司主簿及黄衣選人充，仍先具姓名申奏取裁，不得充原額人數。所攝一任，限三周年爲滿，每年與減一選，候罷攝日，准前給與優牒。候本選合格日，執優牒赴選。』從之。

三年五月，敕：『省司差攝官員，今日已前任攝滿五年者，宜追驗本司差攝文牒、及親公事文書，並鄉貫三代點檢者，與授初官。起今後，所司如更有闕，須差攝官者，可具所攝鄉貫三代奏聞。』

周顯德元年正月一日赦節文：『其諸寺監攝官，如滿七周年已上，

當值

唐・吴兢《貞觀政要》卷一《論政體》 貞觀初，太宗謂蕭瑀曰：「朕少好弓矢，自謂能盡其妙。近得良弓十數，以示弓工。乃曰：『皆非良材也。』朕問其故，工曰：『木心不正，則脉理皆邪。弓雖剛勁而遣箭不直，非良弓也。』朕始悟焉。朕以弧矢定四方，用弓多矣，而猶不得其理。況朕有天下之日淺，得爲理之意，固未及於弓。弓猶失之，而況於理乎？」自是詔京官五品以上，更宿中書内省。每召見，皆賜坐與語，詢訪外事，務知百姓利害、政教得失焉。

唐・劉肅《大唐新語》卷一三 姚崇爲紫微令，舊例給舍直次。不讓宰相，崇以年位俱高，不依其請，令史持直簿詣之。崇批其簿曰：「告直，令史遣去又來，必欲取人，有同司命，老人年事，終不擬當。」給舍見之歡笑，不復逼也，後遂停宰相直宿。

《舊唐書》卷四《高宗紀上》（永徽六年）十二月，遣禮部尚書、高陽縣男許敬宗每日待詔於武德殿西門。

宋・王溥《唐會要》卷八二《當直》 故事，尚書省官每一日一人宿直，都司執直簿，轉以爲次。諸長官應通判者，及上佐、縣令不直。凡内外官，日出視事，午而退，有事則直。官省之務繁者，不在此限。

故事，尚書左右丞及秘書監、九寺卿、少府監、將作監、御史大夫、國子祭酒、太子詹事、國子司業、少監、御史中丞、大理正，外官二佐已上及縣令，准《開元式》，並不宿直。

貞觀五年十二月二十日敕：「文武官妻娩月，免宿直。」左衛大將軍李大亮，領太子右衛率、工部尚書，身居三職，宿衛兩宮。至宿直，太宗勞之曰：「至宫宿直，我便安卧。」

天冊萬歲元年三月，令宰相每日一人宿直，其後與中書門下官通直。

至開元二年，姚崇爲紫微令，紫微官直次，下讓宰相，崇以年位已高，特亦違直其次，省官多不從，所由吏數持直簿詣之，崇題其簿曰：「告直令吏，遣去又來，必欲取人，有同司命，老人年事，給終不擬。」當諸官皆歡笑，不復逼以直也。至十一年，停宰相當直。

景龍三年九月，蘇瓌拜右僕射、同中書門下三品，與男中書舍人頲聯應奉公事無遺闕，文書灼然者，並與同明經出身。如不滿七周年者，任逐便穩。今後寺監不得以白身署攝。如違，本司官文並行朝典。」其年十一月二十二日敕節文：「起今後，諸處州縣官，考限已滿，替人未到間，宜令且守本官，執行公事，仍令依舊請俸，不得擅離任所，州府亦不得差署攝官替下。如有遭憂停任、身故、假滿百日、及非時闕官之時，祇可差人承攝。」

六年七月二十三日敕：「攝官承乏，或久罄於公勤；因時側揚，宜特行於旌録。諸處自前應有攝官，曾經五度者，與一時出身，仍先令所司磨勘。須得親任公事，文書解由分明，每攝須及半年已上，方得充爲任數。仍令所司引驗人材，及考試書判，的然堪録用者，方得施行。」

任用回避

宋・王讜《唐語林》卷五《補遺起德宗至文宗》 衛侍郎次公在吏部，避嫌，宗從皆不注擬。有從子申甫，自江淮來調選，因告主吏曰：「但得官，便出城。即可矣。」遂館申甫於別第。未幾，撥江南令。將出城，爲次公老僕所遇，不得已，見次公。次公詰其由，申甫以實對。次公曰：「今年所注，不省有汝姓名。」驗其籤名，則次公署之也。迺召主吏，貸其罪以問之。吏曰：「凡所取押，皆冒。」次公嘆曰：「某慮不及此！」遂遣赴官。

元和末，有敕申明父子兄弟无同省之嫌。自是杨於陵任尚書，其子姪兄弟分曹者亦有数人。

宋・王溥《唐會要》卷五三《雜録》 顯慶三年七月，上謂宰相曰：「四海之廣，唯在任賢。卿等用人，多作形迹，讓避親知，不能盡意，甚爲不取。昔祁奚舉子，古人爲美談。即使卿等兒姪有材，必須依例進舉。」

清・顧炎武《日知録》卷八《掾屬》 《京房傳》：「房爲魏郡太守，自請得除用他郡人。」因此知漢時掾屬，無不用本郡人者，房之此請，乃是破格。杜氏《通典》言：漢縣有丞尉及諸曹掾，多以本郡人爲之，三輔縣，則兼用他郡。黄霸傳：補左馮翊二百石卒史。如淳曰：三輔郡得任用他郡人，而卒史獨二百石，所謂尤異者也。及隋氏革選，盡用他郡人。

事，奏請出爲外官，遂進秘書監。御筆批云：「僕射不綰中書，蘇頲不改也。」明日固讓，上曰：「欲得卿長在中書。」遂與父聯事通直。

開元二十年九月二十一日，是中書舍人梁昇卿私忌，二十日晚，欲還，卽令傳制報給事中元彦冲，令宿衛。會彦冲已出，昇卿至宅，令狀報。彦冲以旬假與親朋聚宴，醉中詬曰：「汝何不直？」昇卿又作書報云：「明晨是先忌。」比往復，日已暮矣。其夜，有中使賫黄敕，見直官不見，迴奏。上大怒，出彦冲爲邠州刺史，因新昌公主進狀申理，公主卽彦冲甥張垍之妻，云：「元不承報，此是中書省之失。」由是出昇卿爲莫州刺史。

貞元元年正月，給事中袁高既宿直，時盧杞由新州司馬移吉州長史。是月，上命爲饒州刺史。高既宿直，當草杞制，遂執以謁宰相盧翰、劉從一曰：「盧杞作相三年，矯誣陰賊，退棄忠良，朋附者咳唾登青雲，睚眦者顧眄擠溝壑。致使鑾輿播越，天下瘡痍，皆杞之爲也。幸免族誅，已爲漏網，若更移郡秩，恐失天下之望。今相公執奏之，事尚可救。」翰、從一皆杞所引用，不從高之言，遂命舍人草制。及詔出，高又執之不下，仍上奏：「盧杞爲政，極惡窮凶，六軍將校，願食其肉，百辟卿士，嫉之若讐。」疏未納。明日，諫官陳京、趙需、裴佶、宇文炫、盧景亮、張薦等上疏，上良久謂曰：「若與盧杞刺史太優，與上佐可？」皆曰：「可。」遂追杞饒州制。翌日，上遣中使宣慰高云：「朕徐思卿言，深覺愜當，依卿所奏。」

會昌四年三月，御史臺奏：「今月三日，左右金吾仗當直將軍烏漢正、季玗並不到，准會昌三年二月四日敕：「比來當日多歸私第，近晚方至本仗宿直，事頗容易。須有提撕。今日以後，晝日並不得離本仗，縱有公事期集，當直人亦不得去，仍令御史臺差朝堂驅使官覺察，如有違者，録名聞奏。」」敕旨：「宜各罰一月俸。」

宋·王溥《五代會要》卷一二《當直》 梁開平四年正月敕：「其逐日當直中書舍人，及吏部兵部司敕、知印郎官、少尉監及篆印文兼書寫告身人吏等，並宜輪次于中書側近止宿。」

宋·王讜《唐語林》卷六《補遺起德宗至文宗》 郎官當直，發敕爲重。水部員外劉約直宿，會河内繫囚配流嶺表，夜發敕符，直宿令史又不更事，惟下嶺表，不下河北。旬月後，本州聞後，約遂出官。

又 卷八《補遺無時代》 御史舊例：初入臺，陪直二十五日，節假五日，謂之「伏豹」，亦曰「豹直」。百司州縣初授官陪直者，皆有此名。杜易簡解「伏豹」之義云：「宿直者，離家獨宿，人情所貴。其人初蒙策拜，故以此相處。伏豹者，言衆官皆出，此人獨留，如伏藏之豹，伺候待搏，故云「伏豹」耳。」韓琬則解爲「爆直」，言如燒竹，遇節則爆。余以爲南山赤豹，愛其毛體，每雪霜雨霧，諸禽獸皆出取食，唯赤豹深藏不出，古人以喻賢者隐居避世。鮑明遠《賦》云：「豈若南山赤豹，避雨霧而深藏。」此言「伏豹」、「豹直」者，蓋取不出之意。初官陪直，已有「伏豹」之名，何必以遇節而比燒竹之「爆」也？杜説雖不甚明，粗得其意，韓則疎矣。

新官併宿本署，曰「爆直」，僉作「爆」迸之字。惠郎中實云：「合作虎「豹」字。」言豹性潔，善服氣，雖雪雨霜露，伏而不出，慮污其身。

考核制度分部

綜述

考核規制

唐·杜佑《通典》卷一五《選舉典三·考績》 大唐考課之法，有德義清慎、公平恪勤各一善，自近侍至於鎮防，並據職事目爲之最，凡二十七焉。一最以上，有四善，爲上上；一最以上，有三善，或無最而有四善，爲上中；一最以上，有二善，或無最而有三善，爲上下；一最以上，有一善，或無最而有二善，爲中上；一最以上，或無最而有一善，爲中中；職事麤理，善最弗聞，爲中下；愛憎任情，處斷乖理，爲下上；背公向私，職務廢闕，爲下中；居官諂詐及貪濁有狀，爲下下。若於善最之外別有可嘉尚，及罪雖成殿而情狀可矜，或雖不成殿而情狀可責者，省校之日，皆聽考官臨事量定。諸州縣官人，撫育有方，户口增益者，各準見户爲十分論，每加一分，刺史、縣令各進考一等。增户口，謂課丁，率一丁同一户法。增不課口者，每五口同一丁例。其有破除者，得相折。其州户口不滿五千，縣户不滿五百者，各準五千五百户法爲分。若撫養乖方，户口減損者，各準增户法，亦每減一分降一等。課及不課，並准上文。其勸課農田能使豐殖者，亦準見地爲十分論，每加二分，各進考一等。此謂永業、口分之外，別能墾起公私荒田者。其有不加勸課以致減損者，每損一分，降考一等。若數處有功，並應進考者，並聽累加。

貞觀六年，監察御史馬周上疏曰：『今流内九品以上，有九等考第，自比年不過中上，未有得上下以上考者。臣所謂設九等，正考當今之官，必不施之於異代也。縱使朝廷實無好人，猶應於見在之内，比校其尤善者，以爲上第，豈容皇朝士人遂無堪上下之考。朝廷獨知貶一惡人可以懲惡，不知襃一善人足以勸善。臣謂宜每年選天下政術尤最者一二人爲上上，其次爲上中，其次爲上下。則中人以上，可以自勸矣。』

神龍中，御史中丞盧懷慎上疏曰：『臣聞孔子曰：「爲邦百年，可以勝殘去殺。」又曰：「苟有用我者，期月而已，三年有成。」故書云「三載考績」，校其功也。子産，賢者也。其爲政尚累年而化成，況其常材乎？竊見比來州縣官佐，下車布政，有多者一二年，少者三五月，遽即遷除，不論課考。或歷時未改，便傾耳而聽，企踵而覩，爭求冒進，不顧廉恥，亦何暇宣風布化、求瘼恤人哉！户口流散，百姓凋弊，職爲此也。何則？人知吏之不久，則不從其吏，吏知遷之不遙，又不盡其能。偷安苟且，脂韋而已。又古之爲吏者長子孫，倉氏、庾氏卽其後也。臣請都督、刺史、上佐、兩畿縣令等，在任未經四考，不許遷除。察其課效尤異，或錫以車裘，或就加禄秩，或降使臨問，并璽書慰勉。若公卿有闕，則擢以勸能。政績無聞，抵犯貪暴者，放歸田里，以明賞罰。致理救弊，莫過於此。』

左監門録事參軍劉秩論曰：『昔周公使伯禽理魯，三年而後報政。周公曰：「何遲？」伯禽曰：「變其禮，易其俗，難，所以遲。」太公理於齊，三月而後報政。周公曰：「何疾？」曰：「因其俗，簡其禮，易，所以速。」故孔子論之曰：「齊一變至於魯，魯一變至於道。」由是而言，勞不甚者理不極，功不積者澤不深。故堯舜三年而考，三考而黜陟，所以能盡其智術也。近古人情敦龐，未淳乎堯舜；禮正樂和，未愈於虞夏；官賢吏能，未稱於殷周。或一年而考，或四考黜陟，或比年而巡狩，或歲時便遷，或旬月升擢令長。今日既上，明日部内有犯名義者卽坐之，不其速歟？』

開元二十五年十二月，命諸道采訪使考課官人善績，三年一奏，永爲常式。至二十七年二月，敕文：『三載考績，黜陟幽明，允叶大猷，以勸天下。比來諸道所通善狀，但優仕進之輩，與爲選調之資，責實循名，或乖古義。自今以後，諸道使更不須通善狀。每至三年，朕自擇使臣，觀察風俗，有清白政理著聞者，當別擢用之。』

宋·王溥《唐會要》卷八一《考上》 武德二年二月，上親閱羣臣考績，以李綱、孫伏伽爲上第。上初受禪，以舞人安叱奴爲散騎侍郎，綱上疏論諫；伏伽亦諫賞獻琵琶、弓箭者，及請擇正人爲太子、諸王師友，皆言詞激切，故皆陟其考第，以旌寵之。

貞觀三年，尚書右僕射房玄齡、侍中王珪掌内外官考。治書侍御史權萬紀奏其不平。巡按勘問，王珪不伏舉按，上付侯君集推問。秘書監魏徵奏稱『必不可推鞫。且玄齡、王珪，國家重臣，俱以忠直任使。其所考者既多，或一人兩人不當，終非有阿私。若卽推繩此事，便不可信任，何以堪當重委？假令錯謬有實，未足虧損國家；窮鞫若虛，失委大臣之體。且萬紀比來互在考堂，必有乖違，足得論正。當時鑑見，初無陳說，身不得考，方始糾彈。徒發在己瞋怒，非是誠心爲國，無益於上，有損於下。所惜傷於治體，不敢有所阿爲。』遂釋不問。

六年，監察御史馬周上疏曰：『臣竊見流内九品已上，令有等第，而自比年，入多者不過中上，未有得上下以上考者。臣謂今設九等，正考當今之官，必不施之于異代也。縱朝廷實無好人，猶應于見在之内，比校其尤善者，以爲上第。豈容皇朝之士，遂無堪上下之考者。朝廷獨知貶一惡人可以懲惡，不知襃一善人足以勸善。臣謂宜每年選天下政術尤最者一二人爲上上，其次爲上中，其次爲上下，次为中上，則中人以上，可以自勸。』

十一年正月十五日敕：『散位一切以門廕結階品，然後依勞進敍。

凡入仕之後，遷代則以四考爲限。四考中中，進年勞一階；每一考上中，進一階，一考上上，進二階。五品已上，非特恩，刺史無進階之令。』

上元二年，大理寺丞狄仁傑考中上，考使、尚書左僕射劉仁軌以新任不録，大理卿張文瓘稱獨知理司之要。仁軌大驚問：『公斷幾何獄？』文瓘曰：『歲竟，凡斷一萬七千八百人。』仁軌乃權爲上下考。

三年，滕王元嬰爲金州刺史，頗縱驕逸，動作無度。高宗書戒之，極爲至切。又敕之曰：『朕以王骨肉至親，不能致王于理，今書王下下考，以媿王心。』

開耀元年十一月二十三日敕：『縣令有聲績可稱，先宜進考。員外郎、侍御史、京兆河南判司，及自餘清望官，先于縣令内簡擇。』

開元三年正月五日敕：『内外官考滿，所司預補替人，名爲守闕，特宜禁斷。縱後有闕，所由不得令上。』

其年六月八日敕：『刺史能否，郎官、御史出日，較量殿最，定爲五等奏聞。考集日，考使與左右丞、户部長官重詳覆類例，考限内録奏，以憑升黜。』

四年四月七日敕：『選人既多，比銓注過謝了，皆不及考，遂使每年選人，卽虚破一年闕，在于公私，俱不利便。自今已後，官人初上年，宜聽計年終以來滿二百日，許其成考。仍准遷考例，至來年考時併較，永爲常式。』

十四年，御史大夫崔隱甫充校外官考事。舊例皆委參問，經春未定。隱甫召天下朝集使一時集省中，一日校考便畢，時人伏其敏斷。

十七年三月，中書舍人張均，其父左丞相説校京官考，時注均考曰：『父教子忠，古之善訓；祁奚舉午，義不務私。至如潤色王言，章施帝道，載參墳典，例絶常功，恭聞前烈，尤難信任。豈以嫌疑，敢撓綱紀？考以上下。』又，刑部尚書盧從愿頻年充校京官考使，中丞宇文融承恩用事，以檢户口功，本司校上下考。從愿抑不與之，頗以爲恨，遂密奏從愿廣占良田，至有百頃。上嘗擇宰相，有薦從愿者，以此遂寢。

十八年敕：『京官考滿，帶禄選，有本司要籍，奏留請不用闕者，所有選數，不須與成勞。』

二十二年十二月十三日敕：『諸州考使六品已下朔望日朝，宜准例賜食。』

二十八年三月二日敕，先是，内外六品應補授官，四考滿，待替爲滿。是日，制令以歲爲滿，不待替，縣令、知倉庫供奉、伎術及充綱領等不在此限。至其年十二月十六日，敕：『内外六品已下官，依舊待替。其無替者，五考滿後停。』

天寶二年八月五日，考功奏：『准《考課令》，考前釐事不滿二百日不合成考者。釐事謂都論在任日，至考時有二百日，卽成考；請假停務，並不合破日。比來多不會令文，以爲不入曹局，卽不爲釐事，因此破考。臣等參量，但請俸禄卽同釐事，請假不滿百日，停務不至解免，事須卻上其考，並合不破。若有停務逾年，不可更請禄料，兼與成考。』敕旨從之。

八年正月二十三日敕：『所校内外官考，准令：京官正月二十日進單數，二月二十日進挾名；外官二月三十進單數，三月三十日進挾名。自今以後，並了日一時挾名奏，不須更進單數。』至六月七日，吏部侍郎李彭年奏：『准例，出身已來，並合檢覆，中間已敍五品，勘責皆有所憑，今重檢尋，恐爲煩擾。如曾經勘責敍任者，請從五品以下勘檢；其五品已前，但勘考數足，卽爲進敍。』敕旨依。

乾元二年二月，御製郭子儀、李光弼、苗晉卿、李麟、李輔國考辭。

寶應元年十月，吏部奏：『准今年五月敕，州縣官自今已後，宜令三考一替者。今數州申解，疑三考後爲復，待替到爲復，便勒停請處分者。今望令已校三考官，待替到；如替人不到，請校四考後停。』

二年正月，考功奏：『請立京外按察司，京察連御史臺分察使，外察連諸道觀察使，各訪察官吏善惡。其功過稍大，事當奏者，使司案成便奏。每年九月三十日以前，具狀報考功。其功過雖小，理堪懲勸者，按成卽報考功。至校考日，參事迹以爲殿最。』閏月，考功又奏：『内外員外郎官等除合在定數外，准敕並任其所適，既不入曹，無憑檢考。比來或有申者，卽與見在同奏，檢勘之時，或破不一，文案混雜，條流未明。臣等商量，望請自今以後，内外文武員外同正及試官，除合在任外，一切不在申校之限，並聽從授日計考，准中中例敍用。』從之。

大曆十三年正月敕：『捉獲造僞及光火强盜等賊，合上考者，本州府當申刑部。』建中初，嚴震爲興、鳳兩州團練使，理行爲山南第一，特賜上下考，封郇國公。二年六月，門下侍郎、平章事盧杞奏：『准《六典》，中書舍人、給事中充監中外官考使。』依奏。至三年閏正月，復置監考使。

貞元元年九月，以刑部尚書關播、吏部侍郎班宏爲校内外官考使。

其年十二月，敕六品已下，本州申中上考者，納銀錢一千文，市筆、墨、朱、膠等者。元置本五分生利，吏部奏：『見有餘，自今以後，其外官京官考錢，並請敕停。』依奏。

二年九月，考功奏：『校京官外官考使，准舊例差定聞奏。』敕：『其校考使宜停，其考課赴所司准式校定。』

三年三月，詔以停減天下官員，其停官計日成考，兩考者准舊成資。准常式，兩考以下，至來年三月三十日處分。

四年正月敕文：『九品已上正員及額内官得替者，委諸長吏聞薦，見任者三考勒停。』

七年八月，考功奏：『准《考課令》，諸司官皆據每年功過行能，定其考第。又准開元、天寶以前敕，朝官每司有中上考，亦有中中考。自三十年來，諸司並一例申中上考。且課績之義，不合雷同，事久因循，恐廢朝典。自今以後，諸司朝官，皆須據每年功過行能，仍比類格文，定其升降，以書考第，不得一例申中上考。應諸司官長書考不當，三品已上具銜牒上中書門下，四品已下依格令，各准所失輕重降考。』是月，考功又奏：『准諸司皆據功過定其考等，自至德後，一切悉申中上考。今請覆其能否，以定升降。』從之。自諫議大夫、給事中、郎官，有書中中考者。尚書左丞趙憬言前薦果州刺史韋誕，坐贓廢，請降其考。校考使、吏部尚書劉滋以憬能言其過，奏中上考。

其年十二月，校外官考使奏：『准《考課令》：三品以上官及同中書門下平章事考，並奏取裁注云，親王及大都督亦同。伏詳此文，則職位崇重，考績褒貶，不在有司，皆合上奏。今緣諸州觀察、刺史、大都督府長史及上中下都督、都護等，有帶節度使者，方鎮既崇，名禮當異，每歲考績，亦請奏裁。其非節度、觀察等州府長官，有帶臺省官者，請不在此限。』

八年七月，班宏遷刑部侍郎，兼京官校考使。時右僕射崔寧考兵部侍郎劉乃上下，宏正議曰：『今夷荒靖難，專在節制，尺籍伍符，不校省司。夫上多虚美之名，下開趨競之路，上行阿容，下必朋黨。』因削去之。乃謝之曰：『乃雖不美，敢掠一美以徼二罪乎！』

其年十月，以刑部尚書劉滋爲校外官考使，吏部侍郎杜黄裳爲校京官考使，給事中李巽宜監京官考，中書舍人鄭珣瑜宜監外官考。

九年七月制：『縣令以四考爲限，無替者宜至五考。』

十年二月，刑部奏：『准建中元年正月十七日敕，諸州府五品已上正員及額内上佐，宜四考停，其佐降官不在此限者。五品左降官，既不許停禄料，六品已下，未復資已經四考者，未量移間，其禄料伏望亦許准給。』敕旨：『禄料宜准天寶六載七月十四日敕處分，餘依常式。』

十四年六月，盧邁自司門郎中遷右諫議，累上表言時事，轉給事中。屬校定考課，邁固讓，以授官日近，未有政績，不敢當上考。時人重之。

元和二年五月，中書門下舉今年正月敕文上言：『國家故事，于中書置具員簿，以序内外庶官。爰自近年，因循遂廢，清源正本，莫急于斯。今請京常參官五品已上，前資見任，起元和二年，量定考數，置具員簿。應諸州刺史，次赤府少尹，次赤令、諸陵令、五府司馬，及東宫官除左右庶子、王府官四品已下，並請五考其臺官先定月數。今請侍御史滿十三月，殿中侍御史滿十八月，監察侍御史依前二十五箇月與轉。三省官並三考外，餘官並四考外，其文武官四品已下，並五考商量與改。尚書省四品已上，餘文武官三品已上，緣品秩已崇，不可限以此例，須有進改，並臨時奏聽進止。其權知官須至兩考，然與正授，未經正授，不得用權知官資改轉。其中緣官闕要人，及緣事須有改移者，即不在常格叙遷之限。諸道及諸司副使、行軍司馬、判官、參謀、掌書記、支使、推官、巡官等，有敕充職掌、帶檢校五品已上官及臺省官，三考與改轉，餘官四考與改轉。』

元和七年敕：『諸司府參佐檢校試官，從元授官月日計，如是五品已上官及臺省官，經三十箇月外，任與改轉；餘官經二十箇月奏改轉。若是未經考使，有故事及停替官，本限之外，更加十箇月，即任申奏。』

十四年十二月，考功奏：『自今以後，應注考狀，但直言某色行能，某色異政，某色樹置，某色勞效，推斷某色獄，糾舉某色事，便書善惡，不得更有虚美閒言。其中以下考，亦各言事狀，然注考，並不得失于褒貶。如違，據所失輕重，准令降書考官考。」又奏：「自今已後，其有政能卓異，清苦絶倫者，不在止于上下考限。」依奏。又奏：「據寶應二年敕，御史臺分察使及諸道觀察使，訪察官吏善惡功過，稍大事當奏聞者，每年九月三十日具狀報考功，至校日参驗事迹，以爲殿最。伏以近日功過，都不見牒報。今後諸司不申報者，州府本判官便與下考，在京諸司追節級糾處，本判官校課日量事大小黜陟。」敕旨從之。

十五年，刑部郎中、權判考功馮宿奏：「宰相及三品已上官，故事内校，遂別封以進；翰林學士職居内署，事莫能知，請依前書上考；諫官御史亦晴仍舊，並書中上考。」

長慶元年正月，考功員外郎李渤書宰相等下考。

大和六年七月敕：「今後諸州五品長、馬權知者，權知、正授通計六考滿停。其勒留官未滿六考停給課料者，准此却給。」

又 卷八二《考下》 大中五年，吏部奏：「准今年選格節文，經考停罷者一選集；准舊格兩選集。今據格文，一選卽當年許集。其京官及外官，如有假故官人等，請准舊格前兩選集。」敕旨：「宜依。如是別敕除替，及非因假故者，卽許一選集。」

六年七月，考功奏：「近年諸州府及百司官長所書考第，察屬並不得知，升黜之間，莫辨當否。自今已後，書考後但請勒名牒于本司本州，懸于本司本州显之門三日，其外縣官則當日下縣。如有升黜不當，便任披陳，其考第便須改正，然後得申省。如勘覆之後，事無乖謬，則論告之人，亦必懲殿。又准《考課令》：凡官人申考狀，不得過兩紙三紙。刺史、縣令，至於賦税異集，判斷不滯，户口無逃散，田畝守常額，差科均平，廨宇修飾，館驛如法，道路開通，如此之類，皆是尋常職分，不合計課。自今後，但云所勾當常行公事，並無敗闕，卽得准職分無失。及開田招户，辨獄雪冤，及新置之事，則任録其由申上，亦須簡要，不得繁多。又近年以來，刺史皆自録課績申省，矜衒者則張皇其事，謙退者則緘默不言，自今已後，其巡内刺史請並委本道觀察使定其考第，然後録申本州，不得自録課績申省。又州府申官人覆得冤獄，書殊考者，其元推官人多不懲殿，或云書考日當書下考，至時又不提舉，請自今以後，書辨獄官人殊考日，便須書元推官下考，如元推官自以爲屈，任經廉使及臺省陳論。其官人先有殿犯，官長斷云至書考日與下考者，如至時不舉，其本州判官當書下考。其所申到下考，省司校其所犯，如與令式相符，便校定申奏，至敕下時後，並須各牒府州。又近日諸州府所申奏録課績，至兩考以後，皆重具從前功課申省，以冀褒升。省司或檢勘不精，便有僥倖，自今以後，不得輒吏具從前功績申上。又近日諸州府所申考解，皆不指言善最，或漫稱考秩，或廣説門資，既乖令文，實爲繁弊。自今以後，如有此色，並請准令降其考第。又准《考課令》，在中上以上，每進一等，加禄一季；中中者守本禄；中下以上，每退一等，奪禄一季。准令以此勸懲，事在必行。近年以來，與奪幾廢，或有申請之處，則言無本色可支，徒掛簿書，實無給與。今按《倉庫令》：諸給糧禄，皆以當處正倉充；無倉之處，則申省隨近有處支給；又無者，聽以税物及和糴、屯收等物充。令式昭然，不合隳廢。自今以後，每省司校考畢，符牒別州後，仰當時便具升降與奪事由申請，如違令式，不舉明者，其所由官請奪俸禄一季，其已去任官追奪禄事，並請准令式處分。又准《考課令》：官人因加户口及勸田農，並緣餘功進考者，于後事若不實，從經恩宥，其考皆從追改。追改之事，近皆不行。自今以後，並請准令式處分，其因此得官者，仍請追奪。又諸道所申考解，從前十月二十五日到都省，都省開拆，郎官押尾後，至十一月末方得到本司，開拆多時，情故可見。自今以後，伏請准南曹及禮部舉選解例，直送當司開拆。又從前以來，應得考之人，並給考牒，以爲憑據。近年考使容易。給牒不一，或一人考牒，數處請給，或數年之後，方始請來。自今以後，校考敕下後，其得殊考及上考人，省司便據人數，一時與修寫考牒，請准吏部告身及禮部處闕牒，每人各出錢收贖。其得殊考者出一千文，上考者出五百文，其錢便充寫考牒紙筆雜用。以前件事條等，或出于令文，或附以近敕，酌情揣事，不至乖張，謹並修例進上。伏乞宣付中書門下，請更參詳，苟裨至公，乞賜收采，仍請三年一度，准《舉選格》例修定頒下。」敕：「考功所條流校考公事，頗謂詳悉，唯一件難便允從，近日俗尚矜能，人少廉耻，若牒门許其論告，則自此必長紛爭，當否之間，固有公議，其一件宜落下。餘依奏。」

咸通十四年，考功員外郎王徽以舊例考簿上中下字朱書，吏緣爲奸，多有措改，請以墨書。從之。

宋・王溥《五代會要》卷一五《考功》　後唐天成元年十月三日，尚書考功條奏格例如後：

一、准考課令，諸司內外文武官九品已上，每年當司長官考其屬官，應考者皆具録一年功過行能，議其優劣，定九等考第。京官，九月三十日已前校定。外官，去京一千五百里內，八月三十日已前校定；三千里內，七月三十日已前校定；五千里內，五月三十日已前校定；七千里內，三月三十日已前校定；萬里內，正月三十日已前校定，本州定訖。京官，十一月一日送簿。外官，朝集使送簿限十月二十五日已前到京。考後功過，並入來年。無長官，次官考。縣令已下及關鎮庶官、嶽瀆令並州考。津非隸監者亦州考。

一、准考課令，諸每年考簿集日，考司校勘訖，別爲簿具言功過。京官，三品已上，及同中書門下三品，並平章事奏裁，親王及五大都督府亦同；四品以下及餘外官，並使人量定聞奏，單數仍備狀進，中考並單名録奏。

一、准考課令，諸每年尚書省諸司得州牧、刺史、縣令，政有殊功異行，及祥瑞災蝗，户口賦役增減，當界豐儉，盜賊多少，並録送考司。

一、准考課令，諸官人治迹功過，應附考者，皆須實録。其前任有犯私罪，斷在今任者，同見任法。即改任，應計前任日爲考者，功過並附。其狀不得過兩紙。州縣長官，須言户口田地者，不得過三紙。註考正之最：一最已上有四善爲上上。一最已上有三善，或無最而有四善爲上中。一最已上有二善，或無最而有三善爲上下。一最已上有一善，或無最而有二善爲中上。一最已上，或無最而有一善爲中中。職事粗理，善最不聞爲中下。受憎任情，處斷乖理爲下上。背公向私，職事廢闕爲下中。居官謟詐，及貪濁有狀之類爲下下。若於善最之外，別有可嘉，及罪雖成殿而情狀可矜，或雖不成殿而情狀可責者，省校之日，皆聽考官臨時詳定。

一、准考課令，諸官人因加户口，及勸課田農，并緣餘功進考者，於後事若不實，縱經恩降，皆從追改。

一、准式，校京官考限來年正月內、外官考限二月內者，所司至三月內申奏了畢。伏以書校內外官考課，逐年申送考簿，各有程期。近年已來，諸道州府及在京諸司所送考解，多是稽違。自今後，所申考簿如違格限，二十日不到，其本判官幷録事參軍，伏請各罰一百直，本典句官，請委本道科責。如違一月日已上不申到，本判官伏請罰二百直，録事參軍量殿一選，本直句官請委本道重加懲斷。在京諸司如違格限不闕牒到者，其本司人吏牒報御史臺，請行追勘。

一、准格，應所闕縣令計日成四考，餘官計日成三考闕。今後州縣官等，並許終三十箇月成三考。自上官後至年終，但滿一百八十日，便與頭考。次二年即須兩考滿足。如頭考滿足，第二考全足，即許計日成末考，方與三十箇月事理合同。如過月限無替人到，准上條處分者。伏以每年書校官員考課，格限則顯有舊條，授上則雖爲定制。但以每月之內，皆有除移，今准格，且以六月內上爲準。

一、應申校內外六品已下赴選官員考課，准格，自上任後但滿一百八十日便與成頭考。年終非書考時，須至來年准格書校時併申兩考。如六月已前直至正月到任者，自上任日至校考時頭考日足，即考後功過並入來年。如至書校時，頭考欠日未成資考，亦至來年准格書校時，併申兩考。如六月已後至年終上者，並至准格日收計一考，有剩日不在重使之限。

一、應經考後，合收次年，以一周歲爲限。如未滿一年停替者，但及三百四十日與成，如欠日，不在收計之限。

一、應收末考，但經考後去任時，得及二百日與成，如欠日，不在收計之限。如過月限無替人，並准上條處分。

一、應申校內外官員赴選考課，頭須具經考，已後課績，不得重疊計功。其末考，須具得替年月日，比類升降。

一、應申校內外六品已下官員考第，以去京地里遠近，逐年書校，申送考解，各有程期。今後應內外赴選官員考第，既准格依限，逐年比校，即不合更將州府及本司考牒爲據。其有已前罷任官員，不計年限考第，未經省校者，如有州府及本司考詞考牒全備者，欲據在任年月日檢勘，省司給與牒知。如在任之時，州府及本司向來元不曾書校給牒，祇於解由歷子內，批出考數者，欲與檢勘，解日歷子內，不曁過犯，稱在任日並無公事遺闕，證驗分明，亦據在官年月日，給與牒知。如檢勘無憑者，不在給牒之限。其今年各准格赴集選人，便合請給省校考牒，直至南曹受納告敕已前，並許經所司投狀檢勘出給。其考牒又准格須奏下當年内出給。如隔年者，不在行使之限。如或實有事故，次年内請給。自今後當年奏下敕考，許至來年内請給。如更違格限，請一年與殿一選。如至三年外不請給者，所司不在出給之限。其已前校奏下内外赴選官員考課，其間有未曾請給考牒者，並合投狀請給，以備選曹磨勘。如將來選人，今在考第，依前固違格條，不經省司勘校給牒，及已曾奏校下敕考，不請給考牒者，南曹不在檢勘判成之限。

一、應申投内外官員考課文解，須依格限到省。如申發後，其間或有非時事故停任，所司無以得知，請委本判官並録事參軍，專切提舉事由申省，以憑點校録奏。

一、准故事校考舊條，内外官員並校考之時，諸道差朝集使應考，内即差中書舍人、給事中監考。伏自校勘不行，往例盡廢。自今後省校之時，伏請中書門下選差清望官兩員，監校内外官員考課，便同點校申奏。其合經申中書、門下兩省，准例各供宣黄，清守舊規，以爲永制。

一、應申校内外官寮考課，如有過犯，便降書下考。如在任之日，於常課之外，别有異績可稱，比之上下考。如諸道州府及在京諸司故違格例，不具録在任事績功過，依限比較，申牒到省，其本判官并録事參軍，及在京諸司，並請准前殿罰。

一、應諸司諸流外職掌人等，准令本司量其行能功過，立四等考第而勉進之。今伏請准新定格内條件内，逐年依限投狀，各具在職功過，書校考第，檢勘録奏。

應諸司令史及勒留官丁憂，不計有官無官，並一百日後舉追。如顧終喪，不在舉限。除丁憂年一考不附奏，次年便許計選數赴集。其丁憂人仍牒考功及南曹，終喪者計三年憂。

一、諸色選人使上考減選，其下考並合殿選，并注令録銓曹勘驗，祇憑考功報檢，多有差錯，令請每年考功申校上考及下考，敕下後，請具單名牒門下省，及申三銓關報南曹，以憑勘會，並須九月已前報畢。從之。

清泰二年五月，尚書考功奏：『奉去年五月敕：「中外官員，宰臣、節度使已下，並逐年書考。」僅千餘員。當司人吏貧乏，乞依三銓例，當司歸司官，逐月支賜紙筆糧錢。敕考功司人吏依三銓例，給與糧錢，春冬衣賜。諸司不得援例。從之。』

周廣順二年十二月二十八日敕節文：『其省校考牒，如是奏下後滿三年不請給考牒者，宜令考功准先降敕文，不在出給之限。』

三年三月十四日敕節文：『起今後，諸州府更有功中考簿限格限申到者，本判官並録事參軍各罰五十直，其録事參軍仍殿一選，本句押官典委本州各行科斷。如違限一月已上不申到者，仍令尚書考功催促，候供申到考帳，依例施行，所有科罰，准前處分。若是校考過時，即與次年依格奏校。』又敕：『州縣官或特敕除授，或非時省故，停任員闕，除官到任者，緣赴任不拘期限申發，考帳之時，但滿一周年，便與依例書校一考申省。如書校時少欠月日，即與次年附帳申校，不得滿落考第姓名，如或有違，罪本道書考官吏。』

顯德五年閏七月，尚書考功奏：『奉新敕：「起今年正月一日後，授官並以三周年爲限，閏月不在其内者。」當司所書校内外六品已下赴選官員考第，今後以一周年校成一考，如欠日不計，限滿三周年，校成三考。如考滿後未有替人，在任更一周年，與成第四考，欠日不在計限。兼逐年月日，自上已來課績功過。第二考須具經考後課績，不在重疊計功。其末考須是具得替年月日，比類升降。自今年正月一日已前授官到任者，准格例三十箇月書校三考。今年正月一日後來授官到任者，准新敕三周年爲月限，每一周年書校一考，閏月不在其内。所有諸道州府校考申發考帳，及當司校奏，各依前後格敕施行。應諸司諸色流外出身人等，准格，並須待附甲下然後與申考。近年不經奏考，便至參選，頗啓倖門。應在司見投人等，自今後，逐年起六月一日後，正身於所司投狀，請申校勞考。省司據狀，卻牒本司勘會補奏年月日。敕甲頭姓名，見主掌案分公事，牒報省司，將元狀檢勘同，即與准例申校。仍自此後，須逐年九月已前校奏了畢，不在更與隔年併書之限。其考牒本無紙書寫敕例，今後每年奏下，逐人給省牒一紙，使大張紙書及，併年都給限，據省校勘，敕下考牒，方許計考。如書校之日，有公事在外差出，即本司雜事，須具在職功過及出外事由，牒報考功，不得有妨逐年考校。如不與申牒，其雜事令史量情科決，仍殿一選。如無故自不經省投狀請奏校，不在論訴之限者，當司緣敕促期限，慮恐校考遲違，今後應合校考人，請起自五月一日投狀，限十日畢，至七月三十日已前校奏，餘依元格施行。』從之。

又 卷一七《雜録》 後唐同光三年八月敕：『諸寺監人吏授官，從來秖計勞考，年滿起選，方許離司。近日以來，頗隳舊制，到司會無考課，公事尚未諳詳，便求薦論，深爲僥倖。遂使故事都廢，蓋由舊人不存，豈唯勞逸不均，兼致司局曠敗。自今年除勞考滿三銓官，卽許赴任，非時不得奏薦。如有主掌任重，勞績可稱，許赴司奏聞，當與減選。或是顯然事迹，在司年深，秖役不任，卽許解職赴任。餘依格條處分。』

又 卷二二《吏曹裁製》 後唐長興二年七月，吏部南曹奏：『前守鄆州盧縣令李玭，曾兩任秘書丞，一任國子《毛詩》博士，雖前任有升朝官，今任合准格五選集。』敕：『應州縣官有曾在朝行及曾佐幕，罷任後准前資朝官賓從例處分。其帶省銜已上，並内供奉裏行，及諸色出選門官，或降授令、録者，罷任日並依出選門例處分，不在吏赴常調，便與除官。兼州縣官其間書得十六考者，准格敍加朝散階，仍自此准出選門例處分，如不書得十六考，雖過朝散階，不在此例。』

周顯德五年閏七月，吏部南曹狀申：

所行事件，畫一如後：

一、每年十月一日入選限，判曹員外郎准例免常朝。

一、新起請十月一日鎖曹，磨勘選至，至開曹日使具判成名銜榜示，及申中書門下，申銓兼牒門下省。

一、鎖宿内有違礙選人，准久例，至開曹日曉示駁放，及申堂、申銓、牒臺、刺省。課績官准敕經曹投狀。不欠選限及磨勘無違礙者，申送中書門下減選。諸色選人成資考丁憂，及過三年已上，准敕經曹投狀。磨勘無違礙，申中書門下除官。

一、每年及第舉人，自於官誥院納官錢一千，買綾紙五張，並褾軸，於當曹寫印縫縫給，於官誥院卻每人牒送朱膠錢三百到曹，支備銓中及當司公使。

一、官誥院牒送到朱膠錢一千内抽二百文，刺送到都省，充抽貫錢。

一、每年及第舉人，於省内試判二道後，具判申堂，及具成狀申銓團奏，請定冬集。

一、齋郎、挽郎請定冬集者，當曹試判二道後，中堂及申銓請團奏。

一、外州府縣牒到亡沒官姓名，當曹便牒取官誥文書等，批註亡沒年月。

一、准格，主掌逐年選人歷任家狀一本，以備他年磨勘。

一、出給逐年三旬選人赴任歷子各一道，判曹員外郎印署，判銓侍郎通押後，當曹使印，繳連新舊告身文書等，當曹出給特敕除官歷子。據本官納到歷任家狀及新舊告身，點儉同，秖是判員外郎印押。

一、鎖宿内具判成選人細銜，申銓及牒門下省，當曹句勘，銓司院寫録團奏，選人黄甲無差誤，卽判曹員外郎署名，及使印背縫。

一、磨勘三旬選人及非時投狀人等，並准例引驗正身，及取有官三人保明，識官司使印文狀，及句當人狀。如有疾病，於成狀内收暨申送。

宋・洪邁《容齋四筆》卷七《考課之法廢》 唐制，尚書考功掌内外文武官吏之考課，凡應考之官，家具録當年功過行能，本司及本州長官對衆讀議其優劣，定爲九等考第，然後送省。別敕定京官位望高者二人，一校京官考，一校外官考，又定給事中、中書舍人各一人，一監京官考，一監外官考，郎中判京官考，員外郎判外官考，凡考課之法，有四善、二十七最。一最以上有四善，爲上上。有三善，或無最而有四善，爲上中。有二善，或無最而有三善，爲上下。其末至於居官諂詐、貪濁有狀，爲下下。外州則司録、録事參軍主之，各據之以爲黜陟。國朝此法尚存。慶曆、皇祐中，黄亞夫庶佐一府、三州幕，其集所載考詞十四篇。《黄司理》者曰：『治犴獄，歲再周矣，論其罪棄市者五十四，流若徒三百十有四，杖百八十六，皆得其情，無有冤隱不伸，非才也其孰能！其考可書中。』《舞陽尉》者曰：『舞陽大約地廣，它盜往往囊橐於其間，居一歲，爲竊與强者凡十一，前件官捕得之，其亡者一而已矣。非才焉固不能。可書中。』《法曹劉昭遠》者曰：『法者，禮之防也。其用之以當人情爲得，刻者爲之，則拘而少恩。前件官以通經舉進士，始掾於此，若老於爲法者，每抱具獄，必傅之經義然後處，故無一不當其情。其考可書中。』它皆類此。不知其制廢於何時。今但付之士案吏據定式書於印紙，比者又令郡守定縣令臧否高下，人亦不知所從出。若使稍復舊貫，似爲得宜，雖未必人人盡公得實，然思過半矣。

《舊五代史》卷一四九《職官志》 後唐清泰二年秋九月庚申，尚書考功上言：『今年五月，翰林學士程遜所上封事內，請自宰相百執事、外鎮節度使、刺史，應係公事官，逐年書考，較其優劣。遂檢尋《唐書》、《六典》、《會要》考課，令書考第。』從之。時議者曰：『考績之法，唐堯、三代舊制。西漢以刺史六條察郡守，五曹尚書綜庶績，法尤精察，吏有檢繩。漢末亂離，舊章弛廢。魏武於軍中權制品第，議吏清濁，用人按吏，頓爽前規。隋、唐已來，始著於令。漢代郡守，入爲三公，魏、晉之後，政在中書，左右僕射知政事，午前視禁中，午後視省中，三臺百職，無不統攝。以是論之，宰輔憑何較考。自天寶末，權置使務已後，庶事因循，尚書諸司，漸致有名無實，廢墜已久，未知憑何督責。程遜所上，亦未詳本源，其時所司雖有舉明，大都諸官亦無考較之事。』

升賞

宋・宋敏求《唐大詔令集》卷六〇《大臣・將帥・賞功・隴右河西節度使哥舒翰西平郡王制》 授鉞登壇，所以理兵用武；益封命職，所以褒德疇庸。才傑者建稀代之功，績茂者有非常之賞。哲王令典，無或踰之。開府儀同三司兼鴻臚卿員外置同正員西平郡王判武部事攝御史大夫持節充隴右河西節度支度營田長行轉運九姓等副大使知節度事赤水軍使上柱國涼國公哥舒翰，挺生朔垂，干城隴外。青蛇入笥，神發其祥。白武銜珠，天資我寶。美政以公忠益著，深略以果斷能成。頃者犬戎苞藏，禍盈惡稔。南援蠻落，東窺塞垣。特稟廟謀，勵八神於金匱；長驅戎境，麾三軍於玉堂。決水奔雷，固無前敵；屠城拔壘，靡有孑遺。收九曲之舊疆，開千里之沃壤。亭障卧鼓，既成禁暴之勳；屯田饋軍，以益封財之用。則議功行賞，厚禮酬勞。俾吳芮之忠，不獨光於漢策；魏絳之樂，無擅美於晉乘。仍兼望苑之榮，繫以公田之錫。可開府儀同三司、太子少保，封西平郡王，加賜實封二百户，通前滿五百户，賜音聲小兒十人，莊園各一所，與一子五品官，更與兩子官，用旌元帥之勞，以益三軍之氣也。餘並如故。

又《褒勞勳臣制》 敕：方伯連帥，能修其職，則勞之以璽書，載之於正典。式是羣嶽，歸於至公，以勸其職，頌聲興矣。《周禮》以孟春之月，懸法布令，採詩觀俗，亦褒異理行之時也。其有惠訓一方，吏之表率，朗然明舉，固可首之，具官某，受任藩閫，三年有成，清節獨立，以身率下。化在於言前，風行於疆外。遠清西南之候，齊一華夷之俗。而憂國如家，上下同體。屬關輔連雨，去秋非穰。以豐財節用之餘，資備邊出師之費。雖給馬官渡，足食成皐，勤王助邊，何以加此？誠屬垣翰之寄，奉上無私，亦將廉吏之清，夙夜相勉也。寖期休績，至于再三。詔書喻懷，宣示方鎮。

又《李愬移鎮加官階爵邑制》 伐叛除凶，必俟乎奇略；進封超位，允答於殊庸。況四紀逋誅，三州竊據。積妖遺育，縱逆延災。累年徂征，一舉生致。論功既歸於異等，議賞豈待於踰時。唐隨等州節度觀察處置等使通議大夫檢校左散騎常侍使持節鄧州諸軍事兼鄧州刺史御史大夫賜紫金魚袋李愬，宗臣之胤，王國克生，毅勇蓄深，温良煦外。禮樂戰之器，默識其源；詩書義之府，洞窺其室。雖早昇朝序，而未展將材。頃以懸弧滔天，宿兵既久，方城壓境，易帥頗頻。永懷韜略之家，必有弓裘之嗣。乃執金鼓，載持干旄，果副眷求，克揚威令。緝傷夷之後，振法爲雄；制密邇之間，保危成固。惟忠孝以感物，本信惠而和人。一其有鬪心，勵彼死力。乘虛徑襲，負雪兼行。風驅如合於百神，雷震若出於九地。堅城立潰，狡豎坐擒。遺甿安堵以知歸，餘黨釋甲而請命。古之良將，其孰過焉。己申獻捷之儀，當舉策勳之典。爰授名部，俾恢重藩。自洛而遥，惟襄爲大。綿亘楚服，横臨漢津。總八郡以澄清，乘三軍之節制。式因加地，往繼沉碑。特進左揆之尊，以崇天秩；仍假南台之長，用峻霜威。表以勳階，錫之茅土。户封眞實，門貴延恩。洽此寵榮，褒於茂烈。於戲！天鑑非昧，不庭者必誅；王爵無私，有功者是享。揚名濟美，惟孝著於家聲；鐘鼎山河惟忠光於國籍。凡曰臣子，得無企歟！可銀青光禄大夫、檢校尚書左僕射、使持節襄州諸軍事、守襄州刺史、御史大夫、充山東南道節度管内支度營田襄鄧隨唐復郢均房等州觀察處置等使，仍賜上柱國，封涼國公，食邑三千户，并賜實封三百户，與一子正員五品官。

又《李光顔特進賜一子官制》 朕聞有天下者，道德仁義以爲理，城郭溝池以爲固。故曰不教人戰，是謂棄之。有備無患，何以應變。此先王歐攘夷狄，保障黎元之大略也。五原居宥夏靈慶之中，當虵豕豺狼之突，將搤咽喉之要，爰命腹心之臣，厥有成功，宜加茂典。邠寧慶等州節度觀察處置等使金紫光禄大夫檢校司空使持節邠州諸軍事邠州刺史兼御史大夫上柱國武威郡開國侯食邑二千戶食實封一百戶李光顏，氣敵三軍，心師百行，有卞莊之勇。守之以仁，有日磾之誠。濟之以武，叱咤則風云迴合，閑晏而罇俎周旋。蓋文武之全才，眞古今之良將。是以淮蔡之役，百勝功高，青齊之師，一面居最。朕以蕭關尚警，馬嶺猶虞。五餌之詐可羞，百雉之防爰度。先是屬役，每難其人。惟爾良能，果諧予願。程功而不愆於素，訖事而不勞於人。比命有司，褒乃實效。僉曰古論侯勳德優盛則就加特進以寵之。我國家封植崇重，則朝請一子以異之。予嘉乃勤，兼用兩者。茲謂上賞，爾惟欽哉。可特進，餘如故，仍與一子正員四品常參官。

又《王智興等加官爵制》　王者誅暴亂，賞勳勞，既正紀綱，式頒爵位。朕以菲德，理乖勝殘，使孽生海澨，刑用戎鉞。屬者庭湊倚滄州爲輔車，以謀專土；同捷持棣州爲屏扞，遂成阻命。實賴英帥，共恢壯猷。爰議疇庸，式奖宣力。武寧軍節度徐泗濠等州觀察處置等使充滄州行營招撫使光禄大夫守司徒同中書門下平章事上柱國太原郡開國公食邑二千户王智興，可特進，仍进封代國公，食邑三千户，餘如故。平盧軍節度使淄青登萊棣等州觀察處置兼押新羅渤海兩蕃等使銀青光禄大夫檢校尚書右僕射御史大夫上柱國會稽县開國公食邑一千五百户康志睦，可檢校尚書左僕射，餘如故。太平軍節度鄆曹諸軍事兼鄆州刺史御史大夫賜紫金魚袋崔弘禮，可檢校尚書右僕射，餘如故。其棣州城下武寧軍及諸道立功將士，除已甄録外，委智興條流聞奏。棣州應見在百姓，宜復一年。其將士有決戰攻壘奮不顧身中刃被瘡遂成廢疾者，並賜衣糧，終身勿絶。其武寧軍及平盧軍、浙西宣歙天平等五處兵馬，在棣州城下者，並宜放歸本道。於戲！並命申威，分疆剪寇。界大河之南北，委藩守以廓清。立績者既以勞旋，圖功者方期盡敵。勉弘勝策，無至老師。共臻輯寧，副我勤屬。

降罰

唐·陸贄《陸宣公全集》卷二〇《中書奏議·論左降官准赦合量移事狀》　右竄謫之徒，皆在遐僻。或迫於衰暮，顧景思還；或困於瘴癘，翹心望徙。既闕霈澤，許以量移，企躍之情，远想可見。若准所司舊例，須俟州府録申。盤勘檢尋，動踰年歲，上稽恤宥之旨，下虧慶賴之心。臣等商量，恐須釐革。望令所司，據承貞元六年恩赦檢勘已量移未量移官，及貞元六年恩後左降官等，除還改亡歿之外，具名銜及貶責事由年月，速報中書門下，不須更待州府申請。臣等據所司報到，則便進擬，不出歲內，冀悉霑恩。未審可否？謹録奏聞，伏聽進止。

又《再奏量移官狀》　右伏以國之令典，先德後刑。所後者法當舒遲，故決罪不得馳驛行下；所先者體宜疾速，故赦書日以五百里爲程。誠以聖王之心，務弘慶惠，必迴翔於行罰，而企躍於舒恩。不加罰於典法之外，不虧恩于德令之内，則受責者莫得興怨，荷貸者咸思自新。所謂威之斯懲，宥之斯感，懲以致理，感以致和，致理則尊，致和則愛，爲人父母，必在兼行。

陛下德配上玄，澤流下土，頃因郊祀，普降鴻恩，凡是貶責之人，並許量移近處。臣等任叨輔翼，職在宣行，尋具奏聞，請便進擬。聖心精一，務欲均齊，令待所司檢尋，一時類例處分。其左降官内，或罪非可棄，才有足甄，亦許別狀商量，不拘常例奨用。臣等據所司檢勘左降官及流人送名到者，都比擬量移及別追用，分爲三狀，前月十二日封進。其流人量移狀，已蒙印出行下訖，餘兩狀至今未奉進止。竊以赦書宣布，僅欲半年，若更淹遲，恐乖事體。又諸州刺史及臺省官等，繼有事故，頗多闕員，睿旨精於選求，至今常不充備。以旹掩德，見非古人；録用棄瑕，允歸聖造。願廣含弘之美，庶增誘掖之途。謹奉狀陳聞，伏聽進止。

又《三進量移官狀》　右希顔奉宣進止：舊例：左降官每准恩赦，量移不過三百、五百里，今度進擬，稍似超越，又多是近兵馬處及當路州縣，事非穩便，宜更商量。

伏以罰宜從輕，赦宜從重，所以昭仁恕之道，廣德澤之恩也。夫尊位者其惠不可以不重，言大者其實不可以不豐。位尊而惠輕，則體非宜；言大而實寡，則人失望。陛下躬行盛禮，渙發德音，念謫居之荒遐，哀負累之沉棄，俾移近處，將合新恩。赦令初行，室家相慶，惠亦至矣，言亦大矣。竊料竄逐窮僻，喜聞霈澤降臨，固必破産以飾行裝，計日而俟休命。荏苒淹息，復經半年，儻又所移之官，還與舊任鄰近，竊恐乖陛下垂愍之意，虧制書行慶之恩。口惠重而事實輕，非所以揚鴻休而布大信也。

謹按承前格令，左降官非元敕令長任者，每至考滿，即申所司，量其舊資，便與改敘，縱或未有遷轉，亦即任其歸還。逮於開元末，李林甫固權專恣，凡所斥黜，類多非辜，慮其卻迴，或復冤訴，遂奏左降官考滿未別改轉者，且給俸料，不須即停，外示優矜，實欲羈係。從此已後，遂爲恒規。一經貶官，便同長往，迴望舊裏，永無還期。縱遇非常之恩，許令移遠就近，雖名改轉，不越幽遐，或自西徂東，或從大適小，時俗之語，謂之『橫移』。馴致忌剋之風，積成天寶之亂，展轉流弊，以至於今。天下鹹病此法深苛，而不能改從舊典者，良以猜嫌之慮，易惑上心，將謂負譴之人，悉包欒禍之意，已經黜責，遂欲隄防。故高論則痛嫉林甫之陰邪，而密網則習行林甫之弊法，儉邪爲蠹，乃至於斯！然則左降永絶於歸還，量移不離於僻遠，蓋是奸臣詭計，殊非國典舊章。且貶黜之中，情狀各異，犯有輕重，責有淺深，固非盡是回邪，皆須備慮。王者之道，待人以誠，有責怒而無猜嫌，有懲沮而無怨忌。斥遠以儆其不恪，甄恕以勉其自新。不儆則浸及威刑，不勉則復加黜削。雖屢進退，俱非愛憎。行法乃暫使左遷，念材而漸加進敘。人知復用，誰不增修！何憂乎亂常？何患乎蓄憾？如或以其貶黜，便謂奸凶，恒處防閑之中，長從擯棄之例，則是悔過者無由自補，蘊才者終不見伸。凡人之情，窮則思變，含悽貪亂，或起於茲。雖則何患能爲，亦足感傷和氣，謂非帝王開懷含垢之大體，聖哲誘人遷善之良圖也。

臣等昨進擬，商度非不精詳，既審事宜，亦尋舊例，參求折衷，兼務齊平。大約所擬之官，各移近地一道，郡邑稍優於舊任，官資序進於本銜，並無降差，亦不超越。其有累經移改，已至關畿，則但易以大州，增其常秩。所冀人皆受賜，施不失平，上副鴻恩，下塞延望。纔將得所，殊匪爲優，今若裁限所移不過三五百里，則有改職而疆域不離於本道，還居而風土反惡於舊州，徒有徙家之勞，是增移配之擾。又當今郡府，多有軍兵，所在封疆，少無館驛。應合量移之例，約有二百許人，道路須計其遠邇之差，州縣則校其高下之等，若必選非當路，復不近兵，則恐類例失倫，署置偏併，示人疑慮，體又非弘。幸希聖聰，更賜裁審。其擬官狀，並未敢宜革，謹重封，伏聽進止。

宋・王溥《唐會要》卷四一《左降官及流人》 貞觀十四年正月二十三日制：『流罪三等，不限以里數，量配邊要之州。』十五年四月敕：『犯反逆免死配流人，六歲之後，仍不聽仕。』

垂拱四年十一月一日敕：『犯罪之色，授以文武遠官，年考未滿，方便解退者，宜令依舊重任，績前考滿。』

長壽三年五月三日敕：『貶降官並令於朝堂謝，仍容三五日裝束。至任日，不得別攝餘州縣官，亦不得通計前後勞考。』

開元七年三月十六日敕：『左降人考未滿間，重有犯，應解免及放歸田里者，並申奏，更據狀輕重量貶，若是五流及餘犯，自依常法。』

十年六月十二日敕：『自今以後，準格及敕，應合決杖人。若有便流移左貶諸色，決訖，許一月內將息。然後發遣，其緣惡逆指斥乘輿者，臨時發遣。』

天寶五載七月六日敕：『應流貶之人，皆負譴罪，如聞在路多作逗遛，郡縣阿容，許其停滯，自今以後，左降官量情罪稍重者，日馳十驛以上赴任，流人押領，綱典畫時，遞相分付，如更因循，所由官當別有處分。』

十三載二月初九敕『左降官承前遭憂，皆不得離任，孝行之道，所未弘通，情禮之間，深可哀恤，如有此數，並宜放還，仍申省計至服滿日，準法處分，自今以後，編入常式。』

乾元元年二月五日敕節文：『其左降官，非反逆緣坐及犯惡逆名教，枉法強盜賊，如有親年八十以上，及患在牀枕，不堪扶侍，更無兄弟者，許停官終養，其流移人亦准此。』

建中三年正月敕：『諸流貶人及左降官身死，並許親屬收之，本貫殯葬，其造蠱毒移鄉人，不在此限。』

其年四月，御史臺奏：『天下斷獄，一切請待讞報，以正刑名，唯除殺人當罪，自徒以上結竟者，並徙置邊州。』京兆尹嚴郢駁奏曰：『臣伏以徙置邊州者，流之異名，流罪者有三等，一例移配，或恐未當，其死罪除殺人之外，又有十惡重罪、造僞刻印，並主典僞用印，及強盜光火等，若一切免罪徙邊，於法太輕，不足懲戒，其徒罪條目至多，或鬬毆爭競，小有傷損，或夫妻離異，不犯義絶，或養男別姓，或立嫡違式，或私行度關，或相冒合戶，如此之類，不可悉數，今一切徙邊，與十惡、造僞同等，卽輕重懸殊，又准《刑部格》，京城毆雜，僭犯百端，觸網陷刑，徒罪偏廣，若皆送覆，繫滯實多，其徒以下罪，非除免官當及敕杖者，宜准外州縣例，量事處分，今若天下徒罪，悉申所司，皆待讞報，法司斷結，准式有程，州縣禁囚，動盈千百，計每月徒配，必不啻五六千人，此則百姓動搖，刑章紊撓，又邊州及近邊，犯死及徒流者，復何以處？伏請下刪定，使詳覆，然後施行。」從之。

貞元三年五月，詔停省天下州府官員，其左降官仍舊。

十一年五月，左降官于邵、劉斆並量移授官，故事，量移六品以下官，皆吏部旨授。至是特制授之。

元和三年閏十二月，廬州奏：「量移官司戶參軍員外置同正員顏頠，母在揚州，十二月二十七日身亡，今請奔喪者。」准貞元十八年五月十九日敕，自今以後，流人左降官稱遭憂奔喪者，宜令所司，先奏聽進止。

八年正月，刑部侍郎王播奏：「天德軍五城及諸邊城配流人等，臣竊見諸處配流人，每逢恩赦，悉得歸還，唯前件流人，皆被本道重奏，稱要防邊，遂令沒身，終無歸日，臣又見比年邊城犯流者，多是胥徒小吏，或是鬪打輕刑，據罪可原，在邊無益，伏請自今已後，流人及先流人等，准格例，滿日六年後並許放還，冀抵法者足以悛懲，滿歲者絶其愁怨。」從之。

十二年四月敕：「應左降官流人，不得補職及留連宴會，如擅離州縣，具名聞奏。」

其年七月敕：「自今已後，左降官及責授正員官等，並從到任後，經五考滿，許量移，今日以前左降官等，及量移未復資官，亦宜准此處分，考滿後，委本任處州府具元貶事例，及到州縣月日，申刑部勘責，俾吏部量資望位量移官，仍每季具名聞奏，並申中書門下，其曾任刺史、都督、郎官、御史，並五品以上及常參官，刑部檢勘其所犯事由聞奏，中書門下商量處分。」其月敕：「左降官等考滿量移，先有敕令，因循日久，都不舉行，遂使幽遐之中，恩澤不及，自今已後，左降官及量移未復資官，亦宜准此處分，如是本犯十惡及指斥乘輿，妖言不順，假託休咎，反逆餘累及贓賄數多情狀稍重者，宜具事由奏聞，其曾任刺史、督都、郎官、御史、五品以上常參官，刑部檢勘，具元犯事由聞奏，並申中書門下商量處分，未滿五考已前遇恩赦者，准當時節文處分；其復資度數，准元和二年六月二十七日敕。」

其年九月，刑部奏：「准今年七月二十一日敕，諸道左降官等，經五考滿日許量移者，其貶降官日授正員官，或無責辭，亦是責授，並請至五考滿，然後許本任處申闕，並餘左降官，緣任處州府多是遐遠。至考滿日，其有申牒稽遲致留滯者，其刺史、本判官、録事參軍等，請與下考，如考滿後，雖已申牒，未經移量間，其禄料並准天寶、貞元兩度敕文，依舊支給，其本犯十惡等罪已有正名，仍請依舊。」從之。

其年十月敕：「自今已後，流人不得因事差使離本處。」

十四年十一月，吏部奏：「今請應責授官，前制已改轉者，各勒依今任考數，停替日便放東西，合選時，任自參選，不要及更有檢轄，庶使人無凝滯，事有指歸」，敕旨依奏。

長慶元年正月三日制：「應亡官失爵及放還流人，如先有莊田不經沒官，被人侵射作主，如本主及子孫已歸，並委州府卻還，務令安業。」

四年四月，刑部奏：「准其年三月三日起，請准制，以流貶量移，輕重相懸，貶則降秩而已，流爲擯死之刑，部、寺論理，條件聞奏：今謹詳赦文，流爲減死，貶乃降資，量移者卻限年數，流放者便議歸還，准今年三月敕文，放還人其中有犯贓死，及諸色免死配流者，如去上都五千里外，量移校近處；如去上都五千里以下者，則約一千里內，與量移近處，如經一度兩度移，六年未滿者，更與量移，亦以一千里爲限；如經三度兩度量移，如本罪不是減死者，請准制放還，如左降官來復資，遇恩滿五考者，請准元和十二年九月敕，與量移，又准今年正月德音，諸色流人，與減一年，除贓限外，滿五年卽放還收敍，其配流在德音已後者，不在減限，又天德五城流人，准長慶元年正月三日制，以十年爲限，又限准三月十二日敕，縱遭恩赦，不在放歸限，今請待十年滿卽放歸，仍任取配流日計年數，不在援引德音減年之限。」制可之。

開成元年二月敕：「貶責降資授正員官員，及曾經誤累停免未經引用者，並與進改，左降官有事情可恕，才用足稱者，中書門下量才處分。」

四年五月敕：『諸州府有責授六品以下正員官，起今以後，宜委吏部許終四考滿與替，仍先具事由，申中書門下取指檢，不得同尋常員闕使用。』

其年十月五日敕節文：『今後流人，宜准《名例律》及《獄官令》，有身名者，六年以後聽赦；無官爵者，六年滿日放歸。』

會昌六年五月赦書節文：『應徒流人在天德，振武者，官中量借糧種，俾令耕田，以爲生業。』

大中三年六月敕：『先經流貶罪人歿於貶所，有情非惡逆，任經刑部陳牒許歸葬，絶遠之處，仍量事給棺櫬。』

又《酷吏》 神龍元年三月二日制：【略】劉光業、王德壽、王處貞、劉景陽、屈貞筠、丘神勣、來子珣、萬國俊、周興、來俊臣、魚承曄、王景昭、索元禮、傅遊藝、王弘義、張知默、裴籍、焦仁亶、侯思止、郭霸、李敬仁、皇甫文備、陳嘉言等二十三人，自垂拱以來，任濫殺人，所有官爵並令追奪，唐奉一、李秦授、曹仁哲依前配流。至開元二年二月一日敕：『周利貞、裴談、張福貞、張思敬、王承、劉暉、楊允、姜暐、封行珣、張知、衛遂忠、公孫琰、鍾思廉等十三人皆爲酷吏，比周興、來俊臣、侯思止等事迹稍輕，並宜放歸草澤，終身勿齒。』至十三年三月十一日敕：『周酷吏來子珣等身在者，宜長流嶺南，身沒，子孫亦不許仕；陳嘉言、魚承曄、皇甫文備、傅遊藝宜配嶺南，身沒，子孫亦不許仕。』

宋・宋敏求《唐大詔令集》卷六〇《大臣・將帥・貶責・薛訥除名爲庶人制》 出師不臧，本於喪律，責帥歸罪，聞於記言。薛訥頃者總戎禦邊，建議爲首，暗於料敵，輕於接戰，張我王師，衄之虜境，偏裨失節，乃斯令之不明，中軍靡旗，則厥謀之不振，況雁門斬級，魏尚豈得論功，馬邑亡輜，王恢必聞議罪，進退之咎，典刑攸屬。且覩其疇昔，頗嘗輪轚，每欲資忠報主，見義忘身，儻曹沫不死於辱，終能自奮，秦赦孟明之敗，漢從李廣之贖，古嘗有矣，朕所懷之，特緩嚴科，俾期後效，宜放其罪，所有官爵並除削。開元二年七月。

俸禄制度分部

綜　述

《隋書》卷二三《食貨志》（隋文帝）自諸王已下，至於都督，皆給永業田，各有差，多者至一百頃，少者至四十畝。

唐・杜佑《通典》卷二《食貨二・田制下》 隋文帝令，自諸王以下至於都督，皆給永業田，各有差，多者至百頃，少者至四十畝，其丁男、中男永業露田，皆遵後齊之制，並課樹以桑榆及棗，其園宅率三口給一畝，奴婢則五口給一畝，京官又給職分田，一品者給田五頃。至五品則爲田三頃，其下每品以五十畝爲差。至九品爲一頃，外官亦各有職分田，又給公廨田以供用。

又 卷一九《職官一・禄秩》 隋京官正一品禄九百石，其下每以百石爲差。至正四品，是爲三百石，從四品二百五十石，其下每以五十石爲差。至正六品，是爲一百石，從六品九十石，以下每以十石爲差，至從八品，是爲五十石，其給皆以春秋二季，刺史、太守、縣令，則計戶而給禄，各以戶數爲九等之差，其禄唯及刺史二佐及郡守、縣令、京官給職分田，一品者給田五頃。至五品則爲田三頃，其下每品以五十畝爲差。至九品爲一頃，外官亦各有職分田，又給公廨田以供。大唐定給禄之制，京官正一品，米七百石，錢九千八百。從一品，米六百石。正二品，米五百石，錢八千。從二品，米四百六十石。正三品，米四百石，錢六千一百。從三品，米三百六十石。正四品，米三百石，錢四千二百。從四品，米二百六十石。正五品，米二百石，錢三千六百。從五品，米一百六十石。正六品，米一百石，錢二千四百。從六品，米九十石。正七品，米八十石，錢二千一百。從七品，米七十石。正八品，米六十七石，錢一千六百。從八品，米六十二石。正九品，米五十七石，錢一千三百。從九品，米五十二石。從並同外官，各降一等，其幹力及防閤，庶僕並別給。內外文武官，自一品以下，並給職田，京官諸司及郡縣，又給公廨田，並有差。

又 卷三五《職官一七・俸禄》 文帝時，嘗以百僚供費不足，台省府寺咸置廨錢，收息取給，工部尚書蘇孝慈以爲官人爭利，非興化之道，上表請罷，從之。公卿以下又給職田各有差。本志。

義寧二年，唐王爲相國，罷外官給禄，每十斛給地二十畝。

大唐武德中，外官無禄。

貞觀二年制，有上考者乃給禄，其後遂定給禄俸之制：以民地租充之。京官正一品，七百石。從一品，六百石。正二品，五百石。從二品，四百六十石。正三品，四百石。從三品，三百六十石。正四品，三百石。從四品，二百六十石。正五品，二百石。從五品，一百六十石。正六品，一百石。從六品，九十石。正七品，八十石。從七品，七十石。正八品，六十七石。從八品，六十二石。正九品，五十七石。從九品，五十二石。諸給禄者，三師、三公及太子三師、三少，若在京國諸司文武官職事九品以上並左右千牛備身左右、太子千牛，並依官給，其春夏二季春給，秋冬二季秋給，凡京文武官每歲給禄，總一十五萬一千五百三十三石二斗。自至德之後不給。其在外文武官九品以上准官皆降京官一等給，其文武官在京長上者則不降，諸給禄應降等者，正從一品各以五十石爲一等，二品三品皆以三十石爲一等，四品五品皆以二十石爲一等，六品七品皆以五石爲一等，八品九品皆以二石五斗爲一等。其俸錢之制，京司諸官初置公廨，令行署及番官興易，以充其俸。

貞觀十二年，罷公廨，置胥士七千人，取諸州上戶爲之，准防閤例而收其課，三歲一更，計員少多而分給焉。

貞觀十五年，以府庫尚虛，敕在京諸司依舊置公廨，給錢充本，置令史、府史、胥士等，令回易納利，以充官人俸，諫議大夫褚遂良上疏曰：『爲理之本，在於擇人，不正其源，遂差千里，往古明經拜職，或四科辟召，必擇器任使，量才命官，然則市井子孫，不居官吏，國家制令，憲章三代，商賈之人，亦不居官位，陛下近許諸司令史捉公廨本錢，諸司取此色人，號爲捉錢令史，不簡性識，寧論書藝，但令身能賈販，家足貲財，録牒吏部，即依補擬，大率人捉五十貫以下，四十貫以上，任居市肆，恣其販易，每月納利四千，一年凡輸五萬，送利不違，年滿授職，然有國家者常笑漢代賣官，今開此路，頗類於彼，在京七十餘司，相率司别九人，更一二載後，年别即有六百餘人輸利受職，伏以陛下理致昇平，任賢爲政，或太學高第，或諸州進士，皆策同片玉，經若懸河，守先聖之格言，慕昔賢之廉耻，拔十取五，量能授官，然犯禁違公，輒罹刑法，況乎捉錢令史，專主賈販，志意分毫之末，耳目廛肆之間，輸錢於官，以獲品秩，荏苒年歲，國家能不使用之乎？此人習與性成，慣於求利，苟得無耻，豈蹈廉隅，使其居職，何向而可，將來之弊，宜絶本源，臣每週遊之間，爲國視聽，京師庶僚，爰及外官，異口同詞，咸言不便。』太宗納之，停諸司捉錢，依舊本府給月俸。

二十一年，復依故制置公廨，給錢爲之本，置令史、府史、胥士等職，賈易收息。以充官俸。

永徽元年，悉廢胥士等，更以諸州租庸腳直充之，其後又令薄賦百姓一年稅錢，依舊令高戶及典正等掌之，每月收息，以充官俸，其後又以稅錢爲之，而罷其息利。

凡京文武正官每歲供給俸食等錢，並防閤、庶僕及雜錢等。總一十五萬三千七百二十貫，員外官不在此數。外官則以公廨田收及息錢等，常食公用之外，分充月料，先以長官定數，其州縣少尹、長史、司馬及丞，各減長官之半。尹、大都督府長史、副都督、別駕及判司准二佐，以職田數爲加減，其參軍及博士減判司、主簿縣尉減縣丞各三分之一。謂內外員外官同正員者，禄料賜會食料一事以上，並同正員。其不同正員者，禄賜食料亦同正員，餘各給半。職田並不給。自乾元之後，以常賦不給，內外官俸禄各減其半。內供奉及里行不帶本官者，禄俸食料防閤庶僕一事以上，並同正官，帶官者，聽從多處給，若帶外官者，依京官給，食料賜會與京官同。諸檢校及判、試、知等官不帶內外官者，料度一事以上，准員外官同正員例給，若檢校及判、試、知處正官見闕者，兼給雜用，其職田不應入正官者，亦給。其侍御史殿中及監察御史知試並同內供奉裡行例。

儀鳳二年制，內外官俸食、防閤、邑士、白直等，宜令王公以下，率口出錢以充給焉。

調露元年九月，職事五品以上，准舊給仗身。

武太后光宅元年九月，以京官八品九品俸料授薄，諸八品每年給庶僕三人，九品二人。

又有親事、帳內，六品七品子爲親事，八品九品子爲帳內，限年十八以上，舉諸州共率萬人爲之。凡王公以下及文武職事三品以上帶勳官者，則給之，其親事府、帳內府官，附在王侯篇。三師、三公、開府儀同三司，一百三十人。嗣王、郡王，一百八人。上柱國帶二品以上職事，九十五人。帶三品職事，六十九人。柱國帶二品以上職事，七十九人。帶三品職事，六十二人。上護軍帶二品以上職事，七十三人。帶三品職事，五十五人。護軍帶二品以上職事，六十二人。帶三品職事，三十六人。

諸州縣之官，流外九品以上皆給白直：二品，四十人。三品，三十二人。四品，二十四人。五品，十六人。六品，十人。七品，七人。其七品佐官六人。八品，五人。九品，四人。諸州縣官，流內九品以上及在外監官五品以上，皆給執衣：隨身驅使，典執筆硯，其監官於隨近州縣取充。二品，十八人。三品，十五人。四品，十二人。五品，九人。六品、七品，各六人。八品、九品，各三人。關津嶽瀆官並不給。分爲三番，每週而代，不願代者聽之。初以民丁中男充，爲之役使者不得逾境；後皆舍其身而收其課，課入所配之官，遂爲恒制。

鎮戍之官，以鎮戍上、中、下爲差，上鎮將給仗身四人，中下鎮將、上鎮副各三人，中下鎮副各二人，倉曹、兵曹、戍主副各一人，其仗身十五日一時，收資六百四十。

開元十年正月，省王公以下視品官參佐及京官五品以上官仗身職員。

凡京司文武職事官，五品以上給防閤：一品，九十六人。二品，七十二人。三品，四十八人。四品，三十二人。五品，二十四人。六品以下給庶僕：六品，五人。七品，四人。八品，三人。九品，二人。公主，邑士八十人。郡主，六十人。縣主，四十人。特封縣主，三十四人。京官仕兩職者從多給，凡州縣官皆有白直：二品，四十人。三品，三十二人。四品，二十人。五品，十六人。六品，十二人。七品，六人。八品，五人。九品，四人。凡諸親王府屬並給士力，數如白直，其防閤、庶僕、白直、士力納課者，每年不過二千五百，執衣元不過一千文，防閤、庶僕舊制季分，月俸食料雜用卽月分，諸官應月給。

開元二十四年六月，乃撮而同之，通謂之月俸，一品月俸料八千，食料千八百，雜用千二百，防閤二十千，通計三十一千，二品月俸六千，食料千五百，雜用一千，防閤十五千五百，通計二十四千，三品月俸五千，食料千一百，雜用九百，防閤十千，通計十七千，四品月俸三千五百，食料七百，雜用七百，防閤六千六百六十七，通計十一千五百六十七，五品月俸三千，食料六百，雜用六百，防閤五千，通計九千二百，六品月俸二千，食料四百，雜用四百，庶僕二千五百，通計五千三百，七品月俸千七百五十，食料三百五十，雜用三百五十，庶僕千六百，通計四千五十，八品月俸千三百五十，食料三百，雜用三百，庶僕六百，通計二千五百五十，九品月俸千五十，食料二百五十，雜用二百，庶僕四百，通計千九百，其數目，國初以來卽有，中間色目，或有加減，今方爲定制。員外官帶同正者，不減正員官食料錢，不帶同正者減半。致仕官，建中三年九月敕，所請半禄料及賜物等，並宜從敕出日於本貫及寄住處州府支給。至貞元四年四月敕，其宴會及朔望朝參，並依恒式，自今已後，宜准此。

諸州縣不配防人處，城及食庫門各二人；須守護者，取年十八以上中男及殘疾，據見在數，均爲番第，勿得偏並，每番一旬，每城門各四人，倉庫門各二人，其倉門每萬石加一人，石數雖多，不得過五人。其京兆、河南府及赤縣大門各六人，庫門各三人，其須修理官廨及祇承官人，聽量配驅使。若番上不到應須徵課者，每番閑月不得過一百七十，忙月不得過二百文。滿五旬者，殘疾免課調，中男免雜徭，其州城郭之下戶數不登者，通取於他縣，總謂之門夫，其後舉其名而徵其資，以給郡縣之官，其門之多少，課之高下，任土作制，無有常數。

天寶五載制，郡縣白直計數多少，請用料錢，加稅以充之，不得配丁爲白直，十四載八月制，兩京文武官九品以上正員官，自今以後，每月給俸食、雜用、防閤、庶僕等，宜十分率加二分，其同正官加一分，仍永爲恒式，乾元元年制，外官給半料與職田，京官不給料，令度支使量閑劇，司給手力課，員外官一切無料。大曆三年，通計京城諸司，每月給手力資錢凡四萬七千五百四十六貫四十八，並以天下青苗錢充。初以常賦不給，乃稅人墾田畝十有五錢。資用窘急，不暇成熟，候苗青卽征之，故謂之青苗錢。主其任者爲青苗使。貞元四年正月敕，京文武官員及兩京府縣官總三千七百七員，據元給及新加，每月當錢五萬一千四百四貫六百一十七文，一年都當六十一萬六千八百五十五貫四百四文。

天寶七載九月敕，五品以上正員清官、諸道節度使及太守等，並聽當蓄絲竹，以展懽娛，行樂盛時，式覃中外，至八載六月敕，其南口給使，王公家不過二十人，其職事官一品不得過十人，三品不得過八人，四品不得過六人，五品不得過四人，京文武清官六品七品不得過二人，八品九品不得過一人。百官家蓄絲竹及給使口，並是朝恩，優寵資給，故附於庶僕俸料之後。

又《致仕官禄》 大唐令，諸職事官年七十、五品以上致仕者，各給半禄，開元五年十月敕，致仕應請物，令所由送至宅。

又《職田公廨田》 隋文帝開皇中，以百僚供費不足，咸置廨錢，收息取利，蘇孝慈上表請罷，於是公卿以下内外官給職分田，一品給五頃。至五品則爲三頃，其下每以五十畝爲差，又給公廨田以供用。

大唐凡京諸司各有公廨田：司農寺，給二十六頃。殿中省，二十五頃。少府監，二十二頃。太常寺，二十頃。京兆府、河南府，各十七頃。太府寺，十六頃。吏部、户部各十五頃。兵部、内侍省，各十四頃。中書省、將作監，各十三頃。刑部、大理寺，各十二頃。尚書都省，門下省、太子左春坊，各十一頃。工部，一十頃。光禄寺、太僕寺、秘書省，各九頃。禮部、鴻臚寺、都水監、太子詹事府，各八頃。御史臺、國子監、京縣，各七頃。左右衛，太子家令寺，各六頃。衛尉寺、左右驍衛，左右武衛，左右威衛，左右領軍衛，左右金吾衛，左右監門衛，太子左右奉坊，各五頃。太子左右衛率府、太史局，各四頃。宗正寺、左右千牛衛，太子僕寺、左右司禦率府、左右清道率府、左右監門率府，左右内率府、率更府，各三頃。内坊、二頃。

在外諸司公廨田，亦各有差：大都督府，四十頃。中都督府，三十五頃。下都督、都護府、上州，各三十頃。中州，二十頃。宮總監、下州，各十五頃。上縣，十頃。中縣，八頃。下縣，六頃。上牧監、上鎮，各五頃。下縣及中下牧、司竹監、中鎮、諸軍、折衝府，各四頃。諸冶監、諸倉監、下鎮、上關，各三頃。互市監、諸屯監、上戍、中關及津，各二頃。其津隷都水使者，不給。下關，一頃五十畝。中戍、下戍、嶽瀆，各一頃。

諸京官文武職事各有職分田：一品，十二頃。二品，十頃。三品，九頃。四品，七頃。五品，六頃。六品，四頃。七品，三頃五十畝。八品，二頃五十畝。九品，二頃。並去京城百里内給，其京兆、河南府及京縣官人職分田，亦准此。即百里内地少，欲於百里外給者，亦聽之。

諸州及都護府、親王府官人職分之田，亦各有差：二品，十二頃。三品，十頃。四品，八頃。五品，七頃。六品，五頃。京畿縣亦准此。七品，四頃。八品，三頃。九品，二頃五十畝。鎮、戍、關、津、嶽、瀆及在外監官五品，五頃。六品，三頃五十畝。七品，三頃。八品，二頃。九品，一頃五十畝。三衛中郎將、上府折衝都尉，各六頃。中府，五頃五十畝。下府及諸郎將，各五頃。上府果毅都尉，四頃。中府，三頃五十畝。下府，三頃。上府長史、別將，各三頃。中府、下府，各二頃五十畝。親王府典軍，五頃五十畝。副典軍，四頃。千牛備身、備身左右、太子千牛備身，各三頃。諸軍上折衝府兵曹，二頃。中府、下府，各一頃五十畝。其外軍校尉，一頃二十畝。旅帥，一頃。隊正副，各八十畝。皆於領側州縣界内給，其校尉以下在本縣及去家百里内領者，不給。其田亦借民佃植。至秋冬受數而已。

諸職分陸田限三月三十日，稻田限四月三十日，以前上者併入後人，以後上者入前人，其麥田以九月三十日爲限，各前人自耕未種，後人酬其功直；已自種者，准租分法，其價六斗已下者，依舊定，不得過六斗，並取情願，不得抑配。

開元十年六月敕，所置職田，本非古法，爰自近制，是以因循，事有變通，應須刪改，其内外官所給職田地子，從今年九月以後，並宜停給，十八年六月，京官職田，特令准令給受，復月舊制。自大曆以來，關中匱竭，時物騰貴，内官不給。乃減外官職田三分之一，以給京官俸。每歲通計，文武正員、員外官及内侍省、閑廄、五坊、南北衙宿衛並教坊内人家糧等，凡給米七十萬石。

宋・王溥《唐會要》卷九〇《内外官禄》 武德元年十二月，因隋制。文武官給禄，正一品，七百石；從一品，六百石。正二品，五百石。從二品，四百六十石。正三品，四百石。從三品，三百六十石。正四品，三百石。從四品，二百六十石。正五品，二百石。從五品，一百六十石。正六品，一百石。從六品，九十石。正七品，八十石。從七品，七十石。正八品，六十石。從八品，五十石。正九品，四十石。從九品，三十石，並每年給。

貞觀二年二月二十日詔：『官人得上考，給一季禄。』至三年正月十一日；官得上下考，亦給。其年六月，詔：『官人出使，皆廩其妻子。』至十二月，詔：『外官新任，多有匱乏。準品計日給糧。』

八年，中書舍人高季輔上表曰：『仕以應務，亦以代耕，外官卑品，猶未得禄。既離鄉井，理必貧煎。但妻子之戀，賢知猶累其懷；飢寒之切，夷惠罕全其行。爲政之道，期於易從。若不恤其匱乏，唯欲勵其清儉。凡在末品，中庸者多。正恐巡察歲出，輶軒繼軌。不能肅其侵漁，何以求其政術？今戶口漸殷，廩倉已實，斟量給祿，使得養親。然後督以嚴科，責其報效，則庶官畢力，物議斯允。』

永徽元年八月詔：『文武五品以上，解官充待者，宜準致仕人例，給半祿。』

光宅元年十月二十日敕：『諸內外官祿料賜會，二事已上，皆據上日給，新授官未上，所司及承敕使差充使者，祿料並考第。一事已上。並不在與限。如別敕應差使者，京官以敕出日，外官以敕符到日爲上日。若新授外仍直諸司者，上日同京官，卽舊人應替。先別敕定名，充使未迴。兩應給而無正課料者，以當處官料充。職田據新人上日爲斷。不別給舊人。因使應別給者，經一季雖未了，不在給限。其制敕授官，雖敕符先到。未上者，舊人無犯，不在停限。』

天寶二年十一月十六日敕：『京官兼太守等官，俸料兩給者。宜停其外官，太守兼京官，除準式親王帶京官、外任官副大將軍、副使、知軍及正事京官兼內外官知政事、據文合兼給者。餘並從一處給，任逐穩便。』

十四載八月敕：『在京文武九品以上正員官，既親於職務，可謂勤心。自今以後，每月給俸食、雜用、防閤、庶僕等，宜十分爲率，加二分。其同正員官，加一分，仍永爲常式。』

至德二載四月敕：『天下郡府及縣官祿，白直、品子等課。從今年正月一日以後，並量給一半。事平之後，當續支還。』

貞元七年十二月敕：『郡主壻授檢校四品京官。戶部每月給料錢三十貫文。度支給祿粟一百二十石。縣主壻檢校五品京官。戶部每月給料錢一十貫文。度支給祿米一百石。』

大中三年九月敕：『秦州刺史祿粟，每月給五十一石。原州、威州刺史祿粟，每月各給四十一石。』

又　卷九一《內外官料錢上》　武德已後，國家倉庫猶虛，應京官料錢，並給公廨本。令當司令史番官迴易給利，計官員多少分給。

貞觀十二年二月，諫議大夫褚遂良上疏曰：『爲政之本，在於擇人，不正其源。遂差千里。漢家以明經拜職，或四科辟召，必擇器任使，量才命官。然則市井子孫，不居官吏，大唐制令，憲章古昔，商賈之人，亦不居官位。陛下近許諸司令史，捉公廨本錢，諸司取此色人，號爲捉錢令史，不簡性識，寧論書藝。但令身能估販，家足貲財，録牒吏部，使卽依補，大率人捉五十貫已下，四十貫已上，任居市肆，恣其販易。每月納利四千，一年凡輸五萬，送利不違，年滿受職。然有國家者，嘗笑漢代賣官，今開此路，頗類於彼，在京七十餘司，大率司引九人，更一、二載後，年別卽有六百餘人輸利受職。伏惟陛下治致昇平，任賢爲政，或文學高第，或諸州進士，皆策同片玉，經若懸河，奉先聖之格言，慕昔賢之廉恥，拔十取五，量能授官。然犯禁違公，輒罹刑法，況乎捉錢令史，主於估販，志意分毫之末，耳目廛肆之間，輸錢於官，以獲品秩，荏苒年歲，陛下能不使用之乎？此人習以性成，慣於求利，苟得無耻，莫蹈廉隅。使其居職，從何而可，將來之弊，宜絶本源。臣每週遊人間，爲國視聽，京司寮庶，爰及外官，異口同詞，皆言不便。伏願敕朝臣，遣其詳議。』上納之。其月二十三日，敕並停，改置胥士七千人，以諸州上戶充，准防閤例輸課，二年一替，計官員多少分給之。

二十一年二月七日，令在京諸司，依舊置公廨，給錢充本。置令史、府史、胥士等，迴易取利，以充官人俸。

永徽元年四月二日，廢京官諸司捉錢庶僕胥士，其官人俸料，以諸州租腳價充。

麟德二年八月十九日，詔文武五品已上，同武職班給仗身，以掌閑幕士充之，咸亨元年四月十二日，停給。

乾封元年八月十二日，詔京文武官應給防閤、庶僕俸料，始依職事品，其課及賜，各依本品。

儀鳳三年八月二日詔：『廩食爲費，同資於上農，歲俸所頒，並課於編戶。因地出賦，則沃瘠未均，據丁收物，則勞逸不等，俾之富教，其可得乎？永念於斯，載懷鳌創，如文武內外官應給俸料課錢，及公廨料度、封戶租調等，遠近不均，貴賤有異，輸納簡選，事甚艱難，運送腳錢，損費實廣。公廨出舉迴易，典吏因此侵漁，撫字之方，豈合如此。宜令王公已下，百姓已上，率口出錢，以充防閤、庶僕、胥士、白直、折衝府仗身，並封戶內官人俸食等料，既依戶次，貧富有殊，載詳職務，繁簡不類，率錢給用，須有等差，宜具條例，並各逐便。』

光宅元年九月，以京官八品、九品俸料薄，諸八品每年給庶僕三人，九品二人。

長壽三年三月，豆盧欽望請輟京官九品以上兩月俸物，以助軍，左拾遺王永禮奏曰：『陛下富有四海，足以儲畜軍國之用，何藉貧京官九品俸，而令欽望欺奪之，臣切不取。』欽望執曰：『秦、漢皆有稅算，以贍軍，永禮不識大體，妄有爭議。』永禮曰：『秦皇、漢武稅天下，使空虛以事邊，奈何使聖朝倣習也，不知欽望此言，是識大體耶？』遂寢不行。

開元六年七月，秘書少監崔沔議州縣官月料錢狀曰：『養賢之祿，國用尤先，取之齊民，未爲剝下，何用立本息利，法商求資，皇運之初，務革其弊，託本取利，以繩富家，固乃一切權宜。諒非經通彝典，頃以州縣典吏，並捉官錢，收利數多，破產者衆；散諸編戶，本少利輕，民用不休，時以爲便。付本收利，患及於民。然則議國事者，亦當憂人爲謀，恤下立計，天下州縣，積數既多，大抵皆然。爲害不少，且五千之本，七分生利，一年所輸；四千二百，兼算勞費，不啻五千，在於平民，已爲重賦。富戶既免其徭，貧戶則受其弊，傷民刻下，俱在其中。未若大率羣官，通計衆戶，據官定料，均戶出資。常年發賦之時，每丁量加升尺，以近及遠，損有兼無，合而籌之。所增蓋少，時則不擾，簡而易從，庶乎流亡漸歸，倉庫稍實，則當咸出正賦，罷所新加，天下坦然。十一而稅，上下各足，其不遠乎？』

十年正月二十一日，令有司收天下公廨錢，其官人料，以萬戶稅錢充，每月準舊分利數給。至二十二日，敕：『王公以下，視品官參佐及京官五品已上，每月別給仗身職員錢，悉停。』

十六年十一月十五日敕：『文武百官俸料錢所給物，宜依時價給。』

十八年九月四日，御史大夫李朝隱奏：請籍民一年稅錢充本，依舊令高戶典正等捉，隨月收利，供官人料錢。

二十二年四月十四日敕：『京官兼外州都督、刺史、大都督府長史，俸料並宜兩給。』至天寶二年十一月十六日，敕：『京官兼太守等官，俸料兩給者，宜停。其外官太守兼京官、準式、親王帶京官任外官副大將軍、副大使、知軍及知使事，京官兼外官知使事，據文合兼給者，仍任逐穩便，餘並從一處給。』

二十四年六月二十三日敕：『百官料錢，宜合爲一色，都以月俸爲名，各據本官，隨月給付，其貯粟宜令入祿數同申，應合減折及申請時限，並依常式：

一品，三十一千，月俸八千，食料一千八百，防閤二十千，雜用一千二百文。

二品，二十四千，月俸六千，食料一千五百，防閤十五千，雜用一千文。

三品，十七千，月俸五千，食料一千一百，防閤十千，雜用九百文。

四品，一十一千八百六十七文，月俸四千五百，食料七百，防閤六千六百文，雜用六百文。

五品，九千二百，月俸三千，食料六百，防閤五千，雜用五百文。

六品，五千三百，月俸二千三百，食料四百，庶僕二千二百，雜用四百文。

七品，四千五百，月俸一千七百五十，食料三百五十，庶僕一千六百，雜用三百五十文。

八品，二千四百七十五文，月俸一千三百，食料三百，庶僕六百二十五文，雜用二百五十文。

九品，一千九百一十七文，月俸一千五十文，食料二百五十，庶僕四百一十七文，雜用二百文。』

天寶三載十三日敕：『郡縣闕，職錢送納太府寺，自今已後，納當郡，充員外官料錢。不足，卽取正官料錢分，若無員外官，當郡分。』

五載三月二十日敕：『郡縣官人及公廨白直，天下約計一載破十萬丁已上，一丁每月輸錢二百八文。每至月初，當處徵納送縣，來往數日功程，在於百姓，尤是重役。其郡縣白直，計數多少，請用料錢，加稅充用，其應差丁充白直。望請並停，一免百姓艱辛，二省國家丁壯。』

十四載八月四日詔：『文武九品以上官員，既親職務，可謂勤心。自今已後，每月給俸、食料、雜用、防閤、庶僕等，宜十分率加二分。其同正員官，加一分，仍永爲常式。』至德二年已後，內外官並不給料錢，郡府縣官給半祿。

乾元元年，外官給半料，與職田，京官不給料，仍敕度支使量閑劇，分給手力課，員外官一切無料。至二年九月五日，詔：『京官無俸料，桂玉之費，將何以堪。官取絳州新錢，給冬季料，即仰所由申請，計會支給。且艱難之際，國家是同。頃者，急在軍戎，所以久虧祿俸，眷言憂恤，常愧於懷。今甫及授衣，略爲賙給，庶資時要，宜悉朕懷。』

大曆十二年四月二十八日，度支奏：加給京百司文武官及京兆府縣官每月料錢等，具件如後：

太師、太傅、太保、太尉、司徒、司空、侍中、中書令，每月各一百二十貫文。中書門下侍郎，各一百貫文。東宮三太，左右僕射，各八十貫文。東宮三少，各七十貫文。六尚書，御史大夫，太常卿，各六十貫文。常侍，宗正卿，太子詹事，國子祭酒，各五十貫文。左右丞及諸司侍郎，給事中，中書舍人，御史中丞，太子賓客，殿中監，秘書監，司農等卿，將作等監，各四十五貫文。太子左右庶子，太常少卿，各四十貫文。諫議，諸司少府少監，各三十五貫文。國子司業，內侍，東宮三卿，各三十貫文。郎中，侍御史，司天監，少詹事，諸王傅，國子博士，諭德，中允，中舍，殿中，秘書，太常，宗正丞，各二十五貫文。殿中侍御史，著作郎，大理正，都水使者，總監，內常侍，給事中，各二十貫文。員外郎，通事、起居舍人，王府長史，各十八貫文。監察御史，臺主簿，補闕，王府司馬，司天少監，太子典內，太常博士，主簿，宗正主簿，門下録事，中書主簿，各十五貫文。拾遺，司議，太子文學，秘書，著作佐郎，國子、太學，四門，廣文等博士，大理司直，詹事府丞，及諸寺監丞，謁者監，中書門下主事，各十二貫文。洗馬，贊善，諸寺監主簿，詹事府司直，各十貫文。評事，各八貫文。諸校正，各六貫文。諸奉御，九成宮總監，諸王諮議，及諸陵令，各九貫二百文。城門，符寶，國子助教，六局郎，王府掾屬，太常侍醫，文學、録事、參軍，主簿，記室諸衛及六軍長史，兩市令，諸副總監，武庫署令，太公廟令，各五貫三百文。太子通事舍人，東宮寺丞，太學廣文助教，內坊丞諸直長，內寺伯，千牛衛及諸率府長史，諸陵丞，諸陵署，諸王府判司，司竹溫泉監，尚書都事，都水及諸總監丞，司天臺丞，太子侍醫，諸司上局署令，及王府國令，苑四面副監，公主邑司令，各四貫一百一十六文。國子、四門助教，律、醫學博士，協律郎，內謁者，諸衛六軍、左右衛率府等衛佐，諸王府參軍，大農，都省兵，吏，禮，考功主事，春坊録事，司竹副監，諸司中局署令，都水主簿，諸司上局署丞，及監廟邑司丞，司天臺靈臺郎，保章，挈壺正，太醫署針醫監，尚藥局司醫，各四千百七十五文。太祝，奉禮，省中諸行主事，門下典儀，御史臺，殿中，秘書，內侍省，春坊，詹事府主事，諸寺監，諸衛六軍諸司録事，諸司中局署丞，及大理獄丞，諸司府監録事，諸率府録事，殿中省醫佐，食醫奉輦，司庫，司廩，奉乘，鴻臚寺掌客，司儀，太僕寺主乘，內坊典直，司天臺司辰，司歷，監候，內侍省宮教博士，東宮三寺主簿，太常太樂鼓吹丞，醫正，按摩，咒禁，卜筮博士，及針醫，卜助教，國子書算博士，及助教，諸王府國子丞尉，諸總監主簿，各一千九百一十七文。武官左右金吾衛大將軍，各四十五貫文。六軍大將軍，左右金吾將軍，各四十貫文。諸衛大將軍，六軍將軍，各三十貫文。諸衛將軍，各二十五貫文。諸衛及六軍中郎，諸率府率副率，各一十一千五百六十七文。諸衛及六軍郎將，諸王府典軍，副典軍，各九千二百文。諸衛及六軍司升千牛，及左右備身，各五千三百文。諸衛及六軍中候，太子千牛，各四千一百一十六文。諸衛及六軍司戈，太子備身，各二千四百七十五文。諸衛及六軍執戟及長上，各一千九百一十七文。京兆及諸府尹，各八十貫文。少尹，兩縣令，各五十貫文。奉先，昭應，醴泉等縣令，司録，各四十五貫文。畿令，各四十貫文。判司，兩縣丞，各三十五貫文。兩縣簿，尉，奉先等縣丞，各三十貫文。奉先等主簿，尉諸畿令，各二十五貫文。畿簿，尉，各二十貫文。參軍，文學博士，録事，各一十貫文。應給百司正員文武官月料錢外，官員准式例合支給料錢如後：

檢校官同中書門下平章事，每月一百一十貫文，准大曆十二年六月七日敕檢校官同中書門下平章事並同正官例，就一高處給，殿中省進馬，准開元十七年五月十四日敕置，每人准一月納料錢一千九百一十七文。僕寺進馬，與殿中進馬同，內侍省，每月四十五貫文，省監，與諸少監同，度支奏：『歲約加一十五萬六千貫文，准舊給都當二十六萬貫文以來，伏望准數，起六月一日給付。』敕旨：『依，仍令所司，起五月一日支給。』至六月七日，戶部侍郎判度支韓滉奏：『准今年四月二十八日恩敕，加給京文武官九品已上正員官月俸，其同中書門下平章事，不帶正官，敕內無額，應檢校官同中書門下平章事，並請同正官例，就一高處給。』敕旨：『依。』至建中三年閏正月四日，中書門下奏：『文武百官每月料錢一百貫以上者，三分減一；八十貫已上者，五分減一；六十貫已上者，七分減一；四十貫已上者，十分減一；三十貫以下者，不減，待兵革寧後，豐年無事，卽准常式處分，仍舊給。』

其年五月，中書門下奏：『得蘇州刺史、兼御史大夫知臺事李涵，東都河南江淮山南等道轉運使，吏部尚書兼御史大夫劉晏，戶部侍郎專判度支韓滉等狀，釐革諸道觀察使團練使；及判官料錢，觀察使，令兼使，不在加給限，每月除刺史正俸料外，每使每月請給一百貫文，雜給准時價不得過五十貫文；都團練副使，每月料錢八十貫文，雜給准時價，不得過三十貫文，觀察判官，與都團練判官同，每月料錢五十貫文；支使每月料錢四十貫文，推官每月料錢三十貫文，巡官准觀察推官例，已上每員，每月雜給，准時估不得過二十貫文，如州縣見任官充者，月料雜給減半。刺史知軍事，每人除正俸外，請給七十貫文，如帶別使，不在加限，雜給准時估不得過三十貫文，州縣給料。其大都督府長史，准七府尹例，左右司馬，准上州別駕例，支給料錢，刺史八十貫文，別駕，五十五貫文，長史，司馬，各五十貫，録事參軍，四十貫，判司，三十貫，參軍，博士，各一十五貫，録事，市令等，各一十三貫，縣令，四十貫，丞，三十貫，簿，尉，各二十貫，右謹具條件如前。其舊准令月俸雜料紙筆執衣白直，但納資課等色，並在此數內。其七府准四月二十八日敕文不該者，並請依京兆府例處分。其中州中縣已下，三分減一分，其額內釐務，比正官減半。其州縣官除差充推官、巡官及司馬掌軍事外，如更別帶職，亦不在加給限。』敕旨：『宜依。』

十四年正月，宰臣常衮與楊綰同掌樞務，道不同。先是，百官俸料寡薄，綰與衮奏請加之。時滉判度支，衮與滉各騁私懷，所加俸料，厚薄多由己。時諸少列，各定月俸料爲三十五千，滉怒司業張參。惟止給三十千，衮惡少詹事趙惎，遂給二十五千。又太子洗馬，視司經局長官，文學爲之貳，衮有親戚任文學者，給十二千，而給洗馬十千。其輕重任情，不通時政，多如此類。

興元元年十二月詔：『京百官及畿內官俸料，准元數支給。』自巡幸奉天，轉運路阻絶，百官俸料，或至闕絶。至是全給。從之。

貞元二年敕：『左右金吾及十六衛將軍，自天寶艱難以後，雖衛兵廢缺，而品秩本高。宜增禄秩，以示優崇，並宜加給料錢。及隨身幹力糧課等，其十六衛各置上將軍一人，秩從一品，左右金吾上將軍俸料，並同六軍統軍，諸衛上將軍，次於統軍，所司條件聞奏。』

一十六員諸衛上將軍，左右衛本料各六十千，加糧賜等，每月各糧米六㪷，鹽七合五勺，手力七人，資十千五文，私馬五匹，草三百束，料九石七㪷五升，隨身十五人，糧米九石，鹽一㪷一升三合五勺，春衣布一十五端，絹三十疋，冬衣袍紬一十五疋，絹三十疋，綿三十屯。二員左右金吾上將軍，左右金吾衛，並准上，一十二員左右武衛等，本料五十五千，加糧料等，每月手力五人，資六千五百文，私馬四匹，草三百三十二束，料六石六㪷，隨身一十三人，糧米七石八㪷，春衣布十三端，絹二十四疋，冬衣袍紬十三疋，絹二十六疋，綿二十四屯。一十六員諸衛大將軍，左右衛，左右金吾衛，本料四十千五百，續加，准上，隨衣一人，隨物隨人減料。左右武衛等雜衛，本料三十六千文，續加，每月手力各四人，資二千文，私馬三匹，草一百六十束，料四石九㪷五升，隨身十八人，糧米六石，春衣布一十端，絹三十疋，冬衣袍紬十疋，絹三十四疋，綿二十七屯。三十員諸衛將軍，左右衛左右金吾衛，本料三十六千，續加，准上，左右武衛等雜衛，本料二十千，續加，每月手力各三人，資四千五百文，私馬兩匹，草一百一十束，料三石三㪷，隨身八人，糧米四石八㪷，春衣布八端，絹十六疋，冬衣袍紬八疋，絹十六疋，綿十六屯。六員統軍，本料各六十五千，續加，春冬衣一付，每月糧米六㪷，鹽七合五勺，私馬五匹，草糧隨金吾同金吾隨身，餘准諸衛上將軍。六員大將軍，本料六十千文，續加，並准諸衛大將軍。六軍將軍，本料三十千文，續加，准左武等雜衛將軍，射生神策大將軍，本料三十六千文，續加，私馬五匹，草料准上，隨身十四人，七人給衣，不給料，七人給糧米四石三㪷，鹽一㪷五升，春衣布十四端，絹二十八疋，鞋十四兩，冬衣袍紬十四疋，絹二十八疋，綿二十八屯。射生神策將軍，本料三十千文，續加，私馬三匹，草料准上，隨身十二人，六人給衣不給糧，六人全給，糧米三石六㪷，鹽九升，春衣布十二端，絹二十四疋，鞋十二兩，冬衣袍紬十二疋，絹二十四疋，綿二十四屯。

三年六月，中書侍郎、同平章事李泌奏：加百官俸料，各具品秩，以定月俸，隨曹署閑劇，加置手力、資課、雜給等，議者稱之。

四年，中書門下奏：『京文武及京兆府縣官，總三千七十七員，據元給及新加，每月當錢五萬一千四百四貫六百十七文，一年都當六十一萬六千八百五十五貫四百四文，舊額三十四萬八千五百貫四百文，新加二十六萬八千三百五十五貫四文。文官一千八百九十員，三太，各二百貫文，三公，各一百八十貫文。侍中，中書令，各一百六十貫文。中書門下侍郎，左右僕射，太子三太，各一百三十貫文。六尚書、御史大夫、太子三少，各一百貫文，常侍，太常，宗正卿，京兆尹，各九十貫文。左右丞、諸司侍郎，給事舍人、御史中丞、太子賓客、詹事、國子祭酒、諸卿監、內侍監，各八十貫文，諫議，庶子，太常，宗正少卿，各七十貫文，司業、少詹事、諸少卿、少監、內侍，各六十五貫文，諭德，諸曹郎中，東宮三卿，各五十貫文，員外郎、起居舍人、侍御史、王府長史、著作郎、太子中舍、中允、國子博士、太常、宗正、殿中、秘書等丞，大理正，都水使者，京都總監，內常侍，各四十貫文，補闕，殿中侍御史，通事舍人，各三十五貫文，拾遺，監察，司天少監，王府司馬、贊善、洗馬、奉禦陵令、內給事、典內、太常博士、司舍、太常、宗正、御史臺主簿、中書主書、門下録事，各三十貫文，太子文學，秘書郎，著作佐郎，城門，符寶郎，大學，廣文，四門博士，大理司直，大理，詹事諸寺監丞，內謁者監，中書門下主事，各二十五貫文，評事，國子助教，王府諮議，及司天正，宮正六局郎，諸衛六軍長史，諸寺及詹事主事，詹事司直，太子通事舍人，東宮三寺丞，太子文學，廣文助教，千牛衛及率府長史，七品陵丞，都水丞，諸直長，各二十貫文，四門助教，協律郎，諸衛及六軍衛佐，校書，正字，奉禮，大税尚書都事，九成宮總監，各十六貫文，諸寺監，內侍省，詹事府，司天臺録事主事，各八貫文，王府掾屬，録事參軍，主簿，侍禦醫，兩市令，中書武庫署令，武成王廟令，司天丞，各十貫文，內坊丞，內寺主，王府判司，王府國令，諸司上局署令，太子侍醫，公伯邑司，總監丞，司竹温泉監，七品陵廟令，司天臺主簿，各六貫文，律學博士，內謁者，王府參軍，諸司中局署令，王府大農諸司上局署丞，邑司丞，司天靈臺郎保章，挈壺正，京苑四面監，太常醫博士，及監醫，八品陵廟令，尚藥局司醫，司竹温泉監丞，各四貫文，諸司中局署丞，大理獄丞，鴻臚掌客，諸司府監作監事計官屬佐食醫，各二貫文，尚輦，太僕主乘，僕寺典乘，軍衛率府，親勳翊府兵曹，典膳兩令，司天臺司辰，司歷，監候，內坊典直，內侍省宮教博士，太常寺樂正，及醫蔔正，九品陵廟丞，苑四面監丞，王府國丞尉，按摩，卜筮博士，及針醫助教，諸總監主簿，國子書算及律助教，各一千文，武官八百五十六員，七十二員四品，各十七千三百五十文，一百三十六員五品，各一十千八百文，九十六員六品，各七千九百五十文，九十八員七品，各六千一百七十四文，一百三十六員八品，各三千七百十二文，五百五十八員九品，各二千八百七十五文，並雜給校簿，每貫加五百文支給。京兆府縣官，唯兩縣簿尉加五千文，餘並同大曆十二年四月二十八日敕右中書門下准去年十一月二十八日敕京官宜加料錢，准敕商量，謹條件如前。』敕旨：『依。』

十年二月，詔：『應文武朝官有薨卒者，自今已後，其月俸料宜皆全給，仍更准本官一月俸錢，以爲賻贈。若諸司三品已上官，及尚書省四品官，仍令有司舉舊令聞奏。行弔祭之禮，務從優備。』初，左庶子雷咸，以是月朔卒，有司以故事計其月俸，以月數給之。上聞之，故有是命。

十五年十二月詔：『今年十月三日，權減諸道諸州刺史判軍事料，及專知勾當官加手力課，並減州縣官手力、門、倉庫、獄囚子、驛館、廨宇等錢，宜一切卻仍舊。』初，獻計者言收諸道軍事錢及手力、資課等，當得百數十萬貫，可以助軍。于時判度支，又贊成之。及算計大數，止於三十萬貫，而數中更有耗折雜破，纔得十餘萬貫，輿論甚以爲不便，韋皋張建封，又相次奏：言所得甚微，所失體大，又因此人心頗不安，故命復古也。

元和六年閏十二月：『敕河東，河中，鳳翔，易定四道，州縣久破，俸給至微。吏曹注官，將同比遠，在於治體，切要均融，宜以戶部錢五萬五千貫文，充加四道州縣官課。』

七年五月，加賜澤、潞、磁、邢、洺五州府縣官料錢二萬貫文，其年十二月，以麟、坊、邠三州官吏，近邊俸薄，各加賜其料錢。

其年，中書門下奏：『國家舊章，依品制俸，官一品，月俸三十千，其餘職田禄米，大約不過千石，自一品以下，多少可知，艱難以來，網禁漸弛。於是增置使額，厚請俸錢。故大曆中，權臣月俸有至九千貫者，列郡刺史無大小，給皆千貫，常衮爲相，始立限約。至李泌又量其閑劇，隨事增加，時謂通濟，理難減削。然有名存職廢，額去俸存，閑劇之間，厚薄頓異，將爲定式，須立常規。制從之。乃命給事中段平仲，中書舍人韋貫之。兵部侍郎許孟容，戶部侍郎李絳等，詳定減省。』從之

十二年四月敕：『京百官俸料，從五月以後，並宜給見錢，其數內一半充給。元估疋段者，即據時估實數，迴給見錢。』

其年十一月敕：『工部尚書邢士美，以疾未任赴京，宜就東都將息，疾損日赴任。其料錢准上官例，令有司支給。』

十三年六月，以德、棣、滄、景四州，頃遭水潦，給復一年。遂定四州官吏俸錢料，刺史每月一百五十千，望、緊、上縣令，每月四十千，餘有差。

十四年四月，重定淮西州縣俸祿，以蔡州爲緊。刺史月俸一百八十千，申光二州爲中，刺史月俸一百五十千，長史已下有差。

十五年六月，敕曰：『朕聞帝王所重者國體，所切者人情。苟得其體，必臻於太和，如失其情，是由於小利。況設官求理，頒祿責功，既有常規，寧宜就減，近者以每歲經費，量入不充，外官俸料，據數抽貫。朕再三思度，終所未安，念彼遐方，或從卑官，一家所給，三載言歸，在公當甘於廉潔，受祿又苦於減剋，待我庶吏，豈其然乎？雖憂國之誠，固須贍助，而恤人之慮，將起怨諮。必若水旱爲虞，干戈未戢，事非獲已，人亦何辭。今則幸遇豐登，又方寧謐，九州之內，永絕妖氛，三邊之上，冀除烽警，自宜剋己以足用，安可剝下而爲謀，臨軒載懷，實所增愧。其度支所準五月二日敕應給用錢，每貫抽五十文，都計一百五十萬貫文，並宜停抽。』初，宰相以國用不足，故權請抽減課官，及言事者累陳表章，以爲非便，故復下此詔以罷之。

又　卷九二《內外官料錢下》　長慶元年二月敕：『司徒、兼中書令韓弘，疾未全平，尚須在假將息，其俸料宜從敕下日，便令所司支給。』

四年五月敕：『近日訪聞京城米價稍貴，須有通變，以公濟私，宜令戶部應給百官俸料，其中一半合給段疋者，迴給官中所糶粟，每門折錢五十文，其段疋委別貯。至冬糴粟填納太倉。』時人以爲甚便。

大和四年七月，敕吏部奏：『應比遠道州縣官課料，請令依元額料計支給，不得更有欠折。』敕旨：『依奏。』

其年七月敕：『應外任官帶一品正官京職，縱不知政事，且依俸料，宜付所司，並令兼給。』

七年一月，戶部侍郎庾敬休奏：『應文武九品已上，每月料錢，一半合給段疋絲綿等。伏以自冬涉春，久無雨雪，米價少貴，人心未安，自德音放免逋懸，賑恤貧民，中外羣庶，已感皇慈。至於衣冠之家，素乏儲蓄，朝夕取給，猶足爲憂。以臣愚見，若令百官料錢內，一半停給段疋絲綿等，迴給太倉粟。每斗計七十文，在衆庶必見權康，於公家無所虧減。待至麥熟，米價稍賤，即依前卻給段疋等，酌於事理，庶叶變通。』敕旨：『宜依。』

八年八月，劍南東川觀察使楊嗣復奏：『管內普合渝三州刺史元請料錢，每月各四十五貫，請各添至六十貫。』敕旨依奏。

九年六月敕：『宰相俸料，宜依元和十四年以前舊例，並給見錢。』

開成二年八月，戶部侍郎李珏奏：『京諸司六品以下官，請假往外府，違假不到，本官停給料錢。』敕旨：『違限停俸料，餘依準令式。』

四年三月敕：『侍講學士、兼太子少師王起，宜兼給料錢。』

五年三月，中書門下奏：『準今年二月八日赦節文，應京諸司勒留官，令本處剋留手力、雜給錢與攝官者。臣等檢詳，諸道正官，料錢絕少，雜給、手力則多。今正官勒留，亦管公事，俸入多少，事未得中。臣等商議，其料錢、雜給等錢，望每貫割留二百文與攝官，其職田祿米，全還正官。』從之。

會昌元年，中書門下奏：『河東、隴州、鄜坊、邠州等道比遠官，加給課料，河東等道，或興王舊邦，或陪京近地，州縣之職，人合樂爲，祇緣俸課寡薄，官同比遠。伏準元和六年閏十二月十二日及元和七年十二月二十日敕，河東，鳳翔、鄜坊、邠州，易定等道，令戶部加給課料錢，共六萬二千五百貫文，吏曹出得平流官數百員，時議以爲至當，自後訪聞戶部所給零碎，兼不及時。觀察使以其虛折，皆別將破用，徒有加給，不及官人，近地好官，依前比遠。臣等商議，伏望今日以後，令戶部以實物仍及時支遣，諸道並委觀察判官專判此案，隨月加給官人，不得別將破用。如有違越，觀察判官遠貶，觀察使奏取進止，選人官成後，皆於城中

舉債，到任填還，致其貪求，罔不由此。其今年河東、隴西、鄜坊、邠州新授比遠官等。望許連狀相保，户部各借兩月之數，加給料錢。至支給時剋下，所冀初官到任，不滯息債，衣食稍足，可責清廉。』從之。

又《内外官職田》 武德元年十二月制：『内外官各給職分田。京官一品十二頃，二品十頃，三品九頃，四品七頃，五品六頃，六品四頃，七品三頃五十畝，八品二頃五十畝，九品二頃，雍州及外州官，二品十二頃，三品十頃，四品八頃，五品七頃，六品五頃，七品四頃，八品三頃，九品二頃五十畝。』

貞觀十一年三月敕：『内外官職田，恐侵百姓，先令官收，慮其禄薄家貧，所以别給地子，去歲緣有水旱。遂令總停，兹聞卑官頗難支濟，事須優恤，使得自資，宜準元敕，給其地子。』

景龍四年三月，敕旨頒行天下。凡屬文武官員五品以下，各加田五畝，五品以上，各加田四畝。

開元十年正月，命有司收内外官職田，以給逃還貧民户，其職田以正倉粟畝二升給之。

其年六月敕：『所置職田，本非古法，爰自近制，是以因循，事有變通，應須删改。其内外官所給職田地子，從今年九月以後，並宜停給。』

十八年三月敕：『京官職田，將令準令給受，復用舊制。』

十九年四月敕：『天下諸州縣，並府鎮戍官等職田頃畝籍帳，仍依允租價對定，無過六斗，地不毛者，畝給二斗。』

二十九年二月敕：『外官職田，委所司準例倉中受納，納畢一時分付，縣官亦準此。』

其年三月敕：『京畿地狹，民户殷繁，計丁給田，尚猶不足，兼充百官苗子，固難周濟，其諸司官令分在都者。宜令所司，具作定額，計應受職田，並於都畿給付。其應退地，委採訪使與本州長官給貧下百姓，其應給職田，亦委採訪使與所由長官勘會同給，仍永爲常式。』

天寶元年六月敕：『如聞河東、河北官人職田，既納地租，仍收桑課，田樹兼税，民何以堪。自今以後，官人及公廨職田有桑，一切不得更徵絲課。』

十二載十月敕：『兩京百官職田，承前佃民自送，道路或遠，勞費頗多，自今已後，其職田去城五十裏内者，依舊令佃民自送入城。自餘限十月内便於所管州縣並脚價貯納，其脚價五十裏外，每斗各徵二文，一百裏外不過三文，並令百官差本司請受。』

上元元年十月敕：『京官職田，準式並令佃民輸送至京。』

廣德二年十月，宰臣等奏：減百司職田租之半。以助軍糧。從之。

大曆二年正月詔：『京兆府及畿縣官職田，宜令準外州府縣官例，三分取一分。』至十月，減京官職田，一分充軍糧，二分給本官。

十四年八月敕：『内外文武官職田，及公廨田，準式，州縣每年六月三十日勘造白簿申省，與諸司文解勘會。至十月三十日徵收，給付本官。近來不守常規，多不申報，給付之際。先付清望要官，其閒慢卑官，即被延引不付，自今以後，準式各令送付本官，又準式，職田黄籍，每三年一造。自天寶九載以後，更不造籍，宜各委州縣，每年差專知官巡覆，仍造簿依限申交所司，不得隱漏，及妄破蒿荒，如有違犯，專知官及本典，準法科罰。』

貞元四年八月敕：『準《田令》，永業田，職事官從一品，郡王，各五十頃，國公若職事官正二品，各四十頃，郡公若職事官從二品，各三十五頃，縣公若職事官從三品，各二十頃，侯若職事官正四品，各十四頃，伯若職事官從四品，各十一頃。』

十四年六月，判度支於頔請收百官闕職田，以贍軍須。從之。

元和六年八月詔：『百官職田，其數甚廣，今緣水潦，諸處道路不通，宜令所在貯錢，充度支支用，百官卻令據數於太倉請受。』

十三年三月詔，百司職田，多少不均，爲弊日久，宜令每司各收職田草粟等數，自長官以下，據多少人作等差，除留闕官外分給。

長慶元年七月敕：『百司職田，在京畿諸縣者，訪聞本地多被所由侵隱，抑令貧户佃食蒿荒，百姓流亡，半在於此，宜委京兆府勘會均配，務使公平。』

其年十月敕司兼中書令合屬内官，各依舊外，再加田五畝，七品以下仍舊。

寶曆元年四月制：『京百司田散在畿内諸縣，舊制配地出子，歲月已深，佃戶至有流亡，官曹多領虛數，今欲據額均入，地盤萬戶，供輸百司，盡得隨稅出子，逐畝平攤，比量舊制，孰爲允便，宜委京兆府與屯田審勘計會，條流聞奏。』

開成二年五月，判國子祭酒事、門下侍郎、平章事鄭覃奏：『太學新置五經博士各一人，屯田素無職田，請依王府官品秩例，賜以禄粟。』從之。

會昌六年十月，京兆府奏：『諸縣徵納京百司官秩職田斛斗等，伏請從今已後，卻準會昌元年已前舊例，上司官斛斗，勒民戶使自送納，所冀輸納簡便，百官各得本分職田，縣司所由，無因隱欺者。』並從之。

大中元年十月，屯田奏：『應内外官請職田，陸田限三月三十日，水田限四月三十日，麥田限九月三十日，已前上者，入後人，已後上者，入前人，伏以令式之中，並不該閏月，每遇閏月，交替者即公牒紛紜，有司即無定條，莫知所守，伏以公田給使，須準期程，時限未明，實恐遺闕，今請至前件月，遇閏即以十五日爲定式，十五日以前上者，入後人，已後上者，入前人，據令條，其元闕職田，並限六月三十日，春麥限三月三十日，宿麥限十二月三十日，已前上者入新人，已後上者，並入舊人，今亦請至前件月，遇閏即以十五日爲定式，所冀給受有制，永無訴論。』敕曰：『五歲再閏，固在不刊，二稔職田，須有定制，自此已後，宜依屯田所奏，永爲常式。』

又 卷九三《諸司諸色本錢上》 武德元年十二月，置公廨本錢，以諸州令史主之，號捉錢令史，每司九人，補於吏部，所主纔五萬錢以下，市肆販易，月納息錢四千文，歲滿授官。

貞觀元年，京師及州縣，皆有公廨田，以供公私之費，其後以用度不足，京官有俸賜而已，諸司置公廨本錢，以番官貿易取息，計員多少爲月料。

十一年，罷諸司公廨本錢，以天下上戶七千人爲胥士，視防閤制，而收其課，計官多少而給之。

十二年，復置公廨本錢，諫議大夫褚遂良上疏，言七十餘司，更一、二歲，捉錢令史六百餘人受職，太學高第，諸州進士，拔十取五，猶有犯禁罹法者，況廛肆之人，苟得無耻，不可使其居職，太宗乃罷捉錢令史，復給百官俸，又令文武職事三品以上，給親事、帳内，以六品七品子爲親事，以八品九品子爲帳内，歲納錢千五百，謂之品子課錢，凡捉錢品子，無違負者，滿二百日，本屬以簿附朝集使，上於考功、兵部，滿十歲，量文武授官。

十八年，以京兆府、岐、同、華、邠、坊州隙地陂澤可墾者，復給京官職田。

二十一年二月，令在京諸司依舊置公廨本錢，捉以令史、府史、胥士等，令迴易納利，以充官人俸。至永徽元年，廢之，以天下租腳直爲京官俸料，其後又薄斂一歲稅，以高戶主之，月收息給俸，尋顯以稅錢給之，總十五萬二千七百三十緡。

光宅元年，秘書少監崔沔請計戶均出，每丁加升尺，所增蓋少，流亡漸復，倉庫充實，然後取於正賦，罷新加者。至開元十年，中書舍人張嘉貞，又陳其不便，遂罷天下公廨本錢，復稅戶以給百官，籍内外職田。

開元十八年，御史大夫李朝隱奏：請籍百姓一年稅錢充本，依舊令高戶及典正等捉，隨月收利，將供官人料錢，並取情願自捉，不得令州縣牽捉。

其年，復給京官職田，州縣籍一歲稅錢爲本，以高下捉之，月收贏以給外官，復置天下公廨本錢，收贏十之六。

天寶元年，員外郎給料，天下白直，歲役丁十萬，有詔罷之，計數加稅以供用，人皆以爲便，自開元後，置使甚衆，每使各給雜錢。

至德二年七月：宣諭使侍御史鄭叔清奏：『承前諸使下召納錢物，多給空名告身，雖假以官，賞其忠義，猶未盡才能，今皆量文武才藝，兼情願穩便，據條格議，同申奏聞。』

乾元元年敕：『長安、萬年兩縣，各備錢一萬貫，每月收利，以充和雇。』時祠祭及蕃夷賜宴別設，皆長安萬年人吏主辦，二縣置本錢，配納質債戶收息，以供費。諸使捉錢者，給牒免徭役，有罪府縣不敢劾治，民間有不取本錢，立虛契，子孫相承爲之。

寶應元年敕：『諸色本錢，比來將放與人，或府縣自取，及貧人將捉，非惟積利不納，亦且兼本破除。今請一切不得與官人及窮百姓並貧典吏，揀擇當處殷富幹了者三五人，均使翻轉迴易，仍放其諸色差遣，庶符永存官物，又冀免破家。』

大曆六年三月敕：『軍器公廨本錢三千貫文，放在人上，取利充使以下食料紙筆。宜於數內收一千貫文，別納店鋪課錢，添公解收利雜用。』

貞元元年四月，禮部尚書李齊運奏：『當司本錢至少，廚食闕絶，請準秘書省大理寺例，取戶部闕職官錢二千貫文，充本收利，以助公廚。』可之。

其年九月八日敕：『自今後，應徵息利本錢，除主保逃亡轉徵鄰近者放免，餘並準舊徵收，其所欠錢，仍任各取當司闕官職田，量事糶貨，充填本數，並已後所舉，不得過二十貫。』

十二年，御史中丞王顏奏：簡勘足數十王廚，二十貫文。十六王宅，三百九十二貫八百二十五文。門下省，三千九百七十貫四十文。中書省，五千九百九十八貫文。集賢院，四千四百六十八貫八百文。崇元館，五百貫文。宏文館，七百二十六貫二百文。太清宮，一千貫文。史館，一千三百一十貫四百文。尚書都省，一萬二百一十五貫二百三十八文。吏部尚書銓，三千一百八十二貫二十文。東銓，二千四百四十五貫三百一十文。西銓，二千四百三十三貫六百六十一文。南曹，五百八十貫文。甲庫，二百八十四貫六十五文。功狀院，二千五百貫文。流外銓，三百貫文。急畫，五百貫文。主事，五百貫文。白院，五千六百二十三貫文。考功，一千五百二十六貫一百九十五文。司勳，二百二十八貫文。兵部，六千五百二十貫五百五十二文。戶部，六千貫五百五十六文。工倉部，四百二十七貫三百三十文。刑部，六十貫文。禮部，三千五百二十八貫五百三十七文。工部，四千三百二十貫九百五十九文。御史臺，一萬八千五百九十一貫文。東都御史臺，五百貫文。西京觀察使，五千四十六貫八百五文。三衛使，五百貫文。軍器使，二千一百九十一貫一百三十文。監食使，七十四貫五十文。秘書省，四千七十貫文。殿中省，二百三十八貫五百文。太常寺，一萬四千二百五十四貫八百文。太常禮院，一千七百貫文。光祿寺，一百五十六貫文。衛尉寺，一千二百四貫八百七文。宗正寺，一千八百八十四貫文。大理寺，五千九十二貫八百文。大僕寺，三千貫文。鴻臚寺，六千六百五貫一百二十九文。司農寺，五千六百五貫二百八十二文。太倉諸色供，七百八十七貫四百二十四文。太府寺，二千二百八十一貫六百三文。左藏庫將作監，七百貫文。少府監，六百七十八貫七百文。中尚，七百七十貫文。國子監，三千三百八十二貫三百六十文。詹事府，一千七百一十六貫七百三十二文。家令寺，七百八十七貫九百文。僕寺，四百貫文。左春坊，一百八十四貫六百文。右春坊，二百八十貫文。崇文館，八百一十貫文。司天臺，二百八十貫文。皇城留守，一千二百三十四貫八百文。右金吾衛，九千貫文。右金吾引駕仗，三千三百六十九貫文。右街使，一千八百六十貫八百三十文。左金吾衛，九千九貫五百文。左金吾引駕仗，六千一百二十貫文。左街使，三千九百十六貫三百八十文。總監，三千貫文。京兆府，四萬八千八百八十九貫二百二十四文。京兆府禦遞院，二千五百貫文。

二十一年正月制：『百官及在城諸使息利本錢，徵放多年，積成深弊。宜委中書門下與所司商量其利害，條件以聞，不得擅有禁錢，務令通濟。』

其年七月，中書門下奏：『敕釐革京百司息利本錢，應徵近親，及重攤保，並遠年逃亡等，今年四月十七日敕本利並放訖，其本事須借錢添填，都計二萬五千九百四十三貫六百九十九文。伏以百司本錢，久無疏理，年歲深遠，亡失頗多，食料既虧，公務則廢，事須添借，令可支援，伏望聖恩，許令準數支給，仍請以左藏庫度支除陌錢充。』敕旨：『宜依。』

又《諸司諸色本錢下》 元和二年六月，中書門下上言：『聖政維新，事必歸本，疏理五坊戶色役，令府縣卻收，萬民欣喜，恩出望外，臣等敢不釐革舊弊，率先有司，其兩省納課陪廚戶及捉錢人，總一百一十四人，望令歸府縣色役。』敕旨，從之。

六年四月：御史臺奏：『諸使盧有捉利錢戶，請同臺省例，如有過犯差遣，並任府縣處置。』從之。

其年五月，御史中丞柳公綽奏請：『請諸司諸使應有捉利錢戶，其本司本使給戶人牒身，稱準放免雜差遣夫役等，如有過犯，請牒送本司本使科責，府縣不得擅有決罰，仍永爲常式者。臣昨因奉進止，追勘閑廄使下利錢戶割耳進狀，劉嘉和訴，被所由分外科配等事由，因勘責劉嘉和所執牒身，所引敕文，檢敕不獲，牒閑廄使勘敕下年月日，又稱遠年文案失落。今據閑廄使利錢案，一使之下，已有利錢戶八百餘人，訪聞諸使，並同此例，戶免夫役者，通計數千家，況犯罪之人，又常僥倖，所稱捉利錢戶，先亦不得本錢，百姓利其牒身，情願虛立保契，文牒一定，子孫相承。至如劉嘉和情願充利錢戶事由，緣與人毆鬭，打人頭破時，便於閑廄使情願納利錢，得牒身免府縣科決，實亦不得本錢，已具推問奏聞訖，伏奉進止。今臣具條流奏聞者，今請諸司諸使所管官錢戶，並依臺省舉本納利人例，諸司諸使更不得妄有準敕給牒身免差遣夫役。及有過犯，許作府縣處分。如官典有違，請必科處，使及長官，奏聽進止。其先給牒者，並仰本司本使收毀，人後在人戶處收毀不盡，其官典必有科責，其捉錢戶原不得本錢者，亦任使不納利，庶得州府不失丁夫，姦人免有僥倖。』敕旨：『宜依。』

九年十一月，戶部奏：『準八月十五日敕，諸司食利本錢，出放已久，散失頗多，各委本司勘會，其合徵錢數，便充食錢，若數少不充，以除陌五文錢，量其所欠，添本出放者，令準敕各牒諸司勘會，得報，據秘書省等三十二司牒，應管食利本錢物五萬三千九百五十二貫九百五十五文，各隨司被逃亡散失。見在徵數額。與元置不同。今但據元置數額而已。秘書省，三千三百八十四貫五百文。太常寺，六千七百二十二貫六百六文。光禄寺，一千二百九十九貫六十四文。宗正寺，一百十七貫九十五文。衛尉寺，一千二百五十貫九百文。太僕寺，一千九貫五百文。大理寺，五千九百二十四貫七百四十文。鴻臚寺，二千六百六十貫文。司農寺，二千七百三十五貫七百七十文。太府寺，一千五百八貫九百文。殿中省，九百九十貫五百五十文。詹事府，一千一百九十一貫三百七十七文。國子監，二千六百四十四貫二百五十文。少府監，一千三百三十四貫七百三十一文。將作監，一千六百十七貫文。左春坊，一千三百八貫七百七文。右春坊，一千貫文。司天臺，三百八十貫文。家令司，一千八百一十貫七百文。太僕寺，四百三十六貫六百五十文。總監，二千六百七十二貫文。左藏庫，六百二十貫文。尚食局，三百三十八貫文。尚舍局，三百七十四貫三百文。尚輦局，一百貫文。太倉，二千四百十五貫六百八十一文。內中局，六百三十六貫二百文。萬年縣，三千四百貫六百文。長安縣，二千七百四十五貫四百三十三文。左衛，五百四十貫文。左司禦帥府，二百一十貫文。右司御帥府，一百貫文。』敕：『宜委御史臺仔細簡勘，具合徵放錢數，及量諸司閒劇人目，加減條流奏聞。』

其年十二月敕：『比緣諸司食利錢，出舉歲深，爲弊頗甚，已有釐革，別給食錢，其御史臺奏：所勘責秘書省等三十二司食利本錢數內，有重攤轉保，稱甚困窮者，據所欠本利並放，其本戶中納利，如有十倍已上者，既緣輸利歲久，理亦可矜，量准前本利並放，其納經五倍已上。從今年十二月以前，應有欠利並放。起元和十年正月已後，準前計利徵收，其餘人戶等，計其倍數，納利非多，不可一例矜放，宜並委本司準前徵納，其諸司所徵到錢，自今以後，仍於五分之中，常抽一分，留添官本，各勒本司以後相承收管，其諸司應見徵納，及續舉放所收利錢。並準今年八月十五日敕充添修司廨宇什物，及令史驅使官廚料等用，仍委御史臺勾當。每常至年終，勘會處分，其諸司除疏理外，見在本錢，據額更不得破用，如有欠失，卽便勒主掌官典所由等。據數填賠，其中書門下兩省，及尚書省御史臺，應有食利錢外，亦便令準此條流處分。』

十年正月：御史臺奏：『秘書省等三十二司，除疏理外，見在食利本錢，應見徵納及續舉放，所收利錢，準敕並充添修當司廨宇什物。及令史驅使官廚料等用。準元和九年十二月二十九日敕仍委御史臺勾當。每至年終，勘會處分，及諸司疏理外，見在本錢，據額不得破用。如有欠失，卽便勒主掌官典所由等填陪者，其諸司食利本錢疏理外。合徵收者，請改案額爲元和十年新收置公廨本錢。應緣添修廨宇什物。及令史府史等廚並用，勒本司據見在戶名錢數，各置案歷，三官通押。逐委造帳，印訖入案。仍不得侵用本錢。至年終勘會，欠少本利官典，諸節級準法處分，庶官錢免至散失，年額既定，勾當有憑。』敕旨：『宜依。』

十一年八月敕：『京城百司、諸軍、諸使。及諸道應差所由，並召人捉本錢。』右御史中丞崔從奏：『前件捉錢人等，比緣皆以私錢添雜官本，所防耗折，裨補官利，近日訪聞商販富人，投身要司，依託官本，廣求私利，可徵索者。自充家產，或逋欠者，證是官錢，非理逼迫，爲弊非一，今請許捉錢戶添放私本，不得過官本錢，勘責有賸，並請沒官。』從之。

其年九月，東都御史臺奏：『當臺食利本錢，從貞元十一年至元和十一年，息利十倍以上者，二十五戶，從貞元十六年至元和十一年，息利七倍以上者，一百五十六戶，從貞元二十年至元和十一年，息利四倍以上者，一百六十八戶，伏見去年京畿諸司本錢，並條流甄免，其東都未蒙該及者，竊以淮寇未平，供饋尚切。人力少疲，衣食屢空，及納息利年深。

正身既沒，子孫又盡，移徵親族旁支，無支族，散徵諸保人，保人逃死，或所由代納，縱倪尪孤獨，仰無所依，立限踰年，虛繫錢數，公食屢闕，民戶不堪，伏乞天恩，同京諸司例，特甄減裁下。」敕旨：『從奏。』

十二年正月，門下省奏：『應管食利本錢，總三千四百九十八貫三百二十一文。』宰相已下至主録等食利三百七十八貫三百四十餘文，直省院本錢，準建中三年四月十五日敕以留院人錢置本，中書省奏：『當省食利本錢，共五千貫文。宰相以下官至主録等食利錢一千貫，直省院食利本錢，準建中二年四月敕當院自斂置本，準元和九年十二月九日敕，令勘會疏理，其見在合徵錢，準敕合充添修當司廨宇什物，其省院本錢，緣是當院自斂置本，請便充本添廚等用。』敕旨，依奏。

十四年十月，御史中丞蕭俛奏：『應諸司諸軍諸使公廨諸色本利錢等，伏緣臣當司及秘書省等三十二司利錢。伏準本年七月十三日赦文。至十倍者，本利並放，展轉攤保。至五倍者，本利並放，緣前件諸司、諸使、諸軍利錢，節文並不該及，其中有納利百姓，見臣稱訴，納利已至十倍者，未蒙一例處分，求臣上達天聽。臣已面陳奏訖，伏以南北諸司，事體無異，納利百姓，皆陛下赤子，若恩澤均及，則雨露無偏，伏望聖慈，特賜放免。』敕旨，從奏。

十五年二月詔：『內外百官食利錢十倍至五倍以上，節級放免，仍每經十年，即內外百司各賜錢一萬貫充本，據司大小，公事閒劇，及當司貧富，作等第給付。』

其年八月，賜教坊錢五千貫充本，以收息利。

長慶元年三月敕：『添給諸司本錢，準元和十五年五月十一日赦，內外百司，準二月五日赦文，宜共賜錢一萬貫文，以戶部錢充，仍令御史臺據司額大小，公事閒劇，爲等第均配。』

三年十一月，賜內園本錢一萬貫，軍器使三千貫。

其年十二月，賜五坊使錢五千貫，賜威遠鎮一千貫，以爲食利。

大和元年十二月，殿中省奏：『尚食局新舊本錢，總九百八十貫文，伏以尚食貧虛，更無羨餘添給，伏乞聖慈，更賜添本錢二千貫文。許臣別條流方圓諸色改換，收利支用，庶得不失公事。』敕旨：『賜本錢一千貫文，以戶部五文抽貫錢充。』

七年八月敕：『中書門下省所將本錢，與諸色人給驅使官文牒，於江淮諸道經紀，每年納利，並無元額許置，如聞納利殊少，影射至多，宜並勒停。兩省先給文牒，仍盡追收，其去年所減人數，雖挾名尚執兩省文牒，亦宜收訖聞奏：以後不承正敕，不在更置之限。』

開成三年七月敕：『尚書省自長慶三年賜本錢後，歲月滋久，散失頗多，或息利數重，經恩放免，或民戶逋欠，無處徵收，如聞尚書丞郎官入省日，每事闕供，須議添助，除舊賜本錢徵利收，及吏部告身錢外，宜每月共賜一百貫文，委戶部逐月支付，其本錢任準前收利添充給用，仍委都省納勒舊本，及新添錢量多少均配，逐行分析聞奏。』

四年六月，上御紫宸殿，宰臣李珏奏：『堂廚食利錢一千五百貫文，供宰相香油蠟燭，捉錢官三十人，頗擾百姓，今勘文書，堂頭共有一千餘貫，所收利亦無幾。臣欲總收此錢，用自不盡，假令十年之後，更無此錢。直令戶部供給亦得，兩省亦有此錢，臣亦欲商量，共有三百餘人。在外求利，米鹽細碎，非國體所宜。』上曰：『太細碎。』楊嗣復曰：『百司食利，實爲煩碎，自貞觀以後，留此弊法。臣等即條流聞奏。』乃奏：『宰臣置廚捉錢官並勒停，其錢並本錢追收，勒堂後驅使官置庫收掌破用，量入計費十年用盡後，即據所須，奏聽進止。』敕旨：『宜依。』

會昌元年正月敕節文：『每有過客衣冠，皆求應接行李，苟不供給，必致怨尤，刺史、縣令，但取虛名，不惜百姓，宜委本道觀察使條流，量縣大小，及道路要僻，各置本錢，逐月收利，或觀察使前任臺省官，不乘館驛者，許量事供給，其錢便以留州、留使錢充，每至年終，由觀察使，如妄破官錢，依前科配，並同入己贓論，仍委出使御史糾察以聞。』

其年四月，河南府奏：『當府食利本錢，出舉與人。』敕旨：『河南府所置本錢，用有名額，既無別賜，所闕則多，宜令改正名額，依舊收利充用。』

其年六月，河中、晉、絳、慈隰等州觀察使孫簡奏：『準赦書節文，量縣大小，各置本錢，逐月四分收利，供給不乘驛前觀察使、刺史、前任臺省官等，晉、慈、隰三州，各置本錢訖，得絳州申，稱無錢置本，令使司量貸錢二百貫充置本，以當州合送使錢充。』敕旨：『宜依。仍付所司。』

是月，戶部奏：『準正月九日敕文，放免諸司食利錢，每年別賜錢二萬貫文，充諸司公用。今準長慶三年十二月九日敕，賜諸司食利本錢，共八萬四千五百貫文，四分收利，一年秖當四萬九百九十二貫文，今請落下，徵錢驅使官二百文課，並更請於合給錢內四分中落一分，均攤分配，所得新賜錢，均給東都臺省等一十四司，雖落下一分錢，緣置驅使官員，於人戶上徵錢，皆被延引，雖有四分收利之名，而無三分得利之實，今請每月合得利錢數外，更添至三百貫文，內侍省據自司報牒，稱省內公用稍廣，利錢比於諸司最多，今請於合得錢外，亦添至三百貫文，兵部、吏部、尚書等銓一十一司，緣有舊本錢，準敕放免，又有公事，今請每月共與一百五十貫文，臣今於新賜外，更請添賜上件錢，所費不廣，所利至多，則內外諸司，永得優足，伏望聖恩，允臣所奏。』敕旨：『宜依。』

二年正月敕：『去年赦書所放食利，秖是外百司食錢，令戶部共賜錢訖。若先假以食利爲先，將充公用者，並不在放免，如聞內諸司息利錢，皆以食利爲名，百姓因此，亦求蠲免，宜各委所司，不在放免之限。』

宋・王溥《五代會要》卷二七《諸色料錢上》 梁開平三年正月，詔曰：『祿俸所以養賢而勵奉公也，朕今肇建，諸色已異，郊禋職貢至多，置用差少，其百官俸料，委左藏庫依例全給。』

後唐同光三年二月十九日，租庸院奏：

新定四京及諸道副使、判官已不俸料，請降敕各下逐處支遣、兼除所置副使、判官、掌書記、推官外、如本處更妄稱簡署官員，即勒本道節度使自備請給、不得正破係省錢物，諸道藩鎮，請祇置節度使、副、節度觀察判官、掌書記、推官共五員、節度使副料錢每月四十千、依除實數錢廚料米一石、麫二石內價錢三千；蒿六十束、柴三十束、春服絹十五疋、冬服絹一十五疋、綿三十兩、私馬二匹草料，節度觀察判官料錢每月三十千、依除實錢廚料米六斗、麫一石六斗價錢二千；蒿四十束、柴二十束、春服絹一十二疋、冬服絹一十二疋、綿二十五兩、私馬一匹草料，節度掌書記料錢每月二十五千、依除實錢廚料米六斗、麫一石二斗內價錢一千五百；蒿三十束、柴一十五束、春服絹一十疋、冬服絹一十二疋、綿二十兩、私馬一匹草料，節度推官料錢每月一十五千、依除實數錢廚料米六斗、麫一石二斗內價錢一千五百；蒿三十束、柴一十五束、春服絹一十疋、冬服絹一十疋、綿二十兩、私馬一匹草料。

留州兼判六軍、請置副使、判官、推官三員，副使依節度副使例、判官依觀察判官例、推官依諸道推官例，留守不判六軍、請置判官、推官二員，判官依節度觀察判官例、推官依諸道推官例，四京府請祇置推官一員、如已有判官、即不置推官、其請受准留守推官例、其料錢准百官例折支，所有廚料時服等、即給本色。

右奉敕：『宜令諸道節鎮，依舊更置觀察支使一員，其俸料春冬衣賜，仍准掌書記例支遣，餘依租庸院所奏。』

又 卷二八《諸色料錢下》 後唐同光三年二月十五日，租庸院奏：

諸道州縣官並防禦團練副使，判官等俸料，各據逐處具到事例，文帳內點檢舊來支遣則例，錢數不等，所請折支物色。又加錢數不定，難爲勘會。今除東京管內州縣官見支手支課錢且依舊外，其三京並諸州，於舊日支遣錢數等第，重定則例。兼切循本朝事體，防禦團練副使，判官外，其餘推巡已下職員，皆是本處自要辟請圓融，月俸贍給，亦乞依舊規繩，省司更不支給錢物，謹具如後：

防禦團練副使、判官、副使逐月料錢三十千貫；判官逐月二十千貫；刺史州元兼副使；有者請廢，其軍事判官所有月俸、亦是刺史已俸內支贍，三京少尹支料錢、逐月三十千貫，

赤縣，令每月正受支料錢二十五千貫、考滿並攝比正官支一半；主簿每月正授支料錢一十二貫、考滿並攝比正官支一半。

畿縣，令每月正授支料錢二十千貫、考滿並攝比正官支一半；主簿每月支料錢一十千貫、考滿並攝比正官支一半；司録參軍每月正授支料錢一十三千貫、考滿並差攝比正官支一半；諸曹判司官每月正授支料錢一十二千貫、考滿並差攝比正官支一半；文學每月正授支料錢五千貫、考滿並差攝比正官支一半；參軍每月正授支料錢五千貫、考滿並差攝比正官支一半；諸州府録事參軍、各依逐州上縣令支；州判司各依上縣主簿支。一萬戶已上縣，令每月正授支料錢二十三千貫、考滿並差攝比正官支一半；主簿每月正授支料錢一十二千五百貫、考滿並差攝比正官支一半。

九千戶已上縣，令每月正授支料錢二十二千貫、考滿並差攝比正官支一半、主簿每月正授支料錢一十二千貫、考滿並差攝比正官支一半。

八千戶已上縣，令每月正授支二十一千貫、考滿並差攝比正官支一半、主簿每月正授支一十一千五百貫、考滿並差攝比正官支一半。

七千戶已上縣，令每月正授支二十千貫、考滿並差攝比正官支一半；主簿每月正授支一十一千貫、考滿並差攝比正官支一半。

六千戶已上縣，令每月正授支一十九千貫、考滿並差攝比正官支一半；主簿每月正授支一十千五貫、考滿並差攝比正官支一半。

五千戶已上縣，令每月正授支一十八千貫、考滿並差攝比正官支一半；主簿每月正授支一十千貫、考滿並差攝比正官支一半。

四千戶已上縣，令每月正授支一十七千貫、考滿並差攝比正官支一半；主簿每月支九千五百貫、考滿並差攝比正官支一半。

三千戶已上縣，令每月正授支一十六千貫、考滿並差攝比正官支一半；主簿每月正授支九千貫、考滿並差攝比正官支一半。

二千五百戶已上縣，令每月正授支一十五千貫、考滿並差攝比正官支一半；主簿每月正授支八千五百貫、考滿並差攝比正官支一半。

二千戶已上縣，令每月正授支一十四千貫、考滿並差攝比正官支一半；主簿每月正授支八千貫、考滿並差攝比正官支一半。

一千五百戶已上縣，令每月正授支一十三千貫、考滿並差攝比正官支一半；主簿每月正授支七千五百貫、考滿並差攝比正官支一半。

一千戶已上縣，令每月正授支一十二千貫、考滿並差攝比正官支一半；主簿每月正授支七千貫、考滿並差攝比正官支一半。

五百戶已上縣，令每月正授支一十一千貫、考滿並差攝比正官支一半；主簿每月正授支六千五百貫、考滿並差攝比正官支一半。

五百戶已下縣，令每月正授支一十千貫、考滿並差攝比正官支一半；主簿每月正授支六千貫、考滿並差攝比正官支一半。

右租庸使奏重定料錢則例如前，如諸道舊有取田處、今後不得占留開破、並依百姓例輸稅。

奉敕：『宜依。』

長興二年閏五月，起居郎曹琛奏：『文武兩班、或請假歸寧、或臥疾未頓、才注班簿、便住料錢，伏乞特降敕命者。』敕：『今後文武官請准式歸寧給假及疾病者、並許支給本官料錢。』其月二十四日敕：『諸道行軍司馬、副使、判官已下賓寮等、考滿未有替人、宜令並全支俸料、元不在省司給俸者、不在此例。』

清泰元年七月敕：『洋王從璋、涇王從敏、每月各給料錢一百千、米、麥各五十石、傔人衣糧各五十分、馬五十五匹草粟。』二王自方鎮入朝，洛陽私第，故有是給賜。

二年十月，將作監丞、襲封介國公宇文頡奏：『蒙恩襲封除官、無襲爵俸給。』詔：『特給本官俸。』

晉天福六年二月敕：『諸衛上將軍逐月加俸錢二萬。』

漢乾祐三年七月十六日敕節文：『諸道州府令録、判官、主簿、宜令等第支與俸戶、逐戶每月納錢五百、與除二稅外、免放諸雜差遣、不得更種職田，所定俸戶、於中等無色役人戶內置、不得差令當直及赴衙參，如有闕額及不逮、明申州府差填、不得衷私替換、若是令録、判司、主簿、除本分人數外、剩占俸戶及令當直手力、更納料錢、並許百姓陳告，其陳告人與免戶下諸雜差徭、所犯人追毀告身、更加力役，如令佐、録事、參軍內有員闕、州府差攝、亦依例支與俸錢，差攝曹官、不得一例供破，定例如後：三千戶已上縣，令逐月一十二千、主簿六千；二千戶已上至三千戶已下縣，令九千，主簿五千；一千戶已下縣，令六千、主簿四千，録事、參軍、判司依本部內戶口取最多縣令例支破。其録事、參軍、依奏縣令例，判司依主簿例。』

周廣順元年四月敕：『牧守之任、委遇非輕；分憂之務既同、制禄之數宜等，自前有富庶之郡、請給則優；或邊遠之州、俸料素薄，以至遷除之際、擬議亦難，既論資序之高卑、又患禄秩之升降，宜分多益寡、均利同恩、冀無黨偏，以勸勳效，今重定則例：諸州防禦使料錢二百千、禄粟一百石、食鹽五石、馬十匹草粟、元隨三十人衣糧，團練使料錢一百五十千、禄粟七十石、食鹽五石、馬十匹草粟、元隨三十人衣糧，刺史料錢一百千、禄粟五十石、食鹽五石、馬五匹草粟、元隨二十人衣糧，仍取今年五月一日後到任者、依前定例支、其已前在任者、所請如故。』

顯德五年十二月、中書奏：

諸道州府縣官及軍事判官，一例逐月各據逐處主戶等第，依下項則例所定料錢及米麥等，取顯德六年三月一日後起支，其俸戶並停廢。

一萬戶已上縣，令逐月料錢二十千、米麥共五石；主簿料錢一十二千、米麥共三石，七千戶已上縣，令逐月料錢一十八千、米麥共五石；主簿料錢一十千、米麥共三石，五千戶已上縣，令逐月料錢一十五千、米麥共四石；主簿料錢八千、米麥共三石，三千戶已上縣，令逐月料錢一十二千、米麥共四石；主簿料錢七千、米麥共三石，不滿三千戶縣，令逐月料錢一十千、米麥共三石；主簿料錢六千、米麥共二石。

五萬戶已上州，司録事參軍及兩京司録，每月料錢二十千、米麥共五石；司戶、司法每月料錢一十千、米麥共三石，三萬戶已上州、司録事參軍每月料錢一十八千、米麥共五石；司戶、司法每月料錢八千、米麥共三石，一萬戶已上州、司録事參軍每月料錢一十五千、米麥共四石；司戶、司法每月料錢七千、米麥共三石，五千戶已上州、司録事參軍每月料錢一十二千、米麥共四石；司戶、司法每月料錢六千、米麥共二石，不滿五千戶州，司録事參軍每月料錢一十千、米麥共三石；司戶、司法每月料錢五千、米麥共二石，諸司軍事判官，一例每月料錢一十千、米麥共三石。

右諸州府、京百司、内諸司、州縣官、課戶、莊戶、俸戶、柴炭紙筆戶等，望令本州及檢田使臣依前項指揮，勒歸州縣，候施行畢，具戶數奉聞，仍差本州判官精細點數後，差使臣覆視，及有人論訴稱有漏落，抵罪在本州判官及幹繫官典，如今後更有人戶願充此等戶者，便仰本州勒充軍戶，配本州牢城執役，從之。

六年十二月詔：『諸道州府攝官，起今後支給本所諸官俸錢之半。』

論說

宋・洪邁《容齋五筆》卷八《白公説俸禄》　白樂天仕宦，從壯至老，凡俸禄多寡之數，悉載於詩，雖波及他人亦然，其立身廉清，家無餘積，可以概見矣，因讀其集，輒敍而列之，其爲校書郎，曰：『俸錢萬六千，月給亦有餘。』爲左拾遺曰：『月慚諫紙二千張，歲愧俸錢三十萬。』兼京兆戶曹，曰：『俸錢四五萬，月可奉晨昏，廪禄二百石，歲可盈倉囷。』貶江州司馬，曰：『散員足庇身，薄俸可資家。』壁記曰：『歲廪數百石，月俸六七萬。』罷杭州刺史，曰：『三年請禄俸，頗有餘衣食。』『移家入新宅，罷郡有餘資。』爲蘇州刺史，曰：『十萬戶州尤覺貴，二千石禄敢言貧。』爲賓客分司，曰：『俸錢八九萬，給受無虚月。』『嵩洛供雲水，朝廷乞俸錢。』『老宜官冷靜，貧賴俸優饒。』『官優有禄料，職散無羈縻。』『官銜依口得，俸禄逐身來。』爲河南尹，曰：『厚俸如何用，閒居不可忘。』不赴同州，曰：『誠貪俸錢厚，其如身力衰。』爲太子少傅，曰：『月俸百千官二品，朝廷雇我作閒人。』『又問俸厚薄，百千隨月至。』『七年爲少傅，品高俸不薄。』其致仕，曰：『全家遁此曾無悶，半俸資身亦有餘。』『俸隨日計錢盈貫，禄逐年支粟滿囷。』『壽及七十五，俸占五十千。』其泛敍曰：『歷官凡五六，禄俸及妻孥。』『料錢隨官用，生計逐年營。』『形骸僶俛班行内，骨肉勾留俸禄中。』其他人者，如陝州王司馬曰：『公事閒忙同少尹，俸錢多少敵尚書。』劉夢得罷賓客、除秘監，禄俸略同，曰：『日望揮金賀新命，俸錢依舊又如何。』歎洛陽、長水二縣令，曰：『朱紱洛陽官位屈，青袍長水俸錢貧。』其將下世，有《達哉樂天行》曰：『先賣南坊十畝園，次賣東郭二頃田。』然後兼賣所居宅，髣髴獲緡二三千。但恐此錢用不盡，即先朝露歸夜泉。』後之君子試一味其言，雖日飲貪泉，亦知斟酌矣。觀其生涯如是，東坡云：『公廪有餘粟，府有餘帛。』殆亦不然。

宋・洪邁《容齋續筆》卷一六《唐朝士俸微》　唐世朝士俸錢至微，除一項之外，更無所謂料券、添給之類者，白樂天爲校書郎，作詩曰：『幸逢太平代，天子好文儒，小才難大用，典校在秘書，俸錢萬六千，月給亦有餘，遂使少年心，日日常晏如。』及爲翰林學士，當遷官，援蕫公輔故事，但乞兼京兆府戶曹參軍，既除此職，喜而言志。至云：『詔授戶曹掾，捧詔感君恩，弟兄俱簪笏，新婦儼衣巾，羅列高堂下，拜慶正紛紛，喧喧車馬來，賀客滿我門，置酒延賀客，不復憂空罇。』而其所得者，亦俸錢四五萬，廪禄二百石而已，今之主簿、尉，占優飫處，固有倍蓰於此者矣，亦未嘗以爲足，古今異宜，不可一概論也，楊文公在眞宗朝爲翰林學士，而云：『虚忝甘泉之從臣，終作若敖之餒鬼，』蓋是時尚爲鮮薄，非後來比也。

清・王夫之《讀通鑑論》卷一九《隋文帝・織田之法不可行》　開皇十四年，詔給公卿以下職田，其時天下已定，民各守其先疇，不知何所得田以給之，史無所考，大抵其爲亂政無疑矣，先是官置公廨錢，貸民收息，誠稗政也，於是蘇孝慈請禁止之，給地以營農，意且謂此三代之法，可行無弊者，而豈其然哉？三代之國，幅員之狹，直今一縣耳，仕者不出於百里之中，而卿大夫之子恒爲士，故有世禄者有世田，即其所世營之業也，名爲卿大夫，實則今鄉裡之豪族而已，世居其土，世勤其疇，世修其陂池，世治其助耕之氓，故官不侵民，民不欺官，而田亦不至於汙萊。郡縣之天下，合四海九州之人以錯相爲吏，官無定分，職無常守，升降調除，中外南北，月易而歲不同，給以田而使營農，將人給之乎？貴賤無差，予奪無恒，而且不勝給矣；將因職而給之乎？有此耕而彼獲者矣，而且官不習于田，一授其權於胥隸，胥隸横於阡陌，務漁獵而不恤其荒瘠，閱數十年而農非其農，田非其田，徒取沃土而滅裂之，不足以養士，而徒重困乎民也，故職田者，三代以下必不可行之法也。

放公廨錢以收息，所以毁官箴而殃民，在所必禁者，君子與小人義利之疆畛，不可亂耳，力耕者，亦皇皇求利之事也，故夫子斥樊遲爲小人，而孟子以不耕而食爲不素餐之大，有天下者，總制郡縣之賦税，領以司農，而給百官之禄入，俾逸獲而不與民爭盈縮，所以靖小人而迪君子于正，道之不易者也，禄入豐而士大夫無求于民，猶恐其不廉也，乃導之與襏襫之夫爭升斗於秉穗乎？蘇孝慈者，知公廨錢之非道，胡不請厚其禄以止其貪，而非三代之時，循三代之迹，以徒亂天下爲邪？隋文帝錙銖之主也，以爲是於國無損，而可以益吏，且可竊師古之美名，遂歆然從之。溺古之士，且以爲允，後世有官田，有學田，有藩王勳戚之莊田，皆沿此以貽害於天下，創制宜民者，盡舉以授民而作賦，庶有瘥乎！

清・嵇璜等《續通典》卷二三《職官一》　唐自天寶十四載兵興後，權臣增領諸使月給厚俸，比開元制禄數倍。至德初，以用物不足，內外官不給料錢，郡府縣官給半禄。

五代時，官制不常，文臣多兼武職，或權領諸使，禄亦無定制。

休致優恤制度分部

綜　述

休　沐

宋・王溥《唐會要》卷八二《休假》　永徽三年二月十一日，上以天下無虞，百司務簡，每至旬假，許不視事，以與百僚休沐。

開元二十二年六月十七日敕：『諸州千秋節，多有聚會，頗成麋費，自今已後，宜聽五日一會，盡其歡宴，餘兩日休假而已，任用當處公廨，不得別有科率。』至寶應元年八月三日敕：『八月五日，本是千秋節，後改爲天長節，舊給假三日，其前後一日假，權停。』至九月一日敕：『天成地平節，准乾元元年九月一日敕，休假三日，望准八月三日敕，前後日權停。』

二十四年二月十一日敕：『寒食、清明，四日爲假。』至大曆十三年二月十五日敕：『自今已後，寒食通清明休假五日。』至貞元六年三月九日敕：『寒食清明，宜准元日節，前後各給三日。』

二十五年正月七日敕：『自今已後，百官每旬節休假，不入曹司。』至天寶五載五月九日敕：『頃自宴賞，已放入朝，節假常參，未聞申命，公私協慶，千年一時，自今已後，每至旬假休假，中書、門下及百官，並不須入朝，亦不須衙集。』

又　卷二九《追賞》　開元十八年正月二十九日敕：『百官不須入朝，聽尋勝遊宴，衞尉供帳，太常奏集，光禄造食。』自宰臣及供奉官，嗣王、郡王、諸司長官、少卿、少監、少尹、左右丞、侍郎、郎官、御史、朝集使，皆會焉，因下制曰：『自春末以來，每至假日，百司及朝集使，任追遊賞。』至十九年二月八日，敕：『至春末以來，每至假日，宜準去年正月二十九日敕，賜錢造食，任逐遊賞。至二十年二月十九日，許百僚於城東官亭尋勝，因置檢校尋勝使，以厚其事。』至二十五年正月七日敕文：『朝廷無事，天下大和，百司每旬節休假，並不須親職事，任追勝爲樂。』至天寶十載正月十七日，敕：『自今以後，非惟旬及節假，百官等曹務無事之後，任追遊宴樂。』至十四年三月一日，許常參官分日入朝，尋勝宴樂。二十二年六月敕：『自今以後，宜聽五日一辰，盡其歡宴，餘兩日但休假而已，任用當處公廨，不得別更科率，兼有宰殺採捕等。』天寶八載正月敕：『今朝廷無事，思與百辟同茲宴賞，其中書門下，及百官等，共賜絹二萬匹，其外官取當處官物，量郡大小，及官人多少，節級分賜。至春末以來，每旬日休假，任各追勝爲樂。』

貞元元年五月，詔曰：『今兵革漸息，夏麥又登，朝官有假日遊宴者，令京兆府不須聞奏。』

四年九月二日敕：『正月晦日，三月三日，九月九日，前件三節日，宜任文武百僚，擇地追賞爲樂，每節，宰相以下及常參官，共賜錢五百貫，翰林學士，共賜一百貫，左右神威、神策、龍武等三軍，共賜一百貫，金吾、英武、威遠及諸衛將軍，共賜二百貫，各省諸道奏事官，共賜一百貫，委度支每節前五日，准此數支付，仍從本年九月九日起給，永爲定制。』

又 **《節日》** 開元十七年八月五日，左丞相源乾曜，右丞相張説等，上表請以是日爲千秋節，著之甲令，布於天下，咸令休假，羣臣當以是日進萬壽酒，王公戚里，進金鏡綬帶，士庶以絲結承露囊，更相遺問，村社作壽酒宴樂，名賽白帝，報田神，制曰：『可。』至天寶二年八月一日，刑部尚書兼京兆尹蕭炤，及百寮請改千秋節爲天長節，制曰：『可。』至寶應元年八月三日敕：『八月五日，本是千秋節，改爲天長節，其休假三日宜停，前後各一日。』**【略】**

（貞元）五年正月十一日敕：『四序嘉辰，歷代增置，漢崇上巳，晉紀重陽。或説禳除，雖因舊俗，與衆宴樂，誠洽當時，朕以春方發生，候維仲月，句萌畢達，天地同和，俾其昭蘇，宜助暢茂。自今以後，以二月一日爲中和節，內外官司，並休假一日，先敕百僚，以三令節集會。今宜吉制嘉節以徵之，更晦日於往月之終，揆明辰於來月之始，請令文武百寮，以是日進農書，司農獻穜稑之種，王公戚裏上春服，士庶以尺刀相遺，村社作中和酒，祭句芒神，聚會宴樂，名爲饗句芒祈年穀，仍望各下州府，所在頒行。』**【略】**

八年正月詔：『在京宗室，每年三節，宜集百官列宴會，若大選集，賜錢一百千，非大選集，錢三分減一。』又詔：『三節宴集，先已賜諸衛將軍錢，其率府已下，可賜錢百千。』

九年二月，中書門下奏狀：『以中和節初賜宴錢，給百官宰臣以下，於曲江合宴，供辦爲府縣之弊，請分給是錢，令諸司各會於他所。』從之。自是三節公宴悉分矣。**【略】**

永貞元年十二月，太常奏：『太上皇正月十二日降誕，皇帝二月十四日降誕，並請休假一日。』從之。**【略】**

（大和）七年十月，中書門下奏：『請以十月十日爲慶成節，著於甲令，是日，上於宮中奉迎皇太后，與昆弟諸王宴樂，羣臣詣延英門奉觴，上千萬壽，天下州府，並置宴一日。』從之。

開成元年二月，京兆尹歸融奏：『甫近上巳，準故事，曲江賜宴，今緣兩公主出降，府司供帳事殷，望請改日。』上曰：『去年重陽，改九月十九日，未失重九之義。今宜改十三賜宴。』

二年九月敕：『慶成節，朕之生辰，不欲屠宰，宴會蔬食，任陳脯醢，仍爲永制。』至四年，復令其日肉食。

其年九月，敕：『慶成節，宜令京兆府準上巳重陽例，於曲江宴會文武百官，其延英奉觴宜停。』

三年十月，京兆府奏：『慶成節及上巳、重陽，百官於曲江亭子宴會，綵觴船兩隻，請以舊船上材木爲舫子，過會拆收，遇節即用者。』

（開成）五年四月，中書門下奏請，以六月一日爲慶陽節，休假二日，著於令式，其天下州府，每年常設降誕齋，行香後，便令以素食宴樂，惟許飲酒及用脯醢等，京城內，宰臣與百官就詣大寺，共設僧一千人齋，仍望田裏借教坊樂官，充行香慶讚，各移本廚，兼下令京兆府別置歌舞，依奏。是年，文宗崩，武宗纂嗣，以誕慶日爲慶陽節。

會昌元年二月敕：『我聖祖降誕昌辰，宜改爲降聖節，休假一日。』**【略】**

六年六月奏：『中書門下奏，請以降誕日爲壽昌節，天下州府，並置宴一日，以爲慶樂，前後休假三日，永著令式。』從之。

宋・宋敏求《唐大詔令集》卷一一〇《政事・休假・許百官旬節休

假不入朝詔》　百工允釐、彰乎奉職，十日休澣，義在優閑，方貴無爲之風，以弘多暇之政，朕欽崇至道，思致和平，今寰宇克寧，朝廷無事，將欲葉於淳古，豈惟臻於小康，當與羣寮，暢茲娛樂，頃旬遊宴賞，已放入朝，節假常參，未敷後命，公私葉慶，千載一時，上下同歡，自中及外，自今已後，每至旬節休假，中書門下及百官，並不須入朝，外官等其日亦不須衙集。天寶五年五月。

給假

宋·王溥《唐會要》卷八二《休假》　貞觀元年十月，少府監奏：『丞閻立德妹喪，准令假給二十日，立德專知羽儀，其作未丁，請止給三日。』上曰：『同氣之情，義不可奪，自喪亂以來，風俗弛壞，宜特敦獎。』命依次令給假，差人代之。

（開元二十五年）其年正月，內外官五月給田假，九月給授衣假，分爲兩番，各十五日，其由假若風土異宜，種收不等，通隨便給之。【略】

（貞元）二十一年五月，御史臺奏：『伏准承前舊例，諸司三品以上長官，請假滿日，正衙參見，其餘品秩卑，自有本司官長，不曾於正衙參假。去年六月，侍御史竇羣奏，令尚書省四品，中書門下御史臺五品，同三品例，正衙參假訖，既失舊章，又煩聖聽，今請准例三品以上，假滿日，正衙見，如有違越，請准乾元元年三月敕，每犯奪一月俸。』依奏。

元和元年八月，御史臺奏：『新授常參官，在城未上，及在外未到假故等，准令式，職事官假滿百日，即合停解，其未上官等，並無正文，或滿百日，無憑舉奏，自今已後，如有在城授官，疾病未上者，在外授官，敕到後計水陸程外滿百日者，並請停解。』從之。

四年四月，貶沈逵爲泉州參軍，徐肇爲建州參軍，二人爲率府掾，各請演州愛州婚姻假，御史臺奏：『州皆萬里之外，量其秩滿，猶有假程，請量黜以懲慢易。』【略】

長慶二年四月，御史臺奏：『檢校司空、兼太子少傅嚴綬，疾病假滿百日，合停。』敕：『嚴綬年位俱高，須加優異，宜依舊秩，未要舉停。』

其年六月，右金吾衛大將軍郭鏦，疾假滿百日，上以仲舅，許未停官。

大和八年九月，御史臺奏：『文班常參官，舊例，每月得請兩日事故假，今許請三日，仍不得在盡入衆集，並頭朝等日，一品、二品官，如合朝不朝，及盡入衆集不到，臨朝時請假等，並請假舊例，每季終仍具請事故假日，録狀聞奏，兼申中書門下，文武常參官，每月終，比校其中請事故假多人，三品六品，各罰兩人，四品五品，人數稍多，各罰三人，請各奪一月俸，如合罰人數稍多，即從下罰，亦不過兩三人，及三人如實疾患，已連請假十日以上，爲衆所知，不在此限，每至次月，具狀申中書門下，文武常參，應請期年喪假者，除准式假滿，連許請三日事故假，仍五個月內，每朔望日各許請事故假一日，其大功喪假者，准式，假滿連許請事故假兩日，仍三個月朔望日，各許請事故假一日。』敕旨，依奏。【略】

（會昌）二年十二月，御史臺奏：『應諸司六品以下官，請外州婚禮，周親以上侍省等假節目，應當司牒諸司諸州府，及節度使，觀察使，度支，鹽鐵，監院等節目，伏以前後敕文非嚴切，致茲輕犯，蓋未必行，臣等今稍重科條，庶令知懼。』敕旨，依奏。

大中四年正月制：『設官分局，各有主張，具於在公，責辦斯切，諸州府及縣官到任已後，多請遠假，或言周親疾病，或言將赴婚姻，令式假名，長吏難爲止抑，遂使本曹公事，併委比廳，手力俸錢，盡爲己有，勤勞責罰，則在他人，須有條流，俾其兼濟，其諸州府縣官請出界假故一月以下，即任權差諸廳通判，一月以上，即勾當留官，例其課料等，據數每貫剋二百與見判案官。』

咸通十四年正月，御史中丞韋蟾奏：『應諸州刺史除授，正衙辭謝後，託故陳牒請假，實爲容易，自今後，如實有故爲衆所知者，三日外，不在陳牒之限，應內外蔭官入京後，合更朝謝，如遇假日，且合在都亭驛，近日多請假便歸私家，既犯條章，頗乖禮敬，自今已後，望准故事，如未朝謝，須於都亭驛俟日，如違越，臺司糾勘。』從之。

宋·王溥《五代會要》卷一二《休假》　後唐天成四年五月四日，度支奏：『准敕，中書門下奏，朝臣時有乞假覲省者，欲量賜茶藥，奉敕宜依者，切緣諸班官班省司，不見品秩高低，兼未則例，難議施行，各令據官品等第指揮，文班：左右常侍、諫議、給事、舍人、諸行尚書、太子賓客、諸寺太卿、國子監祭酒、詹事、左右丞、諸行侍郎、宜各賜蜀茶三斤，起居、拾遺、補闕、侍御史、殿中監察御史、左右庶子、諸寺少卿、國子業司業、河南少尹、左右諭德、諸行郎中、員外郎、太常博士、宜各賜蜀茶二斤、蠟麵茶一斤、草豆蔻一百枝，肉豆蔻五十枝、青木香一斤半。國子博士、五經博士、兩縣令、著作郎、太常、宗正、殿中丞、諸局奉御、大理正、太子中允、洗馬、左右贊善、太子中舍、司天五官正、宜各賜蜀茶二斤、蠟麵茶一斤、草豆蔻五十枝、肉豆蔻五十枝、青木香一斤，武班：左右金吾上將軍、左右諸衛上將軍、宜各賜蜀茶三斤、蠟麵茶二斤、草豆蔻一百枝、肉豆蔻一百枝、青木香二斤，左右諸將大將軍、左右諸衛將軍、宜各賜蜀茶二斤、蠟麵茶一斤、草豆蔻一百枝、肉豆蔻五十枝、青木香一斤半。左右率府副率、宜各賜蜀茶二斤、蠟麵茶一斤、草豆蔻五十枝、肉豆蔻五十枝、青木香一斤。』奉敕：『今後或有臣僚請假觀省，其所賜茶藥，候辭朝之日，於閤門宣賜。』至晉天福二年九月，度支奏：『朝臣請假觀省出入，皆有支賜茶藥，今緣諸庫無見在，伏乞權罷。』從之。至五年三月敕：『朝臣請假觀省，依天成四年敕支賜茶藥。』

晉天福二年十一月，中書門下奏：『按《六典》，尚書吏部，凡職事官，應觀省及稱病不得過程，謂身有疾病滿百日，若所親疾病滿二百日，及當侍解官，申省以聞，其應侍人材用灼然，要藉驅使者，得帶官侍養，又准雜令，諸外官授給裝束假，去所授官一千里內者四十日，二千里內者五十日，三千里內者六十日，四千里內者七十日，過四千里八十日，並除程，其假內欲赴任者聽之，若有事須早還者、不用此令，若京官身先在外者、裝束假減外官之半。』敕：『准令，典處分。』

丁憂

《隋書》卷七二《李德饒傳》 李德饒，趙郡柏人人也，【略】性至孝，父母寢疾，輒終日不食，十旬不解衣，及丁憂，水漿不入口五日，哀慟嘔血數升。及送葬之日，會仲冬積雪，行四十餘裡，單縗徒跣，號踴幾絕，會葬者千餘人，莫不爲之流涕，後甘露降於庭樹，有鳩巢其廬，納言楊達巡省河北，詣其廬弔慰之，因改所居村名孝敬村，里爲和順里。

《舊唐書》卷一〇二《褚無量傳》 未幾，丁憂解職，廬於墓側其所植松柏，時有鹿犯之，無量泣而言曰：『山中衆草不少，何忍犯吾先塋樹哉！』因通夕守護，俄有羣鹿馴狎，不復侵害，無量因此終身不食鹿肉，服闋，召拜左散騎常侍，復爲侍讀，以其年老，每隨仗出入，特許緩行。又爲造腰輿，令內給使輿於內殿，無量頻上書陳時政得失，多見納用，又嘗手敕褒美，賜物二百段。

清·王鳴盛《十七史商榷》卷九〇《新舊唐書二二·憂闕》 『蘇州憂闕』，似難分曉，故《新》改云：『前刺史母喪解，佑母在，辭不行，』語似明了，考錢希白《南部新書》辛卷云：『三銓之士，具慶之下多避憂闕，除則皆不受，對易於他人，』然則此乃唐人語，不宜改。

終養

《新唐書》卷一一七《劉禕之傳》 劉禕之字希美，常州晉陵人。父子翼，字小心，在隋爲著作郎，峭直有行，嘗面折僚友短，退無餘訾，李伯藥曰：『子翼詈人，人都不憾，』貞觀初，召之，辭以母老，詔許終養，江南道巡察使李襲譽嘉其孝，表所居爲孝慈里，母已喪，召拜吳王府功曹參軍，終著作郎，弘文館直學士。

致仕

唐·白居易《白氏長慶集》卷五〇《中書制誥三·王汶加朝散大夫、授左贊善大夫致仕制》 敕：王汶：善修其身，爲時良士，善訓其子，爲國憲臣，況以時制之年，知終請老；不加優秩，何厚吾風？禮：大夫七十而致仕，故吾以朝散，贊善二大夫之爵，加乎爾身，惟秩與年，兩皆得禮，以茲退去，亦足爲榮，可依前件。

又 卷五二《中書制誥五·前幽州押衙、瀛州刺史劉令璆除工部尚書致仕制》 敕：某官劉令璆：勳伐之家，弓裘之嗣，嘗修戎職，亦領郡符，迨此遲暮，知有止足，夫壯而奮發，以忠事國，老而知退，以道安身：人所難能，理宜嘉尚，俾超崇秩，以寵高年，可工部尚書致仕。

又 卷五四《翰林制誥一·杜佑致仕制》 敕：盡悴事君，明哲保身，進退終始，不失其道；自非賢達，孰能兼之？司徒，同平章事杜佑：以長才名略，爲國元臣，歷事四朝，殆逾三紀，出事征鎮，爲諸侯帥；入贊台衮，爲王室輔；嘉猷茂績，中外洽聞，寵任既崇，勤勞亦至，頃以年登致仕，退請懸車，方深倚注，久未得謝，勉就牽率，迨茲累年，今抗疏披誠，至于數四，敦諭頗切，陳乞彌堅，期于必遂，理不可奪：守冲知止，佑實有焉！賢哉大夫！今古同道，宜從優異之命，式表褒崇之禮，尚資耆望，俾傅東朝，可太子太師致仕，如天氣晴和，亦任朝謁，昔祁奚，申叔，皆就請老；國有大事，入議否臧，忠臣愛君，豈必在仕？永觀前事，期副茲懷。

又　卷五五《翰林制誥二・張正一致仕制》　前諫議大夫張正一：學行器用，爲時所稱，擢居諫官，冀效忠讜，雖年齒未暮，而衰疾有加，所宜頤養不可牽率，俾移優秩，以從致政，可國子司業致仕。

宋・王溥《唐會要》卷六七《致仕官》　舊制，年七十以上應致仕，若齒力未衰，亦聽釐務，凡請致仕，五品以上奏聞，六品以下由尚書省録奏。

貞觀二年九月一日詔：『内外文武羣官，年老致仕，抗表去職者，朝參之班，宜在本品見任之上。』

顯慶元年四月制：『文武官五品以上，老及病不因罪解，並五品以上散官，以禮停任者，聽同致仕。』

開元五年十月十四日敕：『致仕官應物，令所由送至宅，三品以上，並聽朝朔望。』

其年十一月，致仕官子弟無京官者，其在外者，聽一人停官侍養。

六年五月二十四日敕：『曾任高品官，不緣貶責爲卑品官者，致仕身亡，並聽同高品例。』

二十年正月七日制：『曾任五品以上清資官，以理去職者，所司具録名奏，老病不堪釐務者，與致仕。』

天寶九載三月二十三日敕：『如聞六品以下致仕官，四載之後，准各並停，念其衰老，必藉安存，豈限其高卑，而恩有差降，應五品下致仕官，並終其餘年，仍永爲常式。』

建中三年九月十二日敕：『致仕官所請半禄料，及賜物等，並宜從敕出日，於本貫及寄住處州府支給。』至貞元四年四月二十三日，致仕官給半禄料，其朝會及朔望朝參，並依常式，自今以後，宜准此。

貞元四年四月，以前左散騎常侍致仕丘爲復舊官，初，爲致仕還卿，特給禄俸之半，既丁母喪，蘇州疑所給，請於觀察使韓滉，以爲授官致仕，令不理務，特給禄俸，惠養老臣也，不可以在喪爲異，命仍舊給之，唯春秋二時羊酒之直則不給，雖程式無文，見稱折衷，及是爲服除，乃復之。

五年三月，以太子少傅兼吏部尚書蕭昕爲太子少師，右武衛上將軍鮑防爲工部尚書，前太子詹事韋建爲秘書監，並致仕，仍給半禄及賜帛，其俸料悉絶，上念舊老，特命賜其半焉，致仕官給半禄料，自昕等始也。

九年八月，以太子右庶子、史館修撰孔述睿爲太子賓客，賜紫金魚袋，致仕，述睿年未七十，以疾免，累表方許，賜帛五十疋，衣一襲，故事，致仕還鄉，不給公乘，上寵儒者，命給公乘遣之。

長慶三年四月敕：『尚書左丞孔戣，可守禮部尚書，致仕，仍委所在長吏，歲時親自存問，兼致羊酒，如至都，其芻米什器之類，委河南尹量事供送，務從優禮。』筋力未衰，堅請休退，故示優禮。

大和元年四月，檢校右僕射兼太子少傅楊於陵，以左僕射致仕，特恩令全給俸料，上疏云：『臣以年力衰退，陳乞休閒，伏蒙聖恩，特賜矜免，授尚書左僕射，致仕，全給俸料。臣伏以朝廷致禄，本爲職勞，衰病乞閑，自宜家食，而半給之俸，近古所行，義誠屬於優賢，事亦兼於養老，以臣慵耄，敢當料程。伏以思維，已爲過幸，今若又踰常制，重啓殊恩，錫端寮之厚俸，爲朽質之私費，循理撫事，情所不安，招損害盈，臣所深懼。伏乞俯迴聖睠，再敕有司，得從半禄之文，斯乃殘年之幸。』敕批云：『卿早更委任，每著聲猷，累聞告老之辭，勉遂懸車之請，故優廪禄，示以寵勞，謙光有終，雖君子之貞吉，當仁不讓，亦先哲之格言，宜體至懷，卽斷來表。』明日，又更讓，從之。

其年九月敕：『請致仕官，近日不限品秩高卑，一例致仕，酌法循舊，頗越典章，自今以後，常參官五品，外官四品者，然後許致仕，餘停。』

三年四月，右庶子致仕滕珦奏：『伏蒙天恩致仕，今欲歸家，鄉在浙東，道途遥遠，官參四品，伏乞特給婺州已來券，庶使衰羸獲安，光榮鄉里。』敕旨：『滕致仕還鄉，家貧路遠，宜假公乘，允其所請，自今以後，更有此類，便爲定例。』

宋・王溥《五代會要》卷一七《致仕官》　後唐長興二年八月敕：

『應內外致仕官，自此凡要出入，不在拘束之限。』

宋・宋敏求《唐大詔令集》卷一〇〇《政事・官制上・致仕官在見任官上詔》 尚齒重舊，先王以之垂範，還章解組，朝臣於是克終，釋菜合樂之禮，東膠西序之制，養老之義遺文可观，朕恭膺大寶，憲章故實，永言遺事，彌切深衷，然情存稽古，季世澆浮，而策名就列，或乖大體。至若筋力將盡，桑榆且迫，徒竭夙興之勤，未悟夜行之罪，其有驚心止足，行堪激勵，謝事公門，收骸閭里，能以禮讓，固可嘉焉，內外文武羣官，年在致仕，抗表去職者，朝參之班，宜在見任官上。貞觀二年九月。

恤典

宋・王溥《唐會要》卷四五《功臣》（貞元）七年二月，詔授張巡男去病涇陽令，許遠男峴饒州司馬，南霽雲男承嗣温州別駕。顔眞卿男羣府河中戶曹參軍，顔杲卿孫譔左內率府兵曹參軍，旌忠烈之後也。【略】

元和二年七月，録配饗功臣之後，以蘇瓌孫繫爲京兆府司録參軍，崔玄暐孫元方，張説孫嶅，並爲監察御史，狄仁傑孫玄範爲左拾遺，敬暉孫元亮，袁恕己孫師德，相次録用焉。

四年三月，上覽貞觀故事，嘉魏徵諫諍匪躬，詔令京兆尹訪其子孫及故居，則質賣更數姓，析爲九家矣，上愍之，出內庫錢二百萬贖之，以賜其孫稠及善馮等，禁其質賣。【略】

八年敕：『張茂昭立功河朔，舉族歸朝，義烈之風，史册攸載，如聞身歿之後，家無餘財，追懷舊勳，特越常典，宜歲賜絹二千匹，春秋二時支給。』

其年八月詔曰：『君臣運合，故徇國以忘家，勸賞義明，在褒功而顯節，存則酬其爵禄，歿則録其子孫。然後忠義不遺，典章斯在，故磁晉隰等州觀察使檢校兵部尚書康日知，故徐州刺史兼御史大夫李洧等一十家，皆有懋功，藏於盟府，故命搜訪後裔，光賁前人。今志寧等或服戎著緒，或從官有成，或投迹軍府之中，或滯才州縣之職，咸皆甄録，各茂官榮，庶乎有禄者忘于聿修，懷忠者使知其必報，勉膺光寵，無替前勞。』

十五年六月，敕以大理正段文通爲殿中侍御史，前淮南營田副使、殿中侍御史顔顒爲員外郎，長安縣丞顔諗權知大理正，渭南縣尉郭承嘏爲監察御史，並準二月五日制，勳閥之後，可任臺省官者，故有此命。

大和二年六月，詔曰：『朕詳觀列聖紀册，祖宗盛業，燦然在前，其或道有污隆，政有善否，未始不繫乎當時輔弼，常因便殿，言諸宰臣，勉其匡益，協心推戴，且以去歲乙巳，登應門，敷大號。俾疇賢相，以訪遺裔，或血食不繼，宗祊已蕪，如遂良之委笏面諍。名垂史書，仁傑之恢復廟社，事形先覺，宋璟之文吏骨鯁，功參治平，元紘之守規畫一，時成有裕，其胄僅存，不絶若髮，各授邑吏，使其自試，故中書令褚遂良五代孫虔，可汝州臨汝縣尉，內史狄仁傑曾孫元封，懷州修武縣尉，侍中宋璟曾孫渤，岳州沅江縣尉，中書侍郎李元紘曾孫伉，鄧州向城縣尉。』

（大中）三年四月，宰臣奏，伏以勳德之後，慶賞所延，每有恩制，多令訪録，所以興廢繼絶，尊賢報功，事歸勸奬，義主沈翳，近日諸家，自論者衆，吏曹官闕，合用者稀，縱欲比擬，亦未詳悉，應前件兩色子孫，準前後制敕：令搜訪與官者，望許於吏部陳狀，便委磨勘，如審是嫡嗣，未有官名者，具狀聞奏，非時與一正員解褐官，如有出身，及已曾任官者，選日優與處分，如自以才行，嘗登科第，及有諸房子孫，不承祭祀，並及先因奬録，已授正官者，並不在此限，即冀所加恩例，式協本條。敕旨，宜依。【略】

乾符六年十月，【略】敕以故衞國公李德裕孫延吉，起家爲集賢校理。

輿服印信制度部

輿服分部

綜述

《隋書》卷二《高祖紀下》（開皇十年）冬十月甲子，頒木魚符於京師官五品已上。

（開皇十五年）五月癸酉，吐谷渾遣使朝貢。丁亥，制京官五品已上，佩銅魚符。【略】（秋七月）辛巳，制九品已上官，以理去職者，聽並執笏。

又　卷三《煬帝紀上》（大業二年）二月丙戌，詔尚書令楊素、吏部尚書牛弘、大將軍宇文愷、内史侍郎虞世基、禮部侍郎許善心制定輿服。始備輦路及五時副車。上常服，皮弁十有二琪，文官弁服，佩玉，五品已上給犢車、通幰，三公親王加油絡，武官平巾幘，袴褶，三品已上給輿㮇。下至胥吏，服色皆有差。非庶人不得戎服。

《舊唐書》卷四《高宗紀下》（咸亨三年）五月乙未，五品已上改賜新魚袋，並飾以銀，三品已上各賜金裝刀子、礪石一具。

（上元元年八月）戊戌，敕文武官三品已上服紫，金玉帶；四品深緋，五品淺緋，並金帶，六品深緑，七品淺緑，並銀帶，八品深青，九品淺清，鍮石帶；庶人服黄，銅鐵帶。一品已下文官，並帶手巾、算袋、刀子、礪石，武官欲帶亦聽之。

又　卷四五《輿服志》　隋氏一統，始復舊儀。隋制，車有四等，有亘幰、通幰、軺車、輅車。初制五品以上乘偏幰車，其後嫌其不美，停不行用，以亘車代之。三品以上通幰車，則青壁。一品軺車，油幰朱網。唯輅車一等，聽敕始得乘之。馬珂，一品以下九子，四品七子，五品五子，衣裳有常服、公服、朝服、祭服四等之制。平巾幘，牛角簞簪，紫衫，白袍，靴，起梁帶。五品已上，金玉鈿飾，用犀爲簪。是爲常服，武官盡服之。六品已下，衫以緋。至於大仗陪立，五品已上及親侍加兩襠縢蛇，其勳侍去兩襠。

弁冠，朱衣裳，素革帶，烏皮履，是爲公服。其弁通用烏漆紗爲之，象牙爲簪導。五品已上，亦以鹿胎爲弁，犀爲簪導者。加玉琪之飾，一品九琪，二品八琪，三品七琪，四品六琪。三品兼有紛，鞶囊，佩於革帶之後，上加玉珮一。鞶囊，二品以上金縷，三品以上銀縷，五品以上綵縷，文官尋常入内及在本司常服之。

親王，遠遊三梁冠，金附蟬，犀簪導，白筆。三師三公、太子三師三少，尚書秘書二省、九寺、四監、太子三寺諸郡縣關市、親王文學、藩王嗣王、公侯，進賢冠。三品以上三梁，五品以上兩梁，犀簪導。九品以上一梁，牛角簪導。門下、内書、殿内三省，諸衛府，長秋監，太子左右庶子，内坊、諸率，宫門内坊，親王府都尉，府鎮防戍九品以上，散官一品已下，武弁幘。侍中、中書令，加貂蟬，珮紫綬。散官者，白筆。御史、司隸二臺，法冠。一名獬豸冠謁者臺大夫以下，高山冠。並絳紗單衣，白紗内單，皁領、褾、襈、裾，白練裙襦，絳蔽膝，革帶，金飾鉤鰈，方心曲領，紳帶，玉鏢金飾劍，亦通用金鏢，山玄玉佩，綬，襪，烏皮舄。是爲朝服。玉佩，纁朱綬，施二玉環。三品以上緑綬，四品、五品青綬。二品以下去玉環，六品以下去劍、珮、綬。八品以下，冠去白筆，衣省内單及曲領，蔽膝，著烏皮履。五品加紛、鞶囊。其綬纁朱者，用四綵，赤、紅、縹、紺紅，朱質，纁文織，長一丈八尺，二百四十首，闊九寸。緑綬用四綵，緑、紫、黄、朱紅，緑質，長一丈八尺，二百四十首，闊九寸。紫綬用四綵，紫、黄、赤、紅，紫質，長一丈六尺，一百八十首，闊八寸。青綬三綵，白、青、紅，青質，長一丈四尺，一百四十首，闊七寸。玄衣纁裳冕而旒者，是爲祭服，綬、珮、劍各依朝服之數。其章自七品以下，降二爲差，六品以下無章。

文武之官皆執笏，五品以上，用象牙爲之，六品以下，用竹木。

是時，内外羣官，文物有序，僕御清道，車服以庸。於是貴賤士庶，較然殊異。越王侗於東都嗣位，下詔停廢。自兹以後，浸以不章，以至於亡。

唐制：【略】王公已下車輅，親王及武職一品，象飾輅。自餘及二品、三品，革輅。四品，木輅。五品，軺車。

象輅，以象飾諸末，朱班輪，八鑾在衡，左建旂，右載闟戟。革輅，以革飾諸末，左建旜，餘同革輅。

木輅，以漆飾之，餘同革輅。

軺車，曲壁，青通幰。

諸輅皆朱質朱蓋，朱旂旜。一品九旒，二品八旒，三品七旒，四品六旒，其鞶纓就數皆準此。

內命婦夫人乘厭翟車，嬪乘翟車，婕妤已下乘安車，各駕二馬。外命婦、公主、王妃乘厭翟車，駕二馬。自餘一品乘白銅飾犢車，青通幰，朱裏油纁，朱絲絡網，駕以牛。二品已下去油纁，絡網，四品青偏幰。

有唐已來，三公已下車輅，皆太僕官造貯掌。若受制行册命及二時巡陵、婚葬則給之。自此之後，皆騎馬而已。【略】

公服遠遊冠，簪導以下並同前也。絳紗單衣，白裙襦，革帶，金鉤觻，假帶，方心，紛，鞶囊，長六尺四寸，廣二寸四分，色同大綬。白襪，烏皮履，五日常服、元日冬至受朝則服之。

烏紗帽，白裙襦，白襪，烏皮履，視事及宴見賓客則服之。

平巾幘，紫褶，白袴，寶鈿起梁帶，乘馬則服之。

弁服，弁以鹿皮爲之。犀簪導，組纓，玉琪九，絳紗衣，素裳，革帶，鞶囊，小綬，雙珮，白襪，烏皮履，朔望及視事則兼服之。

進德冠，九琪加金飾，其常服及白練裙襦通著之。若服袴褶，則與平巾幘通著。

自永徽已後，唯服袞冕、具服、公服而已。若乘馬袴褶，則著進德冠，自餘並廢。若讌服、常服、紫衫袍與諸王同。【略】

《武德令》，侍臣服有袞、鷩、毳、繡、玄冕，及爵弁，遠遊、進賢冠，武弁，獬豸冠，凡十等。

袞冕，垂青珠九旒，以組爲纓，色如其綬，以下旒、纓皆如之也。青纊充耳，簪導。青衣，纁裳，服九章。五章在衣，龍、山、華蟲、火、宗彝，爲五等。四章在裳，藻、粉米、黼、黻。皆絳爲繡，偏衣而已，下皆如之。白紗中單，黼領，繡冕以下，中單青領。青褾、襈、裾。革帶，鉤觻，大帶，三品已上，素帶朱裏，皆紕其外，上以綠。五品帶，紕其垂，外以玄黄。紐皆用青組之。黻。凡黻皆隨裳色。毳冕以上，山、火二章，繡冕山一章，玄冕無章。劍，珮，綬，朱襪，赤舄，第一品服之。

鷩冕，七旒，服七章，三章在衣，華蟲、火、宗彝，四章在裳，藻、粉米、黼、黻也。餘同袞冕，第二品服之。

毳冕，五旒，服五章，三章在衣，宗彝、藻、粉米，二章在裳，黼、黻也。餘同鷩冕，第三品服之。

繡冕，四旒，服三章，一章在衣，粉米，二章在裳，黼、黻。餘並同毳冕，第四品服之。

玄冕，衣無章，裳刻黼一章，餘同繡冕，第五品服之。

爵弁，色同爵無旒無章。玄纓，簪導，青衣，纁裳，白紗中單，青領、褾、裾，革帶，鉤觻，大帶，練帶，紕其垂，内外以繡，紐約用青組。爵韠，襪，赤履，九品已上服之。

凡冕服，助祭及親迎若私家祭祀皆服之，爵弁亦同。凡冕，制皆以羅爲之，其服以紬。爵弁用紬爲之，其服用繒。

遠遊三梁冠，黑介幘，青綏，凡文官皆青綏，以下准此也。皆諸王服之，親王則加金附蟬。進賢冠，三品以上三梁，五品以上兩梁，九品以上一梁。皆三公、太子三師三少、五等爵、尚書省、秘書省、諸寺監學、太子詹事府、三寺及散官，親王師友、文學、國官，若諸州縣關津岳瀆等流内九品以上服之。

武弁，平巾幘，侍中、中書令則加貂，蟬侍左者左珥，侍右者右珥。皆武官及門下、中書、殿中、内侍省、天策上將府、諸衛領軍武候監門、領左右太子諸坊諸率及鎮戍流内九品已上服之。其親王府佐九品以上，亦準此。

法冠，一名獬豸冠，以鐵爲柱，其上施珠兩枚，爲獬豸之形，左右御史臺流内九品以上服之。

高山冠者，内侍省内謁者及親王下司閤等服之。

却非冠者，亭長、門僕服之。

諸應冠而未冠者，並雙童髻，空頂幘。五品已上雙玉導，金飾，三品以上加寶飾，六品以下無飾。

朝服，亦名具服。冠，幘，纓，簪導，絳紗單衣，白紗中單，皁領、襈、裾，白裙襦，亦裙衫也。革帶，鉤觻，假帶，曲領方心，絳紗蔽膝，襪，舄，劍，珮，綬，一品已下，五品以上，陪祭、朝饗、拜表大事則服之。七品已上，去劍、珮、綬，餘並同。

公服，亦名從省服。冠，幘，纓，簪導，絳紗單衣，白裙襦，亦裙衫也。革帶，鉤觻，假帶，方心，襪，履，紛，鞶囊，一品以下，五品以上，謁見東宮及餘公事則服之。其六品以下，去紛、鞶囊，餘並同。

諸珮綬者，皆雙綬。親王纁朱綬，四綵，赤、黄、縹、紺，純朱質，纁文織，長一丈八尺，二百四十首，廣九寸。一品綠綟綬，四綵，紫、黄、赤，純綠質，長一丈八尺，二百四十首，廣九寸。二品、三品紫綬，三綵，紫、黄、赤，純紫質，長一丈六尺，一百八十首，廣八寸。四品青綬，三綵，青、白、紅，純青質，長一丈四尺，一百四十首，廣七寸。五品黑綬，二綵，青、紺，純紺質，長一丈二尺，一百首，廣六寸。自王公以下皆有小雙綬，長二尺六寸，色同大綬而首半之。正第一品佩二玉環，自外不同也。有綬者則有紛，皆長六尺四寸，廣二尺四分，各隨綬色。諸鞶囊，二品以上金鏤，三品金銀鏤，四品銀鏤，五品綵鏤。諸珮，一品珮山玄玉，二品以下、五品以上，佩水蒼玉。

諸文官七品以上朝服者，簪白筆，武官及爵則不簪。諸舄履並烏色，舄重皮底，履單皮底。別注色者，不用此色。

諸勳官及爵任職事官者，散官、散號將軍同職事。正衣本服，自外各從職事服。諸致仕及以理去官，被召謁見，皆服前官從省服。

平巾幘，簪箄導，冠支五品以上紫褶，六品以下緋褶，加兩襠縢蛇，並白袴，起梁帶。五品以上，金玉雜鈿。六品以下，金飾隱起。靴，武官及衛官陪立大仗則服之。若文官乘馬，亦通服之，去兩襠縢蛇，諸視品府佐，武弁，平巾幘。國官，進賢一梁冠，黑介幘，簪導。其服各準正品，其流外官，亦依正品流外之例。參朝則服之。若謁見府公，府佐平巾黑幘，國官黑介幘，皆白紗單衣，烏皮履。

諸流外官行署，三品以上黑介幘，絳公服，用緋爲之，制同絳紗單衣。方心，革帶，鉤䚢，假帶，襪，烏皮履。九品以上絳褠衣，制同絳公服，袖狹，形直如溝不垂。去方心、假帶，餘同絳公服。其非行署者，太常寺謁者、卜博士、醫助教、祝史、贊引，鴻臚寺掌儀、諸典書、典學、内侍省内典引，太子門下坊典儀，内坊導客舍人、諸贊者，王公以下舍人，公主謁者等，各準行署，依品服。自外及民任雜掌無官品者，皆平巾幘，緋衫，大口袴，朝集從事則服之。諸典謁，武弁，絳公服。其齋郎，介幘，絳褠衣。自外品子任雜掌者，皆平巾幘，緋衫，大口袴，朝集從事則服之。

黑介幘，簪導，深衣，青褾、領，革帶，烏皮履。未冠則雙童髻，空頂黑介幘，去革帶。國子、太學、四門學生參見則服之。書算學生、州縣學生，則烏紗帽，白裙襦，青領。諸外官拜表受詔皆服。本品無朝服者則服之。其餘公事及初上，並公服。諸州大中正，進賢一梁冠，絳紗公服，若有本品者，依本品參朝服之。諸州縣佐史、鄉正、里正、岳瀆祝史、齋郎，並介幘，絳褠衣。

平巾幘，緋褶，大口袴，紫附褠，尚食局主食、典膳局主食、太官署食官署掌膳服之。平巾綠幘，青布袴褶，尚食局主膳、典膳局典食、太官署食官署供膳服之。平巾五辮髻，青袴褶，青耳屩，羊車小史服之。總角髻，青袴褶，漏刻生、漏童服之。

龍朔二年九月戊寅，司禮少常伯孫茂道奏稱：「諸臣九章服，君臣冕服，章數雖殊，飾龍名衮，尊卑相亂。望諸臣九章衣以雲及麟代龍，昇山爲上，仍改冕。當時紛議不定。儀鳳年，太常博士蘇知機又上表，以公卿以下冕服，請別立節文。敕下有司詳議。崇文館學士校書郎楊炯奏議曰：

古者太昊庖犧氏，仰以觀象，俯以察法，造書契而文籍生。次有黄帝軒轅氏，長而敦敏，成而聰明，垂衣裳而天下理。其後數遷五德，君非一姓。體國經野，建邦設都，文質所以再而復，正朔所以三而改。夫改正朔者，謂夏后氏建寅，殷人建丑，周人建子。至於以日繫月，以月繫時，以時繫年，此則三王相襲之道也。夫易服色者，謂夏后氏尚黑，殷人尚白，周人尚赤。至於山、龍、華蟲、宗彝、藻、火、粉米、黼、黻，此又百代可知之道也。謹按《虞書》曰：『予欲觀古人之象，日、月、星辰、山、龍、華蟲作繪，宗彝、藻、火、粉米、黼、黻絺繡。』由此言之，則其所從來者尚矣。

夫日月星辰者，明光照下土也。山者，布散雲雨，象聖王澤沾下人也。龍者，變化無方，象聖王應機布教也。華蟲者，雉也，身被五采，象聖王體兼文明也。宗彝者，武蜼也，以剛猛制物，象聖王神武定亂也。藻者，逐水上下，象聖王隨代而應也。火者，陶冶烹飪，象聖王至德日新也。米者，人恃以生，象聖王物之所賴也。黼能斷割，象聖王臨事能決也。黻者，兩已相背，象君臣可否相濟也。逮有周氏，乃以日月星辰爲旗旗之飾，又登龍於山，登火於宗彝，於是乎制衮冕以祀先王也。九章者，法於陽數也。以龍爲首章者，衮者卷也，龍德神異，應變潛見，表聖王深沈遠智，卷舒神化也。又制鷩冕以祭先公也，鷩者雉也，有耿介之志，表公有賢才，能守耿介之節也。又制毳冕以祭四望也，四望者，岳瀆之神也。武蜼者，山林所生也，明其象也。制絺冕以祭社稷也，社稷，土穀之神也，粉米由之成也，象其功也。又制玄冕以祭羣小祀也，百神異形，難可偏擬，但取黻之相背異名也。夫以周公之多才也，故化定制禮，功成作樂。夫以孔宣之將聖也，故行夏之時，服周之冕。先王之法服，乃此之自出矣；天下之能事，又於是乎畢矣。

今表狀請制大明冕十二章，乘輿服之者。謹按，日月星辰者，已施旌旗矣；龍有感德之祥，此蓋别表休徵，終是無踰比象。然則皇王受命，天地興符，仰觀則璧合珠連，俯察則銀黄玉紫。盡南宫之粉壁，不足寫其形狀；罄東觀之鉛黄，無以紀其名實。固不可畢陳於法服也。雲也者，從龍之氣也，水也者，藻之自生也，又不假别爲章目也。此蓋不經之甚也。

又鷩冕八章，三公服之者。鷩者，太平之瑞也，非三公之德也。鷹鸇者，鷙鳥也，適可以辨祥刑之職也。熊羆者，猛獸也，適可以旌武臣之力也。又稱藻爲水草，無所法象，引張衡賦云，蔕倒茄於藻井。披江萉之狎獵。謂爲蓮花，取其文采者。夫茄者蓮，也若以蓮花代藻，變古從今，既不知草木之名，亦未達文章之意。此又不經之甚也。

又毳冕六章，三品服之者。按此王者祀四望服之名也。今三品乃得同王之毳冕，而三公不得同王之袞名。豈惟顛倒衣裳，抑亦自相矛盾。此又不經之甚也。

又黼冕四章，五品服之。考之於古，則無其名；驗之於今，則非章首。此又不經之甚也。

若夫禮惟從俗，則命爲制，令爲詔，乃秦皇之故事，猶可以適於今矣。若乃義取隨時，則出稱警，入稱蹕，乃漢國之舊儀，猶可以行於代矣。亦何取於變周公之軌物，改宣尼之法度者哉！

由是竟寢知機所請。

景龍二年七月，皇太子將親釋奠於國學，有司草儀注，令從臣皆乘馬著衣冠。太子左庶子劉子玄進議曰：

古者自大夫已上皆乘車，而以馬爲騑服。魏、晉已降，迄于隋代，朝士又駕牛車，歷代經史，具有其事，不可一二言也。至如李廣北征，解鞍憩息；馬援南伐，據鞍顧盼。斯則鞍馬之設，行於軍旅，戎服所乘，貴於便習者也。案江左官至尚書郎而輒輕乘馬，則爲御史所彈，又顔延之罷官後，好騎馬出入閭里，當代稱其放誕。此則專車憑軾，可擐朝衣；單馬御鞍，宜從褻服。求之近古，灼然之明驗矣。自皇家撫運，沿革隨時。至如陵廟巡幸，王公册命，則盛服冠履，乘彼輅車。其士庶有衣冠親迎者，亦時以服箱充馭。在於他事，無復乘車，貴賤所行，通鞍馬而已。臣伏見比者鑾輿出幸，法駕首途，左右侍臣皆以朝服乘馬。夫冠履而出，止可配車而行，今乘車既停，而冠履不易，可謂唯知其一而未知其二。何者？褒衣博帶，革履高冠，本非馬上所施，自是車中之服。必也襪而升鐙，跣以乘鞍，非惟不師古道，亦自取驚今俗，求諸折中，進退無可。且長裙廣袖，襜如翼如，鳴珮紆組，鏘鏘弈弈，馳驟於風塵之内，出入於旌棨之間，儻馬有驚逸，人從顛墜，遂使屬車之右，遺履不收，清導之傍，絓驂相續，固以受嗤行路，有損威儀。

今議者皆云秘閣有《梁武帝南郊圖》，多有衣冠乘馬者，此則近代故事，不得謂無其文。臣案此圖是後人所爲，非當時所撰。且觀當今有古今圖畫者多矣，如張僧繇畫《羣公祖二踈》，而兵士有著芒屩者；閻立本畫《昭君入匈奴》，而婦人有著帷帽者。夫芒屩出於水鄉，非京華所有；帷帽創於隋代，非漢宫所作。議者豈可徵此二畫以爲故實者乎！由斯而言，則《梁武南郊之圖》，義同於此。又傳稱義惟因俗，禮貴緣情。殷輅周冕，規模不一；秦冠漢珮，用舍無恒。況我國家道軼百王，功高萬古，事有不便，資於變通。其乘馬衣冠，竊謂宜從省廢。臣此異議，其來自久，日不暇給，未及搉揚。今屬殿下親從齒胄，將臨國學，凡有衣冠乘馬，皆憚此行，所以輒進狂言，用申鄙見。

皇太子手令付外宣行仍編入令，以爲恒式。

讌服，蓋古之褻服也，今亦謂之常服。江南則以巾褐裙襦，北朝則雜以戎夷之制。爰至北齊，有長帽短靴，合袴襖子，朱紫玄黄，各任所好。雖謁見君上，出入省寺，若非元正大會，一切通用。高氏諸帝，常服緋袍。隋代帝王貴臣，多服黄文綾袍，烏紗帽，九環帶，烏皮六合靴。百官常服，同於匹庶，皆著黄袍，出入殿省。天子朝服亦如之，惟帶加十三環以爲差異，蓋取於便事。其烏紗帽漸廢，貴賤通服折上巾，其製周武帝建德年所造也。晉公宇文護始命袍加下襴。

及大業元年，煬帝始制詔吏部尚書牛弘、工部尚書宇文愷、兼内史侍郎虞世基、給事郎許善心、儀曹郎袁朗等憲章古則，創造衣冠，自天子逮于胥吏，章服皆有等差。始令五品以上，通服朱紫。是後師旅務殷，車駕多行幸，百官行從，雖服袴褶，而軍間不便。六年，復詔從駕涉遠者，文武官等皆戎衣，貴賤異等，雜用五色。五品已上，通著紫袍，六品已下，兼用緋緑。胥吏以青，庶人以白，屠商以皁，士卒以黄。

武德初，因隋舊制，天子讌服，亦名常服，唯以黄袍及衫，後漸用赤黄，遂禁士庶不得以赤黄爲衣服雜飾。四年八月敕：『三品已上，大科紬綾及羅，其色紫，飾用玉。五品已上，小科紬綾及羅，其色朱，飾用金。六品已上，服絲布，雜小綾，交梭，雙紃，其色黄。六品、七品飾銀。八品、九品鍮石。流外及庶人服紬、絁、布，其色通用黄，飾用銅鐵。』五品已上執象笏。三品已下前挫後直，五品已上前挫後屈。自有唐已來，一例上圓下方，曾不分别。六品已下，執竹木爲笏，上挫下方。其折上巾，烏皮六合靴，貴賤通用。

貞觀四年，又制三品已上服紫，五品已下服緋，六品、七品服緑，八品、九品服以青，帶以鍮石。婦人從夫色。雖有令，仍許通著黄。五年八月敕，七品已上，服龜甲雙巨十花綾，其色緑。九品已上，服絲布及雜小綾，其色青。十一月，賜諸衛將軍紫袍，錦爲褾袖。八年五月，太宗初服翼善冠，貴臣服進德冠。

龍朔二年，司禮少常伯孫茂道奏稱：『舊令六品、七品着緑，八品、九品着青，深青亂紫，非卑品所服。望請改八品、九品着碧，朝參之處，聽兼服黄。』從之。總章元年，始一切不許着黄。上元元年八月又制：『一品已下帶手巾、筭袋，仍珮刀子、礪石，武官欲帶者聽之。文武三品已上服紫，金玉帶。四品服深緋，五品服淺緋，並金帶。六品服深緑，七品服淺緑，並銀帶。八品服深青，九品服淺青，並鍮石帶。庶人竝銅鐵帶。』

文明元年七月甲寅詔：『旗幟皆從金色，飾之以紫，畫以雜文。八品已下舊服者，並改以碧。京文官五品已上，六品已下，七品清官，每日入朝，常服袴褶。諸州縣長官在公衙，亦准此。』

景雲中又制，令依上元故事，一品已下帶手巾、筭袋，其刀子、礪石等許不佩。武官五品已上佩鞊韘七事，七謂佩刀、刀子、礪石、契苾眞、噦厥針筒、火石袋等也。至開元初復罷之。

則天天授二年二月，朝集使刺史賜繡袍，各於背上繡成八字銘。長壽三年四月，敕賜岳牧金字銀字銘袍。延載元年五月，則天内出緋紫單羅銘襟背衫，賜文武三品已上。左右監門衛將軍等飾以對師子，左右衛飾以麒麟，左右武威衛飾以對虎，左右豹韜衛飾以豹，左右鷹揚衛飾以鷹，左右玉鈐衛飾以對鶻，左右金吾衛飾以對豸，諸王飾以盤龍及鹿，宰相飾以鳳池，尚書飾以對鴈。

武德已來，始有巾子，文官名流，上平頭小樣者。則天朝，貴臣内賜高頭巾子，呼爲武家諸王樣。中宗景龍四年三月，因内宴賜宰臣已下内樣巾子。開元已來，文官士伍多以紫皁官絁爲頭巾、平頭巾子，相效爲雅製。玄宗開元十九年十月，賜供奉官及諸司長官羅頭巾，及官樣巾子，迄今服之也。

天寶十載五月，改諸衛旗旛隊仗，先用緋色，並用赤黄色，以符土德。

高祖武德元年九月，改銀菟符爲銀魚符。高宗永徽二年五月，開府儀同三司及京官文武職事四品、五品，幷給隨身魚。咸亨三年五月，五品已上賜新魚袋，並飾以銀，三品已上各賜金裝刀子礪石一具。垂拱二年正月，諸州都督刺史，並准京官帶魚袋。天授元年九月，改内外所佩魚並作龜。久視元年十月，職事三品已上龜袋，宜用金飾，四品用銀飾，五品用銅飾，上守下行，皆從官給。神龍元年二月，内外官五品已上依舊佩魚袋。六月，郡王、嗣王特許佩金魚袋。景龍三年八月，令特進佩魚。散職佩魚，自此始也。自武德已來，皆正員帶闕官始佩魚袋，員外、判試、檢校自則天、中宗後始有之，皆不佩魚。雖正員官得佩，亦去任及致仕卽解去魚袋。至開元九年，張嘉貞爲中書令，奏諸致仕許終身佩魚，以爲榮寵，以理去任，亦聽佩魚袋。自後恩制賜賞緋紫，例兼魚袋，謂之章服，因之佩魚袋、服朱紫者衆矣。

梁制云，袴褶，近代服以從戎，令纘嚴則文武百官咸服之。車駕親戎，則縛袴不舒散也。中官紫褶，外官絳褶，舄用皮。服冠衣朱者，紫衣用赤舄，烏衣用烏舄。唯褶服以靴，靴，胡履也，取便於事，施於戎服。

【略】

《武德令》：【略】内外命婦服花釵，施兩博鬢，寶鈿飾也。翟衣青質，羅爲之，繡爲雉，編次於衣及裳，重爲九等而下。第一品花鈿九樹，寶鈿准花數，以下准此也。翟九等。第二品花鈿八樹，翟八等。第三品花鈿七樹，翟七等。第四品花鈿六樹，翟六等。第五品花鈿五樹，翟五等。並素紗中單，黼領，朱褾、襈，亦通用羅縠也。蔽膝，隨裳色，以緅爲領緣，加以文繡，重雉爲章二事，一品已下皆同也。大帶，隨衣色，緋其外，上以朱錦，下以緑錦，紐同青組。青衣，革帶，青韈、舄，珮，綬。內命婦受册、從蠶、朝會則服之；其外命婦嫁及受册、從蠶、大朝會亦準此。鈿釵禮衣，通用雜色，制與上同，唯無雉及珮綬。去舄加履。第一品九鈿，第二品八鈿，第三品七鈿，第四品六鈿，第五品五鈿。內命婦尋常參見，外命婦朝參辭見及禮會則服之。六尚、寶林、御女、采女、官等服。禮衣通用雜色，制與上同，惟無首飾。七品已上，有大事服之，尋常供奉則公服。公服去中單、蔽膝、大帶。九品已上，大事及尋常供奉，並公服。東宮準此。女史則半袖裙襦。諸公主、王妃珮綬，同諸王縣主、內命婦準品。外命婦五品已上，皆準夫、子，卽非因夫、子別加邑號者，亦準品。婦人宴服，準令各依夫色，上得兼下，下不得僭上。既不在公庭，而風俗奢靡，不依格令，綺羅錦繡，隨所好尚。上自宮掖，下至匹庶，遞相倣效，貴賤無別。

武德、貞觀之時，宮人騎馬者，依齊、隋舊制，多著羃䍦。雖發自戎夷，而全身障蔽，不欲途路窺之。王公之家，亦同此制。永徽之後，皆用帷帽，拖裙到頸，漸爲淺露。尋下敕禁斷，初雖暫息，旋又仍舊。咸亨二年又下敕曰：『百官家口，咸預士流，至於衢路之間，豈可全無障蔽。比來多著帷帽，遂弃羃䍦，曾不乘車，別坐檐子。遞相倣效，浸成風俗，過爲輕率，深失禮容。前者已令漸改，如聞猶未止息。又命婦朝謁，或將馳駕車，既入禁門，有虧肅敬。此並乖於儀式，理須禁斷，自今已後，勿使更然。』則天之後，帷帽大行，羃䍦漸息。中宗卽位，宮禁寬弛，公私婦人，無復羃䍦之制。

開元初，從駕宮人騎馬者，皆著胡帽，靚粧露面，無復障蔽。士庶之家，又相倣效，帷帽之制，絶不行用。俄又露髻馳騁，或有著丈夫衣服靴衫，而尊卑內外，斯一貫矣。

奚車，契丹塞外用之，開元、天寶中漸至京城。兜籠，巴蜀婦人所用，今乾元已來，蕃將多著勳於朝，兜籠易於檐負，京城奚車、兜籠，代於車輿矣。

宋·王溥《唐會要》卷三一《輿服上·裘冕》 儀鳳二年，太常博士蘇知機又上表，以公卿以下冕服，請別立節文。敕下有司詳議。崇文館學士校書郎楊炯議曰：『今表「請制大明冕十二章，乘輿服之」者。謹按，日月星辰，已施於旌旗矣；龍虎火山，又不逾於古矣。而云麟鳳有四靈之名，玄龜有負圖之應，雲有紀官之號，水有威德之祥，此蓋別表休徵，終是無逾比象。然則皇王受命，天地興符，仰觀則璧合珠連，俯察則銀黃玉紫。盡南宮之粉壁，不足寫其形狀；罄東觀之鉛黃，無以紀其名實。固不可畢陳於法服也。雲也者，從龍之氣也；水也者，藻之自生也，又不假別爲章目也。「鷩冕八章，三公服之。」鷩者，太平之瑞也，非三公之德也；鷹鸇者，鷙鳥也，適可以辨祥刑之職也；熊羆者，猛獸也，適可以旌武臣之力也。又稱藻爲水草，無所法象，引張賦云：帶倒茄於藻井，披紅葩之狎獵。」謂爲蓮花，取其文采者。夫茄，蓮也。若以蓮花代藻，變古從今，既不知木草之名，亦未達文章之意。又「毳冕六章，三品服之」者。按此王者祀四望服之名也。今三品乃得同王之毳冕，而三公不得同王之衮名，豈惟顛倒衣裳，抑亦自相矛盾。又「黼冕四章，五品服之。」考之於古，則無其名，驗之於今，則非章首。此則不經之甚也。夫禮惟從俗，則命爲制，令爲詔，乃秦王之故事，猶可以適于今矣。若乃義取隨時，則出稱警，入稱蹕乃漢朝之舊儀，猶可以行于代矣。亦何取變周公之軌物，改宣尼之法度者哉！』由是竟寢知機所請。

又 《章服品第》 舊儀有服，亦名具服，一品已下五品已上，陪祭、朝享、拜表大事則服之；六品已下，唯無劍、珮、綬。又有公服，亦名從省服，一品已下五品已上，朔望朝謁及見東宮則服之；六品已下，去紛，鞶囊，皆雙綬。又九品已上，朔望朝參者，十月一日已後二月三十日已前，並服袴褶，五品已上，著珂傘。

貞觀四年八月十四日，詔曰：『冠冕制度，以備令文，尋常服飾，未爲差等。』於是三品已上服紫，四品、五品已上服緋，六品、七品以綠，八品、九品以青。婦人從夫之色，仍通服黃。至五年七月十一日，敕七品以上，服龜甲雙巨十花綾，其色綠，九品以上，服絲布及雜小綾，其色青。至龍朔二年九月二十三日，孫茂道奏稱：『準舊令，六品、七品著綠，八品、九品著青。深青亂紫，非卑品所服。望請改六品、七品著綠，八品、九品著碧，朝參之處，聽兼服黃。」從之。

咸亨五年五月十日敕：「如聞在外官人、百姓，有不依令式，遂於袍衫之内，著朱紫青綠等色短衫襖子，或於閭野公然露服，貴賤莫辨，有斁彝倫。自今以後，衣服下上，各依品秩，上得通下，下不得僭上。仍令所司嚴加禁斷。」

上元元年八月二十一日敕：「一品已下文武並帶手巾、算袋、刀子、礪石，其武官欲帶者亦聽之。文武三品已上服紫，金玉帶，十三銙。四品服深緋，金帶，十一銙。五品服淺緋，金帶，十銙。六品服深綠，七品服淺綠，並銀帶，九銙。八品服深青，九品服淺青，並鍮石帶，八銙。庶人服黃銅鐵帶，七銙。」前令九品已上，朝參及視事，聽服黃。以洛陽縣尉柳延服黃夜行，爲部人所毆，上聞之，以章服紊亂，故以此詔申明之。朝參行列，一切不得著黃也。

文明元年七月五日詔：「八品已下，舊服青者，並改爲碧。」

神龍二年九月二十七日敕：「停京官六品已下著緋，袴褶，令各依本品爲定。」

景雲二年四月二十四日制：「令内外官依上元元年敕，文武官咸帶七事。謂佩刀、刀子、礪石、契苾眞、噦厥計筒、火石袋、等其腰帶，一品至五品並用金，六品至七品並用銀，八品九品並用鍮石。」

開元二年七月二十四日敕：「百官所帶跨巾、算袋等，每朔望參日著，外官衙日著，餘日停。」其年七月二十五日敕：「珠玉錦繡，既令禁斷。準式，三品已上飾以玉、四品已上飾以金、五品已上飾以銀者，宜於腰帶及馬鐙、酒杯、杓依式，自外悉斷。」

十九年六月敕：「應諸服袴褶者，五品已上通用紬綾及羅，六品已下小綾，除幞頭外，不得服羅縠及著獨窠繡綾。婦人服飾，各依夫、子。五等以上諸親婦女及五品已上母、妻，通服紫；九品已上母、妻，通服朱。五品已上母、妻，衣腰襻褾，緣用錦繡。流外及庶人，不得著紬綾羅縠，五色線鞾履。其襇色衣不過十二破，渾色衣不過六破。帽子皆大露面，不得有掩蔽。正朝會及大禮陳設事，緣供奉官攝官者，並依攝官服之。」

元和十二年六月九日，太子少師鄭餘慶奏：「内外官服朝服入祭服者，其中五品多有疑誤。約職事宜，自今已後，其職事官是五品者，雖帶六品已下散官，卽有劍、珮、綬，其六品已下職事官，縱有五品已下散官，並不得服劍、珮、綬。」

龍紀元年十一月，將有事圜丘，上宿齋於武德殿，宰臣百寮，朝服於位。時兩軍中尉楊復恭及兩樞密，皆朝服侍上。太常博士錢珝、李綽等奏曰：「今皇帝赴齋，内臣朝服。竊詳國朝故事及近代禮令，並無内官朝服助祭之文。若須要冠服，請各依所兼正官，隨資品，依令式，服本官之服。」從之。

又《内外官章服》　舊制，凡授都督、刺史，皆未及五品者，並聽著緋、佩魚，離任則停之。若在軍賞緋紫、魚袋者，在軍則服之，不在軍不在服限。若經敍録不合得者，在軍亦停之。

開元三年四月敕：「宰臣自朝廷出鎮，請朝官至侍御史已上者，卽許兼受章服，便爲久例。」

其年八月詔：「駙馬都尉，從五品階，自今已後，宜準令式，仍借紫金魚袋。」駙馬都尉借紫，自此始也。

四年二月二十三日詔：「彰施服色，分別貴賤，苟容僭濫，則有乖儀式。如聞内外絶無官者，皆許著綠，不以爲事。又軍將在陣，賞借緋紫，本是從戎缺胯之服，一得之後，遂別造長袍，遞相倣傚。又入蕃使，別敕借緋紫者，使回合停。自今已後，衙内宜專定殿中侍御史糾察。」天授二年八月二十日，左羽林大將軍、建昌王攸寧賜紫金帶，九月二十六日，除納言，依舊著紫、帶金龜，借紫自此始也。

八年二月二十日敕：「都督刺史品卑者，借緋及魚袋，永爲常式。」

二十五年五月三日敕：「緋紫之服，班命所崇，以賞有功，不可僭濫。如聞諸軍賞借，人數甚多，曾無甄別，是何道理？自今已後，除灼然有戰功外，餘不得輒賞。」

大中元年，中書門下奏：「幕府遷授章服，貞元元年之間使府奏職至侍御史，然後許兼省官，至章服皆計考效。近日奏行殿中及戎卒，便請朱紫，數事俱行，其中自緣腰金，皆非典故，今請自侍御史待年月足後，更奏始與省官；至於朱紫，許於本使府有事績尤異者，然後許奏請。惟副使行軍奏職特加，先著綠便許緋，餘不在此限。」

三年五月，中書門下奏：『增秩賜金紫，雖有故事，如觀察使奏刺史善狀，並須指事而言，不得虚爲文飾。其諸道副使判官，如事績尤異，然後許奏論。惟副使行軍，先著緑便許賜緋，其餘不在此限者。諸使奏請，或資品尚淺，即請章服；或賜緋未幾；又請賜紫。準令，入仕，十六考職事官，散官皆至五品，始許著緋。三十考職事官四品，散官三品，然後許衣紫。除臺省清要，牧守常典，自今已後，請約官品爲例。判官上檢校五品者，雖欠階考，量許奏緋。副使行軍判官至侍御史已上者，縱階考未至，亦許奏緋。如已檢校四品官兼中丞，先賜緋，經三周年已上者，兼許奏紫。其有職事尤異關錢穀者，須指事上言，監察已下，量與減年限，進改殿中已上，然後可許賜章服。公事尋常者，不在奏限。』依奏。

又《雜録》 乾封二年二月，禁工商不得乘馬。

神龍二年九月，《儀制令》：『諸一品已下，食器不得用渾金玉；六品已下，不得用渾銀。』

大和元年五月敕：『衣服車乘器用宫室侈儉之制，近日頗差。宜準《儀制令》，品秩勳勞，仍約今時所宜，撰等級，送中書門下參酌奏聞。』

三年九月敕：『兩軍諸司内官，不得著紗縠綾羅等衣服。』

六年六月敕詳度諸司制度條件等：『《禮部式》，親王及三品已上，若二王後，服色用紫，飾以玉；五品已上，服色用朱，飾以金；七品已上，服色用緑，飾以銀；九品已上，服色用青，飾以鍮石。應服緑及青人，謂經職事官成及食禄者，其用勳官及爵，直司依出身品，仍聽佩刀、礪、紛、帨。流外官及庶人，服色用黄，飾以銅鐵。其諸親朝賀宴會服飾，各依所準品。又請一品二品許服玉及通犀，三品許服花犀、斑犀及玉，又服青碧者許通服緑，餘依《禮部式》。又應三省、御史臺、兩京諸司及諸道在城職掌官等，諸不許用本官本品例，仍並不得服犀玉及車馬不得飾以金銀。又袍襖衫等，曳地不得長二寸已上，衣袖不得廣一尺三寸已上。婦人制裙，不得闊五幅已上，裙條曳地，不得長三寸已上，襦袖等不得廣一尺五寸已上。又《六典》及《禮部式》，諸文武官赴朝，諸府道從職事，一品及開府儀同三司，聽七騎；二品及特進，聽五騎；三品及散官，三騎；四品五品，二騎；六品已下，一騎。其散官及以理去官，五品已上，將從不得過兩騎，若京城外，不在此限。今約品秩，職事官一品從七騎，二品及中書門下三品五騎，三品及中書門下御史臺五品、尚書省四品三騎，四品五品兩騎，六品一騎，鞍通用銀裝，六品一騎，通用鍮石裝。其散官及以理去官者，五品已上，不得過一騎，其若在京城外及勳績顯著、職事繁重者，不在此限。七品已下，非常參官，並不得以馬從，未仕者聽乘蜀馬，鞍用烏漆裝。又請一品二品九騎，三品七騎，四品五騎，五品兩騎，其京城内應職事繁重者，不在此限。六品以下，非常參官，不得馬從。其六品已上，非常參官，周親未任者，聽乘馬，餘未仕者，聽乘蜀、小馬，鞍用烏漆裝。其胥吏及雜色人，不在此限。其鞍轡裝飾，據所司條流，得用銀者，四品已下，並得許用垂頭押胯。其用銀及鍮石者，並不得闊裝。其軍容隊伍，要資華飾，不在此限。餘並請依所司條流。又制，節度使準《儀制令》，諸軍一品已下五品已上，皆通用幰，六品已下，皆不得用幰，今非册拜及婚會，並不得用幰。又準《少府式》，公主出降，犢車兩乘，一金銅裝；郡主犢車兩乘，一銅裝；縣主犢車兩乘，一銅裝。又準《鹵簿令》，外命婦一品，厭翟車，從車六乘，二品三品，白銅飾犢一乘，從車四乘；四品白銅飾犢車一乘，從車兩乘者，今此附前件令式，參酌今時之宜。且婦人本合乘車，近來率用檐子。事已成俗，教在因人。今請外命婦一品二品、中書門下三品母、妻，金銅飾犢車、檐子，舁不得過八人；三品金銅飾犢車、檐子，舁不得過六人；非尚書省、御史臺，即以白銅飾檐子，舁不得過四人；四品五品金銅飾犢車、白銅飾檐子，舁不得過四人；六品以下，書奚車、檐子，舁不得過四人。胥吏及商賈妻，並不得乘奚車及檐子，其老疾者，聽乘葦軬車及篼籠，舁不得過二人。庶人準此。右伏緣白銅先已禁斷，今請應合用白銅者，通用鍮石。其胥吏及商賈妻、女老病者，聽乘座車及葦軬車。餘並準所司條流處分。』敕旨：『並依奏。』又奏：『婦人高髻險妝，去眉開額，甚乖風俗，頗壞常儀，費用金銀，過爲首飾，並請禁斷。其妝梳釵篦等，伏請敕依貞元中舊制，仍請敕下後，諸司及州府榜示，限一月内改革。及吳越之間，織造高頭草履，亦請切加禁絶。其以彩帛縵成高頭履，及平頭小花草履，即任依舊，餘請準所司條流。』又奏：『準《營繕令》，王公已下，舍屋不得施重栱、藻井。三品已上堂舍，不得過五間九架，廳厦兩頭門屋，不得過五間五架。五品已上堂舍，不得過五間七架，廳厦兩頭門屋，不得過三間兩架，仍通作烏頭大門，勳官各依本品。六品七品已下堂舍，不得過三間五架，門屋不得過一間兩架。非常參官，不得造軸心舍，及施懸魚、對鳳、瓦獸、通袱乳梁裝飾。其祖父舍宅，門廕子孫，雖廕盡，聽依仍舊居住。其士庶公私第宅，皆不得造樓閣，臨視人家。近者或有不守敕文，因循制造，自今以後，伏請禁斷。又庶人所造堂舍，不得過三間四架，門屋一間兩架，仍不得輒施裝飾。又準律，諸營造舍宅，於令有違者，杖一百。雖會赦令，皆令改正。其物可賣者聽賣。若經赦百日不改去及不賣者，論如律。』又奏：『商人乘馬，前代所禁，近日得以恣其乘騎，雕鞍銀鐙，裝飾煥爛，從以童騎，最爲僭越，請一切禁斷。庶人準此。師僧道士，除綱維及兩街大德，餘並不得乘馬，請依所司條流處分。諸部曲、客女、奴婢，服絁紬絹布，色通用黄白，飾以銅鐵。客女及婢，通服青碧，聽同庶人，兼許夾纈。丈夫許通服黄白，如屬諸軍、諸使、諸司及屬諸道，任依本色目流例。其女人不得服黄絮爲裙，及銀泥罨畫錦繡等。餘請依令式。又制度衣服、車乘、器用、宮室等，其諸軍使職掌官等，並請約文武官例，各委本道本軍大使，以職掌高下，約爲等第，比類聞奏。又應諸色條流，請委御史臺知彈御史、兩巡使、京兆尹東都留守、河南尹、留臺御史、外州府長史，準條流月日切加糾察，如違越，沒入所犯物，仍量加決責。其常參官具名聞奏。其在城諸軍使，各委本司句當，不及者，委臺司覺察聞奏。』敕旨：『理道所關，制度最切。其喪葬婚嫁，吉凶禮物，雖不在條件之内，亦委所司準令定式句當，仍加捉搦。其禁軍仗衛雜飾，及諸道節鎮等使軍裝衣服，即不在此限。餘並依奏。』

其年七月，度支、户部、鹽鐵三司奏：『準今年六月敕，令三司官典及諸色場庫所由等。其孔目、句檢、句覆、支對、句押、權遣、指引進庫官，門官等，請許服細葛布折造，及無紋綾充衫及袍襖，依前通服綠，闇銀藍鐵充腰帶，不得乘毛色大馬，鞍轡踏鐙用鍮石。其驅使官有正官及在城及諸色倉場官等，請許服細葛布折造，及庶人紋綾充衫袍，依前服綠，藍鐵充腰帶，乘小馬，鞍轡銜鐙用鍮石。其驅使官未有正官及與行按令史等，請許麤葛布及官絁等充衫襖，亦請依前通服綠，銅鐵腰帶，乘蜀馬，其鞍用烏漆鐵踏鐙。聽於每司各許三人著綠布衫，其不行按令史並書手，服白，仍並不許乘馬及馬從。通引官許依前麤紫絁及紫布充衫袍，藍鐵腰帶，乘小馬，鞍用烏漆鐵踏鐙。其行官門子等，請許依前服紫麤絁充衫襖，藍鐵腰帶。仍不許乘馬。其騾綱、車綱等，緣常押驢騾於諸州府搬運，及送遠軍衣賜，須應程期，請許依前麤紫絁充襖，藍鐵腰帶，乘驢車，出塞卽請許乘粗牡馬。餘並不得違元敕。揀子及諸色小所由，並請服白布衫，及應向外監院職掌所由，請敕下後，約省使條流，遞減一等處分。除此外，餘並準元敕處分。』依奏。

七年八月九日敕：『今年十月服冬裘後，其衣服輿馬，並宜準大和六年六月十七日敕處分。如固違制度，九品已上，量加黜責；其布衣，五年不得選舉。』

開成四年二月，淮南觀察使李德裕奏：『臣管内婦人，衣袖先闊四尺，今令闊一尺五寸；裙先曳地四尺五寸，今令減三寸。』從之。

五年六月，御史中丞黎植奏：『伏以朝官出使，自合驛馬，不合更乘檐子。自此，請不限高卑，不得輒乘檐子。如病，即任所在陳牒，仍申中書門下及御史臺，其檐夫自出錢雇。節度使有疾，亦許乘檐子，不得便乘卧轝。宰相、三公、師保、尚書令、正省僕射及致仕官疾病者，許乘之。餘官並不在乘限。其檐子任依漢、魏故事，準載步輿步輿之制，不得更務華飾。其三品已上官及刺史赴任，有疾，亦任所在陳牒，許暫乘，病瘥日停，不得驛中停止。人夫並須自雇。』又中書門下奏：『臺司所奏條流檐子事，更須商量，其常參官或諸司長史，品秩高者，有疾及筋力綿怯，不能控馭，望許牒臺暫乘檐子，患損勒停。其出使郎官，中路遇疾，令自雇夫者，若所請稍遠，計費極多，制下檢身，不合貸借，輕賫則不濟所要，無偏則不可支持，如中路遇疾者，所在飛牒申奏，差替去，以此商量，庶爲折衷。餘請依御史臺所奏。』

冠　唐制，親王服遠游三梁冠，五品已上兩梁冠，九品已上一梁冠。武官及中書門下九品已上，服武弁、平巾幘。御史服法冠。武德四年七月敕，折上巾，軍旅所服，即今幞頭是也。自後紗帽漸廢，貴賤用之。故事，全復皁而向後幞髮，俗謂之幞頭。周武建德中，裁爲四脚。

其年十二月，高祖問秘書丞令狐德棻曰：『丈夫冠，婦人髻，競爲高大，何也？』對曰：『在人之身，冠髻爲上，所以古人方諸君子。昔東晉之末，君弱臣强，江左之士，莫不衣小而裳大。及宋武正位之後，君尊而臣卑，俄亦變改。此卽近事之徵。』

貞觀八年五月七日，太宗初服翼善冠，賜貴臣進德冠，因謂侍臣曰：『幞頭起於周武帝，蓋取便於軍容耳。今四方無虞，當偃武事，此冠頗採古法，兼類幞頭，乃宜常服。』至開元十七年，廢不行用。

開元十九年六月敕：『應五品已上，行六品冠，去琪珠。』

二十五年，工部、太常寺衣冠祭服幷幘，諸司供奉官衣、冠、履、舃等，所司七年一替，三年一給。未滿三年有損壞者，並自修理。

乾元元年十月一日，知司天臺事韓穎奏：『五官正，奉敕創置，其官職配五方，上稽五緯。臣請冠上加一星珠，衣從本方正色，每至元日、冬至、朔望朝會及諸大禮，卽服以朝見，仍望永爲恒式。』敕旨依。

貞元七年十一月，上問冠冕于宰臣，時董晉對曰：『古之人服冠冕者，動有佩玉之響，以節步也，故大禹惡衣服而致美於黻冕。』上然之。

巾子　武德初，始用之，初尚平頭小樣者。

天授二年，則天內宴，賜羣臣高頭巾子，呼爲『武家諸王樣』。景龍四年三月，內宴，賜宰臣已下內樣巾子。其樣高而踣，皇帝在藩時所冠，故時人號爲『英王踣樣』。

開元十九年十月，賜供奉及諸司長官羅頭巾，及官樣圓頭巾子。

永泰元年，裴冕爲左僕射，自創巾，號曰『僕射樣』。

大和三年正月，宣令諸司小兒，勿許裹大巾子入內。

魚袋　永徽二年四月二十九日，開府儀同三司及京官文武職事四品五品，並給隨身魚袋。

五年八月十四日敕：『恩榮所加，本緣品命，帶魚之法，事彰要重。豈可生平在官，用爲襃飾，纔至亡沒，便卽追收。尋其始終，情不可忍。自今已後，五品已上有薨亡者，其隨身魚袋，不須追收。』

咸亨三年五月三日，始令京官四品、五品職事佩銀魚。是日，出內魚袋賜之。

垂拱二年正月二十日赦文：『諸州都督刺史，並準京官帶魚袋。』

天授元年九月二十六日，改內外官所佩魚爲龜。至神龍元年二月四日，京文武官五品已上，依舊式佩魚袋。

久視元年十月十三日，職事三品已上龜袋，宜用金飾，四品用銀飾，五品用銅飾，上守下行，皆依官給。

神龍元年六月十七日赦文：『嗣王、郡王有階級者，許佩金魚袋。』至開元元年八月二十日，諸親王長子先帶王官階級者，亦聽著紫，佩魚袋。

二年八月制：『京文官五品已上，依舊式佩銀魚袋。』

景龍三年八月，令特進佩魚。散職佩魚自兹始也。

蘇氏記曰：自永徽以來，正員官始佩魚，其離任及致仕，卽去魚袋。員外、判、試幷檢校等官，並不佩魚。至開元九年九月十四日，中書令張嘉貞奏曰：『致仕官及內外官五品已上，檢校、試、判及內供奉官，見占闕者，聽準正員例，許終身佩魚，以爲榮寵。以理去任，亦許佩魚。』自後恩制賞緋紫，例兼魚袋，謂之章服。

景雲二年四月二十四日赦文：『魚袋，著紫者金裝，著緋者銀裝。』

開元二年閏二月敕：『承前諸軍人，多有借緋及魚袋者，軍中卑品，此色甚多，無功濫賞，深非道理。宜敕諸軍鎮，但是從京借，幷軍中權借者，並委敕到收取。待立功日，據功合得，郎將以上者，委先借後奏。其靈武、和戎、大武、幽州鎮軍，赤水、河源、潮海、安西、定遠等軍，既臨賊衝，事藉懸賞，量軍大小，各封金魚袋一二十枚，銀魚袋五十枚，並委軍將臨時行賞。』

又　卷三二《輿服下》　笏　武德四年八月十六，詔五品已上執象笏，已下執竹木笏。舊制，三品已下，前挫後直；五品已上，前挫後屈。武德已來，一例上圓下方。其日敕，凡笏，周制七。《周禮》，諸侯以象，大夫以魚須文竹。晉、宋以來，謂之手板。自西魏後，五品已上，通用象牙，六品以下，兼用竹木。近唯尚書郎執笏，公卿但以手板。後周保定四年，百官始執笏。至晉宣時，內外婦人執笏，其拜俛伏興俱執之。

開元八年九月敕：『諸笏，三品已上，前屈後直，五品已上，前屈後挫，幷用象。九品已上，竹木，上挫下方。男以上聽依品爵執笏。假板官亦依例。』

異文袍　武德四年八月十六日，敕三品已上，服大料細綾及羅，其色紫，飾用玉。五品已上，服小料細綾及羅，其色朱，飾用金。六品已上，服絲布雜小綾、交梭及雙紃，其色黃。六品七品飾銀。八品九品鍮石。流外及庶人服紬綾絁布，其色通用黄白，飾用銅鐵。

天授三年正月二十二日，内出繡袍，賜新除都督、刺史。其袍皆刺繡作山形，繞山勒囬文銘曰：『德政惟明，職令思平，清慎忠勤，榮進躬親。』自此每新除都督、刺史，必以此袍賜之。

延載元年五月二十二日，出繡袍以賜文武官三品已上。其袍文仍各有訓誡，諸王則飾以盤龍及鹿，宰相飾以鳳池，尚書飾以對鴈，左右衛將軍飾以對麒麟，左右武衛飾以對虎，左右鷹揚衛飾以對鷹，左右千牛衛飾以對牛，左右豹韜衛飾以對豹，左右玉鈐衛飾以對鶻，左右監門衛飾以對獅子，左右金吾衛飾以對豸。文銘亦皆各爲八字回文，其辭曰：『忠貞正直，崇慶榮職，文昌翊政，勳彰慶陟，懿沖順彰，義思慎光，廉正躬奉，謙感忠勇。』

開元十一年六月，敕諸衛大將軍、中軍郎將袍文，千牛衛瑞牛文，左右衛瑞馬文，驍衛虎文，武衛鷹文，威衛豹文，領軍衛白澤文，金吾衛辟邪文，監門衛獅子文。每正冬陳設，朝日著甲，會見著袍。

貞元七年三月，初賜節度、觀察使等新制時服。上曰：『頃來賜衣，文綵不常，非制也。朕今思之，節度使文以鶻銜綬帶，取其武毅，以靖封内；觀察使以鷹銜儀委，取其行列有序，冀人人有威儀也。』

其年十一月九日，令常參官復衣綾袍，金玉帶。至八年十一月三日，賜文武常參官大綾袍。

大和六年六月，敕三品已上，許服鶻銜瑞草、雁銜綬帶及對孔雀綾袍襖。四品、五品許服地黄袍交枝綾。六品已下常參官，許服小團窠綾及無紋綾、隔織、獨織等。充除此色外，應有奇文異制袍襖綾等，並禁斷。其中書門下省、尚書省、御史臺及諸司三品官，並敕下後，許一月日改易；應諸司常參官，限敕下後兩月日改易。除非常參官及供奉官、外州府四品已上官，許通服絲布，仍不得有花文，一切禁斷。其花絲布及繚綾除供御服外，委所在長吏禁毁訖聞奏。其不可服絲布者，敕下後，限一月並須改易。【略】

冪䍦　武德初，襲齊、隋舊制，婦人多著冪䍦，雖發自戎夷，而全身障蔽。至永徽已後，皆有帷帽，拖裙到頸，即漸爲淺露矣。龍朔三年，有敕禁斷。初雖暫息，旋又仍舊。

咸亨二年八月二十二日，又敕下：『百官家口，咸預士流，至于衢路之間，豈可全無障蔽。比來多著帷帽，遂棄冪䍦，曾不乘車，別坐檐子。遞相倣效，寖成風俗，過爲輕率，深失禮容。前者已令漸改，如聞猶未止息，理須禁斷，自後不得更然。』

戟　景龍三年七月，皇后表請：『婦人不因夫、子而加邑號者，請同見任職事官，聽子孫用蔭，門施棨戟。』制從之。

開元八年九月敕：『廟社宫門，正一品，開府儀同三司、嗣王、郡王、上柱國、柱國帶職事二品已上，及京兆河南尹、大都督、上都護、開國及護軍帶職事三品，若下都督、諸州門，其門戟幡有破壞，五年一易，百官門不在官易之限。薨者葬訖追納。若子孫合給者，聽準數留，不足更給。其以理去任及改爲四品官，非被貶責，並不合追收。』玄宗朝，衛尉卿張介然爲河隴行軍司馬，因入奏上言曰：『臣今三品，合立棨戟。臣河東人，若得本鄉立之，百代榮盛。』上曰：『卿且將戟歸故鄉，朕更別給卿戟，列于京宅。』本鄉立戟，介然始也。檢年月未獲。

天寶六載四月八日，敕改《儀制令》：『廟社門、宫殿門，每門各二十戟。東宫每門各十八戟。一品門十六戟。嗣王郡王，右上柱國、柱國帶職事二品，散官光禄大夫已上、鎮國大將軍上各司職事品，及京兆河南太原府、大都督、大都護，門十四戟。上柱國、柱國帶職事三品，上護軍帶職事二品，若中都督、上州、上都護，門十二戟。國公及上護軍帶職事三品，若下都督、中下州，門各十戟。並官給。』

上元元年閏正月，宰臣吕諲令立戟，有司送戟至宅。或曰：『吉慶之事，不宜以凶服受之。』諲遂權釋縗服衣吉，當中而拜。識者譏其失禮。

貞元四年七月，詔試大理評事、兼監察御史李愿爲銀青光禄大夫、兼太子賓客，仍賜上柱國。以晟功高，故寵異之。賜勳，俾與父並列門戟。

五年十二月十九日，中書門下奏：『應請列戟軍準《儀制令》，正一品、開府儀同三司、嗣王、郡王，幷勳官上柱國、柱國等帶職事三品已上，並許列戟，準天寶六載敕。』

六年四月八日敕：『文散官光禄大夫、鎮軍大將軍已上，各同職事品。近日散試官，使帶高階者衆，恐須商量者。伏請準舊制令本文，取帶三品已上正員職事官爲定。』敕旨：『宜依。』

元和六年十二月敕：『立戟官階勳，悉至三品，然後申請，仍編於格令。』

其年，敕：『立戟官，京兆尹、上柱國賜紫金魚袋元義方，朝議大夫、户部侍郎、護軍賜紫金魚袋盧坦，立戟雖令式所著，似有闕文，造次而行，殊乖審慎，宜令各罰一月俸料，其戟仍令所司收納。左司郎中陸質，句檢不精，禮部員外郎崔備、工部員外郎元佑等，守官假器，其過尤深，各罰一季俸料。緣兵興以來，勳賞超越，其所立戟，須有明文。宜令所司準舊制，待官階勳並至三品，然後申請，仍編於格令。』近列戟官，率有銀青階，而元義方獨據令文。上柱國柱國三品者，十二戟，無以階敍戟之文。牒省申請，省司不能議，準式立戟。後轉爲四品官，自非貶受，兼判勳階，其戟不奪。既而盧坦以前任宣州刺史，是三品兼護軍，又請立戟，以列於門。議者以坦居四品官，狀亦無據。臺司將劾而未舉。吏部尚書鄭餘慶以爲不可，臺司因移牒給禮部狀，稱令文納祇言勳官，並不言階。自貞元已來，立戟一十八人，並無銀青色下階者。遂以上聞。故皆坐罰，而申之鑽放免。陸質及崔備、元祐俱罰一季俸料。

十一年十月，禮部奏，宣武軍節度使李愿奏云：『貞元三年，立戟十二竿，經今三十餘年，戟竿及衣幡破壞。準《儀制令》，官戟五年一換。』敕旨：『李愿立戟年深，稱要修換，有司詳檢，在格無文。以其家承忠勳，身著勞效，特宜賜與，用示恩榮。即與重換其戟，收納舊者。』

十五年三月，左右神策軍護軍中尉馬進潭、梁守謙，左右監門衛將軍魏簡、陳弘慶、劉承偕、韋元素、仇士良、李藏用、李朝盛等奏：『臣等準格令，合有棨戟之榮。』事下禮部，而員外郎賈鍊以爲進潭等三人合立棨戟；其陳弘慶已下六人，緣官是員外郎置，與節文不同，奏罷之。

長慶二年十月，以禮部尚書韋綬爲山南西道節度使。辭日，請門戟十二，自持赴鎮。從之。

咸通二年，楊汝士與諸子位皆至正卿，所居靜恭里，兄弟並列門戟，時人榮之。

天祐四年，太常禮院奏：『兩浙節度使錢鏐受册訖，舊立門戟一十二枝，合準禮例，更添四枝，仍五年一易。』從之。

議曰：『按《禮祭法》，上古祭名，不聞有戟神、節神。近代受節，置於一室，朔望必祭之拜之，非也。凡戟，天子三十四，諸侯十。今之藩鎮，古之諸侯也。在其地則施於公府門，爵位崇顯者，亦許列之私第。苟祭之拜之，不經之甚也。』

宋·王溥《五代會要》卷六《内外官章服》 周顯德元年正月一日敕節文：『今後升朝官，四任以上著綠，十五週年者與賜緋。凡州縣官歷任内曾經五度參選者，雖未及十六考，與授朝散大夫階，年十七已上合授優散官者並賜緋。非時特恩，不拘此例。』

又《雜録》 梁開平二年七月敕：『車服以庸，古之制也；貴賤無別，罪莫大焉。應内外將相，許以銀飾鞍勒；其刺史、都將、内諸司使以下，祇許用銅飾，仍永爲定式。』

四年五月敕：『奇邪亂正，假偽奪眞，既典行之不容，宜犯遠而莫赦。應東西兩京及諸州府，製造假犀玉，眞珠腰帶，簪珥并諸色售用者等，一切禁斷。應公私人家先已有者，所在送納長史面前毁棄。』

後唐天成二年正月敕：『今後三京及諸道州使職員名目，是押衙兵馬使、指揮使已上，騎馬得有嗳坐。諸都將衙官使下係名糧者，祇得衣紫皁衣。庶人商旅，祇著白衣。庶人有富戸或投名於勢要，以求影庇；或希假於攝貴，以免丁徭，如此色人，仰所在禁勘，以肅姦欺。』

又《戟》 晉天福三年五月詔：『應中外臣僚，帶平章事、侍中、中書令及諸道節度使，並許私門立戟，仍並官給及據官品依令式。』

宋·宋敏求《唐大詔令集》卷一〇〇《政事·官制上·定三品至九品服色詔》 車服以庸，昔王令典。貴賤有節，禮經彝訓。末代澆浮，采章訛雜，卿士無高卑之序，兆庶行僭侈之儀。遂使金玉珠璣，靡隔於工賈；錦繡綺縠，下通於皁隸。習俗爲常，流遁忘反。因循已久，莫能懲革。朕繼踵百王，欽承寶運，思弘典制，垂範後昆，永鑑前失，義存釐改。其冠冕制度，已備令文。至於尋常服飾，未爲差等。今已詳定，具如別敕。宜即頒下，咸使聞知。貞觀四年八月。

又 卷一〇九《政事·禁約下·禁車服第宅踰侈敕》 蓋聞儉以足用，令出唯行，著在前志，實爲理本。朕自臨四海，憫元元之大困，日昃忘食，宵興疚懷。躬絶文綉之飾，尚愧茅茨之儉。亦喻卿士，形於詔條。如聞積習流弊，餘風未革，車服第宅，相高以華靡之利；資用寶貨，固啓於貪冒之源。有司不禁，侈俗滋扇。是朕之教導未敷，使兆庶昧於趨尚也。其何以足用行令，以臻於郅理，歟永念慙歎，迨茲申敕。自今内外列職位之士，其各務素朴，弘茲國風，有僭差尤甚，御史列上，主者宣示，知朕意焉。

又《申禁公私車服踰侈敕》 理道所關，制度最切近者，風俗踰侈，歲月滋甚。人隳本業，用多費財。爰命有司，撮舉彝制，務從簡朴，度可久行。將使尊卑有倫，刑罰少息。其喪葬婚嫁，吉凶禮物，皆有著定。尤聞僭差，雖不在條件之物，亦委所司准令或勾當，仍切加捉搦，不得輒有容縱。軍國異容，古今通理。禁軍仗衛雜飾，及諸道節度等使，應緣軍裝服，即不在此限。或有留令慢法，委御史臺彈奏。當坐長吏，用清頹風。

論說

宋·洪邁《容齋隨筆》卷一《唐人重服章》 唐人重服章，故杜子美有『銀章付老翁』，『朱紱負平生』，『扶病垂朱紱』之句。白樂天詩言銀緋處最多，七言如『大抵著緋宜老大』，『一片緋衫何足道』，『闇淡緋衫稱我身』，『酒典緋花舊賜袍』，『假著緋袍君莫笑』，『腰間紅綬繫未穩』，『朱紱仙郎白雪歌』，『腰佩銀龜朱兩輪』，『便留朱紱還鈴閣』，『映我緋衫渾不見』，『白頭俱未著緋衫』，『緋袍著了好歸田』，『銀魚金帶繞腰光』，『銀章蹔假爲專城』，『新授銅符未著緋』，『徒使花袍紅似火』，『似挂緋衫衣架上』。五言如『未換銀青綬，唯添雪白鬚』，『笑我青袍故，饒君茜綬新』，『老逼教垂白，官科遣著緋』，『那知垂白日，始是著緋年』，『晚遇何足言，白髮映朱紱』。至於形容衣魚之句，如，『魚綴白金隨步躍，鵠銜紅綬繞身飛』。

又 卷八《賞魚袋》 衡山有唐開元二十年所建南岳眞君碑，衡州司馬趙頤貞撰，荆府兵曹蕭誠書，末云：『別駕賞魚袋上柱國光大晊』。『賞魚袋』之名不可曉，他處未之見也。

宋·洪邁《容齋三筆》卷五《緋紫假服》 唐宣宗重惜服章，牛叢自司動員外郎爲睦州刺史，上賜之紫，叢既謝，前言曰：『臣所服緋，刺史所借也。』上遽曰：『且賜緋。』然則唐制借服色得於君前服之，國朝之制，到闕則不許。

宋·洪邁《容齋四筆》卷一〇《賞魚袋出處》 隨筆書衡山唐碑別駕賞魚袋，云：『名不可曉，今按，《唐職林魚帶門》敍金玉銀鐵帶，及金銀魚袋。』云：『開元敕，非灼然有戰功者，餘不得輒賞魚袋。』斯明文也。

宋·洪邁《容齋五筆》卷二《官階服章》 唐憲宗時，因數赦，官多汎階。又，帝親郊，陪祠者授三品、五品，不計考，使府軍吏以軍功借賜朱紫率十八。近臣謝，郎官出使，多所賜與。每朝會，朱紫滿庭，而少衣緑者，品服太濫，人不以爲貴，帝亦惡之。詔太子少師鄭餘慶條奏懲革。淳熙十六年，紹熙五年，連有覃霈，轉官賜服者衆。紹熙元年，予自當塗徙會稽，過闕，遇起居舍人莫仲謙於漏舍，仲謙云：『比赴景靈行香，見朝士百數，無一緑袍者。』又，朝議、中奉皆直轉行，故五品官不勝計，頗類元和也。

清·王鳴盛《十七史商榷》卷八二《新舊唐書一四·内樣巾子》 《舊輿服制》：『武德已來。始有巾子。中宗景龍四年三月，因内宴賜宰臣已下内樣巾子。』本紀誤作『甲子』。已見前宋鳳臺子王得臣彥輔《麈史》卷上《禮儀》篇云：『隨大業中，牛弘請著巾子，以桐木爲之內，外皆漆。唐武德初，置平頭小樣巾子，武后賜百僚絲葛巾子，中宗賜宰相内樣巾子，蓋於裹頭帛下著巾子耳。』錢希白《南部新書》丙同，如王、錢二説，巾子隨時已有，不始唐初，但用桐木，自不如絲葛，著『裹頭帛下』一語，其製可見。

又 卷八七《新舊唐書一九·服色》 《新馬周傳》：『品官舊服止黄、紫，周建白三品服紫，四品、五品朱，六品、七品緑，八品、九品青。』《舊太宗紀》貞觀四年八月丙午詔與此略同，即周所建白也，而『朱』則作『緋』。又《高宗紀》龍朔二年九月，司禮少常伯孫茂道奏八品、九品舊令著青，亂紫，非卑品所服，望令著碧，從之。又上元元年八月，敕文武官三品已上服紫，金玉帶；四品深緋，五品淺緋，並金帶；六品深緑，七品淺緑。並銀帶；八品深青，九品淺青，鍮石帶；庶人服黄，銅鐵帶。《車服志》略同，惟服黄多流外官。流外官者，疑即今未入流也。然則上元所定較貞觀之制，諸色各分深淺，而龍朔所云著碧者又不用之矣。又《幽閑鼓吹》見《秘笈普函》：《文獻通考》二百十五卷云「一卷，唐張固撰，懿僖間人，記唐遺事，二十五篇。」今卷數篇數正同。云「宣宗與韋澳謀去宦官，澳請勿謀之外廷，即就其中拔有才識者委之，上曰：「此乃末策。朕已行之，初擢其小者，自黄至緑、至緋皆感恩，若紫衣挂身，即一片矣。」」據此則知唐時宦者服色與外廷同也。《説文》十三上《糸部》：「絑，純赤也。從糸，朱聲。」「紅，帛赤白色。」「緋字則在《新附》，注云：帛赤色也。」朱固與絑通，其色似即緋無異，但别爲淺緋，是即紅矣。紅，間色也，緑亦間色，而紫之爲間色更不待言，《論語》云：「紅紫不以爲褻服。」又云：「惡紫之奪朱。」褻服尚不可爲，朝祭可知。《詩》刺緑衣黄裳爲其正色，反居下，間色反居上，舊服黄、紫已屬不倫，唐人所定服色恐皆非是。

清·錢大昕《廿二史考異》卷五四《唐書一四·鄭裔綽傳》 時猶衣緑，因詔賜緋魚。唐制，五品已上衣緋，三品已上衣紫。裔綽官五品已久，而猶衣緑者，唐時臣僚章服，不依職事官之崇卑，惟論散官之品秩，雖以宰相之尊，而散官未及三品，猶以賜紫金魚袋結銜。試以《舊史宣宗紀》證之。如正議大夫、守中書侍郎、同平章事、集賢殿大學士賜紫金魚袋馬植，太中大夫、守中書侍郎、兼吏部尚書、同平章事、賜紫金魚袋崔慎由，通議大夫、守中書侍郎、兼禮部尚書、同平章事、集賢殿大學士賜紫金魚袋鄭朗，朝散大夫、守工部尚書、同平章事、集賢殿大學士賜紫金魚袋蕭鄴，朝議大夫、守戶部侍郎、同平章事、判度支賜紫金魚袋劉瑑，皆見任宰相，中書侍郎、六部尚書，又皆三品職事官也。又正如議大夫、守御史大夫賜紫金魚袋崔鉉，朝散大夫、守京兆尹賜紫金魚袋韋澳，皆見任三品職事官。昭義節度使、檢校禮部尚書、兼潞州大都督府長史，御史大夫賜紫金魚袋鄭涓，邠寧慶節度使、檢校禮部尚書、邠州刺史賜紫金魚袋畢誠，夏綏銀宥節度使、通議大夫、檢校工部尚書、夏州刺史、御史大夫賜紫金魚袋鄭助，邠寧節度使、朝議大夫、檢校左散騎常侍、邠州刺史賜紫金魚袋柳熹，朔方節度使、朝散大夫、檢校左散騎常侍、靈州大都督府長史賜紫金魚袋劉潼，山南西道節度使、中散大夫、檢校禮部尚書、興元尹賜紫金魚袋蔣係，朝議大夫、檢校禮部尚書、兼太原尹、北都留守賜紫金魚袋劉瑑，皆見任方鎮檢校官，并至三品，而散官未到金紫、銀青，則非賜不得衣紫也。又如翰林學士、朝議郎、守尚書動郎中、知制誥賜緋魚袋孔温裕，朝議郎、守中書舍人、權知禮部貢舉賜緋魚袋李藩，皆五品職事官之清要者，而散官未到大夫，則非賜不得衣緋也。牛叢以司動員外郎爲睦州刺史，賜金紫，謝曰：「臣今衣刺史所假緋，即賜紫，爲越等。」乃賜銀緋。叢與裔綽皆嘗任五品職事官，而散官未到五品，故須銀緋之賜。

藝文

唐·劉長卿《劉隨州集·編年詩·奉餞元侍郎加豫章採訪兼賜章服》
任重兼烏府，時平偃豹韜。澄清湘水變，分别楚山高。花對彤襜發，霜和白雪操。黄金裝舊馬，青草換新袍。嶺暗猿啼月，江寒鷺映濤。豫章生宇下，無使翳蓬蒿。

唐·王建《王司馬集》卷六《和蔣學士新授章服》 五色箱中絳服春，笏花成就白魚新。看宣賜處驚廻眼，著謝恩時便稱身。瑞草唯承天上露，紅鸞不受世間塵。翰林同賀文章出，驚動茫茫下界人。

唐·白居易《白氏長慶集》卷一七《初著刺史緋答友人見贈》 故人安慰善爲辭，五十專城道未遲。徒使花袍紅似火，其如蓬鬢白成絲？且貪薄俸君應惜，不稱衰容我自知。銀印可憐將底用？只堪歸舍嚇妻兒。

又 卷一八《初除尚書郎脱刺史緋》 親賓相賀問何如？服色恩光盡反初。頭白喜抛黄草峽，眼明驚拆紫泥書。便留朱紱還鈴閣，却著青袍侍玉除。無奈嬌癡三歲女，繞腰啼哭覓金魚。

雜録

唐·張鷟《朝野僉載》卷二 滑州靈昌尉梁士會，官科鳥翎，里正不送。舉牒判曰：「官唤鳥翎，何物里正不送鳥翎！」佐使曰：「公大好判，鳥翎太多。」會索筆曰：「官唤鳥翎，何物里正，不送鳥翎。」有識之士聞而笑之。

唐·封演《封氏聞見記》卷五《巾襆》 近古用幅巾，周武帝裁出腳向後幞髮，故俗謂之『幞頭』。至尊，皇太子、諸王及仗内供奉以羅爲之，其腳稍長。士庶多以絁縵而腳稍短。幞頭之下，別施巾，象古冠下之幘也。

巾子制，頂皆方平；仗内卽頭小而圓鋭，謂之『内樣』。開元中，燕公張説，當朝文伯，冠服以儒者自處。玄宗嫌其異己，賜内樣巾子，長腳羅幞頭。燕公服之入謝，元宗大悦。因此令内外官僚百姓並依此服。

自後巾子雖時有高下，幞頭羅有厚薄，大體不變焉。

近日長安尉程李家好高巾，不曾改換。此下有『未逾六十三度特入』八字，不解所謂，當屬衍文，秦本刪去，今從之。

御史陸長源性滑稽，在鄴中，忽裹蟬翼羅幞尖巾子。或譏之。長源曰：『若有才雖以蜘蛛羅網裹一牛角，有何不可；若無才，雖以卓琰子裹一簸箕，亦將何用。』

先時，吏部尚書劉晏裹頭至慢，每裹，但擎前後腳攦之，都不抽挽。或曰：『尚書何不抽兩翅？』晏曰：『兩邊通耶？』時人多哂之。

兵部尚書嚴武裹頭至緊，將裹，先以幞頭曳於盤水之上，然後裹之，名爲『水裹』。攦兩翅皆有襵數，流俗多效焉。

唐・劉禹錫《劉賓客集》卷一七《蘇州加章服謝宰相狀》　右某素乏吏才，謬居劇郡。以無庸之器，當難治之時。恭守詔條，勤求人瘼。伏以聖德柔遠，皇明燭幽。凡有上陳，皆可其奏。遂令管見，得及疲黎。自承雨露之恩，非有循良之政。猥蒙朝奬，特降命書。顧逢掖之腐儒，被華章之貴服，有黷陟明之典，誠招彼已之譏。限以守官，不獲拜謝。瞻望榮感，心魂載馳。大和七年十二月日。

唐・白居易《白氏長慶集》卷四九《中書制誥二・李彤授檢校工部郎中充鄭滑節度副使王源中授檢校刑部員外郎充觀察判官各兼侍御史賜緋紫制》　敕：萬年令李彤、侍御史王源中等：舜以五長綏四國，若今之節制也。周以十聯率諸侯，若今之廉察也。國家合爲一柄，付有功諸侯，故其陪臣，選任益重；或輟朝籍，授簡書者，往往而有。况承元有大忠于國，受重任于外，使其承上莅下，敬始善終，實在庶僚，叶力以濟。今以彤、宰京邑有理劇之用，如水在器，撓之不濁。以源中、立憲府有糾正之能，如刃發硎，割之無滯。一可以倅戎事，一可以佐輶車：二職交修，在此一舉。臺郎憲吏，金印銀章，加乎爾身，無忝我命，可依前件。

又　卷五五《翰林制誥二・孟簡賜紫金魚袋制》　漢制，二千石有政績者，就加寵命，不卽改移。蓋欲使吏久於官，人安其化也。常州刺史孟簡，簡易勤儉，以養其人，政不至嚴，心未嘗怠。曾未再稔，績立風行，歲課郡政，毗陵爲最。方求共理，實獲我心。宜加命服，以示旌寵。庶俾羣吏，聞而勸焉！宜賜紫金魚袋。

唐・趙璘《因話録》卷一《宮部》　文宗賜翰林學士章服，續有待詔，欲先賜本司者，以名上。上曰：『賜君子小人不同日，且待別日。』

武宗時，李崖州嘗面奏處士王龜、志業堪爲諫官。上曰：『龜是誰子？』對曰：『王起之子。』曰：『凡言處士者，當是山野之人。王龜父大僚，安得居山野？自不合有官。』李無以對。又將賜杜悰之子無逸衣，所司條列數目，其衫色未奉進旨。上久之言曰：『我不可賜其白衫，年小未有官，又難假其服色，但賜青衣，無衫可也。』

唐・裴庭裕《東觀奏記》卷中　牛藂任拾遺補闕五年，頻上封事，上盡記之。後藂自司勳員外爲睦州刺史，中謝。上命至軒砌，問曰：『卿頃任諫官，頗能舉職。今忽爲遠郡，得非宰臣以前事爲懲否？』藂曰：『陛下新有德音，未任刺史縣令，不能任近侍官。宰臣以是奬擢，非嫌忌。』上曰：『賜卿紫。』藂退謝畢，前曰：『臣所衣緋衣，是刺史借服，不審陛下便賜紫，爲復別有進。』上連曰：『且賜緋，且賜緋。』上慎重名器，未嘗容易，服色之賜，一無所濫。李藩自司勳郎中遷駕部郎中、知制誥，衣緑如故。鄭裔綽自給事中，以論駁楊漢公忤旨，出商州刺史，始賜緋衣銀魚。沈珣自禮部侍郎爲浙東觀察使，方賜金綬。苗恪自司勳員外除洛陽令，藍衫赴任。裴處權自司封郎中出河南少尹，到任，本府奏薦賜緋，給事崔罕駁還。上手詔褒奬曰：『有事不當，卿能駁還。職業既修，朕何所慮。』

宋・王讜《唐語林》卷二《政事下》　宣宗每行幸内庫，以紫衣金魚、朱衣銀魚三二副隨駕，或半年、或終年不用一副。當時以得朱紫爲榮。

印信分部

綜　述

唐·趙璘《因話録》卷五《徵部》　尚書省二十四司印，故事，悉納直廳。每郎官交直時，吏人懸之于臂以相授，頗覺爲煩。楊虔州虞卿任吏部員外郎，始置櫃，加鐍以貯之，人以爲便，至今不改。櫃初成，州戎時爲吏部郎中，大書其上，戲作考詞：『狀當有千有萬，忍俊不禁，考上下。』

監察制度部

通紀概説分部

綜　述

唐·李林甫等《唐六典》卷一三《御史臺》　御史大夫一人，從三品。《漢書》云：『御史大夫，秦官，位上卿，銀印、青綬，掌副丞相。成帝綏和元年更名大司空，哀帝建平二年復爲御史大夫，元壽二年復爲大司空。』歷後漢，遂爲三公之官。獻帝建安十三年，又置御史大夫。魏黄初二年，又省。歷晉、宋、齊、梁、陳、後魏、北齊、後周，並不置大夫，而以中丞爲臺主。隋諱忠，依秦、漢置御史大夫，從三品；大業八年，降爲正四品，皇朝又爲從三品。龍朔二年改爲大司憲，咸亨元年復故。御史臺，漢名御史府；後漢曰憲臺，時以尚書爲中臺，謁者爲外臺，謂之三臺。魏、晉、宋、齊曰蘭臺，梁、陳、後魏、北齊、隋皆曰御史臺，皇朝因之。龍朔二年更名憲臺，咸亨元年復故。光宅元年改曰左肅政臺，專知在京百司；更置右肅政臺，專知按察諸州，加右臺大夫一人。神龍元年，改爲左、右御史臺，猶置二大夫。延和元年廢右臺，先天二年九月復置，十月又廢，而大夫隨臺廢置。中丞二人，正五品上；《漢百官表》：御史大夫有兩丞，秩一千石。一曰中丞。謂之中者，以其列在殿中，掌蘭臺秘書。外督部刺史，内領侍御史，受公卿奏事，舉劾按章。及置司校尉，以御史中丞督司隸、司直，司隸、司直督刺史，刺史督二千石，下至墨綬。成帝綏和元年，改爲大司空。哀帝建平二年，改大司空復爲御史大夫；元壽二年，復爲大司空，而中丞出外爲臺主；更名御史長史。後漢復曰中丞。時，宣秉拜御史。中丞，光武詔與司隸校尉、尚書令三官各專席而坐，京師號爲『三獨坐』。魏黄初，改中丞爲宫正。魏鮑勳以宫正忤旨，左遷持書執法。後又爲中丞。歷晉、宋、齊、梁、陳，並以中丞爲臺主，品第四。梁制十八班，中丞班第十一。後魏改中丞曰中尉，正三品；太和二十三年，爲從三品。北齊復曰中丞，從三品。後周秋官置司憲中大夫二人，掌丞司寇之法，以左右刑罰，蓋比御史中丞之職也。隋省中丞官，置御史大夫爲臺主，以持書侍御史二人代中丞之任。持書侍御史者，本漢宣帝元鳳中因路温舒上書宜尚德緩刑，帝深采覽之，季秋請讞時，帝幸宣室，齋居而決事，令侍御史二人持書，故曰持書侍御史。歷代品秩並同御史，惟北齊爲從五品，隋室因之。大業六年加正五品，八年又改爲從五品。皇朝因之。貞觀中，避高宗諱，省持書侍御史，依前代置御史中丞。龍朔二年改曰司憲大夫，咸亨元年復故。自漢以來，御史中丞皆一人，隋持書侍御史二人，皇朝因之。御史大夫之職，掌邦國刑憲、典章之政令，以肅正朝列；中丞爲之貳。其百僚有姦非隱伏，得專推劾。若中書門下五品已上，尚書省四品已上，諸司三品已上，則書而進之，并送中書門下。凡天下之人有稱冤而無告者，與三司詰之。三司：御史大夫，中書門下，大事奏裁，小事專達。凡中外百僚之事應彈劾者，御史言於大夫，大事則方幅奏彈，小事則署名而已。舊：彈奏，皇帝視事日，御史奏之。自景龍三年以來，皆先進狀，聽進止。許則奏之，不許則止。若有制使覆囚徒，則刑部尚書參擇之。凡國有大禮，則乘輅車以爲之導。駕幸京都，大夫從行，則令中丞一人留在臺，并殿中侍御史一人。若别敕留守，不在此限。

侍御史四人，從六品下。《周官》宗伯屬官御史，掌邦國都鄙及萬民之治令，以贊冢宰。凡治之者，受法令焉。以其在殿柱之間，亦謂之柱下史。秦改爲侍御史。《史記》：張蒼自秦時爲御史，主柱下方書。即其任也。冠法冠，一名柱後惠文，以鐵爲柱，言其審固不撓也。法冠者，《秦事》云：始皇滅楚，以其君冠賜御史。亦名獬豸冠，以獬豸獸主觸不直，故執憲者以爲冠。漢因秦，置侍御史，秩六百石，員十五人。惠帝三年，相國奏遣御史監三輔不法事有：辭訟者，盜賊者，鑄偽錢者，獄不直者，繇賦不平者，吏不廉者，吏苛刻者，踰侈及弩力十石以上者，非所當服者，凡九條。監者每二歲一更，常十一月奏事，三月還監焉。侍御史有綉衣直指出討姦猾，治大獄；武帝制，不常置。後漢皆公府掾屬高第者爲之所掌有五曹：曰令曹，掌律令；印曹，掌刻印；供曹，掌齋祠之事；尉馬曹，掌廄馬之事；乘曹，掌護駕。魏置八人，品第六，所掌凡八部，有持書曹、課第曹，其餘則史闕云。晉置九人，所掌有十三曹，曰：吏曹，課第曹，直事曹，印曹，中都督曹，外都督曹，媒曹，符節曹，水曹，中壘曹，營軍曹，法曹，算曹。東晉初，省課第曹，置庫曹；後又分庫曹爲外左庫曹，內左庫曹焉。宋置十人。元嘉中，省二庫曹，直云左庫。大明中，復置二庫；景和初，復省之。昇明初，省營軍曹，併入水曹；省算曹，併入法曹；而吏曹罷御史掌之。齊置十人，梁、陳皆九人。後魏八人，初，從五品；太和末，爲正八品下。北齊置八人，從七品下。後魏、北齊尤重御史，選御史必咨策高第始補之，並分掌諸曹內外督令史以下。後周秋官有司憲中士。隋置八人，從七品下；煬帝三年，改爲正七品。皇朝置四人，加品從六品下。又置內供奉員，不過本數，其遷改與正官資望亦齊。舊制庶僕五分減一，及崔隱甫爲大夫，奏供奉，裹行並同正給。案令：隔品致敬。比者因循，侍御史已下皆與大夫抗禮。開元十八年，敕重申明，猶未之改。李適之爲大夫，皆受拜，時議是之。侍御史掌糾舉百僚，推鞫獄訟。其職有六：一曰奏彈，二曰三司，三曰西推，四曰東推，五曰贓贖，六曰理匭。侍御史年深者一人判臺事，知公廨雜事等；次知西推、贓贖、三司，受事監奏；次知東推，理匭之事。臺中有黃卷，不糾舉所職則罰之。其新除者未曉制度，罰有日逾萬錢者。舊例，新人罰止於四萬；及崔隱甫爲大夫；以其數太廣減之，以萬二千爲限。三院各有院長，議罰則詢於雜端也。凡有制敕付臺推者，則按其實狀以奏，若尋常之獄，推訖，斷于大理。舊，臺中無獄，未嘗禁人；有須留問，寄禁大理。李乾祐爲大夫，奏請於臺置獄，雖則按問爲便，而增鞫獄之弊。至開元十四年，御史大夫崔隱甫奏罷之，須留問者，依前寄禁大理。凡事非大夫、中丞所劾而合彈奏者，則具其事爲狀，大夫、中丞押奏。大事則冠法冠，衣朱衣、纁裳、白紗中單以彈之，小事，常服而已。法冠一名豸冠，一角，爲獬豸之形，取觸邪之義也。凡三司理事，則與給事中、中書舍人更直於朝堂受表。三司更直，每日一司正受，兩司副押，更遞如此。其鞫聽亦同。若三司所按而非其長官，則與刑部郎中、員外郎、大理司直，評事往訊之。除三司受事及推按外，每日，侍御史一人承制，諸奏事者並監而進退之。若所論繁細，不宜奏陳，則隨事奏而罷之。

主簿一人，從七品下。《漢書》：張忠爲御史大夫，署孫寶爲主簿。魏、晉已下無聞。隋煬帝大業三年始置御史臺主簿二員，皇朝省一員。錄事二人從九品。主簿掌印及受事發辰、句檢稽失。兼知官廚及黃卷。

殿中侍御史六人，從七品上。魏氏御史二人居殿中察非法，故曰殿中侍御史。晉置四人，東晉省二人。梁、陳史不載其品秩。後魏初，從五品；太和末，爲從八品上。北齊置十二人，正八品。隋開皇初，改爲殿中侍御史，置十二人，正八品下；煬帝三年省。武德五年，置四人，正八品上；貞觀二十三年，加員、品。

監察御史十人，正八品上。監察御史，蓋取秦監郡御史以名官。《晉書》云：孝武太元中，創置檢校御史，而吴混之爲之。沈約《宋書》云：古司隸校尉知行馬外事。晉江左罷司隸，置檢校御史，專掌行馬外事。是也。歷宋、齊、梁、陳，無聞其職。後魏太和末，復置檢校御史，正九品上。北齊置檢校御史十二人，從八品上。後周秋官府有司憲旅下士八人，隋初，改爲監察御史，置十二人從八品上。煬帝大業三年，加正八品，增置十六人；大業八年，加從七品。後又置御史一百員，從九品，尋省之，蓋更卑於監察矣。武德初，監察御史置八人。貞觀二十二年，加監察二人。其外，又置監察御史裹行，其始自馬周以布衣太宗令於監察御史裹行，自此便置裹行之名。

殿中侍御史掌殿廷供奉之儀式。每朝，與侍御史隨仗入，位在中丞下，給事中、中書舍人後。凡冬至、元正大朝會，則具服升殿。若皇帝郊祀、巡省，謂大駕與鹵簿。則具服從，旌門往來檢察，視其文物之有虧闕則糾之。非大備，則常服。凡兩京城內則分知左、右巡，各察其所巡之內有不法之事。謂左降、流移停匿不去，及妖訛、宿宵、蒲博、盜竊、獄訟冤濫、諸州綱典貿易隱盜、賦斂不如法式，諸此之類，咸舉按而奏之。若不能糾察及故縱、蔽匿者，則量其輕重而坐所由御史。

監察御史掌分察百僚，巡按郡縣，糾視刑獄，肅整朝儀。朝廷有不肅敬；御史則糾而劾之。每二人五日分知東、西朝堂。舊例監察正門無籍，非因奏事，不得入至殿庭。開元七年三月，敕並令隨仗而入，不得供奉，位在尚書員外郎後。十道巡按，則選判官二人以爲之佐；如本道務繁，得量差官人歷官清幹者，號爲支使。凡將帥戰伐，大克殺獲，數其俘馘，審其功賞，辨其眞僞。若諸道屯田及鑄錢，其審功糾過亦如之。凡嶺南及黔府選補，亦令一人監其得失。凡決囚徒，則與中書舍人、金吾將軍監之。若京都忌齋，則與殿中侍御史分察寺、觀。七品已上清官皆預行香，不到，則牒送法司。若在京都，則分察尚書六司，糾其過失，及知太府、司農出納。凡冬至祀圜丘，夏至祭方丘，孟春祈穀，季春祀明堂，孟冬祭神州，五郊迎氣及享太廟，則二人共監之。若朝日、夕月及祭社稷、孔宣父、齊太公，蜡百神，則一人率其官屬，閲其牲宰，省其器服，辨其輕重，有不修不敬則劾之。凡尚書省有會議亦監其過謬。尚書省諸司七品已上官會議，皆先牒報臺亦一人往監，若據狀有違及不委議意而署名者，糾彈之。凡有敕令一御史往監，即監察受命而行。自監察御史已上，每日一人於本司當門直，以檢察臺中出入及令史領詞訟過大夫之事。若緣詞訟事須推勘者，大夫便委門直御史以推之。凡百官燕會、習射亦如之。

論說

唐·陳子昂《陳子昂集》卷八《雜著·招諫科》 臣伏惟聖人制天下：貴能至公，能至公者，當務直道。臣伏見神皇至公應物，直道容賢，然朝廷尚未見敢諫之臣，骨鯁之士，天下直道，未得公行。臣聞聖人大德，在能聽諫，古典所説，蓋不足陳。臣伏見太宗文武聖皇帝德冠三王，名高五帝，實由能容魏徵愚直，獲盡忠誠，國史書之，明若日月，直言之路啓，從諫之道開，貞觀已來，此實爲美。今神皇坐明堂，布大政，神功聖業，能事備矣。夫骨鯁之士，能美聖功。伏惟神皇廣延直臣，旌賞諫士，使大聖之德，引納日新，書之金板，萬代有述，非神皇卓犖仁聖臣不可獻此言也。

宋·孫甫《唐史論斷》卷一《中書門下議事使諫官預聞》 論曰：太宗之任諫官，眞得其道。夫天下之務，至廣也；軍國之機，至要也。雖明主聽斷，賢相謀議，思慮之失，亦不能免。一失，則爲害不細，必藉忠良之士諫正。夫忠良之士，論治體、補國事，乃其志也。能密有所助，則亦志伸而道行，豈必欲彰君過而取高名哉！當君相議事之際，使諫官預聞，得以闻説，或有闕失，從而正之。天下但覩朝政之得宜，不知諫者之何言，上下誠通，國體豈不美乎！況大臣論事，以諫官規正於人君之前，安有不公之議？茲亦制御大臣，使之無過之術爾。若以諫官小臣，不可預聞國議，必衆知闕失，方許諫正，事或已行而不可救，過或已彰而不可言，故剛直之臣，有激訐不顧以争之者。君從之，猶掩其過；君或不從，則君之過、大臣之罪愈大矣。太宗任諫官，可謂得其道。

宋·范祖禹《唐鑑》卷七《高宗》 臣祖禹曰：『自古殺諫臣，未有不亡國者。中宗愚闇，足以取亡，而高祖、太宗德澤未遠，人心天命未厭唐也。故禍及其身而已矣。』

清·王夫之《讀通鑑論》卷二〇《唐太宗》 太宗制諫官隨宰相入閣議事，故當時言無不盡，而治得其理。然則以是爲盡聽言行政之理乎？抑有未盡然者。治惟其人，不惟其法。以王珪、魏征爲諫議大夫，房玄齡、杜如晦爲宰相，而太宗之明，足以折中羣論而從違不爽，則可矣。必恃此以立爲永制，又奚可乎？命官圖治之道，莫大乎官各明其守，而政各任於其人。庶務分治於六官，其屬詳其目，其長持其綱，皆有成憲之可准也。或舉，或廢，或倚法而挾姦私，或因時而爲斟酌，各以其所效之成能爲得失；然而有待於天子宰相之裁成者，則太宗之制，令五品以上更宿内省，以待訪問，固善術也。下有利病得達於上，而上得詰其勤怠公私以制其欺；若夫小有過誤，則包含教戒而俟其改。如使諫官毛舉細過以相糾，則大體失而爭黨起於細微，亂世之所以言愈棼而事愈圮也。

宰相者，外統六官，內匡君德，而持可久可大之衡，以貞常而馭變者也。君心之所自正，國體之所自立，國本之所自固，民生之所自安，非宏通於四海萬民數百年之規而不役於一時之利病者，不足以勝其任。故古者三公論道，所論者道耳，不能與任氣敢言之士，爭一言一事之可否；而論道於君，抑不在摘人間細政，繩舉動之小愆，發深宮之纖過，以與君競，徒自媟而與天子不親；故與諫官同者未必是，而其異者未必非也。詭隨諫官而避其彈射，則可以應一事而不可以規大全；逆折諫官而伸其獨見，則幾事不密，而失其正色立朝之度。若夫宰相而果懷私以病國，固諫官所必抗正以爭，而非可使與辯訟於一堂，競偶然之得失者也。

夫諫官職在諫矣。諫者，諫君者也，征聲逐色，奬諛斥忠，好利喜功，狎小人，耽逸豫，一有其幾而必犯顔以諍；大臣不道，誤國妨賢，導主賊民，而君偏任之，則直糾之而無隱。若夫羣執事之修墜，則六官之長覈其成，執憲之臣督其失，宰相與天子總大綱以裁其正，初不藉諫官之毛舉鷙擊、搜剔苛求、以矜辨察；老成熟慮之訏謨，非繁稱曲説、矯舉異同於俄頃者，所可詫風裁以決定者也。

故天子誠廣聽以求治，則宰相有坐論之時，羣臣有待問之時，諫官有請對之時，而不可有聚訟一堂、道謀築舍之時。官各有其守，政各任其人，分理而兼聽之，惟上之虚衷以廣益，豈立一成法以啓争端，可爲不易之经乎？

又　卷二五《唐憲宗》　廟謨已審，采諍臣之弼正以決行止，其於治也有失焉，鮮矣。廟謨無據，倚羣臣之道謀以相爭辯，其於亂也倖免焉，鮮矣。何也？貿貿然於得失利害之林，一事至而無以自主，天子有耳而無心，大臣辭謗而避罪，新進之士，氣浮而慮短。『彼亦一是非，此亦一是非。』苟可言焉則言之，不能言者亦學語而言之。勿論其挾私也，即其無私，而讀古人數策之書，輒欲引據；憑寤寐偶然之慧，見爲實然；聽曲士末俗之言，妄爲歆動；念生平身受之累，推爲利害。琅琅然挾持以爲口實，理亦近是，情亦近是，以與深謀熟慮相齟齬。言出氣盈，不任受詘。於是而誤國殃民，終無可救也。

以憲宗之時事言之，一藩鎮之逆也。言討者，並欲加兵於歸命之魏博；言撫者，遂欲屈志於窮凶之淮、蔡。彼以爲飭法之王章，此以爲懷柔之文德；彼以此爲養寇而失權，此以彼爲生事而釀禍。河漢無涯之口，窮年靡定，究將誰與適從哉？謀之已煩，傳之將徧，一端未建，四海喧騰。幕士遊人，測衆論之歸以揣摩而希附會；姦胥猾吏，探在廷之蹤指以豫爲避就。左掣右牽，百無一就。迨其論定，而弊已叢生。況乎多事之秋，夷狄盗賊間諜伏於輦下，機密播於崇朝，授以倒持之樞，而危亡必矣。

唐制：詔令已下，有不便者，諫官上封事駁正改行。駁之於後以兼聽得中，而不議之於先以喧囂致亂，道斯定矣。元稹甫受拾遺之命，輒欲使諫官各獻其謀，復正牙奏事及庶司巡對，唯欲奪宰相之權，樹己之威福而已。諫官者，諫上之失也。議方未定，天子大臣未有失也，何所諫也？論道者，三公之職；辰告者，卿士之司；糾謬者，諫官之責。各循其分，而上下志通，大猷允定。稹小人，惡足以知此哉？

牛僧孺、李宗閔、皇甫湜皆以直言極諫而居顯要，當其極陳時政之得失，無所避忌，致觸李吉甫之怒，上累楊於陵、韋貫之以坐貶，而三人不遷，豈不人擬爲屈、賈，代之悲憤，望其大用以濟時艱乎？乃其後竟如之何也！故標直言極諫之名以設科試士，不足以得忠直之效，而登進浮薄，激成朋黨，撓亂國政，皆緣此而興。漢、唐之末造，蔡邕髡鉗，劉蕡絀落，論者深爲憤惋，而邕以黨賊亡身，蕡亦無行誼可見，則使登二子於公輔，固不能救漢之亡、起唐之衰，亦概可覩矣。

人君之待諫以正，猶人之待食以生也。絶食則死，拒諫則亡，固已。然人之於食也，晨而饔，夕而飧，源源相繼，忘其爲食，而安於其所固然；如使衰瘠之夫，求穀與芻豢而驟茹之，實非其所勝受也，則且壅滯於中而益增其病。故明王之求諫也，自師保宰弼百司庶尹下至工瞽庶人，皆可以其見聞心得之語，因事而納誨。以道諫者，不毛舉其事；以事諫者，不淫及於他。漸漬從容，集衆腋以成裘，而受滋培於霢霂。未有驟求之一旦，使傾倒無餘，盡海内之事而纖悉言之，概在廷之人而溥徧刺之，馳騖蔓延，藻蛻文華，取悦天下，而與大臣爭用舍之權者也。非浮薄之士，孰任此爲截截之諞言哉？夫唯言是求，無所擇而但奬其競，抑又委取捨於考官，則憸人辨士揣摩主司之好惡以恣其排擊，若將忘禍福以抒忠，實則迎合希求爲登科之捷徑，端人正士固耻爲之。牛僧孺等之允爲姦邪，不待覆輈折轂，而有識者信之早矣。

夫李吉甫之爲邪佞也，楊於陵、韋貫之身爲大臣，不能以去留爭其進退，既與比肩事主，而假手舉人以詆斥之，則其懷諼以持兩端，亦可見矣。於陵、貫之以舉人爲搖擠之媒，僧孺、宗閔以考官爲奧援之託，則使擊去吉甫，而於陵、貫之之爲吉甫可知也。若僧孺、宗閔、湜之並不能爲直直，則驗之他日，亦既章章矣。何也？上之所以求諫者，不以其道，則下之應之也，言直而心固曲也。無人不可諫，而何待於所舉之人；何諫不可納，何必問之考官之選。以道格君者，匪搏擊之是快；以理正事者，非泛指而無擇。朝而漸摩，夕而涵濡，何患忠言之不日徹於耳；乃市納諫之名，招如簧之口，以侈多士之美哉！三代之隆無此也，漢、唐之盛無此也。此科設而爭辨興，抑揚迭用以激成朋黨。其究也，鬻直者爲枉之魁，徒以氣燄鋒鋩鼓動天下，而成不可撲之勢。僧孺等用，而唐乃大亂，以訖於亡。有識者於其始進決之矣。【略】

德宗令廷臣相過從者，金吾伺察以聞，愚矣哉！夫苟納賄營私，則公庭可以密語，暮夜可以叩户，姻族遊客可以居間，乃至黄冠緇流、優俳僕隸，一言片紙而可通，奚必過從哉？裴晉公同平章事，以平寇須參衆議，請罷其禁，於私第見客，憲宗許之。則豈徒收集思之益，以周知闔外之情形？而洞開重門，陰慝無所容其詭秘。杜私門、絶幸竇之善術，莫尚於此也。然而處此也亦難矣。懲猜防之失，則以延訪爲公；戒築室之謀，則又以愼交爲正；兩者因其時而已。李太初羣言雜陳，而漠然不應，寧蒙天下之譏怨，自以不用遊談之士爲報國。蓋截截諞言，非執中有權者，未易使之日進於前也。嘗覽元、白諸人之詩，莫不依附晉公以自矜善類；乃至歸休綠野，猶假風韻以相激揚。然則當日私第之所接納，其能益於公以益於國者，蓋亦鮮矣。

以要言之，人君不可禁大臣之交遊，而大臣固當自重其嚬笑。論辨也，文章也，韻度也，下至於琴尊書畫山川玩好鑑賞之長也，皆勞視聽、玩時日、以妨遠略，而僉人可託以求讎者也。若夫一邑一鄉之利害，此長彼短之策略，危言之而欲亟行之，衹以病國殃民，而開無窮之害。延訪者可務好士樂善之虛名，爲宵人讎利達乎？周公下士至矣，而七月、東山惟與農夫戍卒詠室家田廬之憂樂，何有於指天畫地之韜鈐，月露風雲之情態哉？故延訪之公必以愼聽之正持之，勿徒矜虛名而損實事也。

又 卷二七《唐懿宗》 穆宗、敬宗之無道也，諫之者極言其失，雖不能行，未嘗不以爲允而矜全之也。至於懿宗，私路巖而流陳蟠叟於愛州；同昌公主死，欲族醫官，而貶温璋爲振州司馬，使仰藥以死，且寄恨於劉瞻而再貶之；傳及僖宗，侯昌業、孟昭圖、張道古皆死焉。温璋臨仰藥而歎曰：『生不逢時，死何足惜。』嗚呼！生不逢時，而林泉可以養志，上有耽欲無人理之君，下有黷貨無人心之相，以項領試之，憤不自惜，將弗過乎？故傳《春秋》者，以洩冶不去而諫死，爲不合於默語死生之道。則此數子者，其不免於譏矣。抑考《春秋》書殺大夫洩冶於前，而記陳平國身弑國亡於後。比事以觀，則聖人以大洩冶之死，爲陳存亡之本，固未嘗以責備賢者之例責冶也。

夫人臣之諫君，有愛君無已而諫者，有自伸其道、自不忍違其心而諫者。君而可諫與？或有所不審而違於圖存之理，或不戒而心佚於道以成乎非僻；爲臣者，不忍其誤人於邪，而必檠括之以歸於正。則危言亟進，不避惡怒而必爭。君爲重也，而身輕矣。君而不可諫矣，乃吾性之清，不能受物之濁，吾學之正，不能同世之邪。生而爲士，仕其義矣，出而事君，忠其節矣，立於人之廷，與鄙夫旅進，視其淫昏而固若汙濊之加於其身，有言不可隱也，有心不可昧也，所學不可忘也。以畏禍爲情而有懷不吐，笑當世之迷而全身以去，則七尺之軀，無以答上天，生我之恩，無以酬父母；内顧此心，無可容其汶沕者，憤盈以出而不能緘。等死耳，何必三日不汗之可忍，而此不可忍也？則危言切論之，死而無憾者。心爲重也，而身尤輕矣。

韓偓、司空圖處無可救藥之時也，君卽唯我之是聽，而我固無如之何也，去之可也。蟠叟諸人，君聽我而亂猶可治也，亡猶可存也，望望然而去之，匪君是愛，固不可以爲心矣。夫洩冶當春秋之世，大夫於諸侯不純乎爲臣，故禮有不用而去之，去猶可也。四海一王，寰宇士大夫共戴一主，不能南走粤、北走胡，而卽其宇内之林泉以偷生，而坐視其敗，斯亦不成其丈夫矣。傳《春秋》者，謂非貴戚之卿則去，亦據侯國之有世臣者言耳。後世同姓之支庶，食禄而不與國政，天子所倚爲心膂股肱者，皆草茅之士也，將誰諉而可哉？故諸君子之或竄或死而不去以全身也，不繫乎君之可諫與否也。

清・王夫之《宋論》卷四《仁宗》 古者人得進諫於君，而諫無專官，不欲天下之以言爲尚也。聖王樂聞天下之言，而惡天下之以言爲尚；上下交責於己，而不攻人以求勝，治之所以定，功之所以成，俗之所以淳，亂之所以訖也。諫之有專官，自蕭梁始，而唐因之。諫有專官，則以言爲職矣。以言爲職，則以言爲尚矣；以言爲職，欲無言而不可；以言爲尚，求所以言者，但可言而卽言之。於是進不揆於理，退不信於心；利其所病，病其所利，賢其所不肖，不肖其所賢；時之所趨，意之所動，聞見之所到；曲折以斷乎工，矯揉以成其是；科條繁而搏擊鷙，枝葉盛而蔓延張，唯其所尚，以稱其職，無不可言也。《易》曰：『亂之所繇生，則言語以爲階。』職此謂矣。

乃唐之有專官也，隸於門下省，則與宰相爲僚屬，而聽治於宰相，法猶善也。所以然者，天子之職，論相而已矣。論定而後相之，既相而必任之，不能其官，而唯天子進退之，舍是而天子無以治天下。夫天子無以博察乎人之賢姦而悉乎民之隱志，唯此一二輔弼之臣寄以子孫黎民者，爲其所謹司。然而弗能審焉，則天子無以爲天下君。若夫必置諫官以贊其不逮者，有故：大臣者，一諫而善道之，再諫而昌言之，三諫而危言之；然而終不庸焉，則引身以退，大臣之道也。故唯宗社安危，賢姦用舍，生民生死之大司，宰相執之，以弼正天子之愆，而自度其去就。若夫天子一言之不合，一動之不臧，好尚之不端，喜怒之不節，見端於微，末形於大，宰相屑屑然以力爭，爭而不從，不從而不去，則辱其身，不從而急去，則遺其君。故宰相必靳於其小，而以封駁爭論之權授之諫官，而後宰相得以持其大，而爲進退之大經。故唐之制猶善也。

雜録

唐・白居易《白氏長慶集》卷五〇《中書制誥三・裴廙授殿中侍御史制》　敕：某官裴廙，貞觀初，張行成爲殿中侍御史，糾劾巡察，時以爲能。朕思弘貞觀之風，故選御史府官，亦先其精敏剛正者。以爾廙，動循道理，語必信直，勵其志節，有類行成；因授厥官，無忝吾舉！可殿中侍御史。

又　卷五五《翰林制誥二・薛存誠除御史中丞制》　庶官之政，得人則舉。況中執憲，準繩之司：所以提振紀綱，端肅內外。蓋一職修者，其斯任之謂歟？給事中薛存誠：選自郎署，列于左曹；居必靜專，言皆讜正；章疏駁議，多所忠益；可以執憲，立于朝端。況副相方缺，臺綱是領；糾正百官，爾得專之。夫直而不絞，威而不猛；不附上以急下，不犯弱以違强：率是而行，號爲稱職。敬服斯命，往其懋哉！可御史中丞，餘如故。

又《除柳公綽御史中丞制》　中憲之設，糾謬懲違；一引其綱，百職具舉。非清與直，不稱厥官。諫議大夫柳公綽：忠實有常，文以詞學，介然端直，有古之遺風。頃居臺憲，累次郎位，持平守正，人頗稱之。擢首諫司，器望益重。今副相缺位，中司專席；惟有守者，可以執憲；惟無私者，可以閑邪：詢事審官，爾當是選。光昭新命，振起舊章；宜一乃心，以揚其職。可御史中丞。

唐・杜牧《樊川文集》卷一七《韋有翼除御史中丞制》　敕：昔貞觀、開元之爲理也，遠隱必見，情僞必知，天下如一家，兆庶如一人，無他道也，綱目皆振，法令必行。祖宗在天，方册在地，人存政舉，行之非艱，故用正臣，委之邦憲。朝請大夫、守尚書刑部侍郎、上柱國、賜紫金魚袋韋有翼，戴仁而行，抱義以處，牆仞裏峻，壇宇外寬。介特守君子之强，文學盡儒者之業，周歷華貫，擢爲諍臣。攻予甚專，言事頗切，願試佐輔，移理陝郊。馮翊之恐失倪寬，潁川之意得黃霸，壺漿迎路，襁屬攀車。徵爲公卿，愈見風彩，恤刑慎罰，守法當官，巍然立朝，爲時準直。今者迹其率理，委之糾繩，爾其念惠文彈理之言，思立秋授署之旨，三尺律令，四海紀綱，所宜公共，無卽上意。古人有言曰：『凡爲虎鼠，計於用捨。』今者倚任，佇觀爾能，唯君知臣，無累所舉。可守御史中丞，散官勳封賜如故。

又《皇甫鉟除右員外郎鄭潀除御史內供奉等制》　敕：夫聖人之理，百代同道，無他術也，綱紀盡舉，而關轄不寬。故提綱主轄之司，爲邦立理之本，言於其屬，豈敢輕取。浙西道都團練副使、朝議郎、檢校尚書刑部員外郎、兼侍御史、賜緋魚袋皇甫鉟，鄉里秀人，臺閣名士，能以文學，發爲官業。朝議大夫、前守河南縣令、上柱國鄭潀，生於清族，克肖素風，凡守郡邑，皆著理行。會府藁委之任，憲司抨彈之職，委之授汝，得不戒之。夫爲政也，日夜思之，勤而行之，此乃子產之言也。剛亦不吐，柔亦不茹，此乃詩人之所稱也。四海百司之條目，舉之在勤；破制壞法之姦蠹，糾之在敢。率是二者，可曰當官，各服寵榮，無忝遷擢。鉟可尚書右司員外郎，散官賜如故。潀可侍御史、內供奉，散官封勳如故。

又《韋退之除户部員外郎裴德融除殿中侍御史盧潁除監察御史等制》　敕：仲尼見負版者，則必式之，此言爲國根本，不敢不敬。況其官屬，豈可輕用。漢家授署御史，多於立秋，蓋以風霜始嚴，鷹隼初擊，古人垂旨，可以知之。朝議郎、行殿中侍御史韋退之等，皆章甫高危，逢掖褎博，表裏文行，師法典常。退之嘗歷憲臺，久居官次，性既安靜，事皆達練。德融典校延閣，服膺羣書，美價廣譽，旁溢遠暢。潁佐賢侯，名聲籍甚，留滯在外，而非所宜。地官爲郎，南臺持斧，皆有職業，佇見風彩，各思率勵，以副甄昇。並可依前件。

又《李蔚除侍御史盧潘除殿中侍御史等制》　敕：將仕郎、守殿中侍御史李蔚，劍南西川節度判官、朝議郎、檢校尚書禮部員外郎、兼侍御史、上柱國、賜緋魚袋盧潘等。夫法不立而化行，惡不去而善進，雖使堯、舜在上，未之有也。故御史之舉職者，前代有埋輪都亭之奏，國朝亦有戴豸正殿之劾，若非端勁知名之士，不在斯選。蔚以文行進用，已著勞效；潘以儒雅流聞，今膺拔擢。有司列狀，詞旨頗公。使吾綱目盡張，堤防不壞，不在法吏，其在他乎？朕闢袛官之門，開天下之口，企以待理，無有厚薄。爾等吐茹侮畏之道，能不愧於詩人，斯塞職矣，可不勉之。蔚可侍御史，散官如故。潘可殿中侍御史，散官勳如故。

宋・錢易《南部新書》卷壬　開成中，文皇一日謂執政曰：『丁居晦作中丞如何？』因悉數大臣而品第之，歎曰：『宋申錫堪任此官，惜哉！』又曰：『牛僧孺可爲大夫。』鄭覃曰：『頃爲中丞，未嘗搏擊，恐無夙望。』上曰：『不然。鸞鳳與鷹隼事異』。上又曰：『居晦作得此官，朕曾以時諺謂杜甫、李白輩爲四絶，問居晦，晦曰：『此非君上要知之事。』朕常以此記得居晦。今所以擢爲中丞。』

周・王仁裕《開元天寶遺事》卷上《癡賢》　右拾遺張方回，精神不爽，時人呼爲癡漢子。每朝政有失，便抗疏論之，精彩昂然，進不懼死，明皇嘗謂：『右拾遺張方回，忠賢人也。』

監察舉措分部

綜　述

宋・宋敏求《唐大詔令集》卷一〇〇《政事・官制上・置十道採訪使敕》　敕：歲比不登，人或流冗，言念菜色，朕用疚懷。而牧宰是寄，惠養猶缺，黎元爲本，賦斂未均，當宁思之，良所於邑，且十連爲率，六察分條。周漢已還，事有因革，帝王之制，義在隨時。其天下諸道，宜依舊逐要便置使，令採訪處置。若牧宰無政，不能綱理，吏人有犯，所在侵漁，及物土異宜，人情不便，差科賦税，量事取安。朕所責成，貴在簡要，其餘常務，不可横干。其便宜令中書門下即簡擇奏聞，朕將親覽。

又　卷一〇三《政事・按察上・遣使巡行天下詔》　昔者明王之御天下也，內列公卿，允釐庶績，外建侯伯，司牧黎元，唯懼淳化未敷，名教或替，故有巡狩之典，黜陟幽明，存省方俗，遐邇遂性，情僞無遺，時雍之宜，率由兹道。朕袛膺寶命，臨御帝圖，稟過庭之義方，荷上玄之嘉祉，四荒八表，無思不服。而夙興夕惕，勤躬約己，日慎一日，雖休勿休，欲萬國歡心，兆民有賴，推誠待物，近取諸身，實謂羣官受拜，咸能自勵。乃聞連帥刺舉，或乖共治之寄，縣司主吏，尚多黷貨之罪，有一於此，責在朕躬。是用中夜憮然，昃景輟食。宜遣大使，分行四方，申諭朕心，延問疾苦，觀風俗之得失，察政刑之苛弊。耆年舊齒、孝悌力田，義夫節婦之家、疾廢惸嫠之室，須有旌賢賑贍，聽以倉庫物賜之。若有鴻材異等，留滯末班，哲人奇士，隱淪屠釣，宜精加捜訪，進以殊禮，務盡使乎之旨，俾若朕親覿焉。

又　《遣十使巡察風俗制》　古之御天下者，以大寶爲公器，以崇高爲外物，仰則乾行，順性命之理；俛思坤載，成博厚之德。將以財成至道，保邦静人，用清三徵，以齊七政。能臻夫此者，豈一人之力哉！實賴羣才，共康庶績。自季葉淪替，紓棄公道，官匪其人，教無所習，懷才修潔者，則依違以自容；通方宏偉者，則放蕩以求利。由是淳化日漓，澆風歲長。典章訛弊，甿俗凋殘。逶迤陵頽，莫能振理。朕以薄德，丕承寶命，夙夜惟寅，憂勞無怠，昧旦端冕，心被寰瀛，日晏罷朝，念周黎庶。頃者勵精推擇，傍求牧宰，冀聞善政，惠康乃人，虚己勵勤，美化猶怠。貪官傲吏，屢黷於爰書，失職流亡，幾淪於版籍。豈刑賞之柄，不叶其中；將仁恩之誠，未孚於下。永言國本，良深軫悼。古者天子巡狩，省方觀俗，而錫鑾備駕，或以爲煩。故分命輶軒，博採謡訟，以彰善癉惡，激濁揚清。散皇明以燭幽，揚仁風以被物。實資令德，允屬通才。惟懷永圖，式鑑成憲，宜於左右臺及內外五品以上官，識理通明，立性堅白，無所詘撓，志在澄清者，二十人，分爲十道巡察使，二周年一替，以廉按州部，俾其董正羣吏，觀撫兆人，議獄緩刑，扶危拯滯，若能抗詞直筆，不憚權豪，仁恕爲懷，黜陟咸當，別加獎擢，優以名器。如脂韋苟全，籧篨戚施，高下在心，顧望依附者，將遷削屏棄，肅以憲章。咸竭迺心，以副朕意。

又　卷一〇四《政事・按察下・遣陸象先等依前按察制》　黄門：

古者協和萬邦，疇咨四岳，柔遠能邇，明目達聰，以於變人也。自樸散醇醨，割方回直，失於德者，格之以禮；失於禮者，助之以刑。故懼文網而畏簡書。必振其綱而又操其柄，庶乎政之要也。間歲天下諸州岳牧，先充本道按察，誠以今之刺舉，昔之連率，蓋欲爲吏之黜陟，審人之愁苦。中念作姦犯科，獲罪相次。棄材或由於拙匠，採葑不遺於下體。由是申命有司，咸多敍用，至於按察，蹔令休罷。夫泉有魚矣，雖見則不祥；林有獸焉，而爲之不採。與其存而勿用，孰若狎以玩之？俾乂於時，復修其政。銀青光禄大夫益州大都督府長史姚僑、處置兵馬使上柱國兖國公陸象先等，早藴宏量，深甄大體，清能勵俗，仁以敦風，必將檢御權豪，昭明淑慝，宜興化以樹善，佇責成而求當。可依前件，餘各如故。一事以上，並准舊例處分。本道所隸之州，有偏遠不穩便者，仍令所司，量宜分割，永爲定額，□訖奏聞。主者施行。開元二年閏二月七日

又《遣王志愔等各巡察本管内制》 黄門：上天降禍，大行太上皇，厭代升遐。俾予一人，煢煢在疚，攀號荼毒，觸向摧損。百辟卿士等，上遵遺誥，下徇羣心，寰區任殷，社稷務重，資於聽斷，不可蹔缺，遂力哀迷，甫從勸請。恭惟顧託之旨，思致和平之化。雖在荒瘁，敢忘負荷？是用泣血撫膺，執喪視事。夫后王者代天理物，師長者助朕理人，天之所以茂育，人之所以蕃庶，蓋遂其性而安其業也。朕每置旌告善，仄席翹賢，恐閭閻有愁苦之聲，草澤無明哲之主。吏或慢法，官或非才，因之致理，且未爲得，其何以廉敗政、恤冤刑、問惸嫠、招茂異、寬賦歛、節征傜，使天下爲無事也？頃分連率，則曰使臣，將求人瘼，克宣朕命。諸道按察使揚州都督宋璟、益州長使韋抗、蒲州刺史程行諶、汴州刺史倪若水、魏州刺史楊茂謙、靈州都督强循、潤州刺史李濬、荆州長史任昭理、秦州都督楊虚受、梁州都督張守潔，並邁迹垂憲，偉才通識，有其直方，無所迴避。宜令各巡本管内人，有清介獨立，可以標映士林；或文理兼優，可以潤益邦政者；百姓中有文儒異等，道極專門，或武力超倫，聲侔敵國者：並精訪擇，具以名聞。其官人，有老弱及久病，妨於政理，幷才用劣下，全不稱職者，上佐以下，委使人便停務；其官重要者，便簡清勤人權攝；其京官及畿内州縣，委御史大夫及吏部長官，准此。詳察録奏；諸道僻遠州及嶺南道，委使人量差判官，分道巡按。其天下囚徒，慮有冤滯，宜令大理及本巡所在理滯。死罪以下，非犯名教，及官典取受，幷聽減一等收贖。即是非理均事可疑者，幷杖以下罪，並宜放免。緣山陵所科夫匠等，有父母年老、家無中男以上者，容其侍養，不須差遣。其河南河北遭蝗虫州，十分損二以上者，差科雜役，量事矜放；百姓聞有不穩便事，委按察使與本州長官商度，隨事處分奏聞，布告遐邇，令知朕意。主者施行。開元四年七月六日

又《遣使河南河北道觀察利害詔》 伊昔明王，奉若天道，所寶惟穀，所使惟賢，故能稼穡勸分，興利除害。朕以薄德，纂承洪緒，政期克己，誠不動天。頃歲河南河北諸州，蝗虫爲患，雖當遣除瘞，恐今仍生育。天戒若此，朕甚懼焉。罪實在予，殃豈移歲。但牧宰之任，朝廷所委，苟得良材，式敷惠訓，古有壽張飛逝，中牟不入者，斯其效也。刺史縣令等，當各竭乃心，用攘厥患，方考休咎，大明黜陟，惟爾凡百，可不勉歟！宜令户部郎中蔡秦客，往河北道，試御史崔希喬往河南道，觀察百姓間利害，便與州縣等籌度隨事處置，還日奏聞。開元五年二月。

又《遣御史大夫王晙等巡按諸道制》 苛慝不作，人斯無怨，寬猛相濟，政是以和。故《周禮》以官刑糾邦理，以官敍正羣吏，允迪前烈，式惟舊章。且夫寰宇至大，不可以周覽，黎甿至殷，不可以獨化。熙我庶政，實惟具寮。苟非其才，難以稱理。是以夙夜，不遑宴寧。開元之初，分遣按部，糾擿姦犯，頗聞黴息。以其事久則煩，尋亦從其停廢。綿以歲月浸成寬弛，今聞在外具寮，多違憲法。牧守則寄任滋重，令長則禄秩且優。亟聞侵竊，屢有章奏。雖賜金爲惠，未媿張武之心；還珠表德，罕見孟嘗之政。豈敦諭之意，未孚於就列；將貞高之節，有謝於前修？永懷於此，良用深歎。且政寬而慢，法弊則窮。弛而張之，其可致理。御史大夫王晙等，並識通政要，位以才達，茂其聲實，弘此憲章。宜分命巡按，以時糾察。巡内有長吏貪擾，獄訟冤抑，暗懦尸禄，苛虐在官，即仰隨事按舉所犯狀，並推鞫准格斷覆訖聞奏，仍便覆囚。夫牧宰之職，教道是先；録曹之任，綱紀斯在。其有政理殊尤清直獨立者，咸以名薦。餘官有清白著稱，及諸色不善，各别爲科目，同狀奏聞。其尋常平狀，並不須通。俾夫善取其尤，罰無所濫，疎而不漏，察不爲苛；必將正其源流，弘彼綱目，不可總此煩碎，擾其吏人。應是州縣常務，事非損益者，使人

更不干預。其百姓有不支濟，應須處置。有不便於人，須釐革者，與州縣商量，處分訖奏聞。宜體虛佇之懷，以光澄清之舉。開元八年八月。

又《遣使黜陟諸道敕》 三載考績，以鑒吏能。八使觀風，因求人瘼。茲事體大，致理之由。朕受命昊穹，臨御寰宇，慮一物有所未安，遍萬户無勞軫念。而宇宙之間，官吏至多，儻有政失其宜，即萬人受弊。崔翹等或文學見稱，或貞白流譽，通於理要，秉是公心，俾爾澄清，式當委任。至如黜陟之道，國之所務，苟有不當，將何勸人？頃年使臣，例皆通狀，其盡善者，以多有請託，求選調之資；不善者，以凡碎見輕，責奏課之數。若此銜命，豈副虛懷？卿等所到之州，宜宣朕意。其百姓間事，或有須釐革者，宜與所管商量處置，回日聞奏；其官吏中貪冒贓私，及犯名教，或衰老疾病，或無政理者，刺史已下，宜停務奏聞；其守職公清，爲政尤異，事堪激勸，遠近知者，具以名聞；其諸道有遭損之人，應須賑給，先頻有處分，猶慮凋弊，豈忘矜恤，亦宜審與州縣商量，務令周濟；又聞河堤穿決，使有漂流，諒由州縣寬疏，不時修塞，亦便檢行處置，勿使更然。其天下道學，固已有置者，并鄉學者等，此並切於生人，比來未復，若爲教導，各宜敦勸，使有成益，其征鎮之家，或有單貧老弱，不自存濟者，宜令所由倍加優賞；其浮寄逃户等，亦頻處分，頃來招攜，未有長策，又江淮之間，有深居山洞，多不屬州縣，商量處置，一時録奏。卿等既當巡按，委寄非輕，宜勉爾良圖，以副朝選。無或致有迴避，不竭公忠，朕之責深，各宜自效。開元二十九年十月

又《席建侯等巡行諸道敕》 敕：黜幽陟明，所以察風俗；求瘼恤隱，所以慰黎蒸。不有其人，孰可將命？禮部尚書席建侯等，亮直清節，經通大才，多識前言，備閑時政。或久膺任使，嘗參八使之列；或夙蘊公忠，必副四方之委。永懷兆庶，用寄澄清。建侯巡河北道，鉷巡京畿關内及河東道，隱之巡東畿及河南道，見素巡山南東江南黔中嶺南等道，麟巡河西隴西磧西等道，翹巡劍南及山南西道，光譽巡淮南及江南東道。其百姓之間，及官吏之輩，如事或未該，須有釐革者，仍委量事處分，迴日奏聞。其嶺南黔中磧西，途路遙遠，若使臣一一自到，慮有稽遲，各精擇判官，准舊例分往。天寶五年正月

又《察訪刺史縣令詔》 朕聞效官者，必量力而受任；致理者，亦擇才而簡能。況風化之源，本資於長吏升降之義，用明於朝典。古之建萬國親諸侯，蓋以撫綏黎人，宣布王化，則今之令長，古稱子男，矜孤恤貧，均徭省賦，皆是職也。朕以薄德，恭膺寶位，屬殘孽猶聚，戎軍未戢，雖憂國之計，且務於濟時；而恤人之心，每深於惠物。將求厚俗，必在審官。至於刺史治中，皆制命所授，辨其才術，蓋在朝廷。先令中書門下精加訪擇，務得其良，如非理人之才，即並量宜改授。且諸縣令，員數應多，如聞處理之間，廉平者少。或使司所奏，以功見稱。或主司所擬，循資而授。儻乖任使，空忝親人。或有案牘之間，曾未閑於令式；征賦之際，或委任於胥徒。由是吏轉生姦，遂爲蠹政，人不堪命，流而失業。興言及此，良用憮然。夫易柱以調絃，聲之和也；革弊而從善，政之體也。漢宣帝云：『與我共理天下者，其惟良二千石乎！』固知方岳之任，足以委黜陟之權矣。況諸道節度，皆備職防戎，政在理兵，豈遑廉問？必令郎官御史分命巡察，則乘驛暫往，難於委知，諒無益於澄清，反有增於勞擾。其天下縣令，各仰本州府長官，審加詳擇，如有衰耄暗弱，或貪財縱暴，不閑時政，爲害於人，並具名録奏，即與改替。其才職相當者，並依舊奏定已後，有不稱者，所由官量加殿黜，庶理人之職，無或謬焉。又入仕之流，本期展用，且無事實，豈可徒勞。今員外之官，所在甚衆，既不釐務，空效駈馳，將適鄉閭，復拘職守。念其旅寓良，可優矜。應州縣見任員外郎官，並任其所適，計考秩滿後，各與成資，仍於本色内減一兩選與留。其先緣罪累貶授者，不在此限。如員外官中，材識幹濟，曾經任使州縣所資者，亦任量留，每上州不得過五人，中州不得過四人，下州不得過三人，上縣已上不得過一人。古之任官，必寄成政。如長吏數易，則綱條不恤，所以人懷苟進之心，俗靡居常之業。比者或聞此弊，實謂未便於時。自今已後，刺史縣令更不得數有移改。善政聞於上，則當議擢遷；如道失厥中，亦自懲誡。黜陟之道，固有典章。又比來刺史任皆先奏，州縣官屬，苟有改作，敦勉因情。自今已後，除帶使次判官外，一切不得奏改。官吏到任之後，察有罪累及不稱職，具狀奏聞，得請，然後令所由與替。其刺史非兼節度，但有防禦使副使判官委於本州官中推擇，亦不得別奏。並委中書門下省著爲恒法。庶使官無失位，政有常經。宣示天下，宜知朕意。乾元二年八月一日

又《遺諸道黜陟使敕》 朕聞唐虞聖主之理，三載考績，黜陟幽明，兩漢施教之君，亦命八使，澄清天下。朕纂承大業，思服訓謨。雖王公卿士，內勤夙夜，藩岳守將，外盡公忠，而兵革未寧，戎馬未静。紀綱未振，法令未敷，封圻郡縣，賦税不一，師旅上下，勞逸不均。所以終宵積憂，監寐增惕。爰命羣士，往代予言，行乎四方，以聽於理。舉其百事，以歸於正。朕之深願，可不勤副也。建中

諫諍分部

綜述

唐・吴兢《貞觀政要》卷六《論杜讒邪》 貞觀十年，權貴有疾魏徵者，每言於太宗曰：『魏徵凡所諫諍，委曲反覆，不從不止，竟欲以陛下爲幼主，不同於長君。』太宗曰：『朕是達官子弟，少不學問，唯好弓馬。至於起義，卽有大功，既封爲王，偏蒙寵愛。理道政術，都不留心，亦非所解。及爲太子，初入東宮，思安天下，欲克己爲理。唯魏徵與王珪導我以禮義，弘我以政道。我勉强從之，大覺利益，力行不息，以致今日安寧，並是魏徵等之力。所以特加禮重，每事聽從，非私之也。』言者乃慚而止，太宗呵而出之。

唐・獨孤及《毘陵集》卷四《直諫表》 陛下屢發德音，使左右侍臣得直言極諫。壬申詔書，召裴冕等十有三人集賢殿待制，以備詢問。此五帝盛德也。然頃者陛下雖容其直，而不録其言，所上封皆寢不報。有容下之名，無聽諫之實，遂使諫者稍稍自鉗口飽食，相招爲禄仕，此忠鯁之士所以竊歎，而臣亦耻之。十室之邑，必有忠信，況朝廷之大，卿大夫之衆，陛下選受之精歟！假令不能如文王之多士，其中豈不有温故知新，可懋陳政要而億則屢中者？陛下議政之際，曾不採其一説，堯之疇咨，禹之昌言，豈若是耶？昔堯設謗木於五達之衢。孔子曰：『以能問於不能，以多問於寡。』然則多聞闕疑，不耻下問，聖人之心也。願陛下以堯、孔心爲心，日降清問，其不可者罷之，可者議於朝，與執事者共之。使知之必言，言之必行，行之必公，則君臣無私論，朝廷無私政，陛下以此辯可否於獻替，而建太平之階可也。

師興不息十年矣，人之生産，空於杼軸。擁兵者第館亘街陌，奴婢厭酒肉，而貧人羸餓就役，剥膚及髓。長安城中，白晝椎剽，吏不敢詰。官亂職廢，將墮卒暴，百揆隳刺，如沸粥紛麻。民不敢訴於有司，有司不敢聞陛下，茹毒飲痛，窮而無告。今其心顒顒，獨恃於麥，麥不登，則易子齩骨矣。陛下不以此時厲精更始，思所以救之之術，忍令宗廟有累卵之危，百姓悼心失圖，臣實懼焉。去年十一月丁巳夜，星隕如雨，昨清明降霜，三月苦熱，錯繆顛倒，沴莫大焉。此下陵上替，怨讟之氣取之也。天意丁寧譴戒，以警陛下，宜反躬罪己，旁求賢良者而師友之，黜貪佞不肖者，下哀痛之詔，去天下疾苦，廢無用之官，罷不急之費，禁止暴兵，節用愛人，兢兢乾乾，以徼福于上下，必能使天感而神應，反妖災爲和氣矣。

減江淮、山南等諸道兵以贍國用，陛下初不以臣言爲愚，然許卽施行，及今竟未有沛然之詔，臣竊遲之。今天下唯朔方、隴西有吐蕃、僕固之虞，邠、涇、鳳翔等兵足當之矣。自此而往，東洎海，南至番禺，西盡巴蜀，無鼠竊之盗，而兵不爲解。傾天下之貨，竭天下之穀，以給不用之軍，爲無端之費，臣不知其故。假令居安思危，以備不虞，自可阨害之地，俾置屯禦，餘休其餘，以糧儲扉屨之資充疲人貢賦，歲可以減國租半。陛下豈遲疑於改作，逡巡於舊貫，使大議有所壅，而率土之患日甚一日？是益其弊而厚其疾也。夫療癰者，必決之使潰。今兵之爲患，猶癰也，不以漸戢之，其害滋大，大而圖之，必力倍而功寡，豈《易》『不俟終日』之義邪？

唐・元稹《元氏長慶集》卷三三《論諫職表》 臣聞先王之制禄也，居其位而不行其職者誅，是以上無虚授，下不隱情。臣竊觀今之備位素餐不行其職者，莫過於臣輩。臣聞太宗文皇帝時，王珪、魏徵爲諫官，文皇雖宴游寢食之間，王、魏實在其所用。至於文皇發一言，則王、魏善之而後出，舉一事，則王、魏慮之而後行。以文皇之明，合王、魏之智，是以舉無遺事，言有典常，文皇猶以爲視聽之未廣也，因命三品已上入議軍國大政，必遣諫官一員隨入以參驗之。當是之時，司股肱耳目之任者，有君

臣之義焉，有父子之恩焉，有朋友之歡焉。是以否無不替，可無不行，不四三年而天下大理。蠻夷君長帶刀入侍者，不可勝計，豈干戈征伐之所致乎？蓋擁蔽之患銷而幽遠之情達也。若此，然後可以稱天子之諍臣矣。

近之司諫諍者則不然，大不得備召見，次不得參時政，排行就列，纍纍而已。且臣聞之，諫官之職，曰左右前後拾遺補闕，大則廷議，小則上封。近年已來，正衙不奏事，庶官罷巡對，若此，則不見遺闕，補拾何階？不得敷陳，廷議安設？其所謂舉諫職者，唯獨誥令有不便，除授有不當，則奏一封執一見而已。以臣思之，君臣之際，論列是非，諷諭於未形，籌畫於至密，尚不能回至尊之盛意，備讒慝之巧言，而況於既行之誥令，已命之除授，然後奏一對執一見，思欲收綵綸之詔，迴日月之光，信無裨於萬一矣。至使凡今之人，以上封進計爲妄動，拾遺補闕爲冗員，以此稱供奉官，與王珪、魏徵爲等列，臣雖至愚，能不自愧？

且陛下若以爲臣等無所裨補，不足參侍從，固不當假以名器，立之於朝。苟以爲務廣聰明，稍闢理道，又不當屏棄疏賤之，使至於此。伏願陛下許臣於延英侯對，召臣一見，賜以温顔，使臣得盡愚懇之誠，備陳諫官之職。苟或言有可採，得裨陛下萬分之一，是臣千載之一時也。如或言不詣理，塵黷聖聰，則臣自置刑書，以謝謬官之罪，亦臣之所以甘心也。無任懇欵發憤效職忘軀之至。謹詣東上閤門奉表以聞。

唐·杜牧《樊川文集》卷九《與人論諫書》 某疏愚放惰，不識機括，獨好讀書，讀之多矣。每見君臣治亂之間，興亡諫諍之道，遐想其人，舐筆和墨，則冀人君一悟而至于治平，不悟則烹身滅族，唯此二者，不思中道。自秦、漢已來，凡千百輩，不可悉數。然怒諫而激亂生禍者，累累皆是；納諫而悔過行道者，不能百一。何者？皆以辭語迂險，指射醜惡，致使然也。夫迂險之言，近於誕妄；指射醜惡，足以激怒。夫以誕妄之説，激怒之辭，以卑凌尊，以下干上。是以諫殺人者，殺人愈多；諫畋獵者，畋獵愈甚；諫治宮室者，宮室愈崇；諫任小人者，小人愈寵。觀其旨意，且欲與諫者一鬭是非，一决怒氣耳，不論其他，是以每於本事之上，尤增飾之。

今有兩人，道未相信，甲謂乙曰：『汝好食某物，慎勿食，果更食之，必死。』乙必曰：『我食之久矣，汝謂我死，必倍食之。』甲若謂乙曰：『汝好食某物，第一少食，苟多食，必生病。』乙必因而謝之減食。何者？迂險之言，則欲反之，循常之説，則必信之，此乃常人之情，世多然也。是以因諫而生亂者，累累皆是也。

漢成帝欲御樓船過渭水，御史大夫薛廣德諫曰：『宜從橋，陛下不聽，臣自刎以血污車輪，陛下不廟矣。』上不説。張猛曰：『臣聞主聖臣直，乘船危，就橋安，聖主不乘危，御史大夫言可聽。』上曰：『曉人不當如是耶？』乃從橋。近者寶曆中，敬宗皇帝欲幸驪山，時諫者至多，上意不決，拾遺張權輿伏紫宸殿下叩頭諫曰：『昔周幽王幸驪山，爲犬戎所殺；秦始皇葬驪山，國亡；玄宗皇帝宮驪山，而禄山亂；先皇帝幸驪山，而享年不長。』帝曰：『驪山若此之凶耶？我宜一往，以驗彼言。』後數日，自驪山迴，語親倖曰：『叩頭者之言，安足信哉。』漢文帝亦謂張釋之曰：『卑之，無甚高論，令可行也。』今人平居無事，友朋骨肉，切磋規誨之間，尚宜旁引曲釋，亹亹繹繹，使其樂去其不善，而樂行其善，況於君臣尊卑之間，欲因激切之言，而望道行事治者乎？故《禮》稱五諫，而直諫爲下。

前數月见報，上披閤下諫疏，錫以幣帛，僻左且遠，莫知其故。近於遊客處一睹閤下諫草，明白辯婉，出入有據，吾君聖明，宜爲動心，數日在手，味之不足，且抃且喜且慰，三者交并，不能自止。吾君聞諫，既且行之，仍復寵錫，誘能諫者，斯乃堯、舜、禹、湯、文、武之心也，聞於遠地。宜爲吾君抃也。閤下以忠孝文章立於朝廷，勇於諫而且深於其道，果能動吾君而光世德。某蒙閤下之厚愛，冀於異時資閤下知以進尺寸，能不爲閤下之喜，復自喜也？吾君今日披一疏而行之，明日聞一言而用之，賢才忠良之士，森列朝廷，是以奮起志慮，各盡所懷，則文祖武宗之業，窮天盡地，日出月入，皆可掃洒，以復厥初。某縱不得效用，但於一官一局，筐篋簿書之間，活妻子而老身命，作爲歌詩，稱道仁聖天子之所爲治，則爲有餘，能不自慰？故獲閤下之一疏，抃喜慰三者交并，眞不虚也，宜如此也。無因面讀其事，書紙言誠，不覺繁多。某再拜。

《舊唐書》卷一八《武宗紀》 （會昌元年）五月辛未，中書門下奏：『據《六典》，隋置諫議大夫七人，從四品上。大曆二年，昇門下侍郎爲正三品，兩省遂闕四品。建官之道，有所未周。詩云「衮職有闕，仲山甫補之。」周、漢大臣，顧入禁闥，補過拾遺。張衡爲侍郎，常居帷幄，從容諷諫。此皆大臣之任，故其秩峻，其任重，則敬其言而行其道。況謇諤之地，宜老成之人，秩未優崇，則難用耆德。其諫議大夫望依隋氏舊制，昇爲從四品，分爲左右，以備兩省四品之闕。向後與丞郎出入迭用，以重其選。又御史中丞爲大夫之貳，緣大夫秩崇，官不常置，中丞爲憲臺之長。今寺監、少卿、少監、司業、少尹並爲寺署之貳，皆爲四品。中丞官名至重，見秩未崇，望昇爲從四品。」從之。

又　卷四三《職官志二》　左散騎常侍二人。從三品。魏、晉置散騎常侍、侍郎，與侍中、黃門侍郎共平尚書奏事。其後用人或雜，江左不重此官，或省或置。隋初省散騎侍郎，置常侍四人，從三品，掌陪從朝直。煬帝又省之。武德初，以爲加官。貞觀初，置常侍二人，隸門下省。明慶二年，又置二員，隸中書省，始有左右之號，並金蟬珥貂。左常侍與侍中左貂，右常侍與中書令右貂，謂之八貂。龍朔爲左侍極，咸亨復。廣德二年五月，昇爲正三品，加置四員。興元元年正月，左右各加一員。貞元四年正月敕，依舊四員也。常侍掌侍奉規諷，備顧問應對。寶應二年敕，左右散騎常侍各置參官兩人，令自揀擇聞奏，參典亦置兩人，後省。

諫議大夫四員。秦、漢曰諫大夫，光武加議字。隋於門下省置諫議大夫七員，從四品下。武德四年敕置四員，正五品上。龍朔改爲正諫大夫，神龍復。大曆四年敕只四員，正五品上。龍朔七年三月敕，其諫議四員，內供奉不得爲正員。至貞元四年五月十五日敕，諫議分爲左右，加置八員，四員隸門下爲左。會昌二年十一月中書奏：「隨於門下省置諫議大夫七員，從四品下。今正五品上。自大曆二年門下中書侍郎昇爲正三品，兩省遂闕四品官。其諫議大夫望昇爲正四品下，分爲左右，以備兩省四品之闕。向後與丞郎出入迭用，以重其選。」敕可之。

諫議大夫掌侍從贊相，規諫諷諭。凡諫有五：一曰諷諫，二曰順諫，三曰規諫，四曰致諫，五曰直諫。

左補闕二員，從七品上。左拾遺二員。從八品上。古無此官名。天后垂拱元年二月二十九日敕：記言書事，每切於旁求，補闕拾遺，未弘於注選。瞻言共理，必藉衆才，寄以登賢，期之進善。宜置左右補闕各二員，從七品上，左右拾遺各二員，從八品上，掌供奉諷諫，行立次左右史之下。仍附于令。天授二年二月，加置三員，通前五員。大曆四年，補闕拾遺，各置內供奉兩員。七年五月十一日敕，補闕拾遺，宜各置兩員也。補闕、拾遺之職，掌供奉諷諫，扈從乘輿。凡發令舉事，有不便於時，不合于道，大則廷議，小則上封。若賢良之遺滯於下，忠孝之不聞于上，則條其事狀而薦言之。

宋・王溥《唐會要》卷五四《省號上》　給事中　武德元年，因隋舊制爲給事郎。三年三月十日，改爲給事中。龍朔二年，改爲東臺舍人。咸亨元年，改爲給事中。

貞觀十五年，太宗臨軒，謂侍臣曰：『朕所以不能恣情慾，取樂當年，而勵精苦心，正爲蒼生爾。我爲人主，兼行將相之事，豈不是奪公等名？昔漢高得蕭、曹、韓、彭，天下寧晏；舜、禹、湯、武有稷、卨、伊、呂。四海乂安。此事朕並兼行之。』給事中張行成諫曰：『陛下聖德含光，規模弘遠，雖文武之烈，實兼將相，何用臨朝對衆，與其較量，以萬乘至尊，共臣下爭功哉？臣聞「天何言哉，四時行焉。」臣輒陳狂直，伏待葅醢。』

十六年，刑部奏請反叛者兄弟並坐，給事中崔仁師駁之曰：『誅其父子，足警其心，此而不恤，何憂兄弟。』議遂寢。

開元二十一年二月，定安公主初降王仁皎，後降韋濯，又降博陵崔銑，銑卒。及是，公主薨。其子駙馬王繇請與其父合葬，敕旨依。給事中夏侯銛駁之曰：『公主初昔降婚，梧桐半死，逮乎再醮，琴瑟兩亡。則生存之時，已與前夫義絶，殂謝之日，合從後夫禮葬。今若依繇所請，卻祔舊姻，但恐魂若有知，王仁皎不納於幽壤；死而可作，崔銑必訴於玄天。國有典章，事難逾越。原繇此意：雖申罔極之情，求禮而行，或致不稽之誚。銛謬膺駁正，敢曠司存？請旁移禮官，並求指定下太常寺，請議公主合與王仁皎合葬可否。』報之。

貞元十八年二月，以前攝浙東團練副使，試大理評事、兼監察御史齊總爲衢州刺史，羣議以爲超獎過當。詔至門下，給事中許孟容上表封還曰：『臣伏見今日恩制，除衢州刺史齊總，臣愚竊有所慮，恐驚物聽，不敢聞於陛下。若以兵戎之地，或有不得已非次擢授者。今衢州無他虞，齊總無殊績，忽此超授，羣情驚駭。又齊總是判官，今詔敕擢浙東觀察留後，攝都團練副使，向前未有敕令，今便用此下詔，尤恐不可。齊總若可選拔，不假此事；若未可選拔，假此益使人疑。陛下臨御以來，凡所選用，皆爲至公。既非聖情所難改移，即臣下安得不動有論諍。若齊總必有可録，陛下必須酬能，即明書勞課，超一兩資與改。今臣聞四海舉朝之人，不知齊總功能，衢州浙東大郡，自大理評事兼監察御史授之，使遐邇不甘，凶惡騰口。伏乞聖慈，少回神理，覽臣所奏，允臣之請。陛下若謂臣不切不懇，伏乞陛下試停此詔，密使人察聽，必賀聖明開納，聖朝無私。臣授官中謝日，具已面奏，詔敕有不便者，伏請封進。今齊總詔謹隨狀封進。』時左補闕王武陵、右補闕劉伯芻復上疏言之，故詔書留中不出。後數日，不得雨，不視事，特開延英召孟容對。上慰諭開納曰：『使百執事皆如卿，朕何憂也？』自給事中袁高論盧杞，後來未嘗有可否。是時，齊總竭浙東進奉，遂超授逾等。江淮之間，人多困急，無不罪總。及孟容此奏入，聞者皆感上聖明虚心之德，嘉孟容之當官不面從。其年八月，以嶺南節度掌書記，試大理評事張貞元爲邕州經略使，給事中許孟容上疏論奏：『張貞元非次遷授。』封還張貞元詔書。右補闕劉伯芻繼有封章。上命中使宣諭孟容，詔亦遂止。

十九年六月，給事中孟容上疏曰：『臣竊聞陛下數敕有司，走於羣望，祈於百神，而密雲不雨，首種未入。豈觴牢有闕，巫祝非誠，爲陰陽適然，豐歉前定，何聖意精至，甘澤未答也？臣歷觀自古天人交感，未有不由百姓利病之急切者，邦家教令之遠大者。京師是萬國所會，强幹弱枝，自古通規。其一年稅錢及地租，出入一百萬貫，臣伏冀陛下即日下令，全放免之；其次，三分放二。使旱涸之際，更免流亡。若播種無望，徵斂如舊，則必愁怨遷徙，不顧墳墓矣。臣愚以爲德音一發，膏澤立應，變災爲福，期在斯須。戶部所收掌錢，非度支歲計，本防緩急別用。今此歉旱，直支一百餘萬貫，代京兆百姓一年差科，實陛下巍巍睿謀，天下鼓舞歌揚者也。復更省察庶政之中，有流移征防。當還而未還者，徒役禁錮，當釋而未釋者；逋懸饋送，當免而未免者；沈滯鬱抑，當伸而未伸者。有一於此，則特降明命，令有司條晰，三日内聞奏。其當還、當釋、當免、當伸者，仍詔下之日，所在即時施行。臣愚以爲如此而天不鑒，歲不稔，從古未之有也。』疏寢不報。

元和三年，以國子司業李藩爲給事中。時制敕有不可，遂於黄敕後批之，吏曰：『宜別連白紙。』藩曰：『祇是文狀，豈曰批敕！』裴洎言之。上以爲有宰相器，俄而鄭絪罷免，遂拜藩門下侍郎、平章事。

四年三月，以淮南節度判官孔戡爲衛尉寺丞，分司東都。戡嘗爲佐昭義節度使盧從史，數以事爭論不從，因謝病去。從史强以禮遺，而陰銜之。居東都，爲淮南節度使李吉甫所辟，而從史忿嫉，累請貶降。始貞元中，姑息節將。其從事有不合意，或知其邪，心欲免去，則誣以他罪論奏，更不驗理，或黜或徙。訖貞元，軍府化之。至是，上雖不許，猶授以散員。制既下，給事中呂元膺封還上奏曰：『孔戡以公正爲盧從史所忌，且離職已久，吉甫以宰相出鎮辟請，非涉嫌疑。推類言之，河陽節度行軍司馬楊同慈、史官崔國楨，或處近職，或倅戎府，皆爲吉甫奏在幕庭。從史以嫌忿，干黷朝典，豈可曲徇其志？且孔戡官序雖非黜退，但因此改易，則長姦邪之心。臣恐忠正之士各懷疑懼，事不可許。』上令中使宣諭元膺，制書乃下。

其年十月，以同州刺史呂元膺復爲給事中。初，元膺自給事中除同州刺史，及入謝，上問以時事得失，元膺論奏，詞甚激切。上嘉其剛正。異日，謂宰臣曰：『呂元膺有讜言直氣，今欲留左右，使言得失，卿等以爲何如？』李藩、裴垍進賀曰：『陛下納諫，超冠前王，乃宗社無疆之福。臣等不能廣求直士，又不能數進直言，孤負聖心，合當罪責。今請以元膺復給事中，以備顧問。』上悦而從之。

七年七月，瓊林庫使奏：『巧兒舊挾名敕外，別定一千三百四十六人，請宣下州府爲定額，特免差役。』時給事中薛存誠以爲此皆姦人竄名，以避征徭，不可以許。又咸陽尉袁儋與鎮軍相競，軍人無理，遂肆侵誣，儋反受罰。二敕繼至，存誠皆執之，上聞甚悦，命中使嘉勞。由是選拜御史中丞。

十四年三月，以撫州司馬令狐通爲右衛將軍，給事中崔植封詔上言：『通嘗刺壽州，用兵失律，前罪未塞，不宜遂加奬用。』上命宰相諭植，以通父彰有功，不忍棄其子，詔遂行。

其年六月，判度支皇甫鎛重奏：『諸道州府監院每年送上兩稅、榷酒、鹽利、米價等疋段，加估定數。』又奏：『近年天下所納鹽酒等利擡估者，一切追徵。』詔既可，給事中崔植抗論，以爲用兵歲久，百姓凋殘，往者雖估踰其實，今固不可復追。疏奏，命宰臣召植，宣旨嘉諭，許輟已行之詔，物議美之。

十五年閏正月，上曰：『諫官給事中，若除授有司，政乖允當，各令論駁，舉其職業。』時以李遜爲浙東道監察使，有政能，入遷爲給事中。嘗密論時政，以爲：「事君之義，有犯無隱，陳誠豈必擇辰。今羣臣敷奏，乃俟隻日，是畢歲臣下睹天顔、獻可替否能幾何？」憲宗嘉之，遷户部侍郎。

長慶初，穆宗皇帝觀諸軍雜樂，嘗召給事中丁公著問曰：「比聞外間自公卿至庶士，多爲酣宴，皆極歡娱，此皆時和民安，有足撫慰。」公著對曰：「誠有此事，然以臣愚見，風俗如此，亦不足佳。百司所職，漸恐煩勞聖慮。」上曰：「何故？」公著對曰：「賓嘉之禮，古人所重，皆務達誠展敬，不繼以淫。詩人所以美樂且有儀，譏其屢舞。前代名士會賓客者，或清談賦咏，雅歌投壺，其以杯觴獻酬，不至於亂。國家自天寶已後，風俗奢靡，宴處羣飲，以諠譁沈湎爲樂。而居重位秉大權者，優雜倨肆於公吏之前，曾無愧耻。公私相效，漸以成俗。由是物務多廢，獨聖心求治安，得不勞宸慮乎？陛下方弘本革弊，誠特降訓命，禁其過差，則天下幸甚。」上嘉其言。

大和三年八月敕：「凡制命頒行，事有不可，給事中職合封進。省審既畢，宣佈百司，稽停晷刻，皆著律令。」自今尚書省、御史臺所有制敕及官屬除不當，宜封章上論。其事狀分明。亦任舉按。須指事據實，更言風聞及滯詔旨，並不放上。如郎官御史出使訪聞按舉，自準前後敕文，不在此限。

五年，將作監王堪修奉太廟，弛慢罰俸，仍改官爲太子賓客。制出，給事中李固言封還曰：「東宫調護之地，不可令被罰弛慢之人處之。」乃改均王傅。

開成三年八月敕：「給事中封駁制敕，宜令季終具所駁聞奏；如無，亦宜聞奏。」

會昌五年十二月，給事中韋弘質上疏，論中書權重，三司錢穀不合相府兼領，宰相李德裕論奏曰：「臣等昨於延英召對，恭聞聖旨常欲朝廷尊、臣下肅，此是陛下深究理本也。臣按《管子》云：「凡國之重器，莫重於令。令重則君尊，君尊則國安。國安在於尊君，尊君在於行令。明君治民之本，莫要乎出令。故曰：虧令者死，益令者死，不行令者死，不從令者死。又曰：行令於上，而不論可否，是上失其威，下繫於人也。」自大和以來，其風大弊，令出於上，非之於下。昨韋弘質所論宰相不合兼領錢穀，臣等敢以事體陳聞。昔匡衡云：「所以爲大臣者，國家之股肱，萬姓所瞻仰，明主所慎擇。」《傳》曰：「下輕其上，賤人圖柄，則國家搖動。」弘質受人教導，輒獻封章，是賤人圖柄矣。蕭望之漢朝名儒，爲御史大夫，奏云：「今歲首日月少光，罪在臣等。」上以望之意輕丞相，乃下御史詰責。賈誼有云：「人主如堂，羣臣如陛，陛高則堂高。亦由將相重則君上尊，其勢然也。昔東漢處士横議，遂有黨錮事起。此事深要懲絶。」上然之，弘質乃坐貶官。時李德裕在相位久，朝臣爲其所抑者皆怨之。裴坦、崔鉉、杜悰罷相後，中貴人屢言德裕太專，上不悦，故白敏中教弘質有此奏。

又 卷五二《忠諫》 貞觀元年，太宗嘗閒居，與侍中王珪宴語，時有美人侍側，本廬江王瑗之嬪，太宗指示之曰：「廬江不道，賊殺其夫而納其室。暴虐之甚，豈有不亡乎！」珪曰：「陛下以廬江取此婦人爲是耶，爲非耶？」上曰：「殺人而取其妻，卿乃問朕是非，何也？」珪曰：「臣聞於管仲曰：齊桓公之郭，問其父老曰：「郭何故亡？」父老曰：「以其善善而惡惡也。」桓公曰：「若子之言，乃賢君也，何至於亡？」父老曰：「郭君善善而不能用，惡惡而不能去，所以亡也。」今此婦人尚在左右，臣竊以聖心爲是之，陛下若以爲非，所謂知惡不去也。」太宗雖不出美人，而甚重其言。

其年，上以瀛州刺史盧祖尚才兼文武，命鎮交趾。祖尚拜而出，既而悔之，辭以疾。上遣杜如晦等諭旨，祖尚固辭。上怒，斬之。他日，與羣臣論齊文宣帝何如人，魏徵曰：「文宣狂暴，然人與之爭事，理屈則從之。」上曰：「然向者盧祖尚雖失大臣之義，朕殺之以爲太暴，由此言之，不如文宣矣。」命復其官蔭。徵容貌不逾中人，而有膽略，善回人主意。每犯顔苦諫，或逢上怒甚，徵神色不移，上亦爲之霽威。徵嘗謁告上冢，遽言於上曰：「人言陛下欲幸南山，外皆嚴裝已畢，而竟不行，何也？」上笑曰：「實有此心，畏卿嗔，故中輟耳。」上嘗得佳鷂，自臂之，望見徵來，匿懷中。徵奏故久，鷂竟死懷中。

六年十二月四日，上臨朝，有誡懼之言。中書令温彦博曰：「陛下爲政，若貞觀之初，則無憂於不治矣。」上曰：「朕其怠乎？」侍中魏徵進曰：「陛下貞觀之初，勵精思治，從諫如流，每因一事，觸類爲善，志存節儉，無所營求。比者造作微多，諫者頗忤，以此爲異耳。」上拊掌大笑曰：「良有是夫。」

十五年，於益州造綾錦金銀等物，特進魏徵諫曰：「金銀珠玉，妨農事者也；錦繡纂組，害女工者也。一夫不耕，天下有受其饑；一女不織，天下有受其寒。古人或投之深谷，或焚之通衢，而陛下好之，臣實深耻之。」

永徽五年，召長孫無忌、李勣、于志寧、褚遂良等，李勣稱疾不至。皆曰：「當緣昭儀事。」或曰：「長孫太尉當先言之。」遂良曰：「太尉，上之元舅，脱事有不如意，使上有怒舅之名，不可。」又曰：「英公勣，上之所重，當先言之。」遂良曰：「司空，國之元勳，有不如意，使上有罪功臣之名，不可。遂良躬奉遺詔，若不盡其愚誠，何以下見先帝？」及上謂長孫無忌曰：「莫大之罪，絶嗣爲重。皇后無嗣息，昭儀有子，今欲立爲皇后，公等以爲何如？」遂良曰：「皇后出自名家，先朝所娶，伏事先帝，無愆婦德。先帝疾甚，執陛下手以語臣曰：『我好兒好新婦，今將付卿。』陛下親承德音，言猶在耳。皇后未有愆過，恐不可廢。臣不敢從，上違先帝之命。」上不悦。翌日，又言之，遂良曰：「陛下必別立皇后，伏請妙擇天下令族，何必要在武氏。且昭儀經事先帝，衆所共知，陛下豈可蔽天下耳目，使萬世之後，何以稱傳此事。陛下倘虧人子之道，自招不善之名，敗亂之端，自此始也。臣上忤聖顔，罪合萬死，倘得不負先帝，則甘從鼎鑊。」遂置笏於殿階，叩頭流血曰：「還陛下此笏，乞放歸田裏。」上大怒，命引出之。侍中韓瑗因奏事，涕泣諫曰：「皇后是陛下在藩府時先帝所娶，今無愆過，卽便廢黜，四海之士，誰不惕然。且國家屢有廢立，非長久之術也，願陛下爲社稷大計。」上不納。及褚遂良貶官，瑗復上疏理之曰：「遂良竭忠公家，親承顧託，一德無二，千古凜然。此不待臣言，陛下自知之矣。無聞罪狀，斥去朝廷，内外氓黎，咸嗟舉措。」上曰：「遂良悖戾犯上，以此責之，朕豈有過耶，卿言何若是之深也！」瑗曰：「遂良可爲社稷忠臣。昔微子去之而殷國以亡，張華不死而綱紀不亂。國之欲謝，善人其衰。伏願違彼覆車，救以往過。」不納。表請歸田裏，不許。瑗又上疏曰：「臣聞王者立后，以作配天地，比德日月。若日月並明，則臨照四海；若日月薄蝕，則天地昏矣。且匹夫匹婦，尚相簡擇，况天子乎？夫皇后母儀萬國，善惡由之。故嫫母輔佐於黄帝，妲己傾覆于殷王，前載之事，殷鑑不遠。《詩》云：「赫赫宗周，褒姒滅之。」每覽前古，未嘗不輟卷太息，不謂今日塵黷聖世。今如不法，後嗣何觀？伏惟陛下詳之，無爲後人所笑。若使殺身以益國家，葅醢之戮，臣之分也。昔吴王不用子胥之言，子胥：「臣見麋鹿遊于姑蘇。」臣恐海内失望之後，有荆棘生於闕庭，宗廟不血食，期有日矣。」

中書侍郎來濟又密表諫曰：「臣聞王者之立後也，將以上合乾坤之道，象二儀敷育之義。主承宗廟，母臨天下，匹配後土，執饋皇姑。必擇禮教名家，幽閒淑令，副四海之望，稱神祇之意。是故周文造周，姒氏興關雎之化，百姓蒙祚；漢孝成任心從欲，以婢爲後，遂使皇統中絶，社稷淪傾。有周之崇既如彼，大漢之禍又如此，惟陛下詳察。」

顯慶元年四月二十五日，上謂侍臣曰：「馭下之道，前王深以爲難。計古先帝王應有其要，公等可思此術，爲我具論之。」中書令來濟對曰：「臣聞齊桓公出遊，見一饑寒老人，命食之，老人曰：『請遺天下食。』公遺之衣，老人曰：『請遺天下衣。』桓公曰：『府庫有限，安能周及？』老人曰：『不然，春不奪農時，人卽有食；夏不奪蠶務，人卽足衣。』由此言之，省其徭役，人自安之。近者爲山東役丁，年別有數萬人，將爲煩擾，欲取其庸直，在京僱人充役，復恐非宜。臣等商量，望長久法，依舊役丁爲使。凡所施令，貴在長行，今正課外無別徭役，足爲穩便。」

神龍元年二月，侍中桓彦範上疏曰：「昔孔子論《詩》，以《關雎》爲始，言後妃者人倫之本，治亂之端也。故皇英降而虞道興，任姒歸而周宗盛。桀奔南巢，禍階妹喜，魯桓滅國，惑以齊媛。伏見陛下每臨朝聽政，皇后必施帷幔於殿上，得聞政事。臣愚歷選列辟，詳求往代，帝王有與婦人謀及政事者，莫不破國亡身，傾輈繼路。其以陰乘陽，違天也；以婦凌夫，違人也。違天不祥，違人不義。由是古人譬以『牝鷄之晨，惟家之索。』《易》曰：『無攸遂，在中饋』，言婦人不可參預國政也。伏願陛下覽古人之言，察古人之意，上以社稷爲重，下以蒼生爲念。宜令皇后無往正殿，幹預外朝，專在中宫，聿修陰教，則坤儀式固，鼎命惟永。又道路藉藉，皆云胡僧惠範矯託佛教，詭惑後妃，出入禁闈，撓亂國政。

陛下又微行，數幸其私第，上下媟黷，有虧尊嚴。又聞興化致治，必由進善；康國寧人，莫大棄惡。故孔子曰：「執左道以亂政者殺。假鬼神以疑衆者殺。」今惠範之罪，甚於此也，若不急誅，必生變亂。除惡務本，去邪勿疑，實賴天聰，早加裁貶。』上不納。

景雲元年六月，睿宗初卽位，與侍臣議立皇太子，中書舍人參知幾務劉幽求進曰：『臣聞除天下之禍者，享天下之福，拯天下之危者，受天下之安。伏以平王除社稷之危，救君親之難，論功則莫大，語德則最賢。臣又聞宋王已下，以平王有大功，咸懷推讓。』上意乃定。

開元二十一年，萬年縣尉李美玉得罪，上令流於嶺外。黄門侍郎韓休進諫曰：『今朝廷有大姦，尚不能去，豈得捨大而取小也！臣竊見金吾大將軍程伯獻，恃怙恩寵，所在貪冒，第宅輿馬，僭擬過甚。臣請先出伯獻，而後罪美玉。』上不許，休固爭曰：『美玉微細，尚猶不容，伯獻巨猾，豈能無罪！陛下若不出伯獻，臣卽不敢奉詔流美玉。』上以其言切直，竟從之。宋璟聞之曰：『不謂韓休乃能如此，是仁者之勇也。』

二十四年，崔希逸代牛仙客爲河西節度，奏河西軍資儲蓄萬計，遂令刑部員外郎張利貞覆之，有實。上悅，將與之尚書，中書令張九齡諫曰：『不可。尚書，古之納言，若非歷踐内外清貴之地，妙有德望者，不得充之。仙客，河湟一使典耳，拔升清流，齒班常伯，此官邪也。』又將與之封，九齡曰：『邊將積穀帛，繕兵器，蓋將帥之常。而陛下賞之金帛卽可，尤不可裂地而封。』上怒曰：『卿以仙客寒士嫌之耶？卿豈有門籍？』九齡頓首謝曰：『臣荒陬孤生，陛下以文學用臣。仙客起自吏胥，目不知書。韓信，淮陰一壯士，羞與絳灌齊列。陛下必大用仙客，臣亦恥之。』

元和七年，上謂宰臣曰：『大凡行事，恆患不通於理，已然之失，追悔誠難。古人處此，復有道否？』李絳對曰：『行事過差，聖哲之所不免，故天子致羣臣以匡其失。故主心治於中，臣論正於外，制治於未亂，銷患於未萌。主或有過，則諫以止之，故上下同體，猶手足之於心膂，交相爲用，以致康寧。此亦常理，非難遵之事。但矜得護失，常情所蔽。古人貴改過不吝，從善如流，良爲此也。臣等備位，無所發明，但陛下不廢芻言，則端士賢臣，必當自效。』上曰：『朕擢用卿等，所欲冀直言，各宜盡心，以匡不逮，無以護失爲慮也。』

九年十二月，釋下邽令裴寰之罪。初，每歲冬，以鷹犬出近畿習狩，謂之外按使。領徒數百輩，恃恩恣横，郡邑懼擾，皆厚禮迎犒，恣其所便。止舍私邸，百姓畏之如寇盜，每留旬日，方更其所。至是，行次下邽，寰爲令，嫉其强暴擾人，但據文供饋。使者歸，乃譖寰有慢言。上大怒，將以不敬論。宰相武元衡等于延英懇救理之，上怒不改。及出，逢御史中丞裴度入，元衡等謂曰：『裴寰事上意不開，恐不可論。』度唯唯而入，抗陳其事，謂寰無罪。上愈怒曰：『如卿言，裴寰無罪，則當決五坊小使；如小使無罪，則當決裴寰。』度曰：『誠如聖旨，但以裴寰爲令長，愛惜陛下百姓如此，豈可罪之？』上怒稍解。初令書罰，翌日釋之。

十三年二月，上以淮蔡既平，將欲内宴，因是稍恢宫觀，廣制度，詔六軍使創修麟德殿之東廊。公費不足，至有出家財以助，軍使張奉國白於執政。裴度從容上言曰：『陛下有將作監，内作營搆之役，有司具存，豈可使功臣破産修造？』上怒奉國輩漏洩，令奉國致仕，斥李文悦、梁希逸歸私第，俄釋不問。

其年十月，杖殺五坊使楊朝汶。初，有賈人張陟負五坊息利錢，徵理經時不獲。楊朝汶遂取張陟私家簿記，有姓名者，雖已償訖，悉囚捕，重令償之。其間或不伏者，卽列拷捶之具于庭。平民恐懼，遂稱實負陟錢，互相牽引，繫囚至數十百人。中書門下御史臺皆爲追捕。又於陟家得盧載初負錢文記，云是盧大夫書迹，遂追故東川節度使盧坦家僮，促期使納。坦男不敢申理，盡以償訖。徵其手記，乃鄭滑節度使盧羣筆也。羣字載初。既而坦男理其事，五坊使曰：『此錢已上進。不可得矣。』於是御史中丞蕭俛洎諫官，累上疏陳其暴蠹之狀，宰臣裴度、崔羣因對又極言之。上曰：『且欲與卿等商量用軍，此小事我自處置。』裴度進曰：『用兵小事也，五坊使追捕平人大事也。兵事不理，只憂山東；五坊使横暴，恐亂輦轂。』上不悅。及對罷，上乃大悟，召五坊使數之曰：『嚮者爲爾使吾羞見宰臣。』遂杖殺之。卽日原免坐繫者。

其年十二月，上嘗與宰臣議及：『人臣事主，當力行善事自致公望，何乃好樹朋黨，朕甚惡之。』裴度對曰：『臣聞方以類聚，物以羣分，故君子小人未有無徒者。但君子爲徒，則是同心同德；小人爲徒，則是朋黨。此事外甚相似，中實相遠，在聖主觀其所行之事以辨之耳。』上良久曰：『他人有言，亦與卿等相似，豈易辨之？』度等退相謂曰：『聖上今日所論君子小人之事，可謂誠言。是則聖主以爲難辨則易矣，以爲易辨則難矣。今陛下以爲辨之難，則君子與小人彌當自區別矣。』他日，宰臣或以當今利病，欲有所釐改，及陳爲臣事君之道，上必往復詰問。既盡理之後，則曰：『凡好事口説則易，躬行則難。卿等既爲朕言之，當須行之，勿空陳説而已。』宰臣起而對曰：『《書》曰：「非知之艱，行之惟艱。」陛下今日處分。可爲至言。臣等敢不策勵。以副天心。然亦以天下之人。從陛下所行。不從陛下所言。臣亦願陛下每言之則行之耳。』

十四年九月，上謂宰臣曰：『朕讀《玄宗實録》，見開元之初鋭意求治，至十五六年則稍懈，至開元末又似不及中年，其故何也？』崔羣對曰：『玄宗生長民間，身經屯難，故卽位之初，知人疾苦，躬恤庶政。有姚崇、宋璟、盧懷愼輔以道德，蘇頲、張嘉貞、李元紘、杜暹、韓休、張九齡皆孜孜守正，以故稱治。其後承平日久，安於逸樂，漸遠正士，而近小人。宇文融以聚斂媚上心，李林甫以姦邪惑上志，而終之以楊國忠，故及於亂。今陛下以開元初爲法，以天寶末爲戒，是乃社稷無疆之福也。』時有以諂刻欺蔽在相位者，故羣以是諷焉。

長慶元年八月，上謂宰臣曰：『國家貞觀中致治昇平，蓋太宗文皇帝躬行至德，以啓王業。及至開元，累有內難，玄宗臨御，興復不易，而一朝聲名最盛，歷年最久，何以致之也？』崔植對曰：『前代創業之君，多起自民間，知百姓之疾苦，初承丕業，皆能勵精。太宗又特稟上聖之資，同符堯、舜，是以貞觀一朝，四海寧泰。又有房玄齡、杜如晦、魏徵、王珪之輩爲輔佐，動皆直言，事無不治。玄宗守文繼體，嘗經天後朝，久遭艱危。開元初，得宋璟、姚崇，委之爲政。此二人者，皆天生俊傑，動每推公，又每進忠言，致君於道。璟嘗自寫《尚書無逸》一篇，爲圖以獻，玄宗置之內殿，出入觀省，常記在心，故任賢戒慾，朝夕孜孜。開元之末，因《無逸》圖壞，始以山水圖代之，自後既無座右箴規。又姦臣用事，希恩養慾，實兆亂萌。建中初，德宗皇帝問先臣開元、天寶間事，先臣具以此事陳奏。臣在童丱，卽聞其説。信知古人以韋弦作戒，其益弘多。伏願陛下以《無逸》爲元龜，天下幸甚。』上深納其言。

四年五月，上以富有春秋，畋獵之暇，好治宮室。嘗建別殿，以新讌遊，及庀徒蕆事，功用至廣。宰臣李程諫曰：『自古聖帝明王，率資儉德，以化天下，況諒陰之內，豈宜興作！願陛下悉以見在瓦木及工役之費，回奉陵寢。』上嘉納焉。

咸通八年，懿宗命伶官李可及爲左威衛將軍，中書侍郎、監修國史曹確執奏曰：『臣覽貞觀故事，太宗初置官品令，文武官共六百四十三員，顧謂玄齡曰：「朕設此官員，以待賢士。工商雜色之流，假令術踰儕類，止可厚給財物，必不可授之官秩。」大和中，文宗欲以伶官尉遲璋爲王府率，拾遺竇洵直極諫，乃改光州長史。伏望以兩朝故事，別授可及之官。』疏奏，不從。

十一年，同昌公主薨，懿宗尤所鍾愛，以翰林醫官韓宗邵等用藥無效，繫之獄，宗族連引三百餘人。宰相劉瞻召諫官令上疏，諫官無敢言之者，瞻乃自上章極言。帝怒，貶爲虢州刺史。

又　卷五三《雜録》　十二年，上謂宰臣曰：『朕覽國書，見文皇帝行事，少有過差，諫臣論諍，往復數四，況朕之寡昧，涉道未明。今後事或未當，卿等每事十論，不可一二而止。』

宋·李昉等《文苑英華》卷六七六《劉允章〈直諫書〉》　救國賤臣前翰林院學士劉允章謹冒死上諫皇帝陛下：臣聞太直者必孤，太清者必死。昔晁錯勸削諸侯之地，以蒙不幸之誅，商鞅除不軌之臣，而受無辜之戮。今并臣三人矣。一無伏字守忠懷信，口不宣心，則刎頸刳腸，向闕庭而死者，并臣是也。救國策從千里而來，欲以肝腦，上汙天庭；欲以死屍，下救黎庶。臣死之後，不見聖代清平，故留賤臣以諫明主。今短書一封，不入長策。伏蒙不收，所以仰天搥胷，放聲大哭。殺身則易，諫主則難。以易死之臣，勸難諫之主。伏見陛下初登九五，須下諸州：開直諫門，言者無罪。四方雷震，百里奔馳，至闕庭者，願陛下置昇平之業矣。陛下既不用其策，不捨其過，或鞭撻市朝，囚禁園苑，深一作沉埋溝壑者，不知其數，乞食道路者，不記其名。夫輸忠獻策之臣，匍匐闕庭者，豈敢欺陛下乎？大臣愛位而不敢言，小臣畏死而不敢諫。忘生請死之罪，往往冒死天庭者，知陛下覺寤也。伏聞樞密之事，要在殲人疑作纖。以宰臣爲度外之官，以御史爲不速之任。冤者不得伸，君子所以深藏，小人所以謀亂。自古帝王以御史爲耳目，以宰相爲股肱，股肱廢則不能用，耳目蔽則不能視。今陛下廢股肱、蔽耳目，塞諫諍、罪忠良，欲令四海不言，萬方鉗口，可不謂也。臣恐千秋萬歲，説陛下不聖，笑陛下不明，臣所以急也。當今天下求進之臣，智者不肯自言不肖，愚者不肯自言不賢。故使賢愚混雜，善惡同羣。眞智眞愚，何所分別？取之則善惡進，捨之則賢愚退。何不使至愚在野，至賢入仕？使天下食禄之家，凡有『八入』，臣請爲陛下數之：節度使奏改，一入也；用錢買官，二入也；諸色功優，三入也；從武入文，四入也；虚銜入仕，五入也；改僞爲眞，六入也；媚道求進，七入也；無功授賞，八入也。國有『九破』，陛下知之乎？終年聚兵，一破也；蠻夷熾興，二破也；權豪奢僭，三破也；大將不朝，四破也；廣造佛寺，五破也；賂賄公行，六破也；長吏殘暴，七破也；賦役不等，八破也；食禄人多、輸税人少，九破也。臣聞自古帝王，終日勸農，猶恐其飢，終日勸桑，猶恐其寒。此輩不農、不桑，坐食天下，欲使天下之人盡爲衣冠矣，天下之人盡爲將士矣，舉國之人盡爲僧尼矣，舉國之人盡爲刼賊矣。欲使誰人蠶桑乎？今天下蒼生，凡有『八苦』，陛下知之乎？官吏苛刻，一苦也；私債徵奪，二苦也；賦税繁多，三苦也；所由乞斂，四苦也；替逃人差科，五苦也；冤不得理屈不得伸，六苦也；凍無衣飢無食，七苦也；病不得醫、死不得葬，八苦也。仍有『五去』：勢力侵奪，一去也；姦吏隱欺，二去也；破丁作兵，三去也；降之爲客，四去也；避役出家，五去也。人有五去而無一歸，人有八苦而無一樂，官有八入而無一成，凡有三十餘條。上古已來，未之有也。天下百姓，哀號於道路，逃竄於山源，夫妻不相活，父子不相救。百姓有冤，訴於州縣，州縣不理，訴於宰相，宰相不理，訴於陛下，陛下不理。何以歸哉？伏見蠻寇欺侵，神道誑我國家，作亡命之魁渠，爲逋逃之窟穴。徵兵五年，今日誅之，何見之晚也！臣聞却似未終銷兵於當時，本無養兵日爲一作與亂臣張本也。今不除其亂本，而除其亂苗。士卒蕩盡於中原，玉帛多亡於道路。嶺外仍令節度四面討除。蒼生嗷嗷，何負陛下？今行此討罰，以爲上策。臣恐今年除一承嗣，明年又生一承嗣。天下征戰，未有了期，則禍難起於腹心，蜂蠆生於手足。陛下左右，無人敢言，但知潤色美詞，悦情暢志而已。豈知千里零落，萬里凋殘者哉！今國家狼戾一作狽如此，天下知之，陛下獨不知之。天下不敢言，臣獨言之。萬死一生，臣死一介之命，救萬人之命，臣今雖死猶勝於生。臣獻策千條未蒙一問。覊孤貧病，流落風塵。眷戀朝廷而不能去。儻陛下覽臣愚見，知臣愚忠，則理亂斯須，存亡瞬息，太平之日，昭然目前，必也。陛下不以萬國爲心，不以百姓爲本，臣當幸歸滄海，葬江魚之腹，不忍見國難危。臣之願畢矣。臣懇擗一作辭不勝，痛切感懼之至。

宋·姚鉉《唐文粹》卷四五《陳黯〈答問諫者〉》 或問：『古之士，能直諫不君之君者，其誰爲最？』曰：『有諫秦者，齊人茅焦也。』曰：『夏無龍逄耶？殷無比干耶？』曰：『不以之無，而功德相遼耳。夫諫者，不獨以言之忠，而欲其氣雄；不獨以名彰，而欲其事立。四者克備，是爲難矣。昔嬴氏貪噬羣雄，以取天下，豪暴奢侈，古初無先。故非必爲而諫必距。當其遷太后於雍，有及泉之誓，凡戮諫者二十七人矣。天下忠赤之士，莫不囚氣鎖詞。是時焦能獨奮勇果，不顧其威，且肉視虎狼，冰顧湯鑊，諤諤造庭，折其四失，俾暴主悔非遷善，敬從其言。繇是骨肉之恩，斷而再續；君臣之義，捨而再交；諫諍之路，塞而再啓。皆由焦之功也。噫！忘軀徇忠，亦諫者之職。然決死於二十七人之後，不難乎其心哉！進諫於二十七人之後，不難乎其詞哉！斯可謂言忠氣雄，名彰事立備矣。豈若龍逄諫桀、比干諫紂，徒自柔聲婉詞，而又身不免、事不立，其足爲茅先生之徒歟？』問者喜而退。

宋·王讜《唐語林》卷一《言語》 太宗嘗臨軒謂侍臣曰：『朕非不能恣情爲樂，常每勵心苦節，卑宮菲食者，正爲蒼生爾。我爲人主，兼行將相事，豈不是奪公等名？昔漢高得蕭、曹、韓、彭，天下寧宴；舜、禹、殷、周得稷、契、伊、呂，四海乂安。此事朕並兼用之。』給事中張行成諫曰：『有隋失道，天下沸騰，陛下撥亂反正，拯生人於塗炭，何禹、湯所能擬？陛下聖德含光，規模宏遠，雖文、武之烈，實無以加，何用臨朝對衆，與之校量？將謂天下已定，不藉其力，復以萬乘至尊，與臣下爭功。臣備員近樞，非敢知獻替事，輒陳狂直，伏待葅醢。』太宗深納之，俄遷侍中。

穀那律，貞觀中爲諫議大夫，褚遂良呼爲『九經庫』。永徽中，嘗從獵，途中遇雨，高宗問：『油衣若爲得不漏？』對曰：『能以瓦爲之，不漏也。』意不爲畋獵。高宗深賞焉，賜帛二百匹。

張玄素爲給事中。貞觀初，修洛陽宮，以備巡幸，上書極諫。太宗善之，賜彩三百匹。魏徵嘆曰：『張公論事，遂有回天之力。可謂仁人之言，其利博哉！』

李藩自司勳郎中遷駕部郎知制誥，衣綠如故。鄭裔綽自給事以論駁楊漢公忤旨，出商州刺史，始賜緋。沈珣自禮部侍郎爲浙東觀察，方賜紫。苗恪自司勳員外郎，除洛陽縣令，藍衫赴任。裴處權自司封郎中出河南少尹，到任，本府奏薦賜緋，給事中崔罕駁還。手詔褒之，曰：『有不當，卿能駁還，職業既修，朕何所慮？』

又 卷三《方正》 睿宗朝，太平公主用事。柳渾以斜封官復舊職，上疏諫曰：『陛下即位之初，納姚、宋之計，鹹黜斜封。今以斜封之人不忍棄，是先帝之意不可違。若斜封之人不忍棄，是韋月將、燕欽融之流不可褒贈，李多祚、鄭克乂之徒不可清雪。陛下何不能忍於此而忍於彼？使善惡不定，反覆相攻，致令君子之道消，小人之道長，爲正者銜冤，附僞者得志，將何以止姦邪？將何以懲風俗耶？』睿宗遂從之，因而擢渾拜監察御史。原注：《太平御覽》曰：『柳渾拜監察御史，臺中執法之地，動限儀矩。渾性放曠，不甚檢束。察長拘謹，忿其疏縱，渾不樂，乞外任。執政惜其才，特奏爲左補闕。』

論說

清·王夫之《讀通鑑論》卷二〇《唐太宗》 太宗曰：『未能受諫，安能諫人。』此知本之論也。夫唯窮凶之主，淫虐無擇，則雖以虛衷樂善之君子，陳大公無我之言，而亦祇以危身；非此者，君之拒諫而遠君子，洵失德矣，諫者亦惡能自反而無咎哉？凡能極言以諫者，大抵其氣勝者也；自信其是，而矜物以莫及，物莫能移者也。其氣勝，則其情浮；自矜而物莫能移，則其理窒。上以事君，下以莅衆，中以交於僚友，可其所可，而否其所否，堅於獨行，而不樂物之我違；唯如是也，乃以輕寵辱、忘死生、而言之無忌。其賢者，有察理未精、達情未適之過，而執之也堅；其次則氣動而不收，言發而不止，攻異己而不遺餘力，以墮於娼忮，而傷物已甚；則人主且窺其中藏，謂是嘵嘵者之但求利己也。其言不可奪，而心固不爲之感，奚望轉石移山於片語乎？

惟虛則公，公則直；惟明則誠，誠則動；能自受諫者，所以虛其心而廣其明也，諫者之能此者鮮矣。事上接下，其理一也。君不受諫，則令焉而臣民不從；臣不受諫，則言焉而天子不信。位不可恃，氣不可任，辯不可倚，理不可挾，平情好善，坦衷遜志者，早有以動人主之敬愛，而消僚友之疾忌，聖而周公，忠而孔明，用此道也。婞直予智，持一理以與當寧爭得失，自非舜、禹以叡蕘之道待之，其不以啓朋黨而壞國是也，難矣哉！

唯大人爲能格君心之非。君心之非，亦易見也；所以格之者，天理民彝之顯道，人皆與知，亦易能也。然而斷之於大人之獨得，而諫諍之臣不足與焉，於魏徵、馬周見之矣。君心無過，而過在事，則德不足而言有當，下逮於工瞽而言無不效。若夫心，則與心相取者也，心之有非，必厚自匿而求以勝物。進言者，其言是也，其人非也，其人雖無大非，而心不能自信於是，則匿非求勝者，將日旁觀而言之，吾亦能爲此言，試以此言於汝，汝固不受也。言還其言，而心仍其心，交相讁而祇益其怨惡。如能隱忍以弗怨惡足矣，奚望格哉？

唐太宗不恤高祖之溫清視膳，處之卑湫之大安宮，而自如九成宮以避暑，嫁其女長樂公主，敕資送倍於長公主。此豈事之失哉？其僭不知恤者，仁孝忘於心也。馬周言之，魏徵言之，皆開陳天理民彝之顯教，以思動其側悱也。乃周言不聽，決駕以行，於徵之言，則人謀之長孫皇后而後勉從，使後而如獨孤、武、韋也，徵死矣。人自有父子，人自有兄弟，一念之蔽，忽焉不覺，直辭以啓之，以自親其親，豈難知而難從者乎？而二子者，君所信受者也，卒不能得此於君，則其故可思矣。徵之起也，於羣盜之中，事李密而去之，事隱太子而去之；周則挾策幹主，餘於才而未聞其修能之自潔者也；以此而欲警人子之心於不容已之媿疚，奚可得哉？

夫大人者，苟以其言格君心之隱慝，賢主樂之，中主媿之，庸主弗敢侮之，何至以太宗之可與言而斥爲田舍翁邪？不幸而遇暴主以殺身，亦比干之自靖自獻於先王，而非騰口説以聽凶人之玩弄，豈易言哉？大人者，正己而物正，己之正非一旦一夕之功矣。

政治嬗變總部

隋朝多民族統一大國重建部

隋受周禪分部

綜　述

《周書》卷六《武帝紀下》（建德四年秋七月）丁丑，詔曰：高氏因時放命，據有汾、漳，擅假名器，歷年永久。【略】朕當親御六師，龔行天罰。【略】可分命衆軍，指期進發。以柱國陳王純爲前一軍總管，滎陽公司馬消難爲前二軍總管，鄭國公達奚震爲前三軍總管，越王盛爲後一軍總管，周昌公侯莫陳瓊爲後二軍總管，趙王招爲後三軍總管，齊王憲率衆二萬趣黎陽，隨國公楊堅、廣寧侯薛回舟師三萬自渭入河，柱國梁國公侯莫陳芮率衆一萬守太行道，申國公李穆帥衆三萬守河陽道，常山公于翼帥衆二萬出陳、汝。壬午，上親率六軍，衆六萬，直指河陰。

八月癸卯，入于齊境。【略】

（五年十月）己酉，帝總戎東伐。以越王盛爲右一軍總管，杞國公亮爲右二軍總管，隨國公楊堅爲右三軍總管，譙王儉爲左一軍總管，大將軍竇（泰）［恭］爲左二軍總管，廣化公丘崇爲左三軍總管，齊王憲、陳王純爲前軍。【略】

（六年）二月丙午，論定諸軍功勳，置酒於齊太極殿，會軍士以上，班賜有差。丁未，齊主至，帝降自阼階，以賓主之禮相見。高湝在冀州擁兵未下，遣上柱國、齊王憲與柱國、隨公楊堅率軍討平之。【略】丙辰，以柱國、隨公楊堅爲定州總管。【略】

（十二月）丁卯，以柱國、隨國公楊堅爲南兖州總管，上柱國、申國公李穆爲幷州總管。

又　卷七《宣帝紀》（宣政元年秋七月）壬戌，以柱國、南兖州總管、隨國公楊堅爲上柱國、大司馬。【略】

大象元年春正月癸巳，受朝於露門，帝服通天冠、絳紗袍，羣臣皆服漢魏衣冠。大赦，改元大成。初置四輔官，以上柱國大冢宰越王盛爲大前疑，相州總管蜀國公尉遲迥爲大右弼，申國公李穆爲大左輔，大司馬隨國公楊堅爲大後丞。【略】

秋七月庚寅，以大司空、畢王賢爲雍州牧，大後丞、隨國公楊堅爲大前疑，柱國、滎陽公司馬消難爲大後丞。【略】

（二年）五月己丑，以上柱國、大前疑、隨國公楊堅爲揚州總管。

又　卷八《靜帝紀》　靜皇帝諱衍，後改爲闡，宣帝長子也。母曰朱皇后。建德二年六月，生於東宮。大象元年正月癸卯，封魯王。戊午，立爲皇太子。二月辛巳，宣帝於鄴宮傳位授帝，居正陽宮。

二年夏五月乙未，宣帝寢疾，詔帝入宿於露門學。己酉，宣帝崩，帝入居天臺，廢正陽宮。大赦天下，停洛陽宮作。庚戌，上天元上皇太后尊號爲太皇太后。

天元聖皇太后李氏爲太帝太后，天元大皇后楊氏爲皇太后，天大皇后朱氏爲帝太后。其天中大皇后陳氏、天右大皇后元氏、天左大皇后尉遲氏幷出俗爲尼。柱國、漢王贊爲上柱國，右大丞相，上柱國、揚州總管、隨國公楊堅爲假黄鉞、左大丞相，柱國、秦王贄爲上柱國。帝居諒暗，百官總己以聽於左大丞相。壬子，以上柱國、鄖國公韋孝寬爲相州總管。罷入市稅錢。

六月戊午，以柱國許國公宇文善、神武公竇毅、修武公侯莫陳瓊、大安公閻慶幷爲上柱國。趙王招、陳王純、越王（達）［盛］、代王（盛）［達］、滕王逌來朝。庚申，復行佛、道二教，舊沙門、道士精誠自守者，簡令入道。辛酉，以柱國杞國公椿、燕國公於寔、郜國公賀拔伏恩幷爲上柱國。甲子，相州總管尉遲迥舉兵不受代。詔發關中兵，卽以孝寬爲行軍元帥，率軍討之。上柱國、畢王賢以謀執政，被誅。以上柱國秦王贄爲大冢宰，杞國公椿爲大司徒。己巳，詔南定、北光、衡、巴四州民爲宇文亮抑爲奴婢者，幷免爲民，復其本業。甲戌，有赤氣起西方，漸東行，遍天。庚辰，罷諸魚池及山澤公禁者，與百姓共之。以柱國、蔣國公梁睿爲益州總管。

秋七月甲申，突厥送齊范陽王高紹義。庚寅，申州刺史李慧起兵。辛卯，月掩氐東南星。甲午，月掩南斗第六星。庚子，詔趙、陳、越、代、滕五王入朝不趨，劍履上殿。滎州刺史、邵國公宇文胄舉兵，遣大將軍、清河公楊素討之。青州總管尉遲勤舉兵。丁未，隨公楊堅爲都督內外諸軍事。己酉，鄖州總管司馬消難舉兵，以柱國、楊國公王誼爲行軍元帥，率軍討之。壬子，歲星與太白合於張，有流星大如斗，出五（軍）［車］，東北流，光明燭地。趙王招、越王盛以謀執政被誅。癸丑，封皇弟術爲鄴王，術爲郢王。是月，豫州、荆州、襄州三總管內諸蠻，各率種落反，焚燒村驛，攻亂郡縣。

八月庚申，益州總管王謙舉兵不受代，卽以梁睿爲行軍元帥，率軍討之。丁卯，封上柱國、枹罕公辛威爲宿國公，開府怡昂爲鄯國公。庚午，韋孝寬破尉遲迥於鄴城，迥自殺，相州平。移相州於安陽，其鄴城及邑居皆毁廢之。分相州陽平郡置毛州，昌黎郡置魏州。丙子，以漢王贊爲太師，上柱國幷州總管申國公李穆爲太傅，宋王實爲大前疑，秦王贄爲大右弼，燕國公於寔爲大左輔。己卯，詔曰：

朕只承洪業，二載於茲。籍祖考之休，憑宰輔之力，經天緯地，四海晏如。逆賊尉遲迥，才質凡庸，志懷姦慝，因緣戚屬，位冠朝倫。屬上天降禍，先皇晏駕，萬國深鼎湖之痛，四海窮遏密之悲。獨幸天災，欣然放命，稱兵擁衆，便懷問鼎。乃詔六師，肅茲九伐，而凶徒孔熾，充原蔽野。諸將肆雷霆之威，壯士縱貔貅之勢，芟夷鬱拂，所在如莽，直指漳濱，擒斬元惡，羣醜喪魄，咸集鼓下。順高秋之氣，就上天之誅，兩河妖孽，一朝清蕩。自朝及野，喜抃相趨。昔上皇之時，不言爲治，聖人宰物，有教而已。未戢干戈，實深慚德。思弘寬簡之政，用副億兆之心，可大赦天下。其共迥元謀，執迷不悟，及迥子姪，逆人司馬消難、王謙等，不在赦例。

庚辰，司馬消難擁其衆以魯山、甑山二鎮奔陳，遣大將軍、宋安西元景山率衆追擊，俘斬五百餘人，鄖州平。沙州氐帥、開府楊永安聚衆應王謙，遣大將軍、樂寧公達奚儒討之。楊素破宇文胄於滎州，斬胄於石濟。以上柱國、神武公竇毅爲大司馬，齊國公于智爲大司空。廢相、青、荆、金、晉、梁六州總管。

九月甲申，熒惑與歲星合於翼。丙戌，廢河陽總管爲鎮，隸洛州。以小宗伯、竟陵公（陽）［楊］慧爲大宗伯。壬辰，廢皇后司馬氏爲庶人。甲午，熒惑入太微。戊戌，以柱國、楊國公王誼爲上柱國。辛丑，分潼州管內新遂普合及瀘州管內瀘戎六州幷隸信州總管府。己酉，熒惑犯左執法。庚戌，以柱國常山公於翼、化政公宇文忻併爲上柱國。進封翼爲任國公，忻爲英國公。壬子，丞相去左右之號，隨公楊堅爲大丞相。

冬十月甲寅，日有蝕之。乙卯，有流星大如五斗，出張，南流，光明燭地。

壬戌，陳王純以怨執政，被誅。大丞相、隨國公楊堅加大冢宰，五府總於天官。

戊寅，梁睿破王謙於劍南，追斬之，傳首京師。益州平。

十一月甲辰，達奚儒破楊永安於沙州。沙州平。乙巳，歲星守太微。丁未，上柱國、鄖國公韋孝寬薨。

十二月壬子，以柱國、蔣國公梁睿爲上柱國。癸丑，熒惑入氐。丁巳，以柱國邗國公楊雄、（爲）普安公賀蘭謩、郕國公梁士彥、上大將軍新（安）［寧］公叱列長（文）［乂］、武鄉公崔弘度、大將軍中山公宇文恩、濮陽公宇文述、渭原公和干子、任城公王景、漁陽公楊銳、上開府廣宗公李崇、隴西公李詢併爲上柱國。庚申，以柱國、楚國公豆盧勣爲上柱國。癸亥，詔曰：『詩稱不如同姓』，傳曰『異姓爲後』。蓋明辯親疏，皎然不雜。太祖受命，龍德猶潛。籙表革代之文，星垂除舊之象，三分天下，志扶魏室，多所改作，冀允上玄。文武羣官，賜姓者衆，本殊國邑，實乖胙土。不歆非類，異骨肉而共烝嘗；不愛其親，在行路而敍昭穆。且神徵革姓，本爲曆數有歸；天命在人，推讓終而弗獲。故君臨區寓，累世於茲。不可仍遵謙挹之旨，久行權宜之制。諸改姓者，悉宜復舊。』

甲子，大丞相、隨國公楊堅進爵爲王，以十郡爲國。辛未，代王達、滕王逌幷以謀執政被誅。壬申，以大將軍、長寧公楊勇爲上柱國、大司馬，小冢宰、始平西元孝矩爲大司寇。

大定元年春正月壬午，詔曰：『朕以不天，夙遭極罰。光陰遄速，遽及此辰。窮慕纏綿，言增號絶。踰祀革號，憲章前典，可改大象三年爲大定元年。』乙酉，歲星逆行，守右執法；熒惑掩房北第一星。丙戌，詔曰：『帝王設官，惟才是務，人臣報國，薦賢爲重。去歲已來，屢有妖寇，宰臣英算，咸得清蕩。逆亂之後，兵車始揭，遐邇勞役，生民未康。居官之徒，致治者寡。斯故上失其道，以至於茲，亦由下有幽人，未展其力。今四海寧一，八表無塵，元輔執鈞，垂風揚化。

『若使天下英傑，盡升於朝，銓衡陟降，量才而處，垂拱無爲，庶幾可至。』於是遣戎秩上開府以上，職事下大夫以上，外官刺史以上，各舉清平勤干者三人。被舉之人，居官三年有功過者，所舉之人，隨加賞罰。以大司馬、長寧公楊勇爲洛州總管。

二月庚申，大丞相、隨王楊堅爲相國，總百揆，更封十郡，通前二十郡，劍履上殿，入朝不趨，贊拜不名，備九錫之禮，加璽、鉞、遠游冠，相國印緑綟綬，位在諸王上。又加冕十有二旒，建天子旌旗，出警入蹕，乘金根車，駕六馬，備五時副車，置旄頭雲罕，樂舞八佾，設鍾虡宮懸。王后、王子爵命之號，併依魏晉故事。甲子，隨王楊堅稱尊號，帝遜於別宮。隋氏奉帝爲介國公，邑萬户，車服禮樂一如周制，上書不爲表，答表不稱詔。

有其文，事竟不行。開皇元年五月壬申，崩，時年九歲，隋志也。謚曰靜皇帝，葬恭陵。

《隋書》卷一《高祖紀上》 高祖文皇帝，姓楊氏，諱堅，弘農郡華陰人也。漢太尉震八代孫鉉，仕燕爲北平太守。鉉生元壽，後魏代爲武川鎮司馬，子孫因家焉。元壽生太原太守惠嘏，嘏生平原太守烈，烈生寧遠將軍禎，禎生忠，忠卽皇考也。皇考從周太祖起義關西，賜姓普六茹氏，位至柱國、大司空、隋國公。薨，贈太保，謚曰桓。

皇妣呂氏，以大統七年六月癸丑夜生高祖於馮翊般若寺，紫氣充庭。有尼來自河東，謂皇妣曰：『此兒所從來甚異，不可於俗間處之。』尼將高祖舍於別館，躬自撫養。皇妣嘗抱高祖，忽見頭上角出，遍體鱗起。皇妣大駭，墜高祖於地。尼自外入見曰：『已驚我兒，致令晚得天下。』爲人龍顔，額上有五柱入頂，目光外射，有文在手曰『王』。長上短下，沈深嚴重。初入太學，雖至親昵不敢狎也。

年十四，京兆尹薛善辟爲功曹。十五，以太祖勳授散騎常侍、車騎大將軍、儀同三司，封成紀縣公。十六，遷驃騎大將軍，加開府。周太祖見而歎曰：『此兒風骨，不似代間人！』明帝卽位，授右小宮伯，進封大興郡公。帝嘗遣善相者趙昭視之，昭詭對曰：『不過作柱國耳。』既而陰謂高祖曰：『公當爲天下君，必大誅殺而後定。善記鄙言。』武帝卽位，遷左小宮伯。出爲隋州刺史，進位大將軍。後徵還，遇皇妣寢疾三年，晝夜不離左右，代稱純孝。宇文護執政，尤忌高祖，屢將害焉，大將軍侯伏、侯壽等匡護得免。其後襲爵隋國公。武帝聘高祖長女爲皇太子妃，益加禮重。齊王憲言於帝曰：『普六茹堅相貌非常，臣每見之，不覺自失。恐非人下，請早除之。』帝曰：『此止可爲將耳。』內史王軌驟言於帝曰：『皇太子非社稷主，普六茹堅貌有反相。』帝不悅，曰：『必天命有在，將若之何！』高祖甚懼，深自晦匿。

建德中，率水軍三萬，破齊師於河橋。明年，從帝平齊，進位柱國。與宇文憲破齊任城王高湝於冀州，除定州總管。先是，定州城西門久閉不行，齊文宣帝時，或請開之，以便行路。帝不許，曰：『當有聖人來啓之。』及高祖至而開焉，莫不驚異。尋轉亳州總管。宣帝卽位，以后父徵拜上柱國、大司馬。大象初，遷大後丞、右司武，俄轉大前疑。每巡幸，恒委居守。時帝爲《刑經聖制》，其法深刻。高祖以法令滋章，非興化之道，切諫，不納。高祖位望益隆，帝頗以爲忌。帝有四幸姬，併爲皇后，諸家爭寵，數相毁譖。帝每忿怒，謂后曰：『必族滅爾家！』因召高祖，命左右曰：『若色動，卽殺之。』高祖既至，容色自若，乃止。

大象二年五月，以高祖爲揚州總管，將發，暴有足疾，不果行。乙未，帝崩。時靜帝幼沖，未能親理政事。內史上大夫鄭譯、御正大夫劉昉以高祖皇后之父，衆望所歸，遂矯詔引高祖入總朝政，都督內外諸軍事。周氏諸王在藩者，高祖悉恐其生變，稱趙王招將嫁女於突厥爲詞以征之。丁未，發喪。庚戌，周帝拜高祖假黄鉞、左大丞相，百官總己而聽焉。以正陽宮爲丞相府，以鄭譯爲長史，劉昉爲司馬，具置僚佐。宣帝時，刑政苛酷，羣心崩駭，莫有固志。至是，高祖大崇惠政，法令清簡，躬履節儉，天下悅之。

六月，趙王招、陳王純、越王盛、代王達、滕王逌併至於長安。相州總管尉遲迥自以重臣宿將，志不能平，遂舉兵東夏。趙、魏之士，從者若流，旬日之間，衆至十餘萬。又宇文胄以滎州，石愻以建州，席毗以沛郡，毗弟叉羅以兗州，皆應於迥。迥遣子質於陳請援。高祖命上柱國、鄖國公韋孝寬討之。雍州牧畢王賢及趙、陳等五王，以天下之望歸於高祖，因謀作亂。高祖執賢斬之，寢趙王等之罪，因詔五王劍履上殿，入朝不趨，用安其心。

七月，陳將陳紀、蕭摩訶等寇廣陵，吳州總管於顗轉擊破之。廣陵人杜喬生聚衆反，刺史元義討平之。韋孝寬破尉遲迥於相州，傳首闕下，餘黨悉平。初，迥之亂也，鄖州總管司馬消難據州響應，淮南州縣多同之。命襄州總管王誼討之，消難奔陳。荆、郢羣蠻乘釁作亂，命亳州總管賀若誼討平之。先是，上柱國王謙爲益州總管，既見幼主在位，政由高祖，遂起巴蜀之衆，以匡復爲辭。高祖方以東夏、山南爲事，未遑致討。謙進兵屯劍閣，陷始州。至是，乃命行軍元帥、上柱國梁睿討平之，傳首闕下。巴蜀阻險，人好爲亂，於是更開平道，毁劍閣之路，立銘垂誡焉。五王陰謀滋甚，高祖齎酒肴以造趙王第，欲觀所爲。趙王伏甲以宴高祖，高祖幾危，賴元胄以濟，語在胄傳。於是誅趙王招、越王盛。

九月，以世子勇爲洛州總管、東京小冢宰。壬子，周帝詔曰：『假黄鉞、使持節、左大丞相、都督内外諸軍事、上柱國、大冢宰、隋國公堅，感山河之靈，應星辰之氣，道高雅俗，德協幽顯。釋巾登仕，搢紳傾屬，開物成務，朝野承風。受詔先皇，弼諧寡薄，合天地而生萬物，順陰陽而撫四夷。近者内有艱虞，外聞妖寇，以鷹鸇之志，運帷帳之謀，行兩觀之誅，掃萬里之外。遐邇清肅，實所賴焉。四海之廣，百官之富，俱稟大訓，咸餐至道。治定功成，棟梁斯託，神猷盛德，莫二於時。可授大丞相，罷左、右丞相之官，餘如故。』冬十月壬申，詔贈高祖曾祖烈爲柱國、太保、都督徐兗等十州諸軍事、徐州刺史、隋國公，謚曰康；祖禎爲柱國、太傅、都督陝蒲等十三州諸軍事、同州刺史、隋國公，謚曰獻；考忠爲上柱國、太師、大冢宰、都督冀定等十三州諸軍事、雍州牧。誅陳王純。癸酉，上柱國、鄖國公韋孝寬卒。十一月辛未，誅代王達、滕王逌。十二月甲子，周帝詔曰：

天大地大，合其德者聖人；一陰一陽，調其氣者上宰。所以降神載挺，陶鑄羣生，代蒼蒼之工，成巍巍之業。假黄鉞、使持節、大丞相、都督内外諸軍事、上柱國、大冢宰、隋國公，應百代之期，當千齡之運，家隆臺鼎之盛，門有翊贊之勤。心同伊尹，必致堯舜，情類孔丘，憲章文武。爰初入仕，風流映世，公卿仰其軌物，搢紳謂爲師表。入處禁闈，出居藩政，芳猷茂績，問望彌遠。往平東夏，人情未安，燕南趙北，實爲天府，擁節杖旄，任當連率，柔之以德，道之以禮，畏之若神，仰之若日，芳風美迹，歌頌獨存。淮海榛蕪，多歷年代，作鎮南鄙，選衆惟賢，威震殊俗，化行黔首。任掌鈞陳，職司邦政，國之大事，朝寄更深，鑾駕巡游，留臺務廣。周公陝西之任，僅可爲倫，漢臣關内之重，未足相況。

及天崩地坼，先帝升遐，朕以眇年，奄經荼毒，親受顧命，保乂皇家。姦人乘隙，潛圖宗社，無君之意已成，竊發之期有日。英規潛運，大略川迴，匡國庇人，罪人斯得。兩河逋亂，三魏稱兵，半天之下，洶洶鼎沸。祖宗之基已危，生人之命將殆。安陸作釁，南通吳越，蜂飛蟻聚，江漢騷然，巴蜀鴟張，翻將問鼎，秦途更阻，漢門重閉。晝籌帷帳，建出師車，諸將稟其謀，壯士感其義，不違時日，咸得清蕩。九功遠被，七德允諧，百僚師師，四門穆穆。光景照臨之地，風雲去來之所，允武允文，幽明同德，驟山驟水，遐邇歸心。使朕繼踵上皇，無爲以治，聲高宇宙，道格天壤。伊尹輔殷，霍光佐漢，方之蔑如也。

昔營丘、曲阜，地多諸國，重耳、小白，錫用殊禮。蕭何優贊拜之儀，番君越公侯之爵。姬、劉以降，代有令謨，宜崇典禮，憲章自昔。可授相國，總百揆，去都督内外諸軍事、大冢宰之號，進公爵爲王，以隋州之崇業，鄖州之安陸、城陽，温州之宜人，應州之平靖、上明，順州之淮南，士州之永川，昌州之廣昌、安昌，申州之義陽、淮安，息州之新蔡、建安，豫州之汝南、臨潁、廣寧、初安，蔡州之蔡陽，郢州之漢東二十郡爲隋國。劍履上殿，入朝不趨，贊拜不名，備九錫之禮，加璽紱、遠游冠、相國印、緑綟綬，位在諸侯王上。隋國置丞相已下，一依舊式。

高祖再讓，不許。乃受王爵、十郡而已。詔進皇祖、考爵併爲王，夫人爲王妃。辛巳，司馬消難以陳師寇江州，刺史成休寧擊卻之。

大定元年春二月壬子，令曰：『已前賜姓，皆復其舊。』是日，周帝詔曰：『伊、周作輔，不辭殊禮之錫，桓、文爲霸，允應異物之典，所以表格天之勳，彰不代之業。相國隋王，前加典策，式昭大禮，固守謙光，絲言未綍。宜申顯命，一如往旨。王功必先人，賞存後己，退讓爲本，誠乖朕意。宜命百辟，盡詣王宮，衆心克感，必令允納。如有表奏，勿復通聞。』癸丑，文武百官詣閤敦勸，高祖乃受。甲寅，策曰：

咨爾假黄鉞、使持節、大丞相、都督内外諸軍事、上柱國、大冢宰隋王：天覆地載，籍人事以財成；日往月來，由王道而盈昃。五氣陶鑄，萬物流形。誰代上玄之工，斯則大聖而已。曰惟先正，翊亮皇朝。種德積善，載誕上相。精采不代，風骨異人。匡國濟時，除凶撥亂。百神奉職，萬國宅心。殷相以先知悟人，周輔乃弘道於代，方斯蔑如也。今將授王典禮，其敬聽朕命：

朕以不德，早承丕緒，上靈降禍，夙遭愍凶。妖醜覬覦，密圖社稷，宮省之内，疑慮驚心。公受命先皇，志在匡弼，輯諧内外，潛運機衡，姦人懾憚，謀用丕顯，俾贅旒之危，爲太山之固。是公重造皇室，作霸之基也。伊我祖、考之代，任寄已深，入掌禁兵，外司藩政，文經武略，久播朝野。戎軒大舉，長驅晉、魏，平陽震熊羆之勢，冀部耀貔豹之威。初平東夏，人情未一，叢臺之北，易水之南，西距井陘，東至滄海，比數千里，舉袂如帷。委以連城，建旌杖節，教因其俗，刑用輕典，如泥從印，猶草隨風。此又公之功也。吳越不賓，多歷年代，淮海之外，時非國有。爰整其旅，出鎮於亳，武以威物，文以懷遠。羣盜自奔，外户不閉，人黎慕義，繈負而歸。自北之風，化行南國。此又公之功也。宣帝御宇，任重宗臣，入典八屯，外司九伐。禁衛勤巡警之務，治兵得蒐狩之禮。此又公之功也。鑾駕游幸，頻委留台，文武注意，軍國諮稟。萬事咸理，反顧無憂。此又公之功也。朕在諒闇，公實總己。磐石之宗，奸回者衆，招引無賴，連結羣小。往者國衰甫爾，已創陰謀，積惡數旬，昆吾方稔。泣誅磬甸，宗廟以寧。此又公之功也。尉迥倡狂，稱兵鄴邑，欲長戟而指北闕，强弩而圍南斗，憑陵三魏之間，震驚九州之半，聚徒百萬，悉成蛇豕，淇水、洹水，一飲而竭。人之死生，翻繫凶豎，壽之長短，不由司命。公乃戒彼鷹揚，出車練卒，誓蒼兕於河朔，建瓴水於山東。口授兵書，手畫行陣，量敵制勝，指日剋期。諸將遵其成旨，壯士感其大義，輕死忘生，轉斗千里，旗鼓奮發，如火燎毛。玄黄變漳河之水，京觀比爵臺之峻。百城氛昆，一旦廓清。此又公之功也。青土連率，跨據東秦，籍負海之饒，倚連山之險，望三輔而將逐鹿，指六國而願連鷄，風雨之兵，助鬼爲虐。本根既拔，枝葉自殞，屈法申恩，示以大信。此又公之功也。申部殘賊，充斥一隅，蠅飛蟻聚，攻州略地。播以玄澤，迷更知反，服而捨之，無費遺鏃。此又公之功也。宇文胄親則宗枝，外藩巖邑，影響鄴賊，有同就燥，迫脅吏人，叛換城戍。偏師討蹙，遂入網羅，束之武牢，有同囹圄，事窮將軍，如伏國刑。此又公之功也。檀讓、席毗，擁衆河外。陳、韓、梁、鄭，宋、衛、鄒、魯，村落成梟獍之墟，人庶爲豺狼之餌。强以陵弱，大則吞小，城有晝閉，巷無行人。授律出師，隨機掃定，讓既授首，毗亦梟懸。此又公之功也。司馬消難與國親姻，作鎮安陸，性多嗜慾，意好貪聚。屬城子女，劫掠靡餘，部人貨財，多少具罄。擅誅刺舉之使，專殺儀臺之臣。懼罪畏威，動而内叛。蠶食郡縣，鴆毒華夷，聞有王師，自投南裔。帝唐崇山之罰，僅可方此，大漢流御之刑，是亦相匹。逋逃入藪，荆郢用安。此又公之功也。王謙在蜀，翻爲厲階，閉劍閣之門，塞靈關之宇，自謂五丁復起，萬夫莫向。分閫推轂，嘗不逾時，風馳席卷，一舉大定，擒斬凶惡，掃地無遺。此又公之功也。陳頊因循僞業，自擅金陵，屢遣醜徒，趑趄江北。公指麾藩鎮，無不摧殄。方置文深之柱，非止慰佗之拜。此又公之功也。

公有濟天下之勤，重之以明德，始於辟命，屈己登庸。素業清徽，聲掩廊廟，雄規神略，氣蓋朝野。序百揆而穆四門，恥一匡之舉九合。尊賢崇德，尚齒貴功，録舊旌善，興亡繼絶。寬猛相濟，彝倫攸敘，敦睦帝親，崇獎王室。星象不拆，陰陽自調，玄冥、祝融，如奉太公之召；雨師、風伯，似應成王之宰。祥風嘉氣，觸石摇林，瑞獸異禽，游園鳴閣。至功至德，可大可久，盡品物之和，究杳冥之極。

朕又聞之，昔者明王設官胙土，營丘四履，得徵五侯，參墟寵章，異其禮物。故藩屏作固，垂拱責成，沈默巖廊，不下堂席。公道高往烈，賞薄前王。朕以眇身，託於兆人之上，求諸故實，甚用懼焉。往加大典，憲章在昔，謙以自牧，未應朝禮，日月不居，便已隔歲，時談物議，其謂朕何！今進授相國總百揆，以申州之義陽等二十郡爲隋國。今命使持節、太傅、上柱國、杞國公椿，大宗伯、大將軍、金城公趙煚，授相國印綬。相國禮絶百辟，任總羣官，舊職常典，宜與事革。昔堯臣太尉，舜佐司空，姬旦相周，霍光輔漢，不居藩國，唯在天朝。其以相國總百揆，去衆號焉。上所假節、大丞相、大冢宰印綬。

又加九錫，其敬聽朕後命：以公執律修德，慎獄恤刑，爲其訓範，人無異志，是用錫公大輅、戎輅各一，玄牡二駟。公勤心地利，所寳人天，崇本務農，公私殷阜，是用錫公袞冕之服，赤舄副焉。公樂以移風，雅以變俗，遐邇胥悦，天地咸和，是用錫公軒懸之樂，六佾之舞。公仁風德教，覃及海隅，荒忽幽遐，回首内向，是用錫公朱户以居。公水鏡人倫，銓衡庶職，能官流詠，遺賢必舉，是用錫公納陛以登。公執鈞於内，正性率下，犯義無禮，罔不屏黜，是用錫公武賁之士三百人。公元本闕。是用錫公鈇鉞各一。公威嚴夏日，精厲秋霜，猾夏必誅，顧眄天壤，掃清姦宄，折衝無外，是用錫公彤弓一、彤矢百，盧弓十、盧矢千。惟公孝通神明，肅恭祀典，尊嚴如在，情切幽明，是用錫公秬鬯一卣，珪瓚副焉。隋國置丞相以下，一遵舊式。往欽哉！其敬循往策，祗服大典，簡恤爾庶功，對揚我太祖之休命。

於是建臺置官。

丙辰，詔王冕十有二旒，建天子旌旗，出警入蹕，乘金根車，駕六馬，備五時副車，置旄頭雲罕，樂舞八佾，設鐘虡宮懸。王妃爲王后，長子爲太子。前後三讓，乃受。

俄而周帝以衆望有歸，乃下詔曰：『元氣肇闢，樹之以君，有命不恒，所輔惟德。天心人事，選賢與能，盡四海而樂推，非一人而獨有。周德將盡，妖孽遞生，骨肉多虞，藩維構釁，影響同惡，過半區宇，或小或大，圖帝圖王，則我祖宗之業，不絶如線。相國隋王，睿聖自天，英華獨秀，刑法與禮儀同運，文德共武功俱遠。愛萬物其如己，任兆庶以爲憂。手運璣衡，躬命將士，芟夷姦宄，刷蕩氛祲，化通冠帶，威震幽遐。虞舜之大功二十，未足相比，姬發之合位三五，豈可足論。況木行已謝，火運既興，河、洛出革命之符，星辰表代終之象。烟雲改色，笙簧變音，獄訟咸歸，謳歌盡至。且天地合德，日月貞明，故以稱大爲王，照臨下土。朕雖寡昧，未達變通，幽顯之情，皎然易識。今便祗順天命，出遜别宫，禪位於隋，一依唐、虞、漢、魏故事。』高祖三讓，不許。遣兼太傅、上柱國、杞國公椿奉册曰：

咨爾相國隋王：粤若上古之初，爰啓清濁，降符授聖，爲天下君。事上帝而理兆人，和百靈而利萬物，非以區宇之富，未以宸極爲尊。大庭、軒轅以前，驪連、赫胥之日，咸以無爲無欲，不將不迎。遐哉其詳不可聞已，厥有載籍，遺文可觀。聖莫逾於堯，美未過於舜。堯得太尉，已作運衡之篇，舜遇司空，便敍精華之竭。彼褰裳脱屣，貳宮設饗，百辟歸禹，若帝之初。斯蓋上則天時，不敢不授，下祗天命，不可不受。湯代於夏，武革於殷，干戈揖讓，雖復異揆，應天順人，其道靡異。自漢迄晉，有魏至周，天曆逐獄訟之歸，神鼎隨謳歌之去。道高者稱帝，録盡者不王，與夫文祖、神宗無以别也。

周德將盡，禍難頻興，宗戚姦回，咸將竊發。顧瞻宫闕，將圖宗社，藩維連率，逆亂相尋。摇蕩三方，不合如礪，蛇行鳥攫，投足無所。王受天明命，叡德在躬，救頽運之艱，匡墜地之業，拯大川之溺，撲燎原之火，除羣凶於城社，廓妖氛於遠服，至德合於造化，神用洽於天壤。八極九野，萬方四裔，圓首方足，罔不樂推。往歲長星夜掃，經天晝見，八風比夏后之作，五緯同漢帝之聚，除舊之徵，昭然在上。近者赤雀降祉，玄龜效靈，鐘石變音，蛟魚出穴，布新之貺，煥焉在下。九區歸往，百靈協贊，人神屬望，我不獨知。仰祗皇靈，俯順人願，今敬以帝位禪於爾躬。天祚告窮，天禄永終。於戲！王宜允執厥和，儀刑典訓，升圓丘而敬蒼昊，御皇極而撫黔黎，副率土之心，恢無疆之祚，可不盛歟！

遣大宗伯、大將軍、金城公趙煚奉皇帝璽紱，百官勸進。高祖乃受焉。

開皇元年二月甲子，上自相府常服入宫，備禮即皇帝位於臨光殿。設壇於南郊，遣使柴燎告天。是日，告廟，大赦，改元。京師慶雲見。易周氏官儀，依漢、魏之舊。以柱國、相國司馬、渤海郡公高熲爲尚書左僕射兼納言，相國司録、沁源縣公虞慶則爲内史監兼吏部尚書，相國内郎、咸安縣男李德林爲内史令，上開府、漢安縣公韋世康爲禮部尚書，上開府、義寧縣西元暉爲都官尚書，開府、民部尚書、昌國縣西元巖爲兵部尚書，上儀同、司宗長孫毗爲工部尚書，上儀同、司會楊尚希爲度支尚書，上柱國、雍州牧、邗國公楊惠爲左衛大將軍。乙丑，追尊皇考爲武元皇帝，廟號太祖，皇妣爲元明皇后。遣八使巡省風俗。丙寅，修廟社。立王后獨孤氏爲皇后，王太子勇爲皇太子。丁卯，以大將軍、金城郡公趙煚爲尚書右僕射，上開府、濟陽侯伊婁彦恭爲左武候大將軍。己巳，以周帝爲介國公，邑五千户，爲隋室賓。旌旗車服禮樂，一如其舊。上書不爲表，答表不稱詔。周氏諸王，盡降爲公。辛未，以皇弟同安郡公爽爲雍州牧。乙亥，封皇弟邵國公慧爲滕王，同安公爽爲衛王；皇子雁門公廣爲晉王，俊爲秦王，秀爲越王，諒爲漢王。以上柱國、并州總管、申國公李穆爲太師，上柱國、鄧國公竇熾爲太傅，上柱國、幽州總管、任國公于翼爲太尉，觀國公田仁恭爲太子太師，武德郡公柳敏爲太子太保，濟南郡公孫恕爲太子少傅，開府蘇威爲太子少保。丁丑，以晉王廣爲并州總管，以陳留郡公楊智積爲蔡王，興城郡公楊靜爲道王。戊寅，以官牛五千頭分賜貧人。

三月辛巳，高平獲赤雀，太原獲蒼烏，長安獲白雀，各一。宣仁門槐樹連理，衆枝内附。壬午，白狼國獻方物。甲申，太白晝見。乙酉，又晝見。以上柱國元景山爲安州總管。丁亥，詔犬馬器玩口味不得獻上。戊子，弛山澤之禁。以上開府、當亭縣公賀若弼爲楚州總管，和州刺史、新義縣公韓擒虎爲廬州總管。己丑，盩厔縣獻連理樹，植之宫庭。辛卯，以上柱國、神武郡公竇毅爲定州總管。戊戌，以太子少保蘇威兼納言、吏部尚書，餘官如故。庚子，詔曰：『自古帝王受終革代，建侯錫爵，多與運遷。朕應籙受圖，君臨海内，載懷沿革，事有不同。然則前帝後王，俱在兼濟，立功立事，爵賞仍行。苟利於時，其致一揆，何謂物我之異，無計今古之殊。其前代品爵，悉可依舊。』丁未，梁主蕭巋使其太宰蕭巖、司空劉義來賀。

四月辛巳，大赦。壬午，太白、歲星晝見。戊戌，太常散樂並放爲百姓。禁雜樂百戲。辛丑，陳散騎常侍韋鼎、兼通直散騎常侍王瑳來聘於周，至之而上已受禪，致介國。是月，發稽胡修築長城，二旬而罷。

五月戊子，封邗國公楊雄爲廣平王，永康郡公楊弘爲河間王。辛未，介國公薨，上舉哀於朝堂，以其族人洛嗣焉。六月癸未，詔以初受天命，赤雀降祥，五德相生，赤爲火色，其郊及社廟，依服冕之儀，而朝會之服，旗幟犧牲，盡令尚赤。戎服以黄。秋七月乙卯，上始服黄，百僚畢賀。

《周書》卷九《皇后傳・宣帝楊皇后》 宣帝楊皇后名麗華，隋文帝長女。帝在東宫，高祖爲帝納后爲皇太子妃。宣政元年閏六月，立爲皇后。帝後自稱天元皇帝，號后爲天元皇后。尋又立天皇后及左右皇后，與后爲四皇后焉。二年，詔曰：『帝降二女，后德所以儷君；天列四星，妃象於焉垂耀。朕取法上玄，稽諸令典，爰命四后，内正六宫，庶弘贊柔德，廣修粢盛。比殊禮雖降，稱謂曷宜，其因天之象，增錫嘉名。』於是后與三皇后並加大焉。帝遣使持節册后爲天元太皇后曰：『咨爾含章載德，體順居貞，肅恭享祀，儀刑邦國，是用喜兹顯號，式暢徽音。爾其敬踐厥猷，寅答靈命，對揚休烈，可不慎歟。』尋又立爲天中大皇后，與后爲五皇后。【略】

初，宣帝不豫，詔后父入禁中侍疾。及大漸，劉昉、鄭譯等因矯詔以后父受遺輔政。后初雖不預謀，然以嗣主幼沖，恐權在他族，不利於己，聞昉、譯已行此詔，心甚悦之。后知其父有異圖，意頗不平，形於言色。及行禪代，憤惋逾甚。隋文帝既不能譴責，内甚愧之。開皇六年，封后爲樂平公主。後又議奪其志，后誓不許，乃止。大業五年，從煬帝幸張掖，殂於河西，年四十九。煬帝還京，詔有司備禮，祔葬后於定陵。

又 卷一三《文閔明武宣諸子傳》 文帝十三子。姚夫人生世宗，後宫生宋獻公震，文元皇后生孝閔皇帝，文宣皇后叱奴氏生高祖、衛剌王直，達步干妃生齊王憲，王姬生趙僭王招，後宫生譙孝王儉、陳惑王純、越野王盛、代奰王達、冀康公通、滕聞王逌。齊煬王別有傳。宋獻公震，字彌俄突。幼而敏達，年十歲，誦《孝經》、《論語》、《毛詩》。後與世宗俱受禮記、尚書於盧誕。大統十六年，封武邑公，二千户。尚魏文帝女，其年薨。保定元年，追贈使持節、柱國大將軍、少師、大司馬、大都督、青徐等十州諸軍事、青州刺史；進封宋國公，增邑并前一萬户。無子，以世宗第三子寔爲嗣。寔字干辯，建德三年，進爵爲王。大象中，爲大前疑。尋爲隋文帝所害，國除。【略】

趙僭王招，字豆盧突。幼聰穎，博涉羣書，好屬文。學庾信體，詞多輕艷。魏恭帝三年，封正平郡公，邑一千户。武成初，進封趙國公，邑萬户。保定中，拜爲柱國，出爲益州總管。建德元年，授大司空，轉大司馬。三年，進爵爲王，除雍州牧。四年，大軍東討，招爲後三軍總管。五年，又從高祖東伐，率步騎一萬出華谷，攻齊汾州。及并州平，進位上柱國。東夏底定，又爲行軍總管，與齊王討稽胡。招擒賊帥劉没鐸，斬之，胡寇平。宣政中，拜太師。大象元年五月，詔以洺州襄國郡邑萬户爲趙。招出就國。二年，宣帝不豫，徵招及陳、越、代、滕五王赴闕。比招等至而帝已崩。

隋文帝輔政，加招等殊禮，入朝不趨，劍履上殿。隋文帝將遷周鼎，招密欲圖之，以匡社稷。乃邀隋文帝至第，飲於寢室。招子員、貫及妃弟魯封、所親人史胄，皆先在左右，佩刀而立。又藏兵刃於帷席之間，後院亦伏壯士。隋文帝從者多在閤外，唯楊弘、元胄、胄弟威及陶徹坐於户側。招屢以佩刀割瓜啖隋文帝，隋文帝未之疑也。元胄覺變，扣刀而入。招乃以大觴親飲胄酒，又命胄向廚中取漿。胄不爲之動。滕王逌後至，隋文帝降階迎之，元胄因得耳語曰：『形勢大異，公宜速出。』隋文帝共逌等就坐，須臾辭出。後事覺，陷以謀反。其年秋，誅招及其子德廣公員、永康公貫、越攜公幹銑、弟干鈐、干鏗等，國除。招所著文集十卷，行於世。

譙孝王儉，字侯幼突。武成初，封譙國公，邑萬户。天和中，拜大將軍，尋遷柱國，出爲益州總管。建德三年，進爵爲王。五年，東伐，以本官爲左一軍總管，攻永固城，拔之。進平幷、鄴，拜大冢宰。是歲，稽胡反，詔儉爲行軍總管，與齊王憲討之。有胡帥自號天柱者，據守河東，儉攻破之，斬首三千級。宣政元年二月，薨。子干惲嗣。大定中，爲隋文帝所害，國除。

陳惑王純，字堙智突。武成初，封陳國公，邑萬户。保定中，除岐州刺史，加開府儀同三司。使於突厥迎皇后，拜大將軍。尋進位柱國，出爲秦州總管，轉陝州總管，督鴈門公田弘拔齊宜陽等九城。建德三年，進爵爲王。四年，大軍東伐，純爲前一軍總管。以帝寢疾，班師。五年，大軍復東討，詔純爲前一軍，率步軍二萬守千里徑。幷州平，進位上柱國，即拜幷州總管。宣政中，除雍州牧，遷太傅。大象元年五月，以濟南郡邑萬户爲陳。純出就國。二年，朝京師。時隋文帝專政，翦落宗枝，遂害純，幷世子謙及弟巨公讓、讓弟議等，國除。

越野王盛，字立久突。武成初，封越國公，邑萬户。天和中，進爵爲王。四年，大軍伐齊，盛爲後一軍總管。五年，大軍又東討，盛率所領，拔齊高顯等數城。幷州平，進位上柱國。從平鄴，拜相州總管。宣政元年，入爲大冢宰。汾州稽胡帥劉（愛）［受］邏千反，詔盛率諸軍討平之。大象元年，遷大前疑，轉太保。其年，詔以豐州武當、安富二郡邑萬户爲越。盛出就國。二年，朝京師。其秋，爲隋文帝所害，幷其子忱、悰、恢、懫、忻等五人，國除。

代奰王達，字度斤突。性果決，善騎射。武成初，封代國公，邑萬户。天和元年，拜大將軍、右宮伯，拜左宗衛。建德初，進位柱國，出爲荆淮等十四州十防諸軍事、荆州刺史。在州有政績，高祖手敕褒美之。所管澧州刺史蔡澤黷貨被訟，贓狀分明。以其世著勳庸，不可加戮；若曲法貸之，又非奉上之體。乃令所司，精加按劾，密表奏之。事竟得釋，終亦不言。其處事周慎如此。

達雅好節儉，食無兼膳，侍姬不過數人，皆衣綈衣。又不營資產，國無儲積。左右嘗以爲言，達從容應之曰：『君子憂道不憂貧，何煩於此。』三年，進爵爲王。出爲益州總管。高祖東伐，以爲右一軍總管。齊淑妃馮氏，尤爲齊後主所幸，齊平見獲，帝以達不邇聲色，特以馮氏賜之。宣帝即位，進位上柱國。大象元年，拜大右弼。其年，詔以潞州上黨郡邑萬户爲代。達出就國。二年，朝京。其年冬，爲隋文帝所害，及其世子執、弟蕃國公轉等，國除。

冀康公通，字屈率突。武成初，封冀國公，邑萬户。天和六年十月，薨。子絢嗣。建德三年，進爵爲王。大象中，爲隋文帝所害，國除。

滕聞王逌，字爾固突。少好經史，解屬文。武成初，封滕國公，邑萬户。天和末，拜大將軍。建德初，進位柱國。三年，進爵爲王。六年，爲行軍總管，與齊王憲征稽胡。逌破其渠帥穆友等，斬首八千級。還，除河陽總管。宣政元年，進位上柱國。其年，伐陳，詔逌爲元帥，節度諸軍事。大象元年五月，詔以荆州新野郡邑萬户爲滕。逌出就國。二年，朝京。其年冬，爲隋文帝所害，幷子懷德公祐、祐弟箕國公裕、弟禮禧等，國除。逌所著文章，頗行於世。

孝閔帝一男。陸夫人生紀厲王康。

紀厲王康，字干定。保定初，封紀國公，邑萬户。建德三年，進爵爲王。仍出爲總管利始等五州、大小劍二防諸軍事、利州刺史。康驕矜無軌度，信任僚佐盧奕等，遂繕修戎器，陰有異謀。司録裴融諫止之，康不聽，乃殺融。五年，詔賜康死。子湜嗣。大定中，爲隋文帝所害，國除。

明帝三男。徐妃生畢剌王賢，後宫生酆王貞、宋王寔。畢剌王賢，字乾陽。保定四年，封畢國公。建德三年，進爵爲王。出爲華州刺史，遷荊州總管，進位柱國。宣政中，入爲大司空。大象初，進位上柱國、雍州牧、太師。明年，宣帝崩。賢性强濟，有威略。慮隋文帝傾覆宗社，言頗洩漏，尋爲所害，并其子弘義、恭道、樹娘等，國除。

酆王貞，字干雅。初封酆國公。建德三年，進爵爲王。大象初，爲大冢宰。後爲隋文帝所害，并子濟陰郡公德文，國除。武帝生七男。李皇后生宣帝、漢王贊，厙汗姬生秦王贄、曹王允，馮姬生道王充，薛世婦生蔡王兑，鄭姬生荆王元。漢王贊，字乾依。初封漢國公。建德三年，進爵爲王，仍柱國。大象末，隋文帝輔政，欲順物情，乃進上柱國、右大丞相。外示尊崇，寔無綜理。及諸方略定，又轉太師。尋爲隋文帝所害，并其子淮陽公道德、弟道智、道義等，國除。

秦王贄，字乾信。初封秦國公。建德三年，進爵爲王。上柱國、大冢宰、大右弼。尋爲隋文帝所害，并其子忠誠公靖智、弟靖仁等，國除。

曹王允，字幹仕。初封曹國公。建德三年，進爵爲王。

道王充，字幹仁。建德六年，封王。

蔡王兑，字乾俊。建德六年，封王。

荆王元，字乾儀。宣政元年，封王。元及兑、充、允等并爲隋文帝所害，國除。

宣帝三子。朱皇后生静皇帝，王姬生鄴王（衍）［衎］，皇甫姬生郢王術。

鄴王（衍）［衎］，大象二年，封王。

郢王術，大象二年，封王。與（衍）［衎］并爲隋文帝所害，國除。

《隋書》卷三八《劉昉傳》 劉昉，博陵望都人也。父孟良，大司農。從魏武入關，周太祖以爲東梁州刺史。

昉性輕狡，有姦數。周武帝時，以功臣子入侍皇太子。及宣帝嗣位，以技佞見狎，出入宫掖，寵冠一時。授大都督，遷小御正，與御正中大夫顔之儀併見親信。及帝不悆，召昉及之儀俱入臥內，屬以後事。帝瘖不復能言。昉見静帝幼沖，不堪負荷。

然昉素知高祖，又以后父之故，有重名於天下，遂與鄭譯謀，引高祖輔政。高祖固讓，不敢當。昉曰：「公若爲，當速爲之；如不爲，昉自爲也。」高祖乃從之。

及高祖爲丞相，以昉爲司馬。時宣帝弟漢王贊居禁中，每與高祖同帳而坐。昉飾美妓進於贊，贊甚悦之。昉因説贊曰：「大王，先帝之弟，時望所歸。孺子幼沖，豈堪大事！今先帝初崩，羣情尚擾，王且歸第。待事寧之後，入爲天子，此萬全之計也。」贊時年未弱冠，性識庸下，聞昉之説，以爲信然，遂從之。高祖以昉有定策之功，拜下大將軍，封黄國公，與沛國公鄭譯皆爲心膂。前後賞賜巨萬，出入以甲士自衛，朝野傾矚，稱爲黄、沛。時人爲之語曰：「劉昉牽前，鄭譯推後。」昉自恃其功，頗有驕色。然性粗疏，溺於財利，富商大賈，朝夕盈門。

于時尉迥起兵，高祖令韋孝寬討之。至武陟，諸將不一。高祖欲遣昉、譯一人往監軍，因謂之曰：「須得心膂以統大軍，公等兩人，誰當行者？」昉自言未嘗爲將，譯又以母老爲請，高祖不怪。而高熲請行，遂遣之。由是恩禮漸薄。又王謙、司馬消難相繼而反，高祖憂之，忘寢與食。昉逸游縱酒，不以職司爲意，相府事物，多所遺落。高祖深銜之，以高熲代爲司馬。是後益見疏忌。及受禪，進位柱國，改封舒國公，閑居無事，不復任使。

昉自以佐命元功，中被疏遠，甚不自安。後遇京師饑，上令禁酒，昉使妾賃屋，當壚沽酒。治書侍御史梁毗劾奏昉曰：「臣聞處貴則戒之以奢，持滿則守之以約。昉既位列羣公，秩高庶尹，縻爵稍久，厚禄已淹，正當戒滿歸盈，鑑斯止足，何乃規曲糵之潤，競錐刀之末，身昵酒徒，家爲逋藪？若不糾繩，何以肅厲！」有詔不治。

昉鬱鬱不得志。時柱國梁士彦、宇文忻俱失職忿望，昉并與之交，數相來往。士彦妻有美色，昉因與私通，士彦不之知也，情好彌協，遂相與謀反，許推士彦爲帝。後事泄，上窮治之。昉自知不免，默無所對。下詔誅之，曰：

朕君臨四海，慈愛爲心。加以起自布衣，入升皇極，公卿之內，非親則友，位雖差等，情皆舊人。護短全長，恒思覆育，每殷勤戒約，言無不盡。天之曆數，定於杳冥，豈慮苞藏之心，能爲國家之害？欲使其長守富貴，不觸刑書故也。

上柱國、郕國公梁士彥，上柱國、杞國公宇文忻，柱國、舒國公劉昉等，朕受命之初，併展勤力，酬勳報效，榮高禄重。待之既厚，愛之實隆，朝夕宴言，備知朕意。但心如溪壑，志等豺狼，不荷朝恩，忽謀逆亂。士彥爰始幼來，恆自誣罔，稱有相者，云其應籙，年過六十，必據九五。初平尉迥，暫臨相州，已有反心，彰於行路。朕即遣人代之，不聲其罪。入京之後，逆意轉深。忻、昉之徒，言相扶助。士彥許率僮僕，剋期不遠，欲於蒲州起事，即斷河橋，捉黎陽之關，塞河陽之路，劫調布以爲牟甲，募盜賊而爲戰士，就食之人，亦云易集。輕忽朝廷，嗤笑官人，自謂一朝奮發，無人當者。其第二子剛，每常苦諫，第三子叔諧，固深勸奬。朕既聞知，猶恐枉濫，乃授晉部之任，欲驗蒲州之情。士彥得以欣然，云是天贊，忻及昉等，皆賀時來。忻往定鄴城，自矜不已，位極人臣，猶恨賞薄。云我欲反，何慮不成。怒色忿言，所在流布。朕深念其功，不計其禮，任以武候，授以領軍，寄之爪牙，委之心腹。忻密爲異計，樹黨宮闈，多奏親友，入參宿衛。朕推心待物，言刻依許。爲而弗止，心迹漸彰，仍解禁兵，令其改悔。而志規不逞，愈結於懷，乃與士彥情意偏厚，要請神明，誓不負約。俱營賊逆，逢則交謀，委彥河東，自許關右，蒲津之事，即望從征，兩軍結東西之旅，一舉合連橫之勢，然後北破晉陽，還圖宗社。昉入佐相府，便爲非法，三度事發，二度其婦自論。常云姓是『卯金刀』，名是『一萬日』，劉氏應王，爲萬日天子。朕訓之道之，示其利害，每加寬宥，望其修改。口請自新，志存如舊，亦與士彥情好深重，逆節姦心，盡探肝鬲。嘗共士彥論太白所犯，問東井之間，思秦地之亂，訪軒轅之里，願宮掖之災。唯待蒲坂事興，欲在關內應接。殘賊之策，千端萬緒。惟忻及昉，名位併高，寧肯北面曲躬，臣於士彥，乃是各懷不遜，圖成亂階，一得擾攘之基，方逞吞并之事。人之姦詐，一至於此！雖國有常刑，罪在不赦，朕載思草創，咸著厥誠，情用愍然，未忍極法。士彥、忻、昉，身爲謀首，叔諧贊成父意，義實難容，併已處盡。士彥、忻、昉兄弟叔姪，特恕其命，有官者除名。士彥小男女、忻母妻女及小男併放。士彥、叔諧妻妾及資財田宅，忻、昉妻妾及資財田宅，悉沒官。士彥、昉兒年十五以上遠配。上儀同薛摩兒，是士彥交舊，上柱國府户曹參軍事裴石達，是士彥府僚，反狀逆心，巨細皆委。薛摩兒聞語，仍相應和，俱不申陳，宜從大辟。問即承引，頗是恕心，可除名免死。朕握圖當籙，六載於斯，政事徒勤，淳化未洽，興言軫念，良深歎憤！

臨刑，至朝堂，宇文忻見高熲，向之叩頭求哀。昉勃然謂忻曰：『事形如此，何叩頭之有！』於是伏誅，籍沒其家。後數日，上素服臨射殿，盡取昉、忻、士彥三家資物置於前，令百僚射取之，以爲鑑誡云。

又《鄭譯傳》 鄭譯，字正義，滎陽開封人也。祖瓊，魏太常。父道邕，周司空。譯頗有學識，兼知鍾律，善騎射。譯從祖開府文寬，尚魏平陽公主，則周太祖元后之妹也。主無子，太祖令譯后之。由是譯少爲太祖所親，恆令與諸子游集。年十餘歲，嘗詣相府司録李長宗，長宗於衆中戲之。譯斂容謂長宗曰：『明公位望不輕，瞻仰斯屬，輒相玩狎，無乃喪德也。』長宗甚異之。文寬後誕二子，譯復歸本生。

周武帝時，起家給事中士，拜銀青光禄大夫，轉左侍上士。與儀同劉昉恆侍帝側。譯時喪妻，帝命譯尚梁安固公主。及帝親總萬機，以爲御正下大夫，俄轉太子宮尹。時太子多失德，内史中大夫烏丸軌每勸帝廢太子而立秦王，由是太子恆不自安。其後詔太子西征吐谷渾，太子乃陰謂譯曰：『秦王，上愛子也。烏丸軌，上信臣也。今吾此行，得無扶蘇之事乎？』譯曰：『願殿下勉著仁孝，無失子道而已。勿爲他慮。』太子然之。既破賊，譯以功最，賜爵開國子，邑三百户。後坐褻狎皇太子，帝大怒，除名爲民。太子復召之，譯戲狎如初。因言於太子曰：『殿下何時可得據天下？』太子悅而益昵之。

及帝崩，太子嗣位，是爲宣帝。超拜開府、内史下大夫、封歸昌縣公，邑一千户，委以朝政。俄遷内史上大夫，進封沛國公，邑五千户，以其子善願爲歸昌公，元琮爲永安縣男，又監國史。譯頗專權，時帝幸東京，譯擅取官材，自營私第，坐是復除名爲民。劉昉數言於帝，帝復召之，顧待如初。詔領内史事。

初，高祖與譯有同學之舊，譯又素知高祖相表有奇，傾心相結。至是，高祖爲宣帝所忌，情不自安，嘗在永巷私於譯曰：『久願出藩，公所悉也。敢布心腹，少留意焉。』譯曰：『以公德望，天下歸心，欲求多福，豈敢忘也。謹卽言之。』時將遣譯南征，譯請元帥。帝曰：『卿意如何？』譯對曰：『若定江東，自非懿戚重臣無以鎮撫。可令隋公行，且爲壽陽總管以督軍事。』帝從之。乃下詔以高祖爲揚州總管，譯發兵俱會壽陽以伐陳。行有日矣，帝不悆，遂與御正下大夫劉昉謀，引高祖入受顧託。既而譯宣詔，文武百官皆受高祖節度。時御正中大夫顏之儀與宦者謀，引大將軍宇文仲輔政。仲已至御坐，譯知之，遽率開府楊惠及劉昉、皇甫績、柳裘俱入。仲與之儀見譯等，愕然，逡巡欲出，高祖因執之。於是矯詔復以譯爲內史上大夫。明日，高祖爲丞相，拜譯柱國、相府長史、治內史上大夫事。及高祖爲大冢宰，總百揆，以譯兼領天官都府司會，總六府事。出入臥內，言無不從，賞賜玉帛不可勝計。每出入，以甲士從。拜其子元璹爲儀同。時尉迥、王謙、司馬消難等作亂，高祖逾加親禮。俄而進位上柱國，恕以十死。

譯性輕險，不親職務，而贓貨狼籍。高祖陰疏之，然以其有定策功，不忍廢放，陰敕官屬不得白事於譯。譯猶坐廳事，無所關預。譯懼，頓首求解職，高祖寬諭之，接以恩禮。及上受禪，以上柱國公歸第，賞賜豐厚。進子元璹爵城皋郡公，邑二千户，元洵永安男。追贈其父及亡兄二人併爲刺史。譯自以被疏，陰呼道士章醮以祈福助，其婢奏譯厭蠱左道。上謂譯曰：『我不負公，此何意也？』譯無以對。譯又與母别居，爲憲司所劾，由是除名。下詔曰：『譯嘉謀良策，寂爾無聞，鬻獄賣官，沸騰盈耳。若留之於世，在人爲不道之臣，戮之於朝，入地爲不孝之鬼。有累幽顯，無以置之，宜賜以《孝經》，令其熟讀。』仍遣與母共居。

未幾，詔譯參撰律令，復授開府、隆州刺史。請還治疾，有詔徵之，見於醴泉宫。上賜宴甚歡，因謂譯曰：『貶退已久，情相矜愍。』於是復爵沛國公，位上柱國。上顧謂侍臣曰：『鄭譯與朕同生共死，間關危難，興言念此，何日忘之！』譯因奉觴上壽。上令內史令李德林立作詔書，高熲戲謂譯曰：『筆乾。』譯答曰：『出爲方岳，杖策言歸，不得一錢，何以潤筆。』上大笑。未幾，詔譯參議樂事。譯以周代七聲廢缺，自大隋受命，禮樂宜新，更修七始之義，名曰《樂府聲調》，凡八篇。奏之，上嘉美焉。俄遷岐州刺史。在職歲餘，復奉詔定樂於太常，前後所論樂事，語在《音律志》。上勞譯曰：『律令則公定之，音樂則公正之。禮樂律令，公居其三，良足美也。』於是還岐州。開皇十一年，以疾卒官，時年五十二。上遣使弔祭焉。謚曰達。

又《柳裘傳》 柳裘，字茂和，河東解人，齊司空世隆之曾孫也。祖惔，梁尚書左僕射。父明，太子舍人、義興太守。裘少聰慧，弱冠有令名，在梁仕歷尚書郎、駙馬都尉。梁元帝爲魏軍所逼，遣裘請和於魏。俄而江陵陷，遂入關中。周明、武間，自麟趾學士累遷太子侍讀，封昌樂縣侯。後除天官府都上士。宣帝卽位，拜儀同三司，進爵爲公，轉御飾大夫。及帝不悆，留侍禁中，與劉昉、韋謩、皇甫績同謀，引高祖入總萬機。高祖固讓不許。裘進曰：『時不可再，機不可失，今事已然，宜早定大計。天與不取，反受其咎，如更遷延，恐貽後悔。』高祖從之。進位上開府，拜內史大夫，委以機密。及尉迥作亂，天下騷動，并州總管李穆頗懷猶豫，高祖令裘往喻之。

裘見穆，盛陳利害，穆甚悅，遂歸心於高祖。後以奉使功，賜綵三百匹，金九環帶一腰。時司馬消難阻兵安陸，又令喻之，未到而消難奔陳。高祖卽令裘隨便安集淮南，賜馬及雜物。開皇元年，進位大將軍，拜許州刺史。在官清簡，吏民懷之。復轉曹州刺史。其後上思裘定策功，欲加榮秩，將徵之，顧問朝臣曰：『曹州刺史何當入朝？』或對曰：『卽今冬也。』帝乃止。裘尋卒，高祖傷惜者久之，謚曰安。

又《盧賁傳》 盧賁，字子徵，涿郡范陽人也。父光，周開府、燕郡公。賁略涉書記，頗解鐘律。周武帝時，襲爵燕郡公，邑一千九百户。後歷魯陽太守、太子小宫尹、儀同三司。平齊有功，增邑四百户，轉司武上士。時高祖爲大司武，賁知高祖爲非常人，深自推結。宣帝嗣位，加開府。

及高祖初被顧託，羣情未一，乃引賁置於左右。高祖將之東第，百官皆不知所去。高祖潛令賁部伍仗衛，因召公卿而謂曰：『欲求富貴者，當相隨來。』往往偶語，欲有去就。賁嚴兵而至，衆莫敢動。出崇陽門，至東宫，門者拒不內。賁諭之，不去，瞋目叱之，門者遂卻。既而高祖得入。賁恆典宿衛，後承問，進說曰：『周曆已盡，天人之望，實歸明公，願早應天順民也。天與不取，反受其咎。』高祖甚然之。及受禪，命賁清宫，因典宿衛。賁於是奏改周代旗幟，更爲嘉名。其青龍、騶虞、朱雀、玄武、千秋、萬歲之旗，皆賁所創也。尋拜散騎常侍，兼太子左庶子、左領軍、右將軍。

又 卷四一《高熲傳》 高熲，字昭玄，一名敏，自云渤海蓨人也。【略】年十七，周齊王憲引爲記室。武帝時，襲爵武陽縣伯，除内史上士，尋遷下大夫。以平齊功，拜開府。尋從越王盛擊隰州叛胡，平之。高祖得政，素知熲强明，又習兵事，多計略，意欲引之入府，遣邘國公楊惠諭意。熲承旨欣然曰：『願受驅馳。縱令公事不成，熲亦不辭滅族。』於是爲相府司録。時長史鄭譯、司馬劉昉并以奢縱被疏，高祖彌屬意於熲，委以心膂。

尉迥之起兵也，遣子惇率步騎八萬，進屯武陟。高祖令韋孝寬擊之，軍至河陽，莫敢先進。高祖以諸將不一，令崔仲方監之，仲方辭父在山東。時熲又見劉昉、鄭譯并無去意，遂自請行，深合上旨，遂遣熲。熲受命便發，遣人辭母，云忠孝不可兩兼，歔欷就路。至軍，爲橋於沁水，賊於上流縱火栰，熲預爲土狗以禦之。既渡，焚橋而戰，大破之。遂至鄴下，與迥交戰，仍共宇文忻、李詢等設策，因平尉迥。

論　説

《周書》卷八《静帝紀論》 静帝越自幼沖，紹兹衰緒。内相挾孫、劉之詐，戚藩無齊、代之彊。隋氏因之，遂遷龜鼎。雖復岷峨投袂，翻成陵奪之威；漳滏勤王，無救宗周之殞。嗚呼，以太祖之克隆景業，未踰二紀，不祀忽諸。斯蓋宣帝之餘殃，非孺子之罪戾也。

《北史》卷一〇《周紀論》 自東西否隔，二國爭强，戎馬生郊，干戈日用，兵連禍結，力敵勢均，疆埸之事，一彼一此。武皇纘業，未親萬機，慮遠謀深，以蒙養正。及英威電發，朝政惟新，内難既除，外略方始。乃苦心焦思，克己勵精，勞役爲士卒之先，居處同疋夫之儉。修富國之政，務强兵之術。乘讎人之有釁，順天道而推亡。數年之間，大勳斯集。摅祖宗之宿憤，拯東夏之阽危，盛矣哉，有成功者也。若使翌日之瘳無爽，經營之志獲申，黷武窮兵，雖見譏於良史；雄圖遠略，足方駕於前王。

而識嗣子之非才，顧宗祏之至重，滯愛同於晉武，則哲異於宋宣，但欲威之檟楚，期於懲肅，義方之教，豈若是乎。卒使昏虐君臨，姦回肆毒，迹宣后之行事，身殁已爲幸矣。

静帝越自幼沖，紹兹衰統，内相挾孙、劉之詐，戚藩無齊、代之强，隋氏因之，遂遷龜鼎。雖復岷、峨投袂，翻成淩奪之威；漳、滏勤王，無救宗周之殞。嗚呼！以文皇之經啓鴻基，武皇之克隆景業，未逾二紀，不祀忽諸。斯蓋先帝之餘殃，非孺子之罪戾也。

清·王夫之《讀通鑑論》卷一八《周·宣帝九》 宇文邕之政，洋溢簡册，若駕漢文、景、明、章而上之，乃其没也甫二年，而楊氏取其國若掇。贇雖無道，然其修怨以濫殺，唯宇文孝伯、王軌而止，其他則固未嘗人立於鼎鑊之上也。淫昏雖汰，在位兩浹歲而已。邕果有德在人心，詎一旦而遽忘之？乃其大臣如韋孝寬、楊惠、李德林、高熲、李穆皆能有以自立者，翕然奉楊氏而願爲之效死。堅雖有后父之親，未嘗久執國柄，如王莽之小惠偏施也；抑未有大功於宇文，如劉裕之再造晉室、滅虜破賊也；且未嘗如蕭道成僅存於誅殺之餘，人代爲不平而思逞也；堅女雖尸位中宫，而失寵天元，不能如元后之以國母久秉朝權也。然而人之去宇文也，如恐不速，邕骨未冷而宗社已移，則其爲君也可知矣。德無以及人，而徒假先王之令名以欺天下，天下其可欺乎？

史之侈談之也，記其迹也。論史者之艷稱之也，爲小人儒者，希冀榮寵，而相效以襲先王之糟粕，震矜之以藻帨其門庭也。故拓拔宏、宇文邕幾於聖，而禹、湯、文、武之道愈墜於阱而不能自拔。試思之，惡有盛德如斯，不三歲而爲權姦所奪，臣民崩角以恐後者乎？

《隋書》卷二《高祖紀論》 高祖龍德在田，奇表見異，晦明藏用，故知我者希。始以外戚之尊，受托孤之任，與能之議，未爲當時所許，是以周室舊臣，咸懷憤惋。既而王謙固三蜀之阻，不逾期月，尉迥舉全齊之衆，一戰而亡，斯乃非止人謀，抑亦天之所贊也。乖兹機運，遂遷周鼎。於時蠻夷猾夏，荆、揚未一，劬勞日昃，經營四方。樓船南邁，則金陵失險，驃騎北指，則單於款塞，《職方》所載，并入疆理，《禹貢》所圖，咸受正朔。雖晉武之剋平吴會，漢宣之推亡固存，比義論功，不能尚也。

七德既敷，九歌已洽，要荒咸暨，尉候無警。於是躬節儉，平徭賦，倉廩實，法令行，君子咸樂其生，小人各安其業，强無陵弱，衆不暴寡，人物殷阜，朝野歡娛。二十年間，天下無事，區宇之内晏如也。考之前王，足以參蹤盛烈。但素無術學，不能盡下，無寬仁之度，有刻薄之資，暨乎暮年，此風逾扇。又雅好符瑞，暗於大道，建彼維城，權侔京室，皆同帝制，靡所適從。聽哲婦之言，惑邪臣之説，溺寵廢嫡，托付失所。滅父子之道，開昆弟之隙，縱其尋斧，翦伐本枝。墳土未乾，子孫繼踵屠戮，松檟才列，天下已非隋有。惜哉！迹其衰怠之源，稽其亂亡之兆，起自高祖，成於煬帝，所由來遠矣，非一朝一夕。其不祀忽諸，未爲不幸也。

《北史》卷一一《隋紀上·高祖紀論》　隋文帝樹基立本，積德累仁。徒以外戚之尊，受托孤之任，與能之議，未爲所許。是以周室舊臣，咸懷憤惋。既而王謙固三蜀之阻，不逾期月；尉遲迥舉全齊之衆，一戰而亡。斯乃非止人謀，抑亦天之所贊。乘兹機運，遂遷周鼎。於時蠻夷猾夏，荆、揚未一，劬勞日仄，經營四方。樓船南邁，則金陵失險；驃騎北指，則單於款塞。《職方》所載，併入疆理；《禹貢》所圖，咸受正朔。雖晉武之剋平吳會，漢宣之推亡固存，比義論功，不能尚也。七德既敷，九歌已洽，尉候無警，遐邇肅清。於是躬節儉，平徭賦，倉廩實，法令行。君子咸樂其生，小人各安其業，强不陵弱，衆不暴寡；人物殷阜，朝野歡娛。自開皇二十年間，天下無事；區宇之内，晏如也。考之前王，足以參蹤盛烈。而素無術業，不能盡下。無寬仁之度，有刻薄之資。暨乎暮年，此風愈扇。又雅好瑞符，暗於大道。建彼維城，權侔京室，皆同帝制，靡所適從。聽姑歸之言，惑邪臣之説，溺寵廢嫡，托付失所。滅父子之道，開昆弟之隙；縱其尋斧，翦伐本根。墳土未乾，子孫繼踵爲戮；松檟才列，天下已非隋有。惜哉！迹其衰怠之源，稽其亂亡之兆，起自文皇，成於煬帝；所由來遠矣，非一朝一夕，其不祀忽諸，未爲不幸也。

《周書》卷一三《文閔明武宣諸子傳論》　昔賢之議者，咸云以周建五等，歷載八百；秦立郡縣，二世而亡。雖得失之迹可尋，是非之理互起，而因循莫變，復古未聞。良由著論者溺於貴遠，司契者難於易業，詳求適變之道，未窮於至當也。嘗試論之。

夫皇王迭興，爲國之道匪一；聖賢間出，立德之指殊塗。斯豈故爲相反哉，亦云爲政而已矣。何則？五等之制，行於商、周之前；郡縣之設，始於秦、漢之後。論時則澆淳理隔，易地則用舍或殊。譬猶工戚日用，難以成垓下之業；稷嗣所述，不可施成周之朝。是知因時制宜者，爲政之上務也；觀人立教者，經國之長策也。且夫裂封疆，建侯伯，擇賢能，署牧守，循名雖曰異軌，責實抑亦同歸。盛則與之共安，盛則與之共患。共安係乎善惡，非禮義無以敦風；共患寄以存亡，非甲兵不能靖亂。是以齊、晉帥禮，鼎業傾而復振；温、陶釋位，王綱弛而更張。然則周之列國，非一姓也，晉之羣臣，非一族也，豈齊、晉强於列國，温、陶賢於羣臣哉。蓋位重者易以立功，權輕者難以盡節故也。由斯言之，建侯置守，乃古今之異術；兵權爵位，蓋安危之所階乎。

太祖之初定關右，日不暇給，既以人臣禮終，未遑蕃屏之事。晉蕩輔政，爰樹其黨，宗室長幼，并據勢位，握兵權，雖海内謝隆平之風，而國家有磐石之固矣。高祖克翦芒刺，思弘政術，懲專朝之爲患，忘維城之遠圖，外崇寵位，内結猜阻。自是配天之基，潛有朽壤之墟矣。宣皇嗣位，凶暴是崇，芟刈先其本枝，削黜遍於公族。雖復地惟叔父，親則同生，文能附衆，武能威敵，莫不謝卿士於當年，從侯服於下國，號爲千乘，勢侔匹夫。是以權臣乘其機，謀士因其隙，遷龜鼎速於俯拾，殲王侯烈於燎原，悠悠遂古，未聞斯酷。豈非摧枯振朽，易爲力乎。

向使宣皇采姬、劉之制，覽聖哲之術，分命賢戚，布於内外，料其輕重，間以親疏，首尾相持，遠近爲用，使其位足以扶危，其權不能爲亂，事業既定，僥幸自息，雖使臥赤子，朝委裘，社稷固以久安，億兆可以無患矣。何後族之地而能窺其神器哉。

昔張耳、陳餘，賓客廝役，所居皆取卿相，而齊王之文武寮吏，其後亦多臺牧，異代相符，可謂賢矣哉。

《隋書》卷三八《劉昉等傳論》　高祖肇基王業，昉、譯實啓其謀，當軸執鈞，物無異論。不能忘身急病，以義斷恩，方乃慮難求全，偷安懷禄。暨夫帝遷明德，義非簡在，黷梅之寄，自有攸歸。言追昔款，内懷觖望，耻居吳、耿之末，羞與絳、灌爲伍。事君盡禮，既闕於宿心，不愛其親，遽彰於物議。其在周也，靡忠貞之節，其奉隋也，愧竭命之誠。非義掩其前功，畜怨興其後釁，而望不陷刑辟，保貴全生，難矣。柳裘、皇甫績、盧賁，因人成事，協規不二，大運光啓，莫參樞要。斯固在人欲其悦己，在我欲其罵人，理自然也。晏嬰有言：『一心可以事百君，百心不可以事一君。』於昉、譯見之矣。

《北史》卷七四《劉昉等傳論》 隋文肇基王業，劉昉實啓其謀，於時當軸執鈞，物無異論。不能忘身急病，以義斷恩，方乃慮難求全，偷安懷禄。其在周也。靡忠貞之節；其奉隋也，愧竭命之誠，非義掩其前功，蓄怨興其後釁，而望不陷刑辟，保貴全生，難矣。柳裘、皇甫績，因人成事，好亂樂禍，大運光啓，併參樞要。斯固在人欲其悦己，在我欲其罵人，理自然也。晏嬰有言曰：『一心可以事百君，百心不可以事一君。』於昉等見之矣。

清・王夫之《讀通鑑論》卷一八《周・宣帝八》 奚以辨大姦而必覆人之邦家者乎？則勸其主以殺人者是也。至於勸人以殺其兄弟子孫而甚矣。仁絶於心，心絶於天，而後勸人以殺其兄弟子孫；欺其人之終迷不復，而後敢勸人以殺其天性之親。不然，雖懷忮忌而挾私怨，不忍也，抑不敢也。

鄭譯初用，而道宇文贇殺其叔父，則於滅宇文以戴楊堅也，何靳而不爲？而堅知之矣，摘其不孝之罪，不比數之於人类，而後譯之惡窮。宇文贇之不肖也，宇文孝伯對其君曰：『父子之際，人所難言，臣知陛下不能割愛，遂爾結舌。』孝伯之可託也，宇文邕之不可道以不慈也，於斯言驗之矣。晁錯忠於袁盎，而居心之厚薄，則不若盎也，不順於父，而父亟去之，其於父子可知矣。故求可託之臣，求之於根本之地，而思过半矣。

藝　文

清・彭定求等《全唐詩》卷七二九《周曇〈六朝門・周・宣帝〉》

宣帝驕奢恣所爲，後宮升降略無時。乘危自有妻公在，安許鸞凰是尉遲。

清・謝啓昆《樹經堂詠史詩》卷五《周・宣帝》 天元失策委阿衡，天杖縱横被六卿。騎虎勢成歸左相，鬭龍亂兆見西京。金環熨斗輸渾穆，血指爪刀泣胃宏。未肯躋踏貪富貴，北平老守抱孤誠。

又《隋・隋文帝》 孤兒寡婦忍同欺，輔政剛教篡奪爲。矯詔必能疏昉譯，直臣誠合重顔儀。

清・陳啓疇《詠史擬古樂府》卷下《舅氏吟唐書》 高祖太穆順聖皇后竇氏父毅尚周武帝姊襄陽長公，生后，武帝愛之異它甥。聞隋受周禪，自投牀下曰：『恨我不爲男子，不能捄舅家禍。』

褚公號世族，王郎矜國華。不顧其自出，遑恤乎國家。齊書作罷廳客吟，世間富貴薰人心。竇女猶知有女舅氏，自投牀下深切齒，恨不此身作男子。

隋廢梁國分部

綜　述

《周書》卷二《文帝紀下》（魏恭帝元年）秋七月【略】梁元帝遣使請據舊圖以定疆界，又連結於齊，言辭悖慢。太祖曰：『古人有言「天之所棄，誰能興之」，其蕭繹之謂乎。』冬十月壬戌，遣柱國於謹、中山公護、大將軍楊忠、韋孝寬等步騎五萬討之。

十一月癸未，師濟於漢。中山公護與楊忠率鋭騎先屯其城下，據江津以備其逸。丙申，謹至江陵，列營圍守。辛亥，進攻城，其日克之。擒梁元帝，殺之，併虜其百官及士民以歸。没爲奴婢者十餘萬，其免者二百餘家。立蕭詧爲梁主，居江陵，爲魏附庸。

又 卷五《武帝紀上》（保定二年）二月【略】癸丑，以久不雨，降宥罪人，京城三十里内禁酒。梁主蕭詧薨。

《隋書》卷一《高祖紀》（開皇）四年春正月【略】壬申，梁主蕭巋來朝。甲戌，大射於北苑，十日而罷。壬午，齊州水。辛卯，渝州獲獸似麋，一角同蹄。壬辰，班新曆。二月乙巳，上餞梁主於霸上。丁未，靺鞨貢方物。【略】

（五年）五月甲申，詔置義倉。梁主蕭巋殂，其太子琮嗣立。【略】

七年【略】八月【略】庚申，梁主蕭琮來朝。九月乙酉，梁安平王蕭巖掠於其國。辛卯，廢梁國，曲赦江陵。以梁主蕭琮爲柱國，封莒國公。

又 卷七九《蕭巋傳》 蕭巋，字仁遠，梁昭明太子統之孫也。父詧，初封岳陽王，鎮襄陽。侯景之亂，其兄河東王譽與其叔父湘東王繹不協，爲繹所害。及繹嗣位，詧稱藩於西魏，乞師請討繹。周太祖以詧爲梁主，遣柱國於謹等率騎五萬襲繹，滅之。詧遂都江陵，有荆郡、其西平州延袤三百里之地，稱皇帝於其國，車服節文一同王者。仍置江陵總管，以兵戍之。詧薨，巋嗣位，年號天保。巋俊辯有才學，兼好内典。周武帝平齊之後，巋來賀，帝享之甚歡。親彈琵琶，令巋起舞，巋曰：『陛下親御五絃，臣敢不同百獸！』

高祖受禪，恩禮彌厚，遣使賜金五百兩，銀千兩，布帛萬匹，馬五百匹。巋來朝，上甚敬焉，詔巋位在王公之上。巋被服端麗，進退閒雅，天子矚目，百僚傾慕。賞賜以億計。月餘歸藩，帝親餞於滻水之上。後備禮納其女爲晉王妃，又欲以其子瑒尚蘭陵公主。由是漸見親待。獻皇后言於上曰：『梁主通家，腹心所寄，何勞猜防也。』上然之，於是罷江陵總管，巋專制其國。歲餘，巋又來朝，賜縑萬匹，珍玩稱是。及還，上親執手曰：『梁主久滯荆楚，未復舊都，故鄉之念，良軫懷抱。朕當振旅長江，相送旋反耳。』巋拜謝而去。其年五月，寢疾，臨終上表曰：『臣以庸闇，曲荷天慈，寵冠外藩，恩逾連山，爰及子女，尚主婚王。每願躬擐甲胄，身先士卒，掃蕩逋寇，上報明時。而攝生乖舛，遽罹痾疾，屬纊在辰，顧陰待謝。長違聖世，感戀嗚咽，遺嗣孤藐，特乞降慈。伏願聖躬與山嶽同固，皇基等天日俱永，臣雖九泉，實無遺恨。』并獻所服金裝劍，上覽而嗟悼焉。巋在位二十三年，年四十四薨，梁之臣子謚曰孝明皇帝，廟號世宗。子琮嗣。巋著《孝經》、《周易義記》及《大小乘幽微》十四卷，行於世。

又 《蕭琮傳》 琮字温文，性寬仁，有大度，倜儻不羈，博學有文義。兼善弓馬，遣人伏地著帖，琮馳馬射之，十發十中，持帖者亦不懼。初封東陽王，尋立爲梁太子。及嗣位，上賜璽書曰：『負荷堂構，其事甚重，雖窮憂勞，常須自力。輯諧内外，親任才良，聿遵世業，是所望也。彼之疆守，咫尺陳人，水潦之時，特宜警備。陳氏比日雖復朝聘相尋，疆埸之間猶未清肅，唯當恃我必不可干，勿得輕人而不設備。朕與梁國，積世相知，重以親姻，情義彌厚。江陵之地，朝寄非輕，爲國爲民，深宜抑割，恆加饘粥，以禮自存。』又賜梁之大臣璽書，誡勉之。時琮年號廣運，有識者曰：『運之爲字，軍走也，吾君將奔走乎？』其年，琮遣大將軍戚昕以舟師襲陳公安，不克而還。徵琮叔父岑入朝，拜爲大將軍，封懷義公，因留不遣。復置江陵總管以監之。琮所署大將軍許世武密以城召陳將宜黄侯陳紀，謀泄，琮誅之。後二歲，上徵琮入朝，率其臣下二百餘人朝於京師，江陵父老莫不隕涕相謂曰：『吾君其不反矣！』上以琮來朝，遣武鄉公崔弘度將兵戍之。軍至鄀州，琮叔父巖及弟瓛等懼弘度掩襲之，遂引陳人至城下，虜居民而叛，於是廢梁國。

論說

《周書》卷四八《蕭詧傳論》 梁主任術好謀，知賢養士，蓋有英雄之志，霸王之略焉。及淮海版蕩，骨肉猜貳，擁衆自固，稱藩内款，終能據有全楚，中興頽運。雖土宇殊於舊邦，而位號同於曩日。貽厥自遠，享國數世，可不謂賢哉。嗣子纂承舊業，增修遺構，賞罰得衷，舉厝有方。

《隋書》卷七九《蕭巋傳論》 三、五哲王，防深慮遠，舅甥之國，罕執鈞衡，母后之家，無聞傾敗。

爰及漢、晉，顛覆繼軌，皆由乎進不以禮，故其斃亦速。若使獨孤權侔吕、霍，必敗於仁壽之前，蕭氏勢均梁、竇，豈全於大業之後！今或不隕舊基，或更隆先構，豈非處之以道，不預權寵之所致乎！

《北史》卷九三《僭僞附庸傳論》 自金行運否，中原喪亂，元氏唯天所命，方一函復。鐵弗、徒何之輩，雖非行録所歸，觀其遞爲割據，亦一時之傑。然而卒至夷滅，可謂魏之驅除。梁主任術好謀，愛賢養士，蓋有英雄之志，霸王之略焉。及淮海版蕩，骨肉猜貳，擁衆自固，稱藩内款，終能據有全楚，中興頽運。雖土宇殊於舊邦，而位號同於曩日。貽厥自遠，享國雖短，可不謂賢哉！嗣子纂業，增修遺構，賞罰得衷，舉厝有方。

密邇寇讎，則威略具舉；朝宗上國，則聲猷遠振。豈非繼世之令主乎？琮大去其邦，因而不反，遂爲外戚。不事自持，蓋亦守滿之道也。

隋滅陳分部

綜　述

《陳書》卷六《後主紀》（禎明）三年春正月乙丑朔，霧氣四塞。是日，隋總管賀若弼自北道廣陵濟京口，總管韓擒虎趨橫江，濟採石，自南道將會弼軍。丙寅，採石戍主徐子建馳啓告變。丁卯，召公卿入議軍旅。戊辰，内外戒嚴，以驃騎將軍蕭摩訶、護軍將軍樊毅、中領軍魯廣達并爲都督，遣南豫州刺史樊猛帥舟師出白下，散騎常侍皋文奏將兵鎮南豫州。庚午，賀若弼攻陷南徐州。辛未，韓擒虎又陷南豫州，文奏敗還。至是隋軍南北道并進。後主遣驃騎大將軍、司徒豫章王叔英屯朝堂，蕭摩訶屯樂游苑，樊毅屯耆闍寺，魯廣達屯白土岡，忠武將軍孔範屯寶田寺。

己卯，鎮東大將軍任忠自吴興入赴，仍屯朱雀門。辛巳，賀若弼進據鍾山，頓白土岡之東南。甲申，後主遣衆軍與弼合戰，衆軍敗績。弼乘勝至樂游苑，魯廣達猶督散兵力戰，不能拒。弼進攻宫城，燒北掖門。是時韓擒虎率衆自新林至於石子岡，任忠出降於擒虎，仍引擒虎經朱雀航趣宫城，自南掖門而入。於是城内文武百司皆遁出，唯尚書僕射袁憲在殿内。尚書令江總、吏部尚書姚察、度支尚書袁權、前度支尚書王瑗、侍中王寬居省中。後主聞兵至，從宫人十餘出後堂景陽殿，將自投於井。袁憲侍側，苦諫不從，後閤舍人夏侯公韵又以身蔽井，後主與爭久之，方得入焉。及夜，爲隋軍所執。丙戌，晉王廣入據京城。三月己巳，後主與王公百司發自建鄴，入於長安。隋仁壽四年十一月壬子，薨於洛陽，時年五十二。追贈大將軍，封長城縣公，謚曰煬，葬河南洛陽之芒山。

《隋書》卷二《高祖紀下》（開皇）八年春正月乙亥，陳遣散騎常侍袁雅、兼通直散騎常侍周止水來聘。二月庚子，鎮星入東井。辛酉，陳人寇硤州。三月辛未，上柱國、隴西郡公李詢卒。壬申，以成州刺史姜須達爲會州總管。甲戌，遣兼散騎常侍程尚賢、兼通直散騎常侍韋惲使於陳。戊寅，詔曰：

昔有苗不賓，唐堯薄伐，孫皓僭虐，晉武行誅。有陳竊據江表，逆天暴物。朕初受命，陳頊尚存，思欲教之以道，不以龔行爲令，往來修睦，望其遷善。時日無幾，釁惡已聞。厚納叛亡，侵犯城戍，勾吴閩越，肆厥殘忍。於時王師大舉，將一車書，陳頊反地收兵，深懷震懼，責躬請約，俄而致殞。矜其喪禍，仍詔班師。叔寶承風，因求繼好，載佇克念，共敦行李。每見珪璪入朝，輶軒出使，何嘗不殷勤曉喻，戒以惟新。而狼子之心，出而彌野。威侮五行，怠棄三正，誅翦骨肉，夷滅才良。據手掌之地，恣溪壑之險，劫奪閭閻，資産俱竭，驅蹙内外，勞役弗已。徵責女子，擅造宫室，日增月益，止足無期，帷薄嬪嬙，有逾萬數。寶衣玉食，窮奢極侈，淫聲樂飲，俾晝作夜。斬直言之客，滅無罪之家，剖人之肝，分人之血。欺天造惡，祭鬼求恩，歌儛衢路，酣醉宫闈。盛粉黛而執干戈，曳羅綺而呼警蹕，躍馬振策，從旦至昏，無所經營，馳走不息。負甲持仗，隨逐徒行，追而不及，即加罪譴。自古昏亂，罕或能比。介士武夫，飢寒力役，筋髓罄於土木，性命俟於溝渠。君子潛逃，小人得志，家家隱殺戮，各各任聚斂。天災地孽，物怪人妖，衣冠鉗口，道路以目。傾心翹足，誓告於我，日月以冀，文奏相尋。重以背德違言，摇蕩疆埸，巴峽之下，海澨已西，江北江南，爲鬼爲蜮。死隴窮發掘之酷，生居極攘奪之苦。抄掠人畜，斷截樵蘇，市井不立，農事廢寢。歷陽廣陵，窺覦相繼，或謀圖城邑，或劫剝吏人，晝伏夜游，鼠竄狗盜。彼則羸兵敝卒，來必就擒，此則重門設險，有勞藩捍。天之所覆，無非朕臣，每關聽覽，有懷傷惻。有梁之國，我南藩也，其君入朝，潛相招誘，不顧朕恩。士女深迫脅之悲，城府致空虚之歎。非直朕居人上，懷此無忘，既而百辟屢以爲言，兆庶不堪其請，豈容對而不誅，忍而不救！近日秋始，謀欲吊人。益部樓船，盡令東騖，便有神龍數十，騰躍江流，引伐罪之師，向金陵之路，船住則龍止，船行則龍去，四日之内，三軍皆覩，豈非蒼旻愛人，幽明展事，降神先路，協贊軍威！以上天之靈，助戡定之力，便可出師授律，應機誅殄，在斯舉也，永清吴越。其將士糧仗，水陸資須，期會進止，一準別敕。

秋八月丁未，河北諸州饑，遣吏部尚書蘇威賑恤之。九月丁丑，宴南征諸將，頒賜各有差。癸巳，嘉州言龍見。冬十月己亥，太白出西方。己未，置淮南行臺省於壽春，以晉王廣爲尚書令。辛酉，陳遣兼散騎常侍王琬、兼通直散騎常侍許善心來聘，拘留不遣。甲子，將伐陳，有事於太廟。命晉王廣、秦王俊、清河公楊素併爲行軍元帥以伐陳。於是晉王廣出六合，秦王俊出襄陽，清河公楊素出信州，荊州刺史劉仁恩出江陵，宜陽公王世積出蘄春，新義公韓擒虎出廬江，襄邑公賀若弼出吳州，落叢公燕榮出東海，合總管九十，兵五十一萬八千，皆受晉王節度。東接滄海，西拒巴蜀，旌旗舟楫，橫亘數千里。曲赦陳國。有星孛於牽牛。

十一月丁卯，車駕餞師。詔購陳叔寶位上柱國，萬戶公。乙亥，行幸定城，陳師誓衆。丙子，幸河東。十二月庚子，至自河東。

（開皇）九年春正月己巳，白虹夾日。辛未，賀若弼拔陳京口，韓擒虎拔陳南豫州。癸酉，以尚書右僕射虞慶則爲右衛大將軍。丙子，賀若弼敗陳師於蔣山，獲其將蕭摩訶。韓擒虎進師入建鄴，獲其將任蠻奴，獲陳主叔寶。陳國平，合州三十，郡一百，縣四百。

又　卷三《煬帝紀上》　（開皇）八年冬，大舉伐陳，以上爲行軍元帥。及陳平，執陳湘州刺史施文慶、散騎常侍沈客卿、市令陽慧朗、刑法監徐析、尚書都令史暨慧，以其邪佞，有害於民，斬之右闕下，以謝三吳。於是封府庫，資財無所取，天下稱賢。

《陳書》卷七《張麗華傳》　後主張貴妃，名麗華，兵家女也。【略】後主爲太子，以選入宮。是時龔貴嬪爲良娣，貴妃年十歲，爲之給使，後主見而說焉，因得幸，遂有娠，生太子深。後主即位，拜爲貴妃。性聰惠，甚被寵遇。後主每引貴妃與賓客游宴，貴妃薦諸宮女預焉，後宮等咸德之，競言貴妃之善，由是愛傾後宮。又好厭魅之術，假鬼道以惑後主，置淫祀於宮中，聚諸妖巫使之鼓舞。因參訪外事，人閒有一言一事，妃必先知之，以白後主。由是益重妃，內外宗族，多被引用。及隋軍陷臺城，妃與後主俱入於井，隋軍出之，晉王廣命斬貴妃，牓於青溪中橋。

史臣侍中鄭國公魏徵考覽記書，參詳故老，云：後主初即位，以始興王叔陵之亂，被傷臥於承香閣下，時諸姬并不得進，唯張貴妃侍焉。而柳太后猶居柏梁殿，即皇后之正殿也。後主沈皇后素無寵，不得侍疾，別居求賢殿。至德二年，乃於光照殿前起臨春、結綺、望仙三閣。閣高數丈，并數十間，其窗牖、壁帶、懸楣、欄檻之類，并以沈檀香木爲之，又飾以金玉，間以珠翠，外施珠簾，內有寶牀、寶帳，其服玩之屬，瑰奇珍麗，近古所未有。每微風暫至，香聞數里，朝日初照，光映後庭。其下積石爲山，引水爲池，植以奇樹，雜以花藥。後主自居臨春閣，張貴妃居結綺閣，龔、孔二貴嬪居望仙閣，并復道交相往來。又有王、李二美人、張、薛二淑媛、袁昭儀、何婕妤、江修容等七人，并有寵，遞代以游其上。以宮人有文學者袁大捨等爲女學士。後主每引賓客對貴妃等游宴，則使諸貴人及女學士與狎客共賦新詩，互相贈答，採其尤艷麗者以爲曲詞，被以新聲，選宮女有容色者以千百數，令習而哥之，分部迭進，持以相樂。其曲有《玉樹後庭花》、《臨春樂》等，大指所歸，皆美張貴妃、孔貴嬪之容色也。其略曰：『璧月夜夜滿，瓊樹朝朝新。』而張貴妃發長七尺，鬒黑如漆，其光可鑑。特聰惠，有神采，進止閑暇，容色端麗。每瞻視盼睞，光采溢目，照暎左右。常於閣上靚粧，臨於軒檻，宮中遙望，飄若神仙。才辯彊記，善候人主顏色。是時後主怠於政事，百司啓奏，并因宦者蔡脫兒、李善度進請，後主置張貴妃於膝上共決之。李、蔡所不能記者，貴妃并爲條疏，無所遺脫。由是益加寵異，冠絶後庭。而後宮之家，不遵法度，有挂於理者，但求哀於貴妃，貴妃則令李、蔡先啓其事，而後從容爲言之。大臣有不從者，亦因而譖之，所言無不聽。於是張、孔之勢，薰灼四方，大臣執政，亦從風而靡。閹宦便佞之徒，內外交結，轉相引進，賄賂公行，賞罰無常，綱紀瞀亂矣。

又　卷二四《袁憲傳》　至德元年，太子加元服，二年，行釋奠之禮，憲於是表請解職，後主不許，給扶二人，進號雲麾將軍，置佐史。皇太子頗不率典訓，憲手表陳諫凡十條，皆援引古今，言辭切直，太子雖外示容納，而心無悛改。後主欲立寵姬張貴妃子始安王爲嗣，嘗從容言之，吏部尚書蔡徵順旨稱賞，憲厲色折之曰：『皇太子國家儲嗣，億兆宅心。卿是何人，輕言廢立！』夏，竟廢太子爲吳興王。後主知憲有規諫之事，歎曰『袁德章實骨鯁之臣』，即日詔爲尚書僕射。

禎明（元）〔三〕年，隋軍來伐，隋將賀若弼進燒宮城北掖門，宮衛皆散走，朝士稍各引去，惟憲衛侍左右。後主謂憲曰：『我從來待卿不先餘人，今日見卿，可謂歲寒知松柏後凋也。』後主遑遽將避匿，憲正色曰：『北兵之入，必無所犯，大事如此，陛下安之。臣願陛下正衣冠，御前殿，依梁武見侯景故事。』後主不從，因下榻馳去。憲從後堂景陽殿入，後主投下井中，憲拜哭而出。

又　卷三一《蕭摩訶傳》　蕭摩訶，字元胤，蘭陵人也。【略】（太建）十四年，高宗崩，始興王叔陵於殿內手刃後主，傷而不死，叔陵奔東府城。時衆心猶預，莫有討賊者，東宮舍人司馬申啓後主，馳召摩訶，入見受敕，乃率馬步數百，先趣東府城西門屯軍。叔陵惶遽，自城南門而出，摩訶勒兵追斬之。以功授散騎常侍、車騎大將軍，封綏［遠建］郡公，邑三千户，叔陵素所蓄聚金帛累巨萬，後主悉以賜之。尋改授侍中、驃騎大將軍，加左光禄大夫。舊制三公黄閣聽事置鴟尾，後主特賜摩訶開黄閣，門施行馬，聽事寢堂并置鴟尾。仍以其女爲皇太子妃。

會隋總管賀若弼鎮廣陵，窺覦江左，後主委摩訶備御之任，授南徐州刺史，餘并如故。禎明三年正月元會，徵摩訶還朝，賀若弼乘虚濟江，襲京口，摩訶請兵逆戰，後主不許。及弼進軍鍾山，摩訶又請曰：『賀若弼懸軍深入，聲援猶遠，且其壘塹未堅，人情惶懼，出兵掩襲，必大克之。』後主又不許。及隋軍大至，將出戰，後主謂摩訶曰：『公可爲我一決。』摩訶曰：『從來行陣，爲國爲身，今日之事，兼爲妻子。』後主多出金帛，頒賞諸軍，令中領軍魯廣達陳兵白土崗，居衆軍之南偏，鎮東大將軍任忠次之，護軍將軍樊毅、都官尚書孔範次之，摩訶軍最居北，衆軍南北亘二十里，首尾進退，各不相知。賀若弼初謂未戰，將輕騎，登山觀望形勢，及見衆軍，因馳下置陣。廣達首率所部進薄，弼軍屢卻，俄而復振，更分軍趣北突諸將，孔範出戰，兵交而走，諸將支離，陣猶未合，騎卒潰散，駐之弗止，摩訶無所用力焉，爲隋軍所執。

及京城陷，賀若弼置後主於德教殿，令兵衛守，摩訶請弼曰：『今爲囚虜，命在斯須，願得一見舊主，死無所恨。』弼哀而許之。摩訶入見後主，俯伏號泣，仍於舊厨取食而進之，辭訣而出，守衛者皆不能仰視。其年入隋，授開府儀同三司。

又　《任忠傳》　任忠，字奉誠，小名蠻奴，汝陰人也。少孤微，不爲鄉黨所齒。及長，譎詭多計略，膂力過人，尤善騎射，州里少年皆附之。【略】及隋兵濟江，忠自吴興入赴，屯軍朱雀門。後主召蕭摩訶以下於内殿定議，忠執議曰：『兵家稱客主異勢，客貴速戰，主貴持重。宜且益兵堅守宮城，遣水軍分向南豫州及京口道，斷寇糧運。待春水長，上江周羅㬋等衆軍，必沿流赴援，此良計矣。』衆議不同，因遂出戰。及敗，忠馳入臺見後主，言敗狀，啓云：『陛下唯當具舟檝，就上流衆軍，臣以死奉衛。』後主信之，敕忠出部分，忠辭云：『臣處分訖，即當奉迎。』後主令宮人裝束以待忠，久望不至。隋將韓擒虎自新林進軍，忠乃率數騎往石子崗降之，仍引擒虎軍共入南掖門。臺城陷，其年入長安，隋授開府儀同三司。卒，時年七十七。子幼武，官至儀同三司。

又　《樊毅傳》　樊毅，字智烈，南陽湖陽人也。【略】後主即位，進號征西將軍，改封逍遥郡公，邑三千户，餘并如故。入爲侍中、護軍將軍。及隋兵濟江，毅謂僕射袁憲曰：『京口、採石，俱是要所，各須鋭卒數千，金翅二百，都下江中，上下防捍。如其不然，大事去矣。』諸將咸從其議。會施文慶等寢隋兵消息，毅計不行。京城陷，隨例入關，頃之卒。

又　《魯廣達傳》　魯廣達，字遍覽，吴州刺史悉達之弟也。【略】後主即位，入爲安左將軍。尋受平南將軍、南豫州刺史。至德二年，授安南將軍，徵拜侍中，又爲安左將軍，改封綏越郡公，封邑如前。尋爲中領軍。及賀若弼進軍鍾山，廣達率衆於白土崗南置陣，與弼旗鼓相對。廣達躬擐甲冑，手執桴鼓，率勵敢死，冒刃而前，隋軍退走，廣達逐北至營，殺傷甚衆，如是者數四焉。及弼攻敗諸將，乘勝至宮城，燒北掖門，廣達猶督餘兵，苦戰不息，斬獲數十百人。會日暮，乃解甲，面臺再拜慟哭，謂衆曰：『我身不能救國，負罪深矣。』士卒皆涕泣歔欷，於是乃就執。禎明三年，依例入隋。【略】初，隋將韓擒虎之濟江也，廣達長子世眞在新蔡，乃與其弟世雄及所部奔擒虎，擒虎遣使致書，以招廣達。廣達時屯兵京師，乃自劾廷尉請罪。後主謂之曰：『世眞雖異路中大夫，公國之重臣，吾所恃賴，豈得自同嫌疑之間乎？』加賜黄金，即日還營。

《南史》卷七七《施文慶傳》　施文慶，不知何許人也。家本吏門，至文慶好學，頗涉書史。陳後主之在東宮，文慶事焉。及即位，擢爲中書舍人。仍屬叔陵作亂，隋師臨境，軍國事務，多起倉卒。文慶聰敏强記，明閑吏職，心算口占，應時條理，由是大被親幸。又自太建以來，吏道疏簡，百司弛縱，文慶盡其力用，無所縱捨，分官聯事，莫不振懼。又引沈客卿、陽惠朗、徐哲、暨慧景等，云有吏能，後主信之。然併不達大體，督責苛碎，聚斂無厭，王公大人，咸共疾之。後主益以文慶爲能，尤更親重，内外衆事，無不任委。累遷太子左衛率，舍人如故。

禎明三年，湘州刺史晉熙王叔文在職既久，大得人和，後主以其據有上流，陰忌之。自慶素與羣臣少恩，恐不爲用，無所任者，乃擢文慶爲都督、湘州刺史，配以精兵，欲令西上，仍徵叔文還朝。文慶深喜其事，然懼居外，後執事者持己短長，因進其黨沈客卿以自代。未發間，二人共掌機密。

時隋軍大舉，分道而進，尚書僕射袁憲、驃騎將軍蕭摩訶及文武羣臣共議，請於京口、采石各置兵五千，併出金翅二百，緣江上下，以爲防備。文慶恐無兵從己，廢其述職，而客卿又利文慶之任，己得專權，俱言於朝曰：『必有論議，不假面陳，但作文啓，即爲通奏。』憲等以爲然。二人齎啓入白後主曰：『此是常事，邊城將帥，足以當之。若出人船，必恐驚擾。』及隋軍臨江，間諜驟至，憲等殷勤奏請，至於再三。文慶等曰：『元會將逼，南郊之日，太子多從，今若出兵，事便廢闕。』後主曰：『今且出兵，若北邊無事，因以水軍從郊，何爲不可。』又對曰：『如此則聲聞鄰境，便謂國弱。』後又以貨動江總，總内爲之游說，後主重違其意，而迫羣官之請，乃令付外詳議又抑憲等，由是未決，而隋師濟江。

後主性怯懦，不達軍事，晝夜啼泣，臺内處分，一以委之。文慶既知諸將疾己，恐其有功，乃奏曰：『此等怏怏，素不服官，迫此事機，那可專信。』凡有所啓請，經略之計，併皆不行。尋敕文慶領兵頓於樂游苑。陳亡，隋晉王廣以文慶受委不忠，曲爲諂佞，以蔽耳目，比黨數人，併於石闕前斬之，以謝百姓。

又《沈客卿傳》 沈客卿，吴興武康人也。美風采，善談論，博涉羣書，與施文慶少相親昵。仕陳，累遷至尚書儀曹郎。聰明有口辯，頗知故事。每朝廷體式，吉凶儀注，凡所疑議，客卿斟酌裁斷，理雖有不經，而衆莫能屈，事多施行。

至德初，以爲中書舍人，兼步兵校尉，掌金帛局。以舊制軍人士人，二品清官，并無關市之稅。後主盛修宮室，窮極耳目，府庫空虚，有所興造，恒苦不給。客卿每立異端，唯以刻削百姓爲事，奏請不問士庶，并責關市之估，而又增重其舊。於是以陽惠朗爲太市令，暨慧景爲尚書金、倉都令史。二人家本小吏，考校簿領，豪厘不差，糾謫嚴急，百姓嗟怨。而客卿居舍人，總以督之，每歲所入，過於常格數十倍，後主大悦。尋加客卿散騎常侍、左衛將軍，舍人如故。惠朗、慧景奉朝請。禎明三年，客卿遂與文慶俱掌機密。隋師至，文慶出頓樂游苑，内外事客卿總焉。臺城失守，隋晉王以客卿重賦厚斂，以悦於上，與文慶、暨慧景、陽惠朗等，俱斬於石闕前。徐哲，不知何許人，施文慶引爲制局監，掌刑法，亦與客卿同誅。

《隋書》卷四一《高熲傳》 高熲，字昭玄，一名敏，自云渤海蓨人也。【略】開皇二年，長孫覽、元景山等伐陳，令熲節度諸軍。會陳宣帝薨，熲以禮不伐喪，奏請班師。蕭巖之叛也，詔熲綏集江漢，甚得人和。上嘗問熲取陳之策，熲曰：『江北地寒，田收差晚，江南土熱，水田早熟。量彼收積之際，微徵士馬，聲言掩襲。彼必屯兵御守，足得廢其農時。彼既聚兵，我便解甲，再三若此，賊以爲常。後更集兵，彼必不信，猶豫之頃，我乃濟師，登陸而戰，兵氣益倍。又江南土薄，舍多竹茅，所有儲積，皆非地窖。密遣行人，因風縱火，待彼修立，復更燒之。不出數年，自可財力俱盡。』上行其策，由是陳人益敝。九年，晉王廣大舉伐陳，以熲爲元帥長史，三軍諮稟，皆取斷於熲。及陳平，晉王欲納陳主寵姬張麗華。熲曰：『武王滅殷，戮妲己。今平陳國，不宜取麗華。』乃命斬之，王甚不悦。及軍還，以功加授上柱國，進爵齊國公，賜物九千段，定食千乘縣千五百户。

又 卷四八《楊素傳》 楊素，字處道，弘農華陰人也。【略】上方圖江表，先是，素數進取陳之計，未幾，拜信州總管，賜錢百萬、錦千段、馬二百匹而遣之。素居永安，造大艦，名曰五牙，上起樓五層，高百餘尺，左右前後置六拍竿，并高五十尺，容戰士八百人，旗幟加於上。次曰黄龍，置兵百人。自餘平乘、舴艋等各有差。及大舉伐陳，以素爲行軍元帥，引舟師趣三硤。軍至流頭灘，陳將戚欣以青龍百餘艘、屯兵數千人守狼尾灘，以遏軍路。其地險峭，諸將患之。素曰：『勝負大計，在此一舉。若晝日下船，彼則見我，灘流迅激，制不由人，則吾失其便。』乃以夜掩之。素親率黃龍數千艘，銜枚而下，遣開府王長襲引步卒從南岸擊欣别栅，令大將軍劉仁恩率甲騎趣白沙北岸，遲明而至，擊之，欣敗走。悉虜其衆，勞而遣之，秋毫不犯，陳人大悦。素率水軍東下，舟艫被江，旌甲曜日。素坐平乘大船，容貌雄偉，陳人望之懼曰：『清河公即江神也。』陳南康内史吕仲肅屯岐亭，正據江峽，於北岸鑿巖，綴鐵鎖三條，横截上流，以遏戰船。素與仁恩登陸俱發，先攻其栅。仲肅軍夜潰，素徐去其鎖。仲肅復據荆門之延洲。素遣巴蜒卒千人，乘五牙四艘，以柏檣碎賊十餘艦，遂大破之，俘甲士二千餘人，仲肅僅以身免。陳主遣其信州刺史顧覺鎮安蜀城，荆州刺史陳紀鎮公安，皆懾而退走。巴陵以東，無敢守者。湘州刺史、岳陽王陳叔慎遣使請降。素下至漢口，與秦孝王會。還，拜荆州總管，進爵郢國公，邑三千户，眞食長壽縣千户。

又《韓擒傳》　韓擒，字子通，河南東垣人也，後家新安。【略】擒少慷慨，以膽略見稱，容貌魁岸，有雄傑之表。性又好書，經史百家皆略知大旨。【略】後以軍功，拜都督、新安太守，稍遷儀同三司，襲爵新義郡公。武帝伐齊，齊將獨孤永業守金墉城，擒説下之。進平范陽，加上儀同，拜永州刺史。陳人逼光州，擒以行軍總管擊破之。又從宇文忻平合州。高祖作相，遷和州刺史。陳將甄慶、任蠻奴、蕭摩訶等共爲聲援，頻寇江北，前後入界。擒屢挫其鋒，陳人奪氣。

開皇初，高祖潛有吞并江南之志，以擒有文武才用，夙著聲名，於是拜爲廬州總管，委以平陳之任，甚爲敵人所憚。及大舉伐陳，以擒爲先鋒。擒率五百人宵濟，襲采石，守者皆醉，擒遂取之。進攻姑熟，半日而拔，次於新林。江南父老素聞其威信，來謁軍門，晝夜不絶。陳人大駭，其將樊巡、魯世眞、田瑞等相繼降之。晉王廣上狀，高祖聞而大悦，宴賜羣臣。晉王遣行軍總管杜彦與擒合軍，步騎二萬，陳叔寶遣領軍蔡徵守朱雀航，聞擒將至，衆懼而潰。任蠻奴爲賀若弼所敗，棄軍降於擒。擒以精騎五百，直入朱雀門。陳人欲戰，蠻奴撝之曰：『老夫尚降，諸君何事！』衆皆散走。遂平金陵，執陳主叔寶。時賀若弼亦有功。乃下詔於晉王曰：『此二公者，深謀大略，東南逋寇，朕本委之，静地恤民，悉如朕意。九州不一，已數百年，以名臣之功，成太平之業，天下盛事，何用過此！聞以欣然，實深慶快。平定江表，二人之力也。』賜物萬段。又下優詔於擒、弼曰：『申國威於萬里，宣朝化於一隅，使東南之民俱出湯火，數百年寇旬日廓清，專是公之功也。高名塞於宇宙，盛業光於天壤，逖聽前古，罕聞其匹。班師凱入，誠知非遠，相思之甚，寸陰若歲。』及至京，弼與擒争功於上前，弼曰：『臣在蔣山死戰，破其鋭卒，擒其驍將，震揚威武，遂平陳國。韓擒略不交陣，豈臣之比！』擒曰：『本奉明旨，令臣與弼同時合勢，以取僞都。弼乃敢先期，逢賊遂戰，致令將士傷死甚多。臣以輕騎五百，兵不血刃，直取金陵，降任蠻奴，執陳叔寶，據其府庫，傾其巢穴。弼至夕，方扣北掖門，臣啓關而納之。斯乃救罪不暇，安得與臣相比！』上曰：『二將俱合上勳。』於是進位上柱國，賜物八千段。有司劾擒放縱士卒，淫汙陳宮，坐此不加爵邑。

又《賀若弼傳》　賀若弼，字輔伯，河南洛陽人也。【略】弼少慷慨有大志，驍勇便弓馬，解屬文，博涉書記，有重名於當世。周齊王憲聞而敬之，引爲記室。未幾，封當亭縣公，遷小内史。周武帝時，上柱國烏丸軌言於帝曰：『太子非帝王器，臣亦嘗與賀若弼論之。』帝呼弼問之，弼知太子不可動摇，恐禍及己，詭對曰：『皇太子德業日新，未覩其闕。』帝默然。弼既退，軌讓其背己，弼曰：『君不密則失臣，臣不密則失身，所以不敢輕議也。』及宣帝嗣位，軌竟見誅，弼乃獲免。尋與韋孝寬伐陳，攻拔數十城，弼計居多。拜壽州刺史，改封襄邑縣公。高祖爲丞相，尉迥作亂鄴城，恐弼爲變，遣長孫平馳驛代之。

高祖受禪，陰有并江南之志，訪可任者。高熲曰：『朝臣之内，文武才幹，無若賀若弼者。』高祖曰：『公得之矣。』於是拜弼爲吴州總管，委以平陳之事，弼忻然以爲己任。與壽州總管源雄併爲重鎮。弼遺雄詩曰：『交河驃騎幕，合浦伏波營，勿使騏驎上，無我二人名。』獻取陳十策，上稱善，賜以寶刀。開皇九年，大舉伐陳，以弼爲行軍總管。將渡江，酹酒而咒曰：『弼親承廟略，遠振國威，伐罪吊民，除凶翦暴，上天長江，鑑其若此。如使福善禍淫，大軍利涉；如事有乖違，得葬江魚腹中，死且不恨。』先是，弼請緣江防人每交代之際，必集歷陽。於是大列旗幟，營幕被野。陳人以爲大兵至，悉發國中士馬。既知防人交代，其衆復散。後以爲常，不復設備。及此，弼以大軍濟江，陳人弗之覺也。襲陳南徐州，拔之，執其刺史黃恪。軍令嚴肅，秋毫不犯。有軍士於民間沽酒者，弼立斬之。進屯蔣山之白土岡，陳將魯達、周智安、任蠻奴、田瑞、樊毅、孔範、蕭摩訶等以勁兵拒戰。田瑞先犯弼軍，弼擊走之。魯達等相繼遞進，弼軍屢卻。弼揣知其驕，士卒且惰，於是督厲將士，殊死戰，遂大破之。麾下開府員明擒摩訶至，弼命左右牽斬之。摩訶顏色自若，弼釋而禮之。從北掖門而入。時韓擒已執陳叔寶，弼至，呼叔寶視之。叔寶惶懼流汗，股慄再拜。弼謂之曰：『小國之君，當大國卿，拜，禮也。入朝不失作歸命侯，無勞恐懼。』既而弼恚恨不獲叔寶，功在韓擒之後，於是與擒相詢，挺刃而出。上聞弼有功，大悦，下詔褒揚，語在《韓擒傳》。晉王以弼先期決戰，違軍命，於是以弼屬吏。上驛召之，及見，迎勞曰：『克定三吳，公之功也。』命登御坐，賜物八千段，加位上柱國，進爵宋國公，眞食襄邑三千户，加以寶劍、寶帶、金甕、金盤各一，并雉尾扇、曲蓋，雜綵二千段，女樂二部，又賜陳叔寶妹爲妾。拜右領軍大將軍，尋轉右武候大將軍。

又　卷五五《高勱傳》　高勱，字敬德，渤海蓨人也，齊太尉、清河王岳之子也。【略】（開皇）七年，轉光州刺史，上取陳五策，又上表曰：『臣聞夷凶翦暴，王者之懋功；取亂侮亡，往賢之雅誥。是以苗民逆命，爰興兩階之舞；有扈不賓，終召六師之伐。皆所以寧一宇內，匡濟羣生者也。自昔晉氏失馭，天網絶維，羣凶於焉蝟起，三方因而鼎立。陳氏乘其際運，拔起細微，蕃項縱其長蛇，竊據吳會；叔寶肆其昏虐，毒被金陵。數年已來，荒悖滋甚。牝鷄司旦，昵近姦回，尚方役徒，積骸千數，疆埸防守，長戍三年。或微行暴露，沉湎王侯之宅；或奔馳駿騎，顛墜康衢之首。有功不賞，無辜獲戮，烽燧日警，未以爲虞，耽淫靡嫚，不知紀極。天厭亂德，妖實人興，或空里時有大聲，或行路共傳鬼怪，或刳人肝以祠天狗，或自舍身以厭妖訛。民神怨憤，災異荐發，天時人事，昭然可知。臣以庸才，猥蒙朝寄，頻歷藩任，與其鄰接，密邇仇讎，知其動靜，天討有罪，此即其時。若戎車雷動，戈船電邁，臣雖駑怯，請效鷹犬。』高祖覽表嘉之，答以優詔。及大舉伐陳，以勱爲行軍總管，從宜陽公王世積下陳江州。以功拜上開府，賜物三千段。

又　卷五七《薛道衡傳》　薛道衡，字玄卿，河東汾陰人也。【略】道衡六歲而孤，專精好學。【略】高祖作相，從元帥梁睿擊王謙，攝陵州刺史。大定中，授儀同，攝邛州刺史。高祖受禪，坐事除名。河間王弘北征突厥，召典軍書，還除內史舍人。其年，兼散騎常侍，聘陳主使。道衡因奏曰：『江東蕞爾一隅，僭擅遂久，實由永嘉已後，華夏分崩。劉、石、符、姚、慕容、赫連之輩，妄竊名號，尋亦滅亡。魏氏自北徂南，未遑遠略。周、齊兩立，務在兼并，所以江表逋誅，積有年祀。陛下聖德天挺，光膺寶祚，比隆三代，平一九州，豈容使區區之陳，久在天網之外？臣今奉使，請責以稱藩。』高祖曰：『朕且含養，置之度外，勿以言辭相折，識朕意焉。』江東雅好篇什，陳主尤愛雕蟲，道衡每有所作，南人無不吟誦焉。

及八年伐陳，授淮南道行臺尚書吏部郎，兼掌文翰。王師臨江，高熲夜坐幕下，謂之曰：『今段之舉，克定江東已不？君試言之。』道衡答曰：『凡論大事成敗，先須以至理斷之。《禹貢》所載九州，本是王者封域。後漢之季，羣雄競起，孫權兄弟遂有吳、楚之地。晉武受命，尋即吞併，永嘉南遷，重此分割。自爾已來，戰爭不息，否終斯泰，天道之恆。郭璞有云：「江東偏王三百年，還與中國合。」今數將滿矣。以運數而言，其必克一也。有德者昌，無德者亡，自古興滅，皆由此道。主上躬履恭儉，憂勞庶政，叔寶峻宇雕牆，酣酒荒色。上下離心，人神同憤，其必克二也。爲國之體，在於任寄，彼之公卿，備員而已。拔小人施文慶委以政事，尚書令江總唯事詩酒，本非經略之才，蕭摩訶、任蠻奴是其大將，一夫之用耳。其必克三也。我有道而大，彼無德而小，量其甲士，不過十萬。西自巫峽，東至滄海，分之則勢懸而力弱，聚之則守此而失彼。其必克四也。席捲之勢，其在不疑。』熲忻然曰：『君言成敗，事理分明，吾今豁然矣。本以才學相期，不意籌略乃爾。』還除吏部侍郎。

後坐抽擢人物，有言其黨蘇威，任人有意故者，除名，配防嶺表。晉王廣時在揚州，陰令人諷道衡從揚州路，將奏留之。道衡不樂王府，用漢王諒之計，遂出江陵道而去。尋有詔徵還，直內史省。晉王由是銜之，然愛其才，猶頗見禮。後數歲，授內史侍郎，加上儀同三司。

又　卷六〇《崔仲方傳》　崔仲方，字不齊，博陵安平人也。【略】仲方少好讀書，有文武才幹。年十五，周太祖見而異之，令與諸子同就學。時高祖亦在其中，由是與高祖少相款密。後以明經爲晉公宇文護參軍事，尋轉記室，遷司玉大夫，與斛斯徵、柳敏等同修禮律。後以軍功，授平東將軍、銀青光禄大夫，賜爵石城縣男，邑三百户。【略】會帝崩，高祖爲丞相，與仲方相見，握手極歡，仲方亦歸心焉。【略】丁父艱去職。未期，起爲虢州刺史。上書論取陳之策曰：

臣謹案晉太康元年歲在庚子，晉武平吳，至今開皇六年，歲次丙午，合三百七載。《春秋寶干圖》云：『王者三百年一蠲法。』今年三百之期，可謂備矣。陳氏草竊，起於丙子，至今丙午，又子午爲衝，陰陽之忌。昔史趙有言曰：『陳，顓頊之族，爲水，故歲在鶉火以滅。』又云：『周武王克商，封胡公滿於陳。』至魯昭公九年，陳災，裨竈曰：『歲五及鶉火而後陳亡，楚克之。』楚，祝融之後也，爲火正，故復滅陳。陳承舜後，舜承顓頊，雖太歲左行，歲星右轉，鶉火之歲，陳族再亡，戊午之年，嬀虞運盡。語迹雖殊，考事無別。皇朝五運相承，感火德而王，國號爲隋，與楚同分。楚是火正，午爲鶉火，未爲鶉首，申爲實沈，酉爲大梁。既當周、秦、晉、趙之分，若當此分發兵，將得歲之助，以今量古，陳滅不疑。

臣謂午未申酉，併是數極。蓋聞天時不如地利，地利不如人和，況主聖臣良，兵强國富，動植回心，人神叶契。陳既主昏於上，民讟於下，險無百二之固，衆非九國之師。夏癸、殷辛尚不能立，獨此島夷而稽天討！伏度朝廷自有宏謨，但芻蕘所見，冀申螢爝。今唯須武昌已下，蘄、和、滁、方、吳、海等州更帖精兵，密營渡計。益、信、襄、荆、基、郢等州速造舟楫，多張形勢，爲水戰之具。蜀、漢二江，是其上流，水路衝要，必争之所。賊雖於流頭、荆門、延州、公安、巴陵、隱磯、夏首、蘄口、盆城置船，然終聚漢口、峽口，以水戰大決。若賊必以上流有軍，令精兵赴援者，下流諸將卽須擇便横渡。如擁衆自衛，上江水軍鼓行以前。雖恃九江五湖之險，非德無以爲固，徒有三吳、百越之兵，無恩不能自立。

上覽而大悦，轉基州刺史，徵入朝。仲方因面陳經略，上善之，賜以御袍袴，并雜綵五百段，進位開府而遣之。及大舉伐陳，以仲方爲行軍總管，率兵與秦王會。及陳平，坐事免。未幾，復位。後數載，轉會州總管。時諸羌猶未賓附，詔令仲方擊之，與賊三十餘戰，紫祖、四鄰、望方、涉題、千碉、小鐵圍山、白男王、弱水等諸部悉平。賜奴婢一百三十口，黄金三十斤，雜物稱是。

論説

《陳書》卷六《後主紀論》 史臣侍中鄭國公魏徵曰：高祖拔起壠畝，有雄桀之姿。始佐下藩，奮英奇之略，弭節南海，職思静亂。援旗北邁，義在勤王，掃侯景於既成，拯梁室於已墜。天網絶而復續，國步屯而更康，百神有主，不失舊物。魏王之延漢鼎祚，宋武之反晉乘輿，懋績鴻勛，無以尚也。於時内難未弭，外鄰勍敵，王琳作梗於上流，周、齊搖盪於江、漢，畏首畏尾，若存若亡，此之不圖，遽移天曆，雖皇靈有眷，何其速也？然志度弘遠，懷抱豁如，或取士於仇讎，或擢才於亡命，掩其受金之過，宥其吠堯之罪，委以心腹爪牙，咸能得其死力，故乃決機百勝，成此三分，方諸鼎峙之雄，足以無慚權、備矣。

世祖天姿叡哲，清明在躬，早預經綸，知民疾苦，思擇令典，庶幾至治。德刑并用，戡濟艱虞，羣凶授首，彊鄰震懾。雖忠厚之化未能及遠，恭儉之風足以垂訓，若不尚明察，則守文之良主也。臨川年長於成王，過微於太甲，宣帝有周公之親，無伊尹之志，明避不復，桐宫遂往，欲加之罪，其無辭乎！高宗爰自在田，雅量宏廓，登庸御極，民歸其厚，惠以使下，寬以容衆。智勇爭奮，師出有名，揚旆分麾，風行電掃，闢土千里，奄有淮、泗，戰勝攻取之勢，近古未之有也。既而君侈民勞，將驕卒墮，帑藏空竭，折衄師徒，於是秦人方彊，遂窺兵於江上矣。李克以爲吳之先亡，由乎數戰數勝，數戰則民疲，數勝則主驕，以驕主御疲民，未有不亡者也。信哉言乎！高宗始以寬大得人，終以驕侈致敗，文、武之業，墜於茲矣。後主生深宫之中，長婦人之手，既屬邦國殄瘁，不知稼穡艱難。初懼阽危，屢有哀矜之詔，後稍安集，復扇淫侈之風。賓禮諸公，唯寄情於文酒，昵近羣小，皆委之以衡軸。謀謨所及，遂無骨鯁之臣，權要所在，莫匪侵漁之吏。政刑日紊，尸素盈朝，耽荒爲長夜之飲，嬖寵同豔妻之孽。危亡弗恤，上下相蒙，衆叛親離，臨機不寤，自投於井，冀以苟生，視其以此求全，抑亦民斯下矣。

遐觀列辟，纂武嗣興，其始也皆欲齊明日月，合德天地，高視五帝，俯協三王，然而靡不有初，克終蓋寡，其故何哉？并以中庸之才，懷可移之性，口存於仁義，心怵於嗜慾。仁義利物而道遠，嗜慾遂性而便身。便身不可久違，道遠難以固志。佞諂之倫，承顔候色，因其所好，以悦導之，若下坂以走丸，譬順流而决壅。非夫感靈辰象，降生明德，孰能遺其所樂，而以百姓爲心哉？此所以成、康、文、景千載而罕遇，癸、辛、幽、厲靡代而不有，毒被宗社，身嬰戮辱，爲天下笑，可不痛乎！古人有言，亡國之主，多有才藝，考之梁、陳及隋，信非虚論。然則不崇教義之本，偏尚淫麗之文，徒長澆僞之風，無救亂亡之禍矣。

史臣曰：後主昔在儲宫，早標令德，及南面繼業，寔允天人之望矣。至於禮樂刑政，咸遵故典，加以深弘六藝，廣辟四門，是以待詔之徒，爭趨金馬，稽古之秀，雲集石渠。且梯山航海，朝貢者往往歲至矣。自魏正始、晉中朝以來，貴臣雖有識治者，皆以文學相處，罕關庶務，朝章大典，方參議焉。文案簿領，咸委小吏，浸以成俗，迄至於陳。後主因循，未遑改革，故施文慶、沈客卿之徒，專掌軍國要務，姦黠左道，以衰刻爲功，自取身榮，不存國計。是以朝經墮廢，禍生鄰國。斯亦運鍾百六，鼎玉遷變，非唯人事不昌，蓋天意然也。

《隋書》卷二《高祖紀論》　高祖龍德在田，奇表見異，晦明藏用，故知我者希。始以外戚之尊，受託孤之任，與能之議，未爲當時所許，是以周室舊臣，咸懷憤惋。既而王謙固三蜀之阻，不逾朞月，尉迥舉全齊之衆，一戰而亡，斯乃非止人謀，抑亦天之所贊也。乘兹機運，遂遷周鼎。於時蠻夷猾夏，荆、揚未一，劬勞日昃，經營四方。樓船南邁，則金陵失險，驃騎北指，則單於款塞，《職方》所載，并入疆理，《禹貢》所圖，咸受正朔。雖晉武之剋平吴會，漢宣之推亡固存，比義論功，不能尚也。

又　卷五二《韓擒等傳論》　夫天地未泰，聖哲啓其機；疆埸尚梗，爪牙宣其力。周之方、邵，漢室韓、彭，代有其人，非一時也。自晉衰微，中原幅裂，區宇分隔，將三百年。陳氏憑長江之地險，恃金陵之餘氣，以爲天限南北，人莫能窺。高祖爰應千齡，將一函夏。賀若弼慷慨申必取之長策，韓擒奮發，賈餘勇以爭先，勢甚疾雷，鋒踰駭電。隋氏自此一戎，威加四海。稽諸天道，或時有廢興，考之人謀，實二臣之力。其俶儻英略，賀若居多，武毅威雄，韓擒稱重。方於晉之王、杜，勳庸綽有餘地。然賀若功成名立，矜伐不已，竟顛殞於非命，亦不密以失身。若念父臨終之言，必不及於斯禍矣。韓擒累世將家，威聲動俗，敵國既破，名遂身全，幸也。廣陵、甘棠，咸有武藝，驍雄膽略，併爲當時所推，赳赳干城，難兄難弟矣。

《陳書》卷三一《蕭摩訶等傳論》　蕭摩訶氣冠三軍，當時良將，雖無智略，亦一代匹夫之勇矣；然口訥心勁，恂恂李廣之徒歟！任忠雖勇决彊斷，而心懷反覆，誣紿君上，自蹟其惡，鄙矣！至於魯廣達全忠守道，殉義忘身，蓋亦陳代之良臣也。

宋·何去非《何博士備論》卷下《楊素論》　戰必勝、攻必取者，將之良能也。良將之所挾，亦曰智、勇而已。徒智而無勇，則遇勇而挫；徒勇而無智，則遇智而蹶。智足以役勇，勇足以濟智，然後以戰必勝，以攻必取，天下其孰能當之！

昔者楊素之於隋，可謂一代之名將矣。而賀若弼評之，謂其特猛將耳，非所謂謀將也。甚哉！弼之過於自負而輕於議人也。隋自平陳之後，素已爲統帥矣。其克敵斬虜，攻策爲多。既俘陳主，而江湖海岱羣盗蜂起，大者數萬，小者數千，而素專閫外之權，轉戰萬里，窮越嶺海，無向不滅。已而突厥犯塞，宗室稱兵，而社稷危矣。素之授鉞專徵，其所摧陷者不可勝計，遂空虜廷，而清内難。然素之兵未嘗小衂，隋功臣無比肩者，其爲烈亦至矣。而弼猶不以謀將處之，特曰猛而已。夫目之以猛，而不許之以謀，蓋所謂徒勇而無智者矣。考素之功烈如此，苟其智之不逮，則凡所以决機取勝者，其誰之謀也？

自隋文平一天下，所謂名將者，獨韓擒虎、賀若弼、史萬歲與素耳。擒、弼自平陳之後，不獲立尺寸之效，獨史萬歲從素征討，以驍勇稱。而弼乃以大將自處，而目是三人者皆不能盡其材，亦見其不知量，而務以其私言動世主也。

素之馭戎，嚴整而喜誅。每戰，必求士之過失者，斬之以令，常至百輩。而先以數百人赴敵陷陣，不能而還卻者悉斬之。復進以數百人，期必陷陣而止。是以士皆必死，前無堅敵。此弼之所以得目之爲猛也。嗟乎！素非有忍於士也，以爲士之必死者乃所以决生，必生者乃所以决死故也。

唐之善於兵者，無若李靖，其爲書曰：『畏我者不畏敵，畏敵者不畏我。是以古之名將，十卒而殺其三者，威震於敵國；殺其一者，令行於三軍。』靖豈以卒爲不足愛哉？以爲殺一而百奮，則奮者可期於勝也；縱一而百惰，則惰者可期於敗也。奮而克敵，與夫惰而爲敵所克，則是殺者乃所以生之，愛者乃所以害之也。善爲將者，能審乎此，則無惡乎其苛忍也。雖然，在素之術，有足以致勝，未足以爲勝之工也。

《法》曰：『兵無選鋒曰北。』《詩》曰：『元戎十乘，以先啓行。』其啓行者，選鋒之謂也。越王勾踐之伐吳，其爲士者數萬，而又有君子六千人。所謂君子者，其選鋒也。素之所使以陷陣者，其選鋒之謂歟。然至有不克而還不免於誅者，疑其非選之特精，而養之素厚之士也。又嘗觀唐太宗之將，未嘗先以其身親搏戰也。必以驍騎、勁旅而經營於其傍，或瞰臨於其高，常若無意於戰。其兵既交，其鬬皆力而未決也，卒然率之而奮，士皆殊死，突貫其敵之陣而出其背，凡所嬰者無不摧敗。猶之二人之相搏也，材鈞而力偶，方相持而未決也，卒然一夫起其旁而助之，則夫受助者蔑不勝矣。此《法》所謂以正合，以奇勝者也。使素之所用以爲鋒者，皆精其選，而又量敵之堅脆以遣之，其必足以陷敵，無至乎不克而還又加之誅，而常出於唐太宗之奇。則如弼者，亦何得而妄議矣？

宋·李昉等《文苑英華》卷七五三《〔唐〕朱敬則〈陳後主論〉》　長城公器識古人，承平嗣主。觀其求忠讜之士，禁左道之人，淫祀妖書，鏤薄假物，卽古明哲，何以加焉？但强寇臨邊，南國斯蹙。禮義不舉，苛刻日滋；鄰好不敦，驕傲是務。嬖妾五十，盡有珥貂之容；麗服一千，咸取夭桃之色。加以貴妃夾坐，狎客承筵。玉貌絳脣，咀嚼宫徵；花箋綵筆，吟詠烟霞。長夜不疲，略無醒日。於時也。隋德甫隆，南被江漢。厚待間諜，羊叔子之傾敵人；不伐有喪，楚恭王之結鄰好。加以賀若謀勇，應變如神；擒虎雄風，臨機若電。莫不迎刃自裂，聽鼓爭奔。斬張悌之守迷，降薛瑩之知命。紫殿正色，不用袁憲之言；白刃交前，但爲無社之計。嗟乎！龍盤虎踞之地，露草沾衣；千門雙闕之間，風烟歇絶。臨江離别之感，赴洛嗚咽之悲。五百里之俘囚，累累不絶；三百年之王氣，寂寂長空。一國爲一人興，前賢以後愚滅，其來尚矣。

或問曰：『安樂公劉禪，歸命侯孫皓，温國公高緯，長城公陳叔寶，併稱域中之大，據天下之尊，或銜璧送降，或逃竄就縶，必不得已，何者爲先？』

君子曰：『客所問者，具在方册，請爲吾子陳之，任自擇焉。若乃投井求生，横奔畏死，面縛請罪，膝行待刑，是其謀也。馬上唱無愁之歌，侍宴索達摩之曲，劉禪不思隴蜀，叔寶絶無心肝。對賈充以不忠之詞，和晉帝以鄰國之詠，是其才也。縱黄皓，嬖岑昏，寵高壤，狎江總，是其任也。剝面鑿眼，孫皓之刑；棄親卽讎，高緯之志。其餘細故，不可殫論。聽吾子之懸衡，任夫人之明鏡。』客曰：『入井，下策也。』

清·王夫之《讀通鑑論》卷一八《陳後主》　大臣不言，而疏遠之小臣諫，其國必亡。小臣者，權不足以相正，情不足以相接，聚而有言，言之婉，則置之若無，言之激，則必逢其怒，大臣雖營救而不能免，能免矣，且以免爲幸，而言爲徒設，況大臣之媢忌以相排也乎？大臣者，苟非窮凶極悖之主，不能輕殺也，故言可激也；苟非菽麥不辨之主，從容乘牖以入，故言可婉也，大臣秉正於上，而小臣亦恃之以敢言，然後可切言之，以曲成大臣之婉論，交相須也，而所情者終大臣也。大臣不言，小臣乃起而有言，觸昏昏者之怒，以益其惡，未有不亡矣。

夫大臣既導君以必亡矣，則爲小臣者將何如而可哉？去而已矣。陳後主國垂危而縱欲以敗度，傅縡、章華危言而見殺，陳之亡，遲之十年而猶晚，而二子者，亦捨身飼虎之仁，君子所弗尚也。春秋書陳殺其大夫洩冶，説經者謂『洩冶失語默之節，不如高哀之全身』，非也。微者名姓不登於春秋，曰殺其大夫而著其名，洩冶貴大夫也，諫而死，允矣，高哀名姓登於史策，亦貴大夫也，而去之，失臣節矣。縡與華非洩冶比也，胡爲其以身試醒人之暴怒邪？其情忿，其言訐，唯恐刃之不加於項，而無救於陳之亡，何爲也哉？

誠不忍故國之淪没，而恥爲隋屈，山之涯、水之涘，庸詎無潔身之所，而必於刑人之市私置此父母之遺體乎？於是而江總之邪益成；於是而施文慶、沈客卿之勢益張；於是而盈廷之口益箝；於是而隋人問罪之名益正。故陳必亡者也，殺二子而更速也。嬴瘵者浮火方張，投以梔芩而斃逾速，二子之以自處而處人之宗社，無一可者也。

名教之於人甚矣！國雖破，君雖降，而下猶以降爲恥，不能死而不以死爲憂，行其志以免於慚，名教未亡於心也。

陳亡，袁憲侍後主而不忍去；許善心奉使未返，而衰服以臨；周羅睺大臨三日，而後放兵散仗；陳叔慎置酒長歎，而謝基伏而流涕；任瓌勸王勇求陳後立之，不聽而棄官以隱；於仗節死義未能決也，而皆有可勸者焉。慕容、姚、苻、高氏之滅，未有此也，其或擁兵而起，則皆挾雄心以徼利者爾。晉南渡而衣冠移於江左，賢不肖之不齊，而風範廉隅養其恥心者，非暴君篡主之能銷鑠也。諸子之不死，隋不殺之耳，皆無自免於死之道也；無求免於死之道而不死，不死不足以爲其節累。且陳氏之爲君微矣，其得國也不以義，非有不可解君臣之分也；所不忍亡者，永嘉以來，中原士大夫之故國，先代僅存之文物，不忍淪没於一旦也。雖然，陳不能守，而隋得之，固愈於五胡之種多矣。諸子者，視家鉉翁、謝枋得而尤可不死，然而毅然以名教自盡也，不尤賢乎！

又《**陳宣帝**》 高熲南侵，而陳宣帝殂，陳請和於隋，高熲以不伐喪班師。陳之愚而必亡，隋之智而克陳，皆於此徵之矣。

陳、隋强弱不相敵明矣，宣帝殂，叔陵狂逞，嗣子傷，內不靖而未遑外御，權下隋以紓難，何言愚也？弱者示人以弱，則受陵乘也無已。高熲之兵，固不足畏者也。隋主初篡而位未固，以司馬消難之在陳，有戒心焉。熲之南侵，聊以禦陳，非能有啓疆之志也。既分兵以南侵，千金公主、高寶寧又挾沙鉢略以入寇，隋固急欲輟南軍而防北塞。陳於此，正可晏坐以全力固封守，待其疲敝而空返；乃葸怯柔巽，暴其虚枵惶遽之情實，使隋得志以班師，而測其不自振之隱，使洋洋而盜名以去，故愚甚也。

熲不伐喪，義也，而何但言智也？奪人之國而無慚，欺人之孤而不恤，以女事人而因攘其宗社，不以爲恥，隋之君臣豈能守規規之義，閔人之喪而不伐也哉？乘喪而急攻之，固敗道也，非勝術也。陳雖弱，江東之立國久矣，非其可以必得，未易傾也。庸人之情，當危而懼，稍定而忘。君薨，嗣子初立，內難方作，而强敵壓境，君臣皆惴惴焉，外雖請和，而內固不自寧也。知其且亡，而迫於不容已，則人有致死之心，以爭存亡於一決。熲以偏師深入，攖必死之怨憤，而吾軍欺其煢弱，挾驕以徼幸，猝與困獸相當於其內地，未有不敗者也。幸而請和之使至矣，假不伐喪之美名以市陳，實收全師不敗之功，以養威而俟時，故隋智甚也。不伐喪矣，許之和矣，陳之廷，愚者曰：『隋有仁義之心，不吾幷也；』黠者曰：『隋有隙而不能乘，無能爲也。』於是而君驕臣怠，解散其憂懼，枵然以自即於安，信使往來，禮文相匹，縻其主於結綺臨春賦詩行樂之中，則席捲而收之也，易於拾芥。善勝敵者，不乘其憂危，而乘其已定之情、已衰之氣，隋之智，非陳之所能測也。自弛於十年而國必亡，姑待之十年而必舉其國，一智愚，一興一亡，於此決矣。

故善謀國者，不憂其所憂，而憂其所不憂，不震掉失守於一朝，不席安自弛於彌日，孰得而乘之哉？而庸人不能也。庸人之愚，智人之資。嚮令陳人請和之使不出，高熲且進退無據，而茶然以返，隋氣挫而陳可以不亡。夫豈陋君具臣之所及哉！

藝文

宋·徐鈞《**史詠詩集**》**卷下**《**隋·人臣·賀若弼**》 乃翁永訣語堪悲，果定江南副所期。守口未能終死舌，如何啓動刺錐時。

又《**楊素**》 巧逢挾忌立功名，殺父猶從罪更深。已托沉浮輕大節，尚言富貴本無心。

又《**韓擒虎**》 俘主推都鋭莫當，區區破陣卻爭長。不堪世上無分别，自作閻羅地下王。

元·顧瑛《**草堂雅集**》**卷一三**《**王冕〈題金陵〉**》 賞心亭前春草花，賞心亭下柳生芽。收功謾説韓擒虎，亡國豈由張麗華。江山萬古足登覽，豪傑幾人過歎嗟。野老相逢問指點，六朝宫闕盡桑麻。

元·楊維楨《**鐵崖古樂府**》**卷九**《**三閣詞**》 昨夜韓擒虎，將軍奏凱回。井中人不死，重帶美人來。

清·彭定求等《**全唐詩**》**卷七二九**《**周曇〈隋門·賀若弼〉**》 破敵江軍意氣豪，請除傾國斬妖嬈。紅綃忍染嬌春雪，瞪目看行切玉刀。

清·陳啓疇《**詠史擬古樂府**》**卷上**《**三猛吟隋書**》 賀若弼下獄，文帝數之曰：『公有三太猛：嫉妬心太猛，自是非人心太猛，無上心太猛。』

好箇賀若弼，戎陣誇大將。惜有三太猛，第一心無上。曾將八千兵，叔寶氣先喪。親南平陳策，自詡功莫尚。格外賞已蒙，格外活猶望。錐刺血未乾，舌死言豈忘。先皇忽晏駕，殺身坐誹謗。高公豈有佗，悔殺張麗華。

又　《麗華謡隋書》　平陳之役，高熲先入建康，煬帝使人馳告，令留張麗華，熲竟斬之。帝變色曰：『無德不報，我必有以報高公矣。』

無德不報高公死，阿摩豈直黃奴比。吳公臺下魂夢迷，大江以南五嶺北。千騎萬舳相鉤連，翦彩爲花冬不落，臨春結綺望仙閣。宮中盡放游山螢，樹上併無安巢鶴。秦皇漢武非匹儔，尋豢啓民繳始畢。將軍十二馬蹄疾，羣鳥猶聞呼奈何。金盦塵澁同心結，文叔好色眞堪誇。微時要得陰麗華，一曲後庭歌何在？賞心亭畔空啼鴉。

清・謝啓昆《樹經堂詠史詩》卷五《隋・賀若弼》　字輔伯，河陽雒陽人也。

白土岡前馬控銜，飛來天塹掛旌。誰知刺舌錐猶在，竟惜亡身口未緘。七策平陳經御授，三人論將遘天讒。平生拼葬江魚腹，終要功名勒石函。

又　《韓擒虎》　字子通，河南東垣人也，後家新安。

采石宵乘醉卒屠，旋看赤手縛黃奴。摩訶舊仰軍威肅，突厥還驚膽氣粗。青驤斑騅千里應，閻羅柱國一身俱。爭功上將占膚剝，不及全軀禮遇殊。

清・羅惇衍《集義軒詠史詩鈔》卷三二《七言律詩二十九首・隋・賀若弼》　字輔伯，河南洛陽人。周襄邑縣公。文帝卽位，封宋公，拜上柱國、右武衛大將軍。後爲煬帝所殺，年六十四。

遠振軍威酹酒盟，江魚腹葬誓行營。降君恨未騾車執，天子頒將雉扇迎。不改心中三太猛，已蒙格外一求生。臨刑刺舌何忘父，私議榆林禍又萌。

又　《韓擒虎》　門開朱雀夜如何，五百精兵躍馬過。生縛黃奴馮赤手，死傅柱國作閻羅。降王井底攜佳麗，鬬將宮中奏凱歌。七策平陳嗟賀若，御筵爭說戰功多。

清・王廷紹《淡香齋詩草》卷二《隋・韓擒虎》　先聲早已奪摩訶，五百精兵不在多。朱雀桁開沈鐵鎖，青驄馬走奮雕戈。瓊枝璧月看宮景，冬氣春風聽凱歌。爲想麗華同叔寶，臙脂井底望閻羅。

清・鮑桂星《覺生詠史詩鈔》卷二《隋・韓擒虎》　青驄馬上見閻羅，一百精兵士萬過。門者醉焉軍已入，老夫降矣衆如何任蠻奴語。蕭摩厲被摧鋒鋭，賀若寧堪競戰多。卻笑井中陳叔寶，不來江畔聽謡歌。

清・曹振鏞《話雲軒詠史詩》卷下《隋・韓擒虎》　江東試聽有謡歌，冬氣春風語若何。朱雀門攻摧鐵壘，青驄馬起擁雕戈。漫誇委任先鋒久，卻笑爭功上將多。我亦不求官柱國，但期能死作閻羅。

唐朝多民族統一大國盛興部

唐受隋禪分部

綜述

《隋書》卷五《恭帝紀》　恭皇帝，諱侑，元德太子之子也。母曰韋妃。性聰敏，有氣度。大業三年，立爲陳王。後數載，徙爲代王，邑萬户。及煬帝親征遼東，令於京師總留事。十一年，從幸晉陽，拜太原太守。尋鎮京師。義兵入長安，尊煬帝爲太上皇，奉帝纂業。

義寧元年十一月壬戌，上卽皇帝位於大興殿。詔曰：『王道喪亂，天步不康，古往今來，代有其事，屬之於朕，逢此百罹，彼蒼者天，胡寧斯忍！襁褓之歲，夙遭憫凶，孺子之辰，太上播越，興言感動，實疚於懷。太尉唐公，膺期作宰，時稱舟楫，大拯橫流，糾合義兵，翼戴皇室，與國休慼，再匡區夏，爰奉明詔，弼予幼沖，顯命光臨，天威咫尺，對揚尊號，悼心失圖。一人在遠，三讓不遂，僶俛南面，厝身無所，苟利社稷，莫敢或違，俯從羣議，奉遵聖旨。可大赦天下，改大業十三年爲義寧元年。十一月十六日昧爽以前，大辟罪已下，皆赦除之；常赦所不免者，不在赦限。』甲子，以光祿大夫、大將軍、太尉唐公爲假黃鉞、使持節、大都督内外諸軍事、尚書令、大丞相，進封唐王。丙寅，詔曰：『朕惟孺子，未出深宫，太上遠巡，追蹤穆滿。時逢多難，委當尊極，辭不獲免，恭己臨朝，若涉大川，罔知所濟，撫躬永歎，憂心孔棘。民之情僞，曾未之聞，王業艱難，載云其易。賴股肱戮力，上宰賢良，匡佐沖人，輔其不逮。軍國機務，事無大小，文武設官，位無貴賤，憲章賞罰，咸歸相府，庶績其凝，責成斯屬，逖聽前史，兹爲典故。因循仍舊，非曰徒言，所存至公，無爲讓德。』己巳，以唐王子隴西公建成爲唐國世子，敦煌公爲京兆尹，改封秦公，元吉爲齊公，食邑各萬户。太原置鎮北府。乙亥，張掖康老和舉兵反。十二月癸未，薛舉自稱天子，寇扶風。秦公爲元帥，擊破之。丁亥，桂陽人曹武徹舉兵反，建元通聖。丁酉，義師擒驍衛大將軍屈突通於閺鄉，虜其衆數萬。乙巳，賊帥張善安陷廬江郡。

二年春正月丁未，詔唐王劍履上殿，入朝不趨，贊拜不名，加前後羽葆鼓吹。壬戌，將軍王世充爲李密所敗，河内通守孟善誼、武賁郎將王辯、楊威、劉長恭、梁德、董智通皆死之。庚戌，河陽郡尉獨孤武都降於李密。三月丙辰，右屯衛將軍宇文化及殺太上皇於江都宫，右御衛將軍獨孤盛死之。齊王暕，趙王杲，燕王倓，光禄大夫、開府儀同三司、行右翊衛大將軍宇文協，金紫光禄大夫、内史侍郎虞世基，銀青光禄大夫、御史大夫裴藴，通議大夫、行給事郎許善心皆遇害。化及立秦王浩爲帝，自稱大丞相，朝士文武皆受其官爵。光禄大夫、宿公麥才，折衝郎將、朝請大夫沈光，同謀討賊，夜襲化及營，反爲所害。戊辰，詔唐王備九錫之禮，加璽紱、遠游冠、緑綟綬，位在諸侯王上。唐國置丞相已下，一依舊式。

五月乙巳朔，詔唐王冕十有二旒，建天子旌旗，出警入蹕，金根車駕，備五時副車，置旄頭雲罕車，儛八佾，設鐘虡宫懸。王后、王子、王女爵命之號，一遵舊典。戊午，詔曰：

天禍隋國，大行太上皇遇盜江都，酷甚望夷，釁深驪北。憫予小子，奄逮不弔，哀號承感，心情糜潰，仰惟荼毒，仇復靡申，形影相吊，罔知啓處。相國唐王，膺期命世，扶危拯溺，自北徂南，東征西怨，總九合於一匡，決百勝於千里，糾率夷夏，大庇氓黎，保乂朕躬，繄王是賴。德侔造化，功格蒼旻，兆庶歸心，曆數斯在，屈爲人臣，載違天命。在昔虞夏，揖讓相推，苟非重華，誰堪命禹！當今九服崩離，三靈改卜，大運去矣，請避賢路，兆謀布德，顧己莫能，私僮命駕，須歸藩國。予本代王，及予而代，天之所廢，豈期如是！庶憑稽古之聖，以誅四凶，幸值惟新之恩，預充三恪。雪冤恥於皇祖，守禋祀爲孝孫，朝聞夕殞，及泉無恨，今遵故事，遜於舊邸。庶官羣辟，改事唐朝，宜依前典，趣上尊號。若釋重負，感泰兼懷，假手眞人，俾除醜逆。濟濟多士，明知朕意。

仍敕有司，凡有表奏，皆不得以聞。是日，上遜位於大唐，以爲酅國公。武德二年夏五月崩，時年十五。

《舊唐書》卷一《高祖紀》 高祖以周天和元年生於長安，七歲襲唐國公。及長，倜儻豁達，任性眞率，寬仁容衆，無貴賤咸得其歡心。隋受禪，補千牛備身。文帝獨孤皇后，即高祖從母也，由是特見親愛，累轉譙、隴、岐三州刺史。有史世良者，善相人，謂高祖曰：『公骨法非常，必爲人主，願自愛，勿忘鄙言。』高祖頗以自負。大業初，爲滎陽、樓煩二郡太守，徵爲殿内少監。九年，遷衛尉少卿。遼東之役，督運於懷遠鎮。及楊玄感反，詔高祖馳驛鎮弘化郡，兼知關右諸軍事。高祖歷試中外，素樹恩德，及是結納豪傑，衆多款附。時煬帝多所猜忌，人懷疑懼。會有詔徵高祖詣行在所，遇疾未謁。時甥王氏在後宫，帝問曰：『汝舅何遲？』王氏以疾對，帝曰：『可得死否？』高祖聞之益懼，因縱酒沉湎，納賄以混其迹焉。十一年，煬帝幸汾陽宫，命高祖往山西、河東黜陟討捕。師次龍門，賊帥母端兒率衆數千薄於城下。高祖從十餘騎擊之，所射七十發，皆應弦而倒，賊乃大潰。十二年，遷右驍衛將軍。

十三年，爲太原留守。郡丞王威、武牙郎將高君雅爲副將。羣賊蜂起，江都阻絶。太宗與晉陽令劉文靜首謀，勸舉義兵。俄而馬邑校尉劉武周據汾陽宫舉兵反。太宗與王威、高君雅將集兵討之。高祖乃命太宗與劉文靜及門下客長孫順德、劉弘基各募兵，旬日間衆且一萬，密遣使召世子建成及元吉於河東。威、君雅見兵大集，恐高祖爲變，相與疑懼，請高祖祈雨於晉祠，將爲不利。【略】五月甲子，高祖與威、君雅視事。太宗密嚴兵於外，以備非常。遣開陽府司馬劉政會告威等謀反，即斬之以徇，遂起義兵。甲戌，遣劉文靜使於突厥始畢可汗，令率兵相應。六月甲申，命太宗將兵徇西河，下之。癸巳，建大將軍府，并置三軍，分爲左右，以世子建成爲隴西公、左領大都督，左統軍隸焉；太宗爲敦煌公、右領大都河池太守蕭瑀以郡降。丙午，遣雲陽令詹俊、武功縣正李仲衮徇巴蜀，下之。

二年春正月戊辰，世子建成爲撫寧大將軍、東討元帥，太宗爲副，總兵七萬，徇地東都。二月，清河賊帥竇建德僭稱長樂王。吴興人沈法興據丹陽起兵。三月丙辰，右屯衛將軍宇文化及弑隋太上皇於江都宫，立秦王浩爲帝，自稱大丞相。徙封太宗爲趙國公。戊辰，隋帝進高祖相國，總百揆，備九錫之禮。唐國置丞相以下，立皇高祖已下四廟於長安通義里第。

夏四月辛卯，停竹使符，頒銀菟符於諸郡。戊戌，世子建成及太宗自東都班師。五月乙巳，天子詔高祖冕十有二旒，建天子旌旗，出警入蹕。王后、王女爵命之號，一遵舊典。戊午，隋帝詔曰：【略】遣使持節、兼太保、刑部尚書、光禄大夫、梁郡公蕭造，兼太尉、司農少卿裴之隱奉皇帝璽綬於高祖。高祖辭讓，百僚上表勸進，至於再三，乃從之。隋帝遜於舊邸。改大興殿爲太極殿。

甲子，高祖卽皇帝位於太極殿，命刑部尚書蕭造兼太尉，告於南郊，大赦天下，改隋義寧二年爲唐武德元年。官人百姓，賜爵一級。義師所行之處，給復三年。罷郡置州，改太守爲刺史。丁卯，宴百官於太極殿，賜帛有差。東都留守官共立隋越王侗爲帝。壬申，命相國長史裴寂等修律令。

六月甲戌，太宗爲尚書令，相國府長史裴寂爲尚書右僕射，相國府司馬劉文靜爲納言，隋民部尚書蕭瑀、相國府司録竇威併爲内史令。廢隋《大業律令》，頒新格。己卯，備法駕，迎皇高祖宣簡公已下神主，祔於太廟。追謚妃竇氏爲太穆皇后，陵曰壽安。庚辰，立世子建成爲皇太子。封太宗爲秦王，齊國公元吉爲齊王。

又　卷二《太宗紀上》　太宗文武大聖大廣孝皇帝諱世民，高祖第二子也。【略】太宗幼聰睿，玄鑑深遠，臨機果斷，不拘小節，時人莫能測也。【略】時隋祚已終，太宗潛圖義舉，每折節下士，推財養客，羣盜大俠，莫不願效死力。及義兵起，乃率兵略徇西河，克之。拜右領大都督，右三軍皆隸焉，封燉煌郡公。

大軍西上賈胡堡，隋將宋老生率精兵二萬屯霍邑，以拒義師。會久雨

督，右統軍隸焉。裴寂爲大將軍府長史，劉文靜爲司馬，石艾縣長殷開山爲掾，劉政會爲屬，長孫順德、劉弘基、竇琮等分爲左右統軍。開倉庫以賑窮乏，遠近回應。秋七月壬子，高祖率兵西圖關中。【略】丙辰，師次靈石縣，營於賈胡堡。隋武牙郎將宋老生屯霍邑，以拒義師。會霖雨積旬，饋運不給。高祖命旋師，太宗切諫乃止。有白衣老父詣軍門曰：『餘爲霍山神使謁唐皇帝曰：「八月雨止，路出霍邑東南，吾當濟師」。』高祖曰：『此神不欺趙無恤，豈負我哉！』八月辛巳，高祖引師趨霍邑，斬宋老生，平霍邑。丙戌，進下臨汾郡及絳郡。癸巳，至龍門，突厥始畢可汗遣康稍利率兵五百人、馬二千匹，與劉文靜會於麾下。隋驍衛大將軍屈突通鎮河東，津梁斷絶，關中向義者頗以爲阻。於東水濱居人競進舟楫，不謀而至，前後數百人。九月【略】戊午，高祖親率衆圍河東，屈突通自守不出，乃命攻城，不利而還。文武將吏請高祖領太尉，加置僚佐。從之。華陰令李孝常以永豐倉來降。庚申，高祖率軍濟河，舍於長春宫。三秦士庶至者，日以千數，高祖禮之，咸過所望，人皆喜悦。丙寅，遣隴西公建成、司馬劉文靜屯兵永豐倉，兼守潼關，以備他盜。太宗率劉弘基、長孫順德等前後數萬人，自渭北徇三輔，所至皆下。高祖從父弟神通起兵鄠縣，柴氏婦舉兵於司竹，至是併與太宗會。鄠縣賊帥丘師利、李仲文，盩厔賊帥何潘仁等，合衆數萬來降。乙亥，命太宗自渭汭屯兵阿城，隴西公建成自新豐趣霸上。高祖率大軍自下邽西上，經煬帝行宫園苑，悉罷之，宫女放還親屬。冬十月辛巳，至長樂宫，有衆二十萬，京師留守刑部尚書衛文升、右翊衛將軍陰世師、京兆郡丞滑儀挾代王侑以拒義師。高祖遣使至城下，諭以匡復之意再三，皆不報。諸將固請圍城。十一月丙辰，攻拔京城。衛文升先已病死，以陰世師、滑儀等拒義兵，併斬之。癸亥，率百僚，備法駕，立代王侑爲天子，遥尊煬帝爲太上皇，大赦，改元爲義寧。甲子，隋帝詔加高祖假黄鉞、使持節、大都督内外諸軍事、大丞相，進封唐王，總録萬機。以武德殿爲丞相府，改教爲令。以隴西公建成爲唐國世子；太宗爲京兆尹，改封秦公；姑臧公元吉爲齊公。十二月癸未，丞相府置長史、司録已下官僚。金城賊帥薛舉寇扶風，命太宗爲元帥擊之。遣趙郡公孝恭招慰山南，所至皆下。癸巳，太宗大破薛舉之衆於扶風。屈突通自潼關奔東都，劉文靜等追擒於閿鄉，虜其衆數萬。

糧盡，高祖與裴寂議，且還太原，以圖後舉。太宗曰：『本興大義以救蒼生，當須先入咸陽，號令天下；遇小敵卽班師，將恐從義之徒一朝解體。還守太原一城之地，此爲賊耳，何以自全！』高祖不納，促令引發。太宗遂號泣於外，聲聞帳中。高祖召問其故，對曰：『今兵以義動，進戰則必克，退還則必散。衆散於前，敵乘於後，死亡須臾而至，是以悲耳。』高祖乃悟而止。

八月己卯，雨霽，高祖引師趣霍邑。太宗恐老生不出戰，乃將數騎先詣其城下，舉鞭指麾，若將圍城者，以激怒之。老生果怒，開門出兵，背城而陣。高祖與建成合陣於城東，太宗及柴紹陣於城南。老生麾兵疾進，先薄高祖，而建成墜馬，老生乘之，高祖與建成軍咸卻。太宗自南原率二騎馳下峻坂，衝斷其軍，引兵奮擊，賊衆大敗，各舍仗而走。懸門發，老生引繩欲上，遂斬之，平霍邑。至河東，關中豪傑爭走赴義。太宗請進師入關，取永豐倉以賑窮乏，收羣盜以圖京師，高祖稱善。太宗以前軍濟河，先定渭北。三輔吏民及諸豪猾詣軍門請自效者日以千計，扶老攜幼，滿於麾下。收納英俊，以備僚列，遠近聞者，咸自托焉。師次於涇陽，勝兵九萬，破胡賊劉鷂子，并其衆。留殷開山、劉弘基屯長安故城。太宗自趣司竹，賊帥李仲文、何潘仁、向善志等皆來會，頓於阿城，獲兵十三萬。長安父老齎牛酒詣旌門者不可勝紀，勞而遣之，一無所受。軍令嚴肅，秋毫無所犯。尋與大軍平京城。高祖輔政，受唐國內史，改封秦國公。會薛舉以勁卒十萬來逼渭濱，太宗親擊之，大破其衆，追斬萬餘級，略地至於隴坻。

義寧元年十二月，復爲右元帥，總兵十萬徇東都。及將旋，謂左右曰：『賊見吾還，必相追躡。』設三伏以待之。俄而隋將段達率萬餘人自後而至，度三王陵，發伏擊之，段達大敗，追奔至於城下。因於宜陽、新安置熊、谷二州，戍之而還。徙封趙國公。高祖受禪，拜尚書令、右武候大將軍，進封秦王，加授雍州牧。

又 卷五七《裴寂傳》 裴寂字玄眞，蒲州桑泉人也。【略】大業中，歷侍御史、駕部承務郎、晉陽宮副監。高祖留守太原，與寂有舊，時加親禮，每延之宴語，間以博奕，至於通宵連日，情忘厭倦。時太宗將舉義師而不敢發言，見寂爲高祖所厚，乃出私錢數百萬，陰結龍山令高斌廉與寂博戲，漸以輸之。寂得錢既多，大喜，每日從太宗游。見其歡甚，遂以情告之，寂卽許諾。寂又以晉陽宮人私侍高祖，高祖從寂飲，酒酣，寂白狀曰：『二郎密纘兵馬，欲舉義旗，正爲寂以宮人奉公，恐事發及誅，急爲此耳。今天下大亂，城門之外，皆是盜賊。若守小節，旦夕死亡，若舉義兵，必得天位。衆情已協，公意如何？』高祖曰：『我兒誠有此計，既已定矣，可從之。』

及義兵起，寂進宮女五百人，并上米九萬斛、雜綵五萬段、甲四十萬領，以供軍用。大將軍府建，以寂爲長史，賜爵聞喜縣公。從至河東，屈突通拒守，攻之不下，三輔豪傑歸義者日有千數。高祖將先定京師，議者恐通爲後患，猶豫未決。寂進說曰：『今通據蒲關，若不先平，前有京城之守，後有屈突之援，此乃腹背受敵，敗之道也。未若攻蒲州，下之而後入關。京師絶援，可不攻而定矣。』太宗曰：『不然。兵法尚權，權在於速。宜乘機早渡，以駭其心。我若遲留，彼則生計。且關中羣盜，所在屯結，未有定主，易以招懷，賊附兵强，何城不克？屈突通自守賊耳，不足爲虞。若失入關之機，則事未可知矣。』高祖兩從之，留兵圍河東，而引軍入關。及京師平，賜良田千頃、甲第一區、物四萬段，轉大丞相府長史，進封魏國公，食邑三千户。

及隋恭帝遜位，高祖固讓不受，寂勸進，又不答。寂請見曰：『桀、紂之亡，亦各有子，未聞湯、武臣輔之，可爲龜鏡，無所疑也。寂之茅土、大位，皆受之於唐，陛下不爲唐帝，臣當去官耳。』又陳符命十餘事，高祖乃從之。寂出，命太常具禮儀，擇吉日。高祖既受禪，謂寂曰：『使我至此，公之力也。』拜尚書右僕射，賜以服翫，不可勝紀，仍詔尚食奉御，每日賜寂御膳。高祖視朝，必引與同坐，入閤則延之臥內，言無不從，呼爲裴監而不名。當朝貴戚，親禮莫與爲比。

又 《劉文靜傳》 劉文靜字肇仁，自云彭城人，代居京兆之武功。【略】隋末，爲晉陽令，遇裴寂爲晉陽宮監，因而結友。【略】及高祖鎮太原，文靜察高祖有四方之志，深自結託。又竊觀太宗，謂寂曰：『非常人也。大度類於漢高，神武同於魏祖，其年雖少，乃天縱矣。』寂初未然之。後文靜坐與李密連婚，煬帝令係於郡獄。太宗以文靜可與謀議，入禁所視之。文靜大喜曰：『天下大亂，非有湯、武、高、光之才，不能定也。』太宗曰：『卿安知無，但恐常人不能別耳。今入禁所相看，非兒女之情相憂而已。時事如此，故來與君圖舉大計，請善籌其事。』文靜曰：『今李密長圍洛邑，主上流播淮南，大賊連州郡、小盜阻山澤者萬數矣，但須眞主驅駕取之。誠能應天順人，舉旗大呼，則四海不足定也。今太原百姓避盜賊者，皆入此城。文靜爲令數年，知其豪傑，一朝嘯集，可得十萬人，尊公所領之兵復且數萬，君言出口，誰敢不從？乘虛入關，號令天下，不盈半歲，帝業可成。』太宗笑曰：『君言正合人意。』於是部署賓客，潛圖起義，候機當發，恐高祖不從，沉吟者久之。文靜見高祖厚於裴寂，欲因寂開說，於是引寂交於太宗，得通謀議。

及高君雅爲突厥所敗，高祖被拘，太宗又遣文靜共寂進說曰：『《易》稱「知幾其神乎」，今大亂已作，公處嫌疑之地，當不賞之功，何以圖全？其裨將敗衄，以罪見歸。事誠迫矣，當須爲計。晉陽之地，士馬精強，宮監之中，府庫盈積，以茲舉事，可立大功。關中天府，代王沖幼，權豪併起，未有適從。願公興兵西入，以圖大事。何乃受單使之囚乎？』高祖然之。時太宗潛結死士，與文靜等協議，克日舉兵，會高祖得釋而止。乃命文靜詐爲煬帝敕，發太原、西河、雁門、馬邑人年二十已上五十已下悉爲兵，期以歲暮集涿郡，將伐遼東。由是人情大擾，思亂者益衆。文靜因謂裴寂曰：『公豈不聞「先發制人，後發制於人」乎！唐公名應圖讖，聞於天下，何乃推延，自貽禍釁。宜早勸唐公以時舉義。』又脅寂曰：『且公爲宮監，而以宮人侍客，公死可爾，何誤唐公也？』寂甚懼，乃屢促高祖起兵。會馬邑人劉武周殺太守王仁恭，自稱天子，引突厥之衆，將侵太原。太宗遣文靜及長孫順德等分部募兵，以討武周爲辭；又令文靜與裴寂僞作符敕，出宮監庫物以供留守資用，因募兵集衆。

及義兵將起，副留守王威、高君雅獨懷猜貳。後數日，將大會於晉祠，威及君雅潛謀害高祖，晉陽鄉長劉世龍以白太宗。太宗既知迫急，欲先事誅之，遣文靜與鷹揚府司馬劉政會投急變之書，詣留守告威等二人謀反。是日，高祖與威、君雅同坐視事，文靜引政會至庭中，云有密狀，知人欲反。高祖指威等取狀看之，政會不肯與，曰：『所告是副留守事，唯唐公得看之耳。』高祖陽驚曰：『豈有是乎！』覽狀訖，謂威等曰：『此人告公事，如何？』君雅大詬曰：『此是反人欲殺我也！』文靜叱左右執之，因於別室。既拘威等，竟得舉兵。

高祖開大將軍府，以文靜爲軍司馬。文靜勸改旗幟以彰義舉，又請連突厥以益兵威，高祖併從之。因遣文靜使於始畢可汗，始畢曰：『唐公起事，今欲何爲？』文靜曰：『皇帝廢冢嫡，傳位後主，致斯禍亂。唐公國之懿戚，不忍坐觀成敗，故起義軍，欲黜不當立者。願與可汗兵馬同入京師，人衆土地入唐公，財帛金寶入突厥。』始畢大喜，卽遣將康鞘利領騎二千隨文靜而至，又獻馬千匹。高祖大悅，謂文靜曰：『非公善辭，何以致此。』

尋率兵御隋將屈突通於潼關，通遣武牙郎將桑顯和率勁兵來擊，文靜苦戰者半日，死者數千人。文靜度顯和軍稍怠，潛遣奇兵掩其後，顯和大敗，悉虜其衆。通尚擁兵數萬，將遁歸東都，文靜遣諸將追而執之，略定新安以西之地。轉大丞相府司馬，進授光禄大夫，封魯國公。

論說

《隋書》卷二《高祖紀論》 高祖【略】素無術學，不能盡下，無寬仁之度，有刻薄之資，暨乎暮年，此風逾扇。又雅好符瑞，暗於大道，建彼維城，權侔京室，皆同帝制，靡所適從。聽哲婦之言，惑邪臣之說，溺寵廢嫡，託付失所。滅父子之道，開昆弟之隙，縱其尋斧，翦伐本枝。墳土未乾，子孫繼踵屠戮，松檟纔列，天下已非隋有。惜哉！迹其衰怠之源，稽其亂亡之兆，起自高祖，成於煬帝，所由來遠矣，非一朝一夕。其不祀忽諸，未爲不幸也。

又 卷四《煬帝紀論》 煬帝爰在弱齡，早有令聞，南平吳會，北卻匈奴，昆弟之中，獨著聲績。於是矯情飾貌，肆厥姦回，故得獻后鍾心，文皇革慮，天方肇亂，遂登儲兩，踐峻極之崇基，承丕顯之休命。地廣三代，威振八紘，單于頓顙，越裳重譯。赤仄之泉，流溢於都內，紅腐之粟，委積於塞下。負其富强之資，思逞無厭之欲，狹殷周之制度，尚秦漢之規摹。恃才矜己，傲狠明德，內懷險躁，外示凝簡，盛冠服以飾其姦，除諫官以掩其過。淫荒無度，法令滋章，教絶四維，刑參五虐，鋤誅骨肉，屠剿忠良，受賞者莫見其功，爲戮者不知其罪。驕怒之兵屢動，土木之功不息。頻出朔方，三駕遼左，旌旗萬里，徵税百端，猾吏侵漁，人不堪命。乃急令暴條以擾之，嚴刑峻法以臨之，甲兵威武以董之，自是海内騷然，無聊生矣。俄而玄感肇黎陽之亂，匈奴有雁門之圍，天子方棄中土，遠之揚越。姦宄乘釁，强弱相陵，關梁閉而不通，皇輿往而不反。加之以師旅，因之以饑饉，流離道路，轉死溝壑，十八九焉。於是相聚萑蒲，蝟毛而起，大則跨州連郡，稱帝稱王，小則千百爲羣，攻城剽邑，流血成川澤，死人如亂麻，炊者不及析骸，食者不遑易子。茫茫九土，并爲麋鹿之場，慘慘黔黎，俱充蛇豕之餌。四方萬里，簡書相續，猶謂鼠竊狗盜，不足爲虞，上下相蒙，莫肯念亂，振蜉蝣之羽，窮長夜之樂。土崩魚爛，貫盈惡稔，普天之下，莫匪仇讎，左右之人，皆爲敵國。終然不悟，同彼望夷，遂以萬乘之尊，死於一夫之手。億兆靡感恩之士，九牧無勤王之師。子弟同就誅夷，骸骨棄而莫掩，社稷顛隕，本枝殄絶，自肇有書契以迄於兹，宇宙崩離，生靈塗炭，喪身滅國，未有若斯之甚也。《書》曰：「天作孽，猶可違，自作孽，不可逭。」《傳》曰：「吉凶由人，祆不妄作。」又曰：「兵猶火也，不戢將自焚。」觀隋室之存亡，斯言信而有徵矣！

又　卷五《恭帝紀論》　恭帝年在幼沖，遭家多難，一人失德，四海土崩。羣盜蜂起，豺狼塞路，南巢遂往，流彘不歸。既鍾百六之期，躬踐數終之運，謳歌有屬，笙鏞變響，雖欲不遵堯舜之迹，其庸可得乎！

《舊唐書》卷一《高祖紀論》　有隋季年，皇圖板蕩，荒主燀燎原之焰，羣盜發逐鹿之機，殄暴無厭，横流靡救。高祖審獨夫之運去，知新主之勃興，密運雄圖，未伸龍躍。而屈己求可汗之援，卑辭答李密之書，決神機而速若疾雷，驅豪傑而從如偃草。洎謳謡允屬，揖讓受終，刑名大鏟於煩苛，爵位不逾於濫軸。由是攫金有恥，伏莽知非，人懷漢道之寬平，不責高皇之慢罵。然而優柔失斷，浸潤得行，誅文靜則議法不從，酬裴寂則曲恩太過。姦佞由之貝錦，嬖幸得以掇蜂。獻公遂間於申生，小白寧懷於召忽。一旦兵交愛子，矢集申孫。匈奴尋犯於便橋，京邑咸憂於左衽。不有聖子，王業殆哉！

贊曰：高皇創圖，勢若摧枯。國運神武，家難聖謨。言生牀第，禍切肌膚。《鴟鴞》之詠，無損於吾。

《新唐書》卷一《高祖紀贊》　自古受命之君，非有德不王。自夏后氏以來，始傳以世，而有賢有不肖，故其爲世，數亦或短或長。論者乃謂周自後稷至於文、武，積功累仁，其來也遠，故其爲世尤長。然考於《世本》，夏、商、周皆出於黄帝，夏自鯀以前，商自契至於成湯，其間寂寥無聞，與周之興異矣。而漢亦起於亭長叛亡之徒。及其興也，有天下皆數百年而後已。由是言之，天命豈易知哉！然考其終始治亂，顧其功德有厚薄與其制度紀綱所以維持者如何，而其後世，或浸以隆昌，或遽以壞亂，或漸以陵遲，或能振而復起，或遂至於不可支持，雖各因其勢，然有德則興，無德則絶，豈非所謂天命者常不顯其符，而俾有國者兢兢以自勉耶？唐在周、隋之際，世雖貴矣，然烏有所謂積功累仁之漸，而高祖之興，亦何異因時而特起者歟？雖其有治有亂，或絶或微，然其有天下年幾三百，可謂盛哉！豈非人厭隋亂而蒙德澤，繼以太宗之治，制度紀綱之法，後世有以憑藉扶持，而能永其天命歟？

又　卷二《太宗紀贊》　甚矣，至治之君不世出也！【略】盛哉太宗之烈也！其除隋之亂，比迹湯、武；致治之美，庶幾成、康。自古功德兼隆，由漢以來未之有也。

李淵在晉陽起義，王威、高君雅謀誅淵，事不成而身死，自隋言之，忠臣也。後人皆以唐得天下而泯其忠節，不復表章，可爲遺憾。

宋・范祖禹《唐鑑》卷一《高祖》　臣祖禹曰：匹夫欲自立於鄉黨，猶不可不自重也，況欲圖王業、舉大事而可以不正啓之乎？太宗陷父於罪而脅之以起兵，高祖昵裴寂之邪，受其宫女而不辭，又稱臣於突厥，倚以爲助，何以示後世矣。夫創業之君，其子孫則而象之，如影響之應形聲，尤不可不慎舉也。是以唐世人主，無正家之法，戎狄多猾夏之亂，蓋高祖以此始也。或曰：太宗苟不爲此，則高祖或終不從，而突厥將爲後患，二者權以濟事也。臣竊以爲不然，古之王者，行一不義殺一不辜而得天下，不爲也。太宗恐高祖之不從，懼突厥之爲患，終守臣節可也。豈有脅父臣虜以得天下而可爲歟？此而可爲，則亦無所不至矣。惜乎太宗有濟世之志，撥亂之才而不知義也。【略】

臣祖禹曰：自魏晉之君，欺孤蔑寡以奪天位，考其實，無異於寒浞、王莽。而必欲效唐虞之文，後世因襲而莫之改，其君臣皆不以爲羞也。惟唐高祖知其出於謟諛者所爲，故繁文僞飾有所不行，亦可謂不自欺者矣。然以兵取而必爲之文曰受禪於隋，是亦未免襲衰世之迹也。雖不能正其名實，如三代之王，而優於晉魏則遠矣。

清・王夫之《讀通鑑論》卷二〇《唐高祖》 《易》曰：『湯、武革命，應乎天而順乎人。』聖人知天而盡人之理，《詩》、《書》所載，有不可得而詳者，千世而下，亦無從而知其深矣。乃自後世觀之，承天之祐，受人之歸，一六寓而定數百年之基者，必有適當其可之幾，蓋亦可以知天、可以知人焉。得天之時則不逆，應人以其時則志定，時者，聖人之所不能違也。唐之取天下，遲回以起，若不足以爭天下之先，而天時人事適與之應以底於成，高祖意念之深，誠不可及也。

天之理不易知矣，人之心不易信矣，而失之者恆以躁。楊廣之播虐甚矣，而唐爲其世臣，受爵禄於其廷，非若湯之嗣契、周之嗣稷，建國於唐、虞之世，元德顯功，自有社稷，而非純乎爲夏、商之臣也。則隋雖不道，唐不可執言以相詰。天有綱，則理不可踰，人可有辭，則心不易服也。故楊廣基高祖而屢欲殺之，高祖處至危之地，視天下之分崩，有可乘之機，以遠禍而徼福，然且斂意卑伏而不遽起；天下怨隋之虐，王薄一呼，而翟讓、孟海公、竇建德、李密、林士弘、徐圓朗、蕭銑、張金稱、劉元進、管崇、薛舉、劉武周、梁師都、朱粲羣起以亡隋，唐且安於臣服，爲之守太原、禦突厥而弗動。至於楊廣棄兩都以流盪於江都，李密已入雒郛，環海無尺寸之寧土，於斯時也，白骨邱積於郊原，孤寡流離於林谷，天下之毒痛又不在獨夫而在羣盜矣。唐之爲餘民爭生死以規取天下者，奪之於羣盜，非奪之於隋也。隋已亡於羣盜，唐自關中而外，皆取隋已失之宇也。然而高祖猶慎之又慎，遲回而不迫起，故秦王之陰結豪杰，高祖不知也，非不知也，王勇於有爲，而高祖堅忍自持，姑且聽之而以靜鎮之也。不貪天方動之幾，不乘人妄動之氣，則天與人交應之而不違。故高祖以五月起，十一月而入長安立代王侑，其明年二月，而宇文化及遂弑楊廣於江都。廣已弑，代王不足以興，越王侗見逼於王世充，旦夕待弑，隋已無君，關東無尺寸之土爲隋所有，於是高祖名正義順，蕩夷羣雄，以拯百姓於凶危，而人得主以寧其婦子，則其視楊玄感、李密之背君父以反戈者，順逆之分，相去縣絶矣。

故解楊廣之虐政者，羣盜也，而益之深熱；救羣盜之殺掠者，唐也，而予以宴安。惟唐俟之俟之，至於時至事起，而猶若不得已而應，則叛主之名可辭；而聞江都之殺，涕泗交流，保全代王，録用隋氏宗支，君子亦信其非欺。人謂唐之有天下也，秦王之勇略志大而功成，不知高祖慎重之心，持之固，養之深，爲能順天之理、契人之情，放道以行，有以折羣雄之躁妄，綏民志於來蘇，故能折箠以禦梟尤，而係國於苞桑之固，非秦王之所可及也。

嗚呼！天子之尊，非可志爲擬也；四海之大，非可氣爲壓也。相時之所疾苦，審己之非横逆，然後可徐起以與天下休息，即毒衆臨戎，而神人罔爲怨恫；降李密，禽世充，斬建德，俘蕭銑，皆義所可爲、仁所必勝也，天下不歸唐，而尚誰歸哉？慎於舉事，而所爭者羣盜也，非隋也；非惡已熸而將熄之楊廣也，毒方興而不戢之僞主也。有唐三百載之祚，高祖一念之慎爲之，則湯、武必行法以俟命，其静審天人之幾者，亦可髣髴遇之矣。

藝文

宋・徐鈞《史詠詩集》卷下《隋・人臣・李密》 泥封函谷策誠奇，人不能從已不疑。何事昏迷還至此，只因天欲啓唐基。

清・洪亮吉《唐宋小樂府・起義兵》 唐高祖，起義兵，何不學湯武，乃襲禮讓名。

清・史夢蘭《全史宮詞》卷一二《北朝・隋・僞魏李密》 攻城礮賜將軍號，雲旌翩翩繞洛河。示得成功先作樂，清詞教與雪兒歌。

又 《平陽公主》 共引貔貅婦敵氛，平陽公主奏奇勛。凌煙閣上丹青手，畫像應添娘子軍。

又 卷一三《唐・高祖》 孔雀屏風中疊雙，天生妃耦異尋常。阿婆一語先稱賀，堂主分明主大唐。

清・黃鵬揚《讀史吟評》卷一《李密》 黎陽師聚老無功，洪容陳書似冥鴻。早向江都求一戰，不教喪敗在山東。

清·張晉《艷雪堂詩集》卷一《讀唐書列傳二十八首·李密》 漢書掛角意瑰奇，左仗曾驚黑色兒。爲牧不妨推大弟，入關畢竟讓王師。姓符讖緯原無應，身作韓彭且不知。欲效安豐何反覆，可憐終未處台司。

雜録

唐·杜佑《通典》卷一六五《刑法三》 大唐高祖起義至京師，約法十二條，唯制殺人、劫盜、背軍、叛逆者死，餘併蠲除之。及受禪，又制五十三條格，入於新律，武德七年頒行之。

宋·李昉等《太平廣記》卷一三五《徵應一·唐齊王元吉》 唐齊王元吉於晉陽宮獲青石，若龜形，文有丹書四字，曰：『李淵萬吉。』元吉遣使獻之，文字暎澈，宛若龜形，見者咸異焉。高祖曰：『不足信也。』乃令水漬磨以驗之，數日浸而經宿磨之，其字愈明。於是內外畢賀。高祖曰：『上天明命，貺以萬吉，孤陋寡薄，寧堪預此。宜以少牢祀石龜而酹送之。』

又 卷一六三《讖應·唐高祖》 唐北京受瑞壇，隋大業十三年，高祖令齊王元吉留守。辛丑，獲青石，若龍形，文有丹書四字，曰『李淵萬吉』。齊王獻之，文字映澈，宛若龜形。帝乃令水漬磨以驗之。數日，其字愈明，內外畢賀。帝曰：『上天明命，貺以萬吉。宜以少牢祀石龜，而爵龜人。』因立受瑞壇。

又 卷二七七《夢·唐高祖》 唐太宗爲秦王時，年十八，與晉陽令劉文靖首謀之夜。高祖夢墮牀下，見遍身爲蟲蛆所食，甚惡之。諮詢於安樂寺智滿禪師。師俗姓賈氏，西河人也，戒行高潔，師曰：『此可拜乎！夫牀下者，陛下也。羣明食者，所謂羣生共仰一人活耳。』高祖嘉其言。又云：『貧僧頗習《易》，以卦之象，明夷之兆。按《易》曰：「巽在牀下，紛若無咎。」而早吉晚凶。斯固體大，不可以小，小則敗。大則濟，可作大事。以濟羣生，無往不亨，乃必成乎。』高祖動容曰：『雖蒙善誘，未敢當。』禪師眄秦王曰：『郎君與大人併葉兆夢，是謂干父之蠱，考用無咎，天理人事，昭然可知，不可固拒，天之與也。天與不取，必受其咎。無乃不可乎？』高祖拜而謝曰：『弟子何幸，再煩鄭重丁寧之意，敢不敬從。』

又 卷二九七《神七·丹丘子》 隋開皇末，有老翁詣唐高祖神堯帝，狀貌甚異。神堯欽遲之，從容置酒，飲酣，語及時事曰：『隋氏將絕，李氏將興，天之所命，其在君乎？願君自愛。』神堯惕然自失，拒之。翁曰：『既爲神授，寧用爾耶。隋氏無聞前代，繼周而興，事逾晉魏。雖偷安天位，平定南土，蓋爲君驅除。天將有所啓耳。』神堯陰喜其言，因訪世故，翁曰：『公積德入門，又負至貴之相，若應天受命，當不勞而定。但當在丹丘子之後。』帝曰：『丹丘爲誰？』翁曰：『與公近籍，但公不知耳？神器所屬，唯此二人。然丹丘先生，凝情物外，恐不復以世網累心。儻或俯就，公若不相持於中原，當爲其佐。』神堯曰：『先生安在』？曰：『隱居鄠杜間。』帝遂袖劍詣焉。帝之來，雖將不利於丹丘，然而道德玄遠，貌若冰壺，睹其儀而必駭神聳。至則伏謁於苫宇之下，先生遽言曰：『吾久厭濁世，汝膻於時者，顯晦既殊，幸無見忌。』帝愕而謝之，因跪起曰：『隋氏將亡，已有神告。當天禄者，其在我宗。僕夙葉冥徵，謂鐘末運。竊知先生之道，亦將契天人之兆。夫兩不相下，必將決雄雌於鋒刃，銜智力於權詐。苟修德不競，僕懼中原久罹劉項之患。是來也，實有心焉，欲濟斯人於塗炭耳。殊不知先生棄唐虞之揖讓，躡巢許之遐蹤。【略】未足以窺大道也。』【略】帝復進曰：『以天下之廣，豈一心一慮所能周哉。餘視前代之理亂，在輔佐得其人耳。苟非伊周皋夔之徒。秦漢以還，皆瑣瑣庸材不足數。漢祖得蕭張而不盡其用，可爲太息。今先生尚不屈堯舜之位，固蔑視伊皋矣。一言可以致昌運，得無有以誨我乎？』先生曰：『昔陶朱以會稽五千之餘衆，卒殄强吳。後去越相齊，於齊不足稱者，豈智於越而愚於齊？蓋功業隨時，不可妄致。廢興既自有數，時之善否，豈人力所爲？且非吾之知也？』訖不對。帝知其不可挹也，悵望而還。武德初，密遣太宗鄠杜訪焉，則其室已墟矣。

唐平東都分部

綜　述

《隋書》卷四一《蘇威傳》　宇文化及之弑逆也，以威爲光禄大夫、開府儀同三司。化及敗，歸於李密。未幾，密敗，歸東都，越王侗以爲上柱國、邳公。王充僭號，署太師。威自以隋室舊臣，遭逢喪亂，所經之處，皆與時消息，以求容免。及大唐秦王平王充，坐於東都閶闔門內，威請謁見，稱老病不能拜起。王遣人數之曰：『公隋朝宰輔，政亂不能匡救，遂令品物塗炭，君弑國亡。見李密、王充，皆拜伏舞蹈。今既老病，無勞相見也。』尋歸長安，至朝堂請見，又不許。卒於家，時年八十二。

又　卷五九《越王侗傳》　越王侗字仁謹，美姿儀，性寬厚。大業二年，立爲越王。帝每巡幸，侗常留守東都。楊玄感作亂之際，與民部尚書樊子蓋拒之。及玄感平，朝於高陽，拜高陽太守。俄以本官復留守東都。十三年，帝幸江都，復令侗與金紫光禄大夫段達、太府卿元文都、攝民部尚書韋津、右武衛將軍皇甫無逸等總留臺事。

宇文化及之弑逆也，文都等議，以侗元德太子之子，屬最爲近，於是乃共尊立，大赦，改元曰皇泰。謚帝曰明，廟號世祖。追尊元德太子爲孝成皇帝，廟號世宗。尊其母劉良娣爲皇太后。以段達爲納言、右翊衛大將軍、攝禮部尚書，王世充亦納言、左翊衛大將軍、攝吏部尚書，元文都内史令、左驍衛大將軍，盧楚亦内史令，皇甫無逸兵部尚書、右武衛大將軍，郭文懿内史侍郎，趙長文黄門侍郎，委以機務，爲金書鐵券，藏之宫掖。於時洛陽稱段達等爲『七貴』。

未幾，宇文化及立秦王子浩爲天子，來次彭城，所經城邑多從逆黨。侗懼，遣使者蓋琮、馬公政，招懷李密。密遂遣使請降，侗大悦，禮其使甚厚。卽拜密爲太尉、尚書令、魏國公，令拒化及。【略】密見使者，大悦，北面拜伏，臣禮甚恭。密遂東拒化及。

『七貴』頗不協，陰有相圖之計。未幾，元文都、盧楚、郭文懿、趙長文等爲世充所殺，皇甫無逸遁歸長安。世充詣侗所陳謝，辭情哀苦。侗以爲至誠，命之上殿，被發爲盟，誓無貳志。自是侗無所關預。侗心不能平，遂與記室陸士季謀圖世充，事不果而止。及世充破李密，衆望益歸之，遂自爲鄭王，總百揆，加九錫，備法物，侗不能禁也。段達、雲定興等十人入見於侗曰：『天命不常，鄭王功德甚盛，願陛下揖讓告禪，遵唐、虞之迹。』侗聞之怒曰：『天下者，高祖之天下，東都者，世祖之東都。若隋德未衰，此言不可發；必天命有改，亦何論於禪讓！公等或先朝舊臣，績宣上代，或勤王立節，身服軒冕，忽有斯言，朕復當何所望！』神色懍然，侍衛者莫不流汗。既而退朝，對良娣而泣。世充更使人謂侗曰：『今海内未定，須得長君。待四方乂安，復子明辟，必若前盟，義不違負。』侗不得已，遜位於世充，遂被幽於含涼殿。世充僭僞號，封爲潞國公，邑五千户。

月餘，宇文儒童、裴仁基等謀誅世充，復尊立侗，事泄，并見害。世充兄世惲因勸世充害侗，以絶民望。世充遣其姪行本賫鴆詣侗所曰：『願皇帝飲此酒。』侗知不免，請與母相見不許。遂布席焚香禮佛，呪曰：『從今以去，願不生帝王尊貴之家。』於是仰藥，不能時絶，更以帛縊之。世充僞謚爲恭皇帝。

又　卷七〇《裴仁基傳》　河東裴仁基，字德本【略】仁基少驍武，便弓馬。開皇初，爲親衛。平陳之役，先登陷陣，拜儀同，賜物千段。【略】從征高麗，進位光禄大夫。帝幸江都，李密據洛口，令仁基爲河南道討捕大使，據武牢以拒密。【略】

王世充以東都食盡，悉衆詣偃師，與密決戰。密問計於諸將，仁基對曰：『世充盡鋭而至，洛下必虚，可分兵守其要路，令不得東。簡精兵三萬，傍河西出，以逼東都。世充卻還，我且按甲，世充重出，我又逼之。如此則此有餘力，彼勞奔命，兵法所謂「彼出我歸，彼歸我出，數戰以疲之，多方以誤之」者也。』密曰：『公知其一，不知其二。東都兵馬有三不可當：器械精，一也；決計而來，二也；食盡求鬭，三也。我按甲蓄力，以觀其敝，彼求鬭不得，欲走無路，不過十日，世充之首可懸於麾下。』單雄信等諸將輕世充，皆請戰，仁基苦爭不得。

密難違諸將之言，戰遂大敗，仁基爲世充所虜。

世充以其父子并驍鋭，深禮之，以兄女妻行儼。及僭尊號，署仁基爲禮部尚書，行儼爲左輔大將軍。行儼每有攻戰，所當皆披靡，號爲『萬人敵』。世充憚其威名，頗加猜防。仁基知其意，不自安，遂與世充所署尚書左丞宇文儒童、尚食直長陳謙，秘書丞崔德本等謀反，令陳謙於上食之際，持匕首以劫世充，行儼以兵應於階下。指麾事定，然後出越王侗以輔之。事臨發，將軍張童仁知基其謀而告之，俱爲世充所殺。

又　卷七一《元文都傳》　元文都，洵陽公孝矩之兄子也。【略】大業十三年，帝幸江都宫，詔文都與段達、皇甫無逸、韋津等同爲東都留守。及帝崩，文都與達、津等共推越王侗爲帝。侗署文都爲内史令、開府儀同三司、光禄大夫、左驍衛大將軍、攝右翊衛將軍、魯國公。既而宇文化及立秦王浩爲帝，擁兵至彭城，所在響震。文都諷侗遣使通於李密。密於是請降，因授官爵，禮其使甚厚。王充不悦，因與文都有隙。文都知之，陰有誅充之計。侗復以文都領御史大夫，充固執而止。盧楚説文都曰：『王充外軍一將耳，本非留守之徒，何得預吾事！且洛口之敗，罪不容誅，今者敢懷跋扈，宰制時制，此而不除，方爲國患。』文都然之，遂懷奏入殿。事臨發，有人以告充。充時在朝堂，懼而馳還含嘉城，謀作亂。文都頻遣呼之，充稱疾不赴。至夜作亂，攻東太陽門而入，拜於紫微觀下。侗遣人謂之曰：『何爲者？』充曰：『元文都、盧楚謀相殺害，請斬文都，歸罪司寇。』侗見兵勢漸盛，度終不免，謂文都曰：『公見王將軍也。』文都遷延而泣，侗遣其署將軍黄桃樹執文都以出。文都顧謂侗曰：『臣今朝亡，陛下亦當夕及。』侗慟哭而遣之，左右莫不憫默。出至興教門，充令左右亂斬之，諸子并見害。

又　《盧楚傳》　盧楚，涿郡范陽人也。【略】大業中，爲尚書右司郎，當朝正色，甚爲公卿所憚。及帝幸江都，東都官僚多不奉法，楚每存糾舉，無所迴避。越王侗稱尊號，以楚爲内史令、左備身將軍、攝尚書左丞、右光禄大夫，封涿郡公，與元文都等同心戮力以輔幼主。及王充作亂，兵攻太陽門，武衛將軍皇甫無逸斬關逃難，呼楚同去。楚謂之曰：『僕與元公有約，若社稷有難，誓以俱死，今捨去不義。』及兵入，楚匿於太官署，賊黨執之，送於充所。充奮袂令斬之，於是鋒刃交下，肢體糜碎。

又　卷八五《段達傳》　段達，武威姑臧人也。【略】（大業）十二年，帝幸江都宫，詔達與太府卿元文都留守東都，李密據洛口，縱兵侵掠城下，達與監門郎將龐玉、武牙郎將霍舉率内兵出禦之。頗有功，遷左驍衛大將軍。王充之敗也，密復進據北芒，來至上春門，達與判左丞郭文懿、尚書韋津出兵拒之。達見賊盛，不陣而走，爲密所乘，軍大潰，津没於陣。由是賊勢日盛。及帝崩於江都，達與元文都等推越王侗爲主，署開府儀同三司，兼納言，封陳國公。元文都等謀誅王充也。達陰告充，爲之内應。及事發，越王侗執文都於充，充甚德於達，特見崇重。既破李密，達等勸越王加充九錫備物，尋諷令禪讓。充僭尊號，以達爲司徒，及東都平，坐誅，妻子籍没。

《舊唐書》卷一《高祖紀》　（義寧）二年春正月戊辰，世子建成爲撫寧大將軍、東討元帥，太宗爲副，總兵七萬，徇地東都。

夏四月【略】戊戌，世子建成及太宗自東都班師。

（武德）二年【略】夏四月乙巳，王世充篡越王侗位，僭稱天子，國號鄭。【略】秋七月壬申，置十二軍，以關内諸府分隸焉。王世充遣其將羅士信侵我穀州，士信率其衆來降。

（武德）三年【略】秋七月壬戌，命秦王率諸軍討王世充。遣皇太子鎮蒲州，以備突厥。

（武德）四年【略】三月【略】竇建德來援王世充，攻陷我管州。【略】五月己未，秦王大破竇建德之衆於武牢，擒建德，河北悉平。丙寅，王世充舉東都降，河南平。秋七月甲子，秦王凱旋，獻俘於太廟。

又　卷二《太宗紀上》　義寧元年十二月，復爲右元帥，總兵十萬徇東都。及將旋，謂左右曰：『賊見吾還，必相追躡。』設三伏以待之。俄而隋將段達率萬餘人自後而至，度三王陵，發伏擊之，段達大敗，追奔至於城下。因於宜陽、新安置熊、穀二州，戍之而還。

（武德）三年【略】七月，總率諸軍攻王世充於洛邑，師次穀州。世充率精兵三萬陣於慈澗，太宗以輕騎挑之。時衆寡不敵，陷於重圍，左右咸懼。太宗命左右先歸，獨留後殿。世充驍將單雄信數百騎夾道來逼，交搶競進，太宗幾爲所敗。太宗左右射之，無不應弦而倒，獲其大將燕頎。世充乃拔慈澗之鎮歸於東都。太宗遣行軍總管史萬寶自宜陽南據龍門，劉德威自太行東圍河内，王君廓自洛口斷賊糧道。又遣黄君漢夜從孝水河中下舟師襲回洛城，克之。黄河已南，莫不響應，城堡相次來降。大軍進屯邙山。

九月，太宗以五百騎先觀戰地，卒與世充萬餘人相遇，會戰，復破之，斬首三千餘級，獲大將陳智略，世充僅以身免。其所署筠州總管楊慶遣使請降，遣李世勣率師出轘轅道安撫其衆。滎、汴、洧、豫九州相繼來降。世充遂求救於竇建德。

（武德）四年二月，又進屯青城宮。營壘未立，世充衆二萬自方諸門臨穀水而陣。太宗以精騎陣於北邙山，令屈突通率步卒五千渡水以擊之，因誡通曰：『待兵交即放煙，吾當率騎軍南下。』兵纔接，太宗以騎衝之，挺身先進，與通表裏相應。賊衆殊死戰，散而復合者數焉。自辰及午，賊衆始退。縱兵乘之，俘斬八千人，於是進營城下。世充不敢復出，但嬰城自守，以待建德之援。太宗遣諸軍掘壍，匝布長圍以守之。吴王杜伏威遣其將陳正通、徐召宗率精兵二千來會於軍所。僞鄭州司馬沈悦以武牢降，將軍王君廓應之，擒其僞荆王王行本。會竇建德以兵十餘萬來援世充，至於酸棗。蕭瑀、屈突通、封德彝皆以腹背受敵，恐非萬全，請退師穀州以觀之。太宗曰：『世充糧盡，内外離心，我當不勞攻擊，坐收其敝。建德新破孟海公，將驕卒惰，吾當進據武牢，扼其襟要。賊若冒險與我爭鋒，破之必矣。如其不戰，旬日間世充當自潰。若不速進，賊入武牢，諸城新附，必不能守。二賊併力，將若之何？』通又請解圍就險以候其變，太宗不許。於是留通輔齊王元吉以圍世充，親率步騎三千五百人趣武牢。

建德自滎陽西上，築壘於板渚，太宗屯武牢，相持二十餘日。【略】太宗率史大奈、程齩金、秦叔寶、宇文歆等揮幡而入，直突出其陣後，張我旗幟。賊顧見之，大潰。追奔三十里，斬首三千餘級，虜其衆五萬，生擒建德於陣。【略】乃將建德至東都城下。世充懼，率其官屬二千餘人詣軍門請降，山東悉平。太宗入據宮城，令蕭瑀、竇軌等封守府庫，一無所取，令記室房玄齡收隋圖籍。於是誅其同惡段達等五十餘人，枉被囚禁者悉釋之，非罪誅戮者祭而誄之。大饗將士，班賜有差。高祖令尚書左僕射裴寂勞於軍中。六月，凱旋。太宗親披黄金甲，陣鐵馬一萬騎，甲士三萬人，前後部鼓吹，俘二僞主及隋氏器物輦輅獻於太廟。高祖大悦，行飲至禮以享焉。高祖以自古舊官不稱殊功，乃别表徽號，用旌勛德。

又 卷五四《王世充傳》 王世充，字行滿，本姓支，西域胡人也。寓居新豐。祖支頽耨，早死。父收，隨母嫁霸城王氏，因冒姓焉，仕至汴州長史。世充頗涉經史，尤好兵法及龜策、推步之術。開皇中，以軍功拜儀同，累轉兵部員外郎。善敷奏，明習法律，然舞弄文法，高下其心。或有駁難之者，世充利口飾非，辭議鋒起，衆雖知其不可而莫能屈。

大業中，累遷江都丞，兼領江都宮監。時煬帝數幸江都，世充善候人主顔色，阿諛順旨，每入言事，帝必稱善。乃雕飾池臺，陰奏遠方珍物，以媚於帝，由是益昵之。世充知隋政將亂，陰結豪俊，多收羣心，有繫獄抵罪，皆枉法出之，以樹私恩。及楊玄感作亂，吴人朱燮、晉陵人管崇起兵江南以應之，自稱將軍，擁衆十餘萬。隋遣將軍吐萬緒、魚俱羅等討之，不克。世充爲其偏將，募江都萬餘人，頻擊破之。每有克捷，必歸功於下，所獲軍實，皆推與士卒，由此人爭爲用，功最居多。

十年，齊郡賊帥孟讓自長白山寇掠諸郡，至盱眙，有衆十餘萬。世充以兵拒之，保都梁山，爲五栅，相持不戰，乃唱言兵走，羸師示弱。讓笑曰：『王世充文法小吏，安能領兵？吾今生縛取之，鼓行而入江都。』時百姓皆入壁，野無所掠，賊衆漸餒，又苦栅當其道，不得南侵，卽分兵圍五栅。世充每日擊之，陽不利，走還入栅。如是數日，讓益輕之，乃稍分人於南方抄掠，留兵纔足以圍栅。世充知其懈，乃於營中夷竈撤幕，設方陣，四面外向，毁栅而出，奮擊，大破之，讓以數十騎遁去，斬首萬餘級，俘虜十餘萬人。煬帝以世充有將帥才略，復遣領兵討諸小盜，所向盡平。

十一年，突厥圍煬帝於雁門。世充盡發江都人將往赴難，在軍中蓬首垢面，悲泣無度，曉夜不解甲，籍草而卧。煬帝聞之，以爲忠，益信任之。十二年，遷江都通守。時厭次人格謙爲盜數年，兵十餘萬在豆子？中，爲太僕卿楊義臣所殺，世充帥師擊其餘衆，破之。又擊盧明月於南陽，虜獲數萬。後還江都，煬帝大悦，自執杯酒以賜之。及李密攻陷洛口倉，進逼東都，煬帝特詔世充大發兵，於洛口拒密，前後百餘戰，未有勝負。又遣就軍拜世充爲將軍，趣令破賊。世充引軍渡洛水，與李密戰，世充軍敗績，溺死者萬餘人，乃率餘衆歸河陽。時天寒大雪，兵士在道凍死者又數萬人，比至河陽，纔以千數。世充自繫獄請罪，越王侗遣使赦之，徵還洛陽，置營於含嘉倉城，收合亡散，復得萬餘人。

俄而宇文化及作難，太府卿元文都、武衛將軍皇甫無逸、右司郎中盧楚，奉越王侗嗣位於東都，拜世充爲吏部尚書，封鄭國公。文都謂楚等曰：『今化及弑逆，讎恥未報，吾雖志在枕戈，而力所不及。爲國計者，莫如以尊官寵李密，以庫物權啗之，使擊化及，令兩賊自鬬，化及既破，而密之兵固亦疲矣。又其士卒得我之賞，居我之官，內外相親，易爲反間，我師養力以乘其弊，則密亦可圖也。』楚等以爲然。即日遣使拜密爲太尉、尚書令，令討化及。密遂稱臣奉制，以兵拒化及於黎陽。每戰勝，則遣使告捷，衆皆悅。世充獨謂其麾下諸將曰：『文都之輩，刀筆吏耳，吾觀其勢，必爲李密所擒。且吾軍人每與密戰，殺其父兄子弟，前後已多，一旦爲之下，吾屬無類矣！』出言以激怒其衆。文都知而大懼，與楚等謀，因世充入內，伏甲而殺之，期有日矣。納言段達庸懦，恐事不果，遣其女婿張志以楚等謀告世充。其夜，勒兵圍宮城，將軍費曜、田闍等拒戰於東太陽門外，曜軍敗，世充遂攻門而入，無逸以單騎遁走，獲楚殺之。時宮門閉，世充遣人扣門言於侗曰：『元文都等欲執皇帝降於李密，段達知而告臣，臣非敢反，誅反者耳。』初，文都聞變，入奉侗於乾陽殿，陳兵衛之，令將帥乘城以拒難。段達矯侗命，執文都送於世充，至則亂擊而死。達又矯侗命，開門以納世充。世充悉遣人代宿衛者，然後入謁陳謝曰：『文都等無狀，謀相屠害，事急爲此，不敢背國。』侗與之盟。其日，進拜尚書左僕射，總督內外諸軍事。世充去含嘉城，移居尚書省，專宰朝政。以其兄世惲爲內史令，入居禁中，子弟咸擁兵馬，鎮諸城邑。

未幾，李密破化及還，其勁兵良馬多戰死，士卒疲倦。世充欲乘其弊而擊之，恐人心不一，乃假託鬼神，言夢見周公。乃立祠於洛水，遣巫宣言周公欲令僕射急討李密，當有大功，不則兵皆疫死。世充兵多楚人，俗信妖言，衆皆請戰。世充簡練精勇，得二萬餘人，馬二千餘匹，軍於洛水南。密軍偃師北山上。時密新破化及，有輕世充之心，不設壁壘。世充夜遣三百餘騎潛入北山，伏谿谷中，令軍人秣馬蓐食，遲明而薄密。密出兵應之，陳未成列而兩軍合戰。其伏兵發，乘高而下，馳壓密營，又縱火焚其廬舍，密軍潰，降其將張童仁、陳智略，進下偃師，密走保洛口。初，世充兄世偉及子玄應隨化及至東郡，密得而囚之於城中，至是盡獲之。又執密長史邴元眞妻子、司馬鄭虔象之母及諸將子弟，皆撫慰之，各令潛呼其父兄。世充進兵，次洛口，邴元眞、鄭虔象等舉倉城以應之。密以數十騎走河陽，率餘衆入朝。世充盡收其衆，振旅而還。侗進拜世充太尉，以尚書省爲其府，備置官屬。世充立三牓於府門之外：一求文才學識堪濟世務者，一求武藝絕人摧鋒陷陣者，一求能理冤枉擁抑不申者。於是上書陳事，日有數百，世充皆躬自省覽，殷勤慰勞。好行小惠，下至軍營騎士，皆飾辭以誘之。當時有識者見其心口相違，頗以懷貳。世充嘗於侗前賜食，還家大嘔吐，疑遇毒所致，自是不復朝請，與侗絕矣。遣雲定興、段達入奏於侗，請加九錫之禮。二年三月，遂策授相國，總百揆，封鄭王，加九錫備物。有道士桓法嗣者，自言解圖讖，乃上《孔子閉房記》，畫作丈夫持一竿以驅羊。釋云：『隋，楊姓也。干一者，王字也。王居羊後，明相國代隋爲帝也。』又取《莊子·人間世》、《德充符》二篇上之，法嗣釋曰：『上篇言「世」，下篇言「充」，此即相國名矣，明當德被人間，而應符命爲天子也。』世充大悅曰：『此天命也。』再拜受之，即以法嗣爲諫議大夫。世充又羅取雜鳥，書帛繫其頸，自言符命而散放之。有彈射得鳥來而獻者，亦拜官爵。段達、雲定興等入見於侗曰：『天命不常，鄭王功德甚盛，願陛下揖讓告禪，遵唐、虞之迹。』侗怒曰：『天下者，高祖之天下，若隋德未衰，此言不可發，必天命有改，亦何論於禪讓？公等皆是先朝舊臣，忽有斯言，朕復當何所望！』段達等莫不流涕。世充又使人謂曰：『今海內未定，須得長君，待四方乂安，復子明辟。必若前盟，義不違負。』四月，假爲侗詔策禪位，遣兄世惲廢侗於含涼殿，世充僭即皇帝位，建元曰開明，國號鄭。先封同姓王隆爲淮陽王，整爲東郡王，楷爲馮翊王，素爲樂安王。次封叔瓊爲陳王，兄世衡爲秦王，世偉爲楚王，世惲爲齊王。又封瓊子辯爲杞王，衡子虔壽爲蔡王，偉子弘烈爲魏王，行本爲荆王，琬爲代王；惲子仁則爲唐王，道誠爲衞王，道詢爲趙王，道稜爲燕王；兄世師子太爲宋王，君度爲越王。立子玄應爲皇太子，封子玄恕爲漢王。世充每聽朝，必殷勤誨諭，言辭重復，千端萬緒，百司奉事，疲於聽受。或輕騎遊歷街衢，亦不清道，百姓但避路而已，按轡徐行，謂百姓曰：『昔時天子深坐九重，在下事情，無由聞徹。世充非貪寶位，本欲救時，今當如一州刺史，每事親覽，當與士庶共評朝政。恐門禁有限，慮致壅塞，今止順天門外置座聽朝。』又令西朝堂受抑屈，東朝堂受直諫。於是獻書上事，日有數百，條疏既煩，省覽難遍，數日後不復更出。

五月，世充禮部尚書裴仁基及其子左輔大將軍行儼、尚書左丞宇文儒童等數十人謀誅世充，復尊立侗。事洩，皆見害，夷其三族。六月，世惲因勸世充害侗，以絶衆望。世充遣其侄行本鴆殺侗，謚曰恭皇帝。其將軍羅士信率其衆千餘人來降。十月，世充率衆東徇地，至於滑州，仍以兵臨黎陽。十一月，竇建德入世充之殷州，殺掠居人，焚燒積聚，以報黎陽之役。

三年二月，世充殿中監豆盧達來降。世充見衆心日離，乃嚴刑峻制，家一人逃者，無少長皆坐爲戮，父子、兄弟、夫妻許其相告而免之。又令五家相保，有全家叛去而鄰人不覺者，誅及四鄰。殺人相繼，其逃亡益甚。至於樵採之人，出入皆有限數，公私窘急，皆不聊生。又以宫城爲大獄，意有所忌，即收係其人及家屬於宫中。又每使諸將出外，亦收其親屬質於宫内。囚者相次，不減萬口，既艱食，餒死者日數十人。世充屯兵不散，倉粟日盡，城中人相食。或握土置甕中，用水淘汰，沙石沉下，取其上浮泥，投以米屑，作餅餌而食之，人皆體腫而脚弱，枕倚於道路。其尚書郎盧君業、郭子高等皆死於溝壑。七月，秦王率兵攻之，師至新安，世充鎮堡相次來降。八月，秦王陳兵於青城宫，世充悉兵來拒，隔澗而言曰：『隋末喪亂，天下分崩，長安、洛陽，各有分地，世充唯願自守，不敢西侵。計熊、谷二州，相去非遠，若欲取之，豈非度内？既敦鄰好，所以不然。王乃盛相侵軼，遠入吾地，三崤之道，千里饋糧，以此出師，未見其可。』太宗謂曰：『四海之内，皆承正朔，唯公執迷，獨阻聲教。東都士庶，亟請王師，關中義勇，感恩致力。至尊重違衆願，有斯吊伐。若轉禍來降，則富貴可保；如欲相抗，無假多言。』世充無以報。太宗分遣諸將攻其城鎮，所至輒下。九月，王君廓攻拔世充之轘轅縣，東徇地至管城而還，於是河南州縣相次降附。竇建德自侵殷州之後，與世充遂結深隙，信使斷絶。十一月，竇建德又遣人結好，併陳救援之意。世充乃遣其兄子琬及内史令長孫安世報聘，且乞師。

四年二月，世充率兵出方諸門，與王師相抗，世充軍敗。因乘勝追之，屯其城門。世充步卒不得入，驚散南走，追斬數千級，虜五千餘人。世充從此不復敢出，但嬰城自守，以待建德之援。三月，秦王擒建德併王琬、長孫安世等於武牢，回至東都城下以示之，且遣安世入城，使言敗狀。世充惶惑，不知所爲，將潰圍而出，南走襄陽，謀於諸將，皆不答，乃率其將吏詣軍門請降。於是收其府庫，頒賜將士。世充黄門侍郎薛德音以文檄不遜，先誅之，次收世充黨與段達、楊汪、單雄信、楊公卿、郭士衡、郭什柱、董濬、張童仁、朱粲等十餘人，皆戮於洛渚之上。

秦王以世充至長安，高祖數其罪，世充對曰：『計臣之罪，誠不容誅，但陛下愛子秦王許臣不死。』高祖乃釋之。與兄芮、妻、子同徙於蜀，將行，爲讎人定州刺史獨孤修所殺。子玄應及兄世偉等在路謀叛，伏誅。世充自篡位，凡三年而滅。

又　卷五九《屈突通傳》　屈突通，雍州長安人。【略】通性剛毅，志尚忠慤，檢身清正，好武略，善騎射。開皇中，爲親衛大都督【略】從太宗討王世充。時通有二子并在洛陽，高祖謂通曰：『東征之事，今以相屬，其如兩子何？』通對曰：『臣以老朽，誠不足以當重任。但自惟疇昔，執就軍門，至尊釋其縲囚，加之恩禮，既不能死，實荷再生。當此之時，心口相誓，暗以身命奉許國家久矣。今此行也，臣願先驅，兩兒若死，自是其命，終不以私害義。』高祖歎息曰：『徇義之夫，一至於此！』及大兵圍洛陽，竇建德且至，太宗中分麾下以屬通，令與齊王元吉圍守洛陽。世充平，通功爲第一，尋拜陝東大行臺右僕射，鎮於洛陽。

又　卷六七《李勣傳》　（武德）四年，從太宗伐王世充於東都，累戰大捷。又東略地至武牢，僞鄭州司兵沈悦請翻武牢，勣夜潛兵應接，克之。擒其僞刺史荆王行本。又從太宗平竇建德，降王世充，振旅而還。論功行賞，太宗爲上將，勣爲下將，與太宗俱服金甲，乘戎輅，告捷於太廟。其父自洺州與裴矩入朝，高祖見之大喜，復其官爵。

又　卷六八《尉遲敬德傳》　尉遲敬德，朔州善陽人。【略】武德三年，太宗討武周於柏壁，武周令敬德與宋金剛來拒王師於介休。金剛戰敗，奔於突厥；敬德收其餘衆，城守介休。太宗遣任城王道宗、宇文士及往諭之。敬德與尋相舉城來降。太宗大悅，賜以曲宴，引爲右一府統軍，從擊王世充於東都。既而尋相與武周下降將皆叛，諸將疑敬德必叛，囚於軍中。行臺左僕射屈突通、尚書殷開山咸言：『敬德初歸國家，情志未附。此人勇健非常，縶之又久，既被猜貳，怨望必生。留之恐貽後悔，請即殺之。』太宗曰：『寡人所見，有異於此。敬德若懷翻背之計，豈在尋相之後耶？』遽命釋之，引入卧内，賜以金寶，謂曰：『丈夫以意氣相期，勿以小疑介意。寡人終不聽讒言以害忠良，公宜體之。必應欲去，今以此物相資，表一時共事之情也。』是日，因從獵於榆窠，遇王世充領步騎數萬來戰。世充驍將單雄信領騎直趨太宗，敬德躍馬大呼，横刺雄信墜馬。賊徒稍卻，敬德翼太宗以出賊圍。更率騎兵與世充交戰，數合，其衆大潰，擒僞將陳智略，獲排矟兵六千人。太宗謂敬德曰：『比衆人證公必叛，天誘我意，獨保明之，福善有徵，何相報之速也！』特賜金銀一篋，此後恩眄日隆。

又《秦叔寶傳》 秦叔寶，名瓊，齊州歷城人。【略】隋末羣盜起，從通守張須陁擊賊帥盧明月於下邳【略】從須陀進擊李密於滎陽，軍敗，須陀死之，叔寶以餘衆附裴仁基。會仁基以武牢降於李密，密得叔寶大喜，以爲帳内驃騎，待之甚厚。密與化及大戰於黎陽童山，爲流矢所中，墮馬悶絶。左右奔散，追兵且至，唯叔寶獨捍衛之，密遂獲免。叔寶又收兵與之力戰，化及乃退。後密敗，又爲王世充所得，署龍驤大將軍。叔寶薄世充之多詐，因其出抗官軍，至於九曲，與程齩金、吴黑闥、牛進達等數十騎西馳百許步，下馬拜世充曰：『雖蒙殊禮，不能仰事，請從此辭。』世充不敢逼，於是來降。高祖令事秦府，太宗素聞其勇，厚加禮遇。從鎮長春宫，拜馬軍總管。又從征於美良川，破尉遲敬德，功最居多。【略】從討王世充，每爲前鋒。太宗將拒竇建德於武牢，叔寶以精騎數十先陷其陣。世充平，進封翼國公，賜黄金百斤、帛七千段。從平劉黑闥，資物千段

又《程知節傳》 程知節，本名齩金，濟州東阿人也。少驍勇，善用馬矟。大業末，聚徒數百，共保鄉里，以備他盜。後依李密，署爲内軍驃騎。【略】知節既領其一，甚被恩遇。及王世充出城決戰，知節領内馬軍，與密同營在北邙山上，單雄信領外馬軍，營在偃師城北。世充來襲雄信營，密遣知節及裴行儼助之。行儼先馳赴敵，爲流矢所中，墜於地。知節救之，殺數人，世充軍披靡，乃抱行儼重騎而還。爲世充騎所逐，刺槊洞過，知節回身捩折其槊，兼斬獲追者，於是與行儼俱免。及密敗，世充得之，接遇甚厚。知節謂秦叔寶曰：『世充器度淺狹，而多妄語，好爲呪誓，乃巫師老嫗耳，豈是撥亂主乎？』及世充拒王師於九曲，知節領兵在其陣，與秦叔寶等馬上揖世充曰：『荷公接待，極欲報恩。公性猜貳，傍多扇惑，非僕託身之所，今謹奉辭。』於是躍馬與左右數十人歸國，世充懼，不敢追之。授秦王府左三統軍。破宋金剛，擒竇建德，降王世充，并領左一馬軍總管。每陣先登，以功封宿國公。

論說

《舊唐書》卷五四《王世充等傳論贊》 世充姦人，遭逢昏主，上則諛佞詭俗以取榮名，下則强辯飾非以制羣論。終行篡逆，自恣陸梁，安忍殺人，矯情馭衆，凡所委任，多是叛亡，出降秦王，不致顯戮，其爲幸也多矣。建德義伏鄉閭，盜據河朔，撫馭士卒，招集賢良。中絶世充，終斬化及，不殺徐蓋，生還神通，沉機英斷，靡不有初。及宋正本、王伏寶被讒見害，凌敬、曹氏陳謀不行，遂至亡滅，鮮克有終矣。然天命有歸，人謀不及。

贊曰：世充篡逆，建德愎諫，二凶即誅，中原弭亂。

《新唐書》卷八五《王世充等傳贊》 煬帝失德，天醜其爲，生人顧辜，羣盜乘之，如蝟毛而奮。其劇者，若李密因黎陽，蕭銑始江陵，竇建德連河北，王世充舉東都，皆磨牙摇毒以相噬螫。其間亦假仁義，禮賢才，因之擅王僭帝，所謂盜亦有道者。本夫孽氣腥燄，所以亡隋，觸唐明德，折北不支，禍極凶殫，乃就殲夷，宜哉！

宋·晁補之《鷄肋集》卷四六《唐舊書雜論·志》 太宗圍逼東都，單雄信出軍拒戰，援槍而至，幾及太宗。徐世勣訶止之，曰：『此秦王也！』雄信惶懼，遂退。

右單雄信附傳第三：裹糧坐甲，固敵是求，援槍而至，正欲取秦王耳。而世勣訶之，曰：此秦王也。則惶懼遂退。然則秦王威名，讋於人

心者已久，倉猝聞訶，忘其本圖，勇智俱廢，而秦王遂免。其成大業豈偶然哉！

宋·黎靖德《朱子語類》卷四七《公山弗擾章》 『唐太宗殺諸盜，如竇建德，猶自得而殺之。惟不殺王世充，後卻密使人殺之，便不成舉措。蓋當初王世充立越王於東都，高祖立代王於關中，皆是叛煬帝，立少主以輔之。事體一般，故高祖負愧而不敢明殺世充也。此最好笑！負些子曲了，更抬頭不起。』又曰：『漢高祖之起，與唐太宗之起不同，高祖是起自匹夫取秦，所以無愧；唐卻是爲隋之官，因其資而取之，所以負愧也。要之，自秦漢而下，須用作兩節看。如太宗，都莫看他初起一節，只取他濟世安民之志，他這意思又卻多。若要檢點他初起時事，更不通看。』或曰：『若以義理看太宗，更無三兩分人！』曰：『然。』

又 卷一三六《歷代三》 因論唐事，先生曰：『唐待諸國降王不合道理。竇建德所行亦合理，忽然而亡，不可曉。王世充卻不殺。當初高祖起太原，入關，立代王，遂即位。世充於東都亦立越王。二人一樣，故且赦之。至殺蕭銑，則大無理。他自是梁子孫，元非叛臣。』某問：『唐史臣論高祖殺蕭銑，不成議論。』曰：『然。』通老問：『以宫人侍高祖，在太宗不當爲。』曰：『它在當時，只要得事成，本無救世之心，何暇顧此？唐有天下三百年。唐宗室最少，屢經大盜殺之。又多不出閤，只消磨盡了。』可學。

清·王夫之《讀通鑑論》卷二〇《唐高祖》 薛仁杲、蕭銑、竇建德或降或殺而皆斬。唯王世充赦而徙蜀，此不可解之惑也。唐高君臣當大法可伸之日，而執生殺之權，夫豈茫焉而罔正如此。世充，隋之大臣也，導其主以荒淫，立越王而弑奪之，其當辜也，固也；乃世充力守東都，百戰以扞李密，而其篡也，在煬帝已弑之後，使幸而成焉，亦無以異於陳霸先。而唐立代王，旋奪其位，有諸己者不可非諸人，唐固不能正名以行辟也。且取世充與仁杲、建德、蕭銑較，世充者，操、懿以後之積習也。建德、仁杲以匹夫，銑以縣令，忽乘喪亂，遂欲竊聖人之大寶以自居，則張角、黄巢之等匹，尤不可長之亂，而無可原之情矣。

春秋於里克，寧喜弑其君而其伏誅也，書曰『殺其大夫』；齊豹殺公兄，陽虎竊玉弓，未有弑逆之大惡也，而書曰『盜』。貴近之臣，或以親，或以舊，或以才，爲國之柱石，先有成勞於國，而人心歸之，然後萌不軌之心以動於惡，欲效之者，固未易也。且人主與之相邇，賢姦易辨，而可防之於早也；辨之弗明，防之不夙，漸釀堅冰之至，人主亦與有罪焉。若夫疏遠小臣如蕭銑，亡賴細民如建德、如仁杲，始於掠奪，攫窮民而噬之，烏合勢成，遂敢妄窺天位，則四海之廣，梟桀飲博之徒，苟可爲而無不可爲，人君居高而莫察，有司拘法而難誅，决起一旦而毒流天下，則雖人主之失道有以致之，而蟻穴一穿，金隄不保，祁寒暑雨之怨咨，皆可爲耰耝棘矜之口實；及其潰敗乞降，猶可以降王之禮恣其徜徉，則人何憚而不殺越平人以希富貴；況當初定之天下，衆志未寧，此撲而彼興，豈有艾乎？

自東漢以後，權臣之篡者，成而爲曹魏、六朝；未成而敗，爲王敦、桓温、劉毅、沈攸之、蕭穎胄、王僧辯；俛成而速敗，爲桓玄、侯景；乃及隋之亡，而天下之勢易矣，人皆可帝，户皆可王，是匹夫狂起之初機也。唐及早懲之，正草澤稱尊之大罰，然且有黄巢之禍，延於朱温而唐以亡；使弗懲焉則暗主相承，政刑無紀，閭井之匹夫，幾人帝而幾人王，生民之流血，終無已日矣。若權臣受將相之託，爲功於國，而逼奪孤幼，則不待正鈇鉞於世充而無有繼之者。高祖相世運之遷，大權之移，禍勝之變，而責世充、誅三僭，其亦審矣，而豈貿責以張弛乎？已天下之亂者義也，而義固隨時以制宜者也。世充可誅也，建德、銑、仁杲尤不可貸者也，非昧於治亂之幾者，可執一切之義以論得失也。

藝文

清·謝啓昆《樹經堂詠史詩》卷六《唐·王世充竇建德》 鴟張殺氣滿寰區，鼠竊奸雄躪兩都。牛口終難容豆入，羊羣未信爲王驅。帛書羅鳥誇符命，草澤高鷄散隸徒。景運有歸天策建，中原弭亂二凶誅。

清·史夢蘭《全史宫詞》卷一二《北朝·隋·僞夏》 萬春宫闕俯臨洺，五鳳徵祥業欲成。可惜英雄出巾幗，空將妙策薦書生。

又 《僞鄭》 驅羊讖應堪稱帝，獻鳥書來亦拜官。新賜大夫天禄號，輔和惟籍酒杯寬。

唐平河朔分部

綜述

《隋書》卷四《煬帝紀》（大業）十三年春正月【略】丙辰，勃海賊竇建德設壇於河間之樂壽，自稱長樂王，建元丁丑。

又 卷三六《蕭皇后傳》 及宇文氏之亂，隨軍至聊城。化及敗，没於竇建德。突厥處羅可汗遣使迎後於洺州，建德不敢留，遂入於虜庭。

又 卷六五《薛世雄傳》 薛世雄字世英，本河東汾陰人也。【略】（大業）十年，復從帝至遼東，遷左御衛大將軍，仍領涿郡留守。未幾，李密逼東都，中原騷動，詔世雄率幽、薊精兵將擊之。軍次河間，營於郡城南，河間諸縣幷集兵，依世雄大軍爲營，欲討竇建德。建德將家口遁，自選精鋭數百，夜來襲之。先犯河間兵，潰奔世雄營。時遇雾霧晦冥，莫相辨識，軍不得成列，皆騰栅而走，於是大敗。世雄與左右數十騎遁入河間城，慚恚發病，歸於涿郡，未幾而卒，時年六十三。

又 卷六七《裴矩傳》 裴矩字弘大，河東聞喜人也。【略】以功拜開府，賜爵聞喜縣公，賚物二千段。除民部侍郎，尋遷内史侍郎。【略】宇文化及之亂，矩晨起將朝，至坊門，遇逆黨數人，控矩馬詣孟景所。【略】及僭帝位，以矩爲尚書右僕射，加光禄大夫，封蔡國公，爲河北道安撫大使。及宇文氏敗，爲竇建德所獲，以矩隋代舊臣，遇之甚厚。復以爲吏部尚書，尋轉尚書右僕射，專掌選事。建德起自羣盗，未有節文，矩爲制定朝儀。旬月之間，憲章頗備，擬於王者。建德大悦，每諮訪焉。及建德渡河討孟海公，矩與曹旦等於洺州留守。建德敗於武牢，羣帥未知所屬，曹旦長史李公淹、大唐使人魏徵等説旦及齊善行令歸順。旦等從之，乃令矩與徵、公淹領旦及八璽，舉山東之地歸於大唐。授左庶子，轉詹事、民部尚書。

又 卷八〇《南陽公主傳》 南陽公主者，煬帝之長女也。【略】及宇文化及殺逆，主隨至聊城，而化及爲竇建德所敗，士及自濟北西歸大唐。時隋代衣冠幷在其所，建德引見之，莫不惶懼失常，唯主神色自若。建德與語，主自陳國破家亡，不能報怨雪恥，淚下盈襟，聲辭不輟，情理切至。建德及觀聽者莫不爲之動容隕涕，咸肅然敬異焉。及建德誅化及，時主有一子，名禪師，年且十歲。建德遣武賁郎將於士澄謂主曰：『宇文化及躬行殺逆，人神所不容。今將族滅其家，公主之子，法當從坐，若不能割愛，亦聽留之。』主泣曰：『武賁既是隋室貴臣，此事何須見問！』建德竟殺之。主尋請建德削髮爲尼。

又 卷八五《宇文化及傳》 宇文化及，左翊衛大將軍述之子也。【略】僭皇帝位於魏縣，國號許，建元爲天壽，署置百官。攻元寶藏於魏州，四旬不克，反爲所敗。亡失千餘人。乃東北趣聊城，將招携海曲諸賊。時遣士及徇濟北，求饋餉。大唐遣淮安王神通安撫山東，幷招化及。化及不從，神通進兵圍之，十餘日不克而退。竇建德悉衆攻之。先是，齊州賊帥王薄聞其多寶物，詐來投附。化及信之，與共居守。至是，薄引建德入城。生擒化及，悉虜其衆。先執智及、元武達、孟秉、楊士覽、許弘仁，皆斬之。乃以轞車載化及之河間，數以殺君之罪，幷二子承基、承趾皆斬之，傳首於突厥義成公主，梟於虜庭。士及自濟北西歸長安。

又 《宇文智及傳》 其江都殺逆之事，智及之謀也。化及爲丞相，以爲左僕射，領十二衛大將軍。化及僭號，封齊王。竇建德破聊城，獲而斬之，幷其黨十餘人，皆暴屍梟首。

《舊唐書》卷一《高祖紀》（義寧二年）二月，清河賊帥竇建德僭稱長樂王。

（武德）二年【略】二月【略】丁酉，竇建德攻宇文化及於聊城，斬之，傳首突厥。【略】十一月丙子，竇建德陷黎陽，盡有山東之地。淮安王神通、左武候大將軍李世勣皆没於賊。

（武德）三年春正月【略】甲午，李世勣於竇建德所自拔歸國。建德僭稱夏王。

（武德）四年春正月丁卯，竇建德行臺尚書令胡大恩以大安鎮來降，封定襄郡王，賜姓李氏。【略】三月，【略】竇建德來援王世充，攻陷我管州。【略】五月己未，秦王大破竇建德之衆於武牢，擒建德，河北悉平。

又　卷二《太宗紀上》（武德）三年【略】九月，太宗以五百騎先觀戰地，卒與世充萬餘人相遇，會戰，復破之，斬首三千餘級，獲大將陳智略，世充僅以身免。其所署筠州總管楊慶遣使請降，遣李世勣率師出軒轅道安撫其衆。滎、汴、洧、豫九州相繼來降。世充遂求救於竇建德。

四年二月，又進屯青城宫。營壘未立，世充衆二萬自方諸門臨穀水而陣。太宗以精騎陣於北邙山，令屈突通率步卒五千渡水以擊之，因誡通曰：『待兵交卽放煙，吾當率騎軍南下。』兵纔接，太宗以騎衝之，挺身先進，與通表裏相應。賊衆殊死戰，散而復合者數焉。自辰及午，賊衆始退。縱兵乘之，俘斬八千人，於是進營城下。世充不敢復出，但嬰城自守，以待建德之援。太宗遣諸軍掘塹，匝布長圍以守之。吴王杜伏威遣其將陳正通、徐召宗率精兵二千來會於軍所。僞鄭州司馬沈悦以武牢降，將軍王君廓應之，擒其僞荆王王行本。會竇建德以兵十餘萬來援世充，至於酸棗。蕭瑀、屈突通、封德彝皆以腹背受敵，恐非萬全，請退師穀州以觀之。太宗曰：『世充糧盡，內外離心，我當不勞攻擊，坐收其敝。建德新破孟海公，將驕卒惰，吾當進據武牢，扼其襟要。賊若冒險與我爭鋒，破之必矣。如其不戰，旬日間世充當自潰。若不速進，賊入武牢，諸城新附，必不能守。二賊併力，將若之何？』通又請解圍就險以候其變，太宗不許。於是留通輔齊王元吉以圍世充，親率步騎三千五百人趣武牢。

建德自滎陽西上，築壘於板渚，太宗屯武牢，相持二十餘日。諜者曰：『建德伺官軍芻盡，候牧馬於河北，因將襲武牢。』太宗知其謀，遂牧馬河北以誘之。詰朝，建德果悉衆而至，陳兵汜水，世充將郭士衡陣於其南，綿亘數里，鼓噪，諸將大懼。太宗將數騎升高丘以望之，謂諸將曰：『賊起山東，未見大敵。今度險而囂，是無政令；逼城而陣，有輕我心。我按兵不出，彼乃氣衰，陣久卒飢，必將自退，追而擊之，無往不克。吾與公等約，必以午時後破之。』建德列陣，自辰至午，兵士飢倦，皆坐列，又爭飲水，逡巡斂退。太宗曰：『可擊矣！』親率輕騎追而誘之，衆繼至。建德回師而陣，未及整列，太宗先登擊之，所向皆靡。俄而衆軍合戰，囂塵四起。太宗率史大奈、程齩金、秦叔寶、宇文歆等揮幡而入，直突出其陣後，張我旗幟。賊顧見之，大潰。追奔三十里，斬首三千餘級，虜其衆五萬，生擒建德於陣。太宗數之曰：『我以干戈問罪，本在王世充，得失存亡，不預汝事，何故越境，犯我兵鋒？』建德股栗而言曰：『今若不來，恐勞遠取。』高祖聞而大悦，手詔曰：『隋氏分崩，崤函隔絶。兩雄合勢，一朝清蕩。兵既克捷，更無死傷。無愧爲臣，不憂其父，併汝功也。』乃將建德至東都城下。世充懼，率其官屬二千餘人詣軍門請降，山東悉平。

又　卷五四《竇建德傳》　竇建德，貝州漳南人也。少時，頗以然諾爲事。嘗有鄉人喪親，家貧無以葬，時建德耕於田中，聞而嘆息，遽輟耕牛，往給喪事，由是大爲鄉黨所稱。初，爲里長，犯法亡去，會赦得歸。父卒，送葬者千餘人，凡有所贈，皆讓而不受。大業七年，募人討高麗，本郡選勇敢尤異者以充小帥，遂補建德爲二百人長。時山東大水，人多流散，同縣有孫安祖，家爲水所漂，妻子餒死。縣以安祖驍勇，亦選在行中。安祖辭貧，白言漳南令，令怒笞之。安祖刺殺令，亡投建德，建德舍之。是歲，山東大饑，建德謂安祖曰：『文皇帝時，天下殷盛，發百萬之衆以伐遼東，尚爲高麗所敗。今水潦爲災，黎庶窮困，而主上不恤，親駕臨遼，加以往歲西征，瘡痍未復，百姓疲弊，累年之役，行者不歸，今重發兵，易可摇動。丈夫不死，當立大功，豈可爲逃亡之虜也？我知高鷄泊中廣大數百里，莞蒲阻深，可以逃難，承間而出，虜掠足以自資。既得聚人，且觀時變，必有大功於天下矣。』安祖然其計。建德招誘逃兵及無産業者，得數百人，令安祖率之，入泊中爲羣盜，安祖自稱將軍。鄃人張金稱亦結聚得百人，在河阻中。蓚人高士達又起兵得千餘人，在清河界中。時諸盜往來漳南者，所過皆殺掠居人，焚燒舍宅，獨不入建德之閭。由是郡縣意建德與賊徒交結，收繫家屬，無少長皆殺之。建德聞其家被屠滅，率麾下二百人亡歸達。士達自稱東海公，以建德爲司兵。後安祖爲張金稱所殺，其兵數千人又盡歸於建德。自此漸盛，兵至萬餘人，猶往來高鷄泊中。每傾身接物，與士卒均執勤苦，由是能致人之死力。

十二年，涿郡通守郭絢率兵萬餘人來討士達。士達自以智略不及建德，乃進爲軍司馬，咸以兵授焉。建德既初董衆，欲立奇功以威羣賊，請士達守輜重，自簡精兵七千人以拒絢，詐爲與士達有隙而叛之。士達又宣言建德背亡，而取虜獲婦人紿爲建德妻子，於軍中殺之。建德僞遣人遺絢書請降，願爲前驅，破士達以自效。絢信之，即引兵從建德至長河界，期與爲盟，共圖士達。絢兵益懈而不備，建德襲之，大破絢軍，殺略數千人，獲馬千餘匹，絢以數十騎遁走，遣將追及於平原，斬其首以獻士達。由是建德之勢益振。

隋遣太僕卿楊義臣率兵萬餘人討張金稱，破之於清河，所獲賊衆皆屠滅，餘散在草澤間者復相聚而投建德。義臣乘勝至平原，欲入高鷄泊中，建德謂士達曰：『歷觀隋將，善用兵者，唯義臣耳。新破金稱，遠來襲我，其鋒不可當。請引兵避之，令其欲戰不得，空延歲月，將士疲倦，乘便襲擊，可有大功。今與爭鋒，恐公不能敵也。』士達不從其言，因留建德守壁，自率精兵逆擊義臣。戰小勝，而縱酒高宴，有輕義臣之心。建德聞之曰：『東海公未能破賊而自矜大，此禍至不久矣。隋兵乘勝，必長驅至此，人心驚駭，吾恐不全。』遂留人守壁，自率精鋭百餘據險，以防士達之敗。後五日，義臣果大破士達，於陣斬之，乘勢追奔，將圍建德。守兵既少，聞士達敗，衆皆潰散。建德率百餘騎亡去，行至饒陽，覩其無守備，攻陷之，撫循士衆，人多願從，又得三千餘兵。初，義臣既殺士達，以爲建德不足憂。建德復還平原，收士達敗兵之死者，悉收葬焉。爲士達發喪，三軍皆縞素。招集亡卒，得數千人，軍復大振，始自稱將軍。初，羣盜得隋官及山東士子皆殺之，唯建德每獲士人，必加恩遇。初得饒陽縣長宋正本，引爲上客，與參謀議。此後隋郡長吏稍以城降之，軍容益盛，勝兵十餘萬人。

十三年正月，築壇場於河間樂壽界中，自稱長樂王，年號丁丑，署置官屬。七月，隋遣右翊衛將軍薛世雄率兵三萬來討之，至河間城南，營於七里井。建德聞世雄至，選精兵數千人伏河間南界澤中，悉拔諸城僞遁，云亡入豆子䴚中。世雄以爲建德畏己，乃不設備。建德覘知之，自率敢死士一千人襲擊世雄。會雲霧晝晦，兩軍不辨，隋軍大潰，自相踏籍，死者萬餘，世雄以數百騎而遁，餘軍悉陷。於是建德進攻河間，頻戰不下。其後城中食盡，又聞煬帝被弑，郡丞王琮率士吏發喪，建德遣使吊之，琮因使者請降，建德退舍具饌以待焉。琮率官屬素服面縛詣軍門，建德親解其縛，與言隋亡之事，琮俯伏悲哀，建德亦爲之泣。諸賊帥或進言曰：『琮拒我久，殺傷甚衆，計窮方出，今請烹之。』建德曰：『此義士也。方加擢用，以勵事君者，安可殺之！往在泊中共爲小盜，容可恣意殺人，今欲安百姓以定天下，何得害忠良乎？』因令軍中曰：『先與王琮有隙者，今敢動摇，罪三族。』即日授琮瀛州刺史。始都樂壽，號曰金城宫，自是郡縣多下之。

武德元年冬至日，於金城宫設會，有五大鳥降於樂壽，羣鳥數萬從之，經日而去，因改年爲五鳳。有宗城人獻玄珪一枚，景城丞孔德紹曰：『昔夏禹膺籙，天錫玄珪。今瑞與禹同，宜稱夏國。』建德從之。先是，有上谷賊帥王須拔自號漫天王，擁衆數萬，入掠幽州，中流矢而死。其亞將魏刀兒代領其衆，自號歷山飛，入據深澤，有徒十萬。建德與之和，刀兒因弛守備，建德襲破之，又盡併其地。

二年，宇文化及僭號於魏縣，建德謂其納言宋正本、内史侍郎孔德紹曰：『吾爲隋之百姓數十年矣，隋爲吾君二代矣。今化及殺之，大逆無道，此吾讎矣，請與諸公討之，何如？』德紹曰：『今海内無主，英雄競逐，大王以布衣而起漳浦，隋郡縣官人莫不爭歸附者，以大王仗順而動，義安天下也。宇文化及與國連姻，父子兄弟受恩隋代，身居不疑之地，而行弑逆之禍，篡隋自代，乃天下之賊也。此而不誅，安用盟主！』建德稱善。即日引兵討化及，連戰，大破之。化及保聊城，建德縱撞車抛石，機巧絶妙，四面攻城，陷之。建德入城，先謁隋蕭皇后，與語稱臣。悉收弑煬帝元謀者宇文智及、楊士覽、元武達、許弘仁、孟景，集隋文武官，對而斬之，梟首轅門之外。化及并其二子同載以檻車，至大陸縣斬之。

建德每平城破陣，所得資財，并散賞諸將，一無所取。又不噉肉，常食唯有菜蔬、脱粟之飯。其妻曹氏不衣紈綺，所使婢妾纔十數人。至此，得宫人以千數，并有容色，應時放散。得隋文武官及驍果尚且一萬，亦放散，聽其所去。又以隋黄門侍郎裴矩爲尚書左僕射，兵部侍郎崔君肅爲侍中，少府令何稠爲工部尚書，自餘隨才拜授，委以政事。其有欲往關中及東都者亦恣聽之，仍給其衣糧，以兵援之，送出其境。攻陷洺州，虜刺史袁子幹。遷都於洺州，號萬春宫。遣使往灌津，祠竇青之墓，置守冢二十家。又與王世充結好，遣使朝隋越王侗於洛陽。後世充廢侗自立，乃絶之，始自尊大，建天子旌旗，出警入蹕，下書言詔。追謚隋煬帝爲閔帝，封齊王暕子政道爲郧公。然猶依倚突厥。隋義城公主先嫁突厥，及是遣使迎蕭皇后，建德勒兵千餘騎送之入蕃，又傳化及首以獻公主。既與突厥相連，兵鋒益盛。

九月，南侵相州，河北大使淮安王神通不能拒，退奔黎陽。相州陷，殺刺史吕珉。又進攻衛州，陷黎陽，左武衛大將軍李世勣、皇妹同安長公主及神通并爲所虜。滑州刺史王軌爲奴所殺，携其首以奔建德，曰：「奴殺主爲大逆，我何可納之！」命立斬奴，而返軌首於滑州。吏人感之，即日而降。齊、濟二州及兖州賊帥徐圓朗皆聞風而下。建德釋李世勣，使其領兵以鎮黎州。

三年正月，世勣舍其父而逃歸，執法者請誅之，建德曰：「勣本唐臣，爲我所虜，不忘其主，逃還本朝，此忠臣也，其父何罪！」竟不誅。舍同安長公主及神通於別館，待以客禮。高祖遣使與之連和，建德即遣公主與使俱歸。嘗破趙州，執刺史張昂、邢州刺史陳君賓、大使張道源等，以侵軼其境，建德將戮之。其國子祭酒凌敬進曰：「夫犬各吠非其主，今鄭人堅守，力屈就擒，此乃忠確士也。若加酷害，何以勸大王之臣乎？」建德盛怒曰：「我至城下，猶迷不降，勞我師旅，罪何可赦？」敬又曰：「今大王使大將軍高士興於易水抗禦羅藝，兵纔至，士興即降，大王之意復爲可不？」建德乃悟，即命釋之。其寬厚從諫，多此類也。又遣士興進圍幽州，攻之不克，退軍於籠火城，爲藝所襲，士興大潰。先是，其大將王伏寶多勇略，功冠等倫，羣帥嫉之。或言其反，建德將殺之，伏寶曰：「我無罪也，大王何聽讒言，自斬左右手乎？」既殺之，後用兵多不利。

九月，建德自帥師圍幽州，藝出兵與戰，大破之，斬首千二百級。藝兵頻勝而驕，進襲其營，建德列陣於營中，填塹而出，擊藝敗之。建德薄其城，不克，遂歸洺州。其納言宋正本好直諫，建德又聽讒言殺之。是後人以爲誡，無復進言者，由此政教益衰。

先，曹州濟陰人孟海公擁精兵三萬，據周橋城以掠河南之地。其年十一月，建德自率兵渡河以擊之。時秦王攻王世充於洛陽，建德中書舍人劉斌說建德曰：「今唐有關內，鄭有河南，夏居河北，此鼎足相持之勢也。聞唐兵悉衆攻鄭，首尾二年，鄭勢日蹙而唐兵不解。唐强鄭弱，其勢必破鄭，鄭破則夏有齒寒之憂。爲大王計者，莫若救鄭，鄭拒其内，夏攻其外，破之必矣。若卻唐全鄭，此常保三分之勢也。若唐軍破後而鄭可圖，則因而滅之，總二國之衆，乘唐軍之敗，長驅西入，京師可得而有，此太平之基也。」建德大悦曰：「此良策矣。」適會世充遣使乞師於建德，即遣其職方侍郎魏處繪入朝，請解世充之圍。四年二月，建德克周橋，虜海公，留其將范願守曹州，悉發海公及徐圓朗之衆來救世充。軍至滑州，世充行臺僕射韓洪開城納之，遂進逼元州、梁州、管州，皆陷之，屯於滎陽。三月，秦王入武牢，進薄其營，多所傷殺，併擒其將殷秋、石瓚。時世充弟世辨爲徐州行臺，遣其將郭士衡領兵數千人從之，合衆十餘萬，號爲三十萬，軍次成皋，築宮於板渚，以示必戰。又遣間使約世充共爲表裏。經二月，迫於武牢，不得進。秦王遣將軍王君廓領輕騎千餘抄其糧運，獲其大將張青特，虜獲甚衆。建德數不利，人情危駭，將帥已下破孟海公，皆有所獲，思歸洺州。凌敬進説曰：「宜悉兵濟河，攻取懷州河陽，使重將居守。更率衆鳴鼓建旗，踰太行，入上黨，先聲後實，傳檄而定。漸趨壺口，稍駭蒲津，收河東之地，此策之上也。行此必有三利：一則入無人之境，師有萬全；二則拓土得兵；三則鄭圍自解。」建德將從之，而世充之使長孫安世陰賫金玉，啗其諸將，以亂其謀。衆咸進諫曰：「凌敬，書生耳，豈可與言戰乎？」建德從之，退而謝敬曰：「今衆心甚鋭，此天贊我矣。因此決戰，必將大捷。已依衆議，不得從公言也。」敬固爭，建德怒，扶出焉。其妻曹氏又言於建德曰：「祭酒之言可從，大王何不納也？請自滏口之道，乘唐國之虚，連營漸進，以取山北，又因突厥西抄關中，唐必還師以自救，此則鄭圍解矣。今頓兵武牢之下，日月淹久，徒爲自苦，事恐無功。」建德曰：「此非女子所知也。且鄭國懸命朝暮，以待吾來，既許救之，豈可見難而退，示天下以不信也？」於是悉衆進逼武牢，官軍按甲挫其鋭。及建德結陣於汜水，秦王遣騎挑之，建德進軍而戰，竇抗當之。建德少卻，秦王馳騎深入，反覆四五合，然後大破之。建德中槍，竄於牛口渚，車騎將軍白士讓、楊武威生獲之。先是，軍中有童謡曰：「豆入牛口，勢不得久。」建德行至牛口渚，甚惡之，果敗於此地。建德所領兵衆，一時奔潰，妻曹氏及其左僕射齊善行將數百騎遁於洺州。餘黨欲立建德養子爲主，善行曰：「夏王平定河朔，士馬精強，一朝被擒如此，豈非天命有所歸也？不如委心請命，無爲塗炭生人。』遂以府庫財物悉分士卒，各令散去。善行乃與建德右僕射裴矩、行臺曹旦及建德妻率僞官屬，舉山東之地，奉傳國等八璽來降。七月，秦王俘建德至京師，斬於長安市，年四十九。自起軍至滅，凡六歲，河北悉平。其年，劉黑闥復盜據山東。

又 卷五六《羅藝傳》 羅藝，字子延，本襄陽人也，寓居京兆之雲陽。【略】大業時，屢以軍功官至虎賁郎將，煬帝令受右武衛大將軍李景節度，督軍於北平。【略】殺渤海太守唐禕等不同己者數人，威振邊朔，柳城、懷遠并歸附之。藝黜柳城太守楊林甫，改郡爲營州，以襄平太守鄧暠爲總管，藝自稱幽州總管。宇文化及至山東，遣使召藝，藝曰：『我隋室舊臣，感恩累葉，大行顛覆，實所痛心。』乃斬化及使者，而爲煬帝發喪，大臨三日。竇建德、高開道亦遣使於藝，藝謂官屬曰：『建德、開道，皆劇賊耳，化及弒逆，并不可從。今唐公起兵，皆符人望，入據關右，事無不成。吾率衆歸之，意已決矣，有沮衆異議者必戮之。』會我使人張道源綏輯山東，遣人諭意，藝大悅。武德三年，奉表歸國，詔封燕王，賜姓李氏，預宗正屬籍。

又 卷六〇《淮安王神通傳》 淮安王神通，高祖從父弟也。【略】從平京師，拜宗正卿。武德元年，拜右翊衛大將軍，封永康王，尋改封淮安王，爲山東道安撫大使。擊宇文化及於魏縣，化及不能抗，東走聊城。神通進兵躡之，至聊城。會化及糧盡請降，神通不受。其副使黄門侍郎崔幹勸納之，神通曰：『兵士暴露已久，賊計窮糧盡，克在旦暮，正當攻取，以示國威，散其玉帛，以爲軍賞。若受降者，吾何以藉手乎？』幹曰：『今建德方至，化及未平，兩賊之間，事必危迫。不攻而下之，此勛甚大。今貪其玉帛，敗無日矣！』神通怒，因幹於軍中。既而士及自濟北餽之，化及軍稍振，遂拒戰。神通督兵薄而擊之，貝州刺史趙君德攀堞而上，神通心害其功，因止軍不戰，君德大詬而下，城又堅守。神通乃分兵數千人往魏州取攻具，中路復爲莘人所敗，竇建德軍且至，遂引軍而退。後二日，化及爲建德所虜，賊勢益張，山東城邑多歸建德。神通兵漸散，退保黎陽，依徐勣，俄爲建德所陷。及建德敗，復授河北道行臺尚書左僕射。

又 卷六三《裴矩傳》 裴矩字弘大，河東聞喜人。【略】及長，博學，早知名，仕齊爲高平王文學。【略】宇文化及弒逆，署爲尚書右僕射。化及敗，竇建德復以爲尚書右僕射，令專掌選事。時建德起自羣盜，事無節文，矩爲創定朝儀，權設法律，憲章頗備，建德大悅，每咨訪焉。及建德敗，矩與僞將曹旦及建德之妻賫傳國八璽，舉山東之地來降，封安邑縣公。

又 卷六六《杜如晦傳》 杜如晦字克明，京兆杜陵人也。【略】太宗平京城，引爲秦王府兵曹參軍，俄遷陝州總管府長史。時府中多英俊，被外遷者衆，太宗患之。記室房玄齡曰：『府僚去者雖多，蓋不足惜。杜如晦聰明識達，王佐才也。若大王守藩端拱，無所用之；必欲經營四方，非此人莫可。』太宗大驚曰：『爾不言，幾失此人矣！』遂奏爲府屬。後從征薛仁杲、劉武周、王世充、竇建德，嘗參謀帷幄。時軍國多事，剖斷如流，深爲時輩所服。

又 卷六八《尉遲敬德傳》 尉遲敬德【略】及竇建德營於板渚，太宗將挑戰，先伏李勣、程知節、秦叔寶等兵。太宗持弓矢，敬德執矟，造建德壘下大呼致師。賊衆大驚擾，出兵數千騎，太宗逡巡漸卻，前後射殺數人，敬德所殺亦十數人，遂引賊以入伏内。於是與勣等奮擊，大破之。

又 卷六九《薛萬徹傳》 薛萬徹，雍州咸陽人【略】萬徹少與兄萬均隨父在幽州，俱以武略爲羅藝所親待。尋與藝歸附高祖，授萬均上柱國、永安郡公，萬徹車騎將軍、武安縣公。會竇建德率衆十萬來寇範陽，藝逆拒之。萬均謂藝曰：『衆寡不敵，今若出門，百戰百敗，當以計取之。可令羸兵弱馬阻水背城爲陣以誘之，觀賊之勢，必渡水交兵。萬均請精騎百人伏於城側，待其半渡，擊之，破賊必矣。』藝從其言。建德果引軍渡水，萬均邀擊，大破之。明年，建德率衆二十萬復攻幽州，賊已攀堞，萬均與萬徹率敢死士百人從地道而出，直掩賊背，擊之，賊遂潰走。

又 卷七三《薛收傳》 薛收字伯褒，蒲州汾陰人。【略】太宗討王世充也，竇建德率兵來拒，諸將皆以爲宜且退軍，以觀賊形勢。收獨建策曰：『世充據有東都，府庫填積，其兵皆是江淮精鋭，所患者在於乏食，是以爲我所持，求戰不可。建德親總軍旅，來拒我師，亦當盡彼驍雄，期於奮決。若縱其至此，兩寇相連，轉河北之糧以相資給，則伊、洛之間戰鬭不已。今宜分兵守營，深其溝防，即世充欲戰，慎勿出兵。大王親率猛鋭，先據成皋之險，訓兵坐甲，以待其至。彼以疲弊之師，當我堂堂之勢，一戰必克。建德即破，世充自下矣。不過兩旬，二國之君，可面縛麾下。若退兵自守，計之下也。』太宗納之，卒擒建德。

又 卷七五《張玄素傳》 張玄素，蒲州虞鄉人。隋末，爲景城縣户曹。竇建德攻陷景城，玄素被執，將就戮，縣民千餘人號泣請代其命，曰：『此人清慎若是，今倘殺之，乃無天也。大王將定天下，當深加禮接，以招四方，如何殺之，使善人解體。』建德遽命釋之，署爲治書侍御史，固辭不受。及江都不守，又召拜黄門侍郎，始應命。建德平，授景城都督府録事參軍。

又 卷八三《郭孝恪傳》 郭孝恪，許州陽翟人也。少有志節。隋末，率鄉曲數百人附於李密，密大悦之，謂曰：『昔稱汝、潁多奇士，故非謬也。』令與徐勣守黎陽。後密敗，勣令孝恪入朝送款，封陽翟郡公，拜宋州刺史。令與徐勣經營武牢已東，所得州縣，委以選補。其後，竇建德率衆來援王世充，孝恪於青城宫進策於太宗曰：『世充日踧月迫，力盡計窮，懸首面縛，翹足可待。建德遠來助虐，糧運阻絶，此是天喪之時。請固武牢，屯軍汜水，隨機應變，則易爲克殄。』太宗然其計。及破建德，平世充，太宗於洛陽置酒高會諸將曰：『郭孝恪謀擒建德之策，王長先龍門下米之功，皆出諸人之右也。』歷遷貝、趙、江、涇四州刺史，所在有能名，入爲太府少卿，轉左驍衛將軍。

又 卷一九〇上《崔信明傳》 崔信明，青州益都人也，後魏七兵尚書光伯曾孫也。【略】大業中爲堯城令，竇建德僭號，欲引用之。信明族弟敬素爲建德鴻臚卿，説信明曰：『隋主無道，天下鼎沸，衣冠禮樂，掃地無餘。兄遁迹下僚，不被收用，豫讓所以不報范中行，衹以衆人遇我者也。夏王英武，有并吞天下之心，士女襁負而至者不可稱數。此時不立功立事，豈是見機而作者乎？』信明曰：『昔申胥海畔漁者，尚能固其節，吾終不能屈身僞主，求斗筲之職。』遂逾城而遁，隱於太行山。貞觀六年，應詔舉，授興世丞。遷秦川令，卒。

論説

宋·洪邁《容齋續筆》卷一《存亡大計》 國家大策，係於安危存亡，方變故交切，幸而有智者陳至當之謀，其聽而行之，當如捧漏瓮以沃焦釜。而愚荒之主，暗於事幾，且惑於諛佞孱懦者之言，不旋踵而受其禍敗，自古非一也。曹操自將征劉備，田丰勸袁紹襲其後，紹辭以子疾不行。操征烏桓，劉備説劉表襲許，表不能用，後皆爲操所滅。唐兵征王世充於洛陽，竇建德自河北來救，太宗屯虎牢以扼之，建德不得進，其臣凌敬請悉兵濟河，攻取懷州、河陽，逾太行，入上黨，徇汾、晉，趣蒲津，蹈無人之境，取勝可以萬全，關中駭震，則鄭圍自解。諸將曰：『凌敬書生，何爲知戰事，其言豈可用。』建德乃謝敬。其妻曹氏，又勸令乘唐國之虚，連營漸進，以取山北，西抄關中，唐必還師自救，鄭圍何憂不解。建德亦不從，引衆合戰，身爲人擒，國隨以滅。

清·汪琬《堯峰文鈔》卷八《爾朱榮唐太宗》 爾朱榮既禽葛榮，餘衆悉降。榮以賊徒既衆，若即分割，恐其疑懼，乃下令各從所樂親屬，任所居止，於是羣情大喜，登即四散，待出百里，乃始分道領押，隨便安置。唐太宗於陣禽竇建德，所俘獲五萬人，亦即日散遣之，使還鄉里。汪子曰：聚數萬之衆，久而不散，則其爲禍也必烈，榮與太宗之策善矣。然英武如太宗，其措置固宜爾也。以爾朱之麤才而亦能之，此非梟雄人傑乎？後世輦金錢，竭膏血以豢養降附，與慈母之飫驕子無異。謀國者謂足以係結其心，及其末也，適爲亂階而已。

藝文

唐·張説《張燕公集》卷三《應製奉和》 夏氏階隋亂，自言河朔雄。王師進穀水，兵氣臨山東。前埽成皋陣，卻下洛陽宫。義合帝圖起，威加天宇同。軒臺百年外，虞典一巡中。戰龍思王業，倚馬賦神功。

唐·許渾《丁卯詩集》卷上《題衛將軍廟并序》 將軍名逖，陽羨人。少習詩書，學弓劍，有武略。二十七游并汾間，遇神堯皇帝始建義旗，遜以勇藝進，備行列，洎擒竇建德。遜時挾槍劍，前突後翼，太宗顧而奇之。天下既定，録其功，拜將軍宿衛。以母老且病，乞歸侍殘年，辭旨哀激，詔許之。既而以孝敬睦閨門，以然信居鄉里。及卒，邑人懷其賢，廟於荆溪之湄，以平生弓甲，懸東西廡下，歲時祠祭，頗福其土焉。文士王敖撰碑，辭實詳備。惜乎國史缺書其人，因題是詩於廟壁。

武牢關下護龍旗，挾槊一作戟彎弓馬上飛。漢業未興王霸在，秦軍纔散魯連歸。墳穿大澤埋金劍，廟枕長溪掛鐵衣。欲奠忠魂何處問，葦花楓葉雨霏霏。

宋·郭茂倩《樂府詩集》卷二〇《〔唐〕柳宗元〈唐鼓吹鐃歌·戰武牢〉》 《戰武牢》，言太宗師討王充，竇建德助逆師，奮擊武牢下擒之，遂降充也。

戰武牢，動河朔。逆之助，圖掎角。怒𤸂𤸂，抗喬嶽。翹萌牙，傲霜雹。王謀内定申掌握。鋪施芟夷，二主縛。憚華戎，廓封略，命之曹，卑以斷。歸有德，唯先覺。

宋·李昉等《文苑英華》卷六一七《檄一·孫伏伽〈諫大赦後還配王世充竇建德黨與表〉》 臣聞王言無戲，自古格言。去食存信，傳諸舊典。故《書》云：『爾無不信，朕不食言。』又《論語》云：『一言出口，駟不及舌。』以此而論，言之出口，不可不慎。伏惟陛下光臨區宇，覆育羣生，率土之濱，誰非臣妾？絲綸一發，取信萬方，使聞之者不疑，見之者無惑。陛下今月十二日發雲雨之制，光被黔黎，無所間然，公私蒙賴。既云常赦不免者皆赦除之，此非直赦其有罪，亦是與天下斷當，許其更新。以此言之，但是赦後，即便無事。因何王世充及建德部下，赦後始欲遷之？此是陛下自違本心，欲遣下人若爲取則？若欲子細推尋，逆城之内，誰無罪者？故《書》云：『殲厥渠魁，脅從罔治。』若論渠魁，充等爲首，渠魁尚免，脅從何辜？且古人云：『跖狗吠堯，蓋非其主。』在東都城内及建德部下，乃有與陛下積小故舊，編緩友朋，猶尚有人敗後始至者，此等豈忘陛下，皆云被壅故也。以此言之，自外疏者，竊謂無罪。又《書》云：『非知之艱，行之惟艱。』以此上古以來，何代無君？所以只稱堯舜之善者何也？直由爲天子者實難，善名難得故也。往者天下未平，威權須應機而作，今四方既定，設法須與人共之。但法者，陛下自作之，還須自守之，使天下百姓，信而畏之。今自爲無信，欲遣兆人若爲信畏哉。故《書》云：『無偏無黨，王道蕩蕩。無黨無偏，王道平平。』賞罰之行，達乎貴賤，聖人制法，無限親疏。如臣愚見，世充、建德下僞官經赦合免責情愆遷配者，請并放之，則天下幸甚。

又 卷六四六《檄二·房彦藻〈爲李密檄竇建德文〉》 公逸氣縱横，鷹揚河朔，引藺山之驍騎，驅易水之壯士，跨躡燕齊，牢籠趙魏，好通戎夷，聲振華夏。昔隗囂之居隴上，非不險也；項籍之據彭城，非不强也。然而援無所恃，躬違曆數，遂使楚徒歔欷於垓下，秦泥不封於函谷。故託身得地，竇融保西河之功；協契非人，劉表喪漢南之業。今隋主拘囚於世充，身制於朱粲，白旗之首已懸，烏江之船未艤。去月二十日，總管兵馬，會同黎陽，莫不投蓋蒙輪，賈勇求敵，遠懷歸義，分討不庭。公能觀火鹿臺，枉道垂報，或以冀方猶梗，願協力齊盟，南臨則黄河可清，北指則幽云自卷。公之遠度宏規，高勛茂績，必將俯盼伊吕，吞併韓彭，自餘碌碌，復何足數？绛灌尚謦，干戈未戢，想軍旅之事，各有司存，指踪之勞，無疲於明鏡也。内懷悃款，形於翰墨，情之所寄，言不能適。

又《孔德紹〈爲竇建德檄秦王文〉》 建德師衆渡河，與王世充相援。船運軍糧，沂河而上，舳舫相繼，首尾不絶。水陸并進，築城營壘於成皋之東，見號三十餘萬。陰令人與王世充相約，乃遺秦王書。夏王敬問唐秦王：彼朝發迹太原，奄有關内。鄭氏光啓伊洛，崇建宗社。予則創基燕趙，包舉山東。鄭國何辜，興師致討。深懷固存，不憚濡足。方今千乘雷動，萬騎雲屯。投石拔距，蒙輪擊劍。繞三燕之義勇，驅六齊之雄杰。制敵如拾遺，殄高墉若摧朽。鄭都鞠旅，誓衆雪仇。我師躍馬礪戈，克蕩氛。彼則外無救援，内絶軍糧。將聽楚歌之聲，方見峭陵之哭。若能反鄭國之侵地，守秦川之舊邦。更修前好，不乘求請。

又 卷六八三《邊防中·唐太宗〈報竇建德書一首〉》 雲霧不披，山河在望，企餘之嘆，良用興懷。鄭息有違，齊楚交絶，自遠勞師旅，當甚疲敝。我國家與彼，本無釁隙，彼之於我，未始猜嫌。往者趙、魏諸藩，皇風久扇，恆衛之地，素爲我有。足下首爲寇亂，屢來侵奪，但以淮安喪師，責躬由已。公主飄寓，歸寧本朝，并得保宥危亡，負荷大惠，親鄰之好，昭然著明。雖則俘若王官，前同羈馬，既懷坦盪，曾無蔕芥。庶此冠蓋相望，輶軒繼軌，引弭兵之義，敦方穆之期。如何信不由衷，翻懷匿怨？無名之舉，遽發危機，背德之踪，遂爲戎首，吁可怪也，良深嘆息。

王世充滔天猾夏，自貽伊戚，疊毒三川，腥聞四國。皇情軫慮，哀彼黎元，推轂投柯，申茲吊伐，走以不武，奉遵朝寄。自揚旌河洛，結壘伊瀍，拯敝除凶，屢摧羣醜。其餘渠魁危蹴獨保孤城，重圍已合，自知淪敗，苟延朝夕之命，空爲衒誘之言。其濟惡反善，雷同寇逆，適所以心同霸楚。若非國家膺圖受籙，翦暴除凶，亦當并吞東夏，自稱西伯。足下豈不屈膝稽首，著在前聞，飾智詭詞，以分謗亂，渝盟背惠，職此之由。又世充與足下舊稱和好，中途翻覆，罕能結誠。遣使頻説匈奴，欲令侵伐冀土，外欺内忌。唯利是圖。居安尚不自存，處危何力之有，況今糧儲罄竭，帑藏空虛，析骸煮弩，命懸晷刻。足下欲以三軍之衆，仰哺他人，千金之資，坐求外費，理殊畫餅，未見其宜。

足下前者殉地居城，親至東境，孟海公歷時抗禦，未卽從順。頻令告急，請我師救，見逼求和，義所不取。是以按兵辭使，恩全世充。又我國家不遑及遠，海公援絶，方歸執事。假我風雲，差無負德。滎下諸州，鄰近東鄙，以足下風牛罕及，亭戍靡戒，農居安堵，未相猜貳。所以曹公兵前并未追。足下乘我無虞之城，貪冒尋常之地，進無投迹之所，退有迷據之色，誰爲計者，良非上算。比者漳滏喪没，既往不追，河濟傾淪，成事誰咎？今乃過相陵侮，方深起難，所以故到成皋，佇承來旨。昨者前茅警路，後騎啓行，乃與足下中途相遇。旌麾未列，鋒鏑暫交，彼之士馬，自相騰踐。郊勞之儀遂爽，犒師之禮未通，雖則爲彼禍先，能無懷愧？

國家夷凶撥亂，唯以匡時濟俗，不欲窮民極武，專任甲兵。故蓄鋭停師，冀聞擇善，可否之事，幸速圖之。若不獲命，終爲怨府，雄夫奮其智勇，猛士發其餘怒，諸軍霧合，指日風驅。屬櫜鞬於中野，縱矢鏑之餘費，燎原覆醢，雖悔難追。必然繼好息民，更敦前好，況兵交使往，遲覽還音。

宋·宋敏求《唐大詔令集》卷一二三《政事·平亂上·平竇建德赦》

自隋氏失馭，政散民流，盜賊交侵，區宇離析。慄慄黔首，俱被焚溺之灾；元元無辜，并困豺狼之吻。朕受天明命，君臨八極，克除暴亂，大拯蒸黎。聲教所覃，無思不服，唯彼趙魏，尚隔朝風。建德往因喪亂，連羣結黨，竊州據邑。擅置官寮，叛涣一隅，恣行凶虐。朕愍彼河朔，久遭塗炭，納隍軫慮，無忘興寢。但以凋弊之後，惡煩士衆，且事含弘，未先討擊。然而遊魂放命，數稔貫盈，驅率犬羊，圖爲侵斥。與王世充欲相救援，輒來舉斧，以抗大軍。兵威所臨，醜徒皆潰，生擒建德，囚致軍門。凡厥徒黨，皆就虜獲，歷稔逋寇，一舉廓清，盪滌遺民，與之更始。可赦山東諸州爲建德詿誤者。自武德四年五月八日以前，皆赦其罪。

金·元好問《元好問全集》卷一五《宏詞·秦王擒竇建德降王世充露布》

臣聞，天地之大無不容，王者所以悉臣而悉主，雷霆之擊無不滅，神兵所以萬舉而萬全。其有怙姦自終，同惡相濟，雖合從連橫而自爲得計，而禁暴誅亂者理有固然。輔車之勢未成，連頸之刑已及。陳餘之輔趙歇，竟成泜水之亡，公孫之得隗囂，何救咸門之酷？明鑒不遠，覆轍相尋。我國家統接軒符，亂除秦迹，斷鼇足以立四極，射旄頭而靖八荒，南征北怨，而俱荷來蘇，西被東漸，而無思不服。獨茲狂狡，猶爾跳梁。竇建德、王世充者，闒茸下材，昏迷小醜，要領不足以膏斧鉞，名姓不足以汙簡書。僭號位以自居，意兵刑之莫及。狐鼠不神于晝出，鷹鳩當化于陽和，敢爲犄角之謀，自隔照臨之遠，魚肉兆姓，塗炭二方、稔惡貫以既盈，諒靈誅之莫逭。五侯共憤，期分項羽之屍；四塚既成，待葬蚩尤之骨。臣與諸將等致行天討，動稟睿謀，謂號既滅則虞自亡，故燕可先而齊當後。肅將禁旅，進次東都。賊既身來，義當面喻。人有請師之舉，天開悔禍之期，今不自歸，後將無及。計卽從于馴伏，乃更肆于憑陵，不虞當轍之難，遽有背城之役。臣等先登進擊，深入合攻。戰聲騰洛水之波，怒氣動邙山之色，紛投戈而蔽野，殷流血之成川。健將既殲，餘衆皆潰。世充則堅壁自固，恃求援之方來；建德則掃境赴期，曾胥亡之不悟。臣等鼓已捷之勇，迎自送之師，破竹未比乎發機，建瓴莫喻其乘勢。武牢方啓，突騎直前，諸將引陣以當其衝，微臣卷甲以出其後。鯨鯢自警，蟣虱相悲，以彼氣之既歸，當我軍之方鋭。亂難復整，徒誇軍屬於鵲山，勢不久存，果見豆亡於牛谷。臣以既擒夏賊，尋詣洛師，示之已獲之俘，縱其所遣之使。世充外謀已敗，内勢又窮，知無地而可逃，乃詣軍而自縛。一卒不損，二盜剋平。其東都吏民等，虐政久罹，王靈甫及，金鼓動發生之氣，旌旗道長養之風，莫不動地歡呼，戴天感泣。廓妖氛而一掃，混文軌而大同，升平之期，自今以始。茲蓋伏遇皇帝陛下沉幾先物，神武應期，從容高拱乎九重之中，纖悉周知於萬里之外。日將旦而羣陰伏，顧小竊之何施，天不言而四時行，宜雋功之丕應。臣某等謬司戎律，初乏將材，仰憑折棰之神，俯遂請纓之志。七旬來格，微勞深愧於禹征，萬壽無疆，善頌敢忘於武拜？

清・董誥等《全唐文》卷二《高祖〈賜秦王獲竇建德手詔〉》 聞獲竇建德，竟如汝所料，畫策者雖吾，平定者汝也。吾聞黄河千年一清，乃當今日，汝功一也；隋氏分離，崤函隔絶，兩雄合勢，一朝清蕩，汝功二也；兵既克捷，更無死傷，無媿爲臣，不憂其父，汝功三也；吾今開懷抱，養蒼生，盡其天年，心無外慮，汝功四也。

又 卷七四四《殷侔〈竇建德碑〉》 雲雷方屯，龍戰伊始，有天命焉，有豪傑焉，不得受命，而命歸聖人。於是元黄之禍成，霸圖之業廢矣。隋大業末，主昏時亂，四海之内，兵革咸起。夏王建德，以耕甿崛興，河北山東，皆所奄有。築宮金城，立國布號，嶽峙虎踞，赫赫乎當時之雄也。是時李密在黎陽，世充據東都，蕭銑、王楚、薛舉擅秦，然視其刜割之迹，觀其模略之大，皆未有及建德者也。唯夏氏爲國，知義而尚仁，貴忠而愛賢，無暴虐及民，無淫凶於己，故兵所加而勝，令所到而服。與夫世充、銑、密等，甚不同矣。行軍有律，而身兼勇武；聽諫有道，而人無拒拂。斯蓋豪傑所以勃興，而定霸一朝，拓疆千里者哉。或以建德方項羽之在前世，竊謂不然。羽暴而嗜殺，建德寬容禦衆，得其歸附，語不可同日。迹其英分雄分，指盼備顯，庶幾孫長沙流亞乎。唯天有所勿屬，唯命有所獨歸，故使失計於救鄰，致敗於臨敵。雲散雨覆，亡也忽然。嗟夫！此亦莫之爲而爲者歟。向令運未有統，時仍割分，則太宗龍行乎中原，建德虎視於河北，相持相支，勝負豈須臾辨哉。自建德亡，距今已久遠，山東、河北之人，或尚談其事，且爲之祀。知其名不可滅，而及人者存也。聖唐太和三年，魏州書佐殷侔過其廟下，見父老羣祭，駿奔有儀，夏王之稱，猶紹於昔。感豪傑之興奮，弔經營之勿終，始知天命之莫干，惜霸略之旋隕。激於其文，遂碑。

元・楊維楨《鐵崖詠史》卷五《西夏賊》 西夏賊，中夏才。滑州奴，殺主以首來。斬奴反主首，滑人響應聲如雷。西夏賊，不識書，不納三叛法暗符。如何堂堂天子，乃爵蒼頭奴。

元・王旭《蘭軒集》卷九《跋唐秦王擒竇建德圖》 力在英雄命在天，降王金鎖亦堪憐。五年爭戰成何事？虛負漳南二頃田。

元・王惲《秋澗集》卷二七《跋秦王擒竇建德圖》 天命人心已有歸，怒猊抗岳欲何爲？自將五載飛揚舉，辨作秦王破陣辭。

雜録

《舊唐書》卷五〇《刑法志》 麟臺正字陳子昂上書曰：【略】臣聞自非聖人，不有外患，必有内憂，物理之然也。臣不敢以古遠言之，請指隋而説。臣聞長老云：隋之末世，天下猶平。煬帝不恭，窮毒威武，厭居皇極，自總元戎，以百萬之師，觀兵遼海，天下始騷然矣。遂使楊玄感挾不臣之勢，有大盜之心，欲因人謀，以竊皇業。乃稱兵中夏，將據洛陽，哮虓之勢，傾宇宙矣。然亂未逾月，而頭足異處。何者？天下之弊，未有土崩，蒸人之心，猶望樂業。煬帝不悟，闇忽人機，自以爲元惡既誅，天下無巨猾也，皇極之任，可以刑罰理之。遂使兵部尚書樊子蓋專行屠戮，大窮黨與，海内豪士，無不罹殃。遂至殺人如麻，流血成澤，天下靡然思爲亂矣。於是蕭銑、朱粲起於荆南，李密、竇建德亂於河北。四海雲摇，遂并起而亡隋族矣。豈不哀哉！長老至今談之，委曲如是。

唐・劉餗《隋唐嘉話》卷上《尉遲敬德》 鄂公尉遲敬德，性驍果而尤善避槊。每單騎入敵，人刺之，終不能中，反奪其槊以刺敵。海陵王元吉聞之不信，乃令去槊刃以試之。敬德云：『饒王著刃，亦不畏傷。』元吉再三來刺，既不少中，而槊皆被奪去。元吉力敵十夫，由是大慚恨。

太宗之禦竇建德，謂尉遲公曰：『寡人持弓箭，公把長槍相副，雖百萬衆亦無奈我何。』乃與敬德馳至敵營，叩其軍門大呼曰：『我大唐秦王，能鬭者來，與汝決。』賊追騎甚衆，而不敢逼。禦建德之役，既陳未戰，太宗望見一少年，騎驄馬，鎧甲鮮明，指謂尉遲公曰：『彼所乘馬，眞良馬也。』言之未已，敬德請取之，帝曰：『輕敵者亡，脱以一馬損公，非寡人願。』敬德自料致之萬全，及馳往，併擒少年而返，卽王充兄子僞代王琬。宇文士及在隋，亦識是馬，實内廄之良也。帝欲旌其能，并以賜之。

唐平隴右分部

綜述

《隋書》卷四《煬帝紀下》（大業）十三年【略】夏四月癸未，金城校尉薛舉率衆反，自稱西秦霸王，建元秦興，攻陷隴右諸郡。

《舊唐書》卷一《高祖紀》（義寧元年）十二月，【略】金城賊帥薛舉寇扶風，命太宗爲元帥擊之。遣趙郡公孝恭招慰山南，所至皆下。癸巳，太宗大破薛舉之衆於扶風。屈突通自潼關奔東都，劉文靜等追擒於閿鄉，虜其衆數萬。河池太守蕭瑀以郡降。丙午，遣雲陽令詹俊、武功縣正李仲衮徇巴蜀，下之。

武德元年【略】六月，【略】薛舉寇涇州，命秦王爲西討元帥征之。【略】秋七月丙午【略】秦王與薛舉大戰於涇州，我師敗績。八月壬午，薛舉死，其子仁杲復僭稱帝，命秦王爲元帥以討之。【略】十一月己酉，【略】秦王大破薛仁杲於淺水原，降之，隴右平。

又　卷二《太宗紀上》　武德元年七月，薛舉寇涇州，太宗率衆討之，不利而旋。九月，薛舉死，其子仁杲嗣立。太宗又爲元帥以擊仁杲，相持於折墌城，深溝高壘者六十餘日。賊衆十餘萬，兵鋒甚鋭，數來挑戰，太宗按甲以挫之。賊糧盡，其將牟君才、梁胡郎來降。太宗謂諸將軍曰：『彼氣衰矣，吾當取之。』遣將軍龐玉先陣於淺水原南以誘之，賊將宗羅睺併軍來拒，玉軍幾敗。既而太宗親御大軍，奄自原北，出其不意。羅睺望見，復回師相拒。太宗將驍騎數十入賊陣，於是王師表裏齊奮，羅睺大潰，斬首數千級，投澗谷而死者不可勝計。太宗率左右二十餘騎追奔，直趣折墌以乘之。仁杲大懼，嬰城自守。將夕，大軍繼至，四面合圍。詰朝，仁杲請降，俘其精兵萬餘人、男女五萬口。既而諸將奉賀，因問曰：『始大王野戰破賊，其主尚保堅城，王無攻具，輕騎騰逐，不待步兵，徑薄城下，咸疑不克，而竟下之，何也？』太宗曰：『此以權道迫之，使其計不暇發，以故克也。羅睺恃往年之勝，兼復養鋭日久，見吾不出，意在相輕。今喜吾出，悉兵來戰，雖擊破之，擒殺蓋少。若不急躡，還走投城，仁杲收而撫之，則便未可得矣。且其兵衆皆隴西人，一敗披退，不及回顧，散歸隴外，則折墌自虛，我軍隨而迫之，所以懼而降也。此可謂成算，諸君盡不見耶？』諸將曰：『此非凡人所能及也。』獲賊兵精騎甚衆，還令仁杲兄弟及賊帥宗羅睺、翟長孫等領之。太宗與之遊獵馳射，無所間然。賊徒荷恩懾氣，咸願效死。

時李密初附，高祖令密馳傳迎太宗於豳州。密見太宗天姿神武，軍威嚴肅，驚悚歎服，私謂殷開山曰：『眞英主也。不如此，何以定禍亂乎？』凱旋，獻捷於太廟。拜太尉、陝東道行臺尚書令，鎮長春宮，關東兵馬併受節度。尋加左武候大將軍、涼州總管。

又　卷五五《薛舉傳》　薛舉，河東汾陰人也。【略】舉容貌瑰偉，凶悍善射，驍武絶倫，家産鉅萬，交結豪猾，雄於邊朔。初，爲金城府校尉。大業末，隴西羣盜蜂起，百姓饑餒，金城令郝瑗，募得數千人，使舉討捕。授甲於郡中，吏人咸集，置酒以饗士。舉與其子仁杲及同謀者十三人，於座中劫瑗，矯稱收捕反者，因發兵囚郡縣官，開倉以賑貧乏。自稱西秦霸王，建元爲秦興，封仁杲爲齊公，少子仁越爲晉公。有宗羅睺者，先聚黨爲羣盜，至是帥衆會之，封爲義興公，餘皆以次封拜。掠官收馬，招集羣盜，兵鋒甚鋭，所至皆下。隋將皇甫綰屯兵一萬在枹罕，舉選精鋭二千人襲之，與綰軍遇於赤岸，陳兵未戰，俄而風雨暴至。初，風逆舉陣，而綰不擊之；忽返風，正逆綰陣，氣色昏昧，軍中擾亂。舉策馬先登，衆軍從之，隋軍大潰，遂陷枹罕。時羌首鍾利俗擁兵二萬在岷山界，盡以衆降舉，兵遂大振。進仁杲爲齊王，授東道行軍元帥；仁越爲晉王，數日間，盡有隴西之地，衆至十三萬。

（大業）十三年秋七月，舉僭號於蘭州，以妻鞠氏爲皇后，母爲皇太后，起墳塋，置陵邑，立廟於城南。其月，舉陳兵數萬，出拜墓，禮畢大會。仁杲進兵圍秦州。仁越兵趨劍口，至河池郡，太守蕭瑀拒退之。舉命其將常仲興渡河擊李軌，與軌將李贇大戰於昌松，仲興敗績，全軍陷於軌。及仁杲克秦州，舉自蘭州遷都之。遣仁杲引軍寇扶風郡，汧源賊帥唐弼率衆拒之，兵不得進。初，弼起扶風，立隴西李弘芝爲天子，有徒十萬。舉遣使招弼，弼殺弘芝，引軍從舉。仁杲因弼弛備，襲破之，併有其衆，弼以數百騎遁免。舉勢益張，軍號三十萬，將圖京師。會義兵定關中，遂留攻扶風。太宗帥師討敗之，斬首數千級，追奔至隴坻而還。舉又懼太宗踰隴追之，乃問其衆曰：『古來天子有降事否？』僞黄門侍郎褚亮曰：『昔越帝趙佗卒歸漢祖，蜀主劉禪亦仕晉朝，近代蕭琮，至今猶貴。轉禍爲福，自古有之。』其衛尉卿郝瑗趨而進曰：『皇帝失問。褚亮之言，又何悖也！昔漢祖屢經敗績，蜀先主亟亡妻子，戰之利害，何代無之？安得一戰不捷，而爲亡國之計也！』舉亦悔之，答曰：『聊發此問，試君等耳。』乃厚賞瑗，引爲謀主。瑗又勸舉連結梁師都，共爲聲勢，厚賂突厥，餌其戎馬，合從并力，進逼京師。舉從其言，與突厥莫賀咄設謀取京師。莫賀咄設許以兵隨之，期有日矣。會都水監宇文歆使於突厥，歆説莫賀咄設，止其出兵，故舉謀不行。

武德元年，豐州總管張長遜進擊宗羅睺，舉悉衆來援，軍屯高墌，縱兵虜掠，至於豳、岐之地。太宗又率衆擊之，軍次高墌城，度其糧少，意在速戰，乃命深溝堅壁，以老其師。未及與戰，會太宗不豫，行軍長史劉文靜、殷開山請觀兵於高墌西南，恃衆不設備，爲舉兵掩乘其後。太宗聞之，知其必敗，遽與書責之。未至，兩軍合戰，竟爲舉所敗，死者十五六，大將慕容羅睺、李安遠、劉弘基皆陷於陣。太宗歸於京師，舉軍取高墌，又遣仁杲進圍寧州。郝瑗言於舉曰：『今唐兵新破，將帥併擒，京師騷動，可乘勝直取長安。』舉然之。臨發而舉疾，召巫視之，巫言唐兵爲祟，舉惡之，未幾而死。舉每破陣，所獲士卒皆殺之，殺人多斷舌、割鼻，或碓搗之。其妻性又酷暴，好鞭撻其下，見人不勝痛而宛轉於地，則埋其足，才露腹背而捶之。由是人心不附。仁杲代董其衆，僞謚舉爲武皇帝，未葬而仁杲滅。

仁杲，舉長子也，多力善騎射，軍中號爲萬人敵。然所至多殺人，納其妻妾。獲庾信子立，怒其不降，磔於猛火之上，漸割以啖軍士。初，拔秦州，悉召富人倒懸之，以醋灌鼻，或杙其下竅，以求金寶。舉每誡之曰：『汝智略縱横，足辦我家事，而傷於苛虐，與物無恩，終當覆我宗社。』舉死，仁杲立於折墌城，與諸將帥素多有隙，及嗣位，衆咸猜懼。郝瑗哭舉悲思，因病不起，自此兵勢日衰。

自劉文靜爲舉所敗後，高祖命太宗率諸軍以擊仁杲，師次高墌，而堅壁不動。諸將咸請戰，太宗曰：『我士卒新敗，鋭氣猶少。賊以勝自驕，必輕敵好鬭，故且閉壁以折之。待其氣衰而後奮擊，可一戰而破，此萬全計也。』乃令軍中曰：『敢言戰者斬。』相持者久之。仁杲勇而無謀，兼糧饋不屬，將士稍離，其内史令翟長孫以其衆來降，仁杲妹夫僞左僕射鐘俱仇以河州歸國。太宗知其可擊，遣將軍龐玉擊賊將宗羅睺於淺水原。兩軍酣戰，太宗以勁兵出賊不意，奮擊大破之。乘勝進薄其折墌城，仁杲窮蹙，率僞百官開門降，太宗納之。王師振旅，以仁杲歸於京師，及其首帥數十人皆斬之。舉父子相繼僞位至滅，凡五年，隴西平。

又　卷五七《劉文静傳》　劉文静，字肇仁，自云彭城人，代居京兆之武功。【略】會薛舉寇涇州，命太宗討之，以文静爲元帥府長史。遇太宗不豫，委於文静及司馬殷開山，誡之曰：『舉糧少兵疲，懸軍深入，意在決戰，不利持久，即欲挑戰，慎無與決。待吾差，當爲君等取之。』文静用開山計，出軍爭利，王師敗績。文静奔還京師，坐除名。俄又從太宗討舉，平之，以功復其爵邑，拜民部尚書，領陝東道行臺左僕射。

又　卷五八《殷嶠傳》　殷嶠，字開山，雍州鄠縣人，陳司農卿不害孫也。【略】從擊薛舉，爲元帥府司馬。時太宗有疾，委軍於劉文静，誡之曰：『賊衆遠來，利在急戰，難與爭鋒。且宜持久，待糧盡，然後可圖。』嶠退謂文静曰：『王體不安，慮公不濟，故發此言。宜因機破賊，何乃以勍敵遺王也！』久之，言於文静曰：『王不豫，恐賊輕我，請耀武以威之。』遂陳兵於折墌，爲舉所乘，軍乃大敗。嶠坐減死除名。

後從平薛仁杲，復其爵位。

《新唐書》卷九〇《劉弘基傳》　劉弘基，雍州池陽人。【略】討薛舉，戰淺水原，八總管軍皆没，唯弘基一軍戰力，矢盡，爲賊拘。帝以臨難不屈，優護其家。仁杲平，乃克歸，官之如初。

又　卷一一三《姜謨傳》　姜謩，秦州上邽人。隋大業末，爲晉陽長。【略】進平長安，除相國冑曹參軍、長道縣公。薛舉寇秦州，以謩山西豪望，詔安撫隴外，委以便宜。將行，請曰：『公天人之望已屬，宜膺圖緯，光有神器。謩老矣，恐先朝露，幸一見踐阼，死不恨。』高祖嘉納。乃與竇軌出散關，下河池、漢陽，遇薛舉，與戰，軌敗，召謩還朝，爲員外散騎常侍。後仁杲平，擢秦州刺史。帝曰：『昔人稱衣錦故鄉，今以本州相授，所以償功。涼州荒梗，宜有以靖之。』

又　《劉世讓傳》　劉世讓字元欽，京兆醴泉人。仕隋爲徵仕郎。高祖入長安，以漳川歸，授通議大夫。時唐弼餘黨寇扶風，世讓自請安輯，許之，得其衆數千，因授安定道行軍總管，率兵二萬拒薛舉，戰不勝，與弟實皆没於賊。舉令至城下，紿説使降。世讓陽許之，至則告守者曰：『賊兵極於此矣，善自固！』舉重其節，不加害。秦王方屯高墌，世讓密遣實間走王，言賊虚實。高祖悦，賜其家帛千匹。舉平，授彭州刺史。

又　卷一九一《常達傳》　常達，陝州陝人。仕隋爲鷹擊郎將。嘗從高祖征伐，與宋老生戰霍邑，軍敗自匿，帝意已死，久乃自歸。帝大悦，命爲統軍，拜隴州刺史。

時薛舉方强，達敗其子仁杲，斬首千級。舉遣將仵士政紿降，達不疑，厚加撫接。士政伺隙劫之，併其衆二千歸賊。舉指其妻謂達曰：『識皇后乎？』答曰：『彼瘦老嫗，何所道？』舉奴張貴又曰：『亦識我否？』達瞋目曰：『若乃奴耳。』貴忿，舉笏擊其面，達不爲慴，亦拔刀逐之，趙弘安爲蔽捍，乃免。仁杲平，帝見達，勞曰：『君忠節，正可求之古人。』爲執士政殺之，賜達布帛三百段，以達并劉感事授史臣令狐德棻云。終隴西刺史。

論説

《舊唐書》卷五五《薛舉等傳論》　薛舉父子勇悍絶倫，性皆好殺，仁杲尤甚，無恩衆叛，雖猛何爲。李軌竊據鷹揚，僭號河西，安隋朝官屬，不奪其財，破李贇甲兵，放還其衆，是其興也。及殺害謀主，崇信妖巫，衆叛親離，其亡也宜哉。武周始爲鼠竊，偶恣鴟張，不用君璋之謀，竟爲突厥所殺。苑君璋及緫餘衆，别生異圖，見頡利歸朝，亦是見機者也。黑闥、開道、勇而無謀，顧其行師，祗是狂賊，皆爲麾下所殺，馭衆之道謬哉。

宋·晁補之《鷄肋集》卷四六《舊唐書雜論·志》　殷嶠從擊薛舉，時太宗有疾，委軍於劉文静，戒之曰：『賊衆遠來，利在急戰，難與爭鋒，且宜持久，待糧盡可圖。』嶠退謂文静曰：『王體不安，憂公不濟，故發此言。宜因機破敵，何乃以勍敵遺王也！』遂陳兵於折墌，爲舉所襲，大敗。

右殷嶠傳第八：劉文静亦不可謂無謀者也。臨敵不自慮而惑嶠説，遂以喪師。太宗雖病卧，而逆告以持久之計，卒如其所料。而嶠一自用，則敗潰隨之。嗚呼！太宗爲不可及也夫！

藝文

唐·柳宗元《柳河東集》卷一《涇水黄二十四句》　薛舉據涇以死，子仁杲尤勇以暴，師平之。爲涇水黄。

涇水黄，隴野茫。負太白，騰天狼。有鳥鷙立，羽翼張。鉤喙決前，鉅趯傍。怒飛饑嘯，翾不可當。老雄死，子復良。巢岐飲渭，肆翱翔。頓地紘，提天綱。列缺掉幟，招摇耀鋩。鬼神來助，夢嘉祥。腦塗原野，魄飛揚。星辰復，恢一方。

清·彭定求等《全唐詩》卷一《太宗皇帝〈經破薛舉戰地〉》　義寧元年，擊薛舉於扶風，敗之。

昔年懷壯氣，提戈初仗節。心隨朗日高，志與秋霜潔。移鋒驚電起，轉戰長河決。營碎落星沈，陣卷橫雲裂。一揮氛沴靜，再舉鯨鯢滅。於茲俯舊原，屬目駐華軒。沉沙無故迹，滅竈有殘痕。浪霞穿水淨，峰霧抱蓮昏。世途亟流易，人事殊今昔。長想眺前蹤，撫躬聊自適。

又　卷三五《許敬宗〈奉和行經破薛舉戰地應製〉》　混元分大象，長策挫修鯨。於斯建宸極，由此創鴻名。一戎乾宇泰，千祀德流清。垂衣凝庶績，端拱鑄羣生。復整瑤池駕，還臨官渡營。周游尋曩迹，曠望動天情。帷宫面丹浦，帳殿矚宛城。虜場棲九穗，前歌被六英。戰地甘泉涌，陣處景雲生。普天沾凱澤，相攜欣頌平。

唐平河西分部

綜　述

《隋書》卷四《煬帝紀下》　（大業）十三年【略】秋七月【略】丙辰，武威人李軌舉兵反，攻陷河西諸郡，自稱涼王，建元安樂。

《舊唐書》卷一《高祖紀》　（義寧）二年【略】八月【略】涼州賊帥李軌以其地來降，拜涼州總管，封涼王。【略】冬十月【略】乙巳，涼王李軌僭稱天子於涼州。

（武德）二年【略】夏四月【略】辛亥，李軌爲其僞尚書安興貴所執以降，河右平。

又　卷五五《李軌傳》　李軌，字處則，姑臧人也。有機辯，頗窺書籍，家富於財，賑窮濟乏，人亦稱之。大業末，爲鷹揚府司馬。時薛舉作亂於金城，軌與同郡曹珍、關謹、梁碩、李贇、安修仁等謀曰：『薛舉殘暴，必來侵擾，郡官庸怯，無以禦之。今宜同心戮力，保據河右，以觀天下之事，豈可束手於人，妻子分散！』乃謀共舉兵，皆相讓，莫肯爲主。曹珍曰：『常聞圖讖云「李氏當王」。今軌在謀中，豈非天命也？』遂拜賀之，推以爲主。軌令修仁夜率諸胡入內苑城，建旗大呼，軌於郭下聚衆應之，執縛隋虎賁郎將謝統師、郡丞韋士政。軌自稱河西大涼王，建元安樂，署置官屬，併擬開皇故事。初，突厥曷娑那可汗率衆內屬，遣弟闕達度闕設領部落在會寧川中，有二千餘騎，至是自稱可汗，來降於軌。

武德元年冬，軌僭稱尊號，以其子伯玉爲皇太子，長史曹珍爲左僕射。謹等議欲盡殺隋官，分其家產，軌曰：『諸人見逼爲主，便須稟吾處分。義兵之起，意在救焚，今殺人取物，是爲狂賊。立計如此，何以求濟乎！』乃署統師太僕卿，士政太府卿，薛舉遣兵侵軌，軌遣其將李贇擊敗於昌松，斬首二千級，盡虜其衆，復議放還之。贇言於軌曰：『今竭力戰勝，俘虜賊兵，又縱放之，還使資敵，不如盡坑之。』軌曰：『不然。若有天命，自擒其主，此輩士卒，終爲我有。若事不成，留此何益？』遂遣之。未幾，攻陷張掖、燉煌、西平、枹罕，盡有河西五郡之地。

其年，軌殺其吏部尚書梁碩。初，軌之起也，碩爲謀主，甚有智略，衆咸憚之。碩見諸胡種落繁盛，乃陰勸軌宜加防察，與其戶部尚書安修仁由是有隙。又軌子仲琰懷恨，形於辭色，修仁因之搆成碩罪，更譖毀之，云其欲反，軌令齎鴆就宅殺焉。是後，故人多疑懼之，心膂從此稍離。時高祖方圖薛舉，遣使潛往涼州與之相結，下璽書，謂之爲從弟。軌大悅，遣其弟懋入朝，獻方物。高祖授懋大將軍，遣還涼州。又令鴻臚少卿張侯德持節，册拜爲涼州總管，封涼王，給羽葆鼓吹一部。軌召羣僚廷議曰：『今吾從兄膺受圖籙，據有京邑，天命可知，一姓不宜競立，今去帝號受册可乎？』曹珍進曰：『隋失天下，英雄競逐，稱王號帝，鼎峙瓜分。唐國自據關中，大涼自處河右，己爲天子，奈何受人官爵？若欲以小事大，宜依蕭察故事，自稱梁帝而稱臣於周。』軌從之。

（武德）二年，遣其尚書左丞鄧曉隨使者入朝，表稱皇從弟大涼皇帝臣軌而不受官。時有胡巫惑之曰：『上帝當遣玉女從天而降。』遂徵兵築臺以候玉女，多所糜費，百姓患之。又屬年饑，人相食，軌傾家賑之，私家罄盡，不能周遍。又欲開倉給粟，召衆議之。珍等對曰：『國以人爲本，本既不立，國將傾危，安可惜此倉粟，而坐觀百姓之死乎？』其故人皆云，給粟爲便。謝統師等隋舊官人，爲軌所獲，雖被任使，情猶不附。每與羣胡相結，引進朋黨，排軌舊人，因其大餒，欲離其衆。乃詬珍曰：『百姓餓者自是弱人，勇壯之士終不肯困，國家倉粟須備不虞，豈可散之以供小弱？僕射苟悅人情，殊非國計。』軌以爲然，由是士庶怨憤，多欲叛之。

初，安修仁之兄興貴先在長安，表請詣涼州招慰軌。高祖謂曰：『李軌據河西之地，連好吐谷渾，結援於突厥，興兵討擊，尚以爲難，豈單使所能致也？』興貴對曰：『李軌凶强，誠如聖旨。今若諭之以逆順，曉之以禍福，彼則憑固負遠，必不見從。何則？臣于涼州，奕代豪望，凡厥士庶，靡不依附。臣之弟爲軌所信任，職典樞密者數十人，以此候隙圖之，易於反掌，無不濟矣。』高祖從之。興貴至涼州，軌授以左右衛大將軍，又問以自安之術，興貴諭之曰：『涼州僻遠，人物凋殘，勝兵雖餘十萬，開地不過千里，既無險固，又接蕃戎，戎狄豺狼，非我族類，此而可久，實用爲疑。今大唐據有京邑，略定中原，攻必取，戰必勝，是天所啓，非人力焉。今若舉河西之地委質事之，卽漢家竇融，未足爲比。』軌默然不答，久之，謂興貴曰：『昔吳濞以江左之兵，猶稱己爲「東帝」；我今以河右之衆，豈得不爲「西帝」？彼雖强大，其如予何？君與唐爲計，誘引於我，酬彼恩遇耳。』興貴懼，乃僞謝曰：『竊聞富貴不在故鄉，有如衣錦夜行。今合家子弟併蒙信任，榮慶實在一門，豈敢興心，更懷他志？』興貴知軌不可動，乃與修仁等潛謀，引諸胡衆起兵圖軌，將圍其城，軌率步騎千餘出城拒戰。先時，有薛舉柱國奚道宜，率羌兵三百人亡奔於軌，既許其刺史而不授之，禮遇又薄，深懷憤怨。道宜率所部共修仁擊軌，軌敗入城，引兵登陴，冀有外救。興貴宣言曰：『大唐使我來殺李軌，不從者誅及三族！』於是諸城老幼皆出詣修仁。軌歎曰：『人心去矣，天亡我乎！』攜妻子上玉女臺，置酒爲別，修仁執之以聞。時鄧曉尚在長安，聞軌敗，舞蹈稱慶。高祖數之曰：『汝委質於人，爲使來此，聞軌淪陷，曾無蹙容，苟悅朕情，妄爲慶躍。既不能留心於李軌，何能盡節於朕乎？』竟廢而不齒。軌尋伏誅，自起至滅三載，河西悉平。

藝文

清・史夢蘭《全史宮詞》卷一二《北朝・隋・僞涼》 誰言圖讖李當王？西帝期同東帝强。玉女不來宮院冷，臺前別酒太蒼黃。

唐平河東分部

綜述

《隋書》卷四《煬帝紀下》（大業）十三年【略】二月【略】己丑，馬邑校尉劉武周殺太守王仁恭，舉兵作亂，北連突厥，自稱定楊可汗。【略】壬寅，劉武周破武賁郎將王智辯於桑乾鎮，智辯死之。

《舊唐書》卷一《高祖紀》（武德）二年【略】閏月辛丑，劉武周侵我并州。【略】六月【略】癸亥，尚書右僕射裴寂爲晉州道行軍總管，以討劉武周。【略】九月【略】丁丑，【略】裴寂與劉武周將宋金剛戰於介州，我師敗績，右武衛大將軍姜寶誼死之。并州總管、齊王元吉懼武周所逼，奔於京師，并州陷。【略】冬十月【略】乙卯，討劉武周，軍於蒲州，爲諸軍聲援。壬子，劉武周進圍晉州。【略】十二月丙申，永安王孝基、工部尚書獨孤懷恩、總管於筠爲劉武周將宋金剛掩襲，併没焉。

（武德）三年【略】夏四月【略】甲寅，加秦王益州道行臺尚書令。秦王大破宋金剛於介州，金剛與劉武周俱奔突厥，遂平并州。僞總管尉遲敬德、尋相以介州降。

又 卷二《太宗紀上》 武德元年【略】九月【略】宋金剛之陷澮州也，兵鋒甚鋭。高祖以王行本尚據蒲州，呂崇茂反於夏縣，晉、澮二州相繼陷没，關中震駭，乃手敕曰：『賊勢如此，難與爭鋒，宜棄河東之地，謹守關西而已。』太宗上表曰：『太原王業所基，國之根本，河東殷實，京邑所資。若舉而棄之，臣竊憤恨。願假精兵三萬，必能平殄武周，克復汾、晉。』高祖於是悉發關中兵以益之，又幸長春宮親送太宗。

二年十一月，太宗率衆趣龍門關，履冰而渡之，進屯柏壁，與賊將宋金剛相持。尋而永安王孝基敗於夏縣，于筠、獨孤懷恩、唐儉併爲賊將尋相、尉遲敬德所執，將還澮州。太宗遣殷開山、秦叔寶邀之於美良川，大破之，相等僅以身免，悉虜其衆，復歸柏壁。於是諸將咸請戰，太宗曰：『金剛懸軍千里，深入吾地，精兵驍將，皆在於此。武周據太原，專倚金剛以爲捍。士卒雖衆，內實空虛，意在速戰。我堅營蓄銳以挫其鋒，糧盡計窮，自當遁走。』

（武德）三年二月，金剛竟以衆餒而遁，太宗追之至介州。金剛列陣，南北七里，以拒官軍。太宗遣總管李世勣、程齩金、秦叔寶當其北，翟長孫、秦武通當其南。諸軍戰小卻，爲賊所乘。太宗率精騎擊之，衝其陣後，賊衆大敗，追奔數十里。敬德、相率衆八千來降，還令敬德督之，與軍營相參。屈突通懼其爲變，驟以爲請。太宗曰：『昔蕭王推赤心置人腹中，併能畢命，今委任敬德，又何疑也。』於是劉武周奔於突厥，并、汾悉復舊地。詔就軍加拜益州道行臺尚書令。

又　卷五五《劉武周傳》　劉武周，河間景城人。父匡，徙家馬邑。匡嘗與妻趙氏夜坐庭中，忽見一物，狀如雄鷄，流光燭地，飛入趙氏懷，振衣無所見，因而有娠，遂生武周。驍勇善射，交通豪俠。其兄山伯每誡之曰：『汝不擇交遊，終當滅吾族也。』數詈辱之。武周因去家入洛，爲太僕楊義臣帳內，募徵遼東，以軍功授建節校尉。還家，爲鷹揚府校尉。太守王仁恭以其州里之雄，甚見親遇，每令率虞候屯於閤下。因與仁恭侍兒私通，恐事泄，又見天下已亂，陰懷異計，乃宣言於郡中曰：『今百姓飢餓，死人相枕於野，王府尹閉倉不恤，豈憂百姓之意乎！』以此激怒衆人，皆發憤怨。武周知衆心搖動，因稱疾不起，鄉閭豪傑多來候問，遂椎牛縱酒大言曰：『盜賊若此，壯士守志，併死溝壑。今倉內積粟皆爛，誰能與我取之？』諸豪傑皆許諾。與同郡張萬歲等十餘人候仁恭視事，武周上謁，萬歲自後而入，斬仁恭於郡廳，持其首出徇郡中，無敢動者。於是開廩以賑窮乏，馳檄境內，其屬城皆歸之，得兵萬餘人。

武周自稱太守，遣使附於突厥。隋雁門郡丞陳孝意、虎賁將王智辯合兵討之，圍其桑乾鎮。會突厥大至，與武周共擊智辯，隋師敗績。孝意奔還雁門，部人殺之，以城降於武周。於是襲破樓煩郡，進取汾陽宮，獲隋宮人以賂突厥，始畢可汗以馬報之，兵威益振。乃攻陷定襄，復歸于馬邑。突厥立武周爲定楊可汗，遺以狼頭纛。因僭稱皇帝，以妻沮氏爲皇后，建元爲天興。以衛士楊伏念爲左僕射，妹婿同縣人苑君璋爲內史令。先是，上穀人宋金剛有衆萬餘人，在易州界爲羣盜，定州賊帥魏刀兒與相表裏。後刀兒爲竇建德所滅，金剛救之，戰敗，率餘衆四千人奔于武周。武周聞金剛善用兵，得之甚喜，號爲宋王，委以軍事，中分家產遺之。金剛亦深自結納，遂出其妻，請聘武周之妹。又說武周入圖晉陽，南向以爭天下。武周授金剛西南道大行臺，令率兵二萬人侵并州，軍黃蛇鎮。又引突厥之衆，兵鋒甚盛，襲破榆次縣，進陷介州。高祖遣太常少卿李仲文率衆討之，爲賊所執，一軍全沒。仲文後得逃還。復遣右僕射裴寂拒之，戰又敗績。武周進逼，總管齊王元吉委城遁走，武周遂據太原。遣金剛進攻晉州，六日，城陷，右驍衛大將軍劉弘基没于賊。進取澮州，屬縣悉下。

夏縣人呂崇茂殺縣令，自號魏王，以應賊。河東賊帥王行本又密與金剛連和，關中大駭。高祖命太宗益兵進討，屯於柏壁，相持者久之。又命永安王孝基、陝州總管於筠、工部尚書獨孤懷恩、內史侍郎唐儉進取夏縣，不能克，軍於城南。崇茂與賊將尉遲敬德襲破孝基營，諸軍併陷，四將俱没。敬德還澮州，太宗邀擊於美良川，大破之。敬德與賊將尋相又援王行本於蒲州，太宗復破之於蒲州。高祖親幸蒲津關，太宗自柏壁輕騎謁高祖於行在所。宋金剛遂圍絳州。及太宗還，金剛懼而引退。武周復攻李仲文于浩州，頻戰皆敗，又饋運不屬，賊衆大餒，於是金剛遂遁。太宗復追及金剛於雀鼠谷，一日八戰，皆破之，俘斬數萬人，獲輜重千餘兩。金剛走入介州，王師逼之。金剛尚有衆二萬，出其西門，背城而陣，太宗與諸將力戰破之，金剛輕騎遁走。其驍將尉遲敬德、尋相、張萬歲收其精兵，舉介州及永安來降。武周大懼，率五百騎棄并州北走，自乾燭谷亡奔突厥。金剛復收其亡散以拒官軍，人莫之從，與百餘騎復奔突厥。太宗進平并州，悉復故地。未幾，金剛背突厥而亡，將還上谷，爲追騎所獲，腰斬之。武周又欲謀歸馬邑，事洩，爲突厥所殺。武周自初起至死，凡六載。

初，武周引兵南侵，苑君璋說曰：『唐主舉一州之兵，定三輔之地，郡縣影附，所向風靡，此固天命，豈曰人謀？且并州已南，地形險阻，若懸軍深入，恐後無所繼，不如連和突厥，結援唐朝，南面稱孤，足爲上策。』武周不聽，遣君璋守朔州，遂侵汾、晉。及敗，泣謂君璋曰：『恨不用君言，乃至於此！』

武周既死，突厥又以君璋爲大行臺，統其餘衆，仍令鬱射設督兵助鎮。高祖遣諭之，君璋部將高滿政謂君璋曰：『夷狄無禮，本非人類，豈可北面事之？不如盡殺突厥以歸唐朝。』君璋不從，滿政因人心夜逼君璋，君璋亡奔突厥。滿政遂以城來降，拜朔州總管，封榮國公。

明年，君璋復引突厥來攻馬邑，滿政死之，君璋盡殺其黨而去，退保恆安。君璋所部稍稍離散，勢蹙請降，高祖許之，遣使賜以金券。會突厥頡利可汗復遣召之，君璋猶豫未決。其子孝政曰：『劉武周足爲殷鑑。今既降唐，又歸頡利，取滅之道也。糧儲已盡，人情悉離，如更遲留，變生肘腋。』恆安人郭子威説君璋曰：『恆安之地，王者舊都，山川形勝，足爲險固。突厥方强，爲我脣齒。據此堅城，足觀天下之變，何乃欲降於人也？』君璋然其計，乃執我行人送於突厥，與突厥合軍寇太原之北境。君璋復見頡利政亂，竟率所部來降，拜安州都督，封芮國公，賜實封五百户。

又　卷五六《劉季貞傳》　劉季貞者，離石胡人也。父龍兒，隋末擁兵數萬，自號劉王，以季貞爲太子。龍兒爲虎賁郎將梁德所斬，其衆漸散。及義師起，季貞與弟六兒復舉兵爲盜，引劉武周之衆攻陷石州。季貞北連突厥，自稱突利可汗，以六兒爲拓定王，甚爲邊患。時西河公張綸、眞鄉公李仲文俱以兵臨之，季貞懼而來降，授石州總管，賜姓李氏，封彭城郡王。季貞見宋金剛與官軍相持於澮州，久而未決，遂復親武周，與之合勢。及金剛敗，季貞亡奔高滿政，尋爲所殺。

又　《李子和傳》　李子和者，同州蒲城人也。本姓郭氏。【略】自稱永樂王，建元爲正平，尊其父爲太公，以弟子政爲尚書令，子端、子升爲左、右僕射。有衆二千餘騎，南連梁師都，北附突厥始畢可汗，併送子爲質以自固。始畢先署劉武周爲定楊天子，梁師都爲解事天子，又以子和爲平楊天子，子和固辭不敢當，始畢乃更署子和爲屋利設。武德元年，遣使歸款，授榆林郡守。尋就拜雲州總管，封金河郡公。【略】五年，從太宗平劉黑闥，陷陣有功。

又　卷五七《裴寂傳》　裴寂，字玄眞，蒲州桑泉人也。【略】武德二年，劉武周將黄子英、宋金剛頻寇太原，行軍總管姜寶誼、李仲文相次陷没，高祖患之。寂自請行，因爲晉州道行軍總管，得以便宜從事。師次介休，而金剛據城以抗寂。寂保於度索原，營中乏水，賊斷其澗路，由是危迫。欲移營就水，賊因犯之，師遂大潰，死散略盡。寂一日一夜馳至平陽，晉州以東城鎮俱没，金剛進逼絳州，寂抗表陳謝，高祖慰諭之，復令鎮撫河東之地。寂性怯，無捍禦之才，唯發使絡繹，催督虞、秦二州居人，勒入城堡，焚其積聚。百姓惶駭，復思爲亂。夏縣人呂崇茂遂殺縣令舉兵反，引金剛爲援，寂擊之，復爲崇茂所敗。被徵入朝，高祖數之曰：『義舉之始，公有翼佐之勳，官爵亦極矣。前拒武周，兵勢足以破敵，致此喪敗，不獨愧於朕乎？』以之屬吏，尋釋之，顧待彌重。

又　卷五八《唐儉傳》　唐儉字茂約，并州晉陽人。【略】平京城，加光禄大夫，相國府記室，封晉昌郡公。武德元年，除内史舍人，尋遷中書侍郎，特加授散騎常侍。王行本守蒲州城不降，敕工部尚書獨孤懷恩率兵屯於其東，以經略之。尋又夏縣人呂崇茂以城叛，降於劉武周，高祖遣永安王孝基、工部尚書獨孤懷恩、陝州總管於筠等率兵討之。時儉使至軍所，屬武周遣兵援崇茂，儉與孝基、筠等併爲所獲。初，懷恩屯兵蒲州，與其屬元君實謀反，時君實亦陷於賊中，與儉同被拘執，乃謂儉曰：『古人有言：當斷不斷，反受其亂。獨孤尚書近者欲舉兵圖事，遲疑之間，遂至今日，豈不由不斷耶？』俄而懷恩脱身得還，仍令依前屯守，君實又謂儉曰：『獨孤尚書今遂拔難得還，復在蒲州屯守，可謂王者不死。』儉聞之，懼懷恩爲逆，乃密令親信劉世讓以懷恩之謀奏聞。適遇王行本以蒲州歸降，高祖將入其城，浮舟至中流，世讓謁見，高祖讀奏，大驚曰：『豈非天命也！』回舟而歸，分捕反者按驗之，懷恩自縊，餘黨伏誅。俄而太宗擊破武周部將宋金剛，追至太原，武周懼而北走，儉乃封其府庫，收兵甲，以待太宗。高祖嘉儉身没虜庭，心存朝闕，復舊官，仍爲并州道安撫大使，以便宜從事，并賜獨狐懷恩田宅貲財等。

又　卷六〇《永安王孝基傳》　永安王孝基，高祖從父弟也。【略】（武德）二年，劉武周將宋金剛來寇汾、澮。夏縣人呂崇茂殺縣令，舉兵反，自稱魏王，請援於武周。復以孝基爲行軍總管討之，工部尚書獨孤懷恩、內史侍郎唐儉、陝州總管於筠悉隸焉。武周遣其將尉遲敬德潛援崇茂，大戰於夏縣，王師敗績，孝基與唐儉等皆没於賊。後謀歸國，爲武周所害，高祖爲之發哀，廢朝三日，賜其家帛千匹。賊平，購其屍不得，招魂而葬之，贈左衛大將軍，謚曰壯。

又 《江夏王道宗傳》 江夏王道宗，道玄從父弟也。【略】討劉武周，戰於度索原，軍敗，賊徒進逼河東。道宗時年十七，從太宗率衆拒之。太宗登玉壁城望賊，顧謂道宗曰：『賊恃其衆來邀我戰，汝謂如何？』對曰：『羣賊乘勝，其鋒不可當，易以計屈，難與力競。今深壁高壘，以挫其鋒；烏合之徒，莫能持久，糧運致竭，自當離散，可不戰而擒。』太宗曰：『汝意暗與我合。』後賊果食盡夜遁，追及介州，一戰滅之。

又 卷六二《李綱傳》 李綱，字文紀，觀州蓨人也。【略】先是，巢王元吉授并州總管，於是縱其左右攘奪百姓，宇文歆頻諫不納，乃上表曰【略】元吉竟坐免。又諷父老詣闕請之，尋令復職。時劉武周率五千騎至黄蛇嶺，元吉遣車騎將軍張達以步卒百人先嘗之。達以步卒少，固請不行。元吉强遣之，至則盡没于賊。達憤怒，因引武周攻陷榆次，進逼并州。元吉大懼，給其司馬劉德威曰：『卿以老弱守城，吾以强兵出戰。』因夜出兵，攜其妻孥，棄軍奔還京師，并州遂陷。高祖怒甚，謂綱曰：『元吉幼小，未習時事，故遣竇誕、宇文歆輔之。强兵數萬，食支十年，起義興運之資，一朝而棄。宇文歆首畫此計，我當斬之。』綱曰：『賴歆令陛下不失愛子，臣以爲有功。』高祖問其故，綱對曰：『罪由竇誕不能規諷，致令軍人怨憤。又齊王年少，肆行驕逸放縱，左右侵漁百姓，誕曾無諫止，乃隨順掩藏，以成其釁，此誕之罪。宇文歆論情則疏，向彼又淺，王之過失，悉以聞奏。且父子之際，人所難言，歆言之，豈非忠懇？今欲誅罪，不録其心，臣愚竊以爲過。』翌日，高祖召綱入，升御坐謂曰：『今我有公，遂使刑罰不濫。元吉自惡，結怨於人。歆既曾以表聞，誕亦焉能制禁？』

又 卷六四《巢王元吉傳》 巢王元吉，高祖第四子也。義師起，授太原郡守，封姑臧郡公。尋進封齊國公，授十五郡諸軍事、鎮北大將軍，留鎮太原，許以便宜行事。武德元年，進爵爲王，授并州總管。二年，劉武周南侵汾、晉，詔遣右衛將軍宇文歆助元吉守并州。元吉性好畋獵，載網罟三十餘兩，嘗言『我寧三日不食，不能一日不獵』，又縱其左右攘奪百姓。歆頻諫不納，乃上表曰：『王在州之日，多出微行，常共竇誕遊獵，蹂踐谷稼，放縱親昵，公行攘奪，境內六畜，因之殆盡。當衢而射，觀人避箭以爲笑樂。分遣左右，戲爲攻戰，至相擊刺毁傷至死。夜開府門，宣淫他室。百姓怨毒，各懷憤歎。以此守城，安能自保！』元吉竟坐免。又諷父老詣闕請之，尋令復職。時劉武周率五千騎至黄蛇嶺，元吉遣車騎將軍張達以步卒百人先嘗之。達以步卒少，固請不行。元吉强遣之，至則盡没於賊。達憤怒，因引武周攻陷榆次，進逼并州。元吉大懼，給其司馬劉德威曰：『卿以老弱守城，吾以强兵出戰。』因夜出兵，攜其妻妾棄軍奔還京師，并州遂陷。

又 卷六八《尉遲敬德傳》 尉遲敬德，朔州善陽人。大業末，從軍於高陽，討捕羣賊，以武勇稱，累授朝散大夫。劉武周起，以爲偏將，與宋金剛南侵，陷晉、澮二州。敬德深入，至夏縣，應接呂崇茂，襲破永安王孝基，執獨孤懷恩、唐儉等。武德三年，太宗討武周於柏壁，武周令敬德與宋金剛來拒王師於介休。金剛戰敗，奔於突厥；敬德收其餘衆，城守介休。太宗遣任城王道宗、宇文士及往諭之。敬德與尋相舉城來降。太宗大悦，賜以曲宴，引爲右一府統軍。

又 卷七七《劉德威傳》 劉德威，徐州彭城人也。【略】武德元年【略】及劉武周南侵，詔德威統兵擊之，又判并州總管府司馬。俄而裴寂失律於介州，齊王元吉棄并州還朝，德威總知留府事。元吉纔出，武周已至城下，百姓相率投賊。武周獲德威，令率其本兵往浩州招慰。德威自拔歸朝，高祖親勞問之，兼陳賊中虚實及晉、絳諸部利害，高祖皆嘉納之。改封彭城縣公。

又 卷一八三《外戚傳·獨孤懷恩》 獨孤懷恩，元貞皇后弟之子也。【略】劉武周將宋金剛寇陷澮州，高祖悉發關中卒以隸太宗，屯於柏壁。懷恩遂與解縣令榮静、前五原縣主簿元君實謀引王行本兵及武周連和，與山賊劫永豐倉而斷柏壁糧道，割河東地以啗武周。事臨發，會夏縣人呂崇茂殺縣令，據縣起兵，應武周。高祖遣懷恩與永安王孝基、陝州總管於筠、內史侍郎唐儉攻崇茂。宋金剛潛兵來襲，諸將盡没。君實與開府劉讓亦同陷于賊中，遂洩懷恩之謀。既而懷恩逃歸，高祖復令率師攻蒲州。唐儉在賊中，說賊將尉遲敬德，請使讓還，連和罷兵，遂使發其事。會堯君素爲其下所殺，小帥王行本以蒲州降，懷恩勒兵入據其城。高祖將濟河，已御舟矣，會讓至，乃使召懷恩，懷恩不知事已洩，輕舟來赴。及中流而執之，收其黨按驗，遂誅之，時年三十六，籍没其家。

《新唐書》卷九二《苑君璋傳》 苑君璋，馬邑豪也，以趫雄自奮。劉武周以兵入寇，君璋曰：『唐以一州兵掇取三輔，所向風靡，此殆天命，非人謀，不可爭也。太原而南多巖阻，今束甲深入，無踵軍，有失不可償，不如連突厥與唐合從，南面稱孤，上策也。』武周不聽，使君璋守朔州，引衆內侵，未幾敗，泣曰：『廢君言，乃至此！』卽與共趨突厥。

武周死，突厥以君璋爲大行臺，統武周部曲，使鬱射設監兵，與舊將高滿政夜襲代州，不克。高祖遣使招之，賜鐵券，約不死。君璋拒命，進寇代州，刺史王孝德拒卻之。滿政勸君璋曰：『夷狄無禮，豈可北面臣之？請盡殺其衆以歸唐。』君璋不從。而馬邑困於兵，人厭亂，滿政因衆不忍，夜脅君璋，君璋奔突厥。滿政以城歸，詔拜朔州總管，封榮國公。君璋引突厥攻陷馬邑，殺滿政，夷其黨，乃去，退保恆安。其部皆中國人，多叛去，君璋窮，乃降，自請鄣虜贖罪。

論說

宋·晁補之《鷄肋集》卷四六《唐舊書雜論·志》 右《裴寂傳》第七：世謂寂與劉文靜同輔唐起義，以比漢蕭曹，非也。沉毅有謀，初覩隋之亂卽有大志，惟文靜一人而已。且與秦王不謀而合，遂以宮人事脅寂令啓高，師自此興耳。寂既無他長，高祖亦徒以副監歡昵之，故而私德之，倚以心腹，於佐命何有哉？文靜高才，獨秦王深知，高祖雖緣以起事而所待文靜，與寂薄厚有間矣。以疏處嫌，卒被怨叛之戮。而寂又忌忮而擠之死，去蕭曹遠矣。嗟夫！惟太宗爲知人善馭功臣哉！

藝文

清·史夢蘭《全史宮詞》卷一二《北朝·隋·僞定楊》 陛前大纛建狼頭，馬邑雄飛據上游。人去汾陽宮盡閉，樓煩國艷換驊騮。

雜録

唐·吴兢《貞觀政要》卷七《禮樂》 貞觀七年，太常卿蕭瑀奏言：『今《破陣樂舞》，天下之所共傳，然美盛德之形容，尚有所未盡。前後之所破劉武周、薛舉、竇建德、王世充等，臣願圖其形狀，以寫戰勝攻取之容。』太宗曰：『朕當四方未定，因爲天下救焚拯溺，故不獲已，乃行戰伐之事，所以人間遂有此舞，國家因茲亦制其曲。然雅樂之容，止得陳其梗概，若委曲寫之，則其狀易識。朕以見在將相，多有曾經受彼驅使者，既經爲一日君臣，今若重見其被擒獲之勢，必當有所不忍，我爲此等，所以不爲也。』蕭瑀謝曰：『此事非臣思慮所及。』

唐·劉餗《隋唐嘉話》卷中 太宗之平劉武周，河東士庶歌舞於道，軍人相與爲《秦王破陣樂》之曲，後編樂府云。

《破陣樂》，被甲持戟，以象戰事。《慶善樂》，廣袖曳屣，以象文德。鄭公見奏《破陣樂》，則俯而不視；《慶善樂》，則玩之而不厭。

唐·杜佑《通典》卷一九七《北狄四·突厥上》 始畢可汗染干之子，名咄吉也。【略】此後隋亂，中國人歸之者甚衆，又更强盛，勢陵中夏。迎蕭皇后，置於定襄。今定襄郡。薛舉、竇建德、王充、劉武周、梁師都、李軌、高開道之徒，雖僭尊號，北面稱臣，受其可汗之號。東自契丹，西盡吐谷渾、高昌諸國，皆臣之。控弦百萬，戎狄之盛，近代未之有也。

大唐起義太原，劉文靜聘其國，引以爲援。始畢遣特勤康稍利獻馬千匹，會於絳郡，又遣二千騎助軍，從平京城。及高祖受隋禪，以後賞賜不可勝紀。始畢使骨咄禄特勤來朝，賜宴於太極殿，奏九部樂，錫賚甚厚。（武德）二年春，始畢帥兵渡河，至夏州，賊帥梁師都出兵會之，謀入抄掠。四月，授馬邑賊帥劉武周兵五百餘騎，遣入句注，又追兵大集，欲侵太原。是月，始畢卒。【略】立其弟俟利弗設，是爲處羅可汗，始畢之弟。又以隋義成公主爲妻，使人入朝告喪。高祖爲之舉哀，廢朝三日，詔百官就館弔其使者，遣内史舍人鄭德挺往弔處羅，賻物三萬段。先是，隋煬帝蕭后及齊王暕之子政道陷於竇建德，（武德）三年春，處羅迎之，至於牙所，立政道爲隋主，其中國人在虜庭者悉隸之，行隋正朔，置百官，居於定襄城，有徒萬餘。時太宗奉詔討劉武周，師次太原，處羅遣其弟步利設率二千騎與官軍會。六月，處羅至并州，總管李仲文出迎勞之，留三日，城中美婦人多爲所掠，仲文不能制。

宋·宋敏求《唐大詔令集》卷一二一《政事·捨雪上·宥劉武周餘黨詔》 祝網泣辜，彰乎舊典；赦過宥罪，著自前經。往者劉武周竊據邊陲，擁逼良善，石嶺以北，皆罹其弊。雖武周奔竄，寄命蕃夷，而殘黨餘氛，尚懷旅拒。致使朔漠猶警，關塞未寧，屢動干戈，久違聲教。代州總管、定襄王大恩，勤績克著，安輯邊境，討擊未賓，率其從化。朕君臨天下，義存撫育；念彼凋弊，若納諸隍。但朔代黎元，逆命日久，今雖歸附，仍懷反側。其代州總管府内，石嶺以北，自武德四年二月二十九日以前所有愆犯，罪無輕重悉從原宥，可併令安居復業，勿使驚擾。

又《原劉武周宋金剛等詿誤詔》 朕發迹太原，陳師汾澮，底定京室，廓清函夏，惟彼晉魏，事等豐宛。近者妖寇憑陵，侵斥郊境，害虐良善，擁遏吏民。大軍東討，義存拯難。芟夷醜類，實在吊民。凡厥渠魁，已就殲殄；脅從之輩，情有可原。宜許自新，義申盪滌。其代州、潞州、隰州、并州等四總管内，自武德三年四月二十一日，以前被劉武周、宋金剛等所詿誤者，罪無輕重，皆赦除之，各令復業，一無所問。州縣城堡，有固守忠節、抗禦凶徒者，具録聞奏，别加褒賞。

宋·王溥《唐會要》卷四八《寺·唐興寺》 貞觀三年十二月一日詔。有隋失道，九服沸騰。朕親總元戎，致茲明伐，誓牧登陑，曾無寧歲。思所以樹立福田，濟其營魄，可於建義以來，交兵之處，爲義士凶徒，隕身戎陣者，各建寺刹，招延勝侶。法鼓所振，變炎火于青蓮，清梵所聞，易苦海於甘露。所司宜量定處所，併立寺名，支配僧徒，及修院宇，具爲事條以聞。仍命虞世南、李百藥、褚遂良、顔師古、岑文本、許敬宗、朱子奢等爲碑記，銘功業。破劉武周于汾州，立宏濟寺，宗正卿李百藥爲碑銘。破宋老生於呂州，立普濟寺，著作郎許敬宗爲碑銘。破宋金剛於晉州，立慈雲寺，起居郎褚遂良爲碑銘。

唐平江陵分部

綜　述

《隋書》卷四《煬帝紀下》 （大業）十三年【略】冬十月【略】丙申，羅令蕭銑以縣反，鄱陽人董景珍以郡反，迎銑於羅縣，號爲梁王，攻陷傍郡。

《舊唐書》卷一《高祖紀》 （武德）四年【略】冬十月【略】乙巳，趙郡王孝恭平荆州，獲蕭銑。

又 卷五六《蕭銑傳》 蕭銑，後梁宣帝曾孫也。【略】銑少孤貧，傭書自給，事母以孝聞。煬帝時，以外戚擢授羅川令。大業十三年，岳州校尉董景珍、雷世猛，旅帥鄭文秀、許玄徹、萬瓚、徐德基、郭華，沔州人張繡等同謀叛隋。郡縣官屬衆欲推景珍爲主，景珍曰：『吾素寒賤，雖假名號，衆必不從。今若推主，當從衆望。羅川令蕭銑，梁氏之後，寬仁大度，有武皇之風。吾又聞帝王膺籙，必有符命，而隋氏冠帶，盡號「梁起」，斯乃蕭家中興之兆。今請以爲主，不亦應天順人乎？』衆乃遣人諭意，銑大悦，報景珍書曰：『我之本國，昔在有隋，以小事大，朝貢無闕。乃貪我土宇，滅我宗祊，我是以痛心疾首，無忘雪恥。今天啓公等，協我心事，若合符節，豈非上玄之意也！吾當糾率士庶，敬從來請。』即日集得數千人，揚言討賊而實欲相應。遇潁川賊帥沈柳生來寇羅川縣，銑擊之，不利，因謂其衆曰：『岳州豪傑首謀起義，請我爲主。今隋政不行，天下皆叛，吾雖欲獨守，力不自全。且吾先人昔都此地，若從其請，必復梁祚，遣召柳生，亦當從我。』衆皆大悦，即日自稱梁公，改隋服色，建梁旗幟。柳生以衆歸之，拜爲車騎大將軍，率衆往巴陵。自起軍五日，遠近投附者數萬人。

景珍遣徐德基、郭華率州中首領數百人詣軍迎謁，未及見銑，而前造柳生。柳生謂其下曰：「我先奉梁公，勳居第一。今岳州兵衆，位多於我，我若入城，便出其下。不如殺德基，質其首領，獨挾梁王進取州城。」遂與左右殺德基，方詣中軍白銑。銑大驚曰：「今欲撥亂，忽自相殺，我不能爲汝主矣。」乃步出軍門。柳生大懼，伏地請罪，銑責而赦之，令復舊位。銑陳兵入城，景珍進言於銑曰：「徐德基丹誠奉主，柳生凶悖擅殺之，若不加誅，何以爲政？且其爲賊，凶頑已久，今雖從義，不革此心，同處一城，必將爲變。若不預圖，後悔無及。」銑又從之。景珍遂斬柳生於城內。其下將帥皆潰散。

銑於是築壇於城南，燔燎告天，自稱梁王。以有異鳥之瑞，建元爲鳳鳴。義寧二年，僭稱皇帝，署置百官，一準梁故事。僞謚其從父琮爲孝靖帝，祖巖爲河間忠烈王，父璿爲文憲王。封董景珍爲晉王，雷世猛爲秦王，鄭文秀爲楚王，許玄徹爲燕王，萬瓚爲魯王，張繡爲齊王，楊道生爲宋王。隋將張鎮州、王仁壽擊之，不能克。及聞隋滅，鎮州因與寧長眞等率嶺表諸州盡降於銑。九江鄱陽，初有林士弘僭號，俄自相誅滅，士弘逃於安成之山洞，其郡亦降於銑。遣其將楊道生攻陷南郡，張繡略定嶺表，東至三硤，南盡交阯，北拒漢川，皆附之，勝兵四十餘萬。

武德元年，遷都江陵，修復園廟。引岑文本爲中書侍郎，令掌機密。銑又遣楊道生攻硤州，刺史許紹出兵擊破之，赴水死者大半。高祖詔夔州總管趙郡王孝恭率兵討之，拔其通、開二州，斬僞東平郡王蕭闍提。時諸將橫恣，多專殺戮，銑因令罷兵，陽言營農，實奪將帥之權也。其大司馬董景珍之弟爲僞將軍，怨銑放其兵，遂謀爲亂，事泄，爲銑所誅。時景珍出鎮長沙，銑下書赦之，召還江陵，景珍懼，遣間使詣孝恭送款。銑遣其齊王張繡攻之，景珍謂繡曰：「『前年醢彭越，往年殺韓信』，卿豈不見之乎？奈何今日相攻！」繡不答，進兵圍之。景珍潰圍而走，爲其麾下所殺。銑以繡爲尚書令，繡恃勳驕慢，專恣弄權，銑又惡而殺之。既大臣相次誅戮，故人邊將皆疑懼，多有叛者，銑不能復製，以故兵勢益弱。

（武德）四年，高祖命趙郡王孝恭及李靖率巴蜀兵發自夔州，沿流而下；廬江王瑗從襄州道，黔州刺史田世康趣辰州道，黃州總管周法明趣夏口道以圖銑。及大軍將至，銑江州總管蓋彥舉以五州降。又遣其將文士弘等率兵拒戰，孝恭與李靖皆擊破之，進逼其都。初，銑之放兵散也，自留宿衛兵士數千人，忽聞孝恭至而倉卒追兵，併江、嶺之南，道里遼遠，未能相及。孝恭縱兵入郭，布長圍以守之。數日，克其水城，獲其舟船數千艘。其交州總管丘和、長史高士廉、司馬杜之松等先來謁銑，聞兵敗，便詣李靖來降。銑自度救兵不至，謂其羣下曰：「天不祚梁，數歸於滅。若待力屈，必害黎元，豈以我一人致傷百姓？及城未拔，宜先出降，冀免亂兵，幸全衆庶。諸人失我，何患無君？」乃巡城號令，守陴者皆慟哭。銑以太牢告於其廟，率官屬緦縗布幘而詣軍門，曰：「當死者唯銑，百姓非有罪也，請無殺掠。」孝恭因之，送於京師。銑降後數日，江南救兵十餘萬一時大至，知銑降，皆送款於孝恭。銑至，高祖數其罪，銑對曰：「隋失其鹿，英雄競逐，銑無天命，故至於此。亦猶田橫南面，非負漢朝。若以爲罪，甘從鼎鑊。」竟斬于都市，年三十九。銑自初起，五年而滅。

又 卷五九《許紹傳》　許紹，字嗣宗，本高陽人也。【略】大業末，爲夷陵郡通守。是時盜賊競起，紹保全郡境，流户自歸者數十萬口，開倉賑給，甚得人心。及江都弑逆，紹率郡人大臨三日，仍以郡遙屬越王侗。王世充篡位，乃率黔安、武陵、澧陽等諸郡遣使歸國，授硤州刺史，封安陸郡公。【略】及蕭銑將董景珍以長沙來降，命紹率兵應之。以破銑功，拜其子智仁爲温州刺史，委以招慰。時蕭銑遣其將楊道生圍硤州，紹縱兵擊破之。銑又遣其將陳普環乘大艦泝江入硤，與開州賊蕭闍提規取巴蜀。紹遣智仁及録事參軍李弘節、子婿張玄靜追至西陵硤，大破之，生擒普環，收其船艦。江南岸有安蜀城，與硤州相對，次東有荆門城，皆險峻，銑併以兵鎮守。紹遣智仁及李弘節攻荆門鎮，破之。高祖大悅，下制褒美，許以便宜從事。紹與王世充、蕭銑疆界連接，紹之士卒爲賊所虜者，輒見殺害。紹執敵人，皆資給而遣之，賊感其義，不復侵掠，闔境獲安。趙郡王孝恭之擊蕭銑也，復令紹督兵以圖荆州，會卒於軍，高祖聞而流涕。

又 《李襲志傳》　李襲志，字重光，本隴西狄道人也。【略】襲志，初任始安郡丞。大業末，江外盜賊尤甚，襲志散家産，招募得三千人，以守郡城。時蕭銑、林士弘、曹武徹等爭來攻擊，襲志固守久之。後聞宇文化及弑逆，乃集士庶舉哀三日。有郡人勸襲志曰：「公累葉冠族，久臨鄙郡，蠻夷畏威，士女悦服，雖曰隋臣，實我之君長。今江都篡逆，四海鼎沸，王號者非止一人，公宜因此時據有嶺表，則百越之人皆拱手嚮化。追蹤尉佗，亦千載一遇也。」襲志厲聲曰：「吾世樹忠貞，見危授命，今雖江都陷没，而宗社猶存，當與諸君戮力中原，共雪仇恥，豈可怙亂稱兵，以圖不義！吾寧蹈忠而死，不爲逆節而求生。尉佗愚鄙無識，何足景慕？」於是欲斬勸者，從衆議而止。襲志固守，經二年而無援，卒爲蕭銑所陷，銑署爲工部尚書、檢校桂州總管。武德初，高祖遣其子玄嗣賫書召之，襲志乃密説嶺南首領隨永平郡守李光度與之歸國。高祖又令問使賫書諭襲志曰：「卿昔久在桂州，仍屬隋室運終，四方圮絶，率衆保境，未知所統。朕撫臨天下，志在綏育，眷彼幽遐，思沾聲教。況卿朕之宗姓，情異於常。家弟侄併立誠效公，又分遣首領，申諭諸州，情深奉國，甚副所望。卿之子弟，併據州縣，俱展誠績，每所嘉歎，不能已已。今併入屬籍，著於宗正。」及蕭銑平，江南道大使、趙郡王孝恭授襲志桂州總管。

又　卷六〇《河間王孝恭傳》　河間王孝恭，琛之弟也。高祖克京師，拜左光禄大夫，尋爲山南道招慰大使。【略】武德二年，授信州總管，承制拜假。蕭銑據江陵，孝恭獻平銑之策，高祖嘉納之。三年，進爵爲王。改信州爲夔州，使拜孝恭爲總管，令大造舟楫，教習水戰，以圖蕭銑。孝恭召巴蜀首領子弟，量才授用，致之左右，外示引擢，而實以爲質也。尋授荆湘道行軍總管，統水陸十二總管，發自硤州，進軍江陵。攻其水城，克之，所得船散於江中。諸將皆曰：「虜得賊船，當籍其用，何爲棄之，無乃資賊耶？」孝恭曰：「不然，蕭銑僞境，南極嶺外，東至洞庭。若攻城未拔，援兵復到，我則内外受敵，進退不可，雖有舟楫，何所用之？今銑緣江州鎮忽見船舸亂下，必知銑敗，未敢進兵，來去覘伺，動淹旬月，用緩其救，克之必矣。」銑救兵至巴陵，見船被江而下，果狐疑不敢輕進。既内外阻絶，銑於是出降。高祖大悦，拜孝恭荆州大總管，使畫工貌而視之。於是開置屯田，創立銅冶，百姓利焉。

又　卷六七《李靖傳》　李靖，本名藥師，雍州三原人也。【略】大業末，累除馬邑郡丞。會高祖擊突厥於塞外，靖察高祖，知有四方之志，因自鎖上變，將詣江都，至長安，道塞不通而止。高祖克京城，執靖將斬之，靖大呼曰：「公起義兵，本爲天下除暴亂，不欲就大事，而以私怨斬壯士乎！」高祖壯其言，太宗又固請，遂捨之。太宗尋召入幕府。武德三年，從討王世充，以功授開府。時蕭銑據荆州，遣靖安輯之。輕騎至金州，遇蠻賊數萬，屯聚山谷。廬江王瑗討之，數爲所敗。靖與瑗設謀擊之，多所克獲。既至硤州，阻蕭銑，久不得進。高祖怒其遲留，陰敕硤州都督許紹斬之。紹惜其才，爲之請命，於是獲免。會開州蠻首冉肇則反，率衆寇夔州，趙郡王孝恭與戰，不利。靖率兵八百，襲破其營，後又要險設伏，臨陣斬肇則，俘獲五千餘人。高祖甚悦，謂公卿曰：「朕聞使功不如使過，李靖果展其效。」因降璽書勞曰：「卿竭誠盡力，功效特彰。遠覽至誠，極以嘉賞，勿憂富貴也。」又手敕靖曰：「既往不咎，舊事吾久忘之矣。」四年，靖又陳十策以圖蕭銑。高祖從之，授靖行軍總管，兼攝孝恭行軍長史。高祖以孝恭未更戎旅，三軍之任，一以委靖。其年八月，集兵於夔州。銑以時屬秋潦，江水泛漲，三峽路險，必謂靖不能進，遂休兵不設備。九月，靖乃率師而進，將下峽，諸將皆請停兵以待水退，靖曰：「兵貴神速，機不可失。今兵始集，銑尚未知，若乘水漲之勢，倏忽至城下，所謂疾雷不及掩耳，此兵家上策。縱彼知我，倉卒徵兵，無以應敵，此必成擒也。」孝恭從之，進兵至夷陵。銑將文士弘率精兵數萬屯清江，孝恭欲擊之，靖曰：「士弘，銑之健將，士卒驍勇，今新失荆門，盡兵出戰，此是救敗之師，恐不可當也。宜自泊南岸，勿與爭鋒，待其氣衰，然後奮擊，破之必矣。」孝恭不從，留靖守營，率師與賊合戰。孝恭果敗，奔於南岸。賊舟大掠，人皆負重。靖見其軍亂，縱兵擊破之，獲其舟艦四百餘艘，斬首及溺死將萬人。孝恭遣靖率輕兵五千爲先鋒，至江陵，屯營於城下。士弘既敗，銑甚懼，始徵兵於江南，果不能至。孝恭以大軍繼進，靖又破其驍將楊君茂、鄭文秀，俘甲卒四千餘人，更勒兵圍銑城。明日，銑遣使請降，靖卽入據其城，號令嚴肅，軍無私焉。時諸將咸請孝恭云：「銑之將帥與官軍拒戰死者，罪狀既重，請籍没其家，以賞將士。」靖曰：「王者之師，義存弔伐。百姓既受驅逼，拒戰豈其所願？且犬吠非其主，無容同叛逆之科，此蒯通所以免大戮於漢祖也。今新定荆、郢，宜弘寬大，以慰遠近之心，降而籍之，恐非救焚拯溺之義。但恐自此已南城鎮，各堅守不下，非計之善。」於是遂止。江、漢之域，聞之莫不爭下。以功授上柱國，封永康縣公，賜物二千五百段。

論説

《舊唐書》卷六〇《河間王孝恭傳論贊》 無私於物，物亦公焉。高祖才定中原，先封疏屬，致廬江爲叛，神通爭功，封德彝論之於前，房玄齡譏之於後。若河間機謀深沉，識度弘遠，縱虚舟而降蕭銑，飲妖血而平公祏，入朝定君臣之分，賣第爲子孫之謀，善始令終，論功行賞，卽無私矣。或問曰：「水變爲血，信妖矣；竟成功而無咎者，何也？」答曰：河間節貫神明，志匡宗社，故妖不勝德明矣。道宗軍謀武勇，好學下賢，於羣從之中，稱一時之傑。無忌、遂良銜不協之素，致千載之寃。永徽中，無忌、遂良忠而獲罪，人皆哀之。殊不知誣陷劉洎、吴王恪於前，枉害道宗於後，天網不漏，不得其死也宜哉！

贊曰：疏屬盡封，啓亂害公。河間孝恭，獨稱軍功。

《新唐書》卷八七《蕭銑傳贊》 銑，故梁子孫，起文吏，掩東南而有之，荆、楚好亂，氣俗然也。觀銑武雖不足，文有餘矣，大抵盜仁義，詭世亂俗者，聖人所必誅。若銑力困計殫，以好言自釋於下，係虜在廷，抗辭不屈，僞辯易窮，卒以殊死，高祖聖矣哉！

宋·范祖禹《唐鑑》卷一《高祖上》 （武德）四年十月趙郡王孝恭、李靖圍江陵，蕭銑降，帝數之。銑曰：「隋失其鹿，天下共逐之。銑無天命，故至此，若以爲罪，無所逃死。」竟斬於都市。

臣祖禹曰：「蕭銑，故梁子孫，屯難之世，民思其主，銑因隋亂保據荆楚，欲復其考之業，雖僭大號，非唐之叛臣也。唐師伐而取其地，執其主亦足矣，而銑以百姓之故，不忍固守而降，完府庫，奉圖籍而歸之唐，然則唐初割據之主，銑最無罪，高祖誅之，淫刑甚矣。我太祖太宗削平四方，僭僞之國係累其主致之闕下，雖無道如劉鋹，拒命如繼元，窮天下之力，而後取之，不誅一人，皆死牖下，自三代以來，未之有也。此所以祈天永命者歟！」

藝　文

宋·薛季宣《浪語集》卷五《讀蕭銑傳》 不假成田勢，寧堪麥秀悲。青氈梁舊物，赤幟漢威儀。剛被農家誤，俄推鼎祚移。江湖百郡地，只自黍離離。

又　卷九《讀蕭銑傳》 可怪梁王幾帝王，邱墟萬里變農桑。修文偃武如何故，町疃江陵盡鹿場。

雜　録

金·王若虚《滹南遺老集》卷二二《新唐書辨上》 蕭銑被圍，謂羣下曰：「天不祚梁，數歸於滅。若待力屈，必害黎元。豈以我一人，致傷百姓！及城未拔，宜先出降，諸人失我，何患無君？」乃以太牢告廟，率官屬詣軍門降，曰：「當死者唯銑，百姓非有罪也，請無殺掠。」銑雖草竊一時，而顛沛之際，其言可愛如此，可以爲萬世法，豈得不載新史？乃皆略之，而其贊但云以好言自釋於下。然則所謂好言者，後世何從見之哉？銑對高祖逐鹿之語，與所謂田横南面，非負漢朝者，皆中理之論，而子京亦削之。高祖卒誅銑，直以其不屈而慙怒耳非能折其口也。子京云僞辨易窮，且極稱高祖之聖，蓋不獨去取失當，而其褒亦殊未安也。

唐平江淮分部

綜　述

《隋書》卷四《煬帝紀下》 （大業）十一年【略】冬十月【略】壬申【略】東海賊帥李子通擁衆度淮，自號楚王，建元明政，寇江都。【略】（大業）十二年【略】九月丁酉，東海人杜揚州、沈覓敵等作亂，衆至數萬。右御衛將軍陳稜擊破之。（大業）十三年春正月壬子，齊郡賊杜伏威率衆渡淮，攻陷歷陽郡。

《舊唐書》卷一《高祖紀》（義寧）二年【略】二月，【略】吳興人沈法興據丹陽起兵。【略】（武德）二年【略】九月辛未，賊帥李子通據江都，僭稱天子，國號吳。沈法興據毗陵，僭稱梁王。丁丑，和州賊帥杜伏威遣使來降，授和州總管、東南道行臺尚書令，封楚王。

（武德）三年【略】六月壬辰，徙封楚王杜伏威爲吳王，賜姓李氏，加授東南道行臺尚書令。

四年【略】十一月【略】庚寅，【略】會稽賊帥李子通以其地來降。

六年春正月，吳王杜伏威爲太子太保。【略】八月壬子，東南道行臺僕射輔公祏據丹陽反，僭稱宋王，遣趙郡王孝恭及嶺南道大使、永康縣公李靖討之。

七年【略】二月【略】丁巳，【略】吳王伏威薨。三月【略】戊戌，趙郡王孝恭大破輔公祏，擒之，丹陽平。

又 卷二《太宗紀上》（武德）四年二月，【略】吳王杜伏威遣其將陳正通、徐召宗率精兵二千來會於軍所。

又 卷五六《杜伏威傳》 杜伏威，齊州章丘人也。少落拓，不治產業，家貧無以自給，每穿窬爲盜。與輔公祏爲刎頸之交。公祏姑家以牧羊爲業，公祏數攘羊以饋之，姑有憾焉，因發其盜事。郡縣捕之急，伏威與公祏遂俱亡命，聚衆爲羣盜，時年十六。常營護諸盜，出則居前，入則殿後，故其黨咸服之，共推爲主。

大業九年，率衆入長白山，投賊帥左君行，不被禮，因捨去，轉掠淮南，自稱將軍。時下邳有苗海潮，亦聚衆爲盜，伏威使公祏謂曰：『今同苦隋政，各興大義，力分勢弱，常恐見擒，何不合以爲强，則不患隋軍相制。若公能爲主，吾當敬從，自揆不堪，可來聽命，不則一戰以決雄雌。』海潮懼，即以其衆歸于伏威。江都留守遣校尉宋顥率兵討之，伏威與戰，陽爲奔北，引入葭蘆中，而從上風縱火，迫其步騎陷於大澤，火至皆燒死。有海陵賊帥趙破陣，聞伏威兵少而輕之，遣使召伏威，請與併力。伏威令公祏嚴兵居外以待變，親將十人持牛酒入謁。破陣大悅，引伏威入幕，盡集其酋帥縱酒高會。伏威於坐斬破陣而併其衆。由此兵威稍盛，復屠安宜。煬帝遣右御衛將軍陳稜以精兵八千討之，稜不敢戰，伏威遺稜婦人之服以激怒之，併致書號爲『陳姥』，稜大怒，悉兵而至。伏威逆拒，自出陣前挑戰，稜部將射中其額，伏威怒，指之曰：『不殺汝，我終不拔箭。』遂馳之。稜部將走奔其陣，伏威因入稜陣，大呼衝擊，所向披靡，獲所射者，使其拔箭，然後斬之，攜其首復入稜軍奮擊，殺數十人。稜陣大潰，僅以身免。乘勝破高郵縣，引兵據歷陽，自稱總管，分遣諸將略屬縣，所至輒下，江淮間小盜爭來附之。伏威嘗選敢死之士五千人，號爲『上募』，寵之甚厚，與同甘苦。有攻戰，輒令上募擊之，及戰罷閱視，有中在背，便殺之，以其退而被擊也。所獲貲財，皆以賞軍士，有戰死者，以其妻妾殉葬，故人自爲戰，所向無敵。

宇文化及之反也，署爲歷陽太守，伏威不受。又移居丹陽，進用人士，大修器械，薄賦斂，除殉葬法，其犯姦盜及官人貪濁者，無輕重皆殺之。仍上表於越王侗，侗拜伏威爲東道大總管，封楚王。太宗之圍王世充，遣使招之，伏威請降。高祖遣使就拜東南道行臺尚書令、江淮以南安撫大使、上柱國，封吳王，賜姓李氏，預宗正屬籍，封其子德俊爲山陽公，賜帛五千段、馬三百匹。伏威遣其將軍陳正通、徐紹宗率兵來會。武德四年，遣其將軍王雄誕討李子通於杭州，擒之以獻。又破汪華於歙州，盡有江東、淮南之地，南接於嶺，東至于海。尋聞太宗平劉黑闥，進攻徐圓朗，伏威懼而來朝，拜爲太子太保，仍兼行臺尚書令。留于京師，禮之甚厚，位在齊王元吉之上，以寵異之。初，輔公祏之反也，詐稱伏威之令，以紿其衆，高祖遣趙郡王孝恭討之。時伏威在長安暴卒。及公祏平，孝恭收得公祏反辭，不曉其詐，遽以奏聞，乃除伏威名，籍沒其妻子。貞觀元年，太宗知其冤，赦之，復其官爵，葬以公禮。

又 《輔公祏傳》 輔公祏，齊州臨濟人。隋末，從杜伏威爲羣盜。初，伏威自稱總管，以公祏爲長史。李子通之敗沈法興也，伏威使公祏以精卒數千渡江討之。子通率衆數萬以拒公祏，兵鋒甚銳。公祏簡甲士千人，皆使執長刀，仍令千餘人隨後，令之曰：『有卻者斬。』公祏自領餘衆，復居其後。俄而子通方陣而前，公祏所遣千人皆殊死決戰，公祏乃縱左右翼攻之，子通大潰，降其衆數千人。公祏尋與伏威遣使歸國，拜爲淮南道行臺尚書左僕射，封舒國公。初，伏威與公祏少相愛狎，公祏年長，伏威每兄事之，軍中咸呼爲伯，畏敬與伏威等。伏威潛忌之，爲署其養子闞稜爲左將軍，王雄誕爲右將軍，推公祏爲僕射，外示尊崇，而陰奪其兵權。公祏知其意，怏怏不平，乃與故人左遊仙僞學道辟谷以遠其事。武德五年，伏威將入朝，留公祏居守，復令雄誕典兵以副公祏，陰謂曰：『吾入京，若不失職，無令公祏爲變。』其後左遊仙乃説公祏令反。會雄誕屬疾於家，公祏奪其兵，詐言伏威不得還江南，貽書令其起兵。因僭卽僞位，自稱宋國，於陳故都築宮以居焉。署置百官，以左遊仙爲兵部尚書、東南道大使、越州總管。大修兵甲，轉漕糧饋。時吳興賊帥沈法興據毗陵，公祏擊破之。又遣其將馮惠亮屯於博望山，陳正通、徐紹宗屯於青林山以拒官軍。高祖命趙郡王孝恭率諸將奮擊，大破之。紹宗、正通以五騎奔於丹陽。公祏懼而遁走，欲就左遊仙於會稽，至武康，爲野人所執，送於丹陽，孝恭斬之，傳首京師。公祏與伏威同起，至滅凡十三載，江東悉平。初，伏威養壯士三十餘人爲假子，分領兵馬，唯闞稜、王雄誕知名。

闞稜，齊州臨濟人。善用大刀，長一丈，施兩刃，名爲陌刃，每一舉，輒斃數人，前無當者。及伏威據有江淮之地，稜數有戰功，署爲左將軍。伏威步兵皆出自羣賊，頗多放縱，有相侵奪者，稜必殺之，雖親故無所捨，令行禁止，路不拾遺。後從伏威入朝，拜左領軍將軍，還越州都督。及公祏僭號，稜從軍討之，與陳正通相遇。陣方接，稜脱兜鍪謂賊衆曰：『汝不識我邪？何敢來戰！』其衆多稜舊之所部，由是各無鬬志，或有還拜者。公祏之破，稜功居多，頗有自矜之色。及擒公祏，誣稜與己通謀。又杜伏威、王雄誕及稜家産在賊中者，合從原放，孝恭乃皆籍没。稜訴理之，有忤於孝恭，孝恭怒，遂以謀反誅之。

王雄誕者，曹州濟陰人。初，伏威之起也，用其計，屢有克獲，署爲驃騎將軍。伏威後率衆渡淮，與海陵賊李子通合。後子通惡伏威雄武，使騎襲之，伏威被重創墮馬，雄誕負之，逃於葭蘆中。伏威復招集餘黨，攻劫郡縣，隋將來整又擊破之，亡失餘衆。其部將西門君儀妻王氏勇決多力，負伏威而走，雄誕率麾下壯士十餘人衛護。隋軍追至，雄誕輒還禦之，身被數槍，勇氣彌厲，竟脱伏威。時闞稜年長於雄誕，故軍中號稜爲大將軍，雄誕爲小將軍。

後伏威令輔公祏擊李子通於江都，使雄誕與稜爲副，戰於溧水，子通大敗。公祏乘勝追之，卻爲子通所破，軍士皆堅壁不敢出。雄誕謂公祏曰：『子通軍無營壘，且狃於初勝而不設備，若擊之，必克。』公祏不從。雄誕以其私屬數百人銜枚夜擊之，因順風縱火，子通大敗，走渡太湖，復破沈法興，居其地。高祖聞伏威據有吳、楚，遣使諭之。雄誕率衆討之，子通以精兵守獨松嶺，雄誕遣其部將陳當率千餘人，出其不意，乘高據險，多張旗幟，夜則縛炬火於樹上，布滿山澤間。子通大懼，燒營而走，保於杭州。雄誕追擊敗之，擒子通於陣，送於京師。歙州首領汪華，隋末據本郡稱王十餘年，雄誕回軍擊之。華出新安洞口以拒雄誕，甲兵甚鋭。雄誕伏精兵於山谷間，率羸弱數千人當之，戰纔合，僞退歸本營。華攻之不能克，會日暮欲還，雄誕伏兵已據其洞口，華不得入，窘急面縛而降。蘇州賊帥聞人遂安據崑山縣而無所屬，伏威又命雄誕攻之。雄誕以崑山險隘，難以力勝，遂單騎詣其城下，陳國威靈，示以禍福，遂安感悦，率諸將出降。以前後功授歙州總管，封宜春郡公。伏威之入朝也，留輔公祏鎮江南，而兵馬屬於雄誕。公祏將爲逆，奪其兵，拘之別室，遣西門君儀諭以反計，雄誕曰：『當今方太平，吳王又在京輦，國家威靈，無遠不被，公何得爲族滅事耶！雄誕有死而已，不敢聞命。』公祏知不可屈，遂縊殺之。雄誕善撫恤將士，皆得其死力，每破城鎮，約勒部下，絲毫無犯，故死之日，江南士庶莫不爲之流涕。高祖嘉其節，命其子果襲封宜春郡公。太宗卽位，追贈左衛大將軍、越州都督，謚曰忠。

又《沈法興傳》　沈法興，湖州武康人也。父恪，陳特進、廣州刺史。法興，隋大業末爲吳興郡守。東陽賊帥樓世干舉兵圍郡城，煬帝令法興與太僕丞元祐討之。俄而宇文化及弑煬帝於江都，法興自以代居南土，宗族數千家，爲遠近所服，乃與祐部將孫士漢、陳果仁執祐於坐，號令遠近。以誅化及爲名，發自東陽，行收兵，將趨江都，下余杭郡，比至烏程，精卒六萬。毗陵郡通守路道德率兵拒之，法興請與連和，因會盟襲殺道德，進據其城。時齊郡賊帥樂伯通據丹陽，爲化及城守，法興使果仁攻陷之，於是據有江表十餘郡，自署江南道總管。復聞越王侗立，乃上表於侗，自稱大司馬、録尚書事、天門公。承制置百官，以陳果仁爲司徒，孫士漢爲司空，蔣元超爲尚書左僕射，殷芊爲尚書左丞，徐令言爲尚書右丞，劉子翼爲選部侍郎，李百藥爲府掾。

法興自克毗陵後，謂江淮已南可指麾而定，專立威刑，將士有小過，便即誅戮，而言笑自若，由是將士解體。稱梁王，建元曰延康，改易隋官，頗依陳氏故事。是時，杜伏威據歷陽，陳稜據江都，李子通據海陵，併握强兵，俱有窺覦江表之志。法興三面受敵，軍數挫衄。陳稜尋被李子通圍於江都，稜窘急，送質求救，法興使其子綸領兵數萬救之。子通率衆攻綸，大敗，乘勝渡江，陷其京口。法興使蔣元超拒之於庱亭，元超戰死。法興與左右數百人投吳郡賊帥聞人遂安，遣其將葉孝辯迎之。法興至中路而悔，欲殺孝辯，更向會稽。孝辯覺之，法興懼，乃赴江死。初，法興以義寧二年起兵，至武德三年而滅。

又《李子通傳》 李子通，東海丞人也。少貧賤，以魚獵爲事。居鄉里，見班白提挈者，必代之。性好施惠，家無蓄積，睚眦之怨必報。隋大業末，有賊帥左才相，自號博山公，據齊郡之長白山，子通歸之，以武力爲才相所重。有鄉人陷於賊者，必全護之。時諸賊皆殘忍，唯子通獨行仁恕，由是人多歸之，未半歲，兵至萬人。才相稍忌之，子通自引去，因渡淮，與杜伏威合。尋爲隋將來整所敗，子通擁其餘衆奔海陵，得衆二萬，自稱將軍。初，宇文化及以隋將軍陳稜爲江都太守，子通率師擊之。稜南求救於沈法興，西乞師於杜伏威，二人各以兵至，伏威屯清流，法興保楊子，相去數十里間。子通納言毛文深進計，募江南人詐爲法興之兵，夜襲伏威。伏威不悟，恨法興之侵己，又遣兵襲法興。二人相疑，莫敢先動。子通遂得盡鋭攻陷江都，陳稜奔於伏威。子通入據江都，盡虜其衆，因僭即皇帝位，國稱吳，建元爲明政。丹陽賊帥樂伯通率衆萬餘來降，子通拜尚書左僕射。更進擊法興於庱亭，斬其僕射蔣元超，法興棄城宵遁，遂有晉陵之地。獲法興府掾李百藥，引爲內史侍郎，使典文翰；以法興尚書左丞殷芊爲太常卿，使掌禮樂。由是隋郡縣及江南人士多歸之。後伏威遣輔公祏攻陷丹陽，進屯溧水，子通擊之，反爲公祏所敗。又屬糧盡，子通棄江都，保于京口，江西之地盡歸伏威。子通又東走太湖，鳩集亡散，得二萬人，襲沈法興于吳郡，破之，率其官屬都於余杭。東至會稽，南至于嶺，西距宣城，北至太湖，盡有其地。

未幾，杜伏威遣其將王雄誕攻之，大戰於蘇州，子通敗績，退保余杭。雄誕進逼之，戰於城下，軍復敗，子通窮蹙請降。伏威執之，併其左僕射樂伯通送於京師，盡收其地。高祖不之罪，賜宅一區、公田五頃，禮賜甚厚。及伏威來朝，子通謂伯通曰：『伏威既來，東方未静，我所部兵，多在江外，往彼收之，可有大功於天下矣。』遂相與亡，至藍田關，爲吏所獲，與伯通俱伏誅。時又有朱粲、林士弘、張善安，皆僭號於江、淮之間。

朱粲者，亳州城父人也。初爲縣佐史。大業末，從軍討長白山賊，遂聚結爲羣盜，號『可達寒賊』，自稱迦樓羅王，衆至十餘萬。引軍渡淮，屠竟陵、沔陽，後轉掠山南，郡縣不能守，所至殺戮，噍類無遺。義寧中，招慰使馬元規擊破之。俄而收輯餘衆，兵又大盛，僭稱楚帝於冠軍，建元爲昌達，攻陷鄧州，有衆二十萬。粲所克州縣，皆發其藏粟以充食，遷徙無常，去輒焚餘貲，毁城郭，又不務稼穡，以劫掠爲業。於是百姓大餒，死者如積，人多相食。軍中罄竭，無所虜掠，乃取嬰兒蒸而啖之，因令軍士曰：『食之美者，寧過於人肉乎！但令他國有人，我何所慮？』即勒所部，有略得婦人小兒皆烹之，分給軍士，乃税諸城堡，取小弱男女以益兵糧。隋著作佐郎陸從典、通事舍人顔滑楚因譴左遷，併在南陽，粲悉引之爲賓客，後遭饑餒，闔家爲賊所啖。又諸城懼税，皆相攜逃散。顯州首領楊士林、田瓚率兵以背粲，諸州回應，相聚而攻之，大戰于淮源。粲敗，以數千兵奔于菊潭縣，遣使請降。高祖令假散騎常侍段確迎勞之，確因醉，侮粲曰：『聞卿啖人，作何滋味？』粲曰：『若啖嗜酒之人，正似糟藏豬肉。』確怒，慢罵曰：『狂賊，入朝後一頭奴耳，更得啖人乎！』粲懼，於坐收確及從者數十人，奔於王世充，拜爲龍驤大將軍。東都平，獲之，斬於洛水之上。士庶嫉其殘忍，競投瓦礫以擊其屍，須臾封之若冢。林士弘者，饒州鄱陽人也。大業十二年，與其鄉人操師乞起爲羣盜。師乞自號元興王，攻陷豫章郡而據之，以士弘爲大將軍。隋遣持書侍御史劉子翊率師討之，師乞中矢而死。士弘代董其衆，復與子翊大戰於彭蠡湖，隋師敗績，子翊死之。士弘大振，兵至十餘萬。大業十三年，徙據虔州，自稱皇帝，國號楚，建元太平，以其黨王戎爲司空。攻陷臨川、廬陵、南康、宜春等諸郡，北至九江，南泊番禺，悉有其地。其黨張善安保南康郡，懷貳於士弘，以舟師循江而下，擊破豫章。士弘尚有南昌、虔、循、潮數州之地。及蕭銑破後，散兵稍往歸之，士弘復振。荆州總管趙王孝恭遣使招慰之，其循、潮二州併來降。武德五年，士弘遣其弟鄱陽王藥師率兵二萬攻圍循州，刺史楊略與戰，大破之。士弘懼而遁走，潛保於安城之山洞。王戎亦以南昌來降，拜爲南昌州刺史。戎於是召士弘藏之於宅，招誘舊兵，更謀作亂。其年，洪州總管張善安密知其事，發兵討之，會士弘死，部兵潰散，戎爲善安所虜。

張善安者，兗州方與人也。年十七便爲劫盜，轉掠淮南，有衆百餘人。會孟讓爲王世充所破，其散卒稍歸之，得八百人。襲破廬江郡，因渡江，附林士弘於豫章。士弘不信之，營於南塘上。善安憾之，襲擊士弘，焚其郛郭。而士弘後去豫章，善安復來據之，仍以其地歸國，授洪州總管。輔公祏之反也，善安亦舉兵相應，公祏以爲西南道大行臺。安撫使李大亮以兵擊之，兩軍隔水而陣，大亮諭以禍福。答曰：『善安無背逆之心，但爲將士所誤。今欲歸降，又恐不免於死。』大亮謂曰：『張總管既有降心，吾亦不相疑阻。』因獨身逾澗就之，入其陣，與善安握手交言，示無猜意。善安大喜，因許降，將數十騎至大亮營，大亮引之而入，因令武士執之，從者遁走。既而送善安於長安，稱不與公祏交通，高祖初善遇之。及公祏敗，搜得其書，與相往復，遂誅之。

又　卷六〇《河間王孝恭傳》　河間王孝恭，琛之弟也。高祖克京師，拜左光禄大夫，尋爲山南道招慰大使。自金州出于巴蜀，招攜以禮，降附者三十餘州。【略】（武德）六年，遷襄州道行臺尚書左僕射。時荆襄雖定，嶺表尚未悉平。孝恭分遣使人撫慰，嶺南四十九州皆來款附。及輔公祏據江東反，發兵寇壽陽，命孝恭爲行軍元帥以擊之。七年，孝恭自荆州趣九江，時李靖、李勣、黄君漢、張鎮州、盧祖尚併受孝恭節度。將發，與諸將宴集，命取水，忽變爲血，在座者皆失色。孝恭舉止自若，徐諭之曰：『禍福無門，唯人所召。自顧無負於物，諸公何見憂之深！公祏惡積禍盈，今承廟算以致討，碗中之血，乃公祏授首之後徵。』遂盡飲而罷。時人服其識度而能安衆。公祏遣其僞將馮惠亮、陳當時領水軍屯于博望山，陳正通、徐紹宗率步騎軍於青林山。孝恭至，堅壁不與鬬，使奇兵斷其糧道。賊漸餒，夜薄我營，孝恭安臥不動。明日，縱羸兵以攻賊壘，使盧祖尚率精騎列陣以待之。俄而攻壘者敗走，賊出追奔數里，遇祖尚軍，與戰，大敗之。正通棄營而走，復與馮惠亮保梁山。孝恭乘勝攻之，破其梁山别鎮，赴水死者數千人，正通率陸軍夜遁。總管李靖又下廣陵城，拔楊子鎮。公祏窮蹙，棄丹陽東走。孝恭命騎將追之，至武康，擒公祏及其僞僕射西門君儀等數十人，致于麾下，江南悉平。

又　卷六二《李大亮傳》　李大亮，雍州涇陽人。【略】大亮少有文武才幹【略】義兵入關，大亮自東都歸國，授土門令。【略】前後降者千餘人，縣境以清。高祖大悦，超拜金州總管府司馬。時王世充遣其兄子弘烈據襄陽，令大亮安撫樊、鄧，以圖進取。大亮進兵擊之，所下十餘城。高祖下書勞勉，遷安州刺史。又令徇廣州巴東，行次九江，會輔公祏反，大亮以計擒公祏將張善安。公祏尋遣兵圍猷州，刺史左難當嬰城自守，大亮率兵進援，擊賊破之。以功賜奴婢百人，大亮謂曰：『汝輩多衣冠子女，破亡至此，吾亦何忍以汝爲賤隸乎！』一皆放遣。高祖聞而嗟異，復賜婢二十人，拜越州都督。

又　卷六七《李靖傳》　李靖，本名藥師，雍州三原人也。【略】（武德）六年，輔公祏於丹陽反，詔孝恭爲元帥、靖爲副以討之，李勣、任瓌、張鎮州、黄君漢等七總管併受節度。師次舒州，公祏遣將馮惠亮率舟師三萬屯當塗，陳正通、徐紹宗領步騎二萬屯青林山，仍於梁山連鐵鎖以斷江路，築卻月城，延袤十餘里，與惠亮爲犄角之勢。孝恭集諸將會議，皆云：『惠亮、正通併握强兵，爲不戰之計，城柵既固，卒不可攻。請直指丹陽，掩其巢穴，丹陽既破，惠亮自降。』孝恭欲從其議。靖曰：『公祏精鋭，雖在水陸二軍，然其自統之兵，亦皆勁勇。惠亮等城柵尚不可攻，公祏既保石頭，豈應易拔？若我師至丹陽，留停旬月，進則公祏未平，退則惠亮爲患，此便腹背受敵，恐非萬全之計。惠亮、正通皆是百戰餘賊，必不憚於野戰，止爲公祏立計，令其持重，但欲不戰，以老我師。今欲攻其城柵，乃是出其不意，滅賊之機，唯在此舉。』孝恭然之。靖乃率黄君漢等先擊惠亮，苦戰破之，殺傷乃溺死者萬餘人，惠亮奔走。靖率輕兵先至丹陽，公祏大懼。先遣僞將左遊仙領兵守會稽以爲引援，公祏擁兵東走，以趨遊仙，至吳郡，與惠亮、正通併相次擒獲，江南悉平。於是置東南道行臺，拜靖行臺兵部尚書，賜物千段、奴婢百口、馬百匹。

又　《李勣傳》　李勣，曹州離狐人也。【略】（武德）七年，詔與趙郡王孝恭討輔公祏，孝恭領舟師巡江而下，勣領步卒一萬渡淮，拔其壽陽，至硤石。公祏之將陳正通率兵十萬屯於梁山，又遣其大將馮惠亮帥水軍十萬，鎖連大艦以斷江路，仍於江西結壘，分守水陸，以禦王師。勣攻其壘，尋克之。惠亮單舺而遁。勣乘勝逼正通，大潰，以十餘騎奔於丹陽。公祏棄城夜遁，勣縱騎追斬之於武康，江南悉定。

又　卷七二《李百藥傳》　李百藥，字重規，定州安平人，隋內史令、安平公德林子也。【略】（大業）九年，充戍會稽。尋授建安郡丞，行達烏程，屬江都難作，復爲沈法興所得，署爲掾。會沈法興爲李子通所破，子通又命爲中書侍郎、國子祭酒。及杜伏威攻滅子通，又以百藥爲行臺考功郎中。或有譖之者，伏威囚之，百藥著《省躬賦》以致其情，伏威亦知其無罪，乃令復職。伏威既據有江南，高祖遣使招撫，百藥勸伏威入朝，伏威從之，遣其行臺僕射輔公祏與百藥留守，遂詣京師。及渡江至曆陽，狐疑中悔，將害百藥，乃飲以石灰酒，因大泄痢，而宿病皆除。伏威知百藥不死，乃作書與公祏令殺百藥，賴伏威養子王雄誕保護獲免。公祏反，又授百藥吏部侍郎。有譖百藥於高祖，云百藥初說杜伏威入朝，又與輔公祏同反。高祖大怒。及公祏平，得伏威與公祏令殺百藥書，高祖意稍解，遂配流涇州。

論說

《舊唐書》卷五六《杜伏威等傳論贊》　蕭銑聚烏合之衆，當鹿走之時，放兵以奪將權，殺舊以求位定，洎大軍奄至，束手出降，宜哉！杜伏威恃勇聚徒，見機歸國，或致疑於高祖，竟見雪於太宗。輔公祏竊兵爲叛，王雄誕守節不回，訓子孫以忠貞，感士庶之流涕。子通修仁馭衆，終懷貳以伏誅；羅藝歸國立功，信妖言而爲叛。善始令終者，鮮矣！沈法興狂賊，梁師都凶人，皆至覆亡，殊無改悔。自隋朝維絶，宇縣瓜分，小則鼠竊狗偷，大則鯨吞虎據。大唐舉義，兆庶歸仁，高祖運應瑤圖，太宗天資神武，羣凶席卷，寰海鏡清，祚享永年，功宣後代，謚曰神堯、文武，豈不韙哉！

贊曰：失政資盗，圖王僭號。眞主勃興，風驅電掃。

雜録

唐・吴兢《貞觀政要》卷二《任賢第三・李靖》　李靖，京兆三原人也。大業末，爲馬邑郡丞。會高祖爲太原留守，靖觀察高祖，知有四方之志，因自鎖上變，詣江都。至長安，道塞不能而止。高祖克京城，執靖，將斬之，靖大呼曰：『公起義兵除暴亂，不欲就大事，而以私怨斬壯士乎？』太宗亦加救靖，高祖遂捨之。武德中，以平蕭銑、輔公祏功，歷遷揚州大都督府長史。太宗嗣位，召拜刑部尚書。

又　卷六《謙讓第十九》　河間王孝恭，武德初封爲趙郡王，累授東南道行臺尚書左僕射。孝恭既討平蕭銑、輔公祏，遂領江、淮及嶺南、北，皆統攝之。專制一方，威名甚著，累遷禮部尚書。孝恭性惟退讓，無驕矜自伐之色。時有特進江夏王道宗，尤以將略馳名，兼好學，敬慕賢士，動修禮讓，太宗併加親待。諸宗室中，惟孝恭、道宗莫與爲比，一代宗英云。

唐・李亢《獨異志》卷下《杜伏威武勇》　隋煬帝無道，杜伏威以齊州叛。煬帝遣陳稜擊之。稜下偏裨射中伏威額。伏威怒曰：『不殺射我者，終不拔此箭。』由是奮擊而入，獲所射者，乃令拔箭畢，然後斬其首，攜入稜軍中，稜遂大敗。

宋・王溥《唐會要》卷八六《奴婢》　武德五年，安州刺史李大亮，以破輔公祏功，賜奴婢百人。大亮謂曰：『汝輩多衣冠子女，破亡至此，吾亦何忍以汝爲賤隷乎。』一一皆放還。高祖聞而嗟賞，更賜奴婢三十人。

元・辛文房《唐才子傳》卷一《李百藥傳》　百藥，字重規，定州人。幼多病，祖母以『百藥』名之。七歲能文。襲父德林爵。會高祖招杜伏威，百藥勸朝京師，中道而悔，怒，飲以石灰酒，因大利幾死，既而宿病皆愈。

唐平山東分部

綜　述

《舊唐書》卷一《高祖紀》（武德）三年【略】冬十月庚子，懷戎賊帥高開道遣使降，授蔚州總管，封北平郡王，賜姓李氏。

四年【略】秋七月【略】甲戌，建德餘黨劉黑闥據漳南反。置山東道行臺尚書省於洺州。八月，兗州總管徐圓朗舉兵反，以應劉黑闥，僭稱魯王。

十二月丁卯，命秦王及齊王元吉討劉黑闥。

五年春正月丙申，劉黑闥據洺州，僭稱漢東王。三月丁未，秦王破劉黑闥於洺水上，盡復所陷州縣，黑闥亡奔突厥。蔚州總管、北平王高開道叛，寇易州。

夏四月庚戌，秦王還京師，高祖迎勞於長樂宮。【略】六月，劉黑闥引突厥寇山東。

冬十月癸酉，遣齊王元吉擊劉黑闥於洺州。時山東州縣多爲黑闥所守，所在殺長吏以應之。行軍總管、淮陽王道玄與黑闥戰於下博，道玄敗没。十一月甲申，命皇太子率兵討劉黑闥。丙申，幸宜州，簡閲將士。十二月丙辰，校獵於華池。庚申，至自宜州。皇太子破劉黑闥於魏州，斬之，山東平。

六年【略】九月丙子，突厥退，皇太子班師。改東都爲洛州。高開道引突厥寇幽州。

七年【略】二月，高開道爲部將張金樹所殺，以其地降。【略】五月【略】李世勣討徐圓朗，平之。

又　卷二《太宗紀上》（武德）四年【略】十月【略】未幾，竇建德舊將劉黑闥舉兵反，據洺州。

十二月，太宗總戎東討。五年正月，進軍肥鄉，分兵絶其糧道，相持兩月。黑闥窘急求戰，率步騎二萬，南渡洺水，晨壓官軍。太宗親率精騎，擊其馬軍，破之，乘勝蹂其步卒，賊大潰，斬首萬餘級。先是，太宗遣堰洺水上流使淺，令黑闥得渡。及戰，乃令決堰，水大至，深丈餘，賊徒既敗，赴水者皆溺死焉。黑闥與二百餘騎北走突厥，悉虜其衆，河北平。時徐圓朗阻兵徐、兗，太宗回師討平之，於是河、濟、江、淮諸郡邑皆平。

又　卷五五《劉黑闥傳》　劉黑闥，貝州漳南人。無賴，嗜酒，好博弈，不治産業，父兄患之。與竇建德少相友善，家貧無以自給，建德每資之。隋末亡命，從郝孝德爲羣盜，後歸李密爲裨將。密敗，爲王世充所虜。世充素聞其勇，以爲騎將。見世充所爲而竊笑之，乃亡歸建德，建德署爲將軍，封漢東郡公，令將奇兵東西掩襲。黑闥既遍遊諸賊，善觀時變，素驍勇，多姦詐。建德有所經略，必令專知斥候，常間入敵中覘視虚實，或出其不意，乘機奮擊，多所克獲，軍中號爲神勇。及建德敗，黑闥自匿於漳南，杜門不出。

會高祖徵建德故將范願、董康買、曹湛、高雅賢等將赴長安，願等相與謀曰：『王世充以洛陽降，其下驍將楊公卿、單雄信之徒皆被夷滅，我輩若至長安，必無保全之理。且夏王往日擒獲淮安王，全其性命，遣送還之。唐家今得夏王，即加殺害，我輩殘命，若不起兵報仇，實亦恥見天下人物。』於是相率復謀反叛。卜以劉氏爲主吉，共往漳南，見建德故將劉雅告之。且請雅曰：『天下已平，樂在丘園爲農夫耳。起兵之事，非所願也。』衆怒，殺雅而去。范願曰：『漢東公劉黑闥果敢多奇略，寬仁容衆，恩結於士卒。吾久常聞劉氏當有王者，今舉大事，欲收夏王之衆，非其人莫可。』遂往詣黑闥，以告其意。黑闥大悦，殺牛會衆，舉兵得百餘人，襲破漳南縣。貝州刺史戴元詳、魏州刺史權威合兵擊之，併爲黑闥所敗，元詳及威皆没于陣。黑闥盡收其器械及餘衆千餘人，於是范願、高雅賢等宿舊左右漸來歸附，衆至二千人。

武德四年七月，設壇於漳南，祭建德，告以舉兵之意，自稱大將軍。淮安王神通、將軍秦武通、王行敏前後討之，皆爲所敗。於是移書趙、魏，其建德將士往往殺官吏以應。黑闥北連懷戎賊帥高開道，兵鋒甚鋭，進至宗城，有衆數萬。黎州總管李世勣不能拒，棄城走保洺州。黑闥追擊破之，步卒五千人，皆歿於陣，世勣與武通僅以身免。黑闥又徵王琮爲中書令，劉斌爲中書侍郎，以掌文翰。遣使北連突厥，頡利可汗遣俟斤宋耶率胡騎從之。黑闥軍大振，進陷相州，半歲悉復建德故地。兖州賊帥徐圓朗舉齊、兖之地以附於黑闥，其勢益張。

五年正月，黑闥至相州，僭稱漢東王，建元爲天造。以范願爲左僕射，董康買爲兵部尚書，高雅賢爲右領軍，又引建德時文武悉復本位，都於洺州。其設法行政，皆師建德，而攻戰勇決過之。於是太宗又自請統兵討之，師次衛州，黑闥數以兵挑戰，輒爲官軍所挫。黑闥懼，委相州，而退保於列人營。時洺水縣人請爲内應，太宗遣總管士信入城據守，黑闥又攻陷其城，士信死之，遂據洺州。三月，太宗阻洺水列營以逼之，分遣奇兵，斷其糧道。黑闥又數挑戰，太宗堅壁不應，以挫其鋒。黑闥城中糧盡，太宗度其必來決戰，預擁洺水上流，謂守堤吏曰：『我擊賊之日，候賊半度而決堰。』黑闥果率步騎二萬渡洺水而陣，與官軍大戰，賊衆大潰，水又大至，黑闥衆不得渡，斬首萬餘級，溺死者數千人。黑闥與范願等以千餘人奔於突厥，山東悉定。太宗遂引軍於河南以討徐圓朗。

六月，黑闥復借兵於突厥，來寇山東。七月，至定州，其舊將曹湛、董康買先亡在鮮虞，復聚兵以應黑闥。高祖遣淮陽王道玄、原國公史萬寶討之，戰于下博，王師敗績，道玄死於陣，萬寶輕騎逃還。由是河北諸州盡叛，又降於黑闥，旬日間悉復故城，復都洺州。十一月，高祖遣齊王元吉擊之，遲留不進。又令隱太子建成督兵進討，頻戰大捷。（武德）六年二月，又大破之於館陶，黑闥引軍北走。建成與元吉合千餘騎屯於永濟渠，縱騎擊之，黑闥敗走，命騎將劉弘基追之。黑闥爲王師所蹙，不得休息，道遠兵疲，比至饒陽，從者纔百餘人，衆皆餒，入城求食。黑闥所署饒州刺史諸葛德威出門迎拜，延之入城。黑闥初不許，德威謬爲誠敬，涕泣固請。黑闥乃進至城傍，德威勒兵執之，送于建成，斬於洺州，山東復定。

又《高開道傳》 高開道，滄州陽信人也。少以煮鹽自給，有勇力，走及奔馬。【略】開道與其黨百餘人亡匿海曲。復出掠滄州，招集得數百人，北掠城鎮，臨渝至於懷遠皆破之，悉有其衆。

武德元年，隋將李景守北平郡，開道引兵圍之，連年不能克。景自度不能支，拔城而去。開道又取其地，進陷漁陽郡，有馬數千匹，衆且萬人，自立爲燕王，都於漁陽。【略】三年，復稱燕王，建元，署置百官。羅藝在幽州，爲竇建德所圍，告急於開道，乃率二千騎援之。建德懼其驍鋭，於是引去。開道因藝遣使來降，詔封北平郡王，賜姓李氏，授蔚州總管。時幽州大饑，開道許給之粟，藝遣老弱就食，開道皆厚遇之。藝甚悦，不以爲虞，乃發兵三千人、車數百乘、驢馬千餘匹，請粟于開道。悉留之，北連突厥，告絶於藝，復稱燕國。

是歲，劉黑闥入寇山東，開道與之連和，引兵攻易州，不克而退。又遣其將謝稜詐降於藝，請兵援接，藝出兵應之，將至懷戎，稜襲破藝兵。開道又引突厥頻來爲寇，恒、定、幽、易等州皆罹其患。突厥頡利可汗攻馬邑，以開道兵善爲攻具，引之陷馬邑而去。時天下大定，開道欲降，自以數翻復，終恐致罪，又北恃突厥之衆。其將士多山東人，思還本土，人心頗離。

先是，劉黑闥亡將張君立奔於開道，因與其將張金樹潛相結連。時開道親兵數百人，皆勇敢士也，號爲『義兒』，常在閤内。金樹每督兵於閤下。金樹將圖開道，潛令數人入其閤内，與諸義兒陽爲遊戲，至日將夕，陰斷其弓弦，又藏其刀仗，聚其矟於牀下。迨暝，金樹以其徒大呼來攻閤下，向所遣人抱義兒矟一時而出，諸義兒遽將出戰，而弓弦皆絶，刀仗已失。君立於外城舉火相應，表裏驚擾。義兒窮蹙，爭歸金樹。開道知不免，於是擐甲持兵坐堂上，與其妻妾樂酣宴。金樹之黨憚其勇，不敢逼。天將曉，開道先縊其妻妾及諸子而後自殺。金樹陳兵，執其義兒皆斬之。又殺張君立，死者五百餘人，遂歸國。開道自初起至滅，凡八歲。以其地爲嬀州。

又《徐圓朗傳》 徐圓朗者，兖州人也。隋末，亡命爲羣盗，據本郡，縱兵略地，自琅邪已西，北至東平，盡有之，勝兵二萬餘人。仍附於李密，密敗，歸王世充。及洛陽平，歸國，拜兖州總管，封魯郡公。高祖令葛國公盛彦師安輯河南，行至任城。會劉黑闥作亂，潛結於圓朗，因執彦師舉兵應黑闥，自稱魯王。黑闥以圓朗爲大行臺元帥，兖、鄆、陳、杞、伊、洛、曹、戴等八州豪猾皆殺其長吏以應之。太宗平黑闥，進師曹州，遣淮安王神通及李世勣攻之。圓朗數出戰，不利，城内百姓爭踰城降。圓朗窮蹙，與數騎棄城夜遁，爲野人所殺，其地悉平。

又 卷六四《隱太子建成傳》 隱太子建成，高祖長子也。【略】武德元年，立爲皇太子。【略】時太宗功業日盛，高祖私許立爲太子，建成密知之，乃與齊王元吉潛謀作亂。及劉黑闥重反，王珪、魏徵謂建成曰：『殿下但以地居嫡長，爰踐元良，功績既無可稱，仁聲又未遐布。而秦王勳業克隆，威震四海，人心所向，殿下何以自安？今黑闥率破亡之餘，衆不盈萬，加以糧運限絶，瘡痍未瘳，若大軍一臨，可不戰而擒也。願請討之，且以立功，深自封植，因結山東英俊。』建成從其計，遂請討劉黑闥，擒之而旋。

又　卷五六《杜伏威傳》　武德四年，遣其將軍王雄誕討李子通於杭州，擒之以獻。又破法華於歙州，盡有江東、淮南之地，南接於嶺，東至於海。尋聞太宗平劉黑闥，進攻徐圓朗，伏威懼而來朝，拜爲太子太保，仍兼行臺尚書令。

又　卷五六《羅藝傳》　羅藝字子延，本襄陽人也。【略】後遇天下大亂，涿郡物殷阜，加有伐遼器仗，倉粟盈積。又臨朔宫中多珍産，屯兵數萬，而諸賊競來侵掠。留守官虎賁郎將趙什住、賀蘭誼、晉文衍等皆不能拒，唯藝獨出戰，前後破賊不可勝計，威勢日重。【略】殺渤海太守唐禕等不同己者數人，威振邊朔，柳城、懷遠併歸附之。藝黜柳城太守楊林甫，改郡爲營州，以襄平太守鄧暠爲總管，藝自稱幽州總管。【略】武德三年，奉表歸國略太宗之擊劉黑闥也，藝領本兵數萬，破黑闥弟什善於徐河，俘斬八千人。明年，黑闥引突厥俱入寇，藝復將兵與隱太子建成會於洺州，因請入朝，高祖遇之甚厚，俄拜左翊衛大將軍。藝自以功高位重，無所降下，太宗左右嘗至其營，藝無故毆擊之。高祖怒，以其屬吏，久而乃釋，待之如初。

又　卷六〇《淮陽王道玄傳》　淮陽王道玄，高祖從父兄子也。【略】（武德）五年，劉黑闥引突厥寇河北，復授山東道行軍總管。師次下博，與賊軍遇，道玄帥騎先登，命副將史萬寶督軍繼進。萬寶與之不協，及道玄深入，而擁兵不進，謂所親曰：『吾奉手詔，言淮陽小兒雖名爲將，而軍之進止皆委於吾。今其輕脱，越濟交戰，大軍若動，必陷泥溺，莫如結陣以待之，雖不利於王，而利於國。』道玄遂爲賊所擒，全軍盡没，惟萬寶逃歸。道玄遇害，年十九。

又　卷六九《盛彦師傳》　盛彦師者，宋州虞城人。【略】會徐圓朗反，彦師爲安撫大使，因戰，遂没於賊。圓朗禮厚之，令彦師作書報其弟，令舉城降己。彦師爲書曰：『吾奉使無狀，被賊所擒，爲臣不忠，誓之以死。汝宜善侍老母，勿以吾爲念。』圓朗初色動，而彦師自若，圓朗乃笑曰：『盛將軍乃有壯節，不可殺也。』待之如舊。賊平，彦師竟以罪賜死。

《新唐書》卷七九《隱太子建成傳》　秦王數平劇寇，功冠天下，英豪歸之，陰許立爲皇太子，勢危甚。會劉黑闥亂河北，珪等進説曰：『殿下特以嫡長居東宫，非有功德爲人所稱道。今黑闥痍叛殘孽，衆不盈萬，利兵麇之，唾手可決，請往討，因結山東英俊心，自封殖。』建成遂請行。黑闥敗洺水，建成問徵曰：『山東其定乎？』對曰：『黑闥雖敗，殺傷太甚，其魁黨皆縣名處死，妻子係虜，欲降無繇，雖有赦令，獲者必戮，不大蕩宥，恐殘賊嘯結，民未可安。』既而黑闥復振，廬江王瑗棄洺州，山東亂。命齊王元吉討之，有詔降者赦罪，衆不信。建成至，獲俘皆撫遣之，百姓欣悦。賊懼，夜奔，兵追戰。黑闥衆猶盛，乃縱囚使相告曰：『褫而甲還鄉里，若妻子獲者，既已釋矣。』衆乃散，或縛其渠長降，遂禽黑闥。

又　卷一九一《羅士信傳》　羅士信，齊州歷城人。【略】從秦王擊劉黑闥洛水上，得一城，王君廓戍之，賊急攻，潰而出。王語諸將：『孰能守此？』士信曰：『願以守。』乃命之。士信已入，賊悉衆攻，方雨雪，救軍不得進。城陷，黑闥欲用之，不屈而死，年二十八。王隱悼，購其屍以葬，謚曰勇。初，士信爲仁基所禮，及東都平，出家財斂葬北邙以報德，且曰：『我死當墓其側。』至是，如所志。

藝文

清·羅惇衍《集義軒詠史詩鈔》卷三二《唐·羅士信》　重甲長矛左右鞬，年剛舞象賊驚奔。千金堡使嬰兒破，百戰圖猶内史存。節督絳州方拜命，城攖黑闥不歸魂。北邙求葬仁基側，爲報生前未盡恩。

清·史夢蘭《全史宫詞》卷一二《北朝·隋·僞燕》　帳前金樹變榛荊，衛閣郎君夢裏驚。夜半酒酣刀稍動，火明堂上妓無聲。

五代急速更替部

後梁受唐禪分部

綜　述

《舊唐書》卷一九下《僖宗紀》　中和三年【略】五月【略】以檢校尚書右僕射、華州刺史、潼關防禦等使朱温檢校司空，兼汴州刺史、御史大夫，充宣武節度觀察等使，仍賜名全忠。

四年【略】五月【略】甲戌，次汴州，節度使朱全忠館克用於上源驛。全忠以克用兵力寡弱，大軍在遠，乃圖之。是夜，置酒郵舍，克用既醉，全忠以兵圍驛，縱火燒之。雷雨驟作，平地水深尺餘，克用踰垣僅免。

秋七月【略】壬午【略】河東節度使李克用累表訴屈，請討汴州。天子優詔和解之，就加克用階特進，封隴西郡王以悦之。自是全忠、克用有尋戈之怨。

光啓元年【略】三月【略】李克用據太原、上黨，朱全忠據汴、滑，【略】皆自擅兵賦，迭相吞噬，朝廷不能制。江淮轉運路絶，兩河、江淮賦不上供，但歲時獻奉而已。國命所能制者，河西、山南、劍南、嶺南四道數十州。大約郡將自擅，常賦殆絶，藩侯廢置，不自朝廷，王業於是蕩然。蔡賊秦宗權侵寇藩鄰，制以徐州節度使時溥爲鉅鹿王，充蔡州四面行營兵馬都統。宗權將秦賢攻汴、鄭不已，以汴州刺史朱全忠爲沛郡王，充蔡州西北面行營都統。

又　卷二〇上《昭宗紀》　文德元年【略】五月丁酉朔，制以宣武軍節度使、檢校侍中、沛郡王朱全忠爲蔡州四面行營兵馬都統。自秦賢、石璠敗後，蔡賊漸弱，時溥方爲全忠所攻，故移溥都統之命授全忠。

龍紀元年【略】二月【略】宗權既平，而朱全忠連兵十萬，吞噬河南，兖、鄆、青、徐之間，血戰不解，唐祚以至於亡。

四月壬戌朔，以宣武淮南等節度副大使、知節度事、管內營田觀察處置等使、開府儀同三司、檢校太傅、兼侍中、揚州大都督府長史、汴州刺史、充蔡州四面行營都統、上柱國、沛郡王、食邑四千户朱全忠爲檢校太尉、中書令，進封東平王，仍賜賞軍錢十萬貫。

大順元年【略】二月丁巳【略】宣武節度使朱全忠進位守中書令，加食邑千户，餘如故。

五月【略】以宣武節度使朱全忠爲太原東南面招討使。

二年【略】二月辛巳，【略】朝廷倚朱全忠及三鎮兵。全忠方連兵徐鄆，乃求兵糧於鎮、魏，全忠終不至行營。

十一月，朱全忠上表，請移時溥節鎮。

乾寧三年【略】九月己卯朔，汴州朱全忠、河南尹張全義與關東諸侯俱上表，言秦中有災，請車駕遷都洛陽。全忠、全義言臣已表率諸藩，繕治洛陽宫室。優詔答之。乙未，制新除清海軍節度使崔胤復知政事。胤之出鎮，朱全忠再表請論奏，言胤不宜去相位，故有是命。

四年【略】二月【略】戊申【略】朱全忠署從周爲兖州兵馬留後。自是鄆、齊、曹、棣、兖、沂、密、徐、宿、陳、許、鄭、滑、濮等州皆没於全忠，唯王師範守青州，亦納款於汴。

光化元年春正月辛未朔，車駕在華州。【略】朱全忠遣判官韋震奏事，求兼領鄆州。時全忠軍敗之後，欲自大其權，以扼鄰藩之變。

三年春正月【略】癸卯，朱全忠奏：『本貫宋州碭山縣，蒙恩升爲輝州，其地卑濕，難葺廬舍，請移輝州治所於單父縣。』從之，仍賜號爲崇德軍。

四月戊午，汴、魏合軍攻滄州，以報入郛之役，葛從周連陷滄德郡邑，王鎔遣使和解於全忠，令劉仁恭修好，汴、魏班師。

十一月乙酉朔。庚寅，左右軍中尉劉季述、王仲先廢昭宗，幽於東內問安宫，請皇太子裕監國。時昭宗委崔胤以執政，胤恃全忠之助，稍抑宦官。【略】是日，迎皇太子監國，矯宣昭宗命稱上皇。甲午，宣上皇制，太子登皇帝位，宰臣、百僚、方鎮加爵進秩，又賜百僚銀一千五百兩、絹千四、綿萬兩充救援，皆季述求媚於朝也。時朱全忠在定州行營，崔胤與前左僕射張濬告難於全忠，請以兵問罪，全忠自行營還大梁。

天復元年春正月甲申朔，昭宗反正，登長樂門樓，受朝賀。【略】己丑，朱全忠械程巖，折足檻送京師，戮之於市。【略】時朱全忠既服河朔三鎮，欲窺圖王室篡代之謀，以李克用在太原，懼其角逐。

二月甲寅朔。戊辰，朱全忠至河中，遂移王珂及兄璘、弟瓚舉室徙於汴，以張存敬守河中。是月，制以全忠檢校太師、守中書令，進封梁王。

四月【略】甲戌，天子有事於宗廟。是日，御長樂門，大赦天下，改元天復。李茂貞自鎮來朝，賜宴於壽春殿，進錢數萬緡。時中尉韓全誨及北司與茂貞相善，宰相崔胤與朱全忠相善，四人各爲表裏。全忠欲遷都洛陽，茂貞欲迎駕鳳翔，各有挾天子令諸侯之意。

五月【略】壬寅，制以朱全忠兼河中尹、河中節度、晉絳慈隰觀察處置、安邑解縣兩池榷鹽制置等使。

十月己卯朔。戊戌，全忠引四鎮之師七萬赴河中，京師聞之大恐，豪民皆亡竄山谷。

十一月己酉朔。壬子，中尉韓全誨與鳳翔護駕都將李繼誨奉車駕出幸鳳翔。【略】乙卯，全忠知帝出幸，乃回兵攻華州。大軍駐赤水，全忠以親兵駐西溪。韓建出降，乃署爲忠武軍節度使，以陳州爲理所。丁巳，宰相崔胤令户部侍郎王溥至赤水砦，促全忠以兵迎駕。戊午，全忠自赤水趨長安，崔胤率文武百僚太子太師盧知猷已下迎全忠於坡頭。庚申，汴軍趨鳳翔。戊辰，至岐下。全忠令判官李擇、裴鑄入城奏事，言：『臣在河中，得崔胤書，言奉密詔令臣以兵士迎駕，臣不敢擅自迎鑾。』昭宗怒胤矯命，連詔全忠以兵士還鎮。辛未，全忠引軍離鳳翔，退攻邠州。甲戌，制扶危致理功臣、開府儀同三司、守司空、門下侍郎、平章事、充太清宫使、弘文館大學士、延資庫使、諸道鹽鐵轉運等使、判度支、上柱國、魏國公、食邑五千户、食實封二百户崔胤可責授朝散大夫、守工部尚書。乙亥，邠州節度使李繼徽以城降，全忠乃舍其孥於河中，以繼徽從軍。以汴軍營於三原。

十二月己卯，崔胤自長安至三原砦，與全忠謀攻鳳翔。

二年春正月戊申朔，車駕在鳳翔。

五月，岐軍出戰，大敗於武功南之漠谷。全忠聞捷，自引汴軍五萬西征。

三年春正月癸卯朔，車駕在鳳翔。甲辰，天子遣中使到全忠軍，茂貞亦令軍將郭啓奇來達上欲還京之旨。丙午，青州牙將劉鄩陷全忠之兖州，又令牙將張厚入奏，是日，亦竊發於華州，殺州將婁敬思。上又令户部侍郎韓偓、趙國夫人寵顔宣諭於全忠軍。辛亥，全忠令判官李振入奏，上令翰林學士姚洎傳宣，令全忠喚崔胤令率文武百僚來迎駕。癸丑，上令禮部尚書蘇循傳詔，賜全忠玉帶，仍令全忠處分蔣玄暉侍帝左右。【略】甲子巳時，車駕出鳳翔，幸全忠軍。全忠素服待罪，泣下不自勝，上親解玉帶賜之。【略】辛未，宴全忠於内殿，内第子奏樂。是日，制内官第五可範已下七百人併賜死於内侍省，其諸道監軍及小使，仰本道節度使處斬訖奏，從全忠、崔胤所奏也。

二月壬申朔。甲戌，制賜全忠『回天再造竭忠守正功臣』名。己卯，制以輝王祚充諸道兵馬元帥。又制以回天再造竭忠守正功臣、宣武宣義天平護國等軍節度使、汴宋亳輝河中晉絳慈隰鄭滑潁鄆齊曹等州觀察處置等使、太清宫修葺宫闕制置度支解縣池場等使、開府儀同三司、檢校太師、守中書令、河中尹、汴滑鄆等州刺史、上柱國、梁王、食邑九千户、食實封六百户朱全忠可守太尉、中書令，充諸道兵馬副元帥，進邑三千户。以宰臣崔胤守司徒、兼侍中，判六軍十二衛。【略】己丑，上宴全忠於壽春殿。【略】戊戌，全忠歸大梁，上宴之内殿，置酒於延喜門。是日，全忠與四鎮判官皆預席，上臨軒泣別，又令中使走送御製《楊柳枝》詞五首賜之。

五月，制鳳翔隴右四鎮北庭行軍、彰義軍節度、涇原渭武觀察處置押蕃落等使、開府儀同三司、守尚書令、兼侍中、鳳翔尹、上柱國、秦王李茂貞可檢校太師、守中書令。初，茂貞凌弱王室，朝廷姑息，加尚書令，及是全忠方守太尉，茂貞懼，乞罷尚書令故也。

九月【略】辛巳，汴州護駕都將朱友倫擊鞠墜馬卒，全忠怒，殺同鞠將校數人。

天祐元年春正月【略】己酉，全忠率師屯河中，遣牙將寇彦卿奉表請車駕遷都洛陽。全忠令長安居人按籍遷居，徹屋木，自渭浮河而下，連甍號哭，【略】丁巳，車駕發京師。癸亥，次陝州，全忠迎謁於路。

二月丙寅朔。乙亥，全忠辭赴洛陽，親督工作。

四月丙寅朔。癸巳，帝遣晉國夫人可證傳詔諭全忠，言中宮誕蓐未安，取十月入洛陽宮。全忠意上遲留俟變，怒甚，謂牙將寇彥卿曰：『亟往陝州，到日便促官家發來！』

閏四月乙未朔。丁酉，車駕發陝州。壬寅，次穀水行宮。時崔胤所募六軍兵士，胤死後亡散併盡，從上東遷者，唯諸王、小黄門十數，打毬供奉内園小兒共二百餘人。全忠在陝，仍慮此輩爲變，欲盡去之，以汴卒爲侍衛。至穀水頓，全忠令醫官許昭遠告内園等謀變，因會設幄，酒食次併坑之，乃以謀逆聞。由是帝左右前後侍衛職掌，皆汴人也。甲辰，車駕由徽安門入，朱全忠、張全義、宰相裴樞獨孤損前導。是日大風雨土，跬步不辨物色，日暝稍止。上謁太廟，禮畢還宮，御正殿宣勞從官衛士，受賀。

五月乙丑朔。丙寅，制河陽節度使張漢瑜同平章事。宴百僚於崇勳殿，上讚述全忠之功業，因言御樓前一日所司亡失赦書，賴元帥府收得副本施行，幾失事矣，中書不得無過。裴樞等起待罪。中飲，帝更衣，召全忠曲宴閣中，全忠懇辭。帝曰：『朕以全忠功業崇高，欲齋中款曲，以表庇賴耳。全忠既不欲來，即令敬翔來，朕與之言。』全忠令敬翔私退，奏曰：『敬翔亦醉而出矣。』己巳，全忠辭赴大梁，宴於崇勳殿，是日雨甚。

七月癸亥朔，全忠率師討邠、鳳。甲子，自汴至洛陽，宴於文思球場。全忠入，百官或坐於廊下，全忠怒，笞通引官何凝。丙寅，制金紫光禄大夫、行御史中丞、上柱國韓儀責授棣州司馬，侍御史歸藹責授登州司户，坐百官傲全忠也。

八月壬辰朔。壬寅夜，朱全忠令左龍武統軍朱友恭、右龍武統軍氏叔琮、樞密使蔣玄暉弑昭宗於椒殿。自帝遷洛，李克用、李茂貞、西川王建、襄陽趙匡凝知全忠篡奪之謀，連盟舉義，以興復爲辭。而帝英傑不羣，全忠方事西討，慮變起於中，故害帝以絶人望。帝自離長安，日憂不測，與皇后、内人唯沉飲自寬。是月壬寅，全忠令判官李振自河中至洛陽，與友恭等圖之。是夜二鼓，蔣玄暉選龍武衙官史太等百人叩内門，言軍前有急奏面見上。内門開，玄暉每門留卒十人，至椒殿院，貞一夫人啓關，謂玄暉曰：『急奏不應以卒來。』史太執貞一殺之，急趨殿下。玄暉曰：『至尊何在？』昭儀李漸榮臨軒謂玄暉曰：『院使莫傷官家，寧殺我輩。』帝方醉，聞之遽起。史太持劍入椒殿，帝單衣旋柱而走，太追而弑之。漸榮以身護帝，亦爲太所殺。復執何皇后，將害之。后求哀於玄暉，玄暉以全忠止令害帝，釋後而去。帝殂，年三十八，羣臣上謚曰聖穆景文孝皇帝，廟號昭宗。二年二月二十日，葬於和陵。

又　卷二〇下《哀帝紀》　天祐元年【略】十月辛卯朔，日有蝕之，在心初度。壬辰，全忠自河中來朝，赴西内臨祭訖，對於崇勳殿。甲午，敕檢校太保、左龍武統軍朱友恭可復本姓名李彥威，貶崖州司户同正。檢校司徒、右龍武統軍氏叔琮可貶貝州司户同正。【略】是日，全忠歸大梁。

十一月辛酉朔。癸酉午時，日有黄白暈，旁有青赤紉。楊行密攻光州，又急攻鄂州，杜洪遣使求援，全忠率師五萬自潁州渡淮，至霍丘大掠以紓之，行密分兵來拒。

二年【略】三月庚申朔。壬戌，制以前平盧軍節度使、檢校太傅、同平章事、兼青州刺史、上柱國、琅邪郡公、食邑二千五百户王師範爲孟州刺史、河陽三城懷孟節度觀察等使，從全忠奏也。

四月【略】和王傅、張廷範者，全忠將吏也，以善音律，求爲太常卿，全忠薦用之。宰相裴樞以廷範非樂卿之才，全忠怒，罷樞相位。柳璨希旨，又降此詔斥樞輩，故有白馬之禍。

六月戊子朔，敕：『責授隴州司户裴樞、瓊州司户獨孤損、白州司户崔遠、濮州司户陸扆、淄州司户王溥、曹州司户趙崇、濮州司户王贊等，皆受國恩，咸當重任。罔思罄謁，唯貯姦邪，雖已謫於遐方，尚難寬於國典。委御史台差人所在州縣各賜自盡。』時樞等七人已至滑州，皆併命於白馬驛，全忠令投屍於河。【略】

十月丙戌朔，制梁王全忠可充諸道兵馬元帥，别開府幕，加食邑通前一萬五千户，實封一千五百户。【略】甲午，起居郎蘇楷駁昭宗謚號【略】至是，全忠弑逆君上，柳璨陷害朝臣，乃與起居郎羅衮、起居舍人盧鼎連署駁議。楷目不知書，手僅能執筆，其文羅衮作也。時政出賊臣，哀帝不能制。太常卿張廷範改謚曰恭靈莊閔孝皇帝，廟號曰襄宗。全忠雄猜物鑑，自楷駁謚後，深鄙之，既傳代之後，循、楷父子皆斥逐，不令在朝。丁未，所司改題昭宗神主，輟朝一日。癸丑，敕成德軍宜改爲武順，管内稾城縣曰稾平，信都曰堯都，樂城曰樂氏，阜城曰漢阜，臨城爲房子，避全忠祖、父名也。

十一月【略】時哀帝以此月十九日親祠圓丘，中外百司禮儀法物已備。戊辰，宰相已下於南郊壇習儀，而裴迪自大梁回，言全忠怒蔣玄暉、張廷範、柳璨等謀延唐祚，而欲郊天改元。玄暉、柳璨大懼。庚午，敕曰：『先定此月十九日親禮南郊，雖定吉辰，改卜亦有故事。宜改取來年正月上辛。付所司。』辛巳，制：『回天再造竭忠守正功臣、諸道兵馬元帥、宣武宣義天平護國等軍節度觀察處置、修宫闕制置、度支解縣池場、亳州太清宫等使、開府儀同三司、守太尉、中書令、河中尹、汴滑鄆等州刺史、上柱國、梁王、食邑一萬五千户、實封一千五百户朱全忠可授相國，總百揆，其以宣武、宣義、天平、護國、天雄、武順、忠武、佑國、河陽、義武、昭義、保義、戎昭、武定、泰寧、平盧、匡國、鎮國、武寧、忠義、荆南二十一道爲魏國，仍進封魏王，依前充諸道兵馬元帥、太尉、中書令、宣武宣義天平護國等軍節度觀察處置等使，加食邑五千户，實封八千五百户，入朝不趨，劍履上殿，贊拜不名，兼備九錫之命，仍擇日備禮册命。又制以楊師厚爲襄州兵馬留後，左龍武統軍張慎思爲武寧軍兵馬留後。壬午，中書門下奏：『相國魏王總百揆，百司合呈納本司印。其中書門下印，堂候王仁珪呈納，中書公事，權追中書省印行遣。』從之。甲申【略】全忠令判官司馬鄴讓相國總百揆之命。

十二月乙酉朔。戊子，詔蔣玄暉賫手詔赴魏國，不許陳讓錫命。辛卯【略】制：相國魏王曾祖贈太傅茂琳追封魏王，謚宣憲；祖贈太師信追封魏王，謚武元；父贈尚書令誠追封魏王，謚文明。【略】先是，北院宣徽使王殷使壽州行營，構蔣玄暉於全忠，全忠怒，急歸大梁。上令刑部尚書裴迪賫詔慰勞全忠，全忠忿恨，語極不遜，故行相國百揆之命以悦其心。蔣玄暉自至大梁陳訴，全忠怒猶不解。帝憂之。【略】庚子【略】敕：『魏王堅辭寵命，過示總謙。朕以國史所書元帥之任，併以天下爲名，爰自近年，改爲諸道，既非舊制，須在正名。宜追制改爲天下兵馬元帥，餘準詔旨處分。』【略】乙巳【略】玄暉死後，王殷、趙殷衡等又譖於全忠云：『内人相傳，玄暉私侍積善宫，與柳璨、張廷範爲盟誓之交，求興唐祚。』戊申，全忠令知樞密王殷害皇太后何氏於積善宫，又殺宫人阿秋、阿虔，言通導蔣玄暉。己酉，敕以太后喪，廢朝三日。

三年春正月乙卯朔，全忠以四鎮之師七萬，會河北諸軍，屯於深州樂城。【略】戊午，全忠自内黄入魏州。【略】壬申，敕：『相國總百揆魏王頃辭册命，宜令所司再行册禮。』

三月【略】戊寅，制元帥梁王可兼領諸道鹽鐵轉運等使，判度支户部事，充三司都制置使。

四年春正月戊寅朔。壬寅，全忠自長蘆至大梁，天子遣御史大夫薛貽矩賫詔慰勞。全忠自弑昭宗之後，岐、蜀、太原，連兵牽制，關西日削。幸羅紹威殺牙軍，全獲魏博六州。將行篡代，欲威臨河朔，乃再興師臨幽、滄，冀仁恭父子乞盟，則與之相結，以固王鎔、紹威之心。而自秋迄冬，攻滄州無功，及聞丁會失守，燒營遽還。路由魏州，羅紹威知失勢，恐兵襲己，深贊篡奪之謀，他日如王受禪，必罄六州軍賦以助大禮，全忠深感之。至大梁，會薛貽矩來，乃以臣禮見全忠。貽矩承間密陳禪代之謀，全忠心德之。貽矩還奏曰：『元帥有受代意，陛下深體時事，去兹重負。』帝曰：『此吾素懷也。』乃降詔元帥以二月行傳禪之禮，全忠僞辭。

二月壬子，詔文武百官以今月七日齊赴元帥府。癸丑，宰相百官辭，全忠以未斷表爲詞。

三月戊寅朔，全忠令大將李思安率兵三萬，合魏博之衆，攻掠幽州。思安頓兵臨其郛，會仁恭子守光率兵赴援，思安乃還。庚寅，詔薛貽矩再使大梁，達傳位之旨。甲辰，詔曰：

敕宰臣文武百辟，藩岳庶尹，明聽朕言。夫大寳之尊，神器之重，儻非德充宇宙，功濟黔黎，著重華納麓之功，彰文命導川之績，允熙帝載，克代天工，則何以統御萬邦，照臨八極。元帥梁王，龍顔瑞質，玉理奇文，以英謀睿武定寰瀛，以厚澤深仁撫華夏。神功至德，絶後光前，緹油罕紀其鴻勳，謳誦顯歸於至化。二十年之功業，億兆衆之推崇，邇無異言，遠無異望。朕惟王聖德，光被八纮，宜順玄穹，膺兹寶命。況天文符瑞，雜沓宣明，虞夏昌期，顯于圖籙。萬機不可以久曠，天命不可以久違，神只葉心，歸於有德。朕敬以天下，傳禪聖君，退居舊藩，以備三恪。今勑宰臣張文蔚、楊涉等率文武百僚，備法駕奉迎梁朝，勉厲肅恭，尊戴明主。沖人釋兹重負，永爲虞賓，獲奉新朝，慶泰兼極。中外列辟，宜體朕懷。乙酉，乃以中書侍郎、平章事張文蔚充册使，禮部尚書蘇循爲副。中書侍郎、平章事楊涉押傳國寶使，翰林學士、中書舍人張策爲副。御史大夫薛貽矩爲押金寶使，左丞趙光逢爲副。甲午，文蔚押文武百僚赴大梁。甲子，行事。册曰：皇帝若曰：咨爾天下兵馬元帥、相國總百揆梁王，朕每觀上古之書，以堯舜爲始者，蓋以禪讓之典，垂於無窮。故封泰山，禪梁父，略可道者七十二君，則知天下至公，非一姓獨有。自古明王聖帝，焦思勞神，惴若納隍，坐以待旦，莫不居之則兢畏，去之則逸安。且軒轅非不明，放勳非不聖，尚欲遊於姑射，休彼大庭。矧乎曆數尋終，期運久謝，屬於孤藐，統御萬方者哉！況自懿祖之後，嬖幸亂朝，禍起有階，政漸無象。天綱幅裂，海水横流，四紀于兹，羣生無庇。洎乎喪亂，誰其底綏。洎於小子，粤以幼年，繼兹衰緒。豈兹沖昧，能守洪基？惟王明聖在躬，體於上哲。奮揚神武，戡定區夏，大功二十，光著册書。北越陰山，南踰瘴海，東至碣石，西暨流沙，懷生之倫，罔不悦附。矧予寡昧，危而獲存。今則上察天文，下觀人願，是土德終極之際，乃金行兆應之辰。況十載之間，彗星三見，布新除舊，厥有明徵，謳歌所歸，屬在睿德。今遣持節、銀青光禄大夫、守中書侍郎、同中書門下平章事張文蔚等，奉皇帝寶綬，敬遜於位。於戲！天之曆數在爾躬，允執其中，天禄永終。王其祇顯大禮，享兹萬國，以肅膺天命。

全忠建國，奉帝爲濟陰王，遷於曹州，處前刺史氏叔琮之第。時太原、幽州、鳳翔、西川猶稱天祐正朔。天祐五年二月二十一日，帝爲全忠所害，時年十七，仍謚曰哀皇帝，以王禮葬於濟陰縣之定陶鄉。

又 卷一七七《崔胤傳》 胤，字昌遐，乾寧二年登進士第。王重榮鎮河中，辟爲從事。入朝，累遷考功、吏部二員外郎，轉郎中、給事中、中書舍人。大順中，歷兵部、吏部二侍郎，尋以本官同平章事。時王室多故，南北司爭權，咸樹朋黨，外結藩帥。胤長於陰計，巧於附麗；外示凝重而心險躁。自李茂貞、王行瑜怙亂，兵勢不遜，杜讓能、韋昭度繼遭誅戮，而宰臣崔昭緯深結行瑜以自固；而待胤以宗人之分，屢加薦用。累遷中書侍郎、判户部事。昭宗出幸石門，胤與同列徐彦若、王摶等從。車駕還宫，加禮部尚書，併賜號『扶危匡國致理功臣』。

三年，李茂貞犯京師，扈昭宗幸華州。【略】時朱全忠方霸於關東，胤密致書全忠求援。【略】胤既獲汴州之援，頗弄威權。【略】及劉季述幽昭宗於東内，以德王監國。【略】胤復致書於全忠，請出師反正。【略】十二月晦，德昭伏兵誅季述。昭宗反正，胤進位司空，復知政事，兼領度支、鹽鐵、三司等使。

明年夏，【略】中尉韓全誨以胤交結全忠，慮汴軍逼京師，請罷知政事，落使務。其年冬，全誨挾帝幸鳳翔。胤怨帝廢黜，不扈從，遣使告全忠，請於岐陽迎駕，令太子太師盧知猷率百官迎全忠入京師。初，全忠至華州，遣掌書記裴鑄人奏鳳翔，言欲以兵士迎駕。及入京師，上表曰【略】昭宗得全忠表，怒胤尤甚。

及全忠攻鳳翔，胤寓居華州，爲全忠畫圖王之策。天復二年，全忠自岐下還河中，胤迎謁於渭橋，捧巵上壽，持板爲全忠唱歌，仍自撰歌辭贊其功業。三年，李茂貞殺韓全誨等，與全忠通和，昭宗急詔徵胤赴行在。凡四降詔，三賜朱書御札，稱病不赴。及帝出鳳翔，胤乃迎於中路，即日降制，復舊官，知政事，進位司徒，兼判六軍諸衛事。仍詔移家入左軍，賜帳幄器用十車。胤奏京兆尹鄭元規爲六軍副使。胤與全忠奏罷左右神策内諸司等使及諸道監軍、副監、小使。内官三百餘人，同日斬之於内侍省。諸道監軍，隨處斬首以聞。

昭宗初幸鳳翔，命盧光啓、韋貽範、蘇檢等作相；及還京，胤皆貶斥之。【略】其年十月，全忠子友倫宿衛京師，因擊鞠墜馬而卒。全忠愛之，殺會鞠者十餘人，而疑胤陰謀，由是怒胤。初，天子還宫，全忠東歸，胤以事權在己，慮全忠急於篡代，乃與鄭元規謀招致兵甲，以扞茂貞爲辭。全忠知其意，從之。胤毁城外木浮圖，取銅鐵爲兵仗。全忠令汴州軍人入關應募者數百人。及友倫死，全忠怒，遣其子宿衛軍使友諒誅胤。而應募者突然而出。四年正月初，貶太子賓客，尋爲汴軍所殺。

胤傾險樂禍，外示寬宏。初拜平章事，其季父安潛謂所親曰：『吾父兄刻苦樹立門户，一旦終當爲緇郎所壞。』果如其言。胤累加至侍中，封魏國公。初，朱全忠雖竊有河南方鎮，憚河朔、河東，未萌問鼎之志。及得胤爲鄉道，乃電擊潼關，始謀移國。自古與盜合從，覆亡宗社，無如胤之甚也。

《新唐書》卷一八三《韓偓傳》　韓偓，字致光，京兆萬年人。擢進士第，佐河中幕府。召拜左拾遺，以疾解。後遷累左諫議大夫。宰相崔胤判度支，表以自副。王溥薦爲翰林學士，遷中書舍人。偓嘗與胤定策誅劉季述，昭宗反正，爲功臣。帝疾宦人驕橫，欲盡去之。偓曰：「陛下誅季述時，餘皆赦不問，今又誅之，誰不懼死？含垢隱忍，須後可也。天子威柄，今散在方面，若上下同心，攝領權綱，猶冀天下可治。宦人忠厚可任者，假以恩幸，使自翦其黨，蔑有不濟。今食度支者乃八千人，公私牽屬不減二萬，雖誅六七巨魁，未見有益，適固其逆心耳。」帝前膝曰：「此一事終始屬卿。」

中書舍人令狐渙任機巧，帝嘗欲以當國，俄又悔曰：「渙作宰相或誤國，朕當先用卿。」辭曰：「渙再世宰相，練故事，陛下業已許之。若許渙可改，許臣獨不可移乎？」帝曰：「我未嘗面命，亦何憚？」偓因薦御史大夫趙崇勁正雅重，可以準繩中外。帝知偓，崇門生也，嘆其能讓。初，李繼昭等以功皆進同中書門下平章事，時謂「三使相」，後稍稍更附韓全誨、周敬容，皆忌胤。胤聞，召鳳翔李茂貞入朝，使留族子繼筠宿衛。偓聞，以爲不可，胤不納。偓又語令狐渙，渙曰：「吾屬不惜宰相邪？無衛軍則爲閹豎所圖矣。」偓曰：「不然。無兵則家與國安，有兵則家與國不可保。」胤聞，憂，未知所出。李彥弼見帝倨甚，帝不平，偓請逐之，赦其黨許自新，則狂謀自破，帝不用。彥弼譖偓及渙漏禁省語，不可與圖政，帝怒，曰：「卿有官屬，日夕議事，奈何不欲我見學士邪？」繼昭等飲殿中自如，帝怒，偓曰：「三使相有功，不如厚與金帛官爵，毋使豫政事。今宰相不得顓決事，繼昭輩所奏必聽。它日遽改，則人人生怨。初以衛兵檢中人，今敕使、衛兵爲一，臣竊寒心，願詔茂貞還其衛軍。不然，兩鎮兵鬬闕下，朝廷危矣。」及胤召朱全忠討全誨，汴兵將至，偓勸胤督茂貞還衛卒。又勸表暴内臣罪，因誅全誨等；若茂貞不如詔，卽許全忠入朝。未及用，而全誨等已劫帝西幸。

偓夜追及鄂，見帝慟哭。至鳳翔，遷兵部侍郎，進承旨。

宰相韋貽範母喪，詔還位，偓當草制，上言：「貽範處喪未數月，遽使視事，傷孝子心。今中書事，一相可辦。陛下誠惜貽範才，俟變縗而召可也。何必使出峩冠廟堂，入泣血柩側，毀瘠則廢務，勤恪則忘哀，此非人情可處也。」學士使馬從皓逼偓求草，偓曰：「腕可斷，麻不可草！」從皓曰：「君求死邪？」偓曰：「吾職内署，可默默乎？」明日，百官至，而麻不出，宦侍合譟。茂貞入見帝曰：「命宰相而學士不草麻，非反邪？」艴然出。姚洎聞曰：「使我當直，亦繼以死。」既而帝畏茂貞，卒詔貽範還相，洎代草麻。自是宦黨怒偓甚。從皓讓偓曰：「南司輕北司甚，君乃崔胤、王溥所薦，今日北司雖殺之可也。兩軍樞密，以君周歲無奉入，吾等議救接，君知之乎？」偓不敢對。茂貞疑帝間出依全忠，以兵衛行在。帝行武德殿前，因至尚食局，會學士獨在，宮人招偓，偓至，再拜哭曰：「崔胤甚健，全忠軍必濟。」帝喜，偓曰：「願陛下還宮，無爲人知。」帝賜以麨豆而去。全誨誅，宮人多坐死。帝欲盡去餘黨，偓曰：「禮，人臣無將，將必誅，宮婢負恩不可赦，然不三十年不能成人，盡誅則傷仁。願去尤者，自内安外，以靜羣心。」帝曰：「善。」崔胤請以輝王爲元帥，帝問偓：「它日累吾兒否？」偓曰：「陛下在東内時，天陰雺，王聞烏聲曰：『上與后幽困，烏雀聲亦悲。』陛下聞之惻然，有是否？」帝曰：「然。是兒天生忠孝，與人異。」意遂決。偓議附胤類如此。

帝反正，勵精政事，偓處可機密，率與帝意合，欲相者三四，讓不敢當。蘇檢復引同輔政，遂固辭。初，偓侍宴，與京兆鄭元規、威遠使陳班併席，辭曰：「學士不與外班接。」主席者固請，乃坐。既元規、班至，終絕席。全忠、胤臨陛宣事，坐者皆去席，偓不動，曰：「侍宴無輒立，二公將以我爲知禮。」全忠怒偓薄己，悻然出。有譖偓喜侵侮有位，胤亦與偓貳。會逐王溥、陸扆，帝以王贊、趙崇爲相，胤執贊、崇非宰相器，帝不得已而罷。贊、崇皆偓所薦爲宰相者。全忠見帝，斥偓罪，帝數顧胤，胤不爲解。全忠至中書，欲召偓殺之。鄭元規曰：「偓位侍郎學士承旨，公無遽。」全忠乃止，貶濮州司馬。帝執其手流涕曰：「我左右無人矣。」再貶榮懿尉，徙鄧州司馬。天祐二年，復召爲學士，還故官。偓不敢入朝，挈其族南依王審知而卒。兄儀，字羽光，亦以翰林學士爲御史中丞。偓貶之明年，帝宴文思球場，全忠入，百官坐廡下，全忠怒，貶儀棣州司馬，侍御史歸藹登州司户參軍。

《舊五代史》卷一《梁書·太祖紀一》　太祖神武元聖孝皇帝，姓朱氏，諱晃，本名温，宋州碭山人。【略】昆仲三人，俱未冠而孤，母攜養寄於蕭縣人劉崇之家。

唐僖宗乾符中，關東荐饑，羣賊嘯聚。黄巢因之起於曹、濮，飢民願附者凡數萬。帝乃辭崇家，與仲兄存俱入巢軍，以力戰屢捷，得補爲隊長。唐廣明元年十二月甲申，黄巢陷長安，遣帝領兵屯於東渭橋。

中和二年二月，巢以帝爲同州防禦使，使自攻取。【略】九月，帝遂與左右定計，斬僞監軍使嚴實，舉郡降於重榮。重榮即日飛章上奏。時僖宗在蜀，覽表而喜曰：『是天賜予也。』乃詔授帝左金吾衛大將軍，充河中行營副招討使，仍賜名全忠。自是率所部與河中兵士偕行，所向無不克捷。

三年三月，僖宗制授帝宣武軍節度使，依前充河中行營副招討使，仍令候收復京闕，即得赴鎮。

四年春，帝與許州田從異諸軍同收瓦子寨，殺賊數萬衆。【略】是時，河東節度使李克用奉僖宗詔，統騎軍數千同謀破賊，與帝合勢於中牟北邀擊之。

五月甲戌，帝與晉軍振旅歸汴，館克用於上源驛。既而備犒宴之禮，克用乘醉任氣，帝不平之。是夜，命甲士圍而攻之。會大雨雷電，克用因得於電光中踰垣遁去，惟殺其部下數百人而已。

九月己未，僖宗就加帝檢校司徒、同平章事，封沛郡侯，食邑千户。

光啓元年【略】四月戊辰，就加帝檢校太保，增食邑千五百户。

二年【略】三月庚辰，僖宗降制就封帝爲沛郡王。

十二月，僖宗降制就加帝檢校太傅，改封吴興郡王，食邑三千户。

三年【略】五月丙子【略】乃就加帝檢校太尉，兼領淮南節度使。

十月，僖宗命水部郎中王贊撰紀功碑以賜帝。

十二月，僖宗遣使賜帝鐵券，又命翰林承旨劉崇望撰德政碑以賜帝。

文德元年【略】二月丙戌，僖宗制以帝爲蔡州四面行營都統，由是諸鎮之師，皆受帝之節制。

三月庚子，昭宗即位。

五月己亥，昭宗制以帝檢校侍中，增食邑三千户。【略】是月，帝以兼有洛、孟之地，無西顧之患，將大整師徒，畢力誅蔡。

龍紀元年【略】二月【略】蔡州平。昭宗詔加帝食實封一百户，賜莊宅各一區。三月，又加帝檢校太尉、兼中書令，進封東平王，賞平蔡之功也。【略】

乾寧元年二月，帝親領大軍由鄆州東路北次於魚山。

三年【略】八月【略】昭宗幸華州，遣使就加帝檢校太師，守中書令。

四年正月，帝以洹水之師大舉伐鄆。

又　卷二《梁書·太祖紀二》　光化元年【略】三月，昭宗以帝兼領天平軍節度使，餘如故。

三年【略】唐左軍中尉劉季述幽昭宗於東宫內，立皇子德王裕爲帝；仍遣其養子希度來言，願以唐之神器輸於帝。帝時方在河朔，聞之，遽還於汴，大計未決。會李振自長安使回，因言於帝曰：『夫豎刁、伊戾之亂，所以資霸者之事也。今閹豎幽辱天子，王不能討，無以令諸侯。』帝悟，因請振復使於長安，與時宰潛謀反正。

天復元年正月乙酉朔，唐宰相崔胤潛使人以帝密旨告於侍衛軍將孫德昭已下，令誅左右中尉劉季述、王仲先等，即時迎昭宗於東內，御樓反正。癸巳，降制進封帝爲梁王，酬反正之功也。

五月癸卯，昭宗以帝兼領護國軍節度使、河中尹。

十月戊戌，奉密詔赴長安。【略】癸丑，聞長安亂，昭宗爲閹官韓全誨等劫遷，西幸鳳翔，蓋避帝之兵鋒也。

三年正月甲寅，岐人啓壁，唐昭宗降使宣問慰勞，兼傳密旨。尋又命翰林學士韓渥、趙國夫人寵顔齎詔押賜帝紫金酒器、御衣玉帶。【略】甲子，昭宗發離鳳翔，幸左劍寨，權駐蹕帝營。帝素服待罪，昭宗命學士傳宣免之，帝即入見稱罪，拜伏者數四。既而促召升殿，密邇御座，且曰：『宗廟社稷是卿再造，朕與戚屬是卿再生。』因解所御玉帶面以賜帝；帝亦以玉鞍勒馬、金銀器、紋錦、御饌酒果等躬自拜進焉。及翠華東行，帝匹馬前道十餘里，宣令止之。己巳，昭宗至長安，謁太廟，御長樂樓。禮畢，謂帝曰：『朕生入舊京，是卿之力也。自古救君之危，曾無有如是者。況今日再及清廟，得親奉觴酒，奠於先皇帝室前，卿之德，朕知不能報矣！』卽召帝執手，聲淚俱發者久之。翌日，誅宦官第五可範等五百餘人於內侍省。

二月庚辰，制以帝爲守太尉、兼中書令、宣武宣義天平護國等軍節度使、諸道兵馬副元帥，加食邑三千户，實封四百户，仍賜回天再造竭忠守正功臣。戊戌，帝建旆東還，昭宗御延喜樓送之，既醉，遣內臣賜帝御製《楊柳詞》五首。

九月【略】戊午，師範舉城請降。青州平。翌日，分命將校略地於登、萊、淄、棣等州，皆下之。由是東漸至海，皆爲梁土也。

十月辛巳，護駕都指揮使朱友倫因擊鞠墮馬，卒於長安。訃至，帝大怒，以爲唐室大臣欲謀叛己，致友倫暴死。

天祐元年正月己酉，帝發自大梁，西赴河中，京師聞之，爲之震懼。是時，將議迎駕東幸洛陽，慮唐室大臣異議，帝乃密令護駕都指揮使朱友諒矯昭宗命，收宰相崔胤、京兆尹鄭元規等殺之。又，邠、岐兵士侵逼京畿，帝因是上表堅請昭宗幸洛，昭宗不得已而從之。帝乃率諸道丁匠財力，同構洛陽宮，不數月而成。

二月乙亥，昭宗駐蹕於陝，帝自河中來覲，謁見行營。因灑涕而言曰：『李茂貞等竊謀禍亂，將迫乘輿，老臣無狀，請陛下東遷，爲社稷大計也。』昭宗命延於寢室見何皇后，面賜酒器及衣物。何後謂帝曰：『此後大家夫婦委身於全忠矣。』因欷歔泣下。後數日，帝開宴於陝之私第，請駕臨幸。翌日，帝辭歸洛陽，昭宗開內宴，時有宮人與昭宗附耳而語。韓建躡帝之足，帝遽出，以爲圖己，因連上章請車駕幸洛。

三月丁未，昭宗制以帝兼判左右神策及六軍諸衞事。是時，昭宗累遣中使及內夫人傳宣，謂帝曰：『皇后方在草蓐，未任就路，欲以十月幸洛。』帝以陝州小藩，非萬乘久留之地，期以四月內東幸。

閏月丁酉，昭宗發自陝郡。壬寅，次于穀水。是時，昭宗左右唯小黄門及打毬供奉、內園小兒二百餘人，帝猶忌之。是日，密令醫官許昭遠告變，乃設饌於別幄，召而盡殺之，皆坑于幕下。先是選二百餘人，形貌大小一如內園人物之狀，至是使一人擒二人，縊于坑所，卽蒙其衣及戎具自飾。昭宗初不能辨，久而方察。自是昭宗左右前後皆梁人矣。甲辰，車駕至洛都，帝與宰相百官道駕入宮。

五月丙寅，昭宗宴羣臣，曰：『昨來御樓前一夜亡失赦書，賴梁王收得副本，不然誤事，宰執不得無過矣。』是日宴次，昭宗入內，召帝於內殿曲宴，帝不測其事，不敢奉詔。又曰：『卿不欲來，卽令敬翔人來。』帝密遣翔出，乃止。己巳，奉辭東歸。乙亥，至大梁。

六月，帝遣都將朱友裕率師討邠州，節度使楊崇本叛故也。癸丑，帝西征，遂朝於洛陽。

七月甲子，昭宗宴帝於文思鞠場。乙丑，帝發東都。壬申，至河中。

八月壬寅，昭宗遇弑於大內，遺制以輝王柷爲嗣。

二年【略】七月辛酉，天子賜帝迎鑾紀功碑，樹於洛陽。

十月丙戌朔，天子以帝爲諸道兵馬元帥。

十二月乙酉朔，帝讓相國、魏王、九錫之命。丙戌，京百司各差官齎本司須知孔目併印赴魏國送納。甲午，天子以帝堅讓九錫之命。乃命宰相柳璨來使，且述揖讓之意焉。丁酉，帝又讓九錫之命，詔略曰：『但以鴻名難掩，懿實須彰，宜且徇於奏陳，未便行於典册。』又改諸道兵馬元帥爲天下兵馬元帥。是時，帝以唐朝百官服飾多闕，乃製造逐色衣服，請朝廷等第賜之。其所給俸錢，仍請自來年正月全支。

三年正月，【略】天子詔河南尹張全義部署修制相國魏王法物。

三月甲寅，天子命帝總判鹽鐵、度支、户部等三司事，帝再上章切讓之，乃止。

九月丁卯，營於長蘆。一夕，帝夢白龍附於兩肩，左右瞻顧可畏。

又 卷三《梁書·太祖紀三》 開平元年正月丁亥，帝回自長蘆，次于魏州。節度使羅紹威以帝回軍，慮有不測之患，由是供億甚至，因密以天人之望切陳之。帝雖拒而不納，然心德之。壬寅，帝至自長蘆。是日，有慶雲覆於府署之上。甲辰，天子遣御史大夫薛貽矩來傳禪代之意。貽矩謁帝，陳北面之禮，帝揖之升階。貽矩曰：『殿下功德及人，三靈所卜已定。皇帝方議裁詔，行舜、禹之事，臣安敢違。』既而拜伏於砌下，帝側躬以避之。

二月戊申，帝之家廟棟間有五色芝生焉，狀若芙蓉，紫煙蒙護，數日不散。又，是月，家廟第一室神主上，有五色衣自然而生，識者知梁運之興矣。唐乾符中，木星入南斗，數夕不退，諸道都統晉國公王鐸觀之，問諸知星者吉凶安在，咸曰：『金火土犯斗卽爲災，唯木當爲福耳！』或亦然之。時有術士邊岡者，洞曉天文，博通陰陽曆數之妙，窮天下之奇秘，有先見之明，雖京房、管輅不能過也。鐸召而質之，岡曰：『惟木爲福神，當以帝王占之。然則非福於今，必當有驗於後，未敢言之，請他日證其所驗。』一日，又密召岡，因堅請語其詳，至於三四，岡辭不獲。鐸乃屏去左右，岡曰：『木星入斗，帝王之兆也。木在斗中，「朱」字也。以此觀之，將來當有朱氏爲君者也，天戒之矣。且木之數三，其禎也應在三紀之內乎！』鐸聞之，不復有言。天后朝有讖辭云：『首尾三鱗六十年，兩角犢子自狂顛，龍蛇相鬬血成川。』當時好事者解云：『兩角犢子，牛也，必有牛姓干唐祚。』故周子諒彈牛仙客，李德裕謗牛僧孺，皆以應圖讖爲辭。然『朱』字『牛』下安『八』，八卽角之象也，故朱滔、朱泚構喪亂之禍，冀無妄之福，豈知應之帝也。

四月，唐帝御札敕宰臣張文蔚等備法駕奉迎梁朝。宋州刺史王皋進赤烏一雙。又，宰臣張文蔚正押傳國寶、玉冊、金寶及文武羣官、諸司儀仗法物及金吾左右二軍離鄭州。丙辰，達上源驛。是日，慶雲見。令曰：『王者創業興邦，立名傳世，必難知而示訓，從易避以便人。案：原本有闕文。或稽其符命，應彼開基之義，垂諸象德之言。爰考簡書，求於往代，周王昌、發之號，漢帝詢、衎之文，或從一德以徽稱，或爲二名而更易。先王令典，布在縑緗。寡人本名，兼于二字，且異帝王之號，仍兼易之難，郡職縣官，多須改換。況宗廟不遷之業，憲章百世之規，事叶典儀，豈憚革易。寡人今改名晃，是以天意雅符於明德，日光顯契於瑞文，昭融萬邦，理斯在是。庶順玄穹之意，永臻康濟之期。宜令有司分告天地宗廟，其舊名，中外章疏不得更有回避。』時將受禪，下教以本名二字異帝王之稱，故改名。己未，賜文武百官一百六十人本色衣一副。戊辰，卽位。制曰：

王者受命於天，光宅四海，只事上帝，寵綏下民。革故鼎新，諒曆數而先定，創業垂統，知圖籙以無差。神器所歸，祥符合應。是以三正互用，五運相生，前朝道消，中原政散，瞻烏莫定，失鹿難追。朕經緯風雷，沐浴霜露，四征七伐，垂三十年，糾合齊盟，翼戴唐室。隨山刊木，罔憚胼胝；投袂揮戈，不遑寢處。洎玄穹之所贊，知唐運之不興，莫諧輔漢之謀，徒罄事殷之禮。唐主知英華已竭，算祀有終，釋龜鼎以如遺，推劍紱而相授。朕懼德弗嗣，執謙允恭，避駿命於南河，眷清風於潁水。而乃列岳羣後，盈廷庶官，東西南北之人，斑白緇黄之衆，謂朕功蓋上下，澤被幽深，宜應天以順時，俾化家而爲國。拒彼億兆，至於再三。且曰七政已齊，萬幾難曠。勉遵令典，爰正鴻名，告天地神祇，建宗廟社稷。

顧惟涼德，曷副樂推，慄若履冰，懔如馭朽。金行啓祚，玉曆建元，方宏經治之規，宜布惟新之令。可改唐天祐四年爲開平元年，國號大梁。《書》載虞賓，斯爲令範，《詩》稱周客，蓋有明文。是用先封，以禮後嗣，宜以曹州濟陰之邑奉唐主，封爲濟陰王。凡曰軌儀，併遵故實。姬庭多士，比是殷臣；楚國羣材，終爲晉用。歷觀前載，自有通規，但遵故事之文，勿替在公之效。應是唐朝中外文武舊臣，見任前資官爵，一切仍舊。凡百有位，無易厥章，陳力濟時，盡瘁事我。古者興王之地，受命之邦，集大勳有異庶方，霑慶澤所宜加等。故豐沛著啓祚之美，穰鄧有建都之榮，用壯鴻基，且旌故里，爰遵令典，先示殊恩。宜升汴州爲開封府，建名東都。其東都改爲西都，仍廢京兆府爲雍州佑國軍節度使。

是日大酺，賞賜有差。

論說

《舊唐書》卷一九下《僖宗紀論贊》　恭帝沖年纘歷，政在宦臣，惕勵虔恭，殷憂重慎。屬世道交喪，海縣横流，赤眉摇盪於中原，黄屋流離於遐徼，黔黎塗炭，宗社丘墟。而猶藩垣多仗義之臣，心腹有盡忠之輔，驅駕豪杰，號令軍戎，終誅伏莽之徒，大雪失邦之耻。而令孜一爲謬計，幾喪丕圖，雖如綫之僅存，固棼絲之莫救。茫茫禹迹，空悲文命之艱難；赫赫宗周，竟墜文王之基業。非僖皇失道之過，其土運之窮歟？悲夫！

贊曰：運曆將窮，人君幼沖。塵飛巨盜，波駭羣雄。天既降喪，人罕輸忠。回鑾返正，禁旅之功。

又　卷二〇下《哀帝紀論贊》　悲哉！土運之將亡也，五常殆盡，百怪斯呈，宇縣瓜分，皇圖瓦解。昭宗皇帝英猷奮發，志憤陵夷，旁求奇傑之才，欲拯淪胥之運。而世途多僻，忠義俱亡，極爵位以待賢豪，罄珍奇而托心腹。殷勤國士之遇，罕有託孤之賢，豢豐而犬豕轉獰，肉飽而虎狼逾暴。五侯九伯，無非問鼎之徒；四岳十連，皆畜無君之迹。雖蕭屏之臣扼腕，巖廊之輔痛心，空銜毁室之悲，寧救喪邦之禍？及扶風西幸，洛邑東遷，如寄珠於盜跖之門，蓄水於尾閭之上，往而不返，夫何言哉！至若川竭山崩，古今同歎；虎爭龍戰，興替無常。縱胠篋之不仁，亦攫金之有道。曹操請刑於椒壺，蓋迫陰謀；馬昭拒命於凌雲，窘於見討。誠知醜迹，得以爲詞，而全忠所行，止於殘忍。況自岐遷洛，天子塊然，六軍盡斥於秦人，四面皆環於汴卒。冕旒如寄，纖芥爲疑，迎鑾未及於崇朝，剚刃已聞於塗地。立嗣君於南面，斃母后於中闈，黄門與禁旅皆殲，宗室共衣冠併殪。復又盜鐘掩耳，嫁禍於人。何九六之數窮，偶天人之道盡，目擊斯亂，言之傷心。哀帝之時，政由凶族。雖揖讓之令，有類於山陽；而凌逼之權，過逾於侯景。人道寖薄，陰騭難徵，然以此受終，如何延永！

贊曰：　勛華受命，揖讓告終。逆取順守，仁道已窮。暴則短祚，義則延洪。虞賓之禍，非止一宗。

《新唐書》卷九《僖宗紀贊》　唐自穆宗以來八世，而爲宦官所立者七君。然則唐之衰亡，豈止方鎮之患？蓋朝廷天下之本也，人君者朝廷之本也，始卽位者人君之本也，其本始不正，欲以正天下，其可得乎？懿、僖當唐政之始衰，而以昏庸相繼。

清·王夫之《讀通鑑論》卷二七《僖宗紀八》　朱温夜襲李克用，其凶狡固不待論，雖然，克用、温之曲直，亦奚足論哉！蓋克用温自決雌雄以逐唐已失之鹿而不兩立，猶之乎袁紹、曹操之爭奪漢，沈攸之、蕭道成之爭奪宋也。故曰其曲直不足論也。

當是時，黄巢雖敗，而僖宗之不能復興，王鐸輩之不能存唐也，已全墮温與克用心目之中。温目無唐之君臣，克用之目更無温，又豈復有唐之君臣乎？使克用不得脱於温之鋒刃，則温之篡也必速。然而篡之速，則其敗也可立待也。爲賊初降，無功可紀，未得一見天子、受朝廷之命，但仰濡沫於王鐸，一旦而襲殺援己之功臣，早已負不直於天下而爲衆所指攻，卽逼天子而奪之，亦黄巢之續，不旋踵而亡，唐尚可存也。且沙陀之衆爲克用效命也久矣，存勗、嗣源俱年少而有雄才，温亦奚足以逞哉？籍此以正温之罪，奮起而誅權籍未成之姦，而唐亡一賊矣；克用死，而唐固亡一賊矣。唯其襲殺之不克也，遲温之篡以養其姦，挫克用之逆而歸謀自固，是以唐再世而後亡，一亡而不可復。若夫二人之曲直，亦惡足論哉！

無克用而温之篡也不必成；成温之篡者，僖宗之昏，昭宗之躁，自延而進之，張濬崔胤之徒，又多方以搆成之。抑且指沙陀以爲兵端，而唐君臣不愜於沙陀者，假手於温以成其惡。不然，則温且不能爲董卓，而其乞降之初志，固望爲田承嗣、李寶臣而志已得矣。

無温而克用之爲劉淵，必也。首發難於大同，其志不吞唐而不已，從韃靼以來歸，一矢未加於賊，早已矯僞詔，脅帥臣，掠太原，陷忻、代，自立根本。及其歸鎮也，乘孟方立之内亂，奪取潞州，歲出兵爭山東，而三州皆爲俘掠，野絶稼穡。使不忌朱温之險悍，則回戈内向，僖宗之青衣行酒於其庭，旦暮事也。

温賊耳，狡詐而無定情，吕布之儔也。克用以小忠小信布私恩，市虚名，而養叵測之威，卒使其部落四姓代興，以［異］族而主中夏，流毒數世，豈易制哉！豈易制哉！要此二賊之狂噬，皆王鐸無討賊之力，委身而假籍之，及其相攻，坐視而不能制，則鐸延寇之罪，又出康承訓之上。使二賊者，視唐爲虚懸之器，相競以奪，其曲其直，又孰從而辨之乎？

《新唐書》卷一〇《哀帝紀贊》　自古亡國，未必皆愚庸暴虐之君也。其禍亂之來有漸積，及其大勢已去，適丁斯時，故雖有智勇，有不能爲者矣，可謂眞不幸也，昭宗是已。昭宗爲人明雋，初亦有志於興復，而外患已成，内無賢佐，頗亦慨然思得非常之材，而用匪其人，徒以益亂。自唐之亡也，其遺毒餘酷，更五代五十餘年，至於天下分裂，大壞極亂而後止。迹其禍亂，其漸積豈一朝一夕哉！

《新五代史》卷二《梁紀·太祖紀二》　嗚呼，天下之惡梁久矣！自後唐以來，皆以爲僞也。至予論次五代，獨不僞梁，而議者或譏予大失

《春秋》之旨，以謂『梁負大惡，當加誅絶，而反進之，是奬篡也，非《春秋》之志也。』予應之曰：『是《春秋》之志爾。魯桓公弑隱公而自立者，宣公弑子赤而自立者，鄭厲公逐世子忽而自立者，衛公孫剽逐其君衎而自立者，聖人於《春秋》，皆不絶其爲君。此予所以不僞梁者，用《春秋》之法也。』『然則《春秋》亦奬篡乎？』曰：『惟不絶四者之爲君，於此見《春秋》之意也。聖人之於《春秋》，用意深，故能勸戒切，爲言信，然後善惡明。夫欲著其罪於後世，在乎不没其實。其實嘗爲君矣，書其爲君。其實篡也，書其篡。各傳其實，而使後世信之，則四君之罪，不可得而掩爾。使爲君者不得掩其惡，然後人知惡名不可逃，則爲惡者庶乎其息矣。是謂用意深而勸戒切，爲言信而善惡明也。桀、紂，不待貶其王，而萬世所共惡者也。《春秋》於大惡之君不誅絶之者，不害其褒善貶惡之旨也，惟不没其實以著其罪，而信乎後世，與其爲君而不得掩其惡，以息人之爲惡。能知《春秋》之此意，然後知予不僞梁之旨也。』

宋・孫甫《唐史論斷》卷下《僖宗・李克用討朱全忠》　論曰：巢賊之平，李克用爲功臣之首，雖驫猛之人，朝廷恩賞至厚，夙性豪雄，不無感激，可一時倚賴矣。全忠出於巢黨，力屈來降，都統王鐸，崇奬過分，已授同華節帥，不因立功朝廷，又與宣武大鎮。克用追賊還，過其地，全忠邀之，軍府密謀殺害。克用既免，不舉兵報怨奏討，甚得人臣之體。以降賊害功臣，是賊心不悛，況帥宣武未久，凶勢未張，本無功名，可以贖罪討之，正得事宜。若乘克用兵鋒，詔近鎮助之，破全忠必矣。凶賊既除，使克用感恩，可以倚賴。諸鎮觀之，亦未必敢爲相噬之計，天下或未至横流也。僖宗懦弱，輔相庸暗，宦官暴横，一無經遠之謀，失此機便卒致諸鎮交亂，巨盜肆逆，三百年宗社，喪於盜手。噫！

又《昭宗・朱全忠篡逆》　論曰：昭宗卽位，世已亂矣。雖尊禮大臣，博求賢傑，志欲興復，而大臣竭忠者，杜讓能一人而已，其他無不與方鎮相結。方鎮籍大臣爲援，大臣欲固權位，亦結藩鎮爲重。孔緯有一時名望，尚與朱全忠交通，崔昭緯輩固宜交邠岐矣。内外將相不忠，天下大勢，横流以至於此，昭宗欲何施爲乎？加之輕信易動，動而無謀，何以制服諸鎮賊臣也？然賊臣之心，不可以恩信結，一時之可倚者，莫如太原。太原有平賊大功，爵賞已厚，但爲全忠所圖，蓄忿不解。昭宗若加之恩意，虜性勁直，感恩必深，太原順則河東近輔，魏鎮舊帥，豈有不順之勢？數鎮既順，使讓能賢相經營於内，復引同心之賢贊助時政，宦官暴横者去之，姦人害政者逐之，朝廷漸治，國威可漸振矣。奈何不能用讓能之言，聽張濬、孔緯之計，許全忠舉兵，致太原拒命。太原跋扈，賊臣得以脅制朝廷，讓能知勢不可爲，但以死許國，可謂大忠矣。自是諸鎮交亂，車駕不能寧處，復留凶逆之人，久爲輔相，與巨盜晝篡逆之計，乃亡唐祚。哀哉！

宋・范祖禹《唐鑑》卷一二《昭宗》　臣祖禹曰：崔胤本與韓全誨爭權，因昭宗懲幽辱之禍，謀盡誅中官。故全誨黨李茂貞，而胤結朱全忠，各倚彊藩以爲外援，而岐汴亦憑宦官，宰相内爲城社，以制朝廷。故胤召全忠以兵入朝，而全誨劫帝西幸，唐室之亡，由南北司相吞滅，而人主受其禍，豈不足爲將來之永鑑哉！

清・王夫之《讀通鑑論》卷二七《唐昭宗》　『國家將亡，必有妖孽。』妖孽者，非但艸木禽蟲之怪也，亡國之臣，允當之矣。唐之亂以亡也，宰執大臣，實爲禍本。大中以來，白敏中、令狐綯始禍者也，繼之以路巖，韋保衡之貪叨無厭而已極；然其爲人，鄙夫耳，未足以爲妖孽也。艸木之妖，亦炫其華；禽蟲之孽，亦矜其異；未嘗一出而卽害於人。及其後也，艸木之妖，還以自萎；禽蟲之孽，還以自斃；無救於己，而徒以亂天下。人而如斯，其中不可測，其得失不可致詰，竭慧盡力，冒險忘身，蘉蘉熒熒，唯以亡國敗家爲見長之地，身爲戮，族爲夷，皆其所弗慮也，斯則爲妖孽而已矣。張、崔昭緯、崔胤、孔緯、李谿是已。而蕭遘、杜讓能心知不可，勉而從之波靡，亦妖風所襲，失其精魄者也。

華歆、郗慮之亡漢以建魏也，劉穆之、傅亮之亡晉以建宋也，皆有爲爲之也。而此數人者，未嘗有夾輔朱温以篡唐之定計。當張濬勸州牧以輸糧，孔緯捐病妻而赴闕，不謂有效忠於國之勞而不得；其激昭宗以挑釁於晉、召禍於汴也，抑非有亡唐以成他人篡奪之心。不知其何所挾持，而唯恐兵之不起、亂之不滋、宗社之不危、生民之不死。宗社危，生民死，則身戮族夷，亦其所甘心而快志者，非妖孽而何爲狂迷之如此哉？進而詳覈其心，有小慧而欲試耳，有小才而思讎耳，貪一日宰輔之權，使克用、温之或畏己或親己以聳動天下而已耳。桃李不蘃而乍榮於冬？無擇而游於市，使天下知己之能爲禍福於亂世，則死固不憂。嗚呼！人之如斯，晉而與謀國，國欲不亡，必不可得矣。

僖宗未自蜀歸之日，天下尚可爲也。鄭畋即未能定亂，而慷慨忠憤，爲天下人望之歸，受將相而不辭，誠有弗容辭者，非技癢熱中而貪高位也，僖、昭之際，豈復得爲朝廷哉？河東叛，朱邪攘臂而仍之，岐、邠搆難於肘腋，關以東，朱温、時溥、孫儒、高駢、李罕之、朱瑾戰壘相望，天子孤守一城，不能當一縣令，即爲宰相，如鄙夫之志欲安富尊榮者，何有於是，稍有知者，非誓以一死報宗廟，則必視爲荆棘犴狴而不能一朝居，豈忍效濬、昭緯、胤、緯、谿之奔鶩如狂哉？蕭遘、杜讓能且以端人自命，夫亦念何忠之可效，何功之可成，而營營汲汲於平章之虚號，何爲者也？非愚也，狂也，是亦桃李之榮於冬，之游於市也。妖風方熺，蕩之扇之，相逐而流，自好者不免焉，亦可悲矣！生斯時也，鄭遨尚矣！陳摶託遊遷以自逸，其亦可矣；司空圖、韓偓進不能自靖，而退以免於汙辱，其尚瘥乎！又其下者，梁震、羅隱、孫光憲之寓食於偏方，而不爲亂首；更不能然，則周庠、嚴可求、韋莊小效於割據之主，猶知延禍之非，而苟免於天人之怨怒。若張濬之流，竊衛主之名，貪晨霜之勢，含毒起穢以速君之死亡，而血流於天下。嗚呼！至此極矣！故曰妖也。【略】

曹操、袁紹，皆漢賊也；朱温、李克用，皆唐賊也；其爭欲篡奪之心，兩不相下之勢，一轍也。乃曹操挾天子爲名以攻袁紹而勝，張濬奉天子倚朱温攻克用而敗。蓋獻帝之在許也，四方無一旅之可指使，一唯操之是聽，故操無所掣而得行其意。昭宗猶有河朔三鎮及昭義之軍與韓建之衆，濬持兩端，忌温而撓之，且恐昭義爲温所得，爭先輕進，是以温志不決而獨受敵以潰。由此言之，則漢處必不能存之勢，而唐猶可存，謀國非人，以致傾覆，所謂『匪降自天』也。

籍令得賢主良相，懷輯未叛之藩鎮，收拾禁旅，居關中以静持之，斥汴、晉之姦交，絶其奏訐，聽其自相搏噬，乘其敝而折之，二寇之氣，僨張而必竭，不難制也。而昭宗君臣非其人也，是以速亡。

乃繇温、克用而言之，温豈能爲曹操乎？操假名義以行，而務植根於深固；温則賊耳，凶狡以逞，利人之鬬，乘之以竊利，力不足以勝天下，而挑天下以敝，乃以自雄。

其與張濬合謀而攻克用也，朝廷方倚河朔以擣晉陽之東北，而温攻魏博以幸其疲而收利。蓋其許昭宗以討克用，有兩利之術焉，不必其亡克用也。克用而敗邪？是張濬爲我滅一巨敵也；克用既亡，己乃服羅弘信於魏博，收張全義於東都，扼唐而困之關中，北無晉陽之難，專力以起亡唐，此一利也。克用而勝邪？克用且負抗拒王師之辜於天下，而己可因之以餌唐而折入於己；且克用勝，唐已殘而不復能振，是克用爲我效驅除之力也。

曹操務定天下之亂，而居功於己以收之；温則務構天下之亂，而己乘其紛以制之。利天下之亂者，未有能成者也；是以温能滅唐，僅有中原之一綫，而速亡於李存勗之手。籍令温乘張濬之謀，舉全力以攻克用，克用平，而河北三鎮固不能與爭，持定難之大功，以挾天子、令諸侯，同、華、西川孰能與競，徐起而收曹操、劉裕之成局，温之於天下，可八九得也。夫温於時不臣之惡未著，所負不義之名於天下者，獨悖援己之惠於克用耳。克用於温有恩，而於唐則固賊也。凶狡不知名義，抑無尺寸定亂之功，霸業終以不成，徒逞梟獍之心以食君父，故曰温賊也，非曹操所屑與後先者也。

國雖將亡，猶有圖存之道；臣雖甚逆，猶有居勝之術；兩俱不能，而後使沙陀四姓交亂中國者數十年，而契丹乘之，意者其天乎！【略】

藩鎮交横於外，則任親軍以制之，乃李茂貞以親軍跋扈尤甚於藩鎮，昭宗凝目四注，無可任之人，乃出曹誠等於外，而令諸王統兵以宿衛，蓋不得已之極思耳，然亦未嘗非計也。南陽諸劉，卒滅王莽矣；琅邪渡江，晉以延矣；康王南避，宋以支矣；劉焉、劉表不救漢亡，而高帝之祀後曹氏而斬者，猶豫州也。故《詩》曰：『宗子維城。』豈虚也哉？

乃昭宗聚羣宗子使領親兵而任之，卒以陷之死地，至於哭呼宅家而莫之能救，宗子盡而身隨以弑，國隨以亡，豈天厭李氏而不足以動天下之心乎？朱邪、存勗以異類，徐知誥以不知誰氏之子孫，冒宗支而號召以興；然則李氏之裔僅有存者，人心未盡忘唐也。而駢死凶刃，至於卒斬，則昭宗實使之然，而非宗子之不可任也。任之已晚，而抑非其地也。

樹宗子於四方，各有所據以立基，而即用其人，人皆爲用也，則成敗不可知，抑此仆而彼起。劉虞死於燕，劉琮降於楚，而先主可興於蜀；南陽王敗死於隴右，而元帝可興於吴。昭宗不早圖此，而待分崩孤立之日，合聚諸王於孤城，擁烏合之罷民，號令不出於國門，以與封豕長蛇爭生死，一敗而殲焉，李氏安得有餘燼哉？蓋至是而欲衆建之方隅，以與王室相維係也，難矣。

僖宗之自蜀返也，天下雖已割裂，而山南、劍南、河西、嶺南猶王土也；西川雖爲逆奄之黨，而車駕甫旋，人猶知有天子。於斯時也，擇諸王之賢者分領節鎮，收士民、練甲兵、以爲屏翰，尚莫之能禦也。至於昭宗之世，王建據西川矣，王潮據劍南矣，劉隱據嶺南矣，成汭、周岳、鄧處訥先後分有荆南及湖南矣，河西爲邠、岐所阻，不能達矣。卽欲散置諸王爲牧守，以留李氏子孫不絕之係，不可得矣。不予之以兵，則落拓民間而降於編氓；予之以兵，則召禍不敵而閹室芟夷。時非可爲，地無足恃，其不如賜姓之夷族、冒宗之庶姓，猶堪以虛號詫天潢而自帝自王也，必矣。讀史者所爲覽存勗、知誥之稱唐，而重爲李氏悲也。【略】

挾天子以令諸侯而威服天下，自桓、文始。曹操襲其迹，因以篡漢，二袁、吕布、劉表不能與之爭，此姦雄已試之成效，後起者所必襲也。乃克用連兵入寇，朱温方搆難徐、鄆而不問；王行瑜、韓建、李茂貞劫逐天子，朱温坐視而不恤；李克用既討平之，乃聽蓋寓之言，不入見而還鎮；李茂貞犯順，昭宗如華州，困於韓建，全忠在汴，扣關以奔駕也甚易，而方南與楊行密爭，不一問也；及劉季述以無援之宦豎廢天子幽之，崔胤召温以入，而尚遲回不進，讓復辟之功於孫德昭；克用則方治城自保，而念不及此。何此二凶者，置天子於三數叛人之手，不居之以爲奇貨；而善謀如蓋寓，亦不能師荀彧之智，以成其主之篡奪；豈其智之未逮而力之不能也與？

天下之理，順逆而已。順者，理之經也；逆者雖逆，而亦有逆之理焉。泝危灘而上者，楫折牽絕而可濟，以其所沿之流，猶是順流之津也。夫桓、文之津，豈温與克用之所可問哉？桓、文定王嗣，反王駕，北討戎，南服楚，通諸侯之貢於周京，故召王受錫而諸侯斂衽，誠有以服天下之心，固非温、克用之所可企及已。

卽若曹操，奮起以討董卓，幾捐生於滎陽，袁紹、韓馥欲帝劉虞，而堅於西向，退居許下，未嘗敢以一言忤天子也。獻帝爲李、郭諸賊所逼，露處曹陽，然一夫耳，漢室羣臣救死不遑，而奚問天子？董承、楊奉微弱，而徒然驕蹇，操以禮奉迎，使卽一日之安；雖心懷逆節，而所循之迹，固臣主之名義，是逆而依理之順以行，以其初未有逆也。

李克用以異類而懷野心，父子承恩，分受節鉞，忽動劉淵之逆志，起而據雲中以反。既敗而走，結韃靼以窺中國，幸黄巢之亂以闌入，寸效未展，先掠河東，黄巢困蹙已極，薄收收復之績，結王重榮以拊長安之背，流矢及於御座，公爲國賊而莫之忌。其偶勝岐、邠斬行瑜也，天下固知其非爲國討賊而祇以自雄也。乃欲襲義以奉天子、制雄藩，立敗之術耳。蓋寓知而止之，克用亦自知其非曹操矣。

朱温則盜耳，王鐸無識，而假之以權，掠擊自擅，無絲發之功於唐室。若令遽起乘危，握天子於股掌，天下羣起而攻之，曾王行瑜、韓建之不若也。故温自知其不可，而李振、敬翔亦不以此爲之謀。假義者，必有在己之義可托；身爲叛賊之魁，負大不義於海内，而奚托哉？故唯坐待人之亡唐而後奪之，其志決也。

以勢言之，温與克用所亟爭者，河北也。河北歸汴，則扼晉之吭；河北歸晉，則壓汴之脊。劉仁恭、王鎔、羅弘信、李罕之、朱瑄、朱瑾、横互於其閑，温屢敗矣，克用則危矣。藉令竭全力以入關中而空其巢穴，温入長安，則克用會河東以牽河北，渡河以搗汴，而温坐斃。克用入長安，則温率雒、蔡、山南以扣關，而燕、趙、魏、潞搗太原以拔其本根，而克用立亡。義不可假，名無可尸，而抑失形勢以自傾，故皆知其不可。且畜力以求功於河北，置孤危之天子於狡豎奄人之手，使促之以亡而後收之。是以劉季述之逆，温且遲回不進，朱温之篡弑，李克用不興縞素之師。温利克用之逆，克用亦利温之弑，其情皆穿窬也。豈徒不能托迹桓、文哉？曹操之所爲，抑其不能以身任之者也。故崔胤已爲内主，李振諫使人討，温尚聊遣蔣玄暉因胤以謀，而自引兵向河中，置長安於緩圖，如此其不遽也。然且篡唐而僅得天下八九之一，不十年而遽亡。不能如曹操，則固不能如其雄峙三分而傳之數世也。

至仁大義者起，則假仁假義者不足以動天下，商、奄之所以速滅也。無至仁大義之主，則假仁義者猶足以鉗制天下，袁紹之所以不能勝曹氏也。至於欲假仁義而必不得，然後允爲賊而不足與於雄傑之數，視其所自起與其所已爲者而已。以曹操擬桓、文，杜蘅之於細辛也；以朱温李克用擬曹操，瓦礫之於碔砆也；此其不可强而同者也。

李克用按兵自保，大治晉陽城塹，劉延業諫其不當損威望而啓寇心，克用賞以金帛，而修城之役不爲之輟。夫自處於不亡之勢，以待天下之變，克用之處心擇術，以此爲謀久矣。其明年，朱温果陷澤、沁、潞、遼，直抵晉陽城下，攻不能克而返。克用知温之志，固思滅己而後篡唐，抑知温之所急者在篡唐，固不能持久以敝我也，城堅不可拔，而温且折矣。

李茂貞之劫駕，温篡之資也；温挾主以東而篡之，克用之資也。幸之以爲資，而克用之爲謀也尤固。身既數爲叛逆，不能假存唐之名以利於篡；威望未張，又不能屍篡唐之名以召天下之兵；遲回斂翼，置天下於不問，以聽其陸沈，而可謝咎以持温之短長，克用之狡也。然至是而克用爲稍循於理矣。修守備、休士卒以自彊，而納李襲吉之言，訓兵勸農，以立開國建家之本，則不但李茂貞、韓建輩之所弗逮，朱温亦遠出其下矣。訓兵務農者，圖王之資也；修城治塹者，保國之本也；劉延業惡足以知之？而曰『宜揚兵以嚴四境』。枵於內而張於外，亡而已矣。

然而克用之賞延業者，何也？其自保以觀變之心，不可令部曲知之；知之則衆志偷矣。延業能爲誇大之言，以作將士之氣，故賞之以勸厲士心，此克用之所以狡也。己不然，而怒之；己所然，而喜之；則庸人之所以危亡也。【略】

唐之將亡，無一以身殉國之士，其韓偓乎！

偓之貶也，昭宗垂涕而遣之，偓對曰：『臣得貶死爲幸，不忍見篡弑之辱。』斯聞者酸心、見者裂肝之日也。而偓不仰藥絶吭以死於君側，則偓疑不得爲捐生取義之忠矣。然而未可以責偓也，君尚在，國尚未亡，無死之地；而時方貶竄，於此而死焉，則是以貶故死也，匹夫匹婦之婞婞者矣。

偓去國而君弑，未幾而國亡，偓之存亡無所考見，而不聞絶粒赴淵以與國俱逝，此則可以死矣，建文諸臣，所以爭光日月也，而偓不逮。乃以義審之，偓抑可以無死也。僞命不及，非龔勝不食之時，而謝枋得賣卜之日也。湮没鬱抑以終身，則較家鉉翁之談經河上爲尤遂志耳。紂亡而箕子且存，是亦一道也。

人臣當危亡之日，介生死之交，有死之道焉，有死之機焉。蹈死之道而死者，正也；蹈死之道而或不死者，時之不偶也；蹈死之機而死者，下愚而已矣。

昭宗反辟，劉季述伏誅之謀，偓與贊焉，蹈死之道一也。王摶請勿聽崔胤之謀，殺宦官以賈禍，胤怒而誣殺之；偓爲昭宗謀，亦云『帝王之道，當以重厚鎮之，此曹不可盡誅以起禍』，其忤胤也與摶同，蹈死之道二也。韋貽範求宦官與李茂貞，起復入相，命偓草制，偓堅持不草，中使曰：『學士勿以死爲戲。』茂貞曰：『學士不肯草制，與反何異？』蹈死之道三也。從昭宗於播遷幽辱之中，白刃之不加頸者一綫耳，而守正不撓，季述不能殺，崔胤不能殺，茂貞不能殺，非偓可取必於凶人之見免也，偶然而得之也。乃偓之終不蹈死之機，則愛其生以愛其死，固有超然於禍福之表者也。

姚洎之將入相也，謀於偓，而偓告以不就，爲人謀者如是，則自爲之堅貞可知矣。蘇撿欲引爲相，而怒曰：『君奈何以此相汙！』昭宗欲相之，則薦趙崇、王贊以自代。其時之宰相，皆汴、晉、邠、岐之私人，樹以爲內主者也。權雖倒持於逆藩，而唐室一卽一離之機猶操於宰相，屍其位，則已入其彀中，而婪貪之小人趨入於阱中，猶見榮焉，此所謂死之機也。偓惟堅持必不爲相之節，抑知雖相而無救唐亡，只以自危之理；且知雖不爲相而可以盡忠，唯不爲相而後可盡忠於主之勢。故晉人不疑其黨汴，汴人不疑其黨岐，宦官不疑其附崔胤，胤不疑其附宦官。立於四虛無倚之地，以衞孤弱之天子而盡其所可爲，疑忌淺，怨毒不生，雖茂貞且媿曰：『我實不知書生禮數。』而惡亦息矣。此其可生、可死、可抗羣凶而終不蹈死之機者也。

無死之機，是以不死；履死之道，是以不辱。若偓者，其以處危亡之世，誠可以自靖焉矣。其告昭宗曰：『萬國皆屬耳目，不可以機數欺之，推誠直致，日計不足，歲計有餘。』其奉以立身也，亦此道也夫！

宰相數易，則人皆可相，人皆可相，則人皆可爲天子之漸也。宰相之於天子，廉陛相躡者也，下廉夷而上陛亦陵。唐高宗用此術也，以輕於命相，故一婦人談笑而滅其宗祀，替其冢嗣，裴炎、傅遊藝夷之，武三思、承嗣因而陵之，相因之勢也。高宗承全盛之宇，戴太宗之澤而不保其子，況昭宗當僖宗喪敗之餘，疆臣逆奄交起相乘之世乎？

自龍紀元年至唐亡天祐三年，凡十九歲，而張濬、孔緯、劉崇望、崔昭緯、徐彦若、鄭延昌、杜讓能、韋昭度、崔胤、鄭綮、李谿、陸希聲、王摶、孫偓、陸扆、朱朴、崔遠、裴贄、王溥、裴樞、盧光啓、韋貽範、蘇撿、獨孤損、柳璨、張文蔚、楊涉，或起或廢者二十七人，疆臣脅之，奄人制之，而朝廷不能操黜陟之權，固矣；抑昭宗輕率無恆，任情以爲喜怒，聞一言之得，而肝膽旋傾，幸一事之成，而營魂不定，乃至登進可驚可愕之人，爲天下所姍笑，猶自矜特達之知，覆無餘，而猶不知悔，其識暗而自用，以一往之情爲愛憎，自取滅亡，固千古必然之僨軌也。

抑就諸人言之，人之樂居尊位者，上之以行其道，次之以成其名，其下則榮利之饕耳。當高宗之世，天下方寧，而宰相尊。名之所歸，利之所擅，貿貿然羣起而相淩奪以覬得，鄙夫之情類然，無足怪者。自僖宗以來，天子屢披荆榛，兩都鞠爲茂草，國門之外，號令不行，雖有三台之號，曾無一席之安，計其恫喝塗人而招納賄賂者，曾不足當李林甫、令狐綯之傔從，不安而危，不富而貧，其尊也，藩鎮視之如銜官，其榮也，奄宦得加以呵詈，一旦有變，則天子以其頸血而謝人，或殺或族，或斥遠方而斃於道路。此諸人者，稍有識焉，何樂以身試沸膏之鼎而思沾其滴瀝乎？故蘇撿欲經營韓偓入相，而偓怒曰『以此相汙』，誠哉！其汙也。而一時風會所淫，如飲莨菪之酒，奔馳恐後，而莫之能止，前者殊死，後者彈冠，人之無良，亦至是哉！

嗚呼！士貴有以自立耳。無以自立，而寄身於炎寒之世局，當塾教之始，則以利名爲鵠矣；當賓興之日，則以仕宦爲津矣；一涉仕宦之塗，進而不知所終，退而無以自處，則紫閣黄扉，火城堂食，人擬爲生人之止境；而自此以外，前有往古，後有來今，上有高天，下有厚地，仰有君父，俯有黎民，明有名教，幽有鬼神，凡民有口，妻子有顔，平旦鷄鳴，有不可自昧之惻隱羞惡，皆學所不及，心所不辨，耳聞之而但爲聲響，目見之而但爲文章，漠不相關，若海外三山之不我即也。嗚呼！士若此，而猶不以宰相爲人生不易得之境，鼎烹且俟之崇朝，鼎食且僥於此日，其能戒心戢志如韓偓者，凡幾人也？世亂君昏，正其逞志之日，又何怪焉？世教衰，民不興行，天下如狂，而國以亡、君以屠、生民以殄。是以先王敦廉恥、尚忠孝、後利先義，以養士於難進易退之中，誠慮周而道定也。

昭宗爲朱温所劫遷，流離道左，發閑使求救於李克用、王建、楊行密，是垂死之哀鳴，不擇而發，惟足悲悼而已。夫三鎮者，其可以抗朱温遏其篡弑之惡而責以君臣之大義者乎？使三鎮猶然唐之臣子，而兵力足以勝温也，則温亦不敢遽圖凶逆；王行瑜、李茂貞、韓建之無成，温稔知之，故遲回而待之今日，則熟審彼己之形勢，目中已無三鎮，知唯予志而莫違矣。

克用而可抗温邪，豈一日忘温者？昭宗嘗和解之而不聽，而況有言之可執，卷甲疾趨，豈待閑詔之求援乎？克用於時方修城塹，保太原、澤、潞、邢、洺之不遑恤，其必不能踰太行以向汴、雒，明矣。王建北倚劍閣，東扼瞿唐，乘人之所不爭，據險以自存，身未習百戰之勞，而所用者兩川之士著，不能出穴以鬬者，如之何其能與疆暴之朱温爭生死也？楊行密雖嘗挫温矣，而舟楫之利，失水則困，故僅可以保江、淮，而不能與騎步爭逐於平野；新得朱瑾兖、鄆之餘衆，騎兵稍振，而瑾又温所魚肉之殘耳；且使出汝、亳而西討，錢鏐乘其東陲，馬殷乘其南界，田頵之徒又從中而訌，進不利而退失守，爲温之擒而已。是三鎮之力不足以進取爲昭宗而興師也，明矣。

抑以君臣之義責望三鎮，夫三鎮又何足以言哉？克用之思奪唐，其與朱温先後之間耳，委唐之亡於温，以嫁不道之辜，而已徐起以收之，克用之懷挾久矣；浸令其力可任，假密詔以興師，勝温而挾天子，亦温之於茂貞也，況乎其處心積慮之固不然也。王建得蜀，而早有公孫述、劉備、李特之全局在其意中，羈縻於唐，不敢先發以招天下之彈射耳；其逼顧彦暉逐韋昭度而走之，逆節已著，昔固嘗托勤王之名而陽出兵以掠地，非李茂貞阻之，則乘長安之虛而收洮、鞏，臨秦、鳳以稱西帝，豈復於唐有源本之思，以效桓、文之勳乎？

克用狄也，王建奄宦之私人也，不足援名教以望之，所固然矣。然昭宗妄億而號呼，猶有説也。沙陀承恩三世，李國昌起騎將而分節鉞，克用逋逃朔漠，赦其族誅之辜，而賜以國姓；王建隨駕奔蜀，負璽以從，艱難與共之君臣，親若父子；則克用、建自逆，而唐固篤恩義以爲之君，當危急之秋，迫而呼之，非過望也。

若夫楊行密者，於昭宗何有哉？高駢據千里之腴壤，一矢不加於賊，而坐擁富貴，土芥其人民，使無所控告，畢師鐸、秦彦、孫儒競起爭奪，血流盈壑，彌望蒿萊，唐弗能問也。行密足未嘗履王都，目未嘗見宮闕，起於卒伍，無尺寸之詔可銜，削平之而撫僅存之生齒，是草澤崛起，無異於陳勝、項梁之於秦也。霸局已成，唐不能禁，授以爵命而姑爲維係，其君臣之義，蓋已淺矣。天下已非唐有，而人民必有恃以存，力捍凶鋒，保江、淮之片土，抗志崛立，獨能不附逆賊，甘奉正朔，如王師範、羅紹威、韓建之所爲，亦可謂之丈夫矣。唐一日未亡，行密一日不稱王，而帝制賞罰之事，聽命於朝，循分自揣，安於其位，而特不屑臣服於逆賊之廷，亦可謂之不妄矣。唐何德以及行密，而望其爲郭子儀、李晟之精忠，以抵觸凶人爭一綫之存亡哉？

如曰溥天率土，義不可逃也，湯、武且有慚德矣。項羽不弑懷王，漢高豈終北面？行密保境息民以待時變，唐可再興，則爲竇融；唐不可興，則爲尉佗；而但不爲梟獍之爪牙，斯已足矣。既不可以君臣之義苛求其效死，而昭宗又奚望其援己哉？

故三鎮者，無一可倚者也。昭宗先無自固之道，禍至而周章，『謂他人昆，亦莫我聞，』勢之所必然者也。屠門之悲號，不如其瘖矣。

又《唐昭宣帝》 嬴政坑儒，未坑儒也，所坑者皆非儒也；朱温殺清流，沈之河，未殺清流也，所殺者非清流也。信爲儒，則嬴政固不能坑之矣；信爲清流，則朱温固不能殺之矣。

温誠誅鋤善類不遺餘力，而士大夫無可逃之彀中邪？乃於韓偓弗能殺也，於司空圖弗能殺也，於鄭綮亦弗能殺也；又下而爲梁震、羅隱之流，且弗能殺也。凡此見殺者，豈以身殉國而與唐偕亡者乎？抑求生於暴人之手而不得其術者耳。天下不知其誰氏之士，天子不知有幾日之生；情逆而恣煦煦者，腥臊之臭味逼人；無賴而充班行者，醉夢之眉目疑鬼；猶且施施然我冠子佩，旦聯綴以充庭，夕從容而退食。若此之流，謂之清也，則誰復爲濁流邪？朱温爲之主，李振爲之輔，必殺矣；明天子在上，賢執法在列，亦未可貰而弗誅也。游於濁而自炫其清，斯所謂『静言庸違』者，四裔之投，其可宥乎？而歐陽永叔謂裴樞等惜一太常卿不與伶人，使其不死，必不以國與人，過矣。

晉、宋、齊、梁之護門第，唐人之護流品，其席榮據要之習氣耳。門第流品横亘其肺腸，而怙衆以喧呶，仰不知有君父，俯不知有廉隅，皆此念爲之也。王謐解璽紱以授桓玄，不欲自失其華族耳。樞等不死，勸進朱温者，豈待張文蔚、楊涉哉？但使不失其清流之品序，則人人可奉之爲天子矣。忠孝之存去，名位之重輕，則清濁之大界也，非永叔之所知也。

彊國非安天下之道，而取天下之疆摧殘之、芟夷之、以使之弱，則天下之亂益無已。故養天下之力於不試，不見其彊而自不可弱者，王道也；國方弱而張之，相奬以武健而制之以其方，使聽命者，霸功也；因其彊而彊之，莫之能戢而啓其驕，亂之所自生也；畏其民之彊而摧之夷之，乃至殄滅之以使弱，則既以自弱而還以召亂，無彊無弱，人皆可亂，則天下瓦解而蜂起以相殘，禍之最烈者也。

戰國之彊也，天下以亂。嬴政惡其彊而思弱之，既弱六國之衆，併弱其關内之民，銷其兵刃，疲以力役，彊者虔劉殆盡，而耰鉏棘矜之徒以起，椎埋黥配之夫，屍王號而長吏民，天下一無可畏而皆可畏矣，民乃爭趨於死而莫之救矣。

唐之亂，藩鎮之彊爲之也。藩鎮之彊，始於河北，而魏博爲尤，魏博者，天下彊悍之區也。自光武用河北之兵以平寇亂，逐屯兵黎陽，定爲永制，而東漢以彊。故其民習於彊而以弱爲恥，天下資之以備患。垂及於唐，上未加以訓練，而驍桀之習，未嘗替也。然亦何嘗爲天下患哉？安、史之平，代宗不能撫有，田承嗣起而收之以自雄，爲藩鎮之戎首。幽、燕、滄、冀、兖、鄆、淄、青之不逞，皆恃魏博之彊，扼大河以互塞河南而障蔽之，田興一受命，而河北瓦解，其爲天下重久矣。廣明以後，黄巢横行天下，而不敢側目河朔，恃此也；汴、晉交吞以窺唐室，而王鎔、劉仁恭既不敢南向以爭天下，抑不至屈於汴、晉而爲其僕隸，恃此也。羅紹威以狂騃豎子聽朱温之蠱，一夕而坑殺牙兵八千家，於是而魏博爲天下弱，天下蔑不弱也。

嗚呼！豈徒紹威之自貽幽辱危亡也哉？天下之一治一亂也，其亂則上激下之怒而下以驕，驕氣僨張，無問彊弱也，彊者力足以逞而怨憤淺，弱者怨毒深，藻聚萍散，不慮死亡，以姑嘗試其譸張，而蜂起以不可遏。詩云：『無拳無勇，職爲亂階。』唯無拳勇者之亂，亂不可弭也。有彊者以制其左右，則猶有憚焉。天下胥弱，而驕固不可戢也。無藉以興，旋滅而旋起，既無所憚，何人不可踔躍以爲難哉？

故自魏博牙兵之殲也，而朱温之計得。於是一時割據之雄，相奬以爲得計，日取天下智計勇猛之將吏軍卒而殺之，唯恐彊者之不盡也。故迨乎温、存勗交爭之世，而天下皆弱。蹶然而起者，猝然而仆，不能一朝自固也。胥天下而皆弱矣，勿待彊者之驕，而弱者無不驕也。於是而割天下而裂之，苟有十姓百家可持白梃、張空拳者，皆棄耒耜以諠呼。高季興、孟知祥、王延政、董昌、劉龑、鐘傳、馬希萼、雷滿、張文表、危全諷之瑣瑣者，翦婦人之衣綉以爲袜韐，伐空山之曲木以爲戈矛，或以自帝，或以自王，或以自霸。而石敬瑭羸病之懦夫，劉知遠單寒之孤雛，且哀然宅土中以稱元後。嗚呼！勿論其不足以君也，抑勿論其不足以霸也，即與羣盜齒，曾不足與張角、齊萬年、方臘爭雄長，皆無憚而自詫爲劉、項、孫、曹也。風淫艸靡，乃進契丹而爲君父，弱天下者之召亂於無已，固如是夫！

『赳赳武夫，公侯干城。』文王之仁也，且求武夫於中林中逵之下，曾是撫有果毅疆禦之衆，而可屠割俾盡，以啓不量力者之驕悖乎？紹威之愚，朱温之慘，不足誅也。天有大亂之數，彊者先殲焉，匪寇匪讎，殺之若將不及，亦衰氣之使然與！

昭宗雖暗不足以圖存，而無淫虐之慝足以亡國。朱温起於羣盜，凶狡如蛇虺，無尺寸之功於唐，而奪其三百年磐石之社稷。乃盈天下世胄之子，薦紳之士，建牙分閫之帥，無有一人感愴悲憤、不忍戴賊以爲君者，而獨得之丁會。會之帥澤潞也，温脅昭宗授之旌節，則固温之私人，而於昭宗無恩禮之孚、倚爲腹心者也。帥昭義者六年，温拔潞州而授之，乃聞昭宗凶問，帥將吏縞素流涕，幸李嗣昭之來攻，而降河東，曰：『雖受梁王舉拔之恩，誠不忍見其所爲。』蓋漢、宋之亡，忠節不勝書，而唐之亡也，唯此一士耳。

或曰：克用亦唐賊也，去温而即克用，奚愈焉？

曰：會於此時無可歸矣。以獨力而思討賊，昭宣帝刀俎之餘肉，無能輔矣。保境以自固，汴、晉夾焉，而必不可以終日，則兵民且殲於凶人之刃。乃在温篡弒未成之日，則克用之去温也無幾，在温弒主之後，則克用猶未有此滔天之逆，而相依以自全焉可矣。不北面以推戴弒君之賊、爲佐命之勳臣，而身亦可以無辱矣。項羽殺韓王，而張良歸漢。韓王不死於項羽，漢抑豈能分天下以王韓者？歸其爲我報君父之讎者，則雖不能存我故國，而志亦可以伸。況乎篡弒之賊，覆載不容之大憝，雖有其心，未有其事，君子可許其改而弗亟絶之，則克用可歸，會亦舍此而奚歸乎？知有君而爲之哀，知其賊而不爲之臣，天下無君，而聊以謝黨逆之罪，志士忠臣之處此，亦如是而已。唐之亡，盈天下而唯一士也，會奚讓焉？

又《唐僖宗九》 黄巢既滅之後，僖宗樂禍以逞志，首挑釁於河東。朱温，賊也；李克用，狄也；起而交爭。高駢、時溥、陳敬瑄各極用其虐；秦宗權、孫儒、李罕之、畢師鐸、秦彦之流，殺人如將不及。當是時，人各自以爲君，而天下無君。民之屠剥横屍者，動逾千里，馴樸孤弱之民，僅延兩閑之生氣也無幾。而王潮約軍於閩海，秋毫無犯；王建從綦毋諫之説，養士愛民於西蜀；張全義招懷流散於東都，躬勸農桑；楊行密定揚州，輦米賑饑；成汭撫集凋殘於荆南，通商勸農。此數子者，君子酌天地之心，順民物之欲，予之焉可矣。存其美，略其慝，不得以拘致主帥之罪罪王潮，不得以黨賊之罪罪全義，不得以僭號之罪罪王建，不得以爭奪之罪罪行密，不得以逐帥自立之罪罪成汭。而其忘唐之尚有天子，莫之恤而擅地自專者，概可勿論也。

非王潮不能全閩海之一隅，非王建不能保兩川於已亂，非全義不能救孫儒刃下之餘民，非行密不能蘇高駢虐用之孑黎。且其各守一方而不妄覬中原，以糜爛其民，與暴人爭衰王。以視朱温、李克用之竭民肝腦、以自爲君而建社稷，仁不仁之相去，豈不遠哉？嗚呼！至是而民爲重矣。非倚之以安君而衞社稷之謂也，視其血染溪流、膏塗原草者，雖欲不重之，而有人心者固不忍也。君怙惡以殃民，賊乘時而行其殘忍，民自不靖而旋以自戕，三者皆禍之府也。而民爲可矜也。何也？屠刈流離之民，固非盡怨上行私、延首待亂之民也。天且啓數子之心，救十一於千百，而亦可以爲民之主矣。

藝文

宋・羅公升《宋貞士羅滄州先生集》卷二《燕城讀史・崔胤》 緇郎璀賊世台衮，賣主知作他邦臣。當年只算孫供奉，猶勝紛紛誤國人。

元・楊維楨《鐵崖詠史》卷七《三使相》 金牀脱落龍作鼠，崔相陸相不敢語。銀撾畫地數罪名，奉璽前拜天子婦。上書進士空皇皇，桓文霸烈誰敢當。明年功在三使相，勛爵浪受東平王。

又《負國賊》 負國賊，柳司空，佻巧不殊張樂工。魏公九錫不爲功，徒殺東朝積善宫。臨刑自呼負國賊，豈悔黄犬東門東。

又《唐鴟鴞》 唐老鴞，將鴞雛，矜凶挾怪，什伍其徒。乘人陰，黑闞人，屋廬。我室既毁，我社亦墟。嗟爾鴞兮移南荆，入東吳，汝音不革將焉如。舊主喪，鬼車新，主聽之，勸我又若提胡盧。嗟嗟敬大夫，墓門刺汝不容誅。磔以警百官，百官無詐狙。敬大夫，亦何愚，如何不輔唐李烏？新主自是鴉之渠。

元・楊維楨《鐵崖詠史》卷七《腕可斷》 韋債相，脱縗絰，擲盃之，逆誓寢皮飲血。韓侍郎，不草麻，解衣待鐵礩。明年債相殂故，人呼我，踵覆轍。走閿山，泣天闕。

又《壽春宴樓》 壽春留春春不留，大宴重開延喜樓。相君送別灞橋上，灞橋之水無西流。沙陀老龍窺獨眼，國破君亡見何晚。紇干凍雀何處飛，長安春草已離離。寢宫出婦奉玉觚，一輩子爲歌楊柳枝。

又《送璽使》 楊僕射，相天子，對泣妻兒不知止。碭山之賊著柘黄，金祥殿前送國璽。豈不聞謝家傲吏生清風，解璽不爲齊侍中。

清・袁枚《小倉山房詩文集》卷八《唐昭宗和陵》 長安李花十八葉，春風吹過無顔色。少陽院裏壽王來，粉破金甌偏拾得。壽王扈蹕蜀道眠，一麾會受軍容鞭。軍容威勢竟如此，敢喚門生作天子！家奴難制付將軍，從此明堂起陣雲。岐汴爭彈紇干雀，飛去飛來欲凍殺。朱扎者三置詔四，一個緇郎呼不至。倉皇四顧虎狼羣，誰是官家心腹人！惟有院中韓學士，會讀詩書解愛君。明知精衛空銜土，且喜葵花戀夕曛。召來仍恐旁人怪，私語昭容看可在！夜深月黑君王來，手握冬郎淚如海。君王雙淚落未消，前旌啓行後殿燒。梁武有書求苦蜜，石超無表進秋桃。殿中誰勸將軍酒，皇后雍容雙玉手。想吹春氣變蒼鷹，誰料全家歸虎口！免乳難辭十月裝，擊毬小隊換諸郎。兜籠夫婦霜千里，絹詔淒清字數行。低聲偶語君王耳，明日蛾眉血已涼。宫門八月夜二更，叩門響急銅鐶鳴。美人開門詢未畢，忽然花落春無聲。單衣繞牀走不住，龍髯剩有香肩護。寢殿刀光玉几明，金屏血色珠燈暮。叩頭還請活須臾，傷心更有中宫誤。明日金籠鸚鵡啼，聲聲萬歲呼如故。太宗王業太蕭條，積漸由來匪一朝。今日軍容專鳳敕，明朝阿父挂龍韜。那見少康興夏室，空聞高貴葬東。君王圖治當年早，可惜中才事難了。生長衰朝作帝難，何如平世爲農好。於今石馬臥秋風，春草春花杜宇紅。年年嗚咽山陵水，不怨朱三怨祖宗。

清・謝啓昆《樹經堂詠史詩》卷六《唐・昭宗》 朝廷視息仰邠岐，劫奪乘輿似奕棋。二豎搆兵中使怨，諸王就戮宅家危。朱三跋扈淒涼詔，鄭五平章歇後詩。舊事金縢崔相記，黄衣捕盡洛都移。

又 卷七《後梁・太祖》 一曲楊枝燕喜新，回天再造舊功臣。係鞵乍放平安仗，賜帶旋爲弑逆人。兄怒投瓊羞作賊，子行刺刃痛亡身。裹氈萬段辜難蔽，白馬清流泣縉紳。

清・陳啓疇《詠史擬古樂府》卷下《碭山民》 四鎮節度使，唐室忽不祀。碭山一百姓，居然作天子。宫中飲博伯氏酣，大聲率爾呼朱三，爾作得否眞太憨。

清・舒位《瓶水齋詩集》卷三《五代十國讀史絶句三十首・後梁二首》 係履歸來汗一身，朱山本是碭山民。全家作賊偷天下，忽有投杯捉賊人。

廣字編年已去唐，公符傳讖竟稱梁，少師自愛楊風子，上將可憐王鐵槍。

清・史夢蘭《全史宫詞》卷一四《五代・梁・太祖》 碭山崛起侈雄圖，拜賀爭迎一丈烏。班內尚餘孫供奉，不隨百辟效嵩呼。

清・王廷紹《淡香齋詩草》卷二《唐・韓偓》 誰繼離騷賤美人，香奩詩裏淚痕新。聽他烏雀悲君後，看到縗麻有相臣。濮上莫談東內事，少陽誰寫故宫春。當年草制心如鐵，肯與徐陵步後塵

清·曹振鏞《話雲軒詠史詩》卷下《唐·韓偓》 肯向綸闈副具瞻，力辭宰相地深嚴。曾依崔允非求寵，不拜朱温豈避嫌。燭影燒殘藏畫篋，詩心艷絶詠香奩。誰吟七字冬郎贈，雛鳳聲清妙句拈。

雜録

清·趙翼《廿二史劄記》卷二一《五代史·薛史書法回護處·梁太祖紀》 朱瑄、朱瑾救汴，後帝卽朱温以其有力於己，厚禮而歸之。瑄、瑾以帝軍士勇悍，懸金帛誘之，軍士利其貲，赴之者衆，帝乃移檄讓之，瑾等來使不遜，乃命朱珍侵曹伐濮。案通鑑攷異及五代史補：朱温常患兵力不足，敬翔説『令麾下士詐爲叛逃，卽奏於唐帝，併告四鄰，以追叛爲名，可以拓地廣衆。』温大喜，從之。是兖鄆本無誘兵之事，特温托詞以爲兵端也。而薛史云云，是眞謂瑄、瑾以誘兵啓釁矣。歐史則直書宣歐史瑄作宣、瑾助汴，已破秦宗權東歸，王朱温時已封王移檄兖鄆，誣其誘汴亡卒，乃發兵攻之。

天佑元年七月，帝發東都至河中。八月壬寅，昭宗遇弑於大内，遺制以輝王柷爲嗣。十月，帝至洛陽，臨於梓宫，祗見於嗣君。案李彦威卽朱友恭、氏叔琮等傳：温既遷唐昭宗於洛陰，遣敬翔至洛，令彦威、叔琮行弑，以龍武兵夜入叩宫奏事，夫人裴正一開門，問『奏事何得以兵入？』牙官史太殺之，直趨椒蘭殿，昭宗方醉，起走，太持劍逐而弑之。是昭宗之被弑，實温使彦威等行事也。而薛史云温在河中，昭宗遇弑於大内。一若昭宗之弑，無與於温者。下又云温至洛，臨於梓宫，祗見於嗣君。一似能曲盡臣節者。歐史則直書温遣朱友恭、氏叔琮、蔣元暉等行弑，昭宗崩。

二年十一月，天子唐昭宣帝，亦稱哀帝命帝卽朱温爲相國，總百揆，以宣武等二十一道爲魏國，進封帝爲魏王，兼備九錫之命，帝讓相國、魏王、九錫。案《孔循傳》：唐哀卽昭宣帝封温魏王備九錫，拒不受，蔣元暉、柳燦馳謂温曰『自古革易之際，必先建國，備九錫，然後禪位。』温曰『我不由九錫作天子可乎？』是温急於篡國，非讓殊禮也。而薛史云云，則似温眞能辭讓矣。歐史則云温怒不受。

是歲唐昭宣帝卜祀天於南郊，温怒，以爲蔣元暉等欲延唐祚，昭宣帝懼，遂改卜郊。薛史不書。

又是歲，温遣人告蔣元暉私侍何太后，遂殺元暉，弑太后。薛史亦不書。

昭宣帝禪位後，梁封爲濟陰王。開平二年正月弑之。薛史亦不書。

乾化二年，温爲其子友珪所弑。薛史亦不書，但書友珪葬太祖於伊闕，號宣陵。

後唐滅後梁分部

綜述

《舊五代史》卷八《梁書·末帝紀上》 末帝，諱瑱，初名友貞，及卽位，改名鍠，貞明中又改今諱。太祖第四子也。【略】乾化三年【略】五月乙巳，天雄軍節度使楊師厚及劉守奇率魏、博、邢、洺、徐、兖、鄆、滑之衆十萬討鎮州。庚戌，營於鎮之南門外。壬子，晉將史建瑭自趙州領騎五百入于鎮州，師厚知其有備，自九門移軍於下博。劉守奇以一軍自貝州掠冀州衡水、阜城，陷下博。師厚自弓高渡御河，迫滄州，張萬進懼，送款，師厚表請以萬進爲青州節度使，以劉守奇爲滄州節度使。

六月戊子，以滄州順化軍節度使、併潞鎮定副招討使、檢校太傅、同平章事張萬進爲青州節度使。

十二月，【略】晉王收幽州，執僞燕主劉守光及其父仁恭歸晉陽。

乾化四年【略】秋七月，晉王率師自黄澤嶺東下，寇邢、洺，魏博節度使楊師厚軍於漳水之東。晉將曹進金來奔，晉軍遂退。

貞明元年【略】三月【略】丁卯【略】魏博節度使楊師厚薨，輟視朝三日。初，師厚握强兵，據重鎮，每邀朝廷姑息，及薨，輟視朝三日，或者以爲天意。租庸使趙巖、租庸判官邵贊獻議於帝曰：『魏博六州，精兵數萬，蠹害唐室百有餘年。羅紹威前恭後倨，太祖每深含怒。太祖屍未屬纊，師厚卽肆陰謀。蓋以地廣兵强，得肆其志，不如分削，使如身使臂，即無不從也。陛下不以此時制之，寧知後人之不爲楊師厚耶！若分割相、魏爲兩鎮，則朝廷無北顧之患矣。』帝曰：『善。』即以平盧軍節度使賀德倫爲天雄軍節度使，遣劉鄩率兵六萬屯河朔。

己丑，魏博軍亂，囚節度使賀德倫。是時，朝廷既分魏博六州爲兩鎮，命劉鄩統大軍屯於南樂，以討王鎔爲名，遣澶州刺史、行營先鋒步軍都指揮使王彥章領龍驤五百騎先入於魏州，屯於金波亭。詔以魏州軍兵之半隸於相州，併徙其家焉。又遣主者檢察魏之帑廩。既而德倫促諸軍上路，姻族辭決，哭聲盈巷。其徒乃相聚而謀曰：『朝廷以我軍府强盛，故設法殘破。況我六州，歷代藩府，軍門父子，姻族相連，未嘗遠出河門，離親去族，一旦遷於外郡，生不如死。』三月二十九日夜，魏軍乃作亂，放火大掠，首攻龍驤軍，王彥章斬關而遁。遲明，殺德倫親軍五百餘人於牙城，執德倫置之樓上。有效節軍校張彥者，最爲粗暴，膽氣伏人，乃率無賴輩數百，止其剽掠。是日，魏之士庶被屠戮者不可勝紀。

帝聞之，遣使齎詔安撫，仍許張彥除郡厚賜，將士優賞。彥等不遜，投詔於地，侮罵詔使，因迫德倫飛奏，請卻復相、衛，抽退劉鄩軍。帝復遣諭曰：『制置已定，不可改易。』如是者三。彥等奮臂南向而罵曰：『傭保兒，敢如是也！』復迫德倫列其事。時有文吏司空頲者，甚有筆才，彥召見，謂曰：『爲我更草一狀，詞宜抵突，如更敢違，則渡河擄之。』乃奏曰：『臣累拜封章，上聞天聽，在軍衆無非共切，何朝廷皆以爲閑。半月三軍切切，而戈矛未息；一城生聚皇皇，而控告無門。惟希俯鑑丹衷，苟從衆欲，須垂聖允，斷在不疑。如或四向取謀，但慮六州俱失。言非意外，事在目前。』張彥又以楊師厚先兼招討使，請朝廷依例授之，故復逼德倫奏曰：『臣當道兵甲素精，貔貅極鋭，下視併、汾之敵，平吞鎮、定之人。特乞委臣招討之權，試臣湯火之節，苟無顯效，任賜明誅。』詔報曰：『魏、博寇敵接連，封疆懸遠，凡於應赴，須在師徒。是以别建節旄，各令捍禦，併、鎮則委魏、博控制，澤、潞則遣相、衛枝梧。咸逐便安，貴均勞逸，已定不移之制，宜從畫一之規。至於征伐事權，亦無定例。且臨清王領鎮之日，羅紹威守藩以來，所領事銜，本無招討。只自楊師厚先除陝、滑二帥，皆以招討兼權，因茲帶過鄴中，原本不曾落下，苟循事體，寧吝施行。況今劉鄩指鎮、定出征，康懷英往邠、岐進討，只令統帥師旅，亦無招討使銜。切宜偏諭羣情，勿興浮議，倚注之意，卿宜體之。』詔至，張彥壞裂，抵之於地，謂德倫曰：『梁主不達時機，聽人穿鼻，城中擾攘，未有所依。我甲兵雖多，須資勢援，河東晉王統兵十萬，匡復唐朝，世與大梁仇讎。若與我同力，事無不濟，請相公改圖，以求多福。』德倫不得已而從之，乃遣牙將曹廷隱廷隱，奉書求援於太原。彥使德倫告諭軍城曰：『可依河東稱天祐十二年，此後如有人將文字於河南往來，便仰所在處置。』

五月，晉王率師赴魏州。

六月庚寅，晉王入魏州，以賀德倫爲大同軍節度使，舉族遷於晉陽。

是月，晉人陷德州。

秋七月，又陷澶州，刺史王彥章棄城來奔。是月，劉鄩自洹水潛師由黄澤路西趨晉陽，至樂平縣，值霖雨積旬，乃班師還。次宗城，遂至貝州，軍於堂邑。遇晉軍，轉鬬數十里，晉軍稍退。翌日，鄩移軍於莘。

八月，賀瓌收復澶州。

九月，以行營先鋒步軍都指揮使、行澶州刺史、檢校太保王彥章爲汝州防禦使，依前行營先鋒步軍都指揮使。

貞明二年【略】二月【略】命許州節度使王檀、河陽節度使謝彥章、汝州防禦使王彥章率師自陰地關抵晉陽，急攻其壘，不克而旋。

三月，劉鄩率師與晉王大戰於故元城，鄩軍敗績。先是，鄩駐於莘，帝以河朔危急，師老於外，餉饋不充，遣使賜鄩詔，微有責讓。鄩奏以寇勢方盛，未可輕動。帝又問鄩決勝之策，鄩奏曰：『但人給糧十斛，盡則破敵。』帝不悅，復遣促戰。鄩召諸將會議，諸將欲戰，鄩默然。一日，引軍攻鎮定之營，彼衆大駭，上下騰亂，俘斬甚衆。時帝遣偏將楊延直領軍萬餘人屯澶州以應鄩，楊延直，既而晉王詐言歸太原，劉鄩以爲信。是月，召楊延直會於魏城下，鄩自莘率軍亦至，與延直會。既而晉王自貝州至，鄩引軍漸退，至故元城西，與晉人決戰，大爲其所敗。追襲至河上，軍士赴水死者甚衆，鄩自黎陽濟河奔滑州。己巳，制以鄩爲滑州宣義軍節度副大使，知節度事。晉人攻衛州，陷之，又陷惠州。

夏四月乙酉朔【略】晉人陷洺州【略】是月，以行營先鋒步軍都指揮使、汝州防禦使王彥章爲鄭州防禦使，依前先鋒步軍都指揮使。

五月，晉軍還太原。

六月，晉人急攻邢州，帝遣捉生都將張温率步騎五百人入於邢州，温率衆降於晉人。

秋七月甲寅朔，晉王自太原至魏州，節度使張筠棄城奔京師，邢州節度使閻寶以城降於晉王。

九月，晉王還太原，滄州節度使戴思遠棄城來奔，晉人陷貝州。

十月，晉王自太原至魏州。是月，前昭義軍節度使，檢校太師兼侍中陳留郡王葛從周薨。是歲，河北諸州悉入於晉。

又 卷九《梁書·末帝紀中》 貞明三年【略】二月甲申，晉王攻我黎陽，劉鄩拒之而退。

冬十月【略】晉王自魏州還太原。

十二月，晉王自太原復至魏州。庚申，以左金吾衛大將軍、充街使華温琪爲右龍虎統軍、以右龍虎統軍張彦勳爲商州刺史，以前西京大內皇牆使李項爲右威衛上將軍，以左金吾衛上將軍李周彝權兼左衛使。壬戌，以守太尉、兼中書令、河南尹、判六軍諸衛事、魏王張宗奭爲天下兵馬副元帥。丙寅，以西面行營馬軍都指揮使、檢校太保、鄭州刺史、充本州防禦使王彦章爲檢校太傅。古卯，以西面行營馬步都指揮使、左龍虎軍統軍賀瓌爲檢校太傅、同中書門下平章事，充宣義軍節度使、鄭滑濮等州觀察置等使。己巳，帝幸洛陽，爲來年有事於南郊也。遂幸伊闕，親拜宣陵。時租庸使趙巖勸帝郊天，且言：『帝王受命，須行此禮，願陛下力行之。』宰臣敬翔奏曰：『國家自劉鄩失律已來，府藏殫竭，箕斂百姓，供軍不暇，郊祀之禮，頒行賞賚，所謂取虚名而受實弊也。況晉人壓境，車駕未可輕動。』帝不聽，遂行。是月，晉人陷楊劉城，帝聞之懼，遂停郊禮，車駕急歸東京。

貞明四年春正月，晉人寇鄆、濮之境，車駕至自洛陽。

二月，遣將謝彦章帥衆數萬，迫楊劉城。甲子，晉王來援楊劉城，彦章之軍不利而退。

八月【略】晉王率師次楊劉口，遂軍於麻家渡，北面招討使賀瓌以兵屯濮州北行臺村，對壘百餘日。晉王以輕騎來覘，許州節度使謝彦章發伏兵掩擊，圍之數重，會救軍至，晉王僅以身免。

十二月庚子朔，晉王領軍迫行臺寨距寨，十里結營而止。北面招討使賀瓌殺許州節度使謝彦章、濮州刺史孟審澄、別將侯温裕等於軍，以謀判聞，爲行營馬步都虞候朱珪構之也。晉王聞之，喜曰：『彼將帥不和，亡無日矣。』

癸亥，北面招討使賀瓌率大軍與晉人戰於胡柳陂，晉人敗績。是日既晡，復爲晉人所敗。初，晉人起軍將襲東京，乃下令軍中老弱悉歸於鄴。是月二十二日，晉王次臨濮，賀瓌、王彦章自行臺寨率軍躡之。二十四日，至胡柳陂，晉王領軍出戰，瓌軍已成列，晉王以騎突之，王彦章一軍先敗，彦章走濮陽。晉人輜重在陣西，瓌領軍薄之，晉人大奔，自相蹈籍，死者不可勝紀，晉大將周德威歿於陣。瓌軍乃登土山，列陣於山之下，晉王復領兵來戰，瓌軍遂敗。翌日，晉人攻濮陽，陷之，京師戒嚴。

貞明五年春正月，晉人城德勝，夾河爲柵。

秋七月，晉王自魏州還太原。

冬十月，晉王復至魏州。

十一月【略】辛卯，王瓚帥師至戚城，遇晉軍，交綏而退。

十二月戊戌，晉王領軍迫河南寨，王瓚率師御之，獲晉將石家才。既而瓚軍不利，瓚退保楊村寨，晉人陷濮陽。

又 卷一〇《梁書·末帝紀下》 龍德元年【略】二月【略】鎮州大將王德明殺其帥王鎔，自稱留後，遣使來求援。宰臣敬翔請許之，租庸使趙巖等以爲不可，乃止。

冬十月，北面招討使戴思遠攻德勝寨之北城，晉人來援，思遠敗於戚城。

龍德二年春正月，戴思遠率師襲魏州。時晉王方攻鎮州，故思遠乘虚以襲之，陷成安，而思遠遂急攻德勝北城，晉將李存審李存審極力拒守。

二月，晉王以兵至，思遠收軍而退，復保楊村。

八月，段凝、張朗攻衛州，下之，獲刺史李存儒以獻。戴思遠又下淇門、共城、新鄉等三縣。自是澶州之西、相州之南，皆爲梁有，晉人失軍儲三分之一焉。

龍德三年【略】夏四月己巳晉王即唐帝位於魏州，改天祐二十年爲同光元年。

閏月壬寅，唐軍襲鄆州，陷之。巡檢使前陳州刺史劉遂嚴，本州都指揮使燕顒奔歸京師，皆斬於都市。

五月，以滑州節度使王彦章爲北面行營招討使。辛酉，王彦章率舟師自楊村寨浮河而下，斷德勝之浮梁。攻南城，下之，殺數十人。唐帝棄德勝之北城，併軍保楊劉。己巳，王彦章、段凝圍楊劉城。

六月乙亥，唐帝引軍援楊劉，潛軍至博州，築壘於河東岸。戊子，王彦章、杜晏球率兵急攻博州之新壘，不克，遂退保於鄒口。

秋七月丁未，唐帝引軍沿河而南。王彦章棄鄒口復至楊劉。己未，自楊劉拔營退保楊村寨。

八月，以段凝代王彦章爲北面行營招討使。戊子，段凝營於王村，引軍自高陵渡河，復臨河而還。董璋攻澤州，下之。庚寅，唐帝軍於胡城，先鋒將康延孝率百騎奔於唐，盡洩其軍機。命滑州節度使王彦章率兵屯守鄆之東境。

九月戊辰，彦章以衆渡汶，與唐軍遇於遞防鎮，彦章不利，退保中都。

冬十月辛未朔，日有食之。甲戌，唐帝引師襲中都，王彦章兵潰，於是彦章與監軍張漢傑及趙廷隱、劉嗣彬、李知節、唐文通、王山興等皆爲唐人所獲。翌日，彦章死於任城。帝聞中都之敗，唐軍長驅將至，遣張漢倫馳驛召段凝於河上；漢倫墜馬傷足，復限水潦，不能進。時禁軍尚有四千人，朱珪請以拒唐軍，帝不從，登建國門召開封尹王瓚，謂之曰：『段凝未至，社稷係卿方略。』瓚卽驅軍民登城爲備。或勸帝西奔洛陽，趙巖曰：『勢已如是，一下此樓，誰心可保。』乃止。俄報曰：『晉軍過曹州矣！』帝置傳國寶於臥內，俄失其所在，已爲左右所竊迎唐帝矣。帝召控鶴都將皇甫麟，謂之曰：『吾與晉人世仇，不可俟彼刀鋸，卿可盡我命，無令落讎人之手。』麟不忍，帝曰：『卿不忍，將賣我耶！』麟舉刀將自刭，帝持之，因相對大慟。戊寅夕，麟進刃於建國樓之廊下，帝崩。麟卽時自刭。遲明，唐軍攻封丘門，王瓚迎降。唐帝入宮，妃郭氏號泣迎拜。初，許州獻綠毛龜，宮中造室以蓄之，命曰『龜堂』。帝嘗市珠於市，既而曰：『珠數足矣。』衆皆以爲不祥之言。帝末年改名『瑱』字，一十一，十月一八日，果以一十一年至十月九日亡。唐帝初入東京，聞帝殂，憮然歎曰：『敵惠敵怨，不在後嗣。朕與梁主十年對壘，恨不生見其面。』尋詔河南尹張全義收葬之，其首藏於太社。晉天福二年五月，詔太社先藏唐朝罪人首級，許親屬及舊僚收葬。時右衛上將軍婁繼英請之，會繼英得罪，乃詔左衛上將軍安崇阮收葬焉。

又 卷二一《梁書・王彦章傳》 王彦章，字賢明，鄆州壽張縣人也。【略】乾化【略】五年三月，朝廷議割魏州爲兩鎮，慮魏人不從，遣彦章率精騎五百屯鄴城，駐於金波亭，以備非常。是月二十九日夜，魏軍作亂，首攻彦章於館舍，彦章南奔。七月，晉人攻陷澶州，彦章舉家陷没。

貞明【略】六年正月，正授許州匡國軍節度使，充散指揮都頭都軍使，進封開國侯。未幾，授北面行營副招討使。七年正月，移領滑州。

龍德三年四月晦，晉師陷鄆州，中外大恐。五月，以彦章代戴思遠爲北面招討使。拜命之日，促裝以赴滑臺，遂自楊村砦浮河而下，水陸俱進，斷晉人德勝之浮梁，攻南城，拔之。晉人遂棄北城，併軍保楊劉。彦章以舟師沿流而下，晉人盡徹北城，拆屋木編栰，置步軍於其上，與彦章各行一岸。每遇轉灘水匯，卽中流交鬬，流矢雨集，或舟栰覆没，比及楊劉，凡百餘戰。彦章急攻楊劉，晝夜不息，晉人極力固守，垂陷者數四。六月，晉王親援其城，彦章之軍，重壕復壘，晉人不能入。晉王乃於博州東岸築壘，以應鄆州。彦章聞之，馳軍而至，急攻其柵，自旦及午，其城將拔，會晉王以大軍來援，彦章及退。七月，晉王至楊劉，彦章軍不利，遂罷彦章兵權，詔令歸闕，以段凝爲招討使。

先是，趙、張二族撓亂朝政。彦章深惡之，性復剛直，不能緘忍。及授招討之命，因謂所親曰：『待我立功之後，回軍之日，當盡誅姦臣，以謝天下。』趙、張聞之，私相謂曰：『我輩寧死於沙陀之手，不當爲彦章所殺。』因協力以傾之。時段凝以賄賂交結，自求兵柄，素與彦章不協，潛害其功，陰行逗撓，遂至王師不利，竟退彦章而用段凝。未及十旬，國以之亡矣。

是歲秋九月，朝廷聞晉人將自兗州路出師，末帝急遣彦章領保鑾騎士數千於東路守捉。且以鄆州爲敵人所據，因圖進取，令張漢傑爲監軍。一日，彦章渡汶，以略鄆境，至遞坊鎮，爲晉人所襲，彦章退保中都。十月四日，晉王以大軍至，彦章以衆拒戰，兵敗，爲晉將夏魯奇所擒。魯奇嘗事太祖，與彦章素善，及彦章敗，識其語音，曰：『此王鐵槍也。』揮稍刺之，彦章重傷，馬踣，遂就擒。晉王見彦章，謂之曰：『爾常以孺子待我，今日服未？』又問：『我素聞爾善將，何不保守兖州？此邑素無城壘，何以自固？』彦章對曰：『大事已去，非臣智力所及。』晉王惻然，親賜藥以封其創。晉王素聞其勇悍，欲全活之，令中使慰撫，以誘其意。彦章曰：『比是匹夫，本朝擢居方面，與皇帝十五年抗衡；今日兵敗力窮，死有常分，皇帝縱垂矜宥，何面目見人！豈有爲臣爲將，朝事梁而暮事晉乎！得死幸矣。』晉王又謂李嗣源曰：『爾宜親往諭之，庶可全活。』時彦章以重傷不能興，嗣源至卧内以見之，謂嗣源曰：『汝非邈佶烈乎？』邈佶烈，蓋嗣源小字也。彦章素輕嗣源，故以小字呼之。既而晉王命肩輿隨軍至任城，彦章以所傷痛楚，堅乞遲留，遂遇害，時年六十一。

又　卷二三《梁書·劉鄩傳》　劉鄩，密州安丘縣人也。【略】貞明元年【略】三月，魏楊師厚卒，朝廷分相、魏爲兩鎮，遣鄩率大軍屯南樂，以討王鎔爲名。既而魏軍果亂，因節度使賀德倫，送款於太原。六月，晉王入魏州，鄩以精兵萬人自洹水移軍魏縣，晉王來覘，鄩設伏於河曲叢木間，俟晉王至，大噪而進，圍之數匝，殺獲甚衆，晉王僅以身免。是月，鄩潛師由黃澤西趨太原，將行，慮爲晉軍所追，乃結芻爲人，縛旗於上，以驢負之，循堞而行，數日，晉人方覺。軍至樂平，會霖雨積旬，師不克進，鄩即整衆而旋。魏之臨清，積粟之所，鄩引軍將據之，遇晉將周陽五自幽州率兵至，鄩乃取貝州，與晉軍遇於堂邑，鄩邀擊卻之，追北五十餘里，遂軍於莘縣。增城壘，浚池隍，自莘及河，築甬道以通餉路。【略】

八月，末帝賜鄩詔曰：『閫外之事，全付將軍。河朔諸州，一旦淪没，勞師弊旅，患難日滋，退保河壖，久無鬬志。昨東面諸侯，奏章來上，皆言倉儲已竭，飛輓不充，於役之人，每遭擒擄，夙宵軫念，惕懼盈懷。將軍與國同休，當思良畫，如聞寇敵兵數不多，宜設機權，以時翦撲，則予之負荷，無累先人。』鄩奏曰：『臣受國深恩，忝茲閫政，敢不枕戈假寐，罄節輸忠。昨者，比欲西取太原，斷其歸路，然後東收鎮、冀，解彼連鷄，止於旬時，再清河朔。豈期天方稔亂，國難未平，纔出師徒，積旬霖潦，資糧殫竭，軍士札瘥，切慮蒼黃，乖於統攝，乃詢部伍，皆欲旋歸。凡次舍經行，每張犄角，又欲絶其餉道，且據臨清。才及宗城，周陽五奄至，騎軍馳突，變化如神。臣遂領大軍，保於莘縣。深溝高壘，享士訓兵，日夜戒嚴，伺其進取。偵視營壘，兵數極多。樓煩之人，皆能騎射，最爲勍敵，未可輕謀。臣若苟得機宜，焉敢坐滋患難。臣心體國，天鑑具明。』末帝又遣使問鄩決勝之策，鄩曰：『臣無奇術，但人給糧十斛，盡則破敵。』末帝大怒，讓鄩曰：『將軍蓄米，將療飢耶？將破賊耶？』乃遣中使督戰。鄩集諸校而謀曰：『主上深居宫禁，未曉兵機，與白面兒共謀，終敗人事。大將出征，君命有所不受，臨機制變，安可預謀。今揣敵人，未可輕動，諸君更籌之。』時諸將皆欲戰，鄩默然。他日，復召諸將列坐軍門，人具河水一器，因命飲之，衆未測其旨，或飲或辭。鄩曰：『一器而難若是，滔滔河流，可勝既乎！』衆皆失色。居數日，鄩率萬餘人薄鎮、定之營。時鄩軍奄至，上下騰亂，殺獲甚衆。少頃，晉軍繼至，乃退。

二年三月，鄩自莘引軍襲魏州，與晉王戰於故元城，王師敗績，鄩脱身南奔，自黎陽濟河至滑州。尋授滑州節度使，詔屯黎陽。三年二月，晉王悉衆來攻黎陽，鄩拒之而退。及歸闕，再授開封尹，領鎮南軍節度使。其年，河朔失守，朝廷歸咎於鄩，鄩亦不自安，上表避位。九月，落平章事，授亳州團練使。

又　卷二七《唐書·莊宗紀一》　莊宗光聖神閔孝皇帝，諱存勖，武皇帝之長子也。【略】天祐五年春正月，武皇疾篤，召監軍張承業、大將吴珙謂曰：『吾常愛此子志氣遠大，可付後事，唯卿等所教。』及武皇厭代，帝乃嗣王位於晉陽，時年二十有四。

天祐七年【略】冬十月，梁祖遣大將李思安、楊師厚率師營於澤州，以攻上黨。

十一月，鎮州王鎔遣使來求援。是時，梁祖以羅紹威初卒，全有魏博之地，因欲兼并鎮、定，遣供奉官杜廷隱、丁延徽督魏軍三千人入於深、冀，鎮人懼，故來告難。帝集軍吏議之，咸欲按甲治兵，徐觀勝負，唯帝獨斷，堅欲救之，乃遣周德威率軍屯於趙州。

十二月丁巳朔，梁祖聞帝軍屯趙州，命寧國軍節度使王景仁爲北面行營招討使，韓勍爲副，相州刺史李思安爲前鋒，會魏州之兵以討王鎔；又令閻寶、王彦章率二千騎，會景仁於邢、洺。丁丑，景仁營於柏鄉，帝遂親征，自贊皇縣東下。辛巳，至趙州，與周德威兵合。帝令史建瑭以輕騎嘗寇，獲芻牧者二百人，問其兵數，精兵七萬。是日，帝觀兵於石橋南。詰旦進軍，距柏鄉一舍，周德威、史建瑭率蕃落勁騎以挑戰，四面馳射，梁軍閉壁不出，乃退。翌日，進軍，距柏鄉五里，遣騎軍逼其營。梁將韓勍、李思安率步騎三萬，鎧甲炫曜，其勢甚盛，分道以薄帝軍。德威且戰且退，距河而止。既而德威偵知梁人造浮橋，乃退保高邑。乙酉，致師於柏鄉，帝禱戰於光武廟。柏鄉無芻粟之備，梁軍以樵採爲給，爲帝之遊軍所獲，由是堅壁不出，銼屋茅坐席以秣其馬，衆心益恐。

天祐八年正月丁亥，周德威、史建瑭帥三千騎致師於柏鄉，設伏於村塢間，遣三百騎直壓其營。梁將怒，悉其軍結陣而來，德威與之轉戰至高邑南，梁軍列陣，横亙六七里。【略】是役也，斬首二萬級，獲馬三千匹，鎧甲兵仗七萬，輜車鍋幕不可勝計。擒梁將陳思權以下二百八十五人。帝號令收軍於趙州。既而梁人棄深、冀二州而遁。

二月戊午，師次洹水，周德威進至臨河。己未，魏帥羅周翰出兵五千，塞石灰窯口，周德威以騎掩擊，迫入觀音門。是日，王師迫魏州，帝舍於狄公祠西。周翰閉壁自固，帝軍攻之，其城幾陷。帝歎曰：『予爲兒童時，從先王渡河，今其忘矣。方春桃花水滿，思一觀之，誰從予者？』癸亥，帝觀河於黎陽。是時，梁祖發兵萬餘將渡河，聞王師至，棄舟而退。黎陽都將張從楚、曹儒以部下兵三千人來降，立其軍爲左右匡霸使。乙丑，周德威自臨清狗地貝郡，攻博州，下東武、朝城。時澶州刺史張可臻棄城而遁，遂攻黎陽，下臨河、淇門。庚午，梁祖在洛，聞王師將攻河陽，率親軍屯白馬坡。壬申，帝下令班師。帝至趙州，王鎔迎謁。翌日，大饗諸軍。壬午，帝發趙州，歸晉陽，留周德威戍趙州。

又　卷二八《唐書·莊宗紀二》　天祐九年【略】三月壬午，梁祖自督軍攻棗强。甲申，城陷，屠之。時李存審與史建瑭以三千騎屯趙州，相與謀曰：『梁軍若不攻蓨城，必西攻深、冀。吾王方北伐，以南鄙之事付我輩，豈可坐觀其弊。』乃以八百騎趨冀州，扼下博橋，令史建瑭、李都督分道擒生。翌日，諸軍皆至，獲芻牧者數百人，盡殺之；縱數人逸去，且告：『晉王至矣。』建瑭與李都督各領百餘騎，旗幟軍號類梁軍，與芻牧者雜行，暮及賀德倫營門，殺守門者，縱火大呼，俘斬而旋。又執芻牧者，斷其手，令回，梁軍乃夜遁。蓨人持鋤櫌白梃追擊之，悉獲其輜重。梁祖聞之大駭，自棗强馳歸貝州，殺其將張正言、許從實、朱彦柔，以其亡師於蓨故也。梁祖先抱痼疾，因是愈甚。辛丑，滄州都將張萬進殺留後劉繼威，自爲滄帥，遣人送款於梁，亦乞降於帝。戊申，周德威遣李存暉攻瓦橋關，下之。

四月丁巳，梁祖自魏南歸，疾篤故也。戊申，李嗣源攻瀛州，拔之。

六月戊寅，梁祖爲其子友珪所殺，友珪僭即帝位于洛陽。

秋八月，朱友珪遣其將韓勍、康懷英、牛存節率兵五萬，急攻河中。朱友謙遣使來求援，帝命李存審率師救之。

十月癸未，帝自澤州路赴河中，遇梁將康懷英於平陽，破之，斬首千餘級，追至白徑嶺，朱友謙會帝於猗氏，梁軍解圍而去。庚申，周德威報劉守光三遣使乞和，不報。丁卯，燕將趙行實來奔。

天祐十年春正月丁巳，周德威攻下順州，獲刺史王在思。二月甲戌朔，攻下安遠軍，獲燕將一十八人。庚寅，梁朱友珪爲其將袁象先所殺，均王友貞即位於汴州。丙申，周德威報，檀州刺史陳確以城降。

三月甲辰朔，收盧臺軍。乙丑，收古北口。時居庸關使胡令珪等與諸戍將相繼挈族來奔。丙寅，武州刺史高行珪遣使乞降。

四月甲申，燕將李暉等二十餘人舉族來奔。德威攻幽州南門。壬辰，劉守光遣使王遵化致書哀祈於德威，德威戲遵化曰：『大燕皇帝尚未郊天，何怯劣如是耶！』守光再遣哀祈，德威乃以狀聞。己亥，劉光浚攻下平州，獲刺史張在吉。

五月壬寅朔，光浚進迫營州，刺史楊靖以城降。乙巳，梁將楊師厚會劉守奇率大軍侵鎮州，時帝之先鋒將史建瑭自趙州率五百騎入真定，師厚大掠鎮、冀之屬邑。王熔告急於周德威，德威分兵赴援，師厚移軍寇滄州，張萬進懼，遂降於梁。

秋七月，承業與德威率千騎至幽州西，守光遣人持信箭一隻，乞修和好。承業曰：『燕帥當令子弟一人爲質則可。』是日，燕將司全爽等十一人，併舉族來奔。辛亥，德威進攻諸城門。壬子，賊將楊師貴等五十人來降。甲子，五院軍使李信攻下莫州。時守光繼遣人乞降，將緩帝軍，陰令其將孟脩、阮通謀於滄州節度使劉守奇，及求援於楊師厚，帝之遊騎擒其使以獻。是月，帝會王鎔於天長。

十一月己亥朔，帝下令親征幽州。甲辰，發晉陽。己未，至範陽。辛酉，守光奉禮幣歸款於帝，帝單騎臨城邀守光，辭以他日，蓋爲其親將李小喜所扼也。是夕，小喜來奔，帝下令諸軍，詰旦攻城。壬戌，梯衝併進，軍士畢登，帝登燕丹塚以觀之。有頃，擒劉仁恭以獻。癸亥，帝入燕城，諸將畢賀。

十二月庚午，墨制授周德威幽州節度使。癸酉，檀州燕樂縣人執劉守光併妻李氏祝氏、子繼祚以獻。己卯，帝下令班師，自云、代而旋。

天祐十一年春正月戊戌朔，王鎔以履新之日，與其子昭祚、昭誨奉觴上壽置宴。鎔啓曰：『燕主劉太師頃爲鄰國，今欲挹其風儀，可乎？』帝卽命主者破械，引仁恭、守光至，與之同宴，鎔饋以衣被飲食。己亥，帝發鎮州，因與王鎔畋於衡唐之西。壬子，至晉陽，以組練係仁恭、守光，號令而入。是日，誅守光。遣大將李存霸拘送仁恭於代州，刺其心血奠告於武皇陵，然後斬之。

天祐十二年三月，梁魏博節度使賀德倫遣使奉幣乞盟。時楊師厚卒於魏州，梁主乃割相、衛、澶三州別爲一鎮，以德倫爲魏博節度使，以張筠爲相州節度使，魏人不從。是月二十九日夜，魏軍作亂，囚德倫於牙署，三軍大掠。

六月庚寅朔，帝入魏州，賀德倫上符印，請帝兼領魏州，帝從之。墨制授德倫大同軍節度，令取便路赴任。帝下令撫諭鄴人，軍城畏肅，民心大服。是時，以貝州張源德據壘拒命；南通劉鄩，又與滄州首尾相應，聞德州無備，遣別將襲之，遂拔其城。

八月，梁將賀瓌襲取澶州，帝遣李存審率兵五千攻貝州，因塹而圍之。

冬十月，有軍士自鄩軍來奔，帝善待之，乃劉鄩密令齎鴆賂帝膳夫，欲置毒於食中，會有告者，索其黨誅之。

天祐十三年春二月，帝知劉鄩將謀速戰，乃聲言歸晉陽以誘之，實勞軍於貝州也；令李存審守其營。【略】時鄩敗於莘縣，王檀遁於晉陽，梁主聞之，曰：『吾事去矣！』

三月乙卯朔，分兵以攻衛州。壬戌，刺史米昭以城降。

夏四月，攻洺州，下之。

五月，帝還晉陽。

六月，命偏師攻閻寶於邢州，梁主遣捉生都將張温率步騎五百爲援，至內黄，温率衆來奔。

秋七月甲寅朔，帝自晉陽至魏州。

八月，大閱師徒，進攻邢州。

九月，帝還晉陽。梁滄州節度使戴思遠棄城遁去，舊將毛璋入據其城。李嗣源帥師招撫，璋以城降。【略】自是河朔悉爲帝所有。帝自晉陽復至於魏州。

天祐十四年【略】八月【略】辛丑，大軍入幽州，德威見諸將，握手流涕。翌日，獻捷於鄴。

天祐十五年春正月，帝軍徇地至鄆、濮。時梁主在洛，將修郊禮，聞楊劉失守，狼狽而還。

六月壬戌，帝自魏州復至楊劉。【略】是月，淮南楊溥遣使來會兵，將致討於梁也。

秋八月辛丑朔，大閱於魏郊，河東、魏博、幽、滄、鎮定、邢洺、麟、勝、雲、朔十鎮之師，及奚、契丹、室韋、吐渾之衆十餘萬，部陣嚴肅，旌甲照曜，師旅之盛，近代爲最。

十二月庚子朔，帝進軍，距梁軍柵十里而止。【略】戊午，下令軍中老幼，令歸魏州，悉兵以趣汴。【略】梁軍大敗。時元城令吳瓊、貴鄉令胡裝各部役徒萬人，於山下曳柴揚塵，鼓噪助其勢。梁軍不之測，自相騰籍，棄甲山積。甲子，命行戰場，收穫鎧仗不知其數。時帝之軍士有先入大梁問其次舍者，梁人大恐，驅市人以守。其殘衆奔歸汴者不滿千人，帝軍遂拔濮陽。

又　卷二九《唐書·莊宗紀三》　天祐十六年【略】夏四月，梁將賀瓌圍德勝南城，百道攻擊，復以艨艟扼斷津渡。帝馳而往，陣於北岸。【略】軍既得渡，梁軍乃退。命騎軍追襲至濮陽，俘斬千計。賀瓌由此飲氣遘疾而卒。

秋七月，帝歸晉陽。

冬十月，帝自晉陽至魏州，發徒數萬，以廣德勝北城，自是，日與梁軍接戰。

十二月戊戌，帝軍於河南，夜伏步兵於潘張村梁軍寨下，以騎軍掠其餉運，擒其斥候。梁王瓚結陣以待，帝軍以鐵騎突之，諸軍繼進，梁軍大奔，赴水死者甚衆，瓚走保北城。

天祐十八年春正月，魏州開元寺僧傳眞獲傳國寶，獻於行臺。驗其文，卽『受命於天，子孫寶之』八字也，羣僚稱賀。傳眞師於廣明中，遇京師喪亂得之，秘藏已四十年矣。篆文古體，人不之識，至是獻之。時淮南楊溥、四川王衍皆遣使致書，勸帝嗣唐帝位，帝不從。

三月，河中節度使朱友謙、昭義節度使李嗣昭、滄州節度使李存審、定州節度使王處直、邢州節度使李嗣源、成德軍兵馬留後張文禮、遙領天平軍節度使閻寶、大同軍節度使李存璋、新州節度使王鬱、振武節度使李存進、同州節度使朱令德，各遣使勸進，請帝紹唐帝位，帝報書不允。自是，諸鎮凡三上章勸進，各獻貨幣數十萬，以助卽位之費，帝左右亦勸帝早副人望，帝總挹久之。【略】

同光元年【略】二月，新州團練使李嗣肱卒。是時，以諸藩鎮相繼上箋勸進，乃命有司制置百官省寺仗衛法物，期以四月行卽位之禮，以河東節度判官盧質爲大禮使。

三月【略】築卽位壇於魏州牙城之南。

夏四月己巳，帝升壇，祭告昊天上帝，遂卽皇帝位，文武臣僚稱賀。禮畢，御應天門宣制：改天祐二十年爲同光元年，大赦天下，自四月二十五日昧爽以前，除十惡五逆、放火行劫、持杖殺人、官典犯贓、屠牛鑄錢、合造毒藥外，罪無輕重，咸赦除之。應蕃漢馬步將校併賜功臣名號，超授檢校官，已高者與一子六品正員官，兵士併賜等第優給。其戰歿功臣各加追贈，仍定謚號。民年八十已上，與免一子役。內外文武職官，併可直言極諫，無有隱諱。貢選二司，宜令有司速商量施行。云、應、蔚、朔、易、定、幽、燕及山後八軍，秋夏稅率量與蠲減。民有三世已上不分居者，與免雜徭。諸道應有祥瑞，不用聞奏。赦書有所未該，委所司條奏以聞云。是歲自正月不雨，人心憂恐，宣赦之日，澍雨溥降。初，唐咸通中，金、水、土、火四星聚於畢、昴，太史奏：『畢、昴，趙、魏之分，其下將有王者。』懿宗乃詔令鎮州王景崇被衮冕攝朝三日，遣臣下備儀注、軍府稱臣以厭之。其後四十九年，帝破梁軍於柏鄉，平定趙、魏，至是卽位於鄴宮。

是時所管節度一十三，州五十。

閏月【略】追尊曾祖蔚州太保爲昭烈皇帝，廟號懿祖；夫人崔氏曰昭烈皇后。追尊皇祖代州太保爲文景皇帝，廟號獻祖；夫人秦氏曰文景皇后。追尊皇考河東節度使、太師、中書令、晉王爲武皇帝，廟號太祖。詔於晉陽立宗廟，以高祖神堯皇帝、太宗文皇帝、懿宗昭聖皇帝、昭宗聖穆皇帝及懿祖以下爲七廟。

秋七月丁未，帝御軍沿河而南，梁軍棄鄒家口夜遁，委棄鍋甲芻糧千計。戊午，遣騎將李紹貽直抵梁軍壘，梁益恐。又聞李嗣源自鄆州引大軍將至，己未夜，梁軍拔營而遁，復保於楊村。帝軍屯於德勝。甲子，帝幸楊劉城，巡視梁軍故壘。

八月壬申朔，帝遣李紹斌以甲士五千援澤州。初，李繼韜之叛也，潞之舊將裴約以兵戍澤州，不徇繼韜之逆。既而梁遣董璋率衆攻其城，約拒守久之，告急於帝，故遣紹斌救之。未至而城已陷，裴約被害，帝聞之，嗟痛不已。甲戌，帝自楊劉歸鄴。梁以段凝代王彥章爲帥。戊子，凝帥衆五萬結營於王村，自高陵渡河。帝軍遇之，生擒梁前鋒軍士二百人，戮於都市。庚寅，帝御軍至朝城。戊戌，梁左右先鋒指揮使康延孝領百騎來奔，帝虛懷引見，賜御衣玉帶，屏人問之。對曰：『臣竊觀汴人兵衆不少，論其君臣將校，則終見敗亡。趙巖、趙鵠、張漢傑居中專政，締結宮掖，賄賂公行。段凝素無武略，一朝便見大用；霍彥威、王彥章皆宿將有名，翻出其下。自彥章獲德勝南城，梁主亦稍獎使。彥章立性剛暴，不耐凌制，梁主每一發軍，卽令近臣監護，進止可否，悉取監軍處分，彥章悒悒，形於顔色。自河津失利，段凝、彥章又獻謀，欲數道舉軍，合董璋以陝虢、澤潞之衆，趨石會關以寇太原。霍彥威統關西、汝、洛之衆自相衛以寇鎮定，段凝、杜晏球領大軍以當陛下，令王彥章、張漢傑統禁軍以攻鄆州，決取十月內大舉。又自滑州南決破河堤，使水東注，曹、濮之間，至於汶陽，彌漫不絶，以陷北軍。臣在軍側聞此議。臣惟汴人兵力，聚則不少，分則無餘。陛下但待分兵，領鐵騎五千，自鄆州兼程直抵于汴，不旬日，天下事定矣。」帝懌然壯之。

九月壬寅朔，帝在朝城，凝兵至臨河南，與帝之騎軍接戰。是時澤潞叛，衛州、黎陽爲梁人所據，州以西、相以南，寇鈔日至，編户流亡，計其軍賦，不支半年。又王鬱、盧文進召契丹南侵瀛、涿。及聞梁人將圖大舉，帝深憂之，召將吏謀其大計，或曰：『自我得汶陽以來，須大將固守，城門之外，元是賊疆，細而料之，得不如失。今若馳檄告諭梁人，卻衛州、黎陽以爲鄆州，指河爲界，約且休兵。我國力稍集，則議改圖。』帝曰：『嘻，行此謀則無葬地矣！』時郭崇韜勸帝親御六軍，直趨汴州，半月之間，天下可定。帝曰：『正合朕意。大丈夫得則爲王，失則爲寇，予行計決矣！』又問司天監，對曰：『今歲時不利，深入必無成功。』帝弗聽。戊辰，梁將王彦章率衆至汶河，李嗣源遣騎軍偵視，至遞公鎮，梁軍來挑戰，嗣源以精騎擊而敗之，生擒梁將任釗、田章等三百人，俘斬二百級，彦章引衆保於中都。嗣源飛驛告捷，帝置酒大悦，曰：『是當決行渡河之策。』己巳，下令軍中將士家屬併令歸鄴。

又 卷三〇《唐書·莊宗紀四》 同光元年冬十月辛未朔，日有蝕之。是日，皇后劉氏、皇子繼岌歸鄴宫，帝送於離亭，歔欷而别。詔宣徽使李紹宏、宰相豆盧革、租庸使張憲、興唐尹王正言同守鄴城。壬申，帝御大軍自楊劉濟河。癸酉，至鄆州。是夜三鼓，渡汶。時王彦章守中都。甲戌，帝攻之，中都素無城守，師既云合，梁衆自潰。是日，擒梁將王彦章及都監張漢傑、趙廷隱、劉嗣彬、李知節、康文通、王山興等將吏二百餘人，斬馘二萬，奪馬千匹。時既獲中都之捷，帝召諸將謀其所向，或言且徇兖州，徐圖進取，唯李嗣源曰：『宜急趨汴州。段凝方領大軍駐於河上，假如便來赴援，直路又阻決河，須自滑州濟渡，十萬之衆，舟楫焉能卒辦？此去汴城咫尺，若晝夜兼程，信宿卽至，段凝未起河壖，夷門已爲我有矣。臣請以千騎前驅，陛下御軍徐進，鮮不克矣。』帝嘉之。是夜，嗣源率前軍先進。翌日，車駕卽路。丁丑，次曹州，郡將出降。

己卯遲明，前軍至汴城，嗣源令左右捉生攻封丘門，梁開封尹王瓚請以城降。俄而帝與大軍繼至，王瓚迎帝自大梁門入。梁朝文武官屬於馬前謁見，陳敍世代唐臣陷在僞廷，今日再睹中興，雖死無恨。帝諭之曰：『朕二十年血戰，蓋爲卿等家門，無足憂矣，各復乃位。』時梁末帝朱鍠已爲其將皇甫麟所殺，獲其首，函之以獻。

又 卷五五《唐書·史建瑭傳》 史建瑭，字國寶。【略】（天祐）十二年，魏博歸款，建瑭與符存審前軍屯魏縣。十三年，敗劉鄩於元城，收澶州，以建瑭爲刺史、檢校司空、外衙騎軍都將，尋歷貝、相二州刺史，屯於德勝。十八年，與閻寶討張文禮，爲馬軍都將。八月，收趙州，獲刺史王鋋。進逼鎮州，爲流矢所中，卒於軍，時年四十六。

又 卷五六《唐書·周德威傳》 周德威，字鎮遠，小字陽五，朔州馬邑人也。【略】德威性忠孝，感武皇獎遇，嘗思臨難忘身。（天祐）十二年，汴將劉鄩自洹水乘虚將寇太原，德威在幽州聞之，徑以五百騎馳入土門，聞鄩軍至樂平不進，德威徑至南宫以候汴軍。初，劉鄩欲據臨清以扼鎮、定轉餉之路，行次陳宋口，德威遣將擒數十人，皆傳刃於背，縶而遣之。既至，謂劉鄩曰：『周侍中已據宗城矣！』德威其夜急騎扼臨清，劉鄩乃入貝州。是時德威若不至，則勝負不可知也。

十五年，我師營麻口渡，將大舉以定汴州。德威自幽州率本軍至。十二月二十三日，軍次胡柳陂。詰旦，騎報曰：『汴軍至矣！』莊宗使問戰備，德威奏曰：『賊倍道而來，未成營壘，我營柵已固，守備有餘，既深入賊疆，須決萬全之策。此去大梁信宿，賊之家屬，盡在其間，人之常情，孰不以家國爲念？以我深入之衆，抗彼激憤之軍，不以方略制之，恐難必勝。王但按軍保栅，臣以騎軍疲之，使彼不得下營，際晚，糧餉不給，進退無據，因以乘之，破賊之道也。』莊宗曰：『河上終日挑戰，恨不遇賊，今款門不戰，非壯夫也！』乃率親軍成列而出，德威不獲已，從之。謂其子曰：『吾不知其死所矣！』莊宗與汴將王彦章接戰，大敗之。德威之軍在東偏，汴之遊軍入我輜重，衆駭，奔入德威軍，因紛擾無行列。德威兵少，不能解，父子俱戰殁。

又 《符存審傳》 符存審，字德詳，陳州宛邱人【略】（天祐）十二年，魏博歸款於莊宗，遣存審率前鋒據臨清，以俟進取。莊宗入魏，存審屯魏縣以抗劉鄩。六月，鄩營莘縣，存審與鎮、定之師營莘西三十里，一日數戰。八月，率師攻張源德於貝州。十三年二月，劉鄩自莘悉衆來襲我魏州，存審以大軍踵其後，戰於故元城，大敗汴人，從收澶、衛、磁、洺等州。秋，邢州閻寶降，授存審安國軍節度、邢洺磁等州觀察使。十月，戴思遠棄滄州，毛璋以城降，授存審檢校太傅、横海軍節度使，兼領魏博馬步軍都指揮使。明年，就加平章事。

十四年八月，將兵援周德威於幽州，敗契丹之衆。冬，破汴將安彦之於楊劉，諸軍進營麻口。時梁將謝彦章營行臺村，莊宗勇於接戰，每以輕騎當之，遇窘者數四。存審每俟其出，必叩馬諫曰：『王將復唐宗社，宜爲天下自愛，搴旗挑戰，一劍之任，無益聖德，請責效於臣。古人不以賊遺君父，臣雖不武，敢不代君之憂。』莊宗及時回駕。十二月，戰於胡柳。晡晚之後，存審引所部銀槍效節軍，敗梁軍於土山下。是日辰巳間，周德威戰殁，一軍逗撓，梁軍四集，存審與其子彦圖冒刃血戰，出没賊陣，與莊宗軍合。午後，師復集，擊敗汴人。

十七年，汴將劉鄩攻同州，朱友謙求援於我，遣存審與李嗣昭將兵赴之。

十八年，王師討張文禮於鎮州，李嗣昭、李存進相次戰殁。十九年，遣存審率師進攻叛帥於城下，文禮之將李再豐陰送款於存審，我師中夜登城，擒文禮之子處球等，露布以獻。鎮州平，以功加檢校太傅、兼侍中。

二十年正月，師還於魏州，莊宗出城迎勞，就第宴樂。無何，契丹犯燕薊，郭崇韜奏曰：『汴寇未平，繼韜背叛，北邊捍禦，非存審不可。』上遣中使諭之，存審卧病羸瘠，附奏曰：『臣效忠稟命，靡敢爲辭，但痾恙纏綿，未堪祗役。』既而詔存審以本官充幽州盧龍節度使，自鎮州之任。同光初，加開府儀同三司、檢校太師、中書令、食邑千户，賜號忠烈扶天啓運功臣。

十月，平梁，遷都洛陽。存審以身爲大將，不得預收復中原之功，舊疾愈作，堅求入覲尋醫，以情告郭崇韜。

又　卷五七《唐書·郭崇韜傳》　郭崇韜，字安時，代州雁門人也。

莊宗即位於魏州，崇韜加檢校太保、守兵部尚書，充樞密使。是時，衛州陷於梁，澶、相之間，寇鈔日至，民流地削，軍儲不給，羣情恟恟，以爲霸業終不能就，崇韜寢不安席。俄而王彦章陷德勝南城，敵勢滋蔓，汴人急攻楊劉城。明宗在鄆，音驛斷絶。莊宗登城四望，計無所出。崇韜啓曰：『段凝阻絶津路，苟王師不南，鄆州安能保守！臣請於博州東岸立柵，以固通津，但慮汴人偵知，徑來薄我，請陛下募敢死之士，日以挑戰，如三四日間，賊軍未至，則柵壘成矣。』崇韜率毛璋等萬人夜趨博州，渡河版築，晝夜不息。崇韜於葭葦間據胡牀假寢，覺褌中冷，左右視之，乃蛇也，其忘疲勵力也如是。居三日，梁軍果至，城壘低庳，沙土散惡，戰具不完，汴將王彦章、杜晏球率衆攻擊，軍不得休息。崇韜身先督衆，四面拒戰，有急卽應，城垂陷，俄報莊宗領親軍次西岸，梁軍聞之退走，因解楊劉之圍。

未幾，汴將康延孝來奔，崇韜延於卧内，訊其軍機。延孝曰：『汴人將四道齊舉，以困我軍。』莊宗憂之，召諸將謀進取之策。宣徽使李紹宏請棄鄆州，與汴人盟，以河爲界，無相侵寇。莊宗不悦，獨卧帳中，召崇韜謂曰：『計將安出？』對曰：『臣不知書，不能徵比前古，請以時事言之。自陛下十五年起義圖霸，爲雪家讎國恥，甲胄生蟣虱，黎人困輸輓。今纂崇大號，河朔士庶，日望盪平，纔得汶陽尺寸之地，不敢保守，況盡有中原乎！將來歲賦不充，物議咨怨，設若劃河爲界，誰爲陛下守之？臣自延孝言事以來，晝夜籌度，料我兵力，算賊事機，不出今年，雌雄必決。聞汴人決河，自滑至鄆，非舟楫不能濟。又聞精兵盡在段凝麾下，王彦章日寇鄆境，彼既以大軍臨我南鄙，又憑恃決河，謂我不能南渡，志在收復汶陽，此汴人之謀也。臣謂段凝保據河壖，苟欲持我，臣但請留兵守鄴，保固楊劉；陛下親御六軍，長驅倍道，直指大梁，汴城無兵，望風自潰。若使僞主授首，賊將自然倒戈，半月之間，天下必定。如不決此計，傍採浮譚，臣恐不能濟也。今歲秋稼不登，軍糧纔支數月，決則成敗未知，不決則坐見不濟。臣聞作舍道邊，三年不成，帝王應運，必有天命，成敗天也，在陛下獨斷。』莊宗蹶然而興曰：『正合吾意。丈夫得則爲王，失則爲擄，行計決矣！』卽日下令軍中，家口併還魏州。

莊宗送劉皇后與興聖宮使繼岌至朝城西野亭泣别，曰：『事勢危蹙，今須一決，事苟不濟，無復相見。』乃留李紹宏及租庸使張憲守魏州，大軍自楊劉濟河。是歲，擒王彦章，誅梁氏，降段凝，皆崇韜贊成其謀也。

莊宗至汴州，宰相豆盧革在魏州，令崇韜權行中書事。俄拜侍中兼樞密使，及郊禮畢，以崇韜兼領鎮、冀州節度使，進封趙郡公，邑二千户，賜鐵券，恕十死。

《新五代史》卷二二《梁臣傳・楊師厚》 楊師厚，潁州斤溝人也。**【略】**晉周德威攻晉州以應知俊，師厚敗之於蒙坑，以功遷保義軍節度使，徙鎮宣義。

是時，梁兵攻趙久無功，太祖病臥洛陽，少間，乃自將此擊趙。師厚從太祖至洹水，夜行迷失道，明旦，次魏縣，聞敵將至，梁兵潰亂不可止，久之無敵，乃定。已而太祖疾作，乃還。明年少間，而晉軍攻燕，燕王劉守光求援於梁，太祖爲之擊趙以牽晉，屯於龍花，遣師厚攻棗彊，三月不能下。太祖怒，自往督兵戰，乃破，屠之，進圍蓨縣。晉史建瑭以輕兵夜擊梁軍，梁軍大擾，太祖與師厚皆棄輜重南走。太祖還東都，師厚留屯魏州。明年，太祖遇弒，友珪自立，師厚乘間殺魏牙將潘晏、臧延範等，逐出節度使羅周翰，友珪因以師厚爲天雄軍節度使。

自太祖與晉戰河北，師厚常爲招討使，悉領梁之勁兵。太祖崩，師厚遂逐其帥，而稍矜倨難制。時魏恃牙兵，其帥得以倔彊。羅紹威時，牙兵盡死，魏勢孤，始爲梁所制。師厚已得志，乃復置銀槍效范軍。友珪陰欲圖之，召師厚入計事。其吏田温等勸師厚勿行，師厚曰：『吾二十年不負朱家，今若不行，則見疑而生事，然吾知上爲人，雖往，無如我何也。』乃以勁兵二萬朝京師，留其兵城外，以十餘人自從，入見友珪，友珪益恐懼，賜與鉅萬而還。

末帝卽位，封師厚鄴王，詔書不名，事無巨細皆以諮之，然心益忌而畏之。已而師厚瘍發卒，末帝爲之受賀於宫中。由是始分相、魏爲兩鎮。魏軍亂，以魏博降晉，梁失河北自此始。

又 卷二五《唐臣傳・王建及》 王建及，許州人也。少事李罕之，從罕之奔晉，爲匡衞指揮使。梁、晉戰柏鄉，相距鄗邑野河上，鎮、定兵扼河橋，梁兵急擊之。莊宗登高臺望見鎮、定兵將敗，顧建及曰：『橋爲梁奪，則吾軍危矣，奈何？』建及選二百人馳擊梁兵，梁兵敗，解去。從戰莘縣、故元城，皆先登陷陣，以功累拜遼州刺史，將銀槍效節軍。晉攻楊劉，建及躬自負葭葦堙塹，先登拔之。從戰胡柳，晉兵已敗，與梁爭土山，梁兵先至，登山而陣。莊宗至山下望梁陣堅而整，呼其軍曰：『今日之戰，得山者勝。』因馳騎犯之，建及以銀槍軍繼進，梁兵下走，陣山西，晉兵遂得土山。諸將皆言：『潰兵未集，日暮不可戰。』閻寶曰：『彼陣山上，吾在其下，尚能擊之，況以高而擊下，不可失也。』建及以爲然，因白莊宗曰：『請登高望臣破敵！』卽呼衆曰：『今日所失輜重皆在山西，盍往取之！』卽馳犯梁陣，梁兵大敗。晉遂軍德勝，爲南北城於河上。梁將賀瓌攻其南城，以竹笮維戰艦於河，晉兵不得渡，南城危甚。莊宗積金帛於軍門，募能破梁戰艦者，至於吐火禁咒莫不皆有。建及重鎧執矟呼曰：『梁、晉一水間爾，何必巧爲！吾今破之矣。』卽以大甕積薪，自上流縱火焚梁戰艦，建及以二舟載甲士隨之，斧其竹笮，梁兵皆走。晉軍乃得渡。救南城，瓌圍解去。

自莊宗得魏博，建及爲將，喜以家貲散士卒。莊宗遣宦官韋令圖監其軍，令圖言：『建及得士心，懼有異志，不可令典牙兵。』卽以爲代州刺史。建及怏怏而卒，年五十七。

又 卷四四《賀德倫傳》 賀德倫，河西人也。少爲滑州牙將。梁太祖兼領宣義，德倫從太祖征伐，以功累遷平盧軍節度使。

貞明元年，魏州楊師厚卒，末帝以魏兵素驕難制，乃分相、澶、衞三州建昭德軍，以張筠爲節度使；魏、博、貝三州仍爲天雄軍，以德倫爲節度使。遣劉鄩以兵六萬渡河，聲言攻鎮定，王彦章以騎兵五百入魏州，屯金波亭以虞變；分魏牙兵之半入昭德。租庸使遣孔目吏閱魏兵籍，檢校府庫。德倫促牙兵上道，牙兵親戚相訣別，哭聲盈塗。效節軍將張彦謀於其衆曰：『朝廷以我軍府彊盛，設法殘破之。況我六州舊爲藩府，未嘗遠出河門，一旦離親戚，去鄉里，生不如死。』

乃相與夜攻金波亭，彦章走出。遲明，魏兵攻牙城，殺五百餘人，執德倫致之樓上，縱兵大掠。

末帝遣供奉官扈異馳至魏諭彦，許以刺史。彦謂異曰：『爲我報皇帝，三軍不負朝廷，朝廷負三軍，割隸無名，所以亂耳。但以六州還魏，而詔劉鄩反兵，皇帝可以高枕。』異還，言彦狂蹶不足畏，宜促鄩兵擊之。末帝使人諭彦，以制置已定，不可復易。使者三反，彦怒曰：『傭保兒敢如是邪！』乃召羅紹威故吏司空頲曰：『爲我作奏，若復依違，則渡河虜之耳！』末帝優詔答之，言：『王鎔死，鎮人請降，遣鄩以兵定鎮州，非有佗也，若魏不便之，即召鄩還。』戒彦勿爲朝廷生事。

彦乃以楊師厚鎮魏州嘗帶招討使，逼德倫論列之，末帝不許，諭以詔書，彦裂詔書抵於地，曰：『愚主聽人穿鼻，難與共事矣！』乃迫德倫降晉，德倫惶恐曰：『惟將軍命。』乃遣牙將曹廷隱奉書莊宗。

莊宗入魏，德倫以彦逼己，遣人陰訴於莊宗，莊宗斬彦於臨清而後入。徙德倫爲大同軍節度使。行至太原，監軍張承業留之。王檀攻太原，德倫麾下多奔檀，承業懼德倫爲變，殺之。

論説

《舊五代史》卷一〇《梁書·末帝紀論》 末帝仁而無武，明不照姦，上無積德之基可乘，下有弄權之臣爲輔，卒使勁敵奄至，大運俄終。雖天命之有歸，亦人謀之所誤也。惜哉！

又 卷三四《唐書·莊宗紀論》 莊宗以雄圖而起河、汾，以力戰而平汴、洛，家讎既雪，國祚中興，雖少康之嗣夏配天，光武之膺圖受命，亦無以加也。然得之孔勞，失之何速？豈不以驕於驟勝，逸於居安，忘櫛沐之艱難，徇色禽之荒樂。外則伶人亂政，内則牝鷄司晨。靳吝貨財，激六師之憤怨；徵搜輿賦，竭萬姓之脂膏。大臣無罪以獲誅，衆口吞聲而避禍。夫有一於此，未或不亡，矧咸有之，不亡何待！静而思之，足以爲萬代之炯誡也。

宋·王質《雪山集》卷四《梁末帝論》 論曰：梁晉之交讎久矣。方朱全忠之盛也，雖李克用之雄勇善戰，蓋嘗屢蹙而不振。克用之末年，全忠乘百鬭百勝之威，略汾、潞，卷慈、隰，不旋踵而至太原。晉于是時，蓋駸駸有亡徵矣。克用既死而莊宗興，收殫殘之餘而震厲提挈之，削弱之氣，化爲精强。梁于是時，其勢反又稍稍下晉，而其後卒以喪亡。蓋其成敗强弱，相反如此。世之説者，曰以克用而遇全忠之强，故克用不支，以莊宗而乘末帝之弱，故莊宗得志，由此之故也。亦嘗詳觀其勢，而至于成敗，强弱相反之變，則以爲梁晉之所以爲成敗强弱者，不在梁晉而在河北。自梁而言，則汴爲腹心，而河北爲手足；自晉而言，則太原爲腹心，而河北爲手足。是二國者，立國之同不同，而手足均係於河北。則其利害，豈不甚重矣哉！全忠挾天子而暴諸侯，舉天下之諸鎮，蓋無有不被殃者，而獨區區自結於魏，全忠豈畏一羅紹威哉！畏克用也。彼全忠之謀，度天下之可以害己者莫如晉，度天下之可以限晉者，莫如魏。晉之攻我也，必不越魏而渡河；我之攻晉也，所隔者魏也，魏不我梗而土門飛狐可以平步而入矣。故曰全忠之所以厚魏者，爲晉也。末帝患魏博之驕，析而分之以殺其强，而梁人遂以失魏。當是之時，梁之限晉者一水之隔耳。於是乎梁之失計未有若是其謬者也，魏博天下之精兵處也，不得重臣無以制魏博，不能制魏博無以御晉，此其勢雖童兒知之。方克用之相抗，其初未有以相制也。既得魏，則梁遂以張，晉遂以徵。獨幸晉之君臣，上下一心，戮力相守。然而不亡者，幸也。莊宗徘徊境上，竭力而不能有梁尺寸之地，既得魏而拓地遂至于洛陽，楊劉、德勝之軍，與汴相望也。當是之時，汴之國都，固已在其股掌中矣。雖欲不亡得乎！夫汴之爲國，無高山大川扼險控帶之勢，平原廣陸汗漫千里，所謂四通五達之地。有河北則汴重，無河北則汴輕。是故梁之興也，得魏而興，其亡也，裂魏而亡。晉之弱也魏在梁，而其强也魏在晉。嗟夫，此所以爲梁晉之成敗也。

清·王夫之《讀通鑑論》卷二八《五代上》 汴、晉雌雄之勢，決於河北，故李克用坐視朱温之吞唐而莫之能問，以河北未收，畏其乘己也。朱温下兖、鄆以西臨趙、魏，勢亦便矣。乃河北者，自天寶以後，倔彊自立，不可以勇力機謀猝起而收之者也。魏博爲河北彊悍之最，羅紹威愚騃而内猜，欲自戕其心膂。温於斯時，撫魏博而綏之，發紹威之狂謀，順衆志而逐之，擇軍中所悦服者授以節鉞，則帥與兵交感以樂爲用。以此北臨鎮定，乘劉仁恭父子之亂，盪平幽、燕，則克用坐困於河東，即得不亡，爲盧芳而已矣。而温固賊也，殘殺之心，聞屠戮而心喜，烏合之衆，忌勝己而唯恐其不亡，八千家數萬人之命，黄口不免，於是而鎮定、幽、燕，人憂駢死，而怨温徹骨矣。石公立曰：『三尺童子，知其爲人。』王鎔雖愚，通國之人，無有不爭死命者，羅紹威且悔而離心，王處直不待謀而自合，西迎克用，下井陘以撫趙、魏，而僞梁之亡必矣。

弱魏博以失輔者，温自取之也；激鎮定以離心者，温自取之也；魏博弱而鎮定無所憚者，温自取之也；隔劉守光於冀北，使驕悖而折入於晉者，温自取之也。禍莫大於樂殺人，危莫甚於殺彊以自弱，而盜以此爲術，惡足以容身於天地之閑哉？温之亡，不待羣雛之還相翦滅也。惜乎無命世之英起而收之也。

清·王楨《史弋》下卷《後五代·王彥章》　王彥章以軍卒事梁祖，其功亦偉矣。及爲趙、張所讒，以致中都之敗而爲唐所獲，終不以朝事梁而暮事唐者，其義烈豈不凜凜哉！噫，彥章不以生死易心，不以利害渝節，洵五代之臣所難及也。歐公列彥章爲死節之首，不亦宜乎！

又《唐莊宗》　朱温滅唐而晉王父子極力致討，其志亦甚善矣。然使莊宗滅朱氏，復立唐後，繼續唐統，不已爲唐之功臣乎？夫何朱氏未滅，遽遷唐祚，及後淫虐不悛，禍自內興，不得其死，固其宜也。嗚呼！張承業，曷之臣也，終其身居唐官，承業其賢矣哉。

清·吳孟堅《一草亭讀史漫筆二·王彥章》　彥章以智勇爲一時名將，與後唐戰鬭十五年，勢窮力竭，屢諭不屈，其臣節固足嘉矣。獨失身於梁，又何取焉。

又《後唐莊宗》　莊宗承晉王遺業，克荷父志，亦偉矣哉。滅亂賊，定天下，五代之得其正者至封嫡母爲皇太妃，生母爲皇太后，則大失於禮矣。況劉后之佐晉王以才德，名太后之尊稱，禮不可易，亦當時無經術之臣，致令悖謬若此。卽莊宗之心，當亦有所不安。然劉后，晉王正配也，受太妃之封，絶不悻怒，且以賀曹后爲言，眞賢母也。后欲祀陵寢宗廟，決不遷魏，致鬱鬱以死，莊宗能無罪乎？吾故曰：莊宗承志于父，抱歉于母，有人君之才，無人君之德，其不能長享祚也，宜矣。

藝　文

宋·羅公升《宋貞士羅滄州先生集》卷二《燕城讀史·後唐莊宗》　亞子十指得天下，盡取國用供至尊。一朝顛沛罍子谷，費盡軟語誰知恩。

元·楊維楨《鐵崖詠史》卷七《王鐵鎗》　王鐵鎗，梁武夫，馬上雙運一百卄斤。叟君王，一笑問，剋敵三日破鄆。言非誣，君側惡，未掃鼠奴代招討。保鑾騎士誰作監，帳底三軍成悼恅。鐵鎗來，嗚呼！鬭鷄兒，鐵鎗折，羞見逸佶烈，梁家郎君宗社滅。同光主，莫相呼，豹皮一死誓作朱家奴。嗚呼！王鐵鎗，非武夫，朝唐暮晉，何物談詩書。

又《血鏃吟》　李中書，符氏父，血戰淋灕起門户。毒刀鑿骨出鏃頭。夜夢沙場洗殘雨，丹砂凝血狼牙錐。古劍共匣銅龍悲。鬭鷄走犬符家兒，爾父辛苦那得知。符家兒，泣鏃語，啼血傷親抱慈母。風陰雨濕同一痛，地裂天摧崩五腑。血鏃吟，哀我父，蓼莪之情情萬古。莫將古憤寄戰場，白帝城頭一堆土。

清·謝啓昆《樹經堂詠史詩》卷七《後唐·莊宗》　沙陀別部鬭鷄兒，獨眼龍威震北陲。弓矢干戈恢晉祚。著囊藥篋媚劉姬，謾人諱犬呼名日，斷髮需襟進酪時。御製猶傳汾上曲，羣優已覆殿前屍。

又《後梁·王彥章》　控騎如飛履棘行，鐵槍百萬敵縱横。兩河夾塞方鏖戰，三日馳師已破城。獨眼鴉兒何足畏，丈夫豹死尚留名。裏創不作媮生者，亂世如君識烈貞。

清·張晉《艷雪堂詩集》卷一《讀五代史雜詠·唐莊宗》　錦囊負矢馬前來，意氣當年亦壯哉。解道伶官能坐困，何緣駐馬問愁臺。【略】俳優殿上盡情歌，絶倒詼諧此輩多。切莫嗤人縱兒女，同光原仗敬新磨。

又《王鐵鎗》　鐵鎗氣壓鬭鷄兒，三日眞符克敵期。暮晉朝梁人不少，有誰肯學豹留皮。

又《周陽五》　老將知兵未是誇，夾城一戰勢紛拏。軍中只説購陽王，刺史何曾到野父。

清·舒位《瓶水齋詩集》卷三《五代十國讀史絶句三十首·後唐二首》　遂有雕窠獨眼龍，生兒亞子果英雄。那知別撰伶官傳，流水聲中一曲終。

妝具銀盆入晉陽，新磨銅鏡本無光。卻除菩薩留生鐵，又向宮中看射狼。

清·陳啓疇《詠史擬古樂府》卷下《飲河水》　白面兒郎我心鄙，諸將紛紛攘臂起。無術請給十斛米，一杯之難猶若此。滔滔河流渺涯涘，攻城負販謀畫周。騎馬朝天衣輕裘，賜之章服酌以大斗，微臣量小難飲酒。取兖州量，竟何有？君不見，員陣一交曳兵走。

又《王鐵槍》 豹死留皮，人死留名。壯哉！王子明三日破南城，五百新募兵，中都戰血橫。朝爲梁將暮晉臣，何面目見天下人。創臥不起甘殺身，好個鐵槍不怕死，鬬鷄小兒李亞子。

又《周陽五》 將軍小字詫陽五，敵軍聞名色如土。白馬夜叉莫敢侮，鐵椎微服雜行伍，生得刺史竟何補。廷珪搗擊亦小兒，丈夫豹死貴留皮。胡柳陂前坐嘆息，知兵老將更誰譏。

清·鮑桂星《覺生詠史詩鈔》卷二《後梁·王彥章》 夾河風雨奮戈鉞，王鐵鎗名震汴南。不分生兒逢李亞，空憐殉國爲朱三。豹留異日斑終見，馬踣當年恨豈甘？死節賴君成鼎足，五朝忠義歲人堪。

清·嚴如熤《樂園詩稿》卷三《王彥章》 畫圖尚自贊歐陽，勇決當年服鐵槍。一死居然關汴社，十君應足愧瀛王。朱三可惜非眞主，李亞須知是後唐。胡柳坡前遺廟在，侍中父子汗青光。

清·王廷紹《淡香齋詩草》卷二《後梁·王彥章》 滑州營里正飛觴，夜半橫舟奮鐵槍。細雨聲寒趨德勝，大河波湧失浮梁。保鸞氣盡孤軍壘，死豹皮留百戰創。可惜段凝兵五萬，都教解甲拜新皇。

又《後唐·周德威》 幽州城下鼓聲殘，胡柳陂前戰血乾。猛火猶飛空雉堞，銀槍都擁上雕鞍。臣關社稷謀偏怯，子死疆場骨併寒。重到三垂岡畔路，晉王旌節在雲端。

又《郭崇韜》 自信汾陽四世孫，汾陽事業幾曾論。權專外閫輕皇嗣，表立中宮誤至尊。妙舞新看回鶻隊，哀聲長斷子規村。從謙他日甘謀逆，假父何嘗教一言。

清·曹振鏞《話雲軒詠史詩》卷下《後梁·王彥章》 捷書空奏詔書遥，畫笏陳功恨未消。一騎鐵槍摧戰壘，三軍臣斧斬浮橋。鬭允兒豈堪爲敵，死豹皮猶足自驕。聞道寺中存畫像，馬鳴深夜尚蕭蕭。

清·鮑桂星《覺生詠史詩鈔》卷二《後唐·周德威》 幽燕老將周陽五，談笑端然不改容。手握貔貅能奉詔，身親矢石每摧鋒。鐵鐘落處驚風雨，繡甲披來走販傭。可惜暮年河上死，枉教輕敵悔莊宗。

又《郭崇韜》 苦爲官家惜一樓，君恩盛夏變涼秋。銷譖口無完券，金入彊藩有射鉤。應悔中宮援策立，可能奄寺盡虔劉。功成合向天涯死，莫化林鷗吽不休。

雜録

清·董誥等《全唐文》卷一〇三《唐莊宗〈平魏博令〉》 我國家列爵疏封，皆循舊制，建藩維而命宗子，錫茅社以報功臣。惟兹魏邦，纘乃舊服。自逆温肇亂，天下分離，謀害忠良，窺覦藩翰，遂使公侯之國，鞠爲蛇虺之場。朱友貞蕞陋餘妖，人神共棄，不量其力，謂秦無人，尚爲貽厥之謀，巧設兼并之計，改張節制，分割山河，連甍皆弊於誅求，編户不安於閭井。且人爲邦本，君乃民天，既興虐我之謀，須起徯予之歎。遂至桓桓列校，擾擾齊甿，奮白梃以捐生，絜壺漿而望主。予叨居閫政，誓復聖唐，永念生靈，嘗生軫惻，覩兹殘弊，尤切疚懷。昨百姓三軍，請予兼領，姦凶在近，鎮撫尤難，賴爾衆多，共宣忠力。切以軍府變更之後，人情易動難安，將務輯寧，須嚴法令。凡訛言謗議，殘物害人，結黨連朋，抵刑犯禁，如當糾告，法固難容。凡爾蒸人，勉其自勵。布告中外，咸使聞知。

後晉滅後唐分部

綜述

《舊五代史》卷三五《唐書·明宗紀一》（同光四年四月）己亥，命石敬瑭權知陝州兵馬留後，皇子從珂權知河南府兵馬留後。

又 卷三八《唐書·明宗紀四》（天成二年二月）庚寅，陝州節度使、檢校司徒石敬瑭加檢校太傅兼六軍諸衛副使。【略】

（冬十月）癸卯，以權知汴州事、陝州節度使石敬瑭爲汴州節度使兼六軍諸衛副使、侍衛親軍馬步都指揮使。

又 卷三九《唐書·明宗紀五》（天成三年春正月）丁巳，詔曰：

『朕聞堯舜有恤刑之典，貴務好生；禹、湯申罪己之言，庶明知過。今月七日，據巡檢軍使渾公兒口奏稱，有百姓二人，以竹竿習戰鬭之事。朕初聞奏報，實所不容，率爾傳宣，令付石敬瑭處置。今且重誨敷奏，方知悉是幼童爲戲，載聆讜議，方覺失刑，循揣再三，愧惕非一。亦以渾公兒誑誣頗甚，石敬瑭詳覆稍乖，致人枉法而殂，處朕有過之地。今減常膳十日，以謝幽冤。其石敬瑭是朕懿親，合施極諫，既茲錯誤，宜示省循，可罰一月俸。

夏四月戊寅，以汴州節度使石敬瑭爲鄴都留守，充天雄軍節度使加同平章事。

又　卷四一《唐書·明宗紀七》（長興元年二月）乙巳，【略】以天雄軍節度使石敬瑭爲御營使。【略】

五月【略】丁未，鄴都留守天雄軍節度使石敬瑭、河陽節度使趙延壽併加駙馬都尉。

又　卷四二《唐書·明宗紀八》（長興二年夏四月）己酉，天雄軍節度使石敬瑭兼六軍諸衛副使。

六月【略】乙亥，以鎮州節度使、宋王從厚爲興唐尹，以石敬瑭爲河陽天雄軍節度使，以天雄軍節度使石敬班爲河陽節度使，依前六軍諸衛副使。

（九月丁亥）天雄軍節度使石敬瑭兼東川行營都招討使。

又　卷四三《唐書·明宗紀九》長興三年【略】十一月【略】丁亥，以河陽節度使兼六軍都衛副使石敬瑭爲河東節度使，兼大同、彰國、振武、威塞等軍蕃漢馬步總管。時契丹帳族在雲州境上，與羣臣議擇威望大臣以制北方，故有是命。

又　卷四五《唐書·閔帝紀》應順元年春正月【略】戊子，樞密使、檢校太尉、同平章事朱宏昭，樞密使、檢校太尉、同中書門下二品馮贇，併加兼中書令。北京留守、河東節度使兼大同彰國振武威塞等軍蕃漢馬步總管石敬瑭加兼中書令；幽州節度使、檢校太尉、兼中書令趙德鈞加檢校太師、兼中書令。二月【略】己卯，以前徐州節度使、檢校太傅李敬周爲安州節度使。是日，宣授鳳翔節度使、潞王從珂爲權北京留守；以北京留守石敬瑭權知鎮州軍州事，以鎮州范延光權知鄴都留守事，以前河中節度使、洋王從璋權知鳳翔軍府事。庚寅，幸山陵工作所。是日，西京留守王思同奏，鳳翔節度使、潞王從珂拒命。

三月【略】己酉，以鎮州節度使范延光依前檢校太師、兼侍中，行興唐尹，充天雄軍節度使、北面水陸轉運制置使。以北京留守、河東節度使石敬瑭依前檢校太尉、兼中書令，其眞定尹、充鎮州節度使、大同彰國振武威塞等軍蕃漢馬步總管如故。

甲子，陝州奏，潞王至潼關，害西面都部署王思同。乙亥，宣諭西面行營將士，俟平鳳翔日，人賞二百千，府庫不足，以宮闈服玩增給。詔侍衛馬軍都指揮使安從進京城巡檢。是日，從進已得潞王書檄，潛布腹心矣。丁卯，潞王至陝州。戊辰，帝急召孟漢瓊，不至；召朱弘昭，宏昭懼，投於井。安從進尋殺馮贇於其第。謂控鶴指揮使慕容遷曰：『爾誠有馬，控鶴從予。』及駕出，即闔門不行。遷乃帝素親信者也，臨危如是，人皆惡之。是月二十九日夜，帝至衛州東七八里，遇騎從自東來不避，左右叱之，乃曰：『鎮州節度使石敬瑭也。』帝喜，敬瑭拜舞於路，帝下馬慟哭，諭以『潞王危社稷，康義誠以下叛我，無以自庇，長公主見教，逆爾於路，謀社稷大計。』敬瑭曰：『衛州王弘贄宿舊諳事，且就弘贄圖之。』敬瑭即馳騎而前，見宏贄曰：『主上播遷，至此危迫，吾戚屬也，何以圖全？』弘贄曰：『天子避寇，古亦有之，然於奔迫之中，亦有將相、國寶、法物，所以軍長瞻奉，不覺其亡也。今宰執近臣從乎？寶玉、法物從乎？』詢之無有。弘贄曰：『大樹將顛，非一繩所維。今以五十騎奔竄，無將相一人擁從，安能興復大計！所謂蛟龍失雲雨者也。今六軍將士總在潞邸矣，公縱以戚藩念舊，無奈之何！』遂與弘贄同謁於驛亭，宣坐謀之。敬瑭以弘贄所陳以聞，弓箭庫使沙守榮、奔洪進前謂敬瑭曰：『主上即明宗愛子，公即明宗愛婿，富貴既同受，休感合共之。今謀於戚藩，欲期安復，翻索從臣、國寶，欲以此爲辭，爲賊算天子耶！』乃抽佩刀刺敬瑭，敬瑭親將陳暉捍之，守榮與暉單戰而死，洪進亦自刎。是日，敬瑭盡誅帝之從騎五十餘輩，獨留帝於驛，乃馳騎趨洛。

四月三日，潞王入洛。五日，即位。

又　卷四六《唐書·末帝紀上》末帝，諱從珂，本姓王氏，鎮州人也。母宣憲皇后魏氏，以光啓元年歲在乙巳正月二十三日，生帝於平山。景福中，明宗爲武皇騎將，略地至平山，遇魏氏，擄之，帝時年十餘歲，明宗養爲己子。【略】在太原，嘗與石敬瑭因擊毬同入於趙襄子之廟，見其塑像，屹然起立，帝秘之，私心自負。

清泰元年【略】五月【略】丙午，以端明殿學士韓昭裔爲樞密使；以莊宅使劉延朗爲樞密副使；以權知樞密事房暠爲宣徽北院使；以成德軍節度使、大同彰國振武威塞等軍蕃漢馬步都部署、檢校太師、兼中書令、駙馬都尉石敬瑭爲北京留守、河東節度使，加檢校太師、兼中書令，都部署如故。

冬十月【略】戊寅【略】契丹寇云、應州，詔河東節度使石敬瑭率兵屯代州。

又　卷四七《唐書·末帝紀中》　清泰二年【略】六月【略】壬申，命史官修撰明宗實録。契丹寇應州。以新州節度使楊漢賓爲同州節度使，以前晉州節度使翟璋爲新州節度使。庚辰，北面招討使趙德鈞奏，行營馬步軍都虞候、定州節度使楊光遠，行營排陣使、邢州節度使安審琦帥本軍至易州，見進軍追襲契丹次。河東節度使石敬瑭奏，邊軍乏芻糧，其安重榮巡邊兵士欲移振武就糧。從之。尋又奏，懷、孟租税，請指揮於忻、代州輸納。朝廷以邊儲不給，詔河東户民積粟處，量事抄借，仍於鎮州支絹五萬匹，送河東充博採之直。是月，北面轉運副使劉福配鎮州百姓車子一千五百乘，運糧至代州。時水旱民饑，河北諸州困於飛挽，逃潰者甚衆，軍前使者繼至，督促糧運，由是生靈咨怨。

秋七月丙申，石敬瑭奏，斬挾馬都指揮使李暉等三十六人，以謀亂故也。時敬瑭以兵屯忻州，一日，軍士喧譟，遽呼萬歲，乃斬暉等以止之。御史中丞盧損奏：『準天成二年七月敕，每月首、十五日入閣，罷五日起居。臣以爲中旬排仗，有勞聖躬，請只以月首入閣，五日起居依舊。又準天成三年五月、長興二年七月敕，許諸州節度使帶使相歲薦僚屬五人，餘薦三人，防禦、團練使薦二人，今乞行釐革。又長興二年八月敕，州縣佐官差充馬步判官，仍同一任，乞行止絶，依舊銜前選補。』詔曰：『今後籓臣帶使相許薦三人，餘薦二人，直屬京防禦、團練使薦一人，餘併從之。』丁酉，回紇可汗仁美遣使貢方物。西京弓弩指揮使任漢權奏，六月二十一日與川軍戰於金州之漢陰，王師不利，其部下兵士除傷痍外，已至鳳翔。先是，盩厔鎮將劉贇引軍入川界，爲蜀將全師郁所敗。金州都監崔處訥重傷，諸州屯兵潰散。金州防禦使馬全節收合州兵，固守獲全。以樞密使劉延皓爲天雄軍節度使。甲辰，以右神武統軍沙彦珣權知雲州。乙巳，以徐州節度使張敬達充北面行營副總管。時契丹入邊，石敬瑭屢請益兵，朝廷軍士多在北鄙，俄聞忻州諸軍呼譟，帝不悦，乃命敬達爲北軍之副，以減敬瑭之權也。

冬十月【略】己巳【略】北面行營總管石敬瑭奏自代州歸鎮。

十一月庚子，以左驍衛上將軍郝瓊爲左金吾上將軍，以光禄卿王玟爲太子賓客。以徐州節度使張敬達爲晉州節度使，依前充大同、振武、威塞、彰國等軍兵馬副總管。

又　卷四八《唐書·末帝紀下》　清泰三年【略】五月辛卯，以河東節度使、兼大同彰國振武威塞等軍蕃漢馬步總管、檢校太師、兼中書令、駙馬都尉石敬瑭爲鄆州節度使，進封趙國公。以河陽節度使、充侍衛馬步軍都指揮使宋審虔爲河東節度使。甲午，以前晉州節度使、大同彰國振武威塞等軍蕃漢副總管張敬達充西北面蕃漢馬步都部署，落副總管。

戊戌，昭義奏，河東節度使石敬瑭叛。以鴻臚卿兼通事舍人、判四方館王景崇爲衛尉卿，充引進使。壬寅，削奪石敬瑭官爵，便令張敬達進軍攻討。乙卯，以晉州節度使張敬達爲太原四面兵馬都部署，尋改爲招討使；以河陽節度使、侍衛馬軍都指揮使張彦琪爲太原四面馬步軍都指揮使；以邢州節度使安審琦爲太原四面馬軍都指揮使；以陝州節度使相里金爲太原四面步軍都指揮使；以右監門上將軍武廷翰爲壕寨使。丙辰，以定州節度使楊光遠爲太原四面兵馬副部署、兼馬步都虞候，尋改爲太原四面副招討使，都虞候如故。以前彰武軍節度使高行周爲太原四面招撫兼排陣使。初，帝疑河東有異志，與近臣語及其事，帝曰：『石郎與朕近親，在不疑之地，流言毁譽，朕心自明，萬一失歡，如何和解？』左右皆不對。翼日，欲移石敬瑭於鄆州，房暠等堅言不可，司天監趙延乂亦言星辰失度，尤宜安静，由是稍緩其事。會薛文遇獨宿於禁中，帝召之，諭以太原之事。文遇奏曰：『臣聞作舍於道，三年不成，國家利害，斷自宸旨。以臣料之，石敬瑭除亦叛，不除亦叛，不如先事圖之。』帝喜曰：『聞卿此言，豁吾憤氣。』先是，有人言國家明年合得一賢佐主謀，平定天下，帝意亦疑賢佐者屬在文遇，卽令手書除目，子夜下學士院草制。翼日，宣制之際，兩班失色。居六七日，敬瑭上章云：『明宗社稷，陛下纂承，未契輿情，宜推令辟。許王先朝血緒，養德皇闈，儻循當璧之言，免負閱牆之議。』帝覽奏不悅，手攘抵地，召馬裔孫草詔報曰：『父有社稷，傳之於子；君有禍難，倚之於親。卿於鄂王，故非疏遠。往歲衛州之事，天下皆知；今朝許王之言，人誰肯信！英賢立事，安肯如斯』云。戊申，張敬達奏，西北面先鋒都指揮使安審信率雄義左第二指揮二百二十七騎，併部下共五百騎，剽劫百井，叛入太原。又奏，大軍已至太原城下。詔安審信及雄義兵士妻男并處斬，家産没官。先是，雄義都在代州屯戍，其指揮使安元信謀殺代州刺史張朗，事洩，戍兵自潰，奔安審信軍，審信與之入太原。太常奏，於河南府東權立宣憲太后寢宫，從之。己酉，振武節度使安叔千奏，西北界巡檢使安重榮驅掠戍兵五百騎叛入太原。以新授河東節度使宋審虔爲宣州節度使，充侍衛馬軍都指揮使。壬子，鄴都屯駐捧聖都虞候張令昭逐節度使劉延皓，據城叛。翼日，令昭召副使邊仁嗣已下逼令奏請節旄。

六月辛酉，天雄軍節度使劉延皓削奪官爵，勒歸私第。癸亥，以天雄軍守禦、右捧聖第二軍都虞候張令昭爲檢校司空，行右千牛將軍，權知天雄軍府事。丙寅，御敷政殿，遣工部尚書崔居儉奉宣憲皇太后寶册於寢宫。時陵園在河東，適會兵興，故權於京城修奉寢宫上謚焉。己巳，以西上閤門副使、少府監兼通事舍人劉頎爲鴻臚卿，職如故。庚午，詔曰：『時雨稍愆，頗傷農稼，分命朝臣祈禱。』辛未，工部尚書致仕許寂卒。以權知魏府事、右千牛將軍張令昭爲齊州防禦使，以捧聖右第三指揮使邢立爲德州刺史，以捧聖第五指揮使康福進爲鄭州刺史。甲戌，以汴州節度使范延光爲天雄軍四面招討使，知行府事。丙子，以西京留守李周爲天雄軍四面副招討使兼兵馬都監。詔河東將佐節度判官趙瑩以下十四人併籍没家産。

秋七月戊子，范延光奏，領軍至鄴都攻城。己丑，誅右衛上將軍石重英、皇城副使石重裔，皆敬瑭之子也。時重英等匿於民家井中，獲而誅之，并族所匿之家。奚首領達剌干遣通事介老奏，奚王李素姑謀叛入契丹，已處斬訖，達剌干權知本部落事。辛卯，沂州奏，誅都指揮使石敬德，併族其家，敬瑭之弟也。乙未，以前彰武軍節度使高行周爲潞州節度使，充太原四面招撫排陣使；以潞州節度使皇甫立爲華州節度使。丁酉，雲州節度使沙彦珣奏，此月二日夜，步軍指揮使桑遷作亂，以兵圍子城，彦珣突圍出城，就西山據雷公口。三日，招集兵士入城誅亂軍，軍城如故。辛丑，以將作監丞、介國公宇文頡爲汝州襄城令。乙巳，以衛尉卿聶延祚爲太子賓客。戊申，范延光奏，此月二十一日收復鄴都，羣臣稱賀。己酉，以禮部侍郎張昭遠爲御史中丞；以御史中丞吕琦爲禮部侍郎，充端明殿學士。庚戌，中書奏：『劉延皓賓佐等，帥臣既已削奪，其行軍司馬李延筠、副使邊仁嗣以下，望命放歸田里。』奏入，帝大怒，詔大理曰：『帥臣失守，已行削奪，其僚佐合當何罪？』既而竟依中書所奏。壬子，詔范延光誅張令昭部下五指揮及忠鋭、忠肅兩指揮。繼范延光奏，追兵遣襲張令昭部下敗兵至邢州沙河，斬首三百級，并獻張令昭、邢立、李貴等首級。又奏，獲張令昭同惡捧聖指揮使米全以下諸指揮使都頭凡十三人，并磔於府門。癸丑，左衛上將軍仇暉卒。洺州奏：『擒獲魏府作亂捧聖指揮使馬彦柔以下五十八人。邢、磁州相次擒獲亂兵，併送京師。彰聖指揮使張萬迪以部下五百騎叛入太原。』詔誅家屬於懷州本營。

八月戊午，契丹遣使梅里入朝。己未，以汴州節度使范延光爲天雄軍節度使、守太傅、兼中書令；以西京留守李周爲汴州節度使、檢校太尉、同平章事。癸亥，應州奏，契丹三千騎迫城。詔端明殿學士吕琦往河東忻、代諸屯戍所犒軍。以左龍武大將軍袁義爲右監門上將軍，以振武軍節度使安叔千充代北兵馬都部署。己巳，云州沙彦珣奏，供奉官李讓勛送夏衣到州，縱酒凌轢軍都行，劫殺兵馬都監張思殷、都指揮使黨行進，其李讓勛已處斬訖。張敬達奏，造五龍橋攻太原城次。戊寅，以鎮州節度使董温琪充東北面副招討使。己卯，洺州獻野繭二十斤。辛巳，張敬達奏，賊城内出騎軍三十隊、步卒三千人衝長連城，高行周襲殺入壕，溺死者大半，擒賊將安小喜以下百餘人，甲馬一百八十匹。

九月甲辰，張敬達奏，此月十五日，與契丹戰於太原城下，王師敗績。時契丹主自率部族來援太原，高行周、符彦卿率左右廂騎軍出鬬，蕃軍引退。巳時後，蕃軍復成列，張敬達、楊光遠、安審琦等陣於賊城西北，倚山横陣，諸將奮擊，蕃軍屢卻。至晡，我騎軍將移陣，蕃軍如山而進，王師大敗，投兵仗相籍而死者山積。是夕，收合餘衆，保於晉祠南晉安寨，蕃軍塹而圍之，自是音聞阻絶。朝廷大恐。是日，遣侍衛步軍都指揮使符彦饒率兵屯河陽，詔范延光率兵由青山路趨榆次，詔幽州趙德鈞由飛狐路出敵軍後，耀州防禦使潘環合防戍軍出慈、隰以援張敬達。以前絳州刺史韓彦惲爲太子賓客。契丹主移帳於柳林。乙巳，詔取二十二日幸北面軍前。戊申，帝發京師，路經徽陵，帝親行謁奠。夕次河陽，召羣臣議進取，盧文紀勸帝駐河橋。庚戌，樞密使趙延壽先赴潞州。辛亥，幸懷州。召吏部侍郎龍敏訪以機事，敏勸帝立東丹王贊華爲契丹主，以兵援送入蕃，則契丹主有後顧之患，不能久駐漢地矣。帝深以爲然，竟不行其謀。帝自是酣飲悲歌，形神慘沮。臣下勸其親征，則曰：『卿輩勿説石郎，使我心膽墮地。』其怯懦也如此。

冬十月丁巳夜，彗星出虚危，長尺餘。壬戌，詔天下括馬，又詔民十户出兵一人，器甲自備。戊辰，代州刺史張朗超授檢校太保，以其屢殺敵衆，故以是命奬之。癸酉，幽州趙德鈞以本軍二千騎與鎮州董温琪由吴兒谷趨潞州。

十一月戊子，以趙德鈞爲諸道行營都統，以趙延壽爲河東道南面行營招討使，以劉延朗副之。庚寅，以范延光爲河東道東南面行營招討使，以李周副之。帝以吕琦嘗佐幽州幕，乃命賫都統官告以賜德鈞，兼犒軍士。琦至，從容宣帝委任之意，德鈞曰：『既以兵相委，焉敢惜死！』德鈞志在幷范延光軍，奏請與延光會合。帝以詔諭延光，延光不從。丁酉，延州上言，節度使楊漢章爲部衆所殺，以前坊州刺史劉景巖爲延州留後。庚子，趙德鈞奏，大軍至團柏谷，前鋒殺蕃軍五百騎。范延光奏，軍至榆次，蕃軍退入河東川界。潘環奏，隰州逐退蕃軍。壬寅，趙德鈞奏，軍出谷口，蕃軍漸退，契丹主見駐柳林砦。時德鈞累奏乞授延壽鎮州節制，帝怒曰：『德鈞父子堅要鎮州，苟能逐退蕃戎，要代予位，亦甘心矣。若翫寇要君，但恐犬兔俱斃。』德鈞聞之不悦。

閏月丙辰，日南至，羣臣稱賀於行宫，帝曰：『晉安寨内將士，應思家國矣。』因泣下久之。丁巳，以岢嵐軍爲勝州。辛酉，以右龍武統軍李從昶爲左龍武統軍，以前邠州節度使楊思權爲右龍武統軍。壬戌，丹州刺史康承詢停任，配流鄜州。時承詢奉詔率義軍赴延州義軍亂，承詢奔鄜州，故有是責。甲子，太原行營副招討使楊光遠殺招討使張敬達於晉安寨，以兵降契丹。時契丹圍寨，自十一月以後芻糧乏絶，軍士毁居屋茅、淘馬糞、削松柹以供秣飼，馬尾鬣相食俱盡。楊光遠謂敬達曰：『少時人馬俱盡，不如奮命血戰，十得三四，猶勝坐受其斃。』敬達曰：『更少待之。』一日，光遠伺敬達無備，遂殺之，與諸將同降契丹。時馬猶有五千匹，戎王併以漢軍與石敬瑭，其馬及甲仗即賫驅出塞。丁卯，戎王立石敬瑭爲大晉皇帝，約爲父子之國，改元爲天福。戎王與晉高祖南行，趙德鈞父子與諸將自團柏谷南奔，王師爲蕃騎所蹙，投戈棄甲，自相騰踐，擠於巖谷者不可勝紀。

己巳，帝聞晉安寨爲敵所陷，詔移幸河陽，時議以魏府軍尚全，戎王必憚山東，未敢南下，車駕可幸鄴城。帝以李崧與范延光相善，召入謀之。薛文遇不知而繼至，帝變色，崧躡文遇足，乃出。帝曰：『我見此物肉顫，適擬抽刀刺之。』崧曰：『文遇小人，致誤大事，刺之益醜。』崧因請帝歸京。壬申，車駕至河陽。甲戌，晉高祖與戎王至潞州，戎王遣蕃將大相衮率五千騎送晉高祖南行。丁丑，車駕至自河陽。時左右勸帝固守河陽。居數日，符彦饒、張彦琪至，奏帝不可城守。是日晚，至東上門，小黄門鳴鞘於路，索然無聲。己卯，帝遣馬軍都指揮使宋審虔率千餘騎至白馬坡，言踏陣地，時諸將謂審虔曰：『何地不堪交戰，誰人肯立於此？』審虔乃請帝還宫。庚辰，晉高祖至河陽。辛巳辰時，帝舉族與皇太后曹氏自燔於元武樓。晉高祖入洛，得帝燼骨於火中，來年三月，詔葬於徽陵之封中。帝在位共二年，年五十三。《五代史闕文》：晉高祖引契丹圍晉安寨，降楊光遠。清泰帝至自覃懷，京師父老迎帝於上東門外，帝垂泣不止。父老奏曰：『臣等伏聞前唐時中國有難，帝王多幸蜀以圖進取。陛下何不且入西川？』帝曰：『本朝兩川節度使皆用文臣，所以玄宗、僖宗避寇幸蜀。今孟氏已稱尊矣，吾何歸乎！』因慟哭入内，舉族自焚。

又 卷七〇《唐書·張敬達傳》

張敬達，字志通，代州人，小字生鐵。父審，素有勇，事武皇爲列校，歷廳直軍使，同光初，卒於軍。敬達少以騎射著名，莊宗知之，召令繼父職；平河南有功，繼加檢校工部尚書。明宗即位，歷捧聖指揮使、檢校尚書左僕射。長興中，改河同光四年二月，趙在禮據鄴爲亂，朝廷遣元行欽招之不下，羣議紛然，以爲非明宗不可，莊宗乃以明宗爲統帥。時帝從行，至魏，諸軍有變，叩馬請明宗帝河北。【略】明宗至相州，遂分驍騎三百付之，遣帝由黎陽濟河，自汴西門而入，因據其城。及明宗入汴，莊宗親統師亦至城之西北五里，登高歎曰：『吾不濟矣！』由此莊宗從兵大潰，來歸明宗。明宗尋遣帝令率兵爲前鋒，趨汜水關。俄而莊宗遇内難而崩。

是月，明宗入洛，嘉帝之功，自總管府都校署陝府兵馬留後。明宗即位，改元天成，五月，加帝光禄大夫、檢校司徒，充陝州保義軍節度使，歲未期而軍民之政大治焉。二年二月，加檢校太傅兼六軍諸衛副使，進封開國伯，增食邑四百户。是月，帝赴闕，以倅六軍諸衛事故也。八月，加食邑八百户，實封一百户，旌爲政之效也。【略】長興元年二月，明宗南郊禮畢，加檢校太尉，增食邑五百户，尋詔歸任。【略】二年【略】六月，改河陽節度使，仍兼兵柄。

是時，秦王從榮奏：『伏見北面頻奏報，契丹族移帳近塞，吐渾、突厥已侵邊地，戍兵雖多，未有統帥，早宜命大將一人，以安云、朔。』明宗曰：『卿等商量。』從榮與諸大臣奏曰：『將校之中，唯石敬瑭、康義誠二人可行。』帝素不欲爲禁軍之副，即奏曰：『臣願北行。』明宗曰：『卿爲吾行，事無不濟。』及受詔，不落六軍副使，帝復遷延辭避。【略】十一月【略】丁亥，加兼侍中、太原尹、北京留守、河東節度使，兼大同、振武、彰國、威塞等軍蕃漢馬步軍總管，改賜竭忠匡運寧國功臣。【略】十二月，明宗晏駕，帝聞之，長慟若喪考妣。

應順元年正月，閔帝即位，加中書令，及增食邑。

三月，移鎮常山，及岐陽兵亂，推潞王爲天子，閔帝急詔帝赴闕，欲以社稷爲托。閔帝自洛陽出奔於衛，相遇於途，遂與閔帝回入衛州。時閔帝左右將不利於帝，帝覺之，因擒其從騎百餘人。閔帝知事不濟，與帝長慟而别，帝遣刺史王宏贄安置閔帝於公舍而去，尋爲潞王所害，帝後長以此愧心焉。

清泰元年五月，復授太原節度使、北京留守，充大同、振武、彰國、威塞等軍蕃漢馬步總管。二年夏，帝屯軍於忻州，朝廷遣使送夏衣，傳詔撫諭，後軍人遽呼萬歲者數四，帝懼，斬挾馬將李暉以下三十餘人以徇，

東馬步軍都指揮使，超授檢校司徒，領欽州刺史。三年，加檢校太保、應州節度使。四年，遷雲州。時以契丹率族帳自黑榆林至，云籍漢界水草，敬達每聚兵塞下，以遏其衝。契丹竟不敢南牧，邊人賴之。清泰中，自彭門移鎮平陽，加檢校太傅，從石敬瑭爲北面兵馬副總管，仍屯兵雁門。未幾，晉高祖建義，末帝詔以敬達爲北面行營都招討使，仍使悉引部下兵圍太原，以定州節度使楊光遠副焉。尋統兵三萬，營於晉安鄉。末帝自六月繼有詔促令攻取，敬達設長城連栅、雲梯飛砲，使工者運其巧思，窮土木之力。時督布者每有所構，則暴風大雨，平地水深數尺，而城栅崩墮，竟不能合其圍。九月，契丹至，敬達大敗，尋爲所圍。晉高祖及蕃衆自晉安寨南門外，長百餘里，闊五十里，布以氈帳，用毛索掛鈴，而部伍多犬，以備警急。營中嘗有夜遁者，出則犬吠鈴動，跬步不能行焉。自是敬達與麾下部曲五萬人，馬萬匹，無由四奔，但見穹廬如崗阜相屬，諸軍相顧失色。始則削木篩糞，以飼其馬，日望朝廷救軍，及漸羸死，則與將士分食之，馬盡食殫。副將楊光遠、次將安審琦知不濟，勸敬達宜早降以求自安。敬達曰：『吾受恩於明宗，位歷方鎮，主上授我大柄，而失律如此，已有愧於心也。今救軍在近，旦暮雪耻有期，諸公何相迫耶。待勢窮，則請殺吾，携首以降，亦未爲晚。』光遠、審琦知敬達意未決，恐坐成魚肉，遂斬敬達以降。《契丹國志》：楊光遠謀害張敬達，諸將高行周陰爲之備，敬達疏於防禦，推遠行周等。清晨，光遠上謁，見敬達左右無人，遂殺之。

又 卷七五《晉書·高祖紀一》 高祖聖文章武明德孝皇帝，姓石氏，諱敬瑭，太原人也。【略】唐明宗爲代州刺史，每深心器之，因妻以愛女。唐莊宗聞其善射，擢居左右，明宗請隸大軍，從之。後明宗從莊宗征行，命帝領親騎，號『三討軍』，倚以心腹。

天祐【略】十八年十月，又從明宗戰梁人於德勝渡，敗其將戴思遠，殺二萬餘人。十九年，戰胡盧套，唐軍稍卻，帝睹其敵鋭，拔劍辟道，肩護明宗而退，敵人望之，無敢襲者。

天祐【略】二十年十月平汴水，滅梁室，致莊宗一統，集明宗大勳，帝與唐末帝功居最，莊宗朝官未顯者，以帝不好矜伐故也，唯明宗心知之。

乃止。

三年五月，移授鄆州節度使，進封趙國公，仍改扶天啓運中正功臣。尋降詔促帝赴任。帝心疑之，乃召僚佐議曰：『孤再受太原之日，主上面宣云：「與卿北門，一生無議除改。」今忽降此命，莫是以去年忻州亂兵見迫，過相猜乎？又今年千春節，公主入覲，當辭時，謂公主曰：「爾歸心甚急，欲與石郎反耶？」此疑我之狀，固且明矣。今天子用後族，委邪臣，沈湎荒惑，萬機停壅，失刑失賞，不亡何待！吾自應順中少主出奔之日，覩人情大去，不能扶危持顛，憤憤於方寸者三年矣。今我無異志，朝廷自啓禍機，不可安然死於道路。況太原險固之地，積粟甚多，若且寬我，我當奉之。必若加兵，我則外告鄰方，北構强敵，興亡之數，皎皎在天。今欲發表稱疾，以俟其意，諸公以爲何如？』羣僚莫敢有所答。是年冬，果有鼎革之事。蓋晉祖懷不軌之志久矣，故托夢以惑衆也。掌書記桑維翰、都押衙劉知遠贊成密計，遂拒末帝之命。朝廷以帝不奉詔，降旨削奪官爵，即詔晉州刺史、北面副招討使張敬達領兵圍帝於晉陽。帝尋命桑維翰詣諸道求援，契丹遣人復書諾之，約以中秋赴義。六月，北面招收指揮使安重榮以部曲數千人入城。七月，代州屯將安元信率一軍，與西北面先鋒指揮使安審信引五百騎俱至。八月，懷州彰德軍使張萬迪等各率千餘騎來降。是月，外衆攻我甚急，帝親當矢石，人心雖固，廩食漸困。

九月辛丑，契丹主率衆自雁門而南，旌騎不絕五十里餘。先使人報帝云：『吾欲今日便破賊，可乎？』帝使人馳告曰：『皇帝赴難，比要成功，賊勢至厚，可明旦穩審議戰，未爲晚也。』使未達，契丹已與南軍騎將高行周、符彦卿等合戰。時張敬達、楊光遠列陣西山下，士未及成伍，而行周、彦卿爲伏兵所斷，捨軍而退，敬達等步兵大敗，死者萬人。是夜，帝出北門與戎王相見，戎王執帝手曰：『恨會面之晚。』因論父子之義。先使人報帝云：『吾欲今日便破賊，可乎？』帝使人馳告曰：『皇帝赴難，比要成功，賊勢至厚，可明旦穩審議戰，未爲晚也。』使未達，契丹已與南軍騎將高行周、符彦卿等合戰。時張敬達、楊光遠列陣西山下，士未及成伍，而行周、彦卿爲伏兵所斷，舍軍而退，敬達等步兵大敗，死者萬人。是夜，帝出北門見契丹主，契丹主執帝手曰：『恨會面之晚。』因論父子之義。明日，帝與契丹圍敬達營寨，南軍不復出矣。帝與契丹本無結好，自末帝見迫之後，遣心腹何福，以刀錯爲信，刀錯，原本作「刀錫」，今從《册府元龜》改正。一言親赴其難，迅若流電，信天意耶！己酉，唐末帝率親軍步騎三萬出次河橋。辛亥，末帝詔樞密使趙延壽分衆二萬爲北面招討使，又詔魏博節度使范延光統本軍二萬人屯遼州。十月，幽州節度使趙德鈞領所部萬餘人自上黨吴兒谷合延壽兵屯團谷口，與敬達寨相去百里，彌月竟不能相通。

十一月，戎王主會帝于營，謂帝曰：『我三千里赴義，事須必成。觀爾體貌恢廓，識量深遠，眞國主也。天命有屬，時不可失。欲徇蕃漢羣議，册爾爲天子。』帝飾讓久之。既而諸軍勸請相繼，乃命築壇於晉陽城南，册立爲大晉皇帝，戎王自解衣冠授焉。文曰：

維天顯九年，歲次丙申，十一月丙戌朔，十二日丁酉，大契丹皇帝若曰：於戲！元氣肇開，樹之以君；天命不恒，人輔惟德。故商政衰而周道盛，秦德亂而漢圖昌，人事天心，古今靡異。

咨爾子晉王，神鐘睿哲，天贊英雄，叶夢日以儲祥，應澄河而啓運。迨事數帝，歷試諸艱。武略文經，迺由天縱；忠規孝節，固自生知。猥以眇躬，奄有北土，暨明宗之享國也，與我先哲王保奉明契，所期子孫順承，患難相濟。丹書未泯，白日難欺，顧予纂承，匪敢失墜。爾惟近戚，實係本枝，所以餘視爾若子，爾待予猶父也。

朕昨以獨夫從珂，本非公族，竊據寶圖，棄義忘恩，逆天暴物，誅剪骨肉，離間忠良，聽任矯諛，威虐黎獻，華夷震悚，內外崩離，知爾無辜，爲彼致害，敢徵衆旅，來逼嚴城，雖并吞之志甚堅，而幽顯之情何負，達于聞聽，深激憤驚。乃命興師，爲爾除患，親提萬旅，遠殄羣凶，但赴急難，罔辭艱險。果見神只助順，卿士協謀，旗一麾而棄甲平山，鼓三作而僵屍遍野。雖以遂予本志，快彼羣心，將期稅駕金河，班師玉塞。

矧今中原無主，四海未寧，茫茫生民，若墜塗炭。況萬幾不可以暫廢，大寶不可以久虚，拯溺救焚，當在此日。爾有庇民之德，格於上下；爾有戡難之勳，光于區宇；爾有無私之行，通乎神明；爾有不言之信，彰乎兆庶。予懋乃德，嘉乃丕績，天之歷數在爾躬，是用命爾，當踐皇極。仍以爾自茲幷土，首建義旂，宜以國號曰晉。朕永與爲父子之邦，保山河之誓。於戲！補百王之闕禮，行茲盛典；成千載之大義，遂我初心。爾其永保兆民，勉持一德，愼乃有位，允執厥中。亦惟無疆之休，其誡之哉！

禮畢，帝鼓吹道從而歸。

始梁開國之歲，卽前唐天祐四年也，潞州行營使李思安奏：『壺關縣庶穰鄉鄉人伐樹，樹倒自分兩片，內有六字如左書，云「天十四載石進」。』梁祖令藏於武庫，然莫詳其義。至帝卽位，識者曰：「『天』字取「四」字中兩畫加之於旁，則「丙」字也；「四」字去中之兩畫，加「十」字，則「申」字也。」帝卽位之年乃丙申也。又，《易》云：『晉者，進也。』國號大晉，皆符契焉。又，帝卽位之前一年，年在乙未，鄴西有柵曰李固，清、淇合流在其側。柵有橋，橋下大鼠與蛇鬭，鬭及日之申，蛇不勝而死。行人觀者數百，識者志之。後唐末帝果滅於申。又，末帝，眞定常山人也，有先人舊廬，其側有古佛刹，刹有石像，忽搖動不已，人皆異之。及重圍晉陽，帝遣心腹何福輕騎求援北蕃，蕃主自將諸部赴之，不以繒帛，不以珠金，若回應聲。謂福曰：『吾已兆於夢，皆上帝命我，非我意也。』未浹旬，唐石敬瑭反於河東，爲後唐張敬達所敗，亟遣趙瑩持表重賂，許割燕雲，求兵爲援，契丹主曰：『我非爲石郎興師，乃奉天帝勑使也。』時援兵未至，僞將張敬達引軍逼城設柵，柵將成，必有大風暴雨，柵無以立。後築長城，城就，又爲水潦所壞，城終不能合。晉陽有北宮，宮城之上有祠曰毗沙門天王，帝曾焚修默而禱之。經數日，城西北闉正受敵處，軍候報稱，夜來有一人長丈餘，介金執殳，行於城上，久方不見。帝心異之。又，牙城有僧坊曰崇福，坊之廡下西北隅有泥神，神之首忽一日有煙生，其騰鬱如曲突之狀。坊僧奔赴，以爲人火所延，及俯而視之，無所有焉。事尋達帝，帝召僧之臘高者問焉，僧曰：『貧道見莊宗將得天下，曾有此煙。觀此噴湧，甚於當時，兆可知矣。』自此，日旁多有五色雲氣，如蓮芰之狀。帝召占者視之，謂曰：『此驗應誰？』占者曰：『見處爲瑞，更應何人！』又，帝每詰旦使慰撫守陴者，率以爲常，忽一夕已暝，城上有號令之聲，聲不絕者三。帝使人問之，將吏云：『從上傳來者。』皆知神助。時城中復有數家井泉，暴溢不止。及蕃軍大至，合勢破之，末帝之衆，似拉朽焉。斯天運使然，非人力也。

是日，帝言於戎王主，願以雁門已北及幽州之地爲戎王壽，仍約歲輸帛三十萬，戎王許之。

又 卷七六《晉書·高祖紀二》 天福元年十一月己亥，帝御北京崇元殿，降制：『改長興七年爲天福元年，大赦天下。十一月九日昧爽已前，應在京及諸州諸色罪犯，及曾授僞命職掌官吏，幷見禁囚徒，已結正未結正，已發覺未發覺，罪無輕重，常赦不原者，咸赦除之。應明宗朝所行敕命法制，仰所在遵行，不得改易。其在京鹽貨，元是官場出糶，自今後幷不禁斷，一任人户取便糶易，仍下太原府，更不得開場糶貨。其麴每斤與減價錢三十文。』以節度判官趙瑩爲翰林學士承旨、守尚書户部侍郎、知河東軍府事，以節度掌書記桑維翰爲翰林學士、守尚書禮部侍郎、知樞密院事，以觀察判官薛融爲吏部郎中兼侍御史、知雜事，太原縣令羅周岳爲左諫議大夫，節度推官竇貞固爲翰林學士，軍城都巡檢使劉知遠爲侍衛馬軍都指揮使，客將景延廣爲步軍都指揮使，太原少尹李玘爲尚書工部侍郎。

閏十一月甲子，晉安寨副招討使楊光遠等殺上將張敬達，以諸軍來降。丙寅，制以翰林學士承旨、知河東軍府、户部侍郎、知制誥趙瑩爲門下侍郎、同中書門下平章事、監修國史。以翰林學士、權知樞密事、禮部侍郎、知制誥桑維翰爲中書侍郎、同中書門下平章事、集賢殿大學士，依前知樞密院事，併賜推忠興運致理功臣。甲戌，車駕至昭義，受趙德鈞、延壽降。是日，戎王舉酒言於帝曰：『予遠來赴義，大事已成，皇帝須赴京都，今令太相溫勒兵相送至河梁，要過河者，任意多少，予亦且在此州，俟京、洛平定，便當北轅。』執手相泣，久不能別。脫白貂裘以衣帝，贈細馬二十匹，戰馬一千二百匹，仍誡曰：『子子孫孫，各無相忘。』己卯，至河陽北，節度使萇從簡來降，舟楫已具。庚辰，望見洛陽烟火相次，有將校飛狀請進。辛巳，唐末帝聚其族，與親將宋審虔等登玄武樓，縱火自焚而死。至晚，車駕入洛。唐兵解甲待罪，皆慰而舍之。帝止潛龍舊第，百官稍稍見焉。詔御史府促朝官入見，詔文武兩班臣僚應事僞庭者併釋罪。是日，百辟謝恩於宮門之外。甲申，車駕入內，御文明殿受朝賀，用唐禮樂。

又《**安審琦傳**》　安審琦，字國瑞，其先沙陀部人也。【略】清泰初，爲捧聖指揮使，領順化軍節度使。其年鎮邢州，兼北面行營排軍陣使，從張敬達圍太原。及楊光遠舉晉安寨降於晉祖，審琦亦預焉。晉祖踐阼，加檢校太傅、同平章事，充天平軍節度使兼侍衛馬步軍都指揮使，旋以母喪起復。

又　卷九七《**晉書·范延光傳**》　范延光，字子環，鄴郡臨漳人也。【略】及高祖建義於太原，唐末帝遣延光以本部二萬屯遼州，與趙延壽掎角合勢，及延壽兵敗，延光促還，故心不自安。高祖入洛，尋封臨清王，以寬其反側。

又《**楊光遠傳**》　楊光遠，小字阿檀，及長，止名檀，唐天成中，以明宗改御名爲亶，以偏傍字犯之，始改名光遠，字德明，其先沙陀部人也。【略】高祖舉義於太原，唐末帝遣光遠與張敬達屯兵於城下，俄而契丹大至，爲其所敗，圍其寨久之，軍中糧絶，光遠乃與次將安審琦等殺敬達，擁衆歸命。從高祖入洛，加檢校太尉，充宣武軍節度使、同平章事，判六軍諸衛事。

又　卷九八《**晉書·安重榮傳**》　安重榮，朔州人。祖從義，利州刺史。父全，勝州刺史、振武蕃漢馬步軍都指揮使。重榮有膂力，善騎射。唐長興中，爲振武道巡邊指揮使，犯罪下獄。時高行周爲帥，欲殺之，其母赴闕申告，樞密使安重誨陰護之，奏於明宗，有詔釋焉。

張敬達之圍晉陽也，高祖聞重榮在代北，使人誘之，重榮乃召邊士，得千騎赴焉。高祖大喜，誓以土地。及即位，授成德軍節度使，累加至使相。

又《**趙德鈞傳**》　趙德鈞，本名行實，幽州人也。【略】清泰三年夏，晉高祖起義於晉陽。九月，契丹敗張敬達之軍於太原城下，唐末帝詔德鈞以本軍由飛狐路出賊後邀之。時德鈞子延壽爲樞密使，唐末帝命帥軍屯上黨，德鈞乃以所部銀鞍契丹直三千騎至鎮州，率節度使華温琪同赴征行，自吴兒峪路趨昭義，與延壽會於西唐店。十一月，以德鈞爲諸道行營都統，以延壽爲太原南面招討使，遣端明殿學士呂琦賫賜官告，兼令犒軍。琦從容言天子委任之意，德鈞曰：『既以兵相委，焉敢惜死。』時范延光領兵二萬軍於遼州，德鈞欲併其軍，奏請與延光會合。唐末帝諭延光，疑其姦謀，不從。德鈞、延壽自潞州引軍至團柏谷，德鈞累奏乞授延壽鎮州節度，末帝不悦，謂左右曰：『趙德鈞父子堅要鎮州，苟能逐退蕃戎，要代予位，亦所甘心；若翫寇要君，但恐犬兔俱斃。』朝廷繼馳書詔，促令進軍，德鈞持疑不果，乃遣使於契丹，厚賫金幣，求立以爲帝，仍許晉祖長鎮太原，契丹主不之許。

及楊光遠以晉安寨降於契丹，德鈞父子自團柏谷南走潞州，一行兵士，投戈棄甲，自相騰踐，死者萬計。時德鈞有愛將時賽，率輕騎東還漁陽，其部曲尚千餘人，與散亡之卒俱集於潞州。是日，潞州節度使高行周亦自北還，及至府門，見德鈞父子在城闉上，行周謂曰：『某與大王鄉人，宜以忠言相告，城中無斗粟可食，請大王速迎車駕，自圖安計，無取後悔焉。』德鈞遂與延壽出降契丹。高祖至，德鈞父子迎謁於馬前，高祖不禮之。時契丹主問德鈞曰：『汝在幽州日，所置銀鞍契丹直何在？』德鈞指示之，契丹盡殺於潞之西郊，遂鎖德鈞父子入蕃。及見國母述律氏，盡以一行財寶及幽州田宅籍而獻之，國母謂之曰：『汝父子自覓天子何耶？』德鈞俯首不能對。

又　卷一〇八《**漢書·李崧傳**》　李崧，深州饒陽人。【略】先是，長興三年冬，契丹入雲中，朝廷欲命重將鎮太原。時晉祖爲六軍副使，以秦王從榮不軌，懇求外任，深有北門之望，而大臣以晉高祖方權兵柄，難以議之。一日，明宗怒其未奏，范延光、趙延壽等無對，退歸本院，共議其事，方欲以康義誠爲之。時崧最在下位，聳立請曰：『朝廷重兵多在北邊，須以重臣爲帥，以某所見，非石太尉不可也。』會明宗令中使促之，衆乃從其議。翌日，晉祖既受太原之命，使心腹達意於崧云：『壘浮圖須與合卻尖。』蓋感之深也。及清泰末，晉祖入洛，崧與呂琦俱竄匿於伊闕民家。旬日，晉高祖召爲户部侍郎，判户部。逾月，拜中書侍郎、同平章事，與桑維翰併兼樞密使。

又　卷一二三《**周書·高行周傳**》　高行周，字尚質，幽州人也。【略】長興初，以北邊鄰契丹，用爲振武節度使。明年，以河西用軍，移鎮延安。清泰初，改潞州節度使。晉祖建義於太原，唐末帝命張敬達征之，行周與符彥卿爲左右排陣使。契丹主入援太原也，行周、彥卿引騎拒之，尋爲契丹所敗，遂與敬達保晉安砦，累月救軍不至。楊光遠欲圖敬達，行周知之，引壯士護之。敬達性戇，不知其營護，謂人曰：『行周每踵余後，其意何也？』繇是不復敢然，敬達遂爲光遠所害。晉祖入洛，令行周還藩，加同平章事。晉祖都汴，以行周爲西京留守，未幾，移鄴都。

《遼史》卷三《太宗紀》 太宗孝武惠文皇帝，諱德光，字德謹，小字堯骨。【略】天顯【略】十一年【略】秋七月【略】丙申，唐河東節度使石敬瑭爲其主所討，遣趙瑩因西南路招討盧不姑求救。上白太后曰：『李從珂弒君自立，神人共怒，宜行天討。』時趙德鈞亦遣使至，河東復遣桑維翰來告急，遂許興師。八月己未，遣蕭轄里報河東師期。丙寅，吐谷渾來貢。庚午，自將以援敬瑭。

九月癸巳，有飛鶩自墜而死，南府夷離堇曷魯恩得之以獻。卜之，吉。上曰：『此從珂自滅之兆也！』丁酉，入雁門。戊戌，次忻州，祀天地。己亥，次太原。庚子，遣使諭敬瑭曰：『朕興師遠來，當卽與卿破賊。』會唐將高行周、符彥卿以兵來拒，遂勒兵陣於太原。及戰，佯爲之卻。唐將張敬達、楊光遠又陳於西，未成列，以兵薄之。而行周、彥卿爲伏兵所斷，首尾不相救。敬達、光遠大敗，棄仗如山，斬首數萬級。敬達走保晉安寨，夷離堇的魯與戰，死之。敬瑭率官屬來見，上執手撫慰之。癸卯，圍晉安。甲辰，以的魯子徒離骨嗣爲夷離堇，仍以父字爲名，以旌其忠。南宰相鶻離底、奚監軍寅你己、將軍陪阿臨陣退懦，上召切責之。

冬十月甲子，封敬瑭爲晉王，幸其府。敬瑭與妻李率其親屬捧觴上壽。初圍晉安，分遣精兵守其要害，以絕援兵之路。而李從珂遣趙延壽以兵二萬屯團柏谷，范延廣以兵二萬屯遼州，幽州趙德鈞以所部兵萬餘由上黨趨延壽軍，合勢進擊。知此有備，皆逗留不進。從珂遂將精騎三萬出次河陽，親督諸軍。然知其不救，但日酣飲悲歌而已。丁卯，召敬瑭至行在所，賜坐。上從容語之曰：『吾三千里舉兵而來，一戰而勝，殆天意也。觀汝雄偉弘大，宜受茲南土，世爲我藩輔。』遂命有司設壇晉陽，備禮册命。

十一月丁酉，册敬瑭爲大晉皇帝。自戊戌至戊申，候騎兩奏南有兵至，復奏西有兵至，命惕隱迪輦涅拒之。唐將張敬達在圍八十餘日，內外隔絕，軍儲殆盡，至濯馬糞、屑木以飼馬，馬饑至自相啖其騣尾，死則以充食。光遠等勸敬達出降，敬達曰：『吾有死而已。爾欲降，寧斬吾首以降。』

閏月甲子，楊光遠、安審琦殺敬達以降。上聞敬達至死不變，謂左右曰：『凡爲人臣當如此也！』命以禮葬。所降軍士及馬五千匹以賜晉帝。丙寅，祀天地以告成功。庚午，僕射蕭酷古只奏趙德鈞等諸援兵將遁，詔夜發兵追擊。德鈞等軍皆投戈棄甲，自相蹂踐，擠於川谷者不可勝紀。仍命皇太子馳輕騎據險要，追及步兵萬餘，悉降之。辛未，兵度團柏谷，以酒肴祀天地。俄追及德鈞父子，乃率衆降。次潞州，召諸將議，皆請班師。從之。命南宰相解領、鶻離底、奚監軍寅你己、將軍陪阿先還。壬申，惕隱涅、林牙迪離畢來獻俘。晉帝辭歸，上與宴飲。酒酣，執手約爲父子，以白貂裘一、廏馬二十、戰馬千二百餞之。命迪離畢將五千騎送入洛。臨別，謂之曰：『朕留此，候亂定乃還耳。』辛巳，晉帝至河陽，李從珂窮蹙，召人皇王倍同死，不從。遣人殺之，乃舉族自焚。詔收其士卒戰歿者瘞之汾水上，以爲京觀。晉命桑維翰爲文，紀上功德。

十二月乙酉朔，遣近侍撻魯豐存問晉帝。丙戌，以晉安所獲分賜將校。戊子，遣使馳奏皇太后，及報諸道師還。庚寅，發太原。辛卯，聞晉帝入洛，遣郎君解里德撫問。壬辰，次細河，閱降將趙德鈞父子兵馬。戊戌，次雁門，以沙太保所部兵分隸諸將。庚戌，幸應州。癸丑，唐大同、彰國、振武三節度使迎見，留之不遣。

論說

《舊五代史》卷四八《唐書·末帝紀論》 末帝負神武之才，有人君之量。由尋戈而踐阼，慚德應深；及當寧以居尊，政經未失。屬天命不祐，人謀匪臧，坐俟焚如，良可悲矣！稽夫衽金甲於河壖之際，斧眺樓於梁壘之時，出没如神，何其勇也！及乎駐革輅於覃懷之日，絶羽書於汾晉之辰，涕淚沾襟，何其怯也！是知時之來也，雕虎可以生風；運之去也，應龍不免爲醢。則項籍悲歌於帳下，信不虛矣！

又　卷八〇《晉書・高祖紀論》　晉祖潛躍之前，沈毅而已。及其爲君也，旰食宵衣，禮賢從諫，慕黄、老之教，樂清淨之風，以絁爲衣，以麻爲履，故能保其社稷，高朗令終。然而圖事之初，召戎爲援，獫狁自兹而孔熾，黔黎由是以罹殃。迨至嗣君，兵連禍結，卒使都城失守，舉族爲俘。亦猶決鯨海以救焚，何逃没溺；飲鴆漿而止渴，終取喪亡。謀之不臧，何至於是！儻使非由外援之力，自副皇天之命，以兹睿德，惠彼蒸民，雖未足以方駕前王，亦可謂仁慈恭儉之主也。

《新五代史》卷七《唐紀・末帝紀》　嗚呼，君臣之際，可謂難哉！蓋明者慮於未萌而前知，暗者告以將及而不懼，故先事而言，則雖忠而不信，事至而悔，其可及乎？重誨區區獨見潞王之禍，而謀之不臧，至於殞身赤族，其隙自兹。及潞帝之亡也，穴於徽陵，其土一壟，路人見者，皆爲之悲。使明宗爲有知，其有愧於重誨矣，哀哉！

宋・洪邁《容齋續筆》卷一《存亡大計》　國家大策，係於安危存亡，方變故交切，幸而有智者陳至當之謀，其聽而行之，當如捧漏甕以沃焦釜。而愚荒之主，暗於事幾，且惑於諛佞孱懦者之言，不旋踵而受其禍敗，自古非一也。【略】石敬瑭以河東叛，耶律德光赴救，敗唐兵而圍之，廢帝問策於羣臣。時德光兄贊華，因爭國之故，亡歸在唐，吏部侍郎龍敏請立爲契丹主，令天雄、盧龍二鎮分兵送之，自幽州趣西樓，朝廷露檄言之，虜必有内顧之慮，然後選募精鋭以擊之，此解圍一策也。帝深以爲然。而執政恐其無成，議竟不決，唐遂以亡。

清・王楨《史弋》卷下《五代・晉高祖》　石敬塘不用知遠言，乃父事契丹而獻燕薊十六州，固敬塘之罪而實桑維翰之謀也。敬塘雖以得國，亦足爲千古羞已。嗚呼！劉元海匈奴耳，猶知大丈夫當爲漢高、魏武，敬塘儼然君也，乃欲攘人之國而父事於人，何所見之不如元海乎？

清・吴孟堅《一草亭讀史漫筆二・晉石敬瑭》　敬瑭籍契丹以圖中夏，割山後十六州與之，所謂驅人民而投之虎狼之口也，千載罪人矣。其籍契丹之立以爲君，即以君父事契丹，自稱爲兒皇帝，吾不知作史者其何以書邪？嗟乎！敬瑭之罪可忍言哉！中夏之恨可勝言哉！

藝　文

明・李東陽《西涯樂府》卷下《十六州》　契丹助晉兵，一號三十萬。晉家報契丹，一數一匹絹。三十萬絹未足惜，一十六州空棄擲。遂令宋統成偏安，中原以北無幽燕。金元相承二百戰，慟哭衣冠化兜鎧。至今五鎮接三邊，不備西陲備東海。

清・謝啓昆《樹經堂詠史詩》卷七《後晉・高祖》　菩薩已除生鐵暗，潞王膽墮石郎來。盧龍遠道開南牧，戎馬長驅獵北臺。父事契丹承册命，孫爲皇帝作兵媒。赭袍賜出三軍亂，負義和龍聚泣哀。

清・陳啓曦《詠史擬古樂府》卷下《十六州》　竟稱臣，不足恥，大原石郎作天子。如事父，方有濟，太原石郎作皇帝。羽書日夜馳河陽，五萬鐵騎排戰場。卿等慎勿言石郎，雁門關外多虎狼。一十六州盡淪没，何年再見天邊日。千秋恨，千春節。鐵硯鑄五代史晉臣傳

清・舒位《瓶水齋詩集》卷三《五代十國讀史絶句三十首・後晉二首》　割取燕雲十六州，火光飛上洛陽樓。鐵穿石爛匆匆甚，紅殺僧堂一樹榴。

更無十萬劍横磨，可惜陽城一橐駝。獨向封丘門外去，路旁紗帽已無多。

後漢滅後晉分部

綜　述

《舊五代史》卷八〇《晉書・高祖紀六》　天福六年秋七月己未朔，帝御崇元殿視朝。【略】己巳，以鄴都留守兼侍衛親軍馬步軍都指揮使、廣晉尹劉知遠爲太原尹，充北京留守、河東節度使，仍割遼、沁二州卻隸河東。以北京留守李德玧爲廣晉尹，充鄴都留守；以昭義節度使馬全節爲邢州節度使，加同平章事。【略】

天福七年春正月【略】丙寅，【略】河東節度使劉知遠加兼侍中；以鄆州節度使、北面行營招討使、侍衛親軍都指揮使杜重威爲恒州順國軍節度使，加兼侍中。

又　卷八一《晉書·少帝紀一》（天福七年）【略】秋七月【略】辛丑，恒州順國軍節度使杜威、河東節度使劉知遠，併加檢校太師，仍增爵邑。【略】天福八年【略】三月【略】癸未，青州節度使、東平王楊光遠進封壽王，北京留守劉知遠、恒州節度使杜威併加兼中書令。

又　卷八二《晉書·少帝紀二》　開運元年春正月【略】甲午，以北京留守劉知遠爲幽州道行營招討使，以恒州節度使杜威副之，定州節度使馬全節爲都虞候，其職員將校委招討使便宜署置。【略】

三月癸酉朔，契丹主領兵十餘萬來戰，時契丹僞棄元城寨已旬日矣，伏精騎於頓丘故城，以待王師。設伏累日，人馬飢頓，趙延壽謀曰：『晉軍悉在河上，畏我鋒鋭，不敢前進，不如徑造城下，四面而進，攻奪其橋梁，天下定矣。』契丹主然之。是日，前軍高行周在戚城之南，賊將趙延壽、趙延昭以數萬騎出王師之西，契丹主自擁精騎出王師之東，兩軍接戰，交相勝負。至晡時，契丹主以勁兵中央出而來，帝御親軍列爲後陣，東西濟河，爲偃月之勢，旗幟鮮盛，士馬嚴整。【略】契丹乃率精騎以攻東邊，王師敗走，敵騎追之。時有夾馬軍士千餘人在堤間治水寨，旗幟之末出於堰埭，敵望見之，以爲伏兵所起，追兵乃止。久之，復戰，王師又退，李守超以數百騎短兵直進擊之，敵稍卻。戰場之地，人馬死者無算，斷箭殘鏃，横厚數寸。遇夜，賊擊鉦抽軍而退，夜行三十而舍焉。【略】護聖第二軍都指揮使安重懷、指揮使烏韓七、監軍何彦超等臨陣畏怯，手失兵仗，悉斬之。【略】癸巳，北京留守、兼中書令劉知遠封太原王，餘如故。【略】五月壬申朔，太原劉知遠奏，邊境未寧，軍用甚廣，所封王爵，乞未行册命。戊寅，遣侍衛親軍都虞候李守貞率步騎二萬，討楊光遠於青州。

又　卷八三《晉書·少帝紀三》　開運元年【略】八月辛丑，命十五將以御契丹。是夕，質宿直，出帝命諸學士分草制，質曰：『宮城已閉，慮泄機事。』遂獨爲之。北京留守劉知遠充北面行營都統，鎮州節度使杜威充北面行營都招討使，鄆州節度使張從恩充馬步軍都監。【略】開運二年【略】夏四月丙子，以車駕將還京，差官往西京告天地宗廟社稷。辛巳，駕發澶州。甲申，至京師，曲赦在京禁囚。丁亥，詔鄴都依舊爲天雄軍。庚寅，河東節度使劉知遠封北平王。

又　卷八四《晉書·少帝紀四》　開運三年【略】七月【略】丙申，兩浙節度使、吳越國王錢弘佐加守太師，北京留守、河東節度使、北平王劉知遠加守太尉。【略】八月【略】癸酉，河東節度使劉知遠奏，誅吐渾大首領白承福、白鐵匱、赫連海龍等，併夷其族凡四百口，蓋利其孳畜財寶也，人皆冤之。甲戌，以大理少卿劇可久爲大理卿。棣州刺史慕容彦超削奪在身官爵，房州安置，坐前任濮州擅出省倉麥及私賣官曲，準法處死。太原節度使劉知遠上表救之，故貸其死。

又　卷八五《晉書·少帝紀五》　開運三年【略】十一月【略】北面行營招討使杜威率諸將領大軍自鄴北征，師次瀛州城下，貝州節度使梁漢璋戰死。杜威等以漢璋之敗，遂收軍而退。行次武强，聞戎王入寇，欲取直路，自冀、貝而南。會張彦澤領騎自鎮定至，且言契丹可破之狀，於是大軍西趨鎮州。

十二月丁巳朔，己未，杜威奏，駐軍於中渡橋。【略】時契丹遊騎涉滹水而南，至欒城縣。【略】己巳，邢州方太奏，此月六日，契丹與王師戰於中渡，王師不利，奉國都指揮使王清戰死。庚午，幸沙臺射兔。壬申，始聞杜威、李守貞等以此月十日率諸軍降於契丹。

時自中渡寨隔絶之後，帝與大臣端坐憂危，國之衛兵，悉在北面，計無所出。十六日聞滹水之降，是夜，偵知張彦澤已至滑州，召李崧、馮玉、李彦韜入内計事，方議詔河東劉知遠起兵赴難。至五鼓初，張彦澤引蕃騎入京。【略】癸酉，帝奉表於戎主曰：【略】臣與太后併妻馮氏及舉家戚屬，見於郊野面縛俟罪次所。有國寶一面、金印三面，今遣長子陝府節度使延煦、次子曹州節度使延寶管押進納，併奉表請罪，陳謝以聞。【略】

明年正月朔，【略】辛卯，契丹制，降帝爲光禄大夫、檢校太尉，封負義侯，黄龍府安置，其地在渤海國界。

又　卷九九《漢書·高祖紀上》　高祖睿文聖武昭肅孝皇帝，姓劉氏，諱暠，本名知遠，及即位改今諱。其先本沙陀部人也。【略】初事唐明宗，列於麾下。【略】明宗踐阼，晉高祖爲北京留守，以帝前有護援之力，奏移麾下，署爲牙門都校。應順初，晉高祖鎮常山，唐明宗召赴闕，會閔帝出奔，與晉高祖相遇於途，遂俱入衞州，泊於郵舍。閔帝左右謀害晉高祖，帝密遣御士石敢袖鎚立於晉高祖後，及有變，敢擁晉高祖入一室，以巨木塞門，敢尋死焉。帝率衆盡殺閔帝左右，遂免晉高祖于難。【略】

清泰元年，晉高祖復鎮河東。三年夏，移鎮汶陽。帝勸晉高祖舉義，贊成密計，經綸之始，中外賴之。晉高祖以帝爲北京馬步軍都指揮使。及契丹以全軍赴難，大破張敬達之衆於晉陽城下，有降軍千餘人，晉高祖將置之於親衞，帝盡殺之。晉國初建，加檢校司空，充侍衞馬步都指揮使，權點檢隨駕六軍諸衞事，尋改陝州節度使，充侍衞親軍馬步都虞候。契丹主送晉高祖至上黨，指帝謂高祖曰：『此都軍甚操剌，無大故不可棄之。』晉高祖入洛，委帝巡警，都邑肅然，無敢犯令。

天福二年夏四月，加檢校太保。八月，改許州節度使，典軍如故。三年夏四月，加檢校太傅。冬十月，授侍衞親軍馬步軍都指揮使。十一月，移授宋州，加檢校太尉。十二月，加同平章事。【略】五年三月，改鄴都留守兼侍衞親軍馬步軍都指揮使。九月，奉詔赴闕，晉高祖幸其第。六年七月，授北京留守、河東節度使。七年正月，加侍中。時天下大蝗，惟不入河東界。六月，晉高祖崩於鄴宮，少帝卽位，加帝檢校太師。八年三月，進位中書令。

開運元年正月，契丹南下，契丹主以大軍直抵澶州，遣蕃將偉王率兵入雁門。朝廷以帝爲幽州道行營招討使，帝大破偉王於忻口。尋奉詔起兵至土門，軍至欒平，會契丹退，乃還。三月，封太原王。七月，兼北面行營都統。二年四月，封北平王。三年五月，加守太尉。是月，帝誅吐渾白承福等五族凡四百人，以別部王義宗統其餘衆。【略】十一月，契丹主率蕃漢大軍由易、定抵鎮州，杜重威等駐軍於中渡橋以御之。十二月十日，杜重威等以全軍降於契丹。十七日，相州節度使張彥澤受契丹命，陷京城，遷少帝於開封府。帝聞之大駭，分兵守境，以備寇患。

天福十二年春正月丁亥朔，契丹主入東京。癸巳，晉少帝蒙塵於封禪寺。癸卯，少帝北遷。二月丁巳朔，契丹主具漢法服，御崇元殿受朝，制改晉國爲大遼國，大赦天下，號會同十年。是月，帝遣牙將王峻奉表於契丹，契丹主賜詔褒美，呼帝爲兒，又賜木柺一。蕃法，貴重大臣方得此賜，亦猶漢儀賜幾杖之比也。王峻持柺而歸，契丹望之皆避路。及峻至太原，帝知契丹政亂，乃議建號焉。是月，秦州節度使何建以其地入於蜀。戊辰，河東行軍司馬張彥威與文武將吏等，以中原無主，帝威望日隆，羣情所屬，上箋勸進，帝謙讓不允。自是羣官三上箋，諸軍將吏、緇黄耆耋，相次迫請，教答允之。庚午，陝府屯駐奉國指揮使趙暉、侯章、都頭王晏殺契丹監軍及副使劉愿，暉自稱留後。契丹因授暉陝州兵馬留後，侯章爲本州馬步軍都指揮使，王晏爲副都指揮使，暉等不受命。

辛未，帝於太原宮受册，卽皇帝位，制改晉開運四年爲天福十二年。【略】己卯，帝遣都將史宏肇率兵討代州，平之。初，代州刺史王暉叛歸契丹，弘肇一鼓而拔之，斬暉以徇。庚辰，權晉州兵馬留後張晏洪奏，軍亂，殺知州副使駱從朗及括錢使、諫議大夫趙熙，以城歸順。【略】辛巳，權陝州留後趙暉、權潞州留後王守恩，併上表歸順。【略】契丹主初聞其變也，懼甚，由是大河之南無久留之意，尋遣天雄軍節度使杜重威歸鎮。

三月丙戌朔，詔河東管內，自前稅外，雜色徵配一切除放。【略】辛卯，權延州留後高允權遣判官李彬奏：本道節度使周密爲三軍所逐，以允權知留後事，上表歸順。未幾，帝召密赴行在。壬辰，丹州都指揮使高彥珣殺僞命刺史，據城歸命。壬寅，契丹主發自東京還本國。

又　卷一〇〇《漢書·高祖紀下》　天福十二年夏五月【略】辛卯，詔取五月十三日車駕南幸。甲午，以判太原府事劉崇爲北京留守，命皇子承訓。武德使李暉大內巡檢。丙申，帝發河東，取陰地關路幸東京。

六月【略】丙辰，車駕至洛，兩京文武百僚自新安相次奉迎。

又　卷一三七《契丹傳》　契丹者，古匈奴之種也。代居遼澤之中，潢水南岸，南距榆關一千一百里，榆關南距幽州七百里，本鮮卑之舊地也。其風土人物，世代君長，前史載之詳矣。

及少帝嗣位，遣使入契丹。德光以少帝不先承稟，擅卽尊位，所齎文字，略去臣禮，大怒，形於責讓，朝廷使去，卽加譴辱。【略】會青州楊光遠叛，遣使構之。明年冬，德光率諸部南下。開運元年春，陷祁州，直抵大河。【略】明年春正月朔日，開運四年德光至汴北。文武百官迎於路。是日，入宮。至昏復出。次於赤崗。五日，僞制降晉少帝爲負義侯，於黃龍府安置。七日，德光復自赤崗入居於大內，分命使臣於京城及往諸道括借錢帛，僞命以李崧爲西廳樞密使，以馮道爲太傅，以左僕射和凝及北來翰林學士承旨張礪爲宰相。二月朔日，德光服漢法服，坐崇元殿，受蕃漢朝賀，僞制大赦天下，改晉國爲大遼國。以趙延壽爲大丞相，兼政事令、充樞密使、兼中京留守。降東京爲防禦州，尋復爲宣武軍。

十五日，漢高祖建號於晉陽。德光聞之，削奪漢祖官爵。是月，晉州、潞州併歸河東。時盜賊所在，羣起攻劫州郡，斷澶州浮梁，契丹大恐。沿河諸藩鎮併以腹心鎮之。三月朔日，德光坐崇元殿，行入閤之禮，覩漢家儀法之盛，大悅。以蕃大將蕭翰爲汴州節度使。十七日，德光北還。【略】四月四日，屠其城而去。德光聞河陽軍亂，謂蕃漢臣僚曰：『我有三失：殺上國兵士，打草谷，一失也；天下括錢，二失也；不尋遣節度使歸藩，三失也。』十六日，次於欒城縣，殺胡林之側。時德光已得寒熱疾數日矣，命胡人齎酒脯，禱於得疾之地。十八日晡時，有大星落於穹廬之前，若迸火而散，德光見之，西望而唾，連呼曰：『劉知遠滅，劉知遠滅！』是月二十一日卒，時年四十六，主契丹凡二十二年。

《新五代史》卷三〇《漢臣傳·史弘肇》 史弘肇，字化元，鄭州滎澤人也。爲人驍勇，走及奔馬。梁末，調民七户出一兵，弘肇爲兵，隸開道指揮，選爲禁兵。漢高祖典禁兵，弘肇爲軍校。其後，漢高祖鎮太原，使將武節左右指揮，領雷州刺史。高祖建號於太原，代州王暉拒命，弘肇攻破之，以功拜忠武軍節度使、侍衛步軍都指揮使。

是時，契丹北歸，留耿崇美攻王守恩於潞州。高祖遣弘肇前行擊之，崇美敗走，守恩以城歸漢。而河陽武行德、澤州翟令奇等，皆迎弘肇自歸。弘肇入河陽，高祖從後至，遂入京師。

弘肇爲將，嚴毅寡言，麾下嘗少忤意，立檛殺之。軍中爲股慄，以故高祖起義之初，弘肇行兵所至，秋毫無犯，兩京帖然。

論說

《舊五代史》卷八五《晉書·少帝紀論》 少帝以中人之才，嗣將墜之業，屬上天不祐，仍歲大饑，尚或絕强敵之歡盟，鄙輔臣之謀略。奢淫自縱，謂有泰山之安；委托非人，坐受平陽之辱。族行萬里，身老窮荒，自古亡國之醜者，無如帝之甚也。千載之後，其如恥何，傷哉！

又 卷一〇〇《漢書·高祖紀論》 在昔皇天降禍，諸夏無君。漢高祖肇起并、汾，遄臨汴、洛，乘虛而取神器，因亂而有帝圖，雖曰人謀，諒由天啓。然帝昔涖戎藩，素虧物望，洎登宸極，未厭人心，徒矜拯溺之功，莫契來蘇之望。良以急於止殺，不暇崇仁。燕薊降師，既連營而受戮；鄴臺叛帥，因閉壘以媮生。蓋撫御以乖方，俾征伐之不息。及回鑾輅，尋墮烏號，故雖有應運之名，而未覩爲君之德也。

宋·歐陽修《歐陽文忠公集》卷一六《正統論下》 五代之得國者，皆賊亂之君也。而獨僞梁而黜之者，因惡梁者之私論也。唐自僖昭以來，不能制命於四海，而方鎮之兵作已。而小者并於大弱者，服於彊其尤彊者，朱氏以梁，李氏以晉，共起而窺唐。而梁先得之，李氏因之籍名討賊，以與梁爭中國，而卒得之。其勢不得不以梁爲僞也，而繼其後者遂因之，使梁獨被此名也。夫梁固不得爲正統，而唐、晉、漢、周何以得之？今皆黜之，而論者猶以漢爲疑，以謂契丹滅晉，天下無君，而漢起太原，徐驅而入汴，與梁、唐、晉、周其迹異矣。而今乃一槩可乎？曰：『較其心迹，小異而大同爾。』且劉智遠，晉之大臣也。方晉有契丹之亂也，竭其力以救難，力所不勝而不能存晉，出於無可奈何，則可以少異乎？四國矣，漢獨不然。自契丹與晉戰者，三年矣。漢獨高拱而視之如齊人之視越人也。卒幸其敗亡，而取之及契丹之北也。以中國委之，許王從益而去，從益之勢雖不能存晉，然使忠於晉者得而奉之可以冀於有爲也，漢乃殺之而後入，以是而較其心迹，其異於四國者幾何？矧皆未嘗合天下於一也，其於正統絕之何疑。

藝　文

清・謝啓昆《樹經堂詠史詩》卷七《後漢・高祖》　攝刺都軍賜拐歸，土門赴難與心違。帝羓不救中原禍，人膽難充亂賊飢。天福稱年思晉號，明陵寒食泣唐妃。毛錐無用長槍出，犯闕黄旗有郭威。

清・舒位《瓶水齋詩集》卷三《五代十國讀史絶句三十首・後漢二首》　不事南朝不北朝，紀年改國兩無聊。洛陽焚牒緣何事，寒食難容麥飯澆。

二威不死一威生，草草匆匆作此行。卻受虚名收實禍，四年兩世不分明。

後周滅後漢分部

綜　述

《舊五代史》卷九九《漢書・高祖紀上》　天福十二年【略】夏四月己未，【略】以蕃漢兵馬都孔目官郭威爲權樞密使、檢校司徒以河東左都押衙扈彦珂爲宣徽南院使、檢校司徒。

又　卷一〇〇《漢書・高祖紀下》　天福十二年【略】秋七月【略】閏月【略】辛未，以權樞密使楊邠爲樞密使，加檢校太傅；以權樞密副使郭威爲副樞密使，加檢校太保；以權三司使王章爲三司使，加檢校太傅。

又　卷一〇一《漢書・隱帝紀上》　乾祐元年【略】三月【略】時蘇逢吉等在中書，樞密使楊邠、副樞密使郭威等，權勢甚盛，中書每有除授，多爲邠等所抑。濤不平之，因上疏請出邠等，以藩鎮授之，樞密之務，宜委逢吉、禹珪。疏入，邠等知之，乃見太后泣訴其事，太后怒，濤由是獲譴。先是，中書厨釜鳴者數四，未幾，濤罷免。

夏四月辛巳，陜州兵馬監押王玉奏，收復潼關。定州孫方簡奏，三月二十七日，契丹棄定州遁去。壬午，以樞密使楊邠爲中書侍郎兼吏部尚書、平章事，使如故；以副樞密使郭威爲樞密使，加檢校太尉；三司使王章加檢校太尉、同平章事。

秋七月【略】庚申，樞密使郭威加同平章事。

八月己卯，以華州節度使侯章爲邠州節度使，以左金吾上將軍扈彦珂爲華州節度使。壬午，命樞密使郭威赴河中府軍前，詔河府、永興、鳳翔行營諸軍，一稟威節制。時李守貞、王景崇、趙思綰連衡作叛，朝廷雖命白文珂、常思攻討河中，物議以二帥非守貞之敵，中外憂之，及是命之降，人情大愜。【略】癸卯，郭威奏，今月二十三日，大軍已抵河府賊城；至二十六日，開長連塹畢，築長連城次。

九月【略】壬子，郭威奏，破河府賊軍於城下。【略】壬申，郭威奏，得郭從義報，今月十四日，鳳翔王景崇兵士離本城，尋遣監軍李彦從率兵襲至法門寺西，殺戮二千餘人。詔升河中府解縣爲解州。

又　卷一〇二《漢書・隱帝紀中》　乾祐二年春正月【略】乙卯，河府軍前奏，今月四日夜，賊軍偷斫河西寨，捕斬七百餘級。時蜀軍自大散關來援王景崇，郭威自將兵赴岐下，將行，戒白文珂、劉詞等曰：『賊之驍勇，併在城西，慎爲儆備。』既行，至華州，聞川軍退敗，且憂文珂等爲賊奔突，遂兼程而回。賊城内偵知郭威西行，於正月四日夜，遣賊將王三鐵等，率驍勇千餘人，沿流南行，坎岸而登，爲三道來攻。賊軍已入王師寨中，劉詞極力拒之，短兵既接，遂敗之。

秋七月【略】丙辰，樞密使郭威奏，收復河府羅城，李守貞退保子城。【略】甲子，樞密使郭威奏，收復河中府，逆賊李守貞自燔而死。丙寅，以權涼州留後折逋嘉施爲河西軍節度留後。兖州奏，捕蝗二萬斛。丁卯，前洺州團練使武漢球卒。戊辰，永興軍節度使兼兵馬都部署郭從義加同平章事，徙華州節度使。郭從義奏，處斬前巡檢使喬守温，供奉官王益、時知化、任繼勛等。守温受高祖命巡檢京兆，會王益自鳳翔押送趙思綰等赴闕，行至京兆，守温迎益於郊外，思綰等突然作亂，遂據其城。及郭從義率兵攻討，令守温部署役夫。守温有愛姬陷在賊城，爲思綰所録，及收城，從義盡得思綰之婢僕，守温求其愛姬，從義雖與之，意有所慊，遂發前罪，密啓於郭威，請除之，與王益等併誅焉。

九月乙己，樞密使郭威檢校太師、兼侍中，宋州節度使兼侍衛親軍都指揮使史宏肇加兼中書令。初，郭威平河中回，朝廷議加恩，威奏曰：『臣出兵已來，輦轂之下，無犬吠之憂，俾臣得專一其事，軍旅所聚，資糧不乏，此皆居中大臣鎮撫謀畫之功也，臣安敢獨擅其美乎！』帝然之，於是宏肇與宰相、樞密使、三司使，次第加恩。既而諸大臣以恩之所被，皆朝廷親近之臣，而宗室劉信及青州劉銖等皆國家元勳，必有不平之意，且外慮諸侯以朝廷有私於親近也，於是議及四方侯伯，普加恩焉。

冬十月【略】丙戌【略】契丹陷貝州高老鎮，南至鄴都北境，又西北至南宫、堂陽，殺掠吏民。數州之地，大被其苦，籓郡守將，閉關自固。遣樞密使郭威率師巡邊，仍令宣徽使王峻參預軍事。庚寅，府州折從阮進封岐國公，豐州郭勛進封號國公。

又 卷一〇三《漢書·隱帝紀下》 乾祐三年【略】二月【略】甲申，樞密使郭威巡邊回。

夏四月戊辰朔，邢州薛懷讓移鎮同州，相州郭謹、河陽李暉併進邑封。庚午，府州折從阮移鎮鄧州。辛未，故深州刺史萬山贈太傅。先是，契丹入邊，萬山城守，郭威遣索萬進率騎七百屯深州。一日，契丹數千騎迫州東門，萬山父子率兵百餘人襲之。契丹僞退十餘里，而伏兵發，萬山血戰，急請救於萬進，萬進勒兵不出，萬山死之，契丹亦解去。時論以萬進爲罪，故加萬山贈典焉。【略】壬午，以樞密使郭威鄴都留守，依前樞密使。詔河北諸州，應兵甲、錢帛、糧草一稟郭威處分。

十一月【略】丙子【略】是日，帝遣腹心賫密詔往澶州、鄴都，令澶州節度使李洪義誅侍衛步軍都指揮使王殷，令鄴都屯駐護聖左廂都指揮使郭崇、奉國左廂都指揮使曹英害樞密使郭威及宣徽使王峻。急詔鄆州高行周、青州符彦卿、永興郭從義、兗州慕容彦超、同州薛懷讓、鄭州吴虔裕、陳州李谷等赴闕。以宰臣蘇逢吉權知樞密院事，前青州劉銖權知開封府事，侍衛馬軍都指揮使李洪建判侍衛司事，内客省使閻晉卿權侍衛馬軍都指揮使。

丁丑，澶州節度使李洪義受得密詔，知事不克，乃引使人見王殷。殷與洪義遣本州副使陳光穗賫所受密詔，馳至鄴都。洪義素怯懦，慮殷覺，遷延不敢發，遽引業見殷。殷乃錮業，送密詔於周祖。郭威得之，即召王峻、郭崇、曹英及諸軍將校，至牙署視詔，兼告楊、史諸公冤枉之狀，且曰：『汝等當奉行詔旨，斷予首以報天子，自取功名。』郭崇等與諸將校前曰：『此事必非聖意，即是李業等竊發，假如此輩便握權柄，國得安乎！事可陳論，何須自棄，致千載之下被此惡名。』崇等願從公入朝，面自洗雪。』於是將校等請威入朝，以除君側之惡，共安天下。翌日，郭威以衆南行。戊寅，鄴兵至澶州。庚辰，至滑州，節度使宋延渥開門迎降。是日，詔前開封尹侯益、前鄜州節度使張彦超、權侍衛馬軍都指揮使閻晉卿、鄭州防禦使吴虔裕等，率禁軍赴澶州守捉。

辛巳，帝之小豎喦脱自北回。先是，帝遣喦脱偵鄴軍所至，爲遊騎所獲，郭威即遣回，因令附奏赴闕之意，仍以密奏置喦脱衣領中。帝覽奏，即召李業示之，聶文進、郭允明在傍，懼形於色。初議車駕幸澶州，及聞鄴兵已至河上，乃止。帝大懼，私謂宰臣竇貞固等曰：『昨來之事，太草草耳！』李業等請帝傾府庫以給諸軍，宰相蘇禹珪以爲未可。業拜禹珪於帝前，曰：『相公且爲官家，莫惜府庫。』遂下令侍衛軍人給二十緡，下軍各給十緡，其北來將士亦準此。仍遣北來將士在營子弟各賫家問，向北諭之。

壬午，鄴軍至封丘。慕容彦超自鎮馳至，帝遂以軍旅之事委之。彦超謂帝曰：『陛下勿憂，臣當生致其魁首。』彦超退，見聶文進，詢北來兵數及將校名氏，文進告之。彦超懼，曰：『大是劇賊，不宜輕耳！』又遣袁鳷、劉重進、王知則等出師，以繼前軍。慕容彦超以大軍駐於七里郊，掘塹以自衛，都下率坊市出酒食以餉軍。癸未，車駕勞軍，即日還宫。翌日，慕容彦超揚言曰：『官家宫中無事，明日再出，覩臣破賊。』甲申，車駕復出，幸七里店軍營。王師陣於劉子陂，與鄴軍相望。太后以帝至晚在外，遣中使謂聶文進曰：『賊軍在近，大須用意！』文進曰：『有臣在，必不失策，縱有一百個郭威，亦當生擒之耳！』彦超輕脱，先擊北軍，郭威命何福進、王彦超、李筠等大合騎以乘之。彦超退卻，死者百餘人，於是諸軍奪氣，稍稍奔於北軍。吴虔裕、張彦超等相繼而去，慕容彦超以部下十數騎奔兗州。是夜，帝與宰臣從官宿於野次，侯益、焦繼勛潛奔鄴軍。

乙酉旦，帝策馬至元化門，劉銖在門上，問帝左右：『兵馬何在？』乃射左右。帝回，與蘇逢吉、郭允明詣西北村舍，郭允明知事不濟，乃剸刃於帝而崩，時年二十。蘇逢吉、郭允明皆自殺。是日，周太祖自迎春門入，諸軍大掠，烟火四發，翌日至晡方定。前滑州節度使白再筠爲亂兵所害，吏部侍郎張允墜屋而死。周太祖既入京城，命有司遷帝梓宮於太平宮。或曰：『可依魏高貴鄉公故事，以公禮葬之。』周祖曰：『予顛沛之中，不能護衛至尊，以至於此，若又貶降，人謂我何！』於是詔擇日舉哀，命前宗正卿劉皞主喪。丙戌，太后誥曰：高祖皇帝翦亂除凶，變家爲國，救生靈於塗炭，創王業於艱難，甫定寰區，遽遺弓劍。樞密使郭威楊邠、侍衛使史弘肇、三司使王章親承顧命，輔立少君，協力同心，安邦定國。旋屬四方多事，三叛連衡，吴、蜀内侵，契丹啓釁，烝黎凶懼，宗社阽危。郭威授任專徵，提戈進討，躬當矢石，盡掃烟塵，外寇盪平，中原寧謐。復以强敵未殄，邊塞多艱，允賴竇臣，往臨大鄴，疆埸有藩籬之固，朝廷寬宵旰之憂。不謂凶豎連謀，羣小得志，密藏鋒刃，竊發殿庭，已殺害其忠良，方奏聞於少主，無辜受戮，有口稱冤。而又潛差使臣，矯賫宣命，謀害樞密使郭威、宣徽使王峻、侍衛步軍都指揮使王殷等。人知無罪，天不助姦。

今者，郭威，王峻，澶州節度使李洪義，前曹州防禦使何福進，前復州防禦使王彦超，前博州刺史李筠，北面行營馬步都指揮使郭崇，步軍都指揮使曹英，護聖都指揮使白重贊、索萬進、田景咸、樊愛能、李萬全、史彦超，奉國都指揮使張鐸、王暉、胡立，弩手指揮使何贇等，徑領兵師，來安社稷。逆黨皇城使李業、内客省使閻晉卿、樞密都承旨聶文進、飛龍使後贊、翰林茶酒使郭允明等，脅君於大内，出戰於近郊，及至力窮，遂行弑逆，冤憤之極，今古未聞。

今則凶黨既除，羣情共悦。神器不可以無主，萬機不可以久曠，宜擇賢君，以安天下。河東節度使崇、許州節度使信，皆高祖之弟，徐州節度使贇、開封尹承勳，高祖之男，俱列盤維，皆居屏翰，宜令文武百辟，議擇嗣君，以承大統云。

樞密使郭威以蕭牆變起，宗祏無奉，率羣臣候太后，請定所立，且言：『開封尹承勳，高祖皇帝之愛子也，請立爲嗣。』太后告以承勳羸病日久，不能自舉。周太祖與諸將請視承勳起居，及視之，方信，遂議立高祖從子、徐州節度使贇爲嗣。己丑，太后誥曰：『天未悔禍，喪亂宏多，嗣王幼沖，羣凶蔽惑，搆姦謀於造次，縱毒蠆於斯須，將相大臣，連頸受戮，股肱良佐，無罪見屠，行路咨嗟，羣心扼腕，則高祖之洪烈將墜於地。賴大臣郭威等，激揚忠義，拯濟顛危，除惡蔓以無遺，俾綴旒之不絶。宗祧事重，纘繼才難，既聞將相之謀，復考蓍龜之兆，天人協贊，社稷是依。徐州節度使贇，稟上聖之資，抱中和之德，先皇如子，鍾愛特深，固可以子育兆民，君臨萬國，宜令所司擇日備法駕奉迎即皇帝位。於戲！神器至重，天步方艱，致理保邦，不可以不敬，貽謀聽政，不可以不勤，允執厥中，只膺景命。』是日，遣前太師馮道等往徐奉迎。周太祖以嗣君未至，萬機不可暫曠，率羣臣請太后臨朝，誥答曰：『昨以姦邪構釁，亂我邦家，勳德效忠，翦除凶慝，俯從人欲，已立嗣君，宗社危而再安，紀綱壞而復振。皇帝法駕未至，庶事方殷，百辟上言，請予莅政，宜允輿議，權總萬機，止於浹旬，即復明辟』云。按前代故事，太上皇稱誥，太皇太后、皇太后曰令，今云誥，有司誤也。以宣徽南院使王峻爲樞密使，右神武統軍袁鳷爲宣徽南院使，陳州刺史李谷權判三司，步軍都指揮使王殷爲侍衛親軍馬步都指揮使，護聖左廂都指揮使郭崇爲侍衛馬軍都指揮使，奉國左廂都指揮使曹英爲侍衛步軍都指揮使。鎮州、邢州馳奏，契丹寇洺州，陷内丘縣。時契丹永康王兀欲率部族兩道入邊，内丘城小而固，契丹攻之，五日不下，敵人傷者甚衆。時有官軍五百，在城防戍，攻急，官軍降於敵，屠其城而去。

庚寅，樞密使郭威奏，左軍巡勘得飛龍使後贊款伏，與蘇逢吉、李業、閻晉卿、聶文進、郭允明等同謀，令散員都虞候奔德等下手殺害史宏肇等。權開封尹劉銖具伏，朋附李業爲亂，屠害將相家屬。其劉銖等準誥旨處置訖，併蘇逢吉、郭允明、閻晉卿、聶文進首級，併梟於南北市，其骨肉放棄。辛卯，河北諸州馳報，契丹深入。太后誥曰：『王室多故，邊境未寧，内難雖平，外寇仍熾。據北面奏報，强敵奔沖，繼發兵師，未聞平殄，須勞上將，暫自臨戎。宜令樞密使郭威部署大軍，早謀掩擊，其軍國庶事，權委宰臣竇貞固、蘇禹珪、樞密使王峻等商量施行，在京馬步兵士，委王殷都大提舉。』

十二月甲午朔，郭威領大軍北征。丁酉，以翰林學士、尚書户部侍郎、知制誥范質爲樞密副使。陜州李洪信奏，馬步都指揮使聶召、奉國指揮使楊德、護聖指揮使康審澄等，與節度使判官路濤、掌書記張洞、都押衙楊紹勍等，同情謀叛，併殺之。惟康審澄夜中放火斬關，奔歸京師。初，朝議以諸道方鎮皆是勳臣，不諳政理，其都押衙孔目官，令三司軍將内選才補之，藩帥不悦，故洪信因朝廷多故，誣奏加害焉。壬寅，湖南上言，朗州馬希萼引五谿蠻及淮南洪州軍來攻當道，望量差兵士於淮境牽引。乙巳，遣前淄州刺史陳思讓領軍入淮南界，以便宜進取。辛亥，遣宰相蘇禹珪及朝臣十員，往宋州迎奉嗣君。壬子，樞密使郭威次澶州，何福進已下及諸軍將士，扶擁威請爲天子，即日南還。威上章於太后，言爲諸軍所迫班師。庚申，威至北郊，駐軍於皋門村。許州巡檢、前申州刺史馬鐸奏，節度使劉信自殺。壬戌，奉太后誥，命樞密使侍中郭威監國，中外庶事，併取監國處分。先是，樞密使王峻以湘陰公已在宋州，慮聞澶州之事，左右變生，遣侍衛馬軍指揮使郭崇率七百騎往衛之。己未，太后誥曰：『比者，樞密使郭威，志安社稷，議立長君，以徐州節度使贇，高祖近親，立爲漢嗣，爰自藩鎮，征赴京師。雖誥命尋行，而軍情不附，天道在北，人心靡東，適當改卜之初，俾膺分土之命。贇可降授開府儀同三司、檢校太師、上柱國，封湘陰公，食邑三千户，食實封五百户。』

明年正月丁卯，太后誥，奉符寶於監國，可即皇帝位。周太祖踐阼，奉太后爲母，遷於西宫，上尊號曰昭聖太后。

又 卷一一〇《周書·太祖紀一》 太祖聖神恭肅文武孝皇帝，姓郭氏，諱威，字文仲，邢州堯山人也。或云本常氏之子，幼隨母適郭氏，故冒其姓焉。【略】

天祐末，潞州節度使李嗣昭常山戰殁，子繼韜自稱留後，南結梁朝，據城阻命，乃散金以募豪杰。帝時年十八，避吏壺關，依故人常氏，遂往應募。帝負氣用剛，好鬬多力，繼韜奇之，或逾法犯禁，亦多假籍焉。嘗游上黨市，有市屠壯健，衆所畏憚，帝以氣凌之，因醉命屠割肉，小不如意，叱之。屠者怒，坦腹謂帝曰：『爾敢刺我否？』帝即刲其腹，市人執之屬吏，繼韜惜而逸之。其年，莊宗平梁，繼韜伏誅，麾下牙兵配從馬直，帝在籍中，時年二十一。帝性聰敏，喜筆劄，及從軍旅，多閲簿書，軍志戎政，深窮綮肯，人皆服其敏。嘗省昭義李瓊，瓊方讀《閫外春秋》，即取視之，曰：『論兵也，兄其教我。』即授之，深通義理。

天成初，明宗幸浚郊。時朱守殷嬰城拒命，帝從晉高祖一軍率先登城。晉祖領副侍衛，以帝長於書計，召置麾下，令掌軍籍，前後將臣，無不倚愛。初，聖穆皇后嬪於帝，帝方匱乏，而后多資從。帝嘗晝寢，有小虺五色，出入鼽鼻之間，后遽見愕然。在太原時，有神尼與帝同姓，見帝，謂李瓊曰：『我宗天上大仙，頂上有肉角，當爲世界主。』清泰末，晉祖起於河東，時河陽節度使張彦琪爲侍衛步軍都指揮使，奉命北伐，帝從之，嘗於晉祠。是時屋壞，同處數人俱斃，唯帝獨無所傷。漢高祖爲侍衛馬步都虞候，召置左右。所居官舍之鄰吴氏，有青衣佳娘者，爲山魈所魅，鬼能人言而投瓦石，鄰伍無敢過吴氏之舍者。帝過之，其鬼寂然，帝去如故，如是者再。或謂鬼曰：『爾既神，向者客來，又何寂然？』鬼曰：『彼大人者。』繇是軍中異之。范延光叛於魏，命楊光遠討之，帝當行，意不願從。或謂帝曰：『楊公當朝重勳，子不欲從，何也？』帝曰：『楊公素無英雄氣，得我何用？能用我其劉公乎！』漢祖累鎮藩閫，皆從之。及鎮并門，尤深待遇，出入帷幄，受腹心之寄，帝亦悉心竭力，知無不爲。及吐渾白可久叛入契丹，帝勸漢祖誅白承福等五族，得良馬數千匹、財貨百萬計以資軍。

開運末，契丹犯闕，晉帝北遷。帝與蘇逢吉、楊邠、史弘肇等勸漢祖建號，以副人望。漢高祖即位晉陽，時百度草創，四方猶梗，經綸締構，帝有力焉。授樞密副使、檢校司徒。舊制，樞密使未加使相者，不宣麻制，至是宣之，自帝始也。有頃，河中李守貞據城反，朝廷憂之，諸大臣共議進取之計。史弘肇曰：『守貞，河陽一客司耳，竟何能爲？』帝曰：『守貞雖不習戎行，然善接英豪，得人死力，亦勍敵，宜審料之。』乃命白文珂、常思率兵攻取。師未至，而趙思綰竊據永興，王景崇反狀亦露，朝廷遣郭從義、王峻討趙思綰。【略】

二年八月五日，帝自河中班師，其月二十七日入朝。漢帝命升階撫勞，酌御酒以賜之，錫賚優厚。翌日，漢帝議賞勳，欲兼方鎮，帝辭之，乃止。帝以出征時廳子都七十三人，具籍獻之。九月五日，制加檢校太師、兼侍中。十月，契丹入寇，前鋒至邢、洺、貝、魏，河北告急，帝受詔率師赴北邊，以宣徽南院使王峻爲監軍。其月十九日，帝至邢州，遣王峻前軍趙鎮、定。時契丹已退，帝大閱，欲臨寇境，詔止之。

三年二月，班師。三月十七日，制授鄴都留守，樞密使如故。時漢帝以北兵爲患，委帝以河朔之任，宰相蘇逢吉等議，藩臣無兼樞密使例。史弘肇以帝受任之重，苟不兼密務，則難以便宜從事。竟從弘肇之議，詔河北諸州，凡事一稟帝節度。帝將北行，啓漢帝曰：『陛下富有春秋，萬幾之事，宜審於聽斷。文武大臣，乃心王室，凡事諮詢，即無敗失。』漢帝斂容謝之。帝至鄴，盡去煩弊之事，不數月，閫政有序，一方晏然。詔書褒美。一夕，在山亭院齋中，忽有黄氣起於前，上際於天，帝於黄氣中見星文，紫微、文昌，爛然在目。既而告之星者曰：『予於室中見天象，不其異乎？』對曰：『坐見天衢，物不能隔，至貴之祥也。』翌日，牙署中有紫氣起於幡竿龍首，凡三日。

十一月十四日，澶州節度使李洪義、侍衛步軍都指揮使王殷遣澶州副使陳光穗至鄴都，報京師有變：是月十三日旦，羣小等害史弘肇等。前一夕，李業等遣腹心賫密詔至澶州，令李洪義殺王殷，又令護聖左廂都指揮使郭崇等害帝於鄴城。十三日，洪義受得密詔，恐事不濟，乃以密詔示王殷，殷與洪義卽遣陳光穗馳報於帝。十四日，帝方與宣徽使王峻坐議邊事，忽得洪義文字，遽歸牙署，峻亦未知其事。帝初知楊、史諸公被誅，神情惘然，又見移禍及己，伸訴無所，卽集三軍將校諭之曰：『予從微至著，輔佐國家。先皇登遐，親受顧託，與楊、史諸公，彈壓經謀，忘寢與食，一旦無狀，盡已誅夷。今有詔來取予首級，爾等宜奉行詔旨，斷予首以報天子，各圖功業，且不累諸君也。』崇等與諸將校泣於前，言曰：『此事必非聖意，卽是左右小人誣罔竊發，假令此輩握重柄，國得安乎！宜得投論，以判忠佞，何事信單車之使而自棄，千載之下，空受惡名。崇等願從明公入朝，面自洗雪，除君側之惡，共安天下。』衆然之，遂請帝南行，帝卽嚴駕首途。

十六日，至澶州，王殷迎謁慟哭。時隱帝遣小豎鸗脱，偵鄴軍所在，爲遊騎所執，帝卽遣回。令附奏隱帝赴闕之由，仍以密奏置鸗脱衣領中。奏曰：『臣發迹寒賤，遭遇聖明，既富且貴，實過平生之望，唯思報國，敢有他圖！今奉詔命，忽令郭崇等殺臣，卽時俟死，而諸軍不肯行刑，逼臣赴闕，令臣請罪上前，仍言致有此事，必是陛下左右譖臣耳。今鸗脱至此，天假其便，得伸臣心，三五日當及闕朝陛下。若以臣有欺天之罪，臣豈敢惜死；若實有譖臣者，乞陛下縛送軍前，以快三軍之意，則臣雖死無恨。今托鸗脱附奏以聞。』十七日，帝至滑州，節度使宋延渥開門迎納。帝將發滑臺，召將士謂之曰：『主上爲讒邪所惑，誅殺勛臣，吾之此來，事不獲已，然以臣拒君，寧論曲直！汝等家在京師，不如奉行前詔，我以一死謝天子，實無所恨。』將校前啓曰：『國家負公，公不負國。請公速行，無遲久，安邦雪怨，正在此時。』既而王峻諭軍曰：『我得公處分，俟平定京城，許爾等旬日剽掠。』衆皆踴躍。

十九日，隱帝遣左神武統軍袁鳷、前鄧州節度使劉重進率禁軍來拒，與前開封尹侯益等屯赤岡，是夜俱退。二十日，隱帝整陣於劉子坡。二十一日，兩陣俱列，慕容彦超率軍奮擊，帝遣何福進、王彦超、李筠等大合騎以乘之。慕容彦超退卻，死者百餘人，於是南軍奪氣，稍稍奔於北軍。慕容彦超與數十騎東奔兖州，吴虔裕、張彦超等相繼來見帝。是夜侯益、焦繼勛潛至帝營，帝慰勞遣還。

二十二日旦，郭允明弑漢隱帝於北郊。初、官軍之敗，帝謂宋延渥曰：『爾國親，可速往衛主上，兼附奏，請陛下得便速奔臣軍，免爲左右所圖。』及延渥至，亂兵雲合，卽惶駭而還。是旦，帝望見天子旌旗於高坡之上，謂隱帝在其下，既免冑釋馬而前，左右慮有不測，請帝止。帝泣曰：『吾君在此，又何憂焉！』及至前，隱帝已去矣，帝歔欷久之。俄聞隱帝遇弑，號慟不已。帝至元化門，劉銖雨射城外，帝回車自迎春門入，諸軍大掠，烟火四發，帝止於舊第，何福進以部下兵守明德門。翌日，王殷、郭崇言曰：『若不止剽掠，比夜化爲空城耳。』由是諸將部分斬其剽者，至晡乃定。帝與王峻詣太后宫起居，請立嗣君，乃以高祖侄徐州節度使贇入繼大統，語在漢紀。二十七日，帝以嗣君未至，請太后臨朝，會鎮、定州馳奏，契丹入寇，河北諸州告急，太后命帝北征。

十二月一日，帝發離京師。四日，至滑州，駐馬數日。會湘陰公遣使慰勞諸將，受宣之際，相顧不拜，皆竊言曰：『我輩陷京師，各各負罪，若劉氏復立，則無種矣。』或有以其言告帝者，帝愕然，卽時進途。十六日，至澶州。是日旭旦，日邊有紫氣來，當帝之馬首。十九日，下令諸軍進發。二十日，諸軍將士大噪趨驛，如牆而進，帝閉門拒之。軍士登牆越屋而入，請帝爲天子。亂軍山積，登階匝陛，扶抱擁迫，或有裂黄旗以被帝體，以代赭袍，山呼震地。帝在萬衆之中，聲氣沮喪，悶絶數四，左右親衛，星散竄匿。帝卽登城樓，稍得安息，諸軍遂擁帝南行。時河冰初解，浮梁未構。是夜北風凛烈，比旦冰堅可渡，諸軍遂濟，衆謂之『凌橋』，濟竟冰泮，時人異之。時湘陰公已駐宋州，樞密使王峻在京，聞澶州之變，遣侍衛馬軍指揮使郭崇率七百騎赴宋州，以衛湘陰公。二十五日，帝至七里店，羣臣謁見，遂營於皋門村。

二十七日，漢太后令曰：『樞密使、侍中郭威，以英武之才，兼内外之任，剪除禍亂，弘濟艱難，功業格天，人望冠世。今則軍民愛戴，朝野推崇，宜總萬機，以允羣議，可監國。中外庶事，併取監國處分。』二十八日，監國教曰：『寡人出自軍戎，本無德望，因緣際會，叨竊寵靈。高祖皇帝甫在經綸，待之心腹，洎登大位，尋付重權。當顧命之時，受忍死之寄，與諸勛舊，輔立嗣君。旋屬三叛連衡，四郊多壘，謬膺朝旨，委以專徵，兼守重藩，俾當勍敵，敢不橫身戮力，竭節盡心！冀肅静於疆埸，用保安於宗社。不謂姦邪搆亂，將相連誅，寡人偶脱鋒鋩，剋平患難，志安劉氏，願報漢恩，推擇長君，以紹丕構，遂奏太后，請立徐州相公，奉迎已在於道途，行李未及於都輦。尋以北面事急，敵騎深侵，遂領師徒，徑往掩襲，行次近鎮，已渡洪河。十二月二十日，將登澶州，軍情忽變，旌旗倒指，喊叫連天，引袂牽襟，迫請爲主，環繞而逃避無所，紛紜而逼脅愈堅，頃刻之間，安危莫保，事不獲已，須至徇從，於是馬步諸軍擁至京闕。今奉太后詔旨，以時運艱危，機務難曠，俾令監國，遜避無由，黽勉遵承，夙夜憂愧』云。時文武百官、内外將帥、藩臣郡守等，相繼上表勸進。三十日夜，御營西北隅步軍將校因醉揚言：『昨澶州馬軍扶策，步軍今欲扶策。』尋令虞候詰其姓名，昧旦擒而斬之。其一軍仍納甲仗，遣中使監送就糧所。

廣順元年春正月丁卯，漢太后誥曰：『邃古以來，受命相繼，是不一姓，傳諸百王，莫不人心順之則興，天命去之則廢，昭然事迹，著在典書。予否運所丁，遭家不造，姦邪搆亂，朋黨横行，大臣冤枉以被誅，少主倉卒而及禍，人自作孽，天道寧論。監國威，深念漢恩，切安劉氏，既平亂略，復正頽綱，思固護於基扃，擇繼嗣於宗室。而獄訟盡歸於西伯，謳謡不在於丹朱，六師竭推戴之誠，萬國仰欽明之德，鼎革斯契，圖籙有歸，予作佳賓，固以爲幸。今奉符寶授監國，可卽皇帝位。於戲！天禄在躬，神器自至，允集天命，永綏兆民，敬之哉！』是日，帝自皋門入大内，御崇元殿，卽皇帝位。

論説

宋·司馬光《資治通鑑》卷二八七《後漢紀二·高祖睿文聖武昭肅孝皇帝中》 臣光曰：漢高祖殺幽州無辜千五百人，非仁也；誘張璉而誅之，非信也；杜重威罪大而赦之，非刑也。仁以合衆，信以行令，刑以懲姦；失此三者，何以守國！其祚運之不延也，宜哉！

《舊五代史》卷一〇三《漢書·隱帝紀論》 隱帝以尚幼之年，嗣新造之業。受命之主，德非禹、湯；輔政之臣，復非伊、吕。將欲保延洪之運，守不拔之基，固不可得也。然西摧三叛，雖僅滅於欃槍，而内稔羣凶，俄自取於狼狽。自古覆宗絶祀之速者，未有如帝之甚也。噫！蓋人謀之弗臧，非天命之遽奪也。

又 卷一一三《周書·太祖紀論》 周太祖昔在初潛，未聞多譽，洎西平蒲阪，北鎮鄴臺，有統御之勞，顯英偉之量。旋屬漢道斯季，天命有歸。總虎旅以蕩神京，不無慚德；攬龍圖而登帝位，遂闡皇風。期月而弊政皆除，逾歲而羣情大服，何遷善之如是，蓋應變以無窮者也。所以魯國凶徒，望風而散，并門遺孽，引日媮生。及鼎駕之將升，命瓦棺而薄葬，勤儉之美，終始可稱。雖享國之非長，亦開基之有裕矣。然而二王之誅，議者譏其不能駕馭權豪，傷於猜忍，卜年斯促，抑有由焉。

藝文

清·舒位《瓶水齋詩集》卷三《五代十國讀史絶句三十首·後周二首》 忽忽王代劫灰餘，割據紛綸且未渠。直到世無長樂老，華陰居士正騎驢。

劉子陵前戰血流，瓦橋關外路悠悠。黃旗裂後黃袍出，了卻梁唐晉漢周。

雜録

清・趙翼《廿二史劄記》卷二一《薛史書法回護處・漢隱帝紀》　帝密詔李洪義誅王殷，又詔郭崇誅郭威、王峻，而洪義不敢發，反以詔示威，威卽召王峻、郭崇及諸將校至，曰：『君等當奉行詔書，斷予首以報天子。』崇等曰：『此必李業等所誣構，事可陳論，何須自棄？』於是爭勸威入朝。乃率衆南行。周太祖紀亦云：帝（郭威）途次，又謂將校曰：『吾此來萬不得已，然以臣拒君，寧論曲直？汝等不如奉行前詔，我以一死謝天子，實無所恨！』是郭威本志似尚能守臣節者。案魏仁浦傳：郭威得洪義所示密詔，卽召仁浦於卧内，仁浦教威倒用留守印，更爲詔書，令威誅諸將校以激怒之，將校皆憤然效用，遂舉兵渡河。是威方更詔書以欺衆，詎肯以天子誅己之詔出示諸將，使奉詔殺己乎？本紀所云，誣飾顯然。歐史帝紀則直書郭威反。

又　《周太祖紀》　漢隱帝遣慕容彦超拒郭威於劉子坡，王師敗，威謂宋延渥曰：『爾國親，可速往衛主上。』明日，望見帝旗在高坡之上，謂隱帝在其下，卽免冑而前，左右勸止之，威曰：『吾君在此，又何憂焉！』及至，則隱帝已去矣。案劉子坡之戰，隱帝親在陣中，威果欲自訴，何不於是時釋甲趨謁？乃方遣何福進、王彦超、李筠等大合騎以乘之。既敗王師，豈有明日又欲束身見主之理？且明日清晨，隱帝已爲郭允明所弑，又安得有旌旗在高坡之上？其爲飾説，亦不待辨也。

隱帝既崩，郭威遣人迎湘陰公贇來卽位，已而威至澶州，兵變入京，王峻聞贇已至宋州，慮左右變生，遣郭崇以七百騎往衛之。案十國春秋：崇至宋州，贇召見於樓上，判官董裔説贇曰：『崇瞻視舉措，必有異謀，不如殺之。』贇猶豫不決，崇遂幽贇於外館。是峻之遣崇，本欲害贇於途也。而本紀反云衛之，尤屬矛盾。歐史則直書王峻遣郭崇以七百騎逆贇於宋州，殺之。

十國短暫自立部

前蜀分部

綜　述

《新唐書》卷一〇《昭宗紀》（文德元年）六月，閬州防禦使王建陷漢州，執刺史張頊，遂寇成都。韋昭度罷爲劍南西川節度副大使，兼兩川招撫制置使。

十二月丁亥，韋昭度爲行營招討使，及永平軍節度使王建討陳敬瑄。山南西道節度使楊守厚陷夔州。

（龍紀元年）十二月，孫儒陷常、潤二州。戊午，孔緯爲太保，杜讓能爲司徒。壬申，眉州刺史山行章叛附於王建。

大順元年正月戊子，羣臣上尊號曰聖文睿德光武弘孝皇帝，大赦，改元。壬寅，簡州將杜有遷執其刺史員虔嵩，叛附於王建。

四月丙辰，宿州將張筠逐其刺史張紹光。丙寅，嘉州刺史朱實叛附於王建。

六月辛酉，雅州將謝從本殺其刺史張承簡，叛附於王建。

十月癸未，蜀州刺史李行周叛附於王建。

（大順二年）二月乙巳，赦陳敬瑄。丁未，詔王建罷兵，不受命。

四月庚辰，有彗星入於太微。甲申，大赦，避正殿，減膳，徹樂。賜兩軍金帛，贖所略男女還其家。民年八十以上及疾不能自存者，長吏存恤。訪武德功臣子孫。癸卯，王建寇成都。

八月庚子，王建陷成都，執劍南西川節度使陳敬瑄，自稱留後。

（景福二年）四月乙亥，王建殺陳敬瑄及劍南西川監軍田令孜。

（乾寧元年）五月丙子，王建陷彭州，威戎軍節度使楊晟死之。

（乾寧二年）十一月【略】丁丑，王建陷利州，刺史李繼顒死之。十二月【略】甲申，閬州防禦使李繼雍、蓬州刺史費存、渠州刺史陳璠叛附於王建。丙申，建寇梓州。戊戌，通州刺史李彦昭叛附於建。

（乾寧三年）三年正月癸丑，王建陷龍州，刺史田昉死之。

（乾寧四年）二月，【略】癸丑，王建陷瀘州，刺史馬敬儒死之。【略】辛未，王建陷渝州。

六月，貶王建爲南州刺史。

（天復二年）二月己亥，盜發簡陵。王建陷利州，昭武軍節度使李繼忠奔於鳳翔。

八月【略】辛丑，王建陷興元，山南西道節度使王萬弘叛附於建。

九月戊申，【略】武定軍節度使拓拔思恭叛附於王建。

十月癸酉，【略】王建陷興州。

（天復三年）十月，忠義軍將趙匡明陷江陵，自稱留後。王建陷忠、萬、施三州。

又《哀帝紀》（天祐二年）五月，王建陷金州，戎昭軍節度使馮行襲奔於均州。

三年（二月）癸巳，王建陷歸州。

《舊五代史》卷二六《唐書·武皇紀下》　天祐四年【略】四月，天子禪位於汴帥，奉天子爲濟陰王。改元爲開平，國號大梁。是歲，四川王建遣使至，勸武皇各王一方，俟破賊之後，訪唐朝宗室以嗣帝位，然後各歸藩守。

又　卷二七《唐書·莊宗紀一》（天祐五年）六月，鳳翔李茂貞、邠州楊崇本合西川王建之師五萬，以攻長安，遣使會兵於帝，帝遣張承業率師赴之。

又　卷二九《唐書·莊宗紀三》　天祐十八年春正月，魏州開元寺僧傳眞獲傳國寶，獻於行臺。驗其文，即『受命於天，子孫寶之』八字也，羣僚稱賀。傳眞師於廣明中，遇京師喪亂得之，秘藏已四十年矣。篆文古體，人不之識，至是獻之。時淮南楊溥、西川王衍皆遣使致書，勸帝嗣唐帝位，帝不從。

又　卷三一《唐書·莊宗紀五》（同光二年春，正月）壬子，蜀主王衍致書於帝，稱有詐爲天使，馳報收復汴州者，詔捕之，不獲。

又　卷三二《唐書·莊宗紀六》（同光二年秋，七月）戊午，西川王衍遣僞署户部侍郎歐陽彬來朝貢，稱『大蜀皇帝上書大唐皇帝』。【略】

（同光三年六月）辛卯，詔括天下私馬，將收蜀故也。

又　卷三三《唐書·莊宗紀七》（同光三年）八月【略】戊辰，客省使李嚴使蜀回。初，帝令往市蜀中珍玩，蜀法嚴峻，不許奇貨東出，其許市者謂之『入草物』。嚴不獲珍貨，歸而奏之，帝大怒曰：『物歸中夏者命之曰「入草」，王衍寧免爲入草之人耶！』由是伐蜀之意鋭矣。【略】

庚子，【略】命大舉伐蜀，詔曰：朕夙荷丕基，乍平僞室，非不欲寵綏四海，協和萬邦，庶正朔以遐同，俾人倫之有序。其或地居陬裔，位極驕奢，殊乖事大之規，但蘊偷安之計，則必徵諸典訓，振以皇威，爰興伐罪之師，冀遏亂常之黨。蠢兹蜀主，世負唐恩，間者父總藩宣，任居統制，屬朱温東離汴水，致昭皇西幸岐陽，不務扶持，反懷顧望，盜據劍南之土宇，全虧閫外之忱誠。先皇帝早在幷門，將興霸業，彼既會馳書幣，此亦復展謝儀。後又特發使人，專持聘禮，彼則更不回一介之使，答咫尺之書，星歲俄移，歡盟頓阻。朕頃遵遺訓，嗣統列藩，追昔日之來誠，繼先皇之舊好，累馳信幣，皆絶酬還，背惠食言，棄同卽異。今觀孽豎，紹據山河，委閹宦以持權，憑阻修而僭號。早者，曾上秦王緘札，張惶蜀地聲塵，形侮黷之言辭，謗親賢之勳德。昨朕風驅鋭旅，電掃凶渠，復已墜之宗祧，纘中興之曆數。捷音旋報，復命仍稽，使來而尚抗書題，情動而先誇險固。加以宋光葆輒陳狂計，别啓姦謀，將欲北顧秦川，東窺荆渚，人而無禮，罪莫大焉。【略】

九月【略】庚子，【略】昨客省使李嚴奉使銅梁，近歸金闕，凡於奏對，備述端由。其宋光嗣相見之時，於坐上便有言説，先問契丹强弱，次數秦王是非，度此包藏，可見情狀。加以疏遠忠直，朋比奸雄。内則縱恣輕華，競貪寵位；外則滋彰法令，蠹耗生靈。既德力以不量，在神只之共憤。今命興聖宮使、魏王繼岌充西川四面行營都統，命侍中、樞密使郭崇韜充西川東北面行營都招討制置等使，荆南節度使高季興充西川東南面行營都招討使，鳳翔節度使李曮充供軍轉運應接等使，同州節度使李令德充行營招討副使，陝府節度使李紹琛充行營蕃漢馬步軍都排陣斬斫使，西京留守張筠充西川管內安撫應接使，華州節度使毛璋充行營左廂馬步都虞候，邠州節度使董璋充行營右廂馬步都虞候，客省使李嚴充西川管內招撫使，總領闕下諸軍，兼西面諸道馬步兵事，取九月十八日進發。凡爾中外，宜體朕懷。

辛丑，授魏王繼岌諸道行營都統，餘如故。繼岌既受都統之命，以梁漢顒充中軍馬步都虞候兼馬步軍都指揮使，張廷蘊爲中軍步軍都指揮使，牛景章充中軍左廂馬軍都指揮使，沈斌充中軍右廂馬軍都指揮使，卓瓌充中軍左廂步軍都指揮使，王贇充中軍右廂步軍都指揮使，供奉官李從襲充中軍馬步軍都監，高品李廷安、呂知柔充魏王衙通謁。詔工部尚書任圜、翰林學士李愚參魏王軍事。【略】戊申，魏王繼岌、樞密使侍中郭崇韜進發西征。【略】

冬十月【略】壬戌，魏王繼岌率師至鳳翔，先遣使馳檄以諭蜀部。【略】戊寅，西征之師入大散關，僞命鳳州節度使王承捷、故鎮屯駐指揮使唐景思次第迎降，得兵一萬二千、軍儲四十萬。又下三泉，得軍儲三十餘萬。自是師無匱乏，軍聲大振。辛巳，僞興州刺史王承鑑、成州刺史王承樸棄城遁去，康延孝大破蜀軍於三泉。時王衍將幸秦州，以其軍五萬屯於利州。聞我師至，遣步騎三萬逆戰於三泉，延孝與李嚴以勁騎三千擊之，蜀軍大敗，斬首五千級，餘衆奔潰。王衍聞敗，自利州奔歸成都，斷吉柏津，浮梁而去。丁亥，文武百官上表，以貞簡皇太后靈駕發引，請車駕不至山陵所。戊子，葬貞簡太后於坤陵。己丑，魏王繼岌至興州，僞東川節度使宋光葆以梓、綿、劍、龍、普五州來降；武定軍使王承肇以洋、蓬、壁三州來降；興元節度使王宗威以梁、開、通、渠、麟五州來降；階州刺史王承岳納符印請命；秦州節度使王承休棄城自扶州路奔於西川。

十一月【略】辛丑，魏王過利州，帝賜王衍詔，諭以禍福。甲辰，魏王至劍州，僞武信軍節度使王宗壽以遂、合、渝、瀘、忠五州來降。丁未，【略】康延孝、李嚴至漢州，王衍遣人送牛酒請降，李嚴遂先入成都。【略】

己酉，魏王至綿州，王衍遣使上牋歸命。【略】荆南節度使高季興奏，收復歸、夔、忠等州。辛亥，魏王至德陽。僞六軍使王宗弼報，王衍舉家遷於西宅，宗弼權稱西川兵馬留後；又報僞樞密使宋光嗣景潤澄、宣徽使李周輅歐陽晃同有異謀，惑亂蜀主，已梟斬訖。壬子，王衍遣使上表請降。癸丑，以吳越國馬步統軍使、檢校太傅錢元球爲檢校太尉、守侍中，充靜海軍節度使。乙卯，魏王至西川城北。丙辰，蜀主王衍出降，語在衍傳。丁巳，大軍入成都，法令嚴峻，市不易肆。自興師凡七十五日，蜀平，得兵十三萬、兵仗七百萬、糧三百五十三萬、錢一百九十二萬貫、金銀共二十二萬兩、珠玉犀象二萬、紋錦綾羅五十萬，得節度州十、郡六十四、縣二百四十九。

又 卷三四《唐書·莊宗紀八》 同光四年春正月戊午朔，帝不受朝賀。契丹寇渤海。壬戌，詔以去歲災沴，物價騰踊，自今月三日後避正殿，減膳撤樂，以答天譴。應去年遭水災州縣，秋夏稅賦併與放免。自壬午年已前所欠殘稅，及諸色課利，已有敕命放免者，尚聞所在卻有徵收，宜令租庸司切準前敕處分。應京畿內人户，有停貯斛斗者，併令減價出糶，如不遵行，當令檢括。西川王衍父子及僞署將相官吏，除已行刑憲外，一切釋放。

又 卷三六《唐書·明宗紀二》 （天成元年，五月）丁丑，西都衙內指揮使張籛進納僞蜀主王衍犀玉帶各二條、馬一百五十匹。初，莊宗遣中官向延嗣就長安之殺王衍也，旋屬蕭牆之禍，延嗣藏竄，不知所之，而衍之資裝妓樂併爲籛所有，復懼事泄，故聊有此獻。

又 卷三九《唐書·明宗紀五》 （天成三年）秋七月乙巳，詔故僞蜀主王衍追封順正公，以諸侯禮葬。

又 卷五一《唐書·魏王繼岌傳》 魏王繼岌，莊宗子也。莊宗即位於魏州，以繼岌充北都留守，及以鎮州爲北都，又命爲留守。三年，伐蜀，以繼岌爲都統，郭崇韜爲招討使。十月戊寅，至鳳州，武興軍節度使王承捷以鳳、興、文、扶四州降。甲申，至故鎮，康延孝收興州。時僞蜀主王衍率親軍五萬在利州，令步騎親軍三萬逆戰於三泉，康延孝、李嚴以勁騎三千犯之，蜀軍大敗，斬首五千級，餘各奔潰。王衍聞其敗也，棄利州奔歸西川，斷吉柏津浮梁而去。己丑，繼岌至興州，僞蜀東川節度使宋光葆以梓、綿、劍、龍、普等州來降；武定軍節度使王承肇以洋、蓬、壁三州符印降；興元節度使王宗威以梁、開、通、渠、麟等五州符印送降；階州王承岳納符印；秦州節度使王承休棄城而遁。辛丑，繼岌過利州。戊申，至劍州。己酉，至綿州，王衍遣使上牋乞降。丁巳，入成都。自興師出洛至定蜀，計七十五日，走丸之勢，前代所無。師回，至渭南，聞莊宗敗，師徒潰散，自縊死。

又 卷五七《唐書·郭崇韜傳》 會客省使李嚴使西川回，言王衍可圖之狀，莊宗與崇韜議討伐之謀，方擇大將。時明宗爲諸道兵馬總管當行，崇韜自以宦者相傾，欲立大功以制之，乃奏曰：『契丹犯邊，北面須籍大臣，全倚總管鎮禦。臣伏念興聖宫使繼岌，德望日隆，大功未著，宜依故事，以親王爲元帥，付以討伐之權，俾成其威望。』莊宗方愛繼岌，即曰：『小兒幼稚，安能獨行，卿當擇其副。』崇韜未奏，莊宗曰：『無踰於卿者。』乃以繼岌爲都統，崇韜爲招討使。是歲九月十八日，率親軍六萬，進討蜀川。崇韜將發，奏曰：『臣以非才，謬當戎事，仗將士之忠力，憑陛下之威靈，庶幾克捷。若西川平定，陛下擇帥，如信厚善謀，事君有節，則孟知祥有焉，望以蜀帥授之。如宰輔闕人，張憲有披榛之勢，爲人謹重而多識。其次李琪、崔居儉，中朝士族，富有文學，可擇而任之。』莊宗御嘉慶殿，置酒宴征西諸將，舉酒屬崇韜曰：『繼岌未習軍政，卿久從吾戰伐，西面之事，屬之於卿。』

軍發，十月十九日入大散關，崇韜以馬棰指山險謂魏王曰：『朝廷興師十萬，已入此中，儻不成功，安有歸路？今岐下飛挽，才支旬日，必須先取鳳州，收其儲積，方濟吾事。』乃令李嚴、康延孝先馳書檄，以諭僞鳳州節度使王承捷。及大軍至，承捷果以城降，得兵八千，軍儲四十萬。次至故鎮，僞命屯駐指揮使唐景思亦以城降，得兵四千。又下三泉，得軍儲三十餘萬。自是師無匱乏，軍聲大振。其招懷制置，官吏補置，師行籌畫，軍書告諭，皆出於崇韜，繼岌承命而已。莊宗令内官李廷安、李從襲、吕知柔爲都統府紀綱，見崇韜幕府繁重，將吏輻輳，降人爭先賂遺，都統府唯大將省謁，牙門索然，繇是大爲詬恥。及六軍使王宗弼歸款，行賂先招討府。王衍以成都降，崇韜居王宗弼之第，宗弼選王衍之妓妾珍玩以奉崇韜，求爲蜀帥，崇韜許之。又與崇韜子廷誨謀，令蜀人列狀見魏王，請奏崇韜爲蜀帥。繼岌覽狀謂崇韜曰：『主上倚侍中如衡、華，安肯棄元老於蠻夷之地，況餘不敢議此。』李從襲等謂繼岌曰：『郭公收蜀部人情，意在難測，王宜自備。』由是兩相猜察。莊宗令中官向延嗣賫詔至蜀，促班師，詔使至，崇韜不郊迎，延嗣憤憤。從襲謂之曰：『魏王，貴太子也，主上萬福，郭公專弄威柄，旁若無人。昨令蜀人請己爲帥，郭廷誨擁徒出入，貴擬王者，所與狎游，無非軍中驍果，蜀中凶豪，晝夜妓樂歡宴，指天畫地，父子如此，可見其心。今諸軍將校，無非郭氏之黨，魏王懸軍孤弱，一朝班師，必恐紛亂，吾屬莫知暴骨之所！』因相向垂涕。延嗣使還具奏，皇后泣告莊宗，乞保全繼岌。莊宗復閲蜀簿曰：『人言蜀中珠玉金銀，不知其數，何如是之微也！』延嗣奏曰：『臣問蜀人，知蜀中寶貨皆入崇韜之門，言崇韜得金萬兩，銀四十萬，名馬千匹，王衍愛妓六十，樂工百，犀玉帶百。廷誨自有金銀十萬兩，犀玉帶五十，藝色絶妓七十，樂工七十，他財稱是。魏王府，蜀人賂遺不過匹馬而已。』莊宗初聞崇韜欲留蜀，心已不平，又聞全有蜀之妓樂珍玩，怒見顔色。即令中官馬彦珪馳入蜀視崇韜去就，如班師而已，如實遲留，則與繼岌圖之。彦珪見皇后曰：『禍機之發，間不容髮，何能數千里外復稟聖旨哉！』皇后再言之，莊宗曰：『未知事之實否，詎可便令果決？』皇后乃自爲教與繼岌，令殺崇韜。時蜀土初平，山林多盜，孟知祥未至，崇韜令任圜、張筠分道招撫，慮師還後，部曲不寧，故歸期稍緩。

又 卷六一《唐書·安重霸傳》 安重霸，雲州人也。性狡譎，多智算。初，自代北與明宗俱事武皇，因負罪奔梁，在梁復以罪奔蜀，蜀以蕃人善騎射，因爲親將。蜀後主王衍，幼年襲位，其政多僻。宦官王承休居中用事，與成都尹韓昭内外相結，專采擇聲色，以固寵倖。武臣宿將，居常切齒。重霸諂事承休，特見委信。

又 卷七〇《唐書·李嚴傳》 李嚴，幽州人，本名讓坤。初仕燕，爲刺史，涉獵書傳，便弓馬，有口辯，多遊藝，以功名自許。同光中，爲客省使，奉使於蜀，及與王衍相見，陳使者之禮，因於笏記中具述莊宗興復之功，其警句云：『才過汶水，縛王彦章於馬前；旋及夷門，斬朱友貞於樓上。』嚴復聲韻清亮，蜀人聽之愕然。

時蜀僞樞密使宋光嗣召嚴曲宴，因以近事訊於嚴。嚴對曰：『吾皇前年四月即位於鄴宫，當月下鄆州，十月四日，親統萬騎破賊中都，乘勝鼓行，遂誅汴孽，僞梁尚有兵三十萬，謀臣猛將，解甲倒戈。西盡甘、涼，東漸海外，南踰閩、浙，北極幽陵。牧伯侯王，稱藩不暇，家財入貢，府實上供。吳國本朝舊臣，岐下先皇元老，遣子入侍，述職稱藩。淮、海之君，卑辭厚貢，湖湘、荆楚，杭越、甌閩，異貨奇珍，府無虚月。吾皇以德懷來，以威款附。順則涵之以恩澤，逆則問之以干戈，四海車書，大同非晚。』光嗣曰：『餘所未知，唯岐下宋公，我之姻好，洞見其心，反覆多端，專謀跋扈，大不足信也。似聞契丹部族，近日稍强，大國可無慮乎？』嚴曰：『子言契丹之强盛，孰若僞梁？』曰：『比梁差劣也。』嚴曰：『吾國視契丹如蚤蝨耳，以其無害，不足爬搔。吾良將勁兵布天下，彼不勞一郡之兵，一校之衆，則懸首藁街，盡爲奴擄。但以天生四夷，當置度外，不在九州之本，未欲窮兵黷武也。』光嗣聞辯對，畏而奇之。時王衍失政，嚴知其可取，使還具奏，故平蜀之謀，始於嚴。

郭崇韜起軍之日，以嚴爲三川招撫使，嚴與先鋒使康延孝將兵五千，先驅閣道，或馳以詞說，或威以兵鋒，大軍未及，所在降下。延孝在漢州，王衍與書曰：『可請李司空先來，餘即舉城納款。』衆咸以討蜀之謀始於嚴，衍以甘言，將誘而殺之，欲不令往。嚴聞之喜，即馳騎入益州，衍見嚴於母前，以母、妻爲托。即日，引蜀使歐陽彬迎謁魏王繼岌。蜀平班師，會明宗即位，遷泗州防禦使兼客省使。長興初，安重誨謀欲控制兩川，嚴乃求爲西川兵馬都監，庶效方略。孟知祥覺之，既至，執而害之。贈太保。

又　卷七二《唐書·張居翰傳》（同光）四年三月，僞蜀王衍既降，詔遷其族於洛陽，行及秦川，時關東已亂，莊宗慮衍爲變，遣中官向延嗣馳騎齎詔殺之。詔云：『王衍一行，併宜殺戮。』其詔已經印畫，時居翰在密地，覆視其詔，即就殿柱揩去『行』字，改書『家』字。及衍就戮於秦川驛，止族其近屬而已，其僞官及從行者尚千餘人，皆免其枉濫，居翰之力也。

又　卷七四《唐書·康延孝傳》（同光）三年，討蜀，以延孝爲西南行營馬步軍先鋒、排陣斬斫等使。延孝性驍健，狥利奮不顧身。以前鋒下鳳州，收固鎮，降興州，敗王衍軍於三泉，所俘蜀軍皆諭而釋之，自是晝夜兼行。王衍自利州奔歸成都，斷吉柏津浮梁，以絶諸軍，延孝復造浮梁以渡，進收綿州，王衍復斷綿江浮梁而去。水深無舟檝可渡，延孝謂招撫使李嚴曰：『吾懸軍深入，利在急兵。乘王衍破膽之時，人心離沮，但得百騎過鹿頭關，彼即迎降不暇。如俟修繕津梁，便留數日，若王衍堅閉近關，折吾兵勢，儻延旬浹，則勝負莫可知也，宜促騎渡江。』因與李嚴乘馬浮江，於是得濟者僅千人，步軍溺死者亦千餘人。延孝既濟，長驅過鹿頭，進據漢州。居三日，部下後軍方至。僞蜀六軍使王宗弼令人持牛酒幣馬歸款。旬日，兩川平定，延孝止漢州以俟繼岌。平蜀之功，延孝居最。

又　卷一三六《僭僞傳·王建》　王建，陳州項城人。唐末，隸名於忠武軍。秦宗權據蔡州，懸重賞以募之，建始自行間得補軍候。廣明中，黄巢陷長安，僖宗幸蜀。時梁祖爲巢將，領衆攻襄、鄧，宗權遣小校鹿晏弘從監軍楊復光率師攻之，建亦預行。是歲，復光入援京師，明年破賊收京城。初，復光以忠武軍八千人立爲八都，晏弘與建各一都校也。復光死，晏弘率八都迎扈行在，至山南，乃攻剽金、商諸郡縣，得兵數萬，進逼興元，節度使牛叢棄城而去，晏弘因自爲留後，以建等爲屬郡刺史，不令之任。俄而晏弘正授節旄，恐部下謀己，多行忍虐，由是部衆離心。建與别將韓建友善，晏弘益猜二建，僞待之厚，引入卧内。二建懼，夜登城慰守陴者，因月下共謀所向，謂韓建曰：『僕射甘言厚德，是疑我也，禍難無日矣，早宜擇利而行。』韓曰：『善。』因率三千人趨行在，僖宗嘉之，賜與巨萬。分其兵爲五都，仍以舊校主之，即晉暉、李師泰、張造與二建也，因號曰隨駕五都，田令孜皆録爲假子。及僖宗還宫，建等分典神策軍，皆遥領刺史。

光啓初，從僖宗再幸興元，令孜懼逼，求爲西川監軍，楊復恭代爲觀軍容使。建等素爲令孜所厚，復恭懼不附己，乃出五將爲郡守，以建爲壁州刺史。天子還京，復恭以楊守亮鎮興元，尤畏建侵己，屢召之。建不安其郡，因招合溪洞豪猾，有衆八千，寇閬州，陷之，復攻利州，刺史王珙棄城而去。建播剽二郡，所至殺掠，守亮不能制。東川節度使顧彦朗，初於關輔破賊時與建相聞，每遣人勞問，分貨幣軍食以給之，故建不侵梓、遂。西川節度使陳敬瑄憂其膠固，謀於監軍田令孜，曰：『王八，吾子也，彼無他腸，作賊山南，實進退無歸故也。吾馳咫尺之書，可以坐置麾下。』即飛書招建。建大喜，遣使謂彦朗曰：『監軍阿父遣信見招，僕欲詣成都省阿父，因依陳太師得一大郡，是所願也。」即之梓州見彦朗，留家寄東川，選精甲三千之成都。行次鹿頭，或謂敬瑄曰：「建，今之劇賊，鴟視狼顧，專謀人國邑，儻其即至，公以何等處之？彼建雄心，終不居人之下，公如以將校遇之，是養虎自貽其患也。」敬瑄懼，乃遣人止建，遽修城守。建怒，遂據漢州，領輕兵至成都。敬瑄讓之曰：「若何爲者，而犯吾疆理？」建軍吏報曰：「閬州司徒比寄東川，而軍容太師使者繼召，今復拒絶，何也？司徒不惜改轅而東，來北省太師，反爲拒絶，慮顧梓州復相嫌間，謂我何心故也。使我來報，且欲寄食漢州，公勿復疑。」時光啓三年。居浹旬，建盡取東川之衆，設梯衝攻成都，三日不克而退，復保漢州。月餘，大剽蜀土，進逼彭州，百道攻之，敬瑄出兵來援，建解圍，縱兵大掠，十一州皆罹其毒，民不聊生。

建軍勢日盛，復攻成都，敬瑄患之，顧彦朗亦懼侵己。昭宗即位，彦朗表請雪建，擇大臣爲蜀帥，移敬瑄他鎮，乃詔宰臣韋昭度鎮蜀，以代敬瑄。敬瑄不受代，天子怒，命顧彦朗、楊守亮討之，時昭度以建爲牙内都校，董其部兵。及王師無功，建謂昭度曰：「相公興數萬之衆，討賊未效，餉運交不相屬。近聞還洛以來，藩鎮相噬，朝廷姑息不暇，與其勞師以事蠻方，不如從而赦之，且以兵威靖中原，是國之本也。相公盍歸朝覲，與主上畫之。」昭度持疑未決。一日，建陰令軍士於行府門外擒昭度親吏，臠而食之，建徐啓昭度曰：「蓋軍士乏食，以至于是耳！」昭度大懼，遂留符節與建，即日東還。才出劍門，建即嚴兵守門，不納東師。月餘，建攻西川管内八州，所至響應，遂急攻成都，田令孜登城謂建曰：「老夫與八哥相厚，太師久以知聞，有何嫌恨，如是困我之甚耶！」建曰：「軍容父子之恩，心何敢忘，但天子付以兵柄，太師孤絶朝廷故也。苟太師悉心改圖，何福如之！」又曰：「吾欲與八哥軍中相款，如何？」曰：「父子之義，何嫌也。」是夜，令孜携蜀帥符印入建軍授建。建泣謝曰：「太師初心太過，致有今日相戾，既此推心，一切如舊。」翌日，敬瑄啓關迎建，以蜀帥讓之，建乃自稱留後，表陳其事。明年春，制授檢校太傅、成都尹、西川節度副大使知節度事、管内觀察處置、云南八國招撫等使，時龍紀元年也。移敬瑄於雅州安置，仍以其子爲刺史，既行，建令人殺之於路，令孜仍舊監軍事。數月，或告令孜通鳳翔書問，下獄餓死。

《蜀檮杌》云：敬瑄廢處雅州，以其子爲刺史。既行，建遣殺於三江，令孜仍監其軍，復以令孜陰附鳳翔，下獄餓死。

建雄猜多機略，意常難測，既有蜀土，復欲窺伺東川，又以彦朗婚姻之舊，未果行。會彦朗卒，弟彦暉代爲梓帥，交情稍怠。李茂貞乘其有間，密構彦暉，因與茂貞連盟，關徼疆吏之間，與蜀人得失。大順末，建出師攻梓州，彦暉求援於鳳翔，李茂貞出師援之，建即圍解，自是秦、川交惡者累年。後建大起蜀軍，敗岐、梓之兵於利州，彦暉懼，乞和，請與岐人絶，許之。景福中，山南之師寇東川，彦暉求援於建，建出兵赴之，大敗興元之衆。洎軍旋，建承虚奄襲梓州，據彦暉，置於成都，遂兼有兩川，自此軍鋒益熾。天復初，李茂貞、韓全誨劫遷車駕在鳳翔，梁祖攻圍歷年。建外修好於汴，指茂貞罪狀，又陰與茂貞間使往來，且言堅壁勿和，許以出師赴援，因分命諸軍攻取興元。比及梁祖解圍，茂貞山南諸州皆爲建所有，自置守將。及茂貞垂翅，天子遷雒陽，建復攻茂貞之秦、隴等州，茂貞削弱不能守。或勸建因取鳳翔，建曰：「此言失策，吾所得已多，不俟復增岐下。茂貞雖常才，然名望宿素，與朱公力爭不足，守境有餘。韓生所謂入爲扞蔽，出爲席借是也。適宜援而固之，爲吾盾鹵耳。」及梁祖將謀强禪，建與諸藩同謀興復，乃令其將康晏率兵三萬會於鳳翔，數與汴將王重師戰，不利而還。趙匡凝之失荆、襄也，弟匡明以其帑奔蜀，建因得夔、峽、忠、萬等州。及梁祖開國，蜀人請建行劉備故事。建自帝於成都，改元永平。五年，改元通正。是年冬，改元天漢，又改元光天。在位十二年，年七十二。子衍嗣。

又 《王衍傳》 衍，建之幼子也。建卒，衍襲僞位，改元乾德。六年十二月，改明年爲咸康。秋九月，衍奉其母、徐妃同游於青城山，駐於上清宫。時宫人皆衣道服，頂金蓮花冠，衣畫雲霞，望之若神仙，及侍宴，酒酣，皆免冠而退，則其髻髽然。又構怡神亭，以佞臣韓昭等爲狎客，雜以婦人，以恣荒宴，或自旦至暮，繼之以燭。僞嘉王宗壽侍宴，因以社稷國政爲言，言發涕流，至於再三。同宴佞臣潘在迎等并奏衍云：「嘉王好酒悲。」因翻恣諧謔，取笑而罷。自是忠正之臣結舌矣。

時中國多故，衍得以自安。唐莊宗平梁，遣使告捷於蜀，蜀人恟懼，致禮復命，稱「大蜀國主致書上大唐皇帝」，詞理稍抗，莊宗不能容，遣客省使李嚴報聘，且市宮中珍玩，蜀人皆禁而不出。衍既沖騃，軍國之政，咸委於人。有王宗弼者，爲六軍使，總外任；宋光嗣者，爲樞密使，總内任。洎嚴至蜀，光嗣等曲宴，因言中國近事，嚴亦引近事折之，語在嚴傳。光嗣等聞嚴辯對，畏而奇之。及嚴使還，奏莊宗曰：『王衍呆童耳，宗弼等總其兵柄，但益家財，不恤民事，君臣上下，惟務窮奢。其舊勛故老，棄而不任，蠻蜑之人，痛深瘡痏。以臣料之，大兵一臨，望風瓦解。』莊宗深然之，遂蒐兵括馬，有平蜀之志。唐師未起時，僞東川節度使宋承葆獻計於衍云：『唐國兵强，不早爲謀，後將焉救？請於嘉州沿江造戰艦五百艘，募水軍五千，自江下峽，臣以東師出襄、鄧，水陸俱進，東北沿邊，嚴兵據險。南師出江陵，利則進取，否則退保硤口。又選三蜀驍壯三萬，急攻岐、雍，東據河、潼，北招契丹，啗以美利，見可則進，否則據散關以固吾圉，事縱不捷，亦攻敵人之心矣。』衍不從。

唐同光三年九月十日，莊宗下制伐蜀，命興聖宮使魏王繼岌爲都統，樞密使郭崇韜爲行營都招討。其月十八日，魏王統闕下諸軍發洛陽。十一月二十一日，魏王至德陽，衍報云：『比與將校謀歸國，僞樞密使宋光嗣、景潤澄，南北院宣徽使李周輅、歐陽晃等四人異謀熒惑，臣各已處斬，今送納首級。』是日，衍上表曰：『臣衍先人建，久在坤維，受先朝寵澤，一開土宇，將四十年。頃以梁孽興灾，洪圖板蕩，不可助逆，遂乃從權，勉徇衆情，止王三旬，固非獲已，未有所歸。臣輒紹鎡基，且安生聚。臣衍誠惶誠恐，伏惟皇帝陛下，嗣堯、舜之業，陳湯、武之師，廓定寰區，削平凶逆，梯航垂集，文軌渾同。臣方議改圖，便期納款，遽聞王師致討，實抱驚危。今則將千里之封疆，盡爲王土；冀萬家之臣妾，皆沐皇恩。必當輿櫬乞降，負荆請命。伏惟皇帝陛下，回照臨之造，施覆幬之仁，別示哀矜，以安反側。儻墳塋而獲祀，實存没以知歸，臣無任望恩虔禱之至。乙酉年十一月日，臣王衍上表。』其月二十七日，魏王至成都北五里升仙橋，僞百官班於橋下，衍乘行輿至，素衣白馬，牽羊，草索係首，面縛銜璧，輿櫬於後。魏王下馬受其璧，崇韜釋其縛，及燔其櫬，衍率僞百官東北舞蹈謝恩。禮畢，拜魏王、崇韜、李嚴皆答拜。二十八日，王師入成都。自起師至入蜀城，凡七十五日。

《新五代史》卷一四《李繼岌傳》 同光三年，封魏王。是歲伐蜀，以繼岌爲西南行營都統，郭崇韜爲都招討使，工部尚書任圜、翰林學士李愚皆參軍事。【略】然繼岌雖爲都統，而軍政號令一出崇韜。

又　卷六三《前蜀世家·王建》 （天復）三年八月，唐封建蜀王。四年，唐遷都洛陽，改元天祐，建與唐隔絶而不知，故仍稱天復。六年，又取歸州，於是併有三峽。

七年，梁滅唐，遣使者諭建，建拒而不納。建因馳檄四方，會兵討梁，四方知其非誠實，皆不應。

是歲正月，巨人見青城山。六月，鳳凰見萬歲縣，黄龍見嘉陽江，而諸州皆言甘露、白鹿、白雀、龜、龍之瑞。秋九月己亥，建乃即皇帝位。封其諸子爲王，以王宗佶爲中書令，韋莊爲左散騎常侍判中書門下事，唐襲爲樞密使，鄭騫爲御史中丞，張格、王鍇皆爲翰林學士，周博雅爲成都尹。蜀恃險而富，當唐之末，士人多欲依建以避亂。建雖起盜賊，而爲人多智詐，善待士，故其僭號，所用皆唐名臣世族：莊，見素之孫；格，濬之子也。建謂左右曰：『吾爲神策軍將時，宿衛禁中，見天子夜召學士，出入無間，恩禮親厚如寮友，非將相可比也。』故建待格等恩禮尤異，其餘宋玭等百餘人，併見信用。

武成元年正月，祀天南郊，大赦，改元，以王宗佶爲太師。宗佶本姓甘氏，建爲忠武軍卒時掠得之，養以爲子，後以軍功累遷武信軍節度使。後建所生子元懿等稍長，宗佶以養子心不自安，與鄭騫等謀，求爲大司馬，總六軍，開元帥府，凡軍事便宜行而後聞。建以宗佶創業功多，優容之。唐襲本以舞僮見幸於建，宗佶尤易之，後爲樞密使，猶名呼襲，襲雖内恨，而外奉宗佶愈謹。建聞之，怒曰：『宗佶名呼我樞密使，是將反也。』宗佶求大司馬，章三上，建以問襲，襲因激怒建曰：『宗佶功臣，其威望可以服人心，陛下宜卽與之。』建心益疑。宗佶入奏事，自請不已，建叱衛士撲殺之，併賜騫死。六月，以遂王宗懿爲皇太子。建加尊號英武睿聖皇帝。七月，騶虞見武定。

二年，頒《永昌曆》。廣都嘉禾合穗。

三年八月，有龍五十見洵陽水中。十月，麟見壁州。十一月，大赦，改明年爲永平元年。岐王李茂貞自爲梁所圍，而山南入於蜀，地狹勢孤，遂與建和，以其子娶建女，因求山南故地。建怒，不與，以王宗侃爲北路都統，宗佑、宗賀、唐襲爲三面招討使以攻岐。戰於青泥，宗侃敗績，退保西縣，爲茂貞兵所圍。建自將擊之，岐兵敗，解去，建至興元而還。加尊號曰英武睿聖光孝皇帝。

（永平）二年，又加號曰英武睿聖神功文德光孝皇帝。初，田令孜之爲監軍也，盜唐傳國璽入於蜀而埋之，二月，尚食使歐陽柔治令孜故第，穿地而得之，以獻。五月，梁遣光禄卿盧玭來聘，推建爲兄，其印文曰『大梁入蜀之印』。宰相張格曰：『唐故事，奉使四夷，其印曰「大唐入某國之印」，今梁已兄事陛下，奈何卑我如夷狄？』建怒，欲殺梁使者，格曰：『此梁有司之過爾，不可以絶兩國之懽。』已而梁太祖崩，建遣將作監李紘吊之，遂刻其印文曰『大蜀入梁之印』。劍州木連理。六月，麟見文州。十二月，黄龍見富義江。

三年正月，麟見永泰。五月，騶虞見壁山，有二鹿隨之。秋七月，皇太子元膺殺太子少保唐襲。元膺，建次子也，初名宗懿，後更名宗坦，建得銅牌子於什仿，有文二十餘字，建以爲符讖，因取之以名諸子，故又更曰元膺。元膺爲人猳喙齲齒，多材藝，能射錢中孔，嘗自抱畫毬擲馬上，馳而射之，無不中。年十七，爲皇太子，判六軍，創天武神機營，開永和府，置官屬。建以元膺年少任重，以記事戒之，令『一切學朕所爲，則可以保國』。又命道士廣成先生杜光庭爲之師。唐襲，建之嬖也，元膺易之，屢謔於朝，建懼其交惡，乃罷襲樞密使，出爲興元節度使。已而襲罷歸，元膺廷疏其過失，建益不悦。是月七夕，元膺召諸王大臣置酒，而集王宗翰、樞密使潘峭、翰林學士毛文錫不至，元膺怒曰：『集王不來，峭與文錫教之耳！』明日，元膺白建峭及文錫離間語。建怒，將罪之。元膺出而襲入，建以問之，襲曰：『太子謀作亂，欲召諸將、諸王以兵錮之，然後舉事爾！』建疑之，襲請召營兵入衛。元膺初不爲備，聞襲召兵，以爲誅己，乃與伶人安悉香、軍將喻全殊率天武兵自衛，遣人擒峭及文錫而笞之，幽於其家；召大將徐瑤、常謙率兵出拒襲，與襲戰神武門，襲中流矢，墜馬死。建遣王宗賀以兵討之，元膺兵敗皆潰去，元膺匿躍龍池檻中。明日，出而丐食，蜀人識之，以告，建遣宗翰招諭之，宗翰未至，爲衛兵所殺。建乃立其幼子鄭王宗衍爲太子。白龍見邛州江。

四年，荆南高季昌侵蜀巫山，遣嘉王宗壽敗之於瞿唐。八月，殺黔南節度使王宗訓。冬，南蠻攻掠界上，建遣夔王宗範擊敗之於大渡河。麟見昌州。

五年，起壽昌殿於龍興宮，畫建像於壁；又起扶天閣，畫諸功臣像。十一月，大火，焚其宮室。遣王宗儔等攻岐，取其秦、鳳、階、成四州，至大散關。梁叛將劉知俊在岐，於是特以其族來。

通正元年，遣王宗綰等率兵十二萬出大散關攻岐，取隴州。八月，起文思殿，以清資五品正員官購羣書以實之，以內樞密使毛文錫爲文思殿大學士。黄龍見大昌池。十月，大赦。改明年元曰天漢，國號漢。

天漢元年，殺劉知俊。十二月，大赦，改明年元曰光天，復國號蜀。

光天元年六月，建卒，年七十二。建晚年多內寵，賢妃徐氏與妹淑妃，皆以色進，專房用事，交結宦者唐文扆等干與外政。建年老昏耄，文扆判六軍，事無大小，皆決文扆。及建疾，以兵入宿衛，謀盡去建故將。故將聞建疾，皆不得入見，久之，宗弼等排闥入，言文扆欲爲變，乃殺之。建因以老將大臣多許昌故人，必不爲太子用，思擇人未得而疾亟，乃以宦者宋光嗣爲樞密使判六軍而建卒。太子立，去『宗』名衍。

又 《王衍》 衍字化源。建十一子，曰衛王宗仁，簡王元膺，趙王宗紀，豳王宗輅，韓王宗智，莒王宗特，信王宗傑，魯王宗鼎，興王宗澤，薛王宗平。而鄭王宗衍最幼，其母徐賢妃也，以母寵得立爲皇太子，開崇賢府，置官屬，後更曰天策府。衍爲人方頤大口，垂手過膝，顧目見耳，頗知學問，能爲浮艷之辭。元膺死，建以豳王宗輅貌類己，而信王宗傑於諸子最材賢，欲於兩人擇立之。而徐妃專寵，建老昏耄，妃與宦者唐文扆教相者上言衍相最貴，又諷宰相張格贊成之，衍由是得爲太子。

建卒，衍立，謚建曰神武聖文孝德明惠皇帝，廟號高祖，陵曰永陵。建正室周氏號昭聖皇后，後建數日而卒，衍因尊其母徐氏爲皇太后，后妹淑妃爲皇太妃。太后、太妃以教令賣官，自刺史以下，每一官闕，必數人併爭，而入錢多者得之；通都大邑起邸店，以奪民利。

衍年少荒淫，委其政於宦者宋光嗣、光葆、景潤澄、王承休、歐陽晃、田魯儔等；以韓昭、潘在迎、顧在珣、嚴旭等爲狎客；起宣華苑，有重光、太清、延昌、會眞之殿，清和、迎仙之宮，降眞、蓬萊、丹霞之亭，飛鸞之閣，瑞獸之門；又作怡神亭，與諸狎客、婦人日夜酣飲其中。嘗以九日宴宣華苑，嘉王宗壽以社稷爲言，言發泣涕。韓昭等曰：『嘉王酒悲爾！』諸狎客共以慢言謔嘲之，坐上諠然。衍不能省也。

蜀人富而喜遨，當王氏晚年，俗競爲小帽，僅覆其頂，俯首卽墮，謂之『危腦帽』。衍以爲不祥，禁之。而衍好戴大帽，每微服出遊民間，民間以大帽識之，因令國中皆戴大帽。又好裹尖巾，其狀如錐。而後宮皆戴金蓮花冠，衣道士服，酒酣免冠，其髻髽然，更施朱粉，號『醉妝』，國中之人皆效之。嘗與太后、太妃游青城山，宮人衣服，皆畫雲霞，飄然望之若仙。衍自作《甘州曲》，述其仙狀，上下山谷，衍常自歌，而使宮人皆和之。衍立之明年，改元乾德。

乾德元年正月，祀天南郊，大赦，加尊號爲聖德明孝皇帝。

二年冬，北巡，至於西縣，旌旗戈甲，連亙百餘里。其還也，自閬州浮江而上，龍舟畫舸，昭耀江水，所在供億，人不堪命。

三年正月，還成都。

五年，起上清宮，塑王子晉像，尊以爲聖祖至道玉宸皇帝，又塑建及衍像，侍立於其左右；又於正殿塑玄元皇帝及唐諸帝，備法駕而朝之。

六年，以王承休爲天雄節度使。天雄軍，秦州也。承休以宦者得幸，爲宣徽使，承休妻嚴氏，有絶色，衍通之。是時，唐莊宗滅梁，蜀人皆懼。莊宗遣李嚴聘蜀，衍與俱朝上清，而蜀都士庶，簾帷珠翠，夾道不絶。嚴見其人物富盛，而衍驕淫，歸乃獻策伐蜀。明年，唐魏王繼岌、郭崇韜伐蜀。是歲，衍改元曰咸康。衍自立，歲常獵於子來山。是歲，又幸彭州陽平化、漢州三學山。以王承休妻嚴氏故，十月，幸秦州，羣臣切諫，衍不聽。行至梓潼，大風發屋拔木，太史曰：『此貪狼風也，當有敗軍殺將者。』衍不省。衍至綿谷而唐師入其境，衍懼，遽還。唐師所至，州縣皆迎降。衍留王宗弼守緜谷，遣王宗勳、宗儼、宗昱率兵以拒唐師。宗勳等至三泉，望風退走。衍詔宗弼誅宗勳等，宗弼反與宗勳等合謀，送款於唐師。衍自綿谷還成都，百官及後宮迎謁七里亭，衍雜宮人作回鶻隊以入。明日，御文明殿，緜與其羣臣相對涕泣。而宗弼亦自緜谷馳歸，登太玄門，收成都尹韓昭、宦者宋光嗣、景潤澄、歐陽晃等殺之，函首送於繼岌。衍卽上表乞降，宗弼遷衍於天啓宮。魏王繼岌至成都，衍君臣面縛輿櫬，出降於七里亭。

莊宗召衍入洛，賜衍詔曰：『固當列土而封，必不薄人於險，三辰在上，一言不欺！』衍捧詔忻然就道，率其宗族及僞宰相王鍇、張格、庾傳素、許寂、翰林學士李昊等，及諸將佐家族數千人以東。同光四年四月，行至秦川驛，莊宗用伶人景進計，遣宦者向延嗣誅其族。衍母徐氏臨刑呼曰：『吾兒以一國迎降，反以爲戮，信義俱棄，吾知其禍不旋踵矣！』衍妾劉氏，鬒髮如雲而有色，行刑者將免之，劉氏曰：『家國喪亡，義不受辱！』遂就死。

論說

《舊五代史》卷一三六《僭僞傳論》 昔張孟陽爲劍閣銘云：『惟蜀之門，作固作鎮，世濁則逆，道清斯順。』是知自古坤維之地，遇亂代則閉之而不通，逢興運則取之如俯拾。然唐氏之入蜀也，兵力雖勝，帝道猶昏，故數年間得之復失。及皇上之平蜀也，煦之以堯日，和之以舜風，故比户之民，悅而從化。且夫王衍之遭季世也，則赤族於秦川；孟昶之遇明代也，則受封於楚甸。雖俱爲亡國之主，何幸與不幸相去之遠也。

《新五代史》卷六三《前蜀世家》 嗚呼，自秦、漢以來，學者多言祥瑞，雖有善辨之士，不能祛其惑也。予讀《蜀書》，至於龜、龍、麟、鳳、騶虞之類世所謂王者之嘉瑞，莫不畢出於其國，異哉！然考王氏之所以興亡成敗者，可以知之矣。或以爲一王氏不足以當之，則視時天下治亂，可以知之矣。

龍之爲物也，以不見爲神，以升雲行天爲得志。今僾然暴露其形，是不神也；不上于天而下見於水中，是失職也。然其一何多歟，可以爲妖矣！鳳凰，鳥之遠人者也。昔舜治天下，政成而民悅，命夔作樂，樂聲和，鳥獸聞之皆鼓舞。當是之時，鳳凰適至，舜之史因併記以爲美，後世因以鳳來爲有道之應。其後鳳凰數至，或出於庸君繆政之時，或出於危亡大亂之際，是果爲瑞哉？麟，獸之遠人者也。昔魯哀公出獵，得之而不識，蓋索而獲之，非其自出也。故孔子書於《春秋》曰『西狩獲麟』者，譏之也。『西狩』，非其遠也；『獲麟』，惡其盡取也。狩必書地，而哀公馳騁所涉地多，不可偏以名舉，故書『西』以包衆地，謂其舉國之西皆至也。麟，人罕識之獸也，以見公之窮山竭澤而盡取，至於不識之獸，皆搜索而獲之，故曰『譏之也』。聖人已没，而異端之説興，乃以麟爲王者之瑞，而附以符命、讖緯詭怪之言。鳳嘗出於舜，以爲瑞，猶有説也，及其後出於亂世，則可以知其非瑞矣。若麟者，前有治世如堯、舜、禹、湯、文、武、周公之世，未嘗一出，其一出而當亂世，然則孰知其爲瑞哉？龜，玄物也，汙泥川澤，不可勝數，其死而貴於卜官者，用適有宜爾。而《戴氏禮》以其在宫沼爲王者難致之瑞，《戴禮》雜出於諸家，其失亦以多矣。騶虞，吾不知其何物也。《詩》曰：『吁嗟乎騶虞！』賈誼以謂騶者，文王之囿；虞，虞官也。當誼之時，其説如此，然則以之爲獸者，其出於近世之説乎？

夫破人之惑者，難與争於篤信之時，待其有所疑焉，然後從而攻之可也。麟、鳳、龜、龍，王者之瑞，而出於五代之際，又皆萃於蜀，此雖好爲祥瑞之説者亦可疑也。因其可疑者而攻之，庶幾惑者有以思焉。

宋·唐英《蜀檮杌》卷上　黄松子曰：『衍幼無英特之質，長於綺紈富貴之中，及元膺被誅，次當以輅、傑爲嗣，而衍母專寵，大臣表裏協謀，遂得嗣立。襲位之後，不能委任忠賢，躬決刑政，惟宫苑是務，惟宴游是好，惟險巧是近，惟聲色是尚。閹官執政於外，母后司晨於内，張士喬輩以諫諍而得罪，王宗壽輩以鯁忠而見侮。既不卑詞厚禮以睦鄰，又不選將練武而守國，唐師壓境，尚謀宣淫於藩臣之家，而不採光葆之議，其滅亡也，宜哉！然予觀莊宗之才，非司馬文王之比，崇韜、繼岌庸兒繆將，非鍾會、鄧艾之比，是時天下郡國，十未得五六，藩鎮跋扈，經略未暇，雖意在伐蜀，亦未有必然之計，止於求金帛錦繡，以自足其所欲。衍誠能啖之以利，結之以好，勤勞霸政，勇於爲治，尚可延數十年。俟眞主應運，納土歸命，不失爲竇融。而以鄙吝召禍，不免面縛，及拜裂土之詔，忻然自得，以不失爲劉禪。屬天未厭亂，中外有變，非幸殞命，可哀也哉！』

清·吴任臣《十國春秋》卷三六《前蜀二·高祖紀下》　論曰：先主負驍雄之資，奮不世出之略，智驅田、陳，力併楊、顧，北問罪於岐隴，南禦侮於長和，功綦茂矣。而釁起蕭牆，戮及嗣子，何遇之酷也。卒之艷妻方處，母愛子抱，舍長立少，不再傳而失國，豈所稱貽厥孫謀，以燕翼子者乎？嗚呼！廢立之際，顧不重與？

又　卷三七《前蜀三·後主紀》　論曰：予作《前蜀後主紀》，而深有感於興亡之際焉。夫莊宗非司馬文王之比，繼岌、崇韜非會、艾儔也。且是時唐僅得天下之半，强藩割據，經略未遑。假後主勤修政事，輯睦鄰封，啗以貨財，結以情好，尚可遷延國祚，更待眞主。奈何閹人秉鈞於外朝，母后司晨於閫内，嬉游山川，宣淫郡國，秦川之變，驟罹非幸。自古蜀亡未有如王氏禍之烈者也。可不哀哉！

藝文

元·楊維楨《鐵崖詠史》卷七《李客省》　李嚴解亡蜀，亡蜀亦亡唐。人知蹄血母，已悟孟知祥。孰知白日相，料敵在高堂。

清·彭定求等《全唐詩》卷七六〇《牛希濟〈奉詔賦蜀主降唐〉》
滿城文武欲朝天，不覺鄰師犯塞煙。唐主再懸新日月，蜀王難保舊山川。非干將相扶持拙，自是君臣數盡年。古往今來亦如此，幾曾歡笑幾潸然。

又　卷八八九《詞一·蜀主王衍〈醉妝詞〉》　者邊走，那邊走，只是尋花柳。那邊走，者邊走，莫厭金杯酒。

又　《甘州曲》　畫羅裙，能解束，稱腰身。柳眉桃臉不勝春。薄媚足精神，可惜淪落在風塵。

清·謝啓昆《樹經堂詠史詩》卷七《前蜀·王建》　賊王八，竟起屠沽，扈駕將軍號五都。御淚袍，分唐帝，賜愁眉，旗擁蜀王趨金牀。兔子光皇祚，玉井監神告符，煽處監妻傷愛子，摩訶池上禿鶖呼。

又　《王衍》　珠冠金甲耀江流，灌口祆神達漢州。畫舫自謂銀漢曲，御廚高結綵山樓。烟花體宫人賦，楊柳哀詞狎客愁。王氏一行差免戮，後庭花落錦城秋。

清·史夢蘭《全史宫詞》卷一五《十國·前蜀》　聖節龍與記壽春，青城王氣付眞人。五行不信金煬鬼，半面先窺玉女神。

詔下羣臣擢拜同，扶天閣上勒勳庸。貓跳栗爆傳佳句，白髮詞臣亦進對。

錦障毬場入紫衢，縉山千尺接宫隅。紅羅餅騰紅稜餅，親試樓前當面廚。

宣華池上月華多，一段琉璃素影磨。夜半酒酣簪寫錯，嘉王流涕玉簫歌。

倚偏殘粃醉未醒，金蓮冠壓鬢雲輕。花間總駐流星輦，又召唐魂入上清。

唱罷霓裳唱柳枝，龍舟燈火夜深時。歸來細疊霞光紙，傳寫烟花絶妙詞。

寫翠傳紅賜鏡銘，秦川西去爲娉婷。宜呼駕返齊迎謁，回鶻分排七里亭。

又《**十國補遺·前蜀**》　堂寧新更殿閣重，金牀高拱氣葱蘢。怡兵詔檢軍資庫，寶劍先呼奪命龍。

寶曆禪林縱豫游，宫花驀地墜俳樓。可憐龜化橋邊水，每到重陽咽不流。

樂部當筵奉酒卮，鵾衣拾麥任游嬉。大梁聘使頻驚顧，殿上高歌秀雨歧。

珠冠金甲耀江湨，夾道驚看灌口神。水調新翻銀漢曲，滿舟錦繡動歌塵。

畫裙結束稱腰身，裊裊雲霞耀日新。一曲甘州歌欲歇，柳眉桃臉不勝春。

丹峰翠驛快詩情，笑語江山候出行。多少風光看未足，懶驅金輦入龜城。

竹影婆娑月滿天，南軒曉啓競傳箋。詞臣應製多佳詠，誰及昭儀李舜絃。

虎狼神鬼互驚疑，狎客陪鑾盡日嬉。樂極已拼人入草，東巡猶作耀兵詩。

雜録

明·楊慎《全蜀藝文志》卷三《梁太祖時蜀中謡》　《五代史》曰：『劉知俊初事梁太祖，後奔蜀。王建雖加寵待然亦忌之。』常謂近侍曰：『劉知俊非爾輩能駕馭，不如早爲之所。』有嫉之者，於里巷間作此謡。知俊色黔丑生？繩者，王氏子孫皆以宗承爲名，故以此猜疑之，遂見殺於成都。

清·董誥等《全唐文》卷九一《昭宗〈復陳敬瑄官爵詔〉》　王建、顧彦朗等，久屯師旅，頗罄忠勤，盡懷頗牧之謀，俱奉及瓜之戍，眷言勳效，常所歎嘉。今則大布寬仁，永安詿誤，在橐垂櫜之令，勿辜偃革之恩。便令部領師徒，各歸所任，其回戈將士等，仰彦朗、王建以奉本道上供錢物量事優賞訖奏。兼聞楊晟等深知逆順，首率歸投。陳勁草之心，備輿櫬之禮，書之信史，永播忠規。

又《賜王建詔》　朕以眇身，託於人上。皇天不佑，寇難薦興。外無桓文，內無平勃，每一念至，芒刺在懷。卿忠義貫日，至誠許國。三川不寧，一麾已定。清淨中原，再造我國家，朕有望於卿也。

又《賜王建詔》　朕去年在鳳翔，與茂貞熟計，誅韓全誨等以謝全忠。崔允固請廢兩軍，盡去北司。朕止欲誅有罪之人，全忠、允必欲盡殺。朕方危迫，不得不從。而允與鄭元規朋助全忠，閒諜誘惑，欲起兵收鳳翔，次及西川。天人助順，崔、鄭就誅。昨正月二十日，朕御樓撫慰軍氓，具告允等罪狀。宰臣裴樞等受全忠密旨，亟奏鳳翔川軍已及咸陽，脅朕遷洛。後二日，東兵擁朕出長安，朕與后妃宗室吏人，匍匐就道，艱苦萬狀。六軍偕廢，朕益孤危。再賜茂貞密詔，使告卿糾合諸鎮，共迎朕西歸。偵知全忠遷朕至洛，盡斥內外侍衛，雖有書詔，不可復通。藩鎮諸侯，或信僞詔，彊者歸之，則賊勢轉盛。卿自先帝時立功，數助朕征討，受賊誣構，寧不冤憤。計此賊必先討鳳翔，次及卿與河東，然後取天下。卿安忍負高祖、太宗三百年德澤，而束手黄巢餘黨？宜亟告茂貞、繼徽克用、行密及襄、幽、鎮、魏，同舉勤王之師，迎朕還京。朕兵盡力窮，危及宗社，臨軒西望，灑血告卿。

又　卷九二《昭宗〈賜王建劄〉》　朕罹此多難，播遷無常，旦夕慄慄，不能自保，而況保天下事。爲朕藩護，有望於卿也。

又　卷一〇二《梁太祖〈與蜀王建書〉》　夫唐虞致治，遵禪讓之明文；湯武開基，允人神之至願。必有神器，是膺皇圖。況古今迭代之期，英傑興隆之數，莫不上關天命，下順人心啓王霸之宏基，爲子孫之大計。

咸遵軌轍，併載簡編。且念與皇帝八兄，頃在前朝，各封異姓。土茅分裂，皆超將相之尊；魚雁往來，久約弟兄之契。懽盟甚固，功業相推，俄隔絶於音塵，止因緣於閒諜。以至時衰土德，運應金行，雖手足胼胝，粗平多難，而星辰符瑞，謬付厥躬。當百辟之羣情，極四方之積患，爰都河洛，用答乾坤。尋聞皇帝八兄奄有西陲，盡朝三蜀，別尊位號，復統高深，一時皆賀於推崇，兩國願通於情好。微曹劉之往制，各有君臣；追楚漢之前蹤，嘗分疆宇。所冀同清夷夏，俱活生靈，載籍具存，恢張無爽。去歲密聞風旨，遐慰寤思，憤岐隴之猖狂，逼褒斜之封徼，欲資牽制，用速掃除。遂委永平軍節度使劉鄩，特遣行人，先道深意。旋已徑差精甲，將擊妖巢。合數鎮之驍雄，鼓六師之威勢，尋聞退遁，殆至滅亡。允諧犄角之謀，尤得輔車之利。近併覽同華奏報，皆進呈褒祥書題，具悉事機，良多歎沃。今專馳卿列，備達衷懷，重論金石之交，別卜塤篪之分。山河共永，日月長懸，瞻佇好音，言不盡意。今遣光禄卿盧玭閤門副使少府少監李元聊馳書幣，專戒道途，兼有微禮，具在別幅，謹白。

馬一十匹，紅纓絡子鞍幞各一事，計紅耳叱驋馬一匹，金玉鬧裝四垂鞍轡一副；紫叱驋馬一匹，白玉裝鞍轡一副；白驄馬一匹，金鍍鬧裝鞍轡一副；烏叱驋馬一匹，金鍍龍鳳五垂銀鞍轡一副；烏叱驋馬一匹，金鍍銀鬧裝鞍轡一副；白驄馬一匹，金鍍銀鬧裝鞍轡一副；青叱驋馬一匹，裹花五垂銀鞍轡一副；青叱驋馬一匹，陷金玉五垂鞍轡一副；騮叱驋馬一匹，金鍍鬧裝五垂銀鞍轡一副；紅耳叱驋馬一匹，金鍍五垂鬧裝銀鞍轡一副；又玉犀腰帶雜物等，計：黄排方驋琳腰帶一條，頭尾順鈌十二事，通牡丹犀排方腰帶一條，頭尾順鈌十二事。金香一十斤，麝香五十劑，犀一十株，琥珀二十斤，玳瑁二百斤，金稜琉璃碗十隻，銀稜秘色鈔鑼二面，金花銀裝廚子一對，金花渾銀裹龍鳳儀注槍四條，併鞘子犛牛紅拂子全，金花銀裹龍鳳儀注槍四十條，綾袋盛金銅甲二副，并副膊兜鍪全。又藥物十三位，計茯苓一十斤，茯神一十斤，酸棗仁五十斤，玉鹽五斤，新羅人參一十斤，牛膝一十斤，枳殼一十斤，五味子五斤，赤箭一十斤，鹿茸一十對，顆棗一千枚，羚羊角五對，牛黄一百銖。

右件藥物等，或來從燕市，或貢自炎方，或馨香能助於薰爐，或華妙可資於竇甒，光涵星斗，藥有君臣。願伸兩國之情，重固千年之約。愧非縟禮，粗達深衷，特希檢留，幸甚。謹白。

又 卷一〇三《**李克用〈報西川王建書〉**》 竊念本朝屯否，巨業淪胥，攀鼎駕以長違，撫彤弓而自咎，默默終古，悠悠彼蒼，生此厲階，永爲痛毒，視橫流而莫救，徒誓楫以興言。別奉函題，過垂獎諭，省覽周既，駭惕異常。淚下霑衿。倍欝申胥之素；汗流浹背，如聞蔣濟之言。僕經事兩朝，受恩三代，位叨將相，籍係宗支，賜鈇鉞以專徵，征包茅而問罪。鏖兵接戰，二十餘年，竟未能斬新莽之頭顱，斷蚩尤之肩髀，以至廟朝顛覆，豺虎縱橫。且受任分憂，叨榮冒寵，龜玉毀櫝，誰之咎歟？備閱指陳，不勝慚恧。然則君臣無常位，陵谷有變遷，或箠塞長河，泥封函谷，時移事改，理有萬殊。即如週末虎爭，魏初鼎據。孫權父子，不顯授於漢恩；劉備君臣，自微興於涿郡。得之不謝於家世，失之無損於功名。適當逐鹿之秋，可斬華蟲之服。惟僕累朝席寵，奕世輸忠，忝佩訓詞，粗存家法。善博奕者，惟先守道，治蹊田者，不可奪牛。誓於此生，靡敢失節，仰憑廟勝，蚤殄寇讎。如其事與願違，則共臧洪游於地下，亦無恨矣。唯公社稷元勳，華嵩降祉，鎮九州之上地，負一代之宏才，合於此時，自求多福。所承良訊，非僕深心，天下其謂我何，有國非吾節也。懔懔孤懇，此不盡陳。

又 卷一二九《**王建〈改衙廳爲宫殿詔〉**》 帝君之居，上應辰象，朝貢臻集，華夏會同，宫闕殿閣之深嚴，臺省府寺之宏壯，須分名號，以美觀瞻。況我肇啓丕圖，頻有嘉瑞，允協上元之貺，式光萬世之基。至於廚廄之標題，倉庫之曹列，併宜從革，用永維新。

又 《**置東宫官屬詔**》 王者經世馭民，以保安於烝人，曷嘗不講求賢碩，以輔元子？故漢開博望，唐重承華，左右正人，自躋於治。其以東宫爲崇賢府，凡文學道德之士，得以延納訪問，無或自尊，以蔽爾之聰明。

又 《**勸農桑詔**》 昔劉先主入蜀，武侯勸其閉關養民，十年而後舉兵，震摇關内。朕以猥眇，託居人上，爰念蒸民，久罹干戈之苦，而不暇力於農桑之業。今國家漸寧，民用休息，其郡守縣令，務在惠綏，無侵無擾，使我赤子樂於南畝，而有豳風七月之詠焉。

又 《**命編開國已來實録詔**》 自古王者之興，善惡之迹不泯者，有史臣傳之，丹青載之。平章事張格，儒術領袖，文高於世，著述之體，自侔班馬，可專編纂開國已來實録。

又 《郊天改元赦文》 圓蓋方輿，萬彙共資共覆載；春生夏長，四時不息於推遷。所以茂成歲功，寧遂物性，帝王取象，文質遞興，遵革故之令猷，敷鼎新之至理。朕上膺睠命，俯徇樂推，宗廟告虔，孝思既展，郊丘備禮，嚴配式遵，欽承享國之符，允叶奉天之道，羣祀咸秩，有感必通，雲龍方睹於在天，雷雨須聞於作解。且湯開三面，延景祚六百餘年；漢革五刑，繼丕圖二十四世。皆以恤辜宥罪，勸善興仁，特行滌盪之恩，用致治平之化。自唐朝運改，土德數終，初乃召寇以纏兵，竟至遷都而滅國，賢良塗炭，朝市邱墟，生人既失其所天，大事須歸於有土。遂至蠻夷瀝款，士庶傾心，謂蜀都同章武之時，兼漢嗣絶山陽之號，共陳天命，屬在朕躬。一從踐位以來，倍軫臨深之懼，每念生靈塗炭，刑政猶繁，因告類於穹旻，合流恩於屬縣，紀年定曆，既正鴻名，布澤行春，式均和氣。可大赦天下，改唐天復八年爲大蜀武成元年。正月十日昧爽已前，大辟罪已下，罪無輕重，已發覺未發覺，已結正未結正，見繫囚徒常赦不原者，咸赦除之。唯十惡五逆，及屠牛鑄錢，故意殺人，捏窠造印，結聚徒黨，逃走背軍，合和毒藥，私鹽茶麴持仗行劫，官典犯枉法贜，兼踰濫身名，冒受官爵，囹圄之內，官吏用情，致令寃濫，不問有贜，不在赦限。左降官不問罪輕重，并與量移。其有情無狡蠹，事不涉邪者。委中書門下酌量矜貸，便與矜復授官。州縣典吏，及諸色人，配流在遠，已經懲斷者，併宜釋罪放歸。兼有軍人百姓，先因公事關連，逃避諸州縣鎮，不敢放歸還者，亦任卻歸本貫，所在不得勘問擾攪。朕自援旗誓衆，仗鉞平戎，廓定封疆，安保生聚，克成帝業，實用武功，每思將帥之勞，宜獎初終之效，其在城及東川山南武定武信武泰等道，并兩路前軍諸鎮都頭節級將士等，一昨卽位日，雖已各有頒賜，既經大禮，更示殊恩。應都知兵馬使已下，至節級官健，今有優給，各有等第處分。稼穡雖登，黎元未泰，每於旦夕，常所焦勞，將漸致於昭蘇，已累行其矜放，但念方屯師旅，難闕賦徵，緣同切於乂安，宜共資於贍給。自去年八月已後，十月已前，繼有指揮，并蠲逋欠。非無惠澤，下及烝人，尚慮疲羸，未息艱苦。畿內諸州及諸州府應徵今年夏稅，每貫量放二百文。今年正月九日已前，應在府及州縣鎮軍人百姓，先因侵欠官中錢物，或保累填賠，官中收没屋舍莊田，除已有指揮，及有人經管收買外，餘無人射買者，有本主及妻兒見在，無處營生者，併宜給還，卻據元額，輸納本户稅賦。冬選之人，例聞羈旅，常思任用，以救棲遲，兼勸進官僚，人數不少。朕昨才登寶位，更布優恩，或擢在班行，或委之州縣，凡選用略盡搜羅。其閒或有謬結前銜，妄稱入仕，既未辨其眞僞。又可哀其困窮。是用銓衡，冀分玉石，切在精研選士，摭實推公，自執規繩，勿隨請託。但曾經赴任，委不敗官，不犯刑章，又無贜汙，告身周備，考課分明，便仰依資注官，銓司不得稽滯。如有失墜告身，無以自明，但有失墜時公憑及於本任官處取得文解者，併準例參選。然則自唐朝兵革之後，踰濫尤多，附勢力者，未必有材，抱孤直者，或聞無位。自今以後，委有司博求幹濟，慎擇端良，諳熟吏途，詳明法律，先能潔已，方可理人。就中令録之尤難，切在銓衡之精選。或有節度刺史，上表論薦，皆須審諸行事，顯著才能，保無苛虐之心，方允奏陳之命。如聞失舉，必罪所知。諸州府或有賢良方正，能直言極諫，達於教化，明於吏材，政術精詳，軍謀宏遠，韜光待用，藏器俟時，或智辨過人，或詞華出格，或隱山林之迹，或聞鄉里之稱，仰所在州府奏聞，當與量材敍用。自唐室傾淪，梁圖篡奪，上國俄成於茂草，中原莫有其遺民，三百年之文物一空，數千里之生靈無主。星辰既紊，運祚俄遷，指王氣之東沈，聽頌聲之西起。率土之黔黎老幼，競獻臣心；滿朝之文武忠賢，皆陳天意。克隆基業，合重獎酬。應內外文武官等，或賜功臣名號，或與一子出身。兼進勸官資，以旌勳業，併當續有處分。朕頃事唐臣，嘗居親衛受藩鎮封崇之貴，著册書鐘鼎之勳，至於朝右公卿，方面侯伯，皆契忘家之誓，俱同許國之誠。其歿身王事之中，遇禍賊庭之內，言念及此，痛憤良深。應自僖宗朝，凡在有功文武大臣顯忠孝者，併委中書門下追贈，仍搜訪骨月，量材録用。又在閬州起義之日，應有隨駕大將，效命功臣，或遘疾以淪亡，或當鋒而夭枉，皆是捐軀爲主，臨難喪身，殊功無日而暫忘，遺烈千年而不泯，併委中書門下鈔録，次第各與追贈，有子孫者，特授官榮。所冀澤被幽明，仁霑存没。又自朕剖符之始，分閫已來，副予委用之心，匡贊勳庸之士，同甘共苦，竭節輸誠，推公不避於流言，臨事唯思於盡瘁。則有故武信軍節度使張琳，操持勁直，才術縱橫，成今日之鴻基，自斯人之懿績，不享朝天之禄，遽興失手之悲，言念前功，常思厚報，宜追贈太尉，以報幽冤，其嗣子更加正官，仍賜章綬。故山南節度使王宗滌，早膺任用，累著勳勤，征行不憚於風塵，陳敵常先於士卒，論其實效，可謂勞臣，無何以富貴生驕，災殃自掇，不守初終之節，遽萌悖慢之心，驗人情而共憤滿盈，定國法而難私斷割，遂行典憲，深用矜傷。當景運之初興，在故臣之可念，宜加洗雪，用慰幽冥。宗滌併卻還在身官爵。故茂州刺史張造、故蜀州刺史李師泰、故邛州刺史李簡、故眉州刺史張勍故漢州刺史王宗裕、都知兵馬使劉璋、奉禮蓋獲張全眞張行立韓在田威等，併宜追贈。朕自臨蜀國，實庇齊民，皆資先哲之威靈，獲王故都之城邑，方憑幽贊，以永天休，上荅元功，宜尊舊號。先主昭烈皇帝宜委中書門下追崇尊號，虔備册儀。忠武侯諸葛亮別加美謚，追贈王爵。應名山大川，靈祠聖迹，皆豐凶所係，水旱是司，併宜追贈公侯，以酬元貺。朕爰自統臨，八國同心，諸藩部落，首領已下，宜差使臣，各賜詔敕分物宣諭，其見在鴻臚禮院入朝蕃客等，各賜分物，續有敕旨處分。刺史縣令，身皆受職，寵在分憂，非唯效荅於恩榮，亦在保全於終始，將申報國，只計安人。其有徭役不均，刑法不中，鄉縣凋弊，稅賦逋懸，必當分命使臣，大明黜陟。若清廉可奬，課績有聞，或就轉官資，或超加任用。併舉勸懲之命，以彰悔過之名。太倉及諸州縣受納斛斗，併仰大府寺準舊例校勘，逐年給付所司。除本分耗剩外，不得加一升一合，致百姓積累逋懸。如有固違，必行朝典。其有外州遠縣官吏等輒徵估價，併許百姓詣闕論訴，不計官職高卑，併正刑名處分。在京百司禁囚徒，推劾案成，皆招本罪，本官詳斷，只據所申，儻陷深文，便行極法。或恐推司人吏，抑遏代書，既不坐其本情，實慮遭其枉法。自今後委御史台常加覺察，若有冤濫，便具奏聞，必當別遣推窮，重行懲斷。致理之源，無先養老；化民之本，尤在恤孤。或矜黃發之年，或唸白華之節，衰老者宜加矜恤，孤惸者亦在撫安。應國內有耆老年八十已上，賜米二石；九十已上，賜米三石；一百歲已上，賜米五石。兼綿絹酒肉有差。併仰所在長吏，切加安存，其有不幸者，量與津置殯送，仍撫其孤弱。義夫節婦，孝子順孫，併加旌表門閭，終身優假。國之教化，庠序爲先；民之威儀，禮樂爲本。廢之則道替，崇之則化行。其國子監正，令有司約故事，速具修之。兼諸州應有舊文宣王廟，各仰崇飾，以時釋奠。應是前朝舊制，或有開國新規，制敕之所未該，教化之所未備，或刑法不中，或倫序有乖，則諫臣不可不言，宰執不可不奏。且謗木之設，本俟諍臣；匭函所收，先覽冤狀。所以凡關利病，悉要聞知。自今已後，或事有便宜，理非允當，併須旋具論奏，共議改更，必當留折檻以旌賢，無或懼觸鱗而避事。應南郊行事亞獻終獻攝事行禮官吏等，改轉優賜，併候續敕處分。應飛龍閑廄內作器仗諸雜工巧黃衣三衞四色細仗掌扇黃鐘典鼓等，亦各委所司分析姓名申奏，當議優賞。駙馬都尉普恩之後，仍各賜一子八品正員官。赦內有未該恩例，及合條流事件，各仰所司啓請施行。開國之初，既勤行於德惠；改元之後，尤企望於樂推。惟是革弊從新，去華務實。有利於民者，不得不用；有害於政者，不得不除。公平必致於民安，富庶自成於國霸。恩雖不吝，法且無私，赦宥者各仰自新，釐革者皆宜共守，俾從盪滌，永致清平。敢以赦前該恩事相告者，以其罪罪之，挾藏軍器，亡命山澤，百日不首，復罪如初。赦書日行五百里，仍付所司，牒至準賜敕，故牒。

又《荅梁主書》 大蜀皇帝致書於大梁皇帝閤下：竊念早歲與皇帝共逢昌運，同事前朝，俱榮倚注之恩，併受安危之寄，豈期王室如毁，大事莫追，橫流泛濫於八方，衰釁淩夷於九廟，此際與皇帝同分茅土，共統邦家，扶危者力既不宣，握兵者計無所出，建忝列同盟之分，幸居平蜀之功，所宜治兵甲以固封疆，聚徵賦以修進貢，望星使而經年不至，指雲鄉而就日無期。遠聞皇帝，應天順人，開基立極，拯生靈於塗炭，示恩信於豚魚，東南之王氣咸歸，河洛之殊祥畢至，四門盡辟，百度惟貞，竟無意於興邦，止施仁而濟物，以此內量分限，不在經綸，七十州自可指揮，八千里半因開拓，遂至萬民葉議，八國來朝，爰徵史册之文，亦有變通之說。且東漢亂離之後，三國齊興；西周微弱之時，六雄競起。俱非恃强逼禪，皆以行道濟時，雍容於揖讓之前，輕重於英雄之內。況西蜀開山立國，燒棧爲謀，稱雄雖處於一隅，避亂曾安於二帝，鼎峙之規模尚在，山呼之氣象猶存，永言梁蜀之歡，合認弟兄之國。今蒙皇帝遠尋舊好，專降嘉音，俱無閑諜之嫌，再敍始終之約，疑慮則春冰共泮，開通則東海可歸，光榮遽被於子孫，暢遂咸敷於朝野。今則盡焦勞而勵已，用勤儉以帥賢，常瞻偃草之風，以繼用天之道。又蒙厚加賜貺，別降珍奇，十驥聯鑣，六龍併駕，稱德曾參於萬乘，呈才皆過於千金，載觀戀主之心，益勵懷恩之志，實帶輟異方之貢，名香加遠國之琛，奇鋒利逾於雪霜，雅器價齊於金玉入用多慚於未識，捧持方喜於初觀。望恩而一日三秋，仰德而跬步千里，自此榮遵天路，繼遺星槎，緘章不候於飛鳶，裂帛豈勞於係雁？忻榮慰喜，併集此時，敬以專使盧卿等回，略陳所志，幸望開覽。

右件鞍馬，及腰帶、甲冑、槍劍、麝臍、琥珀、玳瑁、金棱碗、越瓷器，併諸色藥物等，皆大梁皇帝降使賜貺。雕鞍撼玉，堅甲爍金，十圍希世之珍，六轡絶塵之用，槍森蛇杆，劍耀龍鋒，金棱含寶碗之光，秘色抱青瓷之響，上藥非蜀都所紀，名香從外國稱奇。遠有珍華，併由惠好，顧酬謝而增媿，仰渥澤以難勝，捧閲品名，實慚只受。

又《示羣臣手書》　朕此遭亂離，以干戈定秦蜀，賴卿等忠勤夾輔遂正名號，奄有神器，兢兢業業，懼不負荷。幸賴天地之靈，廟社之貺，方隅底定，民黎樂康，二氣協和，五穀豐稔。然萬幾之大，夙夜勤勞，遘此篤疾，藥石勿救。太子雖幼有賢德，次不當立，卿等固請於外，妃后篤愛，朕未能違，立爲儲君，勉力匡襄，無墜我邦家之休命。

又《誡子元膺文》　吾提三尺劍，化家爲國，親決庶獄，人無枉濫，恭儉畏慎，勤勞慈惠，無一事縱情，無一言傷物，故百官吏民，愛朕如父母，敬朕如天地。汝繈褓富貴，不知創業之艱難，更汝之名，上應圖讖，勿驕勿矜，勿盈勿忌，惟敬惟誠，惟謙惟和，内睦九族，外安百姓，赤心待羣臣，恩信愛士卒。刑罰人之命也，無徇愛憎；姦邪國之賊也，無信讒構。絶畋游之娛，察聲色之禍，然後能保我社稷，君我民臣。吾蚤莫誡勖，恐汝遺忘，當置於幾案，出入觀省。

又《王衍〈制科策問〉》　炎漢致治，始策賢良；巨唐思皇，爰求茂異。講邦國治亂之體，陳天人祥祲之原，豈角虛文，蓋先碩德。朕念守器之重，識爲君之難，思得奇才，以凝庶績。因舉故事，以紹前修。子大夫抱道逢時，投書應詔，必有長策，以副虛懷。何以使三農樂生，五兵不試，刑獄無枉，賦歛無加？以何策可以定中原？以何道可以卜長世？朕當親覽，汝無面從。

又《上魏王繼岌箋》　衍叩頭言：伏以五帝三王，竟歸於代謝，有家垂國，孰免其廢興？苟大命之革新，願轉禍而爲福。衍誠惶誠恐叩首，伏以衍先人，頃以受唐封册，列土坤維，自霸一方，於兹三紀。乃者因夷門之搆逆，偶中國以喪君，勉副推崇，遂開興業。衍謬爲世子，獲紹舊基，而以幼沖，不得負荷。尋遇大唐皇帝中興聖運，再造鴻圖，輝赫大明，照臨下土，存修嘉好，仰恃恩盟，感覆燾於堯天，將驅馳於禹貢。勿審王師討伐，部内震驚，靡敢當鋒，幸思歸命。伏惟殿下位尊上嗣，德寶元良。騰少海之波瀾，動前星之秀彩，親乘象輅，勞履劍關，已得萬民之歡心，坐恕斯人之死罪。今則完全府庫，守遏邑居，率文武以陳誠，輿櫬而納款。伏惟殿下特宏哀鑑，保證奏聞，亦存諸典刑，貯在肺腑。庶幾先人之靈，猶享血食之祀，免支離於眷屬，得敬養於庭闈。惟聖君之明慈，係殿下之元造。衍無任危迫殆越戰懼激切之至，謹差私署檢校司空行尚書兵部侍郎歐陽彬軍使韓知權等奉箋以聞。

又　卷八八九《王宗佶〈上蜀高祖表〉》　臣官預大臣，親則長子，國家之事，休慼是同。今儲貳未定，必生厲階。陛下若以宗懿才堪繼承，宜早行册禮。以臣爲元帥，兼總六軍，倘以時方艱難，宗懿沖幼，臣安敢持謙，不當重事。陛下既正位南面，軍旅之事，宜委之臣下。臣請開元帥府，鑄六軍印，征戍徵發，臣悉專行。太子視膳於晨昏，微臣握兵於環衛，萬世基業，惟陛下裁之。

又《王宗儔〈李延召投狀乞免役事佛判〉》　雖居兵籍，心在佛門。修心於行伍之間，達理於幻泡之外。歸心而依佛化，截足以事空王。壯哉貔貅，何太猛利。大願難阻，眞誠可嘉。準狀付本軍除落名氏，仍差虞候監截一足訖，送眞元寺收管，灑掃焚修。

又《馮涓〈爲蜀王建草斬陳敬瑄田令孜表〉》　開匣出虎，孔宣父不責他人。當路斬蛇，孫叔敖非因利己。專殺不行於閫外，先機恐失於彀中。臣輒行閫制處斬訖。

又《諫伐李茂貞疏》　臣聞興師者，殘兵力，虛府庫，弊羣畜，損弓甲，衰農桑，動德義，興詐僞，故損國害人，莫先於用兵也。方今梁王朱全忠霸盛，强據兩京，料其先取河東。河東梁之敵國也，勢不兩立。儻一處爲雄，率天下之衆，一舉西來，縱諸葛重生，五丁復出，無以泥封大散，石鎖劍門。今秦庭實蜀之巨屏也，去其屏，窺見庭館焉。莫若與秦王和親，稍稍以麻布茗草給之，不傷於大義，濟之以小利。蜀但訓兵秣馬，因敵料强，足可以保天禄於三川，固子孫於萬葉。潛令公主探其機密，窺彼室家，俟便攻之，一舉而獲可也。

又《諫用兵疏》　古之用兵，非以逞威暴而肆殺戮，蓋以安民爲先，豐財爲本。湯武無忿怒之師，高光有魚水之士。故能應天順人，吊民伐罪。今自土德云衰，朱梁逞虐，雍都洛邑，盡是荆榛。江南山東，各有割據。鬬力則人各有力，用兵則人各有兵。陛下欲以一方之强，舉萬全之策，臣恐陛下之憂，不在於秦雍，而在於肘腋之下也。

又《韋莊〈爲蜀高祖答王宗綰書〉》　吾蒙主上恩有年矣，衣襟之上，宸翰如新。墨詔之中，淚痕猶在。犬馬尚能報主，而況人之臣子乎？自去年三月東還，連貢二十表，而絶無一使之報。天地阻隔，叫呼何及。聞上至谷水，臣僚及宫僚千餘人，皆爲汴州所害。至洛果遭弑逆。自聞此詔，五内糜潰。方枕戈待旦，思爲主上報仇。今使來，不知以何宣告。

又《許寂〈上蜀主求賢書〉》　歷代之君，乘時啓運，莫不博訪髦士，詳求碩畫。以武定禍亂，以文致康義。故軒皇命六相，虞舜舉八元，伯禹拜昌言，成湯師一德。周有多士，文王以寧。此歷代之大經，求賢之極摯也。今百辟之中，有謀可以策國，勇可以蕩寇，或博究治體，或精知化源，未擢穎於明廷，尚含光於庶位者，伏望恢明聖之略，開户牖之圖，親賜顧問，以觀其能。置之列位，盡其獻納。俾官無敗政，人無滯才。

又　卷九九八《宋光葆〈上蜀主表〉》　晉王攻滅朱梁，紹唐稱制，冒李氏之苗裔，以鄭王爲遠祖。遣使西來，侮慢尤甚，輕蔑我國，必將交惡。宜勵兵選將，執戈待寇。請於秦州屯兵萬人，鳳州三千人，控扼要害；命大將帥兵萬人戍武威城，應援秦鳳；萬人戍興元，應援金州及駱谷；萬人屯利州，應援文州及安遠城；二千戍扶州，爲秦鳳犄角。命渠果州管下蠻酋，各聚兵裹糧，專聽師期。昔成汭據山陵，養兵五萬，皆仰給云安。請擇安州刺史充峽路招討副使，改榷鹽法，以廣財用。嘉、眉二州增治戰艦，募舟師五千下峽出江陵，步騎出襄陽，大兵急攻秦雍。東據河潼，北以厚利啗湖廣，利則進師，退則分據峽啗及散關，以固吾國，可以伐敵之心。

宋・李昉等《太平廣記》卷一六三《讖應・唐國閏》　僞蜀後主王衍，以唐襲宅建上清宫。於老君尊像殿中，列唐朝十八帝眞。乃備法駕謁之。讖者以爲拜唐，乃歸命之先兆也。先是司天監胡秀林進曆，移閏在丙戌年正月。有向隱者亦進曆，用宣明法，閏乙酉年十二月。既有異同，彼此紛訴，仍於界上取唐國曆日。近臣曰：『宜用唐國閏月也。』因更改閏十二月。街衢賣曆者云：『只有一月也。』其年十一月二十八日國滅。胡秀林是唐朝司天少監，仕蜀，别造永昌正象曆，推步之妙，天下一人。然移閏之事不爽，曆議常人不可輕知之。

又　卷二二四《相四・僧處弘》　僧處弘習禪於武當山。王建微時，販鹺於均房間，仍行小竊，號曰賊王八。處弘見而勉之曰：『子他日位極人臣，何不從戎。别圖功業。而夜游晝伏，沽賊之號乎？』建感之，投忠武軍，後建在蜀。弘擁門徒入蜀。

又　卷二六六《輕薄二・王先主遭輕薄》　韋昭度招討陳敬瑄時，蜀帥顧彦暉爲副，王先主爲都指揮使。三府各署幕僚，皆是朝達子弟，視王先主蔑如也。先主侍從，髡髮行黲，鯨面札脱，如一部鬼神。其輩與先主兢肅。顧公詳緩，一時失笑而散。先主歸營，左右以此爲言，亦自大笑。他日克鄴城，輕薄幕僚，皆害之。

又　卷三七四《靈異・王蜀先主》　唐僖宗皇帝，播遷漢中，蜀先主建爲禁軍都頭。與其儕於僧院擲骰子，六隻次第相重，自麼至六。人共駭之。他日霸蜀。因幸興元，訪當時僧院，其僧尚在。問以舊事，此僧具以骰子爲對。先主大悦，厚賜之。

後蜀分部

綜述

《舊五代史》卷二九《唐書・莊宗紀三》　（同光元年夏四月）以河東軍城都虞候孟知祥爲太原尹，充西京副留守。

又　卷三二《唐書・莊宗紀六》　（同光二年八月）辛未，北京副留守、太原尹孟知祥加檢校太傅，增邑，賜功臣號。

又　卷三三《唐書・莊宗紀七》（同光三年十二月）丙子，以北京副留守、太原尹孟知祥爲檢校太傅、同平章事、成都尹、劍南西川節度副大使、知節度事、西山八國雲南都招撫等使。【略】

丙戌，第三姑宋氏封義寧大長公主，長姊孟氏封瓊華長公主。

又　卷三六《唐書・明宗紀二》（天成元年六月戊申）劍南西川節度副大使、知節度使事孟知祥加檢校太傅，兼侍中，劍南東川節度副大使、知節度事董璋加檢校太傅。

又　卷三八《唐書・明宗紀四》（天成二年二月）壬辰，西川節度使孟知祥奏，泗州防禦使、充西川兵馬都監李嚴，扇摇軍衆，尋已處斬。【略】

（秋七月）壬戌，西川節度副大使、知節度事孟知祥加檢校太尉、兼侍中，東川董璋加爵邑。

又　卷四一《唐書・明宗紀七》（長興元年九月）癸未，利、閬、遂三州奏，東川節度使董璋謀叛，結連西川孟知祥。【略】

丁亥，以西川節度使孟知祥兼西南面供饋使，天雄軍節度使石敬瑭兼東川行營都招討使，以遂州節度使夏魯奇兼東川行營招討副使。【略】

（十一月）乙亥，制西川節度使孟知祥削奪官爵，以其同董璋叛也。

又　卷四三《唐書・明宗紀九》（長興三年六月）戊午，荆南奏：『東川董璋領兵至漢州，西川孟知祥出兵逆戰，璋大敗，得部下人二十餘，走入東川城，尋爲前陵州刺史王暉所殺，孟知祥已入梓州。』辛酉，范延光奏曰：『孟知祥兼有兩川，彼之軍衆皆我之將士，料其外假朝廷形勢以制之，然陛下苟不能屈意招攜，彼亦無由革面。』帝曰：『知祥予故人也，以賊臣間謀，故茲阻隔，今因而撫之，何屈意之有！』

九月【略】壬辰，供奉官李瓌自西川回，節度使孟知祥附表陳敍隔絶之由，併進物，先賜金器等。瓌，知祥甥也，母在蜀，故令瓌往焉。瓌至蜀，具述朝廷厚待之意，知祥稱藩如初，奏福慶長公主以今年正月十二日薨。

又　卷四四《唐書・明宗紀十》（長興四年，二月）癸亥，以西川節度使孟知祥爲劍南東、西川節度使，封蜀王。

又　卷四五《唐書・閔帝紀》（應順元年春正月）甲午，【略】劍南東、西兩川節度使、檢校太尉、兼中書令、蜀王孟知祥加校太師。制下，知祥辭不受命。

又　卷四六《唐書・末帝紀上》（應順元年，夏四月）庚寅，鳳翔奏，西川孟知祥僭稱大蜀，年號明德。

（五月）癸亥，秦州奏，西川孟知祥出軍迫陷成州。

秋七月庚子，太子少保致仕崔沂卒。癸卯，鳳翔進僞蜀孟知祥來書，稱『大蜀皇帝獻書於大唐皇帝』，且言『見迫羣情，以今年四月十二日卽皇帝位』云，帝不答。

八月【略】辛未，以前尚書左丞姚顗爲中書侍郎、平章事。詔應曾受御署官逐攝同一任正官，依期限赴選。荆南奏，僞蜀孟知祥卒，其子昶嗣僞位。

又　卷六二《唐書・董璋傳》（同光）二年，加同平章事。是時，安重誨當國，採人邪謀，言孟知祥必不爲國家使，惟董璋性忠義，可特寵任，令圖知祥。又璋之子光業爲宫苑使，在朝結託勢援，爭言璋之善，知祥之惡。恩寵既優，故璋益恣其暴戾。

先是（長興元年），璋欲謀叛，先遣使持厚幣於孟知祥，求爲婚家。且言爲朝廷猜忌，將有替移，去則喪家，住亦致討，地狹兵少，獨力不任，願以小兒結婚愛女。時知祥亦貳於朝廷，因許以爲援。既而知祥出師以圍遂州，故璋攻閬州，得恣其毒焉。

其年秋，詔削奪璋在身官爵，命天雄軍節度使石敬瑭爲東川行營招討使，率師以討之。【略】時孟知祥其骨肉在京師者俱無恙焉，因遣使報璋，欲連表稱謝。璋怒曰：『西川存得弟姪，遂欲再通朝廷，璋之兒孫已入黄泉，何謝之有！』自是璋疑知祥背己，始搆隙矣。三年四月，璋率所部兵萬餘人以襲知祥。知祥與諸將率師拒之，戰於漢州之彌牟鎮。璋軍大敗，得數十騎，復奔於東川。

又　卷一一七《周書・世宗紀四》（顯德四年）八月癸未，前濮州刺史胡立自僞蜀回，蜀主孟昶寓書於帝，其末云：昶昔在齠齔，卽離併都，亦承皇帝鳳起晉陽，龍興汾水，合敍鄉關之分，以陳玉帛之歡。儻蒙惠以嘉音，佇望專馳信使，謹因胡立行次，聊陳感謝披述云。初，王師之伐秦、鳳也，以立爲排陣使，既而爲蜀所擒。及秦、鳳平，得降軍數千人，其後帝念其懷土，悉放歸蜀，至是蜀人知感，故歸立於我。昶本生於太原，故其書意願與帝推鄉里之分，帝怒其抗禮，不答。

又　卷一三六《僭僞傳·孟知祥》　孟知祥，字保裔，邢州龍岡人也。祖察，父道，世爲郡校。伯父方立，終於邢洺節度使，從父遷，位至澤潞節度使。知祥在後唐莊宗同光三年，授西川節度副大使，知節度事。天成中，安重誨專權用事，以知祥莊宗舊識，方據大藩，慮久而難制，潛欲圖之。是時，客省使李嚴以嘗使於蜀，洞知其利柄，因獻謀於重誨，請以己爲西川監軍，庶效方略，以制知祥，朝廷可之。及嚴至蜀，知祥延接甚至，徐謂嚴曰：『都監前因奉使，請兵伐蜀，遂使東、西兩川俱至破滅，川中之人，其怨已深。今既復來，人情大駭，固奉爲不暇也。』即遣人拽下階，斬於階前。與《薛史》異：其後朝廷每除劍南牧守，皆令提兵而往，或千或百，分守郡城。時董璋作鎮東川已數年矣，亦有雄據之意。會朝廷以夏魯奇鎮遂州，李仁矩鎮閬州，皆領兵數千人赴鎮，復授以密旨，令制禦兩川。董璋覺之，乃與知祥通好，結爲婚家，以固輔車之勢。知祥慮唐軍驟至，與遂、閬兵合，則勢不可支吾，遂與璋協謀，令璋以本部軍先取閬州，知祥遣大將軍李仁罕、趙廷隱率軍圍遂州。長興元年冬，唐軍伐蜀，至劍門。二年，以遂、閬既陷，又糧運不接，乃班師。三年，知祥又破董璋，乃自領東、西兩川節度使。應順元年，以劍南東兩川節度使、蜀王稱帝於蜀，改元明德。七月卒，年六十一。

又　《孟昶傳》　昶，知祥之第三子也。母李氏，本莊宗之嬪御，以賜知祥。唐天佑十六年，歲在己卯，十一月十四日，生昶於太原。及知祥鎮蜀，昶與其母從知祥妻瓊華長公主同入於蜀。知祥僭號，僞册爲皇太子。知祥卒，遂襲其僞位，時年十六，尚稱明德元年。及僞明德四年冬，僞詔改明年爲廣政元年，是歲卽晉天福三年也。僞廣政十三年，僞上尊號爲睿文英武仁聖明孝皇帝。皇朝乾德三年春，王師平蜀，詔昶舉族赴闕，賜甲第於京師，迨其臣下賜賚甚厚，尋册封楚王。是歲秋，卒於東京，時年四十七，事具皇家日曆。自知祥同光二年丙戌歲入蜀，父子相繼，凡四十年而亡。

《新五代史》卷六四《後蜀世家·孟知祥》　孟知祥，字保胤，邢州龍岡人也。其叔父遷，當唐之末，據邢、洺、磁三州，爲晉所虜。晉王以遷守澤潞，梁兵攻晉，遷以澤潞降梁。知祥父道，獨留事晉而不顯。及知祥壯，晉王以其弟克讓女妻之，以爲左教練使。莊宗爲晉王，以知祥爲中門使。前此爲中門使者多以罪誅，知祥懼，求他職，莊宗命知祥薦可代己者，知祥因薦郭崇韜自代，崇韜德之。知祥遷馬步軍都虞候。莊宗建號，以太原爲北京，以知祥爲太原尹、北京留守。

魏王繼岌伐蜀，郭崇韜爲招討使，崇韜臨訣，白曰：『卽臣等平蜀，陛下擇帥以守西川，無如孟知祥者。』已而唐兵破蜀，莊宗遂以知祥爲成都尹、劍南西川節度副大使。知祥馳至京師，莊宗戒有司盛供帳，多出內府珍奇諸物以宴勞之。酒酣，語及平昔，以爲笑樂，歎曰：『繼岌前日乳臭兒爾，乃能爲吾平定兩川，吾徒老矣，孺子可喜，然益令人悲爾！吾憶先帝棄世時，疆土侵削，僅保一隅，豈知今日奄有天下，九州四海，珍奇異産，充牣吾府！』因指以示知祥，曰：『吾聞蜀土之富，無異於此，以卿親賢，故以相付。』

同光四年正月戊辰，知祥至成都，而崇韜已死。魏王繼岌引軍東歸，先鋒康延孝反，攻破漢州。知祥遣大將李仁罕會任圜、董璋等兵擊破延孝，知祥得其將李肇、侯弘實及其兵數千以歸。而莊宗崩，魏王繼岌死，明宗入立。知祥乃訓練兵甲，陰有王蜀之志。益置義勝、定遠、驍銳、義寧、飛棹等軍七萬餘人，命李仁罕、趙廷隱、張業等分將之。初，魏王之班師也，知祥率成都富人及王氏故臣家，得錢六百萬緡以犒軍，其餘者猶二百萬。任圜自蜀入爲相，兼判三司，素知蜀所餘錢。是冬，知祥拜侍中，乃乙太僕卿趙季良齎官告賜之，因以爲三川制置使，督蜀犒軍餘錢送京師，且制置兩川徵賦。知祥怒，不奉詔。然知祥與季良有舊，遂留之。

樞密使安重誨頗疑知祥有異志，思有以制之。初，知祥鎮蜀，莊宗以宦者焦彥賓爲監軍，明宗入立，悉誅宦者，罷諸道監軍。彥賓已罷，重誨復以客省使李嚴爲監軍。嚴前使蜀，既歸而獻策伐蜀，蜀人皆惡之，而知祥亦怒曰：『焦彥賓以例罷，而諸道皆廢監軍，獨吾軍置之，是嚴欲以蜀再爲功也。』掌書記毋昭裔及諸將吏皆請止嚴而無內，知祥曰：『吾將有以待其來！』嚴至境上，遣人持書候知祥，知祥盛兵見之，冀嚴懼而不來，嚴聞之自若。天成二年正月，嚴至成都，知祥置酒召嚴。是時，焦彥賓雖罷，猶在蜀，嚴於懷中出詔示知祥以誅彥賓，知祥不聽，因責嚴曰：『今諸方鎮已罷監軍，公何得來此？』目客將王彦銖執嚴下，斬之。明宗不能詰。

初，知祥鎮蜀，遣人迎其家屬於太原，行至鳳翔，鳳翔節度使李從曮聞知祥殺李嚴，以爲知祥反矣，遂留之。明宗既不能詰，而欲以恩信懷之，乃遣客省使李仁矩慰諭知祥，併送瓊華公主及其子昶等歸之。

知祥因請趙季良爲節度副使，事無大小，皆與參決。三年，唐徙季良爲果州團練使，以何瓚爲節度副使。知祥得制書匿之，表留季良，不許。乃遣其將雷廷魯至京師論請，明宗不得已而從之。是時，瓚行至綿谷，懼不敢進，知祥乃奏瓚爲行軍司馬。

是歲，唐師伐荆南，詔知祥以兵下峽，知祥遣毛重威率兵三千戍夔州。已而荆南高季興死，其子從誨請命，知祥請罷戍兵，不許。知祥諷重威以兵鼓噪，潰而歸，唐以詔書劾重威，知祥奏請無劾，由是唐大臣益以知祥爲必反。

四年，明宗將有事於南郊，遣李仁矩責知祥助禮錢一百萬緡。知祥覺唐謀欲困己，辭不肯出。久之，請獻五十萬而已。初，魏王繼岌東歸，留精兵五千戍蜀。自安重誨疑知祥有異志，聽言事者，用己所親信分守兩川管内諸州，每除守將，則以精兵爲其牙隊，多者二三千，少者不下五百人，以備緩急。是歲，以夏魯奇爲武信軍節度使；分東川之閬州爲保寧軍，以李仁矩爲節度使；又以武虔裕爲綿州刺史。仁矩與東川董璋有隙，而虔裕重誨表兄，由是璋與知祥皆懼，以謂唐將致討。自璋鎮東川，未嘗與知祥通問，於是璋始遣人求婚以自結。而知祥心恨璋，欲不許，以問趙季良，季良以爲宜合從以拒唐，知祥乃許。於是連表請罷還唐所遣節度使、刺史等。明宗優詔慰諭之。

長興元年二月，明宗有事於南郊，加拜知祥中書令。初，知祥與璋俱有異志，而重誨信言事者，以璋盡忠於國，獨知祥可疑，重誨猶欲倚璋以圖知祥。是歲九月，董璋先反，攻破閬州，擒李仁矩殺之。是月應聖節，知祥開宴，東北望再拜，俯伏嗚咽，泣下沾襟，士卒皆爲之歔欷，明日遂舉兵反。

是秋，明宗改封瓊華公主爲福慶長公主，有司言前世公主受封，皆未出降，無遣使就藩册命之儀。詔有司草具新儀，乃遣秘書監劉岳爲册使。岳行至鳳翔，聞知祥反，乃旋。明宗下詔削奪知祥官爵，命天雄軍節度使石敬瑭爲都招討使，夏魯奇爲副。知祥遣李仁罕、張業、趙廷隱將兵三萬人會璋攻遂州，别遣侯弘實將四千人助璋守東川，又遣張武下峽取渝州。唐師攻劍門，殺璋守兵三千人，遂入劍門。璋來告急，知祥大駭，遣廷隱分兵萬人以東，已而聞唐軍止劍州不進，喜曰：『使唐軍急趨東川，則遂州解圍，吾勢沮而兩川摇矣。今其不進，吾知易與爾。』十二月，敬瑭及廷隱戰於劍門，唐師大敗。張武已取渝州，武病卒，其副將袁彦超代將其軍，又取黔州。二年正月，李仁罕克遂州，夏魯奇死之，知祥以仁罕爲武信軍留後，遣人馳魯奇首示敬瑭軍，敬瑭乃班師。利州李彦珂聞唐軍敗東歸，乃棄城走，知祥以趙廷隱爲昭武軍留後。李仁罕進攻夔州，刺史安崇阮棄城走，以趙季良爲留後。

是時，唐軍涉險，以餉道爲艱，自潼關以西，民苦轉饋，每費一石不能致一斗，道路嗟怨，而敬瑭軍亦旋，所在守將又皆棄城走。明宗憂之，以責安重誨。重誨懼，遽自請行。而重誨亦以被讒得罪死。明宗謂致知祥等反，由重誨失策，及重誨死，乃遣西川進奏官蘇願、進奉軍將杜紹本西歸招諭知祥，具言知祥家屬在京師者皆無恙。

知祥聞重誨誅死，而唐厚待其家屬，乃邀璋欲同謝罪，璋曰：『孟公家屬皆存，而我子孫獨見殺，我何謝爲！』知祥三遣使往見璋，璋不聽，乃遣觀察判官李昊説璋，璋益疑知祥賣己，因發怒，以語侵昊。昊乃勸知祥攻之。而璋先襲破知祥漢州，知祥遣趙廷隱率兵三萬，自將擊之，陣鷄距橋。知祥得璋降卒，衣以錦袍，使持書招降璋，璋曰：『事已及此，不可悔也！』璋軍士皆噪曰：『徒曝我於日中，何不速戰？』璋即麾軍以戰。兵始交，璋偏將張守進來降，知祥乘之，璋遂大敗，走。過金雁橋，麾其子光嗣使降，以保家族，光嗣哭曰：『自古豈有殺父以求生者乎，寧俱就死！』因與璋俱走。知祥遣趙廷隱追之，不及，璋走至梓州見殺，光嗣自縊死，知祥遂併有東川。然自璋死，知祥卒不遣使謝唐。

唐樞密使范延光曰：『知祥雖已破璋，必籍朝廷之勢，以爲兩川之重，自非屈意招之，彼亦不能自歸也。』明宗曰：『知祥，吾故人也，本因間諜致此危疑，撫吾故人，何屈意之有？』先是，克寧妻孟氏，知祥妹也。莊宗已殺克寧，孟氏歸于知祥，其子瓌，留事唐爲供奉官。明宗即遣瑰歸省其母，因賜知祥詔書招慰之。知祥兼據兩川，以趙季良爲武泰軍留後、李仁罕武信軍留後、趙廷隱保寧軍留後、張業寧江軍留後、李肇昭武軍留後。季良等因請知祥稱王，以墨制行事，議未決而瓌至蜀。知祥見瓌倨慢。九月，瓌自蜀還，得知祥表，請除趙季良等爲五鎮節度，其餘刺史已下，得自除授。又請封蜀王，且言福慶公主已卒。明宗爲之發哀，遣閣門使劉政恩爲宣諭使。政恩復命，知祥始遣其將朱滉來朝。

四年二月癸亥，制以知祥檢校太尉兼中書令，行成都尹、劍南東西兩川節度，管内觀察處置、統押近界諸蠻，兼西山八國云南安撫制置等使。遣工部尚書盧文紀册封知祥爲蜀王，而趙季良等五人皆拜節度使。唐兵先在蜀者數萬人，知祥皆厚給其衣食，因請送其家屬，明宗詔諭不許。十一月，明宗崩。明年閏正月，知祥乃卽皇帝位，國號蜀。以趙季良爲司空、同中書門下平章事，中門使王處回爲樞密使，李昊爲翰林學士。

三月，唐潞王舉兵於鳳翔，湣帝遣王思同等討之，思同兵潰，山南西道節度使張虔釗、武定軍節度使孫漢韶皆以其地附於蜀。四月，知祥改元曰明德。六月，虔釗等至成都，知祥宴勞之，虔釗奉觴起爲壽，知祥手緩不能舉觴，遂病，以其子昶爲皇太子監國。知祥卒，謚爲文武聖德英烈明孝皇帝，廟號高祖，陵曰和陵。

又 《孟昶》 昶，知祥第三子也。知祥爲兩川節度使，昶爲行軍司馬。知祥僭號，以昶爲東川節度使、同中書門下平章事。知祥病，昶監國。知祥已卒而秘未發，王處回夜過趙季良，相對泣涕不已，季良正色曰：『今强侯握兵，專伺時變，當速立嗣君以絶非望，泣無益也。』處回遂與季良立昶，而後發喪。昶立，不改元，仍稱明德，至五年始改元曰廣政。

明德三年三月，熒惑犯積屍，昶以謂積屍蜀分也，懼，欲禳之，以問司天少監胡韞，韞曰：『按十二次，起井五度至柳八度，爲鶉首之次，鶉首，秦分也，蜀雖屬秦，乃極南之表爾。前世火入鬼，其應在秦。晉咸和九年三月，火犯積尸，四月，雍州刺史郭權見殺。義熙四年，火犯鬼，明年，雍州刺史朱齡石見殺。而蜀皆無事。』乃止。

昶好打毬走馬，又爲方士房中之術，多採良家子以充後宫。樞密副使韓保貞切諫，昶大悟，卽日出之，賜保貞金數斤。有上書者，言台省官當擇清流，昶歎曰：『何不言擇其人而任之？』左右請以其言詰上書者，昶曰：『吾見唐太宗初卽位，獄吏孫伏伽上書言事，皆見嘉納，奈何勸我拒諫耶！』

然昶年少不親政事，而將相大臣皆知祥故人，知祥寬厚，多優縱之，及其事昶，益驕蹇，多踰法度，務廣第宅，奪人良田，發其墳墓，而李仁罕、張業尤甚。昶卽位數月，執仁罕殺之，併族其家。是時，李肇自鎮來朝，杖而入見，稱疾不拜，及聞仁罕死，遽釋杖而拜。

廣政九年，趙季良卒，張業益用事。業，仁罕甥也。仁罕被誅時，業方掌禁兵，昶懼其反，乃用以爲相，業兼判度支，置獄於家，務以酷法厚斂蜀人，蜀人大怨。十一年，昶與匡聖指揮使安思謙謀，執而殺之。王處回、趙廷隱相次致仕，由是故將舊臣殆盡。昶始親政事，於朝堂置匭以通下情。

是時，契丹滅晉，漢高祖起於太原，中國多故，雄武軍節度使何建以秦、成、階三州附於蜀，昶因遣孫漢韶攻下鳳州，於是悉有王衍故地。漢將趙思綰據永興、王景崇據鳳翔反，皆送款於昶。昶遣張虔釗出大散關，何建出隴右，李廷珪出子午谷，以應思綰。昶相毋昭裔切諫，以爲不可，然昶志欲窺關中甚鋭，乃遣安思謙益兵以東。已而漢誅思綰、景崇，虔釗等皆罷歸，而思謙恥於無功，多殺士卒以威衆。昶與翰林使王藻謀殺思謙，而邊吏有急奏，藻不以時聞，輒啓其封，昶怒之。其殺思謙也，藻方侍側，因併擒藻斬之。

十二年，置吏部三銓、禮部貢舉。

十三年，昶加號睿文英武仁聖明孝皇帝。封子玄喆秦王，判六軍事；次子玄珏褒王；弟仁毅夔王，仁贄雅王，仁裕嘉王。

十八年，周世宗伐蜀，攻自秦州。昶以韓繼勳爲雄武軍節度，聞周師來伐，歎曰：『繼勳豈足以當周兵邪！』客省使趙季札請行，乃以季札爲秦州監軍使。季札行至德陽，聞周兵至，遽馳還奏事。昶問之，季札惶懼不能道一言，昶怒殺之，乃遣高彦儔、李廷珪出堂倉以拒周師。彦儔大敗，走青泥，於是秦、成、階、鳳復入於周。昶懼，分遣使者聘於南唐、東漢，以張形勢。

二十年，世宗以所得蜀俘歸之，昶亦歸所獲周將胡立於京師，因寓書於世宗，世宗怒昶無臣禮，不答。

二十一年，周兵伐南唐，取淮南十四州，諸國皆懼。荆南高保融以書招昶使歸周，昶以前嘗致書世宗不答，乃止。昶幼子玄寶，生七歲而卒，太常言無服之殤無贈典，昶問李昊，昊曰：『昔唐德宗皇子評生四歲而卒，贈揚州大都督，封肅王，此故事也。』昶乃贈玄寶青州大都督，追封遂王。

二十五年，立秦王玄喆爲皇太子。昶幸晉、漢之際，中國多故，而據險一方，君臣務爲奢侈以自娛，至於溺器，皆以七寶裝之。宋興，已下荆、潭，昶益懼，遣大程官孫遇以蠟丸書間行東漢，約出兵以撓中國，遇爲邊吏所得。太祖皇帝遂詔伐蜀，遣王全斌、崔彦進等出鳳州，劉光乂、曹彬等出歸州；詔八作司度右掖門南、臨汴水爲昶治第一區，凡五百餘間，供帳什物皆具，以待昶。

昶遣王昭遠、趙彦韜等拒命。昭遠，成都人也，年十三，事東郭禪師智諲爲童子。知祥嘗飯僧於府，昭遠執巾履從智諲以入，知祥見之，愛其惠黠。時昶方就學，卽命昭遠給事左右，而見親狎。昶立，以爲卷簾使。樞密使王處回致仕，昶以樞密使權重難制，乃以昭遠爲通奏使知樞密使事，然事無大小，一以委之，府庫金帛恣其所取不問。昶母李太后常爲昶言昭遠不可用，昶不聽。昭遠好讀兵書，以方略自許。兵始發成都，昶遣李昊等餞之，昭遠手執鐵如意，指揮軍事，自比諸葛亮，酒酣，謂昊曰：『吾之是行，何止克敵，當領此二三萬雕面惡少兒，取中原如反掌爾！』昶又遣子玄喆率精兵數萬守劍門。玄喆輦其愛姬，攜樂器、伶人數十以從，蜀人見者皆竊笑。全斌至三泉，遇昭遠，擊敗之。昭遠焚吉柏江浮橋，退守劍門。軍頭向韜得蜀降卒言：『來蘇小路，出劍門南清强店，與大路合。』全斌遣偏將史延德分兵出來蘇，北擊劍門，與全斌夾攻之，昭遠、彦韜敗走，皆見擒。玄喆聞昭遠等敗，亦逃歸。

劉光乂攻夔州，守將高彦儔戰敗，閉牙城拒守，判官羅濟勸其走，彦儔曰：『吾昔不能守秦川，今又奔北，雖人主不殺我，我何面目見蜀人乎！』又勸其降，彦儔不許，乃自焚死。而蜀兵所在奔潰，將帥多被擒獲。昶問計於左右，老將石頵以謂東兵遠來，勢不能久，宜聚兵堅守以敝之。昶歎曰：『吾與先君以温衣美食養士四十年，一旦臨敵，不能爲吾東向放一箭，雖欲堅壁，誰與吾守者邪！』乃命李昊草表以降，時乾德三年正月也。自興師至昶降，凡六十六日。初，昊事王衍爲翰林學士，衍之亡也，昊爲草降表，至是又草焉，蜀人夜表其門曰『世修降表李家』，當時傳以爲笑。

昶至京師，拜檢校太師兼中書令，封秦國公，七日而卒，追封楚王。其母李氏，爲人明辯，甚見優禮，詔書呼爲『國母』，嘗召見勞之曰：『母善自愛，無戚戚思蜀，他日當送母歸。』李氏曰：『妾家本太原，倘得歸老故鄉，不勝大願。』是時劉鈞尚在。太祖大喜曰：『俟平劉鈞，當如母願。』昶之卒也，李氏不哭，以酒酹地祝曰：『汝不能死社稷，苟生以取羞。吾所以忍死者，以汝在也。吾今何用生爲！』因不食而卒。其餘事具國史。

知祥興滅年數甚明，諸書皆同，蓋自同光三年乙酉入蜀，至皇朝乾德三年乙丑國滅，凡四十一年。惟《舊五代史》，云同光三年丙戌至乾德三年乙丑，四十年者，繆也。

又　卷二六《唐臣傳·李嚴》　其後孟知祥屈强於蜀，安重誨稍裁抑之，思有以制知祥者，嚴乃求爲西川兵馬都監。將行，其母曰：『汝前啓破蜀之謀，今行，其以死報蜀人矣！』嚴不聽。初，嚴與知祥同事莊宗，時知祥爲中門使，嚴嘗有過，莊宗怒甚，命斬之，知祥戒行刑者少緩，入白莊宗曰：『嚴小過，不宜以喜怒殺人，恐失士大夫心。』莊宗怒稍解，命知祥監笞嚴二十而釋之。知祥雖與嚴有舊恩，而惡其來。蜀人聞嚴來，亦皆惡之。嚴至，知祥置酒從容問嚴曰：『朝廷以公來邪？公意自欲來邪？』嚴曰：『君命也。』知祥發怒曰：『天下藩鎮皆無監軍，安得爾獨來此？此乃孺子熒惑朝廷爾！』卽擒斬之，明宗不能詰也，知祥由此遂反。

《宋史》卷二《太祖紀二》　三年春正月癸酉朔，以出師不御殿。甲戌，王全斌克劍門，斬首萬餘級，禽蜀樞密使王昭遠、澤州節度趙崇韜。乙亥，詔瘞征蜀戰死士卒，被傷者給繒帛。壬午，全斌取利州。乙酉，蜀主孟昶降。得州四十五、縣一百九十八、户五十三萬四千三十有九。

（三月，）兩川賊羣起，先鋒都指揮使高彦暉死之，詔所在攻討。

夏四月【略】乙亥，遣開封尹光義勞孟昶於玉津園。丙戌，見孟昶於崇元殿，宴昶等於大明殿。【略】壬辰，宴孟昶及其子弟於大明殿。六月甲辰，以孟昶爲中書令、秦國公，昶子弟諸臣錫爵有差。庚戌，孟昶薨。

秋七月【略】壬辰，追封孟昶爲楚王。

又　卷二五五《王全斌傳》　王全斌，并州太原人。【略】乾德二年冬，又爲忠武軍節度。即日下詔伐蜀，命全斌爲西川行營前軍都部署，率禁軍步騎二萬、諸州兵萬人由鳳州路進討。召示川峽地圖，授以方略。

十二月，率兵拔乾渠渡、萬仞燕子二砦，遂下興州，蜀刺史藍思綰退保西縣。敗蜀軍七千人，獲軍糧四十餘萬斛。進拔石圖、魚關、白水二十餘砦，先鋒史延德進軍三泉，敗蜀軍壘數萬，擒招討使韓保正、副使李進，穫糧三十餘萬斛。既而崔彦進、康延澤等逐蜀軍過三泉，遂至嘉陵，殺虜甚衆。蜀人斷閣道，軍不能進，全斌議取羅川路以入，延澤潛謂彦進曰：『羅川路險，軍難併進，不如分兵治閣道，與大軍會於深渡。』彦進以白全斌，全斌然之。命彦進、延澤督治閣道，數日成，遂進擊金山砦，破小漫天砦。全斌由羅川趣深渡，與彦進會。蜀人依江列陣以待，彦進遣張萬友等奪其橋。會暮夜，蜀人退保大漫天砦。詰朝，彦進、延澤、萬友分三道擊之，蜀人悉其精鋭來逆戰，又大破之，乘勝拔其砦，蜀將王審超、監軍趙崇渥遁去，復與三泉監軍劉廷祚、大將王昭遠、趙崇韜引兵來戰，三戰三敗，追至利州北。昭遠遁去，渡桔柏江，焚梁，退守劍門。遂克利州，得軍糧八十萬斛。

自利州趨劍門，次益光。全斌會諸將議曰：『劍門天險，古稱一夫荷戈，萬夫莫前，諸君宜各陳進取之策。』待衛軍頭向韜曰：『降卒牟進言：「益光江東，越大山數重，有狹徑名來蘇，蜀人於江西置砦，對岸有渡，自此出劍關南二十里，至清强店，與大路合。可於此進兵，即劍門不足恃也。」』全斌等即欲卷甲赴之，康延澤曰：『來蘇細徑，不須主帥親往。且人屢敗，併兵退守劍門，若諸帥協力進攻，命一偏將趨來蘇，若達清强，北擊劍關與大軍夾攻，破之必矣。』全斌納其策，命史延德分兵趨來蘇，造浮梁於江上，蜀人見梁成，棄砦而遁。昭遠聞延德兵趨來蘇，至清强，即引兵退，陣於漢源坡，留其偏將守劍門。全斌等擊破之，昭遠、崇韜皆遁走，遣輕騎進獲，傳送闕下，遂克劍州，殺蜀軍萬餘人。

四年正月十三日，師次魏城，孟昶遣使奉表來降，全斌等入成都。旬餘，劉廷讓等始自峽路至。昶饋遺廷讓等及犒師，併同全斌之至。及詔書頒賞，諸軍亦無差降。由是兩路兵相嫉，蜀人亦構，主帥遂不協。全斌等先受詔，每制置必須諸將僉議，至是，雖小事不能即決。

俄詔發蜀兵赴闕，人給錢十千，未行者，加兩月廪食。全斌等不即奉命，由是蜀軍憤怨，人人思亂。兩路隨軍使臣常數十百人，全斌、彦進及王仁贍等各保庇之，不令部送蜀兵，但分遣諸州牙校。蜀軍至綿州果叛，劫屬邑，衆至十餘萬，自號『興國軍』。有蜀文州刺史全師雄者，嘗爲將，有威惠，士卒畏服。適以其族赴闕下，綿州遇亂，師雄恐爲所脅，乃匿其家於江曲民舍。後數日爲亂兵所獲，推爲主帥。

全斌遣都監米光緒往招撫之，光緒盡滅師雄之族，納其愛女及橐裝。師雄聞之，遂無歸志，率衆急攻綿州，爲横海指揮使劉福、龍捷指揮使田紹斌所敗；遂攻彭州，逐刺史王繼濤，殺都監李德榮，據其城。成都十縣皆起兵應師雄，師雄自號『興蜀大王』，開幕府，置僚屬，署節帥二十餘人，令分據灌口、導江、郫、新繁、青城等縣。彦進與張萬友、高彦暉、田欽祚同討之，爲師雄所敗，彦暉戰死，欽祚僅免，賊衆益盛。全斌又遣張廷翰、張煦往擊之，不利，退入成都。師雄分兵綿、漢間，斷閣道，緣江置砦，聲言欲攻成都。自是，邛、蜀、眉、雅、東川、果、遂、渝、合、資、簡、昌、普、嘉、戎、榮、陵十七州，併隨師雄爲亂。郵傳不通者月餘，全斌等甚懼。時城中蜀兵尚餘二萬，全斌慮其應賊，與諸將謀，誘致夾城中，盡殺之。

未幾，劉廷讓、曹彬破師雄之衆於新繁，俘萬餘人。師雄退保郫縣，全斌、仁贍又攻破之。師雄走保灌口砦。賊勢既衄，餘黨散保州縣。有陵州指揮使元裕者，師雄署爲刺史，衆萬餘，仁贍生擒之，磔於成都市。

俄虎捷指揮使呂翰爲主將所不禮，因殺知嘉州客省使武懷節、戰棹都監劉漢卿，與師雄黨劉澤合，衆至五萬，逐普州刺史劉楚信，殺通判劉沂及虎捷都校馮紹。又果州指揮使宋德威殺知州八作使王永昌及通判劉渙、都監鄭光弼，遂州牙校王可鐐率州民爲亂。仁贍等討呂翰於嘉州，翰敗走入雅州。師雄病死於金堂，推謝行本爲主，羅七君爲佐國令公，與賊將宋德威、唐陶鰲據銅山，旋爲康延澤所破。仁贍又敗呂翰於雅州，翰走黎州，爲下所殺，棄屍水中。後丁德裕等分兵招輯，賊衆始息。

全斌之入蜀也，適屬冬暮，京城大雪，太祖設氈帷於講武殿，衣紫貂裘帽以視事，忽謂左右曰：『我被服若此，體尚覺寒，念西征將衛犯霜雪，何以堪處！』即解裘帽，遣中黄門馳賜全斌，仍諭諸將，以不徧及也。全斌拜賜感泣。

初，成都平，命參知政事吕餘慶知府事，全斌但典軍旅。全斌嘗語所親曰：『我聞古之將帥，多不能保全功名，今西蜀既平，欲稱疾東歸，庶免悔吝。』或曰：『今寇盜尚多，非有詔旨，不可輕去。』全斌猶豫未决。

會有訴全斌及彦進破蜀日，奪民家子女玉帛不法等事，與諸將同時召還。太祖以全斌等初立功，雖犯法，不欲辱以獄吏，但令中書問狀，全斌等具伏。詔曰：『王全斌、王仁贍、崔彦進等被堅執鋭，出征全蜀，彼畏威而納款，尋馳詔以申恩。用示哀矜，務敦綏撫，應孟昶宗族、官吏、將卒、士民悉令安存，無或驚擾；而乃違戾約束，侵侮憲章，專殺降兵，擅開公帑，豪奪婦女，廣納貨財，斂萬民之怨嗟，致羣盜之充斥。以至再勞調發，方獲平寧。洎命旋歸，尚欲含忍，而銜冤之訴，日擁國門，稱其隱没金銀、犀玉、錢帛十六萬七百餘貫。又擅開豐德庫，致失錢二十八萬一千餘貫。遂令中書門下召與訟者質證其事。而全斌等皆引伏。其令御史台於朝堂集文武百官議其罪。』

於是百官定議，全斌等罪當大辟，請准律處分。乃下詔曰：『有征無戰，雖舉於王師；禁暴戢兵，當崇於武德。蠢兹庸蜀，自敗姦謀，爰伐罪以宣威，俄望風而歸命。遽令按堵，勿犯秋毫，庶德澤之涵濡，俾生聚之寧息。而忠武軍節度王全斌、武信軍節度崔彦進董兹鋭旅，奉我成謀，既居克定之全功，宜體輯柔之深意。比謂不日清謐，實時凱旋，懋賞策勛，抑有彝典。而罔思寅畏，速此悔尤，貪殘無厭，殺戮非罪，稽於偃革，職爾翫兵。尚念前勞，特從寬貸，止停旄鉞，猶委藩宣。我非無恩，爾當自省。全斌可責授崇義軍節度觀察留後，彦進可責授昭化軍節度觀察留後，特建隨州爲崇義軍、金州爲昭化軍以處之。仁贍責授右衛大將軍。』開寶末，車駕幸洛陽郊祀，召全斌侍祠，以爲武寧軍節度。謂之曰：『朕以江左未平，慮征南諸將不尊紀律，故抑卿數年，爲朕立法。今已克金陵，還卿節鉞。』仍以銀器萬兩、帛萬匹、錢千萬賜之。全斌至鎮數月卒，年六十九。贈中書令。天禧二年，録其孫永昌爲三班奉職。

全斌輕財重士，不求聲譽，寬厚容衆，軍旅樂爲之用。黜居山郡十餘年，怡然自得，識者稱之。

論説

《舊五代史》卷一三六《僭僞傳論》 昔張孟陽爲《劍閣銘》云：『惟蜀之門，作固作鎮，世濁則逆，道清斯順。』是知自古坤維之地，遇亂代則閉之而不通，逢興運則取之如俯拾。然唐氏之入蜀也，兵力雖勝，帝道猶昏，故數年間得之復失。及皇上之平蜀也，煦之以堯日，和之以舜風，故比户之民，悦而從化。且夫王衍之遭季世也，則赤族於秦川；孟昶之遇明代也，則受封於楚甸。雖俱爲亡國之主，何幸與不幸相去之遠也！

宋·唐英《蜀檮杌》卷下 黄松子曰：知祥以戚里之親，領三蜀之寄，館留宫中，宴居臥内，其恩可謂隆矣。及明宗即位，重誨專政，始構疑貳，遂變誠節。擅誅李嚴，專留季良，遂結董璋，攻遂、閬，其跋扈之心著矣。議者以王、孟僭竊，其惡均一。予以建之不臣，猶有可恕，嘗論之于前矣。知祥始末臣于後唐，托葭莩之援，階將相之貴，故當勤王戮力，爲國藩輔，而乃僩然自帝，不復顧忌，迹其素心，其亂臣賊子也。昶戒王衍荒淫驕佚之失，孜孜求治，與民休息，雖刑罰稍峻，而不至酷虐，人頗安之。然不識天時，用庸臣之謀，結并州之援，此至愚極昏者之所不爲，而昶爲之，固宜誅之無赦。及王師吊伐，能翻然束手歸命，生享大國之封，死有眞王之贈，子孫俱享厚禄，太祖皇帝眞有恩于降虜哉！

宋·郭允蹈《蜀鑑》卷八《王景克鳳州取之》 論曰：王建、孟知祥乘世之亂，盗有土宇，塵淤華岷，論蜀者羞稱焉。然建之入蜀也，十有七年，始僞定蜀地。知祥之據蜀也，奕世而後能有，階成秦鳳，四州襲而取之，可謂難矣。及其末也，兵不戰而自潰，褒斜劍閣，如涉無人之境焉，果何足恃哉！易曰：天險不可升也，地險山川邱陵也。王公設險以守其國，所謂設險者，以人爲險也。故曰：固國不以山谿之險，蓋士之賢於長城也久矣。區區之蜀，何足道哉！

清・**吳任臣**《**十國春秋**》**卷四八**《**後蜀一・高祖紀**》　論曰：同光之末，莊宗罹禍，明宗入立，中原非復沙陀氏有也。高祖雄據西蜀，肇造丕基，庶幾乘時之英傑，議者輒以葭莩之戚，君臣之誼，責其不勤王，不謝罪，過矣。若乃叱斬李嚴，不動聲色，驅除董璋，舉無遺算，克定東川，奄有山南，倘亦所謂天授威武者與。

又　卷四九《**後蜀二・後主紀**》　論曰：史言後主朝宋時，自二江至眉州，萬民擁道，痛哭慟絶者凡數百人，後主亦掩面而泣。籍非慈惠素著，亦何以深入人心如此哉？迹其生平行事，勸農恤刑，肇興文教，孜孜求治，與民休息，要未必如王衍荒淫之甚也。獨是用匪其人，坐致淪喪，所由與前蜀之滅亡有異矣。

藝文

清・彭定求等《**全唐詩**》**卷八八九**《**後蜀主孟昶**》　冰肌玉骨清無汗，水殿風來暗香滿。繡寢一點月窺人，欹枕釵横云鬢亂。起來瓊户啓無聲，時見疏星渡河漢。屈指西風幾時來，只恐流年暗中换。

清・謝啓昆《**樹經堂詠史詩**》**卷七**《**後蜀・孟知祥**》　王家舊苑撫西州，萬里山南指顧收。金雁橋邊摧節度，浣花江上冠諸侯。勾龍賀捷興三蜀，孟德題名蔭一籌。愁不得鐙鐙便倒，挽車力盡更誰尤。

又《**孟昶**》　鸞婚令下選修媛，曲宴宣華進牡丹。萬樹芙蓉開錦繡，千門珠翠鎖鴛鴦。織文試鏤衾三幅，表食會呼月一盤。高髻朝天歸召主，舟過兩泣蜀王灘。

又《**花蕊夫人**》　名好何妨笑學顰，蜀宫前後兩夫人。雪香裁扇能消暑，玉貌如花欲妒春。恨少男兒兵解甲，不忘國主像圖神。宫詞自作愁重詠，尚記官家降誕辰。

清・舒位《**瓶水齋詩集**》**卷三**《**五代十國讀史絶句三十首・後蜀二首**》　蟋吟鵯囀自春秋，四十花城作浪遊。忽訝征西車馬至，爲誰風雪賜貂裘？

雪香團扇宴摩訶，玉骨清涼怨綺羅。解道流年暗中换，宫詞翻入《洞仙歌》。

清・鮑桂星《**覺生詠史詩鈔**》**卷二**《**後蜀・花蕊夫人**》　青城種得好花枝，紅蘂方春淺嫩時。金彈影中廻曉夢，玉簫聲裏聽宫詞。無端戰馬來天地，一慟牽羊逐鼓旗，莫笑妾身猶未死，君看十四萬男兒。

清・曹振鏞《**話雲軒詠史詩**》**卷下**《**後蜀・花蕊夫人徐慧妃**》　豈遜仙人萼緑華，佳名仍襲蜀王家。極妍國色初開蕊，絶麗宫詞不讓花。棄馬投戈兵解甲，牽羊銜璧妾隨車。傷心城上降旗豎，只有吟詩勝館娃。

清・張晉《**艷雪堂詩集**》**卷一**《**五代史雜詠**》　李嚴已困孟知祥，仁矩今看拜董璋。何似七郎家裏住，無多殘肉意難忘。

清・史夢蘭《**全史宫詞**》**卷一五**《**十國・後蜀**》　敕將匙鉢賜浮屠，國戚西來禮數殊。不見瓊華宫苑冷，花陰愁憶麝香騟。

百紐屏風繞座張，鮫綃玉枕趁温涼。幈宫日出傳朝善，首進緋衣酒骨羊。

鳳城樓閣五雲扶，鶴殿淩晨啓畫圖。制得征袍皆繡斧，中官宣賜破柴都。

羅帳風微曉上鉤，至尊勤政坐龍樓。春來御製農桑詔，連日西場罷打毬。

明慶年年乞福同，散香齊入梵王宫。重簾隔絶君王面，輦上囊摇四角風。

城上芙蓉錦繡披，浣花溪水漾漣漪。樓臺花外重重見，十里龍舟看水嬉。

破曉糚匳啓寶鈿，梳成高髻學朝天。宫詞百首追王建，細字傳鈔十錦箋。

春入宣華綻牡丹，深紅淺紫擁雕闌。花間醉酌蟠桃核，不用齋筵月一盤。

天樂喧闐夜未央，上元嘉節慶春長。露臺燈下纖腰舞，十萬金錢賜艷娘。

避暑摩訶池上頭，夜深歌罷夏如秋。風來水殿香飛雪，玉骨冰肌汗盡收。

花樹羅圈製作鮮，內宫獻臘及春前。玉霄自具神仙福，特愛忘憂獨立僊。

又《十國補遺・後蜀》 敕勒貞珉寫石經，韻書新集簡婦青。文章洗盡齊梁艷，御製官箴賜外廷。

龍戰玄黄入讖初，滿天雨雹竟何如？教坊遊戲千天怒，罪已深宮下詔書。

雜録

後蜀・何光遠《鑑誡録》卷一《瑞應讖》 孟蜀高祖頃者未臨西川，守北京。蜀人競以擊拂之門，妙絶者戲呼頭入爲孟入。或云此毬子從太原將來。又有工人孟德預起宮闈，上淩霄漢，雖般輸之妙無以加焉。雖『德』與『得』之字體不同，音亦爲祥矣。又王蜀後主元舅徐太師延瓊於錦水應聖橋西創置大第，狀若宮室，横亘數坊。是時内外皇親宣下悉令暖宅。後主亦親幸，宴樂移時，忽於徐公堂中命筆，大書『孟』字。徐雖不測其義，尋以御札謝恩。至咸康，後主降唐，孟祖自北京除蜀，莊宗憂大軍之後制御事多，立宣鑄印離京，奔騎赴鎮。既而旌幢届蜀，以統軍聖興太子未歸，旋令將校改換宮闈。孟祖乃權於徐公之第安下。覩紅綃所籠姓字，怪問前蜀臣寮，對曰：『此王後主御札。』

宋・陶岳《五代史補》卷二《孟知祥兩代讖》 孟知祥之入蜀，視其險固，陰有割據之志。洎抵成都，值晚且憩於郊外，有推小車子過者，其物皆以袋盛。知祥見問曰：『汝車所勝幾袋？』答曰：『盡力不過兩袋。』知祥惡之，其後果兩世而國滅。

又《孟知祥搬家》 初，知祥將據蜀也，且上表乞搬家屬。時樞密使安重誨用事，拒其請。知祥曰：『吾知之矣。』因使密以金百兩爲賂，重誨喜而爲敷奏，詔許之。及家屬至，知祥對僚吏笑曰：『天下聞知樞密，將謂天地間未有此，誰知袛銷此百金耶，亦不足畏也！』遂守險拒命。

又《孟知祥平董璋》 孟知祥與董璋有隙，舉兵討之。璋素勇悍，聞知祥之來也，以爲送死。諸將兩端，季鎬爲知祥判官，深憂之。及將戰，知祥欲示閒暇，自書一字以遺董璋。無何，舉筆輒誤書『董』爲『重』字，不悦久之。鎬在側大喜，且引諸將賀於馬前。知祥不喻，曰：『事未可測，何賀耶？』鎬曰：『其「董」字「草」下施「重」，今大王去「草」書「重」，是「董」已無頭，此必勝之兆也。』於是三軍欣然，一戰而董璋敗。

宋・洪邁《容齋隨筆》卷四《孟蜀避唐諱》 蜀本石《九經》皆孟昶時所刻，其書『淵、世、民』三字皆缺畫，蓋爲唐高祖、太宗諱也。昶父知祥，嘗爲莊宗、明宗臣，然於『存勖、嗣源』字乃不諱。前蜀王氏已稱帝，而其所立龍興寺碑，言及唐諸帝，亦皆半闕，乃知唐之澤遠矣。

清・董誥等《全唐文》卷一二九《孟知祥〈下蜀國教〉》 取威定霸，乃公侯權變之方；捨爵策勳，乃皇王敍酬之典。其或兵屯萬旅，地廣三川，周環列國之山河，奄有全蜀之封部，儻不從權而徇衆，則稽録效以報功。今稟命於中朝，得專制而行賞。但念承世家之餘慶，受旌鉞之殊榮，自領成都，於兹半紀。窮奢極侈，固斷意而不爲；講武教民，在安邊而有作。往歲方勤述職，務保永圖，不幸諸藩，搆成深隙。此際主兵將帥，爭陳排難之功；運策賓僚，咸展出奇之略。因興武旅，分蕩渠魁，累破竹以焚枯連開疆而拓土。其次諸司奉職，庶吏推誠咸著勳勞，豈忘獎答？一昨聖上以顯分忠佞，遂降册封。礪岳帶河，銘大君之異寵；輅車珠冕，表列國之殊榮。仍示優崇，俾行墨制，上自藩方之任，下及州縣之官，凡黜陟幽明，許先行而後奏。自可保不僭不濫之典，賞立功立事之人，必無患於不均，庶有覬於允當，布告遐邇，咸使聞知。

又《起兵西川示諸州榜》 蓋聞皇王御下，恩信乖而叛離；臣子事君，猜忌生而權變。固不可刮席而忍恥，膠柱而移音，開户牖以啓戎，長根芽而稔患。以至舉戈問罪，誓衆言征，旁庇齊民，式求多福。某國朝懿戚，受命莊宗，自節制於西川，遇鼎移於東洛。且以時變則變，喪君有君，因盡節而傾誠，遂梯航而入貢。五年之内，發運無虚，積數五十萬粗給朝中之費，此則勵勤藎於天子，欲表率於諸侯，宇内皆知，人誰不見？至於屢加官秩，亦荷寵光。不幸閑諜潛興，窺覦顯露，於閬中而立節，就列鎮而益兵，摇動我軍民，控扼我吭背，頻將異議，累具上聞，冀讞軫於懷柔，希稍安於方面。而朝廷不以爲德，轉深其疑，竟乖魚水之歡，自絶雲龍之契。某與東川相公已聯姻好，況密封圻，朝聞鷄犬之聲，暮接笳鼙之響，地里雖分於兩鎮，人心何異於一家，勢比同舟，事資共濟。今與東川點檢馬步軍十五萬人騎，分路往武信利閬路黔夔等州，問逐制置之由，與興屯集之衆。其行師法令，別載條章，務期晏寧，必無侵虐。況王氏開國，久霸成都，東則鐵鎖於瞿唐，北則泥封於大散。自是子孫失守，將相離心，合在蜀之烝人，固未忘於霸主。某因衆多之感舊，奮武旅以開疆，佇遣四民，各安其業，然後花林步月，錦水行春，繁華何讓於往年？爵禄重新於此日。凡百士庶，宜體端倪。

又《收閬州示西川榜》　昨者兩川以朝廷自生疑貳，不體忠良，信讒賊之閑言，致諸侯之離德。始則閬州節度使李仁矩，兩來奉使，頻此覘窺，謂於果閬之閑，便是控臨之地，妄興謀畫，濫置節旄，及姦計之遂心，猶陰邪而未已。數聞奏報，背請兵師，欲結禍階，自爲戎首。所以東川相公慮其稔惡，須議摧凶，連興貔虎之師，共破豺狼之窟。自今月二十九日酉時得東川相公來書云：『二十五日夜三更三點，親領兩川大軍，四面圍裹，攻打閬州城池，至其日平明打破，斫到李仁矩首級，併捉到都指揮使姚洪、馬軍指揮使王景、步軍指揮使費暉等訖，餘城下見機來投，指揮使都頭已下，便與賞給安存。兼本城軍人百姓併不傷動外，餘拒敵黨類，殺戮無餘。此則天贊兵威，人叶勇力，遂至元凶斬首，同惡就擒。我師四合以環圍，逆壘一攻而瓦解。』捷書雷迅，喜氣山橫，想與士民，同多慶快，見便乘勝前進，攻收利州，只期反掌之閒，更俟克敵之捷。

又《收夔州併黔南榜》　今月二十一日，據峽路行營討伐招收使狀報，黔南節度使去今月二十七日將手下元戎兵士，抛本州下水奔竄。尋差衙隊指揮使朱偓，部領左右飛棹，併諸指揮兵士，乘戰船十五隻，往黔南安慰。至今月二日午時回，其黔南節度使今見在渠溪，團點元隨兵士及旋添水軍，卻有五百餘人，排比小戰船，候寧江應接兵士到，卻欲歸復本州。其朱偓當日辰時，部領戰船往渠溪襲逐，至午時與賊軍相見交戰，趁下水約百餘里，至酆都壩頭，殺獲賊軍一百餘人，斬黔南內外都指揮使郭太尉吳近思張瓊等三十餘人，奪得衣甲器械不少，收獲牌印四副，其黔南節度使則攜餘黨乘小船沿流直下忠州者，竊以大舉舟師，遠征峽路，旗鼓纔聞其下瀨，雲檣尋指於上游，連降郡城，繼收營監，勢且疾於破竹，聲有類於燹蓬。今則更閱捷書，屢聞勝策。況寧江軍以黔南爲肘臂之地，以渝合爲饋運之衢，我已斷之，彼何望矣？節帥充城而竄遁，裨將兼隊而追擒數俘馘以既多，收鎧甲而亦衆。指期蕩定，以固封寓，凡曰軍民，攸同快慰。

又《討平董璋榜》　蓋聞皇天無親，唯德是輔；明神不昧，稔惡則亡。逆賊東川節度使董璋，包藏禍心，負背盟約，暴興士馬，急寇封圻，迎鋒而尋没全軍，單馬而竄歸本府。昭武司徒統領大衆，追襲餘妖。則有前陵州刺史王暉，睹其將亡，因圖轉禍，梟斬董璋父子，雙獻其元，克保軍城，待餘旌旆。念其智勇，足可嘉稱。且謀不自於衆人，罪止歸於元惡，既除心腹之患，永固邦國之基。某見親往東川，慰諭軍民。

又《後蜀後主孟昶〈勸農桑詔〉》　刺守縣令，其務出入阡陌，勞來三農，望杏敦耕，瞻蒲勸穡，春鶊始囀，便具籠筐，蟋蟀載吟，即鳴機杼。

又《與周世宗書》　七月一日，大蜀皇帝謹致書於大周皇帝閣下：竊念自承先訓，恭守舊邦，匪敢荒寧，於兹二紀。頃者晉朝覆滅，何建來歸，不因背水之戰爭，遂有仇池之土地。洎審晉君歸北，中國且空，暫興敝邑之師，更復成都之境。前時秦成階鳳，實爲下國之邊陲，其後漢主徑自并汾，來都汴浚。聞征車之未息，尋神器之有歸。伏審貴朝先皇帝應天順人，繼統即位，奉玉帛而未克，承弓劍之空遺，但傷嘉運之難諧，適歎新歡之且隔。以至前載，忽勞睿德，遠舉全師，土疆尋隸於大朝，將卒亦拘於貴國。幸蒙皇帝惠其首領，頒以衣裘，偏裨盡補其職員，士伍偏加於糧賜，則在彼無殊於在此，敝都寧比於雄都，方懷全活之恩，非有放還之望。今則指揮使蕭知遠、馮從讜等，押領將士子弟，共計八百九十三人，已到當國，具審皇帝迴開仁慜，深念支離，厚給衣裝，兼加巾屨，給沿程之驛料，散逐分之緡錢，仍以官僚之迴還，安知所報？此則皇帝念疆場則已經幾代，舉干戈則不在盛朝，特軫優容，曲全情好，永懷厚義，常貯微衷。載念前在鳳州，支敵虎旅，偶於行陣，曾有拘擒。其排陣使胡立已下，尋在諸州安排，及今軍幕收管，自來各支廩食，併給衣裝，卻緣比者不測宸襟，未敢放還鄉國。今既先蒙開釋，已認沖融，歸朝雖愧於後時，報德未稽於此日。其胡立已下，今各給鞍馬衣裝錢帛等，專差御衣庫使李彦昭部領，送至貴境，望垂宣旨收管。矧以昶昔在齠齔，即離井都，亦承皇帝鳳起晉陽，龍興汾水，合敍鄉關之分，以陳玉帛之歡，儻蒙惠以嘉音，即佇專馳信使。謹因胡立行次，聊陳感謝，詞莫披述，伏惟仁明洞鑑垂念不宣。

又《結河東蠟彈書》 早歲曾奉尺書，尋達睿聽，丹素備陳於翰墨，歡盟已保於金蘭，洎傳吊罰之嘉音，實動輔車之喜色。

又《上宰臣樞密使狀》 竊念頃自北京，即隨先子，洎臨西蜀，嗣守餘基，自量小國之封疆，常阻大朝之正朔。伏自皇帝位登宸極，禮盛郊禋，令預梯航，願同臨照。而以阻遥障險，稍易歲時。今則遠勞王師，恭行天討，有征無戰，詎可抗威？棄甲倒戈，尋皆效順，具陳降款，上達冕旒。所希者，存濟活於蒼生，報劬勞於老母，忠惟奉主，孝則養親，固於生平，無所覬望。許男銜璧，已蒙解釋之儀；虞舜垂衣，佇保安全之望。丹誠備寫，雪涕難勝。伏惟某官叶贊萬機，懷柔八表，迴敷恩信，併及幽遐。願垂前席之言，特加敷奏；冀遂保家之懇，終養晨昏。烏反哺以知恩，竊將比喻；雀銜環而報德，以荷生成。倚賴感銘，陳詞罔盡，遐瞻德宇，但瀝虔誠。今遣親弟仁贄詣闕上表待罪。

又《戒石文》 朕念赤子，旰食宵衣。託之令長，撫養惠綏。政存三異，道在七絲。驅鷄爲理，留犢爲規。寬猛得所，風俗可移。無令侵削，無使瘡痍。下民易虐，上天難欺。賦輿是均，軍國是資。朕之爵賞，固不踰時。爾俸爾禄，民膏民脂。爲民父母，莫不仁慈。勉爾爲戒，體朕深思。

清・徐釚《詞苑叢談》卷一〇 蜀亡，花蕊夫人隨孟昶行至葭萌驛，題壁云：『初離蜀道心將碎，離恨綿綿。春日如年，馬上時時聞杜鵑。』書未竟，爲軍騎促行，只二十二字，點點是鮫人淚也。及見宋祖，有『十四萬人齊解甲，更無一個是男兒』之句，足愧鬚眉矣。乃有無名子戲續之云：『三千宮女如花貌，妾最嬋娟。此去朝天，只恐君王恩愛偏。』不惟虛空架橋，亦且狗尾貂續也。又按鐵圍山叢談云：『花蕊夫人，蜀王建妾，號小徐妃者也。』後主王衍歸唐，半塗遇害。及孟氏再有蜀，傳至昶，又有一花蕊夫人費氏，作宮詞者是也。後隨昶歸宋。十日，詔花蕊入宮，而昶遂死。昌陵後亦惑之，晉邸數諫，昌陵不聽。一日，從獵苑中，花蕊在側，晉邸方調弓矢，引滿擬獸，忽回射花蕊，一箭而死。

清・馮金伯《詞苑萃編》卷三《孟昶工聲曲》 後蜀主孟昶好學，爲文皆本於理。居恒謂李昊、徐光溥曰：『王衍浮薄而好輕艷之詞，朕不爲也。』然昶亦工聲曲，有相見歡詞。《十國春秋》

又《孟昶玉樓春》 蜀主孟昶有夜起避暑摩訶池上作玉樓春詞云：『冰肌玉骨清無汗。水殿風來暗香滿。繡簾一點月窺人，欹枕釵横雲鬢亂。起來瓊户啓無聲，時見疏星渡河漢。屈指西風幾時來，只恐流年暗中換。』子瞻洞仙歌本沈括此詞，然未免反有點金之憾。《詞綜》

又卷一〇《孟昶玉樓春》 蜀主孟昶令羅城上盡種芙蓉，盛開四十里。語左右曰：『古以蜀爲錦城，今觀之，眞錦城也。』嘗夜同花蕊夫人避暑摩訶池上，作玉樓春詞云：『冰肌玉骨清無汗。水殿風來暗香滿。繡簾一點月窺人，欹枕釵横雲鬢亂。起來瓊户啓程無聲，時見疏星渡河漢。屈指西風幾時來，只恐流年暗中換。』《温叟詞話》

又《花蕊夫人題壁》 蜀亡，花蕊夫人隨孟昶行至葭萌驛，題壁云：『初離蜀道心將碎，離恨綿綿。春日如年，馬上時時聞杜鵑。』書未竟，爲軍騎促行，只二十二字。及見宋祖，有『十四萬人齊解甲，更無一個是男兒』之句，足妒鬚眉矣。《詞苑》

清・葉申薌《本事詞》卷上《唐五代北宋》 後蜀主孟昶，令羅城上盡種芙蓉，周四十里，盛開時，語左右曰：『古以蜀爲錦城，今觀之，眞錦城也。』嘗夜同花蕊夫人避暑摩訶池上，因作《玉樓春》云：『冰肌玉骨清無汗。水殿風來暗香滿。繡簾一點月窺人，欹枕釵横雲鬢亂。起來瓊户啓無聲，時見疏星度河漢。屈指西風幾時來，只恐流年暗中換。』此即蘇長公因憶朱姓老尼所述，而衍爲《洞仙歌》者。迺趙聞禮《陽春白雪》又載：蜀帥謝元明，因浚摩訶池，得古石刻孟主《洞仙歌》原詞云：『冰肌玉骨，自清涼無汗。貝闕琳宫恨初遠。玉闌干，倚遍怯盡朝寒，回首處，何必留連穆滿？芙蓉開過也，樓閣香融。千片紅英泛波面。洞房深深鎖。莫放輕舟瑤臺去，甘與塵寰路斷。更莫遣流紅到人間。怕一似當時，誤他劉阮。』是蓋傳聞異辭，姑録之，以備考云。

清・張德瀛《詞徵》卷五《孟昶玉樓春詞》 蜀主孟昶玉樓春詞，與花蕊夫人避暑摩訶池上作。東坡謂幼時有眉山老尼能誦其詞，今但記其首兩句，疑是洞仙歌令，乃爲足之。蜀主詞載張邦基《墨莊漫録》，與今本所傳稍參異同。今觀坡詞與蜀主全詞吻合，非但記其兩句。《墨莊漫録》謂東坡少年遇美人，善洞仙歌，又邂逅處景色暗相似，故隱括稍協律以贈之，而詞敍以之自晦云。蓋謂洞仙歌腔出近世，五代宋初未嘗有也。然則潘明叔所云蜀帥謝元明開古摩訶池得石刻者，殆孟昶詞乎本乎。

吴國分部

綜　述

《舊唐書》卷一九下《僖宗紀下》（光啓三年）九月辛未朔，淮南節度使高駢爲其牙將畢師鐸所殺。楊行密急攻廣陵，蔡賊秦宗權遣其將孫儒將兵三萬渡淮，爭揚州，城中食盡。

十一月，秦彦、畢師鐸潰圍奔於孫儒軍，行密入據揚州。

十一月，秦彦引孫儒之兵攻廣陵，行密遣使求援於朱全忠。制授全忠檢校太尉、侍中，兼揚州大都督府長史，充淮南節度觀察等使、行營兵馬都統。汴將李璠率師至淮口以援之。

又　卷二〇上《昭宗紀》（文德元年，四月）壬午，蔡賊孫儒陷揚州，楊行密潰圍而出，據宣州。

（大順二年）三月辛亥朔，【略】淮南節度孫儒爲宣州觀察使楊行密所殺。初，行密揚州失守，據宣州，孫儒以兵攻圍三年。是春，淮南大饑，軍中疫癘死者十三四。是月，孫儒亦病，爲帳下所執，降行密。行密乃併孫儒之衆，復據廣陵。

（乾寧四年）二月丙午朔。戊申，汴將葛從周攻兖州，陷之，節度使朱瑾奔楊行密，其將康懷貞降從周，朱全忠署從周爲兖州兵馬留後。

冬十月癸卯朔，以華州節度使韓建兼同州刺史、匡國軍節度使。朱全忠遣其將權徐州兵馬留後龐師古、兖州留後葛從周率兖、鄆、曹、濮、徐、宿、滑等兵士七萬渡淮討楊行密。

（天復三年）三月壬寅朔，【略】先是，大將朱友寧、楊師厚前軍臨淄、青，師範求援於淮南，楊行密遣將王景仁帥衆萬人赴之。

又　卷二〇下《哀帝紀》（天復三年）十一月辛酉朔。【略】楊行密攻光州，又急攻鄂州，杜洪遣使求援，全忠率師五萬自潁州渡淮，至霍丘大掠以紓之，行密分兵來拒。

（天祐）二年春正月庚申朔，楊行密陷鄂州，執節度使杜洪，斬於揚州市。鄂、岳、蘄、黄等州入行密。

《新唐書》卷九《僖宗紀》　是歲（中和二年），【略】廬州將楊行密逐其刺史郎幼復。

（光啓三年）十一月壬申，廬州刺史楊行密陷揚州，秦彦、畢師鐸奔於孫儒。

又　卷一〇《昭宗紀》（文德元年）四月戊辰，孫儒陷揚州，自稱淮南節度使，楊行密奔於廬州。【略】

（龍紀元年）六月，【略】楊行密陷宣州，宣歙觀察使趙鍠死之。

十月，【略】宣歙觀察使楊行密陷常州，【略】。

（大順元年）七月，楊行密陷潤州。八月，錢鏐殺蘇州刺史杜孺休。楊行密陷蘇州。

九月，【略】楊行密陷潤、常二州。

（大順二年）六月，楊行密陷和、滁二州。

（景福元年）三月，【略】乙巳，楊行密陷楚州，執刺史劉瓚；又陷常州，刺史陳可言死之。

六月戊寅，楊行密陷揚州。

（景福二年）二月，楊行密陷常州。

七月，楊行密陷廬州，蔡儔死之。

八月，【略】是月，楊行密陷歙州。

九月壬午，【略】是月，升州刺史馮弘鐸叛附於楊行密。

十月乙未，【略】楊行密陷舒州。

（乾寧元年）是冬，楊行密陷黄州，執刺史吴討。

（乾寧二年）三月，【略】楊行密陷濠州，執刺史張璲。庚午，河東地震。

四月，【略】楊行密陷壽州，執刺史江從勗。

（乾寧三年）五月癸未，楊行密陷蘇州，執刺史成及；陷光州，刺史劉存死之。【略】是月，蘄州刺史馮行章叛附於楊行密。

（乾寧四年）二月，【略】楊行密爲江南諸道行營都統。

十一月癸酉，楊行密及朱全忠戰於清口，敗之。

（光化元年）十一月，衢州刺史陳岌叛附於楊行密。

（光化二年）七月壬辰，海州戍將陳漢賓以其州叛附於楊行密。

（天復二年）四月，【略】楊行密陷升州。

十月癸酉，楊行密爲東面諸道行營都統，及湖南節度使馬殷討朱全忠。【略】

（天復三年）三月，朱全忠陷青州。楊行密陷密州，刺史劉康乂死之。【略】

五月壬子，荊南節度使成汭及楊行密戰於君山，死之。

九月，楊行密殺奉國軍節度使朱延壽。【略】

十二月，裴贄罷。楊行密陷宣州。

又《**哀帝紀**》（天祐）二年正月，盧約陷溫州。楊行密殺平盧軍節度使安仁義。

二月，楊行密陷鄂州，武昌軍節度使杜洪死之。【略】

六月，【略】楊行密陷婺州。【略】

十一月庚午，三卜郊。庚辰，淮南節度使楊行密卒，以其子渥爲淮南節度副大使、東面諸道行營都統。

（天祐三年）二月，楊渥陷岳州。【略】

七月，楊渥陷饒州。

九月，楊渥陷洪州，執鍾匡時。

又 卷一八八《**楊行密傳**》 楊行密，字化源，廬州合淝人。少孤，與羣兒戲，常爲旗幟戰陣狀。年二十，亡入盜中，刺史鄭綮捕得，異其貌，曰：『而且富貴，何爲作賊？』縱之。與里人田頵、陶雅、劉威善。僖宗在蜀，刺史遣通章行在，日走三百里，如約而還。秦宗權寇廬、壽間，刺史募殺賊，差首級爲賞，行密以功補隊長。都將忌之，俾出戍。將行，都將問所乏，對曰：『我須公頭！』卽斬之，自爲八營都知兵馬使。刺史走，淮南節度使高駢因表爲廬州刺史。乃以田頵爲八營都將，陶雅爲左衝山將，討定鄉盜。

駢將呂用之恐行密不可制，遣俞公楚以兵五千屯合淝，名討黄巢而陰圖之。行密擊殺公楚。秦宗權遣弟度淮取舒城，行密破走之。時張敖據壽州，許勍據滁州，與行密挐戰。又舒人陳儒攻刺史高澞，澞來告難，行密未能定。賊吳回、李本逐澞，據其城，行密虜之，取舒州，爲勍所奪。光啓二年，張敖遣將魏虔攻廬州，大將李神福、田頵破之褚城。

畢師鐸、秦彦攻高駢，呂用之以駢命署行密行軍司馬，督其兵進援。客袁襲説行密曰：『高公耄昏，妖人用權，彦乃以逆除暴，熾其亂。公亟應，必得其地。』行密乃檄部州，哀兵而東，次天長，而揚州陷。行密薄城而屯，用之以兵屬之。彦以騎兵背城戰，行密臥帳中，令曰：『賊近，報我。』俄而陷一屯，別將李宗禮入曰：『兵相迫，戰且不利，請堅壁，徐引歸可也。』李濤怒曰：『以順去逆，何衆寡爲！今尚何歸，願以所部前死。』行密喜，益甲出戰，俘殺如籍，彦軍不出。會駢死，襲勸行密舉軍縞素，大臨三日。進攻城，未能下。用之將張審晟詭伏西壕，殺閽者，啓外兵，彦軍疲，守邏皆潰去，行密入據揚州。未閲月，孫儒奄至，兵鋭甚。襲見行密曰：『公之入，以少擊衆，室家未完。若外被重圍，情見勢殆，不如避之。』行密執海陵鎮遏使高霸殺之，併其衆，輦所收財歸於廬。於是，朱全忠自爲淮南節度使，遣將張廷範致命，而授行密副使，以行軍司馬李璠知留後。行密大怒，廷範、璠不敢入。全忠更請以行密知觀察留後。

當此時，孫儒强，赫然有吞吳、越意。行密欲遁保海陵，襲勸還廬州，治兵爲後計，行密乃還。既又謀趨洪州，襲不可，曰：『鍾傳新興，兵附食多，未易圖也。孫端據和州，趙暉屯上元，結此二人以圖宣州，我綽綽有餘力矣。』行密從之。端、暉次采石，行密自糁潭濟，端等戰不勝。襲勸行密『速趨曷山，堅壁以須。宣人求戰，示以弱，待其怠，一舉可禽』。宣將蘇瑭兵二萬對屯，行密不戰，分奇兵伐木開道四出，瑭驚北，遂圍宣州。刺史趙鍠糧盡，親將多出降。

初，行密有鋭士五千，衣以黑繒黑甲，號『黑雲都』。又併盱眙、曲溪二屯，籍其士爲『黄頭軍』，以李神福爲左右黄頭都尉，兵鋭甚。曲溪將劉金策鍠必遁，紿曰：『將軍若出，願自吾壘而偕。』鍠喜，多遺之金，許妻以女。明日，噪城上曰：『劉郎不爲爾婿！』鍠宵遁，獲之。鍠，全忠故人也，發使求之。襄曰：『斬首送之，無後慮。』乃歸鍠首於汴。昭宗詔行密檢校司徒、宣歙池觀察使。

時韓守威以功拜池州刺史，行密表徙湖州，以兵護送。而李師悅在湖州，與杭州刺史錢鏐戰不解。蘇、湖、常、潤亂甚。行密雖得宣州，而蔡儔爲孫儒所破，以廬州降。儒進攻行密，行密復入揚州，北結時溥扞儒。全忠遣龐師古將兵十萬，自潁度淮助行密，敗於高郵。行密懼，退還宣州，遣安仁義襲成及，取潤州，自將三萬屯丹陽。仁義又取常州，殺錢鏐將杜稜。儒亦使劉建鋒奪潤、常。帝以杭州爲防禦使，授鏐；以宣州號寧國軍，授行密節度使。

大順二年，儒屯溧水，循山構壁。行密遣李神福屯廣德，計曰：『兵倍不戰，當避其鋭，驕之。』乃退舍。儒衆以爲怯，守者懈，神福夜襲走之。儒將康旺取和州，安景思取滁州。神福擊降旺，逐景思，攻腰山屯，破之，禽儒將李弘章。俄而田頵、劉威爲儒所敗。行密欲守銅官，神福曰：『儒掃境以來，利速戰，宜堅壁老其師，則我無敵矣。又出輕騎絶賊糧道，使前不得戰，退無仰儲，不亡何待？』於是，行密以神福爲宣池都游奕使。儒始乏食。

常熟名賊陳可兒間儒、行密之鬭，竊入常州，自稱制置使。行密遣陶雅守潤州，張訓入揚州，因執楚州刺史，以輕兵襲常州，斬可兒。

孫儒圍行密宣州，凡五月不解。臺蒙作魯陽五堰，拕輕舸饋糧，故行密軍不困，卒破儒。即表田頵守宣城，長驅入揚州。戰凡七年，定八州，生人將盡，行密勞隱休息，其下遂安。議出鹽茗畀民輸帛，幕府高勖曰：『瘡破之餘，不可以加斂。且帑貲何患不足？若悉我所有，易四鄰所無，不積日，財有餘矣。』行密納之，始選吏綏勸所部。

蔡儔以廬州叛附朱全忠，納孫儒將張顥，而倪章據舒州，與儔連和。行密遣李神福攻儔，破其將，儔堅壁不出。顥超堞降，行密以隸袁積軍，積請戮之，行密愛其勇，更置於親軍。未幾，儔自殺。行密先冢皆爲儔發掘，吏請夷發儔世墓，不許。表劉威爲刺史。遣田頵攻歙州。於是，刺史裴樞有美政，民愛之，爲拒戰，頵兵數卻。樞，朝廷所命者，食盡欲降，遺行密書，請還京師。行密以魯合代樞，州人不肯下，請陶雅代。雅於諸將最寬厚，以禮歸樞於朝。是歲，李神福拔舒州，倪章亡，以神福爲舒州刺史。

乾寧二年，行密襲濠州。李簡重甲絶水縋而入，執刺史張璲，以劉金守之，進取壽州。汴將劉知俊儲谷石碭，將南襲。張訓屯漣水，遣兵浮海掩得其齒。知俊戰不勝，因攻漣水，大敗，身僅免。詔拜行密淮南節度副大使，知節度事，檢校太傅、同中書門下平章事，封弘農郡王。

董昌爲錢鏐所攻，來告窮。行密遣臺蒙攻蘇州，安仁義、田頵攻杭州，身督戰。別將張崇爲鏐執，行密欲嫁其妻，答曰：『崇不負公，願少待。』俄而還，自是行密終身倚愛。明年五月，破蘇州，執鏐將成及，以朱黨守之。

朱延壽拔蘄、光二州，行密以霍丘當南北走集，以邑豪朱景爲鎮將。景驍毅絶人，諸盜莫敢犯。汴將寇彦卿以騎三千襲之，致全忠厚意，景不許，苦戰，彦卿敗而去。田頵、魏約、張宣共圍嘉興，鏐大將顧全武救之，執宣，約，逐頵驛亭埭。未幾，泰寧節度使朱瑾率部將侯瓚來歸，太原將李承嗣、史儼、史建章亦來奔。行密推赤心不疑，皆以爲將。於是，兵鋭甚，强天下。

帝惡武昌節度使杜洪與全忠合，手詔授行密江南諸道行營都統，討洪。汴將朱友恭、聶金率騎兵萬人與張崇戰泗州，金敗。瞿章守黄州，聞友恭至，南走武昌柵，行密遣將馬珣以樓船精兵助章守。友恭次樊港，章據險，不得前，友恭鑿崖開道，以强弩叢射，殺章別將，遂圍武昌。章率軍薄戰，不勝。友恭斬章，拔其壁。

全忠率葛從周萬騎攻光州，柴再用遣小校王稔以輕騎覘賊，汴兵圍之。候者請救，再用曰：『稔必殺賊，第無往。』稔解鞍自如，暮依樾步戰，殺傷多，汴兵乃解。時亡馬法峻，稔追汴軍，得馬乃還。從周涉淮圍壽州，而龐師古、聶金以衆七萬壁清口。朱延壽擊從周軍，敗之。行密欲汴圍解，乃擊師古。李承嗣曰：『公能潛師趨清口，破其衆，則從周不擊而潰。』行密出車西門，由北門去，以鋭士萬二千齕雪馳，迫清口，不進，壅淮上流灌師古軍。張訓自漣水來，行密使將贏兵千人爲前鋒。師古易之，方圍棋軍中，不顧。朱瑾、侯瓚以百騎持汴旌幟，直入師古壘，舞槊而馳。訓亦登岸，超其柵。汴軍大囂，即斬師古，士死十八。全忠聞之，與從周皆遁走，追及壽陽，大破之。叩淠水，方涉，爲瑾所乘，溺死萬餘。瑾徙屯安豐，汴將牛全節苦鬭，後軍乃得度。會大雪，士多凍死。潁州刺史王敬蕘燎薪屬道，汴軍免者數千人。未幾，復圍壽州，七日走。

馬珣收散卒三百，自黄州間道趨分寧，絶山谷，襲撫州。鏐將危全諷列四壁，皆萬人。珣謂諸將曰：『爲諸君擊中壁，食其谷以歸。』乃夜擊之，全諷走。明日，珣高會，廣旗幟，伐鼓循山而下，連營潰。既還，行密罵曰：『豎子，不遂據其城邪！』

光化元年，秦裴取鏐崑山鎮，顧全武圍之。行密諸將數敗，全武遂圍蘇州，臺濛固守，鏐自以舟師至。蒙食盡，行密遣李簡、蔣勳迎之，敗全武兵，蒙得還。後軍潰，裴援絶，全武勸其降。決水灌城，城壞，裴乃降。鏐喜，具千人食以待。既至，士不及百。鏐曰：『軍寡，何拒之久？』裴曰：『糧盡歸死，非僕素也。』初，成及之執，行密閲其室，唯圖書藥劑，將辟爲行軍司馬，固辭，引刀欲自刺，行密乃止，厚禮而歸之。鏐亦遣魏約等還。

全忠攻蔡州，奉國節度使崔洪來丐師。明年，遣朱瑾率兵萬人攻徐州，屯呂梁，洪遂來奔。會雨霖，瑾引還。行密攻徐州，汴將李禮壁宿州以援，全忠自將次輝州。行密戰不勝，乃解。青州將陳漢賓擁兵送款行密，王綰、張訓、周本率兵迎之，漢賓中悔，綰、訓入見漢賓，約麾下：『饗我不過日中，若不至，可攻城。』漢賓釋甲聽命。光州叛，行密自攻之，汴將朱友裕來救，撤圍還。全忠諭馬殷、成汭、雷滿合兵攻行密，汭、滿猶豫，汭惡殷事全忠，掠其境，滿來結好。行密壁黄、鄂間，杜洪寘鴆於酒，於井，棄城去，行密知，不入。全忠又遣使者督殷、汭、滿連兵解圍，行密還。詔加檢校太尉、兼侍中。天復元年，傳言盜殺錢鏐，李神福急攻臨安，顧全武列八壁相望，神福伏軍青山，僞若引去，諜奔告，全武悉衆躡之。神福返鬭，與伏夾攻，斬首五千級，執全武。明日，遂圍臨安，鏐將秦昶以步兵三千降。神福乃令軍中護鏐先墓，禁樵採，鏐遣使者厚謝。神福以鏐不死，臨安未可下，納犒而還。

明年，大將劉存率兵二萬、戰艫七百伐湖南。殷伏軍長磧洲，以樓艓據上流，乘風颮沙，强弩射之，存軍濩。行密歸顧全武於鏐，鏐亦釋秦裴以報。

帝在鳳翔，以左金吾大將軍李儼爲江淮宣諭使，授行密東面諸道行營都統、檢校太師、守中書令，封吳王，承制封拜，且告難。時已削奪全忠封爵，詔西川、河東、忠義、幽州、保大、横海、義武、大同八道攻之。詔朱瑾爲平盧節度使，繇海州取青、齊；馮弘鐸爲感化節度使，出漣水，攻徐、宿；使朱延壽圍蔡州；田頵捍錢鏐；行密討杜洪、馬殷，以分全忠勢。

行密乃以李神福爲鄂岳招討使，劉存副之，遣冷業攻馬殷。杜洪戰屢敗，嬰城，請救於全忠。全忠使韓勍率步兵萬人屯灄口，荆南節度使成汭亦悉衆救洪。神福逆戰，敗之，汭溺死，勍引衆走。冷業屯平江，爲三壁。殷將許德勳以鋭卒號『定南刀』夜襲業，擊三壁皆破，禽業，掠上高、唐年而去。是時，杜洪困甚，且禽；會田頵、安仁義絶行密，行密召神福、存還計事，洪復振。頵之敗，更以臺濛爲宣州觀察使，復遣神福、存攻鄂州。順義軍使汪武與頵連和，歙州刺史陶雅攻鍾傳，兵過武所，迎謁，縛武於軍。

無錫當浙衝，行密使票將張可悰守之。鏐勁兵三千夜襲城，可悰以百騎擊走之，吏皆賀，答曰：『未也，方勞諸軍一戰。』乃蔽火斂旗以須。覘者以告，鏐兵復至，可悰大破之。

臺濛卒，行密以子渥爲宣州觀察使。天祐二年，王茂章、李德誠拔潤州，殺安仁義。以王茂章爲潤州團練使。聶彦章等率舟師復伐殷，攻岳州。許德勳、詹佶以舟千二百柁入蛤子湖琊山之南，爲木龍鎖舟，夜徙三百舸斷楊林岸。彦章入荆江，將趨江陵。佶躡之，德勳以梅花海鶻迅舸進，斷木龍，舟蔽江，車弩亂發，執彦章，溺死萬人。殷釋彦章還，德勳謂曰：『爲我謝吳王，僕等數人在，湖、湘不可冀也。』

行密寬易，善遇下，能得士死力。每宴，使人負劍侍。陳人張洪因以劍擊行密，不中，近將李友禽斬之。佗日，侍劍如故。行密蚤出，有盜斷馬鞅，不之問，以故人人懷恩。始，乘孫儒亂，府庫殫空，能約己省費，不三年而軍富雄。嘗過楚州，臺濛盛供帳待之，行密一夕去，遺衣臥內，皆經補浣。濛還之，行密曰：『吾興細微，不敢忘本，君笑我邪？』濛大慚。登城，見王茂章營第，曰：『天下未定，而茂章居寢鬱然，渠肯爲我忘身乎？』茂章遽毁損。

方帝困鳳翔，再遣使督兵，以爲行密可亢全忠者，然兵至宿州，紿言糧盡，乃還。全忠脅帝東遷，行密恥憤被病。全忠亦知天子倚行密爲重，乃弑帝以絶人望。行密聞之，發喪，不視事三日，因是病篤，召將吏付家事，問嗣於其佐。周隱對曰：『宣州司徒易而信讒，唯淫酗是好，不可以嗣，不如擇賢者。』時劉威以宿將有威名，隱意屬威，行密不答。因以王茂章代渥，使亟還。行密召所親嚴求曰：『我使周隱召吾兒而不至，奈何？』求往見隱，召檄仍在几。始，渥守宣州，押牙徐温、王令謀約渥曰：『王且疾，而君出外，此殆姦人計。他日有召，非我二人勿應也。』及是，二人以符召渥。渥至，行密承制授檢校太尉、同中書門下平章事、淮南節度使留後。行密諗渥曰：『左衙都將張顥、王茂章、李遇皆怙亂，不得爲兒除之。』卒，年五十四。遺令谷葛爲衣，桐瓦爲棺。夜葬山谷，人不知所在。諸將謚曰武忠。

張顥議歸都統印於宣諭使李儼，行節度事。諸將畏顥，無敢對，渥流涕。騎軍都尉李濤曰：『都統印，先帝所以賜王父子，安得授人？』諸將唯唯。顥投袂去，乃共請於儼，承制授渥兼侍中、淮南節度副大使、東面諸道行營都統，封弘農郡王。

又《楊渥傳》 渥好騎射。初與許玄膺爲刎頸交，及嗣位，事皆決之，諸將莫敢忤。渥求王茂章親兵不得，及去宣，輂帷帟以行，茂章嫚罵不與。逾年，遣兵五千襲之，茂章奔杭州。秦裴執鍾匡時，渥授以江西制置使。朱思勍、范師從、陳鐇以兵戍洪州，渥爲張顥所制，三人者，渥腹心也。顥脅以爲有異謀，遣陳祐疾馳，懷短兵，微服入秦裴帳中，裴大驚，命飲，召三將入，皆色動，酒行，祐數其罪，皆斬之。渥召周隱曰：『君嘗以孤爲不可嗣，何也？』隱不對，遂殺之。

《舊五代史》卷一三四《僭僞傳·楊渥》 渥，字奉天，行密長子也。行密卒，渥遂襲僞位，自稱吳王，委軍政於大將張顥。渥性猜忌，不能御下。天祐五年六月，渥爲顥所殺，顥將納款於梁，遂自稱留後，委別將徐温握兵柄。居無何，温復殺顥，立行密次子渭爲主。及渭僭號，僞追尊爲景帝。

又《楊渭傳》 渭，渥之弟也。既立，政事咸委於徐温。時温爲鎮海軍節度、内外馬步軍都指揮使，乃於上元縣置升州，盛開幕府，自握兵柄於上流，其子知訓等於揚州居以秉政，凡十餘年。温乃册渭爲天子，國號大吳，改唐天祐十六年爲武義元年。渭以温爲大丞相、都督中外諸軍事。渭僭號凡三年而卒，謚爲惠帝。

又《楊溥傳》 溥，行密幼子也。初封丹陽王，渭卒，徐温乃推溥爲主，復僭僞號。【略】唐天成二年十月，徐温卒，追封爲齊王。温之養子李升代温佐輔，秉政數年，位至太尉、中書令、録尚書事，襲封齊王，僞加九錫。晉天福二年，溥不得已遜位於升。升遷溥於潤州，築丹陽宮以處之。溥自是服羽衣，習辟谷之術，年餘以幽死。升又遷其族於海陵，吳人謂其居爲永寧宮。周顯德中，李景聞周師渡淮，慮其爲變，使人盡殺之。自唐大順二年，行密始有淮南之地，至溥遜位，凡四十七年而亡。

《新五代史》卷六一《吳世家·楊渥》 （天祐二年）十一月，行密卒，年五十四，謚曰武忠。子渥立。溥僭號，追尊行密爲太祖武皇帝，陵曰興陵。

渥字承天，行密長子也。行密病，出渥爲宣州觀察使。右衙指揮使徐温私謂渥曰：『今王有疾而出嫡嗣，必有奸臣之謀，若它日召子，非温使者慎無應命。』渥涕泣謝温而去。行密病甚，命判官周隱作符召渥，隱慮渥幼弱不任事，勸行密用舊將有威望者代主軍政，乃薦大將劉威，行密未許。温與嚴可求入問疾，行密以隱議告之，温等大驚，遽詣隱所計事。隱未出，而温見隱作召符猶在案上，急取遣之。渥見温使，乃行。行密卒，渥嗣立，召周隱罵曰：『汝，欲賣吾國者，復何面目見楊氏乎？』遂殺之。以王茂章爲宣州觀察使。

渥之入也，多輂宣州庫物以歸廣陵，茂章惜而不與，渥怒，命李簡以兵五千圍之，茂章奔於錢塘。

天祐三年二月，劉存取岳州。四月，江西鍾傳卒，其子匡時代立，傳養子延規怨不得立，以兵攻匡時。渥遣秦裴率兵攻之。九月，克洪州，執匡時及司馬陳象以歸，斬象於市，赦匡時。以秦裴爲江西制置使。

梁太祖代唐，改元開平，渥仍稱天祐。鄂州劉存、岳州陳知新以舟師伐楚，敗於瀏陽，楚人執存及知新以歸。楚王馬殷素聞其名，皆欲活之，存等大罵殷曰：『昔歲宣城脱吾刃下，今日之敗，乃天亡我，我肯事汝以求活耶？我豈負楊氏者。』殷知不可屈，乃殺之，岳州復入於楚。

初，渥之入廣陵也，留帳下兵三千於宣州，以其腹心陳璠、范遇將之。既入立，惡徐温典牙兵，召璠等爲東院馬軍以自衛。而温與左衙都指揮使張顥皆行密時舊將，又有立渥之功，共惡璠等侵其權。四年正月，渥視事，璠等侍側，温、顥擁牙兵入，拽璠等下，斬之，渥不能止，由是失政，而心憤未能發，温等益不自安。

五年五月，温、顥共遣盜入寢中殺渥，渥説羣盜能反殺温等者皆爲刺史。羣盜皆諾，惟紀祥不從，執渥縊殺之，時年二十三，謚曰景。弟隆演立。溥僭號，追尊渥爲烈宗景皇帝，陵曰紹陵。

又《楊隆演》　隆演字鴻源，行密第二子也。初名瀛，又名渭。

初，温、顥之弒渥也，約分其地以臣於梁，及渥死，顥欲背約自立。温患之，問其客嚴可求，可求曰：『顥雖剛愎，而暗於成事，此易爲也。』明日，顥列劍戟府中，召諸將議事，自大將朱瑾而下，皆去衛從然後入。顥問諸將，誰當立者？諸將莫敢對。顥三問，可求前密啓曰：『方今四境多虞，非公主之不可，然恐爲之太速。且今外有劉威、陶雅、李簡、李遇皆先王一等人也，公雖自立，未知此輩能降心以事公否。不若輔立幼主，漸以歲時，待其歸心，然後可也。』顥不能對。可求因趨出，書一教內袖中，率諸將入賀，諸將莫知所爲。及出教宣之，乃渥母史氏教，言楊氏創業艱難，而嗣王不幸，隆演以次當立，告諸將以無負楊氏而善事之。辭旨激切，聞者感動。顥氣色皆沮，卒無能爲，隆演乃得立。

顥由此與温有隙，諷隆演出温潤州。可求謂温曰：『今舍衙兵而出外郡，禍行至矣。』温患之，可求因説顥曰：『公與徐温同受顧託，議者謂公奪其衙兵，是將殺之於外，信乎？』顥曰：『事已行矣，安可止乎？』可求曰：『甚易也。』明日，從顥與諸將造温，可求陽責温曰：『古人不忘一飯之恩，況公楊氏三世之將，今幼嗣新立，多事之時，乃求居外以苟安乎？』温亦陽謝曰：『公等見留，不願去也。』由是不行。行軍副使李承嗣與張顥善，覺可求有附温意，諷顥使客夜刺殺之，客刺可求不能中。明日，可求詣温，謀先殺顥，陰遣鍾章選壯士三十人，就衙堂斬顥，因以弒渥之罪歸之。温由是專政，隆演備位而已。

六月，撫州危全諷叛，攻洪州，袁州彭彥章、吉州彭玕、信州危仔倡皆起兵叛。隆演召嚴可求問誰可用者。可求薦周本，時本方攻蘇州敗歸，慚不肯出，可求彊起之。本曰：『蘇州之敗，非怯也，乃上將權輕，而下多專命爾。若必見任，願無用偏、裨。』乃請兵七千。戰於象牙潭，敗之，執全諷、彥章，而玕奔於楚，仔倡奔於錢塘。全諷至廣陵，諸將議曰：『昔先王攻趙鍠，全諷屢饋給吳軍。』乃釋不殺。初，全諷欲舉兵也，錢鏐送王茂章於梁，道過全諷，謂曰：『聞公欲大舉，願見公兵，以知濟否。』全諷陳兵，與茂章登城望之，茂章曰：『我素事吳，吳兵三等，如公此衆，可當其下將爾，非得益兵十萬不可。』而全諷卒以此敗。

八年，徐温領升州刺史，治舟師於金陵。宣州李遇自行密時爲大將，勳位已高，憤温用事，嘗曰：『徐温何人？吾猶未識，而驟至於此。』温聞之，怒，遣柴再用以兵送王壇代遇，且召之。遇疑不受命，再用圍之，隆演使客將何蕘諭遇使自歸。蕘因説曰：『公若欲反，可殺蕘以示衆，若本無心，何不隨蕘以出？』遇自以無反心，乃隨蕘出，温諷再用伺其出，殺之，併族其家。

九年，温率將吏進隆演位太師、中書令、吳王。温爲行軍司馬、鎮海軍節度使、同中書門下平章事。陳章攻楚取岳州，執其刺史苑玫。十年，越人攻常州，徐温敗之於無錫。梁遣王茂章攻壽春，温敗之霍丘。十二年封徐温齊國公、兩浙都招討使，始鎮潤州。留其子知訓爲行軍副使，秉政，而大事温遙決之。冬，濬楊林江，水中出火，可以燃。

十三年，宿衛將李球、馬謙挾隆演登樓，取庫兵以誅知訓，陳於門橋。知訓與戰，頻卻，朱瑾適自外來，以一騎前視其陣，曰：『此不足爲也。』因反顧一麾，外兵爭進，遂斬球、謙，而亂兵皆潰。十四年，徐温徙治金陵。十五年，遣王祺會洪、袁、信三州兵攻虔、韶，久之不克。祺病，以劉信代之。四月，副都統朱瑾殺徐知訓，瑾自殺。潤州徐知誥聞亂，率兵入，殺唐宣諭使李儼以止亂，遂秉政。

徐氏之專政也，隆演幼懦，不能自持，而知訓尤凌侮之。嘗飲酒樓上，命優人高貴卿侍酒，知訓爲參軍，隆演鶉衣髽髻爲蒼鶻。知訓嘗使酒罵坐，語侵隆演，隆演愧恥涕泣，而知訓愈辱之。左右扶隆演起去，知訓殺吏一人，乃止。吳人皆仄目。知訓又與朱瑾有隙，瑾已殺知訓，攜其首馳府中示隆演曰：『今日爲吳除患矣。』隆演曰：『此事非吾敢知。』遽起入內。瑾忿然，以首擊柱，提劍而出，府門已闔，踰垣，折其足，遂自刎死。米志誠聞瑾殺知訓，被甲率其家兵至天興門問瑾所在，聞瑾死，乃還。徐温疑志誠助瑾，遣使殺之。嚴可求懼事不克，使人僞從湖南境上來告軍捷，召諸將入賀，擒志誠斬之。劉信克虔州，執譚全播以歸。

十六年，春二月，温率將吏請隆演即天子位，不許。夏四月，温奉玉册、寶綬尊隆演即吴王位。建宗廟、社稷，設百官如天子之制，改天祐十六年爲武義元年，大赦境內，追尊行密孝武王，廟號太祖，渥景王，廟號烈祖。拜温大丞相、都督中外諸軍事，封東海郡王，以徐知誥爲左僕射、參知政事，嚴可求爲門下侍郎，駱知祥爲中書侍郎，殷文圭、沈顔爲翰林學士，盧擇爲吏部尚書，李宗、陳章爲左、右雄武統軍，柴再用、錢鏢爲左、右龍武統軍，王令謀爲內樞密使，江西劉信征南大將軍，鄂州李簡鎮西大將軍，撫州李德誠平南大將軍，廬州張崇安西大將軍，海州王綰鎮東大將軍，文武以次進位。封宗室皆郡公。

温之徙鎮金陵也，以其養子知誥守潤州。嚴可求嘗謂温曰：『二郎君非徐氏子，而推賢下士，人望頗歸，若不去之，恐爲後患。』温不能用其言。及知誥秉政，其語泄，知誥出可求於楚州，可求懼，詣金陵見温謀曰：『唐亡於今十二年，而吴猶不敢改天祐，可謂不負唐矣。然吴所以征伐四方，而建基業者，常以興復爲辭。今聞河上之戰，梁兵屢衄，若李氏復興，其能屈節乎？宜於此時先建國以自立。』温深然之，因留可求不遣，方謀迫隆演僭號。

二年五月，隆演卒。隆演少年嗣位，權在徐氏，及建國稱制，非其意，常怏怏，酣飲，稀復進食，遂至疾卒，年二十四，謚曰宣。弟溥立，僭號，追尊爲高祖宣皇帝，陵曰肅陵。

又《楊溥》 溥，行密第四子也，隆演建國，封丹陽郡公。隆演卒，弟廬江公蒙次當立，而徐氏秉政，不欲長君，乃立溥。七月，改升州大都督府爲金陵府，拜徐温金陵尹。明年二月，改元順義，赦境內。冬十一月，祀天於南郊。御天興樓，大赦。拜徐温太師，嚴可求右僕射。

三年，唐莊宗滅梁。遣司農卿盧蘋使於唐，嚴可求密條數事授蘋以行。蘋見洛陽，莊宗問之，蘋次第以對，皆如所授。

四年，溥至白沙閱舟師，徐温來見，以白沙爲迎鑾鎮。

五年，唐遣諫議大夫薛昭文使福州，假道江西，劉信出勞之，謂曰：『亞次聞有信否？』昭文曰：『天子新有河南，未熟公名也。』信曰：『漢有韓信，吴有劉信，君還，其語亞次，當來較射於淮上也。』乃酌大巵，望牙旗鎞首百步，謂昭文曰：『一發而中，願以此巵爲壽，否則亦以自罰。』言訖，而箭已穿矣。

六年，追爵大丞相徐温四代祖考，立廟於金陵。左僕射徐知誥爲侍中，右僕射嚴可求同平章事。是歲，莊宗崩，五月丁卯，詔爲同光主輟朝七日。

七年，大丞相徐温率吴文、武上表勸溥即皇帝位，溥未許而温病卒。十一月庚戌，溥御文明殿即皇帝位，改元曰乾貞，大赦境內，追尊行密武皇帝，渥景皇帝，隆演宣皇帝。以徐知誥爲太尉兼侍中，拜温子知詢輔國大將軍、金陵尹，治温舊鎮。諸子皆封王。

二年正月，封東海爲廣德王，江瀆廣源王，淮瀆長源王，馬當上水府寧江王，采石中水府定江王，金山下水府鎮江王。六月，荊南高季興來附，封季興秦王。九月，季興敗楚師於白田，獲其將吏三十四人來獻。

三年十一月，金陵尹徐知詢來朝，知誥誣其有反狀，留之不遣，以爲左統軍，斬其客將周廷望。以徐知諤爲金陵尹。溥加尊號睿聖文明孝皇帝，大赦境內，改元大和，以徐知誥爲中書令。

二年，册其子江都王璉爲太子。三年，以徐知誥爲金陵尹，以其子景通爲司徒，及左僕射王令謀、右僕射宋齊丘皆平章事。四年，封知誥東海王。五年，建都於金陵。六年閏正月，金陵火，罷建都，廢臨川王蒙爲歷陽公，知誥遣親信王宏以兵守之。拜令謀司徒，宋齊丘司空。知誥召景通還金陵，爲鎮海軍節度副使，以其子景遷爲太保、平章事，與令謀等執政。

七年九月，溥加尊號曰睿聖文明光孝應天弘道廣德皇帝，大赦，改元天祚。知誥進位太師、天下兵馬大元帥，封齊王。二年，景遷病，以次子景遂爲門下侍郎、參政事。三年，知誥建齊國，立宗廟、社稷，置左、右丞相已下，以金陵爲西都，廣陵爲東都。冬十月，溥遣江夏王璘奉册禪位於齊王。十二月，溥卒於丹陽，年三十八，謚曰睿。

升元六年，李昪遷其子孫於海陵，號永寧宮，嚴兵守之，絶不通人。

久而男女自爲匹偶，吳人多哀憐之。顯德三年，世宗征淮南，下詔撫安楊氏子孫，而李景聞之，遣人盡殺其族。周先鋒都部署劉重進得其玉硯、馬腦碗、翡翠瓶以獻，楊氏遂絶。

清・吳任臣《十國春秋》卷一三《吳十三・徐溫傳》　徐溫字敦美，海州朐山人也。沉毅寡言，罕與人交，衆中凜然可畏，人目之曰徐瞋。會唐末大亂。以販鹽爲盜。太祖起合肥，隸部下。時太祖勁兵數萬，號其軍爲「黑雲長劍」，所與舉事者劉威、陶雅之徒，稱三十六英雄，惟溫未常有戰功。太祖之入宣州也，諸將爭取金帛。溫獨據米囷爲粥以食飢者。太祖已心異之。及太祖欲殺朱延壽等，溫稍稍以計進，事成，遷右牙指揮使，始預謀議。太祖病，出長子渥爲宣州觀察使，即烈祖也，溫私致慇懃，烈祖涕泣，謝溫而行。太祖病甚，平生舊將皆以戰守在外，而溫居帳下，遂預立嗣之功。初烈祖鎮宣州，命指揮使朱思勍、范思從、陳璠將親兵三千，及入立，惡溫與張顥典牙兵，召思勍等以自衛。而溫、顥忌之，陽使三將從擊江西，誣以謀叛，誅焉。烈祖內不平。一日，溫與顥驟擁牙兵，露刃入庭中，數烈祖所親信十餘人罪，曳下斬之。烈祖由是失政，而心憤未能發。溫、顥不自安，共遣羣盜縊烈祖於寢室。久之，溫與顥復有隙，使鍾泰章殺顥。高祖時，溫遂專政，乃自以淮南行軍副使領升州刺史，留廣陵，而以假子知誥爲升州防遏使，治舟師於金陵。

大將李遇怒溫跋扈，出嫚言，溫使柴、再用族遇於宣州。太祖舊將，人人皆自疑，溫因僞下之。恭謹如見太祖，諸將乃安。天祐八年，溫領鎮海軍節度使、同平章事。十年，遣招討使李濤攻吳越，裨將曹筠往奔，溫間遣人語筠曰：「吾用汝爲將，汝軍有求，吾不能給，是吾過也。」赦筠妻子不誅，厚遇之。是秋，吳越攻常州，溫戰於無錫，筠感前言，奔歸，遂敗吳越兵。

十二年，高祖封溫齊國公兼侍中，充水陸馬步諸軍都指揮使、兩浙都招討使，始就鎮潤州，以升、潤、常、宣、歙、池六州爲巡屬。溫城升州，建大都督府。十四年，徙治之，以子知訓輔政於廣陵，而大事溫遥決之。知訓爲朱瑾所殺，知誥自潤州先入，遂得政。

十六年，溫請高祖稱皇帝，不許，又請即吳國王位，乃許，遂建國，改元。拜溫大丞相、都督中外諸軍事、諸道都統、鎮海寧國等軍節度使，守太尉、兼中書令，進爵東海郡王。高祖既薨，溫越次立睿帝。順義十年，溫又請睿帝即皇帝位，未許而溫病死，年六十六，追封齊王，謚曰忠武。天祚三年，齊王知誥尊爲太祖武王，及受禪，謚武皇帝。知訓，溫長子也。少學兵法，不能竟，尤喜劍士角觝之戲。怙溫權勢，多爲不法。溫出鎮潤州，留知訓輔政，朝廷譽之，稱爲昌華相公。平日辱諸將，對高祖無君臣禮。高祖幼懦，常飲酒樓上，命優人高貴卿侍酒。知訓爲參軍，高祖鶉衣髽髻爲蒼鶻。知訓因使酒罵坐，語侵高祖，高祖愧恥泣涕，而知訓愈狎侮之，左右扶高祖起去，知訓殺一吏乃止。李德誠有女樂，知訓求之，德誠曰：「此輩皆有所生，且復年長，不足以接貴人，俟求少妙者進之。」知訓對德誠使者言曰：「吾殺德誠，併取其妻，亦易爾。」

初學兵於朱瑾，瑾力教之，後因索馬于瑾，瑾不與，遂不相能。夜遣壯士刺瑾，瑾手刃數人瘞舍後，知訓隱而不問。未幾，出瑾爲靜淮節度使。知訓過瑾，瑾殺之，事具瑾傳。先是，宿衛將李球、馬謙作亂，挾高祖登樓，取庫兵以誅知訓，陳於門橋，知訓與戰，頻卻，瑾適自外來，以一騎前視其陳，曰：「是不足爲也。」因反顧一麾，外兵爭進，斬球、謙，亂兵悉潰。瑾故有德於知訓，及其凶終，國人皆謂曲在知訓。

知詢，溫第二子也。溫養子知誥既操國柄，威權寖盛，金陵行軍司馬徐玠諷溫曰：「居中輔政之重，不宜假於他人，當以親子代之。」溫即遣知詢入覲，謀代知誥秉鈞。會溫暴死，知詢奔還金陵，拜諸道副都統、鎮海寧國等軍節度使、兼侍中、輔國大將軍、檢校太尉、守中書令、金陵尹。

知詢素暗懦，遇諸弟頗薄，玠知其必敗，反持其短，輸誠於知誥。由是知詢內爲諸弟所構，外爲玠所賣，而不知也。自以控强兵，居重地，去知誥如舉手易耳。溫喪未終，屢請知誥來金陵。知誥有心計，陰使人趣其入朝，俄知詢至廣陵，知誥疏其罪狀，謫授統軍，領鎮海軍節度使。知詢面數知誥曰：「先王之喪，若爲人子，而不親臨，反罪我邪？」知誥曰：「聞爾懸劍待我，我亦不憚，獨迫於君命，不得往也。爲人臣而畜乘輿，非反乎！」周廷望者，知詢親吏也，常僞貢款于知誥，亦時刺知誥之謀以告知詢。及入朝廷，望諫止，不從；既行，廷望曰：「公有往日，而無還日。」涕泣再拜送之。至是，知詢以廷望之言質知誥，知誥曰：『以爾所爲告我者，卽廷望也。』遂取廷望斬之。知詢既失金陵，往時幕府皆散去，獨李建勳一人隨之。及至潤州，常會僚佐，談宴終日，永絶顧望。未幾，移鎮洪州，賜爵東海郡王。太和六年卒，謚曰康。一云封武陵王，疑是改封，未審是非。

知誨，温第三子也。知詢繼温守金陵，所爲多不道。知誨時伺其陰事以告義兄知誥。知詢之敗，知誨構之爲多，知誥甚德之，後以爲鎮南軍節度使。

知誨先娶太祖功臣吕師造女，非嫡出，以是常切齒吕氏，因醉，刺殺之。妻以不良死，數爲厲，知誨心惡之，延名僧誦梵經爲陳因果，吕氏忽見形曰：『吾不解此，但報寃爾。』及鎮江西歲餘，吕氏不復見，知誨喜甚。有家人自淮南來，道遇吕氏乘彩舟而至，招家人曰：『爲我謝相公，善自愛，我今它適矣。』且貽繡履與知誨。已而家人至江西，首語其事，方陳履，知誨熟視未畢，輒見吕氏在側曰：『爾謂我眞不來邪！』頃之，知誨暴卒。子景遼景遊。南唐受禪，待知誨後特優。

知諫，温第四子也。幼爽悟，喜文墨。徐氏諸子，知諫最爲雅循。初，知訓輔國政，無所醞藉，温留知諫陰助之。諸將常惡知訓陵己，而以知諫爲長者。温假子知誥自潤州入覲，知訓會飲山光寺，縱飲號呼，意在以醉飽過殺知誥，知諫陰洩之知誥，知誥獲免。太和改元，知諫領鎮南軍節度使、同平章事。三年九月，卒于官。先是，知誥誘知詢入朝，知諫實與其謀，及知詢代鎮洪州，遇其喪于塗，撫棺泣曰：『弟用心如此，我亦無憾，然何面目見先王於地下乎！』聞者傷之。

論説

《新唐書》卷一八八《楊行密傳贊》 行密興賤微，及得志，仁恕善御衆，治身節儉，無大過失，可謂賢矣。然所據淮、楚，士氣剽而不剛。行密無霸材，不能提兵爲四方倡，以興王室，孰視朱温劫天子而東，謀窮意沮，僨死牖下，可爲長太息矣！

清·吴任臣《十國春秋》卷一《吴一·太祖世家》 論曰：唐末，强藩分據，海内雲擾。太祖以三十六英雄，起自草間，殲孫儒，禽趙鍠，破杜洪，滅田頵，聲罪汴彊，耀兵越徼，江淮南北，以次削平，抑亦可謂非常之傑，不世出者矣。《五代史》言其爲人寬仁雅信，能得士心，卒之開國廣陵，傳世四主，蓋有以也夫。

又 卷三《吴三·睿帝紀》 論曰：楊氏自紀祥等之亂，祭則弘農，政由東海，大權久爲它人竊矣。逮平陵越次以立，號爲共主，若贅疣然，改元稱尊，徒擁虚器，卒假禪讓之名，致移鼎祚之實。迹其由來，良非一日，勢使然也，要豈睿帝之罪哉！

《新五代史》卷六一《吴世家·楊行密等傳論》 嗚呼！自唐失其政，天下乘時，黥髠盜販，衮冕峩巍。吴暨南唐，姦豪竊攘。蜀險而富，漢險而貧，貧能自彊，富者先亡。閩陋荆蹙，楚開蠻服。剝剽弗堪，吴越其尤。牢牲視人，嶺蜑遭劉百年之間，併起爭雄，山川亦絶，風氣不通。語曰：清風興，羣陰伏；日月出，爝火息。故眞人作而天下同。作十國世家。

嗚呼！盜亦有道，信哉！行密之書，稱行密爲人，寬仁雅信，能得士心。其將蔡儔叛於廬州，悉毁行密墳墓，及儔敗，而諸將皆請毁其墓以報之。行密歎曰：『儔以此爲惡，吾豈復爲邪？』嘗使從者張洪負劍而侍，洪拔劍擊行密，不中，洪死，復用洪所善陳紹負劍，不疑。又嘗罵其將劉信，信忿，奔孫儒，行密戒左右勿追，曰：『信負我者邪？其醉而去，醒必復來。』明日，果來。行密起於盜賊，其下皆驍武雄暴，而樂爲之用者，以此也。故二世四主垂五十年。及渥已下，政在徐温。於此之時，天下大亂，中國之禍，簒弑相尋，而徐氏父子，區區詐力，裴回三主，不敢輕取之，何也？豈其恩威亦有在人者歟！

藝文

清·謝啓昆《樹經堂詠史詩》卷七《吴·楊行密》 黑雲屯寨蜀岡頭，奄有江淮拒汴州。補綻能分衣外帛，攫金不問馬邊鞦。蜂糖荇水與王諱，錢眼楊枝異姓仇。崛起英雄三十六，首居僭國紀春秋。

又 《楊渥楊隆演楊溥》 軍散牙城築射場，十圍樺蜀夜生光。殿中兵諫呼羣盜，閩内封書定嗣王。夢繞白龍空偃蹇，戲隨蒼鶻太荒亡。攻由東海飛魚兆，無了楊花似雪楊。

清・舒位《瓶水齋詩集》卷三《五代十國讀史絶句三十首・吴二首》

江北楊花唱步虚，笛家三孔怨何如。忽忽不記廬州釣，東海青天一鯉魚。

十圍官燭淚猶紅，難抵金奴馬厩中。腸斷丹陽迎奉使，更無三十六英雄。

清・史夢蘭《全史宫詞》卷一五《十國・吴》 子孫鱗次霸全吴，潭上魚會應帝符。共事英雄三十六，劍鋒威壓黑雲都。

君王神勇懾揚滁，菱水蜂鏞盡改呼。早起内廷傳盥漱，沙鑼不用侍兒扶。

錢眼楊頭舊有謡，江南江北怨難消。如今弄玉歸蕭史，龍種能諧引鳳簫。

射場新向内營開，地室喧闐落舞埃。香燭十圍明似晝，麻衣深夜擊毬來。

繞柱神龍夢裏蟠，誰教蒼鶻上場看。濁河回棹三郎醉，竟向君王試彈丸。

衮冕新更羽客裝，愁雲慘淡繞丹楊。翠屏玉硯彫零盡，誰復仙宫憶讓皇。

又《十國補遺・吴》 黑雲長劍氣桓桓，共護樓船壓急湍。義馭飆馳黄道闊，白沙舊鎮改迎鑾。【略】

枯楊枝葉不逢春，公主聞呼暗愴神。世世不爲有情物，佛心應鑑未亡人。

雜録

宋・孫光憲《北夢瑣言》卷七《鄭啓相詩》 唐相國鄭綮，雖有詩名，本無廊廟之望。嘗典廬州，吴王楊行密爲本州步奏官，因有遺闕而笞責之。然其儒懦清慎，弘農常重之。昭宗時，吴雄據淮海，朝廷務行姑息，因盛言鄭公之德，由是登庸，中外驚駭。於時皇綱已紊，四方多故，相國既無施展，事必依違。

又 卷一六《朱延壽妻王烈女》 宣州田頵、壽州朱延壽將舉軍以背楊行密，請杜荀鶴持箋詣淮都。俄而事泄，行密悉兵攻宛陵，延壽飛騎以赴，俱爲淮軍所殺。延壽之將行也，其室王氏勉延壽曰：『願日致一介以寧所懷。』一日，介不至，王氏曰：『事可知矣。』乃部分家僮，悉授兵器，遽闔州中之扉，而捕騎已至，不得入。遂集家僮，私阜帑，發百燎，廬舍州廨焚之。既而稽首上告曰：『妾誓不以皎然之軀爲仇者所辱。』乃投火而死。古之烈女，無以過也。

宋・陶岳《五代史補》卷一《梁二十一條・楊行密錢塘侵掠》 楊行密嘗命宣州刺史田頵領兵圍錢塘，錢鏐危急，遣其子元璙修好於行密。元璙風神俊邁，行密見之甚喜，因以其女妻之，遽命頵罷兵。初，頵之圍城也，嘗遣使候錢鏐起居，鏐厚待之。將行，復與之小飲。時羅隱、皮日休在坐，意以頵之師無能爲也，且欲譏之。於是日休爲令，取一字四面被圍而不失其本音，因曰：『其』字上加『草』爲萁菜，下加『石』爲碁子，左加『玉』爲琪玉，右加『月』爲期會。羅隱取『于』字，上加『雨』爲舞雩，下加『皿』爲盤盂，左加『玉』爲玗玉，右加『邑』爲邘地。使者取『亡』字，譏錢鏐必亡，然亡上加『草』爲芒，下加『心』爲忘，右加『邑』爲邙，左加『心』爲忙，其令必不通，合坐皆嘻笑之，使大慚而去。未幾，頵果班師。先是，行密與鏐勢力相敵，其爲憤怒，雖水火之不若也。行密嘗命以大索爲錢貫，號曰『穿錢眼』。鏐聞之，每歲命以大斧科柳，謂之『斫楊頭』。至是，以元璙通昏，二境漸睦，穿眼斫頭之論始止。

又《楊行密詐盲》 楊行密據淮南，以妻弟朱氏衆謂之朱三郎者，行密署爲泗州防禦使。泗州素屯軍，朱氏驍勇，到任恃衆自負，行密雖悔，度力未能制，但姑息之，時議以謂行密事勢去矣。居無何，行密得目疾，雖愈且詐稱失明，其出入皆以人扶策，不爾則觸牆抵柱，至於流血。姬妾僕隸以爲實，然往往無禮。首尾僅三年，朱氏聞之，信而少懈弛。行密度其計必中，謂妻曰：『吾不幸臨老兩目如此，男女卑幼苟不諱，則吾國家爲他人所有。今晝夜思忖，不知召泗州三舅來，使管勾軍府事，則吾雖死無恨。』妻以爲然，遽發使，述其意而召之。朱氏大喜，倍道而行。及入謁，行密恐其覺，坐於中堂，以家人禮見。朱氏頗有德色，方設拜，行密奮袖中鐵槌以擊之，正中其首，然猶宛轉號呼，久而方斃。行密内外不測，即時升廳，召將吏等謂之曰：『吾所以兩目失明者，蓋爲朱三。此賊今已擊殺，兩目無事矣，諸公知之否？』於是軍府大駭，其僕妾嘗所無禮者，皆自殺。初，行密之在民閑也，嘗爲合肥縣手力，有過，縣令將鞭之，行密懼且拜。會有客自外入見，行密每拜，則廳之前簷皆叩地，而令不之覺。客知其非常，乃遽升廳，揖令於他處，告以所見。令驚，遂恕之，且勸事郡以自奮。行密度本郡不足依，乃投高駢。駢死，秦彥、孫儒等作亂，行密連誅之，遂有淮南之地。

宋·孔平仲《續世説》卷三 楊行密馳射、武伎皆非所長，而寬簡有智略，善撫士卒，與同甘苦，推心待物無猜忌。嘗早出，從者斷馬秋取其金，行密知而不問，它日復早出如故，人服其度量。

宋·佚名《五國故事》卷上《僞吴楊氏》 先主行密，唐淮南節度使中書令，終吴王渭僭號，乃追册爲武皇帝，廟號太祖。渥不稱僭號，渭稱吴，乃追謚爲景皇帝，渭僭稱大吴，殂謚曰宣皇帝，溥僞號爲讓皇帝，乃李氏傳位之後，册爲高上崇古思玄讓皇帝，非在吴也。【略】

（徐）温好披白袍子，知誥每遇温生日，必獻。一日，既獻，而座客有諂温者曰：白袍不如黄袍好。知誥遂斥之，而謂温曰：令公忠孝之德，朝野所仰，一旦或謟佞之説聞於中外，無乃玷烜赫之名？願令公無聽其邪言。温亦然之。知誥慮温急於取國，而已非其嫡，不得以嗣，故以此言之。然内謀其家，外謀其國，勞心役慮，數倍於曹馬矣。宋齊丘既在知誥賓席，温甚疑之。有石頭大師者，温頗加待遇，而齊丘亦寓於石頭之精舍。一日，温謂石頭曰：宋措大在兒子門下，甚非純信之人，慮其近習，不以忠孝爲務，師其察之。石頭乃伺其所爲，而齊丘已察其意，自是晨出暮歸，必大醉，或以花間柳曲謳歌辭以示之。石頭乃謂温曰：宋措大蓋狂漢耳，不足爲慮。由是不介意。知誥之兄知詢以徐温既卒，乃代有金陵節制，爲政暴急，仍與知誥爭權。知誥患之。遂紿以楊氏將申輔相之命，使知詢入朝。知詢信之，亟請入覲，及至江都，舍於知誥之第，旦不得見。知詢告之，知誥曰：吾爲政暴急，主上知之，將加譴責，希待罪於私第，尚恐未暇，况欲見乎？知詢由是始悔入覲，尋處環衛之列焉。

行密四子，渥、渭悉襲僞位，唯蒙爲溥之長，蒙第十六，溥第十七，而長於弓馬。徐氏忌之，故不立而終構其罪，自臨川王廢爲歷陽公，幽於歷陽。蒙聞將有禪讓，遂殺監守者，與其下貳馳赴廬江，詣周本。本時爲廬江節帥，即蒙之婦翁也。本之子祚閉門不納。本聞之，曰：我家郎君何以不見？祚不答，因執蒙宫之於外，猶能手殺數人而卒。徐氏使溺其屍於江中。知誥在相府，嘗一日不悦，其夫人問之，知誥乃告曰：夜夢不吉，以是爲憂耳。夫人曰：夢無吉凶，在人諼之耳。有善諼者，請召之，庶解憂慮。知誥因出廳事，俄見周宗於庭下，乃謂曰：我昨夢過順天門，俄而仆地，非吉兆也。宗亟拜賀曰：此明公宜令人策立也。知誥大悦。及宗入内室，與夫人同席而飲。後使宗知鹽鐵職務，其家遂大富，位至侍中。

徐氏將移楊氏之祚，乃以升州爲大吴西都，揚州爲東都，聲言將遷楊氏於江南，改白沙爲迎鑾鎮。俄而逼禪，稱楊氏欲入道，乃營室於茆山，遷溥居之。册曰：受禪老臣知誥，謹上尊號曰高尚思玄崇古讓皇帝。溥既渡江，賦詩，略曰：烟凝楚岫愁千點，雨滴吴江淚萬行。兄弟四人三百口，不堪端坐細思量。及將遇弑，方誦佛書於樓上，使者前趨，溥以香爐擲之，俄而見害。李氏以海陵爲泰州，置永寧宫於州之門右，遷其族以處，使親信褚仁規爲刺史，以專防護。後周世宗渡淮，李氏急使人赴海陵，盡害之。知誥自以取國艱難，乃志勤儉，金陵雖升都邑，但以舊衙署爲之，唯加？尾欄檻而已。其餘女妓音樂園苑器玩之屬，一無增加，故宋齊丘爲其挽辭曰：宫砌無新樹，宫衣無組繡，宫樂盡埃塵。皆其實也。知誥即位，改姓李氏，更名昪，稱大唐，今書其舊名，欲易曉也。

南唐分部

綜述

《舊五代史》卷一三四《僭僞傳·李昪》 李昪，本海州人。僞吴大丞相徐温之養子也。温字敦美，亦海州人，初從淮南節度使楊行密起師於廬州，漸至軍校。唐末，青州王師範爲梁祖所圍，乞師於淮南，楊行密發兵赴之，温時爲小將，亦預其行。師次青之南鄙，師範已敗，淮兵大掠而還。昪時幼稚，爲温所擄，温愛其慧黠，遂育爲己子，名曰知誥。天祐初，行密卒，其子渥嗣，會左衛都指揮使張顥殺渥，欲歸命於梁。温謂顥曰：『此去梁國，往復三千里，不月餘事不成，軍國未有主，無主將亂，不如有所立，徐圖其事。』顥然之，乃立渥弟渭爲帥。温尋殺顥，渭授温常州刺史、檢校司徒。温留廣陵，遣昪知州事。是歲，唐天祐五年也。七年，丁母憂，起復授檢校太尉、温州刺史，充本州團練觀察使。八年，宣州叛，温與都將柴再用討平之，加同中書平章事，充淮南行軍司馬、内外馬步都指揮使、鎮海軍節度、浙江西道觀察等使。十二年八月，温出鎮潤州，以其子知訓知政事，加温鎮海軍管内水陵馬步軍都軍使，兼寧國軍節度、宣歙池等州觀察使。時昪爲温屬郡升州刺史，乃大理郡廨，温表移其府於金陵，僞授升州大都督府長史，充鎮海軍節度副大使，知節度事，以昪爲鎮海軍節度副使、行潤州刺史，充本州團練使。十五年，知訓授淮南行軍副使、内外馬步軍都指揮使，通判軍府事。居無何，知訓爲大將朱瑾所殺，温以昪代知政事。明年，温册楊渭爲天子，僭稱大吳，改唐天祐十六年爲武義元年。

十八年，渭死，温聞之，自金陵馳歸揚州，夜入廣陵，議有所立。或有希温旨，言及蜀先主遺命諸葛亮之事，温厲聲曰：『若楊氏無男，有女當立矣，無得異議。』由是羣心乃定，遂迎丹陽王溥於潤州，以其年六月十八日卽僞位，改元爲順義。自是温父子愈盛，中外共專其國，楊氏主祭而已。温累官至竭忠定難建國功臣、大丞相、都督中外諸軍事、諸道都統、鎮海寧國等軍節度、宣歙池等州管内營田觀察等使、開府儀同三司、守太師、中書令、金陵尹、東海王，食邑一萬户，實封五百户。僞順義七年改乾貞元年，卽後唐天成二年。其年十月二十三日，温卒，僞贈大元帥，追封齊王，謚曰忠武。

昪前夢温負登山，逾年温卒，昪乃僞授輔政興邦功臣，知内外左右事、開府儀同三司、守太尉、中書令、宣城公。昪自平朱瑾之亂，遂執吳政。天成四年，僞吳改太和元年，是歲昪出鎮金陵，尋封東海王。至清泰二年改天祚元年，其年以金陵爲齊國，封昪爲齊王，乃追謚温爲忠武王，廟號太祖。昪又進位太尉、録尚書事，留鎮金陵，以其子景緫政於揚州。未幾，僞加昪九錫，建天子旌旗，改金陵爲西都，以揚州爲東都。昪開國依齊、梁故事。用徐玠爲齊國右丞相，宋齊丘爲左丞相，以爲謀主。僞吳天祚三年，楊溥遜位於昪，國號大齊，改元爲升元，建都於金陵，時晉氏天福二年也。昪乃册楊溥爲讓皇，其册文曰『受禪老臣知誥，謹上册皇帝爲高尚思元宏古讓皇』云。仍以其子遙領平盧軍節度使，遷於海陵。昪自云唐明皇第六子永王璘之裔。唐天寶末，安禄山連陷兩京，明皇幸蜀，詔以璘爲山南、嶺南、黔中、江南四道節度采訪等使，璘至廣陵，大募兵甲，有窺圖江左之志，後爲官軍所敗，死於大庾嶺北，故昪指之以爲遠祖。因還姓李氏，始改名昪，國號大唐，尊徐温爲義祖。昪僭位凡七年，子景立。

又《李景傳》 景，本名璟，及將臣於周，以犯廟諱，故改之。昪之長子也，昪卒，乃襲僞位，改元爲保大。以仲弟遂爲皇太弟，季弟達爲齊王，仍於父柩前設盟約，兄弟相繼。景僭號之後，屬中原多事，北土亂離，雄據一方，行餘一紀。其地東暨衢、婺，南及五嶺，西至湖湘，北據長淮，凡三十餘州，廣袤數千里，盡爲其所有，近代僭竊之地，最爲强盛。又嘗遣使私賂契戎，俾爲中國之患，自固偷安之計。

周顯德二年冬，世宗始議南征，以宰臣李谷爲前軍都部署。是冬，周師圍壽春。三年春，世宗親征淮甸，大敗淮寇於正陽，遂進攻壽州。尋又今上敗何延錫於渦口，擒皇甫暉於滁州。景聞之大懼，遣其臣鐘謨、李德明等奉表於世宗，乞爲附庸之國，仍歲貢百萬之數，又進金銀器幣及犒軍牛酒。未幾，又遣其臣孫晟、王崇質等奉表修貢，且言：『景願割濠、壽、泗、楚、光、海等六州之地，隸於大朝，乞罷攻討。』世宗未之許。時李德明等見周師爭攻壽春，慮不能保，乃奏云：『寬臣等五日之誅，容臣等自往江南，取本國表章，舉江北諸州，盡獻於大朝。』世宗許其行。久之，德明等不至，乃權議回鑾，惟留偏師數千圍守壽春而已。

四年春，世宗再駕南征。三月，大敗江南援軍於紫金山，尋下壽州，乃命班師。是歲冬十月，世宗復臨淮甸，連下濠、泗二郡，進攻楚州。明年春正月，拔之，遂移幸揚州，駐大軍於迎鑾，將議濟江。景聞之，自謂亡在朝夕，乃欲謀傳位其世子，使稱籓於周。遣其臣陳覺奉表陳情，且順世宗之旨焉。覺至，世宗召對於御幄。是時江北諸州，唯廬、舒、蘄、黄四郡未下，世宗因謂覺曰：『江南國主若能以江北之地盡歸於我，則朕亦不至窮兵黷武。』覺聞命忻然，即遣人過江取景表，以廬、舒、蘄、黄等四州來上，乞畫江爲界，仍歲貢地徵數十萬。世宗許之，乃還京。自是景始行大朝正朔，上章稱唐國主臣景，累遣使修貢，亦不失外臣之禮焉。

皇朝建隆二年夏，景以疾卒於金陵，時年四十六。以其子煜襲僞位，其後事具皇家日曆。

《新五代史》卷六二《南唐世家·李昪》 李昪，字正倫，徐州人也。世本微賤，父榮，遇唐末之亂，不知其所終。昪少孤，流寓濠、泗間，楊行密攻濠州，得之，奇其狀貌，養以爲子。而楊氏諸子不能容，行密以乞徐温，乃冒姓徐氏，名知誥。及壯，身長七尺，廣顙隆準。爲人温厚有謀。爲吳樓船軍使，以舟兵屯金陵。柴再用攻宣州，用其兵殺李遇，昪以功拜升州刺史。時江淮初定，州、縣吏多武夫，務賦斂爲戰守，昪獨好學，接禮儒者，能自勵爲勤儉，以寬仁爲政，民稍譽之。徐温鎮潤州，以升、池等六州爲屬，温聞昪理升州有善政，往視之，見其府庫充實，城壁修整，乃徙治之，而遷昪潤州刺史。昪初不欲往，屢求宣州，温不與。既而徐知訓爲朱瑾所殺，温居金陵，未及聞。昪居潤州，近廣陵，得先聞，即日以州兵渡江定亂，遂得政。

昪事徐温甚孝謹，温嘗罵其諸子不如昪，諸子頗不能容，而知訓尤甚，嘗召昪飲酒，伏劍士欲害之，行酒吏刁彦能覺之，酒至昪，以手爪掐之，昪悟起走，乃免。後昪自潤州入覲，知訓與飲於山光寺，又欲害之，徐知諫以其謀告昪，昪起遁去。知訓以劍授刁彦能，使追殺之，及於中途而還，紿以不及，由是得免。後昪貴，以彦能爲撫州節度使。知訓之用事也，嘗淩弱楊氏而驕侮諸將，遂以見殺。及昪秉政，欲收人心，乃寬刑法、推恩信，起延賓亭以待四方之士，引宋齊丘、駱知祥、王令謀等爲謀客，士有羈旅於吳者，皆齒用之。嘗陰使人察視民間有婚喪匱乏者，往往賙給之。盛暑未嘗張蓋、操扇，左右進蓋，必卻之，曰：『士衆尚多暴露，我何用此？』以故温雖遥秉大政，而吳人頗已歸昪。

武義元年，拜左僕射，參知政事。温行軍司馬徐玠數勸温以己子代昪，温遣子知詢入廣陵，謀代昪秉政。會温病卒，知詢奔還金陵，玠反爲昪謀，誣知詢以罪，斬其客將周廷望，以知詢爲右統軍。楊溥僭號，拜昪太尉、中書令。大和三年，出鎮金陵，如温之制，留其子景通爲司徒同平章事，以王令謀、宋齊丘爲左、右僕射同平章事。四年，封昪東海郡王。

昪照鑑見白須，顧其吏周宗歎曰：『功業已就，而吾老矣，奈何？』宗知其意，馳詣廣陵見宋齊丘，謀禪代。齊丘以爲未可，請斬宗以謝吳人，昪黜宗爲池州刺史。

吳臨江王濛者，怨徐氏舍己而立溥，心嘗不平，及昪將謀篡國，先廢濛爲歷陽公，使吏以兵守之。濛殺守者，奔廬州節度使周本。本，吳舊將也，聞濛至，欲納之，爲其子祚所止。本曰：『此吾故主家郎君也，何忍拒之！』濛自出迎，祚閉門遮本不得出，縛濛送金陵，見殺。

五年，昪封齊王。已而閩、越諸國皆遣使勸進，昪謂人望已歸。天祚三年，建齊國，置宗廟社稷，以宋齊丘、徐玠爲左、右丞相。十月，溥遣攝太尉楊璘傳位於昪，國號齊，改元升元。昪以册尊溥曰：『受禪老臣知誥，謹上册皇帝爲高尚思玄弘古讓皇帝。』追尊徐温爲忠武皇帝，封子景爲吳王，封徐氏子知證江王，知諤饒王。周本與諸將至金陵勸進，歸而歎曰：『吾不誅篡國者以報楊氏，今老矣，豈能事二姓乎！』憤惋而死。

二年四月，遷楊溥於潤州丹陽宫。以王輿爲浙西節度使、馬思讓爲丹陽宫使，以嚴兵守之。

徐氏諸子請昪復姓，昪謙抑不敢忘徐氏恩，下其議百官，百官皆請，然後復姓李氏，改名曰昪。自言唐憲宗子建王恪生超，超生志，爲徐州判司；志生榮。乃自以爲建王四世孫，改國號曰唐。立唐高祖、太宗廟，追尊四代祖恪爲孝靜皇帝，廟號定宗；曾祖超爲孝平皇帝，廟號成宗；祖志孝安皇帝，廟號惠宗；考榮孝德皇帝，廟號慶宗。奉徐温爲義父，徐氏子孫皆封王、公，女封郡、縣主。以門下侍郎張居詠、中書侍郎李建勳、右僕射張延翰同平章事。十一月，以步騎八萬講武於銅橋。

楊溥卒於丹陽宫。溥子璉爲吳太子時，昪以女妻之，及昪篡國，封其女永興公主。女聞人呼公主，則嗚咽流涕而辭，宫中皆憐之。溥卒，以璉爲康化軍節度使，已而以疾卒。三年四月，昪郊祀昊天上帝於圓丘，禮畢，羣臣請上尊號。昪曰：『尊號，非古也。』不許。州、縣言民孝悌五代同居者七家，皆表門閭，復其徭役；其尤盛者江州陳氏，宗族七百口，每食設廣席，長幼以次坐而共食，有畜犬百餘，共一牢食，一犬不至，諸犬爲之不食。

四年六月，晉安州節度使李金全叛，送款於昪，昪遣鄂州屯營使李承裕迎之。承裕與晉將馬全節、安審暉戰安陸南，三戰皆敗，承裕與裨將段處恭皆死，都監杜光鄴及其兵五百人被執，送於京師，高祖厚賜之，遣還。昪致書高祖，復送光鄴等，請以敗軍行法，高祖又遣之，昪以甲士臨淮拒之，乃止。

六年，吴越國火，焚其宮室、府庫，甲兵皆盡，羣臣請乘其弊攻之，昪不許，遣使吊問，厚賙其乏。錢氏自吴時素爲敵國，昪見天下亂久，常厭用兵，及將篡國，先與錢氏約和，歸其所執將士，錢氏亦歸吴敗將，遂通好不絶。

昪客馮延巳好論兵大言，嘗誚昪曰：『田舍翁安能成大事！』而昪志在守吴舊地而已，無復經營之略也，然吴人亦賴以休息。

七年，昪卒，年五十六，謚曰光文肅武孝高皇帝，廟號烈祖，陵曰永陵。子景立。

又《李景》 景，初名景通，昪長子也。既立，又改名璟。徐温死，昪專政，以爲兵部尚書、參知政事。明年，昪鎮金陵，留景爲司徒、同平章事，與宋齊丘、王令謀居廣陵，輔楊溥。昪將篡國，召景歸金陵爲副都統。昪立，封齊王。昪卒，嗣位，改元保大。尊母宋氏爲皇太后，妃鍾氏爲皇后。封弟壽王景遂爲燕王，宣城王景達鄂王，景逿前未王，爲保寧王。秋，改封景遂齊王、諸道兵馬元帥、太尉、中書令，景達爲燕王、副元帥，盟於昪柩前，約兄弟世世繼立。封其子冀南昌王、江都尹。

冬十月，破虔州妖賊張遇賢。遇賢，循州羅縣小吏也。初，有神降羅縣民家，與人言禍福輒中。遇賢禱之，神曰：『遇賢是羅漢，可留事我。』是時，南海劉龑死，子玢初立，嶺南盜賊起，羣盜千餘人，未有所統，問神當爲主者，神言遇賢，遂共推爲帥。遇賢自號中天八國王，改元永樂，置官屬，羣賊盜皆絳衣，攻剽嶺外，問神所向，神曰：『當過嶺取虔州。』遂襲南康，節度賈浩不能禦。遇賢據白雲洞，造宮室，有衆十餘萬，連陷諸縣。景遣洪州營屯虞候嚴思、通事舍人邊鎬率兵攻之。遇賢問神，神不復語，羣盜皆懼，遂執遇賢以降。

景以馮延巳、常夢錫爲翰林學士，馮延魯爲中書舍人，陳覺爲樞密使，魏岑、查文徽爲副使。夢錫直宣政殿，專掌密命，而延巳等皆以邪佞用事，吴人謂之『五鬼』。夢錫屢言五人者不可用，景不納。十二月，景下令中外庶政委齊王景遂參決，惟陳覺、查文徽得奏事，羣臣非召見者不得入。給事中蕭儼上疏切諫，不報。侍衛軍都虞候賈崇詣閤求見景，曰：『臣事先朝三十年，見先帝所以成功業者，皆用衆賢之謀，故延接疏遠，未嘗壅隔，然下情猶有不達者。今陛下新卽位，所信用者何人？奈何頓與臣下隔絶！臣老卽死，恐無復一見顔色。』因泣下嗚咽，景爲之動容，引與坐，賜食而慰之，遂寢所下令。

初，宋齊丘爲昪謀篡楊氏最有力，及事成，乃陽入九華山，昪屢招之，乃出。昪僭號，未幾，齊丘以病罷相，出爲洪州節度使。景立，復召爲相，而陳覺、魏岑等皆爲齊丘所引用。而岑與覺有隙，譖覺於景，左遷少府監。齊丘亦罷相爲浙西節度使。齊丘不得意，願復歸九華山，賜號九華先生，封青陽公，食青陽一縣。

二年二月，閩人連重遇、朱文進弑其君王延羲，文進自立。是時，延羲弟延政亦自立於建州，國號殷。王氏兄弟連兵累年，閩大亂，景因其亂遣查文徽及待詔臧循發兵攻建州。延政聞唐且攻之，遣人紿福州曰：『唐兵助我討賊矣。』福州信之，共殺文進等以降，延政遣其從子繼昌守福州。文徽軍屯建陽，福州將李仁達殺王繼昌自稱留後，泉州將留從效亦殺其刺史黄紹頗，皆送款於文徽。

四年八月，文徽乘勝克建、汀、泉、漳四州，景分延平、劍浦、富沙三縣，置劍州，遷王延政之族於金陵。以延政爲饒州節度使、李仁達爲福州節度使、留從效爲清源軍節度使。景遂欲罷兵，而查文徽、陳覺等皆言：『仁達等餘孽猶在，不若乘勝盡取之。』陳覺自言可不用尺兵致仁達等。景以覺爲宣諭使，召仁達朝金陵，仁達不從。覺慚，還至建州，矯命發汀、建、信、撫州兵攻仁達。時魏岑安撫漳、泉，聞覺起兵，亦擅發兵會覺。景大怒，馮延巳等爲言：『兵業行，不可止。』乃以王崇文爲招討使、王建封爲副使，益兵以會之，以延魯、魏岑、陳覺皆爲監軍使。仁達送款於吴越，吴越以兵三萬應仁達。覺等爭功，進退不相應，延魯與吴越兵先戰，大敗而走，諸軍皆潰歸。景怒，遣使者鎖覺、延魯至金陵。而馮延巳方爲宰相，宋齊丘復自九華召爲太傅，爲稍解之，乃流覺蘄州、延魯舒州。韓熙載上書切諫，請誅覺等，齊丘惡之，貶熙載和州司馬。是歲，契丹陷京師，中國無主，而景方以覺等疲兵東南，不暇北顧。御史中丞江文蔚劾奏宰相馮延巳、諫議大夫魏岑亂政，與覺等同罪而不見貶黜，言甚切直。景大怒，自答其疏，貶文蔚江州司士參軍，亦罷延巳爲少傅、岑爲太子洗馬。

五年，以景遂爲太弟；景達爲元帥，封齊王；南昌王冀爲副元帥，封燕王。契丹遣使來聘，以兵部尚書賈潭報聘。

六年，漢李守貞反河中，遣其客將朱元來求援，景以潤州節度使李金全爲北面行營招撫使，兵攻沭陽，聞守貞已敗，乃還。是時，漢隱帝少，中國衰弱，淮北羣盜多送款於景，景遣皇甫暉出海、泗諸州招納之。

八年，福州詐言「吳越戍兵亂，殺李仁達而遁」，遣人請建州節度使查文徽，文徽與劍州刺史陳誨下舟閩江趨應之。福州以兵出迎。誨曰：「閩人多詐難信，宜駐江岸徐圖之。」文徽曰：「久則生變，乘其未定，亟取之。」留誨屯江口，進至西門，伏兵發，文徽被擒。誨與越人戰，大敗之，獲其將馬先進。景送先進還越，越亦歸景文徽。是歲，楚王馬希廣爲其弟希萼所弒，希萼自立。

九年秋，楚人囚希萼於衡山，立其弟希崇，附於景，楚國大亂。景遣信州刺史邊鎬攻楚，破潭州，盡遷馬氏之族於金陵。景以希萼爲洪州節度使，希崇舒州節度使，以邊鎬爲湖南節度使。

十年，分洪州高安、清江、萬載、上高四縣，置筠州。以馮延巳、孫忌爲左、右僕射同平章事。廣州劉晟乘楚之亂，取桂管，景遣將軍張巒出兵爭之，不克。楚地新定，其府庫空虛，宰相馮延巳以克楚爲功，不欲取費於國，乃重斂其民以給軍，楚人皆怨而叛，其將劉言攻邊鎬，鎬不能守，遁歸。

十一年，金陵大火逾月。

十二年，大饑，民多疫死。

十三年十一月，周師南征，詔曰：「蠢爾淮甸，敢拒大邦，盜據一方，僭稱僞號。晉、漢之代，寰海未寧，而乃招納叛亡，朋助凶逆。金全之據安陸，守貞之叛河中，大起師徒，來爲應援。迫奪閩、越，塗炭湘、潭，至於應接慕容，憑陵徐部，沭陽之役，曲直可知。勾誘契丹，入爲邊患，結連併壘，實我世仇。罪惡難名，人神共憤。」乃拜李谷爲行營都部署，攻自壽州始。是時，宋齊丘爲洪州節度使，景召齊丘還金陵，以劉彥貞爲神武統軍，劉仁贍爲清淮軍節度使，以距周師。李谷曰：「吾無水戰之具，而使淮兵斷正陽浮橋，則我背腹受敵。」乃焚其芻糧，退屯正陽。是時世宗親征，行至圉鎮，聞谷退軍，曰：「吾軍卻，唐兵必追之。」遣李重進急趨正陽，曰：「唐兵且至，宜急擊之。」劉彥貞等聞谷退軍，果以爲怯，急追之。比及正陽，而重進先至，軍未及食而戰，彥貞等遂敗。彥貞之兵施利刃於拒馬，維以鐵索；又刻木爲獸，號「捷馬牌」；以皮囊布鐵蒺藜於地。周兵見而知其怯，一鼓敗之。世宗營於淝水之陽，徙浮橋於下蔡。景遣林仁肇等爭之不得，而周師取滁州。景懼，遣泗州牙將王知朗至徐州，稱唐皇帝奉書，願效貢賦，陳兄事之禮，世宗不答。景東都副留守馮延魯、光州刺史張紹、舒州刺史周祚、泰州刺史方訥皆棄城走；延魯削髮爲僧，爲周兵所獲。蘄州裨將李福殺其刺史王承雋降周。景益懼，始改名璟以避周廟諱，遣其翰林學士鍾謨、文理院學士李德明奉表稱臣，獻犒軍牛五百頭、酒二千石、金銀羅綺數千，請割壽、濠、泗、楚、光、海六州，以求罷兵。世宗不報，分兵襲下揚、泰。景遣人懷蠟丸書走契丹求救，爲邊將所執。光州刺史張承翰降周。

十四年三月，景又遣司空孫晟、禮部尚書王崇質奉表，辭益卑服，世宗猶不答，前遣鍾謨等併晟、崇質皆留行在。而謨等請歸取景表，盡獻江北地，世宗許之，遣崇質、德明等還，始賜景書曰：「自有唐失御，天步方艱，六紀於茲，瓜分鼎峙。自爲聲教，各擅蒸黎，交結四夷，憑凌上國。華風不競，否運所鍾，凡百有心，孰不興憤？朕擅一百州之富庶，握三十萬之甲兵，農戰交修，士卒樂用，苟不能恢復內地，申畫邊疆，便議班旋，眞同戲劇。至於削去尊稱，願輸臣節，孫權事魏，蕭詧奉周，古也雖然，今則不取。但存帝號，何爽歲寒？儻堅事大之心，必不迫人於險。」德明等還，盛稱世宗英武，景不悅。宋齊丘、陳覺等皆以割地無益，而德明賣國以圖利。景怒，斬德明。遣元帥齊王景達與陳覺、邊鎬、許文縝率兵趣壽春，景達將朱元等復得舒、蘄、泰三州。夏，大雨，周師在揚、滁、和者皆卻，諸將請要其險隘擊之。宋齊丘曰：「擊之怨深，不如縱之以爲德。」誡諸將閉壁，無得要戰，故周師皆集於壽州。世宗屯於渦口，欲再幸揚州，宰相范質以師老泣諫，乃班師，以李重進攻廬、壽，向訓守揚州。訓請棄揚州，并力以攻壽春，乃封府庫付主者，遣景舊將按巡城中，秋毫不犯而去，淮人大悅，皆負糗糧，以送周師。

十五年，景達遣朱元等屯紫金山，築甬道以餉壽州。二月，世宗復南征，徙下蔡浮橋於渦口，爲鎮淮軍，築二城以夾淮。周師連破紫金諸寨。景達雖爲元帥，兵事皆決於陳覺。覺與朱元素有隙，以元李守貞客，反覆難信，景遣大將楊守忠代元，且召之。元憤怒，叛降於周，諸軍皆潰，許文縝、邊鎬皆被執，景達以舟兵奔還金陵。劉仁贍病且死，其副使孫羽等以壽州降於周。世宗班師。景遣人焚揚州，驅其士庶而去。冬十月，世宗復南征，遂圍濠州，刺史郭廷謂告於周曰：『臣不能守一州以抗王師，然願請命於唐而後降。』世宗爲之緩攻，廷謂遣人請命於景，景許其降，乃降。又取泗州。周師步騎數萬，水陸齊進，軍士作《檀來》之歌，聲聞數十里。十二月，屯於楚州之北門。

交泰元年正月，大赦改元。周師攻楚州，守將張彦卿、鄭昭業城守甚堅，攻四十日不可破。世宗親督兵以洞屋穴城而焚之，城壞，彦卿、昭業戰死，周兵怒甚，殺戮殆盡。周師復取海、泰、揚州。世宗幸迎鑾以臨大江，景知不能支，而恥自屈身去其名號，乃遣陳覺奉表，請傳國與其世子而聽命。

初，周師南征，無水戰之具，已而屢敗景兵，獲水戰卒，乃造戰艦數百艘，使降卒教之水戰，命王環將以下淮。景之水軍多敗，長淮之舟，皆爲周師所得。又造齊雲船數百艘，世宗至楚州北神堰，齊雲舟大，不能過，乃開老鸛河以通之，遂至大江。景初自恃水戰，以周兵非敵，且未能至江。及覺奉使，見舟師列於江次甚盛，以爲自天而下，乃請曰：『臣願還國取景表，盡獻江北諸州，如約。』世宗許之，始賜景書曰『皇帝恭問江南國主』，勞其良苦而已。是時，揚、泰、滁、和、壽、濠、泗、楚、光、海等州，已爲周得，景遂獻廬、舒、蘄、黄，畫江以爲界。五月，景下令去帝號，稱國主，奉周正朔，時顯德五年也。

初，孫晟使於周，留不遣，而世宗問晟江南虛實，不對，世宗怒，殺晟。周已罷兵，景乃贈劉仁贍太師，追封晟魯國公。世宗遣鍾謨、馮延魯歸國。景復遣謨等朝京師，手自書表，稱天地父母之恩不可報，又請降詔書同藩鎮，遣謨面陳願傳位世子。世宗遣謨等還國，優詔以勞安之。景以謨爲禮部侍郎、延魯户部侍郎。

景爲太子時，延魯等皆出入東宮，禮部尚書常夢錫自昇世屢言不可使延魯等近太子，及景立，延魯用事，夢錫每排斥之。景既割地稱臣，有語及朝廷爲大朝者，夢錫大笑曰：『君等嘗欲致君如堯、舜，今日自爲小朝邪？』鍾謨素善李德明，既歸，而聞德明由宋齊丘等見殺，欲報其冤，未能發。陳覺，齊丘黨也，與嚴續素有隙。覺嘗奉使周，還言世宗以江南不即聽命者，嚴續之謀，勸景誅續以謝罪。景疑之，謨因請使於周，驗其事。景已割地稱臣，乃遣謨入朝謝罪，言不即割地者，非續謀，願赦之。世宗大驚，曰：『續能爲謀，是忠其主也，朕豈殺忠臣乎？』謨還，言覺姦詐，景怒，流覺饒州，殺之，宋齊丘坐覺黨與，放還青陽，賜死。以太弟景遂爲洪州節度使，燕王冀爲太子。

景困於用兵，鍾謨請鑄大錢以一當十，文曰『永通泉貨』。謨嘗得罪，而大錢廢。韓熙載又鑄鐵錢，以一當二。

九月，太子冀卒，次子從嘉封吴王，居東宮。鍾謨言從嘉輕肆，請立紀國公從善，景怒，貶謨國子司業，立從嘉爲太子。世宗使人謂景曰：『吾與江南，大義已定，然慮後世不能容汝，可及吾世修城隍、治要害爲子孫計。』景因營緝諸城，謀遷其都於洪州，羣臣皆不欲遷，惟樞密使唐鎬贊之，乃升洪州爲南昌，建南都。建隆二年，留太子從嘉監國，景遷於南都。而洪州迫隘，宫府營廨，皆不能容，羣臣日夕思歸，景悔怒不已。唐鎬慚懼，發疾卒。

六月，景卒，年六十四。從嘉嗣立，以喪歸金陵，遣使入朝，願復景帝號，太祖皇帝許之，乃謚曰明道崇德文宣孝皇帝，廟號元宗，陵曰順陵。

又 《李煜》 煜字重光，初名從嘉，景第六子也。煜爲人仁孝，善屬文，工書畫，而丰額駢齒，一目重瞳子。自太子冀已上，五子皆早亡，煜以次封吴王。建隆二年，景遷南都，立煜爲太子，留監國。景卒，煜嗣立於金陵。母鍾氏，父名泰章。煜尊母曰聖尊后；立妃周氏爲國后；封弟從善韓王，從益鄭王，從謙宜春王，從度昭平郡公，從信文陽郡公。大赦境内。遣中書侍郎馮延魯修貢於朝廷，令諸司四品已下無職事者，日二員待制於内殿。

三年，泉州留從效卒。景之稱臣於周也，從效亦奉表貢獻於京師，世宗以景故，不納。從效聞景遷洪州，懼以爲襲己，遣其子紹基納貢於金陵，而從效病卒，泉人因併送其族於金陵，推立副使張漢思。漢思老不任事，州人陳洪進逐之，自稱留後，煜卽以洪進爲節度使。乾德二年，始用鐵錢，民間多藏匿舊錢，舊錢益少，商賈多以十鐵錢易一銅錢出境，官不可禁，煜因下令以一當十。拜韓熙載中書侍郎、勤政殿學士。封長子仲遇清源公，次子仲儀宣城公。

五年，命兩省侍郎、給事中、中書舍人、集賢勤政殿學士，分夕於光政殿宿直，煜引與談論。煜嘗以熙載盡忠，能直言，欲用爲相，而熙載後房妓妾數十人，多出外舍私侍賓客，煜以此難之，左授熙載右庶子，分司南都。熙載盡斥諸妓，單車上道，煜喜留之，復其位。已而諸妓稍稍復還，煜曰：『吾無如之何矣！』是歲，熙載卒，煜嘆曰：『吾終不得熙載爲相也。』欲以平章事贈之，問前世有此比否，羣臣對曰：『昔劉穆之贈開府儀同三司。』遂贈熙載平章事。熙載，北海將家子也，初與李谷相善。明宗時，熙載南奔吳，谷送至正陽，酒酣臨訣，熙載謂谷曰：『江左用吾爲相，當長驅以定中原。』谷曰：『中國用吾爲相，取江南如探囊中物爾。』及周師之征淮也，命谷爲將，以取淮南，而熙載不能有所爲也。

開寶四年，煜遣其弟韓王從善朝京師，遂留不遣。煜手疏求從善還國，太祖皇帝不許。煜嘗怏怏以國蹙爲憂，日與臣下酣宴，愁思悲歌不已。

五年，煜下令貶損制度。下書稱教，改中書、門下省爲左、右內史府，尚書省爲司會府，御史臺爲司憲府，翰林爲文館，樞密院爲光政院，諸王皆爲國公，以尊朝廷。煜性驕侈，好聲色，又喜浮圖，爲高談，不恤政事。

六年，內史舍人潘佑上書極諫，煜收下獄，佑自縊死。

七年，太祖皇帝遣使詔煜赴闕，煜稱疾不行，王師南征，煜遣徐鉉、周惟簡等奉表朝廷求緩師，不答。八年十二月，王師克金陵。九年，煜俘至京師，太祖赦之，封煜違命侯，拜左千牛衛將軍。其後事具國史。

予世家江南，其故老多能言李氏時事，云太祖皇帝之出師南征也，煜遣其臣徐鉉朝於京師。鉉居江南，以名臣自負，其來也，欲以口舌馳說存其國，其日夜計謀思慮言語應對之際詳矣。及其將見也，大臣亦先入請，言鉉博學有材辯，宜有以待之。太祖笑曰：『第去，非爾所知也。』明日，鉉朝於廷，仰而言曰：『李煜無罪，陛下師出無名。』太祖徐召之升，使畢其說。鉉曰：『煜以小事大，如子事父，未有過失，奈何見伐？』其說累數百言。太祖曰：『爾謂父子者爲兩家可乎？』鉉無以對而退。嗚呼，大哉，何其言之簡也！蓋王者之興，天下必歸於一統。其可來者，來之，不可者，伐之；僭僞假竊，期於掃盪一平而後已。予讀周世宗《征淮南詔》，怪其區區攈摭前事，務較曲直以爲辭，何其小也！然世宗之英武有足喜者，豈爲其辭者之過歟？

《宋史》卷三《太祖紀三》（開寶七年）九月癸亥，命宣徽南院使、義成軍節度使曹彬爲西南路行營馬步軍戰櫂都部署，山南東道節度使潘美爲都監，潁州團練使曹翰爲先鋒都指揮使，將兵十萬出荆南，以伐江南。將行，召曹彬、潘美戒之曰：『城陷之日，慎無殺戮；設若困鬭，則李煜一門，不可加害。』

（開寶九年）九年春正月辛未，御明德門，見李煜於樓下，不用獻俘儀。壬申，大赦，減死罪一等。乙亥，封李煜爲違命侯，子弟臣僚班爵有差。己卯，江南昭武軍節度使留後盧絳焚掠州縣。庚辰，詔郊西京。癸巳，晉王率文武上尊號，不允。

又　卷二五八《曹彬傳》　曹彬，字國華，眞定靈壽人。【略】（乾德）七年，將伐江南。九月，彬奉詔與李漢瓊、田欽祚先赴荆南發戰艦，潘美帥步兵繼進。十月，詔以彬爲升州西南路行營馬步軍戰櫂都部署，分兵由荆南順流而東，破峽口砦，進克池州，連克當塗、蕪湖二縣，駐軍采石磯。十一月，作浮梁，跨大江以濟師。十二月，大破其軍於白鷺洲。

八年正月，又破其軍於新林港。二月，師進次秦淮，江南水陸十餘萬陳於城下，大敗之，俘斬數萬計。及浮梁成，吳人出兵來禦，破之於白鷺洲。自三月至八月，連破之，進克潤州。金陵受圍，至是凡三時，居人樵採路絶，頻經敗衄，李煜危甚，遣其臣徐鉉奉表詣闕，乞緩師，上不之省。先是，大軍列三砦，美居守北偏，圖其形勢來上。太祖指北砦謂使者曰：『吳人必夜出兵來寇，爾亟去，令曹彬速成深溝以自固，無墮其計中。」既成，吴兵果夜來襲，美率所部依新溝拒之，吴人大敗。奏至，上笑曰：「果如此。」

長圍中，彬每緩師，冀煜歸服。十一月，彬又使人諭之曰：「事勢如此，所惜者一城生聚，若能歸命，策之上也。」城垂克，彬忽稱疾不視事，諸將皆來問疾。彬曰：「余之疾非藥石所能愈，惟須諸公誠心自誓，以克城之日，不妄殺一人，則自愈矣。」諸將許諾，共焚香爲誓。明日，稍愈。又明日，城陷。煜與其臣百餘人詣軍門請罪，彬慰安之，待以賓禮，請煜入宫治裝，彬以數騎待宫門外。左右密謂彬曰：「煜入或不測，奈何？」彬笑曰：「煜素心耎無斷，既已降，必不能自引決。」煜之君臣，卒賴保全。自出師至凱旋，士衆畏服，無輕肆者。及入見，刺稱「奉敕江南幹事回」，其謙恭不伐如此。

初，彬之總師也，太祖謂曰：「俟克李煜，當以卿爲使相。」副帥潘美預以爲賀。彬曰：「不然，夫是行也，伏天威，遵廟謨，乃能成事，吾何功哉。況使相極品乎？」美曰：「何謂也？」彬曰：「太原未平爾。」及還，獻俘。上謂曰：「本授卿使相，然劉繼元未下，姑少待之。」既聞此語，美竊視彬微笑。上覺，遽詰所以，美不敢隱，遂以實對。上亦大笑，乃賜彬錢二十萬。彬退曰：「人生何必使相，好官亦不過多得錢爾。」未幾，拜樞密使、檢校太尉、忠武軍節度使。

又　卷二五九《郭守文傳》（宋初）從曹彬等平金陵，護送李煜歸闕下。時煜以拒命頗自歉，不欲生見太祖。守文察知之，因謂煜曰：「國家止務恢復疆土，以致太平，豈復有後至之責耶？」煜心遂安。

又　卷二六三《李穆傳》　開寶五年，以太子中允召。明年，拜左拾遺、知制誥。五代以還，詞令尚華靡，至穆而獨用雅正，悉矯其弊。穆與盧多遜爲同門生，太祖嘗謂多遜：「李穆性仁善，辭學之外無所豫。」對曰：「穆操行端直，臨事不以生死易節，仁而有勇者也。」上曰：「誠如是，吾當用之。」時將有事江南，已部分諸將，而未有發兵之端。乃先召李煜入朝，以穆爲使。穆至諭旨，煜辭以疾，且言：「事大朝以望全濟，今若此，有死而已。」穆曰：「朝與否，國主自處之。然朝廷甲兵精鋭，物力雄富，恐不易當其鋒，宜熟思之，無自貽後悔。」使還，具言狀，上以爲所論要切。江南亦謂其言誠實。

論説

《舊五代史》卷一三四《李昪傳論》　昔唐祚横流，異方割據，行密以高材捷足啓之於前，李昪以履霜堅冰得之於後，以僞易僞，逾六十年。洎有周興薄伐之師，皇上示懷柔之德，而乃走梯航而入貢，奉正朔以來庭，如是則長江之險，又何足以恃哉！審知僻據一隅，僅將數世，始則可方於吴芮，終則竊效於尉佗，與夫穴蜂井蛙，亦何相遠哉！五紀之亡，蓋其幸也。

《新五代史》卷六二《南唐世家第二》　予世家江南，其故老多能言李氏時事，云太祖皇帝之出師南征也，煜遣其臣徐鉉朝於京師。鉉居江南，以名臣自負，其來也，欲以口舌馳説存其國，其日夜計謀思慮言語應對之際詳矣。及其將見也，大臣亦先入請，言鉉博學有材辯，宜有以待之。太祖笑曰：「第去，非爾所知也。」明日，鉉朝於廷，仰而言曰：「李煜無罪，陛下師出無名。」太祖徐召之升，使畢其説。鉉曰：「煜以小事大，如子事父，未有過失，奈何見伐？」其説累數百言。太祖曰：「爾謂父子者爲兩家可乎？」鉉無以對而退。嗚呼，大哉，何其言之簡也！蓋王者之興，天下必歸於一統。其可來者來之，不可者伐之；僭僞假竊，期於掃盪一平而後已。予讀周世宗《征淮南詔》，怪其區區攗摭前事，務較曲直以爲辭，何其小也！然世宗之英武有足喜者，豈爲其辭者之過歟？

宋·馬令《南唐書》卷一《先主》　嗚呼！積厚者流澤遠積，薄者流澤狹，不其然乎？舜之後，千餘年而有陳，陳亡而田氏專政於齊；禹之後千餘年而有杞，杞削而勾踐得志於越，後世之君建大義於一時。而德不若舜禹者，亦隨其澤之遠近而興起焉。故晉以天下喪於狄人，而瑯琊繼之；唐以天下篡於朱梁，而烈祖紹之。然則盗名器，操生殺，制一方之命，抗萬乘之勢者，豈非天歟？烈祖之起，雖無雄才大略，而深沈寬裕，本於天性，幸而適丁中原擾攘之際，故數年之間有足觀者。

又　卷一三《儒者傳傳上第八》　嗚呼！西晉之亡也，左衽比肩，雕題接武，而衣冠典禮，會於南史。五代之亂也，禮樂崩壞，文獻俱亡，而儒衣書服，盛於南唐。豈斯文之未喪，而天將有所寓歟？不然，則聖王之大典，掃地盡矣。南唐累世好儒，而儒者之盛，見於載籍，燦然可觀。如韓熙載之不羈，江文蔚之高才，徐鍇之典贍，高越之華藻，潘佑之清逸，皆能擅價於一時，而徐鉉、湯悅、張洎之徒，又足以爭名於天下。其餘落落，不可勝數。故曰江左三十年間，文物有元和之風，豈虚言乎？

宋・陸游《南唐書》卷一《烈祖紀一》 論曰：昔馬元康、胡恢皆嘗作《南唐書》，自烈祖以下，元康謂之書，恢謂之載記。蘇丞相頌得恢書，而非之曰：『夫所謂紀者，蓋摘其事之綱要繫於歲月，屬於時君。秦莊襄王而上與項羽，皆未嘗有天下，而史遷著於本紀，范曄《漢書》又有皇后紀。以是質之，言紀者不足以別正閏。陳壽《三國志》，吳、蜀不稱紀，是又非可法者也。』蘇丞相之言，天下之公言也。今取之，自烈祖而下皆爲紀，而用史遷法，總謂之南唐紀云。

又 卷二《元宗紀二》 論曰：元宗舉閩、楚之師境內虚耗。及契丹滅晉，中原有隙可乘，而南唐兵力國用，既已弗支，熟視而不能出，世以爲恨。予謂不然。唐有江淮，比同時割據諸國，地大力强，人材衆多，且據長江之險，隱然大邦也。若用得其人，乘閩、楚昏亂，一舉而平之，然後東取吳越，南下五嶺，成南北之勢，中原雖欲睥睨，豈易動哉！不幸諸將失律，貪功輕舉，大事弗成，國勢遂弱，非始謀之失，所以行之者非也。且陳覺、馮延魯輩用師閩、楚，猶喪敗若此，若北鄉而爭天下，與秦、晉、趙、魏之師戰於中原，角一旦勝負，其禍可勝言哉！予故具論其實如此，後之覽者得以考觀焉。

清・吳任臣《十國春秋》卷一五《南唐一・烈祖紀》 論曰：烈祖煢煢一身，不階尺土，托名徐氏，遂霸江南。挾莒人滅鄫之謀，創化家爲國之事，凡其巧於曲成者，皆天也。然息兵以養民，得賢以辟土，蓋實有君德焉。東海鯉魚，兆雖有自，要豈得謂竟非人力也邪？

又 卷一六《南唐二・元宗紀》 論曰：元宗在位幾二十年，史稱其慈仁恭儉，禮賢愛民，裕然有人君之度。然兵氣方張，旋經敗衄，國威損矣。卒之淮南震驚，奉表削號，豈運會有固然與？抑任寄非才，以至此也。治亂顧不係於人哉！

又 卷一七《南唐三・後主紀》 論曰：後主恂恂大雅，美秀多文，鄉使國事無虞，中懷兢業，抑亦守邦之主也。乃運丁百六，晏然自侈，譜曲度僧，略無虚日，遂至京都淪喪，出涕嗟若，斯與長城之『玉樹後庭』賣身佛寺以亡國者，何其前後一轍邪？悲夫！

藝文

元・宋無《啽囈集・李國主》 春花秋月滿雕闌，便到江南亦夢間。近日何嘗事湯沐，只將清淚涕朱顏。

清・謝啓昆《樹經堂詠史詩》卷七《南唐・李昪》 南唐李昪捉得黃龍霸一方，彭奴舊業建非常。七年政事尊儒吏，百萬金戎聚德昌。連理枝開楊化李，須菩提現木生桑。息兵養士身崇儉，蒲履青帷白燭光。

又《李璟》 春恨新詞浣沙，龜頭小殿覓官家。詩人夜宴青溪雪，妃子晨妝碧乳茶。廬阜南來思瀑布，金陵北望覩蓮華。軍前聽唱檀來曲，射帖虚傳一箭加。

又《李煜》 禁裏聽鐘自誦經，錯刀墨妙擅丹青。從來文士爲天子，終作降王入敵庭。采石磯橫聯畫纜，念家山破唱金鈴。鴛鴦寺主風流教，回首江南問鐵銘。

簡寂宫中繪浪僊，廬山道士哂詩顛。鳳臺湫隘門容轍，肉案豪華仗作筵。宰相北行臣節壯，衣冠南拜國人憐。永陵無負一坏土，奉使捐生大義全。

又《劉仁贍》 邊疆搖蕩敵南臨，石作人言楚地侵。把淺監軍兵浪費，清淮節度力能任。告身異日傳他姓，教子當年愧二心。焚誥魂兮應有格，夢中下拜識忠忱。

又《韓熙載》 屢到中原奉使歸，春城秋苑轡如飛。輕紗新格相公帽，歌板風流老衲衣。江左神仙空自許，梅岡文靖漫相依。才名其說韓夫子，塞鼻衣書楮墨稀。

又《徐鉉弟鍇》 清要同居伯仲諧，詞臣近侍二龍偕。當時隸事花箋富，異代藏書錦軸排。京國褐衣寒不御，空中金紫落如簁。免爲俘鹵輸賢弟，故國山河愴舊懷。

又《史虛白》 殘唐興廢釣磯談，磊落千言國事諳。割地舟軍限淮北，覆甌門户失江南。全家風雨渾如醉，戀主心情隱豈躭？雙犢板轅廬阜側，杖藜酒榼老江潭。

清・舒位《瓶水齋詩集》卷三《五代十國讀史絶句三十首・南唐二首》 碧落宫開笑女牛，南朝天子例無愁，不知江上黄花水，肯向銀河一處流？

鴛鴦寺主幾時還，金屑燒槽譜未删。留得數峰青峭在，曲中猶唱《念家山》。

清・史夢蘭《全史宫詞》卷一五《十國・南唐》 李樹呈祥玉作團，外藩朝貢集衣冠。詞臣奉詔圖王會，氈帽貂裘寫二丹。

島鳥金奴影暗摇，殿環聲静怒微消。鷺鷥餅餤天廚進，總頓宫中玉手調。

至尊友愛極天倫，花萼聯吟睿藻新。雪滿樓臺開内宴，君臣同作畫中人。

幾簇新蘭碧箭抽，飲香亭外雨初收。淚溪美土勤培護，恩澤儂霑馨烈侯。

採得名香號月麟，深宫遊戲屬時新。輕羅翦作黎花蕊，爭學鸞兒袖裏春。

小殿龜頭向曉張，鵝黎帳底散芬芳。搜奇更薄江南產，曰深宫宴内香。

霞帔迎風望若神，承槳鎔雪事逡巡。鞠場新拜銀鞾賜，可是先生糞壤銀。

綺窗日煖玉匳開，北苑糚成對鏡臺。綰得雲鬟堪照𤗇，曾經宫髻石邊來。

山色無緣落御觴，豫章北望恨茫茫。朝來進洒停龍腦，宣索蓮基與蔗漿。

立刀毬門引鞚低，天桃開徧後園西。芳菲痛採嬪妃笑，爭認宜春綠耳梯。

駕入琳宫梵唄譁，翟衣龍衮換袈裟。喬姬人道偏承寵，金字心經出内家。

雪花滿殿洒微酡，高髻纖裳坐聽歌。新破翻成邀醉舞，當筵忙煞點青螺。

鋪殿何須倩畫工，天開錦洞聚春風。多情最是花前蝶，愛住鳥雲縹緲中。

金屑琵琶已斷絲，梅花空發去年枝。宫中法曲都零落，帷有流珠憶舊時。

寨幔人亡舊寵移，校鵝納采故遲遲。主香夜侍柔儀殿，偷詠金鞵衩襪詞。

爛漫東風鞴扇輕，一池春水縐紋生。綵亭四面紅羅薄，醉倩羣花爲解醒。

素襪淩波月影停，金蓮貼地立娉婷。玉顔持較夷光畫，妒殺琉璃八尺屏。

顧錦鸞綾萬軸屯，芸香滿架閉閒門。保儀入選非關貌，敕掌圖書卽主恩。

牙籤横插皁羅廚，扇鵠燎魚映碧疏。心識君王勤翰墨，花前偷學撮襟書。

寶閣光分照夜珠，舊時煙月記模糊。寶羅扇上銷魂句，到老風情付廢奴。

又《十國補遺・南唐》 帖升元集大觀，澂心堂紙畫紙畫鳥閑。臨池最重紅絲有，歙匠新來擢硯官。

銷金羅幕燦朝霞，綠鈿光生隔眼紗。開到紅梅花落後，清香全囊麝霥花。

春風深夜度倡樓，醉暈淋灕壁上留。倚翠偎紅傳教法，鴛鴦寺主最風流。

燕舞鶯狂日影遲，春愁無力逐游絲。浮梁穩渡黄花水，正是櫻桃落盡時。

雜録

宋・王銍《默記》卷上 徐鉉歸朝，爲左散騎常侍，遷給事中。太宗一日問：『曾見李煜否。』鉉對以：『臣安敢私見之。』上曰：『鄉第往但言朕令卿往見可矣。』鉉遂逕往其居，望門下馬，一老卒守門，徐言：『願見太尉。』卒言：『有旨，不得與人接。』鉉云：『我乃奉旨來見。』老卒往報。徐入，立庭下久之。老卒遂入取舊椅子相對，鉉遙望見，謂卒曰：『但正衙一椅足矣。』頃間，李主紗帽道服而出。鉉方拜，而李主遽下階引其手以上。鉉告辭賓主之禮。主曰：『今日豈有此禮。』徐引椅少偏，乃敢坐。後主乃默不言。忽長吁曰：『當時悔殺了潘佑、李平。』鉉既去，有旨召對，詢後主何言。鉉不敢隱。又七夕在賜第命故妓作樂，聲聞於外，太宗聞之大怒。又傳『小樓昨夜又東風』，及『一江春春水向東流』之句，遂被禍。

宋·陸游《老學庵筆記》卷六 周世宗時，李景奉正朔，上表自稱唐國主，而周稱之曰江南國主。國書之制曰：『皇帝致書恭問江南國主。』又以『君』字易『卿』字。至藝祖，於李煜則遂賜詔如藩方矣。仁宗時，册命趙元昊爲夏國主，蓋用江南故事。然亦賜詔，凡言及『卿』字處，卽闕之，亦或以『國主』代『卿』字。當時必有定制，然不盡見於國史也。

宋·魏泰《東軒筆録》卷一 太祖、太宗下諸國，其僞命臣僚忠於所事者，無不面加奬激，以至棄瑕録用，故徐鉉修輩皆承眷禮。至如衛融、張洎應答不遜，猶優假之，故雖疏遠寇仇，無不盡其忠力。太平興國中，吳王李煜薨，太宗詔侍臣撰吳王神道碑。時有與徐鉉爭名而欲中傷之者，面奏曰：『知吳王事迹，莫若徐鉉爲詳。』太宗未悟，遂詔鉉撰碑，鉉遽請對而泣曰：『臣舊侍李煜，陛下容臣存故主之義，乃敢奉詔。』太宗始悟讓者之意，許之。故鉉之爲碑，但推言曆數有盡，天命有歸而已。其警句云：『東鄰遘禍，南箕扇疑。投杼致慈親之惑，乞火無里婦之談。始勞固壘之師，終後塗山之會。』又有偃王仁義之比，太宗覽讀稱歎。異日復得鉉所撰《吳王挽詞》三首，尤加歎賞，每對宰臣，稱鉉之忠義。《吳王挽詞》，今記者二首，曰：『倏忽千齡盡，冥茫萬事空。青松洛陽陌，荒草建康宮。道德遺文在，興衰自古同。受恩無補報，反袂泣途窮。』又曰：『土德承餘烈，江南廣舊恩。一朝人事變，千古信書存。哀挽周原道，銘旌鄭國門。此生雖未死，寂寞已消魂。』李王葬北邙，《江南録》乃鉉與湯悅奉詔撰，故有鄰國信書之句。東鄰謂錢俶也。

《宋史》卷一一九《禮志·賓禮》 太祖建隆元年八月三日，宴近臣於廣政殿，江南、吳越朝貢使皆預。乾德三年五月十六日，宴近臣及孟昶於大明殿。開寶四年五月七日，宴近臣及劉鋹於崇德殿。十一月五日，江南李煜、吳越錢俶各遣子弟來朝，宴於崇德殿。八年三月晦，宴契丹使於長春殿。

太平興國二年二月十一日，宴兩浙進奉使、契丹國信使及李煜、劉鋹、禁軍都指揮使以上於崇德殿，不舉樂，酒七行而罷。契丹遣使賀登極也。五月十一日，再宴契丹使於崇德殿，酒九行而罷，以其貢助山陵也。三年正月十六日，宴劉鋹、李煜、契丹使、諸國蕃客於崇德殿，以契丹使來賀正故也。三月二十五日，吳越錢俶來朝，宴於長春殿，親王、宰相、節度使、劉鋹、李煜皆預。十月十六日，宴宰相、親王以下及契丹使、高麗使、諸州進奉使於崇德殿，以干明節罷大宴故也。是後，宴外國使爲常。

清·王弈清《歷代詞話》卷三《徐鉉見李煜》 徐鉉歸朝，爲左散騎常侍，遷給事中。太宗一日問：『曾見李煜否。』鉉對：『臣安敢私見之。』帝曰：『但言朕令卿往見可矣。』鉉遂逕往其居，望門下馬，一老卒守門，徐言：『願見太尉。』卒言：『有旨，不得與人接。』徐云：『奉旨來。』老卒往報。徐入，立庭下久之。老卒遂取舊椅子相對，鉉遙見，謂卒曰：『但正衙一椅足矣。』頃間，李主紗帽道服而出。鉉方拜，遽下階引其手以上。鉉辭賓主之禮。李主曰：『今日豈有此禮。』徐引椅少偏，乃敢坐。後主乃默不言。忽長吁曰：『當時悔殺了潘佑、李平。』鉉既去，有旨召對，詢後主何言。鉉不敢隱。又七夕在賜第命故妓作樂，聲聞於外，太宗聞之大怒。又傳『小樓昨夜又東風』，及『一江春水向東流』之句，遂被禍云。

又《後主歸宋後及臨行時作詞》 南唐主歸宋後作長短句云：『簾外雨潺潺。春意闌珊。羅衾不耐五更寒。夢裏不知身是客，一晌貪歡。獨自暮憑闌。無限江山。別時容易見時難。流水落花春去也，天上人間。』含思淒惋，未幾下世。其歸國臨行有詞云：『四十年來家國，三千里地山河。鳳閣龍樓連霄漢，玉樹瓊枝作煙蘿。幾曾識干戈。一旦歸爲臣虜，沈腰潘鬢銷磨。最是蒼皇辭廟日，教坊猶奏別離歌。揮淚對宮娥。』

東坡謂：『後主既爲樊若水所賣，舉國與人，故當痛哭於九廟之前，謝其民而後行。顧乃揮淚對宮娥聽教坊離曲哉。』

又 卷四《後主作詞未就而城破》 南唐後主在圍城中作臨江仙詞，未就而城破。嘗見其殘稿點染晦昧，心方危窘，不在書耳。藝祖曰：『李煜若以作詞工夫治國家，豈爲吾所俘也。』

又《後主於圍城中春間作詞》 按太祖實録及三朝正史云，開寶七年十月，詔曹彬、潘美等帥師伐江南。八年十一月，拔升州。今後主詞『櫻桃落盡』云云，乃詠春景，非十一月破城時作。然王師圍陵凡一年，後主於圍城中春間作此詞，亦未可知。方是時，其心豈不危急。

清・彭定求等《全唐詩》卷八七二《南唐伶人獻先主詞》 李先主以國用不足，稅民間鵝卵出雙子者，柳花爲絮者。伶人獻詞云云。

惟願普天多瑞慶，柳條結絮鵝雙生。

又《南唐江州風墜詩》 南唐胡則守江州，宋師攻之，堅壁不下。忽有旋風吹片紙墜城中云云。後城陷，果屠戮殆盡。

由來秉節世無雙，獨守孤城死不降。何似知機早回首，免教流血滿長江。

又《南唐升元殿基下石記》 莫問江南事，江南事可憑。抱鷄升寶位，跨犬出金陵。子建司南位，安仁秉夜燈。東鄰嬌小女，騎虎渡河冰。其後李煜降於宋，好事者云：煜以丁酉年生，辛酉年襲位，即鷄也。開寶八年甲戌，江南國滅，是跨犬也。時曹彬爲大將，列柵城南。潘美爲副將，城陷，恐有伏兵，命卒縱火。子建，彬也。安仁，美也。東鄰謂錢俶，俶以戊寅年入朝，盡獻浙西土地人民，故末二句云云。末二句一作東鄰家道闕，隨虎遇明興。識者云：家道闕，謂無錢。

吳越分部

綜　述

《舊唐書》卷一九下《僖宗紀》（光啓元年三月）己巳，【略】宗權將秦賢攻汴、鄭不已，以汴州刺史朱全忠爲沛郡王，充蔡州西北面行營都統。杭州刺史董昌大敗劉漢宏之衆，進攻越、婺、台、明等州，下之。遂以昌爲杭州刺史、鎮東軍節度、浙江東道觀察等使，以杭州大將錢鏐爲杭州刺史。

又 卷二〇上《昭宗紀上》（龍紀元年）六月辛酉朔，【略】杭州刺史錢鏐攻宣州，下之，擒劉浩，剖心以祭周寶。

（景福元年）九月丙寅朔，以武勝軍防禦使錢鏐爲鎮海軍節度、浙江西道觀察處置等使，仍移鎮海軍額於杭州。

（乾寧二年）三月，【略】浙東節度使董昌僭號稱羅平國，年稱大聖，用婺州刺史蔣環爲宰相，仍僞署官員。鎮海軍節度使錢鏐請以本軍進討，從之。

（三年）四月壬午朔，【略】鎮海軍節度使錢鏐攻越州，下之，斬董昌，平浙東。制加錢鏐檢校太尉、中書令。

八月己酉朔。甲寅，新除鎮東軍節度使錢鏐權領浙江東道軍州事。

（四年）九月癸酉朔，【略】制以鎮海軍節度使錢鏐爲鎮海軍范度、[二] 浙江東西道觀察處置等使、杭州越州刺史、上柱國、吳王。

又 卷二〇下《哀帝紀下》（天祐三年）十月乙未，兩浙錢鏐請於本鎮立三代私廟，從之。

十二月己卯朔，淮南僞署宣歙觀察使、檢校司徒王茂章可金紫光禄大夫、檢校太保，從錢鏐奏也。茂章背楊渥，以宣州降錢鏐故也。

《新唐書》卷九《僖宗紀》（光啓三年十月）杭州刺史錢鏐陷常州。丁卯，鏐殺周寶。

（文德元年正月）丙寅，【略】錢鏐陷潤州。

又 卷一〇《昭宗紀》 龍紀元年三月，丙申，錢鏐陷蘇州，逐刺史徐約。十月，【略】錢鏐陷潤州。

（大順元年）八月，錢鏐殺蘇州刺史杜孺休。

（二年正月庚申）錢鏐陷蘇州。

（景福元年）二月，錢鏐陷蘇州。

（乾寧二年）六月庚寅，鎮海軍節度使錢鏐爲浙江東道招討使。

（四年）九月，錢鏐陷湖州，忠國軍節度使李繼徽奔于淮南。

（十一月）丙子，錢鏐陷台州。

（光化元年九月）甲申，錢鏐陷蘇州。

（三年九月）朱全忠陷洺州錢鏐陷婺州，刺史王壇奔于宣州。衢州刺史陳岌叛附於錢鏐。

又　《哀帝紀》（天祐）三年正月壬戌，淮南將王茂章以宣、歙二州叛附于錢鏐。

六月，錢鏐陷衢、睦二州，刺史陳璋、陳詢奔于淮南。

四年【略】四月戊午，錢鏐陷温州。

《舊五代史》卷三《梁書·太祖紀三》（開平元年，五月）進封河南尹兼河陽節度使張全義爲魏王，兩浙節度使錢鏐進封吴越王。

又　卷五《梁書·太祖紀五》（開平四年，四月）丙戌，【略】鎮海軍節度使錢鏐擊高澧於湖州，大敗之，梟夷擒殺萬人，拔其郡，湖州平。先是，澧以州叛入淮南，故詔鏐討之也。

又　卷八《梁書·末帝紀上》（貞明二年秋七月）壬戌，以淮南鎮海鎮東等軍節度使、充淮南宣潤等道四面行營都統、開府儀同三司、尚父、守尚書令、吴越王錢鏐爲諸道兵馬元帥，餘如故。

又　卷九《梁書·末帝紀中》（貞明三年冬十月）【略】己亥，以啓聖匡運同德功臣、諸道兵馬元帥、淮南鎮海鎮東等軍節度使、充淮南宣潤等四面行營都統、開府儀同三司、尚書令、吴越王錢鏐爲天下兵馬元帥。

又　卷三三《唐書·莊宗紀七》（同光三年十一月）癸丑，以吴越國馬步統軍使、檢校太傅錢球爲檢校太尉、守侍中，充静海軍節度使。

又　卷三七《唐書·明宗紀三》（天成元年十一月）壬午，静海軍節度、安南管内觀察等使、檢校太尉、兼侍中錢元球加開府階，進食邑。

又　卷三九《唐書·明宗紀五》（天成三年八月）閏月丁未，兩浙節度觀察留後、清海軍節度使、檢校太師、兼中書令錢元瓘可杭州、越州大都督府長史，充鎮東、鎮海等軍節度使。

又　卷四〇《唐書·明宗紀六》（天成四年八月）辛酉，詔：「準往例，節度使帶平章事、侍中、中書令，併列銜於敕牒，側書『使』字。今錢鏐是元帥、尚父，與使相名殊，馬殷守太師、尚書令，是南省官資，不合署敕尾，今後敕牒内併落下。」

（九月）癸巳，制天下兵馬元帥、尚父、吴越國王錢鏐可落元帥、尚父、吴越國王，授太師致仕，責無禮也。先是，上將軍烏昭遇使於兩浙，以朝廷事私於吴人，仍目鏐爲殿下，自稱臣，謁鏐行拜蹈之禮。及回，使副劉玫具述其事，故停削鏐官爵，令致仕。烏昭遇下御史台，尋賜自盡。後有自浙中使還者，言昭遇無臣鏐之事，爲玫所誣，人頗以爲寃。

又　卷四二《唐書·明宗紀八》（長興二年三月）乙酉，太師致仕錢鏐復授天下兵馬都元帥、尚父、吴越國王，以其子兩浙節度使元瓘等上表首罪，故有是命。

夏四月辛卯，制德妃王氏進位淑妃。詔錢鏐依舊賜不名。

又　卷四三《唐書·明宗紀九》（長興三年）秋七月辛巳朔，以天下兵馬元帥、尚父、吴越國王錢鏐薨，廢朝三日。

己丑，兩浙節度使錢元瓘起復，加守尚書令。

乙未，福建節度使王延鈞進絹表云：「吴越王錢鏐薨，乞封臣爲吴越王。」

又　卷四四《唐書·明宗紀十》（長興四年秋七月）丁亥，兩浙節度使、檢校太傅、守中書令錢元瓘封吴王。

（九月）庚子，清海軍節度使錢元璹加檢校太傅、同平章事；中吴、建武等軍節度使錢元璙加檢校太師，兼中書令。

又　卷四五《唐書·閔帝紀》（應順元年春正月）甲午，兩浙節度使、檢校太師、守中書令、吴王錢元瓘進封吴越王。

又　卷四七《唐書·末帝紀中》（清泰二年三月）癸卯，以静海軍節度使、檢校太師、兼中書令、安南都護錢元球爲留守太保，餘如故。

又　卷七六《晉書·高祖紀二》（天福二年二月）癸巳，詔停北京西北面計度司事。吴越國王錢元瓘加食邑實封，改賜功臣名號。

七月辛亥，兩浙錢元瓘奏：『弟吴越士客馬步諸軍都指揮使、静海軍節度使元球，非時入府，欲謀爲亂，腰下搜得匕首，已誅戮訖。』詔削元球在身官爵。

又　卷七七《晉書·高祖紀三》（天福三年十月）庚子，楊光遠朝覲到闕，對於便殿，錫賚甚厚。於闐國王李聖天册封爲大寶於闐國王。以杭州嘉興縣爲秀州，從錢元瓘之奏也。

十一月甲辰，樞密直學士、祠部員外郎吳涓可金部郎中、知制誥，樞密直學士、庫部員外郎吳承範可祠部郎中、知制誥。乙巳，鄆州范延光來朝。丙午，封閩王昶爲閩國王，加食邑一萬五千户。又以中吳建武等軍節度使、檢校太師、兼中書令、蘇州誠州刺史錢元璙爲太傅，以清海軍節度使、廣州刺史錢元璹爲檢校太尉、兼中書令，仍改名元懿。

又 **卷七八《晉書·高祖紀四》** （天福四年五月）辛亥，置静海軍於温州，從錢元瓘之請也。

丙寅，以鎮海軍衙内統軍、上直馬步軍都監、檢校太傅、睦州刺史陸仁章爲同平章事，遥領遂州武信軍節度使；以鎮海軍興武左右開道都指揮使、明州刺史仰仁銓爲檢校太傅、同平章事，領宣州寧國軍節度使：從錢元瓘之請也。

（八月）己酉，以天下兵馬副元帥、鎮海鎮東等軍節度使、檢校大師、行中書令、吳越王錢元瓘爲天下兵馬元帥。

又 **卷七九《晉書·高祖紀五》** （天福五年）冬十月丁酉，制：天下兵馬元帥、鎮海鎮東浙江東西等道節度使、中書令、吳越王錢元瓘加守中書令，充天下兵馬都元帥。

（十一月甲申）以兩浙西南面安撫使錢元懿爲檢校太尉、兼中書令，遥領廣州清海軍節度使。

又 **卷八〇《晉書·高祖紀六》** （天福六年九月）壬申，忠武建武等軍節度使、守太傅、兼中書令、行蘇州睦州刺史錢元璙進封彭城郡王，遥領廣州清海軍節度使、判婺州軍州事錢元懿爲檢校太師。

（十一月）甲寅，遣太子賓客聶延祚、吏部郎中盧撰持節册天下兵馬元帥、守尚書令、吳越國王錢元瓘。

（十二月）乙巳，天下兵馬都元帥、守尚書令、吳越國王錢元瓘薨，廢朝三日，謚曰文穆。是日，帝習射於後苑，諸軍都指揮使已上悉預焉，賜物有差。丁未，南面行營都部署高行周奏，今月十三日，部領大軍至襄州城下，相次降賊軍二千人。其降兵馬軍詔以『彰聖』爲號，步軍以『歸順』爲號。庚戌，以權知吳越國事錢弘佐爲起復鎮軍大將軍、檢校太師、兼中書令、杭州越州大都督、鎮海鎮東等軍節度使，封吳越國王。王子，杜重威部領大年至鎖州城下

又 **卷八一《晉書·少帝紀一》** （天福六年）九月丁丑朔，百官素服臨於天清殿。己卯，分命朝臣詣寺觀禱雨。辛巳，兩浙節度使吳越國王錢弘佐、福建節度使王延羲，併加食邑，仍改賜功臣名號。

十二月辛未，故中吳建武等軍節度使、彭城郡王錢元璙追封廣陵郡王。

又 **卷八二《晉書·少帝紀二》** （天福八年十一月）丙申，所司奏議，故天下兵馬都元帥、吳越國王錢元瓘謚曰莊穆，詔改爲文穆。

又 **卷八三《晉書·少帝紀三》** （開運元年）冬十月壬寅，兩浙節度使、吳越國王錢宏佐加守太尉。

又 **卷八四《晉書·少帝紀四》** （開運二年冬十月）庚午，遣使太子賓客羅周岳、使副太子右庶子王延濟册兩浙節度使錢弘佐爲守太尉。

（十一月）戊申，兩浙奏，順化軍節度使錢鐸卒。

十二月乙丑，以兩浙節度使、吳越國王錢弘佐兼東南面兵馬都元帥。

（開運三年七月）丙申，兩浙節度使、吳越國王錢弘佐加守太師，

又 **卷八五《晉書·少帝紀五》** （開運三年十一月）甲午，兩浙節度使吳越國王錢弘佐起復舊任。

又 **卷一〇〇《漢書·高祖紀下》** （天福十二年八月）丙申，詔天下凡關賊盗，不計臓物多少，案驗不虚，併處死。以兩浙節度使、守太師、兼中書令、吳越國王錢弘佐薨廢朝三日。

又 **卷一〇一《漢書·隱帝紀上》** （乾祐元年夏四月）戊子，東南面兵馬都元帥、兩浙節度使、檢校太師、兼中書令、吳越國王錢弘倧加諸道兵馬都元帥，天策上將軍、湖南節度使、檢校太師、兼中書令、楚王馬希廣加守中書令。

（八月）乙未，兩浙節度使、檢校太尉、兼侍中、吳越國王錢弘俶加檢校太師、兼中書令、東南面兵馬都元帥。弘俶，故吳越王元瓘之子也。先是，其兄弘倧襲父位，尋爲部下所廢，以弘俶代之，故特加是命焉。

（冬十月）丁亥，中書舍人張誼責授房州司户，兵部郎中馬承翰責授慶州司户，併員外置，所在馳驛發遣。先是，誼與承翰俱銜命於兩浙，睹其驕僭之失，形於譏誚，兼乘醉有輕肆之言，錢弘俶恥之，摭其過以奏

之，朝廷以方務懷柔，故有是命。

又　卷一〇二《漢書・隱帝紀中》（乾祐二年冬十月）壬午，兩浙錢宏俶加守尚書令，湖南馬希廣加守太尉。

又　卷一〇三《漢書・隱帝紀下》（乾祐三年冬十月）丁未，兩浙錢弘俶加諸道兵馬元帥。

又　卷一一一《周書・太祖紀二》（廣順元年九月）丙子，諸道兵馬都元帥、兩浙節度使、檢校太師、尚書令、中書令、吳越國王錢俶可天下兵馬都元帥。

又　卷一一四《周書・世宗紀一》（顯德元年七月）丁丑，天下兵馬元帥、吳越國王錢俶加天下兵馬都元帥；

（八月）癸丑，以吳越國内外都指揮使吳延福爲寧國軍節度使、檢校太尉，從錢俶之請也。

又　卷一一六《周書・世宗紀三》（顯德三年）夏四月甲子，以徐州節度使武行德爲濠州城下行營都部署，以前鄧州節度使候章爲壽州城下水砦都部署。己巳，車駕發壽春，循淮而東。辛未，揚州奏，江南大破兩浙軍於常州。初，兩浙錢俶承詔遣部將率兵攻常州，爲江南大將陸孟俊所敗，將佐陷没者甚衆，李景亦以表聞。

又　卷一三三《世襲傳・錢鏐》　錢鏐，杭州臨安縣人。少拳勇，喜任俠，以解讎報怨爲事。唐乾符中，事於潛鎮將董昌爲部校。屬天下喪亂，黄巢寇嶺表，江、淮之盜賊羣聚，大者攻州郡，小者剽閭里。董昌聚衆，恣橫於杭、越之間。杭州八縣，每縣召募千人爲一都，時謂之『杭州八都』，以遏黄巢之衝要。時有劉漢宏者，聚徒據越州，自稱節度使，攻收鄰郡。潤州牙將薛朗逐其節度使周寶，自稱留後。唐僖宗在蜀，詔董昌討伐，昌以軍政委鏐，率八都之士進攻越州，誅漢宏，回戈攻潤州，擒薛朗。江、浙平，董昌爲浙東節度使，趙州刺史，表鏐代己爲杭州刺史。

唐景福中，朝廷以李鋋爲浙江西道鎮海軍節度使。時孫儒、楊行密交亂，淮海烟塵數千里，鏐常率師以爲防捍。孫儒據宣州，不敢侵江、浙，由是鏐勳名日著。久之，李鋋終不至治所，朝廷以鏐爲鎮海軍節度，仍移潤州軍額於杭州爲治所，又立威勝軍於越州，董昌爲節度使。昌漸驕貴，自言身應符讖，又爲祆人王白藝所誑，僭稱尊號，乃於越州自稱羅平國王，年號大聖，僞命鏐爲兩浙都將。鏐不受命，以狀聞。唐昭宗命鏐討昌。乾寧四年，鏐率浙西將士破越州，擒昌以獻，朝廷嘉其功，賜鏐鐵券，又除宰臣王溥爲威勝軍節度使。而兩浙士庶拜章，請以鏐兼杭、越二鎮，朝廷不能制，因而授之，改威勝軍爲鎮東，鏐乃兼鎮海、鎮東兩藩節制。鏐既兼兩鎮，精兵三萬。而楊行密連歲興戎，攻蘇、湖、潤等州，欲兼併兩浙，累爲鏐所敗，亦爲行密侵盜數州，而鏐所部止一十三州而已。天復中，鏐大將許再思、徐綰叛，引宣州節度使田頵謀襲杭州。田頵等率師掩至城下，鏐激厲軍士，一戰敗之，生擒徐綰，田頵遁走。

鏐於臨安故里興造第舍，窮極壯麗，歲時游於里中，車徒雄盛，萬夫羅列。其父寬每聞鏐至，走竄避之，鏐即徒步訪寬，請言其故。寬曰：『吾家世田漁爲事，未嘗有貴達如此爾，今爲十三州主，三面受敵，與人爭利，恐禍及吾家，所以不忍見汝。』鏐泣謝之。

鏐於唐昭宗朝，位至太師、中書令、本郡王，食邑二萬户。梁祖革命，以鏐爲尚父、吳越國王。梁末帝時，加諸道兵馬元帥。同光中，爲天下兵馬都元帥、尚父、守尚書令，封吳越國王，賜玉册金印。初，莊宗至洛陽，鏐厚陳貢奉，求爲國王，及玉册詔下，有司詳議。羣臣咸言：『玉簡金字，唯至尊一人。錢鏐人臣，不可。又本朝以來除四夷遠藩，羈縻拜，或有國王之號。而九州之内亦無此事。』郭崇韜尤不容其僭，而樞密承旨段徊，姦幸用事，能移崇韜之意，曲爲鏐陳情，崇韜僶俛從之。鏐乃以鎮海、鎮東軍節度使名目授其子元瓘，自稱吳越國王，命所居曰宮殿，府署曰朝廷，其參佐稱臣，僭大朝百僚之號，但不改年號而已。僞行制册，加封爵於新羅、渤海，海中夷落亦皆遣使行封册焉。

明宗即位之初，安重誨用事，鏐嘗與重誨書，云『吳越國王謹致書於某官執事』，不敍暄涼，重誨怒其無禮。屬供奉官烏昭遇使於兩浙，每以朝廷事私於吳人，仍目鏐爲殿下，自稱臣，謁鏐行舞蹈之禮。及回，使副韓玫具述其事，重誨因削鏐元帥、尚父、國王之號，以太師致仕。久之，其子元瓘等上表陳敍。時淮寇攻逼荆南，明宗疑其同惡，因降詔詰之，元瓘等復遣使自淮南間道上表，云：竊念臣父天下兵馬都元帥、吳越國王臣鏐，爰自乾符之歲，便立功勞；至於天復之初，已封茅土。兩殄稽山之僭僞，頻叨鳳詔之褒崇，賜鐵券而礪岳帶河，藏清廟而銘鐘鏤鼎。歷事列聖，竭誠累朝，罄臣節以無虧，荷君恩而益重。楚茅吳柚，常居羣後之先；赤豹黄羆，不在諸方之後。雲臺寫像，盟府書勳，戮力本朝，一心體國。常誡臣兄弟曰：『汝等諸子，須記斯言，老父起自諸都，早平多難，素推忠勇，實效辛勤，遂蒙聖主之疇庸，獲忝眞王之列壤，恆積滿盈之懼，豫懷燕翼之憂。蓋以恩禮殊尤，寵榮抗極，名品既逾於五等，春秋將及於八旬，不諱之談，爾當靜聽。而況手殲妖亂，親睹興亡，豈宜自爲厲階，更尋覆轍。老身猶健，且作國王之呼；嗣子承家，但守藩臣之分。』臣等鯉庭灑袂，雁序書紳，中心藏之，敬聞命矣。

頃以濟陰歸邸，梁苑稱尊，所在英雄，遞相倣效，互起投龜之詬，皆興逐鹿之謀，唯臣父王，未嘗隨例。從微至著，悉蒙天子之絲綸；啓土封王，自守諸侯之土宇。乙酉歲，伏蒙莊宗皇帝遙降玉册、金印，恩加曲阜營丘，顯自大朝，來封小國，遂有强名之改補，實無干紀之包藏。兼使人徐筠等進貢之時，禮儀有失，尚蒙赦宥，未置典刑，敢不投杖責躬，負荆請罪。且爽爲臣之禮，誡乖事上之儀，夙夜包羞，寢食俱廢，捧詔而神魂戰慄，拜章而芒刺交幷。

伏以皇帝陛下，濬哲文思，含弘光大，智周萬物，日闢四方，既容能改之非，許降自新之路，將功補過，舍短從長，矧茲近代相持，豈足玄機遠料。且臣本道，與淮南雖連疆畛，久結仇讎，交惡尋盟，十翻九覆，縱敵已逾於三紀，弭兵才僅於數年，諒非脣齒之邦，眞謂腹心之疾。今奉詔書責問，合陳本末端由，布在衆多，寧煩覼縷，彼既人而無禮，此亦和而不同。近知侵軼荆門，乖張事大，償王師之問罪，願率衆以齊攻，必致先登，庶覿後效。横秋雕鶚，只待指呼；躍匣蛟龍，誓平讎隙。今則訓齊樓櫓，焠礪戈鋋，決副天威，冀明臣節。伏以臣父王鏐，已於汎海，繼有飛章，陳父子之丹誠，高懸皎日；展君臣之大義，上指圓穹。其將修貢賦於梯航，混車書而表率，如虧奉賦，自有陰誅。今春已具表章，未蒙便賜俞允，地遠而經年方達，天高而瀝懇難通。伏乞聖慈，曲行明命。淩霜益翠，始知松柏之心；異日成功，方顯忠貞之節。臣元瓘等無任感激祈恩戰懼依投之至。謹遣急脚，間道奉絹表陳乞奏謝以聞。

明宗嘉之，乃降制復授鏐天下兵馬都元帥、尚父、吳越國王。未幾，又詔賜上表不名。

鏐在杭州垂四十年，窮奢極貴。錢塘江舊日海潮逼州城，鏐大庀工徒，鑿石填江，又平江中羅刹石，悉起臺榭，廣郡郭周三十里，邑屋之繁會，江山之雕麗，實江南之勝概也。鏐學書，好吟詠。江東有羅隱者，有詩名，聞於海內，依鏐爲參佐。鏐嘗與隱唱和，隱好譏諷，嘗戲爲詩，言鏐微時騎牛操梃之事，鏐亦怡然不怒，其通恕也如此。鏐雖季年荒恣，然自唐朝，於梁室，莊宗中興以來，每來揚帆越海，貢奉無闕，故中朝亦以此善之。

鏐以長興三年三月二十八日薨，年八十一。制曰：『故天下兵馬都元帥、尚父、吳越國王錢鏐，累朝元老，當代勳賢，位已極於人臣，名素高於簡册，贈典既無其官爵，易名宜示其優崇，宜令所司定謚，以王禮葬，仍賜神道碑。』謚曰武肅。鏐初事董昌，時年甫壯室，性尚剛烈。時有儒士謁於主帥，已進刺矣，見鏐稍怠，鏐怒，投之羅刹江，及典謁者將召，鏐詐云：『客已拂衣去矣。』及爲帥時，有人獻詩云：『一條江水檻前流。』鏐不悦，以爲譏己，尋害之。迨於晚歲，方愛人下士，留心理道，數十年間，時甚歸美。鏐尤恃崇盛，分兩浙爲數鎮，其節制署而後奏。左右前後皆兒孫甥姪，軒陛服飾，比於王者，兩浙里俗咸曰海龍王。梁開平中，浙民上言，請爲鏐立生祠，梁太祖許之，令翰林學士李琪撰生祠堂碑以賜之，於今蒸黎饗之，子孫保之，斯亦近代之名王也。

又 《錢元瓘傳》 元瓘，鏐第五子也。起家爲鹽鐵發運巡官，表授尚書金部郎中，賜金紫。天復中，裨校許再思等爲亂，構宣州節度使田頵，頵令兵奄至，鏐擊敗再思，與頵通和。頵要盟於鏐，鏐偏召諸子問之曰：『誰能爲吾爲田氏之壻者？』例有難色，時元瓘年十六，進曰：『唯大王之命。』由是就親於宣州。

唐天祐初，承制累遷檢校尚書左僕射、內牙將指揮使。數年之間，伐叛禦寇，大著勳績。梁貞明四年夏，鏐大舉伐吳，以元瓘爲水戰諸軍都指揮使。戰棹抵東洲，吳人以舟師拒戰，元瓘爲火筏順風揚灰以坌之，白晝如霧，吳師迷方，遂敗之，擒軍使彭彦章幷軍校七十餘人，得戰艦四百隻。吳人知不可校，通好於鏐。以功奏授鎮海軍節度副使、檢校同徒。梁末，遷清海軍節度使、檢校太傅、同平章事。後唐同光初，加檢校太師、兼中書令、鎮東等軍節度觀察處置等使。時鏐自爲天下兵馬都元帥、尚父、守尚書令、吳越國王，及鏐爲太師致仕，元瓘累貢章疏，乞復舊號，唐明宗許之。鏐既年高，欲立嗣，召諸子使各論功，請讓於元瓘。及鏐病焉，召將吏謂之曰：『余病不起，兒皆愚懦，恐不能爲爾帥，與爾輩決矣，帥當自擇。』將吏號泣言曰：『大令公有軍功，多賢行仁孝，已領兩鎮，王何苦言及此！』鏐曰：『此渠定堪否？』曰：『衆等願奉賢帥。』卽出符鑰數筐於前，謂元瓘曰：『三軍言爾可奉，領取此。』鏐薨，遂襲父位。

唐長興四年，遣將作監李鏻起復元瓘官爵，又命户部侍郎張文寶授兼尚書令。清泰初，封吳王。二年，封越王。天福元年，賜金印。三年，封吳越國王。五年，加天下兵馬元帥。六年，授天下兵馬都元帥。其年夏有疾。秋府署災，焚之一空，乃移於他所，其餘皆隨而發焉，元瓘因驚悸發狂，以是歲八月二十四日薨，年五十五歲。謚曰文穆。元瓘幼聰敏，長於撫馭，臨戎十五年，決事神速，爲軍民所附。然奢僭營造，甚於其父，故有回禄之災焉。元瓘有詩千篇，編其尤者三百篇，命曰錦樓集，浙中人士皆傳之。子佐爲嗣。

又《錢佐傳》　佐，字玄佑，元瓘薨，遂襲其位。晉天福末，制授檢校太師、兼中書令、吳越王。仍篆玉册以賜之。前代玉册，册夷王有之，僞梁時欲厚於鏐，首爲式例，故因而不改。俄授開府儀同三司、守太尉。時以建安爲淮寇所攻，授東南面兵馬都元帥，佐尋遣舟師進討，淮人大敗，以功加守太師。漢高祖入汴，佐首獻琛賮，表率東道，漢祖嘉之，授諸道兵馬都元帥。佐居列土凡七年，境內豐阜，祖父三世皆爲元帥，時以爲榮。漢初，以疾卒於位，謚曰忠獻。佐幼好書，性温恭，能爲五七言詩，凡官屬遇雪月佳景，必同宴賞，由此士人歸心。其班品亦有丞相已下名籍，而禄給甚薄，罕能自濟，每朝廷降吏，則去其僞官，或與會則公府助以僕馬，處事齷齪，多如此類。然航海所入，歲貢百萬，王人一至，所遺至廣，故朝廷寵之，爲羣藩之冠。佐有子昱，年五歲，未任庶務，乃以其弟倧襲位。

又《錢倧傳》　倧，性明敏嚴毅，未立時，常以佐性寬善，疑掌兵權者難制，及代佐爲帥，以禮法繩下，宿將舊勳，不甚優禮。大將胡進思頗不平之，乃密與親軍謀去倧。漢祖入汴之歲，十二月，進思率甲士三百人譟，突入衙署，倧闔户以拒之，左右與之格鬬，盡爲進思所殺，遂遷倧於别館，以甲士援送，幽於衣錦軍，立倧異母弟俶爲帥。其年夏四月，進思疽發背而卒，越人快之，以爲陰靈之誅逆也。

又《錢俶傳》　俶，元瓘之子，倧之異母弟也。倧既爲軍校所幽，時俶爲温州刺史，衆以無帥，遂迎立之，時漢乾祐元年正月十五日也。其年八月，始授檢校太師、兼中書令，充鎮海鎮東等軍節度使、東南面兵馬都元帥。周廣順中，累官至守尚書令、中書令、吳越國王。皇朝建隆初，復加天下兵馬大元帥，其後事具皇朝日曆。

《新五代史》卷六七《吳越世家·錢元瓘》　元瓘字明寶，少爲質於田頵。頵叛於吳，楊行密會越兵攻之，頵每戰敗歸，卽欲殺元瓘，頵母嘗蔽護之。後頵將出，語左右曰：『今日不勝，必斬錢郎。』是日頵戰死，元瓘得歸。鏐臥病，召諸大將告之曰：『吾子皆愚懦，不足任後事。吾死，公等自擇之。』諸將泣下，皆曰：『元瓘從王征伐最有功，諸子莫及，請立之。』鏐乃出筦鑰數篋，召元瓘與之曰：『諸將許爾矣。』鏐卒，元瓘立，襲封吳越國王，玉册、金印皆如鏐故事。

王延政自立於建州，閩中大亂，元瓘遣其將仰詮、薛萬忠等攻之，逾年，大敗而歸。元瓘亦善撫將士，好儒學，善爲詩，使其國相沈崧置擇能院，選吳中文士録用之。然性尤奢僭，好治宮室。天福六年，杭州大火，燒其宮室迨盡，元瓘避之，火輒隨發，元瓘大懼，因病狂，是歲卒，年五十五。謚曰文穆，子佐立。

又《錢佐》　佐字佑，立時年十三，諸將皆少佐。佐初優容之，諸將稍不法，佐乃黜其大將章德安於明州、李文慶於睦州，殺内都監杜昭達、統軍使闞璠。由是國中皆畏恐。王延羲、延政兄弟相攻，卓儼明、朱文進、李仁達等自相篡殺，連兵不解者數年。仁達附于李景，已而又叛，景兵攻之，仁達求救於佐。佐召諸將計事，諸將皆不欲行，佐奮然曰：『吾爲元帥，而不能舉兵邪？諸將吾家素畜養，獨不肯以身先我乎？有異吾議者斬。』乃遣其統軍使張筠、趙承泰等率兵三萬，水陸赴之。遣將誓軍，號令齊整。筠等大敗景兵，俘馘萬計，獲其將楊業、蔡遇等，遂取福州而還，由是諸將皆服。佐立七年，襲封吳越國王，玉册、金印皆如元瓘。開運四年，佐卒，年二十，謚曰忠獻，弟俶立。嗚呼！天人之際爲難言也。非徒自古術者好奇而幸中，至於英豪草竊亦多自托於妖祥，豈其欺惑愚衆，有以用之歟？蓋其興也，非有功德漸積之勤，而黥髡盜販，倔起於王侯，而人亦樂爲之傳歟？考錢氏之始終，非有德澤施其一方，百年之際，虐用其人甚矣，其動於氣象者，豈非其孽歟？是時四海分裂，不勝其暴，又豈皆然歟？是皆無所得而推歟？術者之言，不中者多，而中者少，而人特喜道其中者歟？鏐世興滅，諸書皆同，蓋自唐乾寧二年爲鎮海、鎮東軍節度使兼有兩浙，至皇朝太平興國三年國除，凡八十四年。

又《錢俶》 俶字文德。佐卒，弟倧以次立。初，元瓘質於宣州，以胡進思、戴惲等自隨。元瓘立，用進思等爲大將。佐既年少，進思以舊將自待，甚見尊禮。及倧立，頗卑侮之，進思不能平。倧大閱兵於碧波亭，方第賞，進思前諫以賞太厚，倧怒擲筆水中曰：『以物與軍士，吾豈私之，何見咎也。』進思大懼。歲除，畫工獻《鍾馗擊鬼圖》，倧以詩題圖上，進思見之大悟，知倧將殺已。是夕擁衛兵廢倧，囚於義和院，迎俶立之。遷倧於東府。俶歷漢、周，襲封吳越國王、賜玉册、金印。

世宗征淮南，詔俶攻常、宣二州以牽李景，俶治國中兵以待。景聞周師將大舉，乃遣使安撫，境上皆戒嚴。蘇州候吏陳滿不知景使，以謂朝廷已克諸州，遣使安撫矣，亟言於俶，請舉兵以應。俶相國吳程遽調兵以出，相國元德昭以爲王師必未渡淮，與程爭於俶前，不可奪。程等攻常州，果爲景將柴克宏所敗。程裨將邵可遷力戰，可遷子死馬前，猶戰不顧，程等僅以身免。周師渡淮，俶乃盡括國中丁民益兵，使邵可遷等以戰船四百艘、水軍萬七千人至於通州以會期。

吳越，自唐末有國，而楊行密、李昪據有江淮。吳越貢賦，朝廷遣使，皆由登、萊泛海，歲常飄溺其使。顯德四年，詔遣左諫議大夫尹日就、吏部郎中崔頌等使於俶，世宗諭之曰：『朕此行決平江北，卿等還當陸來也。』五年，王師征淮，正月克静海軍，而日就等果陸還。世宗已平淮南，遣使賜俶兵甲旗幟、駱駝、羊馬。

錢氏兼有兩浙幾百年，其人比諸國號爲怯弱，而俗喜淫侈，媮生工巧，自鏐世常重斂其民以事奢僭，下至鷄魚卵鷇，必家至而日取。每笞一人以責其負，則諸案史各持其簿列於廷，凡一簿所負，唱其多少，量爲笞數，以次唱而笞之，少者猶積數十，多者至笞百餘，人尤不勝其苦。又多掠得嶺海商賈寶貨。當五代時，常貢奉中國不絶，及世宗平淮南，宋興，荆、楚諸國相次歸命，俶勢益孤，始傾其國以事貢獻。太祖皇帝時，俶嘗來朝，厚禮遣還國，俶喜，益以器服珍奇爲獻，不可勝數。太祖曰：『此吾帑中物爾，何用獻爲！』太平興國三年，詔俶來朝，俶舉族歸於京師，國除。其後事具國史。

《宋史》卷一《太祖紀一》 （建隆元年三月）丙辰，南唐主李景、吳越王錢俶遣使以御服、錦綺、金帛來賀。宿州火，遣使恤災。

（乾德元年冬十月）丁未，吳越國王進郊祀禮金銀、珠器、犀象、香藥皆萬計。

（二年十二月）癸丑，遣使賜南唐吳越馬、羊、橐駝有差。

又 卷二《太祖紀二》 （乾德三年二月）癸卯，南唐、吳越進長春節御衣、金銀器、錦綺以千計。

（乾德四年九月）丙午，詔吳越立禹廟於會稽。

（開寶元年冬十月）丙子，吳越王遣其子惟濬來朝貢。

（開寶四年）十一月癸巳朔，南唐遣其弟從善，吳越國王遣其子惟濬，以郊祀來朝貢。

又 卷三《太祖紀三》 （開寶六年二月）己亥，吳越國進銀裝花舫、金香師子。

（開寶七年）八月戊寅，吳越國王遣使來朝貢。丁亥，諭吳越伐江南。

（冬十月）丁酉，命吳越王錢俶爲升州東南行營招撫制置使。己亥，曹彬收下峽口，獲指揮使王仁震、王宴、錢興。

（十二月）甲子，吳越王帥兵圍常州，獲其人馬，尋拔利城砦。丙寅，彬敗江南軍於新林港。【略】壬申，吳越王敗江南軍於常州北界。

（開寶八年夏四月）丁巳，吳越王拔常州。壬戌，彬等敗江南軍於秦淮北。

五月壬申朔，以吳越國王錢俶守太師、尚書令，益食邑。

（秋七月）甲申，詔吳越王班師。

（十二月）丁卯，吳越國王乞以長春節朝覲，從之。

（開寶九年二月）辛亥，命德昭迎勞吳越國王錢俶於宋州。契丹遣使耶律延以御衣、玉帶、名馬、散馬、白鶻來賀長春節。乙卯，吳越王奏內客省使丁德裕貪很，貶房州刺史。【略】己未，吳越國王錢俶偕子惟濬等朝於崇德殿，進銀絹以萬計。賜俶衣帶鞍馬，遂以禮賢宅居之，宴於長安殿。壬戌，錢俶進賀平升州銀絹、乳香、吳綾、紬綿、錢茶、犀象、香藥，皆億萬計。甲子，召晉王、吳越國王併其子等射於苑中，俶進御衣、壽星、通犀帶及金器。丁卯，幸禮賢宅，賜俶金器及銀絹倍萬。

（夏四月）丁巳，【略】吳越國王錢俶益食邑，內外文武臣僚咸進階封。

（六月）癸卯，吳越王進銀、絹、綿以倍萬計。乙卯，熒惑入南斗。

又　卷四《太宗紀一》（太平興國二年）二月甲午，契丹遣使來賀即位及正旦。吳越國遣使來貢。

（九月）丁巳，吳越王遣使乞呼名，不允。

（太平興國三年三月）己酉，吳越國王錢俶來朝。

夏四月【略】癸未，以陳洪進爲武寧軍節度使、同平章事。錢俶乞罷所封吳越國王，及解天下兵馬大元帥，幷寢書詔不名之命，歸其兵甲，求還，不許。

論說

《舊五代史》卷一三三《世襲傳論》　自唐末亂離，海內分割，荊、湖、江、浙各據一方，翼子貽孫，多歷年所。夫如是者何也？蓋值諸夏多艱，王風不競故也。洎皇宋之撫運也，因朗、陵之肇亂，命王師以有征，一矢不亡，二方俱服。遂使瑤琨篠簜，咸遵作貢之文；江、漢、濉、漳，盡鼓朝宗之浪。夫如是者何也？蓋屬大統有歸，人寰允洽故也。唯錢氏之守杭、越，逾八十年，蓋事大勤王之節，與荊楚、湖湘不侔矣。

清·吳任臣《十國春秋》卷七八《吳越二·武肅王世家下》　論曰：歐陽氏《五代史》謂錢氏有改元而無稱帝之事，然獨得其封落星石制書稱寶正六年辛卯一節耳。及宋末，於臨安府得吳越尊勝幢，有云『天寶四年歲次辛未』，是朱梁篡唐之明年戊辰，已改元天寶矣。又靈隱尊勝幢云『寶大二年歲次乙酉』；婺州觀音院鐘刻云『寶大二年乙酉』，而朱府君墓誌亦言『寶大元年歲次甲申』，是唐之同光二年，在吳越爲寶大元年也。元至正時，海寧州發吳越臣許俊墓，內署寶正三年於石，而招賢寺幢及貢院橋柱皆題寶正年月，不一而足，則武肅王之改元斷矣。獨是越州牆隍廟碑既奉梁敕爲梁主父名諱，且上書開平二年，歲在戊辰，又杭州眞聖觀碑後署開平二年八月，豈立碑在改元之月之前，抑武肅王於中原正朔，或遵或廢，陽用而陰違邪？至於台州壁記有錢鎰天祐十九年之紀，而瑪瑙水月寺幢復有言作寶貞年號者，載籍傳譌，卒不可得而明也。姑舉其大端，以爲吳越改元之證云。

藝文

元·楊維楨《鐵崖詠史》卷七《警枕辭》　不睡龍醒復珊瑚，圓木搖金鈴五花。寶簟芙蓉屏銅盤，雪紛香淺清樓牆。銅彈飛霹靂，夜半更奴起辟易。圓木功，無與敵，吳越封疆平地闢，四世三王安衽席。

清·謝啓昆《樹經堂詠史詩》卷七《吳越·錢鏐》　五百年來異姓王，開門節度鎮錢塘。將軍錦賜千山爛，伍相潮回萬弩强。駟馬初歸歌曲緩，驪龍無睡漏聲長。婆留富貴誇吳越，僭號羅平笑董昌。

又《錢宏俶》　錦繡魚鹽奉帝畿，迎春賜宴受恩歸。忠能保國丹書在，誓不殺王金鳳飛。百歲牙城漸江改，三條玉帶汴河國。妙因舊迹龍山麓，傑觀銘功振古稀。

清·鮑桂星《覺生詠史詩鈔》卷二《吳越·武肅王》　一王四馬綏歸來，陌上花枝處處開。大樹將軍披錦後，琱戈壯士射湖回。照將鐵冕山爲鏡，頷向笙歌海作杯。漫道布衣能父老，江東羅隱自蒿萊。

清·曹振鏞《話雲軒詠史詩》卷下《吳越·武肅王》　衣錦山頭掛錦衣，果然王氣應星暉。攻城故觸銅鈴響，賜馬兼邀玉帶圍。八百里屯驚賊走，三千弩伏射潮飛。畫遺妃子臨安路，陌上花開緩緩歸。

清·舒位《瓶水齋詩集》卷三《五代十國讀史絕句三十首·吳越二首》　開門節度閉門王，一角湖山是故鄉。卻遣夫差水犀手，亂潮如雪下錢唐。

通宵警枕憶眠時，身後風流絕妙詞。一路花巧人緩緩，玉瑠緘札寄相思。

清・史夢蘭《全史宮詞》卷一五《十國・吳越》 寢宮風透敝帷單，警枕欹斜到夜闌。埋宿共知龍不睡，隔牆幾度應銅丸。

壺槳夾道喚婆留，錦繡江山十四州。父老同登歡喜地，還鄉一曲揭吳喉。

馬海東西綠草肥，錦將軍樹已成圍。花開陌上春風爛，寄語香車緩緩歸。

射潮精選水犀單，暈雪樓前怒浪分。一紙題詩通水府，濤神眞避海龍君。

玉帶名駒愜素襟，北方奇士更搜尋。殿廷寫進銀光面，鸞手虔承握發心。

又《十國補遺・吳越》 小閣崔巍倚設廳，蓬萊仙境入青冥。朝天門上鐘初動，聚議同來八會亭。

撩淺軍分四部都，太湖水接淀山湖，工赤松澗米供宸膳，刖月仙田五十區。

大會羣仙訂有期，府開鹿脯兆先知。骰盤六赤誰先擲，青史樓前賭野時。

連番吉夢協熊羆，逮下咸歌樛木詩。聞道玉羊會有兆，團圓更説到旁枝。

清門處十伴蕭間，沈水香逾旖旎山。爲結佛緣留寶鎮，一枝龍蕊入禪關。

水族國加恩舊有名，碧波仙客費量評。庖人舊識葫蘆樣，造出陶家學士羹。

雜録

宋・王辟之《澠水燕談録》卷九 錢鏐之據錢塘也，子跛，鏐鍾愛之。諺謂『跛』爲『瘸』，杭人爲諱之，乃稱『茄』爲『落蘇』。楊行密之據淮陽，淮人避其名，以『密』爲『蜂糖』。尤見淮、浙之音誤也。以『瘸』爲『茄』，以『蜜』爲『密』，良可哈也。

宋・吳處厚《青箱雜記》卷七 唐末，宋丹陽民常戲語曰：『待錢來，待錢來。』及後錢鏐授鎮海軍節度、浙江西道觀察處置使、潤州刺史，遂據有錢塘，乃其應也。

宋・陶岳《五代史補》卷一《梁二十一條・楊行密錢塘侵掠》 楊行密嘗命宣州刺史田頵領兵圍錢塘，錢鏐危急，遣其子元璙修好於行密。元璙風神俊邁，行密見之甚喜，因以其女妻之，遽命頵罷兵。初，頵之圍城也，嘗遣使候錢鏐起居，鏐厚待之。將行，復與之小飲。時羅隱、皮日休在坐，意以頵之師無能爲也，且欲譏之。於是日休爲令，取一字四面被圍而不失其本音，因曰：『其』字上加『草』爲其菜，下加『石』爲棋子，左加『玉』爲琪玉，右加『月』爲期會。』羅隱取『于』字，上加『雨』爲舞雩，下加『皿』爲盤盂，左加『玉』爲玗玉，右加『邑』爲邘地。使者取『亡』字，譏錢鏐必亡，然亡上加『草』爲芒，下加『心』爲忘，右加『邑』爲邙，左加『心』爲忙，其令必不通，合坐皆嘻笑之，使大慚而去。未幾，頵果班師。先是，行密與鏐勢力相敵，其爲憤怒，雖水火之不若也。行密嘗命以大索爲錢貫，號曰『穿錢眼』。鏐聞之，每歲命以大斧科柳，謂之『斫楊頭』。至是，以元璙通昏，二境漸睦，穿眼斫頭之論始止。

又 卷二《後唐二十條・僧昭説踏錢》 僧昭者，通於術數。居兩浙，大爲錢塘錢鏐所禮，謂之國師。一旦謁鏐，有宮中小兒嬉於側，墜下錢數十文。鏐見，謂之曰：『速收，慮人恐踏破汝錢。』昭師笑曰：『汝錢欲踏破，須是牛即可。』鏐喜，以爲社稷堅牢之義。後至曾孫俶舉族入朝，因而國除。俶年是丑爲牛，可謂牛踏錢而破矣。

宋・趙與時《賓退録》卷二 唐末嘗以天下兵馬元帥授朱全忠，僞吳以天下兵馬大元帥授李昪，梁末帝以天下兵馬都元帥授錢鏐，晉高祖以天下兵馬都元帥授錢元瓘，出帝以東南面兵馬都元帥授錢弘佐，周又以天下兵馬都元帥授錢俶，國初改爲天下兵馬大元帥。

《遼史》卷一《太祖紀上》（天祐九年）冬十月戊申，釣魚於鴨淥江。新羅遣使貢方物，高麗遣使進寶劍，吳越王錢鏐遣滕彥休來貢。

明・郎瑛《七修類稿》卷四《天地類・西湖帝王宅》 吾杭西湖。山水之秀甲天下。杭人之英俊。乃所孕毓。故湖涸而於肅愍公被戮，湖水平堤而狀元出。予嘗往來於中，戲語人曰：『此湖四山圍合，東逼於城，有能填湖作地，開移城郭，面江背山，以城中爲明堂，皋亭、五雲爲其左右，眞帝王之居也。』昨讀《幕府燕談》，五代時果有術者説錢鏐曰：『若填湖爲宅，可王千年，此地不過百年也。』錢曰：『豈有千年帝王者哉！』因知古亦有如予言者，因憶使鏐如術者之言，則錢氏或絶，而繼王者遂因其地而久焉，是亦謂之千年也。筆之以俟變遷。

明·王錡《谷山筆塵》卷一二 閩王審知奉事朱梁，歲自海道登、萊入貢，没溺者十有四五，當時吴越、淮南據有江左，故不敢取道兩浙。及考其海道，則自福州開洋，過温、台、明州，北渡大洋，抵登、萊上岸，其險遠亦至矣。方今河運之議，但從南浙下港，北至直沽，僅得大半，已不能行，況由閩、越而發耶？其後，錢鏐入貢，亦由海道抵登、萊出洋，卽今所議海運道也。

明·張岱《西湖夢尋》卷四《錢王祠》 錢鏐，臨安石鑑鄉人，驍勇有謀略。壯而微，販鹽自活。

唐僖宗時，平浙寇王仙芝，拒黄巢，滅董昌，積功自顯。梁開平元年，封鏐爲吴越王。有諷鏐拒梁命者，鏐笑曰：『吾豈失一孫仲謀耶？』遂受之。改其鄉爲臨安縣，軍爲錦衣軍。是年，省塋壟，延故老，旌鉞鼓吹，振耀山谷。自昔游釣之所，盡蒙以錦繡，或樹石至有封官爵者，舊貿鹽擔，亦裁錦韜之。

一鄰媪九十餘，攜壺泉迎於道左，鏐下車亟拜。媪撫其背以小字呼之曰：『錢婆留，喜汝長成。』蓋初生時，光怪滿室，父懼，將沉於了溪，此媪苦留之，遂字焉。爲牛酒，大陳以飲鄉人；别張蜀錦爲廣幄，以飲鄉婦。年上八十者，飲金爵；百歲者飲玉爵。鏐起勸酒，自唱還鄉歌以娱賓，曰：『玉節還鄉兮掛錦衣，父老遠近來相隨。斗牛光起天無欺，吴越一王駟馬歸。』時將築宮殿，望氣者言：『因故府大之，不過百年；填西湖之半，可得千年。』武肅笑曰：『焉有千年而其中不出眞主者乎？奈何困吾民爲！』遂弗改造。宋熙寧間，蘇子瞻守郡，請以龍山廢祠妙音院者，改爲表忠觀以祀之。今廢。明嘉靖三十九年督撫胡宗憲建祠於靈芝寺址，塑三世五王像，春秋致祭，令其十九世孫德洪者守之，郡守陳柯重鐫表忠觀碑記於祠。

清·陳景雲《綱目訂誤》卷四《梁以錢鏐爲吴越王》 按：梁以鏐爲吴越王已，見上卷梁太祖開平元年。蓋梁祖受禪之初加恩藩鎮，故鏐自吴王進封吴越王，及梁末年鏐膺吴越王之封已十七年矣。是歲梁遣侍郎崔協册封鏐爲吴越國王，鏐於是始建國。表疏稱吴越國不復稱軍梁主，蓋特加殊禮，許以建國。所以優鏐者又遠在馬殷王審知之上也。

閩國分部

綜述

《舊唐書》卷二〇《昭宗紀上》（乾寧四年）四月丙午朔，就加福建節度使王潮檢校尚書右僕射。

又《哀帝紀》（天祐三年）閏十二月己酉朔，福建百姓僧道詣闕，請爲節度使王審知立德政碑，從之。

《新唐書》卷九《僖宗紀》（光啓元年）八月，光州賊王潮執王緒。（二年）八月，王潮陷泉州，刺史廖彦若死之。

又 卷一〇《昭宗紀》（景福元年三月），丙寅，福建觀察使陳巖卒，護閩都將范暉自稱留後。庚午，泉州刺史王潮寇福州。（二年）五月庚子，王潮陷福州，范暉死之，潮自稱留後。（乾寧四年）十二月丁未，威武軍節度使王潮卒，其弟審知自稱留後。

又 卷一九〇《王潮傳》 王潮字信臣，光州固始人。五代祖曄爲固始令，民愛其仁，留之，因家焉。世以貲顯。

僖宗入蜀，盜興江、淮，壽春亡命王緒、劉行全合羣盜據壽州。未幾，衆萬餘，自稱將軍，復取光州，劫豪桀置軍中，潮自縣史署軍正，主稟庾，士推其信。緒提二州籍附秦宗權。它日，賦不如期，宗權切責，緒懼，與行全拔衆南走，略潯陽、贛水，取汀州，自稱刺史，入漳州，皆不能有也。初以糧少，故兼道馳，約軍中曰：『以老孺從者斬。』潮與弟審邽、審知奉母以行，緒切責潮曰：『吾聞軍行有法，無不法之軍。』對曰：『人皆有母，不聞有無母之人。』緒怒，欲斬其母，三子同辭曰：『事母猶事將軍也，殺其母焉用其子？』緒赦之。會母死，不敢哭，夜殯道左。

時望氣者言軍中當有暴興者，緒潛視魁梧雄才，皆以事誅之，衆懼。次南安，潮語行全曰：『子美鬚眉，才絶衆，吾不知子死所。』而行全怪寤，亦不自安，與左右數十人伏叢翳，狙縛緒以徇。衆呼萬歲，推行全爲將軍，辭曰：『我不及潮，請以爲主。』潮苦讓不克，乃除地剚劍祝曰：『拜而劍三動者，我以爲主。』至審知，劍躍於地，衆以爲神，皆拜之。審知讓潮，自爲副。緒歎曰：『我不能殺是子，非天乎！』潮令于軍曰：『天子蒙難，今當出交、廣，入巴、蜀，以干王室。』於是悉師將行，會泉州刺史廖彦若貪暴，聞潮治軍有法，故州人奉牛酒迎潮。乃圍城，歲餘克之，殺彦若，遂有其地。

初，黄巢將竊有福州，王師不能下，建人陳巖率衆拔之，又逐觀察使鄭鎰，自領州，詔卽授刺史。久之，巖卒，其婿范暉擁兵自稱留後。巖舊將多歸潮，言暉可取，潮乃遣從弟彦復將兵，審知監之，攻福州。審知乘白馬履行陣，望者披靡，號『白馬將軍』。暉守彌年不下，潮令曰：『兵盡益兵，將盡益將，兵將盡，則吾至矣。』於是彦復急攻，暉亡入海，追斬之。建、汀二州皆舉籍聽命，潮乃盡有五州地。

昭宗假潮福、建等州團練使，俄遷觀察使。乃作四門義學，還流亡，定賦斂，遣吏勸農，人皆安之。乾寧中，寵福州爲威武軍，卽拜潮節度使、檢校尚書左僕射。卒，贈司空。

潮病，以審知權節度，讓審邽，不許。詔審知檢校刑部尚書、節度觀察留後。厚事朱全忠，全忠薦爲節度使、同中書門下平章事。帝在鳳翔，賜審知朱詔，自三品皆得承制除授。天祐初，進琅邪郡王。

審邽字次都。爲泉州刺史，檢校司徒。喜儒術，《通書》、《春秋》。善吏治，流民還者假牛犂，興完廬舍。中原亂，公卿多來依之，振賦以財，如楊承休、鄭璘、韓偓、歸傳懿、楊贊圖、鄭戩等賴以免禍，審邽遣子延彬作招賢院以禮之。

又 《王延鈞傳》 延鈞，審知次子。後唐長興三年，上言吳越國王錢鏐薨，乞封爲吳越王，不報。未幾，自稱帝，國號大閩，改元龍啓，然猶稱藩於朝廷。清泰二年，遇弑。子昶嗣。

又 《王審知傳》 王審知，字信通，光州固始人。父恁，世爲農民。册府元龜卷二百一十九。唐廣明中，黄巢犯闕，江、淮盜賊蜂起。有賊帥王緒者自稱將軍，陷固始縣。審知兄潮，時爲縣佐，緒署爲軍正。蔡賊秦宗權以緒爲光州刺史，尋遣兵攻之。緒率衆渡江，所在剽掠，自南康轉至閩中，入臨汀，自稱刺史。緒多疑忌，部將有出己之右者，皆誅之。潮與豪首數輩共殺緒，其衆求帥，乃刑牲歃血爲盟，植劍於前，祝曰：『拜此劍動者爲將軍。』至潮拜，劍躍於地，衆以爲神異，卽奉潮爲帥。時泉州刺史廖彦若爲政貪暴，軍民苦之，聞潮爲理整肅，耆老乃奉牛酒，遮道請留。潮因引兵圍彦若，歲餘克之。又平狼山賊率薛蘊，兵鋒日盛。唐光啓二年，福建觀察使陳巖表潮爲泉州刺史。大順中，巖卒，子婿范暉自稱留后，潮遣審知將兵攻之，踰年城中食盡，乃斬暉而降，由是盡有閩、嶺五州之地。潮卽表其事，昭宗因建威武軍於福州，以潮爲節度福建管内觀察使，審知爲副。

審知爲觀察副使，有過，潮猶加捶撻，審知無怨色。潮寢疾，舍其子延興、延虹、延豐、延休，命審知知軍府事。十二月丁未，潮薨，審知以讓其兄審邽，審邽以審知有功，辭不受。審知自稱福建留後，表於朝廷。唐末，爲威武軍節度、福建觀察使，累遷檢校太保，封琅琊郡王。梁朝開國，累加中書令，封閩王。《王審知德政碑》云：潮伏公以戎旅，仍具表奏，尋加刑部尚書、威武軍留後，俄授金紫光禄大夫、右僕射、本軍節度使，又改光禄大夫、檢校司空，轉特進、檢校司徒，又轉檢校太保、琅邪郡王，食邑四千户，食實封一百户。是時，楊氏據江、淮，故閩中與中國隔越，審知每歲朝貢，汎海至登萊抵岸，往復頗有風水之患，漂没者十四五。後唐莊宗卽位，遣使奉貢，制加功臣，進爵邑。審知起自隴畝，以至富貴，每以節儉自處，選任良吏，省刑惜費，輕徭薄斂，與民休息。三十年間，一境晏然。同光元年，審知卒，子延翰嗣，爲弟延鈞所殺。

又 《王昶傳》 昶，嗣僞位，朝廷因授昶福建節度使。晉天福三年，遣使貢奉至闕，止稱閩王。其子繼恭，稱節度使，晉祖乃下制封昶爲閩王。改元通大，後遇弑。審知少子延羲嗣。

《舊五代史》卷四《梁書·太祖紀四》（開平三年四月）甲寅，

【略】福建節度使王審知封閩王。

又　卷五《梁書·太祖紀五》　（開平三年）十二月是歲，【略】以所率官僚俸錢修文宣王廟。福建節度使王審知奏，舍錢造寺一所，請賜寺額。敕名大梁萬歲之寺，仍許度僧四十九人。

又　卷八《梁書·末帝紀上》　（貞明二年）夏四月乙酉朔，威武軍節度使、守太傅、兼中書令、閩王王審知賜號忠勤保安興國功臣，餘如故。

又　卷三三《唐書·莊宗紀六》　（同光二年夏五月）丙午，以福建節度使、閩王王審知依前檢校太師、守中書令、福建節度使。

又　卷三四《唐書·莊宗紀八》　（同光四年）二月庚子，福建節度副使王延翰奏，節度使王審知委權知軍府事。

癸丑，湖南馬殷奏，湖南馬殷，福建節度使王審知疾甚，副使王延翰已權知軍府事，請降旄節。

（三月）辛亥，以威武軍節度副使、福建管内都指揮使、檢校太傅、守江州刺史王延翰爲福建節度使，依前檢校太傅。

又　卷三六《唐書·明宗紀二》　（天成元年）五月甲戌，福州節度使、福州檢校太傅王延翰加檢校太尉、同平章事。

又　卷四八《唐書·末帝紀下》　（清泰三年三月）辛丑，權知福建節度使王昶奏，節度使王延鈞以去年十月十四日卒。是時延鈞父子雖僭竊於閩嶺，猶稱藩於朝廷，故有是奏。

又　卷七七《晉書·高祖紀三》　（天福三年）十一月丙午，封閩王昶爲閩國王，加食邑一萬五千户。

又　卷七八《晉書·高祖紀四》　（天福四年）冬十月庚戌，閩王王昶、威武軍節度使王繼恭遣僚佐林思、鄭元弼等朝貢，致書於宰執，致書，無人臣之禮。

又　卷七九《晉書·高祖紀五》　（天福五年春正月）癸酉，湖南奏，閩人殺王昶，夷其族，王延羲因民之欲而定之。

又　卷八〇《晉書·高祖紀六》　（天福六年十一月）壬申，遣給事中李式、考功郎中張鑄持節册閩國王王延羲。

又　卷八三《晉書·少帝紀三》　（開運元年八月）癸丑，以威武軍兵馬留後、權知閩國事朱文進爲檢校太傅、福州威武軍節度使，知閩國事。

又　卷八四《晉書·少帝紀四》　（開運三年九月）甲午，以權知威武軍節度使李弘達爲檢校太尉、同平章事，充福建節度使，知閩國事。

又　卷一三四《僭僞傳·王延羲》　延羲，嗣僞位，改元永隆，在位六年遇弑。兄延政，自稱帝於福州，晉開運三年，爲李景所滅。

《新五代史》卷六二《南唐世家·李璟》　（保大）二年二月，閩人連重遇、朱文進弑其君王延羲，文進自立。是時，延羲弟延政亦自立於建州，國號殷。王氏兄弟連兵累年，閩大亂，景因其亂遣查文徽及待詔臧循發兵攻建州。延政聞唐且攻之，遣人紿福州曰：『唐兵助我討賊矣。』福州信之，共殺文進等以降，延政遣其從子繼昌守福州。文徽軍屯建陽，福州將李仁達殺王繼昌自稱留後，泉州將留從效亦殺其刺史黄紹頗，皆送款於文徽。

四年八月，文徽乘勝克建、汀、泉、漳四州，景分延平、劍浦、富沙三縣，置劍州，遷王延政之族于金陵。以延政爲饒州節度使、李仁達爲福州節度使，留從效爲清源軍節度使。景遂欲罷兵，而查文徽、陳覺等皆言：『仁達等餘孽猶在，不若乘勝盡取之。』陳覺自言可不用尺兵致仁達等。景以覺爲宣諭使，召仁達朝金陵，仁達不從。覺慚，還至建州，矯命發汀、建、信、撫州兵攻仁達。時魏岑安撫漳、泉，聞覺起兵，亦擅發兵會覺。景大怒，馮延巳等爲言：『兵業行，不可止。』乃以王崇文爲招討使、王建封爲副使，益兵以會之，以延魯、魏岑、陳覺皆爲監軍使。仁達送款於吳越，吳越以兵三萬應仁達。覺等爭功，進退不相應，延魯與吳越兵先戰，大敗而走，諸軍皆潰歸。景怒，遣使者鎖覺、延魯至金陵。而馮延巳方爲宰相，宋齊丘復自九華召爲太傅，爲稍解之，乃流覺蘄州、延魯舒州。韓熙載上書切諫，請誅覺等，齊丘惡之，貶熙載和州司馬。是歲，契丹陷京師，中國無主，而景方以覺等疲兵東南，不暇北顧。御史中丞江文蔚劾奏宰相馮延巳、諫議大夫魏岑亂政，與覺等同罪而不見貶黜，言甚切直。景大怒，自答其疏，貶文蔚江州司士參軍，亦罷延巳爲少傅，岑爲太子洗馬。

又　卷六七《吳越世家·錢元瓘》　王延政自立於建州，閩中大亂，元瓘遣其將仰詮、薛萬忠等攻之，逾年，大敗而歸。

又 卷六八《閩世家·王昶》 繼鵬，鏻長子也。既立，更名昶，改元通文，以李倣判六軍諸衛事。倣有弑君之罪，既立昶，而心常自疑，多養死士以爲備。昶患之，因大享軍，伏甲擒倣殺之，梟其首於市。倣部曲千人叛，燒啓聖門，奪倣首，奔於錢塘。

晉天福二年，昶遣使朝貢京師，高祖遣散騎常侍盧損册昶閩王，拜其子繼恭臨海郡王。損至閩，昶稱疾不見，令繼恭主之。又遣中書舍人劉乙勞損於館，乙衣冠偉然，騶僮甚盛。佗日損遇乙於塗，布衣芒屩而已，損使人誚之曰：『鳳閣舍人，何倨下之甚也！』乙羞媿，以手掩面而走。昶聞之，怒損侵辱之，損還，昶無所答。

而其子繼恭遣其佐鄭元弼隨損至京師貢方物，致書晉大臣，述昶意求以敵國禮相往來，高祖怒其不遜，下詔暴其罪，歸其貢物不納。兵部員外郎李知損上書請籍没其物而禁錮使者，於是以元弼下獄。獄具引見，元弼俯伏曰：『昶，夷貊之君，不知禮義，陛下方示大信，以來遠人，臣將命無狀，願伏斧鑕，以贖昶罪。』高祖乃赦元弼，遣歸。

昶亦好巫，拜道士譚紫霄爲正一先生，又拜陳守元爲天師，而妖人林興以巫見幸，事無大小，興輒以寶皇語命之而後行。守元教昶起三清臺三層，以黄金數千斤鑄寶皇及元始天尊、太上老君像，日焚龍腦、薰陸諸香數斤，作樂於臺下，晝夜聲不輟，云如此可求大還丹。三年夏，虹見其宫中，林興傳神言：『此宗室將爲亂之兆也。』乃命興率壯士殺審知子延武、延望及其子五人。後興事敗，亦被殺。而昶愈惑亂，立父婢春鷰爲淑妃，後立以爲皇后。又遣醫人陳究以空名堂牒賣官。

昶弟繼嚴判六軍諸衛事，昶疑而罷之，代以季弟繼鏞，而募勇士爲宸衛都以自衛，其賜予給賞，獨厚於佗軍。控鶴都將連重遇、拱宸都將朱文進，皆以此怒激其軍。是歲夏，術者言昶宫中當有災，昶徙南宫避災，而宫中火，昶疑重遇軍士縱火。

内學士陳郯素以便佞爲昶所親信，昶以火事語之，郯反以告重遇。重遇懼，夜率衛士縱火焚南宫，昶挾愛姬、子弟、黄門衛士斬關而出，宿於野次。重遇迎延義立之。延義令其子繼業率兵襲昶，及之，射殺數人，昶知不免，擲弓於地，繼業執而殺之，及其妻、子皆死無遺類。延義立，謚昶曰康宗。

又 《王審知》 王審知字信通，光州固始人也。父恁，世爲農。兄潮，爲縣史。審知爲人狀兒雄偉，隆凖方口，常乘白馬，軍中號『白馬三郎』。乾寧四年，潮卒，審知代立。唐以福州爲威武軍，拜審知節度使，累遷同中書門下平章事，封琅琊王。唐亡，梁太祖加拜審知中書令，封閩王，升福州爲大都督府。是時，楊行密據有江淮，審知歲遣使泛海，自登、萊朝貢於梁，使者入海，覆溺常十三四。

審知雖起盜賊，而爲人儉約，好禮下士。王淡，唐相溥之子；楊沂，唐相涉從弟；徐寅，唐時知名進士，皆依審知仕宦。又建學四門，以教閩士之秀者。招來海中蠻夷商賈。海上黄崎，波濤爲阻，一夕風雨雷電震擊，開以爲港，閩人以爲審知德政所致，號爲甘棠港。審知同光三年卒，年六十四，謚曰忠懿。子延翰立。

又 《王延翰》 延翰字子逸，審知長子也。同光四年，唐拜延翰節度使。是歲，莊宗遇弑，中國多故，延翰乃取司馬遷《史記》閩越王無諸傳示其將吏曰：『閩，自古王國也，吾今不王，何待之有？』於是軍府將吏上書勸進。十月，延翰建國稱王，而猶稟唐正朔。延翰爲人長大，美皙如玉，其妻崔氏陋而淫，延翰不能制。審知喪未期，徹其几筵，又多選良家子爲妾。崔氏性妒，良家子之美者，輒幽之别室，繫以大械，刻木爲人手以擊頰，又以鐵錐刺之，一歲中死者八十四人。崔氏後病，見以爲祟而卒。

審知養子建州刺史延稟，本姓周氏，自審知時與延翰不叶。延翰立，以其弟延鈞爲泉州刺史，延鈞怒。二人因謀作亂。十二月，延稟、延鈞皆以兵入，執延翰殺之。而延鈞立，更名鏻。

又 《王鏻》 鏻，審知次子也。唐即拜鏻節度使，累加檢校太師、中書令，封閩王。初，延稟與鏻之謀殺延翰也，延稟之兵先至，已執延翰而殺之，明日鏻兵始至，延稟自以養子，推鏻而立之。延稟還建州，鏻餞於郊，延稟臨訣謂鏻曰：『善繼先志，毋煩老兄復來！』鏻銜之。長興二年，延稟率兵擊鏻，攻其西門，使其子繼雄轉海攻其南門，鏻遣王仁達拒之。仁達伏甲舟中，僞立白幟請降，繼雄信之，登舟，伏兵發，刺殺之，梟其首西門，其兵見之皆潰去，延稟見執。鏻誚之曰：『予不能繼先志，果煩老兄復來！』延稟不能對，遂殺之。延稟子繼升守建州，聞敗，奔於錢塘。

長興三年，鏻上書言：『楚王馬殷、吳越王錢鏐皆爲尚書令，今皆已薨，請授臣尚書令。』唐不報，鏻遂絶朝貢。

鏻好鬼神、道家之説，道士陳守元以左道見信，建寶皇宫以居之。守元謂鏻曰：『寶皇命王少避其位，後當爲六十年天子。』鏻欣然遜位，命其子繼鵬權主府事。

既而復位，遣守元問寶皇：『六十年後將安歸？』守元傳寶皇語曰：『六十年後，當爲大羅仙人。』鏻乃即皇帝位，受册於寶皇，以黄龍見眞封宅，改元爲龍啓，國號閩。追謚審知爲昭武孝皇帝，廟號太祖，立五廟，置百官，以福州爲長樂府。而閩地狹，國用不足，以中軍使薛文傑爲國計使。文傑多察民間陰事，致富人以罪，而籍没其貲以佐用，閩人皆怨。又薦妖巫徐彦，曰：『陛下左右多姦臣，不質諸鬼神，將爲亂。』鏻使彦視鬼於宫中。文傑與内樞密使吳英有隙，英病在告，文傑謂英曰：『上以公居近密，而屢以疾告，將罷公。』英曰：『奈何？』文傑因教英曰：『即上遣人問公疾，當言「頭痛而已，無佗苦也。」』英以爲然。明日，諷鏻使巫視英疾，巫言：『入北廟，見英爲崇順王所訊，曰：「汝何敢謀反？」以金槌擊其首。』鏻以語文傑，文傑曰：『未可信也，宜問其疾如何。』鏻遣人問之，英曰：『頭痛。』鏻以爲然，即以英下獄，命文傑劾之，英自誣伏，見殺。英嘗主閩兵，得其軍士心，軍士聞英死，皆怒。是歲，吳人攻建州，鏻遣其將王延宗救之，兵士在道不肯進，曰：『得文傑乃進。』鏻惜之不與，其子繼鵬請與之以紓難，乃以檻車送文傑軍中。文傑善數術，自占云：『過三日可無患。』送者聞之，疾驅二日而至，軍士踴躍，磔文傑於市，閩人爭以瓦石投之，臠食立盡。明日，鏻使者至，赦之，已不及。初，文傑爲鏻造檻車，以謂古制疏闊，乃更其制，令上下通，中以鐵芒内向，動輒觸之，既成，首被其毒。

龍啓三年，改元永和。王仁達爲鏻殺延稟有功，而典親兵，鏻心忌之，嘗問仁達曰：『趙高指鹿爲馬，以愚二世，果有之邪？』仁達曰：『秦二世愚，故高指鹿爲馬，非高能愚二世也。今陛下聰明，朝廷官不滿百，起居動静，陛下皆知之，敢有作威福者，族滅之而已。』鏻慚，賜與金帛慰安之。退而謂人曰：『仁達智略，在吾世可用，不可遺後世患。』卒誣以罪殺之。

鏻妻早卒，繼室金氏賢而不見答。審知婢金鳳，姓陳氏，鏻嬖之，遂立以爲后。

初，鏻有嬖吏歸守明者，以色見幸，號歸郎，鏻後得風疾，陳氏與歸郎姦。又有百工院使李可殷，因歸郎以通陳氏。鏻命錦工作九龍帳，國人歌曰：『誰謂九龍帳，惟貯一歸郎？』鏻婢春鷰有色，其子繼鵬烝之，鏻已病，繼鵬因陳氏以求春鷰，鏻怏怏與之。

其次子繼韜怒，謀殺繼鵬，繼鵬懼，與皇城使李倣圖之。是歲十月，鏻饗軍於大酺殿，坐中昏然，言見延稟來，倣以爲鏻病已甚，乃令壯士先殺李可殷於家。明日晨朝，鏻無恙，問倣殺可殷何罪，倣懼而出，與繼鵬率皇城衛士而入。鏻聞鼓譟聲，走匿九龍帳中，衛士刺之不殊，宫人不忍其苦，爲絶之。繼韜及陳后、歸郎皆爲倣所殺。鏻立十年見殺，謚曰惠皇帝，廟號太宗。

又《王延羲》 延羲，審知少子也。既立，更名曦，遣使者朝貢於晉，改元永隆。鑄大鐵錢，以一當十。曦自昶世倔强難制，昶相王倓每抑折之，曦亦憚倓，不敢有所發。新羅遣使聘閩以寶劍，昶舉以示倓曰：『此將何爲？』倓曰：『不忠不孝者，斬之。』

曦居旁色變。曦既立，而新羅復獻劍，曦思倓前言，而倓已死，命發冢戮其屍，倓面如生，血流被體。

泉州刺史餘廷英嘗矯曦命，掠取良家子，曦怒，召下御史劾之。廷英進買宴錢千萬，曦曰：『皇后土貢何在？』廷英又獻皇后錢千萬，乃得不劾。曦嘗嫁女，朝士有不賀者笞之。御史中丞劉贊坐不糾舉，將加笞，諫議大夫鄭元弼切諫，曦謂元弼曰：『卿何如魏鄭公，乃敢强諫！』元弼曰：『陛下似唐太宗，臣爲魏鄭公可矣。』曦喜，乃釋贊不笞。

曦弟延政爲建州節度使，封富沙王，自曦立，不叶，數舉兵相攻，曦由此惡其宗室，多以事誅之。諫議大夫黄峻舁櫬詣朝堂極諫，曦怒，貶峻漳州司户參軍。校書郎陳光逸上書疏曦過惡五十餘事，曦命衛士鞭之百而不死，以繩係頸，掛於木，久而乃絶。國計使陳匡範增算商之法以獻，曦曰：『匡范人中寶也。』已而歲入不登其數，乃借於民以足之，匡範以憂死。其後知其借於民也，剖棺斷屍，棄之水中。

曦性既淫虐，而妻李氏悍而酗酒，賢妃尚氏有色而寵。李仁遇曦甥也，以色嬖之，用以爲相。曦常爲牛飲，羣臣侍酒，醉而不勝，有訴及私棄酒者輒殺之。諸子繼柔棄酒，併殺其贊者一人。連重遇殺昶，懼爲國人所討，與朱文進連姻以自固。

曦心疑之，常以語誚重遇等，重遇等流涕自辨。李氏妬石尚妃之寵，欲圖曦而立其子亞澄，乃使人謂重遇等曰：『上心不平於二公，奈何？』重遇等懼。六年三月，曦出遊，醉歸，重遇等遣壯士拉於馬上而殺之，謚曰景宗。

又《王延政》 延政，審知子也。曦立，爲淫虐，延政數貽書諫之。曦怒，遣杜建崇監其軍，延政逐之，曦乃舉兵攻延政，爲延政所敗。延政乃以建州建國稱殷，改元天德。明年，連重遇已殺曦，集閩羣臣告曰：『昔太祖武皇帝親冒矢石，遂啓有閩，及其子孫，淫虐不道。今天厭王氏，百姓與能，當求有德，以安此土。』羣臣皆莫敢議，乃推朱文進升殿，率百官北面而臣之。文進以重遇判六軍諸衛事，王氏子弟在福州者無少長皆殺之。以黄紹頗守泉州，程贇守漳州，許文縝守汀州，稱晋年號，時開運元年也。泉州軍將留從效詐其州人曰：『富沙王兵收福州矣，吾屬世爲王氏臣，安能交臂而事賊乎？』州人共殺紹頗，迎王繼勛爲刺史，漳州聞之，亦殺贇，迎王繼成爲刺史，皆王氏之諸子也。文縝懼，以汀州降於延政。延政已得三州，重遇亦殺文進，傳首建州以自歸。福州裨將林仁翰又殺重遇，謀迎延政都福州。

是時，南唐李景聞閩亂，發兵攻之，延政遣其從子繼昌守福州，而南唐兵方急攻延政，福州將李仁達謂其徒曰：『唐兵攻建州，富沙王不能自保，其能有此土也？』

乃擒繼昌殺之。欲自立，懼衆不附，以雪峰寺僧卓儼明示衆曰：

『此非常人也。』

被以衮冕，率諸將吏北面而臣之。已而又殺儼明，乃自立，送款於李景，景以仁達爲威武軍節度使，更其名曰弘義。而景兵攻破建州，遷延政族於金陵，封鄱陽王。

是歲，景保大四年也。

留從效聞延政降唐，執王繼勳送於金陵，李景以泉州爲清源軍，以從效爲節度使。景已破延政，遣人召李仁達入朝，仁達不從，遂降於吴越。而留從效亦逐景守兵，據泉、漳二州，景猶封從效晋江王。周世宗時，從效遣牙將蔡仲興爲商人，間道至京師，求置邸内屬。是時，世宗與李景畫江爲界，遂不納，從效仍臣於南唐。

其後事具國史。

論説

《舊五代史》卷一三四《王審知等傳論》 史臣曰：昔唐祚横流，異方割據，行密以高材捷足啓之於前，李昪以履霜堅冰得之於後，以僞易僞，逾六十年。洎有周興薄伐之師，皇上示懷柔之德，而乃走梯航而入貢，奉正朔以來庭，如是則長江之險，又何足以恃哉！審知僻據一隅，僅將數世，始則可方於吴芮，終則竊效於尉佗，與夫穴蜂井蛙，亦何相遠哉！五紀之亡，蓋其幸也。

清・吴任臣《十國春秋》卷九〇《閩一・太祖世家》 論曰：太祖昆弟，英姿傑出，號稱『三龍』，據有閩疆，賓賢禮士衣冠懷之，抑亦可謂開國之雄歟。迺卒之臣服中原，息兵養民，大指與吴越略同，豈非度量有過人者遠哉！

又 卷九二《閩三・景宗紀》 論曰：太祖開國時，相傳有僧陳『騎馬來騎馬去』之讖，説者遂以司空拜泉州刺史爲丙午歲，而五代史諸書載唐兵破建州爲保大之四年，與讖語頗合。至司馬公所紀司空爲福建觀察使於景福二年，而天德帝歸金陵則在開運二年，與彼所稱傳國六十一年及五十五年何至不侔也，今略依涑水編年，以次其大槩云。

藝文

元・楊維楨《鐵崖詠史》卷七《檻車行》 檻車成，狼牙釘，兒郎牙鑿鑿刺人骨，鋒血點點銅花腥。建州城未解圍，三軍不進將何爲？三軍誓得檻車子，檻車之車且勿馳。大鵬笏如神錐啓，門前擊老鵰，剖鵰心，吮鴟血，一刀兩刀臠霏雪。檻車子，天好還，老鴟三日身先殘。君不見，唐家鐵甕子，請兄入甕死。

清·謝啓昆《樹經堂詠史詩》卷七《閩·王審知》 白馬三郎驅海上，金輪帝子降人間。潮來自闢甘棠港，劍躍曾開壽佛山。儉惜生前綢袴敗，夢辭死後御衣斑。能終臣節同吳越，跳脫玻黎故冢還。

又《王鏻》 再下果然煩老兄，寶皇有命襲尊名。閩王自愧作閩主，學士何妨稱學生。二月傾筐朝高會，九龍啓帳夜横兵。預知土地歸來魔，愁聽長虹吸水聲。

又《王昶》 賜來春燕六宫誇，妄意平吳一箭加。花雨曼陀三昧宴，鏤金耐重八團茶。示威宸衞分銀帶，致遠將軍市渥洼。醉起武夷在道士，長春兵亂二都譁。

又《王延羲王延政》 白煙一穗看初開，踴躍軍門帝號稱。戰骨弟兄人似莽，醉腸殿陛酒如澠。局公破斧例難引，白傳吟詩情不勝。騎馬來還騎馬去，王家盡族納金陵。

清·舒位《瓶水齋詩集》卷三《五代十國讀史絶句三十首·閩二首》

金仙一笑夢中來，雙樹誰家傍水開。較可他年三昧宴，玉缸花雨撲春回。

隔著荷花路不通，回船惟見水屏風。三郎白馬無消息，隊隊鴛鴦入鏡中。

清·史夢蘭《全史宫詞》卷一五《十國·閩》 冊里羅城啓壯觀，還珠雙闕從雲端。鑄成銘励供支計，富户新除利市官。

城跨西湖復道開，水晶宫苑許追陪。練師獨說西天法，新向禪宗問信回。

美女峰前土未乾，錦溪人散夜風寒。宫花落盡妝樓寂，嶺上臙脂尚作團。

杯盤取次喚娉婷，夜半長春醉未醒。龍燭摇光羞顧影，涼風吹透水晶屏。

已過桑溪修禊天，短衣鼓棹傍龍船。樂遊一曲同聲和，人在青蒲紫蓼邊。

君王沈病罷朝堂，歌舞宫中樂未央。誰識九龍仙帳裏，夜深惟許貯歸郎。

露濃。

那用茶膏獻耐重，清人樹獨鬱葱蘢。堂前共作傾筐會，摘得新芽帶

香雲濃郁漾簾波，臺下朝昏動樂歌。後苑春開三昧宴，天花紛墜曼陀羅。

燕子飛飛入玉樓，昭陽蕭瑟已先秋。國翁不解長門賦，一葉隨風落御溝。

金花珠簾整復斜，紫薇寓冷夜棲鴉。多情最是蓮花冢，猶發鴛鴦樹上花。

又《十國補遺·閩》 閩疆昆季號三龍，白馬三郎秀獨鐘。不欲閉門作天子，合沙讖已應登庸。

雙鶴翩翩下碧空，上方受籙寶皇宫。大羅仙主方需次，六十年華指顧中。

千里將軍驥國公，可能汗血建奇功。沙鑼命中誇神武，手送江山入麂東。

銀葉杯傾酌玉浆，誰來買宴又開觴。當筵莫勸如泥醉，準備君王驗酒腸。

雜録

清·彭定求等《全唐詩》卷八七五《又報王審知十字讖》 楊行密方盛，常有吞東南之志。審知齎供豫章，問國休咎以十字回報審知歎曰：『腹者，福也。得非福州之患，不在楊行密，在錢氏乎？』至延羲之亂，江南來伐。兩浙乘之，敗江南兵。福州果爲錢氏有焉。

不怕羊入屋，只怕錢入腹。

又《王霸仙壇磚刻》 黄滔撰《王審知福州造像碑》云：梁時，王霸於怡山上升，山在府城之西五里。光啓丁未歲，衢之爛柯山道士徐景立，於仙壇東北隅取土，掘得瓷瓯七口。各可容一升水，其中悉有炭，上總蓋一青磚，刻文字云云。其壇東南有皁莢樹。古云：眞君於此樹上上升，其後枯矣。至咸通庚寅歲復榮茂，爲我公開閩之祥也。

樹枯不用伐，壇壞不須結。未滿一千歲，自有聲孫列。後來是三皇，

潮水蕩禍殃。巖逢二乍間，未免有消亡。子孫依吾道，代代封閩疆。《五代史補》云：潮蕩禍殃，謂王潮除禍患開基也。巖逢二乍間，謂連帥陳巖死，潮取閩也。代代。明封崇不過潮與審知兩世也。

又　卷八七八《閩人謡》　風吹楊菜鼓山下，不得錢郎戈不罷。王審知時有此謡。後延羲、延政兄弟相攻，國中大亂。忠獻王錢佐時年十九，遣兵伐之，敗淮將楊業、蔡遇等，盡取福州之地。鼓山，福州山名。

南漢分部

綜　述

《新唐書》卷一〇《昭宗紀》　（天復元年）是歲，清海軍節度使徐彦若卒，行軍司馬劉隱自稱留後。

《舊五代史》卷四《梁書・太祖紀四》　（開平三年四月甲寅）制：易定節度使王處直進封北平王，福建節度使王審知封閩王，廣州節度使劉隱封南平王，同州節度使劉知俊封大彭郡王，山南東道節度使楊師厚封弘農郡王。

又　卷六《梁書・太祖紀六》　（乾化元年五月甲申朔）制：諸道節度使錢鏐、張宗奭、馬殷、王審知、劉隱各賜一子六品正員官，高季昌賜一子八品員官，賀德倫賜一子九品正員官。

又　卷九《梁書・末帝紀中》　（貞明五年）九月丙寅，制削奪廣州節度使、南平王劉巖在身官爵，以其將謀僭號故也。仍詔天下兵馬元帥錢鏐，指揮攻討。

又　卷三二《唐書・莊宗紀六》　（同光三年）二月甲申廣南劉巖遣使奉書於帝，稱『大漢國王致書上大唐皇帝』。

又　卷一三五《僭僞傳・劉陟》　劉陟，即劉龑，初名陟，其先彭城人，祖仁安，仕唐爲潮州長史，因家嶺表。父謙，素有才識。唐咸通中，宰相韋宙出鎮南海，謙時爲牙校，職級甚卑，然氣貌殊常，宙以猶女妻之。妻以非其類，堅止之，宙曰：『此人非常流也，他日我子孫或可依之。』謙後果以軍功拜封州刺史兼賀水鎮使。

謙之長子曰隱，即韋氏女所生也，幼而奇特。及謙卒，賀水諸將有無賴者，幸變作亂，隱定計誅之。連帥劉崇龜聞其才，署爲右都校，復領賀水鎮，俄奏兼封州刺史。用法清肅，威望頗振。唐昭宗以嗣薛王知柔石門扈蹕功，授清海軍節度使。詔下，有府之牙將盧琚、譚玘謀不稟朝命，隱舉部兵誅琚，玘以聞，知柔至，深德之，辟爲行軍司馬，委以兵賦。唐昭宗命宰相徐彦若代知柔復署前職。彦若在鎮二年，臨薨，手表奏隱爲兩使留後，昭宗未之許，命宰相崔遠爲節度使。遠行及江陵，聞嶺表多盜，懼隱違詔，遲留不進，會遠復入相，乃詔以隱爲留後，然久未即眞。及梁祖爲元帥，隱遣使持重賂以求保薦，梁祖即表其事，遂降旄節。梁開平初，恩寵殊厚，遷檢校太尉、兼侍中，封大彭郡王。梁祖郊禋，禮畢，加檢校太師、兼中書令。又命兼領安南都護、充清海、靜海兩軍節度使，進封南海王。

陟，隱之弟也，隱卒，代據其位。及梁末帝嗣位，務行姑息之政，乃盡以隱之官爵授陟。先是，邕州葉廣略、容州龐巨源，或自擅兵賦，數侵廣之西鄙，陟舉兵討之，邕、容皆敗，因附庸於陟。又交州土豪曲承美亦專據其地，送款於梁，因正授旄鉞。陟不平之，遣將李知順伐之，執承美以獻，陟自是盡有嶺表之地。及聞錢鏐册封吳越王，陟恥稱南海之號，乃嘆曰：『中原多故，誰爲眞主？安能萬里梯航而事僞庭乎！』梁貞明三年八月，陟乃僭號於廣州，國號大漢，僞改元爲乾亨。明年，僭行郊禮，赦其境内，及改名巖。陟僭位之後，廣聚南海珠璣，西通黔、蜀，得其珍玩，窮奢極侈，娱僭一方，與嶺北諸藩歲時交聘。及聞莊宗平梁，遣僞宮苑使何詞來聘，稱『大漢國主致書上大唐皇帝』，莊宗召見於鄴宮，問南海事狀。且言本國已發使臣，大陳物貢，期今秋即至。初，陟聞莊宗兵威甚盛，故令何詞來視虛實。時朝政已紊，莊宗亦不能以道制御遠方，南海貢亦不至，自是與中國遂絶。

唐同光三年冬，白龍見於南海，改僞乾亨元年爲白龍元年，陟又改名龑，以符龍之瑞也。白龍四年春，又改大有元年。是歲，陟僭行籍田之禮。陟之季年，有梵僧善占算之術，謂陟不利名龑，他年慮有此姓敗事，陟又改名龑。龑讀爲儼，古文無此字，蓋妄撰也。

陟性雖聰辯，然好行苛虐，至有炮烙、刳剔、截舌、灌鼻之刑，一方之民，若據爐炭。惟厚自奉養，廣務華靡，末年起玉堂珠殿，飾以金碧翠羽，嶺北行商，或至其國，皆召而示之，誇其壯麗。每對北人自言家本咸秦，恥爲蠻夷之主。又呼中國帝王爲洛州刺史，其妄自尊大，皆此類也。晉天福七年夏四月，陟以疾卒，凡僭號二十六年，年五十四。僞謚爲天皇大帝，廟號高祖，陵曰康陵。子玢嗣。

又《劉玢傳》 玢，陟長子也。初封賓王，又封秦王。陟卒，遂襲位，僞號光天。玢性庸昧，僭位之後，大恣荒淫。尋爲其弟晟所弒，在位一年，僞謚爲殤帝。

又《劉晟傳》 晟，陟第二子也。僞封勤王，又封晉王。玢之立也，多行淫虐，人皆惡之，晟因與其弟僞越王昌等同謀弒玢，自立爲帝，改元爲應乾，又改爲乾和。晟率性荒暴，得志之後，專以威刑禦下，多誅滅舊臣及其昆仲，數年之間，宗族殆盡。又造生地獄，凡湯鑊、鐵牀之類，無不備焉。人有小過，咸被其苦。及湖南馬氏昆弟尋戈，晟因其釁，遣兵攻桂林管内諸郡及郴、連、梧、賀等州，皆克之，自此全有南越之地。周顯德五年秋八月，晟以疾卒，僞謚曰文武光聖明孝皇帝，廟號中宗，陵曰昭陵。是歲，晟以六月望夜宴於甘泉宮，是夕月有蝕之，測在牛女之度，晟自覽占書，既而投之於地，曰：『自古誰能不死乎！』縱長夜之飲，至是而卒。

又《劉鋹傳》 鋹，晟長子也。僞封衛王。晟卒，乃襲僞位，時年十七，改元爲大寶。鋹性庸懦，不能治其國，政事咸委於閹官，復有宮人具冠帶、預職官、理外事者，由是綱紀大壞。先是，廣州法性寺有菩提樹一株，高一百四十尺，大十圍，傳云蕭梁時西域僧眞諦之所手植，蓋四百餘年矣。皇朝乾德五年夏，爲大風所拔。是歲秋，鋹之寢室屢爲雷震，識者知其必亡。皇朝開寶三年夏，王師始議南征。四年二月五日，王師壓廣州，鋹盡焚其府庫，將赴火而死。既而不能引決，尋爲王師所擒，舉族遷於京師。皇上赦而不誅，仍賜爵爲恩赦侯，其後事具皇家日曆。陟始自梁貞明三年僭號，歷三世四主，至皇朝開寶四年，凡五十五年而亡。

《新五代史》卷六五《南漢世家·劉隱》 劉隱，其祖安仁，上蔡人也，後徙閩中，商賈南海，因家焉。父謙，爲廣州牙將。唐乾符五年，黄巢攻破廣州，去略湖湘間，廣州表謙封州刺史、賀江鎮遏使，以禦梧、桂以西。歲餘，有兵萬人，戰艦百餘艘，謙三子：曰隱、臺、巖。

謙卒，廣州表隱代謙封州刺史。乾寧中，節度使劉崇龜死，嗣薛王知柔代爲帥，行至湖南，廣州將盧琚、覃玘作亂，知柔不敢進。隱以封州兵攻殺琚、玘，迎知柔，知柔辟隱行軍司馬。其後，徐彦若代知柔，表隱節度副使，委以軍政。彦若卒，軍中推隱爲留後。天祐二年，拜隱節度使。

梁開平元年，加檢校太尉，兼侍中。二年，兼静海軍節度安南都護。三年，加檢校太師、兼中書令，封南平王。隱父子起封州，遭世多故，數有功於嶺南，遂有南海。隱復好賢士。是時，天下已亂，中朝士人以嶺外最遠，可以避地，多游焉。唐世名臣謫死南方者往往有子孫，或當時仕宦遭亂不得還者，皆客嶺表。王定保、倪曙、劉浚、李衡、周傑、楊洞潛、趙光裔之徒，隱皆招禮之。定保，容管巡官，曙唐太學博士，濬崇望之子，以避亂往；衡德裕之孫，唐右補闕，以奉使往，皆辟置幕府，待以賓客。傑善星曆，唐司農少卿，因避亂往，隱數問以災變，傑恥以星術事人，常稱疾不起，隱亦客之。洞潛初爲邕管巡官，秩滿客南海，隱常師事之，後以爲節度副使。及龑僭號，爲陳吉凶禮法。爲國制度略有以序，皆用此數人焉。乾化元年，進封隱南海王。是歲卒，年三十八。弟龑立。

又《劉龑》 龑，初名巖，謙庶子也。其母段氏生龑於外舍，謙妻韋氏素妬，聞之怒，拔劍而出，命持龑至，將殺之。及見而悸，劍輒墮地，良久曰：『此非常兒也！』後三日，卒殺段氏，養龑爲己子。及長，善騎射，身長七尺，垂手過膝。

隱爲行軍司馬，龑亦辟薛王府諮議參軍。隱鎮南海，龑爲副使。隱卒，龑代立。乾化二年，除清海節度使，檢校太保、同平章事。三年，加檢校太傅。末帝即位，悉以隱官爵授龑，龑封南海王。

唐末，南海最後亂，僖宗以後，大臣出鎮者，天下皆亂，無所之，惟除南海而已。自隱始亦自立。是時，交州曲顥、桂州劉士政、邕州葉廣略、容州龐巨昭，分據諸管；盧光稠據虔州以攻嶺上，其弟光睦據潮州，子延昌據韶州；高州刺史劉昌魯、新州刺史劉潛及江東七十餘寨，皆不能制。隱攻韶州，龑曰：『韶州所賴者光稠，擊之，虔人必應，應則首尾受敵，此不宜直攻而可以計取。』隱不聽，果敗而歸，因盡以兵事付龑，龑悉平諸寨，逐殺昌魯等，更置刺史。卒出兵攻敗盧氏，取潮、韶。又西與馬殷爭容、桂，殷取桂管，虜士政，龑取容管，逐巨昭，又取邕管。隱、龑自梁初受封爵，稟正朔而已。

貞明三年，龑即皇帝位，國號大越，改元曰乾亨，追尊安仁文皇帝、謙聖武皇帝、隱襄皇帝，立三廟。置百官，以楊洞潛爲兵部侍郎，李衡禮部侍郎，倪曙工部侍郎，趙光胤兵部尚書，皆平章事。光胤自以唐甲族，恥事僞國，常怏怏思歸，龑乃習爲光胤手書，遣使間道至洛陽，召其二子損、益并其家屬皆至，光胤驚喜，爲盡心焉。

龑性聰悟而苛酷，爲刀鋸、支解、刳剔之刑，每視殺人，則不勝其喜，不覺朵頤，垂涎呀呷，人以爲眞蛟蜃也。又好奢侈，悉聚南海珍寶，以爲玉堂珠殿。

二年，祀天南郊，大赦境内，改國號漢。龑初欲僭號，憚王定保不從，遣定保使荆南，及還，懼其非己，使倪曙勞之，告以建國，定保曰：『建國當有制度，吾入南門，清海軍額猶在，四方其不取笑乎？』龑笑曰：『吾備定保久矣，而不思此，宜其譏也！』

三年，册越國夫人馬氏爲皇后。馬氏，楚王殷女也。

四年春，置選部，貢舉，放進士、明經十餘人，如唐故事，歲以爲常。

七年，唐莊宗入汴，龑懼，遣宫苑使何詞入詢中國虛實，稱大漢國主致書大唐皇帝。詞還，言唐必亂，不足憂，龑大喜。又性好誇大，嶺北商賈至南海者，多召之，使升宫殿，示以珠玉之富。自言家本咸秦，恥王蠻夷，呼唐天子爲洛州刺史。是歲，雲南驃信鄭旻遣使致朱鬃白馬以求婚，使者自稱皇親母弟、清容布燮兼理，賜金錦袍虎綾紋攀金裝刀、封歸仁慶侯、食邑一千户、持節鄭昭淳。昭淳好學有文辭，龑與游宴賦詩，龑及羣臣皆不能逮，遂以隱女增城縣主妻旻。

八年作南宫，王定保獻《南宫七奇賦》以美之。龑初名巖，又更曰陟。

九年，白龍見南宫三清殿，改元曰白龍，又更名龑，以應龍見之祥。有胡僧言：『讖書：「滅劉氏者龑也」。』龑乃採《周易》『飛龍在天』之義爲龑字，音『儼』，以名焉。

又《劉晟》　晟，初名洪熙，封晉王。既弒玢，遂自立，改元曰應乾，以洪昌爲兵馬元帥，知政事，洪杲副元帥，劉思潮等封功臣。晟既殺兄，立不順，懼衆不伏，乃益峻刑法以威衆。已而洪杲屢請討賊，陰勸晟誅思潮等以止外議。晟大怒，使使者夜召洪杲。洪杲知不免，乃留使者，入具沐浴，詣佛前祝曰：『洪杲誤念，來生王宫，今見殺矣！後世當生民家，以免屠害。』涕泣與家人訣别，然後赴召，至則殺之。冬，晟祀天南郊，改元曰乾和，羣臣上尊號曰大聖文武大明至道大光孝皇帝。

二年夏，遣洪昌祠襄帝陵於海曲，至昌華宫，晟使盜刺殺之。晟自殺洪杲，由是與諸弟有隙，而洪昌最賢，龑素所欲立者，晟尤忌之，故先及害。鎮王洪澤居邕州，有善政，是歲鳳皇見邕州，晟怒，使人鴆殺之。而諸弟相次見殺。

三年，殺其弟洪雅，又殺劉思潮等五人。思潮等死，陳道庠懼，不自安，其友鄧伸以荀悦漢紀遺之，道庠莫能曉，伸駡曰：『憨獠！韓信誅而彭越醢，皆在此書矣！』道庠悟，益懼。晟聞之大怒，以道庠、伸下獄，皆斬之於市，夷其族。以右僕射王翻爲英州刺史，使人殺之於路。

五年，晟弟洪弼、洪道、洪益、洪濟、洪簡、洪建、洪暐、洪昭，同日皆見殺。

六年，遣工部郎中、知制誥鍾允章聘楚以求婚，楚不許。允章還，晟曰：『馬公復能經略南土乎？』是時，馬希廣新立，希萼起兵武陵，湖南大亂，允章具言楚可攻之狀。晟乃遣巨象指揮使吳珣、内侍吳懷恩攻賀州，已克之，楚人來救，珣鑿大穽於城下，覆箔於上，以土傅之，楚兵迫城，悉陷穽中，死者數千，楚人皆走。珣等攻桂州及連、宜、嚴、梧、蒙五州，皆克之。掠全州而還。

九年冬，又遣内侍潘崇徹攻郴州，李景兵亦在，與崇徹遇戰，大敗景兵於宜章，遂取郴州。晟益得志，遣巨艦指揮使暨彦贇以兵入海，掠商人金帛作離宫遊獵，故時劉氏有南宫、大明、昌華、甘泉、翫華、秀華、玉清、太微諸宫，凡數百，不可悉紀。宦者林延遇、宫人盧瓊仙，内外專恣爲殺戮，晟不復省。常夜飲大醉，以瓜置伶人尚玉樓項，拔劍斬之以試劍，因併斬其首。明日酒醒，復召玉樓侍飲，左右白已殺之，晟歎息而已。

十年，湖南王進逵以兵五萬率谿洞蠻攻郴州，潘崇徹敗進逵於蠔石，斬首萬餘級。

十一年，晟病甚，封其子繼興衛王，璇興桂王，慶興荆王，保興祥王，崇興梅王。

十二年，晟親耕籍田。交州吳昌濬遣使稱臣，求節鉞。昌濬者，權子也。權自龔時據交州，龔遣洪操攻之，洪操戰死，遂棄不復攻。權死，子昌岌立，昌岌卒，弟昌濬立，始稱臣於晟。晟遣給事中李璵以旌節招之，璵至白州浚，使人止璵曰『海賊爲亂，道路不通』。璵不果行。晟殺其弟洪邈。

十三年又殺其弟洪政。於是龔之諸子盡矣。顯德三年，世宗平江北，晟始惶恐，遣使脩貢於京師，爲楚人所隔，使者不得行。晟憂形於色。又嘗自言知星，未年，月食牛女間，出書占之，歎曰：『吾當之矣！』

十六年，卜葬域於城北，運甓爲壙，晟親臨視之。是秋卒，年三十九，謚曰文武光聖明孝皇帝，廟號中宗，陵曰昭陵，子鋹立。

又《劉鋹》 鋹，初名繼興，封衛王。晟卒，以長子立，改元曰大寶。晟性剛忌，不能任臣下，而獨任其嬖幸宦官、宮婢延遇、瓊仙等。至鋹尤愚，以謂羣臣皆自有家室，顧子孫，不能盡忠，惟宦者親近可任，遂委其政於宦者龔澄樞、陳延壽等。至其羣有欲用者，皆閹然後用。澄樞等既專政，鋹乃與宮婢波斯女等淫戲後宮，不復出省事。延壽又引女巫樊胡子，自言玉皇降胡子身，鋹於內殿設帳幄，陳寶貝，胡子冠遠游冠、衣紫霞裾，坐帳中宣禍福，呼鋹爲太子皇帝，國事皆決於胡子，盧瓊仙、龔澄樞等爭附之。胡子乃爲鋹言：『澄樞等皆上天使來輔太子，有罪不可問。』尚書左丞鍾允章參政事，深嫉之，數請誅宦官，宦官皆仄目。

二年，鋹祀天南郊，前三日，允章與禮官登壇，四顧指麾，宦者許彥眞望見之曰：『此謀反爾！』乃拔劍升壇，允章迎叱之，彥眞馳走，告允章反，鋹下允章獄，遣禮部尚書薛用丕治之。允章與用丕有舊，因泣下曰：『吾今無罪，自誣以死固無恨，然吾二子皆幼，不知父冤，俟其長，公可告之。』彥眞聞之，罵曰：『反賊欲使爾子報仇邪！』復入白鋹，併捕二子繫獄，遂族誅之。陳延壽謂鋹曰：『先帝所以得傳陛下者，由盡殺羣弟也。』勸鋹稍誅去諸王，鋹以爲然，殺其弟桂王璇興。是歲，建隆元年也。鋹將邵廷琄言於鋹曰：『漢乘唐亂，居此五十年，幸中國有故，干戈不及，而漢益驕於無事，今兵不識旗鼓，而人主不知存亡。夫天下亂久矣，亂久而治，自然之勢也。今聞眞主已出，必將盡有海內，其勢非一天下不能已。』勸鋹修兵爲備，不然，悉珍寶奉中國，遣使以通好。鋹懵然莫以爲慮，惡廷琄言直，深恨之。

四年，芝菌生宮中，野獸觸寢門，苑中羊吐珠，井旁石自立，行百餘步而仆，樊胡子皆以符瑞諷羣臣入賀。

五年，鋹以宦者李托養女爲貴妃，專寵。托爲內太師，居中專政。許彥眞既殺鍾允章，惡龔澄樞等居己上，謀殺之。澄樞使人告彥眞反，族誅之。

七年，王師南伐，克郴州，晟所遣將暨彥贇與其刺史陸光圖皆戰死，餘衆退保韶州。鋹始思廷琄言，遣廷琄以舟兵出洸口抗王師。會王師退舍，廷琄訓士卒，修戰備，嶺人倚以爲良將。有譖者投無名書言廷琄反，鋹遣使者賜死；士卒排軍門見使者，訴廷琄無反狀，不能救，爲立祠於洸口。

八年，交州吳昌丈卒。其佐呂處玶與峰州刺史喬知佑爭立，交趾大亂，驩州丁璉舉兵擊破之，鋹授璉交州節度。

九年，南海民妻生子兩首四臂。是時，太祖皇帝詔李煜諭鋹使稱臣，鋹怒，囚煜使者龔慎儀。

十三年，詔潭州防禦使潘美出師，師次白霞。鋹遣龔澄樞守賀州、郭崇岳守桂州、李托守韶州以備。是歲秋，潘美平賀州，十月平韶州，又平桂州，十一月平連州。鋹喜曰：『昭、桂、連、賀，本屬湖南，今北師取之，足矣，其不復南也。』其愚如此！十二月平韶州。開寶四年正月，平英、雄二州。鋹將潘崇徹先降。師次瀧頭，鋹遣使請和，求緩師。二月，師度馬逕，鋹遣其右僕射蕭漼奉表降。漼行，鋹惶迫，復令整兵拒命。美等進師，鋹遣其弟祥王保興率文武詣美軍降，不納。龔澄樞、李托等謀曰：『北師之來，利吾國寶貨爾，焚爲空城，師不能駐，當自還也。』乃盡焚其府庫、宮殿。鋹以海舶十餘，悉載珍寶、嬪御，將入海，宦官樂範竊其舟以逃歸，師次白田，鋹素衣白馬以降。獻俘京師，赦鋹爲左千牛衛大將軍，封恩赦侯，其後事具國史。隱興滅年世，諸書皆同。蓋自唐天祐二年隱爲廣州節度使，至皇朝開寶四年，國滅凡六十七年。《舊五代史》以梁貞明三年龑僭號爲始，故曰五十五年爾。

又 《劉玢》 玢，初名洪度，封秦王。龑子耀樞、龜圖皆早死，玢次當立，龑病臥寢中，召右僕射王翻與語，呼洪度、洪熙小字曰：『壽、儁雖長，然皆不足任吾事，惟洪昌類我，吾欲立之，奈何吾子孫不肖，後世如鼠入牛角，勢當漸小爾！』因泣下歔欷。翻爲龑謀，出洪度以邕州，洪熙容州，然後立洪昌爲太子。議已定，崇文使蕭益入問疾，龑以告之，益諫曰：『少者得立，長者爭之，禍始此矣！』由是洪度卒得立。更名玢，改元曰光天，尊母趙昭儀爲皇太妃，以晉王洪熙輔政。

玢立，果不能任事。龑在殯，召伶人作樂，飲酒宮中，裸男女以爲樂，或衣墨縗與倡女夜行，出入民家。由是山海間盜賊競起。妖人張遇賢，自稱中天八國王，攻陷循州。玢遣越王洪昌、循王洪杲攻之，遇賢圍洪昌等於錢帛館，裨將萬景忻、陳道庠力戰，挾二王潰圍而走。玢莫能省，嶺東皆亂。

洪熙日益進聲妓誘玢爲荒恣。玢亦頗疑諸弟圖己，敕宦官守宮門，入者皆露索。洪熙、洪杲、洪昌陰遣陳道庠養勇士劉思潮、譚令禋、林少彊少良、何昌廷等，習爲角觝以獻玢。玢宴長春宮以閱之。玢醉起，道庠與思潮等隨至寢門拉殺之，盡殺其左右。玢立二年，年二十四，謚曰殤。弟晟立。

《宋史》卷二《太祖紀二》（開寶三年）九月己亥朔，命潭州防禦使潘美爲貴州道兵馬行營都部署，朗州團練使尹崇珂副之。遣使發十州兵會賀州，以伐南漢。【略】丁卯，潘美等敗南漢軍萬衆於富州，下之。

十二月壬申，潘美等下連州。辛卯，大敗南漢軍萬餘於韶州，下之。

（四年）二月丁亥，南漢劉鋹遣其左僕射蕭漼等以表來上。己丑，潘美克廣州，俘劉鋹，廣南平。得州六十、縣二百十四户十七萬二百六十三。

又 卷四八一《世家四·南漢劉氏》 南漢劉鋹，其先蔡州上蔡人，高祖仁安，仕唐爲潮州刺史，因家嶺表。安仁生謙，爲廣州牙校，【略】鋹卽晟長子也，初名繼興，封衛王，襲父位，改今名，改元大寶。性昏懦，委政宦官龔澄樞及才人盧瓊仙，每詳覽可否，皆瓊仙指之。鋹日與宮人、波斯女等遊戲。內官陳延壽引女巫樊胡入宮，言玉皇遣樊胡命鋹爲太子皇帝，乃於宮中施帷幄，羅列珍玩，設玉皇坐。樊胡遠游冠、紫衣、紫霞裙，坐宣禍福，令鋹再拜聽命；嘗云瓊仙、澄樞、壽皆玉皇遣輔太子皇帝，有過不得治。又有梁山師、馬媪、何擬之徒出入宮掖。宮中婦人皆具冠帶，領外事。

初，龑雖寵任中官，其數裁三百餘，位不過掖庭諸局令丞。至晟時千餘人，稍增内常侍，諸謁者之稱。至鋹漸至七千餘，有爲三師、三公，但其上加『內』字，諸使名不翅二百，女官亦有師傅、令僕之號。目百官爲『門外』人，羣臣小過及士人、釋、道有才略可備問者，皆下蠶室，令得出入宮闈。作燒煮剥剔，刀山劍樹之刑，或令罪人鬬虎抵象。又賦斂煩重，邕民入城者人輸一錢，瓊州米斗稅四五錢。置媚川都，定其課，令入海五百尺採珠，所居宮殿以珠、玳瑁飾之。陳延壽作諸淫巧，日費數萬金。宮城左右離宮數十，鋹游幸常至月餘或旬日，以豪民爲課户，供宴犒之費。

乾德中，太祖命師克郴州，獲其内品十餘人，有餘延業者，人質麽麽，太祖問曰：『爾在嶺南爲何官？』對曰：『爲扈駕弓箭手官。』命授之弓矢，延業極力控弦不開。太祖因笑問鋹爲治之迹，延業備言其奢酷，太祖驚駭曰：『吾當救此一方之民。』

先是，晟因湖南馬氏之亂，襲取桂、郴、賀等州。開寶初，鋹又舉兵侵道州，刺史王繼勳上言，鋹爲政昏暴，民被其毒，請討之。太祖難其事，令江南李煜遣使以書諭鋹使稱臣，歸湖南舊地。鋹不從。煜又遣其給事中龔慎儀遺書曰：

煜與足下叨累世之睦，繼祖考之盟，情若弟兄，義敦交契，憂慼之患，曷嘗不同。每思會面而論此懷，抵掌而談此事，交議其所短，各陳其所長，使中心釋然，利害不惑，而相去萬里，斯願莫伸。凡于事機不得款會，屢達誠素，冀明此心，而足下視之，謂書檄一時之儀，近國梗概之事，外貌而待之，汎濫而觀之，使忠告確論如水投石，若此則又何必事虛詞而勞往復哉？殊非宿心之所望也。

今則復遣人使罄申鄙懷，又慮行人失辭，不盡深素，是以再寄翰墨，重布腹心，以代會面之談與抵掌之議也。足下誠聽其言如交友諫爭之言，視其心如親戚急難之心，然後三復其言，三思其心，則忠乎不忠，斯可見矣，從乎不從，斯可決矣。

昨以大朝南伐，圖復楚疆，交兵已來，遂成釁隙。詳觀事勢，深切擾懷，冀息大朝之兵，求契親仁之願，引領南望，於今累年。昨命使臣入貢大朝，大朝皇帝果以此事宣示曰：『彼若以事大之禮而事我，則何苦而伐之；若欲興戎而爭我，則以必取爲度矣。』見今點閲大衆，仍以上秋爲期，令弊邑以書復敍前意，是用奔走人使，遽貢直言。深料大朝之心非有唯利之貪，蓋怒人之不賓而已；足下非有不得已之事與不可易之謀，殆一時之忿而已。

觀夫古之用武者，不顧小大强弱之殊而必戰者有四：父母宗廟之讎，此必戰也；彼此烏合，民無定心，存亡之機以戰爲命，此必戰也；敵人有進，必不捨我，求和不得，退守無路，戰亦亡，不戰亦亡，奮不顧命，此必戰也；彼有天亡之兆，我懷進取之機，此必戰也。今足下與大朝非有父母宗廟之讎也，非同烏合存亡之際也，既殊進退不舍、奮不顧命也，又異乘機進取之時也。無故坐受天下之兵，將決一旦之命，既大朝許以通好，又拒而不從，有國家、利社稷者當若是乎？

夫稱帝稱王，角立傑出，今古之常事也；割地以通好，玉帛以事人，亦古今之常事也。盈虚消息，取與翕張，屈伸萬端，在我而已，何必膠柱而用壯，輕禍而爭雄哉？且足下以英明之姿，撫百越之衆，北距五嶺，南負重溟，籍累世之基，有及民之澤，衆數十萬，表裏山川，此足下所以慨然而自負也。然違天不祥，好戰危事，天方相楚，尚未可爭。恭以大朝師武臣力，實謂天贊也。登太行而伐上黨，士無難色，絶劍閣而舉庸蜀，役不淹時。是知大朝之力難測也，萬里之境難保也。十戰而九勝，亦一敗可憂；六奇而五中，則一失何補！

況人自以我國險，家自以我兵强，蓋揣於此而不揣於彼，經其成而未經其敗也。何則？國莫險於劍閣，而庸蜀已亡矣；兵莫强於上黨，而太行不守矣。人之情，端坐而思之，意滄海可涉也，及風濤驟興，奔舟失馭，與夫坐思之時蓋有殊矣。是以智者慮於未萌，機者重其先見，圖難於其易，居存不忘亡，故曰計禍不及，慮福過之。良以福者人之所樂，心樂之，故其望也過；禍者人之所惡，心惡之，故其思也忽。是以福或修於慊望，禍多出於不期。

又或慮有矜功好名之臣，獻尊主强國之議者，必曰：『慎無和也。五嶺之險，山高水深，輜重不併行，士卒不成列，高壘清野而絶其運糧，依山阻水而射以强弩，使進無所得，退無所歸。』此其一也。又或曰：『彼所長者，利在平地，今舍其所長，就其所短，雖有百萬之衆，無若我何。』此其二也。其次或曰：『戰而勝，則霸業可成，戰而不勝，則汎巨舟而浮滄海，終不爲人下。』此大約皆説士孟浪之談，謀臣捭闔之策，坐而論之也則易，行之如意也則難。

何則，今荆湘以南、庸蜀之地，皆是便山水、習險阻之民，不動中國之兵，精卒已逾於十萬矣。況足下與大朝封疆接畛，水陸同途，殆鷄犬之相聞，豈馬牛之不及？一旦緣邊悉舉，諸道進攻，豈可俱絶其運糧，盡保其城壁？若諸險悉固，誠善莫加焉；苟尺水横流，則長堤虚設矣。其次曰：或大朝用吴越之衆，自泉州泛海以趣國都，則不數日至城下矣。當其人心疑惑，兵勢動摇，岸上舟中皆爲敵國，忠臣義士能復幾人？懷進退者步步生心，顧妻子者滔滔皆是。變故難測，須臾萬端，非惟暫乖始圖，實恐有誤壯志，又非巨舟之可及，滄海之可游也。然此等皆戰伐之常事，兵家之預謀，雖勝負未知，成敗相半。苟不得已而爲也，固斷在不疑；若無大故而思之，又深可痛惜。

且小之事大，理固然也，遠古之例不能備談，本朝當楊氏之建吴也，亦入貢莊宗。恭自烈祖開基，中原多故，事大之禮，因循未遑，以至交兵，幾成危殆，非不欲憑大江之險恃衆多之力，尋悟知難則退，遂修出境之盟，一介之使纔行，萬里之兵頓息，惠民和衆，於今賴之。自足下祖德之開基，亦通好中國，以闡霸圖。願修祖宗之謀，以尋中國之好，蕩無益之忿，棄不急之爭，知存知亡，能强能弱，屈己以濟億兆，談笑而定國家，至德大業無虧也，宗廟社稷無損也。玉帛朝聘之禮纔出於境，而天下之兵已息矣，豈不易如反掌，固如太山哉？何必扼腕盱衡，履腸蹀血，然後爲勇也。故曰：『德輶如毛，民鮮克舉之，我儀圖之。』又曰：『知止不殆，可以長久』。又曰：『沈潛剛克，高明柔克』。此聖賢之事業，何耻而不爲哉？

況大朝皇帝以命世之英，光宅中夏，承五運而乃當正統，度四方則咸偃下風，獫狁、太原固不勞於薄伐，南轅返旆更屬在於何人。又方且遏天下之兵鋒，俟貴國之嘉問，則大國之義斯亦以善矣，足下之忿亦可以息矣。若介然不移，有利于宗廟社稷可也，有利于黎元可也，有利于天下可也，有利于身可也。凡是四者無一利焉，何用棄德修怨，自生讎敵，使赫赫南國，將成禍機，炎炎奈何，其可嚮邇？幸而小勝也，莫保其後焉，不幸而違心，則大事去矣。

復念頃者淮、泗交兵，疆陲多壘，吳越以累世之好，遂首爲厲階，惟有貴國情分逾親，驩盟愈篤，在先朝感義，情實慨然，下走承基，理難負德，不能自已，又馳此緘。近奉大朝諭旨，以爲足下無通好之心，必舉上秋之役，卽命弊邑速絶連盟。雖善鄰之心，期於永保；而事大之節，焉敢固違。恐煜之不得事足下也，是以惻惻之意所不能云，區區之誠於是乎在。又念臣子之情，尚不逾於三諫，煜之極言，於此三矣，是爲臣者可以逃，爲子者可以泣，爲交友者亦惆悵而遂絶矣。

鋹得書，遂囚愼儀，驛書答煜，言其不遜，煜上其書。

開寶三年，太祖命潭州防禦使潘美、朗州團練使尹崇珂討之。八月，師至白霞，鋹賀州刺史陳守忠告急於鋹。時舊將多以讒構誅死，宗室翦滅殆盡，掌兵者唯宦人數輩。自晟以來，耽於游宴，城壁壕隍多飾爲宮館池沼，樓艦皆毁，兵器又腐，内外震恐，乃遣龔澄樞往賀州，郭崇岳往桂州，李托往韶州，畫守禦之策。

九月，美與崇珂圍賀州，澄樞遁歸。鋹遣大將伍彦柔領兵赴賀，美等以奇兵伏南岸。彦柔夜至，艤舟岸側，遲明挾彈登岸，踞胡牀指麾。伏兵卒發，彦柔衆大亂，死者千人。擒彦柔斬之。梟首以示城中。翌日，城陷。美等督戰艦，聲言順流趨廣州，鋹令都統潘崇徹將兵五萬屯賀江。十月，美等次昭州，破開建砦，殺卒數百，擒砦將靳暉，昭州刺史田行稠遁去，城遂陷。桂州刺史李承進棄城亦奔。十一月，連州陷，招討使盧收率衆退保清遠。十二月，美等攻韶州，都統李承渥以兵數萬陣蓮華山下。初，鋹教象爲陣，每象載十數人，皆執兵仗，凡戰必置陣前，以壯軍威，至是與美遇，美盡索軍中勁弩布前以射之，象奔踶，乘象者皆墜，反踐承渥軍，遂大敗，承渥僅以身免。韶州陷，擒刺史辛延渥、諫議大夫卿文遠。鋹始令塹廣州東壕，遣郭崇岳統兵六萬屯馬逕，列柵以拒之。

四年正月，美等破英、雄二州，都統潘崇徹來降。翌日，次瀧頭，鋹遣使請和，且求緩師。瀧頭山水險惡，美等疑有伏兵，乃挾鋹使速度諸險。二月，過馬逕，去廣城十里，砦於雙女山下。鋹聞之，取舶船十餘艘，載金寶、妃嬪欲入海，未及發，宦官樂範與衛兵千餘盜舶船走。美等將至城，鋹懼，遣其右僕射蕭漼奉表詣軍門乞降。美諭太祖意，語在美傳。使者乞部送赴闕，師遂頓城外。鋹又遣其弟保興率百官奉迎，爲郭崇岳所遏。崇岳無謀勇，但祈禱鬼神，復爲拒捍之備。美等乃進攻，保興迎戰，大爲所敗，美乘風縱火，煙埃坌起，崇岳死於亂兵。城既破，鋹盡焚其府庫。美擒鋹及龔澄樞、李托、薛崇譽與宗室文武九十七人，同縻於龍德宫。保興逃於民家，亦獲之，悉部送闕下。斬閹工五百餘人。凡得州六十、縣二百四十、户十七萬。

鋹至江陵，邸吏龐師進迎謁，學士黄德昭侍鋹，鋹問師進何人，德昭曰：『本國人也』。鋹曰：『何爲在此』？曰：『先主歲貢大朝，輜重比至荆州，乃令師進至邸，於此造車，以給饋運爾。』鋹嘆曰：『我在位十四年，未嘗聞此言，今日始知祖宗山河及大朝境土也』。因泣下久之。

至京，舍於玉津園，太祖遣參知政事吕餘慶問鋹翻覆及焚府庫之罪，鋹歸罪澄樞、托、崇譽。翌日，有司以帛係鋹及其官屬獻太廟、太社。太祖御明德門，遣攝刑部尚書盧多遜宣詔責鋹，鋹對曰：『臣年十六僭偽位，澄樞等皆先臣舊人，每事臣不得專，在國時臣是臣下，澄樞是國主』。遂伏地待罪。太祖命攝大理卿高繼申引澄樞、托、崇譽斬於千秋門外，釋鋹罪，賜襲衣、冠帶、器幣、鞍勒馬，授金紫光禄大夫、檢校太保、右千牛衛大將軍、員外置同正員，封恩赦侯，朝會班上將軍之下。以其弟保興爲右監門率府率，左僕射蕭漼爲太子中允，中書舍人卓惟休爲太僕寺丞，餘併署諸州上佐、縣令、主簿。

初，龔時嘗召司天監周傑筮之，遇復之豐，龔問曰：享年幾何？傑曰：凡二卦皆土爲應，土之數五，二五，十也，上下各五，將五百五十五乎。及鋹之敗，果五十五年，蓋傑舉成數以避一時之害爾。又廣州童謡曰：『羊頭二四，白天雨至。』識者以羊是未之神，是歲在辛未，以二月四日擒鋹。天雨者，王師如時雨之義。又前一年九月八日夕，衆星皆北流，有知星者言，劉氏歸朝之兆也。

四年，詔鋹月給增錢五萬、米麥五十斛。八年，李煜平，遷左監門衛上將軍，進封彭城郡公。太平興國初，又進衛國公。五年，卒，年三十九。廢朝三日，贈太師，追封南越王。

鋹體質丰碩，眉目俱竦。有口辯，性絶巧，嘗以珠結鞍勒爲戲龍之狀，極其精妙，以獻太祖。太祖詔示諸宫官，皆駭伏，遂以錢百五十萬給其直，謂左右臣曰：『鋹好工巧，習以成性，儻能以習巧之勤移於治國，豈至滅亡哉』！

太祖嘗乘肩輿從十數騎幸講武池，從官未集，鋹先至，賜鋹巵酒。鋹疑爲酖，泣曰：『臣承祖父基業，違拒朝廷。勞王師致討，罪固當死，陛下不殺臣，今見太平，爲大梁布衣足矣。原延旦夕之命，以全陛下生成之恩，臣未敢飲此酒。』太祖笑曰：『朕推心於人腹，安有此事！』命取鋹酒自飲之，别酌以賜，鋹大慚頓首謝。

太宗將討晉陽，召近臣宴，鋹預之，自言：『朝廷威靈及遠，四方僭竊之主，今日盡在坐中，旦夕平太原，劉繼元又至，臣率先來朝，願得執梃爲諸國降王長。』太宗大笑，賞賜甚厚。其詼諧此類也。

鋹子守節、守正，皆至崇儀副使。守正卒，帝聞其家貧，詔月給萬錢。守素，咸平中爲侍禁，亦貧，眞宗賜白金百兩，語宰相曰：『諸僞主子孫率多窘迫，蓋僭侈之後不知稼穡艱難所致也。』後至内殿崇班，天禧中，又録爲閤門祗候。守通，供奉官，守正子克昌，爲三班奉職，國昌，爲籍職。

又　卷二五八《潘美傳》　潘美，字仲詢，大名人。【略】嶺南劉鋹數寇桂陽、江華，美擊走之。溪峒蠻獠自唐以來，不時侵略，頗爲民患。美窮其巢穴，多所殺獲，餘加慰撫，夷落遂定。乾德二年，又從兵馬都監丁德裕等率兵克郴州。

開寶三年，征嶺南，以美爲行營諸軍都部署、朗州團練使，尹崇珂副之。進克富州，鋹遣將率衆萬餘來援，遇戰大破之，遂克賀州。十月，又下昭、桂、連三州，西江諸州以次降。美以功移南面都部署，進次韶州。韶，廣之北門也，賊衆十餘萬聚焉。美揮兵進乘之，韶州遂拔，斬獲數萬計。鋹窮蹙，四年二月，遣其臣王珪詣軍門求通好，又遣其左僕射蕭漼、中書舍人卓惟休奉表乞降。美因諭以上意，以爲彼能戰則與之戰，不能戰則勸之守，不能守則諭之降，不能降則死，不能死則亡非此五者他不得受。美既令殿直冉彦衮部送漼等赴闕。

鋹復遣其弟保興率衆拒戰，美即率厲士卒倍道趨栅頭，距廣州百二十里。鋹兵十五萬依山谷堅壁以待，美因築壘休士，與諸將計曰：『彼編竹木為栅，若攻之以火，彼必潰亂。因以鋭師夾擊之，萬全策也。』遂分遣丁夫數千人，人持二炬，間道造其栅。及夜，萬炬俱發，會天大風，火勢甚熾。鋹衆驚擾來犯，美揮兵急擊之，鋹衆大敗，斬數萬計。長驅至廣州，鋹盡焚其府庫，遂克之，擒鋹送京師，露布以聞。即日，命美與尹崇珂同知廣州兼市舶使。五月，拜山南東道節度。五年，兼嶺南道轉運使。土豪周思瓊聚衆負海為亂，美討平之，嶺表遂安。

論説

《舊五代史》卷一三五《僭僞傳第二·劉陟》　史臣曰：守光逆天反道，從古所無，迨至臨刑，尚求免死，非唯惡之極也，抑亦愚之甚也。劉晟據南極以稱雄，屬中原之多事，洎乎奕世，遇我昌朝，力僨而亡，不泯其嗣，亦其幸也。劉崇以亡國之餘，竊僞王之號，多見其不知量也。今元惡雖斃，遺孽尚存，勢蹙民殘，不亡何待！

清·吴任臣《十國春秋》卷五八《南漢一·烈宗世家》　論曰：予採南漢逸事，至先主每視殺人不勝其喜，復創爲水獄、湯鑊、鋸解、剝炙之刑，不禁掩卷歎曰：十國世家有云，『牢牲視人，嶺蜑遭劉』，豈虚語哉！夫時當五季，中原迭變，民不聊生，困已極矣。區區廣南之地，不務施德，而虐及無辜，將天不厭亂，特假手以毒此一方民邪？不然傳國三世，卜年六十，吾不能爲彭城氏解矣。

清·朱彝尊《曝書亭集》卷四六《廣州光孝寺鐵墖記跋》　嗚呼！僭竊之主，未有愚於劉鋹者也。謂羣臣有家室，顧子孫，惟宦者可信，不知其植黨納賄更甚焉。鐵墖建自大寶十年，凡七層，合相輪蓮花座，崇二丈有二尺，觀其列名，皆宦者也。當其時，鋹又範銅爲己像，併肖諸子，列於天慶觀，而今已亡之。蓋金石刻之傳於世，金之用博，故其鑠也易。以予所見，自唐以來，惟景雲觀法性寺二鐘銘，及是塔記而已。若晉祠鐵人，鑄自宋建中靖國年，則其文在胸突出，難以摹拓。蓋款識不同，變前人之舊矣。

藝文

清·王士禛《五代詩話》卷一《南漢王劉龑》 大有元年，欽州民掘羅浮山，得古劍以獻，篆曰：己與水同宮，王將耳口同。尹來居口上，山岫護重重。後宋平南漢，解者云：太宗以己亥降誕，是己水同宮也。於文耳、口、王爲聖，尹、口爲君，重山爲出，蓋己亥年聖君出云。（補）《十國春秋》南漢劉隱僭據廣州，傳四世，皆昏虐，多立疑冢，以虞發掘，今北郭外有之。弘治壬子，餘覓壽藏白雲之麓，有擕磚來售者，方二尺，厚五寸上有篆識曰：『景定辛酉預備磚。』尋又有售碗碟盤盂者，其色黑而潤，若饒磁然。詢其所由來，曰：得諸劉王冢。往觀藏處，實大墓也。然景定乃宋理宗年號，其非南漢物明矣。廖山人飛卿，居西城外荔枝灣；犂田得長刀，其銛已盡，而嵌銀文彩如繡，猶新豈當時昌華苑之遺物與？又北十里多甃石，亦指爲劉王冢，發之，惟水涓滴而已，蓋所謂明月峽、玉液池也，余詠西城古迹云：

江水東流西日斜，劉郎墓迹尚天涯。昌華苑外裙腰草，玉液池邊鼓吹蛙。隔隴牛羊聞牧笛，遙林烟火見樵家。當年翠輦曾游地，留與東風長稻花。

清·謝啓昆《樹經堂詠史詩》卷七《南漢·劉龑》 天假彭城毒百蠻，牢牲嶺蜑五羊閒。薰風殿牲燒沉水，曝日刀鎚聚鐵山。蛟蜃食人名字改，羅浮得劍篆文斑。洛州刺史誰知我，藥石蓮池綠幾灣。

又《劉鋹》 天華別殿築離宮，兩世奢淫襲祖風。買宴金多珠月曉，鬬花香散荔雲紅。兔絲吞骨諸王盡，牛女占星王嶺通。執梃願爲降國長，木棉吹落粵江東。

清·彭孫遹《松桂堂全集》卷四三《禺山》 劉鋹當年霸業雄，禺山相對起離宮。藥洲花塢無蹤迹，只在西風野燒中。

清·舒位《瓶水齋詩集》卷三《五代十國讀史絶句三十首·南漢二首》 內殿傳呼女侍中，紅雲宴散太忽忽。髮香人夢無尋處，腸斷花田一畝宮。

無復鷄人候曉窗，青春衹戲一王降。如何瘦燕肥環外，別有橫陳大體雙。

清·史夢蘭《全史宮詞》卷一五《十國·南漢》 玉堂珠殿勢摩空，牓字親題墨彭融。偏是外廷誇麗藻，七奇獻賦頌南宮。

北望中原小洛州，自誇天子愛風流。日高香繞南薰殿，廿四仙人隱桂頭。

金柱銀衣費萬緡，領英椰子極雕剜。媚川都里速催課，親製珠龍九五鞍。

殿陛彎弓猛獸降，宴酣深夜撼銀缸。更籌不用鷄人報，別有宮娥候曉窗。

瑞日曈曈滿翠宮，雲華石室拜仙翁。君王新得還丹術，國事全憑女侍中。

後苑春光似海深，年年花禁重芳林。抱關細撿樓羅歷，勝負先分買燕金。

大夫自署蕭閒號，課户連朝供豫遊。今日紅雲開內宴，六宮齊到荔枝洲。

雲雨爭看大體雙，波斯狐媚誤君王。忽聞帳裏傳神語，太子殷勤叩玉皇。

又《十國補遺·南漢》 梅日巡遊爲避災，安豐帽頂望嵬嵬。正逢文德昌明日，貢士誰稱著作才。

分明虹氣結三清，偏假飛龍改御名。白馬朱鬃締蘿蔦，長和千里送增城。

扇子亭邊萬綠涵，蘇園蕉葉迹堪探。素馨花以人名貴，應更爭强壓小南。

全憑宦寺作鹽梅，令僕公師盡內推。進秩先從蠶室過，狀頭可有腐遷才。

雜録

宋・王辟之《澠水燕談録》卷九　劉鋹據嶺南，置兵八千人，專以採珠爲事，目曰『媚川都』。每以石硾其足，入海至五七百尺，溺而死者相屬也。久之，珠璣充積内庫。所居殿宇梁棟簾箔，率以珠爲飾，窮極華麗。及王師入城，一火而盡。藝祖廢『媚川都』，黥其壯者爲軍，老者放歸田里，仍詔百姓不得以採珠爲業，於是俗知務農矣。

宋・劉攽《學易集》卷五《擬嶺南道行營擒劉鋹露布》　嶺南道行營都部署潘美、副部署尹崇珂、都監朱憲等上尚書兵部：

臣等聞飛霜激電，上帝所以宣威；罰罪吊民，明王以之耀武。我國家仰稽玄象，大啓洪基，將復三代之土疆，永泰萬方之生聚，西平巴蜀，雲雷敷潤物之恩；南定衡湘，江漢鼓朝宗之浪。惟嶺南之獷俗，獨恃遠以偷安，久背照臨，罔遵聲教。僞漢國主劉鋹，性惟凶惡，識本庸愚，以虐害爲化風，以誅戮爲政事，制火牀鐵刷之獄，人不聊生；設剉碓湯鑊之刑，古未嘗有。恨刀鋒之不快，用鋸解以恣情，臠割封屠，窮彼殘害，一境吁天而無路，生民何地以稱冤！衆心徯後，如望雲霓。

我皇帝仁深恤隱，義切救焚，遂發干戈，拯其塗炭。臣等上憑神武，遥禀睿謀，舉軍未及於半年，乘勝連平於數郡，累逢戰陣，無不掃除。劉鋹遠懼傾危，尋差入使，初則稱臣上表，具陳歸化之心；後乃設詐藏姦，翻作款兵之計。臣與將士等仰承睿旨，不敢逗遛，於正月二十七日已到栅口，去廣州只及一程。劉鋹又頻發佐僚，來往商議，漸無憑準，固欲淹留，兼於諸處收到新出僞命文牓，皆是會合逆黨，以拒王師。至二月四日，果遣其弟僞禎王保興等，部領舉國軍兵，併來決戰。臣等憤其翻覆，認此狂迷，尋結戰以交鋒，復揮戈而誓衆，行營將士等，感大君之撫御，咸願竭忠，怒逆黨之拒張，爭先效命，八十里鎗旗競進，數萬人殺戮無遺。尋又分布師徒，徑收賊壘，其劉鋹知城隍之必陷，將府庫以自焚。烈焰連天，更甚崑崗之火；投戈散地，甘從涿野之誅。劉鋹則尋即生擒，廣州則當時平定。其在州官吏、僧道、軍人、百姓等，乍除苛虐，咸遂生全，無不感帝力以沾襟，望皇都而稽首。此蓋天威遠被，宸算遐敷。平七十年不道之邦，救百萬户倒懸之命。殊方既入，長承日月之回光；鴻祚無疆，永荷乾坤之降祐。其劉鋹併僞署判六軍十二衛、禎王劉保興，太師潘崇徹等併舉國軍兵及太史内太師龔澄樞，列聖宫使六親觀軍容使内太師李托内門，使驃騎大將軍内侍中薛崇譽等，朋助劉鋹，旅拒王師，既就生擒，合同俘獻。臣等幸陪戎事，倍樂聖功，無任忭歡呼之至，謹奉露布以聞。

宋・吴處厚《青箱雜記》卷七　廣南劉龑初開國，營構宫室，得石讖，有古篆十六，其文曰：『人人有一，山山值牛，兔絲吞骨，蓋海承劉。』解者云『人人有一，大人也。山山，出也。值牛者，龑建漢國，歲在丑也。兔絲者，晟襲位，歲在卯也。吞骨者，滅諸弟也。越人以天水爲趙爲蓋海，指皇朝國姓也。承劉者，言受劉氏降也。』又乾和中童謡曰：『羊二四日天雨至。』解者以羊是未之神，是歲辛未二月四日，國亡；天雨，猶天水，斥國姓。又曰大寶末，有稻田自海中浮來，上魚藻門外，民聚觀之，布衣林楚材見而歎曰：『水魚湫湫兮。』當時好事或有記其語，洎王師至，潘美爲部署，方悟爲潘字。

《宋史》卷一二一《禮志》　嶺南平，劉鋹就擒，詔有司撰獻俘禮。鋹至，上御明德門，列仗衛，諸軍、百官常服班樓前。别設獻俘位於東西街之南，北向；其將校位於獻俘位前，北上西向。有司率武士係鋹等白練，露布前引。至太廟西南門，鋹等併下馬，入南神門，北向西立，監將校官次南立。俟告禮畢，於西南門出，乘馬押至太社，如上儀，乃押至樓南御路之西，下馬立俟。獻俘將校，戎服帶刀。攝侍中版奏中嚴，百官班定；版奏外辦，帝常服御座。百官舞蹈起居畢，通事舍人引鋹就獻俘位，將校等詣樓前舞蹈訖，次引露布按詣樓前北向，宣付中書、門下，如宣制儀。通事舍人跪受露布，轉授中書，門下轉授攝兵部尚書。次攝刑部尚書詣樓前跪奏以所獻俘付有司。上召鋹詰責，鋹伏地待罪。詔誅其臣龔澄樞等，特釋鋹縛與其弟保興等罪，仍賜襲衣、冠帶、靴笏、器幣、鞍馬，各服其服列謝樓下。百官稱賀畢，放仗如儀。

清・屈大均《廣東新語》卷八《女語・椓者》　劉鋹時，宦者有爲三師三公者，其官號加内字諸宫使字，不啻二百。女官亦有師傅令僕之名，目百官爲門外人。羣臣小過，及進士狀頭，或釋道有才略可備問者，皆下蠶室，令得出入宮闈，亦有自宮以求進者，由是宦者近二萬人。貴顯用事之徒，大抵皆宦者也，卒用龔澄樞以亡其國。潘美平廣州時，有宦者百餘人，盛服來見。美曰：『是椓人多矣。』悉令斬之。蓋宦者自椓，亦椓人以盛其黨，故美以爲言。然當時宦者，亦有賢能如邵廷琄者，廷琄今祀東莞鄉賢祠，天下宦者得祠，惟廷琄一人。其椓也或因小過，未可知。詩云：『夭夭是椓。』夭者草之柔長，椓而斷之，譬人方少好，榮如桃李，而人作禍以椓之，民之無禄，至於如此也。

又　卷一九《墳語·劉龑墓》　劉龑墓，在番禺東二十里。其地有南亭、北亭，海潮圍遶，中不過十餘里。墓在北亭洲旁，疑即昌華苑地也。崇禎九年秋，洲間有雷出，奮而成穴。一田父見之，投以石，空空有聲，乃内一雄鷄，夜盡聞鷄鳴。於是率子弟以入。堂宇豁然，珠簾半垂，左右金案玉几備列。有金人十二，舉之重各十五六斤。中二金像冕而坐，若王與后，重各五六十斤。旁有學士十八，以白銀爲之。地皆金蠶珠貝所築。旁有便房，當窗一寶鏡，大徑三尺，光燭如白日。寶硯一，硯池中有一玉魚能遊動。碧玉盤一，以水滿注其中，有二金魚影浮出。他珍異物甚衆，不可指識。田父先持鏡歸，光動鄰舍。亟撲碎之，有一珠入夜輒作怪狀，懼而棄之。於是鄰人覺而爭往，遂白邑令。令亟臨其地視搜發，令得玉枕一、金人四以歸。玉枕作臥虎形，長可尺許，大小珠見風悉化灰土，口含之而出，乃得完好。承棺有黄金磚四。棺既斧碎，有懷其髮齒以出者。一碑當穴門中立，辭稱：『高祖天皇大帝哀册文，翰林學士知制誥正議大夫尚書右丞相紫金袋臣盧應敕撰併書。』其所爲大帝者，崩於歲壬寅四月甲寅朔越廿四月丁丑，號爲大有十五年，葬以光天元年，陵曰康陵，蓋劉龑墓也。龑者，清海軍節度使劉隱之弟。僞梁常封隱南海王，隱卒，龑嗣。貞明三年，僭稱帝於廣州，改元乾亨，國號大越。又明年而更號漢。其九年白龍見，改元白龍。龑初名儼，至是復改名龑，以應白龍之祥。又二年，楚師來侵，龑懼，以周易筮之，遇大有，復以大有稱元。十有五年而龑卒，子玢立，改元光天。龑卽俗所稱劉巖是也。巖乃儼之亥文也。考奇名編，無劉儼名。彼初實名巖，後改龑，其字爲儼，故遂譌爲儼耳。龑字爲嚴特製，取飛龍在天之義，蓋效武后之作曌字。龑在位，專以慘毒爲事，所誅殺粤人，若刈菅草。死後數百年，粤人始得而甘心之。所謂天道好還非耶！尉佗有功德於民，死葬禺山，人不忍言其故處。仁與不仁之報，蓋若是哉！

又　卷二八《怪語·盧瓊仙》　盧瓊仙者，劉鋹之才人也。崇禎間，有請覘仙者，瓊仙至，題云：『身輕不許風中立，腕白愁教月下看。』瓊仙故能詩。同時有蘇才人者，亦能詩，南漢宮中稱大家。劉龑寵之。至鋹時，有女學士十餘人，瓊仙其一也，與蘇皆南海人云。

清·董誥等《全唐文》卷一二九《劉晟〈遺馬希隱書〉》　武穆王奄有全楚，富强安靖五十餘年。正由三十五舅三十舅兄弟尋戈，自相魚肉，舉先人基業，北面仇讎。今聞唐兵已據長沙，竊計桂林，繼爲所取。當朝世爲與國，重以昏姻，覩茲傾危，忍不赴救？已發大軍，水陸俱進。但令相公舅永擁節旄，常居方面。

楚國分部

綜　述

《舊唐書》卷二〇上《昭宗紀上》　（乾寧三年）四月壬午朔，湖南軍亂，殺其帥劉建鋒，三軍立其部將權知邵州刺史馬殷爲兵馬留後。

又　卷二〇下《哀帝紀下》　（天祐二年，六月）壬寅，湖南馬殷奏，岳州洞庭、青草之側，有古祠四所，先以荒圮，臣復修廟了畢，乞賜名額者。

《新唐書》卷一〇《昭宗哀帝紀》　乾寧元年五月，【略】孫儒將劉建鋒、馬殷陷潭州，武安軍節度使鄧處訥死之，建鋒自稱留後。

光化元年五月，【略】是月，馬殷陷邵、衡、永三州，刺史蔣勳、楊師遠、唐昱死之。

二年七月，【略】馬殷陷道州，刺史蔡結死之。【略】（十一月）馬殷陷郴、連二州，刺史陳彦謙、魯景仁死之。

是歲，馬殷陷桂、宜、巖、柳、象五州。

（天復二年）十月癸酉，楊行密爲東面諸道行營都統，及湖南節度使馬殷討朱全忠。

（天祐二年）七月，卜郊。嶽州刺史鄧進忠叛，附於馬殷。

《舊五代史》卷三《梁書·太祖紀三》（開平元年，四月）辛未，武安軍節度使馬殷進封楚王。

又　卷四《梁書·太祖紀四》（開平二年，四月）湖南馬殷遣水軍都將黄璠率樓船遮擊之，賊衆沿流宵遁，追至鹿角鎮。

又　卷六《梁書·太祖紀六》（乾化元年，二月）武安軍節度使馬殷進呈虔州刺史盧延昌箋表。

（五月）諸道節度使錢鏐、張宗奭、馬殷、王審知、劉隱各賜一子六品正員官，高委昌賜一子八品員官，賀德倫賜一子九品正員官。

又　卷三一《唐書·莊宗紀五》（同光二年）丁酉，以武安軍衙内馬步軍都指揮使、昭州刺史馬希範爲永州刺史、檢校太保。

（同光二年，四月）乙亥，以天策上將軍、武安等軍節度使、守太師、中書令、楚王馬殷可依前守太師，兼尚書令。

癸巳【略】以朗州節度使馬希振爲檢校太傅、兼侍中、依前朗州節度使。

又　卷三四《唐書·莊宗紀八》（同光四年）癸丑，湖南馬殷奏，福建節度使王審知疾甚，副使王延翰已權知軍府事，請降旌節。

又　卷三七《唐書·明宗紀三》（天成元年，九月）癸酉，天策上將軍、湖南節度使、開府儀同三司、守太師、兼尚書令、楚王馬殷加檢校太師、守尚書令。

（天成元年，十二月）以武安軍馬步軍都指揮使馬希範爲澧州刺史，鐵林都知事馬希杲爲衡州刺史。

又　卷三八《唐書·明宗紀四》（天成二年，二月）壬寅，【略】又命湖南節度使馬殷以湖南全軍會合。

（六月）丙申，以天策上將軍、湖南節度使、開府儀同三司、檢校太師、守尚書令、楚王馬殷爲守太師、尚書令，封楚國王。

秋七月【略】癸丑，以左金吾將軍烏昭遠爲左衛上將軍，充入蠻國信使。中書奏：『馬殷封楚國王，禮文不載國王之制，請約三公之儀，用竹册。』從之。

又　卷四〇《唐書·明宗紀六》（天成四年，八月）辛酉，詔：『準往例，節度使帶平章事、侍中、中書令，併列銜於敕牒，側書「使」字。』

又　卷四一《唐書·明宗紀七》（長興元年）十二月乙未，荆南奏，湖南節度使、楚國王馬殷薨，廢朝三日。

又　卷四二《唐書·明宗紀八》長興二年春正月庚申朔，帝御明堂殿受朝賀，仗衛如儀。乙丑，詔曰：『故天策上將軍、守太師、尚書令、楚國王馬殷，品位俱高，封崇已極，無官可贈，宜賜謚及神道碑文，仍以王禮葬。』

（五月）甲申，以權知朗州軍州事、守永州刺史馬希範爲洪州節度使、檢校太傅，以權知桂州軍府事、富州刺史馬希彝爲鄂州節度使、檢校司徒。

又　卷四三《唐書·明宗紀九》（長興三年，七月）乙未，福建節度使王延鈞進絹表云：『吴越王錢鏐薨，乞封臣爲吴越王。湖南馬殷官是尚書令，殷薨，請授臣尚書令。』不報。

九月壬午，以鎮南軍節度使、檢校太傅馬希範爲湖南節度使、檢校太尉、兼侍中，甲申，荆南節度使、檢校太傅、兼中書令高從誨加檢校太尉、兼中書令。

（冬十月）癸酉，湖南馬希範、荆南高重誨併進銀及茶，乞賜戰馬，帝還其直，各賜馬有差。

又　卷四四《唐書·明宗紀十》（長興四年，二月）丁巳，以虔州節度使、檢校太尉、兼侍中馬希振爲洪州節度使，以鄂州節度使馬希廣爲檢校太尉、同平章事，充桂州節度使。

又　卷四五《唐書·閔帝紀》（應順元年春正月）壬辰，荆南節度使、檢校太尉、兼中書令高從誨封南平王，湖南節度使、檢校太尉、兼中書令馬希範封楚王。

又　卷七六《晉書·高祖紀二》（天福二年，正月）乙丑，【略】湖南節度使、楚王馬希範加食邑實封，改賜功臣名號。

（十一月）丁丑，湖南馬希範貢實裝龍鳳、用結銀花果子等物，帝覽之，謂侍臣曰：『奇巧蕩心，斯何用耳！但以來遠之道，不欲阻其意。』

聞者服之。

（十二月）辛丑，湖南節度使、兼中書令楚王馬希範加食邑實封，改賜扶天佐運同德致理功臣。甲辰，車駕幸相國寺祈雪。

又　卷七八《晉書·高祖紀四》（天福四年，五月）戊申，湖南節度使馬希範加天策上將軍。

冬十月【略】丙辰，溪州刺史彭士愁，以錦、獎之兵與蠻部萬人掠辰、澧二境，湖南節度使馬希範遣牙兵拒之而退。金州山賊度從讜等寇洵陽，遣兵討平之。

又　卷八一《晉書·少帝紀一》（天福三年，七月）【略】湖南節度使、楚王馬希範加守太傅。

（天福八年，三月）丁亥，天策上將軍、湖南節度使、楚王馬希範加守尚書令、兼中書令。己丑，桂州節度使馬希杲依前檢校太尉、兼侍中，兼知朗州軍州事；朗州武平軍節度使馬希萼加檢校太尉，進封爵邑。以武平軍節度副使、岳州團練使馬希贍爲檢校太尉，領廬州昭信軍節度使；以武安軍節度副使、永州團練使馬希廣爲檢校太尉，領洪州鎮南軍節度使；皆楚王馬希範之弟也。

又　卷一〇〇《漢書·高祖紀下》（天福十二年，六月）丁丑，以湖南節度使馬希範卒輟視朝三日。

秋七月己丑，以御史中丞趙上交爲太僕卿，以户部侍郎邊蔚爲御史中丞。甲午，武安軍節度副使、水陸諸軍副都指揮使、判内外諸司、江南西道觀察等使、檢校太尉馬希廣可檢校太師、兼中書令，行潭州大都督、天策上將軍，充武安軍節度、湖南管内觀察使、江南諸道都統，封楚王。

又　卷一〇一《漢書·隱帝紀上》（乾祐元年，四月）戊子，【略】湖南節度使、檢校太師、兼中書令、楚王馬希廣加守中書令。

又　卷一〇二《漢書·隱帝紀中》（乾祐二年，九月）湖南馬希廣奏，於八月十八日大破朗州馬希萼之衆。

（十月）壬午，兩浙錢弘俶加守尚書令，湖南馬希廣加守太尉。

又　卷一〇三《漢書·隱帝紀下》（乾祐三年）冬十月己亥，帝狩於近郊。丙午，湖南馬希廣遣使上章，且言荆南、淮南、廣南三道結構，欲分割湖、湘，乞聊發兵師，以爲援助。

又　卷一一〇《周書·太祖紀一》（廣順元年）十二月十八日，縊殺馬希廣。至十九日，希萼自稱天策上將軍、武平靜江寧遠等軍節度使、嗣楚王。

又　卷一三三《世襲傳·馬殷》　馬殷，字霸圖，許州鄢陵人也。少爲木工，及蔡賊秦宗權作亂，始應募從軍。初，隨孫儒渡淮，陷廣陵。及儒敗於宣州，殷隨別將劉建峰過江西，連陷洪、鄂、潭、桂等州，建峰盡有湖南之地，遂自爲潭帥。頃之，建峰爲部下所殺，潭人推行軍司馬張佶爲帥。時殷方統兵攻邵州，佶曰：『吾才不及馬殷。』即牒殷付以軍府事。殷自邵州旋軍，犒勞將士，誅害建峰者數十人，自爲留後。久之，朝廷命爲湖南節度使，遂有潭、衡七州之地。

唐天復中，楊行密急攻江夏，杜洪求援於荆南，成汭舉舟師援之。時澧朗節度使雷彦恭乘汭出師，襲取荆州，載其寶貨，焚毁州城而去。彦恭東連行密，斷江、嶺行商之路，殷與高季興合勢攻彦恭於澧朗。數年，擒之，盡有其地，乃以張佶爲朗州節度使，由是兵力雄盛。

殷於梁貞明中，爲時姑息，所求皆允，累官至守太師、兼中書令，封楚王。又上章請依唐秦王故事，乃加天策上將軍之號。又請官位内添制置靜江、武平、寧遠等軍事，皆從之。既封楚王，仍請依唐諸王行臺故事，署置天官幕府，有文苑學士之號，知詔令之名，總制二十餘州，自署官吏，徵賦不供，民間採茶，併抑而買之。又自鑄鉛鐵錢，凡天下商賈所齎寶貨入其境者，只以土産鉛鐵博易之無餘，遂致一方富盛，窮極奢侈，貢奉朝廷不過茶數萬斤而已。於中原賣茶之利，歲百萬計。唐同光初，首脩職貢，復授太師、兼尚書令、楚王。天成初，加守尚書令。長興二年十一月十日，薨於位，時年七十八。明宗聞之，廢朝三日，謚曰武穆。子希聲嗣。

初，殷微時，隱隱見神人侍側，因默記其形像。及貴，因謁衡山廟，覩廟中神人塑像，宛如微時所見者。則知人之貴者，必有陰物護之，豈偶然哉。

又　《馬希範傳》　馬希範，武穆之嫡子，性奢侈，嗣位未幾，乞依故事置天策府僚屬，於是擢從事有才行者，有若都統判官李鐸、静江府節度判官潘、武安軍節度判官拓拔坦、都統掌書記李皋、鎮南節度判官李莊、昭順軍節度判官徐收、澧州觀察判官彭繼英、江南觀察判官廖圖、昭順軍觀察判官徐中雅、静江府掌書記鄧懿文、武平軍節度掌書記李松年、鎮南軍節度掌書記衛曮、昭順軍觀察支使彭繼勛、武平軍節度推官蕭銖、桂管觀察推官何仲舉、武安軍節度巡官孟元暉、容管節度推官劉昭禹等十八人，併爲學士。其餘列校，自袁友恭、張少敵等各以次授任。莫不大興土木，以建興府庭，其最爲壯麗者卽有九龍、金華等殿。殿之成也，用丹砂塗其壁，凡用數十萬斤石，每僚吏謁見，將升殿，但覺丹砂之氣，藹然襲人，其費用也皆此類。初，教令既下，主者以丹砂非卒致之物，相顧憂色。居無何，東境山崩，涌出丹砂，委積如丘陵，於是收而用之。契丹南侵，聞其事，以爲希範非常人，遽使册爲尚父。希範得册，以爲契丹推奉，欣然當之矣。

丁思僅素有才略，爲馬氏騎將。以希範受契丹册命，深耻之，因謂希範曰：『今朝廷失守，正忠臣義士奮發之時，使馳檄四方，引軍直趨京師，誅讎敵，天子反正，然後凱還，如此則齊桓、晉文不足數矣。時不可失，願大王急圖之。』希範本無遠略，加以興作府署未畢，不忍棄去，遂寢思僅之謀。思僅不勝其憤，謂所親曰：『古人疾没世而名不稱，今遭逢擾攘，不能立功於天下，反顧戀數間屋子乎！誠可痛也。』自是思僅常怏怏。

希範，晉天福中，授江南諸道都統，又加天策上將軍。谿州洞蠻彭士愁寇辰、澧二州，希範討平之。士愁以五州乞盟，乃銘於銅柱。希範自言漢伏波將軍援之後，故鑄銅柱以繼之。

《新五代史》卷六六《楚世家·馬殷》 馬殷，字霸圖，許州鄢陵人也。【略】長興元年，殷卒，年七十九，詔曰『馬殷官爵俱高，無以爲贈，謚曰武穆』而已。子希聲立。

又《馬希聲》 希聲字若訥，殷次子也。殷建國，以希聲判内外諸軍事。荆南高季昌聞殷將高郁素教殷以計策而楚以强，患之，嘗使諜者行間於殷，殷不聽。希聲用事，諜者語希聲曰：『季昌聞楚用高郁，大喜，以爲亡馬氏者必郁也。』希聲素愚，以爲然，遽奪郁兵職，郁怒曰：『吾事君王久矣，亟營西山，將老焉，犬子漸大，能咋人矣！』希聲聞之，矯殷令殺郁。殷老不復省事，莫知郁死，是日大霧四塞，殷怪之，語左右曰：『吾嘗從孫儒，儒每殺不辜，天必大霧，豈馬步獄有冤死乎？』明日，吏以狀白，殷拊膺大哭曰：『吾荒耄如此，而殺吾勳舊！』顧左右曰：『吾亦不久於此矣！』明年殷薨。

希聲立，授武安、静江等軍節度使。希聲嘗聞梁太祖好食鷄，慕之，乃日烹五十鷄以供膳。葬殷上潢，希聲不哭泣，頓食鷄肉數器而起。其禮部侍郎潘起譏之曰：『昔阮籍居喪而食蒸豚，世豈乏賢邪！』長興三年，希聲卒，追封衡陽王。弟希範立。

又《馬希範》 希範字寶規，殷第四子也。殷子十餘人，嫡子希振長而賢，其次希聲與希範同日生，而希聲母袁夫人有美色，希聲以母寵得立，而希振棄官爲道士，居於家。希聲卒，而希範以次立，襲殷官爵，封楚王。清泰二年，賜以弓矢冠劍。天福四年，加希範天册上將軍，開府承制如殷故事。

希範好學，善詩，文士廖光圖、徐仲雅、李皋、拓拔常等十八人皆故殷時學士，希範性奢侈，光圖等皆薄徒，飲博歡呼，獨常沉厚長者，上書切諫，光圖等惡之。

襄州安從進、安州李金全叛，晉高祖詔希範出兵。希範遣張少敵以舟兵趨漢陽，漕米五萬斛以饋軍，金全等敗，少敵乃旋。

溪州刺史彭士愁率錦、奬諸蠻攻澧州，希範遣劉勍、劉全明等以步卒五千擊之，士愁大敗。勍等攻溪州，士愁走奬州，遣其子師暠率諸蠻酋降於勍。溪州西接牂柯、兩林，南通桂林、象郡，希範乃立銅柱以爲表，命學士李皋銘之。於是，南寧州酋長莫彦殊率其本部十八州、都雲酋長尹懷昌率其昆明等十二部、牂柯張萬浚率其夷、播等七州皆附於希範。

希範作會春園、嘉宴堂，其費巨萬，始加賦於國中，拓拔常切諫以爲不可。希範又作九龍殿，以八龍繞柱，自言身一龍也。是時，契丹滅晉，中國大亂，希範牙將丁思覲廷諫希範曰：『先王起卒伍，以攻戰而得此州，倚朝廷以制鄰敵，傳國三世，有地數千里，養兵十萬人。今天子囚辱，中國無主，眞霸者立功之時。誠能悉國之兵出荆、襄以趨京師，倡義於天下，此桓文之業也。奈何耗國用而窮土木，爲兒女之樂乎？』希範謝之，思覲瞋目視希範曰：『孺子終不可教也！』乃扼喉而死。開運四年，希範卒，年四十九，謚曰文昭。希廣立。

又 《馬希廣》 希廣字德丕，希範同母弟也。希範平生惡拓拔常諫諍，常入謁，希範呼閽者指常曰：『吾不欲見此人，勿復内也。』乃謝絶之。及臥病，始思常言，以爲忠，召之托以希廣。希範卒，常數勸希廣以位奉其兄希萼，希廣不從。

希萼爲朗州節度使，希範之卒，希萼自朗州來奔喪。希廣將劉彦瑫謀曰：『武陵之來，其意不善，宜出兵迎之，以備非常，使其解甲釋兵而後入。』張少敵、周廷誨曰：『王能與之則已，不然宜早除之。』希廣泣曰：『吾兄也，焉忍殺之，分國而治可也。』乃以兵迎希萼於砆石，止之於碧湘宮，厚賂以遣之。希萼憤然而去，乃遣使詣京師求封爵，請置邸稱籓。漢隱帝不許，降璽書慰勞講解之。希萼怒，送款於李景，舉兵攻長沙。希廣遣劉彦瑫、許可瓊等禦之。

彦瑫敗希萼於僕射洲。希萼去，誘溪洞諸蠻寇益陽。希廣遣崔珙璉以步卒七千屯湘鄉玉潭以遏諸蠻。劉彦瑫以舟兵趨武陵，攻希萼。彦瑫敗於湄洲，希廣大懼，遣使請兵於京師，漢隱帝不能出師。希萼舟兵沿江而上，自號『順天將軍』，攻岳州，刺史王贇堅城不戰，希萼呼贇曰：『吾昔約君同行，今何異心乎？』贇曰：『君王兄弟不相容，而責將吏異心乎？願君王入長沙，不傷同氣，臣不敢不盡節。』希萼引兵去，下湘鄉，止長沙，屯水西。劉彦瑫、許可瓊屯水東。

彭師暠登城望水西軍，入白希廣曰：『武陵兵驕，雜以蠻蜑，其勢易破。請令可瓊等陣山前，臣以步兵三千自巴溪渡江趨嶽麓，候夜擊之。』希廣以爲可，而可瓊已陰送款於希萼，遂沮其議。明日，師暠詣可瓊計事，瞋目叱之曰：『視汝反文在面，豈欲投賊乎！』拂衣而出，急白希廣，請殺之，希廣不聽。希萼攻長樂門，牙將吳宏、楊滌戰于門中，希萼少衄，已而許可瓊奔于希萼，宏、滌聞之皆潰。希廣率妻子匿于慈堂。明日擒之。希萼見之惻然曰：『此鈍夫也，豈能爲惡？左右惑之爾。』顧其下曰：『吾欲活之，如何？』其下皆不對，遂縊死之。

又 《馬希萼》 乾祐三年，希萼自立。明年，漢隱帝崩，京師大亂，希萼遂臣於李景，景册封希萼楚王，希萼悉以軍政事任其弟希崇。希崇與楚舊將徐威、陸孟俊、魯綰等謀作亂。希萼置酒端陽門，希崇辭以疾，威等縱惡馬十餘匹，以壯士執檛隨之，突入其府，劫庫兵，縛希萼，迎希崇以立。希崇遣彭師暠、廖偃囚希萼於衡山，師暠奉希萼爲衡山王，臣於李景。希崇懼，亦請命於景。景遣邊鎬入楚，盡遷馬氏之族於金陵，時周廣順元年也。封希萼楚王，居洪州；希崇領舒州節度使，居揚州。

顯德三年，世宗征淮，下揚州，下詔撫安馬氏子孫。已而揚州復入于景，希崇率其兄弟十七人歸京師，拜右羽林統軍，希能左屯衛大將軍，希貫右千牛衛大將軍，希隱、希浚、希知、希朗皆爲節度行軍司馬。

清・吴任臣《十國春秋》卷六九《楚三・廢王世家》 廢王名希廣，字德丕，文昭王同母弟也。

論説

宋・胡瑗《皇王大紀》卷四九《三王紀》 論曰：唐末馬殷，竊據長沙，畏荆南成汭、淮南楊行密之强，議以貨結之。高鬱曰：『奉天子，撫士民，訓勵卒伍，霸業修明，誰敢爲敵。』殷從之，果能平定湖南，没身傳嗣，敵人不敢謀。吁觀此，則周公之裔，宗卿之嗣。至於以貨賂人，而乞盟者，其棄禮義人民，辱國家也，明矣。』

清・吴任臣《十國春秋》卷六七《楚一・武穆王世家》 論曰：國家之興，豈不籍有師武臣力哉？武穆奮迹行伍之中，龍驤前驅，司馬推轂，此固屬有天幸，而瓊之驍悍，鬱之謀畫，德勳以威斷稱，彦暉以果毅著，環則智深勇沉，恆則慷慨切直，皆一代將相才也。攀鱗附翼，共啓霸圖，遂爾據湘潭，跨桂嶺，南抵柳、連，北震江、漢，假非渤海倔處於門户，彭城密邇於比鄰，偏方之大勢成矣。奈何克家無人，適符衆駒爭棧之言，功臣冤死，國亦隨衰，垂裕後昆，武穆其有慚德焉。

又 卷六八《楚二・文昭王世家》 論曰：文昭以穎敏之姿，讀書禮士，天策羣英幾於梁苑、鄴下之選焉。乃驕僭性生，怙侈滅義，肆情土木，闘靡九龍，抑何志之卑也！馬子離羣，禍有由始，又寧俟閲牆爭國時哉。悲夫！

又 卷六九《廢王世家》 論曰：諺有之：『當斷不斷，反受其亂。』偰射洲之勝，朗州幾不能支，廢王則曰：『勿傷吾兄。』希崇貳於我，僉云大義滅親，廢王則曰：『吾害其弟，何以見我先王。』慕宋襄之虛文，釀袁譚之實禍，君子謂其喪身滅國也宜哉！

藝文

清・謝啓昆《樹經堂詠史詩》卷七《楚・馬殷馬希聲》 丹砂暖氣襲湘沅，承制行臺竹册尊。天策成軍收桂管，洞庭飲馬作唐藩。茶牀暫許通南北，劍鋏還傳繼弟昆。爭棧衆駒行自殄，居喪鷄膗比蒸豚。

又《馬希範馬希廣馬希萼》 釁起鴿原湘水愁，會春花損麝蘭收。九龍御女三千隊，五馬空羣六十秋。謠應芒鞵槐易柳，數終假尾穴離猴。酒囊飯橐貽非刺，八百王孫泣楚囚。

清・舒位《瓶水齋詩集》卷三《五代十國讀史絶句三十首・楚二首》 宮衛銀槍細漏分，夢回猶記鬱金裙。不愁花謝禪心寂，自有西堂一片雲。

草風山雨會春園，比似江南錦洞天。觸近參軍舊歌曲，齊州九點已如煙。

清・史夢蘭《全史宮詞》卷一五《十國・楚》 執棒聞報太平，湖湘今見九州幷。詞人獻頌詩新製，一曲當筵唱瑞卿。

銀槍部署衛宮門，曉殿香煙繞柱噴。望見幞頭人盡肅，八龍趨捧一龍尊。

雅集春園倒玉卮，香風黛雨人新詩。流杯池上花飛雪，已迅重三禊飲時。

內苑聊吟喚小東，西堂春煖帳重重。月沈花謝禪機靜，永夜愁聽七寶鐘。

十六樓高接五堂，地衣隨候變温涼。四儀入洞門斜，撿月出雲開路正長。

五百蛾眉望帝鄉，君王病酒厭壺觴。鷄坊新進昆侖蔗，應勝貧家纏鹵羊。

又《十國補遺・楚》 摘山算茗徧湖湘，國用從來仗八牀。納稅新教繞絹代，民風從此重蠶桑。

長春開讌畫堂舒，日影遲遲藻共攄。學士登瀛仍舊數，詩成誰得玉蟾蜍。

天策府中錢鑄錫，長沙宮裏帶橫犀。居喪猶踵蒸豚例，日費庖人五十鷄。

長街何事不栽槐，覺啓湘宮竟召災。楊柳橋邊氛甚惡，披緇惟念寶如來。

雜録

《新唐書》卷一八八《楊行密傳》 （光化元年）全忠諭馬殷、成汭、雷滿合兵攻行密，汭、滿猶豫，汭惡殷事全忠，掠其境，滿來結好。（天復元年）行密討杜洪、馬殷，以分全忠勢。行密乃以李神福爲鄂岳招討使，劉存副之，遣冷業攻馬殷。

又 卷一九〇《劉建鋒傳》 劉建鋒，字鋭端，蔡州朗山人。爲忠武軍部將，與孫儒、馬殷同事秦宗權。

時馬殷攻邵州未克，於是遣人迎殷。

殷至，佶坐受其謁。既而率將吏推殷爲留後。詔即除檢校太傅、潭州刺史。殷以成汭、楊行密、劉隱皆養士以圖王霸，謂其屬高鬱曰：『吾欲重幣以奉四鄰而固吾境，計安出？』鬱曰：『荆南暗弱，焉能患我？淮南，我仇也，固不吾援。公若置邸京師，歸天子職貢，王人來錫命，四方畏服，然後按兵討不廷，霸業成矣。』殷悟，厚結宣武朱全忠以請於朝，乃拜湖南節度兵馬留後。鬱又教殷鑄鉛鐵錢，十當銅錢一；民得自摘山，收茗算，募高户置邸閣居茗，號『八牀主人』。歲入算數十萬，用度遂饒。

昭宗在鳳翔，難方亟，遣中人間道賜朱書，密詔使殷與楊行密攻汴州，殷兵訖不出。

殷弟賨，沈勇知書史，從孫儒爲盜，晚事楊行密爲黑雲軍使。與錢鏐戰，數有功，夜臥，常有光怪。行密知之，曰：『吾今歸汝於兄。』【略】行密具齎以遣曰：『爾還，與兄共食湘、楚，然何以報我？』答曰：『願通二國好，使商賈相資。』行密喜。既至，殷表以自副。每勸殷與行密連和，殷畏全忠，卒不克。

宋·李昉等《太平廣記》卷三七三《士·馬希範》　楚王馬希範修長沙城，開濠畢。忽有一物，長十丈餘，無頭尾手足，狀若土山，自北岸出，游泳水上。久之，入南岸而没，出入俱無蹤迹。或謂之土龍。無幾何而馬氏亡。

宋·陶岳《五代史補》卷三《晉二十條·馬希範奢侈》　馬希範，武穆之嫡子。性奢侈，嗣位未幾，乞依故事置天策府僚屬，於是擢從事有才行者，有若都統判官李鐸、靜江府節度判官潘玘、武安軍節度判官拓拔坦、都統掌書記李皋、鎮南節度判官李莊、昭順軍節度判官徐收、澧州觀察判官彭繼英、江南觀察判官廖圖、昭順軍觀察判官徐仲雅、靜江府掌書記鄧懿文、武平軍節度掌書記李松年、鎮南軍節度掌書記衛曮、昭順軍觀察支使彭繼勳、武平軍節度推官蕭銖、桂管觀察推官何仲舉、武安軍節度巡官孟玄暉、容管節度推官劉昭禹等十八人，併爲學士。其餘列校，自袁友恭、張少敵等各以次授任。莫不大興土木，以建興府庭。其最爲壯麗者，卽有九龍、金華等殿。迨殿之成也，用丹砂塗其壁，凡用數十萬斤石，每僚吏謁見，將升殿，但覺丹砂之氣，藹然襲人，其費用也皆此類。初，教令既下，主者以丹砂非卒致之物，相顧憂色。居無何，東境山崩，湧出丹砂，委積如丘陵，於是收而用之。契丹南侵，聞其事，以爲希範非常人，遽使册爲尚父。希範得册，以爲戎虜推奉，欣然當之矣。

又《丁思僅謂馬希範起義兵》　丁思僅有才略，爲馬氏騎將。以希範受契丹册命，深恥之，因謂希範曰：『今朝廷失守，正忠臣義士奮發之時，使馳檄四方，引軍直趨京師，誅大戎，天子反正，然後凱旋，如此則齊桓、晉文不足數矣。時不可失，願大王急圖之。』希範本無遠略，加以興作府署未畢，不忍棄去，遂寢思僅之謀。思僅不勝其憤，謂所親曰：『古人疾没世而名不稱，今遭逢擾攘，不能立功於天下，反顧戀數間屋子乎，誠可痛也！』自是思僅常怏怏。

又《馬希範殺高鬱》　高鬱爲武穆王謀臣，莊宗素聞其名，及有天下，且欲離間之。會武穆王使其子希範入覲，莊宗以希範年少，易激發，因其敷奏敏速，乃撫其背曰：『國人皆言馬家社稷必爲高鬱所取，今有子如此，高鬱安得取之耶！』希範居常嫉鬱，忽聞莊宗言，深以爲然。及歸，告武穆請誅之。武穆笑曰：『主上戰爭得天下，能用機數，以鬱資吾霸業，故欲間之耳，若梁朝罷王彦章兵權也。蓋遭此計，必至破滅，今汝誅鬱，正落其彀中，慎勿言也。』希範以武穆不決，禍在朝夕，因使誣告鬱謀反而族滅之。自是軍中之政，往往失序，識者痛之。初，鬱與武穆俱起行陣，鬱貪且僭，常以所居之井不甚清澈，思所以澄汰之，乃用銀葉護其四方，自内至外皆然，謂之『拓里』。其奉養過差，皆此類也，故莊宗得以媒蘖。自後陰晦中見鬱，後竟爲患爾。

又　卷四《漢二十條·馬希範見高鬱爲祟》　馬希範常重一僧，號報慈長老，能入定，觀人休咎。希範因問之曰：『吾於富貴，固無遺恨，但不知者壽耳，吾師以爲如何？』報慈曰：『大王無憂，當與佛齊年。』希範喜，以爲享壽窮。及薨也，止於四十九。先是，希範常嫉高鬱之爲人，因莊宗言而殺之，至是方臨江觀競渡，置酒未及飲，而希範忽驚起，顧其弟曰：『高鬱來！』希廣亦驚曰：『高鬱死久矣，大王勿妄言。』而希範血自鼻出，是夜遂卒。

又《張少敵抗議嫡庶》　馬希範卒，判官李皋以希範同母弟希廣爲天策府都尉，撫御尤非所長。大校張少敵憂之，建議請立希廣庶兄武陵師希萼，且曰：『希萼處長負氣，覩其所爲，必不爲都尉之下，加之在武陵，九溪蠻通好，往來甚歡，若不得立，必引蠻軍爲亂，幸爲思之！』李皋忽怒曰：『汝輩何知！且先大王爲都尉，俱爲嫡嗣，不立之，卻用老婢兒，可乎？』少敵曰：『國家之事，不可拘以一途，變而能通，所以國長久也，何嫡庶之云乎！若明公必立都尉，當妙設方略，以制武陵，使帖然不動。乃可。不然，則社稷去矣。』皋愈怒，竟不從少敵之謀。少敵度無所奈何，遂辭不去。未幾，希萼果以武陵反，引九洞溪蠻，數路齊進，遂之長沙，縊希廣於郊外，而支解李皋。自是湖南大亂，未逾年而國滅，一如少敵之言。初，希萼之來也，希廣以全軍付親校許可瓊，使遂擊之。可瓊睹希萼衆盛，恐懼，夜送旗鼓乞降，希萼大喜，於是兼可瓊之衆，長驅而至。希廣素奉佛，聞之，計無所出，乃被緇衣，引羣僧念『寶勝如來』，謂之禳災。頃之，府廨火起，人忽紛擾，猶唸誦之聲未輟，其戇如此。少敵憂之，良有以也。先是，城中街道尚種槐，其柳卽無十一二。至是内外一變皆種柳，無復槐矣。又居人夜間好織草鞋，似槌芒之聲，聞於郊野。俄有童謠云：「湖南城郭好長街，盡載柳樹不栽槐。百姓奔竄無一事，只是椎芒織草鞋。」人無長少皆誦之。未幾，國亂，百姓奔竄，死於溝壑者十有八九，至是議者始悟。蓋長街者，通內外之路也；槐者，爲言懷也；不栽槐，蓋兄弟不睦，以至國亡，失孔懷之義也；草鞋者，遠行所用，蓋百姓遠行奔竄之義也。

又《馬希萼囚於衡陽》 馬希萼既立，不治國事，數與僚吏縱酒爲樂。有小吏謝廷擇者，本帳下廝養，有容貌，希範素寵嬖之。每筵會，皆命廷擇預坐，諸官甚有在下者。於是衆怒，往往偶語曰：「此輩舊制，有燕會，唯用兵守門，以防他虞，今與我等齊列，何辱之甚也！」其弟希崇因衆怒咄咄，與其黨竊發，擒希萼，囚之於衡陽，又自立。未數日，江南遣袁州刺史邊鎬，乘其亂，領兵來伐，希崇度不能敵，遂降。先是，長沙童謠云：「鞭打馬，走不暇。」未幾，果爲邊鎬所滅。初，鎬嘗爲僧，以覘湖南，尤能弄鈸，每侵晨，必弄鈸行乞，遇城往往擲起鈸以度門之高下。及來湖南，士庶頗有識之者。

宋・吴處厚《青箱雜記》卷七 唐末劉建峰定長沙，遣馬殷領衆浚城濠，得石碣，有古篆十八，其文曰：「龍舉頭，猳掉尾。羊爲兄，猴作弟。羊歸穴，猴離次。」解者以殷乾寧三年丙辰歲代立，乃龍舉頭也；至乾祐辛亥歲國亡，乃猳掉尾也；殷子希範以己未歲生，又以開運丁未歲薨，乃羊歸穴也；又子希崇壬申歲生，後爲江南所俘，乃猴離次也。【略】

馬希振亦殷之子，清泰中卒，葬長沙之陶浦，掘得石碣，其文曰：「亂石之壤，絶世之岡。谷變庚戌，馬氏無王。」蓋馬氏諸王雄於周廣順辛亥歲遷於江南，然其國之變，實在庚戌歲故也。

宋・孔平仲《續世説》卷四《捷書》 湖南馬希範，唐同光中入貢。莊宗問洞庭廣狹，希範對曰：「洞庭至狹，若車駕南巡，止可飲馬而已。」莊宗拊背嘉之。

又 卷九《汰侈》 湖南馬希範奢欲無厭，宫室、園囿、服用之物，務窮侈靡。作九龍殿，刻沉香爲八龍，飾以金寶，長千餘丈，抱柱相向，希範居其中，自爲一龍。其襆頭脚長丈餘，以象龍角。

宋・程大昌《演繁露續集》卷二《收茶徵聽民自賣茶》 馬殷據湖南，判官高鬱請聽民自採茶賣於北，客收其徵以贍軍，殷從之。

元・胡三省《通鑑釋文辨誤》卷一二《通鑑二百五十九》 乾寧元年，劉建鋒、馬殷引兵至澧陵。史照釋文曰：澧陵楚地餘，按唐書地理志，醴陵縣屬潭州，澧當作醴。史照以其地在戰國時屬楚邪，自秦罷侯置守之後不當單引戰國地理以釋。唐時州縣以馬殷後封楚王，遂以其地爲楚地邪。則此時劉建鋒主兵，馬殷特偏將耳，且其兵方至醴陵，未得湖湘塊土其地，既未屬馬殷，殷又未受封爲楚王，可遽以醴陵爲楚地乎。其義例不明有如此者。

明・郎瑛《七修類稿》卷二三《辯證類・銅柱考》 銅柱，漢馬援所立，在交趾，聞今石培其下。唐《南蠻傳》云：「明皇時，詔何履光定南詔，取安寧城及鹽井，復立馬援銅柱。」又史云：「元和中，馬總爲安南都護，又建二銅柱於故處，著唐德以表伏波之裔。《五代史》云：天福間，楚馬希範平羣蠻，自謂伏波之後，立銅柱於溪州。共四次也。《太平御覽》俞益期箋曰：馬文淵昔立銅柱於林邑，遺兵數十，號曰馬流。今柱没海中，賴此民以識故處。據此，則今所有，必何履光、馬總者也，故云復立故處；希範者，又在溪州矣。若今大理府者，乃鐵柱也，每歲民帖金以邀福，故似銅，此蒙氏所立。又嘗聞有讖云：『銅柱折，交人滅。』此必指伏波所立之地耳。

清・徐乾學等《御選古文淵鑑》卷四一《諫楚王馬希範書》 先王起卒伍，以攻戰而得此州，倚朝廷以制鄰敵，傳國三世，有地數千里，養兵十萬。今天子蒙塵，朝廷無主，眞霸者立功之時。誠能悉國之兵，出荆襄以趣京師，倡義於天下，桓文之業也。奈何耗國用而窮土木，爲兒女之樂乎？

清・董誥等《全唐文》卷一二九《馬希廣・請發兵擊朗州奏》 臣當道去九月內，量發兵士往朗州，招安户民。不料偶失威嚴，遂中姦便，須謀補卒，爰議班師。朗州自聞當道抽退已來，狂謀益甚。又探得荆南繼差人下淮南與廣州三處結構荆南欲取澧朗州，廣南攻桂州，淮南欲取湖南。兼卽日淮南支鄂州管內租税，衷私令荆南供給朗州。且如山結連，可知事勢。其朗州已入附於淮甸，又納款於荆南，興破家亡國之心，作瓜剖豆分之勢。兼誘草賊，燒卻近封，顧基扃而危若綴旒，視黎庶而困於塗地。弦衰柱促，言發涕流。伏乞聖慈，念以臣四世勤王，三面受敵，欲興師旅，動礙寇讎。望特降綵綸，聊差貔虎。亦知朝廷北面託落，分兵處多，故不也大段撓於兵力，只乞差借許蔡鄉軍三五千人，馬一千騎，內得王師二千來人，夾帶南渡，只到澧州屯駐，以斷淮南與荆南援助之路。不勞血刃，只仗朝廷，則當道出兵，不難克復。安危係慮，翰墨難窮。庶回雷電之光，以收蕩平之捷。謹差押衙焦文諫馳奏，披瀝以聞。

又 **《馬希萼〈上南唐元宗乞師表〉》** 昔先王早以勳業，基有楚國，不幸卽世，顧命之夕，顯令兄弟，以天倫紹立，庶奉宗廟，獲享國祚。無何，嗣君不延永命，奄棄社稷，訃告至日，臣不勝痛切膚骨，血泣頤睫，卽時奔走哀庭，冀處苫由，用竭臣子之孝。不圖天未殄禍，孽豎搆隙，閑離我戚屬，汩亂先序，潛阻兵戈，將謀剿絶，苟不更圖，殞在朝夕。故臣敢遠遣行價，殫布腹心，惟君存先王之昔好，軫大國之武威，許出兵援，以附不腆，庶俾盜黨，免弄凶器。

清・吳慶坻《蕉廊脞録》卷六《溪州銅柱》 溪州銅柱在辰州府。五代馬希範據南楚溪州，峒蠻彭士愁寇辰、澧二州，希範遣將劉勍翁討之，士愁遣子師杲以五州降附，希範慰賚之，令仍守其地。希範自謂漢伏波將軍援之苗裔，乃鑄銅柱銘戰功，以踵故事，學士李宏臯爲之記。柱高一丈二尺，入地六尺，下有石蓮花臺，四面刻字。餘在湘得拓本，文中引伏波《銅柱銘》，有曰『金人汗出，鐵馬蹄堅，子孫相連，九九百年』。其語不類漢代文字，疑爲臆造。惟歐陽公《五代》『溪州刺史彭士然』，柱文實作彭士愁，可以證前史之誤。

南平分部

綜　述

《舊五代史》卷二《梁書・太祖紀二》（天復二年）九月甲戌，帝以岐軍諸寨連結稍盛，因親統千騎登高詔之。時秋空澄霽，煙靄四絶，忽有紫雲如傘蓋，凝於龍旌之上，久之方散，觀者咸訝之。《永樂大典》卷三千二百八。是時，帝以岐人堅壁不戰，且慮師老，思欲旋旆以歸河中，因密召上將數人語其事。時親從指揮使高季昌獨前出抗言曰：『天下雄傑，窺此舉者一歲矣，今岐人已困，願少俟之。』帝喜其言，因曰：『兵法貴以正理，以奇勝者詐也，乘機集事，必由是乎。』乃命季昌密募人入岐以紿之。尋有騎士馬景堅願應命，且曰：『是行也，必無生理，願録其孥。』

又 **卷三《梁書・太祖紀三》**（開平元年五月）荆南高季昌進瑞橘數十顆，質狀百味，倍勝常貢，且橘當冬熟，今方仲夏，時人咸異其事，因稱爲瑞。

又 **卷九《梁書・末帝紀中》**（貞明四年）五月甲戌，以荆南衙內馬步軍都指揮使、檢校司徒高從誨領濠州刺史。

又 **卷一〇《梁書・末帝紀下》**（隆德元年二月）丙寅，以荆南節度使、檢校太師、兼中書令、渤海郡王高季昌爲守中書令，依前荆南節度使。

又 **卷三〇《唐書・莊宗紀四》**（同光元年十一月）【略】以荆南節度使、檢校太師、守中書令、渤海王高季興爲依前檢校太師、守中書令。

又 **卷三一《唐書・莊宗紀五》**（同光二年三月）丙午，以荆南節度使、守中書令、渤海王高季興依前檢校太師、兼尚書令，封南平王；

又 **卷三三《唐書・莊宗紀七》**（同光三年九月）荆南節度使高季興充西川東南面行營都招討使。

又 **卷三四《唐書・莊宗紀八》**（同光四年三月）丙辰，荆南高季興上言，請割峽內夔、忠、萬等三州卻歸當道，依舊管係，又請云安監。初，將議伐蜀，詔高季興令率本軍上峽，自收元管屬郡。軍未進，夔、忠、萬三州已降，季興數請之，因賂劉皇后及宰臣樞密使，內外葉附，乃俞其請。戊午，詔河南府預借今年秋夏租稅。

又 **卷三六《唐書・明宗紀二》**（天成元年六月）庚子，荆南節度使、檢校太師、兼尚書令，南平王高季興加守太尉、兼尚書令，澤潞節度使、檢校太傅、同平章事孔勍加兼侍中。

甲寅，【略】荆南節度使高季興上言：『夔、忠、萬三州，舊是當道屬郡，先被西川侵據，今乞卻割隸本管。』詔可之，其夔州，僞蜀先曾建節，宜依舊除刺史。

又　卷三七《唐書·明宗紀三》（天成元年八月）丁酉，【略】荆南高季興上言，峽州内三州，請朝廷不除刺史。

又　卷三八《唐書·明宗紀四》（天成二年二月）壬寅，制曰：荆南節度使、開府儀同三司、守太尉、兼尚書令、南平王高季興可削奪官爵，仍令襄州節度使劉訓充南面招討使、知荆南行府事，許州節度使夏魯奇爲副招討使，充蕃漢馬步四萬人進討，以其叛故也。

（九月丙寅，）襄州夏魯奇上言，荆南高季興遣使持書乞修貢奉，詔魯奇不納。

又　卷三九《唐書·明宗紀五》（天成三年）十一月【略】壬午，房知温奏，荆南高季興卒。

又　卷四〇《唐書·明宗紀六》（天成四年十月）己酉，制復故荆南節度使高季興官爵。

（五月）丙申，襄州奏，荆南高從誨乞歸順。

（六月）丙辰，權知荆南軍府事高從誨上章首罪，乞修職貢，仍進銀三千兩贖罪。

（秋七月）甲申，以前荆南行軍司馬、檢校太傅高從誨起復，授檢校太傅、兼侍中，充荆南節度使。

又　卷四一《唐書·明宗紀七》（長興元年十二月）戊午，故荆南節度使、檢校太尉、兼尚書令、南平王高季興贈太尉。

又　卷四二《唐書·明宗紀八》（長興二年春正月）丙戌，荆南節度使高從誨落起復，加兼中書令。

又　卷四三《唐書·明宗紀九》（長興三年九月）甲申，荆南節度使、檢校太傅、兼中書令高從誨加檢校太尉、兼中書令。

又　卷四五《唐書·閔帝紀》（應順元年正月）壬辰，荆南節度使、檢校太尉、兼中書令高從誨封南平王。

又　卷七六《晉書·高祖紀二》（天福二年春正月丙寅）泰寧軍節度使李從温、荆南節度使南平王高從誨、歸德軍節度使趙在禮，併加食邑實封，改功臣名號。

又　卷七七《晉書·高祖紀三》（天福三年二月）甲申，荆南節使高從誨加食邑實封。

（七月）荆南節度使高從誨本貫汴州浚義縣王畿鄉表節東坊，改爲擁旌鄉浴鳳里。

又　卷八一《晉書·少帝紀一》（天福六年七月）丁未，荆南節度使、南平王高從誨加兼尚書令，湖南節度使、楚王馬希範加守太傅。

（天福六年九月）癸巳，【略】荆南高從誨累表讓尚書令之命。

又　卷一〇〇《漢書·高祖紀下》（天福十二年十一月）己未，湖南奏，荆南節度使高從誨叛。

又　卷一〇一《漢書·隱帝紀上》（乾祐元年六月）辛卯南節度使高從誨上表歸命，從誨嘗拒朝命，至是方遣牙將劉扶詣闕請罪。【略】壬寅，荆南高從誨貢奉謝恩，釋罪。

（十一月）辛酉，荆南奏，節度使高從誨卒。

（乾祐元年）十二月丁丑，荆南節度副使、檢校太傅、行峽州刺史高保融起復，授荆南節度使、檢校太尉、同平章事、渤海郡侯。

又　卷一〇二《漢書·隱帝紀中》（乾祐二年十月）丙戌，荆南高保融加檢校太師、兼侍中。

又　卷一一〇《周書·太祖紀一》（廣順元年正月）丁丑，荆南高保融奏：去年十一月，朗州節度使馬希萼破潭州十二月十八日，縊殺馬希廣至十九日，希萼自稱天策上將軍、武平静江寧遠等軍節度使、嗣楚王。【略】己卯，【略】荆南高保融進封渤海郡王，靈武馮暉進封陳留郡王。

又　卷一一三《周書·太祖紀四》（顯德元年正月）戊寅，荆南高保融進封南平王；夏州李彝興進封西平王。

又　卷一一四《周書·世宗紀一》（顯德元年七月）辛巳，荆南節度使、南平王高保融加守中書令。

（十一月）乙未，以荆南節度副使、歸州刺史高保勖爲寧江軍節度使、檢校太尉，充荆南節度行軍司馬。

又　卷一一八《周書·世宗紀五》（顯德五年）三月壬午朔，幸泰州。丁亥，復幸廣陵。辛卯，幸迎鑾江口。遣右武衛大將軍李繼勳率舟師至江島以觀寇（李景）。【略】丁酉，荆南高保融奏，本道舟師已至鄂州。

又 卷一二〇《周書·恭帝紀》（顯德六年八月，甲戌朔）荆南節度使、檢校太師、守中書令、南平王高保融加守太保。

又 卷一三三《世襲傳·高季興》 高季興，字貽孫，陝州硤石人也。本名季昌，及後唐莊宗即位，避其廟諱改焉。幼隸於汴之賈人李七郎，梁祖以李七郎爲子，賜姓名友讓。梁祖嘗見季興於僕隸中，其耳面稍異，命友讓養之爲子。梁祖以季興爲牙將，漸能騎射。唐天復中，昭宗在岐下，梁祖圍鳳翔日久，衆議欲班師，獨季興諫止之，語在《梁祖紀》中。既而，竟迎昭宗歸京，以季興爲迎鑾毅勇功臣、檢校大司空、行宋州刺史。從梁祖平青州，改知宿州事，遷潁州防禦使，梁祖令復姓高氏，擢爲荆南兵馬留後。荆州自唐乾符之後，兵火互集，井邑不完，季興招輯離散，流民歸復，梁祖嘉之，乃授節鉞。梁開平中破雷彦恭於朗州，加平章事。荆南舊無外壘，季興始城之，遂厚斂於民，招聚亡命，自後僭臣於吳、蜀，梁氏稍不能制焉。因就封渤海王。嘗攻襄州爲孔勍所敗。

及莊宗定天下，季興來朝於洛陽，加兼中書令。時論多請留之，郭崇韜以方推信義於華夏，請放歸藩。季興促程而去，至襄州，酒酣謂孔勍曰：『是行有二錯：來朝一錯，放回一錯。』洎至荆南謂賓佐曰：『新主百戰方得河南，對勳臣誇手抄《春秋》，又豎手指云：我於指頭上得天下。如此則功在一人，臣佐何有？且遊獵旬日不回，中外之情，其何以堪？吾高枕無憂矣。』乃增築西面羅城，備禦敵之具。時梁朝舊軍多爲季興所誘，由是兵衆漸多，跋扈之志堅矣。明年，册拜南平王。魏王繼岌平蜀，盡選其寶貨，浮江而下，船至峽口，會莊宗遇禍，季興盡邀取之。明宗即位，復請夔、峽爲屬郡。初俞其請，後朝廷除刺史，季興上言稱已令子弟權知郡事，請不除刺史。不臣之狀既形，詔削奪其官爵。天成初，命西方鄴興師收復三州，又遣襄州節度使劉訓總兵圍荆南，以問其罪。屬霖潦，班師。三年冬，季興病脚氣而卒。其子從誨嗣立，累表謝罪，請修職貢，由是復季興官爵，謚曰武信。

從誨，初仕梁，歷殿前控鶴都頭、鞍轡庫副使、左軍巡使、如京使、左千牛大將軍、荆南牙内都指揮使、領濠州刺史、改歸州刺史，累官至檢校太傅。初，季興之將叛也，從誨常泣諫之，季興不從。天成三年冬，季興薨，從誨乃上表謝罪，復修職貢，明宗嘉之。尋命起復，授荆南節度使、兼侍中。長興三年，加檢校太尉。應順中，封南平王。清泰初，加檢校太師。晋天福中，加守中書令。六年，襄州安從進反，王師攻討，從誨饋軍食以助焉，詔書褒美，尋加守尚書令，從誨上章固讓，朝廷遣使敦勉，竟不受其命。時有術士言：從誨年命有厄，宜退避寵禄故也。及契丹入汴，漢高祖起義於太原，間道遣使奉貢，密有祈請，言俟車駕定河、汴，願賜郢州爲屬郡，漢祖依違之。及入汴，從誨致貢，求踐前言，漢高祖不從。從誨怒，率州兵攻郢州，旬日爲刺史尹實所敗，自是朝貢不至。從誨東通於吳，西通於蜀，皆利其供軍財貨而已。末年，以鎮星在翼軫之分，乃釋羅紈，衣布素，飲食節儉，以禳災咎。尋令人祈托襄州安審琦，請歸朝待罪，朝廷亦開納之。漢乾祐元年冬十一月，以疾薨於位。詔贈尚書，謚曰文獻。

又 《高保融傳》 子保融嗣，位至荆南節度使、守太傅、中書令，封南平王。皇朝建隆元年秋卒。謚曰貞懿。

《新五代史》卷六九《南平世家·高保融》 乾祐元年十月（高從誨）卒，年五十八，贈尚書令，謚曰文獻。子保融立。從誨十五子，長曰保勳，次保正，保融第三子也，不知其得立之因。

保融字德長。從誨時，爲節度副使，兼峽州刺史。從誨卒，拜節度使。廣順元年，封渤海郡王。顯德元年，進封南平王。世宗征淮，保融遣指揮使魏璘率兵三千，出夏口以爲應。又遣客將劉扶奉箋南唐，勸其内附。李景稱臣，世宗得保融所與箋，大喜，賜以絹百匹。荆南自後唐以來，常數歲一貢京師，而中間兩絶。及世宗時，無歲不貢矣。保融以謂器械金帛，皆土地常産，不足以效誠節，乃遣其弟保紳來朝，世宗益嘉之。

初，季興之鎮，梁以兵五千爲牙兵，衣食皆給於梁。至明宗時，歲給以鹽萬三千石，後不復給。及世宗平淮，故命泰州給之。

保融性迂緩，無材能，而事無大小，皆委其弟保勖。其從叔從義謀爲亂，爲其徒高知訓所告，徙之松滋而殺之。宋興，保融懼，一歲之間三入貢。建隆元年，以疾卒，年四十一，贈太尉，謚曰貞懿。弟保勖立。

又 《高繼沖》 繼沖字成和。保勖卒，拜節度使。湖南周行逢卒，子保權立，其將張文表作亂，建隆四年，太祖命慕容延釗等討之。延釗假道荆南，約以兵過城外。繼沖大將李景威曰：『兵尚權譎，城外之約，不可信也。宜嚴兵以待之。』判官孫光憲叱之曰：『汝峽江一民爾，安識成敗！且中國自周世宗時，已有混一天下之志，況聖宋受命，眞主出邪！王師豈易當也！』因勸繼沖去斥候，封府庫以待，繼沖以爲然。景威出而歎曰：『吾言不用，大事去矣，何用生爲！』因扼吭而死。延釗軍至，繼沖出逆於郊，而前鋒遽入其城。繼沖亟歸，見旌旗甲馬，布列衢巷，大懼，卽詣延釗納牌印，太祖優詔復命繼沖爲節度使。

乾德元年，有事於南郊，繼沖上書願陪祠。九月，具文告三廟，率其將吏宗族五百餘人朝於京師，拜武寧軍節度使以卒。光憲拜黄州刺史，其後事具國史。

季興興滅年世甚明，諸書皆同，蓋自梁開平元年鎮荆南，至皇朝乾德元年國除，凡五十七年。

又《高保勖》 保勖字省躬，從誨第十子也。保融卒，拜節度使。三年，保勖疾，謂其將梁延嗣曰：『我疾遂不起，兄弟孰可付之後事者？』延嗣曰：『公不念貞懿王乎？先王寢疾，以軍府付公，今先王子繼沖長矣。』保勖曰：『子言是也。』卽以繼沖判内外兵馬。十一月，保勖卒，年三十九，贈侍中。保融之子繼沖立。

《宋史》卷一《太祖紀一》 （建隆元年正月癸亥）荆南節度使高保融守太傅，餘領節鎮者併進爵。

（乾德元年）二月【略】甲午，慕容延釗入荆南，高繼沖請歸朝，得州三，縣十七。

三月【略】壬申，高繼沖籍其錢帛芻粟來上。

（夏四月）庚子，荆南節度使高繼沖進助宴金銀、羅紈、柱衣、屏風等物。

十一月乙卯，荆南節度使高繼沖進郊祀銀萬兩。

又 卷四八三《世家六·荆南高氏·高保融》 荆南高保融字德長，其先陝州峽石人。【略】晉天福中，制授檢校司空、判内外諸軍，俄遷節度副使。開運末，領峽州刺史，累加至檢校太傅。漢初，從誨卒，權知軍府事，制授起復檢校太尉、同平章事、江陵尹、荆南節度、荆歸峽觀察使，遣翰林使郭允明賜衣幣。乾祐二年，加檢校太師兼侍中。周廣順初，加兼中書令，封勃海郡王，正衙命使禮部尚書王易、副使刑部郎中景範發册命，仍賜禮服冠劍。顯德初，進封南平王。世宗卽位，加守中書令。世宗征淮南，詔保融出水軍數千人抵夏口爲掎角。淮甸平，璽書褒美，以絹數萬匹賞其軍。世宗將議伐蜀，保融上言請率舟師趣三峽。六年，恭帝卽位，加守太保。宋初，守太傅，連遣使貢獻，恩顧甚厚。是歲八月，卒，年四十一。廢朝三日，遣儀鸞使李繼超賻物，兵部尚書李濤、兵部郎中率汀持節册贈太尉，謚正懿。

保融性迂闊淹緩，禦兵治民，一時術略政事，悉委於母弟保勗焉。子繼沖、繼充，繼充至歸州刺史。

又《高保勗》 保勗字省躬，從誨第十子，保融同母弟也。晉天福初，起家領漢州刺史。保融嗣政，令判内外諸軍事。周廣順元年，加檢校太傅，充荆南節度副使。顯德初，從保融之請，加檢校太尉，充行軍司馬，領寧江軍節度。融卒，保勗權知軍府，奉章以聞，太祖卽授以節度使。建隆二年，遣其弟保寅入貢。初，保融於紀南城北決江水瀦之七里餘，謂之北海，以閡行者。至是太祖因保寅歸，諭旨令決去，使道路無阻。

保勗幼多病，體貌臞瘠，淫泆無度，日召娼妓集府署，擇士卒壯健者令恣調謔，保勗與姬妾垂簾共觀，以爲娛樂。又好營造臺榭，窮極土木之工，軍民咸怨。政事不治，從事孫光憲切諫不聽。三年十一月，卒，年三十九。廢朝二日，贈侍中，遣御廚使李光睿賻祭。

初，保勗在保抱，從誨獨鍾愛，故或盛怒，見之必釋然而笑，荆人目爲『萬事休』。及保勗之立，藩政離弱，卒裁數月遂失國，亦預兆也。

又《高繼沖》 繼沖字贊平，保融長子也。周顯德六年，以蔭檢校司空，爲荆州節度副使。建隆三年，保勗寢疾，以繼沖爲節度副使，權知軍府。保勗卒，四年正月，制授繼沖爲檢校太保、江陵尹、荆南節度。

時湖南張文表叛，周保權求救於朝廷，詔江陵發水軍三千人赴潭州，繼沖卽遣親校李景威將之而往。二月，慕容延釗、李處耘等率衆至，繼沖以牛酒犒師，開門納延釗等，卽遣客將王昭濟、蕭仁楷奉表納土。太祖令御廚使邵岳持詔安撫，樞密承旨王仁贍爲荆南都巡檢使，仍令齎衣服、玉帶、器幣、鞍勒馬以賜繼沖，授繼沖馬步都指揮使，梁延嗣爲復州防禦使，節度判官孫光憲爲黄州刺史，右都押衙孫仲文爲武勝軍節度副使，知進奏鄭景玫爲右驍衛將軍，王昭濟左領軍衛將軍，蕭仁楷供奉官。繼沖籍管内芻糧錢帛之數來上，又獻錢五萬貫、絹五千匹、布五萬匹，復遣支使王崇範詣闕貢金器五百兩、銀器五千兩、錦綺二百段、龍腦香十斤、錦繡帷幕二百事。三月，詔鞍轡庫使翟光裔齎官告、旌節賜繼沖，并存問參佐官吏等；又以保融兄弟、諸父江陵少尹保紳爲衛尉卿，節院使保寅爲將作監、充内作坊使，左衙都將保緒爲鴻臚少卿，右衙都將保節爲司農少卿，合州刺史從翊爲右衛將軍，衙將保遜爲左監門衛將軍，巴州刺史保衡爲歸州刺史，知峽州事保膺爲本州刺史，衙將從誂爲右衛率府率，從讓爲左清道率府率，從謙爲左司御率府率；又以王崇範爲節度判官，高若拙觀察判官，梁守彬江陵少尹，韋仲宣掌書記，胡允脩節度推官，州縣官悉仍舊，別賜管内符印。五月，保紳等來朝，各賜京城第一區。六月，命王仁贍兼知軍府事。

會是歲將郊祀，表求入覲，可之。十月，至闕下，獻金銀器、錦帛、寶裝弓劍、繡旗幟、象牙、玉鞍勒等，賜賚甚厚。郊禋畢，授繼沖徐州大都督府長史、武寧軍節度使、徐宿觀察使。繼沖鎮彭門幾十年，委政僚佐，部内亦治。開寶六年，卒，年三十一。廢朝二日，贈侍中，遣中使護喪，葬事官給。

自高季興據有荆南，歸峽之地，傳襲三世五帥，凡四十餘年。

論説

《十國春秋》卷一〇一《荆南二·文獻王貞懿王世家》 論曰：「眞人出，四海一，理勢之必然也。天水肇興，羣雄漸削，即無伐虢滅虞之謀，高氏其能常守此土乎？光憲知幾，所由與賣國以徼富貴者異矣。

藝文

清·謝啓昆《樹經堂詠史詩》卷七《荆南·高季興》 長堤高築看花臺，雄楚樓明漢水隈。衣繡手痕朝洛去，户排金甲夢王來。錦鮮紅破吴姬唱，雨霰風號酷吏哀。倒授太阿嗟悔晚，舐糠及米禍潛胎。

又《梁震》 製名雨下謁何人？變化從龍遂出雲。先輩依然成進士，嗣王率爾喚郎君。黄牛獨跨登廳事，鶴氅閑披遠世氛。一命不霑樽俎侍，白衣如子孰同羣。

清·舒位《瓶水齋詩集》卷三《五代十國讀史絶句三十首·荆南二首》 荆南節度舊名昌，曾是朱三異姓王。卻笑當年李天下，詩人十指太荒唐。

一身鶴氅護煙霞，卜築荆臺小隱家。老眼不堪東北望，秋禽啼殺渚宫花。

清·史夢蘭《全史宫詞》卷一五《十國·荆南》 雄楚樓高氣欲吞，金隄鞏固俯荆門。繡衣舊拜中朝賜，上有唐皇指爪痕。

西天瑞像現香臺，慘淡宫花五寺開。浄果更參華定水，湯神逐日獻茶來。

五花賓館綺爲寮，食品紛羅椀足高。宴上紅糕齊醉舞，朱紘輕按紫檀槽。

又《十國補遺·荆南》 稽功山下郢城開，主器羣稱霸業恢。猶憶夢中金甲護，執戈扶起泰山頽。

江漢朝宗此建樓，堂開杞梓衆材收。緣何喜怒常無定，一笑麟兒萬事休。

雜録

宋·孫光憲《北夢瑣言》卷一六《馬景設詐》 梁祖宿兵岐下，以迎昭宗，敵壘尚堅，旦思班退。親從指揮使高季昌抗言曰：「天下雄傑窺此舉者一載矣，今姦黨已窘，更少俟之。」季昌乃密募人入岐爲告事者。有騎卒馬景應命，因朱友倫總騎軍且一作「因」。至，將大出兵迓。景請其時給駿馴，雜所出隊中。十許里，躍馬西逸，叩岐闉，以軍怨東遁爲告。且言列寨留卒尚萬，俟夕將逝，宜速掩之，當落我機内矣。然是往也，決無生理，願録其妻孥。梁祖悽然止其行，景固請，乃徇之。明日軍出，諸寨屏匿如無人，不十里，果風騎卻走，岐人納之。不失厥料，岐軍啓兩扉悉衆來。我師宿已秣馬飽士，中軍一鼓，百營俱進，大破岐軍，十不存三四焉。李茂貞喪膽，昭宗降詔還京，始遂奉迎矣。功歸高公，而馬景妻孥倍加軫恤。且解揚以守正爲忠，不顧其身也。馬景以死命行詐，非圖身也，人之難事，唯景有之。

又 《逸文》卷三《薛韋輕高氏》 江陵高季昌唐末爲荆州留後。時宰相韋説、鄭玨，舅甥姻婭也，朱梁太祖時，皆得制方面。高氏以貴公子任行軍司馬，常以歌筵酒饌款待數公，日常宴聚，求取無恆，皆優待之。後莊宗過河，奄有中原，天下震懼，高氏單騎入覲，韋、鄭二公繼登台席，中朝士族子弟多不達時變，復存舊態。

宋・陶岳《五代史補》卷二《後唐二十條・高季興據荆州》 高季興，本陝州硤石人。爲太祖裨將，出爲郢州防禦使。時荆南成汭征鄂州，不利而卒，太祖命季興爲荆南留後。到未幾，會武陵土豪雷彦恭作亂，季興破之，遂以功授荆南節鉞。莊宗定天下，季興首入覲，因拜中書令，封南平王。初，季興嘗從梁太祖出征，引軍早發，至逆旅，未曉，有嫗秉燭迎門，具禮甚厚。季興疑而問之，對曰：『妾適夢有人叩關，呼曰：「速起速起，有裂土王來。」及起盥漱畢，秉燭開門，而君子奄至，得非所謂王者耶，所以不敢褻慢爾。』季興喜。及來荆南，竟至封王。

又 卷四《漢二十條・高從誨母夢》 高從誨，季興之庶子而處長，爲性寬厚，雖士大夫不如也。天成中，季興叛，從誨力諫之，不從。及季興卒，朝廷知從誨忠，使嗣，亦封南平王。初，季興之事梁也，每行軍，常以愛姬張氏自隨。一旦軍敗，攜之而竄，遇夜，誤入深澗中。時張氏方妊，行遲，季興恐爲所累，俟其寢酣，以劍刺岸邊而壓殺之，然後馳去。既而岸欲崩，張氏且驚起，呼季興曰：『妾適夢大山崩而壓妾身，有神人披金甲執戈，以手托之，遂免。』季興聞之，謂必生貴子，遂挈之行，後生從誨。

宋・周羽翀《三楚新録》卷三 高氏諱季興，字貽孫，峽州峽石人也，東魏司徒昂之後，幼好武而有膽氣。乾符末，所在寇賊競起。時梁祖爲元帥，專徵伐，潛有飛揚跋扈之志，思得義勇者與之同力。時季興潛察之，乃謁梁祖於郊。梁祖見之，悅，尋拔爲制勝軍使。其後，累從征討，以功授宋州團練使。未幾，移授荆南兵馬留後。及梁祖禪代，正拜江陵尹兼管内節度觀察處置等使。季興以江陵古之重地，又當天下多事，陰有割據之志。乃大興力役，重築城壘，執畚者逮十數萬人，皆將校賓友負土助焉。其郭外五十里墳塚，皆令發掘，取磚以甃之。及土功畢，陰慘之夜，皆聞鬼哭，鬼火數起，將撲之，奄然而滅。如此者，累月方定，論者以爲發掘墳塚，使幽魂不安故也。時諸侯爭霸，急於用人。進士梁震登第後，薄游江陵，季興請爲掌書記。震性抗直，臨事敢言。時莊宗反正，下詔征諸侯王入覲。季興忻然，奉詔將行，震諫曰：『朝廷自反正後，有吞併諸侯之心。若我繕甲以自守，猶恐不保其地，況敢拋棄軍國，千里入覲哉？且又今之諸侯爲梁朝舊人者唯公耳，安知朝廷不以讎敵相待耶？幸望圖之，無使懷王之患復見於今日也。』季興曰：『吾計決矣！多言奚爲？』及至，莊宗果欲留之。及歸，值夜，將吏、父老出迎於郊外，季興乃握震手曰：『不聽君言，幾葬虎口。』初，季興方對，莊宗謂之曰：『今天下負固不服者，唯吴與蜀耳。朕今欲先有事於蜀，而蜀地險阻，尤難之。江南才隔荆南一水耳，朕欲先征之，卿以爲何如？』季興對曰：『臣聞蜀國地富民饒，獲之可建大利，江南國貧，地狹民少，得之恐無益。臣願陛下釋吴先蜀。』時莊宗意欲伐蜀，及聞季興之言，大悅。未踰年，莊宗伐蜀，季興私自喜曰：『此吾以計給之，彼乃信而用耳。』未幾，遣使册季興爲南平王。秀興謂震曰：『此恐吾與蜀連衡故也。』及蜀破，書至，季興方食，落箸而歎曰：『此吾之失計也！所謂「倒持太阿，授人以柄」。』梁震曰：『大王勿憂，今蜀雖破，未必爲福。』未幾，莊宗宴駕，果再亂，一如梁震之言。初，季興嘗從梁祖出征，引軍旦發，至逆旅，未曉，有一嫗秉燭開門而迎，其禮甚謹。季興頗疑而問之，嫗對曰：『妾適夢金甲人推門呼曰：「宜速起，有王者來。」』及起開門，果有君子至，豈非所謂王者邪？所以不敢褻慢耳。』季興大悅。後果然。洎季興卒，從誨立，震獨不悅，謂所親曰：『先王平生與吾相見，兄弟之不若也。今日之下，安能屈節北面，復事其子邪？』於是求解職，退處於郊外，灌園鬻蔬爲别業，稱處士。每從誨以事召至府，則倒跨黄牛，往往直造廳事前。呼從誨不以官閥，止稱『大郎君』而已。從誨以其先王舊人，不忍以過殺之。

宋・司馬光《資治通鑑》卷二七九《後唐紀八・潞王下》 （清泰二

年）荆南節度使高從誨，性明達，親禮賢士，委任梁震，以兄事之，震常謂從誨爲郎君。

楚王希范好奢靡，游談者共誇其盛。從誨謂僚佐曰：『如馬王可謂大丈夫矣。』孫光憲對曰：『天子諸侯，禮有等差。彼乳臭子驕侈僭忲，取快一時，不爲遠慮，危亡無日，又足慕乎！』從誨久而悟，曰：『公言是也。』他日，謂梁震曰：『吾自念平生奉養，固已過矣。』乃捐去玩好，以經史自娱，省刑薄賦，境内以安。

梁震曰：『先王待我如布衣交，以嗣王屬我。今嗣王能自立，不墜其業，吾老矣，不復事人矣。』遂固請退居。從誨不能留，乃爲之築室於土洲。震披鶴氅，自稱荆臺隱士，每詣府，跨黄牛至聽事。聽，讀曰廳。從誨時過其家，四時賜與甚厚。自是悉以政事屬孫光憲。

臣光曰：孫光憲見徵而能諫，高從誨聞善而能徙，梁震成功而能退，自古有國家者能如是，夫何亡國敗家喪身之有。

宋·阮閱《詩話總龜·前集》卷二五《感事門下》 僧可隆善詩，高從誨閲其卷，有《觀棋》句云：『萬般思後得，一失廢前功。』從誨謂可隆曰：『吾師此詩，必因事而得。』隆答曰：『某本姓慕容，與桑維翰同學。少負志氣，多忤維翰。維翰登第，以至入相，某猶在場屋。頻年敗衄，皆維翰所挫也。因削髮爲僧，其句實感前事而露意焉。』從誨識鑑多此類也。

宋·孔平仲《續世説》卷六 湖南高從誨，時唐、晉、契丹、漢更據中原。漢、閩、吴、蜀皆稱帝，從誨利其賜予，所向稱臣，諸國賤之。號『高無賴』。

北漢分部

綜　述

《舊五代史》卷九九《漢書·高祖紀上》 （天福十二年，三月）庚戌，帝以北京馬步軍都指揮使、泗州防禦使、檢校太保劉崇爲太原尹、檢校太尉。

又 卷一〇〇《漢書·高祖紀下》 （天福十二年，夏五月）甲午，以判太原府事劉崇爲北京留守。

（六月）壬申，北京留守劉崇加同平章事。

又 卷一〇一《漢書·隱帝紀上》 （乾祐元年三月）丙辰，【略】北京留守、檢校太尉、同平章事劉崇加宋州節度使兼侍衛親軍馬步軍都指揮使，檢校太尉、同平章事史弘肇併加檢校太師、兼侍中。

又 卷一〇二《漢書·隱帝紀中》 （乾祐二年，九月）乙卯，鄴都高行周加守太師，襄州安審琦加守太傅，兗州符彦卿加守太保，北京劉崇加兼中書令。

又 卷一〇四《漢書·高祖李皇后傳》 周太祖入京，凡軍國大事，皆請后發教令以行之。是歲，議立徐州節度使贇爲帝，案通鑑考異引隱帝實録云：初議立徐帥，太后遣中使馳諭劉崇，請崇入纘大位，崇知立其子，上章謙遜。以當日事理推之，既召湘陰，不應復召崇，疑傳聞之誤。

又 卷一一〇《周書·太祖紀一》 廣順元年（春，正月）丙戌，【略】潞州奏，得石會關使王延美報，河東劉崇於正月十六日僭號。

又 卷一一一《周書·太祖紀二》 （廣順元年二月）丙午，晉州王晏奏，河東劉崇遣僞招討使劉鈞、副招討使白截海，率步騎萬餘人來攻州城，以今月五日五道齊攻，率州兵拒之，賊軍傷死甚衆。案宋史王晏傳：劉崇侵晉州，晏閉關不出，設伏城上。併人以爲怯，競攀堞而登，晏麾伏兵擊之，顛死者甚衆，遂焚橋遁。晏遣子漢倫追北數十里，斬首百餘級。

又 卷一一二《周書·太祖紀三》 （十月）丙午，晉州巡檢王萬敢奏，河東劉崇入寇，營於州北。

十二月戊子朔，詔以劉崇入寇，取當月三日暫幸西京。庚寅，詔巡幸宜停。時王峻駐軍陝府，聞帝西巡，遣使馳奏，不勞車駕順動，帝乃止。乙未，幸西莊。兗州慕容彦超上言，乞朝覲，詔允之，尋稱部内草寇起，不敢離鎮。戊申，鄆州奏，慕容彦超據城反。己酉，王峻奏，劉崇逃遁，王師已入晉州。案宋史陳思讓傳：王峻援晉州，以思讓與康延昭分爲左右廂排陣使，令率軍自烏嶺至絳州，與大軍合。崇燒營遁去，思讓又與藥元福襲破之。

又　卷一一四《周書・世宗紀一》（顯德元年）二月庚戌，潞州奏，河東劉崇與契丹大將軍楊衮，舉兵南指。【略】河東賊將張暉率前鋒自團柏谷入寇，帝召羣臣議親征。宰臣馮道等奏，以劉崇自平陽奔遁之後，勢弱氣奪，未有復振之理，竊慮聲言自來，以誤於我。陛下纂嗣之初，先帝山陵有日，人心易摇，不宜輕舉，命將禦寇，深以爲便。帝曰：「劉崇幸我大喪，聞我新立，自謂良便，必發狂謀，謂天下可取，謂神器可圖，此際必來，斷無疑耳！」馮道等以帝鋭於親征，因固諍之。帝曰：「昔唐太宗之創業，靡不親征，朕何憚焉。」道曰：「陛下未可便學太宗。」帝又曰：「劉崇烏合之衆，苟遇王師，必如山壓卵耳。」道曰：「不知陛下作得山否？」作得山否，原本作「昨待山否」，今從通鑑改正。帝不悦而罷。詔諸道募山林亡命之徒有勇力者，送於闕下，仍目之爲强人。帝以趫捷勇猛之士，多出於羣盗中，故令所在招納，有應命者，即貸其罪，以禁衛處之，至有朝行殺奪，暮升軍籍，讎人遇之，不敢仰視。帝意亦患之，其後頗有不獲宥者。

三月丁丑，潞州奏，河東劉崇入寇，兵馬監押穆令均部下兵士爲賊軍所襲，官軍不利。

癸未，詔以劉崇入寇，車駕取今月十一日親征。甲申，以樞密使鄭仁誨爲東京留守。乙酉，車駕發京師。壬辰，至澤州。癸巳，王師與河東劉崇、契丹楊衮大戰於高平，賊軍敗績。初，車駕行次河陽，聞劉崇自潞而南，即倍程而進。是月十八日，至澤州，既晡，帝御戎服，觀兵於東北郊，距州十五里，夜宿於村舍。十九日，前鋒與賊軍相遇，賊陣於高平縣南之高原。有賊中來者，云：「劉崇自將騎三萬，併契丹萬餘騎，嚴陣以待官軍。」帝促兵以擊之，崇東西列陣，頗亦嚴整。乃令侍衛馬步軍都虞候李重進、滑州節度使白重贊將左，居陣之西廂；侍衛馬軍都指揮使樊愛能、步軍都指揮使何徽將右，居陣之東廂；宣徽使向訓、鄭州防禦使史彦超，以精騎當其中；殿前都指揮使張永德以禁兵衛蹕。帝介馬觀戰。兩軍交鋒，未幾，樊愛能、何徽望賊而遁，東廂騎軍亂，步軍解甲投賊，帝乃自率親騎，臨陣督戰。案隆平集馬仁瑀傳：從世宗親征劉崇，王師不利，仁瑀謂衆曰：「主辱臣死！」因躍馬大呼，引弓連斃將卒數十，士氣始振。今上馳騎於陣前，先犯其鋒，戰士皆奮命爭先，賊軍大敗。日暮，賊萬餘人阻澗而陣。會劉詞領兵至，與大軍迫之，賊軍又潰，臨陣斬賊大將張暉張暉，通鑑考異引晉陽見聞録作張令徽，考歐陽史、十國春秋俱同薛史作張暉，今附識於此。及僞樞密使王延嗣。

又　卷一一五《周書・世宗紀二》（顯德二年十一月）【略】己未，邢州奏，河東劉崇死。

又　卷一一九《周書・世宗紀六》　世宗之征東也，駐蹕於高平，劉崇兼契丹之衆來迎戰。時帥多持兩端，而王師不利。親軍帥樊愛能等各退衄，世宗赫然躍馬入陣，引五十人直沖崇之牙帳。崇方張樂飲酒，以示閒暇，及其奄至，莫不驚駭失次，世宗因以奮擊，遂敗之，追奔於城下。凱旋，駐蹕潞州，且欲出其不意以誅退衄者，乃置酒高會，指樊愛能等數人責之曰：「汝輩皆累朝宿將，非不能用兵者也，然退衄者無他，誠欲將寡人作物貨賣與劉崇爾。不然，何寡人親戰而劉崇始敗耶？如此則卿等雖萬死不足以謝天下，宜其曲膝引頸以待斧誅。」言訖，命行刑壯士擒出斬之。於是立功之士以次行賞，自行伍拔於軍廂者甚衆，其恩威併著，皆此類也。初，劉崇求援於契丹，得騎數千，及覩世宗兵少，悔之，曰：「吾觀周師易與爾，契丹之衆宜勿用，但以我軍攻戰，自當萬全。如此則不惟破敵，亦足使契丹見而心服，一舉而有兩利，兵之機也。」諸將以爲然，乃使人謂契丹主將曰：「柴氏與吾，主客之勢，不煩足下餘刃，敢請勒兵登高觀之可也。」契丹不知其謀，從之。洎世宗之陣也，三軍皆賈勇爭進，無不一當百，契丹望而畏之，故不救而崇敗。

又　卷一三五《僭僞傳・劉崇》　劉崇，太原人，漢高祖之從弟也。少無賴，好陸博意錢之戲，弱冠隸河東軍。唐長興中，遷虢州軍校。漢祖鎮併、汾，奏爲河東步軍都指揮使。逾年，授麟州刺史，復爲河東馬步軍都指揮使兼三城巡檢使，遥領泗州防禦使。漢祖起義於河東，以崇爲特進、檢校太尉、行太原尹。是歲五月，漢祖南行，以崇爲北京留守，尋加同平章事。隱帝嗣位，加檢校太師、兼侍中。乾祐二年九月，加兼中書令。時漢隱帝以幼年在位，政在大臣，崇亦招募亡命，繕完兵甲，爲自全之計，朝廷命令，多不稟行，徵斂一方，略無虚日，人甚苦之。三年十一月，隱帝遇害，朝廷議立崇之子徐州節度使贇爲主，會周太祖爲軍衆所推，降封贇爲湘陰公。崇乃遣牙將李䛪奉書求贇歸藩，會贇已死，唯以優辭答之。

周廣順元年正月，崇僭號於河東，稱漢，改名旻，仍以乾祐爲年號。署其子承鈞爲侍衛親軍都指揮使、太原尹，以判官鄭拱、趙華爲宰相，副使李瓌、代州刺史張暉爲腹心，尋遣承鈞率兵攻晉、隰二州，不克而退。九月，崇自領兵由陰地關寇晉州，乞師於契丹，契丹以五千騎助之，合兵以攻平陽，又分兵寇昭義。周太祖遣樞密使王峻等率大軍以援晉、絳，崇聞周師至，遂焚營而遁。是歲，晉、絳大雪，崇駐軍六十餘日，邊民走險自固，兵無所掠，士有飢色，比至太原，十亡三四。二年二月，崇遣兵三千餘衆寇府州，爲折德扆所破，其所部岢嵐軍爲德扆所取。

崇自僭稱之後，以重幣求援於契丹，仍稱侄以事之，契丹僞册爲英武皇帝。及周世宗嗣位，崇復乞師於契丹，以圖入寇，契丹遣將楊衮合勢大舉，來迫潞州。顯德元年三月，周世宗親征，與崇戰於高平，大敗之。崇與親騎十數人逾山而遁，中夜迷惜，不知所適，劫村民使爲鄉導，誤趨晉州路，行百餘里方覺。崇怒，殺鄉導者，得他路而去，乃易名號，被毛褐、張樺笠而行。至沁州，與從者三五騎止於郊舍，寒餒尤甚，潛令告僞刺史李廷誨，廷誨饋盤餐、解衣裘而與之。每至屬邑，縣吏奉食，匕箸未舉，聞周師至，即蒼黄而去。崇年老力憊，伏於馬上，日夜奔竄，僅能支持。距太原一舍，其子承鈞夜以兵百人迎之而入。及周師臨城下，崇氣慴，自固閉壘不出。月餘，世宗乃旋軍。

顯德二年十一月，崇以病死，其子承鈞襲僞位。鈞之事迹，具皇家日曆。

《宋史》卷一《太祖紀一》（顯德）七年春，北漢結契丹入寇，命出師禦之。【略】

（建隆元年正月己巳）鎮州郭崇報，契丹與北漢軍皆遁。【略】

（五月）丁卯，石守信、高懷德破筠衆於澤州，禽僞節度范守圖，殺北漢援兵之降者數千人，筠遁入澤州。【略】

（六月）甲午，永安軍節度使折德扆破北漢沙谷砦。【略】

九月壬寅，昭義軍節度使李繼勳焚北漢平遙縣。【略】

冬十月【略】乙酉，晉州兵馬鈐轄荆罕儒襲北漢汾州，死之。【略】

（建隆二年）十二月【略】乙未，李繼勳敗北漢軍，俘遼州刺史傅廷彥、弟勳來獻。【略】

（建隆三年二月）甲寅，北漢寇潞、晉，守將擊走之。【略】

（三月）丁亥，命徙北漢降人於邢、洺。【略】

（七月）己卯，北漢捉生指揮使路貴等來降。【略】

（乾德元年）八月【略】丁亥，王全斌攻北漢樂平縣，降之。辛卯，以樂平縣爲平晉軍，降卒千八百人爲效順軍，人賜錢帛。【略】丙申，北漢靜陽十八砦首領來降。【略】

九月【略】戊寅，北漢引契丹兵攻平晉，遣洺州防禦使郭進等救之。【略】

閏月【略】乙亥，折德扆敗北漢軍於府州城下，禽其將楊璘。【略】

（乾德二年）二月戊申朔，北漢遼州刺史杜延韜以城來降。【略】庚午，府州俘北漢衛州刺史楊璘來獻。【略】

三月【略】乙未，北漢耀州團練使周審玉等來降。

又　卷二《太祖紀二》（乾德四年）二月【略】丙辰，於闐國王遣其子德從來獻。安國軍節度使羅彥瓌等敗北漢於靜陽，擒其將鹿英。【略】

（五年三月）丙辰，北漢石盆砦招收指揮使閻章以砦來降。【略】

夏五月乙巳，賜京城貧民衣。北漢鴻唐砦招收指揮使樊暉以砦來降。【略】

（開寶元年）秋七月丙申，【略】北漢潁州砦主胡遇等來降。丙午，幸鐵騎營，遂幸玉津園。戊申，坊州刺史李懷節坐强市部民物，責左衛率府率。北漢主劉鈞卒，養子繼恩立。

八月【略】戊辰，命昭義軍節度使李繼勳等征北漢。

九月【略】庚子，李繼勳敗北漢於銅温河。己酉，北漢供奉官侯霸榮弒其主繼恩，繼元立。【略】

（二年）二月乙卯，命昭義軍節度使李繼勳爲河東行營前軍都部署，侍衛步軍指揮使黨進副之，宣徽南院使曹彬爲都監，棣州防禦使何繼筠爲石嶺關部署，建雄軍節度使趙贊爲汾州路部署，以伐北漢。宴長春殿。命彰德軍節度使韓仲贇爲北面都部署，彰義軍節度使郭延義副之，以防契丹。戊午，詔親征。己酉，以開封尹光義爲上都留守，樞密副使沈義倫爲大內部署、判留司三司事。甲子，發京師。乙亥，雨，駐潞州。

三月壬辰，發潞州。乙未，李繼勳敗北漢軍於太原城下。戊戌，駕傅城下。庚子，觀兵城南，築長連城。辛丑，幸汾河，作新橋。發太原諸縣丁數萬集城下。癸卯，北漢史昭文以憲州來降。乙巳，臨城南，謂汾水可以灌其城，命築長隄壅之，決晉祠水注之。遂砦城四面，繼勳軍於南，贊軍於西，彬軍於北，進軍於東，乃北引汾水灌城。【略】

五月癸未，韓仲贇敗契丹於定州北。自戊子至庚寅，命水軍載弩環攻，横州團練使王廷義、殿前都虞候石漢卿死之。甲午，北漢趙文度以嵐州來降。

又 卷三《太祖紀三》（開寶六年）六月【略】癸巳，占城國遣使獻方物。隰州巡檢使李謙溥拔北漢七砦。【略】

（開寶七年十二月）庚午，北漢寇晉州，守臣武守琦敗之於洪洞。【略】

（開寶八年）三月【略】己亥，【略】知潞州藥繼能拔北漢鷹澗堡。【略】

（開寶九年八月）丁未，遣侍衛馬軍都指揮使黨進、宣徽北院使潘美伐北漢。丙辰，遣使率兵分五道入太原。

九月【略】庚午，【略】黨進敗北漢軍於太原城北。

又 卷四《太宗紀一》（太平興國四年）三月庚辰朔，次鎮州。丁亥，郭進破北漢西龍門砦，擒獲甚衆。乙未，郭進大破契丹於關南。庚子，左飛龍使史業破北漢鷹揚軍，俘百人來獻。【略】

夏四月己酉朔，嵐州行營與北漢軍戰，破之。庚戌，盂縣降。以石熙載爲樞密副使。辛酉，以孟玄哲、劉廷翰爲兵馬都鈐轄，崔翰總馬步軍，併駐泊鎮州。壬戌，帝發鎮州。折御卿克岢嵐軍，獲其軍使折令圖。乙丑，克隆州，獲其招討使李詢等六人。己巳，折御卿克嵐州，殺其憲州刺史郭翊，獲夔州節度使馬延忠。庚午，次太原，駐蹕汾東行營。辛未，幸太原城，詔諭北漢主劉繼元使降。壬申夜，帝幸城西，督諸將發機石攻城。甲戌，幸諸砦。乙亥，幸連城，視攻城諸洞。

五月己卯朔，攻城西南，遂陷羊馬城，獲其宣徽使范超，斬纛下。辛巳，攻城西北。壬午，其騎帥郭萬超來降，遂移幸城南，手詔賜繼元。癸未，進攻，將士盡奮，若將屠之。是夜，繼元遣使納款。甲申，繼元降，北漢平，凡得州十、縣四十、户三萬五千二百二十。

《遼史》卷五《世宗紀》（大同）五年春正月癸亥朔，如百泉湖。漢郭威弑其主自立，國號周，遣朱憲來告。即遣使致良馬。漢劉崇自立於太原。

又 卷七《穆宗紀下》（慶曆十九年）二月甲寅，漢劉繼元嗣立，遣使乞封册。辛酉，遣韓知範册爲皇帝。【略】甲子，漢遣使進白麃。

又 卷九《景宗紀下》乾亨元年春正月乙酉，遣撻馬長壽使宋，問興師伐劉繼元之故。丙申，長壽還，言『河東逆命，所當問罪。若北朝不援，和約如舊；不然則戰』。【略】

六月，劉繼元降宋，漢亡。

清·吳任臣《十國春秋》卷一〇四《北漢一·世祖紀》 世祖姓劉名旻高祖之母弟也同爲章懿皇后所出初名崇。

承鈞，旻次子也。少頗好學，工書。旻卒，承鈞遣人奉表契丹，自稱男。述律答之，以詔呼承鈞爲兒，許其嗣位。初，旻常謂張元徽等曰：『吾以高祖之業，斌之冤，義不爲郭公屈爾。期與公等勉力以復家國之仇。至於稱帝一方，豈獲已也，顧我是何天子，爾亦是何節度使？』故其僭號，仍稱乾祐，不改元，不立宗廟，四時之祭，用家人禮。

承鈞既立，始赦境內。改乾祐十年曰天會元年，立七廟於顯聖宮。契丹遣高勳助承鈞，承鈞遣李存瓌與勳攻上黨，無所得而還。

明年，世宗北伐契丹，下三關。契丹使來告急，承鈞將發兵，而世宗班師，乃已。

宋興，昭義節度使李筠叛。命遣其將劉繼沖、判官孫孚奉表稱臣，執其監軍周光遜、李廷玉送於太原，乞兵爲援。承鈞欲謀於契丹，繼沖道筠意，請無用契丹兵。承鈞即率其國兵，自將出團柏谷，羣臣餞之汾水。僕射趙華曰：『李筠舉事輕易，陛下不圖成敗，空國興師，臣實憂之。』承鈞至太平驛，封筠隴西郡王。筠見承鈞儀衛不備，非如王者，悔臣之。筠因自陳受周氏恩，不忍背德。而承鈞與周世仇也，聞筠言亦不悅，遣宣徽使盧贊監其軍，筠心益不平，與贊多不葉。承鈞遣宰相衛融和解之。已而，筠敗死衛融被執至京師。

太祖皇帝問融承鈞所以助筠反狀，融言不遜，太祖命以鐵檛擊其首，流血被面，融呼曰：『臣得死所矣！』太祖顧左右曰：『此忠臣也。』釋之，命以良藥傅其瘡，遣融致書於承鈞，求周光遜等，約亦歸融太原。承鈞不報，融遂留京師。承鈞謂趙華曰：『不聽公言，幾至於敗。然失衛融、盧贊，吾以爲恨爾。』

承鈞由此益重儒者，以抱腹山人郭無爲參議國政。無爲，棣州人，方顙鳥喙，好學多聞，善談辯。嘗衣褐爲道士，居武當山。周太祖討李守貞於河中，無爲詣軍門上謁，詢以當世之務，太祖奇之。或謂太祖曰：『公爲漢大臣，握重兵居外。而延縱橫之士，非所以防微慮遠之道也。』由是，太祖不納，無爲去隱抱腹山。承鈞内樞密使段常識之，薦其材，承鈞以諫議大夫召之，遂以爲相。

五年，宿衛殿直行首王隱、劉紹、趙鸞等謀作亂，事覺被誅，其詞連段常，乃罷常樞密，爲汾州刺史，縊殺之。自旻世，凡舉事必稟契丹。而承鈞之立多略。契丹遣使者責承鈞改元、援李筠、殺段常不以告，承鈞惶恐謝罪。使者至契丹輒見留，承鈞奉之愈謹，而契丹待承鈞益薄。

承鈞自李筠敗而失契丹之援，無復南侵之意。地狹産薄，以歲輸契丹故國用日削，乃拜五台山僧繼顒爲鴻臚卿。繼顒，故燕王劉守光之子。守光之死，以孽子得不殺，削髮爲浮圖，後居五台山。爲人多智，善商財利，自旻世頗以賴之。繼顒能講《華嚴經》，四方供施多積畜，以佐國用。五台，當契丹界上，繼顒常得其馬以獻，號添都馬，歲率數百匹。又於柏谷置銀冶，募民鑿山取礦，烹銀以輸，劉氏仰以足用。即其冶建寶興軍，繼顒後累官至太師中書令，以老病卒，追封定王。

太祖皇帝嘗因界上諜者謂承鈞曰：『君家與周氏爲世仇，宜其不屈。今我與爾無所間，何爲困此一方之人也？若有志於中國，宜下太行以決勝負。』承鈞遣諜者復命曰：『河東土地兵甲不足以當中國之十一。然承鈞家世非叛者，區區守此，蓋懼漢氏之不血食也。』太祖哀其言，笑謂諜者曰：『爲我語承鈞，開爾一路以爲生。』故終其世不加兵。承鈞立十三年，病卒，其養子繼恩立。

又　卷一〇五《北漢二・睿宗紀》　睿宗名鈞，初名承鈞，世祖次子也。

繼恩，本姓薛氏。父釗爲卒，旻以女妻之，生繼恩。漢高祖以釗婿也，除其軍籍，置之門下。釗無材能，高祖衣食之而無所用。妻以旻女常居中，釗罕得見，釗常怏怏，因醉拔佩刀刺之，傷而不死，釗即自裁。旻女後適何氏，生子繼元。而何氏及旻女皆卒。旻以其子承鈞無子，乃以二子命承鈞養爲子。承鈞立，以繼恩爲太原尹。承鈞嘗謂郭無爲曰：『繼恩純孝，然非濟世之才，恐不能了我家事。』無爲不對。承鈞病臥勤政閣，召無爲，執手以後事付之。承鈞卒，繼恩告哀於契丹，而後立繼恩，服縗裳視事寢處，皆居勤政閣。而承鈞故執事百司宿衛者，皆在太原府廨。九月，繼恩置酒會諸大臣宗子，飲罷臥閣中。供奉官侯霸榮率十餘人挺刃入閣，閉户而殺之。郭無爲遣人以梯登屋入，殺霸榮併其黨。初承鈞之語郭無爲也，繼恩怨無爲不助己。及立，欲逐之而未果。故霸榮之亂人皆以謂無爲之謀，霸榮死口滅而無知者。無爲迎繼元而立之。

又　《少主紀》　少主繼恩本姓薛氏，父釗。晉初爲營卒，娶世祖女，生繼恩。

繼元，爲人忍。旻子十餘人，皆無可稱者。當繼元時，有鎬、鍇、錡、錫、銑，於繼元爲諸父，皆爲繼元所殺，獨銑以佯愚獲免。承鈞妻郭氏，繼元兄弟自少母之。繼元妻段氏，嘗以小過爲郭氏所責，既而以它疾而卒，繼元疑其殺之。及立，遣嬖者范超圖殺郭氏，郭氏方縗服哭承鈞於柩前，超執而縊殺之，於是劉氏之子孫無遺類矣。繼元立，改元曰廣運。王師北征，繼元閉城拒守。太祖皇帝以詔書招繼元出降，許以平盧軍節度使，郭無爲安國軍節度使。無爲捧詔色動，而併人及繼元左右皆欲堅守以拒命，無爲仰天慟哭，拔佩刀欲自裁，爲左右所持。繼元自下執其手，延之上坐，無爲曰：『奈何以孤城拒百萬之王師？』蓋欲搖動併人，而併人守意益堅。宦者衛德貴察無爲有異志，以告繼元，繼元遣人縊殺之。初，太祖皇帝命引汾水浸其城，水自城門入，而有積草自城中飄出塞之。是時，王師頓兵甘草地中，會歲暑雨，軍士多疾，乃班師。王師已去，繼元決城下水注之臺駘澤，水已落，而城多摧圮。契丹使者韓知璠時在太原，歎曰：『王師之引水浸城也，知其一而不知其二。若先浸而後涸，則併人無類矣！』太平興國四年王師復北征，繼元窮窘而併人猶欲堅守。其樞密副使馬峰老疾，居於家，舁入見繼元，流涕以興亡諭之，繼元乃降。太宗皇帝御城北高臺受降，以繼元爲右衛上將軍，封彭城公。其後事具國史。旻年世興滅，諸書皆同。自周廣順元年建號，至皇朝太平興國四年滅，凡二十八年，餘具《年譜》注。

又 《英武帝紀》 英武帝繼元，當天會初，授檢校司徒，歸義府都督。已而加太保，遷右金吾衛大將軍，充大內都點檢。

論説

《舊五代史》卷一三五《僭僞傳·劉崇》 史臣曰：【略】劉崇以亡國之餘，竊僞王之號，多見其不知量也。今元惡雖斃，遺孽尚存，勢蹙民殘，不亡何待！

清·吴任臣《十國春秋》卷一〇四《北漢一·世祖紀》 論曰：世謂世祖常致書於周，求立子贇而不得，後方稱帝。推其志，是不以喪君爲讎，而以殺子爲讎也。要之，贇得立，則漢祀未斬，贇故不獨爲世祖子矣，懼劉氏之餒而保一隅以圖存，其志洵有足悲者。高平之戰，僅以身免，所以亡者天耳。然則歷四君而卜年三十，嗚呼，夫豈盡人力也哉！

又 卷一〇五《北漢二·睿宗少主英武帝紀》 論曰：歐陽五代史言孝和帝歿於天會十三年，英武帝嗣位，即改元廣運，皆非也。嘗稽定王劉繼顒碑文，爲右諫議大夫楊夢申所撰，中云『天會十二年，今皇帝踐阼之初年也，十七年繼顒卒』，末署廣運元年，歲次甲戌，九月丙午朔。而李惲千佛樓碑銘亦署廣運二年，歲次乙亥八月庚午朔。夢申與惲本北漢臣，此最可信者。予故得據之以編漢年云。至兩主踰年皆不改元，蓋當時漢隱帝、周世宗、孟蜀後主已行其事，於北漢又何異焉。

藝文

清·謝啓昆《樹經堂詠史詩》卷七《北漢·劉旻劉繼元》 雕青帝子初承漢，天水眞人又續周。如意袈裟談佛日，縞衣紗帽出降秋。傷心稚息三豬託，彈指風煙十國愁。平看詩成高會罷，太原形勝樹深憂。

又 《郭忠恕》 北岡變起事匆匆，脱空貽讖長樂公。傲世佯狂山水外，求仙汗漫俗塵中。重樓復閣輕紈繪，一角遥峰淡墨烘。圖畫隱身沈醉好，茗坊執識美髯翁。

清·舒位《瓶水齋詩集》卷三《五代十國讀史絶句三十首·北漢二首》 晉陽玉座紀年新，三品黄騮間道塵。自有一生惆悵事，雕青天子赤眞人。

黄蠟封書夜刺閨，摧殘鐵騎澤州圍。無因重捉香如意，城下三衣肉袒歸。

清·史夢蘭《全史宫詞》卷一五《十國補遺·北漢》 故第宏開顯聖宫，巍巍七廟盡追封。叔皇報聘頒新賜，玉帶横腰飾九龍。

十二州環似拱辰，無端皆唱赤眞人。雪花六出霏富樹，台館惟爭一夜春。

雜録

宋·王鞏《聞見近録》 柴世宗得天下，劉崇自河東犯闕，世宗將親征，馮道力諫止，世宗曰：『太山壓卵耳，何爲不可。』道曰：『陛下可謂太山乎？今皆宿將，久處貴位，氣方驕。陛下即位，席未暖，未易使也。』世宗以道輕己，即日命駕出。師次高平，遇崇接戰，世宗據高原下觀。兵陣方接，東北角奔，西北角次之，王師敗績。明日，按軍不戰，置酒軍中，酒行，牽奔將七十二人斬纛下，即坐中拜七十二人補之。左右股栗，太祖皇帝實預補中。明日再戰，軍士不用命者，太祖刃其笠以識之。戰罷，識者皆斬之。軍聲於是大振，崇走，遂圍太原。

宋·孔平仲《續世説》卷七《尤悔》 周世宗時，河東劉崇召契丹入寇。崇見周軍少，悔召契丹，謂諸將曰：『吾自用漢軍可殺也，何必契丹。今日不唯克周，亦可使契丹心服。』既戰，崇敗遁歸。

元·胡三省《通鑑釋文辨誤》卷一二《通鑑二百九十》 周太祖廣順元年，劉崇即皇帝位於晉陽。史照釋文曰：劉崇自太原以北，有州十餘。按《通鑑》書劉崇有并、汾、忻、代、嵐、憲、隆、蔚、沁、遼、麟、石十二州之地。史照言：有州十是以歐史職方考爲據，而忘通鑑下文也，汾石二州在太原西南，遼沁二州在太原東南，劉崇疆土亦不止於自太原以北也。

明·于慎行《谷山筆麈》卷九《月俸》　至北漢劉崇以太原一道正位建國，宰相月俸止百緡，節度使止三十緡，較之唐末已爲太減矣。

清·顧炎武《日知録》卷一二《財用》　《五代史》言北漢國小民貧，宰相月俸止百緡，節度使止三十緡，自餘薄有資給而已，故其國中少廉吏。穆王之書曰：『爵重禄輕，羣臣比而戾民，畢程氏以亡。』此之謂矣。

國家强盛部

開皇之治分部

綜　述

《隋書》卷一《高祖紀上》　高祖文皇帝姓楊氏，諱堅，弘農郡華陰人也。【略】開皇元年二月甲子，上自相府常服入宮，備禮即皇帝位於臨光殿。設壇於南郊，遣使柴燎告天。是日，告廟，大赦，改元。京師慶雲見。易周氏官儀，依漢、魏之舊。以柱國、相國司馬、渤海郡公高熲爲尚書左僕射兼納言，相國司録、沁源縣公虞慶則爲內史監兼吏部尚書，相國內郎、咸安縣男李德林爲內史令，上開府、漢安縣公韋世康爲禮部尚書，上開府、義寧縣公元暉爲都官尚書，開府、民部尚書、昌國縣公元巖爲兵部尚書，上儀同、司宗長孫毗爲工部尚書，上儀同、司會楊尚希爲度支尚書，上柱國、雍州牧、邗國公楊惠爲左衛大將軍。乙丑，追尊皇考爲武元皇帝，廟號太祖，皇妣爲元明皇后。遣八使巡省風俗。丙寅，修廟社。立王后獨孤氏爲皇后，王太子勇爲皇太子。丁卯，以大將軍、金城郡公趙煚爲尚書右僕射，上開府、濟陽侯伊婁彦恭爲左武候大將軍。己巳，以周帝爲介國公，邑五千户，爲隋室賓。旌旗車服禮樂，一如其舊。上書不爲表，答表不稱詔。周氏諸王，盡降爲公。辛未，以皇弟同安郡公爽爲雍州牧。乙亥，封皇弟邵國公慧爲滕王，同安公爽爲衛王；皇子雁門公廣爲晉王，俊爲秦王，秀爲越王，諒爲漢王。以上柱國、并州總管、申國公李穆爲太師，上柱國、鄧國公竇熾爲太傅，上柱國、幽州總管、任國公於翼爲太尉，觀國公田仁恭爲太子太師，武德郡公柳敏爲太子太保，濟南郡公孫恕爲太子少傅，開府蘇威爲太子少保。丁丑，以晉王廣爲并州總管，以陳留郡公楊智積爲蔡王，興城郡公楊靜爲道王。戊寅，以官牛五千頭分賜貧人。

三月辛巳，高平獲赤雀，太原獲蒼烏，長安獲白雀，各一。宣仁門槐樹連理，衆枝內附。壬午，白狼國獻方物。甲申，太白晝見。乙酉，又晝見。以上柱國元景山爲安州總管。丁亥，詔犬馬器玩口味不得獻上。戊子，弛山澤之禁。以上開府、當亭縣公賀若弼爲楚州總管，和州刺史、新義縣公韓擒爲廬州總管。己丑，盩厔縣獻連理樹，植之宮庭。辛卯，以上柱國、神武郡公竇毅爲定州總管。戊戌，以太子少保蘇威兼納言、吏部尚書，餘官如故。庚子，詔曰：『自古帝王受終革代，建侯錫爵，多與運遷。朕應籙受圖，君臨海內，載懷沿革，事有不同。然則前帝後王，俱在兼濟，立功立事，爵賞仍行。苟利於時，其致一揆，何謂物我之異，無計今古之殊。其前代品爵，悉可依舊。』丁未，梁主蕭巋使其太宰蕭巖、司空劉義來賀。

四月辛巳，大赦。壬午，太白、歲星晝見。戊戌，太常散樂併放爲百姓。禁雜樂百戲。辛丑，陳散騎常侍韋鼎、兼通直散騎常侍王瑳來聘於周，至而上已受禪，致之介國。是月，發稽胡修築長城，二旬而罷。

五月戊子，封邗國公楊雄爲廣平王，永康郡公楊弘爲河間王。辛未，介國公薨，上舉哀於朝堂，以其族人洛嗣焉。

六月癸未，詔以初受天命，赤雀降祥，五德相生，赤爲火色，其郊及社廟，依服冕之儀，而朝會之服，旗幟犧牲，盡令尚赤。戎服以黄。

秋七月乙卯，上始服黄，百僚畢賀。庚午，靺鞨酋長貢方物。

八月壬午，廢東京官。突厥阿波可汗遣使貢方物。甲午，遣行軍元帥樂安公元諧，擊吐谷渾於青海，破而降之。

九月戊申，戰亡之家，遣使賑給。庚午，陳將周羅睺攻陷胡墅，蕭摩訶寇江北。辛未，以越王秀爲益州總管，改封爲蜀王。壬申，以上柱國、薛國公長孫覽，上柱國、宋安公元景山，併爲行軍元帥，以伐陳，仍命尚書左僕射高熲節度諸軍。突厥沙鉢略可汗遣使貢方物。是月，行五銖錢。

冬十月乙酉，百濟王扶餘昌遣使來賀，授昌上開府、儀同三司、帶方郡公。戊子，行新律。壬辰，行幸岐州。

十一月乙卯，以永昌郡公竇榮定爲右武候大將軍。丁卯，遣兼散騎侍郎鄭撝使于陳。己巳，有流星，聲如隤牆，光燭于地。

十二月戊寅，以申州刺史尒朱敞爲金州總管。甲申，以禮部尚書韋世康爲吏部尚書。己丑，以柱國元衮爲廓州總管，興勢郡公衛玄爲淮州總管。庚子，至自岐州。壬寅，高麗王高陽遣使朝貢，授陽大將軍、遼東郡公。太子太保柳敏卒。

二年春正月癸丑，幸上柱國王誼第。庚申，幸安成長公主第。陳宣帝殂，子叔寶立。辛酉，置河北道行臺尚書省於并州，以晉王廣爲尚書令。置河南道行臺尚書省於洛州，以秦王俊爲尚書令。置西南道行臺尚書省於益州，以蜀王秀爲尚書令。戊辰，陳遣使請和，歸我胡墅。辛未，高麗、百濟併遣使貢方物。甲戌，詔舉賢良。

二月己丑，詔高熲等班師。庚寅，以晉王廣爲左武衛大將軍，秦王俊爲右武衛大將軍，餘官併如故。辛卯，幸趙國公獨孤陀第。庚子，京師雨土。

三月戊申，開渠，引杜陽水於三時原。

四月丁丑，以寧州刺史竇榮定爲左武候大將軍。庚寅，大將軍韓僧壽破突厥於鷄頭山； 上柱國李充破突厥於河北山。

五月戊申，以上柱國、開府長孫平爲度支尚書。己酉，旱，上親省囚徒。其日大雨。己未，高寶寧寇平州，突厥入長城。庚申，以豫州刺史皇甫績爲都官尚書。壬戌，太尉、任國公於翼薨。甲子，改傳國璽曰受命璽。

六月壬午，以太府卿蘇孝慈爲兵部尚書，雍州牧、衛王爽爲原州總管。甲申，使使吊於陳國。乙酉，上柱國李充破突厥於馬邑。戊子，以上柱國叱李長叉爲蘭州總管。辛卯，以上開府尒朱敞爲徐州總管。

丙申，詔曰：『朕只奉上玄，君臨萬國，屬生人之敝，處前代之宮。常以爲作之者勞，居之者逸，改創之事，心未遑也。而王公大臣陳謀獻策，咸雲義、農以降，至於姬、劉，有當代而屢遷，無革命而不徙。曹、馬之後，時見因循，乃末代之晏安，非往聖之宏義。此城從漢，凋殘日久，屢爲戰場，舊經喪亂。今之宮室，事近權宜，又非謀筮從龜，瞻星揆日，不足建皇王之邑，合大衆所聚，論變通之數，具幽顯之情，同心固請，詞情深切。然則京師百官之府，四海歸向，非朕一人之所獨有。苟利於物，其可違乎！且殷之五遷，恐人盡死，是則以吉凶之土，制長短之命。謀新去故，如農望秋，雖暫劬勞，其究安宅。今區宇寧一，陰陽順序，安安以遷，勿懷胥怨。龍首山川原秀麗，卉物滋阜，卜食相土，宜建都邑，定鼎之基永固，無窮之業在斯。公私府宅，規模遠近，營構資費，隨事條奏。』仍詔左僕射高熲、將作大匠劉龍、鉅鹿郡公賀婁子干、太府少卿高龍叉等創造新都。

秋八月癸巳，以左武候大將軍竇榮定爲秦州總管。

十月癸酉，皇太子勇屯兵咸陽以備胡。庚寅，上疾愈，享百僚於觀德殿。賜錢帛，皆任其自取，盡力而出。辛卯，以營新都副監賀婁子干爲工部尚書。

十一月丙午，高麗遣使獻方物。

十二月辛未，上講武於後園。甲戌，上柱國竇毅卒。丙子，名新都曰大興城。乙酉，遣沁源公虞慶則屯弘化，備胡。突厥寇周槃，行軍總管達奚長儒擊之，爲虜所敗。丙戌，賜國子生經明者束帛。丁亥，親録囚徒。

三年春正月庚子，將入新都，大赦天下。禁大刀長矟。癸亥，高麗遣使來朝。

二月己巳朔，日有蝕之。壬申，宴北道勳人。癸酉，陳遣兼散騎常侍賀徹、兼通直散騎常侍蕭褎來聘。突厥寇邊。甲戌，涇陽獲毛龜。癸未，以左衛大將軍李禮成爲右武衛大將軍。

三月丁未，上柱國、鮮虞縣公謝慶恩卒。己酉，以上柱國達奚長儒爲蘭州總管。丙辰，雨，常服入新都。京師醴泉出。丁巳，詔購求遺書於天下。庚申，宴百僚，班賜各有差。癸亥，城榆關。

夏四月己巳，上柱國、建平郡公於義卒。庚午，吐谷渾寇臨洮，洮州刺史皮子信死之。辛未，高麗遣使來朝。壬申，以尚書右僕射趙煚兼內史令。丁丑，以滕王瓚爲雍州牧。己卯，衞王爽破突厥於白道。庚辰，行軍總管陰壽破高寶寧於黄龍。甲申，旱，上親祀雨師於國城之西南。丙戌，詔天下勸學行禮。以濟北郡公梁遠爲汶州總管。己丑，陳郢州城主張子譏遣使請降，上以和好，不納。辛卯，遣兼散騎常侍薛舒、兼通直散騎常侍王劭使於陳。癸巳，上親雩。甲午，突厥遣使來朝。

五月癸卯，行軍總管李晃破突厥於摩那渡口。甲辰，高麗遣使來朝。乙巳，梁太子蕭琮來賀遷都。丁未，靺鞨貢方物。戊申，幽州總管陰壽卒。辛酉，有事於方澤。壬戌，行軍元帥竇榮定破突厥及吐谷渾於涼州。丙寅，赦黄龍死罪已下。

六月庚午，以衞王爽子集爲遂安郡王。戊寅，突厥遣使請和。庚辰，行軍總管梁遠破吐谷渾於爾汗山，斬其名王。壬申，以晉州刺史燕榮爲青州總管。己丑，以河間王弘爲寧州總管。乙未，幸安成長公主第。

秋七月辛丑，以豫州刺史周摇爲幽州總管。壬戌，詔曰：『行仁蹈義，名教所先，厲俗敦風，宜見褒獎。往者，山東、河表，經此妖亂，孤城遠守，多不自全。濟陰太守杜猷身陷賊徒，命懸寇手，郡省事范臺玫傾産營護，免其戮辱。眷言誠節，實有可嘉，宜超恆賞，用明沮勸。臺玫可大都督、假湘州刺史。』丁卯，日有蝕之。

八月丁丑，靺鞨貢方物。己卯，以右武衞大將軍李禮成爲襄州總管。壬午，遣尚書左僕射高熲出寧州道，內史監虞慶則出原州道，併爲行軍元帥，以擊胡。戊子，上有事於太社。

九月壬子，幸城東，觀稼谷。癸丑，大赦天下。

冬十月甲戌，廢河南道行臺省，以秦王俊爲秦州總管。

十一月己酉，發使巡省風俗，因下詔曰：『朕君臨區宇，深思治術，欲使生人從化，以德代刑，求草萊之善，旌閭里之行。民間情僞，咸欲備聞。已詔使人，所在賑恤，揚鑣分路，將遍四海，必令爲朕耳目。如有文武才用，未爲時知，宜以禮發遣，朕將銓擢。其有志節高妙，越等超倫，亦仰使人就加旌異，令一行一善，奬勸於人。遠近官司，遐邇風俗，巨細必紀，還日奏聞。庶使不出戶庭，坐知萬里。』庚辰，陳遣散騎常侍周墳、通直散騎常侍袁彦來聘。陳主知上之貌異世人，使彦畫像持去。甲午，罷天下諸郡。閏十二月乙卯，遣兼散騎常侍曹令則、通直散騎常侍魏淡使於陳。戊午，以上柱國竇榮定爲右武衞大將軍，刑部尚書蘇威爲民部尚書。

四年春正月甲子，日有蝕之。己巳，有事於太廟。辛未，有事於南郊。壬申，梁主蕭巋來朝。甲戌，大射於北苑，十日而罷。壬午，齊州水。辛卯，渝州獲獸似麋，一角同蹄。壬辰，班新曆。

二月乙巳，上餞梁主於霸上。丁未，靺鞨貢方物。突厥蘇尼部男女萬餘人來降。庚戌，幸隴州。突厥可汗阿史那玷率其屬來降。

夏四月己亥，敕總管、刺史父母及子年十五已上，不得將之官。庚子，以吏部尚書虞慶則爲尚書右僕射，瀛州刺史楊尚希爲兵部尚書，毛州刺史劉仁恩爲刑部尚書。甲辰，以上柱國叱李長叉爲信州總管。丁未，宴突厥、高麗、吐谷渾使者於大興殿。丁巳，以上大將軍賀婁子干爲榆關總管。

五月癸酉，契丹主莫賀弗遣使請降，拜大將軍。丙子，以柱國馮昱爲汾州總管。乙酉，以汴州刺史呂仲泉爲延州總管。

六月庚子，降囚徒。乙巳，以鴻臚卿乙弗寔爲冀州總管，上柱國豆盧勣爲夏州總管。壬子，開渠，自渭達河以通運漕。戊午，秦王俊來朝。

秋七月丙寅，陳遣兼散騎常侍謝泉、兼通直散騎常侍賀德基來聘。

八月甲午，遣十使巡省天下。戊戌，衞王爽來朝。是日，以秦王俊納妃，宴百僚，頒賜各有差。壬寅，上柱國、太傅、鄧國公竇熾薨。丁未，宴秦王官屬，賜物各有差。壬子，享陳使。乙卯，陳將夏侯苗請降，上以通和，不納。

九月甲子，幸襄國公主第。乙丑，幸霸水，觀漕渠，賜督役者帛各有差。己巳，上親録囚徒。庚午，契丹內附。甲戌，駕幸洛陽，關內饑也。癸未，太白晝見。

冬十一月壬戌，遣兼散騎常侍薛道衡、通直散騎常侍豆盧寔使於陳。癸亥，以榆關總管賀婁子幹爲云州總管。

五年春正月戊辰，詔行新禮。

三月戊午，以尚書左僕射高熲爲左領軍大將軍，上柱國宇文忻爲右領軍大將軍。

夏四月甲午，契丹主多彌遣使貢方物。壬寅，上柱國王誼謀反，伏誅。乙巳，詔徵山東馬榮伯等六儒。戊申，車駕至自洛陽。

五月甲申，詔置義倉。梁主蕭巋殂，其太子琮嗣立。遣上大將軍元契使於突厥阿波可汗。

秋七月庚申，陳遣兼散騎常侍王話、兼通直散騎常侍阮卓來聘。丁丑，以上柱國宇文慶爲涼州總管。壬午，突厥沙鉢略上表稱臣。

八月丙戌，沙鉢略可汗遣子庫合眞特勤來朝。甲辰，河南諸州水，遣民部尚書邳國公蘇威賑給之。戊申，有流星數百，四散而下。己酉，幸栗園。

九月丁巳，至自栗園。乙丑，改鮑陂曰杜陂，霸水爲滋水。陳將湛文徹寇和州，儀同三司費寶首獲之。丙子，遣兼散騎常侍李若、兼通直散騎常侍崔君贍使於陳。

冬十月壬辰，以上柱國楊素爲信州總管，朔州總管吐萬緒爲徐州總管。

十一月甲子，以上大將軍源雄爲朔州總管。丁卯，晉王廣來朝。

十二月丁未，降囚徒。戊申，以上柱國達奚長儒爲夏州總管。

六年春正月甲子，党項羌內附。庚午，班歷於突厥。辛未，以柱國韋洸爲安州總管。壬申，遣民部尚書蘇威巡省山東。

二月乙酉，山南荆、淅七州水，遣前工部尚書長孫毗賑恤之。丙戌，制刺史上佐每歲暮更入朝，上考課。丁亥，發丁男十一萬修築長城，二旬而罷。乙未，以上柱國崔弘度爲襄州總管。庚子，大赦天下。

三月己未，洛陽男子高德上書，請上爲太上皇，傳位皇太子。上曰：『朕承天命，撫育蒼生，日旰孜孜，猶恐不逮。豈學近代帝王，事不師古，傳位於子，自求逸樂者哉！』癸亥，突厥沙鉢略遣使貢方物。

夏四月己亥，陳遣兼散騎常侍周磻、兼通直散騎常侍江椿來聘。

秋七月辛亥，河南諸州水。乙丑，京師雨毛，如馬鬃尾，長者二尺餘，短者六七寸。

八月辛卯，關內七州旱，免其賦稅。遣散騎常侍裴豪、兼通直散騎常侍劉顗聘於陳。戊申，上柱國、太師、申國公李穆薨。

閏月己酉，以河州刺史段文振爲蘭州總管。丁卯，皇太子鎮洛陽。辛未，晉王廣、秦王俊並來朝。丙子，上柱國、郕國公梁士彥，上柱國、杞國公宇文忻，柱國、舒國公劉昉，以謀反伏誅。上柱國、許國公宇文善坐事除名。

九月辛巳，上素服御射殿，詔百僚射，賜梁士彥三家資物。丙戌，上柱國、宋安郡西元景山卒。庚子，以上柱國李詢爲隰州總管。辛丑，詔大象已來死事之家，咸命賑恤。

冬十月己酉，以河北道行臺尚書令、并州總管、晉王廣爲雍州牧，餘官如故；兵部尚書楊尚希爲禮部尚書。癸丑，置山南道行臺尚書省於襄州，以秦王俊爲尚書令。丙辰，以芳州刺史駱平難爲疊州刺史，衡州總管周法尚爲黄州總管。甲子，甘露降於華林園。

七年春正月癸巳，有事於太廟。乙未，制諸州歲貢三人。

二月丁巳，祀朝日于東郊。己巳，陳遣兼散騎常侍王亨、兼通直散騎常侍王眘來聘。壬申，車駕幸醴泉宮。是月，發丁男十萬餘修築長城，二旬而罷。

夏四月己酉，幸晉王第。庚戌，於揚州開山陽瀆，以通運漕。突厥沙鉢略可汗卒，其子雍虞閭嗣立，是爲都藍可汗。癸亥，頒青龍符於東方總管、刺史，西方以騶虞，南方以朱雀，北方以玄武。甲戌，遣兼散騎常侍楊同、兼通直散騎常侍崔儦使於陳。以民部尚書蘇威爲吏部尚書。

五月乙亥朔，日有蝕之。己卯，雨石於武安、滏陽間十餘里。

秋七月己丑，衛王爽薨，上發喪於門下外省。

八月丙午，以懷州刺史源雄爲朔州總管。庚申，梁主蕭琮來朝。

九月乙酉，梁安平王蕭巖掠於其國以奔陳。辛卯，廢梁國，曲赦江陵。以梁主蕭琮爲柱國，封莒國公。

冬十月庚申，行幸同州，以先帝所居，降囚徒。癸亥，幸蒲州。丙寅，宴父老，上極歡，曰：『此間人物，衣服鮮麗，容止閑雅，良由仕宦之鄉，陶染成俗也。』

十一月甲午，幸馮翊，親祠故社。父老對詔失旨，上大怒，免其縣官而去。戊戌，至自馮翊。

又　卷二《高祖紀下》　開皇八年春正月乙亥，陳遣散騎常侍袁雅、兼通直散騎常侍周止水來聘。二月庚子，鎮星入東井。辛酉，陳人寇硤州。三月辛未，上柱國、隴西郡公李詢卒。壬申，以成州刺史姜須達爲會州總管。甲戌，遣兼散騎常侍程尚賢、兼通直散騎常侍韋惲使於陳。戊寅，詔曰：

昔有苗不賓，唐堯薄伐，孫皓僭虐，晉武行誅。有陳竊據江表，逆天暴物。朕初受命，陳頊尚存，思欲教之以道，不以龔行爲令，往來修睦，望其遷善。時日無幾，釁惡已聞。厚納叛亡，侵犯城戍，勾、吳閩越，肆厥殘忍。於時王師大舉，將一車書，陳頊反地收兵，深懷震懼，責躬請約，俄而致殞。矜其喪禍，仍詔班師。

叔寶承風，因求繼好，載佇克念，共敦行李。每見珪璪入朝，輶軒出使，何嘗不殷勤曉喻，戒以惟新。而狼子之心，出而彌野。威侮五行，怠棄三正，誅翦骨肉，夷滅才良。據手掌之地，恣溪壑之險，劫奪閭閻，資産俱竭，驅蹙内外，勞役弗已。徵責女子，擅造宫室，日增月益，止足無期，帷薄嬪嬙，有踰萬數。寶衣玉食，窮奢極侈，淫聲樂飲，俾晝作夜。斬直言之客，滅無罪之家，剖人之肝，分人之血。欺天造惡，祭鬼求恩，歌儛衢路，酣醉宫闈。盛粉黛而執干戈，曳羅綺而呼警蹕，躍馬振策，從旦至昏，無所經營，馳走不息。負甲持仗，隨逐徒行，追而不及，即加罪譴。自古昏亂，罕或能比。介士武夫，飢寒力役，筋髓罄於土木，性命俟於溝渠。君子潛逃，小人得志，家家隱殺戮，各各任聚斂。天災地孽，物怪人妖，衣冠鉗口，道路以目。傾心翹足，誓告於我，日月以冀，文奏相尋。重以背德違言，摇蕩疆埸，巴峽之下，海筮已西，江北、江南，爲鬼爲蜮。死隴窮發掘之酷，生居極攘奪之苦。抄掠人畜，斷截樵蘇，市井不立，農事廢寢。歷陽、廣陵，窺覦相繼，或謀圖城邑，或劫剥吏人，晝伏夜游，鼠竄狗盜。彼則羸兵敝卒，來必就擒，此則重門設險，有勞藩捍。天之所覆，無非朕臣，每關聽覽，有懷傷惻。有梁之國，我南藩也，其君入朝，潛相招誘，不顧朕恩。士女深迫脅之悲，城府致空虚之歎。非直朕居人上，懷此無忘，既而百辟屢以爲言，兆庶不堪其請，豈容對而不誅，忍而不救！

近日秋始，謀欲吊人。益部樓船，盡令東鶩，便有神龍數十，騰躍江流，引伐罪之師，向金陵之路，船住則龍止，船行則龍去，四日之内，三軍皆睹，豈非蒼旻愛人，幽明展事，降神先路，協贊軍威！以上天之靈，助戡定之力，便可出師授律，應機誅殄，在斯舉也，永清、吳越。其將士糧仗，水陸資須，期會進止，一準别敕。

秋八月丁未，河北諸州饑，遣吏部尚書蘇威賑恤之。

九月丁丑，宴南征諸將，頒賜各有差。癸巳，嘉州言龍見。

冬十月己亥，太白出西方。己未，置淮南行臺省於壽春，以晉王廣爲尚書令。辛酉，陳遣兼散騎常侍王琬、兼通直散騎常侍許善心來聘，拘留不遣。甲子，將伐陳，有事於太廟。命晉王廣、秦王俊、清河公楊素併爲行軍元帥，以伐陳。於是晉王廣出六合，秦王俊出襄陽，清河公楊素出信州，荊州刺史劉仁恩出江陵，宜陽公王世積出蘄春，新義公韓擒虎出廬江，襄邑公賀若弼出吳州，落叢公燕榮出東海，合總管九十，兵五十一萬八千，皆受晉王節度。東接滄海，西拒巴、蜀，旌旗舟楫，横亘數千里。曲赦陳國。有星孛于牽牛。

十一月丁卯，車駕餞師。詔購陳叔寶位上柱國、萬户公。乙亥，行幸定城，陳師誓衆。丙子，幸河東。

十二月庚子，至自河東。

九年春正月己巳，白虹夾日。辛未，賀若弼拔陳京口，韓擒虎拔陳南豫州。癸酉，以尚書右僕射虞慶則爲右衛大將軍。丙子，賀若弼敗陳師於蔣山，獲其將蕭摩訶。韓擒虎進師入建鄴，獲其將任蠻奴，獲陳主叔寶。陳國平，合州三十，郡一百，縣四百。癸巳，遣使持節巡撫之。

二月乙未，廢淮南行臺省。丙申，制五百家爲鄉，正一人；百家爲里，長一人。丁酉，以襄州總管韋世康爲安州總管。

夏四月己亥，幸驪山，親勞旋師。乙巳，三軍凱入，獻俘於太廟。拜晉王廣爲太尉。庚戌，上御廣陽門宴將士，頒賜各有差。辛亥，大赦天下。己未，以陳都官尚書孔範，散騎常侍王瑳、王儀，御史中丞沈觀等，邪佞於其主，以致亡滅，皆投之邊裔。辛酉，以信州總管楊素爲荊州總管，吏部侍郎宇文弼爲刑部尚書，宗正少卿楊異爲工部尚書。壬戌，詔曰：

往以吳、越之野，羣黎塗炭，干戈方用，積習未寧。今率土大同，含生遂性，太平之法，方可流行。凡我臣僚，澡身浴德，開通耳目，宜從兹始。喪亂已來，緬將十載，君無君德，臣失臣道，父有不慈，子有不孝，兄弟之情或薄，夫婦之義或違，長幼失序，尊卑錯亂。朕爲帝王，志存愛養，時有臻道，不敢寧息。內外職位，遐邇黎人，家家自修，人人克念，使不軌不法，盪然俱盡。兵可立威，不可不戢，刑可助化，不可專行。禁衛九重之餘，鎮守四方之外，戎旅軍器，皆宜停罷。代路既夷，羣方無事，武力之子，俱可學文，人間甲仗，悉皆除毀。有功之臣，降情文藝，家門子姪，各守一經，令海內翕然，高山仰止。京邑庠序，爰及州縣，生徒受業，升進於朝，未有灼然明經高第，此則教訓不篤，考課未精，明勒所由，隆兹儒訓。官府從宦，丘園素士，心迹相表，寬弘爲念，勿爲局促，乖我皇猷。

朕君臨區宇，於兹九載，開直言之路，披不諱之心，形於顔色，勞於興寢。自頃逞藝論功，昌言乃衆，推誠切諫，其事甚疏。公卿士庶，非所望也，各啓至誠，匡兹不逮。見善必進，有才必舉，無或噤默，退有後言。頒告天下，咸悉此意。

閏月甲子，以安州總管韋世康爲信州總管。丁丑，頒木魚符於總管、刺史，雌一雄一。己卯，以吏部尚書蘇威爲尚書右僕射。

六月乙丑，以荆州總管楊素爲納言。丁丑，以吏部侍郎盧愷爲禮部尚書。

時朝野物議，咸願登封。秋七月丙午，詔曰：『豈可命一將軍，除一小國，遐邇注意，便謂太平。以薄德而封名山，用虚言而干上帝，非朕攸聞。而今以後，言及封禪，宜即禁絶。』

八月壬戌，以廣平王雄爲司空。

冬十一月壬辰，考使定州刺史豆盧通等上表，請封禪，上不許。庚子，以右衛大將軍虞慶則爲右武候大將軍，右領軍將軍李安爲右領軍大將軍。甲寅，降囚徒。

十二月甲子，詔曰：『朕祗承天命，清蕩萬方。百王衰敝之後，兆庶澆浮之日，聖人遺訓，掃地俱盡，制禮作樂，今也其時。朕情存古樂，深思雅道。鄭、衛淫聲，魚龍雜戲，樂府之內，盡以除之。今欲更調律呂，改張琴瑟。且妙術精微，非因教習，工人代掌，止傳糟粕，不足達神明之德，論天地之和。區域之間，奇才異藝，天知神授，何代無哉！蓋晦迹於非時，俟昌言於所好，宜可搜訪，速以奏聞，庶睹一藝之能，共就九成之業。』仍詔太常牛弘、通直散騎常侍許善心、秘書丞姚察、通直郎虞世基等議定作樂。己巳，以黄州總管周法尚爲永州總管。

十年春正月乙未，以皇孫昭爲河南王，楷爲華陽王。

二月庚申，幸并州。

夏四月辛酉，至自并州。

五月乙未，詔曰：『魏末喪亂，宇縣瓜分，役車歲動，未遑休息。兵士軍人，權置坊府，南征北伐，居處無定。家無完堵，地罕包桑，恒爲流寓之人，竟無鄉里之號。朕甚愍之。凡是軍人，可悉屬州縣，墾田籍帳，一與民同。軍府統領，宜依舊式。罷山東河南及北方緣邊之地新置軍府。』

六月辛酉，制人年五十，免役收庸。癸亥，以靈州總管王世積爲荆州總管，淅州刺史元冑爲靈州總管。

秋七月癸卯，以納言楊素爲內史令。庚戌，上親録囚徒。辛亥，高麗遼東郡公高陽卒。壬子，吐谷渾遣使來朝。

八月壬申，遣柱國、襄陽郡公韋洸，上開府、東萊郡公王景，併持節巡撫嶺南，百越皆服。

冬十月甲子，頒木魚符於京師官五品已上。戊辰，以永州總管周法尚爲桂州總管。

十一月辛卯，幸國學，頒賜各有差。丙午，契丹遣使朝貢。辛丑，有事於南郊。是月，婺州人汪文進、會稽人高智慧、蘇州人沈玄懀皆舉兵反，自稱天子，署置百官。樂安蔡道人、蔣山李稜、饒州吴代華、永嘉沈孝澈、泉州王國慶、余杭楊寶英、交趾李春等皆自稱大都督，攻陷州縣。詔上柱國、內史令、越國公楊素討平之。

十一年春正月丁酉，以平陳所得古器多爲妖變，悉命毁之。辛丑，高麗遣使朝貢。丙午，皇太子妃元氏薨，上舉哀於文思殿。

二月戊午，吐谷渾遣使貢方物。以大將軍蘇孝慈爲工部尚書。丙子，以臨潁令劉曠治術尤異，擢爲莒州刺史。己卯，突厥遣使獻七寶碗。辛巳晦，日有蝕之。

三月壬午，遣通事舍人若干治使於吐谷渾。癸未，以幽州總管周摇爲壽州總管，朔州總管吐萬緒爲夏州總管。

夏四月戊午，突厥雍虞閭可汗遣其特勤來朝。

五月甲子，高麗遣使貢方物。癸卯，詔百官悉詣朝堂上封事。乙巳，以右衛將軍元旻爲左衛大將軍。

秋七月己丑，以柱國杜彦爲洪州總管。

八月壬申，幸栗園。滕王瓚薨。乙亥，至自栗園。上柱國、沛國公鄭譯卒。

十二月丙辰，靺鞨遣使貢方物。

十二年春正月壬子，以蘇州刺史皇甫績爲信州總管，宣州刺史席代雅爲廣州總管。

二月己巳，以蜀王秀爲內史令，兼右領軍大將軍，漢王諒爲雍州牧、右衛大將軍。

夏四月辛卯，以壽州總管周摇爲襄州總管。

五月辛亥，廣州總管席代雅卒。

秋七月乙巳，尚書右僕射、邳國公蘇威，禮部尚書、容城縣侯盧愷，并坐事除名。壬戌，幸昆明池，其日還宫。己巳，有事於太廟。壬申晦，日有蝕之。

八月甲戌，制天下死罪，諸州不得便決，皆令大理覆治。乙亥，幸龍首池。癸巳，制宿衛者不得輒離所守。丁酉，上柱國、夏州總管、楚國公豆盧勣卒。戊戌，上親録囚徒。九月丁未，以工部尚書楊異爲吳州總管。

冬十月丁丑，以遂安王集爲衛王。壬午，有事于太廟。至太祖神主前，上流涕嗚咽，悲不自勝。

十一月辛亥，有事於南郊。壬子，宴百僚，頒賜各有差。己未，上柱國、新義郡公韓擒虎卒。庚申，以豫州刺史權武爲潭州總管。甲子，百僚大射於武德殿。

十二月癸酉，突厥遣使來朝。乙酉，以上柱國、內史令楊素爲尚書右僕射。己酉，吐谷渾、靺鞨併遣使貢方物。

十三年春正月乙巳，上柱國、郇國公韓建業卒。丙午，契丹、奚、霫、室韋併遣使貢方物。壬子，親祀感帝。己未，以信州總管韋世康爲吏部尚書。壬戌，行幸岐州。

二月丙子，詔營仁壽宫。丁亥，至自岐州。戊子，宴考使於嘉則殿。己卯，立皇孫暕爲豫，章王。戊子，晉州刺史、南陽郡公賈悉達，顯州總管、撫寧郡公韓延等以賄伏誅。己丑，制坐事去官者，配流一年。丁酉，制私家不得隱藏緯候圖讖。

夏四月癸未，制戰亡之家，給復一年。

五月癸亥，詔人間有撰集國史、臧否人物者，皆令禁絶。

秋七月戊申，靺鞨遣使貢方物。壬子，左衛大將軍、云州總管、鉅鹿郡公賀婁子干卒。丁巳，幸昆明池。戊辰晦，日有蝕之。

九月丙辰，降囚徒。庚申，以邵國公楊綸爲滕王。乙丑，以柱國杜彦爲云州總管。

冬十月乙卯，上柱國、華陽郡公梁彦光卒。

十四年夏四月乙丑，詔曰：『在昔聖人，作樂崇德，移風易俗，於斯爲大。自晉氏播遷，兵戈不息，雅樂流散，年代已多，四方未一，無由辨正。賴上天鑒臨，明神降福，拯兹塗炭，安息蒼生，天下大同，歸於治理，遺文舊物，皆爲國有。比命所司，總令研究，正樂雅聲，詳考已訖，宜卽施用，見行者停。人間音樂，流僻日久，棄其舊體，競造繁聲，浮宕不歸，遂以成俗。宜加禁約，務存其本。』

五月辛酉，京師地震。關內諸州旱。

六月丁卯，詔省府州縣，皆給公廨田，不得治生，與人爭利。

秋七月乙未，以邳國公蘇威爲納言。

八月辛未，關中大旱，人饑。上率户口就食於洛陽。

九月己未，以齊州刺史樊子蓋爲循州總管。丁巳，以基州刺史崔仲方爲會州總管。

冬閏十月甲寅，詔曰：『齊、梁、陳往皆創業一方，綿歷年代。既宗祀廢絶，祭奠無主，興言矜念，良以愴然。莒國公蕭琮及高仁英、陳叔寶等，宜令以時修其祭祀。所須器物，有司給之。』乙卯，制外官九品已上，父母及子年十五已上，不得將之官。

十一月壬戌，制州縣佐吏，三年一代，不得重任。癸未，有星孛于角亢。

十二月乙未，東巡狩。

十五年春正月壬戌，車駕次齊州，親問疾苦。丙寅，旅王符山。庚午，上以歲旱，祠太山，以謝愆咎。大赦天下。

二月丙辰，收天下兵器，敢有私造者，坐之。關中緣邊，不在其例。丁巳，上柱國、蔣國公梁睿卒。三月己未，至自東巡狩。望祭五嶽海瀆。丁亥，幸仁壽宮。營州總管韋藝卒。

夏四月己丑朔，大赦天下。甲辰，以趙州刺史楊達爲工部尚書。丁未，以開府儀同三司韋沖爲營州總管。

五月癸酉，吐谷渾遣使朝貢。丁亥，制京官五品已上，佩銅魚符。

六月戊子，詔鑿底柱。庚寅，相州刺史豆盧通貢綾文布，命焚之於朝堂。乙未，林邑遣使來貢方物。辛丑，詔名山大川未在祀典者，悉祠之。

秋七月乙丑，晉王廣獻毛龜。甲戌，遣邳國公蘇威巡省江南。戊寅，至自仁壽宮。辛巳，制九品已上官，以理去職者，聽並執笏。

冬十月戊子，以吏部尚書韋世康爲荆州總管。

十一月辛酉，幸温湯。乙丑，至自温湯。

十二月戊子，敕盜邊糧一升已上皆斬，並籍没其家。己丑，詔文武官以四考交代。

十六年春正月丁亥，以皇孫裕爲平原王，筠爲安成王，嶷爲安平王，恪爲襄城王，該爲高陽王，韶爲建安王，煚爲潁川王。

夏五月丁巳，以懷州刺史龐晃爲夏州總管，蔡陽縣公姚辯爲靈州總管。

六月甲午，制工商不得進仕。并州大蝗。辛丑，詔九品已上妻、五品已上妾，夫亡不得改嫁。

秋八月丙戌，詔決死罪者，三奏而後行刑。

冬十月己丑，幸長春宮。

十一月壬子，至自長春宮。

十七年春二月癸未，太平公史萬歲擊西寧羌，平之。庚寅，幸仁壽宮。庚子，上柱國王世積討桂州賊李光仕，平之。壬寅，河南王昭納妃，宴羣臣，頒賜各有差。

三月丙辰，詔曰：『分職設官，共理時務，班位高下，各有等差。若所在官人不相敬憚，多自寬縱，事難克舉。諸有殿失，雖備科條，或據律乃輕，論情則重，不即決罪，無以懲肅。其諸司論屬官，若有愆犯，聽於律外斟酌决杖。』辛酉，上親録囚徒。癸亥，上柱國、彭國公劉昶以罪伏誅。庚午，遣治書侍御史柳彧、皇甫誕巡省河南、河北。

夏四月戊寅，頒新曆。壬午，詔曰：『周曆告終，羣凶作亂，釁起蕃服，毒被生人。朕受命上玄，廓清區宇，聖靈垂祐，文武同心。申明公穆、鄖襄公孝寬、廣平王雄、蔣國公睿、楚國公勣、齊國公熲、越國公素、魯國公慶則、新寧公長叉、宜陽公世積、趙國公羅雲、隴西公詢、廣業公景、眞昌公振、沛國公譯、項城公子相、鉅鹿公子幹等，登庸納揆之時，草昧經綸之日，丹誠大節，心盡帝圖，茂績殊勳，力宣王府。宜弘其門緒，與國同休。其世子世孫未經州任者，宜量才升用，庶享榮位，世禄無窮。』

五月，宴百僚於玉女泉，頒賜各有差。己巳，蜀王秀來朝。高麗遣使貢方物。甲戌，以左衛將軍獨孤羅雲爲涼州總管。

閏月己卯，羣鹿入殿門，馴擾侍衛之内。

秋七月丁丑，桂州人李代賢反，遣右武候大將軍虞慶則討平之。丁亥，上柱國、并州總管秦王俊坐事免，以王就第。戊戌，突厥遣使貢方物。

八月丁卯，荆州總管、上庸郡公韋世康卒。

九月甲申，至自仁壽宮。庚寅，上謂侍臣曰：『禮主於敬，皆當盡心。黍稷非馨，貴在祗肅。廟庭設樂，本以迎神，齋祭之日，觸目多感。當此之際，何可爲心！在路奏樂，禮未爲允。羣公卿士，宜更詳之。』

冬十月丁未，頒銅獸符於驃騎、車騎府。戊申，道王靜薨。庚午，詔曰：『五帝異樂，三王殊禮，皆隨事而有損益，因情而立節文。仰惟祭享宗廟，瞻敬如在，罔極之感，情深兹日。而禮畢升路，鼓吹發音，還入宮門，金石振響。斯則哀樂同日，心事相違，情所不安，理實未允。宜改兹往式，用弘禮教。自今已後，享廟日不須備鼓吹，殿庭勿設樂懸。』辛未，京師大索。

十一月丁亥，突厥遣使來朝。

十二月壬子，上柱國、右武候大將軍、魯國公虞慶則以罪伏誅。

十八年春正月辛丑，詔曰：『吳、越之人，往承弊俗，所在之處，私造大船，因相聚結，致有侵害。其江南諸州，人間有船長三丈已上，悉括入官。』

二月甲辰，幸仁壽宫。乙巳，以漢王諒爲行軍元帥，水陸三十萬伐高麗。

三月乙亥，以柱國杜彦爲朔州總管。

夏四月癸卯，以蔣州刺史郭衍爲洪州總管。

五月辛亥，詔畜猫鬼、蠱毒、厭魅、野道之家，投於四裔。

六月丙寅，下詔黜高麗王高元官爵。

秋七月壬申，詔以河南八州水，免其課役。丙子，詔京官五品已上，總管、刺史，以志行修謹、清平幹濟二科舉人。

九月己丑，漢王諒師遇疾疫而旋，死者十八九。庚寅，敕舍客無公驗者，坐及刺史、縣令。辛卯，至自仁壽宫。

冬十一月甲戌，上親録囚徒。癸未，有事於南郊。

十二月庚子，上柱國、夏州總管、任城郡公王景以罪伏誅。是月，自京師至仁壽宫，置行宫十有二所。

十九年春正月癸酉，大赦天下。戊寅，大射武德殿，宴賜百官。二月己亥，晉王廣來朝。辛丑，以并州總管長史宇文弼爲朔州總管。甲寅，幸仁壽宫。

夏四月丁酉，突厥利可汗内附。達頭可汗犯塞，遣行軍總管史萬歲擊破之。

六月丁酉，以豫章王暕爲内史令。

秋八月癸卯，上柱國、尚書左僕射、齊國公高熲坐事免。辛亥，上柱國、皖城郡公張威卒。甲寅，上柱國、城陽郡公李徹卒。

九月乙丑，乙太常卿牛弘爲吏部尚書。

冬十月甲午，以突厥利可汗爲啓人可汗，築大利城處其部落。庚子，以朔州總管宇文弼爲代州總管。

十二月乙未，突厥都藍可汗爲部下所殺。丁丑，星隕於勃海。

二十年春正月辛酉朔，上在仁壽宫。突厥、高麗、契丹併遣使貢方物。癸亥，以代州總管宇文弼爲吳州總管。

二月己巳，以上柱國崔弘度爲原州總管。丁丑，無雲而雷。

三月辛卯，熙州人李英林反，遣行軍總管張衡討平之。

夏四月壬戌，突厥犯塞，以晉王廣爲行軍元帥，擊破之。乙亥，天有聲如瀉水，自南而北。

六月丁丑，秦王俊薨。

秋八月，老人星見。

九月丁未，至自仁壽宫。癸丑，吳州總管楊異卒。

冬十月己未，太白晝見。乙丑，皇太子勇及諸子併廢爲庶人。殺柱國、太平縣公史萬歲。己巳，殺左衛大將軍、五原郡公元旻。

十一月戊子，天下地震，京師大風雪。以晉王廣爲皇太子。

十二月戊午，詔東宫官屬不得稱臣於皇太子。辛巳，詔曰：『佛法深妙，道教虚融，咸降大慈，濟度羣品，凡在含識，皆蒙覆護。所以雕鑄靈相，圖寫眞形，率土瞻仰，用申誠敬。其五嶽四鎮，節宣雲雨，江、河、淮、海，浸潤區域，併生養萬物，利益兆人，故建廟立祀，以時恭敬。敢有毁壞偷盜佛及天尊像、岳鎮海瀆神形者，以不道論。沙門壞佛像，道士壞天尊者，以惡逆論。』

仁壽元年春正月乙酉朔，大赦，改元。以尚書右僕射楊素爲尚書左僕射，納言蘇威爲尚書右僕射。丁酉，徙河南王昭爲晉王。突厥寇恒安，遣柱國韓洪擊之，官軍敗績。以晉王昭爲内史令。辛丑，詔曰：『君子立身，雖云百行，唯誠與孝，最爲其首。故投主殉節，自古稱難，殞身王事，禮加二等。而代俗之徒，不達大義，至於致命戎旅，不入兆域，虧孝子之意，傷人臣之心。興言念此，每深愍歎！且入廟祭祀，併不廢闕，何止墳塋，獨在其外。自今已後，戰亡之徒，宜入墓域。』

二月乙卯朔，日有蝕之。辛巳，以上柱國獨孤楷爲原州總管。

三月壬辰，以豫章王暕爲揚州總管。

夏四月，以淅州刺史蘇孝慈爲洪州總管。

五月己丑，突厥男女九萬口來降。壬辰，驟雨震雷，大風拔木，宜君湫水移於始平。

六月癸丑，洪州總管蘇孝慈卒。乙卯，遣十六使巡省風俗。乙丑，詔曰：『儒學之道，訓教生人，識父子君臣之義，知尊卑長幼之序，升之於朝，任之以職，故能贊理時務，弘益風範。朕撫臨天下，思弘德教，延集學徒，崇建庠序，開進仕之路，佇賢雋之人。而國學胄子，垂將千數，州縣諸生，咸亦不少。徒有名録，空度歲時，未有德爲代範，才任國用。

良由設學之理，多而未精。今宜簡省，明加獎勵。』於是國子學唯留學生七十人，太學、四門及州縣學併廢。其日，頒舍利於諸州。

秋七月戊戌，改國子爲太學。

九月癸未，以柱國杜彦爲云州總管。

十一月己丑，有事於南郊。壬辰，以資州刺史衛玄爲遂州總管。

二年春二月辛亥，以邢州刺史侯莫陳穎爲桂州總管，宗正楊祀爲荆州總管。

三月己亥，幸仁壽宮。壬寅，以齊州刺史張喬爲潭州總管。

夏四月庚戌，岐、雍二州地震。

秋七月丙戌，詔内外官各舉所知。戊子，以原州總管獨孤楷爲益州總管。

八月己巳，皇后獨孤氏崩。

九月丙戌，至自仁壽宮。壬辰，河南北諸州大水，遣工部尚書楊達賑恤之。乙未，上柱國、襄州總管、金水郡公周摇卒。隴西地震。

冬十月壬子，曲赦益州管内。癸丑，以工部尚書楊達爲納言。

閏月甲申，詔尚書左僕射楊素與諸術者刊定陰陽舛謬。己丑，詔曰：『禮之爲用，時義大矣。黄琮蒼璧，降天地之神，粢盛牲食，展宗廟之敬，正父子君臣之序，明婚姻喪紀之節。故道德仁義，非禮不成，安上治人，莫善於禮。自區宇亂離，綿歷年代，王道衰而變風作，微言絶而大義乖，與代推移，其弊日甚。至於四時郊祀之節文，五服麻葛之隆殺，是非異説，踳駁殊途，致使聖教凋訛，輕重無準。朕只承天命，撫臨生人，當洗滌之時，屬干戈之代，克定禍亂，先運武功，删正彝典，日不暇給。今四海乂安，五戎勿用，理宜弘風訓俗，道德齊禮，綴往聖之舊章，興先王之茂則。尚書左僕射、越國公楊素，尚書右僕射、邳國公蘇威，吏部尚書、奇章公牛弘，内史侍郎薛道衡，秘書丞許善心，内史舍人虞世基，著作郎王劭，或任居端揆，博達古今，或器推令望，學綜經史，委以裁緝，實允僉議。可併修定五禮。』壬寅，葬獻皇后於太陵。

十二月癸巳，上柱國、益州總管蜀王秀廢爲庶人。交州人李佛子舉兵反，遣行軍總管劉方討平之。

三年春二月己卯，原州總管、比陽縣公龐晃卒。戊子，以大將軍、蔡陽郡公姚辯爲左武候大將軍。

夏五月癸卯，詔曰：『哀哀父母，生我劬勞，欲報之德，昊天罔極。但風樹不静，嚴敬莫追，霜露既降，感思空切。六月十三日，是朕生日，宜令海内爲武元皇帝、元明皇后斷屠。』

六月甲午，詔曰：

《禮》云：『至親以朞斷。』蓋以四時之變易，萬物之更始，故聖人象之。其有三年，加隆爾也。但家無二尊，母爲厭降，是以父存喪母，還服於朞者，服之正也，豈容朞内而更小祥！然三年之喪而有小祥者，《禮》云：『朞祭，禮也。朞而除喪，道也。』以是之故，雖未再朞，而天地一變，不可不祭，不可不除。故有練焉，以存喪祭之本。然朞喪有練，於理未安。雖云十一月而練，乃無所法象，非朞非時，豈可除祭。而儒者徒擬三年之喪，立練禫之節，可謂苟存其變，而失其本，欲漸於奪，乃薄於喪。致使子則冠練去經，黄里縓緣，經則布葛在躬，粗服未改。豈非經哀尚存，子情已奪，親疏失倫，輕重顛倒！乃不順人情，豈聖人之意也！故知先聖之禮廢於人邪，三年之喪尚有不行之者，至於祥練之節，安能不墜者乎？

《禮》云：『父母之喪，無貴賤一也。』而大夫士之喪父母，乃貴賤異服。然則禮壞樂崩，由來漸矣。所以晏平仲之斬粗縗，其老謂之非禮，滕文公之服三年，其臣咸所不欲。蓋由王道既衰，諸侯異政，將逾越於法度，惡禮制之害己，乃滅去篇籍，自製其宜。遂至骨肉之恩，輕重從俗，無易之道，隆殺任情。況孔子没而微言隱，秦滅學而經籍焚者乎！有漢之興，雖求儒雅，人皆異説，義非一貫。又近代亂離，唯務兵革，其於典禮，時所未遑。夫禮不從天降，不從地出，乃人心而已者，謂情緣於恩也。故恩厚者其禮隆，情輕者其禮殺。聖人以是稱情立文，別親疏貴賤之節。自臣子道消，上下失序，莫大之恩，逐情而薄，莫重之禮，與時而殺。此乃服不稱喪，容不稱服，非所謂聖人緣恩表情，制禮之義也。

然喪與易也，寧在於戚，則禮之本也。禮有其餘，未若於哀，則情之實也。今十一月而練者，非禮之本，非情之實。由是言之，父存喪母，不宜有練。但依禮十三月而祥，中月而禫。庶以合聖人之意，達孝子之心。

秋七月丁卯，詔曰：

日往月來，唯天所以運序；山鎮川流，唯地所以宣氣。運序則寒暑無差，宣氣則雲雨有作，故能成天地之大德，育萬物而爲功。況一人君於四海，睹物懿運，獨見致治，不藉羣才，未之有也。是以唐堯欽明，命羲、和以居岳，虞舜叡德，升元、凱而作相。伊尹鼎俎之媵，爲殷之阿衡，呂望漁釣之夫，爲周之尚父。此則鳴鶴在陰，其子必和，風雲之從龍虎，賢哲之應聖明。君德不回，臣道以正，故能通天地之和，順陰陽之序，豈不由元首而有股肱乎？

自王道衰，人風薄，居上莫能公道以御物，爲下必踵私法以希時。上下相蒙，君臣義失，義失則政乖，政乖則人困。蓋同德之風難嗣，離德之軌易追，則任者不休，休者不任，則衆口鑠金，戮辱之禍不測。是以行歌避代，辭位灌園，卷而可懷，黜而無愠，放逐江湖之上，沈赴河海之流，所以自潔而不悔者也。至於閭閻秀異之士，鄉曲博雅之儒，言足以佐時，行足以勵俗，遺棄於草野，堙滅而無聞，豈勝道哉！所以覽古而歎息者也。

方今區宇一家，烟火萬里，百姓乂安，四夷賓服，豈是人功，實乃天意。朕惟夙夜只懼，將所以上嗣明靈，是以小心勵己，日慎一日。以黎元在念，憂兆庶未康，以庶政爲懷，慮一物失所。雖求傅巖，莫見幽人，徒想崆峒，未聞至道。唯恐商歌於長夜，抱關於夷門，遠迹犬羊之間，屈身僮僕之伍。其令州縣搜揚賢哲，皆取明知今古，通識治亂，究政教之本，達禮樂之源。不限多少，不得不舉。限以三旬，咸令進路。徵召將送，必須以禮。

八月壬申，上柱國、檢校幽州總管、落叢郡公燕榮以罪伏誅。

九月壬戌，置常平官。甲子，以營州總管韋沖爲民部尚書。

十二月癸酉，河南諸州水，遣納言楊達賑恤之。

四年春正月丙辰，大赦。甲子，幸仁壽宮。乙丑，詔賞罰支度，事無巨細，併付皇太子。

夏四月乙卯，上不豫。

六月庚申，大赦天下。有星入月中，數日而退。長人見於雁門。

秋七月乙未，日青無光，八日乃復。己亥，以大將軍段文振爲雲州總管。甲辰，上以疾甚，卧於仁壽宮，與百僚辭訣，併握手歔欷。丁未，崩於大寶殿，時年六十四。遺詔曰：

嗟乎！自昔晉室播遷，天下喪亂，四海不一，以至周、齊，戰爭相尋，年將三百。故割疆土者非一所，稱帝王者非一人，書軌不同，生人塗炭。上天降鑑，爰命於朕，用登大位，豈關人力！故得撥亂反正，偃武修文，天下大同，聲教遠被，此又是天意欲寧區夏。所以昧旦臨朝，不敢逸豫，一日萬機，留心親覽，晦明寒暑，不憚劬勞，匪曰朕躬，蓋爲百姓故也。王公卿士，每日闕庭，刺史以下，三時朝集，何嘗不罄竭心府，誡敕殷勤。義乃君臣，情兼父子。庶籍百僚智力，萬國歡心，欲令率土之人，永得安樂，不謂遘疾彌留，至於大漸。此乃人生常分，何足言及！但四海百姓，衣食不豐，教化政刑，猶未盡善，興言念此，唯以留恨。朕今年踰六十，不復稱夭，但筋力精神，一時勞竭。如此之事，本非爲身，止欲安養百姓，所以致此。

人生子孫，誰不愛念，既爲天下，事須割情。勇及秀等，併懷悖惡，既知無臣子之心，所以廢黜。古人有言：『知臣莫若於君，知子莫若於父。』若令勇、秀得志，共治家國，必當戮辱遍於公卿，酷毒流於人庶。今惡子孫已爲百姓黜屏，好子孫足堪負荷大業。此雖朕家事，理不容隱，前對文武侍衛，具已論述。皇太子廣，地居上嗣，仁孝著聞，以其行業，堪成朕志。但令內外羣官，同心戮力，以此共治天下，朕雖瞑目，何所復恨。

但國家事大，不可限以常禮。既葬公除，行之自昔，今宜遵用，不勞改定。凶禮所須，才令周事。務從節儉，不得勞人。諸州總管、刺史已下，宜各率其職，不須奔赴。自古哲王，因人作法，前帝後帝，沿革隨時。律令格式，或有不便於事者，宜依前敕修改，務當政要。嗚呼，敬之哉！無墜朕命！

乙卯，發喪。河間楊柳四株無故黃落，既而花葉復生。

八月丁卯，梓宮至自仁壽宮。丙子，殯於大興前殿。

冬十月己卯，合葬於太陵，同墳而異穴。

上性嚴重，有威容，外質木而內明敏，有大略。初，得政之始，羣情不附，諸子幼弱，內有六王之謀，外致三方之亂。握强兵、居重鎮者，皆周之舊臣。上推以赤心，各展其用，不踰期月，克定三邊，未及十年，平一四海。薄賦斂，輕刑罰，内修制度，外撫戎夷。每旦聽朝，日昃忘倦，居處服玩，務存節儉，令行禁止，上下化之。開皇、仁壽之間，丈夫不衣綾綺，而無金玉之飾，常服率多布帛，裝帶不過以銅鐵骨角而已。雖嗇於財，至於賞賜有功，亦無所愛吝。乘輿四出，路逢上表者，則駐馬親自臨問。或潛遣行人採聽風俗，吏治得失，人間疾苦，無不留意。嘗遇關中饑，遣左右視百姓所食。有得豆屑雜糠而奏之者，上流涕以示羣臣，深自咎責，爲之撤膳，不御酒肉者殆將一期。及東拜太山，關中户口就食洛陽者，道路相屬。上敕斥候，不得輒有驅逼。男女參厠於仗衛之間。逢扶老携幼者，輒引馬避之，慰勉而去。至艱險之處，見負擔者，遽令左右扶助之。其有將士戰没，必加優賞，仍令使者就家勞問。自强不息，朝夕孜孜，人庶殷繁，帑藏充實。雖未能臻於至治，亦足稱近代之良主。然天性沉猜，素無學術，好爲小數，不達大體，故忠臣義士，莫得盡心竭辭。其草創元勳及有功諸將，誅夷罪退，罕有存者。又不悦詩書，廢除學校，唯婦言是用，廢黜諸子。逮於暮年，持法尤峻，喜怒不常，過於殺戮。嘗令左右送西域朝貢使出玉門關，其人所經之處，或受牧宰小物，饋遺鸚鵡、麖皮、馬鞭之屬，上聞而大怒。又詣武庫，見署中蕪穢不治，於是執武庫令及諸受遺者，出開遠門外，親自臨決，死者數十人。又往往潛令人賂遺令史府史，有受者必死，無所寬貸。議者以此少之。

又　卷四七《柳昂傳》　昂字千里。父敏，有高名，好禮篤學，治家如官。仕周，歷職清顯。開皇初，爲太子太保。昂有器識，幹局過人。周武帝時，爲大内史，賜爵文城郡公，致位開府，當途用事，百僚皆出其下。宣帝嗣位，稍被疏遠，然不離本職。

及高祖爲丞相，深自結納。高祖大悦之，以爲大宗伯。昂受拜之日，遂得偏風，不能視事。高祖受禪，昂疾愈，加上開府，拜潞州刺史。昂見天下無事，可以勸學行禮，因上表曰：

臣聞帝王受命，建學制禮，故能移既往之風，成惟新之俗。自魏道將謝，分割九區，關右、山東，久爲戰國，各逞權詐，俱殉干戈，賦役繁重，刑政嚴急。蓋救焚拯溺，無暇從容，非朝野之願，以至於此。晚世因循，遂成希慕，俗化澆敝，流宕忘反，自非天然上哲，挺生於時，則儒雅之道，經禮之制，衣冠民庶，莫肯用心。世事所以未清，軌物由茲而壞。

伏惟陛下稟靈上帝，受命昊天，合三陽之期，膺千祀之運。往者周室頹毁，區宇沸騰，聖策風行，神謀電發，端坐廊廟，盪滌萬方，俯順幽明，君臨四海。擇萬古之典，無善不爲；改百王之弊，無惡不盡。至若因情緣義，爲其節文，故以三百三千，事高前代。然下土黎獻，尚未盡行。臣謬蒙獎策，從政藩部，人庶軌儀，實見多闕，儒風以墜，禮教猶微，是知百姓之心，未能頓變。仰惟深思遠慮，情念下民，漸被以儉，使至於道。臣恐業淹事緩，動延年世。若行禮勸學，道教相催，必當靡然向風，不遠而就。家知禮節，人識義方，比屋可封，輒謂非遠。

上覽而善之，因下詔曰：

建國重道，莫先於學，尊主庇民，莫先於禮。自魏氏不競，周、齊抗衡，分四海之民，鬭二邦之力，遞爲强弱，多歷年所。務權詐而薄儒雅，重干戈而輕俎豆，民不見德，唯爭是聞。朝野以機巧爲師，文吏用深刻爲法，風澆俗弊，化之然也。雖復建立庠序，兼啓黌塾，業非時貴，道亦不行。其間服膺儒術，蓋有之矣，彼衆我寡，未能移俗。然其維持名教，獎飾彝倫，微相弘益，賴斯而已。王者承天，休咎隨化，有禮則祥瑞必降，無禮則妖孽興起。人稟五常，性靈不一，有禮則陰陽合德，無禮則禽獸其心。治國立身，非禮不可。

朕受命於天，財成萬物，去華夷之亂，求風化之宜。戒奢崇儉，率先百辟，輕徭薄賦，冀以寬弘。而積習生常，未能懲革，閭閻士庶，吉凶之禮，動悉乖方，不依制度。執憲之職，似塞耳而無聞，莅民之官，猶蔽目而不察。宣揚朝化，其若是乎？古人之學，且耕且養。今者民丁非役之日，農畝時候之餘，若敦以學業，勸以經禮，自可家慕大道，人希至德。豈止知禮節，識廉耻，父慈子孝，兄恭弟順者乎？始自京師，爰及州郡，宜只朕意，勸學行禮。

自是天下州縣皆置博士習禮焉。

又　卷四九《牛弘傳》　牛弘，字里仁，安定鶉觚人也，本姓裛氏。【略】開皇初，遷授散騎常侍、秘書監。弘以典籍遺逸，上表請開獻書之路，曰：

經籍所興，由來尚矣。爻畫肇於庖羲，文字生於蒼頡，聖人所以弘宣教道，博通古今，揚於王庭，肆於時夏。故堯稱至聖，猶考古道而言，舜其大智，尚觀古人之象。《周官》外史掌三皇五帝之書，及四方之志。武王問黄帝、顓頊之道，太公曰：『在《丹書》。』是知握符御歷，有國有家者，曷嘗不以《詩》、《書》而爲教，因禮樂而成功也。昔周德既衰，舊經紊棄。孔子以大聖之才，開素王之業，憲章祖述，制《禮》刊《詩》，正五始而修《春秋》，闡《十翼》而弘《易》道。治國立身，作範垂法。及秦皇馭宇，吞滅諸侯，任用威力，事不師古，始下焚書之令，行偶語之刑。先王墳籍，掃地皆盡。本既先亡，從而顛覆。臣以圖讖言之，經典盛衰，信有徵數。此則書之一厄也。漢興，改秦之弊，敦尚儒術，建藏書之策，置校書之官，屋壁山巖，往往間出。外有太常、太史之藏，内有延閣、秘書之府。至孝成之世，亡逸尚多，遣謁者陳農求遺書於天下，詔劉向父子讎校篇籍。漢之典文，於斯爲盛。及王莽之末，長安兵起，宫室圖書，併從焚燼。此則書之二厄也。光武嗣興，尤重經誥，未及下車，先求文雅。於是鴻生鉅儒，繼踵而集，懷經負帙，不遠斯至。肅宗親臨講肄，和帝數幸書林，其蘭臺、石室，鴻都、東觀，秘牒填委，更倍於前。及孝獻移都，吏民擾亂，圖書縑帛，皆取爲帷囊。所收而西，裁七十餘乘。屬西京大亂，一時燔蕩。此則書之三厄也。魏文代漢，更集經典，皆藏在秘書、内外三閣，遣秘書郎鄭默删定舊文。時之論者，美其朱紫有別。晋氏承之，文籍尤廣。晋秘書監荀勖定魏《内經》，更著《新簿》。雖古文舊簡，猶云有缺，新章後録，鳩集已多，足得恢弘正道，訓範當世。屬劉、石憑陵，京華覆滅，朝章國典，從而失墜。此則書之四厄也。永嘉之後，寇竊競興。因河據洛，跨秦帶趙。論其建國立家，雖傳名號，憲章禮樂，寂滅無聞。劉裕平姚，收其圖籍，五經子史，才四千卷，皆赤軸青紙，文字古拙。僭僞之盛，莫過二秦，以此而論，足可明矣。故知衣冠軌物，圖畫記注，播遷之餘，皆歸江左。晋、宋之際，學藝爲多，齊、梁之間，經史彌盛。宋秘書丞王儉，依劉氏《七略》，撰爲《七志》。梁人阮孝緒，亦爲《七録》。總其書數，三萬餘卷。及侯景渡江，破滅梁室，秘省經籍，雖從兵火，其文德殿内書史，宛然猶存。蕭繹據有江陵，遣將破平侯景，收文德之書，及公私典籍，重本七萬餘卷，悉送荆州。故江表圖書，因斯盡萃於繹矣。及周師入郢，繹悉焚之於外城，所收十才一二。此則書之五厄也。後魏爰自幽方，遷宅伊、洛，日不暇給，經籍闕如。周氏創基關右，戎車未息。保定之始，書止八千，後加收集，方盈萬卷。高氏據有山東，初亦采訪，驗其本目，殘缺猶多。及東夏初平，獲其經史，四部重雜，三萬餘卷。所益舊書，五千而已。

今御書單本，合一萬五千餘卷，部帙之間，仍有殘缺。比梁之舊目，止有其半。至於陰陽河洛之篇，醫方圖譜之説，彌復爲少。臣以經書，自仲尼已後，迄於當今，年逾千載，數遭五厄，興集之期，屬膺聖世。伏惟陛下受天明命，君臨區宇，功無與二，德冠往初。自華夏分離，彝倫攸斁，其間雖霸王遞起，而世難未夷，欲崇儒業，時或未可。今土宇邁於三王，民黎盛於兩漢，有人有時，正在今日。方當大弘文教，納俗升平，而天下圖書，尚有遺逸，非所以仰協聖情，流訓無窮者也。臣史籍是司，寢興懷懼。昔陸賈奏漢祖云『天下不可馬上治之』，故知經邦立政，在於典謨矣。爲國之本，莫此攸先。今秘藏見書，亦足披覽，但一時載籍，須令大備。不可王府所無，私家乃有。然士民殷雜，求訪難知，縱有知者，多懷吝惜，必須勒之以天威，引之以微利。若猥發明詔，兼開購賞，則異典必臻，觀閣斯積，重道之風，超於前世，不亦善乎！伏願天監，少垂照察。

上納之，於是下詔：獻書一卷，賚縑一匹。一二年間，篇籍稍備。進爵奇章郡公，邑千五百户。

三年，拜禮部尚書，奉敕修撰《五禮》，勒成百卷，行於當世。

論説

《隋書》卷二《高祖紀論》 高祖龍德在田，奇表見異，晦明藏用，故知我者希。始以外戚之尊，受托孤之任，與能之議，未爲當時所許，是以周室舊臣，咸懷憤惋。既而王謙固三蜀之阻，不踰期月，尉迥舉全齊之衆，一戰而亡，斯乃非止人謀，抑亦天之所贊也。乖兹機運，遂遷周鼎。於時蠻夷猾夏，荆、揚未一，劬勞日昃，經營四方。樓船南邁則金陵失險，驃騎北指則單於款塞，《職方》所載，併入疆理，《禹貢》所圖，咸受正朔。雖晋武之剋平吴、會，漢宣之推亡固存，比義論功，不能尚也。七德既敷，九歌已洽，要荒咸暨，尉候無警。於是躬節儉，平徭賦，倉廩實，法令行，君子咸樂其生，小人各安其業，强無陵弱，衆不暴寡，人物殷阜，朝野歡娛。二十年間，天下無事，區宇之內晏如也。考之前王，足以參蹤盛烈。但素無術學，不能盡下，無寬仁之度，有刻薄之資，暨乎暮年，此風逾扇。又雅好符瑞，暗於大道，建彼維城，權侔京室，皆同帝制，靡所適從。聽哲婦之言，惑邪臣之説，溺寵廢嫡，托付失所。滅父子之道，開昆弟之隙，縱其尋斧，剪伐本枝。墳土未乾，子孫繼踵屠戮，松檟才列，天下已非隋有。惜哉！迹其衰怠之源，稽其亂亡之兆，起自高祖，成於煬帝，所由來遠矣，非一朝一夕。其不祀忽諸，未爲不幸也。

又 卷四九《牛弘傳論》 牛弘篤好墳籍，學優而仕，有淡雅之風，懷曠遠之度，採百王之損益，成一代之典章，漢之叔孫，不能尚也。綢繆省闥三十餘年，夷險不渝，始終無際。雖開物成務非其所長，然澄之不清，混之不濁，可謂大雅君子矣。子實不才，崇基不構，干紀犯義，以墜家風，惜哉！

唐·吴兢《貞觀政要》卷一《政體第二》 貞觀四年，太宗問蕭瑀曰：『隋文帝何如主也？』對曰：『克己復禮，勤勞思政，每一坐朝，或至日昃，五品已上，引坐論事，宿衛之士，傳飱而食，雖性非仁明，亦是勵精之主。』太宗曰：『公知其一，未知其二。此人性至察而心不明。夫心暗則照有不通，至察則多疑於物。又欺孤兒寡婦以得天下，恒恐羣臣內懷不服，不肯信任百司，每事皆自決斷，雖則勞神苦形，未能盡合於理。朝臣既知其意，亦不敢直言。宰相以下，惟即承順而已。朕意則不然，以天下之廣，四海之衆，千端萬緒，須合變通，皆委百司商量、宰相籌畫，於事穩便，方可奏行。豈得以一日萬機，獨斷一人之慮也。且日斷十事，五條不中，中者信善，其如不中者何？以日繼月，乃至累年，乖謬既多，不亡何待？豈如廣任賢良，高居深視，法令嚴肅，誰敢爲非？』因令諸司，若詔敕頒下有未穩便者，必須執奏，不得順旨便即施行，務盡臣下之意。

又 卷六《杜讒邪第二十三》 貞觀初，太宗謂侍臣曰：『朕觀前代讒佞之徒，皆國之蟊賊也。或巧言令色，月黨比周。若暗主庸君，莫不以之迷惑；忠臣孝子，所以泣血銜冤。故叢蘭欲茂，秋風敗之；王者欲明，讒人蔽之。此事著於史籍，不能具道。至如齊、隋間讒譖事，耳目所接者，略與公等言之。斛律明月，齊朝良將，威震敵國，周家每歲斲汾河冰，慮齊兵之西渡。及明月被祖孝徵讒搆伏誅，周人始有吞齊之意。高熲有經國大才，爲隋文帝贊成霸業，知國政者二十餘載，天下賴以康寧。文帝惟婦方是聽，特令擯斥，及爲煬帝所殺，刑政由是衰壞。又隋太子勇撫軍監國，凡二十年間，固亦早有定分，楊素欺主罔上，賊害良善，使父子之道一朝滅於天性。逆亂之源，自此開矣。隋文既混淆嫡庶，竟禍及其身，社稷尋亦覆敗。古人云「代亂凡讒勝」，誠非妄言。朕每防微杜漸，用絶讒搆之端，猶恐寺，或不能覺悟。前史云：「猛獸處山林，藜藿爲之不採；直臣在朝廷，姦邪爲之寢謀。」此實朕所望於羣公也。』魏徵曰：『禮云：「戒愼乎其所不睹，恐懼乎其所聞。」詩云：「愷悌君子，無信讒言。讒言罔極，交亂四國。」又孔子「惡利口之覆邦家」，蓋爲此也。臣嘗觀自古有國有家者，若曲受讒譖，妄害忠良，必宗廟丘墟，市朝霜露矣。願陛下深愼之！』

唐·杜佑《通典》卷七《食貨志七》 隋文帝頒新令，男女三歲以下爲黃，十歲以下爲小，十七以下爲中。十八以上爲丁，以從課役。六十爲老，乃免。開皇三年，乃令人以二十一成丁。煬帝即位，户口益多，男子以二十二成丁。高熲奏以人閑課稅，雖有定分，年常徵納，除注恒多，長吏肆情，文帳出没，既無定簿，難以推校。乃爲輸籍之樣，請遍下諸州，每年正月五日，縣令巡人，各隨近五黨三黨共爲一團，依樣定户上下。帝從之，自是姦無所容矣。

論曰：倉廩實知禮節，衣食足知榮辱。夫子適衛，冉子僕。曰：美哉庶矣。既庶矣，又何加焉？曰：富之。既富矣，又何加焉？曰：教之。故知國足則政康，家足則教從，反是而理者，未之有也。夫家足不在於逃稅，國足不在於重斂。若逃稅則不土著而人貧，重斂則多養羸而國貧，不其然矣。三王以前，井田定賦。秦革周制，漢因秦法。魏晉以降，名數雖繁，亦有良規，不救時弊。昔東晉之宅江南也，慕容、苻、姚，迭居中土，人無定本，傷理爲深，遂有庚戌土斷之令。財豐俗阜，實由於茲。其後法制廢弛，舊弊復起，義熙之際，重舉而行，已然之效，著在前志。隋受周禪，得户三百六十萬。開皇九年平陳，又收户五十萬。洎於大業二年，干戈不用，惟十八載，有户八百九十萬矣。其時承西魏喪亂，周齊分據，暴君慢吏，賦重役勤，人不堪命，多依豪室，禁網隳紊，姦僞尤滋。高熲睹流冗之病，建輸籍之法。於是定其名，輕其數，使人知爲浮客，被强家收太半之賦，爲編甿奉公上，蒙輕減之徵。浮客，謂避公稅、依强豪作佃家也。昔漢文三年，除人田租，荀悦論曰：『古者什一而稅，天下之中正。漢家或百而稅一，可謂至輕矣，而豪强佔田踰多，浮客輸大半之賦。公家之惠，優於三代，豪强之暴，酷於亡秦，是惠不下通，威福分於豪人也。不正其本，適足以資富强矣。』高熲設輕稅之法，浮客悉自歸於編户，隋代之盛，實由於斯。先敷其信，後行其令，烝庶懷惠，姦無所容。隋氏資儲遍於天下，人俗康阜，熲之力焉。功規蕭、葛，道亞伊、呂，近代以來未之有也。

明·方孝孺《遜志齋集》卷五《隋文帝》　隋文帝以詐力取尊位，其子侈縱以致敗亡，君子陋之，至與秦併稱。然當時户口蕃殖，國用富溢，外國雖强大，不敢少與之抗，若漢唐之盛矣。夫果何以得此也？昏惑之主欲富國者，必厚斂民以適其欲，而文帝躬履節儉，謂有司曰：『寧餘於民，無藏府庫。』斯言也，豈惟中主有所不及？雖前代賢君或愧焉。此非富國之本乎？罷鹽酒之禁，減庸調之額，死罪三奏而後行刑，褒賞治民有政迹之吏，此非户口滋殖之本乎？吐谷渾之子嵬王訶謀執其父而降，則詔之曰：『溥天之下皆朕臣妾，各爲善事即稱朕心。嵬王即欲歸朕，朕惟教以爲臣子之法，不可遠遣兵馬，助爲惡事。』卓哉言乎！不以小利廢大義，眞可以服外國之心矣。其爲人雖猜忌苛忍，而能撫有華夏，赫然續數百年之正統，亦有以也哉。後世人主語及秦隋，則羞與爲比，求其所爲，不及秦隋者多矣，此類是也。苟不强爲善，而徒羞比於秦隋，使秦隋之主有知，其不羞與之比者幾希。

清·王夫之《讀通鑑論》卷一九《隋文帝》　聖人之道：有大義，有微言。故有宋諸先生推極於天，而實之以性，覆之心得，嚴以躬修，非故取其顯者而微之、卑者而高之也。自漢之興，天子之教，人士之習，亦既知尊孔子而師六經矣，然薄取其形迹之言，而忘其所本，則雖取法以爲言行，而正以成乎鄉原，若蘇威、趙普之流是已。

蘇威曰：『讀孝經一卷，足以立身治世。』趙普曰：『臣以半部論語佐太祖取天下。』而威之柔以喪節，普之險以斁倫，不自知也，不自媿也。以全軀保妻子之術，爲立身揚名之至德；以篡弑奪攘之謀，爲内聖外王之大道；竊其形似，而自以爲是，歆其榮寵者，衆皆悦也。挾聖言以欺天下，而自欺其心，闇然求媚於亂賊而取容，導其君以欺孤寡、戕骨肉而無忌。嗚呼！微有宋諸先生洗心藏密，即人事以推本於天，反求於性，以正大經、立大本，則聖人之言，無忌憚之小人竊之以徼幸於富貴利達，豈非聖人之大憾哉？

普之於論語，以奪人爲節用，以小惠爲愛人，如斯而已，外此無一似也。威則督民誦五教，而謂先王移風易俗之道，畢於此矣。子曰：『鄉原，德之賊也。』托於道，所以賊德也。正人心，閑先聖之道，根極於性命，而嚴辨其誠僞，非宋諸先生之極微言以立大義，論語、孝經爲鄙夫之先資而已矣。

可以行之千年而不易，人也，即天也，天視自我民視者也。民有流俗之淫與偷而相沿者矣，人也，非天也，其相沿也，不可卒革，然而未有能行之千年而不易者也。天不可知，知之以理，流俗相沿，必至於亂，拂於理則違於天，必革之而後安，即數革之，而非以立異也。若夫無必然之理，非治亂之司，人之所習而安焉，則民視即天視矣，雖聖人弗與易矣。而必爲一理以奪之，此漢儒之所以纖曲塗飾而徒云云也。

改正朔，易服色，漢儒以三代王者承天之精意在此，而豈其然哉？正朔之必改，非示不相沿之説也。曆雖精，而行之數百年則必差。夏、商之季，上敖下荒，不能釐正，差舛已甚，故商、周之興，懲其差舛而改法，亦猶漢以來至於今，歷凡十餘改而始適於時，不容不改者也。若夫服色，則世益降，物益備，期於協民瞻視，天下安之而止矣。彼三王者，何事汲汲於此，與前王相競相壓於染繪之閑哉？小戴氏之記禮雜矣，未見易、書、詩、春秋、儀禮、周官之斤斤於此也。其曰夏尚玄、殷尚白、周尚赤，吾未知其果否也。莫尊於冕服，而周之冕服，上玄而下纁，何以不赤也？牲之必騂也，純而易求耳，非有他也。夫服色者，取象於天，而天之五色以時變，無非正矣；取法於地，而地之五色以土分，無非正矣。自非龐奇艷靡足以淫人者，皆人用之不可廢，理無定，吾惡從知之？其行之千餘年而不易者，民視之不疑，即可知其爲天視矣。

開皇元年，隋主服黄，定黄爲上服之尊，建爲永制。以義類求之，明而不炫，韞而不幽，居青赤白黑之閑而不過，尊之以爲事天臨民之服可矣，迄於今莫之能易，人也，即天也。於是而知漢儒之比擬形似徒爲云云者，以理律天，而不知在天者之即爲理；以天制人，而不知人之所同然者即爲天。凡此類，易、書、詩、春秋、周官、儀禮之所不著，孔、孟之所不言，詘之斯允矣。

今之律，其大略皆隋裴政之所定也。政之澤遠矣，千餘年閑，非無暴君酷吏，而不能逞其淫虐，法定故也。古肉刑之不復用，漢文之仁也。然漢之刑，多爲之制，故五胡以來，獸之食人也得恣其忿慘。至於拓拔、宇文、高氏之世，定死刑以五：曰磬、絞、斬、梟、磔，又有門房之誅焉，皆漢法之不定啓之也。政爲隋定律，制死刑以二：曰絞、曰斬，改鞭爲杖，改杖爲笞，非謀反大逆無族刑，垂至於今，所承用者，皆政之制也。若於絞、斬之外，加以凌遲，則政之所除，女直、蒙古之所設也。

夫刑極於死而止矣，其不得不有死刑者，以止惡，以懲惡，不得已而用也。大惡者，不殺而不止，故殺之以絶其惡；大惡者，相襲而無所懲，故殺此以戒其餘；先王之於此也，以生道殺人也，非以惡惡之甚而欲快其怒也。極於死而止矣，梟之、磔之、轘之，於死者又何恤焉，徒以逞其扼腕齧齦之忿而怖人已耳。司刑者快之，其仇讎快之，於死者何加焉，徒使罪人之子孫，或有能知仁孝者，無以自容於天地之間。一怒之伸，慘至於斯，無裨於風化，而祇令腥聞上徹於天，裴政之澤斬，而後世之怒淫，不亦憯乎？隋一天下，蠲索虜鮮卑之虐，以啓唐二百餘年承平之運，非苟而已也；蓋有人焉，足以與於先王之德政，而惜其不能大用也。

周制：六卿各司其典，而統於天子，無復製於其上者，然而後世不能矣。周禮曰：『惟王建國。』言國也，非言天下也。諸侯之國，唯命之也，聽於宗伯；討之也，聽於司馬；序之也，聽於司儀行人。若治教政刑，雖頒典自王，而諸侯自行於國內，不仰決於六官。如是，則千里之王畿，政亦簡矣，其實不逾今一布政使之所理也。郡縣之天下，攬九州於一握，卑宂府史之考課，升斗銖累之金粟，窮鄉下邑之獄訟，東西萬里之邊防，四瀆萬川之堙洩，其繁不可勝紀，總聽於六官之長，而分任之於郎署。其或修或廢，乃至因緣以讎私者，無與舉要以省其成，則散漫委弛而不可致詰。故六卿之上，必有佐天子以總理之者，而後政以緒而漸底於成，此秦以下相臣之設不容已也。

乃相臣以一人而代天子，則權下擅而事亦宂，而不給於治；多置相而互相委，則責不專，而同異競起以相撓；於是而隋文之立法爲得矣。左右僕射皆相也，使分判六部，以各治三官，夫然，則天子統二僕射，二僕射統六卿，六卿統庶司，仍周官分建之制，而以兩省分宰相之功，殆所謂有條而不紊者乎！由小而之大，由衆而之寡，由繁而之簡，揆之法象，亦太極生兩儀，兩儀生四象八卦，以盡天下之至賾，而曲成乎者也。法者非必治，治者其人也；然法之不善，雖得其人而無適守，抑末由以得理，況乎未得其人邪？以法天紀，以盡人能，以居要而治詳，以統同而辨異，郡縣之天下，建國命官，隋其獨得矣乎！不可以文帝非聖作之主而廢之也。

開河以轉漕，置倉以遞運，二者孰利？事固有因時因地而各宜，不能守一說以爲獨得者，然其大概，則亦有一定之得失焉。其迹甚便，其事若簡，其效若速，一登之舟，旋運而至，不更勞焉，此轉漕之見爲利者也。然而其運之也，必爲之期，而勞甚矣。閘有啓閉，以爭水之盈虛，一勞也；時有旱潦，以爭天之燥濕，二勞也；水有淤通，以勤人之濬治，三勞也；時有凍沍，以待天之寒温，四勞也；役水次之夫，奪行旅之舟以濟淺，五勞也。而又重以涉險飄瀋、重賠補運之害，特其一委之水，庸人偷以爲安，而見爲利耳。

夫無漸可循，而致之一塗，以幾速效，政之荑稗也。歲月皆吾之歲月，紓徐之，則千鈞之重分爲百，而輕甚矣。置倉遞運者，通一歲以輸一歲之儲，合數歲以終一歲之事，源源相因，不見有轉輸之富，日計不足，歲計有餘，在民者易登於倉，在倉者不覺而已致於內，無期會促迫之苦，而可養失業之民，廣馬牛之畜，雖無近功，而可經久以行遠，其視强水之不足，開漕渠以圖小利，得失昭然矣。

隋沿河置倉，避其險，取其夷，唐仍之，宋又仍之，至政和而始廢，其利之可久見矣。取簡便而勞於漕挽者，胡元之亂政也。況乎大河之狂瀾，方憂其氾濫，而更爲導以迂曲淫漫，病徐、兖二州之土乎？隋無德而有政，故不能守天下而固可一天下。以立法而施及唐、宋，蓋隋亡而法不亡也，若置倉遞運之類是已。

有名美而非政之善者，義倉是也。隋度支尚書長孫平始請立之，家出粟麥一石，儲之當社，凶年散之，使其行之而善，足以賑之也。抑一鄉一社，有君子長者德望足以服鄉人，而行之十姓百家焉可矣。不然，令之嚴而只以病民，令之不嚴，不三歲而廢矣。且卽有君子長者主其事，行乎一鄉，亦及身而止耳。惡有一鄉之事，數十年之規，而可通之天下，爲一代之法也哉？

行之善，而猶不足以賑荒者，假使社有百家，歲儲一石，三年而遇水旱，曾三百石之足以濟百家乎？倘水旱在三年之外，粟且腐壞蟲蝕，而不可食也。且儲粟以一石爲率，將限之邪？抑貧富之有差邪？有差，而人詭於貧，誰屍其富？家限之，則歲計不足，而遑計他年？均之爲農，而有餘以資義倉，其勤者也，及其受粟而多取之者，其惰者也；非果有君子長者以仁厚化其鄉，而惰者亦勸於耕，以廉於取，則徒取之彼以與此，而誰其甘之？不應，抑將刑罰以督之，井里不寧而訐訟興，何義之有？而惰窳不節之罷民，且恃之以益其驕怠。況乎人視爲不得已而束於法以應令，穅核濕腐雜投而速蠹，僅以博好義之虛名，抑何爲者邪？況行之久而長吏玩爲故常，不復稽察，里胥之乾没，無與爲治，民大病而匄免不能，抑其必致之勢矣。

夫王者之愛養天下，如天而可以止矣，寬其役，薄其賦，不幸而罹乎水旱，則蠲徵以蘇之，開糶以濟之。而防之平日者，抑商賈，禁賃傭，懲遊惰，修陂池，治堤防，雖有水旱，而民之死者亦僅矣。賦輕役簡，務農重谷，而猶有流離道殣者，此其人自絶於天，天亦無如之何，而何事損勤苦之民，使不軌之徒懸望以增其敖慢哉？故文王發政施仁，所先者鰥、寡、孤、獨，所發者公家之廩，非取之於民而以飽不勤不節之惰農也。孟子曰：『惠而不知爲政。』捐己以惠民，且不知養民之大經，況强以義脅民而攘之爲己惠乎？夫義倉者，一鄉之善士，當上失其道、横徵困民之世，行之十姓百家以苟全一隅者可也。爲人上者而行之，其視梁惠王之盡心奚愈哉？

立教之道，忠孝至矣，雖有無道之主，未有不以之教其臣子者，而從違異趣，夫亦反其本而已矣。以言教者，進人子而戒之曰：『爾勿不孝』；進人臣而戒之曰：『爾勿不忠』；舌敝穎禿，而聽之者藐藐，悖逆猶相尋也。弗足怪也，教不可以言言者也。奬忠孝而進之，抑不忠不孝而絶之，不納叛人，不恤逆子，不懷其惠，不歆其利，伸大義以昭示天下之臣子，如是者，殆其好也，非其令也，宜可以正於家，施於國，推於天下而消其悖逆矣。然而隋文帝於陳，郢州之叛而請降，則拒而弗納；突厥莫何可汗生擒阿波歸命於隋，請其死生，高熲曰：『骨肉相殘，教之蠹也，存養之以示寬大。』帝則從之，而禁勿殺；吐谷渾妻子叛其主請降，帝則曰：『背夫叛父，不可收納。』夫帝之欲併陳而服二虜，其情也；抑且顧君臣、父子、夫婦之大倫，捐可乘之利而拒之已峻，以是風示臣子，俾咸順於君父，而蠲其乖悖，夫豈不能。然制於悍妻，惑於逆子，使之兄弟相殘，終以梟獍之刃加於其躬，一室之内，戈矛遑而天性蔑，四海之稱兵，不旋踵而蠭起，此又何也？由此而知忠孝者，非可立以爲教而教人者也。以言教者不足道，固已；徒以行事立標準者，亦迹而已矣。

夫忠孝者，生於人之心者也，唯心可以相感；而身居君父之重，則唯在我之好惡，爲可以起人心之惻隱羞惡，而遏其狂戾之情。文帝以機變篡人之國，所好者爭奪，所惡者馴謹也。制之於外，示彝倫之則；伏之於内，任喜怒之私；其拒叛臣、絶逆子也，一挾名教以制人者也。幽暖之地，鬼神瞰之，而妻子尤熟嘗之。好惡之私，始於拂性而任情，既且違情而殉物。悍妻逆子，或餌之，或協之，顛倒於無據之胸，則雖日行飭正人倫之事，而或持之，或誘之，終以怨毒而賊害之。無他，心之相召，好惡之相激也。嗚呼！方欲以綱常施正於裔夷，而濺血之禍起於骨肉，心之幾亦嚴矣哉！好惡之情亦危矣哉！故藏身之恕，防情之辟，立教之本，近取之而已。政不足治，刑賞不足勸懲，況欲以空言爲求亡子之鼓乎？

周禮：鄉則比、閭、族、黨，遂則鄰、里、酇、鄙，各有長司其教令，未詳其使何人爲之也。就農民而爲之，則比户之中，樸野之氓非所任也，其黠而可爲者，又足爲民害者也。且比鄰之長雖微，而列於六官之屬，則既列於君子而别於野人矣，舍其耒耜而卽與於班聯，不已媟乎？意者士之未執贄以見君而小試之於其鄉，凡飲射賓興所進於君之士，皆此屬也，固不耕而有禄食，士也，非民也。唯然，則可士、可大夫，而登進之塗遠，則當其居鄉而任鄉之教，固自愛而不敢淫泆於其鄉，庶幾不爲民病，而教化可資以興。然周禮但記其職名，而所從授者無得而考焉，則郡縣之天下，其不可附托以立鄉官也，利害炳然，豈待再計而決哉？

成周之治，履中蹈和，以調生民之性情，垂爲大經大法以正天下之綱紀者，固不可以意言求合也；故曰人也，非政也。但據缺略散見之文，强郡縣之天下，銖累以肖之，王莽之所以亂天下也。而蘇威效之，令五百家而置鄉正，百家而置里長，以治其辭訟，是散千萬虎狼於天下，以攫貧弱之民也。李德林爭之，而威挾周禮以鉗清議之口，民之膏血殫於威占畢之中矣。悲夫！

封建之天下分而簡，簡可治之以密；郡縣之天下合而繁，繁必禦之以簡。春秋之世，萬國併，五霸興，而夫子許行簡者以南面，況合中夏於一王，而欲十姓百家置聽訟之長以爚亂之哉？周之衰也，諸侯僭而多其吏，以漁民而自尊，蕞爾之鄒，有司之死者三十三人，未死者不知凡幾，皆鄉里之猾，上慢而殘下者也。一國之提封，抵今一縣耳，卿大夫士之食禄者以百計。今一縣而百其吏，禄入已竭民之産矣。卿一行而五百人從，今丞尉一出而役民者五百，其徭役已竭民之力矣。仁君廉吏且足以死民於賦役，汙暴者又奚若也？況使鄉里之豪，測畜藏以側目，挾恩怨以逞私，擁子弟姻亞以横行，則孤寒樸拙者之供其刀俎又奚若也？易曰：『通其變，使民不倦。』君子所師於三代者，道也，非法也。竊其一端之文具以殃民，是亦不容於堯、舜之世者也。

聲音之動，治亂之徵，樂記言之，而萬寶常以驗隋之必亡。顧其説非可一言竟也。有聲動而導人心之貞淫者，有心動而爲樂之正變者，其感應之幾，相爲循環，而各有其先後。謂聲動而心隨之，則正樂急矣；謂心動而樂隨之，則樂固不能自正而待其人矣。倘於無道之世，按韶、夏之音而奏之，遂足以救其亡乎？不可得也。雖然，未有無道之世，不崇淫聲、侈哀響，而能以韶、夏之音爲樂者。於是而知志氣之交相動，而天人之互爲功矣。且以寶常之言，直斥何妥之樂爲亡國之音，隋文何以不悦，終廢寶常，而謂何妥之樂曰『滔滔和雅，與我心會』，則盛世之音，必不諧於衰世之耳。其諧不諧者，天也，非人也。乃唯帝任詐以取天下，昵悍妻，狎逆子，任其好惡於非僻，則心流於邪，而耳從心爾。然則治心而後可以審音，心者其本也，音者其末與！乃何妥衰亂慆淫之樂作，遂益以導煬帝邪淫無厭之心，而終亡其國，則樂之不正，流禍無涯，樂又本而非末矣。

古先王之作樂也，必在盛德大業既成之後，以志之貞者斟酌於聲容之雅正，而不先之於樂，知本也。然必斟酌於聲容之雅正，以成一代之樂，傳之子孫，而上無淫慝之君，流之天下，而下無乖戾之俗，則德立功成，而必正樂，亦知本也。嗚呼！自秦廢先王之典而樂亂，自契丹、女直、蒙古人中國毁棄法物而樂永亡。唯聲音之自然者，流露於人心、耳、手、口之閑，時亦先兆其治亂興亡之理。於是樂唯天動以感人，而人不能以樂治心，召和平之氣。凡先王所以治，聖人所以教，俱無可爲功於天下，固有心者所留械於無窮也。天不喪道，又惡知無聖人者興，無師而得天之聰明，以復移風易俗之大用乎？

古之教士也以樂，今之教士也以文。文有咏嘆淫泆以宣道藴而動物者，樂之類也。蘇洵氏始爲虔矯桎梏之文，其子淫蕩以和之，而［中國］遂淪於［夷］，亦志氣相召之幾也。取士者有權，士之以教以學也有經，舍其大經，矜其小辨，激清繁繞引哀怨以趨媮薄，亦惡知其所底止哉？

以德化民至矣哉！化者，天事也，天自有其理氣，行乎其不容已，物自順乎其則而不知。聖人之德，非以取則於天也，自修其不容已，而人見爲德。人亦非能取則於聖人也，各以其才之大小純駁，行乎其不容已，而已化矣。故至矣、尚矣，絶乎人而天矣。謂其以德化者，人推本而爲之言也；非聖人以之，如以薪煬火，以勺水，執此而取彼之謂也。夫以德而求化民，則不如以政而治民矣。政者，所以治也。立政之志，本期乎治，以是而治之，持券取償而得其固然也，則猶誠也。持德而以之化民，則以化民故而飾德，其德僞矣。挾一言一行之循乎道，而取償於民，頑者侮之，黠者亦飾僞以應之，上下相率以僞，君子之所甚賤，亂敗之及，一發而不可收也。

夫爲政者，廉以潔己，慈以愛民，盡其在己者而已。至於内行之修，則尤無與於民，而自行其不容已，夫豈持此爲券以取民之償哉？自漢龔、寅、卓、魯之見褒於當代，於是有僞人者，假德教以與民相市，民之僞者應之，遂以自標而物榜之，曰此德化之效也。東漢之末，矯飾之士不絶於策。至於三國，迄乎梁、陳，豈無循良之吏，而此風闃然；時君之所不尚，褒寵不及，僞人荼然而返耳。至隋而蘇威剽襲六經之膚説以干文帝，帝利其説以詑治定功成之盛，始獎天下以僞，而辛公義、劉曠詭激飾詐之爲，艴然表見以徼榮利。公義則露坐獄中以聽訟，訟者繫獄，則宿廳事，不歸寢閤；曠則稱説義理，曉諭訟者，而不決其是非，遂以獄無訟之虛名，遷美官而傳於史册。嗚呼！當是時也，君臣相戕，父子相夷，兄弟相殘，將相相傾，其上若此，則閭巷之民，相惎、相仇、相噬、相螫，不知其何若，而公義與曠取美譽、弋大官而止，後無聞焉。無訟者，孔子之所未遑；德化者，周公之所不敢居；區區一俗吏，以掉舌於公庭，暴形於寢處，遂勝其任而愉快乎？何易由言而重爲僞人之欺邪？

夫德者，自得也；政者，自正也。尚政者，不足於德；尚德者，不廢其政；行乎其不容已，而民之化也，俟其誠之至而動也。上下相蒙以僞，姦險戕奪，若火伏油中，得水而焰不可撲，隋之亡也，非一旦一夕之致也。其所云德化者，一廉耻盪然之爲也。

天下分爭之餘，兵戈乍息，則人民之生必蕃，此天地之生理，屈者極，伸者必驟，往來之數，不爽之幾也。當其未定，人習於亂，而偷以生，以人之不足，食地之有餘，民之不勤於自養也，且習以爲常。迨其亂定而生齒蕃，後生者且無以圖存，於斯時而爲之君者將如之何？蕃庶而無以綏之則亂，然則人民之乍然而蕃育也，抑有天下者之憂也。雖然，王者又豈能他爲之賜哉？抑豈容作聰明、制法令以爲之所哉？唯輕徭薄賦，擇良有司以與之休息，漸久而自得其生，以相忘而輯寧爾。

五代南北之戰爭，民之存者僅矣。周滅齊而河北定，隋滅陳而天下一，於是而户口歲增，京輔、三河地少人衆。且無以自給，隋乃遣使均田，以謂各得有其田以贍生也。唯然，而民困愈亟矣。

人則未有不自謀其生者也，上之謀之，不如其自謀；上爲謀之，且弛其自謀之心，而後生計愈盛。故勿憂人之無以自給也，籍其終不可給，抑必將改圖而求所以生，其依戀先疇而不舍則固無自斃之理矣。上唯無以奪其治生之力，寬之於公，而天地之大，山澤之富，有餘力以營之，而無不可以養人。今隋之所謂户口歲增者，豈徒民之自增邪？蓋上精察於其數以斂賦役者之增之也。人方驟蕃，地未盡辟，效職力於爲工爲賈以易布粟，園林畜牧以廣生殖者未遑，而亟登之版籍，則衣食不充。非民之數盈，地之力歉，而實籍其户口者之無餘，而役其户口者不酌其已盈而減其賦也。乃欲奪人之田以與人，使相傾相怨以成乎大亂哉？故不十年而盜賊競起以亡隋。民之不輯也久矣，考其時，北築長城，東巡泰岳，作仁壽宫，而丁夫死者萬計，别宫十二，相因營造，則其剔丁莊以供土木也，不待煬帝之驕淫，而民已無餘地以求生矣。乃姑爲均田以塞其匄免之口，故曰唯然而民困愈亟也。

夫王者之有其土若無其土也，而後疆圉以不荒；有其民若無其民也，而後御衆而不亂；夫豈患京輔、三河地少而人貧哉？鄧禹之多男子也，各授以業，而宗以盛，不奪此子之餘以給彼子也。寬之恤之，使自贍之，數十年而生類亦有序，而不憂人滿。漢文、景得此道也，故天下安而漢祚以長。隋之速亡也，不亦宜乎！均田令行，狹鄉十畝而籍一户，其虐民可知矣，則爲均田之説者，王者所必誅而不赦，明矣。

開皇十四年，詔給公卿以下職田。其時天下已定，民各守其先疇，不知何所得田以給之，史無所考，大抵其爲亂政無疑矣。先是官置公廨錢，貸民收息，誠秕政也，於是蘇孝慈請禁止之，給地以營農，意且謂此三代之法，可行無弊者，而豈其然哉？三代之國，幅員之狹，直今一縣耳，仕者不出於百里之中，而卿大夫之子恒爲士，故有世禄者有世田，即其所世營之業也，名爲卿大夫，實則今鄉里之豪族而已。世居其土，世勤其疇，世修其陂池，世治其助耕之氓，故官不侵民，民不欺官，而田亦不至於汙萊。郡縣之天下，合四海九州之人以錯相爲吏，官無定分，職無常守，升降調除，中外南北，月易而歲不同，給以田而使營農，將人給之乎？貴賤無差，予奪無恒，而且不勝給矣；將因職而給之乎？有此耕而彼獲者矣。而且官不習於田，一授其權於胥隸，胥隸横於阡陌，務漁獵而不恤其荒瘠，閲數十年而農非其農，田非其田，徒取沃土而滅裂之，不足以養士，而徒重困乎民也。故職田者，三代以下必不可行之法也。

故公廨錢以收息，所以毁官箴而殃民，在所必禁者，君子與小人義利之疆畛，不可亂耳。力耕者，亦皇皇求利之事也，故夫子斥樊遲爲小人，而孟子以不耕而食爲不素餐之大。有天下者，總制郡縣之賦税，領以司農，而給百官之禄入，俾逸獲而不與民爭盈縮，所以靖小人而迪君子於正道之不易者也。禄入豐而士大夫無求於民，猶恐其不廉也，乃導之與袯襫之夫爭升斗於秉穗乎？蘇孝慈者，知公廨錢之非道，胡不請厚其禄以止其貪，而非三代之時，循三代之迹，以徒亂天下爲邪？隋文帝錙銖之主也，以爲是於國無損，而可以益吏，且可竊師古之美名，遂歆然從之，溺古之士，且以爲允。後世有官田，有學田，有藩王勛戚之莊田，皆沿此以貽害於天下，創制宜民者，盡舉以授民而作賦，庶有瘥乎！

文帝畜疑御下，芟夷有功於己者不遺餘力矣。鄭譯、盧賁、柳裘或黜或死，防其以戴己者戴人，固也。其戮力以混一天下者，若史萬歲、王世積、虞慶則誣訐一加，而斧鑕旋及。至於賀若弼、高熲、李德林倚爲心膂，不在楊素之下，而弼下吏幾死，熲除名，德林終廢。徒於楊素投膠漆之分，舉天下以托之，何坦然無疑而盡易其猜防之毒也？乃素卒比附逆廣以推刃於帝，夫豈天奪其衷與？不然，何疑其所可不疑，信其所必不可信，如斯之甚也！

隋之諸臣，唯素之不可托也爲最，非但熲、弼、德林之不屑與伍，即以視劉昉、鄭譯猶有懸絶之分。何也？素者，天下古今之至不仁者也。其用兵也，求人而殺之以立威，使數百人犯大敵，不勝而俱斬之，自有兵以來，唯尉繚言之，唯素行之，蓋無他智略，唯忍於自殺其人而已矣。其營仁壽宮也，丁夫死者萬計，皆以殺人而速奏其成，曠古以來，唯以殺人爲事者更無其匹。嗚呼！人之不仁至於此極，而猶知有君之不可弒乎？猶知子之不可弒父而己弗與其謀乎？文帝之項領日懸於素之鋒刃而不知，豈徒素之狐媚以結獨孤後而爲之覆翼乎？抑帝慘毒之性、臭味與諧而相得也！

故曰：君不仁，則不保其國；臣不仁，則不保其身；不仁者樂與不仁者狎而信之篤，雖天子不保其四體。素之族至其子而乃赤，猶晚矣。故惻隱之心，存亡生死之幾也。夫人性之弗醇，習之不順，惻隱之心不足以發。唯好惡之不迷，不樂與不仁者處而利賴之，惡其可損、禍其可輕乎！

太子勇耽聲色，狎羣小，而逆廣立平陳之功，且矯飾恭儉以徼上寵，釣下譽，聲施爛然。文帝廢勇而立廣，雖偏聽悍妻，致他日有獨孤誤我之嘆，然當廣惡未著、勇德有愆之日，參互相觀，亦未見廢立之非社稷計也，而奚以辨之哉？廣之所以惑獨孤者，曰阿大孝耳。婦人喜嗫嗫呴沫之愛，無足怪者，帝固熟察人情者，而何亦焉？天下有孝於父母而忍賊害其兄弟者乎？勇雖不德，然知廣之陷己，終未嘗求廣之過暴之父母之前。廣則伏地流涕曰：『不知何罪，失愛東宮。』勇無言，而廣亟於譖，勇猶自處於厚，而廣之不仁不可掩矣。

故人之甚不仁也易見也，父子兄弟之不若，夫人所無可如何者也。非其懿親與其執友，則雖禍且相及，而固不可訐之相告，使觸其怒以傷天性之恩；即其懿親與其執友不容不告，而必謀其曲全之術；若直訐其陰私以激吾之譴責，則必其人天性固絶於己，而忿戾以求快其私者也。夫人且然，而況同生兄弟，均爲父母之子，而浸潤膚受交致以激吾之怒，尚可信爲大孝而可以生死存亡托之者乎？

勇於見廢之日，再拜泣下，舞蹈而出，終不訟廣之見誣而摘其隱慝，然則使勇嗣立，隋尚可以不亡，籍令不然，亦何至逞梟獍之凶如廣之酷邪？故勇與廣賢不肖未易辨也，而廣訴勇，勇不訴廣，其仁心之僅存與什萬滅，則灼然易知也。天下未有忍奪其兄之孝子，古今無有贊毁我子弟，勸令殺戮屏棄，而爲可托之人，兩言而決之有餘矣。

傳曰：『儉，德之共也；侈，惡之大也。』所謂德之共者，謂其斂耳目口體之淫縱，以範其心於正也，非謂吝於財而積之爲利也。所謂惡之大者，謂其蕩心志以外焚，導天下於淫曼也，非謂不留有餘以自貧也。儉於德曰儉，儉於財曰吝，儉吝二者迹同而實異，不可不察也。吝於財而文之曰儉，是謂貪人。諺曰：『大儉之後，必生奢男。』含，吝之報也。若果節耳目、定心志、以恭敬自持，勿敢放逸，則言有物、行有恒，即不能必子之賢，亦何至疾相反而激以成侈哉？隋文帝之儉，非儉也，吝也，不共其德而徒厚其財也。富有四海，求盈不厭，侈其多藏，重毒天下，爲惡之大而已矣。

奚以明其然邪？仁壽宮成，賞封德彝而擢爲内史，耳目之欲，力制而不能制也；盜邊糧者升以上皆斬，積聚之貪，誇富强而唯恐不豐也。宋武藏農服以示子孫，齊高欲黃金與土同價，皆此而已矣。是下邑窮鄉銖積絲累以豪於閭井者之情，而奚足爲儉哉？視金粟也愈重，則積金粟也愈豐；取之於人也愈工，而愈不憂其匱；而後不肖之子孫無求弗獲，而以爲天下之可以遂吾志欲者，莫財若也。太子勇之飾物玩、耽聲色，逆廣之離宫别館，塗金堆碧，龍舟錦纜，翦采鋪池，裂繒衣樹，皆取之有餘，而倉粟陳紅，以資李密之狼戾，一皆文帝心計之所聚，而以豐盈自侈者也。只速其亡，又何怪乎？

若夫賢者之儉，豈其然哉？視金玉若塵土，錦綺若草芥，耳目不淫，心志不惑，淡然與之相忘，而以金粟給小人之欲，君臣父子相競於義以賤利，其必不以爲誨奢之媒審矣。夫唯大吝之後，乃生奢男，豈儉之謂賤？

文帝之察也，肘腋有楊素之姦而信之爲，富闔有逆廣之凶而愛之專，卒以殺身而亡國。無他，以塗飾虚僞籠天下，情以移，志以遷，而好惡皆失其本心，樂與僞人相取，狎焉而不自知也。

王伽者，天下古今之僞人也，罷遣防送之卒，縱流囚李參等七十餘人，與約期至京，而曰：『如致前卻，當爲汝受死。』參等皆如期而至。夫參等身蹈重法，固桀敖不軌之徒也，伽何恃而以死黨試其誠僞？前乎此者，未聞伽有盛德至行足以孚豚魚也，一旦而以父母之身與罪人市，豈其愚至此哉？且李參等已至京而待配於有司矣，孰使帝聞之而驚喜？則伽與參等探知帝之好虚僞以飾太平，而相約以成詭異之行，標榜自衒於帝之左右，俾得上聞。帝果爲之下詔曰：『官盡如王伽，刑措其何遠哉！』伽乃擢爲雍令矣，參等乃予宴而赦矣。帝已爲伽持券而取償，而帝不知也；非不知也，知之而固喜其飾平康以昭吾治功之盛，而欺天下也。是其爲情，與王劭上靈感志而焚香歌誦以宣示之無以異。唯然，故楊素僞忠，而帝且曰吾有忠臣；逆廣僞孝，而帝且曰吾有孝子；情與之相得，心與之相習，不復知此外之有心理。亦將曰：文王之孝亦廣，周公之忠亦素而已矣；孔子之綏來動和，亦伽而已矣。古今惡有聖賢哉？飾以爲之而卽可傳之萬世，則懷姦畜逆者，方伏刃以擬其項領，固迷而不覺。始以欺人，終於自罔，身弑國亡，若蹈火之必灼，狎水之必溺也，豈有爽哉？

夫聖人者，同於人者也；爲創見之事，舉世驚之，必有僞焉，秉正者所弗惑也。若伽者，固不容於堯、舜之世，唯不容焉，斯以爲堯、舜之智與！

清·朱軾《史傳三編》卷五三《循吏傳五·北朝魏·隋王伽》　論曰：開皇之治，簡核吏職，故其時户口大蕃，民得休息。東漢以還，於斯爲盛，伽之脱囚，固不可爲常格，要其誠心所感，不可誣也。帝緣是下深厚之詔，以課吏而道民，雖漢文之訓詞，何以加焉。

藝文

宋·羅公升《宋貞士羅滄州先生集》卷四《讀史·隋文帝》　隋文偉姿相，談笑取周鼎。俘陳朝突厥，四海絶纖警。奈何梟獍過，老不保腰領？不如臨春人，到此醉不醒。

宋·徐鈞《史詠詩集》卷上《人臣·牛弘》　射牛可怒理都然，三問何如一忍賢。底事婦言堅不聽，爲憂傷我弟兄天。

明·孫承恩《文簡集》卷四一《古像讚·隋文帝》　勤儉興邦，法律御世。功就混一，俗幾康乂。猜刻習勝，奪宗計行。釀成厲階，王祚遂傾。

清·羅惇衍《集義軒詠史詩鈔》卷三二《七言律詩二十九首·隋·牛弘》　獻書雲集路先開，文物衣冠一代才。制度明堂申舊議，詩歌樂府見新裁。身無悔吝君終信，性最寛和弟不猜。射殺車牛非異事，絮言何苦面陳來。

雜録

《隋書》卷一二《禮儀志七》　高祖初卽位，將改周制，乃下詔曰：『宣尼制法，云行夏之時，乘殷之輅。弈葉共遵，理無可革。然三代所尚，衆論多端，或以爲所建之時，或以爲所感之瑞，或當其行色，因以從之。今雖夏數得天，歷代通用，漢尚於赤，魏尚於黄，驪馬玄牲，已弗相踵，明不可改，建寅歲首，常服於黑。朕初受天命，赤雀來儀，兼姬周已還，於兹六代，三正回復，五德相生，總以言之，併宜火色。垂衣已降，損益可知，尚色雖殊，常兼前代。其郊丘廟社，可依衮冕之儀，朝會衣裳，宜盡用赤。昔丹烏木運，姬有大白之旂，黄星土德，曹乘黑首之馬，在祀與戎，其尚恒異。今之戎服，皆可尚黄，在外常所著者，通用雜色。

祭祀之服，須合禮經，宜集通儒，更可詳議。』太子庶子、攝太常少卿裴政奏曰：『竊見後周制冕，加爲十二，即與前禮數乃不同，而色應五行，又非典故。謹案三代之冠，其名各別。六等之冕，承用區分，璪玉五採，隨班異飾，都無迎氣變色之文。唯《月令》者，起於秦代，乃有青旂赤玉，白駱黑衣，與四時而色變，全不言於弁冕。五時冕色，《禮》既無文，稽於正典，難以經證。且後魏已來，制度咸闕。天興之歲，草創繕修，所造車服，多參胡制。故魏收論之，稱爲違古，是也。周氏因襲，將爲故事，大象承統，咸取用之，輿輦衣冠，甚多迂怪。今皇隋革命，憲章前代，其魏、周輦輅不合制者，已敕有司盡令除廢，然衣冠禮器，尚且兼行。乃有立夏衮衣，以赤爲質，迎秋平冕，用白成形，既越典章，須革其謬。謹案《續漢書·禮儀志》云『立春之日，京都皆著青衣，秋夏悉如其色。逮於魏、晉，迎氣五郊，行禮之人，皆同此制。考尋故事，唯幘從衣色。今請冠及冕，色併用玄，唯應著幘者，任依漢、晉。』制曰：『可。』於是定令，采用東齊之法。

又　卷二四《食貨志》　（開皇）十四年，關中大旱，人飢。上幸洛陽，因令百姓就食。從官併准見口賑給，不以官位爲限。明年，東巡狩，因祠泰山。是時義倉貯在人間，多有費損。十五年二月，詔曰：『本置義倉，止防水旱，百姓之徒，不思久計，輕爾費損，於後乏絶。

又北境諸州，異於餘處，云、夏、長、靈、鹽、蘭、豐、鄯、涼、甘、瓜等州，所有義倉雜種，併納本州。若人有旱儉少糧，先給雜種及遠年粟。』十六年正月，又詔秦、叠、成、康、武、文、芳、宕、旭、洮、岷、渭、紀、河、廓、豳、隴、涇、寧、原、敷、丹、延、綏、銀、扶等州社倉，併於當縣安置。二月，又詔社倉，准上中下三等税，上户不過一石，中户不過七斗，下户不過四斗。其後山東頻年霖雨，杞、宋、陳、亳、曹、戴、譙、潁等諸州，達於滄海，皆困水灾，所在沉溺。十八年，天子遣使，將水工，巡行川源，相視高下，發隨近丁以疏導之。困乏者，開倉賑給，前後用谷五百餘石。遭水之處，租調皆免。自是頻有年矣。

開皇八年五月，高熲奏諸州無課調處，及課州管户數少者，官人禄力，乘前已來，恒出隨近之州。但判官本爲牧人，役力理出所部。請於所管户內，計户徵税。帝從之。先是京官及諸州，併給公廨錢，迴易生利，以給公用。至十四年六月，工部尚書、安平郡公蘇孝慈等，以爲所在官司，因循往昔，以公廨錢物，出舉興生，唯利是求，煩擾百姓，敗損風俗，莫斯之甚。於是奏皆給地以營農，迴易取利，一皆禁止。十七年十一月，詔在京及在外諸司公廨，在市迴易，及諸處興生，併聽之。唯禁出舉收利云。

又　卷二五《刑法志》　高祖既受周禪，開皇元年，乃詔尚書左僕射、勃海公高熲，上柱國、沛公鄭譯，上柱國、清河郡公楊素，大理前少卿、平源縣公常明，刑部侍郎、保城縣公韓濬，比部侍郎李諤，兼考功侍郎柳雄亮等，更定新律，奏上之。【略】定訖，詔頒之曰：『帝王作法，沿革不同，取適於時，故有損益。夫絞以致斃，斬則殊刑，除惡之體，於斯已極。梟首轘身，義無所取，不益懲肅之理，徒表安忍之懷。鞭之爲用，殘剥膚體，徹骨侵肌，酷均臠切。雖云遠古之式，事乖仁者之刑，梟轘及鞭，併令去也。貴礪帶之書，不當徒罰，廣軒冕之廕，旁及諸親。流役六年，改爲五載，刑徒五歲，變從三祀。其餘以輕代重，化死爲生，條目甚多，備於簡策。宜班諸海內，爲時軌範，雜格嚴科，併宜除削。先施法令，欲人無犯之心，國有常刑，誅而不怒之義。措而不用，庶或非遠，萬方百辟，知吾此懷。』自前代相承，有司訊考，皆以法外。或有用大棒束杖，車輻鞋底，壓踝杖桄之屬，楚毒備至，多所誣伏。雖文致於法，而每有枉濫，莫能自理。至是盡除苛慘之法，訊囚不得過二百，枷杖大小，咸爲之程品，行杖者不得易人。帝又以律令初行，人未知禁，故犯法者衆。又下吏承苛政之後，務鍛鍊以致人罪。乃詔申敕四方，敦理辭訟。有枉屈縣不理者，令以次經郡及州，至省仍不理，乃詣闕申訴。有所未愜，聽撾登聞鼓，有司録狀奏之。

帝又每季親録囚徒。常以秋分之前，省閱諸州申奏罪狀。三年，因覽刑部奏，斷獄數猶至萬條。以爲律尚嚴密，故人多陷罪。又敕蘇威、牛弘等，更定新律。除死罪八十一條，流罪一百五十四條，徒杖等千餘條，定留唯五百條。凡十二卷。一曰名例，二曰衛禁，三曰職制，四曰户婚，五曰廐庫，六曰擅興，七曰賊盗，八曰鬭訟，九曰詐僞，十曰雜律，十一曰捕亡，十二曰斷獄。自是刑網簡要，疏而不失。於是置律博士弟子員。斷決大獄，皆先牒明法，定其罪名，然後依斷。五年，侍官慕容天遠，糾都

督田元，冒請義倉，事實而始平縣律生輔恩，舞文陷天遠，遂更反坐。【略】

高祖性猜忌，素不悦學，既任智而獲大位，因以文法自矜，明察臨下。恆令左右覘視内外，有小過失，則加以重罪。又患令史贓汙，因私使人以錢帛遺之，得犯立斬。每於殿廷打人，一日之中，或至數四。嘗怒問事揮楚不甚，卽命斬之。十年，尚書左僕射高熲、治書侍御史柳彧等諫，以爲朝堂非殺人之所，殿庭非決罰之地。帝不納。【略】

是時帝意每尚慘急，而姦回不止，京市白日，公行掣盗，人間强盗，亦往往而有。帝患之，問羣臣斷禁之法。楊素等未及言，帝曰：『朕知之矣。』詔有能糾告者，没賊家産業，以賞糾人。時月之間，内外寧息。其後無賴之徒，候富人子弟出路者，而故遺物於其前，偶拾取則擒以送官，而取其賞。大抵被陷者甚衆。帝知之，乃命盗一錢已上皆棄市。行旅皆晏起早宿，天下懔懔焉。此後又定制，行署取一錢已上，聞見不告言者，坐至死。自此四人共盗一榱桷，三人同竊一瓜，事發卽時行決。有數人劫執事而謂之曰：『吾豈求財者邪？但爲枉人來耳。而爲我奏至尊，自古以來，體國立法，未有盗一錢而死也。而不爲我以聞，吾更來，而屬無類矣。』帝聞之，爲停盗取一錢棄市之法。

又　卷二六《百官志上》　高祖踐極，百度伊始，復廢周官，還依漢魏。唯以中書爲内史，侍中爲納言，自餘庶僚頗有損益。煬帝嗣位，意存稽古，建官分職，率由舊章。

又　卷二八《百官志下》　高祖既受命，改周之六官，其所制名，多依前代之法。置三師、三公及尚書、門下、内史、秘書、内侍等省，御史、都水等台，太常、光禄、衛尉、宗正、太僕、大理、鴻臚、司農、太府、國子、將作等寺，左右衛、左右武衛、左右武候、左右領、左右監門、左右領軍等府，分司統職焉。

又　卷二九《地理志上》　開皇三年，遂廢諸郡，洎於九載廓定江表，尋以户口滋多，析置州縣。

唐·杜佑《通典》卷二《食貨二·田制下》　開皇九年，任墾田千九百四十萬四千二百六十七頃。隋開皇中，户總八百九十萬七千五百三十六。按定墾之數，每户合墾田二頃餘也。開皇十二年，文帝以天下户口歲增，京輔及三河地少而人衆，衣食不給，議者咸欲徙就寬鄉。帝乃發使四出，均天下之田。其狹鄉，每丁才至二十畝，老小又少焉。至大業中，天下墾田五千五百八十五萬四千四十頃。按其時有户八百九十萬七千五百三十六，則每户合得墾田五頃餘，恐本史非實。

又　卷五《食貨五·賦税中》　隋文帝霸府初開，尉遲迥、王謙、司馬消難相次阻兵，興師誅討，賞費鉅萬。及受禪，又遷都，發山東丁，毁造宫室。仍依周制，役丁爲十二番，匠則六番。丁男一牀，租粟三石。桑土調以絹絁，麻土調以布。絹絁以匹，加綿三兩；布以端，加麻三斤。單丁及僕隸各半之。有品爵及孝子、順孫、義夫、節婦，併免課役。

開皇三年，減十二番每歲爲二十日役，減調絹一匹爲二丈。初，蘇威父綽在西魏，以國用不足，爲徵税之法，頗稱爲重。既而歎曰：『今所爲者，正如張弓，非平代法也。後之君子，誰能弛乎！』威聞其言，每以爲己任。至是，威爲納言，奏減賦役，務從輕典，帝悉從之。時百姓承平漸久，雖遭水旱，而户口歲增。諸州調物，每歲河南自潼關，河北自蒲坂，至於京師，相屬於路，晝夜不絶者數月。帝又躬行節儉。九年，親御朱雀門，勞凱旋師，因行慶賞頒給，所費三百餘萬段。帝以江表初定，給復十年，自餘諸州併免當年租賦。十年五月，又以宇内無事，益寬徭賦，百姓年五十者，輸庸停防。十一年，江南反，越國公楊素討平之。師還，賜物甚廣。其餘出師命賞，亦莫不優崇。十二年，有司上言，庫藏皆滿。帝曰：『朕既薄賦於人，又大經賜用，何得爾也？』對曰：『用處常出，納處常入。略計每年賜用至數百萬段，曾無減損。』乃更開左藏之院，搆屋以受之。詔曰：『既富而教，方知廉恥，寧積於人，無藏府庫。河北、河東今年田租，三分減一，兵減半，功調全免。』十四年，關中大旱，人饑，帝幸洛陽，因令百姓就食。從官併准見口賑給，不以官位爲限。

又　卷七《食貨七·歷代盛衰户口》　隋文帝始以外戚，遂受托孤，不踰數年，便享大位，克勤理道，克儉資費。至於六宫之内，常服浣濯之衣，供御故弊，隨令補用，非享燕，所食不過一肉。有司嘗進乾薑，用布袋盛，帝以爲費，大加譴責。後進香藥，復以氊袋盛，因笞所司，以爲後誡。其時宇内稱理，倉庫盈溢。至開皇九年平陳，帝親於朱雀門勞師行賞，自門外列布帛之積，達於南郭，以次頒給，所費三百餘萬段，而不加賦於人。煬帝大業五年，户八百九十萬七千五百三十六，口四千六百一萬九千九百五十六，此隋之極盛也。後周靜帝末授隋禪，有户三百九十九萬九千六百四。至開皇九年平陳，得户五十萬，及是才二十六七年，直增四百八十萬七千九百三十二。承其全實，遂恣荒淫。登極之初，即建洛邑，每月役丁二百萬人。道洛至河及淮，又引沁水達河北，通涿郡，築長城東西千餘里，皆徵百萬餘人。丁男不充，以婦人兼，役而死者大半。及親征吐谷渾，駐軍青海，遇雨雪，士卒死者十二三。又三駕東征遼澤，皆興百餘萬衆，餽運者倍之。又逆徵數年之賦，窮侈極奢，舉天下之人，十分九爲盜賊。身喪國滅，實自取之，蓋資我唐之速有天下也。

又 卷九《食貨九·錢幣下》 隋文帝開皇元年，以天下錢貨輕重不一，乃更鑄新錢，背面肉好，皆有周郭，文曰『五銖』，而重如其文。每錢一千，重四斤二兩。後魏食貨志云『齊文襄令錢一文重五銖者，聽入市用』。計一百錢重一斤四兩二十銖，則一千錢重十二斤以上，而隋代五銖錢一千重四斤二兩，當是大小秤之差耳。是時，錢既雜出，百姓或私有鎔鑄。三年，詔四面諸關，各付百錢爲樣，從關外來。勘樣相似，然後得過。樣不同者，則壞以爲銅，入官。詔行新錢以後，前代舊錢，有五行大布、永通萬國及齊常平，所在勿用。以其貿易不止，四年，詔仍舊不禁者，縣令奪半年禄。然百姓習用既久，猶不能絶。五年，詔又嚴其制。自是錢貨始一，所在流布，百姓便之。是時見用之錢，皆須和以錫鑞，錫鑞既賤，求利者多，私鑄之錢，不可禁約。其年，詔乃禁出錫鑞之處，並不得私有采取。十年，詔晉王廣聽於揚州立五爐鑄錢。其後姦猾稍多，漸磨鑢錢郭，取銅私鑄，又雜以鉛錫，遞相倣傚，錢遂輕薄，乃下惡錢之禁。京師及諸州邸肆之上，皆令立榜，置樣爲準，不中樣者不入於市。十八年，詔漢王諒聽於并州立五鑪鑄錢。又江南人間錢少，晉王廣又請於鄂州白紵山有銅鑛處鑄錢，於是詔聽置十鑪鑄錢。又詔蜀王秀於益州立五鑪鑄錢。是時錢益濫惡，乃令有司檢天下邸肆見錢，非官鑄者皆毁之，其銅入官。而京師以惡錢貿易，爲吏所執，有死者。數年之間，私鑄頗息。

又 卷一〇《食貨十·漕運》 隋文帝開皇三年，以京師倉廩尚虚，議爲水旱之備，詔於蒲、陝、虢、熊、伊、洛、鄭、懷、邵、衛、汴、許、汝等水次十三州，熊州，今福昌縣。伊州，今陸渾縣。邵州今絳郡垣縣。餘並今郡。置募運米丁；又於衛州置黎陽倉，洛州置河陽倉，陝州置常平倉，華州置廣通倉，衛、陝、華並今郡。轉相灌注。漕關東及汾、晉之粟，以給京師。又遣倉部侍郎韋瓚向蒲、陝以東募人能於洛陽運米四十石，經底柱之險，達於常平者，免其徵戍。其後以渭水多沙，流有深淺，漕者苦之。

四年，詔宇文愷率水工鑿渠，引渭水，自大興城即今西京城也。東至潼關，三百餘里，名曰廣通渠。轉運通利，關内賴之。

又 卷一二《食貨十二·輕重》 隋文帝開皇三年，衛州置黎陽倉，洛州置河陽倉，陝州置常平倉，華州置廣通倉，轉相灌注，漕關東及汾、晉之粟，以給京師。京師置常平監。

五年，工部尚書長孫平奏：『古者三年耕而餘一年之積，九年作而有三年之儲，雖水旱爲災，人無菜色，皆由勸道有方，蓄積先備。請令諸州百姓及軍人勸課當社，共立義倉，收穫之日，隨其所得，勸課出粟及麥，於當社造倉窖貯之。即委社司，執帳檢校，每年收積，勿使損敗。若時或不熟，當社有饑饉者，即以此谷振給。』自是諸州儲峙委積。

至十五年，以義倉貯在人閑，多有費損，詔曰：『本置義倉，止防水旱，百姓之徒，不思久計，輕爾費損，於後乏絶。又北境諸州，異於餘處，靈、夏、甘、瓜等十一州，所有義倉雜種，並納本州。若人有旱儉少糧，先給雜種及遠年粟。』

十六年，又詔，秦、渭、河、廓、豳、隴、涇、寧、原、敷、丹、延、綏、銀等州社倉，並於當縣安置。又詔，社倉準上中下三等税，上户不過一石，中户不過七斗，下户不過四斗。

又 卷一六《選舉四·雜議論上》 隋文帝開皇中，持書侍御史李諤以選才失中，上書曰：『自魏之三祖，更尚文詞，忽君人之大道，好雕蟲之小藝。下之從上，有同影響，競騁浮華，遂成風俗。江左齊、梁，其弊彌甚，貴賤賢愚，唯務吟詠。遂復遺理存異，尋虚逐微，競一韻之奇，爭一字之巧。連篇累牘，不出月露之形；積案盈箱，唯是風雲之狀。代俗以此相高，朝廷據茲擢士。禄利之路既開，愛尚之情愈篤。於是閭里童昏，貴游總角，未窺六甲，先制五言。至如羲皇、舜、禹之典，伊、傅、周、孔之説，不復關心，何嘗入耳。以傲誕爲清虚，以緣情爲勳績，指儒素爲古拙，用辭賦爲君子。故文筆日煩，其政日亂，良由棄大聖之軌範，構無用以爲用也。捐本逐末，流遍華壤，遞相師祖，澆瀉愈扇。及大隋受命，聖道聿興，屏黜輕浮，遏止華僞。自非懷經抱質，志道依仁，不得引領搢紳，參厠纓冕。是以開皇四年，普詔天下，公私文翰，併宜實録。其年九月，泗州刺史司馬幼之上表華艷，付所司理罪。由是公卿大臣，咸知正路，莫不鑽仰墳素，棄絶華綺，擇先王之令典，行大道於兹代。如聞在外州縣，仍踵弊風，選吏舉人，未遵典則。至於宗黨稱孝，鄉曲歸仁，學必典謨，交不苟合，則擯落私門，不加收齒；其學不稽古，逐俗隨時，作輕薄之篇章，結朋黨而稱譽，則選充吏職，舉送天朝。蓋由縣令、刺史，未行風教，猶挾私情，不存公道。臣既忝憲司，職當糾察。若聞風即劾，恐掛網者多，請勒諸司，普加搜訪，有如此者，具狀送臺。』

宋·王溥《唐會要》卷八八《鹽鐵》　隋開皇立制，天下之人，節級輸粟，多爲社倉，終文皇一代，得無饑饉。

貞觀之治分部

綜　述

《舊唐書》卷二《太宗紀上》　太宗文武大聖大廣孝皇帝諱世民，高祖第二子也。【略】貞觀元年春正月乙酉，改元。辛丑，燕郡王李藝據涇州反，尋爲左右所斬，傳首京師。庚午，以僕射竇軌爲益州大都督。三月癸巳，皇后親蠶。尚書左僕射、宋國公蕭瑀爲太子少師。丙午，詔：『齊故尚書僕射崔季舒、給事黄門侍郎郭遵、尚書右丞封孝琰等，昔仕鄴中，名位通顯，志存忠讜，抗表極言，無救社稷之亡，遂見龍逢之酷。其季舒子剛、遵子雲、孝琰子君遵，併以門遭時譴，淫刑濫及。宜從褒獎，特異常倫，可免内侍，量才别敍。』

夏四月癸巳，涼州都督、長樂王幼良有罪伏誅。

六月辛巳，尚書右僕射、密國公封德彝薨。壬辰，太子少師宋國公蕭瑀爲尚書左僕射。

是夏，山東諸州大旱，令所在賑恤，無出今年租賦。

秋七月壬子，吏部尚書、齊國公長孫無忌爲尚書右僕射。

八月戊戌，貶侍中、義興郡公高士廉爲安州大都督。户部尚書裴矩卒。是月，關東及河南、隴右沿邊諸州霜害秋稼。

九月辛酉，命中書侍郎温彦博、尚書右丞魏徵等分往諸州賑恤。中書令、郢國公宇文士及爲殿中監。御史大夫、檢校吏部尚書、參預朝政、安吉郡公杜淹署位。

十二月壬午，上謂侍臣曰：『神仙事本虚妄，空有其名。秦始皇非分愛好，遂爲方士所詐，乃遣童男女數千人隨徐福入海求仙藥，方士避秦苛虐，因留不歸。始皇猶海側踟蹰以待之，還至沙丘而死。漢武帝爲求仙，乃將女嫁道術人，事既無驗，便行誅戮。據此二事，神仙不煩妄求也。』尚書左僕射、宋國公蕭瑀坐事免。戊申，利州都督義安王孝常、右武衛將軍劉德裕等謀反，伏誅。

是歲，關中饑，至有鬻男女者。

二年春正月辛丑，尚書右僕射、齊國公長孫無忌爲開府儀同三司。徙封漢王恪爲蜀王，衛王泰爲越王，楚王祐爲燕王。復置六侍郎，副六尚書事，併置左右司郎中各一人。前安州大都督、趙王元景爲雍州牧，蜀王恪爲益州大都督，越王泰爲揚州大都督。

二月丙戌，靺鞨内屬。

三月戊申朔，日有蝕之。丁卯，遣御史大夫杜淹巡關内諸州。出御府金寶，贖男女自賣者還其父母。庚午，大赦天下。

夏四月己卯，詔骸骨暴露者，令所在埋瘞。丙申，契丹内屬。初詔天下州縣併置義倉。夏州賊帥梁師都爲其從父弟洛仁所殺，以城降。

五月，大雨雹。

六月庚寅，皇子治生，宴五品以上，賜帛有差，仍賜天下是日生者粟。辛卯，上謂侍臣曰：『君雖不君，臣不可以不臣。裴虔通，煬帝舊左右也，而親爲亂首。朕方崇獎敬義，豈可猶使宰民訓俗。』詔曰：

天地定位，君臣之義以彰；卑高既陳，人倫之道斯著。是用篤厚風俗，化成天下。雖復時經治亂，主或昏明，疾風勁草，芬芳無絶，剖心焚體，赴蹈如歸。夫豈不愛七尺之軀，重百年之命？諒由君臣義重，名教所先，故能明大節於當時，立清風於身後。至如趙高之殞二世，董卓之鴆弘農，人神所疾，異代同憤。況凡庸小豎，有懷凶悖，遐觀典策，莫不誅夷。辰州刺史、長蛇縣男裴虔通，昔在隋代，委質晉藩，煬帝以舊邸之情，特相愛幸。遂乃志蔑君親，潛圖弒逆，密伺間隙，招結羣醜，長戟流矢，一朝竊發。天下之惡，孰云可忍！宜其夷宗焚首，以彰大戮。但年代異時，累逢赦令，可特免極刑，除名削爵，遷配驩州。

秋七月戊申，詔：『萊州刺史牛方裕、絳州刺史薛世良、廣州都督府長史唐奉義、隋武牙郎將高元禮，併於隋代俱蒙任用，乃協契宇文化及，搆成弒逆。宜依裴虔通，除名配流嶺表。』太宗謂侍臣曰：『天下愚人，好犯憲章，凡赦宥之恩，唯及不軌之輩。古語曰：「小人之幸，君子之不幸。」「一歲再赦，好人喑啞。」凡養稂莠者傷禾稼，惠姦宄者賊良人。昔文王作罰，刑茲無赦。又蜀先主嘗謂諸葛亮曰：「吾周旋陳元方、鄭康成間，每見啓告理亂之道備矣，曾不語赦也。」夫小人者，大人之賊，故朕有天下已來，不甚放赦。今四海安靜，禮義興行，非常之恩，施不可數，將恐愚人常冀僥幸，唯欲犯法，不能改過。』

八月甲戌朔，幸朝堂，親覽冤屈。自是，上以軍國無事，每日視膳於西宮。癸巳，公卿奏曰：『依禮，季夏之月，可以居臺榭。今隆暑未退，秋霖方始，宮中卑濕，請營一閣以居之。』帝曰：『朕有氣病，豈宜下濕。若遂來請，糜費良多。昔漢文帝將起露臺，而惜十家之產。朕德不逮於漢帝，而所費過之，豈謂爲民父母之道也。』竟不許。是月，河南、河北大霜，人饑。

九月丙午，詔曰：『尚齒重舊，先王以之垂範；還章解組，朝臣於是克終。釋菜合樂之儀，來膠西序之制，養老之義，遺文可覩。朕恭膺大寶，憲章故實，乞言尊事，彌切深衷。然情存今古，世踵澆季，而策名就列，或乖大體。至若筋力將盡，桑榆且迫，徒竭夙興之勤，未悟夜行之罪。其有心驚止足，行堪激勵，謝事公門，收骸閭里，能以禮讓，固可嘉焉。內外文武羣官年高致仕、抗表去職者，參朝之日，宜在本品見任之上。』丁未，謂侍臣曰：『婦人幽閉深宮，情實可愍。隋氏末年，求採無已，至於離宮別館，非幸御之所，多聚宮人，皆竭人財力，朕所不取。且灑掃之餘，更何所用？今將出之，任求伉儷，非獨以惜費，亦人得各遂其性。』於是遣尚書左丞戴冑、給事中杜正倫等，於掖庭宮西門簡出之。

冬十月庚辰，御史大夫、安吉郡公杜淹卒。戊子，殺瀛州刺史盧祖尚。

十一月辛酉，有事於圓丘。

十二月壬午，黄門侍郎王珪爲侍中。

三年春正月辛亥，契丹渠帥來朝。戊午，謁太廟。癸亥，親耕籍田。辛未，司空、魏國公裴寂坐事免。

二月戊寅，中書令、邢國公房玄齡爲尚書左僕射，兵部尚書、檢校侍中、蔡國公杜如晦爲尚書右僕射，刑部尚書、檢校中書令、永康縣公李靖爲兵部尚書，右丞魏徵爲守秘書監，參預朝政。

夏四月辛巳，太上皇徙居大安宮。甲子，太宗始於太極殿聽政。

五月，周王元方薨。

六月戊寅，以旱，親録囚徒。遣長孫無忌、房玄齡等祈雨於名山大川，中書舍人杜正倫等往關內諸州慰撫。又令文武官各上封事，極言得失。己卯，大風折木。

秋八月己巳朔，日有蝕之。薛延陀遣使朝貢。

九月癸丑，諸州置醫學。

冬十一月丙午，西突厥、高昌遣使朝貢。庚申，以并州都督李世勣爲通漢道行軍總管，兵部尚書李靖爲定襄道行軍總管，以擊突厥。

十二月戊辰，突利可汗來奔。癸未，杜如晦以疾辭位，許之。癸丑，詔建義以來交兵之處，爲義士勇夫殞身戎陣者各立一寺，命虞世南、李伯藥、褚亮、顔師古、岑文本、許敬宗、朱子奢等爲之碑銘，以紀功業。

是歲，户部奏言：中國人自塞外來歸及突厥前後內附、開四夷爲州縣者，男女一百二十餘萬口。

又 卷三《太宗紀下》（貞觀）四年春正月乙亥，定襄道行軍總管李靖大破突厥，獲隋皇后蕭氏及煬帝之孫正道，送至京師。癸巳，武德殿北院火。

二月己亥，幸温湯。甲辰，李靖又破突厥於陰山，頡利可汗輕騎遠遁。丙午，至自温湯。甲寅，大赦，賜酺五日。民部尚書戴冑以本官檢校吏部尚書，參預朝政。太常卿蕭瑀爲御史大夫，與宰臣參議朝政。御史大夫、西河郡公温彦博爲中書令。

三月庚辰，大同道行軍副總管張寶相生擒頡利可汗，獻於京師。甲申，尚書右僕射、蔡國公杜如晦薨。甲午，以俘頡利告於太廟。

夏四月丁酉，御順天門，軍吏執頡利以獻捷。自是西北諸蕃咸請上尊號爲「天可汗」，於是降璽書册命其君長，則兼稱之。

秋七月甲子朔，日有蝕之。上謂房玄齡、蕭瑀曰：「隋文何等主？」對曰：「克己復禮，勤勞思政，每一坐朝，或至日昃。五品已上，引之論事。宿衛之人，傳餐而食。雖非性體仁明，亦勵精之主也。」上曰：「公得其一，未知其二。此人性至察而心不明。夫心暗則照有不通，至察則多疑於物。自以欺孤寡得之，謂羣下不可信任，事皆自決，雖勞神苦形，未能盡合於理。朝臣既知上意，亦復不敢直言，宰相已下，承受而已。朕意不然。以天下之廣，豈可獨斷一人之慮？朕方選天下之才，爲天下之務，委任責成，各盡其用，庶幾於理也。」因令有司：「詔敕不便於時，即宜執奏，不得順旨施行。」

八月丙午，詔三品已上服紫，五品已上服緋，六品七品以緑，八品九品以青；婦人從夫色。甲寅，兵部尚書、代國公李靖爲尚書左僕射。

九月庚午，令收瘞長城之南骸骨，仍令致祭。壬午，令自古明王聖帝、賢臣烈士墳墓無得芻牧，春秋致祭。

冬十月壬辰，幸隴州，曲赦隴、岐二州，給復一年。辛丑，校獵於貴泉谷。甲辰，校獵於魚龍川，自射鹿，獻於大安宫。

十一月甲子，至自隴州。戊寅，制決罪人不得鞭背，以明堂孔穴針灸之所。兵部尚書侯君集參議朝政。

十二月辛亥，開府儀同三司、淮安王神通薨。甲寅，高昌王麴文泰來朝。

是歲，斷死刑二十九人，幾致刑措。東至於海，南至於嶺，皆外户不閉，行旅不賫糧焉。

五年春正月癸酉，大蒐於昆明池，蕃夷君長咸從。丙子，親獻禽於大安宫。己卯，幸左藏庫，賜三品已上帛，任其輕重。癸未，朝集使請封禪。

二月己酉，封皇弟元裕爲鄶王，元名爲譙王，靈夔爲魏王，元祥爲許王，元曉爲密王。庚戌，封皇子愔爲梁王，貞爲漢王，惲爲郯王，治爲晉王，慎爲申王，囂爲江王，簡爲代王。

夏四月壬辰，代王簡薨。以金帛購中國人因隋亂没突厥者男女八萬人，盡還其家屬。

六月甲寅，太子少師、新昌縣公李綱薨。

秋八月甲辰，遣使毁高麗所立京觀，收隋人骸骨，祭而葬之。戊申，初令天下決死刑必三覆奏，在京諸司五覆奏，其日尚食進蔬食，內教坊及太常不舉樂。

九月乙丑，賜羣官大射於武德殿。

冬十月，右衛大將軍、順州都督、北平郡王阿史那什鉢苾卒。

十二月壬寅，幸温湯。癸卯，獵於驪山。丙午，賜新豐高年帛有差。戊申，至自温湯。

六年春正月乙卯朔，日有蝕之。

二月丙戌，置三師官員。戊子，初置律學。

三月戊辰，幸九成宫。

六月己亥，鄷王元亨薨。辛亥，江王囂薨。

冬十月乙卯，至自九成宫。

十二月辛未，親録囚徒，歸死罪者二百九十人於家，令明年秋末就刑。其後應期畢至，詔悉原之。

是歲，党項羌前後內屬者三十萬口。

七年春正月戊子，詔曰：「宇文化及弟智及、司馬德戡、裴虔通、孟景、元禮、楊覽、唐奉義、牛方裕、元敏、薛良、馬舉、元武達、李孝本、李孝質、張愷、許弘仁、令狐行達、席德方、李覆等，大業季年，咸居列職，或恩結一代，任重一時；乃包藏凶慝，罔思忠義，爰在江都，遂行弑逆，罪百閻、趙，釁深梟獍。雖事是前代，歲月已久，而天下之惡，古今同棄，宜置重典，以勵臣節。其子孫併宜禁錮，勿令齒敘。」是日，上制《破陣樂舞圖》。辛丑，賜京城酺三日。丁卯，雨土。乙酉，薛延陀遣使來朝。庚寅，秘書監、檢校侍中魏徵爲侍中。癸巳，直太史、將仕郎李淳風鑄渾天黄道儀，奏之，置於凝暉閣。

夏五月癸未，幸九成宮。

八月，山東、河南三十州大水，遣使賑恤。

冬十月庚申，至自九成宮。

十一月丁丑，頒新定《五經》。壬辰，開府儀同三司、齊國公長孫無忌爲司空。

十二月丙辰，狩於少陵原，詔以少牢祭杜如晦、杜淹、李綱之墓。

八年正月癸未，右衛大將軍阿史那吐苾卒。辛丑，右屯衛大將軍張士貴討東、西五洞反獠，平之。壬寅，命尚書右僕射李靖、特進蕭瑀楊恭仁、禮部尚書王珪、御史大夫韋挺、鄜州大都督府長史皇甫無逸、揚州大都督府長史李襲譽、幽州大都督府長史張亮、涼州大都督李大亮、右領軍大將軍竇誕、太子左庶子杜正倫、綿州刺史劉德威、黄門侍郎趙弘智使於四方，觀省風俗。

二月乙巳，皇太子加元服。丙午，賜天下酺三日。

三月庚辰，幸九成宮。

五月辛未朔，日有蝕之。丁丑，上初服翼善冠，貴臣服進德冠。

七月，始以雲麾將軍階爲從三品。隴右山崩，大蛇屢見。山東、河南、淮南大水，遣使賑恤。

八月甲子，有星孛於虚、危，歷於氐，十一月上旬乃滅。

九月丁丑，皇太子來朝。

冬十月，右驍衛大將軍、褒國公段志玄擊吐渾，破之，追奔八百餘里。甲子，至自九成宮。

十一月辛未，右僕射、代國公李靖以疾辭官，授特進。丁亥，吐谷渾寇涼州。己丑，吐谷渾拘我行人趙道楷。

十二月辛丑，命特進李靖、兵部尚書侯君集、刑部尚書任城王道宗、涼州都督李大亮等爲大總管，各帥師分道以討吐谷渾。壬子，越王泰爲雍州牧。乙卯，帝從太上皇閲武於城西。

是歲，龜茲、吐蕃、高昌、女國、石國遣使朝貢。

九年春三月，洮州羌叛，殺刺史孔長秀。壬午，大赦。每鄉置長一人，佐二人。乙酉，鹽澤道總管高甑生大破叛羌之衆。庚寅，敕天下户立三等，未盡升降，置爲九等。

夏四月壬寅，康國獻獅子。

閏月丁卯，日有蝕之。癸巳，大總管李靖、侯君集、李大亮、任城王道宗破吐谷渾於牛心堆。

五月乙未，又破之於烏海，追奔至柏海。副總管薛萬均、薛萬徹又破之於赤水源，獲其名王二十人。庚子，太上皇崩於大安宮。壬子，李靖平吐谷渾於西海之上，獲其王慕容伏允。以其子慕容順光降，封爲西平郡王，復其本國。

秋七月甲寅，增修太廟爲六室。

冬十月庚寅，葬高祖太武皇帝於獻陵。戊申，祔于太廟。辛丑，左僕射、魏國公房玄齡加開府儀同三司，餘如故。

十二月甲戌，吐谷渾西平郡王慕容順光爲其下所弑，遣兵部尚書侯君集率師安撫之，仍封順光子諸曷鉢爲河源郡王，使統其衆。右光禄大夫、宋國公蕭瑀依舊特進，復令參預朝政。

十年春正月壬子，尚書左僕射房玄齡、侍中魏徵上梁、陳、齊、周、隋五代史，詔藏於秘閣。癸丑，徙封趙王元景爲荆王，魯王元昌爲漢王，鄭王元禮爲徐王，徐王元嘉爲韓王，荆王元則爲彭王，滕王元懿爲鄭王，吴王元軌爲霍王，豳王元鳳爲虢王，陳王元慶爲道王，魏王靈夔爲燕王，蜀王恪爲吴王，越王泰爲魏王，燕王祐爲齊王，梁王愔爲蜀王，郯王惲爲蔣王，漢王貞爲越王，申王慎爲紀王。

夏六月，以侍中魏徵爲特進，仍知門下省事。壬申，中書令温彦博爲尚書右僕射。甲戌，太常卿、安德郡公楊師道爲侍中。己卯，皇后長孫氏崩於立政殿。

冬十一月庚寅，葬文德皇后於昭陵。

十二月壬申，吐谷渾河源郡王慕容諸曷鉢來朝。乙亥，親録京師囚徒。

是歲，關内、河東疾病，命醫賫藥療之。

十一年春正月丁亥朔，徙鄶王元裕爲鄧王，譙王元名爲舒王。癸巳，加魏王泰爲雍州牧、左武候大將軍。庚子，頒新律令於天下。作飛山宮。甲寅，房玄齡等進所修《五禮》。詔所司行用之。

二月丁巳，詔曰：

夫生者天地之大德，壽者修短之一期。生有七尺之形，壽以百齡爲限，含靈稟氣，莫不同焉，皆得之於自然，不可以分外企也。是以《禮記》云：『君卽位而爲椑』。莊周云：『勞我以形，息我以死。』豈非聖人遠鑑，通賢深識？末代已來，明辟蓋寡，靡不矜黄屋之尊，慮白駒之過，併多拘忌，有慕遐年。謂雲車易乘，羲輪可駐，異軌同趣，其蔽甚矣。

有隋之季，海内横流，豺狼肆暴，吞噬黔首。朕投袂發憤，情深拯溺，扶翼義師，濟斯塗炭。賴蒼昊降鑑，股肱宣力，提劍指麾，天下大定。此朕之宿志，於斯已畢。猶恐身後之日，子子孫孫，習於流俗，猶循常禮，加四重之櫬，伐百祀之木，勞擾百姓，崇厚園陵。今預爲此制，務從儉約，於九嵕之山，足容棺而已。積以歲月，漸而備之。木馬塗車，土桴葦籥，事合古典，不爲時用。

又佐命功臣，或義深舟楫，或謀定帷幄，或身摧行陣，同濟艱危，克成鴻業，追念在昔，何日忘之！使逝者無知，咸歸寂寞；若營魂有識，還如疇曩，居止相望，不亦善乎！漢氏使將相陪陵，又給以東園秘器，篤終之義，恩意深厚，古人豈異我哉！自今已後，功臣密戚及德業佐時者，如有薨亡，宜賜塋地一所，及以秘器，使窀穸之時，喪事無闕。所司依此營備，稱朕意焉。

甲子，幸洛陽宮，命祭漢文帝。

三月丙戌朔，日有蝕之。丁亥，車駕至洛陽。丙申，改洛州爲洛陽宮。辛亥，大蒐於廣城澤。癸丑，還宮。

夏四月甲子，震乾元殿前槐樹。丙寅，詔河北、淮南舉孝悌淳篤，兼閑時務；儒術該通，可爲師範；文辭秀美，才堪著述；明識政體，可委字人：并志行修立，爲鄉閭所推者，給傳詣洛陽宮。

六月甲寅，尚書右僕射、虞國公温彦博薨。丁巳，幸明德宮。己未，定制諸王爲世封刺史。戊辰，定制勳臣爲世封刺史。改封任城王道宗爲江夏郡王，趙郡王孝恭爲河間郡王。己巳，改封許王元祥爲江王。

秋七月癸未，大霪雨。谷水溢入洛陽宮，深四尺，壞左掖門，毀宮寺十九所；洛水溢，漂六百家。庚寅，詔以災命百官上封事，極言得失。丁酉，車駕還宮。壬寅，廢明德宮及飛山宮之玄圃院，分給遭水之家，仍賜帛有差。丙午，修老君廟於亳州，宣尼廟於兗州，各給二十户享祀焉。涼武昭王復近墓二十户充守衛，仍禁芻牧樵採。

九月丁亥，河溢，壞陜州河北縣，毀河陽中潭。幸白司馬坂以觀之，賜遭水之家粟帛有差。

冬十一月辛卯，幸懷州。乙未，狩於濟源。丙午，車駕還宮。

十二月辛酉，百濟王遣其太子隆來朝。

十二年春正月乙未，吏部尚書高士廉等上《氏族志》一百三十卷。壬寅，松、叢二州地震，壞人廬舍，有壓死者。

二月乙卯，車駕還京。癸亥，觀砥柱，勒銘以紀功德。甲子，夜郎獠反，夔州都督齊善行討平之。乙丑，次陜州，自新橋幸河北縣，祀夏禹廟。丁卯，次柳谷頓，觀鹽池。戊寅，以隋鷹揚郎將堯君素忠於本朝，贈蒲州刺史，仍録其子孫。

閏二月庚辰朔，日有蝕之。丙戌，至自洛陽宮。

夏五月壬申，銀青光禄大夫、永興縣公虞世南卒。

六月庚子，初置玄武門左右飛騎。

秋七月癸酉，吏部尚書、申國公高士廉爲尚書右僕射。

冬十月己卯，狩於始平，賜高年粟帛有差。乙未，至自始平。己亥，百濟遣使貢金甲雕斧。

十二月辛巳，右武候將軍上官懷仁大破山獠於壁州。

十三年春正月乙巳朔，謁獻陵。曲赦三原縣及行從大辟罪。丁未，至自獻陵。戊午，加房玄齡爲太子少師。

二月丙子，停世襲刺史。

三月乙丑，有星孛于畢、昴。

夏四月戊寅，幸九成宮。甲申，阿史那結社爾犯御營，伏誅。壬寅，雲陽石燃者方丈，晝如灰，夜則有光，投草木於上則焚，歷年而止。

自去冬不雨至于五月。甲寅，避正殿，令五品以上上封事，減膳罷役，分使賑恤，申理冤屈，乃雨。

六月丙申，封皇弟元嬰爲滕王。

秋八月辛未朔，日有蝕之。庚辰，立右武侯大將軍、化州都督、懷化郡王李思摩爲突厥可汗，率所部建牙於河北。

冬十月甲申，至自九成宮。

十一月辛亥，侍中、安德郡公楊師道爲中書令。

十二月丁丑，吏部尚書、陳國公侯君集爲交河道行軍大總管，帥師伐高昌。乙亥，封皇子福爲趙王。壬午，巂州都督王志遠有罪伏誅。詔於洛、相、幽、徐、齊、并、秦、蒲等州併置常平倉。己丑，吐谷渾河源郡王慕容諾曷鉢來逆女。壬辰，狩于咸陽。

是歲，滁州言：「野蠶食槲葉，成繭大如柰，其色緑，凡六千五百七十石。」高麗、新羅、西突厥、吐火羅、康國、安國、波斯、疏勒、于闐、焉耆、高昌、林邑、昆明及荒服蠻酋，相次遣使朝貢。

十四年春正月庚子，初命有司讀時令。甲寅，幸魏王泰宅。赦雍州及長安獄大辟罪已下。

二月丁丑，幸國子學，親釋奠，赦大理、萬年繫囚，國子祭酒以下及學生高第精勤者加一級，賜帛有差。庚辰，左驍衛將軍、淮陽王道明送弘化公主歸於吐谷渾。壬午，幸温湯。辛卯，至自温湯。乙未，詔以梁皇侃、褚仲都，周熊安生、沈重，陳沈文阿、周弘正、張機，隋何妥、劉焯、劉炫等前代名儒，學徒多行其義，命求其後。

三月戊午，置寧朔大使，以護突厥。

夏五月壬戌，徙封燕王靈夔爲魯王。

六月乙酉，大風拔木。己丑，薛延陁遣使求婚。乙未，滁州野蠶成繭，凡收八千三百石。

八月庚午，新作襄城宮。癸巳，交河道行軍大總管侯君集平高昌，以其地置西州。

九月癸卯，曲赦西州大辟罪。乙卯，於西州置安西都護府。

冬十月己卯，詔以贈司空、河間元王孝恭，贈陝東道大行臺尚書右僕射、鄖節公殷開山，贈民部尚書、渝襄公劉政會等配饗高祖廟庭。

閏月乙未，幸同州。甲辰，狩於堯山。庚戌，至自同州。丙辰，吐蕃遣使獻黄金器千斤以求婚。

十一月甲子朔，日南至。有事於圓丘。

十二月丁酉，交河道旋師。吏部尚書、陳國公侯君集執高昌王麴智盛，獻捷於觀德殿，行飲至之禮，賜酺三日。乙卯，高麗世子相權來朝。

十五年春正月丁卯，吐蕃遣其國相禄東贊來逆女。丁丑，禮部尚書、江夏王道宗送文成公主歸吐蕃。辛巳，幸洛陽宮。

三月戊申，幸襄城宮。庚午，發襄城宮。

夏四月辛卯，詔以來年二月有事泰山，所司詳定儀制。

五月壬申，并州僧道及老人等抗表，以太原王業所因，明年登封已後，願時臨幸。上於武成殿賜宴，因從容謂侍臣曰：「朕少在太原，喜羣聚博戲，暑往寒逝，將三十年矣。」時會中有舊識上者，相與道舊以爲笑樂。因謂之曰：「他人之言，或有面諛。公等朕之故人，實以告朕，即日政教，於百姓何如？人間得無疾苦耶？」皆奏：「即日四海太平，百姓歡樂，陛下力也。臣等餘年，日惜一日，但眷戀聖化，不知疾苦。」因固請過并州。上謂曰：「飛鳥過故鄉，猶躑躅徘徊；況朕於太原起義，遂定天下，復少小游觀，誠所不忘。岱禮若畢，或冀與公等相見。」於是賜物各有差。丙子，百濟王扶餘璋卒。詔立其世子扶餘義慈嗣其父位，仍封爲帶方郡王。

六月戊申，詔天下諸州，舉學綜古今及孝悌淳篤、文章秀異者，併以來年二月總集泰山。己酉，有星孛于太微，犯郎位。丙辰，停封泰山，避正殿以思咎，命尚食減膳。

秋七月甲戌，孛星滅。

冬十月辛卯，大閲於伊闕。壬辰，幸嵩陽。辛丑，還宮。

十一月壬戌，廢鄉長。壬申，還京師。癸酉，薛延陀以同羅、僕骨、回紇、靺鞨、之衆度漠，屯於白道川。命營州都督張儉統所部兵壓其東境；兵部尚書李勣爲朔方行軍總管，右衛大將軍李大亮爲靈州道行軍總管，涼州都督李襲譽爲涼州道行軍總管，分道以禦之。

十二月戊子朔，至自洛陽宮。甲辰，李勣及薛延陀戰於諸眞水，大破之，斬首三千餘級，獲馬萬五千匹，薛延陀跳身而遁。勣旋破突厥思結於五台縣，虜其男女千餘口，獲羊馬稱是。

十六年春正月辛未，詔在京及諸州死罪囚徒，配西州爲户；流人未達前所者，徙防西州。兼中書侍郎、江陵子岑文本爲中書侍郎，專知機密。

夏六月辛卯，詔復隱王建成曰隱太子，改封海陵剌王元吉曰巢剌王。

秋七月戊午，司空、趙國公無忌爲司徒，尚書左僕射、梁國公玄齡爲司空。

九月丁巳，特進、鄭國公魏徵爲太子太師，知門下省事如故。

冬十一月丙辰，狩于岐山。辛酉，使祭隋文帝陵。丁卯，宴武功士女於慶善宮南門。酒酣，上與父老等涕泣論舊事，老人等遞起爲舞，爭上萬歲壽，上各盡一杯。庚午，至自岐州。

十二月癸卯，幸温湯。甲辰，狩于驪山，時陰寒晦冥，圍兵斷絶。上乘高望見之，欲捨其罰，恐虧軍令，乃回轡入谷以避之。

是歲，高麗大臣蓋蘇文弑其君高武，而立武兄子藏爲王。

十七年春正月戊辰，右衛將軍、代州都督劉蘭謀反，腰斬。太子太師、鄭國公魏徵薨。戊申，詔圖畫司徒、趙國公無忌等勳臣二十四人於凌煙閣。

三月丙辰，齊州都督齊王祐殺長史權萬紀、典軍韋文振，據齊州自守，詔兵部尚書李勣、刑部尚書劉德威發兵討之。兵未至，兵曹杜行敏執之而降，遂賜死于内侍省。丁巳，熒惑守心前星，十九日而退。

夏四月庚辰朔，皇太子有罪，廢爲庶人。漢王元昌、吏部尚書侯君集并坐與連謀，伏誅。丙戌，立晉王治爲皇太子，大赦，賜酺三日。丁亥，中書令楊師道爲吏部尚書。己丑，加司徒、趙國公長孫無忌太子太師，司空、梁國公房玄齡太子太傅；特進、宋國公蕭瑀太子太保，兵部尚書、英國公李勣爲太子詹事，仍同中書門下三品。庚寅，上親謁太廟，以謝承乾之過。癸巳，魏王泰以罪降爵爲東萊郡王。

五月乙丑，手詔舉孝廉茂才異能之士。

六月己卯朔，日有蝕之。壬午，改葬隋恭帝。丁酉，尚書右僕射高士廉請致仕，詔以爲開府儀同三司、同中書門下三品。

閏月戊午，薛延陀遣其兄子突利設獻馬五萬匹、牛駝一萬、羊十萬以請婚，許之。丙子，徙封東萊郡王泰爲順陽王。

秋七月庚辰，京城訛言云：『上遣棖棖取人心肝，以祠天狗。』遞相驚悚。上遣使遍加宣諭，月餘乃止。丁酉，司空、太子太傅、梁國公房玄齡以母憂罷職。

八月，工部尚書、鄖國公張亮爲刑部尚書，參預朝政。

九月癸未，徙庶人承乾於黔州。

冬十月丁巳，房玄齡起復本職。

十一月己卯，有事於南郊。壬午，賜天下酺三日。以涼州獲瑞石，曲赦涼州，併録京城及諸州繫囚，多所原宥。

十八年春正月壬寅，幸温湯。

夏四月辛亥，幸九成宮。

秋八月甲子，至自九成宮。丁卯，散騎常侍清苑男劉洎爲侍中，中書侍郎江陵子岑文本、中書侍郎馬周併爲中書令。

九月，黄門侍郎褚遂良參預朝政。

冬十月辛丑朔，日有蝕之。甲辰，初置太子司議郎官員。甲寅，幸洛陽宮。安西都護郭孝恪帥師滅焉耆，執其王突騎支送行在所。

十一月壬寅，車駕至洛陽宮。庚子，命太子詹事、英國公李勣爲遼東道行軍總管，出柳城，禮部尚書、江夏郡王道宗副之；刑部尚書、鄖國公張亮爲平壤道行軍總管，以舟師出萊州，左領軍常何、瀘州都督左難當副之。發天下甲士，召募十萬，併趣平壤，以伐高麗。

十二月辛丑，庶人承乾死。

十九年春二月庚戌，上親統六軍發洛陽。乙卯，詔皇太子留定州監國；開府儀同三司、申國公高士廉攝太子太傅，與侍中劉洎、中書令馬周、太子少詹事張行成、太子右庶子高季輔五人同掌機務；以吏部尚書、安德郡公楊師道爲中書令。贈殷比干爲太師，謚曰忠烈，命所司封墓，葺祠堂，春秋祠以少牢，上自爲文以祭之。

三月壬辰，上發定州，以司徒、太子太師兼檢校侍中、趙國公長孫無忌，中書令岑文本、楊師道從。

夏四月癸卯，誓師於幽州城南，因大饗六軍以遣之。丁未，中書令岑文本卒於師。癸亥，遼東道行軍大總管、英國公李勣攻蓋牟城，破之。

五月丁丑，車駕渡遼。甲申，上親率鐵騎與李勣會圍遼東城，因烈風發火弩，斯須城上屋及樓皆盡，麾戰士令登，乃拔之。

六月丙辰，師至安市城。丁巳，高麗別將高延壽、高惠眞帥兵十五萬來援安市，以拒王師。李勣率兵奮擊，上自高峰引軍臨之，高麗大潰，殺獲不可勝紀。延壽等以其衆降，因名所幸山爲駐蹕山，刻石紀功焉。賜天下大酺二日。

秋七月，李勣進軍攻安市城，至九月不克，乃班師。

冬十月丙辰，入臨渝關，皇太子自定州迎謁。戊午，次漢武台，刻石以紀功德。

十一月辛未，幸幽州。癸酉，大饗，還師。

十二月戊申，幸并州。侍中、清苑男劉洎以罪賜死。

是歲，薛延陀眞珠毗伽可汗死。

二十年春正月，上在并州。丁丑，遣大理卿孫伏伽、黄門侍郎褚遂良等二十二人，以六條巡察四方，黜陟官吏。庚辰，曲赦并州，宴從官及起義元從，賜粟帛、給復有差。

三月己巳，車駕至京師。己丑，刑部尚書、鄭國公張亮謀反，誅。

閏月癸巳朔，日有蝕之。

夏四月甲子，太子太師、趙國公長孫無忌，太子太傅、梁國公房玄齡，太子太保、宋國公蕭瑀各辭調護之職，詔許之。

六月，遣兵部尚書、固安公崔敦禮，特進、英國公李勣擊破薛延陀於鬱督軍山北，前後斬首五千餘級，虜男女三萬餘人。

秋八月甲子，封皇孫忠爲陳王。己巳，幸靈州。庚午，次涇陽頓。鐵勒回紇、拔野古、同羅、僕骨、多濫葛、思結、阿跌、契苾、跌結、渾、斛薛等十一姓各遣使朝貢，奏稱：『延陀可汗不事大國，部落烏散，不知所之。奴等各有分地，不能逐延陀去，歸命天子，乞置漢官。』詔遣會靈州。

九月甲辰，鐵勒諸部落俟斤、頡利發等遣使相繼而至靈州者數千人，來貢方物，因請置吏，咸請至尊爲可汗。於是北荒悉平，爲五言詩勒石以序其事。辛亥，靈州地震有聲。冬十月，前太子太保、宋國公蕭瑀貶商州刺史。丙戌，至自靈州。

二十一年春正月壬辰，開府儀同三司、申國公高士廉薨。丁酉，詔以來年二月有事泰山。甲寅，賜京師酺三日。

二月壬申，詔以左丘明、卜子夏、公羊高、谷梁赤、伏勝、高堂生、戴聖、毛萇、孔安國、劉向、鄭衆、杜子春、馬融、盧植、鄭康成、服子慎、何休、王肅、王輔嗣、杜元凱、范寧等二十一人，代用其書，垂於國冑，自今有事於太學，併命配享宣尼廟堂。丁丑，皇太子於國學釋菜。

夏四月乙丑，營太和宮於終南之上，改爲翠微宮。

五月戊子，幸翠微宮。

六月癸亥，司徒、趙國公無忌加授揚州都督。

秋七月庚子，建玉華宮於宜君縣之鳳凰谷。庚戌，至自翠微宮。

八月壬戌，詔以河北大水，停封禪。辛未，骨利干國遣使貢名馬。丁酉，封皇子明爲曹王。

冬十一月癸卯，徙封順陽王泰爲濮王。

十二月戊寅，左驍衛大將軍阿史那社爾、右驍衛大將軍契苾何力、安西都護郭孝恪、司農卿楊弘禮爲崑山道行軍大總管，以伐龜茲。

是歲，墮婆登、乙利、鼻林送、都播、羊同、石、波斯、康國、吐火羅、阿悉吉等遠夷十九國，併遣使朝貢。又於突厥之北至於回紇部落，置驛六十六所，以通北荒焉。

二十二年春正月庚寅，中書令馬周卒。司徒、趙國公無忌兼檢校中書令，知尚書門下二省事。己亥，刑部侍郎崔仁師爲中書侍郎，參知機務。戊戌，幸温湯。戊申，還宮。

二月，前黄門侍郎褚遂良起復黄門侍郎。中書侍郎崔仁師除名，配流連州。癸丑，西番沙鉢羅葉護率衆歸附，以其俟斤屈裴禄爲忠武將軍，兼大俟斤。戊午，以結骨部置堅昆都督。乙亥，幸玉華宮，乙卯，賜所經高年篤疾粟帛有差。己卯，蒐於華原。

四月甲寅，磧外蕃人爭牧馬出界，上親臨斷決，然後咸服。丁巳，右武候將軍梁建方擊松外蠻，下其部落七十二所。

五月庚子，右衛率長史王玄策擊帝那伏帝國，大破之，獲其王阿羅那順及王妃、子等，虜男女萬二千人、牛馬二萬餘以詣闕。使方士那羅邇娑婆於金飆門造延年之藥。吐蕃贊普擊破中天竺國，遣使獻捷。

六月癸酉，特進、宋國公蕭瑀薨。

秋七月癸卯，司空、梁國公房玄齡薨。

八月己酉朔，日有蝕之。

九月己亥，黄門侍郎褚遂良爲中書令。

十月癸亥，至自玉華宮。

十一月戊戌，眉、邛、雅三州獠反，右衛將軍梁建方討平之。庚子，契丹帥窟哥、奚帥可度者併率其部内屬。以契丹部爲松漠都督，以奚部置饒樂都督。

十二月乙卯，增置殿中侍御史、監察御史各二員，大理寺置平事十員。

閏月丁丑朔，崑山道總管阿史那社爾降處密、處月，破龜茲大撥等五十城，虜數萬口，執龜茲王訶黎布失畢以歸，龜茲平，西域震駭。副將薛萬徹脅於闐王伏闍信入朝。癸未，新羅王遣其相伊贊千金春秋及其子文王來朝。

是歲，新羅女王金善德死，遣册立其妹眞德爲新羅王。

二十三年春正月辛亥，俘龜茲王訶黎布失畢及其相那利等，獻於社廟。

二月丙戌，置瑤池都督府，隸安西都護府。丁亥，西突厥肆葉護可汗遣使來朝。

三月丙辰，置豐州都督府。自去冬不雨，至於此月己未乃雨。辛酉，大赦。丁卯，敕皇太子於金液門聽政。是月，日赤無光。

四月己亥，幸翠微宫。

五月戊午，太子詹事、英國公李勣爲疊州都督。辛酉，開府儀同三司、衛國公李靖薨。己巳，上崩於含風殿，年五十二。遺詔皇太子即位於柩前，喪紀宜用漢制。秘不發喪。庚午，遣舊將統飛騎勁兵從皇太子先還京，發六府甲士四千人，分列於道及安化門，翼從乃入；大行御馬輿，從官侍御如常。壬申，發喪。

六月甲戌朔，殯於太極殿。

八月丙子，百僚上謚曰文皇帝，廟號太宗。庚寅，葬昭陵。上元元年八月，改上尊號曰文武聖皇帝。天寶十三載二月，改上尊號爲文武大聖大廣孝皇帝。

又　卷五一《后妃傳·太宗長孫皇后》　太宗文德順聖皇后長孫氏，長安人，隋右驍衛將軍晟之女也。晟妻，隋揚州刺史高敬德女，生后。少好讀書，造次必循禮則。年十三，嬪於太宗。隋大業中，常歸寧於永興里，后舅高士廉媵張氏，於后所宿舍外見大馬，高二丈，鞍勒皆具，以告士廉。命筮之，遇《坤》之《泰》，筮者曰：『至哉坤元，萬物資生，乃順承天。坤厚載物，德合無疆。牝馬地類，行地無疆。變而之《泰》，内陽而外陰，内健而外順，是天地交而萬物通也。《象》曰：「后以輔相天地之宜而左右人也」。龍，《乾》之象也。馬，《坤》之象也。變而爲《泰》，天地交也。繇協於《歸妹》，婦人之兆也。女處尊位，履中居順也。此女貴不可言。』

武德元年，册爲秦王妃。時太宗功業既高，隱太子猜忌滋甚。后孝事高祖，恭順妃嬪，盡力彌縫，以存内助。及難作，太宗在玄武門，方引將士入宫授甲，后親慰勉之，左右莫不感激。九年，册拜皇太子妃。

太宗即位，立爲皇后，贈后父晟司空、齊獻公。后性尤儉約，凡所服御，取給而已。太宗彌加禮待，常與后論及賞罰之事，對曰：『「牝鷄之晨，惟家之索。」妾以婦人，豈敢豫聞政事。』太宗固與之言，竟不之答。時后兄無忌夙與太宗爲布衣之交，又以佐命元勳，委以腹心，出入卧内，將任之朝政。后固言不可，每乘間奏曰：『妾既託身紫宫，尊貴已極，實不願兄弟子侄布列朝廷。漢之吕、霍，可爲切骨之戒，特願聖朝勿以妾兄爲宰執。』太宗不聽，竟用無忌爲左武候大將軍、吏部尚書、右僕射。后又密遣無忌苦求遜職，太宗不獲已而許焉，改授開府儀同三司，后意乃懌。有異母兄安業，好酒無賴。獻公之薨也，后及無忌併幼，安業斥還舅氏，后殊不以介意，每請太宗厚加恩禮，位至監門將軍。及預劉德裕逆謀，太宗將殺之，后叩頭流涕爲請命曰：『安業之罪，萬死無赦。然不慈於妾，天下知之，今置以極刑，人必謂妾恃寵以復其兄，無乃爲聖朝累乎！』遂得減死。

后所生長樂公主，太宗特所鍾愛，及將出降，敕所司資送倍於長公主。魏徵諫曰：『昔漢明帝時，將封皇子，帝曰：「朕子安得同於先帝子乎！」然謂長主者，良以尊於公主也，情雖有差，義無等別。若令公主之禮有過長主，理恐不可，願陛下思之。』太宗以其言退而告后，后歎曰：『嘗聞陛下重魏徵，殊未知其故。今聞其諫，實乃能以義制主之情，可謂正直社稷之臣矣。妾與陛下結髮爲夫婦，曲蒙禮待，情義深重，每言必候顔色，尚不敢輕犯威嚴，況在臣下，情疏禮隔，故韓非爲之説難，東方稱其不易，良有以也。忠言逆於耳而利於行，有國有家者急務，納之則俗寧，杜之則政亂，誠願陛下詳之，則天下幸甚。』后因請遣中使賫帛五百匹，詣徵宅以賜之。太子承乾乳母遂安夫人常白后曰：『東宮器用闕少，欲有奏請。』后不聽，曰：『爲太子，所患德不立而名不揚，何憂少於器物也。』

八年，后幸九成宮，染疾危慑，太子承乾入侍，密啓后曰：『醫藥備盡，尊體不瘳，請奏赦囚徒，併度人入道，冀蒙福助。』后曰：『死生有命，非人力所加。若修福可延，吾素非爲惡；若行善無效，何福可求。赦者國之大事，佛道者示存異方之教耳，非惟政體靡弊，又是上所不爲，豈以吾一婦人而亂天下法？』承乾不敢奏，以告左僕射房玄齡，玄齡以聞，太宗及侍臣莫不歔欷。朝臣咸請肆赦，太宗從之，后聞之固爭，乃止。將大漸，與太宗辭訣。時玄齡以譴歸第，后固言：『玄齡事陛下最久，小心謹慎，奇謀秘計，皆所預聞，竟無一言漏洩，非有大故，願勿棄之。又妾之本宗，幸緣姻戚，既非德舉，易履危機，其保全永久，慎勿處之權要，但以外戚奉朝請，則爲幸矣。妾生既無益於時，今死不可厚費。且葬者藏也，欲人之不見。自古聖賢，皆崇儉薄，惟無道之世，大起山陵，勞費天下，爲有識者笑。但請因山而葬，不須起墳，無用棺槨，所須器服，皆以木瓦，儉薄送終，則是不忘妾也。』十年六月己卯，崩於立政殿，時年三十六。其年十一月庚寅，葬於昭陵。

后嘗撰古婦人善事，勒成十卷，名曰《女則》，自爲之序。又著論駁漢明德馬皇后，以爲不能抑退外戚，令其當朝貴盛，乃戒其龍馬水車，此乃開其禍源而防其末事耳。且誡主守者曰：『此吾以自防閑耳。婦人著述無條貫，不欲至尊見之，慎勿言。』崩後，宮司以聞，太宗覽而增慟，以示近臣曰：『皇后此書，足可垂於後代。我豈不達天命而不能割情乎！以其每能規諫，補朕之闕，今不復聞善言，是內失一良佐，以此令人哀耳！』

上元元年八月，改上尊號曰文德順聖皇后。

又 《太宗賢妃徐惠傳》 太宗賢妃徐氏，名惠，右散騎常侍堅之姑也。生五月而能言，四歲誦《論語》、《毛詩》，八歲好屬文。其父孝德試擬《楚辭》，云『山中不可以久留』，詞甚典美。自此偏涉經史，手不釋卷。太宗聞之，納爲才人。其所屬文，揮翰立成，詞華綺贍。俄拜婕妤，再遷充容。時軍旅亟動，宮室互興，百姓頗倦勞役，上疏諫曰：

自貞觀已來，二十有二載，風調雨順，年登歲稔，人無水旱之弊，國無饑饉之災。昔漢武守文之常主，猶登刻玉之符；齊桓小國之庸君，尚圖泥金之事。望陛下推功損己，讓德不居。億兆傾心，猶闕告成之禮；云、亭佇謁，未展升中之儀。此之功德，足以咀嚼百王，網羅千代者矣。古人有云：『雖休勿休』，良有以也。守初保末，聖哲罕兼。是知業大者易驕，願陛下難之；善始者難終，願陛下易之。

竊見頃年已來，力役兼總，東有遼海之軍，西有崑丘之役，士馬疲於甲冑，舟車倦於轉輸。且召募役戍，去留懷死生之痛；因風阻浪，人米有漂溺之危。一夫力耕，卒無數十之獲；一船致損，則傾數百之糧。是猶運有盡之農功，填無窮之巨浪，圖未獲之他衆，喪已成之我軍。雖除凶伐暴，有國常規；然黷武翫兵，先哲所戒。昔秦皇并吞六國，反速危亡之基；晉武奄有三方，翻成覆敗之業。豈非矜功恃大，棄德而輕邦，圖利忘害，肆情而縱慾。遂使悠悠六合，雖廣不救其亡；嗷嗷黎庶，因弊以成其禍。是知地廣非常安之術，人勞乃易亂之源。願陛下布澤流人，矜弊恤乏，減行役之煩，增湛露之惠。

妾又聞爲政之本，貴在無爲。竊見土木之功，不可兼遂。北闕初建，南營翠微，曾未逾時，玉華創制。雖復因山籍水，非無架築之勞；損之又損，頗有工力之費。終以茅茨示約，猶興木石之疲；假使和雇取人，不無煩擾之弊。是以卑宮菲食，聖主之所安；金屋瑤臺，驕主之爲麗。故有道之君，以逸逸人；無道之君，以樂樂身。願陛下使之以時，則力無竭矣；用而息之，則人斯悅矣。

夫珍玩伎巧，乃喪國之斧斤。珠玉錦繡，實迷心之酖毒。竊見服玩纖靡，如變化於自然；織貢珍奇，若神仙之所製。雖馳華於季俗，實敗素於淳風。是知漆器非延叛之方，桀造之而人叛；玉杯豈招亡之術，紂用之而國亡。方驗侈麗之源，不可不遏。作法於儉，猶恐其奢；作法於奢，何以制後？伏惟陛下明鑑未形，智周無際，窮奧秘於麟閣，盡探賾於儒林。千王治亂之蹤，百代安危之迹，興衰禍福之數，得失成敗之機，故亦苞吞心府之中，循環目圍之內，乃宸衷之久察，無假一二言焉。惟恐知之非難，行之不易，志驕於業泰，體逸於時安。伏願抑志裁心，慎終如始，削輕過以添重德，循今是以替前非，則令名與日月無窮，盛業與乾坤永大。

太宗善其言，優賜甚厚。

及太宗崩，追思顧遇之恩，哀慕愈甚，發疾不自醫。病甚，謂所親曰：『吾荷顧實深，志在早歿，魂其有靈，得侍園寢，吾之志也。』因爲七言詩及連珠以見其志。永徽元年卒，時年二十四，詔贈賢妃，陪葬於昭陵之石室。

又　卷六七《李靖傳》　李靖，本名藥師，雍州三原人也。【略】

太宗嗣位，拜刑部尚書，併録前後功，賜實封四百户。貞觀二年，以本官兼檢校中書令。三年，轉兵部尚書。突厥諸部離叛，朝廷將圖進取，以靖爲代州道行軍總管，率驍騎三千，自馬邑出其不意，直趨惡陽嶺以逼之。頡利可汗不虞於靖，見官軍奄至，於是大懼，相謂曰：『唐兵若不傾國而來，靖豈敢孤軍而至。』一日數驚。靖候知之，潛令間諜離其心腹，其所親康蘇密來降。四年，靖進擊定襄，破之，獲隋齊王暕之子楊正道及煬帝蕭后，送於京師，可汗僅以身遁。以功進封代國公，賜物六百段及名馬、寶器焉。太宗嘗謂曰：『昔李陵提步卒五千，不免身降匈奴，尚得書名竹帛。卿以三千輕騎深入虜庭，克復定襄，威振北狄，古今所未有，足報往年渭水之役。』

自破定襄後，頡利可汗大懼，退保鐵山，遣使入朝謝罪，請舉國内附。又以靖爲定襄道行軍總管，往迎頡利。頡利雖外請朝謁，而潛懷猶豫。其年二月，太宗遣鴻臚卿唐儉、將軍安修仁慰諭，靖揣知其意，謂將軍張公謹曰：『詔使到彼，虜必自寬。遂選精騎一萬，賫二十日糧，引兵自白道襲之。』公謹曰：『詔許其降，行人在彼，未宜討擊。』靖曰：『此兵機也，時不可失，韓信所以破齊也。如唐儉等輩，何足可惜。』督軍疾進，師至陰山，遇其斥候千餘帳，皆俘以隨軍。頡利見使者大悦，不虞官兵至也。靖軍將逼其牙帳十五里，虜始覺。頡利畏威先走，部衆因而潰散。靖斬萬餘級，俘男女十餘萬，殺其妻隋義成公主。頡利乘千里馬將走投吐谷渾，西道行軍總管張寶相擒之以獻。俄而突利可汗來奔，遂復定襄、常安之地，斥土界自陰山北至於大漠。

太宗初聞靖破頡利，大悦，謂侍臣曰：『朕聞主憂臣辱，主辱臣死。往者國家草創，太上皇以百姓之故，稱臣於突厥，朕未嘗不痛心疾首，志滅匈奴，坐不安席，食不甘味。今者暫動偏師，無往不捷，單於款塞，耻其雪乎！』於是大赦天下，酺五日。御史大夫温彦博害其功，譖靖軍無綱紀，致令虜中奇寶，散於亂兵之手。太宗大加責讓，靖頓首謝。久之，太宗謂曰：『隋將史萬歲破達頭可汗，有功不賞，以罪致戮。朕則不然，當赦公之罪，録公之勳。』詔加左光禄大夫，賜絹千匹，真食邑通前五百户。未幾，太宗謂靖曰：『前有人讒公，今朕意已悟，公勿以爲懷。』賜絹二千匹，拜尚書右僕射。靖性沉厚，每與時宰參議，恂恂然似不能言。

八年，詔爲畿内道大使，伺察風俗。尋以足疾上表乞骸骨，言甚懇至。太宗遣中書侍郎岑文本謂曰：『朕觀自古已來，身居富貴，能知止足者甚少。不問愚智，莫能自知，才雖不堪，强欲居職，縱有疾病，猶自勉强。公能識達大體，深足可嘉，朕今非直成公雅志，欲以公爲一代楷模。』乃下優詔，加授特進，聽在第攝養。賜物千段、尚乘馬兩匹，禄賜、國官府佐并依舊給，患若小瘳，每三兩日至門下、中書平章政事。九年正月，賜靖靈壽杖，助足疾也。

未幾，吐谷渾寇邊，太宗顧謂侍臣曰：『得李靖爲帥，豈非善也！』靖乃見房玄齡曰：『靖雖年老，固堪一行。』太宗大悦，即以靖爲西海道行軍大總管，統兵部尚書侯君集、刑部尚書任城王道宗、凉州都督李大亮、右衛將軍李道彦、利州刺史高甑生等三總管征之。九年，軍次伏俟城，吐谷渾燒去野草，以餒我師，退保大非川，諸將咸言春草未生，馬已羸瘦，不可赴敵。唯靖決計而進，深入敵境，遂逾積石山。前後戰數十合，殺傷甚衆，大破其國。吐谷渾之衆遂殺其可汗來降，靖又立大寧王慕容順而還。初，利州刺史高甑生爲鹽澤道總管，以後軍期，靖薄責之，甑生因有憾於靖。及是，與廣州都督府長史唐奉義告靖謀反。太宗命法官按其事，甑生等竟以誣罔得罪。靖乃闔門自守，杜絶賓客，雖親戚不得安進。

十一年，改封衛國公，授濮州刺史，仍令代襲，例竟不行。十四年，靖妻卒，有詔墳塋制度依漢衛、霍故事，築闕象突厥内鐵山、吐谷渾内積石山形，以旌殊績。十七年，詔圖畫靖及趙郡王孝恭等二十四人於凌煙閣。十八年，帝幸其第問疾，仍賜絹五百匹，進位衛國公、開府儀同三司。太宗將伐遼東，召靖入閣，賜坐御前，謂曰：『公南平吳會，北清沙漠，西定慕容，唯東有高麗未服，公意如何？』對曰：『臣往者憑藉天威，薄展微效，今殘年朽骨，唯擬此行。陛下若不棄，老臣病期瘳矣。』太宗愍其羸老，不許。二十三年，薨於家，年七十九。册贈司徒、并州都督，給班劍四十人、羽葆鼓吹，陪葬昭陵，謚曰景武。

又《李勣傳》 李勣，曹州離狐人也。【略】太宗卽位，拜并州都督，賜實封九百户。貞觀三年，爲通漢道行軍總管。至雲中，與突厥頡利可汗兵會，大戰於白道。突厥敗，屯營於磧口，遣使請和。詔鴻臚卿唐儉往赦之。勣時與定襄道大總管李靖軍會，相與議曰：『頡利雖敗，人衆尚多，若走渡磧，保於九姓，道遥阻深，追則難及。今詔使唐儉至彼，其必弛備，我等隨後襲之，此不戰而平賊矣。』靖扼腕喜曰：『公之此言，乃韓信滅田横之策也。』於是定計。靖將兵逼夜而發，勣勒兵繼進。靖軍既至，賊營大潰，頡利與萬餘人欲走渡磧。勣屯軍於磧口，頡利至，不得渡磧，其大酋長率其部落併降於勣，虜五萬餘口而還。

時高宗爲晉王，遥領并州大都督，授勣光禄大夫，行并州大都督府長史。父憂解，尋起復舊職。十一年，改封英國公，代襲蘄州刺史，時併不就國，復以本官遥領太子左衛率。勣在并州凡十六年，令行禁止，號爲稱職。太宗謂侍臣曰：『隋煬帝不能精選賢良，安撫邊境，惟解築長城以備突厥，情識之惑，一至於此。朕今委任李世勣於并州，遂使突厥畏威遁走，塞垣安静，豈不勝遠築長城耶？』

十五年，徵拜兵部尚書，未赴京，會薛延陀遣其子大度設帥騎八萬南侵李思摩部落。命勣爲朔州行軍總管，率輕騎三千追及延陀於青山，擊大破之，斬其名王一人，俘獲首領，虜五萬餘計，以功封一子爲縣公。勣時遇暴疾，驗方云須灰可以療之，太宗乃自翦須，爲其和藥。勣頓首見血，泣以懇謝，帝曰：『吾爲社稷計耳，不煩深謝。』

十七年，高宗爲皇太子，轉勣太子詹事兼左衛率，加位特進，同中書門下三品。太宗謂曰：『我兒新登儲貳，卿舊長史，今以宫事相委，故有此授。雖屈階資，可勿怪也。』太宗又嘗閑宴，顧勣曰：『朕將屬以幼孤，思之無越卿者。公往不遺於李密，今豈負於朕哉！』勣雪涕致辭，因噬指流血。俄而沉醉，乃解御服覆之，其見委信如此。

十八年，太宗將親征高麗，授勣遼東道行軍大總管，攻破蓋牟、遼東、白崖等數城，又從太宗摧殄駐蹕陣，以功封一子爲郡公。二十年，延陀部落擾亂，詔勣將二百騎便發突厥兵討擊。至烏德鞬山，大戰，破之。其大首領梯眞達官率衆來降，其可汗咄摩支南竄於荒谷，遣通事舍人蕭嗣業招慰部領，送於京師，磧北悉定。

二十二年，轉太常卿，仍同中書門下三品；旬日，復除太子詹事。二十三年，太宗寢疾，謂高宗曰：『汝於李勣無恩，我今將責出之。我死後，汝當授以僕射，卽荷汝恩，必致其死力。』乃出爲叠州都督。高宗卽位，其月，召拜洛州刺史，尋加開府儀同三司，令同中書門下，參掌機密。是歲，册拜尚書左僕射。

又 卷七〇《王珪傳》 王珪字叔玠，太原祁人也。在魏爲烏丸氏，曾祖神念，自魏奔梁，復姓王氏。祖僧辯，梁太尉、尚書令。父顗，北齊樂陵太守。珪幼孤，性雅淡，少嗜慾，志量沉深，能安於貧賤，體道履正，交不苟合。季叔頗當時通儒，有人倫之鑑，嘗謂所親曰：『門户所寄，唯在此兒耳。』開皇末，爲奉禮郎。及頗坐漢王諒反事被誅，珪當從坐，遂亡命於南山，積十餘歲。

高祖入關，丞相府司録李綱薦珪貞諒有器識，引爲世子府諮議參軍。及東宫建，除太子中舍人；尋轉中允，甚爲太子所禮。後以連其陰謀事，流於巂州。建成誅後，太宗素知其才，召拜諫議大夫。

貞觀元年，太宗嘗謂侍臣曰：『正主御邪臣，不能致理；正臣事邪主，亦不能致理。唯君臣相遇，有同魚水，則海内可安也。昔漢高祖，田舍翁耳。提三尺劍定天下，既而規模弘遠，慶流子孫者，此蓋任得賢臣所致也。朕雖不明，幸諸公數相匡救，冀憑嘉謀，致天下於太平耳。』珪對曰：『臣聞木從繩則正，後從諫則聖。故古者聖主，必有諍臣七人，言而不用，則相繼以死。陛下開聖慮，納芻蕘，臣處不諱之朝，實願罄其狂瞽。』太宗稱善，敕自今後中書門下及三品以上入閣，必遣諫官隨之。珪每推誠納忠，多所獻替，太宗顧待益厚，賜爵永寧縣男，遷黄門侍郎，兼太子右庶子。

二年，代高士廉爲侍中。太宗嘗閒居與珪宴語，時有美人侍側，本廬江王瑗之姬，瑗敗籍没入宫，太宗指示之曰：『廬江不道，賊殺其夫而納其室。暴虐之甚，何有不亡者乎！』珪避席曰：『陛下以廬江取此婦人爲是耶，爲非耶？』太宗曰：『殺人而取其妻，卿乃問朕是非，何也？』對曰：『臣聞於管子曰：「齊桓公之郭，問其父老曰：『郭何故亡？』父老曰：『以其善善而惡惡也。』桓公曰：『若子之言，乃賢君也，何至於亡？』父老曰：『不然，郭君善善而不能用，惡惡而不能去，所以亡也。』」今此婦人尚在左右，竊以聖心爲是之，陛下若以爲非，此謂知惡而不去也。』太宗雖不出此美人，而甚重其言。

時太常少卿祖孝孫以教宮人聲樂不稱旨，爲太宗所讓。珪及溫彥博諫曰：『孝孫妙解音律，非不用心，但恐陛下顧問不得其人，以惑陛下視聽。且孝孫雅士，陛下忽爲教女樂而怪之，臣恐天下怪愕。』太宗怒曰：『卿皆我之腹心，當進忠獻直，何乃附下罔上，反爲孝孫言也！』彥博拜謝，珪獨不拜曰：『臣本事前宮，罪已當死。陛下矜恕性命，不以不肖，置之樞近，責以忠直。今臣所言，豈是爲私？不意陛下忽以疑事誚臣，是陛下負臣，臣不負陛下。』帝默然而罷。翌日，帝謂房玄齡曰：『自古帝王，能納諫者固難矣。昔周武王尚不用伯夷、叔齊，宣王賢主，杜伯猶以無罪見殺，吾夙夜庶幾前聖，恨不能仰及古人。昨責彥博、王珪，朕甚悔之。公等勿以此而不進直言也。』

時房玄齡、李靖、溫彥博、戴冑、魏徵與珪同知國政。後嘗侍宴，太宗謂珪曰：『卿識鑒清通，尤善談論，自房玄齡等，咸宜品藻，又可自量，孰與諸子賢？』對曰：『孜孜奉國，知無不爲，臣不如玄齡。才兼文武，出將入相，臣不如李靖。敷奏詳明，出納惟允，臣不如溫彥博。處繁理劇，衆務必舉，臣不如戴冑。以諫諍爲心，恥君不及於堯、舜，臣不如魏徵。至如激濁揚清，嫉惡好善，臣於數子，亦有一日之長。』太宗深然其言，羣公亦各以爲盡己所懷，謂之確論。後進爵爲郡公。七年，坐漏泄禁中語，左遷同州刺史。明年，召拜禮部尚書。十一年，與諸儒正定《五禮》書成，賜帛三百段，封一子爲縣男。

是歲，兼魏王師。既而上問黃門侍郎韋挺曰：『王珪爲魏王泰師，與其相見，若爲禮節？』挺對曰：『見師之禮，拜答如禮。』王問珪以忠孝，珪答曰：『陛下，王之君也，事君思盡忠；陛下，王之父也，事父思盡孝。忠孝之道，可以立身，可以成名，當年可以享天祐，餘芳可以垂後葉。』王曰：『忠孝之道，已聞教矣，願聞所習。』珪答曰：『漢東平王蒼云：「爲善最樂。」』上謂侍臣曰：『古來帝子，生於宮闈，及其成人，無不驕逸，是以傾覆相踵，少能自濟。我今嚴教子弟，欲令皆得安全。王珪我久驅使，是所諳悉，以其意存忠孝，選爲子師。爾宜語泰：「汝之待珪，如事我也，可以無過。」』泰每爲之先拜，珪亦以師道自居，物議善之。時珪子敬直尚南平公主。禮有婦見舅姑之儀，自近代公主出降，此禮皆廢。珪曰：『今主上欽明，動循法制。吾受公主謁見，豈爲身榮，所以成國家之美耳。』遂與其妻就席而坐，令公主親執笲行盥饋之道，禮成而退。是後公主下降有舅姑者，皆備婦禮，自珪始也。

論說

《舊唐書》卷三《太宗紀論贊》 臣觀文皇帝，發迹多奇，聰明神武。拔人物則不私於黨，負志業則咸盡其才。所以屈突、尉遲，由讎敵而願傾心膂；馬周、劉洎，自疏遠而卒委鈞衡。終平泰階，諒由斯道。嘗試論之：礎潤雲興，蟲鳴螽躍。雖堯、舜之聖，不能用檮杌、窮奇而治平；伊、呂之賢，不能爲夏桀、殷辛而昌盛。君臣之際，遭遇斯難，以至抉目剖心，蟲流筋擢，良由遭值之異也。以房、魏之智，不逾於丘、軻，遂能尊主庇民者，遭時也。

或曰：以太宗之賢，失愛於昆弟，失教於諸子，何也？曰：然，舜不能仁四罪，堯不能訓丹朱，斯前志也。當神堯任讒之年，建成忌功之日，苟除畏逼，孰顧分崩，變故之興，間不容髮，方懼『毀巢』之禍，寧虞『尺布』之謠？承乾之愚，聖父不能移也。若文皇自定儲於哲嗣，不騁志於高麗；用人如貞觀之初，納諫比魏徵之日。況周發、周成之世襲，我有遺妍；較漢文、漢武之恢弘，彼多慚德。迹其聽斷不惑，從善如流，千載可稱，一人而已！

贊曰：昌，發啓國，一門三聖。文定高位，友於不令。管、蔡既誅，成、康道正。貞觀之風，到今歌詠。

又 卷七〇《王珪傳論贊》 王珪履正不回，忠讜無比，君臣時命，胥會於茲。《易》曰：『自天祐之，吉，無不利。』叔玠有焉。戴冑兩朝仕官，一乃心力，刑無僭濫，事有箴規。雖學術不能求備，而匡益自可濟時，亦所謂巧於任大矣。文本文傾江海，忠貫雪霜，申慈父之冤，匡明主之業，及委繁劇，俄致暴終。《書》曰：『小心翼翼，昭事上帝。』所謂憂能傷人，不復永年矣。洎義而下，登清要者數十人。積善之道，焉可忽諸！正倫以能文被舉，以直道見委，參典機密，出入兩宮，斯謂得時。然被承乾金帶之讒，孰與夫薏苡之謗，士大夫慎之。

贊曰：五靈嘉瑞，出係汙隆。人中麟鳳，王、戴諸公。動必由禮，言皆匡躬。獻規納諫，貞觀之風。

宋·孫甫《唐史論斷》卷上《太宗·放宮人》 論曰：古之明王嬪御之數，著於經典者可見也。漢之後宮及千數，賢如魏桓者不肯出仕矣。蓋人君廣置嬪御，其損有三：侈費甚也，內寵多也，怨女衆也。侈費甚則困民力，內寵多則競私謁，怨女衆則傷和氣。人君之德所損如是，賢者以爲難諫正而不願仕也，況隋煬荒虐，自古無比，强取良家女置後宮者固無其數。高祖初入關，放離宮之人還親屬，此得美事之一節。及受禪，安然有其後宮，欲不荒恣，得乎？賴聖子承之，立矯其過，計出三千之衆，使天下聳動歌詠唐之盛德也。

又《中書門下議事使諫官預聞》 論曰：太宗之任諫官，眞得其道。夫天下之務至廣也，軍國之機至要也，雖明主聽斷，賢相謀議，思慮之失，亦不能免一失，則爲害不細，必籍忠良之士諫正。夫忠良之士，論治體，補國事，乃其志也，能密有所助，則亦志伸而道行，豈必欲彰君過而取高名哉？當君相議事之際，使諫官預聞得以關說，或有闕失，從而正之，天下但覩朝政之得，宜不知諫者之何言，上下誠通，國體豈不美乎？況大臣論事，以諫官規正於人君之前，安有不公之議？茲亦制御大臣，使之無過之術爾。若以諫官小臣，不可預聞國議，必衆知闕失，方許諫正事，或已行，而不可救過，或已彰而不可言，故剛直之臣，有激訐不顧以爭之者。君從之，猶掩其過；君或不從，則君之過，大臣之罪，愈大矣。太宗任諫官，可謂得其道。

又《責封倫舉賢》 論曰：封倫眞姦人，太宗眞能照姦人之情者也。大臣之職，薦達人材，固非細事。天下之大，中外乏任，可容一日之才乎？然人之才，有能有不能，器而使之，衆職舉矣，豈有人主責其舉賢，己未嘗推薦，但言無奇才異能，上欲欺主之明，下欲蔽天下之善，此眞姦人也。蓋姦人不樂進賢，其情有三：保位固寵，常懼失之。以賢者既用，必建立功業；掩己之名，見己之過。名滅過露，則位不能保，寵不能固，此不樂進賢之情一也。又姦人立私，必人附己。乃引之賢者，懷才安命，進退以道，固不肯趨附，姦人以謂不附己而引之，則不知己之恩。不知己之恩，則不爲己之黨。此所以不樂進賢之情二也。姦人無至公待人之心，心既不公知，人不明，雖遇賢才不能深識。慮引而進之，或有大過，爲己之累，此不樂進賢之情三也。封倫之情，正在於此。太宗以前代未嘗乏人折之，使慚懼無辭，可謂能照姦人之情者也。國有姦如封倫者，世世不無人主能照其情而責之，則公卿悚動，賢者進矣。

又《定朝廷之制》 論曰：太宗定天下之功，固天擅神武，英才不待贊論而赫赫於無窮矣。其朝廷之制又如是，宜乎貞觀之治也。夫定官之員不務多而務擇賢，則不賢者安得用矣！大臣議事，使諫官、御史、史官併從而入，或正其失，或糾其非，或書其過，則大臣安敢不正議矣！諸司長官、正衙奏事，使衆臣共聞之，屬官不得奏本司外事，非至公之事，人不敢言，則陰邪之事自絶矣。疏賤之人言事者，令門下司引奏，又置立仗馬以備急事，則天下之情，無不達矣內。侍皆黄衣給事，宮掖則姦人無所附，而事權不假於人矣。數者，皆朝廷大法，爲人君者能遵行之，雖未能及貞觀之治，朝廷必尊而天下可治也，何哉？官少而賢，必擇之精也。大臣不敢曲議，必聽之明也。諸司官無邪言，必制之公也。言事者無壅而人情盡達，必採之詳也。內侍不預事，必制之嚴也。數者，非太宗英睿，不能盡其道。人君資性至此者，鮮矣。然設官少而務擇賢，使諫官輩預聞大臣之議而救其失，諸司奏事，明陳於庭，使賤者言事無壅，不任內侍以事，必久其制而力行之，雖不逮太宗之英睿，朝廷豈不尊，天下豈不治也？

又《任用房杜》 論曰：人主之任大臣不可不專，亦不可專。若深知其人可付國事，不專任之何以責成功？蓋任專則責重，責重則人必盡其才力也。若知人未至而專任之，苟無成功則有敗事，又或竊擅威福，有難制之患。二者惟在人主審之，不可一失，失則事機難追矣。太宗可謂能審任人之術者也。知房喬杜如晦之賢而付以國事，房杜方盡心職事。已著功效，陳師合以平常之見，欲移主意，如晦奏其事，意似不廣。然慮小臣間言漸害於事，故言之爾。太宗不惑師合之言，喬如晦荷信任如是，敢不盡其才力乎？此所以成太平之治也。然有太宗之明，房杜之賢，則可以專任而不容人言，人主知人未至，當審其付任，不可執此以爲法。

又《殺盧祖尚》論曰：人主操天下之勢，不可一日失威令，威令一失，則下起慢上之漸，漸若不止，則綱紀弛而權移於下，何以操天下之利勢？故曰人主不可一日失威令也。然威令之行，不可過中，過中則暴，暴則人心離矣。太宗之用威令，誠得其術，故內外之臣，聞一令罔不靡然從之。此無他，聰明之性，至公之心，剛嚴之體，御於內外也。盧祖尚丁其時，荷其任，乃委曲思慮，以身爲計，遂成驕慢之態，宜乎獲罪矣。然殺戮，刑之極。施於驕慢之罪，此似過中。人臣驕慢則殺之，復有罪之極者，何以加刑？若祖尚之罪，逐於遐裔而永棄之，未至失威令也。

又《命李靖爲僕射》論曰：太宗之明李靖之賢，君臣之心可無間矣。況靖深入虜地，方成大功，安得容讒人之言？且謂靖軍無綱紀，致以虜中奇貨散於亂兵之手，此不識事體之言也。靖善用兵，法令素整。以少精騎深入虜中無綱紀，安能成功乎？虜中奇貨若果有之，散之兵衆，正得其宜。突厥淩中國久矣，一日平之，張天威，雪國恥，安邊寧人，非靖盡心，兵衆盡力，何以成此功？且賓貨散之軍衆，是上不奉君欲，下足恩衆心，吾謂正得事宜，但不知實貨之有無爾。太宗爲君，何至以奇寶爲意，猜疑賢將？尚賴仁明之德，不行重責，靖之忠誠無所觖望。不然，君臣之間，兩有大過矣。及數月，始悟其事，命靖爲相，亦足光其功德。宜罪讒人，以戒於後世可也。

又《封禪不著於經》論曰：封禪之文不著於經典，秦漢諸儒用管仲説以爲帝王盛德之事，無大此禮。故秦皇漢武行之，儀物侈大，自謂光輝無窮。然封禪之後，災異數至，天下多事。蓋繁費生靈，干動和氣，所致則崇尚此禮，惡足以當天意哉？況此禮不著於經典也，司馬遷作《封禪書》引經典之文，但巡守之禮耳。帝王巡守，每至方岳，必燔柴以告至，非謂自陳功於天也。帝王治天下，能以功德濟生民，致時太平，則天必祐之以永久之福。郊祀之禮足伸其報，何待自告其功也。太宗謂事天至誠，掃地足以致敬，何必登山封數尺之土。此實至論。

又《命李靖討吐谷渾》論曰：天子善任人而能主威柄，則大臣不驕；大臣不驕，則中外自肅。太宗以吐谷渾拒命，一日謂侍臣曰：『欲李靖爲帥討之。』靖功名之大，爲當世勛臣首，方以老病居家，聞其言亟見執政請行。太宗使大臣如是，功名不逮於靖，筋力未衰於靖者，敢驕慢乎？人臣不敢驕慢，則各盡才節，人臣各盡才節天下事不足治矣。天子使人至是者無他，善任人而能主威柄也。

又《貶權萬紀言利》論曰：觀太宗罪萬紀言利，眞得天子之體。天子爲天下所尊，非止威勢之重，由仁德之高也。仁德之本，莫大乎愛民，愛民之要，莫先於節用。用之有節，天下貢賦之入歲有餘矣，何至殫山澤之利以困人力乎？然自三代之衰，秦漢而下，人君好利者，多由所爲侈大而用無節也。天下貢賦之入，不足以充其費，姦人得以言利矣。人君顧所用不足，必説其言而從之。好利日甚，人力必窮，人力窮則危亂自至，縱未至危亂，天子言爲令，動爲法，以好利聞於天下，豈有其體哉。太宗斥言利之臣無他，能自節用，外謹制度，絶權幸，無過費耳。貞觀一朝，其事可見。初出宮人三千，天下固已頌其仁愛。及宮中欲修一殿，則想秦始皇之過，不起其役。體不耐熱，公卿請營二閣以避繁暑，亦念漢文罷露臺之意，不從其請。將幸東都，敕預修乾陽殿，給事中張元素極言隋室修乾陽，勞民之事，嘉其言立止。出降長樂公主，敕有司資送，倍於長公主。魏鄭公引故事，言長公主尊於公主，豈得以親愛資送厚於長公主？上納其言，遂不越禮。其設官之制，命宰相定其員位，文武官止六百四十員，多得才能而無冗食。其養兵之法，畿內及諸路府兵止六十萬，惟元從禁軍三萬。及府兵、番兵，或出征者，有所給外，皆散之農畝而養焉。其行賞之事，功者厚，賢者禮，內無嬖人私其恩，外無倖臣竊其澤，天下歲入之物有餘用矣。故薄賦斂，厚風俗，其道德與前代聖主併，所爲有天子之體矣。嗚呼！爲天子者皆可以至是，可至是而不至者，由所爲侈大，制度不立，權幸不抑所致耳。所爲侈大，物力固難以給。若制度不立，則庶事無節而冗費益甚；權幸不抑，則姦人競附而私恩益廣。天子雖獨尚儉德，亦何能省用？太宗自節其用，復能謹制度，絶權幸，所以不取山澤之利，不困生民之力而財自豐。爲天子而得其體，著仁德於無窮也。

又《以高昌爲州縣》論曰：中夏之於四夷，天分内外之地也，故嗜好不同，服用不類，禮義不能化，人情不可通，地形險固，自限其所。帝王能以德服而威制之，常使不爲中夏患，則上策也。安可恃盛大之勢，因夷狄拒命而伐之，遂强有其地？一强有其地，不惟中夏之人，苦戍守之勞，又使諸戎謂中夏利其土壤，各懷恐懼，俟時乘隙，合從爲患矣。以太宗威勢，州縣高昌之地，雖保無他，魏公尚以爲不可，則帝王威勢之不逮太宗者，慎無貪戎土以起大患也。

又《後宮不著名》論曰：帝王於後宮恩寵過厚，非賢德者鮮不干預時事，著名於外。蓋寵過厚，則言易入，言易入，則事可動後宮，至可動帝王以事，則姦邪附之，著名於外，又況親族竊恩，競爲氣勢？内寵至此，小則破家之禍，大則爲國之患，必然之勢也。太宗在位歲久，後宮不無寵嬖，但外不聞何人耳。惟徐充容以恩顧稱，絶不干預外事，復能諫諍君失，則貞觀宮闈之政可知矣。後代不能遵守。神龍中，上官昭容等招權於外，廣植姦黨。天寶中，楊貴妃專勢於時，務强親屬，國事既亂，數婦人及其家，皆不免誅戮。噫！上世淳風既往，人主之尊爲天下所奉，制度必如古簡樸，或不能，則宮室服用既過於古矣。雖英明之君，爲外物所誘，必有侈樂之意，意有侈樂，於後宮豈無所嬖寵？在人情未爲大過也。既嬖之，居處服玩充其欲足矣，何至容其私謁以幹國事，使戚屬倚之以作勢，姦人附之以竊權？氣燄既成，必生禍患而後已。則人君於後宮或有嬖寵，能以貞觀爲法，不惟不使亂政，亦所以安全之也。

宋·范祖禹《唐鑑》卷三《太宗一》　貞觀元年，帝謂太子少師蕭瑀曰：朕少好弓矢，得良弓十數，自謂無以加。近以示弓工，乃曰皆非良材。朕問其故。工曰：木心不正，則脉理皆邪，弓雖勁而發矢不直，朕始寤鄉者辨之未精也鄉韻曰嚮。朕以弓矢定四方，識之猶未能盡，況天下之務，其能徧知乎？乃命京官五品以上，更宿中書内省，數延見問以民間疾苦及政事得失。

臣祖禹曰：《傳》曰國之將興也，君子自以爲不足，其亡也若有餘。太宗因識弓之未精而知天下之理，已不能盡詢謀於衆而不自用，此其所以興也。

帝與侍臣論周秦修短，蕭瑀對曰：『紂爲無道，武王征之。周及六國無罪，始皇滅之。得天下雖同，人心則異。』帝曰：『公知其一，未知其二。周得天下，增修仁義，秦得天下，益尚詐力，此脩短之所以殊也。蓋取之或可以逆得，而守之不可以不順故也。』瑀謝不及。

臣祖禹曰：太宗可謂知君道矣。夫君以一人之身而御四海之廣，應萬物之衆。苟不以至誠與賢，而役其獨智以先天下，則耳目心思之所及者，其能幾何？是故人君必清心以涖之，虚己以待之，如鑑之明，如水之止，則物至而不能罔矣。夫權衡設而不可欺以輕重者，唯其平也；繩墨設而不可欺以曲直者，唯其正也。我以其正，彼以其頗，我以其眞，彼以其僞，何患乎邪之不察，佞之不辨，而必行詐以試之哉？一爲不誠則心且蔽矣，邪正何能辨乎？是故鑑垢則物不能察也，水動則形不能見也，已不明故也。且待物以誠，猶恐其不動也，況不誠而能動物乎？夫爲君而使左右前後之人皆莫測其所爲，雖欲不欺，不可得也。唯能御以至誠，則忠直者進而憸邪者無自入矣。

（貞觀）二年正月，帝謂魏徵曰：『人主何爲而明，何爲而暗？』對曰：『兼聽則明，偏聽則暗。昔堯清問下民，故有苗之惡得以上聞。舜明四目達四聰，故共鯀驩兜不能蔽也。秦二世偏信趙高以成望夷之禍，梁武帝偏信朱異以取臺城之辱，隋煬帝偏信虞世基以致彭城閣之變。是故人君兼聽廣納則貴，臣不得壅蔽，而下情得以上通也。』帝曰：『善。』

臣祖禹曰：善哉，太宗之問。魏徵之對也，可謂得其要矣。夫聖人以天下爲耳目故聰明，庸君以近習爲耳目故暗蔽。明暗之分，惟在於遠近大小而已矣。

四月，帝謂侍臣曰：『中書門下機要之司，詔敕有不便者，皆應論執。比來唯覩順從，不聞違異。若但行文書則，誰不可爲，何必擇才也？』房玄齡等皆頓首謝。

臣祖禹曰：朝廷設官分職，非徒使上下相從，欲交修其所不逮也。故書曰：『百官修輔，苟取充位而奉行上令，則是胥史而已。』不明之君，自以無過惡人之言，是以政亂而上不聞。太宗敕責而使之言，雖欲不治，不可得也。

帝之初卽位也，嘗與羣臣語及教化。帝曰：『今承大亂之後，恐斯民未易化也。』魏徵對曰：『不然。久安之民驕佚，驕佚則難教，經亂之民愁苦，愁苦則易化。譬猶饑者易爲食，渴者易爲飲也。」帝深然之。封德彝非之曰：「三代以還，人漸澆訛，故秦任法律，漢雜霸道，蓋欲化而不能，豈能之而不欲邪？魏徵書生未識時務。若信其虚論，必敗國家。」徵曰：「五帝三王，不易民而化。昔黄帝征蚩尤，高陽征九黎，湯放桀，武王伐紂，皆能身致太平，豈非承大亂之後邪？若謂古人淳樸漸致澆訛，則至於今當悉化爲鬼魅矣。人主安得而治之？」帝卒從徵言。

（貞觀）元年關中饑，米斗直絹一匹。二年天下蝗，三年大水，帝勤而撫之，民雖東西就食，未嘗嗟怨。是歲天下大稔，流散者咸歸鄉里，米斗不過三四錢，終歲斷死刑才二十九人。東至於海，南及五嶺，皆外户不閉，行旅不齎糧，取給於道焉。帝謂長孫無忌曰：「貞觀之初，上書者皆云人主當獨運威權，不可委之臣下。又云宜震耀威武，征討四夷。唯魏徵勸朕偃武修文，中國安四夷自服。朕用其言，今頡利成擒，其酋長并帶刀宿衛，皆襲衣冠，徵之力也。但恨不使封德彝見之耳。」徵再拜謝曰：「突厥破滅，海内康寧，皆陛下威德，臣何力焉。」帝曰：「朕能任公，公能稱朕所任，則其功豈獨在朕乎？」

臣祖禹曰：太宗可謂能審取舍矣。魏徵仁義之言也，欲順天下之理而治之。封德彝刑罰之言也，欲咈天下之性而治之。夫民莫不惡危而欲安，惡勞而欲息。以仁義治之則順，以刑罰治之則咈矣。故治天下在順之而已，咈之而能治者未之聞也。太宗從魏徵而不從德彝，行之四年遂致太平，仁義之效如此其速也。故治道在人主所力行耳，孰不可爲太宗乎？及其成功，復歸美於下，此近世帝王之所不及也。

又　卷四《太宗二》　帝謂魏徵曰：「爲官擇人，不可造次。用一君子，則君子皆至，用一小人，則小人競進矣。」對曰：「然天下未定，則專取其才，不考其行。喪亂既平，則非才行兼備，不可用也。」

臣祖禹曰：太宗以治亂在庶官，撰，吕祖謙注欲進君子，退小人，此王者之言也，而魏徵之所謂才者，小人之才也。高陽氏有子八人，天下以爲才。其所以爲才者，曰齊聖廣淵，明允篤誠。高辛氏有子八人，天下以爲才。其所以爲才者，曰忠肅恭懿，宣慈惠和。周公制禮作樂，孔子以爲才。然則古之所謂才者，兼德行而言也。後世之所謂才者，辯給以御人，詭詐以用兵，僻邪險詖，趨利就事，是以天下多亂，職斯人之用於世也。在《易師之上六》曰：「開國承家，小人勿用，必亂邦也。」既濟曰：「高宗伐鬼方，三年克之，小人勿用。」王者創業垂統，敷求哲人，以遺後嗣，故能長後嗣世也豈其以天下未定，而可專用小人之才歟？夫有才無行之小人，無時而可用。退之猶懼其或進也，豈可先用而後廢，乃取才行兼備之人乎？徵之學，駁而不純，故所以輔道其君者，卒不至於三王之治也。

又　卷五《太宗三》　貞觀十四年，帝大徵天下名儒爲儒官，數幸國子監，使之講論，增學生，滿三千二百六十員，自屯營飛騎亦給博士，使授以經。有能通經者，聽得貢舉。於是四方學者雲集京師，乃至高麗、百濟、新羅、高昌、吐蕃諸酋長，亦遣子弟請入國學，升講筵者至八千餘人。

臣祖禹曰：古之教者，家有塾，黨有庠，遂有序，國有學。士脩之於家而後升於鄉，升于鄉而後升于國，升于國而後達于天子，其教之有素，其養之有漸，故成人有德，小子有造，賢才不可勝用，由此道也。後世鄉里之學廢，人君能教者，不過聚天下之士，而烏合於京師，學者衆多，耀一時而已，非有教育之實也。唐之儒學，惟貞觀開元爲盛，其人才之所成就者亦可覩矣。孟子曰：「學所以明人倫也。無學，則人倫不明。」故有國者，以爲先如不復三代之制。臣未知其可也。

（貞觀十四年），言事者多請帝親覽表奏，以防壅蔽，帝以問。魏徵對曰：「斯人不知大體，必使陛下一一親之，豈唯廟堂？州縣之事，亦當親之矣。」

臣祖禹曰：人主之職，在于任賢得賢，則萬事治，何憂乎壅蔽而防之哉？苟知其非賢而姑用之，既用而復疑之，以一人之聰明而欲周天下之務，則君愈勞而臣愈惰，此治功所以不成也。且君臣日與相處而眄眄，然防其欺蔽之不暇，則是左右前後，皆不可信也。然則誰與爲治乎？

元·歐陽起鳴《歐陽論範上·太宗之美幾成康》　治有出於累世之所成，賢主能以一身而致之，則其用力勞矣。夫繼治者易爲功，致治者難爲力，致一代之盛治尤難也。思昔賢主襲祖父積累之餘功，教化已明，習俗已成，從而藻飾潤色之，政治光明，煇耀千古，固優爲也。乃若後之賢

清・愛新覺羅・弘曆《御製樂善堂全集定本》卷五《論・唐太宗論》

當隋煬之時，天下瓦解，羣雄睚眦，窺伺名器。於是太宗以英雄之資，備仁義之德，復得高祖之賢爲之父。《易》曰：包蒙吉納婦，吉子克家。蓋高祖以柔中之德，賴太宗以陽剛之體，發而用之，以安天下，固宜唐室之興也勃焉。然太原興兵，長安立帝，不必詭行詐僞以冀利也，不必尊江都而立代王也。宜正其罪名，聲大義以討之。即位之後，勵精圖治，損己益人，愛民從諫，躬行仁義，用房元齡、魏徵之儔，君臣相得不敢怠，違用致貞觀之盛，令德善政不可殫述。可謂三代以下，特出之賢君矣。雖征遼之役，志滿意盈，然既失之後，即復魏徵之碑，勞其妻子，深自損責，其於改過亦已敏矣。夫賢君不世出，成康以降，數百年而有漢文帝。漢文以降，又數百年而有太宗，要之以虛心待物，損上益下，用致天下之盛，太宗與文帝率用是道，文帝質美德純過於太宗，然致治之盛，豈能及貞觀哉？人或論太宗有魏徵而身脩國理，魏徵既没而驕滿之意生者，是不盡然。惟其有太宗之君，然後有魏徵之臣。使太宗中人之主，則雖有魏徵其亦如之何哉？獨心無知道之實，而身有好名之念，屈己從諫而不免以術馭人，故不能致天下於熙皞耳。然後世有逆諫而惡賢，驕奢而自滿者，方之太宗，則又不啻倍蓰矣。

又《長孫皇后論》 夫閨門，王化之始也。《詩三百》而必以《關雎》爲首，禮嚴大昏，書重釐降。《易》上經首乾坤，下經首咸恆。蓋知正家之道，必本於閨門。閨門正而後家齊，國治也。王者立後，上法乾坤，必求令德，有以裨成内政，安貞載物，然後協厥坤儀，爲天下母。故太任太姒秉淑德而昌周，明德馬後克恭儉而光漢。古今所稱，不可誣也。文德皇后長孫氏者，實閨門之令望也。仁孝恭儉，少好讀書，贊成内政，裨益弘多，訓諸子常以謙儉爲先，太宗亦敬其有德。常朝回怒曰：『會殺此田舍翁。』后問爲誰？帝曰：『魏徵。』於是后退，衣禮衣而稱賀於上曰：『臣聞主聖則臣直，乃陛下之聖故也。妾敢不賀。』於是帝喜而徵言無不聽。夫唐太宗豈實欲殺魏徵哉？然雖無此意，亦微有不樂諫之心。皇后一聞此語，即籍賀以諷諫之，徵益寵信而帝善益彰。然后知正内之益所不可少，而有乾之健，必得坤之貞以順承之也。《易》曰：『牝馬地類，行地無疆。』蓋馬陰物也，陰之德利柔順，然必利貞而行。地無疆，

主，以艱難百戰之天下，用粉飾太平之規模，未幾而聲名文物，典章紀綱，藹然有中古泰和之氣象，其功豈可量邪？嗟夫！成康龍治之君也，太宗致治之君也。成康之治，有文武爲之先。太宗之治，則太宗也。而治之美，且庶幾焉。此其用功，豈不難於成康乎。太宗之美幾成康。史臣以致治言之，旨哉。漢史臣曰：『周云成康，漢言文景矣。』唐史臣曰：『太宗致治之美庶幾成康。文景，漢之康成也。太宗，唐之成康也。』然而爲文景優，爲太宗也劣。何者？處豐之時則易有，來章慶譽之功，處否之世則難爲大人休否之吉，千金之子，席箕裘之業，繼而施肯播肯獲之功，加暨茨丹雘之力，富之潤屋，非一朝一夕之積也。閭里匹夫，不數年而致千金之資，能使其家之服食器用，風聲氣習，與紹箕裘之業者無異。則孰難孰易邪？文景千金之子也，太宗則自致千金之人也，太宗豈不難於文景乎。何者？文景之時猶成康之時，太宗之世豈成康之世乎？成康龍關雎麟趾之治，太宗則踵八代澆灕也。成康有文武爲之祖父，太宗則繼武德之君也。成康當持盈守成之時，太宗則兼創業守文也，其時其世萬不侔矣。帝也風涵露沐，自披荆棘，未幾鼓元氣而雷域中，騰百川而雨天下，挽孤隋鬼魅之民，而還成周中古之舊。向者澆灕日滋，今致爲仁義既效矣，風俗之美，既醉鳧鷖餘風也。向也刑網繁密，今致爲斷刑二十九矣。教化之美，刑措圄空，遺意也，置文館以崇儒置學校以養士，向無有也，聲明文籍之美，即人人有士君子之行也。致六典以建官，置府衛以寓兵，向無有也。紀綱制度之美，周官井田之規模也。成康處其易，太宗處其難。成康累世以成之，太宗一身以致之。不曰太宗之難而誰難乎？嗟夫！舜紹堯之後則美矣，之治始見於韶樂。文王繼公劉、後稷之業，則美化之行，始及於江漢。高帝迫於倥傯，則漢興之初，不能更化而善治。光武身濟大業，則中興之美，有未盡焉。孰謂太宗能創一代之業，又能致一代之治耶？故治之美，史臣有味之言也。雖然，太宗之治，固有成康之所不能爲者。惜乎美則美矣，而未善也。坤之六五曰美在其中，暢於四支，發於事業。夫暢於四支，發於事業之美，必有在中之美爲之本。太宗大抵輝煌於政治之間，鹵莽於躬行之際，顯設於朝廷之上，闊略於閨門之中，使其有坤德在中之美，則成康之治，豈特庶幾責以春秋未備成人之美，宜不復動史臣之歎。

然後輔干以行，澤及天下。若徒柔順而鮮貞，則又何能助干道而沛膏澤哉！若長孫皇后不預朝政，雖帝問之亦終不對，可謂知安貞之義者矣。其資送公主，諷諫以安直臣，得疾不事道釋之教，尤爲賢明，名垂百世，媲美周姜，宜哉！

又 卷七《序·貞觀政要序》 夫三代以上，君明臣良，天下雍熙，世登上理，自東遷以降，風俗日薄，天下無復熙皞之美，雖有質美之主，望治甚切，而所以屈已從諫，力行善政者，終不能有以震古而鑠今。及唐貞觀，太宗以英武之資，能用賢良之士，時若房元齡、杜如晦、魏徵、王珪諸人，布列左右，相得益彰，蓋自三代以下，能用賢納諫而治天下者，未有如此之盛焉。史臣吴兢，纂輯其書，名之曰《貞觀政要》，後之求治者或列之屏風，或取以進講。元至順間，戈直又刋其書以行於世。餘嘗讀其書，想其時，未嘗不三復而歎曰：貞觀之治盛矣。然其所以致治，則又在於用此數賢。而數賢之中，又推魏徵裨益爲多。然魏徵不能自必信用於太宗以見其功業，則又知太宗所以獨信魏徵，言聽計從而見效若彼者，固人君所當服膺，書紳而勿失也。書中分目，目中有條，條之末引先儒之言而論斷之，其有望於后王也深矣。人君當上法堯舜，遠接湯武，固不當以三代以下自畫。然觀爾曰君臣之所以持盈保泰，行仁義薄法術，太宗之虚已受言，諸臣之論思啓沃，亦庶幾乎都俞吁咈之風矣。

藝文

清·謝啓昆《樹經堂詠史詩》卷六《唐·太宗》 初唐之政數貞觀，三代以來推令名。統是守成功創業，業陳武德治文明。臣箴俯納千官肅，帝范高縣萬國清。獨憾辰嬴留一眚，五娘何物禍胎萌。

又《李靖》 南征北伐啓行臺，衛霍無慚將略該。入座虬髯驚上相，叩門紅拂識英才。山圍積石元勛重，筆佩裴金御詔開。西岳上書疑未釋，雄豪想像勒崔嵬。

又《李勣》 英衛名齊效赤心，彭黥奮亦拔喬林。翦鬚自沐君恩重，封股方知友誼深。富貴恆持門户戒，驕奢每示子孫箴。如何家事虚垂問，草檄他年恨不禁。

清·嚴如熤《樂園詩稿》卷三《李衛公》 幾人物色重塵埃，岳帝祠前太息來。驕貴越公餘屍氣，風流歌妓識雄才。時平未平未許傳兵法，志大終當列上臺。一樣淮陰金益辯，凌煙圖畫繼雲臺。

清·羅惇衍《集義軒詠史詩鈔》卷三二《唐·李靖》 平吴定楚破羣夷，開創功名宇宙垂。入座虬髯恢偉略，叩門臻首議英姿。冢齊衛霍山爲象，兵貫孫吴陣出奇。西一書疑贋筆，雄才豈肯騁游詞？

雜録

唐·吴兢《貞觀政要》卷一《君道第一》 貞觀初，太宗謂侍臣曰：『爲君之道，必須先存百姓。若損百姓以奉其身，猶割股以啖腹，腹飽而身斃。若安天下，必須先正其身，未有身正而影曲，上理而下亂者。朕每思傷其身者不在外物，皆由嗜慾以成其禍。若耽嗜滋味，玩悦聲色，所欲既多所損亦大，既妨政事，又擾生人。且復出一非理之言，萬姓爲之解體。怨讟既作，離叛亦興。朕每思此，不敢縱逸。』諫議大夫魏徵對曰：『古者聖哲之主，皆亦近取諸身，故能遠體諸物。昔楚聘詹何，問其理國之要，詹何對以修身之術。楚王又問理國何如？詹何曰：「未聞身理而國亂者。」陛下所明，實同古義。』

貞觀二年，太宗問魏徵曰：『何爲明君暗君？』徵曰：『君之所以明者，兼聽也；其所以暗者，偏信也。詩云：先人有言，詢於芻蕘。昔唐、虞之理，闢四門，明四目，達四聰。是以聖無不照，故共、鯀之徒，不能塞也；靖言庸回，不能惑也。秦二世則隱藏其身，捐隔疏賤而偏信趙高，及天下潰叛，不得聞也。梁武帝偏信朱異，而侯景舉兵向闕，竟不得知也。隋煬帝偏信虞世基，而諸賊攻城剽邑，亦不得知也。是故人君兼聽納下，則貴臣不得壅蔽，而下情必得上通也。』太宗甚善其言。

貞觀十年，太宗謂侍臣曰：『帝王之業，草創與守成孰難？』尚書左僕射房玄齡對曰：『天地草昧，羣雄競起，攻破乃降，戰勝乃剋。由此言之，草創爲難。』魏徵對曰：『帝王之後，志趣驕逸，百姓欲靜而徭役不休，百姓凋殘而侈務不息，國之衰弊，恆由此起。以斯而言，守成則難。』太宗曰：『齡昔從我定天下，備嘗艱苦，出萬死而遇一生，所以見草創之難也。魏徵與我安天下，慮生驕逸之端，必踐危亡之地，所以見守成之難也。今草創之難，既已往矣，守成之難者，當思與公等慎之。』

貞觀十五年，太宗謂侍臣曰：『守天下難易？』侍中魏徵對曰：『甚難。』太宗曰：『任賢能、受諫諍即可，何謂爲難？』徵曰：『觀自古帝王，在於憂危之間，則任賢受諫。及至安樂，必懷寬怠。恃安樂而欲寬怠，言事者惟令兢懼，日陵月替，以至危亡。聖人所以居安思危，正爲此也。安而能懼，豈不爲難？』

又《政體第二》 貞觀初，太宗謂蕭瑀曰：『朕少好弓矢，自謂能盡其妙。近得良弓十數，以示弓工。乃曰：「皆非良材也。」朕問其故，工曰：「木心不正，則脉理皆邪。弓雖剛勁而遣箭不直，非良弓也。」朕始悟焉。朕以弧矢定四方，用弓多矣，而猶不得其理。況朕有天下之日淺，得爲理之意，固未及於弓。弓猶失之，而況於理乎？』自是詔京官五品以上，更宿中書内省。每召見，皆賜坐與語，詢訪外事，務知百姓利害、政教得失焉。

貞觀元年，太宗謂黄門侍郎王珪曰：『中書所出詔敕，頗有意見不同，或兼錯失而相正以否。元置中書、門下，本擬相防過誤。人之意見，每或不同，有所是非，本爲公事。或有護己之短，忌聞其失，有是有非，銜以爲怨。或有苟避私隙，相惜顔面，知非政事，遂即施行。難違一官之小情，頓爲萬人之大弊，此實亡國之政，卿輩特須在意防也。隋日内外庶官，政以依違，而致禍亂，人多不能深思此理。當時皆謂禍不及身面從背言，不以爲患。後至大亂一起，家國俱喪，雖有脱身之人，縱不遭刑戮，皆辛苦僅免，甚爲時論所貶黜。卿等特須滅私徇公，堅守直道，庶事相啓沃，勿上下雷同也。』

貞觀二年，太宗問黄門侍郎王珪曰：『近代君臣理國，多劣於前古，何也？』對曰：『古之帝王爲政，皆志尚清静，以百姓之心爲心。近代則唯損百姓以適其欲，所任用大臣，復非經術之士。漢家宰相，無不精通一經，朝廷若有疑事，皆引經決定，由是人識禮教，理致太平。近代重武輕儒，或參以法律，儒行既虧，淳風大壞。』太宗深然其言。自此百官中有學業優長，兼識政體者，多進其階品，累加遷擢焉。

貞觀五年，太宗謂侍臣曰：『治國與養病無異也。病人覺愈，彌須將護，若有觸犯，以至殞命。治國亦然，天下稍安，尤須兢慎，若便驕逸，必至喪敗。今天下安危，擊之於朕。故日慎一日，雖休勿休。然耳目股肱，寄於卿輩，既義均一體，宜協力同心，事有不安，可極言無隱。儻君臣相疑，不能備盡肝膈，實爲治國之大害也。』

貞觀六年，太宗謂侍臣曰：『看古之帝王，有興有衰，猶朝之有暮，皆爲蔽其耳目，不知時政得失。忠正者不言，邪諂者日進，既不見過，所以至於滅亡。朕既在九重，不能盡見天下事，故布之卿等，以爲朕之耳目。莫以天下無事，四海安寧，便不存意。可愛非君，可畏非民。天子者，有道則人推而爲主，無道則人棄而不用，誠可畏也。』魏徵對曰：『自古失國之主，皆爲居安忘危，處理忘亂，所以不能長久。今陛下富有天下，内外清晏，能留心治道，常臨深履薄，國家曆數，自然靈長。臣又聞古語云：「君，舟也；人，水也。水能載舟，亦能覆舟。」陛下以爲可畏，誠如聖旨。』

又 卷二《求諫第四》 太宗威容嚴肅，百僚進見者，皆失其舉措。太宗知其若此，每見人奏事，必假籍顔色，冀聞諫諍，知政教得失。貞觀初，嘗謂公卿曰：『人欲自照，必須明鏡；主欲知過，必藉忠臣。主若自賢，臣不匡正，欲不危敗，豈可得乎？故君失其國，臣亦不能獨全其家。至如隋煬帝暴虐，臣下鉗口，卒令不聞其過，遂至滅亡。虞世基等，尋亦誅死。前事不遠，公等每看事有不利於人，必須極言規諫。』

貞觀元年，太宗謂侍臣曰：『正主任邪臣，不能致理；正臣事邪主，亦不能致理。惟君臣相遇，有同魚水，則海内可安。朕雖不明，幸諸公數相匡救，冀憑直言鯁議，致天下於太平。』諫議大夫王珪對曰：『臣聞木從繩則正，後從諫則聖。故古者聖主必有爭臣七人，言而不用，則相繼以死。陛下開聖慮，納芻蕘，愚臣處不諱之朝，實願罄其狂瞽。』太宗稱善，詔令自是宰相入内平章國計，必使諫官隨入，預聞政事。有所開説，必虚己納之。

又 卷三《君臣鑒戒第六》 貞觀三年，太宗謂侍臣曰：『君臣本同治亂，共安危，若主納忠諫，臣進直言，斯故君臣合契，古來所重。若君自賢，臣不匡正，欲不危亡，不可得也。君失其國，臣亦不能獨全其家。至如隋煬帝暴虐，臣下鉗口，卒令不聞其過，遂至滅亡。虞世基等，尋亦誅死。前事不遠，朕與卿等可得不慎，無爲後所嗤！」

貞觀四年，太宗論隋日禁囚。魏徵對曰：「臣往在隋朝，曾聞有盜發，煬帝令於士澄捕逐。但有疑似，苦加拷掠，枉承賊者二千餘人，併令同日斬決。大理丞張元濟怪之，試尋其狀，乃有六七人，盜發之日，先禁他所，被放纔出，亦遭推勘，不勝苦痛，自誣行盜。元濟因此更事究尋，二千人內惟九人逗遛不明。官人有諳識者，就九人內四人非賊。有司以煬帝已令斬決，遂不執奏，併殺之。」太宗曰：「非是煬帝無道，臣下亦不盡心。須相匡諫，不避誅戮，豈得惟行諂佞，苟求悅譽。君臣如此，何能不敗？朕賴公等共相輔佐，遂令囹圄空虛，願公等善始克終，恒如今日！」

又《擇官第七》 貞觀元年，太宗謂房玄齡等曰：「致理之本，惟在於審。量才授職，務省官員。故書稱：『任官惟賢才。』又云：『官不必備，惟其人。』若得其善者，雖少亦足矣。其不善者，縱多亦奚焉？古人亦以官不得其才，比於畫地作餅，不可食也。《詩》曰：『謀夫孔多，是用不就。』又孔子曰：『官事不攝，焉得儉？』且『千羊之皮，不如一狐之腋。』此皆載在經典，不能具道。當須更併省官員，使得各當所任，則無爲而理矣。卿宜詳思此理，量定庶官員位。」玄齡等由是所置文武總六百四十三員。太宗從之，因謂玄齡曰：「自此儻有樂工雜類，假使術逾儕輩者，只可特賜錢帛以賞其能，必不可超授官爵，與夫朝賢君子比肩而立，同坐而食，遣諸衣冠以爲恥累。」

貞觀二年，太宗謂尚書右僕射封德彝曰：「致安之本，惟在得人。比來命卿舉賢，未嘗有所推薦。天下事重，卿宜分朕憂勞，卿既不言，朕將安寄？」對曰：「臣愚豈敢不盡情，但今所見，未有奇才異能。」太宗曰：「前代明王使人如器，不籍才於異代，皆取士於當時。豈得待夢傅說、逢呂尚，然後爲政乎？且何代無賢，但患遺而不知耳！」德彝慚赧而退。

《舊唐書》卷五〇《刑法志》 高祖初起義師於太原，即布寬大之令。百姓苦隋苛政，競來歸附。旬月之間，遂成帝業。既平京城，約法爲十二條。惟制殺人、劫盜、背軍、叛逆者死，餘併蠲除之。及受禪，詔納言劉文靜與當朝通識之士，因開皇律令而損益之，盡削大業所用煩峻之法。又制五十三條格，務在寬簡，取便於時。尋又敕尚書左僕射裴寂、尚書右僕射蕭瑀及大理卿崔善爲、給事中王敬業、中書舍人劉林甫顏師古王孝遠、涇州別駕靖延、太常丞丁孝烏、隋大理丞房軸、上將府參軍李桐客、太常博士徐上機等，撰定律令，大略以開皇爲準。於時諸事始定，邊方尚梗，救時之弊，有所未暇，惟正五十三條格，入於新律，餘無所改。至武德七年五月奏上，乃下詔曰：【略】於是頒行天下。

及太宗即位，又命長孫無忌、房玄齡與學士法官，更加釐改。戴冑、魏徵又言舊律令重，於是議絞刑之屬五十條。免死罪，斷其右趾，應死者多蒙全活。太宗尋又愍其受刑之苦，謂侍臣曰：「前代不行肉刑久矣，今忽斷人右趾，意甚不忍。」諫議大夫王珪對曰：「古行肉刑，以爲輕罪。今陛下矜死刑之多，設斷趾之法，格本合死，今而獲生。刑者幸得全命，豈憚去其一足？且人之見者，甚足懲誡。」上曰：「本以爲寬，故行之。然每聞惻愴，不能忘懷。」又謂蕭瑀、陳叔達等曰：「朕以死者不可再生，思有矜愍，故簡死罪五十條，從斷右趾。朕復念其受痛，極所不忍。」叔達等咸曰：「古之肉刑，乃在死刑之外。陛下於死刑之內，改從斷趾，便是以生易死，足爲寬法。」上曰：「朕意以爲如此，故欲行之。又有上書言此非便，公可更思之。」其後蜀王法曹參軍裴弘獻又駁律令不便於時者四十餘事，太宗令參掌刪改之。弘獻於是與玄齡等建議，以爲古者五刑，刖居其一。及肉刑廢，制爲死、流、杖、笞凡五等，以備五刑。今復設刖足，是爲六刑。減死在於寬弘，加刑又加煩峻。乃與八座定議奏聞，於是又除斷趾法，改爲加役流三千里，居作二年。

又舊條疏，兄弟分後，廕不相及，連坐俱死，祖孫配没。會有同州人房强，弟任統軍於岷州，以謀反伏誅，强當從坐。太宗嘗録囚徒，憫其將死，爲之動容。顧謂侍臣曰：「刑典仍用，蓋風化未洽之咎。愚人何罪，而肆重刑乎？更彰朕之不德也。用刑之道，當審事理之輕重，然後加之以刑罰。何有不察其本而一概加誅，非所以恤刑重人命也。然則反逆有二：一爲興師動衆，一爲惡言犯法。輕重有差，而連坐皆死，豈朕情之所安哉？」更令百僚詳議。於是玄齡等復定議曰：「案禮，孫爲王父尸。案令，祖有廕孫之義。然則祖孫親重而兄弟屬輕，應重反流，合輕翻死，據禮論情，深爲未愜。今定律，祖孫與兄弟緣坐，俱配没。其以惡言犯法不能爲害者，情狀稍輕，兄弟免死，配流爲允。』從之。自是比古死刑，殆除其半。

玄齡等遂與法司定律五百條，分爲十二卷：一曰名例，二曰衛禁，三曰職制，四曰户婚，五曰廄庫，六曰擅興，七曰賊盜，八曰鬭訟，九曰詐僞，十曰雜律，十一曰捕亡，十二曰斷獄。有笞、杖、徒、流、死，爲五刑。笞刑五條，自笞十至五十；杖刑五條，自杖六十至杖一百；徒刑五條，自徒一年，遞加半年，至三年；流刑三條，自流二千里，遞加五百里，至三千里；死刑二條：絞、斬。大凡二十等。又有議請減贖當免之法八：一曰議親，二曰議故，三曰議賢，四曰議能，五曰議功，六曰議貴，七曰議賓，八曰議勤。八議者，犯死罪者皆條所坐及應議之狀奏請，議定奏裁。流罪已下，減一等。若官爵五品已上，及皇太子妃大功已上親，應議者周以上親，犯死罪者上請；流罪已下，亦減一等。若七品已上官，及官爵得請者之祖父母、父母、兄弟、姊妹、妻、子孫，犯流罪已下，各減一等。若應議請減及九品已上官，若官品得減者之祖父母、父母、妻、子孫，犯流罪已下，聽贖。其贖法：笞十，贖銅一斤，遞加一斤，至杖一百，則贖銅十斤。自此已上，遞加十斤，至徒三年，則贖銅六十斤。流二千里者，贖銅八十斤；流二千五百里者，贖銅九十斤；流三千里者，贖銅一百斤。絞斬者，贖銅一百二十斤。又許以官當罪。以官當徒者，五品已上犯私罪者，一官當徒二年；九品已上，一官當徒一年。若犯公罪者，各加一年。以官當流者，三流同比徒四年，仍各解見任。除名者，比徒三年。免官者，比徒二年。免所居官者，比徒一年。又有十惡之條：一曰謀反，二曰謀大逆，三曰謀叛，四曰謀惡逆，五曰不道，六曰大不敬，七曰不孝，八曰不睦，九曰不義，十曰內亂。其犯十惡者，不得依議請之例。年七十以上、十五以下及廢疾，犯流罪以下，亦聽贖。八十已上、十歲以下及篤疾，犯反逆殺人應死者，上請，盜及傷人，亦收贖，餘皆勿論。九十以上、七歲以下，雖有死罪，不加刑。比隋代舊律，減大辟者九十二條，減流入徒者七十一條。其當徒之法，唯奪一官，除名之人，仍同士伍。凡削煩去蠹，變重爲輕者，不可勝紀。

又定令一千五百九十條，爲三十卷。貞觀十一年正月，頒下之。又刪武德、貞觀已來敕格三千餘件，定留七百條，以爲格十八卷，留本司施行。斟酌今古，除煩去弊，甚爲寬簡，便於人者。以尚書省諸曹爲之目，初爲七卷。其曹之常務，但留本司者，別爲《留司格》一卷。蓋編録當時制敕，永爲法則，以爲故事。《貞觀格》十八卷，房玄齡等刪定。【略】

太宗又制在京見禁囚，刑部每月一奏，從立春至秋分，不得奏決死刑。其大祭祀及致齋、朔望、上下弦、二十四氣、雨未晴、夜未明、斷屠日月及假日，併不得奏決死刑。其有赦之日，武庫令設金鷄及鼓於宮城門外之右，勒集囚徒於闕前，撾鼓千聲訖，宣詔而釋之。其赦書頒諸州，用絹寫行下。

又繫囚之具，有枷、杻、鉗、鎖，皆有長短廣狹之制，量罪輕重，節級用之。其杖皆削去節目，長三尺五寸。訊囚杖，大頭徑三分二釐，小頭二分二釐。常行杖，大頭二分七釐，小頭一分七釐。笞杖，大頭二分，小頭一分半。其決笞者，腿分受。決杖者，背、腿、臀分受。及須數等拷訊者，亦同。其拷囚不過三度，總數不得過二百。杖罪已下，不得過所犯之數。

諸斷罪而無正條，其應出罪者，則舉重以明輕；其應入罪者，則舉輕以明重。稱加者，就重次；稱減者，就輕次。惟二死三流，同爲一減，不得加至於死。斷獄而失於出入者，以其罪罪之。失入者，各減三等；失出者，各減五等。

初，太宗以古者斷獄，必訊於三槐九棘之官，乃詔大辟罪，中書、門下五品已上及尚書等議之。其後河內人李好德，風疾瞀亂，有妖妄之言，詔按其事。大理丞張蘊古奏，好德癲病有徵，法不當坐。治書侍御史權萬紀，劾蘊古貫相州，好德之兄厚德，爲其刺史，情在阿縱，奏事不實。太宗曰：『吾常禁囚於獄內，蘊古與之弈棋，今復阿縱好德，是亂吾法也。』遂斬於東市。既而悔之。又交州都督盧祖尚，以忤旨斬於朝堂，帝亦追悔。下制，凡決死刑，雖令卽殺，仍三覆奏。尋謂侍臣曰：『人命至重，一死不可再生。昔世充殺鄭頲，既而悔之，追止不及。今春府史取財不多，朕怒殺之，後亦尋悔，皆由思不審也。比來決囚，雖三覆奏，須臾之間，三奏便訖，都未得思，三奏何益？自今已後，宜二日中五覆奏，下諸州三覆奏。又古者行刑，君爲徹樂減膳。朕今庭無常設之樂，莫知何徹，然對食卽不啖酒肉。自今已後，令與尚食相知，刑人日勿進酒肉。內教坊及太常，併宜停教。且曹司斷獄，多據律文，雖情在可矜，而不敢違法，守文定罪，或恐有冤。自今門下覆理，有據法合死而情可宥者，宜録狀奏。』自是全活者甚衆。其五覆奏，以決前一日、二日覆奏，決日又三覆奏。惟犯惡逆者，一覆奏而已，著之於令。

太宗既誅張藴古之後，法官以出罪爲誡，時有失入者，又不加罪焉，由是刑網頗密。帝嘗問大理卿劉德威曰：『近來刑網稍密，何也？』德威對曰：『律文失入減三等，失出減五等。今失入則無辜，失出則便獲大罪，所由吏皆深文。』太宗然其言。由是失於出入者，令依律文，斷獄者漸爲平允。十四年，又制流罪三等，不限以里數，量配邊惡之州。其後雖存寬典，而犯者漸少。

《新唐書》卷四四《選舉志上》 自高祖初入長安，開大丞相府，下令置生員，自京師至於州縣皆有數。既卽位，又詔秘書外省別立小學，以教宗室子孫及功臣子弟。其後又詔諸州明經、秀才、俊士、進士明於理體爲鄉里稱者，縣考試，州長重覆，歲隨方物入貢；吏民子弟學藝者，皆送於京學，爲設考課之法。州、縣、鄉皆置學焉。及太宗卽位，益崇儒術。乃於門下別置弘文館，又增置書、律學，進士加讀經、史一部。十三年，東宮置崇文館。自天下初定，增築學舍至千二百區，雖七營飛騎，亦置生，遣博士爲授經。四夷若高麗、百濟、新羅、高昌、吐蕃，相繼遣子弟入學，遂至八千餘人。

又　卷五一《食貨志一》 太宗方鋭意於治，官吏考課，以鰥寡少者進考，如增户法；失勸道者以減户論。配租以斂獲早晚、險易、遠近爲差。庸、調輸以八月，發以九月。同時輸者先遠民。皆自槩量。州府歲市土所出爲貢，其價視絹之上下，無過五十匹。異物、滋味、口馬、鷹犬，非有詔不獻。有加配，則以代租賦。

其凶荒則有社倉賑給，不足則徙民就食諸州。尚書左丞戴冑建議：『自王公以下，計墾田，秋熟，所在爲義倉，歲凶以給民。』太宗善之，乃詔：『畝税二升，粟、麥、秔、稻，隨土地所宜。寬鄉斂以所種，狹鄉據青苗簿而督之。田耗十四者免其半，耗十七者皆免之。商賈無田者，以其户爲九等，出粟自五石至於五斗爲差。下下户及夷獠不取焉。歲不登，則以賑民；或貸爲種子，則至秋而償。』其後洛、相、幽、徐、齊、併、秦、蒲州又置常平倉，粟藏九年，米藏五年，下濕之地，粟藏五年，米藏三年，皆著于令貞觀初，户不及三百萬，絹一匹易米一斗。至四年，米斗四五錢，外户不閉者數月，馬牛被野，人行數千里不齎糧，民物蕃息，四夷降附者百二十萬人。是歲，天下斷獄，死罪者二十九人，號稱太平。此高祖、太宗致治之大略，及其成效如此。

南漢·王定保《唐摭言》卷一《散序進士》 進士科始於隋大業中，盛於貞觀、永徽之際；搢紳雖位極人臣，不由進士者，終不爲美，以至歲貢常不減八九百人。其推重謂之『白衣公卿』，又曰『一品白衫』；其艱難謂之『三十老明經，五十少進士』；其負倜儻之才，變通之術，蘇張之辨説，荆、聶之膽氣，仲由之武勇，子房之籌畫，弘羊之書計，方朔之詼諧，咸以是而晦之，修身慎行，雖處子之不若，其有老死於文場者，亦所無恨，故有詩云：『太宗皇帝眞長策，賺得英雄盡白頭！』

開元盛世分部

綜　述

《舊唐書》卷八《玄宗紀上》 玄宗至道大聖大明孝皇帝諱隆基，睿宗第三子也，母曰昭成順聖皇后竇氏。垂拱元年秋八月戊寅，生於東都。性英斷多藝，尤知音律，善八分書。儀範偉麗，有非常之表。三年閏七月丁卯，封楚王。天授三年十月戊戌，出閤，開府置官屬，年始七歲。朔望車騎至朝堂，金吾將軍武懿宗忌上嚴整，訶排儀仗，因欲折之。上叱之曰：『吾家朝堂，干汝何事？敢迫吾騎從！』則天聞而特加寵異之。尋卻入閤。長壽二年臘月丁卯，改封臨淄郡王。聖曆元年，出閤，賜第於東都積善坊。大足元年，從幸西京，賜宅於興慶坊。長安中，歷右衛郎將、尚輦奉御。

神龍元年，遷衛尉少卿。景龍二年四月，兼潞州別駕。十二月，加銀青光禄大夫。州境有黃龍白日升天。嘗出畋，有紫雲在其上，後從者望而得之。前後符瑞凡一十九事。四年，中宗將祀南郊，來朝京師。將行，使術士韓禮筮之，蓍一莖孑然獨立。禮驚曰：『蓍立，奇瑞非常也，不可言。』屬中宗末年，王室多故，上常陰引材力之士以自助。上所居宅外有水池，浸溢頃餘，望氣者以爲龍氣。四年四月，中宗幸其第，因遊其池，結綵爲樓船，令巨象踏之。

至六月，中宗暴崩，韋后臨朝稱制。韋温、宗楚客、紀處訥等謀傾宗社，以睿宗介弟之重，先謀不利。道士馮道力、處士劉承祖皆善於占兆，詣上布誠款。上所居里名隆慶，時人語訛以『隆』爲『龍』；韋庶人稱制，改元又爲唐隆，皆符御名。上益自負，乃與太平公主謀之，公主喜，以子崇簡從。上乃與崇簡、朝邑尉劉幽求、長上折衝麻嗣宗、押萬騎果毅葛福順李仙鳧、寶昌寺僧普潤等定策誅之。或曰：『先啓大王。』上曰：『我拯社稷之危，赴君父之急，事成福歸於宗社，不成身死於忠孝，安可先請，憂怖大王乎！若請而從，是王與危事；請而不從，則吾計失矣。』遂以庚子夜率幽求等數十人自苑南入，總監鍾紹京又率丁匠百餘以從。分遣萬騎往玄武門殺羽林將軍韋播、高嵩，持首而至，衆歡叫大集。攻白獸、玄德等門，斬關而進，左萬騎自左入，右萬騎自右入，合於淩煙閣前。時太極殿前有宿衛梓宮萬騎，聞譟聲，皆披甲應之。韋庶人惶惑走入飛騎營，爲亂兵所害。於是分遣誅韋氏之黨，比明，內外討捕，皆斬之。乃馳謁睿宗，謝不先啓請之罪。睿宗遽前抱上而泣曰：『宗社禍難，由汝安定，神祇萬姓，賴汝之力也。』拜殿中監、同中書門下三品，兼押左右萬騎，進封平王。

睿宗即位，與侍臣議立皇太子，僉曰：『除天下之禍者，享天下之福；拯天下之危者，受天下之安。平王有聖德，定天下，又聞成器已下咸有推讓，宜膺主鬯，以副羣心。』睿宗從之。丙午，制曰：

舜去四凶而功格天地，武有七德而戡定黎人，故知有大勳者必受神明之福，仗高義者必爲匕鬯之主。朕恭臨寶位，亭育寰區，以萬物之心爲心，以兆人之命爲命。雖承繼之道，咸以冢嫡居尊；而無私之懷，必推功業爲首。然後可保安社稷，永奉宗祧。第三子平王基孝而克忠，義而能勇。比以朕居藩邸，虔守國彝，貴戚中人，都無引接。羣邪害正，凶黨實繁，利口巧言，讒説罔極。韋温、延秀，朋黨競起；晉卿、楚客，交構其間。潛結回邪，排擠端善，潛貯兵甲，將害朕躬。基密聞其期，先難奮發，推身鞠弭，衆應如歸，呼吸之間，凶渠殄滅。安七廟於幾墜，拯羣臣於將殞。方舜之功過四，比武之德逾七。靈祇望在，昆弟樂推。一人元良，萬邦以定。爲副君者，非此而誰？可立爲皇太子。有司擇日，備禮册命。

七月己巳，睿宗御承天門，皇太子詣朝堂受册。是日有景雲之瑞，改元爲景雲，大赦天下。

二年，又制曰：『惟天生烝人，牧以元后；維皇立國，副以儲君。將以保綏家邦，安固後嗣者也。朕纂承洪業，欽奉寶圖，夜分不寢，日昃忘倦。茫茫四海，懼一人之未周；烝烝萬姓，恐一物之失所。雖卿士竭誠，守宰宣化，緬懷庶域，仍未小康。是以求下人之變風，遵先朝之故事。皇太子基仁孝因心，温恭成德，深達禮體，能辨皇猷，宜令監國，俾爾爲政。其六品以下除授及徒罪已下，並取基處分。』

延和元年六月，凶黨因術人聞睿宗曰：『據玄象，帝座及前星有災，皇太子合作天子，不合更居東宮矣。』睿宗曰：『傳德避災，吾意決矣。』七月壬午，制曰：

朕以寡昧，虔奉鴻休，本殊王季之賢，早達延陵之節。昔在聖曆，已讓皇嗣之尊；爰暨神龍，終辭太弟之授。豈唯衣冠所覩，抑亦兆庶咸知。頃屬國步不夷，時艱主幼，大業有綴旒之懼，寶位深墜地之憂，議迫公卿，遂司契纂，日慎一日，以至于今。一紀之勞，勤亦至矣；萬方之俗，化漸行矣。將成宿願，脱屣寰區。昔堯之禪舜，唯能是與，禹以命啓，匪私其親，神器之重，允歸公授。皇太子基有大功於天地，定阽危於社稷，温文既習，聖敬克躋。委之監國，已移歲年，時政益明，庶工惟序。朕之知子，庶不負時，曆數在躬，宜陟元后。可令即皇帝位，有司擇日授册。朕方比迹洪古，希風太皇，神與化游，思與道合，無爲無事，豈不美歟！王公百僚，宜識朕意。

上意惶懼，馳見叩頭，請所以傳位之旨。睿宗曰：『吾因汝功業得宗社。今帝座有眚，思欲遜避，唯聖德大勳，始轉禍爲福。易位於汝，吾知晚矣。』上始居武德殿視事，三品以下除授及徒罪皆自決之。

先天二年七月三日，尚書左僕射竇懷貞、侍中岑羲、中書令蕭至忠崔湜、雍州長史李晉、左羽林大將軍常元楷、右羽林將軍李慈等與太平公主同謀，期以其月四日以羽林軍作亂。上密知之，因以中旨告岐王範、薛王業、兵部尚書郭元振、將軍王毛仲，取閑廄馬及家人三百餘人，率太僕少卿李令問、王守一、內侍高力士、果毅李守德等親信十數人，出武德殿，入虔化門。梟常元楷、李慈於北闕。擒賈膺福、李猷於內客省以出，執蕭至忠、岑羲於朝，皆斬之。睿宗明日下詔曰：『朕將高居無爲，自今軍國政刑一事已上，併取皇帝處分。』上御承天門樓，下制曰：

朕承累聖之洪休，荷重光之積慶。昔因多難，內屬構屯，寶位深墜地之憂，神器有綴旒之懼。事殷家國，義感神只，吟嘯風雲，龔行雷電，致君親於堯、舜，濟黔首於休和。遂以孟秋，允升儲貳；旋承內禪，繼體宸居。拜首之請空勤，讓立之誠莫展，恭臨億兆，二載於兹。上稟聖謨，下凝庶績，八荒同軌，瀛海無波。不謂姦慝潛謀，蕭牆竊發。逆賊竇懷貞等併以庸妄，權齒朝廷，毫髮之效未申，丘山之釁乃積，共成梟獍，將肆奸回。太上皇聖斷宏通，英謀獨運，命朕率岐王範、薛王業等躬事誅鋤。齊斧一麾，凶渠盡殪。太陽朗耀，澄氛靄於天衢；高風順時，厲肅殺於秋序。神靈協贊，夷夏相歡，四族之慝既清，七百之祚方永。爰承後命，載闡休期，總軍國之大猷，施雲雨之鴻澤。承乾之道，既光被於無垠；作解之恩，思式覃於品物。當與億兆，同此惟新。可大赦天下，大辟罪已下咸赦除之。加邠王守禮實封三百户，宋王成器、申王成義各加實封一千户，岐王範、薛王業各加實封七百户。文武官三品以下賜爵一級，四品已下各加一階。內外官人被諸道按察使及御史所摘伏，咸宜洗滌；選日依次敍用

丁卯，崔湜、盧藏用除名，長流嶺表。壬申，王琚爲銀青光禄大夫、户部尚書，封趙國公，實封三百户；姜皎銀青光禄大夫、工部尚書，封楚國公，實封五百户；李令問銀青光禄大夫、殿中監，實封三百户；王毛仲輔國大將軍、左武衛大將軍、檢校內外閑廄兼知監牧使、霍國公，實封五百户；王守一銀青光禄大夫、太常卿同正員，進封晉國公，實封五百户：併賞其定策功。琚、皎、令問固讓。癸丑，中書侍郎陸象先爲益州大都督府長史兼劍南道按察兵馬使，尚書左丞張說爲檢校中書令。甲戌，令毀天樞，取其銅鐵充軍國雜用。庚辰，王琚爲中書侍郎，加實封二百户；姜皎殿中監，仍充內外閑廄使，加實封二百户；李令問殿中少監、知尚食事，加實封二百户。己丑，周孝明高皇帝依舊追贈太原王，宜去帝號；孝明皇后宜稱太原王妃；昊陵、順陵併稱太原王及妃墓。

八月壬辰，封州流人劉幽求爲尚書左僕射、知軍國重事、徐國公，仍依舊實封七百户。制曰：『凡有刑人，國家常法。掩骼埋胔，王者用心。自今已後，輒有屠割刑人骨肉者，依法科殘害之罪。』

九月，司空兼揚州大都督、宋王成器爲太尉兼揚州大都督，益州大都督兼右金吾大將軍、申王成義爲司徒兼益州大都督，單於大都護兼左金吾大將軍、邠王守禮爲司空。癸丑，封華岳神爲金天王。

九月丁卯，宋王成器爲開府儀同三司，尚書左僕射劉幽求同中書門下三品，檢校中書令、燕國公張説爲中書令，特進王仁皎爲開府儀同三司。己卯，宴王公百僚於承天門，令左右於樓下撒金錢，許中書門下五品已上官及諸司三品已上官爭拾之，仍賜物有差。郭元振兼御史大夫。丙戌，又置右御史台。

冬十一月甲申，幸新豐之温湯。癸卯，講武於驪山。兵部尚書、代國公郭元振坐虧失軍容，配流新州；給事中、攝太常少卿唐紹以軍禮有失，斬於纛下。甲辰，畋獵於渭川。同州刺史、梁國公姚元之爲兵部尚書、同中書門下三品。乙巳，至自温湯。十一月乙丑，幽求兼知侍中。戊子，上加尊號爲開元神武皇帝。

十二月庚寅朔，大赦天下，改元爲開元，內外官賜勳一轉。改尚書左、右僕射爲左、右丞相，中書省爲紫微省，門下省爲黄門省，侍中爲監。雍州爲京兆府，洛州爲河南府，長史爲尹，司馬爲少尹。國初以來宰相及食實封功臣子孫，一應沉翳未承恩者，令量才擢用。開元元年十二月己亥，禁斷潑寒胡戲。癸丑，尚書左丞相兼黄門監劉幽求爲太子少保，罷知政事；紫微令張説爲相州刺史。甲寅，門下侍郎盧懷慎同紫微黄門平章事。

二年春正月，關中自去秋至于是月不雨，人多飢乏，遣使賑給。制求直諫昌言弘益政理者。名山大川，併令祈祭。丙寅，紫微令姚崇上言請檢責天下僧尼，以僞濫還俗者二萬餘人。甲申，并州大都督府長史兼檢校左衛大將軍薛訥同紫微黄門三品，仍總兵以討奚、契丹。

二月，突厥默啜遣其子同俄特勤率衆寇北庭都護府，右驍衛將軍郭虔

瓘擊敗之，斬同俄於城下。己酉，以旱，親録囚徒。改太史監罷隷秘書省。閏月癸亥，令道士、女冠、僧尼致拜父母。丁卯，復置十道按察使。己未，突厥默啜妹婿火拔頡利發石失畢與其妻來奔，封燕山郡王，授左衛員外大將軍。紫微侍郎、趙國公王琚左授澤州刺史，賜實封一百户，餘併停。丁亥，劉幽求爲睦州刺史。

三月甲辰，青州刺史、郇國公韋安石爲沔州別駕；太子賓客、逍遥公韋嗣立爲岳州別駕；特進致仕李嶠先隨子在袁州，又貶滁州別駕：併員外置。去年九月有詔毀天樞，至今春始。

夏五月辛亥，黄門監魏知古工部尚書，罷知政事。

六月丁巳，開府儀同三司、宋王成器爲岐州刺史，司徒、申王成義爲豳州刺史，司空、邠王守禮爲虢州刺史：委務於上佐。内出珠玉錦繡等服玩，又令於正殿前焚之。乙丑，兵部尚書致仕、韓國公張仁願卒。

七月，薛訥與副將杜賓客、崔宣道等總兵六萬自檀州道遇賊於灤河，爲賊所敗。訥等屏甲遁歸，減死，除名爲庶人。辛未，光禄卿竇希瑊爲太子太傅。房州刺史、襄王重茂薨於梁州，謚曰殤帝。丙午，昭文館學士柳沖、太子左庶子劉子玄刊定《姓族係録》二百卷，上之。以興慶里舊邸爲興慶宮。諸王傅併停。京官所帶跨巾算袋，每朝參日著，外官衙日著，餘日停。吐蕃寇臨洮軍，又游寇蘭州、渭州，掠羣牧，起薛訥攝左羽林將軍、隴右防禦使，率杜賓客、郭知運、王晙、安思順以御之。太常卿、岐王範爲華州刺史，秘書監、薛王業爲同州刺史。

八月戊午，西天竺國遣使獻方物。

九月戊申，幸新豐之温泉。甲寅，制曰：『自古帝王皆以厚葬爲誡，以其無益亡者，有損生業故也。近代以來，共行奢靡，遞相仿傚，浸成風俗，既竭家産，多至凋弊。然則魂魄歸天，明精誠之已遠；卜宅於地，蓋思慕之所存。古者不封，未爲非達。且墓爲真宅，自便有房，今乃别造田園，名爲下帳，又冥器等物，皆競驕侈。失禮違令，殊非所宜；戮屍暴骸，實由於此。承前雖有約束，所司曾不申明，喪葬之家，無所依準。宜令所司據品令高下，明爲節制：冥器等物，仍定色數及長短大小；園宅下帳，併宜禁絶；墳墓塋域，務遵簡儉；凡諸送終之具，併不得以金銀爲飾。如有違者，先決杖一百。州縣長官不能舉察，併貶授遠官。』

冬十月戊午，至自温泉。薛訥破吐蕃於渭州西界武階驛，斬首一萬七十級，馬七萬七匹，牛羊四萬頭。豐安軍使郎將、判將軍王海賓先鋒力戰，死之。

十一月庚寅，葬殤帝於武功西原。

十二月乙丑，封皇子嗣眞爲鄫王，嗣初爲鄂王，嗣玄爲鄄王。時右威衛中郎將周慶立爲安南市舶使，與波斯僧廣造奇巧，將以進內。監選使、殿中侍御史柳澤上書諫，上嘉納之。

三年春正月丁亥，立郢王嗣謙爲皇太子，降死罪已下，大酺三日。癸卯，黄門侍郎盧懷慎爲檢校黄門監。甲辰，工部尚書魏知古卒。

二月，禁斷天下采捕鯉魚。十姓部落左廂五咄六啜、右廂五弩失畢五俟斤，及高麗莫離支高文簡、都督跌跌思太等，各率其衆自突厥相繼來奔，前後總二千餘帳。析許州、唐州置仙州。

夏四月，岐王範兼虢州刺史，薛王業兼幽州刺史。

六月，山東諸州大蝗，飛則蔽景，下則食苗稼，聲如風雨。紫微令姚崇奏請差御史下諸道，促官吏遣人驅撲焚瘞，以救秋稼，從之。是歲，田收有穫，人不甚饑。

秋七月，刑部尚書李日知卒。

冬十月甲寅，制曰：『朕聽政之暇，常覽史籍，事關理道，實所留心，中有闕疑，時須質問。宜選耆儒博學一人，每日入内侍讀。』以光禄卿馬懷素爲左散騎常侍，與右散騎常侍褚無量併充侍讀。甲子，幸郿縣之鳳泉湯。

十一月己卯，至自鳳泉湯。乙酉，幸新豐之温湯。丁亥，妖賊崔子巖等入相州作亂。戊子，州司討平之。甲午，至自温湯。

十二月庚午，以軍器使爲軍器監，置官員。

是冬無雪。

四年春正月癸未，尚衣奉御長孫昕恃以皇后妹婿，與其妹夫楊仙玉毆擊御史大夫李傑，上令朝堂斬昕以謝百官。以陽和之月不可行刑，累表陳請，乃命杖殺之。丁亥，宋王成器、申王成義以『成』字犯昭成皇后謚號，於是成器改名憲，成義改爲撝。刑部尚書、中山郡公李乂卒。

二月丙辰，幸新豐之温湯。丁卯，至自温湯。以關中旱，遣使祈雨於驪山，應時澍雨。令以少牢致祭，仍禁斷樵採。

夏六月庚寅，月蝕既。癸亥，太上皇崩於百福殿。辛未，京師、華、陝三州大風拔木。癸酉，突厥可汗默啜爲九姓拔曳固所殺，斬其首送於京師。默啜兄子小殺繼立爲可汗。是夏，山東、河南、河北蝗蟲大起，遣使分捕而瘞之。其回紇、同羅、霫、勃曳固、僕固五部落來附，於大武軍北安置。

秋七月丙申，分巂、雅二州置黎州。

冬十月癸丑，户部尚書、新除太子詹事畢構卒。庚午，葬睿宗大聖貞皇帝於橋陵。以同州蒲城縣爲奉先縣，隸京兆府。

十一月丁亥，徙中宗神主於西廟。甲午，尚書左丞源干曜爲黄門侍郎、同紫微黄門平章事。辛丑，黄門監兼吏部尚書盧懷慎卒。

十二月乙卯，幸新豐之温湯。其夜，定陵寢殿災。乙丑，至自温湯。尚書、廣平郡公宋璟爲吏部尚書兼黄門監，紫微侍郎、許國公蘇頲同紫微黄門平章事。兵部尚書兼紫微令、梁國公姚崇爲開府儀同三司，黄門侍郎、安陽男源干曜守京兆尹，併罷知政事。停十道采訪使。

五年春正月壬寅朔，上以喪制不受朝賀。癸卯寅時，太廟屋壞，移神主于太極殿，上素服避正殿，輟朝五日，日躬親祭享。辛亥，幸東都。戊辰，昏霧四塞。

二月甲戌，至自東都，大赦天下，唯謀反大逆不在赦限，餘併宥之。河南百姓給復一年，河南、河北遭澇及蝗蟲處，無出今年地租。武德、貞觀以來勳臣子孫無位者，訪求其後奏聞；有嘉遁幽棲養高不仕者，州牧各以名薦。

三月庚戌，於柳城依舊置營州都督府。丁巳，以辛景初女封爲固安縣主，妻於奚首領饒樂郡王大酺。

夏四月己丑，皇帝第九子嗣一薨，追封夏王，謚曰悼。甲午，以則天拜洛受圖壇及碑文併顯聖侯廟，初因唐同泰僞造瑞石文所建，令即廢毁。

六月壬午，鞏縣暴雨連月，山水泛濫，毁郭邑廬舍七百餘家，人死者七十二。汜水同日漂壞近河百姓二百餘家。

秋七月甲子，詔曰：『古者操皇綱執大象者，何嘗不上稽天道，下順人極，或變通以隨時，爰損益以成務。且衢室創制，度堂以筵。因之以禮神，是光孝德；用之以布政，蓋稱視朔，先王所以厚人倫感天地者也。少陽有位，上帝斯歆，此則神貴於不黷，禮殷於至敬。今之明堂，俯鄰宫掖，比之嚴祝，有異肅恭，苟非憲章，將何軌物？由是禮官博士公卿大臣廣參羣議，欽若前古，宜存露寢之式，用罷辟雍之號。可改爲乾元殿，每臨御依正殿禮。』

九月壬寅，改紫微省依舊爲中書省，黄門省爲門下省，黄門監爲侍中。

冬十月丙子，京師修太廟成。丁丑，詔以故越王貞死非其罪，封故許王男琳爲嗣越王，以繼其後。戊寅，祔神主於太廟。

十一月己亥，契丹首領松漠郡王李失活來朝，以宗女爲永樂公主以妻之。司徒兼鄧州刺史、申王撝兼虢州刺史。

六年春正月丙辰朔，以未經大祥，不受朝賀。辛酉，禁斷天下諸州惡錢，行二銖四分已上好錢，不堪用者併即銷破復鑄。將作大匠韋湊上疏，請遷孝敬神主，别立義宗廟。以太子少師兼許州刺史、岐王範兼鄭州刺史。二月甲戌，禮幣徵嵩山隱士盧鴻。

夏五月乙未，孝敬哀皇后祔於恭陵。契丹松漠郡王李失活卒。

六月甲申，瀍水暴漲，壞人廬舍，溺殺千餘人。乙酉，制以故侍中桓彦范敬暉、故中書令兼吏部尚書張柬之、故特進崔玄暐、故中書令袁恕己配饗中宗廟庭，故司空蘇瓌、故左丞相太子少保郴州刺史劉幽求配饗睿宗廟庭。

秋七月己未，秘書監馬懷素卒。

九月乙未，遣工部尚書劉知柔持節往河南道存問。

冬十月丙申，車駕還京師。

十一月辛卯，至自東都。丙申，親謁太廟，回御承天門，詔：『七廟元皇帝已上三祖枝孫有失官序者，各與一人五品京官。内外官三品已上有廟者，各賜物三十匹，以備修祭服及俎豆。』賜文武官有差。乙巳，傳國八璽依舊改稱寶，符璽郎爲符寶郎。十二月，以開府儀同三司兼澤州刺史、宋王憲爲涇州刺史，司徒兼虢州刺史、申王撝爲絳州刺史，以太子少師兼鄭州刺史、岐王範爲岐州刺史，以太子少保兼衛州刺史、薛王業爲虢州刺史。

七年春正月，吐蕃遣使朝貢。

三月丁酉，左武衛大將軍、霍國公王毛仲加特進。渤海靺鞨郡王大祚榮死，其子武藝嗣位。

夏四月癸酉，開府儀同三司王仁皎薨。

五月己丑朔，日有蝕之。

秋七月丙辰，制以亢陽日久，上親録囚徒，多所原免。諸州委州牧、縣宰量事處置。

八月癸丑，敕：『周公制禮，歷代不刊；子夏爲傳，孔門所受。逮及諸家，或變例。與其改作，不如好古。諸服紀宜一依舊文。』

九月甲子，改昭文館依舊爲弘文館。宋王憲徙封寧王。

冬十月，於東都來庭縣廨置義宗廟。辛卯，幸新豐之温湯。癸卯，至自温湯。戊寅，皇太子詣國學行齒胄禮，陪位官及學生賜物有差。

十二月丙戌，置弘文、崇文兩館讎校書郎官員。

八年春正月甲子朔，皇太子加元服。乙丑，皇太子謁太廟。丙寅，會百官於太極殿，賜物有差。壬申，右散騎常侍、舒國公褚元量卒。己卯，侍中宋璟爲開府儀同三司，中書侍郎蘇頲爲禮部尚書，并罷知政事。京兆尹源干曜爲黄門侍郎，并州大都督府長史張嘉貞爲中書侍郎，并同中書門下平章事。

二月丁酉，皇子敏薨，追封懷王，謚曰哀。

夏五月丁卯，源乾曜爲侍中，張嘉貞爲中書令。南天竺國遣使獻五色鸚鵡。

六月壬寅夜，東都暴雨，穀水泛漲。新安、澠池、河南、壽安、鞏縣等廬舍蕩盡，共九百六十一户，溺死者八百一十五人。許、衛等州掌閑番兵溺者千一百四十八人。

秋九月，突厥欲谷寇甘、涼等州，涼州都督楊敬述爲所敗，掠契苾部落而歸。以御史大夫王晙爲兵部尚書兼幽州都督，黄門侍郎韋抗爲御史大夫、朔方總管以御之。甲子，太子少師兼岐州刺史、岐王範兼太子太傅，太子少保兼虢州刺史、薛王業爲太子太保，餘并如故。

冬十月辛巳，幸長春宫。壬午，畋于下邽。

十一月乙丑，至自長春宫。辛未，突厥寇涼州，殺人掠羊馬數萬計而去。

九年春正月丙辰，改蒲州爲河中府，置中都。丙寅，幸新豐之温湯。

夏四月庚寅，蘭池州叛胡顯首僞稱葉護康待賓、安慕容，爲多覽殺大將軍何黑奴，僞將軍石神奴、康鐵頭等，據長泉縣，攻陷六胡州。兵部尚書王晙發隴右諸軍及河東九姓掩討之。甲戌，上親策試應制舉人於含元殿，謂曰：『古有三道，今減二策。近無甲科，朕將存其上第，務收賢俊，用寧軍國。』仍令有司設食。

秋七月戊申，罷中都，依舊爲蒲州。己酉，王晙破蘭池州叛胡，殺三萬五千騎。丙辰，揚、潤等州暴風，發屋拔樹，漂損公私船舫一千餘隻。辛酉，集諸酋長，斬康待賓。先天中，重修三九射禮，至是，給事中許景先抗疏罷之。

九月己巳朔，日有蝕之。丁未，開府儀同三司、梁國公姚崇薨。丁巳，御丹鳳樓，宴突厥首領。庚申，幸中書省。癸亥，右羽林將軍、權檢校并州大都督府長史、燕國公張説爲兵部尚書、同中書門下三品。

冬十一月丙辰，左散騎常侍元行沖上《羣書目録》二百卷，藏之内府。庚午冬至，大赦天下，内外官九品已上加一階，三品已上加爵一等。自六月二十日、七月三日匡衛社稷食實封功臣，坐事削除官爵，中間有生有死，并量加收贈。致仕官合佩魚者聽其終身。賜酺三日。

十二月乙酉，幸新豐之温湯。壬午，至自温湯。是冬無雪。

十年春正月丁巳，幸東都。甲子，省王公已下視品官參佐及京三品已上官伏身職員。乙丑，停天下公廨錢，其官人料以税户錢充，每月準舊分例數給。戊申，内外官職田，除公廨田園外，并官收，給還逃户及貧下户欠丁田。

二月戊寅，至東都。

三月戊申，詔自今内外官有犯贓至解免已上，縱逢赦免，并終身勿齒。

夏四月丁酉，封契丹首領松漠都督李鬱於爲松漠郡王，奚首領饒樂都督李魯蘇爲饒樂郡王。

五月，東都大雨，伊、汝等水泛漲，漂壞河南府及許、汝、仙、陳等州廬舍數千家，溺死者甚衆。

閏五月壬申，兵部尚書張説往朔方軍巡邊。戊寅，敕諸番充質宿衛子弟，併放還國。

六月辛丑，上訓注《孝經》，頒於天下。癸卯，以余姚縣主女慕容氏爲燕郡公主，出降奚首領饒樂郡王李魯蘇。己巳，增置京師太廟爲九室，移孝和皇帝神主以就正廟。

秋八月丙戌，嶺南按察使裴伷先上言安南賊帥梅叔鸞等攻圍州縣，遣驃騎將軍兼內侍楊思勖討之。丁亥，遣户部尚書陸象先往汝、許等州存撫賑給。丙申，博、棣等州黄河堤破，漂損田稼。

九月，張説擒康願子於木盤山。詔移河曲六州殘胡五萬餘口於許、汝、唐、鄧、仙、豫等州，始空河南朔方千里之地。甲戌，秘書監、楚國公姜皎坐事，詔杖之六十，配流欽州，死於路。都水使者劉承祖配流雷州。乙亥，制曰：『朕君臨宇內，子育黎元。內修睦親，以叙九族；外協庶政，以濟兆人。動戚加優厚之恩，兄弟盡友於之至。務崇敦本，克慎明德。今小人作孽，已伏憲章，恐不逞之徒，猶未能息。凡在宗屬，用申懲誡：自今已後，諸王、公主、駙馬、外戚家，除非至親以外，不得出入門庭，妄説言語。所以共存至公之道，永協和平之義，克固藩翰，以保厥休。貴戚懿親，宜書座右。』又下制，約百官不得與卜祝之人交遊來往。乙卯夜，京兆人權梁山僞稱襄王男，自號光帝，與其黨權楚璧，以屯營兵數百人，自景風、長樂等門斬關入宮城構逆。至曉兵敗，斬梁山，傳首東都。廢河陽柏崖倉。

冬十月癸丑，乾元殿依舊題爲明堂。甲寅，幸壽安之故興泰宮，畋獵於土宜川。庚申，至自興泰宮。波斯國遣使獻獅子。

十一月乙未，初令宰相共食實封三百户。

十二月，停按察使。

十一年春正月丁卯，降都城見禁囚徒，流、死罪減一等，餘併原之。己巳，北都巡狩，赦所至處存問高年、鰥寡惸獨、征人之家；減流、死罪一等，徒以下放免。庚辰，幸并州、潞州，宴父老，曲赦大辟罪已下，給復五年。別改其舊宅爲飛龍宮。辛卯，改并州爲太原府，官吏補授，一準京兆、河南兩府。百姓給復一年，貧户復二年，元從户復五年。武德功臣及元從子孫，有才堪文武未有官者，委府縣搜揚，具以名薦。上親制《起義堂頌》及書，刻石紀功於太原府之南街。戊申，次晉州。壇場使、中書令張嘉貞貶爲幽州刺史。壬子，祠后土於汾陰之脽上，升壇行事官三品已上加一爵，四品已上加一階，陪位官賜勳一轉。改汾陰爲寶鼎縣。癸亥，兵部尚書張説兼中書令。

三月庚午，車駕至京師，制所經州、府、縣無出今年地稅，京城見禁囚徒併原免之。

夏四月丙辰，遷祔中宗神主于太廟。癸亥，張説正除中書令，吏部尚書、中山公王晙爲兵部尚書、同中書門下三品。

五月己巳，北都置軍器監官員。王晙爲朔方節度使，兼知河北郡、隴右、河西兵馬使。

六月，王晙赴朔方軍。

秋八月戊申，尊八代祖宣皇帝廟號獻祖，光皇帝廟號懿祖，始祔于太廟之九室。

九月己巳，頒上撰《廣濟方》于天下，仍令諸州各置醫博士一人。春秋二時釋奠，諸州宜依舊用牲牢，其屬縣用酒醋而已。

冬十月丁酉，幸新豐之温泉宮。甲寅，至自温泉。

十一月戊寅，親祀南郊，大赦天下，見禁囚徒死罪至徒流已下免除之。升壇行事及供奉官三品已上賜爵一級，四品轉一階。武德以來實封功臣、知政宰輔淪屈者，所司具以狀聞。賜酺三日，京城五日。是月，自京師至于山東、淮南大雪，平地三尺餘。丁亥，廢軍器監官員，少府監加置少監一人以充之。

十二月甲午，幸鳳泉湯。戊申，至自鳳泉湯。庚申，王晙授蘄州刺史。

十二年春正月。

夏四月，封故澤王上金男義珣爲嗣澤王。嗣許王瓘左授鄂州別駕，以弟璆爲上金嗣故也。癸卯，嗣江王禕降爲信安郡王，嗣蜀王褕爲廣漢郡王，嗣密王徹爲濮陽郡王，嗣曹王臻爲濟國公，嗣趙王琚爲中山郡王，武陽郡王堪爲澧國公。禕等併自神龍之後外繼爲王，以瓘利澤王之封，盡令歸宗改封焉。

秋七月壬申，月蝕既。己卯，廢皇后王氏爲庶人。后弟太子少保、駙馬都尉守一貶爲澤州別駕，至藍田，賜死。户部尚書、河東伯張嘉貞貶台州刺史。

冬十一月庚申，幸東都，至華陰，上制岳廟文，勒之於石，立於祠南之道周。戊寅，至自東都。庚辰，司徒、申王撝薨，追謚曰惠莊太子。五溪首領覃行璋反，遣鎮軍大將軍兼内侍楊思勖討平之。

閏十二月丙辰朔，日有蝕之。

十三年春正月乙酉，以幽州都督府爲大都督府。戊子，降死罪從流，流已下罪悉原之。分遣御史中丞蔣欽緒等往十道疏決囚徒。

二月戊午，幸龍門，即日還宫。乙亥，初置彍騎，分隷十二司。丙子，改豳州爲邠州，鄚州爲莫州，梁州爲褒州，沅州爲巫州，舞州爲鶴州，泉州爲福州，以避文相類及聲相近者。

三月甲午，皇太子嗣謙改名鴻；郯王嗣直改名潭，徙封慶王；陝王嗣升改名浚，徙封忠王；鄫王嗣真改名洽，徙封棣王；鄂王嗣初改名涓，徙封郎王；嗣玄改名滉，封榮王。又第八子涺封爲光王，第十二男濰封爲儀王，第十三男澐封爲潁王，第十六男澤封爲永王，第十八男清封爲壽王，第二十男洄封爲延王，第二十一男沭封爲盛王，第二十二男溢封爲濟王。丙申，御史大夫程行諶奏：『周朝酷吏來子珣、萬國俊、王弘義、侯思止、郭霸、焦仁亶、張知默、李敬仁、唐奉一、來俊臣、周興、丘神勣、索元禮、曹仁哲、王景昭、裴籍、李秦授、劉光業、王德壽、屈貞筠、鮑思恭、劉景陽、王處貞等二十三人，殘害宗枝，毒陷良善，情狀尤重，子孫不許仕宦。陳嘉言、魚承曄、皇甫文備、傅遊藝四人，情狀雖輕，子孫不許近任。請依開元二年二月五日敕。』

夏四月丁巳，改集仙殿爲集賢殿，麗正殿書院改集賢殿書院；内五品已上爲學士，六品已下爲直學士。癸酉，令朝集使各舉所部孝悌文武，集於泰山之下。

五月庚寅，妖賊劉定高率其黨夜犯通洛門，盡擒斬之。

六月乙亥，廢都西市。

冬十月癸丑，新造銅儀成，置於景運門内，以示百官。辛酉，東封泰山，發自東都。

十一月丙戌，至兖州岱宗頓。丁亥，致齋於行宫。己丑，日南至，備法駕登山，仗衛羅列嶽下百餘里。詔行從留於谷口，上與宰臣、禮官升山。庚寅，祀昊天上帝於上壇，有司祀五帝百神於下壇。禮畢，藏玉册於封祀壇之石𥓓，然後燔柴。燎發，羣臣稱萬歲，傳呼自山頂至岳下，震動山谷。上還齋宫，慶雲見，日抱戴。辛卯，祀皇地只於社首，藏玉册於石𥓓，如封祀壇之禮。壬辰，御帳殿受朝賀，大赦天下，流人未還者放還。内外官三品已上賜爵一等，四品已下賜一階，登山官封賜一階，褒聖侯量才與處分。封泰山神爲天齊王，禮秩加三公一等，近山十里，禁其樵採。賜酺七日。侍中源干曜爲尚書左丞相兼侍中，中書令張説爲尚書右丞相兼中書令。甲午，發岱嶽。丙申，幸孔子宅，親設奠祭。

十二月己巳，至東都。時累歲豐稔，東都米斗十錢，青、齊米斗五錢。

是冬，分吏部爲十銓，敕禮部尚書蘇頲、刑部尚書韋抗、工部尚書户從願等分掌選事。

十四年春正月癸亥，改封契丹松漠郡王李召固爲廣化王，奚饒樂郡王李魯蘇爲奉誠王，封宗室外甥女二人爲公主，各以妻之。

二月庚戌朔，邕州獠首領梁大海、周光等據賓、横等州叛，遣驃騎大將軍兼内侍楊思勖討之。三月壬寅，以國甥東華公主降於契丹李召固。

夏四月癸丑，御史中丞宇文融與御史大夫崔隱甫彈尚書右丞相、兼中書令張説，鞫於尚書省。丁巳，户部侍郎李元紘同中書門下平章事。庚申，張説停兼中書令。丁卯，太子少師、岐王範薨，册贈惠文太子。辛丑，於定、恆、莫、易、滄等五州置軍以備突厥。

五月癸卯，户部進計帳，今年管户七百六萬九千五百六十五，管口四千一百四十一萬九千七百一十二。

六月戊午，大風，拔木發屋，毁端門鴟吻，都城門等及寺觀鴟吻落者殆半。上以旱、暴風雨，命中外羣官上封事，指言時政得失，無有所隱。

秋七月癸丑夜，瀍水暴漲入漕，漂没諸州租船數百艘，溺者甚衆。

九月己丑，檢校黄門侍郎兼磧西副大都護杜暹同中書門下平章事。

是秋，十五州言旱及霜，五十州言水，河南、河北尤甚，蘇、同、常、福四州漂壞廬舍，遣御史中丞宇文融檢覆賑給之。

冬十月，廢麟州。庚申，幸汝州廣成湯。己巳，還東都。

十一月甲戌，突厥遣使來朝。辛丑，渤海靺鞨遣其子義信來朝，併獻方物。

十二月丁巳，幸壽安之方秀川。己未，日色赤如赭。壬戌，還東都。

十五年春正月戊寅，制草澤有文武高才，令詣闕自舉。庚子，太史監復爲太史局，依舊隸秘書省。辛丑，涼州都督王君㚟破吐蕃於青海之西，虜輜重、馬羊而還。

二月，遣左監門將軍黎敬仁往河北賑給貧乏，時河北牛畜大疫。己巳，尚書右丞相張説、御史大夫崔隱甫、中丞宇文融以朋黨相構，制説致仕，隱甫免官侍母，融左遷魏州刺史。

夏五月，晉州大水，漂損居人廬舍。癸酉，以慶王潭爲涼州都督兼河西諸軍節度大使，忠王浚爲單於大都護、朔方節度大使，棣王洽爲太原冀北牧、河北諸軍節度大使，鄂王涓爲幽州都督、河北節度大使，榮王滉爲京兆牧、隴右節度大使，光王琚爲廣州都督、五府節度大使，儀王濰爲河南牧，潁王澐爲安東都護、平盧軍節度大使，永王澤爲荆州大都督，壽王清爲益州大都督、劍南節度大使，延王洄爲安西大都護、磧西節度大使，盛王沐爲揚州大都督，併不出閤。

秋七月甲戌，雷震興教門樓兩鴟吻，欄檻及柱災。禮部尚書蘇頲卒。庚寅，鄜州洛水泛漲，壞人廬舍。辛卯，又壞同州馮翊縣廨宇，及溺死者甚衆。丙申，改武臨縣爲潁陽縣。己亥，赦都城繫囚，死罪降從流，徒已下罪悉免之。

九月丙子，吐蕃寇瓜州，執刺史田元獻及王君㚟父壽，殺掠人吏，盡取軍資倉糧而去。丙戌，突厥毗伽可汗使其大臣梅録啜來朝。

閏月庚子，突騎施蘇禄、吐蕃贊普圍安西，副大都護趙頤貞擊走之。庚申，車駕發東都，還京師。回紇部落殺王君㚟於甘州之鞏筆驛。制檢校兵部尚書蕭嵩兼判涼州事，總兵以禦吐蕃。

是秋，六十三州水，十七州霜旱；河北饑，轉江淮之南租米百萬石以賑給之。

冬十月己卯，至自東都。

十二月乙亥，幸温泉宮。丙戌，至自温泉宮。

十六年春正月庚子，始聽政於興慶宮。春、瀧等州獠首領瀧州刺史陳行範、廣州首領馮仁智、何游魯叛，遣驃騎大將軍楊思勗討之。壬寅，安西副大都護趙頤貞敗吐蕃於曲子城。甲子，黑水靺鞨遣使來朝獻。

秋七月，吐蕃寇瓜州，刺史張守珪擊破之。乙巳，檢校兵部尚書蕭嵩、鄯州都督張志亮攻拔吐蕃門城，斬獲數千級，收其資畜而還。丙辰，新羅王金興光遣使貢方物。

八月己巳，特進張説進《開元大衍曆》，詔命有司頒行之。辛卯，蕭嵩又遣杜賓客擊吐蕃於祁連城，大破之，獲其大將一人，斬首五千級。

九月丙午，以久雨，降死罪從流，徒以下原之。

冬十月己卯，幸温泉宮。己丑，至自温泉宮。

十一月癸巳朔，檢校兵部尚書、河西節度判涼州事蕭嵩爲兵部尚書、同中書門下平章事，餘如故。

十二月丁卯，幸温泉宮。丁丑，至自温泉宮。

十七年二月丁卯，巂州都督張審素攻破蠻，拔昆明城及鹽城，殺獲萬人。庚子，特進張説復爲尚書左丞相，同州刺史陸象先爲太子少保。甲寅，禮部尚書、信安王禕帥衆攻拔吐蕃石堡城。

夏四月癸亥，令中書門下分就大理、京兆、萬年、長安等獄疏決囚徒。制天下繫囚死罪減一等，餘併宥之。丁亥，大風震電，藍田山崩。

五月癸巳，復置十道按察使。右散騎常侍徐堅卒。

六月甲戌，尚書左丞相源干曜停兼侍中，黄門侍郎杜暹爲荆州大都督府長史，中書侍郎李元紘爲曹州刺史。兵部尚書蕭嵩兼中書令。户部侍郎兼鴻臚卿宇文融爲黄門侍郎，兵部侍郎裴光庭爲中書侍郎，併同中書門下平章事。

秋七月辛丑，工部尚書張嘉貞卒。

八月癸亥，上以降誕日，讌百僚于花萼樓下。百僚表請以每年八月五日爲千秋節，王公已下獻鏡及承露囊，天下諸州咸令宴樂，休暇三日，仍編爲令，從之。丙寅，越州大水，漂壞廨宇及居人廬舍。己卯，中書侍郎裴光庭兼御史大夫，依舊知政事。乙酉，尚書右丞相、開府儀同三司兼吏部尚書宋璟爲尚書左丞相，尚書左丞相源干曜爲太子少傅。九月壬子，宇文融左遷汝州刺史，俄又貶昭州平樂尉。壬寅，裴光庭爲黄門侍郎，依舊知政事。

冬十月戊午朔，日有蝕之，不盡如鉤。癸未，睦州獻竹實。庚申，前太子賓客元行沖卒。

十一月庚申，親饗九廟。辛卯，發京師。丙申，謁橋陵。上望陵涕泣，左右併哀感。制奉先縣同赤縣，以所管萬三百户供陵寢，三府兵馬供宿衛，曲赦縣内大辟罪已下。戊戌，謁定陵。己亥，謁獻陵。壬寅，謁昭陵。乙巳，謁乾陵。戊申，車駕還宫。大赦天下，流移人併放還，左降官移近處。百姓無出今年地税之半。每陵取側近六鄉供陵寢。内外官三品已上加爵一等，四品已下賜一階，五品已上清官父母亡者，依級賜官及邑號。

十二月辛酉，幸温泉宫。乙丑，校獵渭濱。壬申，至自温泉宫。

是冬無雪。

十八年春正月辛卯，黄門侍郎裴光庭爲侍中，依舊兼御史大夫。左丞相張説加開府儀同三司。丙午，幸薛王業宅，即日還宫。

二月丙寅，大雨雪，俄而雷震，左飛龍廐災。

三月辛卯，改定州縣上中下户口之數，依舊給京官職田。

夏四月乙卯，築京城外郭城，凡十月而功畢。壬戌，幸寧親公主第，即日還宫。乙丑，裴光庭兼吏部尚書。是春，命侍臣及百僚每旬暇日尋勝地宴樂，仍賜錢，令所司供帳造食。丁卯，侍臣已下讌于春明門外寧王憲之園池，上御花萼樓邀其回騎，便令坐飲，遞起爲舞，頒賜有差。

五月，契丹衙官可突干殺其主李邵固，率部落降於突厥，奚部落亦隨西叛。奚王李魯蘇來奔，召固妻東華公主陳氏及魯蘇妻東光公主韋氏併奔投平盧軍。制幽州長史趙含章率兵討之。

六月庚申，命左右丞相、尚書及中書門下五品已上官，舉才堪邊任及刺史者。甲子，彗星見於五車。癸酉，有星孛於畢、昴。丙子，命單於大都護、忠王浚爲河北道行軍元帥，御史大夫李朝隱、京兆尹裴伷先爲副，率十八總管以討契丹及奚等，事竟不行。壬午，東都瀍、洛泛漲，壞天津、永濟二橋及提象門外仗舍，損居人廬舍千餘家。

閏月甲申，分幽州置薊州。己丑，令范安及、韓朝宗就瀍、洛水源疏決，置門以節水勢。辛卯，禮部奏請千秋節休假三日，及村閭社會，併就千秋節先賽白帝，報田祖，然後坐飲，從之。秋七月庚辰，幸寧王憲第，即日還宫。八月丁亥，上御花萼樓，以千秋節百官獻賀，賜四品已上金鏡、珠囊、縑綵，賜五品已下束帛有差。上賦八韻詩，又制《秋景詩》。辛亥，幸永穆公主宅，即日還宫。

九月，先是高户捉官本錢；乙卯，御史大夫李朝隱奏請薄税百姓一年租錢充，依舊高户及典正等捉，隨月收利，供官人税錢。

冬十月，吐蕃遣其大臣名悉獵獻方物請降，許之。庚寅，幸岐州之鳳泉湯。癸卯，至自鳳泉湯。

十一月丁卯，幸新豐温泉宫。

十二月戊子，豐州刺史袁振坐妖言下獄死。戊申，尚書左丞相、燕國公張説薨。

是歲，百僚及華州父老累表請上尊號内請加『聖文』兩字，并封西岳，不允。

十九年春正月壬戌，開府儀同三司、霍國公王毛仲貶爲瀼州別駕，中路賜死，黨與貶黜者十數人。辛卯，遣鴻臚卿崔琳入吐蕃報聘。丙子，親耕於興慶宫龍池。己卯，禁采捕鯉魚。天下州府春秋二時社及釋奠，停牲牢，唯用酒酺，永爲常式。

二月甲午，以崔琳爲御史大夫。

三月乙酉朔，崔琳使于吐蕃。

夏四月壬午，於京城置禮院。丙申，令兩京及天下諸州各置太公尚父廟，以張良配饗，春秋二時仲月上戊日祭之。

五月壬戌，五嶽各置老君廟。

六月乙酉，大風拔木。

秋八月辛巳，降天下死罪從流，徒已下悉原之。

九月辛未，吐蕃遣其國相論尚他硉來朝。

冬十月丙申，幸東都。

十一月丙辰，至自東都。甲子，太子少傅源乾曜薨。十二月，巂州都督張審素以劫制使監察御史楊汪伏誅。

是冬，浚苑内洛水，六十餘日而罷。戊戌，裴光庭上《瑤山往則》、《維城前軌》各一卷，上令賜太子、諸王各一本。

二十年春正月乙卯，以禮部尚書、信安王禕率兵討契丹。丁巳，幸長芬公主宅；乙丑，幸薛王業宅，併卽日還宫。

二月己未，敕文武選人，承前例三月三十日爲例，然開選門，比團甲進官至夏來。自今已後，選門併正月内開，團甲二月内訖。分命宰相録京城諸獄繫囚。

三月，信安王禕與幽州長史趙含章大破奚、契丹於幽州之北山。

夏四月乙亥，讌百僚於上陽東州，醉者賜以牀褥，肩輿而歸，相屬於路。癸巳，改造天津橋，毁皇津橋，合爲一橋。

五月癸卯，寒食上墓，宜編入五禮，永爲恒式。辛亥，金仙長公主薨。戊辰，信安王獻奚、契丹之俘，上御應天門受之。

六月丁丑，單於大都護、河北東道行軍元帥、忠王浚加司徒，都護如故；副大使信安王禕加開府儀同三司。庚寅，幽州長史趙含章坐盜用庫物，左監門員外將軍楊元方受含章饋餉，併於朝堂決杖，流瀼州，皆賜死於路。其月，遣范安及於長安廣花萼樓，築夾城至芙蓉園。

秋七月戊辰，幸寧王憲宅，卽日還宫。

八月辛未朔，日有蝕之。己卯，户部尚書王晙卒。

九月乙巳，中書令蕭嵩等奏上《開元新禮》一百五十卷，制所司行用之。渤海靺鞨寇登州，殺刺史韋俊，命左領軍將軍蓋福順發兵討之。

冬十月丙戌，命巡幸所至，有賢才未聞達者舉之。仍令中書門下疏決囚徒。辛卯，至潞州之飛龍宫，給復三年，兵募丁防先差未發者，令改出餘州。辛丑，至北都。癸丑，曲赦太原，給復三年。

十一月庚午，祀后土於脽上，大赦天下，左降官量移近處。内外文武官加一階，開元勳臣盡假紫及緋。大酺三日。十二月壬申，至京師。

其年户部計户七百八十六萬一千二百三十六，口四千五百四十三萬一千二百六十五。

二十一年春正月庚子朔，制令士庶家藏《老子》一本，每年貢舉人量減《尚書》、《論語》兩條策，加《老子》策，乙巳，遷祔肅明皇后神主於廟，毁儀坤廟。丁巳，幸温泉宫。己未，命工部尚書李嵩使於吐蕃。癸亥，至自温泉宫。

三月乙巳，侍中裴光庭薨。甲寅，尚書右丞韓休爲黄門侍郎、同中書門下平章事。

閏月，幽州道副總管郭英傑等討契丹，爲所敗於都山之下，英傑死之。

夏四月丁巳，以久旱，命太子少保陸象先、户部尚書杜暹等七人往諸道宣慰賑給，及令黜陟官吏，疏決囚徒。丁酉，寧王憲爲太尉，薛王業爲司徒，慶王潭爲太子太師，忠王浚爲開府儀同三司，棣王洽爲太子少傅，鄂王涓爲太子太保。

五月甲申，皇太子納妃薛氏。制天下死罪降從流，流已下釋放。京文武官賜勳一轉。

秋七月乙丑朔，日有蝕之。

九月壬午，封皇子溢爲濟王，沔爲信王，泚爲義王，漼爲陳王，澄爲豐王，漶爲恒王，漎爲涼王，滔爲深王。

冬十月庚戌，幸温泉宫。

十一月戊子，尚書右丞相宋璟以年老請致仕，許之。

十二月丁未，兵部尚書、徐國公蕭嵩爲尚書右丞相，黄門侍郎韓休爲兵部尚書，併罷知政事。京兆尹裴耀卿爲黄門侍郎，前中書侍郎張九齡起復舊官，併同中書門下平章事。是歲，關中久雨害稼，京師饑，詔出太倉米二百萬石給之。

二十二年春正月癸亥朔，制古聖帝明皇、嶽瀆海鎮用牲牢，餘併以酒酺充奠。己巳，幸東都。辛未，太府卿嚴挺之、户部侍郎裴寬於河南存問賑給。乙酉，懷、衞、邢、相等五州乏糧，遣中書舍人裴敦復巡問，量給種子。己丑，至東都。

二月壬寅，秦州地震，廨宇及居人廬舍崩壞殆盡，壓死官吏以下四十餘人，殷殷有聲，仍連震不止。命尚書右丞相蕭嵩往祭山川，併遣使存問賑恤之，壓死之家給復一年，一家三人已上死者給復二年。辛亥，初置十道采訪處置使。徵恒州張果先生，授銀青光禄大夫，號曰通玄先生。

三月，没京兆商人任令方資財六十餘萬貫。壬午，欲令不禁私鑄錢，遣公卿百僚詳議可否。衆以爲不可，遂止。

四月乙未，伊西、北庭且依舊爲節度。廢太廟署，乙太常寺奉宗廟。庚子，唐州界準勝州例立表，測候日晷影長短。乙巳，詔京都見禁囚徒，令中書門下及留守檢覆降罪，天下諸州委刺史。丁未，眉州鼎皇山下江水中得寶鼎。甲寅，北庭都護劉渙謀反，伏誅。

五月戊子，黄門侍郎裴耀卿爲侍中，中書侍郎張九齡爲中書令，黄門侍郎李林甫爲禮部尚書、同中書門下平章事。關中大風拔木，同州尤甚。

是夏，上自於苑中種麥，率皇太子已下躬自收穫，謂太子等曰：『此將薦宗廟，是以躬親，亦欲令汝等知稼穡之難也。』因分賜侍臣，謂曰：『比歲令人巡檢苗稼，所對多不實，故自種植以觀其成；且《春秋》書麥禾，豈非古人所重也！』

六月乙未，遣左金吾將軍李佺於赤嶺與吐蕃分界立碑。

七月己巳，司徒、薛王業薨，追謚爲惠宣太子。甲申，遣中書令張九齡充河南開稻田使。

八月，先是駕至東都，遣侍中裴耀卿充江淮、河南轉運使，河口置輸場。壬寅，於輸場東置河陰縣。又遣張九齡於許、豫、陳、亳等州置水屯。

九月壬申，改饒樂都督府爲奉誠都督府。辛巳，移登州平海軍於海口安置。

冬十月甲辰，試司農卿陳思問以贓私配流瀼州。

十二月戊子朔，日有蝕之。乙巳，幽州長史張守珪發兵討契丹，斬其王屈烈及其大臣可突干於陣，傳首東都，餘叛奚皆散走山谷。立其酋長李過折爲契丹王。

是歲，突厥毗伽可汗死。斷京城乞兒。

二十三年春正月己亥，親耕籍田，上加至九推而止，卿已下終其畝。大赦天下。京文武官及朝集采訪使三品已下加一爵，四品已下加一階，外官賜勳一轉。其才有霸王之略、學究天人之際、及堪將帥牧宰者，令五品已上清官及刺史各舉一人。致仕官量與改職，依前致仕。賜酺三日。

三月丁卯，殿中侍御史楊萬頃爲讎人所殺。

夏五月戊寅，宗子請率月俸於興慶宮建龍池，上《聖德頌》。

秋七月丙子，皇太子鴻改名瑛，慶王直已下十四王併改名。又封皇子玭爲義王，珪爲陳王，珙爲豐王，琪爲恒王，璿爲涼王，璥爲汴王。其榮王琬已下併開府置官屬，各食實封二千户。

八月戊子，制鰥寡惸獨免今年地稅之半，江淮已南有遭水處，本道使賑給之。

九月戊申，移泗州就臨淮縣置。

冬十月辛亥，移隸伊西、北庭都護屬四鎮節度。突騎施寇北庭及安西撥換城。

十一月壬申朔，日有蝕之。

十二月，新羅遣使朝獻。

二十四年春正月，吐蕃遣使獻方物。北庭都護蓋嘉運率兵擊突騎施，破之。

三月乙未，始移考功貢舉，遣禮部侍郎掌之。

夏六月丙午，京兆醴泉妖人劉志誠率衆爲亂，將趨京城，咸陽官吏燒便橋以斷其路，俄而散走，京兆府盡擒斬之。

是夏大熱，道路有暍死者。

秋七月庚子，太子太保陸象先卒。辛丑，李林甫爲兵部尚書，依舊知政事。己巳，初置壽星壇，祭老人星及角、亢等七宿。

八月戊申朔，加親舅小功服，舅母緦麻服，堂舅袒免。己亥，深王滔薨。

九月壬午，改尚書主爵曰司封。

冬十月戊申，車駕發東都，還西京。甲子，至華州，曲赦行在繫囚。丁丑，至自東都。

十一月壬寅，侍中裴耀卿爲尚書左丞相，中書令張九齡爲尚書右丞相，併罷知政事。兵部尚書李林甫兼中書令，殿中監牛仙客兵部尚書、同中書門下三品。尚書右丞相蕭嵩爲太子太師，工部尚書韓休爲太子少保。

十二月戊申，太子太師、慶王琮爲司徒。丙寅，牛仙客知門下省事。

又 卷九《玄宗紀下》 開元二十五年春正月壬午，制：『朕猥集休運，多謝哲王，然而哀矜之情，小大必慎。自臨寰宇，子育黎烝，未嘗行極刑，起大獄。上玄降鑒，應以祥和，思協平邦之典，致之仁壽之域。自今有犯死刑，除十惡罪，宜令中書門下與法官詳所犯輕重，具狀奏聞。崇德尚齒，三代丕義；敦風勸俗，五教攸先。其曾任五品已上清資官以禮去職者，所司具録名奏，老疾不堪釐務者與致仕。道士、女冠宜隸宗正寺，僧尼令祠部檢校。百司每旬節休假，併不須入曹司，任游勝爲樂。宣示中外，知朕意焉。』癸卯，道士尹愔爲諫議大夫、集賢學士兼知史館事。

二月，新羅王金興光卒，其子承慶嗣位，遣贊善大夫邢璹攝鴻臚少卿，往吊祭册立之。壬子，加宗正丞一員。戊午，罷江淮運，停河北運。癸酉，張守珪破契丹餘衆於捺禄山，殺獲甚衆。

三月乙卯，河西節度使崔希逸自涼州南率衆入吐蕃界二千餘里。己亥，希逸至青海西郎佐素文子觜，與賊相遇，大破之，斬首二千餘級。

夏四月庚戌，陳、許、豫、壽四州開稻田。辛酉，監察御史周子諒上書忤旨，擐之殿庭，朝堂決杖死之。甲子，尚書右丞相張九齡以曾薦引子諒，左授荆州長史。乙丑，皇太子瑛、鄂王瑤、光王琚併廢爲庶人。太子妃兄駙馬都尉薛鏽長流瀼州，至藍田驛賜死。

六月壬戌，熒惑犯房，至心星越度而過。

秋七月己卯，大理少卿徐嶠奏：『天下今歲斷死刑五十八，幾致刑措，鳥巢寺之獄。』上特推功元輔，庚辰，封李林甫爲晉國公，牛仙客爲豳國公。己卯，敕諸陵廟併隸宗正寺，其宗正寺官員，自今併以宗枝爲之。

九月壬申，頒新定《令》、《式》、《格》及《事類》一百三十卷於天下。

冬十月，制自今年每年立春日迎春於東郊，其夏及秋冬如常。以十二月朔日於正殿受朝，讀時令。

十一月壬申，幸温泉宫。丁丑，開府儀同三司、廣平郡公宋璟薨。

十二月丙午，惠妃武氏薨，追謚爲貞順皇后，葬於敬陵。吐蕃使其大臣屬盧論莽藏來朝貢。

二十六年春正月乙亥，工部尚書牛仙客爲侍中。丁丑，親迎氣于東郊，祀青帝。制天下繫囚，死罪流嶺南，餘併放免。鎮兵部還。京兆府新開稻田，併散給貧人。百官賜勳絹。長安、萬年兩縣各與本錢一千貫，收利供驲，仍付雜驲。天下州縣，每鄉一學，仍擇師資，令其教授。諸鄉貢每年令就國子監謁先師，明經加口試。內外八品已下及草澤有博學文辭之士，各委本司本州島聞薦。

二月辛卯，以李林甫遥領隴右節度使。甲辰，禁大寒食以鷄卵相饋送。庚申，葬貞順皇后於敬陵。乙卯，以牛仙客遥領河東道節度使。辛酉，廢仙州，分其屬縣隸許、汝等州。

三月己巳朔，減秘書省校書、正字官員。丙子，有星孛於紫微垣中，歷斗魁十餘日，因陰雲不見。己酉，河南、洛陽兩縣亦借本錢一千貫，收利充人吏課役。癸未，京兆地震。吐蕃寇河西，左散騎常侍崔希逸擊破之；鄯州都督杜希望又攻拔新羅城，制以其城爲威戎軍。

夏四月己亥朔，始令太常卿韋縚讀時令於宣政殿，百僚於殿上列坐而聽之。

五月乙酉，以李林甫遥領河西節度使，兼判梁州事。庚寅，幸咸宜公主宅。

六月庚子，立忠王璵爲皇太子。

秋七月己巳，册皇太子，大赦天下，常赦所不免者咸赦除之。內外文武官及五品已上爲父後者各賜勳一轉。忠王府官及侍講加一階。賜酺三日。庚辰，分越州置明州。

九月丙申朔，日有蝕之。庚子，於舊六胡州地置宥州。益州長史王昱率兵攻吐蕃安戎城，爲賊所據，官軍大敗，昱棄甲而遁，兵士死者數千人。

冬十月戊寅，幸温泉宫。

是歲渤海靺鞨王大武藝死，其子欽茂嗣立，遣使吊祭册立之。

其冬，兩京建行宫，造殿宇各千餘間。潤州刺史齊澣開伊婁河於揚州南瓜洲浦。析左右羽林軍置左右龍武軍，以左右萬騎營隸焉。

二十七年春正月乙巳，大雨雪。

二月己巳，加尊號開元聖文神武皇帝，大赦天下，常赦所不免者咸赦除之，開元已來諸色痕瘕人咸從洗滌，左降官量移近處。百姓免今年租稅。三品已上賜爵一級，四品已上加一階。宗廟薦饗，自今已後併用宗子。賜酺五日。

夏四月丁丑，廢洮州隸蘭州，改臨州爲洮州。乙酉，太子少傅竇琎爲開府儀同三司，吏部尚書李暠爲太子少傅。丁酉，侍中牛仙客爲兵部尚書兼侍中；兵部尚書兼中書令李林甫爲吏部尚書，依舊兼中書令。以東宫內侍隸內侍省爲署。

五月癸卯，置龍武軍官員。先是，郾國公主之子薛諗與其黨李談、崔洽、石如山同於京城殺人，或利其財，或違其志，即白日椎殺，煮而食之。其夏事發，皆決殺於京兆府門，諗以國親流瀼州，賜死於城東驛。

六月甲戌，內常侍牛仙童坐贓，決殺之。幽州節度使、兼御史大夫張守珪以賄貶爲括州刺史。太子太師、徐國公蕭嵩以嘗賂仙童，左授青州刺史。

秋七月辛丑，熒惑犯南斗。北庭都護蓋嘉運以輕騎襲破突騎施於碎葉城，殺蘇禄，威震西陲。

八月，吐蕃寇白草、安人等。甲申，制追贈孔宣父爲文宣王，顔回爲兗國公，餘十哲皆爲侯，夾坐。後嗣褒聖侯改封爲文宣公。

九月，皇太子改名紹。汴州刺史齊澣請開汴河下流，自虹縣至淮陰北合於淮，逾時而功畢。因棄沙壅舊路，行者弊之，尋而新河之水勢湍急，遂填塞矣。前刑部尚書致仕崔隱甫卒。

冬十月，將改作明堂。僞言官取小兒埋於明堂之下，以爲厭勝。村野童兒藏於山谷，都城騷然，咸言兵至。上惡之，遣主客郎中王佶往東都及諸州宣慰百姓，久之定。

冬十月，毁東都明堂之上層，改拆下層爲乾元殿。戊戌，幸温泉宮。辛丑，至自温泉宮。

十二月，東都副留守、太子賓客崔沔卒。以益州司馬章仇兼瓊權劍南節度等使。是歲，蓋嘉運大破突騎施之衆，擒其王吐火仙，送於京師。

二十八年春正月，兩京路及城中苑内種果樹。癸巳，幸温泉宮。庚子，至自温泉宮。壬寅，以望日御勤政樓宴羣臣，連夜燒燈，會大雪而罷，因命自今常以二月望日夜爲之。三月丁亥朔，日有蝕之。壬子，權判益州長史章仇兼瓊拔吐蕃安戎城，分兵鎮守之。

夏五月乙未，太子少師韓休、太子少傅李暠卒。

六月，懷州刺史、信安王褘爲太子少師。庚寅，太子賓客李尚隱卒。

秋七月壬寅，追尊宣皇帝陵名曰建初，光皇帝陵名曰啓運，仍置官員。

九月，魏州刺史盧暉開通濟渠，自石灰窠引流至州城而西，卻注魏橋［五］。九月庚寅，封皇孫俶等十九人爲郡王。

冬十月甲子，幸温泉宮。辛巳，至自温泉宮。乙酉夜，東都新殿後佛光寺災。吐蕃寇安戎城。

十一月，牛仙客停遙兼朔方、河東節度使。

十二月乙卯，突騎施酋長莫賀達干率衆內屬。己未，禮部尚書杜暹卒。

是歲，金城公主薨，吐蕃遣使來告喪。其時頻歲豐稔，京師米斛不滿二百，天下乂安，雖行萬里不持兵刃。

二十九年春正月丁丑，制兩京、諸州各置玄元皇帝廟并崇玄學，置生徒，令習《老子》、《莊子》、《列子》、《文子》，每年準明經例考試。內外官有伯叔兄弟子侄堪任刺史、縣令，所司親自保薦。禁九品已下清資官置客舍邸店車坊、士庶厚葬。

三月，吐蕃、突厥各遣使來朝。丙午，風霾，日色無影。

夏四月庚戌朔。丙辰，以太原裴伷先爲工部尚書。韋虚心卒。親王已下及內外官各賜錢令宴樂。壬午，以左右金吾大將軍裴寬爲太原尹、北都留守。

秋七月乙卯，洛水泛漲，毁天津橋及上陽宮仗舍。洛、渭之間，廬舍壞，溺死者千餘人。突厥登利可汗死。北州刺史王斛斯爲幽州節度使；幽州節度副使安禄山爲營州刺史，充平盧軍節度副使，押兩番、渤海、黑水四府經略使。

九月，大雨雪，稻禾偃折，又霖雨月餘，道途阻滯。

是秋，河北博、洺等二十四州言雨水害稼，命御史中丞張倚往東都及河北賑恤之。壬申，御興慶門，試明《四子》人姚子産、元載等。

冬十月丙申，幸温泉宮。戊戌，分遣大理卿崔翹等八人往諸道黜陟官吏。

十一月庚戌，司空、邠王守禮薨。辛酉，至自温泉宮。己巳，雨木冰，凝寒凍冽，數日不解。辛未，太尉、寧王憲薨，謚爲讓皇帝，葬於惠陵。

十二月丁酉，吐蕃入寇，陷廓州達化縣及振武軍石堡城，節度使蓋嘉運不能守。女國王趙曳夫及佛逝國王、日南國王遣其子來朝獻。

又　卷八八《蘇頲傳》　瓌子頲，少有俊才，一覽千言。弱冠舉進士，授烏程尉，累遷左台監察御史。長安中，詔頲按覆來俊臣等舊獄，頲皆申明其枉，由此雪冤者甚衆。神龍中，累遷給事中，加修文館學士，俄拜中書舍人。尋而頲父同中書門下三品，父子同掌樞密，時以爲榮。機事填委，文誥皆出頲手。中書令李嶠歎曰：『舍人思如湧泉，嶠所不及也。』俄遷太常少卿。

景雲中，瓌薨，詔頲起復爲工部侍郎，加銀青光禄大夫。頲抗表固辭，辭理懇切，詔許其終制。服闋就職，襲父爵許國公。玄宗謂宰臣曰：『有從工部侍郎得中書侍郎否？』對曰：『任賢用能，非臣等所及。』玄宗曰：『蘇頲可中書侍郎，仍供政事食。』明日，加知制誥。有政事食，自頲始也。頲入謝，玄宗曰：『常欲用卿，每有好官闕，即望宰相論及。宰相皆卿之故人，卒無言者，朕爲卿歎息。中書侍郎，朕極重惜，自陸象先殁後，朕每思之，無出卿者。』時李乂爲紫微侍郎，與頲對掌文誥。他日，上謂頲曰：『前朝有李嶠、蘇味道，謂之蘇、李；今有卿及李乂，亦不讓之。卿所制文誥，可録一本封進，題云「臣某撰」，朕要留中披覽。』其禮遇如此。玄宗欲於靖陵建碑，頲諫曰：『帝王及後，無神道碑，且事不師古，動皆不法。若靖陵獨建，陛下祖宗之陵皆須追造。』玄宗從其言而止。

開元四年，遷紫微侍郎、同紫微黄門平章事，與侍中宋璟同知政事。璟剛正，多所裁斷，頲皆順從其美；若上前承旨、敷奏及應對，則頲爲之助，相得甚悦。璟嘗謂人曰：『吾與蘇家父子，前後同時爲宰相。僕射長厚，誠爲國器；若獻可替否，罄盡臣節，斷割吏事，至公無私，即頲過其父也』。八年，除禮部尚書，罷政事。俄知益州大都督府長史事。前司馬皇甫恂破庫物織新様錦以進，頲一切罷之。或謂頲曰：『公今在遠，豈得忤聖意？』頲曰：『明主不以私愛奪至公，豈以遠近間易忠臣節也！』竟奏罷之。巂州蠻酋苴院私與吐蕃連謀，將爲内寇，頲獲其間諜，將士咸請出兵討之，頲不從，乃作書併間諜以送苴院，苴院慚悔，竟不敢入寇。

十三年，從駕東封，玄宗令頲撰朝覲碑文。俄又知吏部選事。頲性廉儉，所得俸禄，盡推與諸弟，或散之親族，家無餘資。十五年卒，年五十八。初，優贈之制未出，起居舍人韋述上疏曰：『臣伏見貞觀、永徽之時，每有公卿大臣薨卒，皆輟朝舉哀，所以成終始之恩，厚君臣之義。上有旌賢録舊之德，下有生榮死哀之美，列於史册，以示將來。昔智悼子卒，平公宴樂，杜蒯一言，方始感悟。《春秋》載其盛烈，禮經以爲美談，今古舊事，昭然可睹。臣伏見故禮部尚書蘇頲，累葉輔弼，代傳忠清。頲又伏事軒陛，二十餘載，入參謀猷，出總藩牧。誠績斯著，操履無虧，天不慭遺，奄違聖代。伏願陛下思帷蓋之舊，念股肱之親，修先朝之盛典，鑑晉平之遠迹，爲之輟朝舉哀，以明同體之義。使殁者荷德於泉壤，存者盡節於周行，凡百卿士，孰不幸甚。臣官忝記事，君舉必書，敢申舊典，上黷宸扆，希降恩貸，俯垂詳擇。』即日於洛城南門舉哀，輟朝兩日，贈尚書右丞相，謚曰文憲。及葬日，玄宗游咸宜宮，將出獵，聞頲喪出，愴然曰：『蘇頲今日葬，吾寧忍娱游。』中路還宫。

又　卷九七《張説傳》　張説字道濟，其先范陽人，代居河東，近又徙家河南之洛陽。弱冠應詔舉，對策乙第，授太子校書，累轉右補闕，預修《三教珠英》。久視年，則天幸三陽宫，自夏涉秋，不時還都，説上疏諫曰：

陛下屯萬乘，幸離宫，暑退涼歸，未降還旨。愚臣固陋，恐非良策，請爲陛下陳其不可。

三陽宫去洛城一百六十里，有伊水之隔，崿阪之峻，過夏涉秋，水潦方積，道壞山險，不通轉運，河廣無梁，咫尺千里。扈從兵馬，日費資給，連雨彌旬，即難周濟。陛下太倉、武庫，併在都邑，紅粟利器，蘊若山丘。奈何去宗廟之上都，安山谷之僻處？是猶倒持劍戟，示人鐏柄，臣竊爲陛下不取。夫禍變之生，在人所忽，故曰：『安樂必誡，無行所悔。』此不可止之理一也。

告成褊小，萬方輻湊，填城溢郭，併錇無所。排斥居人，蓬宿草次，風雨暴至，不知庇托，孤惸老病，流轉衢巷。陛下作人父母，將若之何？此不可止之理二也。

池亭奇巧，誘掖上心，削巒起觀，竭流漲海，俯貫地脈，仰出雲路，易山川之氣，奪農桑之土，延木石，運斧斤，山谷連聲，春夏不輟。勸陛下作此者，豈正人耶？《詩》云：『人亦勞止，汔可小康。』此不可止之理三也。

御苑東西二十里，所出入來往，雜人甚多，外無牆垣局禁，內有榛叢谿谷，猛獸所伏，暴慝是憑。陛下往往輕行，警蹕不肅，歷蒙密，乘嶮戲，卒然有逸獸狂夫，驚犯左右，豈不殆哉！雖萬全無疑，然人主之動，不宜易也。《易》曰：『思患預防。』願陛下爲萬姓持重。此不可止之理四也。

今國家北有胡寇覷邊，南有夷獠騷徼。關西小旱，耕稼是憂；安東近平，輸漕方始。臣願陛下及時旋軫，深居上京，息人以展農，修德以來遠，罷不急之役，省無用之費。澄心淡懷，惟億萬年，蒼蒼羣生，莫不幸甚。臣自度芻議，十不一從。何者？沮盤游之娛，間林沚之玩，規遠圖而替近適，要後利而棄前歡，未沃明主之心，已戾貴臣之意。然臣血誠密奏而不愛死者，不願負陛下言責之職耳。輕觸天威，伏地待罪。

疏奏不省。

長安初，修《三教珠英》畢，遷右史、內供奉，兼知考功貢舉事，擢拜鳳閣舍人。時臨臺監張易之與其弟昌宗搆陷御史大夫魏元忠，稱其謀反，引說令證其事。說至御前，揚言元忠實不反，此是易之誣構耳。元忠由是免誅，說坐忤旨配流欽州。在嶺外歲餘。中宗卽位，召拜兵部員外郎，累轉工部侍郎。景龍中，丁母憂去職，起復授黃門侍郎，累表固辭，言甚切至，優詔方許之。是時風教紊頹，多以起復爲榮，而說固節懇辭，竟終其喪制，大爲識者所稱。服終，復爲工部侍郎，俄拜兵部侍郎，加弘文館學士。

睿宗卽位，遷中書侍郎，兼雍州長史。景雲元年秋，譙王重福於東都搆逆而死，留守捕讋枝黨數百人，考訊結構之狀，經時不決。睿宗令說往按其獄，一宿捕獲重福謀主張靈均、鄭愔等，盡得其情狀，自餘枉被係禁者，一切釋放。睿宗勞之曰：『知卿按此獄，不枉良善，又不漏罪人。非卿忠正，豈能如此？』

玄宗在東宮，說與國子司業褚無量俱爲侍讀，深見親敬。明年，同中書門下平章事，監修國史。是歲二月，睿宗謂侍臣曰：『有術者上言，五日內有急兵入宮，卿等爲朕備之。』左右相顧莫能對，說進曰：『此是讒人設計，擬搖動東宮耳。陛下若使太子監國，則君臣分定，自然窺覦路絕，災難不生。』睿宗大悅，卽日下制皇太子監國。明年，又制皇太子卽帝位。俄而太平公主引蕭至忠、崔湜等爲宰相，以說爲不附己，轉爲尚書左丞，罷知政事，仍令往東都留司。說既知太平等陰懷異計，乃因使獻佩刀於玄宗，請先事討之，玄宗深嘉納焉。及至忠等伏誅，徵拜中書令，封燕國公，賜實封二百户。其冬，改易官名，拜紫微令。

自則天末年，季冬爲潑寒胡戲，中宗嘗御樓以觀之。至是，因蕃夷入朝，又作此戲。說上疏諫曰：『臣聞韓宣適魯，見周禮而歎；孔子會齊，數倡優之罪。列國如此，況天朝乎。今外蕃請和，選使朝謁，所望接以禮樂，示以兵威。雖曰戎夷，不可輕易，焉知無駒支之辯，由餘之賢哉？且潑寒胡未聞典故，裸體跳足，盛德何觀；揮水投泥，失容斯甚。法殊魯禮，褻比齊優，恐非干羽柔遠之義，樽俎折衝之禮。』自是此戲乃絕。

俄而爲姚崇所構，出爲相州刺史，仍充河北道按察使。俄又坐事左轉岳州刺史，仍停所食實封三百户，遷右羽林將軍，兼檢校幽州都督。開元七年，檢校并州大都督府長史，兼天兵軍大使，攝御史大夫，兼修國史，仍齎史本隨軍修撰。八年秋，朔方大使王晙誅河曲降虜阿布思等千餘人。時并州大同、橫野等軍有九姓同羅、拔曳固等部落，皆懷震懼。說率輕騎二十人，持旌節直詣其部落，宿於帳下，召酋帥以慰撫之。副使李憲以爲夷虜難信，不宜輕涉不測，馳狀以諫，說報書曰：『吾肉非黃羊，必不畏吃；血非野馬，必不畏刺。士見危致命，是吾效死之秋也。』於是九姓感義，其心乃安。

九年四月，胡賊康待賓率衆反，據長泉縣，自稱葉護，攻陷蘭池等六州。詔王晙率兵討之，仍令說相知經略。時叛胡與党項連結，攻銀城、連谷，以據倉糧，說統馬步萬人出合河關掩擊，大破之。追至駱駝堰，胡及党項自相殺。阻夜，胡乃西遁入鐵建山，餘黨潰散。說招集党項，復其居業。副使史獻請因此誅党項，絕其翻動之計，說曰：『先王之道，推亡固存，如盡誅之，是逆天道也。』因奏置麟州，以安置党項餘燼。其年，拜兵部尚書、同中書門下三品，仍依舊修國史。

明年，又敕說爲朔方軍節度大使，往巡五城，處置兵馬。時有康待賓餘黨慶州方渠降胡康願子自立爲可汗，舉兵反，謀掠監牧馬，西涉河出塞。說進兵討擒之，併獲其家屬於木盤山，送都斬之，其黨悉平。獲男女三千餘人。於是移河曲六州殘胡五萬餘口配許、汝、唐、鄧、仙、豫等州，始空河南逆方千里之地。説以討賊功，復賜實封二百户。先是，緣邊鎮兵常六十餘萬，説以時無强寇，不假師衆，奏罷二十餘萬，勒還營農。玄宗頗以爲疑，説奏曰：『臣久在疆場，具悉邊事，軍將但欲自衛及雜使營私。若禦敵制勝，不在多擁閒冗，以妨農務。陛下若以爲疑，臣請以闔門百口爲保。以陛下之明，四夷畏伏，必不慮減兵而招寇也。』上乃從之。

時當番衛士，浸以貧弱，逃亡略盡。説又建策，請一切罷之，别召募强壯，令其宿衛，不簡色役，優爲條例，逋逃者必爭來應募。上從之。旬日，得精兵一十三萬人，分係諸衛，更番上下，以實京師，其後彍騎是也。

是歲，玄宗將還京，而便幸并州，説進言曰：『太原是國家王業所起，陛下行幸，振威耀武，併建碑紀德，以申永思之意。若便入京，路由河東，有漢武脽上后土之祀，此禮久闕，歷代莫能行之。願陛下紹斯墜典，以爲三農祈穀，此誠萬姓之福也。』上從其言。及祀后土禮畢，説代張嘉貞爲中書令。夏四月，玄宗親爲詔曰：『動惟直道，累聞獻替之誠；言則不諛，自得謀猷之體。政令必俟其增損，圖書又籍其刊削，才望兼著，理合褒升。考中上。』

説又首建封禪之議。十三年，受詔與右散騎常侍徐堅、太常少卿韋縚等撰東封儀注。舊儀不便者，説多所裁正，語在《禮志》。玄宗尋召説及禮官學士等賜宴於集仙殿，謂説曰：『今與卿等賢才同宴於此，宜改名爲集賢殿。』因下制改麗正書院爲集賢殿書院，授説集賢院學士，知院事。及將東封，授説爲右丞相兼中書令，源乾曜爲左丞相兼侍中，蓋勒成岱宗，以明宰相佐成王化也。説又撰《封禪壇頌》以紀聖德。初，源乾曜本意不欲封禪，而説因贊其事，由是頗不相平。及登山，説引所親攝供奉官及主事等從升，加階超入五品，其餘官多不得上。又行從兵士，惟加勳，不得賜物，由是頗爲内外所怨。先是，御史中丞宇文融獻策，請括天下逃户及籍外剩田，置十道勸農使，分往檢察。説嫌其擾人不便，數建議違之。及東封還，融又密奏分吏部置十銓，融與禮部尚書蘇頲等分掌選事。融等每有奏請，皆爲説所抑，由是銓綜失敍。融乃與御史大夫崔隱甫、中丞李林甫奏彈説引術士夜解及受贓等狀，敕宰臣源乾曜、刑部尚書韋抗、大理少卿胡珪、御史大夫崔隱甫就尚書省鞫問。説兄左庶子光詣朝堂割耳稱冤。時中書主事張觀、左衛長史范堯臣併依倚説勢，詐假納賂，又私度僧王慶則往來與説占卜吉凶，爲隱甫等所鞫伏罪。説經兩宿，玄宗使中官高力士視之，回奏：『説坐於草上，於瓦器中食，蓬首垢面，自罰憂懼之甚。』玄宗憫之。力士奏曰：『説曾爲侍讀，又於國有功。』玄宗然其奏，由是停兼中書令，觀及慶則決杖而死，連坐遷貶者十餘人。隱甫及融等恐説復用爲己患，又密奏毁之。明年，詔説致仕，仍令在家修史。

初，説爲相時，玄宗意欲討吐蕃，説密奏許其通和，以息邊境，玄宗不從。及瓜州失守，王君㚟死，説因獲巂州鬬羊，上表獻之，以申諷諭。其表：『臣聞勇士冠鷄，武夫戴鶡，推情舉類，獲此鬬羊。遠生越巂，蓄性剛決，敵不避强，戰不顧死，雖爲微物，志不可挫。伏惟陛下選良家於六郡，求猛士於四方，鳥不遁才，獸不藏伎。如蒙效奇靈囿，角力天場，卻鼓怒以作氣，前躑躅以奮擊。趹若奔雲之交觸，碎如轉石之相叩，裂骨賭勝，濺血爭雄，敢毅見而衝冠，鷙狠聞而擊節。冀將少助明主市駿骨、揖怒蛙之意也。若使羊能言，必將曰「若鬬不解，立有死者」。所賴至仁無殘，量力取勸焉。臣緣損足，未堪履地，謹遣男詣金明門奉進。』玄宗深悟其意，賜絹及雜彩一千匹。

十七年，復拜尚書左丞相、集賢院學士，尋代源乾曜爲尚書左丞相。視事之日，上敕所司供帳，設音樂，内出酒食，御製詩一篇以敍其事。尋以修謁陵儀注功，加開府儀同三司。時長子均爲中書舍人，次子垍尚寧親公主，拜駙馬都尉，又特授説兄慶王傅光爲銀青光禄大夫。當時榮寵，莫與爲比。

十八年，遇疾，玄宗每日令中使問疾，併手寫藥方賜之。十二月薨，時年六十四。上惽惻久之，遽於光順門舉哀，因罷十九年元正朝會，詔曰：

弘濟艱難，參其功者時傑；經緯禮樂，贊其道者人師。式瞻而百度允釐，既往而千載貽範。臺衡軒鼎，垂黼藻於當今；徽策寵章，播芳蕤於後葉。故開府儀同三司、尚書左丞相、集賢院學士知院事、上柱國、燕國公張説，辰象降靈，雲龍合契。元和體其沖粹，妙有釋其至賾。挹而莫測，仰之彌高。精義探繫表之微，英辭鼓天下之動。昔侍春誦，綢繆歲華。含春容之聲，叩而盡應；藴泉源之智，啓而斯沃。授命興國，則天衢以通；濟用緜民，則朝政惟允。司鈞總六官之紀，端揆爲萬邦之式。方弘風緯俗，返本於上古之初；而邁德振仁，不臻於中壽之福。於嗟不慭，既喪斯文。宣室餘談，泠然在耳；王殿遺草，宛留其迹。言念忠賢，良深震悼。是使當宁撫几，臨樂徹懸，罷稱觴之儀，遵往禭之禮。可贈太師，賜物五百段。

始玄宗在東宫，説已蒙禮遇。及太平用事，儲位頗危，説獨排其黨，請太子監國，深謀密畫，竟清内難，遂爲開元宗臣。前後三秉大政，掌文學之任凡三十年。爲文俊麗，用思精密，朝廷大手筆，皆特承中旨撰述，天下詞人，咸諷誦之。尤長於碑文、墓誌，當代無能及者。喜延納後進，善用己長，引文儒之士，佐佑王化，當承平歲久，志在粉飾盛時。其封泰山，祠脽上，謁五陵，開集賢，修太宗之政，皆説爲倡首。而又敦氣義，重然諾，於君臣朋友之際，大義甚篤。時中書舍人徐堅自負文學，常以集賢院學士多非其人，所司供膳太厚，嘗謂朝列曰：『此輩於國家何益，如此虚費。』將建議罷之。説曰：『自古帝王功成，則有奢縱之失，或興池臺，或玩聲色。今聖上崇儒重道，親自講論，刊正圖書，詳延學者。今麗正書院，天子禮樂之司，永代規模，不易之道也。所費者細，所益者大。徐子之言，何其隘哉！』玄宗知之，由是薄堅。説既遭訕鑠，罷知政事，專集賢文史之任，每軍國大事，帝遣中使先訪其可否。説嘗自製其父《贈丹州刺史騭碑文》，玄宗聞之而御書其碑額賜之曰『嗚呼，積善之墓』。有文集三十卷。太常謚議曰『文貞』，左司郎中陽伯誠駁議，以爲不稱，工部侍郎張九齡立議，請依太常爲定，紛綸未決。玄宗爲説自製神道碑文，御筆賜謚曰『文貞』，由是方定。

又　卷九八《李元紘傳》　李元紘，其先滑州人，世居京兆之萬年。本姓丙氏。【略】

元紘少謹厚。初爲涇州司兵，累遷雍州司户。時太平公主與僧寺爭碾磑，公主方承恩用事，百司皆希其旨意，元紘遂斷還僧寺。竇懷貞爲雍州長史，大懼太平勢，促令元紘改斷，元紘大署判後曰：『南山或可改移，此判終無摇動。』竟執正不撓，懷貞不能奪之。俄轉好畤令，遷潤州司馬，所歷咸有聲績。開元初，三遷萬年縣令，賦役平允，不嚴而理。俄擢爲京兆尹，尋有詔令元紘疏決三輔。諸王公權要之家，皆緣渠立磑，以害水田，元紘令吏人一切毁之，百姓大獲其利。又歷工部、兵部、吏部三侍郎。十三年，户部侍郎楊瑒、白知慎坐支度失所，皆出爲刺史。上令宰臣及公卿已下精擇堪爲户部者，多有薦元紘者，將授以户部尚書，時執政以其資淺，未宜超授，加中大夫，拜户部侍郎。元紘因條奏人間利害及時政得失以奏之，上大悦，因賜衣一副、絹二百匹。明年，擢拜中書侍郎、同中書門下平章事。頃之，加銀青光禄大夫，賜爵清水男。

元紘性清儉。既知政事，稍抑奔競之路，務進者頗憚之。時初廢京司職田，議者請於關輔置屯，以實倉廪。元紘建議曰：『軍國不同，中外異制。若人閑無役，地棄不墾，發閑人以耕棄地，省饋運以實軍糧，於是乎有屯田，其爲益多矣。今百官所退職田，散在諸縣，不可聚也；百姓所有私田，皆力自耕墾，不可取也。若置屯田，即須公私相换，徵發丁夫，徵役則業廢於家，免庸則賦闕於國。内地置屯，古所未有，得不補失，或恐未可。』其議遂止。

先是，左庶子吴兢舊任史官，撰《唐書》一百卷、《唐春秋》三十卷，其書未成，以丁憂罷職。至是，上疏請終其功，有詔特令就集賢院修成其書。及張説致仕，又令在家修史。元紘奏曰：『國史者，記人君善惡，國政損益，一字褒貶，千載稱之，前賢所難，事匪容易。今張説在家修史，吴兢又在集賢撰録，遂令國之大典，散在數處。且太宗别置史館，在於禁中，所以重其職而秘其事也。望勒説等就史館參詳撰録，則典册有憑，舊章不墜矣。』從之，乃詔説及吴兢併就史館修撰。

元紘在政事累年，不改第宅，僕馬弊劣，未曾改飾，所得封物，皆散之親族。右丞相宋璟嘗嘉歎之，每謂人曰：『李侍郎引宋遥之美才，黜劉晃之貪冒，貴爲國相，家無儲積。雖季文子之德，何以加也！』後與杜暹多所異同，情遂不葉，至有相執奏者，上不悦，由是罷知政事，出爲曹州刺史，以疾去官。久之，拜户部尚書，仍聽致仕。二十一年疾瘳，起爲太子詹事，旬日而卒。贈太子少傅，謚曰文忠。

又　《杜暹傳》　杜暹，濮州濮陽人也。父承志，則天初爲監察御史。時懷州刺史李文暕以皇枝近屬，爲讎人所告，承志推出之。俄而文暕得罪，承志坐貶，授方義令。累轉天官員外郎。既羅織事起，承志恐懼，遂稱疾去官而歸，卒於家。

自暹高祖至暹，五代同居，暹尤恭謹，事繼母以孝聞。初舉明經，補婺州參軍，秩滿將歸，州吏以紙萬餘張以贈之，暹惟受一百，餘悉還之。時州僚別者，見而歎曰：『昔清吏受一大錢，復何異也！』俄授鄭尉，復以清節見知。華州司馬楊孚，公直士也，深賞重之。尋而孚遷大理正，暹坐公事下法司結罪，孚謂人曰：『若此尉得罪，則公清之士何以勸矣？』特薦之於執政，由是擢拜大理評事。

開元四年，遷監察御史，仍往磧西覆屯。會安西副都護郭虔瓘與西突厥可汗史獻、鎮守使劉遐慶等不葉，更相執奏，詔暹按其事實。時暹已回至涼州，承詔復往磧西，因入突厥騎施，以究虔瓘等犯狀。蕃人齎金以遺，暹固辭不受。左右曰：『公遠使絶域，不可失蕃人情。』暹不得已受之，埋幕下，既去出境，乃移牒令收取之。蕃人大驚，度磧追之，不及而止。暹累遷給事中，丁繼母憂去職。十二年，安西都護張孝嵩遷爲太原尹，或薦暹往使安西，蕃人伏其清慎，深思慕之，乃奪情擢拜黄門侍郎，兼安西副大都護。暹單騎赴職。明年，於闐王尉遲眺陰結突厥及諸蕃國圖爲叛亂，暹密知其謀，發兵捕而斬之，併誅其黨與五十餘人，更立君長，於闐遂安。暹以功特加光禄大夫。暹在安西四年，綏撫將士，不憚勤苦，甚得夷夏之心。

十四年，詔暹同中書門下平章事，仍遣中使往迎之。及謁見，又賜絹二百匹、馬一匹、宅一區。後與李元紘不葉，罷知政事，出爲荆州大都督府長史。又歷魏州刺史、太原尹。二十年，上幸北都，拜暹爲户部尚書，便令扈從入京。行幸東都，詔暹爲京留守。暹因抽當番衛士，繕修三宮，增峻城隍，躬自巡檢，未嘗休懈。上聞而嘉之，賜敕書曰：『卿素以清直，兼之勤幹。自委居守，每事多能，政肅官僚，惠及黎庶。城隍宫室，隨事修營，且有成功，不疲人力。甚善甚善，慰朕懷也。』俄代李林甫爲禮部尚書，累封魏縣侯。二十八年，病卒，年六十餘，詔贈尚書右丞相。

暹在家孝友，愛撫異母弟昱甚厚。然素無學術，每當朝談議，涉於淺近。常以公清勤儉爲己任，時亦矯情爲之。弱冠便自誓不受親友贈遺，以終其身。及卒，上甚悼惜之，遣中使就家視其喪事，内出絹三百匹以賜之。尚書省及故吏賻贈者，其子孝友遵其素約，皆拒而不受。太常謚曰『貞肅』。右司員外郎劉同升、都官員外郎韋廉以暹有忠孝之美，所謚不盡其行，建議駁之。太常博士裴總執曰：『杜尚書往以墨縗受職事，雖云奉國，不得爲孝。請依舊爲定。』孝友又詣闕陳訴上聞，而更令所司詳定，竟謚曰貞孝。

又《韓休傳》 韓休，京兆長安人。伯父大敏，則天初爲鳳閣舍人。時梁州都督李行褒爲部人誣告，云有逆謀，則天令大敏就州推究。或謂大敏曰：『行褒諸李近屬，太后意欲除之，忽若失旨，禍將不細，不可不爲身謀也。』大敏曰：『豈有求身之安而陷人非罪！』竟奏雪之。則天俄又命御史重覆，遂搆成其罪，大敏坐推反失情，與知反不告同罪，賜死於家。父大智，官至洛州司功。休早有詞學，初應制舉，累授桃林丞。又舉賢良，玄宗時在春宫，親問國政，休對策與校書郎趙冬曦併爲乙第，擢授左補闕。尋判主爵員外郎，歷遷中書舍人、禮部侍郎，兼知制誥，出爲虢州刺史。時虢州以地在兩京之間，駕在京及東都，併爲近州，常被支税草以納閑廄。休奏請均配餘州，中書令張説駁之曰：『若獨免虢州，卽當移向他郡，牧守欲爲私惠，國體固不可依。』又下符不許之。休復將執奏，僚吏曰：『更奏必忤執政之意。』休曰：『爲刺史不能救百姓之弊，何以爲政！必以忤上得罪，所甘心也。』竟執奏獲免。歲餘，以母艱去職，固陳誠乞終禮，制許之。服闋，除工部侍郎，仍知制誥，遷尚書右丞。

開元二十一年，侍中裴光庭卒，上令蕭嵩舉朝賢以代光庭者，嵩盛稱休志行，遂拜黄門侍郎、同中書門下平章事。休性方直，不務進趨，及拜，甚允當時之望。俄有萬年尉李美玉得罪，上特令流之嶺外，休進曰：『美玉卑位，所犯又非巨害，今朝廷有大姦，尚不能去，豈得舍大而取小也！臣竊見金吾大將軍程伯獻，依恃恩寵，所在貪冒，第宅輿馬，僭擬過縱。臣請先出伯獻而後罪美玉。』上初不許之，休固爭曰：『美玉微細猶不容，伯獻巨猾豈得不問！陛下若不出伯獻，臣卽不敢奉詔流美玉。』上以其切直，從之。初，蕭嵩以休柔和易制，故薦引之。休既知政事，多折正嵩，遂與休不叶。宋璟聞之曰：『不謂韓休乃能如是，仁者之勇也。』

其年夏，加銀青光禄大夫。十二月，轉工部尚書，罷知政事。二十四年，遷太子少師，封宜陽子。二十七年病卒，年六十八，贈揚州大都督，謚曰文忠。寶應元年，重贈太子太師。

又《裴耀卿傳》 裴耀卿，贈户部尚書守眞子也。少聰敏，數歲解屬文，童子舉。弱冠拜秘書正字，俄補相王府典簽。時睿宗在蕃，甚重之，令與掾丘悦、文學韋利器更直府中，以備顧問，府中稱爲學直。及睿宗升極，拜國子主簿。開元初，累遷長安令。長安舊有配户和市之法，百姓苦之。耀卿到官，一切令出儲蓄之家，預給其直，遂無姦僦之弊，公私甚以爲便。在職二年，寬猛得中，及去官，縣人甚思詠之。十三年，爲濟州刺史。其年，車駕東巡，州當大路，道里綿長，而户口寡弱，耀卿躬自條理，科配得所。時大駕所歷凡十餘州，耀卿稱爲知頓之最。又歷宣、冀二州刺史，皆有善政，入爲户部侍郎。

二十年，禮部尚書、信安王禕受詔討契丹，詔以耀卿爲副。俄又令耀卿齎絹二十萬匹分賜立功奚官，就部落以給之。耀卿謂人曰：『夷虜貪殘，見利忘義，今齎持財帛，深入寇境，不可不爲備也。』乃令先期而往，分道互進，一朝而給付併畢。時突厥及室韋果勒兵邀險，謀劫襲之，比至而耀卿已還。

其冬，遷京兆尹。明年秋，霖雨害稼，京城谷貴。上將幸東都，獨召耀卿問救人之術，耀卿對曰：

臣聞前代聖王，亦時有憂害，更施惠澤，活國濟人，由是蒼生仰德，史册書美。伏以陛下仁聖至深，憂勤庶政，小有飢乏，降情哀矜，躬親支計，救其危急。上玄降鑒，當更延福祚，是因有小災而增輝聖德也。今既大駕東巡，百司扈從，太倉及三輔先所積貯，且隨見在發重臣分道賑給，計可支一二年。從東都更廣漕運，以實關輔。待稍充實，車駕西還，即事無不濟。

臣以國家帝業，本在京師，萬國朝宗，百代不易之所。但爲秦中地狹，收粟不多，倘遇水旱，便即匱乏。往者貞觀、永徽之際，禄廩數少，每年轉運不過一二十萬石，所用便足，以此車駕久得安居。今國用漸廣，漕運數倍於前，支猶不給。陛下數幸東都，以就貯積，爲國大計，不憚劬勞，只爲憂人而行，豈是故欲不往。若能更廣陝運，支粟入京，倉廩常有三二年糧，即無憂水旱。

今天下輸丁約有四百萬人，每丁支出錢百文，五十文充營窖等用，貯納司農及河南府、陝州以充其費。租米則各隨遠近，任自出脚送納東都。從都至陝，河路艱險，既用陸脚，無由廣致。若能開通河漕，變陸爲水，則所支有餘，動盈萬計。且江南租船候水始進，吴人不便河漕，由是所在停留，日月既淹，遂生隱盜。臣望沿流相次置倉。

上深然其言。尋拜黄門侍郎、同中書門下平章事，充轉運使，語在《食貨志》。凡三年，運七百萬石，省脚錢三十萬貫。或説耀卿請進所省脚錢，以明功利。耀卿曰：『此蓋公卿盈縮之利耳，不可以之求寵也。』乃奏充所司和市、和糴等錢。

明年，遷侍中。二十四年，拜尚書左丞相，罷知政事，累封趙城侯。時夷州刺史楊浚犯贓處死，詔令杖六十，配流古州。耀卿上疏諫曰：

伏以聖恩天覆，仁育庶類，凡死罪之屬，不欲尸諸市朝，全其性命，流竄而已。所以政致刑措，獄無冤人，曠古以來，未有斯美。臣愚以爲全生免死，誠爲至化，有恥且格，爲訓將來。苟有未安，不敢緘默。

臣以爲刺史、縣令，與諸吏稍別，人之父母，風化所瞻，一爲本部長官，即合終身致敬。決杖者，五刑之末，只施於扶撲徒隸之間，官蔭稍高，即免鞭撻。令決杖贖死，誠則已優，解體受笞，事頗爲辱。法至於死，天下共之，刑至於辱，或有所恥。況本州島刺史，百姓所崇，一朝對其人吏，背脊加杖，屈挫拘執，人或哀憐，忘其免死之恩，且有傷心之痛，恐非敬官長勸風俗之意。

又雜犯死罪，無杖刑，奏報三覆，然後行決。今非時不覆，決杖便發，倘獄或未盡，又暑熱不耐，因杖或死，即是促其處分，不得順時。將欲生之，卻夭其命，又恐非聖明寬宥之意。前後頻在州縣，或緣雜犯決人，每大暑盛夏之時，決杖多死，秋冬已後，至有全者。伏望凡刺史、縣令於本部決杖及夏暑生長之時，所定杖刑，併乞停減。即副陛下好生之德，於死者皆有再生之恩。

俄而特進蓋嘉運破突騎施立功還，詔加河西、隴右兩節度使，仍令經略吐蕃。嘉運既承恩寵，日夕酣宴，不時赴軍。耀卿密上疏曰：『伏見蓋嘉運立功破賊，更委兩軍，以勇果之才，承戰勝之勢，吐蕃小醜，不足殲夷。然臣近日與其同班，觀其舉措，精勁勇烈，誠則有餘，言氣矜誇，恐難成事。莫敖狃於蒲騷之役，舉趾稍高，《春秋》書之爲懲誡。恐其有驕敵之色，臣竊憂之。入秋防邊，日月稍逼，接對人吏，須識其宜。今將撫邊軍，未言發日，若臨事始去，人吏未識，雖決在一時，恐將非制勝萬全之道。況兵未訓練，不知禮法，人未懷惠，士未同心，求其忘性命於一時，憚嚴刑於少選，縱威逼而進，因而立功，恐非師出以律，久長之義。又萬人性命，決在將軍，不得已而行之，鑿凶門而卽路。今酣宴朝夕，優渥有餘，亦恐非愛人憂國之意，不可不察。若不可回換，卽望速遣進途，仍乞聖恩，勗以嚴命。』疏奏，上乃促嘉運赴軍，竟以無功而還。

又　卷九九《張嘉貞傳》　張嘉貞，蒲州猗氏人也。弱冠應五經舉，拜平鄉尉，坐事免歸鄉里。長安中，侍御史張循憲爲河東采訪使，薦嘉貞材堪憲官，請以己之官秩授之。則天召見，垂簾與之言，嘉貞奏曰：『以臣草萊而得入謁九重，是千載一遇也。咫尺之間，如隔雲務，竟不睹日月，恐君臣之道有所未盡。』則天遽令卷簾，與語大悅，擢拜監察御史。累遷中書舍人，歷秦州都督、并州長史，爲政嚴肅，甚爲人吏所畏。

開元初，因奏事至京師，上聞其善政，數加賞慰。嘉貞因奏曰：『臣少孤，兄弟相依以至今。臣弟嘉佑，今授鄯州別駕，與臣各在一方，同心離居，魂絶萬里。乞移就臣側近，臣兄弟盡力報國，死無所恨。』上嘉其友愛，特改嘉佑爲忻州刺史。

時突厥九姓新來內附，散居太原以北，嘉貞奏請置軍以鎮之，於是始於并州置天兵軍，以嘉貞爲使。六年春，嘉貞又入朝。俄有告其在軍奢僭及贓賄者，御史大夫王晙因而劾奏之，按驗無狀，上將加告者反坐之罪。嘉貞奏曰：『昔者天子聽政於上，瞍賦蒙誦，百工諫，庶人謗，而後天子斟酌焉。今反坐此輩，是塞言者之路，則天下之事無由上達。特望免此罪，以廣謗誦之道。』從之，遂令減死，自是帝以嘉貞爲忠。嘉貞又嘗奏曰：『今志力方壯，是效命之秋，更三數年，卽衰老無能爲也。惟陛下早垂任使，死且不憚。』上以其明辯，尤重之。八年春，宋璟、蘇頲罷知政事，擢嘉貞爲中書侍郎、同中書門下平章事。數月，加銀青光禄大夫，遷中書令。

嘉貞斷決敏速，善於敷奏，然性強躁自用，頗爲時論所譏。時中書舍人苗延嗣呂太一、考功員外郎員嘉靜、殿中侍御史崔訓，皆嘉貞所引，位列清要，常在嘉貞門下共議朝政，時人爲之語曰：『令公四俊，苗、呂、崔、員。』

開元十年，車駕幸東都。有洛陽主簿王鈞爲嘉貞修宅，將以求御史，因受贓事發，上特令朝堂集衆決殺之。嘉貞促所由速其刑以滅口，乃歸罪於御史大夫韋抗、中丞韋虛心，皆貶黜之。其冬，秘書監姜皎犯罪，嘉貞又附會王守一奏請杖之，皎遂死於路。俄而廣州都督裴伷先下獄，上召侍臣問當何罪，嘉貞又請杖之。兵部尚書張説進曰：『臣聞刑不上大夫，以其近於君也。故曰：「士可殺，不可辱。」臣今秋受詔巡邊，中途聞姜皎以罪於朝堂決杖，配流而死。皎官是三品，亦有微功。若其有犯，應死卽殺，應流卽流，不宜決杖廷辱，以卒伍待之。且律有八議，勳貴在焉。皎事已往，不可追悔。伷先只宜據狀流貶，不可輕又決罰。』上然其言。嘉貞不悅，退謂説曰：『何言事之深也？』説曰：『宰相者，時來卽爲，豈能長據？若貴臣盡當可杖，但恐吾等行當及之。此言非爲伷先，乃爲天下士君子也。』初，嘉貞爲兵部員外郎，時張説爲侍郎。及是，説位在嘉貞下，既無所推讓，説頗不平，因以此言激怒嘉貞，由是與説不葉。上又以嘉貞弟嘉佑爲金吾將軍，兄弟併居將相之位，甚爲時人之所畏憚。十一年，上幸太原行在所，嘉佑贓汙事發。張説勸嘉貞素服待罪，不得入謁，因出爲幽州刺史，説遂代爲中書令。嘉貞惋恨，謂人曰：『中書令幸有二員，何相迫之甚也！』明年，復拜户部尚書，兼益州長史，判都督事。敕嘉貞就中書省與宰相會宴，嘉貞既恨張説擠己，因攘袂勃罵，源乾曜、王晙共和解之。

明年，坐與王守一交往，左轉台州刺史。復代盧從願爲工部尚書、定州刺史，知北平軍事，累封河東侯。將行，上自賦詩，詔百僚於上東門外餞之。至州，於恆岳廟中立頌，嘉貞自爲其文，乃書於石，其碑用白石爲之，素質黑文，甚爲奇麗。先是，岳祠爲遠近祈賽，有錢數百萬，嘉貞自以爲頌文之功，納其數萬。十七年，嘉貞以疾請就醫東都，制從之。至都，目瞑無所見，上令醫人內直郎田休裕、郎將呂弘泰馳傳往省療之。其秋卒，年六十四，贈益州大都督。謚曰恭肅。

嘉貞雖久歷清要，然不立田園。及在定州，所親有勸植田業者，嘉貞曰：『吾忝歷官榮，曾任國相，未死之際，豈憂饑餒？若負譴責，雖富田莊，亦無用也。比見朝士廣占良田，及身没後，皆爲無賴子弟作酒色之資，甚無謂也。』聞者皆歎伏。

初，嘉貞作相，薦萬年縣主簿韓朝宗，擢爲監察御史。及嘉貞卒後十數歲，朝宗爲京兆尹，因奏曰：『自陛下臨御已來，所用宰相，皆進退以禮，善始令終，身雖已没，子孫咸在朝廷。唯張嘉貞晚年一子，今猶未登官序。』上亦憫然，遽令召之，賜名延賞，特拜左内率府兵曹參軍。

又《張九齡傳》 張九齡，字子壽，一名博物。曾祖君政，韶州别駕，因家於始興，今爲曲江人。父弘愈，以九齡貴，贈廣州刺史。九齡幼聰敏，善屬文。年十三，以書干廣州刺史王方慶，大嗟賞之，曰：『此子必能致遠。』登進士第，應舉登乙第，拜校書郎。玄宗在東宫，舉天下文藻之士，親加策問，九齡對策高第，遷右拾遺。

時帝未行親郊之禮，九齡上疏曰：

伏以天才者，百神之君，而王者之所由受命也。自古繼統之主，必有郊配之義，蓋以敬天命以報所受。故於郊之義，則不以德澤未洽，年谷不登，凡事之故，而闕其禮。《孝經》云：『昔者周公郊祀後稷以配天。』斯謂成王幼沖，周公居攝，猶用其禮，明不暫廢。漢丞相匡衡亦云：『帝王之事，莫重乎郊祀。』董仲舒又云：『不郊而祭山川，失祭之序，逆於禮正，故《春秋》非之。』臣愚以爲匡衡、仲舒，古之知禮者，皆謂郊之爲祭所宜先也。伏惟陛下紹休聖緒，其命惟新，御極已來，於今五載，既光太平之業，未行大報之禮，竊考經傳，義或未通。今百谷嘉生，鳥獸咸若，夷狄内附，兵革用寧。將欲鑄劍爲農，泥金封禪，用彰功德之美，允答神只之心。能事畢行，光耀帝載。況郊祀常典，猶闕其儀，有若怠於事天，臣恐不可以訓。伏望以迎日之至，展焚柴之禮，升紫壇，陳采席，定天位，明天道，則聖朝典則，可謂無遺矣。

九齡以才鑑見推，當時吏部試拔萃選人及應舉者，咸令九齡與右拾遺趙冬曦考其等第，前後數四，每稱平允。開元十年，三遷司勳員外郎。時張説爲中書令，與九齡同姓，敍爲昭穆，尤親重之，常謂人曰：『後來詞人稱首也。』九齡既欣知己，亦依附焉。十一年，拜中書舍人。十三年，車駕東巡，行封禪之禮。説自定侍從升中之官，多引兩省録事主書及己之所親攝官而上，遂加特進階，超授五品。初，令九齡草詔，九齡言於説曰：『官爵者，天下之公器，德望爲先，勞舊次焉。若顛倒衣裳，則譏謗起矣。今登封霈澤，千載一遇。清流高品，不沐殊恩。胥吏末班，先加章紱。但恐制出之後，四方失望。今進草之際，事猶可改，唯令公審籌之，無貽後悔也。』説曰：『事已決矣，悠悠之談，何足慮也！』竟不從。及制出，内外甚咎於説。時御史中丞宇文融方知田户之事，每有所奏，説多建議違之，融亦以此不平於説。九齡復勸説爲備，説又不從其言。無幾，説果爲融所劾，罷知政事，九齡亦改太常少卿，尋出爲冀州刺史。九齡以母老在鄉，而河北道里遼遠，上疏固請换江南一州，望得數承母音耗，優制許之，改爲洪州都督。俄轉桂州都督，仍充嶺南道按察使。上又以其弟九章、九皋爲嶺南道刺史，令歲時伏臘，皆得寧覲。

初，張説知集賢院事，常薦九齡堪爲學士，以備顧問。説卒後，上思其言，召拜九齡爲秘書少監、集賢院學士，副知院事。再遷中書侍郎。常密有陳奏，多見納用。尋丁母喪歸鄉里。二十一年十二月，起復拜中書侍郎、同中書門下平章事。明年，遷中書令，兼修國史。時范陽節度使張守珪以裨將安禄山討奚、契丹敗衄，執送京師，請行朝典。九齡奏劾曰：『穰苴出軍，必誅莊賈；孫武教戰，亦斬宫嬪。守珪軍令必行，禄山不宜免死。』上特捨之。九齡奏曰：『禄山狼子野心，面有逆相，臣請因罪戮之，冀絶後患。』上曰：『卿勿以王夷甫知石勒故事，誤害忠良。』遂放歸藩。

二十三年，加金紫光禄大夫，累封始興縣伯。李林甫自無學術，以九齡文行爲上所知，心頗忌之。乃引牛仙客知政事，九齡屢言不可，帝不悦。二十四年，遷尚書右丞相，罷知政事。後宰執每薦引公卿，上必問：『風度得如九齡否？』故事皆搢笏於帶，而後乘馬，九齡體羸，常使人持之，因設笏囊。笏囊之設，自九齡始也。

初，九齡爲相，薦長安尉周子諒爲監察御史。至是，子諒以妄陳休咎，上親加詰問，令於朝堂決殺之。九齡坐引非其人，左遷荆州大都督府長史。俄請歸拜墓，因遇疾卒，年六十八，贈荆州大都督，謚曰文獻。九齡在相位時，建議復置十道采訪使，又教河南數州水種稻，以廣屯田。議置屯田，費功無利，竟不能就，罷之。性頗躁急，動輒忿詈，議者以此少之。子拯，伊闕令。祿山之亂陷賊，不受僞命。兩京克復，詔加太子右贊善。弟九皋，自尚書郎歷唐、徐、宋、襄、廣五州刺史。九章，歷吉、明、曹三州刺史，鴻臚卿。

九齡爲中書令時，天長節百僚上壽，多獻珍異，唯九齡進《金鏡録》五卷，言前古興廢之道，上賞異之。又與中書侍郎嚴挺之、尚書左丞袁仁敬、右庶子梁升卿、御史中丞盧怡結交友善。挺之等有才幹，而交道終始不渝，甚爲當時之所稱。至德初，上皇在蜀，思九齡之先覺，下詔褒贈，曰：『正大廈者柱石之力，昌帝業者輔相之臣。生則保其榮名，殁乃稱其盛德，節終未允於人望，加贈實存乎國章。故中書令張九齡，維嶽降神，濟川作相，開元之際，寅亮成功。讜言定其社稷，先覺合於蓍策，永懷賢弼，可謂大臣。竹帛猶存，樵蘇必禁，爰從八命之秩，更進三台之位。可贈司徒，仍遣使就韶州致祭。』有集二十卷。

又　卷一〇五《宇文融傳》　宇文融，京兆萬年人，隋禮部尚書平昌公弼之玄孫也。祖節，貞觀中爲尚書右丞，明習法令，以幹局見稱。時江夏王道宗嘗以私事托於節，節遂奏之，太宗大悦，賜絹二百匹，仍勞之曰：『朕所以不置左右僕射者，正以卿在省耳。』永徽初，累遷黄門侍郎、同中書門下三品，代于志寧爲侍中。坐房遺愛事配流桂州而卒。父嶠，萊州長史。

融，開元初累轉富平主簿，明辯有吏幹，源乾曜、孟温相次爲京兆尹，皆厚禮之，俄拜監察御史。時天下户口逃亡，免役多僞濫，朝廷深以爲患。融乃陳便宜，奏請檢察僞濫，搜括逃户。玄宗納其言，因令融充使推勾。無幾，獲僞濫及諸免役甚衆，特加朝散大夫，再遷兵部員外郎，兼侍御史。融於是奏置勸農判官十人，併攝御史，分往天下，所在檢括田疇，招攜户口。其新附客户，則免其六年賦調，但輕税入官。議者頗以爲擾人不便，陽翟尉皇甫憬上疏曰：

臣聞智者千慮，或有一失，愚夫千計，亦有一得。且無益之事繁，則不急之務衆；不急之務衆，則數役；數役，則人疲；人疲，則無聊生矣。是以太上務德，以静爲本；其次化之，以安爲上。但責其疆界，嚴之堤防，山水之餘，即爲見地。何必聚人阡陌，親遣括量，故奪農時，遂令受弊。又應出使之輩，未識大體，所由殊不知陛下愛人至深，務以勾剝爲計。州縣懼罪，據牒即徵。逃亡之家，鄰保代出；鄰保不濟，又便更輸。急之則都不謀生，緩之則慮法交及。臣恐逃逸從此更深。至如澄流在源，止沸由火，不可不慎。今之具僚，向逾萬數，蠶食府庫，侵害黎人。國絶數載之儲，家無經月之畜，雖其厚税亦不可供。户口逃亡，莫不由此。縱使伊、皋申術，管、晏陳謀，豈息茲弊？若以此給，將何以堪！雖東海、南山盡爲粟帛，亦恐不足，豈括田税客能周給也！

左拾遺楊相如上書，咸陳括客爲不便。上方委任融，侍中源乾曜及中書舍人陸堅皆贊成其事，乃貶憬爲盈川尉。於是諸道括得客户凡八十餘萬，田亦稱是。州縣希融旨意，務於獲多，皆虚張其數，亦有以實户爲客者。歲終徵得客户錢數百萬，融由是擢拜御史中丞。言事者猶稱括客損居人，上令集百僚於尚書省議。公卿已下懼融恩勢，皆雷同不敢有異詞，唯户部侍郎楊瑒獨建議以括客不利居人，徵籍外田税，使百姓困弊，所得不補所失。無幾，瑒出爲外職。

融乃馳傳巡歷天下，事無大小，先牒上勸農使而後申中書，省司亦待融指總而後決斷。融之所至，必招集老幼宣上恩命，百姓感其心，至有流淚稱父母者。融使還具奏，乃下制曰：

人惟邦本，本固邦寧，必在安人，方能固本。永言理道，實獲朕心。思所以康濟黎庶，寵綏華夏，上副宗廟乾坤之寄，下答宇縣貢獻之勤，何嘗不夜分輟寢，日旰忘食。然後以眇眇之身，當四海之貴。雖則長想遐邇，不可家至日見。至於宣布政教，安輯逋亡，言念再三，其勤至矣。莫副朕命，實用恧焉，當宸永懷，静言厥緒。豈人流自久，招諭不還，上情靡通於下，衆心罔達於上。求之明發，想見其人。當屬括地使宇文融謁見於延英殿，朕以人必土著，因議逃亡，嘉其忠讜，堪任以事，乃授其田户紀綱，兼委之郡縣厘革，便令充使，奉以安人。遂能恤我黎元，克將朕命，發自夏首，來於歲終，巡按所及，歸首百萬。仍聞宣制之日，老幼欣躍，惟令是從，多流淚以感朕心，咸吐誠以荷王命。猶恐朕之薄德，未孚於人，撫字安存，更冀良算。遂命百司長吏，方州岳牧，僉議都堂，廣徵異見。羣詞盈於割翰，環省彌於旬日，庶廣朕意，豈以爲勞，稽衆考言，謂斯折衷。欲人必信，期於令行，凡爾司存，勉以遵守。

夫食爲人天，富而後教，經教彝體，前哲至言。故平糴行於昔王，義倉加於近代，所以存九年之蓄，收上中之斂。穰賤則農不傷財，災饉則時無菜色，救人活國，其利博哉！今流户大來，王田載理，敖庾之務，寤寐所懷。其客户所税錢，宜均充所在常平倉用，仍許預付價值，任粟麥兼貯。併舊常平錢粟，併委本道判官勾當處置，使斂散及時，務以矜恤。且分災恤患，州黨之常情；損餘濟闕，親鄰之善貸。故木鐸云徇，里胥均功，夜績相從，齊俗以贍。今陽和布澤，丁壯就田，言念鰥惸，事資拯助。宜委使司與州縣商量，勸作農社，貧富相恤，耕耘以時。仍每至雨澤之後，種穫忙月，州縣常務，一切停減。使趨時急於備寇，尺璧賤於寸陰，是則天無虛施，人無遺力。

又政在經遠，功惟久著，今逃亡初復，居業未康，循逃户及籍外剩田，猶宜勞徠，理資存撫。其十道分判官，三五年內，使就厥功，令有終始。當道覆屯，及須推劾，併以委之，不須廣差餘使，示專其事，不擾於人。政術有能，必行賞罰。其已奏復業歸首，勾當州縣，每季一申，不須挾名，致有勞擾。其歸首户，各令新首處與本貫計會年户色役，勿欺隱及其兩處徵科。宣布天下，使明知朕意。

中書令張説素惡融之爲人，又患其權重，融之所奏，多建議爭之。融揣其意，先事圖之。中書舍人張九齡言於説曰：『宇文融承恩用事，辯給多詞，不可不備也。』説曰：『此狗鼠輩，焉能爲事！』融尋兼户部侍郎。從東封還，又密陳意見，分吏部爲十銓典選事，所奏又爲説所抑。融乃與御史大夫崔隱甫連名劾説，廷奏其狀，説由是罷知政事。融恐説復用爲己患，數譖毁之。上惡其朋黨，尋出融爲魏州刺史。俄轉汴州刺史，又上表請用《禹貢》九河舊道，開稻田以利人，併迴易陸運本錢，官收其利。雖興役不息，而事多不就。

十六年，復入爲鴻臚卿，兼户部侍郎。明年，拜黄門侍郎，與裴光庭并兼同中書門下平章事。融既居相位，欲以天下爲己任，謂人曰：『使吾居此數月，庶令海內無事矣。』於是薦宋璟爲右丞相，裴耀卿爲户部侍郎，許景先爲工部侍郎，甚允朝廷之望。然性躁急多言，又引賓客故人，晨夕飲謔，由是爲時論所譏。時禮部尚書、信安王禕爲朔方節度使，殿中侍御史李宙劾之，驛召將下獄。禕既申訴得理，融坐阿黨李宙，出爲汝州刺史，在相凡百日而罷。

裴光庭時兼御史大夫，又彈融交遊朋黨及男受贓等事，貶昭州平樂尉。在嶺外歲餘，司農少卿蔣岑舉奏融在汴州回造船脚，隱没巨萬，給事中馮紹烈又深文案其事實，融於是配流巖州。地既瘴毒，憂恚發疾，遂詣廣府，將停留未還。都督耿仁忠謂融曰：『明公負朝廷深譴，以至於此，更欲故犯嚴命，淹留他境，仁忠見累，誠所甘心，亦恐朝廷知明公在此，必不相容也。』融遽還，卒於路。上聞之，思其舊功，贈台州刺史。

論説

《舊唐書》卷九《玄宗紀論贊》 孔子稱『王者必世而後仁』。李氏自武后移國三十餘年，朝廷罕有正人，附麗無非險輩。持苞苴而請謁，奔走權門；效鷹犬以飛馳，中傷端士。以致斷喪王室，屠害宗枝，骨鯁大臣，屢遭誣陷，舞文酷吏，坐致顯榮。禮儀無復興行，刑政壞於犬馬，端揆出阿黨之語，冕旒有和事之名，朋比成風，廉恥都盡。

我開元之有天下也，糾之以典刑，明之以禮樂，愛之以慈儉，律之以軌儀。黜前朝徼幸之臣，杜其姦也；焚後庭珠翠之玩，戒其奢也；禁女樂而出宮嬪，明其教也；賜酺賞而放哇淫，懼其荒也；敘友於而敦骨肉，厚其俗也；蒐兵而責帥，明軍法也；朝集而計最，校吏能也。廟堂之上，無非經濟之才；表著之中，皆得論思之士。而又旁求宏碩，講道藝文。昌言嘉謨，日聞於獻納；長轡遠馭，志在於升平。貞觀之風，一朝復振。於斯時也，烽燧不驚，華戎同軌。西蕃君長，越繩橋而競款玉關；北狄酋渠，捐毳幕而爭趨雁塞。象郡、炎州之玩，雞林、鯷海之珍，莫不結轍於象胥，駢羅於典屬。膜拜丹墀之下，夷歌立仗之前，可謂冠帶百蠻，車書萬里。天子乃覽雲臺之義，草泥金之札，然後封日觀，禪雲亭，訪道於穆清，怡神於玄牝，與民休息，比屋可封。於時垂髫之倪，皆知禮讓；戴白之老，不識兵戈。虜不敢乘月犯邊，士不敢彎弓報怨。康哉之頌，溢於八紘。所謂『世而後仁』，見於開元者矣。年逾三紀，可謂太平。

於戲！國無賢臣，聖亦難理；山有猛虎，獸不敢窺。得人者昌，信不虛語。昔齊桓公行同禽獸，不失霸主之名；梁武帝靜比桑門，竟被臺城之酷。蓋得管仲則淫不害霸，任朱異則善不救亡。開元之初，賢臣當國，四門俱穆，百度唯貞，而釋、老之流，頗以無爲請見。上乃務清淨，事熏修，留連軒後之文，舞詠伯陽之説，雖稍移於勤倦，亦未至於怠荒。俄而朝野怨咨，政刑紕繆，何哉？用人之失也。自天寶已還，小人道長。如山有朽壤，雖大必虧；木有蠹蟲，其榮易落。以百口百心之讒諂，蔽兩目兩耳之聰明，苟非鐵腸石心，安得不惑！而獻可替否，靡聞姚、宋之言；妒賢害功，但有甫、忠之奏。豪猾因茲而睥睨，明哲於是乎卷懷，故祿山之徒，得行其僞。厲階之作，匪降自天，謀之不臧，前功併棄。惜哉！

贊曰：開元握圖，永鑑前車。景氣融朗，昏氛滌除。政才勤倦，妖集廷除。先民之言，『靡不有初』。

又 卷九八《魏知古等傳論贊》 魏知古、盧懷慎、源乾曜、李元紘、杜暹、韓休、裴耀卿，悉蘊器能，咸居宰輔。或心存啓沃，或志在薦賢，或出愛子爲外官，或止屯田於關輔，或不受蕃人之賂，或堅劾伯獻之姦，或廣漕渠以充國用：此皆立事立功，有足嘉尚者也。盧、李、杜三君子，又以清白垂美簡書，公孫弘之流也。乾曜職當機密，無所是非，持祿保身，焉用彼相？

贊曰：盧、魏、乾曜，弼違進賢。裴、韓、李、杜，遠財劾姦。汗簡書事，清風肅然。萬歲之後，其名不刊。

又 卷九九《崔日用等傳論贊》 崔日用附會三思，以取高位，預討韋氏，遂握重權。自言『吾一生行事，皆臨時制變，不必專守始謀』，信矣。與夫守死善道者，不可同年而語也。張嘉貞雖不立田園，奈急於勢利，朋比近習，杖姜皎、伷先，非中立之士也。蕭嵩位極中令，異政無聞，樹破虜之勳，眞致遠之器。九齡文學政事，咸有所稱，一時之選也。適之臨下雖簡，在公克勤，惜乎不得其死也！挺之才略器識，不下諸公，恥近權門，爲人所惡，不登台輔，養疾宮僚。雖富貴在天，窮達有命，彼林甫者，誠可投畀豺虎也。

贊曰：開元之代，多士盈庭。日用無守，嘉貞近名。嵩、齡、適、挺，各有度程。大位俱極，半慚德馨。

《新唐書》卷五《玄宗紀贊》 睿宗因其子之功，而在位不久，固無可稱者。嗚呼，女子之禍於人者甚矣！自高祖至於中宗，數十年間，再罹女禍，唐祚既絶而復續，中宗不免其身，韋氏遂以滅族。玄宗親平其亂，可以鑑矣，而又敗以女子。方其勵精政事，開元之際，幾致太平，何其盛也！及侈心一動，窮天下之欲不足爲其樂，而溺其所甚愛，忘其所可戒，至於竄身失國而不悔。考其始終之異，其性習之相遠也至於如此。可不慎哉！可不慎哉！

又 卷一二五《蘇瓌等傳贊》 説於玄宗最有德，及太平用事，納忠惓惓，又圖封禪，發明典章，開元文物彬彬，説力居多。中爲姦人排擯，幾不免，自古功名始終亦幾希，何獨説哉！至子以利遽敗其家。若瓌，頲再世稱賢宰相，盛矣！

又 卷一二六《魏知古等傳贊》 人之立事，無不鋭始而工於初，至其半則稍怠，卒而漫澶不振也。觀玄宗開元時，厲精求治，元老魁舊，動所尊憚，故姚元崇、宋璟言聽計行，力不難而功已成。及太平久，左右大臣皆帝自識擢，狎而易之，志滿意驕，而張九齡爭愈切，言益不聽。夫志滿則忽其所謀，意驕則樂軟熟，憎鯁切，較力雖多，課所效不及姚、宋遠矣。終之胡雛亂華，身播邊陬，非曰天運，亦人事有致而然。若知古等皆宰相選，使當天寶時，庸能有救哉！

宋·范祖禹《唐鑑》卷八《玄宗上》 （開元元年）臣祖禹曰：姚崇等以其君討契丹爲是邪，當成之爲非邪，當爭之不可微諫而止也。明皇既不聽諫又益甚之，遂相薛訥而使之將兵，崇等乃不敢言。則是人君可以威脅羣臣而遂其非也，然則君有大過將何以止之？夫人臣諫而不聽則當去位，苟不能强諫而視其君之過舉，至於天下咸怨，其臣則曰：非我不諫，君不能用我也。始則擇利以處其身，終則引謗以歸於君，此不忠之大者也。使君驕其臣而輕於用武，天下不勝其弊，崇之罪也。【略】

姚宋相繼爲相，二人每進見帝輒爲之起，去則臨軒送之。及李林甫爲相，雖寵任過於姚宋，然禮遇殊卑薄矣。

臣祖禹曰：三公坐而論道，天子所與共天位治天職者也，故其禮不可不尊，其任不可不重，自堯舜至于三代尊禮輔相詩書著矣，漢承秦敝，崇君卑臣，然猶宰相進見天子，御坐爲起，在輿爲下，所以體貌大臣而風厲其節也。開元之初，明皇勵精政治優禮故老，姚宋是師。天寶以後宴安驕侈，倦求賢俊，委政羣下，彼小人者唯利是就，不顧國體，巧言令色，以求親昵人主，甘之薄於禮厚於情，是以林甫得容其姦，故人君不體貌大臣則賢者日退而小人日進矣。

宋·蘇轍《欒城集·後集》卷一一《宇文融》 開元之初，天下始脫中、睿之亂。玄宗厲精政事，姚崇、宋璟彌縫其闕，而損其過，庶幾貞觀之治矣。在《易》：『天下雷行，物與無妄。』開元之初，無妄之世也。無妄之爲言，無一不正之謂也。君子之處此也，亦全其大正，而略其小不正而已。蓋詳其小，必廢其大。古語有之：『銖銖而稱之，至石必差；寸寸而量之，至丈必過。石稱丈量，徑而寡失。』故《無妄》之二曰：『不耕穫，不菑畬，則利有攸往。』其三曰：『無妄之災，或繫之牛，行人之得，邑人之災。』其五曰：『無妄之疾，勿藥有喜。』夫必耕而後穫，必菑而後畬，小人之所謂無妄也。而君子不然，於義可獲，不必其所耕也，於道可菑，不必其所畬也，然後無所不行。今有失牛於此，得之者行人也，而責得於邑人，其意亦以求無妄也，而邑人罹其橫，故無妄之疾，雖勿藥可也。藥之，其損或有甚於病者。開元之初，雖號富庶，而户口未嘗升降。監察御史宇文融得其隙而論之，請治籍外羨田逃户，命攝御史分行括實。玄宗喜之，朝臣莫敢言其非者。惟陽翟尉皇甫憬、户部侍郎楊瑒，以爲籍外取稅，百姓困弊，得不償失，而二人皆坐左遷。諸道所括，凡得客户八十餘萬，田亦稱是，然州縣希旨，多張虛數，以正田爲羨，編户爲客，歲終籍錢數百萬緡，其名似是，而實失民心。淺言之，則失在求詳，深言之，則失在貪利。時帝方以耳目之奉，責得於人，行之不疑，於是羣臣爭爲聚斂，以迎侈心。天寶之亂，實始於此。吾觀近世士大夫多有此病。賢者不忍天下有小不平，而欲平之。小人僥幸其利，以爲進取之計。故天下每每多弊。宰相李沆，近世之賢相也，嘗言：『吾在朝廷十有餘年，無功可紀，惟四方之言利者，未嘗有一施行，持此聊以報國。』古之善言醫者，患醫之難，以爲有病不服藥，常得中醫。蓋良醫不可必得，而愚醫舉目皆是。愚醫類能殺人，而不服藥者未必死。李公之言，蓋類此也。

藝　文

唐·杜甫《九家集注杜詩》卷八《憶昔二首·其二》 憶昔開元全盛日，小邑猶藏萬家室。稻米流脂粟米白，公私倉廩俱豐實。九州道路無豺虎，遠行不勞吉日出。齊紈魯縞車班班，男耕女桑不相失。宮中聖人奏雲門，天下朋友皆膠漆。百餘年間未災變，叔孫禮樂蕭何律。豈聞一絹直萬錢，有田種穀今流血。洛陽宮殿燒焚盡，宗廟新除狐兔穴。傷心不忍問耆舊，復恐初從亂離說。小臣魯鈍無所能，朝廷記識蒙祿秩。周宣中興望我皇，灑血江漢長衰疾。

唐·温庭筠《温飛卿詩集箋注》卷九《鴻臚寺有開元中錫宴堂樓臺池沼雅爲勝絶荒涼遺址僅有存者偶成四十韻》 明皇昔御極，神聖垂耿光。沈機發雷電，逸躅陵堯湯。西覃積石山，北至窮發鄉。四凶有獬廌，一臂無螳螂。嬋娟得神艷，郁烈聞國香。紫絛鳴羯鼓，玉管吹霓裳。禄山未封侯，林甫才爲郎。昭融廓日月，妥帖安紀綱。羣生到壽域，百辟趨不天子自遊豫，侍臣宜赤日生扶桑。玉砌露盤紆，金壺漏丁噹。劍佩相擊觸，左右隨趨蹌。玄珠十二旒，紅粉三千行。眄睞生羽翼，叱嗟回雪霜。神霞凌雲閣，春水驪山陽。盤鬭九子粽，甌擎五雲漿。雙瓊京兆博，七鼓邯鄲倡。毾㲪碧鷄鬭，蘢葱翠雉場。仗官繡蔽膝，寶馬金鏤鍚。椒塗隔鸚鵡，柘彈驚鴛鴦。猗歟華國臣，鬢髮俱蒼蒼。錫宴得佳致，車從真煒煌。畫鷁照魚鼈，鳴騶亂鶖鶬。颭灩蕩碧波，炫煌迷横塘。縈盈舞回雪，宛轉歌遶梁。艷帶畫銀絡，寶梳金鈿筐。沈冥類漢相，醉倒疑楚狂。一旦紫微東，胡星森耀芒。憑陵逐鯨鯢，唐突驅犬羊。縱火三月赤，戰塵千里黄。殽函與府寺，從此俱荒涼。兹地乃蔓艸，故基摧壞牆。枯池接斷岸，唧唧啼寒螿。敗荷塌作泥，死竹森如槍。遊人問老吏，相對聊感傷。豈必見麋鹿，然後堪迴腸。幸今遇太平，令節稱羽觴。誰知曲江隝，歲歲棲鸞皇。

宋·李彭《日涉園集》卷九《李涉〈題温泉〉》 能使時平四十春，開元聖主得賢臣。當時姚宋併燕許，盡是驪山從駕人。

宋·李廌《濟南集》卷三《題王摩詰曲江春游圖》 咸雍山河互王霸，涇渭爲隍城塹華。曲江臺沼備豫游，祇與畫師供入畫。

長安城西山萬重，昆明煙浪繞新宮。新蒲細柳春風裏，萬户千門佳氣中。

我生不及開元時，猶喜此圖今見之。蒼莽煙綃橫短幅，眼中終南倒溪渌。

傾城士女巷無人，三月三時曲江曲。老稚姸媸賤或貴，來者攜壺歸者醉。

筆端造化有能事，各肖人人樂游意。如今此地空塵迹，石鯨縱在如銅狄。

宜春五柞更蕭條，無復榛中得遺甓。我願吾王明六符，不蹈漢唐耳目娱。

池籞假民任畋漁，無令畫師爲畫圖。

宋·徐鈞《史詠詩集》卷下《唐·人臣·張九齡》 禄山必兆邊陲禍，林甫終殆廟社憂。二事眼前君不悟，何須金鑑録千秋。

又 《張説》 東宮侍讀讀何經，相位當知要竭誠，諛説卻陳封禪頌，非心未格侈心生。

宋·廖行之《省齋集》卷四《送湖南張倉解官還建昌九首·其七》 從來唐治數開元，百辟誰知産亂原。惟有曲江金鑑在，從昆能不效忠言。

《全宋詩》卷八三八《張舜民〈詠長安興廢地〉》 憶昔開元全盛日，漢苑隋宮已黍離。覆轍由來皆在説，今人還起古人悲。

又 卷一一八八《周邦彦〈開元夜游圖〉》 潞州别駕年十八，彎弓射鹿無虚發。眞龍絶水魚鼈散，參軍後騎鳧鷗没。

咸原瑞氣映壺關，城南書生知阿瞞。解鞍下馬日向夕，炙驢行酒天爲歡。

坐上何人識天意，撅帽破靴朝邑尉。旄頭夜轉紫垣開，太白光芒黄鉞利。

萬騎齊呼左右分，將軍夜披玄武門。鏖兵三窟盡妖黨，問寢五門朝至尊。

羽林蕭蕭參旗折，太極瑤光淨烟雪。殺身志在攀龍鱗，唾手成功探虎穴。

麾下且侯李與王，輕形玉帶持箙房。晉文賞功從悉録，漢光道舊情無忘。

與宴宮中張秘戲，復道晴樓過李騎。連催羯鼓汝陽來，一抹鯤弦薛王醉。

玉階淒淒微有霜，天鷄喚仗參差光。宜春列炬散行馬，長樂疏鐘嚴曉妝。

清絲急管歡未畢，瑶池八馬西南出。捫參歷井行道難，失水迴風永相失。

君不見當時韋杜間，呼鷹走狗去不還。坐間年少莫大語，臨淄郡王天子父。

又 卷二三三七《宋孝宗〈題張曲江像〉》 鹿入深宮花解愁，牛登高鼎餗傷休。當時若聽履霜語，豈到峩嵋山盡頭。

又 卷二三七四《項安世〈張文獻公讀書堂〉》 謫仙讀書處，零落依長松。世人皆欲殺，頭白想飄蓬。

又 卷二八〇五《張訢〈奠謁曲江墓〉》 中興創業兩興唐，遺烈誰如魏與張。笏在熟知囊可寶，書成未覺鑑今亡。

宋·陳起《江湖小集》卷一三《鄧林〈張曲江祠〉》 延英幾度獻忠言，白羽他時賦感恩。自是三郎眞贋錯，卻將天寶換開元。

元·宋褧《燕石集》卷八《五王博塞圖》 鶺鴒飛滿萬年枝，羯鼓聲聞博塞時。自是開元太平事，不曾聞有豆萁詩。

又 《少陵春游圖》 山崦樓臺花樹枝，杜陵韋曲恣遨嬉。畫圖省識春風面，應是開元未亂時。

明·張昱《可閑老人集》卷一《古風五言·五王行春圖》 開元天子達四聰，羽旄管籥行相從。當時從駕驪山者，宰相猶是璟與崇。

華萼樓中雲氣裏，兄弟同眠復同起。玉環一旦入深宮，大枕長衾冷如水。

興慶池頭花樹邊，梨園小部俱嬋娟。楊家姊妹夜游處，銀燭萬條生紫煙。

寧知樂極哀方始，羯鼓未終鼙鼓起。褒斜西幸雨淋鈴，回首長安幾千里。

明·王稱《虚舟集》卷三《曲江謁張文獻祠》 停舟曲江滸，願言謁遺祠。巖巖始興公，遺澤芬在斯。堂傾風雨萃，碑斷苔蘚滋。芳春奠行旅，落日歸文狸。唐宮昔全盛，衡鑑方獨持。弼諧展嘉猷，讜論非詭隨。雝雝朝陽鳳，粲粲補衮絲。側聞臥病後，九廟烟塵飛。漁陽突騎來，中華混羣夷。信知砥柱功，用舍同安危。昭陵鐵馬空，仙李祚久移。維餘蘭菊存，千秋恆若茲。我來薦微誠，再拜當前墀。顧瞻廟貌間，風度猶可希。武溪何淫淫，蓉峰亦巍巍。只今相業隆，孰與前修期。臨風一長嘆，山雨來霏霏。

明・解縉《文毅集》卷三《曲江謁張九齡祠》　停舟曲江滸，吊古謁遺祠。偉哉始興公，遺澤芬在斯。堂傾風雨萃，碑斷苔蘚滋。芳春奠行旅，落日歸文狸。唐宮甘無事，衡鑑良獨持。弼諧展嘉猷，讜論非詭隨。

震鼓鼙壯哉朝陽鳳，粲粲補衮絲。側聞臥病没，九廟烟塵飛。漁陽突騎來，中華混羣夷。信知砥柱功，用舍共安危。昭陵鐵馬空，仙李祚久移。惟聞蘭菊在，千秋恆若茲。我來薦微誠，再拜當前墀。顧瞻相貌間，丰度猶可師。武溪何淵淵，芙峰亦巍巍。只今相業隆，孰與前修期。臨風一長嘯，山雨來霏霏。

明・李昌祺《運甓漫稿》卷一《曲江拜張文獻公祠》　嶺海號多士，開先始興公。大名照宇宙，信史書勳庸。遂令曲江重，媲美中州崇。精誠日星貫，俎豆春秋隆。緬懷廊廟上，蹇蹇王臣躬。指茲逆豎首，碎此干將鋒。天高聽雖卑，竟莫回九重。薊野鼙鼓動，蜀道埃塵蒙。範金肖遺像，襃贈勞淵衷。顧瞻祠堂間，尚識風度雄。白羽寓微意，金鏡懸孤忠。先覺百世師，景仰無終窮。懷哉秉鈞者，孰與公心同。

明・張吉《古城集》卷五《曲江謁張文獻公祠》　玄穹覆仙李，奕奕耀靈葩。鸜鵒啄其根，瓊芬猶載嘉。潞車潛死士，太清隕妖蟇。炎精散暘谷，九有熙春霞。懸揣浴日功，如公能幾家。寵光愧深墨，直辭終國華。薄暮移衆陰，江湖空歎嗟。枯稊逐惡湍，飄泊天之涯。泉原一瞠目，萬國風中花。挺挺諫諍姿，辛苦罕悠遐。鄉人述孔業，家法允無差。三覲邦君既，一言終莫加。此意固淵永，沉思盱遠沙。

明・張以寧《翠屏集》卷二《張文獻祠》　兒時長誦八哀詩，遺誥相傳自昔時。空料白頭祠下拜，曲江烟雨讀唐碑。

明・林弼《林登州集》卷六《謁張文獻公祠》　開元賢士張文獻，落落長才際盛時。滄海明珠知價重，秋風白羽嘆恩衰。凶徒已破生前膽，鳥道何勞死後思。半畝鄉祠金像在，薦芳請誦八哀詩。

明・祝允明《懷星堂集》卷七《謁張文獻公祠》　丞相祠堂曲水涯，祠邊仍是相公家。千秋若解收金鏡，萬里何緣枉翠華。門外爆牲兼絜酒，嶺頭松樹夾梅花。人間不乏牛仙客，長攬遺編費歎嗟。

明・陳獻章《陳白沙集》卷七《讀張曲江撰徐聘君墓碣》　杜陵煙艇曾來否，相國銘章今在亡。千古我能生感激，一碑誰可籍輝光。江波自映蒲輪返，原草還沾絮酒香。事異鑿坏終遠去，鴻冥天濶道之常。

桓靈而下使人悲，卻憶陳蕃在郡時。何處公車還欲召，平生此榻竟奚禆。事機成敗我當算，天命去留人得知。萬古江山一回首，風清月朗聘君祠。

知心未問陳蕃輩，欲起先生在帝桓。自古山林輕祿位，至今朋黨惜衣冠。尋常笑語諸公撫，七十支離一老看。誰道開元張相國，重磨碑碣寫心肝。

一木能支大廈顛，棲棲徒只喻當年。身垂白發西山裏，光射青牛北斗邊。信史只今文獻碣，清風何日豫章傳。狂歌亂耳不足獻，依舊生芻置墓前。

清・張晉《艷雪堂詩集》卷一《張文獻九齡》　少年高第便知名，首謁燕公意已傾。曾許文章冠餘子，有誰風度似先生。知人豈獨王夷甫，守正何殊宋廣平。最是君王西幸日，追思猶自淚縱横。

清・王廷紹《淡香齋詩草》卷二《唐・張九齡》　風度誰能似曲江，即論相業亦無雙。獨排仙客心何壯，未殺胡雛氣不降。金鑑早教懸殿陛，玉環寧解誤家邦。少年遠祭韶叶墓，魂斷淋鈴蜀道腔。

清・鮑桂星《覺生詠史詩鈔》卷二《唐・張九齡》　扇宜羽製笏囊收，風度他人得似不，庭茁紫芝曾囊日，録呈金鑑足千秋。牛仙據鼎空成識，狼子稱兵早積憂。悔煞棧雲鈴雨夜，一卮垂涕酹韶州。

又《張説》　素韓終喪誼獨高，入朝戎服氣偏豪。尚書待鞫甘囚首，貴王宜誅獻佩刀。封禪書中嫺典物，江山筆底壯風濤。如何不及姚崇死，又媿蘇家有鳳毛。

清・洪亮吉《唐宋小樂府・賢宰相》　賢宰相，大手筆，源張宋比漢三傑。君不見，開元相，姚元崇，天寶相，楊國忠，一朝賢佞何不同。至今人惜唐玄宗。

清・謝啓昆《樹經堂詠史詩》卷六《唐・張説》　彍騎分番改府兵，邊軍百萬盡歸耕。嘉謀未見攄忠蓋，封禪徒聞議變更。御路金橋圖輦蹕，江潭雲闕夢簪纓。五君詠罷登廊廟，不記棲遲報玖瓊。

清・王廷紹《淡香齋詩草》卷二《唐・張説》　曾侍君王禪泰山，淋灕大筆勒銘還。腰弓彍騎扶金輦，解甲胡兒款玉關。幾上珠猶誇紺色，驛中刀足懼紅顔。岳葉謫後詩偏麗，思在枇煙荔雨閒。

清・曹振鏞《話雲軒詠史詩》卷下《唐・張説》　集賢學士領仙班，視草長瞻咫尺顔。燕園交同推手筆，岳叶詩獨得江山。鎮兵晝樂歸農里，彍騎還招簡役間。何擬疾邪工詆毁，又看醪饌出恩頒。

雜録

唐・王仁裕《開元天寶遺事》卷一《步輦召學士》　明皇在便殿，甚思姚元崇論時務。七月十五日，苦雨不止，泥濘盈尺，上令侍御者擡步輦召學士來，時元崇爲翰林學士，中外榮之，自古急賢待士，帝王如此者未之有也。

《舊唐書》卷四九《食貨志下》　開元二年，河南尹李傑奏，汴州東有梁公堰，年久堰破，江淮漕運不通。發汴、鄭丁夫以濬之。省功速就，公私深以爲利。十五年正月，令將作大匠范安及檢行鄭州河口斗門。先是，洛陽人劉宗器上言，請塞汜水舊汴河口，於下流滎澤界開梁公堰，置斗門，以通淮、汴，擢拜左衛率府胄曹。至是，新漕塞，行舟不通，貶宗器焉。安及遂發河南府、懷、鄭、汴、滑三萬人疏決開舊河口，旬日而畢。

十八年，宣州刺史裴耀卿上便宜事條曰：『江南户口稍廣，倉庫所資，惟出租庸，更無徵防。緣水陸遥遠，轉運艱辛，功力雖勞，倉儲不益。竊見每州所送租及庸調等，本州正二月上道，至揚州入斗門，即逢水淺，已有阻礙，須留一月已上。至四月已後，始渡淮入汴，多屬汴河乾淺，又般運停留，至六七月始至河口。即逢黄河水漲，不得入河。又須停一兩月，待河水小，始得上河。入洛即漕路乾淺，船艘隘鬧，般載停滯，備極艱辛。計從江南至東都，停滯日多，得行日少，糧食既皆不足，欠折因此而生。又江南百姓不習河水，皆轉雇河師水手，更爲損費。伏見國家舊法，往代成規，擇制便宜，以垂長久。河口元置武牢倉，江南船不入黄河，即於倉内便貯。鞏縣置洛口倉，從黄河不入漕洛，即於倉内安置。爰及河陽倉、柏崖倉、太原倉、永豐倉、渭南倉，節級取便，例皆如此。水通則隨近運轉，不通即且納在倉，不滯遠船，不憂久耗，比於曠年長運，利便一倍有餘。今若且置武牢、洛口等倉，江南船至河口，即卻還本州島，更得其船充運。并取所減脚錢，更運江淮變造義倉，每年剩得一二百萬石。即望數年之外，倉廩轉加。其江淮義倉，下濕不堪久貯，若無船可運，三兩年色變，即給貸費散，公私無益。』疏奏不省。

至二十一年，耀卿爲京兆尹，京師雨水害稼，谷價踴貴，玄宗以問耀卿，奏稱：『昔貞觀、永徽之際，禄廩未廣，每歲轉運，不過二十萬石便足。今國用漸廣，漕運數倍，猶不能支。從都至陝，河路艱險，既用陸運，無由廣致。若能兼河漕，變陸爲水，則所支有餘，動盈萬計。且江南租船，候水始進，吴人不便漕輓，由是所在停留。日月既淹，遂生竊盜。臣望於河口置一倉，納江東租米，便放船歸。從河口即分入河、洛，官自雇船載運。三門之東，置一倉。三門既水險，即於河岸開山，車運十數里。三門之西，又置一倉，每運至倉，即般下貯納。水通即運，水細便止。自太原倉泝河，更無停留，所省鉅萬。前漢都關中，年月稍久，及隋亦在京師，緣河皆有舊倉，所以國用常贍。』上深然其言。

至二十二年八月，置河陰縣及河陰倉、河西柏崖倉、三門東集津倉、三門西鹽倉。開三門山十八里，以避湍險。自江淮而泝鴻溝，悉納河陰倉。自河陰送納含嘉倉，又送納太原倉，謂之北運。自太原倉浮於渭，以實關中。上大悦。尋以耀卿爲黄門侍郎、同中書門下平章事，充江淮、河南轉運都使。以鄭州刺史崔希逸、河南少尹蕭炅爲副。凡三年，運七百萬石，省陸運之傭四十萬貫。舊制，東都含嘉倉積江淮之米，載以大輿而西，至於陝三百里，率兩斛計傭錢千。此耀卿所省之數也。明年，耀卿拜侍中，而蕭炅代焉。二十五年，運米一百萬石。

二十九年，陝郡太守李濟物，鑿三門山以通運，闢三門巔，逾巖險之地，俾負索引艦，升於安流，自齊物始也。

《新唐書》卷四五《選舉志下》　玄宗即位，厲精爲治。左拾遺内供奉張九齡上疏言：『縣令、刺史，陛下所與共理，尤親於民者也。今京官出外，乃反以爲斥逐，非少重其選不可。』又曰：『古者或遥聞辟召，或一見任之，是以士脩名行，而流品不雜。今吏部始造簿書，以備遺忘，而反求精於案牘，不急人才，何異遺劍中流，而刻舟以記。』於是下詔擇京官有善政者補刺史，歲十月，按察使校殿最，自第一至第五，校考使及户部長官總覈之，以爲升降。凡官，不歷州縣不擬台省。已而悉集新除縣令宣政殿，親臨問以治人之策，而擢其高第者。又詔員外郎、御史諸供奉官，皆進名敕授，而兵、吏部各以員外郎一人判南曹，由是銓司之任輕矣。其後户部侍郎宇文融又建議置十銓，乃以禮部尚書蘇頲等分主之。太子左庶子吴兢諫曰：『易稱君子思不出其位，言不侵官也。今以頲等分掌吏部選，而天子親臨決之，尚書、侍郎皆不聞參，議者以爲萬乘之君，下行選事。』帝悟，遂復以三銓還有司。

開元十八年，侍中裴光庭兼吏部尚書，始作循資格，而賢愚一概，必與格合，乃得銓授，限年躡級，不得踰越。於是久淹不收者皆便之，謂之『聖書』。及光庭卒，中書令蕭嵩以爲非求材之方，奏罷之。乃下詔曰：『凡人年三十而出身，四十乃得從事，更造格以分寸爲差，若循新格，則六十未離一尉。自今選人才業優異有操行及遠郡下寮名迹稍著者，吏部隨材甄擢之。』

初，諸司官兼知政事者，至日午後乃還本司視事。兵部、吏部尚書侍郎知政事者，亦還本司分闕注唱。開元以來，宰相位望漸崇，雖尚書知政事，亦於中書決本司事以自便。而左、右相兼兵部、吏部尚書者，不自銓總。又故事，必三銓、三注、三唱而後擬官，季春始畢，乃過門下省。楊國忠以右相兼吏部尚書，建議選人視官資、書判、狀迹、功優，宜對衆定留放。乃先遣吏密定員闕，一日會左相及諸司長官於都堂注唱，以誇神速。由是門下過官、三銓注官之制皆廢，侍郎主試判而已。

又　卷五一《食貨志一》　玄宗初立求治，蠲徭役者給蠲符，以流外及九品京官爲蠲使，歲再遣之。開元八年，頒庸調法於天下，好不過精，惡不至濫，闊者一尺八寸，長者四丈。然是時天下户未嘗升降。監察御史宇文融獻策：括籍外羨田、逃户，自占者給復五年，每丁稅錢千五百，以攝御史分行括實。陽翟尉皇甫憬上書言其不可。玄宗方任用融，乃貶憬爲盈川尉。諸道所括得客户八十餘萬，田亦稱是。州縣希旨張虚數，以正田爲羨，編户爲客，歲終，籍錢數百萬緡。

十六年，乃詔每三歲以九等定籍。而庸調折租所取華好，州縣長官勸織，中書門下察濫惡以貶官吏，精者褒賞之。二十二年，詔男十五女十三以上得嫁娶。州縣歲上户口登耗，采訪使覆實之，刺史、縣令以爲課最。

初，永徽中禁買賣世業、口分田。其後豪富兼并，貧者失業，於是詔買者還地而罰之。

先是楊州租、調以錢，嶺南以米，安南以絲，益州以羅、紬、綾、絹供春綵。因詔江南亦以布代租。

中書令李林甫以租庸、丁防、和糴、春綵、稅草無定法，歲爲旨符，遣使一告，費紙五十餘萬。條目既多，覆問踰年，乃與采訪朝集使議革之，爲長行旨，以授朝集使及送旨符使，歲有所支，進畫附驛以達，每州不過二紙。

凡庸、調、租、資課，皆任土所宜，州縣長官涖定粗良，具上中下三物之樣輸京都。有濫惡，督中物之直。二十五年，以江、淮輸運有河、洛之艱，而關中蠶桑少，菽粟常賤，乃命庸、調、資課皆以米，凶年樂輸布絹者亦從之。河南、北不通運州，租皆爲絹，代關中庸、課，詔度支減轉運。

明年，又詔民三歲以下爲黄，十五以下爲小，二十以下爲中。又以民間户高丁多者，率與父母别籍異居，以避征戍。乃詔十丁以上免二丁，五丁以上免一丁，侍丁孝者免徭役。天寶三載，更民十八以上爲中男，二十三以上成丁。五載，詔貧不能自濟者，每鄉免三十丁租庸。男子七十五以上、婦人七十以上，中男一人爲侍；八十以上以令式從事。是時，海内富實，米斗之價錢十三，青、齊間斗才三錢，絹一匹錢二百。道路列肆，具酒食以待行人，店有驛驢，行千里不持尺兵。天下歲入之物，租錢二百餘萬緡，粟千九百八十餘萬斛，庸、調絹七百四十萬匹，綿百八十餘萬屯，布千三十五萬餘端。

又　卷五三《食貨志三》　開元十八年，宣州刺史裴耀卿朝集京師，玄宗訪以漕事，耀卿條上便宜曰：『江南户口多，而無徵防之役。然送租、庸、調物，以歲二月至揚州入斗門，四月已後，始渡淮入汴，常苦水淺，六七月乃至河口，而河水方漲，須八九月水落始得上河入洛，而漕路多梗，船檣阻隘。江南之人，不習河事，轉雇河師水手，重爲勞費。其得行日少，阻滯日多。今漢、隋漕路，瀕河倉廩，遺迹可尋。可於河口置武牢倉，鞏縣置洛口倉，使江南之舟不入黄河，黄河之舟不入洛口。而河陽、柏崖、太原、永豐、渭南諸倉，節級轉運，水通則舟行，水淺則寓於倉以待，則舟無停留，而物不耗失。此甚利也。』玄宗初不省。二十一年，耀卿爲京兆尹，京師雨水，穀踴貴，玄宗將幸東都，復問耀卿漕事，耀卿因請『罷陝陸運，而置倉河口，使江南漕舟至河口者，輸粟於倉而去，縣官雇舟以分入河、洛。置倉三門東西，漕舟輸其東倉，而陸運以輸西倉，復以舟漕，以避三門之水險。』玄宗以爲然。乃於河陰置河陰倉，河清置柏崖倉；三門東置集津倉，西置鹽倉；鑿山十八里以陸運。自江、淮漕者，皆輸河陰倉，自河陰西至太原倉，謂之北運，自太原倉浮渭以實關中。玄宗大悦，拜耀卿爲黄門侍郎、同中書門下平章事，兼江淮都轉運使，以鄭州刺史崔希逸、河南少尹蕭炅爲副使，益漕晉、絳、魏、濮、邢、貝、濟、博之租輸諸倉，轉而入渭。凡三歲，漕七百萬石，省陸運傭錢三十萬緡。

是時，民久不罷兵革，物力豐富，朝廷用度亦廣，不計道里之費，而民之輸送所出水陸之直，增以『函脚』、『營窖』之名，民間傳言用斗錢運斗米，其糜耗如此。

及耀卿罷相，北運頗艱，米歲至京師才百萬石。二十五年，遂罷北運。而崔希逸爲河南陝運使，歲運百八十萬石。其後以太倉積粟有餘，歲減漕數十萬石。

二十九年，陝郡太守李齊物鑿砥柱爲門以通漕，開其山巔爲輓路，燒石沃醯而鑿之。然棄石入河，激水益湍怒，舟不能入新門，候其水漲，以人輓舟而上。天子疑之，遣宦者按視，齊物厚賂使者，還言便。

齊物入爲鴻臚卿，以長安令韋堅代之，兼水陸運使。堅治漢、隋運渠，起關門，抵長安，通山東租賦。乃絶灞、滻，併渭而東，至永豐倉與渭合。又於長樂坡瀕苑牆鑿潭於望春樓下，以聚漕舟。堅因使諸舟各揭其郡名，陳其土地所産寶貨諸奇物於袱上。先時民間唱俚歌曰『得体紇那邪』。其後得寶符於桃林，於是陝縣尉崔成甫更得体歌爲得寶弘農野。堅命舟人爲吴、楚服，大笠、廣袖、芒屩以歌之。成甫又廣之爲歌辭十闋，自衣闕後绿衣、錦半臂、紅抹額，立第一船爲號頭以唱，集兩縣婦女百餘人，鮮服靚粧，鳴鼓吹笛以和之。衆艘以次輳樓下，天子望見大悦，賜其潭名曰廣運潭。是歲，漕山東粟四百萬石。自裴耀卿言漕事，進用者常兼轉運之職，而韋堅爲最。

初，耀卿興漕路，請罷陸運，而不果廢。自景雲中，陸運北路分八遞，雇民車牛以載。開元初，河南尹李傑爲水陸運使，運米歲二百五十萬石，而八遞用車千八百乘。耀卿罷久之，河南尹裴迥以八遞傷牛，乃爲交場兩遞，濱水處爲宿場，分官總之，自龍門東山抵天津橋爲石堰以遏水。其後大盜起，而天下匱矣。

唐・鄭處誨《明皇雜録》卷上　開元中，上急於爲理，尤注意於宰輔。常欲用張嘉貞爲相而忘其名，夜令中人持燭於省中訪其直宿者，使還奏中書侍郎韋抗，上卽令召入寢殿，上曰：『朕欲命一相，常記得風標爲當時重臣，今爲北方侯伯，不欲訪左右，旬日念之，終忘其名，卿試言之。』抗奏曰：『張齊丘今爲朔方節度。』上卽令草詔，仍令宮人持燭，抗跪於御前援筆而成，上甚稱其敏捷典麗，因促命寫詔，敕抗歸宿省中。上不解衣以待，且將降其詔書。夜漏未半，忽有中人復促抗入見，上迎謂曰：『非張齊丘，乃太原節度張嘉貞，别命草詔。』上謂抗曰：『維朕志先定，可以言命矣。適朕因閱近日大臣章疏，首舉一通乃嘉貞表也，因此灑然方記得其名，此亦天啓，非人事也。』

宋・王溥《唐會要》卷七〇《量户口定州縣等第例》　至開元十八年三月十七日敕：太平時久，户口日殷，宜以四萬户已上爲上州，二萬五千户爲中州，不滿二萬户爲下州。其六雄十望州三輔等，及别敕同上州都督，及畿内州併同上州。緣邊州三萬户已上爲上州，二萬户已上爲中州。其親王任中州下州刺史者亦爲上州，王去任後仍舊。武德令：户五千已上爲上縣，二千户已上爲中縣，一千户已上爲中下縣。至開元十八年三月七日，以六千户已上爲上縣，三千户已上爲中縣，不滿三千户爲中下縣。其赤畿望緊等縣，不限户數，併爲上縣。去京五百里内，并緣邊州縣，户五千已上亦爲上縣，二千已上爲中縣，一千已上爲中下縣。

元和中興分部

綜述

《舊唐書》卷一四《憲宗紀上》 憲宗聖神章武孝皇帝諱純，順宗長子也，母曰莊憲王太后。大曆十三年二月生於長安之東内。【略】貞元四年六月，封廣陵王。順宗即位之年四月，册爲皇太子。七月乙未，權勾當軍國政事。

八月丁酉朔，受内禪。乙巳，即皇帝位於宣政殿。【略】丙午，升平公主進女口十五人，上曰：『太上皇不受獻，朕何敢違！其還郭氏。』【略】庚戌，荆南獻龜二，詔曰：『朕以寡昧，纂承丕業，永思理本，所寶惟賢。至如嘉禾神芝，奇禽異獸，蓋王化之虚美也。所以光武形於詔令，《春秋》不書祥瑞，朕誠薄德，思及前人。自今已後，所有祥瑞，但令準式申報有司，不得上聞；其奇禽異獸，亦宜停進。』【略】己未，以中書侍郎、平章事袁滋爲劍南東西兩川、山南西道安撫大使，時韋皋卒，劉辟據蜀邀節鉞故也。【略】

九月丁卯朔。己巳，罷教坊樂人授正員官之制。【略】丙子，敕申光蔡、陳許兩道比遭亢旱，宜加賑恤，申光蔡賑米十萬石，陳許五萬石。【略】己卯，京西神策行營節度行軍司馬韓泰貶撫州刺史，司封郎中韓曄貶池州刺史，禮部員外郎柳宗元貶邵州刺史，屯田員外郎劉禹錫貶連州刺史，坐交王叔文也。辛巳，給事中陸質卒。

冬十月丙申朔。【略】久雨，京師鹽貴，出庫鹽二萬石，糶以惠民。【略】

十二月丙申朔。【略】壬戌，以朝請大夫、守中書舍人、翰林學士、上柱國鄭絪爲中書侍郎、同平章事、集賢殿學士。以考功郎中、知制誥李吉甫爲中書舍人，以考功員外郎裴垍爲考功郎中、知制誥，併充翰林學士。

元和元年二月【略】甲辰，以錢少，禁用銅器。【略】戊戌，謂宰臣曰：『前代帝王，或怠於聽政，或躬決繁務，其道如何？』杜黄裳對曰：『帝王之務，在於修己簡易，擇賢委任，宵旰以求民瘼，舍己從人以厚下，固不宜怠肆安逸。然事有綱領小大，當務知其遠者大者；至如簿書訟獄，百吏能否，本非人主所自任也。昔秦始皇自程決事，見嗤前代；諸葛亮王霸之佐，二十罰以上皆自省之，亦爲敵國所誚，知不久堪；魏明帝欲省尚書擬事，陳矯言其不可；隋文帝日旰聽政，令衛士傳餐，文皇帝亦笑其煩察。爲人主之體固不可代下司職，但擇人委任，責其成效，賞罰必信，誰不盡心。《傳》稱帝舜之德曰：「夫何爲哉？恭己南面而已！」誠以能舉十六相，去四凶也。豈與勞神疲體自任耳目之主同年而語哉！但人主常勢，患在不能推誠，人臣之弊，患在不能自竭。由是上疑下詐，禮貌或虧，欲求致理，自然難致。苟無此弊，何患不至於理。』上稱善久之。三月乙丑朔。戊辰，詔常參官寒食拜墓，在畿内聽假日往還，他州府奏取進止。辛未，御史中丞武元衡奏：『中書門下御史台五品已上官、尚書省四品已上、諸司正三品已上、從三品職事官、東都留守、轉運鹽鐵節度觀察使、團練防禦招討經略等使、河南尹、同華州刺史、諸衛將軍三品已上官除授，皆入閤謝，其餘官許於宣政南班拜訖便退。』詔曰：『如此例中有加使及職掌併準此。』又『兵部、吏部、禮部貢院官員，每舉選限内，有十月至二月不奉朝參。若稱事繁，則中書門下、御史台、度支、京兆府公事至重，朝謁如常。況旬節已賜歸休，又許分日，一月之内，才奉十日朝參，甚暑甚寒，又蒙矜放。臣求故實，以爲王顔任中丞日嘗論其事，舉對甚詳。伏請準貞元十二年四月二十七日敕，永爲常式。』從之。【略】丙午，命宰臣監試制舉人於尚書省，以制舉人先朝所徵，不欲親試也。丁未，以檢校司空、平章事杜佑爲司徒，所司備禮册拜，平章事如故；罷領度支、鹽鐵、轉運等使，從其讓也，仍以兵部侍郎李巽代領其任。戊申，【略】賑浙東米十萬石。己未，武元衡奏，常參官兼御史大夫、中丞者，準檢校省官例，立在本品同類之上。【略】武元衡奏：『正衙待制官，本置此官以備問。比來正衙多不奏事。自今後請以尚書省六品以上職事官、東宮師傅賓詹、王傅等，每坐日令兩人待制，退朝金，詔於延英候對。』從之。

秋七月【略】甲申，御史臺奏，常參官在城未上及在外未到、假故等，在外未到，計水陸程外，滿百日，併停解，從之。【略】辛亥，高崇文奏收成都，擒劉辟以獻。【略】戊子，斬劉辟併子超郎等九人於獨柳樹下。【略】

二年春正月【略】己卯，以户部侍郎、賜緋魚袋武元衡爲門下侍郎、同平章事，賜紫金魚袋，以中書舍人、翰林學士李吉甫爲中書侍郎、同平章事。【略】

二月辛酉，詔僧尼道士全隸左右街功德使，自是祠部司封不復關奏。丙寅，左右羽林軍應管月番飛騎總五千六百一十三人，併停。己巳，起居舍人鄭隨次對，面受進止：今宜與兩省供奉官，自今已後，有事即進狀，次對官宜停。庚午，司天造新歷成，詔題爲《元和觀象曆》。【略】

三月辛卯，賜羣臣宴於曲江亭。癸卯，判度支李巽爲兵部尚書，依前判度支鹽鐵轉運使。

夏四月甲子，禁鉛錫錢。【略】庚辰，嶺南節度使趙昌進瓊管儋、振、萬安六州《六十二洞歸降圖》。

六月丁巳朔，始置百官待漏院於建福門外。故事，建福、望仙等門，昏而閉，五更而啓，與諸坊門同時。至德中有吐蕃囚自金吾仗亡命，因敕晚開門，宰相待漏於太僕寺車坊。至是始令有司據班品置院。【略】乙丑，五坊色役户及中書門下兩省納課陪廚户及捉錢人，併歸府縣色役。己巳，停舒、廬、滁、和四州團練使額。癸酉，東都莊宅使織造户，併委府縣收管，乙亥，停潤州丹陽軍額。【略】辛巳，【略】蔡州水，平地深七八尺。

秋七月丙戌朔，敕刑部侍郎許孟容等刪定《開元格後敕》。

八月丙辰朔。辛酉，宰相武元衡兼判户部事。壬戌，刑部奏改《律》卷第八爲鬭競律。甲子，以職方員外郎王潔爲嶺南選補使，監察御史崔元方監之。甲戌，中書奏：『先停諸道奏祥瑞。伏以所獻祥瑞，皆緣臘饗、告廟、元會奏聞，今後諸大瑞隨表聞奏，中瑞、下瑞申有司，其元日奏祥瑞，請依令式。』從之。【略】

十月己酉，以浙西節度使李錡爲左僕射；以御史大夫李元素爲潤州刺史，鎮海軍、浙西節度使。庚申，李錡據潤州反，殺判官王淡、大將趙琦。【略】辛巳，錡從父弟宋州刺史銛、通事舍人銑坐貶嶺外。

十一月甲申，斬李錡於獨柳樹下，削錡屬籍。【略】丙辰，上謂宰臣曰：『朕覽國書，見文皇帝行事，少有過差，諫臣論諍，往復數四。況朕之寡昧，涉道未明，今後事或未當，卿等每事十論，不可一二而止。』【略】己卯，史官李吉甫撰《元和國計簿》，總計天下方鎮凡四十八，管州府二百九十五，縣一千四百五十三，户二百四十四萬二百五十四，其鳳翔、鄜坊、邠寧、振武、涇原、銀夏、靈鹽、河東、易定、魏博、鎮冀、范陽、滄景、淮西、淄青十五道，凡七十一州，不申户口。每歲賦入倚辦，止於浙江東西、宣歙、淮南、江西、鄂岳、福建、湖南等八道，合四十九州，一百四十四萬户。比量天寶供稅之户，則四分有一。天下兵戎仰給縣官者八十三萬餘人，比量天寶士馬，則三分加一，率以兩户資一兵。其他水旱所損，徵科發斂，又在常役之外。吉甫都纂其事，成書十卷。

三年二月丙申，宰相李吉甫進封趙國公。【略】夏四月癸丑，中使郭里旻酒醉犯夜，杖殺之，金吾薛伾、巡使韋纁皆貶逐。賜朱士明名曰忠亮。乙丑，貶翰林學士王涯虢州司馬，時涯甥皇甫湜與牛僧孺、李宗閔併登賢良方正科第三等，策語太切，權幸惡之，故涯坐親累貶之。【略】

五月壬辰，兵部請復武舉，從之。甲午，敕東都畿、汝州都防禦使及副使宜停，所管將士三千七百三十人，隨畿汝界分留守及汝州防禦使分掌之。【略】

秋七月辛巳朔，日有蝕之。己亥，復以度支安邑、解縣兩池留後爲榷鹽使。【略】

十月【略】甲子，以御史中丞竇羣爲湖南觀察使，既行，改爲黔中觀察使。羣初爲李吉甫擢用，及持憲，反傾吉甫，吉甫劾其陰事，故貶之。丁卯，度支使下判案官，以四員爲定。【略】

夏四月【略】壬午，裴均進銀器一千五百兩，以違敕，付左藏庫。甲申，令皇太子居少陽院。武功人張英奴撰《回波辭》惑衆，杖殺之。丙申，撫州山人張洪騎牛冠履，獻書於光順門，書不足採，遣之。【略】丁卯，鹽鐵使、吏部尚書李巽卒。六月乙亥朔。丁丑，以河東節度使李鄘爲刑部尚書，充諸道鹽鐵轉運使；【略】辛丑，五嶺已北銀坑任人開採，禁錢不過嶺南。

秋七月乙巳朔，御製《前代君臣事迹》十四篇，書於六扇屏風。是月，出書屏以示宰臣，李藩等表謝之。丁未，渭南暴水，壞廬舍二百餘户，溺死六百人，命府司賑給。乙卯，右羽林統軍高固卒。【略】丙申，安南都護張舟奏破環王國三萬餘人，獲戰象、兵械，并王子五十九人。【略】

九月甲辰朔。庚戌，以成德軍都知兵馬使、鎮府右司馬王承宗起復檢校工部尚書，充成德軍節度使；以德州刺史薛昌朝檢校左常侍，充保信軍節度、德棣等州觀察等使。昌朝，薛嵩之子，婚於王氏，時爲德州刺史。朝廷以承宗難制，乃割二州爲節度，以授昌朝。制才下，承宗以兵虜昌朝歸鎮州。【略】

十一月癸卯朔，浙西蘇、潤、常州旱儉，賑米二萬石。【略】十二月【略】中丞李夷簡奏：『諸州府於兩稅外違格科率，請諸道鹽鐵、轉運、度支、巡院察訪報臺司，以憑舉奏。』從之。

五年春正月壬寅朔，己巳，浙西觀察使韓皐以杖決安吉令孫澥致死，有乖典法，罰一月俸料。

三月【略】乙巳，以御史中丞李夷簡爲户部侍郎、判度支，以兵部侍郎王播爲御史中丞。

夏四月【略】甲申，鎮州行營招討使吐突承璀執昭義節度使盧從史，載從史送京師。

秋七月己亥朔。庚子，王承宗遣判官崔遂上表自首，請輸常賦，朝廷除授官吏。丁未，詔昭洗王承宗，復其官爵，待之如初。諸道行營將士，共賜物二十八萬四百三十端匹。【略】乙亥，上顧謂宰臣曰：『神仙之事信乎？』李藩對曰：『神仙之説，出於道家；所宗《老子》五千文爲本。《老子》指歸，與經無異。後代好怪之流，假託老子神仙之説。故秦始皇遣方士載男女入海求仙，漢武帝嫁女與方士求不死藥，二主受惑，卒無所得。文皇帝服胡僧長生藥，遂致暴疾不救。古詩云：『服食求神仙，多爲藥所誤。』誠哉是言也。君人者，但務求理，四海樂推，社稷延永，自然長年也。』上深然之。

九月戊戌朔。辛亥，以吐突承璀復爲左軍中尉。諫官以承璀建謀討伐無功，請行朝典。上宥之，降承璀爲軍器使。乃以内官程文幹爲左軍中尉。

十一月【略】庚子，右金吾衛大將軍伊慎降爲右衛將軍，以行賂三十萬與中尉第五從直，求爲河東節度故也。

十二月丁卯朔。癸酉，諸道鹽鐵轉運使、刑部尚書李鄘檢校吏部尚書，兼揚府長史，充淮南節度使。以河南尹房式爲宣州刺史、宣歙池觀察、采石軍等使。以前宣歙觀察使盧坦爲刑部侍郎，充諸道鹽鐵轉運使。【略】

六年二月丙寅朔。壬申，門下侍郎、同平章事李藩爲太子詹事。藩與吉甫不葉，吉甫既用事，故罷藩相位。

三月乙未朔，【略】河東舊使錫錢，民頗爲弊，宜於蔚州置五鑪鑄錢。乙卯，畿内軍鎮牧放，駙馬貴族略獲，并不得帶兵仗，恐雜盜也。

夏四月【略】庚午，以户部侍郎、判度支李夷簡檢校禮部尚書、襄州大都督府長史、山南東道節度使；以刑部侍郎、鹽鐵轉運使盧坦爲户部侍郎、判度支；京兆尹王播爲刑部侍郎，充諸道鹽鐵轉運使；以福建觀察使元義方爲京兆尹。【略】己卯，【略】東都留守鄭餘慶爲兵部尚書，依前留守。王播奏：江淮河嶺已南、兗鄆等鹽院，元和五年都收賣鹽價錢六百九十八萬五千五百貫。校量未改法已前四倍抬估，虚錢一千七百四十六萬三千七百貫。除鹽本外，付度支收管。從之。辛卯，户部奏置巡官。

五月甲午朔，取受王承宗錢物人品官王伯恭杖死。

六月甲子朔，減教坊樂人衣糧。丁卯，中書門下奏：官省則事省，事省則人清；官煩則事煩，事煩則人濁。清濁之由，在官之煩省。國家自天寶已後，中原宿兵，見在軍士可使者八十餘萬。其餘浮爲商販，度爲僧道，雜入色役，不歸農桑者，又十有五六。則是天下常以三分勞筋苦骨之人，奉七分坐衣待食之輩。今内外官給俸料者不下一萬餘員，其間有職出異名，奉離本局，府寺曠廢，簪組因循者甚衆。況斂財日寡而授禄至多，設官有限而入色無數，九流安得不雜，萬物安得不煩。漢初置郡不過六十，文景醲化，百王莫先，則官少不必政紊，郡多不必事理。今天下三百郡，一千四百縣。故有一邑之地，虚設羣司，一鄉之甿，徒分縣職，所費至廣，所制全輕。伏請敕吏兵部侍郎、郎中、給事中、中書舍人各一人，錯綜利病，詳定廢置，吏員可併省者併省之，州縣可併合者併合之，每年入仕者可停減者停減之。此則利廣而易求，官少而易理，稍減冗食，足寬疲甿。又國家舊章，依品制俸，官一品月俸三十千，其餘職田禄米，大約不過千石，自一品以下，多少可知。艱難已來，禁網漸弛，於是增置使額，厚請俸錢。故大曆中權臣月俸有至九千貫者，列郡刺史無大小給皆千貫。常兖爲相，始立限約，至李泌又量其閑劇，隨事增加，時謂通濟，理難減削。然猶有名存職廢，額去俸存，閑劇之間，厚薄頓異。將爲永式，須立常規。

從之。乃命給事中段平仲、中書舍人韋貫之、兵部侍郎許孟容、户部侍郎李絳等詳定減省。

八月癸亥朔，户部侍郎李絳奏：『諸州闕官職田禄米，及見任官抽一分職田，請所在收貯，以備水旱賑貸。』從之。

九月【略】戊戌，富平縣人梁悦爲父復仇，殺秦杲，投獄請罪。特敕免死，決杖一百，配流循州。職方員外郎韓愈獻議執奏之。減諸司流外總一千七百六十九人。貶黔中觀察使竇羣爲開州刺史，以爲政煩苛，辰、錦二州蠻叛故也。

冬十月【略】己巳，詔：『朕於百執事、羣有司，方澄源流，以責實效。轉運重務，專委使臣，每道有院，分督其任；今陝路漕引悉歸中都，而尹守職名尚仍舊貫。又諸道都團練使，足修武備以靖一方；而別置軍額，因加吏禄，亦既虚設，頗爲浮費。思去煩以循本，期省事以便人。其河水陸運、陝府陸運、潤州鎮海軍、宣州采石軍、越州義勝軍、洪州南昌軍、福州靖海軍等使額，併宜停。所收使已下俸料一事已來，委本道充代百姓闕額兩稅，仍具數奏聞。』戊寅，詔：『王者之牧黎元也，愛之如子，視之如傷。苟或風雨不時，稼穡不稔，則必除煩就簡，惜力重勞，以圖便安，以阜生業。況邦畿之内，百役所業，雖勤恤之令亟行，而供億之制猶廣。重以經夏炎暵，自秋霖澍，南畝虧播植之功，西成失豐登之望。内乏口食，外牽王徭，豈惟轉輸之虞，慮有餒殍之患。斯蓋理道猶鬱，和氣未通，永言於兹，良所咎歎。京兆府每年所配折糴粟二十五萬石宜放。於百姓有粟情愿折納者，時估外特加優饒。今春所貸義倉粟，方屬歲饑，容至豐熟歲送納。元和五年已前諸色逋租併放。百官職田，其數甚廣，今緣水潦，諸處道路不通，宜令所在貯納，度支支用，令百官據數於太倉請受。遭水旱處，通計所損，便與除破，不得檢覆。爲理之本，在乎安人。咨爾尹京宰邑之臣，實爲親人阜俗之寄，必當詢其疾苦，奉我詔條，恤隱爲心，無怠於事，罔或徇利以剝下，吐剛而茹柔，使閭井咸安，煢嫠獲濟。各勉忠孝，宜悉朕懷。』

十二月癸亥朔。壬申，詔委宗正卿選人門嫁十六宅諸王女，仍封爲縣主。甲申，京兆尹元義方、户部侍郎判度支盧坦以違令立戟，罰一月俸，收奪所請門戟。

又 卷一五《憲宗紀下》（元和七年）二月【略】壬辰，詔以去秋旱歉，賑京畿粟三十萬石；其元和六年春賑貸百姓粟二十四萬石，並宜放免。【略】癸丑，入蕃使不得與私覿正員官，量別支給以充私覿。舊使絶域者，許賣正員官十餘員，取貨以備私覿，雖優假遠使，殊非典法，故革之。敕：『錢重物輕，爲弊頗甚，詳求適變，將以便人。所貴緡貨通行，里閭寬恤。宜令羣臣各隨所見利害狀以聞。』

夏四月戊子朔。癸巳，敕天下州府民户，每田畝，種桑二樹，長吏逐年檢計以聞。辛亥，鹽鐵使王播奏元和六年賣鹽鐵，除峽内井鹽外，計收六百八十五萬九千二百貫。

五月戊午朔。庚申，上謂宰臣曰：『卿等累言吴越去年水旱，昨有御史自江淮回，言不至爲災，人非甚困。』李絳對曰：『臣得兩浙、淮南狀，繼言歉旱。方隅授任，皆朝廷信重之臣。御史非良，或容希媚，此正當姦佞之臣。況推誠之道，君人大本，任大臣以事，不可以小臣言間之。伏望明示御史姓名，正之典刑。』上曰：『卿言是也。朝廷大體，以恤人爲本，一方不稔，即宜賑救，濟其飢寒，況可疑之也！向者不思而有此問，朕言過矣。』絳等拜賀。

八月【略】戊申，制：『諸州府五品已上官替後，委本道長官量其才行、官業、資歷，每年冬季一度聞薦。其罷使郎官、御史，許朝臣每年冬季準此聞薦，諸使府參佐、檢校官，從元授官月日計，如是五品已上官及台省官，經三十個月外，任與轉改；餘官經三十六個月奏轉改。如未經考便有事故及停替官，本限之外更加十個月，即任申奏。』

冬十月乙未，魏博三軍舉其衙將田興知軍州事。時田季安死，子懷諫年十一，爲副大使、知軍府事，軍政一決於家僮蔣士則，數易大將，軍情不安。因田興入衙，兵環而劫請，興頓仆於地，軍衆不散。興曰：『欲聽吾命，勿犯副大使。』衆曰：『諾。』但殺蔣士則等十數人而止。卽日移懷諫於外，令朝京師。甲辰，以魏博都知兵馬使、兼御史中丞、沂國公田興爲銀青光祿大夫、檢校工部尚書，兼魏州大都督府長史，充魏博節度使。

十一月丙辰朔。乙丑，詔：『田興以魏博請命，宜令司封郎中、知制誥裴度往彼宣慰，賜三軍賞錢一百五十萬貫，以河陰院諸道合進內庫物充。六州諸縣宣達朝旨。【略】己亥，魏博奏管內州縣官員二百五十三員，請吏部銓注。

八年【略】二月乙酉朔。辛卯，田興改名弘正。宰相李吉甫進所撰《元和郡國圖》三十卷，又進《六代略》三十卷，又爲《十道州郡圖》五十四卷。宰相于頔男太常丞敏專殺梁正言奴，棄溷中。事發，頔與男季友素服待罪。貶頔恩王傅。于敏長流雷州，錮身發遣。殿中少監、駙馬都尉于季友詿罔公主，藏隱内人，轉授凶兄，移貯外舍，傷風黷禮，莫大於茲，宜削奪所任官，令在家修省。贊善大夫于正、秘書丞于方並停見任，皆頔之子也。捕獲受于頔賂爲致出鎮人梁正言，及交構權貴僧鑒虛，並付京兆府杖死。

夏四月癸未朔。乙酉，以邕管經略使房啓爲桂管觀察使，以開州刺史竇羣爲邕管經略使。丙戌，以錢重貨輕，出庫錢五十萬貫，令兩常平倉收市布帛，每段匹於舊估加十之一。【略】乙未【略】僧鑑虛爲高崇文納賂四萬五千貫與宰相杜黄裳，共引致人永樂縣令吳憑，付錢與黄裳男載。敕吳憑配流昭州，黄裳、崇文已薨歿，所用錢不須勘問，杜載釋放。辛亥，賜魏博田弘正錢二十萬貫，收市軍糧。

六月辛巳朔。時積雨，延英不開十五日。是日，上謂宰臣曰：『今後每三日，雨亦對來。』

八月【略】辛丑，以東川節度使潘孟陽爲户部侍郎、判度支，盧坦爲梓州刺史、劍南東川節度使。

九月庚戌朔。丙辰，淄青李師道進鶻十二，命還之。【略】乙丑，詔：『比聞嶺南五管并福建、黔中等道，多以南口餉遺，及於諸處博易，骨肉離析，良賤難分。此後嚴加禁止，如違，長吏必當科罰。』淮西吳少陽獻馬三百匹。丙寅，詔：『減死戍邊，前代美政，量其遠邇，亦有便宜。今後兩京、關內、河南、河東、河北、淮南、山南東西道州府，除大辟罪外，輕犯不得配流天德五城。』

十一月【略】癸酉，【略】京畿水、旱、霜，損田三萬八千頃。十二月【略】辛巳，敕：『應賜王公、公主、百官等莊宅、碾磑、店鋪、車坊、園林等，一任貼典貨賣，其所緣稅役，便令府縣收管。』【略】丙午，以金吾衛將軍田進爲夏州刺史、夏綏銀節度使。以河溢浸滑州羊馬城之半，滑州薛平、魏博田弘正徵役萬人，於黎陽界開古黄河道，南北長十四里，東西闊六十步，深一丈七尺，決舊河水勢，滑人遂無水患。

九年春【略】二月【略】丁未，詔以歲饑，放關內元和八年已前逋租錢粟，賑常平義倉粟三十萬石。

三月己酉朔。丙辰，巂州地震，晝夜八十震，壓死者百餘人。庚申，妖人梁叔高自廣州來，授書與吏部侍郎楊於陵，使爲己輔。於陵執之以告，殺之。

五月【略】穀貴，出太倉粟七十萬石，開六場糶以惠飢民。乙丑，【略】以旱，免京畿夏稅十三萬石、青苗錢五萬貫。

六月丙子朔。戊寅，以天德軍經略使周懷乂卒，廢朝一日。經略使廢朝，自懷乂始也。

十年春正月【略】己亥，制削奪吳元濟在身官爵。

三月【略】辛亥，盜焚河陰轉運院，凡燒錢帛二十萬貫匹、米二萬四千八百石、倉室五十五間。防院兵五百人營於縣南，盜火發而不救，呂元膺召其將殺之。自盜火發河陰，人情駭擾。

五月辛未朔。辛巳，御史中丞裴度兼刑部侍郎。時度自淮西行營宣慰還，所言軍機，多合上旨，故以兼官寵之。

六月辛丑朔。癸卯，鎮州節度使王承宗遣盜夜伏於靖安坊，刺宰相武元衡，死之；又遣盜於通化坊刺御史中丞裴度，傷首而免。是日，京城大駭，自京師至諸門加衛兵；宰相道從加金吾騎士，出入則彀弦露刃，每過里門，訶索甚諠；公卿持事柄者，以家僮兵仗自隨。武元衡死數日，未獲賊。兵部侍郎許孟容請見，奏曰：『豈有國相横屍路隅，不能擒賊！』因灑泣極言，上爲之憤歎。乃詔京城諸道，能捕賊者賞錢萬貫，仍與五品官，敢有蓋藏，全家誅戮。乃積錢二萬貫於東西市。京城大索，公卿節將復壁重轑者皆搜之。庚戌，神策將士王士則、王士平以盜名上言，且言王承宗所使，乃捕得張晏等八人誅之。

八月己亥朔，日有蝕之。丙寅，訶陵國遣使獻僧只僮及五色鸚鵡、頻伽鳥并異香名寶。丁未，淄青節度使李師道陰與嵩山僧圓淨謀反，勇士數百人伏於東都進奏院，乘洛城無兵，欲竊發焚燒宮殿而肆行剽掠。小將楊進、李再興告變，留守呂元膺乃出兵圍之，賊突圍而出，入嵩岳，山棚盡擒之。訊其首，僧圓淨主謀也。僧臨刑歎曰：『誤我事，不得使洛城流血！』

十一月戊辰，詔出內庫繒絹五十五萬匹供軍。【略】戊寅，盜焚獻陵寢宮。詔發振武兵二千，會義武軍以討王承宗。【略】

十一年（略）夏四月【略】庚戌，貶户部侍郎、判度支楊於陵爲郴州刺史，坐供軍有闕也。丁巳，以徐、宿飢，賑粟八萬石。

八月壬寅，以宰臣韋貫之爲吏部侍郎，罷知政事。貫之以淮西、河北兩處用兵，勞於供餉，請緩承宗而專討元濟，與裴度爭論上前故也。戊申，容州奏颶風海水毁州城。

九月丁卯，饒州奏浮梁、樂平二縣，五月內暴雨水溢，失四千七百户，溺死者一百七十人。丙子，新除吏部侍郎韋貫之再貶湖南觀察使。辛未，貶吏部侍郎韋顗爲陜州刺史，刑部郎中李正辭爲金州刺史，度支郎中薛公幹爲房州刺史，屯田郎中李宣爲忠州刺史，考功郎中韋處厚爲開州刺史，禮部員外郎崔韶爲果州刺史，併爲補闕張宿所搆，言與貫之朋黨故也。

冬十月【略】庚午，以司農卿王遂爲宣州刺史、宣歙池觀察使，以京兆尹李翛爲潤州刺史、浙西觀察使。以遂、翛常歷計司，能聚斂，方籍供軍，故有斯授。壬申，敕諸道奏事官，非急切不得乘驛馬。丁丑，出內庫錢五十萬貫供軍。十二年春正月【略】癸未，貶義武軍節度使渾鎬爲循州刺史，坐討賊失律也。甲申，貶唐鄧節度袁滋爲撫州刺史，以上疏請罷兵故也。

二月壬申，以內庫絹布六十九萬段匹、銀五千兩，付度支供軍。庚子，敕京城居人五家相保，以搜姦慝。時王承宗、李師道欲阻用兵之勢，遣人折陵廟之戟，焚芻藁之積，流矢飛書，恐駭京國，故搜索以防姦。及賊平，復得淄青簿領，中有賞蒲潼關吏案，乃知容姦者關吏也，搜索不足以爲防。庚申，敕宜於許汝行營側近置行郾城，以處賊中歸降人户。甲寅，岳鄂團練使李道古師攻申州，克羅城，賊力戰，道古之衆大敗。

夏四月【略】己酉，出太倉粟二十五萬石糶於西京，以惠飢民。【略】丙子，詔權罷河北行營，專討淮蔡。

六月己未朔，以衛尉卿程異爲鹽鐵使，代王播。時異爲鹽鐵使副，自江南收拾到供軍錢一百八十五萬以進，故得代播。壬戌，賊吳元濟上表，請束身歸朝。【略】乙酉，京師大雨，含元殿一柱傾，市中水深三尺，壞坊民二千家。

九月丁亥朔。戊子，出內庫羅綺、犀玉、金帶之具，送度支估計供軍。

冬十月【略】己卯，隨唐節度使李愬率師入蔡州，執吳元濟以獻，淮西平。【略】

十三年春正月【略】庚寅，敕李師道頻獻表章，披露懇誠，宜令諫議大夫張宿往彼宣慰。

三月【略】辛亥【略】至銀臺待罪，請獻德、棣二州，兼入管內租稅。壬戌，前東都留守許孟容卒。庚辰，詔復王承宗官爵。以華州刺史鄭權爲德州刺史、横海軍節度、德棣滄景等州觀察使。

六月【略】丁丑，以滄景節度使程權爲邠州刺史、邠寧節度使。出內庫絹三十萬匹、錢三十萬貫，付度支供軍。

秋七月【略】乙酉，詔削奪淄青節度使李師道在身官爵，仍令宣武、魏博、義成、武寧、横海等五鎮之師，分路進討。

九月【略】甲辰，以户部侍郎、判度支皇甫鎛同中書門下平章事，依前判度支。以衛尉卿充諸道鹽鐵轉運使程異爲工部侍郎、同中書門下平章事，依前充使。是時，上切於財賦，故用聚斂之臣居相位。詔下，羣情驚駭，宰臣裴度、崔羣極諫，不納。二人請退。

冬十月甲寅，吐蕃寇宥州。

十一月辛巳朔，夏州破吐蕃五萬。靈武奏攻破吐蕃長樂州羅城。丁亥，以山人柳泌爲台州刺史，爲上於天台山採仙藥故也。制下，諫官論之，不納。

十二月辛亥，敕左右龍武軍六軍及威遠營應納課户共一千八百人衣糧併停，仍付府縣收管。戊寅，軍前擒到李師道將夏侯澄等四十七人，詔併釋付魏博及義成軍收管，要還賊中者，則量事優給放還。上顧謂宰臣曰：『人臣事君，但力行善事，自致公望，何乃好樹朋黨。』上曰：『他人之言，亦與卿等相似，豈易辯之哉？』度曰：『君子小人，觀其所行，當自區別矣。』上曰：『凡好事口説則易，躬行則難。卿等卽言之，須行之，勿空口説。』度等謝曰：『陛下處分，可謂至矣，臣等敢不激勵。然天下之人，從陛下所行，不從陛下所言，臣等亦願陛下每言之則行之。』上頗欣納。

十四年春正月庚辰朔，以東師宿野，不受朝賀。壬午，復置仗内教坊於延政里。丁亥，徐州軍破賊二萬於金鄉。迎鳳翔法門寺佛骨至京師，留禁中三日，乃送詣寺，王公士庶奔走捨施如不及。刑部侍郎韓愈上疏極陳其弊。癸巳，貶愈爲潮州刺史。丙申，魏博軍破賊五萬於東阿。辛巳，斬前滄州刺史李宗奭於獨柳樹。朝廷初除鄭權滄州，宗奭拒詔不受代，既而爲三軍所逐，乃入朝，故誅之。【略】丙午，魏博軍破賊萬人於陽穀。

二月【略】乙卯，敕淄青行營諸軍，所至收下城邑，不得妄行傷殺，及焚燒廬舍，掠奪民財，開發墳墓，宜嚴加止絶。以鎮、冀水災，賜王承宗綾絹萬匹。辛酉，襄陽節度使孟簡舉鄖鄉鎮遏使趙潔爲鄖鄉縣令，有虧常式，罰一月俸料。壬戌，田弘正奏，今月九日，淄青都知兵馬使劉悟斬李師道并男二人首請降，師道所管十二州平。甲子，上御宣政殿受賀。

三月己卯朔。丁酉，上以齊、魯初平，宴羣臣於麟德殿，賜物有差。戊子，以華州刺史馬總鄆濮曹等州觀察等使；己丑，以義成軍節度使薛平爲青州刺史，充平盧軍節度、淄青齊登萊等州觀察等使；以淄青四面行營供軍使王遂爲沂州刺史，充沂海兗密等州都團練觀察等使：析李師道所據十二州爲三鎮也。【略】辛丑，上顧謂宰臣曰：『聽受之間，大是難事。推誠選任，所謂委寄，必合盡心；及至所行，臨事不無偏黨。朕臨御已來，歲月斯久，雖不明不敏，然漸見物情，每於行爲，務欲詳審。比令學士集前代昧政之事，爲《辯謗略》，每欲披閲，以爲鑑誡耳。』崔羣對曰：『無情曲直，辯之至易；稍懷欺詐，審之實難。故孔子有衆好衆惡之論，浸潤膚受之説，蓋以曖昧難辯故也。若擇賢而任之，待之以誠，糾之以法，則人自歸公，孰敢行僞？陛下詳觀載籍，以廣聰明，實天下幸甚。』

夏四月戊申朔。乙卯，太白順行近東井。戊午，以刑部尚書李愿爲鳳翔尹，充鳳翔隴右節度使。丙寅，詔：『諸道節度、都團練、防禦、經略等使所管支郡，除本軍州外，別置鎮遏、守捉、兵馬者，併合屬刺史。如刺史帶本州團練、防禦、鎮遏等使，其兵馬額便隸此使。如無別使，卽屬軍事。其有邊於溪洞連接蕃蠻之處，特建城鎮，不關州郡者，不在此限。』

五月戊寅朔，以刑部侍郎柳公綽充鹽鐵轉運等使。【略】己亥，【略】充浙西觀察使韓弘進助平淄青絹二十萬匹，女樂十人。女樂還之。

秋七月丁丑朔。【略】辛巳【略】御宣政殿受册，禮畢，御丹鳳樓，大赦天下。京畿今年秋税、青苗、榷酒等錢，每貫量放四百文；元和五年已前逋租賦併放。甲午，韓弘進絁絹二十八萬匹，銀器二百七十事。

八月丁未朔。【略】己未，【略】上謂宰臣曰：『天下事重，一日不可曠廢。若遇連假不坐，有事卽詣延英請對。』崔羣以殘暑方甚，目同列將退。上止之曰：『數日一見卿等，時雖暑熱，朕不爲勞。』久之方罷。

九月【略】乙巳，上顧謂宰臣曰：『朕讀《玄宗實録》，見開元初鋭意求理，至十六年已後，稍似懈倦，開元末又不及中年，何也？』崔羣對曰：『玄宗少歷民間，身經屯難，故卽位之初，知人疾苦，躬勤庶政。加之姚崇、宋璟、蘇頲、盧懷慎等守正之輔，孜孜獻納，故致治平。及後承平日久，安於逸樂，漸遠端士，而近小人。宇文融以聚斂媚上心，李林甫以姦邪惑上意，加之以國忠，故及於亂。願陛下以開元初爲法，以天寶末爲戒，卽社稷無疆之福也。』時皇甫鎛以諂刻欺蔽在相位，故羣因奏以諷之。

冬十月丙午朔。壬戌，安南軍亂，殺都護李象古併家屬，部曲千餘人皆遇害。【略】是月，吐蕃寇鹽州。

十一月【略】辛卯，靈武大將史敬奉破吐蕃於鹽州城下，賜敬奉實封五十户賞之。【略】上服方士柳泌金丹藥，起居舍人裴潾上表切諫，以『金石含酷烈之性，加燒煉則火毒難制。若金丹已成，且令方士自服一年，觀其效用，則進御可也。』上怒。己亥，貶裴潾爲江陵令。十二月【略】乙卯，以諫議大夫、守中書侍郎、同中書門下平章事、上柱國、賜紫金魚袋崔羣爲潭州刺史、兼御史大夫，充湖南觀察使。爲皇甫鎛所譖。及羣被貶，人皆切齒於鎛。

十五年春正月甲戌朔，上以餌金丹小不豫，罷元會。【略】丙申【略】義成軍節度使劉悟來朝。戊戌，上對悟於麟德殿。上自服藥不佳，數不視朝，人情恟懼，及悟出道上語，京城稍安。庚子，以少府監韓璀爲鄜州刺史、鄜坊丹延節度使。是夕，上崩於大明宮之中和殿，享年四十三。時以暴崩，皆言内官陳弘志弑逆，史氏諱而不書。

又　卷一二三《李巽傳》　李巽，字令叔，趙郡人。少苦心爲學，以明經調補華州參軍，拔萃登科，授鄠縣尉。周歷臺省，由左司郎中出爲常州刺史。逾年，召爲給事中，出爲湖南觀察使，鋭於爲理。五年，改江西觀察使，加檢校散騎常侍、兼御史大夫。巽持下以法，吏不敢欺，而動必察之。

順宗卽位，入爲兵部侍郎。司徒杜佑判度支鹽鐵轉運使，以巽干治，奏爲副使。佑辭重位，巽遂專領度支鹽鐵使。榷筦之法，號爲難重，唯大曆中僕射劉晏雅得其術，賦入豐羨。巽掌使一年，徵課所入，類晏之多歲，明年過之，又一年加一百八十萬貫。舊制，每歲運江淮米五十萬斛抵河陰，久不盈其數，唯巽三年登焉。遷兵部尚書，明年改吏部尚書，使任如故。

巽精於吏職，蓋性使然也。雖在私家，亦置案牘簿書，勾檢如公署焉。人吏有過，絲毫無所貸，雖在千里外，其恐慄如在巽前。初，程異附王叔文貶竄，巽知其吏才明辨，奏而用之，憲宗不違其請。異勾檢簿籍，又精於巽，故課最加衍，亦巽之助焉。巽爲吏部尚書，臥疾，郎官相率省問，巽初不言其病，與之考校程課，商略功利，至其夕而卒。然性强很狡惡，忌刻頗甚，乘德宗之怒，謀殺竇參，物論冤之。初，參爲宰相，不悦於巽，自左司郎中出爲常州刺史，仍促其行。不數月，參貶郴州司馬。久之，巽自給事中爲湖南觀察使，郴卽屬郡也。宣武軍節度使劉士寧以擅襲父任，物議不可，朝廷不得已而授之。及參之貶，士寧嘗以絹數千匹賂參，巽在湖南具奏其事，言參與藩鎮交通，德宗怒，遂賜參死，議者冤之。巽廉察江西，徇喜怒之情，而無罪被戮者多矣。元和四年四月卒，時年七十一，贈尚書左僕射。

又　卷一三五《程異傳》　程異，京兆長安人。嘗侍父疾，鄉里以孝悌稱。明經及第，釋褐揚州海陵主簿。登《開元禮》科，授華州鄭縣尉。精於吏職，剖判無滯。杜確刺同州，帥河中，皆從爲賓佐。

遥放利者皆附之，異亦被引用。叔文敗，坐貶岳州刺史，改郴州司馬。元和初，鹽鐵使李巽薦異曉達錢穀，請棄瑕録用，擢爲侍御史，復爲揚子留後，累檢校兵部郎中、淮南等五道兩稅使。異自悔前非，厲己竭節，江淮錢穀之弊，多所鏟革。入爲太府少卿、太卿，轉衛尉卿，兼御史中丞，充鹽鐵轉運副使。

時淮西用兵，國用不足，異使江表以調徵賦，且諷有土者以饒羨入貢，至則不剝下，不浚財，經費以贏，人頗便之。由是專領鹽鐵轉運使、兼御史大夫。十三年九月，轉工部侍郎、同中書門下平章事，領使如故。議者以異起錢穀吏，一旦位冠百僚，人情大爲不可。異自知叨據，以謙遜自牧，月餘日，不敢知印秉筆。異知西北邊軍政不理，建議置巡邊使，上問誰可使者，異請自行。議未決，無疾而卒，元和十四年四月也。贈左僕射，謚曰恭。異性廉約，殁官第，家無餘財，人士多之。

又　《皇甫鎛傳》　皇甫鎛，安定朝那人。祖鄰幾，汝州刺史。父愉，常州刺史。鎛貞元初登進士第，登賢良文學制科，授監察御史。丁母憂，免喪，坐居喪時薄游，除詹事府司直。轉吏部員外郎、判南曹，凡三年，頗鈐制姦吏。改吏部郎中，三遷司農卿、兼御史中丞，賜金紫，判度支，俄拜户部侍郎。時方討淮西，切於饋運，鎛勾剝嚴急，儲供辦集，益承寵遇，加兼御史大夫。

十三年，與鹽鐵使程異同日以本官同平章事，領使如故。鎛雖有吏才，素無公望，特以聚斂媚上，刻削希恩。詔書既下，物情駭異，至於賈販無識，亦相嗤誚。宰相崔羣、裴度以物議上聞，憲宗怒而不聽。度上疏乞罷知政事，因論之曰：

臣日昨於延英陳乞，伏奉聖旨，未遂愚衷。竊以上古明王聖帝，致理興化，雖由元首，亦在股肱。所以述堯、舜之道，則言稷、契、皋、夔；紀太宗、玄宗之德，則言房、杜、姚、宋。自古至今，未有不任輔弼而能獨理天下者。況今天下，異於十年已前，方驅駕文武，廓清寇亂，建升平之業，十已得八九。然華夏安否，繫於朝廷，朝廷輕重，在於宰相。如臣駑鈍，夙夜戰兢，常以爲上有聖君，下無賢臣，不能增日月之明，廣天地之德。遂使每事皆勞聖心，所以平賊安人，費力如此，實由臣輩不稱所職。方期陛下博採物議，旁求人望，致之輔弼，責之化成；而乃忽取微人，列於重地，始則殿庭班列，相與驚駭，次則街衢市肆，相與笑呼。伏計遠近流聞，與京師無異。何者？天子如堂，宰臣如陛，陛高則堂高，陛卑則堂不得高矣，宰臣失人，則天子不得尊矣。

伏以陛下睿哲文明，唯天所授，凡所閱視，洞達無遺。所以比來選任宰相，縱道不周物，才不濟時，公望所歸，皆有可取。況皇甫鎛自掌財賦，唯事割剝，以苛爲察，以刻爲明。自京北、京西城鎮及百司并遠近州府，應是仰給度支之處，無不苦口切齒，願食其肉；猶賴臣等每加勸誡，或爲奏論，庶事之中，抑令通濟。比者淮西諸軍糧料，所破五成錢，其實只與一成、兩成，士卒怨怒，皆欲離叛。臣到行營，方且慰喻，直其遷延不進，供軍漸難，俱能前行，必有優賞，以此約定，然後切勒供軍官，且支九月一日兩成已上錢，俱容努力，方將小安，不然必有潰散。今舊兵悉向淄青討伐，忽聞此人入相，則必相與驚擾，以爲更有前時之事，則無告訴之憂。雖侵刻不少，然漏落亦多，所以罷兵之後，經費錢數一千三十萬貫，此事猶可。直以性惟狡詐，言不誠實，朝三暮四，天下共知，惟能上惑聖聰，足見姦邪之極。程異雖人品凡俗，然心事和平，處之煩劇，或亦得力，但升之相位，便在公卿之上，實亦非宜。如皇甫鎛，天下之人，怨入骨髓，陛下今日收爲股肱，列在台鼎，切恐不可，伏惟圖之。倘陛下納臣懇款，速賜移易，以副天下之望，則天下幸甚。伏聞李修疾病，亦求入來，如浙西觀察使，且與亦得。

臣知一言出口，必犯天威，但使言行，甘心獲戾。今者臣若不退，天下之人謂臣有負恩寵；今退卽未許，言又不聽，如火燒心，若箭攢體。臣自無足惜，惜陛下今日事勢。何者？淮西蕩定，河北咸寧，承宗斂手削地，程權束身赴闕，韓弘輿疾討賊，此豈京師氣力能制其命，只是朝廷處置能服其心。今既開中興，再造區夏，陛下何忍卻自破除，使億萬之衆離心，四方諸侯解體？凡百君子，皆欲慟哭。況陛下任臣之意，豈比常人；臣事陛下之心，敢同衆士？所以昧死重封以聞，如不足觀，臣當引領受責。陛下引一市肆商徒，與臣同列，在臣亦有何損，陛下實有所傷，不勝憤懣惶恐之至。

時憲宗以世道漸平，欲肆意娛樂，池臺館宇，稍增崇飾，而異、鎛探知上旨，數貢羨餘，以備經構，故帝獨排物議相之；見裴度疏，以爲朋黨，竟不省覽。

又 卷一五七《李鄘傳》 李鄘字建侯，江夏人。【略】順宗登極，拜御史中丞，遷京兆尹、尚書右丞。元和初，以京師多盜，復選爲京兆尹，擒姦禁暴，威望甚著。尋拜檢校禮部尚書、鳳翔尹、鳳翔隴右節度使。是鎮承前命帥，多用武將，有『神策行營』之號。初受命，必詣軍修謁。鄘既受命，表陳其不可，詔遂去『神策行營』字，但爲鳳翔隴右節度。未幾，還鎮太原，入爲刑部尚書、兼御史大夫、諸道鹽鐵轉運使。

五年冬，出爲揚州大都督府長史、淮南節度使。鄘前在兩鎮，皆以剛嚴操下，遽變舊制，人情不安，故未幾卽改去。至淮南數歲，就加檢校左僕射，政嚴事理，府廩充積。

及王師征淮夷，鄆寇李師道表裏相援。鄘發楚、壽等州二萬餘兵，分壓賊境，日費甚廣，未嘗請於有司。時憲宗以兵興，國用不足，命鹽鐵副使程異乘驛諭江淮諸道，俾助軍用。鄘以境內富實，乃大籍府庫，一年所蓄之外，咸貢於朝廷。諸道以鄘爲倡首，悉索以獻，自此王師無匱乏之憂。

先是吐突承璀監淮南軍，貴寵莫貳。鄘亦以剛嚴素著，而差相敬憚，未嘗稍失。承璀歸，遂引以爲相。十二年，徵拜門下侍郎、同平章事。鄘出入顯重，素不以公輔自許，年侵勢過，頗安外鎮。登祖筵，聞樂而泣下曰：『宰相之任，非吾所長也。』行頗緩，至京師，又辭疾歸第。既未朝謁，亦不領政事，竟以疾辭，改授户部尚書。俄換檢校左僕射，兼太子賓客，分司東都。尋以太子少傅致仕。元和十五年八月卒，贈太子太保，謚曰肅。

鄘強直無私飾，與楊憑、穆質、許孟容、王仲舒友善，皆任氣自負。

然鄜當官嚴重，爲吏以峻法立操，所至稱理，而剛決少恩。鎮揚州七年，令行禁止。擒擿生殺，一委軍吏，參佐束手，居人頗陷非法，物議以此少之。

又 卷一六四《王播傳》 順宗卽位，除駕部郎中，改長安令。歲中，遷工部郎中，知臺雜，刺舉綱憲，爲人所稱。轉考功郎中，出爲虢州刺史。李巽領鹽鐵，奏爲副使、兵部郎中。

元和五年，代李夷簡爲御史中丞。振舉朝章，百職修舉。十月，代許孟容爲京兆尹。時禁軍諸鎮布列畿內，軍人出入，屬鞬佩劍，往往盜發，難以擒姦。布播奏請畿內軍鎮將卒，出入不得持戎具，諸王駙馬權豪之家，不得於畿內按試鷹犬畋獵之具。詔從之，自是姦盜弭息。六年三月，轉刑部侍郎，充諸道鹽鐵轉運使。

播長於吏術，雖案牘鞅掌，剖析如流，黠吏詆欺，無不彰敗。時天下多故，法寺議讞，科條繁雜。播備舉前後格條，置之座右。凡有詳決，疾速如神。當時屬僚，歎服不暇。十年四月，改禮部尚書，領使如故。先是，李巽以程異爲江淮院官，異又通泉貨，及播領使，奏之爲副。當王師討吴元濟，令異乘傳往江淮，賦輿大集，以至賊平，深有力焉。及皇甫鏄用事，恐播大用，乃請以使務命程異領之，播守本官而已。十三年，檢校户部尚書、成都尹、劍南西川節度使。

論說

《舊唐書》卷一五《憲宗紀論贊》 史臣蔣係曰：憲宗嗣位之初，讀列聖實録，見貞觀、開元故事，竦慕不能釋卷，顧謂丞相曰：『太宗之創業如此，玄宗之致理如此，既覽國史，乃知萬倍不如先聖。當先聖之代，猶須宰執臣僚同心輔助，豈朕今日獨爲理哉！』自是延英議政，晝漏率下五六刻方退。自貞元十年已後，朝廷威福日削，方鎮權重。德宗不委政宰相，人間細務，多自臨決，姦佞之臣，如裴延齡輩數人，得以錢穀數術進，宰相備位而已。及上自藩邸監國，以至臨御，訖於元和，軍國樞機，盡歸之於宰相。由是中外咸理，紀律再張，果能剪削亂階，誅除羣盜。睿謀英斷，近古罕儔，唐室中興，章武而已。任異、鏄之聚斂，逐羣、度於藩方，政道國經，未至衰紊。惜乎服食過當，閹豎竊發，苟天假之年，庶幾於理矣！

贊曰：貞元失馭，羣盜箕踞。章武赫斯，削平嘯聚。我有宰衡，耀德觀兵。元和之政，聞於頌聲。

又 卷一二三《劉晏等傳論贊》 歷代操利柄爲國計者，莫不損下益上，危人自安，變法以弄權，斂怨以搆禍，皆有之矣。如劉晏通擁滯，任才能，富其國而不勞於民，儉於家而利於衆。或問曰：鄭子産吏不能欺，宓子賤吏不忍欺，西門豹吏不敢欺。三子者，古之賢人也，吏皆懷其欺而不能、不忍、不敢也。晏之吏，遠近自不欺者何也？答曰：蓋任其才而得其人也。晏歿，故吏二十餘年繼掌財賦，不其是哉！《史記·貨殖》云：『平糶齊物，關市不乏，治國之道也。』晏治天下，無甚貴甚賤之物，泛言治國者，其可及乎！擧眞卿才，忠也，減王縉罪，正也，忠正之道，復出於人，嗚呼！木秀於林，風必摧之，常衮見忌於前，楊炎致冤於後，可爲長歎息矣！時譏有口者以利啖之，苟不塞讒口，何以持重權？卽無以展其才，濟其國矣。是其術也，又何譏焉。第五琦促辦應卒，民不加賦，而國豐饒，亦庶幾矣。然鑄錢變法，物貴身危，其何陋哉！凡利國者，農商之外，不可爲也。宏、滂爭權樹黨，皆非令人。紹之謹密幹事，巽之覈察精辨，亦足可稱。

贊曰：豐財忠良，晏道爲長。琦、宏、滂、巽，咸以利彰。

《新唐書》卷一六七《皇甫鏄等傳贊》 憲宗鋭於立功，而皇甫鏄以聚斂取宰相。夫宰相者，乃天下選，彼暫勞一功，烏足勝任哉？中興之不終，有爲而然。

宋·孔文仲《清江三孔集》卷一八《書唐憲宗紀後》 運萬物，制天下者，莫如才，所以駕馭道德而馳之者也。才大則視天下之廣，如狹視萬物之衆，如寡取之愈有而施之不窮，如孟賁挈嬰兒，養由基射尋尺，見其有餘矣，不見其不足也。孰不欲爲天下之英才，顧得於自然者亦有多少。所有既少，故有施之於事而其力易竭，技易窮。技窮力竭矣，則其長不足以自濟，而其短見焉。此無他才小故也。唐有天下也，更十八帝，而其間號爲賢明者太宗、玄宗、憲宗、宣宗、肅宗。玄宗始治終亂，宣宗無他大略，皆不足深議。而其尤卓越者太宗，其次憲宗。憲宗之功德不及太宗，天下所共知，而於其用人之際，尤見其才之不足也。當隋之末，盜賊連結滿天下，於是豪傑併起而分王之。太宗躬親行陣之間，四面攻取，不數年天下爲一，而南面稱孤矣。今日平賊，而明日與文學之士論六經矣。李勣、尉遲敬德之屬，從容宿衛，而房、杜、王、魏之徒用事矣。當是時，近臣亦有以刑罰機權之説干太宗者，終絀其謀而獨任德以化民。行之未幾何時而天下富庶，刑罰幾不用矣。其政日就於寬大，其德日趨於高明。此非發於偶然，乃其胸中所素有也。

憲宗亦以雄武之才，承久衰積廢之後，用兵選將，誅鋤不義，而河南河北以次盪平。自天寶以來，征伐之功未之有也。然較太宗之功業，未及其三四。方是時，雖有强大藩臣擅兵於外，而京師之富盖亦不減於太宗之時。其於財用，宜不甚急，而皇甫鎛以聚斂之功，不旋踵而登宰相。以裴度之忠，上疏三論其不可，終不見聽，而尋亦貶逐。余竊度憲宗，何私於鎛如此，不過曰方用兵平寇之時，非鎛不能集事，其功甚大，不可忘也。嗚呼！以天下之大，朝廷之尊，因民之財而取之，何人不能而獨眷眷於鎛？此無他，其才不足，故以小爲大，以易爲難，至於親暱小人，隳喪大體而不自知，汙辱廊廟，放棄勳賢而不自悟也。太宗之優游如彼，憲宗之卑逼如此。用是較之，則其才之小大，粲然可見矣，他未足論也。余感其事而書之，庶乎有國家者，觀於余言而亦有警也。

明·孫承恩《文簡集》卷四一《唐憲宗》 志感時艱，治慕祖烈。好謀惟明，成功惟決。强梗效順，紀綱遂張。允毅允臧，中興煌煌。

清·王夫之《讀通鑑論》卷二五《唐憲宗》 杜黄裳之請討劉闢，武元衡之請征李錡，李絳之策王承宗、田興，不待加兵而自服，皆時爲之也。知時者，可與謀國矣。

自僕固懷恩以河北委降賊而僭亂不可復制者，安、史之誅，非唐師武臣力制其死命而殪之，賊自敗亡而坐收之也。幽、燕、河、濟，賊所糾合之蕃兵、突騎皆生存，而梟雄之心未艾，田承嗣、薛嵩、朱希彩之流，狼子野心，習於戰鬬，狃於反覆，於斯時也，雖李、郭固無如之何，而下此者尤非其敵也。代宗驕之，德宗挑之，俱取敗辱，雖有黄裳、元衡之能斷，李絳之善謀，我知其未易爲籌度也。

至於元和，而天下之勢變矣。向所與安、史同逆矯厲自雄者，死亡盡矣，嗣其僭逆者，皆紈袴驕憨、弋色耽酒之豎子也。其偏裨，則習於叛合、心離志怠、各圖富貴之庸夫也；其士卒，則坐糜粟帛、飲博游宕之罷民也。而狃於兩代之縱弛，不量力而輕於言叛；乃至劉闢以白面書生，李錡以貴游公子，苟得尺寸之土，而妄尋干戈；此其望風而仆、應手而糜者，可坐策之而必於有功。韋丹、李吉甫且知西川之必下以勸興師，況黄裳、元衡之心社稷而有成謀者乎？故德宗奮而啓禍，憲宗斷而有功，事同而效異也。

夫既知其可以討矣，則亦知其可以不戰而屈之矣。姑試其威於西川而西川定，再試其威於鎮海而鎮海平。河北豢養之子弟，固不測朝廷之重輕，而苟求席安以自保，衆心俱弛，羣力不張，於斯時也，唐雖不自信其有必勝之能，而魏博、成德非王武俊、田悦之舊，彼自知之，亦可衆量之矣。吉甫目擊杜、武之成績，欲效之以徼功於河北，是又蹈德宗之覆轍也。李絳之洞若觀火，又豈有絶人之智計哉？故代宗之弛而失御，憲宗之寬而能安，亦事同而效異也。所以異者無他，惟其時也。

時者，方弱而可以强，方强而必有弱者也。見其强之已極，而先自震驚，遂朒縮以絶進取之望；見其勢之方弱，而遽自踸踔，因興不揣之師；此庸人所以屢趨而屢躓也。焚林之火，達於山椒則將熸，撲之易滅而不敢撲，待之可熄而不能待，亦惡知盈虚之理數以御時變乎？劉淵、石虎、苻堅、耶律德光、完顔亮，天亡之在眉睫矣，不知乘時者，猶以爲莫可如何，而以前日之覆敗爲懲。悲夫！【略】

憲宗志平僭亂，李絳請釋王承宗於恆、冀，而困吴少誠於申、蔡，韙已。有攻堅而瑕自破者，有攻瑕而堅漸夷者，存乎其時而已矣。當是時，國家積弱，而藩鎮怙强，河北其輪囷盤錯以折斧斤者也。攻其瑕而國威伸，瑕者破而逆氣折，故西川、江、淮叛而速平，唯其瑕也。然而堅者自若，則以申、蔡逼近東都，中天下而持南北之吭，河北以窺朝廷之能否，故用兵之所宜先者，莫急於淮、蔡。吴少誠處四戰之地，旁無應援，李師道殫力以爲之謀，爲盜而已，弗能出一卒以助其逆，彼瑕易脆，而國威可伸。申、蔡平而河北震驚，不於此而攻瑕，將安攻乎？

若當時之最宜緩而不可急攻者，莫恆、冀若矣。王武俊首聽李抱眞之約，發憤討逆，功固可念也。而南有魏博以爲之障，北有幽、燕以爲之援，東有淄青以爲率然之首尾，吐突承璀不揣而加兵，徒以資盧從史之逆，自取之也。自申、蔡而外，所可申討者，唯淄青耳。淄青者，南接淮、海，而西與燕、魏相縣千里，勢不足以相救。故劉裕之滅慕容超也，一入大峴，而直擣其邪，窮海必亡之勢也。李納無尺寸之功，有邱山之惡，而師道繼之，以鼠竊之小醜，力不足以大逞，但恃穿窬之徒，以脅宰相，駭中外，焚帑藏，犯陵廟，宵起晝伏，幸免於天誅，堂堂正正以九伐之法臨之，如山壓卵，莫之能禦矣。舍此不圖，而遽求多於難拔之恆、冀，不亦愚乎？

詩不云乎『池之竭矣，不云自頻』。池者，無源之水也，故頻竭而中隨之。藩鎮之逆，池水之溢耳。元和之世，溢者將涸，竭其頻而池自無餘。憲宗持疑不決，廟議亂於中涓，故歷年久而後平，賊雖平而國亦憊矣。【略】

河朔自薛嵩、田承嗣以來，世怙其逆，非但其帥之稔惡相仍也，下而偏裨，又下而士卒，皆利於負固阻兵，甘心以攜貳於天子。故帥死兵亂，殺奪其子，擁戴偏裨者不一，而終無有恃朝廷爲奧援者。絳卽知田懷諫之必見奪於人，亦惡知其不若朱希彩、吳少陽之相踵以抗王命哉？而堅持坐待之説，不畏事機之變，咎將歸己，無所顧畏者，豈果有前知不爽之神智，抑徼天幸而適如其謀邪？言而允中，固有由來，絳秘不言，而無從致詰耳。

田興之得軍心，爲季安所忌久矣。與季安不兩立，而特詘於季安，待其死以蹶起，奄有魏博，謀之夙矣。欲定交於鄰鎮，以成其竊據，乃四顧而無有可托之强援，念唯歸命朝廷爲足以自固。乃欲自達於天子，而盈廷道謀，將機淺而禍且至。知唯李絳之可因效悃也，信使密通以俟時相應，舉國不知，而絳之要言已定，非一日矣。絳言諸將怨怒，必有所歸，而不斥言興者，爲興秘之耳。逐懷諫而有魏博，絳與有謀焉；請命修貢，皆絳之成謀也。絳自策之，自言之，何憂乎事之不然哉？能致之者，絳之忠也；能持之者，絳之斷也；能密之者，絳之深也；要非以智揣度、幸獲如神之驗也。

故大臣之以身任國事也，必熟識天下之情形，接納邊臣之心腹，與四方有肺腑之交，密計潛輸，盡獲其肝膽，乃可以招攜服遠，或撫或勦而罔不如意。夫以一人之憂爲憂，以天下之安危爲安危者，豈孤立廷端，讀已往之書，聽築室之謀，恃其忠智而無僨事之虞哉？

大臣之謀國也，既如此矣；則天子命相，倚之以決大疑、定大事，亦必有道矣。殿閣之文臣，既清孤遠物，而與天下素不相接；部寺之能臣，錢穀刑名雜冗，而於機事有所未遑；危疑無定之衷，竭智以謀，愈詳而愈左。故人主之命相，必使入參坐議，出接四方，如陸贄、李絳之任學士也，早有以延攬方鎮而得其要領；天下亦知主眷之歸，物望之集，可與爲因依，而聽其頤指；無患乎事機之多變，而周章以失據矣。不能知人而厚防之，嚴宰執招權之罰，禁邊臣近侍之交，以漠不相知之介士，馭萬里之情形，日削日離，待盡而已矣。

清·吴孟堅《一草亭讀史漫筆二·唐憲宗》 憲宗知人善斷，可謂明哲之主。信李絳、裴度之爲忠而不能盡用其言，惡吉甫、于頔之爲奸而不能遠之使絕所爲，君子難進，小人難退，卽英主亦有所不能决者也。至定河北，克淮蔡，且善任將，幾治平矣。惜死于閹宦之手，閹宦之爲害也甚矣。唐之所以代亂者，靡不由此。然則明斷如憲宗亦縣不免，況庸主乎？

清·愛新覺羅·弘曆《御製樂善堂全集定本》卷五《唐憲宗論》 自天寶之亂，天下分崩，民人塗炭，藩鎮强梁，權移宦寺。肅代德宗，屢致播遷，國勢陵夷，叛臣棊布。迨及憲宗，以英武之資，用賢能之相，聽言納諫，約已安民，翦除藩鎮，易於發於是平夏滅蜀，朝江東，從澤潞，致魏博乞淮蔡，來成德，奮五世不振之威，拔數傳擅命之寇威福在上，政由人君，發號施令，罔有不臧。雖有彊鎮順從朝廷，奉命唯謹，號稱中興，不亦宜乎？及其天下平定，四海無事，乃進言利之臣，信方士之説，志滿心驕，禍起所忽，惜哉！使憲宗克永其終，任裴度而行其道，斥皇甫鎛、程异之徒，加以休養生息，爲萬世業，則貞觀之治復興，未可知也。

藝　文

唐·元稹《元氏長慶集》卷八《古體詩·憲宗章武孝皇帝挽歌詞二首·其二》 天寶遺餘事，元和盛聖功。二凶梟帳下，三叛斬都中。始服沙陁虜，方吞邏逤戎。狼星如要射，猶有鼎湖弓。

清·謝啓昆《樹經堂詠史詩》卷六《唐·憲宗》 第三天子亦英雄，耀德觀兵宰輔同。萬隊羆熊乘夜雪，兩河草木攝威風。韓公作頌豐碑重，白傳歌詩樂府工。妄餌金丹龍馭失，至今疑事閟深宫。

雜録

《舊唐書》卷四九《食貨志下》 順宗卽位，有司重奏鹽法，以杜佑判鹽鐵轉運使，理於揚州。元和二年三月，以李巽代之。先是，李錡判使，天下榷酤漕運，由其操割，專事貢獻，牢其寵渥。中朝柄事者悉以利積於私室，而國用日耗。巽既爲鹽鐵使，大正其事。其堰埭先隸浙西觀察使者，悉歸之；因循權置者，盡罷之；增置河陰敖倉；置桂陽監，鑄平陽銅山爲錢。又奏：『江淮、河南、峽內、兖鄆、嶺南鹽法監院，去年收鹽價緡錢七百二十七萬，比舊法張其估一千七百八十餘萬，非實數也。今請以其數，除煮之外，付度支收其數。』鹽鐵使煮鹽利繫度支，自此始也。又以程異爲揚子留後。四月五日，巽卒。自榷筦之興，惟劉晏得其術，而巽次之。然初年之利，類晏之季年，季年之利，則三倍於晏矣。

後唐明宗小康之局分部

綜述

《舊五代史》卷三五《唐書·明宗紀一》 明宗聖德和武欽孝皇帝，諱亶，初名嗣源，及卽位，改今諱，代北人也。【略】

（同光四年）四月壬辰，文武百僚三拜箋，請行監國之儀，以安宗社，答旨從之。【略】

丙申，下敕：『今年夏苗，委人户自供通頃畝，五家爲保，本州具帳送省，州縣不得差人檢括。如人户隱欺，許人陳告，其田倍徵。』己亥，命石敬瑭權知陝州兵馬留後，皇子從珂權知河南府兵馬留後。庚子，淮南楊溥進新茶。以權知汴州軍州事孔循爲樞密副使，以陳州刺史劉仲殷爲鄧州留後，以鄭州防禦使王思同爲同州留後。敕曰：『租庸使孔謙，濫承委寄，專掌重權，侵剝萬端，姦欺百變。遂使生靈塗炭，軍士飢寒，成天下之瘡痍，極人間之疲弊。載詳衆狀，側聽輿辭，難私降黜之文，合正殛誅之典。宜削奪在身官爵，按軍令處分。雖犯衆怒，特貸全家，所有田宅，併從籍没。』是日，謙伏誅。敕停租庸名額，依舊爲鹽鐵、户部、度支三司，委宰臣豆盧革專判。

中書門下上言：『請停廢諸道監運使、內勾司、租庸院大程官，出放猪羊柴炭户。括田竿尺，一依朱梁制度，仍委節度、刺史通申三司，不得差使量檢。州使公廨錢物，先被租庸院管係，今據數卻還州府，州府不得科率百姓。百姓合散蠶鹽，每年只二月內一度俵散，依夏稅限納錢。夏秋苗稅子，除元徵石斗及地頭錢，餘外不得紐配。先遇赦所放逋稅，租庸違制徵收，併與除放。今欲曉告河南府及諸道準此施行。』從之。是日，宋州節度使元行欽伏誅。壬寅，以樞密副使孔循爲樞密使。

又 卷三六《唐書·明宗紀二》 天成元年夏四月丙午，乃於柩前卽皇帝位。甲寅，帝御文明殿受朝。制改同光四年爲天成元年，大赦天下。後宫內職量留一百人，內官三十人，教坊一百人，鷹坊二十人，御廚五十人，其餘任從所適。諸司使務有名無實者併停。分遣諸軍就食近畿，以減饋送之勞。秋夏稅子，每斗先有省耗一升，今後只納正數，其省耗宜停。天下節度、防禦使，除正、至、端午、降誕四節量事進奉，達情而已，自於州府圓融，不得科斂百姓。其刺史雖遇四節，不在貢奉。諸州雜稅，宜定合稅物色名目，不得邀難商旅。租庸司先將係省錢物，與人回圖，宜令盡底收納，以塞幸門雲。乙卯，渤海國王大諲譔遣使朝貢。是月，北京副留守、知留守事張憲賜死，以其失守故也。

五月丙辰，以太子賓客鄭珏爲中書侍郎兼刑部尚書、同中書門下平章事；以工部尚書任圜爲中書侍郎兼工部尚書、同中書門下平章事、判三司。【略】丁巳，初詔文武百僚正衙常參外，五日一度內殿起居。其中書非時有急切公事請開延英，不在此限。麟州奏，指揮使張延寵作亂，焚剽市民，已殺戮訖。

己未，北京馬步都指揮使李從温奏，準詔誅宦官。初，莊宗遇內難，宦者數百人竄匿山谷，落髮爲僧，奔至太原七十餘人，至是盡誅於都亭驛。辛酉，詔華州放散西川宫人各歸骨肉。

乙亥，翰林學士、户部侍郎、知制誥馮道，翰林學士、中書舍人趙鳳，俱以本官充端明殿學士。端明之職，自此始也。丙子，詔：『故西道行營都招討制置等使、守侍中、監修國史、兼樞密使郭崇韜宜許歸葬，其世業田宅併還與骨肉。故萬州司户朱友謙可復護國軍節度使、守太師、兼尚書令、河中尹、西平王，所有田宅財産，併還與骨肉。』

戊寅，以樞密使安重誨兼領襄州節度使。制下，重誨之黨謂重誨曰：『襄州地控要津，不可乏帥，無宜兼領。』重誨即自陳退，許之。以左金吾大將軍張遵誨爲西京副留守、知留守事。辛巳，以衛尉卿李懌爲中書舍人，充翰林學士。壬午，以前蔚州刺史張温爲振武留後，以左右廂突陣指揮使康義誠爲汾州刺史，以左右廂馬軍都指揮使索自通爲忻州刺史。尚父、吴越國王錢鏐遣使進金器五百兩、銀萬兩、綾萬疋謝恩，賜玉册、金印。初，同光季年，鏐上疏密求玉册、金印，郭崇韜進議以爲不可，而樞密承旨段徊受其重賂，贊成其事，莊宗即允其請，至是故有貢謝。甲申，幽州節度使、檢校太保李紹斌加檢校太傅、同平章事，復姓名爲趙德鈞。乙酉，詔百官朔望入閤，賜廊下食。自亂離已前，常參官每日朝退賜食於廊下，謂之『廊餐』。乾符之後，百司經費不足，無每日之賜，至是遇入閤即賜之。

戊戌，樞密使安重誨加檢校太保，行兵部尚書事如故。

庚子，汴州屯駐控鶴指揮使張諫等謀叛伏誅，以樞密使孔循權知汴州軍州事。甲辰，樞密使孔循加檢校太保、守秘書監，依前充使。己巳，【略】詔曰：『古者酌禮以制名，懼廢於物；取其雖犯而易避，貴便於時。況「征」「在」二名，抑有前例。以太宗文皇帝自登寶位，不改舊稱，時即臣有世南，官有民部，靡聞曲避，止禁連呼。朕猥以眇躬，托於人上，止遵聖範，非敢自尊。應文書内所有二字，但不連稱，不得回避。如是臣下之名，不欲與君親同字者，任自改更。』

壬子，鳳翔節度使、檢校太尉、兼中書令李曮加檢校太師、兼中書令。知州孔循奏，召集謀亂指揮使趙虔已下三千人併族誅訖。【略】

秋七月乙卯朔，以太原舊宅爲積慶宫。庚申，契丹、渤海國俱遣使朝貢。甲子，詔割韓城、郃陽兩縣屬同州。誅滑州左右崇牙及長劍等軍士數百人，夷其族，作亂故也。其都校於可洪等相次到闕，亦斬於都市。丁卯，以僞蜀守司空、門下侍郎、平章事、晉國公主諧爲檢校司空、守陵州刺史，以虢州刺史石潭爲耀州團練使。辛未，詔：『諸道節度、刺史、文武將吏，舊進月旦起居表，今後除節度、留後、團練、防禦使，惟正、至進賀表，其四孟月并且止絶。』甲戌，中書門下上言：『宣旨令進納新授諸道判官、州縣官官告敕牒，只應宣賜。準往例，除將相外，併不賜官告，即因梁氏起例，凡宣授官，併特恩賜。臣等商量，自兩使判官令録在京除授者，即於内殿謝恩，便辭赴任，不更進納官告，判司主簿，不合更許朝對。敕下後，望準舊例處分。』從之。

乙亥，莊宗皇帝梓宫發引，帝縗服臨送於樓前。是日，葬莊宗於雍陵。鎮州留後王建立奏，涿州刺史劉殷肇不受代，謀叛，昨發兵收掩，擒劉殷肇及其黨一十三人，見折足勘詰。

己卯，宰相豆盧革貶辰州刺史，韋説貶溆州刺史，仍令所在馳驛發遣，爲諫議大夫蕭希甫疏奏故也。制略曰：『革則縱田客以殺人，説則侵鄰家而奪井，選元亨之上第，改王參之本名。或主掌三司，委元隨之務局；或陶熔百里，受長吏之桑田。咸屈塞於平人，互阿私於愛子。任官匪當，黷貨無厭，謀人之國若斯，致主之方安在！既迷理亂，又昧卷舒。而府司案牘爰來，諫署奏章疊至，備彰醜迹，深汙明庭。是宜約以三章，投之四裔。其河南府文案及蕭希甫論疏，併宜宣示百僚。』庚辰，賜蕭希甫衣段二十疋、銀器五十兩，賞疏革、説之罪也。宰相鄭珏、任圜再見安重誨，求解革、説，請不復追行後命，又三上表救解，俱留中不報。

癸未，詔辰州刺史豆盧革可責授費州司户參軍，溆州刺史韋説可責授夷州司户參軍，皆員外置同正員，仍令馳驛發遣。甲申，又詔曰：『責授費州司户參軍豆盧革、夷州司户參軍韋説等，自居台輔，累換歲華，負先皇倚注之恩，失大國燮調之理。朕自登宸極，常委鈞衡，略無謙遜之辭，但縱貪饕之意。除官受賂，樹黨徇私，每虧敬於朕前，徒自尊於人上。道路之諠騰不已，諫臣之條疏頗多，罪狀顯彰，典刑斯舉，合從極法，以塞羣情。尚緣臨御之初，含弘是務，特軫墜泉之慮，爰施解網之仁，曲示優恩，俯寬後命。革可陵州長流百姓，説可合州長流百姓，仍委逐處長知所在。同州長春宮判官、朝請大夫、檢校尚書、禮部郎中、賜紫金魚袋豆盧升，將仕郎、守尚書屯田員外郎、崇文館學士、賜緋魚袋韋濤等，各因權勢，驟列班行，無才業以可稱，竊寵榮而斯久。比行貶謫，以塞尤違。朕以纂襲之初，含容是務，父既寬於後命，子宜示於特恩，併停見任。』升、濤即革、説之子也。

又　卷三七《唐書·明宗紀三》　天成元年秋八月丁酉，内出象笏三十四面，賜百官之無笏者。【略】

幽州奏，契丹寇邊，詔齊州防禦使安審通率師御之。【略】

乙巳，禁鎔錢爲器，仍估定生銅器價斤二百，熟銅器斤四百，如違省價買賣者，以盜鑄錢論。丁未，樞密使院條奏：『諸道節度使、刺史内，有不守詔條，公行科斂，須行止絕。州使所納軍糧，不得更邀加耗。節度使、刺史所置牙隊，許於軍都内抽取，便給省司衣糧，況人數已多，訪問尚有招致。諸色人多有抵罪亡命，便於州府投名爲使下元隨，邀求職務，淩壓平人；及有力户人，於諸處行賂，希求事務。亦有州使妄稱修葺城池廨宇，科賦於人，及營私宅，諸縣鎮所受州使文符，如涉科斂人户，不得稟受。州府不得賒買行人物色，兼行科率。已前條件，州使如敢犯違，許人陳告，勘詰不虛，量行獎賞。宜令三京、諸道州府，準此處分。』

新授青州節度使霍彦威奏，處斬新登州刺史王公儼，及同謀拒命指揮使李謹、王居厚等八人訖。初，同光中，符習爲青州節度使，宦官楊希望爲監軍，專制軍政。趙在禮之據魏州，習奉詔以本軍進討，俄而帝爲亂軍所劫，習卽罷歸。希望遣兵邀之，習懼而還。至滑州，帝遣人招之，習至，乃從帝入汴。希望聞魏軍亂，遣兵圍守習家，欲盡殺之。公儼素受希望獎愛，謂希望曰：『内侍宜分腹心之兵，監四面守陴者，則誰敢異圖。』希望從之。公儼乘其無備，圍希望之第，擒而殺之。公儼遂與州將李謹等謀據州城，以邀符節，卽令軍府飛章留己，兼揚言符習在鎮，人不便其政，帝乃除公儼爲登州刺史。公儼不時赴任，卽以霍彦威代符習，聚兵淄州，以圖進取。彦威至淄州，會詔使至青州告諭，公儼卽赴所任。彦威懲其初心，遣人擒公儼於北海縣，與同黨斬於州東。有司上言：『莊宗祔廟，懿祖祧遷，準例舍故而諱新，懿祖例不諱，忌日不行香。』從之。壬子，襄州節度使劉訓加檢校太傅，以僞蜀右僕射、中書侍郎、平章事、趙國公張格爲太子賓客，充三司副使，從任圜請也。

九月乙卯朔，詔汴州扶溝縣復隸許州。以前絳州刺史婁繼英爲冀州刺史，充北面水陸轉運制置使。己未，幸至德宮，遂幸前隰州刺史袁建豐之第。帝嘗爲太原内牙親將，建豐爲副，至是建豐風疾沈廢，故親幸其第以撫之。庚申，以都官郎中庾傳美充三川搜訪圖籍使。傳美爲蜀王衍之舊僚，家在成都，便於歸計，且言成都具有本朝實録，及傳美使回，所得才九朝實録及殘缺雜舊而已。癸亥，應聖節，百僚於敬愛寺設齋，召緇黄之衆於中興殿講論，從近例也。戊辰，【略】都官員外郎於鄴奏請指揮不得書契券輒賣良人，從之。

冬十月甲申朔，詔賜文武百僚冬服緜帛有差。近例，十月初寒之始，天子賜近侍執政大臣冬服。帝顧謂判三司任圜曰：『百僚散未？』圜奏曰：『臣聞本朝給春冬服，遍及百僚。喪亂已來，急於軍旅，人君所賜，未能周給。今止近臣而已，外臣無所賜。』帝曰：『外臣亦吾臣也，卿宜計度。』圜遂與安重誨據品秩之差，以定春冬之賜，其後遂以爲常。右拾遺曹琮上疏，内一件：『百僚朔望入閤，及五日内殿起居，請許三署寺監官輪次轉封奏事。』從之。刑部員外郎孔莊上言：『自兵興以來，法制不一，諸道州縣常行枷杖，多不依格律，請以舊制曉諭，改而正之。』丙戌，吏部侍郎盧文紀上言：『請内外文武臣僚，每歲有司明定考校，將相乞回御筆，以行黜陟，疏下中書門下商量，宰臣奏請施行。』從之。

庚子，幽州奏，契丹平州守將僞署幽州節度使盧文進，率户口歸明，百僚稱賀。

丁未，幽州奏，盧文進所率降户孳畜人口在平州西，首尾約七十里。

壬子，盧文進至幽州，遣軍吏奉表來上。

十一月辛酉，詔曰：『應今日已前修蓋得寺院，無令毁廢；自此已後，不得輒有建造。如要願在僧門，併須官壇受戒，不得衷私剃度。』

癸丑，禮部侍郎裴皞上言：『諸州刺史經三考方請替移。』

癸未，鎮州奏，準詔盧文進所率歸業户口，蠲放租税三年，仍每口給糧五斗。

十二月戊子，盧文進及將吏四百人見，賜鞍馬、玉帶、衣被、器玩、錢帛有差。詔曰：『朕中興實祚，復正皇綱。萬國駢羅，俱在照臨之內；八紘遼敻，咸居覆載之間。矧彼云南，素歸正朔，洎平僞蜀，思錫舊恩，於乃眷以雖深，欲霈覃而未暇。百蠻都首領李卑晚、六姓蠻都首領勿鄧摽莎等，天資智勇，世稟忠勤，梯航之道路才通，琛賮之貢輸已至。率其種落，竭乃悃誠，備傾向化之心，深奬來庭之意。今則各頒國寵，別進王封。其巂州刺史李及、大鬼主離吠等，或遥貢表函，或躬趨朝闕，亦宜特授官資，各遷階秩。勉敦信義，無墜册書，示爾金石之堅，保我山河之誓。欽承休命，永保厥終。』壬辰，帝狩於近郊，臘故也。甲午，以契丹盧龍軍節度使盧文進爲檢校太尉、同平章事，充滑州節度使。

壬寅，潁州刺史孫岳加檢校太保，奬能政也。

丙午，中書門下奏：『故事，藩鎮節度、觀察使帶平章事，於都堂上事刊石記壁，合納禮錢三千貫，以充中書及兩省公使。今欲各納禮錢五百千，於中書立石亭子，鐫勒宰臣使相官氏、授上年月，餘充修葺中書及兩省公署部堂什物。』從之。

庚戌，御史臺奏：『京城坊市士庶工商之家，有婢僕自經投井，非理物故者。近者已來，凡是死亡，皆是台司左右巡舉勘檢，施行已久，仍恐所差人吏及街市胥徒，同於民家，因事邀脅。臣詢訪故事，凡京城民庶之家，死喪委府縣檢舉，軍家委軍巡，商旅委户部。然諸司檢舉後，具事由申台，其間或枉濫情故，臺司訪聞，即行舉勘。如是文武兩班官吏之家，即是臺司檢舉。臣請自今已後，併準故事施行者。』詔曰：『今後文武兩班及諸道商旅，凡有喪亡，即準台司所奏施行。其坊市民庶軍士之家，凡死喪及婢僕非理物故，依台司奏，委府縣、軍巡同檢舉，仍不得縱其吏卒，於物故之家妄有邀脅。或恐暑月屍柩難停，若待申聞檢舉，縱無邀脅，亦須經時日。今後仰本家唤四鄰檢察，若無佗故，逐便葬埋。如後別聞枉濫，妄有保證，官中訪知，勘詰不虚，本户鄰保併行科罪。如聞諸道州府，坊市死喪，取分巡院檢舉，頗致淹停，人多流怨，亦仰約京城事例處分。』

又　卷三八《唐書·明宗紀四》　天成二年春正月【略】丙辰，詔：『端明殿學士班位宜在翰林學士之上，今後如有轉改，只於翰林學士内選任。』先是，端明殿學士班在翰林學士之下，又如三館例，官在職上，趙鳳轉侍郎日，諷宰相府移之。既而禁林序列有不可之言，安重誨奏行此敕，時論便之。

戊辰，左拾遺李同上言：『天下繫囚，請委長吏逐旬親自引問，質其罪狀眞虚，然後論之以法，庶無枉濫。』從之。

癸酉，北面副招討房知温奏，營州界奚陁羅。

丙子，詔曰：『頃自本朝多難，雅道中微，皆尚浮華，罕持廉讓。其有除官蘭省，命秩柏台，或以人事相疏，或以私讎見訝，稍乖敬奉，遽至棄捐，蓋司長之振威，處君恩而何地。今後應新授官朝謝後，可準例上事，司長不得輒以私事阻滯。其本官亦不得因遭抑挫，托故請假。』

戊寅，皇子從厚領事於河南府，宰相鄭珏已下會送，非例也。己卯，樞密使、光禄大夫、檢校太保、行兵部尚書安重誨加開府儀同三司、檢校太傅、兼侍中；樞密使、檢校太保、守秘書監孔循加檢校太傅、同平章事。詔崇文館依舊爲弘文館。初，同光中，宰相豆盧革以同列郭崇韜父名弘，希其意奏改之，今乃復焉。辛巳，詔曰：『亂離斯久，法制多隳，不有舉明，從何禁止。起今後三京及州使職員名目，是押衙兵馬使，騎馬得有暖坐。諸都軍將衙官使下係名糧者，只得衣紫皂，庶人商旅，只著白衣，此後不得參雜。兼有富户，或投名於勢要，以求影庇；或希假於攝貴，以免丁徭。仰所在禁勘，以肅姦欺。』

二月壬午朔，新羅遣使朝貢。以潁州刺史孫岳爲耀州團練使。丙申，以從馬直指揮使郭從謙爲景州刺史，尋令中使誅之，夷其族，以其首謀大逆以弑莊宗也。

壬寅，制曰：荆南節度使、開府儀同三司、守太尉、兼尚書令、南平王高季興可削奪官爵，仍令襄州節度使劉訓充南面招討使、知荆南行府事，許州節度使夏魯奇爲副招討使，統蕃漢馬步四萬人進討，以其叛故也。又命湖南節度使馬殷以湖南全軍會合。以東川節度使董璋充東南面招討使。

三月丙辰，宰臣判三司任圜奏：『諸道藩府，請依天復三年已前許貢綾絹金銀，隨其土産折進馬之直。又請選孳生馬，分置監牧。』併從之。太常丞段顒請國學《五經》博士各講本經，以申横經齒胄之義，從之。庚申，以前澤潞節度使、檢校太傅、兼侍中孔勍爲河陽節度使。壬戌，幸甘水亭。甲子，青州節度使霍彦威加檢校太尉、兼中書令，以大内皇城使、守饒州刺史李從璋爲應州節度使。丁卯，詔：『所在府縣糾察殺牛賣肉，犯者準條科斷。其自死牛卽許貨賣，肉斤不得過五錢，鄉村民家死牛，但報本村所由，準例輸皮入官。』

夏四月辛巳朔，房知温奏：『前月二十一日，盧臺戍軍亂，害副招討寧國軍節度使烏震，尋與安審通斬殺亂兵訖。』帝聞之，廢朝一日，贈震太傅。新羅國遣使貢方物。

丁亥，詔：『盧臺亂軍龍晊所部鄴都奉節等九指揮三千五百人，在營家口骨肉，併可全家處斬。』龍晊所部之衆，卽梁故魏博節度使楊師厚之所招置也，皆天下雄勇之士，目其都爲銀槍效節，僅八千人。師厚卒，賀德倫不能制，西迎莊宗入魏，從征河上，所向有功。莊宗一統之後，雖數頒賚，而驕縱無厭。同光末，自貝州劫趙在禮，據有魏博。及帝纘位，在禮冀脫其禍，潛奏願赴朝覲，遂除皇子從榮爲帥，乃令北御契丹。是行也，不支甲胄，惟幟於長竿表隊伍而已，故俛首遄征。在途聞李嚴爲孟知祥所害，以爲劍南阻絶，互相煽動。及屯於盧臺，會烏震代房知温爲帥，轉增浮説。震與房知温博於東寨，日亭午，大噪於營外。知温上馬出門，爲甲士所擁，且曰：『不與兒郎爲主，更何處去？』知温紿之曰：『馬軍皆在河西，步卒獨何爲也！』遂得躍馬登舟，濟於西岸。安審通戢騎軍不動，知温與審通謀，伺便攻之，令亂兵卷甲南行。騎軍徐進，部伍嚴整。叛者相顧失色，列炬宵行，疲於荒澤。遲明，潛令外州軍別行，知温等遂擊亂軍，横尸於野，餘衆復趨舊寨，至則已焚之矣。翼日，盡戮之，脫於叢草溝塍者十無二三，迨夜竄於山谷，稍奔於定州。及王都之敗，乃無噍類矣。癸巳，兖州節度使房知温加侍中，齊州防禦使安審通加檢校太傅，併賞盧臺之功也。

辛丑，以前利州節度使張敬詢爲云州節度使。遣樞密使孔循赴荆南城下，時招討使劉訓有疾故也。甲辰，以户部侍郎韓彥惲爲秘書監。

五月癸亥，遣宣徽使張延朗調發郡縣糧運赴荆南城下，仍以軍法從事。以右龍武統軍崔公實爲左龍武統軍。

庚午，詔罷荆南之師，既而令軍士散掠居民而回。

六月丁亥，詔天下除併無名額寺院。以宣徽北院使張延朗爲右武衛大將軍、判三司，依前宣徽使、檢校司徒。辛卯，大理少卿王鬱上言：『凡決極刑，準敕合三覆奏。近年已來，全廢此法，伏乞今後決前一日許一覆奏。』從之。壬辰，南面招討使、知荆南行府事、襄州節度使、檢校太傅劉訓責授檢校右僕射、守檀州刺史。訓南征無功，故有是譴。詔喪葬之家，送終之禮不得過度。乙未，户部尚書李鈴上言：『請朝班自四品已上官各許薦令録兩人，五品官各薦簿尉兩人，功過賞罰，與舉者同之。』詔從之。其所舉人，仍於官告内標所舉姓名，或有不公，連坐舉主。仍令三品已上各舉堪任兩使判官者。

秋七月庚戌朔，以宋州節度使王晏球充北面行營副招討使。

甲子，以檢校工部尚書謝洪爲宿州團練使。夔州刺史西方鄴奏，殺敗荆南賊軍，收峽内三州。丙寅，升夔州爲寧江軍，以鄴爲節度使。

九月丙寅，樞密使孔循兼東都留守。襄州夏魯奇上言，荆南高季興遣使持書乞修貢奉，詔魯奇不納。詔諸州録事參軍，不得兼使府賓職。己巳，鄧州節度使史敬鎔加檢校太保，同州節度使盧質加檢校司徒。御史臺奏：『每遇入閣，舊例只一員侍御史在龍墀邊只候，彈奏公事，或有南班失儀，點檢不及。今欲依常朝例，差殿中侍御史二員，押鐘鼓樓位，仍各綴供奉班出入。』

戊寅，西川奏：據黎州狀，云南使趙和於大渡河南起舍一間，留信物十五籠，併雜牋詩一卷，遞至闕下。

冬十月己卯朔，帝御文明殿視朝。癸未，亳州刺史李鄴貶郴州司户，又貶崖州長流百姓，所在賜自盡。判官樂文紀配祁州，責其違法贖貨也。

丁亥，帝宿於滎陽。汴州朱守殷奏，都指揮使馬彥超謀亂，已處斬訖。戊子，次京水，知朱守殷反，帝親統禁軍倍程前進。翼日，至汴州，攻其城，拔之，守殷伏誅。丙申，磁州刺史藥縱之上言，今月十二日，供奉官王仁鎬至，稱制殺太子少保致仕任圜。契丹遣使持書求碑石，欲爲其父表其葬所。戊戌，詔曰：『諸道州府，自同光三年已前所欠秋夏稅租，并主持務局敗闕課利，并沿河舟船折欠，天成元年殘欠夏稅，併特與除放。』筆敝韜寮裙範任圜之禍，恐人非之，思沛恩於衆以掩己過，乃奏曰：『三司積欠約二百萬貫，虛繫帳額，請併蠲放。』帝重違其意，故有是詔。時議者以蠲隔年之賦，猶或惠民，場院課利一概除之，得不啓姦倖之門乎！

辛丑，詔曰：『後來其蘇，動必從於人欲；天監厥德，靜宜布於國恩。近者言幸浚郊，暫離洛邑，蓋逢歲稔，共樂時康。不謂姦臣，遽彰逆狀，爲厲之階既甚，覆宗之禍自貽。以致近輔生靈，遘此多端紛擾，永言軫惻，無輟寐興。宜覃雨露之恩，式表雲雷之澤，應汴州城內百姓，既經驚動，宜放二年屋稅；諸處有曾受逆人文字者，隨處焚毀。應天下見禁囚徒，除十惡五逆、殺人放火、劫盜、合造毒藥、官典犯贓、僞行印信、屠牛外，罪無輕重，併從釋放。應有民年八十已上及家長者有廢疾者，免一丁差役』云。

十一月壬申，契丹遣使摩琳等來乞通和。

十二月戊寅朔，以前鳳翔留後高允貞爲右監門上將軍。詔以施州爲夔州屬郡，以其便近故也。遣飛勝指揮使於契丹，賜契丹主錦綺、銀器等，兼賜其母繡被纓珞。己卯，蔚州刺史周令武得代歸闕，帝問北州事，令武奏曰：『山北甚安，諸蕃不相侵擾。雁門已北，東西數千里，斗粟不過十錢。』帝悅，顧謂左右曰：『須行善事，以副天道。』居數日，帝延宰臣於元德殿，言及民事，馮道奏曰：『莊宗末年，不撫軍民，惑於聲樂，遂致人怨國亂。陛下自膺人望，歲時豐稔，亦淳化所致也。更願居安思危。』

又　卷三九《唐書·明宗紀五》（天成三年春正月）丁巳，詔曰：『朕聞堯、舜有恤刑之典，貴務好生；禹、湯申罪己之言，庶明知過。今月七日，據巡檢軍使渾公兒口奏稱，有百姓二人，以竹竿習戰鬬之事。朕初聞奏報，實所不容，率爾傳宣，令付石敬瑭處置。今日重誨敷奏，方知悉是幼童爲戲，載聆讜議，方覺失刑，循揣再三，愧惕非一。亦以渾公兒誣証頗甚，石敬瑭詳覆稍乖，致人枉法而殂，處朕有過之地。今減常膳十日，以謝幽冤。其石敬瑭是朕懿親，合施極諫，既茲錯誤，宜示省循，可罰一月俸。渾公兒決脊杖二十，仍銷在身職銜，配流登州。小兒骨肉，賜絹五十匹、粟麥各百石，便令如法埋葬。兼此後在朝及諸道州府，凡有極刑，併須子細裁遣，不得因循。』百僚進表稱賀。

己未，中書門下奏，國子祭酒，望令宰相兼判。辛酉，以前潞州節度使毛璋爲右金吾上將軍，以左驍衛上將軍華温琪爲右金吾大將軍，以春州刺史張虔釗爲鄭州防禦使。契丹陷平州。癸亥，詔應廟諱文字，只避正文，其偏旁文字，不用虧缺點畫。契丹遣使禿汭悲梅老等貢獻，帝遣指揮使奔托山押國信賜契丹王妻。戊辰，以隨駕馬軍都指揮使、富州刺史康義誠兼領鎮南軍節度使；以隨駕步軍都指揮使、潮州刺史楊漢章遙領寧國軍節度使。中書上言：『舊制遇二月十五日玄元皇帝降聖節，休假三日。準會昌元年二月敕，休假一日，請準近敕。』從之。吐蕃野利延孫等六人、回鶻米里都督等四人，併授歸德、懷遠將軍，悉放還蕃。庚午，册贈故瀛州刺史李嗣頵爲太尉。壬申，册贈故皇子檢校司空從諲爲太保。甲戌，制以楚國夫人曹氏爲淑妃，以韓國夫人王氏爲德妃，仍令所司擇日册命。

二月丁丑朔，有司上言，太陽合虧，既而有雲不見，羣官表賀。詔巡幸鄴都事宜停。庚辰，僞吳楊溥遣使貢獻，賀誅朱守殷。帝以荆南拒命，通連淮夷，不納其使，遣還。壬午，以光禄卿韋寂卒廢朝，贈禮部尚書。癸未，工部尚書盧文紀貶石州司馬，員外安置。文紀私諱『業』，時新除於鄴爲工部郎中。舊例，僚屬名與長官諱同，或改其任。文紀素與宰相崔協有隙，故中書未議改官。於鄴授官之後，文紀自請連假。鄴尋就位，及差延州官告使副未行，文紀參告，且言俟鄴回日終請換曹，鄴其夕自經而死，故文紀貶官。

三月癸亥，西方鄴上言，收復歸州。

又　卷四〇《唐書·明宗紀六》　天成四年春正戊子，放元年應欠秋税。

二月乙巳，王晏球奏，此月三日收復定州，獲王都首級，生擒契丹禿餒諸等二千餘人。百僚稱賀，詔取今月二十四日車駕還東京。

三月甲戌，馮道進表乞命相。丙戌，詔皇城使李從璨貶授房州司户參軍，仍令盡命。從璨，帝之諸子也。先是，帝巡幸汴州，留從璨以警大內，從璨因游會節園，酒酣，戲登御榻。安重誨奏之，故置於法焉。

丙申，詔鄴都、幽、鎮、滄、邢、易、定等州管內百姓，除正稅外，放免諸色差配，以討王都之役，有輓運之勞也。

夏四月庚子朔，禁鐵鑞錢。壬寅，重修廣壽殿成，有司請以丹漆金碧飾之，帝曰：『此殿經焚，不可不修，但務宏壯，不勞華侈。』湖南奏，敗荆南賊軍於石首鎮。詔沿邊置場買馬，不許蕃部直至闕下。先是，党項諸蕃凡將到馬，無駑良併云上進，國家雖約其價以給之，及計其館穀錫賚，所費不可勝紀。計司以爲耗蠹中華，遂止之。

六月戊申，登州刺史孫元停任，坐在任無名科率故也。詔鄴都仍舊爲魏府。應魏府、汴州、益州宮殿悉去鴟尾，賜節度使爲衙署。

壬戌，幸至德宮。詔：『京城空地，課人蓋造。如無力者，許人請射營構。』

秋七月庚午，以前西京留守判官張鑄爲司農卿。壬申，貶前左金吾上將軍毛璋爲儒州長流百姓，尋賜自盡，以其在藩鎮陰蓄姦謀故也。甲戌，御史中丞呂夢奇責授太子右贊善大夫，坐曾借毛璋馬故也。

八月丁酉朔，大理正路阮奏：『切見春秋釋奠於文宣王，而武成王廟久曠時祭，請復常祀。』從之。

丙寅，達靼來朝貢。京城內有南州、北州，乃張全義光啓中所築。至是，詔許人依街巷請射城濠，任使平填，蓋造屋宇。

九月癸巳，制天下兵馬元帥、尚父、吳越國王錢鏐可落元帥、尚父、吳越國王，授太師致仕，責無禮也。先是，上將軍烏昭遇使於兩浙，以朝廷事私於吳人，仍目鏐爲殿下，自稱臣，謁鏐行拜蹈之禮。及回，使副劉玫具述其事，故停削鏐官爵，令致仕。烏昭遇下御史台，尋賜自盡。後有自浙中使還者，言昭遇無臣鏐之事，爲玫所誣，人頗以爲冤。乙未，詔諸道通勘兩浙綱運進奉使，併下巡獄。

冬十月丙申朔，并吏部三銓爲一銓，宜令本司官員同商量注擬，連署申奏，仍不得於私第注官。

癸卯，太常少卿蕭愿責授太子洗馬，奪緋。愿南郊行事，與祠官同飲，詰旦猶醉不能行禮，爲御史所劾也。

丙辰，夏州進白鷹，重誨奏曰：『夏州違詔進貢，臣已止約。』帝曰：『善。』朝退，帝密令左右進焉。是日，幸龍門。

又　卷四一《唐書·明宗紀七》　長興元年春正月丙寅朔，帝御明堂殿受朝賀，仗衛如常儀。乙亥，國子監請以監學生束修及光學錢備監中修葺公用，從之。丙子，帝謂宰臣曰：『時雪未降，如何？』馮道曰：『陛下恭行儉德，憂及蒸民，上合天心，必有春澤。』是夜降雪。其夕，右散騎常侍蕭希甫封狀申樞密稱，得河堰衙官狀，告本都將校二十餘人欲謀不軌，至旦追問無狀，斬所告人。

二月己亥，翰林學士劉昫奏：『新學士入院，舊試五題，請今後停試詩賦，只試麻制、答蕃書、批答共三道。仍請内賜題目，定字數，付本院召試。』從之。有司奏：『皇帝致齋於明堂，按舊服通天冠、絳紗袍，文武五品已上著袴褶，近例只著朝服。』從之。乙巳，中書奏：『皇帝朝獻太微宮、太廟，祭天地於圜丘，準禮例親王爲亞獻行事，受誓戒。』從之。

乙卯，祀昊天上帝於圜丘，柴燎禮畢，郊宮受賀。是日，御五鳳樓，宣制：改天成五年爲長興元年，大赦天下，除十惡五逆、放火劫舍、屠牛、官典犯贓、僞行印信、合造毒藥外，罪無輕重，咸赦除之。天成四年終諸道所欠殘稅及場院欠折，併特放免。羣臣職位帶平章事、侍中、中書令，併與改鄉名里號。朝臣及蕃侯郡守亡父母，及父母在并妻室未霑恩命者，併與恩澤。應私債出利已經倍者，只許徵本；已經兩倍者，本利併放。河陽管内人户，每畝舊徵橋道錢五文，今後不徵。諸道州府每畝先徵麴錢五文，今特放二文云。商州吏民以刺史郭知瓊善政聞，詔褒之。

三月丁卯，幸會節園，遂幸河南府。靈武奏，殺戮蕃賊二千人。

癸未，詔貶右散騎常侍、集賢殿學士、判院事蕭希甫爲嵐州司户參軍，仍馳驛發遣，坐誣告之罪也。

夏四月甲午朔，國子司業張溥奏，請復八館，以廣生徒。癸丑，索自通、藥彥稠等奏，收復河中，斬楊彥温，傳首來獻。初，彥稠出師，帝戒之曰：『與朕生致彥温，吾將自訊之。』及收城，斬首傳送，帝怒彥稠等。時議皆以爲安重誨方弄國權，從榮諸王敬事不暇，獨忌從珂威名，每於帝前屢言其短，巧作窺圖，冀能傾陷。彥温既誅，從珂歸清化里第。重誨謂馮道等曰：『蒲帥失守，責帥之義，法當如何？』翌日，道等奏：『合行朝典。』帝不悦，趙鳳堅奏：『故事有責帥之義，所以激勵藩守。』帝曰：『皆非公等意也。』後數日，帝於中興殿見宰臣，趙鳳承重誨意，又再論列，帝默然。翌日，重誨復自論奏，帝極言以拒之，帝又曰：『卿欲如何制置？』重誨曰：『於陛下父子之間，臣不合言，一稟聖旨。』帝曰：『從佗私第閒坐，何煩奏也！』乃止。以前邢州節度使、檢校司徒李從温爲左武衛上將軍。丙辰，以西京留守、檢校司徒索自通爲河中節度使。丁巳，云州奏：掩襲契丹，獲頭口萬計。

五月乙丑，鄭州防御使張進、副使咸繼威併停任，以盜掠城中居人故也。

六月壬子，中書門下奏：「詳覆到禮部院今年及第進士李飛、樊吉、夏侯珙、吳沺、王德柔、李谷等六人，望放及第。其盧價等七人及賓貢鄭樸，望許令將來就試。知貢舉張文寶試士不得精當，望罰一季俸。」從之。

秋七月庚辰詔：「諸州得替防禦、團練使、刺史併宜於班行比擬，如未有員闕，可隨常參官逐日立班。」新例也。辛巳，詔揀年少宮人及西川宮人併還其家，無家可歸者，任從所適。

戊子，宿州進白兔，安重誨謂其使曰：「豐年爲上瑞，兔懷狡性，雖白何爲！」命退歸。

八月甲午，以前鄧州節度使盧文進爲左衛上將軍。北京奏，吐渾千餘帳內附，於天池川安置。禁在京百司影射州縣稅户。乙未，捧聖軍使李行德、十將張儉、告密人邊彦温併族誅，以其誣告安重誨私市兵仗故也。

九月乙丑，階州刺史王弘贄上言：「一州主客户纔及千户，併無縣局，臣今檢括得新舊主客已及三千二百，欲依舊額立將利、福津二縣，請置令佐。」從之。丁丑，詔天下諸州府，不得奏薦著紫衣官員爲州縣官。

癸未，利、閬、遂三州奏，東川節度使董璋謀叛，結連西川孟知祥。甲申，以鎮州節度使范延光爲檢校太傅、守刑部尚書，充樞密使。利州、閬州進納東川檄書，言將兵擊利、閬，責以間諜朝廷爲名。乙酉，以左驍衛上將軍趙在禮爲同州節度使兼四面行營馬步軍都指揮使。

丙戌，詔東川節度使董璋可削奪在身官爵，仍徵兵進討。丁亥，以西川節度使孟知祥兼西南面供饋使，天雄軍節度使石敬瑭兼東川行營都招討使，以遂州節度使夏魯奇兼東川行營招討副使。

冬十月乙巳，供奉官張仁暉自利州回，奏董璋攻陷閬州，節度使李仁矩舉家遇害。丁未，宮苑使董光業并妻子併斬於都市，璋之子也。

辛亥，中書奏：「吏部流內銓諸色選人，所試判兩節，欲委定其等第，文優者超一資，其次者次資，又次者以同類，道理全疏者於同類中少人户處注擬。」從之。

十一月庚申朔，帝御文明殿，册皇子秦王，仗衛樂懸如儀。甲子，正衙命使册皇子宋王於鎮州。是日，幸龍門。翌日，馮道奏曰：「陛下宮中無事，游幸近郊則可矣，若涉歷山險，萬一馬足蹉跌，則貽臣下之憂。臣聞千金之子，坐不垂堂；百金之子，立不倚衡。況貴爲天子，豈可自輕哉！」帝斂容謝之。退令小黄門至中書問道垂堂、倚衡之義，道因注解以聞，帝深納之。己巳，故太子少保致仕封舜卿贈太子少傅。庚午，應州節度使張敬達移云州，以捧聖都指揮使、守恩州刺史沙彦詢爲應州節度使；以潁州團練使高行周爲安北都護，充振武節度使。壬申，黔南節度使楊漢章棄城奔忠州，爲董璋所攻也。乙亥，制西川節度使孟知祥削奪官爵，以其同董璋叛也。丙子，以前同州節度使羅周敬爲左監門上將軍。丁丑，故兵部侍郎許光義加贈禮部尚書。辛巳，西面軍前奏，今月十三日，階州刺史王弘贄、瀘州刺史馮暉，自利州取山路出劍門關外倒下，殺敗董璋守關兵士三千餘人，收復劍州。甲申，日南至，帝御文明殿受朝賀。丙戌，以給事中鄭韶光爲左散騎常侍。青州奏，得登州狀，契丹阿保機男東丹王突欲越海來歸國。

十二月甲寅，遣樞密使安重誨赴西面軍前。時帝以蜀路險阻，進兵艱難，潼關已西，物價甚賤，百姓輓運至利州，率一斛不得一斗，謂侍臣曰：「關西勞擾，未有成功，誰能辨吾事者！朕須自行。」安重誨曰：「此臣之責也，臣請行。」帝許之。言訖而辭，翌日遂行。甲寅，故西川兵馬都監、泗州防禦使李嚴贈太傅。

又 卷四二《唐書·明宗紀八》 長興二年。癸巳，詔貢院舊例夜試進士，今後書試，排門齊入，即日試畢。

丁酉，以樞密院使、守太尉、兼中書令安重誨爲檢校太師、兼中書令，充河中節度使，進封沂國公。

己酉，詔諸府少尹上任，上任，以二十五日爲限。諸州刺史、諸道行軍司馬、副使、兩使判官已下賓職，團防軍事判官、推官、府縣官等，併以三十日爲限。幕職隨府者不在此例。癸丑，邠州節度使李敬周移鎮徐州。詔禁天下開發無主墳墓。

三月辛酉，詔渤海國人皇王突欲宜賜姓東丹，名慕華，仍授檢校太保、安東都護，充懷化軍節度、瑞鎮等州觀察等使。其從慕華歸國部校，各授懷化、歸德將軍中郎將。先於定州擒獲蕃將，舍利則刺宜賜姓狄，名懷惠，扎古宜賜姓列，名知恩，併授檢校右散騎常侍。諾失訖宜賜姓原，名知感；棫骨宜賜姓服，名懷造；奚王副使惕隱宜賜姓乙，名懷宥，三人併授檢校太子賓客。甲子，以前鴻臚卿王瓊爲太僕卿。丙寅，以皇子從珂爲左衛大將軍。從珂自河中失守，歸清化里第，至是安重誨出鎮河中，帝召見，泣而謂之曰：『如重誨意，爾安得更相見耶！』因有是命。

夏四月辛卯，誅內官安希倫，以其受安重，誨密指，令於內中伺帝起居故也。

丁酉，詔罷州縣官到任後率斂爲地圖；又禁人毀廢所在碑碣。

五月辛酉，詔：『近聞百執事等，或親居內職，或貴列廷臣，或宣達君恩，或勾當公事，經由列鎮，干撓諸侯，指射職員，安排親昵，或潛示意旨，或顯發書題。自今後一切止絶，有所犯者，發薦人貶官，求薦人流配。如逐處長吏自徇人情，只仰被替人詣闕上訴，長吏罰兩月俸，發薦人更加一等，被替人卻令依舊。』甲子，都官郎中、知制誥崔棁上言，請搜訪宣宗已來野史，以備編修，從之。丁卯，詔：『諸州府城郭內依舊禁麴，其麴官中自造，減舊價之半貨賣。應田畝上所徵麴錢併放，鄉村人户一任私造。』時甚便之。

乙酉，鴻臚卿柳膺將齋郎文書賣與同姓人柳居則，伏罪，大理寺斷當大辟，緣經赦減死，追奪見任官，終身不齒。詔：『應見任前資守選官等，所有本朝及梁朝出身歷任告身，併仰送納，委所在磨勘，換給公憑，只以中興已來官告，及近受文書敍理。其諸色廕補子孫，如非虛假，不計庶嫡，併宜敍録；如實無子孫，別立人繼嗣，已補得身名者，只許敍廕一人。其不合敍使文書，限百日內焚毀須絶。此後更敢將合焚文書參選求仕，其所犯之人併傳者，併當極法。應合得資廕出身人，併須依格依令施行。』

閏月庚寅，制河中節度使、檢校太師、兼中書令安重誨可太子太師致仕。是日，重誨男崇緒等潛歸河中。以右散騎常侍張文寶爲兵部侍郎。夔州節度使安崇阮棄城歸闕，待罪於閣門，詔釋之。時董璋寇峽內諸州，崇阮望風遁走。壬辰，陝州節度使李從璋移鎮河中。癸丑，升廬州爲昭順軍。甲午，以衡州刺史姚彥章爲昭順軍節度使。丁酉，安重誨奏：『男崇贊、崇緒等到州，臣已拘送赴闕。』崇緒至陝州，詔令下獄。己亥，詔安重誨宜削奪在身官爵，併妻阿張、男崇贊崇緒等併賜死，其餘親不問。壬寅，以尚書左丞崔居儉爲工部尚書，以吏部侍郎王權爲尚書左丞。丙午，以隨駕馬軍都指揮使、宣州節度使安從進爲陝州節度使。丁未，以前中書舍人楊凝式爲左散騎常侍。戊申，以右龍武統軍王景戡爲新州節度使。己酉，以右領軍上將軍李肅爲左金吾大將軍。壬子，以隨駕步軍都指揮使藥彥稠爲邠州節度使。癸丑，以邠州節度使劉行琮卒廢朝，贈太傅。詔有司及天下州縣，於律令、格式、《六典》中録本局公事，書於廳壁，令其遵行。

六月丁巳朔，復置明法科，同《開元禮》。

壬午，太原地震。詔天下州府斷獄，先於案牘之上坐所該律令、格式及新敕，然後區分。

乙酉，詔止絶諸射係省店宅莊園。

秋七月庚乙未，三司奏：『先許百姓造麴，不來官場收買。伏恐課額不逮，請復已前麴法，鄉户與在城條法一例指揮，仍據已造到曲納官，量支還麥本。』從之。

庚戌，大理正劇可久責授登州司户，刑部員外郎裴選責授衛尉寺丞，刑部侍郎李光序、判大理卿事任贊各降一官，罰一季俸，坐斷罪失入也。

八月丙寅，詔天下州府商稅務，併委逐處差人依省司年額勾當納官。

乙丑，詔：『大理寺官員，宜同臺省官例升進，法直官比禮直官任使。仍於諸道贓罰錢內，每月支錢一百貫文，賜刑部、大理兩司，其刑部於所賜錢三分與一分。』

丙寅，昭信軍節度使。詔：『百官職吏，應選授外官者，考滿日，併委本州申奏，追還本司，依舊執行公事。』

九月己亥，應有先配諸軍契丹併賜姓名。詔天下營田務，只許耕無主荒田各召浮客，不得留占屬縣編户。

詔天下州縣官，不得與部內富民於公廳同坐。辛亥，詔五坊見在鷹隼之類，併可就山林解放，今後不許進獻。

十二月甲寅朔，詔開鐵禁，許百姓自鑄農器、什器之屬，於夏秋田畝上，每畝輸農器錢一文五分。

丁丑，詔三司，所過西川兵士家屬，常令贍給。

又　卷四三《唐書·明宗紀九》　長興三年春正月辛丑，秦王從榮加開府儀同三司、兼中書令。戊申，詔選人文解不合式樣，罪在發解官吏，舉人落第，次年免取文解。

大理正張居琭上言：「所頒諸州新定格式、律令，請委逐處各差法直官一人，專掌檢討。」從之。

二月丙辰，詔出選門官，罷任後週年方許擬議，自於所司投狀磨勘送中書。又詔罷城南稻田務，以其所費多而所收少，欲復其水利，資於民間碾磑故也。秦州奏：「州界三縣之外，別有一十一鎮人户，係鎮將徵科，欲隨其便，宜復置隴城、天水二縣以隸之。」詔從之。

辛未，中書奏：「請依石經文字刻《九經》印板。」從之。甲戌，靈武奏，都指揮使許審環等謀亂伏誅。藥彦稠奏，誅党項阿埋等十族，與康福入白魚谷追襲叛黨，獲大首領六人、諸羌二千餘人、孳畜數千，及先劫掠到回鶻物貨。詔彦稠軍士，所獲併令自收，勿得箕斂。

三月庚戌，帝觀稼於近郊。民有父子三人同挽犁耕者，帝閔之，賜耕牛三頭。

夏四月甲寅，詔諸道節度使未帶使相及防禦、團練使、刺史，班位居檢校官高者爲上，如檢校官同，以先授者爲上，前資在見任之下。新羅王金溥遣使貢方物。戊午，中書奏：「準敕重定三京、諸道州府地望次第者。舊制以王者所都之地爲上，今都洛陽，請以河南道爲上，關内道爲第二，河東道爲第三，餘依舊制。其五府，按《十道圖》，以鳳翔爲首，河中、成都、江陵、興元爲次。中興初，升魏州爲興唐府，鎮州爲眞定府，望升二府在五府之上，合爲七州，餘依舊制。又天下舊有八大都督府，以靈州爲首，陝、幽、魏、揚、潞、鎮、徐爲次，其魏、鎮已升爲七府兼具員内，相次升越、杭、福、潭等州爲都督，望以十大都督府爲額，仍據升降次第，以陝爲首，餘依舊制。《十道圖》有大都護，請以安東大都護爲首。防禦、團練等使，自來升降極多，今具見在，其員依新定《十道圖》以次第爲定。」從之。

六月壬子朔，幽州趙德鈞奏：「新開東南河，自王馬口至淤口，長一百六十五里，闊六十五步，深一丈二尺，以通漕運，舟勝千石，畫圖以獻。」

甲子，以大雨未止，放朝參兩日。洛水漲泛二丈，廬舍居民有溺死者。

金、徐、安、潁等州大水，鎮州旱。詔應水旱州郡，各遣使人存問。

秋七月戊子，靈武奏，夏州界党項七百騎侵擾當道，出師擊破之，生擒五十騎，追至賀蘭山下。

己丑，秦、鳳、兖、宋、亳、潁、鄧大水，漂邑屋，損苗稼。夔州赤甲山崩。

丁未，詔諸州府遭水人户各支借麥種及等第賑貸。

八月辛亥，以利州節度使孫漢韶兼西面行營招討使。

冬十月己酉朔，再遣供奉官李瓌使西川，兼押賜故福慶長公主祭贈絹三千匹，并賜知祥玉帶。先是，兩川隔遠，朝廷兵士不下三萬人，至是，知祥上表乞發遣兵士家屬入川，詔報不允。知祥所奏兩川部内文武將吏，乞許權行墨制除補訖奏，詔許之。知祥所奏立功大將趙季良等五人正授節鉞，續有處分。襄州奏，漢水溢，壞民廬舍。

壬申，大理少卿康澄上疏曰：「臣聞安危得失，治亂興亡，誠不繫於天時，固非由於地利，童謡非禍福之本，妖祥豈隆替之源！故雊雉升鼎而桑谷生朝，不能止殷宗之盛；神馬長嘶而玉龜告兆，不能延晉祚之長。是知國家有不足懼者五，有深可畏者六。陰陽不調不足懼，三辰失行不足懼，小人訛言不足懼，山崩川涸不足懼，蟊賊傷稼不足懼，此不足懼者五也。賢人藏匿深可畏，四民遷業深可畏，上下相徇深可畏，廉恥道消深可畏，毁譽亂眞深可畏，直言蔑聞深可畏，此深可畏者六也。伏惟陛下尊臨萬國，奄有八紘，蕩三季之澆風，振百王之舊典，設四科而羅俊彦，提二柄而御英雄。所以不軌不物之徒，咸思革面；無禮無儀之輩，相率悛心。然而不足懼者，願陛下存而勿論；深可畏者，願陛下修而靡忒。加以崇三綱五常之教，敷六府三事之歌，則鴻基與五岳爭高，盛業共磐石永固。」優詔獎之。澄言可畏六事，實中當時之病，識者許之。癸酉，湖南馬希範、荆南高重誨併進銀及茶，乞賜戰馬，帝還其直，各賜馬有差。

丁丑，帝謂范延光曰：「如聞禁軍戍守，多不稟藩臣之命，緩急如何驅使？」延光曰：「承前禁軍出戍，便令逐處守臣管轄斷決，近似簡易。」

帝曰：『速以宣命條舉之。』

十一月丁亥，以河陽節度使兼六軍都衛副使石敬瑭爲河東節度使，兼大同、彰國、振武、威塞等軍蕃漢馬步總管。時契丹帳族在云州境上，與羣臣議擇威望大臣以制北方，故有是命。己丑，樞密使趙延壽加同平章事。詔在京臣僚，不得進奉賀長至馬及諸物。

十二月戊申朔，供奉官丁延徽、倉官田繼勳併棄市，坐擅出倉粟數百斛故也。教坊伶官敬新磨受賄，爲人告，帝令御史台徵還其錢而後撻之。癸丑，幸龍門，觀修伊水石堰，賜丁夫酒食。後數日，有司奏：『丁夫役限十五日已滿，工未畢，請更役五日。』帝曰：『不唯時寒，且不可失信於小民。』即止其役。

又 卷四四《唐書·明宗紀十》 長興四年春正月戊子，秦王從榮加守尚書令、兼侍中，依前河南尹，判六軍諸衛事。

二月癸丑朔，帝於便殿問范延光內外見管馬數，對曰：『三萬五千匹。』帝歎曰：『太祖在太原，騎軍不過七千，先皇自始至終馬纔及萬。今有鐵馬如是，而不能使九州混一，是吾養士練將之不至也。吾老矣，馬將奈何！』延光奏曰：『臣每思之，國家養馬太多，試計一騎士之費，可贍步軍五人，三萬五千騎抵十五萬步軍，既無所施，虛耗國力，臣恐日久難繼。』帝曰：『誠如卿言，肥騎士而瘠吾民，何益哉！』【略】

己未，濮州進重修河堤圖，沿河地名，歷歷可數。帝覽之，愀然曰：『吾佐先朝定天下，於此堤塢間小大數百戰。』又指一邱曰：『此吾擐甲臺也。時事如昨，奄忽一紀，令人悲歎耳！』

三月甲申，鎮州奏，行軍司馬趙環、節度判官陸浣、元從押衙高知柔等併棄市，坐受賂枉法殺人也。節度使李從敏罰一季俸。

己亥，詔除放京兆、秦、岐、邠、涇、延、慶、同、華、興元十州長興元年二年係欠夏秋税物，及營田莊宅務課利，以其曾輦運供軍糧料也。

六月丙辰，秦王從榮加食邑至萬户，實封二千户。

八月辛未，秦王從榮以本官充天下兵馬大元帥，加食邑萬户，實封三千户；以右羽林統軍翟璋爲晉州節度使；以太子賓客馬鎬爲户部侍郎。

九月戊戌，以樞密使趙延壽爲汴州節度使，以襄州節度使朱弘昭爲檢校太尉、同平章事，充樞密使。時范延光、趙延壽相繼辭退樞密務，及朱宏昭有樞密之命，又面辭訴，帝叱之曰：『爾輩皆欲離朕左右，怕在眼前，素養爾輩，將何用也！』弘昭退謝，不復敢言。

辛丑，詔天下兵馬大元帥、秦王從榮班宜在宰臣之上。

十一月戊子，帝不豫。己丑，大漸，自廣壽殿移居雍和殿。是夜四鼓後，帝自御榻蹶然而興，顧謂知漏宫女曰：『今夜漏幾何？』對曰：『四更。』因奏曰：『官家省事否？』帝曰：『省。』因唾出肉片如肺者數片，便溺升餘。六宫皆至，慶躍而奏曰：『官家今日實還魂也。』已食粥一器，侍醫進湯膳。至曙，帝小康。壬辰，天下大元帥、守尚書令、兼侍中、秦王從榮領兵陣於天津橋，內出禁軍拒之。從榮敗奔河南府，遇害。帝聞之悲駭，幾落御榻，氣絶而蘇者再，由是不豫有加。癸巳，馮道率百僚見帝於雍和殿，帝雨泣哽噎，曰：『吾家事若此，慚見卿等！』百僚皆泣下沾襟。

甲午，遣宣徽使孟漢瓊召宋王於鄴都。乙未，以三司使孫岳爲亂兵所害廢朝。丁酉，敕秦王府官屬，除諮議參軍高輦已處斬外，元帥府判官、兵部侍郎任贊配武州，秘書監兼秦王傅劉贊配嵐州，河南少尹劉陟配均州，併爲長流百姓，縱逢恩赦，不在放還。河南少尹李蕘配石州，河南府判官司徒詡配寧州，秦王友蘇瓚配萊州，記室參軍魚崇遠配慶州，河南府推官王説配隨州，併爲長流百姓。河南府推官尹譚，六軍巡官董裔、張九思，河南府巡官張沆、李潮、江文蔚併勒歸田里。應長流人併除名。六軍判官、殿中監王居敏責授復州司馬，六軍推官郭晙責授坊州司户，併員外置，所在馳驛發遣。時宰相、樞密使共議任贊等已下罪，馮道等曰：『任贊前在班行，比與從榮無舊，除官未及月餘，便逢此禍。王居敏、司徒詡疾病請假，將近半年，近日之事，計不同謀。從榮所款昵者高輦、劉陟、王説三人，昨從榮稱兵指闕之際，沿路只與劉陟、高輦併轡耳語，至天津橋南，指日影謂諸判官曰：「明日如今，已誅王居敏矣。」則知其冗泛之徒，不可一例從坐。』朱弘昭意欲盡誅任贊已下，馮贇力爭之乃已。

戊戌，帝崩於大內之雍和殿，壽六十七。

十二月癸卯朔，遷梓宫於二儀殿，宋王從厚自鄴都至。是日發哀，百僚縞素於位，中書侍郎、平章事劉昫宣遺制，宋王從厚於柩前即皇帝位，服紀以日易月，一如舊制云。明年四月，太常卿盧文紀上謚議曰聖智仁德欽孝皇帝，廟號明宗，宰臣馮道議請改『聖智仁德』四字，爲聖德和武欽孝皇帝。宰臣劉昫撰謚册文，宰臣李愚撰哀册文，是月二十七日葬於徽陵。

又 卷六七《唐書·任圜傳》 任圜，京兆三原人。

崇韜伐蜀，奏令從征，西蜀平，署圜黔南節度使，懇辭遂止。魏王班師，行及利州，康延孝叛，以勁兵八千回劫西川。繼岌聞之，夜半命中使李廷安召圜，圜方寢，廷安登其牀以告之，圜衣不及帶，遽見繼岌。繼岌泣而言曰：『紹琛負恩，非尚書不能制。』即署圜爲招討副使，與都指揮使梁漢顒等率兵攻延孝於漢州，擒之。旋至渭南，繼岌遇害。圜代總全師，朝於洛陽。明宗嘉其功，拜平章事，判三司。

圜揀拔賢俊，杜絶倖門，百官倖入爲孔謙減折。圜以廷臣爲國家羽儀，故優假班行，禁其虚估，期月之内，府庫充贍，朝廷修葺，軍民咸足。雖憂國如家，而切於功名，故爲安重誨所忌。嘗與重誨會於私第，有妓善歌，重誨求之不得，嫌隙自兹而深矣。先是，使人食券，皆出於户部，重誨止之，俾須内出，爭於御前，往復數四，竟爲所沮，因求罷三司。

天成二年，除太子少保致仕，出居磁州。及朱守殷叛，重誨乘間誣其結構，立遣人稱制就害之，乃下詔曰：『太子少保致仕任圜，早推勳舊，曾委重難，既退免於劇權，俾優閒於外地，而乃不遵禮分，潛附守殷，緘題罔避於嫌疑，情旨頗彰於怨望。自收汴壘，備見蹤由，若務含弘，是孤典憲，尚全大體，止罪一身。宜令本州於私第賜自盡。』圜受命之日，聚族酣飲，神情不撓。清泰中，制贈太傅。

又 卷六六《唐書·安重誨傳》 安重誨，其先本北部豪長。父福遷，爲河東將，救兗、鄆而没。重誨自明宗龍潛時得給事左右。及鎮邢州，以重誨爲中門使。隨從征討，凡十餘年，委信無間，勤勞亦至。洎鄴城之變，佐命之功，獨居其右。明宗踐阼，領樞密使，俄遷左領軍衛大將軍充職。明宗遣回鶻侯三馳傳至其國，侯三至醴泉縣，地素僻，無驛馬，縣令劉知章出獵，不時給馬，侯三遽以聞。明宗大怒，械知章至京師，將殺之，賴重誨從容爲言，乃得不死。明宗幸汴州，重誨建議欲因以伐吳，而明宗難之。後，户部尚書李鏻得吳諜者言：『徐知誥欲奉吳國以稱藩，臣願得安公一言以爲信。』鏻卽引諜者見重誨。重誨大喜，以爲然，乃以玉帶與諜者，使遣知誥爲信，其直千緡。

重誨爲樞密使，四五年間，獨綰大任，臧否自若，環衛、酋長、貴戚、近習，無敢干政者。弟牧鄭州，子鎮懷、孟，身爲中令，任過其才，議者謂必有覆餗之禍。無何，有吏人李虔徽弟揚言於衆云：『聞相者言其貴不可言，今將統軍征淮南。』時有軍將密以是聞，頗駭上聽。明宗謂重誨曰：『聞卿樹心腹，私市兵仗，欲自討淮南，有之否？』重誨惶恐，奏曰：『興師命將，出自宸衷，必是姦人結搆，臣願陛下窮詰所言者。』翌日，帝召侍衛指揮使安從進、藥彦稠等，謂之曰：『有人告安重誨私置兵仗，將不利於社稷，其若之何？』從進等奏曰：『此是姦人結搆，離間陛下勳舊。且重誨事陛下三十年，從微至著，無不盡心，今日何苦乃圖不軌！臣等以家屬保明，必無此事。』帝意乃解。重誨三上表乞解機務，詔不允。復面奏：『乞與臣一鎮，以息謗議。』明宗不悦。重誨奏不已，明宗怒，謂曰：『放卿出，朕自有人！』卽令武德使孟漢瓊至中書，與宰臣商量重誨事。馮道言曰：『諸人苟惜安令公，解樞務爲便。』趙鳳曰：『大臣豈可輕動，公失言也。』道等因附漢瓊奏曰：『此斷自宸旨，然重臣不可輕議移改。』由是兼命范延光爲樞密使，重誨如故。

時以東川帥董璋恃險難制，乃以武虔裕爲綿州刺史，董璋益懷疑忌，遂縶虔裕以叛。及石敬瑭領王師伐蜀，峽路艱阻，糧運不繼，明宗憂之，而重誨請行。翌日，領數騎而出，日馳數百里，西諸侯聞之，莫不惶駭。所在錢帛糧料，星夜輦運，人乘斃踣於山路者不可勝紀，百姓苦之。重誨至鳳翔，節度使朱弘昭延於寢室，令妻子奉食器，敬事尤謹。重誨坐中言及：『昨有人讒搆，幾不保全，賴聖上保鑑，苟獲全族。』因泣下。重誨既辭，弘昭遣人具奏：『重誨怨望出惡言，不可令至行營，恐奪石敬瑭兵柄。』而宣徽使孟漢瓊自西回，亦奏重誨過惡。重誨已至三泉，復令歸闕。再過鳳翔，朱弘昭拒而不納，重誨懼，急騎奔程，未至京師，制授河中帥。既至鎮，心不自安，遂請致仕。制初下，其子崇贊、崇緒走歸河中。二子初至，重誨駭然曰：『渠安得來？』家人欲問故，重誨曰：『吾知之矣，此非渠意，是他人教來。吾但以一死報國家，餘復何言！』翌日，中使至，見重誨，號泣久之。重誨曰：『公但言其故，勿過相滑。」中使曰：「人言令公據城異志矣！」重誨曰：「吾一死未塞責，已負君親，安敢輒懷異志，遽勞朝廷興師，增聖上宵旰，則僕之罪更萬萬矣！」

時遣翟光鄴使河中，如察重誨有異志，則誅之。既至，李從璋自率甲士圍其第，仍拜重誨於其庭，重誨下階迎拜曰：「太傅過禮。」俛首方拜，從璋以檛擊其首，其妻驚走抱之，曰：「令公死亦不遲，太傅何遽如此！」并擊重誨妻首碎，併剝其衣服，夫妻裸形踣於廊下，血流盈庭。翌日，副使判官白從璋，願以衣服覆其屍，堅請方許。及從璋疏重誨家財不及數千緡，議者以重誨有經綸社稷之大功，然志大才短，不能迴避權寵，親禮士大夫，求周身輔國之遠圖，而悉自恣胸襟，果貽顛覆。

又 卷七三《唐書·孔謙傳》 孔謙，莊宗同光初，爲租庸副使。謙本州之幹吏，上自天祐十二年，帝平定魏博，會計皆委制置。謙能曲事權要，效其才力，帝委以泉貨之務，設法箕斂，七八年間，軍儲獲濟。及帝即位於鄴城，謙已當爲租庸使。物議以謙雖有經營濟贍之勞，然人地尚卑，不欲驟總重任。樞密使郭崇韜舉魏博觀察判官張憲爲租庸使，以謙爲副，謙悒然不樂者久之。

帝既平梁汴，謙徑自魏州馳之行在，因謂崇韜曰：「魏都重地，須大臣彈壓，以謙籌之，非張憲不可。」崇韜以爲忠告，即奏憲爲鄴都副留守，乃命宰臣豆盧革專判租庸。謙彌失望，乃尋革過失。時革以手書便省庫錢數十萬，謙以手書示崇韜，亦辭避。帝問：「當委何人爲可？」崇韜曰：「孔謙雖久掌貨泉，然物議未當居大任，以臣所見，卻委張憲爲便。」帝促徵之。憲性精辨，爲趨時者所忌，人不祐之。謙乘間訴於豆盧革曰：「租庸錢穀，悉在眼前，委一小吏可辦。鄴都本根之地，不可輕付於人。興唐尹王正言無裨益之才，徒有獨行，詔書既征張憲，復以何人爲代？」豆盧革言於崇韜，崇韜曰：「鄴都分司列職，皆主上舊人，委王正言何慮不辦？」革曰：「俱是失也，設不獲已，以正言掌租庸，取書於大臣，或可辦矣；若付之方面，必敗人事。」謙以正言非德非勳，懦而易制，曰：「此議爲便。」然非己志。尋掎正言之失，泣訴於崇韜，厚賂閹伶，以求進用，人知姦諂，沮之，乃上章請退。帝怒其規避，將置於法，樂人景進於帝前解喻而止。王正言風病恍惚，不能綜三司事，景進屢言於帝，乃以正言守禮部尚書，以謙爲租庸使。

謙以國用不足，奏：「諸道判官員數過多，請只置節度、觀察、判官、書記、支使、推官各一員。留守置判官各一員。三京府置判官、推官，餘併罷俸錢。」又奏：「百官俸錢雖多，折支非實，請減半數，皆支實錢。」併從之。未幾，半年俸復從虛折。

又 卷六九《唐書·孫岳傳》 孫岳，冀州人也。强幹有才用，歷府衛右職。天成中，爲潁耀二州刺史、閬州團練使，所至稱治，遷鳳州節度使。受代歸京，秦王從榮欲以岳爲元帥府都押衙，事未行，馮贇舉爲三司使，時預密謀。朱、馮患從榮之恣橫，岳曾極言其禍之端，康義誠聞之不悦。及從榮敗，義誠召岳同至河南府檢閲府藏。時紛擾未定，義誠密遣騎士射之，岳走至通利坊，爲騎士所害，識與不識皆痛之。

《新五代史》卷二四《唐臣傳·安重誨》 安重誨，應州人也。其父福遷，事晉爲將，以驍勇知名。梁攻朱宣於鄆州，晉兵救宣，宣敗，福遷戰死。重誨少事明宗，爲人明敏謹恪。明宗鎮安國，以爲中門使，及兵變於魏，所與謀議大計，皆重誨與霍彦威決之。明宗即位，以爲左領軍衛大將軍、樞密使，兼領山南東道節度使。固辭不拜，改兵部尚書，使如故。在位六年，累加侍中兼中書令。

重誨自爲中門使，已見親信，而以佐命功臣，處機密之任，事無大小，皆以參決，其勢傾動天下。雖其盡忠勞心，時有補益，而恃功矜寵，威福自出，旁無賢人君子之助，其獨見之慮，禍釁所生，至於臣主俱傷，幾滅其族，斯其可哀者也。

重誨嘗出，過御史臺門，殿直馬延悞衝其前道，重誨怒，即台門斬延而後奏。是時，隨駕廳子軍士桑弘遷，毆傷相州録事參軍；親從兵馬使安虔，走馬沖宰相前道。弘遷罪死，虔決杖而已。重誨以斬延，乃請降敕處分，明宗不得已從之，由是御史、諫官無敢言者。

宰相任圜判三司，以其職事與重誨爭，不能得，圜怒，辭疾，退居於磁州。朱守殷以汴州反，重誨遣人矯詔馳至其家，殺圜而後白，誣圜與守殷通謀，明宗皆不能詰也。而重誨恐天下議己，因取三司積欠二百餘萬，請放之，冀以悦人而塞責，明宗不得已，爲下詔蠲除之。

是時，四方奏事，皆先白重誨然後聞。河南縣獻嘉禾，一莖五穗，重誨視之曰：『僞也。』笞其人而遣之。夏州李仁福進白鷹，重誨卻之，明日，白曰：『陛下詔天下毋得獻鷹鷂，而仁福違詔獻鷹，臣已卻之矣。』重誨出，明宗陰遣人取之以入。佗日，按鷹於西郊，戒左右：『無使重誨知也！』宿州進白兔，重誨曰：『兔陰且狡，雖白何爲！』遂卻而不白。

明宗爲人雖寬厚，然其性夷狄，果於殺人。馬牧軍使田令方所牧馬，瘠而多斃，坐劾當死，重誨諫曰：『使天下聞以馬故，殺一軍使，是謂貴畜而賤人。』令方因得減死。明宗遣回鶻侯三馳傳至其國。侯三至醴泉縣，縣素僻，無驛馬，其令劉知章出獵，不時給馬，侯三遽以聞。明宗大怒，械知章至京師，將殺之，重誨從容爲言，知章乃得不死。其盡忠補益，亦此類也。

重誨既以天下爲己任，遂欲內爲社稷之計，而外制諸侯之强。然其輕信韓玫之譖，而絶錢鏐之臣；徒陷彦温於死，而不能去潞王之患；李嚴一出而知祥貳，仁矩未至而董璋叛；四方騷動，師旅併興，如投膏止火，適足速之。此所謂獨見之慮，禍釁所生也。

錢鏐據有兩浙，號兼吴越而王，自梁及莊宗，常異其禮，以羈縻臣屬之而已。明宗卽位，鏐遣使朝京師，寓書重誨，其禮慢。重誨怒，未有以發，乃遣其嬖吏韓玫、副供奉官烏昭遇復使於鏐。而玫恃重誨勢，數凌辱昭遇，因醉使酒，以馬棰擊之。鏐欲奏其事，昭遇以爲辱國，固止之。及玫還，返譖於重誨曰：『昭遇見鏐，舞蹈稱臣，而以朝廷事私告鏐。』昭遇坐死御史獄，乃下制削奪鏐官爵，以太師致仕，於是錢氏遂絶於唐矣。

潞王從珂爲河中節度使，重誨以謂從珂非李氏子，後必爲國家患，乃欲陰圖之。從珂閲馬黄龍莊，其牙內指揮使楊彦温閉城以叛。從珂遣人謂彦温曰：『我遇汝厚，何苦而反邪？』報曰：『彦温非叛也，得樞密院宣，請公趨歸朝廷耳！』從珂走虞鄉，馳騎上變。明宗疑其事不明，欲究其所以，乃遣殿直都知范氲以金帶襲衣、金鞍勒馬賜彦温，拜彦温絳州刺史，以誘致之。重誨固請用兵，明宗不得已，乃遣侍衛指揮使藥彦稠、西京留守索自通率兵討之，而誡曰：『爲我生致彦温，吾將自訊其事。』彦稠等攻破河中，希重誨旨，斬彦温以滅口。重誨率羣臣稱賀，明宗大怒曰：『朕家事不了，卿等不合致賀！』從珂罷鎮，居清化里第。重誨數諷宰相，言從珂失守，宜得罪，馮道因白請行法。明宗怒曰：『吾兒爲姦人所中，事未辨明，公等出此言，是不欲容吾兒人間邪？』趙鳳因言：『《春秋》責帥之義，所以勵爲臣者。』明宗曰：『皆非公等意也！』道等惶恐而退。居數日，道等又以爲請，明宗顧左右而言他。明日，重誨乃自論列，明宗曰：『公欲如何處置，我卽從公！』重誨曰：『此父子之際，非臣所宜言，惟陛下裁之。』明宗曰：『吾爲小校時，衣食不能自足，此兒爲我擔石灰，拾馬糞，以相養活，今貴爲天子，獨不能庇之邪！使其杜門私第，亦何與公事！』重誨由是不復敢言。

孟知祥鎮西川，董璋鎮東川，二人皆有異志，重誨每事裁抑，務欲制其姦心，凡兩川守將更代，多用己所親信，必以精兵從之，漸令分戍諸州，以虞緩急。二人覺之，以爲圖己，益不自安。既而遣李嚴爲西川監軍，知祥大怒，斬嚴；又分閬州爲保寧軍，以李仁矩爲節度使，以制璋，且削其地，璋以兵攻殺仁矩。二人遂皆反。唐兵戍蜀者，積三萬人，其後知祥殺璋，兼據兩川，而唐之精兵皆陷蜀。

初，明宗幸汴州，重誨建議，欲因以伐吴，而明宗難之。其後户部尚書李鏻得吴諜者言：『徐知誥欲舉吴國以稱藩，願得安公一言以爲信。』鏻卽引諜者見重誨，重誨大喜以爲然，乃以玉帶與諜者，使遺知誥爲信，其直千緡。初不以其事聞，其後踰年，知誥之問不至，始奏貶鏻行軍司馬。已而捧聖都軍使李行德、十將張儉告變，言：『樞密承旨李虔徽語其客邊彦温云：「重誨私募士卒，繕治甲器，欲自伐吴。又與諜者交私。」』明宗以問重誨，重誨惶恐，請究其事。明宗初頗疑之，大臣左右皆爲之辨，既而少解，始告重誨以彦温之言，因廷詰彦温，具伏其詐，於是君臣相顧泣下。彦温、行德、儉皆坐族誅。重誨因求解職，明宗慰之曰：『事已辨，愼無措之胸中。』重誨論請不已，明宗怒曰：『放卿去，朕不患無人！』顧武德使孟漢瓊至中書，趣馮道等議代重誨者。馮道曰：『諸公苟惜安公，使得罷去，是紓其禍也。』趙鳳以爲大臣不可輕動。遂以范延光爲樞密使，而重誨居職如故。

董璋等反，遣石敬瑭討之，而川路險阻，糧運甚艱，每費一石，而致一斗。自關以西，民苦輸送，往往亡聚山林爲盜賊。明宗謂重誨曰：『事勢如此，吾當自行。』重誨曰：『此臣之責也。』乃請行。關西之人聞重誨來，皆已恐動，而重誨日馳數里百，遠近驚駭。督趣糧運，日夜不絶，斃踣道路者，不可勝數。重誨過鳳翔，節度使朱弘昭延之寢室，使其妻子奉事左右甚謹。重誨酒酣，爲弘昭言：『昨被讒構，幾不自全，賴人主明聖，得保家族。』因感歎泣下。重誨去，弘昭馳騎上言：『重誨怨望，不可令至行營，恐其生事。』而宣徽使孟漢瓊自行營使還，亦言西人震駭之狀，因述重誨過惡。重誨行至三泉，被召還。過鳳翔，弘昭拒而不納，重誨懼，馳趨京師。未至，拜河中節度使。重誨已罷，希旨者爭求其過。宦者安希倫，坐與重誨交私，常與重誨陰伺宮中動息，事發棄市。重誨益懼，因上章告老。以太子太師致仕；而以李從璋爲河中節度使，遣藥彥稠率兵如河中虞變。重誨子崇緒、崇贊，宿衛京師，聞制下，卽日奔其父。重誨見之，驚曰：『渠安得來！』已而曰：『此非渠意，爲人所使耳。吾以一死報國，餘復何言！』乃械送二子於京師，行至陜州，下獄。明宗又遣翟光業至河中，視重誨去就，戒曰：『有異志，則與從璋圖之。』又遣宦者使於重誨。使者見重誨，號泣不已，重誨問其故，使者曰：『人言公有異志，朝廷遣藥彥稠率師至矣！』重誨曰：『吾死未塞責，遽勞朝廷興師，以重明主之憂。』光業至，從璋率兵圍重誨第，入拜於庭。重誨降而答拜，從璋以楇擊其首，重誨妻走抱之而呼曰：『令公死未晚，何遽如此！』又擊其首，夫妻皆死，流血盈庭。從璋檢責其家貲，不及數千緡而已。明宗下詔，以其絶錢鏐，致孟知祥、董璋反，及議伐吳，以爲罪。幷殺其二子，其餘子孫皆免。

重誨得罪，知其必死，歎曰：『我固當死，但恨不與國家除去潞王！』此其恨也。

嗚呼，官失其職久矣！予讀梁宣底，見敬翔、李振爲崇政院使，凡承上之旨，宣之宰相而奉行之。宰相有非其見時而事當上決者，與其被旨而有所復請者，則具記事而入，因崇政使聞，得旨則復宣而出之。梁之崇政使，乃唐樞密之職，蓋出納之任也，唐常以宦者爲之，至梁戒其禍，始更用士人，其備顧問、參謀議於中則有之，未始專行事於外也。至崇韜、重誨爲之，始復唐樞密之名，然權侔於宰相矣。後世因之，遂分爲二，文事任宰相，武事任樞密。樞密之任既重，而宰相自此失其職也。

又　卷二六《唐臣傳・孔謙》　孔謙，魏州人也，爲魏州孔目官。魏博入於晉，莊宗以爲度支使。謙爲人勤敏，而傾巧善事人，莊宗及其左右皆悅之。自少爲吏，工書算，頗知金谷聚斂之事。晉與梁相拒河上十餘年，大小百餘戰，謙調發供饋，未嘗闕乏，所以成莊宗之業者，謙之力爲多，然民亦不勝其苦也。

莊宗初建大號，謙自謂當爲租庸使，而郭崇韜用魏博觀察使判官張憲爲使，以謙爲副。謙已怏怏。既而莊宗滅梁，謙從入汴，謂崇韜曰：『鄴，北都也，宜得重人鎮之，非張憲不可。』崇韜以爲然，因以憲留守北都，而以宰相豆盧革判租庸。謙益失望，乃陰求革過失，而革嘗以手書假租庸錢十萬，謙因以書示崇韜，而微泄其事，使革聞之。革懼，遂求解職以讓崇韜，崇韜亦不肯當。莊宗問：『誰可者？』崇韜曰：『孔謙雖長於金穀，而物議未可居大任，不若復用張憲。』乃趣召憲。憲爲人明辯，人頗忌之，謙因乘間謂革曰：『租庸錢穀，悉在目前，委一小吏可辦。鄴都天下之重，不可輕以任人。』革以語崇韜，崇韜罷憲不召，以興唐尹王正言爲租庸使。謙益憤憤，因求解職。莊宗怒其避事，欲寘之法，賴伶官景進救解之，乃止。已而正言病風，不任事，景進數以爲言，乃罷正言，以謙爲租庸使，賜『豐財贍國功臣』。

謙無佗能，直以聚斂爲事。莊宗初卽位，推恩天下，除百姓田租，放諸場務課利欠負者，謙悉違詔督理。故事：觀察使所治屬州事，皆不得奪達，上所賦調，亦下觀察使行之。而謙直以租庸帖調發諸州，不關觀察，觀察使交章論理，以謂：『制敕不下支郡，刺史不專奏事，唐制也。租庸直帖，沿僞梁之弊，不可爲法。今唐運中興，願還舊制。』詔從其請，而謙不奉詔，卒行直帖。又請減百官俸錢，省罷節度觀察判官、推官等員數。以至鄣塞天下山谷徑路，禁止行人，以收商旅徵算；遣大程官放豬羊柴炭，占庇人户；更制括田竿尺；盡率州使公廨錢。由是天下皆怨苦之。

明宗立，下詔暴謙罪，斬於洛市，籍没其家。遂罷租庸使額，分鹽鐵、度支、户部爲三司。

又　卷二八《唐臣傳・任圜》　任圜，京兆三原人也。

魏王繼岌曁崇韜伐蜀，懼圜攻己於後，乃辟圜參魏王軍事。蜀滅，表圜黔南節度使，圜懇辭不就。繼岌殺崇韜，以圜代將其軍而旋。康延孝反，繼岌遣圜將三千人，會董璋、孟知祥等兵，擊敗延孝於漢州，而魏王先至渭南，自殺，圜悉將其軍以東。明宗嘉其功，拜圜同中書門下平章事，兼判三司。是時，明宗新誅孔謙，圜選辟才俊，抑絶僥幸，公私給足，天下便之。

是秋，韋說、豆盧革罷相，圜與安重誨、鄭珏、孔循議擇當爲相者，圜意屬李琪，而珏、循雅不欲琪爲相，謂重誨曰：『李琪非無文藝，但不廉耳！宰相，端方有器度者足以爲之，太常卿崔協可也。』重誨以爲然。佗日，明宗問誰可相者，重誨卽以協對。圜前爭曰：『重誨未諳朝廷人物，爲人所賣。天下皆知崔協不識文字，而虚有儀表，號爲「没字碑」。臣以陛下誤加採擢，無功幸進，此不知書，以臣一人取笑足矣，相位有幾，豈容更益笑端？』明宗曰：『宰相重位，卿等更自詳審。然吾在藩時，識易州刺史韋肅，世言肅名家子，且待我甚厚，置之此位可乎？肅或未可，則馮書記先朝判官，稱爲長者，可以相矣！』馮書記者，道也。議未決，重誨等退休於中興殿廊下，孔循不揖，拂衣而去，行且罵曰：『天下事一則任圜，二則任圜，圜乃何人！』圜謂重誨曰：『李琪才藝，可兼時輩百人，而讒夫巧沮，忌害其能，若舍琪而相協，如棄蘇合之丸而取蜣蜋之轉也！』重誨笑而止。然重誨終以循言爲信，居月餘，協與馮道皆拜相。協在相位數年，人多嗤其所爲，然圜與重誨交惡自協始。

故時，使臣出四方，皆自户部給券，重誨奏請自内出，圜以故事爭之，不能得，遂與重誨辨於帝前，圜聲色俱厲。明宗罷朝，後宫嬪御迎前問曰：『與重誨論者誰？』明宗曰：『宰相也。』宫人奏曰：『妾在長安，見宰相奏事，未嘗如此，蓋輕大家耳！』明宗由是不悦，而使臣給券卒自内出，圜益憤沮。重誨嘗過圜，圜出妓，善歌而有色，重誨欲之，圜不與，由是二人益相惡。而圜遽求罷職，乃罷爲太子少保。圜不自安，因請致仕，退居於磁州。

論說

《舊五代史》卷四四《唐書・明宗紀論》 明宗戰伐之勳，雖高佐命，潛躍之事，本不經心。會王室之多艱，屬神器之自至，諒由天贊，匪出人謀。及應運以君臨，能力行於王化，政皆中道，時亦小康，近代已來，亦可宗也。儻使重誨得房、杜之術，從榮有啓、誦之賢，則宗祧未至於危亡，載祀或期於綿遠矣。惜乎！君親可輔，臣子非才，遽泯烝嘗，良可深歎矣！

《新五代史》卷六《唐紀・明宗紀》 嗚呼，自古治世少而亂世多！三代之王有天下者，皆數百年，其可道者，數君而已，況於後世邪！況於五代邪！

予聞長老爲予言：『明宗雖出夷狄，而爲人純質，寬仁愛人。』於五代之君，有足稱也。嘗夜焚香，仰天而祝曰：『臣本蕃人，豈足治天下！世亂久矣，願天早生聖人。』自初卽位，減罷宫人、伶官；廢内藏庫，四方所上物，悉歸之有司。廣壽殿火災，有司理之，請加丹雘，喟然歎曰：『天以火戒我，豈宜增以侈邪！』歲嘗旱，已而雪，暴坐庭中，詔武德司宫中無埽雪，曰：『此天所以賜我也。』數問宰相馮道等民間疾苦，聞道等言穀帛賤，民無疾疫，則欣然曰：『吾何以堪之，當與公等作好事，以報上天。』吏有犯贓，輒置之死，曰：『此民之蠹也！』以詔書褒廉吏孫岳等，以風示天下。其愛人恤物，蓋亦有意於治矣。

其卽位時，春秋已高，不邇聲色，不樂游畋。在位七年，於五代之君，最爲長世，兵革粗息，年屢豐登，生民實賴以休息。

然夷狄性果，仁而不明，屢以非辜誅殺臣下。至於從榮父子之間，不能慮患爲防，而變起倉卒，卒陷之以大惡，帝亦由此飲恨而終。

當是時，大理少卿康澄上疏言時事，其言曰：『爲國家者有不足懼者五，深可畏者六：三辰失行不足懼，天象變見不足懼，小人訛言不足懼，山崩川竭不足懼，水旱蟲蝗不足懼也；賢士藏匿深可畏，四民遷業深可畏，上下相徇深可畏，廉恥道消深可畏，毁譽亂眞深可畏，直言不聞深可畏也。』識者皆多澄言切中時病。若從榮之變，任圜、安重誨等之死，可謂上下相徇，而毁譽亂眞之敝矣。然澄之言，豈止一時之病，凡爲國者，可不戒哉！